Kurzlehrbücher
für das juristische Studium

Oppermann/Classen/Nettesheim
Europarecht

Europarecht

Ein Studienbuch

von

Dr. iur. Dres. h. c. Thomas Oppermann

em. o. Professor an der Universität Tübingen
ehem. Mitglied des Staatsgerichtshofes für das Land Baden-Württemberg

Dr. iur. Claus Dieter Classen

o. Professor an der Universität Greifswald

Dr. iur. Martin Nettesheim

o. Professor an der Universität Tübingen

6., völlig neu bearbeitete Auflage, 2014

C. H. BECK

www.beck.de

ISBN 978 3 406 64738 3

Wilhelmstraße 9, 80801 München
Druck und Bindung: Nomos Verlagsgesellschaft
In den Lissen 12, 76547 Sinzheim

Satz: Jung Crossmedia Publishing GmbH
Gewerbestraße 17, 35633 Lahnau

Gedruckt auf säurefreiem, alterungsbeständigem Papier
(hergestellt aus chlorfrei gebleichtem Zellstoff)

Vorwort

Auch die 6. Auflage dieses Lehrbuchs wird von uns drei Verfassern gemeinsam verantwortet. Die Anwendung des Vertrags in der Fassung, wie sie der am 1.12.2009 in Kraft getretene Vertrag von Lissabon herstellte, ist inzwischen zur alltäglichen Praxis geworden. Der EU gehören inzwischen 28 EU-Mitgliedstaaten an, eine erste Vertragsänderung im vereinfachten Verfahren ist erfolgt (Art. 136 Abs. 3 AEUV [Möglichkeit der Einführung eines Stabilitätsmechanismus in der Eurozone]). In dem Lehrbuch wird die Entwicklung des sekundären Europarechts, der europäischen Rechtsprechung und der begleitenden Literatur bis Ende 2013 berücksichtigt. Besondere Aufmerksamkeit erforderte die seit 2010 anhaltende Staatsschuldenkrise in der Eurozone. Trotz andauernder „Rettungspolitik" ist sie alles Andere als ausgestanden. In diesem Zusammenhang stellt der gelegentlich „weiche" Umgang mit Normen des Europarechts ein ernstes Problem dar.

Der Aufbau des Buches ist unverändert geblieben und ebenso das grundsätzliche Konzept, einerseits den Studierenden die wichtigen Grundfragen des Europarechts vorzustellen und andererseits auch solche Politikbereiche zu veranschaulichen, die eher den Praktiker des Europarechts interessieren. So werden dargestellt der „Allgemeine Teil" des Unionsrechts (Institutionen, Quellen, Rechtsschutz, Demokratie, Grundrechte u. a. m.) und ebenso der Kern der meisten materiellen EU-Politiken (Binnenmarkt, Währungsunion, Wettbewerb, Außenbeziehungen u. a. m.) Ebenso werden bei den Grundrechten die für die EU verbindlichen Garantien der EMRK behandelt.

Alle Paragraphen wurden unter uns gegengelesen und erörtert, sodass wir für Unvollkommenheiten die Verantwortung gemeinsam tragen.

Für wichtige Hilfe gebührt Dank am Lehrstuhl *Classen* Frau Dipl.-Jur. *Imke-Dorothea Baumgardt,* Frau Ass. iur. *Nina Prötzel* und Herrn stud. iur. *Christopher Bilz,* und am Lehrstuhl Nettesheim Frau Ass. iur. *Anne Schroth* und Herrn Ref. iur. *Benedikt Quarthal,* Frau *Dominique Beck,* Herrn *Tom-Philipp Cagan,* Frau *Ilka Englert,* Frau *Julia Pfaffenrot,* Frau *Leonie Warnke,* M.A., Frau *Isabel Taylor,* M.A. und Frau *Mirjam Werwigk.* Ebenso danken wir unseren Lesern für willkommene Anregungen. Künftige Nachrichten werden weiterhin an oppermannprof@aol.com, classen@uni-greifswald.de bzw. an mail@nettesheim.org erbeten.

Wiederum danken wir Rechtsanwalt Dr. *Johannes Wasmuth* vom Verlag C.H. Beck und seiner Umgebung für die bewährte Zusammenarbeit.

Möge das Buch wie bisher als nützlicher Beitrag zur Juristenausbildung und ebenso für die juristische und politische Praxis dienen.

Tübingen und Greifswald, im Januar 2014

Thomas Oppermann – Claus Dieter Classen – Martin Nettesheim

Vorwort

[illegible]

[illegible]

[illegible]

[illegible]

[illegible]

[illegible]

[illegible]

[illegible]

Vorwort zur 1. Auflage

Es hat geraume Zeit gedauert, dieses Buch abzuschließen. Außer den beruflichen Verpflichtungen eines Professors innerhalb und außerhalb der Massenuniversität unserer Tage lag es am Gegenstande selbst. Seit Jahrzehnten, verstärkt durch den Binnenmarktprozess der achtziger Jahre, befindet sich das Europarecht in einem Prozess ständiger inhaltlicher Ausweitung. Es birgt mittlerweile in sich nicht nur die meisten Disziplinen des nationalen Öffentlichen (Wirtschafts)rechts einschließlich vieler völkerrechtlicher Bezüge, sondern greift zunehmend auch in privatrechtliche Bereiche über, während seine strafrechtlichen Bestandteile sich noch in Grenzen halten.

Ein einzelner Autor vermag diesen Stoff heute nur noch mit Hilfe anderer zu bewältigen. Ich danke den ehemaligen und heutigen Mitarbeiterinnen und Mitarbeitern meines Tübinger Lehrstuhls, die es mir durch vielfältige Unterstützug über die Jahre hinweg ermöglicht haben, das Lehrbuch zu vollenden. Dr. *Claus Dieter Classen,* Dr. *Patricia Conlan* LL. M., Dr. *Claus Eiselstein* LL. M., Dr. *Frank Fechner, Claus Fehrenbacher, Werner Hiermaier,* Prof. Dr. *Michael Kilian,* Dr. *Martin Klose, Christoph Palme, Jutta Teufel* und Dr. *Stefan Völker* haben wichtigen Anteil an diesem Europarecht. Geschrieben habe ich den Text letztlich im Wesentlichen alleine, so dass die Verantwortung für alle Unvollkommenheiten bei mir verbleibt. Besonderer Dank gilt wieder einmal Frau *Helga Reichert-Orlik* für die umsichtige Erstellung des Manuskriptes, was für sich allein eine Sisyphusarbeit bedeutete.

Der C. H. Beck'schen Verlagsbuchhandlung und ihren Lektoren fühle ich mich für viel Geduld und Hilfe verbunden. Ich denke dabei besonders an den früheren Lektor Dr. *Klaus Tremel,* ohne dessen Zuspruch ich die Flinte möglicherweise ins Korn geworfen hätte. Wichtigen Antrieb aus meiner Hamburger akademischen Heimat bedeuteten die freundschaftlichen Nachfragen des deutschen Altmeisters des Europäischen Gemeinschaftsrechts *Hans Peter Ipsen,* ob denn das Buch immer noch nicht fertig sei.

Trotz aller Widrigkeiten habe ich dieses Europarecht besonders gerne geschrieben. Seit der Freiburger Universitätszeit Anfang der fünfziger Jahre gehört die europäische Idee zu meiner Lebensphilosophie. Das Gemeinschaftsrecht lernte ich in der Praxis der Europa-Abteilung des Bonner Bundeswirtschaftsministeriums 1960–1967 bei *Ulrich Everling* und *Ulrich Meyer-Cording,* eine mit vielen guten Erinnerungen verknüpfte Zeit. Seither gehört das Europarecht in Tübingen zu meinen liebsten Forschungsgegenständen, wozu viele anregende Gespräche mit Fakultäts- und Universitätskollegen beitragen. Sehr viel hat mir die Verbindung mit dem großen Europäer *Walter Hallstein* in seinem Stuttgarter Ruhesitz Ende der siebziger Jahre bedeutet, als er mir die Edition seiner ‚Europäischen Reden' anvertraute. Ein ständiger Ansporn zum Schreiben ergab sich aus dem über die Jahre stetig wachsenden Interesse der Studenten am Europarecht. Möge das Buch künftig sein Scherflein dazu beitragen!

Vor allen anderen gebührt jedoch meiner Frau und unseren Kindern der Dank. Das Gespräch mit meiner Frau hat mich, so hoffe ich, vor zu viel juristischem Rigorismus bewahrt. Und ohne die Bereitschaft der ganzen Familie, mir die Zeit für diese Arbeit zu gewähren, hätte das Buch nicht geschrieben werden können.

Tübingen, im Herbst 1990 *Thomas Oppermann*

Inhaltsübersicht

Abkürzungsverzeichnis XXXVII
Einführung in das Europarecht XLV

1. Teil. Geschichtliche Entwicklung

§ 1. Die europäische Idee bis 1945 1
§ 2. Europäische Einigung 1946–1992 5
§ 3. Die Europäische Union seit Maastricht 13

2. Teil. Die Europäische Union – Grundlagen

§ 4. Wesen der Europäischen Union 20
§ 5. Organe der Europäischen Union 27
§ 6. Weitere Institutionen der Europäischen Union 69
§ 7. Personal 77
§ 8. Finanzordnung 85

3. Teil. Integration durch Recht

§ 9. Rechtsquellen des Europäischen Unionsrechts 101
§ 10. Rang des Unionsrechts 145
§ 11. Europäische Rechtsetzung 160
§ 12. Vollzug des Unionsrechts 186
§ 13. Rechtsschutz 203
§ 14. Haftung der Europäischen Union und ihrer Mitgliedstaaten 231

4. Teil. Die europäische Union und ihre Bürger

§ 15. Rechtsstaatliche Demokratie in der EU 241
§ 16. Unionsbürgerschaft 254
§ 17. Europäische Grundrechte 265

5. Teil. Wirtschaftsordnung der Europäischen Union

§ 18. Wirtschaftsverfassung und Wirtschaftspolitik 299
§ 19. Währungsunion 318
§ 20. Wettbewerbsrecht und Unternehmen 328
§ 21. Wettbewerbsrecht und der Staat: Beihilfen, Daseinsvorsorge und öffentliche Aufträge 352

6. Teil. Binnenmarkt I: Warenverkehr und Dienstleistungen

§ 22. Binnenmarkt – Freier Warenverkehr 383
§ 23. Energiepolitik 402
§ 24. Landwirtschaft und Fischerei 410
§ 25. Freier Dienstleistungsverkehr 424
§ 26. Verkehr 436

7. Teil. Binnenmarkt II: Personen, Unternehmen und Soziales

§ 27. Freizügigkeit der Arbeitnehmer . . . 451
§ 28. Niederlassungsfreiheit . . . 469
§ 29. Sozialpolitik und Beschäftigungspolitik . . . 482

8. Teil. Binnenmarkt III: Finanzverkehr

§ 30. Kapital- und Zahlungsverkehr . . . 493
§ 31. Finanzmärkte . . . 500

9. Teil. Rechtsangleichung und Koordination

§ 32. Grundfragen der Rechtsangleichung . . . 506
§ 33. Umwelt, Gesundheit, Polizei und Ausländer, Datenschutz: Zur Europäisierung des öffentlichen Rechts . . . 521
§ 34. Forschung, Bildung, Kultur und Rundfunk: Zur Europäisierung des Kulturverwaltungsrechts . . . 550
§ 35. Steuern . . . 568
§ 36. Verbraucherschutz, geistiges Eigentum, Gesellschaftsrecht, Kollisions- und Prozessrecht: Zur Europäisierung des Privatrechts . . . 584
§ 37. Zur Europäisierung des Strafrechts . . . 603

10. Teil. Außendimension der Europäischen Union

§ 38. Gemeinsame Außenpolitik: Kompetenzen, Instrumente, Institutionen . . 609
§ 39. Gemeinsame Außen-, Sicherheits- und Verteidigungspolitik . . . 622
§ 40. Gemeinsame Handelspolitik und Entwicklungspolitik . . . 636
§ 41. Europäische Assoziierung – Nachbarschaftspolitik . . . 655
§ 42. Beitritt – Austritt . . . 661

Sachverzeichnis . . . 673

Inhaltsverzeichnis

Abkürzungsverzeichnis XXXVII
Einführung in das Europarecht XLV

1. Teil. Geschichtliche Entwicklung

§ 1. Die europäische Idee bis 1945 *(Oppermann)* 1
I. Der europäische Gedanke bis 1919 2
1. Ideen und Realisationen europäischer Gemeinsamkeit von der Antike bis zur Aufklärung 2
2. Vom „Europäischen Konzert" des 19. Jahrhunderts bis zum ersten Weltkrieg 3
II. Vorläufer der Europäischen Integration 1919–1945 4
1. „Paneuropa" und Locarno 4
2. Das Zerrbild der „Neuen Ordnung" der deutsch/italienischen Diktaturen 5

§ 2. Europäische Einigung 1946–1992 *(Oppermann)* 5
I. Anfänge nach 1945 6
1. Zürcher Rede Churchills 1946 und Europäische Bewegung 6
2. Erste Organisationsgründungen 6
II. Entstehung der Europäischen Gemeinschaften 1950–1958 7
1. Schuman-Erklärung 1950 und Gründung der Montanunion 8
2. Rückschläge 8
3. „Relance Européenne": Messina 1955 – Römische Verträge 1958 . . . 8
III. Wandel der „EG-Philosophie" vom Föderalismus zum Pragmatismus 1958–1969 9
1. Auf dem Weg zum Europäischen Bundesstaat? 9
2. Über die Krise 1965 ins „Europa der Vaterländer" 9
IV. 1970–1990: In kleinen Schritten in Richtung Europäischer Union 11
1. Die siebziger Jahre der EG: Norderweiterung, Europäischer Rat und Direktwahl des Europäischen Parlamentes 11
2. Die achtziger Jahre: Süderweiterung, Einheitliche Europäische Akte 1986 und Binnenmarktprozess 1985–1992 12

§ 3. Die Europäische Union seit Maastricht *(Oppermann)* 13
I. Gründung der Europäischen Union (Maastricht 1992, Amsterdam 1997, Nizza 2001) 13
II. Europäische Währungsunion 14
III. „EFTA-Erweiterung" 1995 und Osterweiterung 2004/2007/2013 15
IV. EU-Reform 2001–2009 („Post-Nizza-Prozess") 15
1. Gründe der Reform 15
2. Verfassungskonvent 2002–2003 – Scheitern des Verfassungsvertrags 2004 15
3. Lissabon-Vertrag 2007 16
V. EU-Finanzkrise 2009ff. 17
VI. Ausblick: Unvollendete Union? 19

2. Teil. Die Europäische Union – Grundlagen

§ 4. Wesen der Europäischen Union *(Oppermann)* ... 20
I. Die Fragestellung ... 20
II. Schaffung eines „Staatenverbundes" als Konzept der Verträge ... 20
1. Die Europäische Union als neuartige Form zwischenstaatlicher Verbindung ... 20
a) Zur Überstaatlichkeit der Europäischen Union ... 21
b) Zur Nichtstaatlichkeit der Europäischen Union ... 22
c) Mehrebenenverbund von EU und Mitgliedstaaten ... 23
2. Andere Deutungen ... 23
a) Internationale Organisation ... 23
b) Staatenbund/Verwaltungsunion ... 23
c) Zweckverband funktioneller Integration ... 24
d) (Vor)Bundesstaat ... 24
III. Einwirkungen der Finanzkrise auf die Gestalt der Europäischen Union? . 24
IV. Zur Finalität der Europäischen Union ... 25
V. Ausblick: Legitimation der Europäischen Union im 21. Jahrhundert ... 25
1. Die EU als Akteur in der globalisierten Welt ... 26
a) Garant der Wirtschafts- und Wohlstandsgemeinschaft ... 26
b) Auf Dauer nur Zivilmacht? ... 26
2. Verpflichtung auf gemeinsame Werte („Wertegemeinschaft") ... 26
3. Europäische Friedensordnung ... 27

§ 5. Organe der Europäischen Union *(Nettesheim)* ... 27
I. Überblick ... 28
1. Die Organe der EU ... 28
2. Weitere Einrichtungen ... 28
3. Standorte der Institutionen ... 29
4. Sprachenregime der Europäischen Union ... 29
a) Sprachliche Geltung der Verträge ... 30
b) Regelung der Amtssprachen und Arbeitssprachen ... 30
II. Gewaltenteilung und Funktionenverschränkung ... 31
1. Funktionen und Institutionen ... 31
2. Institutionelles Gleichgewicht ... 33
III. Die Organe der Union ... 33
1. Das Europäische Parlament (EP) ... 33
a) Die Institution des Europäischen Parlaments ... 35
b) Beschlussverfahren des Europäischen Parlaments ... 38
c) Aufgaben des Europäischen Parlaments ... 38
d) Politische Parteien auf europäischer Ebene ... 41
2. Der Europäische Rat ... 42
a) Die Institution des Europäischen Rats ... 43
b) Beschlussverfahren des Europäischen Rats ... 44
c) Aufgaben des Europäischen Rates ... 44
3. Der Rat ... 45
a) Die Institution des Rats ... 45
b) Beschlussverfahren im Rat ... 48

c) Aufgaben und Funktionen des Rates ... 50
d) Die im Rat vereinigten Vertreter der Mitgliedstaaten ... 52
4. Die Kommission ... 52
a) Die Institution der Kommission ... 53
b) Beschlussverfahren der Kommission ... 58
c) Aufgaben und Funktionen der Kommission ... 59
5. Europäische Gerichtsbarkeit (EuGH, EuG, GÖD) ... 62
a) Träger der rechtsprechenden Gewalt ... 63
b) Aufgaben der europäischen Gerichtsbarkeit ... 66
6. Der Rechnungshof (RH) ... 67
a) Die Institution des Rechnungshofs ... 67
b) Aufgaben und Befugnisse ... 68
IV. Ausblick ... 68

§ 6. Weitere Institutionen der Europäischen Union *(Nettesheim)* ... 69
I. Beratende Institutionen mit Verfassungsrang ... 70
1. Wirtschafts- und Sozialausschuss (WSA) ... 70
a) Die Institution des WSA ... 71
b) Aufgaben und Befugnisse ... 71
2. Ausschuss der Regionen (AdR) ... 72
a) Die Institution des AdR ... 73
b) Aufgaben und Befugnisse ... 73
II. Sonstige Einrichtungen ... 74
1. Organisationsgewalt der Europäischen Union ... 74
2. Das Spektrum weiterer EU-Einrichtungen ... 75
a) Unionsagenturen ... 75
b) Agenturen für die Gemeinsame Außen- und Sicherheitspolitik ... 76
c) Exekutivagenturen ... 76
III. Ausblick ... 77

§ 7. Personal *(Classen)* ... 77
I. Notwendigkeit eines Europäischen Öffentlichen Dienstes ... 77
II. Grundlagen des europäischen Dienstrechts ... 77
1. Zur Grundstruktur des Europäischen Öffentlichen Dienstes ... 77
2. Rechtsgrundlagen ... 78
3. Zuordnung des Personals und Personalbestand ... 79
4. Laufbahnprinzip und Beförderungssystem ... 79
5. Auswahlverfahren ... 79
6. Nationalitätenproporz ... 80
III. Status der Europabeamten ... 80
1. Begründung des Beamtenverhältnisses ... 81
2. Loyalitätspflichten und Disziplinarrecht ... 81
3. Statusrechte ... 81
4. Rechtsschutz ... 82
5. Beendigung des Beamtenverhältnisses ... 83
IV. Sonstige Europabediensteten ... 83
VI. Kollektives Dienstrecht ... 83
1. Personalvertretung ... 83

2. Koalitionsrecht 84
a) Dialog Berufsverbände – Unionsorgane 84
b) Zum Streikrecht 84
VII. Ausblick: Europäische und internationale Bedienstete 85

§ 8. Finanzordnung *(Nettesheim)* 85
I. Wesen und Dimension der EU-Finanzordnung 85
II. Haushalt der Europäischen Union 87
1. Entwicklung des Haushaltswesens der EU 87
2. Grundlinien des EU-Haushaltsrechts 88
a) Rechtsgrundlagen 88
b) Haushaltsgrundsätze 89
3. Haushaltseinnahmen der Europäischen Union 89
a) Die Eigenmittel 90
b) Sonstige Haushaltseinnahmen 91
4. Haushaltsausgaben der Europäischen Union 92
a) Kompetenzielle Begrenzung der Ausgaben 92
b) Mehrjähriger Finanzrahmen 92
c) Die Ausgabenstruktur 92
5. Haushaltsverfahren, Haushaltsvollzug und Haushaltsabschluss 94
a) Entwurf des Haushaltsplanes (Art. 314 Abs. 1 AEUV) 94
b) Feststellung des Haushaltsplanes (Art. 314 Abs. 5 AEUV, Art. 40 HaushO) 95
c) Haushaltsvollzug (Art. 317 AEUV, Art. 53 ff. HaushO) 95
d) Rechnungslegung und Rechnungsprüfung (Art. 318 AEUV) 95
e) Entlastung der Kommission (Art. 319 AEUV, Art. 164 ff. HaushO) 95
6. Schutz der finanziellen Interessen der EU (Betrugsbekämpfung) 95
III. Unionsfinanzierung außerhalb des Haushaltes, insbesondere Anleihen und Darlehen 96
1. Europäischer Entwicklungsfonds (EEF) 96
2. Anleihen und Darlehen der EU 97
a) Zur Verschuldungsfähigkeit der EU 97
b) Finanzierungsinstrumente der EU 97
IV. Ausblick 98

3. Teil. Integration durch Recht

§ 9. Rechtsquellen des Europäischen Unionsrechts *(Nettesheim)* 101
I. Die autonome und einheitliche Rechtsordnung des EU-Rechts 101
1. Der Rechtskorpus des „Unionsrechts" 101
2. Kennzeichen der Unionsrechtsordnung 102
a) Autonomie des Rechts 102
b) Vergemeinschaftung des Rechtserzeugungsprozesses 104
c) Supranationalität 105
d) Insbesondere: Geltung, unmittelbare Anwendbarkeit und Wirkung des Unionsrechts 105
II. Primärrecht 107

1. Die Verträge ... 108
2. Ungeschriebenes primäres Unionsrecht ... 109
a) Gewohnheitsrecht ... 109
b) Allgemeine Rechtsgrundsätze des Unionsrechts ... 110
3. Vertragsänderungen und Vertragsergänzungen ... 115
a) Vertragsänderung ... 115
b) Sonstige Vertragsergänzungen und -anpassungen ... 117
III. Sekundäres Unionsrecht ... 117
1. Das Primärrecht als Grundlage und Grenze von sekundärem Unionsrecht ... 117
2. Außensteuerung im Bereich des AEUV und des EAGV ... 118
a) Rechtsinstrumente – Überblick ... 118
b) Verordnung ... 119
c) Richtlinie ... 121
d) Beschluss ... 128
e) Empfehlung und Stellungnahme ... 130
f) Weiche Steuerungsformen ... 131
3. Außensteuerung im Bereich der GASP ... 134
4. Rechtsinstrumente zur Selbstorganisation des Integrationsverbands ... 134
a) Überblick ... 134
b) Beschlüsse ... 135
c) Entschließungen ... 135
d) Beschlüsse der im Rat vereinigten Vertreter der Mitgliedstaaten ... 136
e) Interinstitutionelle Vereinbarungen ... 136
f) Sonstige Akte ohne Rechtsverbindlichkeit ... 137
IV. Völkerrecht im Unionsrecht ... 137
1. Völkergewohnheitsrecht und allgemeine Rechtsgrundsätze des Völkerrechts ... 138
2. Völkerrechtliche Verträge ... 138
a) EU-Abkommen ... 139
b) Abkommen der Mitgliedstaaten ... 139
V. Auslegung des Unionsrechts ... 140
1. Unionsrechtliche Auslegungsmethoden zwischen Völkerrecht und Verfassungsrecht ... 140
2. Wortlautargumente ... 141
3. Der systematische Kontext ... 142
4. Historische Auslegung ... 142
5. Teleologische Argumente ... 143
6. Vertretbare, überzeugende und zwingende Entscheidungen ... 144
VI. Ausblick ... 145

§ 10. Rang des Unionsrechts *(Nettesheim)* ... 145
I. Normenkollisionen zwischen EU-Recht und nationalem Recht ... 146
1. Der Vorranganspruch des Unionsrechts ... 146
a) Verfassungsähnliche Gründung einer autonomen Unionsrechtsordnung ... 147
b) Die Rechtsprechung des Europäischen Gerichtshofes ... 148
c) Die europarechtliche Theorie in den Mitgliedstaaten ... 148

2. Die Akzeptanz des Vorrangs des Unionsrechts in der Rechtsprechung der Mitgliedstaaten 149
a) Deutschland 149
b) Andere Mitgliedstaaten 153
3. Konsequenzen des Vorrangs: Unanwendbarkeit des nationalen Rechts („Anwendungsvorrang“) 155
II. Normenhierarchie innerhalb des Unionsrechts 156
1. Rang und Vorrang des Primärrechts 157
2. Rangstufen innerhalb des Sekundärrechts 158
III. Ausblick 159

§ 11. Europäische Rechtsetzung *(Nettesheim)* 160
I. Kompetenzen 160
1. Prinzip der begrenzten Einzelermächtigung 161
2. Formen der Kompetenzbegründung 162
a) Art. 352 AEUV 163
b) Implied-Powers-Lehre 164
3. Arten der Kompetenzen 164
4. Der Sonderfall der verstärkten Zusammenarbeit 165
5. Kompetenzausübungsregeln 167
a) Subsidiaritätsprinzip 167
b) Verhältnismäßigkeitsprinzip 170
II. Delegation von Befugnissen 170
1. Delegierte Rechtsetzung (Art. 290 AEUV) 170
2. Durchführungsrechtsetzung (Art. 291 AEUV) 171
3. Sonstige Delegation 172
III. Das Verfahren der Rechtsetzung 173
1. Die Wandlungen des Verfahrensrechts 173
2. Die Verfahrensarten: Überblick und Abgrenzungen 173
3. Ausgewählte Typen des Rechtsetzungsverfahrens 175
a) Das ordentliche Gesetzgebungsverfahren (Art. 294 AEUV) 175
b) Das besondere Gesetzgebungsverfahren 180
c) Sonstige Rechtsetzungsverfahren 181
IV. Die Form der Rechtsetzung 181
1. Die Bezeichnung der Rechtsakte 181
2. Begründungspflicht 182
3. Veröffentlichung, Bekanntgabe und Inkrafttreten 183
a) Veröffentlichung und Bekanntgabe 183
b) Inkrafttreten 184
V. Bestandskraft, Änderung und Außerkrafttreten von Unionsrecht 184
1. Gültigkeit 185
2. Berichtigung von Rechtsakten 185
3. Änderung von Rechtsakten 185
VI. Ausblick 186

§ 12. Vollzug des Unionsrechts *(Nettesheim)* 186
I. Die Entstehung einer europäischen Verwaltungsrechtsordnung 187
II. Direkter und indirekter Vollzug des Unionsrechts 189

1. Vollzug durch EU-Behörden (EU-Eigenverwaltung) 189
a) Organisationsgewalt 190
b) Vorgaben für Verwaltungsorganisation und -verfahren 190
c) Zugang zu Dokumenten 192
2. Vollzug durch mitgliedstaatliche Behörden 193
a) Prinzip der Durchführungszuständigkeit der Mitgliedstaaten? . . . 194
b) Vorgaben für den mitgliedstaatlichen Vollzug des Unionsrechts . . 196
c) Vollzugsdefizite 199
III. Vollstreckung des Unionsrechts 201
IV. Sanktionen gegenüber Privatpersonen 201
V. Ausblick 202

§ 13. Rechtsschutz *(Classen)* 203
I. Grundlagen der Rechtsschutzgewährung 204
1. Zur Gewährleistung effektiven Rechtsschutzes durch nationale Gerichte 205
2. Zum Zuständigkeitskatalog der europäischen Gerichtsbarkeit 206
a) Die Zuständigkeiten der europäischen Gerichtsbarkeit 206
b) Zu den Funktionen der europäischen Gerichtsbarkeit 207
3. Verhältnis europäischer und nationaler (deutscher) Gerichtszuständigkeit 208
II. Allgemeine Prinzipien der Rechtsschutzgewährung durch die europäische Gerichtsbarkeit 209
1. Rechtsgrundlagen 209
2. Verteilung der Zuständigkeiten innerhalb der europäischen Gerichtsbarkeit 210
3. Zum Umfang der gerichtlichen Prüfung 210
4. Prozessverfahren 211
a) Schriftliches Verfahren 211
b) Mündliches Verfahren 211
c) Verfahrensdauer 212
5. Urteile und ihre Wirkungen 212
6. Rechtsmittel 213
III. Vertragsverletzungsverfahren gegen Mitgliedstaaten (Art. 258 f. AEUV) . 214
1. Wesen des Verfahrens 214
2. Zulässigkeitsvoraussetzungen 215
a) Beteiligte und Streitgegenstand 215
b) Verfahrensrechtliche Voraussetzungen 215
3. Urteil 216
IV. Nichtigkeitsklage und Untätigkeitsklage (Art. 263, 265 AEUV) 217
1. Wesen der Verfahren 217
2. Nichtigkeitsklage (Art. 263 AEUV) 218
a) Klagevoraussetzungen 218
b) Begründetheitsprüfung und Urteil 220
3. Untätigkeitsklage (Art. 265 AEUV) 221
4. Besonderheiten der Nichtigkeits- und der Untätigkeitsklage natürlicher und juristischer Personen (Art. 263 Abs. 4 und 5, 265 Abs. 3 AEUV) 221

a) Klageberechtigter Personenkreis 221
b) Anfechtbare Rechtsakte/angreifbare Untätigkeit 222
V. Amtshaftungsklage (Art. 268 AEUV) 224
VI. Vorabentscheidungsverfahren (Art. 267 AEUV) 225
1. Funktion des Vorabentscheidungsverfahrens 225
a) Verzahnung nationaler und europäischer Gerichtsbarkeit 225
b) Autoritative Auslegung und Gültigkeitskontrolle 226
2. Voraussetzungen einer Vorlage 226
a) Vorlageberechtigte Stelle: „Gericht" 226
b) Zulässige Frage: Auslegung von Unionsrecht, Gültigkeit von Sekundärrecht 227
c) „Entscheidungserheblichkeit" der europäischen Norm 227
3. Vorlagepflichten 227
a) Vorlagepflicht letztinstanzlicher Gerichte 227
b) Ausnahmen von dieser Vorlagepflicht 228
c) Vorlagepflicht bei Gültigkeitsfragen 228
d) Vorlagepflicht von Verfassungs wegen 228
e) Rechtsfolgen der Missachtung der Vorlagepflicht 229
4. Verfahren und Folgen der Vorabentscheidung 229
a) Verfahrensrechtliche Aspekte 229
b) Urteil 229
5. Durchsetzung der Vorlagepflicht durch BVerfG und EGMR 229
VII. Gewährleistung einstweiligen Rechtsschutzes 230
VIII. Ausblick 231

§ 14. Haftung der Europäischen Union und ihrer Mitgliedstaaten *(Classen)* 231
I. Haftung der EU im Inneren 232
1. Vertragliche Haftung der EU 232
2. Außervertragliche Haftung der EU (Art. 340 Abs. 2 AEUV) 232
a) Haftbare Stellen 233
b) Verletzung Rechte Einzelner 234
c) Qualifikation des Rechtsverstoßes 234
d) Schaden 234
e) Kausalzusammenhang von Schaden und Rechtsverstoß 235
f) Persönliche Haftung der EU-Bediensteten 235
II. Haftung der Mitgliedstaaten bei Verletzungen des Unionsrechts 235
1. Grundsatzfragen 235
2. Die einzelnen Anspruchsvoraussetzungen 237
a) Haftbare Stellen 237
b) Verletzung Rechte Einzelner 238
c) Qualifikation des Rechtsverstoßes 238
d) Schaden 239
3. Ergänzende Haftung bei Vertrauensschutz? 240
III. Ausblick 240

4. Teil. Die europäische Union und ihre Bürger

§ 15. Rechtsstaatliche Demokratie in der EU *(Nettesheim)* . . . 241
I. Phasen der Diskussion um demokratische Legitimität . . . 241
1. Die Legitimationskonstruktion der frühen Jahre: Einstimmigkeitserfordernis und Output-Orientierung . . . 241
2. Die Ungeeignetheit überkommener Legitimationskonstruktionen . . 242
II. Demokratietheorie im Zeitalter der Europäisierung . . . 244
III. Kernbausteine europäischer Demokratie . . . 246
1. Gemeinwohldienliches Regieren („Output“) als Ausdruck von „Input“, Verfahren und Kontrolle . . . 246
2. Freiheit und Gleichheit der Selbstregierung . . . 248
3. Gemeinwohldienliche Regierung zwischen Distanz und Nähe . . . 249
4. Vor-institutionelle Voraussetzungen europäischer Demokratie . . . 251
IV. Ein „demokratisches Defizit“? . . . 252

§ 16. Unionsbürgerschaft *(Nettesheim)* . . . 254
I. Die Herausbildung eines Bürgerstatus . . . 254
II. Die Einwirkung der Unionsbürgerschaft auf das mitgliedstaatliche Staatsangehörigkeitsrecht . . . 256
III. Inhaltliche Dimensionen des „Grundstatus“ der Unionsbürgerschaft . . . 257
IV. Freizügigkeit: Schutz der positiven und der negativen Freiheit . . . 258
1. Persönlicher Anwendungsbereich . . . 258
2. Sachlicher Anwendungsbereich . . . 259
a) Schutz der Freiheit zur grenzüberschreitenden Mobilität . . . 259
b) Schutz des Rechts zum Bleiben . . . 259
3. Beeinträchtigung . . . 260
4. Schranken . . . 260
V. Das Recht auf Gleichbehandlung (Art. 21 i. V. m. Art. 18 AEUV) . . . 261
VI. Die politische Dimension der Unionsbürgerschaft . . . 263
1. Wahlrecht bei Kommunalwahlen und zum Europäischen Parlament . 263
2. Diplomatischer und konsularischer Schutz . . . 263
3. Petitions- und sprachliche Rechte . . . 264
VII. Ausblick . . . 264

§ 17. Europäische Grundrechte *(Classen/Nettesheim)* . . . 265
I. Die Herausbildung der EU-Grundrechte . . . 265
II. Die heutigen Rechtsquellen des EU-Grundrechtsschutzes . . . 267
1. Die Charta der Grundrechte der Europäischen Union . . . 267
2. Die EMRK . . . 269
a) Grundlagen der EMRK . . . 269
b) Dogmatik der EMRK . . . 270
c) Die Bedeutung der EMRK für den Grundrechtsschutz der EU . . 271
3. Das Verhältnis der in Art. 6 EUV genannten Rechtsquellen zueinander . . . 272
III. Grundrechtslehren der EU-Grundrechte . . . 273
1. Grundrechtliche Abwehrrechte . . . 273
a) Adressaten . . . 273
b) Berechtigte . . . 275

c) Schutzbereich – Eingriff – Schranken ... 275
2. Grundrechtliche Leistungspflichten ... 278
IV. Einzelne Grundrechte ... 279
1. Fundamentalgarantien ... 279
a) Die Menschenwürde (Art. 1 GrCh) ... 279
b) Recht auf Leben (Art. 2 Abs. 1 GrCh, Art. 2 EMRK) – Verbot der Todesstrafe (Art. 2 Abs. 2 GrCh, Art. 1, 6. ZP und 13. ZP) ... 279
c) Verbot von Folter und unmenschlicher Behandlung (Art. 4 GrCh, Art. 3 EMRK) ... 280
d) Verbot der Sklaverei und Zwangsarbeit (Art. 5 GrCh, Art. 4 EMRK) ... 280
2. Freiheitsrechte ... 280
a) Recht auf Achtung der Privatsphäre (Art. 7 GrCh, Art. 8 EMRK, Art. 16 AEUV) ... 280
b) Schutz des Familienlebens (Art. 7 GrCh, Art. 8 EMRK) ... 281
c) Schutz der Wohnung und Freiheit des Briefverkehrs (Art. 7 GrCh, Art. 8 EMRK) ... 282
d) Gedanken-, Gewissens- und Religionsfreiheit (Art. 10 GrCh, Art. 9 EMRK) ... 282
e) Meinungs- und Medienfreiheit (Art. 11 GrCh, Art. 10 EMRK) ... 283
f) Versammlungs- und Vereinigungsfreiheit (Art. 12 GrCh, Art. 11 EMRK) ... 284
g) Berufsfreiheit (Art. 15, 16 GrCh) ... 285
h) Schutz des Eigentums (Art. 17 GrCh, Art. 1 des 1. ZP) ... 285
i) Freizügigkeit (Art. 45 GrCh, Art. 2–4, 4. ZP; Art. 1 des 7. ZP) ... 286
3. Ansprüche auf Gleichbehandlung ... 286
a) Allgemeiner Gleichheitssatz ... 286
b) Die Gleichstellungspolitik der EU ... 288
4. Soziale Rechte ... 291
5. Justizgarantien ... 291
a) Recht auf ein faires Verfahren (Art. 47 GrCh, Art. 6, 13 EMRK, Art. 2–4 des 7. ZP) ... 291
b) Weitere rechtsstaatliche Garantien ... 293
V. Die äußere Überwachung: EGMR und nationale Verfassungsgerichte ... 295
1. Schutz durch den Europäischen Gerichtshof für Menschenrechte (EGMR) ... 295
a) Organisation des Gerichtshofes ... 295
b) Zuständigkeiten und Verfahren ... 296
c) Urteile des EGMR und ihre Folgen ... 296
d) Die Kontrolle von Unionsrecht durch den EGMR ... 297
2. Schutz durch die nationale Verfassungsgerichtsbarkeit ... 297
VI. Ausblick ... 298

5. Teil. Wirtschaftsordnung der Europäischen Union

§ 18. Wirtschaftsverfassung und Wirtschaftspolitik *(Nettesheim)* ... 299
I. Die Diskussion um die Wirtschaftsverfassung der EU ... 299
II. Die Fragmentiertheit der Wirtschaftsordnung ... 301

1. Die Verfassung des Binnenmarktes ... 302
2. Gestaltende Politik der EU – zwischen Liberalität und Interventionismus ... 302
III. Allgemeine Wirtschaftspolitik der EU ... 303
1. Die Koordinierung der Wirtschaftspolitik der Mitgliedstaaten ... 304
2. Die Stärkung der fiskal- und haushaltspolitischen Disziplin ... 306
a) Der Stabilitäts- und Wachstumspakt ... 306
b) Der Ausbau des Stabilisierungsregimes ... 307
c) Auf dem Weg zu einer „Europäischen Wirtschaftsregierung"? ... 309
3. Die „Rettungsmechanismen" ... 309
4. Wege aus der Krise ... 311
IV. Wirtschaftspolitik durch Kreditvergabe: Die Europäische Investitionsbank (EIB) ... 312
1. Gründung und Entwicklung der Europäischen Investitionsbank ... 313
2. Status der Europäischen Investitionsbank ... 313
3. Aufgaben der EIB ... 314
V. Sektorielle Wirtschaftspolitiken der EU: Das Beispiel der Regional- und Strukturpolitik ... 315
1. Entwicklung ... 315
3. Ziele und Instrumente ... 316
4. Förderumfang ... 317
VI. Ausblick ... 318

§ 19. Währungsunion *(Nettesheim)* ... 318
I. Chancen und Risiken einer Währungsunion ... 319
II. Der Weg in die Europäische Währungsunion 1999 ... 321
III. Die Europäische Währungsunion (EWU) ... 322
1. Europäische Zentralbank (EZB) ... 322
a) Die Institution der EZB ... 323
b) Die Unabhängigkeit der EZB ... 324
c) Kapital und Währungsreserven der EZB ... 325
2. Aufgaben und Ziele des Eurosystems ... 325
IV. Ausblick ... 327

§ 20. Wettbewerbsrecht und Unternehmen *(Classen)* ... 328
I. Grundlagen ... 328
1. Wettbewerb als Element des Binnenmarktes ... 328
2. Zur Entwicklung des europäischen Wettbewerbsrechts ... 331
3. Grundbegriffe des europäischen Wettbewerbsrechts ... 331
a) Adressaten des Wettbewerbsrechts ... 332
b) Relevanter Markt ... 333
c) Zwischenstaatsklausel ... 334
d) Bereichsspezifische Regeln ... 334
II. Das Kartellverbot und seine Ausnahmen (Art. 101 AEUV) ... 334
1. Grundstruktur ... 334
a) Kartellbegriff ... 335
b) Wettbewerbsbeschränkung ... 335
c) Spürbarkeitsklausel ... 336

d) Ausnahme nach Absatz 3 ... 336
e) Rechtsfolgen des Kartellverbotes ... 337
2. Einzelheiten zu horizontalen und vertikalen Vereinbarungen ... 337
a) Horizontale Vereinbarungen ... 337
b) Vertikale Vereinbarungen ... 338
III. Der Missbrauch einer marktbeherrschenden Stellung (Art. 102 AEUV) . 339
1. Marktbeherrschende Stellung ... 339
2. Missbräuchliche Ausnutzung einer marktbeherrschenden Stellung .. 340
3. Folgen eines Missbrauches einer marktbeherrschenden Stellung ... 341
IV. Die Fusionskontrolle (FusK) ... 341
1. Entstehung und Entwicklung der europäischen Fusionskontrolle ... 342
2. Gegenstand der Fusionskontrolle: Zusammenschlüsse von unionsweiter Bedeutung (Art. 1, 3 FusK-VO) ... 342
3. Voraussetzungen des Verbotes eines Zusammenschlusses (Art. 2 FusK-VO) ... 343
4. Fusionskontrollverfahren (Art. 4ff. FusK-VO i.V. m. VO 802/2004) und Rechtsschutz ... 343
V. Nationales, europäisches und internationales Wettbewerbsrecht ... 344
1. Extraterritoriale Wirkungen europäischen Wettbewerbsrechts ... 344
2. Europäisches und nationales Wettbewerbsrecht ... 346
VI. Die Durchsetzung des Wettbewerbsrechts ... 347
1. Administrative Durchführung des Wettbewerbsrechts ... 347
a) Verwaltungsbefugnisse der Kommission ... 347
b) Sanktionsbefugnisse der Kommission ... 348
c) Aufgaben und Befugnisse der nationalen Behörden ... 349
2. Rechtsschutz ... 349
a) Rechtsschutz vor den europäischen Gerichten ... 349
b) Rechtsschutz vor nationalen Gerichten ... 350
c) Private Rechtsdurchsetzung vor nationalen Gerichten ... 350
VII. Ausblick: Erfolge und Zukunft der europäischen Wettbewerbspolitik ... 351

§ 21. Wettbewerbsrecht und der Staat: Beihilfen, Daseinsvorsorge und öffentliche Aufträge *(Classen)* ... 352
I. Grundlagen: Das wirtschaftliche Engagement des Staates im Binnenmarkt ... 352
II. Das Verbot nationaler Beihilfen und seine Ausnahmen ... 353
1. Grundlagen: Subventionen im europäischen Binnenmarkt ... 353
2. Die Unvereinbarkeitsklausel des Art. 107 Abs. 1 AEUV ... 355
a) Gewähren eines wirtschaftlichen Vorteils („Begünstigung") ... 355
b) Gewährung staatlicherseits ... 355
c) Begünstigte: Unternehmen ... 356
d) Selektivität der Zuwendung ... 356
e) Wettbewerbsverfälschung ... 357
f) Beeinträchtigung des Handels zwischen Mitgliedstaaten ... 357
3. Legalausnahmen und Ausnahmen nach Ermessen der Kommission .. 358
a) Legalausnahmen (Art. 107 Abs. 2 AEUV) ... 359
b) Ausnahmen nach Ermessen (Art. 107 Abs. 3 AEUV) ... 359
4. Verhältnis zu anderen Regelungen des Unionsrechts ... 362

a) Verhältnis des Beihilferechts zu anderen Vertragsregelungen 362
b) Beihilferegime und Drittländer 363
5. Europäisches Beihilfeverfahren 363
a) Grundlagen 363
b) Kontrolle bestehender Beihilfen („repressive“ Kontrolle) 364
c) Kontrolle neuer Beihilfen (präventive Kontrolle) 364
d) Rechtswidrige Beihilfen und ihre Kontrolle 365
e) Rückforderung rechtswidriger Beihilfen 366
6. Rechtsschutz 367
a) Rechtsschutz vor der europäischen Gerichtsbarkeit 367
b) Rechtsschutz vor der nationalen Gerichtsbarkeit 368
III. Öffentliche Unternehmen, Daseinsvorsorge und Wettbewerbsordnung . 369
1. Das Grundproblem 369
2. Grundsätze 371
a) Wettbewerbliche Gleichbehandlung öffentlicher und privater Unternehmen 371
b) Dienstleistungen von allgemeinem wirtschaftlichen Interesse (Daseinsvorsorge/Service public) 371
c) Insbesondere: Beihilferechtliche Fragen 372
3. Praxis der europäischen Liberalisierung bei den Diensten von allgemeinem wirtschaftlichen Interesse 374
a) Telekommunikation (TK) 374
b) Post 375
c) Sparkassen und Landesbanken 375
d) Weitere Bereiche 375
IV. Öffentliche Aufträge (Vergabewesen) 376
1. Grundlagen 376
2. Entwicklung des Sekundärrechts und deutsche Umsetzung 377
3. Anwendungsbereich 378
4. Vergabeverfahren 380
5. Rechtsschutz 381
6. Vergabeentscheidungen jenseits des Anwendungsbereichs der Richtlinien 381
V. Ausblick 381

6. Teil. Binnenmarkt I: Warenverkehr und Dienstleistungen

§ 22. Binnenmarkt – Freier Warenverkehr *(Classen)* 383
I. Grundlage: Der Binnenmarkt 383
1. Sinn und Zweck der Grundfreiheiten 384
2. Adressaten der Grundfreiheiten 385
3. Struktur der Prüfung der Grundfreiheiten 386
4. Zur Inländerdiskriminierung 387
5. Negative und positive Integration 388
6. Erfolge und Probleme der Marktintegration 388
II. Die Warenverkehrsfreiheit als Kern des Binnenmarktes 389
1. Ware 389
2. Unionswaren und Freiverkehrswaren 389

3. Inhalt der Warenverkehrsfreiheit ... 390
4. Die Entwicklung des freien Warenverkehrs seit 1958 ... 390
III. Marktliberalisierung I: Die Zollunion ... 390
1. Abschaffung der Binnenzölle (Art. 28ff. AEUV) ... 390
2. Abschaffung der Abgaben zollgleicher Wirkung ... 391
IV. Marktliberalisierung II: Verbot mengenmäßiger Beschränkungen und Maßnahmen gleicher Wirkung (Art. 34ff. AEUV) ... 392
1. Anwendungsbereich ... 392
2. Verbot mengenmäßiger Beschränkungen ... 392
3. Verbot der Maßnahmen gleicher Wirkung wie mengenmäßige Beschränkungen (MgW) ... 393
a) Definition der MgW für die Wareneinfuhr durch die „Dassonville"-Formel ... 393
b) Eingrenzungen: Keck-Formel, Nutzungsbeschränkungen u. a. ... 394
c) MgW bei der Beschränkung der Warenausfuhr ... 395
4. Mögliche Rechtfertigung von mengenmäßigen Beschränkungen und MgW ... 395
a) Ausnahmen vom Verbot von mengenmäßigen Beschränkungen und MgW nach Maßgabe von Art. 36 AEUV ... 395
b) Die „Cassis-Doktrin": Rechtfertigung durch zwingende Erfordernisse des Handelsverkehrs ... 396
V. Nichtdiskriminierende Umformung staatlicher Handelsmonopole ... 397
1. Umformungsgebot ... 398
2. Handels- und Finanzmonopole ... 398
VI. Maßnahmen zur praktischen Verwirklichung des freien Warenverkehrs ... 399
1. Binnenmarktschädliche Aktionen Privater ... 399
2. Rechtsangleichung im Kontext der Warenverkehrsfreiheit ... 400
VII. Ausblick ... 401

§ 23. Energiepolitik *(Classen)* ... 402
I. Grundlagen ... 402
1. Die Bedeutung der Energiepolitik für die europäische Integration ... 402
2. Die Entwicklung der europäischen Energiepolitik ... 403
II. Primärrechtliche Grundlagen und sekundärrechtliche Ausformung der Energiepolitik (ohne Kernenergie) ... 404
1. Primärrechtliche Grundlagen der europäischen Energiepolitik ... 404
2. Sekundärrechtliche Ausformungen für die einzelnen Energiearten ... 405
a) Erdöl und Kohle als wie normale Waren handelbare Energieträger ... 405
b) Die leitungsgebundenen Energieträger Erdgas und Elektrizität ... 405
c) Ökologische Aspekte der Energiepolitik: Energieeinsparung und Klimaschutz ... 406
d) Außenbeziehungen ... 407
III. Das Kernenergieregime von EURATOM ... 407
1. Entwicklung von EURATOM und der Nutzung der Kernenergie in der EU ... 408
2. Grundstruktur des EAG-Vertrages ... 408
3. Aufgaben von EURATOM ... 409
a) Versorgung mit Brennstoffen ... 409

b) Gesundheitsschutz und nukleare Sicherheit 409
c) Weiterentwicklung der Kernenergie (Forschung/Gemeinsame Unternehmen) 409
IV. Ausblick 410

§ 24. Landwirtschaft und Fischerei *(Classen)* 410
I. Landwirtschaft und Fischerei: Administrierter Teil des Binnenmarktes . . 410
1. Gemeinsame Agrarpolitik (GAP) und Binnenmarkt 410
2. Entwicklung der Gemeinsamen Agrarpolitik 411
II. Primärrechtliche Grundlagen der Gemeinsamen Agrarpolitik 412
1. Zum Begriff der Landwirtschaft 412
2. Inhaltliche Vorgaben für die Gemeinsame Agrarpolitik 412
a) Ziele der Agrarpolitik (Art. 39 AEUV) 412
b) Prinzipien der Gemeinsamen Agrarpolitik 412
c) Gemeinsame Agrarpolitik und allgemeine Vertragsregelungen . . . 413
3. Die Rechtsgrundlagen der Gemeinsamen Agrarpolitik 414
III. Sekundärrechtliche Ausgestaltung der Landwirtschaftspolitik 415
1. Die Europäischen Marktordnungen im Bereich der Landwirtschaft . . 415
a) Finanzrelevante Regeln für den Agrarbinnenmarkt 416
b) Agrarrechtsangleichung 416
c) Ergänzende Marktregelungen 417
d) Regeln für den Agraraußenhandel 417
2. Agrarstrukturpolitik („Entwicklung des ländlichen Raumes“) 417
a) Aufgaben und Grundlagen der Agrarstrukturpolitik 418
b) Entwicklung der Agrarstrukturpolitik 418
c) Stand der Agrarstrukturpolitik 418
3. Verwaltung und Finanzierung der Marktordnungen 419
a) Agrarverwaltung 419
b) Gemeinsame Agrarfinanzierung 419
IV. Gemeinsame Fischereipolitik 420
1. Tatsächliche Besonderheiten der Gemeinsamen Fischereipolitik 421
2. Gemeinsame Fischereipolitik und Internationales Seerecht 421
3. Entwicklung der Gemeinsamen Fischereipolitik 421
4. Stand der Gemeinsamen Fischereipolitik 422
a) Erhaltung der Fischbestände 422
b) Gemeinsame Marktorganisation für Fischereierzeugnisse 423
c) EU-Außenbeziehungen in der Fischereipolitik 423
V. Ausblick 424

§ 25. Freier Dienstleistungsverkehr *(Classen)* 424
I. Grundlagen: Die Dienstleistungsfreiheit als Teil des Binnenmarktes 424
II. Marktliberalisierung im Bereich des Dienstleistungsverkehrs: Die Dienstleistungsfreiheit (Art. 56ff. AEUV) 425
1. Anwendungsbereich der Dienstleistungsfreiheit 426
a) Dienstleistung 426
b) Ausnahmetatbestand: Ausübung öffentlicher Gewalt 426
c) Grenzüberschreitung der Dienstleistung 427
d) Keine Harmonisierung durch die Union 428

e) Personeller Anwendungsbereich ... 428
2. Das Verbot von Beschränkungen der Dienstleistungsfreiheit ... 428
3. Rechtfertigung für Beschränkungen der Dienstleistungsfreiheit ... 429
a) Grenzen der öffentlichen Ordnung, Sicherheit und Gesundheit (Art. 52 AEUV) ... 429
b) Immanente Grenzen der zwingenden Allgemeininteressen ... 430
III. Maßnahmen zur praktischen Verwirklichung des freien Dienstleistungsverkehrs ... 431
1. Grundlagen ... 431
2. Dienstleistungsrichtlinie ... 431
3. Berufsbezogene Regelungen ... 432
a) Anerkennung von Berufsqualifikationen ... 433
b) Rechtsanwälte und Notare im Besonderen ... 434
4. Entsenderichtlinie ... 434
5. Aufenthaltsrechtliche Begleitrechte ... 435
IV. Ausblick ... 435

§ 26. Verkehr *(Classen)* ... 436
I. Die Verkehrspolitik im Binnenmarkt ... 436
1. Doppelfunktion des Verkehrs im Binnenmarkt ... 436
2. Entwicklung der Gemeinsamen Verkehrspolitik seit 1958 ... 436
II. Primärrechtliche Grundlagen der Gemeinsamen Verkehrspolitik ... 437
1. Inhaltliche Vorgaben für die gemeinsame Verkehrspolitik ... 437
2. Kompetenzgrundlagen der Gemeinsamen Verkehrspolitik ... 438
3. Der Verkehr und die sonstigen Vertragsregeln ... 438
III. Sekundärrechtliche Ausformung der Liberalisierung des Verkehrs ... 439
1. Liberalisierung bei der Erbringung von Verkehrsdienstleistungen ... 439
2. Bereitstellung und Nutzung der Infrastruktur ... 440
3. Personenbezogene Regeln (Fahrerlaubnisse etc.) ... 442
IV. Sekundärrechtliche Ausformung der Sicherung des Wettbewerbs ... 443
1. Preisregelungen ... 443
2. Beihilfenrecht ... 443
3. Standards für Beschäftigte und Nutzer ... 444
a) Sozialstandards für Beschäftigte ... 444
b) Verbraucherschutz (Fahrgastrechte etc.) ... 445
4. Sonstige Regelungen ... 445
V. Maßnahmen im Bereich der Verkehrssicherheit und sonstige Maßnahmen ... 445
1. Maßnahmen der Rechtsangleichung ... 445
2. Institutionelle Regelungen ... 446
VI. Internationale Beziehungen in der Verkehrspolitik ... 446
1. Landverkehr und Binnenschifffahrt ... 446
2. Seeverkehr ... 447
3. Luftverkehr ... 447
VII. Transeuropäische Netze (TEN) ... 448
1. Konzept der Transeuropäischen Netze ... 448
2. System des Titels Transeuropäische Netze ... 448
a) Ziele ... 448

b) Instrumentarium 448
c) Finanzierung 449
d) Verhältnis der TEN-Politik zu den Sachpolitiken des AEUV 449
3. Zur Entwicklung der TEN-Politik seit 1993 449
a) Verkehr 449
b) Telekommunikation 450
c) Energie 450
VIII. Ausblick: Perspektiven für den Verkehrsbinnenmarkt 450

7. Teil. Binnenmarkt II: Personen, Unternehmen und Soziales

§ 27. Freizügigkeit der Arbeitnehmer *(Nettesheim)* 451
I. Die Bedeutung der Arbeitnehmerfreizügigkeit im Binnenmarkt 451
II. Marktliberalisierung: Die Gewährleistung der Arbeitnehmerfreizügigkeit 453
1. Abgrenzung zu anderen Grundfreiheiten 453
2. Vorrangiges Sekundärrecht 454
3. Gewährleistungsbereich 454
a) Berechtigte der Arbeitnehmerfreizügigkeit 454
b) Sachlicher Anwendungsbereich 456
c) Bereichsausnahme nach Art. 45 Abs. 4 AEUV 457
d) Räumlicher Geltungsbereich 458
e) Adressaten der Arbeitnehmerfreizügigkeit 458
4. Gewährleistungsumfang 459
a) Diskriminierungsverbot (Art. 45 Abs. 2 AEUV) 459
b) Beschränkungsverbot 460
5. Rechtfertigung 462
a) Öffentliche Ordnung, Sicherheit und Gesundheit 462
b) Zwingende Gründe des Allgemeininteresses 463
III. Verwirklichung der Arbeitnehmerfreizügigkeit 464
1. Staatliche Schutzpflichten 464
2. Sekundärrechtliche Herstellung der Freizügigkeit 464
a) Die Freizügigkeit der Arbeitnehmer 464
b) Die Freizügigkeit der Familienangehörigen 465
3. Gleichstellung im Aufenthaltsstaat 465
a) Überblick 465
b) Soziale Begleitrechte 466
c) Der Zugang zur Bildung 467
4. Koordinierung der Systeme der sozialen Sicherheit 467
IV. Ausblick 468

§ 28. Niederlassungsfreiheit *(Nettesheim)* 469
I. Die Bedeutung der Niederlassungsfreiheit im Binnenmarkt 469
II. Marktliberalisierung: Die Gewährleistung grenzüberschreitender Mobilität 470
1. Abgrenzung zu anderen Grundfreiheiten 470
2. Vorrangiges Primär- und Sekundärrecht 471
3. Gewährleistungsbereich 471
a) Berechtigte der Niederlassungsfreiheit 471

b) Sachlicher Anwendungsbereich der Niederlassungsfreiheit 473
c) Bereichsausnahmen bei Tätigkeiten in Ausübung öffentlicher Gewalt 475
d) Räumlicher Geltungsbereich 476
e) Adressaten der Niederlassungsfreiheit 476
4. Beschränkung der Niederlassungsfreiheit 477
5. Schranken der Niederlassungsfreiheit 478
a) Art. 52 Abs. 1 AEUV: Grenzen der öffentlichen Ordnung, Sicherheit und Gesundheit 478
b) Ungeschriebene Rechtfertigungsgründe 478
III. Begleitrechte der Niederlassungsfreiheit 479
IV. Verwirklichung der Niederlassungsfreiheit 480
V. Ausblick 481

§ 29. Sozialpolitik und Beschäftigungspolitik *(Classen)* 482
I. Grundlagen: Das „Europäische Sozialmodell“ 482
1. Zur Wechselbeziehung von Sozial- und Wirtschaftspolitik 483
2. Entwicklung der Europäischen Sozialpolitik seit 1958 483
3. Primärrechtliche Vorgaben im Bereich der Sozialpolitik 484
a) Soziale Grundrechte und soziale Aspekte der Grundfreiheiten 484
b) Soziale „Grenzen“ des Wettbewerbs im Binnenmarkt 486
II. Sozialpolitische Kompetenzen der EU und ihre Handhabung 486
1. Arbeitsrechtliche Harmonisierung (Art. 153 Abs. 1 lit. a) bis i) AEUV) 486
a) Allgemeines 486
b) Arbeitsschutz („Gesundheit und Sicherheit der Arbeitnehmer“ – Art. 153 Abs. 1 lit. a) AEUV) 487
c) Individuelles Arbeitsvertragsrecht (Art. 153 Abs. 1 lit. b) und d) AEUV) 488
d) Kollektives Arbeitsrecht (Art. 153 Abs. 1 lit. d), e), f) AEUV) 488
2. Maßnahmen der offenen Koordinierung in den sonstigen Bereichen . 489
3. Sozialer Dialog 489
III. Europäische Beschäftigungspolitik 490
IV. Europäischer Sozialfonds (ESF) 490
1. Entstehung und Entwicklung des Europäischen Sozialfonds 490
2. Tätigkeit des ESF 491
V. Ausblick: Soziale Dimension des Binnenmarktes oder Sozialunion? 491

8. Teil. Binnenmarkt III: Finanzverkehr

§ 30. Kapital- und Zahlungsverkehr *(Nettesheim)* 493
I. Grundlagen 493
II. Die primärrechtlichen Regelungen des Kapital- und Zahlungsverkehrs .. 494
1. Liberalisierung des Kapitalmarktes 495
a) Verhältnis zu den anderen Grundfreiheiten 495
b) Anwendungsbereich der Kapitalverkehrsfreiheit 496
c) Beschränkungen der Kapitalverkehrsfreiheit 497
d) Rechtfertigung von Beschränkungen der Kapitalverkehrsfreiheit .. 498
2. Gewährleistungspflichten 499

3. Freiheit des Zahlungsverkehrs 499
III. Ausblick 500

§ 31. Finanzmärkte *(Nettesheim)* 500
I. Liberalisierungs- und Harmonisierungsmaßnahmen zur Herstellung des Europäischen Finanzraums 502
II. Akteure und Finanzprodukte 502
III. Börsen- und Wertpapierrecht 503
IV. Rahmenbedingungen 504
V. Ausblick: Vollendung des Europäischen Finanzraums? 505

9. Teil. Rechtsangleichung und Koordination

§ 32. Grundfragen der Rechtsangleichung *(Classen)* 506
I. Funktion und Entwicklung der Rechtsangleichung in der EU 506
1. Bedeutung und Probleme der EU-Rechtsangleichung 506
2. Entwicklung der europäischen Rechtsangleichung 508
II. Rechtsangleichung im Binnenmarkt (Art. 114 ff. AEUV) 509
1. Die zentrale Rechtsangleichungsnorm des Art. 114 AEUV 509
a) Voraussetzungen der Rechtsangleichung 509
b) Rechtsfolgen der Rechtsangleichung – nationale Alleingänge 512
2. Weitere Kompetenzen 513
a) Rechtsangleichung nach Art. 115 AEUV 513
b) Behandlung von Wettbewerbsverzerrungen (Art. 116, 117 AEUV) 513
c) Rechtstitel zum Schutz geistigen Eigentums (Art. 118 AEUV) 513
III. Rechtsangleichung im Raum der Freiheit, der Sicherheit und des Rechts (RFSR; Art. 67 ff. AEUV) 513
1. Grundlagen des RFSR 514
2. Inhaltliche Elemente des RFSR 514
3. Sonderregelungen im Bereich des RFSR 515
a) Verfahrensmäßige Sonderregeln 515
b) Sonderstatus des Vereinigten Königreiches, von Irland und von Dänemark 516
IV. Sonstige Rechtsangleichungskompetenzen 516
1. Bereichsspezifische Angleichungskompetenzen 516
2. Ergänzende Rechtsangleichung nach Art. 352 AEUV 517
V. Instrumente der Rechtsangleichung 518
1. Richtlinien und intensivere Formen der Rechtsangleichung 518
2. Intensität der Harmonisierung 518
3. Zur Fortentwicklung angeglichenen Rechts 519
4. Richterrechtliche Rechtsangleichung durch den Gerichtshof 519
5. Rechtsangleichung jenseits der Verträge innerhalb und außerhalb der Union 519
VI. Ausblick: Rechtsangleichung – eine „unendliche Geschichte" 520

§ 33. Umwelt, Gesundheit, Polizei und Ausländer, Datenschutz: Zur Europäisierung des öffentlichen Rechts *(Classen)* 521
I. Grundfragen 521
1. Verfassungsrecht 521

2. Verwaltungsrecht ... 522
a) Grundsatzfragen ... 522
b) Bereichsübergreifende Herausforderungen für das allgemeine Verwaltungsrecht ... 523
c) Bereichsübergreifende Herausforderungen für das Verwaltungsprozessrecht ... 524
II. Umwelt ... 525
1. Die Herausbildung einer europäischen Umweltpolitik ... 525
2. Primärrechtliche Grundlagen der EU-Umweltpolitik ... 526
a) Spezifische Vorgaben für die Umweltpolitik (Art. 191 ff. AEUV) ... 526
b) Die Bedeutung der Umweltpolitik für die sonstige Unionspolitik (Art. 11 und 114 Abs. 3 AEUV) ... 527
3. Zuständigkeiten im Bereich der EU-Umweltpolitik ... 528
a) Rechtsetzungskompetenz im Umweltbereich (Art. 192 Abs. 1–3 AEUV) ... 528
b) Die Umweltaußenkompetenz der EU (Art. 191 Abs. 4 AEUV) ... 529
c) Nationale Regelungsspielräume (Art. 193 AEUV) ... 529
4. Die sekundärrechtliche Ausformung des allgemeinen Umweltrechts ... 530
5. Die sekundärrechtliche Ausformung des medienbezogenen Umweltrechts ... 531
a) Naturschutz ... 531
b) Gewässerschutz ... 532
c) Luftreinhaltung und Klimaschutz ... 533
d) Lärmschutz ... 534
e) Abfallrecht ... 534
f) Gefährliche Stoffe, insbesondere Chemikalien ... 535
g) Biotechnologie und Gentechnik ... 536
6. Die Beteiligung der EU am internationalen Umweltschutz ... 537
7. Konsequenzen für das deutsche Recht ... 537
8. Tierschutz ... 538
III. Gesundheit ... 538
1. Grundlagen und Entwicklung der europäischen Gesundheitspolitik ... 538
2. Primärrechtliche Grundlagen der europäischen Gesundheitspolitik ... 539
a) Allgemeines ... 539
b) Apotheken, Krankenhäuser und Krankenkassen und das allgemeine Wirtschaftsrecht ... 539
c) Kompetenzen im Bereich der europäischen Gesundheitspolitik nach Art. 168 AEUV ... 541
d) Sonstige gesundheitsrelevante Zuständigkeiten der EU ... 541
3. Die sekundärrechtliche Ausformung der europäischen Gesundheitspolitik ... 542
a) Harmonisierung des Arzneimittel- und Medizinprodukterechts sowie Regelung der Organtransplantation ... 542
b) Die Sicherung der grenzüberschreitenden medizinischen Versorgung ... 542
c) Gesundheitsprogrammatische Aktionen der Unionsorgane ... 543
4. Die sekundärrechtliche Ausformung des Lebensmittelrechts ... 543
IV. Polizei- und Ausländerrecht („Schengen“) ... 544

1. Abbau der Personenkontrollen an den EU-Binnengrenzen und Sicherung der Außengrenzen ... 545
2. Die Politik gegenüber Drittstaatsangehörigen ... 546
3. Polizeikooperation ... 548
4. Terrorismusbekämpfung ... 548
V. Datenschutzrecht ... 549
VI. Ausblick ... 550

§ 34. Forschung, Bildung, Kultur und Rundfunk: Zur Europäisierung des Kulturverwaltungsrechts *(Classen)* ... 550
I. Forschung und Technologische Entwicklung ... 550
1. Grundlagen der Forschungs- und Technologiepolitik ... 551
2. Primärrechtliche Grundlagen der europäischen Forschungs- und Technologiepolitik ... 551
3. Sekundärrechtliche Ausformung der Europäischen Forschungs- und Technologiepolitik ... 552
4. Exkurs: Europäische Forschungsförderung außerhalb der EU (EUREKA, COST u. a.) ... 553
5. Die Förderung der Raumfahrt ... 553
II. Bildung und Sport ... 554
1. Entwicklung der europäischen Bildungsaktivitäten ... 554
2. Primärrechtliche Grundlagen der europäischen Bildungspolitik ... 554
a) Spezifische Kompetenzen für die Bildungspolitik ... 555
b) Allgemeines Diskriminierungsverbot (Art. 18 AEUV) und Freizügigkeitsrecht (Art. 21 AEUV) ... 555
c) Weitere bildungsrelevante Regelungen ... 556
3. Die sekundärrechtliche Ausformung der europäischen Bildungspolitik 556
4. Europäische Bildungspolitik jenseits der Verträge ... 557
a) EU-externe Bildungseinrichtungen ... 557
b) Der Bologna-Prozess und die gegenseitige Anerkennung von Studienzeiten ... 558
5. Europa und der Sport ... 558
a) Der Sport und das europäische Wirtschaftsrecht ... 559
b) Sportpolitische Aktivitäten ... 560
III. Kultur ... 560
1. Grundlagen: Die Europäische Integration und die Kultur ... 560
a) „Kultur“ im Zusammenhang der Unionsverträge ... 560
b) Entwicklung des kulturellen Engagements der EU ... 561
2. Die primärrechtlichen Grundlagen der europäischen Kulturpolitik .. 561
a) Zum Kulturbegriff ... 561
b) Die spezifische Kulturkompetenz (Art. 167 AEUV) ... 562
c) Die Kultur und das allgemeine Vertragsrecht ... 562
3. Die sekundärrechtliche Ausformung der europäischen Kulturpolitik . 563
a) Spezifisch kulturpolitisch ausgerichtete Akte ... 563
b) Maßnahmen zur Sicherung der Besonderheiten der Kultur im Wirtschaftsleben ... 564
4. Europäische Kulturpolitik außerhalb der EU-Verträge ... 564
IV. EU-Rundfunkordnung ... 565

1. Entwicklung der europäischen Rundfunkordnung 565
2. Primärrechtliche Grundlagen der europäischen Rundfunkordnung . . 566
a) Grundfreiheiten 566
b) Wettbewerbsrecht 566
c) Grundrechte 567
3. Europäische Harmonisierung des Rundfunkrechts 567
V. Ausblick 568

§ 35. Steuern *(Nettesheim)* 568
I. Grundlagen 568
1. Verbot der Steuerdiskriminierung und Kompetenzen zur Steuerharmonisierung 569
a) Begrenzte Aufgaben der EU im Steuerbereich 569
b) Harmonisierung indirekter Steuern als Schwerpunktbereich 570
c) Harmonisierung direkter Steuern vs. Systemwettbewerb 570
2. Unionssteuern 571
II. Verbot der Steuerdiskriminierung (Art. 110 AEUV) 572
1. Die Bedeutung des Diskriminierungsverbots nach Art. 110 AEUV . . 572
a) Sicherung der Wettbewerbsneutralität 572
b) Bestimmungslandprinzip und Diskriminierungsverbot 573
c) Besteuerung „hinter der Grenze" und Diskriminierungsverbot . . . 574
2. Abgrenzung zu anderen Regelungen des Vertrags 574
a) Zollgleiche Abgaben und parafiskalische Abgaben 574
b) Maßnahmen im Sinne von Art. 37 AEUV – Handelsmonopole . . 575
c) Beihilfen 575
3. Anwendungsvoraussetzungen des Art 110 Abs. 1 AEUV 575
a) Abgaben i. S. von Art. 110 AEUV 575
b) Gleichartigkeit der Waren 576
c) Vorliegen einer Schlechterstellung 576
4. Anwendungsvoraussetzungen des Art. 110 Abs. 2 AEUV 576
III. Die Harmonisierung der mitgliedstaatlichen Steuersysteme 577
1. Sinn und Grenzen der EU-Steuerharmonisierung 577
2. EU-Recht und indirekte Steuern 578
3. EU-Recht und direkte Steuern 581
a) Kompetenzen 581
b) Die Besteuerung der Einkünfte natürlicher Personen 582
c) Unternehmensbesteuerung 582
4. Zusammenarbeit der Finanzverwaltungen 583
IV. Ausblick 583

§ 36. Verbraucherschutz, geistiges Eigentum, Gesellschaftsrecht, Kollisions- und Prozessrecht: Zur Europäisierung des Privatrechts *(Classen)* 584
I. Grundsatzfragen 584
1. Probleme der Privatrechtsharmonisierung 584
2. Gemeinsamer Referenzrahmen 585
3. Optionales Vertragsrecht 585
II. Verbraucherschutz 586

1. Grundlagen und Entwicklung der europäischen Verbraucherschutzpolitik 586
2. Primärrechtliche Grundlagen der europäischen Verbraucherschutzpolitik 587
a) Aufgaben des Verbraucherschutzes 587
b) Rechtsetzungskompetenzen im Bereich des Verbraucherschutzes (Art. 169 Abs. 2 und 3 AEUV) 588
c) Sonstige vertragliche Regelungen zum Verbraucherschutz 588
3. Die sekundärrechtliche Ausformung der europäischen Verbraucherschutzpolitik 588
a) Schutz der Gesundheit und Sicherheit der Verbraucher 589
b) Schutz der Wirtschaftsinteressen 589
c) Wiedergutmachung von Schäden 590
d) Rechtsdurchsetzung 590
e) Lauterkeitsrecht 591
III. Das geistige Eigentum im Binnenmarkt 591
1. Geistiges Eigentum und die materiellen Regeln des Vertragsrechts . . . 591
2. Die Schaffung eines europäischen Rechts des geistigen Eigentums . . . 593
a) Kompetenzrechtliche Grundlagen 593
b) Patentrecht 593
c) Markenrecht 594
d) Geschmacksmuster, Sorten u. ä. 594
e) Urheberrecht 595
f) Rechtsdurchsetzung 595
IV. Gesellschafts- und Unternehmensrecht 595
1. Grundfragen 596
2. Gesellschaftsrechtliche Rechtsangleichung 597
3. Europäische Juristische Personen 597
V. Prozess- und Kollisionsrecht 598
1. Verfahrensrecht 599
2. Kollisionsrecht 601
3. Familien- und Erbrecht 602
VI. Ausblick 603

§ 37. Zur Europäisierung des Strafrechts *(Classen)* 603
I. Grundlagen der Europäisierung des Strafrechts 604
II. Die Angleichung des materiellen Strafrechts (Art. 83 AEUV) 605
III. Die Europäisierung des Strafverfahrensrechts 606
1. Zum Strafverfahrensrecht i. e. S. (Art. 82 AEUV) 606
2. Eurojust und Europäische Staatsanwaltschaft (Art. 86 AEUV) 608
IV. Ausblick 608

10. Teil. Außendimension der Europäischen Union

§ 38. Gemeinsame Außenpolitik: Kompetenzen, Instrumente, Institutionen *(Nettesheim)* 609
I. Die Außenbeziehungen der EU zwischen Integration und Intergouvernementalismus 609

II. Grundlagen der auswärtigen Gewalt der EU 612
1. Völkerrechtsfähigkeit 613
2. Grundlegende Rechtsstellung 613
III. Rechtsgrundlagen der EU-Außenbeziehungen 614
1. Kompetenzen 614
a) Explizite und implizite Zuständigkeiten 615
b) Ausschließliche Zuständigkeiten 617
c) Parallele Außenzuständigkeiten 618
2. Vertragsschließungsverfahren des AEUV (Art. 218 AEUV) 618
a) Allgemeines 618
b) Die Phasen des Vertragsschlusses 619
c) Bindungswirkung der Abkommen (Art. 216 Abs. 2 AEUV) 620
IV. Ausblick 621

§ 39. Gemeinsame Außen-, Sicherheits- und Verteidigungspolitik *(Nettesheim)* 622
I. Die Gemeinsame Außen- und Sicherheitspolitik (GASP) 622
1. Die rechtlich/institutionelle Regelung der GASP im EU-Vertrag (Art. 23–41 EUV) 624
2. Institutionelle Struktur der GASP (Art. 26 ff. EUV) 624
a) Der Europäische Rat (Art. 26 EUV) 624
b) Der Rat (Art. 26 Abs. 2 EUV) 625
c) Der Hohe Vertreter (Art. 27 EUV) und der Europäische Auswärtige Dienst 625
d) Die Kommission und das Europäische Parlament 626
e) Sonderbeauftragte (Art. 33 EUV) 627
3. Rechtsinstrumente der GASP (Art. 25 EUV) 627
a) Allgemeine Leitlinien 627
b) Beschlüsse 627
c) Ausbau der systematischen Zusammenarbeit 628
d) Abschluss von Übereinkünften mit Drittstaaten und Internationalen Organisationen (Art. 37 EUV) 629
4. Finanzierung der GASP (Art. 41 EUV) 629
5. Die zwiespältige Rechtsgestalt der GASP 629
II. Europäisierung der Sicherheits- und Verteidigungspolitik 630
1. Zwischenschritte auf einem mühsamen Weg 630
2. Institutionelle Strukturen der GSVP 631
a) Übergreifende Strukturen 632
b) Besondere GSVP-Einrichtungen 632
c) Umfeld der GSVP 633
3. Ziele und Aufgaben der GSVP 633
4. Mittel der GSVP 634
a) Militärische Kapazitäten 634
b) Rüstungspolitische Zusammenarbeit 635
c) Zivile Komponente der GSVP 635
5. GSVP und Mitgliedstaaten 635
III. Ausblick 636

§ 40. Gemeinsame Handelspolitik und Entwicklungspolitik *(Nettesheim)* 636
I. Die Gemeinsame Handelspolitik als Kernstück der integrierten EU-Außenbeziehungen 637
II. Die Außendimension der Zollunion 638
1. Der Gemeinsame Zolltarif (GZT) 638
2. Zollrechtsangleichung, Zollkodex und Strategien für die Zollunion . . 639
3. Zollgleiche Abgaben im Handel mit Drittstaaten 639
III. Die Gemeinsame Handelspolitik 640
1. Vertragliche Grundlagen 640
a) Offenheit und Liberalität 640
b) Kompetenzumfang 641
c) Qualität der Kompetenzen 642
d) Verfahren 643
2. Überblick über die autonome Handelspolitik 643
a) Einfuhrregime 643
b) Ausfuhrregime 644
c) Handelspolitische Maßnahmen der EU 645
3. Die vertragliche Handelspolitik: Das Beispiel der WTO-Mitgliedschaft 648
a) Vom GATT 1947 zur WTO 1994 648
b) Überblick über das WTO-Recht 649
c) EU-Mitgliedschaft in der WTO 650
d) Handelspolitische Bedeutsamkeit der WTO für die EU 652
IV. EU-Entwicklungspolitik 652
1. Die Entwicklung der vertraglichen Grundlagen 652
2. Assoziierung der Überseeischen Länder und Hoheitsgebiete (ÜLG – Art. 198–204 AEUV) 653
3. Entwicklungspartnerschaft der EU mit den AKP-Staaten („Lomé-Cotonou-Politik“) 654
4. EU-Entwicklungszusammenarbeit (Art. 208–211 AEUV) 654
V. Ausblick 654

§ 41. Europäische Assoziierung – Nachbarschaftspolitik *(Nettesheim)* 655
I. Grundlagen 655
II. Rechtsgrundlagen der Assoziierung 656
III. Praxis europäischer Assoziierung 658
IV. Europäische Nachbarschaftspolitik 658
1. Grundlagen einer Europäischen Nachbarschaftspolitik 659
2. Durchführung der ENP 660

§ 42. Beitritt – Austritt *(Nettesheim)* 661
I. Die Europäische Union innerhalb Gesamteuropas 661
II. Beitrittskonzept des EU-Vertrages 662
1. Der Beitritt nach Art. 49 EUV 662
2. Beitrittsvoraussetzungen 663
a) Begriff des europäischen Staats 663
b) Kopenhagener Kriterien 663

3. Beitrittsverfahren . . . 664
a) Einleitungsphase . . . 665
b) Verhandlungsphase . . . 665
c) Abschlussphase . . . 665
4. Wirkungen des Beitritts . . . 666
5. Wandlungen der EU durch die Beitritte . . . 666
III. Beitrittspraxis . . . 667
IV. Weitere Beitrittsperspektiven . . . 668
1. Balkanerweiterung . . . 668
2. Türkei . . . 669
3. EWR-Raum und Schweiz . . . 670
V. Austritt aus der Europäischen Union . . . 670
VI. Ausblick . . . 671

Sachverzeichnis . . . 673

Abkürzungsverzeichnis

aaO	am angeführten Orte
ABl.	Amtsblatt der EG/EU
Abs.	Absatz
AcP	Archiv für civilistische Praxis
AdR	Ausschuss der Regionen
AEUV	Vertrag über die Arbeitsweise der Europäischen Union
AffSocInt	Affari Sociali Internazionali
AfP	Archiv für Presserecht
AG	Die Aktiengesellschaft
AgrR	Agrarrecht
AJIL	American Journal of International Law
AJP	Aktuelle Juristische Praxis
AKP	Afrikanisch/Karibisch/Pazifisch
AnwBl.	Anwaltsblatt
AöR	Archiv für öffentliches Recht
APS	Allgemeines Präferenzsystem für Entwicklungsländer
APUZ	Aus Politik und Zeitgeschichte = Beilage zu „Das Parlament“
arg.	Argument
ARG	Allgemeine Rechtsgrundsätze
ARSP	Archiv für Rechts- und Sozialphilosophie
ASEAN	Association of South East Asian Nations
AStV	Ausschuss der Ständigen Vertreter
AuR	Arbeit und Recht
AuWi	Außenwirtschaft
AVR	Archiv für Völkerrecht
AWD	Außenwirtschaftsdienst des Betriebsberaters
AzW	Abgaben zollgleicher Wirkung
B	Beschluss
BAA	Bundesanstalt für Arbeit
BArbBl	Bundesarbeitsblatt
BayVBl.	Bayerische Verwaltungsblätter
BB	Betriebsberater
BDA	Bundesverband Deutscher Arbeitgeber
BDI	Bundesverband der Deutschen Industrie
BerkJIL	Berkeley Journal of International Law
Beschl.	Beschluss
BFH	Bundesfinanzhof
BGB	Bürgerliches Gesetzbuch
BGBl.	Bundesgesetzblatt
BGHZ	Entscheidungen des Bundesgerichtshofs in Zivilsachen
BIP	Bruttoinlandsprodukt
BIZ	Bank für Internationalen Zahlungsausgleich
BMF	Bundesministerium der Finanzen
BNE	Bruttonationaleinkommen
BRAK	Bundesrechtsanwaltskammer
BRD	Bundesrepublik Deutschland
BSB	Beschäftigungsbedingungen für die sonstigen Bediensteten
Bsp	Beispiel
BSP	Bruttosozialprodukt
BSt	Beamtenstatut
BVerfGE	Entscheidungen des Bundesverfassungsgerichts
BVerfG (K)	Kammerbeschluss des Bundesverfassungsgerichts

BVerwGE	Entscheidungen des Bundesverwaltungsgerichts
BWVBl	Baden-Württembergisches Verwaltungsblatt
CAP	Centrum für angewandte Politikforschung (oder: Common Agricultural Policy)
CDE	Cahiers de Droit Européen
CE	Communauté(s) Europééne(s) (= EG)
CECA	Communauté Européenne du Charbon et de l'Acier (= EGKS)
CEE	Communauté Economique Européenne (= EWG)
CEMT	Conférence Européenne des Ministres de Transport
CEPOL	Collège Européen de Police
CERN	Conseil Européen pour la Recherche Nucléaire (= Europäische Organisation für Kernforschung)
CJEL	The Columbia Journal of European Law
CMLR	Common Market Law Reports
CMLRev	Common Market Law Review
COMECON	Council for Mutual Economic Coopération (= RGW)
Coreper	Comité des Représentants Permanents (= AStV)
DA	Durchführungsabkommen
DAAD	Deutscher Akademischer Austauschdienst
DAG	Deutsche Angestelltengewerkschaft
DAR	Deutsches Autorecht
DB	Der Betrieb
DCFS	Draft Common Frame of Reference
DDR	Deutsche Demokratische Republik
DGB	Deutscher Gewerkschaftsbund
DGV	Deutsche Gesellschaft für Völkerrecht
Dir.Com.	Diritto Comunitario e degli Scambi Internazionali
DLF	Dienstleistungsfreiheit
DÖV	Die Öffentliche Verwaltung
DR	Décisions et Rapports der Europäischen Kommission für Menschenrechte
DRiZ	Deutsche Richterzeitschrift
DStR	Deutsches Steuerrecht
DUZ	Deutsche Universitätszeitung
DVBl	Deutsches Verwaltungsblatt
DVO	Durchführungsverordnung
DZWiR	Deutsche Zeitschrift für Wirtschaftsrecht
E	Entscheidung
EA	Europa-Archiv
EAD	Europäischer Auswärtiger Dienst
EAG	Europäische Atomgemeinschaft (= EURATOM)
EAGFL	Europäischer Ausrichtungs- und Garantiefonds für die Landwirtschaft
EAGV	Vertrag über die EAG
EBA	Europäische Bankenaufsichtsbehörde
EC	European Community
ECE	Economic Commission for Europe
ECJ	Court of Justice of the European Union (= EuGH)
ECTaxRev	European Community Tax Review
ECU	European Currency Unit
EDV	Elektronische Datenverarbeitung
EEA	Einheitliche Europäische Akte
EEC	European Economic Community
EEF	Europäischer Entwicklungsfonds
EFRE	Europäischer Fonds für Regionale Entwicklung
EFSF	European Financial Stability Facility
EFTA	European Free Trade Association

EG(en)	Europäische Gemeinschaft(en)
EGFL	Europäischer Garantiefonds für die Landwirtschaft
EGKS	Europäische Gemeinschaft für Kohle und Stahl
EGKSV	Vertrag über die EGKS
EGMR	Europäischer Gerichtshof für Menschenrechte
EGMRE	Entscheidungen des Europäischen Gerichtshofes für Menschenrechte
EGMR InfN	Europäischer Gerichtshof für Menschenrechte Information Note on the Case Law of the Court
EGR	Europäisches Gemeinschaftsrecht
EHI	Europäisches Hochschulinstitut
EIB	Europäische Investitionsbank
EIF	Europäischer Investitionsfond
EIOPA	Europäischen Aufsichtsbehörde für das Versicherungswesen und die betriebliche Altersversorgung
EIPASCOPE	European Institute of Public Administration – SCOPE
EJIL	European Journal of International Law
ELDR	Europäische Liberale und Demokratische Reformpartei
ELER	Europäischer Landwirtschaftsfond für die Entwicklung des ländlichen Raumes
ELJ	European Law Journal
ELRev	European Law Review
ELU	European Lawyers' Union (=UAE)
EMAS	Eco-Management and Audit Scheme
EMBL	European Molecular Biology Laboratory
EMRK	Europäische Menschenrechtskonvention
ENP	Europäische Nachbarschaftspolitik
Entschl.	Entschließung
EP	Europäisches Parlament
EPA	Europäische Polizeiakademie
EPG	Europäische Politische Gemeinschaft
EPIL	Encyclopedia of Public International Law
EPL	European Public Law
EPZ	Europäische Politische Zusammenarbeit
ER	Europäischer Rat
ERPL	European Review of Public Law (= Europäische Zeitschrift des Öffentlichen Rechts)
ESA	European Supervisory Authorities oder European Space Agency (= Europäische Weltraumorganisation)
ESF	Europäischer Sozialfonds oder European Science Foundation
ESM	European Stability Mechanism
ESMA	Europäische Wertpapieraufsoichtsbehörde
ESO	European Southern Observatory
ESP	Spanien
ESRB	Europäischer Ausschuss für Systemrisiken
ESTAL	European State Aid Law Quarterly
ESVP	Europäische Sicherheits- und Verteidigungspolitik (= GSVP)
ESZB	Europäisches System der Zentralbanken
ETL	European Transport Law
EU	Europäische Union
EuG	Europäisches Gericht (= Gericht erster Instanz)
EuGE	Entscheidungen des Europäischen Gerichts
EuGH	Europäischer Gerichtshof (= Gerichtshof der Europäischen Gemeinschaften bzw. der Europäischen Union)
EuGHE	Sammlung der Entscheidungen des Europäischen Gerichtshofes
EuGRZ	Europäische Grundrechtszeitschrift
EuGVÜ	Europäisches Gerichtsstands- und Vollstreckungsübereinkommen
EuGVVO	VO über die gerichtliche Zuständigkeit und die Anerkennung und Vollstreckung von Entscheidungen in Zivil- und Handelssachen

EuR . . . . Europarecht
EuRAG . . . . Gesetz über die Tätigkeit europäischer Rechtsanwälte in Deutschland
EuRat . . . . Europäischer Rat
EURATOM . . . . . = EAG
EurEnvLawRev . . . European Environmental Law Review
EurInsO . . . . Europäische Insolvenzordnung
EurUP . . . . Zeitschrift für Europäisches Umwelt- und Planungsrecht
EurZÖffR . . . . . . = ERPL
EUV . . . . Vertrag über die Europäische Union
EuWG . . . . Europäisches Wahlgesetz
EuZ . . . . Zeitschrift für Europarecht
EuZW . . . . Europäische Zeitschrift für Wirtschaftsrecht
EV . . . . Europäische Verfassung
EVG . . . . Europäische Verteidigungsgemeinschaft
EVP . . . . Europäische Volkspartei
EVÜ . . . . Europäisches Übeeinkommen über das auf vertragliche Schuldverhältnisse anwendbare Recht („Rom I“)
EWF . . . . Europäischer Währungsfonds
EWG . . . . Europäische Wirtschaftsgemeinschaft
EWGV . . . . Vertrag über die EWG
EWIV . . . . Europäische wirtschaftliche Interessenvereinigung
EWR . . . . Europäischer Wirtschaftsraum
EWS . . . . Europäisches Wirtschafts- und Steuerrecht (oder: Europäisches Währungssystem)
EWU . . . . Europäische Währungsunion
E + Z . . . . Entwicklung und Zusammenarbeit
EZ . . . . Entwicklungszusammenarbeit
EZB . . . . Europäische Zentralbank

FamRZ . . . . Familienrechtszeitschrift
FAO . . . . Food and Agriculture Organization of the United Nations
FAZ . . . . Frankfurter Allgemeine Zeitung
FFH . . . . Fauna – Flora – Habitat
FPÖ . . . . Freiheitliche Partei Österreichs
FPR . . . . Familie Partnerschaft Recht
FS . . . . Festschrift
FTE . . . . Forschung und technologische Entwicklung
FusK . . . . Fusionskontrolle
FusK-VO . . . . . . Fusionskontrollverordnung

G . . . . Gesetz
G 20 . . . . Gruppe der zwanzig wichtigsten Industrie- und Schwellenländer
GA . . . . Goldtammers Archiv (oder: General Assembly (UNO) oder Generalanwalt)
GAP . . . . Gemeinsame Agrarpolitik (= CAP)
GASP . . . . Gemeinsame Außen- und Sicherheitspolitik
GATT . . . . General Agreement on Tariffs and Trade
GATS . . . . General Agreement on Trade in Services
GermanLJ . . . . . . German Law Journal
GewArch. . . . . . . Gewerbearchiv
GFP . . . . Gemeinsame Fischereipolitik
GFS . . . . Gemeinsame Forschungsstelle
GG . . . . Grundgesetz
GHN . . . . Grabitz/Hilf/Nettesheim (Hrsg.), Das Recht der Europäischen Union
GHP . . . . Gemeinsame Handelspolitik
GK . . . . Große Kammer
GmbHR . . . . GmbH-Recht
GMBl . . . . Gemeinsames Ministerialblatt
GMO . . . . Gemeinsame Marktordnung

GöD .... Gericht für den öffentlichen Dienst der Europäischen Union
GO .... Geschäftsordnung (=GeschO)
GPR .... Zeitschrift für Gemeinschaftsprivatrecht
GrCh .... Grundrechtecharta
GRUR .... Gewerblicher Rechtsschutz und Urheberrecht
GS .... Gedächtnisschrift
GStP .... Gemeinsamer Standpunkt
GSVP .... Gemeinsame Sicherheits- und Verteidigungspolitik (= ESVP)
GVO .... Gruppenfreistellungsverordnung
GVP .... Gemeinsame Verkehrspolitik
GYIL .... German Yearbook of International Law
GZT .... Gemeinsamer Zolltarif (= TARIC)

HB EU-WirtschR . Handbuch des EU-Wirtschaftsrechts
HBStR .... Handbuch des Staatsrechts
Hrsg. .... Herausgeber
HV .... Hoher Vertreter für die GASP

ICAO .... International Civil Aviation Organization
ICJ .... International Court of Justice (= IGH)
ICLQ .... The International and Comparative Law Quarterly
idR .... in der Regel
IGH .... Internationaler Gerichtshof (= ICJ)
ILM .... International Legal Materials
ILO .... International Labour Organization
IMO .... International Maritime Organization
InfAuslR .... Informationsbrief Ausländerrecht
Int.Pol .... Internationale Politik
Integr. .... Integration
IP .... Industriepolitik
InVeKoS .... Integriertes Verwaltungs- und Kontrollsystem
IPE .... Handbuch Ius Publicum Europaeum
IPrax .... Praxis des Internationalen Privatrechts
IStR .... Internationales Steuerrecht
iVm .... in Verbindung mit
IWF .... Internationaler Währungsfonds

JA .... Juristische Arbeitsblätter
JBl. .... Juristische Blätter
JCMS .... Journal of Common Market Studies
JEEPL .... Journal for European Environmental and Planning Law (= JeurEnvPlLaw)
JIEL .... Journal of International Economic Law
JÖR .... Jahrbuch des Öffentlichen Rechts
JURA .... Jura
JuS .... Juristische Schulung
JZ .... Juristenzeitung

KJ .... Kritische Justiz
KMU .... Kleine und mittlere Unternehmen
KOM .... Europäische Kommission
Komm .... Kommentar
K&R .... Kommunikation und Recht
KuR .... Kultur und Recht

LDC .... Least Developed Country

MDR .... Monatsschrift für Deutsches Recht

MedR . . . . Medizinrecht
MfF . . . . Mittelfristige Finanzplanung
MfZ . . . . Mittel für Zahlungen
MgW . . . . Maßnahmen mit gleicher Wirkung wie mengenmäßige Beschränkungen
MLR . . . . The Modern Law Review
MOES . . . . Mittel- und osteuropäische Staaten
MoK . . . . Methode der offenen Koordinierung
MOU . . . . Memorandum of Understanding
MPI . . . . Max-Planck-Institut
MPIFG . . . . Max-Planck-Institut für Gesellschaftsforschung
MS(en) . . . . Mitgliedstaat(en)
mwN. . . . . mit weiteren Nachweisen
MWSt . . . . Mehrwertsteuer

NAFTA . . . . North American Free Trade Area
NATO . . . . North Atlantic Treaty Organization
NdsVBl. . . . . Niedersächsisches Verwaltungsblatt
NJ . . . . Neue Justiz
NJB . . . . Nederlands Juristenblad
NJW . . . . Neue Juristische Wochenschrift
NL-BzAR . . . . . . Neue Landwirtschaft-Briefe zum Agrarrecht
NLF . . . . Niederlassungsfreiheit
NLJ . . . . New Law Journal
NotR . . . . Notarrecht
NStZ . . . . Neue Zeitschrift für Strafrecht
NuR . . . . Natur und Recht
NVwZ . . . . Neue Zeitschrift für Verwaltungsrecht
NWVBl. . . . . Nordrhein-Westfälisches Verwaltungsblatt
NZA . . . . Neue Zeitschrift für Arbeitsrecht
NZB . . . . Nationale Zentralbank
NZBau . . . . Neue Zeitschrift für Baurecht
NZS . . . . Neue Zeitschrift für Sozialrecht
NZVerwR . . . . . . Neue Zeitschrift für Verwaltungsrecht

OAU . . . . Organization of African Unity
OCTI . . . . Office central des transports internationaux par chemins de fer
OECD . . . . Organization for Economic Cooperation and Development
OEEC . . . . Organization for European Economic Cooperation
ÖJZ . . . . Österreichische Juristenzeitung
OLAF . . . . Organisation pour la Lutte Antifraude
ÖStZ . . . . Österreichische Steuerrechtszeitschrift
OSZE . . . . Organisation für Sicherheit und Zusammenarbeit in Europa

PA . . . . Planet Aerospace
Prot . . . . Protokoll
PSK . . . . Politisches und Sicherheitspolitisches Komitee

RabelsZ . . . . Rabels Zeitschrift
RAE . . . . Revue des Affaires Européennes
RB . . . . Ratsbeschluss, Rahmenbeschluss
RdA . . . . Recht der Arbeit Haye
RdE . . . . Recht der Energiewirtschaft
RdJB . . . . Recht der Jugend und des Bildungswesens
Rdnr. . . . . Randnummer
RDP . . . . Revue de Droit Public
Rec. Dalloz . . . . . Recueil Dalloz
REDC . . . . Revista Española de Derecho Constitucional

RevInstEurop	Revista de Instituciones Europeas
RevjurEnv	Revue juridique de l'Environnement
RFDA	Revue Française de Droit Administratif oder Revue Française de Droit Aérien
RFSR	Raum der Freiheit, der Sicherheit und des Rechts
RGW	Rat für Gegenseitige Wirtschaftshilfe (= COMECON)
RH	Rechnungshof
RHDI	Revue Hellénique de Droit International
RIDE	Revue Internationale de Droit Economique
RivEurCultScGiur	Rivista Europea di Cultura e Scienza Giuridica
RivItalDirPublCom	Rivista Italiana di Diritto Pubblico Comunitario
RIW/AWD	Recht der Internationalen Wirtschaft/Außenwirtschaftsdienst
RL	Richtlinie
RMC	Revue du Marché Commun
RMCUE	Revue du Marché Commun et de l'Union Européenne
RMUE	Revue du Marché Unique Européen
Rs.	Rechtssache
Rspr.	Rechtsprechung
RTDE	Revue Trimestrielle de Droit Européen
RuP	Recht und Politik
Rz.	Randziffer
Sart. II	SARTORIUS II. Internationale Verträge – Europarecht (Losebl.)
SCE	Societas Cooperativa Europaea
SchwZStR	Schweizerische Zeitschrift für Strafrecht
SDÜ	Schengener Durchführungsübereinkommen
SE	Societas Europaea
SEPA	Singel Euro Payments Area
SEW	Sociaal-Economische Wetgiving
SGb	Sozialgerichtsbarkeit
SIS	Schengener Informationssystem
Slg.	Sammlung des Gerichtshofes der Europäischen Gemeinschaften (= EuGHE)
SPE	Sozialdemokratische Partei Europas oder SocietasPrivata Europaea
Staat	Der Staat
st. Rspr.	ständige Rechtsprechung
StV	Strafverteidiger
SWP	Stabilitäts- und Wachstumspakt
TARIC	Tarif Intégré Communautaire (= GZT)
TEN	Transeuropäische Netze
ThürVBl	Thüringer Verwaltungsblätter
TR	Transportrecht
UAbs.	Unterabsatz
UAE	Union des Avocats Européens (=ELU)
UCLAF	Unité de Coordination de la Lutte Antifraude
ÜLG	Überseeische Länder und Gebiete
UNCITRAL	United Nations Commission on International Trade Law
UNO	United Nations Organization
UPR	Umwelt- und Planungsrecht
UR	Umsatzsteuerrecht
USt	Umsatzsteuer
ÜWTO	Übereinkommen zur Errichtung der Welthandelsorganisation (WTO)
VBlBW	Verwaltungsblätter für Baden-Württemberg
Verb. Rs.	Verbundene Rechtssachen
VersR	Versicherungsrecht
Verw	Die Verwaltung

VerwArch ...... Verwaltungsarchiv
VO(en) .... Verordnung(en)
VSSR .... Vierteljahresschrift für Sozialrecht
VVDStRL ...... Veröffentlichungen der Vereinigung der Deutschen Staatsrechtslehrer
VvL .... Vertrag von Lissabon

WBl .... Wirtschaftsrechtliche Blätter
WEU .... Westeuropäische Union
WHO .... World Health Organization
WiD .... Wirtschaftsdienst
WIPO .... World Intellectual Property Organization
WissR .... Wissenschaftsrecht
WiVerw .... Wirtschaft und Verwaltung
WKM II .... Europäischer Wechselkursmechanismus II
WM .... Wertpapier-Mitteilungen
WRP .... Wettbewerb in Recht und Praxis
WSA .... Wirtschafts- und Sozialausschuss
WTO .... World Trade Organization
WuW .... Wirtschaft und Wettbewerb
WVRK .... Wiener Vertragsrechtskonvention
WWU .... Wirtschafts- und Währungsunion

YB .... Yearbook of the European Convention on Human Rights

ZaöRV .... Zeitschrift für ausländisches öffentliches Recht und Völkerrecht
ZAR .... Zeitschrift für Ausländerrecht
ZBR .... Zeitschrift für Beamtenrecht
ZERP .... Zentrum für Europäische Rechtspolitik (Bremen)
ZEuP .... Zeitschrift für Europäisches Privatrecht
ZEuS .... Zeitschrift für europäische Studien
ZFA .... Zeitschrift für Arbeitsrecht
ZfParl .... Zeitschrift für Parlamentsfragen
ZfRV .... Zeitschrift für Rechtsvergleichung
ZFSH/SGB ..... Zeitschrift für Sozialhilfe und Sozialgesetzbuch
ZfZ .... Zeitschrift für Zölle und Verbrauchssteuern
ZG .... Zeitschrift für Gesetzgebung
ZGR .... Zeitschrift für Gesellschaftsrecht
ZHR .... Zeitschrift für das gesamte Handelsrecht und Wirtschaftsrecht
ZIAS .... Zeitschrift für internationales und ausländisches Arbeits- und Sozialrecht
ZIP .... Zeitschrift für Wirtschaftsrecht
ZKR .... Zentralkommission für die Rheinschiffahrt
ZLR .... Zeitschrift für das gesamte Lebensmittelrecht
ZLW .... Zeitschrift für Luft- und Weltraumrecht
ZP .... Zusatzprotokoll
ZParl .... Zeitschrift für Parlamentsfragen
ZPO .... Zivilprozessordnung
ZRP .... Zeitschrift für Rechtspolitik
ZRVgl .... Zeitschrift für Rechtsvergleichung
ZStW .... Zeitschrift für die gesamte Strafrechtswissenschaft
ZtschrEuR ...... Zeitschrift für Europarecht
ZUM .... Zeitschrift für Urheber- und Medienrecht
ZWeR .... Zeitschrift für Wettbewerbsrecht

Einführung in das Europarecht

A. Hinweise zur Benutzung dieses Lehrbuches

Dieses „Europarecht“ wendet sich in erster Linie an **Studierende.** Es bietet zugleich dem **Praktiker** Überblick und grundsätzliche Orientierung. Für das Grundwissen reichen die im **Normaldruck** gesetzten Passagen. Das **Engzeilige** ermöglicht weiteren Einblick.

Die **Literaturhinweise** vor den Paragraphen (deutsche und einige englische und französische Titel) beschränken sich auf je 20–30 neuere Titel, nach Thematik und Aktualität chronologisch ausgewählt. Im Text finden sich neben der **europäischen Rechtsprechung** einige zusätzliche Hinweise. Die europarechtliche Literatur ist uferlos.

Die **Querverweise** innerhalb des Buches gemäß den **Randziffern (Rz)** und das **Sachverzeichnis** sollen die Erschließung des Inhalts erleichtern.

B. Europarecht

Das Europarecht ist seit Inkrafttreten des Lissabonvertrags (1.12.2009) als **„Unionsrecht“** vereinheitlicht. Der **Vertrag über die Europäische Union (EUV)** enthält die grundlegenden Bestimmungen (Werte, Ziele, Grundsätze, Organe, Gemeinsame Außen- und Sicherheitspolitik). Die bisherige Europäische Gemeinschaft (EG) wurde Teil der EU, der EG-Vertrag zum **Vertrag über die Arbeitsweise der Europäischen Union (AEUV).** Er enthält die internen Politiken (Binnenmarkt, Landwirtschaft, Raum der Freiheit, der Sicherheit und des Rechts, Wettbewerb, Währungsunion, Auswärtiges Handeln u. a. m.), institutionelle Bestimmungen und Finanzvorschriften. Der Vertrag zur Gründung der Europäischen Atomgemeinschaft (EAGV=EURATOM) besteht gesondert weiter. Der Vertrag über die Gründung der Europäischen Gemeinschaft für Kohle und Stahl (EGKSV=Montanunion) ist seit dem 23.7.2002 außer Kraft.

EUV, AEUV und EAGV werden als verfassungsähnliches **Primäres Unionsrecht** bezeichnet. Auf seiner Grundlage ergeht das **Sekundäre Unionsrecht** (Verordnungen, Richtlinien, Entscheidungen usf.).

In der Finanzkrise seit 2009 haben vor allem die Staaten der Eurozone für sich völkerrechtlich geprägtes **Sonderrecht** wie z. B. den ESM-Vertrag erlassen („Union in der Union“). Es bleibt mit dem Unionsrecht verzahnt.

C. Materialien und Ratschläge für die Beschäftigung mit dem Unionsrecht

1. Rechtsgrundlagen

Das Unionsrecht gilt einheitlich im Bereich der 28 EU-Staaten in der Form ihrer gleichberechtigten 24 Amtssprachen. Diese **eigenständige europäische Rechtsord-**

nung steht zwischen den Rechten der Mitgliedstaaten und dem weltweiten Völkerrecht.

a) EUV, AEUV und weiteres primäres und sekundäres Unionsrecht findet man in den gängigen **Textsammlungen,** z. B.

Taschenbücher:
- *Classen* (Hrsg.) Europarecht (dtv), Europarecht, 25. Aufl. 2013
- *Bieber* (Hrsg.) Europarecht (Nomos), 22. Aufl. 2012
- *Terhechte* (Hrsg.), Europarecht (EUV/AEUV/GRCh), 2012

Größere Textsammlungen:

Bieber/Knapp (Hrsg.), Recht der Europäischen Union (Nomos), 2. Aufl. 2010 ff. (Loseblattsammlung)

Sartorius II (Bearb. *Kahn*), Internationale Verträge-Europarecht (Beck) Loseblattsammlung

b) Man findet das **sekundäre Unionsrecht** (Verordnungen, Richtlinien usf.) vollständig im **Amtsblatt der Europäischen Union** (bis 1.2.2003: Amtsblatt der Europäischen Gemeinschaften) Reihe L („Leges"). Das Amtsblatt ist sozusagen das „Bundesgesetzblatt der EU". **Zitiert** wird regelmäßig wie folgt: z. B. die Verordnung (EG) Nr. 1/2003 des Rates vom 16. Dezember 2ß02 zur Durchführung der in den Artikeln 81 und 82 des Vertrags niedergelegten Wettbewerbsregeln (sog. „Kartellverordnung") im Amtsblatt der Europäischen Gemeinschaften Nr. L 1 vom 4.1.2003 S. 1 ff.: **VO 1/2003, ABl. L 1/1** oder ähnlich.

Das Amtsblatt enthält weitgehend Rechtsakte (bes. Agrarrecht), die nur kurz gelten. Wenn man wissen will, was zur Zeit wirklich „gilt", greift man zum **Fundstellenverzeichnis des geltenden Unionsrechts** im Internet unter http://europa.eu.int/eur-lex/lex/de/repert/index.html.

Das Amtsblatt enthält neben der Reihe L („Leges") die Reihe C („Communicationes"). Hier findet man ähnlich wie im Bundesanzeiger amtliche Mitteilungen (z. B. Nachrichten aus dem Europäischen Parlament oder Vorschläge der Europäischen Kommission), die keine Rechtsakte sind.

c) Die **gesamte EU-Gesetzgebung** ist in allen Amtssprachen über eur-lex.europa.eu/de/index.htm kostenlos abrufbar.

2. Rechtsprechung

a) Für den EU-Bereich ist vor allem die amtliche

Sammlung der Rechtsprechung des Gerichtshofes der Europäischen Gemeinschaften 1954 ff. (ab 1.12.2009: **Gerichtshof der Europäischen Union**) in Luxemburg zu beachten, informell in Deutschland meist **„Europäischer Gerichtshof" (EuGH)** genannt. Die Zitierweise ist uneinheitlich, hier in der Regel wie folgt:

z. B. EuGHE 1985,593, Rs. 293/83 „Gravier"

E bedeutet Entscheidungssammlung, Jahr, Seite usf. Rs. = Rechtssache (hier: 293. Rechtssache aus 1983). „Gravier" ist ein wichtiges Kennwort aus dem Sachverhalt, meist der Name einer Partei. Wichtige Entscheidungen werden so oft gekennzeichnet.

b) Seit 1990 erscheint in der amtlichen Sammlung als **Teil II** (ab 1993 in getrennten Bänden) die **Rechtsprechung des Gerichts erster Instanz der Europäischen Gemeinschaften.** Seit dem 1.12.2009 ist die offizielle Bezeichnung **Europäisches Gericht (EuG).**

Die Entscheidungen des EuGH und des EuG werden seit 1990 als Teil I bzw. II der amtlichen Sammlung hier wie folgt zitiert:

z. B. EuGHE 1994, I-4973, Rs. C-280/93 „Bananen"

bzw. EuGE 1996, II-427, Rs. T-162/94 „NMB France SARI"

C hinter der Rechtssache bedeutet „Curia" = EuGH, T „Tribunal" = EuG

Die Entscheidungen des EuGH und des EuG können über das **Internet** zeitgleich abgerufen werden: http://curia.europa.eu/jurisp/cginbin/form.pl?lang=de. Die Suche nach der einzelnen Entscheidung ist dann verschieden möglich: über das Datum der E oder über die Rs. oder über den Namen einer der Parteien.

c) Seit 1994 werden die zahlreichen Entscheidungen des Gerichts erster Instanz in **Beamtensachen** in einer weiteren Sonderabteilung der amtlichen Sammlung publiziert:

Sammlung der Rechtsprechung – Öffentlicher Dienst (Slg. ÖD)

z. B. EuGE (Slg. ÖD), 1994, II – 23 Rs. T-65/91 „George White"

Diese Urteile werden nur auf französisch (Arbeitssprache des EuG) publiziert, mit einer vorhergehenden Zusammenfassung (unter „I-A") in der entspr. anderen Amtssprache.

d) Wichtige neuere Entscheidungen findet man in Zeitschriften wie Europarecht (EuR), Europäische Zeitschrift für Wirtschaftsrecht (EuZW), Juristenzeitung (JZ), Neue Juristische Wochenschrift (NJW), öfters mit Anmerkungen.

e) Für Studierende nützlich:

Hummer/Vedder/Lorenzmeier (Hrsg.), Europarecht in Fällen 5. Aufl. 2012; *Pechstein* (Hrsg.), Entscheidungen des Europäischen Gerichtshofs, Studienauswahl, 7. Aufl. 2012

Viel Rechtsprechung enthalten verschiedene Fallsammlungen mit Aufbauhilfen.

3. Schrifttum

Die Literatur zum Europarecht ist ein „Ozean". Hier nur wenige Hinweise.

a) Lehrbücher

Einige deutschsprachige Lehrbücher der letzten Jahre:

Bieber/Epiney/Haag, Die Europäische Union, 10. Aufl. 2013; *Borchardt,* Die rechtlichen Grundlagen der EU, 5. Aufl. 2012; *Doerfert,* Europarecht, 5. Aufl. 2012; *Ha-*

kenberg, 6. Aufl. 2012; *Haratsch/Koenig/Pechstein,* Europarecht, 8. Aufl. 2012; *Herdegen,* Europarecht, 15. Aufl. 2013; *Hobe,* Europarecht, 7. Aufl. 2012; *Streinz,* Europarecht, 10. Aufl. 2012.

Auf das **deutsche Grundgesetz** bezogen:

Huber, P.M., Recht der Europäischen Integration, 3. Aufl. 2013; *Schweitzer,* Staatsrecht III: Völkerrecht-Europarecht, 11. Aufl. 2012

Ein „Klassiker" bleibt *H.P. Ipsen,* Europäisches Gemeinschaftsrecht, 1972

b) Kommentare

Calliess/Ruffert (Hrsg.), EUV und AEUV, 4. Aufl. 2011 (Großkommentar); *Geiger/Khan/Kotzur,* EUV/AUV, 6. Aufl. 2013; *Grabitz/Hilf/Nettesheim* (Hrsg.), Das Recht der EU (Großkommentar, 3 Bände, Losebl., lfd); *Hailbronner/Wilms* (Hrsg.), Recht der EU (Losebl.Komm., lfd) *Karpenstein/F.C. Mayer,* EMRK, 2012; *Lenz/Borchardt* (Hrsg.), EU-Verträge 6. Aufl. 2012 (Praktikerkommentar); *J.Meyer* (Hrsg.), Charta der Grundrechte der EU, 3. Aufl. 2011; *Schwarze* (Hrsg.), EU-Kommentar, 3. Aufl. 2012 (Großkommentar); *Streinz* (Hrsg.), EUV/AEUV, 2. Aufl. 2012; *Vedder/Heintschel von Heinegg* (Hrsg.), Europäisches Unionsrecht, 2011

Verschiedene Kommentare können über die Datenbank ww.beck.online benutzt werden (kostenpflichtig).

c) Handbücher, Jahrbücher, Wörterbücher u. ä.

Hb des Europäischen Rechts. Systematische Sammlung (Losebl., lfd, über 30 Ordner); *Bergmann,* Handlexikon der EU, 4. Aufl. 2012; *Dauses* (Hrsg.), Hb des EU-Wirtschaftsrechts, 14. Aufl. 2005 ff. (Loseblatt, lfd); *Frenz* (Hrsg.), Hb Europarecht, 6 Bände, 2004–2011, Band 1 2. Aufl. 2012; *Hatje/Müller-Graff* (Hrsg.), Enzyklopädie Europarecht 2013 ff. (10 Bände); *Merten/Papier* (Hrsg.), Hb der Grundrechte in Deutschland und Europa, 2003 ff. (10 Bände); *Schulze/Zuleeg/Kadelbach* (Hrsg.), Europarecht. Hb für die deutsche Rechtspraxis, 2. Aufl. 2010; *Schwarze,* Europarecht. Strukturen, Dimensionen und Wandlungen des Rechts, 2012; *Weidenfeld/Wessels* (Hrsg.), Jb der Europäischen Integration (jährlich).

d) Weitere EU-Literatur und Materialien

v. Bogdandy (Hrsg.), Europäisches Verfassungsrecht, 2. Aufl. 2009; *Diehm,* Terminologische Tücken im Europarecht, JuS 2007, 209; *Häberle,* Europäische Verfassungslehre, 7. Aufl. 2011; *Pechstein,* EU-Prozessrecht, 4. Aufl. 2011; *Schachtschneider,* Verfassungsrecht der EU, 2010 ff.; *Schuppert/Pernice* (Hrsg.), Europawissenschaft, 2005; *Weidenfeld/Wessels* (Hrsg.), Europa von A-Z, 12. Aufl. 2011.

EU-Bulletin (Vermischte Nachrichten, 10xjährlich); *Europäische Kommission* (Hrsg.), Gesamtbericht über die Tätigkeit der EU (jährlich); *Eurostat* (Hrsg.), Statistische Daten der EU (jährlich); *Juristenzeitung:* In jedem Heft die neuesten Fundstellen der EU-Rechtsgrundlagen (VOen, Richtlinien; Entscheidungen, Beschlüsse/Entschließungen), amtliche Mitteilungen, Leitsätze neuer Een von EuGH/EuG;

e) Deutsche Zeitschriften zum Europarecht

Europarecht (EuR); Europäische Grundrechte-Zeitschrift (EuGRZ); Europäische Zeitschrift für Wirtschaftsrecht (EuZW); Europäisches Wirtschafts- und Steuerrecht (EWS); Integration (Integr.); Internationale Politik (IntPol) – bis einschl. 1994 Europa-Archiv (EA); Zeitschrift für Europäisches Privatrecht (ZEuP); Zeitschrift für Staats- und Europawissenschaft (ZSE)

4. Ausländisches Schrifttum zum Europarecht

Das Europarecht ist gemeinsames Recht der 28 EU-Mitgliedstaaten. Daher erscheinen das Amtsblatt der EU, die amtlichen Sammlungen des EuGH und des EuG sowie weitere amtliche Publikationen der EU regelmäßig auf **Deutsch/Englisch/Französisch/Italienisch/Spanisch** sowie in den übrigen EU-Amtssprachen,

Ebenso gibt es **Textsammlungen, Lehrbücher, Kommentare, Zeitschriften** und sonstige Europarechtsliteratur in den Sprachen der anderen EU-Staaten, besonders auf Englisch und Französisch.

Die wichtigsten Zeitschriften u. ä.:

Englisch: Common Market Law Review (CMLRev), European Law Review (ELR); European Review of Public Law (ERPL) – mehrsprachig, u. a. deutsch; The Yearbook of European Law (YEL)

Französisch: Revue du Marché Commun et de ĺUnion Européenne (RMUE) – früher Revue du Marché Commun (RMC); Revue Trimestrielle de Droit Européen (RTDE)

Italienisch: Diritto Comunitario e degli Scambi Internazionali (DirCom); Rivista Italiana di Diritto Pubblico Comunitario (RivItalDirPublCom)

Spanisch: Revista de Instituciones Europea (RevInstEurop)

Merke: Die Fähigkeit, andere EU-Sprachen wenigstens lesen zu können, insbesondere Englisch und/oder Französisch, ist für die Beschäftigung mit dem Europarecht sehr wichtig.

1. Teil. Geschichtliche Entwicklung

§ 1. Die europäische Idee bis 1945

Literatur: *Foerster,* Europa. Geschichte einer politischen Idee mit einer Bibliographie von 182 Einigungsplänen aus den Jahren 1306 bis 1945, 1967; *Stolleis,* Europa – Seine historischen Wurzeln und seine künftige Verfassung, 1997; *Loth,* Entwürfe einer europäischen Verfassung, 2002; *Seibt,* Die Begründung Europas, 2002; *Mitterauer,* Warum Europa? Mittelalterliche Grundlagen eines Sonderwegs, 2003; *Hattenhauer,* Europäische Rechtsgeschichte, 4. Aufl. 2004; *Le Goff,* Die Geburt Europas im Mittelalter, 2004; *Schwimmer,* Der Traum Europa. Europa vom 19. Jahrhundert bis ins dritte Jahrtausend, 2004; *Blanning,* Das Alte Europa 1660–1789, 2005; *Rauscher,* Die christlichen Wurzeln der Europäischen Einigung, in: Blumenwitz u. a. (Hrsg.), Die EU als Wertegemeinschaft, 2005, 19; *Grossi,* Das Recht in der europäischen Geschichte, 2010; *Leggewie,* Der Kampf um die europäische Erinnerung, 2011; *Jones,* Das Wunder Europa, 2012 – Seit 1994 erscheint die *Zeitschrift für Geschichte der Europäischen Integration.*

Der Prozess der europäischen Integration hat nach 1945 das Gesicht Europas verändert. Er begann 1952/1958 unter 6 Mitgliedstaaten mit der Gründung der **Europäischen Gemeinschaften:** Die Europäische Gemeinschaft für Kohle und Stahl (EGKS – 2002 beendet), die Europäische Wirtschaftsgemeinschaft (EWG) und die Europäische Atomgemeinschaft (EAG) beruhten auf eigenständigen Gründungsverträgen, waren aber so eng miteinander verbunden, dass sie als „Europäische Gemeinschaft“ auftraten. Der Maastrichter Unionsvertrag legte über die Gemeinschaften eine neue, **Europäische Union** genannte Institution. Man sprach von einem „Dach“. Über den Amsterdamer Vertrag, den Nizza-Vertrag und den **Lissabon-Vertrag** entwickelte sich aus diesem eher polymorphen Gebilde die heutige Europäische Union (1993–2009). Sie umfasst neben den Bereichen, in denen auf der Grundlage vergemeinschafteter Entscheidungsfindung („Gemeinschaftsmethode“) supranationale Rechtsetzung möglich ist, auch weniger integrierte Bereiche, in denen das mitgliedstaatliche Element in der Entscheidungsfindung dominiert („Unionsmethode“) und keine Rechtsetzung mit unmittelbarer Wirkung für Einzelne möglich ist. Dies gilt namentlich für die „Gemeinsame Außen- und Sicherheitspolitik“ (GASP). Die fortbestehende EAG ist diesem Verband eingegliedert. Die EU hat sich bis 2013 auf 28 Mitgliedstaaten erweitert. Die **EU-Finanzkrise** hat seit 2009/2010 zu Fragmentierungen zwischen den 17 Staaten der **EU-Währungsunion** („Eurozone“) und der Gesamt-EU geführt. 1

Mit den Gründungsverträgen der fünfziger Jahre wurde ein neuartiges europäisches Recht geschaffen: das Gemeinschaftsrecht, inzwischen **Unionsrecht,** oft kurz „Europarecht“ genannt. Es verbindet und bindet nicht nur die Mitgliedstaaten, sondern gilt grundsätzlich auch innerhalb der mitgliedstaatlichen Rechtskreise und vielfach unmittelbar auch für die natürlichen und juristischen Rechtssubjekte innerhalb der Union. Das Europarecht hat sich so zu einem eigenständigen Rechtskreis herausgebildet, der „zwischen“ Völkerrecht und nationalem Recht angesiedelt ist. Viele Eigenschaften verorten es mehr in die Nähe der staatlichen Ordnung. 2

Wer die Entstehung der Europäischen Gemeinschaften und Union seit 1945 vertieft verstehen will, muss etwas von den geistigen und politischen Antriebskräften wissen, die zur europäischen Integration geführt haben („Europäische Idee“). 3

I. Der europäische Gedanke bis 1919

Literatur: *Bluntschli,* Die Organisation des Europäischen Staatenvereins, 1878; *Renouvin,* Les idées et les projets d'Union europeénne au 19ème siècle, 1931; *Wehberg,* Ideen und Projekte betreffend die Vereinigten Staaten von Europa in den letzten 100 Jahren, Friedenswarte 41 (1941), 49; *Rougemont,* Vingt-huit siècles d'Europe, 1961; *Stüwe,* Europas Einigung als Idee – William Penn und das Projekt der EU, Staat 1999, 359; *Lakatos,* Federation Projects in Central Europe in the Period 1848–1914, The Federalist Debate, 1.2.2007, 13; *Müßig,* Die europäische Verfassungsdiskussion des 18. Jahrhunderts, 2008; *Pinheiro* (Hrsg.), Iberische Europa-Konzepte, 2009.

4 Die europäische Einigung ist durch die Katastrophen der beiden Weltkriege 1914–1918 und 1939–1945 zum politischen Ziel der Staaten und Völker des Kontinents geworden. Das Bewusstsein, dass Europa über seine Gliederungen hinweg eine Einheit darstellt, reicht viel weiter zurück.

1. Ideen und Realisationen europäischer Gemeinsamkeit von der Antike bis zur Aufklärung

5 Der in der griechisch-römischen Kultur wurzelnde **Humanismus** und das **Christentum** sind die wichtigsten geistigen Antriebskräfte, welche die Vorstellung einer Gemeinsamkeit Europas hervorriefen. Seit dem 19. Jahrhundert tritt der **Sozialismus** als dritte wesentliche Komponente hinzu.

Man mag die Zeiten des perikleischen Athens (480–430 v. Chr.) und der cäsarisch-augusteischen Kultur in Rom (100 v. Chr.–100 n. Chr.) als die Geburtsstunde europäischen Geistes empfinden. In einem politischen Sinne waren freilich weder die griechischen Städtebünde noch das nach Afrika und Asien ausgreifende Imperium Romanum organisatorische Ausprägungen einer gesamteuropäischen Idee, wenngleich manche Denkfiguren des Römischen Rechtes später europäisches Gemeingut wurden.

Planen und Handeln in gesamteuropäischen Kategorien ergab sich erst aus der transnationalen, christlich geprägten Kaiseridee des Mittelalters, die sich in kontroversen Deutungen der „Zwei-Schwerter-Lehre" mit dem Machtanspruch des Papstes auseinanderzusetzen hatte.

6 Von besonderer Bedeutung für die Europabewegung nach 1945 wurde die Rückerinnerung an die Zeit und das Reich *Karls des Großen* (768–814 n. Chr.), dessen **karolingisches Europa** geographisch weithin mit der „Sechsergemeinschaft" 1952–1973 zusammenfiel. Freilich begegnete dieser Bezug in seiner „abendländischen" Begrenztheit bisweilen der Kritik. In der jährlichen Verleihung des Aachener Karlspreises an einen hervorragenden meist europäischen Staatsmann ist die Besinnung auf Karl den Großen eine glückliche Verbindung mit der modernen Europaidee eingegangen.

In den Ansprüchen des Kaisers als Haupt des **Heiligen Römischen Reiches Deutscher Nation,** das nach Italien und später Spanien übergriff (10.–16. Jahrhundert, förmlich bis 1806), gleichzeitig aber auch in Konföderationsideen der christlichen Fürsten Europas unter Führung des „allerchristlichsten" französischen Königs mischte sich christlich-gesamteuropäische Sicht mit Vorformen des nationalen Sendungsbewusstseins bestimmter Völker. Auf ihre Weise gehören auch die päpstlichen Hegemonialansprüche (Vorrang des geistlichen Schwertes über das weltliche) in diesen Zusammenhang.

Im ausgehenden Mittelalter legte *König Georg Podebrad* von Böhmen bereits einen vollständigen Plan für ein europäisches Friedensbündnis vor.

7 Der gesamteuropäische Ausblick ging auch in der „Geburtsstunde des souveränen Staates" *(v. d. Heydte)* in **Renaissance und Absolutismus** nicht verloren. Mit dem Wegfall der religiös bestimmten Einheit des Abendlandes seit der Reformation wurde das Bedürfnis nach politisch-organisatorischen Formen einer Verbindung der europäischen Staaten verstärkt gesehen. Motivationen ergaben sich dabei sowohl aus dem

von Kaiser und Papst überkommenen Wunsche nach **„Ewigem Frieden"** im Inneren, als auch aus äußeren Bedrohungen (Türkengefahr des 17. Jahrhunderts).

Eine ganze Reihe von **Plänen und Vorschlägen** entstanden im 17.–18. Jahrhundert besonders in Frankreich und England (*Sully*, Minister Heinrich IV. von Frankreich, „Grand dessein", 1617;. *William Penn*, An Essay towards the Present and Future Peace of Europe, 1693; *John Bellers*, Some Reasons for a European State, 1710; *Rousseau*, Projet pour la Paix Perpetuelle 1760; *Bentham*, Plan for a Universal und Perpetual Peace, publ. 1843). Solche Ideen gewinnen jedoch kaum Einfluss auf die praktische Politik. In ihr wird Europa als der Raum gesehen, über welchen Staaten und Fürsten wie die spanischen Habsburger (1492–1648/1659), die französischen Bourbonen und Napoleon I. (1648–1815) die Vorherrschaft anstreben. Aus dem Scheitern dieser Ambitionen entwickelt sich jenes **„Europäische Gleichgewicht"**, das vor allem von Großbritannien bis ins 20. Jahrhundert hinein als eine Maxime der Friedenswahrung durch Machtbalancen auf dem Kontinent gepflegt wurde. Das Heilige Römische Reich Deutscher Nation löste sich im Friedensschluss von Münster und Osnabrück 1648 in 253 mehr oder weniger souveräne Gebiete nebst dem Vielvölkerstaat Österreich-Ungarn auf. Immerhin entstand 1795 im preußischen Königsberg *Immanuel Kants* Plan vom „Ewigen Frieden", der in weltbürgerlicher Gesinnung auf eine Konföderation der europäischen Staaten unter republikanischer Verfassung zielte. In einer wahrhaft europäisch zu nennenden Weise verbanden sich hier der menschenrechtliche Geist der Französischen Revolution von 1789 mit dem rechtsstaatlichen Ethos Preußens. 8

2. Vom „Europäischen Konzert" des 19. Jahrhunderts bis zum ersten Weltkrieg

Im Wiener Kongress kam es 1815 durch *Metternich* zu einer restaurativen Neuordnung der europäischen Staatenwelt, in der wieder eine gemeinsame Verantwortung der Staaten für das Geschick des Kontinents sichtbar wurde. Sie führte zu dem ephemeren Versuch, über die Konferenzdiplomatie der **Heiligen Allianz** (England, Frankreich, Österreich, Preußen, Russland) die Idee des monarchischen Legitimismus gegen „revolutionäre Umtriebe" zu sichern. Hieraus entwickelte sich das **„Europäische Konzert"** der fünf Großmächte, zu denen später die Türkei trat. In Gestalt einer lockeren Zusammenarbeit hat das Europäische Konzert im 19. Jahrhundert zwar nicht stets den europäischen Frieden zu wahren vermocht, jedoch friedensfördernde Beiträge durch seine Fähigkeit erbracht, die einzelstaatlichen Interessen im Sinne der Erhaltung des europäischen Gleichgewichts abzustimmen (u. a. Regelung der Unabhängigkeit Griechenlands 1830/32; Gründung des neutralen Belgiens 1831/39; Dardanellenvertrag 1841; Londoner Vertrag über Dänemark 1852; Beendigung des Krimkrieges im Pariser Frieden 1856; Neutralisierung Luxemburgs 1867; Berliner Kongress 1878 über Balkanfragen). Die Einigung Italiens 1859/70 und vor allem Deutschlands 1871 brachte neuartige Ungleichgewichte in die europäische Kräftebalance. Das europäische Konzert löste sich in die antagonistischen Teilallianzen zwischen England/Frankreich/Russland einerseits und den Mittelmächten Deutschland und Österreich-Ungarn andererseits auf. In den Zerstörungen des Ersten Weltkrieges „gingen in Europa die Lichter aus" *(Lord Grey)*. Der Krieg wurde 1917/1918 durch das Eingreifen der USA als außereuropäischer Macht zugunsten der Westalliierten entschieden. Die **Pariser Vorortverträge von 1919** begründeten einen neuen europäischen Status. 9

Der Kabinettspolitik der Großmächte im 19. Jahrhundert liefen **gedankliche Bemühungen um eine institutionalisierte Organisation des europäischen Staatensystems** parallel. Gleichzeitig mit dem Wiener Kongress erschien 1814 *Karl Christian Friedrich Krauses* „Entwurf eines europäischen Staatenbundes". Besonders bedeutsam wurde die Schrift „De la réorganisation de la société européenne ou de la nécessité et des moyens de rassembler les peuples de l'Europe en un seul corps politique en conservant à chacun son indépendance nationale" des Grafen *C. H. Saint-Simon* und *A. Thierry*. Hier verband sich der europäische Gedanke erstmals mit der sozialen Idee. Als Endziel rückte für die Schüler Saint-Simons und bald für die 10

Sozialistische Internationale sogar über Europa hinaus der pazifistische, soziale Weltstaat in den Gesichtskreis. – Immer wieder wurden Strukturen einer gesamteuropäischen Organisation konzipiert, wie die Organisation eines „europäischen Staatenvereins" durch den Schweizer Staats- und Völkerrechtler *Bluntschli* 1878.

11 Die Gründung einer ganzen Reihe vornehmlich europäisch geprägter internationaler Organisationen („Verwaltungsunionen") seit dem 19. Jahrhundert zeigte, dass dieses europäisch geprägte Staatsdenken Ausdruck praktischer Notwendigkeiten des heraufziehenden modern-industriellen Zeitalters war. Die nach 1815 entstandenen Internationalen Flusskommissionen waren die Vorboten. Mit der zweiten Hälfte des 19. Jahrhunderts begann die Gründungszeit der großen **Internationalen Organisationen,** die damals noch weithin europäisch geprägt waren (Internationale Fernmeldeunion 1865, Weltpostverein 1874, Interparlamentarische Union 1888 u. a. m.). Ihren Höhepunkt fand diese Ära der klassisch-völkerrechtlichen Staatenzusammenarbeit in den beiden von Zar Nikolaus II. einberufenen **Haager Friedenskonferenzen** (1899/1907), an denen alle europäischen Staaten sich beteiligten. Sie führten zur Institutionalisierung von Verfahren friedlicher Streitbeilegung bis zur Schiedsgerichtsbarkeit, aber auch zur Verbesserung des Kriegsrechtes (Haager Landkriegsordnung u. a.). – Weitsichtige Politiker, wie der deutsche Industrielle *Walther Rathenau* 1913, sprachen sich für eine „Verschmelzung der Wirtschaft und Politik Europas zur Gemeinschaft" aus.

II. Vorläufer der Europäischen Integration 1919–1945

Literatur: *Coudenhove-Calergi,* Paneuropa, 1923; *Puttkamer,* Der Briand-Plan, Vorbote der europäischen Integration? FS Ophüls, 1965, 143; *Böttcher* (Hrsg.), Britische Europaideen 1940–1970, 1971; *H. Möller,* Europa zwischen den Weltkriegen, 1998; *Zgòrniak,* Der Entwurf der Bildung einer mitteleuropäischen Föderation während des Zweiten Weltkrieges, FS Krause, 2000, 129; *Dreier,* Wirtschaftsraum-Großraum-Lebensraum, FS 600 Jahre Würzburger Juristische Fakultät, 2002, 47; *Karpen* (Hrsg.), Europas Zukunft. Vorstellungen des Kreisauer Kreises um Helmuth James Graf von Moltke, 2005; *Schöberl,* „... es heißt Europa". Die Diskussion um die Paneuropaidee in Deutschland, Frankreich und Großbritannien 1922–1933, 2008; *Stresemann,* Reden und Schriften 1897–1926, 2. Aufl. 2008; *Grunert,* Der Europagedanke westeuropäischer faschistischer Bewegungen 1940–1945, 2012.

1. „Paneuropa" und Locarno

12 Trotz der blutigen Erfahrungen des Ersten Weltkrieges erwies sich die Zeit 1919–39 für die Schaffung einer europäischen Friedensordnung nur in Ansätzen als fruchtbar. Auch sie waren zum Scheitern verurteilt. Mit dem Wegfall der monarchischen Solidaritäten zwischen vielen Staaten Europas verlor sich am Ende des Ersten Weltkrieges ein wichtiges übernationales Band. Das Aufkommen des nationalen Prinzips in Gestalt des von *Woodrow Wilson* auch für Europa proklamierten **Selbstbestimmungsrechtes der Völker** verstärkte zunächst die zentrifugalen Kräfte. Die Gründung des **Völkerbundes** 1919 als System kollektiver Friedenssicherung stand im Schatten von Entscheidungen des Versailler Friedensvertrages, die mehr auf die Niederhaltung der besiegten Seite als auf eine dauerhafte Aussöhnung der Kriegsgegner gerichtet waren. Jedoch hatten die Schrecknisse des Krieges 1914–18 einigen weitsichtigen Denkern und Politikern die Augen dafür geöffnet, dass Europa nur über innere Befriedung und Einigung Wohlfahrt und Bedeutung in der Welt wiedererlangen konnte.

13 Unter den politischen Stimmen, die sich nach 1919 für eine europäische Einigung aussprachen, verschaffte sich die 1923 in Wien gegründete **Paneuropäische Bewegung** des österreichischen Grafen *Coudenhove-Kalergi* die stärkste Resonanz. Sie unterhielt in den einzelnen Staaten „Nationale Gruppen" und setzte sich mit der Schrift „Paneuropa" (1923) ihres Gründers für die Schaffung eines **Bundesstaates „Vereinigte Staaten von Europa"** ein. Ohne Großbritannien und Russland sollte in dieser Konzeption ein „europäisches Kraftfeld" neben das amerikanische, britische, russische und ostasiatische treten. Wie manche kühne Vision ließ sich die Paneuropa-Idee nicht realisieren. Sie beeinflusste aber die Politik der zwanziger Jahre und die Wiedergeburt der Europäischen Bewegung nach 1945. Erste Verwirklichung fand die Europa-

Idee in ihrer heutigen Form während der Anfänge deutsch-französischer Annäherung unter *Briand* und *Stresemann.* Der **deutsch-französische Nichtangriffsvertrag von Locarno 1925,** der Eintritt Deutschlands in den Völkerbund 1926 und die allgemeine Kriegsächtung im *Briand/Kellogg*-Pakt von 1928 waren Schritte, die allgemeine politische Zusammenarbeit in Europa möglich erscheinen ließen. Sie wurde Inhalt eines 1929 dem Völkerbund vorgelegten **Briand-Planes für eine Europäische Föderation** innerhalb des Völkerbundes. 1930 zu einem Memorandum ausgebaut, ging der Plan bei Lichte besehen allerdings nicht über eine staatenbündische Zusammenarbeit hinaus („Une sorte de lien fédéral"). Der Tod *Stresemanns* und die Weltwirtschaftskrise 1929ff. verhinderten ein Aufgreifen dieser Ideen. Im Rückblick erscheinen die Bemühungen von *Briand* und *Stresemann* in den zwanziger Jahren gleichwohl als die Frühzeit einer europäischen Bewegung, die ihre volle Kraft nach 1945 entfalten sollte.

2. Das Zerrbild der „Neuen Ordnung" der deutsch/italienischen Diktaturen

Die Kulminationszeit des italienisch/deutschen Faschismus-Nationalsozialismus in den dreißiger Jahren bedeutete unter europapolitischem Blickwinkel den Rückfall in einen extremen Nationalismus. *Hitlers* und *Mussolinis* **„Neue Ordnung" Europas,** in den Anfangsjahren des 2. Weltkrieges ephemer verwirklicht, erschöpfte sich in dem Zerrbild eines militärisch-hegemonial von den Achsenmächten beherrschten und ausgebeuteten Großraumes vom Atlantik bis weit nach Russland. Die („herren")rassische, in schlimmsten Verbrechen endende nationalsozialistische Europaideologie machte sie a priori zu einer gleichberechtigt-föderalen Ordnung dieses Raumes unfähig und schloss jede übernationale Rezeption solcher Ideen aus. 14

An diesem Bilde änderten auch die „europäisierten" faschistischen Gruppierungen in den westeuropäischen Staaten während des zweiten Weltkrieges nichts („Kollaborationsregierungen" – Fremde Truppenkontingente in der deutschen Armee im Russlandfeldzug 1941ff. u. ä.). In der Rückschau bleibt freilich interessant zu vermerken, dass selbst so nationalistische Weltanschauungen wie der Faschismus/Nationalsozialismus der Grundströmung der Zeit insofern Tribut zu zollen hatten, dass auch sie nicht ohne „europäische Fassade" auskamen. 15

§ 2. Europäische Einigung 1946–1992

Literatur: *Spaak,* Memoiren eines Europäers, 1969; *Monnet,* Mémoires, 1976 (dt. 1988); *Jansen/Mahncke* (Hrsg.), Persönlichkeiten der Europäischen Integration, 1981; *Göldner,* Politische Symbole der Europäischen Integration, 1986; *Classen/Nettesheim/Graf Vitzthum* (Hrsg.), *Oppermann,* Ius Europaeum. Beiträge zur europäischen Einigung, 2006; *Judt,* Geschichte Europas von 1945 bis zur Gegenwart, 2006; *Oppermann,* Von der Gründungsgemeinschaft zur Mega-Union, DVBl. 2007, 329; *Pescatore,* Die Geschichte der europäischen Einigung zwischen Realität und Utopie, 2007; *Doogan/Currie* (Hrsg.), 50 Years of European Treaties, 2008; *Gehler* (Hrsg.), Vom Gemeinsamen Markt zur europäischen Unionsbildung. 50 Jahre Römische Verträge 1957–2007, 2009; *Brunn,* Die Europäische Einigung. Von 1945 bis heute, 2009; *Piela,* Walter Hallstein, 2012.

Die düsteren Erfahrungen des zweiten Weltkrieges gaben 1945 der politischen Bewegung zu einer Einigung Europas den entscheidenden Anstoß. Im Laufe der Jahrzehnte wurde immer sichtbarer, dass Europa in der neuen Gewichtung der internationalen Gemeinschaft die ihm gemäße Rolle umso eher spielen kann, wenn es mit einer Stimme spricht. Gleichwohl ist die verschlungene Entwicklung der europäischen Integration von der Gründung der Sechsergemeinschaft in den fünfziger Jahren zur „Mega-Union" des 21. Jahrhunderts mit bisher 28 Mitgliedstaaten noch lange nicht abgeschlossen. 1

I. Anfänge nach 1945

Literatur: *Cornides,* Die Anfänge des europäischen föderalistischen Gedankens in Deutschland 1945–1949, EA 1951, 4243; *Lippgens,* Die Anfänge der europäischen Einigungspolitik 1945–1950, 1977; *Poidevin* (Hrsg.), Histoire des Débuts de la Construction Européenne, 1948–1950, 1986; *Gouzy,* The Saga of the European Federalists during and after the second World War, The Federalist 2004, 12; *Loth,* Vor 60 Jahren: Der Haager Europa-Kongress, Integr. 2008, 179.

2 Die Lehren des zweiten Weltkrieges und der „Kalte Krieg" nach 1945 schärften die Besinnung auf die Notwendigkeit eines Zusammenschlusses des westlichen Europas. Die USA förderten diesen Prozess in „gütiger Hegemonie" (Marshallplan 1947).

1. Zürcher Rede Churchills 1946 und Europäische Bewegung

3 *Winston Churchill* brachte die politische Stimmung und die Erwartungen der damaligen Zeit in einer Rede in Zürich am 19.9.1946 exemplarisch zum Ausdruck:

> „In ausgedehnten Gebieten Europas starrt eine Menge gequälter, hungriger, sorgenerfüllter und verwirrter Menschen die Ruinen ihrer Städte und Heime an … Trotzdem gibt es ein Heilmittel … Dieses Mittel besteht in der Erneuerung der europäischen Völkerfamilie … und in ihrem Neuaufbau unter einer Ordnung, unter der sie in Freiheit, Sicherheit und Frieden leben kann. Wir müssen eine Art Vereinigter Staaten von Europa errichten … Der erste Schritt bei der Neubildung der europäischen Familie muss ein Zusammengehen zwischen Frankreich und Deutschland sein … Es gibt kein Wiedererstehen Europas ohne ein geistig großes Frankreich und ein geistig großes Deutschland. Die Struktur der Vereinigten Staaten von Europa wird, wenn sie richtig und dauerhaft errichtet werden soll, so geartet sein müssen, dass die materielle Stärke einzelner Staaten an Bedeutung einbüßt. Kleine Nationen werden so viel wie große gelten und sich durch ihren Beitrag für die gemeinsame Sache Ruhm erringen können."

4 Damit war der Ton für das Einigungswerk nach dem Zweiten Weltkrieg gesetzt. Die zweite Hälfte der vierziger Jahre war geprägt durch eine Fülle von Aktivitäten nichtstaatlicher Verbände, die sich für die Europäische Einigung einsetzten. In Deutschland wurde die 1946 gegründete **Europa-Union** wichtiger Träger der Europa-Idee. Ähnliche Verbände entstanden in England, Frankreich und Italien. 1947 koordinierten sich diese Gruppierungen im Internationalen Komitee der Bewegung für die Einheit Europas, welches 1948 unter maßgeblicher politischer Beteiligung (u. a. *Churchill, Van Zeeland, Herriot*) den großen **Europa-Kongress im Haag** einberief. Der Appell des Haager Kongresses zugunsten der Föderierung Europas gab einen wichtigen Anstoß zur Gründung des Europarates 1949. Zugleich gründete sich das Internationale Komitee in die **Europäische Bewegung** um (*Léon Blum, Winston Churchill, Alcide de Gasperi, Paul Henri Spaak* u. a.). Sie blieb Dach der nationalen Europaverbände (Sitz: Brüssel). Eine wichtige Rolle spielte später 1955–1975 das von Monnet gegründete **Aktionskomitee für die Vereinigten Staaten von Europa** (u. a. *Fanfani, Kiesinger, Mollet, Pleven, Wehner,* später *Brandt, Heath, Tindemans*).

2. Erste Organisationsgründungen

5 Die kommunistische Machtübernahme in der Tschechoslowakei und die Berliner Blockade veranlasste die westeuropäischen Staaten 1948 zu konkreten Schritten. Die **Organisation für Europäische Wirtschaftliche Zusammenarbeit (OEEC)** in Paris 1948 (17 Gründungsmitglieder) kam zur Verteilung der amerikanischen Wirtschaftshilfe über den Marshallplan 1947 zustande. Über die OEEC erfolgte in den fünfziger Jahren eine handelspolitische Liberalisierung Westeuropas.

Die **Gründung des Europarates 1949** (Sitz: Straßburg) bedeutete den Beginn dauerhafter politischer Staatenzusammenarbeit in Westeuropa. Vom „Europa der Zehn“ 1949 (Beitritt Deutschlands 1950/51) hat sich der Europarat auf bald 50 Mitglieder erweitert. Seit der Wende 1989ff. wurde er zur gesamteuropäischen Organisation unter Einschluss Südost- und Osteuropas bis Russland. Neben der Herstellung politischer Verbindung bekennen sich die Mitglieder zu den Grundwerten der parlamentarischen Demokratie und des Rechtsstaates, vor allem in Gestalt der **Europäischen Konvention zum Schutz der Menschenrechte von 1950 (EMRK,** Sart. II, Ziff. 130ff.). Über ihre Einhaltung wacht der **Europäische Gerichtshof für Menschenrechte** (Straßburg). Da auch Einzelpersonen begrenzt Menschenrechtsschutz begehren können, wohnt der EMRK ein **überstaatliches Element** inne (näher § 17).

Über unmittelbare Entscheidungskompetenzen im Verhältnis zu den Mitgliedstaaten verfügt der Europarat nicht. Seine Hauptaufgabe besteht heute in der Erarbeitung von Vertragsentwürfen. Wichtige Abkommen wurden zugunsten des Menschenrechtsschutzes sowie der Zusammenarbeit in den Bereichen Kultur und Strafverfolgung abgeschlossen. Neben der EMRK verdient besondere Hervorhebung die Europäische Sozialcharta (vom 18.10.1961, BGBl. 1974 II 1262, Änderungen). Sie begründet zahlreiche soziale Verpflichtungen, von denen die MSen aber nur einen Teil übernehmen müssen. 6

Organe des Europarats sind das Ministerkomitee sowie die parlamentarische Versammlung, deren Vertreter von den nationalen Parlamenten bestimmt werden; administrativ werden sie von einem Sekretariat unterstützt. Das Ministerkomitee hat u. a. die Aufgabe, die Urteile des EGMR zu überwachen (Rz. 17/95); die parlamentarische Versammlung wählt u. a. die Richter des EGMR.

Im regionalen Rahmen bauten Belgien, die Niederlande und Luxemburg von 1944 bis 1958 eine Wirtschaftsunion (Benelux) auf. Sie ging in der EG auf. Dänemark, Finnland, Island, Norwegen und Schweden begründeten 1952/56 mit dem **Nordischen Rat** parlamentarische Zusammenarbeit. – Die Sowjetunion und die von ihr abhängigen Staaten Osteuropas gründeten 1949 den **Rat für gegenseitige Wirtschaftshilfe** (RGW oder COMECON) zur Abstimmung ihrer Planwirtschaften. Er löste sich 1991 mit dem Ende des Kommunismus auf. 7

Der **Verteidigungsbereich** nahm eine Sonderentwicklung. Der britisch-französische Dünkirchen-Pakt 1947, seit 1948 als Brüsseler Vertrag mit den Beneluxstaaten, sollte Sicherheit gegenüber Deutschland garantieren. Gegen die sowjetische Bedrohung erfolgte die Gründung des **Nordatlantikvertrags** (NATO) 1949 zwischen 10 Staaten Westeuropas, den USA und Kanadas. Der Versuch, die Bundesrepublik Deutschland in eine supranationale Verteidigungsstruktur in Gestalt der **Europäischen Verteidigungsgemeinschaft** (EVG) einzubinden, scheiterte 1954 an Frankreich. Deutschland und Italien wurden daraufhin in den Brüsseler Vertrag aufgenommen, der sich 1954 in die **Westeuropäische Union** (WEU) umgründete (2010 aufgelöst). Dank der Garantien der USA blieb die NATO für Westeuropa die wichtigste Verteidigungsorganisation (1955 Beitritt Deutschlands, bis 2004 sechzehn weitere Mitglieder). Als „Neue NATO“ übernimmt sie heute weltweite Aufgaben. Die EU bezieht seit 1992 den Sicherheits- und Verteidigungsbereich fortschreitend in ihre **Gemeinsame Außen- und Sicherheitspolitik (GASP)** ein. 8

Näher unten § 39

II. Entstehung der Europäischen Gemeinschaften 1950–1958

Literatur: *Carstens,* Die Errichtung des Gemeinsamen Marktes in der EWG, Atomgemeinschaft und Gemeinschaft für Kohle und Stahl, ZaöRVR 18 (1958), 459; *Hallstein,* Europäische Reden, 1979; *Hrbek/Laufer,* Die Einheitliche Europäische Akte, EA 1986, 173; *Schwabe* (Hrsg.), Die Anfänge des Schuman-Plans 1950/51, 1988; *Monnet,* Le Mémorandum du 3 Mai 1950, Text in: Politique Étrangère, 1993, 121; *Mosler,* Die europäische Integration aus der Sicht der Gründungsphase, FS Everling 1995, 911; *Fontaine,* Die Erklärung von Robert Schuman 1950, 2000; *Kilian,* Walter Hallstein, JöR 53 (2005), 369; *Pistone,* The Messina Conference and the Advance of European Unification, The Federalist 2005, 183;

Hobe/Ende, 50 Jahre Römische Verträge, Integr. 2007, 240; *Loth,* Der Weg nach Rom – Entstehung und Bedeutung der Römischen Verträge, Integr. 2007, 36; *Bossuat u. a.* (Hrsg.), L'expérience européenne. 50 ans de construction de l'Europe 1957–2007, 2009; *Patel,* Europäisierung wider Willen. Die Bundesrepublik Deutschland in der Agrarintegration der EWG 1955–1973, 2009; *Vanke,* Europeanism and European Union.The Early European Economic Community, 2010; *Fassbender,* Der deutsch-französische Elyseevertrag von 1963, DÖV 2013, 125.

9 Die Geburtsstunde überstaatlicher europäischer Integration schlug 1950.

1. Schuman-Erklärung 1950 und Gründung der Montanunion

Es bleibt das historische Verdienst des französischen Außenministers *Robert Schuman,* mit seiner Regierungserklärung vom 9.5.1950 den Zürcher Appell *Churchills* von 1946 aufgegriffen zu haben. Der sog. Schuman-Plan, die deutsche und französische Kohle- und Stahlindustrie in einer neuartigen **Europäischen Gemeinschaft für Kohle und Stahl** („Montanunion") zusammenzufassen, verfolgte wirtschafts- und sicherheitspolitische Interessen. Er verstand sich aber zugleich als „erste Etappe der Europäischen Föderation":

„... Die Vereinigung der europäischen Nationen erfordert, dass der jahrhundertelange Gegensatz zwischen Frankreich und Deutschland ein Ende nimmt ... Die französische Regierung schlägt vor, die Gesamtheit der französisch-deutschen Produktion von Kohle und Stahl unter eine gemeinsame oberste Autorität innerhalb einer Organisation zu stellen, die der Mitwirkung anderer Staaten Europas offensteht. Die Zusammenlegung der Produktion von Kohle und Stahl wird sofort die Errichtung gemeinsamer Basen der wirtschaftlichen Entwicklung als erste Etappe der Europäischen Föderation sicherstellen ... Auf diese Weise wird einfach und schnell die Interessen-Fusion verwirklicht, die für die Schaffung einer wirtschaftlichen Gemeinschaft unentbehrlich ist und das Ferment einer viel größeren und tieferen Gemeinschaft zwischen Staaten gelegt, die sich lange im blutigen Streit entgegenstanden. Durch die Zusammenlegung der Basis-Produktionen und die Errichtung einer neuen Oberbehörde, deren Entscheidungen Frankreich, Deutschland und die Länder, die daran teilnehmen, verpflichten, wird dieser Vorschlag die ersten konkreten Etappen einer europäischen Föderation verwirklichen ..."

10 Nachdem *Konrad Adenauer* für Deutschland „aus ganzem Herzen", *Alcide de Gasperi* für Italien und die Beneluxstaaten den Schuman-Plan positiv aufgriffen, begann jener **Prozess überstaatlich gemeinter europäischer Integration,** der seither dem europäischen Einigungsprozess den Stempel aufgedrückt hat. England versagte sich 1950 wegen seiner überseeischen Verpflichtungen. 1952 trat der Vertrag über die Gründung der Europäischen Gemeinschaft für Kohle und Stahl (EGKS – Sitz: Luxemburg) in Kraft.

2. Rückschläge

11 Bald erfolgten Rückschläge des Integrationsprozesses. Die im Schatten der Koreakrise 1950 geborenen Pläne zu einer **Europäischen Verteidigungsgemeinschaft** (EVG) und einer **Europäischen Politischen Gemeinschaft** (EPG) scheiterten.

3. „Relance Européenne": Messina 1955 – Römische Verträge 1958

12 Die Bereitschaft zu weiterer Integration blieb bei den „Sechs" jedoch ungebrochen. Am 1.6.1955 kam es zur **Außenministerkonferenz von Messina.** Sie beauftragte einen Ausschuss unter Leitung von *Paul-Henri Spaak* mit der Prüfung weiterer Wirtschaftsintegration einschließlich der Atomenergie. Unter der energischen Leitung des belgischen Außenministers wurde der Spaak-Bericht 1956 vorgelegt. Er empfahl eine wirtschaftliche Gesamtintegration mit Sonderregeln für die friedliche Nutzung der

Atomenergie. 1957 wurde die „Relance Européenne“ mit der Unterzeichnung der Verträge zur Gründung von EWG und EAG in Rom **(„Römische Verträge“)** abgeschlossen. 1958 nahmen die neuen Integrationsgemeinschaften die Arbeit auf. Als erster Präsident der EWG-Kommission führte *Walter Hallstein* die junge Wirtschaftsgemeinschaft zu raschen Erfolgen.

Da *Spaak* die Verhandlungen über die Römischen Verträge leitete, wurde Konferenzort das Schloss Val-Duchesse bei Brüssel. Hieraus entwickelte sich Brüssel zum **vorläufigen Arbeitsort der Europäischen Gemeinschaften,** allerdings in ständiger Konkurrenz mit Luxemburg und Straßburg. Nach langen Rivalitäten beschlossen die Regierungen gemäß Art. 289 EGV/189 EAGV/77 EGKSV das Protokoll vom 2.10.1997 über den Sitz der meisten EG/EU-Organe (ABl. 1997, C 340/112). **Brüssel ist eigentliches EU-Zentrum** (Rat/Kommission/WSA/Ausschuss der Regionen/EP-Ausschüsse). In **Luxemburg** haben EuGH/EuG/EIB/Rechnungshof ihren Sitz. Der Rat hält dort einige Tagungen ab. **Frankfurt a. M.** ist Sitz der Europäischen Zentralbank (EZB). Das Europäische Parlament bleibt in **Straßburg** ansässig, sein Generalsekretariat in Luxemburg. Die Ausschüsse und ab und zu das Plenum tagen in Brüssel. (Zu den weiteren EU- Dienststellen unten Rz. 6/26). 13

Das Fehlen einer europäischen Hauptstadt sagt Manches über das Wesen der EU aus. – Die Sitz-Festlegung ist als Anknüpfungspunkt (u. a. Sitzrecht, diplomatische Vorrechte und Befreiungen) bedeutsam. 14

III. Wandel der „EG-Philosophie“ vom Föderalismus zum Pragmatismus 1958–1969

1. Auf dem Weg zum Europäischen Bundesstaat?

Mit den Römischen Verträgen war die weitere europäische Einigung als **fortschreitende sektorale Teilintegration** vorgezeichnet. Im Sinne europäischer Föderalisten sollten die wirtschaftlich-sozialen Sachzwänge zu einem „Point of no return“ führen, bei dem die Wirtschaftsgemeinschaft zur unauflöslichen (vor)bundesstaatlichen Verbindung mutierte. 15

Die weitere europäische Einigung hat vor Augen geführt, dass diese Sicht das politisch-voluntative Element und die Beharrungskraft der alten Nationalstaaten Europas unterschätzt.

In den Römischen Verträgen war 1957/58 das supranationale Modell einer unabhängigen europäischen Behörde zugunsten der **Balance zwischen Gemeinschaftsinteresse und mitgliedstaatlichen Vorstellungen** (Kommission/Ministerrat) verändert worden. Die **Kommission** als „Motor, Wächter und ehrlicher Makler des Vertrages“ *(Walter Hallstein)* in Verbindung mit der Endentscheidung des national verantwortlichen **Ministerrates** erwies sich 1958–1965 als erfolgreich. Über die Initiativen der *Hallstein*-Kommission wurde der freie Warenverkehr einschließlich einer Gemeinsamen Agrarpolitik beschleunigt verwirklicht, die Freizügigkeit des Personenverkehrs in der EWG hergestellt und die Gemeinschaft zu geschlossenem Auftreten in ihren Außenbeziehungen (Gemeinsame Handelspolitik, Assoziierung und Beitritt) befähigt. 16

2. Über die Krise 1965 ins „Europa der Vaterländer“

Der Aufbau der Wirtschaftsgemeinschaft kam jedoch nicht auf der Grundlage einer gemeinsamen „europäischen Philosophie“ aller Partner zustande. Bei dem Versuch, die politische Einigung der EWG-Staaten vorwärts zu bringen, kollidierten die supranationalen Vorstellungen der europäischen Föderalisten mit der Sicht des französi- 17 schen Staatspräsidenten *de Gaulle* von einem **„Europa der Vaterländer“** auf der Grundlage der Zusammenarbeit souveräner Nationalstaaten. Auf einer Pressekonferenz am 5.9.1960 legte de Gaulle seine Vorstellung der künftigen **Europäischen Politischen Union** dar:

18 „Die Schaffung Europas, das heißt seine Einigung, ist sicher eine wichtige Sache … Warum sollte dieser große Herd der Zivilisation, der Stärke, der Vernunft und des Fortschrittes unter seiner eigenen Asche erlöschen? Allerdings darf man auf einem solchen Gebiet nicht Träumen nachhängen, sondern muss die Dinge so sehen, wie sie sind. Welches sind die Realitäten Europas und die Eckpfeiler, auf denen man weiterbauen könnte? In Wirklichkeit sind es die Staaten … Es ist eine Schimäre, zu glauben, man könne etwas Wirksames schaffen und dass die Völker etwas billigen, was außerhalb oder über dem Staat stehen würde … Gewiss trifft es zu, dass, bevor man das Europa-Problem in seiner Gesamtheit behandelt hat, gewisse mehr oder weniger supranationale Einrichtungen geschaffen werden konnten. Diese Einrichtungen haben ihren technischen Wert, aber sie haben und können keine Autorität und politische Wirksamkeit besitzen … Frankreich hält die Gewährleistung der regelmäßigen Zusammenarbeit der europäischen Staaten für wünschenswert, möglich und praktisch auf dem Gebiet der Politik, der Wirtschaft, der Kultur und der Verteidigung … Das erfordert ein **organisiertes, regelmäßiges Einvernehmen der verantwortlichen Regierungen** und die Tätigkeit von den Regierungen unterstellten Spezialorganisationen auf jedem der gemeinsamen Gebiete.“

19 Die nach dem französischen Chefdelegierten so genannten **„Fouchet-Pläne“** für eine konföderative Politische Union scheiterten jedoch 1960–1962 an der Sorge anderer EWG-Partner vor einer herabstufenden Eingliederung der drei Integrationsgemeinschaften in eine solche Staatenunion. Als Torso der *Fouchet*-Pläne kam es 1963 zum Abschluss des deutsch-französischen Zusammenarbeitsvertrages **(„Elysee-Vertrag“)**. Er hat seither die zweiseitigen deutsch-französischen Beziehungen nützlich vertieft.

20 Weitere Konflikte zwischen dem gaullistischen Frankreich und seinen Partnern ergaben sich aus der Weigerung Frankreichs 1958, 1963 und 1967, **Großbritannien in den Gemeinsamen Markt aufzunehmen.**

Nachdem die EWG eine Realität zu werden begann, suchte Großbritannien lange vergeblich nach einem Zugang zum Gemeinsamen Markt. 1958 scheiterten die sog. *Maudling*-Verhandlungen über eine **„Große Freihandelszone“** zwischen der EWG und den übrigen elf OEEC-Staaten an Frankreich. 1961 stellten England, Dänemark und Irland Beitrittsanträge zur EWG. *De Gaulle* ließ diese Verhandlungen jedoch 1963 aus außenpolitischen Gründen ebenso scheitern wie 1967 einen weiteren britischen Anlauf. Erst nach dem Rücktritt *de Gaulles* wurde der Weg für die von *Edward Heath* ausgehandelte Norderweiterung der Gemeinschaft um Großbritannien, Dänemark und Irland frei.

21 Frankreich brachte seine Doktrin der Mitgliedstaaten als „Herren“ der Gemeinschaft auch gegenüber den anderen EWG-Staaten und der *Hallstein-Kommission* zur Geltung. Nach dem EWG-Vertrag hätte der Ministerrat ab 1966 in wichtigen Vertragsbereichen mit qualifizierter Mehrheit zu entscheiden gehabt. Einzelne Mitgliedstaaten hätten überstimmt werden können. Bevor diese Regelung in Kraft trat, löste Frankreich Mitte 1965 eine **Verfassungskrise der Gemeinschaft** aus und zog sich über ein halbes Jahr von den Arbeiten des Ministerrates zurück („Politik des leeren Stuhles“). In den **Luxemburger Beschlüssen der EWG-Außenminister vom 29.1.1966,** welche die Krise beilegten, wurden kunstvolle Kompromissformeln zwischen den föderalen Vorstellungen und der gaullistischen Doktrin gefunden. In entscheidenden Punkten setzten sich die französischen Vorstellungen durch.

In der Frage der **Mehrheitsentscheidung** enthielten die Luxemburger Beschlüsse ein „Agreement to disagree" (*Lahr,* EA 1983, S. 223ff.). Bei Beschlüssen, die vitale Interessen eines Mitgliedstaates berührten, sollten einvernehmliche Regelungen gesucht werden. Offen blieb, was geschehen würde, wenn dies misslang. Praktisch bewirkten die Luxemburger Beschlüsse lange Zeit eine Scheu vor Mehrheitsentscheidungen im Rat. Außerdem wurden die **Befugnisse der Kommission** in den Luxemburger Beschlüssen restriktiv ausgelegt. 22

IV. 1970–1990: In kleinen Schritten in Richtung Europäischer Union

1. Die siebziger Jahre der EG: Norderweiterung, Europäischer Rat und Direktwahl des Europäischen Parlamentes

Literatur: *Everling,* Unterwegs zur EU. Ausgewählte Aufsätze 1985–2000, 2001; *Brok,* Von der EWG zur EU, WiD 2007, 36; *Harst* (Hrsg.), Beyond the Customs Union: The EC's Quest for Deepening, Widening and Completion 1969–1975, 2008; *Rosengarten,* Die Genscher-Colombo-Initiative, 2008; *Loth* (Hrsg.), Experiencing Europe. 50 Years of European Construction 1957–2007, 2009; *Ahman/Schulze/Walter* (Hrsg.), Rechtliche und politische Koordinierung der Außenbeziehungen der Europäischen Gemeinschaften 1951–1992, 2010.

Der Stillstand im europäischen Einigungswerk wurde Ende 1969 nach dem Rücktritt *De Gaulles* in der **Haager Gipfelkonferenz der Regierungschefs der EG-Staaten** überwunden. Die Wiederaufnahme der Integration blieb vorsichtig. Die Haager Konferenz stieß jedoch alle wichtigen europapolitischen Themen der siebziger Jahre an (Erweiterung, Finanzverfassung der Gemeinschaft mit eigenen Einnahmen, Schaffung einer Wirtschafts- und Währungsunion und einer Europäischen Politischen Zusammenarbeit [EPZ]). Auch die Prüfung direkter Wahlen zum Europäischen Parlament gehörte dazu. Gesamtziel sollte eine **„Europäische Union"** in den achtziger Jahren werden. 23

Der Erfolg der Haager Zielsetzungen war in den siebziger Jahren unterschiedlich. 1970 begannen neue Beitrittsverhandlungen mit England, Dänemark und Irland (Norwegen scherte 1972 aus). Die neue **Finanzverfassung der EG** wurde seit 1970 fortschreitend verwirklicht. Die Gemeinschaft erreichte eine bemerkenswerte finanzielle Unabhängigkeit. (Näher unten Rz. 8/1 ff.). 24

Zum Übergang in eine **Wirtschafts- und Währungsunion** fand die EG dagegen trotz verschiedener Initiativen noch nicht die politische Kraft. Am deutlichsten waren die Fortschritte bei der währungspolitischen Zusammenarbeit. 1978 gelang *Giscard d'Estaing* und *Helmut Schmidt* die Gründung des **Europäischen Währungssystems (EWS).** Dieser feste Wechselkursverbund der meisten EG-Staaten erfüllte eine wichtige Voraussetzung für binnenmarktähnliche Verhältnisse. Das EWS enthielt erste Ansätze zur EG-Währungsunion, die 1992 in Maastricht aufgegriffen wurden. – (Näher unten § 19). – Mit der Gründung des **Europäischen Regionalfonds 1975** wurde ein Stück finanziellen Ausgleichs unterschiedlicher Lebensverhältnisse zwischen den MSen geschaffen.

Die **Europäische Politische Zusammenarbeit (EPZ)** konstituierte sich seit 1970 zunächst formlos als regelmäßige Zusammenarbeit der Außenministerien der EG-Staaten. Art. 30 der Einheitlichen Europäischen Akte stellte die EPZ 1986 auf eine vertragliche Grundlage. In Maastricht 1992 entwickelte sich die EPZ zur gemeinsamen Außen- und Sicherheitspolitik (GASP) fort. (Unten § 39).

1973 wurden Großbritannien, Dänemark und Irland Mitglieder der Gemeinschaft. Die Binnenstruktur der EG hat sich vor allem durch die britische Mitgliedschaft gewandelt. Teilweise erfüllten sich die Hoffnungen auf eine weltweite Inspiration der EWG-Handelspolitik. Europapolitisch erhielten jedoch diejenigen Kräfte in der Gemeinschaft Verstärkung, welche die Zukunft einer Europäischen Union bestenfalls in konföderativer Kooperation sahen. Die britische „Europaphilosophie" fand in der Brügger Rede von *Margaret Thatcher* am 20.9.1988 klassischen Ausdruck. Die Premierministerin begriff Europa als „Family of Nations", die auf die Wahrung der nationalen Identität innerhalb der Gemeinschaft starken Wert legt. 25

26 Als Leitungsinstanz der europäischen Zusammenarbeit dienten zunächst jährliche „Gipfelkonferenzen" der EG-Staats- und Regierungschefs. Sie wurden auf Vorschlag *Giscard d'Estaings* 1974 in einen mindestens zweimal jährlich tagenden **Europäischen Rat der Staats- und Regierungschefs** umgewandelt. Er ist seit 1987 vertraglich verankert (heute Art. 15 EUV). Die Einbeziehung der „Chefs" in die Vertragsstruktur hat den Europäischen Rat zum **politischen Superorgan der EU** gemacht. Alle wesentlichen Fortschritte der europäischen Einigung hängen vom Konsens im Europäischen Rat ab.

27 1976 beschloss der Europäische Rat, die von Art. 138 Abs. 3 EWGV vorgesehenen **direkten Wahlen** der bisher aus den nationalen Parlamente entsandten Abgeordneten des Europäischen Parlamentes einzuführen. Die seit 1979 alle 5 Jahre stattfindenden „Europawahlen" sind ein wichtiges Element der „Demokratisierung" der Union. Das Europäische Parlament hat mit den Verträgen von Maastricht 1992 bis Lissabon 2007 seine Befugnisse vor allem im Gesetzgebungsverfahren wesentlich ausgebaut. Es verfügt zwar als Organ einer nichtstaatlichen Union (Rz. 5/21 ff.) nicht über dieselben Rechte wie nationale Parlamente, steht jedoch heute weithin auf Augenhöhe mit Rat und Kommission.

2. Die achtziger Jahre: Süderweiterung, Einheitliche Europäische Akte 1986 und Binnenmarktprozess 1985–1992

28 Mit der **Süderweiterung** traten drei neue Mitglieder der EG bei. Die **Einheitliche Europäische Akte 1986** bedeutete die erste größere Fortentwicklung der Gemeinschaftsverträge. Die *Delors*-Kommission überwand seit 1985 eine zeitweilige „Eurosklerose" und stieß den zunächst auf Ende 1992 terminierten **Binnenmarktprozess** an.

Griechenland, 1962–1980 der Gemeinschaft assoziiert, wurde 1981 ihr zehntes Mitglied. **Portugal und Spanien** traten 1986 bei. Die EG war zur **Zwölfergemeinschaft** herangewachsen. Portugal und Spanien erlebten wie früher Irland einen nachhaltigen Aufschwung.

29 Die **Reform der Gemeinschaftsverträge** wurde in den achtziger Jahren immer dringlicher. Die Tätigkeit der Gemeinschaft hatte sich durch „Spill-over-Effekte" in Bereichen wie Umweltschutz, Forschung und Technologie und Bildung ohne gesicherte Rechtsgrundlagen erweitert und intensiviert. Die Frage nach dem politischen Ziel des Einigungsprozesses stellte sich immer häufiger. Oft war von einer **Europäischen Union (EU)** die Rede, wobei deren Konzept im föderalen Sinne oder als „Europa der Vaterländer" offen blieb. Die **Einheitliche Europäische Akte 1986 (EEA)** wurde ein wichtiger Schritt zu einem auch politischen Zusammenschluss der Gemeinschaft.

Der Weg zur **Einheitlichen Europäischen Akte (EEA)** war lang. Die EEA kam 1986 als Änderungsvertrag zu den drei EG-Verträgen zustande. Sie institutionalisierte die **Europäische Politische Zusammenarbeit (EPZ),** erweiterte die Zuständigkeiten der Gemeinschaft und brachte den Willen der Mitgliedstaaten zum Ausdruck, eine Politische Union zu schaffen.

30 Parallel zur Vertragsreform setzte sich die Gemeinschaft auf Initiative der *Delors*-Kommission Mitte der achtziger Jahre die schrittweise Verwirklichung eines **Europäischen Binnenmarktes** als Vollendung und Vertiefung des bis dahin erreichten Gemeinsamen Marktes zum Ziel. Er wird wie folgt definiert (heute Art. 26 Abs. 2 AEUV):

„Raum ohne Binnengrenzen, in dem der freie Verkehr von Waren, Personen, Dienstleistungen und Kapital gemäß den Bestimmungen dieses Vertrages gewährleistet ist."

Die Verwirklichung des Binnenmarktes stellte sich als **europäischer Rechtsetzungsprozess** dar. Die Kommission hatte 282 Rechtsakte in Bereichen wie Technische Handelshemmnisse, öffentliches Auftragswesen, Telekommunikation, Grenzkontrollen, Kapital- und Dienstleistungsverkehr, Verkehr, Steuern u. a. m. vorgeschlagen. Ende 1992 war der größte Teil dieser Vorschläge in Brüssel verabschiedet und wurde in den Mitgliedstaaten (mit unterschiedlicher Geschwindigkeit) umgesetzt.

Die Binnenmarktanstrengungen entfachten eine neue Dynamik innerhalb der EG. 31
Eine „Vollendung" des Binnenmarktes war allerdings 1993 noch nicht möglich. Zu einem perfekten Binnenmarkt gehört wesentlich eine Währungsunion. Binnenmarktgleiche Verhältnisse bedürfen einer Wirtschaftspolitik auf europäischer Ebene. Letztlich kann es auf Dauer keinen „Markt ohne (politische) Union" geben. Hieraus erklärte sich die Gründung einer „immer engeren Union der Völker Europas" auf der Maastrichter Konferenz 1991/92.

§ 3. Die Europäische Union seit Maastricht

Die Antwort der Europäischen Gemeinschaft auf den Zusammenbruch des europä- 1
ischen Kommunismus 1989/1991 war die **Gründung der Europäischen Union** im Vertrag von Maastricht 1992. Er wurde in Amsterdam 1998 und Nizza 2001 fortentwickelt. Maastricht brachte zugleich die Entscheidung zugunsten der **Europäischen Währungsunion.** Die EU erweiterte sich beispiellos zwischen 1995 („EFTA-Erweiterung") und 2004–2013 (Osterweiterung) von 12 auf **28 Mitgliedstaaten.** – In einem langen „Post-Nizza-Prozess" 2001–2009 gelang mit dem **Lissabon-Vertrag** halbwegs das Reformziel, die EU handlungsfähiger und demokratischer zu strukturieren. Seit 2009/2010 wird jedoch in der **EU-Finanzkrise** offenbar, dass die Union auch nach 60 Jahren existenzbedrohenden Gefahren ausgesetzt bleibt.

I. Gründung der Europäischen Union (Maastricht 1992, Amsterdam 1997, Nizza 2001)

Literatur: *Dehousse* (Hrsg.), Europe after Maastricht – An ever closer Union?, 1994; *Hommelhoff/P. Kirchhof* (Hrsg.), Der Staatenverbund der EU, 1994; *Streinz,* Der Vertrag von Amsterdam, JURA 1998, 57; *Oppermann,* Der europäische Traum zur Jahrhundertwende, JZ 1999, 317; *Everling,* Von den EGen zur EU, FS Oppermann, 2001, 163; *Grunewald,* Das Ende einer Epoche – das Erbe der EGKS, EuZW 2003, 193; *Wessels,* Die Vertragsreformen von Nizza, Integr. 2001, 8; *Bos/Dieringer,* Die Genese einer Union der 27. Die EU nach der Osterweiterung, 2008; *Calliess,* Die neue Europäische Union nach dem Vertrag von Lissabon, 2010; *Wirsching,* Geschichte Europas in unserer Zeit, 2012.

Der **Vertrag über die Europäische Union (EUV)** v. 7.2.1992 („Maastricht-Vertrag") 2
bedeutete die Fortsetzung und Vertiefung des europäischen Einigungswerkes über das Wirtschaftliche hinaus. Er trat am 1.11.1993 in Kraft. In Deutschland hielt das Bundesverfassungsgericht den Maastricht-Vertrag unter bestimmten Voraussetzungen mit dem Grundgesetz für vereinbar (BVerfGE 89, 155).

Die **Europäische Union (EU)** wurde zum „Dach" über den Gemeinschaften EG (früher EWG), EGKS (bis 2002) und EAG. Maastricht vertiefte den Binnenmarktprozess durch die Entscheidung zugunsten der **Währungsunion.** Zweiter und dritter „Pfeiler" der EU wurden die **Gemeinsame Außen- und Sicherheitspolitik (GASP)** und die **Polizeiliche und Justitielle Zusammenarbeit in Strafsachen (PJZ).**

Die EU blieb in Maastricht **unvollendet.** Nur der erste „Pfeiler", die integrierte EG, war ein wirklicher Stützpfeiler. Die **Politische Union (GASP und PJZ)** blieben intergouvernementales Stückwerk. Daher wurde für 1996/97 eine weitere Regierungskonferenz beschlossen. Sie sollte die Politische Union fortentwickeln.

3 Diese Konferenz führte 1997 zum **Amsterdamer Vertrag.** Die **Rechte des Europäischen Parlamentes** im Rechtsetzungsverfahren wurden gestärkt, Teile der **„dritten Säule" (PJZ)** in den EGV überführt und die Zusammenarbeit in der **GASP** verbessert. Ein **Beschäftigungstitel** des Vertrages und die Einbeziehung des Abkommens zur **Sozialpolitik** in den EGV ergänzten den Binnenmarkt. Ein **Stabilitäts- und Wachstumspakt** wurde 1997 zur Vorbereitung der Währungsunion durch Verordnung geschaffen.

4 1999/2000 war für die EU eine **Krisenzeit.** Im Frühjahr 1999 trat die Kommission *Santer* aufgrund von Korruptionsvorwürfen zurück. Die Tagungen des Europäischen Rates in Köln und Tampere 1999/2000 beschlossen unter dem Eindruck des Kosovo-Krieges die Intensivierung der **EU-Sicherheits- und Verteidigungspolitik** und innenpolitisch die Verwirklichung eines **„Raumes der Freiheit, der Sicherheit und des Rechts"** als Stärkung der bisherigen PJZ. – 14 EU-Regierungen setzten Anfang 2000 ihre bilateralen Beziehungen mit Österreich wegen der Wiener Regierungsbeteiligung der „rechten" FPÖ *Jörg Haiders* aus. Diese fragwürdigen **„Österreich-Sanktionen"** wurden nach einem halben Jahr zurückgenommen.

5 Die **Regierungskonferenz von Nizza 2000/2001** stand unter keinem guten Stern. Zwar einigte sie sich auf einen Änderungsvertrag: Der **Nizza-Vertrag** trat am 1.2.2003 in Kraft. Er brachte eine **institutionelle Reform** mit Blick auf die große Union von 25 und mehr Mitgliedern nach der Osterweiterung. Die Nizza-Regelungen waren aber kompromisshaft und sehr kompliziert. Zum ersten Mal wurde eine „demographische Komponente" in die Ratsentscheidungen aufgenommen. Die Staats- und Regierungschefs verkündeten feierlich die **Charta der Grundrechte der EU,** die ein Konvent aus Vertretern der Regierungen, der Kommission und der Parlamente unter Leitung des deutschen Altbundespräsidenten *Roman Herzog* am 2.10.2000 verabschiedet hatte. Die Charta wurde nicht Bestandteil des Nizza-Vertrages, erhielt aber rechtspolitisches Gewicht.

Am 23.7.2002 endete die 50-jährige Laufzeit des **EGKS-Vertrages** („Montanunion"). Die EGKS wurde in die EG integriert.

II. Europäische Währungsunion

Literatur: *Hahn,* Die Entstehung der Europawährung, JZ 1996, 321; *Issing,* Von der D-Mark zum Euro, 1998; *Bernhofer* (Hrsg.), Der Euro, 1999.

6 Am 3.5.1998 beschlossen die Staats- und Regierungschefs gemäß dem Maastricht-Vertrag den Beginn der **Währungsunion** zwischen anfänglich 11 von 15 MSen ab 1.1.1999. Es war die wichtigste europapolitische Entscheidung seit der Gründung der EWG 1958. Anfang 2002 löste der EURO die nationalen Währungen ab. Die europäisierte **Geld- und Währungspolitik** liegt seitdem in den Händen der **Europä-**

ischen Zentralbank (EZB). Der dauerhafte Erfolg des EURO hängt von der Solidität der nationalen Wirtschafts- und Haushaltspolitiken ab. Die EU-Finanzkrise seit 2010 (unten Rz. 16f.) offenbarte insoweit gravierende Schwächen einzelner Mitgliedstaaten.

Näher zur Währungsunion § 19.

III. „EFTA-Erweiterung" 1995 und Osterweiterung 2004/2007/2013

Literatur: *Hummer* (Hrsg.) Die EU und Österreich, 1997; *Lippert,* Die Osterweiterung der EU, 2000; *Niedobitek,* Völker- und europarechtliche Grundfragen des Beitrittsvertrages, JZ 2004, 369; *Bos/Dieringer,* Die Grenzen einer Union der 27. Die EU nach der Osterweiterung, 2008.

Die drei EFTA-Staaten **Finnland, Österreich und Schweden** traten 1995 der EU bei, nachdem ihre Neutralitätsprobleme mit der Auflösung der Sowjetunion 1991 entfielen. Die Norweger lehnten 1994 den Beitritt wie 1972 durch ein Referendum ab. 7

Die „Wende" in Mittelosteuropa 1989–1991 führte zu Beitrittsanträgen von Estland, Lettland, Litauen, Polen, Slowakei, Slowenien, Tschechien und Ungarn. Seit 1990 lagen Anträge von Malta und Zypern vor. Die EU half zunächst mit einer „Heranführungsstrategie", um die mittelosteuropäischen Staaten beitrittsfähig zu machen. Die eigentlichen Verhandlungen wurden 1998 aufgenommen und 2003 in Athen abgeschlossen. Die EU wuchs am 1.5.2004 von 15 auf 25, mit dem Beitritt Bulgariens und Rumäniens 2007 auf 27 sowie Kroatiens 2013 auf **28 Mitglieder.** Lange Übergangsfristen sollen diese „Großerweiterung" ermöglichen. Die Union wurde auf diese Weise zu einer **gesamteuropäischen Organisation** („Vollendung der Idee *Robert Schumans*"). Die „Verfassungsfrage" stellte sich damit immer dringlicher. 8

IV. EU-Reform 2001–2009 („Post-Nizza-Prozess")

Literatur: Das Schrifttum zur EU-Reform 2001ff. ist Legion – *J. Fischer,* Vom Staatenbund zur Föderation. Gedanken über die Finalität der europäischen Integration („Humboldt-Rede"), Int. Pol. 2000, 100; *Müller-Graff,* Der Post-Nizza-Prozeß, Integr. 2001, 208; *R. Wägenbaur,* Die Erklärung von Laeken zur Zukunft der EU, EuZW 2002, 65; *Oppermann,* Eine Verfassung für die EU. Der Entwurf des Europäischen Konvents, DVBl. 2003, 1165, 1234; *K.H. Fischer,* Der Europäische Verfassungsvertrag (Text/Komm.), 2005; *F.C. Mayer,* Wege aus der Verfassungskrise, JZ 2007,593; *Oppermann,* „Konventsmethode" als Instrument europäischer Verfassungsgebung, FS R. Herzog, 2009, 313; *Calliess,* Die neue Europäische Union nach dem Vertrag von Lissabon, 2010; *Nowak,* Europarecht nach Lissabon, 2011.

1. Gründe der Reform

Die Fortentwicklung der Integrationsverträge war nach Nizza 2001 an ihre Grenzen gestoßen. Nach 50 Jahren konnten selbst Spezialisten ihr kompliziertes Geflecht kaum noch überschauen. Die Osterweiterung mit dem „Sprung" von 15 auf 28 Mitgliedstaaten verlangte nach einer neuen institutionellen Struktur, um die Handlungsfähigkeit der „Mega-Union" sicherzustellen. Die Reform sollte gleichzeitig das vielbeklagte Demokratiedefizit der Union abbauen. 9

2. Verfassungskonvent 2002–2003 – Scheitern des Verfassungsvertrags 2004

Der Europäische Rat von Laeken setzte Ende 2001 einen parlamentarisch/gouvernemental gemischten „Konvent zur Zukunft Europas" **(„Verfassungskonvent")** unter Leitung *Giscard d'Estaings* ein und erteilte ihm ein begrenztes Mandat für den Entwurf einer europäischen Vertragsverfassung. Die „Konventsmethode" bewährte sich zum 10 zweiten Mal als demokratienahes Instrument europäischer Verfassunggebung. Der Konvent legte 2003 der anschließenden Regierungskonferenz den **„Entwurf für einen Vertrag über eine Verfassung für Europa"** vor (ABl. 2003, C 169/1). Er wurde zur Grundlage des Verfassungsvertrages 2004 sowie später des Lissabon-Vertrags 2007.

11 Der **Konventsentwurf** beendete die „Drei-Säulen-Konstruktion" des Maastrichtvertrages und konzipierte eine **einheitliche EU** einschließlich der Grundrechte-Charta. Der „Raum der Freiheit, der Sicherheit und des Rechts" wurde integriert und das auswärtige Handeln ausgebaut. Neben der EU besteht die EAG weiter.

12 Die **Regierungskonferenz 2003–2004** übernahm den Konventsentwurf mit wenigen Änderungen zugunsten der Mitgliedstaaten. Ende 2004 wurde der **Verfassungsvertrag** durch 25 Mitgliedstaaten in Rom unterzeichnet (Text ABl.2004, C 310/1). Er **scheiterte** jedoch 2005 an zwei negativen Referenden in Frankreich und den Niederlanden. Die Ablehnung ergab sich teils aus Unmut über nationale Missstände. Darüber hinaus wird die Unzufriedenheit der Bürger mit dem „regulierungswütigen" Brüsseler Europa als Grund angesehen. Von erheblicher Bedeutung war darüber hinaus der Umstand, dass sich der Konvent der Formensprache einer verfassungsgebenden Bewegung bediente und damit auf Elemente der Demokratietheorie rekurrierte, die Bevölkerung aber nicht in allen Mitgliedstaaten bereit war, diese Form von Verfassungsgebung „von oben" zu akzeptieren. Ein Referendum wäre auch in anderen Mitgliedstaaten negativ ausgegangen. Der **Inhalt** des Verfassungsvertrages 2004 blieb gleichwohl für den Fortgang der EU- Reform bis Lissabon 2007 wesentlich.

3. Lissabon-Vertrag 2007

Literatur: *Oppermann,* Die Berliner Erklärung vom 25. März 2007, FS Rengeling, 2008, 609; *Streinz/Ohler/Herrmann/Kruis,* Der Vertrag von Lissabon zur Reform der EU. Einführung mit Synopse, 2. Aufl. 2008; *Schwarze/Hatje* (Hrsg.), Der Reformvertrag von Lissabon, EuR 2009, Beiheft 1; *Eilmansberger/Griller/Obwexer,* Rechtsfragen der Implementierung des Vertrages von Lissabon, 2010; *K.H. Fischer,* Der Vertrag von Lissabon (Text/Komm.), 2. Aufl. 2010; *F. Mayer,* Der Vertrag von Lissabon im Überblick, JuS 2010, 189; *Möstl,* Vertrag von Lissabon (Einf./Komm.), 2010.

13 Nach einer „Denkpause" gelang der deutschen Ratspräsidentschaft Anfang 2007 die Wiederaufnahme des Reformprozesses. Die „Berliner Erklärung" anlässlich der 50 Jahr-Feier der Römischen Verträge dokumentierte die Einigung der EU-Regierungen. Der Europäische Rat vom 21.-23. Juni 2007 erteilte das Mandat einer neuen Regierungskonferenz. Unter der portugiesischen Präsidentschaft gelang der Konsens auf einen „Reformvertrag", der am 13.12.2007 von den 27 Regierungen in Lissabon unterzeichnet wurde (Lissabon-Vertrag, ABl. 2007, C 306/1). Dieser rasche Erfolg wurde durch weitgehenden Rückgriff auf den Verfassungsvertrag 2004 möglich. Mit Rücksicht auf die Widerstände vermied man Reizworte wie „Verfassung" „Integration" u. ä. – Der Reformvertrag trat trotz Schwierigkeiten bei der Ratifikation (u. a. zwei Referenden in Irland, in Deutschland verfassungsrechtliche Prüfung durch BVerfGE 123, 267; kritisch: *Classen,* JZ 2009, 881; *Nettesheim,* EuR Beiheft 1/2010, 101) am 1.12.2009 in Kraft. Der „Post-Nizza-Prozess" hatte nach 9 Jahren ein positives Ende gefunden.

14 Inhaltlich ist der „Vertrag zur Änderung des Vertrags über die EU und des Vertrags zur Gründung der EG" (Lissabon-Vertrag) ein nahezu unlesbarer **„Artikelvertrag".** Die EU von Lissabon lässt sich nur durch die

Lektüre der im Sinne von Lissabon konsolidierten Texte des **neuen EU-Vertrags (EUV)** sowie des **„Vertrags über die Arbeitsweise der Union“ (AEUV** = bisheriger EG-Vertrag) erschließen. Der Lissaboner EUV ist mit 411 Artikeln kaum kürzer als der Verfassungsvertrag 2004.

Wesentliche Merkmale der Lissaboner EU sind:

- **EUV und AEUV** bilden zusammen die **einheitliche und einzige Rechtspersönlichkeit** der neuen EU. Daneben besteht die EAG weiter.
- Inhaltlich wird die Substanz des Verfassungsvertrages 2004 unter äußerlicher „Vervölkerrechtlichung“ weitgehend übernommen. EUV/AEUV sind in der Sache die **verfassungsmäßige Grundordnung der Union.**
- Die EU von Lissabon bleibt ein **gleichzeitig über- und nichtstaatlicher „Staatenverbund“**, der auf unbegrenzte Zeit gilt.
- Die Rolle der **Mitgliedstaaten** innerhalb der Union wird verstärkt (Erschwerung neuer EU-Zuständigkeiten, Stärkung der Mitwirkung der nationalen Parlamente und der Subsidiaritätskontrolle).
- Bei den EU-Organen wird sowohl die Position des **Europäischen Parlamentes** (Gesetzgebungsverfahren) als auch diejenige des **Europäischen Rates der Staats- und Regierungschefs** (Organqualität, mehrjähriger Präsident) gestärkt.
- Die **qualifizierte Mehrheitsentscheidung** im Ministerrat wird außerordentlich kompliziert gestaltet. Die neue „doppelte Mehrheit“ (55% der MSen aus mindestens 15 EU-Staaten mit 65% der EU-Bevölkerung) wird auf 2014/2017 verschoben.
- Die **Grundrechte-Charta** ist nicht unmittelbarer Bestandteil von EUV/AEUV, bleibt aber (mit Ausnahmen für Großbritannien und Polen) rechtlich gleichrangig.

Das **große Ziel der EU-Reform 2001 ff.**, die „Mega-Union“ der 28 Staaten handlungsfähiger und demokratischer zu machen, **wird mit dem Lissabonvertrag nur begrenzt erreicht.** Eine für den Bürger lesbare und einnehmende Grundordnung „seiner“ Union stellt der Reformvertrag nicht dar. Die Regelungen des Lissabon-Vertrages sind in die einzelnen Kapitel des Buches eingearbeitet. 15

V. EU-Finanzkrise 2009 ff.

Literatur: Die „Krisenliteratur“ ist kaum überschaubar – A.Schmidt, Die Wirtschafts- und Finanzkrise 2008/09, Integr. 2009,388; Kube/Reimer, Grenzen des Europäischen Stabilisierungsmechanismus, NJW 2010,1911; *Everling,* Wirtschaftspolitik und Finanzhilfe in der Währungsunion der EU, FS Scheuing, 2011, 526; Seidel, Europarechtsverstöße und Verfassungsbruch im Doppelpack, EuZW 2011, 241; *Häde,* Die Europäische Währungsunion in schwerer See. Ist der Euro noch zu retten? in: Giegerich (Hrsg), Herausforderungen und Perspektiven der EU, 2012,35; *Glaser,* Die Neuausrichtung der EU-Finanzverfassung durch den Europäischen Stabilitätsmechanismus, DÖV 2012, 901; *Hölscheidt/Rohleder,* Vom Anfang und Ende des Fiskalvertrags, DVBl. 2012, 806; *Wieland,* Die Zukunft Europas – Krise als Chance, JZ 2012, 213; *P. Kirchhof,* Stabilität von Recht und Geldwert in der EU, NJW 2013, 1; *Kube,* EU-Rechtswidrigkeit einer Refinanzierung des ESM bei der EZB, WM 2013, 57; *Möllers/Zeitler* (Hrsg.), Europa als Rechtsgemeinschaft – Währungsunion – Schuldenkrise, 2013; *Nettesheim,* Europarechtskonformität des ESM, NJW 2013, 14; *Oppermann,* „Euro-Rettung“ und europäisches Recht, NJW 2013, 6.

Seit Ende 2009/Anfang 2010 befindet sich die EU und insbesondere die Eurozone in einer **andauernden Finanzkrise.** Auslöser war eine **drohende Insolvenz Griechenlands** aufgrund steigender Haushaltsdefizite und eines hohen Gesamtschuldenstandes. Die Euro-Staaten befürchteten, dass eine Zahlungsunfähigkeit Athens die finanzielle Stabilität der Eurozone insgesamt gefährden könne, zumal in anderen „Peripheriestaaten“ ähnliche Finanzprobleme bestanden. EU und Mitgliedstaaten beschlossen in einer **dramatischen Rettungsaktion** am 26.3./2.u.7.5.2010 zusammen mit dem IWF ein „Rettungspaket“ von insgesamt € 110 Mrd.in drei Tranchen während drei Jahren. Diese Kredite stellten sich bald als ungenügend heraus. 2011 erhielt Griechenland ein zweites Paket über € 109 Mia, an dem sich Banken und Versiche- 16 rungen mit weiteren € 57 Mrd.Forderungsverzicht beteiligen mussten. 2012 traten weitere Erleichterungen hinzu (Schuldenrückkaufprogramm, Zinssenkungen, Streckungen von Krediten). Dennoch bleibt die Lage Griechenlands prekär.

Mit Blick auf weitere notleidende Euro-Staaten wurde Anfang Mai 2010 ein erster **„Rettungsschirm" (EFSF) von bis zu € 750 Mia** aus Stützungsgarantien der Mitgliedstaaten sowie EU- und IWF-Garantien gegründet. Gleichzeitig begann die EZB, Anleihen bestimmter Euro-Staaten über mehr als € 200 Mrd.aufzukaufen. Sie beendete diese umstrittene Tätigkeit zeitweilig, doch erklärte Präsident *Draghi* zur Beruhigung der Märkte 2012, die EZB werde jederzeit „das Nötige tun". Der auf drei Jahre befristete EFSF wurde 2013 durch einen **ständigen Krisenmechanismus (ESM)** in Höhe von zunächst € 700 Mrd.abgelöst. Er speist sich aus Kreditbürgschaften der Euro-Staaten gemäß ihrem Kapitalanteil an der EZB (Deutschland: 27%). Verschärfungen des Stabilitätspaktes (unten Rz 18/21ff.) treten hinzu. Frühestens 2014 soll durch EU-VO eine **gemeinsame Aufsicht über Großbanken** unter dem Dach der EZB einer wichtigen Gefahrenquelle für die Euro-Stabilität wehren. 2012 unterzeichneten 25 der 27 EU-Staaten einen sog. **Fiskalpakt,** mit dem Haushaltsdisziplin (Schuldenbremse) und strukturelle Verbesserungen sichergestellt werden sollen.

Mit den „Rettungsschirmen und weiteren Maßnahmen wurden 2010 **Irland** (€ 85 Mia) und 2011 **Portugal** (€ 80 Mia) vorläufig stabilisiert. Wie in den anderen Fällen (Griechenland usw.) müssen die Krisenstaaten im Gegenzug ein Sanierungsprogramm mit Spar- und Restrukturierungsauflagen akzeptieren, welches von einer sog. **„Troika"** aus EZB, der EU-Kommission und dem IWF konzipiert und kontrolliert wird. Die Auflagen führen regelmäßig zu erheblichen sozialen Spannungen in den betroffenen Staaten. 2012 wurde **spanischen Banken** eine Hilfe aus dem EFSF bis zu € 100 Mrd.zugesagt. Jüngster Hilfsfall war 2013 **Zypern,** das € 10 Mrd.aus dem ESM erhält. Der Inselstaat muss zugleich eine Zwangsabgabe auf größere Bankeinlagen sowie die Abwicklung einer zypriotischen Bank vornehmen. Als weitere „Wackelkandidaten" gelten Malta und Slowenien. Nach manchen Einschätzungen könnten auch der spanische Staat und Italien hilfsbedürftig werden. Die „Rettungspolitik" würde damit an ihre Grenzen stoßen.

17 **Juristisch und ökonomisch ist die „Rettungspolitik" umstritten.** Die Maßnahmen wurden zunächst auf Art. 122ff. AEUV gestützt, insbesondere auf Art. 122 Abs. 2 AEUV („außergewöhnliche Ereignisse"). Damit wurden die durch das „Bail-out-Verbot" des Art. 125 AEUV gezogenen Grenzen großzügig interpretiert. Inzwischen bietet der neue Art. 136 Abs. 3 AEUV eine Grundlage. EuGH Rs. C-370/12 v. 27.11.2012 („Pringle"), NJW 2013, 29 hat den ESM mit dem EU-Recht für vereinbar erklärt und ebenso BVerfG v. 19.9.2012, NJW 2012, 3145 vorläufig mit dem deutschen Grundgesetz. – Ökonomisch wird die langfristige Stabilisierung der Eurozone durch die Rettungsmaßnahmen unterschiedlich beurteilt. Den Hoffnungen der nationalen und europäischen Politik, die Lage „beherrschen" zu können, steht starker Pessimismus innerhalb der Wirtschaftswissenschaft gegenüber, wo Viele ein allmähliches Auseinanderfallen der Euro-Staaten zwischen „Süden" und „Norden" befürchten (Nachweise bei *Starbatty,* Tatort Euro, 2013). Entscheidend bleibt im Kern die Frage, ob sich die traditionell „lockere" Finanzkultur in den Peripheriestaaten durch die auf-

erlegten Sanierungsprogramme langfristig an die strengeren Maßstäbe in den nördlichen Ländern angleichen lässt.

Die Finanzkrise führt zu einer zunehmenden Spaltung zwischen Gesamt-EU und Eurozone.

VI. Ausblick: Unvollendete Union?

Literatur: *Juncker,* Welche Vision braucht Europa?, 2007; *Oppermann,* Von der Gründungsgemeinschaft zur Mega-Union – Eine europäische Erfolgsgeschichte?, DVBl. 2007, 329; *Mestmäcker/Möschel/Nettesheim* (Hrsg.), Verfassung und Politik im Prozeß der europäischen Integration, 2008; *Piepenschneider,* Die EU nach Lissabon: bürgernah, bürgerfreundlich, bürgertauglich? Integr. 2009, 153; *Leitl/Verheugen* (Hrsg.), Europa? Europa! Wo liegt die Zukunft unseres Kontinents?, 2011; *Majocci,* Towards a European Fiscal Union, The Federalist 2011, 13; *Calliess/Schoenfleisch,* Auf dem Weg in die europäische „Fiskalunion"?, JZ 2012, 477.

Die Europäische Union stellt sich heute als **teils weitgehend integrierter, teils noch** 18
stark der Unionsmethode verhafteter („intergouvernementaler") Staatenverbund dar, dem die Mitgliedstaaten eine Fülle unterschiedlicher, aber begrenzter Zuständigkeiten zur Verwirklichung ihrer Ziele übertragen haben. Die EU besteht auf unbegrenzte Zeit (Art. 53 EUV, Art. 356 AEUV), belässt seinen Mitgliedern jedoch ein Austrittsrecht (Art. 50 EUV). Hier wird eine **Letzt-Souveränität der Mitgliedstaaten** gegenüber der Union sichtbar. – Die EU ist weder Bundesstaat noch Staatenbund, sondern eine staatsnahe Zwischenform eigener Art. Man kann sie mit verschiedenen Bezeichnungen umschreiben („Staatenverbund" (BVerfGE 89, 155 „Maastricht"), „Verbund souverän bleibender Staaten" (BVerfGE 123, 267 „Lissabon"), „Union", früher „Gemeinschaft" u. a. m.).

Die EU ist unvollendet und **zukunftsoffen** in dem Sinne, „den Prozeß der Schaffung 19
einer immer engeren Union der Völker Europas ... weiterzuführen" (Präambel EUV). Dies gilt u. a. für mögliche Erweiterungen durch **Beitritte neuer Mitglieder** (Art. 49 EUV). Vertiefung und Erweiterung der EU stehen allerdings in einem schwierigen Verhältnis. Die Gemeinschaft und spätere Union hat sich seit 1958 von 6 auf 28 Mitglieder mit über 500 Millionen Unionsbürgern erweitert. Auf dem Balkan und mit den Staaten der „Rest-EFTA" sind weitere Beitritte bis zu 30 und mehr Mitgliedern möglich. Umstritten ist ein Beitritt der Türkei, mit der verhandelt wird. Eine zusätzliche große Erweiterung um die Ukraine und andere Staaten Osteuropas wäre schwer vorstellbar.

Je größer die EU wird, umso mehr bedarf sie der ordnenden Kraft ihres Rechts. Staatliche Zwangsgewalt steht der Union nicht zur Verfügung. Sie vermag sich nur als Rechtsgemeinschaft zu erhalten (*Mestmäcker,* European Review 1994, 1). Die **Rule of Law** des Unionsrechts ist für die Verwirklichung der europäischen Idee **unentbehrlich.** Dies gilt auch und gerade für eine Bewältigung der Finanzkrise seit 2010.

2. Teil. Die Europäische Union – Grundlagen

§ 4. Wesen der Europäischen Union

Literatur: Die Literatur zum Wesen der EU ist – insbesondere in Deutschland – uferlos. *Hallstein,* Die EWG – Eine Rechtsgemeinschaft (1962), in: Europäische Reden, 1979, 341; *P. M. Huber,* Das Ziel der europäischen Integration, 1995; *Böckenförde,* Welchen Weg geht Europa?, 1997; *Loth* (Hrsg.), Das europäische Projekt zu Beginn des 21. Jahrhunderts, 2001; *Graf Vitzthum,* Die Identität Europas, EuR 2002, 1; *Della Cananea,* L'Unione Europea. Un ordinamento composito, 2003; *Nettesheim,* EU-Recht und nationales Verfassungsrecht, Europarecht, Beiheft 1/2004, 7; *Nass,* Legitimität und Identität der EU, DVBl. 2006, 1197; *Pernice* (Hrsg.), Europa-Visionen, 2007; *Everling,* Die EU als föderaler Zusammenschluss von Staaten und Bürgern, in: v. Bogdandy/Bast (Hrsg.), Europäisches Verfassungsrecht, 2. Aufl. 2009, 961; *Mandry,* Europa als Wertegemeinschaft, 2009; *P. Kirchhof,* Der europäische Staatenverbund, in: v. Bogdandy/Bast (Hrsg.), Europäisches Verfassungsrecht, 2. Aufl. 2009, 1009; *Schorkopf,* Der europäische Weg – Grundlagen der EU, 2010; *Häberle,* Europäische Verfassungslehre, 7. Aufl. 2011; *Di Fabio,* Der Auftrag zur europäischen Integration und seine Grenzen, FS M. Schröder, 2012,169; *Schmitt-Egner,* Europäische Identität, 2012; *Oppermann,* Europäische Integration, in: Leitgedanken des Rechts (FS P. Kirchhof), 2013, 1055; *Schultz,* Der gefesselte Riese. Europas letzte Chance, 2013.

I. Die Fragestellung

1 Das Ringen um die Einigung Europas wird von Überlegungen begleitet, wie früher die EG und nunmehr die EU in einer Gesamtbetrachtung zu begreifen ist. Das ist die Frage nach der Rechtsnatur oder dem „Wesen" der Europäischen Union.

2 Die Gemeinschaften, die 1992 in Maastricht zur Europäischen Union vereinigt worden sind (oben Rz. 3/2), stellen die wichtigste Realisation der „Europäischen Idee" dar. Die EU begreift sich als neue Stufe bei der Verwirklichung einer immer engeren Union der Völker Europas (Art. 1 Abs. 2 EUV).

II. Schaffung eines „Staatenverbundes" als Konzept der Verträge

Literatur: *Mosler,* Die Entstehung des Modells supranationaler und gewaltenteilender Staatenverbindungen in den Verhandlungen über den Schumanplan, FS Hallstein, 1966, 355; *Hertel,* Supranationalität als Verfassungsprinzip, 1999; *Herdegen,* „Föderative Grundsätze" in der EU, FS Steinberger, 2002, 1193; *Nettesheim,* Europäischer Verfassungsverbund? FS Isensee, 2007, 733; *Bross,* Überlegungen zur europäischen Staatswerdung, JZ 2008, 227; *Riedel,* Wer sind die Herren der Europäischen Verfassung?, FS Blumenwitz, 2008, 811; *P. Kirchhof,* Der europäische Staatenverbund, in: v. Bogdandy/Bast (Hrsg.), Europäisches Verfassungsrecht, 2. Aufl. 2009, 1009; *Brinkhorst,* Staatliche Souveränität innerhalb der EU? 2010; *Habermas,* Zur Verfassung Europas, 2012.

3 Grundlage für eine wirklichkeitsbezogene Analyse der Rechtsnatur der EU kann nur das Konzept der Verträge sein, unter Mitberücksichtigung der Praxis in der über sechzigjährigen Geschichte der europäischen Integration.

1. Die Europäische Union als neuartige Form zwischenstaatlicher Verbindung

4 Wesentlich ist als erstes die Erkenntnis, dass sich die EU nicht in das klassische Schema der völker- und staatsrechtlichen Staatenverbindungen (Internationale Organisation, Staatenbund, Bundesstaat usf.) pressen lässt, sondern dieses **um eine neue Variante bereichert.**

Der Name hat gewechselt. Bis Maastricht 1992 galt das schöne Wort **„Gemeinschaft“.** Seit Maastricht ist die offizielle Bezeichnung **„Union“.**

In Deutschland hat das Bundesverfassungsgericht (BVerfGE 89, 155 „Maastricht“; ähnlich BVerfGE 123, 267 „Lissabon“) die Wortprägung „Staatenverbund“ in Umlauf gebracht. Sie ist für alle praktischen Bedürfnisse synonym mit „Gemeinschaft“, „Union“, „Staatenunion“ oder „Staatengemeinschaft“. 5

Zeitgeschichtlich lässt sich feststellen, dass es einen der europäischen Integration nach 1945 vergleichbaren Einigungsprozess außerhalb Europas noch nicht gegeben hat. 6

Die Besonderheit der Europäischen Union wird häufig in ihrer **Überstaatlichkeit** gesehen. 7

a) Zur Überstaatlichkeit der Europäischen Union

Das Bundesverfassungsgericht (BVerfGE 22, 296) beschrieb die EG zunächst als „eine im Prozess fortschreitender Integration stehende Gemeinschaft eigener Art, … auf welche die Bundesrepublik Deutschland … bestimmte Hoheitsrechte übertragen hat“. Diese Umschreibung betonte die im Vergleich zu anderen Internationalen Organisationen **stärkere Eigenständigkeit** der EU. Ferner wurde der **prozesshafte Wesenszug der Union** hervorgehoben. Dass nur „bestimmte“ Hoheitsrechte übertragen wurden, erinnert an die **Begrenztheit der Befugnisse.** Darin – und in der fehlenden Kompetenz-Kompetenz – unterschied sich die EG vom „souveränen“ Staat. Zu den supranationalen Elementen der EU gehören insbesondere: 8

aa) Breite der Aufgabenbereiche der Union

Der EU sind weite Teile des **öffentlichen Wirtschaftsrechts** ihrer Mitgliedstaaten zur gemeinsamen Verantwortung überantwortet worden. Basisbereiche (Kohle, Stahl, Energie), die Handels(Zoll)politik im weitesten Sinne, Wirtschafts-, Industrie- und Regionalpolitik, Landwirtschaft, Verkehr, freier Personen-, Dienstleistungs- und Kapitalverkehr, Währungs-, Steuer-, Wettbewerbs-, Beschäftigungs- und Sozialpolitik, Forschung/Technologie, Bildung, Kultur und Umweltpolitik unterfallen in unterschiedlichem Umfang der Unionskompetenz. Ebenso besitzt die EU Zuständigkeiten in der **Außenpolitik** (Handels- und Entwicklungspolitik, allgemeine Außenpolitik und Sicherheitspolitik). In der **Innenpolitik** bestehen mit der Schaffung eines „Raumes der Freiheit, der Sicherheit und des Rechts“ (Kontrolle der Außengrenzen, Asyl- und Flüchtlingsrecht, Visapolitik, Einwanderung, Polizeikooperation, Justizielle Zusammenarbeit in Zivil- und Strafsachen) Ansätze gemeinschaftlichen Handelns. 9

Diese Aufgabenbereiche sind durch umfängliches Sekundärrecht ausgebaut und werden zusammenfassend als **„gemeinschaftlicher Besitzstand“ (Acquis communautaire)** bezeichnet. 10

bb) Verpflichtung der Union auf gemeinsame Grundwerte

Die EU ist nicht nur Wirtschaftsraum, sondern in wesentlichem Umfang eine **Politische Union.** Sie bekennt sich zu politischen Grundwerten, die den gemeinsamen Überlieferungen der Verfassungen ihrer Mitgliedstaaten entnommen sind. Hierzu rechnen Demokratie, Gewaltenteilung, Rechtsstaat, Menschenrechte und Grundfreiheiten, Solidarität, Subsidiarität, Frieden, Sicherheit u. a. m. Die Union ist eine „Wertegemeinschaft“. 11

cc) Autonome und intensive Rechtsetzungsgewalt der EU

Kern der Supranationalität ist die Befugnis der Organe, gegenüber und in den Mitgliedstaaten Recht mit unmittelbarer Verbindlichkeit setzen zu können. Im **„Vorrang des Unionsrechts“** (unten Rz. 10/4ff.) werden Unabhängigkeit und Befolgungsanspruch der Unionsgewalt bis zum einzelnen Bürger sichtbar. 12

dd) Selbständigkeit der EU-Organe

13 Die Organe der Union sind gegenüber den Mitgliedstaaten selbständig. Sie sollen das **gemeinsame europäische Interesse** definieren und **europäischen Gemeinwillen** bilden.

ee) Finanzielle Selbständigkeit der Union

14 Die Union ist nicht Kostgänger ihrer Mitgliedstaaten, sondern **finanziert sich vollständig aus eigenen Einnahmen** (Zölle, Agrarabschöpfungen, sonstige Abgaben, Mehrwertsteuereinnahmenanteil, BNE-Mittel, Anleihen und Steuern der Union [Rz. 8/17ff.]). Diese staatsähnliche Finanzierung und das **ungewöhnlich hohe Haushaltsvolumen** (weit über € 100 Mia. jährlich) verleihen der Europäischen Union Eigengewicht.

ff) Umfänglicher Rechtsschutz

15 Die Rechtsetzungsgewalt der EU wird im Interesse der Rechtsunterworfenen (Mitgliedstaaten, Unternehmen, Einzelpersonen u. a.) durch einen **breiten und effektiven Rechtsschutz** ergänzt (§ 13). Der Europäische Gerichtshof, das Gericht und die Fachgerichte besitzen weitreichende Zuständigkeiten.

gg) Unvollendetheit und Dauerhaftigkeit der Union

16 Die Union ist noch nicht vollendet, sondern strebt einer **Finalität** zu, die erst in Umrissen erkennbar wird. Gleichzeitig ist die europäische Einigung **dauerhaft gemeint.**

17 Die Verträge gelten „auf unbegrenzte Zeit" (Art. 53 EUV, Art. 356 AEUV). Dies schließt allerdings den **Austritt** nicht aus (Art. 50 EUV).

b) Zur Nichtstaatlichkeit der Europäischen Union

18 Der EU-Staatenverbund weist „Staatsähnlichkeiten" oder „Staatsnähe" auf. **Die Union ist gleichwohl kein Staat,** auch kein (Vor-) Bundesstaat. Sie steht inzwischen mit den MSen aber in einem föderalen Verbund (deutlich z. B. mit Blick auf die Unionsbürgerschaft (unten § 16) oder in der Finanzordnung (unten § 8). Es fehlen der EU jedoch wesentliche Merkmale der Staatlichkeit, wie sie nach den Kriterien der Staatslehre gefordert werden:

aa) Keine umfassende Gebietshoheit

19 Die EU besitzt keine virtuell unbegrenzte Verfügungsgewalt über ein „EU-Gebiet" im Sinne eines grundlegenden Elementes der Staatlichkeit. Die Gemeinschaft übt ihre Zuständigkeiten im **„räumlichen Geltungsbereich" der Verträge** (Art. 52 EUV, 355 AEUV) punktuell aus.

bb) Keine umfassende Personalhoheit

20 Auch wenn die EU inzwischen die **Unionsbürgerschaft** verleiht (Art. 9 EUV, Art. 20 AEUV, unten § 16), übt sie noch keine umfassende Personalhoheit aus. Die Staatsangehörigkeit der MSen vermittelt die Unionsbürgerschaft. Andererseits beschränkt das Unionsrecht die MSen bei der Verleihung und dem Entzug der Unionsbürgerschaft. Insofern kommt es zu einem Zusammenwachsen der beiden Bürgerschaften. Die EU ist nicht nur Staatenzusammenschluss, sondern eine **Union der Völker Europas** (Art. 1 EUV). Sie garantiert ihren Bürgern bestimmte „europäische" Rechte und Pflichten (Art. 18ff. AEUV).

cc) Begrenztheit der Unionsgewalt

Der Unterschied der Unionsgewalt zur Plenitudo Potestatis klassischer Staatsgewalt zeigt sich bei der Rechtsetzung am **Prinzip der begrenzten Einzelzuständigkeit** (Art. 5 EUV). Die Tätigkeit der Union ist auf die ihr ausdrücklich (einschließlich begrenzter Kompetenzergänzungen nach Art. 352 AEUV) übertragenen Sachbereiche beschränkt. 21

Eine zweite Begrenzung der Unionsgewalt ergibt sich daraus, dass die EU bislang „nur" als **Rechtsgemeinschaft** angelegt ist. Sie verfügt über so gut wie keine Zwangsgewalt.

dd) Keine Souveränität der EU

Insgesamt ist die Europäische Union nicht **„souverän"** in dem elementaren Sinne, dass ihre rechtlichen und tatsächlichen Befugnisse in Grenzsituationen (Krisen u. ä.) eine Letztentscheidungsgewalt begründeten. Die Mitgliedstaaten bleiben die **„Herren der Verträge"**. Dabei ist zu bedenken, dass sie bei der Verfolgung der Vertragsziele gleichzeitig **„Diener"** der Union sind *(Ulrich Everling)*. 22

c) Mehrebenenverbund von EU und Mitgliedstaaten

Zu den Merkmalen der Union gehört, dass sie mit ihren Mitgliedstaaten in einem einzigartigen Verbund steht **(Mehrebenenverbund).** Dieses Zusammenspiel von EU und Mitgliedstaaten wird von föderalen Prinzipien beherrscht (*Nettesheim,* ZEuS 2002,157). 23

Im politischen Prozess der EU wirken überstaatliche und nationale Organe **„unionstreu"** in „vergemeinschafteten" Verfahren zusammen (unten § 12), die weit über die völkerrechtliche Zusammenarbeit in Internationalen Organisationen hinausgehen.

Umgekehrt nimmt die Union auf die Belange der MSen Rücksicht, etwa bei der Pflicht zur **Achtung ihrer nationalen Identität** (Art. 4 EUV). Union und MSen (sowie diese untereinander) sind in **Solidarität** verbunden (Art. 3 EUV). Das föderale Zusammenwirken wird von nationaler und ebenso von Unionsseite gewährleistet (Art. 23 Abs. 1 GG bzw. Art. 2, 7 EUV – *Hau,* Sanktionen und Vorfeldmaßnahmen zur Absicherung der europäischen Grundwerte, 2002).

2. Andere Deutungen

Die EU lässt sich als neuartiges Phänomen nicht in den völker- und staatsrechtlichen **Kanon der Staatenverbindungen** einordnen 24

a) Internationale Organisation

Die Europäische Union ist **Völkerrechtssubjekt** (Art. 47 EUV). Sie ist ebenso **privatrechtsfähige internationale juristische Person** innerhalb ihrer MSen (Art. 335 AEUV). Sie ist aber angesichts ihrer Überstaatlichkeit (oben Rz. 8) keine Internationale Organisation im klassischen Sinne des Völkerrechts. 25

b) Staatenbund/Verwaltungsunion

Ebensowenig lässt sich die Union unter völkerrechtliche Staatenverbindungen wie den Staatenbund oder die Verwaltungsunion einordnen. Der historische Begriff des **Staatenbundes** ist von der Vorstellung einer rein völkerrechtlichen, klassisch-diplomatischen Staatenzusammenarbeit geprägt. Damit wird er der Intensität des EU-Zusammenschlusses mit übergeordnetem europäischem Recht nicht gerecht. Die Erinnerung an die völkerrechtliche **Verwaltungsunion** im Stile des 19. Jahrhunderts vernachlässigt die über den wirtschaftlichen Bereich hinausweisenden politischen Aspekte der europäischen Integration. 26

c) Zweckverband funktioneller Integration

27 *Hans Peter Ipsen* (Europäisches Gemeinschaftsrecht, 1972, 196) deutete die damalige EWG als **„Zweckverband funktioneller Integration".** Hiernach sei die Gemeinschaft eine wirtschaftliche Organisation mit eigenständiger Rechtsordnung, die transnational gewordene Aufgaben bewältigt und diese über „spill-over-Effekte" bis zu einem **„point of no return" entwickelt.** Mit „spill-over-Effekten" fortschreitender **sektoraler Teilintegration** verstärke sich die wirtschaftliche Vereinigung Europas so weit, bis ein **„point of no return"** erreicht sei. Die funktionale Theorie ermöglichte ein vertieftes Verständnis der wirtschaftlichen Gemeinschaftsaktion.

28 Ihre Schwäche liegt in der Selbstbeschränkung auf den wirtschaftlichen Bereich. Spätestens mit der Gründung der **Europäischen Union** in Maastricht 1992 wurde deutlich, dass ein **allgemeinpolitischer Zusammenschluss Europas** geschaffen werden sollte.

d) (Vor)Bundesstaat

29 Seit 1945 ist der **Europäische Bundesstaat** nach dem Vorbild der USA eine immer wieder aufgegriffene europapolitische Vision. Die tatsächliche Entwicklung ist jedoch anders verlaufen. Die europäischen Föderalisten *(Adenauer, de Gasperi, Schuman)* sahen anfänglich EGKS und EWG als Keimzelle der „Vereinigten Staaten von Europa". *De Gaulles* Konzept eines konföderalen „Europas der Vaterländer" durchkreuzte in den sechziger Jahren erstmals diese Hoffnungen (oben Rz. 2/17ff.). In der weiteren Entwicklung wurde die EU zum **„Staatenverbund" sui generis** (oben § 3). Zwar enthält die enge Staatenunion der EU **„föderale Elemente"** (Finanzordnung, Währungsunion oder europäische Strukturpolitik). Die Traditionen und das soziokulturelle Eigenleben der europäischen Nationalstaaten stehen jedoch einer Aufgabe der eigenen Staatlichkeit in einer EU-Föderation entgegen.

III. Einwirkungen der Finanzkrise auf die Gestalt der Europäischen Union?

Literatur: *Piris,* The Future of Europe – Towards a Two-Speed EU?, 2011; *Calliess/Schoenfleisch,* Auf dem Weg in die europäische „Fiskalunion"? JZ 2012,477; *Cromme,* Eine Konsequenz aus der Krise: Fortentwicklung der EU als Staatenverbund? DÖV 2012, 209; *Finke/König/Proksch/Tsebelis,* Reforming the EU – Realizing the Impossible, 2012; *Herrmann,* Die Bewältigung der Euro-Staatsschuldenkrise an den Grenzen des deutschen und europäischen Währungsverfassungsrechts, EuZW 2012, 803; *Mak,* Was, wenn Europa scheitert?, 2012; *Monti/Goulard,* De la démocratie en Europe. Voir plus loin, 2012; *Pilz,* Europa auf dem Weg zur Stabilitätsunion? DÖV 2012, 909; *Verhofstedt/Cohn-Bendit,* Für Europa!, 2012; *Cameron,* The future of the EU and UK's role within it (Rede vom 21.1.2013); *Issing,* Die Zukunft Europas – Mit oder ohne Euro? Orientierungen 135 (2013), 63; *Reding,* Der neue Bund, FAZ 25.2.2013, 7.

30 Im Verlauf der Finanzkrise wurde deutlich, dass ihre Überwindung **Reformen an den Strukturen der EU** voraussetzt. Mitte 2012 beauftragten die Staats- und Regierungschefs der Eurozone eine **„Vierergruppe"** *(van Rompuy/Barroso/Draghi/Juncker)* Vorschläge zu erarbeiten. Nachdem ein erster Zwischenbericht Ende 2012 kritisch aufgenommen wurde, werden die Ergebnisse der Gruppe im Laufe des Jahres 2013 erwartet.

In der Fülle sonstiger Stellungnahmen und bisheriger Maßnahmen zur Fortentwicklung der Union werden **drei Tendenzen** sichtbar.

1. Angesichts fortdauernder Uneinigkeit zwischen den Euro-Staaten erscheint eine **Fortsetzung der „Rettungspolitik"** im Sinne punktueller Maßnahmen gegen krisenhafte Zuspitzungen („Durchwursteln") am wahrscheinlichsten. In diesem Sinne wurden die Rettungsfonds EFSF und anschließend ESM errichtet. Neuerdings werden Regelungen zur Kontrolle der Banken im Euroraum vorbereitet („Bankenunion"). Die Eurozone soll mit einem eigenen Budget ausgestattet werden. – Problematisch an der „Rettungspolitik" ist die Konzentration auf die Eurozone, die zu zunehmender **Spaltung mit der Gesamt-EU führt.** Ein von den „Euro-Gipfeln" der Staats- und Regierungschefs konzipiertes, völkerrechtlich geprägtes „Sonderrecht" der Eurozone tritt neben das traditionelle Europarecht. Als weitgehendste Konsequenz der „Rettungspolitik" wird der **Austritt** oder **Ausschluss** in Insolvenz entlassener Staaten aus der Eurozone bisher abgelehnt.

2. Politische Stimmen sehen öfters die Überwindung der Krise durch **„Mehr Europa"**. Gefordert wird eine **„wirkliche Wirtschafts- und Währungsunion"** mit durchgreifenden Brüsseler Befugnissen (z. B. des Währungskommissars) zur Kontrolle der nationalen Haushalte, die „Haftungsunion" (Eurobonds u. ä.) und Eingriffe in die nationale Wirtschaftspolitik. Dies wäre eine begrenzte Politische Union der Eurozone zur Abstützung der Währungsunion. Dass die für solche Vertragsänderungen erforderlichen parlamentarischen Mehrheiten in der Eurozone zustande kämen, erscheint unwahrscheinlich. In Deutschland stünde die bisherige Rechtsprechung des Bundesverfassungsgerichts entgegen. – Gelegentlich wird die alte Forderung zur Schaffung des **Europäischen Bundesstaates** zur Lösung der Krise erhoben (*Reding:* „Neuer Bund"). Sie hat mit Blick auf die Haltung verschiedener Mitgliedstaaten keinerlei Chance.

3. Im Falle eines mittelfristigen Misserfolgs der „Rettungspolitik" lässt sich auch ein **Zerfall der Währungsunion** durch Ausscheiden mehrerer Mitglieder oder im Extremfall unter Rückkehr zu nationalen Währungen nicht ausschließen. Die politischen und wirtschaftlich-finanziellen Kosten – u. a. mit Blick auf die Folgen für die Union – wären so hoch, dass die politischen Kräfte Alles daran setzen werden, den Kollaps der Eurozone zu vermeiden.

IV. Zur Finalität der Europäischen Union

Literatur: *Tomuschat,* Das Endziel der europäischen Integration, in: Nettesheim/Pierangelo (Hrsg.), Der integrierte Staat, 1997, 155; *J. Fischer,* Vom Staatenverbund zur Föderation, Gedanken über die Finalität der europäischen Integration, RuP 2001, 8 („Humboldt-Rede"); *Zivier,* Politische Visionen. Rechtliche Maßstäbe zur „Finalität" des europäischen Einigungsprozesses, RuP 2001, 30; *Möschel,* Zur finalité européenne, in: Mestmäcker/Möschel/Nettesheim (Hrsg.), Verfassung und Politik im Prozess der europäischen Integration, 2008, 93. *Haltern,* Finalität, in: v.Bogdandy/Bast (Hrsg.), Europäisches Verfassungsrecht, 2. Aufl. 2009, 279; *Kampfer,* Die EU auf dem Weg zu einem Bundesstaat? 2010; *Classen,* Finalität, in: Hatje/Müller-Graff (Hrsg.), Enzyklopädie Europarecht, 2014, Bd. 1, § 37.

Vor den durch die Finanzkrise ausgelösten Unsicherheiten bestand innerhalb der 31
Union trotz aller Schwierigkeiten ein grundlegender Optimismus über das Fortschreiten des Einigungsprozesses bis zur „Finalität" der EU. Art. 1 Abs. 2 EUV sieht in der Lissabonner EU weiterhin „eine neue Stufe bei der Verwirklichung, **einer immer engeren Union der Völker Europas"**". Im Falle einer allmählichen Überwindung der Krise durch wirksame Maßnahmen zur dauerhaften Stabilisierung des Euro („Rettungspolitik") oder durch die Verwirklichung von Plänen zugunsten „Mehr Europa" (oben Rz. 30) könnte die Union gestärkt in die Zukunft gehen. Ihre „Finalität" dürfte allerdings auch in diesem Falle kaum in den „Vereinigten Staaten von Europa" liegen, sondern sich im Rahmen einer partiell föderalisierten Politischen Union halten.

Eine Gefahr für die Fortentwicklung der EU als enge Staatenunion besteht in ihrer **„grenzenlosen" Erweiterung.** Zusätzliche Beitritte von Balkanstaaten oder EWR-Mitgliedern wie z. B. Island stehen bevor und entsprechen dem Anspruch der Union als gesamteuropäischer Einheit. Die Aufnahme weiterer großer Randstaaten wie der Türkei oder der Ukraine würde die EU dagegen überdehnen und bedeutete ihre allmähliche Rückentwicklung in eine **lockere Konföderation.** Möglicherweise riefe dies die Reaktion eines stark integrierten **„Kerneuropas"** hervor.

V. Ausblick: Legitimation der Europäischen Union im 21. Jahrhundert

Literatur: *Oeter,* Europäische Integration als Konstitutionalisierungsprozess, ZaöRVR 1999, 901; *Oppermann,* Von der Gründungsgemeinschaft zur Mega-Union, DVBl. 2007, 329; *Schwarze/Hatje* (Hrsg.), Der Reformvertrag von Lissabon, EuR 2009, Beiheft 1; *Abels/Eppler/Knodt* (Hrsg.), Die EU-Reflexionsgruppe „Horizont 2020–2030", 2010; *Cromme,* Die Zukunft des Lissabon-Vertrages, 2010; *Kadelbach* (Hrsg.), Europa als kulturelle Idee, 2010; *Pernice/Hindelang,* Potenziale europäischer Politik nach Lissabon,

EuZW 2010, 407; *Klaus,* Europa?, 2011; *R. Wägenbaur,* Zur Verleihung des Friedensnobelpreises an die Europäische Union, EuZW 2013, 1.

32 Die EU hat eine sechzigjährige Erfolgsgeschichte hinter sich. Im Kalten Krieg vereinte sie wesentliche Teile Westeuropas in Freiheit und wirtschaftlichem Wohlstand als überzeugendes Gegenmodell zur kommunistischen Mangelwirtschaft im Osten. Seit der Wende 1989/91 ist die Union zur wirtschaftlich/politischen Organisation Gesamteuropas geworden. Unter 28 Mitgliedern wird es jedoch immer schwieriger, die ursprünglich für sechs Staaten entworfenen Formen überstaatlicher Integration weiter zu vertiefen.

Die Entscheidung des Lissabon-Vertrages, an der europäischen Integration im größeren Kreise festzuhalten und sie in defizitären Bereichen fortzuentwickeln, rechtfertigt sich gleichwohl aus mehreren Gründen.

1. Die EU als Akteur in der globalisierten Welt

a) Garant der Wirtschafts- und Wohlstandsgemeinschaft

33 Seit dem zweiten Weltkrieg legitimiert sich die europäische Einigung aus der **Bewältigung gemeinsamer Aufgaben in der modern-industriellen Welt** *(Roman Herzog).* Die „Schrumpfung" Europas durch die gesteigerten Erreichbarkeiten infolge der technologischen Möglichkeiten in einer regionalisierten und globalisierten Welt ist bleibende Rechtfertigung und ständige Herausforderung für den Integrationsprozess. Mit Binnenmarkt, gemeinsamer Außenwirtschaftspolitik und Währungsunion ist die EU trotz aller Probleme zu einer „Insel der Seligen" in der Weltwirtschaft geworden.

b) Auf Dauer nur Zivilmacht?

34 Die EU tritt in der Welthandelsordnung als **integrierte Zivilmacht** gleichberechtigt mit den USA, Japan oder China auf. Außen- und sicherheitspolitisch neigen die EU-Mitglieder dagegen trotz Kooperation innerhalb der GASP dazu, **im Ernstfall gemäß ihren nationalen Interessen getrennte Wege zu gehen.** Der Irakkrieg 2003, in der die EU in zwei Lager zerfiel und das zersplitterte Auftreten der EU gegenüber der „Arabellion" 2011 haben dies zuletzt deutlich gemacht. Die Reflexe ihrer stolzen Nationalgeschichte hindern ehemalige Weltmächte wie Frankreich, Großbritannien oder Spanien daran, ihre Kräfte zu vereinen und aus der Union eine **globale Macht** zu machen. Die zersplitterten Verteidigungsausgaben der EU-Staaten versetzen die Union in einen inferioren Status gegenüber den USA. Bei Krieg und Frieden bleiben die EU-Staaten international zweitrangig.

2. Verpflichtung auf gemeinsame Werte („Wertegemeinschaft")

35 Die Union legitimiert sich durch **gemeinsame politische Überzeugungen und Ideale** ihrer Mitglieder. Der EU-Vertrag verweist insoweit auf Freiheit und Demokratie, Menschenrechte, Rechtsstaat, Solidarität und manches andere mehr (unten Rz. 9/24). Diese Grundwerte sind aus **gemeinsamen Verfassungsüberlieferungen ihrer MSen** erwachsen. Der innere Zusammenhalt der Union rührt aus gemeinsamen Überzeugungen, die religiös und philosophisch Christentum und Humanismus entsprangen. Politisch wurden sie seit der französischen und amerikanischen Revolution Ende des 18. Jahrhunderts für die gesamteuropäische Verfassungsentwicklung prä-

gend. Europa als Wertegemeinschaft ist zugleich eine Antwort auf die Frage nach den **Grenzen Europas im Osten und am Mittelmeer.**

3. Europäische Friedensordnung

Seit dem Ende des Kalten Krieges 1989/91 fällt der Europäischen Union die historische Aufgabe zu, **Gesamteuropa** eine Ordnung zu geben, in der **Frieden und Sicherheit des Kontinents nach innen** gewährleistet bleiben. Die Verleihung des Friedensnobelpreises an die Union war 2013 die schönste Bestätigung, dass sie diese Mission erfüllt. 36

Die besten Organisationsformen sind niemals Selbstzweck. Gründender Grund der Union bleibt die **Einsicht ihrer Völker und Bürger,** dass Frieden und Wohlergehen Aller europäische Solidarität voraussetzen. Die Schwierigkeiten während des Reformprozesses 2001–2009 und die Finanzkrise seit 2010 haben deutlich gemacht, dass viele Unionsbürger der komplexen Struktur und Arbeitsweise der EU mit Misstrauen gegenüberstehen. Der EU bleibt viel zu tun, das Versprechen einzulösen, ihre Entscheidungen offen und bürgernah zu treffen (Art. 1 Abs. 2 EUV). 37

§ 5. Organe der Europäischen Union

Literatur: *Hilf,* Die Organisationsstruktur der EG, 1982; *Wallace u. a.,* Policy-Making in the EU, 5. Aufl. 2005; *Dahrendorf,* Institutionelle Sorgen in Europa, 2005; *Hix,* The Political System of the EU, 2. Aufl. 2005; *Peterson/Shackleton,* The Institutions of the EU, 2. Aufl. 2006; *Kohler-Koch* u. a., Debating the Democratic Legitimacy of the EU, 2007; *Driessen,* Transparency in EU Institutional Law, 2008; *Goeters,* Das institutionelle Gleichgewicht, 2008; *Wessels,* Das politische System der Europäischen Union, 2008; *Pache,* Organgefüge und Handlungsträger, FS Meinhard Hilf 2009, 19; *Bieber,* in: Fastenrath/Novak (Hrsg.), Der Lissabonner Reformvertrag, 2009, 47; *Isak,* in: Hummer/Obwexer (Hrsg.), Der Vertrag von Lissabon, 2009, 133; *Tsatos/Benz* (Hrsg.), Die Unionsgrundordnung, 2010; *Eilmansberger/Griller/Obwexer* (Hrsg.), Rechtsfragen der Implementierung des Vertrags von Lissabon, 2011 (mit Beiträgen *Peutl/Kumin/Waldherr/Schima*).

Internet-Adresse: http://europa.eu/index_de.htm

Der Charakter der Europäischen Union als einem besonderen Verband staatsähnlicher, zu den MSen in föderaler Verbindung stehender Hoheitsgewalt wird vor allem in der **Art der institutionellen Struktur** und **dem Umfang ihres institutionellen Ausbaues** sichtbar. Im grundsätzlichen Aufbau entspricht die EU auch nach dem Inkrafttreten des Lissabon-Vertrags dem, was sich bereits in den Gründungsverträgen von Paris und Rom fand. Die nunmehr sechzigjährige Kontinuität darf allerdings nicht darüber hinwegtäuschen, dass sich die Funktion und Macht der einzelnen Organe erheblich verändert haben. Im Laufe der Jahre ist es **rechtlich** zu erheblichen **Machtverschiebungen** gekommen; insbesondere das Europäische Parlament hat wesentlich an Einfluss gewonnen. Auch **politisch** kommt es immer wieder – nicht zuletzt in Abhängigkeit von den jeweils agierenden Personen – zu Verschiebungen des relativen Einflusses. Heute kann von einem institutionellen Viereck (Kommission, Parlament, Europäischem Rat und Rat) gesprochen werden, das unter der Kontrolle des Gerichtshofs tätig wird. Durch „Lissabon" gewann insbesondere der Europäische Rat weiter an Bedeutung. Auch die Rolle der Kommission ist im Fluss. Sie sollte sich nach den ursprünglichen Vorstellungen zu einer machtvollen europäischen Gubernative entwickeln. Inzwischen sind Stimmen im Vordringen, die das Machtzentrum auf 1 einer Achse von Europäischem Rat und Parlament ansiedeln und der Kommission nicht mehr als eine unterstützende Rolle zuweisen. Im Zuge der Eurokrise sind weitere Institutionen (auch außerhalb des EU-Verbunds) entstanden (z. B. „Euro-Gipfel").

2 Die Institutionen sind vor allem durch die Erhöhung der Zahl der Amtsträger im Prozess der Aufnahme neuer Mitglieder inzwischen an die Grenze der Leistungsfähigkeit gerückt. Dies gilt vor allem für den Rat und das EP. Die Kommission ist deutlich überbesetzt. Die **Erweiterung der Zahl der Mitglieder der EU** hat bislang regelmäßig Vergrößerungen der Institutionen unter Erhaltung ihres politischen und sachbedingten inneren Gleichgewichtes verlangt. Der Vertrag von Lissabon versuchte, die innere Leistungsfähigkeit der Institutionen zu steigern. Art. 17 Abs. 5 EUV ermöglicht eine Verkleinerung der Kommission, ohne dass allerdings der politische Wille hierzu verhanden ist. Das funktionale Zusammenspiel der Institutionen soll so neu geordnet und die Handlungseffektivität erhöht werden; bislang ist ein praktischer Effekt kaum zu erkennen.

I. Überblick

1. Die Organe der EU

3 Die EU verfügt über einen „institutionellen Rahmen" (Art. 13 EUV). Die Institutionen agieren auf der Grundlage des EUV, des AEUV und des EAGV. Als **Organe** handeln für die EU die in Art. 13 Abs. 1 EUV bezeichneten Einrichtungen. Ihre Entscheidungen werden dem Rechtsträger EU zugeschrieben. Eine Benennung und Abgrenzung der funktionalen Zuständigkeiten der einzelnen Institutionen erfolgt in Art. 13 EUV noch nicht; vielmehr lassen sich die Befugnisse der Organe den Kompetenznormen der jeweiligen Sachbereiche entnehmen (vgl. Art. 3 Abs. 6, Art. 5 Abs. 1, 2 EUV). Die positivrechtliche Aufzählung der Organe in Art. 13 EUV ist der Tradition von Gründungsverträgen internationaler Organisationen verhaftet.

Die Rolle, die den EU-Organen in den einzelnen Sachbereichen von EUV und AEUV eingeräumt wird, unterscheidet sich deutlich. Der **Grad der Vergemeinschaftung** (dazu unten Rz. 9/8 ff.) ist im Bereich von GASP (Art. 23 ff. EUV) und GSVP (Art. 42 ff. EUV) bislang eher gering ausgeprägt. Demgegenüber findet sich im Bereich des AEUV genuin überstaatliche Hoheitsgewalt, die gegebenenfalls auch gegen den Willen einzelner Mitgliedstaaten und mit Wirkung für Einzelne ausgeübt werden kann. Allerdings lassen sich auch hier Abstufungen im Grad rechtlicher Autonomie der EU beobachten.

Zum **Kreis der Organe der EU** gehören gegenwärtig das Europäische Parlament, der Europäische Rat, der Rat der EU, die Europäische Kommission, der Gerichtshof und der Rechnungshof (zur Entwicklung: *Zuleeg,* EuR Beih. 2/1998, 151).

2. Weitere Einrichtungen

4 Die Organe der EU werden im Vertrag besonders herausgestellt. An ihre Seite treten heute vielfältige sonstige Einrichtungen, die teils im Primärrecht konstituiert werden, überwiegend jedoch auf einer Entscheidung der EU-Normgeber beruhen (unten § 6). Es ist inzwischen ein unübersichtliches und nicht immer systematisch geschlossenes **Geflecht von derartigen Einrichtungen** entstanden. Teilweise haben sie lediglich **beratende Funktion.** Hierzu gehören der Wirtschafts- und Sozialausschuss und der Aus-

schuss der Regionen (Art. 13 Abs. 4 EUV). Sonderinstitutionen mit eigener Rechtspersönlichkeit („Glieder") und eigenen Entscheidungsbefugnissen sind die Europäische Zentralbank (Art. 13 Abs. 3 EUV, Art. 282 Abs. 3 AEUV) (unten Rz. 19/15 ff.), die Europäische Investitionsbank (Art. 308 AEUV) (unten Rz. 18/48 ff.) und die Versorgungsagentur von *Euratom* (Art. 52 EAGV).

Aufgrund ihrer **Organisationsgewalt** hat die EU inzwischen sowohl **weitere abhängige Behörden** (z. B. Statistisches Amt, Amt für amtliche Veröffentlichungen) errichtet, als auch **selbständige juristische Personen** unter enger Kontrolle der EU (u. a. Europäische Stiftung zur Verbesserung von Lebens- und Arbeitsbedingungen, Europäisches Zentrum für die Förderung der Berufsbildung) eingerichtet (unten Rz. 6/26). Dabei bedient sich die EU teils der jeweiligen Sachkompetenz, die ihr ein Handeln im jeweiligen Sachbereich ermöglicht, teils auch der Auffangzuständigkeit nach Art. 352 AEUV. Diese institutionelle Auffächerung wird sich im Maße der Aufgabenmehrung der EU fortsetzen: Die EU legt sich einen Verwaltungsunterbau zu. Es ist als Defizit anzusehen, dass die Vertragsgeber des Lissabon-Vertrags dem institutionellen Ausbau keinen Rahmen gaben. 5

Darüber hinaus gibt es innerhalb des EU-Verbands Institutionen, die mit Rechtspersönlichkeit ausgestattet sind und damit aus eigener Kompetenz handeln („Glieder"), sowie Institutionen, die einem Organ oder einem Glied zugeordnet sind. Keine Einrichtungen der EU sind Institutionen, die auf selbständigen völkerrechtlichen Verträgen der Mitgliedstaaten beruhen (z. B. Europäisches Patentamt, Europäisches Hochschulinstitut, Europäische Schulen u. a.). 6

3. Standorte der Institutionen

Der Standort der Institutionen (ihr „Sitz") wird vom Vertrag nicht selbst geregelt (Art. 341 AEUV). Es handelt sich um eine politisch heikle und umstrittene Frage. Die Verteilung der Sitzorte für die Institutionen wurde im wesentlichen durch das Protokoll v. 2.10.1997 (ABl. 1997, C 340/112) geregelt. Danach gibt es **keine „Hauptstadt Europas"**, wenngleich vor allem Brüssel, daneben auch Luxemburg und Straßburg Schwerpunkte (Rat/Kommission/Parlament/Gerichtshof/Rechnungshof) bilden. Neuerdings ist Frankfurt a. M. als Sitz der Europäischen Zentralbank hinzugetreten. Im Übrigen werden die Sitze der Einrichtungen möglichst ausgewogen über die MSen verteilt (ABl. 2004, L 29/15). Als zusätzliche Verhandlungsmasse existieren inzwischen die Unionsagenturen und -einrichtungen (unten § 6). Versuche der Organe, an der Zuweisung etwas zu ändern, stoßen auf enge Grenzen (EuGH, Urt. vom 13.12.2012, verb. Rs. C-237/11 und 238/11, „Frankreich/Parlament"). 7

4. Sprachenregime der Europäischen Union

Literatur: *Oppermann,* Das Sprachenregime der Europäischen Union, ZEuS 4 (2001), 1; *Creech,* Law and Language in the EU, 2005; *Mayer,* Europäisches Sprachenverfassungsrecht, Der Staat 2005, 367; *Fischer* (Hrsg.), Herausforderungen der Sprachenvielfalt in Europa, 2007; *Masson/Duparc-Portier,* Usages et réflectivité du latin à la Cour de justice des Communautés européennes, RTDE 2007, 609; *Schilling,* Neue Rahmenstrategie für die Mehrsprachigkeit, ZEuP 2007, 754; *Lasiński-Sulecki/Morawski,* Late Publications of EC Law in languages of New Member States and its Effects, CMLRev 2008, 705; *Jaekel,* Das EU-Sprachenregime, VBlBW 2009, 445; *Hilpold,* Die Europäische Sprachenpolitik – Babel nach Maß?, EuR 2010, 695; *Hayder,* Das Sprachenregime der Europäischen Union, ZEuS 2011, 343.

8 In der Europäischen Union werden viele Sprachen gesprochen. Nach Art. 22 GrCh achtet die Union (auch) die Vielfalt der Sprachen. Der Vertrag von Lissabon betont an prominenter Stelle (Art. 3 Abs. 3 UAbs. 4 EUV) sogar „den Reichtum ihrer … sprachliche(n) Vielfalt". Aus Gründen der Transparenz und Zugänglichkeit müssen die offiziellen Akte der EU in den in der EU gesprochenen Sprachen formuliert werden; andernfalls litte die Legitimität der EU. Die Entscheidung, in welchen Sprachen die EU operiert, ist von beträchtlicher integrationspolitischer Bedeutung. Zugleich sind die Kosten eines Regimes, das in einer großen Zahl von Sprachen operiert, hoch. Das Sprachenregime ist damit (mit der Erweiterung der EU in zunehmendem Umfang) Gegenstand der Diskussion.

Zu unterscheiden ist die **sprachliche Geltung der Unionsverträge** von der **Regelung der Amtssprachen und Arbeitssprachen** in der täglichen Praxis.

a) Sprachliche Geltung der Verträge

9 Der 2002 außer Kraft getretene **EGKSV** wurde 1951 nur in französischer Sprache abgeschlossen (Art. 100 EGKSV). **EWGV** und **EAGV** wurden dagegen 1957 in je einer **deutschen, französischen, italienischen und niederländischen Urschrift** mit gleichermaßen verbindlichem Wortlaut abgeschlossen (Art. 248 EWGV und Art. 225 EAGV). Entsprechendes galt für den EUV 1992 mit Blick auf alle Sprachen der damaligen Mitglieder der Union (Art. 53 EUV). Mit den Beitritten 1973/1981/1986/1995/2004/2007/2013 wurden jeweils auch die in den Amtssprachen der neuen Mitgliedstaaten abgefassten Versionen verbindlich. Damit gelten die Unionsverträge in **vierundzwanzig** gleichermaßen verbindlichen **Sprachfassungen** (Art. 55 EUV). Jeder Mitgliedstaat kann eine Übersetzung in weitere Sprachen veranlassen, soweit diese bei ihm Amtssprachen sind (Art. 55 Abs. 2 EUV). EU-amtlicher Charakter kommt einem solchen Text nicht zu.

b) Regelung der Amtssprachen und Arbeitssprachen

10 In der täglichen Praxis der Union bedarf es aus vielfältigen Gründen einer verbindlichen Regelung darüber, welche Sprachen in welchem Zusammenhang **„Amtssprachen"** sind (Art. 342 AEUV; VO Nr. 1 zur Regelung der Sprachenfrage für die EWG v. 6.10.1958, ABl. 1958, 385f. (gleiche Regelung für die EAG, ABl. 1958, 401f.), jeweils mit Änderungen nach den Beitritten 1973, 1981, 1986, 1995, 2004, 2007, 2013). Diese Bestimmungen gehen grundsätzlich von der **Gleichberechtigung** der 23 Amts- und Arbeitssprachen (der bulgarischen, dänischen, deutschen, englischen, estnischen, finnischen, französischen, griechischen, irischen, italienischen, kroatischen, lettischen, litauischen, maltesischen, niederländischen, polnischen, portugiesischen, rumänischen, schwedischen, slowakischen, slowenischen, spanischen, tschechischen und ungarischen Sprache) aus. Die zunächst nach dem Beitritt Irlands aus praktischen Gründen nicht gleichberechtigte irische Sprache hat diesen Status zum 1.1.2007 erlangt (VO 920/2005, ABl. L 156/3, mit Einschränkungen gemäß Art. 2 und VO 1257/2010, ABl. L 343/5).

11 Diese Anerkennung aller Sprachen hat zur Folge, dass **allgemeingültige Hoheitsakte** der EU grundsätzlich gleichzeitig in allen Amtssprachen erlassen werden müssen. Daher erscheinen die **offiziellen Publikationen der EU** (ABl., Rspr. des EuGH u. a.) in allen Amtssprachen. Vor allem hat der EuGH konsequenterweise entschieden, dass eine Unionsregelung, die (noch) nicht im Amtsblatt der Europäischen Union in der

Sprache eines neu beigetretenen Mitgliedstaats veröffentlicht worden ist, obwohl diese Sprache eine Amtssprache der Europäischen Union ist, für den Einzelnen in diesem Staat keine Verpflichtungen begründen kann. Dies gilt auch, wenn der Betroffene über andere Medien Kenntnis von dieser Regelung hätte haben können (EuGHE 2007, I-10 841, Rs. C-161/06 „Skoma-Lux sro"). Die **Unionsbürger** sind berechtigt, sich im Verkehr mit den Einrichtungen der Union einer Amtssprache ihrer Wahl zu bedienen (idR die Heimatsprache). Sie haben Anspruch auf Antwort in dieser Sprache (Art. 41 Abs. 4 GrCh).

Nach Art. 36ff. VerfO EuGH wählt in Prozessen vor dem EuGH grundsätzlich der **Kläger** die **Verfahrenssprache,** soweit nicht Sonderregelungen bestehen (z. B. ist bei Klagen gegen einen Mitgliedsstaat dessen Amtssprache Verfahrenssprache, bei Vorabentscheidungen nach Art. 267 AEUV die Sprache des innerstaatlichen Gerichts, welches dem EuGH vorlegt). Interne Beratungssprache beim **EuGH** ist das Französische. Bei der **EZB** (unten Rz. 19/14ff.) ist die Arbeitssprache Englisch. Beim **Europäischen Markenamt** (unten Rz. 36/27) sind bisher Deutsch, Englisch, Französisch, Italienisch und Spanisch Amtssprachen (Art. 115 VO 40/94, ABl. 1994, L 11/1). Die Verordnung über das Europäische Patent (VO 1260/2012, ABl. 2012, L 361/89) sieht als Verfahrenssprachen Englisch, Französisch und Deutsch vor; dies führte dazu, dass sich Italien und Spanien nicht beteiligen (dazu auch Rz. 36/26). 12

Grundsätzlich sind alle Amtssprachen auch **Verfahrenssprachen.** Ein **Vollsprachenregime** wird in den Organen (EP, Rat, Kommission) und in legislativen Ratsarbeitsgruppen gewährleistet. In vielen anderen Einrichtungen und Ausschüssen wird aus praktischen Gründen in einer begrenzten Zahl von Sprachen übersetzt oder auf Dolmetscherleistungen verzichtet. Allerdings besteht auch *de lege* ein Anspruch auf Übersetzung. Im inneren Dienstbetrieb der EU-Institutionen müssen aus Gründen der Arbeitsökonomie wenige **„Arbeitssprachen"** vorherrschen, deren Gebrauch dienstintern z. T. vorgeschrieben wird. In der EU-Praxis behauptet mittlerweile Englisch den ersten Platz, mit erheblichem Abstand vor Französisch. Deutsch, obwohl seit 1995 die verbreitetste Muttersprache in der EU, hat es demgegenüber schwer. In der Kommission ist Deutsch neben dem zunehmend dominierenden Englisch und Französisch dritte Arbeitssprache, tritt aber faktisch trotz entgegengesetzten Bemühungen der Bundesregierung zurück (*Kürten,* Die Bedeutung der deutschen Sprache in der EU, 2004). Nicht immer wird hinreichend Wert auf einen kontinuierlichen Gebrauch der deutschen Sprache gelegt. 13

Die grundsätzliche **Gleichrangigkeit der EU-Amtssprachen** ist im Verkehr mit den Unionsbürgern, aber auch der nationalen Instanzen mit den Organen der Union trotz aller praktischen und finanziellen Probleme **integrationspolitisch unverzichtbar.** Das EU-Sprachenregime muss den schwierigen Balanceakt zwischen der Achtung der nationalen Identität der Mitgliedsstaaten (Art. 4 Abs. 2 EUV), zu der die Sprache gehört, und den Bedürfnissen täglicher linguistischer Verständigung in Brüssel bestehen. Immer neue Sprachkompromisse sind unausweichlich (*C. u. K. Luttermann,* JZ 2004, 1002). 14

II. Gewaltenteilung und Funktionenverschränkung

1. Funktionen und Institutionen

Es entspricht einer zweihundertjährigen Tradition, das Handeln staatlicher Organe mit den Begriffen der **Rechtsetzung, Vollziehung und Rechtsprechung** zu klassifi- 15 zieren. Diesem Vorgehen liegt ein idealtypisches Modell zugrunde, das von einer grundsätzlichen Trennbarkeit der drei Funktionen ausgeht. Es postuliert, dass die verschiedenen Organe überschneidungslos jeweils einer Funktion zuzuordnen sind. Es handelt sich um ein Modell, das „eine Abstraktion aus dem Vergangenen, ein Ideal für seine Epoche und zugleich ein Programm für die Zukunft" *(L. v. Ranke)* ist. Allerdings wird diese „reine" Zuordnung von Funktion und Institution in keinem der Verfassungsstaaten der Vergangenheit und Gegenwart verwirklicht. Auch in der EU findet sich ein derartiges Modell nicht realisiert. Die EU kennt, wie allgemein festgestellt wird, eine Verwirklichung des **„Gewaltenteilungsprinzips"** in den auf staatlicher Ebene typischen Formen nicht.

16 Das **Ziel der effektiven Machtverteilung, -beschränkung und -kontrolle** wird in der EU mit einem Organisations- und Zuständigkeitsmodell verwirklicht, das in dieser Form keine Vorläufer kennt. Die institutionelle Struktur der EU lässt sich mit der Schablone überkommener Entwürfe nur unzureichend begreifen. Ihr Aufbau beruht auf einer Mischung staatstheoretischer Bestände und völkerrechtlicher Erfahrungen und Überlieferungen. Wenn der Vertrag an die Seite der – jedenfalls im Ausgangspunkt einem Modell internationaler Organisationen verpflichteten – Organe (Europäischer) Rat und Kommission ein von den Unionsbürgern gewähltes Parlament und einen unabhängigen, der Wahrung des Rechts verpflichteten Gerichtshof (Art. 19 EUV) treten lässt, zeigt sich darin die Ambivalenz, mit der die Gründungsmitglieder der EU als einem politisch handelnden Integrationsverbund (vgl. *Ophüls,* FS Hallstein, 1966, 387) zwischen Staat und internationaler Organisation (vgl. Rz. 4/4ff.) entgegentraten.

17 Die eigenartige **Kompetenzverteilung** macht sich etwa darin bemerkbar, dass die Kommission im Prozess der Rechtsetzung eine unverzichtbare Rolle spielt: Sie wirkt aufgrund ihres Initiativmonopols gleichberechtigt mit Parlament und Rat zusammen. Zugleich nimmt die Kommission auch wichtige Regierungs- (Gubernativ-)funktionen wahr und ist Verwaltungsbehörde. Demgegenüber ist das Parlament – ungeachtet der eindeutig erkennbaren Entwicklung der EU hin zu einem **parlamentarischen System** – weiterhin noch nicht uneingeschränkt in die Stellung gerückt, die ihm in einem staatlichen Regierungssystem regelmäßig zugewiesen wird. Auch die starke Stellung, die die Mitgliedstaaten über den Europäischen Rat und den Rat innehaben, unterscheidet sich deutlich von der Rolle staatlicher Glieder, die über eine „zweite Kammer" meist nur beschränkte Mitspracherechte haben.

18 In der **Institution des Gerichtshofes** vereinigen sich allerdings in der sonst bekannten Weise Funktion und Organ. Die Rechtskontrolle des Gerichtshofs über die politisch handelnden Organe bleibt das Gegengewicht zu deren Vorhandstellung. Bislang nimmt der Gerichtshof seine Rolle gegenüber den EU-Organen eher vorsichtig und zurückhaltend wahr – ganz anders als gegenüber den Mitgliedstaaten.

19 Der eigentliche Sinn des **Gewaltenteilungsgedankens,** durch Funktionen- und Machtverteilung auf unterschiedliche Organe die politische Gewalt zu mäßigen, in den Bahnen des Rechts zu halten sowie Freiheit zu stiften *(„checks and balances")*, ist (wenn auch in besonderen Formen) auch in der EU verwirklicht. Die besondere institutionelle Ordnung der EU ist **Ausdruck einer spezifischen Aufgabenstellung und Struktur der EU** als Produkt des Integrationswillens weiterhin souveräner Staaten. In ihr spiegelt sich der jeweilige **Stand der Föderalisierung des Gesamtver-**

bunds wider. Die gewählte Struktur ist auf der einen Seite Ausdruck politischer Gegebenheiten, insbesondere des mitgliedstaatlichen Wunsches nach zentraler Mitsprache und Kontrolle. Auf der anderen Seite spielen in der Entwicklung und im Stand der Struktur Ideen „legitimen Regierens" eine herausragend wichtige Rolle; sie waren es vor allem, die den Bedeutungsgewinn des Parlaments bewirkt haben. Die Gefahr besteht, dass in der weiteren Entwicklung der EU unreflektierte Anleihen bei staatlichen Modellen gemacht werden (etwa mit Blick auf die Rolle des EP). Ebenso gilt es, sich davor zu hüten, das je spezifische Funktionsumfeld der EU-Institutionen nicht zu berücksichtigen (z. B. operiert das EP nicht in einem gewachsenen „dichten" politischen Raum).

2. Institutionelles Gleichgewicht

In der Diskussion um die Organisationsstruktur der EU spielt der **Begriff des „institutionellen Gleichgewichts"** eine wichtige Rolle. In der Rechtsprechung des EuGH wird der Begriff verwandt, um eine Missachtung der Mitwirkungsrechte eines Organs für rechtswidrig zu erklären (so z. B. die unterlassene Anhörung des Parlaments durch den Rat; vgl. EuGHE 1980, 3333, Rs. 138, 139/79, „Roquette") bzw. bestimmte Mitwirkungsrechte eines Organs zu begründen (EuGHE 1990, I-2041, Rs. C-70/88, „Parlament/Rat" [aktive Klagebefugnis des Parlaments]). Das „institutionelle Gleichgewicht" der Organe ist damit ein grundlegendes rechtsstaatliches Prinzip. Es gebietet, dass jedes Organ seine Befugnisse unter Beachtung der Befugnisse der anderen Organe ausübt und dass Verstöße hiergegen durch den Gerichtshof geahndet werden können (EuGHE 1990, I-2041, Rs. C-70/88, „Parlament/Rat"; EuGHE 1995, I-643, Rs. C-65/93, „Parlament/Rat"; vgl. auch Rz. 11/48 ff.). 20

In dem Begriff kommt zugleich die **institutionelle Höchstrangigkeit** der verschiedenen Organe zum Ausdruck. Allen Organen ist gemeinsam, dass sie für die EU handeln können; sie haben auch die gleiche „Wichtigkeit". Allerdings besteht in der tatsächlichen Kräfteverteilung zwischen den Organen kein „Machtgleichgewicht". Im Umgang mit dem Prinzip gebietet sich daher Vorsicht (*Bieber,* Das Verfahrensrecht von Verfassungsorganen, 1992, 102 mwN.): Verletzt ein Organ die Mitwirkungsrechte eines anderen Organs, so liegt ein Verstoß gegen diejenige Rechtsvorschrift vor, die die Anhörungspflicht anordnet (z. B. im Fall „Roquette" Art. 43 AEUV). Zur Begründung von im Vertragstext nicht vorgesehenen Mitwirkungsrechten ist ein bloßer Hinweis auf das „institutionelle Gleichgewicht" wertlos, solange nicht teleologisch begründet wird, warum das Mitwirkungsrecht im Lichte der Organisationsstruktur erforderlich ist.

III. Die Organe der Union

1. Das Europäische Parlament (EP)

Literatur: *Guckelberger,* Der Europäische Bürgerbeauftragte und die Petition zum EP, 2004; *Schreiber,* Die Wahl zum EP in der BRD. Neue Rechtsgrundlagen, 2004; *Uppenbrink,* Das Europäische Mandat – Status des Abgeordneten des EP, 2004; *Kreiker,* Die strafrechtliche Indemnität und Immunität der Mitglieder des EP, GA 2004, 643; *v. Arnim,* Die neue EU-Parteienfinanzierung, NJW 2005, 247; *Klein,* Europäisches Parteienrecht, FS Ress, 2005, 541; *B. Rittberger,* Building Europés Parliament, 2005; *Maurer,* The European Parliament between Policy-Making and Control, in: Kohler-Koch u. a., Debating the Democratic Legitimacy of the EU, 2007; *Eickhoff,* Das Funktionsrecht des Europäischen Parlaments, 2008; *Stamm,* Unity in Diversity? The European Parliament and its Elite after the 2004 enlargement, 2008; *Thiem,* Nationale Parteien im Europäischen Parlament: Delegation, Kontrolle und politischer Einfluss, 2009; *Dialer,* Das Europäische Parlament, 2010; *Hofmann/Naumann* (Hrsg.), Europäische Demokratie in guter Verfassung? 2010; *Frenz,* Europäisches Parlament, VerwRundsch 2011, 193; *Waldherr,* Organisation und Arbeitsweise des Europäischen Parlaments, in: Eilmansberger u. a. (Hrsg.), Rechtsfragen der Implementierung des Vertrags von Lissabon, 2011, 231; *Maurer,* Parlamente in der EU, 2012; *Clark,* Europe's Parliament, 2012. Die Entwicklung der Institution wird in „Weidenfeld/Wessels (Hrsg.), Jahrbuch der Europäischen Integration" jährlich dargestellt.

Internet-Adresse: http://www.europarl.europa.eu/news/public/default_de.htm

21 Nach Art. 14 EUV und Art. 223 ff. AEUV gehört zu den Organen der EU an erster Stelle das **Europäische Parlament.** Ursprünglich „Versammlung" genannt, hat sich das Organ schon früh selbst „Europäisches Parlament" genannt. Die Bezeichnung setzte sich in den 1970er Jahren durch und wurde 1993 formell in die Verträge übernommen.

22 Der **Sitz des Europäischen Parlamentes** ist bis heute unbefriedigend geregelt. Praktische Gründe und der Gesichtspunkt einer „Europäischen Hauptstadt" würden für Brüssel sprechen, wo Rat und Kommission ihren Sitz haben. Im Verlauf der Gemeinschaftsgeschichte wurde **Straßburg** Sitz und **Luxemburg** Verwaltungssitz (Generalsekretariat) des EP. Die Regierungen haben dies zuletzt 1997 in Amsterdam bestätigt (2. Protokoll zum EUV/EGV). Der EuGH hat mehrfach (EuGHE 1991, I-5643, Rs. C-213/88 und C-39/89, „Luxemburg/Parlament"; EuGHE 1997, I-5215, Rs. C-345/95, „Frankreich/Parlament") das Bestimmungsrecht der Regierungen nach Art. 341 AEUV gegen Änderungswünsche aus dem EP betont. In Straßburg finden die 12 regulären Plenarsitzungen im Jahr statt. Diese müssen regelmäßig und funktionsgerecht durchgeführt werden. Dem Versuch des EP, eine viertägige Planersitzung durch zwei aneinandergereihte zweitätige Plenarsitzungen zu ersetzen, hat der EuGH eine Absage erteilt (EuGH, Urt. vom 13.12.2012, verb. Rs. C-237/11 und C-238/11, „Frankreich/EP"). Zusätzliche Plenartagungen und die Ausschusssitzungen erfolgen in Brüssel. Das Generalsekretariat des EP verbleibt in Luxemburg. Auf diese Weise bleibt der kostspielige und dem Ansehen der EU abträgliche **„Wanderzirkus"** zwischen den drei Städten erhalten. Mittlerweile verfügt das EP über nicht weniger als drei Tagungsgebäude in Straßburg, Brüssel und Luxemburg.

23 Ungeachtet eines erheblichen Machtzuwachses ist es dem EP noch nicht gelungen, sich zum institutionellen Mittelpunkt des politischen Lebens der EU zu entwickeln. Dies liegt nur teilweise an den rechtlichen Gegebenheiten: Die **politische Initiative** liegt weiterhin rechtlich schwerpunktmäßig bei der Kommission, politisch zudem auch beim Europäischen Rat und beim Rat. Es ist dem Parlament in jahrelanger zäher Kleinarbeit gelungen, an der allgemeinen europapolitischen Initiative und Kontrolle stärker zu partizipieren. Defizite gibt es vor allem bei der demokratischen Rückbindung und Verankerung des EP in der Bevölkerung. Seine Responstivität ist gering; die Erwartung der Bürger, dass im EP ihre Belange Niederschlag finden, ist bescheiden Das Geschehen im EP ist bislang kaum in der Weise „politisiert", wie es dies im nationalen Bereich der Fall ist. In der Tendenz ist im EP eine Art großer Koalition der Integrationsbefürworter vertreten. Die Arbeit an Gesetzgebungsvorhaben ist daher nicht von wesentlichen politischen Divergenzen beherrscht. In der Forderung nach „mehr Europa" sind sich beinahe alle immer einig. Insofern fällt die Arbeit häufig technizistisch aus. Der ohnehin erst im Entstehen begriffenen **europäischen Öffentlichkeit** zu vermitteln, worum sich die Arbeit des EP dreht, ist schwer. Die schwache Wahlbeteiligung bei den Direktwahlen ist ein Zeichen hierfür. Es bestehen zwar demokratische Formen, doch fehlt noch viel an der demokratischen Substanz *(Dieter Grimm).* In Europa hat sich bislang kein „dichter" politischer Raum herausgebildet, in dem das EP den Anspruch auf umfassende demokratische Führung einlösen könnte. Seine Legitimationskraft ist bislang noch unterentwickelt.

24 Die Vertragsgeber des **Vertrags von Lissabon** haben versucht, die legitimationstheoretische Basis des EP umzustellen. Das EP soll sich nicht mehr als Vertretung der „Völker" der Mitgliedstaaten begreifen, sondern als Vertretung der Unionsbürger (Art. 14 Abs. 2 EUV). Damit soll die Idee einer einheitlichen europäischen Bürgerschaft gestärkt werden – auch wenn von einem europäischen Volk nicht die Rede ist. Der Vertrag bringt damit zum Ausdruck, dass es bislang keine politische Vergemeinschaftung gibt, die so tief geht, dass man von einer paneuropäischen Konstituente sprechen könnte. Es entspricht diesem Verständnis, dass den Mitgliedstaaten „Kontingente" zur Besetzung in den Wahlen zum Europäischen Parlament

zugewiesen werden. Diese Ambivalenz macht deutlich, dass sich die EU demokratietheoretisch im Übergang von einem Verbund der Staaten zu einem föderalen Gemeinwesen befindet. Der Vertrag sieht ein zweigliedriges Legitimationsmodell vor, dessen eine Seite die Repräsentation der EU-Bürger im EP ist (Art. 10 Abs. 2 EUV). Es gilt, sich immer vor Augen zu führen, dass sich zwischen dem Anspruch eines Vertragstextes und den realen Gegebenheiten Differenzen auftun können.

a) Die Institution des Europäischen Parlaments

aa) Zusammensetzung des Parlaments

Die Gesamtgröße des Parlaments wird in Art. 14 EUV auf 751 Abgeordnete (einschließlich des Präsidenten) festgelegt. Ein fester Verteilungsschlüssel für die einzelnen Mitgliedstaaten existiert vertraglich nicht mehr. Als Höchstzahl für einen Mitgliedstaat werden 96 Abgeordnete festgelegt, als Mindestzahl 6 Abgeordnete; die Verteilung erfolgt **degressiv-proportional.** Das hat zur Folge, dass ein Abgeordneter in Deutschland mehr als 800 000 Bürger vertritt, während es in Malta nur 67 000 Bürger sind. Es ist umstritten, ob dies mit dem demokratischen Prinzip der Gleichheit noch vereinbar ist. Jedenfalls schwächt es nach Auffassung des BVerfG (BVerfGE 123, 267 – Lissabon) die Legitimität des EP deutlich. Die Sitzverteilung muss durch einstimmigen Beschluss des Rats festgelegt werden; die Zustimmung des EP ist erforderlich (Art. 14 Abs. 2 EUV). 25

Der Vertrag von Lissabon trat erst nach der Wahl 2009 in Kraft. Auf der Grundlage eines Beschlusses des Europäischen Rats setzte man im Juni 2009 die Zahl der Mitglieder des EP für die Zeit bis 2014 auf 754 fest. Die in der Beitrittsakte des Beitritts von Bulgarien und Rumänien festgelegte Zahl von 736 wurde in Vorwegnahme der Regelungen des EUV erhöht. Kroatien ist mit 12 Abgeordneten vertreten. Im März 2013 hat das Plenum des EP entschieden, dass auf Deutschland künftig 96 Sitze entfallen. Erst das 2014 gewählte Parlament wird gänzlich den Vorgaben des EUV entsprechen. Das EP hat die Grenze der **arbeitsfähigen Größe** erreicht, vielleicht sogar schon überschritten. Die Abgeordneten werden von den **EU-Bürgern** auf 5 Jahre gewählt (Art. 14 Abs. 3 EUV). 26

bb) Wahlverfahren

Die Rechtsgrundlage des Wahlverfahrens findet sich teils im EU-Recht, teils im nationalen Recht. Die Wahlrechtsgrundsätze finden sich in Art. 14 Abs. 3 EUV. Der Grundsatz der Gleichheit wird hier bezeichnender Weise nicht genannt. Der Akt des Rates zur Einführung allgemeiner unmittelbarer Wahlen der Abgeordneten einer Versammlung v. 20. 9. 1976 (ABl. L 278, 1; Änderungen) formt diese Grundsätze aus. Seine Fortschreibung ist ratifizierungsbedürftig (Art. 223 Abs. 1 a. E. AEUV). Der Akt wird als völkerrechtlicher Vertrag im Rahmen des EU-Rechts angesehen [BVerfGE 104, 214 (219]). Art. 8 des Direktwahlakts verweist für das **Verfahren** der Direktwahlen auf **mitgliedstaatliche Vorschriften.** Allerdings enthält der Akt wichtige Vorgaben – etwa die Festlegung auf ein Verhältniswahlsystem auf der Grundlage von Listen oder von übertragbaren Einzelstimmen. Trotz verschiedener Anläufe seit den 80er Jahren hat der Rat noch keinen Entwurf des EP für ein einheitliches Wahlverfahren verabschiedet (*Lenz,* Ein einheitliches Verfahren für die Wahl des EP, 1995). Der EP-Ausschuss für konstitutionelle Fragen legte im April 2011 einen Vorschlag für eine Wahlrechtsreform vor (u. a. Schaffung eines Sitzkontingents für transnationale Listen), über den bislang nicht entschieden worden ist. 27

Die Auffassungen über das zu wählende System gehen weiterhin auseinander, auch wenn es 2002 zu Annäherungen gekommen ist. Seit 1994 wird bei Wahlen zum EP europaweit das Wohnsitzprinzip für Unionsbürger unabhängig von der Staatsangehörigkeit angewandt (Art. 22 AEUV, RL 93/109 v. 6. 12. 1993 (ABl. L 329/34), Änderungen). Gemeinsame Listen sind bislang nicht vorgesehen. Für **Deutschland** regeln das Europawahlgesetz i. d. F. v. 8. 3. 1994 (BGBl. I, 424, ber. BGBl. I 555, Änderun- 28 gen) und die Europawahlordnung v. 15.3.1994 (BGBl. I, 957, Änderungen) die Wahl der Abgeordneten. (*Schreiber,* NVwZ 2004, 21; *Lorenz/Gerhard,* Europawahlgesetz, 2012). Es gilt insoweit Verhältniswahl mit entweder (verbindbaren) Landeslisten oder einer Bundesliste. Nach § 2 Abs. 7 EuWG galt in der Bundesrepublik (ebenso in Frankreich) auch bei der Europawahl eine 5%-Klausel. BVerfGE 51, 222 hat diese Klausel unter Berufung auf die Willensbildungsfunktion des EP gegenüber der Wahlgleichheit noch gerechtfertigt. 2012 vertrat das BVerfG (NJW 2012, 33) dann die Auffassung, dass die 5%-Sperrklausel in § 2 Abs. 7 EuWG einen schwerwiegenden Eingriff in die Grundsätze der Wahlrechtsgleichheit und Chancengleichheit der politischen Parteien darstelle und verfassungswidrig sei (sehr kritisch: *Schönberger,* JZ 2012, 80; *Grzeszick,* EuR 2012, 667; anders *Morlok,* JZ 2012, 76; *Roßner,* NVwZ 2012, 22). Die Entscheidung war auch innerhalb des Senats umstritten (vgl: Sondervotum der Richter *Di Fabio* und *Mellinghoff*). Danach hat der Gesetzgeber eine 3%-Hürde eingeführt; auch diese wurde vor dem BVerfG angegriffen und verworfen. Für die EP-Mitgliedschaft gelten zahlreiche Inkompatibilitäten (Art. 7 Direktwahlakt).

cc) Status der Abgeordneten

29 Der Status der Abgeordneten ergibt sich teilweise aus dem Vertrag selbst, vor allem aber aus dem Sekundärrecht. Das EP hat nach Art. 223 Abs. 2 AEUV das **Statut seiner Mitglieder** nach Anhörung der Kommission und mit Zustimmung des Rates festzulegen. Ein 2003 vom Parlament beschlossener Entwurf (*Geerlings,* RuP 2004, 38) fand 2004 wegen Differenzen über die Diäten zunächst nicht die Zustimmung des Rates (*von Arnim,* 9053 EURO Gehalt für Europaabgeordnete?, 2004). Im September 2005 konnte dann allerdings der Beschluss des EP zur Annahme seines Abgeordnetenstatuts (ABl. 2005 L 262/1) ergehen. Dieses Statut gilt seit Beginn der Wahlperiode 2009 (vgl. hierzu auch Beschluss des Präsidenten des EP, ABl. 2009 C 159/1).

30 Das Statut sichert zunächst die **Freiheit und Unabhängigkeit der Abgeordneten,** indem es etwa Vereinbarungen über die Niederlegung des Mandats vor Ablauf oder zum Ende einer Wahlperiode für nichtig erklärt. Ebenso werden Vereinbarungen über die Art und Weise der Ausübung des Mandats für nichtig erklärt.

Im Abgeordnetenstatut finden sich sodann wesentliche Regelungen über die **Rechte der Abgeordneten** im EP, etwa über das Initiativrecht, den Zugang zu Dokumenten oder das Sprachenregime.

31 Das Statut sieht vor, dass die Abgeordneten eine einheitliche Entschädigung erhalten, die 38,5% der Grundbezüge eines Richters am Gerichtshof der Europäischen Gemeinschaften entspricht (gegenwärtig ca. 7000 Euro monatlich). Es werden Altersbezüge gewährt, deren Höhe abhängig von der Mandatsdauer ist. Diese können ab dem 63. Lebensjahr in Anspruch genommen werden. Die Finanzierung dieser Lasten wird vom EU-Haushalt (unten Rz. 8/5ff.) getragen. Das Statut sieht vor, dass die Abgeordneten einer von der EU festgesetzten Einkommenssteuer unterliegen; zudem können die Mitgliedstaaten eine nationale Besteuerung vorsehen.

Besonders missbrauchsanfällig war bislang das **Recht der Reisekostenerstattung.** Nach alter Rechtslage wurden Pauschalsummen gewährt. Nunmehr werden nur noch die tatsächlich angefallenen Reisekosten erstattet. Im September 2012 wurde beschlossen, die Ausgaben für Reisekosten der Mitglieder um mind. 5% zu verringern. So werden etwa nur noch die Kosten für *eine* Hin- und Rückreise zwischen Arbeits- und Sitzungsort innerhalb der Parlamentswoche erstattet (vgl. Beschluss des Präsidiums vom 12.12.2012, ABl. 2012 C 390/4). Auch die Kosten für die Beschäftigung von Mitarbeitern werden nur auf Nachweis erstattet.

32 Die Abgeordneten genießen die **Vorrechte und Befreiungen,** die sich aus dem Protokoll von 1965 und dem Abgeordnetenstatut ergeben. Artikel 6 der GO-EP sieht ein Verfahren zur Aufhebung der Immunität vor. Die Abgeordneten haben Bestimmungen zur Transparenz und zu den finanziellen Interessen zu beachten.

dd) Organisation und Geschäftsgang

Die Organisation des EP wird in den Art. 223 ff. AEUV geregelt. Dem EP ist nach Art. 232 AEUV in herkömmlicher Weise die **innere Autonomie** eingeräumt worden (Organisationsgewalt, EuGHE 1986, 2391, Rs. 149/85, „Wybot"). Es hat davon besonders durch den Erlass der **Geschäftsordnung** (GO für die 7. Wahlperiode: ABl. 2011 L 116/1 [= Sartorius II Ziff. 260]) Gebrauch gemacht. 33

(1) Wahl- und Sitzungsperiode

Das EP hält eine jährliche Sitzungsperiode jeweils ab März ab. Diese umfasst ein **Dutzend öffentlicher Plenartagungen** von jeweils einer Arbeitswoche (Mo–Do). Daneben stehen zahlreiche Ausschuss- und Fraktionssitzungen. Ferner können außerordentliche Plenarsitzungen einberufen werden (Art. 229 AEUV). Am Ende der 5jährigen Wahlperiode gelten alle Vorlagen etc. als erledigt („Diskontinuitätsgrundsatz"). 34

(2) Präsidium

Das Parlament wählt aus seiner Mitte den **Parlamentspräsidenten** und Vizepräsidenten als **Präsidium** auf 2 ½ Jahre (Art. 14 Abs. 4 EUV). In der Größe des Präsidiums spiegeln sich Rücksichten auf die nationale und politische Vielfalt des EP. Der Präsident leitet die Arbeiten des EP und seiner Organe und verfügt hierfür, z. T. i. V. m. dem erweiterten Präsidium und der Konferenz der Präsidenten (Präsident und Fraktionsvorsitzende), über die nötigen Befugnisse (Entwurf der Tagesordnung, Sitzungsleitung, Hausrecht, Benennungsrechte gegenüber den Ausschüssen und dem Sekretariat, Außenvertretung des EP u. a. m. [Art. 230 AEUV]). Trotz seiner begrenzten Befugnisse ist der **Präsident des EP** neben denjenigen von Rat, Kommission und EuGH einer der wichtigsten politischen Repräsentanten der EU. 35

(3) Generalsekretariat

Die verwaltungsmäßige Vorbereitung und Durchführung der Parlamentsarbeit (u. a. Sprachendienst) werden von dem Sekretariat des EP getragen. An seiner Spitze steht ein **Generalsekretär.** Das Sekretariat wird vom Präsidium eingesetzt. Es umfasst z. Z. vor allem wegen der Sprachenarbeit annähernd 4000 Personen, deren Dienststellen sich größtenteils in Luxemburg befinden. 36

(4) Fraktionen und Ausschüsse

Die Fraktionen des EP werden entsprechend ihrer politischen Zugehörigkeit gebildet. Die GO sieht vor, dass einer Fraktion mindestens 25 Mitglieder angehören müssen, die in mindestens einem Viertel der Mitgliedstaaten gewählt wurden. Nach der Wahl 2009 wurden 7 Fraktionen gebildet. Die Fraktionen und die fraktionslosen Mitglieder verfügen über ein Sekretariat, über Sach- und technische Leistungen sowie über die im Haushaltsplan des EP vorgesehenen Mittel. Die Fraktionen verfügen über **keine eigene Rechtsfähigkeit** (EuGHE 1977, 1729, Rs. 25/68, „Schertzer"). In den Fraktionen findet die wesentliche politische Willensbildung des EP statt, da die europäischen Parteibünde (unten Rz. 5/56) weiterhin recht locker gefügt sind. 37

Das EP bildet gemäß der GO derzeit 22 ständige **Ausschüsse** verschiedener Aufgabenstellung. Teilweise handelt es sich um die klassischen Aufgaben (konstitutionelle Fragen, auswärtige Angelegenheiten, Haushalt, Haushaltskontrolle, Recht), überwiegend aber werden die Ausschüsse gemäß den Kompetenzen bzw. Politikfeldern in den Verträgen (z. B. Landwirtschaft, Kultur und Bildung, Entwicklung, Wirtschaft und Währung, Rechte der Frau) gebildet. Nach Art. 226 AEUV können nichtständige **Untersuchungsausschüsse** eingerichtet werden (Beschluss EP/Rat/KOM, ABl. 1995 C 113/2; *Beckedorf*, Das Untersuchungsrecht des EP, 1995). Die Zusammensetzung der Ausschüsse soll gemäß der GO das politische Spektrum des EP widerspiegeln. Die Ausschüsse tagen grundsätzlich nicht öffentlich.

(5) Bürgerbeauftragter

38 Nach Art. 228 AEUV wählt das EP für jeweils eine Wahlperiode einen **unabhängigen Bürgerbeauftragen („Ombudsmann“).** Er kann von sich aus oder auf Grund von Beschwerden der Unionsbürger bzw. EU-ansässiger natürlicher und juristischer Personen Missständen bei der Ausübung der Gemeinschaftstätigkeit (mit Ausnahme der europäischen Rechtsprechung) nachgehen. Hiervon wird zunehmend Gebrauch gemacht. Der Bürgerbeauftragte kann die zuständigen EU-Organe befassen und berichtet anschließend dem Organ, dem EP und dem Beschwerdeführer über seine Untersuchungen. Ferner erstattet der Bürgerbeauftragte dem EP einen Jahresbericht (Beschluss vom 9.3.1994, ABl. L 113/15; *Guckelberger,* Der Europäische Bürgerbeauftragte und die Petitionen zum EP, 2004; *Kucsko-Stadlmayer,* Europäische Ombudsman-Institutionen: eine rechtsvergleichende Untersuchung zur vielfältigen Umsetzung einer Idee, 2008). (http://www.ombudsman.europa.eu/home/de/default.htm).

39 Gemäß Art. 227 AEUV haben jeder Unionsbürger, aber auch sonstige EU-ansässige natürliche und juristische Personen im Rahmen der EU-Zuständigkeiten das **Recht der Petition an das EP,** soweit sie unmittelbar betroffen sind (*Guckelberger,* DÖV 2003, 829).

(6) Interparlamentarische Zusammenarbeit

40 Für die demokratische Legitimation des europäischen Einigungsprozesses sind die Verbindungen des EP zu den nationalen Parlamenten der MSen nicht ohne Bedeutung. Deren Bedeutung wurde bereits in zwei Erklärungen der Maastrichter Schlussakte 1992, in einem Protokoll zum Amsterdamer Vertrag 1997 und in der Nizzaer Erklärung zur Zukunft der Union 2001 betont (*Maurer,* Integr. 2002, 20). Die Rolle der nationalen Parlamente wird nunmehr in Art. 12 EUV und einem Protokoll hervorgehoben (vgl. *Abels/Eppler* (Hrsg.), Auf dem Weg zum Mehrebenenparlamentarismus? 2012; *Mayer,* Die Europafunktion der nationalen Parlamente in der Europäischen Union, 2012). Das BVerfG fordert die „Integrationsverantwortung“ von Parlament und Gesetzgeber ein (*Nettesheim,* NJW 2010, 177). In Deutschland sind der Europaauschuss des Bundestages und die Europakammer des Bundesrates (Art. 45, 52 Abs. 3a) GG) hiermit besonders befasst.

Auch im Rahmen anderer Vertragssysteme (Europarat, Lomé/Cotonou-Abkommen, vgl. unten Rz. 40/56) arbeitet das EP mit parlamentarischen Organen zusammen. Dies kann in Berichten für diese Organe erfolgen, aber auch durch **interparlamentarische Delegationen,** mit denen das EP von seiner Seite gemeinsam Parlamentsorgane beschickt, wie im Falle der Lomé/Cotonou-Zusammenarbeit.

b) Beschlussverfahren des Europäischen Parlaments

41 Das EP beschließt grundsätzlich mit der **absoluten Mehrheit der abgegebenen Stimmen** (Art. 231 AEUV). Hiervon gibt es allerdings wichtige Abweichungen: So sieht der Vertrag etwa vor, dass die Zustimmung zum Beitritt neuer Mitgliedstaaten (Art. 49 EUV) von der absoluten Mehrheit der Mitglieder ausgesprochen werden muss. Im Falle eines Misstrauensvotums (Art. 234 AEUV) gegenüber der Kommission ist die Mehrheit der Mitglieder *und* eine Zweidrittelmehrheit der abgegebenen Stimmen erforderlich. Auch im Haushaltsverfahren (Art. 314 AEUV) gelten besondere Anforderungen.

c) Aufgaben des Europäischen Parlaments

42 Nach Art. 14 Abs. 1 EUV steht im Zentrum der Arbeit des Parlaments inzwischen die Gesetzgebung und die Budgetgewalt. Das EP entscheidet dabei zusammen mit dem Rat. Es hat darüber hinaus wichtige Kreations- und Kontrollbefugnisse. Vergleicht man die heutigen Befugnisse des EP mit den Anfangszeiten der „Versammlung“ nach 1958, ist eine **wesentliche Stärkung der parlamentarischen Rechte unter den EU-**

Institutionen festzustellen (*Neuhold,* EIPASCOPE 1/2000, 3). Der Vertrag von Lissabon hat diese Entwicklung weiter vorangetrieben (unten Rz. 5/44).

Allerdings nimmt das EP weiterhin nicht jene „demokratische Gesamtleitung" der EU wahr, die nach verbreiteter Auffassung (klassisch *Bagehot,* für Deutschland *Konrad Hesse*) das Kennzeichen der Stellung des Parlaments im parlamentarischen Regierungssystem ist. Teilweise stellt man zwischen der weiteren Parlamentarisierung des EU-Systems und der Entwicklung der EU zum europäischen Bundesstaat einen Konnex her. Wichtiger ist aber die Feststellung, dass eine weitere Stärkung der Rechtsstellung des EP im EU-Institutionengefüge nur in dem Maße tunlich ist, in dem sich ein europäischer politischer Raum und eine genuin europäische politische Gemeinschaft der Bürger herausbildet, die sich im EP tatsächlich repräsentiert findet. Die Feststellungen in Art. 10ff. EUV ändern nichts daran, dass sich die politische Identität der Bürger weiterhin vor allem in der staatlichen Gemeinschaft konstituiert und daher dem Legitimationsstrang über den ER und den Rat die Hauptlast der demokratischen Rückbindung obliegt. Solange sich hier die sozialpsychologischen Gegebenheiten nicht ändern, muss es bei der **gegenwärtigen „Balance" zwischen Parlament, (Europäischem) Rat** und **nationalen Parlamenten** bleiben (so insbesondere die jüngere Rspr. des BVerfG). 43

aa) Rechtsetzung

Auch wenn dem EP inzwischen eine zentrale Rolle im **Rechtsetzungsprozess** zukommt, weist diese doch Besonderheiten auf. Dem EP fehlt bislang vor allem das **Initiativrecht für die Einleitung eines Rechtsetzungsverfahrens** und die Befugnis zur abschließenden Beschlussfassung über die Rechtsakte – ggf. auch gegen den Willen des Rats **(„Gesetzessanktion")**. Das Initiativrecht steht in Gestalt des Vorschlagsrechtes grundsätzlich der Kommission zu (Art. 294 Abs. 2 AEUV). Das Parlament kann nach Art. 225 AEUV die Kommission zur Unterbreitung von Vorschlägen auffordern. Im Januar 2010 ist eine interinstitutionelle Vereinbarung getroffen worden, wonach die Kommission dem innerhalb von 12 Monaten entsprechen *muss,* wenn sie nicht innerhalb von drei Monaten ihre ablehnende Haltung begründet (ABl. L 304/47 vom 20.11.2010, *Dauses,* EuZW 2010, 241). Bei der Vorbereitung der **Direktwahl** als „ureigener" Parlamentsangelegenheit verfügt das EP über ein **Initiativrecht zur Vertragsergänzung** (Art. 223 Abs. 1 AEUV); gleiches gilt im Übrigen für das Vertragsänderungsverfahren (Art. 48 EUV). Die Weigerung des Vertragsgebers, dem EP ein Initiativrecht einzuräumen, dient einerseits der Sicherung mitgliedstaatlicher Machtpositionen im Rat; man befürchtet aber auch, dass sich die Qualität der Rechtsetzung verschlechtern und ein Rückfall in gemeinwohlabträgliche zwischenstaatliche Kompromissbildungsprozesse erfolgen könnte. 44

Gleichwohl hat das EP inzwischen eine Stellung gewonnen, die sich fundamental von jener der Anfangsjahre der Integration unterscheidet. Zwischenzeitlich bedeutsame Verfahren wie jenes der Zusammenarbeit (Art. 252 EGV) sind wieder abgeschafft worden. Das ordentliche Gesetzgebungsverfahren (Art. 294 AEUV) bildet heute den Regelfall. Noch immer gibt es allerdings Bereiche, in denen im besonderen Gesetzgebungsverfahren entschieden und das Parlament lediglich angehört wird (Abgabe einer Stellungnahme). In einigen wichtigen Bereichen (z. B. Art. 49 EUV: Beitritt, Art. 7 EUV: Vertragsverletzung, Art. 329 AEUV: verstärkte Zusammenarbeit; Art. 19 EUV: Antidiskriminierung; Art. 352 AEUV: Ergänzungskompetenz) verfügt das Parlament über ein echtes Zustimmungsrecht („avis conforme"). Auch beim Abschluss völkerrechtlicher Verträge gibt es Bereiche, in denen eine Zustimmung des EP erforderlich ist. Zur Beratung und Äußerung ist das EP auch dort berechtigt, wo es kein formelles Mitbestimmungsrecht hat. 45

Bei den Mitwirkungsrechten des EP, auch bereits bei der nichtbindenden Anhörung, handelt es sich um wesentliche Formerfordernisse, deren Nichteinhaltung zur **Nichtigkeit des Rechtsaktes** führt (EuGHE 1980, 3333, Rs. 138/79, „SA Roquette Frères"). 46

Das Rechtsetzungsverfahren wird in Rz. 11/43ff. dargestellt.

bb) Haushaltsrecht

47 Es ist bezeichnend, dass sich die Rechte des EP, ähnlich wie früher diejenigen nationaler Parlamente, am raschesten bei der **Budgetgewalt** („power of the purse") entwickelt haben. Im Prozess der Ersetzung der Finanzbeiträge der Mitgliedstaaten durch eigene Mittel der Gemeinschaften (Zölle, Abschöpfungen u. a.) entschied man sich in den Jahren 1970 und 1975 dazu, bei der Beschlussfassung über den Haushaltsplan eine **stärkere Beteiligung des EP** bei Haushaltsbeschlüssen vorzusehen. Dies gilt allerdings nicht für die Einnahmeseite (Art. 311 AEUV). Der Lissabon-Vertrag hat dem Haushaltsverfahren eine grundlegend neue Gestalt verliehen (unten Rz. 8/35ff.). Das EP und der Rat wirken gemeinsam als Haushaltsbehörde der EU (Art. 314 AEUV). Ihnen kommt inzwischen auf der Ausgabenseite grds. Gleichberechtigung zu; das EP ist teilweise sogar in der Vorhand. Sie entscheiden auf der Grundlage des von der KOM vorgelegten Entwurfs eines Haushaltsplans. Die Differenzierung zwischen **obligatorischen und sonstigen Ausgaben der EU** ist aufgehoben worden. Das EP macht seine gewonnene politische Macht inzwischen deutlich, wie sich nicht zuletzt daran zeigte, dass es im März 2013 in einer Entschließung deutlich machte, den Vorstellungen der MSen über den mehrjährigen Finanzrahmen (2014–2020) nicht zu folgen. Dem EP obliegt die Entscheidung über die Entlastung (Art. 319 AEUV).

cc) Kreationsrechte

48 In einem inzwischen erheblichen Umfang übt das EP die **parlamentarische Investitur** und **parlamentarische Kontrolle** gegenüber anderen EU-Organen aus. In diesen Rechten drückt sich die Grundidee aus, dass die Union eine wesentliche Handlungslegitimation unmittelbar aus dem Willen ihrer im EP repräsentierten Bürger herleitet.

49 Allerdings bildet sich im Regierungssystem der EU die Idee der parlamentarischen Demokratie weiterhin nur in Ansätzen ab. Die Entscheidung über die Einsetzung der Amtsträger der Gubernative liegt nur teilweise beim Parlament. Zwar hat das EP zunehmenden **Einfluss auf die Besetzung der Europäischen Kommission** gewonnen. Das EP wählt den Präsidenten der KOM auf Vorschlag des Europäischen Rats (Art. 17 Abs. 7 EUV). Auch das Gesamtkollegium der Kommission muss sich dem Zustimmungsvotum des EP stellen. Die abschließende Ernennung erfolgt dann aber durch den Europäischen Rat mit qualifizierter Mehrheit. Dem Votum geht eine Einzelvorstellung der benannten Kommissionsmitglieder voraus. Weiterhin kommt dem EP keine Autonomie bei der Bestellung der Kommission zu. Keinen Einfluss hat das EP auf die Entsendung von Amtsträgern in den Europäischen Rat und den Rat.

Das Parlament ist ferner vor der Ernennung der Mitglieder des **Rechnungshofes** und des **Direktoriums der Europäischen Zentralbank** anzuhören (Art. 286 Abs. 2, 283 Abs. 2 AEUV). Der EZB-Präsident erstattet dem EP jährlich Bericht.

dd) Kontrollrechte

50 Auch **Kontrollbefugnisse** werden dem EP im Sinne klassischer parlamentarischer Tradition ausdrücklich eingeräumt (Art. 14 Abs. 1 S. 2 EUV). Im institutionellen System der EU ist primärer Adressat der Kontrolle die **Kommission,** kaum dagegen der (Europäische) Rat. Angesichts der zentralen Entscheidungs- und Regierungsbefugnisse des Rates schwächt dies die Kontrollfunktion des EP deutlich. Dem politischen Willen der Mitgliedstaaten entspräche es aber nicht, sich der Kontrolle durch das EP zu unterwerfen. Auch in einer parlamentarischen Demokratie kontrolliert das Parlament nicht eine „zweite Kammer". Die Kontrolle der Tätigkeit der Ratsmitglieder erfolgt nach dem Modell der Verträge über die nationalen Parlamente. Für die Fortentwicklung der EU bleibt entscheidend, inwieweit der (Europäische) Rat diese Suprematie gegenüber dem direkt gewählten EP zu behaupten vermag.

(1) Kontrolle gegenüber der Kommission

51 Nach Art. 230 Abs. 2 AEUV beantwortet die Kommission mündliche oder schriftliche **Anfragen aus dem EP.** Sie werden im Anhang bzw. in Teil C des ABl. veröffentlicht. Ferner erörtert das EP den **jährlichen Gesamtbericht der Kommission** (Art. 233 AEUV) und inzwischen gewohnheitsrechtlich auch das laufende jährliche Tätigkeitsprogramm der Kommission. Seit 1973 eingeführte Fragestunden mit der Kommission und Einladungen der Parlamentsausschüsse an Kommissionsmitglieder zu be-

stimmten Fragenkomplexen runden das Bild der **Interpellationsrechte des EP** ab. Mit ihnen korrespondiert das Recht der Kommission auf Zutritt und Rederecht in den Sitzungen des EP (Art. 230 Abs. 1 AEUV). Die Interpellation gegenüber der Kommission (bis hin zu Resolutionen) wird seit langem lebhaft genutzt. Dabei erweist sich die Kommission regelmäßig als kooperativ zum EP, das seinerseits die Kommission als natürlichen Verbündeten in der Auseinandersetzung mit dem Rat um Kompetenzerweiterungen ansieht. So entsteht öfters eine „schiefe Schlachtordnung" EP/Kommission vs. (Europäischer) Rat.

„Fundament der Kontrollrechte" des EP ist das **Misstrauensvotum des EP** an die Adresse der **Kommission,** die bei einer Annahme mit 2/3 der abgegebenen Stimmen und einer Mehrheit der Parlamentsmitglieder zurücktreten muss (Art. 234 AEUV).

Ein weiteres Kontrollrecht des EP gegenüber der Kommission ist die **Entlastung in der Ausführung des Haushaltsplanes** (Art. 319 AEUV). Es hat seit 1977 durch die Errichtung des unterstützenden Rechnungshofes (unten Rz. 5/155 ff.) an Effektivität gewonnen. 1999 führte die Nichtentlastung des Kommission *Santer* durch das EP für die Haushaltsführung 1996 und ein anschließendes, knapp gescheitertes Misstrauensvotum erstmals zum **kollektiven Rücktritt einer Kommision** (*Seibold,* Die Kontrolle der Europäischen Kommission durch das EP, 2004). 52

(2) Kontrolle gegenüber dem Rat

Während die Verträge Ansätze einer Parlamentskontrolle über die Kommission vorsehen, **fehlen analoge Vorkehrungen im Verhältnis zum Rat.** Das ist folgerichtig. Einer föderalistisch-bundestaatlichen Konzeption zufolge bildet die Kommission den Nukleus der künftigen europäischen Regierung, neben der der Rat allmählich in den Hintergrund einer zweiten Kammer zurücktreten wird. Einer Kontrolle des (Europäischen) Rats durch das EP bedarf es – trotz gewisser, z. T. bereits **gewohnheitsrechtlicher Ansätze parlamentarischer Kontrolle des Rats** – nicht. Aber auch aus einer etatistischen Perspektive wäre eine Kontrolle des (Europäischen) Rats durch das EP untunlich. Zwar hat sich der (Europäische) Rat auf nicht absehbare Zeit zum eigentlichen Entscheidungszentrum, zum (Mit-)Inspirator der großen Linien der Gemeinschaftspolitik entwickelt. Eine weitere Demokratisierung der EU bedeutet insofern die Herstellung einer Balance zwischen direkt gewähltem EP und (Europäischem) Rat – durch Herstellung einer ausgewogenen Entscheidungsbalance. **Interpellationsrechte des EP** gegenüber dem **Rat** sehen die Verträge nicht ausdrücklich vor. Sie betonen umgekehrt das Rederecht des Rates im EP (Art. 230 Abs. 3 AEUV). In einer seit 1958 anhebenden, vor allem durch einen „Ratsvermerk" v. 16. 10. 1973 institutionalisierten Praxis hat sich jedoch der Rat zur **Beantwortung parlamentarischer Anfragen** verpflichtet. Inzwischen ergehen jährlich Hunderte solcher Anfragen. 53

(3) Klagerechte beim Gerichtshof

Als Mittel der Kontrolle gegenüber Kommission und Rat steht dem EP gemäß Art. 263 Abs. 2 AEUV die **Nichtigkeitsklage** beim EuGH zur Verfügung. Das EP hat sich dieses Recht schrittweise erkämpft. Die Beschränkung auf die Klagen zur Wahrung seiner eigenen Rechte ist heute entfallen (Rz. 13/42 ff.). Ferner kann das EP nach Art. 265 AEUV **Untätigkeitsfeststellungsklage** beim EuGH dahingehend erheben, dass Kommission oder Rat es unter Verletzung des Vertrages unterlassen haben, einen Beschluss zu fassen. Der Nachweis einer solchen Situation ist in der Unionspraxis freilich sehr schwierig. Immerhin hat der EuGH 1985 einer Untätigkeitsklage des EP wegen bestimmter Aspekte der Verkehrspolitik stattgegeben (EuGHE 1985, 1513, Rs. 13/83, „Verkehrspolitik"; *Erdmenger,* EuR 1985, 375). 54

d) Politische Parteien auf europäischer Ebene

Kaum ein Bürger weiß, wer ihn im Europäischen Parlament repräsentiert. Noch geringer ist die Kenntnis, worüber gerade im Europäischen Parlament verhandelt wird. Hierin manifestiert sich das grundlegende Problem demokratischer Rückbindung des EP. Einer (von mehreren) Gründen hierfür liegt in dem Umstand, dass genuin europäische Parteien, die in einer echten Konkurrenzsituation alternative Entwicklungsoptio- 55 nen der EU skizzieren und so Orientierung über Entscheidungsalternativen ermöglichen, bislang noch nicht existieren.

56 Zwar sind inzwischen **übernationale Parteibünde (Vereinigungen von Parteien)** entstanden. Inzwischen haben sich vor allem der Bund der Sozialdemokratischen Parteien in der EG (SPE), die Europäische Liberale und Demokratische Reformpartei (ELDR), die Europäische Volkspartei (EVP) und die Europäischen Grünen (1993) konstituiert. Die früheren Konservativen sind weithin in der EVP aufgegangen (*Jansen,* Integr. 1995, 157). Art. 10 Abs. 4 EUV erkennt politische Parteien auf europäischer Ebene als „Faktor der Integration in der Union" an. Eine **Finanzierung** dieser Parteien erfolgt durch die VO 2004/2003 (ABl. 2003, L 297/1). Im Jahre 2007 wurde der Anwendungsbereich der Verordnung auf politische Stiftungen auf europäischer Ebene erweitert (*von Arnim,* Die EU-VO über die Parteienfinanzierung, 2004; *ders.,* NJW 2005, 247). Eine weitere VO über den Statut und die Finanzierung europäischer politischer Parteien und Stiftungen liegt bereits im Entwurf vor und soll u. a. striktere Voraussetzungen für den Zugang zu Finanzierungen der Parteien sowie ein flexibleres Regelungssystem gewährleisten (COM(2012) 499). Ob die VO 2003/2004 hierdurch ersetzt oder lediglich geändert wird, ist noch nicht absehbar.

2. Der Europäische Rat

Literatur: *Oppermann,* Europäischer Rat und EPZ nach der Einheitlichen Europäischen Akte, FS Pescatore, 1987, 537; *Glaesner,* Der Europäische Rat, EuR 1994, 22; *Hummer/Obwexer,* Die EU-Präsidentschaft, EuR 1999, 409; *Pini,* Der Ministerrat der EU, in: Oberreuther/Rupp (Hrsg.), Legitimation, Transparenz, Demokratie, 1999, 145; *Oppermann,* Ein Präsident für Europa? FS Badura, 2004, 1113; *Ludlow,* Die Führung der EU durch den Europäischen Rat, Integr. 2005, 3; *de Schoutheete,* The European Council, in: *Peterson* u. a., The Institutions of the EU, 2. Aufl. 2006, 37; *Wessels,* Europäischer Rat, in: Weidenfeld/Wessels (Hrsg.), Europa von A bis Z, 10. Aufl. 2007, 207; *Werts,* The European Council, 2008; Schoo, Das neue institutionelle Gefüge der EU, EuR Beiheft 1/2009, 51; *Peutl,* Organisation und Arbeitsweise des Europäischen Rats, in: Eilmansberger u. a. (Hrsg.), Rechtsfragen der Implementierung des Vertrags von Lissabon, 2011, 199; *Brincker,* Europäischer Rat, in: Jb für Europäische Integration, 2012, 65; *Eggermont,* The Changing Role of the European Council in the Framework of the EU, 2012; *Corsepius,* An Institution in the Making: The European Council, FS Piris, 2012, 135; *Waele,* The Semi-Perminant European Council Presidency, CMLRev 2012, 1039. Die Entwicklung der Institution wird in „Weidenfeld/Wessels (Hrsg.), Jahrbuch der Europäischen Integration" jährlich dargestellt.

Internet-Adresse: http://europa.eu/european-council/index_de.htm

57 Seit 1974 existiert (neben dem Rat [unten Rz. 5/64]) die Institution des **Europäischen Rats.** Es handelt sich dabei um ein Gremium, in dem die **Staats- und Regierungschefs** zusammenkommen. Die Einrichtung und Institutionalisierung eines derartigen Gremiums war erforderlich geworden, um dem Integrationsprozess oberhalb der technisch-funktionalen Zusammenarbeit bei der Verwirklichung der Vertragsziele Anstoß und Richtung zu geben. Inzwischen findet die Institution in Art. 13 EUV ausdrückliche Erwähnung im Kreis der Organe. Der Europäische Rat hat als politisches Leitgremium in den letzten Jahren beständig an Bedeutung gewonnen. Er soll die umfassende politische Gesamtleitung übernehmen (Art. 15 Abs. 1 EUV). Seine Sitzungen werden mit Spannung antizipiert und in vielen Fällen hat er in der Tat Meinungsverschiedenheiten überwinden oder neue Projekte anstoßen können.

Auch die **rechtlichen Kompetenzen** des Europäischen Rats sind in den letzten Jahren angewachsen, wenngleich sie deutlich hinter jenen des Rats zurückfallen. Eine wichtige

Rolle nimmt er inzwischen bei dem vereinfachten Verfahren der Vertragsänderung ein (Art. 48 Abs. 6, 7 EUV): In Einzelfällen kann er den Vertrag autonom ändern. Gesetzgeberisch wird der EuRat nicht tätig. Wichtige Kreationsbefugnisse weist der EUV dem Europäischen Rat mit Blick auf die Nominierung des Kommissionspräsidenten (Art. 17 Abs. 7 EUV), die Ernennung der Mitglieder des Direktoriums der EZB (Art. 283 Abs. 2 AEUV) sowie die Person des Hohen Vertreters der EU für die Außen- und Sicherheitspolitik (Art. 18 Abs. 1 EUV) zu. Nach Art. 15 Abs. 5 EUV amtiert der Präsident des Europäischen Rats zweieinhalb Jahre (mit der Möglichkeit einer einmaligen Wiederwahl); er wird vom Europäischen Rat gewählt. Es steht zu erwarten, dass dies eine weitere Stärkung der Stellung des Europäischen Rats mit sich bringen wird (*Oppermann,* FS Badura, 2004, 1113). Inzwischen ist von der „Unionsmethode" die Rede, um politische Gestaltung unter Leitung durch den EuRat zu bezeichnen; mit ihr kontrastiert die traditionelle „Gemeinschaftsmethode" unter Führung der Kommission.

In der Folge der Errichtung des Europäischen Rates auf einem Gipfel im Dezember 1974 hat ein **Verfassungswandel** innerhalb der EU stattgefunden. Nach der **„Philosophie" der europäischen Föderalisten** der fünfziger Jahre (*Monnet, Hallstein, Spaak* u. a. [oben Rz. 2/3 ff.]) sollte die Kommission als „Motor des Vertrages" allmählich in die Funktion einer Europäischen Regierung hineinwachsen, während der Rat als zweite Kammer zurücktreten sollte. Ziel dieser Vision war der Europäische Bundesstaat. Die tatsächliche Entwicklung der EU ist seit den sechziger Jahren des 20. Jahrhunderts im Sinne des **„Staatenverbundes"** verlaufen. Die Kommission bleibt zwar eigenständiges Organ und soll weiterhin Impulse geben (unten Rz. 5/93). Die großen Richtlinien der Politik werden indessen im Europäischen Rat formuliert. Dessen Rolle tritt in umso größerem Umfang hervor, je mehr sich die EU in „hochpolitische" Bereiche (insbesondere auch Verteilungsfragen) hineinbegibt. Das hauptsächliche Gegengewicht zum EuRat stellt das **direkt gewählte Europäische Parlament** dar. Aus der Rolle des Europäischen Rates als politischem Leitorgan erklärt sich auch, dass die Kommission zwar an den Sitzungen teilnimmt, der Europäische Rat aber Entscheidungen auf Vorschlag der Kommission vermeidet. 58

a) Die Institution des Europäischen Rats

Nach unregelmäßigen Treffen ab 1969 und der Formalisierung Ende 1974 kam es in der Folge – nicht zuletzt aufgrund der guten Zusammenarbeit von Helmut Schmidt und Valerie Giscard d'Estaing – zu einem Bedeutungsgewinn des EuRats. Seine Existenz fand zunächst in den Verträgen keinen Niederschlag. Dies änderte sich mit der EEA, später dann im Vertrag von Maastricht. Im Europäischen Rat kommen heute die Staats- und Regierungschefs, sein Präsident sowie der Präsident der Kommission zusammen. Der Hohe Vertreter für Außen- und Sicherheitspolitik nimmt an den Beratungen teil (Art. 15 Abs. 2 EUV). Eine Teilnahme der Außenminister und weiterer Kommissionsmitglieder (Art. 4 EUV a. F.) ist nicht mehr vorgesehen. Manche bezeichnen den EuRat als „oberstes" Gremium der EU; seine zentrale Stellung bei der Weiterentwicklung der EU steht außer Frage. Er gibt wichtige Weichenstellungen vor, formuliert Zielsetzungen und setzt Wegmarken, die für die Entwicklung des Verbands von zentraler Bedeutung sind. Nach außen hat der Europäische Rat eine wichtige Funktion im Prozess der Vermittlung des Integrationsprozesses (Öffentlichkeitsfunktion). Er trägt so zur Legitimierung der Ausübung von EU-Hoheitsgewalt bei. Er ist inzwischen so wirkmächtig, dass der Rat in seinen Schatten zu geraten droht [*Oppermann,* DVBl. 2003, 1165 (1175]). Im Zuge der Euro-Krise ist dies überdeutlich, nicht zuletzt auf den sog. „Euro-Gipfeln". 59

Der Europäische Rat wird nicht mehr von dem Staats- oder Regierungschef geleitet, dessen MS gerade die Präsidentschaft innehat, sondern von einem gewählten Präsi- 60 denten, der an die Seite der mitgliedstaatlich entsandten Mitglieder tritt (Art. 15 Abs. 6 EUV). Dem Präsidenten kommt bei der Festlegung des Arbeitsprogramms und der Zusammenstellung der Tagesordnung eine zentrale Rolle zu; im Prozess der Vorbereitung der Sitzungen muss er sich auch darum kümmern, die Interessen der MSen zu ermitteln, Entscheidungsoptionen zu entwickeln und Kompromisslösungen zu entwerfen.

Seit 2004 tagt der Europäische Rat nur noch in **Brüssel.** Die Durchführung von Eu-Rat-Treffen insbesondere in den kleineren MSen erwies sich aus logistischen und ökonomischen Gründen als zunehmend schwierig. Im Rahmen der Verhandlungen können alle Amtssprachen verwandt werden.

b) Beschlussverfahren des Europäischen Rats

61 Der Europäische Rat entscheidet grds. **konsensual** (Art. 15 Abs. 4 EUV). Der Vertrag sieht Ausnahmen vor (Art. 17 Abs. 7, Art. 18 Abs. 1, Art. 48 Abs. 3 EUV); hiervon wird bislang in der politischen Praxis aber nicht Gebrauch gemacht. Abstimmungen oder Mehrheitsentscheidungen erfolgen nicht; allerdings soll es 1985 auf dem Europäischen Rat von Mailand zu einer Abstimmung über die Frage gekommen sein, ob man eine Konferenz zur Aushandlung der Einheitlichen Europäischen Akte einberufen soll.

Die Entscheidungen kommen in einer **„Club"-Atmosphäre** zustande, in der die persönliche Wertschätzung, gemeinsame politische Perspektiven, Kompromissbereitschaft etc. eine wichtige Rolle spielen. Häufig kommt es zur Vereinbarung von Kompromisspaketen. Der EuRat hat sich eine Geschäftsordnung gegeben (GO vom 1.12.2009, ABl. L 315/51).

c) Aufgaben des Europäischen Rates

62 Die Aufgabe des Europäischen Rates liegt in der **Führung und Inspiration der Union** (Art. 15 Abs. 1 EUV). Er gibt der EU die für ihre Entwicklung erforderlichen Impulse und legt dafür die allgemeinen politischen Zielvorstellungen fest. Der Europäische Rat fällt **wichtige politische Grundsatzentscheidungen** (z. B. Direktwahlen zum EP 1974/75, Errichtung des Europäischen Währungssystems 1978), die vom Rat dann in rechtsverbindliche Akte überführt werden. Er spielt im ordentlichen und vereinfachten Vertragsänderungsverfahren die zentrale Rolle (Art. 48 EUV). Ferner stellt er allgemeine Leitlinien als richtungsweisende Anstöße auf, oft in feierlicher Form. Der EuRat kann den Rat veranlassen, Aufträge an die Kommission im Sinne von Art. 241 AEUV zu erteilen. Beschlüsse des Europäischen Rates mit Rechtswirkung gegenüber Dritten sind inzwischen grundsätzlich justitiabel (Art. 263 AEUV). Weiterhin ist die Jurisdiktionsgewalt des EuGH gegenüber dem EuRat aber eingeschränkt (Art. 269, 275 AEUV). Gelegentlich wird er dem allgemeinen Rat ausdrücklich übergeordnet (Art. 121 Abs. 2 AEUV, Art. 26 EUV). Der Europäische Rat schlichtet öfters Konflikte, die auf niedrigerer Ebene nicht zu überwinden waren. Dem EuRat kommen wichtige institutionelle Entscheidungsbefugnisse zu (Art. 236 AEUV: Ausgestaltung der Ratsformationen; Art. 17 Abs. 5 EUV: Änderung der Zahl der Kommissionsmitglieder; Art. 244 AEUV: Festlegung eines Systems gleichberechtigter Rotation bei der Besetzung der Kommission).

Dem Europäischen Parlament erstattet der Europäische Rat nach jeder Tagung und einmal jährlich Bericht (Art. 15 Abs. 6d) EUV). Hier wird die **Unabhängigkeit des EP gegenüber dem Europäischen Rat** sichtbar. 63

3. Der Rat

Literatur: *Heyes-Renshaw/Wallace* (Hrsg.), The Council of Ministers, 2006; *Harwig,* Rat der Europäischen Union, in: Weidenfeld/Wessels (Hrsg.), Europa von A bis Z, 10. Aufl. 2007, 325; *Curtin,* The Council of Ministers – The Missing Link? In: Political Accountability and European Integration, 2009, 125; *Cichocki,* Institutional Design and Voting Power in the EU, 2010; *Kumin,* Organisation und Arbeitsweise des Rats, in: Eilmansberger u. a. (Hrsg.), Rechtsfragen der Implementierung des Vertrags von Lissabon, 2011, 209. Die Entwicklung der Institution wird in „Weidenfeld/Wessels (Hrsg.), Jahrbuch der Europäischen Integration" jährlich dargestellt.

Internet-Adresse: http://www.consilium.europa.eu/showPage.ASP?lang=de

Gemäß Art. 16 Abs. 1 EUV sind Teile der gesetzgebenden Gewalt und der Haushaltsbefugnisse, aber auch wichtige Regierungs- und Verwaltungsbefugnisse der EU wesentlich dem **Rat** übertragen. Der Rat „Auswärtige Angelegenheiten" wird künftig ständig vom Hohen Vertreter geleitet (Art. 18 Abs. 3 EUV); die Leitung der anderen Formationen erfolgt demgegenüber in einem System gleichberechtigter Rotation von mitgliedstaatlichen „Präsidentschaften". Die Tätigkeit des Rats ist mit jener des Europäischen Rats eng verbunden. Nicht nur bereitet der Rat die Tagungen des EuRats vor. Der Rat erstattet dem EuRat auch Bericht (Art. 121 Abs. 2 AEUV). Das Generalsekretariat des Rats dient auch dem EuRat (Art. 235 Abs. 4 AEUV). Die Sitzungen des Rats sind grundsätzlich **nichtöffentlich.** Öffentlich tagt der Rat, wenn er Entscheidungen im Gesetzgebungsverfahren trifft; dies gilt auch für Verfahrensfragen (Art. 16 Abs. 8 EUV). Die Öffentlichkeit wird durch audiovisuelle Übertragung in „Mithörsäle" im Ratsgebäude hergestellt. Auch wenn dem Rat weiterhin eine zentrale Stellung im Entscheidungsgefüge eingeräumt ist, muss er sich diese in zunehmendem Maße mit dem EP teilen. Dies gilt insbesondere für die ordentliche Gesetzgebung (Art. 289 AEUV). 64

Gemäß der Regelung der Sitzfrage 1992 (oben Rz. 5/7) ist der Rat mit dem Ausschuss der Ständigen Vertreter und seinem Generalsekretariat in **Brüssel** ansässig (insgesamt ca. 2700 Bedienstete). 3 Monate im Jahr tagt er in Luxemburg (Art. 341 AEUV, Protokoll über die Festlegung der Sitze, Abl. 2008 C 115/265).

a) Die Institution des Rats

aa) Zusammensetzung und Leitung

Der Rat ist ein **Organ der EU,** in das jede Regierung der Mitgliedstaaten einen Vertreter auf Ministerebene entsendet (Art. 16 Abs. 2 EUV). Das EU-Recht nimmt insofern auf die Einstufung von Amtsträgern im jeweiligen nationalen Verfassungsrecht Bezug. In Deutschland haben diesen Rang die Minister des Bundes, aber auch die Landesminister, die im Anwendungsbereich von Art. 23 Abs. 6 GG die Bundesrepublik im Rat vertreten. Gewohnheitsrechtlich ist anerkannt, dass sich ein Mitgliedstaat auch durch Parlamentarische und beamtete Staatssekretäre vertreten lassen kann. Die Ständigen Vertreter der Mitgliedstaaten bei der EU können ihr Regierungsmitglied vertreten, aber nicht abstimmen. Der Rat weist keine feste personelle Besetzung auf, sondern tagt (ggf. sogar parallel) in unterschiedlicher Zusammensetzung. 65

Der Rat tagt in **Formationen,** in denen jeweils sachnahe mitgliedstaatliche Vertreter zusammenkommen (Art. 16 Abs. 6 EUV, Art. 236 AEUV). Zur Einführung eines ech- 66 ten Ressortprinzips ist es bislang nicht gekommen. Gegenwärtig gibt es den **Rat für Allgemeine Angelegenheiten,** jenen für **Auswärtige Angelegenheiten** sowie **acht besondere Ratsformationen** (Wirtschaft/Finanzen – Justiz/Inneres – Beschäftigung/Soziales/Gesundheit/Verbraucherschutz – Wettbewerbsfähigkeit, mit Binnenmarkt/Industrie/Forschung/Raumfahrt – Verkehr/Telekommunikation/Energie – Landwirtschaft/Fischerei – Umwelt – Bildung/Jugend/Kultur/Sport, Beschluss vom 1.12.2009 (ABl. L 315/46, Änderungen)). Dem Rat für Allgemeine Angelegenheiten kommt eine koordinierende und impulsgebende Rolle im „Ratsgetriebe" zu. Die Verhandlungen im Rat werden in den 24 Amtssprachen geführt; Abweichungen im Dringlichkeitsfall bedürfen der einstimmigen Entscheidung.

Die Verhandlung in Formationen war der ursprünglichen Gestalt der Integration durchaus angemessen. Sie ist aber zunehmend problematisch geworden, weil damit die für ein Gebiet zuständigen Fachminister bestimmten Anliegen, die sie jeder für sich auf nationaler Ebene nicht durchsetzen können, auf europäischer Ebene leichter gegen Widerstände, die mit Blick auf entgegenstehende Interessen artikuliert werden, zum Erfolg verhelfen können („Spiel über die Bande"). Auch die geringe praktische Bedeutung des Subsidiaritätsprinzips (Art. 5 EUV; unten Rz. 11/23ff.) dürfte mit dieser Struktur zusammenhängen. Auf der anderen Seite sichert dies die Durchsetzung des Beschlossenen in den Mitgliedstaaten; die Durchsetzung von Beschlüssen mitgliedstaatlicher „Europaminister" wäre deutlich schwieriger.

67 Der **Vorsitz im Rat** und seinen nachgeordneten Gremien (unten Rz. 5/73ff.) wird grundsätzlich halbjährlich gemäß einer vom Rat beschlossenen Reihenfolge weitergegeben (Art. 16 Abs. 9 EUV; Beschluss 2009/908, ABl. L 322/28 und ABl. L 344/56). Die jeweilige Präsidialmacht arbeitet mit ihrer Vorgängerin und Nachfolgerin eng zusammen („Troika"; Beschluss 2009/881, ABl. L 315/50). Nur im Rat „Auswärtige Angelegenheiten" führt der Hohe Vertreter (Art. 18 Abs. 3 EUV) den Vorsitz. Dem jeweiligen Vorsitz obliegt die Einberufung, Vorbereitung und Leitung der Sitzungen (Art. 1 GO i.d.F. Rat vom 1.12.2009, ABl. L 315/51). Er ist der Repräsentant des Rates (Zeichnung der Rechtsakte, Verkehr mit dem EP). Das Nebeneinander des Präsidenten des EuRat, des jeweiligen Ratsvorsitzenden und des Hohen Vertreters kann zu Koordinationsproblemen und Meinungsverschiedenheiten führen. Während dem Ratsvorsitzenden in der Vergangenheit (noch vor den Präsidenten des EP und der Kommission) die **Funktion des ersten Repräsentanten der EU** zukam, ist inzwischen der Präsident des EuRat in diese Rolle geschlüpft. Der Vorsitz im Rat ist unparteiisch und neutral auszuüben.

68 Nicht mit dem Rat – in der Zusammensetzung der Wirtschafts- und Finanzminister (ECOFIN) zu verwechseln ist die „Euro-Gruppe" (Art. 137 AEUV i.V.m. Protokoll Nr. 14), in der die zuständigen Minister der Mitgliedstaaten der Euro-Zone und andere Amtsträger (u.a. der Wirtschafts- und Währungskommissar der KOM und der Präsident der EZB) zusammenkommen. Bislang ist die institutionelle Verfestigung der Euro-Zone aber noch gering; dies führt in der Euro-Krise zu Entscheidungsproblemen.

bb) Status der Vertreter der Mitgliedstaaten

69 Die Vertreter der Mitgliedstaaten im Rat werden von den nationalen Regierungen benannt. Eine gegenseitige Kontrolle erfolgt nicht. Die Vertreter sind **weisungsabhängig;** allerdings sollten die mitgliedstaatlichen Regierungen ihnen Verhandlungsspielräume einräumen. Über die Vertretung der Mitgliedstaaten im Rat erfährt die Tätigkeit der EU in erheblichem Umfang **demokratische Legitimation.** Eine hinreichende Rückbindung der Vertreter an die nationalen Regierungen sowie (indirekt) an

die nationalen Parlamente sichert die aus Sicht des Demokratieprinzips notwendige Rückbindung (BVerfGE 89, 155 („Maastricht"); pointierter: BVerfGE 123, 267 („Lissabon"): „Integrationsverantwortung"). Die EU erkennt dies inzwischen ausdrücklich an (Art. 12 EUV). Allerdings bleiben die Einwirkungs- und Kontrollmöglichkeiten eher gering. Dies liegt nicht nur an der „Entfernung", die zwischen den Bürgern und dem Rat besteht, sondern auch an der weiterhin kaum zu bewältigenden Zurechnung von Verantwortlichkeiten.

In **Deutschland** wirken in EU-Angelegenheiten **Bundestag** und durch den **Bundesrat** die Länder mit 70 (Art. 23 Abs. 2, 3 GG; *Classen,* in: v. Mangoldt/Klein/Starck, GG-Komm, 6. Aufl. 2010, Bd. 2, Art. 23 Rn. 64ff.). Die Bundesregierung hat eine umfassende **Unterrichtungspflicht** gegenüber BT und BRat. Das BVerfG interpretiert die Unterrichtungspflicht nach Art. 23 Abs. 2 GG weit (BVerfG, NVwZ 2012, 954). Stellungnahmen des BT muss sie bei den Verhandlungen **berücksichtigen.** Andererseits muss dabei die **gesamtstaatliche Verantwortung des Bundes** gewahrt werden. Die Beteiligungsrechte der Länder sind eingehend geregelt, wenn innerstaatliche Länderzuständigkeiten berührt werden (Art. 23 Abs. 2, 4–6 GG; Durchführungsgesetzgebung); die Regierung muss die Stellungnahme des Bundesrates in bestimmten Fällen sogar **„maßgeblich berücksichtigen"** und die Verhandlungsführung im Rat einem Ländervertreter übertragen. Die Brüsseler Entscheidungsfindung wird durch diese „Föderalisierung der Entscheidungsprozesse" nicht erleichtert. In den jeweiligen Formelkompromissen spiegelt sich die Spannungslage, dass der deutsche Vertreter im Rat sowohl seiner unionsrechtlichen Verantwortung (Art. 4 EUV) als auch seinen verfassungsrechtlichen Verpflichtungen gerecht werden soll. Im Konfliktfalle ist die deutsche Stimmabgabe im Rat grundsätzlich rechtsgültig. Sollte darin ein verfassungswidriges Verhalten liegen, bedarf es des Versuches eines anschließenden gütlichen Ausgleiches im Geiste der gegenseitigen Unionstreue (vgl. hierzu BVerfGE 92, 203 („Fernsehrichtlinie"); *Everling,* DVBl. 1993, 936). In der Lissabon-Entscheidung (BVerfGE 123, 267) postuliert das BVerfG eine „Integrationsverantwortung", die das Parlament zu einer stetigen Begleitung des Integrationsgeschehens verpflichtet (hierzu *Nettesheim,* NJW 2010, 177; *Nettesheim,* in: Pechstein (Hrsg.), Integrationsverantwortung, 2012, 2).

cc) Organisation und Geschäftsgang

Für die **Arbeitsweise im Rat** ist die Geschäftsordnung vom 22.3.2004 (in der Fas- 71 sung vom 1.12.2009, ABl. L 325/35 [= Sartorius II Ziff. 237]) maßgebend. Sie regelt im Einzelnen den prozeduralen Ablauf der Ratstagungen, aber auch gewisse Förmlichkeiten bei Erlass der Rechtsakte und die Aufgaben des Ausschusses der Ständigen Vertreter der Mitgliedstaaten und des Generalsekretariats des Rates (unten Rz. 5/73ff.). Ferner regelt die GO in Ausführung des Rechtes der Unionsbürger auf **Zugang zu Dokumenten des Rates** (Art. 15 AEUV) die Möglichkeiten und Grenzen dieses Zuganges.

Die **Kommission** ist nach Art. 5 Abs. 2 GO zur Teilnahme an den Ratstagungen eingeladen. Dies ent- 72 spricht der allgemeinen Kooperationsverpflichtung zwischen Rat und Kommission nach Art. 295 AEUV. Der Rat kann auch in Abwesenheit der Kommission beraten. Ähnlich kann die **EZB** zum Rat eingeladen werden. Im Verhältnis zum **Europäischen Parlament** wird der Rat nach Art. 26 GO durch seinen Präsidenten (oder andere Mitglieder) vertreten.

(1) Generalsekretariat

Das **Generalsekretariat des Rates** (Art. 240 Abs. 2 AEUV, Art. 23 GO Rat) unterstützt den Rat ein- 73 schließlich der Ständigen Vertreter **im verwaltungsmäßigen Sinne** (Vorbereitung der Sitzungen, Protokollführung, Dolmetscherdienste, Veröffentlichung der Ratsbeschlüsse, aber auch Rechtsberatung des Rates, Abfassung der Ratsberichte an das EP, Aufstellung und Verwaltung des Ratshaushaltes). Von der Qualität seiner Vorbereitungstätigkeit hängt die Arbeits- und Kompromissfähigkeit des Rates mit ab. Angesichts der immensen Sitzungstätigkeit der vielen Ratsformationen und der unzähligen Ratsausschüsse ergibt sich beim Generalsekretariat ein sehr großer Geschäftsanfall. Im Entscheidungsprozess der EU stellt das Generalsekretariat des Rates eine Art „Gegenbürokratie" zur Kommission dar. Trotz mancherlei Rivalitäten ist die Existenz eines starken Generalsekretariates für eine effektive Willensbildung der EU wesentlich. Als europäische Behörde hilft das Sekretariat mit, die sich im Rat begegnenden nationalen Interessen zu „vergemeinschaften".

Das Generalsekretariat (Sitz Brüssel) gliedert sich in Generaldirektionen und einen Juristischen Dienst mit ca. 3000 Bediensteten. Seit 1999 ist das Schengen-Sekretariat eingegliedert. An der Spitze steht der **Generalsekretär.** Für die organisatorische Leitung steht ihm ein Stellvertreter zur Seite. Beide werden vom Rat benannt. Bis zum Inkrafttreten des Lissabon-Vertrags fungierte der Generalsekretär als „Hoher Vertreter für die GASP" und unterstützte den Rat in der EU-Außen- und Sicherheitspolitik.

(2) Der Ausschuss der Ständigen Vertreter

74 Der **Ausschuss der Ständigen Vertreter der Mitgliedstaaten** (AStV/Coreper – Art. 240 Abs. 1 AEUV, Art. 19 GO Rat) bereitet die Arbeiten des Rates vor und führt ihm vom Rat übertragene Aufträge aus. Der AStV kann gemäß der GO Verfahrensbeschlüsse fassen. Er ist Teil der Ratsorganisation. In der Praxis kommt diesem Gremium infolge seiner ständigen Präsenz in Brüssel, seines hohen fachlichen Standards und weil sich in ihm die offizielle Haltung der Mitgliedstaaten verkörpert, eine erstrangige Bedeutung bei der Bildung des Unionswillens zu (*Zwaan,* The Permanent Representatives Committee, 1996).

Der Ausschuss gliedert sich in den Ausschuss der **Stellvertreter** (AStV I: Grundsatzfragen fachspezifischen Inhalts, auch Vorbereitung des Europäischen Rates), das **Botschafterkollegium** (AstV II: politische, wirtschaftliche, institutionelle und Handelsfragen) und den **Sonderausschuss Landwirtschaft (SAL).** Die Arbeit der Ständigen Vertreter wird ihrerseits in einer Fülle von (ca. 200) Arbeitsgruppen und Untergruppen vorbereitet, die i. d. R. von nationalen Beamten der Mitgliedstaaten beschickt werden (Art. 19 Abs. 3 GO Rat). Die Kommission nimmt auf allen Ebenen an den Arbeiten des Ausschusses teil. Die Ständigen Vertreter arbeiten nach **Weisungen ihrer Mitgliedstaaten.** Hieraus ergibt sich die Notwendigkeit einer laufenden **europapolitischen Koordinierung** in den Hauptstädten.

Die Ständigen Vertreter suchen über einen möglichst großen Teil der anstehenden Entscheidungen unter sich Konsens zu erzielen. Soweit das gelingt, wird die Angelegenheit vom Rat im formalen „A-Punkt-Verfahren" (unten Rz. 5/75) verabschiedet. Auch die übrigen Entscheidungen werden so weit als möglich für den Rat aufbereitet. In dem großen Arbeitsvolumen des Ausschusses mischt sich das fachliche, diplomatische und politische Element. Rechtlich sind die Ständigen Vertreter auf die Vorbereitungs- und Ausführungsfunktion im Verhältnis zum Rat beschränkt. Der Rat kann (mit Ausnahme von Verfahrensbeschlüssen) keine Zuständigkeiten auf den Ausschuss **delegieren** (arg. Art. 240 Abs. 1 AEUV). Dennoch kann die europapolitische Bedeutung der Ständigen Vertreter als „Gehilfe, Auge und Ohr der Regierungen" *(Emile Noël)* kaum überschätzt werden.

b) Beschlussverfahren im Rat

75 Die Beschlussfassung im Rat erfolgt durch Stimmabgabe. Daneben gibt es ein schriftliches Verfahren (Art. 12 GO Rat). Unstreitige entscheidungsreife Vorlagen werden als „A-Punkte" zu Beginn der Ratstagung summarisch verabschiedet (Art. 3 Abs. 6 GO Rat). In den jeweiligen Kompetenznormen ist festgelegt, welches Quorum für den Ratsbeschluss gilt.

aa) Einfache Mehrheit

76 Der Rat kann, wie Art. 238 Abs. 1 AEUV deutlich macht, mit der (einfachen) Mehrheit seiner Mitglieder entscheiden. Dies ist aber (anders als in der Vor-Lissabon-Zeit) nicht mehr der Regelfall (Art. 16 Abs. 3 EUV). In diesem Fall können (nach dem Beitritt Kroatiens) 15 (von 28) Mitglieder einen gültigen Mehrheitsbeschluss fassen, falls die übrigen ordnungsgemäß informiert waren. Die Abstimmung mit einfacher Mehrheit spielt vor allem im inneren Organisationsrecht der EU eine große Rolle.

bb) Qualifizierte Mehrheit

77 Im Rechtsetzungsbereich steht heute die Abstimmung mit qualifizierter Mehrheit im Vordergrund. Hier sieht der Lissabon-Vertrag den Übergang von einem System gewichteter Stimmen zu einem System doppelter Mehrheitserfordernisse vor.

Bis zum 30.10.2014 werden die Stimmen der MSen nach einer feststehenden Zuteilung unterschiedlich gewogen (Art. 16 Abs. 5 EUV). Dies entspricht der Rechtslage nach Art. 205 Abs. 2 EGV. Aufgrund der Festlegungen im **Nizza-Vertrag 2001** wird zwar grundsätzlich nach der Bevölkerungszahl der Staaten differenziert; bei der Stimmgewichtung flossen allerdings vielfältige politische Wünsche ein. So wird etwa auf eine Differenzierung zwischen Deutschland und Frankreich verzichtet; Spanien und Polen genießen beinahe eine Gleichstellung mit den „großen" MSen. Seit dem 1.7.2013 verfügen die Ratsmitglieder über die folgende Zahl **gewogener Stimmen:**

Deutschland (29) – Frankreich (29) – Italien (29) – Vereinigtes Königreich (29) – Polen (27) – Spanien (27) – Rumänien (14) – Niederlande (13) – Belgien (12) – Griechenland (12) – Portugal (12) – Tschechien (12) – Ungarn (12) – Österreich (10) – Schweden (10) – Bulgarien (10) – Dänemark (7) – Finnland (7) – Irland (7) – Litauen (7) – Slowakei (7) – Kroatien (7) – Estland (4) – Lettland (4) – Luxemburg (4) – Slowenien (4) – Zypern (4) – Malta (3) – **(Insgesamt: 352 Stimmen).**

Für die qualifizierte Mehrheit bedarf es mindestens **260 Stimmen und der Zustimmung von 15 MSen,** wenn der Beschluss auf Vorschlag der KOM ergeht; andernfalls sind 260 Stimmen und 19 MSen (2/3 der MSen) erforderlich. Einen gewissen Schutz größerer MSen soll das **„demographische Netz"** bieten. Ein MS kann die Prüfung beantragen, ob ein mit qualifizierter Mehrheit angenommener Beschluss 62% der Gesamtbevölkerung der Union umfasst (315 Mio./508 Mio.). Ist dies nicht der Fall, kommt der Beschluss nicht zustande. Diese durch den Nizza-Vertrag eingeführte Regelung der qualifizierten Mehrheit galt als **fragwürdig und überkompliziert.**

Für den Fall, dass ein Mitgliedstaat dies beantragt, gilt dieser Modus bis zum 31.3.2017 weiter (Art. 3 Abs. 2 des Protokolls über die Übergangsbestimmungen des Lissabon-Vertrags).

78 Art. 16 Abs. 4 EUV sieht vor, dass eine qualifizierte Mehrheit ab dem 1.11.2014 grundsätzlich vorliegt, wenn mindestens 55% der Ratsmitglieder zustimmen und diese mindestens 65% der Bevölkerung der Union vertreten. Damit soll die Legitimation von Ratsbeschlüssen verstärkt werden; im Falle weiterer Beitritte soll die heikle Notwendigkeit der Zuweisung eines Gewichts entfallen. Der Vertrag sieht vor, dass die Mehrheit aus mindestens 15 Mitgliedern gebildet werden muss; dies würde allenfalls beim Austritt von MSen Bedeutung erlangen. Vier oder mehr Mitglieder bilden eine Sperrminorität; drei große Staaten können damit einen Beschluss auch dann nicht verhindern, wenn sie als solche mehr als 35% der Bevölkerung vertreten. Für den Fall, dass nicht auf Vorschlag der KOM oder des Hohen Vertreters entschieden wird, müssen mindestens 72% der Ratsmitglieder zustimmen; diese müssen 65% der Bevölkerung repräsentieren. Diese Neuregelung erleichtert die Entscheidungsfindung erheblich; die bislang große Blockademacht insbesondere kleiner MSen wird verringert. Die Transparenz der Regelung ist allerdings weiterhin gering.

79 Ab dem 1.4.2017 wird der beschriebene Mechanismus dann nochmals leicht verändert sein: Für einen Beschluss bedarf es mindestens 55% der Bevölkerung; auch die Bildung einer Sperrminorität setzt mindestens 55% der Bevölkerung voraus. Eine Änderung ist grds. mit qualifizierter Mehrheit möglich; allerdings setzt dies (einstimmig zu beendende) Beratungen im EuRat voraus.

Sondervereinbarungen zur Mehrheitsabstimmung wie der „Luxemburger Kompromiss" 1966 (oben Rz. 2/21 ff.) sind damit hinfällig geworden. Gelegentlich werden allerdings noch immer „wichtige Interessen" angeführt, um eine Verschiebung der Behandlung im Rat zu erzwingen oder auf die Kompromisssuche Einfluss zu nehmen. In der formalen Abstimmungslage hat sich seit 1988 kein MS mehr auf diese Vereinbarung berufen. Von Bedeutung ist, dass die Zusatzerklärung (Erklärung Nr. 7) zum Lissabon-Vertrag einen „Neuverhandlungsmechanismus" vorsieht, der ab dem 1.4.2017 erleichtert anwendbar sein wird; auch bisher gab es mit dem 1994 vereinbarten „Kompromiss von Ioannina" eine ähnliche Regelung. Sonderregelungen sehen auch die Bestimmungen über den „Notbremsemechanismus" vor (Art. 48 Abs. 2, Art. 82 Abs. 3, Art. 83 Abs. 3 AEUV). Im GASP-Bereich sieht Art. 31 Abs. 2 EUV vor, dass eine Sache dem EuRat übertragen werden kann und dort einstimmig behandelt wird.

cc) Einstimmigkeit

80 Die **einstimmige Beschlussfassung** ist in den Verträgen bei besonders „souveränitätssensiblen" Angelegenheiten vorgesehen (vgl. etwa Steuerharmonisierung nach Art. 113 AEUV; Teilbereiche der Umweltpolitik [Art. 192 Abs. 2 AEUV; ähnlich: Art. 86 Abs. 1, Art. 87 Abs. 3 AEUV]). Beschlüsse im Rahmen der GASP werden grundsätzlich einstimmig gefasst (Art. 31 Abs. 1 EUV).

81 Einstimmigkeit bedeutet grundsätzlich die **Zustimmung aller Mitglieder.** Nach Art. 238 Abs. 4 AEUV steht jedoch die Stimmenthaltung anwesender oder vertretener Mitglieder der Beschlussfassung nicht entgegen.

c) Aufgaben und Funktionen des Rates

aa) Gubernativfunktionen

82 Dem Rat wird die grundlegende Entscheidungsbefugnis zur „Festlegung der Politik" und zur „Koordinierung" (Art. 16 Abs. 1 S. 2 EUV) zugesprochen. Der Rat ist als Unionsorgan die eigentliche Naht- und Transformationsstelle zwischen dem europäischen und den mitgliedstaatlichen Gemeinwillen. Aus der Gesamtheit der Aufgaben und Befugnisse des Rates lässt sich ablesen, dass er das **primäre politische Steuerungsorgan der EU** darstellt. Diese nach der „Gründungsphilosophie" der Verträge eher zeitweilig gemeinte Rolle hat sich im Verfassungswandel seit Mitte der 60er Jahre verfestigt. Insbesondere in der Folge der Gründung des Europäischen Rates 1974 hat auch die **„Regierung" der Union durch den Rat** an Gewicht gewonnen. Dies gilt nicht zuletzt für den Bereich der Wirtschaftspolitik (Art. 5 Abs. 1 AEUV).

bb) Rechtsetzung

83 Dem Rat kommt darüber hinaus bei der Rechtsetzung eine zentrale Bedeutung zu. Im ordentlichen Gesetzgebungsverfahren wirken heute EP und Rat gleichberechtigt nebeneinander (Art. 289 Abs. 1 AEUV). In besonderen Gesetzgebungsverfahren (Art. 289 Abs. 2 AEUV) kann dem Rat weiterhin die Präponderanz zukommen. Darüber hinaus wirkt der Rat (wiederum neben dem EP) als Haushaltsbehörde der EU. Wichtige Befugnisse stehen dem Rat bei der Außendarstellung der EU (Art. 16 Abs. 6 EUV), insbesondere im Bereich der GASP (z. B. Art. 26 Abs. 2 EUV) zu.

84 Weiterhin liegt allerdings das Initiativrecht zum Erlass von Rechtsakten regelmäßig nicht beim Rat. Das ordentliche Gesetzgebungsverfahren wird **„auf Vorschlag der Kommission"** betrieben. Diese Vorschläge kann der Rat regelmäßig nur einstimmig abändern (Art. 293 Abs. 1 AEUV). Aus dieser Regelung ergibt sich eine eigene politische Mitgestaltungsrolle der Kommission im Spiel der Institutionen. Art. 241 AEUV gibt dem Rat jedoch die Möglichkeit, die Kommission zur Wahrnehmung ihres Initiativrechts in einer vom Rat gewünschten Richtung aufzufordern. Zwar besteht keine rechtliche Bindung der Kommission an eine solche **„Aufforderung".** Eine politische Abhängigkeit liegt indessen darin, dass der Rat die Kommissionsvorschläge später annehmen soll. Über Art. 241 AEUV und die dort begründeten Befugnisse des Rats vermittelt sich auch die Führungs- und Inspirationsrolle des Europäischen Rates gegenüber der Kommission. Aus der Entscheidungsbefugnis des Rates ergibt sich andererseits **Verantwortung** (Art. 13 Abs. 2 S. 2 EUV). Blockiert der Rat Kommissionsvorschläge, die ein gemeinschaftliches Vorgehen vorsehen, kann die Pflicht zu einem **Verfahren der Zusammenarbeit zwischen Kommission und MSen** entstehen, damit die EU ihre Verantwortlichkeit wahrnehmen kann (EuGHE 1987, 5143, Rs. 332/85, „Seefischereiquoten").

cc) Haushalt

Die **Budgetgewalt der EU** lag bis zum Inkrafttreten des Lissabon-Vertrags trotz einer Stärkung der Mitsprache des EP seit 1970/75 wesentlich beim **Rat.** Inzwischen bilden Rat und EP die Haushaltsbehörde. Rat und Parlament behandeln den von der Kommission vorgelegten Entwurf eines Haushaltsplanes in einem besonderen Gesetzgebungsverfahren grundsätzlich gleichberechtigt (Art. 314 AEUV). Der Rat hat seinen Standpunkt zu diesem Entwurf festzulegen. Schlägt das Parlament Änderungen vor, so kann der Rat diese billigen; andernfalls kommt es zur Einleitung eines Vermittlungsverfahrens. In diesem Verfahren kommt dem EP heute ein leichtes Übergewicht zu (Art. 314 Abs. 7 lit. d) AEUV). Die Festlegung des Eigenmittelbeschlusses liegt weiterhin in der Hand des Rats (Art. 311 Abs. 3 AEUV). Der mehrjährige Finanzrahmen wird vom Rat mit Zustimmung des EP erlassen (Art. 312 Abs. 2 EUV). 85

dd) Ernennungen – Kreationsbefugnisse

Während die legislatorischen Befugnisse heute von EP und Rat gemeinsam ausgeübt werden, liegt die **Personalhoheit der EU** weiterhin im Kern beim Rat. Mit Ausnahme des direkt gewählten EP werden die wesentlichen Organe und Institutionen der EU in ihrer leitenden personellen Zusammensetzung vom (Europäischen) Rat (teilweise auch von den in ihm vereinigenden Regierungsvertretern [unten Rz. 5/92]) bestimmt. 86

Der Rat ernennt auf Grund von Listen der Mitgliedstaaten bzw. der Berufsverbände die **Mitglieder des Wirtschafts- und Sozialausschusses** (Art. 302 AEUV). Das gleiche Verfahren gilt beim **Ausschuss der Regionen** (Art. 305 AEUV). Ferner ernennt der Rat (nach Anhörung des EP) die Mitglieder des **EU-Rechnungshofes** (Art. 286 AEUV) und genehmigt dessen Geschäftsordnung. Auch im Verfahren der Ernennung der Kommission wirkt der Rat mit (Art. 17 Abs. 7 UAbs. 2 EUV) – wenngleich der Ernennungsakt selbst vom EuRat erlassen wird. Die **Richter des EuGH und des EuG** sowie die **Generalanwälte werden** von den Regierungen der MSen in gegenseitigem Einvernehmen ernannt (Art. 19 Abs. 2 EUV). Der Rat ernennt die Richter der Fachgerichte (Art. 257 Abs. 4 AEUV) und kann auf Antrag des Gerichtshofes in autonomer Vertragsänderung die Zahl der Generalanwälte erhöhen (Art. 252 AEUV). Auch die Besoldungsbefugnis hinsichtlich Kommission und EuGH liegt beim Rat (Art. 243 AEUV). 87

Schließlich wirkt der Rat – im Rahmen seiner gesetzgeberischen Kompetenz – bei der Bestimmung des Status und der sonstigen Beschäftigungsbedingungen für **die Bediensteten der EU** mit. Insgesamt gibt es in der EU kaum eine wichtige Personalentscheidung, die nicht mittelbar oder unmittelbar vom Rat beeinflusst wäre. 88

ee) Rechtskontrolle und sonstige Kontrolle

Der Rat kann im Rahmen einer **Klage beim EuGH** gegen andere EU-Organe nach Art. 263, 265 AEUV eine **Rechtskontrolle** initiieren (vgl. Rz. 13/41 ff.). Seine eigenen Handlungen können allerdings derselben Kontrolle unterzogen werden. Bei der **Durchführung** des Unionsrechts, das im Wesentlichen der Kommission obliegt (Art. 17 Abs. 1 S. 2 EUV, Art. 291 AEUV), kann der Rat bestimmte Modalitäten festlegen oder sich in spezifischen Fällen die Durchführung selbst vorbehalten (Art. 290 AEUV). 89

ff) Außenbeziehungen

Die **Außenkompetenz** der EU (unten Rz. 38/1 ff.) liegt in den entscheidenden Akten in der Hand des **Rates.** Der Rat befindet über die grundsätzliche **Konzipierung der** 90

Außenpolitik, insbesondere der **Gemeinsamen Handelspolitik** (Art. 26 Abs. 2 EUV). Er erteilt Verhandlungsmandate an die Kommission (Art. 207 Abs. 3, Art. 218 Abs. 2 AEUV) und schließt Abkommen ab (Art. 218 Abs. 6 AEUV). Gleiches gilt für den **Abschluss der Assoziierungsabkommen** (Art. 217 i. V. m. Art. 218 AEUV). Beim **Beitritt** zur Union (unten Rz. 42/4) beschließt der Rat anfangs über die Annahmefähigkeit („recevabilité") des Beitrittsantrages nach Zustimmung des EP; anschließend geht die Verhandlung bei diesem „Grund-Akt" auf eine Staatenkonferenz der EU-Mitglieder über (Art. 49 EUV).

gg) Vertragsergänzungen und -änderungen

91 Das förmliche Vertragsänderungsverfahren (Art. 48 EUV) wird vom Europäischen Rat beherrscht. Dem Rat steht allerdings die Befugnis zu, hart unterhalb der Grenze zur Vertragsänderung als **„vertragsergänzende Legislative"** *(Peter Badura)* zugunsten der Union Lückenfüllungen und Kompetenzabrundungen vorzunehmen (Art. 352 AEUV). Diese Befugnisse des Rates begründen keine Kompetenz-Kompetenz. Ihre Wahrnehmung setzt nach Auffassung des BVerfG (BVerfGE 123, 267) voraus, dass dem deutschen Ratsvertreter eine Ermächtigung in Form eines Gesetzes nach Art. 23 I GG erteilt wird. Ohne diese muss der deutsche Vertreter im Rat den Vorschlag ablehnen (§ 8 S. 2 IntVG).

d) Die im Rat vereinigten Vertreter der Mitgliedstaaten

92 Die **„im Rat vereinigten Vertreter der Mitgliedstaaten"** gehören zur Architektur der EU, ohne ein Organ darzustellen. Der Vertrag sieht an einer Reihe von Stellen Beschlussfassungen vor, bei denen die Ratsmitglieder nicht organschaftlich, sondern als Konferenz von Staatenvertretern (mit „anderem Hut") handeln. Diese **„uneigentlichen Ratsbeschlüsse"** betreffen etwa die Ernennung der Richter des EuGH durch die Regierungen nach Art. 253 Abs. 1 AEUV (vgl. auch Art. 254 Abs. 2, Art. 341 AEUV). Es gibt aber auch über die Verträge hinausführende, EU-relevante Beschlüsse, Entschließungen und sonstige Willensbildungen „im Rat". Soweit Rechtsbindungen gewollt sind, sind Beschlüsse der „Vereinigten" intergouvernemental zustande gekommenes EU-Recht. Es stellt sich jeweils die Frage der Ratifikationsbedürftigkeit nach nationalem Recht.

4. Die Kommission

Literatur: *Hallstein,* The EEC-Commission, ICLQ 1965, 727; *Nugent,* The European Commission, 2001; *Joerges,* Das Weißbuch der Kommission über „Europäisches Regieren", Integr. 2002, 187; *Schnickels,* Die gläserne Kommission. Zugang zu Dokumenten der EG-Kommisssion, EuZW 2002, 577; *Wonka,* Die Europäische Kommission: Supranationale Bürokratie oder Agent der Mitgliedstaaten? 2008; *Bauer,* Reforming the European Commission, 2009; *Schima,* Organisation und Arbeitsweise der Europäischen Kommission, in: Eilmansberger u. a. (Hrsg.), Rechtsfragen der Implementierung des Vertrags von Lissabon, 2011, 251; *Mirschberger,* Who leads the EU? In: The Treaty of Lisbon and the future of European law and policy, 2012, 15. Die Entwicklung der Institution wird in „Weidenfeld/Wessels (Hrsg.), Jahrbuch der Europäischen Integration" jährlich dargestellt.

Internet-Adresse: http://ec.europa.eu/index_de.htm

93 Nach Art. 17 EUV gehört zu den Organen der EU auch die **Kommission.** Nach den Gründungsvorstellungen der 50er Jahre sollte die Kommission **unabhängiger „Motor, Wächter und ehrlicher Makler"** *(Walter Hallstein)* der Gemeinschaft sein und in europaföderalistischer Sicht allmählich in die Aufgaben einer europäischen Regierung hineinwachsen. Ihr sind Teile der normgebenden Gewalt, Ansätze von Regierungs- und ein Großteil der Verwaltungsbefugnisse sowie die kontrollierende Funktion einer „Hüterin der Verträge" zugewiesen worden. Im Verfassungswandel der EU

hat die Kommission dagegen mit der politischen Macht des (Europäischen) Rats zu kämpfen. Die politische Agenda der EU wird inzwischen so sehr vom (Europäischen) Rat dominiert, dass die Kommission teilweise als bloßer „Juniorpartner" bezeichnet wird. Ohne dessen Zustimmung kann sie jedenfalls rechtlich in vielen Bereichen wenig erreichen. Bedeutungsverluste hat die Kommission auch dadurch erlitten, dass der Hohe Vertreter für die GASP im Auftrag des Rates handelt. In einzelnen Sachgebieten (z. B. Wettbewerb und Subventionskontrolle) übt die Kommission unmittelbaren Einfluss auf die nationale Wirtschaftspolitik in den MSen aus. Die Kommission ist dem EP verantwortlich und kann von diesem zum Rücktritt gezwungen werden.

Die Mitglieder der Kommission und ein Großteil ihrer Dienststellen (insgesamt ca. 24 000 Bedienstete und 9300 Mitglieder des „external staff") residieren in **Brüssel,** daneben vor allem in Luxemburg (Protokoll 6 zum EUV). Die größte Stelle ist das Amt für amtliche Veröffentlichungen mit ca. 2300 Bediensteten.

Eine große Rolle als „Motor des Vertrages" spielten die ersten Kommissionen unter der **nahezu zehnjährigen Präsidentschaft** *Hallsteins* **1958–1967.** Die Kommission leistete damals Entscheidendes für den Aufbau der EWG (Zollunion, Agrarpolitik, Freizügigkeit, Handelspolitik u. a.). Doch führte die Absicht der Kommission, ihre vertragsgemäße Rolle voll auszuschöpfen, im Konflikt mit der gaullistischen Europadoktrin zur EG-Krise 1965 (oben Rz. 2/17). Über die Luxemburger Vereinbarung 1966 kam es zur **politischen Zurückstufung der Kommission im Vergleich zum Rat.** Die Gründung des Europäischen Rates der Staats- und Regierungschefs als „Leitgremium" verstärkte seit 1974 diese Entwicklung. Erst die **erfolgreiche Amtsführung von** *Delors* 1985–1994 (Ausbau des Binnenmarktes, Erweiterung der EU von 10 auf 15 MSen, Eingliederung der DDR in die Gemeinschaft 1990) verschaffte der Kommission neues Ansehen. Mit dem Scheitern der *Santer*-Kommision 1999 ergab sich ein neuer Rückschlag. Inzwischen wird die KOM häufig vom (Europäischen) Rat überschattet. Dies liegt nicht zuletzt daran, dass sie sich viel zu häufig mit Marginalien beschäftigt. Die große Linie ist nicht immer leicht zu erkennen. 94

a) Die Institution der Kommission

Die Kommission ist im Gegensatz zu Europäischem Rat und Rat, die die mitglied- 95
staatlichen Interessen in die Union einbringen, das **genuin europäische Organ.** Ihr obliegt es, das **Unionsinteresse** zu definieren.

aa) Zusammensetzung der Kommission

Nach Art. 17 Abs. 4 EUV umfasst die Kommission, die bis zum 1.11.2014 amtiert, 96
eine der **Anzahl der MSen** entsprechende Zahl von Mitgliedern; dies schließt den Präsidenten und den Hohen Vertreter ein. Jeder Mitgliedstaat verfügt über ein Kommissionsmitglied.

Vertraglich ist ab dem 1.11.2014 ist eine Reduktion der Größe der Kommission vor- 97
gesehen. Nach Art. 17 Abs. 5 EUV, Art. 244 AEUV soll die Zahl zwei Dritteln der Anzahl der Mitgliedstaaten entsprechen. In einem (bislang nicht konkretisierten) System der **„strikt gleichberechtigten Rotation",** in dem das „demographische und geographische Spektrum der Gesamtheit der MSen" zum Ausdruck kommen muss, soll die Verteilung der Sitze auf die Mitgliedstaaten erfolgen. Hinter dieser Formulierung steht das Ziel, eine arbeitsfähige Größe des Gremiums herzustellen; es hat inzwischen eine ineffiziente Größe erreicht. Bislang allerdings ist kein Mitgliedstaat bereit, darauf zu verzichten, einen Staatsangehörigen in die Kommission entsenden zu können. Angesichts der Widerstände vieler MSen gegen die Aufgabe „ihres" Kommissionssitzes ist nicht abzusehen, wie die vertraglich vorgesehene Verkleinerung gelingen kann;

Art. 17 Abs. 5 EUV sieht deshalb einen Weg vor, die bisherige Zahl beibehalten zu können. Der EuRat hat 2008 politisch zu erkennen gegeben, hiervon Gebrauch machen zu wollen und einen entsprechenden Beschluss fassen zu wollen (EuRat, 11225/2/09 REV 2, CONCL 2 vom 10.6.2009). Damit kam man Irland vor dem zweiten Referendum zum Lissabon-Vertrag entgegen. Mit der Unwilligkeit zur Verkleinerung der KOM schaden sich die Mitgliedstaaten letztlich selbst: Würde die Zahl der Mitglieder deutlich (auf ca. 8–10) verringert, fände quasi automatisch eine Konzentration der Arbeit auf europäisch wichtige Anliegen statt. Dem Subsidiaritätsprinzip würde so mehr als durch jedes institutionelle Kontrollverfahren gedient.

98 An der Spitze der Kommission steht **ein Präsident.** Die **Stellung des Kommissionspräsidenten** ist im Nizza-Vertrag 2001 **gestärkt worden** (Art. 17 Abs. 6 EUV). Er übt die **politische Führung** über die Kommission aus, verfügt über die innere Organisationsgewalt und leitet die Mitglieder bei der Ausführung der ihnen übertragenen Aufgaben. Aufgrund seiner Stellung im EuRat ist er besonders politisch „vernetzt". Er hat das Recht, ein Mitglied der KOM zum Rücktritt aufzufordern (Art. 17 Abs. 6 EUV). Er ist damit nicht bloß „primus inter pares". Der Grundsatz, wonach die Kommission als Kollegium entscheidet, wird hiervon aber nicht berührt; der Präsident kann immerhin auf Effektivität drängen und auf den Entscheidungsfindungsprozess stark Einfluss nehmen. – Nach Billigung durch das Kommissionskollegium ernennt der Präsident aus ihrem Kreise **Vizepräsidenten,** zu denen nach Art. 18 Abs. 4 EUV der Hohe Vertreter gehört. Mit Billigung des Kollegiums kann er Kommissionsmitglieder zum Rücktritt veranlassen.

bb) Ernennung

99 Das Verfahren der Ernennung der Kommission ist in Art. 17 Abs. 7 EUV geregelt. Danach wird zunächst der Präsident der Kommission **vom Europäischen Parlament auf Vorschlag des Europäischen Rats** gewählt. Die übrigen Kommissionsmitglieder werden im Einvernehmen mit dem gewählten Präsidenten auf Grund einer von den MSen erstellten Liste vom Rat mit qualifizierter Mehrheit benannt und ernannt. Vor der Ernennung durch den Europäischen Rat bedarf das gesamte Kommissionskollegium eines **Zustimmungsvotums des EP** (oben Rz. 5/49).

cc) Der Status der Kommissare

100 Die Mitglieder der Kommission müssen Staatsangehörige der Mitgliedstaaten sein. Die Amtszeit beträgt 5 Jahre, Wiederernennung ist zulässig (Art. 17 Abs. 3 EUV). Die Mitglieder sollen daher auf Grund ihrer allgemeinen Befähigung ausgewählt werden und volle Gewähr für ihre Unabhängigkeit bieten. Üblicherweise werden als Kommissionsmitglieder **politische Persönlichkeiten aus den Mitgliedstaaten** (ehemalige Minister, Parlamentarier u. ä.) oder **hohe Beamte** bestellt. Der **Kommissionspräsident** ist regelmäßig ein Politiker von gewichtigem Rang. In ihm hat sich die EU lange am prägnantesten verkörpert. Inzwischen drängt der Präsident des EuRat in den Vordergrund. Infolge der Praxis der Mitgliedstaaten, Personen ihrer jeweiligen Regierungsmehrheit oder auch der Opposition zu benennen, ist die Kommission **in einem politischen Sinne weit gefächert.** Bei der Auswahl des Kommissionspräsidenten soll künftig auf das Ergebnis der letzten Europawahl Rücksicht genommen werden.

101 Art. 17 Abs. 3 UA 3 EUV betont, dass die Mitglieder der Kommission ihre Tätigkeit **„in voller Unabhängigkeit"** auszuüben haben (vgl. auch Art. 245 AEUV). Der **unabhängige Status der Kommission** wird durch weitere Begleitregelungen, u. a. einen

Verhaltenskodex von 1999 (für die KOM 2010–2014: K (2011) 2904), abgesichert (Weisungsunabhängigkeit von den Mitgliedstaaten, Offenlegung der Vermögensverhältnisse, Verbot gleichzeitiger Berufstätigkeiten, Nebentätigkeitsregelung, bis hin zu einem „Geschenke-Register"). Wissenschaftliche und gewisse ehrenamtliche Betätigungen sind zulässig. Verbindungen der Kommissionsmitglieder mit dem nationalen politischen Leben (bis zu Wahlkandidaturen für politische Parteien) sind ebenfalls zulässig. Die Grenze zwischen wünschenswerten Kontakten zu den heimischen Regierungen und fragwürdigem „vorauseilendem Gehorsam" lässt sich in der Praxis nicht genau ziehen. Die Kommissionsmitglieder genießen darüber hinaus nach Art. 19, 12–15 und 18 des Protokolls über die Vorrechte und Befreiungen der Europäischen Union (ABl. 2007, C 306/165) (Art. 20 i. V. m. 12 des Protokolls über die Vorrechte und Befreiungen der EG v. 8.4.1965 (BGBl. II 1965, 1482); Rz. 7/14) gewisse Privilegien und Entlastungen.

Das Amt der Kommissionsmitglieder **endet** im Falle eines erfolgreichen Misstrauens- 102
votums des Europäischen Parlamentes nach Art. 17 Abs. 8 EUV (oben Rz. 5/51). Es kann nur gegen die ganze Kommission ausgesprochen werden. Daneben bestehen die normalen Beendigungsgründe wie Zeitablauf, Todesfall und Rücktritt (Art. 246 AEUV). Bei schweren Amtsverfehlungen u. ä. kann der Gerichtshof auf Antrag des Rates oder der Kommission ein Mitglied der Kommission seines Amtes entheben (Art. 247 AEUV). Der Kommissionspräsident kann ein Mitglied mit Billigung des Kollegiums zum Rücktritt veranlassen (Art. 17 Abs. 6 EUV). Die **Unabhängigkeit des Kommissionsamtes** ist auch dadurch geschützt, dass die nationalen Regierungen oder der Rat ein einmal ernanntes Kommissionsmitglied während seiner Amtszeit nicht aus dem Amt entfernen können.

dd) Der Hohe Vertreter für Außen- und Sicherheitspolitik (HV)

Zu den großen Neuerungen des Lissabon-Vertrags gehört das in Art. 18 EUV einge- 103
richtete Amt eines sichtbaren Leiters der GASP und der GSVP, auch wenn der EUV darauf verzichtet, von einem „Außenminister" zu sprechen. Es geht darum, der Außendarstellung Sichtbarkeit und Konstanz zu verleihen. Die Amtsträgerin (gegenwärtig: Catherine Ashton) ist zugleich Vizepräsidentin der KOM und im Europäischen Rat vertreten. In der Kommission leitet die HV die Dienststellen des Äußeren (sowie die Europäische Verteidigungsagentur u. a.) und ist damit auch für den jüngst eingerichteten Auswärtigen Dienst (unten Rz. 5/112) zuständig (Art. 27 Abs. 3 EUV). Der HV obliegt die Aufgabe, die Union im Bereich der GASP zu vertreten. Die Institution der HV soll die äußere Seite der EU deutlicher machen und für ein geschlossenes Auftreten sorgen. Allerdings bewirkt sie eine problematische Verschränkung von EuRat und KOM. Auch der Präsident des EuRat wird sich eines äußeren Auftretens nicht enthalten (Art. 15 Abs. 5 EUV) und so für Konfliktpotential sorgen (zur Entwicklung: *Müller-Brandeck-Bocquet,* Zehn Jahre Hoher Vertreter, Integr. 2011, 24).

ee) Organisation und Geschäftsgang

Die Kommission ist ein unabhängiges Organ und untersteht weder den Weisungen 104
der anderen EU-Organe noch jenen der MSen. Dementsprechend ist ihre **interne Willensbildung und Arbeitsweise** weitgehend autonom ausgestaltet. Die Kommission hat sich gemäß Art. 249 Abs. 2 AEUV eine **Geschäftsordnung** gegeben (v. 29.11.2000, ABl. L 308/26, Änderungen [= Sartorius II Ziff. 234, 235]).

Die **Permanenz der Arbeit und Willensbildung** (i. d. R. mindestens einmal wöchentliche Sitzungen der Kommission (Art. 5 Abs. 2 GO), daneben die schriftlichen und vereinfachten Beschlussverfahren), aber auch das durchgängige Mehrheitsprinzip bei den Entscheidungen, unterscheidet die Tätigkeit der Kommission deutlich von der mehr sporadischen des Rates.

105 Im Entscheidungsprozess der Kommission dominiert das **Kollegialprinzip.** Grundsätzlich entscheidet die Kommission als Kollegium (Art. 250 Abs. 1 AEUV). Zwar bestehen „Ressortverantwortlichkeiten" der einzelnen Kommissare von unterschiedlichem politischem Gewicht. Die mit der Leitung wichtiger Generaldirektionen verbundenen Steuerungsmöglichkeiten und das damit einhergehende politische Ansehen sind von außerordentlicher politischer Bedeutung. Rechtlich kennt das EU-Recht aber ein Ressortprinzip, das dem Leiter einer Generaldirektion die außenverantwortliche Entscheidung ermöglichte, grundsätzlich nicht. Vielmehr müssen auch Entscheidungen, die sich in einem Ressort bewegen, vom Kollegium getroffen werden. Das macht die politische Arbeit schwerfällig und ineffizient.

Die **politische Führung der Kommission durch ihren Präsidenten** (Art. 248 AEUV) drückt sich in verschiedenen Weisungsrechten gegenüber den Kommissionsmitgliedern sowie in der Außenvertretung der Kommission aus (Art. 3 GO KOM). Allerdings kennt das Organisationsrecht der Kommission keine Steuerungsbefugnis des Präsidenten, die so stark ist wie etwa die in Art. 65 GG angelegte Kompetenz des Bundeskanzlers gegenüber den Mitgliedern der Bundesregierung.

106 Der quantitative Umfang der Aufgaben der Kommission bedingt einen **großen Verwaltungsapparat** (z. Z. ca. 40 000 Personen). Zu Unrecht spricht man manchmal von „Eurokratie" oder einem „Brüsseler Wasserkopf". Nimmt man die Aufgaben der Kommission zum Maßstab, handelt es sich um eine äußerst effiziente und schlagkräftige Verwaltungseinheit. Erst die Existenz dieser kraft der Organisationsgewalt der Kommission geschaffenen, hinreichend schwergewichtigen und qualifizierten Behörde gibt der Aktion der EU die nötige Konstanz, Stabilität und Sachautorität (*Dietz/Fabian,* Das Räderwerk der Europäischen Kommission, 3. Aufl. 1999). Verglichen mit nationalen Ministerialverwaltungen ist die für knapp 500 Millionen Unionsbürger verantwortliche Kommissionsverwaltung keineswegs zu groß.

107 Nicht nur im Bereich der Kommission besteht ein **europäisches Personalrecht,** das die Rekrutierung geeigneter „Europabeamter" ermöglicht (unten Rz. 7/1 ff.). Neben der fachlichen Qualifikation bedarf es bei den schwierigen Integrationsaufgaben des **persönlichen Engagements der Bediensteten** für das „allgemeine Wohl der Gemeinschaft" (*Hallstein,* Zum Ethos des Europa-Beamten, in: Europäische Reden, 1979, 441).

(1) Generalsekretariat, Generaldirektionen und Dienste

108 Die Dienststellen der Kommission sind zur Vorbereitung ihrer Beschlussfassung **ressortmäßig geordnet.** Der Präsident entscheidet über die interne Organisation (Art. 248 AEUV). Die Dienststellen gliedern sich in die **Generaldirektionen** und in **gleichgestellte Dienste** (Art. 19 GO KOM). Sie gliedern sich weiter in **Direktionen und Referate.** Zur Beratung und Koordinierung steht jedem Kommissionsmitglied ein **Kabinett** aus einigen mehr politischen Beamten zur Verfügung.

109 Unter den Allgemeinen und Internen Diensten kommt dem **Generalsekretariat** besondere Bedeutung zu. Es koordiniert (mit einem Generalsekretär an der Spitze) die

Arbeit der Gesamtkommission und hält die Verbindung zu den anderen EU-Organen. Ferner ist der **Juristische Dienst** für die Tätigkeit der Kommission sehr wichtig. Die EU ist (nur) „Rechtsgemeinschaft" ohne wesentliche eigene Zwangsgewalt. Daher ist es für die Kommission als Initiator der Gemeinschaftsaktion in den Auseinandersetzungen mit den Mitgliedstaaten von essentieller Bedeutung, von gesicherter Rechtsgrundlage aus zu operieren. Auch als justizielle „Hüterin der Verträge" im Sinne von Art. 258 AEUV bedarf die Kommission qualifizierter Rechtsberatung und Vertretung vor dem Gerichtshof.

Vier Behörden, die der Kommission – bzw. im vierten Fall: der Hohen Vertreterin – zugeordnet sind, seien hier besonders erwähnt:

Der Kommission eingeordnet ist das **Statistische Amt (Eurostat).** Es wurde 1958 in Fortführung und Er- 110
weiterung des bereits früher bestehenden Statistischen Amtes der EGKS durch internen Organisationsakt von EWG/EAG gegründet. An der Spitze des Statistischen Amtes steht ein Generaldirektor. Das Amt arbeitet mit den nationalen Statistischen Ämtern zusammen und sucht durch Koordinierung die Statistik im EU-Raum vergleichbar zu machen und selbst Gemeinschaftsstatistiken zu erlassen. Das Statistische Amt der EU hat keine verbindliche Rechtsgewalt nach außen, sondern arbeitet im Wege empfehlender Verwaltungspraxis bzw. freiwilliger Übereinkünfte mit den Partnern.

1969 wurde durch eine Entscheidung der EWG-Organe (v. 16.1.1969, ABl. L 13/19) das **Amt für amt-** 111
liche Veröffentlichungen errichtet. Es hat seinen Sitz in Luxemburg. Das Amt besorgt alle rechtlich erforderlichen Publikationsaufgaben der EU (vgl. insbesondere Art. 254 EGV hinsichtlich des Amtsblattes der Europäischen Union (Entscheidung v. 15.9.1958, ABl. 1958, 17/390). Daneben werden über das Amt zahlreiche „andere Publikationen" der EU veröffentlicht (vgl. die monatlichen und jährlichen Kataloge des Amtes). Da die offiziellen Publikationen und viele der übrigen in allen Amtssprachen der EU erscheinen, ergeben sich neben einem großen Druckvolumen beträchtliche Übersetzungsaufgaben. Das Amt dient allen Organen der EU, die im Leitungsausschuss des Amtes vertreten sind. Verwaltungsmäßig ist das Amt der Kommission zugeordnet.

1999 wurde bei der Kommission das **Europäische Amt für Betrugsbekämpfung** (OLAF) eingerichtet 112
[KOM-Beschl. ABl. 1999 (L 136/20)]. Anlass waren erhebliche Unregelmäßigkeiten in der Kommissionsverwaltung. OLAF ist eine verstärkte und mit größerer Unabhängigkeit ausgestattete Fortsetzung der früheren Direktion UCLAF der Kommission, die zur Betrugsbekämpfung nach Art. 325 AEUV eingerichtet worden war. OLAF hat den Sitz in Brüssel (im Einzelnen: Rz. 7/14, 8/44).

Der **Europäische Auswärtige Dienst (EAD)** unterstützt nach Art. 27 Abs. 3 EUV die HV (*Sydow,* JZ 2011, 6). Er setzt sich zu mindestens 60% aus Beamten der EU (insb. Kommission und Rat) und zu mindestens 33% aus von den MS abgeordneten Diplomaten zusammen. Der Rat hat im Juli 2010 den Beschluss über Organisation und Arbeitsweise des EAD getroffen; seine Arbeit nahm er am 1.12.2010 auf. In ihn sind die Delegationen der EU überführt worden (Art. 221 AEUV; gegenwärtig 136 Delegationen in Drittstaaten und internationalen Organisationen). Der EAD ist keine Agentur, zugleich aber auch nicht eine normale Dienststelle der Kommission. Die Mitarbeiter sind personalrechtlich EU-Beamte. Haushaltsrechtlich ist der EAD einem Organ gleichgestellt und verfügt über einen eigenen Haushalt. Das endgültige Statut ist noch nicht erlassen worden; noch immer bestehen Konflikte über die Zusammensetzung des Dienstes (*Sichel,* EuR 2011, 447; *Martenczuk,* EuR-Beiheft 2012, 189; *Kaltenborn/Holzhauer,* EuR 2012, 100).

(2) Ausschüsse bei der Kommission („Komitologie")

Die Kommission lässt sich zur **Vorbereitung ihrer Tätigkeit,** insbesondere in der 113
Ausübung ihres Vorschlagsrechtes, häufig in **Ausschüssen von Sachverständigen oder Bediensteten der Mitgliedstaaten** beraten. Diese Einbeziehung der nationalen Regierungs- und Verwaltungserfahrung in die Kommissionsarbeit stärkt die Kommu-

nikation zwischen der KOM und den nationalen Stellen, führt ihr Sachverstand zu und bereitet die spätere Durchführung vor. Sie wird heute als wichtiges Element der Ebenenverflechtung angesehen („Keimzelle der EU-Rechtsakte"). Teilweise wird das Komitologieverfahren wegen mangelnder demokratischer Kontrolle kritisiert („Herrschaft der Beamten"). Der Gerichtshof hat das Komitologieverfahren gebilligt, solange das institutionelle Gleichgewicht gewahrt bleibt, d. h. die Letztdurchführungskompetenz muss entweder bei der Kommission oder beim Rat liegen, aber nicht „gemischt" beim Ausschuss (EuGHE 1988, 5615, Rs. 302/87, „Komitologie").

114 Unterstützt wird die Tätigkeit der Kommission teilweise von **beratenden Ausschüssen,** die im Vertrag selbst vorgesehen sind (z. B.: Beratender Ausschuss für Verkehrsfragen bei der Kommission (Art. 99 AEUV), Wirtschafts- und Finanzausschuss (Art. 134 AEUV), Ausschuss zur Unterstützung der Kommission bei der Verwaltung des Europäischen Sozialfonds [Art. 163 Abs. 2 AEUV]). Andere Ausschüsse wurden kraft **Organisationsgewalt der EU-Organe** geschaffen. Es bestehen mehrere hundert Komitologie-Ausschüsse, die jährlich mehr als 3000 Rechtsakte vorbereiten oder bei Durchführungsmaßnahmen begleiten.

115 Die Unterstützung bezieht sich nicht nur auf die Wahrnehmung der Vorschlagsrechte, die die Kommission im Gesetzgebungsverfahren innehat (Art. 17 Abs. 2 EUV; freiwillige Einbeziehung). Sie spielt auch beim Erlass von abgeleiteten Akten eine wichtige Rolle. Der Lissabon-Vertrag brachte hier wesentliche Neuregelungen mit sich (Art. 291 AEUV). Die **Verordnung** zur Konkretisierung von Art. 291 AEUV ist im Frühjahr 2011 in Kraft getreten (unten Rz. 11/34ff.); sie hat die Regelungen des **Komitologie-Beschlusses** vom 28.6.1999 (ABl. L 184/23; Folgeregelungen) ersetzt. Sie sieht ein Prüf- und ein Beratungsverfahren vor. Nach den Bestimmungen der VO ist es Sache des Gesetzgebers, im Basisrechtsakt zu entscheiden, ob und welches Verfahren zum Erlass von Durchführungsakten vorgesehen wird. Die Freiheit der Kommission wird damit begrenzt (hierzu: *Daiber,* EuR 2012, 240; *Schlacke,* JÖR n. F. 2013, 293;).

116 In der Gesamtsicht ergibt sich ein gemischtes Bild. Zwar wird die Rolle der Kommission im neuen System der Art. 290ff. AEUV tendenziell gestärkt. Sie spielt weiterhin eine zentrale Rolle bei der Ausgestaltung und Steuerung der Durchführung des Unionsrechts durch die Mitgliedstaaten (Art. 291 Abs. 1 AEUV). Allerdings gewinnt das EP im Rahmen der delegierten Rechtsetzung an Bedeutung. Der Rat verfügt über erhebliche Mitsprache.

b) Beschlussverfahren der Kommission

aa) Kommissionskollegium

117 Die Kommission arbeitet als **Kollegium** unter der politischen Führung des Präsidenten (Art. 1 GO KOM). Sie fasst ihre Beschlüsse mit der **Mehrheit ihrer Mitglieder** und verantwortet sie gemeinsam (Art. 250 Abs. 1 AEUV; EuGHE 1999, I-3257, Rs. C-198/97 „Kommission Deutschland"). Anderenfalls ist der Beschluss nichtig (EuGHE 1994, I–2555, Rs. C-137/92, „BASF"). Zur Beschlussfähigkeit der Kommission muss die Mehrheit der Mitglieder anwesend sein. Die Kommission tagt grundsätzlich einmal in der Woche (nichtöffentlich) in gemeinschaftlicher Sitzung; Beratungssprachen sind Französisch, Englisch und Deutsch. Bei Verhinderung kann sich ein Mitglied durch den Kabinettschef vertreten lassen, ohne dass dieser Stimmrecht hätte. Daneben gibt es die Möglichkeit der Beschlussfassung im schriftlichen Verfahren (Art. 10 GO KOM). Hiervon wird in der Praxis erheblicher Gebrauch gemacht. Der Vorschlag kursiert hier im Regelfall fünf Tage. Erfolgt keine ablehnende Äußerung, so gilt er als angenommen. Jederzeit kann beantragt werden, den Vorschlag in der gemeinschaftlichen Sitzung zu behandeln.

bb) Vereinfachtes Beschlussverfahren

Das Art. 250 AEUV innewohnende Kollegialprinzip steht in einem Spannungsverhältnis zur praktischen Notwendigkeit täglicher, ja stündlicher Beschlussfassung der Kommission, insbesondere im Agrarbereich (unten Rz. 24/1), im Wettbewerbs- und im Außenwirtschaftsrecht. Die GO sieht damit auch die Ermächtigung von Mitgliedern vor, im Namen der KOM eindeutig umschriebene Maßnahmen ohne Ermessensausübung zu erlassen (Art. 11 GO KOM). Bei der Beurteilung dieses Verfahrens, das keine Delegation darstellt, sondern lediglich eine Übertragung der Zeichnungsberechtigung bedeutet (EuGHE 1986, 2607, Rs. 5/85, „Akzo"), ist daher Großzügigkeit am Platze. Grenze bleibt jedoch, dass das Kommissionskollegium mindestens virtuell die Beschlussfassung im Einzelfall wieder an sich ziehen kann. Das vertragskräftige Kollegialprinzip **erlaubt keine echte Delegation der Organzuständigkeit** (Kompetenzübertragung) auf nachgeordnete Stellen (EuGHE 1958, 13 (43), Rs. 9/56, „Meroni I"; EuGHE 1972, 787 (824), Rs. 52/69, „Geigy"). Die Delegation des Art. 14 GO KOM betrifft dienstinterne Maßnahmen. 118

c) Aufgaben und Funktionen der Kommission

Die Europäische Kommission nimmt ihre Funktionen und Aufgaben **nach Maßgabe der Verträge** wahr. Art. 17 Abs. 1 EUV gibt einen anschaulichen Überblick. Die Schwerpunkte der Kommissionstätigkeit liegen in ihrem **Initiativmonopol** bei der Rechtsetzung der Gemeinschaft, in der mehr **verwaltenden Durchführung** des Unionsrechts und in einer quasi-justiziellen **Kontrolle der Legalität** der Unionsordnung („Hüterin der Verträge"). 119

aa) Gubernativfunktionen

Die Kommission nimmt innerhalb der allgemeinen Vorgaben des (Europäischen) Rates (Art. 15 Abs. 1, Art. 16 Abs. 1 EUV) politische Führungsfunktionen wahr. In diesem Rahmen ist sie nicht „Befehlsempfänger", sondern ein **unabhängiges Organ,** das eigenständige Initiativen entwickelt und Entscheidungen trifft. Man spricht von der **„Gemeinschaftsmethode"** („Methode Monnet"). Sie charakterisiert sich vor allem bei der Rechtsetzung dadurch, dass die Kommission durch ihre Vorschläge das gemeinsame europäische Interesse definiert. Die Kommission hat bedeutsamen Anteil an der **„Governance" der Union** (Weißbuch der Kommission „Europäisches Regieren", ABl. 2001, C 287/1; *Hayder,* ZG 2002, 49). Allerdings fällt es ihr schwer, eine entsprechende Rolle in der GASP zu spielen. 120

bb) Rechtsetzung – Haushaltsgesetzgebung

(1) Das Vorschlagsrecht zur Rechtsetzung

Grundsätzlich werden die Rechtsetzungskompetenzen des AEUV **„auf Vorschlag der Kommission"** wahrgenommen. Rat und EP haben kein Vorschlagsrecht, um eine „Zerfaserung" des Unionsinteresses zu vermeiden (**„Initiativmonopol"** der Kommission [*von Buttlar,* Das Initiativrecht der Europäischen Kommission, 2003]). Da der Rat Änderungen des Vorschlages nur einstimmig beschließen, die Kommission aber ihrerseits bis zur Beschlussfassung seitens des Rates ihren ursprünglichen Vorschlag ändern kann (Art. 293 AEUV), ergibt sich eine technisch-politische Schlüsselrolle der Kommission bei der Rechtsetzung der EU. In der bekannten Formel *Hallsteins* ist sie zum **„Motor des Vertrages"** berufen. Zur politischen Rolle der Kommission gehört, den Vorschlag so zu gestalten – auch in etwaiger Abänderung nach der Mitwirkung des EP, WSA oder des AdR –, dass er vom EP und dem Rat akzeptiert wird. In der Unionswirklichkeit ist die Kommission dieser Aufgabe unterschiedlich gerecht geworden. 121

122 Im Näheren ergeben sich freilich **einige Modifikationen dieses Bildes.** Nicht immer beruht die Gesetzgebung auf einem Vorschlag der Kommission (z. B. Art. 75, Art. 76 AEUV). Art. 241 AEUV gibt dem Rat die Befugnis, die Vorlage erwünschter Vorschläge von der Kommission zu verlangen; gleiche Rechte haben das EP (Art. 225 AEUV) und (im Ausnahmefall) die Mitgliedstaaten (Art. 135 AEUV). Auch die Bürgerinitiative (Art. 11 Abs. 4 EUV) kann Aufforderungen formulieren. Ferner beachtet die Kommission im Wege der Selbstverpflichtung die sog. **„Initiativberichte" des Europäischen Parlaments.** Schließlich ist die Kommission in sehr vielen Fällen darauf angewiesen, vor Abgabe eines Vorschlages in fachliche Beratung mit den Sachverständigen der Mitgliedstaaten einzutreten, um einen sowohl qualitativ geeigneten als auch politisch durchsetzbaren Vorschlag zu erstellen. Dennoch kommt es immer wieder vor, dass Kommissionsvorschläge im Rat unerledigt „stecken bleiben" (unten Rz. 11/51 ff.). Eine Erzwingung der Beschlussfassung durch den Rat ist der Kommission nicht möglich. Allerdings hat der EuGH der Kommission in bestimmten Fällen bei Untätigkeit des Rates „ersatzorganschaftliches Handeln" zusammen mit den MSen zugestanden (EuGHE 1987, 5143, Rs. 332/85, „Seefischerei").

(2) Haushaltsverfahren und Vertragsänderung

123 Besondere Beteiligungen an Rechtsetzungsbefugnissen hat die Kommission im Haushaltsrecht, wo sie den Entwurf des Haushaltsplanes erstellt und den Haushaltsbehörden vorlegt (unten Rz. 8/1 ff.). Ferner hat sie nach Art. 48 EUV neben den Regierungen der Mitgliedstaaten ein Initiativrecht zur **Vertragsänderung.**

(3) Selbständige Rechtsetzungsbefugnisse

124 Neben der Beteiligung der Kommission an der ordentlichen Gesetzgebung stehen ihr vereinzelt **selbständige Rechtsetzungsbefugnisse** zu. Sie verfügt zum einen über eine Reihe vertraglich begründeter **Kompetenzen** (z. B. Art. 106 Abs. 3 AEUV; Erlass von Finanzmaßnahmen im Haushaltsbereich). **Von besonderer Bedeutung sind Art. 290 AEUV (delegierte Rechtsetzung) und Art. 291 AEUV (Durchführungsrechtsetzung).** Ferner hat sie über das **sekundäre EU-Recht** zahllose Befugnisse für den Erlass von **Durchführungsvorschriften** u. ä. erhalten, allerdings regelmäßig unter Mitwirkung des Rates („Komitologie", oben Rz. 5/113).

(4) Empfehlungen und Stellungnahmen

125 Schließlich ist die Kommission befugt, nach eigenem Ermessen nicht bindende **Empfehlungen und Stellungnahmen** (Art. 288 UA 5 AEUV) auf allen Vertragsgebieten abzugeben. Die Kommission pflegt von dieser Befugnis in Gestalt von Plänen, Programmen, Grün- und Weißbüchern, Memoranden u. a. m. reichhaltigen Gebrauch zu machen. Hiermit werden der Aktion der Gemeinschaft des Öfteren Impulse gegeben.

cc) Außenbeziehungen

126 Als das permanente und den europäischen Gemeinwillen besonders repräsentierende Organ hat die Kommission **wesentlichen Anteil an der EU-Außenkompetenz** (unten Rz. 38/1 ff.). Zwar werden die entscheidenden Akte in der Gemeinsamen Handels- und Entwicklungspolitik, bei Assoziierungen und Beitritten im Gesetzgebungsverfahren getroffen. Die Kommission hat jedoch durch ihre Vorschläge zur Durchführung der **Handelspolitik** (Art. 207 Abs. 2 AEUV), durch ihre vertragliche Rolle als „geborener" Verhandlungsführer der Union (Art. 207 Abs. 3, 218 AEUV), als Vertreter in Internationalen Organisationen (Art. 220 AEUV), im Rahmen der Wahrnehmung des Gesandtschaftsrechts und durch eine Kontrollfunktion hinsichtlich der Rechtskonformität der einschlägigen mitgliedstaatlichen Abkommen einen maßgeblichen

Anteil an der Außenkompetenz. Das gilt auch für die **Assoziierungen** (Art. 217 AEUV). Im GASP-Bereich tritt allerdings der HV auf (Art. 17 EUV). Beim **Beitritt** beschränkt sich die Aufgabe der Kommission auf die Abgabe einer Stellungnahme zum Beitrittsantrag (Art. 49 Abs. 1 EUV). Faktisch hat die Kommission bei allen Beitrittsverhandlungen infolge ihrer Sach- und Verhandlungskompetenz eine wichtige Rolle gespielt. In Einzelfällen (Art. 220 Abs. 2 AEUV) kann die Kommission – in Abstimmung mit dem HV – für die EU Abkommen mit Drittstaaten und Internationalen Organisationen schließen.

dd) Verwaltung

127 Es obliegt der Kommission nach besonderer Maßgabe der Verträge, für die **„Anwendung der Verträge Sorge zu tragen"** (Art. 17 Abs. 1 EUV). Dabei geht es auf der einen Seite um die Durchführungsrechtsetzung (oben Rz. 5/121). Die Verträge und das Sekundärrecht geben der Kommission darüber hinaus aber auch vielfältige Befugnisse zur konkret-individuellen Anwendung des EU-Rechts. Im Rahmen dieser umfänglichen **Verwaltungstätigkeit** der Kommissionsdienststellen ergehen jährlich über 20 000 Beschlüsse (Bewertungen, Feststellungen, Zustimmungen, Genehmigungen, Finanzmaßnahmen, Schutzmaßnahmen u. ä.). Die Kommission vertritt die EU vor mitgliedstaatlichen Gerichten. Auch die Vertretung vor dem EuGH obliegt ihr (ggf. in Verbindung mit dem Rat).

(1) Erlass von Durchführungsrecht

128 Die Verantwortung, sicherzustellen, dass das EU-Recht von den Mitgliedstaaten richtig durchgeführt und die primärrechtlichen Vorgaben beachtet werden, liegt grundsätzlich bei der Kommission (Art. 291 AEUV). Sie achtet etwa darauf, dass der **freie Warenverkehr** nach Art. 28, 34 AEUV und das sekundäre Recht im **Agrarbereich,** bei der Freizügigkeit und im sozialen Sektor (Art. 38, 45, 151 AEUV) beachtet werden. Im Verkehrssektor (Art. 90 ff. AEUV) sind der Kommission nach dem Vertrage verschiedene Konkretisierungsbefugnisse u. ä. übertragen. Ähnliches gilt für die Steuerangleichung (Art. 110 ff. AEUV) und die **allgemeine Rechtsangleichung** (Art. 114 f. AEUV), wo die Kommission u. a. die nationale Rechtsentwicklung fortlaufend beobachtet. Die Möglichkeit, zu diesem Zweck Durchführungsbestimmungen zu erlassen, ist bereits angesprochen worden (oben Rz. 5/115).

(2) Einzelfallanwendung

129 Weiterhin sind die Verwaltungsbefugnisse der Kommission vergleichsweise gering: Die Durchführung des Unionsrechts liegt vor allem in den Händen der Mitgliedstaaten (Art. 291 Abs. 1 AEUV), zudem mit zunehmender Bedeutsamkeit bei den EU-Agenturen und –Einrichtungen. Es zeichnet sich ab, dass unabhängige Behörden (an der Stelle einer kommissionsunmittelbaren Verwaltung) zukünftig weiter Gewicht gewinnen werden. Gleichwohl gibt es wichtige Bereiche unmittelbarer EU-Verwaltung: Verwaltungsbefugnisse besitzt die Kommission etwa als Kontrollinstanz in der **Wettbewerbspolitik** einschließlich der staatlichen Beihilfen (Art. 101 f., 108 AEUV, Rz. 20/45 ff., 21/27 ff.). Ferner ist die **Verwaltung der Gemeinschaftsfonds** (Agrar-, Sozial-, Regional-, Überseefonds u. a.) eine Domäne der Kommission. In der **Forschungs- und Bildungspolitik** obliegt der Kommission die Verwaltung der Unionsprogramme (Rz. 34/7). Eine wichtige Schlüsselrolle spielt die Kommission bei der Frage der **Gewährung von Schutzmaßnahmen in Krisensituationen.** Auch in den **Außenbeziehungen** (Art. 205 ff. AEUV) ergeben sich für die Kommission neben ihrer verhandlungsführenden Funktion mancherlei Ausführungsaufgaben bei abgeschlossenen Verträgen mit Drittstaaten. Die Beziehungen zu internationalen Organisationen werden demgegenüber vom HV unterhalten (Art. 220 AEUV). Die Kommission vertritt die EU im privatrechtlichen Verkehr (Art. 335 AEUV).

ee) Kontrollrechte

130 Die Kommission trägt für die **Anwendung des Vertrages Sorge** (Art. 17 Abs. 1 EUV). Die Kommission ist **„Hüterin der Verträge".** Diese Kontrollfunktion ist für den Bestand der EU ebenso wichtig wie in der Praxis schwer zu erfüllen. Anders als bei der Rechtsdurchsetzung im Bundesstaat, dem Zwangsbefugnisse wie Reichsexekution oder Bundeszwang zur Verfügung stehen, beschränken sich die Befugnisse der Kommission in der „Rechtsgemeinschaft" EU im wesentlichen auf **justizielle Maßnahmen,** wie vor allem auf die **Klagerechte** des Art. 258 AEUV. Der Respekt vor dem EuGH ist die Ultima Ratio des Vertragsschutzes in der Union. Gegen einen MS, der eine Entscheidung des Gerichtshofes nicht respektiert, kann die Kommission beim EuGH die Verhängung eines **Pauschalbetrages oder Zwangsgeldes** beantragen (Art. 260 AEUV, unten Rz. 13/38).

131 Zur Ausübung ihrer „Hüterfunktion" verfügt die Kommission gegenüber **Individuen** über **zahlreiche Unterrichtungs- und Untersuchungsrechte** in den Verträgen und im Sekundärrecht (z. B. im Kartellbereich, auch Art. 337 AEUV). Auf Wunsch des EP erstattet die Kommission Jahresberichte über die Kontrolle der Anwendung des Unionsrechts. In der Wettbewerbs- und Verkehrspolitik und im Montanbereich kann die Kommission ausnahmsweise **Sanktionen** gegen Individuen erlassen, die sich vertragswidrig verhalten (*Harding,* Investigations and Sanctions in the EC, 1992, unten Rz. 12/53).

5. Europäische Gerichtsbarkeit (EuGH, EuG, GöD)

Literatur: *Kutscher,* Der Gerichtshof der Europäischen Gemeinschaften 1952–1982, Integr. 1983, 149; *Rodrigues Iglesias,* Der Gerichtshof der EGen als Verfassungsgericht, 1992; *Oppermann,* Die dritte Gewalt in der EU, DVBl. 1994, 901; *Weiler,* The Transformation of Europe, in: *ders.,* The Constitution of Europe, 1999, 10; *Rodríguez Iglesias,* Der Europäische Gerichtshof und die Gerichte der Mitgliedstaaten, NJW 2000, 1889; *Hirsch,* Die Rolle des EuGH bei der europäischen Integration, JÖR 49 (2001); *Everling,* 50 Jahre Gerichtshof der EGen, DVBl. 2002, 1293; *Skouris,* Demokratie und Verfassungsgerichtsbarkeit aus der Sicht des EuGH, Symposium Korinek, 2002, 151; *Stone Sweet,* The Judicial Construction of Europe, 2005; *von Danwitz,* Funktionsbedingungen der Rechtsprechung des EuGH, EuR 2008, 769; *Everling,* Zur Gerichtsbarkeit der EU, FS Rengeling, 2008, 527, *Pernice,* Die Zukunft der Unionsgerichtsbarkeit, EuR 2011, 151; *Wägenbaur,* Court of Justice oft he European Union, 2013; Court of Justice of the EU (Hrsg.), The Court of Justice and the Construction of Europe, 2013.

Internet-Adresse: http://curia.europa.eu/de/index.htm

132 Als staatsähnliche Institution rechtsstaatlich-gewaltenteilenden Typus erweist sich die EU auch dadurch, dass in ihr die rechtsprechende („Dritte") Gewalt mit bemerkenswert vielschichtigen Konturen ausgebildet ist. Den **„Gerichtshof der Europäischen Union"** bilden der Gerichtshof („EuGH"), das Gericht („EuG") und die Fachgerichte (Art. 19 Abs. 1 EUV). Die Gesamtinstitution bildet ein Organ der EU (Art. 13 Abs. 1 EUV). Der Lissabon-Vertrag bringt insofern eine Neuerung: Als Organ bezeichnete der EGV nur den EuGH (Art. 7 Abs. 1 EGV). Zwischen den drei Gerichtskörpern besteht heute ein Intraorganverhältnis; die Eingliederung des EuG in den EuGH ist aufgehoben.

133 In den Jahren von 1952–1957 bildete der EuGH die Gerichtsbarkeit der EGKS. 1958 wurde er zum **gemeinsamen Gerichtshof der Gemeinschaften.** Infolge der Überlastung des EuGH trat 1989 ein **Gericht erster Instanz (EuG)** an seine Seite. Der Vertrag von Nizza 2001 eröffnete die Möglichkeit, dem EuG **gerichtliche Kammern** für Rechtsstreitigkeiten bestimmter Sektoren beizuordnen. Im Dezember 2005 nahm dann das **Gericht für den öffentlichen Dienst (GöD)** seine Arbeit auf. Damit ist die

europäische Gerichtsbarkeit inzwischen **dreistufig.** Die Zuständigkeitsverteilung zwischen EuGH, EuG und GöD ist unübersichtlich und weiter reformbedürftig.

Der Gerichtshof verfügt grundsätzlich umfassende Gerichtsbarkeit über Maßnahmen der EU; seine Gerichtsbarkeit über die Entscheidungen der MSen ist begrenzt (insb. Art. 258 AEUV). EU-Maßnahmen im Bereich des Raums der Freiheit, der Sicherheit und des Rechts sind nach dessen Überführung in den AEUV grundsätzlich justiziabel (vgl. aber Art. 276 AEUV). Demgegenüber schließt Art. 275 AEUV die justizielle Kontrolle im GASP-Bereich aus, gleiches gilt nach Art. 276 AEUV für Maßnahmen der Polizei und der Strafverfolgungsbehörden. Der EuGH geht allerdings davon aus, dass er zur Entscheidung, ob eine im GASP-Bereich erlassene Maßnahme von Rechts wegen auf Kompetenzbestimmungen des AEUV hätte gestützt werden müssen, befugt ist (vgl. Art. 40 EUV) (EuGHE 1998, I-4521, Rs. C-170/96, „KOM/Rat"). Entsprechend ist davon auszugehen, dass der EuGH prüfen kann, ob eine Maßnahme überhaupt unter Art. 276 AEUV fällt. Auch die Einhaltung der Anforderungen von Art. 48 Abs. 6 EUV kann der EuGH überwachen (EuGH, Urt. v. 27.11.2012, Rs. C-370/12, „Pringle"). Nicht der Jurisdiktionsgewalt unterfallen Maßnahmen der Mitgliedstaaten außerhalb der Reichweite des EU-Rechts (auch als sog. „uneigentliche Ratsbeschlüsse"). 134

Der EuGH hat die Entwicklung der EWG, der EG und der EU durch seine Rechtsprechung nachhaltig beeinflusst. Sie stabilisierte nicht nur den erreichten Integrationsstand, sondern hatte des Öfteren vorwärtsweisenden Charakter („in dubio pro communitate"). Dies trug dem Gericht gelegentlich den Vorwurf des „gouvernement des juges" ein. 135

EuGH, EuG und GöD haben ihren Sitz in **Luxemburg.** Einschließlich aller Bediensteten sind dort weit über 1000 Personen tätig, ein großer Teil im Sprachendienst. 136

a) Träger der rechtsprechenden Gewalt

Die Regelungen über die europäische Gerichtsbarkeit ergeben sich aus dem Vertrag **(Art. 19 EUV, Art. 251 ff. AEUV),** im Übrigen aus der jeweiligen Satzung und der Verfahrensordnung. Die Institutionen der EU-Gerichtsbarkeit erlassen ihre **Verfahrensordnungen,** die vom Rat mit qualifizierter Mehrheit genehmigt werden (Art. 253 UA 6 AEUV). 137

aa) Der Gerichtshof (EuGH)

Die Konkretisierung der institutionellen Bestimmungen über den EuGH erfolgt vor allem in den Artikeln 1–18 der Satzung (Protokoll Nr. 3 über die Satzung des Gerichtshofs (ABl. 2001 C 80/53, Änderungen) (= Sartorius II Ziff. 245); das Verfahren wird teils in der Satzung (Art. 19–46 der Satzung), darüber hinaus in der Verfahrensordnung des Gerichtshofes der Europäischen Gemeinschaften vom 29.9.2012 (ABl. 2012 L 165/1) (= Sartorius II Ziff. 250) geregelt. 138

(1) Richter und Präsident des Gerichtshofes

Die rechtsprechende Gewalt ist in letzter Instanz den **Richtern des EuGH** anvertraut. Der Gerichtshof besteht aus einem Richter je Mitgliedstaat (Art. 19 Abs. 2 UAbs. 2 EUV). Sie werden von den Regierungen der MSen in gegenseitigem Einvernehmen auf sechs Jahre ernannt. Alle drei Jahre findet eine partielle Neubesetzung des EuGH 139 statt (Art. 253 Abs. 2 AEUV). Wiederernennungen sind zulässig. Ernennungsvoraussetzungen sind die Gewähr für richterliche Unabhängigkeit und hervorragende juristische Befähigung. Ein hochrangig besetzter Ausschuss soll über die Eignung der Bewerber für das Amt eines Richters oder Generalanwalts Stellungnahmen abgeben (Art. 255 AEUV; *Gundel*, EuR 2008 Beiheft 3, 23). Meist sind die Richter des EuGH hohe Richter, Politiker, Beamte oder Professoren aus den MSen. In Akzentuierung der Unabhängigkeit des Gerichtes wählen die Richter aus ihrer Mitte den **Präsidenten des EuGH** für jeweils drei Jahre (Art. 253 Abs. 3 AEUV).

140 Die **Rechtsstellung der Richter** (Immunität, Verbot anderer Berufstätigkeit usf.) ist in Art. 2 der Satzung geregelt. Zur Unterstützung verfügen die Richter über ein **Kabinett** mit Rechtsreferenten (vgl. auch Art. 17 VerfO EuGH). Die Verwaltung des Gerichtshofs wird vom Kanzler (Art. 18 VerfO EuGH) geleitet.

(2) Plenum, Große Kammer und Kammern des Gerichtshofes

141 Nach der Neuregelung des Nizza-Vertrages 2001 (Art. 251 AEUV) tagt der Gerichtshof nur noch selten als **Plenum** aller Richter. Vom Plenum werden einige wichtige Fragen entschieden (Art. 16 Abs. 4 Satzung: disziplinarische Maßnahmen gegen Mitglieder von Unionsorganen u. ä.); ferner kann eine Rechtssache von außergewöhnlicher Bedeutung an das Plenum verwiesen werden (Art. 16 Abs. 5 der Satzung; Beispiel: Rs. C-370/12, „Pringle"). Andere bedeutsame Rechtssachen können auf Antrag von beteiligten Mitgliedstaaten oder Unionsorganen an die **Große Kammer** mit 13 Richtern (darunter die Präsidenten der Fünfer-Kammern) unter Vorsitz des Präsidenten des Gerichtshofes verwiesen werden (Art. 16 Abs. 3 der Satzung). Im **Regelfall** übt der Gerichtshof die Rechtsprechung durch **Kammern** mit drei oder fünf Richtern aus (Art. 16 Abs. 1 der Satzung). Diese Regelung ergibt sich aus dem großen Geschäftsanfall beim EuGH. Einen Geschäftsverteilungsplan gibt es nicht. Der Berichterstatter einer Rechtssache wird vom Präsidenten bestimmt. Dieser erstellt nach Durchführung des schriftlichen Verfahrens einen Vorbericht und schlägt – nach Anhörung des GA – vor, welcher Spruchkörper die Sache behandeln soll. Die Entscheidung trifft das Gesamtkolleg der Richter. Hiergegen sind in Deutschland Vorbehalte geäußert worden (Verstoß gegen die Idee des „gesetzlichen Richters").

(3) Generalanwälte

142 Der Gerichtshof wird von **neun** (ab 7.10.2015: 11) **Generalanwälten (GA)** unterstützt (Art. 252 AEUV; *Lenz*, FS Everling, 1995, 719). Sie sind Mitglieder des Gerichtshofs und genießen den gleichen Status wie die Richter. Sie werden wie die Richter von den Regierungen ernannt. Ihre Zahl kann erhöht werden. Beim Gericht erster Instanz können Mitglieder des Gerichts als GAe fungieren (Art. 49 der Satzung). In der Praxis wird davon kaum Gebrauch gemacht. Ein Generalanwalt wird vom Gerichtshof auf jeweils ein Jahr zum **Ersten Generalanwalt** gewählt (Art. 14 VerfO EuGH). Er koordiniert die Arbeit der GAe und hat seit dem Nizza-Vertrag 2001 die wichtige Aufgabe festzustellen, ob die Urteile des Gerichts erster Instanz im Rechtsmittel- und Vorlageverfahren vom Gerichtshof überprüft werden sollen (Art. 62 Satzung).

143 Aufgabe der GA ist es, „in völliger Unparteilichkeit und Unabhängigkeit" **begründete Schlussanträge** zu den Rechtssachen vor dem EuGH zu stellen (Art. 252 Abs. 2 AEUV). Es handelt sich um gutachtlich begründete Entscheidungsvorschläge, die in die Materie einführen, den Kontext zur bisherigen Rechtsprechung herstellen und so hohen Informationswert aufweisen. Die Generalanwälte beurteilen die Rechtslage wie anschließend die Richter aus europäischer Sicht. Zwingend ist die Beteiligung der GAe nicht (Art. 252 Abs. 2 AEUV). Seit dem Nizza-Vertrag 2001 kann der Gerichtshof nach Anhörung des GA beschließen, dass auf die Schlussanträge verzichtet wird, wenn die Rechtssache keine neue Rechtsfrage aufwirft (Art. 20

Abs. 5 Satzung). Die Schlussanträge der GAe, die eingehend begründet und von hohem juristischem Rang sind, beeinflussen die Rechtsprechung des Gerichtshofes erheblich. Das Amt des GA ist den französischen Commissaires du gouvernement/rapporteurs publics beim Conseil d'Etat nachempfunden.

(4) Kanzler

Der Gerichtshof wird in seiner Verwaltung und im gerichtlichen Verfahren durch einen **Kanzler** unterstützt, dem ein Hilfskanzler zur Seite steht. Der Kanzler wird vom Gerichtshof auf 6 Jahre ernannt und unterliegt seinen Weisungen (Art. 223 Abs. 5 AEUV i.V.m. Art. 18 VerfO EuGH). Das EuG und das GöD kennen in gleicher Weise einen Kanzler (Art. 20 VerfO EuG). 144

bb) Das Gericht (EuG)

Das 1989 gegründete EuG (Überblick: *Schwarze,* EuR 2009, 717) ist durch den Nizza-Vertrag 2001 stärker verselbstständigt worden (Art. 19 Abs. 2 EUV). Die Konkretisierung der institutionellen Bestimmungen über das EuG erfolgt in den Art. 47–62b der Satzung (Protokoll über die Satzung des Gerichtshofs (ABl. 2001 C 80/53, Änderungen) (= Sartorius II Ziff. 245); das Verfahren wird teils in den genannten Bestimmungen der Satzung, darüber hinaus in der Verfahrensordnung vom 2. Mai 1991 (ABl. 1991 L 136/1, Änderungen) (= Sartorius II Ziff. 252) geregelt. 145

Das **Gericht** ist ähnlich wie der Gerichtshof aufgebaut (Art. 254 AEUV, Art. 47 Satzung, Art. 2 VerfO EuG). Es besteht aus mindestens einem Richter je MS. Die Zahl kann in der Satzung erweitert werden; von dieser Möglichkeit wurde bisher kein Gebrauch gemacht. Die Beteiligung von Generalanwälten (zu denen gegebenenfalls Richter des EuG bestellt werden), ist fakultativ und kommt kaum vor (Art. 49 Satzung). Die Richter werden wie beim EuGH von den Regierungen der MSen für sechs Jahre ernannt und sollen über ähnliche Qualifikationen verfügen. Die Richter wählen den Präsidenten des EuG aus ihrer Mitte für jeweils 3 Jahre. 146

Das EuG tagt grundsätzlich in **Kammern mit drei oder fünf Richtern** (Art. 50 Satzung). Nach näherer Regelung in der Verfahrensordnung kann das Gericht in bestimmten Fällen als Plenum, Große Kammer oder als Einzelrichter tagen. 147

cc) Fachgerichte

Der Nizza-Vertrag 2001 eröffnete die Möglichkeit, durch einstimmigen Ratsbeschluss auf Vorschlag der Kommission oder Antrag des Gerichtshofes **Gerichtliche Kammern** zu bilden (Art. 257 AEUV). Mit der Gründung des Gerichts für den öffentlichen Dienst der EU (Beschluss des Rats vom 2. November 2004) wurde von dieser Möglichkeit Gebrauch gemacht. Das Gericht hat am 12. Dezember 2005 seine Arbeit aufgenommen. Der Rat ernennt die sieben Mitglieder einstimmig auf 6 Jahre. Sie müssen über die Befähigung zum Richteramt verfügen. 148

Weitere Fachgerichte sind bislang nicht eingerichtet worden. Nach Art. 257 AEUV wäre dies im ordentlichen Gesetzgebungsverfahren möglich. Diesen Fachgerichten ließe sich die Zuständigkeit für die Behandlung von Klagen in besonderen Gebieten (wie z. B. des Wettbewerbsrechts oder des Rechts des geistigen Eigentums) übertragen. 149

b) Aufgaben der europäischen Gerichtsbarkeit

150 Der europäischen Gerichtsbarkeit obliegt es, „die **Wahrung des Rechts bei der Auslegung und Anwendung“ der Verträge** (Art. 19 Abs. 1 S. 2 EUV; *Schwarze,* FS Hollerbach, 2001, 169) zu gewährleisten. Damit ist zunächst die klassische rechtsprechende Funktion der verbindlichen, streitentscheidenden Feststellung der Rechtslage angesprochen. Das „Recht“, welches die Gerichtsbarkeit zu wahren hat, ist das **Unionsrecht in einem weiten Sinne,** also nicht nur die Verträge und das sekundäre Recht, sondern auch ungeschriebene Bestandteile wie z. B. allgemeine Rechtsgrundsätze. EuGH, EuG und GöD judizieren nicht über das nationale Recht der Mitgliedstaaten.

151 In der Art seiner Gerichtsbarkeit ist der EuGH zum einen **Verfassungsgericht** zur Erledigung von Streitigkeiten, an denen Mitgliedstaaten und Unionsorgane beteiligt sind. Als **Verwaltungsgericht** entscheidet vor allem das EuG in erster Instanz Streitigkeiten zwischen Einzelpersonen und der EU bzw. ihren Organen. **Sonstige Verfahren** wie z. B. das Vorabentscheidungsverfahren sind der besonderen Eigenart des europäischen Föderalismus (*Oeter,* ZaöRVR 55 (1995), 688) geschuldet. Darüber hinaus gibt es spezielle Verfahren meist öffentlich-rechtlicher Natur (Amtshaftungsverfahren, Gutachten u. a.). Auswirkungen auf **das Zivilprozessrecht** haben die Zuständigkeiten des EuGH nach der Europäischen Gerichtsstands- und Vollstreckungsverordnung in Zivil- und Handelssachen (unten Rz. 36/35 ff.).

152 Das EU-Recht, das der EuGH zu wahren hat, ist ein junges, immer noch in der Entwicklung begriffenes Recht. Es kann seine Autorität und seinen Platz „zwischen“ den überkommenen und gefestigten Rechtsschichten der nationalen Rechte und dem Völkerrecht erst allmählich erringen. Gleichzeitig ist die EU als Rechtsgemeinschaft ohne wesentliche Zwangsgewalt auf strikte Rechtsbefolgung angewiesen. Unter diesen Bedingungen hat es der Gerichtshof seit den sechziger Jahren als seine Aufgabe angesehen, durch eine gelegentlich **kühn vorwärtsweisende weitsichtige Rechtsprechung** nicht nur die Geltung des EU-Rechts unzweideutig zu sichern und zu stabilisieren (unten Rz. 10/1 ff.). Über die traditionelle Rolle eines Gerichtes hinaus hat sich der EuGH wiederholt rechtsfortbildend als **„Integrationsfaktor erster Ordnung“** (*Schlochauer,* FS Hallstein, 1966, 431) verstanden.

153 Diese integrationsfördernde Rolle des EuGH hat sich in einer Reihe von Leitentscheidungen besonders manifestiert. In EuGHE 1963, 3, Rs. 26/62, „Van Gend & Loos“ entwickelte der Hof in markanter Abwendung von einer völkerrechtlichen Betrachtungsweise die **Doktrin der unmittelbaren Anwendbarkeit („Durchgriffswirkung“) bestimmter Normen des primären Gemeinschaftsrechts** und verbreiterte damit zugleich den individuellen Rechtsschutz. EuGHE 1964, 1251, Rs. 6/64, „Costa/ENEL“ brachte erstmals die geschlossene Vision von der Gemeinschaftsordnung als eigenständiger Rechtsordnung, die vom Völkerrecht geschieden und einheitlich in die Rechtsordnungen der Mitgliedstaaten aufgenommen ist. Hieraus ergibt sich der Grundsatz des **unbedingten Vorranges des Gemeinschaftsrechtes vor den nationalen Rechten der Mitgliedstaaten** einschließlich ihrer Verfassungen. Dieses Prinzip hat der EuGH seither immer wieder verteidigt und ausgebaut. Seit EuGHE 1969, 419, Rs. 29/69, „Stauder/Ulm“ entwickelte der Gerichtshof in ständiger Rechtsprechung **ungeschriebene Grundrechte** im Sinne von allgemeinen Rechtsgrundsätzen der Gemeinschaftsordnung. Diese Rechtsprechung treibt der EuGH energisch und mit weitreichenden Folgen für die MSen voran (vgl. EuGH, Urt. v. 26.2.2013, Rs. C-617/10, „Fransson“).

154 Der Wille des Gerichtshofs, seiner Rechtsprechung eine integrationspolitische Vision zugrundezulegen, erfuhr teilweise vehemente Kritik und erntete den Vorwurf eines

fragwürdigen **„gouvernement des juges"**. Auf der anderen Seite wäre die EU ohne diese Rechtsprechung nie zu dem geworden, was sie heute ist. Immer wieder wurden Entwicklungen, die der EuGH vorangetrieben hat, von den vertragsgebenden Mitgliedstaaten später auch kodifiziert. Vielfach konnte der EuGH die Integrationsentwicklung in Zeiten, in denen politische Blockaden bestanden, vorantreiben. Zu berücksichtigen ist auch, dass der EuGH nicht in der Lage ist, Fälle zurückzuweisen oder unentschieden zu lassen. Insgesamt erweist sich die Rechtsprechung als gewinnbringend und fruchtbar.

6. Der Rechnungshof (RH)

Literatur: *Graf,* Die Finanzkontrolle der EG, 1999; *Laffan,* The Evolution of the European Court of Auditors, JCMS 1999, 251; *Kurz,* Europäischer Rechnungshof – wirksamer Controller der EG? 2000; *Harlow,* Accountability in the EU, 2001; *Isensee,* Außenvertretung der deutschen Rechnungshöfe in der EU, 2001; *Freytag,* Der Europäische Rechnungshof, 2005. Der Rechnungshof gibt jährlich einen Tätigkeitsbericht heraus.

Internet-Adresse: http://eca.europa.eu/portal/page/portal/eca_main_pages/home

Eine Organisation von der Größenordnung der EU bedarf einer Kontrolle ihres Fi- 155
nanzgebarens. 1977 wurde daher ein **Rechnungshof (RH) der Gemeinschaften** errichtet. Seit 1993 ist er ein **Organ** der EU (Art. 13 EUV). Seine **Grundaufgaben** sind gemäß Art. 285 ff. AEUV die Prüfung der Rechnung über alle Einnahmen und Ausgaben der EU und die Unterstützung des Europäischen Parlamentes bei der Entlastung der Kommission zur Ausführung des Haushaltsplans. Seit dem Amsterdamer Vertrag 1997 hat der RH ein Klagerecht beim EuGH, mit dem der Schutz eigener Rechte eingefordert werden kann (Art. 263 Abs. 3 AEUV; *Friedrich/Inghelram,* DÖV 1999, 669).

Der Rechnungshof hat seinen Sitz in **Luxemburg.** In seiner Verwaltung sind inzwischen über 750 Bedienstete beschäftigt.

a) Die Institution des Rechnungshofs

Der Rechnungshof besteht aus **einem Staatsangehörigen je MS** (Art. 286 AEUV). 156
Die Mitglieder des RH werden aus einer von den MSen vorgeschlagenen Liste vom Rat nach Anhörung des Europäischen Parlamentes mit qualifizierter Mehrheit auf 6 Jahre ernannt (Art. 286 Abs. 2 AEUV). Sie wählen ihren **Präsidenten** auf 3 Jahre. Wiederwahl ist bei den Mitgliedern und dem Präsidenten zulässig. Die Mitglieder müssen „jede Gewähr für Unabhängigkeit" bieten. Für die Verwaltung des Hofes ernennt der RH einen Generalsekretär (Art. 13 der Geschäftsordnung des Rechnungshofs [ABl. 2010 L 103/1]). Der RH hat die Form eines **Kollegialorgans** (Art. 1 GO RH).

Ähnlich wie bei nationalen Rechnungshöfen ist die Gewährleistung einer **richterähnlichen persönlichen** 157
und sachlichen Unabhängigkeit der Mitglieder des RH im Interesse sachgerechter Aufgabenerfüllung der Leitgedanke der Organisationsregelungen. Dem entsprechen sowohl die allgemeine Pflicht zur unabhängigen Amtsführung „zum allgemeinen Wohl der Gemeinschaft" und Weisungsfreiheit, das Verbot anderweitiger Berufstätigkeit und die Anwendbarkeit der für die Richter des EuGH geltenden **Bestimmungen des Protokolls über die Vorrechte und Befreiungen** auf die Mitglieder des RH (Art. 286 Abs. 4–8 AEUV). Ferner wird um der sachverständigen Qualifikation willen für die Mitglieder des RH frühere Tätigkeit bei nationalen Rechnungsprüfungsorganen oder sonstige besondere Eignung gefordert. Eine Amtsenthebung des Mitgliedes kann nur auf Antrag des RH durch den EuGH stattfinden.

Bei seiner Aufgabenerfüllung (Verabschiedung der jährlichen Prüfungsberichte, sonstige Stellungnahmen) entscheidet der RH in der Regel mit **Mehrheitsbeschluss** (Art. 287 Abs. 4 UA 3 AEUV).

b) Aufgaben und Befugnisse

158 Der Auftrag des RH liegt in der **Prüfung des Finanzgebarens der EU** als solcher sowie grundsätzlich aller von der EU geschaffenen Organe (Art. 287 Abs. 1 AEUV). Der RH legt dabei die Maßstäbe der **Rechtmäßigkeit** und **Ordnungsmäßigkeit** beim Aufkommen und bei der Verwendung der Finanzmittel an und prüft in engem Zusammenhang hiermit die **Wirtschaftlichkeit** (und damit die **Sparsamkeit**) der Haushaltsführung. Für die Effektivität der Prüfung ist wesentlich, dass dem RH die Prüfung vor Ort bei den Organen der EU, aber auch in den Mitgliedstaaten (dort i. V. m. den nationalen Behörden) ausdrücklich gestattet ist (Art. 287 Abs. 3 AEUV). Die Prüfung mündet in den amtlichen **Jahresbericht** des RH, den er nach Abschluss jedes Haushaltsjahres erstattet und den Organen vorlegt. Der Bericht wird im Amtsblatt publiziert (Art. 287 Abs. 4 UA 1 AEUV). Dem RH ist es im Sinne des Grundsatzes möglichster Zeitnähe der Prüfung neben dem Jahresbericht jederzeit gestattet, **„Bemerkungen zu besonderen Fragen“** vorzulegen und auf Antrag eines Organs **Stellungnahmen** abzugeben. (Art. 287 Abs. 4 AEUV). Diese laufende Begleitkontrolle aus eigener oder fremder Initiative gilt als wichtige Intensivierung moderner Finanzkontrolle. Über gerichtliche Kompetenzen zur Durchsetzung seiner Befugnisse verfügt der RH nicht.

159 Wichtige Funktionen kommen dem RH bei der Kontrolle der Ausführung des Haushaltsplanes zu (Art. 319 AEUV). Das EP erteilt der Kommission auf Empfehlung des Rates die **Entlastung** zur Ausführung des Haushaltsplanes. Wesentlichstes Hilfsmittel der parlamentarischen Haushaltskontrolle ist dabei der **Jahresbericht des RH** nebst den Antworten der kontrollierten Organe und den abschließenden Bemerkungen des RH. Da das EP ferner zu den Organen gehört, die jederzeit spezielle Stellungnahmen des RH zu „besonderen Fragen“ anfordern können, sind durch die enge Verbindung EP/RH die Voraussetzungen für ein parlamentarisches Haushaltsentlastungsverfahren von vergleichbarer Intensität wie im staatlichen Bereich geschaffen worden. Wie dort besteht allerdings auch im Rahmen der Union kein wirksames Instrumentarium zur Durchsetzung allfälliger Rügen des RH. Immerhin haben die Jahresberichte des RH oftmals erhebliche Schwachstellen bei der Mittelverwendung der EU aufgedeckt.

IV. Ausblick

160 Die institutionelle Ordnung der EU hat sich grundsätzlich bewährt. Sie ist in den letzten Jahrzehnten behutsam fortgeschrieben und durch neue Einrichtungen ergänzt worden. Teilweise sind hierfür die Verträge geändert worden; viele Entwicklungen finden aber auch unterhalb der Ebene der Verträge statt. Ein echtes Problem ist allerdings dadurch entstanden, dass die für eine kleine Zahl von EWG-Mitgliedern entworfenen Organe inzwischen weitgehend personell überbesetzt sind.

161 Auch die Entscheidungsverfahren sind in den letzten Jahren immer wieder fortgeschrieben und angepasst worden. Dadurch ist es zu erheblichen Kräfteverlagerungen gekommen. Gleichwohl erweist sich das System in einem Europa der – nach dem Beitritt Kroatiens – 28 Staaten als nicht so geschmeidig und effizient, dass es den gegen-

wärtigen Herausforderungen wirklich genügt. Zu Recht war es daher eines der großen Anliegen der nicht in Kraft getretenen EU-Verfassung 2004 sowie des 2009 in Kraft getretenen Vertrags von Lissabon, hier weitere Verbesserungen zu erzielen. In Lissabon kam man in dieser machttheoretisch sensiblen Frage nicht wirklich weiter. So ist es etwa nicht wirklich gelungen, die **zahlenmäßige Größe der Kommission und des Parlaments** in der „großen" EU zu begrenzen.

Die **Handlungsfähigkeit** der künftigen EU leidet aufgrund der großen Zahl von 162 MSen und der deutlicher zum Ausdruck kommenden Konflikte zunehmend. Der Einbau **präsidialer Elemente** beim Europäischen Rat der Staats- und Regierungschefs und bei der Kommission sowie eine neue Regelung der **Abstimmung mit qualifizierter Mehrheit im Rat** haben dem bislang nicht entgegengewirkt. Das institutionelle Dreieck aus Parlament, Rat und Kommission ist um einen starken Europäischen Rat (mit einem sichtbaren Präsidenten) ergänzt worden, in dem sich eine konsensual-verhandlungsorientierte Handlungsrationalität niederschlägt. Im demokratischen Sinne schlägt sich so das Machtelement – die Stärke großer Staaten ebenso wie die Vetoposition kleiner Staaten stärker durch. Supranationale „governance" verliert, wie insbesondere die Euro-Krise zeigt, an Bedeutung.

Insgesamt weisen die Reformbemühungen Licht und Schatten auf. Die **Stärkung des** 163 **Präsidenten des Europäischen Rates, die Schaffung des Amtes eines Hohen Vertreters für die GASP und die Stärkung des EP** sollten die Aktionsmöglichkeiten, jedenfalls aber die Legitimation der Aktion der Union fördern. Im demokratischen Sinne ist begrüßenswert, dass das **Parlament** halbwegs auf gleiche Augenhöhe mit dem Rat gebracht worden ist. Dies gilt ungeachtet der Defizite, die das EP weiterhin aufweist. Die Kommission verliert so aber an Gewicht; die „Gemeinschaftsmethode" droht von der „Unionsmethode" verdrängt zu werden. Schon heute zeichnet sich auch ab, dass die Konkurrenz zwischen dem Präsidenten des EuRat, dem Vorsitzenden des Rats und dem Kommissionspräsidenten nicht nur fruchtbar ist. Der Erfolg des Hohen Vertreters der EU für Außen- und Sicherheitspolitik **(„EU-Außenminister")** hängt von der personellen Auswahl ab.

Letztlich stellt sich die Frage, ob die hinter dem institutionellen System stehende 164 „Narration" von EU-Institutionen, die sich über das nationale Interesse erheben, weiterhin trägt. Die Streitigkeiten über die Regeln zur Abstimmung **mit qualifizierter Mehrheit im Rat** machen deutlich, dass der Kampf um die Macht stärker wird; das Ausweichen in para-unionale Strukturen machen dies ebenfalls deutlich. Die starke Berücksichtigung der **Interessen der kleineren MSen** bei der Zusammensetzung des EP und der Kommission sowie beim Vorsitz der Formationen des Rates könnten die Legitimität der Union in manchen Bereichen schwächen.

§ 6. Weitere Institutionen der Europäischen Union

Literatur: *Everling,* Zur Errichtung nachgeordneter Behörden der Kommission der EWG, FS Ophüls, 1965, 33; *Hilf,* Die abhängige juristische Person des Europäischen Gemeinschaftsrechts, ZaöRVR 36 (1976), 551; *Chiti,* A Legal Analysis of European Agencies, EurZÖffR 2002, 1267; *Schmidt-Aßmann* u. a. (Hrsg.), Der Europäische Verwaltungsverbund, 2005; *Geradin/ Muñoz/Petit,* Regulation through Agencies in the EU, A New Paradigm of European Governance, 2006; *Wittinger,* „Europäische Satelliten": Anmerkungen zum Europäischen Agentur(un)wesen und zur Vereinbarkeit Europäischer Agenturen mit dem Gemeinschaftsrecht, EuR 2008, 609; *Brenner,* Die Agenturen im Recht der Europäischen Union, FS Rengeling, 2008, 193; *Gundel,* Der Rechtsschutz gegen Handlungen der EG-Agenturen, EuR 2009, 383; *Busuioc,* The Accountability of European Agencies, 2010; *Kirste,* Das System Europäischer Agenturen, Verwaltungsarchiv 2011, 268; *Ruffert,* Die neue Unabhängigkeit: Zur demokratischen Legitimation von Agenturen im europäischen Verwaltungsrecht, in: Festschrift für Dieter H. Scheuing, 2011, 399; *Groß,* Unabhängige EU-Agenturen – eine Gefahr für die Demokratie? JZ 2012, 1087; *Rauschauer* (Hrsg.), Europäische Agenturen, 2012.

Internet-Adresse: http://europa.eu/agencies/index_de.htm

1 Neben den Organen sieht das Primärrecht eine Vielzahl weiterer Einrichtungen vor. An erster Stelle stehen Institutionen mit Verfassungsrang (WSA, AdR; zur Europäischen Zentralbank: Rz. 19/15; zur Europäischen Investitionsbank: Rz. 18/48ff.) Daneben ist inzwischen ein vielfältiges und differenziertes System **sonstiger Einrichtungen entstanden.** Teilweise haben die Verträge ihre Einsetzung **ausdrücklich angeordnet,** wie bei dem Ausschuss der Ständigen Vertreter (Art. 240 Abs. 1 AEUV), dem Wirtschafts- und Finanzausschuss (Art. 134 AEUV), dem Ausschuss des Europäischen Sozialfonds (Art. 163 Abs. 2 AEUV) oder der Gemeinsamen Kernforschungsstelle (Art. 8 Abs. 1 EAGV). In anderen Fällen sehen die Verträge **Errichtungsermächtigungen** vor, wie z. B. bei den kerntechnischen Fachschulen und der „Anstalt im Range einer Universität" gemäß Art. 9 EAGV.

2 Soweit die Verträge schweigen, ergibt sich aus dem Umfang der **Organisationsgewalt der EU,** inwieweit sie oder ihre Mitgliedstaaten fähig sind, organisatorische Einrichtungen zu schaffen.

I. Beratende Institutionen mit Verfassungsrang

1. Wirtschafts- und Sozialausschuss (WSA)

Literatur: *Vierlich-Jürcke,* Der Wirtschafts- und Sozialausschuß der EGen, 1998; *Gündisch/Mathijsen,* Rechtsetzung und Interessenvertretung in der EU 1999; *Ensslen/König/Walz* (Hrsg.), Interessenvertretung durch NGO's auf EU-Ebene, 2004; *Warntjen/Wonka* (Hrsg.), Governance in Europe. The Role of Interest Groups, 2004; *Eisele,* Worte und Taten: Der Europäische Wirtschafs- und Sozialausschuss als Forum der organisierten Zivilgesellschaft, in: Neue soziale Bewegungen, Bd. 21 (2008), 29; *Hayder,* Der Europäische Wirtschafts- und Sozialausschuss, EuZW 2010, 171.

Internet-Adresse: http://www.eesc.europa.eu

3 Den nationalen Verfassungstraditionen der meisten Gründerstaaten der EWG (mit Ausnahme Deutschlands) entsprach es, die **„Repräsentation der organisierten Zivilgesellschaft"** in Wirtschaftsräten institutionell abzusichern. In der wirtschaftlich geprägten und parlamentarisch anfänglich schwach entwickelten EWG ergaben sich zusätzliche Argumente, die betroffenen Wirtschaftssubjekte unmittelbar an der Aktion der Gemeinschaft zu beteiligen. Aus solchen Impulsen kam es 1958 zur Gründung eines **Wirtschafts- und Sozialausschusses (WSA)** für EWG und EAG (Art. 13 Abs. 4 EUV, Art. 301ff. AEUV). Er hat seinen Sitz in **Brüssel.**

4 Der WSA ist eine **unterstützende Einrichtung,** aber kein Organ der EU (EuGHE 1982, 269, Rs. 828/79, „Adam/Kommission"). Die fehlende Organeigenschaft hat bei den Klagebefugnissen und Haftungsfragen Konsequenzen (Art. 263, 340 Abs. 2 AEUV). Der WSA kann jedoch kraft besonderer Vereinbarung in bestimmten Zusammenhängen „organgleich" gestellt werden.

a) Die Institution des WSA

aa) Zusammensetzung

Der WSA setzt sich nach einem **doppelten Proporz der Nationalitäten** und der **„verschiedenen wirtschaftlichen und sozialen Bereiche der organisierten Zivilgesellschaft“** (Art. 300 Abs. 2 AEUV) zusammen. Er umfasst grundsätzlich bis zu 350 Mitglieder (derzeit 353 Mitglieder) (Art. 301 AEUV), von denen die vier größten Mitgliedstaaten (D, F, GB, I) je 24 stellen. Die nationale Quotierung der Mitgliedschaft ist beim WSA besonders disproportional. Die Mitglieder werden vom Rat auf 5 Jahre ernannt, auf der Grundlage mitgliedstaatlicher Vorschlagslisten und nach Anhörung der Kommission sowie (fakultativ) der maßgeblichen europäischen Verbände (Art. 301, 302 AEUV). Dabei hat der Rat für eine angemessene Vertretung der verschiedenen Interessengruppen zu sorgen. In der Praxis bedeutete dies bislang **je ein Drittel Vertreter der Arbeitgeber, Arbeitnehmer und „Sonstiger“** (Landwirtschaft, Verkehr, Handel und Handwerk, freie Berufe, Verbraucher). Die Mitglieder des WSA haben ein „freies Mandat“ (Art. 300 Abs. 4 AEUV). Diese Weisungsungebundenheit relativiert sich in der Praxis, da die Mitglieder, oftmals Verbandsfunktionäre, im WSA unvermeidlich und meist sogar erwünscht ihre Verbandsmeinung vertreten und nicht höchstpersönliche Auffassungen äußern. 5

Die **deutsche WSA-Delegation** umfasst regelmäßig Vertreter des BDI, BDA, DGB, verschiedener großer Industriegewerkschaften, Vertreter von Bauern-, Handels- und Handwerksverbänden, der Versicherungswirtschaft, Kammern der freien Berufe, Banken- und Sparkassenverbände u. a. Es findet ein gewisser Wechsel zwischen den vertretenden Verbänden von Wahlperiode zu Wahlperiode statt. Ihrer Funktion nach sind die deutschen WSA-Mitglieder meist Mitglieder der betreffenden Verbandsvorstände. 6

bb) Organisation

Der WSA wählt aus seiner Mitte einen Präsidenten und ein Präsidium für 2,5 Jahre (Art. 303 Abs. 1 AEUV). Die Stellung des Präsidenten und des Präsidiums, welche im Wesentlichen die üblichen Leitungs- und Außenvertretungsrechte umfasst, ist in der GO WSA vom 17.7.2002 (ABl. L 268/1; kodifizierte Fassung vom 14. Juli 2010 ABl. L 324/52) in Art. 8 näher umrissen. Der WSA verfügt über einen Generalsekretär mit Sekretariat zur Führung der laufenden Geschäfte mit ca. 800 Bediensteten. Das WSA-Sekretariat nimmt gleichzeitig die Sekretariatsgeschäfte des Ausschusses der Regionen (unten Rz. 6/14) wahr. 7

Der WSA beschließt mit der einfachen Mehrheit seiner Mitglieder. 8

b) Aufgaben und Befugnisse

Die grundsätzliche Aufgabe des WSA liegt darin, den repräsentierten **Sachverstand** der von der Unionsaktion besonders betroffenen Wirtschaftskreise, aber auch die hier gebildete **Verbandsmeinung** offiziell und unmittelbar in den Willensbildungsprozess (vor allem in die Rechtsetzung) der EU einzubringen. Der WSA ist über die ganze Breite der Vertragskompetenz tätig. Er ist nicht nur Expertengremium, sondern hat ebenso die Funktion, die fachpolitische Auffassung der organisierten Interessen in den Prozess der Bildung des Unionswillens einzubringen (*Morgan,* The Consultative Function of the ESCE, 1991). 9

Der WSA bildet eine **Brücke zwischen EU und einigen Teilen der Zivilgesellschaft.** Dies gilt allerdings nur **in einem beratenden Sinne** (arg. Art. 300 Abs. 1 AEUV). Der 10

WSA verfügt nicht über ein Mitentscheidungsrecht. Während die Vertragsreform beim Europäischen Parlament die Tendenz aufzeigt, allmählich das parlamentarische Prinzip zu verwirklichen (unten Rz. 15/21), ist der beratende Status des WSA offenbar definitiv gedacht.

11 In dieser Begrenzung ist die Rolle des WSA für die EU **von nicht unerheblicher Bedeutung** (*Hayder,* EuZW 2010, 171). Als immer noch weithin wirtschaftlich orientierte Unternehmung bedarf die EU eines grundlegenden Konsenses in ihrer Aktion mit den betroffenen Wirtschaftssubjekten. Dabei ist neben dem indirekten Kontakt über die Mitgliedstaaten die **unmittelbare Verbindung zu den organisierten Interessen** mittels des WSA integrationspolitisch von Bedeutung. Der WSA hat zur Entstehung einer **übernational-europäischen Verbandsebene** beigetragen.

12 Der WSA muss von Rat oder Kommission in allen im Vertrag vorgesehenen Fällen gehört werden (Art. 304 AEUV). Eine Unterlassung der Anhörung hätte die Nichtigkeit des Rechtsaktes zur Folge. Neben dieser **obligatorischen Anhörung** gibt es auch die Möglichkeit der **fakultativen Konsultation** des WSA. Von dieser Möglichkeit wird in der Praxis häufig Gebrauch gemacht. Der WSA kann vom EP gehört werden und aus **eigener Initiative** Stellungnahmen im Zuständigkeitsbereich der Verträge abgeben.

13 Die Stellungnahmen des WSA binden weder den Rat noch die Kommission. Angesichts der repräsentativen Zusammensetzung der beiden Gremien, d. h. des faktischen Gewichtes der dort vertretenen Interessen, **kommt der Stimme des WSA gleichwohl erhebliches Gewicht zu.** Häufig sind es allerdings weniger die offiziellen Stellungnahmen als mancherlei andere „Lobby-Wege“, auf denen die großen Wirtschafts- und Sozialverbände sich auf Unionsebene Gehör verschaffen.

2. Ausschuss der Regionen (AdR)

Literatur: *Wiedmann,* Der Ausschuß der Regionen nach dem Vertrag von Amsterdam, EuR 1999, 49; *Schmitt-Egner,* Handbuch der europäischen Regionalorganisation, 2000; *Johne,* Vertretung der Landtage im Ausschuß der Regionen, ZfParl 2001, 103; *Blanke,* Der Ausschuß der Regionen, 2002; *Delebarre,* Der Europäische AdR: Eine Bilanz nach 15 Jahren, in: 60 Jahre Bundesrat, 2009, 95; *Schmuck,* Der Ausschuss der Regionen, in: Jahrbuch des Föderalismus, Bd. 11 (2010), 414; *Thiele,* Der Ausschuss der Regionen, in: Härtel (Hrsg.), Handbuch Föderalismus, Bd. 4, 2012, 543.

Internet-Adresse: http://cor.europa.eu/de/Pages/home.aspx

14 Mit dem Maastrichter Vertrag von 1992 kam es – vor dem Hintergrund der Diskussionen um die Stellung der regionalen und lokalen Gemeinschaften im Integrationsprozess – zur Gründung einer Institution, mit der diese Ebenen unterhalb der Zentralebene der Mitgliedstaaten in der Architektur der EU repräsentiert werden sollten. Man entschloss sich zur Schaffung eines **Ausschusses der Regionen (AdR),** der ähnlich wie der Wirtschafts- und Sozialausschuss kein Organ der EU ist, sondern eine **unterstützende Einrichtung für Rat und Kommission** (Art. 13 Abs. 4 EUV, Art. 305 AEUV). Der AdR ist ein beratender Ausschuss der regionalen und lokalen Gebietskörperschaft (*Wiedmann,* EuR 1999, 49). Der flexible Begriff der **„Region“** umfasst im deutschen Verständnis sowohl Bundesländer als auch Gemeinden, in anderen MSen etwa die Regionen, die Autonomen Gemeinschaften etc. In Deutschland haben die Bundesländer die Einrichtung des AdR als „Ende der Länderblindheit“ der EU begrüßt.

a) Die Institution des AdR

aa) Zusammensetzung

Der AdR umfasst wie der WSA grds. **bis zu 350 Mitglieder,** die sich in derselben Weise wie dort (oben Rz. 6/5) auf die MSen verteilen (Art. 305 Abs. 2 AEUV; zur Zeit: 353 Mitglieder). Die Mitglieder und eine gleiche Zahl von Stellvertretern werden auf Vorschlag der MSen vom Rat einstimmig auf fünf Jahre ernannt. Es besteht Inkompatibilität mit einer Mitgliedschaft im EP. Unter den deutschen Mitgliedern befinden sich 21 Länder- und 3 Gemeindevertreter. 15

Seit dem Nizza-Vertrag 2001 müssen die AdR-Mitglieder ein regionales oder lokales **Wahlmandat** innehaben oder gegenüber einer gewählten Versammlung verantwortlich sein (Art. 300 Abs. 3 AEUV). Mit dieser **„Parlamentarisierung"** ergibt sich allerdings keine echte Konkurrenz zwischen AdR und Europäischem Parlament. Das EP ist auf seine parlamentarische Prärogative bedacht; seine Entscheidungsmöglichkeiten gehen über jene des AdR deutlich hinaus.

Die AdR-Mitglieder sind wie diejenigen des WSA nicht an Weisungen gebunden und handeln „in voller Unabhängigkeit zum allgemeinen Wohl der Gemeinschaft" (Art. 300 Abs. 4 AEUV). Das schließt regionale und parteipolitische Bindungen nicht aus. Gemäß Art. 306 Abs. 2 AEUV hat sich der AdR eine **Geschäfts- und Verfahrensordnung** gegeben (ABl. 2010 L 6/14). Sitz des AdR ist **Brüssel.** 16

bb) Organisation

In seiner **Binnenstruktur** kennt der AdR ein **Präsidium,** dem der Präsident, Vizepräsidenten und insgesamt 60 Mitglieder angehören (Art. 306 Abs. 1 AEUV). Präsident und Präsidium werden auf zweieinhalb Jahre gewählt. Die weiteren Organe des AdR sind die i. d. R. 5–6 Mal jährlich tagende **Plenarversammlung** und eine Reihe von **Fachkommissionen** (z. B. Regionalpolitik, Landwirtschaft, Städtefragen, Sozialpolitik, Bildung, Art. 45 GO). Es gibt weitere Untergliederungen. Der AdR hat ein eigenes **Generalsekretariat** mit eigenem **Generalsekretär** (Art. 66 GO). Es ist mit dem Generalsekretariat des WSA personell verzahnt (oben Rz. 6/7). 17

b) Aufgaben und Befugnisse

Der AEUV regelt die Aufgaben und Befugnisse des AdR teilweise wortgleich mit denjenigen des WSA. Er nimmt gegenüber Rat und Kommission besonders im EU-Rechtsetzungsverfahren in den vertraglich vorgesehenen Fällen (z. B. Art. 177 AEUV) **beratend Stellung.** Rat und Kommission können ihn von sich aus zu einer Stellungnahme auffordern, oder der AdR kann aus eigener Initiative tätig werden (Art. 307 Abs. 1–4 AEUV), insbesondere bei Fällen grenzüberschreitender Zusammenarbeit. Der AdR kann vom EP gehört werden. Unterbleibt eine obligatorische Anhörung des AdR, wäre dies eine Formverletzung nach Art. 263 Abs. 2 AEUV, die über eine Klage beim EuGH zur Nichtigkeit des Rechtsaktes führt. 18

Leitender Gesichtspunkt für die Stellungnahmen des AdR sind **„spezifische regionale Interessen"** (Art. 307 Abs. 3 AEUV), jedoch unter dem Blickwinkel des allgemeinen Wohles der EU. Nicht nur wegen der Begrenzung auf Beratung, sondern vor allem wegen der großen **Unterschiedlichkeit der regionalen und kommunalen Strukturen und Gesichtspunkte** innerhalb der 28 MSen hat es der AdR nicht leicht, zu einer geschlossenen und wirksamen Willensbildung zu finden. Dennoch ist es von großer integrationspolitischer Bedeutung, dass die EU, die **Bürgernähe und Subsidiarität** auf ihre Fahnen geschrieben hat (Art. 1 Abs. 2 EUV), für ihre Gliederungen unterhalb 19 der nationalen Ebene im AdR ein **offizielles Sprachrohr** besitzt. Zahl und Wirksamkeit der Stellungnahmen des AdR gegenüber Rat und Kommission nehmen zu. Die großen Erwartungen, die man bei der Einrichtung mit Blick auf Bürgernähe, Subsidiarität und föderaler Sensibilisierung der EU hatte, haben sich allerdings nur teilweise erfüllt. Dies liegt nicht zuletzt an der Heterogenität der Zusammensetzung.

II. Sonstige Einrichtungen

1. Organisationsgewalt der Europäischen Union

20 Es ist seit langem durch die Rechtsprechung (EuGHE 1958, 9, Rs. 9/56, „Meroni"; EuGHE 1977, 741, Gutachten 1/76, „Stilllegungsfonds Binnenschifffahrt") anerkannt, dass die EU ähnlich wie staatliche Organisationen **über organisatorische Befugnisse verfügt, um für ihre Aufgabenerfüllung funktionsfähig zu sein.** Jedoch ist nach Art und Ausmaß bei der Handhabung der Organisationsgewalt der Union zu differenzieren.

21 Unproblematisch ist die Befähigung der EU-Organe, insbesondere von Rat und Kommission, im Rahmen der Wahrnehmung ihrer Aufgaben, z. B. bei der Rechtsetzung, ohne **besondere Formalerfordernisse die erforderlichen vorbereitenden Gremien (Ausschüsse u. ä.)** zu schaffen. Dies ist Ausdruck ihrer Organisationsgewalt; sie dürfen dabei nur nicht gegen rechtliche Bindungen verstoßen. Soweit es sich um ständige Ausschüsse u. ä. handelt, wird üblicherweise die Form eines Rechtsaktes nach Art. 288 AEUV gewählt. Bei den Ausschüssen handelt es sich um nichtselbständige Einrichtungen, die dem Hauptorgan zugeordnet sind. Dessen vom Vertrag vorgesehene Entscheidungskompetenz muss gewahrt bleiben. Es muss ferner das institutionelle Gleichgewicht zwischen den EU-Organen so erhalten bleiben, wie der Vertrag es vorsieht. Es dürfen also nicht neuartige „Mischkompetenzen" z. B. zwischen Rat und Kommission über Beschlussausschüsse entstehen. Dies wurde bei der Schaffung der sog. Verwaltungsausschüsse im Agrarbereich geklärt (EuGHE 1970, 1161, Rs. 25/70, „Köster, Berodt & Co.", *Meng*, ZaöRVR 1988, 208).

22 Es ist inzwischen unklar, inwieweit die Grenzen des Selbstorganisationsrechts, die der EuGH in seiner „Meroni-Doktrin" mit Blick auf die „Schrottausgleichskasse" der Hohen Behörde der EGKS gezogen hat, weiter Geltung beanspruchen und die Freiheit der EU-Organe, Einrichtungen als **nachgeordnete Behörde, als Amt oder als Fonds** zu gründen, zu begrenzen in der Lage sind. Folgerechtsprechung gibt es kaum. Implizit deutet sich durchaus eine Weiterung (bzw. Auflösung) dieser Kriterien an (EuGHE 2005, I-4071, Rs. C-301/02 P, „Tralli"). Solche Behörden, Ämter u. ä. können, soweit nicht von den Verträgen oder in sekundärem Recht vorgesehen, zwar grundsätzlich durch Rechtsakt des betreffenden Organs (meist des Gesetzgebers oder der Kommission) errichtet werden (z. B. das Statistische Amt der EU). Um das vertraglich vorgesehene institutionelle Gleichgewicht der EU nicht zu verfälschen, hat sich ihre Tätigkeit aber auf die **Vorbereitung oder Durchführung von Beschlüssen der eigentlichen Organe der Union** zu beschränken. Die Übertragung muss inhaltlich auf ausdrücklich bezeichnete und genau umgrenzte Bereiche beschränkt sein. Ferner ist die Übertragung von Befugnissen mit Ermessensspielraum unzulässig. Kontrolle und Verantwortlichkeit des übertragenden Organs muss sichergestellt sein. Insgesamt kommt den EU-Organen diesbezüglich allerdings ein weiter Spielraum zu.

23 Die Schaffung von Einrichtungen, deren Befugnisse über jene der vorgenannten Stellen hinausgehen, aber noch in starker Anbindung an die zentrale Unionsorganisation verbleiben, war vertraglich ursprünglich nur in Art. 45 EAGV vorgesehen, inzwischen auch nach Art. 187 AEUV bei der EU-Forschungspolitik („andere Strukturen"; bislang: „abhängige juristische Personen" [Art. 171 EGV]). Sie ist zu einer gängigen Praxis geworden. Zunächst hat man sich vor allem der **„Kompetenzabrundungsklausel"** des **Art. 352 AEUV** bedient; inzwischen wird vor allem von jenen Kompetenzen Gebrauch gemacht, die auch die Sachregelungen tragen (gebilligt durch EuGHE 2006, I-3771, Rs. C-217/04, „ENISA"). Dies setzt einen engen Zusammenhang zwischen dem Gegenstand der Sachkompetenz und den Aufgaben der Einrichtung voraus. Die Aufgabenübertragung darf nur „nicht zwingende Begleit- und Rahmenmaßnahmen zur Er-

leichterung der einheitlichen Durchführung und Anwendung" des EU-Rechts umfassen. Es ist heute auch politisch anerkannt, dass die Gründung verselbständigter, mit Rechtsfähigkeit beliehener Institutionen (wie z. B. die Europäische Umweltagentur) zur vertraglichen Zielverwirklichung erforderlich sein kann. Oft spricht man von „Agenturen", doch variieren die Bezeichnungen (Zentrum, Stiftung u. ä.). Diese Einrichtungen sind **juristische Personen des Unionsrechts.** Sie müssen zur Wahrung der Anforderungen des Demokratieprinzips der Kontrolle durch die EU-Organe unterliegen. Ihre Entscheidungen können, soweit sie rechtliche Gestaltungs- oder Bindungswirkung haben, unmittelbar vor der europäischen Gerichtsbarkeit angegriffen werden (Art. 263 Abs. 1 S. 2 AEUV; *Fischer/Appelt,* Agenturen der EG, 1999).

Zur Vereinheitlichung der Gründungspraxis haben sich EP, Rat und KOM im Juli 2012 auf gemeinsame Grundsätze („road map") geeinigt. Die Organe reagieren damit auf den inzwischen entstandenen „Wildwuchs".

Von den verselbständigten Einrichtungen, die durch die Verträge selbst (Europäische Zentralbank, Europäische Investitionsbank, EAG-Versorgungsagentur) oder durch Sekundärrecht gegründet worden sind, müssen jene Institutionen unterschieden werden, die durch den **Abschluss besonderer völkerrechtlicher Verträge zwischen den Mitgliedstaaten** errichtet worden sind (Europäisches Hochschulinstitut, Europäische Schulen, Europäisches Patentamt etc.). Diese Einrichtungen liegen außerhalb des institutionellen Gefüges der EU. 24

Bei den **Sitzentscheidungen** (insbes. Sitzprotokoll 2.10.1997 und Beschluss der Staats- und Regierungschefs v. 13.12.2003) stand die verständliche Überlegung im Vordergrund, im Interesse der Integration **möglichst alle MSen mit Sitzorten auszustatten.** Kostspieliger Nachteil dieser Dezentralität ist, dass auf diese Weise sachlich zusammengehörige Einrichtungen (z. B. gewerblicher Rechtsschutz in München, Alicante und Angers, Berufsbildung in Saloniki und Turin) geographisch auseinandergerissen werden. 25

2. Das Spektrum weiterer EU-Einrichtungen

Die Vertragsgeber sahen ursprünglich vor, dass die (wenigen) Verwaltungsaufgaben, die EGKS, EWG und EAG selbst ausüben sollten, in den Händen der EU-Organe liegen sollten (unmittelbare EU-Verwaltung); im Übrigen sollte die Durchführung des europäischen Rechts den Mitgliedstaaten obliegen. Im Laufe der Entwicklung trat die Notwendigkeit zur Einrichtung von Verwaltungsinstitutionen auf EU-Ebene immer stärker hervor. Während man noch darüber diskutieren konnte, ob gemeinsame Institutionen im Bereich der „Berufsbildung" notwendig sind, liegt die Effektivität einer gemeinsamen Überwachung des Flugverkehrs oder die unionsweite Verwaltung von Marken auf der Hand. So kam es zu einem deutlichen Wachstum der Zahl spezialisierter EU-Agenturen der mittelbaren EU-Verwaltung. Normative Anforderungen finden sich heute in Art. 298 AEUV. Es gibt drei Kategorien von EU-Agenturen: 26

a) Unionsagenturen

Unionsagenturen haben die Rechtsnatur einer Anstalt des europäischen öffentlichen Rechts. Sie haben damit Rechtspersönlichkeit und sind nicht einem der Organe der EU eingeordnet. Sie gehören der mittelbaren EU-Verwaltung an. Sie beruhen auf einem Akt des Sekundärrechts; es geht um die Wahrnehmung technischer, wissenschaftlicher oder verwaltungstechnischer Aufgaben im Rahmen des AEUV. Im Sommer 2013 existieren die folgenden Gemeinschaftsagenturen: 27

Agentur für das Europäische GNSS (GSA) – Prag; Agentur für die Zusammenarbeit der Energieregulierungsbehörden (ACER) – Ljubljana; Agentur der Europäischen Union für Grundrechte (FRA) – Wien; Europäische Agentur für die Sicherheit des Seeverkehrs (EMSA) – Lissabon; Einheit für justizielle Zusammenarbeit der Europäischen Union (Eurojust, Rz. 37/10) – Den Haag; Europäische Agentur für die operative Zusammenarbeit an den Außengrenzen (FRONTEX) – Warschau; Europäische Agentur für Flugsicherheit (EASA) – Köln; Europäische Agentur für Netz- und Informationssicherheit (ENISA) – Heraklion; Europäische Agentur für Sicherheit und Gesundheitsschutz am Arbeitsplatz (EU-OSHA) – Bilbao; Europäische Arzneimittel-Agentur (EMA) – London; Europäische Aufsichtsbehörde für das Versicherungswesen und die betriebliche Altersversorgung (EIOPA) – Frankfurt a. M.; Europäische Bankenaufsicht (EBA) – London; Europäische Behörde für Lebensmittelsicherheit (EFSA) – Parma; Europäische Beobachtungsstelle für Drogen und Drogensucht (EMCDDA) – Lissabon; Europäische Chemikalienagentur (ECHA) – Helsinki; Europäische Eisenbahnagentur (ERA) – Valenciennes; Europäische Fischereiaufsichtsagentur (EFCA) – Vigo; Europäischen Agentur für das Betriebsmanagement von IT-Großsystemen im Raum der Freiheit, der Sicherheit und des Rechts (eu-LISA) – Tallinn; Europäische Polizeiakademie (CEPOL) – New Hampshire/UK; Europäisches Institut für Gleichstellungsfragen (EIGE) – Vilnius; Europäisches Polizeiamt (Europol; Rz. 33/77) – Den Haag; Europäische Stiftung für Berufsbildung (ETF) – Turin; Europäische Stiftung zur Verbesserung der Lebens- und Arbeitsbedingungen (EUROFOUND) – Dublin; Europäisches Unterstützungsbüro für Asylfragen (EASO) – Valletta; Europäisches Zentrum für die Förderung der Berufsbildung (Cedefop) – Saloniki; Europäisches Zentrum für die Prävention und die Kontrolle von Krankheiten (ECDC) – Stockholm; Europäische Umweltagentur (EEA) – Kopenhagen; Europäische Wertpapier- und Marktaufsichtsbehörde (ESMA) – Paris; Gemeinschaftliches Sortenamt (CPVO) – Angers; Gremium Europäischer Regulierungsstellen für elektronische Kommunikation (GEREK) – Riga; Harmonisierungsamt für den Binnenmarkt (Marken, Muster und Modelle) (OHIM) – Alicante; Übersetzungszentrum für die Einrichtungen der Europäischen Union (CdT) – Luxemburg.

b) Agenturen für die Gemeinsame Außen- und Sicherheitspolitik

28 Darüber hinaus hat die EU im Rahmen der Gemeinsamen Außen- und Sicherheitspolitik (GASP) Agenturen errichtet, mit der sie die besonderen technischen und wissenschaftlichen Aufgaben in diesem Bereich zu bewältigen versucht:

Europäische Verteidigungsagentur (EDA) – Brüssel; Institut der Europäischen Union für Sicherheitsstudien (EUISS) – Paris; Satellitenzentrum der Europäischen Union (EUSC) – Torrejón de Ardoz.

c) Exekutivagenturen

29 Schließlich existiert noch ein weiterer Typus mittelbarer EU-Verwaltung. Die Exekutivagenturen sind Einrichtungen, die mit der Verwaltung bestimmter Programme beauftragt werden. Sie sind temporäre Einrichtungen, die nur für die Laufzeit des jeweiligen Programms existieren. Sie werden am Sitz der Kommission gegründet und können damit entweder in Brüssel oder Luxemburg angesiedelt sein. Die VO 58/2003 (ABl. 2003 L 11/1) regelt die diesbezüglichen Einzelheiten. Gegenwärtig existieren die folgenden Agenturen:

Exekutivagentur Bildung, Audiovisuelles und Kultur (EACEA); Exekutivagentur des Europäischen Forschungsrates (EFR-Exekutivagentur); Exekutivagentur für das transeuropäische Verkehrsnetz (TEN-T EA); Exekutivagentur für die Forschung (REA); Exekutivagentur für Gesundheit und Verbraucher (EAHC); Exekutivagentur für Wettbewerbsfähigkeit und Innovation (EACI).

30 Es zeigt sich mit Blick auf diese Vielzahl mittelbarer EU-Verwaltungseinrichtungen deutlich, wie sehr das EU-Verwaltungshandeln „in die Breite" wächst. Noch ist nur eine ganz geringe Anzahl von Agenturen befugt, unmittelbar außenwirksam, also mit Rechtsverbindlichkeit für Bürger und Unternehmen zu handeln. Für die Rechtspositionen einzelner können aber auch bloße Informations- und Koordinationstätigkeiten durchaus Bedeutung haben. Die Frage einer hinreichenden demokratischen Kontrolle und die Notwendigkeit der Schaffung effektiven Rechtsschutzes dürfen insofern nicht aus den Augen verloren werden.

III. Ausblick

Das zwischenzeitlich entstandene Gefüge macht eine zunehmende Ausdifferenzierung zwischen Verfassungsinstitutionen mit vertraglicher Verankerung und Verwaltungseinrichtungen deutlich. Die EU hat sich inzwischen einer solchen Vielzahl von Verwaltungsaufgaben angenommen, dass es nicht mehr sinnvoll ist, die Kommission hiermit zu befassen. Der Aufbau von EU-Verwaltungsstrukturen ist unvermeidlich. Dabei bestehen allerdings nicht nur integrationspolitische Unklarheiten – insbesondere mit Blick auf die Zuständigkeitsabgrenzung von EU und MSen. Rechtlich wäre es sinnvoll, die entsprechenden Grundlagen, Absicherungen und Grenzen im Vertrag auszuformulieren. Leider hat sich weder der Verfassungsvertrag noch der Vertrag von Lissabon dieser Aufgabe angenommen. Es ist insofern zu erwarten, dass der Ausbau von EU-Einrichtungen weiterhin ungebremst voranschreiten wird. 31

§ 7. Personal

Literatur: Schrifttumsnachweise bei *Eggers/Linder,* in: Grabitz/Hilf/Nettesheim (Hrsg.), Das Recht der EU (Komm.), Art. 336 AEUV, 2011; *Gauer,* Die Reform des Europäischen öffentlichen Dienstrechts, 2007; *Govaere/Vandersanden,* La fonction publique communautaire, 2008; *Niedobietek,* Die europäische Verwaltung der Europäischen Union, FS Siedentopf, 2008, 87; *Marchetti* (Hrsg.), L'amministrazione comunitaria, 2009; *Eggers/Linder,* in: Grabitz/Hilf/Nettesheim (Hrsg.), Das Recht der EU (Komm.), Art. 336 AEUV (2011) – Europäisches Beamtenrecht; *Mehde,* Europäisches Dienstrecht, in: Terhechte (Hrsg.), Europäisches Verwaltungsrecht, 2011, § 38. – Seit 1994 erscheint die umfangreiche Rechtsprechung des EuGH, des EuG und des Gerichts für den öffentlichen Dienst in Personalsachen in der besonderen amtlichen Sammlung der Rechtsprechung Öffentlicher Dienst (Slg. ÖD).

Internet-Adresse: http://europa.eu/epso/index_de.htm

I. Notwendigkeit eines Europäischen Öffentlichen Dienstes

Die europäischen Institutionen (§§ 5f.) bedürfen einer ihren Aufgaben **quantitativ und qualitativ entsprechenden europäischen Verwaltung,** wie sie jetzt ausdrücklich anerkannt ist (Art. 298 AEUV). Auch wenn das Unionsrecht im Wesentlichen von den nationalen Stellen ausgeführt wird, fordern die Vorbereitung von Rechtssetzungsvorschlägen und die Überwachung von deren Umsetzung sowie die spezifischen Aufgaben im Bereich der Wettbewerbs-, aber auch der Fondsverwaltung einen nicht unerheblichen Personalbestand. Ferner kommt eine größere Behörde nicht ohne Bedienstete aus, die den internen Verwaltungsbetrieb aufrechterhalten (Personalabteilung, technischer Dienst usf.). Daher kam es bald nach der Gründung der Gemeinschaften zur **Errichtung eines europäischen öffentlichen Dienstes,** mit Schwerpunkt in den Diensten der KOM als dem Verwaltungszentrum der EU (*Rogalla,* Die Entwicklung des Europäischen Dienstrechts, 1992). 1968 wurde das Europäische Beamtenstatut in seiner heutigen Form erlassen (Rz. 4). Inzwischen ist der Personalbestand durch zusätzliche Aufgaben und die Erweiterung der Gemeinschaft von 6 Staaten zur Union von 28 Staaten auf über 50 000 Dauer- und Zeitplanstellen angewachsen. Bei dieser Zahl sind die erheblichen personellen Bedürfnisse des **Sprachendienstes in einer Union** mit mittlerweile 24 Amtssprachen zu bedenken (Rz. 5/10f.). Abzuwarten bleibt, wie sich die politisch gewünschte Kürzung der Verwaltungsausgaben auf den Personalbestand auswirkt. 1

II. Grundlagen des europäischen Dienstrechts

1. Zur Grundstruktur des Europäischen Öffentlichen Dienstes

Das Recht des öffentlichen Dienstes der Union ist in Anlehnung an die entsprechenden Regelungen der MSen entwickelt worden, wobei besonders auf das einschlägige 2 deutsche und französische Recht zurückgegriffen wurde. Eine wichtige Grundentscheidung bestand in der Schaffung von **Dauerplanstellen für Beamte als Regelfall.** Ziel war und ist es, einen „unabhängigen, auf Kontinuität angelegten europäischen öffentlichen Dienst zu schaffen, der die besten Bewerber aus allen MSen anzieht und hält" (VO 723/2004, Präambel, (34), ABl. L 124/1). Der typische „Europabeamte" steht damit in einem dauernden, prinzipiell unlösbaren Dienstverhältnis zur Union (EuGHE 1988, 3491, Rs. 124/87 „Gritzmann-Martignoni"), dessen rechtliche Rahmenbedingungen hoheitlich-einseitig von der EU festgesetzt und ggf. auch geändert werden (EuGHE 2008, I-10945, Rs. C-443/07 P „Centeno Mediavilla"). Daneben gibt es sonstige Bedienstete, die durch Vertrag auf bestimmte oder unbestimmte Zeit an die EU gebunden sind, ferner Hilfskräfte. Nach dem Willen der Kommission soll ihr Anteil im technischen Bereich (Sekretärinnen etc.) ausgebaut werden.

3 Sinn der Entscheidung für den grundsätzlich der Union auf Dauer verbundenen Europabeamten war die Schaffung eines der EU **in Loyalität verbundenen Verwaltungskörpers.** Damit wurde das Gegenmodell einer **„Rotation"** zwischen nationaler und Brüsseler Verwaltung für den Regelfall abgelehnt. Ein genuin „europäischer", ganz der Union verpflichteter Dienst wurde trotz der damit verbundenen „Abschottung" zwischen europäischer und nationaler Verwaltung, die sich aus dem Verzicht auf einen regelmäßigen Wechsel zwischen den verschiedenen Verwaltungsebenen ergeben, als vorteilhaft angesehen. Nur der jüngst geschaffene Europäische Auswärtige Dienst (EAD; dazu auch Rz. 39/10), der gleichfalls dem Beamtenstatut der EU (Rz. 4) unterliegt (Art. 6 des entsprechenden Ratsbeschlusses 2010/427, ABl. L 201/30), folgt stärker dem Rotationsmodell (Art. 27 Abs. 3 EUV sowie Art. 98 und Art. 50b BSt).

2. Rechtsgrundlagen

4 Das Dienstrecht des Personals der Europäischen Union ist in unterschiedlichen, auf der Grundlage des heutigen Art. 336 AEUV erlassen Rechtsakten verankert. Das Beamtenrecht ist im **Statut der Beamten der Europäischen Gemeinschaften (BSt)** geregelt. Dieses geht im Ursprung auf die VO Nr. 31 (EWG), 11 (EAG) (ABl. 1962, 1385, zahlreiche Änderungen (zuletzt in größerem Umfang 2013), vgl. näher Fundstellennachweis des geltenden EU-Rechts, 01.50; zum EAD noch VO 1080/2010 [ABl. L 311/1]) zurück, die nach der Zusammenlegung der damaligen Kommissionen von EWG und EAG und der Hohen Behörde der EGKS 1967 durch VO 259/68 v. 29.2.1968 (ABl. L 56/1) grundlegend verändert und zu einem einheitlichen Statut für alle Beamten umgestaltet wurde. Die Einzelverträge der Nicht-Beamten richten sich nach Rahmenbedingungen, die (ebenfalls im BSt.) in den **Beschäftigungsbedingungen für die sonstigen Bediensteten (BSB)** niedergelegt sind. Die Europäische Investitionsbank (Art. 13 Abs. 7, 8 Satzung EIB) sowie die Europäische Zentralbank (Art. 36 Prot. ESZB) verfügen jeweils über eigene Personalordnungen.

Der vom Gericht für den öffentlichen Dienst (GöD) postulierte Gedanke, dass in Richtlinien der Union festgelegte Mindestarbeitsbedingungen in den Mitgliedstaaten auch für die Union selbst maßgeblich sind (Urteil vom 30.4.2009, Rs. F-65/07 „Aayhan"), wurde vom EuG auf die Fälle beschränkt, in denen sich diese als spezifischer Ausdruck allgemeiner Rechtsgrundsätze des Unionsrechts erweisen (E 2011, 6515, Rs. T-325/09 P „Adjemian"). Art. 1e Abs. 2 BSt verweist zudem zum Teil auf die vorgenannten Bedingungen (dazu EuGH, Urt. v. 19.3.2013, Rs. C-579/12 RX-II „Strack").

3. Zuordnung des Personals und Personalbestand

Seit der Fusion der Exekutiv- und Beschlussorgane der drei Integrationsgemeinschaften im Jahre 1967 gehören alle Bediensteten der **einzigen Verwaltung** dieser Gemeinschaften, heute von **EU und EAG** an. Die Bediensteten sind jedoch jeweils einem bestimmten Organ oder einer sonstigen Stelle der Union (Art. 1 BSt.) zugeordnet und unterstützen dieses bei der Erfüllung seiner Aufgaben; diese sind **Anstellungsbehörden** (mit dem Recht der Delegation von Befugnissen, etwa auf eine spezielle Personalabteilung, vgl. Art. 2 BSt.). 5

4. Laufbahnprinzip und Beförderungssystem

Der europäische Beamte ist in eine Laufbahn eingegliedert. Mit der „***Kinnock*-Reform 2004**" wurde eine neue Laufbahnstruktur eingeführt (Art. 5 BSt. iVm Anhang I A). Danach bestanden zunächst **2 Funktionsgruppen,** denen 2013 eine dritte hinzugefügt wurde: 6
- **Administration (AD)** mit 12 Besoldungsgruppen AD 5 (z. B. Verwaltungsräte) bis AD 16 (Generaldirektor). Die Gruppe AD umfasst leitende u. ä. Funktionen und setzt regelmäßig einen Hochschulabschluss voraus.
- **Assistenz (AST)** mit 11 Besoldungsgruppen AST 1 (z. B. Sekretariatsassistent) bis AST 11 (z. B. Verwaltungsamtsrat). Die Gruppe AST fasst ausführende u. ä. Funktionen zusammen und setzt eine abgeschlossene Schulausbildung und ggf. weitere Ausbildungen voraus.
- **Sekretariats- und Bürokräfte (AST/SC)** mit 6 Besoldungsgruppen.

Die einzelnen Funktions- und Besoldungsgruppen sind hierarchisch gegliedert und eröffnen den Beamten der Union **Beförderungsmöglichkeiten** (Art. 45 BSt). Grundlage sind die Beurteilungen (dazu Art. 43 BSt; zur begrenzten gerichtlichen Kontrolle etwa EuGHE 2003, I-3019, Rs. C-277/01 P „Samper"). Fundamental ist der Grundsatz der **Gleichbehandlung** (EuGHE 1984, 3411, verb. Rs. 80–83/81 und 182–185/82 „Adam"); einen Anspruch auf Beförderung gibt es regelmäßig nicht (EuGHE 2000, I-9485, Rs. C-207/99 „Hamptaux"). Grundsätzlich haben Beamte im Dienst der EU Vorrang vor Außenstehenden („Karrierevorbehalt"); bei leitenden Funktionen sind Besetzungen von außen etwas häufiger. Die europäische Gerichtsbarkeit gewährleistet durch eine **umfangreiche beamtenrechtliche Rechtsprechung** gemäß dem heutigen Art. 270 AEUV (Rz. 15f.) die Wahrung dieser und anderer dienstrechtlicher Prinzipien. 7

5. Auswahlverfahren

Das dem französischen Concours nachgebildete **Auswahlverfahren** stellt das Regelverfahren zur Besetzung freier Beamtenstellen oder zur Bildung einer Einstellungsreserve der Union dar (Art. 29ff. BSt. i. V. m. Anhang III zum Statut). Ausnahmen gelten bei der Besetzung der „politischen" Beamtenstellen AD 14–16 und von Dienstposten, die besondere Fachkenntnisse erfordern (Art. 29 Abs. 2 BSt., als Ausnahmebestimmung eng auszulegen: EuGHE 1971, 465, verb. Rs. 45 und 49/70 „Bode"; 1974, 1361, Rs. 176/73 „van Belle"). Ein **Stellenwettbewerb** soll gewährleisten, dass nur Beamte ernannt werden, „die in Bezug auf Befähigung, Leistung und Integrität höchsten Ansprüchen genügen" (Art. 27 Abs. 1 S. 1 BSt.). Besondere Einstellungsnotwendigkeiten ergeben sich zur annähernden Wahrung des geographischen Gleichgewichts bei den **Erweiterungen der Union.** 8

Das normale Auswahlverfahren wird durch die **Veröffentlichung einer Stellenbekanntgabe** bzw. -ausschreibung (bei allgemeinen Ausschreibungen im Amtsblatt C der EU, also in allen Amtssprachen: EuGH, Urteil vom 27.11.2012, Rs. C-566/10 P „Italien/KOM") eingeleitet, in der insbesondere der Auswahlmodus und die erforderlichen Qualifikationen genau umschrieben sein müssen (EuGHE 1972, 163, Rs. 78/71 „Costacurta"). Kein Dienstposten darf den Angehörigen eines bestimmten Mitgliedstaates vorbehalten werden (Art. 27 Abs. 3 BSt., vgl. auch Art. 7 Abs. 1 BSt.; EuGHE 1964, 61, Rs. 15/63 „Lassalle"). Wohl aber 9 dürfen nach der vom Gerichtshof gebilligten Praxis der Union gemäß den dienstlichen Erfordernissen gewisse praktische Erfahrungen oder Sprachkenntnisse auf dem Gebiet einer staatlichen Rechtsordnung als Einstellungsvoraussetzung verlangt und so mittelbar die Bewerber einer bestimmten Nation bevorzugt werden (EuGHE 1968, 189, Rs. 33/67 „Kurrer"; 1975, 1247, verb. Rs. 81–88/74 „Marenco" st. Rspr.). Die Durchführung des Auswahlverfahrens obliegt seit 2003 dem **Europäischen Amt für Personalauswahl** (Beschluss vom 25. 2. 2002, ABl. 2002, L 197/53). Es stellt auf der Grundlage von Befähigungsnachweisen oder Prüfungen (Tests, die für alle Bewerber unter den gleichen Bedingungen stattfinden müssen, EuGHE 1976, 1589, Rs. 130/75 „Prais") oder einer Kombination beider ein **Verzeichnis der geeigneten Bewerber** auf. Daraus können die platzierten Bewerber zwar kein subjektives Recht auf Ernennung ableiten (EuGHE 1970, 145, Rs. 26/68 „Nebe"). Die Anstellungsbehörde darf jedoch nur aus wichtigen Gründen (EuGHE 1966, 843, Rs. 62/65 „Serio") von der in der Einstellungsliste enthaltenen Rangfolge abweichen.

6. Nationalitätenproporz

10 Vor allem während des Aufbaus der Verwaltung der Europäischen Union spielte auch der Nationalitätenproporz eine – zunächst auch von der Rechtsprechung gebilligte (EuGHE 1964, 61, Rs. 15/63 „Lassalle"; zurückhaltender aber 1975, 1247, verb. Rs. 81–88/74 „Marenco") – Rolle. Dies war wichtig, ging es doch ungeachtet des Verbots der Diskriminierung aus Gründen der Staatsangehörigkeit (heute Art. 18 AEUV) um den Aufbau eines in der gesamten Gemeinschaft akzeptierten Apparats. Bei der Reform des Dienstrechts der EU im Jahre 2004 (VO 723/2004, ABl. L 124/1) wurde jedoch das zuvor praktizierte Prinzip der geographischen Ausgewogenheit durch die Vorgabe ersetzt, Beamte auf **„möglichst breiter geographischer Grundlage"** auszuwählen (Art. 27 BSt.; vgl. auch. 12 Abs. 1 BSB; siehe ferner zum EAD Art. 3 Abs. 6 VO 1080/2010, ABl. L 311/1); kein Dienstposten darf einer bestimmten Nationalität vorbehalten bleiben. Trotzdem spielt gerade bei der Besetzung höherer Positionen die Staatsangehörigkeit immer noch faktisch eine gewisse Rolle. Personalpolitik sichert hier einen **mittelbaren politischen Einfluss auf die EU-Verwaltung** und muss deswegen eine gewisse Balance aufweisen. Diese zeigt sich deutlich bei der Schaffung des neuen diplomatischen Dienstes der Union (dazu Rz. 39/10).

III. Status der Europabeamten

Literatur: *Hatje,* Der Rechtsschutz der Stellenbewerber im europäischen Beamtenrecht, 1988; *Specke,* Das Disziplinarrecht der europäischen Gemeinschaftsinstitutionen, ZBR 2002, 259; *v. Arnim/Schurig,* Die Besoldung und Versorgung von Angehörigen des Öffentlichen Dienstes und die Ausgestaltung der Politikfinanzierung in Europa, 2005; *Kraemer,* The European Civil Service Tribunal, CMLRev 2009, 1873; *O'Leary,* Applying Principles of EU Social and Employment Law in EU Staff Cases, ELR 2011, 769; *Mader,* Der Anspruch auf Entschädigung ex aequo et bono im EU-Dienstrecht, EuR 2012, 355; *Reithmann,* Die Rechtsprechung des Gerichts für den öffentlichen Dienst der Europäischen Union 20010/11, EuR 2012, 696.

11 Ausgehend von den eben behandelten Grundprinzipien ist der **Status der Europabeamten** im Statut in Anlehnung an nationale Dienstrechte eingehend geregelt.

Man unterscheidet:
- **Lebenszeitbeamte** (Regeltypus),
- **Beamte auf Probe** (vor Ernennung zum Beamten auf Lebenszeit, mit Ausnahme der Kategorien AD 14–16),
- **Politische Beamter** (ein Begriff der Praxis für die Kategorien AD 14–16; hier gelten erleichterte Regeln für Einstellung und Ausscheiden),
- **„Wahlbeamte"** (Begriff der Praxis für die gewählten obersten Positionen wie Mitglieder der KOM oder des EuGH/EuG). Für sie gelten Sonderregelungen,
- **Ehrenbeamte** (sich auf Titelführung beschränkende Ernennung nach Art. 54 BSt. für verdiente ausscheidende Beamte, z. B. „Generaldirektor e. h.").

1. Begründung des Beamtenverhältnisses

Die Beamten der Union werden auf Grund eines Beschlusses der zuständigen Anstellungsbehörde durch **Aushändigung der Ernennungsurkunde** unter Einweisung in eine im Haushaltsplan ausgebrachte freie Planstelle ernannt (Art. 1a BSt.) und nach Bewährung innerhalb einer Probezeit auf Lebenszeit angestellt (Art. 34 BSt.). Die **einseitig hoheitliche Begründung** des Dienstverhältnisses (im Gegensatz zum vertraglichen Charakter der Beschäftigungsverhältnisse bei den traditionellen internationalen Organisationen) entspricht kontinental-europäischen, u. a. deutschen Ernennungsprinzipien (EuGHE 1975, 463, Rs. 28/74 „Gillet"; 1976, 1777, Rs. 102/75 „Petersen"). Auch die sich aus dem Status ergebenden Rechte und Pflichten der europäischen Beamten (Art. 11 ff. BSt.) gleichen weitgehend denjenigen ihrer nationalen Beamtenkollegen. 12

2. Loyalitätspflichten und Disziplinarrecht

Die Beamten der Union stehen zu ihrem Dienstherrn in einem **Dienst- und Treueverhältnis** (EuGHE 1966, 653, Rs. 3/66 „Alfieri"). Sie sind den Weisungen ihrer Vorgesetzten unterworfen und zu unparteiischer Amtsführung und zu **Loyalität** zur Europäischen Union verpflichtet. Probleme können sich daraus ergeben, dass die Europabeamten weiterhin Staatsangehörige ihrer MSen sind (zu dieser „doppelten Loyalität" *Läufer,* EuR 1977, 182). Diese treten verschärft zu Tage bei Beamten, die zur Europäischen Union entsandt und dabei nicht aus ihrem nationalen Dienstverhältnis entlassen worden sind. Deutsche Beamte erhalten i. d. R. für die Zeit der Entsendung Sonderurlaub unter Wegfall der Dienstbezüge. Nach Art. 11 Abs. 1 BSt. dürfen sie sich **ausschließlich von den Interessen der Union leiten lassen.** Auch nach Ausscheiden, insbesondere beim Wechsel in eine andere Tätigkeit, sind bestimmte Pflichten zu beachten (Art. 16). 13

Bei Pflichtverstößen kann die Anstellungsbehörde **Disziplinarmaßnahmen** ergreifen, die vom einfachen Verweis und der Verwarnung bis – nach Durchführung eines förmlichen Disziplinarverfahrens – zur Entfernung aus dem Dienst reichen (*Speck,* ZBR 2002, 259).

3. Statusrechte

Neben strafbewehrten Verboten und Kontrollmechanismen ist vor allem eine statusmäßige Absicherung geeignet, die Integrität sowie persönliche und sachliche Unabhängigkeit der Europabeamten zu gewährleisten. Dazu gehören die grundsätzliche Unkündbarkeit, die Aufstiegschancen sowie die Ansprüche auf Erholungsurlaub, angemessene Besoldung und Versorgung sowie auf sozialen Schutz. Bei der Entwicklung der Besoldung sind nunmehr auf die Lebenshaltungskosten und die Beamtengehälter in allen, nicht mehr nur bestimmten Mitgliedstaaten maßgeblich (Art. 65 BSt n. F.). Zugleich gibt es in Abhängigkeit vom Dienstort Zu- oder Abschläge. Der Beistands- und Fürsorgepflicht des Dienstherrn entspringt auch der Anspruch auf Haftungsfreistellung bei Schäden, die ein Beamter in Ausübung seiner Amtstätigkeit einem Dritten zufügt (Art. 340 Abs. 2 AEUV, jedoch mit Regressmöglichkeit bei „schwerwiegendem Verschulden" des Beamten, Art. 340 Abs. 3 AEUV i. V. m. Art. 22 BSt.). Außerdem ist der Beamte bei Kenntnis von **Betrugs- oder Korruptionsverdacht** zur Unterrichtung der Vorgesetzten oder des OLAF (Rz. 8/44) verpflichtet. 14

Die Besoldung hängt auch vom Dienstalter ab, das jedoch bei jeder Besoldungsstufe neu beginnt (Art. 44 BSt.) und damit keine Diskriminierung aus Gründen des Alters beinhaltet. Zudem hängt sie in ihrer Höhe auch vom Familienstand ab, was zum Teil schwierige Definitionsfragen auslöst (zur Ehe EuGE – ÖD 1999, I-A-1 und II-1, Rs. T-264/97 „Deutschland/Ear"; zur nichtehelichen Lebensgemeinschaft EuGE 2009, II-3797, Rs. T-58/08 P „Roodhuijzen").

Das Protokoll über die **Vorrechte und Befreiungen der Europäischen Union** v. 8.4.1965 räumt den europäischen Beamten darüber hinaus Vorrechte ein, die im Allgemeinen nur Angehörigen diplomatischer Vertretungen zustehen (*Henrichs,* EuR 1987, 75). Neben den Zollbefreiungen und Immunitätsrechten (Art. 11 des Protokolls) sei die Freiheit der Gehälter, Löhne und Bezüge von innerstaatlichen Steuern erwähnt (Art. 12 Abs. 2 des Protokolls, hierzu EuGHE 1960, 1163, Rs. 6/60 „Humblet"). Sie unterliegen dafür der **Besteuerung durch die Union** (VO 260/68 v. 29.9.1968, ABl. L 56/8).

Bei beamtenrechtlichen Entscheidungen sind die „Verteidigungsrechte" („droits de la défense", Rz. 9/40) zu beachten (EuGE-ÖD 2006, II-A-2–1049, Rs. T-182/04 „van der Spree" zur Verpflichtung zur Führung einer einheitlichen, vollständigen Personalakte nach Art. 26 BSt.); auch müssen die bei personalrelevanten Entscheidungen gewählten Kriterien und Verfahren konsistent angewandt werden (EuGE-ÖD 2006, II-A-2–127, verb. Rs. T 437 und 441/04 „Standertskjöld-Nordenstam").

Die Beamten genießen den **Schutz der europäischen Grundrechte.** Deren Ausübung, z. B. beim Recht auf freie Meinungsäußerung muss jeweils mit den im Allgemeininteresse liegenden Rechten der Unionsorgane abgewogen werden. Veröffentlichungen der Beamten bedürfen daher der Zustimmung ihrer Dienststelle, doch ist bei der Entscheidung die Meinungsfreiheit der Beamten mit zu beachten (Art. 17 BSt.; dazu EuGHE 2001, I-10 269, Rs. C-340/00 P „Cwik"). Das sog. „whistleblowing" bezogen auf rechtswidrige Praktiken ist ausdrücklich geregelt (Art. 22a ff BSt).

4. Rechtsschutz

15 Beamte der Union können sich jederzeit mit **Anträgen und Beschwerden an ihre Anstellungsbehörde** oder **an das Amt für Betrugsbekämpfung OLAF wenden** (Art. 90ff. BSt.). Lehnt die Anstellungsbehörde eine Beschwerde ausdrücklich oder stillschweigend ab, so kann dieser das 2006 geschaffene **Gericht für den öffentlichen Dienst** (mit Rechtsmittel zum Gericht erster Instanz, gegebenenfalls dem Gerichtshof; vgl. Rz. 13/28) anrufen (Art. 270 AEUV i. V. m. Art. 91 BSt.). Die Beamtenklagen stellen das zahlenmäßig am meisten benutzte Verfahren der europäischen Gerichtsbarkeit dar. Seit 1994 werden die einschlägigen Entscheidungen der europäischen Gerichtsbarkeit in einer besonderen **Sammlung Rechtsprechung öffentlicher Dienst (Slg. ÖD)** veröffentlicht.

16 Die **umfangreiche Rechtsprechungstätigkeit in Sachen des europäischen Dienstrechts** erstreckt sich insbesondere auf Fragen des Ernennungs-, Beförderungs- und Besoldungsrechts. Vor jeder Klage ist ein Vorverfahren durchzuführen (Art. 90 BSt.); in vermögensrechtlichen Streitigkeiten steht der Gerichtsbarkeit die Befugnis zur unbeschränkten Ermessensnachprüfung zu (Art. 91 BSt.; dazu auch EuGHE 2007, I-12041, Rs. C135/06 P „Weißenfels"). Mit der Konkurrentenklage können auch Ernennungen oder Beförderungen anderer Beamter angefochten werden (EuGHE 1983, 2105, Rs. 85/82 „Schloh"). Allerdings verfügen die Organe bei der Beurteilung der Kandidaten über einen weiten, nur begrenzt überprüfbaren **Ermessensspielraum** (EuGHE 1992, I-157, Rs. C-107/90 P „Hochbaum" st. Rspr.). Bei Schadensersatzklagen wird nur geprüft, ob das handelnde Organ seine Ermessensgrenzen überschritten hat. Wegen der durch das Dienstverhältnis bedingten engen Bindung des Beamten an das Organ sei dieses zu besonderer Sorgfalt ihm gegenüber verpflichtet; deswegen wird eine hinreichende Qualifikation des Rechtsverstoßes hier nicht verlangt (EuGHE 2008, I-833, Rs. C-348/06 P „Girardot"; EuG, Urteil vom 12.7.2012, Rs. T-308/10 P „Nanopoulos").

5. Beendigung des Beamtenverhältnisses

Das Dienstverhältnis der europäischen Beamten **endet** durch Tod, Entlassung auf Antrag, Versetzung in den Ruhestand u. a. (Art. 47ff. BSt.). Art. 49 BSt. eröffnet darüber hinaus den Anstellungsbehörden unter engen Voraussetzungen die **Möglichkeit einer Entlassung von Beamten von Amts wegen** (EuGHE 2001, I-1611, Rs. C-274/99 P „Connolly"). Besondere Probleme, die i. d. R. auf der Basis der Freiwilligkeit gelöst werden, ergeben sich im Zusammenhang mit der Erweiterung der Union und der dadurch bedingten Notwendigkeit, freie Stellen zu schaffen. 17

IV. Sonstige Europabediensteten

In begrenztem Umfang (etwa 10% des EU-Personals) gibt es nicht verbeamtete Vertragsangestellte unterschiedlicher Qualifikation und mit verschiedenartigen Betätigungsfeldern, welche entweder nur **vorübergehend** bei der Union beschäftigt sind, oder auf die, wegen ihrer **örtlichen Verwurzelung,** nicht das „fremde" (in vielerlei Hinsicht jedoch großzügigere) europäische Beamtenrecht, sondern weitgehend das am Dienstort geltende Recht zur Anwendung kommen soll. Für sie stellen die **Beschäftigungsbedingungen BSB** (Rz. 4) **Rahmenbedingungen** für die Gestaltung der individuellen Dienstverträge auf. Diese unterliegen, sofern sie nicht von vornherein zeitlich befristet sind, Kündigungsmechanismen. Soweit nicht lokales Arbeitsrecht unmittelbar Anwendung findet, oder wegen des Charakters der i. d. R. kurzfristigen Arbeitsverhältnisse Sonderregelungen erforderlich sind (Versorgungsansprüche!), entsprechen die Rechte und Pflichten der sonstigen Bediensteten weitgehend denjenigen ihrer beamteten Kollegen. Die Bestimmungen des BSB können sich daher zum großen Teil darauf beschränken, das Beamtenrecht der EU für entsprechend anwendbar zu erklären. 18

Zu den sonstigen Bediensteten gehören u. a. Bedienstete auf Zeit (unmittelbar der Spitze eines Organs oder einer Einrichtung zugeordnet, Art. 2 BSB), Vertragsbedienstete und Vertragsbedienstete für Hilfstätigkeiten (Art. 3a, 3b BSB), örtliche Bedienstete (in Dienstorten außerhalb der EU, Art. 4 BSB).

V. Kollektives Dienstrecht

Literatur: *Betten,* Right to strike in community law, 1985; *Schröder,* Zwischenbilanz zum Streikrecht der Europäischen Beamten, ZBR 1984, 1; *García-Hirschfeld,* Le rôle des syndicats des fonctionnaires européens dans le contentieux de la fonction publique communautaire, RMCUE, 2010, 426.

1. Personalvertretung

Das Dienstrecht der EU räumt den Bediensteten der Union **umfangreiche kollektive Mitwirkungsrechte in Personalfragen** ein, die z. T. weit über manche nationalen Standards hinausgehen. Die gewählten **Personalvertretungen** bei den einzelnen Organen der Union (bei der KOM bestehen daneben örtliche Sektionen) sind die **zentralen Vertretungsgremien aller Personalgruppen,** der Beamten ebenso wie der sonstigen Bediensteten (hierzu im Einzelnen Art. 9 BSt., Art. 7 BSB; zu den Wahlgrundsätzen EuGHE 1977, 471, Rs. 54/75 „de Dapper"). Sie nehmen die Interessen des Personals gegenüber den Organen wahr und sorgen durch die Entsendung von Vertretern in Kontaktausschüsse oder im direkten Gespräch mit dem Dienstherrn für eine ständige Verbindung zwischen dem Organ und seinem Personal (Mittlerfunktion, zu den einzelnen Aufgaben vgl. Art. 9 Abs. 3 BSt.). Vor allem aber entsenden sie 19

Delegierte **in zahlreiche personalrechtliche Ausschüsse,** die, wie z. B. die Paritätischen Ausschüsse, bei der Einstellung und Entlassung von Beamten beratend mitwirken, oder, wie die paritätisch besetzten Disziplinarräte, vor der Verhängung schwerer Disziplinarstrafen begründete Stellungnahmen abgeben müssen. Als Beurteilungsausschüsse erarbeiten sie ferner Entscheidungsgrundlagen für fachliche Beurteilungen (näher Art. 9ff. BSt. i. V. m. Anhang II zum Statut).

2. Koalitionsrecht

a) Dialog Berufsverbände – Unionsorgane

20 Das **Koalitionsrecht** der Bediensteten der Europäischen Union ist in Art. 24b BSt. und Art. 7a BSB verankert. Organe und gewerkschaftliche Vertreter besprechen **in regelmäßig stattfindenden „Dialogen" oder „Konzertierungen"** alle wichtigen das Personal betreffenden Fragen. Obwohl die Gewerkschaften und Berufsverbände rechtlich anerkannt sind, lassen sich ihre Kompetenzen nicht mit den Rechten einer nationalen Gewerkschaft vergleichen. Sie sind zwar **parteifähig** und unter den – allerdings sehr engen – Voraussetzungen des Art. 263 Abs. 4 AEUV klagebefugt. Sie können aber weder die Interessen ihrer Mitglieder – gewissermaßen in Prozessstandschaft – gerichtlich geltend machen (EuGHE 1975, 401, Rs. 72/74 „Union Syndicale"), noch Klage gem. Art. 91 BSt. erheben, da dieses Verfahren auf individuelle Streitsachen zugeschnitten ist (EuGHE 1974, 917, Rs. 175/73 „Gewerkschaftsbund" und EuGHE 1989, 1045, verb. Rs. 193–94/87 „Maurissen" st. Rspr.). Wegen der einseitigen Festsetzungen des Dienstrechts durch den Rat (Rz. 4) ist **kein Raum für tarifvertragliche Vereinbarungen.** Dieser beschließt auch allein über die Anpassung der an verschiedene Indices gebundenen **Gehälter der Bediensteten** (Rz. 14).

b) Zum Streikrecht

21 Mit der rechtlichen Garantie des Koalitionsrechts war nicht automatisch die Anerkennung eines **Streikrechts** verbunden. Beamtenstatut und Beschäftigungsbedingungen der sonstigen Bediensteten **lassen die Frage des Streikrechts vielmehr ausdrücklich ungeregelt** (*Leister,* DVBl. 1975, 281). Seit Mitte der sechziger Jahre kam es insbesondere im Verlauf der alljährlichen Beratungen des Rates über die Besoldungsanpassungen, aber zum Teil auch aus allgemeinpolitischen Anlässen, zu Streikaktionen. Standen die Organe einem Streikrecht der Beamten zu Beginn noch weitgehend ablehnend gegenüber, wurden solche Aktionen allmählich **faktisch geduldet.** Der Rat hat es jedoch abgelehnt, sich auf eine Legalisierung des Streikrechtes z. B. im Beamtenstatut einzulassen. Immerhin ist das Recht zu Arbeitskampfmaßnahmen als solches mittlerweile als Grundrecht anerkannt (EuGHE 2007, I-10 779, Rs. C-438/05 „ITF/Viking"; vgl. auch Art. 28 GrCh); der EGMR betont unter Hinweis auf Art. 11 EMRK sogar, dass auch Beamten das Streiken nicht generell verboten werden dürfe (Rz. 17/59). Ähnlich und anders als in Deutschland wird auch in Frankreich der Beamtenstreik – in Grenzen – verfassungsrechtlich anerkannt (*Bauer,* Verfassungsrechtlicher Grundrechtsschutz in Frankreich, 1998, 185 mwN.).

22 Dementsprechend hat die **KOM** als die in der Praxis hauptbetroffene Einrichtung am 20.9.1974 mit den europäischen Gewerkschaften und Berufsverbänden ein **Abkommen abgeschlossen,** das u. a. die Modalitäten für die Ausübung gewerkschaftlicher Rechte regelt. Durch die Festlegung eines rechtlichen Rahmens für das Streikrecht soll dessen Ausübung an gewisse prozedurale „Spielregeln" gebunden, und vor allem die Aufrechterhaltung eines Notdienstes sichergestellt werden. Außerdem dürfen die Organe für die Zeit der Arbeitsniederlegung einen entsprechen Teil **von den Dienstbezügen abziehen.**

VI. Ausblick: Europäische und internationale Bedienstete

Im Bereich des kollektiven Dienstrechts wie anderswo zeigt sich der **Grundcharakter des Dienstrechtes der Europäischen Union** als ein Normenkomplex, der zwar nicht die Intensität und Striktheit nationaler Dienstrechte erreicht, sich aber in seinen vielfältigen Anleihen an das mitgliedsstaatliche (besonders das deutsche und französische) öffentliche Dienstrecht deutlich vom klassischen Dienstrecht internationaler Organisationen abhebt. Insgesamt gesehen **steht der „europäische Beamte" seinem nationalen Kollegen näher** als einem Angehörigen der „Fonction Publique Internationale". 23

§ 8. Finanzordnung

Literatur: *Magiera,* Die Finanzordnung im Verfassungsvertrag der Europäischen Union, FS Ress, 2005, 623; *Rossi,* Strukturen der europäischen Finanz- und Haushaltsverfassung, in: Stumpf/Kainer (Hrsg.), Gemeinschaftsrecht als Gemeinschaftsaufgabe, 2007, 23; EU-Kommission, Die Finanzverfassung der EU, 4. Aufl. 2009; *Caesar,* Perspektiven der EU-Finanzverfassung, FS Kösters 2009, 69; *Becker,* Eine Finanzverfassung für die EU, in: Kietz (Hrsg.), Interinstitutionelle Vereinbarungen in der EU, 2010, 252; *ders.,* Der mehrjährige Finanzrahmen, in: Der Bürger im Staat 2010, 273; *Glaser,* Die Neuausrichtung der EU-Finanzverfassung durch den ESM, DÖV 2012, 901; *Benedetto,* European Union Budget Reform, 2012.

I. Wesen und Dimension der EU-Finanzordnung

Für die Europäische Union, die zwischen dem internationalen und dem staatlichen Bereich verortet ist, stellt sich die Frage der **Finanzierung ihrer Existenz und Tätigkeiten** in besonderer Weise. Weder die übliche Finanzierungsweise Internationaler Organisationen, die „Kostgänger" ihrer MSen in Gestalt fester und beschränkter **Beitragsüberweisungen** sind, noch die **staatliche Finanzsouveränität,** aufgrund derer sich die Staaten die erforderlichen Finanzmittel vor allem über eine grundsätzlich nicht begrenzte Abgabenhoheit verschaffen können, erscheinen der Lage der EU angemessen. Gemäß der fortschreitenden Integration seit den fünfziger Jahren ist die EU von der ursprünglichen Beitragsfinanzierung auf eine **vollständige Finanzierung aus Eigenmitteln** (Steueranteile, Zölle und andere Abgaben) umgestellt worden (Art. 311 AEUV). Hinzu treten außerhalb des allgemeinen Haushaltsverfahrens zu beschließende Einnahmen (insbesondere aus Anleihen und Darlehen). Noch ist das Gesamtvolumen klein: Das EU-Haushaltsvolumen entspricht knapp 3 % der Summe der nationalen Etats der MSen. 1

Das **Prinzip der begrenzten Einzelzuständigkeit** der Unionsgewalt (unten Rz. 11/3) gilt auch für den Finanzbereich. Die EU-Finanzgewalt, wie sie in Art. 310 ff. AEUV sowie in zahlreichen Rechtsakten des Sekundärrechts ausgestaltet ist, bleibt begrenzt. Soweit die der EU zufließenden Finanzmittel zur Bedarfsdeckung nicht ausreichen, können sich ihre Organe nicht aus eigener Kraft neue Geldquellen erschließen. Dies gilt sowohl für den EU-Normgeber als auch für die Gubernative. Es bedarf zur Fortschreibung des Eigenmittelbeschlusses vielmehr eines Rechtsaktes, der von den MSen zu ratifizieren ist (Art. 311 UAbs. 3 AEUV). Insofern bleiben die MSen **finanziell Herren der Union** und tragen andererseits finanzielle Verantwortung für sie. Auch die **Finanzverwaltungshoheit** liegt noch weithin bei den nationalen Behörden, welche die der EU zustehenden Abgaben einziehen und nach Brüssel überweisen 2

(EuGHE 1977, 85, Rs. 110/76, „Pretura Cento"). Die EU hat weiterhin weder eine Besteuerungs- noch eine Schuldenkompetenz. Selbststand hat sie nur im Zoll- und Agrareinnahmensektor. Die Handlungsfähigkeit der Union in finanzrelevanten Entscheidungen ist weiterhin eher klein.

3 Andererseits zeigt sich auch und gerade finanziell, etwa im Vergleich mit internationalen Organisationen, welches **Eigengewicht** die EU seit ihren Anfängen bereits gewonnen hat. Während die EWG 1958 mit einem Haushalt von 44 Mio. DM begann, umfasst der Gesamthaushalt der EU für 2012 ein Zahlungsvolumen von **129,1 Mrd. Euro;** Verpflichtungen können in Höhe von **147,2 Mrd. Euro** eingegangen werden. Zum Vergleich: Der Haushalt der UNO beträgt unter 2 Mrd. Euro im Jahr.

4 Die Struktur des EU-Haushaltes, vor allem seine **„Agrarlastigkeit",** erweist sich weiterhin als problematisch. Über Jahrzehnte floss nahezu die Hälfte aller Ausgaben in die Gemeinsame Landwirtschaftspolitik. Erst die Finanzielle Vorausschau 2007–2013 wirkte hier entgegen. Der Haushalt 2008 legte den Schwerpunkt erstmals nicht mehr auf die unmittelbaren Agrarausgaben. Den größten Block bilden nun Ausgaben, die in der Terminologie der Kommission als solche für **nachhaltiges Wachstum** durch Steigerung der Wettbewerbsfähigkeit und Kohäsion (Lissabon-Strategie) bezeichnet werden: Es geht um Struktur-, Regional- und Beschäftigungsförderung. Die „Entwicklung des ländlichen Raums" ersetzt teilweise Agrarausgaben. Über die Effektivität dieser Transferströme aus den MSen über „Brüssel" wieder in die MSen zurück wird vor allem unter Ökonomen gestritten. Vorzugswürdig wäre es, etwaige Transfers unmittelbar vorzunehmen (europäischer Finanzausgleich) und nicht über administrative Steuerungs- und Verwaltungsmaßnahmen (Agrarpolitik, Strukturpolitik, Haftungsregime etc.) zu verschleiern. Die Verwendung der Mittel erfolgt zudem viel zu wenig zukunftsorientiert; es geht vielmehr um den Schutz des Bestehenden. **Außerhalb des EU-Haushaltes** machte ein Grundsatzbeschluss vom 6.12.1977 (ABl. 1978, L 298/9) den Weg für eine Erweiterung der Finanzkompetenz frei. Inzwischen nimmt die EU mit Hilfe verschiedener Finanzierungsinstrumente (unten Rz. 8/46) in größerem Umfang **Anleihen** auf und vergibt **Kredite** für bestimmte Vorhaben. Zusammen mit den Haushaltsmitteln verfügt die EU damit über Gesamt-Finanzmittel, die ihr einen durchaus wirksamen Einfluss auf den Fortgang des Integrationsprozesses eröffnen.

5 Im Zuge der Euro-Krise ist eine Debatte über die **Zukunft der EU-Fiskalmacht** entflammt. Vielfach ist man der Auffassung, trotz der „Euro-Krise" solle am **Prinzip des grundsätzlichen mitgliedstaatlichen Selbststands** festgehalten werden. Erheblicher Transfers zwischen den Mitgliedstaaten bedarf es dann nicht. Der EU-Haushalt sollte sich dieser Sichtweise zufolge darauf beschränken, Maßnahmen auf europäischer Ebene zu finanzieren, die gegenüber mitgliedstaatlichem Vorgehen einen echten Vorteil bringen. Ein weitergehender europaweiter Ressourcentransfer, wie er über gemeinsame Haftungs- oder Transferregime erfolgt, ist danach nur krisenbedingt zu rechtfertigen und längerfristig wieder abzubauen. Nach anderer Einschätzung wird eine Stabilisierung der Euro-Zone nur gelingen, wenn die weiterhin **große Differenz in der Wettbewerbsfähigkeit und Wachstumsperspektive** der Euro-Staaten durch Transfers ausgeglichen wird. Danach könnte sich die Euro-Zone einen Haushalt zulegen, aus dem derartige Transfers bezahlt werden. Bislang ist allerdings nicht absehbar, dass ein derartiger Haushalt eine relevante Größe gewinnen könnte. Wahrscheinlicher ist, dass Transfers indirekt und auf Individualebene, etwa über Sozialversicherungssysteme, erfolgen.

II. Haushalt der Europäischen Union

Literatur: *Feld*, Viel Lärm um nichts? Die Agenda 2007 der EU aus ökonomischer Sicht, Integr. 2005, 55; *Raddatz*, Das Eigenmittelsystem der EU, 2005; *Becker*, Fortschreibung des Status Quo – Die EU und ihr neuer Finanzrahmen Agenda 2007, Integr. 2006, 106; EU-K (Hrsg.), Der Haushalt der EU auf einen Blick, 2007; *dies.*, In unsere gemeinsame Zukunft investieren. Der Haushalt der EU, 2007; *Bux*, Was ändert sich im Haushaltsverfahren der EU? ZfRV 2009, 244; *ders.*, Das EU-Haushaltsverfahren nach Lissabon, EuR 2010, 711; *Streinz*, Finanzverfassung der Union, in: *ders./Ohler/Herrmann*, Der Vertrag von Lissabon, 2010, § 8.

1. Entwicklung des Haushaltswesens der EU

Die heutige EU-Finanzverfassung hat eine längere Vorgeschichte. Die 2002 in der EU 6 aufgegangene EGKS hatte sich ab 1953 durch eine steuerähnliche Umlage auf die ihr unterworfenen Unternehmen (**„Montanumlage“**) und Anleihen finanziert. Dagegen alimentierte sich die EWG seit 1958 zunächst wie klassische Internationale Organisationen aus **Finanzbeiträgen der MSen** nach einem festen Aufbringungsschlüssel (Bsp. Deutschland 28%). Art. 201 EWGV sah jedoch den Übergang auf eine **Eigenmittelfinanzierung** vor. Seit der Schaffung des Europäischen Agrarfonds 1962, der Milliardenbeträge bewegen sollte, wurde dies unabweisbar. Mit dem Fusionsvertrag von 1965 wurde ein **gemeinsamer Haushalt der drei Gemeinschaften** geschaffen (unter Beibehaltung der EGKS-Besonderheiten). Zum Meilenstein der europäischen Finanzverfassung wurde der aufgrund des Art. 201 EWGV gefasste **Luxemburger Beschluss vom 21.4.1970** (ABl. 1971, L 271 – Folgerecht). Er sah die allmähliche Ersetzung der Finanzbeiträge der MSen durch eigene Mittel der Gemeinschaften vor. Mit einem **Vertrag vom 22.7.1975** (ABl. 1977, L 359/1 – Folgerecht) wurde der **Europäische Rechnungshof** (oben Rz. 5/155ff.) und **Ansätze eines parlamentarischen Budgetrechts** geschaffen. Gleichzeitig gab sich die EG 1977 ihre erste **Haushaltsordnung.** Inzwischen finanziert sich die EU **vollständig aus Eigenmitteln.** Um jährlichen Streit zu vermeiden, vereinbart man seit 1988 mehrjährige Finanzrahmen (Delors I (1988–1992, 234 Mrd. ECU Zahlungsermächtigungen); Delors II (1993–1999, 571 Mrd. Euro Zahlungsermächtigungen); Agenda 2000 (2000–2006, 727 Mrd. Euro Zahlungsermächtigungen); Agenda 2007 (2007–2013; 821 Mrd. Euro Zahlungsermächtigungen); geplante Agenda 2014 (2014–2020; 908 Mrd. Euro Zahlungsermächtigungen).

Schon ab 2012 wurde zwischen den MSen über den nächsten Finanzrahmen 2014 – 7 2020 (MFR) gestritten. Es ging vor allem um die Höhe der Gesamtausgaben, teils auch um die Struktur. Die Vorstellung der KOM, der Haushalt solle trotz der Sparanstrengungen der MSen und der Wirtschaftskrise weiter wachsen, stieß auf geringes Verständnis. Die Interessen der Netto-Gesamtzahler und der Netto-Empfänger gingen deutlich auseinander. Erst nach harten Verhandlungen einigte man sich am 27.6.2013 politisch auf einen neuen Rahmen. Er umfasst ca. 959 Mrd. Euro. Die Obergrenze für Mittelbindungen liegt bei 1% des BNE der EU (im Vergleich: 1,12% im MFR 2007–2013), die Obergrenze für Zahlungen bei 0.95% des BNE der EU (im Vergleich: 1,06% im MFR 2007–2013). An Bedeutung hat der Bereich Forschung und Bildung gewonnen; die Ausgaben für Infrastruktur und Verkehr verdoppeln sich. Für die Bekämpfung der Jugendarbeitslosigkeit werden 2014–15 6 Mrd. Euro bereitgestellt. Die Agrarausgaben werden moderat zurückgeführt, die Regionalförderung konzentriert.

2. Grundlinien des EU-Haushaltsrechts

8 In der Ausgestaltung des EU-Haushaltsrechts finden sich weithin die aus dem nationalen Budgetrecht bekannten Rechtsinstrumente und Grundsätze wieder.

a) Rechtsgrundlagen

aa) Haushaltsordnung und Haushaltsdisziplin

9 Die **vorausschauende Haushaltsdisziplin** wurde lange durch eine **Interinstitutionelle Vereinbarung** zwischen EP, Rat und Kommission (vom 17.5.2006, ABl. C 139/1) gewährleistet. Inzwischen sieht Art. 312 AEUV die Festlegung eines „mehrjährigen Finanzrahmens" im besonderen Gesetzgebungsverfahren durch Verordnung vor. Dieser legt Eckdaten fest, die bei der Aufstellung des jährlichen Haushaltsplans einzuhalten sind. Wesentliches Rechtsinstrument für das Haushaltswesen der EU ist die auf Art. 322 AEUV gestützte **EU-Haushaltsordnung** (Verordnung (EU) Nr. 966/2012 vom 25.10.2012, ABl. L 298/1; Anwendungsbestimmungen: Delegierte Verordnung (EU) Nr. 1268/2012 der KOM vom 29.10.2012, ABl. L 362/1). Ihre Grundentscheidungen sind in den Art. 310 AEUV vorstrukturiert. Der Rat beschließt einstimmig; die Verhandlungen sind angesichts gegenläufiger Interessen von Zahler- und Empfängerstaaten konfliktträchtig. Die **EU-Haushaltseinnahmen** bestimmen sich gemäß dem Ratsbeschluss v. 7.6.2007 (ABl. L 163/17) über das System der Eigenmittel. Der Gerichtshof hat auch für das Haushaltsrecht die **Geltung allgemeiner Rechtsgrundsätze** (unten Rz. 9/31) wie des allgemeinen Gleichheitssatzes anerkannt (EuGHE 1980, 617, Rs. 265/78, „Ferwerda").

bb) Jährlicher EU-Gesamthaushalt

10 Auf diesen Rechtsgrundlagen wird der **jährliche Gesamthaushalt der EU** erstellt; er ist inzwischen im Internet „line by line" abrufbar. Es handelt sich um einen **besonderen Rechtsakt,** der zum einen die Verpflichtung der MSen zur Erbringung finanzieller Leistungen an die EU konkretisiert (Art. 40 HaushO), die voraussichtlichen Einnahmen und Ausgaben der EU für das Haushaltsjahr veranschlagt und im Voraus bewilligt (Art. 36 HaushO). Die Verabschiedung des Haushalts führt nur zu einer Ermächtigung, Mittel zu binden, so dass einzelne Personen hiervon nicht unmittelbar betroffen sind, allenfalls von Durchführungsmaßnahmen (EuGHE 1984, 3325, Rs. 216/83, „Les Verts"). Ausgaben bedürfen der konkreten Ermächtigung in einem verbindlichen Rechtsakt (Art. 310 Abs. 3 AEUV).

cc) Haushaltsjahr

11 Haushaltsjahr ist das **Kalenderjahr** (Art. 313 AEUV, Art. 9 HaushO). Es sind unter besonderen Umständen **Nachtrags- oder Berichtigungshaushaltspläne** denkbar (Art. 41 HaushO). Der Haushaltsplan gliedert sich in den Ausgaben nach Organen, wobei der Einzelplan der Kommission wegen der Fülle ihrer operationellen Ausgaben ganz im Vordergrund steht (zur Haushaltsgliederung näher Art. 43 ff. HaushO). Der Haushalt wird in Euro aufgestellt (Art. 19 HaushO).

dd) Nothaushalt

12 Infolge der öfters verspäteten Verabschiedung der EU-Haushalte ist die Regelung des Nothaushaltsrechts wichtig (Art. 315 AEUV, Art. 16 HaushO). Nach dieser sog. **„Zwölftelregelung"** können bis zur Verabschiedung des Haushalts im bereits laufen-

den Haushaltsjahr monatliche Ausgaben zunächst nur in Höhe eines Zwölftels der entsprechend im abgelaufenen Haushaltsplan bereitgestellten Mittel vorgenommen werden. Gewisse Abweichungen sind möglich.

b) Haushaltsgrundsätze

Gemäß den Verträgen und der Haushaltsordnung gelten für den EU-Haushalt im Wesentlichen dieselben **haushaltsmäßigen („kameralistischen") Grundsätze,** wie sie auch für das öffentliche Finanzgebaren der MSen maßgeblich sind (*Europäische Kommission,* Die Finanzverfassung der EU, 4. Aufl. 2008, 183ff.). Die Grundsätze sind geltendes, einklagbares Recht (EuGHE 1988, 5323, Rs. 204/86, „Griechenland/Rat"). 13

Jährlichkeit (Art. 310 Abs. 1, 313 AEUV, Art. 9 HaushO): Die Einnahmen und Ausgaben werden grundsätzlich für jedes Haushaltsjahr veranschlagt und in den Plan eingesetzt. Allerdings sind viele Mittel auf das folgende Jahr übertragbar. Dabei ist die Unterscheidung zwischen **Verpflichtungs- und Zahlungsermächtigung** (Art. 10 HaushO) wesentlich. Verpflichtungsermächtigungen sind die Gesamtkosten der rechtlichen Verpflichtungen, die über das laufende Haushaltsjahr hinaus verbindlich eingegangen worden sind. Zahlungsermächtigungen sind die Ausgaben, die im Haushaltsjahr aufgrund laufender oder früherer Verbindlichkeiten tatsächlich geleistet werden müssen. Mit dieser Haushaltstechnik können mehrjährige Programme, z. B. bei den Fonds, „gefahren" werden. Andererseits kann sich eine Summierung von Verpflichtungsermächtigungen ergeben, die als **„Altlasten"** den künftigen Haushaltsausgleich (unten Rz. 8/16) gefährden. 14

Vorherigkeit (Art. 314 AEUV, Art. 36 HaushO): Der Haushaltsplan ist grundsätzlich vor Beginn des neuen Haushaltsjahres zu verabschieden, um Ausgabenklarheit zu schaffen. Die Einhaltung dieses Grundsatzes begegnet oft praktischen und politischen Schwierigkeiten. Die „Zwölftelregelung" oder Nachtragshaushalte (Rz. 8/12, 8/16) stellen Aushilfsmaßnahmen dar. 15

Einheit und Vollständigkeit (Art. 310 AEUV, Art. 7, 20ff. HaushO): Es sind sämtliche Einnahmen und Ausgaben der EU in den Haushalt einzusetzen. In diesen Zusammenhang gehört auch das **Bruttoprinzip,** wonach Einnahmen und Ausgaben in voller Höhe und nicht gegenseitig saldiert aufzuführen sind.

Spezialität (Art. 44 HaushO): Die Ausgaben sind in enger Zweckbestimmung zu veranschlagen und nicht global. Diese Haushaltsansätze sind verbindlich. **Mittelübertragungen** bedürfen einer besonderen Rechtsgrundlage (Art. 317 AEUV).

Haushaltsausgleich (Art. 310 Abs. 1 UAbs. 3 AEUV): Diesem **fundamentalen Prinzip,** wonach der Haushaltsplan in Einnahmen und Ausgaben auszugleichen ist, kommt in der EU besondere Bedeutung zu, da die Eigenmittel rechtlich begrenzt sind und die EU über keine Finanzsouveränität verfügt. Art. 310 Abs. 4 AEUV verpflichtet die Kommission, keine Vorschläge zu machen, die nicht durch die vorhandenen EU-Eigenmittel gedeckt sind (**„Haushaltsdisziplin"**, unten Rz. 8/25). Die Kommission darf auch nicht zur Deckung eines Haushaltsdefizits **den Kapitalmarkt in Anspruch nehmen.** Bei Gefährdungen des Ausgleichs können **Nachtrags- oder Berichtigungshaushalte** eingebracht werden. Eine andere, rechtlich nicht unbedenkliche („vertragsnah": *Magiera,* EuR 1985, 273) Notlösung sind grundsätzlich rückzahlbare **„Vorschüsse"** der MSen zur Überbrückung von Haushaltsdefiziten. 16

Sparsamkeit und Wirtschaftlichkeit (Art. 30, 53 HaushO): Die EU-Haushaltsmittel sind vergleichbar mit nationalen Haushaltsgrundsätzen nach den Grundsätzen der Sparsamkeit und Wirtschaftlichkeit der Haushaltsführung zu verwenden.

3. Haushaltseinnahmen der Europäischen Union

Die EU finanziert sich **vollständig aus eigenen Einnahmen.** Der Begriff ist missverständlich. Es handelt sich um Einnahmequellen, die der EU überwiegend aus den nationalen Haushalten zufließen (ca. 75%) – auch wenn sie ihr rechtsgültig zustehen. 17

Finanzielle Gestaltungsspielräume besitzt die EU auf der Einnahmeseite kaum; die traditionellen Eigenmittel, auf deren Höhe sie Einfluss hat (Zölle, Zuckerabgaben), umfassen nicht mehr als ca. 11 % des Haushalts.

18 Maßgebliches Rechtsinstrument für die Erhebung der Eigenmittel ist der **Ratsbeschluss** über das System der Eigenmittel der EGen 2007/436 v. 7.6.2007 (ABl. L 163/17) (= Sartorius II Ziff. 225); dieser Beschluss ist von den Mitgliedstaaten ratifiziert worden. Die EU hat bislang keine Finanzierungsautonomie, sondern ist mit Blick auf die Art der ihr zustehenden Mittel (und den mehrjährigen Finanzrahmen) von den Mitgliedstaaten abhängig.

a) Die Eigenmittel

19 Nach Art. 2 Abs. 1 lit. a bis c, Abs. 2 des Eigenmittelbeschlusses von 2007 bestehen die eigenen Mittel der EU im Wesentlichen aus:

- den **Zöllen des Gemeinsamen Zolltarifs** der EU und anderen Zöllen und den **Agrarabschöpfungen** und **Abgaben,** die im Rahmen der gemeinsamen Marktorganisation für **Zucker** vorgesehen sind (sog. traditionelle Eigenmittel). Diese Einnahmen machen z. Z. ca. 11 % der Gesamteinnahmen aus. Den Mitgliedstaaten steht es nicht frei, bestimmte Waren (etwa: militärische Ausrüstungsgüter) einseitig zollfrei zu stellen (EuGHE 2009, I-11801, Rs. C-372/05, KOM/D);
- dem **EU-Anteil am Umsatzsteueraufkommen der MSen** (*Hidien,* EuR 1997, 95). Dabei beträgt der Abrufsatz 0,30 %. Der Abrufsatz stützt sich auf eine maximale USt-Bemessungsgrundlage, der auf 50 % des BNE des MSen festgelegt ist („Kappung"). Allerdings sieht der Beschluss Ausnahmen vor – etwa, dass gegenwärtig der Abrufsatz für die USt-Eigenmittel für Deutschland 0,15 % beträgt. Diese Einnahmequelle trägt ca. 11 % zum Finanzaufkommen der EU bei.
- Mit der Haushaltsreform 1988 schuf der Rat eine zusätzliche, sog. **dritte Einnahmequelle,** die sich (heute) auf das **BNE** stützt. Dieses errechnet sich aus der Summe des BSP zu Marktpreisen, zuzüglich des Nettoprimäreinkommens aus der übrigen Welt (Art. 1 der „BNE-Verordnung" 1287/2003 v. 15.7.2003 [ABl. L 181/1]). Der Grundgedanke ist hierbei, dass die Höhe der BNE-Mittel der tatsächlichen Leistungsfähigkeit der einzelnen MSen Rechnung trägt. Diese Zuweisungen bilden zunehmend die Haupteinnahmequelle der EU (ca. 76 %). Auch hier gibt es Korrekturen (2007 – 2013 zugunsten der NL und Schwedens). Die von Großbritannien an die EU abzuführenden MwSt- und BNE-Eigenmittel werden zu Lasten der anderen MSen gekürzt. Trotz wachsender Kritik ist der britische „Beitragsrabatt" bis 2020 verlängert worden und nur der Höhe nach etwas verändert.

20 Um die EU zur Sparsamkeit zu zwingen, legt Art. 3 des Eigenmittelbeschlusses eine **Obergrenze der Eigenmittel** fest. Der Gesamtbetrag der Eigenmittel darf 1,24 % der Summe der BNE der Mitgliedstaaten nicht überschreiten. Regelmäßig bleibt der Haushalt der Union jedoch unterhalb dieser Grenze; er liegt bei ca. 1 % des BNE. Die jährlichen Verpflichtungsermächtigungen sind auf 1,31 % des BNE der MSen begrenzt.

21 Die Wahl von **Zolleinnahmen und Abschöpfungen** als Eigenmittel entspricht der Logik des Binnenmarktes. Einfuhren werden regelmäßig in den geographisch günstigsten Häfen abgewickelt („Rotterdamvorteil"), der Bestimmungsort der Ware kann aber in einem anderen MS liegen. Nachdem diese Mittel nicht mehr ausreichten, lag es nahe, auf **Steuereinnahmen** zurückzugreifen. Dabei versuchte die EU durch die Kombination der Umsatzsteuermittel und der BNE-Einnahmen wohlhabende und weniger wohlhabende MSen einigermaßen „gerecht" heranzuziehen. Allmählich wurden die USt-Mittel zugunsten der BNE-Mittel verringert. Eigentlich sollte die Generalität der BNE-Mittel Verteilungskonflikte verringern. Das Gegenteil ist eingetreten, weil

diese Finanzierungsform Geber und Nehmer besonders leicht identifizierbar macht. In der Folge wurden in teilweise harten Kämpfen (berühmt: Margaret Thatcher) Sonderregelungen erkämpft. Zudem tragen einige MSen – gemessen an ihrem relativen Wohlstand – eine zu große Haushaltslast; auch dies hat zur Einführung verschiedener **Korrekturmechanismen** geführt. Diese Korrekturen haben das Eigenmittelsystem der EU stark verkompliziert. Selbst in der Kommission ist die Auffassung weit verbreitet, dass das System intransparent und undurchsichtig, aufgrund des fehlenden Zusammenhangs von EU-Aufgaben und Einnahmen inkohärent und in der konkreten Ausgestaltung unfair ist.

An Dynamik gewonnen hat in den letzten Jahren die Diskussion um die Einführung einer originären **EU-Steuer** als zusätzlicher Einnahmequelle. Bisher kommt der EU ein Besteuerungsrecht nur in Bezug auf die Einkünfte ihres Personals zu. Die Vorschläge, wie eine solche EU-Steuer aussehen könnte, sind grundverschieden und reichen von der Einführung einer **EU-Verbrauchsteuer** (z. B. auf Kerosin; „Tobin-Steuer") über die Erhebung einer **eigenen Umsatzsteuer** der EU (i. H. v. ca. 1 %) bis hin zu einer **Anbindung der EU-Steuer an die Einkommen- und/oder Körperschaftsteuer.** Die Gegner wenden ein, dass eine Erhöhung der Gesamtsteuerbelastung der Bürger wohl nicht vermieden werden könnte und das Besteuerungsrecht der EU Umverteilungs- und Lenkungstendenzen noch verstärken würde. Dass diese Vorschläge in absehbarer Zeit auch in die Tat umgesetzt werden, ist eher unwahrscheinlich. Ein Entwurf der KOM zur Einführung einer Finanztransaktionssteuer (KOM 2011 594) fand keine einstimmige Zustimmung. Allenfalls im Zuge einer **verstärkten Zusammenarbeit** nach Art. 20 EUV, Art. 326 – 334 AEUV wird es zur Erhebung einer derartigen Steuer kommen (ermächtigender Beschluss des ECOFIN vom 22. 1. 2013). Die Absicht, die Steuer in elf der MSen 2014 einzuführen, wird sich nicht halten lassen. 22

Die Einnahmenhoheit darf so lange nicht vergemeinschaftet werden, wie die politischen Auffassungsunterschiede über den Umfang und den Inhalt von **Transferflüssen** weiterhin tiefgreifend sind. Eine Vergemeinschaftung der Entscheidung ist in einer solchen Situation weder effektiv noch legitim oder mit dem Grundgesetz vereinbar. Auf absehbare Zeit muss die **Zuständigkeit für die Festlegung der Finanzierungsmöglichkeiten** auf der mitgliedstaatlichen Ebene verbleiben.

b) Sonstige Haushaltseinnahmen

Neben den eben genannten Eigenmitteln verfügt die EU zur Haushaltsdeckung noch über einige **Einnahmen geringeren Umfanges.** Hierher gehören Einnahmen aus der Erhebung von Zwangsgeldern, Geldbußen u. ä., Bankzinsen, Beiträge von Drittländern zu bestimmten Unionsprogrammen, Rückzahlungen nicht in Anspruch genommener Finanzhilfen, Verzugszinsen sowie der Saldo aus dem vorhergehenden Haushaltsjahr. Die sonstigen Haushaltseinnahmen haben einen Anteil am Gesamthaushalt von ca. 1 %. 23

Die steuerähnliche **Montanumlage,** mit der die operativen Ausgaben des EGKS-Haushalts gesondert finanziert wurden, ist seit 2002 weggefallen (*Obwexer,* EuZW 2002, 517).

Keine Einnahmen des EU-Haushalts sind bisher die erheblichen Zuwendungen für den Europäischen Entwicklungsfonds (EEF) oder Mittel aus von der EU aufgelegten „Gemeinschaftsanleihen" (unten Rz. 8/46 ff.). Obwohl seit 1993 ein Titel für den EEF im EU-Haushalt vorgesehen ist, werden die Mittel für diesen nach wie vor nicht in den Haushaltsplan eingestellt. Nur die zuvor ebenfalls vom EEF umfassten Hilfsleistungen für die überseeischen Länder und Gebiete sind seit 2008 in diesem enthalten. 24

4. Haushaltsausgaben der Europäischen Union

25 **Die Ausgaben der EU** haben sich nach dem Grundsatz des Haushaltsausgleichs (oben Rz. 8/16) **im Rahmen der Einnahmen der EU** zu halten. Mehrausgaben, die beim Haushaltsvollzug entstehen, sind über Nachtrags- und Berichtigungshaushalte auszugleichen. Faktisch wird ein solcher Ausgleich bisweilen über „Vorschüsse" der MSen vorgenommen, deren Rückzahlung nicht in jedem Falle deutlich ist. Haushaltsrechtlich korrekter ist in einer solchen Lage die Einsparung über die Verhängung einer globalen Minderausgabe (Gesamteinsparungen in einer pauschal festgelegten Höhe während des Haushaltsvollzuges).

a) Kompetenzielle Begrenzung der Ausgaben

26 Anders als in einem virtuell allzuständigen Staatswesen konzentrieren sich die EU-Ausgaben gemäß der begrenzten Einzelzuständigkeit (unten Rz. 11/3) der EU auf die **Aufgabenfelder der Unionsaktion.** Sie werden in der Praxis gelegentlich in großzügiger Weise durch gewisse **„Fondskompetenzen"** abgerundet. In diesem eingegrenzten Rahmen sind gemäß den politischen Entscheidungen innerhalb der Kommission, des Parlamentes und vor allem des Rates finanzielle Akzentuierungen im EU-Ausgabengebaren möglich. Infolge der Begrenztheit der EU-Finanzgewalt vermag der EU-Haushalt kaum europaweite fiskalpolitische Steuerungsfunktionen (konjunktureller Ausgleich, strukturelle Umverteilung u. a.) auszuüben.

b) Mehrjähriger Finanzrahmen

27 Seit den 1980er Jahren waren die Gemeinschaftsausgaben erheblich gestiegen, insbesondere im Agrarbereich. Um diese Entwicklung unter Kontrolle zu halten, wurde eine verbindliche mehrjährige **Vorprogrammierung der Ausgaben („Finanzielle Vorausschau", heute: „mehrjähriger Finanzrahmen (MFR)" (Art. 312 AEUV)** eingeführt. Der Europäische Rat legte im Dezember 2005 den Finanzrahmen für die Jahre 2007–2013 fest (Anhang I zur Interinstitutionellen Vereinbarung v. 17.5.2006, ABl. C 139/1). Mit dieser wurde die Ausgabenstruktur der EU grundlegend geändert und den zukünftigen Herausforderungen angepasst. So sollen die Agrarausgaben langsam zurückgefahren werden. Der Schwerpunkt der Programmierung soll künftig auf der **Steigerung der Wettbewerbsfähigkeit** der EU liegen, womit die vom Europäischen Rat im März 2000 beschlossene Lissabon-Strategie umgesetzt werden soll. Diese verfolgt das Ziel, die EU innerhalb der nächsten Jahre zum wettbewerbsfähigsten und dynamischsten wissensgestützten Wirtschaftsraum der Welt zu machen. Die EU will damit im Rahmen des globalen Ziels der nachhaltigen Entwicklung ein Vorbild für den wirtschaftlichen, sozialen und ökologischen Fortschritt in der Welt sein. Um dies zu erreichen, gelten, außer im Agrarbereich, bestimmte Ausgabensteigerungen für die einzelnen EU-Politikbereiche und für den Haushalt insgesamt. Die jährlichen EU-Mittel werden bis Ende 2013 auf eine Höhe von maximal **1,24% des BNE der MSen** „gedeckelt". Der MFR für 2014 – 2020 wird seit Sommer 2012 verhandelt.

c) Die Ausgabenstruktur

28 Durch die Reform der Ausgabenstruktur sollen die Flexibilität und Sichtbarkeit der Unionsmaßnahmen erhöht werden. Im Mehrjährigen Finanzrahmen 2014–2020 sind die Ausgaben der EU in sechs Rubriken gegliedert, hierunter:

aa) Nachhaltiges Wachstum

Den mit ca. 45% der **EU-Gesamtausgaben** größten Ausgabenblock bilden die Ausgaben zur Steigerung der Wettbewerbsfähigkeit und Kohäsion. Im Vordergrund stehen hier die Beschleunigung des **Wirtschaftswachstums** und die **Förderung der Beschäftigung.** Dazu gehören z. B. Investitionen in Forschung und Ausbildung, der Ausbau von Verkehrs- und Energienetzen sowie die Optimierung der Arbeitsbedingungen. Außerdem sollen benachteiligte Regionen dabei unterstützt werden, ihre Wirtschaft für den weltweiten Wettbewerb zu rüsten. 29

bb) Natürliche Ressourcen

Den zweiten großen Block bilden die Ausgaben für **Landwirtschaft,** ländliche Entwicklung, Umwelt und Fischerei, die ca. 43% des Haushaltsvolumens ausmachen. Umfasst werden hiervon direkte **Umweltschutzmaßnahmen,** die Neuausrichtung und Diversifizierung der **Agrarwirtschaft** und die Förderung einer **nachhaltigen Fischereitätigkeit.** Im Gegensatz zu den Ausgaben in den übrigen Rubriken waren die Ausgaben in diesem Bereich jedenfalls **bis zum Jahr 2013 rückläufig.** 30

cc) Sicherheit und Unionsbürgerschaft

Diese Rubrik umfasst verschiedene EU-Politiken wie justizielle Zusammenarbeit (in Strafsachen), Informationsgesellschaft, Medien, Kultur, Gesundheit und Verbraucherschutz, Migration, Asyl, Sicherung der Außengrenzen, innere Sicherheit und Recht. Die Terrorismusbekämpfung und der Kampf gegen illegale Einwanderung gehören hierzu. Weiterhin soll die Bürgerbeteiligung in der EU gefördert werden. Sie macht 1% des Gesamthaushalts aus (15 686 Mio. Euro). 31

dd) Europa in der Welt

Ungefähr 6% des Haushalts werden zur Förderung verschiedener **Maßnahmen im Außenbereich** eingesetzt. Die Maßnahmen umfassen insb. Entwicklungszusammenarbeit, humanitäre Hilfe, Stärkung von Demokratie und Menschenrechten. Auch die **Nahrungsmittelhilfe der EU** für die am wenigsten entwickelten Länder, die einkommensschwachen Länder und die Entwicklungsländer sowie Maßnahmen zugunsten des Mittelmeerraums, Osteuropas und für Länder Asiens und Lateinamerikas fallen hierunter. Schließlich werden Mittel für die **GASP** und andere externe Aspekte einiger Gemeinschaftspolitiken bereitgestellt. Auch die Kosten im Rahmen der **„Heranführungsstrategie"** zur Unterstützung der potentiellen künftigen Mitgliedstaaten bei ihrer Annäherung an die EU gehören nunmehr in diese Rubrik. Seit 2007 erhalten u. a. die Türkei und Mazedonien Finanzmittel aus dem EU-Haushalt. 32

ee) Verwaltungskosten

Die **Verwaltungskosten** der EU sind mit **ca. 6%** des Haushalts, verglichen mit nationalen Budgets, durchaus begrenzt. Dabei ist zu berücksichtigen, dass die großzügige **Sprachenregelung** der EU (oben Rz. 5/8) kostenaufwändig ist (Übersetzungs- und Publikationsaufwand). Dies ist bei der beliebten Kritik an der „Brüsseler Eurokratie" mitzubedenken. Das **EU-Personal** (oben Rz. 7/1) kann in Relation zu ca. 500 Millionen Unionsbürgern in Grenzen gehalten werden, da der Vollzug der Unionsaktion unterhalb der „Brüsseler Ebene" fast ausschließlich durch **Behörden der MSen** erfolgt, deren Verwaltungskosten den nationalen Haushalten zur Last fallen. 33

Der weit überwiegende Anteil des EU-Budgets dient der **Realisierung von Umverteilungseffekten** zwischen den MSen, was ökonomisch betrachtet unvorteilhaft ist. Gerade die Agrarsubventionierungen, die vorgeblich Preisausschläge auf dem Agrarmarkt ausgleichen sollen, wären weniger kostenintensiv, wenn sie auf mitgliedstaatlicher Ebene durchgeführt würden. Zudem zeigt sich hier eine **systematische Inkonsistenz:** Während die Binnenmarktpolitik der EU marktwirtschaftlich ausgerichtet ist (mit Beihilfeverbot, Wettbewerbskontrolle etc.), ist ihre budgetäre Realität geprägt von der 34

Subventionierung einer Branche mit rückläufiger gesamtwirtschaftlicher Bedeutung. Auch die Brüsseler Steuerung mitgliedstaatlicher Projekte im Rahmen der Regional- und Kohäsionspolitik ist häufig ineffizient und mit dem Gedanken der Subsidiarität unvereinbar. Auch hier steht die Einkommensverteilung zwischen den MSen im Vordergrund, zur Beförderung des unionalen Konvergenzprozesses tragen die gebildeten Fonds jedenfalls nicht merklich bei (*Midelfart-Knarvik/Overman,* Economic Policy 2002, 323). Letztendlich bezwecken die Zahlungen aus dem EU-Haushalt denn auch weniger einen gerechten Finanzausgleich, sondern dienen eher als **Kompensation für potenzielle Verlierer** weiterer Integrationsschritte (*Feld,* Integr. 2005, 55) oder struktureller Veränderungen. Im Vergleich dazu spielt die Finanzierung eigentlicher europäischer Politikfelder (interne Politiken, Außenpolitik) eine relativ unbedeutende Rolle.

5. Haushaltsverfahren, Haushaltsvollzug und Haushaltsabschluss

35 Bei der **Aufstellung des jährlichen EU-Haushaltsplanes** wirken Kommission, Parlament und Rat in einem inzwischen deutlich vereinfachten Verfahren zusammen (Art. 314 AEUV). Dabei bleibt der **Wille des Rates** weithin maßgeblich. Das Haushaltsverfahren spielt sich von vornherein innerhalb der allgemeinen Grenzen der EU-Finanzgewalt ab (oben Rz. 8/8). Im Näheren sind folgende **Etappen des Haushaltsverfahrens** im Vertrag vorgesehen, die teils im Vertrag selbst, teils in der Haushaltsordnung (vgl. Art. 322 AEUV) festgelegt sind. Zu beachten ist, dass der vertraglich vorgesehene Zeitplan durch den sog. „pragmatischen Zeitplan" („pZp") (Ziffer 5 einer Gemeinsamen Erklärung) nach vorne gezogen wird.

a) Entwurf des Haushaltsplanes (Art. 314 Abs. 1 AEUV)

36 Die Organe der EU stellen bis zum 1. Juli **Voranschläge** für ihre Ausgaben auf. Dies geschieht vor dem Hintergrund eines kontinuierlichen „interinstitutionellen Dialogs" (Art. 324 AEUV). Die Kommission erstellt hieraus in einem Verhandlungsprozess einen Entwurf für den Haushaltsplan; sie ist frei, abweichende Festsetzungen zu treffen. Bis zum 1. September (pZp: spätestens 18. Kalenderwoche) legt sie dann den **Entwurf** des nächstjährigen Haushaltsplanes vor. Sie hat sich dabei am mehrjährigen Finanzrahmen zu orientieren.

37 Der Rat nimmt einen Standpunkt zu dem Entwurf des Haushaltsplans bis zum 1. Oktober an (pZp: 30. Woche). Das EP hat innerhalb von 42 Tagen zu entscheiden, ob es den vom Rat abgeänderten Entwurf billigt oder die vorgenommenen Änderungen annimmt (pZp: bis zur 42. Woche). Im Falle der Billigung oder Untätigkeit des EP gilt der Plan als angenommen. Mit der absoluten Mehrheit seiner Mitglieder kann das EP aber auch Änderungen annehmen; in diesem Fall ist der Vermittlungsausschuss einzuberufen – es sei denn, der Rat billigt die Änderungen innerhalb von zehn Tagen. Auch dann gilt der Plan als angenommen. Im Vermittlungsverfahren wird innerhalb von 21 Tagen versucht, einen gemeinsamen Entwurf zu erstellen (pZp: bis zur 45. Woche). Der Vermittlungsausschuss wird vom EP vorzugsweise durch Abgeordnete besetzt, die dem Haushaltsausschuss o. ä. angehören (Art. 75d GO EP). Der Vermittlungsausschuss entscheidet mit der qualifizierten Mehrheit der Mitglieder des Rats und der Mehrheit der EP-Mitglieder (Art. 314 Abs. 5 AEUV). Scheitert das Vermittlungsverfahren, so muss die Kommission einen neuen Entwurf vorlegen (Art. 314 Abs. 8 AEUV). Andernfalls müssen beide Teile der Haushaltsbehörde innerhalb von 14 Tagen über eine Billigung entscheiden. Das EP stimmt über den Entwurf als Ganzes in einer einzigen Abstimmung ab. Er gilt als angenommen, wenn ihn nicht eine Mehrheit der Mitglieder ablehnt. In diesem Fall ist ein neuer Vorschlag der Kommission vorzulegen. Im Falle der Ablehnung durch den Rat hat das EP die Möglichkeit, sich mit einem besonderen Quorum durchzusetzen (Art. 314 Abs. 7 lit. d) AEUV). Das EP bildet damit inzwischen einen gleichberechtigten Teil der EU-Haushaltsbehörde.

b) Feststellung des Haushaltsplanes (Art. 314 Abs. 5 AEUV, Art. 40 HaushO)

Die Feststellung, dass der Haushaltsplan endgültig erlassen ist, obliegt dem Präsidenten des EP. Damit ist der Plan **rechtsverbindlich** geworden, d. h. jeder MS ist verpflichtet, der Kommission die festgestellten Beträge gemäß den Bedingungen der HaushO zur Verfügung zu stellen. 38

c) Haushaltsvollzug (Art. 317 AEUV, Art. 53 ff. HaushO)

Der Vollzug (Ausführung) des Haushaltes obliegt der **Kommission** in Zusammenarbeit mit den MSen (zu den Grenzen der Kommissionsbefugnisse: EuGHE 2007, I-9045, Rs. C-403/05, „EP/KOM"). Dabei ist der Rechtscharakter des Haushaltsplanes als lediglich einer Ermächtigung zur Mittelausgabe zu beachten. Es bedarf zur effektiven Mittelbindung und -ausgabe einer **gesonderten Rechtsgrundlage** (Art. 310 Abs. 3 AEUV). 39

d) Rechnungslegung und Rechnungsprüfung (Art. 318 AEUV)

Wie im nationalen Haushaltsrecht unterliegt der vollzogene EU-Haushaltsplan des abgelaufenen Jahres **nachträglichen Kontrollen.** Die Kommission legt zunächst Rat und EP jährlich die Rechnung des abgelaufenen Haushaltsjahres für die Rechnungsvorgänge des Haushaltsplans vor **(Rechnungslegung).** Hierzu bedarf es zugleich der Vorlage einer Übersicht über Vermögen und Schulden der EU (näheres in Art. 141 ff. HaushO). – Gleichzeitig prüft der **Rechnungshof** (zu ihm näher oben Rz. 5/155 ff.) die Rechtmäßigkeit und Ordnungsmäßigkeit der Einnahmen und Ausgaben und überzeugt sich von der Wirtschaftlichkeit der Haushaltsführung. Diese Prüfung mündet in den **Jahresbericht des Rechnungshofes** ein, der den Organen der EU vorgelegt und im ABl. veröffentlicht wird. Der Rechnungshof unterstützt so Parlament und Rat bei der Kontrolle der Ausführung des Haushaltsplanes (näher *Ries,* DÖV 1992, 293). Seine Prüfungen i. V. m. der Tätigkeit des Haushaltskontrollausschusses des EP sind für die rechtliche Ordnung des EU-Haushaltsgebarens wesentlich. 40

e) Entlastung der Kommission (Art. 319 AEUV, Art. 164 ff. HaushO)

Aufgrund der Rechnungslegung und Rechnungsprüfung obliegt es abschließend dem Parlament, dem der Rat vorher eine Empfehlung zuleitet, über die **Entlastung der Kommission** zur Ausführung des Haushaltsplanes zu beschließen (Art. 319 AEUV; Art. 164 HaushO). In diesem Zusammenhang kann das Parlament einzelne Haushaltsmaßnahmen beanstanden, d. h. um Nichtwiederholung ersuchen oder sogar um Abänderungen der Maßnahme. In schwerwiegenden Fällen kann die Entlastung verweigert werden. Dies hat das EP 1984 für den Haushalt 1982 und 1987 für den Haushalt 1985 getan und mit einer (erfolglosen) Rücktrittserwartung an die Kommission verbunden. Beanstandete Organe haben die Pflicht, den Beanstandungen nachzukommen. Nötigenfalls können Rat und Parlament bei der Feststellung künftiger Haushaltspläne auf Abstellung von Versäumnissen drängen. 41

Der Lissabon-Vertrag hat das Haushaltsverfahren der EU gestrafft und das EP weiter aufgewertet. Gleichwohl befindet sich die EU-Haushaltsverfassung – mit Blick auf die komplizierte Verteilung der „power of the purse" zwischen Rat und Parlament – weiterhin **in einer Übergangsphase,** die das labile Kräfteverhältnis innerhalb der EU widerspiegelt. 42

6. Schutz der finanziellen Interessen der EU (Betrugsbekämpfung)

Literatur: *Berner,* Die Untersuchungsbefugnisse des Europäischen Amtes für Betrugsbekämpfung (OLAF) gegenüber dem Europäischen Parlament, 2004; *Cullen,* Enlarging the Fight against Fraud in the EU, 2004; *Fromm,* Der Schutz der Finanzinteressen der EG, 2004; *Brünner/Spitzer,* OLAF-Reform II, EuR 2008, 859; *Niestedt/Boeckmann,* Verteidigungsrechte bei internen Untersuchungen von OLAF, EuZW 2009, 70; *Lingenthal,* Die OLAF-Reform, ZeuS 2012, 195; *Inghelram,* Fundamental Rights, the European Anti-Fraud Office (OLAF) and the European Public Procecutor's Office (EPPO), KritVJ 2012, 67.

43 Seit längerem entstehen der EU durch **Betrügereien zu Lasten des Unionshaushaltes** besonders bei Zöllen, Agrarsubventionen und den Strukturfonds Schäden in jährlicher Milliardenhöhe (im Durchschnitt der letzten Jahre ca. 2% des EU-Haushaltes). Die EU und ihre Mitgliedstaaten sind nach Art. 4 Abs. 3 EUV gleichermaßen verpflichtet, solche Betrügereien zu bekämpfen und strafrechtlich zu ahnden (EuGHE 1989, 2965, Rs. 68/88, „KOM/Griechenland"; *Epiney,* AJP 2004, 457).

44 Nach Art. 325 AEUV bekämpfen EU und Mitgliedstaaten **Betrügereien und gegen die finanziellen Interessen der EU gerichtete rechtswidrige Handlungen.** In erster Linie ist das **nationale Strafrecht** gefordert, da die MSen ca. 80% der EU-Gelder verwalten. Auf Unionsebene wurde in Reaktion auf die am Ende der *Santer*-Kommission aufgedeckten Missstände das **Europäische Amt für Betrugsbekämpfung (OLAF)** gegründet (KOM-Beschluss v. 28.4.1999, ABl. L 136/20; VOen 1073–1074/1999, ABl. L 136/1; *Haus,* EuZW 2000, 745). OLAF ist eine Einrichtung innerhalb der Kommission (ca. 300 Bedienstete), die mit **Autonomie** ausgestattet ist. Sie hat keine polizeilichen und strafrechtlichen Befugnisse, sondern ist eine Untersuchungsbehörde, die innerhalb der EU-Organe (einschl. EIB und EZB) Fakten sammelt. Sie werden den zuständigen Stellen in der EU und in den MSen bekannt gegeben. Aus dieser Organisationsform ergeben sich Grenzen der Wirkungsmöglichkeiten von OLAF. Die **strafrechtliche Verfolgung** aufgedeckter Missstände obliegt den nationalen Behörden i. V. m. den europäischen Stellen, die im Aufbau des Raumes der Freiheit, der Sicherheit und des Rechts eingerichtet wurden (Europol, Eurojust, evtl. künftig eine Europäische Staatsanwaltschaft, unten Rz. 37/10).

45 Auf der Grundlage von Art. 325 Abs. 4 AEUV sind verschiedene Regelungen zur **Bekämpfung von Betrug, Korruption, Terrorismus und Geldwäsche** erlassen worden oder in Vorbereitung (*Hetzer,* APUZ 44/2004, 28). Es gibt Pläne, sie in einem „Corpus Juris" zusammenzufassen. Ein entsprechender Modellentwurf liegt seit 1997 vor. Die Zusammenarbeit zwischen den EU-Instanzen sowie zwischen den europäischen und nationalen Behörden ist verbesserungsfähig.

III. Unionsfinanzierung außerhalb des Haushaltes, insbesondere Anleihen und Darlehen

Literatur: *Drygalski,* Die Fonds der EG, 1988; *Scheibe,* Die Anleihekompetenz der Gemeinschaftsorgane nach dem EWGV, 1988; *Münch,* Die Verschuldungsfähigkeit der EG, 1989; *Caesar,* Die Verschuldung als Finanzierungsinstrument der EGen, in: Biehl/Pfennig (Hrsg.), Zur Reform der EG-Finanzverfassung, 1990, 221; *Eurofi* (Hrsg.), Guide to European Community Grants and Loans, 1994; *Gesmann-Nuissl,* Die Verschuldungsbefugnis der EU, 1999; *Bartelt,* Der rechtliche Rahmen für die neue operative Kapazität der EU, 2002; *Europ. Kommission,* Neue Fonds, bessere Regeln, 2007; *Horn,* Die Finanzierung von Staaten durch externe Anleihen, FS Hellwig, 2010, 487.

46 Nicht alle EU-Finanzierungen sind in den Gesamthaushalt einbezogen. Nach dem Wegfall der besonderen EGKS-Finanzierung 2002 wird der Europäische Entwicklungsfonds mindestens bis 2013 als Sonderhaushalt der Kommission verwaltet. Ferner gibt die EU projektbezogene Wertpapiere aus und nimmt Darlehen auf.

1. Europäischer Entwicklungsfonds (EEF)

47 Ein **wichtiger Teil der Entwicklungspolitik der EU** wird außerhalb des normalen EU-Haushaltsverfahrens finanziert, nämlich die finanzielle Zusammenarbeit mit der Gruppe der Staaten Afrikas, des karibischen Raumes und des Pazifischen Ozeans **(„AKP-Staaten").** Obwohl diese Sonderfinanzierung dem Grundsatz der Vollständigkeit des EU-Haushalts zuwiderläuft und keine gesicherte parlamentarische Kontrolle stattfindet, wird sie bisher aus politischen Gründen beibehalten (Erklärung zum Europäischen Entwicklungsfonds in der Schlussakte zum EUV 1992). Lediglich die vormals im EEF enthaltene Hilfe für die überseeischen Länder und Gebiete hat mittlerweile Eingang in den Gesamthaushaltsplan gefunden.

Die Entwicklungsfinanzierung EU-AKP-Staaten regelt sich nach Art. 55ff. des 5. AKP-EG-Abkommens von Cotonou v. 23.6.2000 (ABl. L 317/3) (i.V.m. mit einem Finanzprotokoll) sowie nach unionsinternen Bestimmungen. Das Cotonou-Abkommen gilt bis zum 1.3.2020. Zunächst umfasst der **10. EEF für die Periode 2008–2013** 22,7 Mrd. Euro. Der Fonds speist sich aus Beiträgen der EU-Staaten. Deutschland und Frankreich sind die größten Beitragszahler. Ferner stellt die Europäische Investitionsbank Darlehen zur Verfügung (näher unten Rz. 8/50). 48

Der erste Entwicklungsfonds wurde 1958 mit der Gründung der EWG eingerichtet. Später ging diese Finanzierung in die Entwicklungsabkommen von Jaunde I (1963) bis Cotonou (2000) ein. Die Kommission verwaltet den Fonds nach einem **Sonderhaushaltsplan.** Das Kontrollverfahren der Art. 319 AEUV (Entlastung durch das EP auf Empfehlung des Rates) wird auf den EEF entsprechend angewendet. 49

2. Anleihen und Darlehen der EU

a) Zur Verschuldungsfähigkeit der EU

Als weitere Einnahmequelle der EU kommen von ihr aufzunehmende **Anleihen** in Betracht, deren Mittel gewöhnlich in Gestalt der Vergabe von **Darlehen für produktive Unionszwecke** Verwendung finden sollen. Dies setzt allerdings voraus, dass die EU über eine entsprechende Verschuldungsfähigkeit verfügt. In den Verträgen finden sich **spezielle Anleihebefugnisse** (Art. 308 AEUV – Gründung und Anleihebefugnis der Europäischen Investitionsbank; Art. 172 Abs. 4 EAGV – Anleihen zur Finanzierung von Forschung und Investitionen im Euratom-Bereich). Während ursprünglich im Umkehrschluss aus solchen Spezialregelungen gefolgert wurde, dass der EG darüber hinaus keine Anleihe- und Kreditierungsbefugnisse zustanden, wurden ihr im Zuge der großzügigeren Anwendung des heutigen Art. 352 AEUV seit der Pariser Gipfelkonferenz 1972 und einem Beschluss des Europäischen Rates 1977 die **Kompetenz zur Aufnahme von Anleihen und zu entsprechender Darlehensgewährung** dann zuerkannt, wenn die Verwirklichung der Ziele im Rahmen des Gemeinsamen Marktes eine solche Finanzierung erforderlich macht (kritisch *Gesmann-Nuissl,* Die Verschuldungsbefugnis der EU, 1999). Dies wurde in der Praxis besonders bei **Strukturmaßnahmen (Investitionsprojekten) und Notsituationen** bejaht. Seit 1990 bedient sich die EU vor allem der **Europäischen Investitionsbank** zur Anleihenfinanzierung. Auf diese Weise ist die Finanzierungskompetenz der EU **erweitert worden.** Durch die zunehmende Einschaltung der EIB wurde gleichzeitig der **Einfluss der MSen** gewahrt und die **bankmäßige Bonität** der EU als Anleiheschuldnerin sichergestellt. Die EU bietet den Gläubigern ihren Haushalt als Garantie für Anleihen und Darlehen an. Problematisch bleibt, dass die Anleihe- und Darlehenstätigkeit der EU **vom Haushaltsgebaren stark getrennt wird** (siehe nur Art. 49 HaushO) und eine parlamentarische Kontrolle kaum stattfindet. 50

b) Finanzierungsinstrumente der EU

Auf der Grundlage dieser „Finanzierungsdoktrin“ hatte schon die EWG seit den siebziger Jahren mit Hilfe der verschiedenen Finanzierungsinstrumente in größerem Umfang Anleihen auf dem Kapitalmarkt aufgenommen und diese Gelder für eine breite Palette von Investitionen darlehensmäßig vergeben. Nach den **Finanzierungsinstrumenten** gegliedert, ergibt sich folgendes Bild (zur Frage der Euro-Bonds unten Rz. 8/58): 51

Gestützt auf Art. 352 AEUV hat die EU die Möglichkeit, **Anleihen** aufzunehmen, um Fördermaßnahmen, insb. Investitionen im industriellen Bereich und in den Bereichen 52

Energie und Infrastruktur, zu finanzieren. Verwaltet werden die Anleihen von der EIB. Seit den 1990er Jahren nimmt die Kommission zudem Anleihen auf dem freien Markt auf, um wirtschaftliche Reformen insbesondere in Osteuropa mit Finanzhilfen zu unterstützen.

53 Die **EIB** ist in ihrer Aufgabenerfüllung innerhalb der EU nach Art. 308–309 AEUV (unten Rz. 48 ff. insb. 55) und durch die Übertragung zusätzlicher Aufgaben außerhalb der EU das **wichtigste Finanzierungsinstrument** außerhalb des Haushaltes. Seit den 1960er Jahren ist die Bank an der Entwicklungsfinanzierung der EU im Mittelmeerraum und in den AKP-Staaten beteiligt. Seit 1989 trat die Förderung von Projekten in Mittel- und Osteuropa im Rahmen der Gemeinschaftsaktionen hinzu. Seit 1990 ist die EIB in die industriepolitischen Finanzierungsfunktionen eingetreten. Aufgrund dieser Anforderungen hat die EIB ihre Kapitalaufnahme ständig gesteigert, ohne an ihren bankmäßigen Standards Abstriche zu machen. Die EIB ist inzwischen neben der Weltbank der weltweit größte institutionelle Anleihenehmer.

54 Nach Artikel 143 AEUV gewährt der Rat auf Empfehlung der Kommission und nach Anhörung des Wirtschafts- und Finanzausschusses für den Fall, dass ein Mitgliedstaat von einer Zahlungsbilanzkrise betroffen ist, gegenseitigen Beistand in Form eines Darlehens. Zu diesem Zweck führt die VO 332/2002 (ABl. L 53/1) eine „Fazilität des mittelfristigen finanziellen Beistands zur Stützung der Zahlungsbilanzen der Mitgliedstaaten" ein. Zur Deckung der Finanzhilfen, die insg. höchstens 12 Mrd. Euro betragen dürfen, kann die Kommission Anleihen aufnehmen. Dieses Instrument findet innerhalb der EURO-Zone keine Anwendung (vgl. Art. 122 AEUV).

55 Insgesamt bietet die Anleihen- und Darlehensfinanzierung der EU ein **vielgestaltiges Bild.** Aus der unterschiedlichen Entstehungsgeschichte der Verträge und als Antwort auf Herausforderungen (Ölkrise) herrührend, verschafft die Flexibilität der Finanzierungsinstrumente der EU **gewisse Vorteile,** indem auf spezifische Bedürfnisse gezielt reagiert werden kann. Die ständige Ausweitung dieser Finanzierungstätigkeiten, besonders seit den siebziger Jahren, ist ein **sichtbarer Vertrauensbeweis des internationalen Kapitalmarktes** in die Solidität der Gemeinschaftskonstruktion und -aktion. Dennoch bleibt die Aufgabe gestellt, die Anleihen und Darlehen der EU stärker in die allgemeine Haushaltskontrolle der EU einzufügen.

IV. Ausblick

Literatur: *Maruhn/Emmanoulidis,* Der Konflikt um den Finanzrahmen 2007–2013, CAD-Reform-Spotlight 1/2005; *Wilms,* Die Reform des EU-Haushalts im Lichte der Finanziellen Vorausschau 2007–2013 und des Vertrages von Lissabon – neue Perspektiven für die Europäische Union?, EuR 2007, 707; *Becker,* Lost in Stagnation. Die Verhandlungen über den nächsten mehrjährigen Finanzrahmen (2014–2020) und das Festhalten am Status quo, SWP-Studie 2012.

56 Seit dem Ende der achtziger Jahre ist die EU-Finanzverfassung in mehrjährigen Abständen weiterentwickelt worden (1988/1994 („Delors I und II"); 1999/2006 („Agenda 2000 und 2007"); 2007–2013; 2014–2020). Hauptsächliche Themen waren und sind teilweise noch heute die **Veränderung der Eigenmittel,** insbesondere der allmähliche Übergang von den Mehrwertsteuer- zu den BNE-Mitteln (oben Rz. 8/21 f.), die **Stärkung des wirtschaftlich-sozialen Zusammenhalts** durch die Strukturpolitik (unten Rz. 18/58 ff.), eine **Verbesserung der gerechten Lastenverteilung unter den MSen** und die Bewältigung der **Erweiterungen der EU.** Als Instrumenta-

rium hierfür dient die zuletzt 2006 fortentwickelte vorausschauende **Haushaltsdisziplin,** die Verbesserung des **Haushaltsverfahrens,** die Reform des **Systems der Eigenmittel** sowie die Reform der Ausgabenstruktur der EU, **weg von ihrer Agrarlastigkeit** und hin zu einer an nachhaltigem Wachstum ausgerichteten Investitionspolitik. Die Verhandlungen über den **Finanzrahmen** sind traditionell schwierig. Ungeachtet des vertraglichen Appells zur Solidarität (Art. 222 AEUV) gibt es gravierende Verteilungskonflikte.

Bislang ist nicht absehbar, wie das Ziel einer umfassenden Reform der EU-Finanzver- 57
fassung erreicht werden kann. Einen Bezugspunkt der Diskussionen bilden Fragen einer möglichen **Umstrukturierung des Eigenmittelsystems,** eine **gerechtere Verteilung der Beitragslast** auf die MSen, die **Vereinheitlichung der Korrekturmechanismen,** einschließlich der Abschaffung des **„Briten-Rabatts".** Zudem soll mit der Reform das komplizierte Haushaltsverfahren **transparenter** gestaltet werden. In Kommissionsdokumenten wird konkret vorgeschlagen, sich auf Kernaufgaben zu konzentrieren, mehr auf die Effektivität der Ausgabenverwendung zu achten, ergebnisorientiert vorzugehen und auf der Einnahmenseite Fairness zu erzeugen (vgl. etwa MEMO/10/503 vom 19.10.2010). Teilweise wird auch gefordert, in die Ausgabenstruktur mehr Flexibilität zu bringen und das Programmmanagement zu vereinfachen. Immerhin bringt der MFR 2014–2020 – erstmalige und geringe – Einsparung im Vergleich zum vorherigen Finanzrahmen. Der „Briten-Rabatt" wird allerdings ebenso wenig abgeschafft werden wie die reduzierten BNE-Abrufsätze Deutschlands, der Niederlande, Schwedens und Dänemarks.

Ein weiterer Problemkreis dreht sich um die Lasten der Stabilisierung der Eurozone. 58
Schon seit längerem wird gefordert, dass der EU eine „Verschuldungskapazität" eingeräumt werden müsse (Ausgabe von Anleihen auf den EU-Haushalt). Seit 2010 wird darüber diskutiert, ob eine EU-Schuldenagentur eingerichtet werden soll, die Anleihen ausgeben kann, für die die MSen der Eurozone gemeinschaftlich haften („Euro-Bonds"). Wirtschaftlich schwächere MSen würden so von den Kreditkonditionen der starken MSen profitieren; letztere befürchten, dass dies einen Reiz zur Verschuldung auf fremde Kosten („moral hazard") schaffen könne. 2011 unternahm die KOM verschiedene Vorstöße zur Einführung von EU-Anleihen, stieß dabei aber auf Widerstand. Inzwischen wird auch darüber diskutiert, einen besonderen Haushalt der Eurozone einzuführen, um so finanziellen Handlungsspielraum zur Förderung von Wachstum zu erhalten. Langfristig könnte der ESM in diese Rolle wachsen.

Begreift man die Finanzordnung der EU mit einem in der Finanzwissenschaft belieb- 59
ten Ausdruck als das **„Lebensbuch der EU",** erweist sich ihr **budgetärer Status** insgesamt trotz aller Unvollkommenheiten und Entwicklungsbedürftigkeit als **beachtlich.** Mit einem übernational erhobenen und ausgegebenen Haushaltsvolumen von über 150 Mrd. Euro (MfF) und 132 Mrd. Euro (MfZ) jährlich (Stand 2013) kann die Union außerhalb des Landwirtschaftsbereiches zwar bisher nur finanzielle **Anstoßfunktionen** übernehmen. Andererseits sind diese Mittel von einer insoweit spürbaren Höhe, dass das finanzielle Engagement der EU in ihren verschiedenen Tätigkeitsbereichen eine **„europäische Dimension"** eröffnet. Sie lässt Europa aus der Sicht der Unionsbürger und ihrer Unternehmen zu einer konkreten Realität werden.

Wie in der nationalen Politik treten in der EU-Finanzpolitik die Interessengegensätze 60
zwischen den MSen besonders scharf hervor. In kaum einem anderen Bereich sind

gleichzeitig so viele gemeinschaftsweit wirksame Kompromisse gefunden worden. Sie sind nur durch ein Verständnis der EU erklärbar, das deutliche Anklänge an **eine Art vorbundesstaatlicher europäischer Solidarität** enthält. Dabei ist an die deutsche föderale Erfahrung seit dem 19. Jahrhundert zu erinnern, wo es vom Zollverein 1834 bis zur Erzbergerschen Finanzreform 1920 bald eines Jahrhunderts bedurfte, um die Schaffung der Reichsfinanzverfassung abzuschließen. So gesehen wird man die bisherige EU-Finanzordnung zu einem *„acquis communautaire"* rechnen dürfen, auf dem weitergebaut werden kann.

3. Teil. Integration durch Recht

§ 9. Rechtsquellen des Europäischen Unionsrechts

Literatur: Umfangreiche Zusammenstellung bei *Nettesheim,* in: Grabitz/Hilf/Nettesheim (Hrsg.), Das Recht der EU (Komm), 48. EL (2012), Art. 288 AEUV. Im Übrigen: *H. Krüger,* Über die Herkunft der Gewalt der Staaten und der sog. supranationalen Organisationen, DÖV 1959, 721; *Möllers,* Die Rolle des Rechts im Rahmen der europäischen Integration, 1999; *Pechstein,* Die Justiziabilität des Unionsrechts, EuR 1999, 1; *Rodríguez Iglesias,* Gedanken zum Entstehen einer Europäischen Rechtsordnung, NJW 1999, 1; *Zuleeg,* Der rechtliche Zusammenhalt der EU, 2004; *Bast,* Grundbegriffe der Handlungsformen der EU, 2006; *Häberle,* Europäische Verfassungslehre, 7. Aufl. 2011; *Bast,* Handlungsformen und Rechtsschutz, in: von Bogdandy/*Bast,* Europäisches Verfassungsrecht, 2. Aufl. 2009, 489; *König,* Gesetzgebung, in: Schulze u. a. (Hrsg.), Europarecht, 2. Aufl. 2010, § 2; *Avbelj,* Supremacy or Primacy of EU Law, ELJ 2011, 744.

I. Die autonome und einheitliche Rechtsordnung des EU-Rechts

1. Der Rechtskorpus des „Unionsrechts"

Seit seinen Anfängen – dem Abschluss des EGKS-Vertrags 1951 – war der Prozess der europäischen Einigung institutionell durch Fragmentiertheit und Heterogenität gekennzeichnet. Die Verträge von Paris (EGKSV) und Rom (EWGV, EAGV) legten die Grundlage für drei (neuartige) Internationale Organisationen. Der Maastricht-Vertrag schuf mit der Europäischen Union eine Institution, die sich nach vorherrschender Sichtweise über bzw. um die fortbestehenden Gemeinschaften legte. Der Lissabon-Vertrag sah vor, dass die Europäische Union die Rechtsnachfolgerin der Europäischen Gemeinschaft würde; allerdings ließen die Vertragsgeber von Lissabon den EAGV unangetastet. 1

Ungeachtet dieser Fragmentiertheit wurde und wird der Rechtskorpus, der im Prozess der europäischen Einigung seit Abschluss des EGKS-Vertrags entstanden ist, als Einheit begriffen (*Nettesheim,* EuR 2013, Beiheft 2, 7). Es handelt sich um eine – autonome – Rechtsordnung. Schon früh stellte der EuGH fest, dass die von EGKSV, EWGV und EAGV konstituierte Rechtsordnung nicht lediglich als Teilrechtsordnung des Völkerrechts begriffen werden könne, sondern Eigenständigkeit und Autonomie wohl gegenüber dem Völkerrecht als auch gegenüber dem staatlichen Recht aufweise (Rz. 4/3 ff.). Dahinter stand die Einschätzung, dass **es integrationspolitisch und funktional zweckmäßig** ist, das EG-Recht nicht lediglich als einen unselbständigen Bestandteil des in seiner Struktur und seinen Zielsetzungen so unterschiedlichen Völkerrechts anzusehen. Zwingend war dies allerdings nicht; wohl aber erwies sich der Ansatz des EuGH als so sinnvoll, dass er schnell von den Mitgliedstaaten und in der Europarechtswissenschaft akzeptiert wurde. 2

In der Zeit zwischen dem Inkrafttreten des Vertrags über die Europäische Union 1993 und jenem des Vertrags von Lissabon 2009 war das **Verhältnis des neu eingeführten „Unionsrechts" zu dem EG-Recht** umstritten (ausführlich: 4. Aufl. dieses Lehrbuchs, § 10 Rdnr. 2 ff.). Teilweise erblickte man in der EU eine völkerrechtlich organisierte **Staatenkonferenz der Mitgliedstaaten** (so *Pechstein/Koenig,* Die Europäische Union, 1. Aufl. 1995; *Haratsch/Koenig/Pechstein,* Europarecht, 5. Aufl., 2006, Rz. 83 f.), die von den vergemeinschafteten Bereichen strikt zu unterscheiden war. Teilweise erblickte man in der EU einen Verband, der sich **um die fortbestehenden Gemeinschaften EG, EAG und (bis 2002) EGKS legte** (*Dörr,* Noch einmal: Die Europäische Union und die Europäischen Gemeinschaften, NJW 1995, 3162). Teil- 3 weise ging man auch davon aus, dass es mit dem Inkrafttreten des EUV **zu einer Fusion der Gemeinschaften in dem neuen Verband „Europäische Union"** gekommen sei (*von Bogdandy/Nettesheim,* Die Verschmelzung der Europäischen Gemeinschaften in der Europäischen Union, NJW 1995, 2324; englisch in: ELJ 2 (1996) 267). Die jeweilige Sichtweise determinierte, inwieweit man zwischen dem Unions- und dem Gemeinschaftsrecht eine Unterscheidung vorzunehmen bereit war.

4 Der Vertrag von Lissabon hat diese **Unsicherheiten nur teilweise beseitigt.** Die EU ist ein Verband, der seine Grundlagen im EUV und im AEUV findet. Er ist Rechtsnachfolger von EU und EG (Art. 1 Abs. 3 S. 3 EUV; hierzu: *Obwexer,* in: Eilmansberger u. a. (Hrsg.), Rechtsfragen der Implementierung des Vertrags von Lissabon, 2011, 47; *Niedobitek,* in: ders./Ruth, Die Neue Union, 2007, 135). Eine Einbindung des EAGV erfolgte allerdings nicht. Insofern wäre es immerhin denkbar, von einem Nebeneinander zweier Internationaler Organisationen EU und EAG auszugehen. Immerhin spricht der EAGV weiterhin von der „Rechtspersönlichkeit der Gemeinschaft" (Art. 184 EAGV). In der Praxis kommt es denn auch zum Abschluss völkerrechtlicher Verträge durch EU *und* EAG (z. B. Stabilisierungs- und Assoziierungsabkommen mit Montenegro, ABl. 2010 L 108/1). Überzeugender ist es allerdings, den EAGV nicht mehr als Gründungsvertrag für eine eigenständige Internationale Organisation anzusehen, sondern als (teil-)verfassungsrechtliche Grundlage der EU. Mit dem Inkrafttreten des Lissabon-Vertrags ist die EAG-Bestimmung über die Organe aufgehoben worden (Art. 5 des Protokolls Nr. 2 des Lissabon-Vertrags). Ein gesonderter Beitritt zur EAG ist nicht möglich; die Bestimmungen über die Änderung des Vertrags finden sich in Art. 48 EUV. Eine Organisation mit rechtlichem oder politischem Selbststand begründet der EAGV nicht mehr. Die EU ist heute als alleiniger Träger des Integrationsverbands anzusehen – mit der Besonderheit, dass er sich auf mehrere Gründungsdokumente stützt. Das von diesem Träger erlassene Recht ist als **Unionsrecht** anzusehen, gleichgültig, ob es seine Grundlage im EUV, im AEUV oder im EAGV findet.

Die vehemente Debatte darum, ob es sich bei den Gründungsverträgen um eine „Verfassung" handelt, hat inzwischen zu einer gewissen Erschöpfung geführt (Überblick bei: *Möllers,* in: von Bogdandy/*Bast,* Europäisches Verfassungsrecht, 2. Aufl. 2009; *Oppermann,* FS Hirsch, 2008, 149). Es ist unvermeidlich, zur Erklärung des Neuen auf bekannte staatstheoretische Begriffe zuzugreifen (*Wahl,* JZ 2005, 916); diese passen sich allerdings dem Neuen ihrerseits an und verändern sich so unter der Hand. Man kann heute mit Blick auf das Primärrecht von „Verfassung" sprechen, ohne wegen der damit transportierten Bedeutungsschichten noch Aufsehen zu erregen (anders in den frühen 1990er Jahren).

2. Kennzeichen der Unionsrechtsordnung

a) Autonomie des Rechts

5 Das EG-Recht wurde seit der Frühphase seiner Entwicklung in den frühen sechziger Jahren des 20. Jahrhunderts als eine **Rechtsmasse eigener Art „zwischen" dem Völkerrecht und dem staatlichen Recht der Mitgliedstaaten angesehen.** Dieses Verständnis wird heute auch auf das Unionsrecht angewandt. Der förmlichen Entstehung nach ist es jedenfalls insoweit, als es um das Primärrecht (die Verträge) geht, völkerrechtlicher Herkunft. Gleichwohl ist der EuGH schon früh dazu übergegangen, davon zu sprechen, dass es im Prozess der Übertragung vorher staatlicher Hoheitsrechte auf die EU zur **Entstehung einer autonomen Rechtsordnung** gekommen ist (EuGHE 1964, 1253, Rs. 6/64, „Costa/ENEL"; ähnlich BVerfGE 22, 292). Die wesentliche und für die weitere Entwicklung der EU weichenstellende Aussage lautet: „Zum Unterschied von gewöhnlichen internationalen Verträgen hat der EWG-Vertrag eine ei-

gene Rechtsordnung geschaffen, die bei seinem Inkrafttreten in die Rechtsordnungen der Mitgliedstaaten aufgenommen worden und von ihren Gerichten anzuwenden ist. Denn durch die Gründung einer Gemeinschaft für unbegrenzte Zeit, die mit eigenen Organen, mit der Rechts- und Geschäftsfähigkeit, mit internationaler Handlungsfähigkeit und insbesondere mit echten, aus der Beschränkung der Zuständigkeit der Mitgliedstaaten oder der Übertragung von Hoheitsrechten der Mitgliedstaaten auf die Gemeinschaft herrührenden Hoheitsrechten ausgestattet ist, haben die Mitgliedstaaten, wenn auch auf einem begrenzten Gebiet, ihre Souveränitätsrechte beschränkt und so einen Rechtskörper geschaffen, der für ihre Angehörigen und sie selbst verbindlich ist."

Während man diese Passage teilweise dahingehend versteht, dass das EU-Recht formal 6
als Völkerrecht anzusehen ist, aufgrund der Offenheit der Strukturen des Völkerrechts aber eine „ungewöhnliche" und „neuartige" Teilordnung darstellt, geht **die „europarechtliche" Sichtweise** dahin, die Betonung auf die Formulierung „eigene Rechtsordnung" zu legen und von einer Loslösung des Europarechts aus dem Völkerrecht auszugehen. Letzteres dürfte auch das Grundverständnis des EuGH sein. Damit ist nicht ausgeschlossen, dass sich das EU-Recht völkerrechtlicher Figuren bedient, wenn dies sachangemessen erscheint.

Der EuGH hat mit diesem Schritt einer Entwicklung den Weg geebnet, der nicht 7
durch die Interpretationsregeln des Völkerrechts, dessen Funktionsmuster und die Staatenzentriertheit seines Grundverständnisses eingeengt war. Die Behauptung einer „Autonomie" bedeutet zunächst einmal **Entwicklungsfreiheit.** Der EuGH hat diese Freiheit zur Entwicklung einer ihm eigenen, ausgreifenden, an Integrationszwecken orientierten Konkretisierungsmethode genutzt (unten Rz. 9/165ff.). Die mitgliedstaatlichen Gerichte haben die Vorgaben aus Luxemburg in der Folge weitgehend nachvollzogen (zu den Grenzen: *Herresthal,* EuZW 2007, 396; *Schürnbrand,* JZ 2007, 910). Die Orientierung am Willen der Vertragsgeber konnte entfallen, die Genese der Verträge spielt für ihr Verständnis keine Rolle. Regeln des allgemeinen Völkerrechts finden im Rahmen des Unionsrechts im Wesentlichen nur dann Anwendung, wenn letzteres einen Verweis enthält (unten Rz. 9/152). Im Übrigen ist eine „unionsrechtseigene", funktional und teleologisch sinnvolle Rechtskonkretisierung zu betreiben. Der EuGH besteht darauf, dass die Autonomie – insbesondere bei der Interpretation des EU-Rechts – nicht durch Aufgabenübertragungen auf völkerrechtliche Einrichtungen beeinträchtigt wird (EuGHE, Gutachten 1/09 vom 8.3.2011, „Patentgericht").

Das Bestehen auf unionaler Autonomie bedeutet nicht, dass es nicht in institutioneller, prozeduraler und personeller Hinsicht zwischen der EU und ihren MSen, ja auch zwischen den MSen selbst **engste Verbindungen** gäbe. Die Entstehung einer **Föderation** (*Badura,* FS Heckel, 1999, 695; *Nettesheim,* ZEuS 2002, 507) setzt dies geradezu voraus. Wer auf einem Gebiet einen Prozess des Zusammenwachsens beobachtet, bedient sich zur Beschreibung häufig des Begriffs „Verbund" („Staatenverbund", „Verwaltungsverbund", „Verfassungsverbund" etc.). Auch die Verfassungsgerichte stehen in einem „Verbund" (*Voßkuhle,* NVwZ 2010, 1). Der Beschreibungswert dieses modischen Begriffs ist allerdings gering, mit Blick auf den Selbststand der Verfassungen sogar problematisch (*Jestaedt,* in: Calliess (Hrsg.), Verfassungswandel, 2006, 93; *Nettesheim,* Europäischer Verfassungsverbund? FS Isensee, 2007, 733). Im Bereich der Gerichtsbarkeit spricht man auch von der „Kooperation" (*von Danwitz,* ZRP 2010, 143; *Haratsch,* EuR 2008, Beiheft 3, 81).

b) Vergemeinschaftung des Rechtserzeugungsprozesses

8 Ein zweites, für den Rechtserzeugungsprozess kennzeichnendes Merkmal ist der Grad seiner **„Vergemeinschaftung".** Die Rechtserzeugung erfolgt (in allerdings bereichsspezifisch unterschiedlichem Umfang) nicht mehr in den Mitgliedstaaten und auch nicht durch Kooperation der Mitgliedstaaten. Es sind vielmehr eigenständige überstaatliche Institutionen, die – unter Mitwirkung mitgliedstaatlicher Amtswalter – auf der Grundlage eigener Kompetenzen und in Entfaltung eigener Macht Hoheitsgewalt der EU wahrnehmen. Von der jeweiligen Art der **Kompetenz,** der **Ausgestaltung der Entscheidungsprozesse** und der verfügbaren **Rechtshandlung** hängt es ab, in welchem Umfang eine „Vergemeinschaftung" erfolgt ist. Während sie in manchen Kernbereichen des AEUV weitestgehend fortgeschritten ist, fällt der Grad der Vergemeinschaftung im Bereich der GASP noch zurück. Allerdings ist es auch dort nicht adäquat, von reiner „intergouvernementaler Kooperation" zu sprechen. Auch in der GASP spielen sich die Entscheidungsprozesse längst nicht mehr nur horizontal zwischen den MSen ab, sondern sind zu einem guten Stück auf die überstaatliche Ebene gewandert. Die Kräfteverteilung zwischen den EU-Organen weicht allerdings deutlich von dem ab, was im AEUV-Bereich typischerweise zu beobachten ist. Man kann insofern von einer **Teilvergemeinschaftung** sprechen. Dem hier erlassenen Recht fehlt die **supranationale Qualität.**

9 Die EU wahrt insofern als **unabhängige („Rechts")gemeinschaft** ihren Rang gegenüber den Mitgliedstaaten durch die **Autonomie ihrer Institutionen.** Die EU-Organe wirken in eigenständigen politischen Räumen, die sich mit jenen in den MSen nur teilweise überlappen. Den EU-Organen kommt damit politischer Selbststand zu; das sollte rechtlich abgebildet werden (zweifelnd *Haack,* Der Staat mit den geteilten Organen, 2013). Die selbständigen Handlungsmöglichkeiten der EU-Organe (notfalls über Mehrheitsentscheidungen), die sich besonders im eigenständigen Rechtsschutz vor dem EuGH ausprägende **Rechtsstaatlichkeit der EU** (EuGHE 1979, 623, Rs. 101/78, „Granaria") und schließlich die fortschreitende **Finanzautonomie der Union** (oben Rz. 8/1 ff.) weisen in diese Richtung.

10 Die Vergemeinschaftung des Rechtserzeugungsprozesses ist allerdings bislang nicht so weit gegangen, dass die Souveränität (Letztentscheidungsmacht) der Mitgliedstaaten verloren gegangen wäre. Der Verband EU bleibt ein von den **Mitgliedstaaten getragener Verband.** Gerade in Zeiten harter Verteilungskämpfe, wie sie sich im Zuge der Finanzkrise herauskristallisieren, wird dies überdeutlich. Im Außenverhältnis liegt die Souveränität damit weiterhin bei den Mitgliedstaaten. Manche Beobachter versuchen, diese Gegebenheit durch Redewendungen wie „Teilsouveränität" oder „Souveränitätsteilung" zu überdecken; damit wird allerdings der Begriff der Souveränität in sein Gegenteil verkehrt. Gewiss hat eine Kompetenzteilung stattgefunden; auch die politische Entscheidungsmacht liegt heute eben nur noch zu einem Teil auf mitgliedstaatlicher Ebene. Aber die letzte Kompetenz-Kompetenz bleibt bei den Mitgliedstaaten, den „Herren der Verträge" (deutlich BVerfGE 89, 157 „Maastricht"; BVerfGE 123, 267 „Lissabon"). Es ist insofern konsequent, dass die mitgliedstaatlichen Verfassungsgerichte nicht nur die Entscheidung darüber beanspruchen, inwieweit sich die Kompetenzübertragung an die EU im Rahmen des jeweils verfassungsrechtlich Zulässigen bewegt, sondern auch die (allerdings zurückgenommene) Prüfung der Einhaltung der Kompetenzgrenzen („Ultra-Vires"-Prüfung) (BVerfGE 126, 286, „Honeywell").

11 Zugleich fordert die **europäische Gerichtsbarkeit** bei der Konkretisierung des Wirkanspruchs des EU-Rechts die abschließende Kompetenz für sich. Sie behält sich vor, über die Inhalte des EU-Rechts und seine Wirkung im nationalen Recht zu bestimmen. Manche Beobachter gehen insofern davon aus, dass der Geltungsanspruch, den der EuGH aufgrund der ihm anvertrauten Aufgabe der „Wahrung" des EU-Rechts (Art. 19 Abs. 1 S. 2 EUV) erhebt, in einer letztlich unauflösbaren Spannungslage zu dem Anspruch der Mitgliedstaaten (einschließlich ihrer Gerichte) steht, ihre Souveränität zu bewahren. Eine rechtliche Bewältigung der kollidierenden Geltungsansprüche ist dieser Sichtweise zufolge im Letzten nicht möglich; es bleibt die Hoffnung, dass beide Seiten politische Vernunft und Sensibilität walten lassen (in diese Rich-

tung: BVerfGE 126, 286 [„Honeywell"]). Andere Beobachter unternehmen den Versuch, rechtliche Entscheidungsregeln zu entwickeln, die eine Auflösung dieser Konfliktsituation ermöglichen (*Classen,* in: vMKS Art. 24 Rn. 51 ff.; *Kumm,* ELJ 11 [2005], 262; *Maduro,* in: Walker [ed.], Sovereignty in Transition, 2003, 501).

c) Supranationalität

Ein weiteres wesentliches Kennzeichen des EU-Rechts ist seine Supranationalität (oben Rz. 4/12). Der Begriff wird nicht ganz einheitlich verwendet. Man ist sich allerdings einig, dass damit eine spezifische Form der Wirkung in den mitgliedstaatlichen Rechtsordnungen gemeint ist. Teilweise wird er zur Bezeichnung **des Vorrangs von EU-Recht vor nationalem Recht** verwandt (dazu unten Rz. 10/1 ff.). Teilweise wird er auch herangezogen, um die Fähigkeit des EU-Rechts zu umschreiben, subjektive Rechte im staatlichen Bereich begründen zu können („unmittelbare Wirksamkeit"). Hier soll der Begriff in umfassender Weise verstanden werden und eine Wirkweise des Rechts bezeichnen, die nicht nur den Durchgriff, sondern auch den Vorrang (Rz. 10/1) zum Gegenstand hat. 12

Im Wirkbereich der EU wird nur auf der Grundlage des AEUV und des EAGV **supranationales Recht im eigentlichen Sinne** gesetzt. In den Politikbereichen des EUV wird Recht gesetzt, das zwar auch in den mitgliedstaatlichen Ordnungen verbindlich ist; es genießt Vorrang. Die Begründung von Rechten und Pflichten für Privatpersonen ist in diesem Bereich bislang aber nicht möglich. 13

d) Insbesondere: Geltung, unmittelbare Anwendbarkeit und Wirkung des Unionsrechts

Zu den charakterisierenden Merkmalen einer supranationalen Rechtsordnung gehört die Annahme, dass das Unionsrecht als eine aus autonomer Quelle fließende Ordnung nicht nur **für die Mitgliedstaaten gilt;** diese Eignung kommt jedem Vertrag zu. Es ist eine besondere, nicht allen zwischenstaatlichen Verträgen zukommende Eigenschaft, dass das Unionsrecht **in den Mitgliedstaaten unmittelbar anwendbar** ist. Es bindet die jeweiligen Adressaten unmittelbar, ohne dass es einer Durchführung bedürfte; gleiches gilt für die Begründung von Kompetenzen und die Gewährung von Rechten. Diese Rechtswirkung muss dem Unionsrecht zugeschrieben werden, damit die Union die ihr gestellten Aufgaben effektiv und einheitlich erfüllen können kann (sog. **„Prinzip der einheitlichen Wirkung"** [*Nettesheim,* GS Grabitz, 1995, 447]). Dabei kann Art. 288 AEUV mit seinen verschiedenen Aussagen über die Geltung „für jeden" Mitgliedstaat und die „allgemeine Anwendbarkeit unmittelbar in jedem Mitgliedstaat" als positiv-rechtliche Belege für solche Qualitäten des Unionsrechts herangezogen werden. 14

Es ist nur eine besondere, begrifflich herausgehobene Form der unmittelbaren Anwendbarkeit, dass das Unionsrecht für die in den MSen adressierten Personen **unmittelbare Wirkung („direct effect")** haben kann. Diese **unmittelbare Wirkung** des Unionsrechts für die jeweils adressierten Personen, d. h. der unmittelbare **„Durchgriff"** der Unionsrechtsnorm auf Einzelne, stellt dann diejenige Eigenschaft des Unionsrechts dar, mittels derer es seinen Vorrang im nationalen Raum im Wesentlichen zu begründen und zu behaupten vermag (EuGHE 1963, 1, Rs. 26/62, „Van Gend & Loos"). Normen des Unionsrechts, die der Sache nach abschließend, vollständig und rechtlich perfekt sind, d. h. zu ihrer Anwendbarkeit keiner weiteren Ausführungsakte bedürfen, sind danach für ihre denkbaren Adressaten einschließlich der Einzelperso- 15 nen unmittelbar wirksam. Dabei sind teleologische und **funktionale Betrachtungen** und nicht der Wortlaut der Norm entscheidend. Unmittelbar wirksam können Unterlassungspflichten ebenso wie positive Handlungspflichten der MSen sein.

16 Für den einzelnen hat die unmittelbare Wirksamkeit einer Norm die praktische Bedeutung, dass er sich vor den Behörden und Gerichten der MSen und der EU auf sie berufen kann (besonders EuGHE 1978, 629, Rs. 106/77, „Simmenthal“). Ihm werden so **subjektiv-öffentliche Rechte gewährt,** durch die er persönlich in die unionsrechtliche Rechtsordnung einbezogen wird (ausführlich: *Nettesheim,* Subjektive Rechte im Unionsrecht, AöR 2007, 333). Durch den erheblichen Umfang, in dem dies praktisch geschieht, unterscheidet sich die Unionsordnung markant vom „Staatengemeinschaftsrecht“ Internationaler Organisationen und nähert sich innerstaatlichen („bundesstaatlichen“) Verhältnissen an. Die individuelle Berufung auf solche Rechte und Pflichten ist zugleich das wichtigste Vehikel, mittels dessen der Vorrang des Unionsrechtes (unten Rz. 10/1) im nationalen Raum „in kleiner Münze“ quantitativ immer mehr ausgedehnt und praktiziert wird.

17 Die **Verordnungen** (Rz. 9/71) sind der Typfall der unmittelbar wirksamen Norm. Die inzwischen umfangreiche Rspr. des Gerichtshofes hat aber klargestellt, dass auch zahlreiche Bestimmungen des **AEUV** im eben umrissenen Sinne unmittelbare Wirkung entfalten. Das gilt insbesondere, aber nicht nur für die Grundfreiheiten des AEUV (Art. 30, 34, 45, 49, 56, 63 AEUV), darüber hinaus auch für das Freizügigkeitsrecht nach Art. 21 AEUV, das Diskriminierungsverbot des Art. 18 AEUV sowie jenes des Art. 157 AEUV. Richtlinien und Beschlüsse können im Einzelfall (siehe unten Rz. 9/100) bei Vorliegen besonderer Bedingungen unmittelbare Wirkung entfalten.

18 Mittels der einheitlichen unmittelbaren Anwendbarkeit und seiner Wirkung für einzelne, die den Vorrang des europäischen Rechtes gegenüber dem Recht der Mitgliedstaaten ermöglichen, erhält das EU-Recht seine **besondere Identität und Qualität** gegenüber dem „klassischen“ internationalen Raum einerseits und der nationalen Sphäre andererseits. In der Rekonstruktion, wie eine bestimmte Maßnahme diese Wirkung entfaltet, bestehen allerdings teilweise Zweifel. Vor allem in Deutschland bildet die Gewährung subjektiver Rechte – und deren Durchsetzung gegenüber den MSen – regelmäßig den gedanklichen Ausgangspunkt. In anderen Mitgliedstaaten geht man häufig eher von einem eher weit gefassten Konzept des Vorrangs des EU-Rechts auch gegenüber indirekten oder mittelbaren Effektivitätsschmälerungen aus; die Rechtsposition des einzelnen ist eher zweitrangig. In den Entscheidungen des EuGH fließen beide Positionen gelegentlich ineinander (zu den Unklarkeiten von „primacy“ und „direct effect“ etwa: *Muir,* CMLRev 2011, 39; allgemein zur Rolle subjektiver Rechte: *Hammer,* in: Paulson/Stolleis (Hrsg.), Hans Kelsen, 2005, 176).

Im Regelfall begreifen sich die mitgliedstaatlichen Rechtsordnungen allerdings weiterhin als geschlossen. Sie behalten sich die Entscheidung darüber vor, welche Rechtssätze und Akte „von außen“ im innerstaatlichen Bereich Geltung beanspruchen können. Nach Auffassung des BVerfG ist daher ein (in den jeweiligen Zustimmungsgesetzen zu den Integrationsverträgen nach Art. 23 Abs. 1 S. 2 GG enthaltener) nationaler Rechtsanwendungsbefehl die Grundlage für die Geltung des EU-Rechts in Deutschland (BVerfGE 73, 339, 374ff.). Hier liegt der dogmatische Ansatzpunkt für die Annahme von Grenzen des Vorrangs (dazu unten Rz. 10/15).

II. Primärrecht

Literatur: *Hallstein,* Europäische Integration als Verfassungsproblem (1958), in: Europäische Reden, 1979, 70; *Pescatore,* Die Gemeinschaftsverträge als Verfassungsrecht, FS Kutscher, 1981, 319; *Heintzen,* Hierarchisierungsprozesse innerhalb des Primärrechts der EG, EuR 1994, 35; *Rodriguez Iglesias,* Zur „Verfassung" der EG, 1996; *Häberle,* Europa als werdende Verfassungsgemeinschaft, DVBl. 2000, 840; *Oeter,* Europäische Integration als Konstitutionalisierungsprozeß, ZaöRVR 2000, 901; *Dorau,* Die Verfassungsfrage der EU, 2001; *K. H. Fischer,* Der Vertrag von Nizza (Komm.), 2001; *von Arnauld,* Normenhierarchien innerhalb des primären Unionsrechts, EuR 2003, 191; *Bodnar* u. a., The Emerging Constitutional Law of the EU, 2003; *K.-H. Fischer,* Die Entwicklung des europäischen Vertragsrechts von den Römischen Verträgen bis zur EU-Verfassung, 2004; *von Bogdandy/Bast* (Hrsg.), Principles of European Constitutional Law, 2005; *Terhechte,* Der Vertrag von Lissabon, EuR 2008, 143; *Hummer/Obwexer,* Der Vertrag von Lissabon, 2009.

Das **primäre Unionsrecht** (vor allem der Integrationsverträge, darüber hinaus u. a. der Änderungsverträge und Beitrittsabkommen) wird von dem **sekundären Unionsrecht** (insbesondere der aus der EU-Rechtsetzungsgewalt entspringenden Verordnungen, Richtlinien, Beschlüssen usf.) unterschieden. Völkerrechtlich entspricht dem die Differenzierung zwischen den Gründungsverträgen und dem gemäß ihren Regeln geschaffenen „internen Staatengemeinschaftsrecht". Dem staatsnahen Charakter der EU entspricht es, insoweit die Unterscheidung zwischen der „verfassungsrechtlichen Rolle der Verträge" (EuGHE 1991, I-6079, Gutachten 1/91) und einer Art einfachen Gesetzesebene des sekundären Unionsrechts zu betonen. Gelegentlich werden Durchführungsakte, die die EU-Organe auf Grund von Sekundärrecht erlassen, als **„Tertiärrecht"** bezeichnet (nunmehr insbesondere: Art. 290 AEUV). 19

Das primäre Unionsrecht erweist sich nur scheinbar als **einheitliche Ordnung.** Schon der Form nach stellt sich das Primärrecht vielfältig dar: Neben den Verträgen finden sich auch ungeschriebenes Gewohnheitsrecht, allgemeine Rechtsgrundsätze des EU-Recht u. ä. (vgl. unten Rz. 9/29 ff.). Abstufungen gibt es auch im Geltungsanspruch: Zwar bildet das primäre **Vertragsrecht** eine einheitliche Rechtsmasse, die in sich keinen qualitativen Differenzierungen zugänglich ist. Eine Unterscheidung nach Wichtigkeit, Geltung oder Wirkung gegenüber den Mitgliedstaaten ist mit Blick auf die Vertragsbestimmungen nicht möglich; es gibt keine Möglichkeit der Differenzierung zwischen grundlegenderem und sonstigen, ranghöherem und rangniedrigeren primärem Vertragsrecht. Gewohnheitsrecht und allgemeine Rechtsgrundsätze können sich auf der Ebene des Primärrechts nur insoweit herausbilden, als dies nicht zu einem Konflikt mit dem positivierten Vertragsrecht führt (Ausschließlichkeit von Art. 48 EUV). Man kann insofern etwa formulieren, dass die in Form allgemeiner Rechtsgrundsätze geltenden Grundrechte des EU-Rechts dem Primärrecht zuzurechnen sind, in ihrem Geltungsanspruch aber zwischen dem Vertrags- und dem Sekundärrecht stehen (im Einzelnen: Rz. 17/3 ff.). 20

Dem primären Unionsrecht gebührt der **hierarchische Vorrang** gegenüber dem sekundären Unionsrecht, ähnlich wie im innerstaatlichen Verhältnis die Verfassung im Verhältnis zum einfachen Gesetz vorrangig ist. Dieser innerunionsrechtliche Vorrang ist zu unterscheiden von dem „Vorrang des Unionsrechts" insgesamt gegenüber dem nationalen Recht der Mitgliedstaaten (dazu unten Rz. 10/1). 21

1. Die Verträge

22 Wichtigster Bestandteil des primären Unionsrechts sind der **Vertrag über die Europäische Union** v. 7.2.1992 (BGBl. II, 1251), zuletzt geändert durch Art. 1 des Vertrags von Lissabon vom 13.12.2007 (ABl. 2007 C 306/1), der **Vertrag über die Arbeitsweise der Europäischen Union** (ursprünglich: Vertrag zur Gründung der Europäischen Wirtschaftsgemeinschaft v. 25.3.1957 (BGBl. II, 753); Namensgebung durch Art. 2 des Vertrags von Lissabon vom 13.12.2007) und der **Vertrag zur Gründung der EAG („Euratom") v. 25.3.1957** (BGBl. II, 1014). Die Gründungsverträge wurden verschiedentlich geändert und ergänzt, insbesondere durch den („Maastrichter") **Vertrag über die EU** v. 7.2.1992 (BGBl. II, 1251), den („Amsterdamer") **Änderungsvertrag zum EUV und zu den EG-Verträgen** v. 2.10.1997 (BGBl. 1998 II, 386) und den **Vertrag von Nizza** v. 26.2.2001 (BGBl. 2001, 1666). Der EGKS-Vertrag von 1951 **(„Montanunion")** ist am 24.7.2002 außer Kraft getreten.

23 Um die Gründungs- und Änderungsverträge rankt sich eine **größere Zahl weiterer völkervertraglicher, ratifizierter Rechtsakte,** die man ihrerseits als **Bestandteile der „EU-Verfassung"** begreifen kann. Dazu gehören zum einen die verschiedenen Annexe zu den Verträgen (Protokolle, Abkommen, Übereinkommen u. ä.), die als Bestandteile der Verträge gelten oder kraft ihres fundamentalen Inhaltes dem primären Unionsrecht zuzuordnen sind (z. B. Abkommen über die gemeinsamen Organe der EG von 1957, Direktwahlbeschluss von 1976 und Einheitliche Europäische Akte von 1986). Auch die Beitrittsverträge von 1972 (UK, Dänemark, Irland), 1979 (Griechenland), 1985 (Portugal, Spanien) 1994 (Finnland, Österreich, Schweden), 2003 (Estland, Lettland, Litauen, Malta, Polen, Slowakei, Slowenien, Tschechien, Ungarn und Zypern), 2005 (Bulgarien, Rumänien) und 2011 (Kroatien) gehören hierher (EuGHE 1988, 2285, verb. Rs. 31 u. 35/86, „LAISA"), dagegen nicht jeder beliebige „gemischte" Vertrag in Ausführung der Gründungsverträge, an dem sich neben der EU auch die Mitgliedstaaten beteiligen (z. B. AKP-EG-Abkommen von Lomé/Cotonou, vgl. unten Rz. 38/21, 40/56).

24 Inhaltlich lassen sich im Primärrecht des EUV, des AEUV und des EAGV Grundsatzvorschriften und sachgebietsbezogene Vertragsvorschriften unterscheiden. Die **Grundsatznormen** benennen die allgemeinen Wertbekenntnisse der Union (z. B. Art. 2 EUV), die grundsätzlichen Ziele und Aufgaben (z. B. Art. 3 EUV, Art. 7ff. AEUV) und setzen grundlegende Gebote und Verbote (z. B. Art. 18 AEUV). Diese Vorschriften beanspruchen Gültigkeit für den gesamten Anwendungsbereich der Verträge. Auch die **institutionellen Regelungen** und Prinzipien wie die Pflicht zur Wahrung der nationalen Identität (Art. 4 Abs. 2 EUV) oder das **Subsidiaritätsgebot** (Art. 5 Abs. 3 EUV) sind grundsätzlicher Natur. Die Grundsatznormen stellen im Sinne materiellen Verfassungsrechts die **eigentliche „EU-Verfassung"** dar (zum Verfassungsbegriff: Rz. 10/5). Die Grundsatznormen sind verbindliches Recht, nicht nur Programmsätze (EuGHE 1963, 154, Rs. 24/62).

25 Die **sachgebietsbezogenen Vertragsvorschriften** regeln in erster Linie die **Politiken der EU** in den einzelnen Bereichen (z. B. Art. 38 AEUV (Agrarmarkt) oder Art. 101 AEUV [Wettbewerbspolitik]). Sie grenzen im Sinne des Prinzips der begrenzten Einzelermächtigungen (unten Rz. 11/3) die Unionskompetenz von den insoweit weiter bestehenden mitgliedstaatlichen Zuständigkeiten ab. Diese Sachregelungen sind als **formelles Verfassungsrecht** auf die Verfassungsebene gehoben worden, weil die MSen ein Interesse haben, dass Änderungen der EU-Kompetenzordnung und der inhaltlichen Programmatik in den einzelnen Sachgebieten nur unter den erschwerten Bedingungen einer Vertrags(„Verfassungs")änderung möglich sind.

2. Ungeschriebenes primäres Unionsrecht

Literatur: *Lecheler,* Neue allgemeine Rechtsgrundsätze im Unionsrecht? 2004; *Senden,* Soft Law in the European Communities, 2004; *Wulfers,* Allgemeine Rechtsgrundsätze als ungeschriebenes Recht der supranationalen Gesellschaftsrechtsformen, GPR. 3 (2006) 106; *Bernitz* (Hrsg.), General Principles of EC Law in a Process of Development, 2008; *Metzger,* Extra legem – intra ius: Allgemeine Rechtsgrundsätze im europäischen Privatrecht, 2009; *ders.,* Allgemeine Rechtsgrundsätze im Privatrecht, Rechtstheorie 2009, 313; *Schön,* Allgemeine Rechtsgrundsätze im Europäischen Gesellschaftsrecht, in: Grundmann u. a. (Hrsg.), Unternehmen, Markt, Verantwortung, 2010, 1343; *Tridimas,* General Principles of EU Law, 3. Aufl. 2013).

Das Unionsrecht besteht (wie auch das Völkerrecht und die meisten der staatlichen 26 Rechtsordnungen) nicht nur aus ausdrücklich niedergelegten, positivierten Bestimmungen. Es enthält auch Rechtsnormen, die eine derartige Form formaler Niederschrift nicht erlangt haben. In diesem Sinne spricht man von „ungeschriebenem" Unionsrecht. Die beiden Haupttypen dieses Rechts sind das **Gewohnheitsrecht** und die durch Rückgriff auf die Rechtsordnung der Mitgliedstaaten gewonnenen **allgemeinen Rechtsgrundsätze.**

Solches **ungeschriebenes Unionsrecht** kann sich sowohl als primäres als auch als sekundäres bilden. In der 27 Praxis zeigt sich die Notwendigkeit der Lückenschließung durch ungeschriebenes Recht vor allem auf der Ebene der Verträge. Der Grad der Regelungsdichte sekundären Unionsrechts ist angesichts des „Brüsseler Perfektionismus" meistens hoch; allerdings zeigt die Erfahrung, dass auch hier noch Raum für eine Überlagerung bzw. Ergänzung durch allgemeine Rechtsgrundsätze besteht.

Es ist eine hier nicht näher zu verfolgende Problematik, inwieweit man **Richterrecht** als eigenständige 28 Rechtsquelle behandelt. Im Folgenden soll darauf verzichtet werden, die Judikate der europäischen Gerichtsbarkeit, die zu positivierten Normen des Unionsrechts ergehen, in hohem Maße aber auch selbst rechtsschöpfend wirken, als eigenständige Quelle zu behandeln.

a) Gewohnheitsrecht

Im Sinne der allgemeinen Rechtsquellenlehre kann im EU-Recht **durch ständige** 29 **Übung in Rechtsüberzeugung Gewohnheitsrecht entstehen** (Ansätze in EuGHE 1978, 189, Rs. 72/77, „Universitätsklinik Utrecht"). Ähnlich wie im Völkerrecht (ICJ Reports 1969, 1, „Nordseefestlandsockel") wird man in unserer schnelllebigen Zeit die Anforderungen an die Dauer der Übung nicht übersteigern dürfen und kann sich unter Umständen mit einigen Jahren begnügen, ohne allerdings „instant customary law" anzuerkennen. Träger der Übung sind in erster Linie die Unionsorgane, wobei der Rspr. des EuGH eine besondere Bedeutsamkeit zukommt (EuGHE 1970, 1209, Rs. 30/70, „Scheer"; näher *Ostertun,* Gewohnheitsrecht in der EU, 1996). Daneben ist die Praxis der Mitgliedstaaten zu beachten. Große Bedeutung kommt dem Gewohnheitsrecht in der EU nicht zu: Anpassungsbedarf wird vor allem durch die Instrumente der Vertragsänderung und der Rechtssetzung befriedigt. Der Schwerpunkt des primären Unionsgewohnheitsrechtes liegt im **vertragsergänzenden Bereich.** Vertragsänderndes Gewohnheitsrecht wird gelegentlich für immerhin theoretisch möglich angesehen, auch wenn sich ein entsprechender Konsens in der politischen Praxis höchst selten herausbilden dürfte. Vertretbar ist aber auch die Position, in Art. 48 EUV eine abschließende Regelung über Vertragsänderungen zu sehen, die nicht durch Gewohnheitsrecht überspielt werden kann. Prinzipiell ist das primäre Gewohnheitsrecht ranggleich mit dem Vertragsrecht.

30 **Beispiele** für die Herausbildung primären Gewohnheitsrechts sind die Möglichkeit der Vertretung der Mitgliedstaaten durch Staatssekretäre (und nicht nur durch Minister) im Rat (Erweiterung von Art. 16 Abs. 2 EUV) oder die frühe Anerkennung eines Interpellationsrechtes des EP gegenüber dem Rat. Die Grenzen zwischen Gewohnheitsrecht und richterlicher Konkretisierung der Verträge verschwimmen. So handelt es sich bei den Grundsätzen, die eine unmittelbare Anwendbarkeit von Richtlinien vorsehen, um ein Produkt richterrechtlicher Fortbildung von Art. 288 AEUV.

b) Allgemeine Rechtsgrundsätze des Unionsrechts

31 Eine ungemein wichtige Funktion nehmen die **allgemeinen Rechtsgrundsätze des Unionsrechts** ein. Diese Rechtsgrundsätze sind kennzeichnend für Rechtsordnungen, in denen der für das moderne Recht kennzeichnende Prozess der Positivierung noch nicht zum Abschluss gekommen ist. Eine herausragende Rolle nehmen die allgemeinen Rechtsgrundsätze etwa im Völkerrecht ein; aber auch im deutschen Recht gab es (etwa im Verwaltungsverfahrensrecht) bis vor noch nicht allzu langer Zeit Bereiche, in denen mangels Positivierung der Rückgriff auf allgemeine Rechtsgrundsätze notwendig war (vgl. *Lecheler,* Allgemeine Grundsätze des EU-Rechts, HBGrDEU VI/1, 2010, § 158).

32 Es ist anerkannt, dass die ausdrückliche Erwähnung der allgemeinen Rechtsgrundsätze (ARG) als Rechtsquelle des EU-Rechts in Art. 340 Abs. 2 AEUV für die außervertragliche Haftung nur **beispielhaften Charakter** hat. Ihre Bedeutung erschöpft sich nicht mit dem Bereich der Haftung. Sie können überall im EU-Recht entwickelt werden. Sie verdanken ihre Existenz der Feststellung durch die Europäische Gerichtsbarkeit – insofern sind sie ein Produkt richterlicher Konkretisierung bzw. Rechtsfortbildung. Allerdings ist der Kreis der EU-Organe, die sich am Prozess der Entwicklung der ARG beteiligen können, nicht auf die Organe der europäischen Gerichtsbarkeit beschränkt. Auch die anderen Institutionen der EU sind hieran beteiligt – allerdings immer unter dem Vorbehalt einer Korrektur durch den insofern letztverbindlich entscheidenden EuGH. Eine Positivierung der ARG ist jederzeit möglich. So sind etwa die ARG der Subsidiarität und Verhältnismäßigkeit in den EUV aufgenommen worden (Art. 5 Abs. 3, 4 EUV); die Grundrechte finden sich inzwischen in der Grundrechtecharta (näher Rz 17/1 ff.).

aa) Entwicklung der allgemeinen Rechtsgrundsätze

33 Der Vertrag spricht zwar von der Existenz der ARG, überlässt aber deren Entwicklung den EU-Institutionen. Die Vorstellung, dass es sich dabei lediglich um einen hermeneutischen Vorgang der „Entdeckung" oder „Auffindung" handele, ist irreführend. Es geht um eine – allerdings theoretisch und methodisch eingebundene – **Rechtsfortbildung.** Art. 6 EUV sieht im Kontext der Grundrechtsentwicklung vor, dass die Methode der „wertenden Rechtsvergleichung" *(Zweigert)* bei der Entwicklung der grundrechtlichen ARG leitend sein soll. Dieser Ansatz lässt sich aber auch auf andere ARG übertragen.

34 Eine Situation, in der sich die Frage nach der Notwendigkeit der Entwicklung eines ARG stellen kann, ist dadurch gekennzeichnet, dass sich im positiven Recht der EU (sei es auf der Ebene des Primärrechts, sei es auf jener des Sekundärrechts) keine ausdrückliche Regelung für eine Situation findet, in der es aus **funktionalen Gründen** oder **aus Gerechtigkeitserwägungen** aber einer normativen Antwort bedarf. Um funktionale Gründe geht es etwa, wenn sich die Frage nach der Rücknehmbarkeit eines rechtswidrigen Verwaltungsakts stellt. Gerechtigkeitserwägungen geraten in den Blick, wenn es um die Frage geht, inwieweit „höhere Gewalt", „Entreicherung" oder „Vertrauensschutz" als Einwendungen oder Einreden geltend gemacht werden können. Auch im Bereich der Garantie effektiven Rechtsschutzes, des Grundsatzes „ne

bis in idem" oder ähnlicher Rechte einzelner geht es um Gerechtigkeit. Die Entscheidung, ob überhaupt ein Bedarf für die Entwicklung eines ARG besteht, obliegt den EU-Institutionen, die sich dabei an teleologischen und funktionalen Überlegungen zu orientieren haben, zugleich aber auch die Rechtslage in den Mitgliedstaaten zu berücksichtigen haben.

In einer Situation, in der die grundsätzliche Notwendigkeit einer Fortbildung des EU-Rechts durch ARG anerkannt ist, stellt sich die Frage nach dem **methodischen Vorgehen.** Die notwendigen Wertungen speisen sich zunächst und vor allem aus der EU-Ordnung, ihren Zielen und ihrer Struktur. Allerdings ist wiederum auch auf die in den mitgliedstaatlichen Ordnungen enthaltenen Wertungen zu rekurrieren – nicht in einer schematischen Weise, wohl aber mit dem Ziel festzustellen, inwieweit die Erwägungen, die die Amtswalter der EU-Organe anstellen, in den mitgliedstaatlichen Rechtsordnungen geteilt werden. 35

Auch die **allgemeinen Rechtsgrundsätze des Völkerrechts** können Inspirationsquelle sein (*Bieber/Kahil-Wolff/Müller,* Cours général de droit communautaire, 1994): Inhaltlich handelt es sich bei diesen grundlegenden Völkerrechtsregeln ausweislich der Rspr. des EuGH vor allem um sozialethisch und rechtslogisch „notwendige" Prinzipien, wie etwa allgemein anerkannte Vertragsauslegungsregeln (EuGHE 1955/56, 312, Rs. 8/55, „Fédéchar/Hohe Behörde") oder das Prinzip der Rechtssicherheit als Vertragsanwendungsprinzip (EuGHE 1974, 1351, Rs. 41/74, „Van Duyn/Home Office"). 36

bb) Bestand an allgemeinen Rechtsgrundsätzen

In der Sache sind vor allem über die Rspr. des Gerichtshofes eine **Vielzahl von ARG** verfassungs- und verwaltungsrechtlicher Natur herausgearbeitet worden (*Tridimas,* The General Principles of EU Law, 3. Aufl. 2013). Zu den verfassungsrechtlichen Grundsätzen gehören vor allem ARG, die mit den Strukturprinzipien der EU wie Freiheit, Demokratie, Achtung der Menschenrechte und Grundfreiheiten und Rechtsstaatlichkeit (Art. 2 Abs. 1 EUV) eng verbunden sind und sich aus ihnen ableiten lassen. 37

Diese **„Grundsätze" des Art. 2 Abs. 1 EUV** stellen besonders fundamentale Prinzipien dar, auf denen die EU ruht. Ihre Verletzung durch einen MSen kann den besonderen Sanktionsmechanismus des Art. 7 EUV auslösen, der auf Feststellung des Rates in der Zusammensetzung der Staats- und Regierungschefs schließlich zur Aussetzung von bestimmten Vertragsrechten beim Verletzerstaat führen kann (oben Rz. 4/23 f.). 38

In diesem Sinne wurden als ARG des Unionsrechts beispielsweise anerkannt wichtige **rechtsstaatliche Prinzipien** wie das Verhältnismäßigkeitsprinzip (Übermaßverbot) (z. B. EuGHE 1994, I–3681, Rs. C-359/92, „Deutschland/Rat" – inzwischen Art. 5 Abs. 4 EUV; *von Danwitz,* EWS 2003, 393), die Rechtsklarheit (EuGHE 1980, 2403, Rs. 32/79, „KOM/Vereinigtes Königreich"), die Rechtssicherheit (EuGHE 1980, 617, Rs. 265/78, „Ferwerda") oder das Recht des Einzelnen auf **wirksamen gerichtlichen Rechtsschutz** (EuGHE 1986, 1651, Rs. 222/84, „Johnston"; EuGE 2001, II–813, Rs. T-192/99, „Dunnett u. a.", Rz. 13/1 ff.) anerkannt. In sozialstaatliche Richtung weist etwa die Anerkennung des Prinzips der **Solidarität** (EuGHE 1980, 907, verb. Rs. 154/78 u. a., „Valsabbia u. a./Kommission", *Hieronymi,* Solidarität als Rechtsprinzip in der EU, 2003; Kodifizierung in Art. 222 AEUV). 39

40 Große Bedeutung haben in der EU auch ARG **mit Bedeutung für den Vollzug** erlangt; dies liegt daran, dass der Ausbau und der Bedeutungsgewinn des direkten Vollzugs durch EU-Organe (dazu Rz. 12/1 ff.) der positivierenden Kodifikation des EU-Verwaltungsrechts voraneilt (nunmehr aber Art. 298 AEUV). Einige Bespiele seien hier aufgezählt. Der EuGH hat etwa anerkannt: die **„allgemeinen Grundsätze ordentlicher Verwaltung"** (EuGHE 1980, 1677, verb. Rs. 33 u. 75/79, „Kuhner"; *Schwarze,* FS Iglesias, 2003, 147) wie das Prinzip des **Vertrauensschutzes** (EuGHE 2000, I-5501, Rs. C-402/98, „Agricola Tabacchi Bonavicina"; *Altmeyer,* Vertrauensschutz im Recht der EU und im deutschen Recht, 2003), **„ne bis in idem"** (EuGHE 1969, 15, Rs. 14/68, „Walt Wilhelm"; *Vogel/Norouzi,* JuS 2003, 1059), des **rechtlichen Gehörs** (EuGHE 1963, 123, Rs. 32/62, „Alvis"), auch in Gestalt der Gelegenheit zur Stellungnahme bei beeinträchtigenden Maßnahmen (EuGHE 1980, 1677, verb. Rs. 33 u. 75/79, „Kuhner"), der **Begründungszwang** bei Rechtsakten (EuGHE 1978, 1991, Rs. 125/77, „Scholten-Honig") oder der **Amtsermittlungsgrundsatz** (EuGHE 1991 I-5469, Rs. 269/90, „TU München"). Auch die Berufung auf **„höhere Gewalt"** (EuGHE 1978, 353, Rs. 68/77, „IFG/Kommission") rechnet hierzu. Diese ARG erweisen sich so als Fundament eines „Europäischen Verwaltungsrechts im Werden" *(Schwarze).* Für den Bereich der inneren Verwaltung spielt der Grundsatz der **Fürsorge der Behörde** gegenüber ihren Bediensteten (EuGHE 1980, 1677, verb. Rs. 33 u. 75/79, „Kuhner") eine wichtige Rolle. Teilweise finden sich diese Grundsätze heute in der GrCh.

41 Es sind aber nicht nur die Beziehungen zwischen der EU und den Bürgern durch ARG ausgestaltet worden. Oftmals hat der EuGH den Grundsatz der loyalen Zusammenarbeit unter den Mitgliedstaaten und zwischen ihnen und der EU betont. Hieraus leitet er konkrete Mitwirkungspflichten im Verhältnis zur EU ab. Unter gleichzeitiger Heranziehung von Art. 4 Abs. 3 EUV haben Gerichtshof und Wissenschaft das Prinzip der **gegenseitigen Treue und Loyalität** entwickelt (EuGHE 1981, 1045, Rs. 804/79, „Seefischerei-Erhaltungsmaßnahmen"; *Hatje,* Loyalität als Rechtsprinzip in der EU, 2001). EU und MSen schulden sich über den Buchstaben der Verträge hinaus beiderseitige Loyalität. Teilweise hat man versucht (umfassend *Schilling,* EuGRZ 2000, 3), die ARG des Unionsrechts über die punktuellen Anerkennungen der Rspr. hinaus in systematischen Zusammenhang zu bringen.

cc) Anwendungsbereich und Wirkweise der allgemeinen Rechtsgrundsätze

42 Allgemeine Aussagen über die **Wirkweise allgemeiner Rechtsgrundsätze** fallen weiterhin schwer. Dies liegt zum einen daran, dass sie ihrer Funktion und ihrem Inhalt nach sehr unterschiedlich einzuordnen sind. Es liegt aber auch daran, dass sich in der gegenwärtigen Rechtsprechung des EuGH Tendenzen für eine Neuformulierung der Dogmatik allgemeiner Rechtsgrundsätze beobachten lassen. Ging es zunächst um die (rechtsstaatliche und grundrechtliche) Selbstbindung der EU, so werden die Grundsätze heute auch als Mittel zur Steuerung mitgliedstaatlichen Verhaltens verwandt.

(1) Normhierarchischer Rang

43 Eine erste Differenzierung ist mit Blick auf den normhierarchischen Rang notwendig: Allgemeine Rechtsgrundsätze „verfassungsrechtlicher Natur" stehen auf der Ebene des Primärrechts; sie nehmen damit am **Vorrang des Primärrechts** vor dem Sekundärrecht (Rz. 10/37) teil. Das Gebot effektiven Rechtsschutzes steht damit beispielsweise nicht zur Disposition des unionalen Gesetzgebers. Demgegenüber stehen die Grund-

sätze „verwaltungsrechtlicher Natur" regelmäßig auf der Ebene des Sekundärrechts. Entschließt sich der europäische Gesetzgeber zu einer Kodifikation des entsprechenden Rechtsgebiets, so werden sie verdrängt. Allerdings muss auch der europäische Gesetzgeber bei seiner Kodifikation die (rechtsstaatlichen) Grundsätze verfassungsrechtlicher Art beachten.

Dies bedeutet etwa, dass es dem europäischen Gesetzgeber freisteht, Regelungen über die Rücknahme und den Widerruf von Verwaltungsentscheidungen zu treffen; die entsprechenden ARG werden dadurch überspielt. Allerdings muss nach rechtsstaatlichen Grundsätzen legitimes Vertrauen in angemessener Weise geschützt werden.

(2) Unmittelbare Anwendbarkeit

Die ARG haben die rechtliche Eignung, **unmittelbar anwendbar** zu sein. Sie können ihrem Inhalt nach darauf abzielen, den Bürgern Ansprüche an die Hand zu geben – sei es gegen die EU, sei es gegen die MSen. Derartige Ansprüche haben unmittelbare Wirkung und begründen subjektive Rechte der Einzelnen; sie gehen nationalem Recht vor und führen zu dessen Unanwendbarkeit. 44

So lässt sich etwa der Anspruch, den der EuGH in seiner „Francovich"-Rechtsprechung entwickelt hat, als Inhalt eines ARG deuten (dazu Rz. 14/11 ff.). Es ist allerdings jeweils sorgfältig zu prüfen, ob das EU-Recht wirklich einen derartigen Anspruch unmittelbar gewähren will. Gerade im Bereich der Steuerung mitgliedstaatlichen Verhaltens gegenüber den Bürgern (etwa im indirekten Vollzug [Rz. 12/23]) ist es auch denkbar, dass das EU-Recht die mitgliedstaatliche Autonomie anerkennt und lediglich über das Diskriminierungsverbot und das Effizienzgebot begrenzt (so etwa EuGHE 1997, I–1591, 1619, Rs. C-24/95, „Alcan"). Inzwischen ist die Tendenz zu beobachten, auch im indirekten Vollzug einfach unmittelbar auf ARG (oder auch auf positivierte EU-Grundrechte) zuzugreifen; dies führt zu einer Beeinträchtigung der Idee der Subsidiarität. 45

Andere ARG beschränken sich ihrem Inhalt nach darauf, **den MSen etwas zu verbieten** (etwa unter Vertrauensschutzgründen die Rücknahme eines Verwaltungsakts, den Behörden der MSen bei der Durchführung von EU-Recht erlassen haben) **oder etwas zu gebieten** (etwa Beachtlichkeit der Einrede der Entreicherung oder der „höheren Gewalt"). An der unmittelbaren Anwendbarkeit dieser allgemeinen Rechtsgrundsätze besteht (auch bei der Steuerung mitgliedstaatlichen Verhaltens) kein Zweifel. 46

(3) Anwendungsbereich

Es steht außer Frage, dass die ARG für die **Träger unionaler Hoheitsgewalt** zu beachten sind. Dies ist die Hauptzielrichtung; in der Einbindung dieser Hoheitsgewalt haben sie auch ihre Wurzeln (Beispiele: EuGHE 2001, I-7079, Rs. C-377/98, „Niederlande/EP und Rat"; EuGHE 1998, I-8417, Rs. C-185/95 P, „Baustahlgewerbe/Kom."). 47

Man ist sich schon seit geraumer Zeit darin einig, dass es funktional und integrationstheoretisch gerechtfertigt ist, die Mitgliedstaaten dort an die EU-Grundrechte zu binden, wo sie EU-Recht „durchführen" (EuGHE 1989, 2609, Rs. 5/88, „Wachauf"). Dort besteht eine **„agency situation"**, in der es keinen Anlass gibt, den durchführenden MSen mehr Freiheit einzuräumen als der EU selbst. Dies gilt auch und gerade bei der Umsetzung von Richtlinien (*von Danwitz,* JZ 2007, 697 [704]). Art. 51 der Grundrechtecharta (Rz. 17/27) bestätigt diese Sichtweise. Allerdings hat der EuGH sich nie auf diese Konstellation beschränkt, sondern spricht allgemeiner davon, die ARG seien im „Anwendungsbereich" des Vertrags anzuwenden (EuGHE 1991, I-2925, Rs. C-260/89, „ERT"). Mit Blick auf die Frage, wie das Konzept des „Anwen- 48 dungsbereichs des Vertrags" zu verstehen ist, bestehen allerdings Unsicherheiten. Teilweise wird gefordert, dass die ARG schon dann anzuwenden seien, wenn sich eine mitgliedstaatliche Maßnahme im sachlichen Anwendungsbereich irgendeiner Norm des EU-Rechts bewege (GA Sharpston, Schlußanträge in der Rs. C-427/06, „Bartsch", Rz. 69) (ähnlich für die EU-Grundrechte EuGHE 2013, I-0000, Rs. C-617/10, „Akerberg"). In der Entscheidung „Barsch" (EUGHE 2008, I-7245, Rs. C-427/06, „Bartsch") spricht der EuGH sogar davon, dass die ARG überall dort zur Anwendung kommen, wo ein „Bezug" zum Unionsrecht existiert. Damit findet eine (nicht unproblematische) schrittweise Ausdehnung des Anwendungs- und Wirkbereichs statt, die vor dem Hintergrund des Bemühens mancher EU-Organwalter interpretiert werden muss, die ARG umfassend auf mitgliedstaatliches Handeln anzuwenden (vgl. *Rosas,* Jurisprudence 2012, 1269; *Safjan,* Areas of Application of the Charter of Fundamental Rights of the EU, EUI Working Papers 2012/22).

49 Wo genau die Grenzen liegen, ist letztlich unklar; dies belegt die Rechtsprechung zum Verbot der Altersdiskriminierung: Der EuGH ging in der Entscheidung „Mangold" (EuGHE 2005, I-9981, C-144/04; zur Frage der Drittwirkung von RL: unten Rz. 9/112) davon aus, dass mitgliedstaatliche Maßnahmen zur Umsetzung einer RL immer im „Anwendungsbereich des Vertrags" lägen. Er wendete das Verbot der Altersdiskriminierung hierauf ungeachtet des Umstandes an, dass die Umsetzungsfrist einer diesbezüglichen konkretisierenden Gleichbehandlungsrichtlinie (RL 2000/78) noch nicht abgelaufen war und es sich um einen Drittwirkungsfall handelte. Die Entscheidung ist diesbezüglich **auf schärfste Kritik gestoßen** (*Bauer/Arnold,* NJW 2006, 6; *Böhm,* JZ 2008, 324; verfassungsrechtliche Billigung durch BVerfG NJW 2010, 3422). In der Entscheidung „Bartsch" (EuGHE 2008, I-7245, Rs. C-427/06, „Bartsch") schränkte der EuGH dann ein, dass der Anwendungsbereich des Vertrags nur dann eröffnet sei, wenn es dem Mitgliedstaat um die Implementierung einer Richtlinie gehe, deren Umsetzungsfrist schon abgelaufen ist (zustimmend *Nettesheim,* JZ 2008, 1159). In der Entscheidung „Kücükdeveci" (EuGHE 2010, I-365, C-555/07) verzichtete der EuGH dann aber auf das Erfordernis, dass die angegriffene Maßnahme des MSen der Umsetzung einer Richtlinie dienen müsse. Damit hat sich der EuGH nach einigem Hin und Her letztlich der integrationsfreundlichsten Lösung angeschlossen (Besprechung bei *Thüsing/Horler,* CMLR 2010, 1161; *Editorial,* CMLRev 2010, 1596). Sie wirft ihrerseits allerdings vielfältige Fragen auf: Dogmatisch unklar ist vor allem, wann der hinreichende Bezug zum Regelungsbereich (irgendeiner) Norm des Unionsrechts besteht. Auf das Vorliegen eines Normenkonflikts kann es jedenfalls nicht ankommen.

50 Bislang werden die ARG jenseits von „agency"-Situationen und außerhalb des „Anwendungsbereichs des EU-Rechts" gegenüber den MSen bzw. im **horizontalen Verhältnis** zwischen Privaten (noch) nicht zur Anwendung gebracht (integrationsfreundlich aber: *Lenaerts/Gutièrres-Fons,* CMLRev 2010, 1629). Der EuGH ist nicht dem Vorschlag gefolgt, die ARG umfassend gegenüber den MSen – und damit über die gesamte Bandbreite deren Handelns – anzuwenden. Dies würde einen enormen Föderalisierungsschub bewirken, ähnlich dem, den die „Equal Protection Clause" des 14. Verfassungszusatzes (1868) in den USA bewirkt hat (Diskussion dieser Möglichkeit bei GA *Sharpston,* Schlussanträge in der Rs. 34/09, „Zambrano"). Der EuGH hält daran fest, dass die ARG nur **„im Anwendungsbereich des Vertrags"** zur Anwendung kommen können. In Fällen, in denen Maßnahmen der MSen aus diesem Bereich fallen, wendet der EuGH die ARG nicht an (EuGHE 1997, I-2629, Rs. C-299/95, „Kremzow").

Keine dogmatischen Fragen wirft die Rechtsprechung des EuGH auf, den Mitgliedstaaten die Berufungsmöglichkeit auf Schranken der Grundfreiheiten zu versagen, wenn dies einen Rechtszustand bewirkte, der mit den Anliegen eine ARG unvereinbar ist (EuGHE 1991, I-2925, Rs. C-260/89, „ERT"; Rz. 22/12). Hierbei handelt es sich nicht um eine Anwendung von ARG auf MSen, sondern um **eine primärrechtskonforme Interpretation** der Schranken von Grundfreiheiten (Herstellung praktischer Konkordanz). 51

3. Vertragsänderungen und Vertragsergänzungen

Literatur: *Carstens,* Die kleine Revision des Vertrages über die EGKS, ZaöRVR 1961, 1; *Kaiser,* Grenzen der EG-Zuständigkeit, EuR 1980, 97; *Kirchner/Haas,* Rechtliche Grenzen für Kompetenzübertragungen auf die EG, JZ 1993, 760; *Lenz,* Immanente Grenzen des Gemeinschaftsrechts, EuGRZ 1993, 57; *Everling,* Zur Stellung der Mitgliedstaaten der EU als „Herren der Verträge", FS Bernhardt, 1995, 1161; *Hädel/Puttler,* Zur Abgrenzung des Art. 235 EGV von der Vertragsänderung, EuZW 1997, 13; *Koenig/Pechstein,* Die EU-Vertragsänderung, EuR 1998, 130; *Oppermann,* Zur „gemischten" Entstehung der Europäischen Verfassung 2004, DVBl. 2004, 1264, *Klinger,* Der Konvent: Ein neues Institut des europäischen Verfassungsrechts, 2007; *Oppermann,* „Konventsmethode" als Instrument europäischer Verfassungsgebung, FS Herzog, 2009, 313; *Suhr,* Die Left-Overs des Lissabon-Vertrags, FS Fiedler, 2011, 715.

Sowohl als völkerrechtliche Verträge als auch als „Verfassung" der EU bedürfen die Unionsverträge der Möglichkeit von **Änderungen und Ergänzungen.** Neben der förmlichen Anpassung der Verträge ergibt sich in einer dynamischen und zugleich in ihren Zuständigkeiten vielfach begrenzten EU die Notwendigkeit, gewisse **Lücken** bei der Verwirklichung der Ziele der EU **zu schließen** oder die Kompetenzen der Gemeinschaft **abzurunden,** ohne jedes Mal das „schwere Geschütz" der Vertragsänderung bemühen zu müssen. Für solche Fälle haben die Verträge die **„sweeping clause"** *(Louis)* des Art. 352 AEUV vorgesehen (unten Rz. 11/8). Um eine Vertragsänderung oder -ergänzung handelt es sich hierbei nicht. 52

a) Vertragsänderung

Die Bestimmungen von EUV, AEUV und EAGV lassen sich – schon seit dem Maastrichter Vertrag 1992 – nur noch in einem **einheitlichen Verfahren ändern** (Art. 48 EUV). Ein Spezialfall zwangsläufiger Vertragsänderung ist das ebenfalls durch den EUV vereinheitlichte Verfahren beim **Beitritt** neuer Mitglieder (Art. 49 EUV [unten Rz. 42/4]). Der Beitritt ist nur zur Union insgesamt möglich. 53

Mit dem Inkrafttreten des Vertrags von Lissabon gibt es drei Optionen der Vertragsänderung. Das „ordentliche Änderungsverfahren" (Art. 48 Abs. 2–5 EUV) – in seiner Struktur seit den 1950er Jahren unverändert – stellt im Kern ein **völkerrechtliches Verfahren** dar, dem gewisse **Elemente vergemeinschafteter Entscheidungsfindung** beigemischt sind (Initiativrechte bzw. Anhörungsrechte der Kommission und des EP, Einschaltung eines Konvents, Anhörungsrechte der EZB). Die Änderungen im ordentlichen Verfahren nach Art. 48 EUV werden auf einer **Regierungskonferenz** vereinbart und bedürfen zu ihrer Wirksamkeit der **Ratifikation durch die Mitgliedstaaten.** In diesem Sinne bleiben die Mitgliedstaaten die **„Herren der Verträge"** oder, anders ausgedrückt, liegt die „verfassungsgebende Gewalt" bei ihnen (oben Rz. 4/18ff.). 54

Daneben ist seit 2009 ein vereinfachtes Änderungsverfahren vorgesehen (Art. 48 Abs. 6 EUV). Dieses kann zur Anwendung kommen, wenn und soweit es um die Änderung der Bestimmungen des Dritten Teils des AEUV (interne Politikbereiche) geht. Im Zentrum dieses Verfahrens steht der Beschluss des Europäischen Rats; er bedarf der Ratifizierung durch die zuständigen mitgliedstaatlichen Organe. Eine Kompetenzaus- 55 dehnung darf auf diesem Weg nicht erfolgen. Dieses Verfahren wurde erstmalig bei der Schaffung von Art. 136 Abs. 3 n. F. AEUV verwandt. Die Bestimmungen des Integrationsverantwortungsgesetzes vom 22. September 2009 (IntVG; BGBl. I S. 3022) sehen vor, dass die Wahrnehmung dieser Möglichkeiten in Deutschland einer Zustimmung durch Gesetz bedarf.

56 Schließlich gibt es (ebenfalls seit 2009) zur Vertragsänderung von bestimmten Verfahrensvorschriften noch ein besonderes Verfahren (Art. 48 Abs. 7 EUV; „allgemeine Brückenklausel"). In diesem Verfahren kann in Kompetenzbereichen, in denen der Lissabon-Vertrag die Anwendung eines besonderen Gesetzgebungsverfahrens vorsieht, der Übergang zum ordentlichen Gesetzgebungsverfahren erfolgen; ebenfalls ist es möglich, in Fällen, in denen der AEUV oder Titel V des EUV einstimmige Ratsbeschlüsse vorsieht, den Übergang zur Mehrheitsentscheidung vorzunehmen. Das IntVG sieht vor, dass der deutsche Vertreter im Rat der Wahrnehmung dieser Klausel widersprechen muss, wenn nicht zuvor eine Zustimmung durch Gesetz erfolgt ist. Gleiches gilt für die „besondere Brückenklausel" des Art. 81 Abs. 3 UAbs. 2 AEUV. In anderen Fällen bedarf es jedenfalls eines zustimmenden Parlamentsbeschlusses (im Einzelnen: *Nettesheim,* NJW 2010, 177).

57 In großem Stil wurden die Verträge bisher durch die **Einheitliche Europäische Akte 1986,** den **Maastricht-Vertrag 1992,** den **Amsterdamer Vertrag 1997,** durch den **Nizza-Vertrag 2001** und den **Vertrag von Lissabon 2007** fortentwickelt (oben Rz. 2/29 ff.). Der Versuch, die Verträge durch einen „Vertrag über eine Verfassung für Europa" fortzuschreiben (2004), ist am negativen Ausgang der Referenden in Frankreich und den Niederlanden gescheitert (2005). Vertragsändernde Wirkung haben ferner die **Beitrittsverträge** mit Dänemark/Großbritannien/Irland 1972, Griechenland 1979, Portugal/Spanien 1985, Finnland/Österreich/Schweden 1994, der Gruppe von acht mittelosteuropäischen Staaten, Malta und Zypern 2003, Bulgarien und Rumänien 2005 sowie Kroatien 2011.

58 Nach den Absichten der „Vertragsväter" und den allgemein-völkerrechtlichen Regeln der Wiener Vertragsrechtskonvention v. 23.5.1969 (insbesondere Art. 40 WVRK) sind diese Revisionsbestimmungen **abschließend** gemeint. Die EU-Mitgliedstaaten haben sich verpflichtet, ihre vertragsändernde („verfassungsgebende") Gewalt nur in den besonderen Formen des Art. 48 EUV auszuüben. Dies hat auch der Gerichtshof (EuGHE 1971, 1003, Rs. 7/71, „Kommission/Frankreich"; EuGHE 1976, 455, Rs. 43/75, „Defrenne II") mehrfach betont; die Beachtung von Art. 48 Abs. 6 EUV wird vom EuGH auch kontrolliert (EuGH, Urt. v. 27.11.2012 Rs. C-370/12, „Pringle"). Insoweit ist die „Vertragsherrschaft" der Mitgliedstaaten über die EU nur in den dort vorgesehenen Formen möglich. Die nach allgemeinem Völkerrecht grundsätzlich gegebene Möglichkeit von Vertragsstaaten, auch ad hoc und außerhalb eines vertraglich vorgesehenen Änderungsverfahrens Anpassungen vorzunehmen, ist damit innerhalb des EU-Systems ausgeschlossen.

59 Die politische Praxis hat allerdings gelegentlich **kleinere Vertragsänderungen** zugelassen, die „beinahe versehentlich" **im regulären völkerrechtlichen Verfahren** ohne Beachtung der Spezialregelung des Art. 48 EUV (früher Art. 236 EWGV) vorgenommen wurden. Dies war der Fall bei Änderungen des EGKSV im Zusammenhang mit dem Anschluss des Saarlandes an die Bundesrepublik 1957 (*Carstens,* ZaöRVR 1961, 1) sowie des EWGV durch den Fusionsvertrag 1965.

60 Den MSen steht es frei, außerhalb der EU durch völkerrechtlichen Vertragsschluss zu kooperieren (z. B. ESM-Vertrag, Fiskalvertrag); dabei dürfen die Bestimmungen des

EU-Rechts nicht verletzt werden (EuGH, Urt. v. 27.11.2012, Rs. C-370/12, „Pringle"). Der EuGH hat ausgesprochen, dass der Abschluss eines völkerrechtlichen Vertrags nicht **„elementare Strukturprinzipien" der EU** aushöhlen darf (EuGHE 1991, I-6079, Gutachten 1/91, „EWR", Rn 46, 71; EuGHE 2011, I-1337, Gutachten 1/09, „Europäisches Patent"). Demgegenüber sind dem vertragsändernden Normgeber nach Art. 48 EUV keine Grenzen gesetzt. Im **Range** rechnet das geänderte Vertragsrecht ebenso wie der alte Text zum primären Unionsrecht.

b) Sonstige Vertragsergänzungen und -anpassungen

Angesichts des weitgespannten und in ständiger Entwicklung stehenden Tätigkeitsbereiches der EU ergibt sich hier und dort das Bedürfnis nach **einfacheren Verfahren der Vertragsergänzung und -anpassung** ohne die zeitraubende Einschaltung der Mitgliedstaaten. Solche internen („autonomen") Vertragsänderungen sind in den Verträgen gelegentlich an „änderungsträchtigen" Stellen vorgesehen. 61

Hierher rechnen Art. 17 Abs. 5 EUV (Änderung der Zahl der Kommissionsmitglieder durch einstimmigen Ratsbeschluss); Art. 6 Maastrichter Protokoll zu den Konvergenzkriterien (Konkretisierungen) sowie Art. 76 EAGV (Änderung Kapitel VI EAGV durch einstimmigen Ratsbeschluss). Leitgedanke dieser gelegentlich praktizierten autonomen Änderungs- und Anpassungsklauseln ist die Verlagerung der Änderungskompetenz auf den **einstimmig entscheidenden Rat.** So kommt es zu einem Kompromiss zwischen rascher Unionsaktion und Wahrung der nationalen Interessen. 62

Auch die autonom geänderten Vertragsbestimmungen wachsen in den **Rang primären Unionsrechts** hinein. 63

III. Sekundäres Unionsrecht

1. Das Primärrecht als Grundlage und Grenze von sekundärem Unionsrecht

Das Primärrecht ist für das sekundäre EU-Recht nach einer klassischen Formel des Gerichtshofes (z. B. EuGHE 1978, 1771, Rs. 26/78, „Viola") **„Grundlage, Rahmen und Grenze" der Rechtsetzungsgewalt der EU.** Damit klingen Ähnlichkeiten und Unterschiede zu dem staatlichen Verhältnis zwischen Verfassung und einfachem Gesetz an. Wie dort hat sich die **„Gesetzgebungsbefugnis der Gemeinschaft"** (EuGHE 1978, 629, Rs. 106/77, „Simmenthal") im Rahmen der Vorgaben der Verträge und ihres Vorranges zu halten. Sie hat vor allem das **Prinzip der begrenzten Einzelermächtigungen der EU** („compétences d'attribution") (Art. 4 Abs. 1, Art. 5 Abs. 1 EUV, Art. 2 Abs. 6 AEUV) zu beachten. Jeder verbindliche Akt des Sekundärrechts bedarf einer ausdrücklichen Rechtsgrundlage in den Verträgen (näher Rz. 11/1 ff.). 64

In der Rangordnung der Quellen des EU-Recht stehen die aus der vertraglich begründeten EU-Rechtsetzungsgewalt abgeleiteten Rechtsakte (Verordnungen, Richtlinien, Beschlüsse usf.) als **sekundäres Unionsrecht unter dem Primärrecht.** In der jahrzehntelangen Entwicklung der EU ist diese abgeleitete Rechtsmasse ungeheuer angeschwollen und ändert sich täglich. Das sekundäre Unionsrecht ist im – inzwischen elektronisch verfügbaren – **Amtsblatt der EU** auffindbar (VO 216/2013, ABl. L 69/1). 65

Der **Vorrang des primären gegenüber dem sekundären Unionsrecht** ist eindeutig (näher Rz. 10/37 ff.). Sekundärrecht, das sich auf eine Ermächtigungsnorm (Art. 290 AEUV) stützt, muss deren Festsetzungen beachten. „Grundverordnungen" (z. B. land- 66 wirtschaftliche Marktordnungen) sind gegenüber „Durchführungsverordnungen" (z. B. Abschöpfungsregelungen im Rahmen dieser Marktordnung) vorrangig, die auf Grund einer in der Grundverordnung enthaltenen Ermächtigung ergehen. Solche Durchführungsverordnungen dürfen die Grundverordnung weder ändern noch von ihr materiell abweichen (EuGHE 1971, 145, Rs. 38/70, „Tradax/Einfuhr- und Vorratsstelle für Getreide"; EuGHE 1971, 163, Rs. 58/70, „Compagnie Continentale/ Hoofdproduktschap"). Auch sonst lassen sich innerhalb des Sekundärrechts **gewisse Abstufungen beobachten.** Mangels ausdrücklicher Regelung muss hier im Einzelfall entschieden werden. Grundsätzlich gehen normative Akte (z. B. eine Verordnung) Individualakten (z. B. einem Beschluss) vor. Dagegen sind Rats- und Kommissionsrechtsakte prinzipiell gleichrangig, soweit nicht die Kommission auf der Basis einer Ermächtigung (Art. 290 AEUV) handelt. Es gibt keinen „Institutionenvorrang".

2. Außensteuerung im Bereich des AEUV und des EAGV

Literatur: Nachweise zu den einzelnen Handlungsformen bei *Nettesheim,* in: Grabitz/Hilf/Nettesheim (Hrsg.), Das Recht der EU (Komm.), Art. 288 AEUV (2012). *Bast,* Handlungsformen, in: von Bogdandy (Hrsg.), Europäisches Verfassungsrecht, 2003, 479; *von Bogdandy/Bast,* Legal Instruments in European Union Law and their Reform: a Systematic Approach on an Empirical Basis, Yearbook of European Law 23 (2004), 91; *Bast,* Grundbegriffe der Handlungsformen der EU, 2006; *Dieckhoff,* Der Vorbehalt des Gesetzes im Europarecht, 2007; *Rösch,* Die Handlungsformen der EU, VerwRundSchau 2008, 361; *Schusterschitz,* in: Hummer/Obwexer (Hrsg.), Der Vertrag von Lissabon, 2009, 209; *Kröll,* in: Eilmansberger u. a. (Hrsg.), Rechtsfragen der Implementierung, 2011, 313; *Daiber,* EU-Durchführungsrechtsetzung nach Inkrafttreten der neuen Komitologie-Verordnung, EuR 2012, 240.

a) Rechtsinstrumente – Überblick

67 Das Prinzip der begrenzten Einzelermächtigung, das sämtliches Wirken der EU-Organe beherrscht, ist auch im Bereich der sekundären Rechtsetzung zu beachten: Es bewirkt, dass sich die Unionsorgane bei gegebener Kompetenz der jeweils vorgesehenen **Formen der Rechtshandlung (Rechtsaktstypen, Rechtsinstrumente etc.)** zu bedienen haben. Fehlt es an einer Vorgabe, haben die normgebenden Organe Wahlfreiheit (Art. 296 Abs. 1 AEUV). Das EU-Recht enthält mit Blick auf außenrechtsverbindliche Akte einen *numerus clausus* (insbesondere Art. 288 AEUV). Es gibt insofern kein „Typenerfindungsrecht" der Unionsorgane. Infolge der Besonderheiten des Rechtsetzungsverfahrens entsprechen die Bezeichnungen der EU-Rechtsakte nur begrenzt der national üblichen Terminologie. Die „Verordnung" entspricht beispielsweise weitgehend der im nationalen Bereich geläufigen Handlungsform des „Gesetzes"; sie kann aber auch die Qualität nationaler „Durchführungs(Rechts)verordnungen" aufweisen. Für den EU-internen Bereich sowie das Verhältnis von EU und Mitgliedstaaten gilt der *numerus clausus* nicht. Die von den Verträgen vorgesehenen Handlungsformen werden in diesem Bereich durch **„Rechtsakte sui generis" ergänzt.**

68 Der Lissabon-Vertrag hat die Zahl der verfügbaren Rechtsakte von zuvor 15 auf fünf reduziert und so die **Transparenz** deutlich gesteigert: Verordnungen, Richtlinie, Beschluss (statt bisher Entscheidung), Empfehlungen und Stellungnahmen. Die besonderen Rechtsakte, die bislang im Rahmen von GASP und PJZ bestanden, wurden abgeschafft. Der Vertrag sieht vor, auf die in Art. I-33 des Vertrags über eine Verfassung für Europa (2004) vorgesehene Umbenennung der EU-Rechtsakte (Verordnung – Europäisches Gesetz; Richtlinie – Europäisches Rahmengesetz; ferner: Europäische Verordnung, Europäischer Beschluss etc.) aus politischen Gründen zu verzichten.

Art. 289, 290 AEUV sehen die Unterscheidung zwischen **Akten mit Gesetzgebungsqualität** und solchen ohne diese Qualität vor. Die Unterscheidung bestimmt sich nach dem anzuwendenden Verfahren, nicht nach dem Typ des Rechtsakts. Im Gesetzgebungsverfahren können danach Verordnungen, Richtlinien und

Beschlüsse erlassen werden (unten Rz. 11/44f.). Zwischen dem Verfahren und der Wahl des Rechtaktes besteht damit kein notwendiger Zusammenhang – dies ist zu bedauern. Nach Art. 290 Abs. 1 UA. 2 S. 2 AEUV müssen „die wesentlichen Aspekte eines Bereichs" durch den Gesetzgebungsakt geregelt werden.

Nach ständiger Rechtsprechung des Gerichtshofes (EuGHE 1955/56, 224, Rs. 8/55, „Fedéchar"; ähnlich EuGHE 1963, 211, Rs. 25/62, „Plaumann"; EuGHE 1981, 2639, Rs. 60/81, „IBM/Kommission"; EuGHE 1991, I-2867, Rs. C-300/89, „Titandioxid") entscheidet im Zweifelsfalle der **objektive Gegenstand und Inhalt des Rechtsaktes,** seine „juristische Substanz", über die Einordnung in die Typen der Handlungsformen. Nicht die subjektive Auffassung des erlassenden Organs bzw. die formale Bezeichnung des Rechtsaktes bei der Rechtsetzung ist entscheidend. Eine „falsa demonstratio" ist nicht maßgeblich. Sie kann aber zur Nichtigkeit des Aktes führen. 69

Parlament, Rat und Kommission haben sich in einer interinstitutionellen Vereinbarung (ABl. 1999, C 73/1) auf Leitlinien über die redaktionelle Qualität der gemeinschaftlichen Rechtsvorschriften verständigt. Danach sollen die Rechtsakte **„klar, einfach und genau"** abgefasst werden. Die Kommission hat darüber hinaus 2002 einen Aktionsplan verabschiedet, nach dem die unübersichtliche Masse des sekundären Unionsrechts um 25% reduziert werden soll (*Linnenborn,* EU-Magazin 7–8/2002, 46f.). Bislang ist dieses Vorhaben aber noch nicht realisiert worden. Die immer wieder zu beobachtenden Versuche einer Entschlackung des Sekundärrechts haben bislang nur geringen Ertrag erzielt (im November 2008 etwa die Entscheidung, einige Produktstandards für Agrarerzeugnisse zu beseitigen [Regulierung der „Gurkenkrümmung"]). 70

Unter der Leitung von *Edmund Stoiber* ist eine Expertengruppe eingesetzt worden, die EU-Kommission dabei zu unterstützen, die Bürokratiebelastung für Unternehmen in Europa bis 2012 um 25 Prozent zu verringern. Ihr Mandat wurde bis in das Jahr 2014 verlängert.

b) Verordnung

Literatur: *Raabe,* Das Verordnungsrecht der EWG, 1963; *Tosato,* I regolamenti delle Communità europee, 1965; *Louis,* Les règlements de la Communauté, 1969; *Möller,* Die Verordnung der EGen, JÖR 1969, 1; *Wyatt,* The Nature of Regulations and Directives, ELRev 1977, 215; *Arzoz,* Rechtsfolgen der Rechtswidrigkeit von Verordnungen der EGen, JÖR 2001, 299.

Gemäß Art. 288 Abs. 2 AEUV sind Verordnungen des Rates und der Kommission Rechtsakte, die dadurch gekennzeichnet sind, dass sie **allgemeine Geltung haben, in allen ihren Teilen verbindlich sind** und **unmittelbar in jedem Mitgliedstaat gelten.** 71

In der Verordnung verkörpert sich wie in keinem anderen Rechtsakt die „wahre europäische Befugnis" *(Savary).* Mittels dieses Rechtsinstrumentes vermag die EU unmittelbar („supranational") für die Mitgliedstaaten und ihre Bürger verbindliches Recht zu schaffen, das keiner Umsetzung durch nationale Instanzen bedarf. Infolge der besonderen institutionellen Struktur der EU (oben Rz. 4/4ff.) kann die Verordnung zwar nicht schlechthin mit dem nationalen Gesetz gleichgesetzt werden. Insbesondere fehlt dem EU-System – trotz der Neuerung in Art. 290 AEUV – die innerstaatliche Unterscheidung zwischen Gesetz und Rechtsverordnung. Es werden aber auf europäischer Ebene durch die Verordnung die gleichen Bedürfnisse nach generell/abstrakter Rechtsetzung gegenüber einem unbestimmten Personenkreis erfüllt wie auf nationaler Ebene durch das Gesetz. In diesem Sinne ist die **Verordnung (auch) das „Europäische Gesetz".** Der Gerichtshof bezeichnet denn auch die Verordnung als „fast Gesetzgebungsakte", „quasi-legislatorische Maßnahmen" u. ä. (seit EuGHE 1955/56, 227, Rs. 8/55, „Fédéchar"). 72

73 Für die **Praxis** kann die Bedeutung der Verordnung in ihrer Doppelfunktion als grundlegendes europäisches Gesetz, aber auch als kurzlebige „Durchführungsverordnung" (EuGHE 1979, 2749, Rs. 230/78, „Eridania") gar nicht überschätzt werden. Nur mittels dieses Rechtsinstrumentes konnte die EU in der Praxis als „Rechtsgemeinschaft" im Verhältnis zu den Mitgliedstaaten einen real respektierten, politischen Status erringen. So sind zum einen grundlegende und langfristig bedeutsame Rechtsakte des sekundären EU-Recht als Verordnung ergangen, wie z. B. der Gemeinsame Zolltarif, die landwirtschaftlichen Marktordnungen, die Regelung der Freizügigkeit für die Arbeitnehmer, wichtige Bestimmungen des EG-Wettbewerbs(Kartell)rechts, grundlegende Normen der Verkehrs- und der Handelspolitik. Andererseits besteht die tagtägliche Rechtsetzungspraxis der EU, wie ein beliebiger Blick in das Amtsblatt zeigt, im Erlass einer ununterbrochenen Fülle „kleiner" und kurzlebiger Durchführungsverordnungen vor allem im Agrarbereich (unten Rz. 24/20).

aa) Verordnungsgeber

74 **Als Verordnungsgeber** weisen die Kompetenzbestimmungen des AEUV entweder Rat und Parlament gemeinsam oder Rat und Kommission je allein aus. In den Verträgen ist in der jeweils einschlägigen Rechtsgrundlage konkret festgelegt, wer legisferiert. Typischerweise war bis in die frühen 1990er Jahre hinein der auf Vorschlag der Kommission entscheidende Rat der eigentliche „Gesetzgeber" der EU; später gewann die Mitentscheidung von Rat und Parlament an Bedeutung. Inzwischen sind es aufgrund der Bedeutung des ordentlichen Gesetzgebungsverfahrens (Art. 289 AEUV; unten Rz. 11/51 ff.) regelmäßig Parlament und Rat gemeinsam. Demgegenüber nimmt die Kommission nach Art. 290 AEUV die wichtige Funktion wahr, im Rahmen von Grundverordnungen des Rates Verordnungen zur Ergänzung bzw. begrenzten Änderung der Grundverordnung zu erlassen (EuGHE 1987, 2671, Rs. 46/86, „Romkes"). Zudem kann sie nach Art. 291 AEUV Durchführungsregelungen erlassen.

bb) Allgemeine Geltung und Verbindlichkeit

75 Die Verordnungen haben **allgemeine Geltung** und sind **in allen ihren Teilen verbindlich.** Damit wird zum einen gesagt, dass die Verordnung ihre Rechtsverbindlichkeit für eine unbestimmte Zahl objektiv bestimmter Fälle im Gesamtgebiet der EU entfaltet (EuGHE 1977, 797, Rs. 101/76, „Koniklijke Scholten Honig/Rat"; EuGHE 1981, 693, Rs. 64/80, „Giuffrida/Rat"). Die generell-abstrakte, unionsweit geltende Regelung gegenüber einem unbestimmten Personenkreis ist das wesentliche Charakteristikum der Verordnung.

76 Verordnungen, die nur in einem Teil der EU oder in einem einzelnen Mitgliedstaat gelten, sind unzulässig bzw. in Entscheidungen umzudeuten (str.). Etwas anderes ist es, wenn unionsweit geltende Verordnungen rein tatsächlich nur regionale Anwendung finden können (z. B. eine Beihilfeverordnung). Es ist möglich, dass eine Verordnung ihren Regelungsanspruch in den verschiedenen Teilen des EU-Gebiets zeitlich abgestuft in Kraft setzt; dabei ist allerdings der Gleichheitssatz zu beachten (EuGHE 2011, I-1655, C-221/09, „Fangverbot für Roten Thun").

77 Mit der Feststellung, dass die Verordnung in allen ihren Teilen verbindlich ist, soll die Verordnung insbesondere von der Richtlinie abgegrenzt werden, die nur „hinsichtlich des zu erreichenden Zieles" zu beachten sein soll.

cc) Unmittelbare Geltung und Anwendungsvorrang

78 Die Verordnungen gelten **unmittelbar in jedem Mitgliedstaat.** Es bedarf keiner Umsetzung oder Durchführung von Verordnungen; sie wirken „im" mitgliedstaatlichen Rechtskreis. Mittels dieser Durchgriffswirkung wird klargestellt, dass sie mit ihrer Veröffent-

lichung im Amtsblatt (unten Rz. 11/89ff.) automatisch, also ohne Dazwischentreten nationaler Rechtsetzung, ihre Rechtswirkungen entfalten. Die Verordnungen gewähren nicht nur den Mitgliedstaaten, sondern auch Rechtssubjekten in den MSen (Privatpersonen, juristische Personen des öffentlichen und des Privatrechts) Rechte und erlegen ihnen Pflichten auf (EuGHE 1985, 1057, Rs. 272/83, „KOM/Italien"). Dies bedeutet, dass Verordnungen von den zur Rechtsanwendung befugten mitgliedstaatlichen Stellen (Behörden, Gerichte usf.) in Situationen, in denen sie räumlich, zeitlich und inhaltlich Anwendung beanspruchen, ohne weiteres **zur Anwendung gebracht** werden müssen. Insbesondere ist es nicht erforderlich, dass sich Berechtigte darauf berufen.

Der EuGH hat in ständiger Rechtsprechung diesen von den Mitgliedstaaten „unabdingbaren" Rechtscharakter der Verordnung betont und festgestellt, dass nationale Nachformungen des Verordnungsinhalts („Durchführungsgesetze" u. ä.) angesichts der Durchgriffswirkung grundsätzlich überflüssig und wegen der Doppelung des Rechtes unzulässig sind (EuGHE 1971, 1039, Rs. 43/71, „Politi/Finanzministerium"; EuGHE 1973, 101, Rs. 39/72, „Kommission/Italien"). 79

Entgegenstehendes nationales Recht wird von der EU-Verordnung verdrängt. Es findet keine Anwendung, soweit und solange die Verordnung gilt (**„Anwendungsvorrang"**) (unten Rz. 10/4ff.). Kollidierendes nationales Rechts wird dadurch nicht nichtig, wohl aber unanwendbar. Die unmittelbare Geltung der Verordnung schließt auch ein, dass die Anwendung später erlassenen nationalen Rechts unzulässig ist, welches mit dem Inhalt der Verordnung nicht vereinbar ist. Im Regelungsbereich einer Verordnung ist den MSen der Erlass „konkretisierenden" oder „ausfüllenden" Rechts nur erlaubt, wenn dies von der VO vorgesehen ist. 80

dd) Adressaten der Verordnung

Adressaten der Verordnungen können in Konsequenz ihrer umfassenden Geltungskraft gleichermaßen die **EU und ihre Institutionen,** die **Mitgliedstaaten** einschließlich der Glieder, schließlich die **natürlichen und juristischen Einzelpersonen** innerhalb der EU (z. B. Unionsbürger) sein. Natürlich kommt es auf den jeweiligen Inhalt einer Verordnung an, wer konkret zum Kreis der Adressaten zählt. Z. B. wirkt das in Verordnungsform ergangene Beamtenstatut der EU nur unionsintern (EuGHE 1981, 693, Rs. 64/80, „Giuffrida/Rat"). Auch „richtliniennahe" Verordnungen, die sich praktisch nur an die Mitgliedstaaten richten (z. B. im Agrarbereich), sind zulässig. 81

c) Richtlinie

Literatur: Viele Nachweise bei *Nettesheim,* in: Grabitz/Hilf/Nettesheim (Hrsg.), Das Recht der EU (Komm), 48. EL (2012), Art. 288 AEUV. *Wölk,* Die Umsetzung von Richtlinien der EG, 2002; *Herrmann,* Richtlinienumsetzung durch Rechtsprechung, 2003; *Schliesky,* Die Vorwirkung von unionsrechtlichen Richtlinien, DVBl. 2003, 631; *Thüsing,* Unmittelbare Geltung von EG-Richtlinien im Anti-Diskriminierungsrecht, NJW 2003, 3441; *Bültmann,* Rechtsfortbildung von EG-Richtlienrecht, JZ 2004, 1100; *Prechal,* Directives in EC Law, 2. Aufl. 2005; *von Danwitz,* Rechtswirkungen von Richtlinien in der neueren Rechtsprechung des EuGH, JZ 2007, 697; *Konzen,* Die Wirkung von Richtlinien in der neueren arbeitsrechtlichen Judikatur des EuGH, FS Birk 2008, 439; *Lutter,* Zur überschießenden Umsetzung von RL, in: *ders.,* Gesammelte Schriften, 2010, 1225; *Durner,* Verfassungsrechtliche Grenzen richtlinienkonformer Rechtsfortbildung, 2010; *Dickson,* Directives in EU Legal Systems, ELJ 2011, 190; *Foerster,* Richtlinienwirkung im Horizontalverhältnis?, EuR 2012, 190; *Perner,* EU-Richtlinien und Privatrecht, 2012.

Art. 288 Abs. 3 AEUV charakterisiert die Richtlinie als denjenigen Rechtsakt, der für jeden **Mitgliedstaat,** an den er gerichtet ist, **hinsichtlich des zu erreichenden Zieles** 82

verbindlich ist, den innerstaatlichen Stellen jedoch die **Wahl der Form und der Mittel überlässt.**

aa) Die Richtlinie in der Praxis – Entwicklungen

83 Die Richtlinie ist ein „eigentümlicher Rechtsakt" des Unionsrechts *(Constantinesco).* Er hat keine Entsprechung im deutschen Recht. Mit der Richtlinie wird der Tatsache Rechnung getragen, dass die EU nicht nur Instrumente zur direkt vereinheitlichenden Rechtsetzung benötigt, sondern auch einen geschmeidigeren Rechtsakt, mit **dem fortbestehendes mitgliedstaatliches Recht harmonisiert** werden kann. Die Richtlinie begnügt sich zwar nicht damit, den angesprochenen Mitgliedstaaten lediglich „Zielsetzungen" aufzugeben. In vielen Vertragssprachen wird nicht der Begriff „Ziel", sondern der Begriff „Ergebnis" bzw. „Resultat" verwendet. Art. 288 AEUV begründet insofern eine ergebnisbezogene Verpflichtung. Es geht um verpflichtende Vorgaben, wie der im mitgliedstaatlichen Recht herzustellende Rechtszustand auszusehen hat. Die Formulierung des Art. 288 AEUV ist insofern missverständlich und unzutreffend: Die Bestimmungen der Richtlinie machen immer auch mehr oder weniger enge Vorgaben hinsichtlich der Form und der Mittel, die ein MS zu wählen hat, und des zu erreichenden Zustandes. Eine Richtlinie, die sich mit der Formulierung von Zielen begnügt und den MSen bei der Art und Weise der Durchführung wirklich freie Hand lässt, gibt es nicht. Es gibt keine Grenzen der Regelungsdichte – oder einen notwendigen Grad der Unbestimmtheit – von RL (*Herresthal,* in: Gsell/ders. (Hrsg.), Vollharmonisierung im Privatrecht, 2009, 113).

84 Die Richtlinie soll zwar unionsweit materiell-rechtlich harmonisieren, sich aber in das fortbestehende staatliche Recht integrieren. Man hofft, so die Vielfalt nationaler Rechts- und Handlungsformen, Regelungsansätze und -traditionen möglichst zu respektieren. Daher sind der EU Richtlinienkompetenzen besonders in solchen Sachbereichen wie Rechtsangleichung (Art. 115 AEUV), Herstellung der Freiheiten in Bereichen wie Niederlassung, freier Dienstleistungsverkehr (Art. 50, 52 Abs. 2, 53 AEUV) u. ä. verliehen worden, wo es um **Angleichungen,** aber nicht notwendig um Ersetzung des staatlichen Rechtes geht. Aber auch bei allgemein gehaltenen Kompetenzen wie z. B. in Art. 114 AEUV kann die EU statt Verordnungen Richtlinien erlassen.

85 In der Rechtsetzungspraxis tritt die Vorgabe von Zielen teilweise ganz in den Hintergrund; stattdessen enthalten **zahlreiche Richtlinien so präzise Aussagen** über den im staatlichen Recht herzustellenden Rechtszustand, dass eine Durchführungsfreiheit kaum mehr besteht. Richtlinien können, ohne dass dies rechtswidrig wäre, so detailliert formuliert werden, dass sich daraus zwangsläufig gleichförmiges Recht in den Mitgliedstaaten ergibt. Überaus konkrete Vorgaben enthält das Richtlinienrecht insbesondere dann, wenn es um technische Standards oder Umweltgrenzwerte (unten Rz. 35/20 ff.) geht: Hier hat sich im staatlichen Durchführungsrecht exakt der gleiche Standard oder Grenzwert wiederzufinden; jede Abweichung wäre ein Umsetzungsverstoß. Teilweise wird über diesen hohen Konkretisierungsgrad geklagt; die Technizität vieler Rechtsetzungsbereiche lässt allerdings Vagheiten und Spielräume nicht zu, wenn nicht die Gefahr einer Zielverfehlung und mitgliedstaatlicher Umgehungsversuche bestehen soll.

86 Die politische Praxis ist seit Langem durch die Tendenz gekennzeichnet, bei Formenwahlfreiheit **im Zweifel lieber eine Verordnung als eine Richtlinie zu erlassen.** Freilich entspringt diese problematische „Einebnung" mancher Unterschiede zwischen

Verordnung und Richtlinie weniger einer „Unitarisierungssucht" der EU-Organe als vielmehr auch dem Ziel politischer Effizienz. In der Vergangenheit gab es immer wieder schlechte Erfahrungen mit überaus schleppender Umsetzung der Richtlinien durch verschiedene MSen.

Rechtswirksam werden die Richtlinien mit der Veröffentlichung im Amtsblatt, ggf. auch mit der Bekanntgabe an die Adressaten (differenzierend Art. 297 Abs. 2 AEUV). Ebenso ergibt sich der räumliche Geltungsbereich der Richtlinie vom Adressaten her. Da Richtlinien nicht notwendig an alle Mitgliedstaaten gerichtet werden müssen, können sie einen begrenzten Geltungsbereich haben. Doch ist dies praktisch selten. 87

bb) Richtliniengeber

Richtliniengeber sind, wie bei der Verordnung, entweder Rat und Parlament gemeinsam oder Rat und Kommission, je nach Regelung der jeweils gewählten Kompetenz. 88

cc) Grundsätzliche Pflicht zur Umsetzung in nationales Recht

Adressat einer Richtlinie ist nach Art. 288 Abs. 3 AEUV **jeder Mitgliedstaat,** an den sie gerichtet wird. In der Praxis sind dies meist **alle** Mitgliedstaaten. Die Umsetzungspflicht richtet sich nicht unmittelbar an Rechtssubjekte in den Mitgliedstaaten (Länder, Gemeinden etc.). Verursachen diese – in Ausübung ihrer sich aus dem innerstaatlichen Recht ergebenden Zuständigkeit – ein Umsetzungsdefizit, wird dieses dem Zentralstaat zugerechnet. Auch **Privatpersonen** sind nicht zur Umsetzung von Richtlinien verpflichtet (zur Bindungswirkung: unten Rz. 108ff.). Den MSen steht es frei, das Regime einer Richtlinie über deren Anwendungsbereich hinaus auch auf weitere, nicht erfasste Bereiche zu erstrecken („überschießende Umsetzung") (hierzu: *Habersack/Mayer,* in: Riesenhuber, Europ. Methodenlehre, 2. Aufl. 2010, 426; *Jäger,* Überschießende Richtlinienumsetzung im Privatrecht, 2006). Dies ist zunächst eine Zweckmäßigkeitsfrage nationaler Normgebung. Europarechtlich stellt sich die Frage, inwieweit die Vorlage von Fällen, die sich im überschießenden Bereich bewegen, nach Art. 267 AEUV zulässig ist (hierzu Rz. 13/73). Die Auslegung, die der EuGH in einem derartigen Verfahren der Richtlinie gegeben hat, kann, muss aber nicht vom nationalen Richter im überschießenden Bereich seiner Entscheidung zugrunde gelegt werden. 89

(1) Verbindlichkeit

Die Richtlinien haben **Rechtsverbindlichkeit für ihre Adressaten** in einem doppelten Sinne. Zum einen geben sie das mit ihnen jeweils verfolgte **Ziel** vor: Der Begriff ist weit zu verstehen (französisch: „résultat"; Rz. 9/94). **Die Ziele einer Richtlinie** lassen sich regelmäßig den einleitenden Bestimmungen, zudem auch den Begründungserwägungen entnehmen. In vielen Fällen enthalten auch die verfügenden Bestimmungen einer Richtlinie teleologische oder ergebnisbezogene Festlegungen. Ein Rückgriff auf die Rechtsetzungsmaterialien ist zulässig und geboten. Der teleologische Hintergrund einer Richtlinie ist vor allem in einer Situation von Bedeutung, in der die Frage besteht, ob ein Mitgliedstaat die Richtlinie richtig umgesetzt hat. Zudem kann er im Rahmen einer richtlinienkonformen Interpretation des nationalen Rechts herangezogen werden (*Brechmann,* Die richtlinienkonforme Auslegung, 1994; s. u. Rz. 9/99). 90

Zum anderen geben sie mehr oder weniger konkret (in den „operativen" Bestimmungen) vor, wie die im staatlichen Recht herzustellende Rechtslage auszusehen hat. Die 91

Mitgliedstaaten als die Adressaten von Richtlinien trifft eine **Umsetzungspflicht,** die sie dadurch einlösen, dass sie die gebotene Rechtslage im nationalen Recht verwirklichen. Dabei kommt es nicht auf die konkrete Wahl eines bestimmten Rechtsaktes an; es ist also nicht *notwendig* erforderlich, Richtlinien mit einem Gesetz umzusetzen. Vielmehr müssen die vom staatlichen Durchführungsnormgeber gewählten Akte (nach jeweils staatlichem Recht) die Qualität aufweisen, die erforderlich ist, um den von der Richtlinie gebotenen Rechtszustand herzustellen. Das EU-Recht lässt es zu, dass in Bundesstaaten die Kompetenz zur Durchführung einer Richtlinie auf der Ebene der Glieder liegt; allerdings ist den unionsrechtlichen Anforderungen nur dann entsprochen, wenn alle Glieder rechtzeitig und vollständig die Vorgaben umsetzen.

92 Es hängt vom **konkreten Inhalt der Richtlinie** ab, wie die **im staatlichen Recht herzustellende Rechtslage** auszusehen hat. Zielt eine Richtlinienbestimmung darauf ab, Privatpersonen zu berechtigen oder zu verpflichten, muss im nationalen Recht eine Umsetzungsnorm mit unbedingter **Außenwirkung** gewählt werden; eine Verwaltungspraxis genügt ebenso wenig wie ein Akt, der lediglich verwaltungsintern oder nur „im Regelfall" gilt (EuGHE 1991, I-825, Rs. C-131/88, „Deutschland/Rat"; vgl. *Classen,* VerwArch 1997, 645). Die Umsetzung von Richtlinien des Umweltrechts, die den Bürgern einen Anspruch auf Durchsetzung verleihen wollen, kann in Deutschland damit nur durch Gesetz oder Rechtsverordnung, nicht aber durch Verwaltungsanweisung geschehen. Erst recht reicht eine schlichte Befolgung durch die Verwaltung (Verwaltungspraxis) nicht aus. Ebenso muss bei der Umsetzung von privatrechtsgestaltenden Richtlinien ein Umsetzungsakt mit Außenwirkung gewählt werden, in Deutschland also regelmäßig das Gesetz.

93 Es gibt allerdings auch vielfältige Richtlinienbestimmungen, die zwar auf Veränderungen der mitgliedstaatlichen Verwaltungsorganisation oder -praxis abzielen, nicht aber die Rechtsposition des Bürgers verändern wollen. Derartige Richtlinienbestimmungen können auch durch **innenwirksame Akte** (Verwaltungsanweisungen etc.) umgesetzt werden. In diesem Bereich ist noch nicht eindeutig klar, inwieweit auch eine schlichte Befolgung seitens der Verwaltung den Anforderungen entsprechen kann – etwa wenn es um Melde- oder Mitteilungspflichten geht (im Einzelnen: *Nettesheim,* Die mitgliedstaatliche Durchführung von EG-Richtlinien, 1999).

94 Entspricht der **Rechtszustand in einem Mitgliedstaat** den Vorgaben einer Richtlinie, so bedarf es keiner Anpassung oder Durchführung. Teilweise wird darüber diskutiert, ob jedenfalls eine Klarstellung erforderlich ist, dass das mitgliedstaatliche Recht nunmehr als Durchführungsrecht anzusehen ist (Transparenzgedanke); dies ist aber abzulehnen.

Politische Leitlinie der Umsetzung muss das Bemühen sein, den Richtlinieninhalt so zielgetreu wie möglich in das mitgliedstaatliche Recht überzuleiten („effet-utile"-Gedanke, vgl. EuGHE 1991, I-2567, Rs. C-361/88, „KOM/Deutschland"); **Umsetzungsspielräume** können die Mitgliedstaaten allerdings wahrnehmen. Bei der eigenständigen Wahrnehmung von Umsetzungsspielräumen unterliegt der deutsche Normgeber der Bindung an die Grundrechte des GG (vgl. BVerfGE 118, 79 – Treibhausgas-Emissionsberechtigungen).

(2) Gebot vollständiger und effektiver Umsetzung

95 Jede Richtlinie sieht eine Frist vor, innerhalb derer sie in das staatliche Recht umzusetzen ist. Diese Frist kann grundsätzlich ausgeschöpft werden. Mit dem Ablauf der Um-

setzungsfrist gilt das **Gebot vollständiger Umsetzung der Richtlinie** in das nationale Recht (EuGHE 1991, I-791, Rs. C-360/87, „KOM/Italien"). Die Umsetzungsnorm muss nicht notwendig der vorher geltenden nationalen Rechtsnorm ranggleich sein; es kommt lediglich darauf an, dass dem Ziel der Richtlinie entsprochen wird.

Der EuGH hat schon mehrfach ausgesprochen, dass die Freiheit eines Mitgliedstaats, vor Ablauf der Umsetzungsfrist untätig sein zu können, nicht unbegrenzt ist (vgl. EuGHE 1997, 1–7411, Rs. C-129/96, „Inter Environnement Wallonie"; *Hakenberg* ZEuP 1998, 909). Ein Mitgliedstaat darf keine Schritte unternehmen, die es ihm unmöglich machen, ab dem Ablauf der Umsetzungsfrist **eine ziel- und mittelgerechte Durchführung** vorzunehmen. Teilweise ist das Konzept der „Vorwirkung" aber auch überdehnt worden (etwa in EuGHE 2005, I–9981, Rs. C-144/04, „Mangold"; vgl. *Classen,* JZ 2010, 1187). 96

Das **Umsetzungsverfahren** wird im Interesse zügiger und effektiver Erreichung der Richtlinienziele regelmäßig formalisiert. Die Mitgliedstaaten werden verpflichtet, der Kommission zu melden, welche Umsetzungsschritte unternommen wurden. Die Kommission überwacht die Richtlinien-Durchführung (Art. 17 Abs. 1 EUV). Im Falle von Verstößen kann die Kommission ein Vertragsverletzungsverfahren gemäß Art. 258 AEUV einleiten. Die Liste solcher „Sündenfälle" ist in der EU-Praxis mittlerweile lang, obwohl der EuGH in einer ständigen Rspr. (statt vieler EuGHE 1992, I–5899, Rs. 157/91, „KOM/Niederlande") immer wieder die Unzulässigkeit von Fristüberschreitungen unter Berufung auf angebliche Schwierigkeiten der internen nationalen Rechtsordnung festgestellt hat. Die Kommission kann beim Gerichtshof beantragen, gegen den säumigen MS einen Pauschalbetrag oder ein **Zwangsgeld** zu verhängen (Art. 260 AEUV [unten Rz. 13/26]). 97

(3) Sperrwirkung

Ist die Richtlinie erlassen und national umgesetzt, entfaltet sie für ihren Anwendungsbereich eine **„Sperrwirkung".** Solange die Richtlinie gilt, ist es unionsrechtlich unzulässig, mitgliedstaatliches Recht zu erlassen, das dem Richtlinieninhalt widerspricht. Ebenso wäre eine ersatzlose Aufhebung des von der Richtlinie veranlassten Rechts unzulässig. Dies wäre eine Vertragsverletzung, gegen welche die Kommission nach Art. 258 AEUV vorgehen könnte. 98

Die Bestimmungen der Richtlinie sind in einem grundsätzlichen Sinne bei der Auslegung und Anwendung des Umsetzungsrechts interpretativ zu berücksichtigen; es besteht die **Notwendigkeit der richtlinienkonformen Auslegung des nationalen Rechts** (*Piekenbrok/Schulze,* WM 2002, 521; *Nettesheim,* AöR 119 (1994) 261). 99

dd) Unmittelbare Wirksamkeit bestimmter Richtlinien

Der Wortlaut des Art. 288 AEUV legt, insbesondere wenn man die Aussagen über die Richtlinie mit jenen über die Verordnung vergleicht, die folgende Annahme nahe: Während die Verordnung unmittelbar angewandt werden kann, wirkt eine Richtlinien nur über den Umsetzungsakt. Aus Gründen **der Sicherung der einheitlichen und unbedingten Wirksamkeit** des EU-Rechts (*Nettesheim,* GS Grabitz 1995, 447) hat sich der EuGH allerdings dazu entschlossen, das Institut der „unmittelbaren Wirksamkeit" von Richtlinienbestimmungen einzuführen. Dieser eindeutig über den Wortlaut des Vertrags hinausweisende Schritt der Rechtsfortbildung stieß zunächst im Kreise nationaler Gerichte auf Ablehnung (etwa BFH E 143, 383, „Becker"; französischer Conseil d'Etat, EuR 1979, 292, „Cohn-Bendit", jüngst durch „Perreux" korrigiert [*Mehdi,* CMLRev 2011, 439]), ist inzwischen aber allgemein akzeptiert worden (etwa BVerfGE 75, 223). Die Rechtsprechung des EuGH hat ihre Wurzeln in den siebziger Jahren des 20. Jahrhunderts (EuGHE 1970, 1213, Rs. 33/70, „Spa SACE"; EuGHE 1982, 53, Rs. 8/81, „Becker"). 100

101 Die **unmittelbare Wirkung** einer nicht umgesetzten Richtlinienbestimmung ist von Rechtsprechung und Verwaltung **von Amts wegen zu berücksichtigen** (*E. Klein,* FS Everling, 1995, 641 [647]).

102 Auch wenn inzwischen viele **Teilbereiche der Dogmatik** unmittelbar wirksamer Richtlinienbestimmungen als konsolidiert gelten müssen, gibt es **weiterhin beständige Entwicklungen.** Folgende Voraussetzungen sind zu unterscheiden:

(1) Umsetzungsverstoß nach Fristablauf

103 Voraussetzung für die unmittelbare Wirkung (englisch: „direct effect") von Richtlinienbestimmungen ist es, dass der zur Umsetzung verpflichtete Mitgliedstaat den gebotenen Rechtszustand im staatlichen Recht **nicht bis zum Fristablauf rechtskonform hergestellt hat.** Im Einzelfall kann die Richtlinie allerdings auch schon zuvor Vorwirkung entfalten (Rz. 109; *Kühling,* DVBl. 2006, 857).

(2) Inhaltliche Voraussetzungen

104 Nicht jede Bestimmung einer Richtlinie ist **inhaltlich so konkret,** dass sie (in Form einer unmittelbar geltenden Vorschrift) auf einen konkreten Sachverhalt ohne Umsetzung angewandt werden kann. Sie muss **klar und genau formuliert** sein, zudem auch **bedingungsunabhängig** und ihrem Wesen nach geeignet sein, unmittelbare Wirkungen zu entfalten, ohne dass es zu ihrer Ausführung noch weiterer Rechtsvorschriften bedarf (EuGHE 1986, 723, Rs. 152/84, „Marshall").

105 Die Richtlinie erfüllt das Kriterium der **Unbedingtheit,** wenn der Mitgliedstaat gegenüber der letztlich begünstigten Person zu einem Tun oder Unterlassen verpflichtet wird, ohne dass ihm die Entscheidungsfreiheit eingeräumt ist, ob er überhaupt handeln will. Ebenso wenig darf vorgesehen sein, dass noch weitere Entscheidungsträger mit einem derartigen Entscheidungsermessen zwischengeschaltet sind.

106 Bei der Beurteilung der **inhaltlichen Bestimmtheit** wird in der Rechtsprechung zwischen den Kriterien der Bestimmtheit von Anspruchsinhaber, von Anspruchsinhalt und von Anspruchsgegner unterschieden. Die Richtlinie muss mit hinreichender Klarheit erkennen lassen, wer von der fraglichen Bestimmung begünstigt sein soll. Sie muss deutlich machen, welche Leistungen geschuldet sind. Schließlich ist erforderlich, dass die Richtlinienbestimmung eindeutig festlegt, wer Schuldner eines Anspruchs sein soll. Hieran fehlt es etwa, wenn die Richtlinie es dem Staat überlässt, ob er selbst eine Entschädigung vornehmen oder eine Fonds- bzw. Versicherungslösung wählen will (anschaulich: EuGHE 1991, 5357, Rs. C-6/90 und C-9/90, „Francovich"). Im Allgemeinen handhabt der EuGH diese Voraussetzungen allerdings eher großzügig.

(3) Strukturelle Voraussetzungen

107 Aus funktionalen und rechtsstaatlichen Gründen unterscheidet der EuGH seit jeher zwischen verschiedenen Konstellationen der unmittelbaren Anwendung von Richtlinien:

108 Eine Richtlinienbestimmung kann **„objektive unmittelbare Wirkung"** in dem Sinne haben, dass sie eine mitgliedstaatliche Behörde oder ein mitgliedstaatliches Gericht zu einer Entscheidung verpflichtet, die so im nationalen Recht nicht vorgesehen ist. Der EuGH hat diese Form unmittelbarer Wirkung in einem Fall entwickelt, in dem es um die Pflicht zur Durchführung einer Umweltverträglichkeitsprüfung (UVP) (unten Rz. 33/26) ging: In einem Mitgliedstaat, in dem die in der Richtlinie angelegte Pflicht

zur Durchführung einer derartigen Prüfung nicht richtig umgesetzt wurde, ist nunmehr die Behörde qua unmittelbar wirksamen Richtlinienrecht zur Durchführung verpflichtet (EuGHE 1995, I-2189, Rs. C-431/92, „Großkrotzenburg"). Ähnliches gilt für den Fall, dass von Seiten des Richtlinienrechts eine Ausschreibung vorzusehen ist, dies aber im staatlichen Recht nicht richtig umgesetzt wurde. Diese „objektive" Wirkung kommt auch dann zur Anwendung, wenn sie **Privatpersonen mittelbar belastet.** Es liegt auf der Hand, dass der Vorhabenträger, dessen Vorhaben aufgrund der unmittelbaren Wirkung einer Richtlinie nunmehr im Wege der UVP überprüft wird, eine Belastung erfährt (hierzu *Albin,* NuR 1997, 29 (32); *Epiney,* DVBl. 1996, 409 (413). Es gibt aber keinen Grund, ihn in dem Vertrauen auf eine unrichtige Umsetzungsrechtslage zu schützen. Die Belastungswirkung, die sich für Private ergibt, wird vom EuGH um der Durchsetzung mitgliedstaatlicher Rechtstreue wegen hingenommen (EuGHE 2004, I-723, Rs. C-201/02, „Wells").

Die „objektive unmittelbare Wirkung" von Richtlinienbestimmungen kann auch **von Privatpersonen** in entsprechenden Konstellationen **eingefordert** werden. Der EuGH hat etwa schon früh festgestellt, dass technische Vorschriften, die entgegen den Bestimmungen der Richtlinie 83/189 nicht der Kommission gemeldet wurden, unangewendet bleiben müssen. In einem wettbewerbsrechtlichen Unterlassungsprozess darf bei der Beurteilung der Frage, ob sich ein Unternehmer wettbewerbs- (und zugleich: rechtskonform) verhalten hat, eine in diesem Sinne unanwendbare technische Norm nicht zugrunde gelegt werden (EuGHE 1996, I-2201, Rs. C-194/94, „CIA Security International"). Auch in einem privatrechtlichen Streit darüber, ob eine Ware den rechtlichen Anforderungen entspricht, gilt dieses Verbot zu Lasten eines Privaten (EuGHE 2000, I-7535, Rs. C-443/98, „Unilever Italia"). 109

Im Regelfall beruft sich ein **Bürger gegenüber einem Mitgliedstaat** auf eine Richtlinienbestimmung. Hier gibt es keine Schwierigkeiten: Richtlinienbestimmungen, die subjektiv-öffentliche Rechte für Private begründen, nehmen ohne weiteres (bei Vorliegen der oben entwickelten inhaltlichen Voraussetzungen) an der unmittelbaren Wirkung zugunsten des Betroffenen teil. Es besteht für die Verwaltungen der Mitgliedstaaten die Pflicht, die entsprechenden Rechte des Einzelnen von Amts wegen zu berücksichtigen und entgegenstehendes nationales Recht – auch wenn es Gesetzesrecht ist – unangewandt zu lassen (z. B. EuGHE 79, 1642, Rs. 148/78, „Ratti"). Der Begriff des Staats ist in diesem Zusammenhang weit zu verstehen: Er umfasst nicht nur den Staat im engeren Sinne, sondern auch sonstige Träger von öffentlicher Gewalt. Der EuGH geht davon aus, dass selbst Privatgesellschaften, die sich in öffentlicher Kontrolle befinden, Verpflichtete unmittelbar wirksamer Richtlinien sein können (EuGHE 1986, 723, Rs. 152/84, „Marshall"; EuGHE 1990 I-3313, Rs. C-188/89, „Foster"). 110

Demgegenüber kann sich ein **Mitgliedstaat gegenüber einem Bürger** nicht unmittelbar auf eine Richtlinienbestimmung berufen. Pflichten vermag eine Richtlinie, die sich auch im Falle eines Umsetzungsverstoßes weiterhin nur gegen den MS richtet, dem Einzelnen nicht aufzuerlegen. Der Staat darf sich nicht zu Lasten seiner Bürger unmittelbar auf Richtlinienbestimmungen berufen (z. B. EuGHE 1987, 3969, Rs. 80/86, „Kolpinghuis Nijmegen"; EuGHE 2005, I-3565, Rs. C-387/02, „Berlusconi"); er muss vielmehr eine richtlinienkonforme Rechtslage im nationalen Recht herstellen. 111

112 Sehr umstritten und weiterhin nicht abschließend geklärt ist schließlich die Frage, inwieweit sich **Bürger untereinander im horizontalen Verhältnis** unmittelbar auf Richtlinienbestimmungen berufen können („horizontale Wirkung von Richtlinien"). Es gibt gewichtige Argumente zugunsten einer horizontalen Wirkung von Richtlinien (Verbesserung der Rechtslage des Einzelnen; Sicherung der einheitlichen Wirksamkeit (vgl. *Steindorff,* FS Everling, 1995, 1455). Im Kreis der Generalanwälte ist denn auch immer wieder der Übergang zur unmittelbaren horizontalen Wirkung gefordert worden. Dagegen spricht der Umstand, dass dem Einzelnen nicht nur die Last auferlegt würde, beurteilen zu müssen, ob ein MSen seine Umsetzungspflicht verletzt hat; er muss auch prüfen, ob eine Richtlinienbestimmung inhaltlich zur Entfaltung unmittelbarer Wirkung in der Lage ist. Dies ist mit rechtsstaatlichen Gesichtspunkten kaum vereinbar. Der Gerichtshof hat deswegen die horizontale Wirkung in der **Entscheidung „Dori"** abgelehnt (EuGHE 1994, I-3325, Rs. C-91/92, „Dori"; *Iglesias/Riechenberg,* FS Everling 1995, 1213; zusammenfassend: *Mörsdorf,* EuR 2009, 219). Nach gewissen Unsicherheiten in der „Mangold"-Entscheidung scheint sich der EuGH nunmehr (EuGHE 2010, I-365, C-555/07, „Kücükdeveci") dazu entschlossen zu haben, an „Dori" **festzuhalten.** Er wendet in dieser Entscheidung nicht die Richtlinienbestimmung im horizontalen Verhältnis an, sondern greift auf allgemeine Rechtsgrundsätze zurück (oben Rz. 9/49f.) und bringt diese – im sachlichen Gewährleistungsbereich der RL – auch mit Blick auf horizontale Rechtsverhältnisse zur Geltung.

d) Beschluss

113 **Literatur:** *Thierfelder,* Die Entscheidung im EWGV, 1968; *Teitgen,* La décision dans la CEE, RC 1971, 589; *Junker,* Der Verwaltungsakt im deutschen und französischen Recht und die Entscheidung im Recht der EGen, 1990; *Greaves,* The Nature and Binding Effect of Decisions under Art. 189 EC, ELRev 1996, 75; *Bockey,* Die Entscheidung der EG, 1998; *Röhl,* Die anfechtbare Entscheidung nach Art. 230 Abs. 4 EGV, ZaöRVR 2000, 331; *Mager,* Die staatengerichtete Entscheidung als supranationale Handlungsform, EuR 2001, 661; *Bast,* Grundbegriffe der Handlungsformen der EU, 2006.

114 Nach Art. 288 Abs. 4 AEUV stellt der Beschluss (bis 2009: die – enger verstandene – Entscheidung) einen Rechtsakt des sekundären Unionsrechts dar, der zur **verbindlichen Einzelfallregelung** dienen kann (*Bockey,* Die Entscheidung der EG, 1998). Der Beschluss ist in allen Teilen für diejenigen verbindlich, die er bezeichnet. Dabei kann es sich sowohl um **Einzelpersonen** als auch um **Mitgliedstaaten** handeln. In der Praxis geht es bei Beschlüssen vor allem um exekutives Handeln. Zu denken ist etwa an gegen Unternehmen gerichtete Beschlüsse der Kommission zur Feststellung der Nichtigkeit einer Kartellvereinbarung nach Art. 101 AEUV unter Festsetzung von Geldbußen. In der Unionspraxis ist der Beschluss ein außerordentlich wichtiges und häufig verwendetes Rechtsinstrument.

115 Da Beschlüsse nicht nur von Mitgliedstaaten, sondern nach Art. 263 Abs. 4 AEUV von den durch sie betroffenen **natürlichen und juristischen Personen vor der europäischen Gerichtsbarkeit angegriffen werden können,** spielt in der Praxis die Frage eine große Rolle, wie ein echter Beschluss von der bloß vorbereitenden Verlautbarung o. ä. abzugrenzen ist: Von **vorbereitenden Verlautbarungen, internen dienstlichen Maßnahmen** u. ä. unterscheidet sich der Beschluss durch seine nach außen gerichtete, abschließend rechtsgestaltende Wirkung (EuGHE 1958/59, 9, Rs. 17/57, „Nold/Hohe Behörde", EuGHE 1979, 1299, Rs. 133/79, „Sucrimex/KOM").

116 Der **Unterschied zur Verordnung** liegt darin, dass der Beschluss sich nicht an eine unbestimmbare Vielzahl von Adressaten richtet, sondern an einen Einzelnen, an Einzelne oder wenigstens an eine zum Erlass-

zeitpunkt abgeschlossene Gruppe (EuGHE 1965, 548, verb. Rs. 106 u. 107/63, „Töpfer"; EuGHE 1971, 421, verb. Rs. 41–44/70, „Fruit Company"). Es waltet eine materielle und nicht formale Betrachtungsweise. Es können sich auch förmlich als Verordnungen bezeichnete Rechtsakte in der Sache als (anfechtbare) („Sammel")Beschlüsse entpuppen (EuGHE 1979, 1185, Rs. 113/77, „Kugellager"). Die Prüfung muss entweder zum Verordnungs- oder zum Beschlusscharakter des Rechtsaktes führen, Akte mit „Doppelwirkung" oder „Hybridstruktur" sind aus Gründen der Formenklarheit abzulehnen (str.). Zu adressatenlosen Beschlüssen als Instrument der Selbststeuerung des Integrationsverbandes siehe Rz. 143f.

Die Frage nach der rechtlichen Qualifizierung eines Rechtsaktes hat ihre Bedeutung dadurch wesentlich verloren, dass der EuGH bei der Prüfung der Antragsbefugnis nichtprivilegierter Kläger letztlich nur noch prüft, ob eine Adressatenstellung oder „unmittelbare und individuelle Betroffenheit" vorliegt (im Einzelnen: Rz. 13/56ff.). 117

aa) Beschlussfassendes Organ

Beschlüsse werden vom **Rat** oder von der **Kommission** (bei zulässiger Delegation (Rz. 11/34) ausnahmsweise von einem Kommissionsmitglied) **erlassen.** Das „typische" Organ für den Erlass von Beschlüssen ist die Kommission als die Instanz, in deren Verantwortung der Vollzug des Unionsrechts liegt (Rz. 12/7ff.). 118

bb) Adressaten des Beschlusses

Als Adressaten des Beschlusses kommen **die privaten natürlichen und juristischen Personen,** darüber hinaus aber auch **ein oder mehrere Mitgliedstaaten** in Betracht. Bei den Einzelpersonen kann es neben den förmlichen Adressaten indirekt, aber unmittelbar und individuell betroffene Drittpersonen geben („materielle Adressaten"), die ihrerseits über Art. 263 Abs. 4 AEUV rechtsschutzberechtigt sind (EuGHE 1988, 219, verb. Rs. 67, 68 und 70/85, „Van der Kooy/KOM"). Auch ein Beschluss, mit dem ein Verfahren nicht eingeleitet wird, kann ggf. angegriffen werden (Einzelheiten: Rz. 13/44). Als Instrument der Außensteuerung eingesetzt, kann ein Beschluss nicht **adressatenlos** sein (vgl. aber oben Rz. 9/116). Dritte werden durch einen Beschluss regelmäßig nicht gebunden (EuGHE 2011, I-2897, Rs. C-327/09, „Mensch und Natur"). 119

cc) Rechtswirkungen des Beschlusses

Für die Rechtswirkung außensteuernder Beschlüsse ist charakteristisch, dass sie **„in allen ihren Teilen"** für ihre Adressaten verbindlich sind (Art. 288 Abs. 4 AEUV). Dem Beschluss fehlt damit jene Dimension der Zielverbindlichkeit, die die Richtlinien kennzeichnet. Eingeschränkter als die Verordnung besitzt die Entscheidung nicht allgemeine und unmittelbare Geltung in jedem Mitgliedstaat, sondern lediglich individualisierte unmittelbare Adressatenverbindlichkeit. Der an **Private gerichtete, für sie verbindliche Beschluss** ist weithin mit dem **Verwaltungsakt des deutschen Rechtes** vergleichbar. An Mitgliedstaaten gerichtete Beschlüsse (z. B. bei der Beihilfenaufsicht nach Art. 108 AEUV) betreffen zwar auch konkrete Tatbestände, weisen aber infolge der Notwendigkeit einer Umsetzung **„richtliniennahe"** normative Elemente auf. 120

Darüber hinaus können solche Beschlüsse unter denselben Voraussetzungen wie bei Richtlinien (oben Rz. 111) in Ausnahmefällen **unmittelbare Rechtswirkungen für und gegen Einzelpersonen** in den MSen erzeugen (seit EuGHE 1970, 825, Rs. 9/70, „Leberpfennig"). Die Einzelpersonen können sich hier unmittelbar gegenüber nationalen Behörden und Gerichten auf derartige Beschlüsse berufen (*Mager,* EuR 2001, 661). 121

dd) Förmlichkeiten

122 Beschlüsse werden wie Richtlinien nach Art. 297 Abs. 2 AEUV durch (schriftliche) **Bekanntgabe** an den Adressaten wirksam. Ihr räumlicher Geltungsbereich ergibt sich von Fall zu Fall aus dem des Adressaten. Beschlüsse, die an Private gerichtet sind und Zahlungsverpflichtungen begründen, sind **vollstreckbare Titel** (näher zur Zwangsvollstreckung Art. 299 AEUV (unten Rz. 12/50ff.). **Nebenbestimmungen** (Befristungen, Bedingungen, Auflagen, Widerrufsvorbehalt u. a.) sind unionsrechtlich zulässig.

e) Empfehlung und Stellungnahme

Literatur: *Morand,* Les recommandations, les résolutions et les avis du droit communautaire, CDE 1970, 623; *Arnull,* The Legal Status of Recommendations, ELRev 1990, 318; *Zahlbruckner,* Die Empfehlung im EWGV, JBl. 1993, 345.

123 Neben den verbindlichen Rechtsakten (Verordnung, Richtlinie, Entscheidung) kennt Art. 288 Abs. 5 AEUV die **nicht verbindlichen Rechtsinstrumente der Empfehlungen und Stellungnahmen** (vgl. auch Art. 292 AEUV). Die Unterscheidung zwischen Empfehlung und Stellungnahme ist nicht bedeutsam. Im Allgemeinen ergehen Empfehlungen auf Eigeninitiative des erlassenden Organs, während Stellungnahmen Reaktionen auf das Verhalten eines anderen Gemeinschaftsorgans oder eines Mitgliedstaates darstellen (näher *Arnull,* ELRev. 1990, 318). Empfehlungen und Stellungnahmen sind für die Praxis **häufig gebrauchte** und oftmals gerade infolge ihrer fehlenden rechtlichen Verbindlichkeit gerne benutzte Instrumente.

aa) Erlass von Empfehlungen und Stellungnahmen

124 Empfehlungen und Stellungnahmen werden teilweise **vom Rat und Parlament gemeinsam,** in erster Linie **aber vom Rat oder der Kommission je eigenständig erlassen.** Die Empfehlungsbefugnisse der Kommission stehen dabei im Vordergrund. Im Sinne ihrer allgemeinen Rolle als „Motor und Hüterin der Verträge" (oben Rz. 5/93ff.) weist Art. 17 EUV ihr allgemein die Aufgabe zu, Empfehlungen und Stellungnahmen im Rahmen der Verträge nicht nur bei ausdrücklicher Zuweisung abzugeben, sondern auch, soweit sie es für notwendig erachtet. Die Kommissions**empfehlungen** sind von dem formalisierten **Vorschlagsrecht** der Kommission im Rechtsetzungsverfahren zu unterscheiden (Rz. 11/52).

125 Dem **Rat** ist eine vergleichbar weite Empfehlungsermächtigung inzwischen auch verliehen (Art. 292 S. 1 AEUV). Dies entspricht der bisherigen Praxis: Man hält ihn grundsätzlich – über ausdrückliche Empfehlungszuständigkeiten hinaus – für befugt, sich überall dort unverbindlich äußern zu können, wo ihm Handlungszuständigkeiten zugewiesen sind. Gelegentlich weicht der Rat in solchen Fällen auf sonstige Rechtsakte (unten Rz. 141ff.) wie „Entschließungen" o. ä. aus, was in der Sache kaum etwas ändert. Die Abgrenzung zu weichen Steuerungsmitteln ist häufig schwierig.

126 Art. 288 AEUV bezieht sich nicht nur auf die Empfehlungen und Stellungnahmen von Rat und Kommission. Bedeutsame Stellungnahmen ergehen auch von Seiten des **Europäischen Parlamentes,** des **Wirtschafts- und Sozialausschusses** und des **Ausschusses der Regionen,** vor allem auf Grund ihrer Anhörung im Rechtsetzungsverfahren.

bb) Rechtscharakter

Empfehlungen und Stellungnahmen sind **offizielle Verlautbarungen** der Organe der EU, die **nicht verbindlich sind.** Gleichwohl entfalten sie **Rechtswirkungen.** Die Stellungnahme des Rates, der Kommission, aber auch des EP ist häufig notwendiger Bestandteil eines mehrstufigen Verfahrens. Wird sie nicht abgegeben, ist das betreffende Verfahren rechtsfehlerhaft (Rz. 11/43ff.). Dies gilt etwa für die begründende Stellungnahme der Kommission nach Art. 258 AEUV als Voraussetzung der Anrufung des EuGH, diejenige des EuRates nach Art. 48 Abs. 2 EUV bei der Vertragsänderung und insbesondere diejenige des Europäischen Parlaments im Rechtsetzungsverfahren. Der Gerichtshof hat letztere in st. Rspr. (EuGHE 1982, 269, Rs. 828/79, „Adam/Kommission") zur **wesentlichen Formvoraussetzung** für das rechtsgültige Zustandekommen der betreffenden Rechtsakte erklärt. 127

Ferner können Empfehlungen und Stellungnahmen bestimmte **Beurteilungen von Sachfragen enthalten.** Wenn sich aus solchen amtlichen Beurteilungen die Empfehlung bestimmter wirtschaftlicher Maßnahmen ergibt, kann die EU unter Umständen aus Gesichtspunkten des Vertrauensschutzes als eines allgemeinen Rechtsgrundsatzes des EU-Rechts an solchen Stellungnahmen bis hin zu Schadensersatzpflichten festgehalten werden. 128

cc) Adressaten

Auch im Hinblick auf ihre **Adressaten** erweisen sich die Empfehlungen und Stellungnahmen als flexibel handhabbare Rechtsakte. Häufig richten sie sich an die **Mitgliedstaaten,** wie z. B. in der Sozialpolitik nach Art. 156 AEUV. Doch sind Empfehlungen an **Privatpersonen und Unternehmen** denkbar. Die Stellungnahmen des EP und WSA im Rahmen des Rechtsetzungsverfahrens der EU haben **andere Unionsorgane** (Rat, Kommission) als Adressaten. 129

f) Weiche Steuerungsformen

Literatur: *Göbel,* Von der Konvergenzstrategie zur offenen Methode der Koordinierung, 2002; *Herten-Koch,* Rechtsetzung und Rechtsbereinigung in Europa, 2003; *Jorens* (Hrsg.), Open Method of Coordination, 2003; *Giering/Metz,* Chancen und Risiken der „offenen Methode der Koordinierung", CAP- Reform Spotlight 02/2004; *Stelkens,* Probleme des Europäischen Verwaltungsvertrags nach dem Vertrag zur Gründung einer Europäischen Gemeinschaft und dem Vertrag über eine Verfassung für Europa, EuZW 2005, 299; *La Rosa,* La méthode ouverte de coordination dans le système juridique communautaire, 2007; *Höchstetter,* Die offene Koordinierung in der EU: Bestandsaufnahme, Probleme und Perspektiven, 2007; *Thomas,* Die Bindungswirkung von Mitteilungen, Bekanntmachungen und Leitlinien der EG-Kommission, EuR 2009, 423; *Knauff,* Europäisches soft law als Gegenstand des Vorabentscheidungsverfahrens, EuR 2011, 735; *Müller-Graff,* Das „Soft Law" der europäischen Organisationen, EuR 2012, 18; *Senden,* Soft Post-Legislative Rulemaking, ELJ 2012, 57; von Graevenitz, Mitteilungen, Leitlinien, Stellungnahmen – Soft law der EU mit Lenkungswirkung, EuZW 2013, 169.

Die vorstehend beschriebenen, in Art. 288 AEUV ausgeformten Handlungsformen sind rechtsförmliche Rechtshandlungen. Schon seit Langem begnügt sich die EU aber nicht mehr mit der für diese Instrumente typischen Steuerung durch Ge- und Verbot. **Weiche Formen der Steuerung** haben inzwischen eine enorm große Bedeutung erlangt. Für Rechtswissenschaftler, die nur in den Kategorien von „rechtskonform" und „rechtswidrig" denken, sind diese weichen Formen weitgehend irrelevant – eine Nichtbeachtung führt nicht zum Vorwurf des Rechtsverstoßes, eine gerichtsförmige Einforderung des vorgesehenen Verhaltens ist ausgeschlossen. Wer sich demge- 130 genüber für den politischen Gestaltungsauftrag der EU interessiert, kann diese „weichen" Formen der Steuerung nicht unbeachtet lassen. Dies gilt auch für die Frage, inwieweit Rechtsschutz gegen diese Instrumente erlangt werden kann (EuGE 2010, II-2027, Rs. T-258/06 „D/KOM"; *Gundel,* EuR 1998, 90).

131 Es ist im rechtswissenschaftlichen Schrifttum nicht unüblich, die damit angesprochenen Steuerungsmittel pauschal als **„soft law"** zu bezeichnen. Häufig spricht man davon, dass es sich um solche Regelungen handelt, die lediglich eine Art politische („soziale") Verhaltenserwartung begründen (*Senden,* Soft Law in European Community Law, 2004). Damit wird aber die rechts-normative Steuerungsfunktion derartiger Maßnahmen unterbewertet. Die Handlungsformen, die die EU unterhalb der Schwelle formeller Rechtsverbindlichkeit verwendet (etwa: Programm, Aktionsprogramm, Erklärung, Kommuniqué, Weißbuch, Grünbuch, Feststellung, Entschließung, Grundsatzentscheidung, Absprache etc.) bewirken mehr als einen bloß **politischen oder faktischen Konsensus,** sich in bestimmter Weise zu verhalten. Unter Zugrundelegung eines graduellen Verständnisses von rechts-normativer Steuerungswirkung muss man auch diesen Instrumenten **rechtliche** Funktion und Wirkung zuschreiben.

132 Es kann im Folgenden schon aus Platzgründen nicht darum gehen, einen vollständigen Überblick über die „weichen" Formen rechtlicher Steuerung zu geben. Drei Handlungsbereiche seien aber herausgehoben.

aa) Verträge

133 Verträge sind insofern eine „weiche Steuerungsform", als sie nicht einseitig auferlegt werden können. Es ist eine auffällige Lücke im AEUV, dass Verträge, die die EU-Organe mit Rechtssubjekten außerhalb des Integrationsverbands schließen (zu den interinstitutionellen Vereinbarungen: Rz. 9/149), jenseits der impliziten Aussagen zu Haftung (Art. 340 Abs. 1 AEUV; dazu Rz. 14/2) und Schiedsklauseln (Art. 272 AEUV) keine Regelung gefunden haben. Gleichwohl steht außer Frage, dass es den EU-Organen freisteht, im Rahmen ihrer Kompetenzen und unter Beachtung der jeweiligen Vorgaben des Primär- und Sekundärrechts Verträge zu schließen, etwa im Bereich von Anschaffungen (dazu Rz. 21/59). Dies ist Ausdruck der auch im Organisationsrecht der Internationalen Organisationen anerkannten Tatsache, dass das Instrument des Vertragsschlusses zu den (implizit gewährten) gängigen Mitteln der Ausübung von unionaler Hoheit gehört. Hierfür hat Art. 335 AEUV die entsprechende Rechtsfähigkeit geschaffen (unten Rz. 38/8ff.). Ein entwickeltes Vertragsrecht enthalten die Verträge allerdings nicht.

bb) Methode der offenen Koordinierung

134 Die **Methode der offenen Koordinierung** (MoK) gehört seit dem Europäischen Rat von Lissabon 2000 zum Handlungsrepertoire der EU (*Bauer/Knöll,* APUZ B 1–2/2003, 33). Es ist eine Form der Koordinierung mitgliedstaatlicher Politik, mit der außerhalb der im AEUV begründeten Bereiche „harter" Steuerung Einfluss genommen werden kann. Bei der MoK geht es um Bereiche, **für die grundsätzlich die Mitgliedstaaten zuständig sind.** Es ist anerkannt, dass die Mitgliedstaaten ein gemeinsames Vorgehen in den EU-Institutionen auch dann vereinbaren können, **wenn bisher keine Befugnisse der EU vorliegen,** aber „europäischer Handlungsbedarf" besteht. Die Methode wurde im Kontext der Initiativen zur europäischen Beschäftigungsstra-

tegie in den 90er Jahren entwickelt. Seit 2003 sieht Art. 15b AEUV hierfür auch eine Rechtsgrundlage vor. Inzwischen wird die MoK der Politik der Mitgliedstaaten in verschiedenen Bereichen angewandt (Art. 168 AEUV: Gesundheitspolitik; Art. 173 AEUV: Industriepolitik). Als Instrumente der MoK werden unverbindliche Empfehlungen und Leitlinien verwandt, die die Kommission an die Mitgliedsstaaten richtet. Das Ziel, die EU so bis 2010 zum weltweit dynamischsten Wirtschaftsraum der Erde zu entwickeln, konnte nicht erreicht werden (Rz. 18/17ff.).

Die MoK beruht auf dem Gedanken eines **„benchmarking"**, also des Vergleichs der 135
Erfahrungen verschiedener Regelungsansätze in den MSen. Die Mitgliedstaaten sollen sich an den Handlungsweisen der **Besten des Wettbewerbs** orientieren, um mit diesen gleichzuziehen. Im Falle einer offenen Koordinierung geht es zunächst darum, gemeinsame Ziele zu definieren. In der Folge werden sodann „gemeinsame Indikatoren" definiert, um vergleichen zu können, welches Verfahren sich bewährt, und um feststellen zu können, welche Fortschritte beim Erreichen dieser gemeinsamen Ziele gemacht werden. Es geht also nicht um gemeinsame Politikstrategien, sondern um vereinheitlichte Vergleichsmaßstäbe. Dies setzt die Formulierung von Schlüsselprioritäten voraus. Auf dieser Grundlage erfolgt eine gemeinsame Analyse und Bewertung der von den Mitgliedstaaten unterbreiteten „nationalen Strategieberichte". Die Analyse wird sowohl von der Kommission als auch vom Rat vorgenommen. Das Ziel besteht darin, Fortschritte, die bei der Umsetzung der MoK erzielt werden, zu erkennen und zu bewerten; dies ermöglicht die Festlegung, welche Vorgehensweise sich unter dem Gesichtspunkt der „guten Praxis" und des „innovativen Konzepts" unter dem Gesichtspunkt des gemeinsamen Interesses der Mitgliedstaaten bewährt.

Diese Art der Koordinierung wird **„offen"** genannt, weil sie **rechtlich unverbindlich bleibt.** Nur so lässt sie sich mit dem Prinzip der begrenzten Einzelermächtigung (oben Rz. 9/64) vereinbaren.

cc) Veranlassung zur Selbstregulierung

Eine zunehmend wichtige Rolle im Steuerungsrepertoire der EU spielen die Konzepte 136
der **Selbstregulierung und Koregulierung** (*Güzel/Kredler*, EU-Magazin 5/2001, 18f.). Bei der **Selbstregulierung** schließt die Kommission mit der Industrie eine **Vereinbarung** ab (ein Verhaltenskodex oder eine sonstige Selbstverpflichtung). Die Vereinbarung ist „freiwillig", d. h. sie hat keinen rechtsverbindlichen Charakter. Die Industrie führt sie jedoch in der Regel durch, um einer „harten" Regulierung zu entgehen. Kommt der Vertragspartner dem Versprechen nicht nach, wird es regelmäßig zum Erlass verpflichtender Steuerungsmittel kommen.

Beispielsweise hat der Dachverband der europäischen Kfz-Industrie ACEA der Europäischen Kommission 1998 zugesagt, den Ausstoß des Gases CO_2 (Kohlendioxid) bei neu zugelassenen Pkws bis Ende 2008 auf durchschnittlich 140 Gramm je Kilometer zu senken. Dieses Ziel wurde allerdings verfehlt. Daraufhin erging eine Verordnung (VO 443/2009/EG, ABl. L 140/1).

Bei der **Koregulierung** wird der privaten Seite ein bestimmtes Ziel durch Rechtset- 137
zung vorgeschrieben. Die Durchführung erfolgt dann wiederum durch eine Verständigung der Akteure wie bei der Selbstregulierung. Diese Formen der Regulierungen sind vorteilhaft, weil das langwierige EU-Rechtsetzungsverfahren entfällt. Sie geben den Adressanten zudem die Möglichkeit, effiziente Wege zu gehen; dies entspricht der Idee der Subsidiarität. Schon bei der Formulierung der Ziele arbeitet die Industrie

sachverständig mit. Kritiker verweisen auf das Demokratiedefizit. Hierdurch werden industriefreundliche Lösungen favorisiert.

3. Außensteuerung im Bereich der GASP

138 In den Politikbereichen des EUV kommen eigenständige Handlungsinstrumente zur Anwendung. Der Entscheidungsprozess, der in ihren Erlass mündet, ist nicht in dem Maße vergemeinschaftet wie im Bereich des AEUV. Zudem unterscheidet sich die Wirkweise der Instrumente deutlich von jenen nach Art. 288 AEUV.

139 Der **Unionsvertrag (1992, 1997)** hatte im Bereich der **Gemeinsamen Außen- und Sicherheitspolitik** (GASP) und in der **Polizeilich-justiziellen Zusammenarbeit (PJZ)** verbindliche Handlungsformen mit eigenständigen Handlungsformen eingeführt. Die Bestimmungen der PJZ wurden inzwischen in den AEUV überführt und sehen inzwischen supranationale Rechtssetzung vor.

140 Die Rechtsetzungskompetenz der EU zum Erlass von Verordnungen, Richtlinien und Entscheidungen (Art. 288 AEUV) gilt nicht für den GASP-Bereich. Die hier vorgesehenen Rechtsakte **richten sich an die MSen** und entfalten keine unmittelbaren Rechtswirkungen für die Unionsbürger. Dieser Politikbereich spielt insofern weiterhin eine Sonderrolle. Insbesondere die Rolle von Parlament und Kommission unterscheidet sich hier deutlich von den Gegebenheiten im AEUV. Zudem ist der Grad an **Supranationalität des im EU-Bereich gesetzten Rechts** noch gering: Zwar kann dieses Recht auch im innerstaatlichen Rechtskreis Anwendung beanspruchen. Ebenso nimmt es am Vorrang teil. Subjektive Rechte begründet es aber nicht. Immerhin kann auch in diesem Bereich die Pflicht zur unionsrechtskonformen Auslegung nationalen Rechts bestehen (analog EuGHE 2005, 1–5285, Rs. C-105/03, „Pupino"). Die besonderen **Handlungsformen** im GASP- Bereich werden in Rz. 39/15 ff. beschrieben.

4. Rechtsinstrumente zur Selbstorganisation des Integrationsverbands

Literatur: *Gauweiler,* Die rechtliche Qualifikation innerorganschaftlicher Absprachen im Europarecht, 1988; *Würmeling,* Kooperatives Unionsrecht, 1988; *Pechstein,* Die Bedeutung von Protokollerklärungen zu Rechtsakten der EG, EuR 1990, 249; *Koopmans,* The Practice of Voluntary Agreements under EC-Law, EurRevPubl.Law 2000, 1271; *Gützel/Kredler,* Die Entdeckung der Freiwilligkeit, EU-Magazin 5/2001, 18; *Harnier,* Die Bedeutung von rechtsaktbegleitenden Erklärungen im sekundären Unionsrecht, 2001; *von Alemann,* Die Handlungsform der interinstitutionellen Vereinbarung, 2006; *Bechtold,* Faktische Rechtssätze aus Brüssel, FS Hirsch, 2008, 223; *Kietz,* Interinstitutionelle Vereinbarungen in der EU, 2010.

a) Überblick

141 Bei der Erfassung und Beschreibung sekundärrechtlicher Handlungsformen ist zwischen der Selbstorganisation des Integrationsverbands und den außenwirksamen Handlungen gegenüber den Mitgliedstaaten und den Menschen zu unterscheiden. Es ist ein Kennzeichen des gegenwärtigen Stands der Integration, dass es zu einer gewissen Fragmentierung des Kanons der Handlungsformen gekommen ist (Rz. 9/67 ff. zum AEUV; Rz. 9/138 zum EUV). Auch mit Blick auf die **Selbstorganisation** und die **Binnensteuerung** findet sich eine Vielzahl von Handlungsformen. Dies liegt nicht zuletzt daran, dass die Verträge der Typologie, Ausformung und dem Anwendungsbereich des Binnenrechts wenig Aufmerksamkeit schenken. Der politischen Gestaltungsfreiheit der handelnden Organe ist damit weitgehender Raum geschenkt. Dies führte zur Entwicklung von Rechtsakten, die man gerne **Rechtsakte „sui generis"** nennt. Die Praxis kennt seit Langem einen vielgestaltigen Bestand solcher Rechtsakte,

die als „unbenannt", „unspezifisch", „ungekennzeichnet" oder „uneigentlich" bezeichnet werden, weil sie nicht in den Typologien von Art. 288 AEUV und Art. 25 EUV auftauchen.

Es ist das gemeinsame Kennzeichnen der hiermit angesprochenen Rechtsakte, dass sie den EU-Organen dazu dienen, die **„Binnenstrukturen"** (Struktur und Zusammensetzung der Organe, Organisationshandlungen, Inter-Organ-Beziehungen, Verfahrensregeln, sonstige innerdienstliche Handlungen u. ä.) rechtlich auszugestalten. Diesem Binnenrecht kommt im Regelfall nur interne Bindungswirkung zu. Allerdings können sich mit der internen Regelung eines Sachverhalts weitgehende **faktische Wirkungen nach außen** verbinden. Nach der erlassenden Instanz, dem Grad und der Art der Wirkung und auch nach den Adressaten sind diese sonstigen Rechtsakte dagegen sehr unterschiedlich und nur einer begrenzten Systematisierung fähig. 142

Der Vertrag von Lissabon unternimmt nicht den Versuch, eine Konsolidierung der im internen Bereich verwandten Rechtsakte herbeizuführen.

b) Beschlüsse

Die wohl wichtigste Handlungsform ist in diesem Bereich der **Beschluss.** Er ist mit dem außenwirksamen Beschluss (früher: Entscheidung) namensgleich, dogmatisch damit aber nicht gleichzusetzen. Derartige Beschlüsse werden von allen EU-Organen und Institutionen erlassen (*Bast,* Grundbegriffe der Handlungsformen der EU, 2006). Sie können adressatenlose Organisationsakte sein (vgl. Art. 297 Abs. 2 AEUV), können sich aber auch an ein Organ oder eine Behörde richten. 143

Hierher zählen etwa **Beschlüsse des EuRat** über die Zusammensetzung des EP (Art. 2 des Protokolls über die Übergangsbestimmungen zum Lissabon-Vertrag) oder über die Zahl der Kommissionsmitglieder (Art. 17 Abs. 5 EUV), **Ratsbeschlüsse** zur Änderung der Zahl der Generalanwälte (Art. 252 Abs. 2 AEUV), über das Entscheidungsverfahren im Rat von 2014–2017 (Art. 3 des Protokolls über die Übergangsbestimmungen) oder zur Festlegung der Arbeitsweise des Ausschusses nach Art. 255 AEUV. Ebenfalls zählen dazu aber auch Beschlüsse zur binnenrechtlichen („innerdienstlichen") Gestaltung von Organisation, Verfahren etc. (Entscheidung über Geschäftsordnungen, Genehmigung der Verfahrensordnungen u. a. m.). Mit einem Beschluss kann auch über die Wahrnehmung von Kompetenzen entschieden werden; hierbei handelt es sich dann um einen Binnenakt mit erheblicher faktischer Folgewirkung nach außen. So entscheidet der Rat mit Beschluss darüber, ob, inwieweit und nach welchen Verfahren er im Verkehrskapitel des AEUV über Vorschriften für die Seeschifffahrt und die Luftfahrt entscheiden will. 144

Die **KOM** erlässt ihrerseits u. a. innerdienstliche Richtlinien durch Beschluss. Der EuGH hat sie gelegentlich als „Verhaltensnormen" qualifiziert, die mindestens unter dem Gesichtspunkt nichtdiskriminierender Anwendung Rechtswirkungen entfalten (EuGHE 1974, 81, Rs. 148/73, „Belgien und Luxemburg/Mertens"). Schließlich können auch **EP und EuGH** dieses Instrument zur Binnenorganisation verwenden; es bedarf keiner Betonung, dass sie dabei jeweils an das vorrangige Recht gebunden sind, das sich insbesondere aus dem Vertrag und den dazu ergangenen Rechtsakten ergibt.

c) Entschließungen

Den verbindlichen Beschlüssen stehen flexiblere **Rechtsakte verschiedener Bezeichnung** gegenüber, die sich unter dem Begriff der **„Entschließungen"** zusammenfassen lassen. Sie beanspruchen nicht volle rechtliche Verbindlichkeit, wohl aber – was sie von diffuseren Äußerungen unterscheidet – eine Art **selbstaufgelegter rechtsnormativer Selbstverpflichtung.** Eine Außenverpflichtung bewirken diese Entschließungen nicht. 145

146 Autoren solcher „Entschließungen" können die verschiedenen Unionsorgane sein, aber auch die im Rat vereinigten Regierungsvertreter. In der Praxis stehen **Entschließungen des Rates** (öfters im Amtsblatt zur Information veröffentlicht) und solche des **EP** im Vordergrund, mit denen das letztere von seiner „parlamentarischen Souveränität" Gebrauch macht. Ratsentschließungen, die allgemeine Loyalitätspflichten aus Art. 4 Abs. 3 EUV konkretisieren, kommt **normative Kraft** zu (EuGHE 1979, 2923, Rs. 141/78, „Seefischerei"). Die Grenzen sind bei den sonstigen Rechtsakten flüssig. Das geltende Unionsrecht ist allerdings eindeutige Grenze für jede Rechtswirkung „sonstiger" Rechtsakte (EuGHE 1976, 455, Rs. 43/75, „Defrenne").

d) Beschlüsse der im Rat vereinigten Vertreter der Mitgliedstaaten

147 Neben den genannten Beschlüssen sieht das Primärrecht ferner die Handlungsform eines von den **im Rat vereinigten Vertretern der Regierungen der Mitgliedstaaten** verabschiedeten Beschlusses vor (*Mortelmans,* CMLRev 1974, 62). Diese **„uneigentlichen" Ratsbeschlüsse** sind verbindlich gemeinte Rechtsakte, die nicht vom Rat als Organ gefasst werden, sondern von dessen Mitgliedern im zeitlichen Zusammenhang mit einer Ratssitzung. Der Beschluss wird insofern nicht von einem EU-Organ gefasst, sondern von den Regierungsvertretern im Rahmen einer diplomatischen Konferenz. Der Bezug zur Union ist aber institutionell und vom Inhalt der Beschlüsse her so eng, dass diese Beschlüsse Teil des EU-Rechts bilden. Die Beschlüsse der vereinigten Vertreter dürfen nicht gegen die Verträge verstoßen (EuGHE 1986, 29, Rs. 44/84, „Hurd").

148 Die Beschlüsse der Regierungsvertreter sind zum Teil in den **Verträgen selbst vorgesehen** (z. B. Vereinbarungen der Konferenz nach Art. 48 Abs. 4 EUV). Manche haben **„vertragsabrundenden" Charakter** im Grenzbereich zwischen Primär- und Sekundärrecht. Daher stellt sich je nach Inhalt der Beschlüsse die Frage der Ratifikationsbedürftigkeit nach nationalem Recht. Andererseits sind diese Beschlüsse als Teil des EU-Rechts zum Besitzstand zu rechnen, der von neuen Mitgliedstaaten zu übernehmen ist (Art. 3 Abs. 1 Beitrittsakte von 1972 und 1979). Ihr Charakter als **„Mischfiguren"** *(Ipsen)* wird auch dadurch unterstrichen, dass die Kommission öfters bei ihrem Zustandekommen informell mitwirkt. Die Beschlüsse werden im Amtsblatt zur Information veröffentlicht. Jedoch sind die vertraglichen Regeln der Art. 16 EUV, Art. 237 ff. AEUV auf die Beschlüsse der vereinigten Regierungsvertreter wegen ihrer intergouvernementalen Grundstruktur nicht anwendbar. Insbesondere bedarf es **einstimmiger Beschlussfassung.**

e) Interinstitutionelle Vereinbarungen

149 Interinstitutionelle Vereinbarungen spielen als Instrumente zur Regelung des Binnenverhältnisses eine zunehmend wichtige Rolle. Sie dienen der Koordination des Verhaltens der EU-Organe und legen gemeinsame Sichtweisen und Erwartungen nieder. Lange hat man diese Vereinbarungen als bloß politische Absprachen angesehen. Inzwischen ist aber anerkannt, dass es sich um rechtliche Verträge handelt. In einer dem Vertrag von Nizza als Anlage hinzugefügten **Erklärung über die interinstitutionellen Vereinbarungen** wird dies anerkannt; inzwischen finden sie Erwähnung im EUV (Art. 17 EUV, Art. 295 Abs. 3 AEUV). In der Erklärung wird bekräftigt, dass das Parlament, der Rat und die Kommission interinstitutionelle Vereinbarungen schließen können, wenn es sich als notwendig erweist, die Anwendung der Bestimmungen der Verträge zu erleichtern. Allerdings wird auch betont, dass die Beziehungen zwischen den EU-Organen der Verpflichtung zur loyalen Zusammenarbeit unterliegen: Die Vereinbarungen dürfen die Vertragsbestimmungen weder ändern noch ergänzen. Zugleich dürfen sie nur mit Zustimmung dieser drei Organe geschlossen werden. Damit steht heute außer Frage, dass es sich um eine zulässige und rechtlich bindende Handlungsform der Interorgankooperation handelt (ausführlich: *von Alemann,* Die Handlungsform der interinstitutionellen Vereinbarung, 2006).

f) Sonstige Akte ohne Rechtsverbindlichkeit

In der politischen Praxis werden tagtäglich eine Vielzahl **weiterer Akte sowohl der Organe** als auch der vereinigten Regierungsvertreter unter **wechselnden Bezeichnungen** verabschiedet (Empfehlungen (Art. 292 S. 1 AEUV), Erklärungen, Kommuniqués, Memoranden, (Aktions-)Pläne, Mitteilungen, Programme u. a. m.). Unmittelbare Rechtswirkungen werden mit ihnen nicht angestrebt. Auch ihr politischer Bindungswert ist meist noch geringer zu veranschlagen als bei den Beschlüssen und Entschließungen (zu den Zulässigkeitsvoraussetzungen einer Klage gegen eine Mitteilung: EuGE 2010, II-2027, Rs. T-258/06, „D/KOM"). 150

Im politischen Sinne sind die **„Erklärungen"** bedeutsam, die z. B. der Europäische Rat als Leitlinien für weitere Unionsaktionen abgibt oder in denen mehrere Unionsorgane eine gemeinsame politische Selbstbindung eingehen (Erklärung des Europäischen Rates zur europäischen Identität von 1973, Bull. EG 1973, 9/13; Gemeinsame Erklärung über das Konzertierungsverfahren von 1975, ABl. C 89/1; Gemeinsame Erklärung der Organe über den Schutz der Grundrechte von 1977, ABl. C 103/1; Erklärung des Europäischen Rates zur Demokratie von 1971, Bull. EG 1978/3, 5). 151

IV. Völkerrecht im Unionsrecht

Literatur: *Epiney,* Zur Stellung des Völkerrechts in der EU, EuZW 1999, 5; *Hobe/Müller-Sartori,* Rechtsfragen der Einbindung der EU in das Völkerrecht, JuS 2002, 8; *Wünschmann,* Geltung und gerichtliche Geltendmachung völkerrechtlicher Verträge im europäischen Unionsrecht, 2003; *Wormuth,* Die Bedeutung des Europarechts für die Entwicklung des Völkerrechts, 2004; *Jackson,* Direct Effect of Treaties in the US and the EU, the case of the WTO: some perceptions and proposals, FS Jacobs, 2008, 361; *Krenzler,* „A New Legal Order of International Law", FS Simma, 2011, 1004; *Eckes,* Protecting Supremacy from External Influences, ELJ 2012, 230; *Repasi,* Völkervertragliche Freiräume für EU-Mitgliedstaaten, EuR 2013, 45.

Die Regeln des Völkerrechts werden für den Bereich der **Binnenorganisation** des Integrationsverbands sowie für die Ordnung der Beziehungen zwischen der EU, ihren MSen und den Personen in der EU durch das EU-Recht verdrängt. Ein Rückgriff kommt hier nur insoweit in Betracht, als es dies das EU-Recht vorsieht (*Schwarze,* EuR 1983, 1; vgl. auch Rz. 42/39 ff.): Die EU weist die Züge eines „self-contained regime" auf. Dies bedeutet aber nicht, dass Regeln des Völkerrechts in der EU keine Bedeutung hätten. In Art. 3 Abs. 5 EUV und Art. 21 Abs. 1 UAbs. 1 EUV verpflichtet sich die EU auf die „strikte Einhaltung des Völkerrechts" bzw. die „Achtung der Grundsätze der Charta der Vereinten Nationen und des Völkerrechts". Der EuGH hat schon frühzeitig ausgesprochen, dass die völkerrechtlichen Rechte und Pflichten, die die EU erworben bzw. übernommen hat, „integraler Bestandteil" des EU-Rechts sind (EuGHE 1974, 449, Rs. 181/73, „Haegemann"; ähnlich EuGHE 1982, 3641, Rs. 104/81, „Kupferberg"; EuGHE 1994, I-5267, Gutachten 1/94, „WTO"). 152

In dem „allgemeinen Völkerrechtsraum", in dem die EU als ein Rechtssubjekt mit anderen Rechtssubjekten des Völkerrechts kooperiert, gelten die Völkerrechtsregeln für die EU wie für ein sonstiges Völkerrechtssubjekt. Insoweit gilt in diesem Raum der grundsätzliche **„Vorrang des Völkerrechts"** als des universalen Rechtes auch gegenüber dem EU-Recht wie gegenüber sonstigem „Landesrecht" (*Hobe/Müller-Sartori,* JuS 2002, 8). Damit gilt insbesondere das **allgemeine Völkerrecht** in den Außenbeziehungen der EU **vollen Umfanges** (EuGHE 1972, 1226, verb. Rs. 21–24/72, „International Fruit Company"; EuGHE 1976, 1279, verb. Rs. 3, 4 u. 6/76, „Kramer"; *Puissochet,* FS Mancini 1998, 779). Das gilt nicht nur für ungeschriebene Regeln des Völkergewohnheitsrechts und der allgemeinen Rechtsgrundsätze, sondern ebenso für die großen **multilateralen Konventionen,** soweit ihnen die EU formell als Vertragspartnerin angehört oder sie funktional in die Verpflichtungen eingetreten ist. 153

Im Hinblick auf die Rolle, die das Völkerrecht im innerunionalen Bereich spielt, ist zwischen der Geltung des Völkergewohnheitsrechts, der allgemeinen Rechtsgrundsätze des Völkerrechts und der völkerrechtlichen Verträge zu unterscheiden.

1. Völkergewohnheitsrecht und allgemeine Rechtsgrundsätze des Völkerrechts

154 Dem sog. allgemeinen Völkerrecht werden regelmäßig (im Sinne der völkerrechtlichen Rechtsquellenordnung in Anlehnung an Art. 38 IGH-Statut) das **Völkergewohnheitsrecht** und die sachnotwendig universell anerkannten **„allgemeinen Rechtsgrundsätze"** zugerechnet. Dabei kann zwischen abdingbarem und zwingendem („ius cogens") allgemeinem Völkerrecht unterschieden werden. Diese Regeln des Völkerrechts finden im **„EU-Binnenraum"** nur insoweit Anwendung, wie das **Unionsrecht** das vorsieht. Die Regeln des Völkerrechts werden insofern also nicht nur vom Unionsrecht überlagert. Das Unionsrecht behält sich vielmehr die Entscheidung über seine Öffnung vor; es verfolgt eine deutlich dualistische Konzeption. Zwar spricht der EuGH immer wieder davon, dass das Völkerrecht **„integrierender" bzw. „integraler" Bestandteil** des Unionsrechts sei (EuGHE 1974, 449, Rs. 181/73, *Haegeman;* EuGHE 1982, 3641, Rs. 104/81, *Kupferberg*); dies beruht aber auf der in Art. 216 Abs. 2 AEUV enthaltenen Vollzugserklärung (str.).

155 Allerdings verschließt sich das EU-Recht der Einwirkung des Völkerrechts nicht. In vielfältiger Weise dringt Völkerrecht in den EU-Rechtskreis ein. Das EU-Recht soll möglichst **im Lichte des Völkerrechts** ausgelegt werden (EuGHE 1998, I-4301, Rs. C-284/95, „Safety Hi-Tech"). Die Bedeutung der völkerrechtlichen Grund- und Menschenrechte bei der Konkretisierung der entsprechenden europarechtlichen Normen (Rz. 17/1 ff.) ist anerkannt. Im EU-Recht gibt es gelegentlich **„Lücken"**, die zwar in erster Linie durch Fortentwicklung des EU-Rechts unter Rückgriff auf seine eigenen Prinzipien, notfalls aber auch durch Inanspruchnahme von Inhalten des allgemeinen Völkerrechts gefüllt werden können (EuGHE 1974, 1337 (1357), Rs. 41/74, „Van Duyn"). Insoweit spielt das allgemeine Völkerrecht weiterhin die Rolle eines „Annexrechtes" zum EU-Recht.

156 Im **Rang** gehen diejenigen Regeln des allgemeinen Völkerrechts, denen die EU innerunionale Geltung zuschreibt, kraft der Anordnung des Vollzugsbefehls dem sekundären Unionsrecht vor. Das Primärrecht wiederum bestimmt nicht nur, inwieweit Völkerrecht in den EU-Rechtskreis eindringen kann, sondern geht ihm im Kollisionsfalle vor.

157 Völkerrechtswidriges EU-Sekundärrecht ist im Sinne des sog. „gemäßigten Dualismus" nicht automatisch nichtig. Doch ist die EU dazu verpflichtet, einen völkerrechtsgemäßen Zustand ihrer Rechtsordnung herzustellen (*Petersmann,* EuZW 1997, 325). Dies hat auch der Gerichtshof in st.Rspr. grundsätzlich anerkannt (*Puissochet,* FS Mancini, 1998, 779).

2. Völkerrechtliche Verträge

158 **Völkerrechtliche Verträge** stehen als Rechtsquelle des Völkerrechts inzwischen praktisch im Vordergrund (Art. 38 Abs. 1 Ziff. a) des IGH-Statut). Die Rechtsstellung, die völkerrechtliche Verträge in der EU-Rechtsordnung einnehmen können, unterscheidet sich zunächst danach, ob es sich um ein von der EU selbst oder von ihren Mitgliedstaaten abgeschlossenes Abkommen handelt.

a) EU-Abkommen

Die EU ist rechtlich befähigt, im Rahmen ihrer Außenkompetenzen (näher: Rz. 38/13) nach dem Verfahren des Art. 218 AEUV mit anderen Völkerrechtssubjekten **Verträge** abzuschließen. Diese sind für sie als Völkerrechtssubjekt verpflichtend, ohne dass dies einer besonderen Feststellung im EU-Recht bedürfte. Die Bindungswirkung wird durch Art. 216 Abs. 2 AEUV in den Binnenbereich der EU verlängert und – zur Sicherung vertragskonformen Verhaltens der MSen – auf die MSen erstreckt. Das Primärrecht enthält allerdings darüber hinaus keine näheren Aussagen über die **innerunionale Geltung** (und insbesondere die **unmittelbare Wirkung**) der Bestimmungen eines derartigen Abkommens (*Oehmichen,* Die unmittelbare Anwendung der völkerrechtlichen Verträge der EG, 1992). Die Rechtsstellung der von der EU abgeschlossenen Verträge wird im Einzelnen in Rz. 38/1 ff. behandelt. 159

b) Abkommen der Mitgliedstaaten

Nationale Abkommen mit Drittstaaten berühren die EU-Ordnung, wenn es sich um alte Verträge handelt, die vor der Gründung der EGen geschlossen worden sind. Ferner interessiert der Fall nationaler Abkommen, die unter Verstoß gegen unionsrechtliche Pflichten von den MSen geschlossen werden. 160

Die von den Mitgliedstaaten vor dem Wirksamwerden der EG-Verträge mit Drittpartnern eingegangenen **völkerrechtlichen Verträge** („Altverträge") gelten gemäß dem fundamentalen Grundsatz „pacta sunt servanda" zunächst weiter (Art. 351 Abs. 1 AEUV). Soweit sie die EU-Kompetenz nicht berühren (z. B. ein Verteidigungspakt), ändert sich daran durch die Mitgliedschaft in der EU nichts. Im EU-Bereich kann es zur Übernahme der Rechtsstellung, die multilaterale Verträge der Mitgliedstaaten begründen, durch die EU kommen (EuGHE 1972, 1219, verb. Rs. 21–24/72, „International Fruit Company" [GATT]). Die dritten Vertragspartner müssen mit einer derartigen Übernahme rechnen, sind aber zur Anerkennung nicht verpflichtet (EuGHE 1981, 2961, Rs. 181/80, „Fischerei – Rechte der Drittländer"). Darüber hinaus erkennt die EU teilweise Verpflichtungen der MSen auch für sich als verpflichtend an (EuGHE 2008 I-6351, C- 402/05 P und C-415/05, „Kadi" [mit Blick auf die Durchführung von UN-Sicherheitsratsbeschlüssen]). 161

Bei der fortdauernden Anwendung alter Verträge mit Drittstaaten haben die EU-Mitgliedstaaten allerdings zu berücksichtigen, dass ihre Rechte und Pflichten **als Mitglieder einer Wirtschaftsunion** nicht unbesehen über Meistbegünstigungsklauseln an Drittstaaten weitergegeben werden dürfen (Art. 351 Abs. 3 AEUV). 162

Soweit die alten Verträge mit dem EG- bzw. Unionsrecht von Anfang an oder mit ihrem fortschreitenden Aufbau **nicht vereinbar waren,** verpflichtet die „Anpassungsklausel" des Art. 351 Abs. 2 AEUV den oder die Mitgliedstaaten, das Erforderliche zu unternehmen, um die nationalen Verträge entweder gemeinschaftskonform umzugestalten oder sie nötigenfalls zu beenden.

Schließt ein MS einen völkerrechtlichen Vertrag, obgleich ihm dies nach EU-Recht versagt ist (die dingliche Kompetenz verliert ein MS nicht), stellt sich die Frage nach der völkerrechtlichen Gültigkeit solcher „defekter" Verträge. Sie ist nach den allgemeinen völkerrechtlichen Regeln über die **Gültigkeit verfassungswidriger Verträge** zu beurteilen. Danach ist im Interesse der Verkehrssicherheit im Zweifel von der Gültigkeit auszugehen, soweit nicht der Mangel der Abschlussbefugnis dem dritten Partner evident einsichtig gewesen sein musste (näher Art. 46 WVRK; *Bernhardt,* EuR 1983, 199). 163

Insgesamt erweist sich die Bedeutung des Völkerrechts für das Europäische Unionsrecht als neuartige Variation des klassischen Themas „Völkerrecht und Landesrecht". 164

Das Verhältnis des Unionsrechts zum Internationalen Recht steht nicht ein für alle Mal fest, sondern hängt vom fortschreitenden Grad der Vergemeinschaftung der jeweiligen Sachbereiche ab (*Hobe/Müller-Sartori,* JuS 2002, 8). Das EU-Sekundärrecht ist im Lichte bindender VR-Verpflichtungen der EU auszulegen (*Rosenkranz,* EuZW 2007, 238).

V. Auslegung des Unionsrechts

Literatur: *W. Schröder,* Die Auslegung des EU-Rechts, JuS 2004, 180; *Schübel-Pfister,* Die Auslegung der mehrsprachigen verbindlichen Rechtstexte durch den EuGH, 2004; *Dederichs,* Die Methodik des Gerichtshofes der Europäischen Gemeinschaften, EuR 2004, 345; *Streinz,* Die Auslegung des Unionsrechts durch den EuGH. Eine kritische Betrachtung, ZEuS 2004, 387; *Colneric,* Auslegung des Unionsrechts und gemeinschaftsrechtskonforme Auslegung, ZeuP 2005, 225; *Leisner,* Die subjektiv-historische Auslegung des Gemeinschaftsrechts, EuR 2007, 689; *von Danwitz,* Der Einfluss des nationalen Rechts und der Rechtsprechung der Gerichte der Mitgliedstaaten auf die Auslegung des Unionsrechts, ZESAR 2008, 57; *Höpfner,* Die systemkonforme Auslegung, 2008; *Höpfner/Rüthers,* Grundlagen einer europäischen Methodenlehre, AcP 2009, 1; *Riesenhuber* (Hrsg.), Europäische Methodenlehre, 2. Aufl. 2010 *Langenbucher,* in: dies. (Hrsg.), Europarechtliche Bezüge des Privatrechts, 3. Aufl. 2013, 1.

1. Unionsrechtliche Auslegungsmethoden zwischen Völkerrecht und Verfassungsrecht

165 Die EU hat inzwischen staatsähnliche Züge angenommen. Ihre Verwurzelung in völkerrechtlichen Verträgen besteht zwar fort; in ihrer Struktur, ihren Kompetenzen und ihrer Teleologie hat sie aber längst eine **Eigenständigkeit** gewonnen. Dies macht sich in der Auslegung und Konkretisierung des EU-Rechts deutlich bemerkbar. Schon lange kann bei der Auslegung des geltenden Europarechts auf die völkerrechtlichen Auslegungsregeln, wie sie sich insbesondere in Art. 31 der Wiener Vertragsrechtskonvention von 1969 finden, nicht mehr ohne weiteres zurückgegriffen werden. Es hat sich in der **Praxis der Unionsorgane** vielmehr ein Verständnis der (Meta-)Regeln zur Konkretisierung des EU-Rechts herausgebildet, das den Eigenarten des Integrationsverbands und seinen besonderen Zielen entspricht.

166 Dabei sind an dieser Stelle zwei Punkte hervorzuheben: Man würde den Zweck und das Anliegen dieser Regeln missverstehen, wenn man sie als Instrumente begriffe, mit denen ein bereits existierendes Interpretationsergebnis einer Bestimmung des EU-Rechts nur entnommen werden müsste („Auffinden des Rechts"). Diese Vorstellung von Interpretation, hermeneutischen Anschauungen verhaftet, entspricht dem Vorgang juristischer Konkretisierung in keiner Weise. Es geht nicht um Auffindung von Vorfindlichem, sondern darum, in einem jeweils vorfindlichen Entscheidungskontext eine juristische Entscheidung nach vorgegebenen Regeln zu begründen. Juristische Methodenlehre ist **Begründungslehre** (*Koch/Rüßmann,* Juristische Begründungslehre, 1982). Es ist nicht nur zu zeigen, dass eine Entscheidung überhaupt in rationaler Weise unter Anwendung der Auslegungsregeln begründbar ist („vertretbares Ergebnis"), sondern auch, dass es keine besser begründbare andere Entscheidung gibt (im Einzelnen: *Nettesheim,* in: Grabitz/Hilf/Nettesheim (Hrsg.), Das Recht der EU, 2012, Art. 1 AEUV).

167 Wichtig ist auf der anderen Seite, dass zwischen den **(methodischen) Anschauungen** darüber, wie begründende Argumente gewonnen werden, und den primärrechtlichen („verfassungsrechtlichen") **Regeln über deren Zulässigkeit,** deren Gewicht etc. zu unterscheiden ist. Um diese Unterscheidung an einem plastischen Beispiel

deutlich zu machen: Es ist eine methodische Frage, inwieweit eine Entscheidung noch vom Wortlaut einer Bestimmung getragen wird oder schon „Rechtsfortbildung“ darstellt. Es ist dann eine „verfassungsrechtliche“ Frage, ob dies zulässig ist: Während eine Überschreitung des Wortlauts im Bereich unionalen Sanktionsrechts unzulässig ist („nulla poena sine lege“), ist sie in vielen anderen Bereichen ohne Probleme möglich.

Im Lichte der jahrzehntelangen Praxis des Gerichtshofes, der nach Art. 19 Abs. 1 S. 2 168
EUV der autoritative Interpret des EU-Rechts ist, hat sich mittlerweile eine **eigene unionsrechtliche Interpretationslehre** mit selbständigen Grundsätzen entwickelt (*W. Schroeder,* JuS 2004, 180). Sie verwendet überwiegend die auch aus dem nationalen Recht bekannten Begründungstopoi („Auslegungsarten“), gewichtet sie jedoch in einer spezifisch unionsrechtlichen Weise. Teilweise werden auch neuartige Begründungselemente verwandt. Es ist insofern Metaregeln des unionalen Verfassungsrechts geschuldet, dass die im Völkerrecht so bedeutsame subjektiv-souveränitätsbezogene Konkretisierungsmethode zugunsten einer an Sinn und Zweck orientierten Betrachtung verdrängt wird (vgl. EuGE 2002, II–4825, Rs. T-251/00, „Lagardère und Canal/Kommission“, Rdnr. 72ff.; EuGE 2005, II–4065, verb. Rs. T–22/02 und T–23/02, „Sumitomo Chemical“, Rdnr. 41ff.). Der Rechtsvergleichung kommt in einem föderalen Gemeinwesen besondere Bedeutung zu (anschaulich *Mayer,* in: Calliess (Hrsg.), Verfassungswandel, 2007, 167).

Neben der autoritativen Auslegung des EU-Rechts durch die europäische Gerichtsbarkeit (zur Reich- 169
weite der Auslegungskompetenz vgl. EuGHE 2003 I-1, Rs. C-306/99, „BIAO/Finanzamt für Großunternehmen“) gibt es eine **„offizielle Interpretation“ durch amtliche Verlautbarungen der Europäischen Kommission** (wie Mitteilungen [hierzu EuGHE 1997 I-1627, Rs. C-57/95, „Frankreich/Kommission“]; Stellungnahmen u. ä.). Obwohl den Äußerungen der Kommission juristisch keine höhere Bedeutung zukommt als Auslegungen anderer Stellen, hat die Rechtsauffassung der Kommission in der Unionspraxis kraft ihrer amtlichen Position („Hüterin der Verträge“, oben Rz. 5/130) besonderes Gewicht.

2. Wortlautargumente

Im Unionsrecht gilt (wie im Völker- und innerstaatlichen Recht) der Grundsatz, dass 170
den Ausgangspunkt der Begründung einer Entscheidung der Text des Vertrags oder einschlägiger abgeleiteter Akte bildet. Es bedarf der **Feststellung des normalen und natürlichen Sinns der Worte in ihrem unmittelbaren Zusammenhang des Satzes.** In vielen Bereichen hat sich inzwischen eine Begriffsverwendung herausgebildet, die sich von der normalen Konvention der Sprachgemeinschaft gelöst hat (Bsp.: „öffentliche Verwaltung“). Dabei sind die verschiedenen Vertragssprachen bei der Auslegung des Primärrechts und die Amtssprachen im Bereich des abgeleiteten Rechts gleichgewichtig zu berücksichtigen. Wer sich für seine Entscheidung auf den so ermittelten Wortlaut berufen kann, unterlegt seine Entscheidung regelmäßig überzeugend. Der Gerichtshof hat sich gelegentlich zu der aus Frankreich kommenden **Doktrin des „acte clair“** in dem Sinne bekannt, dass bei einem eindeutigen („klaren“) Wortlaut nicht weiter auf andere Auslegungsprinzipien zurückzugreifen ist (EuGHE 1978, 611 (619), Rs. 79/77, „Kühlhaus Zentrum/Hauptzollamt Hamburg“). Hieran hält sich der EuGH aber selbst nicht immer: So wird der eigentlich ziemlich klare Wortlaut des Art. 288 AEUV bei der Zuerkennung unmittelbarer Wirkungen an Richtlinien (oben Rz. 9/100) aus teleologischen Gründen überspielt.

171 Diese Aufgabe wird dadurch ungemein schwierig (und die Wortbedeutung relativiert), dass es nach der Sprachenregelung der EU (oben Rz. 5/8ff.) mittlerweile **24 gleichberechtigte Texte** gibt. Der häufigen Verwendung einer „Arbeitssprache" (insbes. Englisch und Französisch) bei der Herstellung eines Rechtstextes kann angesichts der Gleichrangigkeit der Sprachen keine Bedeutung zukommen. In Fällen, in denen die sprachlichen Fassungen von einander abweichen, lässt sich allein mit dem Wortlaut keine eindeutige Entscheidungsbegründung führen (EuGHE 1988, 3845, Rs. 55/87, „Moksel"). Insbesondere ist es nicht möglich, das „Mehrheitsprinzip" anzuwenden, d. h. der Fassung Maßgeblichkeit zuzuerkennen, die in der Mehrheit der Amtssprachen existiert. Es ist dann vielmehr erforderlich, auf Sinn und Zweck der Gesamtregelung zu rekurrieren und so die Entscheidung zu begründen (EuGHE 1979, 2717, Rs. 9/79, „Koschniske"; EuGHE 1985, 1169, Rs. 100/84, „Kommission/Vereinigtes Königreich"; EuGHE 2003 I-13 821, Rs. C-152/01, „Kyocera Electronics Europe", *Luttermann,* EuZW 1999, 401). Das Gewicht, das sich mit einer Entscheidung für die Freiheit und Autonomie eines Adressaten verbindet, spielt dabei eine wichtige Rolle (EuGHE 1969, 419, Rs. 29/69, „Stauder/Ulm").

3. Der systematische Kontext

172 Ergibt die Untersuchung des Wortlauts kein zwingendes Ergebnis, so kommen Argumente ins Spiel, die ihren Ursprung in der **Systematik des Vertrages bzw. des abgeleiteten Aktes** haben. Diese auch im Völker- und Verfassungsrecht bekannte Methode wird vom Gerichtshof ständig praktiziert (EuGHE 1964, 417, Rs. 101/63, „Wagner"). Das „systematische Argument" beruht auf der Darlegung, dass sich eine in Erwägung gezogene Entscheidung mit anderen Bestimmungen in der Unionsrechtsordnung nicht verträgt; sie kann aber auch darauf hinauslaufen, zu verdeutlichen, dass die Entscheidung den Anliegen einer anderen Bestimmung besonders gut gerecht wird. Systematische und teleologische Auslegung verschwimmen in diesen Fällen. Getragen wird die systematische Auslegung von der Vorstellung des Gebots einer **Einheitlichkeit des EU-Rechts** (vgl. EuGHE 2006 I-2397, Rs. C-499/04, „Werhof/Freeway Traffic Systems", Rn. 32).

173 Eine wichtige Unterkategorie der systematischen Auslegung bildet die sog. **„primärrechtskonforme Auslegung des Sekundärrechts".** Aus Ranggründen ist sekundäres EU-Recht so auszulegen, dass es mit dem Primärrecht vereinbar ist (EuGHE 1991, I-1647, Rs. C-314/89, „Rauh"; Beispiel bei *Korte,* EWS 2007, 246). Andererseits sind Argumente, die aus Bestimmungen des Sekundärrechts gewonnen werden, auch bei der Konkretisierung des Primärrechts relevant; zwingend ist eine derartige sekundärrechtskonforme Interpretation des Primärrechts aber regelmäßig nicht (zur Wechselwirkung von Primär- und Sekundärrecht vor dem Hintergrund der Entscheidung EuGHE 2006, I-2107, Rs. C-471/04, „Keller Holding" etwa *Forsthoff,* IStR 2006, 222).

4. Historische Auslegung

174 Der Erforschung des Willens des historischen Vertrags- oder Gesetzgebers kommt im EU-Recht im Vergleich zur wörtlichen, systematischen und Sinnauslegung **nur eine sehr begrenzte Rolle zu** (anders *Leisner,* EuR 2007, 689). Zwar ist die Kenntnis dessen, was die Schöpfer der Norm bei ihrer Entstehung wollten, durchaus von Bedeutung (ähnlich EuGHE 1961, 241, Rs. 15/60, „Simon"; EuGHE 1973, 457, Rs. 1/72, „Frilli"). Die sog. „historische Auslegung" weist allerdings eine Reihe von **methodischen Problemen** auf, die den Wert der so gewonnenen Argumente inhärent schwächt: Welche Personen sind „die Normgeber", gerade in einem so vielschichtigen Prozess wie dem der Annahme eines völkerrechtlichen Vertrags? Wie ist zu verfahren, wenn keine Einigkeit besteht? Und welchen Wert können die damaligen Anschauun-

gen haben, wenn sicher ist, dass die im Prozess der Vertragsgebung beteiligten Personen keine Anschauung von den heutigen Problemen hatten? Häufig läuft die sog. „historische Auslegung“ auf wenig mehr als Spekulation hinaus.

Nicht zuletzt diese Überlegungen rechtfertigen es, derartigen Argumenten in der unionalen Begründungslehre nur **geringes Gewicht** zuzuschreiben. Aus „verfassungsrechtlicher“ Perspektive kommt hinzu, dass sich die EU-Organe bewusst dazu bekennen, die EU-Ordnung als dynamisch zu verstehendes, im Lichte der heutigen Integrationsziele zu lesendes Gebilde zu verstehen. 175

5. Teleologische Argumente

Überragendes Gewicht hat bei der Begründung von Entscheidungen im EU-Recht die sog. **teleologische, an Sinn und Zweck des EU-Rechts orientierte Methode.** Sie besteht in der Darlegung, dass eine bestimmte Entscheidung förderlich ist, einen normativ gesetzten Zielzustand zu erreichen (vgl. etwa EuGHE 2000, I-1129, Rs. C-434/97, „Kommission/Frankreich“). Das Gewicht, das der EuGH dieser Methode einräumt, unterstreicht so den Verfassungscharakter der Grundverträge. Sie ermöglicht ein den dynamischen Charakter der Verträge als Rahmen eines fortschreitenden Integrationsprozesses betonendes Verständnis (EuGHE 1963, 23, Rs. 26/62, „Van Gend & Loos“). Auf der Grundlage teleologischer Argumente hat der EuGH immer wieder kühne Sprünge nach vorn gewagt. Dies gilt insbesondere für die gesamte und inzwischen vielschichtige Rechtsprechung des EuGH zur Sicherung der einheitlichen und gleichen Wirksamkeit des Unionsrechts, die etwa die Entscheidungen zur unmittelbaren Wirkung bestimmter Normen der Verträge, zum unbedingten Vorrang des EU-Recht oder zum Haftungsanspruch der Mitgliedstaaten umfasst (im Einzelnen: *Nettesheim,* GS Grabitz, 1995, 447). 176

Häufig ist die Rede davon, dass dem EuGH die Ziele, an denen er seine teleologische Argumentation ausrichtet, vorgegeben sind. Man spricht dann etwa von der Suche nach dem **„Geist der Verträge“**, spricht vom **„Zweck des Gesetzes“** oder von seinem **„objektivierten Willen“.** Damit wird unterstellt, dass es bei der Interpretation doch nur um die Auffindung von Vorgegebenem gehe. Der Interpret blendet durch die Verwendung derartiger Redeweisen seine Rolle aus; epistemologisch sind derartige Formulierungen aber sinnlos. Es finden sich im Vertrag in der Tat vielfältige Anhaltspunkte und Indizien, die für die Formulierung von Zielen von Bedeutung sind. Regelmäßig wird das entscheidende Organ (vor allem die europäische Gerichtsbarkeit) selbst aber konkret definieren müssen, welche Ziele im Einzelfall normativ einschlägig sind. 177

In diesem Zusammenhang hat der EuGH eine Vielzahl funktionaler und materiellrechtlicher Erwägungen herangezogen. Von funktionalen Anliegen getragen ist etwa sein Bemühen, bei der Auslegung der EU-Kompetenzen Handlungsmöglichkeiten zu schaffen, die eine effektive Verwirklichung unionaler Politiken ermöglichen (hierzu etwa: Rz. 38/16f. [Außenkompetenzen]). In ähnliche Richtung weist das **„Prinzip der Funktionsfähigkeit der Gemeinschaften“** sowie das **„institutionelle Gleichgewicht“** (oben Rz. 5/20). Auch der **Effektivitätsgrundsatz** („effet utile“), wonach die Norm „ergiebig“ sein soll und damit im Sinne einer Optimierung des praktischen Nutzens auszulegen und auszuschöpfen ist, ist ein Baustein in der teleologischen Argumentation (EuGHE 1955/56, 312, Rs. 8/55, „Fédéchar“; *Streinz,* FS Everling, 1995, 1491). 178

179 In materieller Hinsicht haben etwa teleologische Argumente eine große Bedeutung, die auf dem Postulat aufbauen, dass auch in der EU demokratische und rechtsstaatliche Zustände herrschen müssten. Derartige Argumente haben den EuGH nicht nur dazu bewogen, den Normtypus der allgemeinen Rechtsgrundsätze (oben Rz. 9/31 ff.) auszubauen und mit Inhalten wie Gleichheit, Freiheit, Solidarität etc. anzureichern. Sie spielen dann auch bei der konkreten Interpretation von positiven Bestimmungen des EU-Rechts eine erhebliche Rolle.

180 Bei der Formulierung normativ gebotener Zielzustände ebenso wie bei der Abschätzung der Effektivität von möglichen Entscheidungen können Überlegungen **rechtsvergleichender Natur eine wichtige Rolle** spielen. Diese haben ihre Grundlage vor allem im Vergleich der nationalen Rechtsordnungen untereinander, können aber auch darüber hinausreichen.

181 Im Rahmen der teleologischen Argumentation sind auch funktionale Überlegungen zur Verteilung der Zuständigkeiten in der EU von Bedeutung. Hierzu gehört vor allem die (funktionale) Entscheidung, ob es im Lichte des Verhältnisses von Gerichtsbarkeit und demokratischem Gesetzgeber sinnvoll ist, den Wortlaut des positivierten Rechts zu überschreiten und richterliche Rechtsfortbildung zu betreiben.

6. Vertretbare, überzeugende und zwingende Entscheidungen

182 Die vorstehenden Begründungsansätze lassen regelmäßig mehr als eine Entscheidung zu. In Verfahren, die den EuGH beschäftigen, wird es so gut wie nie vorkommen, dass eine bestimmte Entscheidung **wirklich zwingend** ist. Vielmehr ergibt sich regelmäßig, dass sich unter Anwendung der vorstehend beschriebenen Erwägungen mehrere Entscheidungen als vertretbar darstellen. In diesem Fall geht es dann darum darzulegen, welche **der möglichen Entscheidungsoptionen die überzeugendste** ist. Dabei spielen **Präjudizien** eine wichtige Rolle: Es besteht eine prima-facie-Vermutung, dass eine bereits getroffene Entscheidung diesem Erfordernis entsprochen hat.

183 Hierfür spricht auch der Gedanke der Rechtssicherheit: Rechtsprechung kann ihre Aufgabe sinnvoll nur erfüllen, wenn sie über den Fall hinaus Leitbildfunktion entfaltet. Für ein Gericht wie den EuGH, dessen Urteile europaweit Beachtung finden müssen, gilt dies in besonderem Maße.

184 Entweder bedarf es in einer solchen Situation der „Abgrenzung“, also der Darlegung, dass es sich bei dem nunmehr zu entscheidenden Fall um einen in wesentlichen Aspekten unterschiedlichen Fall handelt. Oder es bedarf der Darlegung, dass inzwischen doch bessere Gründe für eine andersartige Entscheidung existieren; hierfür trägt derjenige die Argumentationslast, der die Abweichung einfordert.

185 Es gibt **keine mechanischen Regeln,** die den Prozess der Abwägung anleiten könnten, der vorgenommen werden muss, um zwischen verschiedenen Entscheidungsoptionen und deren Begründung zu wägen. Gäbe es derartige Regeln, könnte der Richter durch einen Computer ersetzt und juridische Vernunft durch Rechenleistung ausgeglichen werden. Es bedarf vielmehr juristischer Erfahrung, subtiler Kenntnis der bisherigen Rechtsprechung sowie der tatsächlichen Gegebenheiten, schließlich auch ein gehöriges Maß an Urteilsvermögen und Klugheit, um diesen Prozess durchzuführen.

VI. Ausblick

Die vorstehenden Überlegungen haben deutlich gemacht, dass es im Prozess des Ausbaus des Integrationsverbands zwar zu immer neuen Ergänzungen, Anbauten, Erweiterungen etc. kam. Eine grundlegende Vereinheitlichung ist bislang allerdings unterblieben. Dies führt zu einer enormen Fragmentierung des europarechtlichen Rechtskorpus. Ein umfassender und wirklichkeitsgetreuer Überblick ist auch für Experten nur noch mit Mühe zu gewinnen. 186

Ein erheblicher Grad an Fragmentierung ist zunächst auf der Ebene des Primärrechts zu beobachten, wo das nicht immer logische Nebeneinander verschiedener Gründungsverträge, begleitet von Änderungsverträgen, Protokollen und sonstigen Akten (bis hin zu einer in die Verträge nicht unmittelbar inkorporierten Grundrechtecharta), einen Zustand der Zersplitterung herbeigeführt hat. Dieser Zustand wird noch dadurch verstärkt, dass die innere Rationalität der Integration in den einzelnen Bereichen voneinander abweicht. Vereinheitlichung tut hier not. Mit dem Vertrag von Lissabon wurde der Versuch unternommen, diesem Anliegen immerhin im Ansatz gerecht zu werden; das Nebeneinander verschiedener Verträge (EUV, AEUV, EAGV) verhindert aber eine wirklich befriedigende Lösung. 187

Ähnliche Probleme bestehen auch auf der Ebene des Sekundärrechts, wo die Vielzahl möglicher Entscheidungsverfahren mit je eigener Wirkung die rechtsstaatliche Legitimität der EU erheblich schwächt. Zwar hat der Lissabon-Vertrag mit der Bezeichnung des ordentlichen Gesetzgebungsverfahrens als „Regelgesetzgebungsverfahren" Fortschritte gebracht. Noch immer ist der Grad der Fragmentiertheit aber hoch. Hervorzuheben ist, dass die Zahl der verfügbaren Rechtsinstrumente verringert und so die Rechtsklarheit gesteigert werden konnte. 188

§ 10. Rang des Unionsrechts

Literatur: *Oppermann,* Nationale Verfassungsautonomie und supranationale Bindung innerhalb der EU, in: Battis u. a. (Hrsg.), Das Grundgesetz im Prozess europäischer und globaler Verfassungsentwicklung, 2000, 117; *Niedobitek,* Kollisionen zwischen EG-Recht und nationalem Recht, VerwArch 2001, 58; *Pernice/P. M.Huber/Lübbe-Wolff/Grabenwarter,* Europäisches und nationales Verfassungsrecht, VVDStRL 60 (2001), 148; *Alter,* Establishing the Supremacy of European Law, 2003; *Kadelbach,* Vorrang und Verfassung: das Recht der Europäischen Union im innerstaatlichen Bereich, FS Zuleeg, 2005, 219; *Ehlers/Eggert,* Zur Zulässigkeit einer zeitlich begrenzten weiteren Anwendung gemeinschaftsrechtswidrigen nationalen Rechts, JZ 2008, 585; *Böse,* Vorrang des Unionsrechts? FS Tiedemann, 2008, 1321; *Terhechte,* Der Vorrang des Unionsrechts, JuS 2008, 403; Hummer (Hrsg.), Neueste Entwicklungen im Zusammenspiel von Europarecht und nationalem Recht der Mitgliedstaaten, 2010; *Posch,* Vorrang des Gemeinschaftsrechts vor Verfassungsrecht, 2010; *Gundel,* Die Begrenzung der zeitlichen Wirkung bei der Feststellung von Verstößen gegen EU-Recht, FS Berg 2011, 54; *Schwarze* (Hrsg.), Das Verhältnis von nationalem Recht und Europarecht im Wandel der Zeit, Bd. I, 2012; *Kruis,* Der Anwendungsvorrang des EU-Rechts in Theorie und Praxis, 2012.

Geltungskraft und Rang des Europäischen Unionsrechts müssen sich gegenüber den Rechtsordnungen der souveränen Mitgliedstaaten bewähren. Die EU ist kein Staat, sondern nur „Rechtsgemeinschaft". Sie ist darauf angewiesen, dass ihr Recht einen gesicherten Vorrang vor den Rechtsordnungen der Mitgliedstaaten einnimmt. Nur so verfügt sie über die politische Autorität und die rechtliche Steuerungskraft, die sie zur 1

Verwirklichung des Auftrags der Verträge benötigt. Vor allem durch die entschlossene Haltung des Europäischen Gerichtshofes seit den frühen sechziger Jahren des 20. Jahrhunderts hat sich der umfassende Vorrang des Unionsrechts im nationalen Raum durchgesetzt (EuGHE 1964, 1251, Rs. 6/64, „Costa/ENEL"; vgl. *Öhlinger/Potacs,* Gemeinschaftsrecht und staatliches Recht, 2001; *Pernice/P. M. Huber/Lübbe-Wolff/Grabenwarter,* Europäisches und nationales Verfassungsrecht, VVDStRL 60 (2001), 148; *Alter,* Establishing the Supremacy of European Law, 2003; hierzu unter Rz. 10/3ff.). Eine ausdrückliche Regelung gibt es im EUV oder AEUV weiterhin nicht (siehe unten Rz. 10/48).

2 Innerhalb des Mehrebenenverbunds besteht eine Pluralität von Institutionen, Normsetzungsaufträgen, Verfahren und Handlungsformen. Regeln der Zuordnung und Konfliktschlichtung sind damit unverzichtbar. Hieraus erwachsen Notwendigkeiten einer inneren Hierarchisierung des Unionsrechts (hierzu unter Rz. 10/43ff.).

I. Normenkollisionen zwischen EU-Recht und nationalem Recht

Literatur: *Grabitz,* Gemeinschaftsrecht bricht nationales Recht, 1966; *Nettesheim,* EU-Recht und nationales Verfassungsrecht (Deutscher Bericht XX. FIDE Tagung), 2002; *Masing,* Vorrang des Europarechts bei umsetzungsgebundenen Rechtsakten, NJW 2006, 264; *Funke,* Der Anwendungsvorrang des Gemeinschaftsrechts, DÖV 2007, 733; *Terhechte,* Der Vorrang des Unionsrechts, JuS 2008, 403; *Hummel,* Die Missachtung des parlamentarischen Gesetzgebers durch die Fachgerichte unter dem Deckmantel des Anwendungsvorrangs europäischen Rechts, NVwZ 2008, 36; *Streinz/Herrmann,* Der Anwendungsvorrang des Gemeinschaftsrechts und die „Normverwerfung" durch deutsche Behörden, BayVBl. 2008, 1; *Mayer/Lenski/Wendel,* Der Vorrang des Europarechts in Frankreich, EuR 2008, 63; *Ehlers/Eggert,* Zur Zulässigkeit einer zeitlich begrenzten weiteren Anwendung gemeinschaftsrechtswidrigen nationalen Rechts, JZ 2008, 585; *Niedobitek,* Der Vorrang des Unionsrechts, in: ders./Zemánek (Hrsg.), Continuing the European Constitutional Debate, 2008, 63; *Desens,* Auslegungskonkurrenzen im europäischen Mehrebenensystem, EuGRZ 2011, 211; *Mangold,* Die Europäisierung der deutschen Rechtsordnung in historisch-empirischer Sicht, 2011.

3 Dem Recht der EU wird grundsätzlich die Fähigkeit zur Entfaltung **supranationaler Wirkung** zugesprochen. Dieser Begriff beinhaltet den Vorrang des überstaatlichen Rechts sowie dessen unmittelbare Anwendbarkeit auf nationaler Ebene (hierzu Rz. 9/14ff.). Soweit eine Bestimmung hierzu inhaltlich und strukturell in der Lage ist, entfaltet sie auch unmittelbare Wirksamkeit (Begründung subjektiver Rechte). Dem Recht, das im Rahmen der GASP-Politik unter dem EU-Vertrag erlassen wird, kommt die letztgenannte Fähigkeit allerdings noch nicht zu (hierzu Rz. 9/138).

1. Der Vorranganspruch des Unionsrechts

4 Normhierarchische bzw. Kollisionsregeln bewirken die funktionale **Zuordnung** von **Entscheidungskompetenzen.** Sie liegen jenseits der eigentlichen Kompetenzordnung, bilden aber einen unverzichtbaren Bestandteil. Sie ordnen die Entscheidungstätigkeit verschiedener Kompetenzträger zu; Anwendung können sie sowohl innerhalb der Ordnung eines Hoheitsträgers als auch in der föderalen Verspannung mehrerer Hoheitsträger finden. In einem eingespielten bundesstaatlichen System werden Konfliktmöglichkeiten zunächst und vor allem durch eine Kompetenzverteilung vermieden, die den aufeinander zutretenden Ebenen unterschiedliche Befugnisse zuteilt. In einem Mehrebenenverbund, in dem die EU auf Ausweitung ihrer Kompetenzen drängt, ist die streitvermeidende Wirkung der Kompetenz*verteilung* viel kleiner. Hieran hat sich auch durch die Einführung der Art. 2ff. AEUV nichts geändert. Reibun-

gen zwischen den Ebenen werden auch in Zukunft unvermeidlich sein. Der Vorrang des Unionsrechts hat sich in Reaktion hierauf als ungeschriebene Kollisionsregel herausgebildet. Ihre Begründung fällt allerdings unterschiedlich aus.

a) Verfassungsähnliche Gründung einer autonomen Unionsrechtsordnung

Vor allem die EU-Institutionen vertreten einen „genuin europarechtlichen" Ansatz. 5
Entscheidend für eine „europäisch" inspirierte Lösung der Vorrangfrage ist die Anerkennung des Grundgedankens, dass das Europäische Unionsrecht eine **eigenständige Rechtsordnung mit einer autonomen Unionsgewalt** darstellt. Sie ist von derjenigen der Mitgliedstaaten unabhängig. Das Unionsrecht entsteht aus sich selbst heraus gemäß seiner besonderen Grundregeln. Soweit es nicht ausdrücklich anderes vorsieht, bedarf es keiner mitgliedstaatlichen Transformation, um gegenüber den jeweiligen Adressaten wirksam zu werden.

Die Bestandteile des Primärrechts erscheinen über ihren Charakter als ratifizierte völ- 6
kerrechtliche Verträge hinaus (hierzu: *Dörr,* in: Grabitz/Hilf/Nettesheim, Das Recht der EU, Art. 47 EUV Rdnr. 1 ff.) als **verfassungsrechtliche „Gründungsakte" der Union.** In der parlamentarisch-demokratischen Zustimmung zur Errichtung der EU als einer selbständigen, mit eigenständig durchsetzbaren Hoheitsrechten und Kompetenzen ausgestatteten Staatengemeinschaft lag nicht nur die übliche Zustimmung zu einem völkerrechtlichen Vertrag (in Deutschland i. S. des Art. 59 Abs. 2 GG).

Vielmehr deutet man den Gründungsakt als eine Art definitiv gemeinte, durch Vertrag 7
bewirkte und sich schrittweise materialisierende „Verfassungsgebung", mittels deren der Integrationsverband (zunächst in seiner Gestalt als EGen, später als EU) mit seinen Hoheitsbefugnissen „errichtet" und die Grundlage für seine Konstitutionalisierung gelegt wurde (es geht danach nicht nur um die „Übertragung" von Befugnissen). Die Mitwirkung eines parlamentarisierten „Verfassungskonvents" im Änderungsverfahren nach Art. 48 EUV wird dieser Sichtweise zufolge den konstitutionellen Charakter des EU-Rechts in Zukunft noch stärker akzentuieren. Das Scheitern des Verfassungsvertrags 2005 macht allerdings zugleich deutlich, dass die Bevölkerung der EU bislang eine formelle Konstitutionalisierung nicht hinzunehmen bereit ist.

Dieser Sichtweise zufolge ermöglichen die einschlägigen nationalen Verfassungsklau- 8
seln (Abs. 2 der Präambel des GG und Art. 23 GG; Präambel Art. 1 der französischen Verfassung von 1958 i. V. m. Abs. 15 der Präambel der Verfassung von 1946 und Art. 88–1 bis 88–7 Verfassungsergänzung 1992); Verfassungen von Belgien (Art. 34), Dänemark (§ 20), Italien (Art. 11), Irland (Art. 29 Abs. 4 Nr. 3), Luxemburg (Art. 49bis), Niederlande (Art. 92), Griechenland (Art. 28 Abs. 2–3); Portugal (Art. 8), Spanien (Art. 93); Polen (Art. 91 Abs. 3); Ungarn (nach der neuen Verfassung: Grundlagen, Art. E) nicht nur die Einsetzung zwischenstaatlicher Rechtspersönlichkeiten, sondern auch die Schaffung einer überstaatlichen Gewalt mit Eigenstand. Es ist dann nur konsequent, dass nach der Gründung des Integrationsverbands das von ihm selbständig erlassene **sekundäre Recht** an der Eigenständigkeit der Unionsgewalt teilnimmt (zur Rangordnung innerhalb des Unionsrechts unter Rz. 10/37 ff.). In der Funktionsweise des Rechts nimmt die EU so quasi-bundesstaatliche Züge an.

b) Die Rechtsprechung des Europäischen Gerichtshofes

9 Ohne die ständige Rechtsprechung des EuGH hätte sich die Grundidee der europarechtlichen Lösung, dass die Union über eine eigenständige, in den MSen einheitlich, unmittelbar und vorrangig einwirkende Rechtsordnung verfügt, kaum Gehör verschaffen können.

Von der Frühphase der Integration an (EuGHE 1963, 3, Rs. 26/62, „Van Gend & Loos"; EuGHE 1964, 1253, Rs. 6/64, „Costa/ENEL"; EuGHE 1970, 1125, Rs. 11/70, „Internationale Handelsgesellschaft"; EuGHE 1978, 629, Rs. 106/77, „Simmenthal") hat der EuGH in ständiger Rechtsprechung bis in die jüngste Zeit den Grundsatz eines Vorranges des Unionsrechts, der das nationale Recht im Kollisionsfall ohne weiteres unanwendbar macht, immer wieder bekräftigt und in immer neuen Konstellationen angewandt. Dabei sind zwei Grundsätze hervorzuheben: Erstens gilt der Vorrang gegenüber dem nationalen Recht jeder Rangstufe, also einschließlich der Verfassungen der MSen mit ihren Grundrechten (oben Rz. 9/12). Zweitens setzt sich das EU-Recht auch gegenüber neuen, mit ihm kollidierenden staatliche Akten (insbesondere: Gesetzgebungsakten) durch; dies bedeutet, dass die Lex-posterior-Regel nicht gilt. Vorschriften des nationalen Rechts, die mit EU-Recht unvereinbar sind, sind außer Anwendung zu lassen, auch wenn sie Verfassungsrang haben (EuGHE 2010, I-8015, Rs. C-409/06, „Winner Wetten"). Art. 53 GrCh ist nicht dahingehend zu verstehen, dass sich ein MS unter Berufung auf seine Grundrechte über den Vorrang des EU-Rechts hinwegsetzen könnte (EuGHE 2013, I-0000, Rs. C-399/11, „Melloni"). Unklar ist, ob es zwingende Gründe der Rechtssicherheit (Art. 264 Abs. 2 AEUV) geben kann, die dem im Einzelfall entgegenstehen.

10 Der Vorranganspruch erstreckt sich nicht nur auf das Recht des AEUV-Vertrags, sondern auch auf das im Bereich des EUV entstehende Recht. Denn auch in diesen Bereichen bedarf es der Sicherung der gleichen und einheitlichen Wirkung des überstaatlich gesetzten Rechts. Noch gibt es zu den Bestimmungen des EUV-Lissabon diesbezüglich keine Rspr. Unter dem EUV-Nizza hat der EuGH dies allerdings jedenfalls indirekt bestätig (EuGHE 2005, I-5285, Rs. C-105/03 „Pupino"; *Först,* Die Pflicht zur rahmenbeschlusskonformen Auslegung, 2012). Der EuGH weist dort auf eine Pflicht zur rahmenbeschlusskonformen Auslegung des nationalen Rechts – im Rahmen einer Gleichsetzung von Rahmenbeschluss und Richtlinie (!) – hin.

c) Die europarechtliche Theorie in den Mitgliedstaaten

11 An der Entwicklung dieser entschlossenen und kühnen Rspr. des EuGH und an ihrer Vermittlung in der Praxis hatte die aufgeschlossene **europarechtliche Wissenschaft** in den MSen maßgeblichen Anteil. In **Deutschland** bereiteten *Ipsen* (Das Verhältnis des Rechts der EG zum nationalen Recht, 1964/65) und *Grabitz* (Gemeinschaftsrecht bricht nationales Recht, 1966) der „Costa/ENEL"–Doktrin wesentlich den Boden. Bis zur Debatte um die Ratifikation des EUV 1992 war die Vorrangthese in der deutschen Lehre weithin angenommen (*Ipsen,* FS Börner, 1992, 163). Infolge der – übertriebenen – Sorge, durch die Kompetenzübertragungen des Maastricht-Vertrages werde die in Art. 79 Abs. 3 GG verankerte Staatlichkeit Deutschlands angetastet, wurden gelegentlich die „Grenzen des Vorrangs" betont (*Schilling,* Staat 1994, 555). Zu einer „verfassungsrechtlichen Wende" (*Ossenbühl,* DVBl. 1993, 629) kam es indessen nicht.

12 Der im Zuge der Maastricht-Ratifizierung 1992 geschaffene neue **Art. 23 GG** betont gleichermaßen die fortbestehende „Europatreue" des GG als auch die unbestrittenen Grenzen für die Unionsgewalt in Gestalt der konstituierenden Strukturen der deutschen Verfassung, einschließlich des unabdingbar gebotenen Grundrechtsschutzes (Rz. 10/15ff.). In diesem Sinne bleibt der Vorrang des Gemeinschaftsrechts für die

deutsche Staatsrechtslehre anerkannt. Das GG ist kein „Hindernis auf dem Weg nach Europa" (*Schwarze,* JZ 1999, 637).

In **Frankreich** fand die den Vorrang akzeptierende nationale Rspr. (unten Rz. 31) in der Lehre weithin Unterstützung (etwa *Fromont,* DÖV 1995, 481; *Dubouis,* FS Schwob, 1998, 331). Gleiches gilt für **Italien** (u. a. *Capelli,* Die Anwendung des Gemeinschaftsrechts in Italien, 1993; *Chiti,* Staat 1994, 1). Auch die **englische Doktrin** akzeptierte den „Auslegungsvorrang" des EuGH (*Lord Stuart,* The Acceptance of Community Law in the English Legal Order, 1991; *Schmidt-Steinhauser,* Geltung und Anwendung von EGR im Vereinigten Königreich, 1994). Maßgebliche Beiträge zur Begründung und Entwicklung der Vorrangthese kamen aus den **Beneluxländern** (*Pescatore,* EuR 1970, 307; *Ganshof van der Mersch,* RTDE 1971, 432; *Verloren van Themaat,* SEW 1992, 367; *Wytink,* CMLRev. 1993, 981; für **Dänemark** ähnlich *Rasmussen,* EuR 1985, 66, für **Griechenland** *Antoniou,* Europäische Integration und die griechische Verfassung, 1985, und für **Spanien** *Sanchez Legido,* REDC 1991, 175 sowie *De Albornoz,* DV 1995, 225). Auch die **österreichische Lehre** übernimmt die Vorrangdoktrin (*Schäffer,* DÖV 1994, 181; *Öhlinger,* FS Rill, 1995, 359; *Merli,* in Hofmann (Hrsg.), Euoparecht und die Gerichte der Transformationsstaaten, 2008, 170); allgemeiner Überblick bei: *Cruz Villalón,* Grundlagen und Grundzüge staatlichen Verfassungsrechts: Vergleich, in: von Bogdandy/Cruz Villalón/Huber (Hrsg.), Handbuch Ius Publicum Europaeum, Bd. I, 2007, § 13. 13

2. Die Akzeptanz des Vorrangs des Unionsrechts in der Rechtsprechung der Mitgliedstaaten

In der souveränen Staatlichkeit der Mitgliedstaaten liegt der Anspruch begründet, die Letztentscheidung über den Weg des Gemeinwesens zu treffen. Dies schließt eine grenzenlose und vorbehaltslose Anerkennung des Vorranganspruchs des EU-Rechts aus. Die obersten Gerichte der Mitgliedstaaten haben sich vor dem Hintergrund ihrer Aufgabe, die nationalen Verfassungsordnungen zu schützen, daher nicht überall dem unbedingten Vorranganspruch des EuGH unterworfen. Nähme man diesen Anspruch wirklich ernst, könnte man den MSen kaum mehr Souveränität zuschreiben. Insofern verwundert es nicht und ist es im Grundsatz konsequent, wenn die Verfassungsgerichte jedenfalls einiger Mitgliedstaaten weiterhin Grenzen ziehen, jenseits derer sie der eigenen Verfassungsordnung Vorrang vor dem EU-Recht einräumen. Zwischen der EU-Ordnung und den nationalen Ordnungen besteht insofern eine **politische Schwebelage** (*Wahl,* Der Staat 2009, 587; *Cannizzaro,* Diritto dellUnione Europea 2005, 1); rechtlich ist die Souveränität bei den MSen verblieben. Der Versuch einer Verwischung des Souveränitätsbegriffs („geteilte Souveränität" etc.) ändert daran nichts und ist häufig europapolitischen Motiven geschuldet. Mit den Konflikten, die zwischen dem unbedingten Vorranganspruch des EuGH und den Vorbehalten nationaler Gerichte entstehen, ist pragmatisch und in gegenseitiger Loyalität umzugehen (*Kumm,* ELJ 11 (2005), 262; *Maduro,* in: *Walker* (ed.), Sovereignty in Transition, 2003, 501); *Voßkuhle,* NVwZ 2010, 1). 14

a) Deutschland

Die **Rspr. des BVerfG** schwankte mehrfach zwischen einer weitgehenden Bereitschaft, den eigenständigen Charakter des Gemeinschafts- bzw. Unionsrechts zu respektieren, und dem Rückgriff auf eine Betrachtungsweise, die den Mitgliedstaaten die „Herrschaft über die Verträge" sichern sollte (*Giegerich,* Europäische Verfassung und deutsche Verfassung im transnationalen Konstitutionalisierungsprozeß, 2003). Während zunächst Fragen des Grundrechtsschutzes ganz im Vordergrund standen, geht es inzwischen auch um Kompetenzfragen und Strukturfragen (zum Stand der Rspr. *Polzin,* JuS 2012, 1). 15

16 Der verfassungsrechtliche Rechtsschutz kann einerseits am Akt der Vertragsgebung nach Art. 23 Abs. 1 GG ansetzen. In diesem Fall ist der angegriffene Akt ein Zustimmungsgesetz zu einer Vertragsänderung (etwa: BVerfGE 89, 155 („Maastricht"); BVerfGE 123, 267 („Lissabon"). Prüfungsmaßstab ist jeweils, inwieweit sich die Zustimmung nach Art. 23, 59 Abs. 2 GG in den Grenzen des Art. 23 GG bewegt und sonstige, vom BVerfG entwickelte Anforderungen (BVerfGE 123, 267: „Verfassungsidentität"; BVerfGE 129, 124: „Budgethoheit" des Haushaltsgesetzgebers) respektiert. In seiner Entscheidung zum ESM/Fiskalpakt (NJW 2012, 3145) geht das Gericht davon aus, dass auch völkerrechtliche Verträge im Umfeld des EU-Rechts („para-unionales Recht") überprüft werden können. Das BVerfG entnimmt im Fall einer Verfassungsbeschwerde die Antragsbefugnis Art. 38 GG; damit erlaubt es die Popularverfassungsbeschwerde.

17 Andererseits kann Rechtsschutz gegen die Beachtung und Anwendung von EU-Recht durch deutsche Staatsorgane begehrt werden; Prüfungsmaßstab ist hier die Einhaltung der Kompetenzgrenzen seitens der EU, darüber hinaus aber auch die Beachtung der unverfügbaren Anforderungen, die das GG an die Ausübung europäischer Hoheitsgewalt in seinem Geltungsbereich stellt (Art. 23 Abs. 1 S. 1 GG).

aa) Grundrechtsschutz

18 Rechtsfragen des Grundrechtsschutzes stellen sich vor allem bei der Überprüfung der Ausübung von EU-Hoheitsgewalt (oben Rz. 17). Das BVerfG legte früh eine europarechtsfreundliche Sichtweise an den Tag. In BVerfGE 22, 293 bekannte es sich schon am Ende der sechziger Jahre zur Grundkonzeption der EG als autonomer und grundsätzlich vorrangiger Rechtsordnung. Seither war auch anerkannt, dass das BVerfG zwar die deutsche Hoheitsgewalt überwacht, nicht aber unmittelbar EU-Akte überprüfen kann. In der Art, wie sie die Grenzen des Vorrangs gegenüber deutschen Akten zur Durchführung von EG- bzw. EU-Recht handhabten, unterschieden sich allerdings die nachfolgenden Entscheidungen.

19 Die von manchen als „Fehlentscheidung" angesehene, von anderen demgegenüber als wichtiger Anstoß für die Entwicklung von Grundrechten auf EG-Ebene begrüßte Entscheidung BVerfGE 37, 271 **(„Solange I")** behielt sich die nationale Prüfung der Konformität des sekundären Gemeinschaftsrechts mit den deutschen Grundrechten „solange" vor, wie die Organe der EG nicht selbst einen hinreichenden Grundrechtsschutz gewährleisteten. In diesem Kontext wurde auch der Bedarf für einen eigenen Grundrechtekatalog erwähnt.

20 Nach vehementer Kritik (statt vieler *Ipsen,* EuR 1975, 1) und dem starken Ausbau des EG-Grundrechtsschutzes (Rz. 17/1 ff.) erklärte sich das Gericht in BVerfGE 73, 339 **(„Solange II")** zum Verzicht bereit, einem nationalen Durchführungsakt von EG-Recht Grundrechte des GG entgegenzuhalten, „solange die Europäischen Gemeinschaften, insbesondere die Rechtsprechung des EuGH, einen wirksamen Schutz der Grundrechte gegenüber der Hoheitsgewalt der EG generell gewährleisten, der dem vom Grundgesetz als unabdingbar gebotenen Grundrechtsschutz im Wesentlichen gleich zu achten ist, zumal den Wesensgehalt der Grundrechte generell verbürgt." In dieser Entscheidung liegt eine Zurücknahme des verfassungsgerichtlichen Prüfungsanspruchs, die auf dem Hintergrund der grundgesetzlichen Rechtsschutzgewähr nicht unproblematisch ist, rechtspolitisch aber eine wesentliche Befriedungsfunktion hatte.

21 Demgegenüber reaktivierte BVerfGE 89, 155 **(„Maastricht")** nicht nur den **Prüfungsvorbehalt,** sondern erstreckte seinen Prüfungsanspruch auch unmittelbar auf EU-Recht (Leitsatz 7). Dieser Anspruch ist allerdings weder durchzuhalten noch begründbar; das BVerfG ist Hüter des Grundgesetzes, nicht aber Wächter über die von

der EU ausgeübte Hoheitsgewalt. Es ist auf diesen vermessenen Anspruch später nie wieder zurückgekommen. Es beanspruchte zugleich, in „Kooperation" mit dem EuGH bei der Durchsetzung der Grundrechte tätig zu werden.

In der Entscheidung BVerfGE 102, 147 (**„Bananenmarkt"**) hat das Gericht dann wieder Anschluss an die Entscheidung „Solange II" gesucht. Es stellte fest, dass Verfassungsbeschwerden und Vorlagen von Gerichten, die eine Verletzung in Grundrechten des Grundgesetzes durch sekundäres Gemeinschaftsrecht geltend machen, unzulässig seien, wenn nicht dargelegt werde, dass die europäische Rechtsentwicklung einschließlich der Rechtsprechung des Europäischen Gerichtshofs nach Ergehen der Solange II-Entscheidung (BVerfGE 73, 339 [378 bis 381]) unter den erforderlichen Grundrechtsstandard abgesunken sei (dazu *Nettesheim,* Jura 2001, 686). Damit dürfte der Vorrang des Unionsrechts innerhalb der deutschen Rechtsordnung für die voraussehbaren **praktischen Bedürfnisse** gesichert sein (näher *Broß,* VerwArch 2001, 425). Die jüngere Rechtsprechung hält sich an diese Linie (so etwa BVerfGE 118, 79). 22

Das BVerfG wendet damit die Grundrechte des GG schon grundsätzlich nicht als Prüfungsmaßstab für einen EU-Akt an. Der Vorrang dieses Aktes wirkt sich darüber hinaus auch auf die Prüfung nationaler Umsetzungsakte aus: Diese werden nicht am Maßstab der Grundrechte des GG überprüft, soweit sie **zwingend** dem Unionsrecht folgen. Sie sind dann nicht durch das BVerfG zu prüfen, sondern unterliegen dem durch die europäische Gerichtsbarkeit gewährleisteten Rechtsschutz (BVerfGE 118, 79) (zum gegenwärtigen Stand: Matz-Lück, in: dies./Hong (Hrsg.), Grundrechte und Grundfreiheiten im Europäischen Mehrebenensystem, 2012, 161; *F. Kirchhof,* NJW 2011, 3681; *von Danwitz,* FS Stern 2012, 669). 23

bb) Einhaltung der Kompetenzgrenzen

Eine zweite – und zunehmend wichtige – Konstellation, in der es zu einer Infragestellung des Vorranganspruchs kommen kann, betrifft den Anspruch des BVerfG, Hoheitsakte der EU, die sich nicht innerhalb der der EU eingeräumten Kompetenzen bewegen (dazu Rz. 11/2ff.), für in Deutschland unanwendbar zu erklären (**„ultra vires"-Kontrolle).** Das BVerfG vertritt seit dem Maastricht-Urteil die Auffassung, dass den Anforderungen des GG an eine Kompetenzübertragung nur dann entsprochen wird, wenn das Zustimmungsgesetz ein hinreichend klar umschriebenes „Integrationsprogramm" fixiert. Wesentliche Änderungen dieses Integrationsprogramms sollen danach unzulässig sein (BVerfGE 89, 155 Leitsatz 5), ohne dass die diesbezüglichen Maßstäbe allerdings je herausgearbeitet worden sind. Keine Anwendbarkeit im Geltungsbereich des GG können zudem konkrete EU-Hoheitsakte beanspruchen, die sich außerhalb der EU-Kompetenzen bewegen und daher nicht vom jeweiligen Zustimmungsgesetz gedeckt sind. Das BVerfG beansprucht damit, prospektiv die Bestimmtheit des Zustimmungsgesetzes zu prüfen, *und* retrospektiv sicherzustellen, ob sich Rechtsakte der EU-Organe und EU-Einrichtungen in den Grenzen der ihnen eingeräumten Hoheitsrechte halten (ausführlich: *Mayer,* Kompetenzüberschreitung und Letztentscheidung, 2000). Im Verfahren BVerfGE 97, 350 („Euro") wurde diese Prüfung etwa mit Blick auf die Einhaltung der Vorgaben unternommen, die für die Einführung der gemeinsamen Währung festgelegt worden waren. 24

In der Entscheidung „Honeywell/Mangold" (BVerfGE 12b, 286; zur Problematik: Rz. 9/49, 51, 99) hat das Gericht diese Grundsätze präzisiert. Die Erklärung eines 25

EU-Aktes als „ultra vires"-Akt ist danach nur dann möglich, wenn ein Kompetenzverstoß der EU-Institutionen **„hinreichend qualifiziert"** ist. Diese Qualifikation liegt nur dann vor, wenn die Kompetenzüberschreitung „offensichtlich" ist und „der angegriffene Akt im Kompetenzgefüge zu einer **strukturell bedeutsamen Verschiebung** zulasten der Mitgliedstaaten" führt (Leitsatz 1a). Damit nimmt das Gericht – unter Kritik eines Minderheitsvotums – den materiellen Prüfungsanspruch deutlich zurück. Die Rüge, dass Akte der EU-Organe „ausbrechen", wird damit allenfalls noch in Ausnahmefällen Erfolg haben. Jedenfalls muss das BVerfG nach Art. 267 AEUV einen Rechtsakt, der möglicherweise kompetenzwidrig erlassen wurde, erst dem EuGH vorlegen, bevor es selbst seine Unanwendbarkeit erklären kann (Leitsatz 1b).

cc) Schutz der Verfassungsidentität

26 Das BVerfG hat in der Lissabon-Entscheidung (BVerfGE 123, 267) ferner postuliert, dass die Teilnahme der Bundesrepublik am Integrationsprozess nicht zu einer Aushöhlung ihrer **„Verfassungsidentität"** führen dürfe. Dieses Konzept schützt einen Kern deutscher Staatlichkeit vor dem Integrationsprozess. Nur auf der Grundlage von Art. 146 GG soll eine weitergehende Integration Deutschlands möglich sein. Das Konzept bleibt bislang allerdings eher konturenlos. Das Gericht betont, dass nicht eine „bestimmte Summe oder bestimmte Arten von Hoheitsrechten in der Hand des Staates bleiben" müsse. Den souveränen MSen müsse aber „ausreichender Raum zur politischen Gestaltung der wirtschaftlichen, kulturellen und sozialen Lebensverhältnisse" bleiben. Dies gelte „insbesondere für Sachbereiche, die die Lebensumstände der Bürger, vor allem ihren von den Grundrechten geschützten privaten Raum der Eigenverantwortung und der persönlichen und sozialen Sicherheit prägen, sowie für solche politischen Entscheidungen, die in besonderer Weise auf kulturelle, historische und sprachliche Vorverständnisse angewiesen sind, und die sich im parteipolitisch und parlamentarisch organisierten Raum einer politischen Öffentlichkeit diskursiv entfalten." Zur Rechtfertigung dieses Postulats beruft sich das Gericht auf das **Demokratieprinzip:** Solange sich europäische Hoheitsgewalt ausschließlich über mitgliedstaatliche Akte legitimiere, dürfe sie nicht zu einer „Aushöhlung des demokratischen Herrschaftssystems in Deutschland" führen. Das Konzept der Verfassungsidentität gibt dem BVerfG die Möglichkeit, in den politisch zu verantwortenden Integrationsprozess in beinahe beliebiger Weise einzugreifen. Denn was zur Verfassungsidentität gehört (oder eben auch nicht), hängt letztlich von der subjektiven Anschauung der Richter ab (zur Konkretisierung: *P. Kirchhof,* Die Identität der Verfassung, in: Isensee/Kirchhof (Hrsg.), Handbuch des Staatsrechts, Bd. II, 3. Aufl. 2004, § 21; die Literatur zur Lissabon-Entscheidung ist unübersehbar; vgl. die Beiträge in: German Law Journal 11 (2009), Heft 4; Der Staat 2009, Heft 4; Hatje/Terhechte (Hrsg.), Europarecht 2010, Beiheft 1).

dd) Demokratische Legitimation

27 Die Zulässigkeit von Verfassungsbeschwerden gegen Zustimmungsgesetze begründet das BVerfG seit der Maastricht-Entscheidung (BVerfGE 89, 155) aus der Wahlkompetenz der Bundesbürger nach Art. 38 GG. Die Norm begründe nicht lediglich das Recht zur Teilnahme an der Wahl, sondern auch die Garantie demokratischer Regierungsverhältnisse im Mehrebenenverbund. In der Maastricht-Entscheidung skizziert das Gericht vor diesem Hintergrund Anforderungen an die **Strukturen demokratischen Regierens** in der EU, in denen sich die von den MSen vermittelte Legitimation

und die unmittelbar von der EU im Kreis der EU-Bürger gewonnene Legitimität einander ergänzen. Das Gericht fällt in der Lissabon-Entscheidung (BVerfGE 123, 267) hinter dieses Konzept zurück und rekonstruiert die Legitimierung der EU im Wesentlichen unter Rückgriff auf etatistische Grundmuster. Danach legitimiert sich die EU wesentlich über die Mitgliedstaaten und deren Mitwirkungen im EuRat und im Rat. In den Entscheidungen zur Griechenlandhilfe (BVerfGE 129, 124) und zum ESM/Fiskalvertrag (NJW 2012, 3145) wird dies mit Blick auf die Budgetverantwortung des Deutschen Bundesstaats spezifiziert. Erst mit dem Übergang zum europäischen Bundesstaat (dazu *Nettesheim,* Der Staat 51 (2012), 313) müsse sich die EU unmittelbarer Legitimität versichern. Eine weitere Politisierung des Entscheidungsprozesses der EU (insbesondere durch Aufwertung des EP) gefährdet dieser Sichtweise zufolge die normativen Anforderungen des Demokratieprinzips eher, als dass sie ihnen zuträglich wäre. Die Entscheidung lässt die Frage, ob und wie eine weitere Demokratisierung der EU im Mehrebenenverbund gelingen kann, damit offen.

b) Andere Mitgliedstaaten

Die Rechtslage in den anderen Mitgliedstaaten fällt uneinheitlich aus (*Weber,* Europäische Verfassungsvergleichung, 2010). Es lassen sich drei Gruppen von MSen unterscheiden: 28

aa) Unbeschränkte Anerkennung des Vorrangs

In einigen MSen ist der Vorranganspruch in vollem oder doch weitgehendem Umfang anerkannt. Dies gilt etwa für die **Niederlande:** Raad van State, Entscheidung vom 7.7.1995, NJB-katern 1995, 426) oder – in Grenzen – für **Österreich** (Österr. VerfGH, VfSlg. 15427/1999; *Griller,* in: Kellermann u. a. (Hrsg.), EU Enlargement, 2001, 147). 29

bb) Qualifizierte Anerkennung des Vorrangs

In einer **zweiten Gruppe** von Staaten wird der Vorrang des EU-Rechts zwar grundsätzlich anerkannt; allerdings werden ihm Grenzen gezogen. Dieser Gruppe gehören – neben Deutschland – insbesondere Belgien, Dänemark, Italien und Spanien an. 30

In **Belgien** ist die frühe vorrangfreundliche Rechtsprechung der Cour de Cassation (E. v. 27.5.1971, Journal des Tribunaux 1971, 460) inzwischen von der Cour dArbitrage (E. v. 16.10.1991, Journal des Tribunaux 1992, 6670) korrigiert worden; danach kann die materielle Verfassungskonformität von Bestimmungen internationaler Verträge überprüft werden.

In **Dänemark** hat der Oberste Gerichtshof Überprüfungsbefugnisse der nationalen Gerichte postuliert (Højesteret, E. v. 6.4.1998, EuGRZ 1999, 49; *Thomas,* ZaöRV 1998, 879).

Die **irische Verfassung** bestimmt, dass kein Verstoß eines bestehenden oder zukünftigen Bestandteils des Unionsrechts gegen das irische Grundgesetz festgestellt werden darf; das Unionsrecht wird so weitgehend immunisiert. Allerdings entnimmt man der Entscheidung des Supreme Court im Abtreibungsfall (Society for the Protection of Unborn Children/Grogan, (1989) IR 753), dass im Fall des Verstoßes gegen Menschenrechtsgarantien der Verfassung Ausnahmen bestehen können.

In **Italien** wurde in Entscheidungen seines Verfassungsgerichtshofes in den 1970er und 1980er Jahren (E v. 27.12.1973, EuR 1974, 259; E. v. 8.7.1984, Il Foro Italiano 1984 I, 2062) die Vorrangthese grundsätzlich akzeptiert; allerdings werden hier

Grenzen des Vorrangs postuliert (*Panara,* in: Bogdandy/Cruz Villalón/Huber, IPE I, 2007, § 18).

Nachdem man in **Griechenland** zunächst von einem Vorrang der Verfassung ausgegangen war (Art. 28 Abs. 1; *Evrigenis,* CMLR 1980, 257), ist heute der Vorrang des EU-Rechts grundsätzlich anerkannt.

Die **schwedische Verfassung** sieht – ähnlich wie Art. 23 GG – materielle Anforderungen an die EU vor (Kapitel 10 § 5). In der Folge geht man davon aus, dass der grundsätzlich anerkannte Vorrang (Regeringsrätten, E. v. 25.11.1997, RÅ 1997 ref. 65) auf Grenzen stößt. Größere Konflikte sind allerdings noch nicht aufgetreten.

In **Spanien** hat das Tribunal Constitutional die Prüfung der Verfassungskonformität von EU-Recht schon früh in Anspruch genommen (E. v.1.7.1992, EuGRZ 1993, 285; *López Castillo/Polakiewicz,* EuGRZ 1993, 277). In einer Entscheidung vom 13.12.2004 (EuR 2005, 339) hat das Gericht die Verfassungsbestimmung des Art. 93 als Öffnungsklausel begriffen, die die spanische Rechtsordnung der Einwirkung des EU-Rechts öffne, zugleich aber auch Grenzen ziehe.

Der **tschechische Verfassungsgerichtshof** hat in seiner Entscheidung zum Lissabon-Vertrag verfassungsrechtliche Prüfungsmaßstäbe entwickelt, im Ergebnis aber keine Einwände gegen den Vertrag erhoben (E. v. 26.11.2008) (*Sadurski,* ‚Solange chapter 3': Constitutional Courts in Central Europe, ELJ 14 (2008), 1). Inzwischen liegt vom VerfGH eine „ultra-vires"-Entscheidung vor (EuGRZ 2012, 597); sie hat bislang nicht zu Verwerfungen geführt.

Im **Vereinigten Königreich** lässt sich die Rechtslage mangels geschriebener Verfassung nur erschwert beurteilen. Grundsätzlich haben die Gerichte den Vorranganspruch anerkannt. Dies galt selbst in einem Fall, in dem das Unionsrecht die Parlamentssouveränität überspielte (Überprüfung eines Gesetzes am Maßstab früheren Unionsrechts: House of Lords, Factortame/Secretary of State, (1991) 1 AC 603). Insofern ist ein weites Zurückweichen der verfassungsrechtlichen Bestimmungen – auch im menschenrechtlichen Bereich – zu beobachten. Umstritten ist allerdings, ob nicht die Souveränität des Parlaments sich doch in einem Grenzfall gegen Unionsrecht durchsetzen könnte (Craig, YEL 1991, 221).

cc) Grundsätzlicher Vorrang des Verfassungsrechts

31 Eine dritte Gruppe von Staaten ist dadurch gekennzeichnet, dass sie der Verfassung Vorrang vor dem Unionsrecht zuerkennt.

Zu dieser Gruppe gehört vor allem **Frankreich.** Lange war die Situation dort dadurch gekennzeichnet, dass der Conseil Constitutionnel auf eine „A priori-Kontrolle" (zeitlich vor der Ratifikation von Änderungen der europäischen Verträge) beschränkt war. Konflikte konnten durch rechtzeitige Änderungen der französischen Verfassung im Interesse ihrer EU-Konformität vermieden werden (insb. E „Maastricht" v. 9.4.1992, Recueil, 55). Inzwischen ist durch die Verfassungsreform 2008 allerdings auch eine nachträgliche Kontrollmöglichkeit eingeführt worden (sog. „question prioritaire de constitutionnalité" (Art. 61 der Verfassung), nach der der Vorranganspruch zumindest in zeitlicher Hinsicht in Frage gestellt wird, da für den (bestimmten) Fall der Zweifel an Verfassungs- und Vertragskonformität eines nationalen Gesetzes ausdrücklich der verfassungsrechtlichen Klärung dieser Frage durch den Conseil Constitutionnel der

Vorrang eingeräumt wird (vgl. hierzu: *Gundel,* EuR 2012, 213; *Mehdi,* CMLR 2011, 439). In der Sache hatte die Cour de Cassation (E. v. 24.5.und 15.12.1975, EuR 1975, 326 bzw. Recueil Dalloz 1976, 33) den Vorrang des EG-Rechts vor dem einfachen Recht aus der Eigenart der Gemeinschaftsordnung erklärt. Dem Unionsrecht wird ein Rang zwischen der Verfassung und dem einfachen Gesetz zuerkannt. Der Conseil d'Etat hat sich angeschlossen (E. vom 20.10.1989 „Nicolo", EuGRZ 1990, 99), allerdings immer wieder Vorbehalte gezeigt (E. vom 8.2.2007 „Arcelor u. a.", EuR 2008, 57 (*Mayer/Lenski/Wendel,* EuR 2008, 63). Immer wieder hat sich auch der Conseil Constitutionnel (im Kontext der Kontrolle von RL-umsetzenden Gesetzen) zu dieser Frage geäußert und – 2006 – formuliert, dass der Kernbestand der franz. Verfassung nicht in Frage gestellt werden dürfe (E. vom 27.7.2006; vgl. auch Conseil d'Etat, E. v. 8.2.2007). Zugleich betont er aber auch die aus Art. 88–1 der Verfassung abgeleitete verfassungsrechtliche Verpflichtung zur Umsetzung des Unionsrechts.

In einem Urteil vom 11.5.2005 hat der **polnische Verfassungsgerichtshof** die polnische Verfassung und das Unionsrecht als gleichwertige Rechtsordnungen verstanden, deren Friktionen durch eine integrationsfreundliche Auslegung vermieden werden sollen (poln. VerfGH, EuR 2006, 236 (*Bainczyk/Ernst,* EuR 2006, 247; *Brandt,* EuR 2009, 131). In späteren Entscheidungen hat der VerfGH dann der polnischen Verfassung prinzipiellen Vorrang vor dem EU-Recht gegeben und die Konfliktbewältigung auf prozeduralem Weg gesucht.

Insgesamt gesehen erscheint somit die „Rechtsgemeinschaft EU" durch eine mittlerweile **hinreichende Akzeptanz der Vorrangthese** in Praxis und Theorie einigermaßen gesichert.

3. Konsequenzen des Vorrangs: Unanwendbarkeit des nationalen Rechts („Anwendungsvorrang")

Die Rechtsfolgen, die sich aus dem unionsrechtlichen Vorrang in Bezug auf das entgegenstehende nationale Recht ergeben, sind im Vertrag nicht festgelegt. Zwei Optionen sind denkbar. Der radikalere Ansatz, der die EU „(vor)bundesstaatlich" deutet, läuft auf einen Geltungsvorrang hinaus. Danach würde EU-Recht nationales Recht im bekannten föderalen Sinne (z. B. des Art. 31 GG) mit der **Konsequenz der Nichtigkeit des nachrangigen Rechtes** brechen (so etwa *Grabitz,* Gemeinschaftsrecht bricht nationales Recht, 1966). Die EG-Praxis, insbesondere die Rspr. des Gerichtshofes (EuGHE 1968, 373, Rs. 34/67, „Lück"; unklar allerdings EuGHE 1978, 629, Rs. 106/77, „Simmenthal") ist den **behutsameren Weg** gegangen, die unionsrechtswidrige nationale Norm lediglich für **„ohne weiteres unanwendbar"** zu erklären. Das meint die „Überlagerung" oder „Verdrängung" des mitgliedstaatlichen Rechtes in dem Sinne, dass die nationale Norm im Anwendungsbereich des vorrangigen Unionsrechts in jeder Beziehung „automatisch" außer Anwendung und Betracht bleibt. Sie ist aber nicht schlechthin nichtig. Sie kann in dem (praktisch höchst seltenen) Falle eines Außerkrafttretens der Gemeinschaftsbestimmung wieder „aufleben". Zudem kann sie in Sachverhaltskonstellationen, die vom EU-Recht nicht abgedeckt werden (im Hinblick auf Grundfreiheiten: rein innerstaatliche Sachverhalte; Drittstaatskonstellationen), weiterhin angewandt werden. 32

Das Konzept des Anwendungsvorrangs ist heute unionsweit grundsätzlich unumstritten. Der Unterschied zur radikalen Sicht ist in **der praktischen Anwendung des Uni-** 33

onsrechts kaum spürbar. Er liegt mehr in der politischen Sphäre, in dem Sinne, dass die noch verhältnismäßig junge und neuartige EU ihre sachnotwendige Suprematie gegenüber den MSen nur in dem strikt gebotenen Umfange ausübt. Andernfalls droht, wie die Geschichte mehrfach gezeigt hat, die Gefahr, dass sich die EU im Verhältnis zu ihren sie weithin tragenden Mitgliedern „überhebt". Rechtstheoretisch beschreibt der Begriff des Anwendungsvorrangs keine Rang-, sondern eine Kollisionsregel (hierzu *Funke,* DÖV 2007, 733). Außerhalb des Anwendungsbereichs des Unionsrechts bleibt europarechtswidriges nationales Recht daher uneingeschränkt anwendbar.

34 Der Vorrang des Unionsrechts muss um der Funktionsfähigkeit der Union willen **rangunabhängig** in dem Sinne gelten, dass EU-Recht jeglicher Stufe nationale Normen jeden Ranges überlagert. So hat im Falle „Tanja Kreil" (EuGHE 2000, I–69, Rs. C-285/98) die Anti-Diskriminierungsrichtlinie 76/207/EWG, ABl. 1976, L 39/40 zur Änderung des Art. 12a Abs. 4 S. 2 des deutschen Grundgesetzes genötigt (oben Rz. 17/77). In Deutschland ist dies – vorbehaltlich der beschriebenen Grenzen der Integration – auch anerkannt.

35 Der Anwendungsvorrang ist von allen mitgliedstaatlichen Stellen zu beachten (zur Prüfungskompetenz des Bundespräsidenten: *Neumann,* DVBl. 2007, 1335). Friktionen mit den verfassungsrechtlichen Grundsätzen der Gewaltenteilung und der Rechtssicherheit wirft jedoch die hieraus resultierende „Normverwerfungskompetenz" (i. e. Nichtanwendungskompetenz) nationaler Fachgerichte (hierzu *Hummel,* NVwZ 2008, 36) oder Behörden (hierzu *Streinz/Herrmann,* BayVBl. 2008, 1) auf, deren Bindung an den parlamentarischen Gesetzgeber im Falle „offensichtlicher" Europarechtswidrigkeit relativiert wird.

36 Hinsichtlich des Anwendungsvorrangs ist zwischen Fällen **direkter und indirekter Kollision** zu differenzieren (hierzu statt vieler *Kadelbach,* Allgemeines Verwaltungsrecht, 1999). Im Falle der direkten Kollision ordnen Unionsrecht und mitgliedstaatliches Recht einander widersprechende Rechtsfolgen an; Folge ist die Unanwendbarkeit des mitgliedstaatlichen Rechts. Hingegen ist die sog. „indirekte" Kollision dadurch gekennzeichnet, dass mitgliedstaatliches Recht (insbesondere Organisations-, Verfahrens- und Prozessrecht) die wirksame Anwendung von Unionsrecht hindert. Hier hilft der Rückgriff auf das Äquivalenz- und Effektivitätsprinzip (hierzu Rz. 12/39) weiter. Modifikationen des nationalen Rechts ergeben sich beispielsweise im Hinblick auf Bestandskraftregelungen (hierzu Rz. 12/38). Im Hinblick auf „indirekte" Kollisionen wird teilweise eine Relativierung des Unanwendbarkeitsparadigmas vorgeschlagen (hierzu *Ehlers/Eggert,* JZ 2008, 585). Daneben wird eine zeitliche Beschränkung des Anwendungsvorrangs (hierzu *Beljin,* NVwZ 2008, 156) – im Sinne der „Unvereinbarkeitserklärung" des BVerfG – erörtert.

II. Normenhierarchie innerhalb des Unionsrechts

Literatur: *Hofmann,* Normenhierarchien im europäischen Gemeinschaftsrechts, 2000; *von Arnauld,* Normenhierarchien innerhalb des primären Gemeinschaftsrechts, EuR 2003, 191; *Groß,* Exekutive Vollzugsprogrammierung durch tertiäres Gemeinschaftsrecht?, DÖV 2004, 20; *Nettesheim,* Normenhierarchien im EU-Recht, EuR 2006, 737; *Wölker,* Die Normenhierarchie im Unionsrecht in der Praxis, EuR 2007, 32; *Höpfner,* Die systemkonforme Auslegung, 2008; *Mitschke,* Plädoyer für eine Renaissance des EU-Sekundärrechts, IStR 2013, 15.

1. Rang und Vorrang des Primärrechts

Innerhalb des Primärrechts, welches insbesondere die Integrations- und Änderungsverträge, das ungeschriebene Gewohnheitsrecht und die allgemeinen verfassungsrechtlichen Rechtsgrundsätze umfasst (hierzu Rz. 9/19 ff.), existieren gewisse **normhierarchische Abstufungen.** Zwar stehen alle Bestimmungen des *geschriebenen Vertragsrechts* auf gleicher Stufe. Am einheitlichen Rang des Vertragsrechts nehmen auch die in den Beitrittsverträgen enthaltenen Bestimmungen sowie die Bestimmungen der Protokolle (vgl. Art. 51 EUV) teil. Gewohnheitsrecht und allgemeine Rechtsgrundsätze stehen, soweit sie ihrem Gehalt nach dem Primärrecht zuzurechnen sind, im Rang allerdings unter dem geschriebenen Vertragsrecht (oben Rz. 9/20); sie werden durch Normen des geschriebenen Rechts derogiert (zum ungeschriebenen Primärrecht: *Knauff,* FS Scheuing, 2011, 127). 37

Eine **Differenzierung zwischen „Verfassungsgebung" und Vertragsänderung,** wie sie sich in der verfassungstheoretischen Diskussion der MSen um die Differenzierung zwischen *pouvoir constituant* und *pouvoir constitué* spiegelt, kennt die Union nicht, insbesondere da sich Vertragsgeber und vertragsändernder Normgeber entsprechen. Daher kann eine Vertragsänderung grundsätzlich nicht vom EuGH überprüft werden (EuGHE 1995, I-7, Rs. C-253/94, „Roujansky"). Auch die Differenz der Änderungsverfahren in Art. 48 EUV führt nicht zu normhierarchischen Unterschieden. Allerdings hat eine Vertragsänderung nach Art. 48 Abs. 6 EUV den dort genannten prozeduralen und substanziellen Voraussetzungen zu entsprechen; dies kann vom EuGH überprüft werden (EuGH, Urt. v. 27.11.2012, Rs. C-370/12, „Pringle", Rz. 31 ff.). Die – verschiedentlich diskutierte (vgl. etwa *Peters,* Theorie einer Verfassung Europas, 2001, 342) – Annahme änderungsfester Bestandteile des EUV (etwa Art. 6 EUV) würde sich über die politisch gewollte und rechtlich zu respektierende Offenheit des Integrationsprozesses hinwegsetzen und die staatliche Souveränität der Vertragsparteien ignorieren. 38

Der **Vorrang des Primärrechts** vor dem Sekundärrecht – im Sinne aller auf das EU-Primärrecht gestützten EU-Rechtsakte – ist anerkannt (vgl. Art. 13 Abs. 2 EUV, Art. 288 Abs. 1 AEUV) und begründet sich aus dem Umstand, dass erst der Vertrag die Organe und Institutionen ermächtigt, Rechtshandlungen vorzunehmen und Sekundärrecht zu schaffen. Ergangenes Sekundärrecht ist demzufolge primärrechtskonform auszulegen. Kann allerdings in den Grenzen des methodisch Möglichen eine mit den höherrangigen Normen des Primärrechts übereinstimmende Lesart nicht gefunden werden, ist eine niederrangige Norm ungültig. Der EuGH hat bislang nur in seltenen Ausnahmefällen diese Konsequenz gezogen; er handhabt die Prüfungsmaßstäbe so, dass in der Regel die Gültigkeit des angegriffenen Sekundärrechtsakts festgestellt werden kann. Hierin drückt sich der gerichtliche Respekt vor der politisch zu verantwortenden Entscheidung des Normgebers, aber auch ein gewisser „Corpsgeist" der europäischen Institutionen aus. 39

Einzelnen Normengruppen des Primärrechts kommt jedoch nur eine beschränkte Derogationskraft zu. Es handelt sich hierbei etwa um Bestimmungen in Beitrittsverträgen, welche Sekundärgesetzgebung ändern oder anpassen. Obwohl diese Bestimmungen der Natur nach zum Primärrecht zählen, können sie nach st.Rspr. des EuGH ihrerseits wiederum durch Sekundärrecht verändert, überlagert oder aufgehoben werden. Aufgrund der verringerten Derogationskraft kommt bei Normkollisionen mit nachfolgender Sekundärgesetzgebung der lex-posterior-Grundsatz zur Anwendung. 40

Anders verhält es sich bei „verwaltungsrechtlichen" allgemeinen Rechtsgrundsätzen, die von vornherein dem Sekundärrecht zuzusprechen sind (vgl. Rz. 9/43), wie etwa die Grundsätze über die Aufhebung von Verwaltungsakten oder verwaltungsrechtliche Rückforderungsansprüche. Diese treten gegebenenfalls hinter dem ranggleichen spezielleren Sekundärrecht zurück.

Zu dem Vorrang des Diskriminierungsverbots als allgemeinem Rechtsgrundsatz vor sekundärrechtlichen Ausgestaltungen vgl. unter Rz. 9/43. Zur Auslegung des Primärrechts: *Pechstein/Drechsler,* in: Riesenhuber (Hrsg.), Europäische Methodenlehre, 2. Aufl. 2010, 224.

41 Entsprechend den Regelungen in Art. 264, 267 AEUV und Art. 277 AEUV ist davon auszugehen, dass der Eintritt der Derogationsfolgen im Falle der Kollision von höherrangigem mit niederrangigem Recht einer entsprechenden Feststellung durch den EuGH bedarf.

42 Grundsätzlich tritt die Derogationswirkung höherrangigen Rechts mit **Wirkung ex tunc** ein. Allerdings kommt dem EuGH auch gestaltende Kraft im Hinblick auf die Wirkungen der kollidierenden Norm zu. Die insoweit einschlägige Norm (Art. 264 Abs. 2 AEUV) hat der EuGH in der Rechtssache „Studentenrichtlinie" (EuGHE 1992, I-4193 (4236f.), Rs. C-295/90) analog auf Richtlinien sowie in der Rechtssache „SA Roquette Frères" im Vorlageverfahren nach Art. 267 AEUV angewendet (EuGHE 1980, 2917 (2946f.), Rs. 145/79); dazu auch Rz. 13/27.

43 Das Verhältnis von europäischem Primär- und Sekundärrecht ist allerdings nicht nur ein Verhältnis der Hierarchisierung, sondern auch ein Verhältnis der Wechselbezüglichkeit, wie es in dem Gedanken der **primärrechtsförderlichen Auslegung des Sekundärrechts** oder **sekundärrechtsrespektierenden Auslegung des Primärrechts** zum Ausdruck kommt (EuGHE 2008, I-8507, Rs. C-158/07, „Förster", zum Gedanken der sekundärrechtsrespektierenden Auslegung; *Nettesheim,* EuR 2006, 737 (751); *Lindner,* NJW 2009, 1047). Bedeutsam erscheint in diesem Zusammenhang das Wechselspiel von ausfüllungsfähigem Primärrecht und korrespondierendem Sekundärrecht. Die Öffnung des Primärrechts auf tatbestandlicher Ebene erfolgt explizit etwa in Art. 21 AEUV („vorbehaltlich der in diesem Vertrag und in den Durchführungsvorschriften vorgesehenen Beschränkungen und Bedingungen") und implizit im Rahmen der Grundfreiheiten, deren Vorgaben nur bei Fehlen eines sekundärrechtlichen Harmonisierungsakts eingreifen (vgl. EuGHE 1983, 3883, Rs. 227/82, „van Bennekom"; Rz. 22/6).

2. Rangstufen innerhalb des Sekundärrechts

44 Als Sekundärrecht werden die Akte bezeichnet, die von den EU-Organen und -Institutionen auf der Grundlage primärrechtlicher Kompetenzen erlassen worden sind. Es ist möglich, alle Rechtsakte, die die EU-Institutionen erlassen, als Bestandteil eines einheitlichen Rechtskorpus anzusehen, der selbst keine Differenzierung nach Ranghöhe kennt. Es ist aber auch denkbar, zwischen **Sekundär-** und **Tertiärrecht** zu differenzieren. Tertiärrecht sind dann Akte, die nicht auf der Grundlage der Verträge, sondern auf der Grundlage von Sekundärrecht erlassen wurden (insb. Art. 290 AEUV). Der Begriff des „Tertiärrechts" bezeichnet aber auch dann nicht Normen eines besonderen Rangs, sondern Normen, die aufgrund ihres **Erlassverfahrens** besonderen Anforderungen **(Vereinbarkeit mit der Grundnorm)** entsprechen müssen (oben Rz. 9/19).

45 Den von der EU geschlossenen völkerrechtlichen Abkommen kommt Derogationskraft gegenüber kollidierendem internen Unionsrecht zu. Unter Zugrundelegung einer monis-

tischen Sichtweise bilden sie Sekundärrecht, haben aber im Kollisionsfall vorrangige Wirkung (hierzu GA *Stix-Hackl*, EuGHE 2005, I-10595, Rs. C-220/03, „EZB/Deutschland", Rn. 71f.).

Der Versuch einer Hierarchisierung des übrigen sekundärrechtlichen Rechtskorpus fällt demgegenüber schwer. Denkbare Differenzierungen könnten an institutionell-funktionalen oder prozeduralen Kriterien oder dem jeweiligen Rechtsakttyp ansetzen. Art. 290 AEUV macht deutlich, dass Gesetzgebungsakte den auf sie gestützten Delegationsakten vorgehen. Im Übrigen aber ist eine Hierarchisierung nach Stellung und Legitimität der entscheidenden Organe, nach den Verfahrensarten oder Handlungsformen kaum möglich. Eine im Gesetzgebungsverfahren ergangene Richtlinie geht keinesfalls immer einer später erlassenen Verordnung ohne Gesetzgebungscharakter vor. Eine allgemein gültige Differenzierung des Rangs sekundärrechtlich geschaffener Akte nach Autor oder Verfahren ist nach heutigem Stand der Rechtsentwicklung nicht möglich. Im Kollisionsfall ist man daher darauf angewiesen, Aussagen über das konkrete Rangverhältnis der beiden in Konflikt stehenden Bestimmungen zu formulieren. Im konkreten Fall kommen damit Regeln zur Anwendung, wie sie auch aus dem nationalen Bereich bekannt sind („lex posterior"; „lex specialis" etc.). 46

Die Verordnung gilt unmittelbar in jedem Mitgliedstaat und ist in allen ihren Teilen verbindlich, während die Richtlinie die Mitgliedstaaten zur Anpassung ihrer Rechtsordnung verpflichtet. Entschließt sich die Union um Erlass einer Verordnung, so ist darin zugleich eine implizite Aufhebung kollidierender Bestimmungen einer früher erlassenen Richtlinie zu sehen. Entschließt sich die Union dagegen zum Erlass einer Richtlinie, führen die an die Mitgliedstaaten gerichteten Richtlinienbestimmungen nicht automatisch zur Aufhebung der in ihrer Rechtswirkung in den mitgliedstaatlichen Raum hineinreichenden Verordnungsbestimmungen. 47

III. Ausblick

Die grundsätzliche Geltung des Vorrangs des EU-Rechts wird heute nicht mehr bezweifelt. Teilweise wird es allerdings als Defizit angesehen, dass dieser Vorrang nicht in den Verträgen niedergeschrieben ist. Die EU-Verfassung 2004 unternahm den Versuch, diesen Mangel zu heilen. Nach Art. I-6 EV sollten die Verfassung und das sekundäre Unionsrecht **Vorrang** vor dem Recht der MSen haben. Der Vertrag von Lissabon hat die Bestätigung des Vorrangs aus politischen Gründen in der Erklärung Nr. 17 zur Schlussakte des Vertrags von Lissabon „versteckt". Hiermit soll die Rechtsprechung der europäischen Gerichtsbarkeit („nur" Anwendungs-, kein Geltungsvorrang) zum Vorrang (oben Rz. 10/9f.) zum Ausdruck gebracht werden. Es kann allerdings mit Fug und Recht bezweifelt werden, **ob eine derartige Regelung wirklich einen großen Gewinn bringt.** Sie ist für nationale Verfassungsgerichte kein Grund, die aus der Perspektive der nationalen Verfassungen entwickelte Rechtsprechung zu den Grenzen des Vorrangs zu modifizieren oder aufzugeben. Denn über diese Grenzen kann auch der nationale Vertragsgeber bei der Schaffung von Primärrecht nicht disponieren. 48

Bislang hat der Integrationsverbund mit den Spannungen, die zwischen dem Vorranganspruch des EuGH und den Grenzziehungen mancher nationaler Verfassungsgerichte bestehen, gut leben können. **Offene Machtfragen** können befruchtend und befriedend wirken. Die jeweilige **Kontrolle, die durch die gegenläufigen Ansprüche stattfindet,** ist aus funktionaler Sicht zu begrüßen. Insofern ist nicht ganz klar, ob sich mit dem Versuch, endlich eine Lösung des Streits über die Reichweite des Vorranganspruchs zu finden, wirklich ein Gewinn verbinden würde. 49

§ 11. Europäische Rechtsetzung

Literatur: *Lorz,* Autonomie und Bindung der Rechtsetzung in gestuften Rechtsordnungen, DVBl. 2006, 1061; *Zuleeg/von Oettingen,* Rechtsstaat und europäische Rechtsetzung, DRiZ 2007, 268; *Mross,* Bürgerbeteiligung am Rechtsetzungsprozess der EU, 2010; *Rohleder,* Die Beteiligung des Deutschen Bundestags an der europäischen Rechtsetzung, ZG 2011, 105; *Peifer,* Bessere Rechtsetzung als Leitbild europäischer Gesetzgebung, 2011; *Grüner,* Quantität und Qualität der europäischen Rechtsetzung, 2011; *Müller-Graff,* Gestaltung und Gestalt der europäischen Rechtsetzung, EuZ 2010, 82; *Sydow,* Europäische exekutive Rechtsetzung zwischen Kommission, Komitologieausschüssen, Parlament und Rat, JZ 2012, 157.

1 Die Europäische Union verfügt über die Befugnis, rechtsetzend tätig zu werden. Ihre Organe können abstrakt-generelle Regelungen ebenso wie konkrete Einzelfallentscheidungen treffen. Die Verträge enthalten vielfältige Vorschriften, die Festlegungen über den Gebrauch der Handlungskompetenzen treffen. Sie betreffen die handelnden Akteure, das Verfahren, auch die Form. Der Normenbestand, den die Verträge für die Wahrnehmung der Handlungsbefugnisse bereitstellen, lässt sich in abstrahierender Weise als „Europäisches Verfahrensrecht" bezeichnen. Hierzu gehören die Regeln, die sich auf die Entstehung, die Art der Geltung und schließlich auf die verschiedenen Möglichkeiten des Außerkrafttretens von EU-Recht beziehen. Solche Regeln sind, soweit sie nicht in den Verträgen ausdrücklich festgelegt wurden, seit geraumer Zeit in der Praxis, über die Rechtsprechung des EuGH und auch mit Hilfe der europarechtlichen Theorie entwickelt worden. Die EU ist „Rechtsgemeinschaft": Sie ist dem rechtsstaatlichen Gedanken verpflichtet und darf ihre Handlungsbefugnisse nur in legaler Weise wahrnehmen.

I. Kompetenzen

Literatur: *Rengeling,* Die Kompetenzen der EU, FS Badura, 2004, 1135; *Blanke,* Zu Zuständigkeiten der Union. Eine Analyse der Regelungen des Vertrages über eine Verfassung für Europa, ZG 2004, 225; *Görlitz,* Europäischer Verfassungsvertrag und künftige EU-Kompetenzen, DÖV 2004, 374; *Görlitz,* Europäische Verfassung und Art. 23 GG, ZG 2004, 249; *Heemeyer,* Die Kompetenzordnung eines zukünftigen europäischen Verfassungsvertrages, 2004; *Möllers,* Tertiäre exekutive Rechtsetzung im Europarecht, in: *Schmidt-Aßmann/Schöndorf-Hauboldt* (Hrsg.), Der Europäische Verwaltungsverbund, 2005, 293; *Lenaerts/van Nuffel,* Constitutional Law of the European Union, 2. Aufl. 2005, 427; *Nettesheim,* Kompetenzen, in: *von Bogdandy/Bast* (Hrsg.), Europäisches Verfassungsrecht, 2. Aufl. 2009; *Scharf,* Die Kompetenzordnung im Vertrag von Lissabon, 2009; *Winkler,* Vergangenheit und Zukunft der Flexibilitätsklausel im Spannungsfeld von unionalem Integrations- und mitgliedstaatlichem Souveränitätsanspruch, EuR 2011, 384; *Ladenburger,* Anmerkungen zu Kompetenzordnung und Subsidiarität nach dem Vertrag von Lissabon, ZEuS 2011, 389; *Everling,* Quis custodiet custodes ipsos? In: Die Europäische Union auf der Suche nach Form und Gestalt, 2012, 247.

2 In den Kompetenzen der EU drücken sich ihr Sein und ihr Auftrag, ihr Antrieb und ihre Finalität aus. Die Kompetenz ist der Sitz des Wesens der EU und ihres politischen Charakters. Kompetenz ist eine rechtliche Kategorie, mit der die **Befähigung eines Kompetenzträgers bezeichnet wird, kompetenzgemäße Handlungen vornehmen zu können.** Kompetenz ist nicht Aufgabe oder Ziel; sie ist auch nicht Rechtsmacht. Kompetenz ist vielmehr Grundlage und Voraussetzung von rechtlich begründeter Macht. In der Kompetenz liegt, soweit es um öffentlich-rechtliche Rechtsmacht geht, die Voraussetzung für die Ausübung von legaler Hoheitsgewalt. **Kompetenzloses Handeln** des Hoheitsträgers ist Willkür oder Gewalt. Sie liegt jenseits von Legitimität und Legalität.

Kompetenznormen sind Rechtsnormen, die den Berechtigten in die Lage versetzen, Handlungen einer bestimmten Qualität vornehmen zu können. Vom Inhalt der Kompetenznorm hängt es ab, ob sie zum Erlass von Rechtsnormen, zur Vornahme von Realhandlungen oder zu sonstigen Entscheidungen befähigt. Kompetenznormen berechtigen notwendig einen Rechtsträger und begründen damit eine *Zuständigkeit;* adressatenlose Kompetenznormen sind ebenso wenig denkbar wie Kompetenznormen, die keine Zuständigkeit begründen. Welche Organe einer durch eine (Verbands-)kompetenz berechtigten juristischen Person zur Wahrnehmung der Kompetenz befugt sind, richtet sich nach den verbandsinternen Zuständigkeits- und Verfahrensbestimmungen.

1. Prinzip der begrenzten Einzelermächtigung

Literatur: *Krausser,* Das Prinzip der begrenzten Ermächtigung im Gemeinschaftsrecht als Strukturprinzip des EWGV, 1991; *Bungenberg,* Dynamische Integration, Art. 308 und die Forderung nach dem Kompetenzkatalog, EuR 2000, 879; *Götz/Martinez Soria* (Hrsg.), Kompetenzverteilung zwischen der EU und den Mitgliedstaaten, 2002; *Horn,* Die horizontale Kompetenzverteilung in der EU, RuP 2002, 211; *H. P. Schneider,* Zur Kompetenzabgrenzung zwischen der EU und ihren Mitgliedstaaten, FS Steinberger, 2002, 1402; *Trüe,* Das System der Rechtsetzungskompetenzen der EG und der EU, 2002; *Buschmann/Daiber,* Subsidiaritätsrüge und Grundsatz der begrenzten Einzelermächtigung, DÖV 2011, 504.

Die EU leitet ihre Existenz und ihre Befugnisse aus den „verfassungsrechtlichen" 3
Grunddokumenten ab, in denen der Integrationswille ihrer MSen zum Ausdruck kommt. Diese Dokumente begründen und begrenzen ihre Rechtsetzungsbefugnisse. In der EU-Ordnung gibt es damit kein Handeln, das nicht auf eine vorgelagerte Kompetenz zurückgeführt werden kann: Eine Selbstermächtigung ist ebenso ausgeschlossen wie kompetenzloses Rechtshandeln. Hierin drückt sich eine der wichtigsten Funktionen der europäischen Kompetenzordnung aus: jene der Aufgabenzuteilung und der Gewaltenverschränkung. Die Kompetenzordnung bestimmt insofern, welche Entscheidungen die Organe eines Verbands *von Rechts wegen* überhaupt für diesen treffen können. Auch für die Setzung von abgeleitetem Recht gilt das **Prinzip der begrenzten Einzelermächtigung** („principe d'attribution des compétences") (Art. 5, Art. 13 Abs. 2 EUV): Jeder Rechtsakt der EU bedarf einer ausdrücklichen oder impliziten Rechtsgrundlage im Primärrecht. Es hängt von der jeweiligen Kompetenz ab, welche Handlungen vorgenommen werden bzw. welche Rechtsakte erlassen werden können; zudem legt die Kompetenz das Verfahren fest, in dem gehandelt werden kann. Das Prinzip ist justiziabel. Allerdings zeigt sich der EuGH grundsätzlich (Ausnahme: EuGHE 2000, I-8419, Rs. C-376/98, „Tabakwerbung") nicht daran interessiert, die Grenzen der Kompetenzen randscharf abzustecken und gegenüber dem EU-Normgeber durchzusetzen (z. B. EuGHE 2010, I-4999, Rs. C-58/08, „Vodafone"; kritisch etwa: *Weatherill,* GermanLJ 2011, 827).

Die **„Gesetzgebungsbefugnis der Gemeinschaft"** (EuGHE 1978, 629, Rs. 106/77, 4
„Simmenthal") hat sich damit im Rahmen der Vorgaben der Verträge zu bewegen und unterliegt dem Vorrang der dort enthaltenen Normen. Das Primärrecht ist damit für das sekundäre EU-Recht nach einer klassischen Formel des Gerichtshofes (z. B. EuGHE 1978, 1771, Rs. 26/78, „Viola") **„Grundlage, Rahmen und Grenze". Es begrenzt die Rechtsetzungsgewalt der EU, richtet diese aber auch inhaltlich aus.** Nur die der EU in den Verträgen als solche verliehenen Zuständigkeiten begründen Rechtsetzungsbefugnisse. Aus den Werten, Zielen und Aufgaben der EU (Art. 2f. EUV) leiten sich keine Kompetenzen ab. Gleiches gilt für die Kompetenztypik der

Art. 2ff. AEUV. Das Kompetenzerfordernis gilt für jedwedes Handeln: Auch unverbindliche Stellungnahmen, Empfehlungen oder Rechtsakte, die nur „organisationsspezifisch“ wirken, d. h. weder die MSen noch Individuen binden, dürfen nur dort ergehen, wo sich eine Befugnis findet. Allerdings sind insbesondere Selbstorganisationsbefugnisse häufig nicht explizit niedergelegt. (Es sei nur am Rande darauf hingewiesen, dass das Kompetenzerfordernis heute auch im verfassungsstaatlichen Kontext gilt. Zwar ist der Staat virtuell „allmächtig“; seine Organe dürften aber auch nur dort handeln, wo ihnen eine konkrete Handlungsbefugnis zugewiesen ist. Staatstheorie und Verfassungsrecht fallen hier auseinander.)

5 Bewegt sich ein Akt im Schnittfeld verschiedener Kompetenznormen, so ist die einschlägige Rechtsgrundlage nach objektiven, justiziablen Kriterien mit Blick auf Ziel und Inhalt des Rechtsaktes auszuwählen und zu benennen (EuGH Urt. v. 19.7.2012, Rs. C-130/10, „EP/Rat“ [zu Art. 75 AEUV und Art. 215 AEUV]; EuGH Urt. v. 6.9.2012, Rs. C-490/10, EP/Rat [zu Art. 194 AEUV und Art. 337 AEUV]); allg. *Nettesheim,* EuR 1993, 246; *Breier,* EuR 1995, 46). Doppelabstützungen sind nur ganz ausnahmsweise und nur dann zulässig, wenn die Verfahren „kumuliert“ werden können. Verfehlt der Normgeber die **richtige Rechtsgrundlage,** so führt dies zur Nichtigkeit des Aktes (EuGHE 1994, I–2857, Rs. C-187/93, „Rechtsgrundlagenstreit“; *Scheuing,* FS Börner, 1992, 377). Allerdings entschließt sich der EuGH immer wieder, die Wirkungen des Rechtsaktes aufrechtzuerhalten, bis ein Rechtsakt auf der zutreffenden Rechtsgrundlage erlassen wurde.

2. Formen der Kompetenzbegründung

6 Die Grundform der Begründung einer Kompetenz der EU ist die schriftlich niedergelegte, positive Vertragsnorm. Einige der Bestimmungen sind eher eng und konkret, andere, wie etwa Art. 352 AEUV [nachfolgend a)] sehr weit gefasst. Darüber hinaus gibt es auch ungeschriebene Kompetenzen der EU [nachfolgend b)].

7 Das Prinzip der begrenzten Ermächtigung nimmt der Kompetenzordnung nicht die Fähigkeit zur dynamischen Anpassung. Die Konkretisierung der Kompetenzvorschriften hat mit Blick auf die unionalen Ziele zu erfolgen. Angesichts des raschen Wandels der europäischen Gesellschaften, der Neudefinition von Problemlagen und der Ausdehnung des Marktprinzips auf bislang verschlossene Bereiche ist der EU kompetenziell die Reaktion auf Veränderungen in der Wirklichkeit ermöglicht. Dies gilt insbesondere dort, wo die MSen im Rat einstimmig entscheiden und so ihre Legitimationswirkung zur Geltung bringen. Anerkannt ist der Grundsatz, dass die Vertragskompetenzen **teleologisch auszulegen sind,** d. h. mit dem Ziel voller Sinnentfaltung der Vorschrift. Man spricht von der **Erzielung ihrer „nützlichen Wirksamkeit“ (effet utile).** Dies bedeutet regelmäßig, dass die Befugnisse im Lichte der politischen Erfordernisse ausgelegt und in umfassendem Sinne verstanden werden (EuGHE 1960, 708, Rs. 20/59, „Italien/Hohe Behörde“). Der Effet-utile-Gedanke ist eine **instrumentale Auslegungsmaxime,** mittels derer nicht nur „Abrundungen“ der EU-Kompetenzen erfolgen können, sondern auch eine mit dem Wortlaut kaum mehr vereinbare Auslegung gerechtfertigt werden kann.

a) Art. 352 AEUV

Die Klausel des Art. 352 AEUV ermöglichte eine in der Unionspraxis zeitweilig enorm wichtige **vertragsimmanente Fortentwicklung des Unionsrechts** „unterhalb" der förmlichen Vertragsänderung. Danach kann der Rat einstimmig auf Kommissionsvorschlag und nach Zustimmung des EP **„die geeigneten Vorschriften"** erlassen, wenn dies zur **Zielverwirklichung** im Rahmen der Politikbereiche erforderlich erscheint und die hierfür erforderlichen Befugnisse nicht vorgesehen sind. Der Pariser Gipfel der Staats- und Regierungschefs Ende 1972 empfahl eine angemessen **großzügige Handhabung des damaligen Art. 235 EWGV** im Sinne einer „Vertragsabrundungskompetenz" zur Bewältigung von solchen neuen Aufgaben, die so weit mit vorhandenen Gemeinschaftszuständigkeiten verbunden waren, dass eine förmliche Vertragsänderung entbehrlich erschien. Im Zusammenhang mit den Kompetenzerweiterungen des EGV durch den Maastrichter Unionsvertrag 1992 ist dann zu Recht eine **zurückhaltendere Praxis des Art. 352 AEUV** angemahnt worden (insbesondere BVerfGE 89, 155 (210) – „Maastricht"). Das Vertragsänderungsverfahren des Art. 48 EUV dürfe nicht durch eine ausufernde Anwendung von Art. 352 AEUV unterlaufen werden (zur Abgrenzung *Häde/Puttler,* EuZW 1997, 13). Politischen Forderungen nach Streichung der Norm ist der Vertragsgeber des Lissabon-Vertrags nicht nachgekommen. In der Lissabon-Entscheidung hat das BVerfG verlangt, dass der Verwendung der Kompetenz eine Ermächtigung des deutschen Gesetzgebers vorweg zu gehen habe. Dieses Erfordernis bremst den Gebrauch der Bestimmung deutlich (vertiefend: *Winkler,* EuR 2011, 384). Der Gerichtshof hat bei elementaren, von erheblicher politischer Bedeutung getragenen Vorhaben die Anwendbarkeit von Art. 352 AEUV abgelehnt und auf die Vertragsänderung verwiesen (EuGHE 1996, I-1759, Gutachten 2/94 „Beitritt EG zur EMRK" (Rz. 38/19). 8

Die Anwendung von Art. 352 AEUV setzt die Erfüllung folgender Kriterien voraus (*Bungenberg,* EuR 2000, 879): 9

(1) Das Tätigwerden muss der **Verwirklichung eines der Ziele der EU** dienen und sich im Rahmen der in den Verträgen festgelegten Politikbereiche (Art. 3 EUV) bewegen. Sind diese Voraussetzungen nicht gegeben, bedarf es einer Vertragsänderung nach Art. 48 EUV. Art. 352 AEUV enthält keine Kompetenz-Kompetenz zugunsten der EU.

(2) Im Primärrecht müssen die **erforderlichen Befugnisse** zu solcher Zielverwirklichung **fehlen** (EuGHE 1987, 1493, Rs. 45/86, „Kommission/Rat (APS)"). Der Rückgriff auf Art. 352 AEUV ist subsidiär. Hierin liegt eine heikle, nur in der Einzelfallabwägung auflösbare Begrenzung. Liegt eine erkennbare „Vertragslücke" vor, so stellt Art. 352 AEUV („geeignete Vorschriften") alle Handlungsformen von der Verordnung bis zur Empfehlung zur Verfügung. Andererseits ist es nicht der Sinn des Art. 352 AEUV, als jederzeit verfügbarer „Notnagel" das Prinzip der begrenzten Einzelermächtigung (oben Rz. 11/3ff.) aus den Angeln zu heben, also z. B. Niederlassungsregelungen über Art. 50 AEUV hinaus durch Verordnungen zu ermöglichen.

(3) Die **„Erforderlichkeit"** des Tätigwerdens der EU muss nachweisbar sein. Insoweit handelt es sich um eine flexible Ermessensklausel, die vom EuGH nur in äußersten Grenzen überprüfbar ist. Mit fortschreitendem Ausbau der EU haben sich diese „Erforderlichkeiten" ungemein vermehrt, z. B. bei der Ermöglichung von Unionsanleihen. Im Einzelfall kann eine gewisse Abweichung von Vertragsvorschriften „erforderlich" werden (EuGHE 1973, 897, Rs. 8/73 „Massey-Ferguson").

(4) Selbst wenn diese und die anderen Tatbestandsmerkmale des Art. 352 AEUV vorliegen, muss noch anhand des **Subsidiaritätsprinzips** (Rz. 11/23ff.) geprüft werden, ob die gegebene Zuständigkeit in concreto auch ausgeübt werden darf. Auch hier wird der EuGH kaum je bremsend eingreifen.

(5) Die verschiedenen Harmonisierungsverbote des AEUV wie Art. 165 und 166, jeweils Abs. 4 (vgl. auch Art. 2 Abs. 5 AEUV) werden beachtet.

Insgesamt hatte sich die „Abrundungsklausel" des Art. 352 AEUV zeitweilig zu einem **wichtigen Instrument** sinnvoll abgerundeter Unionsaktion im Sekundärrecht entwickelt. Mit der schnellen Abfolge ausdrücklicher Vertragsänderungen (und den damit einhergehenden Kompetenzerweiterungen) seit Maastricht 1992 ist die Inanspruch- 10 nahme der Norm deutlich **zurückgegangen.** Die Abgrenzung zur Vertragsänderung wird sorgfältiger als früher vorgenommen. Die grundlegende Bedeutung der Norm besteht allerdings fort.

b) Implied-Powers-Lehre

11 Eine gewisse Bedeutung hat im EU-Recht ferner die dem Recht der internationalen Organisationen entlehnte „Implied-Powers-Lehre". Der auch in der Bundesstaatslehre aufzufindende **Gedanke inhärenter Zuständigkeiten („implied powers")** besagt, dass Bestimmungen völkerrechtlicher Verträge wie der Gründungsverträge im Zusammenhang mit den ausdrücklich gegebenen Unionskompetenzen „zugleich diejenigen Vorschriften beinhalten, bei deren Fehlen sie sinnlos wären oder nicht in vernünftiger und zweckmäßiger Weise zur Anwendung gelangen könnten" (EuGHE 1955/56, 311, Rs. 8/55, „Fédéchar"). Der wohl wichtigste Anwendungsfall lag in der Anerkennung von Außenkompetenzen der EU in den Bereichen, in denen die EU über eine ausdrückliche Binnenkompetenz verfügt (EuGH 1971, 263, Rs. 22/70, „AETR"; mit dem Vertrag von Lissabon erfolgte die Kodifikation (ausführlich unten Rz. 38/13ff., 16). Im Unterschied zu Art. 352 AEUV wird die Zusatzkompetenz aus dem engen Sachzusammenhang mit einer bereits vorhandenen EU-Zuständigkeit abgeleitet.

12 Ungeschriebene Kompetenzen lassen sich in drei Kategorien einteilen. Sie begründen (1) als Annexkompetenz eine Zuständigkeit für die Regulierung von Vorbereitungs- und Durchführungsmaßnahmen, (2) als Kompetenz aus dem Sachzusammenhang die Regelung einer benachbarten Materie und (3) als Kompetenz aus der Natur der Sache die Zuständigkeit zur Regelung solcher Fragen, deren Regelung durch die MSen offensichtlich unsinnig wäre.

3. Arten der Kompetenzen

13 Die Kompetenzvorschriften des Unionsrechts lassen sich ferner danach charakterisieren, wie ihre Existenz und ihre Ausübung sich auf die mitgliedstaatlichen Zuständigkeiten auswirken (ausführlich: *Nettesheim,* in: *von Bogdandy/Bast* (Hrsg.), Europäisches Verfassungsrecht, 2. Aufl. 2009, 415). Der AEUV sieht in Art. 2ff. eine Typologie und eine – allerdings nicht abschließende – Zuordnung der Sachbereiche vor, in denen die EU tätig wird.

14 Es kennzeichnet die **ausschließlichen Kompetenzen** der EU (Art. 2 Abs. 1, Art. 3 AEUV), dass sie schon aufgrund ihrer Existenz die Ordnung eines Sachbereichs der EU vorbehalten sind und mitgliedstaatliches Handeln ausschließen. Kompetenzbestimmungen, die ausschließliche Kompetenzen begründen, haben damit einen doppelten Regelungsgehalt: Sie begründen Zuständigkeiten der EU-Organe (positiver Gehalt); zur gleichen Zeit verbieten sie es den MSen, in dem jeweiligen Sachbereich tätig zu werden (Sperrwirkung). Zu diesem Kompetenztypus gehört die interne Selbstorganisation der Organe, der institutionelle Binnenaufbau der Verwaltung eines Organs, die interne Zuständigkeitsverteilung in einem Organ und die Ordnung der Rechtsbeziehungen zu den Bediensteten und zu den Bürgern. Darüber hinaus findet sich in Art. 3 AEUV eine Liste einschlägiger Sachbereiche. Sie sind teilweise durch die Rechtsprechung des EuGH geprägt worden (vgl. etwa EuGH, Urt. v. 27.11.2012, Rs. C-370/12, *„Pringle"* zum Umfang der EU-Währungshoheit). Der EuGH hat das Konzept der ausschließlichen Kompetenzen zudem dort zur Anwendung gebracht, wo es um die Außenbeziehungen der EU geht: im Bereich der Durchführung einer gemeinsamen Handelspolitik (Art. 206f. AEUV) und in Teilbereichen der Durchführung der

gemeinsamen Fischereipolitik (Art. 38 AEUV). Hierbei handelt es sich um Sphären, die wesentlich (wenn auch nicht ausschließlich) durch völkerrechtliche Vereinbarungen geprägt werden. Die EU würde große Teile ihrer Handlungsfreiheit einbüßen, wenn den Mitgliedstaaten die Befugnis gegeben wäre, sich völkerrechtlich zu binden. Mitgliedstaatliches Handeln ist hier zulässig, soweit sie von der EU hierzu ermächtigt worden sind, oder um Rechtsakte der Union durchzuführen (zur Ermächtigung der MSen im Bereich ausschl. Kompetenzen: *Schaefer*, EuR 2008, 721).

Der Typus der **geteilten Kompetenzen** (Art. 2 Abs. 2, Art. 4 AEUV) ist dadurch geprägt, dass sie den Rechtsträgern der untergeordneten Ebene so lange das Handeln freistellen, wie nicht der übergeordnete Kompetenzträger von der Kompetenz Gebrauch gemacht und dadurch ein Handlungsverbot ausgelöst hat. Das Gebrauchmachen der Kompetenz löst eine *primärrechtliche Sperrwirkung* aus. In der Sache liegen damit „konkurrierende Kompetenzen“ vor. Im internen Bereich besteht hierfür nur geringer Bedarf: Die EU schützt die Wirksamkeit ihrer Entscheidungen über das Vorrangprinzip (oben Rz. 10/3 ff.). Demgegenüber käme es zu Verwerfungen, wenn die Mitgliedstaaten im auswärtigen Bereich noch Verträge abschließen könnten, nachdem sich die EU (etwa durch interne Maßnahmen) der Regelung eines Sachbereichs angenommen hat. Es ist daher davon auszugehen, dass es zu einer **Sperrwirkung** für das auswärtige Handeln der MSen kommt, wenn und soweit die EU eine Sachmaterie in hinreichendem Maße einer Regelung unterzogen hat (EuGHE 1994, I-5267, Gutachten 1/94, „WTO“; EuGHE 1995, I-521, Gutachten 2/92, „OECD-Beschluss“). 15

Parallele Kompetenzen sind schließlich dadurch gekennzeichnet, dass den Organen der EU ein Handeln ermöglicht wird, ohne dass die Inanspruchnahme ein an die MSen gerichtetes Verbot auslösen würde, von ihren im gleichen Sachbereich liegenden Kompetenzen Gebrauch zu machen. Die Verbände beider Ebenen können zeitgleich im gleichen Sachbereich wirken, ohne dass die Wahrnehmung der Kompetenzen der EU Sperrwirkung für die MSen entfaltete. Parallele Kompetenzen liegen vor allem in Bereichen vor, in denen die EU sich darauf beschränkt, mitgliedstaatliche Politik zu ergänzen, zu unterstützen oder zu koordinieren (Art. 2 Abs. 5, Art. 6 AEUV). Eine Harmonisierung ist hier ausgeschlossen. Um einen Spezialfall paralleler Zuständigkeit handelt es sich bei der Koordinierung der Wirtschafts- und Beschäftigungspolitik (Art. 2 Abs. 3 AEUV); hier kommt der EU nur begrenzte Handlungsfähigkeit zu. Keine Verdrängung der MSen erfolgt auch im Bereich der GASP und der GVP (Art. 2 Abs. 4 AEUV). 16

Komplementäre Kompetenzen zeichnen sich schließlich dadurch aus, dass sie ein Zusammenwirken mehrerer Verbände erfordern. Sie haben im AEUV keine Typisierung erfahren. Eine derartige Komplementarität existiert z. B. bei der Verwirklichung der Unionsbürgerschaft. Hier müssen EU und MSen zusammenwirken; die Unionsbürgerschaft baut auf der mitgliedstaatlichen Staatsbürgerschaft auf. Auch die Befugnisse nach Art. 48 EUV, Art. 49 EUV können nur von EU-Organen und MSen gemeinsam wahrgenommen werden. 17

4. Der Sonderfall der verstärkten Zusammenarbeit

Literatur: *Kellerbauer*, Von Maastricht bis Nizza: Neuformen differenzierter Integration in der EU, 2003; *Thym*, Ungleichzeitigkeit und europäisches Verfassungsrecht, 2004; *Stettner*, Zwischen Integration und Zerfall, GS Blumenwitz, 2008, 779; *Marchetti*, Die verstärkte Zusammenarbeit, in: ders. u. a. (Hrsg.), Der Vertrag von Lissabon, 2010, 213; *Dyson/Sepos* (Hrsg.), Which Europe? The Politics of Differentiated

Integration, 2010; *Diedrichs* u. a. (Hrsg.), Europe Reloaded. Differentiation or Fusion?, 2011; *Thym*, Variable Geometrie in der Europäischen Union, in: 60 Jahre Integration in Europa, 2011, 11; *Holzinger/Schimmelfennig*, Differentiated Integration in the European Union: Many Concepts, Sparse Theory, Few Data, Journal of European Public Policy, 19 (2012) 292; Sammelband Europarecht Beiheft 1/2013.

18 Im europäischen Einigungsprozess gab es immer wieder Situationen, in denen bestimmte, stärker integrationswillige MSen zu einer weitergehenden Vergemeinschaftung bereit waren, während andere zögerten. Es stellte sich in diesen Situationen die Frage, ob sich Fortschritte des Einigungsprozesses nach der Bereitschaft des zurückhaltendsten MSes richten sollen oder ein engerer Kreis zunächst einmal voranschreiten darf. Lange Zeit war man – schon um der Wahrung der Balance von Vorteilen und Lasten und zur Verhinderung eines „Rosinenpickens" – in Bereitschaft der Anerkennung eines **„Europas verschiedener Geschwindigkeiten"** („Europa à la carte") sehr zurückhaltend (vgl. *Grabitz* (Hrsg.), Abgestufte Integration, 1984). Formen differenzierter Integration unterminieren danach die Solidarität der MSen, führen zu Spannungen in der EU und werfen vielfältige praktische Fragen auf (bis hin zur Zusammensetzung der EU-Organe bei der Beschäftigung mit Materien, in denen nicht alle MSen mitwirken). Inzwischen zeichnet sich ab, dass ein Paradigmenwechsel erforderlich sein wird (*Nettesheim*, Europarecht 2013, Beiheft 1). In zunehmendem Umfang macht man von Möglichkeiten der Differenzierung Gebrauch. So nahm Großbritannien 1992 an der im EU-Vertrag vorgesehenen verstärkten **Sozialintegration** zunächst nicht teil. Die übrigen elf MSen regelten diese Materie daraufhin in einem besonderen Protokoll und schlossen ein Abkommen über die Sozialpolitik. Mit dem Amsterdamer Vertrag 1997 fand Großbritannien den Weg zurück und ließ es zu, die Sozialvorschriften für alle verbindlich zu machen. Bei der Konzipierung der Europäischen Währungsunion in Maastricht 1992 wurde Großbritannien und Dänemark gestattet, auch bei Erfüllung der Konvergenzkriterien an der EWU nicht teilnehmen zu müssen (Protokolle Nr. 11 und 12 zum EUV (unten Rz. 19/12). Auch bei der Integration des Schengen-Besitzstandes kam es zu Formen differenzierter Integration (unten Rz. 32/28). In einem Europa der 28 MS werden sich diese Differenzen weiter verfestigen. In der Vergangenheit bestand der Anspruch, dass es sich nur um ein zeitweiliges Phänomen handele. Inzwischen ist aber klar, dass manche Differenz (insbesondere im Bereich der WWU) mittel- oder auch langfristig bestehen bleiben wird.

19 Die vorstehend benannten Ausnahmeregelungen sind bereits im primären Rechts enthalten. Darüber hinaus finden sich seit 1999 im Vertrag Bestimmungen über eine „verstärkte Zusammenarbeit" (Art. 20 EUV, Art. 326–334 AEUV). Dieses komplexe und sperrige Verfahren ermöglicht die **Setzung partiellen Sekundärrechts** unter integrationsfreudigen Mitgliedern. Dabei bleibt die Tür für den späteren Beitritt der übrigen MSen zu diesem „Sonderrecht" offen. Das Regime erweist sich als wenig praktikabel und ist vor allem vom Bemühen getragen, eine Zerfaserung zu verhindern.

20 Die wesentlichen Voraussetzungen einer verstärkten Zusammenarbeit lauten im Rahmen des AEUV: Es muss um Maßnahmen gehen, die nicht in den Bereich ausschließlicher Zuständigkeiten der EU oder den Bereich der GASP fallen. Die Zusammenarbeit muss auf die Förderung der Ziele, den Schutz der Interessen der EU und die Stärkung des Integrationsprozesses ausgerichtet sein. Es handelt sich um ein Mittel der „ultima ratio". Die Verträge und der acquis communautaire müssen respektiert werden. Es darf nicht zu einer Beeinträchtigung des Binnenmarktes, des Zusammenhalts der EU oder zu einer Wettbewerbsverzerrung kommen. Mindestens 9 MSen müssen teilnehmen; die Rechte und Pflichten der Nichtteilnehmer müssen beachtet werden (zu den Anforderungen: EuGH, Urt. v. 16.4.2013, verb. Rs. C-274/11 u. a. „Spanien/Rat" (europäisches Patent).

Art. 329 AEUV sieht vor, dass eine verstärkte Zusammenarbeit vom Rat auf Vorschlag der Kommission und nach Zustimmung des EP mit qualifizierter Mehrheit (Art. 16 Abs. 3 EUV) begründet werden kann. Ohne den Vorschlag der Kommission bedarf es eines einstimmigen Ratsbeschlusses. 21

Für den Bereich der GSVP gibt es mit der „strukturierten Zusammenarbeit" eine besondere Form flexiblen Handelns (unten Rz. 39/28).

Die Bestimmungen über die verstärkte Zusammenarbeit sind **kompliziert geraten** und mit einer Vielzahl von Kautelen versehen worden. Hierin spiegelt sich das gerechtfertigte Misstrauen verschiedener MSen gegen „Alleingänge" einer Mehrheit. Die erste Anwendung der Bestimmungen erfolgte im Juli 2010 mit Blick auf die Einführung eines europäischen Scheidungsverfahrens (dazu Rz. 36/42); inzwischen ist auch die Schaffung eines EU-Patents auf diesem Weg beschlossen worden (dazu Rz. 36/26). Aktuelles Beispiel ist die Finanztransaktionssteuer in Europa. Ein gemeinsames System der Finanztransaktionssteuer mit Zustimmung aller damals noch 27 MSen konnte nicht erreicht werden, sodass zunächst zur verstärkten Zusammenarbeit von elf MSen ermächtigt wurde. Die **fortschreitende Erweiterung der EU** (unten Rz. 42/32) wird der verstärkten Zusammenarbeit bestimmter MSen künftig eine **neue Bedeutung** geben. Sollte sich herausstellen, dass eine größere Zahl der Beitrittsstaaten nicht fähig ist, die intensive Integration des Binnenmarktes und der Währungsunion dauerhaft zu übernehmen, wäre eine Alternative die Bildung eines fortgeschrittenen **„Kerneuropas"** durch die hierzu fähigen EU-Staaten mittels verstärkter Zusammenarbeit. 22

5. Kompetenzausübungsregeln

a) Subsidiaritätsprinzip

Literatur: *Lecheler,* Das Subsidiaritätsprinzip, 1993; *v. Borries,* Zum Subsidiaritätsprinzip im Recht der EU, EuR 1994, 263; *Calliess,* Der Schlüsselbegriff der „ausschließlichen Zuständigkeit" im Subsidiaritätsprinzip des Art. 3 II EGV, EuZW 1995, 693; *Hirsch,* Die Auswirkungen des Subsidiaritätsprinzips auf die Rechtsetzungsbefugnisse der EGen, 1995; *Kenntner,* Das Subsidiaritätsprotokoll des Amsterdamer Vertrags, NJW 1998, 2871; *Estella,* The EU Principle of Subsidiarity and its Critique, 2002; *Mellein,* Subsidiaritätskontrolle durch die nationalen Parlamente, 2007; *Papier,* Das Subsidiaritätsprinzip – Bremse des europäischen Zentralismus?, FS Isensee, 2007, 691; *Schambeck,* Subsidiarität und europäische Integration, FS Isensee, 2007, 707; *von Danwitz,* Subsidiaritätskontrolle in der EU, FS Sellner, 2010, 37; *Pabel,* Die Kontrolle des Subsidiaritätsprinzips durch die Parlamente der MS, Journal für Rechtspolitik 2011, 287; *Pechstein,* Die neue Subsidiaritätsklage, in: ders. (Hrsg.), Integrationsverantwortung, 2012, 135; *Biondi,* Subsidiarity in the courtroom, in: ders. u. a. (Hrsg.), EU law after Lisbon, 2012, 213.

Seit Maastricht 1992 kennt das Primärrecht **zwei zusätzliche Kompetenzausübungsregeln.** Soweit eine nicht ausschließliche EU-Zuständigkeit vorliegt, muss nach Maßgabe des Art. 5 Abs. 3 EUV zunächst geprüft werden, ob die betreffenden Maßnahmen nach dem **Subsidiaritätsprinzip** nicht auf der Ebene der MSen ausreichend erreicht werden können. Diese Subsidiaritätsprüfung ist auch im Zusammenhang mit dem Gebot der **Achtung der nationalen Identität der MSen** (Art. 4 Abs. 2 EUV) zu lesen (hierzu *von Bogdandy/Schill,* ZaöRV 2010, 701). 23

Mit dem **Subsidiaritätsprinzip des Art. 5 Abs. 3 EUV** (Präambel, Art. 12 lit. b) EUV) ist eine deutliche Akzentuierung und Verschärfung des Einzelermächtigungsprinzips beabsichtigt. Wenn nicht eine ausschließliche Kompetenz vorliegt, darf die EU der Idee nach nur dann handeln, wenn nicht Maßnahmen der MSen ebenfalls ausreichten (zur Existenz **ausschließlicher Kompetenzen** oben Rz. 11/14). Die Formulierung von Art. 5 Abs. 3 EUV ist allerdings unglücklich, vielleicht sogar missraten: Es werden zwei „Tests" hintereinander gestellt, deren Ergebnis nicht in einem notwendigen Zusammenhang steht, gleich- 24 wohl aber mit den Worten „sondern vielmehr" verbunden werden. Das Verhältnis der beiden Tests wird auch nicht geklärt; die EU-Organe begnügen sich daher häufig damit, den ihnen jeweils eher zusagenden Test anzuwenden. Richtig ist eine kumulative Anwendung.

25 Einige Leitlinien zum Subsidiaritätsprinzip wurden in einem Protokoll zum Amsterdam-Vertrag definiert. Der Vertrag von Lissabon hat dieses Protokoll ersetzt. Das nunmehr geltende Protokoll Nr. 2 zum Lissabon-Vertrag über die Anwendung der Grundsätze der Subsidiarität und der Verhältnismäßigkeit enthält vor allem prozedurale Vorkehrungen. Man hofft, es so operabel zu machen. Ob die umständlichen und komplizierten Vorgaben die praktische Anwendbarkeit der Norm erleichtern, ist fraglich. Die Erfahrungen in der Vergangenheit stimmen skeptisch (*Moersch,* Leistungsfähigkeit und Grenzen des Subsidiaritätsprinzips, 2001). Im Umgang mit Art. 5 Abs. 3 EUV ist besonders zu beachten:

26 Der Vertrag von Lissabon führt eine wesentliche **Stärkung der prozeduralen Komponente** herbei. Kerngedanke des im Subsidiaritätsprotokoll enthaltenen überarbeiteten Systems ist ein „Frühwarnsystem", das (vor Verabschiedung eines Kommissionsvorschlags) die Möglichkeit geben soll, etwaige Bedenken unter dem Gesichtspunkt der Subsidiarität zu äußern. Auf diese Weise sollen die praktisch wenig ergiebigen und gerichtlich kaum durchzusetzenden materiellen Kriterien von einer (vielleicht eher sachgerechten) stärker politisch-verfahrensmäßigen Kontrolle überlagert, mit Blick auf die bisherigen Bestimmungen des Protokolls sogar ersetzt werden. Die **Kommission** führt danach vor der Entscheidung über die Einleitung eines Rechtsetzungsvorhabens Anhörungen zur Subsidiarität durch. Sie rechtfertigt ihre Vorschläge (Art. 289ff. AEUV) in der Begründung im Hinblick auf Art. 5 Abs. 3 EUV. Die Entwürfe eines Rechtsetzungsvorhabens werden von den EU-Organen und den hierzu befugten Gruppen von MSen auch den nationalen Parlamenten zugeleitet. Binnen acht Wochen nach Übermittlung können aus dem Kreis der nationalen Parlamente Einwände vorgebracht werden. Im Regelfall ist ein Einwand von der initiierenden Institution lediglich zu berücksichtigen (Art. 7 Abs. 1 UAbs. 1 Protokoll Nr. 2). Bei Erfüllung eines Quorums (Art. 7 Abs. 2, 3 Protokoll Nr. 2) ist eine Überprüfung des Vorschlags notwendig. Das Verfahren wird inzwischen regelmäßig genutzt (so etwa zur Rüge des Kommissionsvorschlags für ein „Gemeinsames Europäisches Kaufrecht" vom 11.10.2011 (*Ludwigs,* EuZW 2012, 608). Ein Festhalten an dem Vorschlag ist möglich; allerdings greifen dann Begründungsanforderungen. Zudem findet im ordentlichen Gesetzgebungsverfahren eine nochmalige Überprüfung auf der Ebene von Rat und EP statt. In diesem Fall kann eine weitere Behandlung des Vorschlags mit der Mehrheit von 55% der Mitglieder des Rates oder einer Mehrheit der abgegebenen Stimmen im EP verhindert werden.

27 Zudem ist die gerichtliche Überprüfung gestärkt worden: Sollte der Rechtsakt dennoch verabschiedet werden, können die nationalen Parlamente nach Art. 8 Protokoll Nr. 2 i.V.m. Art. 263 AEUV die sog. Subsidiaritätsklage führen.

28 Die Kommission erstellt einen jährlichen Bericht über die Beachtung des Subsidiaritätsprinzips, der im EP erörtert wird. Seit 1993 wurden gelegentlich sogar Vorschläge für Rechtsakte aus Gründen der Subsidiarität zurückgezogen.

29 Zu einer stärkeren Akzentuierung der materiellen Subsidiaritätskriterien ist es nicht gekommen. Die Prüfung der Frage, ob die EU tätig werden darf, weil die Ziele der in Betracht gezogenen Maßnahmen **„nicht ausreichend" auf Ebene der MSen** oder doch jedenfalls **„besser" auf Unionsebene** erreicht werden können, wird weiterhin mit **„Tests"** durchgeführt, die einerseits danach fragen, ob nicht bereits die MSen die Ziele der beabsichtigten Unionsmaßnahmen ausreichend verwirklichen können **(„Effizienztest").** Andererseits muss sich nachweisen lassen, dass sich durch das Unionshandeln ein **„europäischer Mehrwert"** schaffen lässt **(„Mehrwerttest").** Der erstgenannte Test ist absoluter Natur; der zweitgenannte lediglich relativ. Der Wortlaut des Art. 5 Abs. 3 EUV legt den Schluss nahe, dass beide Anforderungen kumulativ erfüllt sein müssen. In der Praxis begnügt sich die Kommission häufig mit der Darlegung eines Mehrwerts. In der Praxis kommt es letztlich zu einer Gesamtabwägung, in

welche die vertraglichen Ziele der Gemeinschaft, die Interessen der MSen und diejenigen der Unionsbürger einfließen. Die deutsche Regierung hat ein „Prüfraster" entwickelt (unveröffentlicht), um den vom BVerfG (BVerfGE 89, 155 [210ff.] „Maastricht") statuierten Pflichten nachzukommen. Nur, wenn diese Prüfung positiv ausfällt, darf die EU handeln. Handelt die EU trotz negativer Prüfung, ist der Rechtsakt angesichts des eindeutigen Wortlautes von Art. 5 Abs. 3 EUV („wird") grundsätzlich **nichtig.**

Adressat des Subsidiaritätsprinzips sind nur die EU-Organe. Unionsbürger können 30
aus Art. 5 Abs. 3 EUV **keine unmittelbaren Rechte ableiten.** Die Norm ist jedoch im Rahmen der allgemeinen Zuständigkeiten des EuGH **gerichtlich überprüfbar.** Angesichts der Allgemeinheit und Komplexität der Kriterien zeigt der Gerichtshof keine Bereitschaft, die Konkretisierung durch die EU-Organe einer echten Kontrolle zu unterwerfen. Zwar erklärt er, im (unwahrscheinlichen) Fall offenkundiger Fehleinschätzungen einschreiten zu wollen (EuGHE 2002, I-11453, Rs. C-491/01, „American Tobacco"). Eine wirksame Durchsetzung des Prinzips erfolgt aber schon deshalb nicht, weil sich der EuGH hinsichtlich der Folgebewertung regelmäßig an die Einschätzungen der politischen Organe anlehnt und nicht kritisch prüft (*Ritzer/Rutloff,* EuR 2006, 116).

Das Grundproblem der Vorschrift liegt darin, dass beide „Tests" auf den „Zielen der in 31
Betracht gezogenen Maßnahme" aufbauen. Wenn nur die EU-Organe **als Ziel einen einheitlichen Rechtszustand** definieren (so die Regel), werden alle Untersuchungen, ob nicht die MSen dies ebenso gut erreichen können, unterlaufen. Im Herzen der Subsidiaritätsidee steht die Frage, ob nicht vielleicht ein Wettbewerb der Rechtssysteme und Heterogenität sinnvoller sind (hierzu *Deakin,* ELJ 2006, 440); sie wird vom Subsidiaritätsprinzip in seiner heutigen Formulierung nicht thematisiert. Antworten hierauf lassen sich nur im Rahmen einer Suche nach den politischen Zielen der Integration entwickeln; diese Suche hat sich auf rechtlich-ökonomische und kulturelle Überlegungen zu stützen. Insofern ist das Vertrauen in die Möglichkeit einer rechtlichen Stärkung des Subsidiaritätsprinzips wohl schon im Ansatz verfehlt.

Man kann ohne Übertreibung sagen, dass die Schaffung des Art. 5 Abs. 3 EUV im 32
Maastricht-Vertrag zunächst eine **wahre Begeisterungswelle** ausgelöst hat. Viele meinten, dass sich durch diese Vorschrift der grundsätzliche kompetenzielle Terraingewinn der EU zurückdrängen, aufhalten oder jedenfalls rationalisieren lasse. Diese Hoffnungen sind bisher allerdings enttäuscht worden. Zwar wird im Lissabon-Vertrag bemerkenswerte Mühe auf die **„Verbesserung" und Effektivierung** des Subsidiaritätsprinzips verwandt. Nach nunmehr mehrjähriger Erfahrung erweist sich jedoch auch das neue Instrumentarium weiterhin als wenig wirksam. Die Tendenz der EU, sich (immer in „bester Absicht") der Regelung von Fragen zuzuwenden, in denen Heterogenität erträglich, vielleicht sogar gewinnbringend ist, ist ungebremst (skeptisch schon *Nettesheim,* EuR 2004, 511). Zwar mag es sein, dass die Existenz des Subsidiaritätsprinzips auf politischer Ebene zu einer gewissen Zurückhaltung bei der Regulierung geführt hat; die in einigen Bereichen zu beobachtende Zurückhaltung wird aber eher auf andere – strukturelle und politische – Faktoren zurückzuführen sein. Bislang hat das Prinzip im Binnenmarktbereich die Tendenz einer immer weitergehenden Tiefe und Dichte der Europäisierung nicht aufhalten können; im Bereich des RFSR zeichnet sich Ähnliches ab (*Herlin-Karnell,* 15 ELJ 2009, 315). Subsidiarität ist zu-

nächst und vor allem Ausdruck einer institutionell verankerten politischen Kultur; deren Existenz ist weiterhin nicht zu erkennen. Ohne die Entwicklung einer „Brüsseler Subsidiaritätskultur" werden unbestimmte Rechtsnormen keinen wirklichen Steuerungseffekt entfalten können.

b) Verhältnismäßigkeitsprinzip

33 Zudem müssen sich die Unionsmaßnahmen im Rahmen des Erforderlichen halten. Das **Verhältnismäßigkeitsprinzip des Art. 5 Abs. 4 EUV** begrenzt das Handeln der EU aus rechtsstaatlicher Sicht. Maßnahmen, die nicht geeignet und erforderlich sind, erweisen sich als rechtsstaatswidrig. Nachdem das Verhältnismäßigkeitsprinzip vom Gerichtshof in Anlehnung an deutsche Rechtstraditionen schon länger als allgemeines Rechtsprinzip anerkannt worden war (Rz. 9/39), ist es inzwischen als Voraussetzung des Handelns vertraglich vorgeschrieben. Der Vertrag spricht nur von der Stufe der Erforderlichkeit; dies impliziert auch die Prüfung der Geeignetheit. Offen ist, inwieweit in Art. 5 Abs. 4 EUV eine volle Prüfung der aus dem deutschen Recht bekannten Unterkriterien **Geeignetheit, Erforderlichkeit und Angemessenheit** verlangt wird (*Pache*, NVwZ 1999, 1033). Der EuGH schließt eine Prüfung der Angemessenheit, also eine Bewertung der Ziel-Mittel-Relation, nicht aus, wendet sie aber nur im Einzelfall und mit äußerster Zurückhaltung an. Das Gebot des Art. 5 Abs. 4 EUV ist justiziabel und wird vom EuGH auch regelmäßig angesprochen; die Prüfdichte ist allerdings gering (vgl. etwa EuGHE 2005, I-6451, verb. Rs. C-154/04 und C-155/04, „Alliance for Natural Health").

II. Delegation von Befugnissen

Literatur: *Rieckhoff,* Der Vorbehalt des Gesetzes im Europarecht, 2007; *Huster,* Europapolitik aus dem Ausschuss, Innenansichten des Ausschusswesens der EU, 2008; *Hofmann,* Legislation, Delegation and Implementation under the Treaty of Rome: Typology Meets Reality, 5 ELJ 2009, 482; *Möllers/von Achenbach,* Die Mitwirkung des EP an der abgeleiteten Rechtsetzung der Europäischen Kommission nach dem Lissabonner Vertrag, EuR 2011, 39; *Edenharter,* Die Komitologie nach dem Vertrag von Lissabon, DÖV 2011, 645; *Fabricius,* Abgeleitete Rechtsetzung nach dem Vertrag von Lissabon, ZEuS 2011, 567; *Stelkens,* Art. 291 AEUV, das Unionsverwaltungsrecht und die Verwaltungsautonomie der Mitgliedstaaten, EuR 2012, 511; *Bueren,* Grenzen der Durchführungsrechtssetzung im Unionsrecht – Neuerungen nach Lissabon?, EuZW 2012, 167; *Haselmann,* Delegation und Durchführung gemäß Art. 290 und 291 AEUV, 2012.

34 Der Vertrag sieht vor, dass der Gesetzgeber Rechtsetzungsbefugnisse übertragen kann. Während der Vertrag bislang nur vereinzelte Vorschriften zur Frage enthielt, inwieweit es dem Träger einer Kompetenz freisteht, diese zu delegieren, bewirkt der Lissabon-Vertrag eine grundlegende Neuordnung. Inzwischen sind die vertraglichen Regelungen durch eine sekundärrechtliche Konkretisierung ergänzt worden.

1. Delegierte Rechtsetzung (Art. 290 AEUV)

35 Nach Art. 290 AEUV kann in Gesetzgebungsakten (Art. 289 Abs. 3 AEUV) der Kommission die Befugnis übertragen werden, Ergänzungen oder Änderungen bestimmter nicht wesentlicher Vorschriften des betreffenden Gesetzgebungsaktes vorzunehmen. Ziele, Inhalt, Geltungsbereich und Dauer der Befugnisübertragung müssen ausdrücklich festgelegt werden; ebenfalls müssen die Bedingungen der Übertragung im Einzelnen festgelegt werden. Die in diesem Verfahren erlassenen Bestimmungen werden als „delegierte" Akte bezeichnet. Sie können allgemeinen Charakter aufweisen. Die KOM wird vom Rat und dem EP kontrolliert. Wesentliche Entscheidungsbefugnisse dürfen

nicht delegiert werden; dies ist vor allem anzunehmen, wenn es um die Bewältigung von gewichtigen Interessenkonflikten geht oder Grundrechtseingriffe zu bewirken sind (EuGH, Urt. v. 5.9.2012 C-355/10, „EP/Rat" zu einem delegierenden Ratsbeschluß). Bei der Vorlage von Vorschlägen ist sie aber nicht auf das Votum eines „Komitologie"-Ausschusses angewiesen. Die Delegation kann widerrufen werden; die Maßnahmen der KOM können zurückgewiesen werden. Für einen Einspruch benötigt der Rat allerdings eine qualifizierte Mehrheit (vgl. *Driessen,* EuLawRev 2010, 837). Hervorzuheben ist, dass auch im Wege der delegierten Rechtsetzung eine – allerdings begrenzte – Änderung des ermächtigenden Aktes möglich ist. Damit werden Befugnisse erteilt, die über die nach Art. 80 Abs. 1 GG mögliche Befugnisübertragung hinausgehen. Teilweise wird versucht, über das unionale Demokratieprinzip Vorgaben für das Verhalten des EP in Fällen der Wahrnehmung von Delegationsbefugnissen zu formulieren (*Möllers/von Achenbach,* EuR 2011, 39).

Die Regelung des Art. 290 AEUV ist an die Stelle des „Regelungsverfahrens mit Kontrolle" getreten, das der Kommission Durchführungsrechtsetzung unter Beteiligung des EP ermöglichte (im Einzelnen *Burson-Marsteller,* Comitology: The new EU Political Battleground, 2009). Einer besonderen Umsetzung dieser Bestimmung bedarf es nicht. Allerdings bedarf es der Konkretisierung. So müssen etwa die Fristen nach Abs. 2 lit b) konkretisiert werden; ebenfalls muss das Verfahren des Informationsaustausches näher ausgeformt werden. Diese Konkretisierung erfolgt gegenwärtig ad hoc in den einzelnen Rechtsakten; eine Mitteilung der Kommission vom 9.12.2009 (KOM (2009) 673 endg.) dient als Orientierungsrahmen. In Betracht käme eine allgemeine Konkretisierung – die Festlegung eines horizontalen Rahmens – durch interinstitutionelle Vereinbarung. 36

2. Durchführungsrechtsetzung (Art. 291 AEUV)

In Art. 291 AEUV legt der Vertrag die Grundlagen für die unionale Steuerung der mitgliedstaatlichen Durchführung von EU-Recht. Es geht hier nicht um die exekutive Durchführung (vgl. *Hofmann,* 5 ELJ 2009, 482 [493]). Es ist hervorzuheben, dass der Vertrag die diesbezügliche Verantwortung primär den MSen zuweist (Abs. 1). In Fällen, in denen Bedarf für eine Steuerung besteht, kann die Kommission – und ausnahmsweise der Rat – **Durchführungsrechtsakte** erlassen. Es geht hier um Befugnisse, die bislang im sog. „Komitologie"-Verfahren ausgeübt wurden. Die für die Umsetzung des Art. 291 AEUV erforderliche Regelung findet sich in der VO EU/182/2011 (ABl. 2011 L 55/13). Danach stehen für den Erlass von Durchführungsrechtsakten zwei Verfahren zur Verfügung. In beiden Fällen wirken Ausschüsse mit, die mit Sachverständigen und Amtsträgern der MSen besetzt werden. 37

Das jeweils einschlägige Verfahren wird im Basisrechtsakt bestimmt. Es ist damit nicht Sache der KOM, zu entscheiden, welches Verfahren sie zur Anwendung bringen will. Die VO legt fest, dass das **Prüfverfahren** grundsätzlich zur Anwendung kommen soll, wenn Akte „allgemeiner Tragweite" oder Akte mit Auswirkung auf „Programme mit substantiellen Auswirkungen", wichtige Sektoren wie Agrar- und Fischereipolitik, die Handelspolitik oder die Steuern erlassen werden sollen. Bei der **Durchführung eines Prüfverfahrens** kann die Kommission bei Zustimmung des jeweils eingeschalteten Ausschusses die Durchführungsmaßnahmen erlassen. Im Falle der Ablehnung hat die Kommission die Möglichkeit, eine geänderte Fassung vorzulegen; sie kann aber auch einen Beschwerdeausschuss anrufen. Sie ist am Erlass des Aktes gehindert, wenn auch dieser Ausschuss negativ votiert. Nimmt der zunächst eingeschaltete Ausschuss nicht Stellung, kann der Akt grundsätzlich ergehen. Dies gilt in verschiedenen Ausnahmefällen 38 nicht, vor allem dann, wenn der Akt die Besteuerung, Finanzdienstleistungen, den Schutz der Gesundheit oder der Sicherheit von Menschen, Tieren oder Pflanzen betrifft.

Das **Beratungsverfahren** soll in den anderen Fällen der Durchführungsrechtsetzung angewandt werden. Im Beratungsverfahren berücksichtigt die Kommission die Beratung und das Votum des Ausschusses „so weit wie möglich".

39 Es ist zu begrüßen, dass das Prüfverfahren zum in wichtigen Fragen anwendbaren Regelverfahren gemacht wurde. Die Verordnung lässt bei der Wahl des Verfahrens allerdings so großen Spielraum, dass sich letztlich erst in der Praxis entscheiden wird, wie sehr sich die KOM bei der Wahrnehmung ihrer Befugnisse der Macht eines Ausschusses unterwerfen wird. Hinter der scheinbar technischen Fassade der VO geht es um grundlegende Fragen der Machtverteilung zwischen MSen und KOM (zur gerichtlichen Überprüfbarkeit von „post-legislative guidance" allgemein: *Scott,* CMLRev 2011, 329).

3. Sonstige Delegation

40 Die Bestimmungen der Art. 290, 291 AEUV regeln die **delegierte Rechtsetzung** abschließend. Die vertraglichen Vorgaben dürfen nicht umgangen werden. Dies schließt es aber nicht aus, Verwaltungs- und sonstige Befugnisse zu delegieren. Diesbezüglich enthält der Vertrag keine ausdrückliche Regelung. Der EuGH geht in ständiger Rechtsprechung davon aus, dass Delegationen nur dann zulässig sind, wenn sie bestimmten **einschränkenden Anforderungen** genügen (zur Verwaltungskommission im Recht der Wanderarbeitnehmer etwa EuGHE 1981, 1241, Rs. 98/80 „Romano/INAMI"). Die Art und Weise der Ausübung der Delegationsbefugnisse der Kommission hat sich grundsätzlich im Rahmen des vom Rat gesetzten Grundaktes, insbesondere der hierin enthaltenen grundsätzlichen Ausrichtung der Unionspolitik, zu halten (EuGHE 1987, 2686, Rs. 46/86 „Romkes"; SchlA GA Kokott vom 22.5.2007, EuGHE I-9045, Rs. C-403/05 „Europäisches Parlament/KOM", Rz. 77; Ratsbeschluss v. 28.6.1999, ABl. L 184/23). Im Interesse effektiver Durchführung der europäischen Vorschriften wird die Möglichkeit großzügiger Auslegungen der Durchführungsermächtigungen betont (st. Rspr.; EuGHE 1975, 1279, Rs. 23/75 „Rey Soda/Cassa Conguaglio Zucchero"; EuGE 2007, II-4619, Rs. T-310/06 „Ungarn/Kommission", Rz. 122). Die Bestimmtheitsanforderungen entsprechen allerdings nicht der deutschen „Wesentlichkeitstheorie". Insgesamt nimmt der EuGH sich bei der Überprüfung von Delegationen weit zurück. Dies gilt auch für einzelfallbezogene Durchführungsmaßnahmen (hierzu *Riedel,* EuR 2006, 512).

41 Über die erwähnten Delegationsmöglichkeiten hinaus steht das EU-Recht internen Zuständigkeitsverschiebungen (durch Unterermächtigungen u. Ä.) **grundsätzlich ablehnend gegenüber.** Sie würden das „institutionelle Gleichgewicht" gefährden (EuGHE 1980, 3333, Rs. 138/79 „SA Roquettes Frères/Rat"; EuGHE 1990, I-2041, Rs. C-70/88 „EP/Rat"). Die Rechtsetzungsgewalt der EU ist in ihrem komplizierten Zusammenspiel überstaatlicher und nationaler Interessen in den Verträgen genau definiert. Damit vertragen sich prinzipiell keine Abweichungen aus Gründen der Praktikabilität, zeitlicher Verkürzungen u. ä. zu Lasten der Grundentscheidungen. Dies gilt insbesondere für die **Kollegialentscheidung im Rat und in der Kommission.** Weder der Rat noch die Kommission können dem Organ insgesamt übertragene Rechtsetzungsbefugnisse, im Sinne einer Selbstermächtigung, auf einzelne Mitglieder

des Organs (z. B. auf den Präsidenten) übertragen oder andere Erleichterungen des Rechtsetzungsverfahrens beschließen. Lediglich im Rahmen interner Verwaltung oder zur Vorbereitung späterer Kollegialbeschlüsse können einzelne oder mehrere Kommissionsmitglieder sowie Generaldirektoren und Dienstleiter zu bestimmten Maßnahmen ermächtigt werden (Art. 13–14 der GO der Kommission).

Die Unionsrechtsordnung und die nationale Rechtsordnung bilden zwei getrennte 42
Kreise. Dies schließt es grundsätzlich aus, dem Unionsnormgeber die Befugnis zu geben, **eine Delegation** von Rechtsetzungsgewalt der EU an die **Mitgliedstaaten** zu bewirken. Zwar haben die MSen das Unionsrecht zu vollziehen (Rz. 12/1 ff.). Sie haben auch im Rahmen der „Unionstreue" nach Art. 4 Abs. 3 EUV alle geeigneten Maßnahmen zur Erfüllung ihrer unionsrechtlichen Verpflichtungen zu treffen bzw. insoweit gefährdende Maßnahmen zu unterlassen. Besondere Ermächtigungen der EU an MSen zur näheren Durchführung von EU-Recht in Gestalt nationalen Rechtes sind dagegen unüblich und wären systemfremd.

III. Das Verfahren der Rechtsetzung

Literatur: *Wewers,* Das Zugangsrecht zu Dokumenten in der europäischen Rechtsordnung, 2003; *Riemann,* Die Transparenz in der EU, 2004; *Griebel,* Die verfahrensrechtliche Absicherung von Informationsfreiheitsrechten in rechtsvergleichender Sicht, 2007; *Wessels,* Gesetzgebung in der Europäischen Union, in: *Ismayr* (Hrsg.), Gesetzgebung in Westeuropa, 2008, 653; *Schusterschitz,* in: *Hummer/Obwexer* (Hrsg.), Der Vertrag von Lissabon, 2009, 209; *Kröll,* in: *Eilmansberger* u. a. (Hrsg.), Rechtsfragen der Implementierung, 2011, 313; *Melin,* Die Rolle der deutschen Bundesländer im europäischen Rechtsetzungsverfahren nach Lissabon, EuR 2011, 655; *Philipp,* Zugang zu Dokumenten Lissabon-konform ausgestalten, EuZW 2012, 44.

1. Die Wandlungen des Verfahrensrechts

In der Entwicklungsgeschichte des Verfahrensrechts lassen sich klar abgrenzbare Peri- 43
oden erkennen. In den Anfangsjahren der sog. Gemeinschaftsmethode spielte sich Rechtsetzung zwischen der vorschlagsbefugten Kommission und dem einstimmig entscheidenden Rat ab; das Parlament war nicht entscheidend beteiligt. In der zweiten Phase, die Mitte der 1980er Jahre einsetzte, kam es zu einer Ausdifferenzierung des Verfahrensrechts, mit der den Sachgegebenheiten und der politischen Sensibilität der jeweiligen Bereiche Rechnung getragen werden sollte. Der Preis hierfür war eine hochgradige Fragmentierung und Heterogenität des in eine kaum überschaubare Vielzahl von Verfahren zerfaserten Verfahrensrechts. Vor allem mit dem Lissabon-Vertrag ist es dann gelungen, diesen Prozess umzukehren und eine deutliche Entdifferenzierung des Verfahrensrechts zu bewirken. Dies bedeutet allerdings nicht, dass nicht weiterhin eine Mehrzahl von Verfahren in wenig transparenter Weise nebeneinander stehen (zur Qualität der Gesetzgebung: *von Danwitz,* JZ 2006, 1).

2. Die Verfahrensarten: Überblick und Abgrenzungen

Mit dem Vertrag von Lissabon ist das **„ordentliche Gesetzgebungsverfahren"** 44
(Art. 289 AEUV) zum Regelverfahren gemacht worden. Dahinter steht eine im Wesentlichen formale Konzeption: Der Begriff steht für eine bestimmte Verfahrensform, nicht für ein bestimmtes Ergebnis. Dieses Verfahren endet nicht in dem Erlass eines Gesetzes. In ihm kann jeder außenrechtsverbindliche Akt erlassen werden. Das Verfahren ist anzuwenden, wenn die einschlägige Kompetenznorm darauf verweist: Gesetzgebung kann nur auf der Grundlage vertraglicher Kompetenznormen erfolgen.

Bei der Entscheidung, wann dies der Fall ist, ist der Vertragsgeber eher willkürlich verfahren (kritisch *Dougan*, CMLRev. 2008, 617 [647]). In manchen wichtigen Bereichen (wie z. B. Art. 74, 83 Abs. 1 UAbs. 3, 103 AEUV) wird der Gebrauch des ordentlichen Gesetzgebungsverfahrens nicht vorgesehen. Besonders auffällig ist, dass der Gebrauch der allgemeinen (Art. 48 Abs. 7 EUV) und der besonderen Brückenklauseln (z. B. Art. 81 Abs. 3 UAbs. 2, 153 Abs. 2 UAbs. 4 AEUV), die eine Änderung der Abstimmungsmodalitäten im Rat oder des anzuwendenden Gesetzgebungsverfahrens zulassen, nicht den Gebrauch des Gesetzgebungsverfahrens voraussetzen. Teilweise stellen gleichartige Verfahren „besondere Gesetzgebungsverfahren" dar, ein anderes Mal aber sonstige Verfahren (Art. 23 Abs. 2, Art. 109 AEUV). Im Bereich der GASP sind Gesetzgebungsakte ausdrücklich ausgeschlossen (Art. 24 Abs. 1 UAbs. 2 EUV). Die Konzeption des „Gesetzgebungsverfahrens" gewinnt aber auch materiale Inhalte: Einen „Gesetzes"-Vorbehalt begründet Art. 290 Abs. 1 AEUV insofern, als die „wesentlichen Aspekte" eines Bereichs durch den Gesetzgebungsakt selbst – und nicht durch Durchführungsakte – zu regeln sind (vgl. schon EuGHE 2005, I-10552, Rs. C-66/04 „Vereinigtes Königreich/Parlament und Rat"; *Ohler*, JZ 2006, 358). Gesetzgebungsakte können auch nicht nach Art. 263 Abs. 4 3. Alt. AEUV angegriffen werden. Für die Zustimmung zu internationalen Abkommen gebietet sich die Wahl des Gesetzgebungsverfahrens ausnahmslos (Art. 3 Abs. 2 AEUV).

45 In förmlicher Hinsicht ist die Tragweite des Konzepts größer. Im ordentlichen Gesetzgebungsverfahren ist die gleichberechtigte Mitwirkung des EP zwingend (Art. 289 Abs. 1 AEUV). Nationale Parlamente müssen eingeschaltet werden (Art. 12 lit. a) EUV). Das Frühwarnsystem der Subsidiaritäts- und Verhältnismäßigkeitskontrolle greift nur hier. Im Rat werden diese Akte öffentlich behandelt (Art. 16 Abs. 8 EUV; Art. 15 Abs. 2 AEUV).

46 Aufgrund dieser Gegebenheiten ist in der Verwendung des Begriffs der „Gesetzgebung" nicht lediglich eine – funktionslose – Reminiszenz zu erblicken, die an den (politisch nicht akzeptierten) Versuch des Verfassungsvertrags erinnert, sich einer konstitutionellen Sprache zu bedienen. In Art. 289 Abs. 1 AEUV ist der **Nukleus eines Rechtsetzungsverfahrens** angelegt, dem in besonderer – und über den Bestand im EUV (Nizza) hinausgehender – Weise die Eignung zur Legitimationsstiftung zukommt. In Fällen, in denen der Vertrag dem Normgeber Wahlfreiheit eröffnet, kann dies bei hinreichender Bedeutung der Regelungsangelegenheit zur Wahl des Gesetzgebungsverfahrens zwingen.

47 Darüber hinaus kennt das EU-Recht das **besondere Gesetzgebungsverfahren** (Art. 289 Abs. 2 AEUV). EP und Rat wirken hier nicht gleichberechtigt, sondern je nach Bereich in unterschiedlicher Rolle. Wenn der Rat entscheidet, kann sich die Rolle des EP auf eine Anhörung oder ein Zustimmungsverweigerungsrecht beschränken (vgl. etwa Art. 19 Abs. 1, 25 Abs. 1, 86 Abs. 1 AEUV). Bei der Festlegung der Rechtsstellung der Abgeordneten entscheidet das EP mit Zustimmung des Rats (Art. 223 Abs. 2 AEUV).

48 Der Vertrag sieht darüber hinaus vielfältige Formen der **Rechtsetzung ohne Gesetzgebungsqualität** vor. Dies gilt insbesondere für den Bereich der delegierten und der Durchführungsrechtsetzung. Dieses Rechtsetzungsverfahren ist dadurch gekennzeichnet, dass der Rat grundsätzlich ohne Mitwirkung des EP entscheidet. Dies rechtfertigt sich in manchen Bereichen (GASP) dadurch, dass der Vertragsgeber einer vollständi-

gen Vergemeinschaftung weiterhin skeptisch gegenüber steht. In anderen Fällen geht es um Rechtsetzung, die dem Bereich der Gubernativ- oder Exekutivfunktion zugeordnet ist.

Die vertraglich vorgesehenen **Kompetenz-, Beteiligungs- und Mitwirkungsregeln** 49 bezwecken eine genaue und umfassende Vorbereitung des beabsichtigten Rechtsaktes (EuGHE 1960, 743, Rs. 25/59 „Niederlande/Hohe Behörde"). Hinsichtlich der Beteiligung des Parlaments hat der Gerichtshof entschieden (EuGHE 1995, I-1185, Rs. C-417/93 „Parlament/Rat"), dass es sich um ein wesentliches Formgebot handelt, bei dessen Verletzung der Rechtsakt **nichtig** ist. Dies gilt auch für andere Beteiligungsrechte.

3. Ausgewählte Typen des Rechtsetzungsverfahrens

Es kann im Folgenden nicht darum gehen, alle im EU-Recht nachweisbaren Rechts- 50 etzungsverfahren im Einzelnen zu behandeln. Vielmehr sollen aus dem Bereich des AEUV die wichtigsten Typen behandelt werden.

a) Das ordentliche Gesetzgebungsverfahren (Art. 294 AEUV)

Im **Zentrum der europäischen Rechtsetzung** steht heute politisch und rechtlich das 51 ordentliche Gesetzgebungsverfahren (Dokumentencode: COD). Es hat quantitativ und qualitativ das größte Gewicht. Es findet in 85 Tätigkeitsbereichen Anwendung (zum Vergleich: im Nizza-Vertrag galt das Mitentscheidungsverfahren nur in 44 Bereichen). Besondere Bedeutung hat die Erstreckung in die Bereiche von Landwirtschaft und Fischerei, der Freiheit, Sicherheit und des Rechts, der gemeinsamen Handelspolitik und der Durchführungsgesetzgebung. Sein Wert liegt darin, dass das Parlament hier ein echtes Mitentscheidungsrecht besitzt. EP und Rat wirken gleichberechtigt zusammen und erlassen – als gemeinsamer Gesetzgeber – die Gesetzgebungsakte gemeinsam. Das ordentliche Gesetzgebungsverfahren entspricht in weiten Zügen dem bisherigen Verfahren der Mitentscheidung (Art. 251 EGV). Einzelne Aspekte des Ablaufs des Verfahrens werden in einer „Rahmenvereinbarung über die Beziehungen zwischen dem Europäischen Parlament und der Kommission" (in der Fassung vom 20.10.2010; ABl. 2010 L 304/47) näher ausgestaltet. Im Übrigen gibt eine – bislang terminologisch noch nicht umgestellte – „Gemeinsame Erklärung zu den praktischen Modalitäten des neuen Mitentscheidungsverfahrens" von Parlament, Rat und Kommission (2007/C 145/02; ABl. 2007 C 145/5) über die politische Praxis Auskunft; sie findet sich als Anhang XX in der Geschäftsordnung des EP. Die Grundlage für interinstitutionelle Vereinbarungen findet sich in Art. 295 AEUV.

aa) Gesetzgebungsinitiative

Das ordentliche Verfahren wird regelmäßig durch einen **Vorschlag der KOM** eingelei- 52 tet. EP und Rat können die Kommission zur Initiative auffordern (Art. 225, 241 AEUV). In Einzelfällen kann das Initiativrecht aber auch von einer Gruppe von MSen, der Europäischen Zentralbank oder dem Gerichtshof ausgeübt werden (vgl. Art. 294 Abs. 15 AEUV). Die Kommission greift bei der Ausarbeitung eines Vorschlags auch auf Sachverstand von außen zurück – durch Anhörungen, Einladungen zur Stellungnahme etc. Regelmäßig werden Studien dazu erstellt, welche Folgen ein Rechtsetzungsakt haben wird („impact assessment"). Häufig werden Rechtsetzungsvorhaben langfristig durch die Anfertigung von „Grünbüchern" und „Weißbüchern" vorbereitet. Ein Abstimmungsprozess wird auch innerhalb der Kommission durchlaufen, um sicherzustellen, dass die verschiedenen Anschauungen der verschiedenen Generaldirektionen und Dienste Berücksichtigung finden. Der Kommissionsvorschlag muss vom Kollegium „Kommission" verabschiedet werden – sei es im Verfahren mündlicher Beratung, sei es im schriftlichen Umlaufverfahren. Der Vorschlag ist den nationalen Parlamenten zu übermitteln, um ihnen innerhalb einer Frist von acht Wochen die Subsidiaritätsprüfung zu ermöglichen. Er wird gleichzeitig dem Parlament und dem Rat übermittelt. Soweit dies im Vertrag vorgesehen ist, werden der Europäische Wirtschafts- und Sozialausschuss und der Ausschuss der Regionen konsultiert. Die Verbindung des Initiativmonopols der Kommission und des Erfordernisses der Einstimmigkeit einer Abänderung im Rat wird oft als „Gemeinschaftsmethode" („Methode Monnet") bezeichnet. Die Kommission veröffentlicht ihren Vorschlag im Amtsblatt Teil C.

bb) Erste Lesung im EP

53 Es schließt sich sodann die **erste Lesung im Parlament** an. Der Vertrag sieht hierfür keinen Zeitrahmen vor. In der Praxis dauert der Prozess der ersten Lesung im Durchschnitt acht Monate. Die parlamentarische Entscheidung wird von einem Berichterstatter vorbereitet, der zu dem Vorschlag Stellung bezieht. Der **Bericht** wird zunächst im zuständigen Parlamentsausschuss diskutiert und sodann im Plenum behandelt. Das Parlament entscheidet zunächst über Änderungsanträge, die zu dem Bericht des zuständigen Ausschusses gemacht werden, sodann über den gegebenenfalls geänderten Vorschlag selbst. Im Anschluss wird ein legislativer Standpunkt verabschiedet, in dem sich das Parlament darüber erklärt, ob es den Vorschlag der Kommission billigt, ablehnt oder Änderungen dazu vorschlägt, sowie Anträge zum Verfahren stellt. Das Parlament entscheidet mit **einfacher Mehrheit** (Einzelheiten: Art. 53ff. der Geschäftsordnung des Parlaments). In einem Fall, in dem der Bericht des Berichterstatters im zuständigen Ausschuss mit einer Mehrheit von über 90% gebilligt wurde, wird das Parlament regelmäßig ohne weitere Aussprache und Änderung abstimmen („vereinfachtes Verfahren"; Art. 46 und Art. 138 der GO).

54 Nach Art. 293 Abs. 2 AEUV kann die Kommission ihren Vorschlag im Lichte der Vorstellungen des Parlaments **ändern.** Dabei lässt sich die Kommission auf der einen Seite von ihren politischen Vorstellungen leiten, auf der anderen Seite aber auch von dem Ziel der Erleichterung politischer Kompromissbildung.

cc) Behandlung im Rat

55 Der Rat legt seinen Standpunkt in einem Verfahren fest, das *zeitgleich* mit der ersten Lesung im EP und in enger Abstimmung mit dessen Abgeordneten durchlaufen wird. Der Vertrag sieht auch hier **keine zwingenden Fristen** vor; in der Praxis dauert das Verfahren regelmäßig bis zu 18 Monate. In politisch schwierigen Fragen können aber auch Jahre vergehen, bis der Rat entscheidet. Gelegentlich bleiben Vorschläge auf dieser Ebene auch stecken.

56 Die **Entscheidung des Rats** wird durch Arbeitsgruppen vorbereitet, in welche die nationalen Verwaltungen eng einbezogen sind. Den Vorsitz führt jeweils der Vertreter des Staats, der gerade die Präsidentschaft innehat; das Generalsekretariat des Rats unterstützt ihn hierbei. Der Rat legt seinen Standpunkt auf der Grundlage der Vorstellungen fest, die das Parlament in seiner ersten Lesung definiert hat. Allerdings kann es bereits zur Festlegung einer Ratsposition („general approach") kommen, bevor das

Parlament entschieden hat. Der Rat beschließt zunächst politisch („political agreement"); dieser Beschluss wird sodann in Arbeitsgruppen ausgearbeitet und rechtlich überprüft. Erst im Anschluss kommt es dann auf einer späteren Sitzung des Rats zur förmlichen Entscheidung.

Dabei sind **drei Situationen** denkbar: 57
- Billigen Parlament und Rat den Vorschlag der Kommission, ohne Änderungen vorzunehmen, gilt der Akt als verabschiedet (Art. 294 Abs. 4 AEUV). Er wird von den Generalsekretären und den Präsidenten des Europäischen Parlaments und des Rates unterzeichnet und im Amtsblatt der Europäischen Union veröffentlicht.
- Billigt der Rat den Akt so, wie ihn das Parlament geändert hat, so kann der Akt erlassen werden.
- In allen anderen Situationen legt der Rat einen „Standpunkt des Rates" fest. Dieser Standpunkt wird mit einer Begründung dem Parlament übermittelt. Auch die KOM unterrichtet das Parlament über ihre Sichtweise.

Der Rat führt seine **Beratungen öffentlich** durch. Ist es im Ausschuss der Ständigen Vertreter zu einer Einigung gekommen („A"-Gegenstand), dann wird ohne Aussprache entschieden; andernfalls („B"-Gegenstand) wird beraten. Der Rat entscheidet *grundsätzlich* mit qualifizierter Mehrheit. Für Abweichungen von der Position der Kommission bedarf es im Regelfall der Einstimmigkeit (Art. 293 Abs. 1 AEUV). 58

In den Art. 48, 82 und 83 AEUV wird die Möglichkeit begründet, dass ein MS gegenüber einem Vorhaben die „Notbremse" zieht. Wird der Antrag gestellt, den Europäischen Rat mit einem Vorschlag zu befassen, wird das ordentliche Gesetzgebungsverfahren bis zu vier Monaten ausgesetzt. Der EuRat kann beschließen, den Entwurf entweder an den Rat zurückzuverweisen, keine Maßnahme zu ergreifen, oder die Kommission aufzufordern, einen neuen Vorschlag zu unterbreiten. 59

dd) Zweite Lesung im Parlament

Das Parlament hat nunmehr darüber zu entscheiden, wie es sich zum Gemeinsamen Standpunkt des Rates stellt. Dabei setzt ihm der Vertrag einen Zeitrahmen von drei Monaten (Verlängerungsmöglichkeit: ein Monat, Art. 294 Abs. 14 AEUV). 60

Das **Verfahren im Parlament** entspricht weitgehend jenem bei der ersten Lesung. Die Beratungen beziehen sich nunmehr allerdings auf den Akt in der Form, wie er im Gemeinsamen Standpunkt des Rates niedergelegt ist. Das Parlament kann Änderungsvorschläge erneut aufnehmen, die es in der ersten Lesung gemacht hat, die aber in dem Standpunkt des Rats nicht akzeptiert wurden; es kann sich mit Bestandteilen des Standpunkts befassen, die von der Position der Kommission abweichen; es kann schließlich den Versuch einer Kompromissbildung unternehmen. Möglich ist es auch, einen neuen Sachverhalt bzw. eine neue Rechtslage zu berücksichtigen, die seit der ersten Lesung eingetreten sind (im Einzelnen: Art. 61 ff. der Geschäftsordnung des EP).

Die Entscheidung des Parlaments wird wiederum zunächst im zuständigen Ausschuss vorbereitet. Die Entscheidung wird im Plenum mit der absoluten Mehrheit der Mitglieder getroffen. Dabei können sich die **folgenden Situationen** ergeben: 61
- Findet der Standpunkt des Rates die Billigung des Parlaments, oder gelingt es im Parlament nicht, eine absolute Mehrheit der Mitglieder für Änderungsvorschläge

zu gewinnen, oder entscheidet das Parlament nicht innerhalb der gesetzten Frist, so erklärt der Präsident des Parlaments den Gemeinsamen Standpunkt als gebilligt (Art. 294 Abs. 7a) AEUV. In diesem Fall wird der Akt in der oben beschriebenen Form unterzeichnet und im Amtsblatt veröffentlicht. Es müssen die Art des entsprechenden Rechtsakts, die Ordnungsnummer, der Zeitpunkt seiner Annahme und die Bezeichnung seines Gegenstands angegeben werden. Zudem sieht die Geschäftsordnung weitere Förmlichkeiten vor (Art. 68 der Geschäftsordnung des EP).

- Lehnt das Parlament demgegenüber den Gemeinsamen Standpunkt mit der Mehrheit der Mitglieder ab, so gilt der Akt als nicht angenommen (Art. 294 Abs. 7b) AEUV). Eine Wiederaufnahme wäre nur auf der Grundlage einer neuen Kommissionsinitiative möglich.
- Schließlich ist es dem Parlament möglich, Änderungen vorzuschlagen (Art. 294 Abs. 7 lit. c) AEUV). Diese Änderungen werden der Kommission und dem Rat zugeleitet.

62 Die Kommission ist aufgefordert, zu den Änderungsvorschlägen des Parlaments Stellung zu nehmen. Diese **Stellungnahme** ist wichtig, weil sie Einfluss darauf hat, welches Quorum bei der abschließenden Entscheidung im Rat erforderlich ist: Äußert sich die Kommission zu einem Vorschlag des Parlaments negativ, kann der Rat den Akt nur einstimmig in der vom Parlament vorgeschlagenen Form annehmen (Art. 294 Abs. 9 AEUV).

ee) Zweite Lesung im Rat

63 Der Vertrag bestimmt, dass der Rat innerhalb eines **Zeitraums von drei Monaten** (Verlängerungsmöglichkeit: ein Monat) über die Änderungsvorschläge des Parlaments zu entscheiden hat. Es geht in diesem Verfahrensabschnitt um die Formulierung eines politischen Kompromisses. Informelle Verfahren der Abstimmung und Entscheidungsfindung sind wichtig (hierauf weist die oben zitierte „Gemeinsame Erklärung" hin). Hierbei kommt es zu Sitzungen, in denen Vertreter von Parlament und Rat, meistens aber von Parlament, Rat und Kommission vertreten sind. Im Allgemeinen werden jedenfalls der Berichterstatter des Parlaments (und „Schattenberichterstatter" anderer politischer Gruppierungen), fachlich zuständige Beamte aus der Kommission und der Vorsitzende der Arbeitsgruppe des Rats, die sich mit dem Vorhaben beschäftigt hat, anwesend sein. Eine Einbeziehung der Kommission ist wichtig, weil es ohne die Billigung der Kommission zu einer Zustimmung des Rats nur einstimmig kommen kann (oben Rz. 11/52ff.).

64 Bei der Behandlung durch den Rat können **folgende Situationen** auftreten:

- Billigt der Rat die Änderungsvorschläge des Parlaments, dann gilt der Akt in der Form des Standpunkts und der Änderungen als angenommen, Art. 294 Abs. 8a) AEUV.
- Nimmt der Rat die Änderungsvorschläge innerhalb der gesetzten Frist nicht an, so ruft der Präsident des Rats (im Einvernehmen mit dem Präsidenten des Parlaments) binnen sechs Wochen (Verlängerungsmöglichkeit: zwei Wochen) einen Vermittlungsausschuss (Art. 294 Abs. 8 AEUV) ein.

65 Das im Rat erforderliche **Entscheidungsquorum** richtet sich, wie bereits festgestellt wurde, danach, wie sich die Kommission zu den Vorschlägen des Parlaments stellt.

Im Regelfall entscheidet der Rat mit qualifizierter Mehrheit; bei ablehnender Äußerung der Kommission bedarf es für die Annahme des Aktes der Einstimmigkeit.

ff) Vermittlungsverfahren

Der Vermittlungsausschuss hat einen **Zeitraum von sechs Wochen** (Verlängerungsmöglichkeit: zwei Wochen), um einen Kompromissvorschlag zu erzielen (Art. 294 Abs. 10 AEUV). Die Tagungen finden abwechselnd in Räumen des Rats und des EP statt. Die Vermittlungsverhandlungen werden auf der Basis der jeweiligen Standpunkte des Parlaments und des Rates in zweiter Lesung geführt. Eine Orientierung über Unstrittiges (Teil A) und Strittiges (Teil B) bietet ein gemeinsames Arbeitsdokument der beiden Delegationen. Die Zeit vor dem ersten Zusammentritt wird regelmäßig bereits dazu verwendete, in Arbeitsgruppen, die sich aus Vertretern der drei beteiligten Seiten zusammensetzen (Parlament, Rat, Kommission [„Trilogie"]), Kompromissmöglichkeiten auszuloten. 66

Der Vermittlungsausschuss setzt sich aus einer gleichen Anzahl von Vertretern des Rats und des Parlaments zusammen. Im Regelfall setzt sich die **Delegation des Rats** aus den ständigen Vertretern der MSen im AStV (COREPER) zusammen; es können aber auch die Ratsmitglieder selbst sein. Den Vorsitz übernimmt der Minister, der dem Rat in der jeweils fachlich zuständigen Zusammensetzung vorsteht. Die **Delegation des Parlaments** setzt sich aus 28 Abgeordneten und 28 Vertretern zusammen. Drei Vizepräsidenten des Parlaments sind dauernde Mitglieder des Vermittlungsausschusses und leiten die Delegation im Wechsel. Die übrigen Mitglieder werden von den politischen Gruppen im Parlament je nach Kräfteverhältnis vorgeschlagen. Das zuständige Mitglied der Kommission nimmt an den Sitzungen des Vermittlungsausschusses beratend teil. Geleitet werden die Sitzungen gemeinsam von den beiden Delegationsvorsitzenden. 67

Die Verhandlungen werden meist in Form einer **„trilateralen" Abstimmung** in kleinen Arbeitskreisen geführt; deren Ergebnisse werden dann jeweils den Delegationen unterbreitet. Die Kommission, die an den Sitzungen der Delegationen von Parlament und Rat teilnehmen kann, spielt eine wichtige Rolle als Vermittler. Kompromisse werden häufig in Form von „package deals" geformt (vgl. EuGHE 2006, I-403, Rs. 344/04, „International Air Transport"). 68

Der **Entwurf eines Kompromisses** muss von jeder Delegation nach den jeweils eigenen Regeln gebilligt werden. Die Delegation des Parlaments entscheidet mit einfacher Mehrheit der Mitglieder. Die Delegation des Rats entscheidet grundsätzlich mit qualifizierter Mehrheit; in Fällen, in denen der Vertrag Einstimmigkeit vorsieht, bedarf es auch in der Abstimmung im Vermittlungsausschuss der Einstimmigkeit. Für das Quorum der Entscheidung kommt es nicht mehr darauf an, wie sich die Kommission zu dem Kompromiss stellt (anders in der zweiten Lesung (oben Rz. 11/63). 69

Gelingt es dem Vermittlungsausschuss nicht, einen „Gemeinsamen Entwurf" vorzulegen, ist das Rechtsetzungsverfahren gescheitert (Art. 294 Abs. 12 AEUV). 70

Wird ein **„Gemeinsamer Entwurf"** vorgelegt, müssen Parlament und Rat darüber endgültig abstimmen (Zeitrahmen: sechs Wochen; Verlängerungsmöglichkeit: zwei Wochen). Dabei entscheidet das Parlament mit der Mehrheit der abgegebenen Stimmen, ohne dass Änderungsvorschläge gemacht werden dürfen. Der Rat entscheidet 71 grundsätzlich mit **qualifizierter Mehrheit.** Während die Entscheidung im Rat keine Schwierigkeiten bereitet (Delegation im Vermittlungsausschuss und Rat sind politisch identisch zusammengesetzt), kann es im Parlament zu Problemen kommen. Die Position der 28 Vertreter des Parlaments im Vermittlungsausschuss muss nicht jener der Mitglieder des Parlaments entsprechen.

72 Seit Inkrafttreten des Amsterdamer Vertrages ist es vereinzelt dazu gekommen, dass der „Gemeinsame Entwurf" nicht die Billigung des Parlaments fand (Übernahmerichtlinie (1995/0341 COD) 2001; Hafendienstleistungen (2001/0147 COD) 2003).

b) Das besondere Gesetzgebungsverfahren

73 Das besondere Gesetzgebungsverfahren (Art. 289 Abs. 2 AEUV) hat im AEUV keine inhaltliche Ausgestaltung in der Tiefe erfahren, wie sie sich in Art. 294 AEUV für das ordentliche Gesetzgebungsverfahren findet. Allerdings macht der AEUV einzelne Vorgaben. Das Verfahren fasst das bisherige Verfahren der Anhörung und jenes der Zustimmung zusammen. Der Grad der Vergemeinschaftung ist insbesondere in Fällen, in denen das EP lediglich angehört wird, deutlich geringer. Es ist dadurch gekennzeichnet, dass EP und Rat nicht gleichberechtigt wirken. Im Folgenden soll das Verfahren in Fällen beschrieben werden, in denen der Rat die Entscheidungsgewalt hat.

aa) Das Konsultationsverfahren

74 Das Konsultationsverfahren (Dokumentencode CNS) spielt weiterhin eine gewichtige Rolle (z. B. Art. 21 Abs. 3; Art. 22 Abs. 1; Art. 23 Abs. 2; Art. 77 Abs. 3; Art. 81 Abs. 3; Art. 87 Abs. 3; Art. 89; Art. 113; Art. 118 Abs. 2; Art. 126 Abs. 14 UAbs. 2, 3 AEUV). Auch in diesem Fall wird das Verfahren grundsätzlich durch einen Vorschlag der Kommission eingeleitet **(Initiativrecht der Kommission).** Hiermit soll sichergestellt werden, dass sich die Formulierung eines Rechtsetzungsvorschlags an dem Gedanken eines europäischen Gemeinwohls orientiert. Ein Rückfall in zwischenstaatliche Kompromisslösungen soll jedenfalls der Idee nach verhindert werden. In einzelnen Fällen kann ein Vorschlag auch vom EP, der EZB, dem EuGH oder von einer Gruppe von MSen eingebracht werden.

75 Die **Kommission bereitet ihre Vorschläge** auf der Grundlage eines ausführlichen Beratungsprozesses vor (oben Rz. 11/52).

76 Unter Zugrundelegung des Vorschlags der Kommission werden sodann die jeweils vertraglich zu beteiligenden Institutionen konsultiert. In einem Fall, in dem der Rat den Akt erlassen kann, gilt dies jedenfalls für das EP, darüber hinaus (bei vertraglicher Anordnung) für den Europäischen Wirtschafts- und Sozialausschuss und den Ausschuss der Regionen. Das **Parlament** kann den Vorschlag der Kommission billigen, ihn ablehnen oder Änderungen beantragen.

77 Entschließt sich das Parlament dazu, Änderungen vorzuschlagen, so berät die **Kommission** darüber, inwieweit sie diese Vorschläge des Parlaments in ihren Rechtsakt einfließen lassen will. Entschließt sich die Kommission zur Änderung des Vorschlags, übermittelt sie dem Rat einen geänderten Vorschlag.

78 Der Rat hat die **abschließende Entscheidungsgewalt.** Er kann einen (ggf. geänderten) Vorschlag verabschieden, ihn nochmals ändern oder auch verwerfen. Eine Bin-

dung an ein ablehnendes Votum des Parlaments besteht im Fall einer bloßen Anhörung nicht. Der Rat kann – in diesem wie in allen anderen Verfahren – einen Vorschlag der Kommission allerdings nur *einstimmig* ändern, Art. 293 Abs. 1, 1. HS AEUV. Die Entscheidungsmehrheit im Rat bei Annahme des Vorschlags bestimmt sich nach der jeweiligen Kompetenznorm. Es gibt Bereiche, in denen eine qualifizierte Mehrheit ausreicht; in anderen Bereichen muss der Rat einstimmig entscheiden.

bb) Das Zustimmungsverfahren

In Fällen, in denen das Zustimmungsverfahren zur Anwendung kommt (Dokumentencode AVD), hat das EP ein Vetorecht. Es kann allerdings seine Zustimmung nur erteilen oder verweigern; eine Änderung des Kommissionsvorschlags ist unzulässig (Beispielsfälle: Art. 19 (Nichtdiskriminierung) Art. 25 (Unionsbürgerschaft), Art. 86 (Europäische Staatsanwaltschaft), Art. 218 (bestimmte internationale Verträge), Art. 223 (Wahlen zum EP), Art. 312 (Mehrjähriger Finanzrahmen), Art. 352 AEUV (Auffangkompetenz). 79

c) Sonstige Rechtsetzungsverfahren

Rechtsetzungsverfahren ohne Gesetzgebungsqualität spielen eine große Rolle. Im Bereich der GASP sind ausschließlich sie Mittel der Steuerung. Dies liegt daran, dass sich die MSen weiterhin einer parlamentarischen Mitentscheidung durch das EP in diesem Bereich versperren. In anderen Bereichen sind es funktionale Gründe, die ihre Wahl rechtfertigen (z. B. Erlass von Durchführungsrechtsakten). Eine Replikation des Gesetzgebungsverfahrens wäre hier sinnwidrig. 80

Diese Rechtsetzungsverfahren sind dadurch gekennzeichnet, dass das jeweils berufene Organ (EuRat, Rat, KOM, Europäische Zentralbank) den Akt unter Einhaltung der in der jeweiligen Kompetenznorm formulierten Anforderungen erlässt. Im Einzelfall kann eine Anhörung des EP vorgesehen sein (z. B. Art. 74, 78 Abs. 3, 103 Abs. 1, 109 AEUV). Es gibt sogar Fälle, in denen das EP zustimmungsberechtigt ist (z. B. 14 Abs. 2 UA 2 EUV). Das Verfahren kommt gleichwohl in Fällen, in denen der Vertrag einen hohen Grad parlamentarischer Mitwirkung sicherstellen will, regelmäßig nicht zur Anwendung.

IV. Die Form der Rechtsetzung

1. Die Bezeichnung der Rechtsakte

In der Praxis unionaler Rechtsetzung hat sich eine feste äußere Form der Rechtsakte etabliert (vgl. Anhang VI der GO des Rats v. 22.3.2004 (ABl. L 308/26 (Änderungen); Art. 17 der GO der Kommission v. 8.12.2000 (ABl. L 347/83 [Änderungen]). Die Rechtsakte werden nach **Art, Inhalt und Bezifferung** identifiziert. In der Überschrift wird angegeben, ob es sich um einen gemeinsamen Rechtsakt von Rat und EP oder um einen Akt eines einzelnen Organs handelt. Die Qualität als Gesetzgebungsakt ist ebenso wie jene als Durchführungs- oder delegiertem Akt anzugeben. In der Präambel werden die Rechtsgrundlagen benannt, ferner die am Verfahren beteiligten Institutionen, die Gründe für den Erlass des Aktes und Ort, sowie Datum des Erlasses. Ferner wird in Abschlussklauseln bei Verordnungen und Richtlinien deren vertragsmäßige Wirkung angegeben. Schließlich gilt die Verpflichtung, die Rechtsakte in allen Sprachen der EU zu veröffentlichen. 81

82 Diese verschiedenen Form- und Bezeichnungsvorschriften und -praktiken werden von der Rspr. nicht als so wesentlich angesehen, dass ihre Nichtbeachtung notwendig die Nichtigkeit zur Folge hätte (EuGHE 1963, 517, verb. Rs. 53–54/63, „Lemmerz-Werke GmbH u. a./Hohe Behörde"). Nichtsdestoweniger kommt einer korrekten Handhabung der Formvorschriften für die tägliche Praxis des Unionsrechts wichtige Bedeutung zu.

2. Begründungspflicht

Literatur: *Scheffler,* Die Pflicht zur Begründung von Maßnahmen nach den Europäischen Gemeinschaftsverträgen, 1974; *Müller-Ibold,* Die Begründungspflicht im europäischen Gemeinschaftsrecht und im deutschen Recht, 1990; *Calliess,* Gerichtliche Kontrolldichte und institutionelle Begründungspflicht im Europarecht – ein Kompensationsverhältnis, FS Götz, 2005, 239; *Grzeszick,* Das Grundrecht auf eine gute Verwaltung – Strukturen und Perspektiven des Charta-Grundrechts auf eine gute Verwaltung, EuR 2006, 161; *Galetta,* Inhalt und Bedeutung des Europäischen Rechts auf eine gute Verwaltung, EuR 2007, 57; *Schwarz/Bravidor,* Kunst der Gesetzgebung und Begründungspflichten des Gesetzgebers, JZ 2011, 653.

83 Ein wichtiges rechtsstaatliches Erfordernis bei der Entstehung von EU-Recht ist die **Begründung der Rechtsakte.** Sie dient zum einen den Interessen der Adressaten des Rechtsaktes im Sinne von Überprüfungsmöglichkeiten. Zum andern soll die Begründung dem Gerichtshof im Streitfalle die Kontrolle der Rechtmäßigkeit möglichst umfassend ermöglichen (zu beidem EuGHE 2004, I-4461, Rs. C-159/01, „Niederlande/Kommission", Rn. 65; EuGE 2008, II-477, Rs. T-271/03, „Deutsche Telekom/Kommission", Rn. 284).

84 Art. 296 AEUV statuiert daher (bestätigt durch Art. 41 Abs. 2 der EU-Grundrechtecharta) beim Erlass von Rechtsakten eine **Begründungspflicht.** Auf die Entscheidungsgrundlagen ist Bezug zu nehmen. Die Begründung hat die wesentlichen rechtlichen und tatsächlichen Erwägungen wiederzugeben, auf denen der betreffende Rechtsakt beruht. Diesen schon früh formulierten (EuGHE 1954–1955, 213, Rs. 6/54, „Niederlande/Hohe Behörde") Grundsatz legte der EuGH anfänglich verhältnismäßig streng aus. Später (insbesondere seit EuGHE 1968, 127, Rs. 5/67, „Beus") hat er in plausibler Weise seine Haltung abgemildert und den Umfang der Begründungspflicht nach der Rechtsnatur des einschlägigen Aktes (individuelle Maßnahmen/Normativakte) gestuft. Die Begründung ist dem Betroffenen gleichzeitig mit dem ihn beschwerenden Rechtsakt mitzuteilen; ein Fehlen kann nicht durch eine nachträgliche Begründung während des Verfahrens vor dem Unionsrichter geheilt werden (EuGE 2009, II-2967, Rs. T-390/08, „Bank Melli Iran/Rat", Rn. 80). Stärker als bei Individualakten ist insbesondere bei Verordnungen zu berücksichtigen, dass hier eine allgemeine Situation abstrakt zu regeln ist, so dass nicht auf alle Einzelheiten eingegangen zu werden braucht, sondern eine Benennung der Gesamtlage und der allgemeinen Ziele des Rechtsaktes in der Regel ausreicht (EuGE 2007, II-5089, Rs. T-308/05, „Italien/Kommission", Rn. 137; insbesondere zu Rechtsakten mit allgemeiner Geltung EuGHE 2003, I-14 781, Rs. C-127/00, „Hässle", Rn. 44).

85 Die **Begründung eines Einzelakts** muss den (belasteten) Betroffenen so ausreichend unterrichten, dass er erkennen kann, ob die Entscheidung mit einem Mangel behaftet ist, der sie anfechtbar macht; auch das Gericht muss zur Überprüfung des Akts in der Lage sein (EuGE 2004, II-4135, Rs. T-168/02 „IFAW", Rn. 70; EuGE 2005, II-1767, Rs. T-288/03 „TeleTech/HABM", Rn. 25). Darüber hinaus führt die Änderung einer bestehenden Entscheidungspraxis zu erhöhten Anforderungen an die Be-

gründungspflicht (EuGHE 1996 I-5755, Rs. 142/84, „Vereinigtes Königreich/Rat", Rn. 71). Schließlich wächst der Umfang der Begründungspflicht mit der Weite des den Organen eingeräumten Ermessens (EuGHE 1992 I-2457, Rs. C-358/90, „Compagnia Italiana/Kommission", Rn. 38; EuGHE 1992 I-2901, verb. Rs. C-258/90 und C-259/90, „Pesquerias de Bermeo u. a./Kommission", Rn. 26).

Die **Konsequenzen von Begründungsmängeln** hängen vom Ausmaß des Verstoßes ab. Bei gravierenden Verletzungen kann der Rechtsakt fehlerhaft und nichtig sein (EuGHE 1984, 777, Rs. 325/82, „Butterfahrten"; EuGE 2003, II-2433, Rs. T-102/00 „Europäischer Sozialfonds", Rn. 99). Die Begründungspflicht ist jedoch ein Formerfordernis, deren Nichteinhaltung nicht automatisch zur Nichtigkeit des Rechtsaktes, sondern regelmäßig nur zur Rechtswidrigkeit führen (EuGHE 2001, I-2481, Rs. C-17/99, „Frankreich/Kommission"). Die Rüge mangelhafter Begründung nach Art. 296 AEUV ist als „Verletzung wesentlicher Formvorschriften" ein Klagegrund nach Art. 263 AEUV. 86

Die europäische Gerichtsbarkeit (EuGHE 1999, I-1451 (1456), Rs. C-154/98 P, „Guérin automobiles"; bestätigt durch EuGHE 2007, I-10 125, Rs. C-163/07 P, „Sirketi und Akar/KOM", Rn. 41) geht davon aus, dass EU-Rechtsakte, soweit das Sekundärrecht keine entgegenstehende Anordnung enthält (hierzu EuGHE 2006, I-10 611, Rs. C-317/05, „Pohl-Boskamp", Rn. 33), **keiner Rechtsbehelfsbelehrung bedürfen.** 87

3. Veröffentlichung, Bekanntgabe und Inkrafttreten

Die **Publizität fertiger Rechtsakte** gehört zu den wichtigen Formerfordernissen bei der Entstehung von Unionsrecht (*Tomuschat,* FS Kutscher, 1981, 461). Diese Anforderungen sind rechtsstaatlich geboten. Die Praxis ist in begrüßenswertem Sinne z. T. über die ausdrücklichen Erfordernisse der Verträge hinausgegangen. 88

a) Veröffentlichung und Bekanntgabe

Gemäß Art. 297 Abs. 1 UAbs. 3 AEUV (vgl. Art. 17 der GO des Rats) werden Gesetzgebungsakte ausnahmslos im **Amtsblatt der EU** veröffentlicht. Abs. 2 UAbs. 2 legt fest, dass Verordnungen, Richtlinien, die an alle MSen gerichtet sind, sowie Beschlüsse, die an keinen bestimmten Adressaten gerichtet sind, ebenfalls dort zu veröffentlichen sind. Keine Veröffentlichungs-, wohl aber eine Bekanntgabepflicht gilt für andere Richtlinien sowie für Beschlüsse, die an einen bestimmten Adressaten gerichtet sind. 89

Das ABl. erschien vom 30.12.1952 bis zum 13.5.1958 als Amtsblatt der EGKS. Sodann wurde es zum ABl. der EWG bzw. EAG, mit dem Vertrag von Nizza zum ABl. der EU umgewandelt. Bis zum 31.12.1967 erschien das ABl. einheitlich, seit 1.1.1968 in den beiden Teilen L (Legislatio = Rechtsvorschriften) und C (Communicatio = Mitteilungen und Bekanntmachungen) (vgl. ABl. 1968, L 30). Das ABl. erscheint parallel in allen Amtssprachen der Union (dazu Rz. 5/8 ff.). Es ist heute im Internet leicht recherchierbar. 90

Die Veröffentlichung hat **konstitutive Wirkung für die Gültigkeit des Rechtsaktes** (EuGHE 1974, 607, Rs. 185/73, „Hauptzollamt Bielefeld/oHG in Firma König"; vgl. auch EuGHE 2007, I-10 841, Rs. C-161/06 „Skoma Lux", Rn. 57: Fehlende Übersetzung in die Sprache eines MSen hindert nicht die Wirksamkeit, aber die Anwendbarkeit im Einzelfall; vgl. auch Rz. 5/11). Für den Zeitpunkt der Veröffentlichung ist 91 im Zweifel das Datum maßgebend, das auf der betreffenden Nummer des ABl. vermerkt ist (EuGHE 1979, 69, Rs. 98/78, „Racke/Hauptzollamt München"; EuGHE 2007, I-10 841, Rs. C-161/06, „Skoma Lux", Rn. 32, 37; vgl. auch Rz. 5/11), notfalls das Datum der tatsächlichen Verfügbarkeit der Nummer des ABl., falls dieses mit dem aufgedruckten Datum auseinanderfällt.

92 In der Normgebungspraxis werden auch *Rechtsakte,* für die keine Veröffentlichungspflicht besteht, regelmäßig **im ABl. veröffentlicht** (Näheres in Art. 17 GO des Rats). Um der Eindeutigkeit der Rechtswirkung willen kann allerdings die Veröffentlichung die gezielte Bekanntgabe an den Adressaten nicht ersetzen (EuGHE 1970, 661, Rs. 41/69, „Chemiefarma"). Auch sonst sind in **speziellen Vorschriften** gelegentlich Veröffentlichungspflichten festgelegt, z. B. in Art. 249 Abs. 1 S. 2 AEUV hinsichtlich der Geschäftsordnung der Kommission.

93 Ferner werden aus Informationsgründen viele *Beschlüsse, Entschließungen u. ä.* von Unionsorganen ohne Rechtspflicht im ABl. veröffentlicht. Dies gilt insbesondere auch für die Rechtsakte, die im Bereich der GASP ergehen. Die EU ist aus integrationspolitischen Gründen **ausgesprochen publikationsfreundlich.**

b) Inkrafttreten

94 Nicht schon mit der Veröffentlichung bzw. Bekanntgabe, sondern erst mit dem Zeitpunkt des **Inkrafttretens** entfalten die EU-Rechtsakte rechtliche Wirkungen. Damit entstehen die in ihnen festgelegten Rechte und Pflichten.

95 Art. 297 Abs. 1 UAbs. 3 AEUV regelt für **Gesetzgebungsakte,** dass sie zum **festgelegten Zeitpunkt,** ansonsten am 20. Tag nach der Veröffentlichung **in Kraft treten.** Die sich hierdurch für die Organe ergebende Freiheit, den Zeitpunkt des Inkrafttretens zu bestimmen, wird durch das Verbot echter und unechter Rückwirkung sowie durch das Verhältnismäßigkeitsprinzip eingeschränkt (unten Rz. 17/36ff.; *Ehle,* DVBl. 1970, 600). Der Gerichtshof nimmt insoweit eine Kontrollfunktionen wahr (EuGHE 1967, 592, Rs. 17/67 „Neumann/Hauptzollamt Hof (Saale)").

96 Für den Normalfall hat eine **angemessene Frist** – wie die o. g. 20 Tage – zwischen Veröffentlichung und Inkrafttreten zu liegen, damit die Rechtsunterworfenen sich auf die Rechtslage einrichten können (EuGHE 1979, 101, Rs. 99/78, „Decker"). Ein rascheres Inkrafttreten bedarf des Vorliegens zwingender Unionsinteressen.

97 Auch Rechtakte ohne Gesetzescharakter treten zu dem festgelegten Zeitpunkt, andernfalls am 20. Tag nach der Veröffentlichung in Kraft (Art. 297 Abs. 2 AEUV). Andere Rechtsakte treten mit **Bekanntgabe** in Kraft. Eine Bekanntgabe liegt vor, wenn der Rechtsakt ordnungsgemäß in den Herrschaftsbereich des Empfängers gelangt ist (EuGHE 1957, 189, Rs. 8/56, „ALMA/Hohe Behörde").

V. Bestandskraft, Änderung und Außerkrafttreten von Unionsrecht

Literatur: *R. Bauer,* Das Recht auf eine gute Verwaltung, 2002; *Fengler,* Die Anhörung im europäischer Gemeinschaftsrecht und deutschen Verwaltungsverfahrensrecht, 2003; *Lübbig,* Die Aufhebung (Rücknahme und Widerruf) von Verwaltungsakten der Gemeinschaftsorgane, EuZW 2003, 233; *Vogt,* „Bestandskraft" von EG-Rechtsakten und Anwendungsbereich des Art. 241 EGV, EuR 2004, 618; *Hill/Pitschas* (Hrsg.), Europäisches Verwaltungsverfahrensrecht, 2004.

1. Gültigkeit

Mit der **Bestandskraft unionsrechtlicher Rechtsakte** kann zum einen die **Gültigkeit** der wirksam erlassenen Akte angesprochen sein. Ein Akt, der nicht befristet ist, gilt zeitlich unbegrenzt; er muss durch einen actus contrarius aufgehoben werden. Eine Berufung auf „automatische Erledigung" oder Ähnliches gibt es im Unionsrecht nicht. 98

Einmal entstandenes Unionsrecht verlangt Befolgung. Für Rechtsakte der EU besteht eine **Gültigkeitsvermutung** (EuGHE 1994, I-2555, Rs. C-137/92P, „BASF"). Wenn Bedenken gegen ihre Rechtmäßigkeit bestehen, müssen diese in den vertraglich vorgesehenen Formen verfolgt werden, vor allem durch Inanspruchnahme der europäischen Gerichtsbarkeit (Art. 344 AEUV). Bis zur Aufhebung oder Rücknahme entfalten auch fehlerhafte Rechtsakte Rechtswirkungen. Einseitige Nichtbeachtung auf Grund einer behaupteten „Notsituation" o. Ä. ist nicht zulässig. 99

Die Rechtlichkeit von EU-Handlungen beurteilt sich nach internen, also EU-rechtlichen Maßstäben: Maßstab ist allein das höherrangige EU-Recht, nicht aber nationales Verfassungsrecht. Handelt es sich nach internen Maßstäben um gültiges Recht (dies kann nur der EuGH entscheiden (EuGHE 1987, 4199, Rs. 314/85, „Foto Frost"); eine Vorlage nach Art. 267 AEUV ist jedenfalls geboten), findet dies auch grundsätzlich verfassungsrechtlich Akzeptanz. Allerdings kann sich aus Sicht des staatlichen Verfassungsrechts eine Situation der *Nichtanwendbarkeit* ergeben (Rz. 10/15 ff.). Akte, die mit so handgreiflich schweren Fehlern behaftet sind, dass sie noch nicht einmal den Anschein eines Rechtsaktes erwecken, können als **„inexistent"** ohne Weiteres unbeachtet bleiben. 100

2. Berichtigung von Rechtsakten

Berichtigungen, d. h. die Korrektur offensichtlicher, „technischer" Schreib- oder Rechenfehler oder vergleichbarer Unrichtigkeiten sind auch im EU-Recht ohne Weiteres möglich. Das erlassende Organ kann nach allgemeinen Grundsätzen handeln und die Berichtigung vornehmen, die ex tunc wirkt. Aus rechtsstaatlichen Gründen bedarf es einer Veröffentlichung der Berichtigung analog zum ursprünglichen Rechtsakt, damit der definitive Text bekannt ist. 101

3. Änderung von Rechtsakten

Das erlassene Unionsrecht steht grundsätzlich **zur Disposition** derjenigen Institutionen, die es geschaffen haben. Es liegt in der Befugnis des unionalen Normgebers, den einmal erlassenen Akt zurückzunehmen oder ihn abzuändern. Allerdings unterliegt dieses Prinzip nicht unerheblichen **Einschränkungen.** 102

Insofern kann auch im Unionsrecht, ähnlich wie im nationalen Recht, von „Bestandskraft" gesprochen werden, wenn festgestellt wird, dass die handelnden Organe **rechtlich daran gehindert sind, die Geltung des Aktes wieder aufzuheben.**

Der **Widerruf** im Sinne der Außerkraftsetzung rechtmäßiger und die **Rücknahme** im Sinne der formalen Beseitigung rechtswidriger Normen sind hinsichtlich allgemeiner Regelungen (Verordnungen etc.) unproblematisch. Grundsätzlich liegen der Widerruf (und *a fortiori* die Rücknahme) in der Kompetenz der erlassenden Organe. 103

Während bei allgemeiner Rechtsetzung aus Gründen der „souveränen" Äußerung der Unionsgewalt die Kassierung oder Änderung der Erstentscheidung grundsätzlich möglich sein muss, ist insbesondere bei den Einzelakten zu bedenken, dass sie sich in der Regel an durch sie begünstigte oder belastete Adressaten richten. Hier wie dort ist das **Vertrauen des Unionsbürgers** zu beachten, der sich auf den Bestand der Maßnahme 104 eingerichtet hat. Es bedarf daher der Einzelabwägung nach Maßstäben des individuellen Vertrauensschutzes einerseits, des Unionsinteresses andererseits, ob die Bestandskraft des Aktes oder vorrangige Gesichtspunkte zugunsten einer Änderung als maßgeblich erachtet werden (*Lübbig*, EuZW 2003, 233; im Einzelnen: Rz. 12/14f.). Daraus folgt u. a., dass die nicht vorher absehbare Änderung einer allgemeinen Regelung aus Gründen des Vertrauensschutzes des Erlasses von Übergangsvorschriften bedarf, welche die Änderung allseits erträglich gestalten (EuGHE 1979, 1801, Rs. 84/78, „Tomadini"; EuGHE 1994, I-4863, Rs. C-300/93 „Crispoltoni"). Die Bestandskraft in diesem engeren Sinne steht so „im Vorfeld" der formellen bzw. materiellen Rechtskraft, ist aber von ihr zu unterscheiden (näher *Haratsch*, EuR 1998, 388).

105 Ferner sind bei Änderungen die allgemeinen Grundsätze der **Normenhierarchie** zu beachten, hier in den Besonderheiten des Unionsrechts. So müssen Änderungen den Rechtscharakter der ursprünglichen Maßnahmen aufweisen. Ein Gesetzgebungsakt kann nur in den Grenzen des Art. 290 AEUV durch eine Durchführungsverordnung abgeändert werden (ähnlich schon früh EuGHE 1971, 169, Rs. 58/70, „Compagnie Continentale").

VI. Ausblick

106 Das Rechtsetzungsverfahren im Recht der EU hat inzwischen an Kohärenz und Transparenz gewonnen. Der Vertragsgeber hat im Lissabon-Vertrag den Versuch unternommen, es systematisch zu durchdringen. Gleichwohl bestehen weiterhin vielfältige, hier nur in seinen grundsätzlichen Dimensionen darstellbare Verästelungen. In der Vielzahl nebeneinander stehender Verfahren spiegeln sich mehr oder weniger nachvollziehbare funktionale Erwartungshaltungen, tagespolitische Notwendigkeiten, politische Kompromisse und (in je unterschiedlichem Umfang) mitgliedstaatliche Traditionen. In einem vom Tätigkeitsbereich und von der Wirkmächtigkeit her begrenzten Verband mag dies hinnehmbar gewesen sein. Mit dem Bedeutungsgewinn der EU-Hoheitsgewalt wirkt sich die **Unübersichtlichkeit** zunehmend legitimitätsschmälernd aus. Eine weitere Vereinfachung wäre sinnvoll. Vor allem im Bereich der Einzelfallentscheidung wäre es aus rechtsstaatlicher Sicht sicherlich sinnvoll, ebenfalls auf Rechtsvereinheitlichung zu drängen (im Einzelnen unten Rz. 12/1 ff.).

§ 12. Vollzug des Unionsrechts

Literatur: *Zuleeg/Rengeling*, Deutsches und Europäisches Verwaltungsrecht – Wechselseitige Einwirkungen, VVDStRL 53 (1994), 154; *Burgi*, Verwaltungsprozeß und Europarecht, 1996; *von Danwitz*, Verwaltungsrechtssystem und europäische Integration, 1996; *Classen*, Das nationale Verwaltungsverfahren im Kraftfeld des Unionsrechts, Verw. 1998, 307; *Kadelbach*, Allgemeines Verwaltungsrecht unter europäischem Einfluß, 1998; *Schmidt-Aßmann/Hoffmann-Riem*, (Hrsg.), Strukturen des europäischen Verwaltungsrechts, 1999; *Magiera/Sommermann* (Hrsg.), Verwaltung in der EU, 2001; *Chiti*, Derecho Administrativo Europeo, 2002; *Siedentopf* (Hrsg.), Der Europäische Verwaltungsraum, 2004; *Schmidt-Aßmann/Schöndorf-Haubold* (Hrsg.), Der Europäische Verwaltungsverbund, 2005; *Sydow*, Verwaltungskooperation in der EU, 2005; *Schmidt-Aßmann*, Verfassungsprinzipien für den Europäischen Verwaltungsverbund, in: *Hoffmann-Riem/Schmidt-Aßmann/Voßkuhle* (Hrsg.), Grundlagen des Verwaltungsrechts, Band I, 2006, 241; *Ruffert*, Von der Europäisierung des Verwaltungsrechts zum Europäischen Verwaltungsverbund, DÖV 2007, 761; *Classen/Biaggini*, Die Entwicklung eines internationalen Verwaltungsrechts als Aufgabe der Rechtswissenschaft, VVDStRL 67 (2008), 365; *Axer* u. a., Das Europäische Verwaltungsrecht in der Konsolidierungsphase, 2010; *Gärditz*, Die Verwaltungsdimension des Lissabon-Vertrags, DÖV 2010, 453; *Terhechte* (Hrsg.), Verwaltungsrecht der EU, 2011; *Jansen/Schöndorf-Haubold* (Hrsg.), The European

Composite Administration, 2011; *Markopoulos,* Der EU-Verwaltungsvertrag, 2012; *Hofmann/Rowe/Türk,* Administrative Law and Policy of the European Union, 2011; *Craig,* EU Administrative Law, 2012.

I. Die Entstehung einer europäischen Verwaltungsrechtsordnung

Das Europäische Unionsrecht, das vorrangig, einheitlich und unmittelbar anwendbar ist und (im AEUV-Bereich) unmittelbare Wirkungen haben kann (oben Rz. 9/71 ff.), muss vollzogen und durchgeführt werden. Dies wird in Art. 197 Abs. 1, 291 Abs. 1 AEUV hervorgehoben. Während sich etwa im Grundgesetz (Art. 83 ff. GG) ausführliche Bestimmungen über den „Vollzug der Bundesgesetze" finden, enthält das Primärrecht derartige Regelungen nur unsystematisch und ohne umfassenden Anspruch. Die Strukturen, in deren Rahmen der **Vollzug des EU-Rechts** erfolgt, werden ganz überwiegend von rechtssystematischen, teleologischen und politischen Erwägungen getragen. Die diesbezüglichen rechtlichen Vorgaben sind eher vage und weitgesteckt: Mehr als in anderen Bereichen des EU-Rechts bestimmt sich die Durchführung des EU-Rechts nach politischen Zweckmäßigkeitskriterien. Der Vertrag von Lissabon ändert hieran im Grundsatz nichts. Es ist insbesondere zu bedauern, dass der sich rapide verändernde direkte Vollzug des Unionsrechts durch EU-Behörden nicht einer ausführlichen Regelung unterzogen wurde. 1

In der Einschätzung und Beurteilung dessen, was rechtlich verpflichtend ist, haben sich in den letzten zwei Jahrzehnten **erhebliche Veränderungen** ergeben. Annahmen, die noch vor nicht allzu langer Zeit für selbstverständlich erachtet wurden, sind inzwischen fraglich oder gar aufgegeben worden. Dies gilt insbesondere mit Blick auf die Durchführungskompetenz: Zwar mag der unmittelbare Vollzug des Unionsrechts **durch Behörden der EU noch immer die Ausnahme darstellen, seine Durchführung durch die Behörden der MSen dagegen die Regel.** Es kann heute aber schon lange nicht mehr als gesichert gelten, dass es sich hierbei um mehr als eine Beschreibung des gegenwärtigen Zustands (in anderen Worten: um einen Grundsatz ohne normativen Anspruch) handelt (*Classen,* NJW 1995, 2457; *Kokott,* DVBl. 1993, 1235). Ebenso wenig lässt sich die Zuständigkeit der EU zum Erlass des für die Durchführung maßgeblichen allgemeinen Verwaltungsrechts heute noch grundsätzlich bestreiten. Heute erschiene es ohne Zweifel als rechtlich zulässig, wenn die EU im Bereich der Durchführung ihres Rechts eine Kodifizierung des allgemeinen Verwaltungsrechts vornähme (hierzu *Kahl,* NVwZ 1996, 865).

Diese Gegebenheiten haben dazu beigetragen, dass sich ein „Verfassungsrecht des Vollzugs" des EU-Rechts bislang kaum herausgebildet hat. Den Schwerpunkt der wissenschaftlichen Beschäftigung mit dem entstehenden europäischen Verwaltungsrecht bilden deskriptiv-analytische Studien zu den konkreten Regeln und Praktiken der Durchführung. Dabei hat sich in den letzten Jahren die Perspektive deutlich gewandelt. Während es bis in die frühen Achtzigerjahren hinein zwar vielfältige Studien zum besonderen Verwaltungsrecht der Sachbereiche gab, die vom EWGV erfasst wurden (z. B. Zollrecht, Agrarrecht etc.), spielte die **Beschäftigung mit einem allgemeinen Verwaltungsrecht** kaum eine Rolle. Der zunehmende Ausgriff des EG-Rechts in immer neue Bereiche des mitgliedstaatlichen Verwaltungsrechts, seine Verdichtung und die Entstehung allgemeiner Regelungsansätze machten es dann in den achtziger Jahren möglich, nach übergreifenden Strukturen eines europäischen Verwaltungsrechts zu fragen (z. B. *Schwarze* (Hrsg.), Europäisches Verwaltungsrecht im Werden, 2

1982; *ders.,* Europäisches Verwaltungsrecht, 1988, 2 Bände). Die Beobachtung konzentrierte sich zunächst darauf, wie das EWG-Recht in das nationale Recht „eindrang". Frühe Entscheidungen des EuGH zu den mitgliedstaatlichen Pflichten bei der Durchführung gaben hierfür Anschauungsmaterial (EuGHE 1976, 1989, Rs. 33/76, „Rewe", EuGHE 1976, 2043, Rs. 45/76, „Comet"; EUGHE 1980, 617, Rs. 265/78, „Ferwerda"; EuGHE 1983, S. 2633, Rs. 205 bis 215/82, „Deutsche Milchkontor"). Man konnte hier von der **„Europäisierung des nationalen Verwaltungsrechts"** sprechen. Noch in den 1990er Jahren gab es Stimmen, die die Veränderungen, die sich durch das europäische Recht für die gewachsenen mitgliedstaatlichen Strukturen des Verwaltungsrechts ergaben, als „Intervention" und als „Zumutung" ansahen.

3 Zu dieser Zeit hatte das Zusammenspiel von EU-Verwaltungsrecht und nationalen Verwaltungsrechtsordnungen allerdings schon eine Intensität gewonnen, die dazu Anlass gab, die beiden Ordnungen als Komplementärordnungen zu begreifen, die miteinander in enger und fruchtbarer Wechselwirkung stehen (vgl. *von Danwitz,* Verwaltungsrechtliches System und Europäische Integration, 1996; *Kadelbach,* Allgemeines Verwaltungsrecht unter europäischem Einfluss, 1999; zur Gerichtsbarkeit: *Classen,* Die Europäisierung der Verwaltungsgerichtsbarkeit, 1996). Es ging nicht mehr um Abwehr und Abgrenzung, sondern um die Erforschung der Veränderungen, die das durchzuführende europäische Recht in den Verwaltungsrechtsordnungen der MSen bewirkten. Zunehmendes Interesse fand auch die horizontale („transnationale") Kooperation, die zwischen den Behörden der MSen untereinander erfolgt. Das Zusammenspiel der am Vollzug beteiligten Institutionen ist inzwischen so eng geworden, dass auch der (aus der Verfassungsdiskussion übernommene) Begriff des **„Europäischen Verwaltungsraums" bzw. „Europäischen Verwaltungsverbunds"** Verwendung findet (vgl. *Siedentopf* (Hrsg.), Europäischer Verwaltungsraum, 2004; *Schmidt-Aßmann,* Einleitung: Der Europäische Verwaltungsverbund und die Rolle des Europäischen Verwaltungsrechts, in: *ders./Schöndorf-Haubold* (Hrsg.), Der Europäische Verwaltungsverbund, 2005, 1; *Cassese,* Law and Contemporary Problems 68 (2004), 21; *Hofmann/Türk,* ELJ 13 (2007), 253; *Ruffert,* DÖV 2007, 761; *Terhechte* (Hrsg.), Verwaltungsrecht der EU, 2011). Mit diesen Begriffen soll der Grad der Vernetzung von unionaler und mitgliedstaatlicher Ebene beschrieben werden (Überblick bei *Auby/Dutheil de la Rochère,* Droit administratif Européen, 2007, 3 ff.; *von Danwitz,* Europäisches Verwaltungsrecht, 2008, 4 ff.).

4 Heute steht außer Frage, dass sich auf EU-Ebene ein eigenständiger **Verwaltungsstil** und ein Verständnis von **effektiver Verwaltung** herausbilden, die sich so nicht in den MSen finden. So hat die EU etwa innovative Verwaltungsverfahren eingeführt, die sich von den entscheidungsorientierten Richtigkeits- und Gerechtigkeitsvorstellungen des deutschen Verwaltungsrechts unterscheiden (z. B. Umweltverträglichkeitsprüfung). Sie sorgt für eine Transparenz, die dem traditionellen Konzept der im Verschlossenen wirkenden Verwaltung fremd ist (z. B. Umweltinformationsrichtlinie); sie gewährt subjektive Rechte zur Durchsetzung ihres Rechts, wo dies das für das deutsche Verwaltungsrecht prägende Konzept der Schutznormtheorie so nicht täte (*Nettesheim,* AöR 132 (2007), 333). Sie hat ein „Recht auf gute Verwaltung" eingeführt (*Schliesky,* Das Recht auf gute Verwaltung, 2006; *Grzeszick,* EuR 2006, 161; *Klappstein,* Das Recht auf eine gute Verwaltung, 2006; *Classen,* Gute Verwaltung im Recht der EU (Art. 41 Abs. 1 und 2 GrCh), 2008). Noch verändert sich das EU-Verwaltungsrecht allerdings so schnell, dass es bislang nicht möglich ist, ein System eines „europäischen Verwal-

tungsrechts" zu erarbeiten, das Anspruch auf längerfristige normative Leitfunktion haben könnte (*Sommermann,* DVBl. 1996, 889). Insofern erscheint auch der Vorschlag einer **allgemeinen Kodifikation** (über die auf dem Gebiet des Zollkodex geleistete Arbeit hinaus) noch zu früh (allgemein: *Axer* u. a. (Hrsg.), Das Europäische Verwaltungsrecht in der Konsolidierungsphase, *Die Verwaltung* Beiheft 10, 2010).

Über diese Entwicklungen legt sich inzwischen die Herausbildung von verwaltungsrechtlichen Strukturen in anderen internationalen Organisationen; man spricht von der Entstehung von **„global administrative law"** (*Classen/Biaggini,* VVDStRL 67 (2008), 365). 5

II. Direkter und indirekter Vollzug des Unionsrechts

Die Ausgangsfrage bei der Beschäftigung mit der Durchführung des EU-Rechts hat die Zuständigkeit zum Gegenstand. Man unterscheidet den **„direkten Vollzug"** des Unionsrechts (durch die EU-Organe sowie die EU-Behörden) und den **„indirekten Vollzug"** (durch die Behörden der MSen). Gemäß dem Prinzip der begrenzten Einzelermächtigung (Rz. 11/3) ist die EU zur unmittelbaren Ausführung des von ihr gesetzten Rechtes nur insoweit zuständig, wie sie hierfür (mit Blick auf die Errichtung der behördlichen Stellen und den Zugriff auf die zu vollziehende Materie) die Kompetenz hat (EuGHE 1989, 3481, Rs. 16/88, „KOM/Rat"). Soweit das nicht der Fall ist, obliegt den MSen gemäß ihren grundlegenden Kooperationspflichten (Art. 4 Abs. 3 EUV: gegenseitige Loyalitätspflicht) die Anwendung des Unionsrechts über den nationalen Behördenapparat. 6

1. Vollzug durch EU-Behörden (EU-Eigenverwaltung)

Die Aufgabe der **EU-Institutionen** besteht in weitem Umfang darin, europäische Politik zu betreiben und in deren Konsequenz Unionsrecht zu erlassen. Die zentralen Unionsorgane (Europäisches Parlament, Rat und auch Kommission) sind auf diese **„regierende" Tätigkeit** ausgerichtet, für die ihr Apparat (Parlamentsverwaltung, Generalsekretariat des Rates, Dienststellen der Kommission) die nötige Vorbereitung zu leisten hat. 7

In begrenztem, inzwischen aber immer weiter zunehmendem Umfang sind **EU-Institutionen** aber auch am Vollzug des Unionsrechts beteiligt (zur „Durchführungsbefugnis" der Kommission auch Rz. 9/74). Dabei ist das in Art. 41 der GrCh normierte, inhaltlich bislang allerdings noch kaum konkretisierte **Recht auf eine gute Verwaltung** zu beachten. In Art. 298 AEUV bringt der Vertragsgeber zum Ausdruck, dass die EU-Eigenverwaltung den Maßstäben der Offenheit, Effizienz und Unabhängigkeit zu entsprechen hat. 8

Im Kreis der EU-Organe sind vor allem die Europäische Kommission, die EZB und der Rechnungshof, darüber hinaus in engen Grenzen auch der Rat, verwaltend mit dem Vollzug von Unionsrecht befasst (Art. 17 Abs. 1 EUV; *v. Borries,* FS Everling, 1995, 127). Schwerpunkte des unmittelbaren Gemeinschaftsvollzuges durch die KOM liegen in der Wettbewerbspolitik (Art. 101 ff., 105 AEUV [unten Rz. 20/8]), in der Beihilfenkontrolle (Art. 107 f. AEUV [unten Rz. 21/5, 17 ff.]), in der Anwendung der außenhandelspolitischen Schutzinstrumente (unten Rz. 40/28 ff.) und in der Verwaltung der verschiedenen Fonds (Art. 175 AEUV). Der Haushaltsvollzug gehört, soweit er die Vergabe von Mitteln an Bürger oder Mitgliedstaaten betrifft, ebenso zu diesem Bereich (Art. 274 AEUV). Von der externen Durchführung des EU-Rechts gegenüber Bürgern, Unternehmen und mitgliedstaatlichen Stellen ist der interne Vollzug zu 9 unterscheiden (z. B. Personalsachen). Art. 298 Abs. 1 AEUV betont die Notwendigkeit eines offenen, effizienten und unabhängigen europäischen Verwaltungsunterbaus (hierzu *Ladenburger,* in: *Trute/Groß/Röhl/Möllers* (Hrsg.), Allgemeines Verwaltungsrecht – zur Tragfähigkeit eines Konzepts, 2008, 107 (118); *Ruffert,* in: *Bauer/Calliess* (Hrsg.), Verfassungsprinzipien in Europa, 2008, 273).

a) Organisationsgewalt

10 Von der Möglichkeit, kraft ihrer **Organisationsgewalt** durch die Errichtung weiterer Einrichtungen (nachgeordnete Behörden, abhängige und unabhängige Personen des Unionsrechts) Verwaltungsbefugnisse auszuüben, hat die EU inzwischen in erheblichem Umfang Gebrauch gemacht (im Einzelnen: Rz. 6/1). Hierzu lassen sich die Sachkompetenzen der EU heranziehen; eine Unterscheidung zwischen Rechtsetzungs- und Vollzugskompetenzen kennt die EU nicht (*Sydow,* VerwArch 2006, 1 (12 f.). Vor allem im Bereich der Regulierung und der Zulassung von Produkten sowie im Dienstleistungssektor spielen diese Behörden inzwischen eine sehr wichtige Rolle. Die rechtlichen Grenzen, die der EU dabei gezogen sind, sind zunehmend unklar geworden. Die „Meroni-Doktrin" des Gerichtshofes (EuGHE 1958, 9, Rs. 9/56 „Meroni") setzte insoweit relativ enge Grenzen; in der politischen Praxis, die vom EuGH hingenommen wird, werden diese zunehmend „aufgeweicht" (oben Rz. 6/22). Verfassungsrechtliche Probleme ergeben sich vor allem im Hinblick auf die demokratische Kontrolle dieser teilweise mit erheblicher Unabhängigkeit ausgestatteten „Trabanten" sowie bei der Gewährleistung effektiven Rechtsschutzes (nunmehr aber Art. 263 AEUV). Integrationspolitisch wird durch den Ausbau der EU-Verwaltung die Balance zwischen EU und MSen verschoben.

11 Ein Verbot der **„Mischverwaltung"** kennt das EU-Recht nicht. Es ist eine geläufige Erscheinung, dass mitgliedstaatliche Amtswalter in EU-Gremien wirken, ebenso, dass in einem Verwaltungsverfahren EU-Stellen und mitgliedstaatliche Stellen zusammenwirken. Institutionen, die zugleich der EU und den MSen zuzuordnen sind, darf es demgegenüber nicht geben (*Classen,* in: *Grabitz/Hilf/Nettesheim* (Hrsg.), Das Recht der Europäischen Union, Art. 197 AEUV Rdnr. 6), ebenso wenig wie Entscheidungen, die nicht einem der Verbände (EU oder MS) zuzurechnen sind. Die eindeutige Zurechnung ist aus Gründen des Rechtschutzes, der Haftung und der Verantwortung notwendig; sie wird durch „Verbundstrukturen" auf praktischer Ebene beeinträchtigt.

In der Praxis ist es auch denkbar, dass die MSen mit privaten Unternehmern im Namen und für Rechnung des Rates und der Kommission Verträge über die Durchführung von EU-Recht (und die Entschädigung) schließen (EuGHE 2001, I-7211, Rs. C-80/99 bis 82/99, „Flemmer", mit Anm. *Streinz,* JZ 2002, 240).

b) Vorgaben für Verwaltungsorganisation und -verfahren

12 In den Bereichen des direkten Vollzugs kommt ausschließlich unionsrechtliches **Verwaltungsorganisations-, Verwaltungsverfahrens- und materielles Verwaltungsrecht** zur Anwendung. Teilweise finden sich einschlägige Verfahrensvorschriften im Primärrecht (z. B. Art. 108 AEUV). In vielen Bereichen hat die EU sich inzwischen einen positiven Rahmen gesetzt (zum Agrarverwaltungsrecht: Rz. 24/22; zum Außenwirtschaftsrecht: Rz. 40/1). Einige Akte sind von übergreifender Bedeutung (z. B. Verordnung 1 vom 15. April 1958 zur Regelung der Sprachenfrage für die Europäische Wirtschaftsgemeinschaft (oben Rz. 5/8); andere konkretisieren Primärrecht (vgl. Verordnung 1/2003 zur Durchführung der in den Artikeln 101 und 102 des AEUV niedergelegten Wettbewerbsregeln (Rz. 20/45). Im Übrigen kommen **ungeschriebene allgemeine Rechtsgrundsätze** zur Anwendung (Rz. 9/40).

13 Anerkannt sind etwa:
- Recht auf eine geordnete Verwaltung (EuGE 2002, II-313, Rs. T-54/99, „max. mobil");
- Grundsatz der Gesetzmäßigkeit der Verwaltung (EuGHE 1961, 109, verb. Rs. 42 u. 49/59, „SNUPAT");
- Grundsatz der Rechtssicherheit (EuGHE 1975, 421; Rs. 78/74, „Deuka");

- Grundsatz der Untersuchung durch die EU-Behörde (EuGHE 1978, 207, Rs. 27/76, („United Brands");
- Anspruch auf rechtliches Gehör (EuGHE 1979, 461, Rs. 85/76, („Hoffmann-La Roche");
- Recht auf Akteneinsicht (EuGHE 1979, 461, Rs. 85/76, „Hoffmann-La Roche");
- Gebot der Wahrung der Vertraulichkeit des Schriftverkehrs zwischen Anwalt und Mandanten (EuGHE 1982, 1575, Rs. 155/79, „AM & S/Kommission");
- verwaltungsrechtliche Grundsätze für den Widerruf (EuGHE 1957, 83, verb. Rs. 7/56, 3/57, 7/57, „Algera") und für die Rücknahme von Verwaltungsakten (EUGHE 1965, 893, Rs. 111/63, „Lemmerz");
- Grundsatz des Vertrauensschutzes (EuGHE 1973, 723, Rs. 1/73, „Westzucker");
- Gebot des Schutzes guten Glaubens (EuGHE 1975, 221, Rs. 21/74, „Airola");
- Gebot des Schutzes wohlerworbener Rechte (EuGHE 1975, 463, Rs. 28/74, „Gillet");
- Gebot verhältnismäßigen Handelns (EuGHE 1989, 2237, Rs. 265/87, „Schräder");
- Grundsatz des „ne bis in idem" (EuGHE 1966, 153, verb. Rs. 18/65 u. 35/65, „Gutmann").

Besondere Bedeutung spielt im Verwaltungsvollzug die Frage der **Widerrufbarkeit** 14 und **Rücknahme** von Entscheidungen. Der Gerichtshof unterscheidet terminologisch nicht immer streng zwischen „Widerruf" (bei rechtmäßiger Maßnahme) und „Rücknahme" (bei rechtswidriger Maßnahme) (EuGHE 1976, 1097, Rs. 56/76, „Société ind. de sucrerie"). Doch macht er in der Sache Unterschiede hinsichtlich der Aufhebung rechtmäßiger und rechtswidriger Individualrechtsakte, die jener Terminologie entsprechen, wie sie sich etwa im deutschen Verwaltungsverfahrensrecht herausgebildet hat. Beim **Widerruf** rechtmäßiger individueller Rechtsakte ist ähnlich wie im nationalen Recht zu differenzieren, ob die Maßnahme **belastend** oder **begünstigend** war. Im ersten Falle ist der Widerruf grundsätzlich zulässig, da die Aufhebung in solchen Fällen regelmäßig im Interesse des Betroffenen liegt. Anderes gilt nur, wenn eine Verpflichtung zum Erlass des Aktes bestand (EuGHE 1982, 249, Rs. 1/59, „Mannesmann"). Dagegen gilt der **Widerruf begünstigender Akte** wegen des Vertrauensschutzes des Begünstigten und der Rechtssicherheit in der Regel als **rechtswidrig.** Dies ist insbesondere der Fall, wenn dem Begünstigten subjektive Rechte eingeräumt wurden oder er im Vertrauen auf die Dauerhaftigkeit des Rechtsaktes Vermögensdispositionen getroffen hat (EuGHE 1957, 83, 117, Rs. 7/56, 3–7/57, „Algera").

Bei fehlerhaften Rechtsakten ist das öffentliche Interesse an ihrer Aufhebung stark. So sind solche Rechts- 15 akte mit **belastender Wirkung unbedingt aufzuheben,** da hier der Grundsatz der Rechtmäßigkeit des Handelns und das Individualinteresse parallel laufen (näher *Haratsch,* EuR 1998, 387). Auch bei der Rücknahme fehlerhafter **begünstigender** Rechtsakte ist dem Prinzip der Rechtmäßigkeit des Unionshandelns gebührend Rechnung zu tragen. Daher sind solche Akte jedenfalls ex nunc für die Zukunft **frei rücknehmbar** und in der Regel auch zurückzunehmen (EuGHE 1978, 585, Rs. 54/77 „Herpels/Kommission"). Bei der Rücknahme für die Vergangenheit (ex tunc) bedarf es allerdings auch hier einer Abwägung mit dem Individualinteresse im Sinne des Vertrauens auf die scheinbare Gültigkeit des Rechtsaktes (EuGHE 1965, 893, Rs. 111/63, „Lemmerz"). Dabei ist zu prüfen, in welcher Sphäre der Fehler entstanden ist bzw. welcher Seite er zuzurechnen ist (Bsp. des „Erschleichens"). Auch eine Gewichtung der beiderseitigen Interessen unter Berücksichtigung der Umstände des Einzelfalles kann vorgenommen werden.

16 Die zu Widerruf und Rücknahme dargelegten Grundsätze beziehen sich auf individuelle Rechtsakte mit Einzelpersonen als Adressaten. Sie sind *mutatis mutandis* auch auf **Entscheidungen der EU gegenüber Mitgliedstaaten** anwendbar. In aller Regel ergeben sich kaum praktische Probleme. In einzelnen Fällen sehen die Verträge den Rat ausdrücklich als zum Widerruf oder zur Abänderung von durch die Kommission getroffenen Maßnahmen ermächtigt an.

17 Zu beobachten ist insofern die Entstehung eines **„Eigenverwaltungsrechts"** (*Grzeszick,* EuR 41 (2006), 161) auf Unionsebene. Im Zusammenspiel von primärrechtlich normierten Verwaltungsgrundsätzen im AEUV (vgl. Art. 18, 296, 297, 307 AEUV), der Verankerung eines „Rechts auf gute Verwaltung" in der Europäischen Grundrechtecharta (Rz. 17/8), dem bereichsspezifischen Verwaltungssekundärrecht und allgemeinen Rechtsgrundsätzen ist inzwischen ein unübersichtliches Nebeneinander entstanden, dessen Komplexität durch die zum Verwaltungsrecht ergangenen Entscheidungen des EuGH noch gesteigert wird. Über die Schaffung einer Kodifikation wird daher diskutiert (zweifelnd Rz. 12/4). Auf diesem Hintergrund muss die an die Kommission gerichtete Aufforderung des Parlaments gelesen werden, auf der Grundlage von Art. 352 AEUV einen Vorschlag für eine Verordnung mit einem Kodex für gute Verwaltungspraxis vorzulegen (ABl. C 72E/331 vom 21.3.2002).

c) Zugang zu Dokumenten

Literatur: *Feik,* Zugang zu EG-Dokumenten: Demokratie durch Transparenz, 2002; *Heitsch,* Die VO über den Zugang zu Dokumenten der Gemeinschaftsorgane im Lichte des Transparenzprinzips, 2003; *Wewers,* Das Zugangsrecht zu Dokumenten in der europäischen Rechtsordnung, 2003; *Meltzian,* Das Recht der Öffentlichkeit auf Zugang zu Dokumenten der Gemeinschaftsorgane, 2004; *Riemann,* Die Transparenz in der EU, 2004; *Griebel,* Die verfahrensrechtliche Absicherung von Informationsfreiheitsrechten in rechtsvergleichender Sicht, 2007; *von Bodgandy,* Informationsbeziehungen innerhalb des Europäischen Verwaltungsverbundes, in: *Hoffmann-Riem/Schmidt-Aßmann/Voßkuhle* (Hrsg.), Grundlagen des Verwaltungsrecht, Band II, 2008, 347; *Sanner,* Der Schutz personenbezogener Daten beim Zugang zu Dokumenten der Unionsorgane, EuZW 2010, 774; *Schoch,* Der Zugang zu amtlichen Dokumenten nach Europarecht, in: Informationsfreiheit und Informationsrecht, 2012, 23.

18 Zur Rechtsstaatlichkeit und Bürgernähe des Handelns der EU gehört die **Durchschaubarkeit („Transparenz") für den Unionsbürger** (Art. 15 AEUV). Es ist mittlerweile durch ein **Recht** der Unionsbürger sowie natürlicher und juristischer Personen mit Wohnsitz/Sitz in einem MS **auf Zugang zu Dokumenten des EP, des Rates und der KOM** konkretisiert worden (Art. 15 Abs. 3 AEUV, Ratsbeschluss 2001/840 v. 29.11.2001, ABl. L 313/40; VO 1049/2001 v. 30.5.2001, ABl. L 145/43, *Nowak,* DVBl. 2004, 272; *Marsch,* DÖV 2005, 639).

19 Die Rspr. hat sich verschiedentlich mit diesen Zugangsrechten beschäftigt (vgl. insbesondere die Auslegung der VO 1049/2001). Dabei wird das Auskunftsinteresse der Presse besonders betont (EuGE 1995, II-2765, Rs. T-194/94 „Guardian Newspapers", dazu *Kugelmann,* EuR 1996, 207). Der Zugang zu Dokumenten der EZB ist demgegenüber erschwert (EuG, Rs. T-590/10, „Thesing").

20 Die in Umsetzung des Art. 15 AEUV ergangene **VO 1049/2001** regelt die näheren **Voraussetzungen des Dokumentenzugangs,** insbesondere den Kreis der Zugangsberechtigten (Art. 2 Abs. 1, 2), die Gründe der zulässigen Verweigerung des Zugangs (Art. 4) sowie das Antragsverfahren (Art. 6ff.). Als Ausnahmegründe gelten insbesondere der Schutz des öffentlichen Interesses (im Hinblick auf die öffentliche Sicherheit, die Verteidigung und militärische Belange, die internationalen Beziehungen sowie die Finanz-, Währungs- oder Wirtschaftspolitik) sowie der Privatsphäre und der Integrität des Einzelnen. Die Rechtsprechung hat sich vielfach mit der Auslegung der einzelnen Ausnahmetatbestände beschäftigt (vgl. nur zum Begriff der

„Rechtsberatung" EuGE 2004 II-4061, Rs. T-84/03, „Maurizio Turco", Rn. 60; zum Begriff der „internationalen Beziehungen" EuGHE 2007 I-1233, Rs. C-266/05 P, „Jose Maria Sison", Rn. 67). Der Begriff der „Privatsphäre" ist grundrechtskonform – insbesondere: im Einklang mit Art. 8 EMRK – auszulegen; eine Beeinträchtigung der Privatsphäre ist jedoch nur anzunehmen, wenn besonders sensible personenbezogene Daten (etwa über die rassische oder ethnische Herkunft, religiöse Überzeugungen, Gesundheit oder Sexualleben) weitergegeben werden sollen (EuGH, EuZW 2010, 617, „Bavarian Lager"). Mitgliedstaatliche Dokumente dürfen, soweit von dem betroffenen MS gefordert, nicht ohne vorherige Zustimmung des Staates verbreitet werden (Art. 4 Abs. 5 VO). Diese Zustimmung ist allerdings nicht als allgemeines und unbedingtes Vetorecht, sondern lediglich als Verfahrensbeteiligung zu verstehen, in deren Rahmen der MSen das Vorliegen eines Ausnahmetatbestands nach Art. 4 VO begründen kann (EuGHE 2007 I-11 389, Rs. C-64/05 P, „Schweden/Komm.", Rn. 51, insbes. 86; hierzu *Schadtle,* DÖV 2008, 455). Zur neueren Rspr: EuGH, NVwZ 2010,431 „Internationaler Hilfsfonds" (Zulässigkeit einer zweiten Klage auf Herausgabe).

Der **Ratsbeschluss 2001/840** und Anhang II GeschO Rat betreffen den umfassenden Zugang zu Dokumenten, die mit der gesetzgeberischen Tätigkeit des Rates zusammenhängen. – Die Kehrseite der Zugangsrechte sind **legitime Sicherheitsinteressen der Organe,** hierzu Ratsbeschluss v. 19.3.2001, ABl. L 101/1. 21

Insgesamt erweist sich die EU mit diesen Zugangsregelungen als eine bemerkenswert offene Organisation, die bereit ist, dem Unionsbürger ihr „Innenleben" weithin zugänglich zu machen. Die Transparenz geht weit über das hinaus, was traditionell in den MSen zu beobachten ist. In diesen Zusammenhang gehören auch **Rechte auf Akteneinsicht,** die u. a. im EG-Kartell- und Antidumpingverfahren bedeutsam sind (zuletzt: EuGHE 2011, I-5161, C-360/09 „Pfleiderer"; unten Rz. 20/46), sowie der Kodex für gute Verwaltungspraxis in den Beziehungen der Bediensteten der Europäischen Kommission zur Öffentlichkeit" (= Anhang GeschO KOM v. 29.11.2000, ABl. L 308/26 = Sartorius II Z. 235). Nach Ansicht des EP ist es dennoch geboten, den Zugang zu Dokumenten zu verbessern und die VO 1049/2001 zu überarbeiten und zu präzisieren, um das nach dem Vertrag von Lissabon geforderte Niveau an Transparenz und Öffentlichkeit zu erreichen (*Luszcz,* EuZW 2012, 488). Gemäß Art. 17 Abs. 1 der VO wird ein jährlicher Bericht (Statistik) über die Inanspruchnahme des Rechts auf Zugang zu Dokumenten der KOM veröffentlicht, welcher darüber hinaus Auskunft über anhängige/abgeschlossene Verfahren vor den Europäischen Gerichten für den Berichtszeitraum gibt (zuletzt: COM (2012) 429 final). Der Bericht von 2012 zeigt, dass die Möglichkeit, Zugang zu KOM-Dokumenten zu beantragen, immer mehr genutzt wird (Zuwachs um 18 % im Vergleich zu 2010, Deutschland liegt mit 14 % aller Anfragen auf Platz 2). 22

2. Vollzug durch mitgliedstaatliche Behörden

Die **Verantwortlichkeit für die Durchführung des Unionsrechts liegt weiterhin vorwiegend bei den Mitgliedstaaten.** Dies ist nicht nur eine empirische Beobachtung, sondern auch eine Vermutungsregel: Der Vollzug des Unionsrechts obliegt den MSen, soweit die Union nicht unmittelbar tätig wird, als Konsequenz ihrer Mitgliedschaft (Art. 197 AEUV). Art. 4 Abs. 3 EUV und Art. 291 AEUV sprechen diese sich bereits aus dem Wesen der Union ergebende Kooperationspflicht an. Der mitgliedsstaatliche Vollzug liegt in Bereichen, in denen die EU rechtsangleichend tätig wird, auf der Hand: Hier steuert die EU nur mittelbar über das angeglichene Recht, will aber die mitgliedstaatliche Zuständigkeit nicht verdrängen. Aber auch in Bereichen, in denen die EU unmittelbar anwendbares Recht setzt (wie etwa im Zollrecht: VO 450/2008 zur Festlegung des Zollkodex) überlässt sie regelmäßig die Durchführung den mitgliedstaatlichen Behörden. 23

a) Prinzip der Durchführungszuständigkeit der Mitgliedstaaten?

24 Lange Zeit konnte man hierin einen **Ausdruck einer bewussten Systementscheidung** sehen: Während sich die EU vor allem der Rechtsetzung widmet, obliegt die Durchsetzung jedenfalls dort, wo nicht Eigeninteressen der MSen berührt sind (etwa im Beihilferecht), den mitgliedstaatlichen Behörden. Inzwischen hat sich die supranationale Ebene – jeweils mit dem Argument der Verwaltungseffektivität – in so großem Umfang an die **Gründung eigener Behörden** gemacht, dass für derartige Überlegungen kein Raum mehr ist. Auch die Eingriffe in die Vollzugszuständigkeit der MSen sind inzwischen so vielfältig, dass von einer – normativ verstandenen – „prozeduralen Autonomie" kaum mehr die Rede sein kann. Daran ändert Art. 291 Abs. 1 AEUV nichts. Einer besonderen Rechtfertigung bedarf es nicht, wenn die EU den mitgliedstaatlichen Verwaltungsvollzug steuern will (so *von Danwitz,* DVBl. 2008, 537 (539); *Becker,* Common Market Law Review 44 (2007), 1035ff.; wie hier: *Iglesias,* EuGRZ 1997, 289; *Kakouris,* Common Market Law Review 34 (1997),1389ff.; *Kugelmann,* VerwArch 98 (2007), 78 (82f.); unklar EuGHE 2004, I-837, Rs. C-201/02, „Wells"). Die Verteilung der Zuständigkeiten lässt sich heute nur noch als Ausdruck der jeweiligen politischen Interessenkonstellation deuten. Ein normatives Prinzip steht dahinter nicht und lässt sich auch nicht in Art. 197 AEUV verorten. Es liegt auf der Hand, dass insbesondere die Kommission ein hervorragendes institutionelles Eigeninteresse hat, weitere Durchführungsbefugnisse auf EU-Ebene zu verlagern bzw. Instrumente zur Steuerung des indirekten Vollzugs in der Hand zu halten.

25 In den Bereichen, in denen es zum indirekten Vollzug des Unionsrechts kommt, ist es grundsätzlich, d. h. vorbehaltlich besonderer Vorgaben des Unionsrechts, Angelegenheit der jeweiligen nationalen Rechtsordnung zu bestimmen, welche nationalen Behörden das Unionsrecht vollziehen (EuGHE 1971, 49, Rs. 39/70, „Fleischkontor"). Der EuGH hat allerdings ausgesprochen, dass ein MS seine unionsrechtlichen Pflichten verletzt, wenn er Organisationsformen wählt, die die Wirksamkeit des Unionsrechts gefährden (EuGHE 1989, I-2965, Rs. C-68/88, „Griechenland/Kommission"). Die nationalen Stellen haben zu beachten, dass die Durchführung so sichergestellt wird, dass keine ungleiche Behandlung der EU-Bürger in den verschiedenen MSen eintritt (EuGHE 1971, 49, Rs. 39/70, „Fleischkontor") und die Effektivität des EU-Rechts nicht leidet.

aa) Die Mitgliedstaaten zwischen Freiheit und Bindung

26 Für das Verständnis des Zusammenwirkens von EU-Institutionen und staatlichen Behörden beim indirekten Vollzug ist der Umstand von zentraler Bedeutung, dass EU-Institutionen und staatliche Vollzugsbehörden keinen hierarchisch aufgebauten Verwaltungskörper bilden, sondern einander in ihrer Zugehörigkeit zu den Verbänden EU und Staat begegnen. Im Verwaltungsvollzug durch die MSen besitzen die EU-Institutionen keine allgemeine Möglichkeit, per Einzelweisung das Verhalten der durchführenden mitgliedstaatlichen Stellen zu steuern. Ebenso wenig können sie einen Verwaltungsvorgang an sich ziehen oder eine staatliche Vollzugsentscheidung aufheben. Zunehmend werden derartige Befugnisse allerdings speziell vorgesehen. So können die seit Januar 2011 operierenden Finanzzentren ESMA, EIOPA und EBA im Krisen- oder Streitfall nationalen Finanzaufsichtsbehörden Einzelweisungen aussprechen bzw. das gesamte Verfahren komplett an sich ziehen (*Kämmerer,* NVwZ 2011, 1281).

Es bleibt den EU-Institutionen ferner die Möglichkeit, durch allgemeine „Mitteilungen“ und ähnlichen Kommunikationen ihr Verständnis von der Auslegung und Anwendung des Unionsrechts kundzutun. Ebenso können sie mit Mitteilungen, Stellungnahmen und Empfehlungen (also „weichen Formen“ der Steuerung) auf die staatlichen Behörden einwirken. Nicht zuletzt im Falle eines gerichtlichen Streits haben diese Mitteilungen erhebliche Bedeutung. 27

Im Übrigen sind vielfältige Formen der vertikalen und horizontalen Zusammenarbeit vorgesehen, um so im konkreten Verwaltungsverfahren die Durchsetzung der EU-Interessen zu ermöglichen (z. B. Art. 33, 46 lit. a, 50 Abs. 2 lit. b AEUV zum Binnenmarkt; Art. 67 Abs. 3, 73f., 82, 87 AEUV für den RFSR). Man spricht inzwischen modisch von der Entstehung von „Netzwerken“, in denen Vertreter der MS-Behörden Informationen austauschen. In vielen Bereichen sind die MSen zur Anerkennung oder Berücksichtigung der Entscheidungen der Verwaltungen anderer MSen verpflichtet (*Classen,* in: GHN, Art. 197 AEUV Rz. 4, 52). Zudem verpflichtet das EU-Recht an vielen Stellen zur Einrichtung von Kontrollmechanismen (zu Inspektionen der KOM: Art. 337 AEUV).

Die horizontalen Verordnungen 2185/96 (ABl. 1996, L 292/2) sowie 1073/99 (ABl. 1999 L 136/1) ermöglichen es heute den OLAF-Kontrolleuren, innerhalb der mitgliedstaatlichen Behörden sowohl umfassende externe als auch interne Kontrollen durchzuführen (Rz. 5/112). 28

Das EU-Recht nimmt in vielfältiger Weise auf die Struktur und die Zusammenarbeit von Behörden Einfluss. Teilweise beschränkt sich dies auf die Pflicht zur Anerkennung ausländischer Verwaltungsentscheidungen (z. B. wechselseitige Anerkennung von Fahrerlaubnissen: EuGHE 2004, I-5205, Rs. C-476/01, „Kapper“; EuGHE 2008, I-4635, Rs. C-329/06, „Wiedemann“; EuGHE 2019, I-119, Rs. C-445/08, „Wierer“). Darüber hinaus bilden sich engere Formen der vertikalen Kooperation von EU und MSen und der horizontalen Zusammenarbeit von MSen heraus. Inzwischen lässt sich so die Entstehung eines **Verwaltungskooperationsrechts** beobachten (*Schmidt-Aßmann/Schöndorf-Haubold* (Hrsg.), Der Europäische Verwaltungsverbund, 2005; *Möstl,* Common Market Law Review 47 (2010), 405). Neben das herkömmliche Einzelvollzugsmodell, welches durch weit gehende mitgliedstaatliche Autarkie beim Verwaltungsvollzug gekennzeichnet ist, tritt das Transnationalitätsmodell, welches eine Zentralisierung von Vollzugskompetenzen herbeiführt, sowie das Referenzentscheidungsmodell, welche transnational wirkende Entscheidungsbefugnisse mit Einzelentscheidungsbefugnissen der MSen verbindet (hierzu *Sydow,* Verwaltungskooperation, 122f.). Eines der Referenzgebiete dieser Entwicklung ist das Produktzulassungsrecht. Daneben treten Netzwerke nationaler und supranationaler Behörden etwa im Anwendungsbereich der Dienstleistungsrichtlinie (RL 2006/123/EG; ABl. 2006 L 376/36). Als weiteres Beispiel der Verwaltungskooperation sind die Regulierungsverbünde in den Netzwirtschaften zu nennen (hierzu *Ruffert,* DÖV 2007, 761; *Franzius,* KritV 2009, 25). Die Einwirkung der EMRK ist jeweils im Blick zu halten (vgl. etwa *Dörig,* ThürVBl. 2006, 217ff.; *Thym,* DVBl. 2008, 1346). 29

Im weiteren Sinne gehört zum „Vollzug“ des Unionsrechts auch der **Rechtsschutz,** den die an das Unionsrecht gebundenen **nationalen Gerichte** „unterhalb“ des EuGH gemäß der mitgliedstaatlichen Ausformung der dritten Gewalt zu gewährleisten haben (*Erichsen/Frenz,* Jura 1995, 422). Dabei haben sie „effektiven Rechtsschutz“ zu gewähren (Art. 19 Abs. 1 UAbs. 2 EUV; Rz. 13/3f.; *Baumeister,* EuR 2005, 1; ggf. auch durch Fortbildung ihrer nationalen Prozessordnungen (EuGHE 2002, I-6719, Rs. 50/00P, „UPA“) (allgemein *Classen,* Die Europäisierung der Verwaltungsgerichtsbarkeit, 1996). 30

bb) Vollzug von Unionsrecht durch Bundesländer und Gemeinden

Literatur: *Meissner,* Die Bundesländer und die EGen, 1996; *Müller-Terpitz,* Die Beteiligung des Bundesrates am Willensbildungsprozeß der EU, 1999, *Classen,* Wirtschaftliche Betätigung der Gemeinden und EU-Recht, in: *Wallerath* (Hrsg.), Kommunen im Wettbewerb, 2001, 85; *Haslach,* Die Umsetzung von EG-Richtlinien durch die Länder, 2001; *Koenig/Braun,* Rückgriffsansprüche des Bundes bei einer Haftung für Verstöße der Bundesländer gegen Gemeinschaftsrecht, NJ 2004, 97.

31 Das Prinzip der institutionellen Eigenständigkeit hat für Bundesstaaten wie Deutschland die Konsequenz, dass es **der nationalen Verfassungsordnung überlassen bleibt,** ob Unionsrecht durch Bundes- oder Landesbehörden umzusetzen bzw. durch Bundes-, Landes- oder kommunale Behörden auszuführen ist. Von der EU gesehen ist ein Bundesstaat ein einheitliches Staatswesen. Die deutschen Länder- und Kommunalbehörden unterliegen nach Maßgabe der Art. 83ff. GG genauso der Kooperationspflicht wie der Bund. Ähnliches gilt für **Österreich** (*Staudigl/Fischler,* Die Teilnahme der Bundesländer am europäischen Einigungsprozess, 1996). Im Bundesstaat ergeben sich bei der Durchführung des EU-Rechts spezifische Probleme:

32 Die **gesetzgeberische** Umsetzung europäischen Unionsrechts durch die Länder erfolgt vielfach verspätet. Hieraus können diesen staatshaftungsrechtliche Verpflichtungen erwachsen. Nach der Rechtsprechung „Konle“ (EuGHE 1999, I-3099, Rs. C-302/97 (Rz. 14/18)) richtet sich die Frage, welche Körperschaft im Ergebnis haftet – insb. die Bundesrepublik Deutschland oder ein Land – nach innerstaatlichem Recht (*Burger,* KommJur 2013, 41; *Burger,* DVBl. 2012, 207).

33 Die **Ausführung** europäischer Rechtsakte bestimmt sich prinzipiell nach Art. 30, 83 GG. Die Verwaltungskompetenz richtet sich dementsprechend nach der Zuordnung der Gesetzgebungskompetenz im föderalen Staatsgefüge. Im Falle unmittelbar vollziehbaren EU-Rechts wird nach überwiegender Auffassung eine Anknüpfung an die innerstaatliche Regelzuständigkeit nach Art. 70 GG vorgenommen (vgl. *Suerbaum,* Kompetenzverteilung beim Verwaltungsvollzug, 1998, 237). (Zur Möglichkeit des Bundes, über Art. 87 Abs. 3 GG Vollzugskompetenzen an sich zu ziehen: *Pache,* VVDStRL 66 (2007), 106, 124.)

34 Verfassungsrechtlich ergibt sich die Pflicht der deutschen Länder gegenüber dem Bund zum loyalen Vollzug des Unionsrecht aus Art. 23 GG i.V.m. der **Bundestreue** (BVerfGE 92, 203), unionsrechtlich zugleich aus Art. 4 Abs. 3 EUV (**„gegenseitige Loyalitätspflicht“).** Umgekehrt hat die EU die Verfassungsordnung der MSen zu respektieren, sofern der Vollzug des Unionsrechts gewährleistet ist. Das Grundgesetz sieht inzwischen eine Regelung vor, die einen Ausgleich zwischen Bund und Ländern für den Fall vorsieht, dass die Bundesrepublik zur Zahlung von Zwangsgeldern verurteilt wird (unten Rz. 14/18), die ihre Ursache in einem Verstoß eines Landes beim Vollzug des EU-Rechts haben (Art. 104a Abs. 6 GG).

b) Vorgaben für den mitgliedstaatlichen Vollzug des Unionsrechts

35 In den Bereichen, in denen die MSen das Unionsrecht vollziehen, sind sie zunächst und vor allem zur Anwendung des einschlägigen EU-Rechts verpflichtet. Dieses Gebot umfasst insbesondere das Sach-, das Organisations- und das Verfahrensrecht. Allerdings gibt es nur wenige Bereiche, in denen die EU den indirekten Vollzug umfassend geregelt hat. Häufig besteht die Notwendigkeit, mitgliedstaatliches Recht zur Vervollständigung des Vollzugsrahmens heranzuziehen. Die Heranziehung des nationalen Rechts im indirekten Vorgang des indirekten Vollzugs kann die einheitliche Wirksamkeit des EU-Rechts beeinträchtigen (*Nettesheim,* GS Grabitz, 1995, 447).

aa) Diskriminierungsverbot und Effizienzsicherung

Der EuGH begann daher schon früh mit der Formulierung von Regeln, denen mitgliedstaatliches Verwaltungsrecht zu genügen hatte, um bei der Durchführung von EU-Recht zur Anwendung kommen zu können. Er stellte fest, dass die anzuwendenden nationalen Vorschriften einen Sachverhalt mit EU-Bezug nicht nachteiliger behandeln dürfen als rein nationale Sachverhalte **(Diskriminierungsverbot);** zudem darf deren Anwendung die Verwirklichung des Ziels der durchführenden Bestimmungen **nicht praktisch unmöglich** machen **(Effizienzgebot)** (im Einzelnen: EuGHE 1983, 2633, Rs. 205 bis 215/82, „Deutsche Milchkontor"; EuGHE 1997, I-1591, Rs. C-24/95, „Alcan"; EuGHE 2006, I-2585, Rs. C-234/04, *„Kapferer"*, Rdnr. 22; EuGHE 2006, I-6619, Rs. C-295/04, *„Manfredi"*, Rdnr. 64; im Einzelnen: *Classen,* in: GHN, Art. 197 AEUV, Rz. 23ff.). Dem letztgenannten Gebot entsprechen Vorschriften nur, wenn sie das Interesse der EU an der wirksamen Vollziehung ihrer Normen hinreichend berücksichtigen. In der genannten Entscheidung „Alcan" hat der EuGH etwa entschieden, dass sich ein Unternehmen, das eine nicht angemeldete Beihilfe unter Verstoß gegen Art. 108 AEUV erhalten hat, gegenüber dem Rückforderungsverlangen des MS nicht auf Vertrauensschutz berufen kann; auch eine strikte Jahresfrist kann der Rücknahmeentscheidung nicht entgegengehalten werden (unten Rz. 21/35). In einer anderen Entscheidung wurde Deutschland deshalb verurteilt, weil die Behörden es unterließen, die Verpflichtung zur Destillation überschüssigen Weins mit der Anordnung der sofortigen Vollziehbarkeit (§ 80 Abs. 2 Nr. 4 VwGO) zu verbinden; die betroffenen Weinbauern legten Widerspruch ein, unterbanden so die Vollziehbarkeit (§ 80 Abs. 1 VwGO) und konnten durch den Verkauf des Weins die praktische Wirksamkeit des Unionsrechts unterlaufen (EuGHE 1990, I-2879; Rs. C-217/88, „Weindestillation"; unten Rz. 13/4ff.). Diese Pflicht kann auch positive Handlungen umfassen, etwa den Erlass einer einstweiligen Anordnung gegen ein nationales Gesetz, das mit Unionsrecht unvereinbar ist (EuGHE 1990, I-2433; Rs. C-213/89, „Factortame"; vgl. dazu auch Rz. 33/12). Die Rechtsprechung des EuGH zu den diesbezüglichen Einwirkungen ist kasuistisch und nicht leicht zu überschauen (zu Verjährungsfristen etwa: EuGHE 2010, I-3189, Rs. C-542/08, „Barth"; EuGHE 2010, I-7003, Rs. C-246/09, „Bulicke"). 36

Die genannte Rechtsprechung lässt den MSen innerhalb des gesetzten Rahmens erhebliche Freiheiten zur Ausgestaltung des jeweils anzuwendenden Verwaltungsrechts. Dies entspricht dem Subsidiaritätsprinzip. Mehr und mehr ist allerdings die Tendenz zu beobachten, dass die europäische Gerichtsbarkeit vermittels der **Anwendung allgemeiner Rechtsgrundsätze** (oben Rz. 12/35) unmittelbar in den indirekten Vollzug des Unionsrechts „hineinregiert". Bei diesem Vorgehen ist die anzuwendende Norm nicht mehr eine Bestimmung des nationalen Rechts, die den unionalen Anforderungen zu entsprechen hat; vielmehr kommt unmittelbar eine Norm des Unionsrechts zu Anwendung. Dies hat einen erheblichen **Verdrängungseffekt** zur Folge. Deutlich manifestiert sich die Entwicklung etwa im Streit um die Rechtsgrundlagen der unionsrechtlich gebotenen Staatshaftung (Rz. 14/13): Hier geht etwa der BGH inzwischen davon aus, dass dem Institut ein unionsrechtlicher Anspruch zugrunde liegt, der eigenständig neben die nationalen Staatshaftungsansprüche tritt (vgl. nur BGH, NVwZ 2001, 465; krit. *Schoch,* Jura 2002, 837); allerdings soll dieser Staatshaftungsanspruch nach den Kriterien des nationalen Rechts (vgl. § 839 BGB) vollzogen werden. Damit 37 schieben sich unionsrechtliche Rechtsinstitute über das staatliche, wenngleich EU-rechtlich eingerahmte Recht. Bislang lässt sich nur schwer absehen, wie weit der EuGH diesen Prozess einer Überlagerung und Verdrängung vorantreiben wird. Die Frage, in welchen Fällen unmittelbare Grundsätze des Unionsrechts zur Anwendung kommen und wann die „Milchkontor"- bzw. „Alcan"-Rechtsprechung einschlägig ist, gehört zu wichtigen und offenen Fragen des indirekten Verwaltungsvollzugs.

bb) Durchbrechungen der Bestandskraft bei Unionsrechtswidrigkeit

Literatur: *Weiß*, Bestandskraft nationaler belastender Verwaltungsakte und EG-Recht, DÖV 2008, 477; *Ludwigs*, Der Anspruch auf Rücknahme rechtswidriger belastender Verwaltungsakte, DVBl. 2008, 1164; *Englisch*, Anspruch auf Rücknahme gemeinschaftswidrig belastender Verwaltungsakte nach Eintritt der Bestandskraft, Die Verwaltung 2008, 99; *Reich*, Verlangt das Gemeinschaftsrecht ein Verbot des Verbots der reformatio in peius?, EuZW 2008, 325; *Hummel*, Zum unterschiedlichen Umgang mit der Bestandskraft unionsrechtswidriger Verwaltungsakte, in: Verwaltungsrechtsraum Europa, 2011, 101; *Wirths*, Bestandskraft und Vollstreckbarkeit unionsrechtswidriger Verwaltungsakte im Lichte der Koordinierungsformel, FS Scheuing 2011, 433.

38 Die Tragweite der Rechtsprechung des EuGH lässt sich gegenwärtig vor allem am Beispiel der **Bestandskraft- bzw. Rechtskraftdurchbrechung** europarechtswidriger Entscheidungen illustrieren (hierzu: *Schmahl/Köber*, EuZW 2010, 927). Hier geht es um die Frage, inwieweit es zu einer Beseitigung von Bestandskraft bzw. Rechtskraft in Fällen kommen muss, in denen der EuGH im Rahmen des Vorabentscheidungsverfahrens mit ex-tunc-Wirkung Feststellungen getroffen hat, durch die sich behördliche oder richterliche Entscheidungen (nachträglich) als europarechtswidrig erweisen (zu Rückwirkungen europäischer Rechtsprechung und neuerlicher Einschränkungen vgl. noch unter Rz. 13/27).

39 In seiner Entscheidung „Kühne" hat der EuGH (EuGHE 2004, I-837, R C-453/00; *Lindner*, BayVBl. 2004, 590) festgestellt, dass Art. 10 EGV (heute: Art. 4 Abs. 3 EUV) mitgliedstaatliche Verwaltungsbehörden verpflichtet, eine **bestandskräftige Verwaltungsentscheidung** zu überprüfen, um der mittlerweile vom Gerichtshof vorgenommenen Auslegung der einschlägigen Bestimmung Rechnung zu tragen. Dies setze, so der EuGH, allerdings voraus, dass die Behörde nach nationalem Recht befugt ist, diese Entscheidung zurückzunehmen, die Entscheidung infolge eines Urteils eines in letzter Instanz entscheidenden nationalen Gerichts bestandskräftig geworden ist, das Urteil auf einer unrichtigen Auslegung des Unionsrechts beruht und der Betroffene sich, unmittelbar nachdem er Kenntnis von der berichtigenden Entscheidung des Gerichtshof erlangt hat, an die Verwaltungsbehörde gewandt hat (ebenso EuGHE 2006, I-8559, verb. Rs. C-392/04 und C-422/04 „I-21 Germany"; *Ruffert*, JZ 2007, 407). Schließlich darf das nationale Gericht – unter Mißachtung der Voraussetzungen des Art. 267 Abs. 3 AEUV – nicht um Vorabentscheidung ersucht haben. In der Rechtssache „Kempter" (EuGHE 2008, I-411, Rs. C-2/06 „Kempter"; *Ludwigs*, JZ 2008, 466; *Kanitz/Wendel*, EuZW 2008, 231) hat der EuGH diese Rechtsprechung konkretisiert. Dort wird die mitgliedstaatliche Statuierung von Rechtsbehelfsfristen zum Schutze der Rechtssicherheit nach den Maßstäben der Effektivität und Äquivalenz anerkannt.

40 Diese Rechtsprechung hat in Deutschland insbesondere für die **Auslegung und Anwendung der §§ 48, 49 und 51 VwVfG Bedeutung** (*Lenze*, VerwArch 2006, 46). Aufgrund der ex-tunc-Wirkung des EuGH-Urteils gilt der Verwaltungsakt als von Anfang an rechtswidrig; dies führt zur Anwendbarkeit von § 48 VwVfG. Im Rahmen der Anwendung des § 48 Abs. 1 VwVfG reduziert sich das Rücknahmeermessen aufgrund des vorrangigen Unionsinteresses regelmäßig auf Null. Das BVerwG geht inzwischen davon aus, dass ein Anspruch auf Rücknahme eines bestandskräftigen rechtswidrigen Verwaltungsakts nach § 51 i. V. m. § 48 Abs. 1 S. 1 VwVfG bestehen kann, wenn zum Zeitpunkt seines Ergehens an dem Verstoß gegen formelles oder materielles Recht vernünftigerweise kein Zweifel bestand und sich deshalb die Rechtswidrigkeit aufdrängte (BVerwG, NVwZ 2007, 709).

Die Bekräftigung nationaler Bestands- und Rechtskraftregelungen durch die Rechtsprechung „Kempter" erfährt jedoch **Einschränkungen,** soweit (Wettbewerbs-)Interessen der Union betroffen sind. So hat der EuGH im Hinblick auf die Rückforderung europarechtswidrig gewährter staatlicher Beihilfen in der Rs. „Lucchini" (EuGHE 2007, I-6199, Rs. C-119/05, Rn. 63; *Germelmann,* EWS 2007, 392) die Unanwendbarkeit einer auf die Verankerung des Grundsatzes der Rechtskraft abzielenden Vorschrift des nationalen Rechts angenommen, soweit ihre Anwendung die Rückforderung einer unter Verstoß gegen das Unionsrecht gewährten staatlichen Beihilfe behindert (zustimmend *Hatje,* EuR 2007, 654; dazu auch Rz. 33/12). Obgleich von Seiten des EuGH klare Abgrenzungskriterien bislang noch nicht zu erkennen sind, liegt es nahe, solche Bestands- und Rechtskraftdurchbrechungen als Gegenstand von Staatshaftungsansprüchen zu begreifen und daher auch an die strengen Voraussetzungen der diesbezüglichen Rechtsprechung zu binden. 41

Zusammenfassend lässt sich festhalten, dass die Grundsätze der Durchführung des Unionsrechts, ähnlich wie diejenigen zu seinem Vorrang gegenüber dem nationalen Recht, unter dem Leitgedanken stehen, die reale Verwirklichung der Rechtsgemeinschaft EU so leicht, vollständig und dauerhaft wie möglich zu machen. 42

c) Vollzugsdefizite

Vollzugsdefizite können von der Kommission im Verfahren nach Art. 258 AEUV angegriffen werden. Dies erweist sich allerdings als häufig wenig effektiv – trotz des durch den Vertrag von Maastricht wesentlich verbesserten Sanktionsinstrumentariums (Art. 260 Abs. 2 AEUV). Aus diesem Grund beschäftigen sich die Unionsorgane schon seit langem damit, wie sich mitgliedstaatliche Vollzugsdefizite, also die verspätete oder fehlerhafte Umsetzung oder Anwendung europäischen Rechts durch die nationalen Gewalten, innerhalb der mitgliedstaatlichen Ordnung effektiv bekämpfen lassen. Zwei Instrumente sind hier von Bedeutung. 43

aa) Sanktionen gegenüber Mitgliedstaaten

Literatur: *Härtel,* Durchsetzbarkeit von Zwangsgeld-Urteilen des EuGH gegen Mitgliedstaaten, EuR 2001, 617; *Thiele,* Sanktionen gegen EG-Mitgliedstaaten zur Durchsetzung von Europäischem Gemeinschaftsrecht – Das Sanktionsverfahren nach Art. 228 Abs. 2 EG, EuR 2008, 320.

Die Frage, mit welchen **Sanktionen** die Beachtung und der Vollzug des EU-Rechts durchgesetzt werden können, rührt an die Grundfrage nach der Rechtsnatur der EU (unten Rz. 12/55). Die Union ist weiterhin nur „Rechtsgemeinschaft" in dem Sinne eines zwar in manchem staatsähnlichen, keinesfalls aber schon staatsgleichen Gebildes. Ihr fehlen weiterhin wesentliche Attribute der Staatlichkeit – insbesondere die Macht, nötigenfalls den Respekt der Unionsrechtsordnung **selbst zu erzwingen.** Sie bleibt insoweit auf den Willen der MSen angewiesen, den Normen der (von ihnen geschaffenen und getragenen) Union zu entsprechen bzw. ihnen gegenüber den ihrer Hoheitsgewalt unterstehenden Personen zur Durchsetzung zu verhelfen. Die Verträge setzen diesen „guten Willen" der MSen voraus, indem in Art. 344 AEUV die **Streitregelungsmechanismen der Verträge,** also insbesondere das Rechtsschutzsystem des EuGH (unten § 13) bis hin zur Vollstreckung, für **ausschließlich anwendbar** erklärt werden. Damit werden „urtümliche" Durchsetzungsmechanismen wie das Repressalienrecht des Völkerrechts, aber auch die Bundesexekution im Bundesstaat ausgeschlossen. Im Dunkeln bleibt dabei, was geschehen soll, wenn ein MS im konkreten Fall jenen „aufgeklärten Rechtsbefolgungswillen" – beispielsweise gegenüber einem Urteil des EuGH – nicht an den Tag legt. Solche betrüblichen Perspektiven können nicht a priori ausgeschlossen werden. Es ist in einem solchen Fall Aufgabe sowohl der 44

EU-Organe als auch der übrigen MSen, die Respektierung des EU-Rechts auf dem **Verhandlungswege** sicherzustellen. Als ultima ratio können repressionsartige völkerrechtliche Reaktionen der Betroffenen und ein Ausschluss aus der EU nicht ausgeschlossen werden.

45 Es ist Ausdruck dieser Lage, dass das Unionsrecht weiterhin nur ein **begrenztes System von Sanktionsmöglichkeiten** (*Teske,* EuR 1992, 265) kennt. Es ist seit dem Maastrichter Unionsvertrag 1992 ausgebaut worden.

46 Soweit es um die Vergabe von Unionsmitteln durch mitgliedstaatliche Behörden geht, kann die Kommission fehlerhafte Ausgaben dadurch sanktionieren, dass sie sie bei künftigen Mittelzuweisungen verrechnet (zur Landwirtschaftspolitik Rz. 24/1).

Eine Sonderrolle spielt das weiterhin politisch geprägte Sanktionensystem, über das Rat und Kommission gegenüber den MSen bei der **Kontrolle der nationalen Haushaltspolitiken mit Blick auf die Währungsunion** nach Art. 123ff. AEUV verfügen (unten Rz. 18/25).

47 Im Zentrum der Möglichkeiten, die die Kommission gegenüber den staatlichen Behörden hat, steht weiterhin das Vertragsverletzungsverfahren des Art. 258 AEUV. Hierin drückt sich der Umstand aus, dass EU-Institutionen und staatliche Vollzugsbehörden keinen hierarchisch aufgebauten Verwaltungskörper bilden, sondern einander in ihrer Zugehörigkeit zu den Verbänden EU und Staat begegnen. Im Regelfall wird die Kommission daher bei Vollzugsdefiziten von dem Instrument nach Art. 258 AEUV Gebrauch machen.

48 Nach Art. 260 AEUV haben die MSen die Maßnahmen zu ergreifen, die sich aus einem Urteil des EuGH ergeben, in dem eine Vertragsverletzung festgestellt worden ist (EuGHE 1993, I-201, Rs. C-101/91, „KOM/Italien"). Dabei spielt für den MS die Erwägung eine wichtige Rolle, dass die Nichtbefolgung eines Urteils leicht „Kettenreaktionen" anderer MSen zur Folge haben könnte, die das Unionsrechtssystem insgesamt beschädigen müssten (zur Möglichkeit der Verhängung eines Zwangsgelds: Rz. 13/26).

bb) Der Staatshaftungsanspruch

49 Der EuGH verfolgt seit nunmehr geraumer Zeit das Anliegen, Bürgern und Unternehmen, die durch unionsrechtswidriges Verhalten der MSen zu Schaden gekommen sind, durch **Schadensersatzansprüche** einen Ausgleich zu verschaffen. Die Haftung eines MS für Schäden, die dem Einzelnen durch einen Verstoß gegen das Unionsrecht entstanden sind, ist prinzipiell anerkannt. Sie setzt voraus, dass die verletzte Rechtsnorm bezweckt, dem Einzelnen Rechte zu verleihen, dass der Verstoß hinreichend qualifiziert ist und dass zwischen dem Verstoß gegen die dem Staat obliegende Verpflichtung und dem den geschädigten Personen entstandenen Schaden ein unmittelbarer Kausalzusammenhang besteht. Ein hinreichend qualifizierter Verstoß gegen das Unionsrecht setzt voraus, dass der MS die Grenzen, die seinem Ermessen gesetzt sind, offenkundig und erheblich überschritten hat (zusammenfassend EuGHE 2007, I-1053, Rs. C-278/05, „Carol Marilyn Robins", Rn. 69f.) (im Einzelnen unten Rz. 14/20).

III. Vollstreckung des Unionsrechts

Bei der Zwangsvollstreckung i. e. S., also der effektiven Durchsetzung und Eintreibung vollstreckbarer Titel (vor allem Zahlungstitel), **liegt die Zwangsgewalt bei den MSen. Die EU hat bislang keine Vollstreckungsgewalt.** Zwangsvollstreckung findet nur gegenüber Individuen statt, nicht im Verhältnis zu MSen (Art. 299 AEUV). 50

Die EU erlässt zwar die Entscheidung über den Vollstreckungstitel als solchen, beispielsweise in Gestalt einer Entscheidung des Rates oder der Kommission, die eine Zahlung auferlegt, oder eines entsprechenden Urteils des Gerichtshofes. Die hoheitliche Zwangsgewalt, mittels deren die Vollstreckung effektuiert werden kann, ist dagegen bei den MSen verblieben. Gemäß Art. 299 UAbs. 2–4 AEUV wird auf das nationale Prozessrecht der MSen verwiesen. So wird die Vollstreckungsklausel von einer staatlichen Behörde erteilt, die den EU-Instanzen von den MSen benannt wird. In der Bundesrepublik ist dies der Bundesminister der Justiz, (vgl. Bekanntmachung vom 3.2.1961 (BGBl. II, S. 50). 51

Die nationale Prüfung beschränkt sich auf die Echtheit des Titels. Wird der Bestand des Titels aus anderen Gründen in Zweifel gezogen, berührt das die Grundentscheidung über den Vollstreckungstitel, die bei der EU liegt und von dieser zu entscheiden ist. Abgesehen vom „schieren Zwang" gilt der unionale und nicht der nationale Ordre Public (zu Fragen des Vollstreckungsschutzes aus der EMRK: EGMR, NJW 2004, 3617). 52

IV. Sanktionen gegenüber Privatpersonen

Literatur: *Dafni,* The EU's Ability to Implement Economically Effective Unilateral Sanctions, 2000; *Eisele,* Einführung in das Europäische Strafrecht, JA 2000, 896; *de Kerchove/Weyembergh,* La reconnaissance mutuelle des décisions judiciaires pénales dans l'Union Européenne, 2001; *Werner,* Grenzen und Möglichkeiten europäischer Strafrechtspflege, 2002; *Terhechte,* Die Vollstreckung von EG-Bußgeldbescheiden in den MSen der EG, EuZW 2004, 235; *El-Shabassy,* Die Durchsetzung finanzieller Sanktionen der Europäischen Gemeinschaften gegen ihre Mitgliedstaaten, 2008; *Pieto,* Die juristische Natur der Sanktionen der Europäischen Union, ZStW 120 (2008), 403; *Zeder,* Europastrafrecht, Vertrag von Lissabon und Stockholmer Programm: Mehr Grundrechtsschutz, Europarecht 2012, 34.

Eine vergleichsweise effektive Sanktionsgewalt kommt der EU gegenüber **Einzelnen und Unternehmen** zu. Art. 261 AEUV setzt grundsätzlich voraus, dass in einer Verordnung Zwangsmaßnahmen zur Durchsetzung ihrer Gebote vorgesehen werden können; dort finden sich Kontrollbefugnisse des EuGH. In einem Spezialfall sieht Art. 103 Abs. 2 AEUV die Verhängung von Geldbußen und Zwangsgeldern zur Durchsetzung der wettbewerbsrechtlichen Grundsätze der Art. 101 f. AEUV (unten Rz. 20/45 f.) vor. Sanktionsmittel sind **Geldbußen** (bei Verstoß gegen primäres oder sekundäres Gemeinschaftsrecht), **Zwangsgelder** (zur Erzwingung eines vertragskonformen Verhaltens) oder **Verzugszuschläge** (bei Nichterfüllung finanzieller Verpflichtungen). 53

Im AEUV-Bereich ist vielfach von der Möglichkeit Gebrauch gemacht worden, bei Erlass sekundären Gemeinschaftsrechts (VOen) Zwangsmaßnahmen vorzusehen. Wichtigstes Beispiel hierfür ist die Kartellverordnung 1/2003 (unten Rz. 20/45). Die Kommission hat Leitlinien für das Verfahren zur Festsetzung von Geldbußen gem. Art. 23 Abs. 2 lit. a der VO 1/2003 (ABl. C 210/2) erlassen. Auch im Agrarsektor finden sich zahlreiche Regelungen, die die Nichterfüllung von unionsrechtlichen Vorgaben sanktionieren. So wird 54

z. B. in den Marktordnungen häufig vorgesehen, dass Kautionen, die im Voraus zu entrichten sind, bei Nichtbeachtung unionsrechtlicher Verpflichtungen durch Individuen verfallen können. Ähnlichen Zwecken dienen Wiedereinziehungszuschläge zu Unrecht erlangter Beiträge, Kürzungen/Verlust von Zahlungsansprüchen, Leistungssperren u. a. m. (*Heitzer,* Punitive Sanktionen im Europäischen Gemeinschaftsrecht, 1997). Erlassen wurde eine Richtlinie betreffend Sanktionen gegen Arbeitgeber, die Drittstaatsangehörige ohne Aufenthaltsgenehmigung beschäftigen (ABl. 2009, 168/1).

55 Der EU **ist bisher keine Strafgewalt anvertraut worden** (*Eisele,* JA 2000, 896 [vgl. auch Rz. 37/1]). Dies hat integrationspolitische, staatsrechtliche, vor allem aber funktional-rechtsstaatliche Gründe. Eine „personalisierte" Strafgewalt muss einem unmittelbar vom Volke legitimierten Gesetzgeber und unabhängigen Strafrichtern überantwortet sein, wie sie in parlamentarischen Demokratien existieren. Bislang hat der unionale Normgeber diese demokratische Dignität nicht erlangt (Rz. 15/1 ff.). Die Strafgewalt muss danach weiterhin ausschließlich bei den MSen verbleiben (hierzu BVerfGE 123, 267). Zudem besteht bislang auch kein Bedarf dafür, der EU die Kompetenz zur Setzung von unmittelbar wirksamen Straftatbeständen einzuräumen. Bislang wird den Zielen der EU dadurch entsprochen, dass die MSen durch Primärrecht oder harmonisierendes Sekundärrecht zur Begründung von Straftatbeständen veranlasst werden. Dies ist mit zunehmender Häufigkeit zu beobachten. In der Tendenz läuft dies der Idee der Subsidiarität und dem Demokratieprinzip zuwider.

56 Zu Recht sorgt sich die EU allerdings um die Sanktionierung ihrer Interessen: Eine Pflicht zur Pönalisierung findet sich etwa in Art. 325 Abs. 2 AEUV zum Schutz der finanziellen Interessen der EU. An anderer Stelle verweist das EU-Recht ausdrücklich auf die Anwendbarkeit nationalen Strafrechts (Art. 194 Abs. 2 EAGV – Geheimhaltungsvorschriften; Art. 30 Protokoll Satzung Gerichtshof – Eidesleistung).

57 Vielfach gehen die Normen mit strafrechtlichem Gehalt aber hierüber hinaus. Der Lissabon-Vertrag legt den Grund für einen deutlichen Ausbau dieser Steuerung (Art. 83 AEUV). In den Bestimmungen über die **polizeilich-justizielle Zusammenarbeit in Strafsachen** (unten Rz. 32/24 ff.) finden sich Ermächtigungen, die eine Angleichung des MS-Strafrechts ermöglichen. Teilweise werden Verpflichtungen der EU-Staaten zur strafrechtlichen Sanktionierung des EU-Rechts auch durch **Übereinkommen der MSen** begründet. Man spricht von einer „Europäisierung" des nationalen Strafrechts (*Diekmann,* NStZ 2001, 617; *Hecker,* JA 2007, 561).

58 Der EuGH hat ausgesprochen, dass die sachlichen EU-Kompetenzen grundsätzlich auch Regelungen tragen, die den MSen ein Gebot zur Pönalisierung individuellen Verhaltens auferlegen (EuGHE 2005, I-7879, Rs. C-176/03, „Kommmission/Rat"; Rz. 33/24). Dies führt etwa dazu, dass umweltstrafrechtliche Regelungen nicht im Bereich des RFSR, sondern unter den jeweiligen Sachkompetenzen des AEUV erlassen werden können.

V. Ausblick

59 Man geht häufig davon aus, dass sich das Wesen und die Eigenart eines Staates am ehesten in seinem Verwaltungsrecht ausdrücken. Hier spiegele sich das **Selbstverständnis der Träger der Hoheitsgewalt** am reinsten und direktesten wider. Anders als im Verfassungsrecht, das sich von außen um die Hoheitsträger legt, ist das Verwaltungsrecht das Ausdrucksmittel, mit dem sich eine zentrale Staatsfunktion, die Exekutive, selbst darstellt. Insofern ist es von großem Interesse und für die Deutung des In-

tegrationsprozesses von hohem Erkenntniswert, die Herausbildung eines europäischen Verwaltungsrechts zu beobachten. Man kann dabei nicht erwarten, dass sich die Organe der EU einfach der Traditionen eines Mitgliedstaats bedienen. Schon um der Sicherung der Akzeptanz willen muss es darum gehen, einen Weg im Schnittfeld der verschiedenen Ansätze und Anschauungen in den MSen zu gehen. Hinzu kommt: Die **Geschwindigkeit der Rechtsentwicklung** ist so hoch (und die funktionalen Anforderungen an das zu schaffende Verwaltungsrecht so spezifisch), dass sich die schlichte Anlehnung an staatliche Traditionsbestände verbietet. Es geht vielmehr darum, eigene Wege zu gehen, wesentlich von teleologischen Überlegungen und Effizienzbetrachtungen angeleitet. Eine „Dogmatik des Verwaltungsrechts", wie sie sich in Deutschland herausbilden konnte, wird sich angesichts dessen auf EU-Ebene nur schrittweise und nach einer Konsolidierungsphase entwickeln lassen.

Auch Kritiker der EU räumen regelmäßig ein, dass sich deren Organe bei der Entwicklung ihres Verwaltungsrechts als modern und zweckgerichtet, zugleich aber auch mit Blick auf rechtsstaatliche Anforderungen als sensibel und bürgernah erweisen. Der Respekt, der den rechtsstaatlichen Anforderungen an Verwaltungstransparenz, an Grundrechtsschutz und Freiheitssicherung gezollt wird, entspricht ganz überwiegend dem, was auch im nationalstaatlichen Kontext bekannt ist. Insofern muss man die Entwicklung, die die EU hin zu einem „Europäischen Verwaltungsrecht" beschreitet, als Erfolgsgeschichte ansehen. Für eine Kodifikation ist die Zeit nach dem oben Gesagten allerdings noch nicht reif. 60

§ 13. Rechtsschutz

Literatur (vgl. auch die Literaturangaben oben § 5 III 5. – Gerichtshof): Gesamtdarstellungen: *Thiele,* Europäisches Prozessrecht, 2007; *Türk,* Judicial Review in EU Law, 2009; *Frenz,* Rechtsschutz, in: Handbuch Europarecht 5, 2010; *Pechstein,* EU-Prozessrecht, 4. Aufl. 2011; *Molinier/Lotarski,* Droit du contentieux de l'Union européenne, 4. Aufl. 2012; *Rengeling/Middeke/Gellermann* (Hrsg.), Handbuch des Rechtsschutzes in der Europäischen Union, 3. Aufl. 2014.

Eine nützliche **Studienauswahl zur Rechtsprechung des Gerichtshofes** bieten: *Hummer/Vedder,* Europarecht in Fällen, 5. Aufl. 2012; *Pechstein,* Entscheidungen des EuGH, 7. Aufl. 2012. – Über das Internet ist die gesamte Judikatur von EuGH und EuG erschlossen. Der EuGH gibt regelmäßig einen **Jahresbericht** heraus.

v. Danwitz, Funktionsbedingungen der Rechtsprechung des Europäischen Gerichtshofes, EuR 2008, 769; *Everling,* Zur Gerichtsbarkeit der Europäischen Union, FS Rengeling, 2008, 527; *Müller-Graff/Scheuing* (Hrsg.), Gemeinschaftsgerichtsbarkeit und Rechtsstaatlichkeit, 2008; *Walter,* Rechtsfortbildung durch den EuGH, 2009; *Classen,* Rechtsschutz, in: Schulze/Zuleeg/Kadelbach (Hrsg.), Europarecht, 2. Aufl. 2010, 211; *Munding,* Das Grundrecht auf effektiven Rechtsschutz im Rechtssystem der Europäischen Union, 2010; *Schröder,* Gesetzesbindung des Richters und Rechtsweggarantie im Mehrebenensystem, 2010; *Karper,* Reformen des Europäischen Gerichts- und Rechtsschutzsystems, 2011; *Haratsch,* Effektiver Rechtsschutz auf der Grundlage ungeschriebener Kompetenzen der Europäischen Union, FS Scheuing, 2011, 79; *v. Danwitz,* Der Gerichtshof der Europäischen Union im Verbund der Gerichtsbarkeiten in Europa, FS Schröder, 2012, 155; *Grosche,* Rechtsfortbildung im Unionsrecht, 2012; *Haltern/Bergmann* (Hrsg.), Der EuGH in der Kritik, 2012; *Picheral* (Hrsg.), Le droit à un procès equitable au sens du droit de l'Union européenne, 2012; *de Witte/Muir/Dawson* (Hrsg.), Judicial Activism an the European Court of Justice, 2013; *Grabenwarter/Vranes* (Hrsg.), Kooperation der Gerichte im europäischen Verfassungsverbund, 2013; *Horsyley,* Reflections on the role of the Court as the „motor" of European Integration, CMLRev 2013, 931; *Rosas/Levits/Bot,* The Court of Justice and the Constitution of Europe, 2013; *Skouri,* Der unionsrechtliche Individualschutz: Bestand und Perspektiven, 2013; *v. Danwitz,* Rechtsschutz in der

Europäischen Union, in: Hatje/Müller-Graff (Hrsg.), EnzEuR I, 2014, § 13; *Leible/Terhechte* (Hrsg.), Europäisches Rechtsschutz- und Verfahrensrecht, EnzEuR III, 2014.

Internet-Adressen: http://curia.europa.eu/jems/jems/j_6/(Internetseite des EuGH); http://curia.europa.eu/juris/recherche.jsf?language=de

1 Nach Art. 19 EUV sichert die europäische Gerichtsbarkeit „die Wahrung des Rechts bei der Auslegung und Anwendung der Verträge". Sie hat zunächst das objektive Recht zu gewährleisten und so den Charakter der Union als Rechtsgemeinschaft zu sichern. Diese Funktion erfüllt sie als zuständige Instanz für die letztverbindliche Entscheidung von unionsrechtlichen Streitigkeiten oder, in Kooperation mit der nationalen Gerichtsbarkeit, für die letztverbindliche Auslegung des Unionsrechts. Dem Bürger gewährleistet der vom EuGH zunächst unter Hinweis auf Art. 6 und 13 EMRK sowie die nationalen Verfassungstraditionen postulierte und jetzt in Art. 47 GrCh verankerte Justizgewährleistungsanspruch effektiven Rechtsschutz (EuGHE 1986, 1651, Rs. 222/84 „Johnston" zu Maßnahmen der MSen, zugleich unter Bezugnahme auf die Unionstreue, Rz. 4/23; EuGHE 2008, I-6351, Rs. C-402/05 P „Kadi" zu Maßnahmen der Unionsorgane). Gewisse Schranken erkennt der EuGH im Kontext der Wahrung der öffentlichen Sicherheit an (EuGH, Urt. v. 4.6.2013, Rs. C-300/11 „ZZ"). Im Verhältnis zwischen den Organen geht es vor allem um die Wahrung des institutionellen Gleichgewichts (EuGHE 1990, I-2041, Rs. C-70/88 „Parlament/Rat"; Rz. 5/20ff.). Mit seiner Rechtsprechung hat der EuGH einen wichtigen Beitrag zur Integration geleistet. Dabei hat er nicht selten eine rechtsfortbildende Befugnis in Anspruch genommen, wie man sie im Ansatz der in Art. 19 EUV enthaltenen Unterscheidungen zwischen Verträgen und Recht entnehmen kann. Deren Legitimität ist grundsätzlich anerkannt (BVerfGE 75, 223; *Schulze/Seif* (Hrsg.), Richterrecht und Rechtsfortbildung in der EG, 2003), doch bleibt ihr Ausmaß umstritten (vgl. auch Rz. 5/152ff.).

Zu den europäischen Gerichten als Institutionen (Gerichtsorganisation, Status der Richter, Generalanwälte, grundsätzliche Aufgaben und ihre Erfüllung siehe oben in § 5 III 5. = Rz. 5/132ff.

I. Grundlagen der Rechtsschutzgewährung

Literatur: *Rodriguez Iglesias,* Der EuGH und die Gerichte der Mitgliedstaaten, NJW 2000, 1889; *Schwarze,* Das Kooperationsverhältnis des BVerfG mit dem EuGH, FS BVerfG I, 2001, 223; *Colneric,* Der Gerichtshof der EGen als Kompetenzgericht, EuZW 2002, 709; *Offerhaus,* Spannungs- und Kooperationsverhältnis zwischen dem BFH, dem BVerfG und dem Gerichtshof der EGen, FS Jurist. Fakultät Augsburg, 2003, 217; *Dederichs,* Die Methodik des EuGH, 2004; *Scheiberler,* Begriffsbildung durch den EuGH, 2004; *Classen,* Effektive und kohärente Justizgewährleistung im europäischen Rechtsschutzverbund, JZ 2006, 157; *Dubout,* Le „contentieux de la troisième génération" ou l'incomplétude du système juridictionnel communautaire, RTDE 2007, 427; *Lenaerts,* The Rule of Law and the Coherence of the Judicial System of the European Union, CMLRev 2007, 1625; *Bonichot,* Loin des théories: le refus de la Cour de justice d'imposer un modèle juridictionnel européen, RDP 2008, 75; *Lecykiewicz,* "Effective Judicial Protection" of Human Rights After Lisbon: Should National Courts be Empowered to Review EU Secondary Law, ELR 2010, 326; *Conway,* The Limits of Legal Reasoning and the European Court of Justice, 2011; *Nowak,* Rechtsschutz im europäischen Verwaltungsrecht, in: Terhechte (Hrsg.), Verwaltungsrecht der Europäischen Union, 2011, § 13; *Pernice,* Die Zukunft der Unionsgerichtsbarkeit, EuR 2011, 151; *Gsell/Hau* (Hrsg.), Zivilgerichtsbarkeit und Europäisches Justizsystem, 2012; *Rösler,* Europäische Gerichtsbarkeit auf dem Gebiet des Zivilrechts, 2012.

2 Nationale und europäische Gerichtsbarkeit stehen nebeneinander; die europäische Gerichtsbarkeit ist nicht in die nationalen Rechtszüge eingeordnet. Wegen der Tren-

nung der Hoheitsgewalten kann der EuGH (wie jedes andere Unionsorgan) keinen nationalen Rechtsakt unmittelbar aufheben. Vielmehr ist der Rechtsschutz in der Union durch eine **kooperative Arbeitsteilung von nationalen und europäischen Gerichten** zu gewährleisten. Dabei sind im Normalfall die nationalen Gerichte zur Streitentscheidung berufen. Soweit nicht eine Zuständigkeit der europäischen Gerichtsbarkeit begründet ist, müssen sie im Anwendungsbereich des Unionsrechts die für einen wirksamen Rechtsschutz erforderlichen Rechtsbehelfe bereitstellen (EuGHE 2002, I-6677, Rs. C-50/00 „UPA"; BVerfGE 118, 79, und jetzt Art. 19 Abs. 1 UAbs. 2 EUV). Entsprechend dem Prinzip der begrenzten Einzelermächtigung (Rz. 12/3 ff.) besitzt die **europäische Gerichtsbarkeit** Zuständigkeiten nur nach dem **Enumerationsprinzip** (Rz. 4). Für die Effektivität des Rechtsschutzes ist insbesondere eine sachgerechte Abgrenzung der Zuständigkeiten von nationalen und europäischen Gerichten, zugleich aber ein adäquates Zusammenwirken der verschiedenen Gerichtsbarkeiten von großer Bedeutung. Die Grundlinien der Kompetenzverteilung lassen sich so beschreiben, dass „verfassungsrechtliche Streitigkeiten" (zwischen Organen und Mitgliedstaaten) unmittelbar der europäischen Gerichtsbarkeit zugewiesen sind. Demgegenüber sind individualbezogene Streitigkeiten im Regelfall vor nationalen Gerichten auszutragen. Der Zugang zur europäischen Gerichtsbarkeit wird in diesen Fällen mit dem Vorabentscheidungsverfahren nach Art. 267 AEUV (Rz. 68) gewährleistet, das die notwendige Kooperation zwischen beiden Gerichtsbarkeiten ermöglicht; nur die Kontrolle von unmittelbar von der Union erlassenen Akten ist grundsätzlich Sache der europäischen Gerichtsbarkeit. Insgesamt hat der EuGH durch seine Rechtsprechung viel zur Schaffung eines **kohärenten Rechtsschutzverbundes** geleistet, in dem wegen des für die europäische Gerichtsbarkeit geltenden Enumerationsprinzips entstandene Lücken rechtsfortbildend auf europäischer Ebene oder durch Inpflichtnahme der nationalen Gerichte geschlossen wurden (siehe die in Rz. 1 erwähnten Urteile).

1. Zur Gewährleistung effektiven Rechtsschutzes durch nationale Gerichte

Die **nationalen Gerichte** verwirklichen das Unionsrecht im Alltag, und zwar in Rechtsstreitigkeiten zwischen den Bürgern ebenso wie in solchen mit der Staatsgewalt. Sie sind zur Streitentscheidung berufen, soweit keine Zuständigkeit des EuGH begründet ist (*Rodríguez Iglesias,* NJW 2000, 1889). Dies gilt insbesondere auch dann, wenn die Justizgewährleistungspflicht Rechtsschutz verlangt, die nationale Prozessordnung diesen aber zumindest nicht explizit vorsieht (EuGHE 1992, I-6313, Rs. C-97/91 „Borelli" und nunmehr ausdrücklich Art. 19 Abs. 1 UAbs. 2 EUV). Beispiele bilden Verstöße gegen das Unionsrecht durch unmittelbar wirkende nationale Normativakte, bei denen – etwa durch eine Feststellungsklage – Rechtsschutz zu gewährleisten ist (EuGHE 2007, I-2271, Rs. C-432/05 „Unibet"), aber auch die früher im englischen Recht nicht vorgesehene Möglichkeit einstweiligen Rechtsschutzes gegen die Krone (EuGHE 1990, I-2433, Rs. C-213/89 „Factortame"). Selbständige nationale Durchführungsmaßnahmen unterliegen in vollem Umfang der Prüfungs- und Verwerfungskompetenz der nationalen Gerichte (EuGHE 1976, 65, Rs. 46/75 „IBC", st. Rspr.). 3

Die Verfahren vor den nationalen Gerichten werden nach nationalem Recht unter Beachtung der Vorgaben des Unionsrechts durchgeführt. Neben bereichsspezifischen Regelungen des Sekundärrechts (dazu insbesondere Rz. 21/68 für das Vergaberecht, 4

Rz. 33/28 für das Umweltrecht, Rz. 36/36ff. für das Zivilrecht und Rz. 37/1f. für das Strafrecht) sind hier vor allem die Grundrechte zu nennen, insbesondere nach Art. 47 GrCh bzw. Art. 6 EMRK (Rz. 17/82ff.). Die Anwendung des nationalen Rechts steht zudem unter dem Vorbehalt, dass es zum einen das Unionsrecht **hinreichend wirksam durchsetzt** und zum anderen das **Unionsrecht nicht** im Vergleich zum nationalen Recht **benachteiligt** (EuGHE 1976, 1989, Rs. 33/76 „Rewe", st. Rspr.; vgl. auch Rz. 13/40f.). Diese Vorgaben sind sehr offen formuliert. Auf Zweifel stoßen wohl vor allem solche Regelungen, die sich im Rechtsvergleich als außergewöhnlich darstellen bei der Bewältigung der Konflikte zwischen effektivem Rechtsschutz und effektiver Rechtsdurchsetzung (zu Beispielen Rz. 33/12 a. E.) oder die nur unzureichend dem Umstand Rechnung tragen, dass Rechtsschutz durch die europäische und durch 28 nationale Gerichtssysteme gewährt wird, so dass Unterschiede insbesondere zu Wettbewerbsverzerrungen führen können (beispielhaft dazu in Rz. 33/12).

5 Auch im Verhältnis zur Unionsgewalt kommt nationalem Rechtsschutz eine wichtige, **Lücken füllende Funktion** zu, und zwar im Zusammenhang mit dem Rechtsschutz gegen **unmittelbar anwendbare Normen des Unionsrechts,** den die europäische Gerichtsbarkeit nur in Grenzen gewährleistet (Rz. 63ff.). Soweit auf nationaler Ebene Ausführungsakte ergehen, können diese vor nationalen Gerichten angegriffen werden. Inzident wird dann die Gültigkeit der unionsrechtlichen Ermächtigungsgrundlage geprüft und ggf. zum Gegenstand einer Vorlage nach Art. 267 AEUV gemacht. Gibt es keinen Ausführungsakt, weil der Rechtsakt unmittelbar anwendbar ist, etwa ein Verbot begründet, müssen die nationalen Gerichte dennoch – zumindest inzident – Rechtsschutz gewährleisten, soweit nicht eine Klage vor dem EuG nach Art. 263 Abs. 4 AEUV möglich ist (EuGHE 2002, I-6677, Rs. C-50/00 „UPA"; Rz. 64f.). Da mit der Zuständigkeit nationaler Gerichte auch die des EuGH im Vorabentscheidungsverfahren verbunden ist (Rz. 68ff.), darf diese zudem nicht ohne weiteres zugunsten anderer Gerichte eingeschränkt werden (EuGHE 2011, I-1137, Gutachten 1/09 zu einer internationalen Patentgerichtsbarkeit; dazu noch Rz. 36/26; zu Konsequenzen für die Schiedsgerichtsbarkeit in Investitionsstreitigkeiten *Classen,* EuR 2012, 611).

2. Zum Zuständigkeitskatalog der europäischen Gerichtsbarkeit

a) Die Zuständigkeiten der europäischen Gerichtsbarkeit

6 In der europäischen Gerichtsbarkeit vereinigen sich letztinstanzliche **Zuständigkeiten** aller wesentlichen Rechtszweige („Supreme Court-Modell"). Diese haben **obligatorischen** und **ausschließlichen** Charakter. Mit der Aufgabe des Gerichtshofes, wie jedes Gericht Rechtsstreitigkeiten letztverbindlich zu entscheiden, wäre es insbesondere nicht vereinbar, wenn sich die Mitgliedstaaten als solche seiner Jurisdiktion entziehen oder mitgliedstaatliche Gerichte über seine Urteile hinwegsetzen dürften. Wichtig ist dabei: Materiell bildet das Vertragsrecht für den EuGH immer nur Maßstab, nicht Gegenstand seiner Rechtsprechung.

7 Entsprechend dem Grundsatz der begrenzten Einzelermächtigung sind die Zuständigkeiten der europäischen Gerichtsbarkeit nach dem **Enumerationsprinzip** definiert (nachfolgend Rz. 29ff.).

Weitere Verfahrensarten stehen im jeweiligen Sachzusammenhang: die Beamtenklagen (Art. 270 AEUV, Rz. 7/15f.), das Gutachtenverfahren zur Vereinbarkeit noch nicht abgeschlossener völkerrechtlicher Verträge der Union mit dem Primärrecht der Union (Art. 218 AEUV, Rz. 38/20) sowie das Sanktionsverfahren gegenüber aktiven und ehemaligen Mitgliedern der KOM (Art. 245 Abs. 2, 247 AEUV, Rz. 5/102); siehe ferner zu Streitigkeiten über Titel des geistigen Eigentums Art. 262 AEUV und dazu Rz. 36/25 f.

Das europäische Gerichtsverfahren kennt weiterhin nicht nur die normale Intervention (**Streithilfe** durch MSen und Unionsorgane, Art. 40 Satzung, Art. 129 ff. VerfO; *Dauses/Henkel*, EuZW 2000, 581), sondern sieht auch mit der **Drittwiderspruchsklage** („tierce opposition“) von MSen, Unionsorganen und natürlichen/juristischen Personen nach Art. 42 Satzung und Art. 157 VerfO bei Rechtsbeeinträchtigung eine „nachgeholte Intervention“ vor. Ggf. führt sie zur Wiederaufnahme des Verfahrens (EuGHE 1962, 289, verb. Rs. 42 und 49/59 „Breedband“; *Nissen*, Die Intervention Dritter im Verfahren vor dem Gerichtshof der EGen, 2001). Bei „Zweifeln über Sinn und Tragweite eines Urteils“ des EuGH besteht nach Art. 43 Satzung, Art. 158 VerfO bei Darlegung eines berechtigten Interesses die Möglichkeit, **das Urteil dem Gerichtshof zur Auslegung vorzulegen** (dazu EuGHE 1954/55, 275, Rs. 5/55 „Assider“). Schließlich kann, falls nachträglich neue entscheidungserhebliche Tatsachen bekannt werden, ein **Wiederaufnahmeverfahren** nach Art. 159 VerfO durchgeführt werden (EuGHE 1960, 357, Rs. 1/60 „FERAM“; EuGHE 1992, I-993, Rs. C-185/90 P-Rev. „Gill“). 8

b) Zu den Funktionen der europäischen Gerichtsbarkeit

aa) Verfassungsgerichtliche Funktionen

Die europäische Gerichtsbarkeit erfüllt mehrere Funktionen. Das wegen Verstößen gegen Unionsrecht durch MSen einzuleitende Vertragsverletzungsverfahren (Art. 259 f. AEUV, Rz. 29 ff.) sowie die Klagen von Organen und MSen gegen andere Organe (Nichtigkeits-, Untätigkeitsklage nach Art. 263, 265 AEUV, Rz. 41 ff.) haben **verfassungsrechtlichen** Charakter. So ähneln z. B. die Verfahren der Art. 258, 259 AEUV den Bund-Länder-Streitverfahren bzw. den Streitigkeiten zwischen einzelnen Bundesstaaten. Prozesse zwischen einzelnen Bundesorganen bzw. zwischen Bundesstaat und Zentralstaat entsprechen in etwa den Klagearten der Art. 263, 265 AEUV, die zudem die Möglichkeit einer **abstrakten Normenkontrolle** beinhalten. Ferner sind in diesem Zusammenhang auch die Amtsenthebungsklagen z. B. auf Grund von Art. 245 Abs. 2 AEUV und die Möglichkeit zur Erstattung eines Gutachtens zu völkerrechtlichen Verträgen nach Art. 218 Abs. 11 AEUV (Rz. 38/20) zu nennen. Das Vorabentscheidungsverfahren nach Art. 267 AEUV (Rz. 68 ff.) ermöglicht unter anderem eine Art **konkreter Normenkontrolle.** Insgesamt ist der EuGH über der KOM („Hüterin der Verträge“) der eigentliche „Hüter der europäischen (Vertrags) verfassung“ (kritisch *F. C. Mayer*, AöR 2004, 411). 9

bb) Fachgerichtliche Funktionen

Über Rechtsschutzansprüche des Bürgers entscheidet die europäische Gerichtsbarkeit nur im Ausnahmefall, nämlich im Wesentlichen allein bei Anfechtungsklagen der von **„Verwaltungsakten“** europäischer Stellen **unmittelbar betroffenen Bürger** (Art. 263 Abs. 4 AEUV, Rz. 56 ff.) sowie bei **Schadensersatzklagen** (Art. 268 AEUV, Rz. 67). Erstinstanzlich entscheidungsbefugt ist (regelmäßig) das EuG. Im Übrigen sind entsprechende Streitigkeiten vor den nationalen Gerichten auszutragen, doch kann der EuGH über das Vorabentscheidungsverfahren (Art. 267 AEUV, Rz. 68 ff.) an solchen Prozessen beteiligt werden. Weiterhin erfüllt die europäische Gerichtsbarkeit die Funktion eines **Dienst- und Disziplinargerichtes** (Rz. 7/15). Fachgerichtliche Funktion bekäme die europäische Gerichtsbarkeit auch durch Schaffung der in Art. 262 AEUV vorgesehenen Gerichtsbarkeit für Streitigkeiten über europäische Titel des geistigen Eigentums (Rz. 36/25). 10

cc) Schiedsgerichtliche Funktion

Dem EuGH können schiedsgerichtliche Aufgaben durch **Schiedsklauseln** zugewiesen werden, und zwar in Verträgen der Union (Art. 272 AEUV, dazu EuGHE 1999, I-2363, Rs. C-69/97 „KOM/SNUA“) oder auch nach Maßgabe von Art. 273 AEUV in Verträgen zwischen den MSen. 11

3. Verhältnis europäischer und nationaler (deutscher) Gerichtszuständigkeit

12 Die der europäischen Gerichtsbarkeit durch die Verträge zugewiesenen Einzelzuständigkeiten vermitteln wegen ihres ausschließlichen Charakters (Rz. 6) dem EuGH die (alleinige) Befugnis zur letztverbindlichen Auslegung des Unionsrechts (zu den Methoden Rz. 9/165 ff.). Hieraus hat der EuGH insbesondere zu Recht abgeleitet, dass **allein Unionsgerichte einen Unionsrechtsakt für ungültig** erklären können (EuGHE 1987, 4199, Rs. 314/85 „Foto-Frost"; dazu Rz. 79). Soweit hingegen umgekehrt in bestimmten Zusammenhängen (Vor-)Fragen aus dem nationalen Recht auftauchen, ist der EuGH nicht zur eigenständigen Urteilsfindung berufen; vielmehr kann und muss er sich insoweit letztlich nur an der Rechtsprechung der nationalen Gerichte orientieren (EuGHE 1991, I-2567, Rs. C-361/88 „KOM/Deutschland") und im Übrigen seine Zuständigkeiten zugunsten der nationalen Gerichte eng auslegen (EuGHE 1992, I-6313, Rs. C-97/91 „Borelli").

13 Das vorstehend erwähnte Letztentscheidungsrecht des EuGH ist zwar im Grundsatz in der Union weitgehend akzeptiert, jedoch vielfach, auch vom BVerfG, nur mit verfassungsrechtlich fundierten Vorbehalten (vgl. auch Rz. 10/15 ff.). Konkrete Konfliktfelder sind vor allem einerseits der Schutz der **nationalen Verfassungsordnung,** traditionell insbesondere der **Grundrechtsschutz,** und andererseits die **Zuständigkeitsordnung,** in der vom BVerfG im Lissabon-Urteil entwickelten Terminologie: „Identitäts-" bzw. „Ultra-vires-Kontrolle" (BVerfGE 123, 267; dazu *Michels,* JA 2012, 515). Die Entwicklung des europäischen Grundrechtsschutzes (§ 17) und der Ausbau der Beteiligungsrechte der nationalen Parlamente im europäischen Rechtsetzungsprozess (Rz. 10/45), aber auch die Verankerung der Pflicht der Union zur Achtung der grundlegenden verfassungsmäßigen Strukturen der Mitgliedstaaten (Art. 4 Abs. 2 EUV) haben dabei das Konfliktpotential um die nationale Verfassungsordnung deutlich verringert. Auch kann das Drohpotential nationaler Vorbehalte den EuGH in erkennbar sensiblen Bereichen zu einer besonderen Sorgfalt veranlassen (*Oeter/Merli,* VVDStRL 66 (2007), 361/392).

14 Aus dem Vorrang des Unionsrechts vor dem nationalen Verfassungsrecht (Rz. 10/4 ff.) folgt zwar auch, dass nationale Verfassungsgerichte **Unionsrechtsakte nicht** am Maßstab der **nationalen Verfassung überprüfen** dürfen. Die Inanspruchnahme der **„Reservebefugnis",** die sich das **BVerfG** (wie die meisten anderen nationalen Verfassungsgerichte) für den Fall der Überschreitung der verfassungsrechtlichen Integrationsschranken vorbehalten hat, wurde allerdings in der Entscheidung zur Bananenmarktordnung (BVerfGE 102, 147 ff.) mit Blick auf die Grundrechte an so hohe Anforderungen geknüpft, dass sie weitgehend theoretischen Charakter aufweist (vgl. auch Rz. 10/23; *Hirsch,* NJW 2000, 1817). Abzuwarten bleibt, ob die vom BVerfG erstmals im Lissabon-Urteil aus dem Demokratieprinzip abgeleiteten Integrationsschranken (BVerfGE 123, 267) Bedeutung erlangen werden.

15 Weiterhin wird dem EuGH in vielen MSen bis heute immer wieder, zum Teil von durchaus prominenter Stelle (und auf bemerkenswert unterschiedlichem Niveau), der Vorwurf einer **zu weiten Interpretation** der **Unionskompetenzen** oder auch des **materiellen Unionsrechts** gemacht, soweit dies (etwa im Bereich der Grundfreiheiten) zu Lasten mitgliedstaatlicher Kompetenzen geht. Soll Rechtsprechung ihre streitentscheidende Funktion erfüllen, kann es aber nur ein Gericht mit der Befugnis zur Letztentscheidung geben. Nach der Logik der Verträge ist dies der EuGH (*Hirsch,* NJW 1996, 2457). Verschiedene Verfassungsgerichte lehnen dies mit Hinweis auf die nationale Souveränität ab (Rz. 10/15 ff.). Immerhin will das BVerfG seine Letztkontrolle nur

nach Vorliegen einer einschlägigen EuGH-Entscheidung und nur europafreundlich wahrnehmen, nämlich nur bei (äußerst unwahrscheinlichen) strukturell bedeutsamen (vermeintlichen) Kompetenzübergriffen (E 126, 286).

Die vorgenannten Besorgnisse haben zum Vorschlag der Einrichtung eines **„Europäischen Kompetenzgerichts"** geführt, welches in gemischter Besetzung aus nationalen und europäischen Richtern als ein „Supergericht" dem EuGH in diesen Fragen übergeordnet wäre (*Goll/Kenntner*, EuZW 2002, 101). Nun sind die Ursachen für den kontinuierlichen Verlust mitgliedstaatlicher Kompetenzen komplex. Aber selbst dort, wo unmittelbar ein Urteil des Gerichtshofes Auslöser für eine solche Klage ist, liegt die Verantwortung vielfach doch im Bereich (unklarer) Rechtsetzung; zumindest können die MSen als Herren der Verträge durch Vertragsänderung korrigierend tätig werden (wie dies zum Teil durchaus geschieht). Nicht selten aber wurde in der Vergangenheit auch umgekehrt durch Vertragsänderung eine ausdrückliche Grundlage für zuvor umstrittene Urteile geschaffen. Dies belegt, dass das jeweilige Urteil zumindest im Ergebnis durchaus auf Akzeptanz gestoßen ist. Unabhängig davon gibt es sicher beim EuGH – wie bei jedem Gericht – Urteile, über deren Überzeugungskraft man streiten kann. Ein Kompetenzgericht aber wäre kaum eine taugliche Lösung. Der Verlust nationaler Kompetenzen geht nämlich häufig unionsrechtlich gar nicht auf die Nutzung von Kompetenzen, sondern auf das materielle Recht zurück, und auch bei tatsächlich die Kompetenzen betreffenden Fragen besteht regelmäßig ein enger Zusammenhang mit diesem. Die von dem Vorschlag vorausgesetzte Trennung von Kompetenzfragen und materiellem Recht ist also nicht zu realisieren (*Everling*, EuZW 2002, 357). 16

II. Allgemeine Prinzipien der Rechtsschutzgewährung durch die europäische Gerichtsbarkeit

Literatur: *Burrows/Greaves*, The Advocate General and EC Law, 2007; *Everling*, Das Verfahren der Gerichte der EG im Spiegel der verwaltungsgerichtlichen Verfahren der Mitgliedstaaten, FS Starck, 2007, 535; *Barbier de La Serre/Sibony*, Expert evidence before the EC courts, CMLRev 2008, 941; *Marsch/Sanders*, Gibt es ein Recht der Parteien auf Stellungnahme zu den Schlussanträgen der Generalanwälte?, EuR 2008, 345; *Sachs*, Die ex-officio-Prüfung durch die Gemeinschaftsgerichte, 2008; *Wegener*, Der Numerus Clausus der Klagearten – Eine Gefahr für die Effektivität des Rechtsschutzes im Gemeinschaftsrecht?, EuGRZ 2008, 354; *Everling*, Rechtsschutz in der Europäischen Union nach dem Vertrag von Lissabon, in: Schwarze/Hatje (Hrsg.), Der Reformvertrag von Lissabon, 2009, 71; *Nehl*, Das EU-Rechtsschutzsystem, in: Fastenrath/Nowak (Hrsg,), Der Lissabonner Reformvertrag, 2009, 149; *Schröder*, Neuerungen im Rechtsschutz der Europäischen Union durch den Vertrag von Lissabon, DÖV 2009, 61; *Barents*, The Court of Justice after the Treaty of Lisbon, CMLRev 2010, 709; *Thiele*, Das Rechtsschutzsystem nach dem Vertrag von Lissabon – (K)ein Schritt nach vorn?, EuR 2010, 30; *Beck*, The Legal Reasoning of the Court of Justice of the EU, 2013; *Dittert*, Die neue Verfahrensordnung des EuGH, EuZW 2013, 726; *B. Wägenbaur*, EU Court of Justice – Statute and Rules of Procedure, 2013. – Vgl. auch die Literaturangaben oben in Rz. 5/132.

Ein gesicherter europäischer Rechtsschutz setzt ein ausgebildetes **Gerichtsverfassungsrecht** (Status der Richter, Generalanwälte und des Kanzlers, dazu oben Rz. 5/139ff.) sowie eindeutige Regelungen der **Gerichtsverfahren** voraus. 17

1. Rechtsgrundlagen

In Anlehnung an nationale Prozessrechte wurde ein **europäisches Verfahrensrecht** herausgebildet; dabei hat ähnlich wie im Gerichtsverfassungsrecht (Rz. 5/143) die französische Tradition, nicht nur im Bereich der Nichtigkeitsklage (Rz. 41, 45), eine wichtige Rolle gespielt. Grundlage bilden zunächst Art. 19 EUV sowie die im AEUV (Art. 251ff.) enthaltenen Bestimmungen über die Gerichtsbarkeit der Europäischen Union. Die wesentlichen Elemente des europäischen Prozessrechts sind dann in der von den MSen als gesonderten Vertrag abgeschlossenen, mit Ausnahme ihres Titels I und Art. 64a aber im ordentlichen Gesetzgebungsverfahren (auf Antrag des Gerichtshofes nach Anhörung der KOM oder auf Antrag der KOM nach Anhörung des Gerichtshofs) änderbaren **Satzung des Gerichtshofes der Europäischen Union** geregelt (Protokoll über die Satzung des Gerichtshofes v. 26.2.2001, BGBl. II 2001, 1687, Änderungen = Sart. II Ziff. 245; dazu Art. 281 AEUV). Die Einzelheiten des Prozessrechts finden sich in den von den europäischen Gerichten jeweils mit Zustimmung des Rates, bei EuG und GöD auch mit Zustimmung des EuGH beschlossenen **Verfahrensordnungen.**

Siehe im Einzelnen:

Verfahrensordnung des Gerichtshofes, nunmehr neu gefasst i. d. F. v. 29.9.2012 (ABl. L 265/1 = Sart. II Ziff. 250), zusätzliche Verfahrensordnung v.4.12.1974 i. d. F. von 2006 (ABl. C 72/1, Änderungen = Sart. II Ziff. 250a);

Verfahrensordnung des Gerichtes (erster Instanz) v.2.5.1991 (ABl. L 136/1, Änderungen = Sart. II Ziff. 252); eine Überarbeitung ist in Arbeit;

Verfahrensordnung des Gerichts für den öffentlichen Dienst v. 25.7.2007 (ABl. L 225/1, Änderungen).

Die europäischen Gerichte haben als Hilfe für Prozessparteien **„Praktische Anweisungen"** entwickelt (EuGH: ABl. 2014, L 31/1; dazu *Hirsbrunner,* EWS 2003, 308; EuG: ABl. 2012, L 68/23; GöD: ABl. 2012 L, 260/6) sowie für die Prozessvertreter **„Hinweise für die Prozessvertreter der Verfahrensbeteiligten für das schriftliche und mündliche Verfahren vor dem Gerichtshof"** (Februar 2009 – http://curia.europa.eu) herausgegeben. Zur praktisch wichtigsten Verfahrensart, dem Vorabentscheidungsverfahren, hat der Gerichtshof zudem **„Hinweise zur Vorlage von Vorabentscheidungsersuchen durch nationale Gerichte"** (ABl. 2012, C 338/1) veröffentlicht.

2. Verteilung der Zuständigkeiten innerhalb der europäischen Gerichtsbarkeit

18 Die Verteilung der Zuständigkeiten zwischen **EuGH** und **EuG** richten sich nach Art. 256 AEUV und der Satzung. Danach liegt die **Regelzuständigkeit** für erstinstanzliche Klagen beim **EuG.** Erstinstanzlich ist der EuGH zuständig für Vertragsverletzungsverfahren (Art. 259f. AEUV) sowie grundsätzlich für die von einem Mitgliedstaat oder einem Organ der EU gegen Rat und/oder Parlament erhobenen Klagen; nur bestimmte, in Art. 51 Satzung aufgeführte Verfahren sind dem EuG zugewiesen. Das **GöD** ist gemäß Art. 257 AEUV i.V.m. mit seinem Errichtungsbeschluss 2004/752 (ABl. 2004 L 333/7) für Beamtenstreitigkeiten zuständig (Rz. 7/15).

Die **Verteilung** der Verfahren auf die verschiedenen **Spruchkörper** (Kammern, Plenum und ggf. Einzelrichter) ist zum Teil in Art. 251 AEUV und der Satzung geregelt (Art. 16; Rz. 5/141); im Übrigen gibt es keine klaren Regeln (vgl. auch Art. 60 VerfO). Das im deutschen Recht bekannte Recht auf den gesetzlichen Richter (Art. 101 GG; vgl. im Ansatz auch Art. 6 EMRK) wird – in Übereinstimmung mit der Tradition in zahlreichen anderen Mitgliedstaaten – auf europäischer Ebene nicht als maßgeblich für die durch die europäische Gerichtsbarkeit selbst vorzunehmende interne Geschäftsverteilung angesehen (EuGHE 1995, I-1031, Rs. C-7/94 „Gaal").

3. Zum Umfang der gerichtlichen Prüfung

19 Im Rahmen der Verträge sind die europäischen Gerichte grundsätzlich für die Beantwortung **aller Rechtsfragen** zuständig, die ihnen im Wege einer vorgesehenen Verfahrensart unterbreitet werden. Grenzen des Rechtsprechungsauftrages bestehen nur mit Blick auf das Sanktionsverfahren nach Art. 7 EUV (Art. 269 AEUV) und bei der Überwachung der nationalen Verschuldung (Art. 126 Abs. 10 AEUV), ferner bei bestimmten Fragen, die bis zum Vertrag von Lissabon außerhalb der Gemeinschaftsmethode und ohne supranationale Rechtssetzungsgewalt geregelt wurden: die GASP (Art. 275 AEUV) und im Bereich des RFSR die nationalen Maßnahmen zur Aufrechterhaltung von Sicherheit und Ordnung (Art. 276 AEUV, in prozessualer Verlängerung von Art. 72 AEUV; dazu Rz. 32/20). Für Rechtsakte aus einem dieser beiden zu-

letzt genannten Bereiche, die vor Inkrafttreten des Vertrages von Lissabon erlassen wurden, sind zudem noch bis zum 30.11.2014 die bisherigen Bestimmungen (Art. 35, 46 EUV a. F., Art. 68 Abs. 2 EGV) einschlägig.

Weiterhin sind die Verfahren der Nichtigkeits- und der Untätigkeitsklage ausdrücklich an die Geltendmachung bestimmter **Klagegründe** geknüpft (Rz. 45) mit der Folge, dass sich die europäischen Gerichte in diesen Verfahren in aller Regel auf deren Prüfung beschränken. Aber auch in allen anderen Verfahren befassen sie sich grundsätzlich nur mit den **von den Beteiligten vorgebrachten Argumenten.** Insbesondere muss der Kläger selbst die Klageart bestimmen (EuGHE 2005 I-2077, Rs. C-160/03 „Spanien/Eurojust“). Von Amts wegen werden regelmäßig nur bestimmte formelle Fragen aufgeworfen, die die Entscheidungsbefugnis eines Organs betreffen, wie die nach der Zulässigkeit einer Klage oder eines Rechtsmittels oder nach der Zuständigkeit eines Organs etc. (näher *Götz,* FS Brohm, 2002, 69). Materiellrechtliche Probleme werden dagegen nur auf eine entsprechende Rüge hin behandelt, auch wenn es etwa um Grundrechte geht (beispielhaft EuGHE 2009, I-593, Rs. C-301/06 „Irland/Rat und Parlament“ zur Vorratsdatenspeicherung). Die Urteile (Rz. 25) sind dementsprechend nach den vom Kläger vorgebrachten Argumenten (und damit in der Sache nicht immer sehr überzeugend) gegliedert. Damit soll französischer Tradition entsprechend dem Grundsatz „ne ultra petita“ Rechnung getragen werden. Eine umfassende rechtliche Würdigung des Streitstoffes, wie sie etwa der deutschen Tradition entspricht, findet vor der europäischen Gerichtsbarkeit also nicht statt. Weitere Grenzen für die richterliche Tätigkeit des EuGH ergeben sich aus der großzügigen Anerkennung von Beurteilungs- und Ermessensspielräumen bei Nichtigkeits- und Untätigkeitsklagen (Rz. 52) sowie aus den – flexibel gehandhabten – Regeln zur Aufgabenteilung der europäischen und der nationalen Gerichtsbarkeit beim Vorlageverfahren (Rz. 83). 20

4. Prozessverfahren

Für die Verfahren vor den europäischen Gerichten sind die klassischen prozessrechtlichen Grundsätze der **Öffentlichkeit, Schriftlichkeit und Unmittelbarkeit** maßgeblich. Es besteht **Vertretungszwang** (Art. 19 Satzung). Das Verfahren beginnt mit einem schriftlichen Teil, dem sich traditionell eine mündliche Verhandlung anschließt (Art. 20 Satzung, Art. 57 ff. und 76 ff. VerfO). Grundsätzlich entspricht das Verfahren vor EuG und Fachgerichten demjenigen des Gerichtshofes. 21

a) Schriftliches Verfahren

Die Verfahren werden durch **schriftliche Klage oder Antrag** (im Vorabentscheidungsverfahren durch Vorlageersuchen des nationalen Gerichts) eingeleitet (zum elektronischen Verkehr mit EuGH und EuG siehe die Bekanntmachungen in ABl. 2011 C 289/7 bzw. 9). Die **Verfahrenssprache** wird grundsätzlich vom Kläger bestimmt; bei Vertragsverletzungsverfahren ist es die Sprache des beklagten MS, im Vorabentscheidungsverfahren die Sprache des vorlegenden Gerichtes. Das schriftliche Verfahren dient der intensiven Aufbereitung des Prozessstoffes durch den **Austausch der innerhalb fester Fristen einzureichenden Schriftsätze,** ggf. die Benennung von Beweismitteln, Einholung von Auskünften u. s. w. Angriffs- und Verteidigungsmittel, die nicht bei frühestmöglicher Gelegenheit vorgebracht werden, sind präkludiert (näher Art. 127 VerfO). Im Vorabentscheidungsverfahren holt der Gerichtshof (einmalig) **schriftliche Erklärungen der Beteiligten** (Parteien des Ausgangsverfahrens, aber auch MSen, KOM und Rat; siehe Art. 23, 40 Satzung) zur Vorlage ein. Der Berichterstatter des Gerichtes legt den Parteien zur Vorbereitung der mündlichen Verhandlung einen **Sitzungsbericht** über den Stand des Verfahrens vor. Ist die Sache eilbedürftig, kann ein **beschleunigtes Verfahren** durchgeführt werden (für Klageverfahren Art. 133 VerfO; zum Vorabentscheidungsverfahren Art. 23a Satzung, Art. 105 f., 107 ff. VerfO und unten Rz. 82). 22

b) Mündliches Verfahren

Die grundsätzlich öffentliche mündliche Verhandlung ist nicht mehr obligatorisch (Art. 53, 76 Abs. 2 VerfO); in der Praxis wird immer häufiger auf sie verzichtet. Sie umfasst (selten) eine Beweisaufnahme (Art. 63 ff. VerfO), die **Plädoyers der Parteien** und erforderlichenfalls Rückfragen des Gerichts und des Generalanwalts. Der Rechtsstreit soll möglichst in **einer** mündlichen Verhandlung abgeschlossen werden. Die früher mündlich vorgetragenen **Schlussanträge des Generalanwalts,** auf die in einfacheren Fällen völlig verzichtet wird (Art. 20 Abs. 5 Satzung; rund 60 % der Verfahren), werden mittlerweile nur noch in 23 schriftlicher Form vorgebracht. Die Parteien dürfen auf diese nicht mehr reagieren; liefern sie einen entsprechenden Anlass, wird jedoch die mündliche Verhandlung neu eröffnet (EuGHE 2001, I-6699, Rs. C-172/97 OP „SIVU“; dazu (mit Blick auf ein Vorlageverfahren nach Art. 267 AEUV) auch EGMR, Entscheidung 13645/05 vom 20.1.2009 „CPNK“).

c) Verfahrensdauer

24 Die Dauer der Verfahren vor der europäischen Gerichtsbarkeit ist beträchtlich. Sie liegt (nach nicht unerheblichen Reduktionen in den vergangenen Jahren) im Schnitt beim EuGH bei Direktklagen bei knapp 20, bei Vorabersuchen bei knapp 16 Monaten; beim EuG ist sie deutlich länger (2012 bei Wettbewerbssachen im Schnitt bei 48,5 Monaten). Soweit allen MSen die Möglichkeit der Beteiligung an Verfahren zugestanden ist (Rz. 22), müssen **Übersetzungen** aller für das Verfahren wichtigen Dokumente erstellt werden. Dies nimmt insbesondere wegen des unvermeidlich gewordenen Rückgriffs auf Relaissprachen so viel Zeit in Anspruch, dass eine signifikante Verkürzung beim EuGH ohne Veränderung dieser Rahmenbedingung im Regelfall kaum möglich ist.

5. Urteile und ihre Wirkungen

25 Die Urteile werden unter maßgeblicher Vorbereitung durch den Berichterstatter in geheimer, zumeist auf französisch geführter Beratung abgefasst. Sie werden mit **einfacher Mehrheit** beschlossen. Der traditionell eher **apodiktische** und im Aufbau an den Klagegründen ausgerichtete **Urteilsstil** des EuGH entspricht im Grundsatz der französischen Tradition. Begründungslücken kaschieren ggf. Meinungsverschiedenheiten unter den Richtern, schaffen aber auch Spielräume für künftige Entwicklungen. Das EuG begründet seine Urteile zumeist deutlich ausführlicher. Die Veröffentlichung von „dissenting opinions“ oder Abstimmungsergebnissen ist um der Unabhängigkeit und Geschlossenheit der europäischen Gerichtsbarkeit willen nicht vorgesehen (*Everling*, EuR 1994, 127). Die Urteile werden in einem öffentlichen Termin verkündet, gemäß der Praxis des Gerichtshofes überwiegend in allen Amtssprachen zugänglich gemacht und anschließend zumeist – ggf. mit den Schlussanträgen der GAe – in der **amtlichen Sammlung** der Rspr. des EuGH (Teil I), des EuG (Teil II) und des Gerichts für den öffentlichen Dienst (Slg. ÖD) veröffentlicht.

Die Urteile des EuGH sind als Endentscheidungen **sofort rechtskräftig** (zu den EuG-Entscheidungen Art. 83 VerfO EuG). Endentscheidungen enthalten eine **Kostenentscheidung** (Art. 137 ff. VerfO). Da die Verfahren in Luxemburg grundsätzlich kostenfrei sind, bezieht sich diese Entscheidung im Wesentlichen auf die Auslagen der Parteien (näher *B. Wägenbaur*, EuZW 1997, 197).

26 Rechtskräftige Urteile sind entsprechend dem Wesen von Rechtsprechung als verbindlicher Streitentscheidung **für die Beteiligten verbindlich.** Auch soweit sie als solche nur Feststellungsurteile sind, verpflichten sie die Streitparteien, die sich aus dem Urteil ergebenden Konsequenzen zu ziehen (Art. 260, 266 AEUV). Grundsätzlich stellen Urteile zugleich vollstreckbare Titel dar, soweit sie sich nicht gegen Staaten richten. Die **Zwangsvollstreckung** erfolgt nach den Vorschriften des Zivilprozessrechts des Staates, in dessen Hoheitsgebiet sie stattfindet (Art. 280, 299 AEUV, näher *Kennet,* The enforcement of judgments in Europe, 2001). **Die Zwangsgewalt verbleibt bei den Mitgliedstaaten.** Der EuGH kann die Zwangsvollstreckung durch eine Entscheidung aussetzen. Urteile gegen **Mitgliedstaaten** können nicht vollstreckt werden (Art. 260 AEUV); im Rahmen der Vertragsverletzungsverfahren können aber Geldbußen und Zwangsgelder verhängt werden (Rz. 38). Aus einem rechtskräftigen Urteil ergibt sich das Verbot, vertragswidrige nationale Vorschriften weiter anzuwenden bzw. die Pflicht, das Urteil auf nationaler Ebene durchzusetzen (EuGHE 1988, 2271, Rs. 225/86 „KOM/Italien“ st. Rspr.).

27 Die **Wirkungen** eines Urteils treten grundsätzlich **sofort** ein. Aus Gründen der Rechtssicherheit sind aber **Ausnahmen** möglich. Wird eine Verordnung für nichtig er-

klärt, gibt Art. 264 Abs. 2 AEUV dem Gerichtshof die Möglichkeit, den Zeitpunkt ihrer Unanwendbarkeit hinauszuschieben (EuGHE 1973, 575, Rs. 81/72 „KOM/Rat" – zur Wahrung der Kontinuität einer Besoldungsregelung); entsprechendes ist in anderen Fällen ebenfalls möglich (z. B. EuGHE 1995, I-1827, Rs. C-21/94 „Parlament/Rat"). Auch im Übrigen ordnet der EuGH gelegentlich zur Wahrung des **Vertrauensschutzes** an, dass die Wirkungen seines Urteils auf die Zeit nach seinem Urteilsspruch beschränkt werden; dies gilt auch für Auslegungsentscheidungen in Vorabentscheidungsverfahren. Dabei wird regelmäßig eine Ausnahme zugunsten des Klägers im Ausgangsverfahren gemacht, der nicht um die Früchte seines Prozesssieges gebracht werden soll (zu beidem EuGHE 1990, I-1889, Rs. C-262/88 „Barber"). Eine solche Beschränkung der zeitlichen Wirkungen eines Urteils muss aber in diesem selbst angeordnet werden; später kann dies nicht geschehen (EuGHE 1988, 379, Rs. 24/86 „Blaizot").

Diskussionen gibt es vor allem um die zurückhaltende Praxis des EuGH bei **steuerrechtlichen** Vorabentscheidungsverfahren (zum Sachproblem Rz. 35/57). Kritiker halten dem EuGH vor, zu wenig auf die ggf. mit Einnahmeausfällen verbundenen Konsequenzen seiner Urteile zu achten (*Waldhoff,* Die Rückwirkung von EuGH-Entscheidungen, EuR 2006, 615).

6. Rechtsmittel

Gegen abschließende Entscheidungen des Gerichts (EuG) kann ein **auf Rechtsfragen beschränktes Rechtsmittel** beim EuGH eingelegt werden (Art. 256 Abs. 1 AEUV, Art. 56–62b Satzung, Art. 167 ff. VerfO; *Langner,* Der EuGH als Rechtsmittelgericht, 2003). Das Rechtsmittel hat grundsätzlich **keine aufschiebende Wirkung** (Art. 60 Satzung, Ausnahmen). Zur Einlegung sind unterlegene Prozessparteien, MSen, Unionsorgane und unmittelbar betroffene Streithelfer befugt (Art. 56 Satzung). Die **Einlegungsfrist** beträgt grundsätzlich zwei Monate nach Zustellung der angefochtenen E (Art. 56 Satzung). Das Rechtsmittel ist auf **Rechtsfragen** beschränkt. 28

Rechtsmittelgründe sind ausschließlich die Unzuständigkeit des Gerichts, Verfahrensfehler und die Verletzung des Unionsrechts (Art. 58 Satzung). Eine Überprüfung der Tatsachenwürdigung ist ausgeschlossen (EuGHE 1996, I-4435, Rs. C-19/95 P „San Marco" st. Rspr.). Die Rechtsmittelsachen werden mit **„P"** gekennzeichnet. In der Praxis wird gegen ein gutes Viertel der EuG-Entscheidungen ein Rechtsmittel eingelegt, das allerdings nur in rund 15 % der Fälle (ganz oder teilweise) Erfolg hat.

Gegen Urteile eines **Fachgerichts** (Art. 257 AEUV, etwa das GöD) kann nach den gleichen Grundsätzen ein **Rechtsmittel zum EuG** eingelegt werden; gegen daraufhin ergangene Urteile des EuG kann der Generalanwalt zur „Wahrung der Einheit oder Kohärenz des Unionsrechts" ein **Rechtsmittel zum EuGH** einlegen (Art. 256 Abs. 2 AEUV; zu letzterem Art. 62 Satzung; zu den Kriterien der Kohärenz EuGH, Urteil vom 28. 2. 2013, Rs. C334/12 RX-II „Arango Jaramillo").

Ist das **Rechtsmittel zulässig und begründet,** wird das angegriffene Urteil aufgehoben. Bei Entscheidungsreife urteilt das Rechtsmittelgericht selbst endgültig; anderenfalls weist es den Fall zurück an das Gericht, dessen Urteil angefochten wurde. Wird das Rechtsmittel zurückgewiesen, wird das angefochtene Urteil rechtskräftig. Bei offensichtlicher Unzulässigkeit/Unbegründetheit kann die Zurückweisung durch begründeten Beschluss geschehen (Art. 181 VerfO).

III. Vertragsverletzungsverfahren gegen Mitgliedstaaten (Art. 258f. AEUV)

Literatur: *G. Meier,* Rechtsfolgen eines Verstoßes gegen Gemeinschaftsrecht durch nationale Gerichte, EuZW 2004, 335; *R. Wägenbaur,* Wie effizient ist das Vertragsverletzungsverfahren?, EuZW 2006, 705; *Kilbey,* Financial Penalities under Article 228(2) EC: Excessive Complexity?, CMLRev 2007, 743; *Thiele,* Sanktionen gegen EG-Mitgliedstaaten zur Durchsetzung von Gemeinschaftsrecht, EuR 2008, 320; *Smith,* Enforcement, monitoring, verification, outsourcing: the decline and decline of the enfringement process, ELR 2008, 777; *Kilbey,* The Interpretation of Article 260 TFEU (ex 228 EC), ELR 2010, 370; *Träbert,* Sanktionen der Europäischen Union gegen ihre Mitgliedstaaten: die Sanktionsverfahren nach Art. 228 Abs. 2 EGV und Art. 7 EUV, 2010; *Bitter,* Die Sanktion im Recht der Europäischen Union, 2011; *Tabarowski,* Infringement procedures and non-compliant courts, CMLRev 2012, 1881; *Wannerås,* Sanctions against Member States under Article 260 TFEU, CMLRev 2012, 145; *Wunderlich,* Das Verhältnis von Union und Mitgliedstaaten am Beispiel des Vertragsverletzungsverfahrens, in: Schwarze (Hrsg.), Der Rechtsschutz vor dem Gerichtshof nach dem Vertrag von Lissabon, 2012, 49.

1. Wesen des Verfahrens

29 Das Vertragsverletzungsverfahren gegen einen MS kann von der **KOM** (Art. 258 AEUV, **„Aufsichtsklage“**) oder von einem **Mitgliedstaat** (Art. 259 AEUV) in Gang gebracht werden. Diese Zuständigkeit ist ausschließlich, so dass Mitgliedstaaten im Anwendungsbereich des Unionsrechts insbesondere auch keine anderen (internationalen) Gerichte anrufen dürfen (EuGHE 2006, I-4635, Rs. C-459/03 „KOM/Irland“); das Unionsrecht begründet insofern ein geschlossenes Regime. In der Praxis stehen Klagen der KOM deutlich im Vordergrund.

Ähnlich wie im Übrigen beim EGMR vermeiden die MSen direkte Klagen untereinander. Zumeist übermitteln sie ihre entsprechenden Vorwürfe der KOM, die dann verpflichtet ist, die Einleitung eines Verfahrens zu prüfen. Direkte Klagen kommen nur in politischen Sondersituationen vor (siehe z. B. EuGHE 2006, I-7917, Rs. C-145/04 „Spanien/Vereinigtes Königreich“ zum Wahlrecht der Bürger von Gibraltar zum Europäischen Parlament).

30 In der **Rechtswirklichkeit** ist es um den **Respekt vor dem Unionsrecht** nicht immer gut bestellt. Nach schlechten Erfahrungen mit der Durchsetzung von EuGH-Urteilen wurden erleichterte Sanktionsmöglichkeiten eingeführt (Rz. 38). Immerhin werden 80–90% der Streitigkeiten zwischen KOM und MSen schon vor einer Klage beim Gerichtshof gütlich beigelegt. Seit 1983 erstattet die KOM jährlich dem EP einen Bericht über die Kontrolle der Anwendung des Unionsrechts. Er wird im ABl. Teil C veröffentlicht.

Die Aufsichtsklage der KOM spielt eine wichtige Rolle bei der Aufrechterhaltung und Durchsetzung der Rechtsordnung der Union. Ob die KOM im Einzelfall einschreitet, liegt jedoch in ihrem Ermessen. So können insbesondere Bagatellstreitigkeiten vermieden werden. Ein subjektives Recht des Einzelnen auf Einschreiten besteht nicht (EuGHE 1989, 291, Rs. 247/87 „Star Fruit“ st. Rspr.). Hinsichtlich der Klageerhebung geht dies aus Abs. 2 hervor („kann“). Das Verfahren wird von der KOM **von Amts wegen** eingeleitet, wenn sie Kenntnis von einer Vertragsverletzung erlangt. Dies geschieht häufig durch schriftliche **Beschwerden** seitens der (anderen) MSen, vor allem aber durch Private, Unternehmen und Verbände. Zur Erleichterung der Beschwerden von Individuen hat die KOM ein **Formblatt** entwickelt (ABl. 1989, C 26/6).

31 Bei drohender oder bereits eingetretener Vertragsverletzung eines Mitgliedstaates leitet die KOM nicht sofort das Verfahren nach Art. 258 AEUV ein, sondern versucht zunächst, auf dem Verhandlungsweg eine **„gütliche Einigung“** zu erzielen. Da sie oft schon vor Erlass einer nationalen Norm von den einzelstaatlichen Behörden unterrich-

tet wird (z. T. bestehen ausdrückliche Informations- und Konsultationspflichten), hat sie die Möglichkeit, rechtzeitig – also im Stadium des nationalen Gesetzgebungsverfahrens – ihre Rechtsansicht zu äußern und auf mögliche Vertragsverstöße hinzuweisen.

2. Zulässigkeitsvoraussetzungen

a) Beteiligte und Streitgegenstand

Als **Klägerin** nach Art. 258 AEUV kommt allein die KOM in Betracht; in den seltenen Verfahren des Art. 259 AEUV tritt als Kläger ein anderer MS auf. **Beklagter** ist der betreffende MS. Ein besonderes Interesse an der Klageerhebung muss nicht dargelegt werden (EuGHE 1974, 359, Rs. 167/73 „KOM/Frankreich"). 32

Streitgegenstand ist eine Vertragsverletzung, die dem betreffenden MS zuzurechnen ist. In Betracht kommen **Verstöße gegen das Primär- und Sekundärrecht** einschließlich der Allgemeinen Rechtsgrundsätze der Union durch Handlungen **aller nationalen Instanzen.** Dazu zählen neben der Regierung und der Verwaltung auch unabhängige Institutionen wie die Parlamente und Gerichte der MSen (EuGHE 2003, I-14637, Rs. C-129/00 „KOM/Italien"; *M. Breuer,* EuZW 2004, 199). Dabei muss sich die Klage auf den Sachverhalt sowie auf die Gründe und Angriffsmittel stützen, die schon im Mahnschreiben (Rz. 35) vorgebracht wurden (EuGHE 1997, I-1653, Rs. C-96/95 „KOM/Deutschland" st. Rspr.); spätere Erweiterungen sind unzulässig. 33

b) Verfahrensrechtliche Voraussetzungen

Die Klageerhebung nach Art. 258 und 259 AEUV setzt zunächst grundsätzlich ein **außergerichtliches Vorverfahren** voraus; Ausnahmen ergeben sich (abschließend) aus Art. 108, 114 Abs. 9 und 348 AEUV). Es dient der weiteren Aufklärung, aber auch der **klaren Umreißung des Streitgegenstandes** (Rz. 33) und der förmlichen **Anhörung des MS.** Das Vorverfahren besteht aus zwei Abschnitten, dem Mahnschreiben und der mit Gründen versehenen Stellungnahme der KOM. Will ein anderer MS den Gerichtshof anrufen (Art. 259 AEUV), muss er zunächst die KOM befassen. Diese verfährt dann entweder wie nachfolgend beschrieben, oder sie führt das Verfahren nicht fort mit der Folge, dass der andere MS nunmehr direkt beim EuGH Klage erheben kann. 34

aa) Mahnschreiben

Die KOM übermittelt dem MS zunächst ein **Mahnschreiben,** in dem sie den bisherigen Sachstand einschließlich des Vorwurfes der Vertragsverletzung schildert. Das Mahnschreiben grenzt wie erwähnt den Gegenstand des künftigen Rechtsstreites endgültig ein (EuGHE 1996, I-4405, Rs. C-289/94 „KOM/Italien"). Der MS kann in einer festgelegten Frist (i. d. R. 2 Monate) seinen rechtlichen Verpflichtungen im Sinne der KOM nachkommen oder seine eigene abweichende Rechtsauffassung noch einmal bekräftigen. Die Möglichkeit hierzu ist eine notwendige Verfahrensgarantie (EuGHE 1996, I-5899, Rs. C-157/91 „KOM/Niederlande" st. Rspr.). Anschließend beschließt die KOM über die Fortsetzung bzw. Aussetzung oder Einstellung des Verfahrens. 35

bb) Mit Gründen versehene Stellungnahme

36 Hält die KOM die Fortsetzung des Verfahrens für erforderlich, gibt sie eine **mit Gründen versehene Stellungnahme ab.** Diese den Verfahrensstand noch einmal formell zusammenfassende Äußerung ist mit der Aufforderung an den MS verbunden, den nach Auffassung der KOM vertragswidrigen Zustand in einer festgelegten Frist (i. d. R. nochmals 2 Monate) zu beenden. Geschieht dies nicht, **kann** die KOM den Gerichtshof anrufen.

Wird ein Vertragsverstoß nach Ablauf der Frist, aber vor Klageerhebung abgestellt, kann die Klage trotzdem zulässig sein, wenn die Feststellung des Vertragsverstoßes für die Geltendmachung von Haftungsansprüchen von Bedeutung ist (EuGHE 1991, I-4069, Rs. C-353/89 „KOM/Niederlande"). Zu Veränderungen nach Klageerhebung siehe Rz. 37.

3. Urteil

37 Für das gerichtliche Urteil maßgeblich ist die Sach- und Rechtslage zum **Zeitpunkt** der **Einreichung der Klage** (EuGHE 1976, 1359, Rs. 10/76 „KOM/Italien"); eine Korrektur des mitgliedstaatlichen Verhaltens während des Prozesses nützt also nicht mehr. Damit soll insbesondere die sachaufklärerische Funktion des Vorverfahrens geschützt werden (kritisch aber *Everling,* FS Rodríguez Iglesias, 2003, 537).

Im Falle der **Verurteilung des Mitgliedstaates** stellt der Gerichtshof in seiner Entscheidung die Nichtvereinbarkeit des inkriminierten nationalen Aktes mit dem Unionsrecht fest (Feststellungsurteil); die vertragswidrige Maßnahme kann er nicht selbst aufheben. Die **Verpflichtung des verurteilten Staates zur Abhilfe** folgt aus Art. 260 AEUV. Konkret ist der rechtswidrige Akt rückgängig zu machen, ein Gesetz aufzuheben oder zu ändern; ein rechtswidrig geschlossener Vertrag ist, wenn er nicht schon nichtig ist, zu kündigen (dazu EuGHE 2007, I-6153, Rs. C-503/04 „KOM/Deutschland") etc.; rechtswidrige Folgen sind zu beheben, ggf. ist Schadensersatz zu leisten.

38 Da sich in der Praxis gezeigt hatte, dass eine rein feststellende Wirkung von Urteilen deren Durchsetzung nicht in hinreichend effektivem Maße gewährleistet, und die Nichtbefolgung eines Urteils leicht „Kettenreaktionen" anderer MSen zur Folge haben könnte, die das Unionsrechtssystem insgesamt beschädigen könnten, wurden mit dem Vertrag von Maastricht mit der Möglichkeit einer Verurteilung des MS zur Zahlung eines **Pauschalbetrages** sowie eines **Zwangsgeldes** (Art. 260 Abs. 2 AEUV) **Sanktionsmöglichkeiten** eingeführt (*Träbert,* Sanktionen der Europäischen Union gegen ihre Mitgliedstaaten: die Sanktionsverfahren nach Art. 228 Abs. 2 EGV und Art. 7 EUV, 2010). Im Regelfall setzt dies eine erneute Klage (nach einem Mahnschreiben an den Staat, aber ohne begründete Stellungnahme der Kommission) voraus; geht es um Unterlassung der Mitteilung von Maßnahmen der Umsetzung von im ordentlichen Gesetzgebungsverfahren erlassenen Richtlinien – Hintergrund ist im Regelfall die vollständige Unterlassung der Umsetzung –, können seit dem Vertrag von Lissabon die genannten Maßnahmen bereits im ersten Verfahren verhängt werden (Art. 260 Abs. 3 AEUV). Auch wenn an sich Änderungen bei Verfahrensvorschriften im Regelfall sofort greifen (EuGH, Urteil vom 11.12.2012, Rs. C-610/10 „KOM/Spanien"), legt die Bezugnahme auf das als solches erst mit diesem Vertrag eingeführte Gesetzgebungsverfahren nahe, dass dies nur für nach dessen Inkrafttreten beschlossene Richtlinien gilt.

Die **Höhe des Geldbetrages** wird vom Zweck bestimmt, die wirksame Anwendung des Unionsrechts sicherzustellen. Daher werden die Schwere des Verstoßes, die Dauer des Verstoßes sowie die erforderliche Abschreckungswirkung berücksichtigt. Der **Pauschalbetrag** soll die Fortsetzung des Verstoßes für den Zeitraum nach dem ersten Urteil, in dem der Verstoß festgestellt wurde, bis zum neuen Urteil **ahnden,** während das **Zwangsgeld** zwecks **Rechtsdurchsetzung in der Zukunft** für jeden weiteren Tag (oder einen anderen Zeitraum) festgesetzt wird, an dem der Staat auch dem neuen Urteil nicht nachkommt. Der Tagessatz für das Zwangsgeld wird dann durch Multiplikation eines einheitlichen Grundbetrags (gegenwärtig: 640 Euro pro Tag) mit einem Schwerekoeffizienten sowie einem Länderfaktor, der auf der Zahlungsfähigkeit des betreffenden Mitgliedstaats (zur Berechnung EuGH, Urt. v. 19.12.2012, Rs. C-279/11 „KOM/Irland") und seiner Stimmenzahl im Rat beruht, und einem Koeffizienten für die Dauer berechnet. Wegen ihrer unterschiedlichen Zielsetzungen können beide Instrumente miteinander kombiniert werden (EuGHE 2005, I-6263, Rs. C-304/02 „KOM/Frankreich"). 39

Die KOM hat über ihre Vorstellungen zur Handhabung dieses Verfahrens und die Berechnung des Zwangsgeldes **offizielle Mitteilungen** publiziert (Mitteilungen SEK(2005)1658), ergänzt durch SEK (2010)923/3, ABl. 2011 C 12/1). Der EuGH sieht sich allerdings weder an die generellen Leitlinien noch an die Einzelanträge der KOM gebunden, sondern versteht diese (lediglich) als „nützliche Bezugspunkte" (EuGHE 2000, I-5047, Rs. C-387/97, „KOM/Griechenland"; hierzu *Karpenstein,* EuZW 2000, 537; *Streinz,* JuS 2000, 1216). In der Praxis folgt der EuGH den Anträgen der KOM aber regelmäßig. 40

IV. Nichtigkeitsklage und Untätigkeitsklage (Art. 263, 265 AEUV)

Literatur: *Giegerich,* Organstreit vor dem Gerichtshof der EGen, ZaöRV 1990, 812; *Gesser,* Die Nichtigkeitsklage nach Art. 173 EGV, 1995; *Drewes,* Entstehung und Entwicklung des Rechtsschutzes vor den Gerichten der EGen am Beispiel der Nichtigkeitsklage, 2000; *F. Kirchhof,* Zur indirekten Klagebefugnis eines deutschen Bundeslandes beim EuGH in Subsidiaritätsfragen über den Antrag des Bundesrates, DÖV 2004, 893; *Ph. Molsberger,* Die Bedeutung der Subsidiaritätsklage des Europäischen Verfassungsvertrages für die Länder, BWVBl. 2005, 169; *Schwensfeier,* The TWD-Principle post-Lisbon, ELR 2012, 156.

1. Wesen der Verfahren

Die **Nichtigkeitsklage** dient dem Ziel der Überprüfung der Rechtmäßigkeit der Gesetzgebungsakte der EU sowie aller Rechtsakte von Einrichtungen und sonstigen Stellen der EU, zumindest, soweit diese Rechtswirkung gegenüber Dritten entfalten; mit der **Untätigkeitsklage** wird eine vertragswidrige Untätigkeit von Europäischem Parlament, Europäischem Rat und Rat, KOM und EZB gerügt. Während beim Vertragsverletzungsverfahren nach Art. 258 AEUV die KOM als „Hüterin der Verträge" das Handeln der MSen überwacht, haben hier umgekehrt die MSen, aber auch Unionsorgane untereinander und in Grenzen Individuen die Möglichkeit, eine gerichtliche Kontrolle der Tätigkeit der Union herbeizuführen. Die Nichtigkeitsklage stellt eine **Anfechtungsklage** dar, die aber – im Sinne einer abstrakten Normenkontrolle – eine **Gültigkeitskontrolle auch von Normativakten der EU** erlaubt. Eine aufschiebende Wirkung entfaltet die Nichtigkeitsklage ebenso wenig wie die anderen Klagearten (Art. 278 AEUV; zum einstweiligen Rechtsschutz unten Rz. 87). Eine Verpflichtungsklage gibt es nicht. Wird ein Antrag abgelehnt, ist gegen diese Entscheidung Nichtigkeitsklage zu erheben, und das betreffende Organ muss im Erfolgsfalle „die sich aus dem Urteil" (Art. 266 AEUV) – aber nicht aus dem Tenor, sondern eben aus der Begründung – ergebenden Maßnahmen ergreifen (Rz. 53); bei Untätigkeit ist die Untätigkeitsklage zu erheben. In etlichen Punkten ist das Verfahren dem französischen „recours pour excès de pouvoir" nachgebildet. 41

2. Nichtigkeitsklage (Art. 263 AEUV)

a) Klagevoraussetzungen

aa) Kläger und Beklagte

42 Die **Nichtigkeitsklage** des Art. 263 AEUV eröffnet den Klageberechtigten (Mitgliedstaaten, EP, Rat, KOM, in Grenzen Rechnungshof, EZB, AdR sowie Individuen) die Möglichkeit, Gesetzgebungsakte sowie Rechtsakte von Rat, KOM oder EZB anzugreifen, ferner bestimmte Rechtsakte des Parlaments, des Europäischen Rates sowie der sonstigen Stellen der Union. Die Klage ist gegen die Stelle zu richten, die den Akt erlassen hat. Für Klagen gegen durch besonderen Rechtsakt geschaffene Stellen der Union, also Agenturen, können besondere Bedingungen und Einzelheiten vorgesehen werden (Art. 263 Abs. 5 AEUV); häufiger wird insbesondere ein administratives Vorverfahren vorgeschrieben.

bb) Klagebefugnis

43 Das Schutzziel dieser Klage ist die Einhaltung der objektiven Unionsrechtsordnung. Daher müssen **Parlament, Rat und KOM** sowie die **Mitgliedstaaten** für eine Klage kein besonderes Rechtsschutzinteresse geltend machen („privilegierte Kläger"; Art. 263 Abs. 2 AEUV; dazu EuGHE 1985, 873, Rs. 41/83 „Italien/KOM" st. Rspr.). Nach Art. 8 des Subsidiaritätsprotokolls kann ein Mitgliedstaat nach Maßgabe des nationalen Rechts (zu D siehe Art. 23 Abs. 1a GG) auch auf Initiative seines nationalen Parlaments klagen, doch kann diese Klage nur auf die Verletzung des Subsidiaritätsprinzips gestützt werden (zu den Konsequenzen vgl. Rz. 20). EZB, Rechnungshof und AdR müssen die Verletzung eigener Rechte rügen (Art. 263 Abs. 3 AEUV). Individualklagen sind nur unter engen Voraussetzungen zulässig (Abs. 4; dazu unten Rz. 56ff.).

cc) Klagegegenstand: Anfechtbare Handlungen

44 Anfechtbar sind **Gesetzgebungsakte** (Rz. 11/44) sowie Rechtsakte von **Rat, KOM** und **EZB,** ferner solche des EP, des Europäischen Rates sowie der Agenturen und anderer, den Unionsorganen nachgeordneter Stellen. Dabei muss es sich nicht unbedingt um einen Rechtsakt im Sinne von Art. 288 AEUV handeln (EuGHE 1994, I-625, Rs. C-316/91 „Parlament/Rat"). Auch „einfache" Beschlüsse des Rates, die z. B. eine Kompetenzfestlegung gegenüber der KOM beinhalten oder eine Präjudizierung späterer Normsetzung zur Folge haben, können mit der Nichtigkeitsklage angefochten werden (vgl. EuGHE 1971, 263, Rs. 22/70 „AETR"), ebenso fingierte Entscheidungen (= Untätigkeit nach Ablauf einer bestimmten Frist, soweit dies wie in Art. 10 Abs. 6 FusK-VO ausdrücklich vorgesehen ist; dazu Rz. 20/38). Nicht angefochten werden können die nicht verbindlichen Empfehlungen und Stellungnahmen der EU, rein innerdienstliche oder vorbereitende Akte sowie bestätigende Zweitbescheide, die keine neue Beschwerde enthalten (EuGHE 1998, I-2265, Rs. C-180/96 „BSE" st. Rspr.). Auch rein faktisches Handeln kann als solches keinen Verfahrensgegenstand bilden, doch kann ggf. gegen die diesem zugrunde liegende (zumindest implizit ergangene) Entscheidung geklagt werden. Akte des **Europäischen Rates,** des **Parlaments** sowie der sonstigen **Stellen** können nur angegriffen werden, wenn sie **Rechtswirkungen gegenüber Dritten** entfalten. Keiner Anfechtung bedürfen offenkundig mit einem schweren Fehler behaftete und damit nichtige „Nicht-Akte"; die Nichtexistenz kann

auch nach Ablauf der Klagefristen geltend gemacht werden und führt zur entsprechenden Feststellung (EuGHE 1987, 1005, Rs. 15/85 „Consorzio Cooperative d'Abruzzo").

dd) Klagegründe („Cas d'ouverture")

Nach französischem Vorbild sind nur **bestimmte, abschließend aufgezählte Klagegründe** („cas d'ouverture") zugelassen (Art. 263 Abs. 2 AEUV; vgl. schon Rz. 20): Unzuständigkeit, Verletzung wesentlicher Formvorschriften, Verletzung des Vertrags (einschließlich sonstiger Rechtsquellen der Union) und Ermessensmissbrauch. Die Klageschrift muss zwar nicht ausdrücklich einen dieser Klagegründe benennen, ihn aber in der Sache konkret „erkennen lassen" und mit Tatsachen belegen (EuGHE 1961, 611, verb. Rs. 19/60, 21/60, 2/61 und 3/61 „Société Fives Lille Cail"); im Regelfall prüft der Gerichtshof dann auch nur die von den Parteien vorgebrachten Argumente (Rz. 20). Insgesamt erfassen die einzelnen Klagegründe aber alle denkbaren Aspekte der Rechtmäßigkeit eines EU-Hoheitsaktes. 45

(1) Unzuständigkeit

Die Rspr. des Gerichtshofes unterscheidet verschiedene Arten der Unzuständigkeit (näher *Borchardt,* Der EuGH, 2001, 123). Bei **absoluter** U. liegt der angegriffene Rechtsakt außerhalb der EU-Zuständigkeit. Bei **relativer** U. handelt ein Organ im Bereich eines anderen (z. B. der Rat anstelle der KOM). Bei **räumlicher** U. bezieht sich das EU-Handeln rechtswidrig auf ein Gebiet außerhalb der Union. Im Falle **sachlicher U.** verletzt ein Organ seine internen Zuständigkeitsregelungen (z. B. ein Kommissionsmitglied handelt anstelle der gesamten KOM). 46

(2) Verletzung wesentlicher Formvorschriften

Wesentlich ist die Verletzung einer Formvorschrift insbesondere, wenn dadurch das Ergebnis eines Verfahrens beeinflusst sein kann und dementsprechend die Verteidigungsrechte des Betroffenen beeinträchtigt werden (EuGHE 2009, I-9147, Rs. C-141/08 P „Foshan Shunde Yongjian Housewares & Hardware"). Konkret sind zu nennen Regelungen über die Beteiligung oder Anhörung Betroffener oder Dritter sowie die Begründungspflicht nach Art. 296 AEUV. Die Verletzung einer wesentlichen Formvorschrift führt zur **Nichtigkeit** des Rechtsaktes (EuGHE 1993, I-2667, Rs. C-199/91 „Sart Tilman"); anders als im deutschen Recht ist eine nachträgliche Heilung grundsätzlich ausgeschlossen (EuGHE 1981, 2861, Rs. 195/80 „Michel"). 47

(3) Verletzung des Vertrages oder einer bei seiner Durchführung anzuwendenden Rechtsnorm

Dies ist die in der Praxis am häufigsten erhobene Rüge. Es kann jede Verletzung höherrangiger Normen durch den angegriffenen Rechtsakt gerügt werden. In Abgrenzung zu den anderen Klagegründen kommen hier nur **objektive materiellrechtliche Verstöße** in Betracht. Konkret ist vor allem an eine **Verletzung des Vertragsrechtes oder der allgemeinen Rechtsgrundsätze** durch Sekundärrecht (VOen, RLen, Be) oder auch die Missachtung von **unterschiedlichen Rangstufen des Sekundärrechts,** z. B. einer Grundverordnung durch eine Durchführungsverordnung oder einer VO durch einen diese durchführenden B zu denken (dazu Rz. 10/44ff.). Ebenso können **völkerrechtliche Verträge der Union** durch EU-Rechtsakte verletzt werden (EuGHE 1972, 1219, verb. Rs. 21–24/72 „International Fruit Company" st. Rspr.). Voraussetzung ist, dass diese in der Unionsrechtsordnung unmittelbare Wirkung entfalten. Zu den sich daraus ergebenden Grenzen der Anfechtbarkeit von Rechtsakten, insbesondere hinsichtlich der GATT/WTO-Verträge, siehe unten Rz. 38/36f. 48

(4) Ermessensmissbrauch

49 Dieser Anfechtungsgrund wird nach französischem Vorbild („détournement de pouvoir") wesentlich **enger** verstanden als z. B. im deutschen Verwaltungsrecht. Ein Ermessensmissbrauch setzt die **bewusste Verfolgung** eines durch die jeweilige Ermächtigungsnorm **nicht abgedeckten Ziels** voraus (EuGHE 1995, I-2019, Rs. C-156/93 „Parlament/KOM" st. Rspr.). Hier geht es also um **„subjektive"** Fehler. Eine solche Rüge ist höchst selten denkbar und verspricht wegen Beweisproblemen kaum Erfolg.

ee) Klagefrist

50 Die Nichtigkeitsklage muss innerhalb von **2 Monaten** erhoben werden (Art. 263 Abs. 6 AEUV; dazu EuGHE 2002, I-4561, Rs. C-406/01 „Deutschland/Parlament und Rat"). Anschließend ist der betreffende Rechtsakt bestandskräftig. Wer „zweifelsfrei" eine Nichtigkeitsklage hätte erheben können, kann daher eine Nichtigkeit auch später indirekt nicht geltend machen, etwa über ein Vorlageverfahren nach Art. 267 AEUV (EuGHE 1994, I-833, Rs. C-188/92 „TWD"; Urteil vom 27.11.2012, Rs. C-370/12 „Pringle") oder als Einrede in einem Vertragsverletzungsverfahren nach Art. 258 AEUV (EuGHE 1986, 89, Rs. 52/84 „KOM/Belgien").

ff) Ordnungsgemäße Klageerhebung

51 Die Nichtigkeitsklage wird durch **Einreichung einer an den Kanzler des Gerichtshofs zu richtenden Klageschrift** erhoben (Art. 21 Satzung, Art. 120 ff. VerfO).

b) Begründetheitsprüfung und Urteil

52 Die Klage ist begründet, wenn die Voraussetzungen eines geltend gemachten oder von Amts wegen geprüften Klagegrundes (Rz. 45 ff.) erfüllt sind. Dabei geht der EuGH streng funktional davon aus, dass Ermessensentscheidungen nur in Grenzen am Maßstab des Rechts überprüft werden können. Häufig betont er, dass „dem Gemeinschaftsgesetzgeber (heute: Unionsgesetzgeber) ein **weites Ermessen** in einem Bereich wie dem in Rede stehenden zuzuerkennen (ist), in dem von ihm politische, wirtschaftliche und soziale Entscheidungen verlangt werden und in dem er komplexe Beurteilungen vorzunehmen hat. Eine in diesem Bereich erlassene Maßnahme kann nur dann rechtswidrig sein, wenn sie zur Erreichung des von den zuständigen Organen verfolgten Zieles offensichtlich ungeeignet ist" (EuGHE 2006, I-11573, Rs. C-380/03 „Deutschland/Parlament und Rat – Tabakwerbung II"; siehe ferner etwa Rz. 20/49; 21/18; 24/7). Anders als in der deutschen Tradition bezieht sich der Begriff des Ermessens dabei auch auf die Tatbestandsseite von Normen, schließt also die Beurteilungsspielräume des deutschen Verwaltungsrechts ein. Als Organ einer **spezifisch rechtlichen Kontrolle** darf sich der EuGH nicht an die Stelle der an sich zuständigen politischen Organe setzen; er würde dann das **institutionelle Gleichgewicht** zwischen den Organen (allgemein dazu Rz. 5/20) beeinträchtigen (EuGHE 1983, 2913, Rs. 191/82 „FEDIOL").

Auf der Grundlage von Art. 261 AEUV kann dem EuGH die Befugnis zu einer **umfassenden** (und damit auch Zweckmäßigkeitsgesichtspunkte umfassenden) **Nachprüfung** eingeräumt werden (siehe zu kartellrechtlichen Sanktionen Rz. 20/49).

53 Hat die Anfechtungsklage **Erfolg,** erklärt der EuGH – grundsätzlich – die angefochtene Maßnahme für von Anfang an (ex tunc) – mit allgemeiner Wirkung – nichtig (Art. 264 Abs. 1 AEUV; zu Ausnahmen Rz. 27). Wird die Ablehnung eines Antrages

aufgehoben, muss das beklagte Organ – im Lichte der Gründe des gerichtlichen Urteils – den Antrag erneut bescheiden (Art. 266 AEUV; oben Rz. 41).

3. Untätigkeitsklage (Art. 265 AEUV)

Art. 265 AEUV regelt einen Sonderfall der Vertragsverletzung durch Unionsorgane, 54
nämlich **die vertragswidrige Untätigkeit von Parlament, Europäischem Rat, Rat, KOM und EZB** sowie der sonstigen Einrichtungen und Stellen der Union. Sie stellt gewissermaßen ein „Spiegelbild" zur Nichtigkeitsklage dar (vgl. auch EuGHE 1996, I-6065, Rs. C-68/95 „Port") und unterliegt dementsprechend vergleichbaren Zulässigkeitsvoraussetzungen. **Untätigkeit** bedeutet die vollständige Unterlassung einer Entscheidung. Ergeht auf Antrag eines Berechtigten ein ablehnender oder sonst ein anderer als der gewünschte Beschluss, muss dagegen Nichtigkeitsklage erhoben werden (EuGHE 1971, 705, Rs. 8/71 „Komponistenverband"; Rz. 41). Der bloße Hinweis, dass ein bestimmter Antrag geprüft werde, stellt jedoch keine ausreichende Reaktion der Unionsbehörden dar. Eine Frist besteht nicht, doch kann das Klagerecht ggf. verwirkt werden (siehe zum Wettbewerbsrecht EuGHE 2003, I-9889, Rs. C-170/02 P „Schlüsselverlag J.S. Moser").

Klageberechtigt sind, nach erfolglosem Abschluss eines Vorverfahrens, alle Organe der Union, mit Aus- 55
nahme des Gerichtshofes selbst, weiterhin die Mitgliedstaaten. Ferner können Individuen Untätigkeitsklage wegen Nichterlass eines gegen sie, ggf. auch an einen Dritten, zu richtenden Rechtsaktes erheben (Art. 265 Abs. 3 AEUV, Rz. 62 a. E.). – In der Praxis werden nur wenige Untätigkeitsklagen erhoben.

Im Falle einer Verurteilung **stellt** der EuGH die Vertragsverletzung **fest.** Die Handlungspflicht des verurteilten Unionsorgans folgt dann aus Art. 266 AEUV i. V. m. der speziellen Handlungspflicht des Vertrages; ihr konkreter Inhalt ergibt sich regelmäßig nicht aus dem Tenor, sondern erst aus den Gründen des Urteils.

4. Besonderheiten der Nichtigkeits- und der Untätigkeitsklage natürlicher und juristischer Personen (Art. 263 Abs. 4 und 5, 265 Abs. 3 AEUV)

Literatur: *Nettesheim,* Effektive Rechtsschutzgewährleistung im arbeitsteiligen System europäischen Rechtsschutzes, JZ 2002, 928; *Kerth/Schwelz,* Die Geltendmachung der Gemeinschaftsgrundrechte im Wege des Individualrechtsschutzes, JA 2004, 340; *Anagnostaras,* The quest for an effective remedy and the measure of judicial protection afforded to putative Community law rights, ELR 2007, 727; *Lindner,* Individualrechtsschutz im Europäischen Gemeinschaftsrecht, JuS 2008, 1; *Krämer,* Individualrechtsschutz gegen die Versagung der Vornahme nicht-klägergerichteter Hoheitsakte im System des Gemeinschaftsprozessrechts, EuR 2008, 104; *Balthasar,* Locus Standi Rules for Challenges to Regulatory Acts by Private Applicants: The New Article 263 (4) TFEU, ELR 2010, 542; *Baumeister,* Das Klagerecht regionaler Gebietskörperschaften im Europarecht, 2010; *Cremer,* Zum Rechtsschutz des Einzelnen gegen abgeleitetes Unionsrecht nach dem Vertrag von Lissabon, DÖV 2010, 59; *Saurer,* Individualrechtsschutz gegen das Handeln der Europäischen Agenturen, EuR 2010, 51; *Herrmann,* Individualrechtsschutz gegen Rechtsakte der EU „mit Verordnungscharakter" nach dem Vertrag von Lissabon, NVwZ 2011, 1352; *Everling,* Klagerecht Privater gegen Rechtsakte der EU mit allgemeiner Geltung, EuZW 2012, 376; *Gundel,* Die neue Gestalt der Nichtigkeitsklage nach dem Vertrag von Lissabon, EWS 2012, 165; *Petzold,* Was sind „Rechtsakte mit Verordnungscharakter"?, EuR 2012, 432.

a) Klageberechtigter Personenkreis

Nach Art. 263 Abs. 4 AEUV ist **jede natürliche und juristische Person** zur Erhebung einer Nichtigkeits- 56
klage berechtigt, unabhängig von Unionszugehörigkeit und Wohnsitz. Entsprechendes gilt nach Art. 265 Abs. 3 AEUV für Untätigkeitsklagen. **Natürliche** Personen sind alle rechts- und geschäftsfähigen Unionsbürger und Angehörige von Drittstaaten. Der Begriff der **juristischen** Personen wird von der Rechtspre-

chung in diesem Kontext **weit** verstanden. Hierunter fallen zunächst die **Gesellschaften des privaten Rechts** (Aktiengesellschaften usf.), wobei sich die Rechts- und Prozessfähigkeit nach dem jeweiligen nationalen Recht richtet. **Juristische Personen des öffentlichen Rechts** (Körperschaften, Verbände u. ä.) können nach den gleichen Grundsätzen Nichtigkeitsklage erheben (EuGE 1999, II-3663, verb. Rs. T-132 und 143/96 „Freistaat Sachsen"; *Mulert,* Die deutschen Bundesländer vor dem EuGH, 1996).

b) Anfechtbare Rechtsakte/angreifbare Untätigkeit

aa) An den Kläger gerichtete bzw. zu richtende Entscheidungen

57 Der Adressat einer Entscheidung ist „automatisch" ausreichend betroffen und kann klagen. Im Fall der Untätigkeit muss es „spiegelbildlich" (vgl. Rz. 54) um unterlassene – verbindliche – Rechtsakte gehen, die an den Kläger zu richten wären.

bb) Den Kläger unmittelbar und individuell betreffende Handlungen

58 Weiterhin kann eine Person gegen (sonstige) Handlungen klagen, „die sie unmittelbar und individuell betreffen." Konkret geht es um Normativakte sowie an Dritte adressierte Akte. Dabei ist die Rechtsprechung eher großzügig, soweit es um die **Unmittelbarkeit** geht. Sie stellt nicht formal darauf ab, ob noch ein weiterer Rechtsakt erforderlich ist, damit rechtliche Wirkungen erzielt werden, sondern fragt, ob eine ausführende Stelle noch einen inhaltlichen Entscheidungsspielraum hat oder nicht (EuGHE 1971, 411, verb. Rs. 41–44/70 „Fruit Company"). Eine **individuelle** Betroffenheit nimmt der EuGH hingegen nur in engen Grenzen an, nämlich nur dann, wenn der individuelle Wirtschaftsteilnehmer durch den Rechtsakt **auf Grund bestimmter persönlicher Eigenschaften oder ihn aus dem Kreis der übrigen Personen heraushebender Umstände berührt wird** (EuGHE 1963, 211, Rs. 25/62 „Plaumann" st. Rspr.).

Individuelle Betroffenheit bewirken zunächst sog. „Schein-VO", also Rechtsakte, die den Adressatenkreis abschließend so definieren, dass er auch später nicht mehr erweitert werden kann, etwa durch Stichtagsregelungen (EuGHE 1990, I-3847, Rs. C-354/87 „Weddel").

59 Darüber hinaus hat die Rechtsprechung für bestimmte **Fallgruppen** die vorgenannte „Plaumann-Formel" **konkretisiert.** Nach der Änderung von Art. 263 Abs. 4 AEUV durch den Vertrag von Lissabon (Rz. 63) werden zwar in Zukunft in vielen Fällen Klagen unabhängig von den nachfolgenden Fallgruppen möglich sein; wegen der begrenzten Reichweite der Neuerung sind diese aber auch noch nach der neuen Rechtslage von Bedeutung.

(1) Der Rechtsakt wurde in einem **Verfahren** erlassen, an dem der Kläger zu beteiligen war (EuGHE 1983, 2913, Rs. 191/82 „FEDIOL" zu einer VO über Ausfuhrbeihilfen, EuGHE 1986, 3021, Rs. 75/84 „Metro" zu einer kartellrechtlichen Freistellung oder EuGHE 2008, I-6619, verb. Rs. C-75 und 80/05 P „Glunz" zum Beihilferecht). In diesem Fall kann aber nur die **Verletzung von Verfahrensrecht** gerügt werden (dazu EuGH, aaO, Rs. „Glunz"). Aus dieser Rechtsprechung ergibt sich zugleich, dass insoweit auch durch die sekundärrechtliche Schaffung von Verfahrensrechten Klagerechte geschaffen werden können. Dies ist etwa im Zusammenhang mit der Umsetzung der Århus-Konvention (Rz. 33/44) in das Eigenverwaltungsrecht der Union geschehen (Art. 10, 12 VO 1367/2006, ABl. L 264/13).

60 (2) Bei Erlass des Rechtsakts hat der Kläger in anderer Weise eine **besondere Rolle** gespielt, bildete etwa Gegenstand von Untersuchungen (EuGHE 1990, I-781, Rs. C-156/87 „Gestetner", zum Antidumpingrecht). Aus diesem Grund ist im Beihilferecht auch klagebefugt eine Untereinheit des Staates, etwa eine Gebietskörperschaft, wenn sie die fragliche Beihilfe gewähren wollte (EuGE 1999, II-3663, verb. Rs. T-132/96 und T-143/96 „Freistaat Sachsen") und ebenso das von der vorgesehenen Beihilfe begünstigte

Unternehmen; hier steht auch die geforderte Unmittelbarkeit der Betroffenheit einer Klage nicht im Wege (EuGHE 1994, I-833, Rs. C-188/92 „TWD"; siehe auch Rz. 21/37).

(3) Weiterhin sind **Konkurrentenklagen** gegen Entscheidungen möglich, die sich auf ein anderes Unternehmen beziehen. Allerdings muss der Rechtsakt in diesem Fall die Marktstellung eines Unternehmens wesentlich beeinträchtigen; siehe zur Fusionskontrolle EuGE 2006, II-1931, Rs. T-177/04 „easyjet Airline", sowie Rz. 20/49 und zum Beihilferecht EuGHE 2008, I-6619, verb. Rs. C-75 und 80/05 P „Glunz" u. a. sowie unten Rz. 21/38); die Anforderungen an diesen materiellen „Konkurrentenstatus" sind deutlich höher, als wenn es nur um die in Rz. 59 erwähnte Verfahrensbeteiligung geht (EuGH, a. a. O., Rs. „Glunz" u. a.). 61

(4) In einzelnen Fällen hat der EuGH auch in anderen Fällen eine Klagebefugnis angenommen, in denen in besonderer Weise in eine **spezifische Rechtsposition** eines bestimmten Klägers eingegriffen wurde (EuGHE 1994, I-1853, Rs. C-309/89 „Codorniu" zu einer VO, die die Benutzung eines seit 1924 benutzten Warenzeichens verbot; EuGHE 1985, 207, Rs. 11/82 „Piraiki-Patraiki" zu einer Entscheidung der KOM, die faktisch die Erfüllung von bereits abgeschlossenen Verträgen eines Unternehmens unmöglich machte). Insoweit ist die Rechtsprechung allerdings ausgesprochen restriktiv. So hat der EuGH etwa die Überprüfung einer atomrechtlichen Entscheidung abgelehnt, die angeblich bestimmte Sicherheitsstandards missachtete, weil davon der Gesundheitsschutz eines ganzen Bevölkerungsteils betroffen sei (EuGHE 1998, I-1651, Rs. C-321/95 P „Greenpeace"). 62

(5) Ein **Verband** ist (auch) klagebefugt, wenn eines seiner Mitglieder hätte klagen dürfen (EuGHE 2005, I-10737, Rs. C-78/03 P „Aktionsgemeinschaft Recht und Eigentum").

Müsste eine Entscheidung an Dritte gerichtet werden, lässt die Rechtsprechung (ohne ausdrückliche Basis im Text) eine **Untätigkeitsklage** zu, wenn der Kläger im dargestellten Sinne unmittelbar und individuell betroffen ist (EuGHE 1996, I-6065, Rs. C-68/95 „Port").

cc) Rechtsakte mit Verordnungscharakter, die keine Durchführungsmaßnahmen nach sich ziehen

Nach der bis zum Vertrag von Lissabon bestehenden Rechtslage, nach der sich die Individualklagen auf die bisher dargestellten Fallgruppen beschränkten, konnten Normativakte im Regelfall nicht vor dem EuGH angefochten werden. Dies hat Rechtsschutzprobleme vor allem in den Fällen geschaffen, in denen der Rechtsakt **keine** (nationale oder europäische) klagefähige **Durchführungsmaßnahme** nach sich zieht, also unmittelbar Rechtsfolgen zeitigt. Für diese Fälle wurde die zusätzliche Möglichkeit für eine individuelle Nichtigkeitsklage geschaffen, wenn ein Kläger **unmittelbar** durch einen Rechtsakt mit **Verordnungscharakter betroffen** ist. Die unmittelbare Betroffenheit ist wie bisher zu verstehen (Rz. 58; dazu beispielhaft EuG, Urteil vom 25.10.2011, Rs. T- 262/10 „Microban"). Umstritten ist die Interpretation des Begriffs „Rechtsakt mit Verordnungscharakter". Setzt man ihn (im Wesentlichen) mit der Verordnung gleich, hätten – wenig naheliegend – bestimmte Rechtsakte sowohl Gesetzgebungs- als auch Verordnungscharakter. Bestätigt wird die Gegenauffassung durch einen Blick in den (nicht ratifizierten) Verfassungsvertrag, der bereits die entsprechende Erweiterung des Katalogs möglicher Gegenstände von Individualklagen enthielt (vgl. auch Art. I-33 Abs. 1 UAbs. 4 Verfassungsentwurf). Zu Recht hat daher der EuGH den Begriff als Gegensatz zum Gesetzgebungsakt im Sinne von Art. 289 AEUV verstanden (Urteil v. 3.10.2013, Rs. C-583/11 P „Inuit Tapiriit Kanatami"; zum im gleichen Fall trotzdem möglichen Rechtsschutz siehe EuG, Urteil v. 25.4.2013, Rs. T-526/10 „Inuit Tapiriit Kanatami"). Erfasst werden also insbesondere Akte im Sinne von Art. 290 oder 291 Abs. 2 AEUV, aber auch alle sonstigen, allein von Kommission oder Rat zu erlassenden Rechtsakte. Mit dieser Neuerung ist 63 eine Klage vor allem im Bereich der praktisch wichtigen normativen Ausführungsakte des Agrarrechts möglich.

dd) Sonstige Normativakte

64 Die vorstehend geschilderten Grundsätze haben zur Konsequenz, dass insbesondere Rechtsakte mit **generellem (normativem) Charakter** von Einzelnen **vor der europäischen Gerichtsbarkeit** als solche vielfach **nicht unmittelbar anfechtbar** sind: Maßnahmen, die auf den Kläger „aufgrund eines durch sie bestimmten objektiven Tatbestandes rechtlich oder tatsächlich anwendbar sind“ (EuGHE 1996, I-615, Rs. C-209/94 P „Buralux“), betreffen ihn selbst dann nicht im Sinne der 2. Variante individuell, wenn der Kreis der Adressaten konkret feststellbar ist (EuGHE 1996, I-2003, Rs. C-87/95 P „CNPAAP“); eine Anfechtbarkeit nach der 3. Variante setzt kumulativ Verordnungscharakter und nicht erforderliche Durchführungsmaßnahme voraus. Dabei ist die Rechtschutzgewähr unproblematisch, wenn der Rechtsakt eine **Durchführungsmaßnahme** voraussetzt, weil gegen **diese geklagt** werden kann. Wurde diese Maßnahme von einer europäischen Stelle erlassen, kann die Rechtmäßigkeit des Normativaktes inzident von der europäischen Gerichtsbarkeit überprüft werden; bei einer nationalen Durchführungsmaßnahme ist vor dem dafür zuständigen nationalen Gericht zu klagen, das über eine Vorlage nach Art. 267 AEUV die Gültigkeit des Normativaktes durch den EuGH überprüfen lassen kann (EuGHE 2002, I-6677, Rs. C-50/00 P „UPA“).

65 Bei **„Gesetzgebungsakten“** ohne nachfolgende Durchführungsmaßnahme steht dieser Weg nicht offen; eine unmittelbar gegen diesen Akt gerichtete Klage vor der europäischen Gerichtsbarkeit ist nur zulässig, wenn die Voraussetzungen von Art. 263 Abs. 4, 2. Alternative AEUV eröffnet sind (Rz. 58 ff.), im Regelfall also nicht. Entsprechend der Rechtslage vor dem Vertrag von Lissabon ist dann Rechtsschutz durch die **nationale Gerichtsbarkeit** zu gewähren (Art. 19 EUV; Rz. 5; vgl. auch EuGHE 2002, I-6677, Rs. C-50/00 P „UPA“; *Nettesheim,* JZ 2002, 928; vgl. auch für das deutsche Recht BVerfGE 118, 79). Gleiches gilt, wenn der Kläger von rechtswidriger Untätigkeit eines Unionsorgans betroffen ist (EuGHE 2005, I-8979, Rs. C-511/03 „Ten Kate“). In Deutschland ist dies in allen Konstellationen, soweit keine entsprechende Leistungsklage möglich ist, im Verhältnis zur Verwaltung zumindest über die in solchen Fällen durchweg zulässige **Feststellungsklage** (§§ 256 ZPO, 43 VwGO; dazu *Gundel,* VerwArch 2001, 81) möglich und geboten.

66 Die vorstehend dargestellte Rechtsprechung war wegen der in ihr enthaltenen Restriktionen nicht nur in der Literatur, sondern auch **im Gerichtshof umstritten** (siehe etwa Schlussantrag Jacobs im erwähnten UPA-Fall (Rz. 64); großzügiger auch EuGE 2002, II-2365, Rs. T-177/01 „Jégo-Quéré“). Der Gerichtshof hatte darauf abgestellt, dass er seine Kompetenzen nicht eigenmächtig ausweiten dürfe; dies führte zur – begrenzten – Erweiterung der Klagemöglichkeit im Vertrag von Lissabon.

V. Amtshaftungsklage (Art. 268 AEUV)

67 Wer durch das Handeln einer Stelle der Union Schaden erlitten hat, kann, soweit es nicht um vertragliche Ansprüche geht, gemäß Art. 268 AEUV einen entsprechenden **Ersatzanspruch** nach Art. 340 AEUV (Rz. 14/3) vor dem EuG geltend machen, und zwar innerhalb von 5 Jahren (Art. 46 Satzung Gerichtshof; die Frist beginnt mit

Kenntnis des Geschädigten von allen relevanten Umständen: EuGHE 1982, 117, Rs. 51/81 „de Franceschi"). Vor einer solchen Amtshaftungsklage braucht nicht eine **Nichtigkeitsklage** gemäß Art. 263 Abs. 4 AEUV erhoben werden; beide Rechtsbehelfe stehen selbständig nebeneinander (EuGHE 1971, 325, Rs. 4/69 „Lütticke" st. Rspr.). Die Nichtigkeitsklage hat die Beseitigung einer bestimmten rechtswidrigen Maßnahme zum Ziel, die Schadensersatzklage ist dagegen auf den Ausgleich des durch ein Unionsorgan in Ausübung seiner Amtstätigkeit verursachten Schadens gerichtet. Anderes gilt nur, wenn der Schaden mit der Nichtigkeitserklärung des angegriffenen Rechtsaktes beseitigt ist; in diesem Fall kann nur die Nichtigkeitsklage erhoben werden.

VI. Vorabentscheidungsverfahren (Art. 267 AEUV)

Literatur: *Herrmann,* Die Reichweite der gemeinschaftsrechtlichen Vorlagepflicht in der neueren Rechtsprechung des EuGH, EuZW 2006, 231; *Sellmann/Augsberg,* Entwicklungstendenzen des Vorlageverfahrens nach Art. 234 EGV, DÖV 2006, 533; *Dörr,* Das beschleunigte Vorabentscheidungsverfahren im Raum der Freiheit, der Sicherheit und des Rechts, EuGRZ 2008, 349; *Kühn,* Grundzüge des neuen Eilverfahrens vor dem Gerichtshof der Europäischen Gemeinschaften im Rahmen von Vorabentscheidungsgesuchen, EuZW 2008, 263; *Rennert,* Effektivität des Rechtsschutzes und Vorabentscheidungsverfahren, EuGRZ 2008, 385; *Skouris,* Stellung und Bedeutung des Vorabentscheidungsverfahrens im europäischen Rechtsschutzsystem, EuGRZ 2008, 341; *Thomas,* Individualrechtsschutz durch das Vorabentscheidungsverfahren, 2009; *Broberg/Fenger,* Theorie und Praxis der Acte-clair-Doktrin des EuGH, EuR 2010, 835; *Broberg/Fenger* (Hrsg.), Preliminary References to the Court of Justice, 2010; *Kastelik-Smaza,* Das Vorabentscheidungsverfahren aus der Sicht des individuellen Rechtsschutzes, 2010; *Piepenbrock,* Vorlagen an den EuGH nach Art. 267 AEUV im Privatrecht, EuR 2011, 317; *Wolter,* Vorabentscheidungsverfahren und Beschleunigungsgebot in Strafsachen, 2011; *Foerster,* Vorabentscheidungsersuchen nach Art. 267 AEUV und Anhängigkeit derselben Rechtsfrage am EuGH, EuZW 2011, 901; *Ludewig,* Die zeitliche Beschränkung der Wirkung von Urteilen des EuGH im Vorabentscheidungsverfahren, 2012; *Knauff,* Auslegung oder Anwendung des Europarechts, DÖV 2013, 375; *Latzel/Streinz,* Das richtige Vorabentscheidungsersuchen, NJW 2013, 271.

1. Funktion des Vorabentscheidungsverfahrens

a) Verzahnung nationaler und europäischer Gerichtsbarkeit

Der Gerichtshof entscheidet nach Art. 267 AEUV im Wege der **Vorabentscheidung** 68
auf Vorlage von Gerichten der Mitgliedstaaten über **Fragen der Auslegung und Gültigkeit von Unionsrecht.** Es ermöglicht eine **Kooperation** zwischen nationaler und europäischer Gerichtsbarkeit (Rz. 2), die „von entscheidender Bedeutung dafür (ist), dass das vom Vertrag geschaffene Recht wirklich **gemeinsames Recht** bleibt", und soll gewährleisten, dass „dieses Recht in allen Mitgliedstaaten der Union immer die gleiche Wirkung hat" (EuGHE 1974, 33, Rs. 166/73 „Rheinmühlen"). Es stellt daher das **wichtigste Verfahren** der Verträge dar. Entscheidende Funktionsbedingung ist, dass es von den Gerichten aller Instanzen der MSen angewendet wird und die Urteile des EuGH anschließend respektiert werden. Auch tatsächlich hat der Gerichtshof mittels dieses Verfahrens einen **großen Beitrag zur Durchsetzung und einheitlichen Geltung des Unionsrechts** geleistet und dessen Verzahnung mit dem nationalen Recht entscheidend gefördert.

Für die europaweite einheitliche Geltung des Unionsrechts ist es von großer Bedeutung, dass die nationa- 69
len Gerichte aller MSen dem EuGH hinreichend Gelegenheit zur verbindlichen Auslegung geben. Erfreulicherweise wird das Vorabentscheidungsverfahren in der Praxis **immer häufiger in Anspruch genommen** und macht heute rund 2/3 der Verfahren am EuGH aus. Dabei bestehen allerdings nationale Unter-

schiede, und es wird nicht immer, wenn es vorgeschrieben ist (Rz. 76ff.), auch tatsächlich vorgelegt. Umgekehrt legen gerade manche Unterinstanzen gerne in Luxemburg vor, obwohl sie hierzu nicht verpflichtet sind, weil sie so der zumindest faktischen Bindung an die Rechtsprechung der nationalen Obergerichte entgehen können.

Von der Möglichkeit, für besondere Sachgebiete **das Gericht** für zuständig zu erklären, wurde bisher kein Gebrauch gemacht. Geschähe dies, wäre, wenn die Einheit oder Kohärenz des Unionsrechts berührt sind, die Sache an den EuGH zu verweisen (Art. 256 Abs. 3 AEUV).

b) Autoritative Auslegung und Gültigkeitskontrolle

70 Art. 267 AEUV überträgt dem EuGH die Zuständigkeit zur **letztverbindlichen Auslegung des gesamten primären und sekundären Unionsrechts** sowie zur **Entscheidung über die Gültigkeit** von Handlungen der Unionsorgane. Zum einen erlaubt Art. 267 AEUV – aus Anlass konkreter Rechtsstreitigkeiten vor nationalen Gerichten – eine **volle Rechtmäßigkeitskontrolle** aller entscheidungserheblichen Rechtsakte der Union (nicht nur der unmittelbar geltenden, vgl. EuGHE 1976, 657, Rs. 111/75 „Mazzalai") am Maßstab des Vertragsrechts, der Allgemeinen Rechtsgrundsätze sowie der die Union bindenden Völkerrechtssätze, allerdings nur, soweit diese auch innerhalb der Unionsrechtsordnung gelten (EuGHE 1974, 449, Rs. 181/73 „Assoziierungsabkommen"; Rz. 38/37), und ggf. auch von vorrangigem Sekundärrecht. Zum anderen begründet er die Zuständigkeit des EuGH zu **autoritativer Entscheidung von Auslegungsfragen des EU-Rechts;** dies schließt die Befugnis zur Rechtsfortbildung ein (Rz. 1). In diesem Verfahren ist es hingegen **nicht** seine **Aufgabe,** über die Vereinbarkeit innerstaatlicher Maßnahmen mit Unionsrecht zu befinden oder **innerstaatliches Recht auszulegen** (EuGHE 1993, I-6787, Rs. C-292/92 „Hünermund").

2. Voraussetzungen einer Vorlage

a) Vorlageberechtigte Stelle: „Gericht"

71 **Vorlageberechtigt** sind gemäß Art. 267 Abs. 2 AEUV **alle Gerichte der Mitgliedstaaten.** Gerichte im Sinne des Unionsrechts sind alle unabhängigen Organe, die in einem rechtsstaatlich geordneten Verfahren Rechtsstreitigkeiten mit Rechtskraftwirkung zu entscheiden haben (EuGHE 2000, I-5539, Rs. C-407/98 „Abrahamsson" st. Rspr.). Kann die Stelle auf eigene Initiative hin tätig werden, liegt kein Gericht vor (EuGH, Urteil vom 31.1.2013, Rs. C-394/11 „Belov").

Im Sinne der weiten Rspr. des EuGH sind auch Stellen, die nicht in das nationale Gerichtssystem integriert sind wie der (frühere) Vergabeüberwachungsausschuss des Bundes, als „Gericht" anerkannt worden (EuGHE 1997, I-4961, Rs. C-54/96 „Dorsch Consult"). Die **Verfassungsgerichte** der Mitgliedstaaten werden ebenfalls erfasst. **Schiedsgerichte** werden nur unter engen Voraussetzungen (u. a. gesetzliches Schiedsverfahren und Dauerhaftigkeit des Schiedsgerichts) als vorlageberechtigt eingestuft; allerdings kann bzw. muss ggf. das staatliche Gericht vorlegen, das zwecks Erklärung der Vollstreckbarkeit eines solchen Urteils angerufen werden muss (EuGHE 1994, I-1477, Rs. C-393/92 „Almelo"; dazu *Funck-Brentano,* EuZW 1995, 65). Ein Gericht muss schließlich auch im konkreten Verfahren funktional als solches tätig werden; wird es in einem Verwaltungsverfahren tätig (etwa: als Registergericht), ist eine Vorlage unzulässig (EuGHE 2001, I-5353, Rs. C-86/00 „Wohnbau").

72 Vorlegen kann ein Gericht jeder Gerichtsbarkeit in **jedem Stadium** eines schwebenden Prozesses. Wird die Entscheidungsrelevanz einer Auslegungs- oder Gültigkeitsfrage erst in der Rechtsmittelinstanz erkannt und die Rechtssache zur erneuten Entscheidung an ein Untergericht zurückverwiesen, so ist dieses Gericht nach Auffassung des EuGH nicht an die Auslegung des einschlägigen EU-Rechts durch das Obergericht

gebunden; Vorrang soll die in Art. 267 AEUV verankerte Befugnis des Gerichts haben, in jedem Stadium eines Verfahrens den EuGH anrufen zu können (EuGHE 1974, 33, Rs. 166/73 „Rheinmühlen"; Urteil vom 20. 10. 2011, Rs. C-396/09 „Interedil"; kritisch dazu *Classen*, JZ 2001, 458).

b) Zulässige Frage: Auslegung von Unionsrecht, Gültigkeit von Sekundärrecht

73 Das vorlegende Gericht muss in seinem Verfahren die zur Anwendung kommende Bestimmung des Unionsrechts für **auslegungsbedürftig** halten bzw. **berechtigte Zweifel an der Gültigkeit** einer einschlägigen Bestimmung des sekundären Unionsrechts haben.

Bei der Annahme einer fehlenden Auslegungsbedürftigkeit einer Bestimmung ist Zurückhaltung geboten. Da die Auslegung des Unionsrechts oft nicht nationalen Auslegungskriterien folgt, kann eine schlichte Behauptung der Eindeutigkeit einer Vorschrift im Sinne einer Anwendung der „acte-clair"-Doctrin (unten Rz. 78) zu einer Umgehung der Vorlagepflicht und letzten Endes zu einer Aushöhlung des Unionsrechts führen. In derselben Frage ist auch eine wiederholte Anrufung möglich (EuGHE 1986, 947, Rs. 69/85 „Wünsche").

74 Nach Art. 267 AEUV obliegt dem EuGH nur die **Auslegung** des Unionsrechts, nicht aber dessen **Anwendung auf den konkreten Einzelfall.** Das Vorabentscheidungsverfahren beruht auf einer **Aufgabenverteilung** zwischen den nationalen Gerichten und dem EuGH bei der Anwendung des Unionsrechts (EuGHE 1983, 2973, verb. Rs. 2–4/82 „Delhaize Frères"). Der Gerichtshof arbeitet einen bestimmten, abstrakten Obersatz heraus, allerdings unter Berücksichtigung der Merkmale des Vorlagefalles. Insbesondere kann er (in diesem Verfahren) wie erwähnt nicht die Vereinbarkeit einer konkreten nationalen Regelung mit dem Unionsrecht beurteilen. Das ist Aufgabe der nationalen Gerichte, die diese Aufgabenverteilung bereits bei der Formulierung der Vorlagefrage in Rechnung zu stellen haben. Bei falsch oder unvollständig gestellter Frage weist der EuGH das Ersuchen aber nicht als unzulässig zurück, sondern **„schält"** soweit möglich die Fragen **„heraus"**, welche die Auslegung des Vertrages betreffen (EuGHE 1980, 2823, Rs. 4/79 „Providence Agricole" st. Rspr.).

c) „Entscheidungserheblichkeit" der europäischen Norm

75 Voraussetzung für die Stellung eines Ersuchens um Vorabentscheidung ist die **Erheblichkeit** der europäischen Norm für die Entscheidung des konkreten Falles. Die Beurteilung dieser Voraussetzung obliegt grundsätzlich dem vorlegenden Gericht (EuGHE 1977, 163, Rs. 52/76 „Benedetti" st. Rspr.). Eine Zurückweisung des Ersuchens erfolgt nur im Falle einer „offensichtlich irrtümlichen" Heranziehung der auszulegenden Vorschrift (EuGHE 1994, I-1707, Rs. C-428/93 „Monin Automobiles"). Zurückgewiesen wird ferner bei Missbrauchsfällen („konstruierte Vorlagen"), in denen der EuGH hypothetische Fragen beantworten soll (EuGHE 1992, I-4871, Rs. C-83/91 „Meilicke"), und wenn das vorlegende nationale Gericht dem EuGH nicht die nötigen tatsächlichen und rechtlichen Informationen und Unterlagen geliefert hat (EuGHE 1995, I-5083, Rs. C-307/95 „Max Mara").

3. Vorlagepflichten

a) Vorlagepflicht letztinstanzlicher Gerichte

76 Bei **unterinstanzlichen Gerichten** steht die Entscheidung über eine eventuelle Vorlage im Grundsatz im **Ermessen** des jeweiligen Spruchkörpers. Demgegenüber sind gem. Art. 267 Abs. 3 AEUV **letztinstanzliche Gerichte,** deren Entscheidungen nicht mehr mit Rechtsmitteln angefochten werden können, grundsätzlich zur Anrufung des Gerichtshofes **verpflichtet,** wenn sie über eine im Rechtsstreit erhebliche unionsrechtliche Frage zu entscheiden haben. Die Verfassungsbeschwerde stellt kein ordentliches Rechtsmittel in diesem Sinne dar.

77 **Letztinstanzliche Gerichte** sind im Sinne der inzwischen vorherrschenden **„konkreten Theorie"** (vgl. EuGHE 2009, I-5439, Rs. C-14/08 „Roda Golf") nicht nur die „abstrakt" in jedem Falle letzten Instanzen (in Deutschland die obersten Bundesgerichte), sondern jedes Gericht, dessen E im konkreten Rechtsstreit

nicht mehr mit Rechtsmitteln angegriffen werden kann. Nur so kann der Sinn des Vorabentscheidungsverfahrens erreicht werden, so weit wie möglich europaweit eine einheitliche und gleichmäßige Anwendung des Unionsrechts zu gewährleisten. Für Deutschland hat diese Frage allerdings kaum Bedeutung, da ein Rechtsweg bis zum zuständigen obersten Bundesgericht zumeist jedenfalls dann eröffnet ist, wenn die Rechtssache grundsätzliche Bedeutung hat; dies aber ist gerade bei einer vorlagebedürftigen Frage der Fall (BVerwG, NJW 1988, 664).

Auch das **deutsche BVerfG unterliegt der Vorlagepflicht** (BVerfGE 126, 286). Eine erste Vorlage wurde im Januar 2014 beschlossen (2 BvR 2728/13) bezüglich der EZB-Beschlüsse zum Ankauf von Staatsanleihen. Zudem kontrolliert es die Einhaltung der Vorlagepflicht durch andere Gerichte (Rz. 84).

b) Ausnahmen von dieser Vorlagepflicht

78 Eine Ausnahme von der dargestellten Vorlagepflicht besteht zunächst, wenn die relevante Frage bereits vom EuGH **entschieden** wurde („acte éclairé"). Gleiches gilt, wenn kein Auslegungsbedarf besteht, weil die betreffende Rechtsfrage **eindeutig** zu beantworten ist („acte clair"; EuGHE 1982, 3415, Rs. 283/81 „Cilfit"; EuGHE 1996, I-5403, Rs. C-72/95 „Kraaijeveld"; BVerfG (K), NJW 2010, 1268 und dazu noch Rz. 84; zu der aus Frankreich stammenden „acte clair-Doktrin" *Steindorff,* ZHR 1992, 4). Soweit nicht bereits in etwa einschlägige EuGH-Judikatur vorliegt, kann dies nur in extremen Fällen angenommen werden. Voraussetzung ist nämlich die Feststellung, dass im Grundsatz alle Gerichte in der Union die Frage in gleicher Weise beantworten würden. So gibt es denn auch Fälle, in denen eine Frage nach Auffassung des BVerwG „offensichtlich" in einem Sinne zu beantworten war, während der EuGH sie später anders entschied (z. B. zur Anwendbarkeit der heutigen Art. 49 AEUV und 56 AEUV auf Prostituierte durch BVerwGE 60, 284 [verneinend] und später EuGHE 2001, I-8615, Rs. C-268/99 „Jany" [bejahend]).

Eine Ausnahme von der Vorlagepflicht besteht auch in Verfahren des **vorläufigen Rechtsschutzes** (EuGHE 1977, 957, Rs. 107/76 „Hoffmann La Roche"). Grund hierfür ist die Vorläufigkeit der Entscheidung. Diese Ausnahme kommt aber nicht zum Tragen, wenn die Entscheidung darauf gestützt wird, dass – auch vorläufig – ein Unionsrechtsakt wegen Zweifeln an seiner Gültigkeit nicht angewendet wird (Rz. 79).

c) Vorlagepflicht bei Gültigkeitsfragen

79 Aus der Zuständigkeitsverteilung zwischen nationalen und europäischen Gerichten hat der EuGH rechtsfortbildend eine **Vorlagepflicht aller Gerichte,** also auch der Untergerichte abgeleitet, wenn diese in einem Rechtsstreit einen **Rechtsakt der Union** nicht anwenden wollen, weil sie ihn für **ungültig** halten (EuGHE 1987, 4199, Rs. 314/85 „Foto Frost"; siehe schon Rz. 12). Diese Verpflichtung gilt insbesondere auch in Verfahren des einstweiligen Rechtsschutzes (EuGHE 1991, I-415, verb. Rs. C-143/88 und C-92/89 „Süderdithmarschen"; dazu noch Rz. 33/12).

d) Vorlagepflicht von Verfassungs wegen

80 Das deutsche Verfassungsrecht fordert ggf. eine Vorlage, wenn Gesetze zur **Umsetzung unionsrechtlicher Vorgaben** als mit dem **Grundgesetz unvereinbar** erscheinen. Zum Hintergrund: Grundrechtseingriffe werden im Grundsatz nur insoweit vom BVerfG überprüft, wie sie auch inhaltlich auf Entscheidungen nationaler Stellen zurückzuführen sind, nicht aber, soweit sie zwingende Konsequenz von Vorgaben des Unionsrechts sind (Rz. 10/24). Mit der Interpretation des Unionsrechts verbindet sich daher in solchen Fällen auch die Entscheidung über die Reichweite der verfassungsgerichtlichen Kontrolle. Dementsprechend sind die Fachgerichte in solchen Fällen zu einer Vorlage an den EuGH verpflichtet, wenn „unklar ist, ob und inwieweit das Unionsrecht den Mitgliedstaaten einen Umsetzungsspielraum belässt, sofern Anlass zur Vorlage des nationalen Umsetzungsrechts wegen Unvereinbarkeit mit dem Grundgesetz nach Art. 100 Abs. 1 Satz 1 GG besteht." (BVerfGE 129, 186).

e) Rechtsfolgen der Missachtung der Vorlagepflicht

Die in der Missachtung der Vorlagepflicht liegende Verletzung des Unionsrechts kann theoretisch Gegenstand eines Vertragsverletzungsverfahrens bilden. Im Übrigen ist sie nicht unmittelbar durch die Unionsorgane sanktionierbar. Allerdings kann diese Frage ggf. im Zusammenhang mit der Frage einer **mitgliedstaatlichen Haftung** für die (Fehl-)Entscheidung eines nationalen Richters Bedeutung erlangen (Rz. 14/17). Auf nationaler Ebene sanktioniert das BVerfG Verstöße ggf. unter Hinweis auf Art. 101 oder auch Art. 19 Abs. 4 GG (unten Rz. 84). 81

4. Verfahren und Folgen der Vorabentscheidung

a) Verfahrensrechtliche Aspekte

Das Verfahren der Vorabentscheidung ist nicht als Streitverfahren, sondern als **objektives prozessuales Zwischenverfahren** ausgestaltet. Das nationale Gericht setzt den Prozess durch Beschluss aus und übermittelt die Vorlagefrage dem EuGH, zusammen mit einer Schilderung des Faktenhintergrundes; eine bestimmte Form der Vorlage ist nicht vorgeschrieben. Eine Begründung liegt von der Sache her nahe. 82

Vor dem **EuGH** ist die prozessuale Stellung der **Parteien** – auf Grund des objektiven Charakters des Vorabentscheidungsverfahrens – **relativ schwach.** Sie besitzen weder Initiativrechte noch können sie die Vorlagefrage inhaltlich ändern oder für gegenstandslos erklären lassen (EuGHE 1972, 443, Rs. 5/72 „Grassi"). Sie haben lediglich das Recht der Einreichung schriftlicher Erklärungen und einer einmaligen mündlichen Äußerung. Ferner wird allen MSen, der KOM und u. U. dem Rat durch Übersendung des Vorlageersuchens die Möglichkeit gegeben, innerhalb von 2 Monaten Stellung zu nehmen (Art. 23 Satzung i. V. m. Art. 96 ff. VerfO).

Für Sonderfälle ist ein **beschleunigtes Verfahren** vorgesehen. Nach Art. 267 Abs. 4 AEUV entscheidet der Gerichtshof in kürzester Frist, wenn das nationale Gerichtsverfahren eine inhaftierte Person betrifft; auch sonst kann ein beschleunigtes Verfahren durchgeführt werden (Art. 23 a Satzung und Art. 105 ff. VerfO, vor allem zu Rechtsakten aus dem Bereich des RFSR; dazu Rz. 33/66 ff., 36/35 ff. und 37/1 ff.). So sieht Art. 11 Abs. 3 der „Brüssel IIa-VO" 2201/2003, ABl. L 338/1 (Rz. 36/38) für familienrechtliche Streitigkeiten eine Frist von sechs Wochen vor.

b) Urteil

Der Gerichtshof entscheidet grundsätzlich **auf Grund mündlicher Verhandlung durch Urteil,** wobei die Kostenentscheidung, zusammen mit dem Ausspruch über die konkreten Rechtsfolgen, den nationalen Gerichten überlassen bleibt. Das Vorlageverfahren selbst ist gebührenfrei. Die Konkretheit von Urteilen zur Auslegung des Unionsrechts ist unterschiedlich. Zum Teil wird faktisch der Fall durchentschieden (etwa: EuGHE 1999, I-7447, Rs. C-294/97 „Eurowings"), zum Teil wird der Rechtsrahmen nur in sehr groben Zügen umrissen (etwa: EuGHE 2001, I-1795, Rs. C-405/98 „Gourmet International Products"). Bei Generalklauseln und ähnlich allgemeinen Normen überlässt der EuGH die Konkretisierung der Norm vielfach den nationalen Gerichten, gibt ihnen aber ggf. sachdienliche Hinweise (siehe etwa zum Prinzip der Verhältnismäßigkeit EuGHE 2002, I-2891, Rs. C-476/99 „Lommers"; vgl. auch zu „missbräuchlichen Klauseln" im Vertragsrecht EuGHE 2004, I-3403, Rs. C-237/02 „Freiburger Kommunalbauten GmbH Baugesellschaft & Co. KG"). Insgesamt aber sind klare Kriterien bislang nicht erkennbar. 83

Bindungswirkung entfaltet die Entscheidung des EuGH nach Art. 267 AEUV im betreffenden Verfahren, also für das vorlegende Gericht sowie für alle anderen mit derselben Streitsache befassten Gerichte (vgl. auch Rz. 72). Wird ein Rechtsakt für nichtig erklärt, wirkt dies erga omnes. Auch bei der Auslegung und Rechtmäßigkeitsprüfung **normativer Akte** der Union im Übrigen entfaltet ein Urteil eine faktische Bindung für die Unionsorgane und die MSen (EuGHE 1981, 1191, Rs. 66/80 „International Chemical Corporation").

5. Durchsetzung der Vorlagepflicht durch BVerfG und EGMR

Literatur: *Schröder,* Die Vorlagepflicht zum EuGH aus europarechtlicher und nationaler Perspektive, EuR 2011, 808; *Britz,* Verfassungsrechtliche Effektivierung des Vorabentscheidungsverfahrens, NJW 2012, 1313; *Schilling,* Die Kontrolle von Nichtvorlagen letztinstanzlicher Gerichte an den EuGH, EuGRZ 2012, 133; *Thiemann,* Verfassungsbeschwerde und konkrete Normenkontrolle im Lichte des Unionsrechts, Jura 2012, 902; *Calliess,* Der EuGH als gesetzlicher Richter im Sinne des Grundgesetzes, NJW 2013, 1905; *Betz,* Die verfassungsrechtliche Absicherung der Vorlagepflicht, 2013.

84 Das deutsche Grundgesetz verlangt, dass ein Rechtsstreit vom jeweils nach den einschlägigen Vorschriften dazu berufenen Richter entschieden wird (Art. 101 Abs. 1 GG). Hierzu zählen auch die unionsrechtlichen Bestimmungen über die Vorlagepflicht. Dementsprechend hat das BVerfG deren Verletzung zugleich auch als Verstoß gegen den Grundsatz des **gesetzlichen Richters** qualifiziert. Wie bei der Überwachung nationaler Zuständigkeitsvorschriften rügt es aber nur **willkürliche** Verstöße.

Im Anwendungsbereich von Art. 267 Abs. 3 AEUV liegt unstreitig Willkür vor, wenn ein Gericht eine **Vorlage** trotz der – seiner Auffassung nach bestehenden – Entscheidungserheblichkeit einer unionsrechtlichen Frage überhaupt **nicht in Erwägung** zieht, obwohl es selbst Zweifel an der Richtigkeit seiner Antwort hegt, oder wenn es **bewusst** von der Rechtsprechung des **EuGH** zu einer solchen Frage **abweicht.** Ist eine solche Frage unionsrechtlich noch nicht eindeutig geklärt, nimmt der 2. Senat des BVerfG Willkür insbesondere an, wenn das Gericht zu dieser Frage eine Position einnimmt, der **Gegenauffassungen eindeutig vorzuziehen** sind (BVerfGE 82, 159, 195 f.; 126, 286, 317; dazu *Roth,* NVwZ 2009, 345). Der 1. Senat des BVerfG stellt in diesen Fällen zumindest in der Formulierung abweichend auf den **verfahrensrechtlichen Aspekt,** die Vertretbarkeit der Handhabung der Vorlagepflicht, nicht die des materiellen Ergebnisses, ab (BVerfGE 128, 157); beides jetzt zusammenführend (Plausibilität der Lösung und der Begründung der Nichtvorlage (BVerfG 2 BvR 1561/12 v. 18. 1. 2014).

In jedem Fall wird eine intensivere Kontrolle praktiziert, wenn materiell Grundrechtsfragen im Vordergrund stehen (BVerfG (K), NJW 2001, 1267 und NVwZ 2004, 1224), insbesondere wenn es um verfassungswidrige nationale Umsetzungsgesetze (Rz. 80; BVerfGE 129, 186), oder – dann am Maßstab von Art. 19 Abs. 4 GG – wenn es um die Gültigkeit von europäischen Hoheitsakten geht (BVerfGE 118, 79).

85 Angesichts der vollen Kontrolle, die das BVerfG über die Handhabung der Vorlagepflicht nach Art. 100 Abs. 2 GG im Zusammenhang mit der Geltung von Völkergewohnheitsrecht ausübt (st. Rspr., zuletzt etwa BVerfGE 109, 13, 24), liegen sachlich wie wegen des in Rz. 12/36 erwähnten Äquivalenzgebotes Kontrollmaßstäbe nahe, die der dort praktizierten Intensität vergleichbar sind. Das im Kontext von Art. 100 Abs. 2 GG vom BVerfG angeführte Risiko einer Haftung der Bundesrepublik Deutschland stellt sich nämlich im Kontext der Verletzung von Unionsrecht in besonderem Maße (Rz. 14/11 ff.), würde aber im Bereich der Justiz vermieden, wenn das BVerfG seine Kontrolle zumindest an den nach europäischen Maßstäben haftungsauslösenden Gesichtspunkten ausrichten würde.

86 Ähnlich wie das BVerfG nimmt der **EGMR** an, dass die willkürliche Ablehnung eines Antrags auf Vorlage nach Art. 267 Abs. 3 AEUV gegen das **Recht auf ein faires Verfahren** nach Art. 6 EMRK (Rz. 17/85) verstoßen kann (EGMR, NJW 2010, 3207 mwN.). Allerdings prüft er nur nach, ob der nationale Richter sich überhaupt mit dem Problem auseinandergesetzt und eine Nichtvorlage begründet hat; die Stichhaltigkeit der Begründung wird nicht überprüft (Urteile 3989/07 und 38353/07 vom 20. 9. 2011 „Ullens de Schooten" und „Rezabek").

VII. Gewährleistung einstweiligen Rechtsschutzes

Literatur: *Berrang,* Vorbeugender Rechtsschutz im Recht der EGen, 1994; *Knoll,* Grundzüge eines europäischen Standards für den einstweiligen Rechtsschutz gegen Verwaltungsakte, 2002; *Estler,* Zur Effektivität des einstweiligen Rechtsschutzes im Gemeinschaftsrecht, 2003; *Castillo de la Torre,* Interim measures in Community courts: Recent trends, CMLRev 2007, 273; *Sladič,* Einstweiliger Rechtsschutz im Gemeinschaftsprozessrecht, 2008; *Ottaviano,* Der Anspruch auf rechtzeitigen Rechtsschutz im Gemeinschaftsprozessrecht, 2009; *Richter,* Einstweiliger Rechtsschutz vor dem Europäischen Gerichtshof, 2012; *Glawe,* Der Eilrechtsschutz im Europarecht – ein Überblick, JA 2013, 63; *Jaeger,* Eilverfahren vor dem Gericht der Europäischen Union, EuR 2013, 3.

Das europäische Rechtsschutzsystem kennt wie die nationalen Rechtsordnungen **vorläufigen Rechtsschutz,** um die Rechte der Parteien bis zur abschließenden Entscheidung zu wahren (zur Beschleunigung des Hauptsacheverfahrens siehe Rz. 22). Der AEUV sieht drei Formen vor. Bei Rechtsschutz gegen **belastende Rechtsakte** – Klagen haben als solche keine aufschiebende Wirkung – kann deren **Durchführung** nach Art. 278 AEUV **ausgesetzt** werden, wenn das Gericht es den Umständen nach für nötig hält. Nach Art. 299 Abs. 4 AEUV kann der Gerichtshof die Zwangsvollstreckung aus seinen Urteilen (z. B. bei einer Leistungsanordnung) aussetzen. Im Übrigen können **„die erforderlichen einstweiligen Anordnungen"** getroffen werden (Art. 279 AEUV). Diese allgemeine Regelung deckt alle Bedürfnisse vorläufigen Rechtsschutzes ab, die nicht durch die Spezialregelungen erfasst sind. Die Voraussetzungen sind von der Rechtsprechung für alle drei Konstellationen **parallel** ausgeformt worden. Zum einen muss das entsprechende **Hauptsacheverfahren hinreichende Erfolgsaussichten** aufweisen, zum anderen muss die Dringlichkeit durch Hinweis auf einen **drohenden** schweren und nicht wiedergutzumachenden **Schaden** belegt werden, was insbesondere bei rein finanziellen Schäden nur selten der Fall ist; ggf. sind auch die **Interessen Dritter** in die danach erforderliche Abwägung einzubeziehen (EuGHE 1991, I-231, Rs. C-345/90 P-R „Hanning"; zur Praxis des EuG *Jaeger,* EuR 2013, 3). 87

Ein Antrag setzt eine **Klage in der Hauptsache** voraus. Entschieden wird in der Regel in einem abgekürzten Verfahren vom Präsidenten des jeweils zuständigen Gerichts durch Beschluss (Art. 39 Satzung). Beschlüsse des EuGH über einstweilige Anordnungen sind unanfechtbar, gegen diejenigen des EuG gibt es ein auf Rechtsfragen beschränktes Rechtsmittel zum EuGH (Art. 57 Abs. 2 Satzung). Insgesamt ist die Praxis recht restriktiv.

VIII. Ausblick

Sachgerechter Rechtsschutz kann nur durch überzeugendes **Zusammenwirken** von europäischen und nationalen Gerichten gewährleistet werden. Dem EuGH ist es gelungen, im Spannungsfeld zwischen dem auch für die europäische Gerichtsbarkeit geltenden Grundsatz der begrenzten Einzelermächtigung und dem auf umfassende Gewährleistung abzielenden Grundsatz effektiven Rechtsschutzes insgesamt **überzeugende Lösungen** zu finden. Es ist zu hoffen, dass trotz des mit der Aufnahme zahlreicher neuer MSen und ihrer nach Luxemburg entsandten Richtern in den letzten Jahren erfolgten Umbaus der europäischen Gerichtsbarkeit, aber auch trotz der Kapazitätsprobleme (im genuinen Bereich der Rechtsprechung wie der Übersetzungsleistungen) der bisherige Qualitätsstandard in der Rechtsschutzgewährleistung aufrecht erhalten werden kann. 88

§ 14. Haftung der Europäischen Union und ihrer Mitgliedstaaten

Literatur: Ausführliche Übersicht zur Literatur bei *v. Bogdandy/Jacob,* in: Grabitz/Hilf/Nettesheim (Hrsg.), Recht der EU (Komm.), vor Art. 340 AEUV (2011).

Baur, Die Haftung der EZB, 2001; *C. Pitschas,* Die völkerrechtliche Verantwortlichkeit der EG und ihrer MSen, 2001; *Magnus/Wurmnest,* Casebook Europäisches Haftungs- und Schadensrecht, 2002; *Vesting,* Die vertragliche und außervertragliche Haftung der EG nach Art. 288 EGV, 2003; *Weiß,* Zur Haftung der EG für die Verletzung des WTO-Rechts, EuR 2005, 277; *Bitterlich,* Elements of an autonomous concept of causation in European Community Law concerning liability, ZVglRWiss 2007, 12; *Römermann*, Aufopferungshaftung in Europa, 2007; *Ehlers*, Die Schadensersatzklage des Europäischen Gemeinschaftsrechts, JURA 2009, 187; *Thies*, The impact of general principles of EC law on its liability regime towards retaliation victims after FIAMM, ELR 2009, 889; *Verlage*, Vergeltungszölle – Der EuGH rudert zurück, EuZW 2009, 9; *Oskierski*, Schadensersatz im europäischen Recht, 2010; *Thiele*, Europäisches Haftungsrecht, in: Terhechte (Hrsg.), Verwaltungsrecht der Europäischen Union, 2011, § 39.

1 Eine wichtige Konsequenz aus der Rechtspersönlichkeit der Union ist die Haftung für Fehlverhalten. Für die völkerrechtliche Haftung der EU gegenüber anderen Völkerrechtssubjekten (Drittstaaten, Internationale Organisationen) gelten die allgemeinen völkerrechtlichen Grundsätze. Davon zu unterscheiden ist die vertragliche und die außervertragliche Haftung, der die Union gegenüber den Rechtssubjekten der nationalen Rechtskreise unterliegt. Infolge der unmittelbaren Anwendbarkeit und Wirksamkeit des Unionsrechts in den Mitgliedstaaten mit Durchgriff zum Unionsbürger spielt die letztgenannte Haftungsart eine besondere Rolle. Seit den 90er Jahren hat der Gerichtshof schließlich auch die EU-Mitgliedstaaten als Glieder der Union für die Verletzung unionsrechtlicher Pflichten haftbar gemacht („Francovich"-Rechtsprechung").

I. Haftung der EU im Inneren

1. Vertragliche Haftung der EU

2 Die **vertragliche Haftung von EU und EAG** bestimmt sich nach dem **nationalen Recht**, das auf den betreffenden Vertrag anzuwenden ist (Art. 340 Abs. 1 AEUV). Diese Klausel bezieht sich vor allem auf die Fülle der (privat- oder öffentlich-rechtlichen) Verträge, mit denen EU und EAG bewegliches und unbewegliches Vermögen erwerben, Mietverträge abschließen u. s. f. (EuGHE 1986, 217, Rs. 251/84 „CMA"; vgl. auch Rz. 9/133). Derlei Streitigkeiten fallen regelmäßig in die Zuständigkeit der nationalen Gerichte (Art. 268 verweist nur auf Art. 340 Abs. 2 und 3 AEUV; dazu auch EuGH, Urteil vom 18.4.2013, Rs. C-103/11 P „Systran"), doch kann vertraglich eine Zuständigkeit der europäischen Gerichtsbarkeit nach Art. 273 AEUV begründet werden.

Das auf die Vertragshaftung anzuwendende Recht bestimmt sich im Fall privatrechtlicher Verträge nach den **Regeln des Internationalen Privatrechts**, heute also i. d. R. nach Art. 3 f. der Rom I-VO (Rz. 36/40; vgl. zum früheren Recht auch EuGHE 1985, 3693, Rs. 318/81 „KOM/CO.DE.MI"). Danach kommt es bei den im Vordergrund stehenden schuldrechtlichen Verträgen auf den (ausdrücklich oder stillschweigend) erklärten Parteiwillen an. Bei immobilienbezogenen Schuldverträgen läuft der Parteiwille i. d. R. auf das Recht der belegenen Sache (lex rei sitae) hinaus. In der Praxis führen diese Regeln überwiegend zur Maßgeblichkeit des am Sitz der EU-Organe (Rz. 5/7) geltenden nationalen Rechts. Damit spielt das **belgisch-luxemburgische Recht** für die vertragliche Haftung von EU und EAG eine besondere Rolle.

2. Außervertragliche Haftung der EU (Art. 340 Abs. 2 AEUV)

3 Unmittelbar nach **Unionsrecht** bestimmen sich dagegen die **außervertraglichen Ansprüche gegen EU und EAG** (zur Abgrenzung und zum Fehlen einer dritten Kategorie, EuGHE 2010, I-7751, Rs. C-377/09 „Hanssens-Ensch"; eingeschlossen sind daher Ansprüche aus ungerechtfertigter Bereicherung gegenüber der Union; dazu EuGHE 2008, I-9761, Rs. C-47/07 P „Masdar"; *Müller-Graff*, Ungerechtfertigte Bereicherung im Unionsrecht, FS Hommelhoff, 2012, 815). Grundlage sind Art. 340 Abs. 2 AEUV, 188 EAGV und – sachlich übereinstimmend, nur dort als Anspruch des Einzelnen formuliert – Art. 41 Abs. 3 GrCh. Danach wird der durch die Organe oder Bediensteten der Union in Ausübung ihrer Amtstätigkeit verursachte Schaden nach den **„allgemeinen Rechtsgrundsätzen, die den Rechtsordnungen der Mitgliedstaaten gemeinsam sind"**, ersetzt. Die Verankerung der Haftung ist Ausdruck

des Charakters der Union als Rechtsgemeinschaft und trägt zum Individualrechtsschutz bei.

Der Vertrag bietet so nur eine Rahmenregelung. Der EuGH ist durch Art. 340 Abs. 2 AEUV aufgerufen, die Lösungen zu finden. Im Interesse einer sinnvollen und allseits akzeptablen Unionshaftung kann das weder die Übernahme des minimalen noch des maximalen nationalen Haftungsstandards bedeuten. Nötig ist vielmehr eine **„wertende Rechtsvergleichung"**, bei der die nationalen Lösungen unter Mitbedenken der spezifischen Unionsbedürfnisse geprüft werden, wie sie in den Vertragszielen und in den Besonderheiten der Struktur der Union sichtbar sind (vgl. *GA Roemer* in EuGHE 1971, 975, Rs. 5/71 „Schöppenstedt"; vgl. auch allgemein Rz. 9/33). So muss neben dem erwähnten angemessenen Individualschutz auch die Handlungsfähigkeit der Organe gewährleistet sein. Diese Aufgabe hat der EuGH durch Richterrecht erfüllt. Im Ergebnis ist allerdings die Mehrzahl der Schadensersatzklagen **erfolglos** geblieben. Zur Durchsetzung eines Haftungsanspruches ist eine eigene Klageart (zum EuG) vorgesehen (Art. 268 AEUV), die selbständig neben der ggf. gegen den haftungsauslösenden Rechtsakt zu erhebenden Nichtigkeitsklage steht (Rz 13/67).

Im Einzelnen setzt die Haftung einen **Verstoß** eines Unionsorgans gegen eine Rechtsnorm voraus, die dem Geschädigten **Rechte** verleihen will. Dieser Verstoß muss, geht es wie meist um Ermessensentscheidungen, **hinreichend qualifiziert** sein. Schließlich ist ein **Schaden** gefordert, der durch das den Organen oder Bediensteten zur Last gelegte Verhalten **verursacht** wurde (seit EuGHE 1971, 325, Rs. 4/69 „Lütticke" st. Rspr.; vgl. auch EuGHE 2000, I-5291, Rs. C-352/98 P „Laboratoires pharmaceutiques"). 4

a) Haftbare Stellen

Haftbar sind alle Organe der EU (Art. 340 Abs. 2 AEUV) einschließlich der EZB (dazu speziell Art. 340 Abs. 3 AEUV), aber auch alle sonstigen Stellen der EU (zur EIB EuGHE 1992, I-6211, Rs. C-370/89 „Société Générale"; zum Bürgerbeauftragten EuGE 2002, II-2203, Rs. T-209/00 „Lamberts"). **Bedienstete** sind die Beamten und sonstigen Bediensteten im Sinne des EU-Beamtenstatuts (vgl. näher Rz. 7/2). Der Schaden muss **„in Ausübung"** (nicht nur „gelegentlich") der **Amtstätigkeit** verursacht worden sein. Die „Amtstätigkeit" wird z. T. unter Rückgriff auf den französischen „faute de service" weiter als im deutschen Recht (Art. 34 GG: „Ausübung eines öffentlichen Amtes") verstanden. Auf die Art des Handelns kommt es nicht an, so dass insbesondere auch – anders als in Deutschland – generell für **„legislatives (normatives) Unrecht"** gehaftet wird, etwa beim Erlass rechtswidriger VOen oder bei vertragswidriger legislativer Untätigkeit. Dem in Deutschland gegen eine solche Haftung angeführten Entscheidungsspielraum normsetzender Organe wird durch das Erfordernis einer besonderen Qualifikation des Rechtsverstoßes (vgl. Rz. 7) Rechnung getragen. 5

In der Praxis uneinheitlich beantwortet wird, ob die Union (so EuGHE 1990, I-1203, Rs. C-308/87 „Grifoni") oder das jeweilige Organ (so EuGHE 1992, I-3061, verb. Rs. C-104/89 u. a. „Mulder") für haftbar zu erklären ist. Haben sowohl EU als auch **Mitgliedstaat** gehandelt, etwa im Rahmen des indirekten Vollzugs von Unionsrecht, besteht eine Haftung, soweit der Rechtsverstoß der Union anzulasten ist; insoweit scheidet eine Haftung des MS aus (EuGHE 1988, 5515, verb. Rs. 106/87 u. a. „Asteris"). Kann der Geschädigte über den nationalen Rechtsweg Ersatz erhalten, ist dieser Weg vorrangig zu beschreiten; zu beachten ist allerdings, dass über eine ggf. erforderliche Vorlage nach Art. 267 AEUV an den EuGH kein Schadensersatz erlangt werden kann (EuGHE 1992, I-3061, verb. Rs. C-104/89 u. a. „Mulder").

b) Verletzung Rechte Einzelner

6 Voraussetzung für einen Schadensersatz ist, dass eine **Rechtsnorm verletzt** wurde, die **den Schutz der Interessen des Geschädigten** bezweckt (EuGHE 1961, 427, verb. Rs. 9 u. 12/60 „Vloeberghs" st. Rspr.). Doch wird dieses Merkmal großzügig gehandhabt, der Schutz allgemeiner Interessen schließt den gleichzeitigen individuellen Interessenschutz nicht aus. Eine Verletzung von Rechtsnormen, die nicht unmittelbar in der Unionsrechtsordnung anwendbar sind wie etwa solche der WTO, begründet demgegenüber als solche keine Haftung.

Eine Haftung für **legale Rechtsakte erkennt** der EuGH – nach entgegengesetzten Andeutungen in EuGHE 2000, I-4549, Rs. C-237/98 P „Dorsch Consult" und trotz entsprechender Vorbilder in nationalen Rechtsordnungen wie Frankreich, aber auch Deutschland (mit der Haftung für Aufopferung und enteignende Eingriffe) – nach dem **derzeitigen Stand des Unionsrechts** bisher **nicht an.** Eine solche Haftung komme jedenfalls dann nicht in Betracht, wenn der Schaden eine **Folge ausländischer Handelssanktionen** darstelle, die sich auf einen Spruch des Streitschlichtungsgremiums der WTO stützen, der seinerseits die Verletzung von WTO-Recht durch die EU zur Grundlage hat (EuGHE 2008, I-6513, verb. Rs. C-120/06 P u. a. „FIAMM" u. a.); ein solcher Schaden falle in die Risikosphäre des Außenhandel betreibenden Unternehmens. Allerdings hat der EuGH zugleich ausgeführt, dass sich ein Berufsausübung oder Eigentum beeinträchtigender Rechtsakt – etwa im Bereich der Agrarrechtssetzung – ggf. nur deswegen als verhältnismäßig erweisen könnte, weil er einen finanziellen Ausgleich vorsehe. Nicht entschieden wurden damit Fälle der „enteignenden Eingriffe" nach deutschem Recht, in denen rechtmäßiges faktisches Verwaltungshandeln ausgleichspflichtige „Nebenwirkungen" verursacht, doch ist angesichts der begrenzten Verwaltungskompetenzen der Union zweifelhaft, ob entsprechende Fälle überhaupt vorkommen können.

c) Qualifikation des Rechtsverstoßes

7 Kommt der handelnden Stelle ein **Beurteilungs- oder Entscheidungsspielraum** zu, wie er vor allem bei der Normsetzung besteht, aber auch bei Vollzugstätigkeiten gegeben sein kann, tritt die Haftung nur ein, wenn der Rechtsverstoß einen qualifizierten Charakter aufweist. Entscheidend sind insoweit neben einem ausdrücklich vorgesehenen Ermessensspielraum etwa die Klarheit der anzuwendenden Vorschriften, die Schwierigkeiten bei ihrer Anwendung und die Komplexität des Sachverhalts. Qualifiziert ist der Verstoß, wenn der Fehler **„offenkundigen und erheblichen" Charakter** aufweist (EuGHE 1978, 1209, verb. Rs. 83/76 u. a., „Magermilchpulver"; 2007, I-2941, Rs. C-282/05 P „Holcim", st. Rspr.), Klarheit und Genauigkeit der Vorschriften, auch das Maß des Verschuldens (Vorsatz oder Fahrlässigkeit) sind hier von Bedeutung. Damit wird dem Umstand Rechnung getragen, dass rechtliche Beurteilungen selten eindeutig sind, die richterliche Kontrolle hoheitlichen Handelns aber erst ex post stattfindet. Zugleich stellt diese Anforderung das funktionale Äquivalent für das hier anders als nach anderen Haftungsregimen nicht geforderte Verschulden voraus.

d) Schaden

8 Es muss ein **Schaden an geschützten Rechtsgütern** (einschließlich Vermögensschaden) eingetreten sein (EuGHE 1990, I-1203, Rs. 308/87 „Grifoni"). Obwohl Naturalherstellung denkbar bleibt, steht **Schadensersatz in Geld** im Vordergrund. Substantiiert dargelegter entgangener Gewinn gehört zum Schaden (EuGHE 1967, 332, verb. Rs. 5/66 u. a. „Kampffmeyer"). Auch immaterieller Schaden wird – großzügiger als im deutschen Recht – ersetzt (EuGHE 1994, I-3757, Rs. C-412/92 P „Meskens" st. Rspr.; *Cornides,* ÖJZ 2002, S. 821 ff.). Mitwirkendes Verschulden des Geschädig-

ten ist zu berücksichtigen; diesem kommt auch eine Schadensabwendungs- und -minderungspflicht zu. Die **Höhe der Entschädigung** ist nach den allgemeinen Rechtsgrundsätzen im Recht der MSen zu bestimmen (EuGHE 1982, 3271, Rs. 261/78 „Quellmehl"), sie umfasst grundsätzlich auch die Zinsen. Das EuG geht von 2% über dem Refinanzierungszinssatz des Betroffenen aus (EuGE 2002, II-3909, Rs. T-134/01 „Fuchs").

e) Kausalzusammenhang von Schaden und Rechtsverstoß

Weiterhin muss ein Kausalzusammenhang zwischen Schaden und Organverhalten be- 9
stehen. Der EuGH geht ähnlich wie die deutschen Gerichte von der Adäquanztheorie aus; ersetzt wird der nach der Lebenserfahrung „normalerweise" eintretende Schaden. Der Kausalzusammenhang muss unmittelbar sein (EuGHE 1979, 3091, verb. Rs. 64 u. 113/76 „Dumortiers frères u. a." st. Rspr.).

f) Persönliche Haftung der EU-Bediensteten

Die **Bediensteten der Union,** die einen Amtsfehler begangen haben, haften dem **Geschädigten** neben der 10
Union nicht auch noch persönlich. Dies ergibt sich im Umkehrschluss aus Art. 340 Abs. 4 AEUV i. V. m. Art. 12 Protokoll über die Vorrechte und Befreiungen v. 8.4.1965 (Rz. 7/14; EuGHE 1968, 590, Rs. 5/68 „Sayag"), wonach sich eine persönliche Haftung der Bediensteten der Union **nur im Verhältnis zur EU** nach den Vorschriften des Beamtenstatus ergibt. Für entsprechende Regressklagen ist das Gericht für den öffentlichen Dienst zuständig. Insoweit erlaubt Art. 22 BSt den Rückgriff bei „schwerwiegendem Verschulden" des EU-Bediensteten. Dagegen haften die **Bediensteten der EU** persönlich gegenüber dem Betroffenen für Schäden, die sie nur „gelegentlich" oder unabhängig von der Amtstätigkeit verursachen (EuGH, a. a. O.), und zwar nach nationalem Recht, z. B. bei Privatfahrten der Bediensteten nach dem am Ort des Schadenseintritts geltenden Recht (Art. 4 VO 864/2007 – Rom II, Rz. 36/40).

II. Haftung der Mitgliedstaaten bei Verletzungen des Unionsrechts

Literatur: *Giesberts/Eickelberg,* Rechtliche Grundlage einer Verletzung subjektiv-öffentlicher Rechte beim EG-Staatshaftungsanspruch im Bereich des harmonisierten Sekundärrechts, EuZW 2005, 231; *Kischel,* Gemeinschaftsrechtliche Haftung zwischen Europarecht und nationaler Vollzugsordnung, EuR 2005, 441; *Lenski/Mayer,* Vertragsverletzung wegen Nichtvorlage durch oberste Gerichte?, EuZW 2005, 225; *Säuberlich,* Legislatives Unrecht und EU-Amtshaftungsanspruch, 2005; *Scholl,* Haftung der EG-Mitgliedstaaten bei Verletzung von Gemeinschaftsrecht, 2005; *C. Dörr,* Der gemeinschaftsrechtliche Staatshaftungsanspruch in der Rechtsprechung des Bundesgerichtshofs, DVBl. 2006, 598; *Stelkens,* Staatshaftungsreform im Mehrebenensystem, DÖV 2006, 770; *Granger,* National applications of Francovich and the construction of a European administrative jus commune, ELR 2007, 157; *Nassimpiam,* ... And we keep on meeting: (de-)fragmenting state liability, ELR 2007, 819; *Koenig,* Staatshaftung für „hinreichend qualifizierte" Gemeinschaftsrechtsverstöße im nicht oder nur teilharmonisierten Bereich und die Vorlage nach Art. 234 Abs. 3 EG, EWS 2009, 249; *Tietjen,* Das System des gemeinschaftsrechtlichen Staatshaftungsrechts, 2010; *Shirvani,* Haftungsprobleme im Europäischen Verwaltungsverbund, EuR 2011, 619; *Thiele,* Europäisches Haftungsrecht, in: Terhechte (Hrsg.), Verwaltungsrecht der Europäischen Union, 2011, § 39; *C. Dörr,* Der unionsrechtliche Staatshaftungsanspruch in Deutschland zwanzig Jahre nach Francovich, EuZW 2012, 86; *O. Dörr,* Staatshaftung in Europa. Nationales und Unionsrecht, 2012; *Lock,* Is private enforcement of EU law trough State liability a myth?, CMLRev 2012, 1675.

1. Grundsatzfragen

Während die Haftung der Union in Art. 340 AEUV ausdrücklich geregelt ist, fehlt es 11
an einer entsprechenden Norm für Schadensersatz wegen Verstößen gegen das Unionsrecht durch die **Mitgliedstaaten.** Im Grundsatz ist in diesen Fällen Schadensersatz nach dem **nationalen Staatshaftungsrecht** zu leisten (vgl. auch EuGHE 1960, 1163, Rs. 6/60 „Humblet"). Dieses hat aber offenbar **kaum Wirkung** gezeigt. So gab

es immer wieder Fälle, in denen selbst nach Feststellung einer Vertragsverletzung durch den EuGH diese nicht beseitigt wurde. Hintergrund für die Schwächen des nationalen Staatshaftungsrechts bei der Durchsetzung des Unionsrechts dürfte sein, dass die meisten auf nationaler Ebene nicht behobenen Verstöße gegen Unionsrecht entweder dem Gesetzgeber oder der Justiz zuzurechnen sind. Während nämlich Verstöße durch Verwaltung wegen deren gerichtlicher Kontrolle in den Mitgliedstaaten regelmäßig auf nationaler Ebene sanktioniert werden, sind die nationalen Haftungsregime für Fehler des Gesetzgebers bzw. der Rechtsprechung regelmäßig zurückhaltend ausgestaltet, auch wenn wirksame Staatshaftung an sich ein Kernelement rechtsstaatlicher Ordnung darstellt: Beim Gesetzgeber ist vor allem dessen besondere demokratische Legitimation, bei der Justiz deren besondere Unabhängigkeit ausschlaggebend. Daher konnte es im Ergebnis nicht verwundern, dass der EuGH die durch die Grenzen des nationalen Haftungsrechts entstandene Lücke 1991 richterrechtlich geschlossen hat. Aus dem „Wesen der mit dem EWGV geschaffenen Rechtsordnung", aber auch der heute in Art. 4 EUV verankerten Verpflichtung der Mitgliedstaaten zur Erfüllung ihrer Verpflichtungen aus dem Vertrag hat er einen **ungeschriebenen unionsrechtlichen Schadensersatzanspruch gegen die Mitgliedstaaten** entwickelt. Dabei bestand zumindest zeitlich ein Zusammenhang mit der Einführung der Möglichkeit der Verhängung von Sanktionen bei Nichtumsetzung eines EuGH-Urteils in einem Vertragsverletzungsverfahren (Rz. 13/38) durch den Vertrag von Maastricht 1992. So gingen das Bemühen um effektive(re) Durchsetzung des (damaligen) Gemeinschaftsrechts und die rechtsstaatlich gebotene Sicherung der Rechte des Einzelnen im Ergebnis überzeugend Hand in Hand.

12 Im Ausgangsfall „Francovich" (EuGHE 1991, I-5357, verb. Rs. C-6/90 und C-9/90) hatten die Kläger einen Schaden erlitten, weil der italienische Gesetzgeber trotz Verurteilung durch den EuGH die Richtlinie 80/987/EWG (ABl. L 283/23; heute: RL 2008/94, ABl. L 283/36) zum Schutz der Arbeitnehmer bei Zahlungsunfähigkeit des Arbeitgebers nicht umgesetzt hatte. Das knapp begründete Urteil hat wegen Zweifeln an der Kompetenz des EuGH zur Entwicklung eines solchen Systems viel **Kritik** geerntet (*Ossenbühl,* DVBl. 1992, 993). Diese greift aber nicht durch: auch aus Sicht der nationalen Rechtsordnungen stellt die Existenz eines Haftungsregimes für staatliches Unrecht ein Kernelement der Rechtsstaatlichkeit dar, und wegen der vielfach zu beobachtenden Zurückhaltung der nationalen Gesetzgeber bei der Regelung des Haftungsrechts ist dieses auch national häufig maßgeblich richterrechtlich geprägt. In Folgeurteilen hat der EuGH seine Judikatur systematisch weiterentwickelt, sie auf alle Verletzungen des Unionsrechts ausgeweitet und ihr **klare Konturen** gegeben (EuGHE 1996, I-1029, verb. Rs. C-46/93 u. C-48/93 „Brasserie du Pêcheur"). Die unzureichende Umsetzung von Richtlinien bildet aber immer noch einen wichtigen Anwendungsfall. Vor allem kann die Staatshaftung dort ausgleichend wirken, wo eine unmittelbare Wirkung nicht umgesetzter Richtlinien ausscheidet, etwa im Horizontalverhältnis (dazu Rz. 9/111). In der Praxis kommt dem Anspruch nur eine begrenzte Bedeutung zu (siehe dazu die Zahlen bei *Lock,* CMLRev 2012, 1275).

13 Umstritten ist die normative **Grundlage** für diesen **Anspruch.** Der EuGH formuliert, dass der Anspruch seine Grundlage im Unionsrecht finde und in seinen Einzelheiten durch das nationale Recht ausgeformt werde (EuGHE 2009, I-2119, Rs. C-445/06 „Danske Slagterier"). Nicht eindeutig beantwortet ist damit wo die konkrete Anspruchsgrundlage zu finden ist. Der BGH sieht diese im Unionsrecht (BGHZ 134, 30 st. Rspr.). Da der EuGH aber nicht nur für die Mechanismen zur Durchsetzung dieses Anspruches, sondern auch für dessen Inhalt (und eventuelle Einreden) auf das nationale Recht verweist (Rz. 22), erscheint dies zweifelhaft. Konsistenter ist der Rückgriff auf die Anspruchsgrundlage des nationalen Rechts, es sei denn, dass dieses nicht unionsrechtskonform ausgelegt werden kann. Konkret verlangt das Unionsrecht – entsprechend den allgemeinen Grundsätzen zu dessen Vollzug mittels nationalem Recht (Rz. 12/36f.) – dass die Durchsetzung des Haftungsanspruchs weder unangemessen beeinträchtigt noch dieser Anspruch im Vergleich zu Staatshaftungsansprüchen nach rein nationalem Recht diskriminiert wird. Da die Tatbe standsmerkmale der in Deutschland einschlägigen Bestimmungen (§ 839 BGB i. V. m. Art. 34 GG) hinreichend offen formuliert sind, kann der Anspruch auf diese (in Verbindung mit den entsprechenden Grundsätzen des Unionsrechts) gestützt werden.

2. Die einzelnen Anspruchsvoraussetzungen

Die Voraussetzungen des Haftungsanspruches sind bewusst **parallel** zu denen ausgebildet, die für die **Haftung der Union** gelten (dazu Rz. 5 ff.). Danach muss (1) eine mitgliedstaatliche Stelle (2) gegen eine Norm des Unionsrechts verstoßen haben, die einem Einzelnen – in hinreichend bestimmter Form – Rechte verleihen soll. Dieser Verstoß muss zudem (3) ggf. qualifizierten Charakter aufweisen. Schließlich ist (4) ein Schaden gefordert, der (5) durch das dieser Stelle zur Last gelegte Verhalten verursacht wurde. Ein Verschulden wird wie auf Unionsebene nicht verlangt (dazu bereits Rz. 7). 14

a) Haftbare Stellen

Literatur: *Schulze,* Gemeinschaftsrechtliche Staatshaftung bei fehlerhafter Richtlinienumsetzung oder -anwendung, GPR 2008, 71; *Frenz/Götzkes,* Staatshaftung für Gerichtsentscheidungen bei auslegungsbedürftigem Recht, EuR 2009, 622; *Beutler,* State liability for breaches of Community law by national courts, CMLRev 2009, 773; *Siegerist,* Die Neujustierung des Kooperationsverhältnisses zwischen dem Europäischen Gerichtshof und den mitgliedstaatlichen Gerichten: unter besonderer Berücksichtigung einer gemeinschaftsrechtlichen Staatshaftung für Judikativunrecht, 2010; *Breuer,* Staatshaftung für judikatives Unrecht, 2011; *Burger,* Zur Passivlegitimation im europäischen Staatshaftungsrecht – Unter besonderer Berücksichtigung der Anwendung unionsrechtswidriger Normen, DVBl. 2012, 297; *Schütter,* Gemeinschaftsrechtliche Staatshaftung wegen judikativen Unrechts in Deutschland und dem Vereinigten Königreich, 2012.

Staatshaftung kann durch das **Handeln aller Staatsorgane** ausgelöst werden, insbesondere auch durch solches des Gesetzgebers oder eines Richters (Rz. 11). Eingeschlossen ist dabei das pflichtwidrige Unterlassen, wie es vor allem im Fall der unterlassenen Umsetzung einer RL vorkommen kann (dazu EuGHE 1996, I-4845, verb. Rs. C-178, 179, 188–190/94 „Dillenkofer/MP Travel Line“). Keine Haftung des MS wird jedoch begründet, wenn sich dessen Behörden auf die Durchführung von Unionsrecht beschränken; in diesen Fällen haftet allein die Union (Rz. 5). 15

Mit der Einbeziehung des **Gesetzgebers** wurde nicht nur aus deutscher Sicht ein Novum geschaffen, doch ist die sachliche Berechtigung dieser Ausnahme auch auf nationaler Ebene zweifelhaft geworden. Die Annahme, dass Gesetzgebung nur am Gemeinwohl ausgerichtet sei und vielfältiger, nicht durch Schadensersatzdrohungen einzuschränkender Spielräume bedürfe, ist im Kern zutreffend, angesichts der verfassungsrechtlichen, vor allem grundrechtlichen Einbindung der Gesetzgebung in der Konsequenz aber zu pauschal. Mit dem Erfordernis einer besonderen **Qualifikation** des Rechtsverstoßes (Rz. 7) wird zudem der für die Normsetzung notwendige **Entscheidungsspielraum** gewahrt. 16

Mit Blick auf die **Justiz** wurde die Möglichkeit einer Haftung bisher nur für **letztinstanzlich urteilende Gerichte** angenommen (EuGHE 2003, I-10239, Rs. C-224/01 „Köbler“). Diese Beschränkung rechtfertigt sich aus der Möglichkeit des Geschädigten, Fehlentscheidungen durch Inanspruchnahme des Instanzenzuges korrigieren zu lassen (vgl. auch für D noch in Rz. 22); umgekehrt unterliegen grds. nur letztinstanzlich urteilende Gerichte einer Vorlagepflicht in unionsrechtlichen Fragen (Art. 267 Abs. 3 AEUV; dazu Rz. 13/76, 81). Fehlurteile setzen also immer auch eine Missachtung der Vorlagepflicht voraus. Das Spruchrichterprivileg nach § 839 Abs. 2 BGB kann daher nicht zum Tragen kommen (vgl. auch EuGHE 2006, 5177, Rs. C-173/03 „Traghetti del Mediterraneo“); die besondere Stellung des Richters wird bei der Beurteilung der Qualifikation des Verstoßes (Rz. 20) berücksichtigt. **Keine** überzeugende **Lösung** hat der EuGH für die Frage gefunden, wie sich die Haftung für einen Verstoß zur **Rechtskraft** des haftungsbegründenden Urteils verhält. Der Gerichtshof verweist (zutreffend) formal darauf, dass die Beteiligten eines 17 entsprechenden Rechtsstreits andere sind als die des Ausgangsprozesses. Damit wird aber übergangen, dass in der Sache die Richtigkeit des „Fehlurteils" im Ausgangsprozess im Schadensersatzprozess eine Vorfrage darstellt, die eben eigentlich durch das angegriffene Urteil rechtskräftig geklärt wurde (*Classen,* CMLRev 2004, 813). Letztlich werden so der Wirkung der Rechtskraft bei qualifizierten Verstößen gegen Unionsrecht (besondere) Grenzen gezogen. Immerhin ist auch im Bereich der Haftung der Union die Aufhebung eines rechtswidrigen Aktes nicht Voraussetzung für die Geltendmachung eines durch ihn ausgelösten Schadens (vgl. Rz. 13/67). – In Deutschland würde sich das Problem der Haftung für Gerichtsurteile nicht stellen, wenn das BVerfG seine Kontrolle der Vorlagepflicht nach Art. 267 Abs. 3 AEUV immer – wie auch aus anderen Gründen geboten (Rz. 13/85) – zumindest an dem haftungsbegründenden Maßstab (qualifizierter Rechtsverstoß, Rz. 7) ausrichten würde.

18 **Anspruchsgegner** ist der Träger der staatlichen Stelle, die für die Rechtsverletzung **verantwortlich ist,** in jedem Fall zudem, ggf. subsidiär, der jeweilige Gesamtstaat (EuGHE 2000, I-5123, Rs. C-424/97 „Haim"). Wird die Rechtsverletzung durch einen positiven Akt ausgelöst, ist dies im Grundsatz einfach zu bestimmen; sind mehrere Ebenen verantwortlich (wird etwa eine unionsrechtswidrige Entscheidung des Gerichts eines Landes durch ein Bundesgericht bestätigt), wird man in Anwendung von § 840 BGB im Außenverhältnis eine Gesamtschuldnerschaft aller verantwortlichen Träger anzunehmen haben; im Innenverhältnis ist für die Verteilung der Lasten Art. 104a Abs. 7 GG i. V. m. dem diese Norm ausführenden Lastentragungsgesetz maßgeblich.

b) Verletzung Rechte Einzelner

19 Die **verletzte Norm des Unionsrechts** muss den **Schutz der Interessen des Geschädigten** bezweckt haben (vgl. auch schon Rz. 6), ihm also entweder – im Fall unmittelbarer Wirkung – selbst Rechte verschafft haben (Beispiel: Grundfreiheiten; dazu EuGHE 1996, I-1029, verb. Rs. C-46/93 u. C-48/93 „Brasserie du Pêcheur") oder – im Fall von umsetzungsbedürftigen Rechtsakten, vor allem von Richtlinien – darauf angelegt sein, dass dem Geschädigten Rechte verschafft werden (EuGHE 1996, I-4845, verb. Rs. C-178, 179, 188–190/94 „Dillenkofer/MP Travel Line"; zur Kombination beider Konstellationen EuGHE 2009, I-2119, Rs. C-445/06 „Danske Slagterier"). Zugleich muss die Norm insoweit **hinreichend bestimmt** sein, wie es erforderlich ist, um den Inhalt eines Schadensersatzanspruches zu bestimmen. Konkret bezieht sich dies zum einen auf den Anspruchsberechtigten; nur wenn der Anspruchsinhaber in den Schutzbereich der europäischen Rechtsnorm fällt, ohne dass etwa der nationale Gesetzgeber entsprechende Ausnahmen vorsehen kann, kommt ein Anspruch zum Tragen. Außerdem muss die Norm so konkret gefasst sein, dass auch der Inhalt des Schadensersatzanspruchs bestimmt werden kann (Rz. 21). Wer nach dem Unionsrecht Anspruchsgegner ist oder sein soll, ist hingegen ohne Bedeutung – der Haftungsanspruch richtet sich immer gegen den Staat (bzw. den Träger der verantwortlichen staatlichen Stelle, Rz. 18). Bei unmittelbar wirkendem Unionsrecht kann der Schaden aber vielfach durch Inanspruchnahme nationaler Rechtsbehelfe zumindest verringert werden (Rz. 22).

c) Qualifikation des Rechtsverstoßes

20 Die Haftung setzt ferner auch hier (vgl. schon Rz. 7) voraus, dass in den Fällen, in denen der nationalen Stelle (nach Unionsrecht) ein Beurteilungs- oder Ermessensspielraum zukommt, der **Rechtsverstoß qualifizierten Charakter** aufweist; eine Haftung kommt also nur in Betracht, wenn die handelnde Stelle den ihr zustehenden Entschei-

dungsspielraum „offenkundig und erheblich" (zusammenfassend EuGHE 2007, I-1053, Rs. C-278/05, „Carol Marilyn Robins") missachtet hat. Dementsprechend löst etwa die **gesetzgeberische** Umsetzung mehrdeutiger Richtlinienbestimmungen keine Haftung aus, deren Inhalt vom EuGH erst später und dann abweichend vom Verständnis des nationalen Normgebers geklärt wird (EuGHE 1996, I-1631, Rs. C-392/93 „British Telecom"). Eine Haftung wird hingegen dann ausgelöst, wenn ein Gesetzgeber etwa zur Umsetzung einer Richtlinie innerhalb der Frist überhaupt nichts unternimmt, obwohl es keine hinreichenden Anhaltspunkte dafür gibt, dass das bestehende nationale Recht die Beachtung der durch die Richtlinienbestimmungen vorgegebenen Ergebnisse bereits ohne besonderen Umsetzungsakt gewährleistet (EuGHE 1996 I-4845, verb. Rs. C-178, 179, 188–190/94 „Dillenkofer/MP Travel Line"). Gleiches gilt für die Missachtung eines einschlägigen EuGH-Urteils.

Mit diesem Tatbestandsmerkmal wird vor allem dem notwendigen **Entscheidungsspielraum** des **Gesetzgebers** und ggf. der Verwaltung sowie der **Unabhängigkeit** der **Richter** Rechnung getragen. Zugleich handelt es sich um ein funktionales Äquivalent für das nach deutschem Recht vorausgesetzte, nach Unionsrecht aber nicht verlangte Verschulden (vgl. schon Rz. 7). Es ist nämlich sachgerecht, bei staatlichem Handeln stärker als bei der Haftung von Privatpersonen auf einen objektiven, vom persönlichen Verhalten des Amtswalters abgekoppelten Maßstab abzustellen. Gesetzgeberische Restriktionen dieser Anspruchsvoraussetzungen sind unzulässig (EuGH, Urteil vom 24.11.2011, Rs. C-379/10 – „KOM/Italien").

d) Schaden

Schließlich muss ein **Schaden** – adäquat – kausal durch den Verstoß gegen das 21
Unionsrecht **verursacht** worden sein. Dessen Höhe ergibt sich im Grundsatz aus dem verletzten, die Haftung auslösenden Rechtssatz: Der Geschädigte muss so gestellt werden, wie er stünde, wenn das fragliche Recht nicht verletzt worden wäre. Auch insoweit ist also Bestimmbarkeit Voraussetzung der Haftung. Ausnahmetatbestände in einer nicht umgesetzten Richtlinie etwa mindern ggf. den Schaden (oder schließen ihn ganz aus). Für dessen **Berechnung** im Einzelnen ist nach Auffassung des EuGH grundsätzlich auf das **nationale Recht** zurückzugreifen. Voraussetzung ist allerdings, dass dieses keine Diskriminierung des unionsrechtlichen Haftungsanspruches beinhaltet und auch dessen Effektivität in ausreichendem Maße zu sichern vermag (EuGHE 2007, I-2749, Rs. C-470/03 „A.G.M.-COS.MET Srl"). Nicht ausgeschlossen ist jedoch, dass der EuGH in bestimmten Konstellationen spezifische nationale Besonderheiten aus unionsrechtlicher Sicht als problematisch einstuft und dann unmittelbar auf unionsrechtliche Lösungsansätze zurückgreift; denkbar ist dies etwa im Zusammenhang mit dem im deutschen Recht nur sehr begrenzt vorgesehenen Ersatz von Nichtvermögensschäden (§ 253 BGB).

Ebenso sind die Einzelheiten des Anspruchs grundsätzlich nach nationalem Recht zu bestimmen (**Einwen-** 22
dungen und **Einreden** wie Verjährung oder Mitverschulden des Schädigers; EuGHE 2009, I-2119, Rs. C-445/06 „Danske Slagterier", und dazu BGH, EuZW 2009, 865). Dementsprechend ist etwa in Deutschland der Einwand beachtlich, dass zur Verfügung stehende Rechtsmittel nicht ergriffen worden seien, mit denen der entsprechende Schaden hätte vermieden oder zumindest verringert werden können (§ 839 Abs. 3 BGB); Voraussetzung ist allerdings, dass das Ergreifen des Rechtsmittels auch zumutbar war (EuGHE 2001, I-1727, verb. Rs. C-397/98 u. C-410/98 „Metallgesellschaft u. a."). Das nationale Recht regelt auch die verfahrensrechtliche **Durchsetzung** des Anspruchs. In Deutschland sind damit erstinstanzlich die Landgerichte zur Entscheidung berufen (Art. 34 GG, § 71 Abs. 2 Nr. 2 GVG).

3. Ergänzende Haftung bei Vertrauensschutz?

23 **Verstößt** der nationale **Gesetzgeber** gegen **Unionsrecht,** müssen die Gerichte ggf. letzteres unmittelbar anwenden und enttäuschen so denjenigen, der auf den nationalen **Gesetzgeber vertraut** hat. Das BVerfG hat angedeutet, dass in solchen Fällen über einen (auf nationales Recht gegründeten) Schadensersatzanspruch nachgedacht werden müsse (BVerfGE 126, 286). Plausibel wäre das allerdings allenfalls, wenn Vergleichbares auch bei Verfassungsverstößen des Gesetzgebers gelten würde; zudem sind Konflikte mit dem Beihilferecht (Art. 107 AEUV, Rz. 21/6ff.) vorprogrammiert (dazu *Giegerich,* EuR 2012, 373).

III. Ausblick

24 Insgesamt ist es dem EuGH gelungen, die **rechtsstaatliche Elementarfrage** der Haftung für hoheitliches Unrecht auf einer normativ mit Blick auf die europäischen Organe nur marginal und mit Blick auf nationale Stellen gar nicht ausgearbeiteten Grundlage einer im Wesentlichen in sich **stimmigen Lösung** zuzuführen. Diese könnte auch für das nationale Haftungsrecht wichtige Impulse liefern, die dort jedoch bislang nicht aufgegriffen wurden.

4. Teil. Die europäische Union und ihre Bürger

§ 15. Rechtsstaatliche Demokratie in der EU

Literatur: *Weiler,* The Constitution of Europe, 1999; *Nettesheim,* Europäische Integration und Europäisierung der Demokratietheorie, in: Dörr (Hrsg.), Ein Rechtslehrer in Berlin, 2004, 55; *Dahrendorf,* Institutionelle Sorgen in Europa, 2005; *Nettesheim,* Developing a Theory of Democracy for the European Union, Berkeley Journal of International Law 23 (2005), 358; *Kohler-Koch/Rittberger,* Debating the Democratic Legitimacy of the EU, 2007; *Holzhacker* (Hrsg.), Democratic Legitimacy and the EU, Journal of European Integration, 2007, Heft 3; *Vesterdorf,* Democracy, Efficiency and the EU, FS Bieber, 2007, 175; *von Komorowski,* Demokratieprinzip und Europäische Union, 2010; *Kohler-Koch/Quittkat,* Die Entzauberung partizipativer Demokratie, 2011; *Klein,* Europäische Integration und demokratische Legitimation, 2011; *Eriksen,* Rethinking Democracy and the EU, 2012, *Franzius/Preuß,* Die Zukunft europäischer Demokratie, 2012; *Nettesheim,* An den Grenzen der Legitimität, Festgabe zum 70. Geburtstag von Wolfgang Graf Vitzthum, 2013; *Grzeszick,* Demokratie und Parlamentarimus im europäischen Staatenverbund, FS Riedel, 2013, 441.

I. Phasen der Diskussion um demokratische Legitimität

Die EU hat sich zu einem Träger überstaatlicher Hoheitsgewalt von überragendem Gewicht entwickelt. Zwar ist die EU weiterhin (nur) **Rechtsgemeinschaft** in dem Sinn, dass ihre Formensprache das Recht (und teilweise: das Geld) ist. Elementare staatliche Eigenschaften wie die Fähigkeit zur zwangsweisen Durchsetzung (Polizei, Militärgewalt, gerichtliche Zwangsvollstreckung) gehen ihr weiterhin ab. Gleichwohl kommt der normativen Kraft des EU-Rechts für Existenz und politischen Rang der EU erstrangige Bedeutung zu. Die Sicherung der Legitimität dieser Form überstaatlichen Regierens ist für den Bestand und das Gedeihen der Integration von elementarer Bedeutung. Jede **„Theorie guten Regierens"** geht heute davon aus, dass es einer den jeweiligen Verhältnissen, Zielsetzungen und Wertvorstellungen entsprechenden Verbindung mehrerer „Bausteine" bedarf, um sicherzustellen, dass Hoheitsgewalt legitim ausgeübt wird (vgl. *Möllers,* CMLR 43 (2006), 313) (dazu auch Rz. 16/1 ff.). 1

Über die demokratische **Legitimität herkömmlicher internationaler Organisationen** gibt es keine große Diskussion. Dies hängt auf der einen Seite mit deren **typischem Wirkfeld** zusammen: Regelmäßig beschränkt sich die Kooperation auf spezifische und beschränkte Sachgebiete. Es hängt auf der anderen Seite mit den **Entscheidungsmechanismen** zusammen: Typische internationale Organisationen liegen fest in der Hand ihrer Mitgliedstaaten. Dem Grundstatut einer internationalen Organisation erteilen die Mitgliedstaaten nach den jeweiligen Vorschriften ihrer Verfassung die Zustimmung. Sie kontrollieren den Entscheidungsprozess, indem dort einstimmig oder doch jedenfalls mit Konsensus entschieden wird. Schließlich ist auch die **beschränkte Wirkmacht** von Bedeutung: Die Entscheidungen der Organisation binden zwar typischerweise ihre Mitgliedstaaten, wirken aber nicht unmittelbar in den innerstaatlichen Rechtskreis hinein. 2

1. Die Legitimationskonstruktion der frühen Jahre: Einstimmigkeitserfordernis und Output-Orientierung

Es war dieses Modell, mit dem die Legitimität der Entscheidungen von EGKS, EWG und EAG in den ersten Jahrzehnten der Integrationsgeschichte erklärt wurde. Einer- 3 seits wurden die Mitgliedstaaten als „Herren der Verträge“ und als dominierende Macht im innergemeinschaftlichen Legitimationsprozess begriffen, gegen deren Willen auf überstaatlicher Ebene keine Entscheidung gefällt werden konnte **(Einstimmigkeitserfordernis).** Andererseits wurden die – für die Bürger zunehmend fühlbaren – Entscheidungen unter Verweis auf deren strikte **Rechtsförmigkeit** und **Gemeinwohlzuträglichkeit** gerechtfertigt.

4 Die EU beanspruchte immer, bei der Ausübung ihrer Hoheitsgewalt rechtsstaatlichen Prinzipien verpflichtet zu sein. Sie begriff das Etikett der „Rechtsgemeinschaft“ als Ehrenzeichen (*Mayer,* in: Schuppert u. a. (Hrsg.), Europawissenschaften, 2005, 429). Die Wahrung des Rechts bei der Auslegung und Anwendung der Verträge ist über die im mitgliedstaatlichen Vergleich bemerkenswert **starken Kompetenzen des Gerichtshofes** gewährleistet (Art. 19 Abs. 1 EUV; dazu § 13). Die Konfliktregelungsmechanismen der Verträge sind abschließend gemeint und lassen die einseitige Aktion des einzelnen Mitgliedes nicht mehr zu (insbes. Art. 344 AEUV). In einer ganzen Reihe von Einzelregelungen wie z. B. bei der internen Haftung für am Unionsbürger begangenes Unrecht (Rz. 14/6) prägt sich die Verpflichtung auf das **materielle Rechtsstaatsprinzip** aus. Teilweise ausdrücklich (Art. 9 EUV, Art. 8, 10, 18 AEUV), teilweise über die Rechtsprechung des EuGH und nunmehr über die EU-Grundrechtscharta (Rz. 18ff.) kennt die Unionsrechtsordnung (wie nationale Verfassungen und die EMRK) vielfältige **Grundrechte und ähnliche Rechtsstaatsverbürgungen.** Zu nennen sind auch die Verhältnismäßigkeit (Art. 5 Abs. 4 EuV) und das Gebot der Transparenz (Art. 15 AEUV). Hierbei handelt es sich um unabdingbare und individuell einklagbare Positionen des Unionsbürgers gegenüber der Unionsgewalt (Art. 6 EUV). In dem rechtsstaatlichen Schutz ihrer staatlichen und individuellen Mitglieder vor öffentlicher Willkür braucht die EU den Vergleich mit der Rechtsstaatlichkeit der Mitgliedstaaten nicht zu scheuen.

5 Zur gleichen Zeit wurde regelmäßig der Gewinn an Freiheit, Wohlstand und Sicherheit der Einzelnen hervorgehoben, der sich mit dem Wirken der EU-Institutionen verbindet. Über lange Jahre stand die sog. **„Output-Legitimation“ des Wirkens der EU** ganz im Zentrum der Integration. Es ging um die Realisierung vorgegebener und letztlich durch Expertise und Sachverstand umzusetzender Zielsetzungen: Die Errichtung des Gemeinsamen Marktes, die Aufhebung von beschränkenden Hindernissen, die damit erzielten Wohlfahrtsgewinne und die Herstellung von Frieden in Europa sollten durch die Umsetzung und Verwirklichung eines Programms sichergestellt werden, das in den Gründungsverträgen angelegt und vorskizziert war. Natürlich kam es immer wieder zu politischen Konflikten darüber, wie dieses Programm realisiert werden sollte. Die grundsätzliche Richtung war allerdings vorgezeichnet. Die zentrale Rolle, die die Vertragsgeber der Kommission im Rechtsetzungsverfahren (Rz. 11/50ff.) einräumen, ist ein Ausdruck dieser Sichtweise. Inzwischen beschäftigt sich die EU allerdings mehr und mehr mit „hochpolitischen“ Sachbereichen, in denen die **bisherige Integrationslogik** nicht mehr funktioniert. Der Bedeutungsgewinn des Europäischen Rats lässt sich als Folge des Bedeutungsgewinns hochpolitischer Fragen begreifen. Zugleich belegt der Ausbau unabhängiger Verwaltungsbehörden (oben Rz. 6/26ff.), welcher Stellenwert unabhängiger und sachverständiger Expertise bei der Verwaltung vieler Bereiche zukommt. Vielfach sucht man nach einer neuen Narration für die Rechtfertigung des „outputs“ der EU – etwa die Sicherung einer europäischen Stimme im internationalen „Konzert“; es bleibt abzusehen, inwieweit sich derartige Legitimierungsansätze durchsetzen werden (*Frankenberg,* FS Riedel, 2013, 141).

2. Die Ungeeignetheit überkommener Legitimationskonstruktionen

6 Spätestens seit Ende der achtziger Jahre des 20. Jahrhunderts erweist sich das überkommene Legitimationsmodell als brüchig. Die Integration hat heute eine Breite und Dichte gewonnen, die staatsähnliche Qualität hat. Das Primärrecht gibt der Integration zwar einen Rahmen vor, enthält aber kein so eindeutig vorgezeichnetes „Integrationsprogramm“, dass die mitgliedstaatliche Zustimmung zum Vertrag wirklich eine Steuerung des weiteren Verlaufs ermöglichte. Zudem haben die supranationalen Entscheidungsprozesse (nicht zuletzt durch die Anwendung des Mehrheitsprinzips beim Beschluss von Rechtsakten, die alle Staaten binden) eine Eigenständigkeit gewonnen, die die Annahme, jeder Mitgliedstaat könne sich der Einwirkung unliebsamer Ent-

scheidungen entziehen, hinfällig macht. Über unmittelbare Anwendbarkeit und Vorrang wirken die Entscheidungen der EU zudem tief in den innerstaatlichen Rechtskreis ein. Der Umstand, dass heute über die **demokratische und rechtsstaatliche Legitimität der EU** diskutiert wird, ist insofern ein Ausdruck des enormen Erfolgs, den die Integrationsbewegung in den letzten Jahrzehnten hatte. Ein Modell, das Formen der *internationalen Kooperation souveräner Staaten* demokratisch abzusichern und rückzubinden geeignet ist, erweist sich bei dem Versuch, einen supranationalen Verband mit staatsähnlicher Machtfülle demokratisch abzusichern, als schlichtweg ungeeignet und defizitär. In der Maastricht-Entscheidung bemühte sich das BVerfG denn auch, hierüber hinwegzukommen (BVerfGE 89, 155; kritisch *Classen,* AöR 119 (1994), 238). In der Lissabon-Entscheidung fiel das Gericht dann wieder in alte Denkmuster zurück („Integrationsverantwortung", BVerfGE 123, 267) und rekonstruierte die EU als Verbund souveräner kooperierender Staaten. Nicht aus demokratischen, wohl aber aus etatistischen Gründen muss danach eine weitere Politisierung der Entscheidungsprozesse auf EU-Ebene auf Bedenken stoßen (*Schönberger,* Der Staat 2009, 535).

Spuren einer Diskussion um die **„Demokratisierung der EU"** lassen sich bis in die Anfangsjahre der Integration zurückverfolgen. Man würde dies allerdings missverstehen, wenn man nicht den damals vollständig anderen Kontext berücksichtigte. Schon bei der Aushandlung des EGKS-Vertrags 1951 waren vor allem in der deutschen Verhandlungsdelegation Stimmen zu vernehmen, die sich um eine hinreichende Kontrolle der mit supranationaler Entscheidungsgewalt ausgestatteten Hohen Behörde sorgten. Französischer Widerstand und Indifferenz auf Seiten der Benelux-Staaten ließen es damals nicht zu, der „Versammlung" genuine Kompetenzen zu übertragen. Nach Inkrafttreten der EG-Gründungsverträge verstummte die Diskussion über die demokratische Absicherung des Integrationsverbands nicht. Auch in der Folgezeit erhob sich die **Forderung nach hinreichender parlamentarischer Mitsprache,** etwa, als im Jahre 1970 die Gemeinsame Agrarpolitik mit erheblichen budgetären Mitteln ausgestattet worden ist. Allerdings richteten sich Forderungen, die auf eine „Demokratisierung" der EU abzielten, vor allem auf eine Förderung der Integrationstiefe. Es ging nicht um nachträgliche Absicherung des erreichten Legitimationsstands, sondern um die politische Vertiefung parallel zu der – oder gar im Vorgriff auf die – Gewährung von Sachkompetenzen. Mit dem Einbau „demokratischer Institutionen" in das Entscheidungsgefüge der damaligen EWG sollte vielmehr der Integrationsprozess auf dem Weg zum „Europäischen Bundesstaat" institutionell vorangetrieben werden. Vor diesem Hintergrund konnte beispielsweise die Einführung des Direktwahlrechts 1976 als großer Integrationserfolg betrachtet werden. Auf dem Hintergrund einer weiterhin beschränkten Kompetenzausstattung und der faktischen Geltung des Vetorechts der Mitgliedstaaten ließ sich ein genuines Defizit demokratischer Kontrolle damals noch nicht erkennen (*Oeter,* ZaöRV 55 (1995), 659). 7

Durch den **tiefgreifenden Integrationsschub,** der durch die Verträge von Maastricht, Amsterdam, Nizza und Lissabon veranlasst wurde, gewann die Beschäftigung mit der demokratischen Legitimation unionaler „governance" eine neue Bedeutung. Es ging nunmehr um normative Standards einer hinreichenden Rückbindung unionaler Hoheitsgewalt. Insofern ergaben sich enge Verbindungen zur Diskussion um die Konstitutionalisierung der EU und der Suche nach Standards europäischer „good governance" (vgl. Europäische Kommission, Europäisches Regieren. Ein Weißbuch, KOM (2001) 428 endg.). Inhaltlich war die Diskussion bis weit in die neunziger Jahre hinein von Positionen geprägt, die ein – je nach Standpunkt ausgewähltes – Modell nationalstaatlicher Demokratie an die EU anlegten und hieraus normative Forderungen ableiteten. Der langwierige und mäandernde Prozess der Beschäftigung mit der Frage, welches demokratietheoretische Modell für die EU überhaupt „passt", setzte erst später ein. 8

9 Inzwischen sind die Überlegungen zur demokratischen Legitimität der EU nicht mehr nur **philosophischer oder politikwissenschaftlicher Natur.** Art. 2 S. 1 EUV legt der EU die rechtliche (allerdings bislang nicht richterlich konkretisierte) Pflicht auf, die Grundsätze der Demokratie zu beachten. In der Rechtsprechung finden sich in – allerdings untergeordneten – Fragen des Parlamentsrechts Bezugnahmen auf das demokratische Prinzip (vgl. EuGHE 1980, 3360, Rs. 138/79, „Roquette Frères" zur Parlamentsbeteiligung; EuGE 2003, II-1729, Rs. T-353/00, „Le Pen"). Eine geschlossene Konzeption hat der EuGH bislang nicht entwickelt.

II. Demokratietheorie im Zeitalter der Europäisierung

10 Demokratische Herrschaft ist Herrschaft, die als Ausdruck der Selbstbestimmung der Regierten begriffen werden kann. Institutionen und Formen, in denen sich diese Selbstbestimmung („Volkssouveränität") realisiert, sind zeitgebunden und hängen von der Größe des Gemeinwesens, von den **gesellschaftlichen Rahmenbedingungen** und von **normativen Anschauungen über das Ziel gerechten und effizienten Regierens** ab. Die Geschichte der Demokratietheorie war und ist vor allem die Geschichte der Suche nach Institutionen, die die Gewähr dafür bieten, dass Herrschaft den Anspruch und die Verpflichtung, als Ausdruck der Selbstbestimmung der Beherrschten begriffen werden zu können, tatsächlich auch einlöst. Die klassische Demokratie Athens – gekennzeichnet durch kleinräumige Verhältnisse und überschaubare Größe der Polis – konnte sich noch auf das Modell tatsächlicher Selbstregierung stützen. Die im achtzehnten Jahrhundert entworfene nationalstaatliche Idee der Demokratie konnte sich dieser Formensprache nicht mehr bedienen: Zu groß waren die Gemeinwesen im Flächenstaat. Sie entwickelte stattdessen die **Idee demokratischer Repräsentation.** Die Staatsgewalt wird hiernach unabhängigen und nicht ihren eigenen Interessen, sondern dem Gemeinwohl verpflichteten Amtsträgern übertragen; sie wird über hinreichende Einwirkungs- und Mitspracherechte rückgebunden (Responsitivität). Das wichtigste rechtstechnische Bindeglied zwischen Volk und Amtsträgern bilden dabei die Wahlen zum Parlament, das seinerseits über Gesetzgebung und Kontrolle von Regierung und Ministerialbürokratie alle wesentlichen Vorgänge steuern konnte. Hinzu trat die soziale Konstruktion der Nation, mit der das unüberschaubar gewordene, nicht mehr auf tatsächlichen sozialen Beziehungen beruhende Gemeinwesen zur politischen Gemeinschaft verbunden wurde und aus der seine Mitglieder Identität schöpfen konnten. Das völkerrechtliche Konzept der Souveränität sicherte diese Struktur dadurch ab, dass es Einwirkungen von außen – und damit Fremdregierung durch Dritte – unterband. So bildete sich jenes bis heute herrschende und unsere Vorstellungen von Demokratie prägende Modell heraus, das sich auf die Elemente Nation, repräsentativ-amtliche Ausübung von Herrschaftsgewalt, Parlamentswahl und Souveränität stützt.

11 Dieses **Grundmodell** wird in den Regierungssystemen der westlichen Verfassungsstaaten je nach geschichtlicher Ausgangslage und gesellschaftlichen Anschauungen – teilweise nicht unerheblich – modifiziert. In seinen Teilelementen erweist es sich als so flexibel, dass es die Wandlungen von der agrarisch geprägten vorindustriellen Gesellschaft bis in die heute postindustrielle Gesellschaft und die sich erheblich wandelnden Vorstellungen über demokratische Gerechtigkeit (etwa mit Blick auf das Frauenwahlrecht) aufnehmen konnte. Im **Prozess von Europäisierung und Globalisierung** ist

das Modell inzwischen aber unter Druck geraten; seine Zukunftstauglichkeit steht in Frage. Mit Blick auf einen europäischen Hoheitsträger, der inzwischen aufgrund seiner Kompetenzfülle und der Durchschlagskraft seines gegenüber nationalem Recht vorrangigen Rechts Quasi-Staatlichkeit angenommen hat, stellt sich die Frage, wie Demokratie in einem Raum mit knapp 4,5 Mio. km^2 und einer Bevölkerungszahl von ca. 500 Mio. Menschen so organisiert werden kann, dass sich die Einzelnen noch als Subjekte der ausgeübten Hoheitsgewalt begreifen können. Nicht nur hier erscheint die Vorstellung, dass es lediglich darum gehen müsse, einen „Volkswillen" zu ermitteln, der über Parlament und Regierung die Ausübung von Staatsgewalt anleiten kann, als irreal.

Weiterhin wird die EU häufig an **nationalstaatlichen Demokratiemodellen** gemessen – sei es mit der Absicht, darzulegen, warum sich die EU nicht demokratisieren lässt (etwa, weil es kein europäisches Volk gibt [zu diesen Diskussionen: *Augustin,* Das Volk der Europäischen Union, 2000]), sei es mit der Intention, die institutionellen Schritte darzulegen, die ergriffen werden müssen, um die EU zu einem demokratischen Herrschaftsverband zu machen (etwa: Aufwertung des europäischen Parlaments [so *Grabitz/Schmuck/Steppat/Wessels,* Direktwahl und Demokratisierung, 1988]). Gelegentlich wird die demokratietheoretische Diskussion auch unter Zugrundelegung staatstheoretischer Axiome geführt – etwa des Inhalts, dass sich nur im (Bundes-)Staat eine parlamentarische Demokratie verwirklichen ließe und deshalb in einem Staatenverbund die legitimatorische Rückführung nur über die staatlichen Institutionen gelingen könne (vgl. BVerfGE 123, 267 – Lissabon). 12

Vielfach hat man allerdings erkannt, dass das **demokratische Modell im Lichte der Herausforderungen der Europäisierung fortgeschrieben** werden muss. Endgültige Antworten gibt es aber noch nicht. Die eindimensionale Orientierung an einem bestimmten Demokratiemodell – etwa der „empirischen Demokratietheorie" *Schumpeters,* der Vorstellung von Demokratie als bloßer Verfahrenslehre oder als politischer Vernunftphilosophie im Sinne der deliberativen Demokratietheorie – wird hier wenig bringen. Die Funktionsfähigkeit moderner Demokratien, vor allem aber die konkrete Legitimität der Herrschaft hängt wesentlich von sozialpsychologischen, geschichtlichen, gesellschaftlichen und ideellen Gegebenheiten ab. Zudem kommt es auf die Zuordnung der verschiedenen Teilregime an: Moderne Demokratien integrieren eine Vielzahl von Teilelementen zu dem, was dann als demokratisches Regierungssystem bezeichnet wird. *A. Lincoln* hat diese Komplexität mit der Formel des „government of the people, by the people, and for the people" zum Ausdruck gebracht. Die verschiedenen Teilregime stehen in einem Wechselbezug zueinander, der dem Ziel der gemeinwohlverpflichteten Ausübung von Hoheitsgewalt dienlich sein kann, nicht aber notwendig zuträglich sein muss. Nicht immer lässt sich die Frage, wie sich ein Teilbaustein im demokratischen Gesamtregierungssystem auswirkt, leicht beantworten. Dies gilt etwa mit Blick auf die Einführung plebiszitärer Mitspracherechte (erste Tendenzen in Art 11 Abs. 4 EUV), die sich je nach Kontext als Vetopositionen gesellschaftlicher Minderheiten oder aber eben auch als effektives Mittel mehrheitlicher Kontrolle auswirken können. Auf diesem Hintergrund ist beispielsweise wenig erreicht, wenn man schlicht fordert, Demokratie auf europäischer Ebene durch Adoption bestimmter institutioneller Teilelemente zu realisieren. 13

Hinzu kommt, dass sich die **Spannungslage zwischen demokratischer Faktizität und demokratietheoretischer Normativität** nicht immer eindeutig auflösen lässt: Entparlamentarisierungs- und Entformalisierungsprozesse, die sich in der Einsetzung immer neuer „Sachverständigenräte und -gremien" sowie die Verlagerung von Entscheidungen aus dem Parlament heraus in wenig transparente Gesprächszirkel 14 manifestieren, können als bekämpfungsbedürftiger Ausdruck einer Abirrung oder eben auch als stiller, zugleich aber folgerichtiger Nachvollzug veränderter Rahmenbedingungen angesehen werden. Die starke Stellung, die der Gubernative im europäischen Regierungssystem zukommt, kann als demokratisches Defizit angesehen werden, dem durch eine Aufwertung des europäischen Parlaments zu begegnen ist. Sie kann aber eben auch als Ausdruck des Umstands gedeutet werden, dass effizient und gemeinwohlorientiert heute nur noch dann regiert werden kann, wenn die Bewältigung der Probleme und die Verwirklichung der Integrationsziele technokratischem Sachverstand überlassen bleibt (so *Majone,* West European Politics 22 (1999), 1).

15 Letztlich kommt man nicht umhin, festzustellen, dass die Entwicklung des Integrationsprozesses mehr als von luftigen Ideen demokratischer Legitimität von **Interessen und Belangen,** von **Akteuren und Institutionen** vorangetrieben wird. Die normative Kraft der Idee der Demokratie ist mit Blick auf neue Problemlagen und gesellschaftliche Veränderungen gering. In der Art, wie diese Idee gefasst wird, bestehen enorme Unterschiede (gute Überblicke bei: *Follesdal,* Journal of Political Philosophy 2006, 441; *Kohler-Koch/Rittberger,* in: *dies.,* Debating the Democratic Deficit, 2007, 1 ff.; *Wimmel,* integration 2008, 48; *Abels/Eppler/Träsch,* in: Der Bürger im Staat, 3/2010, 256). Und doch gilt es, ein einseitiges Abgleiten der Demokratietheorie in reine Faktizität zu bekämpfen und so zu verhindern, dass in der Tat vom „Ende der Demokratie" *(Jean-Marie Guéhenno)* gesprochen werden muss.

III. Kernbausteine europäischer Demokratie

16 Die **Idee demokratischer Selbstbestimmung** ist als Legitimationsmaßstab nicht nur alternativlos. Sie ist auch anpassungsfähig genug, um im Kontext einer sich föderal ausdifferenzierenden „europäischen" Ordnung Anwendung zu finden. Es gilt allerdings, die normativen Errungenschaften der Moderne in dem Kontext, in dem Hoheitsgewalt im 21. Jahrhundert zur Anwendung kommt, neu zu entfalten. Als „Bausteine", mit denen sich die **Idee der Selbstregierung auch im Kontext der europäischen Integration** zur Geltung bringen lässt, müssen insbesondere die nachfolgend behandelten Aspekte verwendet werden.

1. Gemeinwohldienliches Regieren („Output") als Ausdruck von „Input", Verfahren und Kontrolle

17 Häufig denkt man über Demokratie ausschließlich im **Kontext von politischer Partizipation** nach – sei es die Interessendurchsetzung, sei es die Willensäußerung. Demokratie beschränkt sich dieser Sichtweise zufolge auf Mechanismen zur Aggregation von Interessen oder zur Bildung eines „Volkswillens". **Wahl und Mehrheitsentscheidung sind danach die zentralen Elemente der Demokratie.** Diese Vorstellung ist allerdings nicht geeignet, die Komplexität der Voraussetzungen zu erfassen, um von demokratisch legitimer Hoheitsgewalt auszugehen (*Scharpf,* Demokratietheorie zwischen Utopie und Anpassung, 1970; in der Anwendung auf die EU: *Scharpf,* Regieren in Europa. Effektiv und demokratisch?, 1999).

18 Das Ziel gemeinwohldienlichen, Selbstbestimmung im Kollektiv ermöglichenden und responsiven Regierens („Output") lässt sich nur dadurch verwirklichen, dass **„Input", Amts- und Verfahrenslegitimität sowie Kontrolle** in ein angemessenes, der jeweiligen Kompetenz und den jeweiligen Funktionsbedingungen gerecht werdendes Verhältnis gestellt werden. Verfahrenslegitimität und die sanktionierende Kontrolle haben

eine Bedeutung, die ihnen die traditionelle Sichtweise nicht hat zukommen lassen. Beides setzt ein hohes Maß an Transparenz voraus. Der Zugang zu Informationen, die Durchsichtigkeit von Entscheidungsprozessen und – nicht zuletzt – der Gesichtspunkt klarer Verantwortungsträgerschaft stellen insofern wichtige Vorkehrungen zur Sicherung demokratischer Legitimation dar.

Die Tätigkeit der unabhängigen EZB lässt sich unter Verweis auf ihre vertragliche Absicherung, zudem durch funktionale Gründe rechtfertigen; eine weite Handhabung des Mandats kann Probleme aufwerfen. Die Entstehung von vertraglich nicht vorgesehenen und in ihrem Entscheidungsprozess kaum einsehbaren Ausschüssen im Prozess der Vorbereitung unionaler Rechtsetzung (siehe Rz. 5/113) muss ebenfalls Bedenken erwecken. Besondere Probleme werfen die EU-Agenturen auf (*Th. Groß,* JZ 2012, 1087). Art. 15 AEUV wirkt dem entgegen, in dem ein Recht auf Zugang zu Dokumenten von EU-Organen (VO 1049/2001 v. 30.5.2001 (ABl. L 145/43, hierzu: *Pesch,* EuZW 2012, 51) (oben Rz. 12/18ff.) begründet wird. Dies dient der Verwirklichung wesentlicher Bedingungen demokratischer Responsivität (vgl. Art. 10 Abs. 3 EUV). Leider wird das Zugangsrecht eng verstanden (EuG, Urt v. 29.11.2012, T-590/10, EZB). 19

So sehr man sich darin einig ist, dass Demokratie **Mitspracherechte der Bürger** voraussetzt, so sehr besteht in der Frage, inwieweit sich in einem Mehrebenenssystem die „Input"-Legitimation über unionsunmittelbare Kanäle, über mitgliedstaatliche Beteiligungsrechte im EU-Entscheidungsprozess oder über direkte Mitspracherechte der EU-Bürger vermitteln sollte, Uneinigkeit. Der Lissabon-Vertrag setzt auf alle drei Formen (Art. 10 Abs. 2 EUV) (vgl. *Franzius/Preuß,* Lebendige Demokratie, Blätter für dt. int. Pol. 2012, 77): 20

Erstens und vor allem wird die langandauernde EU-unmittelbare Parlamentarisierung der Entscheidungsprozesse fortgeführt. Das Bekenntnis zur parlamentarischen Demokratie wird vor allem in Gestalt des seit 1979 von den EU-Bürgern **direkt gewählten Europäischen Parlamentes** sichtbar (*Bleckmann,* JZ 2001, 53). Seine Rechte entsprechen zwar immer noch nicht denjenigen nationaler Parlamente (oben Rz. 5/42). Der Grad horizontalen Machtgewinns des Parlaments im Verhältnis zu den anderen Institutionen ist allerdings bemerkenswert; die Parlamentarisierung (zum Begriff: *Brenner,* HBStR III, 2005, § 44) ist weit fortgeschritten. Erhebliche Schwächen bestehen weiterhin im vertikalen Verhältnis einer Rückbindung des Parlaments zur europäischen Bürgerschaft. Für Anhänger einer föderal-europäischen Demokratietheorie muss es darum gehen, die Entscheidungsstrukturen parlamentarischer Demokratie auf EU-Ebene weiter auszubauen und den dortigen Prozess (etwa über **eine stärkere Bürgerbeteiligung**) responsiver zu machen (Weißbuch der Kommission „Europäisches Regieren", ABl. C 2001, 287/1). Aus einer staatszentrierten Sichtweise muss dies demgegenüber auf Bedenken stoßen: Maßnahmen, die dem Entscheidungsprozess auf EU-Ebene zu (demokratischem) Selbststand verhelfen, unterlaufen die beherrschende Stellung der Mitgliedstaaten und stoßen damit auf Einwände (im Einzelnen: *Nettesheim,* EuR, Beiheft 1/2010, 101). Das BVerfG verortete in seiner „Maastricht-Entscheidung" (BVerfGE 89, 155) die demokratische Legitimation der EU noch „zuvörderst" in der Rückkoppelung des Handelns europäischer Organe an den nationalen politischen Prozess. Es erkannte allerdings die Möglichkeit an, dass die Legitimation unionalen Regierens „schritthaltend mit der Integration ausgebaut wird". Inzwischen ist es skeptischer geworden (BVerfGE 123, 267). Der Übergang in ein vollentwickeltes parlamentarisches Regierungssystem soll der EU erst nach Verfassungsneugebung in Deutschland (d. h. einer Revolution) möglich sein. 21

Darüber hinaus hinaus zielt der EUV – zweitens – auf eine Stärkung der Rolle der nationalen Parlamente im Entscheidungsprozess ab (Art. 12 EUV). Damit werden **nationale und europäische Ebene** stärker verschränkt (*Abels u. a.* [Hrsg.] Auf dem Weg zum Mehrebenenparlamentarismus? 2012; *Rossi,* GS Brandner, 2011, 47 mwN.). Wer die EU als Verbund der Kooperation souveräner Staaten betrachtet, wird darin einen demokratischen Gewinn erblicken. Das BVerfG hat sich in den Entscheidungen zum Lissabon-Vertrag (BVerfGE 123, 267) dieser Sichtweise verschrieben. In den Ent- 22 scheidungen zur „Euro-Rettung" (BVerfGE 129, 124 – EFSF; BVerfG NJW 2012, 3145 – ESM/Fiskalpakt) hat es entschieden, dass auch intergouvernementale Institutionen, deren Entscheidungen die Verfassungsidentität (z. B. die Budgetverantwortung) wesentlich berühren können, eng und dauerhaft parlamentarisch rückgebunden sein müssen. In der Folge hat der Bundestag im Rahmen von EFSF und ESM weitreichende Mitspracherechte erhalten („Exekuktivparlamentarismus"). Ungeklärt bleibt, inwieweit das Parlament hier wirklich autonom entscheiden kann (hierzu: *Nettesheim,* NJW 2012, 1409); immerhin bietet es ein Forum für die entsprechende politische Auseinandersetzung vor den Augen der Öffentlichkeit und damit für die Sicherung der notwendigen Responsivität europäischen Handelns. Zudem wird der Legitimitätsgewinn einer verstärkten Einbeziehung nationaler Parlamente dadurch in Frage gestellt, dass die Zuordnung und Kontrolle von Entscheidungen zusätzlich erschwert werden. Es ist keinesfalls klar, dass ein Mehr an Mitsprache immer auch ein Mehr an demokratischer Legitimität bedeutet (vgl. *Benz/Auel,* in: Kohler-Koch/Rittberger, Debating the Democratic Legitimacy of the EU, 2007, 57; *Maurer,* in: *Kadelbach,* Europäische Integration und parlamentarische Demokratie, 2009, 19). Zunehmend rücken auch die Länder – und deren Parlamente (vgl. etwa Art. 34a LV Bad.-Württ.) – in den Blick (*Puttler,* HBStR Bd. VI, 2008, § 142).

23 Drittens schließlich werden **direkt-demokratische Elemente** eingeführt (Art. 11 Abs. 4 EUV). Dem liegt die zutreffende Annahme zugrunde, dass die Einführung plebiszitärer Elemente auf übernationaler Ebene bei richtiger Ausgestaltung die Responsivität repräsentativer Herrschaftsausübung erhöhen wird. Inzwischen ist die AusführungsVO ergangen (VO 211/2011, Abl. L 2011, 65/1). (*Maurer/Vogel,* Die Europäische Bürgerinitiative, SWP-Studie 2009; *Guckelberger,* Die europäische Bürgerinitiative, DÖV 2010, 745; vgl. aber auch *Kohler-Koch* u. a., Die Entzauberung partizipativer Demokratie, 2011).

24 Unklar ist und bleibt der Effekt des Zusammenspiels dieser Mitsprachemöglichkeiten. Mehr muss nicht immer besser sein, sondern kann in Intransparenz und Blockaden enden. Erst die praktische Erfahrung wird zeigen, inwieweit die verschiedenen Schritte einen wirklichen Gewinn bringen. Das Postulat demokratischer Legitimation muss sich jedenfalls **auf jegliche Form und jeden Bereich der Ausübung von rechtlicher Herrschaft im EU-Bereich** beziehen (Mandatsüberschreitungen der EZB erweisen sich aus dieser Perspektive als prekär). Die Aufrechterhaltung von Residualbereichen, in denen der Anspruch auf Verwirklichung eines nicht-demokratischen andersgearteten Heilsversprechens seinen Platz haben könnte, lässt sich normativ ausschließen.

2. Freiheit und Gleichheit der Selbstregierung

25 **Demokratische Herrschaft** ist dadurch gekennzeichnet, dass sie sich als Ausdruck der **Selbstbestimmung der Beherrschten** begreifen lässt (*Heller,* Die Souveränität [1927], in: *ders.,* Gesammelte Schriften, 1971, Bd. 2, 96 [98]). Demokratie, begriffen als Selbstbestimmung im Kollektiv, schöpft ihre uneinholbare normative Überlegenheit gegenüber jedem anderen bekannten Herrschaftskonzept daraus, dass sie sich als dem Willen der Herrschaftsunterworfenen verpflichtet begreift. In der Demokratie haben die Amtswalter die von ihnen ausgeübten Herrschaftsbefugnisse als treuhänderisch übertragene Befugnisse wahrzunehmen, die sie *für die Beherrschten* innehaben. Demokratische Herrschaftsausübung dient nicht der Verwirklichung einer Ideologie, eines Heilsversprechens oder auch des „Volkswillens". Sie sieht ihr Ziel schon gar nicht

darin, eine zukünftige bessere Welt – gegebenenfalls auch gegen den Willen der Betroffenen – anzustreben. Auch für eine materiale „EU-Integrationsideologie" ist danach kein Platz. Demokratische Herrschaft wird nur dann auf die Akzeptanz der Beherrschten stoßen, wenn diese sich in ihrer Vielfalt und Pluralität in den Entscheidungen der Amtsträger wiederfinden können. Nicht immer scheint man das in den EU-Institutionen hinreichend zu berücksichtigen.

Demokratietheorien enthalten ungeachtet der Unterschiede, die sie als **Theorie „treuhänderischer Herrschaft"** im Hinblick auf das zugrunde gelegte Menschenverständnis und das jeweilige Anwendungsfeld aufweisen, einen gemeinsamen normativen Kern: Wenn demokratische Herrschaft dadurch gekennzeichnet ist, dass sie sich als Ausdruck der Selbstbestimmung der Regierten begreift, dann muss sie den **Willen** *aller* **Beherrschten** *in gleicher Weise* **berücksichtigen.** Dieses Prinzip gilt es prinzipiell durchgängig zu realisieren. Dies bedeutet etwa, dass es *prima facie* gute Gründe gibt, bei den Wahlen zum Europäischen Parlament die Realisierung des Grundsatzes der Stimmengleichheit der Menschen in den Mitgliedstaaten zu fordern (hierzu Rz. 5/25 ff.). Föderale Theorie und demokratische Norm bedürfen allerdings eines Ausgleichs (zu einseitig BVerfGE 123, 267 (Lissabon). In föderalen Gebilden – die Erfahrung in den USA oder in Deutschland zeigt das – kann dies zu einer Lösung führen, in der die Grundsätze von Personengleichheit und Staatengleichheit miteinander ausgeglichen werden. In der Repräsentation der Einzelnen im Europäischen Parlament („degressive Proportionalität") kommt dies zum Ausdruck (oben Rz. 5/25 ff.). 26

3. Gemeinwohldienliche Regierung zwischen Distanz und Nähe

Demokratie setzt **Distanz und Uneigennützigkeit** voraus. Ohne die Distanz, die in der Institution des Amts zum Ausdruck kommt, gelänge es nicht, die verschiedenen Interessen, Werte und Anschauungen zum Ausgleich zu bringen. Eine mathematische Verrechnung wäre, wie die Rational-Choice-Theorie belegt, häufig inadäquat. Sachverstand, Klugheit und Urteilsvermögen politischer Führungspersönlichkeiten können nur dann zur Geltung kommen, wenn Entscheidungsspielräume bestehen. Den Risiken eines Fehlgebrauchs der damit verbundenen Freiräume ist aber entgegenzuwirken. Eine Ausgestaltung des Amts in einer Weise, dass hinreichende Anreize bestehen, sich für das **Gemeinwohl** einzusetzen, zugleich aber hinreichende **Sanktionsmöglichkeiten** existieren, ist dafür essentiell. Nach dem schnellen Wachstum der europäischen Bürokratie bestanden hier teilweise erhebliche Lücken – in kontinuierlicher Abfolge ließen sich Amtsmissbräuche von der höchsten Spitze (vgl. EuGHE 2006, I-6387, Rs. C-432/04, „Kommission/Cresson") bis hin in die unteren Ebenen der Beamtenschaft beobachten. Dies führte dann zur Einrichtung der Behörde OLAF (Rz. 5/112). Hier macht sich bemerkbar, dass die Herausbildung einer rechtsstaatlichen Führungs- und Entscheidungskultur – und die dadurch bewirkte Sozialisation von Amtsträgern – ein langwieriger Prozess ist. Die **zersetzende Wirkung** von amtlicher Korruption wird inzwischen ernst genommen. 27

Demokratie setzt zugleich auch **Nähe** voraus. Wenn Demokratie Selbstregierung ist, dann muss es ein Anliegen sein, die Entscheidungen in möglichst bürgernaher Weise zu treffen. Dem *Prinzip föderaler Gliederung* und der *Idee der Subsidiarität* kommen daher unmittelbare demokratische Wertigkeit zu. **Die Idee des Föderalismus** zielt darauf ab, die Existenz und Selbständigkeit einer Mehrheit politischer Einheiten zu gewährleisten, zugleich aber diese in einem höheren Ganzen einzubinden. Föderalismus 28 ist die Freiheit der engeren territorialen und personellen Gemeinschaften im Rahmen des Ganzen. Er ermöglicht Selbstregierung auch in großen Verbänden. Erfolgt die Kompetenzverteilung unter den verschiedenen Ebenen nach dem Prinzip der Subsidiarität, lässt sich die Idee demokratischer Selbstregierung optimieren. Bei der Kompetenzzuordnung sind nicht nur Effizienzgesichtspunkte zu berücksichtigen, sondern auch Aspekte der politischen Identität: Je weiter die Herausbildung einer europäischen Identität fortgeschritten ist, desto größer können die Zumutungen sein, die den Bürgern abverlangt werden. Sicherzustellen ist allerdings immer, dass Minderheiten nicht permanent oder unverhältnismäßig majorisiert werden; gegebenenfalls sind daher Vetorechte zu gewähren. Das EU-Kompetenz- und Entscheidungssystem spiegelt dies unmittelbar wider.

29 Die Legitimität der Form überstaatlichen Regierens, wie sie sich in der EU wiederfindet, hängt wesentlich davon ab, dass sich die in einer Föderation verbundene **EU und ihre Mitgliedstaaten als freie und gleiche Partner** begreifen, die in gegenseitigem Respekt die jeweiligen Zuständigkeits- und Aufgabensphären anerkennen, dabei aber miteinander institutionell und prozedural verbunden sind. Die EU sichert sich mit dem Vorrang ihres Rechts und dem Anspruch auf institutionelle Autonomie vor vertraglich nicht vorgesehenen Einwirkungen der Mitgliedstaaten ab; auf der anderen Seite ist sie gemäß Art. 4 Abs. 2 S. 1 EUV verpflichtet, die nationale Identität ihrer Mitgliedstaaten zu achten. Danach berührt die Union die verfassungsrechtliche Ordnung eines Mitgliedstaats grundsätzlich nicht; sie nimmt insbesondere keinen Einfluss auf die Verteilung der Zuständigkeiten innerhalb eines Mitgliedstaats.

30 Zu den Leitprinzipien der Gemeinschaft gehört seit dem Inkrafttreten des EUV 1993 das **Subsidiaritätsprinzip** (Präambel EUV (Abs. 13), Art. 5 Abs. 3 EUV, näher Rz. 11/23ff.). Hiernach darf die Union in den Bereichen, die nicht in ihre ausschließliche Zuständigkeit fallen, nur dann tätig werden, wenn die dortigen Ziele durch Maßnahmen auf Gemeinschaftsebene „besser" erreicht werden können. Das Subsidiaritätsprinzip ruft die Union auf, die Befugnisse und legitimen Interessen der MSen zu respektieren. Die Einführung des Subsidiaritätsprinzips – auf Grund deutscher Initiative – war eine Reaktion auf den fortschreitenden Ausbau der EG-Befugnisse seit den 50er Jahren zu Lasten der MSen. Der Subsidiaritätsgedanke steht in enger Verbindung zur **Achtung der nationalen Identität der MSen durch die Union** (Art. 4 Abs. 2 EUV) sowie zur „Bürgernähe" der innerhalb der Union zu treffenden Entscheidungen (Art. 1 Abs. 2 EUV). Art 5 EUV stellt das Subsidiaritätsprinzip außerdem zwischen das Prinzip der **begrenzten Einzelermächtigung** und den **Verhältnismäßigkeitsgrundsatz** (unten Rz. 17/37). In der bisherigen Unionspraxis begegnen die Versuche, das Subsidiaritätsprinzip juristisch operabel zu machen, allerdings manchen Schwierigkeiten; die Versuche, über ein Protokoll über Subsidiarität und Verhältnismäßigkeit (ABl. 2010, C 83/206) die Bindungswirkung zu erhöhen, haben bislang keine grundsätzliche Richtungsänderung bewirkt.

31 Wird die Idee des subsidiaritätsorientierten Föderalismus ernst genommen, erweist sich die gesellschaftliche und politische Fragmentiertheit der EU als unschädlich. Ebenso relativiert sich dann die Bedeutung der gegenwärtigen Bemühungen der Europäischen Kommission, die „europäische Identität" zu stärken und so ein Zugehörigkeitsgefühl zu erzeugen, das dereinst einmal die Rede vom „Europäischen Volk" rechtfertigen würde.

32 Wenn Demokratie nicht als Ausdruck der Verwirklichung eines „Volkswillens" verstanden wird, sondern als Form von „governance", die die Mitglieder der politischen Gemeinschaft als **„Selbstregierung"** begreifen können, dann kommt der **Sicherung von Freiräumen für die individuelle Entscheidung** der Person ein genuin demokratischer Wert zu. Die Sicherung von Autonomie und Freiheit ist dann nicht, wie es gelegentlich nahegelegt wird, ein *Gegenprinzip* zum demokratischen Prinzip. Die Regierung eines „Volkes" lässt sich nicht *gegen* die Selbstbestimmung des Einzelnen stellen. Eine wichtige Teilaufgabe demokratischer Theorie ist vielmehr die Auflösung von Konflikten

zwischen Mehrheit und Minderheit. Effektiver Grundrechtsschutz, dessen Bedeutung mit der Pluralisierung gesellschaftlicher Lebensstile an Bedeutung gewinnt, rundet insofern das Ordnungsprinzip des demokratischen Föderalismus ebenso „nach unten" ab (Rz. 4/23) wie die Gewähr, dass der Einzelne nur mit Hoheitsgewalt konfrontiert ist, die ihn **fair und angemessen** belastet (zum Grundrechtsschutz Rz 17/1 ff.).

4. Vor-institutionelle Voraussetzungen europäischer Demokratie

Lange Zeit drehte sich die Diskussion um europäische Demokratie beinahe ausschließlich um das „institutionelle Design der EU". Inzwischen hat sich allerdings das Bewusstsein dafür herausgebildet, dass Demokratie mehr bedeutet als Institution, Kompetenz und Verfahren (einen wichtigen Anstoß gab: *Grimm,* JZ 1995, 581). Rechtliche Institutionen und vor-institutionelle Gegebenheiten stehen in einem unauflösbaren Wirkzusammenhang – ohne dass man diesen allerdings als statisch begreifen dürfte. 33

Demokratie kann als Selbstbestimmung im Kollektiv nur dann funktionieren, wenn es zwischen den beteiligten Bürgern einen **Konsens** darüber gibt, dass bestimmte materielle Werte und bestimmte Verfahrensregeln unverfügbar sind. Der Konsens definiert den sog. „unkontroversen Sektor". Dieser wird wesentlich durch **Solidarität** und **Vertrauen** geprägt (*Follesdal,* Union Citizenship: Unpacking the Beast of Burden, Law and Philosphy 20 (2001), 313; *Depenheuer,* in: Buchstab u. a. (Hrsg.), Nationale Identität im vereinten Europa, 2006, 55). Von den Inhalten kollektiver Identität hängt ab, welche Entscheidungen von repräsentativen Organen – ggf. mit Mehrheitsentscheidung – getroffen werden können. Nicht die Suche nach absoluten Standards kollektiver Identität ist sinnvoll, sondern die Fragen nach Relationen, die für ein stabiles Gegenüber von kollektiver Identität und repräsentativer Herrschaftsstruktur gegeben sein müssen. Die Finanzkrise hat deutlich gemacht, dass die bestehende Identität noch nicht so tragfähig ist, weitreichende verteilungspolitische Entscheidungen zu stützen. Die Diskussionen um eine Ausweitung der Transferzahlungen in der Folge der Finanzkrise zeigen die weiterhin begrenzte Tragfähigkeit dieses Fundaments. Eine europäische Solidarität, verstanden als freiwilliges Füreinandereinstehenwollen, ist bislang nur in Ansätzen entwickelt – alle politischen Appelle ändern hieran nichts. 34

Repräsentative Demokratie auch auf EU-Ebene setzt zudem die **Existenz eines zivilgesellschaftlichen Raums** voraus, dessen Akteure – Gruppen, Vereinigungen, politische Parteien – als Stimme und Vertreter von Interessen agieren (*Walzer* (Hrsg.), Towards a Global Civil Society, 1995; *Archibugi/Held,* Cosmopolitan Democracy, 1995). Ohne die Kanalisierungs-, Koordinations- und Vertretungsmacht derartiger zivilgesellschaftlicher Akteure würde der Meinungsaustausch im Kommunikationsraum beliebig bleiben; ohne sie wäre dem Einzelnen keine hinreichende Möglichkeit der Durchsetzung von Interessen sowie der Einforderung von Verantwortlichkeit gegeben. Die Bedeutung dieser Ebene wird inzwischen in Art. 11 Abs. 2 EUV hervorgehoben. Man ist sich einig, dass auf europäischer Ebene derartige Akteure bereits agieren. Allerdings sind die einzelnen Interessen dort noch sehr unterschiedlich vertreten. Insbesondere im genuin politischen Bereich der politischen Parteien bestehen noch erhebliche Defizite (Art. 10 Abs. 4 EUV); die Versuche der EU, durch finanzielle und sonstige Fördermaßnahmen hier Änderungen herbeizuführen, waren bislang noch nicht von wesentlichem Erfolg gekrönt (VO 2004/2003 über die Regelungen für die politischen Parteien auf europäischer Ebene und ihre Finanzierung [ABl. 2003, L 297/1]). 35

36 Demokratische Selbstbestimmung im Kollektiv setzt die Existenz eines Kommunikationsraumes voraus, in dem sich die Bürger frei über Fragen des Politischen verständigen können. Auch jene, die den **Kommunikationsraum** nicht idealisieren und die Defizite etwa im nationalstaatlichen Raum anerkennen, sind sich einig, dass auf europäischer Ebene besondere Defizite und, prospektiv betrachtet, besondere Verwirklichungsschwierigkeiten liegen. Zwar existieren inzwischen erste Ansätze einer transnationalen Öffentlichkeit; diese umfasst allerdings lediglich besondere Eliten, beschränkt sich auf bestimmte Themen und wird weiterhin durch die Sprachenvielfalt gehemmt.

37 In der Relation von institutioneller (repräsentativer) Herrschaft und kollektiver Identität kann es **Phasen der Asynchronität** geben: Europäische „governance" kann in der Erwartung ausgebaut werden, dass die Entwicklung einer Identität nachziehen wird. Identitäten sind Ausdruck kultureller Praxis; sie formen sich wesentlich im Angesichte guter und schlechter Erfahrungen. Das Scheitern des „Verfassungsvertrags" belegt allerdings, dass die Auseinanderentwicklung nicht übergroß werden darf; andernfalls sind Entfremdung und Widerstand zu befürchten. Die gegenwärtig diskutierten Pläne, eine „Europäische Wirtschaftsregierung" mit erheblichen Eingriffs- und Verteilungsbefugnissen einzuführen, könnten insofern auf Grenzen stoßen.

38 Nicht ohne Bedeutung ist in diesem Zusammenhang, dass über die anzustrebenden Inhalte einer europäischen Identität in normativer Hinsicht keine Einigkeit besteht (*Ward,* European Law Journal 7 (2001), 24). Teilweise will man eine politische Gemeinschaft der Europäer als kulturell dichte, auf einer spezifischen Vorstellung des guten Lebens beruhende Gemeinschaft anstreben. Der (europäischen) Lebensform soll danach ein immanenter, anzuerkennender und schützenswerter Wert zukommen. Europäische Integration muss sich dieser Sichtweise zufolge auf eine politische Gemeinschaft stützen, deren soziale und politische Integration auf einem Boden geteilter ethisch-kultureller Werte beruht (**„materiale Wertegemeinschaft"**; vgl. *Calliess,* JZ 2004, 1033). Teilweise wird Identität offener konzipiert und als Orientierung begriffen, die sich auf universalistische Prinzipien – vor allem die Prinzipien der Freiheit, der Gleichheit, der Neutralität, der Allgemeinheit und der Nichtschädigung (neminem laedere) – stützt.

IV. Ein „demokratisches Defizit"?

39 Im Lichte der vorstehenden Überlegungen erweist sich auf der einen Seite, dass ein einfacher und gedankenloser Vergleich zwischen der nationalstaatlichen Institutionenstruktur und dem EU-Regierungssystem noch keine Aussage darüber zulässt, ob in der EU ein **„demokratisches Defizit"** besteht. Engherzige Vergleiche zwischen den Mitgliedstaaten und der EU müssen vermieden werden. Es ist nicht zu erwarten, dass sich auf überstaatlicher Ebene im 21. Jahrhundert ein Demokratiemodell verwirklicht, das so etwa im staatlichen Kontext im 19. Jahrhundert entwickelt wurde (*Nettesheim,* Berkeley Journal of International Law 23 (2005), 358). Die Frage, inwieweit sich die auf EU-Ebene ausgeübte Hoheitsgewalt demokratisch rückbinden lässt, lässt sich nur unter Berücksichtigung der besonderen Strukturgegebenheiten überstaatlicher Herrschaft beantworten.

40 Die langjährige Sorge um das **„demokratische Defizit" der EU** (*Kluth,* Die demokratische Legitimation der EU, 1995) ist trotz der unbestreitbaren Fortschritte, die sich

durch eine Stärkung der legitimationsstiftenden Strukturen und Institutionen ergeben haben, weiterhin berechtigt. Die Konferenzen von Maastricht 1992, Amsterdam 1997, Nizza 2001 und Lissabon 2007 haben die Rechte des EP erweitert und die demokratischen Grundlagen der Union im horizontalen Verhältnis auf überstaatlicher Ebene gestärkt. Die Rechte des EP wurden so ausgebaut, dass man heute zwar noch nicht von einem parlamentarischen Regierungssystem sprechen kann. Wohl aber ist die **Gubernativlastigkeit der Entscheidungsprozesse** deutlich verringert worden. Erhebliche Defizite bestehen aber weiterhin in der (vertikalen) Rückbindung dessen, was in Brüssel, Luxemburg und Straßburg passiert, in die europäische Bürgerschaft hinein (kritisch *Nettesheim,* EuZW 2013, 161). Bislang ist nicht absehbar, ob die nunmehr vorgesehenen Instrumente (etwa die Einführung einer europäischen Bürgerinitiative [Art. 11 Abs. 4 EUV]) hieran etwas ändern. Auch die Wirkung der Wertesemantik der Verträge (Art. 2f. EUV) ist nur schwer abzusehen.

Zu Recht bleibt die **Skepsis in der Bürgerschaft** daher weiterhin nicht unerheblich. 41
Der Versuch, im Prozess der „Verfassungsgebung" 2002–2004 ein „konstitutionelles Moment" zu erzeugen und einen wesentlichen Sprung zu machen, erschien vielen als hohles Pathos: Denn inhaltlich hätte sich nicht so viel geändert, dass die Verwendung der entsprechenden Symbolik gerechtfertigt gewesen wäre. Anderen ging gerade die Verwendung dieser Symbolik viel zu weit (oben Rz. 3/10ff.). Auch der Vertrag von Lissabon bringt zwar in horizontaler Hinsicht manchen Gewinn (unten Rz. 5/160ff.). Das Gesamtbild stimmt allerdings nicht hoffnungsfroh. Die Lücke, die zwischen der (weiter ansteigenden) Kompetenzausstattung der EU und der Effektivität der EU-Hoheitsgewalt klafft, und der geringen demokratischen Responsivität des Gebildes öffnet sich durch diesen Vertrag eher, als dass sie geschlossen wird. Die Einbindung der Bürger bleibt weiterhin hinter den Erwartungen zurück. Eine effektive Rückbindung der Entscheidungen erfolgt noch am ehesten über die – allerdings diffusen – Möglichkeiten demokratischer Partizipation und Kontrolle in den Mitgliedstaaten. Eine **unmittelbare Responsivität** ist den Entscheidungsprozessen im Europäischen Parlament demgegenüber nicht eingeschrieben.

Hält man sich vor Augen, in welchem Umfang der überstaatlichen Ebene inzwischen 42
Kompetenzen angewachsen sind, ist die Annahme nicht ganz fernliegend, dass sich das „demokratische Defizit" **vertieft** hat (sehr kritisch etwa *von Arnim,* Das Europa-Komplott, 2008). Die Regelungstechnik des Lissabon-Vertrags, die eine überaus wortreiche Programmatik mit doch eher zurückhaltenden Verbesserungen der tatsächlichen Stellung der Einzelnen gegenüber den EU-Organen (Steigerung der „Responsivität") verbindet, weckt Skepsis. Der politische Wille zur tatsächlichen Stärkung der Stellung der Bürger scheint im Kreis der Unionsorgane weiterhin eher klein zu sein. Weiterhin wird europäische Politik wesentlich durch die Annahme bestimmt, dass jeder Vertiefungsschritt für die Integration per se gut ist. Dies belegt die Diskussion um die Weiterentwicklung der EU in der Folge der Finanzkrise deutlich. Die Frage, wofür Europa eigentlich nach dem Willen seiner Bürger stehen soll, wird viel zu wenig diskutiert; die eigentlich durchgängige Erwartung, dass es um den Schutz von Vielfalt und Pluralität gehen sollte, findet in einem auf Angleichung und Regulierung drängenden politischen Prozess kaum Niederschlag.

Gänzlich unklar ist schließlich, inwieweit die EU eine Verantwortung dafür trägt, dass in ihren Mitglied- 43
staaten jene demokratischen und rechtsstaatlichen Gegebenheiten herrschen, die für die demokratische Le-

gitimität des Gesamtgebildes notwendig sind. Dem Vertragstext zufolge begreift sich die EU als **Zusammenschluss parlamentarisch-rechtsstaatlicher Demokratien** (z. T. präsidialen Typus). In den Leitprinzipien ihres institutionellen Aufbaues spiegelt sich die Erwartung wider, dass ihre Mitgliedstaaten die in Art. 2, 3 und 6 Abs. 1 EUV feierlich benannten **Ziele, Werte und „allgemeinen Grundsätze der Union"** (Freiheit, Demokratie, Menschenrechte, Rechtsstaatlichkeit) teilen. Art. 7 EUV ermöglicht Schritte, um dies durchzusetzen; die Regelung ist allerdings wenig effektiv und rechtspolitisch missglückt. Keine wirklich effektive Handhabe hat auch die Grundrechtsagentur in Wien. Inzwischen wird daher darüber diskutiert, welche Schritte die EU (über das Verfahren nach Art. 258 AEUV hinaus) unternehmen könnte, um anti-demokratischen oder –rechtsstaatlichen Tendenzen in einem Mitgliedstaat entgegen zu wirken (*Müller,* Wo Europa endet, 2013; *Klamt,* Die Europäische Union als streitbare Demokratie, 2012). Teilweise wird gefordert, dass der EuGH die EU-Grundrechte gegenüber den Mitgliedstaaten umfassend zur Anwendung bringt (*von Bogdandy* u. a., ZaöRV 2012, 45); mit dem Wortlaut der Charta, dem politischen Willen der MSen und der Legitimation des EuGH ist dies aber nicht vereinbar. Der Versuch, illiberale Kräfte in den Mitgliedstaaten unter Anwendung europäischen Rechts – durch einen Gerichtshof oder durch eine Verwaltungsbehörde – bekämpfen zu wollen, wird schnell auf Grenzen stoßen. Sinnvoller ist die Aktivierung politischer Kräfte.

§ 16. Unionsbürgerschaft

Literatur: *Nettesheim,* Die Unionsbürgerschaft im Verfassungsentwurf – Verfassung des Ideals einer politischen Gemeinschaft der Europäer?, integration 2003, 428; *Schönberger,* Unionsbürger, 2005; *Giubboni,* Free Movement of Persons and European Solidarity, EJL 2007, 360; *Jacobs,* Citizenship of the European Union – A Legal Analysis, EJL 2007, 591; *Kostakopoulou,* European Union Citizenship: Writing the Future, EJL 2007, 623; *Schönberger,* European Citizenship as Federal Citizenship. Some Citizenship Lessons of Comparative Federalism, European Public Law Review 2007, 61; *Wollenschläger,* Grundfreiheit ohne Markt, 2007 (kurz in: ELJ 2011, 1); *Spaventa,* Seeing the Wood Despite the Trees? On the Scope of Union Citizenship and its Constitutional Effects, CMLRev 2008, 13; *Rabenschlag,* Leitbilder der Unionsbürgerschaft, 2009; *Stern,* Das Staatsangehörigkeitsprinzip in Europa, 2008; *Obwexer,* Diskriminierungsverbot und Unionsbürgerschaft, Jb. Europarecht 2010, 71; *Goudappel,* The Effects of EU-Citizenship, 2010; *Nic Shuibhne,* The Resilience of EU Market Citizenship, CMLR 2010, 1597; *Thym,* Freizügigkeit in Europa als Modell?, EU-Migrationspolitik zwischen Offenheit und Abschottung, EuR 2011, 487; *Nettesheim,* Der Kernbereich der Unionsbürgerschaft, JZ 2011, 1030; *Raschka,* Freizügigkeit von Unionsbürgern und Zugang zu sozialen Leistungen, EuR 2013, 116; *Frenz,* Armutseinwanderung zwischen EU-Freizügigkeit und Menschenwürde, NJW 2013, 1210; *Thym,* Die Entwicklung der Union zu einem „sozialen Europa", 2013.

I. Die Herausbildung eines Bürgerstatus

1 Die EWG war eine Zweckgründung der Mitgliedstaaten, die jedenfalls zunächst nicht auf eine politische Vergemeinschaftung abzielte, auch wenn sie durchaus dem Wohl der Bürger dienen sollte. Bereits früh wurde deutlich, dass die Einzelnen – in diesen Grenzen – als Rechtssubjekte des Unionsrechts anzusehen seien („Van Gend & Loos" – Rz. 10/9). Dementsprechend führte das primäre und sekundäre Gemeinschaftsrecht zu einer Fülle **unmittelbarer Rechtsbeziehungen** zwischen der EU und den natürlichen und juristischen Personen in den Mitgliedstaaten, die in ihrer Summe als ein – allerdings primär ökonomisch geprägter – **„europäischer Status"** begriffen werden können. In diesem Sinne sprechen die Verträge die Einzelpersonen verschiedentlich direkt als Träger von Rechten und Pflichten innerhalb der supranationalen Rechtsordnung an.

2 Dies bedeutete aber nicht, dass die Einzelnen auch zu Trägern des europäischen Integrationsprozesses gemacht wurden. Dieser Prozess blieb bis in die achtziger Jahre hinein

ein Prozess *zwischen* den Mitgliedstaaten. Über sie legitimierte sich die EU; die mitgliedstaatliche Zustimmung sicherte die demokratische Legitimation ab (hierzu Rz. 15/1). Die Bürger ließen die Entwicklung in passiver Akzeptanz über sich ergehen; eine aktive Rolle genossen sie als Profiteure der Entwicklung, nicht aber als deren Gestalter. Insofern ließ sich die Integration als Zusammenschluss der „Völker Europas" begreifen. Die Bedeutung, die dieser Konstruktion zukam, wirkt bis in die Lissabon-Entscheidung des BVerfG nach (BVerfGE 123, 267). Die Bürger galten als „Marktbürger", nicht aber als „EU-Bürger" (perspektivisch *Grabitz,* Europäisches Bürgerrecht zwischen Marktbürgerschaft und Staatsbürgerschaft, 1970).

Politisch befasste man sich allerdings bereits früh mit der Rolle der Bürger. Aufgrund des Pariser Gipfeltreffens 1974 wurde eine Arbeitsgruppe eingesetzt, die prüfen sollte, welche **„besonderen Rechte als Angehörige der Gemeinschaft"** allen Bürgern der MSen zuerkannt werden sollten (Kommunalwahlrecht, Zugang zu öffentlichen Ämtern, Versammlungs- und Vereinigungsfreiheit, Passunion u. a.). Diese Bestrebungen setzten sich in den siebziger und achtziger Jahren fort **(Ad-hoc-Ausschuss „Europa der Bürger"** = Adonnino-Ausschuss 1984). 1990/93 wurden **drei Aufenthaltsrichtlinien** verabschiedet, die das Aufenthaltsrecht für alle EG-Bürger verwirklichten. Ebenso gehören die 1981/82 unternommenen Schritte zu einer **Passunion** und zum allmählichen Abbau der Grenzkontrollen (**„Schengen"-Abkommen** seit 1985; dazu Rz. 33/66ff.) in diesen Zusammenhang. Im Vertrag fand dies aber zunächst keinen Niederschlag. Noch die Einheitliche Europäische Akte war 1986 praktisch ausschließlich vom zwischenstaatlichen Integrationsparadigma gekennzeichnet. 3

Mit dem Anwachsen der Aufgaben und Kompetenzen der EG erwies sich die vertragliche Ausrichtung als zunehmend prekär. Der Verband schwebte über den Bürgern, war aber nicht unmittelbar an sie rückgebunden. Ende der achtziger Jahre verstärkte sich die Diskussion um die demokratische Legitimation der EG deutlich (Rz. 15/1 ff.). Schon vor den Verhandlungen über den Maastricht-Vertrag, in dem es um einen weiteren Integrationsschub ging, tauchte die Idee auf, eine **„Unionsbürgerschaft"** zu etablieren, über die die Einzelnen einen Status erlangen, der ihnen eine politische Stellung im Integrationsverband verschafft. In dem Begriff „Bürgerschaft" schwingt aufgrund seiner ideengeschichtlichen und verfassungsrechtlichen Stellung ein enormes Potential politischer Integration mit. Er kann als Projektionsfläche für allerlei Imaginationen dienen. Der in Maastricht neugeschaffene Status des „Unionsbürgers" stieß zunächst auf **Skepsis,** teilweise sogar auf Spott. Man meinte, dass es sich um bloße Kosmetik handele. Viele erahnten nicht, welche Dynamik der EuGH der Bestimmung des heutigen Art. 9 S. 2–3 EUV, Art. 20 AEUV verleihen würde. Inzwischen sind das Potential und die Sprengkraft der Bestimmung klar erkennbar. Der EuGH entwickelte unter Rückgriff auf diese Bestimmung eine **weitreichende Integrationsteleologie** „jenseits des Binnenmarktes" (hierzu *Nettesheim,* Der Kernbereich der Unionsbürgerschaft, JZ 2011, 1030). Der EuGH spricht seit längerem davon, dass die Unionsbürgerschaft den grundlegenden Status der Bürger in der Europäischen Union darstelle (st. Rspr. seit EuGHE 2001, I-6193, Rs. C-184/99, „Grzelczyk", Rz. 31). Dieser „Grundstatus" der Unionsbürger ist dabei, an die Stelle der Marktstellung der Bürger zu treten (EuGHE 2011, I-1177, Rs. C-34/09, „Ruiz Zambrano") (zum heutigen Stand: KOM, Bericht zur Unionsbürgerschaft 2013 (COM [2013] 269 final). 4

Wesentliche Rechte der Unionsbürger (unionsweite Freizügigkeit und Aufenthaltsrecht, Kommunalwahlrecht und Wahlrecht zum Europäischen Parlament im Wohnsitz-Mitgliedsstaat, diplomatisch-konsularischer Schutz in Drittstaaten durch alle MSen, Petitionsrecht beim EP) **sind in Art. 20–25 AEUV niedergelegt** (hierzu näher unten Rz. 16/15ff.). Auf der Grundlage von Berichten der Kommission kann der 5

Rat diese Unionsbürgerrechte auf Vorschlag der Kommission und mit Zustimmung des EP durch einstimmigen Beschluss ergänzen und den MSen zur Ratifikation empfehlen (**Evolutivklausel** [Art. 25 AEUV]). Als Bestandteil des AEUV unterliegen die Rechte und Pflichten der Unionsbürger der Kontrolle des EuGH.

6 Die Rechte und Pflichten der Unionsbürger erschöpfen sich allerdings nicht in den Art. 20–25 AEUV. Sie verfügen über **alle in den Verträgen vorgesehenen Rechte und Pflichten (Art. 20 Abs. 2 AEUV).** Diese können auch in sekundärem Unionsrecht niedergelegt sein. Die Verträge definieren öfters als Normadressaten die **„natürlichen Personen, die Angehörige der MSen sind"**, ferner „die nach den Rechtsvorschriften eines MS gegründeten **Gesellschaften**" oder die **„Unternehmen und Unternehmensvereinigungen"** (z. B. Art. 45 Abs. 2, 54, 263 Abs. 4 AEUV). Wer natürliche oder juristische Person und damit Unionsbürger i. w. S. ist, bestimmt sich nach dem nationalen Recht (EuGHE 2001, I-1237, Rs. C-192/99, „Kaur"; EuGHE 2004, I-9925, Rs. C-200/02, „Zhu und Chen"; insbesondere zur Bestimmung der Wahlberechtigung zum EP unter Rz. 5/28). Die Union bemüht sich, mittels mancherlei „Äußerlichkeiten" wie der **Angleichung der Passformulare** („Europapass") oder einheitlicher **europäischer Führerscheine** und **europäischer Kfz-Nummernschilder** die gemeinsame Unionsbürgerschaft sichtbar zu machen. Die EU fördert durch Aktionsprogramme eine **aktive europäische Bürgerschaft** (Ratsbeschluss 2004/100, ABl. L 30/6).

II. Die Einwirkung der Unionsbürgerschaft auf das mitgliedstaatliche Staatsangehörigkeitsrecht

7 Die Vertragsgeber geben in Art. 9 EUV zu erkennen, dass ihrer Vorstellung nach die Unionsbürgerschaft keine „EU-Staatsangehörigkeit" ist. Unionsbürger soll sein, wer die Staatsangehörigkeit eines MS besitzt; die Unionsbürgerschaft soll danach akzessorisch und derivativ gewährt werden. Inzwischen ist der EuGH allerdings dabei, dieses Verhältnis **grundlegend neu zu konzipieren.** In der – viel zu wenig beachteten – Entscheidung „Rottmann" geht der EuGH davon aus, dass den Mitgliedstaaten die Freiheit zum Entzug ihrer (!) Staatsangehörigkeit nur noch dann zukommt, wenn sie dabei verhältnismäßig vorgehen (EuGHE 2010, I-1449, Rs. C-135/08, „Rottmann"). Die MSen regeln damit ihr Staatsangehörigkeitsrecht in Abhängigkeit von der EU und unter Aufsicht des EuGH. Es erscheint denkbar, dass der EuGH diesen Grundsatz eines Tages auch auf den Erwerb der Staatsangehörigkeit erstreckt (hierzu *Kochenov,* CMRL 2010, 1831).

8 Bislang ist der EuGH bei der Konkretisierung der **Vorgaben für das mitgliedstaatliche Staatangehörigkeitsrecht** noch inhaltlich zurückhaltend. Der EuGH verlangt bei der Entscheidung über den Entzug einer rechtswidrig erlangten Staatsbürgerschaft nicht mehr, als dass die Folgen der Rücknahme berücksichtigt werden. Im konkreten Fall mündete dies in die Staatenlosigkeit – ein Ergebnis, das mit Blick auf die Menschenrechtsgewährleistungen des EUV und des internationalen Rechts teils scharf kritisiert wird. In dem Prüfungsvorbehalt des EuGH deutet sich jedenfalls die Möglichkeit einer weitergehenden europarechtlichen Kontrolle staatsangehörigkeitsrechtlicher Entscheidungen der MSen an. Noch übt die Union keine personelle Souveränität über die Unionsbürger aus. Zwischen der Union und ihren Bürgern **bestehen unmittelbare, aber enumerativ im AEUV begrenzte Rechts- und Pflichtenbeziehungen.** Ein Wandel ist aber vorstellbar; er ließe die europäische Föderation noch näher zusammenwachsen. Es ist spannend zu beobachten, ob dies nicht die vom BVerfG postulierte „Verfassungsidentität" (BVerfGE 123, 267 [Lissabon]) berührt.

III. Inhaltliche Dimensionen des „Grundstatus" der Unionsbürgerschaft

Bislang hat der EuGH keine allgemeinen und abstrahierenden Aussagen zur verfassungstheoretischen Konzeption und der dogmatischen Gestalt des Grundstatus nach Art. 20 AEUV gemacht. Die vorsichtige, nur schrittweise entwickelte Rechtsprechung lässt bislang kein Gesamtbild und keine langfristige Perspektive erkennen. Insofern bleibt offen, in welche Richtung sich dieser Status künftig entwickeln wird. Die nachfolgende Analyse der Rechtsprechung belegt, dass es gegenwärtig vor allem darum geht, die Unionsbürgerschaft als Hebel einzusetzen, um **Strukturen in den Mitgliedstaaten** zu ändern. Bislang nicht erkennbar ist, dass die Inhalte der Unionsbürgerschaft die Bürger rechtlich in eine wesentlich engere Rechtsbeziehung zur EU bringen und so die demokratische Rückbindung der EU (Rz 16/1 ff.) stärken könnten. 9

Im *persönlichen Anwendungsbereich* der Unionsbürgerschaft (Art. 20 AEUV) lässt sich gegenwärtig eine Verschiebung beobachten. Art. 20 AEUV wird inzwischen auch auf **Personen angewandt, die bislang von den Freizügigkeitsrechten nicht Gebrauch gemacht** haben (*Spaventa,* CMLR 2008, 13). 10

Bislang lag die wesentliche Bedeutung der Unionsbürgerschaft – ihr *sachlicher Bedeutungsgehalt* – in der *Begründung von Freizügigkeitsrechten und Gleichstellungsansprüchen* für mobile Bürger jenseits des von spezifischen Grundfreiheiten (Art. 34, 45, 49, 56, 63 AEUV) begründeten Bereichs (nachfolgend Rz. 15 ff.). Der EuGH schützt nicht nur die Freiheit, den Mitgliedstaat ohne Nachteile verlassen zu können, sondern vor allem den behinderungsfreien Zugang zum und diskriminierungsfreien Aufenthalt im Aufnahmestaat. Dabei geht es sowohl um die Abwehr **unverhältnismäßiger Beschränkungen** als auch um die Bekämpfung von **Benachteiligungen.** Selbst mittelbare Benachteiligungen (Schlechterstellung aufgrund der Ausreise der Ehefrau: EuGHE 2005, I-6421, Rs. C-403/03, „Schempp") werden erfasst. Inzwischen gewährt der EuGH punktuell auch Ansprüche auf Besserstellung (Wahl eines ausländischen Namensrechts: EuGHE 2003, I-11 613, Rs. C-148/02, „Garcia Avello"). Diese mobilitätsbezogene Rechtsprechung hat dazu veranlasst, Art. 21 AEUV als „Grundfreiheit ohne Markt" *(Wollenschläger)* zu bezeichnen. 11

In neuesten Entscheidungen zeichnet sich allerdings eine **Bedeutungsverschiebung** ab (EuGHE 2011, I-1177, Rs. C-34/09, „Ruiz Zambrano";EuGHE 2011, I-11315, Rs. C-256/11, „Dereci", EuGHE 2013, I-000, Rs. C-87/12, „Ymeraga"). In diesen Fällen ging es darum, inwieweit sich Unionsbürger auf die Rechte aus **Art. 20 AEUV** berufen können, die nie von ihrer Freizügigkeit Gebrauch gemacht haben. Der EuGH bejahte dies grundsätzlich (*Graf Vitzthum,* Die Entdeckung der Heimat der Unionsbürger, EuR 2011, 550). Das Unionsrecht steht danach mitgliedstaatlichen Maßnahmen entgegen, die zur Folge haben, dass Unionsbürgern „der **Kernbestand der durch den Unionsbürgerstatus verliehenen Rechte** verwehrt oder die Ausübung seines Rechts, sich im Hoheitsgebiet der Mitgliedstaaten frei zu bewegen und aufzuhalten" erschwert wird. Damit wird deutlich, dass die Freizügigkeit (Art. 21 AEUV) nur ein Teilaspekt des weitergehenden Status aus Art. (20 AEUV) bildet. Während der Kernbereich teilweise weit verstanden und auf zentrale persönlichkeitskonstituierende Gegebenheiten erstreckt wird (*Nettesheim,* JZ 2011, 1030), versucht man andernorts, den Kernbereich auf die Freiheit zum Aufenthalt in der EU zu reduzieren (*Hailbronner/Thym,* NJW 2011, 2008; *Thym,* NVwZ 2012, 103; vgl. auch *Wiesbrock,* GLJ 12

2011, 2077; *Hong,* ZJS 2012, 249). Die mitgliedstaatlichen Maßnahmen, die den Kernbestand beeinträchtigen, würden nicht als „rein innerstaatlicher Sachverhalt" anzusehen sein (ähnlich mit Blick auf die Freizügigkeit: EuGHE 2011, I-3375, Rs. C-434/09, „McCarthy", Rz. 46 f.). Drittstaatsangehörige, die nicht im EU-Aufenthaltsstaat von Mutter und Kind leben, können sich nicht auf die Unionsbürgerschaft stützen (EuGHE 2012, I-0000, Rs. C-40/11, „Iida"). Die Wendung hat auch zur Folge, dass die Unionsbürgerschaft künftig gegen **Inländerdiskriminierungen** gerichtet werden könnte.

13 Trotz dieser Entwicklung bleibt die Unionsbürgerschaft weiterhin im **prä-politischen Bereich** stehen. Politische Vergemeinschaftung setzt mehr voraus als Rechtsträgerschaft; und sie setzt ein umfassendes **Verhältnis besonderer Verbundenheit** zum Gemeinwesen und dem von diesem eingesetzten Hoheitsträger voraus (EuGHE 1980, 3881, Rs. 149/79, „Kommission/Belgien"). Die Verstärkung der Rechtstellung von EU-Bürgern in den Mitgliedstaaten bewirkt dies noch nicht. Eine wirkliche EU-Angehörigkeit würde eine Herausbildung politischer Gemeinschaftsvorstellungen im Kreis der EU-Bürger voraussetzen, die bislang noch nicht absehbar ist. Trotz der Etablierung der allgemeinen Personenfreizügigkeit ist ein **gemeinsames europäisches „Wir-Gefühl"** der Unionsbürger erst in Ansätzen vorhanden. Die Verteilungsstreitigkeiten im Zuge der Bewältigung der Finanzkrise machen dies überdeutlich. Primärer rechtlicher und tatsächlicher Anknüpfungspunkt bleibt der Nationalstaat. Gleichwohl unterscheidet sich die EU von Internationalen Organisationen wesentlich dadurch, dass zwischen ihr und den Bürgern in erheblichem Umfang **unmittelbare personelle Beziehungen** bestehen. Der Unionsbürger kann inzwischen als **unmittelbares Mitglied der Union** angesprochen werden (im Einzelnen *Kadelbach,* Unionsbürgerschaft, in: von Bogdandy/Bast (Hrsg.), Europäisches Verfassungsrecht, 2. Aufl. 2009, 611 ff.).

14 Zunehmend zeigt sich zudem eine Ausweitung der Rechte von **Nicht-EU-Bürgern,** welche ihren regulären Wohnsitz in einem MS haben (hierzu Art. 41–45 GrCh; RL 2003/109/EG, ABl. L 16/44). In Einzelfällen kann sich deren Rechtsposition als *Angehörige* von Unionsbürgern auch aus Art. 20 AEUV ergeben (z. B. EuGHE 2004, I-9925, Rs. C-200/02, „Zhu und Chen", Rz. 42).

IV. Freizügigkeit: Schutz der positiven und der negativen Freiheit

15 Im Zentrum der Unionsbürgerschaft steht das **Freizügigkeitsrecht nach Art. 21 AEUV.** Die Bestimmung ist unmittelbar anwendbar (EuGHE 2002, I-7091, Rs. C-413/99, „Baumbast"). Sie gewährt den Einzelnen ein subjektives Recht, das vor den nationalen Stellen geltend gemacht werden kann (*Stewes,* Die Entwicklung des allgemeinen Freizügigkeitsrechts der Unionsbürger und seine sozialen Begleitrechte, 2011).

1. Persönlicher Anwendungsbereich

16 Das Freizügigkeitsrecht steht allen Unionsbürgern zu – ohne dass es, wie bei den Grundfreiheiten, darauf ankommt, dass sie sich grenzüberschreitend **wirtschaftlich betätigen.** Die Berechtigung erstreckt sich damit nicht nur auf die grundfreiheitlich berechtigten Arbeitnehmer und Selbständige. Im Anwendungsbereich von Art. 21 AEUV liegt daher z. B. auch die Freizügigkeit von Rentnern (EuGHE 2006, I-10685, Rs. C-520/04, „Turpeinen", Rz. 16 f.). Staatsoberhäupter, Minister und ähnliche Personen können sich nur im Rahmen des Völkerrecht auf Art. 21 AEUV beru-

fen (EuGHE 2012, I-0000, Rs. C-364/10, „Ungarn/Slowakei"). Die Personenfreizügigkeit ist über den Binnenmarktgedanken hinaus zum politischen Merkmal der EU geworden.

Auf Art. 21 AEUV können sich Unionsbürger nicht nur gegenüber dem **Aufenthaltsstaat,** sondern auch gegenüber ihrem **Herkunftsland** berufen, wenn und soweit sie das Land verlassen wollen (EuGHE 2008, I-5157, Rs. C-33/07, „Jipa") oder zurückkehren wollen (EuGHE 2006, I-10451, Rs. C-192/05, „Tas-Hagen und Tas", Rz. 19, 24f.; EuGHE 2006, I-6947, Rs. C-406/04, „De Cuyper", Rz. 35). Eine Bindung von Drittstaaten besteht ebenso wenig wie (bislang) eine solche der EU. 17

2. Sachlicher Anwendungsbereich

a) Schutz der Freiheit zur grenzüberschreitenden Mobilität

Nach Art. 21 Abs. 1 AEUV hat jeder Unionsbürger das Recht, sich im Hoheitsgebiet der MSen vorbehaltlich primär- und sekundärrechtlicher Beschränkungen frei zu bewegen und **aufzuhalten** (EuGHE 2007, I-9161, verb. Rs. C-11/06 und C-12/06, „Morgan und Bucher", Rz. 25; EuGHE 2008, I-3993, Rs. C-499/06, „Nerkowska", Rz. 32). Geschützt wird auch die Mobilität zum Zwecke der Bildung (vgl. auch Art. 165f. AEUV). Der Nachweis eines konkreten Aufenthaltszwecks wird unionsrechtlich aber nicht verlangt. Art. 21 AEUV schützt das freie Belieben, sich in einen anderen Mitgliedstaat zu begeben und sich dort aufzuhalten. Einreiseverbote sind zu begründen (EuGH, Urteil vom 4.6.2013, Rs. C-300/11, „ZZ"). 18

Der Aufenthaltsstatus der Unionsbürger wird nunmehr in RL 2004/38 (ABl. 2004, L 158/77; hierzu *Carrera,* ELJ 2005, 711; *Schönberger,* ZAR 2006, 226) kodifiziert und konkretisiert. Hierdurch wird maßgeblich der **Schutz von drittstaatsangehörigen Familienmitgliedern** gestärkt. Zugleich enthält die Richtlinie Verbesserungen des Ausweisungsschutzes. Es ist davon auszugehen, dass die Bestimmungen der Richtlinie im Hinblick auf das Freizügigkeitsrecht „lex specialis" zu Art. 21 AEUV sind – mit der Folge, dass sie die Reichweite der unionsbürgerlichen Freizügigkeit abschließend konkretisieren und nicht unter Berufung auf Primärrecht überspielt werden können (anders im Bereich der Gleichheit (unten Rz. 16/25). Die Umsetzung der Richtlinie erfolgte in Deutschland durch das Freizügigkeitsgesetz/EU (*B. Huber,* NVwZ 2007, 977). 19

Ein Rückgriff auf die allgemeine Freizügigkeitsregel des Art. 21 AEUV scheidet aus, soweit das Verhalten eines Unionsbürgers in den **Anwendungsbereich spezieller Freizügigkeitsregelungen** (vgl. Art. 45, 49, 56 AEUV) fällt (z. B. EuGHE 2007, I-6849, Rs. C-76/05, „Schwarz, Gootjes-Schwarz", Rz. 35). Eigenständige Bedeutung behalten die speziellen Personenverkehrsfreiheiten insbesondere im Hinblick darauf, dass die allgemeine Personenfreizügigkeit unter strengeren Vorbehalten steht (vgl. z. B. Art. 1 RL 2004/38). 20

b) Schutz des Rechts zum Bleiben

Darüber hinaus schützen Art. 20f. AEUV aber auch das Recht, in einem Mitgliedstaat bleiben zu dürfen. Mitgliedstaatliche Maßnahmen dürfen einen Unionsbürger – vorbehaltlich einer Rechtfertigung – **nicht zur Ausreise zwingen.** In der schon erwähnten Entscheidung „Zambrano" (EuGHE 2011, I-1177, Rs. C-34/09) geht der EuGH darüber hinaus davon aus, dass eine unionsrechtswidrige Beeinträchtigung des Bürgerstatus (konkret: Zwang zum Wegzug) auch dadurch ausgeübt werden kann, dass dritten Personen der Aufenthalt verweigert wird, auf die der Unionsbürger angewiesen ist 21

(Kind-Eltern-Beziehung). Ungeklärt sind die Schranken, die in einem solchen Fall doch aufenthaltsbeendende Maßnahmen zulassen. Dies begründet jedenfalls **kein allgemeines Recht auf Ehegatten- oder Familiennachzug** (EuGHE 2011, I-0375, C-434/09, „McCarthy", Rz. 49f.; keine Relevanz von wirtschaftlichen Gründen: EuGHE 2011, Rs. C-256/11, „Dereci", Rz. 68).

3. Beeinträchtigung

22 Der Begriff der Beeinträchtigung des Freizügigkeitsrechts wird vom EuGH umfassend verstanden. Als Beeinträchtigung wird nicht nur das konkrete Aufenthaltsverbot angesehen. Auch mitgliedstaatliche Maßnahmen, die sich lediglich mittelbar nachteilig auswirken, fallen in den Anwendungsbereich von Art. 21 AEUV. Eine Beeinträchtigung liegt bereits vor, wenn **persönliche Unannehmlichkeiten, persönliche Kosten oder Verzögerungen die Inanspruchnahme der Freizügigkeit unwahrscheinlicher machen** (EuGHE 2007, I-9161, verb. Rs. C-11/06 und C-12/06, „Morgan", Rz. 30). So hat der EuGH etwa entschieden, dass eine benachteiligende Besteuerung für Mobilitätswillige eine Beeinträchtigung des Rechts aus Art. 21 AEUV bewirken kann (EuGHE 2004, I-5763, Rs. C-224/02, „Pusa"). Auch die Weigerung eines Mitgliedstaats, die unter dem Namensrecht eines anderen Mitgliedstaats erfolgte Namensgebung anzuerkennen, wird als Beeinträchtigung verstanden (EuGHE 2008, I-7639, Rs. C-353/06, „Grunkin und Paul"); allerdings besteht keine generelle Pflicht, einen im Ausland im Rahmen einer Adoption fehlerhaft zuerkannten Namen, der nach inländischem Recht nicht geführt werden darf, anzuerkennen (EuGHE 2010, I-13693, Rs. C-208/09, „Sayn-Wittgenstein"). Teilweise prüft der EuGH, ob eine Angelegenheit in den sachlichen Anwendungsbereich des EU-Rechts fällt (EuGHE 2012, I-0000, Rs. C-75/11, „KOM/Österreich" [Fahrpreisermäßigung für Studierende]); in anderen Fällen geht der EuGH hierauf nicht ein (EuGHE 2006, I-10451, Rs. C-192/05, „Tas-Hagen, Tas", Rz. 20 (Entschädigung ziviler Kriegsopfer). Der EuGH interpretiert die Reichweite des EU-Rechts in diesen Fällen sehr weit; über die Konkretisierung der Vorgaben der Unionsbürgerschaft weitet der EuGH den „Anwendungsbereich des Vertrags" aus.

4. Schranken

23 Art. 21 AEUV stellt das Freizügigkeitsrecht unter den Vorbehalt der „in diesem Vertrag und in den Durchführungsbestimmungen vorgesehenen Beschränkungen und Bedingungen". Der EuGH geht davon aus, dass es dem europäischen Gesetzgeber grundsätzlich freisteht, die Voraussetzungen festzulegen, unter denen die Freizügigkeit wahrgenommen werden kann. Allerdings sind dabei die Vorgaben der RL 2004/38 zu beachten. Inzwischen hat der EuGH sich vielfach mit der Frage befasst, wann die **Ausweisung von Unionsbürgern** zulässig ist. Er geht immer davon aus, dass aufenthaltsbeendende Maßnahmen nur dann zulässig sind, wenn sie sich in einer Abwägung von mitgliedstaatlichem und Individualinteresse als angemessen darstellen (vgl. EuGHE 2010, I-0000, Rs. C-145/09, „Tsakouridis"). Im Falle schwerer Straftaten sind derartige Maßnahmen weiterhin zulässig (EuGHE 2012, I-11979, Rs. C-348/09, „P.I.").

24 Weitere Erleichterungen können nach Art. 21 Abs. 2 AEUV vom Gesetzgeber beschlossen werden. Im besonderen Gesetzgebungsverfahren müssen Maßnahmen erlassen werden, die die soziale Sicherheit und den sozialen Schutz betreffen.

V. Das Recht auf Gleichbehandlung (Art. 21 i.V.m. Art. 18 AEUV)

Der EuGH hat schon früh begonnen, in dem Kontext der Unionsbürgerschaft auch einen **Anspruch auf Gleichberechtigung** zu entwickeln (Art. 18 AEUV). In der Frühzeit der Rechtsprechung war unklar, ob dieser Anspruch die Wahrnehmung des Freizügigkeitsrechts absichern sollte (Gleichbehandlung als Voraussetzung von Freizügigkeit) oder Folge der grenzüberschreitenden Mobilität sein sollte (Gleichbehandlung als Folge der Freizügigkeit). Im erstgenannten Fall wäre für die Anwendung des Art. 18 AEUV erforderlich, dass die begehrte Gleichstellung einen „grenzüberschreitenden Bezug" (vgl. EuGHE 2003, I-11613, Rs. C-148/02, „Garcia Avello", Rz. 27) aufweist, also den grenzüberschreitenden Wechsel ermöglicht oder doch jedenfalls erleichtert. Im letztgenannten Fall reicht es demgegenüber aus, dass überhaupt von dem Freizügigkeitsrecht Gebrauch gemacht wurde. Der EuGH hat sich inzwischen deutlich für die letztgenannte Sichtweise entschieden: Wer von seinem Recht aus Art. 21 AEUV einmal Gebrauch gemacht hat, genießt einen **umfassenden Anspruch auf Gleichbehandlung** (vgl. *Epiney,* ELJ 2007, 611; *Spaventa,* CMLRev 2008, 13 [Verzicht auf das Erfordernis eines grenzüberschreitenden Bezugs]). Der Anwendungsbereich des Art. 18 AEUV wird umfassend konzipiert und erstreckt sich insbesondere auf Sozialleistungen, aber auch auf die steuerliche Gleichbehandlung. Der Kreis der Sozialleistungen, die dem Gleichbehandlungsanspruch unterfallen, ist nicht auf die in der VO 1408/71 erwähnten Leistungen beschränkt (EuGHE 2008, I-3993, Rs. C-499/06, „Nerkowska"). Dieser Anspruch umfasst zudem den gleichberechtigten Zugang zu Studieneinrichtungen (EuGHE 2010, I-2735, Rs. C-73/08, „Bressol"). Studierende, die auf **Sozialleistungen** angewiesen sind, können grundsätzlich Sozialleistungen beanspruchen (EuGHE 2002, I–6191, Rs. C-224/98, „d'Hoop"). Auch das Steuerrecht (EuGHE 2009, I-3389, Rs. C-544/07, „Rüffler") und das Prozessrecht (EuGHE 1998, I-7637, Rs. C-274/96, „Bickel und Franz") werden erfasst. Eine Gleichstellung mit Drittstaatsangehörigen – etwa Asylbewerbern – ist demgegenüber nicht zwingend geboten (EuGHE 2009, I-4585, Rs. C-22/08, „Tsatsouras"). In einer neuen Entscheidung stellt der EuGH klar, dass langfristig aufenthaltsberechtigte Drittstaatsangehörige bei der Aufteilung von Wohngeldmitteln gegenüber EU-Bürgern nicht benachteiligt werden dürfen, sofern das Wohngeld allen, die nicht über ausreichende Mittel verfügen, ein menschenwürdiges Dasein sicherstellen soll (EuGHE 2012, I-0000, Rs. C-571/10, „Kamberay"). 25

Eine Ungleichbehandlung vergleichbarer Sachverhalte liegt nicht nur vor, wenn ein Mitgliedstaat einem Unionsbürger bestimmte Leistungen nur deshalb verweigert, weil es sich um einen EU-Ausländer handelt (so der Fall EuGHE 1998, I-2691, Rs. C-85/96, „Martinez Sala"). Die heute wichtigere Fallgruppe umfasst Fälle, in denen jemand deshalb **benachteiligt wird, weil vom Freizügigkeitsrecht Gebrauch gemacht wurde** – sei es durch Wechsel ins Ausland (BAföG-Fälle, vgl. EuGHE 2007, I-9161, verb. Rs. C-11/06 und C-12/06, „Morgan"), sei es durch Wechsel in den Aufnahmestaat (EuGHE 2002, I-6191, Rs. C-224/98, „d'Hoop"; EuGHE 2005, I–2119, Rs. C-209/03, „Bidar"; hierzu *Wollenschläger,* NVwZ 2005, 1023 sowie Rz. 34/20). 26

Allerdings lässt der EuGH es zu, dass ein Mitgliedstaat auch hier eine **Verhältnismäßigkeitsprüfung** anwendet. Sie kann durch „objektive, von der Staatsangehörigkeit der Betroffenen unabhängige Erwägungen des **Allgemeininteresses** ..., die in ange- 27 messenem Verhältnis zu dem mit dem nationalen Recht legitimerweise verfolgten Zweck stehen", gerechtfertigt sein (EuGHE 2007, I-9161, verb. Rs. C-11/06 und C-12/06, „Morgan", Rz. 33). Mit Blick auf die allgemeine Abdeckung des Existenzminimums ist es danach unangemessen, wenn ein Mitgliedstaat einerseits den Aufenthalt eines Bedürftigen duldet, ihm aber andererseits die existenznotwendigen Mittel bei Bedürftigkeit verweigert (EuGHE 2004, I-7573, Rs. C-456/02, „Trojani"). In der bereits angesprochenen Entscheidung „Bidar" (EuGHE 2005, I–2119, Rs. C-209/03) hat der EuGH festgestellt, dass es den Mitgliedstaaten durchaus frei steht, ein **bestimmtes Maß an „Integration"** im Aufnahmemitgliedstaat zu verlangen, bevor sie die Sozialverantwortung übernehmen. Während der EuGH zunächst eine Mindestfrist von fünf Jahren als verhältnismäßig angesehen hat (so EuGHE 2008, I-8507, Rs. C-158/07, „Förster"; *Jesse,* ELJ 2011, 172), hat er jüngst eine Einzelfallbetrachtung – in Abhängigkeit von der jeweiligen Vergünstigung – verlangt (EuGHE 2012, I-0000, Rs. C-75/11, „KOM/Österreich"). Wichtig ist in diesem Zusammenhang, dass der Anspruch auf Gleichbehandlung nicht voraussetzt, dass der Aufenthaltsstatus auf Unionsrecht beruht; auch wer allein einen staatlichen Titel hat, kann sich nach der Inanspruchnahme des Freizügigkeitsrechts auf Art. 18 AEUV berufen. Der Konnex zwischen beiden Rechten (Freizügigkeit und Diskriminierung) löst sich so schrittweise auf (zur Diskusssion *von Bogdandy/Bitter,* FS Zuleeg, 2005, 318; *Kubicki,* EuR 2006, 492; *Oosterom-Staples,* CMLRev. 2005, 214; *Besson/Utzinger,* ELJ 2007, 584).

28 Es ist inzwischen deutlich, dass der EuGH bei der Konkretisierung des Gleichbehandlungsanspruchs von einem **Vorrang von Art. 18 AEUV gegenüber Sekundärrecht** ausgeht (*Schönberger,* ZAR 2006, 230f.). Die Entscheidungen zur Frage, ab wann ein Unionsbürger im Aufenthaltsstaat Unterstützungsleistungen verlangen kann (siehe EuGHE 2005, I-2119, C-208/03, „Bidar"; EuGHE 2008, I-8507, Rs. C-158/07, „Förster") machen deutlich, dass es dem EuGH nicht an der notwendigen Sensibilität dafür mangelt, einen Ausgleich zwischen dem Ziel einer Gewährleistung wirtschaftlicher Integration und dem Anliegen des Schutzes mitgliedstaatlicher Sozialsysteme herzustellen. Sie belegen aber auch, dass der EuGH sich bei dieser Konkretisierung des Vertragsrechts in keiner Weise an die Vorgaben des Sekundärrechts gebunden fühlt.

29 Die Verbindung des Freizügigkeitsrechts mit dem Diskriminierungsverbot im Konzept der Unionsbürgerschaft begründet so nicht nur ein Recht „auf" Aufenthalt, sondern vermittelt auch **weitreichende Rechte „im" Aufenthalt.** Die Regelungen, die der AEUV ausdrücklich begründet, werden (je nach Sichtweise) ergänzt oder überspielt. Ein unmittelbarer Zusammenhang zur „Ermöglichung" von Freizügigkeit geht verloren. Stattdessen legt der EuGH ein von ihm entwickeltes Konzept persönlicher Integration zugrunde. Diese Kombination kann dazu führen, dass den Unionsbürgern Wahlrechte eingeräumt werden, die der Idee von Gleichheit eigentlich zuwiderlaufen: Im Fall *Garcia Avello* hat der EuGH den Eltern faktisch ein Wahlrecht zwischen belgischem und spanischem Namensrecht zugestanden. Dogmatische Bedenken bestehen zudem, weil dieses Verständnis der Unionsbürgerschaft den in Art. 18 AEUV enthaltenen Vorbehalt zugunsten des Anwendungsbereiches des Unionsrechts faktisch bedeutungslos macht (zur Bewertung: *Nettesheim,* EuR 2009, 24).

VI. Die politische Dimension der Unionsbürgerschaft

Die politische Rechtsstellung der Unionsbürger als Bürger der EU ist noch unterentwickelt (vgl. anschaulich: *Shaw,* Citizenship: Contrasting Dynamics at the Interface of Integration and Constitutionalism, EUI Working Papers, RSCAS 2010/60).

1. Wahlrecht bei Kommunalwahlen und zum Europäischen Parlament

Ein politisches Kernstück der Unionsbürgerschaft ist gemäß Art. 22 AEUV das gleichberechtigte Wahlrecht bei Kommunalwahlen in einem „fremden" MS, in dem der Unionsbürger seinen Wohnsitz hat (z. B. Italiener in Deutschland). Gleiches gilt für das gleichberechtigte aktive und passive Wahlrecht zum Europäischen Parlament (z. B. des Spaniers in Frankreich). Für das EP ergibt sich der Sinn der Regelung aus der Natur der Sache. Die Berechtigung zur Teilnahme an den Kommunalwahlen für die ca. **20 Millionen außerhalb ihrer Heimat in der EU lebenden Unionsbürger** liegt in ihrer örtlichen Verwurzelung. Die nähere Durchführung erfolgt über Sekundärrecht. 30

Die Zuerkennung des **aktiven und passiven Wahlrechts zum EP** wird durch die Mitgliedstaaten genauer konkretisiert (EuGHE 2006, I-8055, Rs. C-300/04, „Erman"). Im engen Rahmen ist dabei auch eine Erweiterung der Wahlberechtigung auf Nicht-Unionsbürger möglich (EuGHE 2006, I-7917, Rs. C-145/04, „Spanien/UK, Nordirland", Rz. 80: Einwohner von Gibraltar). 31

Das **„Ausländerkommunalwahlrecht"** wurde u. a. in Deutschland längere Zeit **kontrovers erörtert.** 32 BVerfGE 83, 37 (60) lehnte seine Einführung in der Bundesrepublik mit der Begründung ab, Art. 20 Abs. 2 GG beschränke die Ausübung von Staatsgewalt auf das „deutsche Volk". Eine Änderung des Art. 28 Abs. 1 GG ermöglichte die Einführung des Kommunalwahlrechts zugunsten der Unionsbürger gemäß der **Richtlinie 94/80** (ABl. 1994, L 368/38). Aufgrund der Wesentlichkeit der Entscheidung hatte dieser Richtlinie eine Vertragsänderung (Einführung des Art. 22 AEUV) vorauszugehen. Die Umsetzung erfolgt in Deutschland durch Landesgesetzgebung. Die Kandidatur zu kommunalen Exekutivämtern **(Bürgermeister, Landräte)** kann nationalen Staatsangehörigen vorbehalten bleiben.

Die **„Europäisierung der Europawahlen"** wurde in der RL 93/109 (ABl. 1993, L 329/34) näher geregelt. 33 Kandidaturen zum EP sind nur in einem MS möglich. Allerdings müssen die Angehörigen eines MS nicht im eigenen MS kandidieren. Gewisse Ausnahmemöglichkeiten bestehen bei einem hohen (ab 20%) Anteil „fremder" Unionsbürger (Luxemburg). Faktisch ist das Wahlinteresse der Begünstigten bisher gering (in Deutschland wählten 2009 nur gut 40% der berechtigten nichtdeutschen Unionsbürger). Das BVerfG hat die 5%-Hürde bei Europawahlen mit zweifelhafter Begründung für verfassungswidrig erklärt (NVwZ 2012, 33; *Schönberger,* JZ 2012, 80; *Grzeszick,* EuR 2012, 667); inzwischen ist eine 3%-Hürde geschaffen worden.

2. Diplomatischer und konsularischer Schutz

Jeder Unionsbürger, dessen Heimatstaat in einem Drittstaat nicht diplomatisch oder konsularisch vertreten ist, genießt nach Art. 23 AEUV dort **gleichberechtigten Schutz jedes anderen EU-MS** („Europäisierung des diplomatischen Schutzes"). Einzelheiten sind im Beschluss 95/553/EG der im Rat vereinigten Vertreter der Regierungen der MSen v. 19.12.1995 (ABl. L 314/73, Ergänzungen) niedergelegt. Art. 46 GrCh nimmt den Gedanken des Art. 23 AEUV auf (im Einzelnen *Starost,* ZEuS 2010, 241; *Tichy-Fisslberger,* EuR 2012, Beiheft 2, 217). 34

Der europäisierte diplomatisch/konsularische Schutz umfasst Hilfen bei Todesfällen, Unfällen, Krankheit, Festnahmen, Gewaltverbrechen oder bei sonstigen Notfällen von Unionsbürgern.

3. Petitions- und sprachliche Rechte

35 Jeder Unionsbürger besitzt nach Art. 24 AEUV das **Petitionsrecht beim Europäischen Parlament** und kann sich an den **Bürgerbeauftragten** wenden (Art. 227 f. AEUV, oben Rz. 5/38). Von diesen Möglichkeiten wird zunehmend Gebrauch gemacht. Außerdem verfügt der Unionsbürger über das Recht, in einer der EU-Amtssprachen (d. h. praktisch in seiner **Heimatsprache**) an die Organe und Einrichtungen der EU zu schreiben und von dort eine Antwort in derselben Sprache zu erhalten (Art. 24 Abs. 4 AEUV). Es handelt sich um ein **wichtiges Recht** im Rahmen des EU-Sprachenregimes (oben Rz. 5/8), das die Distanz zwischen dem Unionsbürger und dem „fernen Brüssel" verkürzt. Die Rechte des Art. 24 AEUV werden in Art. 41, 43 und 44 GrCh aufgenommen.

VII. Ausblick

36 Die europäische Unionsbürgerschaft hat das Potential, zur Grundlage und zum Bezugspunkt einer **politischen Gemeinschaft** zu werden, welche die für ein demokratisches Gefüge notwendige Identifizierung des Individuums mit dem Gemeinwesen zu fördern vermag (*Nettesheim,* FS Häberle, 2004, 194). Die ursprüngliche Wirtschaftsgemeinschaft verändert sich danach in ihrer Finalität und Struktur. Die Entwicklung der Unionsbürgerschaft gelangt – insbesondere unter dem Blickwinkel „europäische Identität" – verstärkt in den Fokus des integrationspolitischen und -wissenschaftlichen Interesses. Teilweise meint man, einen ersten Schritt zur *politischen* Gemeinschaft in der Entwicklung einer **Sozialbürgerschaft** zu erblicken (*Schönberger,* ZAR 2006, 226). Skepsis ist allerdings angezeigt: Mehr als eine auf Art. 18 AEUV gestützte horizontale Öffnung der sozialen Sicherungssysteme der Mitgliedstaaten ist bislang nicht zu beobachten (vgl. *Hailbronner,* JZ 2005, 1138; *Giubboni,* ELJ 2007, 360). Die Mitgliedstaaten werden gezwungen, ihre Systeme den neuen Gegebenheiten eines offenen Raums anzupassen. Nationalstaatliche Blickverengungen werden durch die Ausweitung des Kreises der Berechtigten beseitigt (krit. zur rechtspolitischen Prägung der Entscheidungen *Hailbronner,* NVwZ 2004, 185). Der EuGH fordert „Solidarität" ein, ohne das Bewusstsein dafür zu verlieren, dass die Zuordnung der jeweiligen Verantwortlichkeiten der Mitgliedstaaten in einem sich öffnenden Raum teilweise schwierige Abgrenzungsfragen aufwirft. Eine (gar materielle) Solidarität der EU gegenüber ihren Bürgern, die sich etwa in einer Unterstützung notleidender Bürger durch die EU selbst manifestiert, ist aber weiterhin nicht zu beobachten.

37 Die Unionsbürgerschaft stellt einen wichtigen Schritt auf dem Wege der EU zu einer dauerhaften, staatsähnlichen Integrationsgemeinschaft dar. Die Integration der in der Union vereinten Völker und Personen ist ein **langfristiger Prozess.** Die Entwicklung vom Marktbürger zum Unionsbürger ist nur eine erste Etappe. Die „Nähe" der Unionsbürger zueinander mag mit dem Fortschreiten des Einigungsprozesses mittels mancher Integrationssymbole wie des EURO weiter zunehmen. Dennoch bleiben Unterschiede. **„Schmelztiegellösungen"** wie in den USA sind zwischen den alten Nationen der EU-Staaten mit ihrer **ethnischen, geschichtlichen, kulturellen und sprachlichen Vielfalt** nicht zu erwarten. Die große Erweiterung der EU 2004 und 2007 brachte neue Herausforderungen für das personelle Zusammenwachsen mit sich. Das Konzept der Unionsbürgerschaft nach Art. 20 AEUV als Ergänzung (und

nicht als Ersatz) der nationalen Staatsangehörigkeit dürfte längerfristigen Wert haben. Primärer Anknüpfungspunkt der Lebensverhältnisse des Unionsbürgers bleibt weiterhin die Staatsangehörigkeit des Heimatstaates. Bei günstiger Entwicklung mag der Staatenverbund Europa für ihn allmählich zur „zweiten Heimat" werden (*Oppermann,* FS Doehring, 1989, 713).

§ 17. Europäische Grundrechte

Literatur: *Rengeling/Szczekalla,* Grundrechte in der EU, 2005; *Heselhaus/Nowak* (Hrsg.), Hdb. der Europäischen Grundrechte, 2006; *Winkler,* Die Grundrechte der Europäischen Union: System und allgemeine Grundrechtslehren, 2006; *von Papp,* Die Integrationswirkung von Grundrechten in der EG, 2007; *Haratsch/Schiffauer* (Hrsg.), Grundrechtsschutz in der EU, 2007; *Tizziano,* The Role of the ECJ in the Protection of Fundamental Rights, FS Jacobs, 2008, 125; *Huber,* Unitarisierung durch Gemeinschaftsgrundrechte, EuR 2008, 190; *Classen,* Freiheit und Gleichheit im öffentlichen und im privaten Recht, EuR 2008, 627; *Ehlers* (Hrsg.), Europäische Grundrechte und Grundfreiheiten, 3. Aufl. 2009; *Pernice,* The Treaty of Lisboa – Fundmental Rights, 2009; *Rideau* (Hrsg.), Les droits fondamentaux dans l'Union européenne, 2009; *von Danwitz,* Grundrechtsschutz im Anwendungsbereich des Gemeinschaftsrechts nach der Charta der Grundrechte, FS Herzog 2009, 19; *Mayer,* Der Vertrag von Lissabon und die Grundrechte, EuR 2009, Beiheft 1, 87; *Merten/Papier* (Hrsg.), Handbuch der Grundrechte in Deutschland und Europa, Bd. 6/1+2, 2009/2010; *J. Meyer* (Hrsg.), Charta der Grundrechte der EU, 3. Aufl. 2011; *Bleckmann,* Nationale Grundrechte im Anwendungsbereich des Rechts der EU, 2011; *Weiß* (Hrsg.), Die Bedeutung von Menschenrechten für die EU, 2011; *Terhechte,* Konstitutionalisierung und Normativität der europäischen Grundrechte, 2011; *Schmitt,* Rechtsnatur und Verpflichtungsdichte der Europäischen Grundrechte, 2012; *Weiß,* Grundrechtsschutz durch den EuGH: Tendenzen seit Lissabon, EuZW 2013, 287.

Internet-Adresse: http://europa.eu/pol/rights/index_de.htm.

I. Die Herausbildung der EU-Grundrechte

EGKSV, EWGV und EAGV enthielten **zunächst keine Bestimmungen** über den Grundrechtsschutz. Die Verfasser der Verträge hatten die Möglichkeit, dass die im Vertrag angelegten Instrumente supranationaler Rechtsetzung (vgl. Art. 288 AEUV zur Verordnung) diesen zum Schutz des Einzelnen erforderlich machen könnten, zunächst nicht gesehen. Auch auf nationaler Ebene stand der Grundrechtschutz erst in den Anfängen: In Deutschland und Italien wurde er erst langsam entfaltet, in anderen Staaten gab es ihn damals noch gar nicht. Die Notwendigkeit des grundrechtlichen Schutzes personaler Autonomie geriet erst in einem Moment in das Blickfeld, in dem sich der Integrationsverband eines mächtigen, auch den Einzelnen unmittelbar belastenden Instrumentariums zu bedienen begann. 1

Dieser Moment war in der zweiten Hälfte der sechziger Jahre erreicht. In einer Reihe von Politikbereichen hatte die EWG interventionistische Regulierungsstrukturen errichtet, durch die die individuelle Handlungsfreiheit der Wirtschaftsteilnehmer beschränkt wurde. Der europäische Gerichtshof, von nationalen Gerichten im Verfahren nach Art. 267 AEUV angerufen, zögerte nicht, den notwendigen **Grundrechtsschutz rechtsfortbildend** (zu dieser Befugnis Rz. 5/152 ff. sowie 13/1) zu **gewähren.** Er beanspruchte damit auch insofern, die EWG in den verfassungstheoretischen Kontext zu stellen, der heute staatliche Hoheitsgewalt im freiheitlichen Gemeinwesen kennzeichnet. In der Entscheidung „Stauder" (EuGHE 1969, 419, Rs. 29/69) wies der EuGH darauf hin, dass ihm auch die Aufgabe obliege, „die in den allgemeinen Grundsätzen der Gemeinschaftsrechtsordnung, deren Wahrung der Gerichtshof zu sichern 2 hat, enthaltenen Grundrechte" durchzusetzen. Und in der Entscheidung „Internationale Handelsgesellschaft" (EuGHE 1970, 1125, Rs. 11/70) stellte er fest, dass „die Beachtung der Grundrechte … zu den allgemeinen Rechtsgrundsätzen [gehört], deren Wahrung der Gerichtshof zu sichern hat".

3 Diese Entscheidungen bildeten die **Grundlage einer langjährigen Entwicklung,** in der der EuGH eine ausgedehnte und dichte grundrechtliche Schutzordnung entwickelt hat. Die Methode der Gewinnung allgemeiner Rechtsgrundsätze in diesem Bereich (allgemein dazu Rz. 9/33ff.) ist im Urteil „Nold" (EuGHE 1974, 491, Rs. 4/73) dargestellt: Auf der einen Seite orientiert sich der EuGH an den „von den Verfassungen dieser Staaten (scil.: der Mitgliedstaaten) anerkannten und geschützten Grundrechten" (S. 507); auf der anderen Seite stellt er fest: „Auch die internationalen Verträge über den Schutz der Menschenrechte, an deren Abschluss die Mitgliedstaaten beteiligt waren oder denen sie beigetreten sind, können Hinweise geben, die im Rahmen des Gemeinschaftsrechts zu berücksichtigen sind." (S. 507). Dabei spielte vor allem die EMRK, die kurz zuvor von Frankreich als letztem EWG-Mitgliedstaat ratifiziert worden war, eine zentrale Rolle.

4 Mit dem Vertrag von Maastricht wurde dieses Vorgehen normativ ausdrücklich verankert (vgl. den heutigen Art. 6 Abs. 3 EUV). Wie alle ARG standen diese Grundrechte im **Rang** zwischen dem Primärrecht und dem Sekundärrecht (oben Rz. 10/37). Ein Angriff auf Bestimmungen der Verträge war unter Rückgriff auf die EU-Grundrechte nicht möglich; dies galt etwa auch für Bestimmungen in Beitrittsabkommen. Demgegenüber mussten und müssen bei allen Handlungen der EU-Organe, einschließlich des Abschlusses völkerrechtlicher Abkommen, die Grundrechte beachtet werden.

5 Diese Ordnung schützt in erster Linie die **liberale Freiheit** der dem Unionsrecht unterworfenen Bürger; darüber hinaus hat der EuGH den Grundrechten allerdings auch **weitere Funktionen** entnommen (unten Rz. 43). Es wurde und wird allerdings immer wieder kritisiert, dass die Schutzwirkung der EU-Grundrechte im Ergebnis gering ist: So freizügig der EuGH auch bei der Entwicklung neuer Grundrechte war und ist, so großzügig ist er auch bei der Anerkennung hoheitlicher Eingriffsmöglichkeiten auf der Schrankenseite (Rz. 35ff).

6 Unabhängig davon erwies sich die Rechtsprechung des EuGH **als schwer zugänglich** und für den nicht europarechtlich ausgebildeten Bürger **kaum greifbar.** Weniger inhaltliche und mehr sozial-psychologische Gründe bewegten die Mitgliedstaaten dazu, einen Konvent mit der Ausarbeitung einer „Charta der Grundrechte" (GrCh) zu beauftragen. Dieser, geleitet vom ehemaligen deutschen Bundespräsidenten Roman Herzog, legte seine Ergebnisse im Oktober 2000 vor; im Dezember 2000 wurde die Charta vom Europäischen Rat feierlich gebilligt. Am 12.12.2007 haben Europäisches Parlament, Rat und Kommission einen leicht angepassten Text in Straßburg erneut „feierlich proklamiert" (Text in: ABl. 2007 C 303/1). Mit Inkrafttreten des Lissabon-Vertrags ist die Charta gemäß dem neugefassten Art. 6 EUV, heute die Zentralnorm des Grundrechtsschutzes der EU, zum rechtlich bindenden Bestandteil des Primärrechts geworden – wenngleich sie aus politischen Gründen nicht in den Text des EUV aufgenommen wurde.

II. Die heutigen Rechtsquellen des EU-Grundrechtsschutzes

Heute setzt sich der Korpus des Grundrechtsschutzes aus **drei Teilelementen** zusammen: Die Grundrechtecharta bildet unmittelbar bindendes Primärrecht (Art. 6 Abs. 1 EUV). Darüber hinaus sieht sich die EU auch weiterhin durch die allgemeinen Rechtsgrundsätze verpflichtet, die der EuGH im Rahmen wertender Rechtsvergleichung aus EMRK und nationalen Verfassungsüberlieferungen entwickelt (Art. 6 Abs. 3 EUV; dazu bereits Rz. 3). Schließlich ist der EU ein Beitritt zur EMRK aufgegeben, die dann die EU rechtlich auch unmittelbar verpflichten würde (Art. 6 Abs. 2 EUV; Rz. 19). 7

1. Die Charta der Grundrechte der Europäischen Union

Literatur: *Nettesheim,* Die Charta der Grundrechte in der EU, Integr. 2002, 35; *Peers* (Hrsg.), The European Union Charter of Fundamental Rights, 2004; *Dorf,* Zur Interpretation der Grundrechtscharta, JZ 2005, 127; *Everling,* Zur Europäischen Grundrechte-Charta und ihren sozialen Rechten, GS Heinze, 2005, 157; *Schwarze* (Hrsg.), Europäische Verfassung und Grundrechte-Charta, 2006; *Stern/Tettinger* (Hrsg.), Kölner Gemeinschaftskommentar zur Grundrechte-Charta, 2006; *Dutheil de la Rochère,* The EU Charta of Fundamental Rights, FS Jacobs, 2008, 157; *Sagmeister,* Die Grundsatznormen der Europäischen Grundrechtecharta, 2010; *Schmidt,* Die Grundsätze im Sinne der EU-Grundrechtecharta, 2010; *Jarass,* Charta der Grundrechte der EU, 2010; *Meyer* (Hrsg.), Charta der Grundrechte der EU, 3. Aufl. 2011; *Di Federico,* The EU Charter of Fundamental Rights, 2011; *Lenaerts,* Die EU-Grundrechtecharta: Anwendung und Auslegung, EuR 2012, 3; *Kahl/Raschauer* (Hrsg.), Grundsatzfragen der europäischen Grundrechtecharta, 2013; *Leczykiewicz,* Horizontal Application of the Charter of Fundamental Rights, ELR 2013, 479; *Ritleng,* De l'articulation des systèmes de protection des droits fondamentaux dans l'Union, RTDE 2013, 267; *Schmidt,* Grund- und Menschenrechte in Europa, 2013; *Stern,* Die Charta der Grundrechte der Europäische Union vor und nach Lissabon, FS E. Klein, 2013, 669.

Die 1999/2000 erarbeitete und mit dem Vertrag von Lissabon verbindlich gewordene Grundrechtecharta (Rz. 6) bildet heute den **zentralen Grundrechtskatalog der Union** (Rz. 20). In insgesamt **54 Artikeln** enthält die Charta umfassend den **heutigen Stand europäischen Grundrechtsverständnisses,** oftmals in Anlehnung an die EMRK (zum Inhalt der Charta eingehend *J. Meyer* (Hrsg.), Komm. zur Charta der Grundrechte der EU, 3. Aufl. 2011 und nachfolgend Rz. 46ff.). Dies schließt die klassischen Freiheits- und Gleichheitsrechte ebenso ein wie wirtschaftliche und soziale Rechte und moderne Herausforderungen. Nach der Präambel werden in 6 Kapiteln (Art. 1–50) die **materiellen Grund- und Menschenrechte** benannt. Die abschließenden Artikel 51–53 regeln „hinter der Klammer" den Anwendungsbereich der GrCh, die **Grundrechtsschranken** und das Verhältnis der Charta zu den anderen EU-Grundrechtsgewährleistungen, insbesondere in der EMRK. In den Kapiteln I und II (Art. 1–19) werden auf dem Fundament der Menschenwürde (Art. 1) zahlreiche **klassische Freiheitsrechte** benannt (Rz. 46ff.). 8

Im Gleichheitskapitel III (Art. 20–26) verbindet sich **klassischer Menschenrechtsbestand** (Rz. 66ff.) mit **modernen Forderungen** wie der Garantie der Vielfalt der Kulturen/Religionen/Sprachen (Art. 22), „positiver" Diskriminierung (Art. 23 Abs. 2) sowie Rechten von Kindern/Älteren/Behinderten (Art. 24–26). Das wortreiche Kapitel IV Solidarität (Art. 27–38) vollendet den Dreiklang „Freiheit-Gleichheit-Brüderlichkeit". Es trägt oft **unscharfe und kompromisshafte Züge** (*Bernsdorff,* VSSR 2001, 1). Im Vordergrund steht das Arbeitsleben und Soziales, u. a. Unterrichtungsrechte der Arbeitnehmer (Art. 27), Kollektivverhandlungen (Art. 28), Rechte bei Entlassungen und für gerechte Arbeitsbedingungen (Art. 30–31), Kinderarbeitsverbot und Fami- 9 lienschutz (Art. 32–33), soziale Sicherheit (Art. 34). In der Nähe stehen Gesundheits-, Umwelt- und Verbraucherschutz (Art. 35, 37–38) und der Zugang zu Dienstleistungen von allgemeinem wirtschaftlichen Interesse (Art. 36). Im Kapitel V Bürgerrechte (Art. 39–46) wird der **europäische Status der Unionsbürger** zusammengefasst. Ausführlich sind die justiziellen Rechte formuliert (Art. 47–50). Sie nehmen im Wesentlichen **bereits in der EMRK enthaltene Verbürgungen** auf. Die Charta enthält keine besondere Grundrechtsbeschwerde.

10 Anders als die EMRK enthält Art. 52 Abs. 1–2 eine **einheitliche Schrankenregelung für alle Rechte der Charta** (*Bühler,* Einschränkungen von Grundrechten nach der Europäischen Grundrechtscharta, 2005). In Anlehnung an die Rspr. (etwa EuGHE 2000, I-2737, Rs. C-292/97, „*Karlsson* u. a.") müssen Einschränkungen der Ausübung der Rechte der Charta gesetzlich vorgesehen sein und ihren Wesensgehalt achten. Zugleich müssen die Einschränkungen notwendig und verhältnismäßig sein und den von der EU anerkannten Zielsetzungen des Gemeinwohls und des Schutzes der Rechte anderer entsprechen. Eingehendere Schrankenregelungen der EMRK sollen offenbar im Sinne des Abs. 3 unberührt bleiben.

11 Die „**Erläuterungen** zum vollständigen Wortlaut der Charta" stellen die Textquellen (Menschenrechtsdokumente, Judikatur des Gerichtshofes etc.) zusammen, die der Konvent bei der Ausarbeitung der Charta für maßgeblich erachtet hat; sie sind nach ausdrücklicher Vorgabe (Art. 6 Abs. 1 UAbs. 3 EUV, Art. 52 Abs. 7 GrCh) von den Gerichten bei der Auslegung der Charta „gebührend zu berücksichtigen". Protokoll Nr. 30 sieht für die Anwendung der Charta im Vereinigten Königreich, in Polen und nunmehr auch in der Tschechischen Republik Eingrenzungen in der Wirkungskraft vor, die der EuGH allerdings minimalistisch interpretiert (Urteil vom 21.12.2011, verb. Rs. C-411/10 und C-493/10 „N.S."). Polen hat zudem zur Charta eine besondere Erklärung abgegeben (Nr. 62).

12 Die Grundrechtecharta hat kontroverse Reaktionen ausgelöst: Teilweise erblickte man in ihr einen „großen Wurf", mit dem sich die EU in beispielhafter Weise rechtsstaatlichen Grundsätzen verpflichte. Die Charta übernehme in nicht unerheblichem Umfang bereits vorhandene Gewährleistungen und mache sie damit besser sichtbar. Die stärker ins öffentliche Bewusstsein getretene Bedeutsamkeit europäischer Grundrechte würde, so die Annahme, den **rechtsstaatlich-demokratischen Charakter** der EU unterstreichen. Häufig wurde in diesem Zusammenhang die „Modernität" der Charta erwähnt, die auch neuartige Grundrechte enthalte (z. B. Art. 41: Recht auf eine gute Verwaltung). Auch die (allerdings nur scheinbare) Gleichgewichtigkeit von liberalen Freiheitsrechten, Gleichbehandlungsansprüchen, Rechten auf „Solidarität" und Bürgerrechten wurde häufig gelobt. Teilweise fiel das Urteil auch zurückhaltender aus. Grund waren nicht nur die weitgehenden Regelungsvorbehalte, die sich in vielen Grundrechtsbestimmungen finden (z. B. Art. 16: Gewährleistung der unternehmerischen Freiheit nur „nach dem Unionsrecht und den einzelstaatlichen Rechtsvorschriften"). Auch der undifferenzierte Schrankenvorbehalt des Art. 52 stieß auf Kritik, ebenso wie die Aufnahme von Verbotsnormen in eine Grundrechtecharta (Art. 3 Abs. 2).

2. Die EMRK

Literatur: EMRK-Gesamtdarstellungen: *Berger,* Jurisprudence de la Cour européenne des droits de l'homme, 11. Aufl. 2009; die einschlägigen Beiträge in *Ehlers,* Europäische Grundrechte und Grundfreiheiten, 3. Aufl. 2009; *Frowein/Peukert,* Europäische Menschenrechtskonvention, 3. Aufl. 2009; *Merten/Papier* (Hrsg.), Handbuch der Grundrechte VI/1, 2010; *Meyer-Ladewig,* EMRK (Handkomm.), 3. Aufl. 2011; *Grabenwarter/Pabel* EMRK, 5. Aufl. 2012; *Peters/Altwicker,* Europäische Menschenrechtskonvention, 2. Aufl. 2012; *Dörr/Grote/Marauhn* (Hrsg.), EMRK/GG – Konkordanzkommentar, 2. Aufl. 2013.

Zur EMRK allgemein: *Schilling,* Deutscher Grundrechtsschutz zwischen staatlicher Souveränität und menschenrechtlicher Europäisierung, 2010; *Dzehtsiarou,* Does Consensus Matter? Legitimacy of European Consensus in the Case Law of the European Court of Human Rights, Public Law 2011, 534; *Nußberger,* Auf der Suche nach einem europäischen Konsens – zur Rechtsprechung des Europäischen Gerichtshofes für Menschenrechte, Rechtswissenschaft 2012, 197; *Tian,* Objektive Grundrechtsfunktionen im Vergleich: eine Untersuchung anhand des Grundgesetzes und der Europäischen Menschenrechtskonvention, 2012; *Zimmermann,* Grundrechtsschutz zwischen Karlsruhe und Straßburg, 2012.

Neuere **Rechtsprechungssammlungen:** *Berger* (Hrsg.), Case Law of the European Court of Human Rights, seit 1989 (mehrere Bände); *Kempees* (Hrsg.), A systematic Guide to the Case Law of the European Court of Human Rights, seit 1996 (mehrere Bände); *Sudre/Marguénaud/Andriantsimbazovina,* Les grands arrêts de la Cour européenne des droits de l'homme, 6. Aufl. 2011; *Engel/Engel* (Hrsg.), Deutschsprachige Sammlung EGMR-E.

Internet-Adresse: http://www.echr.coe.int

a) Grundlagen der EMRK

13 Die Europäische **Konvention zum Schutze der Menschenrechte und Grundfreiheiten** wurde 1949/1950 im Rahmen des Europarates (Rz. 2/5f.) ausgearbeitet und am 4.11.1950 unterschrieben (BGBl. 1952 II 686, 953, Änderungen, = Sart. II Ziff. 130). Sie bildet die bis heute zentrale Leistung des Europarates. Ihre besondere Wirkungsmacht verdankt sie vor allem einer von Anfang an bestehenden und im Laufe der Jahre stetig ausgebauten eigenen Gerichtsbarkeit (Rz. 92ff.). Die Konvention wird durch **Zusatzprotokolle (ZP)** ergänzt. Bisher wurden 14 ZPe ausgearbeitet, die mittlerweile auch alle in Kraft getreten sind – wenn auch nicht durchweg für alle Staaten. Die Konvention selbst ist heute von **allen MSen des Europarates** ratifiziert.

14 Die EMRK gewährt dem einzelnen einen umfangreichen Katalog an Garantien, vor allem an **Freiheits-** und (im Vergleich zum Grundgesetz) umfangreichen **Verfahrensrechten.** Wie insbesondere ihre Präambel zeigt, ist sie von der durch den Franzosen *René Cassin* maßgeblich konzipierten Allgemeinen Erklärung der Menschenrechte der UNO vom 10. Dezember 1948 (Resolution GA 217/III = Sart. II, Ziff. 19) inspiriert. Ähnliche Konventionen wurden in der Folge international von der UNO (Menschenrechtspakte vom 9. und vom 19.12.1966; BGBl. 1973 II 1570 und 1534) und regional von den Organisationen amerikanischer (1969, ILM 1970, 99) bzw. afrikanischer Staaten (1982, ILM 1982, 59) ausgearbeitet. In der Intensität ihres Rechtsschutzes bleibt die EMRK international unübertroffen. Als solche stellt sie allerdings nur einen völkerrechtlichen Vertrag zwischen den Vertragsstaaten dar, entfaltet also ihre Wirkung in der jeweiligen nationalen Rechtsordnung nur nach deren Maßgabe. In Deutschland wird sie vom BVerfG aber auch bei der Interpretation des Grundgesetzes herangezogen (BVerfGE 129, 37).

b) Dogmatik der EMRK

15 Der EGMR hat in seiner Rechtsprechung eine Dogmatik entfaltet, die gewisse Ähnlichkeiten mit der Grundrechtsjudikatur des BVerfG aufweist. Geprüft wird die Anwendbarkeit der Rechte (= Schutzbereich) und das Vorliegen einer Beschränkung (= Eingriff). Diese muss dann nach den Maßgaben der Konvention gerechtfertigt sein (unten Rz. 35 ff.). Juristische Personen können sich ebenfalls auf die in der EMRK garantierten Rechte berufen, soweit diese auf sie anwendbar sind (dazu Art. 34 EMRK). Geschützt werden durch die EMRK **alle der Hoheitsgewalt einer Vertragspartei unterstehenden Personen** (Art. 1 EMRK). Bei Handeln im Ausland ist dies nur der Fall, wenn der Staat im betreffenden Bereich Hoheitsgewalt ausübt (verneinend EGMR, Ent. v. 12.12.01, 52207/99, „Bankovic/BE u. a" zu den NATO-Luftangriffen auf Jugoslawien; bejahend EGMR, Urt. v. 29.3.2010, 3394/03, „Medvedyev u. a./FRA" für Verhaftungen auf Hoher See). Die Konventionsrechte lassen sich wie im nationalen Grundrechtsbereich unterscheiden in Rechte aus dem **status negativus/libertatis** (Abwehr- oder Freiheitsrechte), dem **status positivus** (Leistungsrechte), dem **status activus** (staatsbürgerliche Rechte) und dem **status activus processualis** (Verfahrensgarantien).

16 Zahlreiche Garantien der EMRK sehen ausdrücklich die Möglichkeit einer Einschränkung vor. Aber auch dort, wo dies nicht der Fall ist wie beim Recht auf Zugang zu einem Gericht (Art. 6 EMRK; dazu Rz. 82 ff.), sind anerkanntermaßen Beschränkungen möglich. Regelmäßig wird eine **gesetzliche Grundlage** verlangt. Entscheidend sind Bestimmtheit und Vorhersehbarkeit (EGMR, Urt. v. 24.4.1990, 11105/84, „Huvig/FRA", Ziff. 33); die zugleich in kontinentaleuropäischer Tradition mit einem Gesetz verbundene besondere legitimatorische Qualität ist nicht gefordert. Auch Richterrecht kann daher ausreichen, was vor allem für die common-law-Staaten wichtig ist (EGMR, Urteil v. 26.4.1979, 6538/74, „Sunday Times/UK", Ziff. 46 ff. = EuGRZ 1979, 386). Soweit Unionsrecht anwendbar ist, muss dieses gleichfalls beachtet werden (EGMR, Urt. v. 17.1.2006, 51431/99, „Aristimuño Mendizabal/FRA") – so dient der Rechtsschutz nach der EMRK auch der Durchsetzung des Unionsrechts. Inhaltlich müssen beschränkende Gesetze **„in einer demokratischen Gesellschaft notwendig"** („pressing social need") sein und bestimmten öffentlichen Interessen dienen (etwa Art. 8–11 EMRK, jeweils Abs. 2). Hinzu kommt das vom EGMR häufig recht flexibel gehandhabte Gebot der **Verhältnismäßigkeit** (dazu 25.3.1992, 13590/88, „Campbell/UK", E 233, Ziff. 44; st. Rspr.). Dabei gesteht der EGMR den nationalen Stellen häufig einen nicht unerheblichen Beurteilungsspielraum zu („margin of appreciation": EGMR, Urt. v. 7.12.1976, 5493/72, „Handyside/UK", Ziff. 47; EGMR, Urt. v. 20.9.1994, 13470/87, „Preminger/AUT" Ziff. 50). Die Praxis ist allerdings nicht sehr einheitlich.

17 Bei der **Auslegung der EMRK** zeigt sich der EGMR reserviert gegenüber historischer Interpretation und zieht eine objektive Betrachtung vor. Als **„living instrument"** soll die Konvention im Lichte aktueller Entwicklungen ausgelegt werden und auch vor neuartigen Grundrechtsverletzungen schützen (EGMR, Urt. v. 27.9.1990, 10843/84, „Cossey/UK", Ziff. 42). Ähnlich wie vom EuGH werden interpretationsbedürftige Begriffe zumeist nicht unter Rückgriff auf das jeweilige nationale Recht, sondern „autonom" ausgelegt (EGMR, Urt. v. 21.2.1984, 8544/79, „Öztürk/DE"). Wohl aber wird auf andere Normen des Völkerrechts zurückgegriffen (EGMR, Urt. v. 29.7.2003, 56673/00, „Iglesias Gil/ESP"), selbst dann, wenn etwa der konkret betroffene Vertragsstaat den fraglichen Vertrag gar nicht ratifiziert hat (etwa EGMR, Urt. v. 12.11.2008, 34503/97, „Demir und Baykara/TR"). Zudem wird immer stärker auch die Rechtsentwicklung in anderen Vertragsstaaten in die Betrachtung einbezogen und gefragt, ob ggf. ein europäischer Konsens besteht (EGMR, Urt. v. 10.4.2007, 6339/05, „Evans/UK" = NJW 2008, 2013; EGMR, Urt. v. 24.6.2010, 30141/04, „Schalk und Kopf/AUT" = EuGRZ 2010, 445). Vor allem bei der Schrankenziehung wird dann aber wie erwähnt den nationalen Stellen ein Beurteilungsspielraum zuerkannt.

c) Die Bedeutung der EMRK für den Grundrechtsschutz der EU

Literatur: *Bertrand,* Cohérence normative et désordes contentieux. À propos de l'adhésion de l'Union européenne à la CEDH, RDP 2012, 181; *Grewe,* Beitritt der EU zur EMRK und ZP 14: Wirksame Durchsetzung einer europäischen Grundrechteverfassung, EuR 2012, 285; *Obwexer,* Der Beitritt der EU zur EMRK: Rechtsgrundlagen, Rechtsfragen und Rechtsfolgen, EuR 2012, 115; *Uerpmann-Wittzack,* Der Beitritt der EU zur EMRK, in: Obwexer (Hrsg.), Die Europäische Union im Völkerrecht, 2012, 167; *Vondung,* Die Architektur des europäischen Grundrechtsschutzes nach dem Beitritt der EU zur EMRK, 2012; *Michl,* Die Überprüfung des Unionsrechts am Maßstab der EMRK, 2013; *Hufeld/Rathke,* Der Grundrechtsschutz nach Lissabon, in: Müller-Graff/Schwarze (Hrsg.), XXV. FIDE-Kongress, 2013, 7; *Schiemann/Grabenwarter/Breitenmoser,* Grundfragen der Europäischen Union: Das Zusammenspiel der Grundrechtsordnungen (EMRK, Grundrechte-Charta, Allgemeine Rechtsgrundsätze) und ihre Interpreten, 2013; *Spiekermann,* Die Folgen des Beitritts der EU zur EMRK für das Verhältnis des EuGH zum EGMR und den damit einhergehenden Individualrechtsschutz, 2013; *Streinz,* EU und EMRK: Beitritt ermöglicht, aber nicht leicht gemacht, FS E. Klein, 2013, 687.

Vor dem **Beitritt** der EU zur EMRK entfalten deren Garantien **keine unmittelbare Bindung** für die Union; sie binden aber das Handeln der Mitgliedstaaten auch im Anwendungsbereich des Unionsrechts (Rz. 96). Demgegenüber lässt sich aus Art. 6 Abs. 3 EUV für das Verhältnis von EMRK und nationalem Recht nichts ableiten (EuGH, Urteil vom 24.04.2012, Rs. C-571/10 „Kamberaj"). Unabhängig davon kommt der EMRK und der Judikatur des EGMR für die Grundrechtsjudikatur des EuGH eine **zentrale Bedeutung** zu, die sich zunächst aus der Bedeutung der EMRK bei der Herausbildung allgemeiner Rechtsgrundsätze ergab (Rz. 3) und nunmehr aus deren Bedeutung für die Auslegung und Anwendung der GrCh (Rz. 20) folgt. Die Rechtsprechung des EGMR hat daher für den EuGH seit langem eine maßgebliche Orientierungswirkung; die Rechtsprechung beider Gerichte ist weitgehend parallel (*Ress,* FS Hirsch, 2008, 155; *Oeter/Merli,* VVDStRL 66 (2007), wenn auch dogmatisch mit Unterschieden bei der Durchführung der Verhältnismäßigkeitsprüfung (Rz. 16 zur EMRK, 36ff. zum EuGH). **Wesentliche Änderungen im Grundrechtsschutz** wird der vorgesehene **Beitritt** also **nicht** bewirken (vgl. noch Rz. 23). Fälle, in denen Divergenzen aufscheinen (hierzu: Scheeck, ZaöRV (2005) 837 (855); *Jacobs,* 38 Texas International Law Journal (2003) 547 (551) wie beim Schutz juristischer Personen (Schutz von Geschäftsräumen, Rz. 53, und Anwendung des Selbstbelastungsverbots Rz. 85; 20/46) oder auch beim Umgang mit Regelungen zur automatischen Anerkennung der Entscheidungen anderer EU-Staaten (Rz. 32/6), sind selten. Zudem bemüht sich der EuGH um Anpassung an den EGMR auch in solchen Konstellationen. Für die Legitimation der EU wird es allerdings nicht ohne Wert sein, sich – ebenso wie die europäischen Staaten – auch einer äußeren Kontrolle zu unterwerfen. 18

Der Vertrag von Lissabon verschaffte der EU die bisher fehlende (EuGHE 1996, I-1759, Gutachten 2/94) Kompetenz zum **Beitritt zur EMRK** und verpflichtet sie sogar dazu (Art. 6 Abs. 2 EUV), aber ohne der Union im Übrigen zusätzliche Zuständigkeiten zu vermitteln. Die Bedingungen sollen in einem **Abkommen** geregelt werden, zu dem ein Zusatzprotokoll zum Vertrag von Lissabon Einzelheiten vorgibt. Im Oktober 2011 wurde ein entsprechender Entwurf vorgelegt (abgedruckt in BT-Drs. 563/11), der derzeit vom EuGH nach Art. 218 Abs. 11 AEUV geprüft wird. Dieser Entwurf erstreckt den Beitritt auf einige der ZP und eröffnet die Möglichkeit, weiteren später beizutreten. Institutionell sieht er vor, dass bei Beschwerden gegen einen Mitgliedstaat, der nationale Maßnahmen beim Vollzug des Unionsrechts ergreift, vor Anrufung des Straßburger Gerichtshofes (Rz. 94) eine Befassung des EuGH möglich sein soll. Ggf. können unter Kontrolle des EGMR EU und Mitgliedstaat auch gemeinsam verklagt werden oder der eine sich an einem Verfahren gegen den anderen beteiligen (dazu Art. 36 Abs. 4 nF EMRK). Schließlich enthält die EU einige Mitwirkungsrechte in EGMR und Europarat (eigener EU-Richter; Vertretung in parlamentarischer Versammlung (vgl. Rz. 93) und Ministerkomitee (vgl. Rz. 95), soweit die EU betroffen ist. 19

3. Das Verhältnis der in Art. 6 EUV genannten Rechtsquellen zueinander

Literatur: *Callewaert,* Die EMRK und die EU-Grundrechtecharta, EuGRZ 2003, 198; *Jacobs,* Between Luxembourg and Strasbourg: Dialogue between the European Court of Human Rights and the European Court of Justice, FS Bieber, 2007, 205; *Wiethoff,* Das konzeptionelle Verhältnis von EuGH und EGMR, 2008; *Harpaz,* The European Court of Justice and its Relation with the European Court of Human Rights, CMLR 2009, 105; *Oeter,* Das Verhältnis zwischen EuGH, EGMR und nationalen Verfassungsgerichten, in: Fastenrath/Nowak (Hrsg.), Der Lissabonner Reformvertrag, 2009, 129; *Pache,* Die Rolle der EMRK und der Grundrechte-Charta in der EU, ebd., 113; *Ziegenhorn,* Der Einfluss der EMRK im Recht der EU-Grundrechtecharta, 2009; *Genevois,* La Convention européenne des droits de l'homme et la Charte des droits fondamentaux de l'Union européenne: complémentarité ou concurrence?, RFDA 2010, 437; *Schneiders,* Die Grundrechte der EU und die EMRK: das Verhältnis zwischen ungeschriebenen Grundrechten, Grundrechtecharta und europäischer Menschenrechtskonvention, 2009; *Ludwig,* Zum Verhältnis zwischen Grundrechtecharta und allgemeinen Rechtsgrundsätzen, EuR 2011, 715; *Hentschel-Bednorz,* Derzeitige Rolle und zukünftige Perspektive des EuGH im Mehrebenensystem des Grundrechtsschutzes in Europa, 2012; *Landau/Trésoret,* Menschenrechtsschutz im Europäischen Mehrebenensystem, DVBl. 2012, 1329; *Matz-Lück/Hong* (Hrsg.), Grundrechte und Grundfreiheiten im Mehrebenensystem – Konkurrenzen und Interferenzen, 2012; *Polakiewicz,* Der Abkommensentwurf über den Beitritt der EU zur EMRK, EuGRZ 2013, 472.

20 Das **Verhältnis der drei Elemente** des europäischen Grundrechtsschutzes ist bislang nur zum Teil geklärt (vgl. *Kokott/Sobotta,* EuGRZ 2010, 265). In der Rechtsprechung des EuGH spielt heute die **Charta** die **zentrale Rolle.** Deren Bestimmungen gehen allerdings vielfach auf andere Quellen zurück. Wichtige Garantien wurden praktisch wörtlich aus der **EMRK** übernommen. Dabei besitzen die Charta-Garantien nach Art. 52 Abs. 3 GrCh „die gleiche Bedeutung und Tragweite, wie sie ihnen in der genannten Konvention verliehen wird" mit der Folge, dass die jeweiligen **Schrankenbestimmungen der EMRK** auch das Maß der Einschränkbarkeit der GrCh-Garantien bestimmen. Auf diesen Umstand wird in den Erläuterungen des Präsidiums des Grundrechtskonvents (Rz. 11) ausdrücklich hingewiesen. In jedem Fall werden die Bestimmungen der EMRK nach Vollzug des Beitritts das Mindestniveau bilden, hinter das die EU nicht zurückfallen darf, wenn sie sich nicht des Vorwurfs des Vertragsverstoßes aussetzen und eine Verurteilung durch den EGMR riskieren will. Eine Verdichtung des Grundrechtsschutzes ist dort zu beobachten, wo die GrCh Rechtspositionen begründet, die in der EMRK nicht ausdrücklich enthalten sind.

21 Den **ARG** – traditionell die zentrale Quelle des europäischen Grundrechtsschutzes – kommt dagegen schon seit Inkrafttreten der Charta **kaum noch Bedeutung** zu. In Betracht kommen sie für eine Lücken füllende Funktion. Außerdem gilt der soeben für die EMRK angesprochene Gleichlauf auch für die Garantien, die aus nationalen Verfassungsüberlieferungen abgeleitet sind (Art. 53 Abs. 4 GrCh). Allerdings ist die Rechtfertigungslast für die Entwicklung neuer Grundsätze nach Einführung der GrCh deutlich gewachsen.

22 Art. 53 der Charta enthält einen **Vorbehalt zugunsten eines höheren Schutzniveaus von Menschenrechten und Grundfreiheiten,** die „im jeweiligen Anwendungsbereich" durch das EU-Recht, das Völkerrecht, durch internationale Abkommen (insbesondere die EMRK) und durch **die Verfassungen der Mitgliedstaaten** anerkannt sind (Art. 53 GrCh). Mit Blick auf die EMRK sichert die GrCh hier das durch die EMRK bestimmte Mindestniveau (Rz. 20). Hinsichtlich der Verfassungstraditionen sollen richtig verstanden damit nicht sämtliche nationale Grundrechte auf Unionsebene wirksam werden, sondern lediglich die volle Geltung der nationalen Grundrechte in

nerhalb des Rechtes des jeweiligen MSes sichergestellt bleiben. Diese „nationale Schutzverstärkung“ findet jedoch ihre Grenze, soweit dadurch die einheitliche Geltung des Unionsrechts in allen MSen in Frage gestellt wird (dazu *Seidel,* EuZW 2003, 97).

Die bereits erwähnte Parallelität der **Grundrechtsjudikatur** von **EGMR** und **EuGH** (Rz. 18) mag erstaunen, stellt doch die EMRK einen Mindeststandard auf (Art. 53 EMRK), während die GrCh eine grundrechtliche Vollrechtsordnung gewährleisten will. Der EuGH hat jedoch in der Vergangenheit deutlich gemacht, dass er in wichtigen, insbesondere in wirtschaftlichen Bereichen der politischen Gestaltung einen erheblichen Spielraum überlässt (Rz. 37 ff.), der strukturell der „margin of appreciation“ der Staaten nach der Rechtsprechung des EGMR (Rz. 16) vergleichbar ist. Und umgekehrt zieht der Straßburger Gerichtshof regelmäßig völkerrechtliche Verträge zur Konkretisierung der EMRK-Garantien heran, selbst wenn diese vom konkret betroffenen Vertragsstaat nicht ratifiziert worden sind (Rz. 17); so nimmt er auch auf Bestimmungen der GrCh Bezug, die ihr Vorbild nicht in der EMRK haben (etwa EGMR, Urt. v. 11.7.2002, 28957/95, „Goodwin/UK“ zur in Art. 9 GrCh fehlenden Bezugnahme auf Männer und Frauen; EGMR, Urt.v. 6.7.2010, 41615/07, „Neulinger and Shuruk/CH“ zu Art. 24 GrCh). Die vom EGMR häufiger aufgeworfene Frage nach dem Konsens in den nationalen Rechtsordnungen ist strukturell der Methode der Erarbeitung von ARG vergleichbar, wie sie bis zum Inkrafttreten des Vertrages von Lissabon für den Grundrechtsschutz der EU bestimmend war (Rz. 3). Und soweit Konflikte zwischen mehreren Grundrechtsträgern zu bewältigen sind, muss der EuGH ohnehin im Grundsatz dem EGMR folgen, will er die EMRK einhalten. 23

Insgesamt bewegen sich EuGH wie EGMR heute in einem rechtskulturellen Umfeld, in dem sich in der **Wechselwirkung der verschiedenen Rechtsordnungen** (von der EMRK bis zu den nationalen Verfassungsordnungen) ein „gemeineuropäischer“ Grundrechtsstandard abzeichnet. Der kommunikative Austausch zwischen Richtern der einzelnen Ordnungen sorgt ebenso für eine Verdichtung dieses Umfelds wie der sich verstärkende akademische Austausch. 24

III. Grundrechtslehren der EU-Grundrechte

1. Grundrechtliche Abwehrrechte

a) Adressaten

Den Bindungen der EU-Grundrechte ist die **gesamte Hoheitsgewalt,** die im Rahmen von EUV, AEUV und EAGV ausgeübt wird, unterworfen. Dies gilt, wie inzwischen vom EuGH geklärt ist, auch für **Maßnahmen, die die EU zur Durchführung von Beschlüssen des UN-Sicherheitsrats ergreift** (EuGHE 2008, I-6351, verb. Rs. 402/05 P u. a., „Kadi“; EuGE 2010, II-5177, Rs. T-85/09, „Kadi“; zur Problematik: *Haltern,* JZ 2007, 537; *von Arnauld,* AVR 2006, 201; *Kotzur,* EuGRZ 2006, 19; *K. Schmalenbach,* JZ 2006, 349; *Möllers,* EuR 2006, 426; *Nettesheim,* CMLR 2007, 567). Die Grundrechtsbindung erstreckt sich nicht lediglich auf den Bereich des AEUV – auch wenn hier aufgrund der supranationalen Rechtsetzung ein besonderes Bedürfnis für die grundrechtliche Einbindung besteht. In dem Maße, in dem es auch im Bereich der GASP zum Erlass von Maßnahmen kommt, die sich auf Individualrechtsgüter auswirken, bedarf es auch hier der Effektivierung des grundrechtlichen 25

Schutzes (*Nettesheim*, EuR 2009, 24). Die Lücken, die hier in der Gewährleistung von Rechtsschutz bestehen, wurden vom EuGH in einer „grundrechtsfreundlichen" Rechtsprechung jedenfalls teilweise geschlossen (EuGHE 2007, I-1657, Rs. C-355/04, „Segi", Rz. 53). Art. 6 EUV unterliegt der Kontrolle des Gerichtshofes.

26 Die EU ist auch insofern an die Grundrechte gebunden, als sie privatrechtlich handelt, also etwa im Bereich fiskalischer Geschäfte. Zudem ist anerkannt, dass die EU nicht durch Übertragung von Aufgaben auf Private einen Zustand herbeiführen darf, der zu einer unverhältnismäßigen Beeinträchtigung der EU-Grundrechte führt. Der Übertragungsakt ist insoweit grundrechtlicher Prüfung zu unterwerfen.

27 Bei der Frage, inwieweit auch die **Mitgliedstaaten** an die Grundrechte des EU-Rechts gebunden sind, ist auf die entsprechenden Diskussionen zu den **allgemeinen Rechtsgrundsätzen** (Rz. 9/48 ff.) zu verweisen: Nicht nur im Rahmen der Durchführung des Unionsrechts wie beim Vollzug von Verordnungen und bei der Umsetzung von Richtlinien, sondern auch bei sonstigen Maßnahmen im „Anwendungsbereich" des Unionsrechts kommen danach die EU-Grundrechte zum Tragen. Demgegenüber stellt Art. 51 Abs. 1 GrCh dem Wortlaut nach enger allein auf die „Durchführung" des Unionsrechts ab. In Übereinstimmung mit den amtlichen Erläuterungen der Charta (Rn. 11) versteht der EuGH hierunter neben dem Vollzug von Verordnungen und der Umsetzung von Richtlinien auch die Maßnahmen, mit denen Grundfreiheiten beschränkt werden (EuGHE 2011, I-819, Rs. C-457/09 „Chartry"). Inzwischen geht der EuGH weiter; er vertritt die Position, dass jede mitgliedstaatliche Maßnahme im „Geltungsbereich" des EU-Rechts an den EU-Grundrechten zu messen sei (dazu, sehr weitgehend, EuGH, Urt. v. 26.2.2013, Rs. C-617/10 „Fransson"). Das BVerfG deutet an, dass es der in diesem Urteil zum Ausdruck gebrachten Sichtweise nicht zu folgen bereit ist (BVerfG, Urteil 1 BvR 1215/07 vom 24.4.2013, Rn. 91). Materiellrechtlich ist die praktische Bedeutung der Frage nach dem Anwendungsbereich der GrCh bislang eher gering, weil die Grundrechtsjudikatur von EuGH und EGMR weitgehend parallel verläuft (dazu Rz. 18, 23). Die zusätzlich in der Charta, insbesondere in Titel IV enthaltenen Garantien entfalten bislang kaum Rechtwirkungen. Funktional ist die Frage von enormer Bedeutung, weil sie über das Verhältnis von EuGH und BVerfG bestimmt.

28 Die einschlägige Rechtsprechung, nach der der EuGH schon seit längerem den Mitgliedstaaten eine **Beeinträchtigung der grundfreiheitlich gewährleisteten Marktfreiheiten** nur dann freistellt, wenn dies nicht zugleich zu einer Beeinträchtigung grundrechtlicher Schutzgüter führt (EuGHE 1991, I-2925, Rs. C-260/89, „ERT"), wird teilweise dahingehend interpretiert, dass hierdurch eine „Bindung" der Mitgliedstaaten an die EU-Grundrechte bewirkt werde. Zutreffend dürfte es allerdings sein, diese Fallgruppe als Ausdruck einer grundrechtskonformen Interpretation der Schranken der Grundfreiheiten anzusehen.

29 Ohnehin ergeben sich aus dem Verfahrensrecht des EuGH gewisse **Grenzen** für die **Harmonisierung** des europäischen **Grundrechtsschutzes.** In Vorlageverfahren nach Art. 267 AEUV hat der Gerichtshof nur über die Auslegung des Unionsrechts zu entscheiden (Rz. 13/68), und so hat er in etlichen Fällen nur allgemein die grundrechtlichen (und sonstigen) Prinzipien entfaltet und den – rechtspraktisch zentralen – Ausgleich der gegenläufigen Interessen am Maßstab der Verhältnismäßigkeit den jeweiligen nationalen Gerichten überlassen (siehe EuGHE 2003, I-4989, verb. Rs. C-465/00 u. a., „ORF" zur Anwendung der Datenschutz-RL der EU und dazu Rz. 33/79 oder die Entscheidungen EuGHE 2007 I-10 779, Rs. C-438/05, „The International Transport Workers' Federation/Viking Line" und EuGHE 2007, I-11767, Rs. C-341/05 „Laval un Partneri") zum sensiblen Konflikt zwischen Grundfreiheiten und Arbeitskampfrecht (Rz. 28/31 bzw. 25/16 und 31). Zudem akzeptiert er auch die Heranziehung nationaler Grundrechte bei der Rechtfertigung von Beschränkungen der Grundfreiheiten (EuGHE 2004, I–9609, Rs. C-36/02, „Omega Spielhallen").

In der Frage, inwieweit die EU-Grundrechte im **horizontalen Verhältnis** (zulasten Privater) zur Anwendung kommen können, besteht zunehmende Unsicherheit. Bis in die jüngste Zeit hätte man dies schlicht verneint. Inzwischen liegen aber Entscheidungen vor, in denen grundrechtliche allgemeine Rechtsgrundsätze – teilweise „in Verbindung mit" Richtlinienbestimmungen – im Verhältnis Privater zur Anwendung gebracht werden (EuGHE 2010, I-365, Rs. C-555/07, „Kücükdeveci"). Bislang beschränkt sich diese Rechtsprechung auf die Verhinderung von Diskriminierungen. Der EuGH scheint hier – nach weitgehender Vollendung des liberalen Binnenmarktprojekts – ein neues Betätigungsfeld erblickt zu haben. Insofern kommen heute nicht nur die Grundfreiheiten in Fällen einer durch Regelungskompetenzen begründeten strukturellen Machtposition auch im horizontalen Verhältnis zur Anwendung (Rz. 27/32). Verordnungen können qua Natur auch horizontal angewandt werden (Rz. 9/81). Jedenfalls die Gleichheitssätze des EU-Rechts lassen sich in ihrer Wirkung nicht mehr auf das vertikale Verhältnis zwischen Privaten und Hoheitsgewalt beschränken (*Lenaerts/de Smijter*, CMLR 2001, 278). Schon seit langem ist Art. 157 AEUV (dazu EuGHE 1976, 455, Rs. 43/75, „Defrenne II") horizontal anwendbar (zur EU-Gleichstellungspolitik unten Rz. 71 ff.). 30

b) Berechtigte

Die EU-Grundrechte **berechtigen natürliche und juristische Personen des Privatrechts,** die der Hoheitsgewalt der EU unterfallen. Als Grundrechtsträger gelten neben natürlichen Personen auch Unternehmen (z. B. EuGHE 1980, 2033, Rs. 136/79, „National Panasonic"; *Crones,* Grundrechtlicher Schutz von juristischen Personen im Europäischen Gemeinschaftsrecht, 2002). Es hängt vom jeweiligen Schutzbereich ab, inwieweit juristische Personen berechtigt werden; deren Gegebenheiten werden nicht von jedem Grundrecht erfasst (z. B. bei höchstpersönlichen Gütern). An dieser Stelle hat sich der EGMR bisher gegenüber juristischen Personen tendenziell großzügiger gezeigt als der EuGH (Rz. 18). Juristische Personen des Privatrechts, die mitgliedstaatlicher Kontrolle unterliegen, können den Schutz allerdings nicht beanspruchen. Die Frage, inwieweit sich auch Personen außerhalb der EU auf EU-Grundrechte berufen können, ist bislang nicht geklärt (*Schröder,* FS Rengeling, 2008, 619). 31

Mitgliedstaatliche Hoheitsträger können sich demgegenüber nicht auf die EU-Grundrechte berufen. Sie müssen Konflikte in den Bahnen des föderalen Verfassungsrechts austragen (Art. 4 Abs. 3 EUV). 32

c) Schutzbereich – Eingriff – Schranken

Im Zentrum der EU-Grundrechte stehen jene Rechte, die den Bürgern und Unternehmen liberale Freiheit gewähren. Sie stehen in der Tradition mitgliedstaatlicher Rechte, die personale Autonomie schützen und so ein Verhalten nach eigenen Anschauungen ermöglichen. Auch im EU-Recht unterscheidet die Dogmatik grundrechtlicher Abwehrrechte zwischen Schutzbereich, Eingriff und Schranken (vgl. z. B. EuGHE 1997, I-3689, Rs. C-368/95, „Familiapress"; EuGHE 2003, I-4989, verb. Rs. C-465/00 u. a., „ORF"). Mit dem **Schutzbereich** wird beschrieben, welche Individualrechtsgüter den unionalen Schutz genießen. Hierbei kann es sich beispielsweise um unmittelbare Freiheit, ein Rechtsbündel (Eigentum), einen Zustand (Leben) oder auch eine soziale Beziehung (Familie) handeln. 33

34 Das Kriterium der **Beeinträchtigung** ermittelt, inwieweit von einem Akt eine nachteilige Wirkung für das geschützte Gut ausgeht. Ge- oder Verbote sind typische Akte, von denen eine Beeinträchtigung grundrechtlicher Freiheit ausgeht. Schwieriger ist zu beurteilen, inwieweit Nachteile, die sich indirekt auf den Gebrauch der Freiheit auswirken, als grundrechtlich prima facie verbotene Beeinträchtigung anzusehen sind. Schwierige Abgrenzungsfragen tauchen auch bei Akten auf, die sich auch auf andere Freiheitsgarantien auswirken – hier geht es ebenfalls um graduelle Abstufungen der Eingriffsintensität, die nicht nur schwierig zu ermitteln sind, sondern auch eine nicht immer leichte Grenzziehung erfordern. In der Rechtsprechung des EuGH finden sich hierzu bislang nur wenige Hinweise. In vielen Fällen verwendet der EuGH ein weites Beeinträchtigungskonzept. Dies bedeutet, dass auch mittelbare Auswirkungen eines Aktes Beeinträchtigungswirkung haben können, wenn sie sich „hinreichend und direkt" (EuGHE 2004, I-8663, Rs. C-435/02, „Springer", Rn. 49) auswirken (ähnlich EuGHE 1994, I-4973, Rs. C-280/93, „Deutschland/Rat"; EuGHE 1996, I-3953, Rs. C-84/95, „Bosphorus").

35 Die Grundrechte des EU-Rechts stehen unter **Schranken-Vorbehalt** (Art. 52 GrCh; *Fassbender,* NVwZ 2010, 1049). Einschränkungslos gewährleistete Grundrechte gibt es (bislang) nicht. Mit dem Inkrafttreten der GrCh gilt ein „Gesetzesvorbehalt". Daher dürfen Maßnahmen, die ihre Grundlage nicht in einem allgemeinen Rechtsetzungsakt haben, keinen Grundrechtseingriff bewirken (EuGHE 2010, I-6371, Rs. C-407/08 P „Knauf Gips"). Allerdings entspricht der Gesetzesbegriff in Art. 52 GrCh nicht dem Begriff des Gesetzgebungsverfahrens im AEUV. Es ist Ausdruck der zunehmenden Demokratisierung der EU, dass die mit dem Gesetzesvorbehalt bezweckte Sicherung demokratisch-parlamentarischer (Vor-)Entscheidung über grundrechtlich relevante Maßnahmen nunmehr auch im EU-Kontext zur Geltung gebracht wird.

36 Auch eine Ausdifferenzierung von **Grundrechtsschranken** wird vom EuGH bisher nicht vorgekommen. Die einheitliche Schranke bildet der Verhältnismäßigkeitsgrundsatz (vgl. auch Art. 52 Abs. 1 GrCh), der als „übergreifendes Prinzip zur Begrenzung der Wirtschaftsgesetzgebung und -verwaltung in der Gemeinschaft" bezeichnet wird (*Schwarze,* EuVerwR II, 831; *Emmerich-Fritsche,* Der Grundsatz der Verhältnismäßigkeit als Direktive und Schranke der EG-Rechtsetzung, 2000, 272; *Calliess,* in: Calliess/*Ruffert,* Art. 5 Rz. 45). Ob der gemäß Art. 52 Abs. 3 GrCh notwendige Rückgriff auf die EMRK-Regelungen daran etwas ändern wird, bleibt abzuwarten.

37 Sicherlich bedarf es zunächst eines **legitimen Ziels,** um eine Maßnahme zu rechtfertigen; sie muss zudem **geeignet und erforderlich** sein. Häufiger geht der EuGH noch auf die Ziel-Mittel-Relation **(Angemessenheit)** ein. Der EuGH wendet allerdings nicht immer **diesen vierstufigen Prüfungsaufbau** an. Zum Teil schichtet er die verschiedenen Kriterien nicht sorgfältig gegeneinander ab oder spricht einzelne Punkte gar nicht an. Letzteres gilt insbesondere für die (in Art. 52 GRC auch nicht explizit verankerte) Angemessenheitsprüfung. Es sei im Übrigen daran erinnert, dass das Handeln der EU auch über den Grundrechtsschutz hinaus einer „freistehenden" Verhältnismäßigkeitsprüfung zu unterwerfen ist (Art. 5 Abs. 4 EUV). Die **Prüfdichte** des EuGH ist hier aber gering.

38 Der **Kreis der Zielsetzungen,** die einen Grundrechtseingriff rechtfertigen können, ist nicht geschlossen. Im Grundsatz steht es den Organen der EU frei zu definieren, welche Ziele sie politisch verfolgen wollen. Die Bestimmungen der Art. 2, 3 EUV sind in-

sofern keinesfalls abschließend. Manche Ziele genießen eine bestimmte Dignität, sei es aufgrund ihrer besonderen Wertigkeit im EU-Kontext, sei es aufgrund ihrer Hervorhebung als Schranke in der EMRK. Im Gegenschluss lässt sich dem AEUV auch entnehmen, dass bestimmte Zielsetzungen, etwa eine mit den Anliegen des Art. 19 AEUV unvereinbare Politik der Unterscheidung, keine legitime Zielsetzung verfolgten. Der EuGH zeigt in der Bewertung der Zielsetzungen der politisch handelnden Organe zu Recht weitgehende Zurückhaltung.

Auch bei der Beurteilung der Frage, inwieweit eine Maßnahme die vom handelnden Organ **verfolgte Zielsetzung tatsächlich zu fördern** in der Lage ist, zeigt der EuGH weitgehende Zurückhaltung. Bei wirtschaftlich komplexen Regelungen (z. B. den Gemeinsamen Marktordnungen im Agrarbereich, dazu Rz. 24/19ff., oder bei wettbewerbsrechtlichen Maßnahmen) gesteht er den handelnden Organen einen weitgehenden Beurteilungsspielraum zu (EuGHE 2002, I-11453, Rs. C-491/01, „British American Tobacco“, Rz. 123; EuGHE 2005, I-10 423, verb. Rs. C-453/03 u. a., „ABNA“, Rz. 69). Regelmäßig findet sich dabei die Feststellung, dass die angegriffene Maßnahme nicht offensichtlich ungeeignet ist (vgl. EuGHE 2005, I-2997, Rs. C-385/93, „Käserei Champignon Hofmeister“, Rz. 31). Damit wird zum Ausdruck gebracht, dass es sich bei der „Geeignetheit“ um einen Maßstab handelt, der an dem **gradualisierbaren Merkmal** der Förderung eines Ziels ansetzt. Die im Kontext der Grundfreiheiten in den letzten Jahren zunehmend gestellte Frage nach der Kohärenz der Regelung (Rz. 22/12) wurde bei der Grundrechtsprüfung bisher nicht aufgeworfen. 39

Bei der Anwendung der **Grundfreiheiten** spielt die Prüfung der **Erforderlichkeit** eine überragend wichtige Rolle – der EuGH legt häufig dar, dass den Mitgliedstaaten zur Verfolgung ihrer politischen Ziele ein milderes Mittel als die ergriffene Beschränkung zur Verfügung steht (Rz. 22/12). Demgegenüber prüft der EuGH die Erforderlichkeit der angegriffenen Maßnahme bei der Anwendung der **EU-Grundrechte** wesentlich zurückhaltender; eine sorgfältige Bewertung von Alternativmaßnahmen erfolgt sogar so gut wie nie. Diese Differenz ist zu bedauern. 40

Soweit die Prüfung des Verhältnismäßigkeitsprinzips mit einer **Angemessenheitsbewertung** abgeschlossen wird, sind in deren Rahmen Vor- und Nachteile der angegriffenen Maßnahme miteinander abzuwägen. Beispielhaft hat der EuGH dies in der Entscheidung „Schräder“ formuliert: „Hoheitliche Maßnahmen sind danach nur grundrechtskonform, „wenn sie zur Erreichung der zulässigerweise mit der fraglichen Regelung verfolgten Ziele geeignet und erforderlich sind. Dabei ist, wenn mehrere geeignete Maßnahmen zur Verfügung stehen, die am wenigsten belastende zu wählen; ferner müssen die auferlegten Belastungen in angemessenem Verhältnis zu den angestrebten Zielen stehen.“ (EuGHE 1989, 2237, Rs. 265/87). Die Grenze der Abwägung bildet eine Wesensgehaltsgarantie, wie sie sich auch in Art. 19 GG findet (Art. 52 Abs. 1 GrCh; vgl. EuGHE 2000, I-2737, Rs. C-292/97, „Karlsson“, Rz. 58). Allerdings werden gelegentlich Fragen der Angemessenheit in der Rechtsprechung des EuGH mit Fragen der Erforderlichkeit vermischt; auch bemüht sich der EuGH nur teilweise um eine sorgfältige Ermittlung und Wägung der berührten Belange in den Entscheidungen (*Nettesheim,* EuZW 1995, 106; *Everling,* CMLR 33 (1996), 401 (419); *Huber,* EuZW 1997, 517; *von Danwitz,* EWS 2003, 393), während dies beim EGMR zumeist im Mittelpunkt der Überlegungen steht (Rz. 16). 41

42 All dies hängt mit dem häufig kursorischen Urteilsstil zusammen, gelegentlich auch damit, dass es im Falle der Uneinigkeit im entscheidenden Spruchkörper zur Streichung kontroverser Passagen kommen kann. Auch kann eine umfassende Abwägung den Richter an die Grenzen seiner Legitimation führen (*Classen,* FS Stern, 2012, 651). Dementsprechend bringt der EuGH zum Teil offen zum Ausdruck, dass er sich bei der Gewichtung und Wägung den **politisch handelnden Organen** unterwirft (EuGHE 1994, I-4973, Rs. C-280/93, „Deutschland/Rat", Rz. 94). In einer Europäischen Union von 28 Staaten kann aber auch keinesfalls erwartet werden, dass sich der EuGH bei seiner Grundrechtsrechtsprechung ausschließlich oder auch nur vorrangig am Grundrechtsstandard eines Mitgliedstaates (etwa Deutschlands) orientiert. Der EuGH eröffnet dem politischen Entscheidungsprozess Spielräume, die etwa unter Zugrundelegung der Rechtsprechung des BVerfG durch grundrechtliche, letztlich damit aber richterrechtliche Anschauungen beschnitten wären.

2. Grundrechtliche Leistungspflichten

43 Vor allem im deutschen Schrifttum wird seit langem diskutiert, inwieweit sich die EU-Grundrechte nicht nur als Abwehrrechte verstehen lassen, sondern auch **Leistungspflichten** (und ggf. korrespondierende Leistungsansprüche) enthalten. Die Beschäftigung mit derartigen Grundrechtsgehalten liegt für Wissenschaftler nahe, die in ihrer Herkunftsrechtsordnung erleben, wie das Verfassungsgericht mit Leistungs-, insbesondere Schutzpflichten den politischen Prozess in einem bemerkenswerten Maße einschnürt (vgl. etwa *Jarass,* AöR 110 (1985), 363; *Szczekalla,* Die sogenannten grundrechtlichen Schutzpflichten im deutschen und europäischen Recht, 2002). Ein **derartiges Verständnis ist dem EuGH fremd.** Bislang werden EU-Grundrechte vom EuGH grundsätzlich nicht dazu herangezogen, die EU-Hoheitsträger zu bestimmten Maßnahmen zu zwingen – etwa als soziale Leistungs- oder Teilhaberechte oder als Schutzpflichten zugunsten der von privatem Verhalten belasteten Einzelnen (*Jaeckel,* Schutzpflichten im deutschen und europäischen Recht, 2001). Ganz vereinzelt hat der EuGH den allgemeinen **Gleichheitssatz als Teilhabeanspruch** angewandt, um Personengruppen den Zugang zu einer Begünstigung zu ermöglichen, die ihnen in gleichheitswidriger Weise vorenthalten worden war (EuGHE 1977, 1795, verb. Rs. 124/76 u. 20/77, „Moulins Pont-à-Mousson"; vgl. aber auch Rz. 78 zu den Diskriminierungsverboten). Diese Zurückhaltung kann man mit Respekt vor den Ergebnissen des politischen Prozesses erklären, der nicht durch paternalistische Eingriffe gefährdet werden soll, aber auch mit Blick auf die Kompetenzstruktur – die Notwendigkeit von Schutz klärt nicht die Frage nach der zuständigen Ebene.

44 Demgegenüber betont der EGMR für die Rechte der EMRK, dass diese – auch über Art. 2, das Recht auf Leben, wo dies ausdrücklich so verankert ist, hinaus – **Schutzpflichten des Staates** begründen, wenn dies eine effektive Wahrnehmung der Rechte erfordere (EGMR, Urt.13.6.1979, 6833/74, „Marckx/BE"; EGMR, Urt. v. a., „Young, James und Webster/UK", Ziff. 49). Gegebenenfalls können sich sogar Pönalisierungspflichten ergeben (EGMR, Urt. v. 26.3.1986, 8978/80 „X und Y/NL" Ziff. 27). Während sich der EGMR früher mit einem Hinweis auf die Verantwortung des Staates nicht zuletzt für seine Gesetzgebung begnügte (dazu *Classen,* JöR 1987, 29), unterscheidet er nunmehr Schutzpflicht und Eingriffsabwehr, auch wenn sich für ihn im Ergebnis daraus keine substantiellen Unterschiede ergeben (vgl. auch EGMR, Urt. v.

30.11.2004, 48939/99, Ziff. 135 „Öneryildiz/TR"; EGMR, Urt. v. 8.7.2003, 36022/97, „Hatton u. a./UK" = EuGRZ 2005, 584, Ziff. 98).

Größere Bedeutung hat das Anliegen des Schutzes grundrechtlicher Güter demgegenüber **mit Blick auf mitgliedstaatliche Maßnahmen.** Im Rahmen der Unionsbürgerschaft hat der EuGH inzwischen eine weitreichende Rechtsprechung zu Freiheit und Gleichheit entwickelt, mit der er die MSen zu weitreichenden Modifikationen ihrer Rechtsordnung zwingt (Rz. 16/15 ff.). Darüber hinaus hat der EuGH anerkannt, dass die Mitgliedstaaten dort, wo sie sich für Rechtsgüter einsetzen, die auch EU-grundrechtlich anerkannt sind, bei Beeinträchtigungen der EG-Grundfreiheiten einen besonderen Rechtfertigungstitel haben (EuGHE 2004 I-9609, Rs. C-36/02, „Omega"; *Kingreen,* Die Struktur der Grundfreiheiten des Europäischen Gemeinschaftsrechts, 1999, 159); auch werden die Grundfreiheiten vom EuGH schon seit längerem auch als Schutzpflichten verstanden (Rz. 22/49). 45

IV. Einzelne Grundrechte

1. Fundamentalgarantien

Literatur: *Schwarz,* Die Menschenwürde als Ende der europäischen Wertegemeinschaft?, Staat 2011, 533; *Schwarzburg,* Die Menschenwürde im Recht der Europäischen Union, 2011; *Voss,* Schutz der Grundrechte in Medizin und Biologie durch die Charta der Grundrechte der Europäischen Union, 2011.

a) Die Menschenwürde (Art. 1 GrCh)

Im Anschluss an die Allgemeine Erklärung der Menschenrechte der UNO garantiert Art. 1 GrCh in sachlicher Übereinstimmung mit dem Grundgesetz die in der EMRK nicht ausdrücklich erwähnte Würde des Menschen. Auch bisher war sie bereits vom EuGH als Bestandteil des Unionsrechts anerkannt (EuGHE 2001, I-7079, Rs. C-377/98 „Niederlande/EP und Rat", bezüglich der Grenzen des Patentrechts bei Teilen des menschlichen Körpers); gelegentlich wurde auf sie auch in Begründungserwägungen zu Rechtsakten Bezug genommen (FreizügigkeitsVO 1612/68, ABl. L 257/2, sowie AsylrechtsRL 2004/83, ABl. L 304/12). 46

b) Recht auf Leben (Art. 2 Abs. 1 GrCh, Art. 2 EMRK) – Verbot der Todesstrafe (Art. 2 Abs. 2 GrCh, Art. 1, 6. ZP und 13. ZP)

In den Art. 2–5 GrCh, Art. 2–4 EMRK sind **grundlegende Gewährleistungen** enthalten, die die Voraussetzung für eine menschenwürdige Existenz darstellen (*Trechsel,* EuGRZ 1980, 514). Art. 2 GrCh, Art. 2 EMRK schützen das **Recht auf Leben;** die EMRK postuliert sogar eine ausdrückliche staatliche Schutzpflicht. Daraus folgt kein „Recht auf Sterben" (EGMR, Urt. v. 29.4.2002, 2346/02, „Pretty/UK", 39 f. = EuGRZ 2002, 234). Ob dieser Schutz das vorgeburtliche Leben umfasst, bleibt der Beurteilung der Staaten überlassen (EGMR, Urt. v. 8.7.2004, 53924/00, „Vo/FR"). Jedenfalls kommt die (sicher nicht uneingeschränkt verbotene) Abtreibung in der Ausnahmebestimmung des Art. 2 Abs. 2 EMRK nicht vor (dazu auch der österreichische Verfassungsgerichtshof, EuGRZ 1975, 74). Diese sieht nur vor: 47

- die Notwehr gegenüber Angriffen auf Menschen;
- die Festnahme und die Fluchtverhinderung;
- die Verhinderung von Aufruhr oder Aufstand.

Die **Todesstrafe** ist nach Art. 1 des 6. ZP grundsätzlich (mit Ausnahmen in Kriegszeiten nach Art. 2) und nach dem 13. ZP sogar „vollständig" **abgeschafft** (ebenso Art. 2 Abs. 2 GrCh). Die Charta erweitert diesen Schutz um das Recht auf körperliche Unversehrtheit und enthält zudem spezifische Garantien für den Bereich der Medizin und der Biologie.

c) Verbot von Folter und unmenschlicher Behandlung (Art. 4 GrCh, Art. 3 EMRK)

48 Art. 3 EMRK verbietet **Folter, unmenschliche oder erniedrigende Strafe oder Behandlung** (ebenso Art. 4 GrCh). Eine unmenschliche Behandlung liegt vor, wenn absichtlich angesichts der Schwere des Falles unangemessene, schwere psychische oder physische Leiden zugefügt werden, etwa besondere Verhörmethoden (EGMR, Ent. v. 13.3.1990, 12850/87, „Tomasi/FR"). Folter ist eine unmenschliche Behandlung, die Leiden von besonderer Intensität und Grausamkeit verursacht (EGMR, Urt. v. 1.6.2010, 22978/05, „Gäfgen/DE"). Demgegenüber liegt eine erniedrigende Behandlung bereits bei schwächeren Eingriffen vor, etwa bei besonderen Haftbedingungen oder Verhörmethoden (Beispiel: Die früher auch in D praktizierte Vergabe von Brechmitteln zur Durchsuchung eines Körpers nach Rauschgift, EGMR, Urt. v. 11.7.2006, 54810/00, „Jalloh/DE" = NJW 2006, 3117). Aus Art. 3 EMRK lässt sich im Grundsatz auch der Schutz der in Art. 1 GrCh ausdrücklich garantierten **Menschenwürde** (Rz. 46) ableiten (*Meyer-Ladewig*, NJW 2004, 981). Art. 3 EMRK ist auch anwendbar im Falle von Auslieferung oder Abschiebung, wenn im anderen Land eine gegen Art. 3 EMRK verstoßende Behandlung droht (EGMR, Urt. v. 30.10.1991, 13163/87 u. a., „Vilvarajah u. a./UK", Ziff. 103; ausdrücklich verankert in Art. 19 GrCh; vgl. auch § 53 AuslG). Art. 3 wird durch die Europäische Antifolterkonvention v. 26.11.1987 (BGBl. 1989 II 947 = Sart. II Ziff. 140) verfahrensmäßig ergänzt.

d) Verbot der Sklaverei und Zwangsarbeit (Art. 5 GrCh, Art. 4 EMRK)

49 Art. 4 EMRK (entsprechend Art. 5 GrCh) verbietet **Sklaverei, Leibeigenschaft und Zwangsarbeit.** Praktische Bedeutung hat bisher im Wesentlichen nur letzteres Verbot erlangt. Dabei hat es der Gerichtshof bisher zu Recht abgelehnt, die Verpflichtung von Angehörigen eines bestimmten Berufes zu bestimmten Aufgaben im Rahmen ihrer Tätigkeit an dieser Norm zu messen (YB 6, 278 „Iversen"). Es liegt auch keine Zwangsarbeit vor, wenn die Gewährung von Arbeitslosenunterstützung verweigert wird, weil ein zumutbarer Arbeitsplatz bereitsteht (DR 7, 161, Ziff. 1). Nicht verboten sind Arbeiten im Rahmen von Haft, Militärdienst, zivilem Ersatzdienst, Notstand und „üblichen Bürgerpflichten" (Abs. 3; zum zivilen Ersatzdienst DR 44, 155).

2. Freiheitsrechte

Literatur: *Breitenmoser,* Der Schutz der Privatsphäre gemäß Art. 8 EMRK, 1986; *Blum,* Die Gedanken-, Gewissens- und Religionsfreiheit nach Art. 9 der EMRK, 1990; *Brötel,* Der Anspruch auf Achtung des Familienlebens, 1991; *Reininghaus,* Eingriffe in das Eigentumsrecht nach Art. 1 des ZP zur EMRK, 2002; *Groh/Lange-Bertalot,* Der Schutz des Lebens Ungeborener nach der EMRK, NJW 2005, 713; *Thym,* Menschenrecht auf Legalisierung des Aufenthalts?, EuGRZ 2006, 541; *Graf Kielmansegg,* Jenseits von Karlsruhe: Das deutsche Familienrecht in der Straßburger Rechtsprechung, AVR 2008, 273; *Sander,* Der Schutz des Aufenthalts durch Artikel 8 der Europäischen Menschenrechtskonvention, 2008; *Friedrich,* Grundrechtlicher Persönlichkeitsschutz und europäische Privatsphärengarantie, 2009; *Thurin,* Der Schutz des Fremden vor rechtswidriger Abschiebung, 2009; *Fritzsch,* Der Schutz sozialer Bindungen von Ausländern: eine Untersuchung zu Art. 8 EMRK, 2009; *Fischborn,* Enteignung ohne Entschädigung nach der EMRK?, 2010; *Schlachter,* Beamtenstreik im Mehrebenensystem, RdA 2011, 341; *Grabenwarter,* Die Grundrechte des Wirtschaftslebens nach dem Vertrag von Lissabon, 2012; *Ripke,* Europäische Versammlungsfreiheit, 2012.

a) Recht auf Achtung der Privatsphäre (Art. 7 GrCh, Art. 8 EMRK, Art. 16 AEUV)

50 Die **Privatsphäre des Einzelnen** wird durch Art. 7 GrCh (Art. 8 EMRK) geschützt. Danach hat jedermann Anspruch auf Achtung seines Privatlebens. Geschützt ist die Sphäre, die ein Individuum zur Entwicklung und Erfüllung seiner Persönlichkeit benötigt, soweit es nicht in Kontakt mit der Öffentlichkeit oder in Konflikt mit anderen geschützten Interessen kommt (DR 10, 100, Ziff. 56 „Brüggemann/Scheuten"). Daher werden der **Datenschutz** (EGMR, Urt. v. 7.7.1989, 10454/83, Ziff. 39 „Gaskin/UK"; dazu auch explizit Art. 8 GrCh und Art. 16 AEUV, zum Sekundärrecht Rz. 33/79 ff., sowie EuGHE 2003, I-4989, verb. Rs. C-465/00 u. a. „ORF") und der Schutz vor dem **Abhören von Telefongesprächen** (EGMR, Urt. v. 6.9.1978, 5029/71, „Klass u. a./DE", Ziff. 40) von Art. 8 EMRK mit umfasst, ferner (elementarer) Um-

weltschutz (EGMR, Urt. v. 9.12.1994, 16798/90, „López Ostra/ESP“, Ziff. 51 = EuGRZ 1995, 530). Die Entscheidung über einen Schwangerschaftsabbruch fällt hingegen nicht unter Art. 8 („Brüggemann/Scheuten“, a. a. O.), auch nicht die Verpflichtung zum Tragen eines Sicherheitsgurtes (DR 18, 255). – Abgrenzungsfragen ergeben sich zwischen dem Schutz der Privatsphäre nach Art 8 und der **Medienfreiheit** des Art. 10 EMRK. Der EGMR gab in einem umstrittenen Urteil der Privatsphäre von Prominenten ohne politische Funktion bei „rein privaten Aktivitäten“ Vorrang vor der Pressefreiheit (EGMR, Urt. 24.6.2004, 59320/00, „Caroline v. Hannover/DE“ gegen BVerfGE 101, 361), doch hat das BVerfG später die europäischen Vorgaben problemlos aufnehmen können (BVerfGE 120, 180; dazu *Hoffmann-Riem,* NJW 2009, 20; vgl. auch Rz. 57).

b) Schutz des Familienlebens (Art. 7 GrCh, Art. 8 EMRK)

In Art. 7 GrCh (Art. 8 EMRK) wird ferner das **Familienleben** geschützt. In diesem 51
Zusammenhang garantiert Art. 9 GrCh (Art. 12 EMRK) explizit die Freiheit, gemäß den nationalen Gesetzen **zu heiraten und eine Familie zu gründen.** Der EGMR erstreckt diese Rechte auch auf Transsexuelle (EGMR, Urt. v. 11.7.2002, 28957/95, „Goodwin/UK“, Ziff. 100 ff.). Ein Recht auf Scheidung (und anschließende Wiederheirat) ergibt sich aus Art. 8 und 12 EMRK nicht. Die Gleichberechtigung der Ehepartner wird durch Art. 5 des 7. ZP geschützt. Familie im Sinne von Art. 8 EMRK sind nicht nur Ehepaare mit ihren Kindern, sondern auch die Beziehungen zwischen nichtehelichem Kind und **beiden** Eltern (**„famille naturelle“,** DR 11, 160 Ziff. 2), ebenso die „Großfamilie“, wenn ein enger Kontakt vorhanden ist (EGMR, Urt.13.6.1979, 6833/74, „Marckx/BE“, Ziff. 45). Ein nichtehelicher Vater hat auch gegen den Willen der Mutter Rechte mit Blick auf sein Kind (EGMR, Urt. 11.10.2001, 31871/96, „Sommerfeld/DE“ = EuGRZ 2001, 588 mit krit. Anm. *Benda,* EuGRZ 2002, 1 zum Umgangsrecht; EGMR, Urt. v. 3.12 2009, 22028/04 „Zaunegger/DE“ zum Sorgerecht, und dem folgend BVerfGE 127, 132). In entsprechenden Streitigkeiten kommt dem Verfahrensrecht besondere Bedeutung zu (EGMR, Urt. v. 26.5.2004, 74969/01, „Görgülü/DE“ = EuGRZ 2004, 700). In Verbindung mit Art. 14 EMRK ergibt sich für ein nichteheliches Kind ein Anspruch auf Gleichbehandlung mit ehelichen Kindern („Marckx“, a. a. O.). Ggf. dürfen auch Homosexuelle Kinder adoptieren (EGMR, Urt. v. 22.1.2008, 43546/02, „E.B./FR“ = NJW 2009, 3637). Für die **Einschränkbarkeit** von Art. 8 EMRK gilt das oben (Rz. 16) Gesagte; die Freiheit der Eltern wird insbesondere von Gesichtspunkten des Kindeswohls begrenzt (DR 11, 160 Ziff. 2). **Ausweisungen** von Ausländern sind beim Verbleib von Familienangehörigen im Inland an Art. 8 EMRK zu messen (EGMR, Urt. v. 26.3.1992, 12083/86, „Beldjoudi/FR“) und müssen verhältnismäßig sein (EGMR, Urt. v. 18.2.1991, 12313/86, „Moustaquim/BE“, Ziff. 43 ff.). Schwere Straftaten können eine Ausweisung trotzdem rechtfertigen. Ein Nachzugsrecht bei ausländischen Familien wird durch Art. 8 EMRK nicht gewährt (EGMR, Urt. v. 28.5.1985, 9474/81 u. a., „Abdulaziz u. a./UK“Ziff 68; dazu *Huber,* NJW 1985, 1247).

In diesem Zusammenhang ist auch auf Art. 2 S. 2 des 1. Zusatzprotokolls (ähnlich Art. 14 GrCh) hinzu- 52
weisen. Dieser garantiert den **Vorrang des Elternrechtes gegenüber dem Staat** hinsichtlich der **Kindererziehung,** insbesondere auch im Bildungswesen (EGMR, Urt. v. 7.12.1976, 5926/72, „Kjeldsen/DK“, Ziff. 54 ff.; zum Recht auf Bildung siehe unten Rz. 81). Das Recht zur Privatschulgründung reicht insoweit

nicht; auch im staatlichen Schulwesen darf keine Indoktrination erfolgen (*Eiselstein,* FS Oppermann, 1981, 178). Der Staat hat kein Recht der körperlichen Züchtigung, wenn die Eltern dies nicht wünschen (EGMR, Urt. v. 25.2.1982, 7743/76, „Campbell und Cosans/UK", Ziff. 32 ff.). Umgekehrt müssen die Eltern den Kindern eine angemessene Schulbildung zukommen lassen (ebd., Ziff. 36).

c) Schutz der Wohnung und Freiheit des Briefverkehrs (Art. 7 GrCh, Art. 8 EMRK)

53 Weiterhin schützt Art. 7 GrCh (Art. 8 EMRK) die **Wohnung.** Auf die Frage, ob diese Garantie neben Privat- auch Geschäftsräume schützt, hat der EuGH zunächst eine negative Antwort gegeben (EuGHE 1989, 2859, Rs. 227/88, „Hoechst"); später hat der EGMR – unter direkter Bezugnahme auf das Urteil des EuGH – aber einen entsprechenden Schutz angenommen (EGMR, Urt. v. 16.12.1992, 13710/88, „Niemietz/GER"). Dem ist dann auch der EuGH gefolgt (EuGHE 2002, I-9011, Rs. C-94/00 „Roquette Frères"). Im Einzelnen verlangt Art. 8 EMRK keinen Richtervorbehalt für Durchsuchungen, doch müssen in jedem Fall Vorkehrungen gegen Missbrauch vorhanden sein (EGMR, Urt. v. 6.9.1978, 5029/71, „Klass/GER"). Dies gilt in besonderem Maße für die letzte Garantie von Art. 8 EMRK – die **Freiheit der Kommunikation,** die den Briefverkehr sowie die Telefongespräche umfasst (zur Gefängnispost EGMR, Urt. v. 25.3.1992, 13590/88, „Campbell/GB").

d) Gedanken-, Gewissens- und Religionsfreiheit (Art. 10 GrCh, Art. 9 EMRK)

54 In Art. 10 GrCh (Art. 9 EMRK) wird die **Gedanken-, die Religions- und Gewissensfreiheit** geschützt (siehe auch EuGHE 1976, 1589, Rs. 130/75, „Prais"). Ausdrücklich eingeschlossen ist auch das „Praktizieren von Gebräuchen" wie das Schächten (EGMR, Urt. v. 27.6.2000, 27417/95, „Cha'are Shalom Ve Tsedek/FR") und das Tragen eines Schleiers (EGMR Urt. v. 10.11.2005, 44774/98, „Leyla Şahin/TR" = EuGRZ 2006, 28). Außerdem beinhaltet die Religionsfreiheit ein generelles, vor allem für den Schulunterricht bedeutungsvolles Indoktrinationsverbot (EGMR, Urt. v. 7.12.1976, 5095/71 u. a., „Kjeldsen u. a./DK"; das Aufhängen von Kreuzen in Schulen wurde hingegen als zulässig angesehen: EGMR Urt. v. 18.3.2011, 30814/06, „Lautsi/IT"). Garantiert wird auch die negative Glaubensfreiheit. Das Verbot einer in mehreren Konventionsstaaten bestehenden Staatskirche lässt sich aus Art. 9 EMRK nicht ableiten (DR 5, 157 Ziff. 1), doch muss die Mitgliedschaft freiwilligen Charakter aufweisen. Geschützt wird auch die Freiheit von Religionsgemeinschaften, sich selbst zu verfassen und Ämter frei zu vergeben (*Grabenwarter,* FS Rüfner, 2003, 147). Die Ausübung dieser Rechte ist jedoch **nach Abs. 2 einschränkbar,** der im Wortlaut weitgehend mit Art. 8 Abs. 2 EMRK identisch ist (siehe schon Rz. 16). Insbesondere gestattet der EGMR den Staaten recht großzügig, die Ausübung der Religionsfreiheit einzuschränken. So wurde das türkische Verbot des Schleiertragens für Studentinnen für zulässig erklärt („Leyla Şahin", a. a. O.). Nur bei der Intervention des Staates in die innere Struktur von Religionsgemeinschaften zieht er enge Grenzen (EGMR, Urt. v. 26.10.2000, 30985/96, „Hasan und Chaush/BG"). Kirchliche Arbeitgeber müssen bei ihren Personalentscheidungen allerdings auch die Belange ihrer Mitarbeiter berücksichtigen (EGMR, Urt. v. 20.10.2009, 39128/05, „Lombardi Vallauri/IT" zu einem Professor an einer theologischen Hochschule; EGMR, Urt. v. 23.9.2010, 425/03, „Obst/DE" sowie 1620/03, „Schüth/DE"). „Neutrale" Pflichten, die jeden Staatsbürger treffen wie die Steuerpflicht, können grundsätzlich nicht unter Berufung auf die Gewissensfreiheit verweigert werden. Für die Wehrpflicht ergibt sich dies auch

aus Art. 4 Abs. 3 lit. b EMRK, wonach sich aus der Konvention selbst kein Recht auf Kriegsdienstverweigerung ergibt (DR 9, 196, Ziff. 1).

In der Europäischen Union ist das **Verhältnis zwischen Staat und Religionsgemeinschaften** in den einzelnen MSen ausgesprochen **unterschiedlich** geregelt. Staaten mit laizistischer Tradition (Frankreich) stehen Staaten mit staatskirchlichen Traditionen (England, Dänemark) gegenüber; das deutsche Modell einer sog. „hinkenden Trennung" steht dazwischen. Diese unterschiedlichen Einstellungen zur Religion in den verschiedenen MSen traten zum einen in Diskussionen um die **Wertorientierung** der Union deutlich hervor. Bei der **Präambel der Grundrechte-Charta** wurde in der deutschen Fassung (abweichend von den übrigen Sprachfassungen) der Hinweis auf das geistige Erbe Europas bewusst um einen Hinweis auf dessen religiöse Dimension erweitert. Mit Blick auf die Präambel des Verfassungsvertrages 2004 forderten die christlichen Kirchen vergeblich eine Bezugnahme auf Gott; der dort (dieses Mal unstreitig) verankerte Hinweis auf die religiösen Traditionen Europas reichte ihnen nicht. Bei der Diskussion um einen **Beitritt der Türkei** löst deren islamische Tradition manche Zweifel an der Integrationsfähigkeit dieses Staates aus. 55

In der Vergangenheit traten Probleme auch deswegen auf, weil das Unionsrecht die Tätigkeit von Religionsgemeinschaften vor allem in den Bereichen des Wirtschafts- und Arbeitsrechts beeinflusst, insbesondere beim Betrieb von wohltätigen Einrichtungen (Krankenhäusern etc.). Spannungen bestehen insbesondere mit Blick auf das **Antidiskriminierungsrecht.** Art. 4 RL 78/2000 gesteht religiösen Arbeitgebern zwar zu, bei der Besetzung von Arbeitsplätzen auch religiöse Gesichtspunkte zu berücksichtigen. Dieser Freiraum ist großzügiger als bei anderen Diskriminierungsgründen, kennt aber Grenzen. Diese stoßen sich mit dem Leitbild der „christlichen Dienstgemeinschaft" aller Arbeitnehmer eines religiösen Arbeitgebers, wie es bislang von den Kirchen in Deutschland beansprucht, vom BVerfG akzeptiert (BVerfGE 70, 138) und dementsprechend bei der Umsetzung der RL in das deutsche Recht durch das AGG dort verankert wurde (§ 9). Mittlerweile fordert aber schon der EGMR eine Güterabwägung, die der kirchlichen Selbstbestimmung Grenzen setzt (Rz. 54), **Art. 17 AEUV** verpflichtet die EU nunmehr zur Achtung des Status von Kirchen und Religionsgemeinschaften und enthält damit eine **negative Kompetenznorm;** zudem wird ein Gebot zum Dialog begründet. Noch steht allerdings die nähere Klärung aus, welchen Freiraum diese Aussagen für die gesellschaftliche Selbstorganisation im Bereich Religion bietet. 56

e) Meinungs- und Medienfreiheit (Art. 11 GrCh, Art. 10 EMRK)

Die GrCh und die EMRK enthalten darüber hinaus Freiheitsrechte, die besonders für die **politische Betätigung der Bürger** von Bedeutung sind. Hierzu gehört die **Meinungs- und Medienfreiheit** des Art. 11 GrCh, Art. 10 EMRK. Der EGMR hat sie in jahrzehntelanger Rspr. wegen ihrer herausragenden Bedeutung für ein demokratisches Gemeinwesen besonders zu schützen gesucht (EGMR Urt. v. 23.4.1992, 11798/85, „Castells/ESP"; *Hoffmeister,* EuGRZ 2000, 358; *Kühling,* Kommunikationsfreiheit als europäisches Gemeinschaftsgrundrecht, 1999; vgl. auch EuGHE 2001, I-10269, Rs. C-340/00 P „Cwik"). Die **Meinungsfreiheit** umfasst alle Arten von Äußerungen, einschließlich Werbung (dazu EuGHE 2006, I-11573, Rs. C-380–03 „Deutschland/Parlament und Rat – Tabakwerbung", mit Betonung besonderer Gestaltungsfreiheit des Gesetzgebers für diesen Fall) und künstlerische Äußerungen (EGMR Urt. v. 57

24.5.1988, 10737/84, „Müller/AUT"). So wurde die Entlassung einer deutschen DKP-Lehrerin aus dem Schuldienst als unverhältnismäßige Einschränkung des Art. 10 EMRK angesehen (EGMR Urt. v. 26.9.1995, 17851/91, „Vogt/DE"). Politiker müssen im Interesse öffentlicher Diskussion schärfere Angriffe hinnehmen als Privatpersonen (EGMR Urt. v. 23.5.1991, 11662/85, „Oberschlick/AUT"). Art. 10 umfasst auch die **Freiheit von Presse, Rundfunk, Fernsehen und Film (Medienfreiheit** – *Holoubek,* AfP 2003, 193) sowie die Informationsfreiheit.

58 **Art. 10 Abs. 2** EMRK regelt die **Einschränkung der Meinungs- und Medienfreiheit** unter Betonung der Verantwortung und Pflichten, die mit ihrer Ausübung verbunden sind. Bei der Pressefreiheit wird das Informationsinteresse der Öffentlichkeit regelmäßig mit diesen Pflichten abgewogen (EGMR, Urt. v. 26.11.1991, 13585/88 „Observer and Guardian/GB"). Dabei wird auf die Formulierung von Art. 8 Abs. 2 EMRK zurückgegriffen (oben Rz. 16; dort auch zum Schutz der Privatsphäre von Prominenten). U. a. sind staatliche Maßnahmen zur Sicherung des **Meinungspluralismus** nach Art 10 Abs. 2 gerechtfertigt (EuGHE 1991, I-4007, Rs. C-288/89 „Collectieve Antennevoorziening Gouda"); ein staatliches Rundfunkmonopol ist hingegen unzulässig (EGMR, Urt. v. 24.11.1993, 13914/88 u. a., „Informationsverein Lentia u. a./AUT"). Der Schutz territorialer Integrität kann grundsätzlich Einschränkungen der Meinungsfreiheit rechtfertigen (EGMR 1999-IV, Fälle gegen die Türkei). Gleiches gilt für Beleidigungen, den Schutz der Moral, Vertraulichkeit von Nachrichten oder die Unabhängigkeit der Rechtsprechung. Welche Maßnahme jeweils gerechtfertigt ist, entscheiden angesichts der unterschiedlichen nationalen Traditionen grundsätzlich die Behörden der Vertragsstaaten. Ihnen erkennt der EGMR im Allgemeinen einen weiten **Beurteilungsspielraum** zu (Rz. 16). Im Medienbereich nimmt der Gerichtshof oftmals eine besonders strenge Prüfung der Einschränkung vor („most careful scrutiny"). So wurde ein irisches Verbot der Verbreitung von Information über Abtreibungsmöglichkeiten im Ausland als Verstoß gegen Art. 10 bewertet (EGMR, Urt. v. 29.10.1992, 14234 u. a., „Open Door and Dublin Well Woman/IE"; dazu *Langenfeld/Zimmermann,* EuGRZ 1992, 33). Zum Schutz von „whistleblowing" siehe EGMR, Urt.v. 21.7.2011, 28274/08, „Heinisch/DE".

f) Versammlungs- und Vereinigungsfreiheit (Art. 12 GrCh, Art. 11 EMRK)

59 Art. 12 GrCh (Art. 11 EMRK) schützt die **Freiheit, sich friedlich zu versammeln** – auch, wenn dies zu Einschränkungen der Grundfreiheiten des EUV führt (EuGHE 2003, I-5659, Rs. C-112/00, „Schmidberger"; Rz. 22/53). Weiterhin wird die **Vereinigungs- einschließlich der Koalitionsfreiheit** garantiert (*Wildhaber,* GYIL 1976, 238). Letztere beinhaltet nicht nur das Verbot staatlicher Zwangsgewerkschaften. Auch der Beitrittszwang zu privaten Gewerkschaften („closed shop") ist zumindest dann konventionswidrig, wenn keine effektive Wahlmöglichkeit besteht (EGMR, Urt. v. 13.8.1981, 7601/76 u. a., „Young, James, Webster/GB"). Besteht eine Gewerkschaft, so hat sie nach jüngerer Rechtsprechung auch ein Recht auf Tarifverhandlungen (EGMR, Urt. v. 12.11.2008, 34503/97, „Demir und Baykara/TR") und sogar auf Streik (EGMR, Urt. v. 21.4.2009, 68959/01,, „Enerji Yapı-Yol Sen/TR"). Unionsrechtlich sind allerdings die entsprechenden Kompetenzschranken zu beachten (Art. 153 Abs. 5 AEUV). Für die **Einschränkungen** gilt nach Art. 11 Abs. 2 EMRK Ähnliches wie für Art. 8 EMRK. Grundsätzlich sind die Rechte aus Art. 11 EMRK für Angehörige des öffentlichen Dienstes auf Grund ihrer besonderen Aufgaben stärker einschränkbar als bei Privaten.

60 Auch das **Verbot politischer Parteien** ist an Art. 11 EMRK zu messen. Der EGMR hat das Verbot der islamistischen türkischen Wohlfahrtspartei durch das türkische Verfassungsgericht mit Berufung auf Art. 11 Abs. 2 EMRK bestätigt (EGMR, Urt. v. 13.2.2003, 41340/98, „Refah Partisi [Wohlfahrtspartei] u. a./TR"; dazu *Kugelmann,* EuGRZ 2003, 533), da das Verbot der übergeordneten sozialen Notwendigkeit gedient habe, die demokratische Gesellschaft zu schützen.

g) Berufsfreiheit (Art. 15, 16 GrCh)

Die **Berufsfreiheit** wird in Art. 15, 16 GrCh gewährleistet (*Schmidt,* Die unternehmerische Freiheit im Unionsrecht, 2010). Die unternehmerische Freiheit und die Berufsfreiheit gehörten zu den frühesten Grundrechten, die der EuGH anerkannt hat (grundlegend dazu: EuGHE 1974, 491, Rs. 4/73 „Nold"; EuGHE 1979, 3727, Rs. 44/79 „Hauer"; EuGHE 1989, 2609, Rs. 5/88 „Wachauf"; EuGHE 1994, I-4973, Rs. C-280/93 „Bananenmarkt"). Geschützt wird die **wirtschaftliche Betätigung** in all ihren Erscheinungsformen (EuGHE 1985, 2857, verb. Rs. 63/84 u. 147/84 „ Finsider"). Erfasst sind auch die erwerbsbezogene Vertragsfreiheit und die Wettbewerbsfreiheit (EuGHE 1987, 2289, Rs. 133–136/85 „Rau"; EuGHE 1998, I-1953, Rs. C-200/96 „Metronome"). Die Beschränkung der freien Wahl des Geschäftspartners stellt eine Beeinträchtigung der beruflichen Freiheit dar (EuHGE 1991, I-3617, Rs. C-90/90 und C-91/90 „Neu"). In der EMRK findet sich diesbezüglich keine explizite Entsprechung, doch interpretiert der EGMR zum Ausgleich die Eigentumsgarantie ausgesprochen weit (Rz. 63) (*F. Schmidt,* Die unternehmerische Freiheit im Unionsrecht, 2011). 61

h) Schutz des Eigentums (Art. 17 GrCh, Art. 1 des 1. ZP)

Art. 17 Europäische Grundrechte-Charta gewährleistet das Recht der natürlichen und juristischen Personen auf Achtung ihres Eigentums (grundlegend auch hier: EuGHE 1974, 491, Rs. 4/73, „Nold"; EuGHE 1979, 3727, Rs. 44/79, „Hauer"; EuGHE 1989, 2609, Rs. 5/88, „Wachauf"). Der **Schutzbereich** wird maßgeblich durch die **Normen** der Mitgliedstaaten geprägt, welche entsprechend Art. 345 AEUV ihre eigene Eigentumsordnung selbständig bestimmen, aber auch die der Union. Geschützt sind das Sacheigentum sowie sonstige nicht körperliche Gegenstände, wie Forderungs- und geistige Eigentumsrechte (EuGHE 1998, I-1953, Rs. C-200/96, „Metronome"). **Nicht** in den Schutzbereich fallen: das **Vermögen als solches** (EuGHE 1991, I-415, verb. Rs. C-143/88 und C-92/89, „Süderdithmarschen"), bloße Erwartungen, Gewinnaussichten, ein bestimmter Marktanteil (EuGHE 1994, I-4973, Rs. C-280/93, „Bananenmarkt") oder Mindestpreisregelungen (EuGHE 1980, 907, Rs. 154/78 u. a., „Valsabbia"). Geschützt sind aber die sogenannten „wohlerworbenen Rechte", sofern die Eigentümer auf den Fortbestand der geschaffenen Rechtslage vertrauen durften (*Calliess,* in: *Ehlers* (Hrsg.), Europäische Grundrechte und Grundfreiheiten, § 16.4 Rdnr. 20 mwN.). Art. 17 der Grundrechte-Charta berechtigt zum Entzug des Eigentums nur gegen Entschädigung. 62

Die Eigentumsgarantie wird auch in Art. 1 des 1. Zusatzprotokolls zur EMRK gewährleistet. Diese Bestimmung erkennt das **„Recht auf Achtung des Eigentums"** an. Dieses umfasst alle vermögenswerten privaten Rechte, auch Forderungen und etwa – als gewisses Äquivalent für die nicht von der EMRK geschützte Berufsfreiheit – den **eingerichteten und ausgeübten Gewerbebetrieb** (EGMR, Urt. v. 26.6.1986, 8543/79 u. a., „van Marle u. a./NL"). Sein Verständnis von Eigentum geht also weiter als das des EuGH (Rz. 62), der aus den nationalen Verfassungstraditionen neben dem Eigentums- auch den Schutz der Berufsfreiheit abgeleitet hat (jetzt Art. 15f. GrCh; Rz. 61). Geschützt ist auch die Verfügungsbefugnis über diese Rechte, auch von Todes wegen; damit wird auch das Erbrecht geschützt (EGMR, Urt. v. 13.6.1979, 6833/74, „Marckx/BE"). 63

Sehr großzügig ist der EGMR bei der Erstreckung des Eigentumsschutzes auf öffentlich-rechtliche Positionen, insbesondere Sozialversicherungsansprüche, und stellt nicht auf das Vorhandensein eigener Beiträge ab (EGMR, Urt. v. 12.4.2006, 65731/01 u. a., „Stec u. a./GB"); die Eigentumsgarantie wird so zu einem Anspruch auf Erhalt der jeweils vorgesehenen Leistungen. Unproblematisch ist die Anwendung von

Art. 14; unklar ist dagegen, an welchen Maßstäben Restriktionen einmal bestehender Ansprüche zu messen sind. Mit Blick auf das Recht der EU bemerkenswert ist die Entscheidung „S. A. Dangeville/FR“ vom 16.4.2002 (Beschwerde 36677/97), in der auch Forderungen als Eigentum angesehen wurden, die im Verhältnis zum Staat aus einer **Richtlinie der EU** entstanden sind, die von Frankreich nicht umgesetzt wurde und deren **unmittelbare Wirkung** die französischen Gerichte trotz Vorliegen der hierfür bestehenden Voraussetzungen (Rz. 9/103ff.) früher nicht anerkannten.

64 Hinsichtlich der **Einschränkungen des Eigentums** ist ähnlich wie im deutschen Verfassungsrecht die Beschränkung der **Nutzung** des Eigentums von seinem **Entzug** zu unterscheiden. Letzterer umfasst nicht nur formelle **Enteignungen,** sondern alle Eigentumsbeschränkungen, die den Eigentümer in gleicher Weise in seinen Rechten beeinträchtigen (EGMR, Urt. v. 23.9.1982, 7157/75 u. a., „Sporrong & Lönnroth/SE“). Zu einer solchen Feststellung ist es in der Praxis bislang nicht gekommen. Im Übrigen darf ein Eigentumsentzug nur im öffentlichen Interesse und nur unter den gesetzlich und nach Völkerrecht vorgesehenen Bedingungen erfolgen. Trotz zum Teil ähnlicher Formulierung geht das Ermessen der nationalen Behörden hier weiter als etwa bei Art. 8ff. EMRK (EGMR, Urt. v. 13.6.1979, 6833/74, „Marckx/BE“). Da sich auf das Völkerrecht nur Ausländer berufen können, kommt dessen Schutz, konkret die dort geltende Entschädigungspflicht, Inländern nicht zugute. Grundsätzlich folgt für Inländer eine solche Pflicht jedoch aus der allgemeinen Eigentumsgarantie, da ein Eingriff ohne jede oder hinreichende Entschädigung regelmäßig unverhältnismäßig oder diskriminierend ist. Doch besteht ein weites Ermessen der nationalen Behörden, insbesondere bei Nationalisierungen (EGMR, Urt. v. 8.7.1986, 9006/80 u. a., „Lithgow u. a./GB“). Bei der Beschränkung des Eigentums ist eine Abwägung zwischen den Interessen der Allgemeinheit und denen des Einzelnen vorzunehmen („Fair balance“: EGMR, ÖJZ 1991, 514). Der Schutz des Eigentums beeinträchtigt nicht die Erhebung von Steuern, Geldstrafen und sonstigen Abgaben (Art. 1 Abs. 2). **Entschädigungshöhe** bei Enteignungen ist grundsätzlich der Verkehrswert, in bestimmten Fällen, z. B. bei Nationalisierungen, weniger (EGMR, Urt. v. 8.7.1986, 9006/80 u. a., „Lithgow u. a./GB“).

i) Freizügigkeit (Art. 45 GrCh, Art. 2–4, 4. ZP; Art. 1 des 7. ZP)

65 Die **Freizügigkeit** wird für alle legal in einem Staat lebenden Personen in Art. 45 GrCh und Art. 2 des 4. ZP garantiert; im Recht der EU ist sie seit langem (nur) für Unionsbürger im Vertragsrecht verankert (Art. 21 AEUV). Sie umfasst auch die Ausreisefreiheit. Schutz vor Ausweisungen aus dem eigenen Land sowie die Einreisefreiheit in dieses werden von Art. 3 des 4. ZP gewährleistet. Ausländer werden durch Art. 4 des 4. ZP vor **Kollektivausweisungen** bewahrt. Dies schließt insbesondere auch Pauschalabschiebungen von Flüchtlingsgruppen aus, etwa die Rückführung von in einem Boot ankommenden Flüchtlingen ohne Einzelfallprüfung (EGMR, Urt. v. 23.2.2012, 27765/09, „Hirsi Jamaa u. a./IT“). Weitergehender Schutz vor Ausweisungen kann sich aus Art. 1, 7. ZP sowie aus Art. 3 und 8 EMRK ergeben (Rz. 48 und 51). Die Schranken gleichen denen von Art. 8ff. EMRK.

3. Ansprüche auf Gleichbehandlung

a) Allgemeiner Gleichheitssatz

66 Das EU-Recht enthält weitreichende Ansprüche auf Gleichbehandlung. Der Gerichtshof geht schon seit längerer Zeit davon aus, dass das EU-Recht einen Anspruch auf Gleichbehandlung enthält (grundlegend EuGHE 1977, 1753, Rs. 117/76 u. 16/77, „Ruckdeschel“; EuGHE 1962, 717, Rs. 19/61, „Mannesmann“; EuGHE 1986, 3477, Rs. 201 und 202/85, „Marthe Klensch“). Die Anerkennung des **allgemeinen Gleichheitssatzes** wird als ein Grundprinzip des EU-Rechts angesehen (EuGHE 1978, 2004, Rs. 125/77, „Isoglukose“; *Kischel,* EuGRZ 1997, 1). Diskriminierungen aus Gründen der Staatsangehörigkeit werden von der Spezialvorschrift des Art. 18 AEUV untersagt.

Der **Anspruch auf Gleichbehandlung** kommt dann zum Tragen, wenn ein Hoheitsträger der EU – oder ein mitgliedstaatliches Organ bei der Durchführung des EU-

Rechts – einen vergleichbaren Sachverhalt ungleich oder unvergleichbare Sachverhalte gleich behandelt. Dies setzt einen wertenden Vergleich zweier Sachverhaltskonstellationen voraus. Nur wenn diese Betrachtung ergibt, dass es sich mit Blick auf die jeweils maßgebenden Faktoren um prima facie gleich zu behandelnde Sachverhalte handelt, ist der Anspruch auf Gleichbehandlung einschlägig (EuGHE 2008, I-9895, Rs. C-127/07, „Arcelor“).

Der EuGH geht in diesem Zusammenhang davon aus, dass das Diskriminierungsverbot sowohl **unmittelbare** als auch **mittelbare Differenzierungen** erfasst. Unmittelbare Differenzierungen knüpfen rechtlich (tatbestandlich) an ein Kriterium an, das nicht zum Gegenstand einer Ungleichbehandlung gemacht werden darf (z. B. Staatsangehörigkeit [Art. 18 AEUV]); mittelbare Differenzierungen knüpfen demgegenüber tatbestandlich an ein Kriterium an, das zunächst rechtlich unbedenklich ist (z. B. Muttersprache), das aber typischerweise mit einer Differenz korreliert, die nicht zu einer Unterscheidung herangezogen werden darf. 67

Die **Rechtfertigung einer Ungleichbehandlung** vergleichbarer Sachverhalte kann – im Einzelfall – ebenso wie die Gleichbehandlung ungleicher Sachverhalte möglich sein, wenn und soweit sich hierfür legitime Zwecke finden lassen und die Maßnahme verhältnismäßig ist. Der EuGH lässt bislang allerdings nicht klar erkennen, nach welchen Kriterien zu bestimmen ist, ob eine Rechtfertigung in Betracht kommt (keine Rechtfertigung etwa bei Lohnungleichheit). Ist eine Rechtfertigung möglich, kommen die bereits oben behandelten Stufen der Verhältnismäßigkeitsprüfung zur Anwendung. Der EuGH lässt den handelnden EU-Organen vor allem bei wirtschaftlichen Regelungen einen **weiten Beurteilungsspielraum,** soweit es um die Frage der Erforderlichkeit und Angemessenheit einer Ungleichbehandlung geht. Es existiert bislang keine dogmatisch gefestigte und einheitliche Rechtsprechung zur Frage, wann eine objektive Rechtfertigung möglich ist. Ein wichtiger, die Ungleichbehandlung rechtfertigender Grund wird in der Herstellung von Wettbewerbsgleichheit zwischen zwei oder mehreren Wettbewerbsteilnehmern gesehen (EuGHE 1998, I-1023, Rs. C-365/95, „T Port“). 68

Im Grundsatz beinhaltet der Anspruch auf Gleichbehandlung nicht das Recht, vom handelnden EU-Hoheitsträger **ein bestimmtes Verhalten verlangen zu können.** Nimmt der EuGH eine Verletzung des Gleichbehandlungsanspruchs an, so stellt er dies fest und lässt so dem handelnden Organ die Freiheit zu entscheiden, ob es den Kreis der Adressaten so ausdehnen oder so einengen will, dass dem Gleichheitssatz entsprochen wird. 69

Der Umstand, dass sich durch Handlungen **unterschiedlicher Hoheitsträger** Differenzen ergeben, kann demgegenüber nicht unter dem Gleichheitssatz thematisiert werden. Denn dieser beinhaltet keinen Anspruch darauf, dass ein Hoheitsträger sein Verhalten am Verhalten eines anderen Hoheitsträgers ausrichtet. 70

In der EMRK ist der Anspruch auf Gleichbehandlung nur akzessorisch, also im Anwendungsbereich der anderen Rechte, gewährleistet (Art. 14 EMRK; *Barth,* BB 1994, 1474). Die zulässigen **Einschränkungen der Konventionsrechte** (oben Rz. 16) müssen den Anforderungen von Art. 14 EMRK genügen (EGMR Urt. v. 23.7.1968, 1474/62 u. a., „Belgischer Sprachenfall“). Im Ergebnis wird auf Grund des umfassenden Kataloges von Freiheitsrechten in der EMRK ein weites, aber eben nicht selbständiges **allgemeines Diskriminierungsverbot** erreicht (*Matscher,* FS Klecatsky, 1980, 627; zur Gleichheit der **Geschlechter** etwa EGMR, Urt. v. 18.7.1994, 13580/88, „Schmidt/DE“ und dazu *Wittinger,* EuGRZ 2001, 272). Ausdrücklich enthält einen allgemeinen Gleichheitssatz das 2005 – aber noch nicht für Deutschland – in Kraft getretene 12. ZP. Wie in den meisten nationalen Rechtsordnungen verlangt ein Diskriminierungsverbot keine schematische Gleichbehandlung aller Fälle; vielmehr ist nur Gleiches gleich zu behandeln. Ungleiche Situationen dürfen oder müssen ihrer Ungleichheit entsprechend ungleich geregelt werden. Werden bestimmten Gruppen Konventionsrechte vorenthalten, ist zum Vergleich auf die allgemeine Situation in den verschiedenen Staaten zurückzugreifen (EGMR, Urt. v. 28.11.1984, 8777/79, „Rasmussen/DK"). Die politische Betätigung von Ausländern darf allerdings Beschränkungen unterworfen werden (Art. 16 EMRK).

b) Die Gleichstellungspolitik der EU

Literatur: *Thüsing,* Gleicher Lohn für gleichwertige Arbeit, NZA 2000, 570; *Bauer,* Europäische Nichtdiskriminierungsrichtlinie und ihr Einfluss auf das deutsche Arbeitsrecht, NJW 2001, 2672; *Thüsing,* Der Fortschritt des Diskriminierungsschutzes im Europäischen Arbeitsrecht, ZfA 2001, 397; *Högemann,* Die Europäische Richtlinie gegen Diskriminierung im Arbeitsrecht, 2002; *Bode,* Von der Freizügigkeit zur sozialen Gleichstellung aller Unionsbürger?, EuZW 2003, 552; *Epiney/Abt,* Das Recht der Gleichstellung von Mann und Frau in der EU, 2003; *Mohr,* Schutz vor Diskriminierungen im Europäischen Arbeitsrecht, 2003; *Picker,* Antidiskriminierungsgesetz. Der Anfang vom Ende der Privatautonomie?, JZ 2002, S. 880ff.; *ders.,* Antidiskriminierung als Schuldrechtsprogramm, JZ 2003, 540; *Neuner,* Diskriminierungsschutz durch Privatrecht, JZ 2003, 57; *Reichold,* Sozialgerechtigkeit versus Vertragsgerechtigkeit, JZ 2004, 384; *Eichenhofer,* Diskriminierungsschutz und Privatautonomie, DVBl. 2004, 1078; *Kamanabrou,* Die arbeitsrechtlichen Vorschriften des Allgemeinen Gleichbehandlungsgesetzes, RdA 2006, 321; *Repgen* und *Lobinger,* in: Isensee (Hrsg.), Vertragsfreiheit und Diskriminierung, 2007, 11, 99; *Wesseling,* Die europäischen Antidiskriminierungsrichtlinien, 2009; *Groß,* Die Rechtfertigung einer Altersdiskriminierung, 2010; *Richter,* Gleichbehandlungspflichten in der Privatversicherung, 2011.

71 Über den klassischen Grundrechtsschutz führt die Gleichstellungspolitik der EU hinaus. Hier geht es nicht mehr um den Schutz von Autonomie und anderen Gütern vor hoheitlicher Beeinträchtigung, sondern um die gesellschaftliche Integration von Bürgern, die durch Gleichbehandlungsgebote – nicht zuletzt im Privatrechtsverhältnis – sichergestellt werden soll. Das Unionsrecht begründet insofern einen Gleichbehandlungsanspruch, der sich nicht nur gegen die EU-Organe richtet, sondern auch gegen die Mitgliedstaaten: Das **Verbot von Diskriminierungen** nach Art. 18 AEUV gehört zu den zentralen Elementen der Integration (*Rossi,* EuR 2000, 197) (Rz. 18/42). Besondere Bedeutung haben inzwischen aber auch **horizontal wirksame Diskriminierungsverbote** gewonnen. Art. 157 Abs. 1 AEUV verpflichtet die MSen, den Grundsatz gleichen Entgelts für Männer und Frauen bei gleicher Arbeit sicherzustellen (unten Rz. 29/7); die Bestimmung hat horizontale Wirkung (EuGHE 1976, 455, Rs. 43/75, „Defrenne II"). Die EU verfügt in Art. 19 AEUV darüber hinaus über die Kompetenz, Diskriminierungen aus Gründen des Geschlechts, der Rasse, der ethnischen Herkunft, der Religion oder Weltanschauung, der Behinderung, des Alters oder der sexuellen Ausrichtung zu bekämpfen (*Jochum,* ZRP 1999, 279). Nach den allgemeinen Querschnittklauseln der Art. 8, 10 AEUV soll die EU bei allen Tätigkeiten darauf hinwirken, Ungleichheiten zu bekämpfen (vgl. auch Art. 3 Abs. 3 EUV). Auch den Diskriminierungsverboten nach Art. 21 und 23 GrCh wird vom EuGH horizontale Wirkung beigemessen (EuGHE 2010, I-365, Rs. C-555/07, „Kücükdeveci"; oben Rz. 30 und unten Rz 79).

72 Das Gleichstellungsrecht der EU hat seine **Wurzeln in der U.S.-amerikanischen Politik der Integration von Minderheiten.** Dort griff man zum Instrument von Rechten, um den von Ausgrenzung betroffenen Personen die Möglichkeit zu geben, sich im horizontalen Verhältnis gegenüber Dritten wehren zu können. Es handelt sich um eine Lösung, die auf dem Hintergrund des spezifischen amerikanischen Staatsver-

ständnisses gut erklärbar ist: Es ist nicht der Staat, der durch Maßnahmen der Integration und Einbindung dafür sorgt, dass sich Verhältnisse der Anerkennung herausbilden; vielmehr überlässt man dies dem – allerdings durch Rechte gesteuerten – Markt. Dem politischen Denken in manchen MSen ist dies fremd. Es kann vor diesem Hintergrund nicht verwundern, dass die EU-Gleichstellungspolitik in einigen der mitgliedstaatlichen Rechtskreise für **erhebliche Unruhe und Reibung** sorgt. Vor allem in Kontinentaleuropa schreibt man dem Staat die Aufgabe zu, für Bedingungen zu sorgen, die eine Ausgrenzung und Marginalisierung von Minderheiten verhindern. Besondere Hoffnung wird dabei in die wohlfahrtsstaatlichen Instrumente gesetzt; auch weiche Steuerungsmittel wie Absprachen und Zielvereinbarungen zwischen Staat und Privaten spielen dabei eine Rolle. Eine über den notwendigen Schutz von Persönlichkeitsrechten hinausgehende Kultur der „Nichtdiskriminierung" erweist sich insofern als überflüssig und fehlgeleitet; der Staat hat seine Integrationsaufgabe zu erfüllen, ohne in private (liberale) Freiheit einzugreifen. Es dürfte allerdings inzwischen fraglich sein, ob sich mit diesem Ansatz wirklich eine hinreichende Eingliederung von Personengruppen erreichen lässt, die gegenwärtig soziale Benachteiligungen erfahren.

Konkretisiert werden die Differenzierungsverbote nach der Konzeption von Art. 157 Abs. 3 sowie Art. 19 AEUV sekundärrechtlich. Die RL 76/207 v. 9.2.1976 (ABl. L 39/40) (kodifizierte Fassung: 2006/54/EG, ABl. L 204/23) hat die **Gleichbehandlung von Männern und Frauen im Arbeitsleben** über das traditionelle Lohngleichheitsgebot des heutigen Art. 157 Abs. 1 AEUV hinaus ausgeweitet. Ferner erließ die EU die „Unisex-RL" 2004/113 (ABl. L 337/37) gegen geschlechtsspezifische Ungleichbehandlung beim Zugang zu Gütern und Dienstleistungen (hierzu etwa EuGH, Urteil vom 1.3.2011, Rs. C-236/09 „Association belge": Verbot geschlechtsdifferenzierender Versicherungstarife). Andere Kriterien greifen zwei Richtlinien aus dem Jahre 2000 auf. Die RL 2000/78 v. 27.11.2000 (ABl. L 303/16; dazu *Bauer,* NJW 2001, 2671) untersagt die Diskriminierung aufgrund der **Religion** oder der **Weltanschauung,** einer **Behinderung,** des **Alters** (dazu Rz. 29/8) und der **sexuellen Ausrichtung** (zu diesem Topos etwa EuGHE 2008, I-1757, Rs. C-267/06 „Maruko"; BVerfGE 124, 199) in Beschäftigung und Beruf; die RL 2000/43 v. 29.6.2000 (ABl. L 180/22; dazu *Nickel,* NJW 2001, 2668) verbietet alle Formen von Diskriminierung aufgrund der Rasse oder der ethnischen Herkunft nicht nur in Beschäftigung und Beruf, sondern auch mit Blick auf die Versorgung mit öffentlich zur Verfügung stehenden Gütern und Dienstleistungen. Zu arbeitsrechtlichen Konsequenzen dieser RL im Einzelnen siehe Rz. 29/8. 73

Zur Durchführung haben die MSen Antidiskriminierungsgesetze erlassen. Sie gehen z. T. noch über die Richtlinien hinaus (kritisch *Picker,* JZ 2003, 540). Inzwischen ist eine Überarbeitung und Ausweitung des Diskriminierungsschutzes geplant. Verhandelt wird über einen Richtlinienentwurf, in dem der Diskriminierungsschutz mit Blick auf Religion, Weltanschauung, Behinderung, Alter und sexuelle Ausrichtung jenseits des Bereichs der Beschäftigung und des Berufs ausgebaut werden soll (KOM(2008)426 vom 2.7.2008). Auch wird eine Frauenquote für Aufsichtsräte großer Unternehmen angestrebt. Begleitet werden diese Maßnahmen von Programmen (etwa: ABl. 2006 L 315/1) und Beschlüssen (z. B. Rahmenbeschluss zur Bekämpfung von Rassismus und Fremdenfeindlichkeit, KOM(2001)664). 74

Teilweise zeigt sich in der **Rechtsprechung des EuGH** die Tendenz, die ausdifferenzierten Regelungen des Sekundärrechts durch einen Rückgriff auf einen allgemeinen Rechtsgrundsatz zu überspielen (in diese Richtung: EuGHE 2005, I-9981, Rs. C- 75

144/04, „Mangold"). In der Entscheidung „Bartsch" (oben Rz. 9/48) hat der EuGH allerdings festgestellt, dass ein unmittelbarer Rekurs auf diesen Rechtsgrundsatz dort nicht in Betracht kommt, wo kein Bezug zum EU-Recht besteht.

76 Der **EuGH interpretiert die Bestimmungen der Richtlinien weit und wendet eine zielbezogene Auslegungsmethode an.** So hat der EuGH etwa entschieden, dass der Schutz vor Diskriminierungen aus der RL 2000/78/EG nicht nur derjenige beanspruchen kann, der selbst behindert ist (EuGHE 2008, I-5603, Rs. C-303/06, „Coleman"). Auch Dritte sind danach vom personellen Anwendungsbereich der RL erfasst. In der Rechtssache „Feryn" (EuGHE 2008, I-5187, Rs. C-54/07) wurde entschieden, dass eine Benachteiligung wegen der ethnischen Herkunft auch dann vorliegen kann, wenn sich eine Handlung nicht gegen konkret identifizierbare Personen richtet, sondern öffentliche Erklärungen zur Nichteinstellung von Arbeitnehmern bestimmter Herkunft lediglich eine gleichstellungsfeindliche Haltung zum Ausdruck bringen. Man kann hierin den Versuch sehen, ein bestimmtes „Meinungsklima" zu bekämpfen; man kann aber auch von „Gesinnungssanktionierung" sprechen. Ungeklärt ist in diesem Zusammenhang die Frage, ob sich eine derartige Diskriminierung dadurch rechtfertigen lässt, dass auf Kundenerwartungen verwiesen wird (vgl. *Kamanabrou,* RdA 2006, 321 [327]).

77 Die Gleichstellungspolitik hat auch in anderen Bereichen weitreichende Bedeutung. So hat der EuGH (E 2000, I-69, Rs. C-285/98, „Tanja Kreil") das grundsätzliche Verbot des **Zugangs von Frauen zum Dienst mit der Waffe** zum Militär als mit der RL 76/207 für unvereinbar erklärt. Dies führte zu einer Änderung von Art. 12a Abs. 4 S. 2 des deutschen Grundgesetzes. Die Beschränkung der **Wehrpflicht auf Männer** steht nationalem Recht frei (EuGHE 2003 I-2479, Rs. C-186/2001, „Dory"; *Dietrich,* DÖV 2003, 883).

78 Auch inhaltlich werden die Diskriminierungsverbote vom EuGH strikt gehandhabt. **Unmittelbare Diskriminierungen** werden nur insoweit einer **Rechtfertigungsprüfung** unterzogen, wie diese (im Sekundärrecht) **ausdrücklich vorgesehen** ist; für die Lohngleichheit (Art. 157 AEUV; Rz. 29/7) wird daher gar keine Ausnahme zugelassen. Beim Verbot der **mittelbaren Diskriminierung** kommt einer regelmäßig möglichen **Rechtfertigung** nicht nur die **Funktion** zu, die grundsätzlich untersagte Anknüpfung an das inkriminierte Merkmal ausnahmsweise zu gestatten; vielmehr dient sie – anders als bei der unmittelbaren Diskriminierung – zunächst einmal der Feststellung, ob überhaupt eine Diskriminierung wegen eines verbotenen Merkmals vorliegt. So sieht die RL 2000/78 in Art. 4 und 6 Ausnahmen vor; zusätzlich definiert Art. 2 den Begriff der mittelbaren Diskriminierung (anders als den der unmittelbaren Diskriminierung) unter Hinweis auf das Fehlen einer Rechtfertigung. Und auch auf der **Rechtsfolgenseite** ist der EuGH streng: Bis zu einer Neuregelung hat die jeweils **diskriminierte Person** Anspruch darauf, **so gestellt** zu werden **wie die bevorzugte Person** (EuGH, Slg. 1991, I-297, Rs. C-184/89 „Nimz").

79 Die entscheidende Besonderheit des EU-Gleichstellungsrechts liegt in seiner Anwendung nicht nur im Verhältnis zwischen öffentlicher Gewalt und Privaten, sondern **auch zwischen Privaten.** Im Zentrum der Politik steht das Diskriminierungsverbot, demzufolge Ungleichbehandlungen aus einer Reihe von Gründen prima facie unzulässig sind. Bislang ist nicht absehbar, wie weit die damit verbundenen **Eingriffe in private Freiheit** letztlich einmal gehen werden. Wenn der EuGH in der Entscheidung „Mangold" verbietet, älteren Arbeitnehmern einen befristeten Arbeitsvertrag anzubieten, beschränkt er nicht nur einen Kernbereich wirtschaftlicher Gestaltungsfreiheit; die Frage, inwieweit ältere Arbeitnehmer ohne derartige Gestaltungsformen überhaupt eine Chance haben, in den Arbeitsmarkt zurückzukehren, beschäftigt den EuGH nicht.

4. Soziale Rechte

Literatur: *Nußberger*, Sozialstandards in der Charta der Grundrechte der EU, in: Stern (Hrsg.), Die Europäische Grundrechte-Charta, 2005, 323; *Iliopoulos-Strangas* (Hrsg.), Soziale Grundrechte in Europa nach Lissabon, 2010; *Langenfeld*, Soziale Grundrechte, HBGrR 6/1, 2010, 1117; *Frohwerk*, Soziale Not in der Rechtsprechung des EGMR, 2012.

In der GrCh ist dem unionalen Normgeber vielfach die Verwirklichung bestimmter 80
(etwa: sozialer) **Zielzustände** aufgegeben. Teilweise sind die entsprechenden Normen eindeutig so formuliert, dass sie kein subjektives Recht begründen (z. B. Art. 37, 38 GrCh). Sie können objektive Pflichten für die EU-Organe begründen, soweit die Union über entsprechende Kompetenzen verfügt, die ihr von der Charta nicht vermittelt werden (Art. 51 Abs. 2 GrCh). Allerdings besteht bei der Konkretisierung des Geforderten regelmäßig ein weiter Beurteilungsspielraum; die Kontrolldichte des EuGH wird eher gering sein. Teilweise dürften die Bestimmungen der GrCh so zu verstehen sein, dass sie – auf allerdings eng begrenzten Gebieten – subjektive Leistungsansprüche begründen (z. B. 29, 31, 35 GrCh). In diesen Fällen kann die Realisierung des aufgegebenen Zielzustands vom Rechtsträger rechtlich eingefordert werden. Das Nebeneinander von Rechten und Grundsätzen hat inzwischen eine Diskussion über Gemeinsamkeiten und Unterschiede ausgelöst, die bislang erst am Anfang steht. Im Titel IV „Solidarität" der GrCh finden sich im Übrigen auch Gebote, die in die horizontalen Beziehungen zwischen Privaten einstrahlen (z. B. Art. 32 GrCh). Angesichts der insofern eindeutigen Festlegung des Anwendungsbereichs der GrCh können ihnen aber keine unmittelbaren horizontalen Wirkungen zugeschrieben werden.

Auch die EMRK und ihre Zusatzprotokolle enthalten im Grundsatz **keine sozialen Grundrechte.** 81
Diese sind in der vom Europarat 1961 verabschiedeten Europäischen Sozialcharta (vom 18. 10. 1961, BGBl. 1964 II 1262, Änderungen) verankert. Ein eigenständiges Teilhabegrundrecht ist aber das **Recht auf Bildung** (Art. 2 des 1. ZP; ähnlich Art. 14 GrCh). In ständiger Rechtsprechung wird dieses Recht jedoch restriktiv dahingehend interpretiert, dass es nur gebiete, staatliche Bildungseinrichtungen bei Vorliegen der entsprechenden Voraussetzungen – Qualifikationen und Kapazitäten – besuchen zu können, also nicht aus unsachlichen Gründen abgewiesen zu werden (*Nørgaard*, EuGRZ 1981, 633). Hieraus lässt sich grundsätzlich nicht ein Recht auf Schaffung bestimmter Einrichtungen ableiten (EGMR Urt. v. 23.7.1968, 1474/62 u. a., „Belgischer Sprachenfall"). Es handelt sich also um ein abgeleitetes Recht. Doch besteht die grundsätzliche Pflicht des Staates, ein leistungsfähiges und weltanschaulich plurales Bildungswesen zu schaffen (EGMR, Urt. v. 7. 12. 1976, 5095/71 u. a., „Kjeldsen u. a./DK"). Dies kann das Recht auf Betreiben einer Privatschule einschließen (DR 51, 125). Minderheiten dürfen auch durch die Schulpolitik nicht diskriminiert werden (Urteil 57325/00 vom 13. 11. 2007 „D.A./Tschechien").

5. Justizgarantien

a) Recht auf ein faires Verfahren (Art. 47 GrCh, Art. 6, 13 EMRK, Art. 2–4 des 7. ZP)

Literatur: *Weiß*, Der Schutz des Rechts auf Aussageverweigerung durch die EMRK, NJW 1999, 2236; *Meyer-Ladewig*, Rechtsbehelfe gegen Verzögerungen im gerichtlichen Verfahren, NJW 2001, 2679; *Ress*, Probleme überlanger Strafverfahren im Lichte der EMRK, FS Müller-Dietz, 2001, 627; *Klugmann*, EMRK und antiterroristische Maßnahmen, 2002; *Ambos*, Der EGMR und die Verfahrensrechte, ZStW 2003, 583; *Gundel*, Neue Anforderungen des EGMR an die Ausgestaltung der nationalen Rechtsschutzsysteme, DVBl. 2004, 17; *Gaede*, Fairness als Teilhabe, 2007; *Brett*, Verfahrensdauer bei Verfassungsbeschwerdeverfahren im Horizont der Rechtsprechung des Europäischen Gerichtshofs für Menschenrechte zu Art. 6 Abs. 1 S. EMRK, 2009, *Wildhaber*, Verwaltungsstrafen, Art. 6 EMRK und „Heilung" von Verfahrensmängeln, FS Jäger, 2011, 823.

82 Besondere Bedeutung innerhalb der GrCh und der EMRK haben angesichts ihrer Ausführlichkeit die **grundlegenden rechtsstaatlichen Verfahrensgarantien** („status activus processualis"; *Callewaert,* EuGRZ 1996, 366). In fast der Hälfte der Urteile des EGMR geht es um Art. 6 EMRK. Die allmähliche Etablierung eines **gemeineuropäischen Standards des „Fair Trial"**, der fortlaufend weiterentwickelt wird, muss als eine besondere Leistung der EMRK-Überwachungsorgane bei der Anwendung der EMRK angesehen werden.

83 Im Einzelnen enthält Art. 6 EMRK für **„zivilrechtliche Ansprüche und Verpflichtungen"** („civil rights") sowie für **Strafverfahren** ein **Recht auf ein faires Verfahren** (*Pache,* EuGRZ 2000, 601); Art. 47 f. GrCh garantieren sogar ein umfassendes Recht auf effektiven Rechtsschutz (siehe auch Rz. 13/1). Die vorgenannten Begriffe sind autonom nach europäischen Maßstäben auszulegen. Art. 6 EMRK gilt auch für solche Verfahren, die eine direkte Auswirkung auf zivilrechtliche Verpflichtungen besitzen. Dies wurde etwa für die Untersagung der Fortsetzung geschäftlicher Tätigkeiten durch eine Behörde bejaht (EGMR, Urt. v. 27. 10. 1987, 10426/83, „Pudas/SE"), für die Erteilung einer Anwaltszulassung (EGMR, Urt. v. 30. 11. 1987, 8950/80, „H./. BE") und für die Amtshaftung (EGMR, Urt. v. 29. 3. 1989, 11213/84, „Neves e Silva/PT"). Auch sozialversicherungsrechtliche Ansprüche unterfallen Art. 6 EMRK (EGMR, Urt. v. 29. 5. 1986, 9384/81, „Deumeland/DE"). Ob ein Verfahren strafrechtlichen Charakter aufweist, hängt nicht nur von der Einstufung im nationalen Recht ab, sondern auch von Art und Schwere der Zuwiderhandlung und der Sanktion in den übrigen Staaten. Disziplinarmaßnahmen fallen grundsätzlich nicht unter Art. 6 EMRK (EGMR, Urt. v. 8. 6. 1976, 5100/71 u. a., „Engel"), wohl aber Ordnungswidrigkeiten (*Öztürk,* EGMRE 73, Ziff 53). Die Verfahrensgarantien des Art. 6 EMRK gelten auch bei **Verfassungsgerichten** (EGMR, Urt. v. 1. 7. 1997, 20950/92, „Probstmeier/DE").

aa) Recht auf Zugang zu einem Gericht

84 Sind Art. 6 EMRK bzw. Art. 47 GrCh anwendbar, so besteht zunächst einmal ein **Recht auf Zugang zu einem Gericht** (EGMR, Urt. v. 21. 2. 1975, 4451/70, „Golder/GB"), nicht dagegen auf einen Instanzenzug (EGMR, Urt. v. 17. 1. 1970, 2689/65, „Delcourt/BE"). Dieser wird allerdings für Strafverfahren durch Art. 2 des 7. ZP garantiert. Dieser Zugang darf nicht nur auf dem Papier bestehen, sondern muss insbesondere auch wirtschaftlich schwachen Personen offen stehen, denen durch Gewährung von Prozesskostenhilfe zur Bestellung eines Anwalts oder entsprechend einfacher Gestaltung des Verfahrens geholfen werden muss (EGMR, Urt. v. 9. 10. 1979, 6289/73, „Airey/IE"). Das Gericht muss auf gesetzlicher Grundlage bestehen und **unabhängig** sein. Dies erfordert Garantien gegen äußere Beeinflussung, insbesondere im Hinblick auf Ernennung, Amtsdauer und Unabsetzbarkeit (EGMR, Urt. v. 26. 5. 1988, 10208/82, „Pauwels/BE", st. Rspr.). Weiterhin muss das Gericht unparteiisch sein. Daher sind insbesondere befangene Richter von einem Verfahren ausgeschlossen, etwa wenn sie im gleichen Verfahren als Staatsanwalt (wenn auch nur indirekt) mit dem Fall befasst waren (EGMR, Urt. v. 1. 10. 1982, 8692/79, „Piersack/BE"). Im Bereich der **Strafverfahren** fordert Art. 6 EMRK die Entscheidung eines Gerichts. Der EGMR lässt es jedoch zu, dass eine Sanktion zunächst von der Verwaltung verhängt wird, wenn anschließend vor einem Gericht dagegen geklagt werden kann, und erklärt so Administrativunrecht nicht für prinzipiell unzulässig (EGMR, Urt. v. 27. 9. 2011, 43509/08, „Menarini/IT"; siehe auch Rz. 20/47). – Als eine Art „Vorstufe" zum Gerichtszugang garantiert Art. 13 EMRK das **Recht auf wirksame Beschwerde** bei einer innerstaatlichen Instanz, wenn eine Person in ihren Rechten aus der EMRK verletzt worden ist; dies gilt auch für den Fall der Verletzung des Rechts auf zügiges Verfahren (EGMR, Urt. v. 26. 10. 2000, 30210/96, „Kudła", dazu *Gundel,* DVBl. 2004, 17).

Das Recht auf Zugang zu einem Gericht bedarf staatlicher Regelung und ist schon aus diesem Grund immanenten Beschränkungen unterworfen. Diese müssen jedoch einem legitimen Ziel dienen, und die Einschränkung muss verhältnismäßig sein (siehe etwa EGMR, Urt. v. 21. 11. 2001, 35763/97, „Al-Adsani/GB" = EuGRZ 2002, 403 zur Staatenimmunität).

bb) Fairness des Verfahrens

Neben der Öffentlichkeit, die ähnlich wie im deutschen Recht eingeschränkt werden kann, verlangt Art. 6 85
EMRK insbesondere **Fairness für das gerichtliche Verfahren.** Dies setzt eine korrekte Ladung, die Gelegenheit zu ausreichender Stellungnahme sowie insbesondere Waffengleichheit zwischen den Parteien voraus (EGMR, Urt. v. 6.5.1985, 8658/79 „Bönisch/AUT"; EGMR, Urt. v. 17.1.1970, 2689/65, „Delcourt/BE"); siehe auch EuGHE 2009, I-11245, Rs. C-89/08 P „KOM/Irland" zum Recht auf ein „kontradiktorisches Verfahren"). Informationen anonymer Gewährsleute dürfen nur verwertet werden, wenn diese die Verurteilung nicht alleine stützen und die Informationen anders nicht zu bekommen sind (EGMR, Urt. v. 15.6.1992, 12433/86, „Lüdi/CH"). Kein Angeklagter darf zur **Aussage gegen sich** selbst gezwungen werden (EGMR, Urt. v. 5.11.2002, „Allan/GB"). Der EuGH war bisher allerdings nicht bereit, diese Garantie in Kartellverfahren auch zugunsten von juristischen Personen zu berücksichtigen (EuGHE 1989, 3283, Rs. 347/87, „Orkem/Kommission", zum Wettbewerbsrecht; anders hingegen EGMR, Urt. v. 25.2.1993, 10828/84, „Funke/FR"). Immerhin hat das EuG postuliert, dass der Verstoß selbst nicht zugegeben werden muss (EuGE 2004, II-1181, verb. Rs. T-123/01 u. a., „Tokai").

In Strafverfahren ist die **Unschuldsvermutung für den Angeklagten** (Art. 6 Abs. 2 EMRK, Art. 48 GrCh) zu beachten, die auch durch Kostenentscheidungen (EGMR, Urt. v. 25.8.1987, 10282/83, „Englert/DE") und Presseveröffentlichungen (DR 14, 94 Ziff. 15 „Ensslin u. a.") nicht beeinträchtigt werden darf (*Frowein,* FS Huber, 1981, 553). **Art. 6 Abs. 3 EMRK** gewährt einem Angeklagten zusätzliche Rechte im Interesse vor allem einer effizienten Verteidigung. Die dort genannte Information über die Anklage schließt eine Belehrung über andere mögliche Verurteilungen ein. Die Vorbereitung der Verteidigung setzt die Möglichkeit von Kontakt mit einem Anwalt voraus (*Spaniol,* Das Recht auf Verteidigerbeistand, 1990), sowie sprachliche Verständigungsmöglichkeiten. Auch Zeugnisverweigerungsrechte gehören zum „fair trial" (*Weiss,* NJW 1999, 2236). Darüber hinaus erfordert ein faires Strafverfahren grundsätzlich die Präsenz des Angeklagten (EGMR, Urt. v. 12.2.1985, 9024/80 „Colozza/IT" und 9317/81, „Rubinat/IT"). Schließlich ist eine Entscheidung, gegen die ein Rechtsmittel gegeben ist, zu begründen. – Der EGMR hat u. a. bei „politischen" Strafprozessen verschiedentlich Verstöße gegen die Fairness des Verfahrens festgestellt (EGMR, Urt. 25.7.2002, 54210/00 „Papon/FR (Nr. 2)"; EGMR, Urt. v. 12.5.2005, 46221/99 „Öcalan/TR").

cc) Verfahrenseffektivität und Entscheidung in angemessener Frist

Ferner gewährt Art. 6 EMRK einen **Anspruch auf Verfahrenseffektivität** (allgemein: *Kokott/Dervisoloulos/Henze,* EuGRZ 2008, 10). Dies bedeutet vor allem eine **Entscheidung in angemessener Frist.** Diese beginnt in Zivilsachen mit der Klageerhebung, in Strafsachen durch die Eröffnung der Ermittlungen, wird dort durch Art. 5 Abs. 3 EMRK ergänzt, unten Rz. 91, und endet mit dem letztinstanzlichen Urteil (*Ulsamer,* FS Faller, 1984, 373). Hinsichtlich der Angemessenheit der Länge sind keine generellen Aussagen möglich. Entscheidend sind der Umfang und die Schwierigkeit des jeweiligen Falles, die Behandlung durch die befassten Behörden sowie das Verhalten des Beschwerdeführers (*H. H. Kühne,* StV 2001, 529). Für **Zivilstreitigkeiten** besteht die Pflicht der Parteien zur Verfahrensbeschleunigung. Der EGMR sah verschiedentlich **verwaltungsgerichtliche Verfahren** und **Strafverfahren** als mit Art. 6 EMRK nicht mehr vereinbar an, die 10 Jahre und länger dauerten (EGMR, Urt. v. 28.6.1978, 6232/73, „König/DE"; EGMR, Urt. v. 27.8.1992, 12850/87, „Tomasi/FR"). Gelegentlich erfolgt eine Verurteilung auch wegen **verfassungsgerichtlicher Verfahren** (etwa EGMR, Urt. v. 1.7.1997, 20950/92, „Probstmeier/DE", zum BVerfG, bei einer Verfahrensdauer von mehr als sieben Jahren). Aus Art. 13 EMRK folgt schließlich das Recht, sich auch gegen gerichtliche Untätigkeit beschweren zu können (EGMR, Urt. v. 8.6.2006, 75529/01, „Sürmeli/DE"). Jüngst wurde in Deutschland daher die Möglichkeit geschaffen, bei überlangen Prozessen Schadensersatz zu verlangen. Bereits länger werden rechtswidrige Verfahrensverzögerungen auf eine Strafe angerechnet („Vollstreckungslösung", BGH, JZ 2008, 416 und dazu *Brett,* Die Verfahrensdauer bei Verfassungsbeschwerden im Horizont der Rechtsprechung des EGMR zu Art. 6 Abs. 1 S. 1 EMRK, 2009). 86

b) Weitere rechtsstaatliche Garantien

Literatur: *Unfried,* Die Freiheits- und Sicherheitsrechte nach Art. 5 EMRK, 2006; *Satzger,* Der Einfluss der EMRK auf das deutsche Straf- und Strafprozessrecht, JURA 2009, 759; *Jarass,* Strafrechtliche Grundrechte im Unionsrecht, NStZ 2012, 611.

aa) Keine Strafe ohne Gesetz („Nulla poena sine lege" – Art. 49 GrCh, Art. 7 EMRK)

87 Art. 49 GrCh und Art. 7 EMRK verbieten eine Bestrafung, wenn die Strafbarkeit zum Zeitpunkt der Tat noch nicht bestimmt war (**nulla poena sine lege** – EGMR, Urt. v. 22.3.2001, 34044/96 u. a., „Streletz, Kessler u. Krenz". Ziff. 49 ff.; dazu *Miller*, KJ 2001, 255). Dies schließt das Verbot analoger Anwendung von Strafgesetzen ein (YB 8, 190, 198). Ungeschriebenes „common law" reicht als „Recht" aus, doch müssen Tatbestand und Strafmaß durch die Rechtsprechung hinreichend klar bestimmt sein (vgl. auch Rz. 16). Nicht erfasst werden Disziplinarmaßnahmen.

bb) Verbot der Doppelbestrafung („Ne bis in idem" – Art. 50 GrCh, Art. 4 des 7. ZP)

88 Die alte rechtsstaatliche Garantie, wegen derselben Straftat nach einem abgeschlossenen Strafverfahren nicht zum zweiten Mal verfolgt zu werden, ist in Art. 50 GrCh, Art. 4, 7. ZP festgehalten. Dies schließt reguläre Wiederaufnahmeverfahren nicht aus. Die Bestimmung spielt eine zunehmende Bedeutung bei der Anwendung der Bestimmungen der Union im Raum der Freiheit, der Sicherheit und des Rechts (Rz. 37/7) und wirft zugleich Fragen mit Blick auf die parallele Anwendung nationalen und europäischen Kartellrechts auf (Rz. 20/44).

cc) Recht auf Freiheit und Sicherheit (Art. 6 GrCh, Art. 5 EMRK, Art. 1 des 4. ZP)

89 Der in der EMRK-Praxis wichtige Art. 5 EMRK (Art. 6 GrCh) schützt, wie sich aus den Ausnahmebestimmungen ergibt, die **körperliche Bewegungsfreiheit.** Dabei wird nur vor Freiheitsentziehung geschützt (EGMR, Urt. v. 6.11.1980, 7367/76, „Guzzardi/IT, Ziff. 92). Ein besonderer Problembereich ist die Überweisung von **Geisteskranken** in Heilanstalten. Im Übrigen ist die Garantie der Freizügigkeit (Art. 2 Abs. 1 des 4. ZP, oben Rz. 65) einschlägig. Der weiterhin in Art. 5 EMRK genannten **Sicherheit** kommt, da sie als „sûreté" nur als Schutz vor staatlicher Willkür, als Recht auf Rechtssicherheit verstanden wird, keine eigenständige Bedeutung zu, denn auch die Freiheit darf nur in der gesetzlich vorgesehenen Weise eingeschränkt werden.

90 In allen Fällen der **Inhaftierung** muss eine entsprechende Rechtsgrundlage im nationalen Recht bestehen sowie ein besonderer Haftgrund vorliegen. Die entsprechende Regelung des nationalen Rechts muss hinreichend bestimmt und für den Einzelnen erkennbar sein. Dies bedeutet nicht, dass jede fehlerhafte Anwendung nationalen Rechts zugleich einen Konventionsverstoß darstellt. Es geht um die Möglichkeit der Missbrauchskontrolle (EGMR, Urt. v. 24.10.1979, 6301/73, „Winterwerp/NL"). Gegebenenfalls liegt aber eine Konventionsverletzung bereits dann vor, wenn allein das nationale Recht missachtet wurde, eine spezifische Garantie der EMRK also nicht verletzt wurde. Die einzelnen **Haftgründe** sind in Art. 5, Abs. 1 lit. a bis f aufgeführt. In Ergänzung zur in lit. b erwähnten Erzwingungshaft zur Durchsetzung von gerichtlich festgesetzten oder gesetzlichen Pflichten verbietet Art. 1 des 4. ZP die Inhaftierung allein aus dem Grunde der mangelhaften Vertragserfüllung, d. h. den „Schuldturm". Außerdem muss dem Verhafteten effektiver Rechtsschutz zur Verfügung stehen (Abs. 4; zu Verteidigerrechten in diesem Zusammenhang EGMR, Urt. v. 9.7.2009, 11364/03, „Mooren/DE"). Die Anwendung von Art. 5 (und 7) EMRK auf die Sicherungsverwahrung in Deutschland (EGMR, Urt. v. 17.12.2009, 19359/04,"M/Deutschland"; dazu auch BVerfGE 129, 37) war Anlass, die einschlägige Praxis umzugestalten.

91 In allen Fällen besteht ein Recht des Inhaftierten auf **Information (Abs. 2)** über den **Haftgrund** und über ggf. erhobene **Beschuldigungen.** Beides dient einer besseren Haftkontrolle sowie einer wirksamen Verteidigung, vor allem bei einer **Untersuchungshaft** (*Kühne/Esser*, StV 2002, 383). Weiterhin hat der Inhaftierte das Recht auf unverzügliche gerichtliche Kontrolle in formeller und materieller Hinsicht (Abs. 4)

im Falle der Untersuchungshaft auf unverzügliche Vorführung vor einen Richter (Abs. 3; 4 Tage sind zu viel, EGMR, Urt. v. 29.11.1988, 11209/84 u. a., „Brogan/UK") sowie auf Aburteilung in einer angemessenen Frist. Hierbei sind – ohne Verstoß gegen die Unschuldsvermutung – die zu erwartende Dauer der Strafe und die Frage, ob der Haftgrund, insbesondere die Fluchtgefahr noch fortbesteht, sowie die **bisherige Dauer der Haft** zu berücksichtigen (EGMR, Urt. v. 27.6.1968, 1936/63, „Neumeister/AUT"; dazu auch Art. 6 Abs. 1 EMRK). Die Frist beginnt mit der Festnahme und endet mit der erstinstanzlichen Verurteilung (EGMR, Urt. v. 27.6.1968, 2122/64,"Wemhoff/DE"). Für die Angemessenheit stellt der Gerichtshof auf ähnliche Kriterien wie bei Art. 6 EMRK ab (d. h. Einzelfallprüfung: EGMR. Urt. v. 27.2.1992, 13319/87, „Birou/F": 5 Jahre U-Haft sind Verstoß, EGMR, Urt. v. 26.1.1993, 14379/88, „W./Schweiz": 4 Jahre U-Haft sind mit Art. 5 EMRK vereinbar). Art. 5 EMRK sieht die Freilassung gegen eine Kaution vor. Von dieser Möglichkeit muss Gebrauch gemacht werden, wenn nur Fluchtgefahr den Haftgrund bildet und diese durch die Kaution ausgeschlossen werden kann.

V. Die äußere Überwachung: EGMR und nationale Verfassungsgerichte

1. Schutz durch den Europäischen Gerichtshof für Menschenrechte (EGMR)

Literatur: *Marguénaud,* La Cour européenne des droits de l'homme, 2005; *Meyer-Ladewig,* Die Bindung deutscher Gerichte an Urteile des EGMR, NJW 2005, 15; *Arnold,* The Legal Culture of the European Court of Human Rights, 2007; *Heckötter,* Die Bedeutung der Europäischen Menschenrechtskonvention und der Rechtsprechung des EGMR für die deutschen Gerichte, 2007; *Ruffert,* Die Europäische Menschenrechtskonvention und innerstaatliches Recht, EuGRZ 2007, 245; *Keller,* Straßburg – 50 Jahre danach: Rechtsschutzeffektivität trotz Beschwerdeflut?, EuGRZ 2008, 359; *Wolfrum,* The European Court of Human Rights Overwhelmed by Applications: Problems and Possible Solutions, 2009; *Wildhaber,* Ein Überdenken des Zustandes und der Zukunft des EGMR, EuGRZ 2010, 541; *Schmaltz,* Die Große Kammer des Europäischen Gerichtshofs für Menschenrechte, EuGRZ 2012, 606.

Seit dem 1.11.1998 ist der Menschenrechtsschutz im Sinne der EMRK dem reformierten **Europäischen Gerichtshof für Menschenrechte** in Straßburg anvertraut. Die Regelungen über den EGMR finden sich in Art. 19–51 EMRK, die durch das 11. ZP zur EMRK v. 11.5.1994 (BGBl. 1995 II 579) eingefügt wurden. Ergänzend ist das Übereinkommen v. 6.5.1969 über die **Beteiligten** an den EMRK-Verfahren (BGBl. 1977 II 1445 = Sart. II Ziff. 138) hervorzuheben. Der Gerichtshof hat sich eine **Verfahrensordnung** gegeben (vom 4.11.1998, BGBl. 2002 II 1081 = Sart. II Ziff. 137). 92

Der neue Straßburger Gerichtshof löste das frühere zweistufige System ab, in dem zunächst eine gerichtsähnliche **Europäische Kommission für Menschenrechte** mit den Beschwerden befasst war. Stellte die Kommission eine Konventionsverletzung fest, konnte sie den Fall dem früheren **Gerichtshof** unterbreiten oder das **Ministerkomitee** entscheiden lassen. Seit den fünfziger Jahren hat die Kommission Tausende von Entscheidungen erlassen und der Gerichtshof über 500 Urteile gefällt. Die Kommissionsentscheidungen wurden in der Sammlung „Décisions et Rapports" (DR) veröffentlicht, die Urteile des Gerichtshofes in den „Publications de la Cour Européenne des Droits de l'homme/Série A (= EGMRE).

Seit 1998 hat der neue EGMR eine rege Rechtsprechungstätigkeit entfaltet. Im Jahre 2000 ergingen 695, seit dem Jahre 2005 jährlich zwischen 1000 und 2000 Urteile. Jährlich gehen über 60 000 neue Beschwerden ein, von denen jedoch rund 50 000 nach Art. 35 Abs. 3 EMRK als unzulässig angesehen werden. Die Arbeitsfähigkeit des Gerichtshofes ist durch diese Belastung nachhaltig bedroht. Der „EMRK-Raum" umfasst mittlerweile 800 Millionen Bürger.

a) Organisation des Gerichtshofes

Der Europäische Gerichtshof für Menschenrechte (näher *Keller,* DRiZ 2000, 336) ist ein ständiger Gerichtshof (Art. 19 EMRK). Die Zahl der **hauptamtlichen Richter** entspricht derjenigen der EMRK-Staaten (derzeit 47). Sie werden von der Parlamenta- 93 rischen Versammlung des Europarates nunmehr auf 9 Jahre auf der Grundlage v Dreier-Vorschlägen der MSen gewählt (Art. 22 EMRK); eine Wiederwahl ist : 2010 nicht (mehr) zulässig. Das Plenum des Gerichtshofes wählt den **Präsiden** (z. Zt. der Luxemburger *Dean Spielmann*), die Vizepräsidenten und weitere Leitun organe (Art. 25 EMRK). Ein **Kanzler** mit Kanzlei und Mitarbeitern unterstützt c EGMR (Art. 24 EMRK). Das knappe Budget des EGMR ist immer wieder Anlass Diskussionen mit den MSen (*Engel*, EuGRZ 2006, 328), doch bemüht sich der Eu parat jetzt um Besserung.

Der Gerichtshof entscheidet regelmäßig in **Kammern** mit 7 Richtern; eindeutige Fälle werden von A schüssen mit 3 Richtern entschieden, offensichtlich unzulässige Fälle von einem Einzelrichter abgewies Die **Große Kammer**, mit 17 Richtern besetzt (Art. 26 Abs. 1 EMRK), soll die Einheitlichkeit der Rspr. Gerichts sichern (Art. 30 EMRK, Art. 24 VerfO). Sie entscheidet in schwerwiegenden Auslegungsfra über Sachen, die von einer Kammer vor ihrer Entscheidung an sie abgegeben worden sind („Grundsatzv lage", Art. 72 VerfO). Die Große Kammer ist ferner eine Art **„Zweite Ersatz-Instanz"** innerhalb des e stufigen Gerichtshofes. Hier entscheidet sie über Sachen, die **nach** einem Urteil der Kammer in bestim ten Fällen auf Antrag einer Partei an sie verwiesen werden („Ersatz-Rechtsmittel", Art. 73 VerfO).

b) Zuständigkeiten und Verfahren

94 **Die** – in der Praxis ausgesprochen seltenen – **Staatenbeschwerden** (Art. 33 EMRK, Art. 51, 55 ff. Verf werden von einer Vertragspartei wegen behaupteter Verletzung der EMRK einschließlich ihrer Protoko durch eine andere Vertragspartei erhoben. Die besonders wichtigen und häufigen **Individualbeschwerd** (Art. 34 f. EMRK, Art. 52 ff. VerfO) können von natürlichen Personen sowie nichtstaatlichen Organisat nen oder Personengruppen erhoben werden, die behaupten, in den von der EMRK anerkannten Rech verletzt zu sein; sie sind erst nach Erschöpfung aller innerstaatlichen Rechtsmittel zulässig. Ferner erstat der Gerichtshof auf Antrag des Ministerkomitees **Gutachten** über bestimmte Rechtsfragen der Auslegu der EMRK (Art. 47 f. EMRK, Art. 82 ff. VerfO). Das **Verfahren** vor dem EGMR und seine Arbeitsweise im Wesentlichen in den Art. 35 ff. EMRK und im Einzelnen in den Art. 19–23 und Art. 31–102 Ver geregelt.

c) Urteile des EGMR und ihre Folgen

95 Die **Urteile** des EGMR sind für die Vertragsparteien bindend (Art. 42, 44, 46 EMR Art. 74 ff. VerfO). Wird ein Staat wegen Verletzung der EMRK vom EGMR verurtei ist er daher verpflichtet, das Urteil zu befolgen (zur deutschen Rechtslage BVerfG 111, 307 „Görgülü"). Endgültige Urteile des Gerichtshofes werden dem Ministerk mitee des Europarates zugeleitet, das ihre Durchführung überwacht (Art. 46 Abs. EMRK; dazu etwa EGMR, Urt. v. 6.7.2010, 5980/07, „Öcalan/TR" = NJW 201 3703). Eine unmittelbare Wirkung im nationalen Recht entfaltet das Urteil allerdin nicht. Die Frage, ob das vorangegangene nationale Gerichtsverfahren (Rz. 94) wied aufzunehmen ist, richtet sich vielmehr nach nationalem Recht (etwa § 359 Nr. StPO).

Gewährt das nationale Recht bei einer Verletzung der EMRK nur unvollkommer Wiedergutmachung, kann der Gerichtshof der verletzten Partei eine **gerechte Entschädigung** zusprechen (Art. 41 EMRK, Art. 75 VerfO) und zwar nicht nur wege materieller Schäden. Dies wird gleichfalls vom Ministerkomitee überwacht. Spezia fälle regeln Art. 5 Abs. 5 (bei unrechtmäßiger Haft) und Art. 3, 7. ZP (bei Aufhebur eines Strafurteils). Im erstgenannten Fall kann Anspruch auf Schadensersatz auc dann bestehen, wenn das nationale Recht weiterreichende Garantien als die EMR enthält, da Art. 5 eben auch die strikte Beachtung des (nationalen) Rechts verlang (BGH, JZ 2006, 1064, mit Anm. *Dörr*). Bei den Entschädigungen handelt es sich of mals um erhebliche Geldbeträge (z. B. EGMR, Urt. v. 27.9.1999, 33985/96, „Smith and Grady/UK", zum Ausschluss Homosexueller aus der britischen Armee).

d) Die Kontrolle von Unionsrecht durch den EGMR

Literatur: *Schäfer,* Verletzungen der Europäischen Menschenrechtskonvention durch Europäisches Gemeinschaftsrecht und dessen Vollzug, 2006; *F. Kirchhof,* Grundrechtsschutz durch europäische und nationale Gerichte, NJW 2011, 3681; *Mittel,* Réflexions sur la notion de protection équivalente des droits fondamentaux, RFDA 2012, 307.

Da an die EMRK nur deren Vertragsstaaten gebunden sind, ist – bis zu einem Beitritt (Rz. 19) – die **EU als solche nicht** an die EMRK **gebunden.** Regelungen des EU-Vertragsrechts sind allerdings als Akte der Staaten der Kontrolle durch den EGMR unterworfen (EGMR, Urt. v. 18.2.1999, 24833/94, „Matthews/UK" = EuGRZ 1999, 200, zum früheren EG-Vertrag). Außerdem müssen die EMRK-**Vertragsstaaten,** wenn sie Internationalen Organisationen **Hoheitsrechte übertragen,** dafür sorgen, dass gegenüber Rechtsakten der Organisation ein der EMRK **vergleichbarer,** also nicht zwingend identischer **Grundrechtsschutz** gewährleistet ist (EGMR, Urt. v. 18.2.1999, 26083/94, „Waite und Kennedy/DE" = EuGRZ 1999, 207; zur vergleichbaren Position des BVerfG Rz. 10/19ff.). Mit Blick auf die EU hat der EGMR im Jahre 2005 angenommen, dass diese in verfahrensrechtlicher und materieller Sicht einen der EMRK grundsätzlich gleichwertigen Grundrechtsschutz gewährleistet (EGMR, Urt. v. 30.6.2005, 45036/98, „Bosphorus/IE" = NJW 2006, 197). Eine gegen alle Mitgliedstaaten gerichtete, auf eine angebliche Menschenrechtsverletzung der EU gestützte Beschwerde ist daher regelmäßig unzulässig; anderes gilt nur, wenn im Einzelfall dargelegt wird, dass der Grundrechtsschutz der EU offensichtlich unzulänglich („manifestly deficient"/„entachée d'une insuffisance manifeste") ist (weiterführend etwa: *Bröhmer,* EuZW 2006, 71; *Schohe,* EuZW 2006, 33; *Heer-Reissmann,* NJW 2006, 192). 96

2. Schutz durch die nationale Verfassungsgerichtsbarkeit

Literatur: *Kischel,* Der unabdingbare grundrechtliche Mindeststandard in der EU. Zur Auslegung des Art. 23 Abs. 1 S. 1 GG, Staat 2000, 523; *Peters,* The Banana Decision (2000) of the German Federal Constitutional Court, GYBIL 2000, 276; *Lecheler,* Zum Bananenmarktbeschluß des BVerfGs, JuS 2001, 120; *Fries,* Die Grundrechtsbindung der Mitgliedstaaten nach dem Gemeinschaftsrecht, 2002; *Hoffmann-Riem,* Kohärenz der Anwendung europäischer und nationaler Grundrechte, EuGRZ 2002, 473; *von Danwitz,* Grundfragen einer Verfassungsbindung der EU, JZ 2003, 1125; *Nettesheim,* EU-Recht und nationales Verfassungsrecht, EuR 2004, Beiheft 1, 7; *Scholz,* in: Merten/Papier (Hrsg.), Handbuch der Grundrechte in Deutschland und Europa, Bd. 6/2, 2009, 63.

Der Schutz der Grundrechte stand lange Zeit – nicht nur in Deutschland – im Mittelpunkt der Auseinandersetzungen um das Verhältnis von nationalem Verfassungsrecht und europäischem Recht (Rz. 10/4ff.). Mittlerweile hat sich allerdings zumeist durchgesetzt, dass nationales Verfassungsrecht allenfalls bei elementarer Gefährdung gegen Unionsrecht in Stellung gebracht werden kann, wofür derzeit keine konkreten Anhaltspunkte bestehen. 97

VI. Ausblick

98 Die inzwischen in den Verträgen verankerten, im Übrigen durch die Rechtsprechung des Gerichtshofes aus den gemeinsamen Verfassungsüberlieferungen der Mitgliedstaaten und der EMRK entwickelten Unionsgrundrechte sind zu einem **wesentlichen Bestandteil des primären EU-Rechts** geworden. Sie sind eine der großen Errungenschaften der europäischen Integration – und zugleich ein unverzichtbarer Bestandteil. Ein Hoheitsträger der Art, wie es heute die EU ist, wäre schlichtweg illegitim, wenn nicht ein angemessener Grundrechtsschutz gewährleistet würde. Man sollte allerdings nicht erwarten, dass die Determinationsdichte, die von den Unionsgrundrechten ausgeht, jenem Grad der Überlagerung und Beeinflussung des politischen Prozesses entspricht, den man in Deutschland beobachten kann. Man sollte sich auch davor hüten, die grundrechtlichen Erwartungen, die an die EU herangetragen werden, einfach eins zu eins aus einer staatlichen Rechtsordnung zu entnehmen. Der EuGH kommt nicht umhin, einen Weg zu gehen, der der Gesamtheit der Erwartungen und Rechtstraditionen von nunmehr 28 Mitgliedstaaten gerecht wird. Insofern ist die vor allem in Deutschland **immer wieder zu beobachtende Enttäuschung und Ungeduld mit vermeintlichen „Defiziten" in der Grundrechtsrechtsprechung des EuGH nicht gerechtfertigt.** Es ist immer auch zu berücksichtigen, dass es ein Gewinn für den politischen Prozess – und damit für die demokratischen Formen der Entscheidung – ist, wenn ein Gericht nicht unter Berufung auf die Grundrechte Korrekturen hoheitlicher Entscheidungen vornimmt.

99 Zugleich ist in dem Dreieck von EuGH, EGMR und nationalen Verfassungsgerichten eine deutliche Verdichtung des Austausches, der Interaktion und der gegenseitigen Befruchtung zu beobachten. Es erwachsen gegenwärtig „gemeineuropäische" Anschauungen darüber, in welchem **Umfang individuelle Autonomie und individuelle Rechtsgüter** vor Beeinträchtigungen durch hoheitliche Gewalt zu schützen sind. Auch wenn man im Grundsatz davon ausgeht, dass das Nebeneinander verschiedener Regelungsansätze, Wertanschauungen und Lösungswege ein schützenswertes Anliegen ist („legal pluralism"; vgl. z. B. *McCormick,* MLR 1993 1; *Maduro,* in: *Weiler/Wind* [Hrsg.], European Constitutionalism Beyond the State, 2003, 74 [97]) und mit Blick auf den Prüfungsauftrag von Verfassungsgerichten auch funktional gerechtfertigt ist (*Nettesheim,* FS Isensee, 2007, 733), ist doch gerade im Grundrechtsbereich eine bemerkenswerte Befruchtung und ein erstaunliches **Zusammenwachsen der Rechtskulturen** zu beobachten. Das kulturelle Selbstverständnis ist nicht Grenze des Rechts, wohl aber ein hervorragendes Datum in dessen Operationslogik (*Volkmann,* in: Dreier/Hilgendorf (Hrsg.), Kulturelle Identität, 2008, 245). Dabei handelt es sich um Wechselwirkungen, die in gleicher Weise von den staatlichen Ordnungen ausgehen wie von der EU-Ordnung. So hat die seit den fünfziger Jahren immer weiter fortentwickelte und verfeinerte Rechtsprechung inzwischen Ansätze eines **gesamteuropäischen Menschenrechtsstandards** etabliert.

5. Teil. Wirtschaftsordnung der Europäischen Union

§ 18. Wirtschaftsverfassung und Wirtschaftspolitik

Literatur: *Mussler,* Die Wirtschaftsverfassung der EG im Wandel, 1998; *Steindorff,* Markt und hoheitliche Verantwortung in der EG, ZHR 2000, 223; *Badura,* Wandlungen der europäischen Wirtschaftsverfassung, EuR 2000, Beiheft 1, 45; *Mestmäcker,* Wirtschaft und Verfassung in der EU, 2006; *Busch,* Zur Wirtschaftsverfassung der EU, 2008; *Hatje,* Wirtschaftsverfassung, in: von Bogdandy/Bast (Hrsg.), Europäisches Verfassungsrecht, 2. Aufl. 2009, 801; *Müller-Graff,* Das wirtschaftsverfassungsrechtliche Profil der EU nach Lissabon, in: Fastenrath/Nowak (Hrsg.), Der Lissabonner Reformvertrag, 2009, 173; *ders.,* Das verschleierte Antlitz der Lissabonner Wirtschaftsverfassung, ZHR 173 (2009), 443; *Luczak,* Die Europäische Wirtschaftsverfassung als Legitimationselement europäischer Integration, 2009; *Mestmäcker,* Die Wirtschaftsverfassung der EU im globalen Systemwettbewerb, 2010; *Potacs/Kersten,* Herstellung von Wettbewerb als Verwaltungsaufgabe, VVDStRL 69 (2010); *Säcker,* Die Konvergenz von unionsrechtlicher und mitgliedstaatlicher Verfassung der Wirtschaft gemäß der Zielvorgabe in Art. 3 Abs. 3 EUV, FS Roth, 2011, 671.

Internet-Adressen: http://europa.eu/pol/emu/index_de.htm (Wirtschaftspolitik)
http://europa.eu/pol/reg/index_de.htm (Regionalpolitik)

I. Die Diskussion um die Wirtschaftsverfassung der EU

Der Vertrag von Lissabon hat die Zielhierarchie der europäischen Integration umgestellt. Vor seinem Inkrafttreten stand im Zielkatalog der Art. 2, 3 EGV die wirtschaftliche Integration im Vordergrund. Die Integrationsziele (u. a. „harmonische, ausgewogene und nachhaltige Entwicklung des Wirtschaftslebens, hohes Beschäftigungsniveau, hohes Maß an sozialem Schutz") sollten an vorderster Stelle durch die Errichtung eines Gemeinsamen Marktes und durch eine Wirtschafts- und Währungsunion verwirklicht werden. Der Vertrag gab der EU so eine **recht eindeutige Integrationsteleologie** vor. Der Lissabon-Vertrag hat diese Regelungsstruktur in doppelter Weise aufgelöst. Die Tiefendimension der Integration wird inzwischen durch (deontologische) Wertsetzungen (Art. 2 EUV) gebildet; der Weg der Integration wird so vertraglich geöffnet und **politischer Entscheidung** überantwortet. Zugleich benennt Art. 3 Abs. 2 EUV als erstes konkretes Ziel die Errichtung des offenen Raums der Freiheit, der Sicherheit und des Rechts. Der Binnenmarkt wird erst in Art. 3 Abs. 9 EUV erwähnt – in Verbindung mit einer Vielzahl weiterer Ziele. Die bislang prominent in Art. 4 EGV ausgesprochene Verpflichtung auf den Grundsatz einer „offenen Marktwirtschaft mit freiem Wettbewerb" ist in den Tiefen des Vertrags (Art. 119 AEUV) und einem Protokoll versteckt worden. Man kann dies als Ausdruck des politischen Bemühens deuten, von der vermeintlich kalten und unsozialen Betonung des Ökonomischen wegzukommen und so den Zuspruch der Bürger für die Integration zu steigern. Dies ist zu bedauern. Die EU ist nur das geworden, was sie ist, weil sie sich der freiheitsschaffenden und wohlstandsbringenden Öffnung und Ordnung der Märkte gewidmet hat; und sie wird ihre **Zukunftschancen** verspielen, wenn sie sich von diesem ersten und wichtigsten Auftrag abwendet. 1

Die Bedeutung dieser Umstellung ist aus rechtlicher Perspektive eher gering. Die normative Direktionskraft der Zielbestimmungen war immer schon vernachlässigbar – auch wenn sie vielfach rechtswissenschaftlich untersucht und in ihrer Tragweite gedeutet wurden (*Reimer,* Ziele und Zuständigkeiten. Die Funktionen der Unionszielbe- 2 stimmungen, EuR 2003, 992; *Kotzur,* Die Ziele der Union: Verfassungsidentität und Gemeinschaftsidee, DÖV 2005, 313; *Plecher-Hochstraßer,* Zielbestimmungen im Mehrebenensystem, 2006). Umstellungen und Neuformulierungen werden im politischen Prozess oder in der Rechtsprechung des EuGH nur geringe Spuren hinterlassen. In der politischen Praxis stehen denn auch die **Integration und Ordnung der nationalen Volkswirtschaften** weiter im Zentrum der Integration. Dabei gewinnen allerdings interventionistische Zielsetzungen an Bedeutung. Zudem treten andere Politikfelder vermehrt in den Vordergrund.

3 Angesichts der Bedeutung, die die markt- und wirtschaftsbezogenen Kompetenzen haben, kann es nicht verwundern, dass die in der deutschen (ordnungs-)politischen Diskussion so wichtige Frage nach der **Charakterisierung der „Wirtschaftsverfassung"** auch im (vorwiegend deutschen) europarechtlichen Schrifttum eine hervorgehobene Rolle spielt. Dabei sind **drei Ebenen der Diskussion** zu unterscheiden:

4 Die Diskussion dreht sich auf einer ersten Ebene um die Beschreibung der Inhalte, die den politisch handelnden Organen in ordnungspolitischer Hinsicht vom Vertrag vorgegeben werden. Aus dieser **deskriptiv-analytischen Perspektive** ist nicht nur zu betonen, dass sich im Text der Verträge in einem erstaunlichen, so im nationalen Verfassungsrecht unbekannten Umfang Bekenntnisse zu offenen Märkten (vgl. Art. 26 AEUV), zum freien Wettbewerb und zum ökonomischen Nutzen der Marktwirtschaft finden. Im Vertrag ist zudem eine Vielzahl von Kompetenzen und Regelungen enthalten, die der Verwirklichung dieser Ziele dienen. Zu denken ist etwa an die wettbewerbsrechtliche Zuständigkeit der Kommission (Rz. 12/9), aber auch an die vom EuGH auf der Grundlage der Grundfreiheiten vorangetriebene Liberalisierung (Rz. 22/1). Die Analyse ergibt zugleich, dass sich das Vertragsrecht durch ein auffälliges und eigentümliches Zusammenspiel von Politikbereichen auszeichnet, in denen es um die Marktöffnung geht, von Bereichen, in denen die EU aus sozial-, umwelt- oder industriepolitischen Gründen interveniert, und von Bereichen, in denen marktferne Strukturen errichtet worden sind. Das Vertragsrecht ist insofern fragmentiert; es lässt klar erkennen, dass sich im Kreis der Mitgliedstaaten kein Konsens findet, dass die Idee von offenen Märkten und freiem Wettbewerb als allgemeines und durchgängiges Leitbild des europäischen Integrationsprozesses dienen soll. Die Wirtschaftsverfassung der EU weist eine Mischung aus **marktwirtschaftlich/freiheitlichen** („liberalen") und **interventionistischen** („dirigistischen") Elementen auf.

5 Die Diskussion dreht sich auf einer zweiten Ebene um die Frage, inwieweit sich im EU-Recht **ordnungspolitische Vorstellungen – im Sinne einer politischen Klugheitslehre** – niedergeschlagen haben. Mit Blick auf die Sicherung von individueller Autonomie und allgemeiner Wohlfahrt gibt es gute Gründe, dem politischen Prozess ordnungsökonomische Fesseln anzulegen. Diese Fesseln verhindern, dass sich im politischen Prozess partikuläre Interessen durchsetzen, die auf Entscheidungen abzielen, die nicht im Gesamtinteresse liegen. Im EU-Recht finden sich eine Vielzahl der Regelungsideen einer marktwirtschaftlichen Wirtschaftsverfassung (Privatautonomie, Handlungsfreiheit, Eigentum, Tauschmechanismen etc.), die für die Realisierung einer liberalen Ordnung erforderlich sind. In den Verträgen drückt sich ein gehöriges Maß an ordnungspolitischer Vernunft aus – sei es, indem das Vertragsrecht unmittelbare subjektive Rechte gewährt, sei es, indem Eingriffe in den Marktmechanismus seitens des Staats (z. B. Art. 107 AEUV) oder seitens der Unternehmen (z. B. Art. 101 f.

AEUV) verhindert werden, sei es, indem mit einer stabilen Währung ein Instrument zur „Wertspeicherung" geschaffen wird. Die **Eigentumsordnung,** neuralgischer Punkt jeder Wirtschaftsverfassung, verbleibt grundsätzlich in nationaler Verantwortung (Art. 345 AEUV). Wer sich dieser Perspektive genauer widmet, wird allerdings nicht umhinkommen festzustellen, dass sich derartige Klugheitserwägungen im Vertrag nicht ungebrochen und unmittelbar niederschlagen. Es findet sich eine ähnliche Mischung aus liberalen Anschauungen, Interventionismus und Protektionismus wie in den meisten staatlichen Ordnungen.

Die Diskussion um die Wirtschaftsverfassung der EU dreht sich – auf einer dritten Ebene – um die Frage, inwieweit sich aus den ordnungspolitischen Überlegungen Aussagen für die **Interpretation des konkreten Primärrechts** gewinnen lassen. Der Rechtsprechung des EuGH lässt sich entnehmen, dass derartigen Aussagen keinesfalls entscheidende Bedeutung zukommt. In einem Urteil vom 3.10.2000 hat er zu der Frage Stellung genommen, inwieweit sich aus den wirtschaftsverfassungsrechtlichen Bestimmungen des EGV rechtliche Verpflichtungen – und subjektive Rechte – ergeben. Er stellte fest, dass die Artikel, „die sich auf die Wirtschaftspolitik beziehen, die im Einklang mit dem Grundsatz einer offenen Marktwirtschaft mit freiem Wettbewerb stehen muß, … keine Bestimmungen [enthalten], die den Mitgliedstaaten klare und unbedingte Verpflichtungen auferlegen, auf die sich die Einzelnen vor den nationalen Gerichten berufen können. Es handelt sich dabei nämlich um einen allgemeinen Grundsatz, dessen Anwendung komplexe wirtschaftliche Beurteilungen erfordert, die in die Zuständigkeit des Gesetzgebers oder der nationalen Verwaltung fallen." (EuGHE 2000, I-8207, Rs. C-9/99, „Échirolles"). Der EuGH gibt damit klar zu erkennen, dass sich den diesbezüglichen Aussagen (man wird sie auf andere Zielsetzungen mit ordnungspolitischer Programmatik übertragen können) **jedenfalls keine subjektiven Rechte** entnehmen lassen. Über die „objektive" Verpflichtungswirkung, die etwa in einem Normenkontrollverfahren nach Art. 263 Abs. 1 AEUV eingefordert werden könnte, ist damit zunächst noch nichts gesagt, Die Betonung des EuGH, dass es sich lediglich um einen „Grundsatz" handele, lässt es allerdings wenig wahrscheinlich erscheinen, dass der EuGH sich unter Berufung auf derartige Aussagen im Vertrag dazu entschließen könnte, einen Akt der EU-Organe aufzuheben. Man muss dies so deutlich hervorheben, weil sich in vielen Äußerungen zur „Wirtschaftsverfassung" der EU die Tendenz äußert, politische Klugheit eins zu eins zum Ergebnis rechtlicher Interpretation zu machen und hieraus dann *rechtlich zwingende* Grenzen (*Mestmäcker,* FS Willgerodt, 1994, 263) abzuleiten. 6

II. Die Fragmentiertheit der Wirtschaftsordnung

Vor diesem Hintergrund ergibt der Versuch einer Beschreibung der EU-Wirtschaftsverfassung ein ambivalentes Bild. Liberalität und Marktorientierung der Unionsgewalt sind in den verschiedenen Wirtschaftsbereichen sehr unterschiedlich ausgeprägt. Dies wird deutlich, wenn man die verschiedenen Aktionsfelder einander gegenüberstellt. Dabei ergeben sich nicht nur erhebliche Unterschiede zwischen jenen Bereichen, in denen die EU die Wirtschaftsordnung der MSen reguliert, und den Maßstäben und Handlungsdirektiven, an denen sie sich bei eigenen Maßnahmen der Wirtschaftspolitik orientiert. Ebenso lassen sich erhebliche Differenzen zwischen den Bereichen einer umfassenden Unionsaktion (z. B. Gemeinsame Agrar-, Wettbewerbs- und Handelspo- 7 litik) und solchen Bereichen aufzeigen, in denen die EU begrenzte und z. T. nicht voll ausgenutzte Befugnisse hat (z. B. Steuerpolitik, Energiepolitik, Verkehrsbereich).

1. Die Verfassung des Binnenmarktes

8 Ein Grundziel der Verträge ist **die Herstellung eines „Binnenmarktes"**. Dabei handelt es sich um einen im Kern freien und nach innen offenen europäischen Wirtschaftsraum (Art. 3 Abs. 3 EUV) (*Grabitz,* Über die Verfassung des Binnenmarktes, FS Steindorff, 1990, 1229; *Müller-Graff/Nowak,* Binnenmarktziel und Wirtschaftsverfassung der Europäischen Union vor und nach dem Reformvertrag von Lissabon, in: Schwarze/Hatje (Hrsg.), Der Reformvertrag von Lissabon, EuR-Beiheft 1/2009, 129). Die EU-Politik ist damit im Anwendungsbereich der Verpflichtung des Ziels von Art. 26 AEUV grundsätzlich liberal ausgerichtet (so auch Protokoll Nr. 27 zum Lissabon-Vertrag). Das vertragliche „Programm" zielt insofern primär auf die Herstellung und Bewahrung einer grundsätzlich freien, dem **„Wettbewerbsprinzip"** verpflichteten Ordnung (Art. 119 Abs. 1 AEUV). Insofern ruht die EU-Wirtschaftsverfassung, wie auch der EuGH bestätigt hat (EuGHE 1970, 1125, Rs. 11/70, „Internationale Handelsgesellschaft"), auf marktwirtschaftlichen Grundlagen. Dies drückt sich im Einzelnen dann dadurch aus, dass die Verträge in wichtigen Sektoren von der Vorstellung der **„Liberalisierung"** im Sinne eines vom Grundsatz des redlichen Wettbewerbs (Präambel AEUV) beherrschten Wirtschaftsaustausches ausgehen. Man muss sich allerdings immer vor Augen halten, dass mit diesen Vorschriften gerade nicht eine umfassende *Gesamt-Entscheidung* zugunsten einer marktwirtschaftlichen Wirtschaftsordnung verbunden ist. Den Mitgliedstaaten sind weitreichende Gegen-Rechte eingeräumt, vermittels derer sie Beschränkungen der Freiheiten aus politischen Gründen rechtfertigen können.

2. Gestaltende Politik der EU – zwischen Liberalität und Interventionismus

9 An die Seite dieses Gestaltungsauftrags treten viele Felder, in denen sich die EU-Politik als deutlich weniger liberal, ja schon im Grundansatz als interventionistisch darstellt. Auch hier gibt es nicht „den" Typ politischer Herangehensweise; vielmehr kommt es aufgrund kollidierender Zielsetzungen und Vorstellungen der beteiligten gesellschaftlichen Kreise und mitgliedstaatlichen Akteure häufig zu **Kompromissen,** die mal eher in die eine, mal eher in die andere Richtung tendieren. Es ergibt sich so das Gesamtbild einer „gemischten" Ordnung (*Steindorff,* ZHR 2000, 223). Ein deutlich lenkender Anspruch steht etwa hinter den Maßnahmen der EU-Forschungs- und Technologiepolitik, Industrie- und Regionalpolitik (Art. 173, 174, 179 AEUV): Hier greifen die EU-Organe zwar mit einer eigenen Agenda in die Ordnungsstrukturen ein, die die Mitgliedstaaten in den einzelnen Bereichen errichtet haben, ersetzen und verdrängen diese aber nicht. Ebenso ist die – allerdings weithin den MSen verbleibende – Sozialpolitik legitimer Gegenstand der Unionsbetätigung (Art. 151 AEUV). Die in Amsterdam 1997 eingeführte Beschäftigungspolitik (Art. 145 AEUV) überlagert ebenfalls einen marktwirtschaftlichen Ansatz.

10 Auch im Bereich der Rechtsangleichung findet sich keine klare Linie: So soll die Grundkompetenz zur Rechtsangleichung im Binnenmarkt (Art. 114 AEUV) zur Verwirklichung der Ziele des Art. 26 AEUV dienen. In der **Praxis** verwendet die EU diese Kompetenz allerdings nicht ausschließlich dazu, um liberalisierende („negative") Integration voranzutreiben. Gewiss gibt es diese Bereiche – etwa im Bereich der Öffnung

der staatlichen Beschaffungsmärkte. Vielfach wird die Kompetenz aber auch für marktschließende Maßnahmen verwandt. Die sekundärrechtlichen Maßnahmen, die die EU zur Verwirklichung des Binnenmarktes ergreift, enthalten insofern keinesfalls immer das Liberalisierungsoptimum (z. B. Dienstleistungsrichtlinie, Rz. 25/23). Teilweise sind sie, wie etwa im Tabakwerberecht, sogar aus gesundheitspolitischen Gründen explizit paternalistisch. Während der EuGH auf der einen Seite betont hat, dass die Binnenmarktkompetenz nach Art. 114 AEUV keine Maßnahmen trägt, die nicht der liberalisierenden Rechtsvereinheitlichung dienen (EuGHE 2000, I-8419, Rs. C-376/98, „D/EP und Rat"; hier ging es um ein generalklauselartiges Verbot), hat er wenige Jahre später den Erlass einer Richtlinie, die den Markt für Werbedienstleistungen aus Gesundheitsgründen erheblich einschränkt, gebilligt (EuGHE 2006, I-11 573, Rs. C-380/03, „D/EP und Rat"; siehe auch Rz. 32/9f. und 33/65). Ähnliche Beobachtungen lassen sich auch auf anderen **politischen Gebieten** (etwa des Gesundheitsschutzes, des Umweltschutzes etc.) machen.

Schließlich finden sich deutlich interventionistische Regime in jenen Bereichen, in denen die EU selbst Ordnungsstrukturen errichtet – etwa im Bereich der Kernenergie, der Landwirtschaft oder der Fonds, teilweise auch des Außenwirtschaftsrechts (Art. 2 EAGV, Art. 38, 174, 206 AEUV). Hier enthalten die Verträge nähere Zielsetzungen für die als selbstverständlich vorausgesetzte **öffentliche Intervention.** Ein Beispiel, in dem sich der Hang zu ordnungspolitisch kaum zu rechtfertigender, aus politischer Sicht aber leicht erklärbarer Interventions- und Subventionspolitik zeigt, bildet auch der durch VO 1927/2006 errichtete **Europäische Fonds für die Anpassung an die Globalisierung** (ABl. 2008 L 48/82; vgl. auch Rz. 29/22). Dieser Fonds wurde gegründet, damit die EU „ihre Solidarität mit aufgrund von Veränderungen im Welthandelsgefüge arbeitslos gewordenen Arbeitnehmern unter Beweis stellen kann" (1. Begründungserwägung). Inzwischen zeichnet sich eine Politisierung auch der Währungsunion ab. Zwar sind die institutionellen Strukturen bewusst so ausgestaltet, dass eine politische Einflussnahme in möglichst weitgehendem Umfang ausgeschaltet werden soll. In der allgemeinen Wirtschaftspolitik (insbes. Konjunkturpolitik, mittelfristige Wirtschaftspolitik, Währungspolitik), in der die MSen zusammenarbeiten, zeigt sich der Grundansatz **staatlicher Globalsteuerung des Wirtschaftsgeschehens** (Art. 120ff., 127 AEUV) (näher unten Rz. 17). 11

Auf diese Weise mischen sich die Marktfreiheiten mit staatlich und europäisch vorgegebenen und gesteuerten Zielsetzungen (*Mestmäcker,* Von der Wirtschaftsgemeinschaft zur Wirtschafts- und Währungsunion, in: Hommelhoff/P. Kirchhof, Der Staatenverbund der EU 1994, 113). Häufig findet sich die Einschätzung, die Wirtschaftsverfassung der EU sei zwar nicht als offen oder „neutral" im Sinne eines rechtlichen Rahmens für beliebige Wirtschaftssysteme zu umschreiben. Gleichwohl sei in beinahe allen Vertragsbereichen in der einen oder anderen Form die Möglichkeit des Eingriffes der Unionsgewalt gegeben. 12

II. Allgemeine Wirtschaftspolitik der EU

Literatur: *Skouris,* Die Kontrolle der europäischen Wirtschaftsverwaltung durch die Rspr. des EuGH, EuR 2002, Beiheft 2, 71; *Dauses,* Wirtschafts- und Währungsunion, in: Dauses (Hrsg.) Hdb.EurWirtschR F. I. (2003); *Caesar* u. a. (Hrsg.), Europa auf dem Weg zum wettbewerbsfähigsten und dynamischsten Wirtschaftsraum der Welt?, 2005; *Hödl* (Hrsg.), Aspekte einer EU-Wirtschaftsordnung, 2006;

Schwarzer, Fiskal Policy Coordination in the EMU, 2007; *Ziekow,* Öffentliches Wirtschaftsrecht, 2007; *Schreyer,* Finanzmarktstabilität, 2007; *Vanberg,* Markt und Staat in einer globalisierten Welt, 2008; *Wohlgemuth,* Europäische Ordnungspolitik, 2008; *Frenz,* Europäische Wirtschaftspolitik nach Lissabon, GewArch 2010, 329; *McCann,* The Political Economy of the EU, 2010; *Riphegge,* Europäische Wirtschafts- und Sozialpolitik 2011.

13 Zu den Zielen der EU gehört seit dem Maastrichter EUV 1992 die **Errichtung einer Wirtschafts- und Währungsunion** auf der Grundlage des Binnenmarktes und der Verfolgung der einzelnen gemeinsamen Politiken und Maßnahmen (Art. 119 AEUV). Der AEUV umreißt die Teilbereiche der Wirtschaftspolitik, für die die EU zuständig ist. Von Bedeutung sind *sektorspezifisch* etwa die Währungspolitik, die Strukturpolitik (Regionalpolitik) mit Verteilungspolitik (Kohäsionspolitik), zudem Politikbereiche wie die Agrar-, Beschäftigungs-, Energie-, Verkehrs-, Industrie-, Bildungs- und Forschungs- und Technologiepolitik. Darüber hinaus hat die unionale Steuerung der allgemeinen Wirtschaftspolitik aufgrund ihrer engen Verzahnung mit der Währungspolitik an Bedeutung gewonnen. Der 1999 erfolgte Übergang zur Europäischen Währungsunion (EWU) sollte von einem **„hohen Grad an dauerhafter Konvergenz"** der nationalen Wirtschafts- und Haushaltspolitiken begleitet werden (Art. 121 Abs. 1 EGV i. V. m. dem Protokoll über die Konvergenzkriterien). Die diesbezüglichen Erwartungen sind allerdings enttäuscht worden: Die Wettbewerbsfähigkeit der Mitgliedstaaten entwickelte sich auseinander, an der fiskalpolitischen Nachhaltigkeit der Politik mangelte es in beinahe allen MS.

14 Die EU hat ihre wirtschaftspolitischen Verantwortlichkeiten auf einem Hintergrund zu formulieren, der sich durch Wachstumsschwächen auszeichnet. In einer Reihe von Mitgliedstaaten herrschen schon seit längerem **strukturelle Faktoren,** die wachstumsbremsende Wirkung haben, zu den teilweise erheblichen Differenzen zwischen den MSen beitragen und im globalen Zusammenhang Sorgen bereiten. Hierfür sind Faktoren wie Wettbewerbsdefizite auf Güter-, Dienstleistungs- und Arbeitsmärkten, Verkrustungen der Lohn- und Preismechanismen, eine übermäßige Belastung durch soziale Sicherungssysteme, öffentliche Verwaltung und Steuern verantwortlich. Die Wachstumsschwäche lässt sich danach nur dadurch angehen, dass in den genannten Bereichen Liberalisierungen bzw. Entlastungen erfolgen. Erforderlich ist es aber auch, die Regelungen des Stabilitäts- und Wachstumspakts (unten Rz. 21) wachstumsangemessen anzuwenden und durch eine geeignete Geldpolitik der EZB (unten Rz. 19/15) zu flankieren.

1. Die Koordinierung der Wirtschaftspolitik der Mitgliedstaaten

15 Als **allgemeine Wirtschaftspolitik** kann die Gesamtheit der unspezifischen Maßnahmen zur Steuerung von Wirtschaftsprozess, Wirtschaftsstruktur und Wirtschaftsordnung verstanden werden. Die diesbezügliche Zuständigkeit ist im Wesentlichen bei den **Mitgliedstaaten** verblieben. Gemäß Art. 3 EUV, Art. 121 AEUV sind diese nationalen Wirtschaftspolitiken jedoch eine **Angelegenheit gemeinschaftlichen Interesses.** Der EU – und in ihr insbesondere dem Rat – sind damit Koordinierungsmöglichkeiten gegeben, in denen die mitgliedstaatliche Politik abgestimmt werden soll (Art. 121 Abs. 3 AEUV). Art. 120ff. AEUV enthalten eine umfängliche Prozedur, wie mittels einer „multilateralen Überwachung" durch die Union die dauerhafte Konvergenz der mitgliedstaatlichen Wirtschaftspolitiken erreicht werden soll. Dabei spielen unionsrechtliche Gebote und Verbote eine besondere Rolle, welche **„gesunde öffentliche Finanzen"** (Art. 119 Abs. 3 AEUV) gewährleisten sollen. Die beteiligten Institutionen agieren in einem Rahmen, in dem vor allem das Ziel der Herstellung und Bewahrung des **Binnenmarktes** und der Durchführung der **Währungsunion** Zwänge in

Richtung stärkerer Vergemeinschaftung der nationalen Wirtschaftspolitik („Konvergenz“ durch Koordinierung) ausüben. Dabei geht es vor allem um die Haushaltspolitik und das Wachstum.

Art. 119 AEUV umschreibt wortreich dieses Doppelziel einer harmonischen und ausgewogenen Entwicklung des Wirtschaftslebens innerhalb der Union sowie der Einführung einer einheitlichen Währung. Dabei wird das Leitbild einer **„offenen Marktwirtschaft mit freiem Wettbewerb“** definiert und hierfür **„richtungweisende Grundsätze“** aufgestellt (stabile Preise, gesunde öffentliche Finanzen und monetäre Rahmenbedingungen sowie eine dauerhaft finanzierbare Zahlungsbilanz). Zur Durchführung der gemeinschaftlichen Wirtschaftspolitik wird über Art. 121 f. AEUV ein – in seiner Reichweite und Wirksamkeit allerdings begrenztes – **Instrumentarium** bereitgestellt. Im Gegensatz zu der vollständigen Vergemeinschaftung der Währungspolitik sieht der AEUV **für die Wirtschaftspolitik nur einen vergleichsweise niedrigen Grad der Vergemeinschaftung vor** und belässt sie vorläufig weithin unter der nationalen Verantwortung der MSen. 16

Die Koordinierung der Wirtschaftspolitik erfolgt nach dem AEUV durch eine **„multilaterale Überwachung“** (Art. 121 Abs. 3 AEUV). Auf Empfehlung der Kommission erstellt der Rat einen Entwurf, in dem Erwartungen an die Wirtschaftspolitik der Mitgliedsstaaten und der Union skizziert werden. Nach Befassung des EuRat verabschiedet der Rat seine – unverbindlichen – Empfehlungen. Daneben treten Beschlüsse über Leitlinien für beschäftigungspolitische Maßnahmen der Mitgliedstaaten (z. B. Beschluss des Rats vom 22.4.2013, ABl. 2013 L 118/21; Rz. 29/21). Die Maßnahmen zielen u. a. auf eine Konsolidierung der öffentlichen Finanzen, die Beseitigung makroökonomischer Ungleichgewichte, die Optimierung von Forschung, Entwicklung und Innovation und die Verbesserung der Ressourcenallokation ab. Sie sind so unbestimmt und unspezifisch gehalten, dass konkrete Schlussfolgerungen nicht gezogen werden können. Den größeren Rahmen dieser Bemühungen bildete zunächst die sog. „Lissabon-Strategie für Wachstum und Beschäftigung“, mit der die EU die Beschäftigungsquote, Produktivität und Wettbewerbsfähigkeit steigern und zugleich den sozialen Zusammenhalt stärken wollte. Inzwischen verfolgt die EU die Strategie „Europa 2020“ (KOM(2010)2020 vom 3.3.2010). Bei der Entwicklung dieser Strategien spielt der EuRat eine zentrale Rolle. Dies macht die hochpolitische Natur unionaler Steuerung der mitgliedstaatlichen Wirtschaftspolitik deutlich. Das Verfahren der europäischen Koordinierung der mitgliedstaatlichen **Wirtschaftspolitiken** gemäß Art. 121 AEUV ist im wesentlichen **„weich“ ausgestaltet,** d. h. unter Schonung der nationalen Zuständigkeiten. 17

Die Überwachung der wirtschaftspolitischen Entwicklung in den MSen erfolgt durch den Rat, wiederum auf der Grundlage von Berichten der KOM. Die KOM kann einen MS verwarnen, wenn dessen Wirtschaftspolitik nicht den Empfehlungen entspricht oder die Funktionalität der WWU gefährdet ist. Der Rat kann Empfehlungen beschließen, die ggf. auf Vorschlag der Kommission veröffentlicht werden. Der Beschluss des Rats ergeht mit qualifizierter Mehrheit (ohne Berücksichtigung der Stimme des jeweiligen betroffenen Mitgliedsstaates). Der politische Wille, hiervon Gebrauch zu machen, war allerdings ungeachtet aller wirtschaftspolitischen Defizite und Ungleichgewichte lange Zeit gering ausgeprägt. Eine Mitwirkung des EP ist weiterhin kaum vorgesehen. 18

19 Der Vertrag macht den MSen unmittelbare **wirtschaftspolitische Vorgaben** in Art. 123–126 AEUV. Die Verbote definieren den Rahmen, innerhalb dessen die Mitgliedstaaten ihre allgemeine Wirtschaftspolitik durchführen müssen. Es handelt sich um justiziable Vorgaben, die mit einem Vertragsverletzungsverfahren (Art. 258 AEUV) durchgesetzt werden können: Verbot der monetären Finanzierung (Finanzierung von Haushaltsdefiziten über die Banknotenpresse); Verbot eines bevorrechtigten Zugangs zu den Finanzinstituten (EU und MSen müssen sich als „normale Schuldner" ohne Vorrechte gerieren); Ausschluss der Haftungsübernahme der EU oder anderer MSen für einen MS in Schwierigkeiten; Verbot übermäßiger öffentlicher Defizite (Haushaltsdisziplin).

2. Die Stärkung der fiskal- und haushaltspolitischen Disziplin

Literatur: *Häde,* Ein Stabilitätspakt für Europa, EuZW 1996, 138f.; *Hahn,* Der Stabilitätspakt für die Europäische Währungsunion, JZ 1997, 1133; *Konow,* Der Stabilitäts- und Wachstumspakt, 2002; *Dutzler/Hable,* Das Urteil des EuGH zum Stabilitäts- und Wachstumspakt – eine Klarstellung? Integr. 2004, 301; *Palm,* Der Bruch des Stabilitäts- und Wachstumspaktes, EuZW 2004, 71; *Streinz/Ohler/Herrmann,* Der Stabilitäts- und Wachstumspakt, NJW 2004, 1553 *Hatje,* Die Reform des Stabilitäts- und Wachstumspakts, DÖV 2006, 597; *Hentschelmann,* Der Stabilitäts- und Wachstumspakt, 2009; *Häde,* Die Wirtschafts- und Währungsunion im Vertrag von Lissabon, EuR 2009, 200; *Herrmann,* Währungshoheit, Währungsverfassung und subjektive Rechte, 2010; *Heiperts,* Ruling Europe: The Politics of the Stability and Growth Pact, 2010; *Hentschelmann,* Finanzhilfen im Lichte der No-Bailout-Klausel, EuR 2011, 282; *Thym,* Euro-Rettungsschirm, EuZW 2011, 167; *Pilz,* Der europäische Stabilitäts- und Wachstumspakt, ZEuS 2011, 149; *Bianco,* The New Financial Stability Mechanisms, EUI 2012; *Obwexer,* Das System der „Europäischen Wirtschaftsregierung" und die Rechtsnatur ihrer Teile, ZöR 2012, 209; *Bast,* Jenseits der Koordinierung? EuGRZ 2012, 269; *Schäfer,* Der Fiskalvertrag – ein Ausdruck deutscher Hegemonie in der EU? Integr. 2013, 107.

20 Schon in den 1990er Jahren stellten sich Zweifel an, ob die im EGV enthaltenen Koordinierungsmechanismen ausreichen würden, um die für das Gelingen der WWU erforderliche stabile Nachhaltigkeit mitgliedstaatlicher Politik zu gewährleisten.

a) Der Stabilitäts- und Wachstumspakt

21 Den Ansatzpunkt der Stabilisierungsbemühungen bildete das – schon in Art. 126 Abs. 1 AEUV formulierte – Ziel der Vermeidung übermäßiger öffentlicher Defizite. Der AEUV enthält in Art. 126 AEUV ein Verfahren, mit dem die **nationalen Haushaltspolitiken** überwacht und zur Stabilitätsorientierung gezwungen werden sollen. Hier vereinen sich Wirtschafts- und Währungspolitik mit den Zielen der harmonischen Entwicklung der Wirtschaft und der durch gesunde öffentliche Finanzen zu sichernden Preis- und Währungsstabilität. Im Kontext der Vorbereitung der Währungsunion schloss man 1997 einen **„Stabilitäts- und Wachstumspakt" (SWP),** in dem die im AEUV selbst nicht enthaltenen Referenzwerte (3% des BIP für das jährliche Haushaltsdefizit und 60% für die Staatsverschuldung) enthalten sind. Damit sollte die für einen dauerhaften Erfolg der Währungsunion erforderliche Disziplin hergestellt werden (*Bark,* Das gemeinschaftsrechtliche Defizitverfahren, 2004). 2005 kann es zu einer Reform des **Stabilitäts- und Wachstumspakts** (Schlussfolgerungen des Europäischen Rats vom 22. und 23.3.2005; Änderungen der VO 1466/97 und 1467/97). Die Überschreitung der beiden Referenzwerte kann danach **„ausnahmsweise und vorübergehend"** aus bestimmten Gründen toleriert werden (u. a. bei Ausgaben für Strukturreformen und Wirtschaftswachstum oder für Forschung und bei „Sonderbelastungen" wie die Finanzierung der deutschen Einheit). In Zeiten günstigen Wirtschaftswachstums soll stärker gespart werden („präventive Komponente"). Die Reaktion auf diese Veränderungen war – absehbar – gespalten. Während die Reformer von einer „intelligenten" Anwendung des Paktes sprechen, haben Kritiker ihn praktisch für „tot" erklärt.

22 Grundsätzlich sind alle MSen der EU den Stabilitätsregelungen des Vertrags unterworfen; für MSen außerhalb der Euro-Zone (gegenwärtig 10 von 28 MS) gelten allerdings verminderte Anforderungen (Art. 139 Abs. 2 AEUV; Prot. 15 Ziff. 4).

23 Das Defizitvermeidungsverfahren kennt im Wesentlichen **6 Stufen:** 1) Die Mitgliedstaaten übermitteln die **jährlichen Budgetzahlen** an die Kommission. 2) Im Falle eines übermäßigen Defizits erstellt die Kommission einen Bericht für den ECOFIN. 3) ECOFIN entscheidet mit qualifizierter Mehrheit, ob das De-

fizit den Vorgaben des Paktes widerspricht; in diesem Falle ergehen Empfehlungen an den MS zur Rückführung des Defizits **(sog. „blauer Brief").** 4) Die Kommission und ECOFIN prüfen, ob der MS die notwendigen Schritte eingeleitet hat. 5) Bei Fortbestand des zu hohen Defizits ergeht ein offizieller Beschluss von ECOFIN, dass der MS **bestimmte Maßnahmen** zu treffen hat. 6) Schließlich kann ECOFIN in einer Situation, in der seine Anordnung nicht hinreichend befolgt worden ist, **Sanktionen** (einschl. Geldbußen) beschließen. Der Druck, den die EU auf einen „säumigen" MS ausüben kann, bleibt im Wesentlichen **politisch,** da Klagen nach Art. 258f. AEUV zum Gerichtshof ausgeschlossen sind (Art. 126 Abs. 10 AEUV).

b) Der Ausbau des Stabilisierungsregimes

Im Zuge der Finanzkrise (ab 2008) stellte sich heraus, dass den Regelungen des AEUV die Schärfe gefehlt hatte, um die MSen zu einer nachhaltigen Politik zu zwingen. Auch die Finanzmärkte hatten die Entwicklung sorglos verkannt. Im Herbst 2009 entwickelte sich dann Misstrauen in die Finanzlage einiger Südstaaten, im Frühjahr 2010 geriet Griechenland in die Gefahr eines ungeordneten Bankrotts. Die MSen entschlossen sich zur Einrichtung von Hilfsinstrumenten (unten Rz. 37). Zugleich bestanden sie darauf, dass die hilfebedürftigen Staaten einem Rechtsregime unterworfen werden, das sie zu einer nachhaltigen Politik verpflichtet. Diesbezügliche Bedingungen werden in den jeweiligen Hilfspaketen formuliert **(„Konditionalität der Hilfe");** zudem haben sich die Mitgliedstaaten zur Einrichtung allgemeiner Instrumente entschlossen. Für die hilfeleistenden Mitgliedstaaten ist es „conditio sine qua non", dass die Unterstützung eines MS von dessen Willen und aktiver Bereitschaft abhängig gemacht wird, Schritte zu einer wirtschaftlichen Gesundung zu unternehmen; andernfalls, so die Befürchtung, würde sich die Hilfe zu einem „Fass ohne Boden" entwickeln. In den hilfebedürftigen Staaten betrachtet man vielfach den Zwang als „hegemoniale" und undemokratische Einmischung, zudem die Unwilligkeit, unkonditional Hilfe zu leisten, als Ausdruck fehlender Solidarität. 24

Im Zentrum der neuen Aufsicht stehen das sog. „Sixpack" (fünf RL, eine VO [2011]), das „Two-Pack" (2013) sowie der Vertrag über Stabilität, Koordinierung und Steuerung (2012). Ihre Anwendung und Durchführung erfolgt im sog. **„Europäischen Semester",** einem Politikkalender, in dem geregelt ist, wie die Überwachung über das Jahr abläuft. Im November jeden Jahres legt die KOM ihren Jahreswachstumsbericht vor, in dem sie die allgemeinen wirtschaftlichen Prioritäten der EU für das kommende Jahr bestimmt; zudem legt sie einen Warnmechanismus-Bericht vor, in dem sie die MSen auflistet, in denen Ungleichgewichte zu erwarten sind. Nach einer Erörterung durch EP und Rat (Februar) bestimmt der EuRat seine Prioritäten (März). Im April haben alle MSen ihre Stabilitäts-/Konvergenzprogramme, die MSen der Eurozone auch ihre nationalen Reformprogramme vorzulegen. Zugleich veröffentlicht die KOM die Ergebnisse ihrer Überprüfung der Stabilität der MSen. Die länderspezifischen Empfehlungen werden vom EuRat und den Ratsformationen im Juni erörtert; der ECOFIN-Rat gibt im Juli Empfehlungen ab. Bis zum 15. Oktober müssen die MSen der Euro-Zone ihren Haushaltsentwurf für das jeweils nächste Jahr der KOM übermitteln; er muss bis zum 31. Dez. verabschiedet sein. 25

In der Sache zielen die Bestimmungen zunächst auf die **präventive Verhinderung von Fehlentwicklungen** ab. Diesem Zweck dient ein Frühwarnsystem, mit dem übermäßige makroökonomische Ungleichgewichte aufgedeckt und bekämpft werden sollen. Die RL sieht vor, dass sog. „Scoreboards" eingerichtet werden, in denen insgesamt 11 wirtschaftliche Indikatoren (wie z. B. Auslands- und Privatverschuldung, Wettbewerbsfähigkeit, etc.) abgebildet werden und zur Grundlage von Empfehlungen gemacht werden können. Die öffentlichen Ausgaben eines MS dürfen – wenn nicht die Einnahmen entsprechend steigen – nicht schneller als das mittelfristige Potenzialwachstum des BIP steigen. Der Prävention dienen zudem Regelungen, die vorsehen, dass ein MS verzinsliche Einlagen von bis zu 0,1 % des BIP leisten muss, wenn er auf Empfehlungen des ECOFIN-Rats nicht reagiert. Bei fortdauernder Resistenz kann die Einlage in eine unverzinsliche umgewandelt werden. Ändert ein MS sein Verhalten weiterhin nicht, so kann eine Geldbuße verhängt werden. 26

27 Darüber hinaus erfolgt eine Stärkung der **reaktiven Komponente** der unionalen „governance". Die Mitgliedstaaten mit einem Schuldenstand von über 60% des BIP werden dazu verpflichtet, ihren Schuldenüberhang im Durchschnitt (jeweils über drei Jahre) um mindestens 5% jährlich zurückzuführen. Dies gilt auch dann, wenn ihr jährliches Defizit unter 3% des BIP liegt. Kommt es zu Verstößen, findet ein verschärftes Abstimmungsverfahren Anwendung. Während die Einleitung eines Verfahrens weiterhin vom Rat mit qualifizierter Mehrheit beschlossen werden muss, kann es danach vom Rat nur noch mit qualifizierter Mehrheit („umgekehrte Mehrheit") gestoppt werden (*Häde,* JZ 2011, 333). Man kann von einem Quasi-Automatismus der Sanktionierung sprechen.

28 Der **Transparenz** dienen Regelungen, die die volkswirtschaftliche Gesamtrechnungen, die Statistiken und die Prognosepraxis der MS einem einheitlichen EU-Standard unterwerfen. Dies soll Manipulationen verhindern. Meldet ein MS falsche Daten, kann eine Geldbuße gegen ihn verhängt werden.

29 Zudem haben 25 MS den sog. **„Vertrag über Stabilität, Koordinierung und Steuerung"** (Fiskalvertrag) unterzeichnet (nicht: UK, Tschechien, Kroatien) (Übersicht bei *Möllers/Reinhardt,* JZ 2012, 693). Nach den Bestimmungen des Vertags müssen die mittelfristige Haushaltsziele ab Januar 2014 vorzugsweise im nationalen Verfassungsrecht verankert sein („Schuldenbremse"). Die Beachtung dieser Pflicht kann vor dem EuGH eingeklagt werden. Für das strukturelle Defizit gilt eine Obergrenze von 0,5% des BIP; sie kann unter außergewöhnlichen Umständen auf 1% angehoben werden. Bei Überschreitungen wird automatisch ein Korrekturmechanismus ausgelöst, durch den die MS zur Entscheidung verpflichtet werden, wie und wann sie ihr Defizit in künftigen Haushalten zurückführen werden. Der Vertrag ist ein („intergovernmentales") Regime außerhalb der EU, wenngleich enge Wechselbeziehungen bestehen. Man ging diesen Weg, weil eine Vertragsänderung jedenfalls viele Jahre gedauert hätte, vielleicht sogar unmöglich gewesen wäre. Die Bestimmungen dieses Vertrags sind vom BVerfG im einstweiligen Rechtsschutzverfahren für grundgesetzkonform angesehen worden (BVerfG NJW 2012, 3145).

30 Schließlich haben 23 MSen den sog. **„Euro-Plus-Pakt"** abgeschlossen. Sie verpflichten sich in diesem Vertrag, ihre Wirtschafts- und Sozialsysteme wettbewerbsfähiger zu machen und sie einer jährlichen Evaluierung zu unterziehen. Unmittelbar anwendbare Bestimmungen enthält der „Pakt" nicht, seine Bestimmungen bleiben vage.

31 Über den Wert des Stabilitätsregimes ist von Anfang an **grundsätzlich gestritten** worden. Vielfach sieht man das mittelfristige Ziel eines ausgeglichenen Haushalts als wichtige Voraussetzung für das Funktionieren der Währungsunion an. Ohne die Disziplinierungsfunktion supranationaler Aufsicht lässt sich danach eine unverantwortliche Verschuldungspolitik und die dadurch bewirkte Belastung der über die Währungsunion miteinander verspannten anderen Mitgliedstaaten nicht verhindern. Ohne die Einhaltung der Verschuldungsgrenzen werden übermäßige Defizite auflaufen, die jedenfalls langfristig die Inflation in der Eurozone nach oben treiben oder zu Zinserhöhungen führen können. In jedem Fall wären die anderen MSen beeinträchtigt. Die Aufgabe der Europäischen Zentralbank, mittels ihrer Geldpolitik (Rz. 19/30) die Stabilität des EURO aufrecht zu erhalten, wird gefährdet. Insofern geht es um eine Selbstbindung der nationalen Politik vor den Verlockungen einer Schuldenpolitik.

32 Gegner wenden allerdings ein, dass dies gerade in wirtschaftlichen Schwierigkeiten zu einer übermäßigen, unflexiblen und schädigenden Einschränkung mitgliedstaatlicher Reaktionsmöglichkeiten führe (z. B. *Blyth,* Austerity: The History of a Dangerous Idea, 2013). Die Mitgliedstaaten würden zu einem Verhalten gezwungen, das eine Krise noch verstärken könne. Zudem würden die Auswirkungen staatlicher Fiskalpolitik auf die anderen Staaten des Euroraums überschätzt.

33 Bislang ist unklar, inwieweit sich die „reformierten" Strukturen der wirtschaftlichen „governance" als **effektiv** erweisen. Die Erfahrungen der Vergangenheit müssen skep-

tisch stimmen. Schon beim Eintritt in die WWU hatte man die Regeln des SWP nicht durchgesetzt. Und in Zeiten, in denen er seine Wirkung entfalten sollte, kam es zu Umgehungs- und Aushebelungsversuchen (EuGHE 2004, I-6679, Rs. 27/04, „Kommission/Rat"; *Palm,* EuZW 2004, 71; *Häde,* EuR 2004, 750). Letztlich hängt es vom politischen Willen der MSen ab, ob sie sich der disziplinierenden Wirkung unterwerfen wollen. Gegen den Willen der Regierungen – vor allem eines großen MS – werden sich die Regeln nicht durchsetzen lassen. Man darf die Wirkung (politischen) Rechts in einem äußerst souveränitätssensiblen Bereich nicht überschätzen. Der zutiefst politischen Natur wirtschaftspolitischer Entscheidungen kann durch formalistische Regeln nur begrenzt begegnet werden. Es widerspricht Grundkategorien politischen Denkens, eine überstaatliche Steuerung der staatlichen Wirtschafts- und Haushaltspolitik durch „automatisierte Sanktionsmechanismen" vorzunehmen (vgl. auch *Blaurock,* JZ 2012, 226).

c) Auf dem Weg zu einer „Europäischen Wirtschaftsregierung"?

Auch die Neufassung des SWP ändert an der Grundstruktur der WWU nichts. Weiterhin besteht zwischen der vollintegrierten Währungsunion und der lose koordinierten Wirtschaftspolitik eine Asymmetrie (*Nettesheim,* in: Kadelbach (Hrsg.), Nach der Finanzkrise, 2012, 31). 34

Hier setzen europäische „Neo-Föderalisten" an, die die Krise zum Anlass nehmen wollen, den Schritt in die (wirtschaftspolitische) EU-Bundesstaatlichkeit durch Einsetzung einer Europäischen Wirtschaftsregierung zu beschreiten. Getragen wird dies teils von **Zentralisierungswünschen,** denen zufolge eine Verlagerung von Zuständigkeiten „nach oben" ein Allheilmittel ist. Teils stehen auch **verteilungspolitische Erwartungen** im Vordergrund: Man geht davon aus, dass sich Transfersysteme zwischen den MSen in einem supranationalen Entscheidungsrahmen leichter einführen lassen als in einem von Veto-Positionen gekennzeichneten intergovernementalen Rahmen. Den Versuch, eine Vision dieses Wegs zu beschreiben, hat im Jahr 2012 eine Gruppe um EuRatspräsident van Rompuy unternommen („Auf dem Weg zu einer echten Wirtschafts- und Währungsunion", Juni 2012). Dort wird – neben der Integration der Finanzmärkte – eine weitgehende Integration der mitgliedstaatlichen Haushalts- und Wirtschaftspolitiken gefordert. Eher versteckt ist von verteilungspolitischen Schritten die Rede. Keine befriedigende Antwort findet sich auf die Frage, wie sich ein derartig weitgehender Eingriff in die mitgliedstaatliche Autonomie legitimieren soll. Der Verweis auf das EP bleibt unbefriedigend. Mit dem Grundgesetz wäre die Realisierung dieser Pläne wohl unvereinbar (impliziert in BVerfGE 123, 267; *Nettesheim,* Wo endet das Grundgesetz? Der Staat 2012, 313). 35

Andernorts ist schon seit langem davon die Rede, dass eine **„Europäische Wirtschaftsregierung"** eingeführt werden soll (*Seidel,* FS Scheuing, 2011, 717). Allerdings besteht schon darüber, was mit dem Begriff gemeint ist, wenig Einigkeit. Die Befugnis einer solchen Institution könnte von einer weichen Koordinierung bis hin zu verpflichtender Steuerung der Haushaltspolitik reichen. Vielfach ist gerade bei den Proponenten dieses Vorschlags die Bereitschaft, sich harte Einschnitte verordnen zu lassen, gering. Gelegentlich schimmert der Wunsch durch, die „Wirtschaftsregierung" mit einer **Vergemeinschaftung der Schulden** zu betrauen („Fiskalunion" (Emission gemeinsamer Schuldtitel, Begebung von „Euro-Bonds")). Über derartige Schuldtitel würden schwache MSen an den guten Kreditbedingungen der wirtschaftsstarken MSen profitieren, zugleich allerdings deren Finanzierungskosten steigen und eine Gesamtschuld für die Verpflichtungen der MSen bewirkt werden; der fiskalische Eigenstand der MSen wäre damit beseitigt, ein Anreiz zur Haushaltsdisziplin nicht mehr gegeben. 36

3. Die „Rettungsmechanismen"

Literatur: *Häde,* Eurorettung zwischen Exekutivprimat und Parlamentsvorbehalt, 2012; *Degenhart,* Euro-Rettung und Verfassungsrecht, BayVBl. 2012, 517; *Kube,* Rechtsfragen einer völkerrechtlichen Eurorettung, WM 2012, 245; *Huber,* Das Verständnis des BVerfG vom Kompetenzgefüge zwischen der EU und den MSen, in: Möllers u. a. (Hrsg.), Europa als Rechtsgemeinschaft, 2013, 229; *Starbatty,* Tatort Euro, 2013; *Oppermann,* Euro-Rettung und europäisches Recht, NJW 2013, 6; *Raschauer,* Die Etappen der Euro-Rettung, JRPol 2013, 198.

37 In der Folge der Finanzkrise, die in den Jahren ab 2008 ausbrach, erwies sich die Situation einiger MSen als unhaltbar. Infolge einer verfehlten Fiskal-, Haushalts- und Wirtschaftspolitik rückten sie an den Rand der Insolvenz. Die Bereitschaft der Kreditgeber, Kapital an Staaten mit überhöhter Gesamtverschuldung und schwacher Wachstumsperspektive zu verleihen, ging rapide zurück; die Entwicklungs- und Liquiditätsperspektive dieser Staaten wurde neu – und negativ – eingeschätzt. Auch Staaten, in denen Immobilienmarktblasen geplatzt waren (Spanien, Irland), wurde Vertrauen entzogen (*Häde,* EuZW 2009, 399; *Herrmann,* EuZW 2010, 413; *Thym,* EuZW 2011, 167; *Nettesheim,* in: Kadelbach (Hrsg.), Nach der Finanzkrise, 2012, 31). Zu Unrecht wird dies von der Politik gelegentlich pauschal als „Spekulation gegen ein Land" bezeichnet.

38 In **Griechenland** eskalierte die Entwicklung im April 2010. Am 2. Mai 2010 einigte man sich auf ein Stabilisierungsprogramm im Umfang von insgesamt 110 Mrd. Euro (Beitrag aus der EU: 80 Mrd. Euro; IWF 30 Mrd. Euro). Es handelte sich um **„horizontale" Hilfszusagen** in Form koordinierter bilateraler Kredite. Die **Aufteilung der Last** erfolgte am Maßstab des relativen Gewichts, das den unterstützenden Staaten (ohne Griechenland) mit Blick auf die Kapitalanteile der EZB zukommt (D: 27,92%). Die Kommission, der IWF und Griechenland fixierten die Bedingungen, unter denen Kredithilfe gewährt werden kann, in einem „Memorandum of Understanding" (MoU). Schon bald wurde deutlich, dass die Erwartungen an die Wiedergenesung Griechenlands viel zu optimistisch formuliert waren. Im Oktober 2011 wurde durch die „Europäische Finanzstabilisierungsfazilität" (EFSF) ein zweites Hilfsprogramm aufgelegt, verbunden mit einem „freiwilligen" Schuldenschnitt im Umfang von ca. 107 Mrd. Euro. Auch damit konnte der Anstieg der Schuldenlast nicht gebremst werden. Im November 2012 entschloss man sich daher, Griechenland vergünstigte Finanzierungsbedingungen anzubieten, verbunden mit einem zusätzlichen Kredit, der für einen Schuldenrückkauf verwandt wurde. Viele Beobachter erwarten, dass ein weiterer Schuldenschnitt erforderlich sein wird.

39 Mit dem Ausbruch der Griechenland-Krise wurde deutlich, dass auch andere MSen in den Sog gerissen werden könnten. In einer aufsehenerregenden Aktion einigten sich die Staats- und Regierungschefs der Euro-Zone am 7.–9. Mai 2010 daher auf die Schaffung eines „Europäischen Finanzierungsmechanismus" („Euro-Rettungsschirm"), der aus insgesamt drei Teilelementen bestand und zunächst ein Gesamtvolumen von 750 Mrd. Euro umfasste (Europäische Finanzstabilisierungsfazilität (ESFS: 440 Mrd. Euro), Europäischer Finanzstabilisierungsmechanismus (EFSM: 60 Mrd. Euro); Hilfszusagen des IWF (250 Mrd. Euro)). Die Zweckgesellschaft **„Europäische Finanzmarkt Stabilisierungsfazilität"** (EFSF), eine private Gesellschaft luxemburgischen Rechts, wird von den Vertragspartnern zur Aufnahme von Mitteln auf dem Kapitalmarkt ermächtigt. Die Gesamtsumme der Garantien umfasst 440 Mrd. Euro. Die EFSF hat ein Rating, das es ihr ermöglicht, Anleihen zu Konditionen auszugeben, die die schwächeren Mitgliedstaaten der Euro-Zone nicht realisieren könnten. Sie war zunächst als vorübergehendes Instrument konzipiert; ihre Kreditaufnahme war daher bis 30.6.2013 begrenzt. Im Juni 2011 beschlossen die Finanzminister, die Mittel der EFSF auf 780 Mrd. Euro aufzustocken; Deutschland übernahm damit Garantien in Höhe von 211 Mrd. Euro. Im November 2010 nahm **Irland** die Hilfe des Mechanismus in Anspruch, im Mai 2011 dann **Portugal.** Das zweite Griechenlandpaket ist ebenfalls von der EFSF finanziert worden.

40 Im Jahr 2011 wurde deutlich, dass sich die Restabilisierung der Euro-Zone nicht bis 2013 würde realisieren lassen. Als „permanenter" Rettungsmechanismus wurde die Schaffung des **Europäischen Stabilitätsmechanismus** (ESM) beschlossen, einer Internationalen Organisation mit Sitz in Luxemburg. Der ESM nahm seine Arbeit am 8. Oktober 2012 auf. Seine Tätigkeit wird durch Art. 136 Abs. 3 n. F. AEUV abgesichert. Diese Vertragsbestimmung ist im vereinfachten Vertragsänderungsverfahren (Art. 48 EUV) eingefügt worden, um europa- und verfassungsrechtliche Zweifel an der Vereinbarung einer solchen Institution mit der Konstruktion der WWU nach „Maastricht" (insb. Art. 122, 125 AEUV) zu beseitigen. Sie ist zum

1.1.2013 in Kraft getreten. Das Finanzierungsvolumen des **ESM** beträgt gegenwärtig 700 Mrd. Euro. Es kann vertraglich erhöht werden. Der ESM verfügt über Barmittel in Höhe von 80 Mrd. Euro. Die Belastung von Deutschland umfasst – entsprechend der Beteiligung an der EZB – eine Einzahlung von 21,7 Mrd. Euro und Gewährleistungen in Höhe von 168,3 Mrd. Euro. Die Beschlüsse werden einstimmig gefasst; die Hilfen müssen unter Bedingungen und Auflagen (konditional) gewährt werden. Der ESM verfügt über ein Spektrum von Handlungsinstrumenten; auch eine direkte Stützung mitgliedstaatlicher Banken soll ihm möglich sein. Hilfe unter dem ESM kann ein MS nur dann beanspruchen, wenn er den Fiskalvertrag unterzeichnet hat. Die Tätigkeit des ESM wird in Deutschland eng vom Deutschen Bundestag begleitet (ESM-Finanzierungsgesetz vom 13. September 2012). Über die Möglichkeit, dass sich der ESM bei der EZB refinanziert, wird diskutiert; dieser Schritt wäre EU-rechtswidrig (*Kube,* WM 2013, 57).

Das **BVerfG** hat die Zustimmung zu Art. 136 Abs. 3 AEUV n. F., die Ratifizierung des ESM-Zustimmungsgesetzes und des begleitenden ESM-Finanzierungsgesetzes im einstweiligen Rechtsschutzverfahren nicht aufgehalten. Es hat dem Gesetzgeber das Recht zur Umgestaltung der Währungsunion eingeräumt, solange die Stabilitätserwartung des GG nicht verletzt wird und dem Bundestag ein hinreichendes Mitspracherecht eingeräumt ist (BVerfG, NJW 2012, 3145; hierzu *Wieland,* ZfStEuW 2012, 303; *von Kielmansegg,* EuR 2012, 654). 41

Auch der **EuGH** (Urt. v. 27.11.2012, Rs. C-370/12, „Pringle"; dazu *Nettesheim,* NJW 2013, 14) hatte gegen die Schaffung des ESM (als völkerrechtliche Einrichtung an der Seite der EU) keine Einwände: Er ordnete die Tätigkeit als wirtschaftspolitische Tätigkeit ein, die mit der ausschließlichen Kompetenz der EU im Währungsbereich nicht kollidiere. Ein Verstoß gegen Art. 125 AEUV konnte der EuGH nicht erkennen. Auch einer Absicherung durch Art. 136 Abs. 3 AEUV, der erst nach dem ESMV in Kraft trat, hätte es nicht bedurft (*Selmayr,* Die Euro-Rettung und das Unionsprimärrecht, ZöR 2013, 259; *Wienbracke,* ZEuS 2013, 1). Anders als das BVerfG erkennt der EuGH damit keinen Umbau der WWU. 42

4. Wege aus der Krise

Literatur: *Calliess/Schorkopf,* Finanzkrisen als Herausforderungen der internationalen, europäische und nationalen Rechtsetzung, VVDStRL 2012, 113/183; *Pernice u. a.,* Die Krise demokratisch überwinden, 2012; *Kadelbach* (Hrsg.), Nach der Finanzkrise. Rechtliche Rahmenbedingungen einer neuen Ordnung, 2012; *Nettesheim,* An den Grenzen der Legitimität, in: FS Graf Vitzthum, 2012, 177; *di Fabio,* Die Zukunft einer stabilen Wirtschafts- und Währungsunion, 2013.

Inzwischen ist deutlich geworden, dass die Schuldenkrise die Mitgliedstaaten zu einem „Umbau" der Währungsunion zwingt. Eine Rückkehr zum ursprünglichen Konzept des Maastricht-Vertrags ist ausgeschlossen. Man spricht davon, dass es um die Errichtung von „Maastricht 2.0" gehen müsse. Bislang ist der dabei zu beschreitende Weg allerdings nur in Ansätzen erkennbar. Die MSen haben sich zwar zur **vorübergehenden Unterstützung** von wirtschaftlich insolventen hilfsbedürftigen MSen bereit erklärt. Kein politischer Wille besteht bislang allerdings in wichtigen MSen, eine offene Ausweitung der Unterstützungs- bzw. Transferzahlungen vorzunehmen („Transferunion"). Man setzt vielmehr darauf, dass die wirtschaftliche Gesundung schwächerer Staaten so schnell voranschreitet, dass die Hilfsprogramme jedenfalls mittelfristig auslaufen können. Auch in der künftigen WWU wird danach am Prinzip des grundsätzlichen wirtschaftlichen Selbststands festgehalten. 43

Bislang sind über den EU-Haushalt (oben Rz. 8/1 ff.) nicht mehr als ca. 1% des BIP unionalen Verteilungsmechanismen unterworfen. In der Folge der Schuldenkrise wird eine Erhöhung dieser Masse unvermeidlich sein. Teilweise wird dies schon offen ausgesprochen, so etwa, wenn von der Einrichtung eines „Haushalts der Eurozone" gesprochen wird. Häufiger allerdings werden intransparente und in ihren Folgewirkungen nur schwer zu durchschauende Instrumente und Mechanismen propagiert. So würden Instrumente der gemeinschaftlichen Schuldenaufnahme (Euro-Bills und Euro-Bonds) nicht nur den Reformwil- 44 len verkümmern lassen („moral hazard"-Problem); sie ermöglichen auch verschwiegene und künftig kaum mehr steuerbare Verteilung. Es verwundert nicht, dass in Staaten, die auf den Selbststand der Glieder setzen (wie z. B. die USA), derartige Instrumente nicht existieren.

45 Die wohl schwierigste Herausforderung stellen die Altlasten dar, die die MSen in Zeiten fiskalpolitischen Überschwangs angehäuft haben. Nicht nur Griechenland leidet an einer Staats- oder Privatverschuldung, die in Zeiten längerfristig schwachen Wachstums, zurückgehender Bevölkerungen und neuer internationaler Konkurrenz schwerlich noch werden abgetragen werden können. Allen gegenteiligen Ankündigungen zum Trotz erwies sich ein **Schuldenschnitt** in Griechenland als unvermeidlich; und es kann keinesfalls ausgeschlossen werden, dass dies auch in anderen MSen erforderlich werden wird. Es wiegt in dieser Situation schwer, dass weiterhin kein geordnetes Verfahren zur Durchführung eines Staatsbankrotts besteht (*Greve,* EuZW 2011, 367). Als Alternativszenario wird die Einführung eines **Schuldentilgungsfonds** diskutiert, in den die MSen die über 60% liegende Verschuldung einbringen und über 25 oder 30 Jahre abzahlen würden (*Nettesheim,* FS E. Klein 2013, 603). Offenkundig wäre die Bereitschaft der MSen zur Einbringung ihrer Schulden groß; weniger gesichert wäre die Bereitschaft zum langfristigen Schuldendienst bei einmal abgewälzten Verpflichtungen.

46 Letztlich bewegt sich die Bewältigung der Schuldenkrise in einem Rahmen, in dem sich **normative Handlungsanleitungen und -prinzipien nur ansatzweise** erkennen lassen. Es verwundert daher nicht, dass politische und ethische Verantwortlichkeiten im Kreis der MSen sehr unterschiedlich verteilt werden. Nicht immer ist die Argumentation auch frei von Eigeninteressen. So richtig es ist, über „Solidarität" in der EU nachzudenken, so wenig darf dies mit der Erfüllung des Wunsches gleichgesetzt werden, die Folgen eigenen Verhaltens (staatliche oder private Kreditaufnahme, Fehlkalkulationen der Banken) auf andere abwälzen zu können. So berechtigt es ist, dass die hilfeleistenden Staaten auf die von ihnen inzwischen übernommenen Lasten verweisen, so notwendig ist es auch, darauf zu schauen, wem die Hilfeleistungen bislang vor allem zugute gekommen sind. Auch über die Verantwortlichkeiten bei der Entstehung der Krise lässt sich füglich streiten. Der Weg aus der Krise ist nicht normativ vorgezeichnet.

47 Schon gar nicht gibt es einfache Wege aus der Krise – auch wenn sie immer wieder suggeriert werden (*Hankel,* Euro-Bombe, 2013). Ein (zeitweiliger) Austritt einzelner Mitgliedstaaten ist für alle Seiten mit so hohen Kosten verbunden, dass er nicht ernsthaft befürwortet werden kann. Ungeordnete Staatsbankrotte haben Folgeeffekte, die niemand überblicken kann. Eine Aufspaltung der Eurozone wäre ihr Ende. Der mühsame Weg zu einem „Maastricht 2.0" muss vielmehr in einem **strategischen Verhandlungsszenario** gesucht werden, in dem Hilfeleistungen gegen Selbstdisziplinierung gewährt werden. Die Zugeständnisse der Geberstaaten – im Rahmen von Hilfsprogrammen, ggf. aber auch einmal in Form von direkten Transfers – stehen in einem Verhältnis des do-ut-des zur Bereitschaft der Empfängerstaaten, schwierige Reformen durchzuführen und sich von liebgewonnenen Eigenheiten politischer Kultur zu verabschieden. Bislang sind alle am Verhandlungstisch geblieben, trotz gelegentlicher Verärgerung. Nicht auszuschließen wäre allerdings, dass sich irgendwann einmal ein MS diesem Zwang nicht mehr wird aussetzen wollen. Das Auseinanderbrechen der Euro-Zone wäre unvermeidlich. Bislang beschreiten die MSen den mühsamen Weg aber erfolgreich; die Hoffnungszeichen, die am Horizont eine ökonomische Gesundung der Peripheriestaaten ankündigen, wecken die Hoffnung, dass man in geraumer Zeit zu einer neuen Stabilität kommen wird. Die Politik der EZB (unten Rz. 19/32) gibt den MSen die Zeit, die schwierigen Verhandlungen zu führen.

IV. Wirtschaftspolitik durch Kreditvergabe: Die Europäische Investitionsbank (EIB)

Literatur: *Schmidt,* Die Europäische Investitionsbank im Gefüge der Gemeinschaft, Die Bank 1981, 330; *Lewenhak,* The Role of the European Investment Bank, 1982; *Bermejo,* La banque européenne d'investissement: une banque de développement, RIDE 1987, 97; *Tabary,* La Banque européenne d'investissement, 1989; *Shihata,* The European Bank für Reconstruction and Development, 1990; *Bröder,* Die Europäische Investitionsbank, 1991; *Dunnett,* The European Bank for Reconstruction and Development, CMLRev 1991, 571; *Gilibert/Greppi* u. a., La Banca Europea per gli Investimenti, 1991; *Saunier/Touscouz,* La Banque Européenne pour la Réconstruction et le Développement, RMC 1991, 22; *Le Portz,* La Banque

Européenne d'Investissement et l'intégration européenne, FS Werner, 1993, 105; *EIB* (Hrsg.), 40 Jahre im Dienste der Europäischen Integration, 1998; *EIB* (Hrsg.), Die Finanzinstitution der EU, 2000; *Hellmann*, Keine Sonderbank für das Mittelmeer, EU-Magazin 3/2002, 23; *Robinson*, The European Investment Bank – The EÚs Neglected Institution, JCMSen 2009, 651.

Internet-Adresse: http://www.eib.org/

1. Gründung und Entwicklung der Europäischen Investitionsbank

Die **Bedeutung der Kreditvergabe als Mittel der Wirtschaftspolitik** stand den Gründungsmitgliedern der EWG vor Augen. Man beschloss daher, mit der EWG auch eine Europäische Investitionsbank (EIB) zu gründen (heute Art. 308f. AEUV). Seit 1958 steht diese Bank als finanzielle Sondereinrichtung neben den Organen. Ihre seit der Gründungszeit allmählich erweiterte Aufgabe ist es, mit eigenen und **Kapitalmarktmitteln** „zu einer ausgewogenen und reibungslosen Entwicklung des Gemeinsamen Marktes im Interesse der Gemeinschaft beizutragen" (Art. 267 EGV). Die EIB ist nach der Weltbank die zweitgrößte öffentliche Kreditinstitution. Die Bank kann Anleihen begeben, die die EU aufgrund ihrer Haushaltsbestimmungen selbst nicht begeben könnte. Sie ist auch außerhalb der EU tätig. Eigentliche Rechtsgrundlage für ihre Tätigkeit ist das Protokoll über die Satzung der EIB vom 25.3.1957 (BGBl. II, 964, Änderungen), das Bestandteil des Vertrages ist. 2000 kam es zur Gründung der EIB-Gruppe. Sie besteht aus der EIB und dem Europäischen Investitionsfonds (EIF), der besonders kleine und mittlere Unternehmen (KMU) fördert. Eine von Italien und Spanien geforderte EU-Mittelmeerbank wurde nicht errichtet. Sitz der EIB ist heute Luxemburg. Sie hat 24 Außenstellen, davon 8 außerhalb Europas. Sie beschäftigt ca. 2000 Mitarbeiter. 48

2. Status der Europäischen Investitionsbank

Als eine mit besonderen Aufgaben betraute Bank ist die EIB **mit eigener Rechtspersönlichkeit** ausgestattet (Art. 308 AEUV). Die EIB ist kein Organ der EU (vgl. Art. 13 EUV; EuGHE 2003, I-7281, Rs. C-15/00, „KOM/EIB"); ihre Entscheidungsorgane und die Verwaltung sind von den allgemeinen Unionsinstitutionen getrennt. Sie genießt institutionelle Autonomie. Man wird sie vielmehr als **Glied** ansehen müssen, das in den Verband der EU eingeordnet ist. Aufgrund dessen ist die EIB in vielen Zusammenhängen, z. B. bei Rechtsstreitigkeiten mit ihren Bediensteten, als eine „vom Vertrag vorgesehene und mit Rechtspersönlichkeit ausgestattete Einrichtung" den vertraglichen Institutionen **gleichgestellt** (EuGHE 1976, 955, Rs. 110/75, „John Mills/EIB"). Ihre Autonomie reicht nur so weit, wie dies für die Aufgabenbewältigung erforderlich ist. Satzungsänderungen sind inzwischen per besonderem Gesetzgebungsverfahren möglich; dadurch wird die Satzung in den Rang von Sekundärrecht überführt. 49

Die **interne Rechtsfähigkeit der EIB** in den Mitgliedstaaten ist in der Satzung ausdrücklich klargestellt (Art. 26 Satzung). Darüber hinaus ist es der EIB im Rahmen ihrer Tätigkeit gelungen, die in Art. 308 Abs. 1 AEUV mitschwingende **externe Völkerrechtssubjektivität gegenüber Drittstaaten** zur Geltung zu bringen (u. a. völkerrechtliche Anerkennung der EIB durch die Schweiz im Art. 1 der Vereinbarung v. 24.3.1972 zwischen der Schweiz und der EIB über deren rechtliche Stellung in der Schweiz). Art. 22 des Protokolls über die Vorrechte und Befreiungen der EG v. 8.4.1965 erstreckt dessen Geltung auf die EIB und ihr Personal. Im Falle rechtswidrigen Handelns haftet die EIB nach Art. 340 AEUV. Der Rechnungshof prüft nur eingeschränkt (Art. 287 Abs. 3 AEUV); das Amt für Betrugsbekämpfung (OLAF) ist demgegenüber umfassend zuständig (zum EuGH: Art. 271 AEUV). 50

51 **Mitglieder** der Bank sind die 28 MSen der EU. Ein (isolierter) Austritt ist nicht möglich. Leitendes Organ der EIB ist der **Rat der Gouverneure,** der aus den (Finanz-)Ministern der Mitgliedstaaten besteht (Art. 6–8 Satzung EIB). Der Rat trifft die für die Bank **grundlegenden Entscheidungen** in sachlicher und personeller Hinsicht. So erlässt er die allgemeinen Richtlinien für die Kreditpolitik der Bank und entscheidet über Kapitalerhöhungen. Ferner ernennt er die Mitglieder der übrigen Bankorgane (Verwaltungsrat, Direktorium, Prüfungsausschuss). Der Rat entscheidet teils mit Mehrheit, teils mit einer spezifischen qualifizierten Mehrheit (Art. 8 der Satzung). Den die EIB besonders tragenden Mitgliedstaaten ist so ein angemessener Einfluss gesichert.

52 Der **Verwaltungsrat** umfasst nach Art. 9 der Satzung 29 ordentliche und 19 stellvertretende Mitglieder. Jeder MS stellt ein ordentliches Mitglied. Bei den stellvertretenden Mitgliedern wird zugunsten der größeren MSen gewichtet. Es handelt sich meist um hohe Beamte der nationalen Finanz- und Wirtschaftsministerien. Der Verwaltungsrat fällt die **wesentlichen finanziellen Einzelentscheidungen** im Rahmen der Bank (Gewährung von Darlehen und Bürgschaften, Aufnahme von Anleihen und die Festsetzung der Zinssätze der Bank). Er entscheidet grundsätzlich mit einer Mehrheit von 1/3 der Stimmen, die 50% des gezeichneten Kapitals umfassen müssen (Art. 10 der Satzung). Hierdurch wird ein angemessener Einfluss von D, F, I und UK hergestellt, die zusammen ca. 65% des Kapitals der EIB halten (Art. 4 Satzung).

53 Das sachlich unabhängige **Direktorium** der EIB nimmt gemäß Art. 11 der Satzung die laufenden Geschäfte der Bank unter der Kontrolle des Verwaltungsrates wahr. Es besteht aus dem **Präsidenten der EIB** und acht Vizepräsidenten, die vom Rat der Gouverneure auf Vorschlag des Verwaltungsrates für sechs Jahre bestellt werden. Die laufenden Geschäfte umfassen insbesondere die Ausarbeitung von Empfehlungen für die Entscheidungen des Verwaltungsrates und die anschließende Durchführung dieser Entscheidungen. Beim Direktorium als „Triebfeder" der EIB konzentriert sich die eigentliche Banktätigkeit.

54 Die EIB verfügt nach Art. 4 Satzung über ein **von den Mitgliedstaaten gezeichnetes Kapital** von inzwischen ca. 242 Mrd. Euro. Erhöhungen erfolgen in Abständen. Den größten Teil ihrer Mittel (satzungsmäßige Obergrenze der EIB-Darlehen: das 2,5-fache des gezeichneten Kapitals) beschafft sich die EIB über **Anleihen auf den Kapitalmärkten.** Dies ist möglich, da die EIB nach strikten Bankgrundsätzen geführt wird und ein erstklassiges Kreditrating (sog. „AAA-Standing") genießt. Die EIB erbringt damit ein jährliches Finanzierungsvolumen von gegenwärtig mehr als 50 Mrd. Euro.

3. Aufgaben der EIB

55 Nach Art. 309 AEUV fördert die EIB im Rahmen ihrer Grundaufgabe der **Entwicklung zurückgebliebener Gebiete** innerhalb der EU Erschließungsvorhaben, Umstellungs- und Modernisierungsprojekte oder auch größere Unionsvorhaben mehrerer Mitgliedstaaten. Ferner hilft die EIB bei der Finanzierung von Investitionsprogrammen der Strukturfonds der Union.

56 Im Vordergrund steht die **Förderung der Regionalentwicklung wirtschaftsschwacher EU-Gebiete.** Weiter fallen die Förderung kleiner und mittlerer Unternehmen, die Entwicklung fortgeschrittener Technologien, der Ausbau von Infrastrukturanlagen wie der transeuropäischen Netze (unten Rz. 26/33) und Umweltschutzvorhaben in den Tätigkeitsbereich der EIB.

Bei vielen Projekten arbeitet die EIB mit anderen Finanzeinrichtungen der EU wie den EU-Strukturfonds und den Finanzeinrichtungen der EAG zusammen. 1994 wurde der **Europäische Investment Fonds** (EIF) als eine „Public-Private Partnership" von EIB, EU und Finanzeinrichtungen der MSen gegründet (Art. 28 Satzung). Der EIF soll Privatkapital für Projekte der Transeuropäischen Netze gewinnen und kleinen und mittleren Unternehmen (KMUs) günstige Investitionsmittel erschließen. 57

Seit 1963 beteiligt sich die Bank an **Projekten außerhalb des EU-Raumes** in Mittelmeerländern, in den überseeischen Ländern und Gebieten sowie in den überseeischen Staaten Afrikas, der Karibik und des Pazifiks („AKP-Staaten"), die der EU nach Maßgabe verschiedener Assoziations- und Kooperationsabkommen verbunden sind. Auch in Asien und Lateinamerika ist die EIB auf Grund von Abkommen tätig. Die Bank spielt eine bedeutende Rolle in der Entwicklungspolitik der EU. 58

V. Sektorielle Wirtschaftspolitiken der EU: Das Beispiel der Regional- und Strukturpolitik

Literatur: *Holzwart,* Der rechtliche Rahmen für die Verwaltung und Finanzierung der gemeinschaftlichen Strukturfonds am Beispiel des EFRE, 2003; *Koenig/Scholz,* Regionalförderung, Public-Private-Partnership und die Nichterfüllung von Förderkonditionen, DÖB 2003, 756; *Leonardi,* Cohesion Policy in the European Union: The Building of Europe, 2006; *Faludi,* Territorial Cohesion and the European Model of Society, 2007; *Molle,* European Cohesion Policy, 2007; *Kersten,* Der territoriale Zusammenhalt der Europäischen Union, FS Krautzberger, 2008, 93; *Zuleger,* EG-Strukturfondspolitik und EG-Beihilferecht, EuZW 2008, 369; *Schäfer,* Wirtschaftlicher und sozialer Zusammenhalt in Europa, 2010; *Adams* (Hrsg.), Territorial Development, Cohesion and Spatial Planning, 2011; *Stahl,* die Rolle der Kohäsionspolitik in der WWU, in: Jb. Föderalismus 2011, 436; *Freise,* Abschied von der Gießkanne? Europäische Kohäsionspolitik nach Lissabon, Integration 2013, 34.

Die in Art. 119 AEUV formulierten „Tätigkeiten" dienen der **globalen** Beeinflussung der Wirtschaftspolitik. **Währungs- und Wettbewerbspolitik** gehören in denselben Zusammenhang. Darüber hinaus wirken die **sektoralen Politiken** auf die allgemeine Wirtschaftspolitik ein (z. B. Handels-, Landwirtschafts-, Verkehrs-, Sozial-, Umweltpolitik). Die Industriepolitik (Art. 173 AEUV) hat bisher kaum Profil gewonnen. Demgegenüber ist seit den achtziger Jahren die **Regional(Struktur)politik** besonders ausgebaut worden. Sie soll hier näher betrachtet werden. 59

1. Entwicklung

Das Ziel der EU-Regional- und Strukturpolitik liegt in der **gezielten Förderung der Wirtschaft in zurückgebliebenen Regionen der Union.** Im Rahmen der sog. „Kohäsionspolitik" wird unter Abwendung von der Idee einer marktwirtschaftlich inspirierten Wirtschaftspolitik interventionistische und umverteilende Politik betrieben. Die EU kann sich dabei auf den Vertrag stützen: Dieser sieht es als Aufgabe der EU an, zur Verringerung des Abstandes zwischen einzelnen Gebieten und des Rückstandes weniger begünstigter Gebiete beizutragen (Art. 3 Abs. 3 EUV, Präambel des AEUV). Es ist Ausdruck der mitgliedstaatlichen Solidarität und ein wesentlicher Teilaspekt der Integration, dass sich die EU um eine Verringerung der wirtschaftlichen, sozialen und territorialen Disparitäten bemüht, die sich insbesondere in den Mitgliedstaaten und Regionen mit Entwicklungsrückstand ergeben. Unterstützung verdienen auch Regionen, die einen Prozess der wirtschaftlichen und sozialen Umstrukturierung durchlaufen. Zu den relativ neuen Aspekten der Kohäsionspolitik gehört die Bewältigung der 60

Alterung der Bevölkerung. Der Vertrag formuliert in Art. 174 Abs. 1 das „Kohäsionsziel"; in Abs. 2 wird das „Konvergenzziel" als wichtiges Teilziel benannt.

61 Die Anfänge einer EG-Strukturpolitik reichen in die sechziger Jahre zurück. Zunächst war Italien die treibende Kraft. Großbritannien und Irland erreichten bei ihrem Beitritt 1973 den eigentlichen Durchbruch (Schaffung des **Europäischen Regionalfonds 1975**). In den achtziger Jahren waren zunächst die „Kohäsionsländer" Griechenland, Irland, Portugal und Spanien, seit 1990 auch Ostdeutschland und seit 2004 die acht mittelosteuropäischen Beitrittsstaaten die Hauptnutznießer der Strukturpolitik. In der EEA 1986 und im EUV 1992 wurde das **Prinzip des wirtschaftlichen und sozialen Zusammenhalts (Kohäsion)** in das Primärrecht aufgenommen. Die **Reform der Strukturfonds 1988/93** stellte das finanzielle Instrumentarium der Regional- und Strukturpolitik auf eine feste Rechtsgrundlage. Die Strukturpolitik wird in siebenjährigen Perioden geplant (2000–2006, 2007–2013, 2014–2020). Die Kommission hat 2008 ein Grünbuch (KOM(2008)616 endg.) zur Fortentwicklung der Instrumente veröffentlicht. Nach der Einigung auf den Finanzrahmen 2014–2020 erfolgt zur Zeit die konkrete Umsetzung.

62 Vertragliches Ziel der Kohäsionspolitik ist die Förderung einer **harmonischen Entwicklung der Union als Ganzes (Art. 174 AEUV).** Sie wird durch eine Politik zur Stärkung ihres **wirtschaftlichen und sozialen Zusammenhalts** entwickelt; die Vertragsbestimmung hat programmatische Natur (EuGHE 1999, I-8425, Rs. C-149/96, „Port./Rat"). In der Kohäsionspolitik stand lange Zeit das Ziel im Vordergrund, die **sozialen und wirtschaftlichen Unterschiede innerhalb der EU** zu verringern; inzwischen ist das Ziel des **territorialen Zusammenhalts** hinzugetreten. Besondere Aufmerksamkeit galt dem Rückstand der am stärksten benachteiligten Gebiete oder Inseln, wozu auch Gebiete in äußerster Randlage gehören (z. B. die Azoren). Nur zu häufig blieben die Maßnahmen, die im Rahmen der Politik gefördert wurden, wirkungslos; es kam zu Mitnahmeeffekten, Verschwendung und Missbrauch. Man entschloss sich daher zu einer Neuorientierung, die eine stärkere Ausrichtung der Förderung auf Wissen, Forschung, Innovation und Humankapital bezweckt.

3. Ziele und Instrumente

63 Die Strukturpolitik der Europäischen Union verwirklicht sich durch finanzielle Unterstützung, die in einem wenig kohärenten und unübersichtlichen Nebeneinander von „Fonds" gewährt wird. Die Grundlage bietet die VO 1311/13 zur Festlegung des mehrjährigen Finanzrahmens für die Jahre 2014–2020 (ABl. 2013 L 346/884). Einen gemeinsamen Rahmen bietet die VO 1303/2013, in der sich allgemeine strukturelle und administrative Vorgaben für die Fonds finden. Im Zentrum der Politik stehen der **Europäische Fonds für regionale Entwicklung** (VO 1301/13), der **Europäische Sozialfonds** (VO 1304/13) und der **Kohäsionsfonds** (VO 1300/13), deren Ziele sich teilweise überschneiden. Darüber hinaus gibt es eine Reihe von weiteren Förderinstrumenten, so etwa die Agrarfonds (Europäischer Garantiefonds für die Landwirtschaft, Europäischer Landwirtschaftsfonds für die Entwicklung des ländlichen Raums sowie Fischereifonds und diverse Politiken der EIB (oben Rz. 18/48)). In der Praxis der EU ist diese Politik (einschließlich ihres agrarischen Teiles) zur finanziell aufwendigsten Aktion geworden. Die Fonds haben keine Rechtspersönlichkeit; sie sind unselbständige Einheiten der EU und im Haushaltsplan aufgeführt.

64 Die allgemeinen Bestimmungen über den Europäischen Fonds für regionale Entwicklung (EFRE), den Europäischen Sozialfonds (ESF; Art. 162 AEUV), den Kohäsionsfonds und den Europäischen Meeres- und Fischereifonds sind für die Förderperiode 2014–2020 neu festgelegt worden. Ziel der Verordnung ist es, den verschiedenen

Fonds einen gemeinsamen strategischen Rahmen zu geben und sie den Zielen von „Europa 2020" (KOM(2010) 2020 endgültig) anzupassen. Darüber hinaus sind im Bereich der Programmerstellung und -verwaltung Schritte zur Effektivierung und verwaltungsmäßigen Vereinfachung vorgenommen worden. Änderungen sind seit dem Vertrag von Lissabon im ordentlichen Gesetzgebungsverfahren möglich.

Der Rat hatte in strategischen Leitlinien (ABl. 2006 L 291/11) festgelegt, welche Ziel- 65
setzungen die Mitgliedstaaten und deren Regionen bei der Formulierung der Rahmenpläne verfolgen müssen, bei deren Verwirklichung sie eine Kofinanzierung im Rahmen der Kohäsionspolitik beanspruchen. Eine Anpassung für die Periode 2014–2020 ist noch nicht erfolgt. Es ging um

„die Erhöhung der Attraktivität von Mitgliedstaaten, Regionen und Städten durch Verbesserung der Zugänglichkeit, Sicherstellung einer angemessenen Qualität und eines entsprechenden Niveaus der Dienstleistungen und Erhaltung des ökologischen Potenzials;

die Ermutigung von Innovationen, Unternehmertum und Wachstum der wissensbasierten Wirtschaft durch Forschungs- und Innovationskapazitäten, einschließlich von Informations- und Kommunikationstechnologien, und

die Schaffung von mehr und besseren Arbeitsplätzen, indem mehr Menschen in ein Beschäftigungsverhältnis oder eine unternehmerische Tätigkeit geführt, die Anpassungsfähigkeit der Arbeitskräfte und der Unternehmen verbessert und die Investitionen in das Humankapital gesteigert werden." (Anhang 1 der Leitlinien).

Die generellen Investitionsprioritäten der ESI-Fonds ergeben sich aus Art. 9 der VO 66
1303/2013. Innerhalb dieses Rahmens bestimmen die Verordnungen der einzelnen Fonds die thematische Schwerpunktsetzung der jeweiligen Institution (jeweils Art. 4 der VO 1301/2013 zum EFRE, ABl. L 347/289; der VO 1304/2013, ABl. L 347/470 und der VO 1300/2013, ABl. L 347/281).

Die finanzielle Förderung durch die Strukturfonds beruht auf den Grundsätzen der 67
„Komplementarität und Partnerschaft". Die Fonds ergänzen staatliche Maßnahmen und integrieren so in diese Maßnahmen die Prioritäten der Union. Die Mittelverteilung auf die einzelnen Investitionsprioritäten erfolgt je nach Fonds unterschiedlich und ist in der jeweiligen Verordnung geregelt.

Die Durchführung der Mittelvergabe erfolgt im Rahmen einer zwischen der Kommis- 68
sion und den Mitgliedstaaten „geteilten Mittelverwaltung" (Art. 59 VO über die Haushaltsordnung für den Gesamthaushaltsplan der Union, ABl. 2012 L 298/1). Kommission und Mitgliedstaaten wirken insofern Seite an Seite (*Nettesheim,* EurUP 2014, Heft 1). Um eine ordnungsgemäße Mittelvergabe sicherzustellen und Missbräuche zu verhindern, ist Voraussetzung nicht nur die Existenz funktionierender Verwaltungsstrukturen in den MSen, sondern auch eine funktionierende Aufsicht. Der Betrug zu Lasten des EU-Haushalts ist strafbar (§ 264 StGB) (Art. 325 AEUV; vgl. Bericht der Kommission über die Betrugsbekämpfung, KOM(2013) 548 final).

4. Förderumfang

Die Kohäsionspolitik der EU sah für den Zeitraum 2007–2013 eine Mittelausgabe in 69
Höhe von insgesamt 347 Mrd. EUR (zu jeweiligen Preisen) vor. Man geht davon aus, dass es in den Mitgliedstaaten zu einer Kofinanzierung in Höhe von ca. 160 Mrd. EUR kam. Jährlich wurden auf diese Weise ca. 70 Mrd. EUR für Zwecke der Kohäsion ausge-

geben. Dies ist nicht wenig. Ein Vergleich mit den Haushalten der Mitgliedstaaten zeigt allerdings, dass selbst Beträge dieser Größenordnung in einer EU der 28 Mitgliedstaaten nicht mehr als punktuelle Eingriffe bewirken können. Für den Zeitraum 2014–2020 ist eine Mittelausgabe in Höhe von 325 Mrd. EUR (zu den Preisen von 2011) vorgesehen.

VI. Ausblick

70 Es ist ein Ausdruck des inzwischen erreichten Grades europäischer Integration, dass sich Maßnahmen allgemeiner und sektorieller Wirtschaftspolitik inzwischen über alle Bereiche des wirtschaftlichen Geschehens in den Mitgliedstaaten erstrecken. Es ist ein Ausdruck der „Politisierung" der EU, dass sich ein klares wirtschaftsverfassungsrechtliches Profil heute weniger denn je erkennen lässt. Während es einem Zweckverband mit vertraglich festgelegtem Integrationsauftrag möglich sein kann, eine eindeutige – etwa liberale – ordnungspolitische Handschrift aufzuweisen, muss sich ein politischer Integrationsverband der Vielfalt **konkurrierender Ordnungsvorstellungen und wirtschaftlichen Interessen** stellen, sie aufnehmen und zu Kompromissen umformen. Die Fragmentiertheit der wirtschaftsverfassungsrechtlichen Strukturen ist insofern unvermeidlich.

71 Aufmerksam zu verfolgen ist allerdings, wie sich die weitere Politik der EU entwickelt. Es erscheint nicht ganz ausgeschlossen, dass sich unter dem Druck von Empfängerinteressen und auf dem Hintergrund eines institutionellen Eigeninteresses der EU-Institutionen **eine Politik der Intervention** durchsetzt, durch welche die herausragenden Errungenschaften der Liberalisierung im Binnenmarkt verspielt werden. Die Entscheidungsstrukturen der EU machen es allerdings Spezialinteressen leichter als im staatlichen Kontext, ihre Wünsche durchzusetzen. Nicht jeder EU-Amtsträger scheint vor der Versuchung gefeit zu sein, durch „soziale" Umverteilungsmaßnahmen Popularität und Zustimmung zu erkaufen und so Zustimmung für die Integration zu erwerben. In den Organen der EU finden sich allerdings genügend Beamte, die sich der Freiheits- und Wohlstandseffekte eines liberalen Umfeldes bewusst sind. Es besteht Anlass zur kritischen Aufmerksamkeit, ob sich nicht das bisherige Verhältnis von Markt und Intervention in der Zukunft verschiebt.

§ 19. Währungsunion

Literatur: *Selmayr,* Die Wirtschafts- und Währungsunion als Rechtsgemeinschaft, AöR 1999, 357; *Zilioli/Selmayr,* The Law of the ECB, 2001; *Dyson* (Hrsg.), European States and the Euro, 2002; *Gaitanides,* Das Recht der EZB, 2005; *Tietmeyer,* Herausforderung Euro, 2005; *Tomann,* Montetary Integration in Europe, 2007; *Townsend,* The Euro and Economic and Monetary Union: An Historical, Institutional and Economic Description, 2007; *Starbatty,* Ist die Europäische Währungsunion eine einzige Erfolgsgeschichte?, in: Mestmäcker/Möschel/Nettesheim (Hrsg.), Verfassung und Politik im Prozess der europäischen Integration, 2008, 233; *Häde,* Haushaltsdisziplin und Solidarität im Zeichen der Finanzkrise, EuZW 2009, 399; *Herrmann,* Griechische Tragödie, EuZW 2010, 413; *Häde,* Die Europäische Währungsunion in der internationalen Finanzkrise, EuR 2010, 854; *Everling,* Wirtschaftspolitik und Finanzhilfe in der Währungsunion der EU, FS Scheuing, 2011, 526; *Horn,* Die Reform der Europäischen Währungsunion und die Zukunft des Euro, NJW 2011, 1398; *Oppermann,* Euro-Stabilisierung durch EU-Notrecht, FS Möschel, 2011, 909; *Seester,* Die Rolle der EZB in der europäischen Staatsschuldenkrise, EWS 2012, 80; *Siekmann* (Hrsg.) Kommentar zur Europäischen Währungsunion, 2013.

Internet-Adressen: http://europa.eu/legislation_summaries/economic_and_monetary_affairs/institutional_and_economic_framework/index_de.htm
http://www.ecb.eu

I. Chancen und Risiken einer Währungsunion

Es war ohne Zweifel ein Quantensprung im Prozess der europäischen Einigung, als die Europäische Währungsunion am 1.1.1999 in Kraft trat und am 1.1.2002 mit der Ausgabe der Banknoten und Münzen in EURO-Denomination abgeschlossen wurde. Bis vor nicht allzu langer Zeit gingen viele Beobachter davon aus, dass sich die Einführung einer gemeinsamen Währung notwendig mit dem Prozess der Staatswerdung Europas verbinde – so sehr war die Vorstellung von Staatlichkeit mit der Existenz der Währungshoheit verknüpft. In einem **kühnen Schritt** entschlossen sich die Vertragsgeber von Maastricht gleichwohl zu einer Vertragsänderung, der die EU-Mitgliedstaaten in einer zuvor nie gekannten Weise miteinander verband. Im Vertrag von Maastricht war es zunächst nur ein Programm, das auf die Einführung des EURO abzielte. Am 3.5.1998 hat der Rat (in der Zusammensetzung der Staats- und Regierungschefs) dann elf Mitgliedstaaten (A, Benelux, D, F, I, IRL, P, SF, SP) als Mitglieder der Europäischen Währungsunion (EWU) zugelassen. 2001 trat Griechenland als 12. Mitglied hinzu. Später wurde der Kreis der Euroländer um Slowenien (Einführung des EURO am 1. Januar 2007), Malta und Zypern (2008), die Slowakei (2009), Estland (2011) und Lettland (2014) auf nunmehr **18 Mitglieder** erweitert. 1

Der **Geltungsbereich der Währungsunion („Eurozone“)** umfasst damit inzwischen mehr als 320 der über 500 Millionen Unionsbürger. Die Europäische Währungsunion (EWU) umfasst eine Staatengruppe, die mehr als ¾ des Bruttoinlandsprodukts (BIP) der EU-28 ausmacht. In der EWU treten vier große Länder hervor (Deutschland, Frankreich, Italien und Spanien); sie erwirtschaften ca. 80% des BIP der EWU. Die Eurozone ist neben dem Dollarraum eines der beiden wirtschaftsstärksten Währungsgebiete der Erde. Der EURO hat sich – neben dem aufkommenden Yuan – inzwischen zu einer der wichtigsten Währungen der Welt entwickelt. 2

Kaum einer der anderen Schritte, mit denen die EU den Versuch der (Selbst-)Vergegenwärtigung im Bewusstsein ihrer Bürger unternahm, hat ähnlich **weitreichende und zugleich schwerwiegende Folgen.** Für die Unionsbürger und die in der EU wirtschaftenden Unternehmen bringt der EURO unzählige Vorteile mit sich. Aus unternehmerischer Sicht verspricht man sich von einem gemeinsamen Währungsraum vielfältige positive Aspekte für die Nachfrageentwicklung und den Außenhandel. Die Kosten für den Umtausch von Währungen entfallen (Reduzierung der Transaktionskosten). Die Aktivitäten sind mangels Wechselkursschwankungen weniger risikobehaftet (Risikoreduktion). Die Preistransparenz steigt; dies fördert den Wettbewerb und steigert den effizienten Einsatz von Ressourcen (Effizienzsteigerung). Zugleich gehen den MSen der Euro-Zone wirtschaftspolitische Handlungsspielräume verloren. Die Abwertung einer (nationalen) Währung ist ihnen nicht mehr möglich, um einen Verlust an internationaler Wettbewerbsfähigkeit aufzufangen; der Wettbewerbsdruck wirkt sich in einer Währungsunion mit großer Fühlbarkeit aus. 3

Dem AEUV liegt eine **asymmetrische Architektur** zugrunde, in der die Vergemeinschaftung der Währungspolitik mit weitgehenden mitgliedstaatlichen Handlungsspielräumen wirtschaftspolitischer Art (Rz 18/1 ff.) verbunden ist. Hierin wurde schon früh ein Risiko gesehen. In der Finanz- und Wirtschaftskrise ab 2008 hat sich dieses Risiko realisiert. In der ersten Dekade des 21. Jhd. entwickelten sich die Volkswirtschaften der Euro-Zone deutlich auseinander. Hinreichend effektive wirtschaftspoliti- 4 sche Steuerungsinstrumente und Transfersysteme, die dies hätten auffangen können, gab es nicht. Ebenso wenig verfügten die MSen der EWU noch über monetäre Anpassungsmechanismen, die in einem rein staatlichen Kontext Umstellungsprozesse erleichtern und abfedern können. In einer Währungsunion wird die Autonomie der Zinspolitik aufgegeben; es ist die EZB, die die Leitzinsen für das gesamte Währungsgebiet ohne Möglichkeit der individuellen Rücksichtnahme auf die realwirtschaftlichen Entwicklungen in den einzelnen MSen festlegt. Zudem können Wechselkursanpassungen keinen Ausgleich mehr zwischen unterschiedlichen wirtschaftlichen Entwicklungen im Kreis der EWU-Staaten bewirken. Sog. „asymmetrische Schocks", die in einer Währungsunion nur einzelne der beteiligten Staaten treffen, können in eine Währungsunion erhebliche Spannungen tragen. Ergeben sich in der realwirtschaftlichen Entwicklung, nicht zuletzt der Arbeitsproduktivität, zu große Unterschiede, so verlieren „schwache" Mitgliedstaaten ihre Wettbewerbsfähigkeit, ohne dies (wie früher) durch eine Abwertung ihrer Währung ausgleichen zu können. Dies kann zu einer schwerwiegenden Gefährdung der Wirtschaft eines Landes führen und letztlich dessen Mitgliedschaft in der EWU in Frage stellen.

5 Die **Theorie des „optimalen Währungsraums"** stellt Kriterien zur Verfügung, mit denen beurteilt werden kann, inwieweit sich die damit verbundenen Kosten für ein Land gleichwohl lohnen. Man geht davon aus, dass sich die durch derartige „Schocks" bewirkten Spannungen umso eher ausgleichen lassen, je größer die Preis- und Lohnflexibilität in den einzelnen Mitgliedstaaten und je größer die Faktormobilität (insbesondere der Arbeitskräfte) ist. Diese Form der Flexibilität ermöglicht die wirtschaftliche Anpassung an eine neue Lage, in dem sie zu Preisanpassungen führt und Wanderungen bewirkt. Die Bewältigung derartiger „Schocks" wird ferner durch eine Diversifikation der Produktion eines Staats erleichtert, zudem von wirtschaftlicher Offenheit und starker Präsenz auf Auslandsmärkten. Diese Gegebenheiten federn die Wirkung von Spannungen ab. Nationalökonomen verweisen zudem regelmäßig darauf, dass es für das Gelingen einer Währungsunion auch auf den Grad des politischen Willens ankomme, die Kosten der durch den Verlust von Anpassungsmechanismen entstandenen Lage zu tragen. Ein System von Transferzahlungen zum Ausgleich der Lasten könne in diesem Fall helfen.

6 Die Entwicklung seit 2010 hat schmerzlich vor Augen geführt, dass diese Zusammenhänge in den Jahren nach 1998 nicht hinreichend beachtet wurden. Vielerorts nutzte man das günstige – und EU-weit einheitlich niedrige – Zinsniveau, das sich nach der Gründung der EWU einstellte, um den Konsum zu steigern. Lohnerhöhungen schwächten die Wettbewerbsfähigkeit. Auch fiskalpolitisch war nicht in allen MSen der politische Wille vorhanden, die funktionalen Notwendigkeiten zu respektieren, die sich aus einer Währungsunion ergeben. Den Herausforderungen eines hohen Wettbewerbsdrucks, die der Binnenmarkt und die EWU für relativ wettbewerbsschwache Volkswirtschaften begründen, stellte man sich nicht. Zugleich wiesen die vertraglichen Regelungen, mit denen eine stabilitätsorientierte Wirtschafts- und Haushaltspolitik erzwungen werden sollte, eher geringe Wirkkraft auf. Diese Entwicklungen mündeten in eine Situation, in der die Gefahr eines Auseinanderbrechens der EWU nicht mehr jenseits aller Phantasie liegt.

7 Inzwischen ist aber auch deutlich geworden, dass die MSen (und die EU-Organe) vom unbedingten politische Willen zur Fortführung und Erhaltung der EWU beseelt sind.

Vereinzelte Forderungen nach einem Ausschluss einzelner MSen oder der Aufspaltung der EWU in verschiedene Teilzonen sind hochgradig unrealistisch. Die Entwicklung der letzten Jahre belegt vielmehr, dass die MSen zum Schutz der EWU erhebliche Garantieleistungen aufzubringen bereit sind (*Heise,* Emerging from the Euro Debt Crisis, 2013). Es geht politisch um die Rettung, nicht um die Beendigung der Währungsunion. Ein Misserfolg der Währungsunion würde den europäischen Einigungsprozess schwerwiegend zurückwerfen. Die Wirtschaftskraft der beteiligten Staaten ist groß genug, die gegenwärtige Krise zu überwinden. Letztlich ist die Frage, wie mit den in der Architektur der EWU angelegten und seit 2010 in Erscheinung getretenen Spannungen umgegangen wird, eine nur **politisch zu beantwortete Frage.** Sie ist unionsrechtlich nicht abschließend (auch nicht in Art. 122, 125 AEUV) beantwortet (zu dieser Diskussion: *Frenz/Ehlenz,* EWS 2010, 65; *Häde,* EuZW 2009, 399; *Herrmann,* EuZW 2010, 413; *Nettesheim,* EuR 2011, 654). Auch das deutsche Grundgesetz bestimmt nicht, dass solidarische Garantien und Transferleistungen zugunsten eines Mitglieds der Eurozone unzulässig wären (BVerfG NJW 2012, 3245). Die politische Qualität der zu treffenden Entscheidungen machte sich schon früh dadurch bemerkbar, dass die stabilitätsorientierten Vertragsregelungen schon beim Eintritt in die EWU locker angewandt und danach immer wieder „gebogen" wurden. Es ist ein Verlust an Normativität eingetreten, der bei der heutigen Beurteilung des Rechtsrahmens zu berücksichtigen ist und nicht durch eine „Jetzt-erst-recht"-Haltung überspielt werden kann.

Weiterhin ist die EWU von Vertrags wegen (Art. 127 AEUV) als **Stabilitätsgemeinschaft** konzipiert (Art. 127 AEUV). Art. 136 Abs. 3 AEUV ermöglicht eine krisenbedingte Fortentwicklung (oben Rn. 18/41 f.). Für Deutschland ist nur die Mitgliedschaft in einer Stabilitätsgemeinschaft verfassungskonform (BVerfGE 89, 155, „Maastricht"; BVerfGE 97, 350, „EURO"; BVerfG NJW 2012, 3145, „ESM"). Zur Bekämpfung der **Gefahren, die durch mitgliedstaatliche Fiskal- und Haushaltspolitiken** bewirkt werden, wurde der Stabilitäts- und Wachstumspakt geschaffen und zusätzliche „Governance"-Instrumente eingerichtet (oben Rz. 18/24). Ungeachtet dessen kennt die EWU weiterhin keine wirklich schlagkräftige institutionalisierte Antwort auf die Gefahren, die sich durch eine Auseinanderentwicklung der realwirtschaftlichen Gegebenheiten in der EURO-Zone ergeben. Seit sich die EZB der Stabilisierung der Euro-Zone angenommen hat, gehen auch von ihrer Politik Gefahren für die Entwicklung der Euro-Zone aus (Inflationsgefahr, „Blasen"-Risiko). Bislang ist nicht abschließend geklärt, inwieweit sich die Mitgliedschaft Deutschlands in der Euro-Zone mit diesen Gefahren vereinbaren lässt. Ohne Zweifel wird das (Europäische) Gericht Angriffe zurückweisen, wonach die EZB „ultra vires" handele (Rs. T-492/12, „von Storch"). Demgegenüber zeichnet sich ab, dass das BVerfG der „Rettungspolitik" der EZB verfassungsrechtliche Grenzen ziehen wird (2 BvR 1390/12 u. a., „Gauweiler" u. a.). 8

Es ist europarechtlich umstritten, ob ein nachträgliches Ausscheiden eines Teilnehmerstaates aus der „unumkehrbaren" EWU (Protokoll über den Übergang zur dritten Stufe 1999) zulässig wäre (bejahend *D. Meyer,* Orientierungen 91 (2002), 18). Faktisch bestünden allergrößte Schwierigkeiten. 9

II. Der Weg in die Europäische Währungsunion 1999

Literatur: *Louis,* From EMS to Monetary Union, 1990; *Gäckle,* Die Weiterentwicklung des EWS zur Europäischen Währungsunion, 1992; *Meyronneine,* Du serpent á l'UEM, RAE 1992, 65; *Krägenau/Wetter,*

Europäische Wirtschafts- und Währungsunion. Vom Werner-Plan zum Vertrag von Maastricht, 1993; *Starbatty,* Zur Entwicklung der EWU, FS Oppermann, 2001, 627; *Schorkopf,* Die Einführung des Euro: Der europäische und deutsche Rechtsrahmen, NJW 2001, 3734; *N. B. Wagner,* Von der Deutschen Mark zum Euro, NJW 2001, 3743; *Kilb,* Das Euro-Bargeld ist da, EuZW 2002, 5.

10 Der vom EWG-Vertrag 1958 konzipierte Gemeinsame Markt mit freiem Waren-, Personen-, Zahlungs- und Kapitalverkehr bedurfte von Anfang an der Abstützung durch eine währungspolitische Zusammenarbeit der Mitgliedstaaten. Die ursprünglichen Art. 104ff. EWGV begriffen die währungspolitische Zusammenarbeit unvollkommen als Problem der **Zahlungsbilanzen der MSen.**

11 Nach dem weltweiten Zusammenbruch fester Wechselkurse 1971/72 bedurfte die EWG einer vereinbarten währungspolitischen Disziplin, wenn der Gemeinsame Markt nicht scheitern sollte (vgl. Entschließung vom 21.3.1972 (ABl. 1972 Nr. C 38/3): „stufenweise Verwirklichung der Wirtschafts- und Währungsunion in der Gemeinschaft“). Nachdem sich ein 1972 beschlossener **Europäischer Wechselkursverbund („Währungsschlange“)** nicht bewährte, wurde 1978 auf Initiative von *Valéry Giscard d'Estaing* und *Helmut Schmidt* in Gestalt des **Europäischen Währungssystems (EWS)** ein neuer Anlauf gemacht. Hiermit wurde zwischen den meisten EG-Staaten eine stabile Währungszone mit grundsätzlich festen Wechselkursen geschaffen. Zur Verrechnung diente die **„künstliche“ Europäische Währungseinheit ECU.** Ungeachtet der „Abfederung“ des EWS durch hohe Kreditfazilitäten erschütterten mehrfach **Krisen** das System. 1992 kam es zum endgültigen Austritt Großbritanniens und zeitweilig auch Italiens. Die starke Stellung der Bundesbank innerhalb des EWS infolge der **„Ankerwährung DM“** erschien anderen MSen als auf die Dauer schwer erträgliche Einschränkung ihrer Währungssouveränität.

12 Der Anlauf zur Vollendung des Binnenmarktes in den achtziger Jahren **(Weißbuch Delors-Kommission 1985)** führte schließlich im **Maastrichter Unionsvertrag 1992** zum Projekt Wirtschafts- und Währungsunion (Art. 2, 4, 98ff., 105ff., 157 EGV). Die **Einheit Deutschlands** lieferte nach der „Wende 1989/90“ **politische Gründe,** das größer und souverän gewordene Gesamtdeutschland durch die Vergemeinschaftung der Währungshoheiten endgültig in die EU „einzubinden“. Diese Entwicklung führte auf der Maastrichtkonferenz 1991/92 zum **Stufenplan zur Währungsunion** und damit zur Beendigung des EWS am 31.12.1998. Dänemark und Großbritannien behielten sich das Recht vor, über die Teilnahme an der EWU eigenständig zu entscheiden. Bei den Maastrichter Beschlüssen handelte es sich um einen integrationspolitischen „Schritt über den Rubikon“ in eine neue Qualität der EU (*Tietmeyer,* Integr. 1992, 17).

13 Politisch und wirtschaftswissenschaftlich erfuhr die Entscheidung zugunsten der EWU **mancherlei Kritik und Widerstände,** insbesondere in Deutschland. Sie gipfelten in zwei großen Verfahren vor dem Bundesverfassungsgericht in den neunziger Jahren (BVerfGE 89, 155 „Maastricht“ und BVerfGE 97, 350 „EURO“; *Hankel/Nölling/Schachtschneider/Starbatty,* Die EURO-Klage, 1998). Im Ergebnis wurde der Maastrichter Stufenplan mit gewissen Vorbehalten für verfassungskonform erklärt.

14 Die währungspolitische Integration im Rahmen der WWU wurde im Zeitraum 1990–2002 in drei Stufen mit der **Einführung des EURO** 1999 als gemeinsame Währung und der Ausgabe von Zahlungsmitteln in 12 MSen 2002 vollendet. Zu einer Vereinheitlichung der Wirtschaftspolitik (oben Rz. 18/1ff.) ist es in diesem Umfang bislang nicht gekommen.

III. Die Europäische Währungsunion (EWU)

1. Europäische Zentralbank (EZB)

Literatur: *Zilioli/Selmayr,* Recent Developments in the Law of the ECB, YEL 2006, 1; *dies.,* La Banca centrale europea, 2007; *Zilioli/Selmayr,* The Constitutional Status of the European Central Bank, CMLR 2007, 355; *Gruber,* Privileges and Immunities of the European Central Bank, 2007; *A. Weber,* Geldpolitische Strategie des Eurosystems, Orientierungen 112 (2007), 49; *Heine,* Die Europäische Zentralbank Eine kritische Einführung in die Strategie und Politik der EZB und die Probleme in der EWU, 3. Aufl. 2008; *Quaglia,* Central Banking Governance in the European Union: a Comparative Analysis, 2008

Manger-Nestler, Par(s) inter pares? Die Bundesbank als nationale Zentralbank im Europäischen System der Zentralbanken, 2008; *Görgens* u. a., Europäische Geldpolitik, 5. Aufl. 2008.

Internet-Adresse: http://www.ecb.int/

Institutionell verkörpert sich die Währungsunion in dem **Europäischen System der Zentralbanken (ESZB)** und der **Europäischen Zentralbank (EZB)** (Art. 282 AEUV). Das ESZB setzt sich aus der EZB und den nationalen Zentralbanken (auch der MSen außerhalb der Eurozone) zusammen. Es ist kein Glied der EU, weil es keine Rechtspersönlichkeit besitzt; Art. 13 EUV zählt es auch nicht zu den Organen der EU. Allerdings sind seine Entscheidungen der EU (und nicht der EZB) zuzuordnen. Demgegenüber handelt es sich bei der EZB um eine Einrichtung mit Sitz in Frankfurt a. M., die heute als Organ der EU bezeichnet wird, wenngleich sie aufgrund ihrer Rechtsfähigkeit im eigenen Namen agiert und rechtlich deshalb als Glied zu bezeichnen wäre (Art. 13 EUV, Art. 282 ff. AEUV). Die Beschlussorgane der EZB leiten das ESZB. Das **„Eurosystem"** bilden die EZB und die Zentralbanken der Mitglieder der Eurozone. Die Regelungen über das ESZB und die EZB sind **kompliziert und wenig übersichtlich** (einerseits Art. 127 ff. AEUV, andererseits Art. 282 ff. AEUV). Die wesentlichen Regelungen über die **Organisation, Befugnisse und Aufgaben** wurden bereits im Maastrichter Unionsvertrag 1992 getroffen (Art. 105–110, 112–113, 123 EGV i. V. m. der Satzung des ESZB und der EZB; GeschO EZB ABl. 2004 L 80/33) und seither fortentwickelt (vgl. ABl. 2012 L 326/230). 15

a) Die Institution der EZB

Die EZB ist eine der EU **eingegliederte unabhängige Sondereinrichtung** mit spezifischen Befugnissen. Ihre Aufwertung in Art. 13 EUV hat programmatische Bedeutung (hierzu *Häde,* EuR 2009, 200 [210]). Die EZB hat **Rechtspersönlichkeit** und leitet das ESZB. Noch schärfer als bei der Deutschen Bundesbank wird in Art. 130 AEUV die **Unabhängigkeit der EZB** und auch der nationalen Zentralbanken in ESZB-Angelegenheiten **von den MSen und der EU** postuliert. Die Pflicht zur loyalen Zusammenarbeit (Art. 13 Abs. 2 EUV) darf nicht zur Beeinträchtigung der Unabhängigkeit führen. 16

aa) Rat, Direktorium und Präsident

Hauptorgan ist der Rat der EZB (**„EZB-Rat"**) mit 23 Mitgliedern (18 Präsidenten der nationalen Zentralbanken der Euro-Zone; 6 Mitglieder des Direktoriums, Art. 283 AEUV). Die ständige Exekutive der EZB ist das **Direktorium** mit 6 Mitgliedern (Präsident/Vizepräsident und vier weitere Mitglieder). Sie werden vom EuRat auf Empfehlung des Rates und nach Anhörung des EP und des EZB-Rats auf 8 Jahre (ohne Wiederwahl) aus anerkannten und erfahrenen Persönlichkeiten des Währungs- und Bankwesens einvernehmlich ausgewählt und ernannt. Die Direktoriumsmitglieder genießen Diplomatenstatus (Sitzungsabkommen D/EZB 1998). **Präsidenten der EZB** wurden bisher *Wim Duisenberg* (Niederlande, 1998–2003) und *Jean-Claude Trichet* (Frankreich, 2003–2011). Seit 2011 hat *Mario Draghi* (Italien) das Amt inne. Bislang haben die großen Euroländer Deutschland, Frankreich, Italien und Spanien je einen Sitz im Direktorium inne; zwei werden von den kleineren Ländern rotierend belegt. Rechtlich zwingend ist diese Verteilung nicht. 17

Der EZB-Rat wird vom Präsidenten der EZB geleitet; er erlässt die **Leitlinien und Entscheidungen** zur Erfüllung der dem Eurosystem übertragenen Aufgaben, insbesondere der **EURO-Geldpolitik.** Das Direktorium führt diese Politik im Rahmen der Leitlinien und Entscheidungen des Rats durch. Es hat eine starke Stellung bei der Vorbereitung der Ratsbeschlüsse.

Die EZB verfügt über **eigenes Personal** (*C. Schmid,* Das Personalrecht der EZB, 2002).

bb) Stimmrechte in der EZB

18 Unter europapolitischen Gesichtspunkten **ist die Stimmrechtsverteilung in der EZB ein besonders wichtiger Gesichtspunkt.** Sowohl der **EZB-Rat** mit seinen 23 Mitgliedern (Art. 10.2 Satzung) als auch das **Direktorium** (Art. 11.5 Satzung) beschließen grundsätzlich **mit einfacher Mehrheit.** Bei Stimmengleichheit gibt die Stimme des Präsidenten den Ausschlag. Beschlüsse über das Kapital und die Währungsreserven des EZB und einige andere werden mit einer nach den nationalen Kapitalanteilen berechneten Stimmenwägung (Art. 10.3 Satzung) oder auch mit qualifizierter Mehrheit getroffen. Auf diese Weise ergab sich ein **entscheidender Souveränitätstransfer der MSen an die EU.**

cc) Die nationalen Zentralbanken

19 Nach Art. 131 AEUV müssen alle am ESZB beteiligten **nationalen Zentralbanken** eine der EZB vergleichbare **unabhängige Organisationsstruktur** aufweisen. Sie werden nicht in die EZB eingegliedert, sondern bestehen als Institutionen des nationalen Rechts fort (*Seiler*, EuR 2004, 52). In einem **bemerkenswerten Prozess europäischer Rechtsangleichung** haben bisher regierungsabhängige Zentralbanken wie z. B. die Banque de France oder die spanische Zentralbank diesen Vorgaben Rechnung getragen. Eine eigenständige Währungspolitik können die nationalen Zentralbanken nicht mehr verfolgen. Die Leitlinien und Weisungen der EZB haben für die Zentralbanken der MSen der Eurozone Bindungswirkung. Art. 271 lit. d) AEUV sieht eine Klagemöglichkeit zur Durchsetzung dieser Pflicht vor. Zudem kann die EZB Tätigkeiten, die den nationalen Zentralbanken zugewiesen werden, an sich ziehen.

b) Die Unabhängigkeit der EZB

20 Die EZB ist eine eingegliederte, als Organ bezeichnete Institution der EU, deren **Unabhängigkeit** besonders garantiert ist (Art. 130 AEUV). Bei der Wahrnehmung der Aufgaben des Eurosystems dürfen die EZB und die nationalen Zentralbanken keinerlei Weisungen von dritter Seite einholen oder entgegennehmen. Einflussnahmen der EU oder der MSen auf die EZB sind untersagt. Die Unabhängigkeit umfasst die Institution (Weisungsfreiheit, eigener Haushalt, Verbot der Kreditgewährung) und das operative Geschäft. Auch die persönliche Unabhängigkeit der Amtswalter ist sichergestellt. Da die EZB bei aller Unabhängigkeit ein Bestandteil der EU ist, bedürfen ihre **Beziehungen zu den anderen Unionseinrichtungen** einer Regelung.

21 Die Beziehungen der EZB zu den anderen EU-Organen sind z. T. in Art. 284 AEUV ausdrücklich geregelt. Andererseits haben die MSen über die **wirtschaftspolitische Koordination** im Rat mit Blick auf den EURO informelle Vereinbarungen getroffen. Dabei darf die Unabhängigkeit der EZB nicht angetastet werden.

22 Der **Ratspräsident** und ein **Mitglied der Kommission** können ohne Stimmrecht an den Sitzungen des EZB-Rats teilnehmen und Anträge vorlegen. Umgekehrt wird der Präsident der EZB bei währungspolitischen Fragen zu den Ratssitzungen eingeladen. Außerdem steht die EZB auf der Grundlage eines Jahresberichtes über ihre Tätigkeit **mit dem Rat, dem Europäischen Rat, dem Europäischen Parlament und der Kommission** in einem **ständigen Dialog.**

23 Hauptgesprächspartner der EZB ist der **Rat der Wirtschafts- und Finanzminister („Ecofin-Rat“).** Ihm obliegt nach Art. 120 AEUV die Koordinierung der Wirtschaftspolitik der MSen und der EU einschließlich ihrer Finanz- und Haushaltspolitik. Im Besonderen geht es dabei um die Durchführung des 1997 beschlossenen **Stabilitäts- und Wachstumspaktes,** der die Nachhaltigkeit der 1998/99 erreichten wirtschaftspolitischen Konvergenz der „EURO-Staaten“ sichern soll (Rz. 18/21). Der Erfolg dieser Politik ist von wesentlicher Bedeutung für die Geldpolitik der EZB. Die Rolle, die die EZB inzwischen bei der Stabilisierung der Euro-Zone übernommen hat, lässt Zweifel

aufkommen, wie groß die Unabhängigkeit der Geldpolitik angesichts mannigfaltiger Zwänge wirklich noch ist.

Der **Econfin-Rat** stellt im Sinne des AEUV das **zentrale Beschlussorgan** für die Wirtschaftskoordinierung dar. Im Verhältnis zur EZB bleibt er vertragsgemäß Dialogpartner. Die EURO-Staaten erörtern besondere Fragen im Zusammenhang mit der gemeinsamen Währungspolitik in einem **informellen Koordinierungsgremium** vor den Ecofin-Tagungen (**„EURO-Gruppe“**). Hierzu können Kommission und EZB eingeladen werden. „Fragen von gemeinsamem Interesse“ werden von den Ministern aller 28 MSen behandelt. Eine Beschlussfassung ist nur im Econfin-Rat gemäß dem AEUV möglich. 24

c) Kapital und Währungsreserven der EZB

Die EZB verfügt seit Ende 2010 über ein ursprüngliches eigenes Kapital von 10,825 Mrd. Euro und eine Ausstattung mit Währungsreserven der nationalen Zentralbanken in Höhe von bis zu 50 Mrd. Euro (gegenwärtig ca. 40 Mrd. Euro). Der Anteil der hieran beteiligten nationalen Notenbanken berechnet sich nach einem Schlüssel, der zu je 50% auf den Bevölkerungsanteil und auf das Bruttoinlandsprodukt des MSen innerhalb der Gemeinschaft abstellt (Art. 28 Satzung und Beschluss EZB ABl. 1998 L 125/33). Die Bundesbank trägt ca. 19%. Kapitalerhöhungen regeln sich nach der VO 1009/2000 (ABl. L 115/1). 25

Die Gewinne, die die EZB erwirtschaftet, werden jährlich an die Anteilseigner, also die nationalen Zentralbanken, entsprechend den Anteilen ausgeschüttet. Bis zu 20% fließen allerdings in einen Reservefonds. Verluste der EZB werden hieraus gedeckt, im Übrigen werden aus Einkünften der nationalen Zentralbanken ausgeglichen. Ggf. müssen die MSen Kapital nachschießen.

2. Aufgaben und Ziele des Eurosystems

Die Aufgaben des Europäischen Systems der Zentralbanken (ESZB) mit der Europäischen Zentralbank (EZB) als Zentrum sind in Art. 127 AEUV niedergelegt. Vorrangiges Ziel ist die **Gewährleistung der Preisstabilität** (*Palm,* Preisstabilität in der EWWU, 2000). Nur soweit dies ohne Beeinträchtigung der Preisstabilität möglich ist, unterstützt das ESZB die **allgemeine Wirtschaftspolitik** in der EU, um zur Verwirklichung der allgemeinen EU-Ziele im Sinne des Art. 3 EUV beizutragen. Dabei handelt das Eurosystem im Einklang mit dem Grundsatz einer offenen Marktwirtschaft mit freiem Wettbewerb. „Grundlegende Aufgaben“ des ESZB im Sinne dieser Zielsetzung sind die **Durchführung der Geldpolitik** der EU und der Devisengeschäfte mit Drittländern sowie die Verwaltung der offiziellen Währungsreserven der MSen und die Förderung des Funktionierens der Zahlungssysteme. 26

Zur Durchführung ihrer Aufgaben verfügt die EZB über eine **eigene Rechtsetzungsbefugnis** (EZB-Verordnungen, Leitlinien u.a.m, oben Rz. 19/17), sowie über das **Banknotenregal** (Art. 128 AEUV). Sie wird zum Erlass nationaler und europäischer Rechtsakte gehört (Art. 127 Abs. 4 AEUV) und ist in die Aufsicht über die Kreditinstitute eingeschaltet (Art. 127 Abs. 5 AEUV). Die EZB kann gegen Unternehmen **Sanktionen** verhängen (EZB-VO 2157/1999 (ABl. L 264/21) i.V.m. Rats-VO 2532/1998 [ABl. L 318/4]). 27

Artikel 127 Absatz 2 AEUV legt fest, dass die EZB vier grundlegende Aufgaben hat: a) die Festlegung und Durchführung der Geldpolitik des Euro-Währungsgebiets; b) die Durchführung von Devisengeschäften; c) die Verwaltung der offiziellen Währungsre- 28 serven der Mitgliedstaaten (Portfoliomanagement); schließlich d) die Unterstützung des reibungslosen Funktionierens der Zahlungssysteme.

29 *Banknotenregal.* Unter den Befugnissen der EZB ist das ausschließliche Recht hervorzuheben, **die Ausgabe von Banknoten innerhalb der EU zu genehmigen** (Art. 128 AEUV, Art. 16 Satzung). Seit 2002 ist der Euro alleiniges gesetzliches Zahlungsmittel der Eurozone. Darüber hinaus haben einige Drittstaaten den EURO als Zahlungsmittel übernommen oder ihre Währungen an ihn gebunden.

30 *Geldpolitik für die Eurozone.* Zu den Aufgaben des Eurosystems gehört es, die **Geldpolitik des EURO-Währungsgebietes** festzulegen und auszuführen. Vorrangig ist hierbei die **Preisstabilität** zu gewährleisten. Soweit dieses Ziel nicht beeinträchtigt wird, unterstützt das Eurosystem die allgemeine Wirtschaftspolitik in der EU (Art. 127 AEUV, Art. 2f. der Satzung). Für die Inflationsbekämpfung hat die EZB eine **„Zwei-Säulen-Strategie“** entwickelt. Für ihre Entscheidungen über Zinsschritte analysiert sie einerseits die Entwicklung der Geldmenge, andererseits eine Reihe nichtmonetärer Faktoren wie Wirtschaftswachstum, Arbeitslosigkeit, Lohnabschlüsse und insbesondere die staatlichen Haushaltsdefizite.

31 Eine einheitliche Europäische Geldpolitik bedarf der **Vereinheitlichung der einzelnen geldpolitischen Instrumente und Verfahren im Eurosystem.** Die EZB hat dies mit einer umfänglichen Leitlinie vom 31.8.2000 vollzogen (ABl. L 310/1; Änderungen). Im Vordergrund stehen dabei Offenmarktgeschäfte, Ständige Fazilitäten (u. a. zum finanziellen Beistand zur Stützung der Zahlungsbilanzen der Mitgliedstaaten), Mindestreserven u. a. m. (zur EZB-Rechtsetzung im Rahmen der Geldpolitik Fundstellennachweis des geltenden Unionsrechts 10.20).

32 In der Folge der Finanzkrise hat sich die EZB der Stabilisierung der Euro-Zone angenommen. Sie begründet dies damit, dass die Unsicherheiten über das Fortbestehen und die Zukunft der Euro-Zone die geldpolitische Lage vieler Peripheriestaaten in sachlich nicht gerechtfertigter Weise verschlechtert hätten. Zugleich sei die „Transmission“ ihrer Geldpolitik gestört. Dies veranlasst die EZB dazu, anzukündigen, im Rahmen von Ankaufprogrammen (zuletzt: **Outrights Monetary Program** vom 6.9.2012) Staatsanleihen aufkaufen zu wollen. Sie formuliert dabei Voraussetzungen (z. B. Erfordernis der Antragstellung eines hilfsbedürftigen Staats beim ESM oder der EFSF). Während der EuGH die unionsrechtliche Legitimität dieses Vorgehens ohne Zweifel anerkennen würde, ist die verfassungsrechtliche Zulässigkeit des Vorgehens **(Vorwurf der „monetären Staatsfinanzierung“)** und der damit verbundenen Rückwirkungen auf die Stabilität der Währungsunion zweifelhaft (vgl. BVerfG-Verfahren 2 BvR 1390/12 u. a.) (zur Kritik etwa: *Siekmann,* in: Möllers u. a. (Hrsg.), Europa als Rechtsgemeinschaft, 2013, 101).

33 *Außenvertretung der Eurozone.* Während die EZB auf diese Weise im Wesentlichen für die „Innenseite“ der EU-Geldpolitik verantwortlich ist, sind ihre Befugnisse bei der **„Außenpolitik des Eurosystems“** eingeschränkt. Dem Rat kommt nach Art. 138 AEUV die Befugnis zu, gemeinsame Standpunkte zur Sicherung der Stellung des EURO im internationalen Währungssystem zu erlassen. Auch für die **Währungs- und Wechselkurspolitik gegenüber Drittländern** ist nach Art. 219 AEUV letztlich **der Rat zuständig** (*Oppermann,* FS K. Vogel, 2000, 529). Er kann Vereinbarungen treffen und „allgemeine Orientierungen“ für die Wechselkurspolitik gegenüber dritten Währungen aufstellen. Hieran sind Kommission und EZB nur empfehlend beteiligt.

Der Rat ist auf das vorrangige Ziel des ESZB verpflichtet, die Preisstabilität zu gewährleisten. Die EZB hat allerdings auch in der Außenvertretung wichtige Funktionen. So führt sie die **laufenden Devisengeschäfte** durch (Art. 127 Ab 2 AEUV). Sie kann damit u. a. das laufende Wechselkursverhältnis EURO/USD beeinflussen.

Unterstützung des Zahlungsverkehrs. Die EZB organisiert den Zahlungsverkehr zwischen den MSen. Besondere Bedeutung hat dabei das „TARGET 2"-System erlangt, in dem sich mangels regelmäßigen Ausgleichs handelsbedingte Ungleichgewichte zwischen den MSen abbilden. Im Falle eines Zusammenbruchs der Euro-Zone wären die Positivsalden abzuschreiben (zur Kritik: *Sinn,* Die Target-Falle, 2012). 34

Damit sind die Funktionen der EZB allerdings noch nicht erschöpfend aufgezählt. Wichtige weitere Funktionen umfassen Aufsichtsfunktionen über die Kreditinstitute im Euroraum und über die Stabilität des Finanzsystems (*Kämmerer,* NVwZ 2013, 830), sodann auch wichtige Aufgaben bei der Erhebung der für die Arbeit erforderlichen statistischen Daten. 35

In der Funktionsstruktur des Eurosystems wird dem **Grundsatz dezentraler Aufgabenerledigung** Rechnung getragen. Die operationalen Aufgaben werden beinahe ausschließlich von den nationalen Zentralbanken (NZBen) ausgeführt. Sie stehen dabei in der Pflicht, die Entscheidungen des EZB-Rats durchzuführen. Beispiele für die Zuständigkeit der nationalen Zentralbanken sind etwa: die Ausführung geldpolitischer Transaktionen, wie die Versorgung der Geschäftsbanken mit Zentralbankgeld; die Anlage der Währungsreserven der EZB; der Betrieb und die Überwachung der Zahlungssysteme und Wertpapierabwicklungssysteme oder auch die Beauftragung der Herstellung von Banknoten, deren Ausgabe und deren Bestandsüberwachung. 36

IV. Ausblick

Das Eurosystem hat seit 1999 die Aufgabe der Wahrung der Preisstabilität im Euro-Raum konsequent verfolgt. Die Amtsführung der EZB unter dem ersten Präsidenten *Wim Duisenberg* 1998–2003 wurde allgemein positiv gewürdigt; dies gilt auch für die Tätigkeit des nachfolgend amtierenden Präsidenten *Jean-Claude Trichet.* Im Wechselkursverhältnis zum US-Dollar hat sich der EURO nach Anfangsverlusten gefangen. 2004 hat er erstmals die Parität zum USD überschritten. Der EURO ist als internationale Handels- und Anlagewährung weiterhin sehr gefragt. 37

Allerdings ist die Euro-Zone **gewaltigen Herausforderungen** ausgesetzt. Es ist unklar, ob die asymmetrische Architektur (Vergemeinschaftung der Währung, relative wirtschaftspolitische Autonomie der MSen) so beibehalten werden kann. Einige der MSen verfolgen **Fiskal- und Haushaltspolitiken,** die für die EZB-Stabilitätspolitik eine Gefährdung darstellen. Die bisherigen Erfahrungen mit der Anwendung des Stabilitätspaktes sind problematisch (oben Rz. 18/22ff.). Die EZB sah sich gezwungen, an die Grenzen ihres Mandats (und nach dem Vorwurf mancher auch über diese hinaus) zu gehen. Der **Ankauf von Staatsanleihen** auf dem Sekundärmarkt verursacht ein Inflationsrisiko; die Verfolgung einer **Niedrigzinspolitik** kann (Immobilien- und andere) „Blasen" erzeugen und vernichtet erspartes Kapital. Bislang ist nicht absehbar, ob die EZB die damit verbundenen Gefahren im Griff hat. 38

§ 20. Wettbewerbsrecht und Unternehmen

Literatur: Umfassende Nachweise u. a. bei *Immenga/Mestmäcker* (Hrsg.), Wettbewerbsrecht, Band 1 – EU, 5. Aufl. 2012, und bei *Schröter/Jakob/Klotz/Mederer* (Hrsg.), Europäisches Wettbewerbsrecht, 2. Aufl. 2013.

Die KOM gibt jährlich einen „Bericht über die Wettbewerbspolitik der EU" heraus. Seit 1995 erscheint dreimal jährlich: *Competition Directorate-General of the European Commission* (Hrsg.), Competition Policy Newsletter. – Vgl. ferner: *European Commission* (Hrsg.), Glossary of terms used in EU competition policy, 2002.

Einige Gesamtdarstellungen: *Frenz,* Handbuch Europarecht, Band 2: Europäisches Kartellrecht, 2006; *Hirsch/Montag/Säcker* (Hrsg.), Münchener Kommentar zum Europäischen und Deutschen Wettbewerbsrecht (Kartellrecht), Band 1, 2007; *Bechtold* u. a., EG-Kartellrecht, 2. Aufl. 2009; *Kamann/Selmayr,* European Competition Law, 2009; *Ackermann,* Europäisches Kartellrecht, in: Riesenhuber (Hrsg.), Europäische Methodenlehre, 2. Aufl. 2010, § 21; *Jones/Sufrin,* EU Competition Law, 2010; *Koenig/Schreiber,* Europäisches Wettbewerbsrecht, 2010; *Lange/Pries,* Einführung in das europäische und deutsche Kartellrecht, 2. Aufl. 2011; *Immenga/Mestmäcker* (Hrsg.), Wettbewerbsrecht, Band 1 – EU, 5. Aufl. 2012; *Schröter/Jakob/Klotz/Mederer* (Hrsg.), Europäisches Wettbewerbsrecht, 2. Aufl. 2013; *Langen/Bunte* (Hrsg.), Komm. zum deutschen und europäischen Kartellrecht, 12. Aufl. 2013.

Grundsätzliches: *Möschel,* Juristisches vs. ökonomisches Verständnis eines Rechts der Wettbewerbsbeschränkungen, FS Tilmann, 2003, 705; *Schwarze* (Hrsg.), Recht und Ökonomie im Europäischen Wettbewerbsrecht, 2006; *Schmidtchen* u. a. (Hrsg.), The more economic approach to European competition law, 2007; *Köck/Karollus* (Hrsg.), The Modernisation of the European Competition Law, 2008; *Decker,* Economics and the Enforcement of European Competition Law, 2009; *Drexl/Idot/Monéger* (Hrsg.), Economic Theory and Competition Law, 2009; *Drexl,* Wettbewerbsverfassung, in: v. Bogdandy/Bast (Hrsg.), Europäisches Verfassungsrecht, 2. Aufl. 2009; *Künzler,* Effizienz oder Wettbewerbsfreiheit?, 2009; *Terhechte,* Wandlungen der europäischen Wettbewerbsverfassung, in: Fastenrath/Nowak (Hrsg.), Der Lissabonner Reformvertrag, 2009, 187; *McGowan,* The Anti-Trust Revolution in Europe, 2010; *Hertfelder,* Die consumer welfare im europäischen Wettbewerbsrecht: eine Analyse der Rechtspraxis der Kommission und der europäischen Gerichte, 2010; *Basedow/Wurmnest* (Hrsg.), Structure and Effects in EU Competition Law, 2011; *Behrens,* Abschied vom more economic approach?, FS Möschel, 2011, 115; *Nowak,* Wettbewerb und soziale Marktwirtschaft in den Regeln des Lissabonner Vertrages, in: Schwarze/Müller-Graff (Hrsg.), Neues Europäisches Wirtschafts- und Wettbewerbsrecht, 2011, 21; *Thomas,* Der Schutz des Wettbewerbs in Europa, JZ 2011, 485.

Internetadresse: http://ec.europa.eu./comm/competition/index_en.html

I. Grundlagen

1. Wettbewerb als Element des Binnenmarktes

1 In der Vergangenheit stellte die „offene Marktwirtschaft mit freiem Wettbewerb" (Art. 4 EGV-Nizza, oben Rz. 18/1 ff.) eine zentrale, ausdrücklich im Vertrag enthaltene grundlegende Festlegung des Unionsrechts dar. Nunmehr findet sich dieses Wettbewerbsziel auf französisches Drängen hin nur noch in einem Zusatzprotokoll, wo es aber – in der Sache vollkommen zu Recht – als Teil des in Art. 3 EUV verankerten Binnenmarktes definiert wird (vgl. auch Rz. 22/1). Zugleich hebt Art. 3 EUV das Ziel der bisher nicht so qualifizierten „wettbewerbsfähigen **sozialen Marktwirtschaft**" hervor (dazu *Müller-Graff,* FS Scheuing, 2011, 600 ff.), das zudem durch eine sozialpolitische Querschnittsklausel (Art. 9 AEUV; Rz. 29/10) flankiert wird. An versteckten Stellen, in Art. 119 f. AEUV sowie ähnlich in Art. 173 AEUV, ist allerdings noch – in gewisser Gegenläufigkeit dazu – die bisherige Aussage zu finden, also die Festlegung auf eine **offene Marktwirtschaft mit freiem Wettbewerb.**

Konkret obliegt der EU zur Sicherung des freien Handelsverkehrs im Binnenmarkt die Aufgabe, darüber zu wachen, dass die zwischen den MSen, vor allem durch die Grundfreiheiten (§§ 22, 25, 27, 28 und 30) abgebauten Grenzen nicht durch private Vereinbarungen auf andere Weise wieder errichtet werden (EuGHE 1966, 321, verb. Rs. 56 u. 58/64 „Consten und Grundig"). Die Öffnung der nationalen Märkte für die Waren, Dienstleistungen usf. aus den anderen MSen führt zu **Wettbewerb im Handel zwischen den MSen.** Damit stellt sich für die Union die Aufgabe, den Wettbewerb innerhalb des Binnenmarktes **vor Verfälschungen zu schützen,** wie sie insbesondere durch **private Eingriffe** bewirkt werden können (EuGHE 1989, I-2119, verb. Rs. 46/87 und 227/88 „Hoechst"). Dafür müssen Maßnahmen gegenüber Unternehmen getroffen werden können (Art. 101 ff. AEUV). Aber auch mit Blick auf die MSen reicht die Marktöffnung allein nicht aus zur Sicherung eines fairen Wettbewerbs. Im Vertrag selbst sind Regeln zur Kontrolle staatlicher Subventionen für Unternehmen, die den Wettbewerb beeinträchtigen können (Art. 107 ff. AEUV; Rz. 21/6 ff.), sowie zur Stellung öffentlicher Unternehmen (Art. 14, 106 AEUV, Rz. 21/40 ff.) enthalten. Daneben ist die Rechtsangleichung in den Bereichen gefordert, in denen der Staat den Wettbewerb trotz Marktöffnung faktisch verhindern kann. Wichtigstes Beispiel ist insoweit das Recht der öffentlichen Aufträge (Rz. 21/57 ff.). 2

In seiner Grundlinie folgt das EU-Wettbewerbsrecht ähnlich wie entsprechende nationale Regelungen einer **liberalen wirtschaftspolitischen Philosophie.** Den Wettbewerbsvorschriften des Vertrages liegt der Gedanke zugrunde, dass jeder Wirtschaftsteilnehmer selbständig zu bestimmen hat, welche Politik er auf dem Binnenmarkt zu betreiben gedenkt (EuGHE 2009, I-4529, Rs. C-8/08 „T-Mobile Netherlands"). Danach ist dem Wohle der Wirtschaft einschließlich des Verbrauchers mit einem „unverfälschten", d. h. von privaten und öffentlichen Einschränkungen und Vermachtungen möglichst befreiten Wettbewerb am besten gedient (klassisch *Böhm,* Wettbewerb und Monopolkampf, 1933); die notwendige Rolle des Staates bei der Sicherung dieser Freiheit (im ordoliberalen Sinne) wird damit aber nicht in Frage gestellt. Die Gewährleistungen von individueller und **unternehmerischer Freiheit** sowie – für die heutige Konzeption des Wettbewerbsrechts von größerer und vor allem zunehmender Bedeutung – institutionelle Gesichtspunkte wie die **Sicherung ökonomischer Effizienz** im Sinne bestmöglicher Ressourcenallokation einerseits und die Erkenntnis andererseits, dass das für die Steuerung von Wirtschaftsprozessen erforderliche Wissen kaum zentral vorgehalten werden kann (*v. Hayek,* Die Anmaßung von Wissen, 1974, auch mit Kritik an Vorstellungen einer vor allem in den USA diskutierten „workable competition"), gehen so eine sachgerechte Verbindung ein. Dabei werden bestimmte Formen wirtschaftlicher Kooperation zwischen Unternehmen, wenn sie der Förderung des technischen oder wirtschaftlichen Fortschrittes dienen (Art. 101 Abs. 3 AEUV), als legitim erachtet. 3

In den letzten Jahren haben ökonomische Gesichtspunkte im Sinne eines **„more economic approach"** (dazu *Schmidtchen* u. a. (Hrsg.), The more economic approach to European Competition Law, 2008; *Möschel,* JZ 2009, 1040; *Immenga/Mestmäcker,* in: *dies.,* Wettbewerbsrecht I/1, 2012, Einl. EU D) ein stärkeres Gewicht erhalten; mit Hilfe von Modellüberlegungen und Simulationen sollen die Instrumente des Wettbewerbsrechts zielgenauer eingesetzt werden. Anstelle von (eher abstrakten) Vorstellungen von einer liberalen Marktordnung soll **funktional** die Frage danach Gewicht gewinnen, was den **technischen Fortschritt** oder die **Verbraucherwohlfahrt** 4 befördert. Zum Teil stößt dieser Ansatz auch auf **Kritik,** weil damit die freiheitssichernde Aufgabe einer Wettbewerbsordnung in ihrer Bedeutung hinter bestimmten (in der Wissenschaft ggf. durchaus umstrittenen) Vorstellungen von der Funktion des Wettbewerbs zur Sicherung bestimmter Allgemeinwohlbelange zurücktrete. Allerdings stellt das Wettbewerbsrecht seinerseits eine Einschränkung der Freiheit dar, und sein Einsatz ist kaum zu rechtfertigen, wenn ökonomischer Fortschritt damit behindert wird. Der Kritik ist jedoch zuzugeben, dass die dargestellten funktionalen Überlegungen nicht die notwendige Offenheit des Wettbewerbs verdrängen dürfen, zumal die entsprechenden Prognosen vielfach nicht mit der notwendigen Sicherheit möglich sind. Auch verlieren die tatbestandlichen Voraussetzungen hoheitlicher Intervention an Bestimmtheit. So steht denn auch der EuGH einer allzu starken Bedeutung funktionaler Gesichtspunkte eher zurückhaltend gegenüber (EuGHE 2009, I-4529, Rs. C-8/08 „T-Mobile Netherlands"). Konkret werden diese Überlegungen vor allem bei Beantwortung der Frage nach der **Freistellung vom Kartellverbot** nach Art. 101 Abs. 3 AEUV (Rz. 19), nach dem Vorliegen eines **Missbrauches** im Sinne von Art. 102 AEUV (Rz. 29) sowie bei der Entscheidung über eine **Fusion** (Rz. 37) angestellt.

5 Unabhängig von diesen inneren Gegenläufigkeiten hat sich das ordnungspolitische Wettbewerbskonzept im Einzelnen nur begrenzt und unter Eingehung von **vielerlei Kompromissen** durchgesetzt. So wurden vor allem für „besondere" Bereiche (z. B. die Landwirtschaft, § 24) Ausnahmen vorgesehen. In den letzten Jahren wurden einerseits in immer stärkerem Maße auch traditionell **staatliche Dienstleistungsmonopole** (z. B. im Bereich der Telekommunikation) wettbewerblichen Strukturen unterworfen (Rz. 21/51 ff.). Andererseits aber haben, insbesondere seit dem Maastrichter EUV aus dem Jahre 1992, neben der **Wettbewerbspolitik** andere Gesichtspunkte wie die Industrie-, Forschungs- und Regionalpolitik (Rz. 18/59 ff.; 34/1 ff.; 18/57 ff.), die Sozialpolitik (unten § 29) sowie die Sicherung öffentlicher Daseinsvorsorge (Rz. 21/46 ff.) und, zum Teil auch mit bestimmten protektionistischen Tendenzen, die Handelspolitik (Rz. 40/58) an Bedeutung gewonnen und damit das traditionell besonders bedeutsame Vertragsziel der Schaffung und Bewahrung marktwirtschaftlicher Strukturen auf europäischer Ebene relativiert.

6 Im Einzelnen enthält das Unionsrecht als maßgebliche Instrumente zum Schutz des Wettbewerbs vor Beeinträchtigung durch Unternehmen das **Kartellverbot** (Art. 101 AEUV, unten Rz. 14 ff.), das **Verbot** eines Missbrauchs einer **marktbeherrschenden Stellung** (Art. 102 AEUV, unten Rz. 27 ff.) und die erst durch Sekundärrecht geschaffene **Fusionskontrolle** (unten Rz. 33 ff.). Allerdings gestatten diese Instrumente eine Reaktion auf Wettbewerbsverstöße zumeist erst im Nachhinein; präventiv wirkt allein die Fusionskontrolle. Art. 103 ff. AEUV enthalten die entsprechenden Kompetenzen; Art. 103 lit. a) – e) AEUV bestimmt über einen Beispielskatalog (Sanktionen, Freistellungen, Regelungen für einzelne Wirtschaftszweige, Aufgaben von KOM und Gerichtshof im Wettbewerbsrecht, Abgrenzung zwischen europäischem und nationalem Wettbewerbsrecht) den **wesentlichen Rahmen für einschlägige Normsetzung.**

Das besondere Wettbewerbsregime der **Montanunion** ist mit dem Ende des EGKSV 2002 außer Kraft getreten; es gilt insoweit der AEUV. Der EAGV enthält keine Wettbewerbsregeln. Sein Grundsystem unterscheidet sich deutlich vom AEUV (insbesondere Versorgung mit Grundstoffen durch die Agentur nach Art. 52 ff. EAGV, starke Unternehmenskooperation in der Kernenergiewirtschaft u. a.). Unter Berücksichtigung dieser Besonderheiten wird man die EU-Wettbewerbsregeln als subsidiäre lex generalis **auf den EURATOM-Bereich anzuwenden haben** – ähnlich wie dies Art. 106a EAGV ausdrücklich für das institutio nelle Recht vorsieht. Art. 53 ff. EWR übernehmen die Art. 101 ff. AEUV weitgehend für den **Europäischen Wirtschaftsraum** (*Diem,* DB 1994, 823).

2. Zur Entwicklung des europäischen Wettbewerbsrechts

Literatur: *Gerbler,* The European Competition Law Story: Some German Roles, FS Fikentscher, 1998, 666; *Gith,* Die Entstehung des europäischen Kartellrechts, 2003; *Hambloch,* Europäische Integration und Wettbewerbspolitik: die Frühphase der EWG, 2009; *Möschel* (Hrsg.), 50 Jahre Wettbewerbsgesetz in Deutschland und in Europa, 2010; *Patel/Schweitzer* (Hrsg.), The historical foundations of EU competition law, 2013.

Entstehungsgeschichtlich war die Schaffung eines profilierten europäischen Wettbewerbsregimes in den 7
fünfziger Jahren bemerkenswert. Eine entsprechende gemeineuropäische Tradition bestand nämlich nicht. Bei der Gründung der **Montanunion** 1951/53 war die Einrichtung eines detaillierten und „scharfen" Wettbewerbsrechtes in Art. 65 – 67 EGKSV noch eine unmittelbare Folge der in Potsdam 1945 festgelegten Dekartellierung der deutschen Wirtschaft nach dem Ende des Zweiten Weltkrieges. Diese Regeln wurden in der Praxis allmählich dem E(W)G-Wettbewerbsregime angeglichen und traten 2002 mit dem Ende des EGKSV außer Kraft. Diese zeitgebundenen Motive bestanden bei der Ausarbeitung des EWG-Vertrages nicht mehr. Die Konzipierung der **EWG-Wettbewerbspolitik** auf der Konferenz von Messina 1955 und im *Spaak*-Bericht 1956 war ein historischer Beitrag der deutschen Verhandlungsdelegation zu den Römischen Verträgen *(Ludwig Erhard/Alfred Müller-Armack).* Zeitlich parallel war – auch gegen Widerstände – in **Deutschland** unter dem Einfluss der „Freiburger Schule" *(Walter Eucken/Franz Böhm/Wilhelm Röpke)* das Gesetz gegen Wettbewerbsbeschränkungen (GWB) entwickelt worden, das an demselben 1. Januar 1958 in Kraft trat wie die Art. 85 ff. EWGV. Bemerkenswerterweise akzeptierten auch die anderen fünf EWG-Mitbegründer eine solche Regelung, obwohl keiner national ein ähnlich prononciertes Antikartellrecht kannte.

Der (zunächst umstrittene) **rechtlich bindende Charakter der EWG-Wettbewerbsordnung wurde erst später durch den Gerichtshof klargestellt** (EuGHE 1962, 97, Rs. 13/61 „De Geus/Bosch"). Heute hat die Idee rechtlich fundierter wettbewerbspolitischer Aktion des Staates dank der europäischen Erfahrungen **auch in den anderen EU-MSen Wurzeln geschlagen.**

In der Folgezeit haben Rat und KOM die ihnen im heutigen Art. 103 AEUV zugewiesene Rechtsetzungs- 8
kompetenz in bemerkenswertem Umfang ausgenutzt (Fundstellenverzeichnis des geltenden EU-Rechts 08.10). Im Vordergrund stand lange die „Kartell-Verordnung Nr. 17" von 1962 (zu ihr *Stockenhuber,* Europäisches Kartellrecht, 1998). Am 1.5.2004 – das Datum wurde als „sanfte Revolution" des europäischen Wettbewerbsrechts bezeichnet *(Mario Monti)* – wurde sie mit wesentlichen Änderungen durch die **neue „Kartell-Verordnung" 1/2003 (ABl. L 1/1)** abgelöst (Rz. 14, 45 ff.). 1989 wurde mit der FusionskontrollVO (VO 4064/89, Rz. 33) zudem ein neues Instrument geschaffen, das parallel zur KartellVO zum 1.5.2004 durch einen Nachfolger ersetzt wurde (VO 139/2004, ABl. L 24/1). Außerdem erlässt die KOM – gestützt insbesondere auf den heutigen Art. 105 AEUV – jährlich eine Vielzahl von **Einzelentscheidungen** gegenüber Unternehmen (Rz. 45; Gesamtüberblick des geltenden EU-Wettbewerbsrechts in: Fundstellenverzeichnis des geltenden EU-Rechts 08.10 – 08.90). In vielen Punkten war und ist freilich **wettbewerbliche „Realpolitik"** der EU angesichts der **unterschiedlichen „Wirtschaftsphilosophien"** in den MSen unvermeidlich. Trotz ihrer Kompromisshaftigkeit hat die EU-Wettbewerbspolitik durch ihre Anstrengungen, übermäßige private und auch öffentliche Wirtschaftsmacht im Interesse der Marktbürger und des Florierens der europäischen Wirtschaft zu bändigen, **wesentlich zum ökonomischen Erfolg der EU beigetragen.** Insgesamt hat sich dabei die **europäische Wettbewerbsphilosophie** in jüngerer Zeit etwas von ihren traditionellen Wurzeln gelöst und neigt zu einer flexiblen, wie erwähnt eher wirtschaftlichen als juristischen Betrachtungsweise (u. a. Übergang vom Verbots- zum Legalausnahmesystem mit der neuen Kartell-VO 1/2003, Rz. 20; neue Maßstäbe zur Fusionskontrolle mit der VO 139/2004, Rz. 33 ff.). Zudem werden verstärkt bestimmte Schwerpunkte, etwa mit Blick auf die **Liberalisierung öffentlich regulierter Märkte** (Telekommunikation, Post, Verkehr, Energie u. a.), gesetzt.

3. Grundbegriffe des europäischen Wettbewerbsrechts

Literatur: *Degen,* Die Zwischenstaatsklausel des europäischen und deutschen Kartellrechts, 2004; *Terhechte,* Die ungeschriebenen Tatbestandsmerkmale des europäischen Wettbewerbsrechts, 2004; *Haar-*

mann, Die Verpflichtungszusage im Europäischen Wettbewerbsrecht, 2006; *Müller,* Abschied vom Bedarfsmarktkonzept bei der Marktabgrenzung?, 2007; *Frenz/Ehlenz,* Die Verhältnismäßigkeit im Wettbewerbsrecht – „Alrosa", EWS 2010, 305; *Krispenz,* Das Merkmal der wirtschaftlichen Tätigkeit im Unternehmensbegriff des Europäischen Kartellrechts, 2010; *Heinichen,* Unternehmensbegriff und Haftungsnachfolge im Europäischen Kartellrecht, 2011; *Hoffmann,* Art. 101 und 102 AEUV im Überblick, in: Dauses (Hrsg.) HB EU-WirtschR, H, 2011; *de Bronett,* „Unternehmen" als „wirtschaftliche Einheiten" – Das neue EU-Kartellrecht nach der Rechtsprechung des EuGH in der Rs. C-97/08 P – „Akzo Nobel", EWS 2012, 113; *Weiß,* Der Unternehmensbegriff im europäischen und deutschen Kartellrecht, 2012.

a) Adressaten des Wettbewerbsrechts

9 Adressaten der Art. 101 ff. AEUV sind vor allem **Unternehmen und Unternehmensvereinigungen.** Der unionsrechtliche Unternehmensbegriff ist funktional und im Ergebnis eher weit zu verstehen: Er erfasst „jede eine **wirtschaftliche Tätigkeit** ausübende Einheit, unabhängig von ihrer Rechtsform und der Art ihrer Finanzierung" (EuGHE 1995, I-637, verb. Rs. C-159 f./91 „Poucet"). Gemeint ist damit grundsätzlich jede gegen Entgelt vorgenommene Tätigkeit; Gewinnerzielung wird nicht verlangt. Nur im unionsrechtlichen Sinne als hoheitlich zu qualifizierende Tätigkeiten bleiben ausgeklammert (vgl. auch EuGHE 1994, I-43, Rs. C-364/92 „SAT Fluggesellschaft"). Im Ergebnis werden etwa auch entsprechende Tätigkeiten des Staates wie die Arbeitsvermittlung (EuGHE 1991, I-1979, Rs. C-41/90 „Höfner und Elser") oder auch gemeinnützige Unternehmen (EuGHE 1999, I-5751, Rs. C-67/96 „Albany") erfasst, ebenso eine gesetzlich vorgeschriebene Fortbildung (EuGH, Urteil vom 28.2.2013, Rs. C-1/12 „Ordem dos Técnicos Oficiais de Contas"). Verhalten von Tochterunternehmen können der Muttergesellschaft zugerechnet werden, wenn erstere ihr Marktverhalten nicht autonom bestimmen können; dies wird bei Eignerschaft zu 100 % – im Lichte der Unschuldsvermutung nicht unproblematisch – vermutet (EuGHE 2009, I-8237, Rs. 97/08 P „Akzo Nobel"). Unternehmensvereinigungen sind Zusammenschlüsse wirtschaftlich selbständiger Unternehmen, also insbesondere potentieller Konkurrenten. Auch hier kommt es auf die Rechtsform oder -grundlage nicht an. In der jahrzehntelangen Praxis ist das Kartellverbot in den privaten und öffentlichen Wirtschaftsbereichen im weitesten Sinne zur Anwendung gelangt (Industrie, Handel, Verkehr, Dienstleistungen einschließlich Finanzdienstleistungen, Gesundheitswesen (Rz. 33/53), freie Berufe, einschließlich der jeweiligen Standesorganisationen, Telekommunikation, Medien (einschließlich der Fernsehrechte – Fußball!; vgl. noch Rz. 34/34) u. a. m. – Gesamtüberblick in den jährlichen Berichten der GD Wettbewerb der KOM „Die Wettbewerbspolitik der EU"). Art. 101 f. AEUV gelten auch für öffentliche Unternehmen unmittelbar (zu Art. 102 AEUV EuGHE 2000, I-4217, Rs. C-258/98 „Carra u. a."), doch ist die Sondervorschrift des Art. 106 AEUV zu beachten (Rz. 21/40 ff.). Einrichtungen, die wirtschaftliche Güter – auch in großem Umfang – erwerben, aber nur zu nicht-wirtschaftlichen Zwecken nutzen, stellen dagegen keine Unternehmen dar (EuGHE 2006, I-6295, Rs. C-205/03 P „FENIN"), erst recht nicht der **private Endverbraucher.**

Besondere kartellrechtliche Fragen ergeben sich bei aus mehreren Unternehmen bestehenden **Konzernen** oder bei Gemeinschaftsunternehmen i. S. eines von zwei oder mehr Unternehmen gemeinsam kontrollierten Unternehmens (bes. Tochtergesellschaften; näher *Kurz,* WuW 1986, 765). Im Regelfall besteht zwischen diesen kein Wettbewerb, so dass dieser auch nicht beschränkt werden kann (vgl. noch Rz. 17). – Im Rahmen der völkerrechtlich gezogenen Grenzen können die Unionsorgane auch gegen Unternehmen vorgehen, deren Sitz sich in einem Drittstaat befindet, wenn sich die Wirkungen der Vereinbarungen etc. im Geltungsbereich des EUV bemerkbar machen (Rz. 40 ff.).

Die **Mitgliedstaaten** sind nach Art. 101 f. AEUV i. V. m. Art. 4 Abs. 2 EUV verpflichtet, keine die Entstehung eines Kartells (oder einer missbräuchlich zu nutzenden beherrschenden Stellung) begünstigenden Maßnahmen zu ergreifen (EuGHE 1987, 3801, Rs. 311/85 „Vlaamse Reisbureaus"); entsprechendes gilt für **private Verbände,** die über bereichsspezifische Regulierungsmacht verfügen. Erlassen Mitgliedstaaten oder private Verbände im Rahmen ihrer Zuständigkeit allgemeine Regelungen, sind diese aber, ohne dass das Unionsrecht deswegen eine generelle, über Art. 101 Abs. 3 AEUV hinausgehende „rule of reason" kennt, mit dem Unionsrecht vereinbar, wenn sie ein legitimes Allgemeininteresse verfolgen und insoweit auch verhältnismäßig sind (EuGHE 2002, I-1577, Rs. C-309/99 „Wouters"; siehe etwa auch Rz. 34/34 zu Sportverbänden). 10

b) Relevanter Markt

Die Instrumente des Wettbewerbsrechts können nur zur Anwendung kommen, wenn der Wettbewerb auf einem bestimmten Markt beeinträchtigt ist (oder beeinträchtigt zu werden droht). Unternehmen stehen nicht abstrakt, sondern auf einem bestimmten, **konkreten Markt** (zur Marktphilosophie bereits oben Rz. 18/8) in Konkurrenz. Ein solcher ist dadurch gekennzeichnet, dass verschiedene handelbare **Produkte** (Waren, Dienstleistungen) untereinander austauschbar sind; entsprechend der Weite des Unternehmensbegriffs (Rz. 9) kommt auch hier der gesamte Wirtschaftsverkehr in Betracht (EuGHE 1987, 405, Rs. 45/85 „Verband der Sachversicherer"). Als entscheidend wird vielfach angesehen, ob und inwieweit nach dem tatsächlichen Marktgeschehen bestimmte **Produkte** oder **Leistungen** nach ihren Eigenschaften, ihrem Preis und ihrem Verwendungszweck als **gleichartig** oder **funktional äquivalent** angesehen werden mit der Folge, dass sie austauschbar sind („Bedarfsmarktkonzept"). 11

Dieses Konzept wird in jüngerer Zeit zunehmend nuanciert mit dem Argument, dass primär zu fragen sei, inwieweit **ein Unternehmen** auf **andere Rücksicht** nehmen muss; das Bedarfsmarktkonzept erfülle insoweit nur eine Hilfsfunktion. Dementsprechend ist bei der Kartellaufsicht zu fragen, welche Konsequenzen sich für andere Unternehmen ergeben, während bei der Missbrauchsaufsicht und der Fusionskontrolle zu prüfen ist, ob die fraglichen Unternehmen selbst noch hinreichendem Wettbewerbsdruck ausgesetzt sind. Praktische Relevanz entfaltet dieser Punkt vor allem bei der Prüfung der Spürbarkeit einer Wettbewerbsbeeinträchtigung (Rz. 18).

Märkte bestehen dabei nicht nur für Anbieter, sondern auch für Abnehmer. Auch unterschiedliche Vertriebsstufen (Groß-, Einzelhandel) konstituieren verschiedene Märkte. Einen Test bildet die Frage, ob Preiserhöhungen in einem Bereich auf den anderen durchschlagen. Insgesamt neigt die Rechtsprechung zu einer eher kleinteiligen Betrachtung (etwa EuGHE 1978, 207, Rs. 27/76 „United Brands" – Bananen bilden einen eigenen Markt – oder EuGHE 1979, 461, Rs. 85/76 „Hoffmann-La Roche" – jede Vitamingruppe bildet einen eigenen Markt; näher: Bekanntmachung der KOM über die Definition des relevanten Marktes im Sinne des Wettbewerbsrechts der Gemeinschaft, ABl. 1997, C 372/5).

Räumlich muss der Wettbewerb in der **Union** insgesamt, zumindest aber in **wesentlichen Teilen** eingeschränkt werden (= Betätigung in einem oder mehreren MSen oder in einzelnen großen Regionen oder wichtigen Häfen der Union, vgl. EuGHE 1974, 313, Rs. 127/73 „BRT-II"; Europ. Komm., ABl. 1994, L 15/8: „Sea Containers"). Geht der relevante Markt über das Gebiet der Union hinaus, dürfte regelmäßig auch der Wettbewerb in der Union betroffen sein.

c) Zwischenstaatsklausel

12 Kartelle wie die Ausnutzung einer beherrschenden Stellung sind schließlich nach Art. 101 f. AEUV nur verboten, wenn sie geeignet sind, **den Handel zwischen MSen** zu beschränken. Allein national oder nur im Verhältnis zu Drittstaaten wirkende Maßnahmen werden daher nach nationalem Wettbewerbsrecht behandelt. Dabei setzt Art. 101 AEUV nicht zwingend voraus, dass die Beteiligten in mehreren Mitgliedstaaten ansässig sind. Der Gerichtshof stellt nämlich bei der Beurteilung der Auswirkung innerhalb der Union besonders darauf ab, ob Nachteile für die Verwirklichung der Ziele eines einheitlichen Marktes zu erwarten sind (EuGHE 1969, 295, Rs. 5/69 „Völk/Vervaecke"). Daher bezieht seine Rechtsprechung z. B. auch national „weit verbreitete" gleichartige Vereinbarungen (Bsp. Bier-Alleinbezugsverträge) ein (EuGHE 1967, 543, Rs. 23/67 „Brasserie de Haecht"). Nach der einschlägigen Leitlinie der KOM (ABl. 2004, C 101/81) ist dieses Kriterium nur dann nicht gegeben, wenn der gesamte Marktanteil der Beteiligten 5 % und deren Jahresumsatz mit den betroffenen Produkten 40 Mio € nicht überschreitet.

d) Bereichsspezifische Regeln

13 Für bestimmte Wirtschaftszweige oder -bereiche gelten Sonderregeln. Neben der Ausnahmebestimmung zu **öffentlichen Unternehmen** (Art. 106 Abs. 2 AEUV) ist auf Art. 42 AEUV (Rz. 24/14) zur **Landwirtschaft** hinzuweisen; die spezifischen Auswirkungen der Art. 101 f. AEUV auf das Recht des **geistigen Eigentums** werden im dortigen Zusammenhang erläutert (Rz. 36/22 f.).

II. Das Kartellverbot und seine Ausnahmen (Art. 101 AEUV)

Literatur: *Regmann,* Immanente Schranken des europäischen Kartellverbots, 2003; *Schrauwen,* The Rule of Reason, 2004; *Koch,* Beurteilungsspielräume bei der Anwendung des Art. 81 Abs. 3 EG, ZWeR 2005, 380; *Nazzini,* Article 81 between time present and time past, CMLRev 2006, 497; *Bechtold,* Kleine und Mittlere Unternehmen im europäischen Kartellrecht, EWS 2007, 433; *Jürgens,* Strukturkrisenkartelle im deutschen und europäischen Kartellrecht, 2007; *Pace,* European Antitrust Law, 2007; *Rabus,* Die Behandlung von Effizienzvorteilen in der europäischen Fusionskontrolle und in Art. 81 Abs. 3 EG, 2008; *Vallindas,* Essai sur la rationalité du droit communautaire des concentrations, 2009; *Semmelmann,* Social Policy Goals in the Interpretation of Article 81, 2008; *Galle,* Ein wirtschaftlicher Ansatz im Kartellrecht, 2010; *Harding/Joshua,* Regulating Cartels in Europe, 2010; *Bechtold,* Theorie und Praxis des europäischen Kartellverbots, FS Scheuing, 2011, 467; *Emmerich/Hoffmann,* Art. 101 AEUV – Kartellverbot, in: Dauses (Hrsg.) HB EU-WirtschR, H I § 2, 2011; *Mäger* (Hrsg.), Europäisches Kartellrecht, 2. Aufl. 2011; *Bailey,* Restrictions of competition by object under Article 101 TFEU, CMLRev 2012, 559; *Liebscher* u. a. (Hrsg.), Handbuch der EU-Gruppenfreistellungsverordnungen, 2. Aufl. 2012; *Breuer,* Das EU-Kartellrecht im Kraftfeld der Unionstätigkeit: die finale Programmierung der Unionstätigkeit durch die Querschnittsklauseln am Beispiel des Art. 101 AEUV, 2013; *Petzold,* Die Kosten-Preis-Schere im EU-Kartellrecht, 2012; *Breuer,* Das EU-Kartellrecht im Kraftfeld der Unionsziele, 2013; *Schweitzer,* Das binnenmarktliche Kartellverbot und Freistellungsrecht, in: Müller-Graff (Hrsg.), EnzEuR IV, 2014, § 8.

1. Grundstruktur

14 Art. 101 Abs. 1 AEUV beinhaltet ein **grundsätzliches Verbot** bestimmter Vereinbarungen, Beschlüsse und aufeinander abgestimmter Verhaltensweisen zwischen Unternehmen bzw. Unternehmensvereinigungen **(„Kartellverbot")**. Im Einzelnen werden dort unter lit. a)–e) einige **wichtige Typfälle** solcher verbotener Vereinbarungen (z. B. Preisabsprachen, Marktaufteilungen) näher benannt (zu diesem „Beispielskatalog" *Zimmer,* in: Immenga/Mestmäcker (Hrsg.), Wettbewerbsrecht, Band 1 – EU, 2012,

Art. 101 Abs. 1 Rn. 232ff.). Da das Kartellverbot **unmittelbar gilt,** sind dagegen verstoßende Vereinbarungen usw. **nichtig** (Art. 101 Abs. 2 AEUV und EuGHE 1962, 97, Rs. 13/61 „De Geus/Bosch" st. Rspr.; Rz. 22), soweit nicht eine Ausnahme eingreift. Das Kartellverbot wird durch die gemäß Art. 103 AEUV erlassene **Verordnung Nr. 1/2003** (ABl. L 1/1 = Sart. II Ziff. 165) und weitere Vorschriften näher ausgeführt und verfahrensmäßig geregelt.

Im Einzelnen setzt ein Kartell voraus eine Vereinbarung etc. (Rz. 16) zwischen Unternehmen und Unternehmensverbänden (Rz. 9), die auf dem relevanten Markt (Rz. 11) den Wettbewerb beschränken (Rz. 17) und so den Handel zwischen den Mitgliedstaaten (Rz. 12) – spürbar (Rz. 18) – beeinträchtigen. Zu diesen Tatbestandsmerkmalen von Art. 101 AEUV hat sich in der jahrzehntelangen Praxis eine **detaillierte Rechtsdogmatik** entwickelt, die hier nur in wenigen grundsätzlichen Punkten dargestellt werden kann. 15

a) Kartellbegriff

Im Sinne eines möglichst effektiven Wettbewerbsschutzes werden die Vereinbarungen, Beschlüsse und aufeinander abgestimmten Verhaltensweisen in einem eher wirtschaftlichen als streng juristischen Sinne **weit verstanden.** Neben förmlichen Verträgen fällt auch ein – leichter nachweisbares – faktisches Verhalten, „moralisches" gentlemen's agreement oder eine aufeinander abgestimmte Verhaltensweise („meeting of the minds") in den Anwendungsbereich der Norm (hierzu etwa EuGE 1992, II-1021, Rs. T-13/89 „Polypropylen"). Dabei ergeben sich schwierige Abgrenzungsfragen zum bloßen (durch den Markt erzwungenen) **Parallelverhalten,** insbesondere auf oligopolistischen Märkten (vgl. etwa EuGHE 1972, 713, Rs. 49/69 „BASF"; 1993, I-1307, verb. Rs. C-89/85 u. a. „Ahlström"; näher zum Kartellbegriff *Dörr/Haus,* JuS 2001, 313). Als „Todsünden" gegen das Kartellverbot gelten die **„Hardcore-Kartelle",** nämlich Absprachen über Preise, Mengen und Gebiete (dazu *Terhechte,* ZaöRV 2008, 689). Auch der Austausch zwischen Unternehmen von Informationen über wettbewerbsrelevantes Verhalten stellt regelmäßig einen Verstoß dar (EuGHE 2009, I-4529, Rs. C-8/08 „T-Mobile Netherlands"). Zu Einzelheiten von horizontalen und vertikalen Vereinbarungen siehe Rz. 23ff., zu geistigen Eigentumsrechten Rz. 36/22f. 16

b) Wettbewerbsbeschränkung

Nur diejenigen Vereinbarungen usf. sind verboten, die eine Verhinderung oder Beschränkung, also eine Verfälschung des Wettbewerbs (vgl. dazu schon Rz. 2) in der Union auf dem relevanten Markt (Rz. 11) **„bezwecken oder bewirken".** Die Absicht der Wettbewerbsverfälschung usf. führt also automatisch zu einem Verbot, aber ebenso das absichtslose objektive „Bewirken" (näher EuGHE 2008, I-8637, Rs. C-209/07 „Beef Industry Development Society"). Die objektive Eignung der Maßnahme reicht insoweit; die Wettbewerbsbeschränkung muss nicht eintreten (EuGHE 2006, I-11125, Rs. C-238/05 „Asnef-Equifax"). Der Vertragstext enthält eine nicht abschließende Aufzählung von Beispielen. Der Wettbewerb wird umfassend geschützt, sowohl gegen subjektive wie gegen effektive Gefährdungen. Dabei liegt eine Wettbewerbsbeschränkung bereits dann vor, wenn die Entscheidungsfreiheit einzelner Wirtschaftsteilnehmer beeinträchtigt wird; die eingangs erwähnten funktionalen Erwägungen (Rz. 3) kommen erst bei der Anwendung von Abs. 3 zum Tragen. Nur Verhaltensweisen, die ökonomisch notwendig sind, um einen bestimmten Markt über- 17 haupt erst zu schaffen oder Unternehmen den Zugang zu diesem zu eröffnen, werden bereits von Abs. 1 nicht erfasst. Auch eine konzerninterne Regelung stellt zumeist mangels Wettbewerbs keine Beschränkung dar (Rz. 9).

c) Spürbarkeitsklausel

18 Anerkanntermaßen ist eine Wettbewerbsbeeinträchtigung nur unzulässig, wenn sie auch **„spürbar"** ist (EuGHE 1969, 295, Rs. 5/69 „Völk/Vervaecke", st. Rspr.). Sogenannte **„Bagatellkartelle"** fallen nicht unter das Verbot. Die KOM hat die „Spürbarkeitsgrenze" ab einem Marktanteil der beteiligten Parteien von 10% im Binnenmarkt bei horizontalen und von 15% bei vertikalen Vereinbarungen festgelegt (Bekanntmachung über Vereinbarungen von geringer Bedeutung, ABl. 2001, C 368/13, sog. „De-minimis-Bekanntmachung"). Für nationale Stellen ist diese Konkretisierung aber – auch bei der Anwendung europäischen Rechts – nicht verbindlich (EuGH, Urteil vom 13.12.2012, Rs. C-226/11 „Expedia").

d) Ausnahme nach Absatz 3

19 Eine Ausnahme vom Kartellverbot enthält Art. 101 Abs. 3 AEUV. Hintergrund ist der Umstand, dass ökonomisch betrachtet (vgl. Rz. 3f.) etliche Formen der Zusammenarbeit von Unternehmen durchaus nützlich sein können. Danach sind Vereinbarungen usw., die an sich unter das Verbot des Abs. 1 fallen, von diesem freigestellt, wenn sie zum technischen oder wirtschaftlichen Fortschritt beitragen, etwa im Bereich des Umweltschutzes, und so der Verbesserung von Forschung, Produktion oder Vertrieb dienen. Die **Vorteile** müssen – grundsätzlich auf dem betreffenden Markt – **kumulativ** den **Unternehmen** wie dem **Verbraucher** zugute kommen (EuGHE 1966, 321, verb. Rs. 56 und 58/64 „Consten und Grundig"). Außerdem muss die Verhältnismäßigkeit gewahrt bleiben: Der Wettbewerb darf nur soweit eingeschränkt werden wie dies unbedingt erforderlich ist, und er muss in wesentlichen Teilen erhalten bleiben (EuGHE 2006, I-11125, Rs. C-238/05 „Asnef-Equifax"); die Wettbewerbseinschränkung muss sich auch gesamtwirtschaftlich als vorteilhaft erweisen (vgl. auch Rz. 3).

20 Verfahrensmäßig setzte die Inanspruchnahme dieser Ausnahme bis 2003 eine entsprechende – vorherige – **Entscheidung der KOM** voraus, die die Freistellung entweder im Einzelfalle oder für Gruppen von Vereinbarungen („Gruppenfreistellung") erteilen konnte. Von dieser Möglichkeit der Gruppenfreistellung wurde und wird auch weiterhin umfänglich Gebrauch gemacht (Rz. 21). Nunmehr stellt Art. 101 Abs. 3 AEUV gemäß Art. 1 Abs. 2 VO 1/2003 eine **direkt anwendbare Legalausnahme** vom Verbot des Abs. 1 dar. Vereinbarungen, die unter Abs. 3 fallen, sind nicht verboten, ohne dass es noch einer ausdrücklichen Entscheidung bedarf. Eine Kontrolle erfolgt in diesem Fall nur noch ex post – durch die KOM oder die nationalen Behörden oder Gerichte (Rz. 45ff.). Zur Abmilderung der damit verbundenen Rechtsunsicherheit hat die KOM eine Leitlinie erlassen (ABl. 2004, C 101/97). Daneben kann die KOM aber auch weiterhin durch Rechtsakt (mit Bindungswirkung auch gegenüber den nationalen Behörden und den Gerichten, insoweit unter Vorbehalt gerichtlicher Aufhebung durch den EuGH nach Art. 267 AEUV, siehe Art. 16 VO 1/2003 und Rz. 50) eine Freistellung aussprechen. Diese Gruppenfreistellungen (GVOen) sind im Sinne von Art. 1 Abs. 2 VO 1/2003 (deklaratorische) Klarstellungen der Nichtanwendbarkeit des Kartellverbots.

Die VO 1/2003 vollzog damit einen **Systemwechsel** gegenüber der Vorgänger-VO Nr. 17 aus dem Jahre 1962. Dieser aus Kapazitätsgründen im Vorfeld der Beitrittsrunde 2004 wohl unvermeidliche Schritt wurde insbesondere von deutscher Seite kritisiert, da er nicht ohne weiteres mit dem Wortlaut von Art. 101 Abs. 3 AEUV vereinbar erschien und zudem im Ergebnis zu einer geringeren Effizienz der europäischen Kartellkontrolle führe (*Koenigs,* DB 2003, 755; *Möschel,* FS K. Nörr, 2003, 609; *K. Schmidt,* BB 2003, 1237). Der EuGH aber hat den Wechsel implizit als rechtmäßig angesehen (EuGHE 2006, I-11125, Rs. C-238/05 „Asnef-Equifax").

Wesentliche Rechtsgrundlage für die GVOen sind die vom Rat 1965 und 1971 erlassenen **VOen 19/65** (ABl. 1965, S. 533, Änderungen) und **2821/71** (ABl. 1971, L 285/46, Änderungen). Sie **ermächtigen die KOM** zum Erlass branchenspezifischer GVOen und verschaffen ihr damit eine starke Position in diesem Bereich. Die VO 1217/2010 der KOM (ABl. L 335/36) regelt Freistellungen zugunsten von **Forschung und Entwicklung,** die VO 1218/1210 (ABl. L 335/43) **Spezialisierungsvereinbarungen,** die VO 772/2004 (ABl. L 123/11) Freistellungen im Zusammenhang mit dem **Transfer von Technologie.** Auch der **Umweltschutz** kann ein Freistellungsgrund sein. Ferner bestehen eine Reihe von branchenspezifischen Freistellungsregelungen. Siehe ferner Rn. 23f. zu horizontalen und vertikalen Vertriebsbeschränkungen. 21

Eine weitergehende Ausnahme vom Kartellverbot im Sinne einer offenen **„rule of reason"** im Sinne des US-amerikanischen Kartellrechts, etwa zugunsten von legitimen Allgemeinwohlzwecken, gibt es grundsätzlich nicht, auch wenn die Praxis zum Teil dahin tendiert (vgl. Rz. 24). Maßnahmen des Staates oder von Verbänden können allerdings zulässig sein, wenn sie im Interesse der Allgemeinheit gerechtfertigt sind (Rz. 10).

e) Rechtsfolgen des Kartellverbotes

Unter Art. 101 Abs. 1 AEUV fallende und nicht nach Abs. 3 zulässige Vereinbarungen sind gemäß Abs. 2 ipso iure nichtig. Diese Nichtigkeit entfaltet **zivil- und öffentlichrechtliche Folgen.** Zivilrechtlich können Konkurrenten Unterlassung verlangen und Schadensersatz geltend machen (Rz. 51). Öffentlichrechtlich kann das Verbot außerdem zu **verwaltungsrechtlichen Sanktionen** seitens der KOM (Abstellungsanordnung, Zwangsgeld, Bußgeld, unten Rz. 45) oder der nationalen Behörden (Rz. 48) führen. 22

2. Einzelheiten zu horizontalen und vertikalen Vereinbarungen

Literatur: *Pampel,* Rechtsnatur und Rechtswirkungen horizontaler und vertikaler Leitlinien im reformierten europäischen Wettbewerbsrecht, 2004; *Deselaers/Seeliger,* Die Leitlinien der Kommission zur Bewertung nicht-horizontaler Zusammenschlüsse, EWS 2008, 57; *Lianos,* Collusion in vertical relations under Article 81 EC, CMLRev 2008, 1027; *Sosnitza/Hoffmann,* Die Zukunft der vertikalen Preisbindung im Europäischen Kartellrecht, AG 2008, 107; *Simon,* Die neue Kartellrechtsverordnung (EU) Nr. 330/2010 für Vertriebs- und Lieferverträge, EWS 2010, 497; *Wish/Bailey,* Regulation 330/2010: The Commission's new block exemption for vertical agreements, CMLRev 2010, 1757; *Gheur/Petit* (Hrsg.), Vertical Restraints and Distribution Agreements under EU Competition Law, 2011; *Schultze/Pautke/Wagener,* Die Gruppenfreistellungsverordnung für vertikale Vereinbarungen: Praxiskommentar 3. Aufl. 2011.

Beim Kartellverbot nach Art. 101 AEUV unterscheidet man herkömmlicherweise **„horizontale"** Absprachen zwischen tatsächlichen oder potentiellen Wettbewerbern von **„vertikalen"** Absprachen zwischen Unternehmen auf verschiedenen Stufen des Vertriebes von Produkten. Bei letzteren spielt in der Praxis der Komplex der **Alleinvertriebs- und selektiven Vertriebssysteme** eine besondere Rolle. 23

a) Horizontale Vereinbarungen

Hierunter versteht man wettbewerbliche Vereinbarungen usf. zwischen Unternehmen der **gleichen Produktions- oder Handelsstufe.** Praktische Beispiele bilden (vielfach kombinierte) Absprachen über **Preise** und **Mengen** (siehe etwa zu Absprachen bei PVC EuGHE 2002, I-8375, Rs. 238/99 P „Limburgse Vinyl Maatschappij", zu Lysin EuGHE 2006, I-4429, Rs. C-397/03 P „Acher Daniels Midland", und zu Vitaminen EuGE 2006, II-497, Rs. T-15/02 „BASF" u. a.). Ebenso gehören hierher Vereinbarungen über die **Aufteilung** eines **Marktes** nach regionalen Kriterien (dazu EuGHE 24

2004, I-123, verb. Rs. C-204/00 P „Aalborg Portland" u. a. zum Zementbereich), die vor allem eine spezifische Gefahr für den Binnenmarkt darstellen, wenn sie an die nationalen Grenzen der MSen anknüpfen, oder nach anderen Gesichtspunkten (EuGE 2005, II-5259, Rs. T-48/02 „Brouwerij Haacht" zur Abgrenzung nach Kundenstämmen; EuGE 2005, II-2917, Rs. T-241/01 „Scandinavian Airlines System" zu Flugstrecken). Weitere Beispiele bilden Gruppenboykotte, Absprachen über Diskriminierungen, gemeinsame Koppelungsverträge oder auch Submissionsabsprachen (im Vorfeld der Vergabe öffentlicher Aufträge; zu diesen Rz. 21/57 ff.). Demgegenüber kann etwa eine Zusammenarbeit im Bereich der Forschung über Art. 101 Abs. 3 AEUV gerechtfertigt sein.

Die KOM hat **Leitlinien** zur Anwendbarkeit von Art. 101 AEUV auf Vereinbarungen über horizontale Zusammenarbeit erlassen (derzeit ABl. 2011, C 11/1). Sie stellen formal unverbindliche, aber praktisch wichtige **Orientierungen** für die Kommissionspraxis dar, von denen nicht ohne Grund abgewichen werden darf. Ihr Grundgedanke ist, Absprachen dann nicht als unzulässig anzusehen, wenn sie sich bei wirtschaftlicher Betrachtung rechtfertigen lassen (**„Rule of Reason"**-Betrachtungsweise).

b) Vertikale Vereinbarungen

25 Vertikale Wettbewerbsvereinbarungen sind solche zwischen Unternehmen auf **verschiedenen Stufen des Wirtschaftsprozesses.** Oftmals handelt es sich um Absprachen zwischen produzierenden Unternehmen und ihren Abnehmern auf der Handelsstufe (*Ackermann,* EuZW 1997, 271). Solche vertikalen Abreden werden von Art. 101 AEUV ebenfalls erfasst, wie der EuGH bereits 1966 klargestellt hat. Damals bestätigte er die Beanstandung einer Vereinbarung, mit welcher der französische Vertriebshändler Consten das absolute Alleinvertriebsrecht für den Verkauf deutscher Grundig-Elektroerzeugnisse in Frankreich erhalten hatte (EuGHE 1966, 321, verb. Rs. 56 u. 58/64 „Consten und Grundig"). Solche vertikalen Vereinbarungen, die in unterschiedlichen Formen sowie in großer Zahl bestehen, stellen insbesondere dann eine **schwere Beeinträchtigung** des **Wettbewerbs** im Binnenmarkt dar, wenn damit das Gebiet ganzer MSen gegen parallele Einfuhren aus anderen MSen abgeschottet werden soll.

26 In der Sache geht es bei den vertikalen Vereinbarungen meist um den **Alleinvertrieb** oder den **Alleinbezug** bestimmter Waren zwischen Unternehmen unterschiedlicher Wirtschaftsstufen, ferner um **Alleinbelieferungsverpflichtungen.** Problematisch können Bierbezugsverträge sein (EuGHE 1991, I-935, Rs. C-234/89 „Delimitis"; *Jehle,* EuZW 1991, 372). **„Selektive Vertriebssysteme"**, bei denen auf Grund bestimmter Kriterien nur eine begrenzte Anzahl von Weiterverkäufern mit der Ware beliefert werden, sind zulässig, wenn ihnen nichtdiskriminierende qualitative Kriterien (z. B. fachliche Qualität des Weiterverkäufers) zugrunde liegen (EuGHE 1983, 3151, Rs. 107/82 „AEG-Telefunken" st. Rspr.; *Beutelmann,* Selektive Vertriebssysteme im europäischen Kartellrecht, 2004, und EuGHE 1986, 3021, Rs. 75/84 „Metro"), ferner **Franchise-Vertriebssysteme,** bei denen ein Unternehmen unabhängigen Händlern gegen Vergütung die Verwendung seines Namens und seiner Geschäftsmethoden gestattet. Sie sind in Grenzen zulässig (EuGHE 1986, 353, Rs. 161/84 „Pronuptia"). Bekämpft wird in der EU-Wettbewerbspraxis vor allem die erwähnte Verhinderung von Paralleleinfuhren über Gebietsschutz (etwa EuGHE 1983, 4173, Rs. 319/82 „Kerpen u. Kerpen").

Von allgemeiner Bedeutung ist die VO 330/2010 (ABl. L 102/1). Diese sog. **„Schirm-GVO"** lockert (i. V. m. den entsprechenden Leitlinien der KOM, ABl. 2010, C 130/1) das Verbot vertikaler Vereinbarungen auf („Erlaubt ist, was nicht ausdrücklich verboten ist") und stellt allgemeine Regeln auf; danach setzt ein Verbot einen Marktanteil der Lieferanten von mehr als 30% voraus. Die traditionell im **Kraftfahrzeugbereich** bestehenden Sonderregelungen (VO 1400/2002, ABl. 2002, L 203/30), die zahlreiche exklusive Verbindungen zwischen Herstellern und Händlern ermöglicht hatten, wurden 2010 vor allem für den

Handel mit Ersatzteilen und den Werkstättenbereich deutlich eingeschränkt (jetzt VO 461/2010, ABl. L 129/52; dazu *Wegner,* BB 2010, 1803, 1867). Unzulässig sind auch „Knebelverträge" u. ä., mit denen der **Reimport** von Kraftfahrzeugen in das Herstellerland verhindert werden soll (EuGHE 2003, I-9189, Rs. C-338/00 P „Volkswagen"; *Vogel,* GPR 2004, 40).

III. Der Missbrauch einer marktbeherrschenden Stellung (Art. 102 AEUV)

Literatur: *Albors-Llorens,* The role of objective justification and efficiencies in the application of Article 82 EC, CMLRev 2007, 1727; *Nazzini,* The wood began to move: an essay on consumer welfare, evidence and burden of proof in Article 82 EC cases, ELR 2007, 518; *Nagy,* Refusal to dial and the doctrine of essential facilities in US and EC competition law, ELR 2007, 644; *Lange/Pries,* Möglichkeiten und Grenzen der Missbrauchskontrolle von Koppelungsgeschäften, EWS 2008, 1; *Dezobry,* La théorie des facilités essentielles, 2009; *Gauß,* Die Anwendung des kartellrechtlichen Missbrauchsverbots nach Art. 82 EG (Art. 102 AEUV) in innovativen Märkten, 2009; *Glöckner,* Missbrauchskontrolle im EG-Kartellrecht nach den „Erläuterungen" der KOM und der Europäischen Rechtsprechung, EWS 2009, 401; *Gauß,* Die Anwendung des kartellrechtlichen Missbrauchsverbots nach Art. 82 EG (Art. 102 AEUV) in innovativen Märkten, 2010; *Kjølbye,* Rebates under Art. 82 EC: Navigating uncertain waters?, ECLR 2010, 66; *Witt,* The Commission's Guidance Paper on Abusive Exclusionary Conduct – More radical than it appears?, ELR 2010, 214; *Emmerich,* Art. 102 AEUV – Missbrauchsverbot, in: Dauses (Hrsg.) HB EU-WirtschR, H I § 3, 2011; *Kirchner,* Das Missbrauchsverbot des Art. 102 AEUV: Sinnfälligkeit eines stärker ökonomischen Ansatzes?, in: Schwarze/Müller-Graff (Hrsg.), Neues Europäisches Wirtschafts- und Wettbewerbsrecht, 2011, 103; *Pace,* European Competition Law, 2011; *König,* Vertrauensschutz in der europäischen Fusionskontrolle, 2012; *Krah,* Missbrauch einer marktbeherrschenden Stellung: Kampfpreise – selektive Preissenkungen – Quersubventionen, EuZW 2012, 207; *Temple Lang,* How Can the Problems of Exclusionary Abuses under Article 102 TFEU be resolved?, ELR 2012, 136; *Wurmnest,* Marktmacht und Verdrängungsmissbrauch, 2. Aufl. 2012; *Eilmannsberger,* Das binnenmarktliche Verbot des Missbrauchs marktbeherrschender Stellungen, in: Müller-Graff (Hrsg.), EnzEuR IV, 2014, § 9.

Neben dem Kartellverbot des Art. 101 AEUV stellt das unmittelbar wirkende Verbot 27
der **missbräuchlichen Ausnutzung einer beherrschenden Stellung** auf dem Binnenmarkt oder auf einem wesentlichen Teil desselben durch Unternehmen gemäß Art. 102 AEUV die „zweite tragende Säule des Europäischen Wettbewerbsrechts" dar. Auch dieses Verbot kommt nur zur Anwendung, wenn der Missbrauch dazu führen kann („Eignung", keine „Spürbarkeit", EuGHE 1991, I-1979, Rs. C-41/90 „Höfner und Elser"), **den Handel zwischen MSen zu beeinträchtigen** (zu dieser „Zwischenstaatsklausel" Rz. 12). Art. 102 AEUV bezweckt den Schutz des Wettbewerbs innerhalb des Binnenmarktes, und zwar im Sinne einer **Bekämpfung von Machtmissbrauch durch Monopole und Oligopole.** Art. 101 und 102 AEUV sind je nach Situation kumulativ oder alternativ anwendbar (EuGHE 1972, 619, Rs. 48/69 „Imperial Chemical Industries"; EuGHE 1975, 1663, verb. Rs. 40–48/73 u. a. „Suiker").

1. Marktbeherrschende Stellung

Das zentrale objektive Merkmal des Art. 102 AEUV liegt in der **„beherrschenden** 28
Stellung auf dem Binnenmarkt oder auf einem wesentlichen Teil desselben" durch ein (Monopol) oder mehrere Unternehmen (Oligopol). Die Begriffe „Unternehmen" (Rz. 9) und „Markt" (Rz. 11) werden im Grundsatz wie bei Art. 101 AEUV verstanden – letzterer wie dort dargestellt mit gewissen Akzentunterschieden im Detail. Eine **„Beherrschung"** nimmt der Gerichtshof insbesondere an, wenn das oder die Unternehmen objektiv in der Lage sind, einen wirksamen Wettbewerb auf dem Markt für die betreffenden Erzeugnisse zu verhindern. Dabei reicht die latente Möglichkeit aus, in diesem Sinne wettbewerbshindernd vorzugehen (EuGHE 1971, 487, Rs. 78/70 „Deutsche Grammophon/Metro"; EuGHE 1973, 215, Rs. 6/72 „Continental Can";

EuGHE 1988, 5987, Rs. 247/86 „Alsatel", st. Rspr.). Entscheidend ist letztlich die Fähigkeit eines Unternehmens, sich **unabhängig von Wettbewerbern** zu verhalten (EuGHE 1983, 3461, Rs. 322/81 „Michelin"). Ein **Marktanteil** eines Unternehmens von über 50% liefert „von außergewöhnlichen Umständen abgesehen ohne weiteres den Beweis für das Vorliegen einer beherrschenden Stellung" (EuGHE 1992, I-3439, Rs. C-62/86 „AKZO"). Im Übrigen müssen je nach Situation weitere Elemente hinzukommen. Insgesamt handelt es sich vielfach um eine komplexe Feststellung, da sie i. d. R. vom Gesamturteil über eine Reihe von Faktoren abhängig ist (Marktabgrenzung, Marktanteil, Zahl der Wettbewerber, Marktverhalten u. a.).

2. Missbräuchliche Ausnutzung einer marktbeherrschenden Stellung

29 Die bloße Innehabung einer beherrschenden Stellung führt noch nicht zum Verbot im Sinne des Art. 102 AEUV. Hinzutreten muss die **„missbräuchliche Ausnutzung"** dieser Stellung. Dabei geht es nicht um eine moralische Missbilligung des Marktverhaltens. Art. 102 AEUV normiert keine unerlaubte Handlung und setzt auch nicht Verschulden voraus. Erfolgreicher Wettbewerb auf Grund höherer unternehmerischer Effizienz, der notwendigerweise zur Stärkung von Machtpositionen führt, soll nicht unterbunden werden. Problematisch ist die mit einer marktbeherrschenden Stellung ggf. einhergehende „Marktverschließungsmacht", wenn sie wettbewerbswidrig ist, weil sie Unternehmen ausschließt, die nach ökonomischer Analyse ebenso effizient arbeiten wie das anvisierte Unternehmen (EuGE 2008, II-477, Rs. T-271/03 „Dt. Telekom"; dazu beispielhaft *Barthelmeß,* EWS 2010, 117; vgl. auch Rz. 3f.). Die Erringung von Marktgröße als solche ist nicht verboten; allerdings wird in manchen nationalen Rechtsordnungen darüber diskutiert, Marktgröße auch unabhängig von einem Missbrauch durch Entflechtungsmaßnahmen (= Zerschlagung von Unternehmen) zu bekämpfen (hierzu *Nettesheim/Thomas,* Entflechtung im deutschen Kartellrecht, 2011).

30 Art. 102 S. 2 lit. a)–d) AEUV definiert einige **wichtige Missbrauchsfälle** wie die Erzwingung unangemessener Preise, Erzeugungseinschränkungen zum Schaden der Verbraucher, Treuerabatte, Koppelungsgeschäfte u. a.; die Aufzählung ist aber nicht abschließend (zum geistigen Eigentum siehe Rz. 36/22). Ein Missbrauch liegt allerdings nicht vor, wenn die für den Wettbewerb nachteilige Verdrängungswirkung durch Effizienzvorteile ausgeglichen oder sogar übertroffen wird, die auch dem Verbraucher zugute kommen (EuGHE 2007, I-2331, Rs. C-95/04 P „British Airways"). Eine Freistellung vom Verbot des Art. 102 AEUV scheidet daher aus, da bereits der Tatbestand nur erfüllt ist, wenn ein Missbrauch vorliegt; ein Freistellung nach Art. 101 Abs. 3 bezieht sich nicht zugleich auf Art. 102 AEUV (EuGE 1990, II-309, Rs. T-51/89 „Tetra Pak"). Allerdings kann der Umstand, dass die Voraussetzungen von Art. 101 Abs. 3 erfüllt sind, im Einzelfall gegen die Annahme eines Missbrauchs im Sinne von Art. 102 sprechen (vgl. zur Möglichkeit einer Rechtfertigung im Kontext von Art. 102 AEUV auch EuGE 2007, II-3601, Rs. T-201/04 „Microsoft"). In einer Mitteilung aus dem Jahre 2009 hat die KOM ihre Grundsätze und Prioritäten bei der Anwendung von Art. 102 AEUV bekanntgegeben (ABl. C 45/7).

Wie schon erwähnt (Rz. 27), muss die missbräuchliche Ausnutzung zudem geeignet sein, sich auf den zwischenstaatlichen Handel (Rz. 12) auszuwirken.

31 Im Einzelnen werden **Ausbeutungsmissbrauch** (z. B. bei Preisen oder Konditionen) und **Behinderungsmissbrauch** (z. B. durch extreme Kampfpreise, dazu EuGHE 1991, I-3359, Rs. C-62/86 „Akzo"; durch

Lieferungsverweigerungen, Ausschließlichkeitsbindungen oder durch gezielt behindernden Einsatz von gewerblichen Schutzrechten) unterschieden; der Marktstrukturmissbrauch wird mittlerweile vielfach durch die Fusionskontroll-VO (Rz. 33 ff.) erfasst. Ein Unternehmen, welches **„essential facilities"** (für die Lieferung von Waren bzw. Erbringung von Dienstleistungen auf einem anderen Markt wesentliche Einrichtungen, z. B. ein landesweites Zeitungszustellungssystem) beherrscht, darf konkurrierenden Unternehmen den Zugang zu diesen Einrichtungen nicht ohne sachlichen Grund verweigern. Die Essential Facilities-Doktrin ist jedoch restriktiv zu verstehen, d. h. ein Missbrauch wird nur angenommen, wenn kein potenzieller Ersatz für das System besteht (EuGHE 1998, I-7817, Rs. C-7/97 „Bronner"; *Scheuffele,* Die Essential-Facilities-Doktrin, 2003). Besondere Bedeutung hat dieser Gedanke im Bereich des geistigen Eigentums (Rz. 36/22 f.). Insgesamt sind in der Praxis von KOM und Gerichtshof eine **große Zahl verschiedenster Verhaltensweisen** des marktbeherrschenden Unternehmens als Missbrauchsfälle angesehen worden (ungerechtfertigte Lieferungsverweigerungen wie etwa die Weigerung der Belieferung von Großhändlern, die Parallelausfuhren tätigen (dazu EuGHE 2008, I-7139, verb. Rs. C-468/06 u. a. „Sot. Lélos kai Sia" u. a.), die Auferlegung überhöhter und ungleicher Preise, die unsachliche Koppelung von Leistungen und Bedingungen, die exzessive Ausnutzung eines Urheberrechts u. a. m. (vgl. zur Entscheidungspraxis das Fundstellenverzeichnis des geltenden EU-Rechts 08.30 und *Fuchs/Möschel,* in: Immenga/Mestmäcker, Wettbewerbsrecht, Band 1 – EU, 2012, Art. 102 Rn. 168 ff.).

3. Folgen eines Missbrauches einer marktbeherrschenden Stellung

Art. 102 enthält wie Art. 101 AEUV **ein unmittelbar wirkendes Verbot** (vgl. auch 32
Art. 1 Abs. 3 VO 1/2003). Untersagungsverfügungen der KOM haben daher deklaratorischen Charakter. Die KOM kann auch positive Anweisungen geben, z. B. die Verpflichtung begründen, zu üblichen Konditionen zu liefern. Bei **schuldhaften Verstößen** gegen Art. 102 AEUV können die KOM und nationale Behörden **Geldbußen** verhängen, die in diesen Fällen oft hoch sind (Rz. 47 und 48). Daneben kommt **zivilrechtlich Schadensersatz** in Betracht (Rz. 51).

IV. Die Fusionskontrolle (FusK)

Literatur: Umfangreiche Literaturnachweise bei *Körber,* in: Immenga/Mestmäcker (Hrsg.), Wettbewerbsrecht, Band 1 – EU, Teil 2 (2012), Abschnitt VI; *Montag/Kacholt,* Fusionskontrolle, in: Dauses (Hrsg.), HB EU-WirtschR H. I. § 4 (2012).

Althoff, Die Fusionskontrolle als Instrument zur Realisierung nichtwettbewerblicher Ziele, 2008; *Möschel,* Europäische Fusionskontrolle, ZHR 2008, 716; *Markopoulos,* Die Prognoseentscheidung in der europäischen Fusionskontrolle, 2009; *Wolf,* Effizienzen und europäische Zusammenschlusskontrolle, 2009; *Christiansen,* Der „More Economic Approach" in der EU-Fusionskontrolle, 2010; *Rosenthal/Thomas,* European Merger Control, 2010; *Günther,* Grenzüberschreitende Unternehmenszusammenschlüsse zwischen Marktmacht und Effizienz, 2010; *Altun,* Die Zuständigkeitsverteilung nach der europäischen Fusionskontrollverordnung, 2011; *Wright/Harker/Hviid,* The EU Rules on Standing in Merger Cases: Should Firms Have to Demonstrate „Harm to Competition"?, ELR 2011, 500; *Hirsbrunner,* Und noch ein Leitfaden zur Fusionskontrolle, EWS 2011, 328; *van Gerven,* Cross-Border Mergers in Europe, 2011; *Wapler,* Die Effizienz in der EU-Fusionskontrolle: eine Untersuchung über die Bedeutung von Effizienzgewinnen in der Fusionskontrolle der EU nach Art. 2 FKVO 139/2004, 2011; *Witt,* From *Airtours* to *Ryanair:* Is the more economic approach to EU merger law really about more economics?, CMLRev 2012, 217; *Vorster,* Oligopole in der Fusionskontrolle, 2013.

Ein weiteres wettbewerbsrechtlich wichtiges Instrument (vgl. z. B. in Deutschland 33
§§ 35 ff. GWB) ist die **Fusions- (= Zusammenschluss)kontrolle.** Sie beruht auf der Überlegung, dass Zusammenschlüsse vorher selbständiger Unternehmen zwar einerseits rationalisierenden Charakter haben und wettbewerbsdienlich sein können, aber auch die Gefahr besteht, dass sich **Monopole, Oligopole** oder anderweitig marktbeherrschende Strukturen bilden, die den Wettbewerb außer Kraft setzen.

1. Entstehung und Entwicklung der europäischen Fusionskontrolle

Im EWGV war die Fusionskontrolle **nicht ausdrücklich geregelt;** die Fusionskontrolle im Montanbereich gemäß Art. 66 EGKSV fand mit diesem Vertrag Mitte 2002 ihr Ende. Da aber Art. 3 EWGV ein System verlangte, das den Wettbewerb insgesamt vor Verfälschung schützt, mahnte der Gerichtshof (EuGHE 1973, 215, Rs. 6/72 „Continental Can"; EuGHE 1987, 4487, verb. Rs. 142 und 154/84 „Philip Morris") den Einsatz von Art. 85f. EWGV im Zusammenhang mit einer Zusammenschlusskontrolle an. Weil diese Normen eine **vorbeugende Fusionskontrolle** (über geplante Zusammenschlüsse) grundsätzlich nicht abdeckten, kam es nach jahrelangen Erörterungen über eine mehr wettbewerblich oder mehr industriepolitische Ausrichtung der FusK zunächst 1989 zum Erlass der auf Art. 87, 235 EWGV (heute Art. 103, 352 AEUV) gestützten VO 4064/89 über die Kontrolle von Unternehmenszusammenschlüssen. 1997 erfolgte eine grundlegende Reform, in deren Rahmen etwa die Eingriffsvoraussetzungen ausgeweitet wurden und die verfahrensrechtlichen Regelungen praktischen Erfahrungen angepasst wurden. Nachdem EuG und EuGH wichtige Fusionsverbote der KOM (Airtours/Tetra, Laval/Schneider-Legrand, MCI/Sprint) wegen mangelnder Tatsachenermittlung, unzureichender Beweiswürdigung und voreiliger Schlussfolgerungen aufhoben, wurde parallel zur Novellierung des Kartellrechts (Rz. 20) auch die **Fusionskontrollverordnung neu gefasst (VO 139/2004 = FusK-VO,** ABl. L 24/1 = Sart. II, Ziff. 170; *Staebe/Denzel,* EWS 2004, 194) erlassen. Sie ist wie die VO 1/2003 am 1.5.2004 in Kraft getreten und wird von der DurchführungsVO 802/2004 (ABl. L 133/1; Änderungen) ergänzt.

34 Infolge der Konzentrationstendenzen in der europäischen und internationalen Wirtschaft ist die vorbeugende Fusionskontrolle – früher nach der VO 4064/89 und jetzt nach VO 139/2004 – zu einem **wichtigen Instrument des EU-Wettbewerbsrechts** geworden (zu den Vereinbarkeits- bzw. Unvereinbarkeitsentscheidungen der KOM siehe Fundstellenverzeichnis des geltenden EU-Rechts 08.40; *Canenbley/Hölzler/Wiedemann,* Fallsammlung zur Europäischen FusK, 1997ff.). Die KOM hatte öfters **wirtschaftspolitisch bedeutsame Großfusionen** zu beurteilen, wobei sie verschiedentlich vor Unvereinbarkeitserklärungen nicht zurückschreckte (z. B. Bertelsmann/Kirch 1998, General Electric/Honeywell 2001, dazu noch Rz. 40; siehe anderseits die Vereinbarkeitserklärungen zugunsten VEBA/VIAG 2000, AOL/Time Warner 2001). Umstritten blieb der verschiedentlich erhobene Vorwurf an die Adresse der KOM, sie gebe anstelle des vom Vertrag und der FusK-VO gewollten **Primates der Wettbewerbspolitik** industriepolitischen Erwägungen zu viel Raum (*Kerber,* Die europäische Fusionskontrollpraxis und die Wettbewerbskonzeption der EG, 1994; vgl. auch Rz. 37).

Insgesamt hat die Fusionskontrolle seit 1990 immer mehr an Gewicht gewonnen. Neben der Anwendung der VO 1/2003 ist sie ein **zweiter Schwerpunkt** der europäischen Wettbewerbspolitik gegenüber Unternehmen geworden.

2. Gegenstand der Fusionskontrolle: Zusammenschlüsse von unions- weiter Bedeutung (Art. 1, 3 FusK-VO)

35 Eine Fusionskontrolle findet bei **Zusammenschlüssen von unionsweiter Bedeutung** statt. Ein „Zusammenschluss" liegt bei einer Fusion oder der Erlangung der Kontrolle über ein Unternehmen vor, wobei mindestens ein Unternehmen seine Selbständigkeit verliert (näher Art. 3 FusK-VO). Der Zusammenschluss hat unionsweite Bedeutung, wenn alternativ eine von zwei Gruppen von Umsatzschwellen überschritten werden, ohne dass die beteiligten Unternehmen mehr als zwei Drittel ihres unionsweiten Umsatzes in einem Mitgliedstaat machen:

- **Erste Gruppe** (Art. 1 Abs. 2 FusK-VO): der **weltweite** Gesamtumsatz der beteiligten Unternehmen liegt über 5 Mrd. € („Gesamtumsatzklausel") und der **unionsweite** Gesamtumsatz bei mindestens zwei der Unternehmen über je 250 Mio. € („Bagatellklausel").
- **Zweite Gruppe** (Art. 1 Abs. 3 FusK-VO): der **weltweite** Gesamtumsatz der beteiligten Unternehmen liegt über 2,5 Mrd. € sowie in mindestens drei Mitgliedstaaten über 100 Mio. €; außerdem müssen bestimmte weitere Kriterien für den **unionsweiten** Umsatz erfüllt sein.

Zur Ermittlung des Umsatzes siehe die entsprechende Mitteilung der KOM (ABl. 1998, C 66/25).

3. Voraussetzungen des Verbotes eines Zusammenschlusses (Art. 2 FusK-VO)

Unvereinbar mit dem Binnenmarkt und **verboten** sind Zusammenschlüsse, durch die ein **wirksamer Wettbewerb** im Binnenmarkt oder in einem erheblichen Teil desselben **erheblich behindert würde,** insbesondere durch Begründung oder Verstärkung einer beherrschenden Stellung (Art. 2 Abs. 3 FusK-VO: „Significant impediment of effective competition", SIEC-Test). 36

Die VO 139/2004 ist mit diesem „materiellen Test" über die Kriterien der Vorgänger-VO 4064/89 hinausgegangen, die primär allein auf das Vorhandensein einer „beherrschenden Stellung" abstellte. Die neue Regelung ähnelt dem US-amerikanischen **„SLC-Test"** („Significant lessening of competition"; *Böge,* WuW 2004, 138; *Roth,* ZHR 2008, 670).

Das Vorliegen der wettbewerbsbehindernden Wirkung wird nach bestimmten, an die Rspr. des EuGH zu Art. 102 AEUV (oben Rz. 28) angelehnten Kriterien prognostisch in einer **wirtschaftlichen Gesamtbetrachtung** festgestellt. Dabei kann auch eine **oligopolistische („kollektive") Marktbeherrschung** relevant sein (EuGE 2002, II-2585, Rs. T-342/99 „Airtours"; *Bartosch,* EuZW 2002, 645). Ähnlich wie bei Art. 102 AEUV stellt auch hier nicht eine marktbeherrschende Stellung, sondern nur ihr Missbrauch das Problem dar; zudem kann eine unzulässige Marktbehinderung auch ohne Marktbeherrschung entstehen. Letztlich ist daher nicht der Zusammenschluss und die damit erreichte Marktstellung als solche ausschlaggebend; entscheidend ist vielmehr die Frage, wie sich prognostisch betrachtet der Wettbewerb im relevanten Markt nach der Fusion entwickeln wird. Daher kommt gerade in diesem Bereich dem „more economic approach" (Rz. 4) eine wichtige Funktion zu; auch werden – ähnlich Art. 101 Abs. 3 AEUV – die Perspektiven technisch/wirtschaftlichen Fortschrittes im Interesse des Verbrauchers, die durch die Fusion entstehen, in die Entscheidungsfindung einbezogen (vgl. auch Rz. 19, 34). Die KOM verfügt bei der Prüfung über einen Beurteilungsspielraum; ihre Prognosen müssen aber schlüssig begründet sein (EuGHE 2005, I-987, Rs. C-12/03 P „Tetra Laval"). Die KOM hat auf der Grundlage der VO 139/2004 **Leitlinien zur Bewertung horizontaler** (ABl. 2004, C 31/5) und **nichthorizontaler** (ABl. 2008, C 265/6) **Zusammenschlüsse** verabschiedet. Diese enthalten die Prüfungsmaßstäbe auf Grund der bisherigen Praxis und der Rspr. der europäischen Gerichtsbarkeit. Sind die Verbotskriterien nicht erfüllt, ist der Zusammenschluss **erlaubt.** Die KOM stellt dies in einer Vereinbarkeitsentscheidung fest. Anderenfalls ergeht eine **Unvereinbarkeitsentscheidung** (Art. 8 FusK-VO). 37

Komplexe Fragen treten bei sog. „konglomeraten Zusammenschlüssen", also solchen von stark heterogen strukturierten Unternehmen auf. Hier müssen im Grundsatz einschlägige Untersuchungen für alle betroffenen Märkte angestellt werden (EuGE 2005, II-5575, Rs. T-210/01 „General Electric"; *Weidenbach/Leupold,* EWS 2006, 158).

4. Fusionskontrollverfahren (Art. 4 ff. FusK-VO i.V. m. VO 802/2004) und Rechtsschutz

Zusammenschlüsse von unionsweiter Bedeutung müssen vor ihrem Vollzug (dazu *Bosch/Marquier,* EWS 2010, 113) bei der KOM angemeldet werden (Art. 4 Abs. 1 FusK-VO; zu Einzelheiten: VO 802/2004, ABl. L 133/1); bis zur Vereinbarkeitserklärung darf die Fusion grundsätzlich nicht vollzogen werden (Art. 7 Abs. 1 FusK-VO, 38 wobei eine Missachtung zwar sanktioniert, aber keinen Einfluss auf die Genehmigungsentscheidung hat: EuGE 2010, II-185*, Rs. T279/04, bestätigt durch EuGH, Urteil vom 6.11.2012, Rs. C-551/10 „Éditions Odile Jacob"). Das Verfahren der Fusionskontrolle durchläuft anschließend **mehrere Phasen;** ein Überschreiten der genannten Fristen führt zur Fiktion der Genehmigung (Art. 10 Abs. 6 FusK-VO):

- **Vorprüfung (Art. 6 FusK-VO):** Die KOM entscheidet (grundsätzlich innerhalb von 25 Arbeitstagen), ob die Anmeldung unter die FusK-VO fällt bzw. ob Anlass zu ernsthaften Bedenken wegen der Vereinbarkeit mit dem Binnenmarkt bestehen (Art. 6, 10 FusK-VO). In dieser Phase werden in der Praxis bereits die meisten Anmeldungen genehmigt, z. T. unter **Zusagen** der Unternehmen.
- **Hauptprüfung (Art. 8, 10 FusK-VO):** Bei ernsthaften Bedenken vergewissert sich die KOM in bestimmten Fristen (Art. 10 FusK-VO), ob die Voraussetzungen für ein Verbot des Zusammenschlusses gegeben sind. Bei dieser (innerhalb von 90 Arbeitstagen durchzuführenden) Prüfung holt die KOM weitere Auskünfte ein und stellt Nachforschungen an. Den beteiligten Unternehmen wird rechtliches Gehör gewährt. Ein Beratender Ausschuss der MSen wird angehört (Art. 19 FusK-VO).
- **Entscheidung:** Anschließend ergeht nach Art. 8 FusK-VO eine **Vereinbarkeits- bzw. Unvereinbarkeits-, also Verbotsentscheidung** der KOM. Letztere führt u. U. zu Rückabwicklungspflichten (Art. 8 Abs. 4 FusK-VO). Trifft die KOM innerhalb der Frist keine Entscheidung, gilt der Zusammenschluss als genehmigt (Art. 10 Abs. 6 FusK-VO).
- In der Praxis ist bisher die große Mehrzahl der Anmeldungen genehmigt worden, die in die Hauptprüfung gelangten. Öfters kommt es zu **Auflagen.**
- **Rechtsschutz:** Gegen den Beschluss der KOM (einschließlich eines fiktiven B) kann beim **EuG** eine Nichtigkeitsklage mit Berufungsmöglichkeit zum EuGH erhoben werden (zur Kontrolldichte siehe Rz. 37).

Unmittelbare Wettbewerber werden ggf. im Sinne von Art. 263 Abs. 4 AEUV als unmittelbar und individuell betroffen angesehen (EuGE 2003, II-1279, Rs. T-114/02 „BaByliss"; Rz. 13/61). Soll nach einer ergebnislosen Beschwerde eine entsprechende Untätigkeitsklage erhoben werden, muss dies zeitnah geschehen (EuGHE 2003, I-9889, Rs. C-170/02 P „Schlüsselverlag J.S. Moser").

39 Die KOM kann einen angemeldeten Zusammenschluss unter bestimmten Voraussetzungen an die nationale Kartellbehörde (in Deutschland: Bundeskartellamt) **verweisen** (Art. 9 FusK-VO). Die umgekehrte Verweisung an die KOM ist ebenfalls möglich (Art. 22 FusK-VO; zu entsprechenden Antragsmöglichkeiten der Unternehmen siehe Art. 4 Abs. 4 und 5 FusK-VO). Da Zusammenschlüsse von unionsweiter Bedeutung oftmals weltweite Auswirkungen haben, kooperiert die KOM international, insbesondere mit den USA (Abkommen EU-USA über die Anwendung ihrer Wettbewerbsregeln, ABl. 1995, L 95/4) und innerhalb des „Internationalen Wettbewerbsnetzes" (ICN; Rz. 42).

V. Nationales, europäisches und internationales Wettbewerbsrecht

1. Extraterritoriale Wirkungen europäischen Wettbewerbsrechts

Literatur: *Beck,* Extraterritoriale Anwendung des EG-Kartellrechts, RIW 1990, 91; *Basedow,* Weltkartellrecht, 1998; *Pallek,* Wettbewerbsschutz im Zeitalter der Globalisierung – Zur Kooperation der amerikanischen und europäischen Wettbewerbsbehörden, AVR 2000, 169; *Schwarze,* Die extraterritoriale Anwendbarkeit des EG-Wettbewerbsrechts – vom Durchführungsprinzip zum Prinzip der qualifizierten Auswirkung, WuW 2001, 1190; *Schwarze* (Hrsg.), Europäisches Wettbewerbsrecht im Zeichen der Globalisierung, 2002; *I. Meyer,* Die extraterritoriale Anwendbarkeit der EG-Fusionskontrollverordnung 2004; *Höder,* Die kollisionsrechtliche Behandlung unteilbarer Multistate-Verstöße, 2004; *Meessen,* Schadensersatz bei weltweiten Kartellen, WuW 2005, 599; *Hilbig,* Das gemeinschaftsrechtliche Kartellverbo im internationalen Handelsschiedsverfahren, 2006; *Terhechte* (Hrsg.), Internationales Kartell- und Fusionskontrollverfahrensrecht, 2008.

Angesichts der heutigen **weltweiten Wirtschaftsverflechtungen** haben wettbewerbspolitische Maßnahmen vielfach **extraterritoriale Wirkung.** Hinsichtlich des räumlichen Anwendungsbereiches unterliegt das europäische Recht den Vorgaben des allgemeinen Völkerrechts (Rz. 9/152ff.; EuGHE 1972, 1219, verb. Rs. 21–24/72 „Fruit Company" – zur Bindung der EU an das Völkerrecht). Wettbewerbsrechtliche Maßnahmen sind danach zulässig, wenn sich ein verbotenes Verhalten innerhalb des Binnenmarktes auswirkt (**„Wirkungsprinzip"**, *Schwarze,* WuW 2001, 1190). Mit Blick auf das Kartellverbot des Art. 101 AEUV spricht der EuGH begrifflich etwas eng davon, dass in diesen Fällen das Kartell (auch) im Binnenmarkt „durchgeführt" werde (EuGHE 1971, 949, Rs. 22/71 „Béguelin"; EuGHE 1988, 5193, verb. Rs. 89 u. a./85 „Zellstoff" st. Rspr.); die Problematik zeigt sich daran, dass auch eine Fusion von Unternehmen mit Sitz in Drittstaaten, bei denen sich eine Durchführung im Binnenmarkt schwerlich annehmen lässt, bei Vorliegen der einschlägigen Voraussetzungen (Rz. 33ff.) der Kontrolle der KOM unterliegt (z. B. Verbot der Übernahme von Honeywell durch General Electric im Jahre 2001; dazu EuGE 2005, II-5575, Rs. T-210/01 „General Electric"). Dieses Wirkungsprinzip ist bereits dann mit dem Völkerrecht vereinbar, wenn die Hoheitsakte der EU nur an Handeln im Ausland anknüpfen, die EU aber nicht einseitig hoheitliche Akte (z. B. Vollstreckung eines Bußgeldes) im Gebiet dritter Staaten vornimmt. 40

Noch geringere Probleme treten auf, wenn das Verhalten von **in der EU ansässigen Tochtergesellschaften** der im Drittstaat befindlichen Muttergesellschaft zugerechnet werden kann, weil diese ihre Tochter beherrscht (EuGHE 1972, 619, Rs. 48/69 „Imperial Chemical"). – Schwierige Fragen der räumlichen Geltung des EU-Wettbewerbsrechts ergeben sich aus **„Strategischen Allianzen"** von Luftverkehrsgesellschaften aus EU-MSen mit US-Airlines (*Fiebig,* Strategische Allianzen und ihre Herausforderungen an das Wettbewerbsrecht der EU, 1996). 41

Wenngleich diese Grundsätze in der Praxis inzwischen ziemlich unangefochten sind, ergeben sich für die extraterritoriale Anwendung des europäischen Wettbewerbsrechtes im Einzelnen (Anknüpfungsprinzipien, Unternehmenseinheit, Verfahren bei drittlandsbezogenen Verstößen u. a.) schwierige Anwendungsfragen (*Rehbinder,* in: Immenga/Mestmäcker (Hrsg.), WettbR 1 – EU, 2012, II. Abschnitt A: IntWBR).

Da die dargestellte Anwendung des europäischen Wettbewerbsrechts in Fällen mit extraterritorialem Bezug zu Konflikten mit ausländischen Behörden führen kann, arbeitet die KOM bi- und multilateral mit ausländischen Wettbewerbsbehörden und internationalen Gremien zusammen. 42

Bilateral steht die Zusammenarbeit mit den US-amerikanischen Wettbewerbsbehörden auf der Grundlage des **Abkommens EU-USA über die gegenseitige Anwendung ihrer Wettbewerbsrechte von 1991** (ABl. 1995, L 95/45, *Pallek,* AVR 2000, 169) und des Abkommens von 1998 über entgegenkommendes Verhalten („Positive Comity", ABl. 1998, L 173/28) im Vordergrund (u. a. Vereinbarungen über gegenseitige Notifizierungen von Maßnahmen der Wettbewerbsaufsicht und Unterstützung beim „enforcement" solcher Maßnahmen). Dies schließt gelegentliche Interessengegensätze nicht aus. Ein ähnliches Abkommen besteht seit 1999 mit **Kanada** (ABl. 1999, L 175/1). Regelmäßige Konsultationen finden mit **Japan** und anderen OECD-Ländern statt, seit 2004 ferner mit **China** (*Font Galarza,* Competition Policy Newsletter 2/2004, 27).

Multilateral arbeitet die KOM in der **WTO**-Arbeitsgruppe für Handel und Umwelt sowie im Wettbewerbsausschuss der **OECD** mit. Sie beteiligt sich an der weltweiten Schaffung eines **Internationalen Wettbewerbsnetzes** von Kartellbehörden (ICN) (*Roebling,* Competition Policy Newsletter 2/2004, 28). International hat die Union in der Welthandelsorganisation (WTO) 1996 einen ersten Vorstoß zugunsten einer künftigen Aufnahme von Wettbewerbsgrundsätzen in das WTO-System unternommen (**„Weltkartellrecht"**, *Europ. Kommission,* Competition Policy in the New Trade Order, 1995 = KOM(95)359 endg.).

2. Europäisches und nationales Wettbewerbsrecht

Literatur: *Rehbinder,* Der Vorrang des EG-Kartellrechts vor nationalen Gerichten bei Freistellungen, FS Mestmäcker, 1996, 711; *Dreher,* Der Rang des Wettbewerbs im europäischen Gemeinschaftsrecht, in: Dörr/Dreher (Hrsg.), Europa als Rechtsgemeinschaft, 1997, 105; *W.-A. Schmidt,* Art. 30 EGV als Grenze der Anwendbarkeit des nationalen Wettbewerbsrechts, 1999; *Schwarz,* Konvergenz des nationalen und europäischen Kartellrechts, EWS 2001, 564; *Ellger,* Das Verhältnis der Wettbewerbsregeln des EGV zu den Gesetzen gegen Wettbewerbsbeschränkungen in den Mitgliedstaaten der EG. Vom Vorrangprinzip zur Exklusivitätsregel, in: Aufbruch nach Europa, FS MPI f. PrivR, 2002, 265; *Streinz,* „Ne bis in idem" bei Sanktionen nach deutschem und europäischem Kartellrecht, Jura 2009, 412; *Brammer,* Ne bis in idem im europäischen Kartellrecht, EuZW 2013, 617.

43 Da neben dem europäischen Wettbewerbsrecht des AEUV **nationales Wettbewerbsrecht** besteht (in Deutschland das GWB), stellt sich die Frage nach dem **Verhältnis** der beiden Regelwerke zueinander, insbesondere dann, wenn auf denselben Sachverhalt nationale und europäische Normen anwendbar sind. Dabei ist zu berücksichtigen, dass sich das Unionsrecht nur auf den **zwischenstaatlichen Handel** bezieht („Zwischenstaatsklausel", oben Rz. 12), während das nationale Recht den **innerstaatlichen Handel** regelt, je nach Geltungsanspruch aber u. U. auch zwischenstaatliche Sachverhalte einbeziehen kann. In Art. 3 Abs. 1 lit. b) AEUV wird die Festlegung der Wettbewerbsregeln als ausschließlich europäische Kompetenz bezeichnet; dabei ist aber umstritten, ob dies mehr umfasst als die Rechtsetzungskompetenzen nach Art. 103, 106 Abs. 3 und 109 AEUV, deren Ausnutzung schon nach der bisherigen Rechtsprechung nationales Recht sperrt (Rz. 44).

44 Gemäß der Rechtsprechung des Gerichtshofes (EuGHE 1969, 1, Rs. 14/68 „Walt Wilhelm"; EuGHE 1994, I-15, Rs. C-376/92 „Metro/Cartier" st. Rspr.) ist die Rangfrage im Wettbewerbsrecht ein **Unterfall des allgemeinen Verhältnisses** zwischen Unionsrecht und nationalem Recht (oben Rz. 10/4ff.). Demgemäß muss der unbedingte **Vorrang des Unionsrechts** auch in diesem Bereich sichergestellt werden. Anderenfalls wäre die gleichmäßige Geltung des europäischen Wettbewerbsrechtes in allen MSen durch unterschiedliche nationale Wettbewerbsnormen in rechtlich und wirtschaftlich abträglicher Weise in Frage gestellt. **Art. 3 VO 1/2003** hat die entsprechenden Grundsätze mittlerweile ausdrücklich **kodifiziert.** Danach dürfen nach Art. 101 Abs. 3 AEUV zulässige Vereinbarungen etc. zwischen Unternehmen etc. (Rz. 9ff., 15ff.) auch nach nationalem Recht nicht unterbunden werden, selbst wenn sie den Handel zwischen den Mitgliedstaaten beeinträchtigen. Demgegenüber dürfen die MSen in ihrem Hoheitsgebiet gegen einseitige Handlungen von Unternehmen oder zur Fusionskontrolle strengere innerstaatliche Vorschriften erlassen oder anwenden (*Koenigs,* DB 2003, 755). – Das deutsche Kartellrecht wurde zwecks Vermeidung von Kollisionen mit dem europäischen Recht weitgehend an dieses angeglichen.

Soweit ein **Verstoß gegen nationales und europäisches Recht** vorliegt, schließt nach der traditionellen Rspr. die eine Sanktion die andere nicht aus; aus Gründen der Billigkeit wird aber eine Anrechnung verlangt (EuGHE 1969, 1, Rs. 14/68 „Walt Wilhelm"). Dies kontrastiert mit einem deutlich weiteren Verständnis des „ne bis in idem"-Grundsatzes (Art. 50 GrCh, Art. 4, 7. ZP zur EMRK) im Rahmen des SDÜ (Rz. 37/7); die Begründung, wonach durch europäisches und nationales Recht unterschiedliche Rechtsgüter geschützt werden, überzeugt gerade im Lichte der vorgenannten Garantien nicht. Demgegenüber kann man aus einem Urteil des EuGH vom 14.2.2012 (Rs. C-17/10 „Toshiba u. a.") ableiten, dass er dies jetzt anders sieht: eine parallele Sanktionierung durch nationale und europäische Behörden wurde (nur?) deshalb für zulässig erklärt, weil sie sich auf unterschiedliche Zeiträume bezog – vor und nach dem Beitritt des betreffenden Staates zur EU.

VI. Die Durchsetzung des Wettbewerbsrechts

Literatur: *Andreangeli,* EU Competition Enforcement and Human Rights, 2008; *Lubig,* Beweisverwertungsverbote im Kartellverfahrensrecht der Europäischen Gemeinschaft, 2008; *Puffer-Mariette,* Die Effektivität von Kronzeugenregelungen im Kartellrecht, 2008; *Engelhoven,* Unzureichende Legitimation von Ermittlungshandlungen der Kommission im EG-Kartellverfahren, 2009; *Forrester,* Due process in EC competition cases: A distinguished institution with flawed procedures, ELR 2009, 817; *Freund,* Verteidigungsrechte im kartellrechtlichen Bußgeldverfahren, EuZW 2009, 839; *Hensmann,* Die Ermittlungsrechte der Kommission im europäischen Kartellverfahren, 2009; *Koch,* Ermittlungsbefugnisse der Kommission im Rahmen der Verordnung (EG) Nr. 1/2003 im Verhältnis zum Schutz der Unternehmen – ein ausgewogenes System?, 2009; *Pelka,* Rechtssicherheit im europäischen Kartellverfahren, 2009; *Schubert,* Legal privilege und Nemo tenetur im reformierten europäischen Kartellermittlungsverfahren der VO 1/2003, 2009; *Basedow,* Die Anerkennung ausländischer Entscheidungen im Europäischen Wettbewerbsnetz, FS Spellenberg, 2010, 395; *Eltro/Kokkoris* (Hrsg.), Competition Law and the Enforcement of Article 102, 2010; *Rachwol,* Kartellrechtliche Zusagenentscheidungen nach Art. 9 Verordnung Nr. 1/2003, 2010; *Weiß* (Hrsg.), Die Rechtsstellung Betroffener im modernisierten EU-Kartellverfahren, 2010; *Ackermann,* Towards a more judicial approach? EU antitrust fines under the scrutiny of fundamental rights, CMLRev 2011, 1405; *Eckard,* Anwendung und Durchsetzung des Kartellverbots im dezentralen Legalausnahmesystem, 2011; *Messina/Ho,* Re-establishing the Orthodoxy of Commitment Decisions under Article 9 o f Regulation 1/2003, ELR 2011, 737; *Rosenfeld,* Das europäische Netzwerk der Wettbewerbsbehörden, FS Scheuing, 2011, 651; *Seitz,* Die Kartellverfahrensverordnung 1/2003 im „Freilandversuch" der Praxis, in: Schwarze/Müller-Graff (Hrsg.), Neues Europäisches Wirtschafts- und Wettbewerbsrecht, 2011, 71; *Weiß,* Europäisches Wettbewerbsverwaltungsrecht, in: Terhechte (Hrsg.), Verwaltungsrecht der Europäischen Union, 2011, § 20; *de Bronett,* Europäisches Kartellverfahrensrecht: Kommentar zur VO 1/2003, 2012; *Frenz,* Wettbewerbsrecht und Grundrechte, EWS 2012, 359; *Nazzini,* Administrative enforcement, judicial review and fundamental rights in EU competition law, CMLRev 2012, 971; *Sauter,* Verfahren in Kartellsachen, in: Dauses (Hrsg.) HB EU-WirtschR, H I § 5, 2012; *Wagner-von Papp,* Best end even better practices in commitment procedures after *Alrosa:* The dangers of abandoning the „struggle for competition law", CMLRev 2012, 929; *Nascimbene,* Fair Trial and the Rights of the Defence in Antitrust Proceedings, ELR 2013, 573.

1. Administrative Durchführung des Wettbewerbsrechts

a) Verwaltungsbefugnisse der Kommission

Das Wettbewerbsrecht stellt einen der wenigen Bereiche des Unionsrechts dar, in denen die KOM unmittelbar Unionsrecht ausführt. Ungeachtet der gewachsenen Mitwirkungsbefugnisse der nationalen Behörden und Gerichte in Wettbewerbssachen nach der VO 1/2003 liegen auch weiterhin wesentliche Verwaltungsbefugnisse bei der KOM, konkret bei deren **Generaldirektion Wettbewerb.** Diese erläutert in ihren **Jahresberichten über die Wettbewerbspolitik** und über einen regelmäßigen „Competition Policy Newsletter" ihr Vorgehen. 45

Seit der Qualifikation von Art. 101 Abs. 3 AEUV als Legalausnahme durch die VO 1/2003 (Rz. 20) liegt das Schwergewicht der Tätigkeit der KOM bei der **nachträglichen Kontrolle** wettbewerbsbeschränkender Verhaltensweisen. Instrumente bei Zuwiderhandlungen sind deren Feststellung und die Anordnung, diese abzustellen (unter Einschluss von Zwangsgeldern, Art. 24 VO 1/2003), einstweilige Maßnahmen, die Verbindlicherklärung von Verpflichtungszusagen (Art. 9 VO 1/2003), mit denen sich Unternehmen freiwillig zu einem bestimmten Verhalten verpflichten, in dessen Folge ein zunächst wettbewerbsrechtlich zu beanstandendes Vorhaben so verändert wird, dass es als zulässig angesehen werden kann (Beispiel: die Trennung von bestimmten Tochterunternehmen zur Vermeidung einer marktbeherrschenden Stellung; zur begrenzten gerichtliche Kontrolle EuGHE 2010, I- 5494, Rs. C-441/07 P „Alrosa"), sowie Feststellungen der Nichtanwendbarkeit des Art. 101 AEUV auf bestimmte Vereinbarungen (Art. 7 ff. VO 1/2003). Zu diesem Zweck verfügt die **KOM** über eine Reihe von **Ermittlungsbefugnissen** (siehe Art. 17 ff. VO 1/2003: u. a. Recht auf Auskunft und zur Durchsuchung von Privaträumen, sowie VO 773/2004, ABl. L 123/18, Änderungen).

46 Nachdem der EuGH in langjähriger Rechtsprechung allgemeine Rechtsgrundsätze zu den **Verteidigungsrechten** der Unternehmen entwickelt hatte (*Weiß*, Die Verteidigungsrechte im EG-Kartellverfahren, 1996; vgl. auch Rz. 9/37 ff.), sind diese nunmehr in Art. 27 f. VO 1/2003 und ergänzend in der Verfahrens-VO 773/2004 (ABl. 2004 L 123/18 ff.) normiert. Zu nennen sind insbesondere die Rechte auf Anhörung (nach genauer Information über die Beschwerdepunkte: EuGHE 2009, I-5843, Rs. C-511/06 P „Archer Midlands"), Akteneinsicht und Wahrung der Geschäftsgeheimnisse, aber auch die Unschuldsvermutung. Die Rechtsprechung des EGMR (EGMRE A 251-B „Niemietz") veranlasste den EuGH auch zur Annahme eines Schutzes von Geschäftsräumen (EuGHE 2002, I-9011, Rs. 94/00 „Roquette Frères"; anders früher E 1989, 2859, verb. Rs. 46/87 und 227/88 „Hoechst"; vgl. Rz. 17/53); die vom EGMR (EGMRE 2002-IX, 41 „Allan", Rz. 17/85) aus Art. 6 EMRK abgeleiteten Grenzen der Pflicht zur Selbstbezichtigung führen zwar nicht zu einem generellen Aussageverweigerungsrecht, doch darf nicht verlangt werden, dass der Verstoß selbst zugegeben wird (EuGE 2004, II-1181, verb. Rs. T-236/01 u. a. „Tokai"; vgl. auch Rz. 17/85). Zunehmend bemüht sich die Kommission darum, mit von Kartellverfahren betroffenen Unternehmen einvernehmliche Lösungen zu finden („Vergleichsverfahren", auch bei der Verhängung von Bußgeldern).

b) Sanktionsbefugnisse der Kommission

Literatur: *Möschel*, Geldbußen im europäischen Kartellrecht, DB 2010, 2377; *Yomere*, Die Problematik der Mehrfachsanktionierung von Unternehmen im EG-Kartellrecht, 2010.

47 Die Kommission kann auch **Sanktionen** in Form von Geldbußen in beträchtlicher Höhe verhängen (Art. 23 VO 1/2003). So wurde z. B. 2007 gegen einen Hersteller von Aufzügen und Fahrtreppen ein Bußgeld in Höhe von 992 Mio € verhängt, 2004 gegen die Fa. Microsoft eines in Höhe von 497 Mio € (bestätigt durch das EuGE 2007, II-3601, Rs. T-201/04). Nach Art. 23 Abs. 2 VO 1/2003 liegt die Obergrenze bei materiellen Verstößen bei 10 % des Jahresumsatzes des betroffenen Unternehmens, bei Verstößen gegen verfahrensrechtliche Pflichten (Art. 23 Abs. 1) bei 1 % (dazu beispielhaft: EuGH, Urteil vom 22. 11. 2012, Rs. C-89/11 P „E.ON" wegen Siegelbruchs).

Die Bußen werden seit 1998 nach **Leitlinien** berechnet, welche die KOM zur Orientierung der Unternehmen erlassen hat, aber auch eine Selbstbindung der KOM bewirken (Neufassung 2006, ABl. 2006, C 210/2). Dabei wird in Abhängigkeit vor allem vom einschlägigen Umsatz ein Grundwert gebildet, bezogen auf den in Abhängigkeit der Umstände wie der Art der Zuwiderhandlung, deren Auswirkungen auf den Markt und deren (volumenmäßiger und räumlicher) Umfang ein bestimmter Prozentsatz festgesetzt wird. Erschwerende Umstände können zu einer Erhöhung, mildernde Umstände zu einer Verringerung der sich daraus ergebenden Buße führen (zur Berechnung etwa EuGH, Urteil vom 8. 12. 2011, Rs. C389/10 P „KME"). Die KOM ermäßigt oder streicht Geldbußen, wenn Unternehmen bei der Aufklärung mit ihr zusammenarbeiten. Die Literatur kritisiert zum Teil die rechtsförmige Unbestimmtheit dieser Leitlinien und verlangt präzisere normative Vorgaben. Die **„Kronzeugenregelung"** („Leniency Rules") wurde 2006 noch großzügiger ausgestaltet (ABl. 2006, C 298/17). Daneben wurde durch Änderung der VO 773/2004 der Abschluss eines Vergleichs erleichtert (dazu auch Bekanntmachung der KOM, ABl. 2008 C 167/1). Zur (etwa für die Berechnung der erwähnten Bußgeldobergrenze oder für die Verjährung nach Art. 25 Abs. 2 VO 1/2003) wichtigen Frage, was eine „Tat" darstellt, siehe etwa EuGE 2007, II-4949, verb. Rs. T-101/05 u. a. „BASF und UCB". **Rechtsstaatlich** motivierte **Kritik** finden vielfach die Unbestimmtheit der Vorgaben der VO 1/2003 sowie die Doppelrolle der Kommission als Verwaltungs- und Sanktionsbehörde. Der EGMR hat immerhin jüngst bezogen auf das italienische Recht die Verhängung einer kartellrechtlichen Sanktion durch eine Verwaltungsbehörde unter der – auch im europäischen Recht erfüllten (Rz. 49) – Voraussetzung für mit Art. 6 EMRK vereinbar erklärt, dass eine uneingeschränkte gerichtliche Nachprüfung stattfindet (Urteil 43509/08 vom 27.9.2011 „Menarini"; dem für das Unionsrecht folgend EuGH, Urteil v. 18.7.2013, Rs. C-501/11 P „Schindler Holding"; dazu *Bueren,* EWS 2012, 363; *Abenhaim,* RTDE 2012, 117; vgl. auch Rz. 17/84). Eine entsprechende Verfassungsbeschwerde ist beim BVerfG anhängig (1 BvR 2752/11).

c) Aufgaben und Befugnisse der nationalen Behörden

Die in der VO 1/2003 vorgesehene unmittelbare Anwendbarkeit auch von Art. 101 Abs. 3 AEUV (Rz. 20) hat die Rolle der nationalen Wettbewerbsbehörden gestärkt. Diese haben Art. 101 und 102 AEUV in **nationalen Verfahren** vollständig **anzuwenden** (Art. 5 VO 1/2003) und können die dort im Einzelnen vorgesehenen Entscheidungen treffen, insbesondere zur Feststellung der Voraussetzungen einer **Freistellung** nach Art. 101 Abs. 3 AEUV. Eine klare Abgrenzung der Zuständigkeiten von KOM und den verschiedenen nationalen Behörden besteht nicht; vielmehr können mehrere Stellen prinzipiell auch parallel tätig werden. Allerdings können nationale Stellen, wenn sie ein Verhalten als zulässig ansehen, insoweit nur entscheiden, nicht tätig zu werden; eine Befugnis zu verbindlicher Entscheidung steht nur der KOM zu (EuGHE 2011, I-3055, Rs. C-375/09 „Tele 2 Polska"). Wird eine nationale Stelle tätig, kann eine andere nationale Stelle unter Hinweis auf dieses Verfahren ein eigenes Tätigwerden ablehnen (Art. 13 VO 1/2003). Über Entscheidungen der KOM dürfen sich nationale Stellen allerdings nicht hinwegsetzen. Zur Sicherstellung einer unionsweit effektiven und einheitlichen Rechtsanwendung wurden ausführliche Regeln zur **Zusammenarbeit** der KOM mit **nationalen Behörden** (Art. 11–13 VO 1/2003) vorgesehen; es besteht ein entsprechendes European Competition Network (ECN). Dem gemischt national/europäisch zusammengesetzten Beratenden Ausschuss für Kartell- und Monopolfragen (Art. 14 VO 1/2003) kommt im dezentralen System besondere Bedeutung zu. 48

Soweit eine nationale Behörde einen Verstoß gegen Unionsrecht sanktioniert hat, schließt der Grundsatz des **„ne bis in idem"** (Art. 4 des 7. ZP zur EMRK und dazu Rz. 17/88 sowie im Anschluss daran Art. 50 GrCh) eine Sanktionierung durch eine andere nationale Behörde oder auch die KOM (wie umgekehrt) aus, da er nach st. Rspr. des EGMR auch auf Ordnungswidrigkeiten anwendbar ist (*Böse,* EWS 2007, 202); zum Verhältnis von Sanktionen für Verstöße gegen nationale und europäische Normen siehe Rz. 44.

2. Rechtsschutz

Literatur: *Hecheltjen,* Der Richtervorbehalt im kartellrechtlichen Nachprüfungsverfahren der Europäischen Kommission, 2007; *Schmude,* Die kartellrechtliche Konkurrentenklage im europäischen Gemeinschaftsrecht, 2007; *Schwarze* (Hrsg.), Rechtsschutz und Wettbewerb in der neueren europäischen Rechtsentwicklung, 2010; *Vogel,* Kollektiver Rechtsschutz im Kartellrecht, 2010; *Gerard,* Breaking the EU Antitrust Enforcement Deadlock: Re-empowering the Courts?, ELR 2011, 457; *Saam,* Kollektive Rechtsbehelfe zur Durchsetzung von Schadensersatzansprüchen im europäischen Wettbewerbs- und Verbraucherrecht, 2011; *Hjelmeng,* Competition law remedies: Striving for coherence or finding new ways?, CMLRev 2013, 1007.

a) Rechtsschutz vor den europäischen Gerichten

Entscheidungen der **KOM** im Kartellverfahren können die Unternehmen nach den allgemeinen Regeln des Art. 263 AEUV anfechten. In erster Instanz ist das **EuG** für solche Anfechtungs- (und entsprechende Untätigkeits-)klagen zuständig (Art. 263, 49

265 AEUV), mit der Möglichkeit eines auf Rechtsfragen beschränkten Rechtsmittels zum EuGH (*Weitbrecht,* EuR Beih. 1/2003, 115). Angesichts der Komplexität der wettbewerblichen Sachverhalte ist die gerichtliche Kontrolle als **Rechtskontrolle** im Wesentlichen auf die Einhaltung der Verfahrensvorschriften, eine ausreichende Begründung und die zutreffende Feststellung und Würdigung des Sachverhalts **beschränkt** (EuGE 2000, II-1885, Rs. T-65/96 „Kish Glass", st. Rspr.); allerdings hat die Intensität der Kontrolle in den letzten Jahren zugenommen (*Weitbrecht/Mühle,* EuZW 2012, 290).Vor allem im Bereich der Fusionskontrolle kommt es maßgeblich auch auf die Validität der entsprechenden Prognosen (Rz. 37) an (EuGHE 2005, I-987, Rs. C-12/03 P „Tetra Laval"). Auch in dieser Begrenzung übt das EuG eine strikte Kontrolle der Kommissionspraxis aus und hat bereits verschiedene Een der KOM aufgehoben. Kommissionsbeschlüsse zur Festsetzung einer Geldbuße oder eines Zwangsgeldes können (und müssen, Rz. 47) gemäß Art. 261 AEUV, Art. 31 VO 1/2003 **unbeschränkt** nachgeprüft werden (zur Notwendigkeit großer Kontrolldichte EuGH, Urteile vom 8.12.2011, Rs. C389/10 P „KME", sowie Rs. C-386/10 P „Chalkor AE"; dazu *Frenz,* Grundrechtlich geprägte Kontrolldichte im EU-Wettbewerbsrecht, EWS 2013, 123). Die Geldbußen werden ggf. herabgesetzt, – selten – auch erhöht (dazu EuGE 2007, II-4949, verb. Rs. T-101/05 u. a. „BASF und UCB"). Bei qualifiziert rechtswidrigen Entscheidungen kommt auch eine Haftung der Union (Rz. 14/3 ff.) in Betracht (EuGE 2007, II-2237, Rs. T-351/07 „Schneider Electric"; das konkrete Urteil wurde allerdings aufgehoben, weil die kausale Verursachung des Schadens nicht nachgewiesen sei; siehe EuGHE 2009, I-6413, Rs. C-440/07 P „Schneider Electric").

b) Rechtsschutz vor nationalen Gerichten

50 Nationale Verwaltungsentscheidungen müssen schon wegen des europäischen Rechtsschutzgebotes (Rz. 13/1) vor **nationalen Gerichten** angefochten werden können. Die nationalen Gerichte sind durch die VO 1/2003 ebenfalls zur Zusammenarbeit mit der KOM verpflichtet, und zwar, indem sie ihr ihre entsprechenden Entscheidungen übermitteln (Art. 15). Da sich auch nationale Gerichte nicht über eine bereits ergangene einschlägige Kommissionsentscheidung hinwegsetzen dürfen (allgemein Rz. 13/79), sind sie, wenn sie diese für ungültig halten, zu einer entsprechenden **Vorlage** an den **EuGH** nach Art. 267 AEUV verpflichtet. Bei laufenden Verfahren vor der Kommission ist ein nationales Gerichtsverfahren auszusetzen (Art. 16 VO 1/2003). Da damit alles letztlich unter Kontrolle der europäischen Gerichtsbarkeit steht, bestehen insoweit auch keine rechtsstaatliche Bedenken (zum Teil a. A. *Durner,* EuR 2004, 547).

c) Private Rechtsdurchsetzung vor nationalen Gerichten

Literatur: *Clausnitzer,* Experiment EU-Sammelklagen, EuZW 2009, 169; *Gheur/Petit,* Alternative enforcement techniques in EC competition law, 2009; *Holm-Hadulla,* Private Kartellrechtsdurchsetzung unter der VO 1/2003, 2009; *Bernhard,* Kartellrechtlicher Individualschutz durch Sammelklagen: europäische Kollektivklagen zwischen Effizienz und Effektivität, 2010; *Foer/Cuneo* (Hrsg.), The International Handbook on Private Enforcement of Competition Law, 2010; *Möschel/Bien* (Hrsg.), Kartellrechtsdurchsetzung durch private Schadensersatzklagen?, 2010; *Palzer/Preisendanz,* Frischer Wind in der privaten Durchsetzung des Kartellrechts?, EWS 2010, 215; *Basedow/Terhechte/Tichý* (Hrsg.), Private Enforcement of Competition Law, 2011; *Meeßen,* Der Anspruch auf Schadensersatz bei Verstößen gegen EU-Kartellrecht, 2011; *Saam,* Kollektive Rechtsbehelfe zur Durchsetzung von Schadensersatzansprüchen im europäischen Wettbewerbs- und Verbraucherrecht, 2011; *Scholl,* Kollektiver Rechtsschutz im Kartellrecht: eine rechtsvergleichende Untersuchung zum Private Enforcement im Kartellrecht, 2011; *Jaschke,* Der kartellrechtliche Schadensersatzanspruch, 2012; *Mankowski,* Schadensersatzklagen bei Kartelldelikten, 2012; *Soyez,*

Schadensersatzanspruch des indirekten Abnehmers von Kartellteilnehmern, EuZW 2012, 100; *Zöttl/Schlepper,* Die private Durchsetzung von kartellrechtlichen Schadensersatzansprüchen, EuZW 2012, 573; *Fiedler,* Der aktuelle Richtlinienvorschlag der Kommission – der große Wurf für den kartellrechtlichen Schadensersatz?, BB 2013, 2179; *Becker/Berg/Bulst,* Die privatrechtliche Durchsetzung des binnenmarktlichen Kartellrechts, in: Müller-Graff (Hrsg.), EnzEuR IV, § 10, 2014.

Nationale **Gerichte** sind auch berufen, **Konkurrenten** von Unternehmen, die gegen das europäische Wettbewerbsrecht verstoßen, Rechtsschutz zu gewährleisten und dabei das europäische **Wettbewerbsrecht unmittelbar anzuwenden** (Art. 6 VO 1/2003), etwa wenn sie mit Klagen befasst sind, die auf mit Art. 101 AEUV unvereinbare Verträge gestützt sind. Die Konkurrenten können Unterlassung verlangen, die Geschädigten Schadensersatz geltend machen (EuGHE 2001, I-6297, Rs. C-453/99 „Courage"; jetzt auch § 33 GWB); ersteres kann auch von entsprechenden Verbänden verlangt werden. Zudem kann der erlangte Vorteil – durch die Behörden oder auf Verlangen eines Konkurrenten – abgeschöpft werden (§§ 34, 34a GWB). Schließlich kann, wer mit einem an einem Kartell beteiligten Unternehmen einen Vertrag abschließt, diesen nach Auffassung des BGH u. U. anfechten (dazu *Palzer/Preisendanz,* EWS 2010, 215). So können auch Private das europäische Wettbewerbsrecht durchsetzen. Zum Schutz anderer legitimer Interessen können dem aber auch – nur im Rahmen der Verhältnismäßigkeit – Grenzen gesetzt werden (zum Versuch eines Geschädigten, von nationalen Behörden Informationen zu einem Kronzeugen zu erlangen, EuGH, Urteil vom 14.6.2011, Rs. C-360/09 „Pfleiderer"; zur Anwendbarkeit der TransparenzVO 1049/2001, ABl. L 145/43, Rz. 12/18f. siehe EuG, Urteile vom 15.12.2011, Rs. T-437/08 „CDC", und vom 22.5.2012, Rs. T-344/08 „EnBW"; dazu *Palzer,* EuR 2012, 583; zur tendenziell restriktiveren Judikatur des EuGH im Kontext des Beihilferechts siehe Rz. 21/32). Seitdem Art. 101 Abs. 3 AEUV unmittelbar anzuwenden ist (vgl. Rz. 20), kommt dem in der Praxis eine besondere Bedeutung zu. Die KOM bemüht sich, die entsprechenden Mechanismen durch Ausbau der Rechtsschutzmöglichkeiten wie Verbandsklagen und ähnliche Instrumente zu stärken (vgl. auch Rz. 36/35); zu Schadensersatzklagen hat die Kommission jüngst einen Richtlinienvorschlag vorgelegt (KOM (2013) 404). Die Schwierigkeiten bei der Realisierung entsprechender Ansprüche, vor allem bei der Berechnung der Schadenshöhe, sind aber nicht zu übersehen. 51

VII. Ausblick: Erfolge und Zukunft der europäischen Wettbewerbspolitik

Die europäische Wettbewerbspolitik erscheint seit den fünfziger Jahren als ein ungeachtet vieler Unvollkommenheiten **kühnes und zukunftsweisendes Experiment.** Diese „European antitrust experience", mittels derer durch eine übernationale Ebene etlichen MSen erstmals ernsthafte Anstrengungen ordnungspolitisch geprägter Marktwirtschaft abgenötigt wurden, ist in ihrer Dimension nur mit der amerikanischen Antitrustpolitik vergleichbar (*Amato,* EurZÖffR 1998, 1067). Der Rat (und mittlerweile auch das Parlament) als wettbewerbsrechtlicher Gesetzgeber, die KOM als EU-Kartellbehörde und EuGH und EuG in der Wächterfunktion haben die Wettbewerbsregeln der Unionsverträge über das Sekundärrecht und die Entscheidungspraxis wirksam entfaltet. Dem kommt eine umso größere Bedeutung zu weil es sich hier um ein **Kernstück der EU-Wirtschaftsverfassung** im Sinne des Grundsatzes einer offenen Marktwirtschaft mit freiem Wettbewerb handelt, wie sie auch weiterhin in Art. 119 AEUV garantiert ist. 52

53 Die Tatsache, dass es Frankreich gelungen ist, im Rahmen der Verhandlungen für den Vertrag von Lissabon den Wettbewerb aus den zentralen Bestimmungen des EUV in ein Zusatzprotokoll verbannen zu lassen, zeigt allerdings, dass dieses Ziel weiterhin nicht uneingeschränkt akzeptiert ist. Zudem war und ist **wettbewerbliche „Realpolitik"** der EU angesichts der **unterschiedlichen „Wirtschaftsphilosophien"** in den MSen unvermeidlich, die bei der nationalen Politik gegenüber Kartellen, im Verhältnis des privaten zum öffentlichen Sektor der Wirtschaft, bei der Behandlung öffentlicher Unternehmen oder in der Subventionspolitik markante Unterschiede aufweisen. Ebenso haben **wirtschaftspolitische Entwicklungen** wie die Einführung einer EU-Industrie-, Regional- und Technologiepolitik oder Bereichsausnahmen wie bei der Landwirtschaft viel dazu beigetragen, die „reine Lehre" neoliberaler Ordnungspolitik in der Praxis zu einem buntgewirkten Regel-Ausnahme-Verhältnis abzuschleifen (*Ehlermann,* EuZW 1994, 647). Trotz all dieser problematischen Einflüsse hat die EU-Wettbewerbspolitik insgesamt durch ihre Anstrengungen, übermäßige private und auch öffentliche Wirtschaftsmacht im Interesse der Marktbürger und des Florierens der europäischen Wirtschaft zu bändigen, **wesentlich zum ökonomischen Erfolg der EU beigetragen.**

§ 21. Wettbewerbsrecht und der Staat: Beihilfen, Daseinsvorsorge und öffentliche Aufträge

I. Grundlagen: Das wirtschaftliche Engagement des Staates im Binnenmarkt

1 Der Wettbewerb im Binnenmarkt kann durch verschiedene Maßnahmen behindert werden. Neben unternehmerischen Kartellen und wirtschaftlicher Machtkonzentration einerseits (dazu § 20) und protektionistisch wirkenden staatlichen Handelsregelungen (§§ 22, 25) andererseits bildet das staatliche Engagement in der Wirtschaft eine dritte Kategorie von Maßnahmen, die den Wettbewerb im Binnenmarkt (Rz. 20/1 ff.) beeinträchtigen können. Dabei kann der Staat insbesondere den Unternehmen unentgeltlich finanzielle Vorteile zukommen lassen. Insoweit geht es zunächst um die – nachfolgend behandelte – Verhinderung **wettbewerbsverzerrender Beihilfen (Subventionen) der öffentlichen Hand an einzelne,** in der Praxis vor allem: einheimische **Unternehmen (Art. 107 ff. AEUV;** Rz. 6 ff). Daneben kann der Staat aber auch durch öffentliche Aufträge Unternehmen wettbewerbswidrig begünstigen; insoweit hat der Unionsgesetzgeber durch Sekundärrecht – primärrechtlich vor allem im Kontext der Grundfreiheiten stehende – einschlägige Regelungen erlassen, mit denen allen Unternehmen im Binnenmarkt ein transparenter und diskriminierungsfreier Zugang zu öffentlichen Aufträgen gesichert werden soll (RL 2004/18, ABl. L 134/114, sowie RL 2004/17, ABl. L 134/1, jeweils Änderungen; dazu Rz. 57 ff.). Schließlich kann er sich auch selbst wirtschaftlich betätigen und in diesem Zusammenhang den Wettbewerb beeinflussen; nicht selten geschieht das in der Absicht, Dienstleistungen von allgemeinem wirtschaftlichen Interesse sicherzustellen. Dies war Anlass für verschiedene Sondervorschriften des AEUV (Art. 14, 106 sowie ein entsprechendes Protokoll; Rz. 40 ff.).

II. Das Verbot nationaler Beihilfen und seine Ausnahmen

Literatur: Größere Zusammenstellungen des Schrifttums zum Beihilferecht bei *Götz/Martínez Soria*, Subventionsrecht, in: Dauses (Hrsg.), HB EU-WirtschR, H III (2006).

Bührle, Gründe und Grenzen des „EG-Beihilfeverbots", 2006; *Frenz*, Handbuch Europarecht, Band 3: Beihilfe- und Vergaberecht, 2007; *Böhm*, Strukturen internationalen Subventionsrechts: EG-Beihilfenrecht und WTO-Subventionsrecht aus rechtsvergleichender Perspektive, 2007; *Barents*, Directory of EC Case Law on State Aids, 2008; *Oberender* (Hrsg.), Der „more economic approach" in der Beihilfenkontrolle, 2008; *Lübbig/Martín-Ehlers*, Beihilfenrecht der EU, 2. Aufl. 2008; *Bartosch*, EU-Beihilfenrecht, 2009; *Slot*, Recent Developments in EC State Aid Law, 2009; *Heidenhain*, European State Aid Law, 2010; *Plank/Walch*, State Aid Modernisation, EuZW 2012, 613; *Siebert*, More Economic Approach in der Europäischen Beihilfenaufsicht, 2012; *Birnstiel/Bungenberg/Heinrich* (Hrsg.), Europäisches Beihilfenrecht, 2013; *Bacon*, European Union Law of State Aid, 2. Aufl. 2013; *v. Carnap-Bornheim*, Einführung in das Europäische Behilfenrecht, JuS 2013, 215; *Säcker/Montag* (Hrsg.), European State Aid Law, 2013; *Koenig/Hellstern*, Das materielle binnenmarktliche Beihilfenaufsichtsrecht, in: Müller-Graff (Hrsg.), EnzEuR IV, 2014, § 14.

Über die **Beihilfepolitik der KOM** unterrichten ihre jährlichen Berichte „Die Wettbewerbspolitik der EU" sowie der seit 1995 dreimal jährlich erscheinende „Competition Policy Newsletter" der GD Wettbewerb.

Internetadresse: http://ec.europa.eu/competition/state_aid/overview/index_en.html

1. Grundlagen: Subventionen im europäischen Binnenmarkt

Will man einen funktionsfähigen Wettbewerb, müssen **Subventionen** vermieden oder zumindest **kontrolliert** werden, soweit sie den zwischenstaatlichen Handel im Binnenmarkt beeinträchtigen. Diese Gefahr droht von nationalen Unterstützungsmaßnahmen, die den einheimischen Unternehmen wirtschaftliche Vorteile zum Nachteil der Konkurrenz aus anderen MSen verschaffen. Allerdings können nationale Beihilfen auch **legitime** Bestandteile der allgemeinen **Wirtschafts- und Sozialpolitik von MSen** bilden bzw. Ziele verfolgen, die aus europäischer Sicht als legitim angesehen werden, etwa die Wettbewerbsfähigkeit europäischer Industrien im Weltmarkt oder auch die wirtschaftliche Entwicklung in bestimmten ärmeren Regionen der EU zu fördern. Der AEUV folgt nicht neoliberaler Strenge, die Subventionen per se unter ordnungspolitischen Verdacht stellt (*Möschel*, FS Oppermann, 2001, 583). In Deutschland war beispielsweise der wirtschaftliche Wiederaufbau Ostdeutschlands nach der Wiedervereinigung 1990 über viele Jahre hinweg Anlass zur Vergabe von Beihilfen in jährlich zumeist dreistelliger DM/EURO-Milliardenhöhe; bis heute liegt die Höhe der in Deutschland gewährten Beihilfen in Relation zum BIP über dem Durchschnitt der EU-Staaten. Dementsprechend muss die Kontrolle der Union in diesem Bereich auf den Aspekt des **Wettbewerbsschutzes im Binnenmarkt** beschränkt bleiben (EuGHE 1987, 871, Rs. 304/85 „Falck"). 2

Neben den MSen gewährt auch die EU Subventionen. Diese werden dem Anspruch nach aus einer gesamteuropäischen Perspektive heraus in Bindung an die Ziel- und Aufgabenregelungen der Verträge vergeben; insbesondere soll etwa die Industriepolitik nach Art. 173 AEUV (Rz. 18/9) dem Wettbewerbsprinzip genügen, darf also keine Grundlage für wettbewerbsverzerrende Maßnahmen bilden. Daher sind solche Maßnahmen aus der Perspektive der mit ihnen verbundenen Gefahren für die europäische Integration prinzipiell anders zu bewerten als nationale Beihilfen. Dementsprechend fallen Subventionen, die von der **Union selbst** (und damit nicht aus staatlichen Mitteln, Rz. 7) gewährt werden, nicht in den Anwendungsbereich des EU-Beihilfenregimes. Gleiches gilt für obligatori- 3 sche nationale Kofinanzierungen. Anderes gilt für europäische Finanzhilfen, bei deren Vergabe dem Staat Entscheidungsspielräume verbleiben; Beispiele bilden freiwillige Kofinanzierungen oder Maßnahmen im Rahmen der Förderung durch die Strukturfonds, soweit die Förderprogramme zwar von der KOM gebilligt, die einzelnen Projekte letztlich aber von den Mitgliedstaaten ausgewählt werden. In diesen Fällen bleiben die Art. 107f. AEUV anwendbar (VO 1685/2000, ABl. L 193/39). Und auch, soweit die Beihilfevorschriften nicht anwendbar sind, stellt sich das **Problem eines ausreichenden Schutzes für Konkurrenten** und vor allgemeiner Wettbewerbsverfälschung (*Cichy,* Wettbewerbsverfälschung durch Gemeinschaftsbeihilfen, 2002). Dementsprechend können etwa europäische Mittel zurückgefordert werden, wenn bei der entsprechenden Auftragsvergabe das einschlägige Unionsrecht (Rz. 57ff.) nicht beachtet wurde (EuGH, Urteil vom 21.12.2011, Rs. C-465/10 „Ministre de l'intérieur").

Die Subventionierung von Unternehmen **unmittelbar durch die Union** ist die Ausnahme. Schwerpunkte der **mittelbaren** (durch die MSen vollzogenen) Subventionierungen liegen im Agrar-, Forschungs- und Regionalbereich durch das Wirken der entsprechenden EU-Fonds (näher *Götz/Martínez-Soria,* Subv. Recht, in: Dauses (Hrsg.), HB EU-WirtschR H. III., 2006, Rdnr. 30). Unterstützungsmaßnahmen werden meist über die „Strukturfonds" (Art. 175ff. AEUV: Agrar-, Sozial-, Regional-, Kohäsionsfonds, EIB) abgewickelt, wobei die Unionsbeihilfen grundsätzlich auf Zuschüsse zu nationalen Förderungsmaßnahmen beschränkt sind (Rz. 18/67).

4 Vorbehaltlich spezieller Regelungen (Rz. 24) legt Art. 107 AEUV die materiellen Bedingungen für die eventuelle Zulässigkeit nationaler Beihilfen fest. Er erklärt **wettbewerbsverfälschende Beihilfen für in der Regel unvereinbar mit dem Binnenmarkt** (Abs. 1; dazu EuGHE 1988, 219, verb. Rs. 67ff./85 „van der Kooy"), sieht jedoch in den beiden folgenden Absätzen zahlreiche Ausnahmemöglichkeiten vor. Diese gestatten es, nationale Subventionen am **Maßstab des Unionsinteresses zu prüfen, zu koordinieren und zu begrenzen.** Abs. 2 enthält einige **Legalausnahmen** vom Beihilfeverbot; nach Abs. 3 können weitere Arten von Beihilfen als vereinbar mit dem Binnenmarkt angesehen werden (zum Verfahren Rz. 27ff.). Wegen dieser Offenheit genügt die Norm **nicht** den Anforderungen der Absolutheit und Unbedingtheit, die Voraussetzungen für die Erzeugung **unmittelbarer Wirkungen** und die Begründung individueller Rechte sind (EuGHE 1977, 595, Rs. 78/76, „Steinike"). Art. 107 Abs. 1 AEUV vermag daher erst nach Konkretisierung in Durchführungsverordnungen oder Einzelfallentscheidungen seine volle rechtliche Wirkung in den Rechtsordnungen der Mitgliedstaaten zu entfalten (EuGHE 1973, 611, Rs. 77/72 „Capolongo", st. Rspr.). Dementsprechend gibt es ein umfangreiches Sekundärrecht, vor allem informelle **„Gemeinschafts-/Unionsrahmen"** oder **„Leitlinien"** (*Jestaedt/Häsemeyer,* EuZW 1995, 784).

5 Zuständig für die konkrete Entscheidung über die Zulässigkeit ist im Wesentlichen die KOM. Art. 108 AEUV sieht zu diesem Zweck ein entsprechendes **Beihilfenaufsichtsregime** vor, das durch die „VerfahrensVO" 659/1999 (ABl. L 83/1, Änderungen) näher ausgestaltet wird. Es handelt sich um eines der **aufwändigsten Arbeitsfelder** der KOM (zu ihrer umfänglichen **Entscheidungspraxis** siehe das Fundstellenverzeichnis des geltenden EU-Rechts 08.60). **Unmittelbare Wirkung** entfaltet dabei (allein) das in **Art. 108 Abs. 3 S. 3 AEUV** enthaltene Verbot der Einführung nationaler Subventionen vor einer Genehmigung der KOM. Damit ist insbesondere grundsätzlich eine **„Konkurrentenklage"** benachteiligter Dritter vor nationalen Gerichten oder der europäischen Gerichtsbarkeit möglich (unten Rz. 38).

2. Die Unvereinbarkeitsklausel des Art. 107 Abs. 1 AEUV

Literatur: *Tiedke/Langheim,* Die Wirksamkeit von Staatsbürgschaften, die unter Verstoß gegen europäisches Beihilferecht erteilt wurden, ZIP 2006, 2251; *Hagen,* Der Unternehmensverbund im Beihilfenrecht der Art. 87ff. EG, 2007; *Heidenhain,* Mittelbare Beihilfen, EuZW 2007, 623; *Meyer,* Die Bewertung parafiskalischer Abgaben aus der Sicht des europäischen Beihilferechts, 2007; *Sühnel,* Der „Private Investor Test" im Beihilfenrecht, EWS 2007, 115; *Kurz/Vallindas,* Can general measures be ... selective?, CMLRev 2008, 159; *Zuleger,* EG-Strukturfondspolitik und EG-Beihilfenrecht, EWS 2008, 369; *Giesberts/Streit,* Anforderungen an den „Private Investor Test" im Beihilferecht, EuZW 2009, 484; *Gundel,* Quersubventionierung durch parafiskalische Abgaben und EG-Beihilferecht, EWS 2009, 350; *Bartosch,* Is there a need for a rule of reason in European State aid law? Or how to arrive at a coherent concept of material selectivity?, CMLRev 2010, 729; *Wielpütz,* Wenn der Staat bürgt, EWS 2010, 14; *Jennert/Ellenrieder,* Unternehmensbesteuerung im Lichte des EU-Beihilfenrechts, EWS 2011, 305; *Koppmann,* Die Grenzen der beihilferechtlichen Inhaltskontrolle, 2011; *Wende,* Die einheitliche Auslegung von Beihilfen- und Vergaberecht als Teilgebiete des europäischen Wettbewerbsrechts, 2011; *Jaeger,* Fehlstellungen im Verhältnis von Steuer- und Beihilferecht, EuZW 2012, 92; *Sauter/Vedder,* State Aid and Selectivity in the Context of Emissions Trading, ELR 2012, 327; *Germelmann,* Beihilferechtliche Rahmenvorgaben für staatliche Umlagesysteme, EWS 2013, 161.

a) Gewähren eines wirtschaftlichen Vorteils („Begünstigung")

Der Begriff der „Beihilfe jeglicher Art" wird in Art. 107 Abs. 1 AEUV **vorausgesetzt.** 6
Inzwischen sind seine tatbestandlichen Elemente im Grundsatz geklärt (umfassend *Koenig/Kühling/Ritter,* EG-Beihilfenrecht, 2. Aufl. 2004; *Heidenhein* (Hrsg.), European State Aid Law, 2010). Eine Beihilfe liegt danach vor, wenn ein Unternehmen (vgl. noch Rz. 9) einen **wirtschaftlichen Vorteil** erhält, den es unter normalen Marktbedingungen nicht erlangt hätte (EuGHE 1999, I-2459, Rs. C-342/96 „Spanien/KOM"), also, wenn ihm keine **angemessene marktgerechte Gegenleistung** gegenübersteht (wie z. B. marktgerechte Bedingungen für ein gewährtes öffentliches Darlehen) oder einer staatliche **Beteiligung** keinen **marktgerechten Charakter** aufweist. Verboten sind also geldwerte Zuwendungen im weitesten Sinne (klassisch: Geld und Sachleistungen, aber auch z. B. Steuerbefreiungen, Bürgschaften, Garantien, Haftungsverpflichtungen u. a. m.). Für die Bewertung solcher wirtschaftlicher Maßnahmen (dazu EuGE 2008, II-3643, Rs. T-196/04 „Ryanair") hat die KOM objektive Berechnungsgrundsätze entwickelt (ABl. 2000, C-71/14). Dabei kann die Zuwendung individuell erfolgen oder auch systematisch an einen in bestimmter Weise definierten Kreis von Begünstigten („Beihilfensystem"; vgl. aber noch Rz. 10). Im Fall einer Beteiligung des Staates an einem Unternehmen ist zentral die Frage, ob sich ein hypothetischer Privatinvestor vergleichbar wie die öffentliche Hand engagiert hätte („Private investor"-Test; EuGHE 1991, I-1603, Rs. C-305/89 „Italien/KOM – Alfa Romeo"). Zur Bewertung staatlicher Zuschüsse für die Erfüllung gemeinwirtschaftlicher Verpflichtungen siehe Rz. 49f. Privatisierungen müssen regelmäßig zum höchsten erzielbaren Preis erfolgen (EuG, Urteil vom 28.2.2012, verb. Rs. T-268/08 u. a. „Burgenland" u. a., mit im konkreten Fall allerdings zweifelhafter Subsumtion).

b) Gewährung staatlicherseits

Art. 107 Abs. 1 AEUV verbietet nur „**staatliche** oder **aus staatlichen Mitteln** ge- 7
währte Beihilfen". Dies setzt zunächst voraus, dass die Entscheidung über die Begünstigung materiell dem Staat zurechenbar ist; Steuervergünstigungen, die aus der Umsetzung unionsrechtlicher Vorgaben resultieren, erfüllen den Beihilfetatbestand daher nicht (EuGE 2006, II-1047, Rs. T-351/02 „Deutsche Bahn"). Außerdem muss die

Beihilfe vom Staat finanziert werden, der Zuwendung also eine entsprechende Belastung eines öffentlichen Haushaltes korrespondieren. Unter öffentlich in diesem Sinne sind alle Einrichtungen zu verstehen, die vom Staat benannt oder errichtet worden sind (EuGHE 1998, I-2629, verb. Rs. C-52–54/97 „Viscido"; *Kruse,* ZHR 2001, 576). Auch Leistungen aus einem von parafiskalischen Abgaben gespeisten öffentlichen Fonds fallen unter Art. 107 AEUV. Demgegenüber stellen staatliche Preis- oder sonstige Finanzierungsregelungen keine Beihilfe dar, etwa wenn Elektrizitätsunternehmen verpflichtet werden, „Öko-Strom" zu bestimmten Mindestpreisen abzunehmen, da die Kosten hier von Privaten zu tragen sind (EuGHE 2001, I-2099, Rs. C-379/98 „Preußen-Elektra"; ähnlich EuGHE 2001, I-9067, Rs. C-53/00 „Ferring/ACOSS"), oder wenn – alle – Rundfunkveranstalter einen Teil ihrer Betriebseinnahmen für die Vorfinanzierung europäischer Spiel- und Fernsehfilme verwenden müssen (EuGHE 2009, I-1407, Rs. C-222/07 „UTECA"; zu Einzelheiten *Germelmann,* EWS 2013, 161).

Teilweise wurden unmittelbar vom Teilnehmer zu zahlende **Rundfunkgebühren,** wie sie auch in Deutschland bestanden, nicht als „staatliche" Beihilfe angesehen; Gleiches müsste für den jetzt eingeführten Haushaltsbeitrag gelten. Dagegen sprechen die hoheitliche Festsetzung und Beitreibung, die dazu führen, dass zunächst eine staatliche Stelle – der Beitragsservice – über die Mittel verfügt; diese sind daher als staatlich anzusehen (vgl. auch EuGE 2008, II-2935, verb. Rs. T-309/04 u. a. „TV 2"; EuGHE 2007, I-11173, Rs. C-337/06 „Bayerischer Rundfunk"). Außerdem fällt diese Gebühr nicht mit dem Empfang von entsprechenden Sendungen, sondern bereits mit Bereithalten eines entsprechenden Empfangsgeräts an; beim jetzigen Haushaltsbeitrag fehlt der unmittelbare Gegenleistungscharakter erst recht (vgl. noch Rz. 34/56).

8 Soweit der Staat in seiner Eigenschaft als **Eigentümer öffentlichen Unternehmen** Unterstützung zukommen lässt, richtet sich die Erfüllung des Beihilfetatbestands nach dem erwähnten „private investor-Test" (Rz. 6). Die notwenige **Rechtfertigung** solcher Maßnahme kann nach den allgemeinen Vorschriften, aber insbesondere auch Art. 106 Abs. 2 AEUV erfolgen (dazu Rz. 46ff.). Gewähren Unternehmen, denen nach dieser Norm besondere Rechte verliehen wurden, aus damit erzielten Gewinnen Zuschüsse an eine marktwirtschaftlich operierende Tochter, stellt dies gleichfalls eine Beihilfe dar, so dass insbesondere auch **„Quersubventionen"** erfasst sind (EuGHE 1996, I-3547, Rs. C-39/94 „SFEI"). Hier soll die Transparenz-RL (Rz. 40) für Klarheit sorgen.

c) Begünstigte: Unternehmen

9 Eine Beihilfe unterfällt nur dann Art. 107 AEUV, wenn sie einem (oder mehreren) **Unternehmen** zugute kommt. Der Begriff „Unternehmen" ist wie sonst im Wettbewerbsrecht zu definieren (Rz. 20/9); entscheidend ist die wirtschaftliche Aktivität. Dementsprechend können auch Leistungen an staatliche Stellen, etwa für eine kommerziell betriebene Verkehrsinfrastruktur (Rz. 26/10), eine Subvention darstellen. Die Begünstigung muss nicht unmittelbar dem Unternehmen gegenüber erfolgen. Wie sich aus Art. 107 Abs. 2 lit. a AEUV (Rz. 15) ergibt, unterfallen auch Zuschüsse an Kunden eines Unternehmens dem Beihilferegime, wenn die sonstigen Voraussetzungen erfüllt sind (EuGH, Urteil vom 28.7.2011, Rs. C-403/10 P „Mediaset SpA").

d) Selektivität der Zuwendung

10 Eine Beihilfe im Sinne von Art. 107 AEUV liegt nur vor, wenn **bestimmte Unternehmen** oder abgegrenzte Unternehmensgruppen begünstigt werden („Selektivität" der Zuwendung, EuGHE 2001, I-8365, Rs. C-143/99 „Adria-Wien Pipeline u. a."). Keine Beihilfen stellen Maßnahmen etwa **steuerlicher** Art dar, welche unterschiedslos allen Unternehmen zugute kommen (z. B. allgemeine Senkung der Körperschafts-

steuer; EuGHE 1999, I-3913, Rs. C-256/97 „DMT" st. Rspr.). **Differenzierende** Regelungen sind grundsätzlich selektiv, es sei denn, dass die eingeführte Unterscheidung zwischen Unternehmen bei Vorteilen oder Belastungen in der Natur oder im Aufbau des geltenden allgemeinen Systems angelegt ist (EuGHE 2011, I-11113, verb. Rs. C-106/09 P u. a. „Kommission und Spanien/Gibraltar und Vereinigtes Königreich"). Mit der Beihilfenkontrolle sollen Verfälschungen des Wettbewerbs zwischen Unternehmen bekämpft werden; Art. 107 AEUV liefert demgegenüber keinen Maßstab für eine generelle Aufsicht über nationale Konjunktur- oder Steuer- und Abgabenpolitik – deren innere Konsistenz vorausgesetzt.

Regional begrenzte Steuererleichterungen sind in diesem Sinne selektiv, unterfallen also dem Beihilfebegriff, wenn sie von einer Zentralinstanz beschlossen werden oder von einer Regionalinstanz, die Abweichungen von allgemein festgesetzten Steuersätzen beschließen darf, ohne die entsprechenden Lasten tragen zu müssen (etwa weil Steuerausfälle wegen eines Systems des Finanzausgleichs keine Wirkung entfalten; näher EuGHE 2006, I-7115, Rs. C-88/03 „Portugal/KOM"; *Arhold,* EuZW 2006, 717). Institutionell, prozedural und wirtschaftlich-finanziell eigenverantwortliche Regionen hingegen können ungehindert ihre eigene Steuerpolitik betreiben (EuGHE 2008, I-6747, verb. Rs. C-428/06 u. a. „UGT-Rioja"). Steuerrechtliche Regelungen, die auf Unionsrecht zurückgehen oder von Unionsorganen nach Maßgabe sekundärrechtlicher Vorschriften gebilligt wurden, stellen keine Beihilfe dar (EuG, Urteil vom 21.3.2012, verb. Rs. T50/06 RENV u. a. „Irland u. a./KOM").

e) Wettbewerbsverfälschung

Die Beihilfe muss geeignet sein, in den Wettbewerb zwischen Unternehmen einzugreifen und die **Wettbewerbslage** zugunsten des subventionierten Unternehmens zu **verändern** (und damit zu „verfälschen"; EuGHE 1980, 2671, Rs. 730/79 „Philip Morris"). Maßstab ist die Lage vor der staatlichen Maßnahme. Im Ergebnis liegt damit zwar nahe, dass jede Beihilfe den Wettbewerb verfälscht, doch macht dies entsprechende, bei „Neubeihilfen" (Rz. 30) notwendigerweise prognostische (dazu EuGHE 2004, I-4087, Rs. C-298/00 P „Italien/KOM") Feststellungen (insbesondere auch zum betroffenen Markt, vgl. dazu Rz. 20/11) nicht entbehrlich (EuGHE 1985, 809, verb. Rs. 296 und 318/82 „Leeuwarder Papierwarenfabriek"). Der Umstand, dass eine Beihilfe unterschiedliche Kostenfaktoren wie die mit einer geographischen Lage verbundenen Nachteile ausgleichen will, lässt den Beihilfetatbestand nicht entfallen, sondern kann allenfalls zur Zulässigkeit nach Abs. 3 führen („Regionalbeihilfe", Rz. 22). Schließlich reicht die **objektiv** wettbewerbsverzerrende Auswirkung der Beihilfe, sie braucht vom Beihilfegeber nicht beabsichtigt worden zu sein (EuGH, Urteil vom 8.9.2011, Rs. C-279/08 P „Kommission/Niederlande"). 11

Wird der Wettbewerb zwischen Unternehmen „verfälscht", kommt es auf eine besondere **„Spürbarkeit"** nicht an; für die Erfüllung des Beihilfetatbestandes ist die Höhe der Beihilfe rechtlich grundsätzlich unerheblich (zur Zulässigkeit der Untersagung einer geringfügigen Beihilfe EuGHE 1980, 2671, Rs. 730/79 „Philip Morris"). Aus Gründen der Praktikabilität unterstellt die KOM jedoch regelmäßig, dass geringfügige Beihilfen den zwischenstaatlichen Handel nicht beeinträchtigen (Rz. 12, 20).

f) Beeinträchtigung des Handels zwischen Mitgliedstaaten

Die Wettbewerbsbeeinträchtigung muss außerdem **geeignet** sein, sich auf den Handel im Binnenmarkt auszuwirken (vgl. auch Rz. 20/12); hier ist gleichfalls (vgl. schon Rz. 11) ggf. eine Prognose anzustellen. Eine solche Beeinträchtigung ist nicht nur bei exportorientierten Unternehmen vorstellbar. Die Stärkung der Marktposition durch die Beihilfe kann auch durch ihre Auswirkungen auf das Verhältnis zu konkurrieren- 12 den Importeuren oder ausländischen Leistungsanbietern erfolgen (EuGHE 2003, I-7747, Rs. C-280/00 „Altmark Trans"). Eine gegebene Wettbewerbsverfälschung beeinflusst in der Regel in der einen oder anderen Weise den zwischenstaatlichen Handel.

Bei Beihilfen in (vergleichsweise) geringfügiger Höhe wird in der Praxis allerdings davon ausgegangen, dass schon der Wettbewerb nicht verfälscht, zumindest aber der zwischenstaatliche Handel nicht beeinträchtigt wird. Dementsprechend hat die KOM durch Verordnung (dazu allgemein Rz. 20) sog. **„De-minimis-Beihilfen"** unterhalb eines Gesamtbetrages von grundsätzlich 200 000 € (mit bereichsspezifischen Ausnahmen) innerhalb dreier Jahre vom Genehmigungserfordernis nach Art. 108 AEUV freigestellt („Freistellungs-VO" 1407/2013, ABl. L 352/1).

3. Legalausnahmen und Ausnahmen nach Ermessen der Kommission

Literatur: *Führmeyer,* Quersubventionen als Problem des europäischen Wettbewerbsrechts, 2004; *Ehricke,* Die neuen Leitlinien der EG-Kommission über Sofort- und Umstrukturierungshilfen, EuZW 2005, 71; *Hentschel,* Die Vereinbarkeit der deutschen Kulturförderung mit dem Beihilfenrecht der Europäischen Gemeinschaft, 2006; *Frenz/Kühl,* Die neuen Regionalbeihilfeleitlinien 2007–2013, EWS 2006, 536; *Bartosch,* Die neue Allgemeine Gruppenfreistellungsverordnung im EG-Beihilferecht, NJW 2008, 3612; *Karpenstein/Schiller,* Infrastrukturbeihilfen in der Praxis der EU-Kommission, ZHR 2008, 81; *Nentwig,* Kulturelle Daseinsvorsorge in Europa, 2008; *Schwarze,* Die europäische Beihilfenkontrolle (Art. 87 ff. EG) im Lichte der Finanz- und Wirtschaftskrise, DVBl. 2009, 1401; *Darinke,* Der neue Gemeinschaftsrahmen für Forschungs-, Entwicklungs- und Innovationsbeihilfen, 2010; *Soltész/v. Köckritz,* Der „vorübergehende Gemeinschaftsrahmen" für staatliche Beihilfen – die Antwort der Kommission auf die Krise der Realwirtschaft, EuZW 2010, 167; *Michaelis,* Das EU-Beihilferecht: Die Anwendung des EU-Beihilferechts in der Finanzkrise, 2011; *Soltész,* Das Beihilferecht im Härtetest der Finanzmarkt- und Wirtschaftskrise, in: Schwarze/Müller-Graff (Hrsg.), Neues Europäisches Wirtschafts- und Wettbewerbsrecht, 2011, 119; *Gilliams,* Stress Testing the Regulator: Review of State Aid to Financial Institutions after the Collapse of Lehman, ELR 2011, 3; *Klafki,* Der vorübergehende Gemeinschaftsrahmen für staatliche Beihilfen der EU-Kommission in der Wirtschafts- und Finanzkrise, seine Umsetzung in den Mitgliedstaaten und Schlussfolgerungen aus seiner Anwendung, EWS 2011, 497; *Ritzenhoff,* Das Beihilfe- und Vergaberecht in der Krise, 2012.

13 Staatliche Beihilfen sind nach Art. 107 Abs. 1 AEUV nur insoweit mit dem Binnenmarkt unvereinbar, als im Vertrage „nicht etwas anderes bestimmt ist". Der Vertrag enthält eine ganze Reihe weitreichender **Ausnahmetatbestände.** Er trägt damit den wirtschaftspolitischen Kompetenzen der Mitgliedstaaten Rechnung. Im Einzelnen sind nach der Systematik des Vertrages **Legalausnahmen,** die in bestimmten Fällen automatisch eine Abweichung rechtfertigen (Abs. 2), und **fakultative Ausnahmetatbestände** (Abs. 3) zu unterscheiden, die unter Vorgabe gewisser Richtlinien die Entscheidung über die Vereinbarkeit einzelner Beihilfen mit dem Binnenmarkt in das Ermessen der Unionsorgane stellen. Weitere Ausnahmetatbestände ergeben sich aus anderen Vertragsbestimmungen (Rz. 24 f.).

Die Unterscheidung zwischen den Legalausnahmen und den fakultativen Ausnahmetatbeständen ist für das **Ausmaß der** in beiden Fällen bestehenden **Prüfungsbefugnisse der KOM** nach Art. 108 AEUV bedeutsam. **Ihr Handlungsspielraum** ist bei den **Legalausnahmen stärker begrenzt.** Stellt sie einen Tatbestand gemäß Art. 107 Abs. 2 fest (z. B. Schäden durch Naturkatastrophen), ist die entsprechende Beihilfe kraft Vertrages zulässig, d. h **die KOM muss eine Genehmigung erteilen.** Bei der **fakultativen Ausnahme vom Beihilfeverbot** im Rahmen der Tatbestände des Abs. 3 verfügt die KOM dagegen über ein **weites Ermessen,** dem wirtschafts-, sozial- oder kulturpolitische Erwägungen zugrunde liegen können (Rz. 18).

a) Legalausnahmen (Art. 107 Abs. 2 AEUV)

Art. 107 Abs. 2 AEUV enthält mehrere Tatbestände, bei denen die Voraussetzungen von Abs. 1 im Prinzip erfüllt sind, aber bei materieller Wertung keine wirklich wettbewerbsverzerrende Wirkung zu besorgen ist. Deswegen sind sie per se vom Beihilfeverbot freigestellt. In der bisherigen Praxis spielen sie kaum (noch) eine Rolle. 14

Im Einzelnen sind nach lit. a) **Sozialbeihilfen** an Verbraucher zulässig, soweit nicht nach der Herkunft der Waren diskriminiert wird; hier ist die Relevanz für den Wettbewerb im Binnenmarkt regelmäßig marginal. 15

Nach lit. b) sind weiterhin zulässig Beihilfen zur Beseitigung von Schäden aus **Naturkatastrophen** (z. B. Hilfe für Erdbebengebiete) oder bei sonstigen **außergewöhnlichen Ereignissen** (z. B. Krieg oder Terroranschläge, nicht eine wirtschaftliche Rezession). Dieser Tatbestand ist beschränkt auf solche Hilfen, die die unmittelbaren Schäden ausgleichen sollen (EuGHE 1993, I-2097, Rs. C-364/90 „Italien/KOM") und damit einen Ausgleich für außergewöhnliche wettbewerbsexterne Ereignisse beinhalten.

Die in lit. c) enthaltene Teilungsklausel war bei ihrer Einführung 1958 vor allem auf das sog. **„Zonenrandgebiet"** der Bundesrepublik beschränkt, erfasste aber auch die Integration des Saarlandes. Nach Wiederherstellung der deutschen Einheit war umstritten, ob diese Bestimmung generell auf das gesamte Gebiet der neuen Bundesländer anzuwenden war oder nur auf Problemfälle in **Gebieten beiderseits der früheren innerdeutschen Grenze.** Die europäische Gerichtsbarkeit (EuGE 1999, II-3663, verb. Rs. T-132/96 und 143/96, sowie EuGHE 2003, I-9975, verb. Rs. C-57/00 P und C 61/00 P, jeweils „Freistaat Sachsen"; kritisch dazu *Oppermann,* FS Götz, 2005, 211) entschied sich für die zweitgenannte Position und vermied so eine beihilferechtliche Sonderbehandlung Ostdeutschlands im Vergleich mit anderen „Problemregionen" der Union. Mit wachsendem zeitlichem Abstand zur Wiedervereinigung spielt die Bestimmung kaum noch eine Rolle; nach dem Vertrag von Lissabon kann sie durch Ratsbeschluss aufgehoben werden (Art. 107 Abs. 2 lit. c letzter Satz AEUV). Im Übrigen kann die Förderung der wirtschaftlichen Entwicklung Ostdeutschlands (nur) nach den für Regionalbeihilfen allgemein geltenden Grundsätzen erfolgen (dazu Rz. 22). 16

b) Ausnahmen nach Ermessen (Art. 107 Abs. 3 AEUV)

aa) Allgemeines

Von besonderer Bedeutung für das Beihilfesystem des AEUV ist die Möglichkeit der **Befreiung vom grundsätzlichen Beihilfeverbot** des Art. 107 Abs. 1 AEUV gemäß Abs. 3.Die KOM „kann" nationale Beihilfen unter dort angegebenen Voraussetzungen als mit dem Binnenmarkt für vereinbar erklären, nämlich wenn es sich handelt um 17

lit. a): Beihilfen zur Förderung der wirtschaftlichen Entwicklung von Gebieten **(„Regionalbeihilfen"),** in denen die Lebenshaltung **außergewöhnlich niedrig** ist oder eine **erhebliche Unterbeschäftigung** herrscht. Maßstab ist hier die gesamte Union (EuGHE 1987, 4013, Rs. 242/84 „Deutschland/KOM"). Mit dieser Ausnahme soll es ermöglicht werden, das wirtschaftliche Ungleichgewicht innerhalb der Union auszugleichen und gleichartige Wettbewerbsvoraussetzungen zu schaffen, um so „den Abstand zwischen einzelnen Gebieten und den Rückstand weniger begünstigter Gebiete (zu) verringern" (Präambel AEUV);

lit b): Beihilfen zur Förderung **wichtiger Vorhaben** gemeinsamen europäischen Interesses oder zur Behebung einer **beträchtlichen Störung** im Wirtschaftsleben eines Mitgliedstaats;

lit. c): Beihilfen zur Förderung gewisser Wirtschaftszweige **(„Sektoralbeihilfen")** oder Wirtschaftsgebiete **(„Regionalbeihilfen"),** soweit sie nicht dem gemeinsamen

Interesse an den Handelsbedingungen innerhalb der Union zuwiderlaufen. Während in den anderen Teilen der Norm bereits auf europäischer Ebene die Legitimation für die Beihilfe ausdrücklich erkennbar wird, wird hier nur negativ vorgegeben, dass die Integration nicht beeinträchtigt werden darf. Diese Variante ist also ausgesprochen offen formuliert. Sie kommt insbesondere auch in Betracht, wenn es um die Förderung von Regionen geht, denen es nur im Vergleich mit anderen Teilen des betreffenden MSen eher schlecht geht;

lit. d): Kulturbeihilfen, die dem gemeinsamen Interesse nicht zuwiderlaufen;

lit. e): Sonstige Arten von Beihilfen, die durch qualifizierte Ratsentscheidung auf Vorschlag der KOM bestimmt werden.

18 In der Praxis stehen die lit. a) und c) deutlich im Vordergrund. Entscheidend ist letztlich, dass eine Beihilfe einen auch **aus Unionsperspektive sinnvollen Zweck** erfüllt, konkret also nicht nur den Wettbewerb zulasten bestimmter Unternehmen in anderen Mitgliedstaaten beeinflusst, sondern zugleich etwa einen wichtigen Beitrag zur Entwicklung einer Region oder ähnliches leistet. Die KOM beabsichtigt, ähnlich wie im Wettbewerbsrecht (Rz. 20/4) ihrer Beurteilung zukünftig stärker ökonomische Gesichtspunkte zugrunde zu legen, Beihilfen insbesondere auf ihre Zielgenauigkeit hin zu überprüfen (KOM (2005) 107 endg.). Insgesamt verfügt die KOM über erhebliche Einwirkungsmöglichkeiten auf die Wirtschafts-, Sozial- und Kulturpolitik der Mitgliedstaaten. Sie übt dabei ein Ermessen aus, dass der Gerichtshof nur in Grenzen, nämlich auf „offensichtliche Beurteilungsfehler" überprüft (EuGHE 1991, I-1433, Rs. C-303/88 „Italien/KOM" st. Rspr.). Ein solcher liegt insbesondere vor, wenn entscheidungserhebliche Gesichtspunkte nicht in die Abwägung einbezogen wurden (EuGHE 2008, I-10807, Rs. C-333/07 „Regie Networks").

19 Im Interesse der Rechtssicherheit und der Kontrollierbarkeit ihres Handelns hat die KOM **Grundsätze** für ihr Vorgehen im Beihilfebereich entwickelt (u. a. Berücksichtigung der Position des Unternehmens in seinem Umfeld, Prüfung der Erforderlichkeit der Beihilfe, Vermeidung unbefristeter Beihilfen u. a.). Seit längerem wurden Verwaltungsvorschriften in Gestalt von **„Leitlinien", „Gemeinschafts-/Unionsrahmen", „Mitteilungen"** u. ä. erlassen. Hierbei handelt es sich um **allgemeine Ermessensrichtlinien** und keine Rechtsvorschriften mit Außenwirkung (daher die Publikation in Teil C des ABl.). Sie **binden jedoch faktisch** die KOM mit Blick auf das Vertrauen der Adressaten. Diese muss daher ihre Entscheidungspraxis daran ausrichten und darf die Leitlinien nicht stillschweigend durch spätere Einzelentscheidungen ändern (EuGHE 1993, I-1125, Rs. C-313/90 „CIRFS").

20 In Fortentwicklung dieser Leitlinien und zur Verbesserung der Rechtssicherheit hat der Rat erstmals 1998 mit der VO 994/98 (ABl. 1998, L 142/1 = Sart. II Ziff. 172) die KOM ermächtigt, bestimmte **Gruppen** horizontaler Beihilfen durch VO **vom Beihilfeverbot freizustellen** (*Sinnaeve,* EuZW 1999, 270). Seit 2001 hat die KOM hiervon durch **Gruppenfreistellungsverordnungen** zunächst für Ausbildungsbeihilfen, De-minimis-Beihilfen, Beihilfen an kleine und mittlere Unternehmen und Beschäftigungsbeihilfen Gebrauch gemacht (*Bartosch,* NJW 2001, 921; *Zuleger,* EuZW 2003, 270). In diesen Bereichen bestehende Gemeinschaftsrahmen wurden abgeschafft. 2008 wurde dann eine **allgemeine Gruppenfreistellungsverordnung** (allgemeine GVO) erlassen, in der die meisten bereichsspezifischen Regelungen zusammengefasst wurden (VO 800/2008, ABl. 214/3; siehe daneben zur De-minimis-Beihilfen-VO bereits Rz. 12). Mit dem Vertrag von Lissabon wurde primärrechtlich eine Befugnis der KOM geschaffen, im Rahmen von Ratsvorgaben Gruppenfreistellungsverordnungen zu erlassen (Art. 108 Abs. 4 AEUV). Die KOM hat angekündigt, die verschiedenen Regelwerke zu allgemeinen Grundsätzen zusammenzuführen (KOM (2012) 209 endg.).

bb) Kategorisierung der Beihilfen im Rahmen von Art. 107 Abs. 3 AEUV

Auf der Grundlage der lit. a) – c) von Art. 107 Abs. 3 AEUV haben sich in der Praxis 21 **verschiedene Beihilfekategorien** entwickelt. Zur Sicherung einer einheitlichen Praxis hat die KOM jeweils neben den bereits genannten allgemeinen Akten bereichsspezifisch Gemeinschaftsrahmen, Leitlinien, Mitteilungen beschlossen, aber z. T. auch Verordnungen oder unmittelbar Entscheidungen erlassen.

(1) Horizontalbeihilfen

Dies sind Beihilfen bei Problemen, die sich in **allen** Wirtschaftssektoren oder Regionen stellen können. Hier geht es insbesondere um Beihilfen im Bereich der **Ausbildung** (Art. 38ff. der allgemeinen GVO), für **Forschung und Entwicklung** (Art. 30ff. allgemeine GVO; dazu *Frenz/Kühl,* EWS 2007, 172), um öffentlichen Haftungsverpflichtungen und Bürgschaften (zu letzteren EuGHE 2000, I-8237, Rs. C-288/96 „Deutschland/KOM" und *R. Fischer,* WM 2001, 217), um Risikokapital (Mitteilung: ABl. 2001, C 235/3; dazu *Koenig,* ZIP 2001, 629), um Rettung und Umstrukturierung (ABl. 2004, C 244/2; *Kilb,* EWS 2004, 55), um den Verkauf von öffentlichen Grundstücken (*Koenig/Kühling,* NZ Bau 2001, 409) sowie um direkte Einkommensbesteuerung (*Götz,* FS Vogel 2000, 579). Auch die verschiedenen Querschnittsklauseln sind hier zu berücksichtigen. Dementsprechend enthält die allgemeine GVO auch Bestimmungen zum **Umweltschutz** nach Art. 11 AEUV (Art. 17ff. allgemeine GVO; siehe auch die Leitlinien der KOM, ABl. 2008 C 82/1), bei dem das kostenintensive Verursacherprinzip eine besondere Rolle spielt (*Rydelski,* EuZW 2001, 458). Im Rahmen der Finanzkrise wurde ein mittlerweile als solcher ausgelaufener „vorübergehender Gemeinschaftsrahmen" beschlossen (ABl. 2009 C 83/1, Änderungen), der Hilfen in etwas großzügigerem Rahmen gestattet.

(2) Regionalbeihilfen

Sie dienen vor allem der Förderung der wirtschaftlich-sozialen Entwicklung **bestimmter Gebiete** und sind 22 mittlerweile vor allem in Art. 13 der allgemeinen GVO geregelt. In Übereinstimmung mit den Kriterien der EU-Regionalpolitik (dort: sog. „Ziel 1-Gebiet"; vgl. auch Rz. 18/67) darf danach auf Grundlage von Art. 107 Abs. 3 lit. a AEUV nur eine Region gefördert werden, deren BIP unter 75% des EU-Durchschnitts liegt. Vor der EU-Beitrittsrunde 2004 gehörte Ostdeutschland insgesamt hierher, seither nur noch ein Teil. Eine Förderung weiterer Gebiete ist nur auf Grundlage von lit. c möglich und muss sich dementsprechend auf **Teile eines MS** beschränken, die nach bestimmten Kriterien von den MSen ausgewählt werden können. Zudem sind im ersten Fall höhere Fördersätze zulässig als im zweiten Fall. Die Beihilfen sollen sich grundsätzlich auf die Förderung rentabler Erstinvestitionen beschränken; Betriebsbeihilfen sind grundsätzlich unzulässig. Jüngst hat die KOM eine ausführliche Leitlinie für Regionalbeihilfen beschlossen (ABl. 2013 C 209/1).

(3) Sektoralbeihilfen

Hier handelt es sich um die Subventionen für die große Zahl sog. **„sensibler Sektoren"**, in denen aus 23 unterschiedlichen strukturellen oder konjunkturellen Gründen häufig Unterstützungsbedarf anerkannt wird: Kohle (*Lauffer,* Beihilfen für den Steinkohlebergbau in der EU, 1998; dazu jüngst Ratsbeschluss 2010/787, ABl. L 336/24), sonstige Energie (*Kühling,* RdE 2001, 93), Stahl, Schiffbau (VO 502/2004, ABl. L 81/6), Verkehr (z. B. bestimmte Formen von Maut auf Autobahnen), Textilindustrie, Landwirtschaft, Fischerei und Aquakultur u. a. m. Ferner hat die KOM im Zusammenhang mit der Finanzkrise mehrfach besondere Mitteilungen über Beihilfen an Finanzinstitute im Zusammenhang mit der globalen Finanzkrise beschlossen (derzeit ABl. 2013, C 216/1).

(4) Kulturbeihilfen

Auf Art. 107 Abs. 3 lit. d AEUV – **Kultur** – gestützte Beihilfen sind nur in Einzelfällen (etwa zur Filmförderung die Mitteilungen der KOM, ABl. 2002 C 43/6 und ABl. 2004 C 123/1; zum Büchermarkt EuGE 2002, II-1179, Rs. T-155/98 „SIDE"; *Koenig/Kühling,* EuZW 2000, 197) Gegenstand von Kommissionsentscheidungen gewesen.

4. Verhältnis zu anderen Regelungen des Unionsrechts

a) Verhältnis des Beihilferechts zu anderen Vertragsregelungen

24 Für verschiedene Politikbereiche bestehen Sonderregeln, so im Bereich der Energie (Rz. 23/17), der Landwirtschaft (Rz. 24/14 und 20) und des Verkehrs (Rz. 26/10). Im Übrigen wirft die Weite des Tatbestandes von Art. 107 AEUV die Frage seiner **Abgrenzung vom Verbot der Maßnahmen gleicher Wirkung** (Art. 34 ff. AEUV) sowie von den **steuer- und zollrechtlichen Vorschriften des Vertrages** (Art. 110, 28, 30 AEUV) auf. Grundsätzlich wird **der für Beihilfen typische Zuwendungszweck** allein von den Bestimmungen der Art. 107 ff. AEUV erfasst. Einzelne Modalitäten einer Beihilfe, die zur Erreichung des Beihilfezwecks oder zu ihrem Funktionieren nicht erforderlich sind, können jedoch **für sich gesondert unter die speziellen Verbotsnormen des Vertrages subsumiert werden** (EuGHE 1990, I-889, Rs. C-21/88 „Du Pont de Nemours" zu Art. 34 AEUV; vgl. auch EuGHE 1979, 935, Rs. 91/78 „Handen" zu Art. 37 AEUV als Sondervorschrift). Insbesondere muss bei der Koppelung einer Subventionsregelung zugunsten einheimischer Unternehmen mit einer allgemeinen Abgabenregelung das der Subventionsfinanzierung dienende Abgabensystem nicht nur am Maßstab der Art. 107 ff. AEUV geprüft, sondern auch an den steuerlichen Diskriminierungsverboten gemessen werden (EuGHE 1970, 487, Rs. 47/69 „Französische Textilabgabe", st. Rspr.).

25 Beihilfen, die ausschließlich einheimischen Unternehmen in Form von Steuervorteilen gewährt werden, verstoßen schon wegen ihrer die ausländischen Anbieter diskriminierenden Wirkung gegen das zwingende Verbot des Art. 110 AEUV. Sie können auch nicht durch beihilferechtliche Ausnahme- oder Befreiungsvorschriften gerechtfertigt werden (EuGHE 1981, 1413, verb. Rs. 142 u. 143/80 „Amministrazione delle Finanze"; ferner *Hafner,* Stationäre Einrichtungen im Wettbewerb 2004, betr. deutsche Wohlfahrtsverbände). Hieraus folgt ein **gewisser Anwendungsvorrang der unmittelbar wirksamen Diskriminierungsverbote,** sodass Steuerbefreiungen, Steuerermäßigungen und sonstige steuerliche Vorteile vorrangig unter den Aspekten abgabenrechtlicher Diskriminierung zu prüfen sind. Eine Beihilferegelung, die das allgemeine **Diskriminierungsverbot des Art. 18 AEUV** verletzen würde, kann nicht genehmigt werden (KOM-E ABl. 1989, L 208/38 „Filmbeihilfen"). Rückerstattungen von rechtsgrundlos gezahlten Gebühren sind keine Beihilfen (EuGHE 1980, 1205, Rs. 61/79 „Amministrazione delle Finanze"). Wenn ein Sachverhalt sowohl eine Beihilferegelung als auch eine **Absprache im Sinne von Art. 101 AEUV** darstellt, ist eine parallele Prüfung nach beiden Normen denkbar (EuGHE 1993, I-3203, Rs. C-225/91 „Matra").

b) Beihilferegime und Drittländer

Territorial gilt das europäische Beihilfenregime nur für Subventionen, die im Geltungsbereich des EUV vergeben werden. Beihilfen für die **Ausfuhr in Drittländer** (EuGHE 1988, 4193, Rs. 188/85 „Fediol") wurden hinsichtlich ihrer wettbewerbsverfälschenden Auswirkungen zwischen den Unternehmen der Union früher von einer Sondervorschrift (Art. 132 EGV) erfasst. Da die danach grundsätzlich legitime Förderungspolitik der EU und ihrer MSen zugunsten von Ausfuhren in Drittländer aber letztlich einen Teil der Gemeinsamen Handelspolitik (Art. 207 AEUV) darstellt, ist diese Bestimmung mit dem Vertrag von Lissabon entfallen. Grenzen ergeben sich aber aus den internationalen Vereinbarungen (GATT-WTO/OECD; *Rydelski*, EG- und WTO-Antisubventionsrecht, 2001). Außerdem ist jeweils zu prüfen, inwieweit sich eine Maßnahme der Exportförderung auch auf den Binnenmarkt auswirkt und dementsprechend Art. 107 f. AEUV anwendbar sind (EuGHE 2009, I-3639, Rs. C-494/06 P „KOM/Italien"). 26

Ferner kontrolliert die EFTA-Aufsichtsbehörde gemäß den materiell mit dem Unionsrecht identischen Bestimmungen **Beihilfen in den EFTA-Staaten, die dem EWR angehören** (Island, Liechtenstein, Norwegen). Als **Mitglied von GATT/WTO** (Rz. 40/34 ff.) kann die EU gemäß dem Antisubventionsrecht der Welthandelsorganisation auf **Drittlandsbeihilfen** einwirken oder diese einseitig über **handelspolitische Maßnahmen** bekämpfen. International, insbesondere im Verhältnis der EU zu den USA und Korea, gibt es Bemühungen um vertragliche Kontrolle der Subventionierung des **Flugzeug- und Schiffbaues** sowie der **Stahlproduktion** (*Rydelski*, EG- und WTO-Antisubventionsrecht, 2001).

5. Europäisches Beihilfeverfahren

Literatur: *Ludwigs*, Handlungsmöglichkeiten des Beihilfeempfängers im Rahmen der Dezentralisierung der Europäischen Beihilfenkontrolle, EWS 2007, 7; *Becker*, Die Beihilfenkontrolle unter dem Einfluss der Verfahrensordnung 659/1999/EG, EWS 2007, 255; *Sinnaeve*, State Aid Procedures: Developments Since the Entry into Force of the Procedural Regulation, CMLRev 2007, 965; *Petzold*, Vereinfachung, Best Practices und gerichtliche Durchsetzung – Neues von der Kommission zum Beihilfeverfahren, EuZW 2009, 645; *Bungenberg*, Europäisches Subventionsverwaltungsrecht, in: Terhechte (Hrsg.), Verwaltungsrecht der Europäischen Union, 2011, § 21; *Raab*, Das EU-Beihilfenverbot und seine verfahrensrechtlichen Auswirkungen. Eine Analyse anhand der Ertragsbesteuerung der Körperschaften öffentlichen Rechts, 2011; *Soltész*, Das prozedurale binnenmarktliche Beihilfenaufsichtsrecht, in: Müller-Graff (Hrsg.), EnzEuR IV, 2014, § 15.

Literatur zur **Rückforderung** unionsrechtswidriger Beihilfen unten bei e), zum **Rechtsschutz** im Beihilfeverfahren bei 6.

a) Grundlagen

Die europäische Beihilfekontrolle stellt ähnlich wie die Kartellverfahren (oben Rz. 20/45 ff.) einen der **aufwändigsten Tätigkeitsbereiche** dar, in dem die EU in Gestalt der KOM in unmittelbarem Kontakt sowohl mit den Mitgliedstaaten und ihren Untergliederungen als Beihilfegebern, als auch mit den Unternehmen als Beihilfeempfängern bzw. deren Wettbewerbern als potentiell Betroffenen steht und entscheidet. Die KOM ist bestrebt, die aus dem weiten Beihilfebegriff resultierende „Anmeldeflut" einzudämmen und sich auf unionsweit besonders relevante Fälle zu konzentrieren. Der AEUV regelt in **Art. 108** lediglich einige Grundstrukturen des Beihilfeverfahrens. Zentral ist die Pflicht zur Anmeldung einer Beihilfe vor deren Durchführung (Abs. 3 Satz 1, Rz. 30). Nachdem die Einzelheiten über lange Zeit durch die Praxis der KOM und die Rspr. des Gerichtshofes entwickelt worden waren, wurden diese Maßstäbe mit der **VO 659/1999 (ABl. L 83/1,** *Bartosch*, EuZW 2004, 43; Änderungen; zu jüngsten Vorschlägen siehe KOM (2013)51 endg.) kodifiziert. 27

Die **DurchführungsVO 794/2004** (ABl. L 149/1) zur VO 659/1999 regelt nähere Einzelheiten des Verfahrens (Anmeldeformulare, Übermittlung der Anmeldungen, Jahresberichte der MSen über ihre Beihilferegelungen, Verzinsung zurückzufordernder rechtswidriger Beihilfen u. a. m.). Manche Fragen sind weiterhin der Praxis überlassen. Die Kommission beabsichtigt, die Rechtsanwendung stärker zu rationalisieren (vgl. schon Rz. 20 a. E.) und die durch die weite Interpretation des Beihilfenbegriffs entstandene Arbeitslast durch stärkere Konzentration auf Fälle mit größeren Auswirkungen auf den Binnenmarkt zu verringern, in dem durch Sekundärrecht weniger bedeutsame Beihilfen von der Pflicht zur vorherigen Anmeldung befreit werden; eine ex-post-Kontrolle soll aber möglich bleiben (KOM (2012) 209 endg).

28 Auf europäischer Ebene kommt dem **Rat** im Beihilferecht im Wesentlichen die Befugnis zur Rechtsetzung zu (Art. 109 AEUV), während die Beihilfekontrolle im Einzelnen im Grundsatz der **KOM,** unter der Obhut der **europäischen Gerichtsbarkeit,** obliegt. Vor dem Erlass von Durchführungsvorschriften konsultiert die KOM einen **Beratenden Ausschuss** aus Vertretern der MSen (Art. 28f. VO 659/1999). Die KOM verfügt zur Durchführung ihrer Kontrolle über **Überwachungsrechte** (Art. 21ff. VO 659/1999). Sie kann Grund und Gebäude von Unternehmen betreten, Geschäftsunterlagen einsehen u. ä. („Nachprüfung vor Ort", Art. 22 VO 659/1999).

Beteiligte des Beihilfeverfahrens sind die Mitgliedstaaten einschl. ihrer Untergliederungen (z. B. deutsche Bundesländer) als Beihilfegeber, ferner die Beihilfeempfänger und ggf. ihre Wettbewerber und betroffene Unternehmensvereinigungen, natürliche Personen und Berufsverbände (Art. 1 lit. h) VO 659/1999).

Begrifflich werden einerseits **bestehende Beihilfen** (Art. 108 Abs. 1 AEUV = vor Inkrafttreten des EWGV 1958 bzw. vor Beitritten eingeführte sowie später von der KOM genehmigte Beihilfen) von **neuen Beihilfen** (alle übrigen Beihilfen) unterschieden (Art. 108 Abs. 3 AEUV, Art. 1 lit. b), c) VO 659/1999), andererseits das **Vorprüfungsverfahren** (mit Genehmigung unproblematischer Beihilfen) vom ggf. nachfolgenden **Hauptprüfungsverfahren** (für schwierigere Fälle).

b) Kontrolle bestehender Beihilfen („repressive" Kontrolle)

29 Bei den „alten" oder bereits genehmigten Beihilfen (Rz. 28) nimmt die KOM in Zusammenarbeit mit den MSen eine **nachträgliche Bestandsaufnahme und regelmäßige Prüfung** daraufhin vor (Art. 108 Abs. 1–2 AEUV, Art. 17ff. VO 659/1999), ob sie weiterhin vertragskonform sind, also keine für den Binnenmarkt schädlichen Wirkungen entfalten. Ergebnis ist ein Vorschlag „zweckdienlicher Maßnahmen"; entweder werden (mit Wirkung für die Zukunft) Änderungen vorschlagen, oder es bleibt beim Status quo. Nötigenfalls kann die KOM ein Hauptprüfungsverfahren (Rz. 32) durchführen und ggf. den Gerichtshof anrufen (Art. 108 Abs. 2 AEUV).

c) Kontrolle neuer Beihilfen (präventive Kontrolle)

30 Die MSen sind nach Art. 108 Abs. 3 AEUV, Art. 2 VO 659/1999 zur **Anmeldung (Notifikation)** der Einführung neuer oder der Umgestaltung bestehender Beihilfen verpflichtet, soweit nicht eine Gruppenfreistellung (oben Rz. 20) vorliegt. Vor der abschließenden Entscheidung der KOM darf der MS die beabsichtigte Maßnahme nicht durchführen (Art. 108 Abs. 3 S. 3 AEUV, Art. 3 VO 659/1999: **„Sperrwirkung"**). In der Sache ist hinsichtlich der schädlichen Wirkungen für den Binnenmarkt eine Prognose anzustellen (Rz. 11).

Unterlässt der MSen die Anmeldung oder führt er die Beihilfe vor Genehmigung durch die KOM durch, findet ein besonderes Verfahren über solche **„nicht-notifizierten" Beihilfen** statt (unten Rz. 33).

aa) Vorprüfungsverfahren

Die KOM tritt zunächst in das **Vorprüfungsverfahren** ein (Art. 4 VO 659/1999). Binnen zweier Monate (Art. 4 Abs. 5 VO 659/1999; Verlängerungsmöglichkeit; zu den Grenzen EuGHE 2001, I-1101, Rs. C-99/98 „Österreich/KOM") genehmigt sie das Vorhaben mit publizierter Entscheidung, wenn nach ihrer Auffassung keine Beihilfe im Sinne von Art. 107 Abs. 1 AEUV oder ein Ausnahmefall nach Art. 107 Abs. 2 oder 3 AEUV vorliegt. Nach ergebnislosem Fristablauf gilt die Genehmigung als erteilt (Art. 4 Abs. 6 VO 659/1999) – was aber eine Überprüfung nach Art. 108 Abs. 1 AEUV (Rz. 29) nicht ausschließt. Konkurrenten sind in dieser Phase nicht zu beteiligen (EuGE 2009, II-471, Rs. T-354/05 „TF 1"; vgl. aber Rz. 38). 31

bb) Hauptprüfungsverfahren

Stellt die KOM im Vorprüfungsverfahren fest, „dass die angemeldete Maßnahme Anlass zu Bedenken hinsichtlich ihrer Vereinbarkeit mit dem Binnenmarkt gibt" (Art. 4 Abs. 4 VO 659/1999, Art. 108 Abs. 2 AEUV), eröffnet sie durch Beschluss das **Hauptprüfungsverfahren („förmliches Prüfverfahren",** Art. 6 VO 659/1999). Dabei führt sie ein Anhörungsverfahren mit dem beihilfegebenden MS und „anderen Beteiligten", insbesondere konkurrierenden Unternehmen (Rz. 28), durch, in dessen Rahmen sie über Auskunftsrechte verfügt (Art. 5 VO 659/1999). Beteiligungsrechte im Sinne der „droits de la défense" (Rz. 9/40), die über die allgemeine Begründungspflicht (Art. 296 AEUV) hinausgehen, verbinden sich für die betroffenen Unternehmen damit aber nicht, da das Ziel des Verfahrens in der Gewinnung von Informationen für die KOM liegt, nicht in der Vermeidung einer die Konkurrenten unzulässig benachteiligenden Entscheidung (EuGE 2004, II-2717, Rs. T-198/01 „Technische Glaswerke Ilmenau"). Das Hauptprüfungsverfahren wird seinerseits mit einem weiteren Beschluss abgeschlossen (Art. 7 VO 659/1999). Hier kann die KOM feststellen, dass die angemeldete Maßnahme **keine Beihilfe darstellt** (selten), dass sie – gegebenenfalls unter Bedingungen und Auflagen (häufig) – mit dem Binnenmarkt vereinbar ist **(„Positiventscheidung")** oder dass sie mit dem Binnenmarkt unvereinbar ist **(„Negativentscheidung").** Die Entscheidungen der KOM werden im Amtsblatt veröffentlicht (Art. 26 VO 659/1999). Der **Rat** kann bei „außergewöhnlichen Umständen" einstimmig einen Beschluss der KOM korrigieren (Art. 108 Abs. 2 UAbs. 3 AEUV). Einsicht in die Akten dieses Verfahrens kann Konkurrenten trotz der TransparenzVO (1049/2001, ABl. L 145/43, Rz. 12/18 f.) gemäß deren Art. 4 Abs. 2 verweigert werden (EuGHE 2010, I-5885, Rs. C-139/07 P „Technische Glaswerke Ilmenau"). – Der Mitgliedstaat kann gegebenenfalls gegen den Beschluss **Klage** bei der europäischen Gerichtsbarkeit erheben (unten Rz. 37). Kommt der MS dem Beschluss der KOM in gesetzter Frist nicht nach, kann diese den Gerichtshof unmittelbar (ohne Vorverfahren) anrufen (Art. 108 Abs. 2 UAbs. 2 AEUV). 32

d) Rechtswidrige Beihilfen und ihre Kontrolle

Beihilfen, die ohne Anmeldung (Notifikation) gemäß Art. 108 Abs. 3 AEUV geleistet oder zugesagt wurden, sind formell **rechtswidrig** (Art. 1 lit. f) VO 659/1999). Gleiches gilt für solche, die nach Notifikation, aber vor der E der KOM durchgeführt wurden. Entsprechende Verträge wie etwa über Bürgschaften sind in Deutschland nichtig (§ 134 BGB; dazu BGH, EuZW 2003, 444). 33

Da sich solche Fälle in der Praxis öfters ereignen, bedurfte es der Anordnung eines **besonderen Verfahrens** (Art. 10ff. VO 659/1999). Die KOM kann zunächst ein **Auskunftsverfahren** gegen den MS durchführen. Dabei kann sie nötigenfalls eine „Anordnung zur Auskunftserteilung" mit Beschlusscharakter erlassen. In diesem Rahmen kann sie vom MS die **Aussetzung** der Beihilfen oder ihre **einstweilige Rückforderung** verbindlich verlangen und falls erforderlich den Gerichtshof anrufen. Ist die KOM hinreichend informiert, kann sie wie bei notifizierten Beihilfen entweder keine Einwände erheben oder das **Hauptprüfverfahren** eröffnen. Die Maßstäbe für die Überprüfung sind aber die gleichen wie die, die für angemeldete Beihilfen gelten (EuGHE 1990, I-307, Rs. 301/87 „Frankreich/KOM"). Ergeht eine Negativentscheidung, ordnet die KOM in ihr an, dass der MS geleistete Beihilfen vom Empfänger zurückzufordern hat (**„Rückforderungsentscheidung"**; Rz. 34). Ist die Beihilfe hingegen von der KOM als grundsätzlich mit dem Vertrag vereinbar eingestuft worden, muss trotzdem der in der vorzeitigen Auszahlung liegende Zinsgewinn zurückgefordert werden (EuGHE 2008, I-469, Rs. C-199/06 „CELF").

e) Rückforderung rechtswidriger Beihilfen

Literatur: *Scheuing,* Zum mitgliedsstaatlichen Verwaltungsvollzug des EG-Rechts am Beispiel der Rückforderung gemeinschaftsrechtswidriger Beihilfen, DV 2001, 107; *Bartosch,* On the art of paying back illegal state aid or the plight of the liquidator, ESTAL 2002, 155; *Leiner,* Staatsbürgschaften und EG-vertragliches Beihilfeverbot. Die Rückforderung nationaler Beihilfen am Beispiel staatlich verbürgter Kredite, 2002; *Koenig,* Recovery of State Aid from Third Parties, ESTAL 2004, 51; *Niejahr,* The Art of Recovering Unlawful State Aid – A Review of the Court's Case Law, ESTAL 2004, 43; *Hermann/Kruis,* Die Rückforderung vertraglich gewährter gemeinschaftsrechtswidriger Beihilfen unter Beachtung des Gesetzesvorbehalts, EuR 2007, 141; *Beysen,* Theorie und Praxis der Rückforderung vertraglicher Finanzhilfen durch die Europäische Kommission, EWS 2008, 120; *Gundel,* Die Rückabwicklung von nicht notifizierten, aber schließlich genehmigten Beihilfen vor den nationalen Gerichten, EWS 2008, 161; *Eckhardt,* Die Rückforderung unionsrechtswidriger Beihilfen in der Insolvenz, FS Schröder, 2012, 181.

34 Zur Rückforderung rechtswidriger Beihilfen hat sich seit den achtziger Jahren auf europäischer und nationaler Ebene eine **vielgestaltige Praxis und Rechtsprechung** entwickelt. Inzwischen ist das Verfahren mit Art. 14f. VO 659/1999 formalisiert worden. Grundsätzlich ist die Rückforderungsanordnung der KOM die **logische Folge** der Rechtswidrigkeit der Beihilfe (EuGHE 1997, I-135, Rs. C-169/95 „Spanien/KOM"). Sie richtet sich an den MS, der die Beihilfe von den begünstigten Unternehmen zurückfordern muss. Dies geschieht im Grundsatz nach Maßgabe des jeweiligen nationalen Rechts, doch darf dadurch die Rückforderung nicht „praktisch unmöglich" gemacht werden (EuGHE 2000, I-4897, Rs. C-404/97 „KOM/Portugal"; allgemein dazu oben Rz. 12/36). Ausnahmsweise entfällt die Rückforderung, wenn sie gegen einen **allgemeinen Grundsatz des Unionsrechts** (oben Rz. 9/37ff.) verstoßen würde (Art. 14 Abs. 1 VO 659/1999). Der **Vertrauensschutz** kommt aber nur selten zum Tragen; der Empfänger einer Beihilfe hat nämlich nach st. Rspr. des EuGH im Grundsatz die Obliegenheit, sich über die erfolgte Anmeldung der Beihilfe bei der KOM zu vergewissern (EuGHE 1997, I-1591, Rs. C-24/95 „Alcan"). Dies gilt auch, wenn es sich um eine lange praktizierte, auch kleinen Unternehmen zugute gekommene Maßnahme handelt; nur wenn die KOM (nach Kenntniserlangung von der Beihilfe) ungebührlich wartet, kommt Vertrauensschutz in Betracht (EuGHE 2004, I-4087, Rs. C-298/00 P „Italien/KOM").

Bei Veräußerung des begünstigten Unternehmens ist der Erwerber (als solcher) nur in der Pflicht, wenn sich die Beihilfe auf den Kaufpreis ausgewirkt hat (EuGHE 2004, I-3925, Rs. C-277/00 „Deutschland/KOM"). Bei Bürgschaften (vgl. schon Rz. 33) ist im Einzelnen zu prüfen, ob neben dem abgesicherten Unternehmen auch die bürgende Stelle einen (ggf. zurückzufordernden) Vorteil erlangt hat (dazu EuGH, Urteil vom 8.12.2011, Rs. C-275/10 „Residex"). Fraglich ist ferner, wie die auf Unionsrecht beruhenden staatlichen Rückforderungsansprüche in der – nicht seltenen – **Insolvenz des Beihilfeempfängers** zu behandeln sind (dazu *Koenig*, BB 2000, 573). – Die Rückforderungsbefugnisse der KOM bestehen 10 Jahre ab der Gewährung der Beihilfe (Art. 15 VO 659/1999). – In den Zusammenhang der Kontrolle rechtswidriger Beihilfen gehört auch das ähnliche Verfahren bei **missbräuchlicher Anwendung von Beihilfen** (Art. 16 VO 659/1999). 35

Verschiedentlich lösen Rückforderungen **Friktionen mit nationalem Recht** aus, so wenn damit die in § 48 Abs. 4 VwVfG vorgesehene Jahresfrist überschritten wird (dazu EuGHE 1997, I-1591, Rs. C-24/95 „Alcan", mit zum Teil kritischer Anmerkung von *Classen*, JZ 1997, 724), wenn privatrechtlich gewährte Beihilfen durch Verwaltungsakt, für den es keine gesetzliche Grundlage gibt, zurückgefordert werden sollen (so OVG Brandenburg, NVwZ 2006, 104, und kritisch dazu *Uwer/Wodarz*, DÖV 2007, 989), oder wenn die Beihilfe kraft eines nationalen, rechtskräftig gewordenen Gerichtsurteils gewährt wird (EuGHE 2007, I-6199, Rs. C-119/05 „Lucchini"; vgl. auch Rz. 33/12). Das besondere Gewicht des Rückforderungsgebots durch den EuGH in der Abwägung mit entgegenstehenden Belangen ist vor allem dem Umstand geschuldet, dass anderenfalls nationale Stellen recht leicht zulasten der **im Wettbewerb konkurrierenden Unternehmen** aus anderen EU-Staaten das Unionsrecht unterlaufen könnten.

6. Rechtsschutz

Literatur: *Nordmann*, Die negative Konkurrentenklage im EG-Beihilferecht vor europäischen und deutschen Gerichten, 2003; *Blume*, Staatliche Beihilfen in der EG. Die Rechtsschutzmöglichkeiten des Wettbewerbers vor deutschen Gerichten bei Verletzung des Art. 88 Abs. 3 Satz 3 EG, 2004; *Jaeger*, Nachträgliche Beihilfegenehmigung und der Rechtsschutz von Konkurrenten vor nationalen Gerichten, EuZW 2004, 78; *Bartosch*, Die Durchsetzung der Beihilferechtswidrigkeit staatlicher Maßnahmen vor nationalen Gerichten, EuZW 2005, 396; *Reußow*, Die Kompetenzen nationaler Gerichte im Anwendungsbereich des EG-Beihilferechts, 2005; *Bartosch*, Die private Durchsetzung des gemeinschaftlichen Beihilfeverbots, EuZW 2008, 235; *Braun/Kühling*, Article 87 EC and the Community Courts, CMLRev 2008, 654; *Martin-Ehlers/Strohmayr*, Private Rechtsdurchsetzung im EG-Beihilfenrecht – Konkurrentenklagen vor deutschen Zivilgerichten, EuZW 2008, 745; *Lorenz*, Weitere Stärkung der privaten Durchsetzung des Beihilfeverbots, EWS 2008, 505; *Hentschelmann*, Das Beihilfedurchführungsverbot – Schutzgesetz iS des § 823 Abs. 2 BGB?, EWS 2009, 515; *Arhold*, Beihilfenrechtliche Konkurrentenklagen im Lichte der neuesten höchstrichterlichen Rechtsprechung, EWS 2011, 209; *Gundel*, Der Schutz des Wettbewerbers im EU-Beihilfenrecht, WiVerw 2011, 242; *Koenig/Hellstern*, Der EU-beihilferechtliche Effektivitätsgrundsatz im nationalen Prozessrecht, EuZW 2011, 702; *Martin-Ehlers*, Drittschutz im Beihilferecht, EuZW 2011, 583; *Rennert*, Beihilferechtliche Konkurrentenklagen vor deutschen Verwaltungsgerichten, EuZW 2011, 576; *Schwendinger*, Rechtsschutz für begünstigte Unternehmen im Zusammenhang mit rechtswidrigen multisektoralen Beihilferegelungen, EuZW 2011, 746; *Becker*, Die parallele Prüfung beihilferechtlicher Sachverhalte durch Kommission und nationale Gerichte, EuZW 2012, 725; *Soltész*, Ryanair und Tierkörperbeseitigung – Wendepunkt für beihilferechtliche Konkurrentenklagen, EuR 2012, 60.

Angesichts der wirtschaftlichen Bedeutung des Subventionswesens spielt der **Rechtsschutz** im europäischen Beihilfeverfahren eine besonders wichtige Rolle. Im Vordergrund stehen die Klagemöglichkeiten in der **europäischen Gerichtsbarkeit.** Bei Aussetzungsanordnungen laufender Zahlungen und Rückforderungsentscheidungen ergeben sich jedoch Verzahnungen mit dem nationalen Recht und damit Zuständigkeiten **nationaler Gerichte.** Ferner gehören die Klagen der Wettbewerber (Konkurrenten) gegen Beihilfeempfänger grundsätzlich vor die nationalen Gerichte. 36

a) Rechtsschutz vor der europäischen Gerichtsbarkeit

Entscheidungen der Kommission im Vorprüfungsverfahren enthalten normalerweise für den Beihilfegeber oder -empfänger noch keine Beschwer, da diese Verfahren ent- 37 weder mit einer Einstellung enden oder in ein Hauptprüfungsverfahren übergehen. Durch Negativ- oder bedingte Entscheidungen der KOM zu Lasten von **Beihilfeempfängern** sind diese hingegen, auch wenn die Entscheidung gegenüber dem Mitgliedstaat ergeht, unmittelbar und individuell betroffen und können daher nach Art. 263 Abs. 4 AEUV beim Gericht erster Instanz klagen. Dies gilt nicht nur bei individuell gewährten Beihilfen, sondern auch bei Behilfesystemen (Rz. 6; EuGH, Urteil vom 9.6.2011, verb. Rs. C-71/09 P u. a. „Comitato Venezia vuole vivere" u. a.). Ficht ein Beihilfeempfänger eine ihm bekannte Entscheidung nicht an, erwächst diese auch ihm gegenüber in Bestandskraft und kann dann später nicht über eine Vorlage eines nationalen Gerichts an den EuGH nach Art. 267 AEUV in Frage gestellt werden (EuGHE 1994, I-833, Rs. C-188/92 „TWD"; vgl. auch Rz. 13/44). Gleiches gilt für **Mitgliedstaaten als Beihilfegeber,** für deren Klagen der Gerichtshof zuständig ist. Beihilfegebende Untergliederungen von MSen (z. B. **deutsche Bundesländer**) können als juristische Personen im Sinne von Art. 263 Abs. 4 AEUV beschwert und klageberechtigt zum Gericht erster Instanz sein (EuGE 1999, II-3663, verb. Rs. T-132/96 und T-143/96 „Freistaat Sachsen"; vgl. auch Rz. 13/56). Die **KOM** kann wie erwähnt (Rz. 33) einen Mitgliedstaat beim EuGH verklagen, wenn dieser ihrem Beschluss nicht rechtzeitig nachkommt (Art. 108 Abs. 2 UAbs 2 AEUV).

38 **Konkurrenten** von Beihilfeempfängern sind unmittelbar und individuell im Sinne von Art. 263 Abs. 4 AEUV betroffen, wenn die KOM das Vorliegen einer Beihilfe abgelehnt hat oder diese für mit dem Binnenmarkt vereinbar hält und die Marktstellung der Kläger durch die Beihilfegewährung spürbar beeinträchtigt wird (EuGHE 2005, I-10 737, Rs. C-78/03 P „Aktionsgemeinschaft Recht und Eigentum": Rz. 13/61). Bei Beihilfesystemen (Rz. 6) liegen diese Voraussetzungen allerdings regelmäßig nicht vor (EuGHE 2004, I-4087, Rs. C-298/00 P „Italien/KOM"). Daneben ist die Rechtsprechung großzügig bei der Zulassung von Klagen nach Art. 263 Abs. 4 AEUV, soweit andere Unternehmen die Verletzung von Verfahrensgarantien im Vorprüfungsverfahren (Rz. 31) vor der KOM rügen (EuGHE 1993, I-1125, Rs. C-313/90 „CIRFS"). Da das Verfahren erst der Klärung dienen soll, welche Auswirkungen eine Beihilfe entfaltet, gilt dies für im Hauptprüfungsverfahren ergangene Entscheidungen nicht (vgl. Rz. 32). Außerdem kann in einem solchen Fall nur die Verletzung von Verfahrensrecht gerügt werden (EuGHE 2008, I-6619, verb. Rs. C-75 und 80/05 P „Glunz"; vgl. auch Rz. 13/59). Reagiert die Kommission gar nicht auf (hinreichend konkrete) Beschwerden über nationale Beihilfen, kann Untätigkeitsklage erhoben werden (EuG, Urteil vom 29.09.2011, Rs. T-442/07 „Ryanair").

b) Rechtsschutz vor der nationalen Gerichtsbarkeit

39 Zunächst ist es Sache der nationalen Gerichte, **Rechtsschutz** gegen eine (auf Betreiben der KOM ergangene, Rz. 34) **nationale Rückforderungsentscheidung** zu gewähren. In diesem Rahmen kann die Kommissionsentscheidung (nur, oben Rz. 13/79) im Wege des Vorlageverfahrens nach Art. 267 AEUV auf ihre Gültigkeit überprüf werden, aber allein dann, wenn sie nicht gegenüber dem Kläger schon in Bestandskraf erwachsen ist (Rz. 37).

Vor allem aber besteht nationaler Rechtsschutz für die **Konkurrenten** eines Unternehmens, das unter Verstoß gegen das **Durchführungsverbot** des Art. 108 Abs. 3 S. 3 AEUV eine Beihilfe erhalten hat. Sie müssen vor einem nationalen Gericht direk gegen die Gewährung der Beihilfe klagen können (EuGHE 1991, I-5505, Rs. C

354/90 „FNCE"), und zwar einschließlich der Möglichkeit, einstweiligen Rechtsschutz zu erlangen (EuGHE 2010, I-2099, Rs. C-1/09 „CELF"). Der Verstoß gegen die Anmeldepflicht wird nämlich auch im Fall einer (späteren) positiven Entscheidung der KOM nicht rückwirkend geheilt (Rz. 33; EuGHE 2006, I-9957, Rs. C-368/04 „Transalpine Ölleitung"). Dementsprechend begründet Art. 108 Abs. 3 Satz 3 AEUV subjektive Rechte der Konkurrenten im Sinne der VwGO für eine Klage gegen die die Subvention vergebende Stelle (BVerwG, EuZW 2011, 269); zugleich stellt die Norm ein Schutzgesetz im Sinne von § 823 Abs. 2 BGB und § 4 Nr. 11 UWG dar (BGH, EuZW 2011, 440). Wurde die Beihilfe bereits ausgezahlt, können Konkurrenten die – verzinste (Rz. 33) – Rückzahlung der Beihilfe verlangen (dazu auch *Arhold,* EWS 2011, 209; *Fiebelkorn/Petzold,* EuZW 2011, 447).

III. Öffentliche Unternehmen, Daseinsvorsorge und Wettbewerbsordnung

Literatur: Umfangreiche Nachweise zum Schrifttum bei *Wernicke,* in: Grabitz/Hilf/Nettesheim (Hrsg.), Das Recht der Europäischen Union, Art. 106 AEUV (2011); *Mestmäcker/Schweitzer,* in: Immenga/Mestmäcker (Hrsg.), Wettbewerbsrecht, Band 1 – EU, Teil 1, 5. Aufl. 2012, Art. 106.

Pielow, Strukturen öffentlicher Versorgung, 2001; *Bullinger,* Französischer service public und deutsche Daseinsvorsorge, JZ 2003, 597; *Nettesheim,* Dienste von allgemeinem Interesse im EU-Recht zwischen Wettbewerb und Sozialstaatlichkeit, in: Schäffer/Iliopoulous-Strangas (Hrsg.), Staatsmodernisierung in Europa, 2007, 333; *Ross,* Promoting Solidarity: From Public Services to a European Model of Competition?, CMLRev 2007, 1057; *Pause,* Daseinsvorsorge im Unionsrecht: Artikel 14 S. 1 AEUV und sein Einfluss auf das europäische Wettbewerbsrecht, 2008; *Sauter,* Services of general economic interest and universal service in EU law, ELR 2008, 167; *Krautscheid* (Hrsg.), Die Daseinsvorsorge im Spannungsfeld von europäischem Wettbewerb und Gemeinwohl: eine sektorspezifische Betrachtung, 2009; *Simon,* Liberalisierung von Dienstleistungen der Daseinsvorsorge im WTO- und EU-Recht, 2009; *Martin-Ehlers,* Konvergenzen von Kartell- und Beihilferecht, EuZW 2010, 287; *Bracq,* Quelles bases juridiques pour la régulation des services d'intérêt économique général?, RTDE 2011, 517; *Cremona* (Hrsg.), Market Integration and Public Services in the EU, 2011; *Krajewski,* Grundstrukturen des Rechts öffentlicher Dienstleistungen, 2011; *Weiß,* Das Verhältnis von Wettbewerb und Daseinsvorsorge nach Lissabon, in: Schwarze/Müller-Graff (Hrsg.), Neues Europäisches Wirtschafts- und Wettbewerbsrecht, 2011, 47; *Hirsbrunner/Litzenberger,* Ein bisschen Almunia im Monti-Kroes-Paket?, EuZW 2011, 742; *Szyszak/Davies/Andenas/Bekkedal* (Hrsg.), Developments in Services of General Interest, 2011; *Fiedzuk,* Putting servives of general interest up for tender, CMLRev 2013, 87; *Meng,* Die „Dienste von allgemeinem wirtschaftlichen Interesse" – ein Problem der Normenklarheit im EU-Recht, FS E. Klein, 2013, 569.

1. Das Grundproblem

Die Frage, welche Rolle der Staat in der Wirtschaft, insbesondere im Bereich der Daseinsvorsorge spielen soll, ist auf europäischer Ebene in den letzten Jahren immer wieder Gegenstand politischer Auseinandersetzungen gewesen. Zum traditionellen Rechtsbestand des Unionsrechts gehört Art. 106 AEUV. Danach gelten die Verträge, insbesondere die Wettbewerbsvorschriften der Art. 101–109 AEUV, d. h. die Vorschriften für Unternehmen und die Beihilfevorschriften, sowie das Diskriminierungsverbot des Art. 18 AEUV auch für **öffentliche Unternehmen** und im Grundsatz auch für solche, denen die MSen **besondere oder ausschließliche Rechte gewähren.** Art. 106 AEUV **ist unmittelbar anwendbar** (EuGHE 1974, 409, Rs. 155/73 „Sacchi"). Zugleich verfügt die KOM über **Richtlinien- und Entscheidungsbefugnisse** gegenüber den MSen (ebd., Abs. 3 AEUV). Die KOM kann auch im Rahmen des allgemeinen Kartellverfahrens (Rz. 20/45 ff.) ein sich wettbewerbswidrig verhaltendes öffentliches Unternehmen unmittelbar ansprechen. 40

Zur Wahrnehmung ihrer Befugnisse aus Art. 106 AEUV hat die KOM 1980 eine Richtlinie über die Transparenz der finanziellen Beziehungen zwischen den MSen und den Öffentlichen Unternehmen erlassen (heute RL 2006/111, ABl. L 318/17 – **„Transparenzrichtlinie"**). Sie ermöglicht der KOM die Gewinnung von Informationen über die Kapitalzuweisungen und sonstigen Finanzverbindungen zwischen den MSen und „ihren" Unternehmen. Die Unternehmen haben im Interesse der Beihilfenprüfung (Rz. 27 ff.) getrennte Bücher über erbrachte Dienstleistungen von allgemeinem wirtschaftlichen Interesse im Sinne der „Altmark"-Rechtsprechung (Rz. 49) oder nach Art. 106 Abs. 2 AEUV und über marktorientierte Tätigkeiten zu führen.

41 Vor diesem Hintergrund hat die EU in den Bereichen, in denen die Daseinsvorsorge traditionell in praktisch allen Mitgliedstaaten durch staatliche oder staatsnahe Unternehmen gewährleistet wurde (Bahn, Post, Telekommunikation, Energie usw.), eine Reihe von Initiativen mit dem Ziel der Schaffung wettbewerblicher Strukturen ergriffen. Dieser vor allem von der KOM ausgeübte **Liberalisierungsdruck** hat **Gegendruck** von Seiten **einiger MSen** ausgelöst. Eine besondere Rolle spielte dabei **Frankreich,** wo auf nationaler Ebene der „service public", die staatliche Daseinsvorsorge (zur Begrifflichkeit *Bullinger,* JZ 2003, 597), traditionsgemäß eine große Rolle spielt. Dort kommt daher dem Konflikt zur marktwirtschaftlichen Ausrichtung der europäischen Politik bis heute eine ähnliche Bedeutung zu (vgl. *Flauss,* in: Schwarze [Hrsg.], Das Verwaltungsrecht unter europäischem Einfluss, 1996, 31 [56 ff.]) wie in Deutschland der Diskussionen um den „im wesentlichen vergleichbaren Grundrechtsschutz" der EU (dazu Art. 23 GG und Rz. 10/18 ff.).

42 **Konkrete Konsequenzen** zeitigten diese Bemühungen im Vertrag von Amsterdam, der die Rolle von Diensten von allgemeinem wirtschaftlichen Interesse (Rz. 46) durch die – letztlich allerdings zunächst eher symbolhafte – Einfügung von Art. 16 EGV hervorhob, sowie in Art. 36 GrCh. Vor allem enthält der Vertrag von Lissabon neben der bereits erwähnten „Verbannung" des Wettbewerbs aus dem zentralen Zielkatalog der Verträge in Art. 119 AEUV sowie in ein Zusatzprotokoll (Rz. 20/1) Bestimmungen, die der öffentlichen Daseinsvorsorge erstmalig – unionsrechtlich – einen positiven Wert vermitteln: Zum einen werden im Zusatzprotokoll Nr. 26 zum im Vertrag von Lissabon modifizierten heutigen Art. 14 AEUV insbesondere „die wichtige Rolle und der **weite Ermessensspielraum** der nationalen, regionalen und lokalen Behörden" betont. Zum anderen hebt Art. 14 AEUV selbst nunmehr ausdrücklich **die Zuständigkeit der Mitgliedstaaten** hervor, entsprechende Dienste im Einklang mit den Verträgen zur Verfügung zu stellen, in Auftrag zu geben und zu finanzieren. Diese zuletzt genannte Aussage steht zwar im Kontext einer neu formulierten Kompetenz der Union, im ordentlichen Gesetzgebungsverfahren Art. 14 AEUV zu konkretisieren, doch wird damit eben zumindest faktisch zugleich die bestehende, allein der KOM zustehende Überwachungsbefugnis nach Art. 106 Abs. 3 AEUV eingeschränkt. Der KOM geht es vor diesem Hintergrund heute nicht mehr darum, den Staat und seine Unternehmen aus den traditionellen Bereichen der Daseinsvorsorge hinauszudrängen und Märkte zu erzeugen, auf denen nur Private agieren. Es geht vielmehr vor allem um Transparenz und Wettbewerbsgleichheit: Die wahren Kosten staatlicher Daseinsvorsorgeerbringung sollen nachvollziehbar sein; die staatliche Förderung darf nicht höher ausfallen als notwendig, um das besondere daseinspolitische Ziel einer bestimmten Dienstleistung zu verwirklichen. Die Frage, ob eine staatliche Leistung wirklich besser als eine private Versorgung ist, wird von der EU nur in Ansätzen aufgeworfen.

2. Grundsätze

a) Wettbewerbliche Gleichbehandlung öffentlicher und privater Unternehmen

Aus Art. 106 Abs. 1 AEUV folgt, dass der öffentliche Charakter eines Unternehmens als solcher dessen unionsrechtliche Stellung nicht beeinflusst. Daher müssen nach Art. 106 AEUV öffentliche und private Unternehmen **wettbewerb(srecht)lich grundsätzlich gleichbehandelt werden.** Diese Gleichbehandlung ist nicht zuletzt Konsequenz von Art. 345 AEUV, wonach die **Eigentumsordnung** nationale Angelegenheit bleibt. Die MSen dürfen ihren besonderen Einfluss auf öffentliche Unternehmen nicht dazu benutzen, um zu erreichen, dass sich diese wettbewerbswidrig verhalten (z. B. finanzielle Vorteilsgewährung; vgl. noch Rz. 49). Dabei ist der Staat nach Unionsrecht frei, ob und wann er öffentliche Unternehmen einsetzt – sie müssen sich nur marktgerecht verhalten. Soweit allerdings nationale Rechtsordnungen öffentliche Unternehmen gerade nur zur Verfolgung besonderer Zwecke zulassen (siehe zu Deutschland etwa § 65 BHO), wird so ein gewisser Grundsatzkonflikt ausgelöst. 43

Dabei ist der Unternehmensbegriff hier wie bei Art. 101 AEUV zu verstehen (Rz. 20/9). Für den öffentlichen Charakter entscheidend ist nicht die Rechtsform, sondern der **tatsächliche Einfluss des Staates auf das Unternehmen;** dabei sind auch die Grenzen zu beachten, die die Kapitalverkehrsfreiheit einer Sonderrolle des Staates in einem Unternehmen setzt (Rz. 30/8, 14). Im Ergebnis sind sowohl Unternehmen des öffentlichen Rechts (in Deutschland: Eigenbetriebe, Sondervermögen, Körperschaften, Anstalten und Stiftungen des öffentlichen Rechts, z. B. Landesbanken oder Rundfunkanstalten) als auch privatrechtliche Unternehmen unter beherrschendem öffentlichen Einfluss (z. B. Rheinisch-Westfälische Elektrizitätswerke AG, Deutsche Bahn AG) öffentliche Unternehmen i. S. von Art. 106 AEUV. Wie bei Art. 101 AEUV muss das öffentliche Unternehmen **am Wirtschaftsverkehr teilnehmen** (EuGHE 1987, 2599, Rs. 118/85 „KOM/Italien"). 44

Diese funktional begründete Ausweitung des Begriffs „öffentliche Unternehmen" umfasst gemäß der Rspr. (EuGHE 1991, I-1223, Rs. C-202/88 „Endgeräte" st. Rspr.) Unternehmen mit echten Monopolrechten (**„ausschließliche Rechte"**, z. B. für die Organisation von Hafenarbeiten) oder solche, die kraft Hoheitsgewalt bzw. unter besonderem staatlichen Einfluss über eine Vorzugsstellung im Wettbewerb verfügen. Diese mit **„besonderen Rechten"** ausgestattete Gruppe ist weitgehend identisch mit den Unternehmen i. S. von Art. 106 Abs. 2 AEUV (unten Rz. 46). 45

b) Dienstleistungen von allgemeinem wirtschaftlichen Interesse (Daseinsvorsorge/Service public)

Während die formale Eigentumsstruktur eines Unternehmens als solche keine Sonderstellung im Binnenmarkt rechtfertigt, gilt dies für **Unternehmen, die mit Dienstleistungen von allgemeinem wirtschaftlichen Interesse betraut sind** oder den Charakter eines **Finanzmonopols** haben, nach Maßgabe von Art. 106 Abs. 2 und Art. 14 AEUV nur eingeschränkt. Diese **funktional bedingte Ausnahme** ist **unmittelbar anwendbar** (EuGE 1992, II-2417, Rs. T-16/91 „Rendo"). Tatbestandlich sind unter den Dienstleistungen nach Art. 106 Abs. 2 und Art. 14 AEUV **„marktbezogene Tätigkeiten, die im Interesse der Allgemeinheit erbracht und daher von den MSen mit besonderen Gemeinwohlverpflichtungen verbunden werden"** zu verstehen (dazu Mitteilung der KOM zu „Leistungen der Daseinsvorsorge in Europe", ABl. 2001, C 17/4). Die deutsche „Daseinsvorsorge" und der französische „Service public" umfassen ihrerseits die vom AEUV gemeinten „öffentlichen Dienste", greifen aber über den Bereich des Art. 106 Abs. 2 AEUV hinaus. Wettbewerbliche Dienstleistungen können eingeschlossen sein, wenn nur sie es ermöglichen, wegen der engen Verbindung den betreffenden Dienst überhaupt wirtschaftlich zu erbringen (EuGHE 2001, I-8089, Rs. C-475/99 „Glöckner"). Unternehmen, die mit Dienstleistungen nicht wirtschaftlicher Art betraut sind, unterfallen der Norm als solcher nicht, werfen 46 aber auch mit Blick auf den Binnenmarkt kein Problem auf, unterfallen also keiner Norm, von der eine Ausnahme gemacht werden muss.

47 Zu den **Diensten im europäischen Sinne** gehören u. a. Bahn, Post, Telekommunikation, Elektrizitäts-, Gas- und Wasserwerke. Eine wichtige Rolle spielen hier die implizit in Art. 14 AEUV mit dem Hinweis auf den sozialen und territorialen Zusammenhalt in der Union angesprochenen sog. **„Universaldienste"**. Hierbei handelt es sich um das Mindestangebot an Diensten einer bestimmten Qualität (z. B. bei Post und Telekommunikation, aber z. B. auch bei Bankdienstleistungen), das allen Kunden erschwinglich zur Verfügung stehen muss (z. B. muss die privatisierte Post in D in Orten jeweils in 1 km Entfernung einen Briefkasten vorhalten). Ebenso sind Rundfunkanstalten und -sender im Gegensatz zu rein kulturellen Dienstleistungen wegen ihrer **wirtschaftlichen Komponente** Dienste im Sinne von Art. 106 AEUV (dazu Rz. 34/55). Die Unternehmen müssen von der öffentlichen Hand ausdrücklich mit der Dienstleistung **„betraut"** worden sein; dies setzt eine vom Staat durch Hoheitsakt einseitig oder vertraglich auferlegte **Verpflichtung** zur Erbringung einer hinreichend klar definierten Leistung voraus. Gleichfalls unter Art. 106 Abs. 2 AEUV fallen schließlich Finanzmonopole. Dabei handelt es sich um solche öffentlichen Unternehmen, die durch die Monopolübertragung **Einnahmen für den Staatshaushalt** erzielen sollen (z. B. Tabak-, Branntwein-, Salz-, Zündwarenmonopole).

48 Sind diese Tatbestandsvoraussetzungen erfüllt, kommt das Wettbewerbsrecht nur zur Anwendung, soweit es nicht **die Erfüllung der Aufgabe,** mit der das Unternehmen betraut ist, tatsächlich oder rechtlich **verhindert;** eine Behinderung reicht nicht aus. Außerdem muss der Grundsatz der Verhältnismäßigkeit gewahrt werden; ein Mitgliedstaat darf **keine „Überkompensation"** gewähren. Bei der Beurteilung kommt es auf die konkrete Dienstleistung an. Private Konkurrenten von öffentlichen Unternehmen, die aus Gründen des Allgemeinwohls unrentable Leistungen („Universaldienste") erbringen müssen (z. B. Bahn/Post), dürfen nicht ungehindert nur im rentablen Bereich tätig sein (**Verbot des „Rosinenpickens",** EuGHE 1993, I-2533, Rs. C-320/91 „Corbeau"; EuGHE 2001, I-4109, Rs. C-340/99 „TNT Traco").

Die Kommission hat jüngst einen Qualitätsrahmen für Dienstleistungen von allgemeinem Interesse in Europa beschlossen (KOM (2011) 900 endg.).

c) Insbesondere: Beihilferechtliche Fragen

Literatur: *Nettesheim,* Europäische Beihilfeaufsicht und mitgliedstaatliche Daseinsvorsorge, EWS 2002, 253; *Franzius,* Auf dem Weg zu mehr Wettbewerb im ÖPNV. Zum „Altmark Trans"-Urteil des EuGH, NJW 2003, 3029; *Alexis,* L'arrêt Altmark du 24 juillet 2003, Competition Policy Newsletter 3/2003, 1; *Koenig,* Die neuen beihilferechtlichen Kompetenzmaßstäbe in der Daseinsvorsorge – Das Altmark Trans-Urteil in der Praxis, BB 2003, 2185; *Schroeder/Weber* (Hrsg.), Daseinsvorsorge durch öffentliche Unternehmen und das Europäische Gemeinschaftsrecht, 2003; *Schebstadt,* Der Kostenausgleich für Daseinsvorsorgeverpflichtungen in der europäischen Beihilfeaufsicht, DVBl. 2004, 737; *Ysendyck/Zühlke,* Staatliche Beihilfen und Ausgleich für Leistungen der Daseinsvorsorge, EWS 2004, 16; *Britz,* Finanzielle Direkthilfen für Dienstleistungen von allgemeinem wirtschaftlichem Interesse, ZHR 2005, 370; *Colneric,* Dienstleistungen von allgemeinem Interesse in der neueren Rspr. des EuGH, FS Zuleeg, 2005, 429; *Essebier,* Dienstleistungen von allgemeinem wirtschaftlichen Interesse und Wettbewerb, 2005; *Boysen/Neukirchen,* Europäisches Beihilferecht und mitgliedstaatliche Daseinsvorsorge, 2007; *Schulte,* Soziale Daseinsvorsorge und Europäisches Gemeinschaftsrecht, ZFSH/SGB 2006, 719, und 2007, 13; *Berger,* Die staatliche Finanzierung der kirchlichen Wohlfahrtspflege und das europäische Beihilfeverbot, 2007; *Frenz,* Grenzen der Quersubventionierung durch Gemeinschaftsrecht, EWS 2007, 211; *Bauer,* Die mitgliedstaatliche Finanzierung von Aufgaben der Daseinsvorsorge und das Beihilfeverbot des EG-Vertrages, 2008; *Koenig/Vorbeck,* Europäische Beihilfenkontrolle in der Daseinsvorsorge, ZEuS 2008, 207; *Kreutz,* Soziale Dienstleistungen durch gemeinnützige Einrichtungen der freien Wohlfahrtspflege, 2010; *Pauly/Jedlitschka,* Die Reform der EU-Beihilferegeln für Dienstleistungen von allgemeinem wirtschaftlichen Interesse und ihre Auswirkungen auf die kommunale Praxis, DVBl. 2012, 1269.

49 Komplexe Fragen wirft die Einordnung von finanziellen Leistungen auf, die der Staat Unternehmen als Ausgleich für die **Erfüllung gemeinwirtschaftlicher Verpflichtungen,** insbesondere **für Dienstleistungen von allgemeinem wirtschaftlichen Inte-**

resse im Sinne von Art. 14 und 106 Abs. 2 AEUV gewährt und die seit dem Vertrag von Lissabon (vgl. auch Rz. 42) in der erstgenannten Norm auch ausdrücklich angesprochen werden. Dabei finden die Art. 107ff. AEUV Anwendung (zur Anwendung des private investor-Tests (Rz. 6) bei hoheitlich angeordneten Maßnahmen EuGH, Urteil vom 5.6.2012, Rs. C-124/10 P „EDF" und dazu *Melcher,* EuZW 2012, 576). Mangels Zuwendungscharakters (Rz. 6) unterfällt eine staatliche Unterstützung allerdings bereits nicht dem Tatbestand von Art. 107 Abs. 1 AEUV, soweit sie erforderlich ist zur Sicherstellung der genannten Leistungen, so dass sich die Frage nach der Anwendbarkeit von Art. 106 Abs. 2 AEUV nicht stellt.

Zur Feststellung, ob sich die staatliche Unterstützung auf den insoweit **erforderlichen Betrag** beschränkt, hat der EuGH **vier Kriterien** entwickelt (EuGHE 2003, I-7747, Rs. C-280/00 „Altmark Trans"):

(1) Betrauung des Zuwendungsempfängers mit klar definierten gemeinwirtschaftlichen Verpflichtungen,

(2) transparente und objektive Parameter für die Berechnung der Ausgleichszahlungen **vor** der Auftragsvergabe/Ausschreibung,

(3) Beschränkung des Ausgleichs auf die tatsächlichen Kosten abzüglich der bei der Erfüllung des Auftrags erzielten Einnahmen,

(4) Auswahl des Leistungserbringers durch ein Ausschreibungsverfahren oder hilfsweise Festsetzung des Ausgleichs im Sinne der Kosten eines „gut geführten Unternehmens", welches den öffentlichen Auftrag erfüllen könnte.

Dabei kommt den MSen bei der Anwendung dieser Kriterien ein gewisser Beurteilungsspielraum zu (EuGE 2008, II-81, Rs. T-289/03 „BUPA").

Beispiele für derartige gemeinwohlorientierte Zuwendungen sind Zuschüsse für den Nahverkehr (dazu noch Rz. 26/21), zum Betrieb kommunaler Krankenhäuser oder Schwimmbäder. Auch der zur Erfüllung des Grundversorgungsauftrages des deutschen öffentlich-rechtlichen Rundfunks erhobenen Rundfunkbeitrag lässt sich unter bestimmten Voraussetzungen in diesen Kontext einordnen (näher Rz. 34/55), ferner die (früheren) Regelungen über Anstaltslast und Gewährträgerhaftung bei öffentlich-rechtlichen Banken, insbesondere Sparkassen.

Staatliche Zuschüsse, die nicht alle der vorstehend genannten Kriterien erfüllen und daher eine Beihilfe darstellen, können darüber hinaus nach **Art. 106 Abs. 2 AEUV** (dazu allgemein Rz. 46ff.) **gerechtfertigt** werden (EuGE 2009, II-471, Rs. T-354/05 „TF 1"), doch stellt auch diese Norm auf die vorstehend unter (1) und (3) genannten Kriterien ab. Zur Umsetzung dieser Vorgaben hat die Kommission gestützt auf Art. 106 Abs. 3 AEUV mehrfach Regelwerke beschlossen; heute gilt das „Almunia-Paket (KOM-B 2012/21, ABl. L 7/3 sowie Mitteilungen in ABl. 2012 C 8/4 und 15). Diese stellen insbesondere Zuwendungen frei (allgemein dazu Rz. 20), wenn nur die ersten drei „Altmark"-Kriterien erfüllt sind (zur begrenzten Tauglichkeit des vierten Kriteriums in bestimmten Konstellationen – hier eines finanziellen Ausgleichs im irischen System der Krankenversicherungen – siehe auch EuGE 2008, II-81, Rs. T-289/03 „BUPA"). Außerdem wurde eine spezifische De-minimis-Regelung (dazu allgemein Rz. 12) beschlossen (VO 360/2012, ABl. L 114/8): Unternehmen, die Dienstleistungen im Sinne des Art. 106 Abs. 2 AEUV erbringen, dürfen über 3 Jahre insgesamt 500 000 € zugewendet werden. Im Übrigen ist bei Unternehmen, die auch nicht von Art. 106 Abs. 2 AEUV erfasste Aktivitäten entfalten, für eine Rechtfertigung nach Art. 106 Abs. 2 AEUV eine buchhalterisch klar erkennbare **Trennung** von beiden **Geschäftsfeldern** erforderlich (zur Transparenz-RL siehe bereits Rz. 40); Quersubventionierungen (Rz. 8) sind unzulässig (EuGHE 2003, I-5993, Rs. C-83/01 P „Ufex"). 50

3. Praxis der europäischen Liberalisierung bei den Diensten von allgemeinem wirtschaftlichen Interesse

Literatur: *Geiger/Freund,* Europäische Liberalisierung des Wassermarktes, EuZW 2003, 490; *Püttner,* Europäische Liberalisierung der Elektrizitätswirtschaft, in: Nettesheim/Oppermann (Hrsg.), Die Tschechische Republik in der EU, 2003, 179; *Ruge,* Neues Sparkassenrecht nach Beilegung der Auseinandersetzung mit der Europäischen Kommission, ZG 2004, 12; *Trute,* Der europäische Regulierungsverbund in der Telekommunikation – ein neues Modell europäisierter Verwaltung, FS Selmer, 2004, 565; *Seubert,* Die Brüsseler Verständigung zu Anstaltslast und Gewährsträgerhaftung, 2005; *Brennecke,* The EU Roaming Regulation and its non-compliance with Article 95 EC, 2008; *Met Domestici,* La libéralisation des services postaux – les enjeux de l'ouverture totale à la concurrence, RMCUE 2008, 335; *Hermeier,* Der Europäische Regulierungsverbund im EG-Rechtsrahmen für Telekommunikation, 2009; *Kühling,* Europäisches Telekommunikationsverwaltungsrecht, in: Terhechte (Hrsg.), Verwaltungsrecht der Europäischen Union, 2011, § 24; *Dietrich,* Dienstleistungen von allgemeinem wirtschaftlichen Interesse, 2012; *Fatur,* EU Competition Law and the Information and Communication Technology Network Industries, 2012; *Görisch,* Netzneutralität – ein Grundsatz des europäischen Regulierungsrechts?, EuZW 2012, 494; *Lagunda da Paz,* What to keep and what to change in European electronic communications policy?, CMLRev 2012, 1951; *Oster/Wagner,* Kommunikation und Medien, in: Dauses (Hrsg.) HB EU-WirtschR, E. V., 2012; *Sluijs,* Network neutrality and internal market fragmentation, CMLRev 2012, 1647; *Kühling,* Regulierungsrecht im Binnenmarkt, in: Müller-Graff (Hrsg.), EnzEuR IV, 2014, § 18.

51 In der Praxis hat sich Art. 106 AEUV zu einer **Norm mit zunehmender unionsweiter Liberalisierungskraft** entwickelt (Fundstellenverzeichnis des geltenden EU-Rechts 08.50). Die Unionsorgane nutzen ihre Befugnisse nach Art. 106 Abs. 3 i. V. m. 101 sowie nach Art. 114 AEUV zur Verstärkung des unionsweiten Wettbewerbs auf den verschiedenen Märkten, die in den MSen von öffentlichen Unternehmen beherrscht werden. Sie treffen dabei auf den Widerstand etablierter Einrichtungen der Daseinsvorsorge in den MSen (vgl. schon Rz. 41). Die Unterscheidung zwischen wettbewerbsfeindlichem, subventionierten Protektionismus und berechtigtem gemeinwohlorientierten Auftrag ist oftmals schwierig. Der Liberalisierungsfortschritt auf den einzelnen Märkten ist entsprechend unterschiedlich (zur Energieversorgung siehe Rz. 23/6, 9f., zum Verkehr Rz. 26/21).

a) Telekommunikation (TK)

52 Ziel der EU-Telekommunikationspolitik ist die möglichst weitgehende Verwirklichung eines **unionsweiten Wettbewerbs** durch **Liberalisierung, Deregulierung und Privatisierung** der elektronischen Telekommunikation. Nach einem ersten Liberalisierungsschub 1990 wurde 2002 (gestützt auf den heutigen Art. 114 AEUV) ein **„Richtlinienpaket"** beschlossen (ABl. 2002, L 108/7 ff.: Zugangsrichtlinie 2002/19; Genehmigungsrichtlinie 2002/20; Rahmenrichtlinie 2002/21 und Universaldienstrichtlinie 2002/22; hinzu kam die auf Art. 106 Abs. 3 AEUV gestützte RL 2002/77, ABl. L 249/21), mit dem die EU die entsprechende unternehmerische Tätigkeit liberalisierte (u. a. Öffnung der Telefon- und Fernsehkabelnetze) und von den hoheitlichen Befugnissen (u. a. Zulassung und Überwachung von Geräten) im Sinne von Art. 106 AEUV zu trennen suchte. Im Kern geht es darum, die Netze für Dritte nach den Kriterien der Gleichbehandlung und Transparenz zu öffnen, um so einen wirksamen Wettbewerb zu schaffen; dies setzt auch gewisse Standardisierungsvorgaben voraus. Zu diesem Zweck wurde die Schaffung unabhängiger nationaler Regulierungsbehörden vorgegeben. Diese haben die Aufgabe, die jeweiligen Märkte zu definieren, zu analysieren und bei entsprechendem Bedarf „in jedem Einzelfall" (unter Beteiligung der KOM und der entsprechenden Behörden der anderen MSen) zu regulieren und zu sichern (zur Sicherung der Befugnisse der Regulierungsbehörde gegenüber dem Gesetzgeber EuGHE 2009, I-11431, Rs. C-424/07, „KOM/Deutschland"). Konkret sind die erforderlichen Abhilfemaßnahmen zu ergreifen, wenn bei einem Markt strukturell oder rechtlich bedingte, nachhaltige Marktzutrittsschranken bestehen, die mit den allgemeinen Instrumenten des Wettbewerbsrechts nicht beseitigt werden können. Außerdem sind Entgelte zu regulieren und ggf. knappe Ressourcen zu bewirtschaften.

Besondere Regelungen betreffen die Sicherung telekommunikativer Grundversorgung („**Universaldienste**“: RL 2002/22 und dazu etwa EuGHE 2008, I-95, Rs. C-220/07 „KOM/Frankreich“) und die Angleichung der nationalen Kommunikationsordnungen durch einen gemeinsamen Rechtsrahmen. Flankiert wurden die Maßnahmen durch spezifische Richtlinien zu Datenschutz (RL 2002/58, ABl. L 201/37; dazu EuGH, Urteil vom 22.11.2012, Rs. C-119/12 „Probst“) und Vorratsdatenspeicherung (2006/24, ABl. L 105/54; dazu noch Rz. 33/80). Für die Nutzer der Telekommunikationsinfrastruktur ergaben sich aus der Liberalisierung bemerkenswerte Vorteile. Zur Verhinderung überhöhter Preise im grenzüberschreitenden Mobilfunk wurde 2007 eine besondere Verordnung beschlossen (VO 717/2007, ABl. 171/32; zur Gültigkeit siehe EuGHE 2010, I-4999, Rs. C-58/08 „Vodafone u. a.“; sie wurde nunmehr abgelöst durch VO 531/2012, ABl. L 172/10); die KOM beabsichtigt weitere Restriktionen einzuführen. 53

b) Post

Die Liberalisierung der nationalen Postdienste gestaltete sich ungeachtet von Privatisierungen (in D Deutsche Post AG) angesichts berechtigter Universaldienstverpflichtungen zäh (*v. Danwitz,* FS Badura, 2004, 857). Jedoch geht die schrittweise Öffnung der Postmärkte voran (RL 97/67, ABl. 1998, L 15/14, zuletzt geändert durch RL 2008/6, ABl. L 52, 3, und RL 2002/39, ABl. 2002, L 176/21). Ausschließliche oder besondere Rechte endeten am 31.12.2010 (mit Frist bis 2013 für die erst 2004/2007 beigetretenen Staaten); aber auch danach kann ein Staat noch die Erfüllung besonderer Universaldienstpflichten (in Grenzen) finanziell honorieren. Private Konkurrenten der mächtigen nationalen Postdienste haben es schwer, Fuß zu fassen (*Baratta,* Competition Policy Newsletter 1/2004, 25; siehe aber auch EuGHE 2008, I-1243, verb. Rs. C-287/06 u. a. „Deutsche Post“ u. a. zu deren Verpflichtung, bei Vorsortierung der zu versendenden Post durch Kunden Sondertarife zu gewähren). Beim **„Remailing“** (körperliche oder elektronische Versendung von Post in Deutschland stationierter Unternehmen über portogünstigere EU-Staaten) hat der EuGH (EuGHE 2000, I-825, verb. Rs. C-147 und 148/97 „Deutsche Post AG“) den universaldienstrechtlichen Verpflichtungen der Deutschen Post AG gemäß Art. 106 AEUV gegenüber den Wettbewerbsgeboten und der Dienstleistungsfreiheit des EU-Vertrages Vorrang eingeräumt (kritisch Anm. *Bartosch,* CMLRev 2001, 195). Andererseits setzte die KOM das Verbot von Quersubventionen (Rz. 8) aus dem Universaldienstsektor der Post in den wettbewerbsoffenen Bereichen durch. 54

c) Sparkassen und Landesbanken

Der wegen **Anstaltslast** und öffentlicher **Gewährträgerhaftung** lange umstrittene Komplex „Sparkassen und Landesbanken“ (dazu etwa EuGE 2003, II-435, Rs. T-228/99 und 233/99 „WLB“; *Quardt,* EuZW 2002, 424) wurde 2002 mit einem Kompromiss zwischen KOM und Bundesregierung beigelegt. Danach ist die Durchführung von Förderaufgaben im öffentlichen Interesse im Rahmen des Beihilferechts weiterhin als eigentliche Aufgabe der Landesbanken zulässig. Dagegen gehören marktmäßige Betätigungen nicht zu ihren Aufgaben nach Art. 106 Abs. 2 AEUV und müssen gegebenenfalls durch selbständige Unternehmen ohne staatliche Unterstützung durchgeführt werden. Praktisch erfolgte die Umsetzung durch die durchgängige Beseitigung von Gewährträgerhaftung und Anstaltslast. Wegen deren regionaler Ausrichtung wurde das Problem mit Blick auf die **Sparkassen** traditionell weniger intensiv diskutiert (*Oebbecke,* VerwArch 2002, 278), wobei deren Bilanzvolumina diese Zurückhaltung nicht immer gerechtfertigt haben. Bisher nicht grundsätzlich gelöst sind Konflikte, die ausgehend von der Kapitalverkehrsfreiheit die KOM zur Kritik an der bisherigen Bindung der Bezeichnung „Sparkasse“ an deren öffentlich-rechtlichen Status veranlasst haben. Hinzu kommen Einzelkonflikte um Landesbanken, die in der Finanzkrise in Schwierigkeiten gekommen sind (zur West-LB etwa *Sonder,* EWS 2012, 170). 55

d) Weitere Bereiche

Bestrebungen der KOM richteten sich auch auf die Liberalisierung und Wettbewerbskontrolle der **öffentlichen Wasserversorger** (Rz. 61). Das **Vermittlungsmonopol für Führungskräfte** der deutschen Bundesanstalt für Arbeit war als übermäßige Wettbewerbsbeschränkung mit Art. 102, 106 Abs. 2 AEUV unvereinbar (EuGHE 1991, I-1979, Rs. C-41/90 „Höfner und Elser“; *Basedow,* WiD 1992, 180). – Das frühere **Tätigkeitsmonopol der Schornsteinfeger** in ihrem Kehrbezirk war nach Entscheidung der KOM nach Art. 102 AEUV unbedenklich, solange kein Missbrauch durch überhöhte Gebühren feststellbar ist. 56

IV. Öffentliche Aufträge (Vergabewesen)

Literatur: Zusammenfassende Darstellungen des EU-Vergaberechts mit umfangreichen Literaturnachweisen bei *Bungenberg,* Das primäre Binnenmarktrecht der öffentlichen Auftragsvergabe, in: Müller-Graff (Hrsg.), EnzEuR IV, 2014, § 16; *Dreher/Hoffmann/Kling,* Das Sekundäre Binnenmarktrecht der öffentlichen Auftragsvergabe, ebd., § 17; *Seidel/Mertens,* in: Dauses (Hrsg.) HB EU-WirtschR, H IV. (2010).

Egger, Europäisches Vergaberecht, 2008; *Dolde,* Das In-house-Geschäft im Vergaberecht, ZHR 2008, 1; *Jaeger,* Vertragsänderungen und Vergaberecht, EuZW 2008, 492; *Siegel,* Die Grundfreiheiten als Auffangordnung im europäischen und nationalen Vergaberecht, EWS 2008, 66; *Buhr,* Die Richtlinie 2004/18/EG und das deutsche Vergaberecht, 2009; *Drijber/Stergiou,* Public procurement law and internal market law, CMLRev 2009, 805; *Hertwig,* Praxis der öffentlichen Auftragsvergabe, 4. Aufl. 2009; *Just,* Von Halle über Brixen und Brabant nach Hamburg – zu den Grenzen der vergabefreien Inhousegeschäfte, EuZW 2009, 879; *Kühling/Huerkamp,* Ausschreibungsverzicht und Europäische Grundfreiheiten – Das Vergaberecht in der (Wirtschafts-)Krise, NVwZ 2009, 557; *Ölcüm,* Die Berücksichtigung sozialer Belange im öffentlichen Auftragswesen, 2009; *Schneider,* Umweltschutz im Vergaberecht, NVwZ 2009, 1057; *Frenz,* Aktuelle europarechtliche Grenzen des Vergaberechts, NVwZ 2010, 609; *Huerkamp,* Gleichbehandlung und Transparenz als gemeinschaftsrechtliche Prinzipien der staatlichen Auftragsvergabe, 2010; *Ax/Baranski* u. a., Vergaberecht in Europa, 2010; *Hertwig,* Die Dienstleistungsfreiheit als Grenze staatlicher Monopole und Eigenleistungen, EuR 2011, 745; *Huerkamp/Kühling,* Primärrechtsschutz für Unterschwellenvergaben aus Luxemburg?, NVwZ 2011, 1409; *Wollenschläger,* Europäisches Vergabeverwaltungsrecht, in: Terhechte (Hrsg.), Verwaltungsrecht der Europäischen Union, 2011, § 19; *Aspey,* Labor Considerations in EU Procurement, ELR 2012, 294; *Barton,* Social Services of General Interest: The Case for Greater Harmonization of the Competition and Public Procurement Rules, ELR 2012, 584; *Bovis,* Public procurement in the EU: jurisprudence and conceptual directions, CMLRev 2012, 247; *ders.,* EU Public Procurement Law, 2. Aufl. 2012; *Schleissing,* Möglichkeiten und Grenzen vergaberechtlicher In-House-Geschäfte, 2012; *Hillebrecht,* Das Eigenvergaberecht der Europäischen Union, 2013.

Internetadresse: http://ec.europa.eu/internal_market/publicprocurement/index_de.htm

1. Grundlagen

57 Klaren Regeln bei der **Vergabe öffentlicher Aufträge,** also der Beschaffung von Waren und der Erbringung von Dienstleistungen für den Staat, kommt im EU-Binnenmarkt **erstrangige wirtschaftliche Bedeutsamkeit** zu. Das Volumen öffentlicher Aufträge macht ungefähr 16% des Bruttoinlandsproduktes in der EU aus. Die tatsächliche Öffnung des öffentlichen Auftragswesens war ein wichtiger Schritt bei der **Vollendung des Binnenmarktes bis 1992.** Das Vergaberecht erfüllt dabei einen doppelten Zweck: es dient der Marktöffnung wie der Marktordnung. In vielen Märkten ist Unternehmertum ohne Zugang zu öffentlichen Aufträgen überhaupt nicht möglich (Tiefbau; Brückenbau etc.). Zudem kann eine gezielte Vergabe öffentlicher Aufträge an einheimische Unternehmen ähnlich **wettbewerbsverzerrende Wirkung** entfalten wie eine direkte Subventionierung von Unternehmen. Anders als bei Subventionen steht bei der Vergabe öffentlicher Aufträge allerdings die Bedarfsdeckung des Staates und damit ein Eigenzweck im Vordergrund. Soweit in der Vergangenheit daneben jeweils auch die regionale Wirtschaft gefördert wurde, konnte dies immer nur Nebenzweck sein. Das Unionsrecht will insoweit **Transparenz** und **Diskriminierungsfreiheit** sichernde Regeln schaffen: die Förderung der heimischen Wirtschaft soll allein im Rahmen von Art. 107 AEUV erfolgen, die Vergabe öffentlicher Aufträge hingegen nach objektiven Kriterien (niedrigster Preis bzw. wirtschaftlich günstigstes Angebot) nach Maßgabe besonderer unionsrechtlicher Vorschriften, die insoweit jede Wettbewerbsverzerrung ausschließen sollen (Rz. 66ff.).

58 **Primärrechtlicher Hintergrund** für die unionsrechtlichen Regeln über die Vergabe öffentlicher Aufträge sind zunächst die **Grundfreiheiten.** Gewährleistet werden soll

eine **Marktöffnung:** im Gegensatz zu traditionellen Praktiken sollen ausländische Waren (vgl. Art. 34 AEUV) und Dienstleistungen (vgl. Art. 56 AEUV) eine faire Chance erhalten. Dementsprechend findet das einschlägige Sekundärrecht seine Grundlage in den heutigen Art. 53 (i. V. m. 62) sowie 114 AEUV. Daneben hat der Gedanke der **Marktordnung** an Bedeutung gewonnen: Das Vergaberecht will eine einseitige Privilegierung einzelner, von öffentlichen Auftraggebern begünstigter Unternehmen verhindern. Dementsprechend ist das Vergaberecht nicht allein darauf ausgerichtet, grenzüberschreitend für angemessenen Wettbewerb zu sorgen. Dies wäre auch technisch kaum möglich, denn das einschlägige Instrumentarium – insbesondere die Verpflichtung zur öffentlichen Ausschreibung unter Zugrundelegung transparenter Kriterien – soll maßgeblich präventiv, im Vorfeld der Auftragsvergabe wirken und damit zu einem Zeitpunkt, zu dem nicht klar ist, wer den Auftrag erhält. So profitieren **auch inländische Unternehmen** von den jeweiligen Regelungen. Damit geht es nicht nur um eine Verbesserung grenzüberschreitender Erbringung von Dienstleistungen (oder Lieferung von Waren); vielmehr soll die Regelung zugleich einen entsprechenden **Wettbewerb in der EU** insgesamt gewährleisten. Allerdings greift das Sekundärrecht erst ab bestimmten Schwellenwerten. Hintergrund ist einerseits die – nicht uneingeschränkt zutreffende (Rz. 69) – Vorstellung, dass unterhalb dieser Werte die einschlägige Konkurrenz im Wesentlichen allein im Inland zu finden und damit der Binnenmarkt nicht gefährdet ist. Andererseits soll der mit einer unionsweiten Ausschreibung von Aufträgen verbundene Aufwand begrenzt werden.

Die vorgenannten Zielsetzungen gelten in gleicher Weise für nationale wie für europäische Aufträge. Im 59
Gegensatz zu den Beihilfen gibt es daher hier keine Rechtfertigung für eine prinzipiell unterschiedliche Behandlung; in beiden Fällen sind daher die gleichen Grundsätze zu wahren. Nichtsdestoweniger gilt das nachfolgend dargestellte Sekundärrecht formal nur für nationale Aufträge. Die Vergabe von **Aufträgen durch europäische Stellen** ist im Haushaltsrecht der Union (dazu allgemein Rz. 8/9) geregelt (heute Art. 101 ff. VO 966/2012, ABl. L 298/1, sowie Art. 121 ff. VO 1268/2012, ABl. L 362/1). Inhaltlich sind diese Regelwerke aber durch die gleichen Grundsätze geprägt wie das nachfolgend dargestellte, für nationale Aufträge geltende Recht: Transparenz, Verhältnismäßigkeit, Gleichbehandlung, Nichtdiskriminierung (Art. 102 VO 966/2012), insbesondere bei Aufträgen über den Schwellenwerten das Gebot einer öffentlichen Ausschreibung (zur Vorgängervorschrift etwa EuGH, Urteil vom 21.7.2011, Rs. C-252/10 „Evropaïki Dynamiki“). Bei der Auftragserteilung steht der europäischen Stelle allerdings ein nicht unerhebliches Ermessen zu (EuGE 2009, II-4439, Rs. T-195/08 „Antwerpse Bouwwerken NV“). Der Rechtsschutz richtet sich nach allgemeinem Unionsrecht (zum Gebot des effektiven Rechtsschutzes gerade in diesem Bereich EuGE 2010, II-313, Rs. T-70/05 „Evropaïki dynamiki“, vom EuGH im erwähnten Urteil im Ergebnis bestätigt; zu den Grenzen der gerichtlichen Kontrolle siehe EuG, a. a. O. „Antwerpse Bouwwerken NV“).

Das im Rahmen der Welthandelsorganisation WTO im GATS-Bereich abgeschlossene **Agreement on** 60
Government Procurement enthält Liberalisierungsverpflichtungen im Vergabewesen gegenüber **Anbietern aus Drittstaaten** (*Gramlich*, RIW 1995, 793), hat aber – etwa über die dort verankerten, mit dem europäischen Recht deckungsgleichen Schwellenwerte (vgl. Rz. 65) – auch Einfluss auf das europäische Vergaberecht.

2. Entwicklung des Sekundärrechts und deutsche Umsetzung

Die Harmonisierung der Bestimmungen über die Vergabe öffentlicher Aufträge erfolgte in mehreren Etap- 61
pen. Erste Richtlinien wurden in den **siebziger Jahren** beschlossen; erste Rechtsprechung erging in den achtziger Jahren. Dabei betonte der Gerichtshof insbesondere auch die **Rechte** der einzelnen (potentiellen) **Auftragnehmer** (EuGHE 1988, 4652, Rs. 1/87 „Beentjes“; 1989, 1839, Rs. 103/88 „Fratelli Costanzo“). Die Auftraggeber in den Bereichen Energie, Wasser, Verkehr und Telekommunikation blieben dabei jedoch zunächst ausgeklammert und wurden erst später einer gesonderten Richtlinie (RL 93/38, ABl. L

101/1) unterworfen. Bereits 1989 war zudem der Rechtsschutz einer expliziten Regelung zugeführt worden (RL 89/665, ABl. L 395/33, Änderungen; zu den Sektoren siehe RL 92/13, ABl. L 76/14, Änderungen). Mit dem Ziel der Vereinfachung und der Verarbeitung zwischenzeitlich ergangener Rechtsprechung des EuGH wurden dann für das materielle Vergaberecht im Jahre 2004 die heute noch geltenden RLen verabschiedet: die Richtlinie für die Vergabe von Bau-, Liefer- und Dienstleistungsaufträgen durch die öffentliche Hand einerseits (RL 2004/18, ABl. L 134/114), die sog. „Sektoren-RL" 2004/17 (ABl. L 134/1) für die Vergabe von Aufträgen durch Unternehmen bestimmter Wirtschaftszweige andererseits; 2009 wurde der Bereich Verteidigung und Sicherheit gesondert geregelt (RL 2009/81, ABl. L 216/17; dazu *Höfler/Petersen,* EuZW 2011, 336). Ende 2011 hat die Kommission Vorschläge für neue Richtlinien vorgelegt (KOM (2011) 895 (Sektoren), 896/2 (klassische Aufträge) und 897 (Dienstleistungskonzessionen); zum Diskussionsstand *Neun/Otting,* EuZW 2013, 529). Nach heftiger öffentlicher Kritik hat die Kommission den Vorschlag, dass auch die Vergabe der Wasserversorgung, einer Dienstleistungskonzession (Rz. 64), im Regelfall öffentlich ausgeschrieben werden muss, wieder zurückgenommen.

62 Die Umsetzung dieser RLen warf für Deutschland das Problem auf, dass zuvor die einschlägigen nationalen Regeln nur als Verwaltungsbinnenrecht mit der alleinigen Zielsetzung sparsamer Verwendung von Haushaltsmitteln ausgebildet waren. Sie besaßen also keine Schutzfunktion für Wettbewerber, so dass diese mangels entsprechender subjektiver Rechte gegen Vergabeentscheidungen nicht klagen konnten. Nun aber musste außenwirksames, justiziables Recht geschaffen und **gerichtlicher Rechtsschutz** bereitgestellt werden; dies gelang erst nach mehreren Anläufen. Die deutschen Vorschriften zur Umsetzung finden sich heute in den §§ 97 ff. GWB, in zwei Vergabeverordnungen sowie in den als Verwaltungsvorschrift erlassenen Vergabe- und Vertragsordnungen VOB/A, VOL/A und VOF; zum Rechtsschutz sind spezielle Vergabesenate bei den OLGen berufen. Trotz mancher Kritik gelten die Vorschriften des GWB und der Vergabeverordnungen nur für Aufträge oberhalb der unionsrechtlichen Schwellenwerte (zu diesen Rz. 65). Auftragsvergaben unterhalb dieser Werte sind also weiterhin allein durch Verwaltungsvorschriften geregelt (zur Verfassungsmäßigkeit BVerfGE 116, 135).

3. Anwendungsbereich

63 Der Begriff des **öffentlichen Auftraggebers** ist nicht institutionell, sondern **funktionell** zu verstehen (vgl. auch § 98 GWB). Neben dem Staat und den ihm zuzurechnenden Körperschaften fallen daher darunter auch überwiegend staatlich finanzierte oder kontrollierte Einrichtungen, die zum Zweck gegründet wurden, im Allgemeininteresse liegende Aufgaben nicht gewerblicher Art zu erfüllen (Art. 1 Abs. 9 RL 2004/18). Auch durch hoheitlich erhobene Beiträge finanzierte Einrichtungen fallen darunter (EuGHE 2007, I-11173, Rs. C-337/06 „Bayerischer Rundfunk" zu öffentlich-rechtlichen Rundfunkanstalten; EuGHE 2009, I-4779, Rs. C-300/07 „Hans & Christophorus Oymanns" zu gesetzlichen Krankenkassen; dazu *Roth,* SGb 2009, 639). Die Sektoren-RL erfasst Unternehmen im Bereich der **Wasser-, Energie-** und **Verkehrsversorgung** und der **Telekommunikation** und damit Unternehmen, die zumeist traditionell öffentlichen Charakter hatten oder denen zumindest besondere Rechte im Sinne von Art. 106 Abs. 2 AEUV zuerkannt waren. Von den Richtlinien werden nur Aufträge erfasst, die **an Dritte** vergeben werden. Aufträge an vom Auftraggeber wie eine eigene Dienststelle kontrollierte Tochterunternehmen, die im Wesentlichen nur für ihren Träger tätig werden, fallen daher nicht in den Anwendungsbereich der Norm (EuGHE 2009, I-8127, Rs. C-573/07 „Sea") – sog. „in house-Geschäfte". Entsprechendes gilt auch, wenn ein Unternehmen gemeinsam mit anderen öffentlichen Auftraggebern betrieben wird (dazu EuGHE 2008, I-8457, Rs. C-324/07 „Coditel Brabant"; Urt. v. 29.11.2012, verb. Rs. C-182/11 und 183/11 „Econord") oder der Auftrag im Rahmen sonstiger Verwaltungskooperation vergeben wird (EuGHE 2009, I-4747, Rs. C-480/06 „KOM/Deutschland"). Der EuGH ist allerdings sehr restriktiv: selbst kleinste Beteiligungen Dritter lassen den Tatbestand eines öffentlichen Auftrag-

gebers entfallen (EuGHE 2005, I-1, Rs. C-26/03 „Stadt Halle“). Keinen Einfluss auf die Qualifikation hat der Umstand, dass ein Auftrag in Erfüllung der Arbeitgeberfunktion des Auftraggebers erteilt wird (EuGHE 2010, I-7091, Rs. C-271/08 „KOM/Deutschland“).

Die RLen gelten für die Vergabe von **Bau-, Liefer- und Dienstleistungsaufträgen** 64
unter Einschluss von **Baukonzessionen,** nicht hingegen bei sog. Dienstleistungskonzessionen, bei denen der Dienstleistungserbringer von der staatlichen Stelle (nur) das Recht erhält, auf eigenes Risiko gegenüber Dritten bestimmte Dienstleistungen zu erbringen (etwa zur Parkplatzbewirtschaftung EuGHE 2005, I-8585, Rs. C-458/03 „Parking Brixen“; zur Abgrenzung Urteil vom 10.11.2011, Rs. C-348/10 „Norma-A SIA“; dazu noch Rz. 69). Bei Verträgen mit gemischtem Inhalt, der nur teilweise in den Anwendungsbereich der Richtlinien fällt, kommt es auf den Schwerpunkt des Inhalts an (dazu EuGHE 2009, I-10355, Rs. C- 536/07 „KOM/Deutschland“). Wird ein Auftrag nachträglich erheblich erweitert oder sonst geändert, ist hierin ggf. die Erteilung eines neuen Auftrages zu sehen (EuGHE 2008, I-4401, Rs. C454/06 „pressetext Nachrichtenagentur“). Maßnahmen, die hoheitliche Gewalt im Sinne von Art. 51 AEUV darstellen (Rz. 25/7 und 28/27), werden nicht erfasst, doch gilt auch hier das Gebot enger Auslegung (EuGHE 2010, I-3713, Rs. C-160/08 „KOM/Deutschland“). Der Umstand, dass es sich ggf. um einen Auftrag im allgemeinen wirtschaftlichen Interesse i. S. v. Art. 106 AEUV handelt, rechtfertigt zwar Besonderheiten bei Ausschreibung und Auftragserteilung, stellt aber nicht per se vom Vergaberecht frei (vgl. auch EuGHE 2010, I-3713, Rs. C-160/08 „KOM/Deutschland).

In den Anwendungsbereich der Richtlinien fallen nur Aufträge oberhalb bestimmter 65
Schwellenwerte (derzeit 130 000 € bei bestimmten, 200 000 € bei sonstigen Liefer- und Dienstleistungsaufträgen, 400 000 € bei Liefer- und Dienstleistungsaufträgen im Sektorenbereich und durchweg 5 000 000 € bei Bauaufträgen). Hintergrund der (aus dem einschlägigen WTO-Recht übernommenen, Rz. 60) Schwellenwerte ist der Gedanke, dass erst ab einem gewissen Mindestwert ein Auftrag wirklich auch **übernationale Bedeutung** entfaltet in dem Sinne, dass er auch für ausländische Auftraggeber interessant ist und sich der mit einer europaweiten Ausschreibung verbundene Aufwand (Rz. 66) lohnt. Auf Aufträge, die aus einem der vorgenannten Gründe nicht in den Anwendungsbereich einer der Richtlinien fallen, finden allerdings nichtsdestoweniger ggf. die primärrechtlichen Vorgaben Anwendung (Rz. 69). Aufträge dürfen nicht aufgeteilt werden, wenn dies dazu führt, dass der Auftrag aus dem Anwendungsbereich des Unionsrechts herausfällt (EuGH, Urteil vom 15.3.2012, Rs. C-574/10 „KOM/Deutschland“).

Jüngst wurde durch den EuGH klargestellt, dass **städtebauliche Verträge** sowie Verträge, die **Vorhaben- und Erschließungsplänen** zugrunde liegen (§§ 11 f. BauGB), als solche regelmäßig keine öffentlichen Aufträge darstellen und damit keiner Ausschreibungspflicht unterliegen, da die Gemeinden hier keine wirtschaftliche Tätigkeit wahrnehmen, sondern ihre hoheitlichen Aufgaben erfüllen (EuGHE 2010, I-2673, Rs. C-451/08 „Helmut Müller“). Zuvor war aus einem früheren Urteil das Gegenteil abgeleitet worden (EuGHE 2007, I-385, Rs. C-220/05 „Auroux“, und OLG Düsseldorf, Urteil vom 13.6.2007, VII Verg 2/2007, NZBau 2007, 530; dazu *Burgi,* NVwZ 2008, 929 und *Kühling,* JZ 2008, 1117). Allerdings wies der zuerst entschiedene Fall die Besonderheit auf, dass das Vorhaben der fraglichen Kommune wirtschaftlich zu Gute kam, was regelmäßig nicht der Fall ist; städtebauliche Verantwortlichkeiten allein reichen insoweit nicht.

4. Vergabeverfahren

66 Zentrale Grundsätze des Vergabeverfahrens bilden die Prinzipien der Nichtdiskriminierung und der Transparenz. Um diese zu sichern, sind die vorgenannten Aufträge regelmäßig unter Einschluss einer klaren Leistungsbeschreibung und ggf. sonstiger für die Vergabe relevanter Kriterien (vgl. noch Rz. 67) **europaweit** im Amtsblatt, Gem. Ausgabe S und über EDV, in englischer oder französischer Sprache, **öffentlich auszuschreiben** (siehe dazu auch die standardisierenden Vorgaben in den VO 2195/2002, ABl. L 340/1, Änderungen, und 842/2011, ABl. L 222/1). Alternativ ist auch eine **beschränkte Ausschreibung** möglich („nicht offenes Verfahren"; Art. 28, 35ff. RL 2004/18). In besonderen Ausnahmefällen (vgl. EuGHE 2009, I-168, Rs. C-275/08 „KOM/Deutschland") kann stattdessen auch das besonders geregelte Verfahren des wettbewerblichen Dialoges gewählt werden (Art. 29 RL 2004/18), allerdings ist auch dann im Regelfall eine entsprechende vorherige Bekanntmachung erforderlich (Art. 30f. RL 2004/18). Schließlich kann eine zu langfristige Vergabe wettbewerbsbehindernde Auswirkungen haben und wäre damit unzulässig (EuGHE 2003, I-3609, verb. Rs. C-20/01 und 28/01 „KOM/Deutschland").

67 Bei der Entscheidung sind zunächst ungeeignete Bieter auszuscheiden (Art. 45 – 52 RL 2004/18). Im Weiteren ist dann der Zuschlag dem Bieter mit dem **wirtschaftlich günstigsten oder kostengünstigsten** Angebot zu erteilen (zu den dabei zu berücksichtigenden Zuschlagskriterien siehe Art. 53f. RL 2004/18). Die Leistungsbeschreibung muss insbesondere grundsätzlich produktneutral ausgestaltet sein. In definierten Grenzen sind auch (leicht zu missbrauchende) **„vergabefremden Kriterien"** vor allem sozialer und ökologischer Art zulässig (Art. 27 RL 2004/18; zuvor etwa EuGHE 2002, I-7213, Rs. C-513/99 „Concordia Bus"). Zum Teil sind sie besonders vorgeschrieben (etwa RL 2009/33, ABl. L 120/5 zu Emissionsanforderungen bei anzuschaffenden Kraftfahrzeugen); im Übrigen sind bei der rechtlichen Beurteilung auch die jeweiligen Querschnittsklauseln des Unionsrechts zu beachten. Bestimmte Gütezeichen als solche dürfen jedoch nicht verlangt werden (EuGH, Urteil vom 10.5.2012, Rs. C-368/10 „KOM/Niederlande"). Soweit verschiedene Kriterien zu gewichten sind, müssen die entsprechenden Gewichtungen möglichst vorab mitgeteilt werden (EuGHE 2002, I-11617, Rs. C-470/99 „Universale Bau"); in jedem Fall darf die Gewichtung nach Kenntnis der auf die Ausschreibung eingegangenen Unterlagen nicht mehr geändert werden (EuGHE 2003, I-14527, Rs. C-448/01 „EVN und Wienstrom"). Arbeitnehmerschutz ist nur, aber immerhin im Rahmen der Entsende-RL zulässig; nationale Tariftreueregelungen sind daher regelmäßig unzulässig (Rz. 25/31). Bei der Entscheidung darf auch die fachliche, wirtschaftliche und persönliche Eignung der Bieter berücksichtigt werden (Art. 45ff. RL 2004/18; dazu EuGHE 2008, I-9999, Rs. C-213/07 „Michaniki"). Bei ungewöhnlich niedrigen Angeboten dürfen Erläuterungen vom Anbieter verlangt und das Angebot einer besonderen Prüfung unterzogen werden (ebd., Art. 55); Nachverhandlungen sind hingegen unzulässig (EuGH, Urteil vom 29.3.2012, Rs. C-559/10 „SAG ELV Slovensko a.s."). Die getroffene Entscheidung ist schließlich den beteiligten Bietern mitzuteilen (ebd., Art. 41).

5. Rechtsschutz

Ergänzt werden beide RLen durch entsprechende **„Rechtsmittel-RL“** (RL 89/665, ABl. 1989 L 395/33; ferner „Sektoren-Rechtsmittel-RL“ 92/13, ABl. 1992, L 76/14, jeweils 2007 grundlegend geändert; *Seidel,* EWS 2007, 529). Diese verpflichten die MSen zur Schaffung von **effektiven gerichtlichen Rechtschutzverfahren** – vor Erteilung des Zuschlags, der aus diesem Grund grundsätzlich erst nach einer Wartefrist von 10 bis 15 Tagen erteilt werden darf – sowie zur Sicherung von Schadensersatzansprüchen bei Verstößen gegen das EU-Recht. Dieser Rechtsschutz besteht nicht nur, wenn eine öffentliche Ausschreibung erfolgt ist, etwa weil nur dann ein Kläger mitbieten kann, sondern gerade auch dann, wenn die Vergabe anderweitig erfolgt ist. Dies gilt unabhängig vom jeweils erreichten Verfahrensstadium, und der Rechtsschutz steht jedem offen, der ein Interessen an dem fraglichen Auftrag hat bzw. hatte und dem durch den behaupteten Rechtsverstoß ein Schaden entstanden ist bzw. zu entstehen droht (EuGHE 2005, I-1, Rs. C-26/03 „Stadt Halle“). Schadensersatz darf dabei nicht von einem Verschulden abhängig gemacht werden (EuGHE 2010, I-8769, Rs. C-314/09 „Stadt Graz“). Schließlich haben die in den RLen vorgesehenen fristgebundenen gerichtlichen Rechtsschutzverfahren keinen exklusiven Charakter. Vielmehr kann auch die KOM – wie schon mehrfach, auch gegen Deutschland, geschehen – im Wege eines **Vertragsverletzungsverfahrens** Verstöße gegen das Vergaberecht auch im Fall einer Auftragsvergabe rügen. Das Urteil verpflichtet dann die zuständige nationale Stelle, den Vertrag zu beenden (EuGHE 2007, I-6153, Rs. C-503/04 „KOM/Deutschland“). – Insgesamt Fundstellenverzeichnis des geltenden EU-Rechts 06.30. 68

6. Vergabeentscheidungen jenseits des Anwendungsbereichs der Richtlinien

Für die Vergabe von Aufträgen außerhalb des Anwendungsbereichs der dargestellten Richtlinien gilt nur das Primärrecht, also bei Lieferaufträgen die Warenverkehrsfreiheit (§ 23), bei Dienstleistungen die DLF (§ 25), doch hat der EuGH auch aus diesen Vorgaben Schutz vor Diskriminierung und daraus dann **Transparenz- und Rechtsschutzverpflichtungen** abgeleitet (EuGHE 2005, I-7287, Rs. C-231/03 „Coname“ zu Aufträgen **unterhalb der Schwellenwerte;** EuGHE 2005, I-8585, Rs. C-458/03 „Parking Brixen“ zu **Dienstleistungskonzessionen;** hierzu Bekanntmachung der KOM, ABl. 2006, C 179/2 und zu dieser EuGE 2010, II-2027, Rs. T-258/06 „Deutschland/KOM“; ferner *Nettesheim,* EWS 2007, 145; *Braun,* EuZW 2012, 451). Im Jahre 2011 hat die KOM vorgeschlagen, auch die Vergabe von Dienstleistungskonzessionen der Regelung durch eine Richtlinie zu unterwerfen (Rz. 61). 69

V. Ausblick

Für Rat und KOM ist es **schwierig,** eine kohärente Beihilfenaufsicht zu praktizieren. 70
Es geht nicht um die Erzwingung eines strikten Beihilfeverbots, sondern um die immer wieder neu zu findende **Unterscheidung zwischen unionsrechtlich erlaubter oder untersagter staatlicher Beeinflussung des Wirtschaftsgeschehens.** Ein Grundproblem besteht darin, dass die Aufgabe der KOM in der Wahrung des Wettbewerbs innerhalb der Union besteht, während die Beihilfepolitik als Bestandteil der allgemeinen Wirtschafts- und Sozialpolitik grundsätzlich den MSen zusteht. Da Beihilfen vielfach zumindest potentiell den Wettbewerb beeinträchtigen, entstehen **Zielkonflikte** zwischen der EU und ihren MSen. Bei über 600 Beihilfefällen jährlich war die GD

Wettbewerb der KOM bisher stark belastet. Daher müssen die Bemühungen, die KOM von kleineren Fällen zu entlasten, um sich auf die Kontrolle der kostspieligen Subventionierung von Großunternehmen sowie strukturell wirkenden Beilhilfen zu konzentrieren, weiter verstärkt werden. Insgesamt bleibt eine effektive europäische Beihilfenkontrolle für einen Binnenmarkt mit unverfälschtem Wettbewerb eine unverzichtbare Daueraufgabe.

Strukturell einfacher ist die Verankerung des **Wettbewerbsgedankens** im Bereich der **öffentlichen Aufträge;** hier stellt sich vor allem die Frage, wie der mit den ggf. zu beachtenden Verfahrensvorschriften verbundene Aufwand, aber auch der Verlust an Flexibilität auf ein sachgerechtes Maß begrenzt werden können.

6. Teil. Binnenmarkt I: Warenverkehr und Dienstleistungen

§ 22. Binnenmarkt – Freier Warenverkehr

Literatur: Größere Zusammenstellung der Literatur zum Warenverkehr bei *Leible/T. Streinz,* in: Grabitz/Hilf/*Nettesheim,* Das Recht der Europäischen Union, bei Art. 34 AEUV (2011), und bei *Dauses/Brigola,* in: Dauses (Hrsg.), HB EU-WirtschR C I (2011).

Internet-Adresse: Binnenmarkt allgemein: http://ec.europa.eu/internal_market/index_de.htm

Freier Warenverkehr: http://europa.eu/legislation_summaries/internal_market/single_market_for_goods/index_de.htm

I. Grundlage: Der Binnenmarkt

Literatur: *Koenig,* Mehr System in der Prüfung von Beurteilungs-, Ermessens- und Gestaltungsspielräumen bei Beschränkungen der Grundfreiheiten, EWS 2008, 517; *Bösch,* Die Inländerdiskriminierung, JURA 2009, 91; *Ehlers,* Europäische Grundrechte und Grundfreiheiten, 3. Aufl. 2009; *Kingreen,* Grundfreiheiten, in: v. Bogdandy/Bast (Hrsg.), Europäisches Verfassungsrecht, 2. Aufl. 2009, 705; *Löwisch,* Die horizontale Direktwirkung der Europäischen Grundfreiheiten, 2009; *Ruffert,* Die Grundfreiheiten im Recht der Europäischen Union, JuS 2009, 97; *Thomas,* Die Relevanzregel in der europäischen Grundfreiheitendogmatik, NVwZ 2009, 1202; *Barnard,* The Substantive Law of the EU. The Four Freedoms, 2. Aufl. 2010; *Lengauer,* Drittwirkung von Grundfreiheiten, 2010; *Tryfonidou,* Further steps on the road to convergence among the market freedoms, ELR 2010, 36; *Zazoff,* Der Unionsgesetzgeber als Adressat der Grundfreiheiten, 2010; *Frenz,* Hdb. Europarecht, Bd. 1, Europäische Grundfreiheiten, 2. Aufl. 2012; *Müller-Graff,* Drittwirkung der Grundfreiheiten und Grundrechte im Recht der Europäischen Union, 2012; *Trstenjak/Beysen,* The Growing Overlap of Fundamental Freedoms and Fundamental Rights in the Case Law of the CJEU, ELR 2012, 293; *Wolfram,* Die mitgliedstaatsgerichteten Verbotstatbestände der Binnenmarktfreiheiten, 2012; *Valta,* Grundfreiheiten im Kompetenzkonflikt, 2013.

Unter den in Art. 3 EUV genannten wirtschaftlichen Zielen der Union nimmt der Binnenmarkt einen wichtigen Platz ein. Näher definiert wird der Begriff in Art. 26 Abs. 2 AEUV durch Hinweis auf die im AEUV näher entfalteten **Grundfreiheiten** als ein „Raum ohne Binnengrenzen, in dem der **freie Verkehr von Waren, Personen, Dienstleistungen und Kapital** gewährleistet ist." Durch die frühe Annahme der unmittelbaren Wirkung der Grundfreiheiten (EuGHE 1963, 1, Rs. 26/62 „van Gend & Loos", Rz. 9/15) und ihrer damit verbundenen Anerkennung als subjektive Rechte von Bürgern und Unternehmen wurde von Beginn der Integration an deren Effektivität gesichert und so viel zur europäischen Integration insgesamt beigetragen. Über die mit den Grundfreiheiten verbundene **Liberalisierung** hinaus verbinden sich mit dem Binnenmarktkonzept aber auch faire **Wettbewerbsbedingungen** (§§ 20 und 21), wie der EuGH bereits 1991 im Zusammenhang mit der Rechtsangleichung nach dem heutigen Art. 114 AEUV entschieden hat (Rz. 32/9) und wie sich nunmehr aus einem besonderen Protokoll ergibt (dazu Rz. 20/1). 1

Der Begriff „Binnenmarkt" geht zurück auf die Einheitliche Europäische Akte 1986/87. Mit ihm wurde der zentrale Auftrag der 1958 gegründeten Europäischen Wirtschaftsgemeinschaft zur Errichtung eines **Gemeinsamen Marktes** für einen Teilbereich präzisiert, doch gehörten zum Gemeinsamen Markt neben den Grundfreiheiten auch die europäische Wettbewerbspolitik und weitere flankierende Politiken. Mit zunehmender Ausweitung der Gemeinschaftsaktion auch über den wirtschaftlichen Bereich hinaus hatte der Begriff allerdings immer mehr seine Konturen verloren. Der **Vertrag von Lissabon** hat den Begriff des Gemeinsamen Marktes durchweg durch den des Binnenmarktes ersetzt.

1. Sinn und Zweck der Grundfreiheiten

2 Die Grundfreiheiten sollen nach ihrer Zielstellung (nur) einen **freien Verkehr** von Waren und Dienstleistungen, Personen und Kapital **über die Grenzen** zwischen den MSen hinweg sicherstellen; wirtschaftliche Freiheit im Inneren der einzelnen MSen zu gewährleisten ist nicht ihr Ziel. Dementsprechend schützen sie im Kern vor **nationalen Vorschriften,** die diesen grenzüberschreitenden Wirtschaftsverkehr behindern. Diese sollen allerdings vielfach weniger den Wirtschaftsaustausch mit dem Ausland behindern als **legitime Allgemeininteressen** sichern. Deswegen ist es nicht immer einfach zu bestimmen, wann eine Maßnahme tatsächlich an den Grundfreiheiten zu messen ist und wann sie mit ihnen vereinbar ist.

3 Im Einzelnen treten vor allem zwei Probleme auf. Zum einen ist unklar, wann im dargestellten Sinne eine Behinderung gerade des grenzüberschreitenden Wirtschaftens vorliegt, technisch gesprochen: wann eine **„Beschränkung"** einer Grundfreiheit vorliegt. Dies ist sicherlich der Fall, wenn eine nationale Maßnahme zwischen ausländischen und inländischen Sachverhalten unterscheidet. Dies schließt den Fall ein, dass formal auf andere Kriterien abgestellt wird, aber faktisch primär ausländische Sachverhalte getroffen werden („mittelbare Diskriminierung"). Bedingt durch die Unterschiede zwischen den nationalen Rechtssystemen können darüber hinaus auch Regelungen, die **In- und Ausländer gleich behandeln,** rein faktisch gleichfalls eine **Beschränkung** des grenzüberschreitenden Wirtschaftens bewirken. Sie werden deswegen seit langem vom EuGH ebenfalls an den Grundfreiheiten gemessen, auch bei der Niederlassungs- und der Dienstleistungsfreiheit, wo der Wortlaut eher gegen ein solches Verständnis spricht (Rz. 28/34, 25/14). Wenig klar ist nach der Rechtsprechung des EuGH, wann dies wirklich der Fall ist, weil nicht jede Regelung etwa des Vertriebs oder gar der Nutzung einer Ware oder jede im Kontext der Erbringung einer Dienstleistung bestehende Anforderung wirklich den grenzüberschreitenden Wirtschaftsverkehr behindert. Zunehmend setzt sich der Gedanke durch, dass es insoweit auf die allerdings auch nicht immer einfach zu beantwortende Frage des **Marktzugangs** ankommt (näher Rz. 32ff. sowie 25/17, 27/41ff., 28/34ff. und 30/15). Rein **innerstaatliche** Sachverhalte jedenfalls fallen unstreitig **nicht in den Anwendungsbereich** der Grundfreiheiten (EuGHE 1987, 4879, Rs. 20/87 „Gauchard").

4 Als zweites Problem, faktisch eng mit dem ersten verbunden, tritt die Frage auf, wann nationale Vorschriften letztlich zulässig sind. Unter bestimmten Voraussetzungen können nämlich Beschränkungen der Grundfreiheiten gerechtfertigt werden. Soweit diese zwischen **In- und Ausländern unterscheiden,** wirft dies besondere Zweifel an der Legitimität des betreffenden staatlichen Regelungsziels auf; solche Maßnahmen sind daher nur in den vom AEUV ausdrücklich vorgesehenen Fällen zulässig (Rz. 36ff.; 25/18; 28/35). Bei **nicht diskriminierenden** Maßnahmen kann demgegenüber dem nationalen Regelungsinteresse jedenfalls solange die **Legitimität** nur schwer abgesprochen werden, wie noch keine europäische Harmonisierung erfolgt ist (Rz. 42; 25/19; 27/52; 28/36ff.; 30/22). Jede Beschränkung muss außerdem **verhältnismäßig** sein (EuGHE 1995, I-4165, Rs. C-55/94 „Gebhard", st. Rspr.).

Für die „Rechtfertigung" mittelbar diskriminierender Maßnahmen (Rz. 3) ist zu beachten, dass die faktischen Zusammenhänge für sich allein noch keine Diskriminierung zu begründen vermögen. Daher kommt einer Rechtfertigung hier nicht nur die Funktion einer echten Ausnahme von einem Diskriminierungsverbot zu. Vielmehr dient sie der Überprüfung, ob mit der fraglichen Regelung wirklich legitime Ziele verfolgt werden. Ist die Maßnahme insoweit erforderlich, liegt eben doch keine unzulässige Diskriminierung vor. Im Ergebnis bestehen damit die gleichen (eher großzügigen) Anforderungen an die Rechtfertigung wie bei nicht diskriminierenden Maßnahmen.

Friktionen der Grundfreiheiten mit **nationalen Kompetenzen** sind damit vorprogrammiert; je weiter der 5
Beschränkungsbegriff verstanden wird, desto mehr Gewicht erlangen sie. So fallen bestimmte Materien „beim derzeitigen Stand des Unionsrechts" zwar nicht in den Anwendungsbereich der Verträge; dennoch müssen die MSen ihre entsprechenden Befugnisse in Übereinstimmung mit den Grundfreiheiten wahrnehmen (EuGHE 1995, I-225, Rs. C-279/93 „Schumacker", st. Rspr.). Besonders deutlich ist dies in den letzten Jahren im **Steuerrecht** geworden. Dieses unterscheidet traditionell in etlichen Tatbeständen zwischen in- und ausländischen Sachverhalten. Zugleich fällt die Rechtfertigung konkreter Steuertatbestände schwer, weil der Hinweis auf die Legitimität von Steuern im Allgemeinen insoweit nicht ausreicht (Rz. 35/57 ff.).

Mit Blick auf nationale Maßnahmen vermögen die Grundfreiheiten nur einen weit- 6
maschigen Prüfungsmaßstab abzugeben. Wesentlich präzisere und engere Schranken für nationale Regelungen ergeben sich aus den vielfältigen Rechtsakten der **europäischen Rechtsangleichung** (Rz. 50 ff.). Soweit diese eine Harmonisierung herbeiführen, kommt ein Rückgriff auf die **Grundfreiheiten** im Ergebnis **nicht mehr in Betracht.** Dies stellt keine Verkehrung der Normenhierarchie dar, sondern ergibt sich aus dem jeweiligen Regelungsgehalt der Normen: Die Rechtsangleichungsakte begrenzen die nationalen Handlungsspielräume vielfach stärker als die Grundfreiheiten, dürfen jedenfalls in ihrem Regelungsgehalt nicht hinter diesen zurückbleiben. Wegen des Vorrangs des gesamten Unionsrechts gegenüber nationalem Recht kann ein Verstoß gegen Sekundärrecht aber nicht damit gerechtfertigt werden, dass das Primärrecht kein entsprechendes Verbot bereithält. Vielmehr stellt es eine Voraussetzung für die Rechtfertigung der Beschränkung einer Grundfreiheit dar, dass es an einer entsprechenden Harmonisierung auf europäischer Ebene fehlt (Rz. 27; 25/11; 27/12; 28/9).

Im Einzelnen divergiert die Rspr. zu dieser Frage. Teilweise werden die Grundfreiheiten im Fall einer Harmonisierung bereits als gar **nicht anwendbar** angesehen (so etwa zum Warenverkehr EuGHE 2003, I-14887, Rs. C-322/01 „Dt. Apothekerverband/Doc Morris"), teilweise wird – dogmatisch überzeugender – nur eine **Rechtfertigung** einer Beschränkung **ausgeschlossen** (so etwa gleichfalls zum Warenverkehr EuGHE 2007, I-9811, Rs. C-319/05 „KOM/Deutschland"). Zum Teil werden auch Bestimmungen über eine solche Rechtfertigung im Lichte der RL ausgelegt (so – dogmatisch wenig überzeugend – zur Dienstleistungsfreiheit EuGHE 2008, I-1989, Rs. C-346/06 „Rüffert"). Im Kontext des Staatshaftungsrechts hat der EuGH zu Recht die Grundfreiheiten neben dem Sekundärrecht als anwendbar angesehen (EuGHE 2009, I-2119, Rs. C-445/06 „Danske Slagterier", vgl. Rz. 14/19).

2. Adressaten der Grundfreiheiten

Im Lichte der soeben dargestellten Zielsetzung der Grundfreiheiten erweisen sich die 7
Mitgliedstaaten als deren primäre Adressaten. Daneben richten sich die Grundfreiheiten auch an die **europäischen Organe;** allerdings kommen sie hier (grundsätzlich) nur in den seltenen Fällen zum Tragen, in denen durch europäische Rechtsakte eine (faktisch bestehende) Segmentierung der nationalen Märkte im Binnenmarkt verstärkt oder der (grenzüberschreitende) Wirtschaftsverkehr anderweitig behindert werden soll. Harmonisierungsmaßnahmen, die den grenzüberschreitenden Handel ord-

nen sollen, sind dagegen nicht an den Grundfreiheiten zu messen, selbst wenn im Einzelfall (im Zuge der Harmonisierung) bestimmte zusätzliche Restriktionen eingeführt werden. Wenig überzeugend sind die Grundfreiheiten nach Auffassung des EuGH in diesem Fall auch dann anwendbar, wenn bestimmte Produkte völlig verboten werden sollen (EuGHE 2005, I-6451, Rs. C-154/04 „Alliance for Natural Health"). Stattdessen dürfte es in solchen Konstellationen an den Voraussetzungen der (auf Art. 114 AEUV zu stützenden) Harmonisierung fehlen (vgl. Rz. 32/9).

8 Mit Blick auf private Rechtssubjekte geht der EuGH vielfach ebenfalls von einer Bindung aus, soweit deren Regelwerke zu beurteilen sind **(Drittwirkung der Grundfreiheiten).** Dies gilt insbesondere für die **Arbeitnehmerfreizügigkeit** (EuGHE 1995, I-4921, Rs. C-415/93 „Bosman"; EuGHE 2000 I-4139, Rs. C-281/98 „Angonese"; EuGHE 2007, I-10779, Rs. C-438/05 „Viking Line/ITF"). Dabei geht es um die Begrenzung der Macht von Verbänden, aber auch der einzelnen Arbeitgeber (Rz. 27/32). Nur im Bereich des **Warenverkehrs** sowie der Kapitalverkehrsfreiheit müssen die Beschränkungen zwingend **hoheitlichen** Charakter aufweisen; mit Blick auf Private geht der EuGH allerdings von einer entsprechenden Schutzpflicht aus (zum Warenverkehr Rz. 49).

Da die Rahmenbedingungen der Tätigkeit eines Arbeitnehmers im Wesentlichen vom Arbeitgeber geschaffen werden, ist dieser Ansatz für die Freizügigkeit der Arbeitnehmer (Art. 45 AEUV; Rz. 27/32) durchaus plausibel. Hingegen ist es im Übrigen durchaus schwierig, die Grenzlinie zwischen wünschenswerter Effektuierung der Grundfreiheiten im Privatbereich und der damit verbundenen, gerade im Sinne des Marktprinzips problematischen Einschränkung der **Wirtschafts- und Privatautonomie** überzeugend zu ziehen. Die Sicherung wettbewerblicher Freiheit jedenfalls erfolgt in erster Linie durch das **EU-Wettbewerbsregime** (Rz. 20/1).

3. Struktur der Prüfung der Grundfreiheiten

9 Für die Prüfung der Grundfreiheiten hat der EuGH mittlerweile eine im Kern einheitliche (vgl. schon Rz. 3) Struktur entwickelt: Anwendungsbereich, Beschränkung und Rechtfertigung. Insoweit weisen sie eine deutliche Ähnlichkeit mit Grundrechten auf. Grundfreiheiten und (europäische) Grundrechte unterscheiden sich jedoch insofern, als erstere nur Verhaltensweisen mit grenzüberschreitendem Bezug erfassen, dafür aber **unabhängig** davon anwendbar sind, ob die relevante Sachmaterie in den **Anwendungsbereich** der europäischen **Verträge** fällt oder nicht, während letztere zwar unabhängig davon anwendbar sind, ob es um grenzüberschreitende oder rein innerstaatliche Sachverhalte geht, aber immer voraussetzen, dass der Sachverhalt auch unabhängig von der grundrechtlichen Problematik in den Anwendungsbereich des Unionsrechts fällt.

10 Im Einzelnen ist grundsätzlich zunächst nach dem Vorliegen einer **geschützten Tätigkeit** sowie nach einem **grenzüberschreitenden Bezug** zu fragen; ggf. sind Bereichsausnahmen (vor allem zugunsten der öffentlichen Gewalt wie nach Art. 45 Abs. 4 AEUV) zu beachten. Daneben ist der persönliche Anwendungsbereich zu erörtern. Sodann wird das Vorliegen einer **Beschränkung** geprüft (zu den Adressaten Rz. 7). Hier geht der EuGH grundsätzlich von einem weiten Verständnis im Sinne eines umfassenden Beschränkungsverbotes aus (Dassonville- bzw. Gebhard-Formel, siehe Rz. 4 sowie 30, ferner 25/14, 27/40, 28/34 und 30/14). Mit Blick auf den Warenverkehr

und mittlerweile auch auf die Dienstleistungsfreiheit werden allerdings Maßnahmen, die keine Behinderung des Marktzugangs darstellen, ausgeklammert (Keck-Formel und Folgerechtsprechung, Rz. 32ff., 25/17); im Übrigen hat der EuGH noch keine klaren Kriterien entwickelt.

Beschränkungen von Grundfreiheiten können – zur Wahrung eines angemessenen 11
Ausgleichs mit nationalen Regelungsansprüchen – vielfach **gerechtfertigt** werden. Im Interesse eines freien Binnenmarktes hat der EuGH vier Voraussetzungen aufgestellt (EuGHE 1995, I-4165, Rs. C-55/94 „Gebhard", st. Rspr.): Die Einschränkung muss erstens, soweit nicht im Vertrag anderes geregelt, in **nichtdiskriminierender Weise** angewandt werden. Sie muss zweitens aus **„zwingenden Gründen des Allgemeininteresses"** (bzw. bei Beschränkungen seitens Privater durch deren legitime Interessen) gerechtfertigt sein. Drittens müssen die Einschränkungen **geeignet** sein, diese Allgemeinwohlziele zu verwirklichen. Viertens müssen die Einschränkungen sich darauf beschränken, was zur Verwirklichung der Ziele **erforderlich** ist.

In der Sache geht es dabei um einen sachgerechten **Ausgleich** zwischen europäischer 12
Marktfreiheit und **nationalen Gestaltungskompetenzen** (bzw., bei privaten Beschränkungen, den Interessen dieser Privaten). Deswegen akzeptiert der EuGH großzügig mitgliedstaatlich definierte Allgemeininteressen, solange diese keinen wirtschaftlichen Charakter aufweisen, und gesteht den MSen grundsätzlich auch das Recht zu, das entsprechende Schutzniveau zu bestimmen. Demgegenüber werden die **Eignung** und vor allem die **Erforderlichkeit** nationaler Maßnahmen vom EuGH regelmäßig besonders **kritisch geprüft.** Im Rahmen der Eignung prüft der EuGH in letzter Zeit zunehmend, ob die nationale Zielsetzung einigermaßen kohärent, also widerspruchsfrei verfolgt wird (EuGHE 2003, I-13031, Rs. C-243/01 „Gambelli"). Mit Blick auf die Erforderlichkeit wird vor allem gefragt, ob nicht statt eines Verbotes ein – für den mündigen Verbraucher (vgl. Rz. 36/6) verständlicher – Warnhinweis ausreicht (etwa EuGHE 1987, 1227, Rs. 178/84 „KOM/Deutschland – Reinheitsgebot für Bier"); auch Kontrollen, die in äquivalenter Form bereits im Herkunftsstaat durchgeführt wurden, werden regelmäßig als unverhältnismäßig qualifiziert (EuGHE 1998, I-6197, Rs. C-184/96 „KOM/Frankreich"). Demgegenüber lässt sich wegen der grundsätzlich nationalen Zuständigkeit zur Bestimmung von Art und Niveau des Schutzes eine Unverhältnismäßigkeit nicht bereits daraus ableiten, dass in anderen MSen großzügigere Regeln gelten (EuGHE 2001, I-837, Rs. C-108/96 „Mac Quen", st. Rspr.). Schließlich **scheidet** eine **Rechtfertigung aus,** wenn sich die Beschränkung als **unvereinbar** mit den europäischen **Grundrechten** (oben Rz. 17/28) erweist (EuGHE 1997, I-3689, Rs. C-368/95 „Familiapress"). Im Übrigen findet eine echte Verhältnismäßigkeitsprüfung im Sinne einer Güterabwägung nur selten statt; als erforderlich eingestufte nationale Maßnahmen werden grundsätzlich auch als zulässig angesehen.

4. Zur Inländerdiskriminierung

Die Beschränkung der Grundfreiheiten auf grenzüberschreitende Sachverhalte kann 13
zu unterschiedlichen Rechtsregimen für rein inländische und auslandsbezogene Sachverhalte führen. Insbesondere das mit den Grundfreiheiten verbundene „Herkunftslandprinzip" (Rz. 31, aber auch 25/14) kann bewirken, dass für **Import**waren bzw. -leistungen **niedrigere Standards** bestehen als für heimische Produkte; Vergleichbares ist im Bereich der Personenfreiheiten denkbar, etwa mit Blick auf Ausbildungsstan-

dards. Unionsrechtlich ist dies eine Folge des auf grenzüberschreitende Sachverhalte beschränkten Anwendungsbereiches der Grundfreiheiten; es ist auch in der Sache konsequent, sollen die Grundfreiheiten nicht zu einer systematischen Angleichung aller nationalen Schutzvorschriften nach unten führen. Der Ansatz, auf die damit verbundene Inländerdiskriminierung (dazu *Gundel,* DVBl. 2007, 269; *Bösch,* Jura 2009, 91) auf **nationaler Ebene** eine Antwort im Gleichheitssatz zu finden (so etwa VfGH Österreich, EuGRZ 1997, 362; Conseil d'État Frankreich, RFDA 2009, 142), überzeugt nicht, da dieser nur jeweils einen Normgeber bindet, hier aber unterschiedliche Stellen für die Standardsetzung zuständig sind. Die Regelung rein innerstaatlicher Sachverhalte ist Sache des nationalen Gesetzgebers; bei Sachverhalten mit grenzüberschreitendem Bezug sind die vom jeweiligen ausländischen Gesetzgeber erlassenen Standards maßgeblich. Soweit sich nationale Regelungen nicht gegen die Grundfreiheiten durchsetzen können und damit ausländische Produkte etc. mit inländischen konkurrieren, können die inländischen Vorschriften aber – deswegen oder zugleich – einen **unverhältnismäßigen Eingriff in nationale Freiheitsrechte,** etwa in Deutschland in die Berufsfreiheit (Art. 12 GG), darstellen.

14 Letztlich ist dies eine Frage des **Einzelfalls.** So hat das – Importbieren nicht entgegenzuhaltende (EuGHE 1987, 1227, Rs. 178/84 „KOM/Deutschland") – Reinheitsgebot deutsches Bier nicht in seiner Konkurrenzfähigkeit beeinträchtigt; demgegenüber muss der – nur Inländer treffende – Meisterzwang großzügig gehandhabt werden (BVerfG (K), JZ 2007, 354). Im Übrigen können sich – angesichts der bei Grundrechtseingriffen wie bei Beschränkungen der Grundfreiheiten erforderlichen Prüfung am Maßstab der Verhältnismäßigkeit (Rz. 11) auch nicht verwunderlich – nationale Regelungen, die europäischen Maßstäben nicht genügen, auch unabhängig vom Problem der Inländerkonkurrenz als unzulässige Freiheitseingriffe erweisen (siehe etwa zur Dienstleistungsfreiheit EuGHE 1991, I-4221, Rs. C-76/90 „Säger" und später BVerfGE 97, 12).

5. Negative und positive Integration

15 Die unzulässige Beschränkung einer Grundfreiheit hat zur Folge, dass die entsprechende **nationale Vorschrift** gegenüber ausländischen Waren, Dienstleistungen, Personen und Kapital **nicht** mehr **angewendet** werden darf. Stattdessen kommen die jeweiligen Vorschriften des anderen MS zum Tragen. Diese stellen, auch wenn sie vielleicht in anderen Punkten strenger sind, zumindest mit Blick auf die konkrete Situation regelmäßig niedrigere Anforderungen, denn anderenfalls gäbe es keinen Konflikt mit den Vorschriften des erstgenannten Staates. Daher besteht die Gefahr, dass nur noch die niedrigsten Standards zum Tragen kommen. Die Rechtsprechung kann also die Anwendung bestimmter Normen untersagen, aber keine neuen Vorgaben entwickeln **(„negative Integration").** Daraus folgt die Notwendigkeit einer **Harmonisierung** zumindest der für den grenzüberschreitenden Wirtschaftsverkehr relevanten Vorschriften **durch Unionsrechtsakte** (**„positive Integration"**; dazu Rz. 32/2).

6. Erfolge und Probleme der Marktintegration

16 Beim Aufbau des freien Binnenmarktes konnte die Gemeinschaft **große Erfolge** verzeichnen. Unter der *Hallstein*-Kommission wurde der **Gemeinsame Markt 1958–1968** in zentralen Bereichen (Zollunion, Landwirtschaft, Personenfreizügigkeit, Handelspolitik u. a.) beschleunigt hergestellt. Nach schwierigen Jahren („Eurosklerose") brachte das Programm 1985–1992 der *Delors*-Kommission neuen Schwung in die Marktintegration. Der Gemeinsame Markt wurde als **Binnenmarkt („Raum ohne Binnengrenzen",** heute Art. 26 AEUV) neu definiert. Dieser „Binnenmarktprozess" verlief ähnlich erfolgreich wie der Beginn der EWG nach 1958. Von annähernd 300 Liberalisierungsvorschlägen der KOM (u. a. zum Abbau der Steuergrenzen und vieler Handelshemmnisse durch Rechtsangleichung, zur Wettbewerbspolitik, zu Verkehr und Kapitalverkehr, zum Wegfall von Grenzkontrollen) wurden fast alle verabschiedet. Bestimmte Bereiche sollen nicht harmonisiert, sondern einem **„Wettbewerb der Systeme"** ausgesetzt werden. Der auf den 31.12.1992 festgelegte Termin zur „Vollendung" des Binnenmarktes wurde programmatisch und nicht als Abschluss des Liberalisierungsprozesses verstanden. Die Einführung der **Währungsunion 1999**

bedeutete einen besonders wichtigen Schritt zur Erleichterung der Binnenmarkttransaktionen. Der Europäische Rat verkündete in **Lissabon 2000** das (später relativierte) Ziel, die EU bis 2010 zum dynamischsten Wirtschaftsraum der Welt auszubauen (Rz. 18/17).

II. Die Warenverkehrsfreiheit als Kern des Binnenmarktes

Bei aller Bedeutsamkeit der übrigen Grundfreiheiten bildet die **Warenverkehrsfreiheit** den Kern des Binnenmarktes. Daher verwundert es nicht, dass viele der erwähnten Probleme der allgemeinen Dogmatik der Grundfreiheiten vom EuGH zunächst paradigmatisch am Beispiel der Warenverkehrsfreiheit entfaltet und erst später auf die anderen Grundfreiheiten übertragen wurden. 17

1. Ware

Ware im Sinne des AEUV sind im weitesten Sinne alle körperlichen Gegenstände (einschl. landwirtschaftlicher Produkte), die Gegenstand rechtmäßiger Handelsgeschäfte sein können, mit Ausnahme gesetzlicher Zahlungsmittel, Ausweispapiere u. ä. (EuGHE 1995, I-361, verb. Rs. C-358 und 416/93 „Bordessa"). Auch verwertbarer Abfall ist Ware (EuGHE 1992 I-4431, Rs. C-2/90 „KOM/Belgien"; vgl. noch Rz. 33/38), ebenso Energien wie **Gas** und **Elektrizität** (vgl. noch Rz. 23/7). Bei Abgrenzungsproblemen mit anderen Grundfreiheiten, vor allem der **Dienstleistungsfreiheit,** ist zu fragen, ob der Gegenstand um seiner selbst willen eingeführt wird – dann Warenverkehrsfreiheit – oder nur eine Hilfsfunktion für einen anderen Vorgang, etwa eine zu erbringende Leistung erfüllt (EuGHE 1994, I-1039, Rs. C-275/92 „Schindler" zu einem Lotterieschein). 18

Geld und Wertpapiere unterfallen den Vorschriften über den freien Kapitalverkehr (Art. 63ff. AEUV; Rz. 30/8). Auf die **dem EAGV unterliegenden Waren** finden ggf. dessen Sondervorschriften Anwendung (insbesondere Art. 92ff.). Für die **Landwirtschaft** gelten die Regelungen über den freien Warenverkehr nach Art. 38 Abs. 2 AEUV nur vorbehaltlich der Art. 39–44 AEUV. – Der **Handel mit Waffen, Munition und Kriegsmaterial** kann gemäß Art. 346 Abs. 1b, Abs. 2 AEUV von den MSen unter Berufung auf wesentliche Sicherheitsinteressen beschränkt werden.

2. Unionswaren und Freiverkehrswaren

Von den Vorschriften über den freien Warenverkehr geschützt sind nach Art. 28 Abs. 2 AEUV einerseits die **aus den MSen stammenden** Waren, andererseits diejenigen Waren aus dritten Ländern, die in einen MSen legal eingeführt wurden und sich dementsprechend **im freien Verkehr** befinden (Art. 29 AEUV; dazu EuGHE 1968, 633, Rs. 7/68 „KOM/Italien"). 19

Die **„Unionsware"** charakterisiert sich wesentlich durch die vollständige oder mindestens überwiegende Herstellung in einem MS (vgl. auch Art. 4 sowie 23f. Zollkodex, Rz. 40/8). – In den **Freiverkehr innerhalb der EU** ist eine Ware nach Art. 29 AEUV eingetreten, wenn in einem MS die Einfuhr-Förmlichkeiten erfüllt sowie die vorgeschriebenen Zölle und Abgaben erhoben und nicht rückvergütet worden sind. Zur verfahrensmäßigen Feststellung der Qualität einer Ware als Unionsware dienen seit dem Wegfall der Kontrollen an den Binnengrenzen der EU bestimmte Papiere und Förmlichkeiten gemäß dem sekundären EU-Zollrecht (siehe zu Spezialregelungen in diesem Zusammenhang den Fundstellennachweis des geltenden EU-Rechts 02.20ff.).

3. Inhalt der Warenverkehrsfreiheit

20 Klassischen Regeln des internationalem Wirtschaftsrecht, insbesondere dem 1947 verabschiedeten GATT folgend unterscheidet der AEUV zwischen den Regelungen über finanzielle („tarifäre") Hürden für den Warenverkehr mit insbesondere dem Verbot von Binnenzöllen und zollgleichen Abgaben (Art. 28ff. AEUV), sowie über alle sonstigen, also „nichttarifären" Hürden, nämlich **mengenmäßige Beschränkungen** und alle Maßnahmen gleicher Wirkung **(MgW),** unter Einschluss des Verbots von Diskriminierungen zwischen den Angehörigen der MSen durch nationale staatliche **Handelsmonopole** (Art. 34–37 AEUV). Die Ausgestaltung der Wirtschaftsbeziehungen zu **Drittstaaten** ist demgegenüber Aufgabe der **Gemeinsamen Handelspolitik** nach Art. 206f. AEUV (EuGHE 1971, 1107, verb. Rs. 51–54/71 „International Fruit Company" und unten Rz. 40/19ff.). Zu ihr gehören die zur Vermeidung von Umgehungen des Verbots von Binnenzöllen notwendige Aufstellung eines **Gemeinsamen Zolltarifs (GZT/TARIC)** („Außenzoll") sowie die Umformung mengenmäßiger Beschränkungen der MSen und MgW gegenüber Drittländern.

4. Die Entwicklung des freien Warenverkehrs seit 1958

21 Der Aufbau des Gemeinsamen Marktes 1958–1968 erfolgte in **Beschleunigung des ursprünglichen Zeitplanes für die Zollunion.** Am 1.7.1968 (statt 1.1.1970) waren die Binnenzölle innerhalb der Gemeinschaft abgeschafft und der GZT wurde für die gewerblichen Waren eingeführt. Mannigfache Hemmnisse für einen vollständig freien Warenverkehrs bestanden jedoch fort, u. a. durch die „Steuergrenzen" (Rz. 35/42) und durch die unterschiedlichen nationalen Regelungen der Produktion und Vermarktung der Waren. Hier setzte 1985 das bereits erwähnte (Rz. 16) Projekt der schrittweisen Verwirklichung des **Binnenmarktes** bis Ende 1992 an. Die **neu beitretenden EU-Staaten** mussten bzw. müssen jeweils die Zollunion innerhalb bestimmter Übergangsfristen „nachholen".

III. Marktliberalisierung I: Die Zollunion

Literatur: Umfangreiche Schrifttumsnachweise bei *Herrmann,* in: Grabitz/Hilf/Nettesheim, Das Recht der EU (Komm.), Art. 28 AEUV, 2010.

Schall, Gebühren bei Gelegenheit der Einfuhr als Abgabe zollgleicher Wirkung, AWD 1973, 489; *Kohler,* Abgaben zollgleicher Wirkung im Recht der EG, 1978; *Blanc-Uchan,* Les taxes d'effet équivalent à un droit de douane et les impositions intérieures discriminatoires dans la CEE, 1979; *Scheffer,* Das Verbot von Abgaben zollgleicher Wirkung, EWS 1996, 407; *Wiebe,* Das Verbot der Erhebung von Abgaben zollgleicher Wirkung in Abgrenzung zu anderen Regelungen des EG-Vertrags, 1999.

1. Abschaffung der Binnenzölle (Art. 28ff. AEUV)

22 Zur **Herstellung der Zollunion nach innen** gehörte die vollständige Beseitigung aller Zölle zwischen den EU-Mitgliedstaaten sowie der Abgaben gleicher Wirkung wie Zölle. Mit dem Beginn des Binnenmarktes Anfang 1993 **endeten die Warenkontrollen an vielen EU-Binnengrenzen** gemäß den „Schengen"-Abkommen (unten Rz. 32/21). Schwerpunkte der Zollkontrollen sind seither die Flughäfen und die Grenzübergänge zu Drittstaaten einschließlich der Seehäfen. Stichprobenartige Kontrollen an den Binnengrenzen sowie mobile Fahndungen und Kontrollen innerhalb der MSen bestehen aber fort, da insbesondere die Steuergrenzen zwischen ihnen noch nicht voll beseitigt sind (Rz. 35/48ff., 55ff.). Das Zollgebiet deckt sich im Grundsatz mit dem Geltungsbereich der Verträge nach Art. 52 EUV (mit Ausnahmen gemäß Art. 349 AEUV; Rz. 40/6).

23 Das Grundgebot der inneren Seite der Zollunion besteht nach Art. 28, 30 AEUV im **Verbot** von **Binnenzöllen** auf die **Ein- und Ausfuhr** von **Waren** (Rz. 18), die sich im **Freiverkehr** der Union (Rz. 19) befinden (EuGHE 1978, 927, verb. Rs. 80 und 81/77 „Commissionnaires Réunis"). Dieses wurde vom Gerichtshof als eine der **grundlegen-**

den, unmittelbare Wirkungen erzeugenden und individuelle Rechte begründenden Regelungen des Vertrages verstanden (EuGHE 1963, 1, Rs. 26/62 „Van Gend & Loos", st. Rspr.). Der personelle Anwendungsbereich kennt keine Grenzen. Konsequenz der Zollunion ist auch das Verbot, an innerstaatlichen Grenzen Zölle zu erheben (EuGHE 1994, I-3957, verb. Rs. C-363/93 u. a. „Lancry"). Die Zollunion schließt auch die **Durchfuhrfreiheit** ein (EuGHE 1983, 731, Rs. 266/81 „SIOT") und verbietet damit die Erhebung von Zöllen auf Transitwaren.

2. Abschaffung der Abgaben zollgleicher Wirkung

Zur Sicherung eines freien, von finanziellen Belastungen unbehinderten Warenverkehrs im Binnenmarkt und zum Schutz vor Umgehungen des Zollverbots enthalten Art. 28, 30 AEUV mit unmittelbarer Wirkung auch das Verbot aller **Abgaben zollgleicher Wirkung** (AzW; EuGHE 1980, 2545, Rs. 811/79 „Ariete"; *Wiebe,* Das Verbot der Erhebung von Abgaben zollgleicher Wirkung in Abgrenzung zu anderen Regelungen des EG-Vertrages, 1999; vgl. auch Art. 93 EAGV). Die AzW charakterisiert sich als eine **einseitige staatliche Abgabe,** die auf eine **Ware** (Rz. 18) aus Anlass eines **Grenzübertritts** erhoben wird und aus anderen MSen kommende bzw. dorthin versandte Waren **teurer als einheimische Waren** macht. Es genügt, wenn die Abgaben geeignet sind, restriktive Wirkungen auf den EU-Freiverkehr auszuüben. Beispiele sind die Erhebung von Gebühren für bestimmte Genehmigungen oder Untersuchungen z. B. sanitärer Art oder auch nur die Erteilung einer Bescheinigung. Auf die Bezeichnung der Abgabe kommt es nicht an. Kostendeckende Gebühren für durch Unionsrechtsakte vorgeschriebene Maßnahmen werden nicht erfasst. 24

Abzugrenzen sind die AzW von den **Abgaben steuerlicher Art,** die im Rahmen eines inländischen Abgabensystems erhoben werden und ausschließlich an Art. 110 AEUV (dazu Rz. 35/17 ff.) zu messen sind (EuGHE 1965, 642, Rs. 10/65 „Deutschmann"). Konkret betreffen **AzW ausschließlich grenzüberschreitende Warenbewegungen,** während steuerliche Abgaben unterschiedslos importierte und inländische Produkte erfassen. Die Abgrenzung ist schwierig, wenn faktisch nur Importwaren betroffen sind (vgl. etwa EuGHE 1995, I-479, Rs. C-345/93 „Kfz-Steuer"). 25

Keine ungleiche finanzielle Belastung und damit auch keine unrechtmäßige Verteuerung von Im- und Exporten tritt ein, wenn die Ein- und Ausfuhrabgabe **als Entgelt für eine besondere Verwaltungsleistung** erhoben und somit die Belastung durch ein **wirtschaftliches Äquivalent** aufgehoben wird. Es muss sich aber um einen tatsächlich gewährten Vorteil handeln, der **speziell dem Im- oder Exporteur** im Sinne von Wettbewerbsvorteilen, erhöhten Absatzchancen u. ä. zugute kommt (EuGHE 1969, 211, verb. Rs. 2 und 3/69 „Sociaal Fonds Diamantarbeiders"). Verwaltungsleistungen, die ausschließlich oder vorwiegend im **Interesse des Staates** oder des gesamten Handels liegen wie etwa Gesundheitskontrollen u. ä. müssen auch von der Gesamtheit der Steuerpflichtigen finanziert werden (EuGHE 1973, 1039, Rs. 39/73 „Rewe Zentralfinanz"). Im Ergebnis ähnlich fallen **parafiskalische Abgaben,** die auf alle Waren erhoben werden, unter das Verbot der Art. 23, 25 AEUV, wenn der mit diesen Abgaben verbundene **Vorteil ausschließlich inländischen Unternehmen** zugute kommt. Ist dies teilweise der Fall, sind sie an Art. 110 AEUV zu messen; zulässig sind sie nur, wenn sie allen, also nationalen wie ausländischen Waren (auch faktisch) in gleicher Weise zugute kommen (EuGHE 1993, I-5509, Rs. C-72/92 „Scharbatke"). 26

IV. Marktliberalisierung II: Verbot mengenmäßiger Beschränkungen und Maßnahmen gleicher Wirkung (Art. 34ff. AEUV)

Literatur: Schrifttumsnachweise bei *Becker,* in: Schwarze (Hrsg.), EU-Kommentar, Art. 34 AEUV, 3. Aufl. 2012; *Leible/T. Streinz,* in: Grabitz/Hilf/Nettesheim (Hrsg.), Das Recht der EU (Komm.), Art. 34 AEUV (2010).

Shuibhne, The free movement of goods and Art. 28 EC, ELR 2002, 408; *Kenntner,* Grundfälle zur Warenverkehrsfreiheit, JuS 2004, 2; *Albin/Valentin,* Dassonville oder doch Keck, EWS 2007, 533; *Wilsher,* Does Keck discrimination make any sense?, ELR 2008, 3; *Dawes,* A freedom reborn? The new yet unclear scope of Article 29, ELR 2009, 639; *Schorkopf,* Beweislast im Recht des freien Warenverkehrs, EuR 2009, 645; *Spaventa,* Leaving *Keck* behind? The free movement of goods after the rulings in Commission v Italy and Mickelsson and Roos, ELR 2009, 914; *Snell,* The notion of market access: A concept or a slogan?, CMLRev 2010, 437; *Sack,* Die Warenverkehrsfreiheit nach Art. 34 AEUV und die Ungleichbehandlung von Inlands- und Importware, EWS 2011, 265; *Salgado,* How to SOLVIT? Ein Erfahrungsbericht über die Warenverkehrsfreiheit, EuZW 2011, 422; *Brigola,* Die Metamorphose der Keck-Formel in der Rechtsprechung des EuGH, EuZW 2012, 248; *Hojink,* Free movement of goods in a labyrinth: Can *By Irish* survive the crisis?, CMLRev 2012, 291; *Krenn,* A missing piece in the horizontal effect „jigsaw": Horizontal direct effect and the free movement of goods, CMLRev 2012, 177; *Kellerhals,* Das binnenmarktliche Recht der Warenverkehrsfreiheit, in: Müller-Graff (Hrsg.), EnzEuR IV, 2014, § 6.

1. Anwendungsbereich

27 Die Herstellung und Sicherung des freien Warenverkehrs innerhalb der Union erfordert nicht nur die Beseitigung der Zollschranken, sondern darüber hinaus die Abschaffung aller sonstigen Handelsbeschränkungen. Mit Blick auf die **Ein-** oder A**usfuhr** von **Waren,** die sich im Freiverkehr innerhalb der Union befinden (Rz. 18f.), sind daher nach Art. 34 und 35 AEUV alle mengenmäßigen Beschränkungen und Maßnahmen gleicher Wirkung verboten. Beide Bestimmungen entfalten unmittelbare Wirkung und begründen damit **unmittelbare, notfalls gerichtlich durchsetzbare Rechte** (EuGHE 1969, 679, Rs. 13/68 „Salgoil"). Die Normen schließen den Reimport ein, sofern dieser nicht allein zur Umgehung nationaler Vorschriften eingesetzt wird (EuGHE 1985, 1, Rs. 229/83 „Leclerc"). Personelle Grenzen des Anwendungsbereiches der Norm bestehen nicht; es können sich also auch Drittstaater auf Art. 34ff. AEUV berufen. – Ähnliche Verbote enthält Art. 93 EAGV.

Da die Art. 34f. AEUV im Kern die Funktion haben, den MSen Schranken zu setzen (Rz. 7), kommen sie **nicht** zur **Anwendung,** soweit die Probleme, die mit nationalen mengenmäßigen Beschränkungen bzw. Maßnahmen gleicher Wirkung bewältigt werden sollen, bereits abschließend **unionsrechtlich harmonisiert** wurden (Rz. 6; vgl. ferner zur Landwirtschaft Rz. 24/12, 25).

2. Verbot mengenmäßiger Beschränkungen

28 **Mengenmäßige Beschränkungen** sind **staatliche** Begrenzungen der Menge oder des Wertes von Ein- und Ausfuhren, die eine vollständige oder teilweise Untersagung ihrer Ein-, Aus- oder Durchfuhr zur Folge haben können (EuGHE 1968, 633, Rs. 7/68 „KOM/Italien", st. Rspr.). Meist handelt es sich dabei um bilaterale oder globale Kontingente oder entsprechende Verbote der Ein- oder Ausfuhr. Ausnahmen vom Verbot der Art. 34f. AEUV sind nur noch im Rahmen der „Ordre-Public-Klausel" des Art. 36 AEUV denkbar (unten Rz. 36ff.).

3. Verbot der Maßnahmen gleicher Wirkung wie mengenmäßige Beschränkungen (MgW)

Ähnlich wie Art. 28 und 30 AEUV neben das Verbot der Zölle das der zollgleichen 29
Abgaben stellen, verbieten Art. 34 und 35 AEUV zur vollständigen Sicherung des freien Warenverkehrs neben den mengenmäßigen Beschränkungen auch die **Maßnahmen gleicher Wirkung (MgW).** Dieses Verbot erweist sich als für die Herstellung eines freien Binnenmarktes innerhalb der Union **von besonderer Bedeutung.** Während die Beseitigung von mengenmäßigen Beschränkungen im Grundsatz angesichts der Struktur des Tatbestandes vergleichsweise einfach anzuordnen und zu kontrollieren ist, hat sich die Definition und Abgrenzung des Begriffes der MgW und damit im Zusammenhang die effektive Durchsetzung des Verbotes als ausgesprochen schwierig herausgestellt.

Wie generell bei den Grundfreiheiten (Rz. 5) gilt auch hier, dass sie unabhängig davon anwendbar sind, ob die EU auch für entsprechende Sachmaterie über eine Kompetenz verfügt. Dementsprechend hat der EuGH etwa Regelungen über die Abrechenbarkeit von im Ausland gekauften Medikamenten und Medizinprodukten bei Krankenkassen (Rz. 33/51) oder auch Regelungen über die Benutzung von Straßenfahrzeugen (Rz. 26/10, 13) am Maßstab von Art. 34 f. AEUV gemessen.

a) Definition der MgW für die Wareneinfuhr durch die „Dassonville"-Formel

Die fraglichen MgW müssen zunächst dem **Staat zuzurechnen** sein (EuGHE 1983, 30
4083, Rs. 222/82 „Apple and Pear Development Council"). Behinderungen des Binnenhandels durch privates Handeln (Unternehmen) werden von den Wettbewerbsvorschriften erfasst (Art. 101 f. AEUV), können aber ggf. auch eine „Schutzpflicht" des Staates auslösen (Rz. 49). Private Regeln werden aber von Art. 34 AEUV erfasst, wenn sie von staatlichen Normen rezipiert werden (EuGH, Urteil vom 12.7.2012, Rs. C-171/11 „Fra.bo"). Zur Frage, wann die Wareneinfuhr beschränkt wird, hat der Gerichtshof 1974 die weit gefasste sog. **„Dassonville-Formel"** (EuGHE 1974, 837, Rs. 8/74 „Dassonville") entwickelt. Danach ist MgW „jede Handelsregelung der MSen, die **geeignet** ist, den gemeinschaftlichen Handelsverkehr **mittelbar** oder **unmittelbar, tatsächlich** oder **potentiell** zu behindern." Mit dieser im Grundsatz (vgl. aber Rz. 32) bis heute verwendeten Formel (nur spricht der EuGH seit einigen Jahren, auch noch nach Inkrafttreten des VvL, von der Behinderung des „innergemeinschaftlichen Handels") wird klargestellt, dass die **Eignung** der Maßnahme zur Handelsbehinderung ausreicht und kein tatsächlicher Rückgang der Einfuhren nachgewiesen werden muss. Es bedarf auch **keiner Absicht** der Handelsbeschränkung. Früher wurde vom EuGH auch die Relevanz der **Spürbarkeit** verneint (EuGHE 1993, I-2361, Rs. C-126/91 „Yves Rocher"); demgegenüber wurde jüngst eine den Warenimport behindernde Maßnahme als „unerheblich" qualifiziert (EuGHE 2007, I-7467, Rs. C-297/05 „KOM/Niederlande").

Im Fall **„Dassonville"** ging es um die reguläre Einfuhr von Scotch Whisky aus Frankreich nach Belgien. Der belgische Importeur konnte nicht die nach belgischem Recht erforderliche britische Ursprungsbezeichnung vorlegen. Diese Regelung wurde vom EuGH als unzulässige MgW qualifiziert, da sie Direktimporte von Whisky aus anderen MSen als England unnötig erschwerten. Damit ging es letztlich um eine Maßnahme, die bestimmte importierte Whiskysorten gegenüber anderen Sorten faktisch benachteiligte.

Unter die vorgenannte Definition fallen insbesondere auch Maßnahmen, die **in gleicher Weise** für Im- 31
port- und **einheimische Produkte** gelten, etwa technische Vorgaben. Unterscheiden sich diese in den 28

Mitgliedstaaten, ist ein Hersteller nämlich gezwungen, für jeden nationalen Markt ein anderes Produkt auf den Markt zu bringen. Die damit verbundenen protektionistischen Wirkungen (dazu EuGHE 1980, 2071, Rs. 788/79 „Gilles und Andres") sind mit der Binnenmarktidee eines freien Warenverkehrs nicht vereinbar. Konsequenz ist insbesondere das sog. **„Herkunftsland-"** oder auch **„Vertrauensprinzip":** Vorbehaltlich von gerechtfertigten Einschränkungen (Rz. 36ff., 42) ist jede Ware, die im Herkunftsstaat legal hergestellt (oder dorthin eingeführt, vgl. Art. 29 Abs. 2, 30 AEUV und dazu Rz. 19) wurde, in der gesamten Union verkehrsfähig. Dies hat der EuGH in der grundlegenden Entscheidung „Cassis de Dijon" anerkannt (EuGHE 1979, 649, Rs. 120/78 **„Cassis de Dijon";** dazu etwa *Schütz,* JuS 1998, 631, und Rz. 43), zugleich aber die Möglichkeit der Rechtfertigung von MgW durch die Anerkennung immanenter Schranken des heutigen Art. 34 AEUV ausgeweitet (Rz. 42). Damit wurde das **Prinzip gegenseitiger Anerkennung** der nationalen Herstellungs- und Vermarktungsregelungen aufgestellt und die Notwendigkeit **materieller Harmonisierung** entsprechend verringert (hierzu die Mitteilung der KOM „Praktische Anwendung des Prinzips der gegenseitigen Anerkennung", ABl. 2003, C 265/2).

Zur Bindung der EU an Art. 34 AEUV siehe oben Rz. 7, zur Bedeutung für den privaten Rechtsverkehr unten Rz. 49.

b) Eingrenzungen: Keck-Formel, Nutzungsbeschränkungen u. a.

32 Während mit Blick auf nationale Regelungen, die zwischen inländischen und ausländischen Waren unterscheiden oder sich sonst unmittelbar auf das Produkt beziehen (z. B. Regelungen zu Bezeichnung, Form, Abmessung, Gewicht, Zusammensetzung, aber auch Aufmachung, Etikettierung oder Verpackung einer Ware), die Beeinträchtigung auch speziell des zwischenstaatlichen Handels durchweg unproblematisch ist (Rz. 31), kann dies bei sonstigen Regelungen, die sich auf das In-Verkehr-Bringen eines Produkts nur indirekt auswirken, etwa nur den **Vertrieb** oder gar die **Nutzung** einer Ware betreffen, zweifelhaft sein. Im Jahre 1993 hat der Gerichtshof daher zunächst mit Blick auf Vertriebsanforderungen (Verkaufsmodalitäten wie Regelungen über Preise, Verkaufszeiten oder Verkaufsorte) postuliert, dass sie allein dann dem heutigen Art. 34 AEUV unterfallen, wenn sie eine unterschiedliche Behandlung inländischer und ausländischer Waren bezwecken oder auch nur bewirken (EuGHE 1993, I-6097, Rs. C-267/91 und C-268/91 „Keck und Mithouard"). Allerdings warf die daraus resultierende Unterscheidung zwischen vertriebs- und produktbezogenen Regelungen zahlreiche Zweifelsfragen auf (kritisch zum ganzen Ansatz daher etwa *Wilsher,* ELR 2008, 3), andere Probleme wurden mit dieser Formel gar nicht bewältigt. Nach einer längeren, nicht immer klaren und in der Literatur immer wieder diskutierten Entwicklung hat der EuGH im Frühjahr 2009 seine Position dahingehend zusammengefasst, dass Art. 34 AEUV auf andere als produktbezogene Maßnahmen nur, aber immerhin anwendbar ist, wenn die nationale Maßnahme bezweckt oder bewirkt, dass **ausländische Waren weniger günstig** behandelt werden als inländische Waren, oder wenn anderweitig der **Marktzugang behindert** wird (EuGHE 2009, I-519, Rs. C-110/05 „KOM/Italien"). Mit dieser Hervorhebung des Marktzugangs griff er auf ein Kriterium zurück, dass in der Literatur auch zuvor vielfach als eigentliche ratio von Art. 34 AEUV postuliert wurde.

33 Endgültige Klarheit ist aber auch mit diesem Ansatz kaum gewonnen. So hat der EuGH eine Benachteiligung von Ausländern in diesem Sinne auch dann angenommen, wenn bestimmte Verbote für den **Vertrieb** von Waren zwar alle treffen, nationale Anbieter aber leichter auf andere als die verbotenen Mittel zurückgreifen können (siehe etwa zum Internethandel mit Medikamenten EuGHE 2003, I-14887, Rs. C-322/01 „Deutscher Apothekerverband/Doc Morris"; im Sinne eines Prüfauftrages an das nationale Gericht zum schwedischen Alkoholwerbeverbot auch EuGHE 2001, I-1795, Rs. C-405/98 „Gourmet International Products"; vgl. ähnlich zu Art. 35 AEUV in Rz. 35).

Nationale Regelungen über die **Verwendung** von bestimmten Produkten fallen nach der Rechtsprechung zwar unproblematisch unter Art. 34 AEUV, wenn die Nutzung des Produkts vollständig **verboten** wird (z. B. EuGHE 2008, I-2245, Rs. C-265/06 „KOM/Portugal"). Für sonstige Verwendungsregeln gilt dies hingegen nur, wenn sie die Nutzung **„stark behindern"**; dies aber kann wohl nur im Einzelfall festgestellt werden (dazu etwa EuGHE 2009, I-4273, Rs. C-142/05 „Mickelsson und Roos"). Zum Teil wird hierzu kritisch angemerkt, dass dieses Verständnis von Art. 34 AEUV deutlich über die Grundidee der Warenverkehrsfreiheit hinausgehe, weil solche verwendungsbezogenen Regelungen inländischen Produkten keinen Wettbewerbsvorteil verschafften. Übergangen wird damit aber, dass ein Binnenmarkt die grundsätzliche Verkehrsfähigkeit aller dort hergestellten Produkte in der ganzen Union gebietet (Rz. 31) und diese in den entsprechenden Fällen faktisch durchaus beeinträchtigt wird. 34

c) MgW bei der Beschränkung der Warenausfuhr

Mit Blick auf Art. 35 AEUV verfolgt der EuGH in st. Rspr. einen engeren Ansatz als zu Art. 34 AEUV. Hier werden als MgW nur solche Maßnahmen des Staates angesehen, die „spezifische Beschränkungen der Ausfuhrströme bezwecken oder bewirken und unterschiedliche Bedingungen für den Binnenhandel innerhalb eines Mitgliedstaats und seinen Außenhandel schaffen, so daß die nationale Produktion oder der Binnenmarkt des betroffenen Staates einen besonderen Vorteil erlangt" (EuGHE 1979, 3409, Rs. 15/79 „Groenveld"). 35

Hintergrund ist die **unterschiedliche Wirkung,** die formal nicht nach der Herkunft bzw. der Bestimmung einer Ware differenzierende Maßnahmen mit Blick auf die Wareneinfuhr einerseits, die Warenausfuhr andererseits erzielen. Bei der Einfuhr wirken erstere binnenmarktfeindlich; das weite Verständnis von Art. 34 AEUV führt zum Herkunftslandprinzip (Rz. 31). Demgegenüber würde ein weites Verständnis bei der Warenausfuhr spiegelbildlich zu einem „Hinkunftslandprinzip" führen: alle Produkte, die im Exportstaat zulässig sind, müssen auch im Inland produziert und dann dorthin ausgeführt werden dürfen. Dieses aber befördert nicht den Binnenmarkt, da es nicht zur Verkehrsfähigkeit der betreffenden Produkte in der ganzen Union führt.

Im Ansatz ähnlich wie bei Einfuhrhindernissen (Rz. 30) werden aber auch hier recht großzügig Maßnahmen erfasst, die für den nationalen Vertrieb wie den Export in gleicher Weise gelten, aber rein faktisch z. B. die Rechtsverfolgung gerade im Ausland besonders erschweren und dadurch eine unterschiedliche Behandlung bewirken. Ein Beispiel bildet ein nationales Verbot von Anzahlungsverlangen vor Ablauf der Widerrufsfrist bei Fernabsatzgeschäften (dazu EuGHE 2008, I-9947, Rs. C-205/07 „Gysbrechts").

4. Mögliche Rechtfertigung von mengenmäßigen Beschränkungen und MgW

a) Ausnahmen vom Verbot von mengenmäßigen Beschränkungen und MgW nach Maßgabe von Art. 36 AEUV

Nach **Art. 36 AEUV** können mengenmäßige Beschränkungen sowie alle MgW, also sowohl unterschiedslos anwendbare als auch diskriminierende Regelungen, **gerechtfertigt** werden. Voraussetzung ist zunächst, dass ein bestimmtes, in der Norm ausdrücklich benanntes Rechtsgut geschützt werden soll. Damit soll ein Ausgleich dafür geschaffen werden, dass in den fraglichen Bereichen noch keine europäische Harmonisierung stattgefunden hat (vgl. noch Rz. 42). Dementsprechend scheidet eine Rechtfertigung aus, soweit eine entsprechende abschließende Harmonisierung durch die Union erfolgt ist (vgl. schon Rz. 27), es sei denn, dass die entsprechende Beschränkung nach den insoweit bestehenden Maßstäben für „nationale Alleingänge" zulässig ist (Rz. 32/16). Sind Waren im Inland frei handelbar, kommt ein entsprechendes Importverbot regelmäßig nicht in Betracht (EuGHE 1986, 1007, Rs. 121/85 „Conegate"). 36

Bei der **öffentlichen Sittlichkeit** geht es um die aktuell in einem MSen geltenden **Moralvorstellungen,** z. B. im Falle eines Pornographieverbotes (EuGHE 1979, 3795, Rs. 34/79 „Henn und Darby"). 37

Die Gründe der **öffentlichen Ordnung und Sicherheit** erfassen **wesentliche Interessen eines MSes** im Bereich der äußeren und inneren Sicherheit (EuGHE 1997, I-81, Rs. C-124/95 „Centro-Com") und der Strafverfolgung (EuGHE 1987, 2717, Rs. 154/85 „KOM/Italien").

38 Der Schutz von **Gesundheit** und **Leben von Menschen** nimmt unter den Gütern des Art. 36 AEUV einen besonderen Rang ein; entsprechendes gilt beim **Tier- und Pflanzenschutz.** Die Notwendigkeit gesundheitsschützender Regelungen muss aber **eindeutig** dargetan sein (EuGHE 1998, I-1831, Rs. C-120/95 „Decker").

39 Mit der Möglichkeit des Schutzes von **nationalem Kulturgut** von künstlerischem, geschichtlichem oder archäologischem Wert können vor allem die in zahlreichen MSen zum Schutz des jeweiligen nationalen Kulturguts bestehenden Ausfuhrbeschränkungen, öffentliche Vorkaufsrechte u. ä. gerechtfertigt werden. Damit wird zugleich Art. 167 Abs. 4 AEUV Genüge getan, wonach die EU kulturellen Aspekten Rechnung tragen soll (Rz. 34/43).

40 Der Bestand der **nationalen Rechte über gewerbliches und kommerzielles Eigentum** (Patente, Marken, Warenzeichen, Urheberrechte, Muster/Modelle und Sortenschutzrecht) wird auch nach Art. 345 AEUV als Bestandteil der nationalen Eigentumsordnung garantiert, doch unterliegt deren Ausgestaltung und Ausübung erheblichen Grenzen (näher Rz. 36/21 ff.). Nicht hierher gehören **Herkunftsangaben und Ursprungsbezeichnungen,** die aber ggf. als zwingende Erfordernisse im Sinne der Cassis-Rspr. (Rz. 42) mit Hinweis auf den Schutz von Verbrauchern und des lauteren Wettbewerbs zu rechtfertigen sind (*Martin-Ehlers,* JA 1994, 108).

41 Im Einzelnen werden die genannten Tatbestände als **Ausnahmen** von Art. 34 und 35 AEUV und damit im Grundsatz **eng** verstanden. Im Lichte der erwähnten Zielsetzung der Wahrung der nationalen Kompetenzen (Rz. 36) ist allerdings bei der Bestimmung des zulässigen Schutzniveaus grundsätzlich von der **Einschätzungsprärogative** des betreffenden **Mitgliedstaates** auszugehen (so insbesondere für öffentliche Sittlichkeit EuGHE 1979, 3795, Rs. 34/79 „Henn und Darby"; für den Gesundheitsschutz EuGHE 1998, I-5121, Rs. C-400/96 „Harpegnies"). Weiterhin muss die MgW **verhältnismäßig** sein; die Maßnahmen müssen also geeignet und erforderlich sein (Rz. 11 f.). Sie müssen auch vom Staat verantwortet werden; ein Verbot allein wegen fehlender „CE-Kennzeichnung" (Rz. 51) ist also unzulässig (EuGH, Urt. v. 18.10.2012, Rs. C-385/10 „Elenca"). Schließlich darf die Beschränkung des Freiverkehrs **kein Mittel zur willkürlichen Diskriminierung** oder eine **verschleierte Beschränkung des Binnenhandels** darstellen (Art. 36 S. 2 AEUV), doch führt die erwähnte Verhältnismäßigkeitsprüfung ohnehin regelmäßig zu einer „Entschleierung" der Maßnahme, so dass eine eigenständige Prüfung regelmäßig entbehrlich ist.

b) Die „Cassis-Doktrin": Rechtfertigung durch zwingende Erfordernisse des Handelsverkehrs

42 Da der EuGH im Interesse eines effektiven Binnenmarktes auch **„unterschiedslos" wirkende** nationale Maßnahmen als MgW qualifiziert hat (Rz. 31), konnte er bei der Frage nach der Rechtfertigung solcher Maßnahmen nicht beim Katalog des Art. 36 AEUV stehen bleiben, ohne in einen Konflikt mit der Kompetenzordnung der Union zu kommen. In vielen Bereichen gibt es nämlich keine europäische Harmonisierung, so dass sachlich notwendige Regelungen auch zum Schutz anderer als der in Art. 36 AEUV genannten Rechtsgüter von den MSen zu erlassen sind, etwa zum Schutz von Umwelt und Verbrauchern. Der EuGH hat daher seit der erwähnten Leitentscheidung EuGHE 1979, 649, Rs. 120/78 **„Cassis de Dijon"** (Rz. 31) immanente Schran-

ken von Art. 34 AEUV anerkannt. Unter der Voraussetzung, dass sie sich auf Importwaren genauso auswirkt wie auf nationale Produkte (zu Ausnahmen davon siehe Rz. 43), ist eine MgW auch dann gerechtfertigt, wenn sie (nicht in Art. 36 AEUV erwähnten) **zwingenden Erfordernissen des Handelsverkehrs** dienen. Beispiele bilden wirksame steuerliche Kontrollen sowie der Schutz der Verbraucher (zum Leitbild eines informierten Verbrauchers Rz. 36/6), der Umwelt oder der Lauterkeit des Handelsverkehrs. Auch **Grundrechte** können rechtfertigend wirken (zum europäischen Grundrechtsschutz EuGHE 2003, I-5659, Rs. C-112/00 „Schmidberger", zum nationalen Grundrechtsschutz vgl. EuGHE 2004, I-9609, Rs. C-36/02 „Omega"). Demgegenüber kommt eine Rechtfertigung nicht in Betracht, soweit die MgW zugleich gegen europäische Grundrechte verstößt (EuGHE 1997, I-3689, Rs. C-368/95 „Familiapress"). Auch rein **wirtschaftliche Gesichtspunkte scheiden aus** (EuGHE 1984, 2727, Rs. 72/83 „Campus Oil"); insoweit besteht keine nationale Regelungskompetenz, die sich gegen die Grundfreiheiten durchzusetzen vermag. Gleichfalls muss sich die Maßnahme als verhältnismäßig erweisen (Rz. 41). Faktisch wirkt die Rechtsprechung damit wie eine (an das Fehlen einer Diskriminierung geknüpfte) Erweiterung des Kataloges von Art. 36 AEUV.

Im Falle der „Cassis"-Entscheidung des EuGH wurde die Einfuhr des „Cassis de Dijon"-Likörs von Frank- 43
reich nach Deutschland wegen eines zu geringen Weingeistgehaltes im Sinne des deutschen BranntweinmonopolG untersagt. Der Gerichtshof vermochte angesichts der Verkehrsfähigkeit des Getränkes in Frankreich keine hinreichenden Gemeinwohlinteressen – die Bundesrepublik berief sich auf den Gesundheitsschutz (!) – zu erkennen und stufte die deutsche Regelung als MgW ein.

Gelegentlich wird aus bestimmten Urteilen des EuGH (insbesondere EuGHE 1992, I-4431, Rs. C-2/90 „KOM/Belgien"; EuGHE 2001, I-2099, Rs. C-379/98 „Preußen Elektra") die Schlussfolgerung gezogen, dass zwingende Erfordernisse **auch diskriminierende Maßnahmen** rechtfertigen können. In beiden Fällen wies der EuGH aber jeweils auf anderweitige konkrete Vertragspflichten (im ersten Fall auf das Ursprungsprinzip nach dem heutigen Art. 191 Abs. 2 AEUV; dazu Rz. 33/17) sowie die umweltrechtliche Querschnittsklausel (heute Art. 11 AEUV; dazu Rz. 33/19) hin. Aus diesen Entscheidungen kann man daher nicht ableiten, dass nunmehr generell auch diskriminierende Maßnahmen über die zwingenden Erfordernisse zu rechtfertigen sind; allenfalls ist dies möglich, soweit dies **zur Sicherung anderweitiger Vertragspflichten** erforderlich ist. Im Übrigen besteht faktisch ein großzügigerer Maßstab auch bei mittelbaren Diskriminierungen, da eine solche wohl nicht schon dann angenommen werden kann, wenn Maßnahmen einheimische und importierte Produkte unterschiedlich treffen, sondern nur dann, wenn dieser Unterschied nicht durch anderweitige Ziele einer Regelung erklärlich ist (vgl. schon Rz. 4).

V. Nichtdiskriminierende Umformung staatlicher Handelsmonopole

Literatur: *Allkemper,* Fragen zur Anwendung von Art. 36 und Art. 37 des EWGV, EWS 1993, 131; *Ehricke,* Staatliche Handelsmonopole im Recht der EU, WuW 1995, 691; *Heinemann,* Grenzen staatlicher Monopole im EGV, 1996; *Ehricke,* Zur Konzeption von Art. 37 I und 90 II EGV, EuZW 1998, 741; *Ueberschär,* Staatliche Finanzmonopole in der EG: unter besonderer Berücksichtigung des deutschen Branntweinmonopols, 2008.

Zu den nationalen Gegebenheiten, mit denen sich die Gemeinschaft und Union bei 44
der Herstellung des freien Warenverkehrs im Sinne der Art. 34ff. AEUV auseinanderzusetzen hatten, gehörten in den meisten Mitgliedstaaten **staatliche Handelsmonopole.**

Als solche galten bzw. gelten z. B. in Deutschland das Branntwein- und ursprünglich auch das Zündwarenmonopol. Frankreich kennt Handelsmonopole u. a. für Alkohol, Erdöl und Tabak, Italien u. a. für Bananen, Erdöl und Salz, Griechenland und Spanien für Erdöl, Spanien auch für Tabak, Österreich für Alkohol und Tabak, Schweden für Alkohol. Wirtschaftlich bedeutsam sind besonders die Erdöl- und Tabakmonopole.

1. Umformungsgebot

45 Staatliche Handelsmonopole verfügen über vielfältige Einflussmöglichkeiten auf den Warenverkehr in ihrem jeweiligen Produktbereich. Soweit es sich um Produktionsmonopole handelt, ist ein natürliches Konkurrenzverhältnis zwischen den eigenen Waren und solchen aus anderen MSen gegeben, die sie in ihr eigenes Handelssystem aufnehmen sollen. Art. 37 Abs. 1 AEUV statuiert daher ein **Umformungsgebot** für diese Handelsmonopole dergestalt, dass **jede Diskriminierung** in den Versorgungs- und Absatzbedingungen zwischen den Angehörigen der MSen **ausgeschlossen** ist. Dieser Bestimmung wurde die **unmittelbare Anwendbarkeit** zugesprochen (EuGHE 1976, 91, Rs. 59/75 „Manghera“ st. Rspr.). Betroffen sind insbesondere ausschließliche Ein- und Ausfuhrrechte eines solchen Monopols, unterschiedliche Vermarktungsregelungen, Exklusivrechte u. ä. (EuGHE 1979, 935, Rs. 91/78 „Hansen“ st. Rspr.). Grundsätzliches **Ziel der Umformung** ist es, den Handel mit Monopolwaren und den mit ihnen konkurrierenden Waren anderer MSen den Regeln des freien Warenverkehrs zu unterwerfen (EuGHE 1997, I-5909, Rs. C-189/95 „Franzén“). Art. 37 Abs. 2 AEUV enthält außerdem eine **Stillhalteverpflichtung,** die neue, dem freien Warenverkehr abträgliche Regelungen im Rahmen dieser Monopole untersagt. Auch diese Bestimmung ist unmittelbar anwendbar (EuGHE 1964, 1251, Rs. 6/64 „Costa/ENEL“).

46 Unberührt von Art. 37 AEUV bleibt die Pflicht zur **Beachtung von Art. 34 AEUV.** So hat der EuGH (EuGHE 2007, I-4071, Rs. C-170/04 „Rosengren“) das schwedische Alkoholmonopol am Maßstab von Art. 34 AEUV gemessen, weil die Einfuhr alkoholischer Getränke durch Private die Funktionsweise des Monopols nicht berühre, das sich allein auf den Einzelhandelsverkauf in Schweden bezog, und als – im konkreten Fall auch nicht zu rechtfertigende – Beschränkung des Warenverkehrs qualifiziert. Damit ist die Aufrechterhaltung des Monopols faktisch kaum möglich, ohne seinen Sinn in Frage zu stellen. Der Gerichtshof hat es im Grundsatz zwar **abgelehnt,** aus dem Umformungsgebot des Art. 37 Abs. 1 AEUV i. V. m. dem Diskriminierungsverbot des Art. 106 Abs. 1 AEUV für öffentliche Unternehmen (oben Rz. 21/40) **eine allmähliche Auflösungspflicht** für die entsprechenden Handelsmonopole abzuleiten (EuGHE 1983, 1955, Rs. 78/82 „KOM/Italien“). Voraussetzung für die Zulässigkeit solcher Monopole ist aber, dass die Einhaltung der Grundregeln des freien Warenverkehrs bei den betreffenden Monopolwaren gewährleistet ist – und genau dies ist wie erwähnt kaum möglich. Fortdauernd legitime Monopolfunktionen (z. B. fiskalischer Natur bei Tabak und Alkohol) sind ggf. in unionsrechtlich unanfechtbare Formen umzuwandeln (z. B. Verbrauchsteuern, vgl. *Noell,* Die staatlichen Handelsmonopole im Gemeinsamen Markt nach Ablauf der Übergangszeit, 1977).

2. Handels- und Finanzmonopole

47 Der Charakter eines nationalen Monopols als **Finanzmonopol** im Sinne des Art. 106 Abs. 2 AEUV (oben Rz. 21/46f.) schließt seine Behandlung als **Handelsmonopol** im Sinne des Art. 37 Abs. 1 AEUV nicht aus. Die Herstellung des freien Warenverkehrs ist eine selbständige unionsrechtliche Verpflichtung, die unabhängig von der mehr oder weniger eingeschränkten Geltung der Wettbewerbsregeln nach Art. 106 Abs. 2 AEUV besteht (vgl. auch EuGHE 1997, I-5699, Rs. C-157/94 „KOM/Niederlande“). – Dagegen fallen **Monopole im Dienstleistungshandel** nicht unter Art. 37 AEUV (EuGHE 1988, 2479, Rs. 30/87 „Bodson“).

VI. Maßnahmen zur praktischen Verwirklichung des freien Warenverkehrs

Mit dem Abbau von Handelsschranken tarifärer und nichttarifärer Art wird viel für die Herstellung des Binnenmarktes im Bereich des Warenverkehrs erreicht. Ein wirklicher Binnenmarkt aber ist damit noch nicht geschaffen. Gelegentlich ist es zu Aktionen Privater gekommen, die den Freiverkehr von Waren behindert haben (Rz. 49). Vor allem aber stellt das Recht der Staaten, nach Maßgabe der dargestellten Rechtfertigungsgründe (Rz. 36ff.) den Warenverkehr behindernde Regelungen zu erlassen, ein wichtiges Hindernis für den Binnenmarkt dar. Hier kann nur eine unionsrechtliche Harmonisierung etwas ändern (Rz. 50). 48

1. Binnenmarktschädliche Aktionen Privater

Literatur: *H.-G. Fischer,* Pflicht der Mitgliedstaaten zum Schutz des Warenverkehrs, JA 1998, 838; *Meurer,* Verpflichtung der Mitgliedstaaten zum Schutz des freien Warenverkehrs, EWS 1998, 196; *Schorkopf,* Neuer Interventionsmechanismus der Kommission zur Gewährleistung der Warenverkehrsfreiheit, EuZW 1998, 237; *Szczekalla,* Grundfreiheitliche Schutzpflichten – eine „neue" Funktion der Grundfreiheiten des Gemeinschaftsrechts, DVBl. 1998, 219; *Burgi,* Mitgliedstaatliche Garantiepflichten statt unmittelbarer Wirkung der Grundfreiheiten, EWS 1999, 327; *Hauschild,* Das neue „Frühwarnsystem" für den freien Warenverkehr in der EG, EuZW 1999, 236; *Kühling,* Staatliche Handlungspflichten zur Sicherung der Grundfreiheiten, NJW 1999, 403; *Schorkopf,* Der neue Mechanismus zur Gewährleistung des freien Warenverkehrs, EWS 2000, 156; *B. Koch,* Die Gewährleistungspflicht der MSen zur Aufrechterhaltung des Binnenmarktes: Unter besonderer Berücksichtigung der Handelshemmnisse durch Private, 2003; *Stachel,* Schutzpflichten der Mitgliedstaaten für die Grundfreiheiten des EG-Vertrages, 2006.

Gelegentlich unternehmen **Private** Aktionen, die dem freien Binnenmarkt widersprechen und ihm schaden. So hielten beispielsweise **französische Landwirte** spanische und italienische Obst- und Gemüsetransporte innerhalb Frankreichs an, vernichteten die Ladung und griffen die Fahrer an. Die französischen Behörden griffen kaum ein. Auf der Brenner-Autobahn kam es in **Österreich** zu einer **Demonstration** mit umweltpolitischer Zielsetzung, die zu einer 30-stündigen vollständigen Verkehrsblockade zwischen Italien und Österreich führte. Die Versammlung war bei den österreichischen Behörden angemeldet und von ihnen geduldet worden. 49

Der Gerichtshof entschied in einem Vertragsverletzungsverfahren über die französischen Agrarfälle, dass die Warenverkehrsfreiheit (heute Art. 34 AEUV) in Verbindung mit dem Gebot der Unionstreue (heute Art. 4 Abs. 3 EUV) auch auf **Unterlassen staatlichen Handelns** in Fällen von Störungen des freien Warenverkehrs durch Private Anwendung findet. Die MSen unterliegen in solchen Fällen **Handlungspflichten** (EuGHE 1997 I-6959, Rs. C-265/95 „KOM/Frankreich"; *Schwarze,* EuR 1998, 53). Die Berufung auf **Grundrechte** (Versammlungsfreiheit, aber auch Streikrecht) entbindet zwar nicht automatisch von der unionsrechtlichen Verpflichtung, die Freiheit des Warenverkehrs zu gewährleisten, kann aber ein **zwingendes Erfordernis des Allgemeininteresses** im Sinne der Cassis-Doktrin (oben Rz. 42) darstellen, dem in der Abwägung mit der Warenverkehrsfreiheit Vorrang zuerkannt werden kann (EuGHE 2003, I-5659, Rs. C-112/00 „Schmidberger" – zu dem österreichischen Fall mit Blick auf die Versammlungsfreiheit; vgl. auch noch Rz. 25/16).

Unter dem Eindruck der o. g. Vorfälle in Frankreich wurde die **VO 2679/98,** ABl. 1998, L 337/8 (*Schorkopf,* EWS 2000, 156) über einen „neuen Mechanismus" zur Gewährleistung des freien Warenverkehrs erlassen. Sie ist von einer gleichzeitigen Ratsentschließung begleitet (ABl. 1998, L 337/10). Danach sollen die beteiligten MSen sich wechselseitig (unter Einschluss der KOM) unterrichten und – unter Beachtung der Grundrechte – das ggf. Erforderliche veranlassen. Die praktische Bedeutung dieser Regeln ist marginal.

2. Rechtsangleichung im Kontext der Warenverkehrsfreiheit

Literatur: *Röhl,* Akkreditierung und Zertifizierung im Produktsicherheitsrecht, 2000; *Sydow,* Verwaltungskooperation in der Europäischen Union, 2004; *Schumann,* Bauelemente des europäischen Produktsicherheitsrechts, 2006; *Micklitz,* Europäisches Produktsicherheitsrecht, 2007; *Kovar,* Le législateur communautaire encadre le régime de la mise des produits dans le marché intérieur, RTDE 2008, 289; *Winkelmüller/Müller,* Reform der EU-Normung, EuZW 2010, 681; *Kindt/Wende,* Behördliche Risikoentscheidung nach den RAPEX-Richtlinien, NVwZ 2011, 602; *Langner/Klindt,* Technische Sicherheitsvorschriften und Normen, in: Dauses (Hrsg.), HB EU-WirtschR C VI (2011).

50 **Gemeinsam anerkannte technische Standards der EU-Waren („Normen")** sind für den **Freiverkehr im Binnenmarkt** von herausragender Bedeutung. Nationale Unterschiede behindern regelmäßig den Warenverkehr und stellen insoweit Maßnahmen mit gleicher Wirkung nach Art. 34 AEUV dar (Rz. 31), die wegen der Offenheit der „zwingenden Erfordernisse des Handelsverkehrs" vielfach zu rechtfertigen sind. Hier liegt ein breites Gebiet für Rechtsangleichung. Vor dem Hintergrund, dass bei Waren die notwendige Sicherheit nur durch Kontrollen vor deren Inverkehrbringen gewährleistet werden kann, dient die europäische Harmonisierung vielfach auch der Standardisierung und wechselseitigen Anerkennung der entsprechenden Kontrollverfahren. Entsprechend dem allgemeinen Wandel in der Philosophie der europäischen Rechtsharmonisierung (Rz. 32/6) wurden zunehmend neben spezifischen Regelungen für bestimmte Produkte allgemeine Instrumente erlassen, um für alle Produkte – auch soweit sie keiner europäischen Harmonisierung unterliegen – die Verkehrsfähigkeit im Binnenmarkt zu sichern.

51 Einen allgemeinen Rahmen für die Gewährleistung der **Produktsicherheit** enthält die Produktsicherheits-RL 2001/95 (ABl. 2002, L 011/4; *Scheible,* Produktsicherheitsgesetz und europäisches Gemeinschaftsrecht, 2003); die Richtlinie sieht auch ein Schnellinformationssystem zwischen den MSen und der KOM (RAPEX) für den Fall vor, dass sich ein bestimmtes Produkt als gefährlich erweist (dazu die Kommissionsentscheidung 2010/15, ABl. L 22/1). 2008 wurde ergänzend ein **allgemeiner Rechtsrahmen für die Vermarktung von Produkten** beschlossen, in dem vor allem Vorgaben für nationale Genehmigungsverfahren enthalten sind (VO 764/2008, ABl. L 218/21). Kompetenzgrundlage ist jeweils der heutige Art. 114 AEUV (Rz. 32/8 ff.). Den mit den einschlägigen Bestimmungen übereinstimmenden Produkten garantiert das **CE-Zeichen** die europaweite Verkehrsfähigkeit (zu den entsprechenden Konformitätsbewertungen Beschluss 768/2008, ABl. L 218/82), das teils vom Hersteller, teils von besonderen – privaten – Stellen vergeben wird, die aber ihrerseits staatlicher Aufsicht unterliegen (dazu auch VO 765/2008, ABl. L 218/30 zur Anerkennung von Akkreditierungsstellen). Zudem wurden, um spätere Auseinandersetzungen um die Zulässigkeit von MgW, aber auch die Entstehung ggf. daraus resultierender Handelshemmnisse zu vermeiden, die MSen verpflichtet, bei Einführung neuer technischer Normen, die sich als MgW erweisen könnten, die KOM vorab zu informieren (heute: RL 98/34, ABl. 1998, L 204/37, Änderungen); geschieht dies nicht, kann die Norm später Dritten nicht entgegengehalten werden (EuGHE 2005, I-7865, Rs. C-303/04 „Lidl Italia").

Daneben bestehen zahlreiche spezifische Vorschriften für bestimmte Produkte, z. B. für Kraftfahrzeuge, Messgeräte, elektrische Geräte. Wegen der technischen Entwicklung bedürfen die Normen **erleichterter Abänderbarkeit.** Insgesamt schützt die europäische **„Normenflut"** vor „Protektionismus durch nationale Normen" und erleichtert die faktische Durchsetzung europäischer Standards auch international (mit positiven Konsequenzen für Exportmöglichkeiten). Entwicklung und Änderung der Normen **(EN)** vollziehen sich im **Europäischen Normungsinstitut (CEN)** in Brüssel, einem Zusammenschluss der nationalen Normungsinstitute sowie weiterer Staaten. Dieses arbeitet eng mit den Mitgliedstaaten und der letztlich entscheidenden KOM zusammen. 52

Um die Verkehrsfähigkeit von Produkten im Binnenmarkt zu sichern, wird in zahlreichen Richtlinien der ersten **nationalen Zulassungsentscheidung** für ein Produkt eine **erleichterte Anerkennung** in den anderen Mitgliedstaaten oder sogar **eine transnationale Wirkung** zugebilligt. Zur Sicherung der notwendigen Akzeptanz solcher nationaler Entscheidungen werden an den jeweiligen nationalen Verwaltungsverfahren auch die anderen Mitgliedstaaten und im Konfliktfall sogar die KOM beteiligt (dazu *Sydow,* Verwaltungskooperation in der Europäischen Union, 2004; zur Fülle der Angleichungsvorschriften Fundstellenverzeichnis des geltenden EU-Rechts 13.30; siehe ferner zur Rechtsangleichung im Agrarrecht Rz. 24/25; zur Zulassung von Arzneimitteln etc. Rz. 33/61 f.; zum Lebensmittelrecht Rz. 33/60 f.; zum Kulturgüterschutz Rz. 34/47). Probleme im administrativen Vollzug des Binnenmarktrechts können über die SOLVIT-Datenbank bewältigt werden (Empfehlung 2001/893, ABl. L 331/79; dazu *Gundel,* Das SOLVIT-Netzwerk als Rechtsschutzalternative im europäischen Binnenmarkt, EuR 2013, 466). Zu den (im Kontext der Warenverkehrsfreiheit stehenden) **öffentlichen Lieferaufträgen** siehe Rz. 21/57 ff.

VII. Ausblick

Im Bereich des Warenverkehrs wurde zwar viel auf dem Weg zu einem **Binnenmarkt erreicht.** Er wird aber auf Dauer **unvollendet** bleiben (*Steindorff,* ZHR 1994, 149). Im Bereich der Zölle und zollgleichen Abgaben ist der Binnenmarkt zwar mittlerweile verwirklicht. Im verwandten Bereich der produktbezogenen Steuern (Rz. 35/48 ff.) aber zeigen sich schon die Probleme auf dem Weg zu gemeinsamen Regelungen, wie sie eigentlich einen Binnenmarkt kennzeichnen. Erst recht gilt dies im Bereich der nichttarifären Handelshemmnisse. Hier müssen Politik (bei der Harmonisierung von technischen Regeln) wie Rechtsprechung (bei der Anwendung von Art. 34 ff. AEUV) einen schwer zu findenden Weg suchen zwischen der Skylla eines durch vielfältige **divergierende nationale Regelungen** nachhaltig **behinderten freien Warenaustausches** und der Charybdis einer **europaweiten Standardisierung,** die keinen **Freiraum** mehr lässt für **nationale Traditionen und Eigenheiten.** Will die Rechtsangleichung letzteres vermeiden, muss sie allerdings entweder die unter Wettbewerbsgesichtspunkten nicht immer unproblematische Inländerdiskriminierung oder die Fortexistenz von Handelshemmnissen im Sinne von Art. 34 AEUV in Kauf nehmen. Die richtige Reaktion auf diese Probleme kann nur eine sensible Politik leisten. Zugleich zeigt sich, dass jedenfalls im Bereich der Binnenmarktharmonisierung der gerichtlichen **Kontrolle** des **Subsidiaritätsprinzips strukturelle Grenzen** gesetzt sind. Der Gerichtshof wiederum muss darauf achten, über Art. 34 AEUV nicht in zu weitgehendem Umfang nationale Normen einer Rechtfertigungskontrolle zu unterwerfen. 53

§ 23. Energiepolitik

Literatur: Ausführliche Literaturlisten finden sich im Standardwerk *Grünwald,* Das Energierecht der EGen. EGKS-EURATOM-EG, 2003, sowie bei *Ludwigs,* Energierecht, in: *Ruffert,* EuREnZ V, 2012, § 5.

Stefaniak, Der Wettbewerb in der Energiewirtschaft zwischen staatlicher Regulierung und selbstregulativer Verantwortung, 2008; *Zenke/Schäfer* (Hrsg.), Energiehandel in Europa, 2. Aufl. 2009; *Dratwa/Ebers/Pohl/Spiegel/Strauch,* Energiewirtschaft in Europa, 2010; *Hermes,* Energierecht, in: Schulze/Zuleeg/Kadelbach (Hrsg.), Europarecht, 2. Aufl. 2010, § 35; *Nettesheim,* Das Energiekapitel im Vertrag von Lissabon, JZ 2010, 19; *Schneider,* EU-Kompetenzen einer Europäischen Energiepolitik, 2010; *Löwer* (Hrsg.), Neuere europäische Vorgaben für den Energiebinnenmarkt, 2010; *Gundel,* Europäisches Energieverwaltungsrecht, in: Terhechte (Hrsg.), Verwaltungsrecht der Europäischen Union, 2011, § 23; *Johnston/Block,* EU Energy Law, 2012; *Lecheler/Recknagel,* Energierecht, in: Dauses (Hrsg), HB EU-WirtschR, M (2012); *Ludwigs,* Energierecht, in: Ruffert (Hrsg.), EuREnZ V, 2012, § 5; *Zenke/Schäfer,* Energiehandel in Europa, 2012; *Talus,* EU Energy Law and Policy, 2013.

Internet-Adresse: http://europa.eu/pol/ener/index_de.htm

I. Grundlagen

1. Die Bedeutung der Energiepolitik für die europäische Integration

1 Energie ist ein **Basisprodukt** für die gesamte Wirtschaft. Eine ausreichende Versorgung zu tragbaren Preisen ist eine der wichtigsten Voraussetzungen für ihr Florieren. Deswegen kommt der Energiepolitik im Rahmen der Integration eine zentrale Rolle zu. Dennoch werden die verschiedenen Energiestoffe (**Primärenergien:** Kohle, Erdöl, Erdgas, Kernenergie, ferner die **erneuerbaren Energien:** Wasserkraft, Windkraft, Sonnenenergie, Erdwärme – u. a. m.; **Sekundärenergien:** Elektrizität) in den Verträgen im Wesentlichen nur marginal behandelt. Dies hängt mit dem Wandel der jeweils bevorzugten Energiearten von der Kohle über Erdöl, Erdgas, Kernenergie bis zu Bemühungen um erneuerbare Energien zusammen. Nach 1950 begann die europäische Integration aus allgemeinpolitischen und wirtschaftlichen Erwägungen mit der **Vergemeinschaftung der Kohle** (und des Stahls) in der EGKS. 1957 folgte als zweite europäische Option die **friedliche Nutzung der Kernenergie** in Gestalt von EURATOM. Für die sonstigen Primärenergien, also **Erdöl und Erdgas,** denen seit den sechziger Jahren bei der Energieversorgung in Europa eine zentrale Rolle zukommt und denen sich die EU seit den **Ölkrisen 1973 und 1979** widmet, gilt allein der **AEUV.** In Art. 194 enthält dieser Vertrag erstmalig auch eine (allgemeine) Kompetenz für eine europäische Energiepolitik.

2 Diese Energiepolitik verfolgte schon immer insbesondere vier, teils durchaus gegenläufige und nun erstmalig vertraglich verankerte Ziele (Art. 194 Abs. 1 AEUV): Erstens stellt der **freie Verkehr von Energiestoffen** innerhalb des **Binnenmarktes** eine erstrangige Voraussetzung für die Wettbewerbsfähigkeit und Beschäftigungspolitik der europäischen Wirtschaft nach innen und außen dar. Dabei spielt ein **angemessenes Energiepreisniveau** innerhalb der EU eine wichtige Rolle. Die europäischen Energiepreise liegen im globalen Vergleich besonders hoch. Zweitens ist eine **stabile Energieversorgung** zu sichern. Da wichtige Energiequellen (Erdöl, Erdgas) innerhalb der Union nur in deutlich geringerem Umfang gefördert werden können als sie benötigt werden, ist die Union auf verlässliche **Importe** angewiesen. Dies ist bei der Gestaltung der **Handelspolitik** zu berücksichtigen. Drittens stellt die Suche nach einem **sachgerechten Ausgleich** mit den Belangen **des Umwelt-, vor allem auch des Klimaschut-**

zes eine ständige Herausforderung dar. Daher muss die Union **Energieeffizienz und -einsparung** sowie die Entwicklung neuer und **erneuerbarer („intelligenter") Energien** fördern. Auch in diesem Zusammenhang bedeuten national unterschiedliche Präferenzen bei der Wahl der Energiearten ein ernsthaftes Hindernis. Wichtige Energien (Strom und Gas) sind an Netze gebunden. Die vorgenannten Ziele, insbesondere die Herstellung des Binnenmarktes und die Sicherung der stabilen Versorgung, können daher nur erreicht werden, wenn viertens die verschiedenen **Netze** dieser Energien auch miteinander **verbunden** sind. Diese Ziele sollen (in Konkretisierung von Art. 2 EUV; vgl. auch Art. 122 und 222 AEUV) nach Maßgabe der in Abs. 2 (Rz. 7) enthaltenen Befugnisse im Geiste der Solidarität verfolgt werden. Die Erklärung der Regierungskonferenz Nr. 35 zu Art. 194 AEUV betont allerdings zugleich die Befugnis der MSen, gerade auch im Energiebereich von der Notstandsklausel des Art. 347 AEUV Gebrauch zu machen.

Eine **Grenze** für eine **effektive europäische Energiepolitik** stellt das den einzelnen 3
MSen vorbehaltene Recht dar, die Bedingungen für die Nutzung der Energieressourcen, die Wahl zwischen verschiedenen Energiequellen sowie die allgemeine Struktur der Energieversorgung zu bestimmen (Art. 194 Abs. 2 UAbs. 2 AEUV), das auch durch einen entsprechenden Vorbehalt zugunsten der Einstimmigkeit im Umweltkapitel (Art. 192 Abs. 2 lit. c AEUV) abgesichert wird; zu den Grenzen dieses Rechts EuG, Urteil vom 7.3.2013, Rs. T-370/11 „Polen/KOM" zum Emissionshandel. Probleme für eine gemeinsame Energiepolitik resultieren vor allem daraus, dass die verschiedenen Energiearten nicht beliebig untereinander kombinierbar sind. So setzt eine intensive Nutzung der erneuerbaren, aber in schwankendem Umfang bereit stehenden Energien Wind und Sonne eine im Übrigen flexible Energieversorgung oder weitreichende Speichermöglichkeiten voraus und ist daher mit der wenig flexiblen Kernkraft nur begrenzt kombinierbar. Es bleibt daher abzuwarten, ob die bisherigen Hemmnisse für eine gemeinsame EU-Energiepolitik überwunden werden können, die aus den nationalen Interessen an der Energiepolitik und der unterschiedlichen Beurteilung bestimmter Energiearten herrühren.

2. Die Entwicklung der europäischen Energiepolitik

Literatur: *Jerusalem,* Das Recht der Montanunion, 1954; *Armand/Etzel/Giordani,* Ziele und Aufgaben für EURATOM, 1957; *Krämer,* Die EG und die Ölkrise, 1974; *Brunner,* Europäische Energiepolitik unter weltwirtschaftlichen Aspekten, EA 1979, 583; *Weilemann,* Die Anfänge der EAG, 1983; *Gabel,* Die Energiewirtschaft in der EG – Zehn Jahre nach der ersten Krise, Glückauf 1984, 520; *Spierenburg/Poidevin,* Histoire de la Haute Autorité de la CECA, 1993; *Eur. Kommission,* Weißbuch zur Energiepolitik, 1995; *Wolf,* Liberalisierung der europäischen Energiemärkte, BB 1998, 1433; *Mohr,* Auf neuen Wegen zum EU-Energiemarkt? Ein energiepolitischer Paradigmenwechsel und seine Folgen, Integration 2011, 148.

Bei der Gründung des gemeinsamen Kohlemarktes der EGKS **1952** ging man von der **Kohle** als wichtigs- 4
tem Energieträger (80%) und von **Kohlemangel** aus. Bereits Ende 1957 aber erfolgte der Umschlag vom Mangel zum **Überfluss.** Die EGKS-Politik war seither durch **Schließung unrentabler Zechen** und ein **degressives Beihilfenregime** gekennzeichnet, mit dem EGKS-Kohle gegenüber billigerer Importkohle wettbewerbsfähig gehalten wurde. Der EGKS-Vertrag war bis zu seinem Auslaufen 2002 immer weniger zeitgemäß.

Die Gründung der Europäischem Atomgemeinschaft (EAG oder EURATOM) **1958** entsprach damaligem weltweitem Optimismus, über die friedliche **Nutzung der Kernenergie** eine praktisch **unerschöpfliche Energiequelle** schaffen zu können. Für Europa sollte dies zu weitgehender **Autarkie** gegenüber den „endlichen" und teilweise politisch gefährdeten Energiearten der Kohle und des Erdöls führen. Obwohl

EURATOM infolge seiner schwierigen Symbiose mit der Kernwaffenpolitik Frankreichs und Großbritanniens gelegentlich in Schwierigkeiten geriet, erfolgte unter dem europäischen „Dach“ in einer Reihe von Staaten (vor allem in Frankreich, aber auch in Deutschland, Großbritannien und Spanien) ein **kräftiger Ausbau der Kernenergie** zur Elektrizitätsversorgung. Wachsende „Atomskepsis“ politischer Kräfte bremste diese Entwicklung in einigen MSen und verdichtete sich mancherorts zu **Ausstiegskonzepten.** Für EURATOM bedeutete dies eine Schwerpunktverlagerung von der Förderung der Kernforschung und dem Ausbau des Gemeinsamen Marktes bei Kernbrennstoffen hin zu Reaktorsicherheit und Gesundheitsschutz.

5 In den **sechziger Jahren** begann der **Siegeszug** der **Erdöleinfuhren** aus Drittländern in die Gemeinschaft. Der Anteil des Öls am Energiegesamtverbrauch in der EU stieg von 1% im Jahre 1952 auf 58% im Jahre 1976. Vor allem die Ölkrisen 1973 und 1979 veranlassten Maßnahmen zur **Mineralölbevorratung** zur Sicherstellung der Versorgung. Im Laufe der Zeit trat importiertes und eigenes (Niederlande) **Erdgas** an die Seite des Öls. Dieses wurde wie die gleichfalls leitungsgebundene sekundäre Energieform **Elektrizität** traditionell über staatliche oder staatsnahe, monopolartig strukturierte Unternehmen vertrieben.

6 Die Errichtung des **Binnenmarktes** im Sinne des heutigen Art. 26 AEUV ab 1987 schloss auch die **Energie** ein. In mehreren Etappen (Richtlinienpakte 1996, 2003 und 2009) wurden Maßnahmen zur Herstellung eines **Binnenmarktes** für die leitungsgebundenen und daher besonders monopolistisch vertriebenen Energieformen **Elektrizität und Gas** sowie zur weiteren Verbesserung der Versorgungssicherheit (u. a. durch Diversifizierung der Energiequellen, Einsparmaßnahmen) ergriffen, ferner Maßnahmen des Umweltschutzes. Die Kompetenzgrundlagen für diese Maßnahmen fanden sich in den Kompetenzen für den Binnenmarkt (Art. 95 EGV) und die Umweltpolitik (Art. 175 EGV). Im Vergleich zu diesen Bestimmungen bringt Art. 194 AEUV nichts grundsätzlich Neues (Rz. 2), legitimiert aber explizit die bisherige gemeinsame Energiepolitik, betont deren Notwendigkeit und gestattet keine Alleingänge. Das **Auslaufen des EGKS-Vertrages 2002** bedeutete durch die damit verbundene Überführung von Kohle und Stahl in das allgemeine Regime (zunächst) des EG-Vertrages eine wesentliche Vereinheitlichung.

II. Primärrechtliche Grundlagen und sekundärrechtliche Ausformung der Energiepolitik (ohne Kernenergie)

Literatur: *Talus,* Competition in Energy Markets, EJIL 2008, 878; *Hobe,* Energiepolitik, in: Schwarze/Hatje (Hrsg.), Der Reformvertrag von Lissabon, 2009, 219; *Kahl,* Die Kompetenzen der EU in der Energiepolitik nach Lissabon, EuR 2009, 601; *Pielow* (Hrsg.), Wege zum „echten“ Energiebinnenmarkt: Konsens im Ziel, Dissens über die Methoden, 2009; *Schulenberg,* Die Energiepolitik der Europäischen Union, 2009; *Massumi,* Die Energieversorgungsunternehmen zwischen Kartellrecht und Energiewirtschaftsrecht, 2010; *Schneider,* EU-Kompetenzen einer europäischen Energiepolitik, 2010; *Fischer,* Auf dem Weg zur gemeinsamen Energiepolitik, 2011; *Gundel,* Die energiepolitischen Kompetenzen der EU nach dem Vertrag von Lissabon, EWS 2011, 25; *Berg,* Energie, Umwelt, Wettbewerb in der Schnittmenge des Unionsrechts, in: Müller-Graff/Schwarze (Hrsg.), XXV. FIDE-Kongress, 2013, 53.

1. Primärrechtliche Grundlagen der europäischen Energiepolitik

7 Im Wesentlichen stellt **Energie** eine **Ware** im Sinne von Art. 28ff. AEUV dar. Das gilt auch für die leitungsgebundenen Energien. Geht es hingegen allein um deren Transport, ist die DLF einschlägig. Eine Ausnahme bildet nur die im EAGV gesondert geregelte Kernenergie. Im Übrigen unterliegt die Energieversorgung damit den **Liberalisierungspflichten des Binnenmarktes** sowie den begleitenden Politiken (Wettbewerb, Verkehr, Umweltschutz usf.). Mit dem Vertrag von Lissabon ist an die Stelle der bislang einschlägigen Kompetenzen in den Bereichen Binnenmarkt (heute Art. 114 AEUV, Rz. 32/8ff.), Umwelt (heute Art. 192 AEUV, Rz. 33/15ff.), Außenhandel (heute Art. 207 AEUV; Rz. 40/11ff.; zur Zollfestsetzung noch Art. 31 AEUV, Rz. 40/20) sowie Krisenbekämpfung (heute Art. 122 AEUV) die Kompetenz nach Art. 194 Abs. 2 AEUV getreten, die eine vom Anwendungsbereich her im Grundsatz

umfassende, aber mit den MSen geteilte Spezialzuständigkeit begründet. Eine entscheidende inhaltliche Änderung liegt im Fehlen eines über die in Art. 194 Abs. 2 AEUV hinausgehenden materiellrechtlichen Vorbehalte zugunsten der Mitgliedstaaten (Rz. 2), wie er bei beiden bisher für die interne Energiepolitik herangezogenen Normen bestand. Da sich der Energiesektor auf Grund zahlreicher Besonderheiten wie erwähnt vielfach nicht so einfach liberalisieren lässt wie „typische Waren", ist seine Einbeziehung in den Binnenmarkt – abgesehen vom Kernenergieregime des EAGV und den „Nachwirkungen" des EGKSV – in erheblichem Maße auf **Sekundärrecht** angewiesen. Dieses weist in der Praxis gerade für die beiden insoweit besonders bedeutungsvollen leitungsgebundenen Energieformen Gas und Elektrizität wichtige Parallelen auf (Rz. 9f.). Eine ggf. auch im Energiebereich nutzbare „Auffangkompetenz" für Krisenzeiten ergibt sich aus Art. 122 AEUV.

2. Sekundärrechtliche Ausformungen für die einzelnen Energiearten

a) Erdöl und Kohle als wie normale Waren handelbare Energieträger

Vor politischen und sonstigen Krisen sucht sich die EU seit 1968 durch ein System der **Mineralölbevorratung** zu schützen (heute RL 2009/119, ABl. L 265/9, gestützt auf Art. 122 AEUV; vgl. Fundstellenverzeichnis des geltenden EU-Rechts 12.50). Mittlerweile ist ein Vorratszeitraum von 90 Tagen vorgeschrieben. Die Mineralölbevorratung wird durch entsprechende Verpflichtungen für **fossile und Kernbrennstoffe** ergänzt. Ein vorsorgliches **Krisenregime** (RL 73/238, ABl. 1973 L 228/1 i.V.m. der OECD-Regelung der IAE) will Schwierigkeiten bei der Versorgung mit Erdöl und Erdölerzeugnissen vorbeugen. Die Kohle unterliegt seit dem Auslaufen des EGKS-Vertrages am 23.7.2002 dem allgemeinen **Binnenmarktregime,** nicht zuletzt dem dort enthaltenen Subventionsregime (Rz. 21/23). 8

b) Die leitungsgebundenen Energieträger Erdgas und Elektrizität

Literatur: *Baur/Pritzsche,* „Ownership Unbundling" von Energienetzen und der europäische Schutz des Eigentums, DVBl. 2008, 483; *Holznagel* u. a., Ownership unbundling: rechtliche und ökonomische Bewertung eigentumsrechtlicher Entflechtungsmaßnahmen gegenüber Energienetzbetreibern, 2008; *Pießkalla,* Die Kommissionsvorschläge zum „full ownership unbundling" des Strom- und Gasversorgungssektors im Licht des Eigentumsneutralität des EG-Vertrages (Art. 295 EG), EuZW 2008, 199; *Thimig,* Die rechtlichen Möglichkeiten zur Errichtung eines europäischen Erdgasnotstandsprogramms, 2008; *Gundel/Germelmann,* Kein Schlussstein für die Liberalisierung der Energiemärkte: Das Dritte Binnenmarktpaket, EuZW 2009, 761; *Gundel/Lange* (Hrsg.), Die Umsetzung des 3. Energiebinnenmarktpakets, 2011; *Ludwigs,* Das veränderte Machtgefüge der Institutionen nach dem Dritten EU-Binnenmarktpaket, DVBl. 2011, 61; *Theobald/Gey-Kern,* Das dritte Energiebinnenmarktpaket der EU und die Reform des deutschen Energiewirtschaftsrechts 2011, EuZW 2011, 896; *Wegner,* Regulierungsfreistellungen für neue Elektrizitäts- und Erdgasinfrastrukturen, 2011; *Boute,* The Quest for Regulatory Stability in the EU Energy Market: An Analysis through the Prism of Legal Certainty, ELR 2012, 675.

Bereits durch die Richtlinien aus dem Jahre 2003 (Rz. 6) wurden ab Mitte **2004** für gewerbliche Kunden („Nicht-Haushalts-Kunden") und ab Mitte **2007** für alle Kunden (einschl. Privatkunden) die Wahlfreiheit des Energielieferanten verpflichtend vorgegeben. Der faktischen Durchsetzung dieser Wahlfreiheit mittels der Verbesserung der grenzüberschreitenden Verbindung der Netze zwecks Aufbrechen der traditionellen Versorgungsmonopole dienen – neben der Kodifikation des Erreichten – die 2009 verabschiedeten beiden Richtlinien 2009/72 (ABl. L 211/55) für den **Erdgasbinnenmarkt** und 2009/73 (ABl. L 211/94) für den **Binnenmarkt für Elektrizität.** Beide garantieren einen diskriminierungsfreien Zugang zu den Netzen und damit einen entsprechenden Wettbewerb. Erreicht werden soll dieses Ziel durch eine entsprechende Marktregulierung durch unabhängige **Regulierungsbehörden,** die vor allem die Nutzungsentgelte kontrollieren. Dabei wurde in der Neufassung der Richtlinien 2009 der 9

Sicherung der Versorgungssicherheit ein stärkeres Gewicht zugesprochen als zuvor; dem dienen auch spezifische Vorschriften mit Blick auf den Erwerb von Netzen durch Unternehmen aus Drittstaaten (jeweils Art. 11 der beiden RL). Die Vorschriften werden jeweils ergänzt durch Verordnungen zum grenzüberschreitenden Netzzugang (zum Stromhandel VO 714/2009 ABl. L 211/15, zum Gashandel 715/2009 L 211/36), die jeweils die Gründung entsprechender Netzbetreiberverbünde vorsehen. Hinzu tritt eine neue Verordnung zur Gründung einer Agentur für die Zusammenarbeit der Energieregulierungsbehörden in Ljubljana (VO 713/2009, ABl. L 211/1). Ferner wurden Maßnahmen zur Sicherung der **Versorgungssicherheit** (zum Gas: heute VO 994/2010, ABl. L 295/1, zur Elektrizität RL 2005/89, ABl. L 33/22, gestützt auf den heutigen Art. 114 AEUV) ergriffen. Zur Förderung **erneuerbarer Energien** für die Elektrizitätserzeugung unten Rz. 13. – Für den Transport von Strom (und Gas) ist auch die Politik der Transeuropäischen Netze bedeutungsvoll (Rz. 26/33).

10 Ziel ist insbesondere die Gewährleistung der Versorgung **aller Kunden** mit Strom bzw. Gas zu **angemessenen, vergleichbaren und transparenten Preisen.** Von einem wirklichen „Markt" ist die Praxis aber wegen der faktisch überaus engen Verbindungen von Gasförderung und -import einerseits, Stromerzeugung und -vertrieb andererseits noch deutlich entfernt. Eine eindeutige Erklärung dafür, warum das Regulierungskonzept hier (anders als etwa im Bereich der Telekommunikation, Rz. 21/52) nicht zur Entstehung eines wirklichen Marktes geführt hat, gibt es wohl nicht. Ursache könnte sein, dass es anders als bei der Telekommunikation nicht nur um die Benutzung der Leitungen geht, sondern zugleich um einen Energieträger, der nur mittels dieser Leitungen transportiert werden kann. Daher wurde im Vorfeld des Vorschriftenpaketes 2009 intensiv über mögliche Entflechtungsregeln diskutiert. Die KOM verfolgte recht weitgehende Vorstellungen im Sinne einer auch eigentumsrechtlich klaren **Trennung** von **Produktion/Ein- und Verkauf** einerseits und **Netzbetrieb** andererseits („unbundling"; dazu KOM(2007)529 endg.). Kompetenz- und grundrechtlich stießen diese Überlegungen allerdings auf heftige Kritik. Durchgesetzt hat sich, dass dort, wo bisher beide Aufgaben in einer Hand lagen, ein vom bisherigen Unternehmen völlig „Unabhängiger Übertragungsnetzbetreiber" für den Betrieb des Übertragungsnetzes verantwortlich sein muss, so dass dem bisherigen Unternehmen insoweit nur die vom Betreiber zu zahlenden Entgelte verbleiben, es jedoch, wie von der Regulierungsbehörde überwacht wird, keine Einfluss auf den Netzbetrieb hat (jeweils Art. 17 RL 2009/72 und 2009/73; dazu *Gundel/Germelmann,* EuZW 2009, 763). Unabhängig davon gelang es der KOM zum Teil, Energieversorgungsunternehmen im Rahmen eines wettbewerbsrechtlichen Verfahrens nach Art. 102 AEUV zum Verkauf ihrer Netze zu veranlassen (über eine Verpflichtungszusage nach Art. 9 KartellVO 2003/1, dazu Rz. 20/45). Ergänzend ist die VO 1227/2011, ABl. L 326/1 über die Integrität und Transparenz des Energiegroßhandelsmarkts zu erwähnen, mit der der Wettbewerb insbesondere auf dem Energiebeschaffungsmarkt gesichert werden soll.

c) Ökologische Aspekte der Energiepolitik: Energieeinsparung und Klimaschutz

Literatur: *Opilio,* Europäisches Energierecht. Schwerpunkt: Erneuerbare Energieträger und elektrische Energie, 2005; *Geden,* Die Energie- und Klimapolitik der EU – zwischen Implementierung und strategischer Neuorientierung, integr. 2008, 353; *ders./Fischer,* Die Energie- und Klimapolitik der Europäischen Union, 2008; *Möstl,* Der Vorrang erneuerbarer Energien – Ein Prinzip des Energiewirtschaftsrechts nimmt Gestalt an, RdE 2003, 90; *Ringel/Bitsch,* Die Neuordnung des Rechts der erneuerbaren Energien in Europa, NVwZ 2009, 807; *Schulze-Fielitz/Müller* (Hrsg.), Europäisches Klimaschutzrecht, 2009; *Wüstemann,* Die Vorgaben der Europäischen Union im Bereich der Energieeffizienz, 2011; *Nordmann,* Integrierte Energie- und Klimapolitik: die Sicherstellung der Erdgasversorgung, 2012.

11 Da die traditionellen Energieträger Öl, Gas und Kohle nur eine begrenzt ausbeutbare Ressource darstellen, bemüht sich die Union seit langem um eine **Verringerung** des **Energieverbrauchs** insgesamt. Zudem unterstützt sie die Erschließung und den Ausbau alternativer, erneuerbarer Energiequellen, also Energie, die aus **„nicht-endlichen" natürlichen Quellen** stammt (insbesondere Wasserkraft, Wind, Sonnenenergie, Erd-

wärme, Biomasse). In jüngerer Zeit sind die anspruchsvollen Ziele der **Klimapolitik** hinzugekommen.

Insgesamt peilt die Union an, dass bis zum Jahr 2020 erneuerbare Energiequellen einen **Anteil von über 20 %** am Gesamtenergieverbrauch aufweisen (heute RL 2009/28, ABl. L 140/16); für den Verkehrsbereich werden 10 % vorgegeben. Ferner sollen die Treibhausgasemissionen um 20 % gesenkt und die Energieeffizienz um 20 % gesteigert werden. Diese „20-20-20-Ziele" sollen durch nationale Aktionspläne erreicht werden. In Deutschland dient dem u. a. das Gesetz über die erneuerbaren Energien EEG, dessen Grundkonzeption nach Auffassung des EuGH nicht dem Beihilferecht unterfällt (Rz. 21/7). Die Förderung der erneuerbaren Energien erfolgt durch fortlaufende **Forschungs- und Verbreitungsprogramme, steuerliche Erleichterungen, Abnahmeverpflichtungen** für „alternativen Strom" u. ä. (Fundstellenverzeichnis des geltenden EU-Rechts 12.30 und 12.60). Ab 2013 sollen die Stromunternehmen für die ihnen zugeteilten Emissionszertifikate vollständig zahlen (zum Emissionshandel Rz 33/34). 12

Eine Reihe weiterer Maßnahmen programmatischer und praktischer Art sollen den Energieverbrauch wirksam bremsen. Dazu gehören neben **Steuerregelungen** (spezifische CO_2- und Energiesteuern u. a.) Maßnahmen zur Sicherung der **Energieeffizienz und des Energiesparens** (siehe vor allem RL 2012/27, ABl. L 315/1, zu Endenergieeffizienz und Energiedienstleistungen, etwa der Kraft-Wärme-Kopplung, RL 2010/31, ABl. L 153/13, zur Energieeffizienz von Gebäuden oder die Ökodesign-Rahmenrichtlinie 2009/125, ABl. L 285/10, auf deren Grundlage das allmähliche Verbot der herkömmlichen Glühbirne beschlossen wurde). Daneben steht ein Förderprogramm zugunsten **„intelligenter Energie"** 2007–2013, Beschluss 1639/2006, ABl. L 310/15, mit einer Gesamtförderung von € 3,6 Mrd. 13

Insgesamt ist allerdings nicht zu übersehen, dass sich die EU ausgesprochen schwer tut, ihre hochgesteckten Klimaziele so durch Maßnahmen zu untersetzen, dass tatsächlich eine reale Chance besteht, diese Ziele auch zu erreichen.

d) Außenbeziehungen

Literatur: *Wolfgram,* Investitionsschiedsgerichtsbarkeit nach dem Vertrag über die Energiecharta, 2001; *Gundel,* Das Beispiel des Energiecharta-Vertrages, AVR 2004, 157; *Woltering,* Die europäische Energieaußenpolitik und ihre Rechtsgrundlagen, 2010.

In ihren **Außenbeziehungen** hat die EU gemeinsam mit den MSen übergreifende Energieregelungen getroffen. Sie nimmt einen Beobachterstatus bei der **Internationalen Energieagentur (IEA)** der OECD wahr, die sich der Versorgungssicherheit Westeuropas bei Erdöl widmet, und beteiligte sich an der **Europäischen Energiecharta** (ABl. 1998, L 69/1, Änderungen – Sitz: Brüssel). Die Charta schafft über die Mitgliedschaft der meisten europäischen Staaten einschl. Russlands, sowie Australiens, Kanadas und der USA (50 MSen) einen Rahmen für die **weltweite Energiekooperation der Industriestaaten** (*Schütterle,* Der Energiecharta-Vertrag, 1997). Mit osteuropäischen Staaten wurde eine „Energiegemeinschaft" gegründet (ABl. 2006, 198/18). Auch sonst pflegt die EU einen umfassenden „Energie-Dialog" mit einer Reihe von Drittstaaten. 14

III. Das Kernenergieregime von EURATOM

Literatur: *Ress,* Funktion und Bindungswirkung von Grundnormen des EURATOM-Vertrages, 1993; *Ludwig,* Euratom und der Notfallschutz bei Atomunfällen, 1995; *Spector* u. a., Tracking Nuclear Proliferation, 1995; *Scheuing,* Europarechtliche Aspekte einer Beendigung der Kernenergienutzung in der BRD, EuR 2000, 1; *Cusack,* A Tale of Two Treaties: An Assessment of the Euratom Treaty in Relation to the EC Treaty, CMLRev 2003, 117; *Schmidt-Preuß,* Perspektiven des Atomrechts – Kontinuität und Wandel, in *Peltzer* (Hrsg.), Brennpunkte des Atomenergierechts, 2003, 209; *Schmidt-Preuß,* Europäisches Gemeinschaftsrecht und deutsches Atom- und Strahlenschutzrecht, Hdb. zum europ. und deutschen Umweltrecht II, 2003, 478; *Sendler,* Nochmals zu Fragen der Sicherheit und Sicherung von Kernkraftwerken, DVBl. 2003, 380; *Papenkort,* Der Euratom-Vertrag im Lichte des Vertrages über eine Verfassung für Europa, 2008; *Scherf,* Europäisches Nuklearrecht, 2008; *Grunwald,* Neue Entwicklungen des Euratom-Rechts, ZEuS 2010, 407; *Winkler,* Atomausausstieg via Europa?, DÖV 2011, 804; *Michel,* Concilier l'inconciliable: les régimes internationaux et européens de contrôle du commerce nucléaire, 2012; *Grunwald,* Europäische Atomgemeinschaft, in: Hatje/Müller-Graff (Hrsg.), EnzEuR I, 2014, § 16.

1. Entwicklung von EURATOM und der Nutzung der Kernenergie in der EU

15 Ende der fünfziger Jahre erschien der Aufbau eines neuen forschungs- und investitionsaufwändigen Energiezweigs ohne Unterstützung durch die öffentliche Hand und der Verwendung planwirtschaftlicher Elemente nicht möglich. Deshalb wurde ein komplexes Instrumentarium zur Bewältigung der der EAG gestellten Aufgaben (Art. 2 EAGV) geschaffen. Zu wesentlichen Vertragsänderungen ist es – jenseits der Anpassung an institutionelle Entwicklungen im Bereich der EU – seit 1958 nicht gekommen. Unter dem Eindruck stärker gewordener **Kritik und Skepsis an der Nutzung der Kernenergie** hat sich seit den achtziger Jahren ein **Aufgabenwandel** vollzogen. Anstelle der ursprünglich beabsichtigten Förderung der Kernenergie stehen inzwischen Gesundheitsschutz und kontrollierte nukleare Sicherheit im Vordergrund der EAG-Tätigkeit.

16 Inhaltlich haben der **Verzicht auf Kernenergie** und der allmähliche **„Atomausstieg"** innerhalb der EAG in den letzten Jahren an Zustimmung gewonnen. Gut die Hälfte der Staaten haben von Anfang an oder durch vollständige Stilllegung auf die Nutzung der Atomenergie verzichtet, einige haben einen Atomausstieg über 2 bis 3 Jahrzehnte beschlossen. Diskussionen um den Klimaschutz haben jedoch der Atomkraft wieder Auftrieb verschafft; daran hat außer in Deutschland auch das Atomunglück im japanischen Fukushima nichts Grundlegendes geändert. Die Entscheidung über die **Nutzung der Kernenergie** bleibt **nationale Angelegenheit** (Rz. 2). Damit steht ein Atomausstieg in der politischen Entscheidung der MSen. Die Regelungen des EAG-Vertrags allerdings gelten in **allen** MSen. Manche Bestimmungen wie z. B. über den Strahlenschutz sind auch für MSen von Bedeutung, die auf Kernkraft verzichten. Die **militärische Nutzung der Kernenergie** bleibt Angelegenheit der einzelnen MSen (gegenwärtig Frankreichs und Großbritanniens).

2. Grundstruktur des EAG-Vertrages

17 Der Erste Titel des EAG-Vertrages (Art. 1 bis 3) enthält die **programmatischen Grundsätze** zu den Aufgaben der Gemeinschaft. Im Zweiten Titel (Art. 4 bis 106) sind in zehn Kapiteln die einzelnen Sachgebiete geregelt, auf denen die Gemeinschaft tätig wird (Rz. 18ff.). Von besonderer Bedeutung ist das **sechste Kapitel (Versorgung).** Über dessen seit längerem geplante Überarbeitung (vgl. Art. 76 Abs. 2) konnte bislang keine Einigung erzielt werden. **Art. 101–106 EAGV** ermöglichen der Gemeinschaft, nach außen als Einheit aufzutreten und mit **Drittstaaten und Internationalen Organisationen** (insbes. IAEA, NEA, CERN) **Abkommen zu schließen.** Im Übrigen wurden mit dem Vertrag von Lissabon die institutionellen Regelungen des EAGV aufgehoben und durch einen entsprechenden Verweis auf EUV und AEUV ersetzt (Art. 106a EAGV); nur im Finanzbereich bestehen **abweichende Vorschriften,** die auch erhalten bleiben. Insgesamt bilden EU- und EAG-Recht ein **einheitliches Integrationsrecht.** Danach stellt der EAGV zwar eine lex specialis zu EUV und AEUV dar (Art. 106a Abs. 3 EAGV), doch finden letztere als lex generalis subsidiär auch im Bereich der EAG Anwendung (zum Verbot der Diskriminierung aus Gründen der Staatsangehörigkeit EuGHE 2009, I-10265, Rs. C-115/08 „ČEZ"). So werden etwa die Beihilfevorschriften (Art. 107ff. AEUV) im **Kernenergiebereich** unter Berücksichtigung des **Auftrages von Art. 1, 2 EAGV** angewendet, wonach EURATOM die für die Entwicklung der Kernindustrie erforderlichen Voraussetzungen zu

schaffen hat. Dementsprechend sind hier die Ausnahmen vom Beihilfeverbot eher die Regel (näher *Cusack,* CMLRev 2003, 117; *Pechstein,* EuZW 2001, 307).

3. Aufgaben von EURATOM

Im Einzelnen wurden EURATOM vor allem folgende Aufgaben und Rechte zugewiesen, die sich allerdings nur auf die **primäre Kernenergie,** nicht auf die mit ihrer Hilfe erzeugte Elektrizität beziehen: 18

a) Versorgung mit Brennstoffen

EURATOM hat gemäß Art. 2 lit. d) EAGV für die regelmäßige und gerechte Versorgung aller Benutzer mit Erzen und Kernbrennstoffen zu sorgen **(gemeinsame Versorgungspolitik, Art. 52–76).** Diese – bislang weitgehend problemlos bewältigte – Verteilungsaufgabe wird von einer finanziell autonomen **Agentur mit eigener Rechtspersönlichkeit** (Art. 53–56, Satzung ABl. 1958, 534, Änderungen) wahrgenommen, die unter der Aufsicht der KOM steht. Alle besonderen spaltbaren Stoffe im Bereich der Gemeinschaft sind **deren Eigentum (Art. 86)**; nach h. L. handelt es sich dabei um **echtes zivilrechtliches Eigentum** (*Haedrich,* FS Ophüls, 1965, 51). MSen, Unternehmen und sonstige Benutzer erhalten im Rahmen der gemeinsamen Versorgungspolitik lediglich **Nutzungs- und Verbrauchsrechte** am spaltbaren Material **(Art. 87).**

b) Gesundheitsschutz und nukleare Sicherheit

Zentrale Bedeutung kommt dem Gesundheitsschutz der Bevölkerung und der nuklearen Sicherheit zu (Art. 2 lit. b) EAGV). Auf der Grundlage von **Art. 30–39 EAGV** wurden zum **Schutz vor radioaktiver Strahlung** zahlreiche Richtlinien **(„Grundnormen")** zum Schutz der Bevölkerung vor ionisierender Strahlung, zur Festlegung von Grenzwerten für Radioaktivität in Lebensmitteln, zur handelspolitischen Beschränkung kontaminierter Einfuhren aus Drittstaaten u. a. m. erlassen. Hierbei berühren sich Gesichtspunkte des Gesundheitsschutzes nach dem EAGV mit Umweltschutz und Gesundheitspolitik nach dem AEUV (insbesondere RL 2009/71 zur Sicherheit kerntechnischer Anlagen, ABl. L 217/18). Vor kurzem wurde ein europaweiter „Stresstest" für Atomkraftwerke durchgeführt, der auch von den G 20-Staaten übernommen werden soll. Insgesamt sollen die Mitgliedstaaten einander grundsätzlich hinsichtlich der Sicherheit von Kernkraftwerken vertrauen können (dazu EuGHE 2009, I-10265, Rs. C-115/08 „ČEZ"). – Die heikle Frage, ob **Kernwaffenversuche** als besonders gefährliche Versuche der Zustimmung der KOM nach Art. 34 Abs. 2 EAGV bedurft hätten, wurde vom EuGH negativ beantwortet, weil militärische Anlagen nicht unter den EAGV fielen (EuGHE 2005, I-2477, Rs. C-61/03 „Kommission/Vereinigtes Königreich"). 19

Hinsichtlich der **nuklearen Abfälle,** bisher rein nationale Angelegenheit, wurden die Staaten jüngst zur Entwicklung verbindlicher Endlagerkonzepte bis 2015 verpflichtet (RL 2011/70, ABl. L 199/48). Zu den damit im Zusammenhang stehenden **Nukleartransporten** sieht die Richtlinie 2006/117 (ABl. L 337/21) ein obligatorisches gemeinsames Notifizierungssystem und einen einheitlichen Begleitschein für den Transport radioaktiver Abfälle und abgebrannter Brennelemente vor. Um zu gewährleisten, dass Kernstoffe „nicht anderen als den vorgesehenen Zwecken zugeführt werden" (Art. 2 lit. e) EAGV), haben **Art. 73–85 EAGV** ein **Überwachungssystem der KOM** geschaffen, das einen Bestandteil der weltweiten Verifikationen der Internationalen Atomenergiebehörde zwecks Einhaltung des **Atomwaffensperrvertrages** bildet. 20

c) Weiterentwicklung der Kernenergie (Forschung/Gemeinsame Unternehmen)

Die **Kernforschung** (Art. 4 ff.) ist mittlerweile eingebettet in die allgemeine EU-Forschungs- und Technologiepolitik und deren regelmäßig erneuerte Rahmenprogramme (unten Rz. 34/7). Dabei gewinnt die **Verbesserung der nuklearen Sicherheit** immer größere Bedeutung (Ratsbeschluss v. 26.4.1994, ABl. L 115/31). Zentrum der EAG-Forschung (und weiterer Gemeinschaftsforschung) ist die **Gemeinsame Forschungsstelle (GFS)** mit ca. 2500 Mitarbeitern und Anstalten in Mol/Belgien, Ispra/Italien, Karlsruhe/Deutschland und Petten/Niederlande. Außerdem fördert und koordiniert die EAG Kernforschung in den MSen. Zusammen mit dritten Staaten soll ein **gemeinsames Kernfusionsprojekt „Iter"** verwirklicht werden (siehe etwa die Ratsentscheidung 2007/198, ABl. L 90/58 zur Bildung eines entsprechenden gemeinsamen Unternehmens). 21

IV. Ausblick

22 Im Bereich der Energiepolitik sind die **Kompetenzen** der EU bislang **begrenzt.** Wegen der hohen Sensibilität, die der **Wahl** zwischen den **verschiedenen Energiequellen** zukommt, wird sich daran auch kaum etwas ändern. So hat die EU primär zwei Aufgaben jenseits der unmittelbaren Versorgung mit Energie. Zum einen muss sie für die **Integration** der nationalen **Energiemärkte** und für **Wettbewerb** auf diesen sorgen; gerade im Bereich der leitungsgebundenen Energien Strom und Gas ist hier noch viel zu tun. Zum anderen muss auch die Energiepolitik einen Beitrag zur **Klimaschutzpolitik** der EU leisten.

§ 24. Landwirtschaft und Fischerei

Literatur: Die Literatur zur Gemeinsamen Agrarpolitik ist infolge der zahlreichen Reformen oft ephemer. Umfassende Nachweise bei *Norer/Bloch,* Agrarrecht, in: Dauses (Hrsg.) HB EU-WirtschR, G (2011).

Trumm, Das Prinzip des Weltfreihandels und der europäische Agraraußenhandel, 2001; *Cardwell,* The European Model of Agriculture, 2004; *Leidwein,* Europäisches Agrarrecht, 2. Aufl. 2004; *Greer,* Agricultural Policy in Europe, 2005; *Rochdi,* La politique agricole commune dans le commerce mondial des produits agro-alimentaires, RTDE 2005, 37; *MacMahon,* EU Agricultural Law, 2007; *García Azcárate,* Le bilan de santé de la politique agricole commune, RMCUE 2008, 73; *Kirschke/Hüger,* Agrarpolitik in der EU: Abkehr vom Protektionismus, Orientierung 2008, 49; *Busse,* Agrarrecht, in: Schulze/Zuleeg/Kadelbach (Hrsg.), Europarecht, 2. Aufl. 2010, § 25; *Grimm,* Agrarrecht, 3. Aufl. 2010, Kap. 11; *Knudsen,* Die Demokratisierung der EU-Agrarpolitik, APuZ 18/2010, 30; *Bianchi,* La politique agricole commune, 2. Aufl. 2011; *Gerbrandy/de Vries,* Agricultural Policy and EU Competition Law, 2011; *Härtel,* in: Terhechte (Hrsg.), Verwaltungsrecht in der Europäischen Union, 2011, § 37; *dies.,* Zwischen globalem Wettbewerb, Umweltschutz und Ernährungssicherung. Zur zukünftigen Ausrichtung der integrierten Gemeinsamen Agrarpolitik der Europäischen Union, FS Richli, 2011, 527; *Blumann/Blanquet* u. a. (Hrsg.), Politique agricole commune et politique commune de la pêche, 3. Aufl. 2011; *Härtel,* Agrarrecht, in: Ruffert (Hrsg.), EnzEuR V, § 7, 2012.

Internet-Adresse: Landwirtschaft: http://europa.eu/pol/agr/index_de.htm

Fischerei: http://europa.eu/pol/fish/index_de.htm

I. Landwirtschaft und Fischerei: Administrierter Teil des Binnenmarktes

1. Gemeinsame Agrarpolitik (GAP) und Binnenmarkt

1 **Der Binnenmarkt umfasst auch die Landwirtschaft und die Fischerei,** einschließlich des Handels mit landwirtschaftlichen Erzeugnissen (Art. 38 Abs. 1 AEUV). Die **Grundfreiheiten des Binnenmarktes** (oben Rz. 22/1 ff.) gelten daher grundsätzlich auch im Agrarbereich. Nur erfährt die Landwirtschaft aus vielerlei traditionellen und sachlichen Gründen nicht nur in Europa vielfältige öffentliche Intervention; in Europa war dies vor Gründung der EWG auf nationaler Ebene ebenfalls so. Im Rahmen der europäischen Integrationen gingen und gehen die Entwicklung und das Funktionieren des gemeinsamen Marktes für landwirtschaftliche Erzeugnisse Hand in Hand mit der Gestaltung einer dirigistisch geprägten **Gemeinsamen Agrarpolitik** (GAP; Art. 38 Abs. 4 AEUV). Ob jüngste Veränderungen wie der weltweit steigende Bedarf an Lebensmitteln sowie die Möglichkeit, Agrarprodukte auch anderweitig, etwa zur Energieerzeugung zu nutzen („Biosprit", Rz. 23/11), hier zu Veränderungen führen

werden, ist noch nicht absehbar. – Die Regelungen der GAP sind **leges speciales** im Verhältnis zu den allgemeinen Binnenmarktregelungen (Art. 38 Abs. 2 AEUV).

2. Entwicklung der Gemeinsamen Agrarpolitik

Literatur: *Müller-Armack,* Die Dauerkrise der europäischen Agrarpolitik, APUZ 17/1970, 19; *Priebe,* Die subventionierte Unvernunft, 1985; *Schmitt,* Landwirtschaft – ein Ausnahmebereich?, ORDO 1990, 219; *Anderson* u. a., Agricultural Policy for the 21st Century, 1994; *Koester,* Die europäische Agrarpolitik – Eine Reform ohne Ende?, APUZ B 33–34/1995, 25; *Wolffgang,* Die europäische Agrarpolitik zwischen Markt und Plan, FS Hoppe, 2000; *Bianchi,* Simplifier la politique agricole commune?, RTDE 2003, 51; *Wendt/Elicker,* Die Reform der Gemeinsamen Agrarpolitik und ihre Umsetzung in der BRD, DVBl. 2004, 665; *Borchardt,* Die Reform der Gemeinsamen Agrarpolitik, FS Zuleeg, 2005, 473; *Bianchi,* „Une longue réforme tranquille", RMCUE 2011, 523; *Götz,* 50 Jahre Gemeinsame Agrarpolitik – ihr Beitrag zur Verfassung und Verwaltung der Europäischen Union, JZ 2012, 53; *Rutz* (Hrsg.), Synthesis and assessment of the public debate on the reform of the CAP after 2013, 2013.

Zeitgeschichtlich war die Einbeziehung der Landwirtschaft in den Gemeinsamen Markt und die Entwicklung der GAP nach 1958 die Einlösung eines **großen Kompromisses zwischen den Agrar- und Industrieinteressen** der EWG-Gründerstaaten, vor allem zwischen Deutschland und Frankreich; im französischen Selbstverständnis spielt die Agrarpolitik bis heute eine zentrale Rolle. In Gestalt der raschen Entwicklung durch sekundäres Gemeinschaftsrecht (Marktordnungen mit gemeinsamer Finanzierung) in den sechziger Jahren wurde die GAP zu einem **Eckpfeiler des integrierten Europas.** Dies spiegelt sich in der **„Agrarlastigkeit" des EU-Haushalts** und einer umfangreichen Brüsseler Agrarrechtssetzung in Form von ephemeren Durchführungsregelungen wider. 1968 begann – zunächst begrenzt – neben der Marktordnungspolitik die **Agrarstrukturpolitik** als „zweite Säule" der GAP. In den siebziger Jahren wurde das Marktordnungssystem auf **über 90% der landwirtschaftlichen Erzeugnisse** ausgedehnt. Der Beitritt der maritim ausgerichteten Staaten Dänemark, Großbritannien und Irland zur EWG 1973 markierte den Beginn einer **gemeinsamen Fischereipolitik** (Art. 98ff. Beitrittsakte 1973 – „blaues Europa"). 1976 nahm die Gemeinschaft im Zuge der internationalen Seerechtsentwicklung eine Wirtschafts(=Fischerei)zone von 200 sm ab Küste als **„EG-Meer"** in Anspruch. Der Beitritt Griechenlands, Portugals und Spaniens (mit der größten Fischereiflotte der EWG) 1981/86 und das Pochen Englands auf „historische Fischereirechte" schufen mannigfache Probleme. Seit 1983 besteht auf der Grundlage der gemeinsamen Fischereiordnung (unten Rz. 38) eine **EU-weite gemeinsame Fischereizone.** 2

Mit seinen Preisgarantien für wesentliche Agrarprodukte führte das Marktordnungssystem seit den siebziger und verstärkt seit den achtziger Jahren zu **erheblichen Produktionsüberschüssen.** Die landwirtschaftlichen Einkommen entwickelten sich bei hohen Verbraucherpreisen positiv. Bei den wichtigsten Erzeugnissen (besonders Getreide, Zucker, Butter, Milchpulver, Fleisch) wurde der Selbstversorgungsgrad zunehmend deutlich überschritten. Die EU tritt seither neben den USA als der zweite große **Agrarexporteur im Welthandel** auf, zog sich aber auch durch die Abschottung ihres Binnenmarktes und durch ihre Exportsubventionen viel Kritik zu. Die starke Rolle der divergierenden nationalen Interessen verhinderte auch lange Zeit eine Einbeziehung des Parlaments in die Gestaltung der EU-Agrarpolitik. Erst mit dem **Vertrag von Lissabon** hat sich dies geändert (Art. 43 AEUV). 3

Eine Fortsetzung der GAP in der ursprünglichen Form war seit Ende der achtziger Jahre nicht mehr tragbar. In bisher **vier Reformen und „Reformen der Reformen"** (1989, „*Mac Sharrey*-Reformen" von 1992, „Agenda 2000" und „*Fischler*-Reform" 2003 mit einem 2008 durchgeführten „Health-Check") kam es zu einem allmählichen Umsteuern der GAP. Konsequenz war eine **Stärkung der Agrarstrukturpolitik** („Entwicklung des **ländlichen Raums**"), die mittlerweile weitgehend erfolgte Ersetzung von produktionsbezogenen durch **erzeugerbezogene Beihilfen** bei gleichzeitiger 4

Begrenzung und Kürzung der Garantiefinanzierungen im Übrigen (Rz 23f). Bis heute ist der Agrarhaushalt einer der größten Posten im EU-Budget. Radikale Einschnitte in die GAP scheiterten vor allem am Widerstand Frankreichs.

5 Mit dem Abschluss der **GATT-Uruguay-Runde 1994/95** wurde der Weltagrarhandel erstmals in das Regelwerk von GATT/WTO einbezogen (**„Agreement on Agriculture"**, ABl. 1994, L 336/22). Seitdem verlangen die konkurrierenden Agrarexportländer (USA, Cairns-Gruppe, viele Entwicklungsländer) von der EU die tatsächliche Ermöglichung des Zugangs zum abgeschotteten europäischen Agrarmarkt. Dem dient die **„Tarifikation"** der zum Außenschutz des EU-Agrarmarktes ergriffenen Maßnahmen, konkret die Umwandlung der besonders protektionistischen, variablen Abschöpfungen auf die Agrareinfuhrprodukte in feste Zölle bei einem gleichzeitigen deutlichen Zollabbau. Die Schutzinteressen der EU und anderer Länder zugunsten ihrer Landwirte lassen die Verhandlungen über einen Agrarfreihandel komplex werden.

II. Primärrechtliche Grundlagen der Gemeinsamen Agrarpolitik

1. Zum Begriff der Landwirtschaft

6 **Landwirtschaftliche Erzeugnisse** sind nach Art. 38 Abs. 1 AEUV die Erzeugnisse des Bodens, der Viehzucht und der Fischerei („Urproduktion") sowie die mit diesen in unmittelbarem Zusammenhang stehenden Erzeugnisse der 1. Verarbeitungsstufe (z. B. Margarine). Diese Definition hat jedoch nur den Wert einer Grundaussage. Entscheidend dafür, was als landwirtschaftliches Erzeugnis im Sinne des Art. 38 AEUV angesehen wird, ist nach dessen Abs. 3 die konstitutiv wirkende **Aufnahme in die „Positivliste" des Anhanges I zum AEUV** (abgedruckt u. a. bei Sart. II, Ziff. 150, Ende). Diese Liste konnte nur bis Ende 1959 ergänzt werden (EuGHE 1974, 607, Rs. 185/73 „Hauptzollamt Bielefeld"). Bei neuartigen landwirtschaftlich geprägten Verarbeitungserzeugnissen ist Art. 352 AEUV heranzuziehen. Praktisch gehören alle klassischen Agrarerzeugnisse wie Getreide, Fleisch, Obst, Gemüse, Tabak, Fisch etc. sowie die bekannten Verarbeitungserzeugnisse wie z. B. Butter, Mehl, Öl, Zucker, Wein, Alkohol usw. zum Anwendungsbereich der Art. 38 ff. AEUV. Im Grundsatz ausgeklammert aus der GAP bleibt die Forstwirtschaft. Für sie gelten nur gewisse allgemeine Maßnahmen der GAP wie die Regelungen zur Entwicklung des ländlichen Raumes (Art. 29 ff. VO 1257/1999, ABl. L 160/80, vgl. auch Fundstellenverzeichnis des geltenden EU-Rechts 03.30.60).

2. Inhaltliche Vorgaben für die Gemeinsame Agrarpolitik

a) Ziele der Agrarpolitik (Art. 39 AEUV)

7 Die **inhaltlichen Ziele der GAP** sind in Art. 39 AEUV verankert. Der dortige Katalog enthält einen **Kompromiss** zwischen den Interessen der bäuerlichen Produzenten (lit. a-c: Steigerung der Produktivität, angemessene Lebenshaltung der landwirtschaftlichen Bevölkerung, Stabilisierung der Märkte) und denen der Verbraucher (lit. d und e: Versorgungssicherheit, angemessene Preise), mit einer gewissen Akzentuierung zugunsten der Landwirte. Bei der Gewichtung der zum Teil gegenläufigen Ziele verfügen die EU-Organe über einen **erheblichen agrarpolitischen Ermessensspielraum** (EuGHE 1968, 127, Rs. 5/67 „Beus" st. Rspr.). Unter den Zielen besteht **keine Rangordnung.** Zwar muss die **Gesamtbalance** zwischen bäuerlichen und Verbraucherinteressen beachtet werden (EuGHE 1981, 3211, verb. Rs. 197–200, 243, 245 u. 247/80 „Ludwigshafener Walzmühle Erling" st. Rspr.), doch stehen in der Praxis erstere letztlich stärker im Vordergrund.

b) Prinzipien der Gemeinsamen Agrarpolitik

8 In der Praxis haben sich die genannten Ziele im sekundären Unionsrecht – vor allem in den Marktordnungen – in verschiedenen **Prinzipien der GAP** niedergeschlagen, die ebenfalls den Vorrang der landwirtschaftlichen Interessen in der GAP deutlich machen.

Die Agrarpolitik wird maßgeblich von bestimmten **Märkten** geprägt. Damit bekennt sich die GAP zum einen im Sinne der Unionsverträge zur **„Markteinheit"**, d. h. zum freien Agrarwarenverkehr im Binnenmarkt (Rz. 11) sowie einer gemeinsamen Agraraußenhandelspolitik. Gleichzeitig beruht die GAP in Gestalt der Marktordnungen, die insoweit im Gleichklang mit dem gewerblichen Bereich stehen, traditionell auf dem wirtschaftspolitischen Konzept, dass die Bauern ihr Einkommen **aus dem Verkauf ihrer Produkte auf dem Markt erzielen;** allerdings wird dieser Grundsatz in den letzten Jahren zunehmend in Frage gestellt (Rz. 23).

Außerdem prägt die GAP der Grundsatz der **Unionspräferenz.** Er ist im Vertrage nur beiläufig erwähnt, 9
stellt aber die Konsequenz aus dem Prinzip der Markteinheit dar und ist seit längerem vom Gerichtshof anerkannt (seit EuGHE 1968, 127, Rs. 5/76 „Beus" st. Rspr.). Gemeint ist der **grundsätzliche Schutz des Agrarbinnenmarktes** gegen Niedrigpreiseinfuhren und Weltmarktschwankungen durch einen entsprechend ausgestalteten Außenschutz. Die EU-Agrarwaren genießen eine gewisse Bevorzugung. Dieser **„Grundsatz"** ist mit anderen Zielsetzungen wie der Wahrung der preislichen Verbraucherinteressen und der in Art. 207 AEUV vorgesehenen liberalen Handelspolitik der EU auszubalancieren.

Gemeinsame **finanzielle Solidarität** ist die Folge der Markteinheit und der Unionspräferenz. Zu diesem 10
mindestens rechtspolitischen Prinzip haben sich Gemeinschaft und MSen seit 1962 in Gestalt der Europäischen Agrarfonds verstanden, die inzwischen Bestandteil des europäischen Haushalts sind (unten Rz. 36). Kofinanzierungen und gelegentliche nationale Agrarfinanzierungen sind möglich, solange das Prinzip der Markteinheit nicht angetastet wird.

c) Gemeinsame Agrarpolitik und allgemeine Vertragsregelungen

Die **Vorschriften des Binnenmarktes** finden auf landwirtschaftliche Erzeugnisse **Anwendung,** soweit die Spezialvorschriften für die GAP (Art. 39 – 44 AEUV) nichts anderes bestimmen (Art. 38 Abs. 2 AEUV). Damit läge nahe, die Ausnahmevorschriften über die GAP eng auszulegen. In der Praxis wurde jedoch für **Agrarhandel und GAP** ein ausgebautes **Sonderregime** für die landwirtschaftlichen Erzeuger errichtet. Protektionistische Agrarregelungen genießen auf diese Weise oft Vorrang vor freiheitlichen Ausprägungen des Binnenmarktes und der Handelspolitik. Der Gerichtshof hat diese Tendenzen unter Verweis auf den weiten Ermessensspielraum der politischen Organe der Union zumeist gebilligt (EuGHE 1982, 2745, Rs. 245/81 „Edeka" st. Rspr.). 11

Die **Grundfreiheiten des Waren-, Personen- und Kapitalverkehrs** gelten **auch** für den **Agrarmarkt.** Im 12
Binnenmarkt dürfen die MSen weder Zölle/zollgleiche Abgaben auf Agrarwaren erheben noch insoweit mengenmäßige Beschränkungen/MgW verhängen (EuGHE 1978, 927, verb. Rs. 80 u. 81/77 „SLCR und Ramel", st. Rspr.). Noch bestehende nationale Marktordnungen müssen so umgeformt werden, dass sie den freien Warenverkehr nicht behindern (EuGHE 1974, 1383, Rs. 48/74 „Charmasson"). Aber auch der **Agrargesetzgeber der Union** ist bei der Gestaltung der GAP nach Art. 39ff. AEUV, insbesondere in Gestalt der Europäischen Marktordnungen, an den Grundsatz des freien Warenverkehrs im Sinne einer **„Einheit des Marktes"** gebunden (EuGHE aaO.). Allerdings werden **systembedingte Einschränkungen** des freien Warenverkehrs für zulässig angesehen, soweit sie den – weitgespannten – Zielen der GAP nach Art. 39 AEUV dienen.

Beim **Agrar-Außenhandel** sind die GAP-Kompetenz (Art. 43 AEUV) und die handelspolitische Zustän- 13
digkeit (Art. 207 AEUV) gegeneinander abzugrenzen. Die beiden Vorschriften sind unterschiedlichen „Geistes". Dem Bekenntnis des Art. 206 AEUV zur **weltoffenen Handelspolitik** stehen die den **Schutz der europäischen Landwirtschaft** in den Vordergrund stellenden Agrarziele des Art. 39 AEUV gegenüber. Soweit sich Maßnahmen systematisch in Regelungen der GAP einfügen wie die frühere Ersetzung der Außenzölle des GZT in den Marktordnungen durch agrarspezifische „Abschöpfungen" (unten Rz. 28), findet Art. 43 AEUV Anwendung. Auch sonst werden agrarpolitische Ziele oftmals liberaler Außenhandelspolitik vorangestellt. Ein besonderes Beispiel stellte die EU-Bananenmarktordnung aus dem Jahre 1993 dar (VO 404/93, ABl. 1993, L 4/1), um die jahrelang innerhalb der EU (EuGHE 1994, I-

4973, Rs. C-280/93 „Deutschland/Rat – Bananen"; BVerfGE 102, 147) und in der WTO (Panel- und Appelate-Body-Entscheidungen 1997–2000 bei *Weiß/Herrmann,* Welthandelsrecht, 2003, 73) gestritten wurde (dazu *Cascante/Sander,* Der Streit um die EG-Bananenmarktordnung, 1999; *Breuss/Griller/Vranes* (Hrsg.), The Banana Dispute, 2003). Auch die **Fischereiabkommen,** bei denen es meist um Fangrechte und nicht um Handelsaustausch geht, werden i. d. R. auf Art. 43 AEUV gestützt.

14 Nach Art. 42 AEUV finden die **allgemeinen Wettbewerbsregeln der Art. 101 ff. AEUV** nur insoweit Anwendung, als dies nach Art. 43 AEUV **unter Berücksichtigung der agrarpolitischen Ziele** des Art. 39 AEUV sekundärrechtlich beschlossen wird. Agrarpolitik hat in ihrem Bereich grundsätzlich **Vorrang** vor der Wettbewerbspolitik (EuGHE 1980, 3333, Rs. 138 u. 139/79 „Isoglucose"). Eine entsprechende Regelung wurde aber bereits 1962 erlassen (zunächst VO 26 v. 4.4.1962, ABl. 993; heute vor allem Art. 175 und 180 VO 1234/2007 über die einheitliche gemeinsame Organisation der Agrarmärkte, ABl. L 299/1, ferner VO 1184/2006, ABl. L 214/7). Auch in der Landwirtschaft gilt daher – im Regelfall – das Wettbewerbsprinzip (EuGHE 1979, 2169, Rs. 177/78 „Pigs and Bacon Commission"). Sofern etwa nationale Beihilfen ein marktordnungsrechtliches Preissystem beeinträchtigen, verstoßen sie gegen das Unionsrecht, ohne dass es einer besonderen Feststellung durch ein Organ der Union bedarf (EuGHE 1975, 79, Rs. 51/74 „van der Hulst's Zonen", st. Rspr.). Allerdings bestehen jeweils gewisse – eng auszulegende (EuGHE 1995, I-4515, Rs. C-399/93 „H. G. Oude Luttikhuis") Ausnahmeregelungen. So besteht das Verbot der Durchführung nationaler Beihilfen vor Kommissionsentscheidung (Rz. 21/30) im Agrarbereich nicht (Art. 3 VO 1182/2006). Näher zu alledem *Schweizer,* in: Immenga/Mestmäcker, Wettbewerbsrecht, 5. Aufl. 2012, Band 1 – EU, Teil 2 Abschn. VIII.

15 Außerdem muss die GAP auf Grund von **Querschnittsklauseln des AEUV** die Ziele und Interessen weiterer Politiken berücksichtigen. Das gilt für die mit der Landwirtschaft eng verbundene **Umweltpolitik** (Art. 11 AEUV, unten Rz. 33/19; dazu etwa EuGHE 2009, I-6355, Rs. C-428/07 „Horvath"), den **Tierschutz** (Art. 13 AEUV, Rz. 33/46, und dazu EuGHE 2001, I-5689, Rs. C-189/01 „Jippes"), die **Verbraucherpolitik** (Art. 12 AEUV, unten Rz. 36/4), die **Regionalpolitik** (Art. 174 ff. AEUV, oben Rz. 18/59 ff.) und die **Zusammenarbeit mit Drittländern** (Art. 208 ff. AEUV, unten Rz. 40/52 ff.). „Berücksichtigung" bedeutet Mitbedenken und Abwägen im konkreten Fall.

3. Die Rechtsgrundlagen der Gemeinsamen Agrarpolitik

16 Zur Verwirklichung der Ziele des Art. 39 AEUV enthalten Art. 40–44 AEUV ausführliche vertragliche Rechtsgrundlagen. Nach Art. 40 Abs. 1 AEUV besteht die grundsätzliche Verpflichtung zur Schaffung einer **gemeinsamen Organisation der Agrarmärkte** (Rz. 19 ff.). Daneben steht die Agrarstrukturpolitik als „zweite Säule" der Agrarpolitik (Rz. 30 ff.).

17 Der sekundärrechtliche Aufbau der GAP seit den fünfziger Jahren wurde durch die **umfassende Agrarrechtssetzungskompetenz** der heutigen Art. 43 Abs. 2 und 3 AEUV möglich. Mit dem **Vertrag von Lissabon** hat das **ordentliche Gesetzgebungsverfahren** auch im Bereich der Landwirtschaft Einzug gehalten; in der Zuständigkeit des Rats verbleiben allerdings die politisch besonders sensiblen Fragen der Festsetzung der Preise, Abschöpfungen, Beihilfen und der mengenmäßigen Beschränkungen einerseits, in der Fischerei die Festsetzung und Aufteilung der Fangquoten andererseits.

18 Trotz weitreichender Rechtssetzung in der Praxis begründen die Agrarkompetenzen grundsätzlich keine ausschließliche Zuständigkeit (Art. 4 Abs. 2 lit. d AEUV); eine Ausnahme gilt für die Erhaltung der biologischen Meeresschätze (Rz. 38). Damit ist das **Subsidiaritätsprinzip** des Art. 5 Abs. 3 EUV **grundsätzlich anwendbar.** Prinzipiell hat sich die GAP daher auf das **zur Erreichung der Ziele des Art. 39 AEUV Erforderliche zu beschränken.** Faktisch enthalten allerdings die europäischen Marktordnungen in ihrem Anwendungsbereich zumeist abschließende und damit

nationales Recht sperrende Regelungen. Dementsprechend ist die Agrarrechtsetzungskompetenz in der Praxis die am stärksten in Anspruch genommene Zuständigkeit der Union (Fundstellenverzeichnis des geltenden EU-Rechts 03 = mehrere hundert Seiten).

III. Sekundärrechtliche Ausgestaltung der Landwirtschaftspolitik

Literatur: *Bianchi,* Y a-t-il encore quelque chose de „commun" dans la nouvelle Politique agricole commune?, RTDE 2005, 623; *Dero-Bugny,* „Le livre vert" de la Commission européenne, RTDE 2005, 81; *Schrömbges* u. a., Praxishandbuch Erstattungsrecht: EU-Subventionen beim Export von Agrarerzeugnissen, 2005; *Barque,* Le droit communautaire des appellations d'origine et indications géographiques en matière viticole, RTDE 2009, 743; *Eickstedt,* Vom Landwirt zum Landschaftspfleger: Umweltrechtliche Verhaltenssteuerung im Rahmen der Gemeinsamen Agrarpolitik am Beispiel des Ackerbaus, 2010; *Martínez,* Landwirtschaft und Wettbewerbsrecht, EuZW 2010, 368; *Schubert,* Beihilfen im Agrarsektor, EuZW 2010, 92; *Belger,* Das Agrarbeihilfenrecht, 2011; *Mögele/Erlbacher* (Hrsg.), Single common market organisation: article-by-article commentary of the legal framework for agricultural markets in the European Union, 2011; *Busse/Haarstrich,* Agrarförderrecht, 2012.

1. Die Europäischen Marktordnungen im Bereich der Landwirtschaft

Von den vorgesehenen **drei Organisationsformen** unterschiedlichen Intensitätsgrades (gemeinsame Wettbewerbsregeln, eine bindende Koordinierung der einzelstaatlichen Marktordnungen oder eine Europäische Marktordnung) ist in der Praxis nur die zuletzt Genannte von Bedeutung (**„Gemeinsame Marktordnung"**, Art. 40 Abs. 2 lit. c) AEUV). Es handelt sich dabei um eine in der Form einer Verordnung beschlossene **Gesamtheit rechtlicher Regelungen** für ein bestimmtes Erzeugnis, dessen Produktion und Vermarktung umfassend „europäisch" geregelt werden (Preisregelungen, Abnahmegarantie, Beihilfensysteme, Regelung des Drittlandshandels u. a. m.; Definition bei EuGHE 1974, 1383, Rs. 48/74 „Charmasson"). Dabei untersagt Art. 40 Abs. 2 AEUV eine **Diskriminierung zwischen Erzeugern und Verbrauchern** innerhalb der Marktordnungen. Der Gerichtshof hat in einer ausgedehnten Rechtsprechung dieses Diskriminierungsverbot als einen spezifischen Ausdruck des umfassenden, vor allem in Art. 18 AEUV niedergelegten Gleichheitssatzes des Unionsrechts im Sinne des **Willkürverbotes** begriffen (EuGHE 1977, 1753, verb. Rs. 117/76 und 16/77 „Ruckdeschel" st. Rspr.). 19

Im Laufe der Zeit wurden für die meisten landwirtschaftlichen Erzeugnisse solche Marktordnungen geschaffen (Ausnahmen u. a. Kartoffeln, Kaffee). Im Vordergrund stehen vielfach Preisregeln, daneben gibt es zum Teil auch produktbezogene Regeln. Am weitesten in der Verfolgung von Unionspräferenz und Unionsfinanzierung gehen **Regelungen zur Marktsicherung** (z. B. Getreide, Reis, Milch, Zucker), bei denen die Binnensicherung durch garantierte Preise i. V. m. staatlichem Aufkauf mit einer effektiven Außensicherung kombiniert werden. Dieses System wird seit 1992 durch direkte Einkommensbeihilfen modifiziert. Für andere Produkte (z. B. Obst und Gemüse) besteht kein geregeltes Binnenpreisniveau mit Intervention, wohl aber ein Außenschutz. Bei manchen Erzeugnissen bestehen lediglich Handelsregelungen (z. B. Blumen). Besonders umstritten war die **Bananenmarktordnung,** bei welcher der Außenschutz für ein im Wesentlichen „nichteuropäisches" Agrarerzeugnis im Vordergrund stand (Rz. 13). 20

Ursprünglich gab es für jedes Produkt eine eigene Marktordnung; die Ähnlichkeit der allgemeinen Regelungsstrukturen war im Jahre **2007** Anlass, eine **einheitliche gemeinsame Marktordnung** für alle Produkte zu schaffen, für die überhaupt ein entsprechender Regelungsbedarf bestand (nunmehr VO 1308/2013, ABl. L 347/671); die (jeweils unterschiedlichen) produktspezifischen Regelungen finden sich in entsprechenden Anhängen zu dieser VO, zum Teil auch in gesonderten VOen. Grundsätzliche inhaltliche Änderungen waren mit dieser Neuregelung nicht verbunden. 21

a) Finanzrelevante Regeln für den Agrarbinnenmarkt

22 Ist ein **Preissystem** vorgesehen, soll dieses zum Zuge kommen, wenn die realen Agrarpreise so niedrig sind, dass die Direktbeihilfen die „angemessene Lebenshaltung" der Landwirte (Art. 39 Abs. 1 lit. b) AEUV) nicht ermöglichen. Ausgangspunkt ist der **Orientierungspreis** (Grundpreis, Richtpreis o. ä.). Er wird für die einzelnen Produkte jährlich vom Rat festgesetzt und soll den zur Sicherung der Einkommen der Landwirte erforderlichen Marktpreis darstellen. **Unterschreitet** der reale Marktpreis den Orientierungspreis, kaufen staatliche Stellen (in Deutschland die Bundesanstalt für Landwirtschaft und Ernährung in Bonn, BLE; Rz. 35) zum ebenfalls „politisch" festgesetzten **Interventionspreis** Überschüsse auf. Die staatlich aufgekauften (oft erheblichen) Bestände lassen sich meist nicht mehr marktgerecht veräußern. Sie werden dann mit „künstlichen" Maßnahmen (verbilligten Sonderverkäufen einschl. Drittlandsausfuhren, Verarbeitung (z. B. Destillation) oder Vernichtung („Denaturierung")) „verramscht". Das Interventionssystem stößt immer wieder auf Kritik. Während allerdings vor 20 Jahren die Marktstützungsmaßnahmen noch etwa 90% der Mittel beanspruchten, ist dieser Anteil mittlerweile auf rund 5% gesunken.

23 In den letzten Jahren sind Einkommensbeihilfen, sog. **Direktzahlungen** oder auch **Betriebsprämien,** das zentrale Instrument der Einkommenssicherung für die Landwirte geworden (nunmehr VO 1073/2013, ABl. L 347/608; DurchführungsVO 1122/2009, ABl. L 316/65). Sie machen mittlerweile knapp drei Viertel der europäischen Agrarausgaben aus. Diese Zahlungen sind vom aktuellen Umfang der Produktion abgekoppelt; sie richten sich je nach Entscheidung des Mitgliedstaates nach der bewirtschafteten Fläche – so nach einer Übergangszeit auch in Deutschland – oder nach den bisherigen Zahlungen (mit zunehmend schwindender Legitimation). Vor dem Hintergrund zunehmender Einsicht, dass sich die Agrarpolitik auch an qualitativen Gesichtspunkten orientieren muss, ist Voraussetzung für den Erhalt von Direktzahlungen die Beachtung von festgelegten **„Grundanforderungen an die Betriebsführung",** die für die Bereiche Gesundheit von Mensch, Tier und Pflanzen, die Umwelt und den Tierschutz festgelegt werden (heute Art. 43ff., Art. 93ff. VO 1306/2013, ABl. L 347/549 „Cross compliance"). Der Bauer ist damit entgegen dem (allerdings ohnehin nur begrenzt verwirklichten) **Marktprinzip** (oben Rz. 8) weitgehend zum „Landschaftspfleger" geworden. Die praktische Umsetzung dieser Vorgaben ließ aber offenbar zumindest in der Vergangenheit stark zu wünschen übrig (Sonderbericht 8/2008 des Europäischen Rechnungshofes). Die Missachtung der Vorgaben rechtfertigt Kürzungen der oder den Ausschluss von Hilfen; das gilt auch, wenn dafür Dritte wie ein Pächter des Zuschüsse beantragenden Landwirts verantwortlich sind (EuGH, Urteil vom 13.12.2012, Rs. C-11/12 „Maatschap L.A."). Ferner sollen die Mitgliedstaaten sicherstellen, dass alle landwirtschaftlichen Flächen, auch wenn sie nicht mehr für die Erzeugung genutzt werden, „in gutem landwirtschaftlichen und ökologischen Zustand erhalten bleiben" (Art. 94 VO 1306/2013). Damit wird die Konsequenz aus zahlreichen Skandalen (zu BSE siehe Rz. 25) gezogen, aber auch dem Querschnittsgebot des Umweltschutzes (Art. 11 AEUV) Rechnung getragen.

24 Außerdem wurden die Betriebsprämien in den letzten Jahren zunehmend degressiv proportional ausgestaltet und für Großbetriebe besonders gekürzt, was Konsequenzen vor allem in Ostdeutschland zeitigt; die frei werdenden Beträge werden für die Agrarstrukturpolitik (dazu Rz. 30ff.) verwendet („Modulation"; der EuGH hat dies als mit dem Gleichheitssatz und dem Vertrauensschutz als vereinbar angesehen: Urteil vom 14.3.2011, Rs. C-545/11 „Agrargenossenschaft Neuzelle").

b) Agrarrechtsangleichung

Literatur: *Gorny,* Novel Food-Verordnung und Gentechnikgesetz, ZLR 1993, 105; *Streinz,* Europäisches Lebensmittelrecht, ZRVgl. 1994, 49; *Groß,* Die Produktzulassung von Novel Food, 2001; *O'Rourke,* European food law, 2001; *Köhler,* Die neuen europäischen Begriffe des Lebensmittelrechts, GRUR 2002, 844; *Zintler,* Die Biotechnologierichtlinie, 2002; *Ittershagen/Runge,* Die europäischen Vorschriften zur Zulassung und Kennzeichnung genetisch veränderter Produkte, NVwZ 2003, 549.

25 Zur Gewährleistung eines **freien Agrarbinnenhandels** sehen die gemeinsamen Marktordnungen vielfach auch **einheitliche Produktstandards** vor. Damit soll nicht nur nationalen Bedenken gesundheitspolitischer o. ä. Art gegen den unionsweiten Freiverkehr Rechnung getragen werden; auch sind für die unionsweite Handelbarkeit vieler Produkte die Festlegung von Handelsklassen und vergleichbarer Qualitätsstandards wichtige Voraussetzung. Dementsprechend ist auch insoweit **Art. 43 AEUV** die einschlägige

Rechtsgrundlage (EuGHE 1989, 3743, Rs. C-131/87 „KOM/Rat" st. Rspr.; mit Ausnahme der Bereiche Veterinärwesen und Pflanzenschutz nach Art. 168 Abs. 4 lit. b) AEUV). Konkrete Bestimmungen finden (in teilweiser Verkennung dieser Problematik) in der Öffentlichkeit allerdings vielfach Kritik; für zahlreiche Bereiche wurde daher jüngst ihre Abschaffung beschlossen (VO 1221/2008, ABl. L 336/1). Werden vorgeschriebene Standards und Kontrollen nicht eingehalten, können andere Mitgliedstaaten ggf. auch nationale Einfuhrverbote erklären, wie dies im Fall des zunächst (nach nachlässiger Handhabung europäischer Veterinärregeln) 1986 in Großbritannien ausgebrochenen **„Rinderwahnsinns"** (BSE = **b**ovine **s**pongiforme **E**nzephalopatie) mit Billigung durch KOM und Gerichtshof geschah (EuGHE 1998 I-2211, Rs. C-157/96 „National Farmers Union" und Folge-Rspr; vgl. auch Art. 175 VO 1234/2007 über die einheitliche gemeinsame Organisation der Agrarmärkte, ABl. L 299/1).

Im Einzelnen ergeben sich zugleich viele Zusammenhänge und Abgrenzungsfragen mit der europäischen **Gesundheits- und Verbraucherschutzpolitik** (Art. 168f. AEUV), aber z. B. im Bereich der Gentechnologie („Novel Food") auch mit **Industriepolitik und Forschung** und **technologischer Entwicklung** (Art. 173, 179 AEUV). Mittlerweile ist eine kaum noch überschaubare **Fülle an Agrarrechtsangleichungsakten** in Bezug auf Futtermittel, Pflanzenschutz, Veterinärwesen, Tierzucht (BSE!), Saat- und Pflanzgut, Farbstoffe, Konservierungsmittel, gentechnologisch veränderte Agrarerzeugnisse u. a. m. ergangen. Jüngst wurden für etliche agrarnahe Lebensmittel Standards für Qualität einschließlich der Ursprungsbezeichnungen vereinheitlicht (VO 1151/2012, ABl. L 343/1); ohnehin weist die Angleichung des **Lebensmittelrechts** (Rz. 33/64f.) vielfach enge Bezüge zum Agrarrecht auf (Fundstellenverzeichnis des geltenden EU-Rechts 03.50 und 13.30.14). Bei der schwierigen Wahl der jeweiligen Rechtsgrundlage ist das **Hauptziel des Rechtsaktes** maßgeblich (EuGHE 2001, I-7079, Rs. C-377/98 „Niederlande/Rat"; vgl. auch Rz. 33/21). 26

c) Ergänzende Marktregelungen

Um das durch die Preisregelungen bewirkte Anwachsen der Agrarproduktion zu begrenzen, wurden in den siebziger und achtziger Jahren für einige Produkte **Produktionsobergrenzen** („Milchquote") oder auch Programme zur **Flächenstilllegung** eingeführt: letztere wurden allerdings 2008 wieder abgeschafft. Mit der zunehmenden Umstellung der Finanzierung auf Direktzahlungen (Rz. 23) verlieren diese Instrumente wieder an Bedeutung. Die Milchquoten etwa werden ab 2012 schrittweise erhöht und sollen 2015 ganz wegfallen. 27

d) Regeln für den Agraraußenhandel

Das Außenregime der Marktordnungen soll die **europäische Landwirtschaft** vor billigeren Drittlandserzeugnissen **schützen** und den **Export** von EU-Agrarüberschüssen in Drittländer **fördern.** Beide Prinzipien bringen die GAP in Konflikt mit der Welthandelsorganisation (WTO), wo andere große Agrarexporteure (USA, Cairnsgruppe) und Entwicklungsländer einen möglichst freien Agrarwelthandel unter Öffnung des europäischen Marktes anstreben. So wurde das frühere intransparente System der Abschöpfungen durch Zölle für Agrarprodukte ersetzt (**„Tarifikation"**). Für manche Produkte bestehen außerdem **Schutzklauseln,** die bei „Störungen des Binnenmarktes" einfuhrhemmende Maßnahmen ermöglichen. Sie müssen WTO-konform ausgestaltet sein (VO 3285/94, ABl. 1994, L 349/53). 28

Agrarexporte aus der EU werden durch ein (im Rahmen der WTO umstrittenes) System von **„Ausfuhrerstattungen"** erleichtert. Diese Beihilfen aus dem Garantiefonds „schleusen" teurere Agrarprodukte auf den Weltmarktpreis „hinunter" (vgl. VO 800/1999, ABl. L 102/1, sowie *Prieß,* ZfZ 1996, 258, 302). Das Erstattungssystem wird durch weitere Maßnahmen ergänzt. Bei bestimmten Agrarerzeugnissen wird die Einfuhr auch gefördert, u. a. durch Verträge der EU mit wichtigen Produzentenstaaten (z. B. Zucker). 29

2. Agrarstrukturpolitik („Entwicklung des ländlichen Raumes")

Literatur: *Eiden,* Zur Neuausrichtung der EG-Agrarpolitik, FS Bleckmann, 1993, 29; *Mögele,* Das integrierte Verwaltungs- und Kontrollsystem für Beihilfen im Bereich der Landwirtschaft, AgrR 1994, 305; *Niels,* Produktionsbeschränkungen in der Landwirtschaft, AgrR 1994, Beil. I, 2; *Poggensee,* Die Flächenstillegungsprogramme der EG, 2. Aufl. 1994; *Priebe,* Agrarreform verabschiedet, EuZW 1999, 482; *Seidel,* Rechts- und Verfassungsprobleme der Kofinanzierung der Struktur- und Agrarpolitik, ZEuS 1999, 549.

a) Aufgaben und Grundlagen der Agrarstrukturpolitik

30 Die **Agrarstrukturpolitik** ist neben der Marktpolitik die **zweite Säule der GAP.** Da die traditionellen Mechanismen der europäischen Marktorganisationen nicht ausreichen, um die Ziele des Art. 39 AEUV zu verwirklichen, wird zunehmend versucht, durch **Verbesserung der Strukturen der landwirtschaftlichen Betriebe** die Lage des ländlichen Raumes zu verbessern (Modernisierung von Betrieben, Einstellung unrentabler Tätigkeit, Niederlassungshilfen für Junglandwirte, Qualifizierung der Landwirte, umweltbewusste Landwirtschaft, Stilllegung von Anbauflächen, Verbesserung der Verarbeitung und Vermarktung u. a. m.). Die Agrarstrukturpolitik hat seit den sechziger Jahren verschiedene Wandlungen durchlaufen.

In den Art. 38 ff. AEUV ist die Agrarstrukturpolitik nur **schwach verankert** (Art. 39 lit. a), 41 und 42 AEUV). Jedoch wird die Kompetenz des Art. 43 Abs. 2 AEUV inzwischen auch für Strukturmaßnahmen in Anspruch genommen. Durch die Verknüpfung mit der allgemeinen Strukturpolitik (Rz. 18/59 ff.) sind die Art. 174 ff. AEUV auch im Bereich der Landwirtschaft anwendbar.

b) Entwicklung der Agrarstrukturpolitik

31 Die Strukturpolitik sollte bereits 1959 in einem ausgewogenen Verhältnis zur Marktpolitik stehen. Erst die **Einführung der allgemeinen Strukturpolitik** (wirtschaftlicher und sozialer Zusammenhalt, Rz. 18/59 ff.) durch die EEA 1987 gab der Agrarstrukturpolitik die notwendigen Impulse; die **Agrarreformen 1992** werten sie weiter auf. Mit einer Reihe sekundärrechtlicher Maßnahmen (u. a. Förderung umweltbewusster Landwirtschaft, Stilllegung von Anbauflächen) sollte die Expansion der Preisgarantiezahlungen eingegrenzt werden. Diese Politik zur **Entwicklung des ländlichen Raumes** wuchs zu einem eigenständigen Teil der GAP. Sie bringt eine **Verzahnung mit der Umweltpolitik** mit sich. Die Agrarstrukturpolitik blieb stärker als die Marktpolitik **gemischt europäisch-national** geprägt (u. a. Prinzip der Kofinanzierung sowie nationaler Strategiepläne). Neben die allgemeine sind seit den neunziger Jahren **regionale** (z. B. für Berggebiete oder für Gebiete in äußerster Randlage der EU) und **sektorielle** Strukturpolitiken getreten (z. B. für die Fischerei, Rz. 45). Mit der **Agenda 2000** der GAP ist die Agrarstrukturpolitik vollends aus dem Schatten der Marktpolitik getreten. Das finanzielle Gesamtvolumen der Strukturmaßnahmen erhöhte sich beträchtlich. 2008 wurde die Pflicht zur Veröffentlichung der erhaltenen Unterstützung eingeführt (Rz. 37).

c) Stand der Agrarstrukturpolitik

32 Seit 2014 ist die **VO 1305/2013** (ABl. L 347/487, Änderungen, mit weiteren Durchführungsregelungen) über die Förderung der **Entwicklung des ländlichen Raumes** durch den Europäischen Landwirtschaftsfonds für die Entwicklung des ländlichen Raumes (ELER) das zentrale Instrument der Agrarstrukturpolitik. Mit ihr sollen Wettbewerbsfähigkeit von Land- und Forstwirtschaft durch Förderung der Umstrukturierung, der Entwicklung und der Innovation gefördert, Umwelt und Landschaft durch Förderung der Landbewirtschaftung befördert und Lebensqualität im ländlichen Raum gesteigert sowie die Wirtschaft diversifiziert werden (Art. 4). Die Grundlagen für die Entwicklung des ländlichen Raumes bilden von den Mitgliedstaaten erarbeitete und von der Kommission zu genehmigenden Programme (Art. 6 ff.). Diese werden wiederum auf der Grundlage von europäischen Leitlinien für die **allgemeine EU-Strukturpolitik** (oben Rz. 18/59 ff.) entwickelt (Art. 4 der allgemeinen FondsVO 1303/2013, ABl. L 347/320). Alle Maßnahmen müssen von den MSen **kofinanziert** werden. Damit hat sich die Agrarstrukturpolitik mehr und mehr zu einer **„gemischten" Politik** entwickelt. Weitere begleitende Agrarstrukturmaßnahmen betreffen Ag-

rarstatistik, Agrarforschung und ein Informationsnetz landwirtschaftlicher Buchführungen (Fundstellenverzeichnis des geltenden EU-Rechts 03.30).

Insgesamt kann die Agrarstrukturpolitik seit der **Agenda 2000** nach der Vielfalt der Maßnahmen und dem dahinter stehenden europäischen und nationalen Finanzvolumen (Kofinanzierung) mit Recht als die **„zweite Säule" der GAP** neben der Marktpolitik bezeichnet werden. Der Ausbau der strukturellen Maßnahmen zu Lasten der Marktpolitik geht weiter. Damit wird dem Überschussproblem begegnet. Die Kehrseite der Entwicklung liegt darin, dass sich die Landwirte zunehmend von unternehmerischen Produzenten zu Subventionsempfängern wandeln („Landschaftsgärtner"). 33

3. Verwaltung und Finanzierung der Marktordnungen

a) Agrarverwaltung

Die Durchführung der Marktordnungen erfordert einen **erheblichen administrativen Aufwand.** Der zentrale rechtliche Rahmen findet sich heute in der VO 1306/2013 (ABl. L 347/549). Daneben bedarf es, um das Marktgeschehen bei den betreffenden Produkten im Sinne der Marktordnungsziele zu beeinflussen, einer **Fülle von Einzelregelungen,** beispielsweise preislicher Art oder in den täglichen Entscheidungen, die beim Außenschutz getroffen werden müssen. Diese Durchführungsmaßnahmen, meist in Gestalt von „Durchführungsverordnungen", werden nicht vom Rat angeordnet, sondern gemäß Art. 291 Abs. 2 AEUV von der KOM beschlossen. Diese wird dabei von **Ausschüssen** nationaler Beamter für das betreffende Produkt (z. B. Verwaltungsausschuss für Getreide) unterstützt (dazu oben Rz. 11/38). 34

Die weitere verwaltungsmäßige Durchführung der Marktordnungen obliegt gemäß der allgemeinen organisatorischen Zuständigkeitsregelung zwischen EU und MSen (oben Rz. 12/23 ff.) den hierfür bestimmten **Behörden in den MSen.** In Deutschland sind dies die **Bundesanstalt für Landwirtschaft und Ernährung (BLE)** mit Sitz in Bonn, ferner für den Agrardrittlandshandel die Zollbehörden (Gesetz zur Durchführung der Gemeinsamen Marktorganisationen, neu bekannt gemacht durch G. v. 24.6.2006, BGBl. I 1847, Änderungen). Die MSen unterliegen bei der Anwendung des EU-Agrarrechts der Aufsicht durch die KOM nach Art. 17 EUV, 258 AEUV (*Gaster,* Die Überwachung der Anwendung des Agrargemeinschaftsrechts durch die MSen, 1990). Für Fehler bei der nationalen Ausführung des gemeinsamen Agrarrechts haften grundsätzlich die MSen (EuGHE 1984, 3581, Rs. 109/83 „Eurico"). 35

b) Gemeinsame Agrarfinanzierung

Die Unionsfinanzierung **(„finanzielle Solidarität")** ist ein tragendes Prinzip der GAP. Da die Agrarausgaben immer noch **knapp die Hälfte des EU-Haushalts** ausmachen, bedeutet dies ein erhebliches finanzielles Engagement vor allem der Nettozahler. Zur Abwicklung der Finanzierung wurde 1962 der Europäische Ausrichtungs- und Garantiefonds für die Landwirtschaft (EAGFL) in Verbindung mit den ersten Marktordnungen geschaffen (VO Nr. 25, ABl. 1962, 991 ff.). Zunächst ein selbständiger Fonds, wurde der EAGFL nach 1970 als **unselbständiger Teil** in den **EU-Haushalt** integriert. Mit Wirkung ab dem 1.1.2007 wurden die beiden Abteilungen Ausrichtung und Garantie getrennt in den **Europäischen Garantiefonds für die Landwirtschaft** (EGFL), der die produkt- und die produzentenbezogenen Leistungen verwaltet, und den **Europäischen Landwirtschaftsfonds für die Entwicklung des ländlichen Rau-** 36

mes (ELER), der die Agrarstrukturpolitik finanziert (zu Einzelheiten siehe nunmehr VO 1305 und 1306/2013, ABl. L 347/487 und 549). Der Garantiefonds finanziert vor allem die **Interventionen** zur Regulierung der Agrarmärkte (Preissystem und Einkommensbeihilfen), die **Ausfuhrerstattungen** und einige sonstige Maßnahmen, u. a. im Sinne von Strukturpolitik auch Maßnahmen zur **Entwicklung des ländlichen Raums.** Seit den Reformen 1987/88 gelten für die Agrarausgaben feste Begrenzungen durch die **Agrarleitlinien** der EU-Haushaltsdisziplin (oben Rz. 4), deren Einhaltung insbesondere durch die interinstitutionelle Vereinbarung der EU-Organe vom 17.5.2006 (Rz. 8/9) gewährleistet werden soll. Die Ausgaben im Rahmen der Marktordnungspolitik werden im Grundsatz vollständig von der Union getragen. „Technisch" werden die Ausgaben zunächst national vorfinanziert und in einem Rechnungsabschlussverfahren **zurückerstattet,** es sei denn, dass die Mittel ohne hinreichende Kontrolle oder materiell rechtswidrig eingesetzt wurden. Nicht selten führt dies zu Rechtsstreitigkeiten vor dem Gerichtshof. In Deutschland werden nicht erstattete Beträge nach Art. 104a Abs. 6 GG der jeweils verantwortlichen politischen Ebene angelastet. Die strukturpolitischen Maßnahmen werden hingegen regelmäßig national kofinanziert.

37 Die Milliardenhaushalte der Agrarfonds sind ein bevorzugtes Objekt **betrügerischer Praktiken,** die von der Union und den MSen gemeinsam bekämpft werden (dazu Art. 325 AEUV). Daher sind regelmäßige Prüfungen nach definierten Standards vorgeschrieben (Art. 58ff. VO 1306/2013, ABl. L 347/549). Zur Verbesserung der Kontrollmöglichkeiten wurde eine entsprechende Datenbank geschaffen (InVeKoS, Art. VO 3508/92, ABl. L 355/1, Änderungen). Die zunächst umfassend vorgesehene unternehmensbezogene Veröffentlichung der Höhe der Subventionen (VO 259/2008, ABl. L 76/28) wurde vom EuGH mit Blick auf natürliche Personen aus Datenschutzgründen nicht akzeptiert (Rz. 33/81) und daher zunächst auf juristische Personen beschränkt (VO 410/2011, ABl. L 108/24). Nunmehr gilt eine schwellenwertbezogene Regelung (Art. 111ff. VO 1306/2013). Falschangaben können mit dem Ausschluss von Hilfen sanktioniert werden, ohne das die Union damit eine strafrechtliche Kompetenz in Anspruch nimmt (dazu EuGH, Urteil vom 5.6.2012, Rs. C-489/10 „Bonda").

IV. Gemeinsame Fischereipolitik

Literatur: *Proutière-Maulion,* De la gestion de stocks à l'aménagement des pêcheurs, RMC 1995, 314; *Berg,* Implementing and Enforcing European Fisheries Law, 2000; *Graf Vitzthum,* Europäisches Seerecht, FS Badura, 2004, 1189; *Ingerowski/Salomon,* Ein kritischer Blick auf die aktuellen Entwicklungen in der Gemeinsamen Fischereipolitik, NUR 2006, 535; *Churchill/Owen,* The EC Common Fisheries Policy, 2010; *Wakefield,* Sustainability and Socio-Economic Need in the Common Fisheries Policy, ELR 2010, 476.

38 Die **Fischerei** zählt als „Urproduktion" zur Landwirtschaft im weiteren Sinne; seit dem Vertrag von Lissabon kommt dies bereits in der Bezeichnung des Titels des AEUV zum Ausdruck. Die Fischerei ist nach Art. 38 AEUV Bestandteil des Binnenmarktes und als **Gemeinsame Fischereipolitik (GFP)** ein besonderes Regime im Rahmen der Gemeinsamen Agrarpolitik. Die GFP wurde durch die verschiedenen **Beitritte großer Seefahrtsnationen** (u. a. Großbritannien und Spanien) ausgebaut (Beitrittsakte 1972/1979/1985/1994/2004). Sie weist im Verhältnis zur GAP ver-

schiedene Besonderheiten auf. Ein Teil der GFP, nämlich die **Erhaltung der biologischen Meeresschätze,** fällt in die ausschließliche Zuständigkeit der EU (Art. 3 Abs. 1 lit. b AEUV; EuGHE 1979, 2923, Rs. 141/78 „Cap Caval").

1. Tatsächliche Besonderheiten der Gemeinsamen Fischereipolitik

Einige tatsächliche Besonderheiten erklären die Sonderstellung der GFP innerhalb der allgemeinen Agrarpolitik. Die **Fischbestände** als ihr Wirtschaftsgut sind durch die modernen Fangmethoden ständig gefährdet **(„Überfischung").** Anders als in der GAP muss die GFP sich mit **Knappheit** und nicht mit Überfluss der Bestände auseinandersetzen. Die Marktregelungen müssen Fragen des **Bestandsschutzes** und der Verteilung von **Fangrechten** lösen, bevor die typischen Marktordnungsfragen (Preise, Vermarktung, Außenhandel) angegangen werden können. Außerdem ist der Fischer anders als der Bauer **nicht an einen Ort gebunden.** Fischerei kann grundsätzlich im gesamten Weltmeer betrieben werden. Zudem können Fischer oder Fischereiunternehmen ihre Schiffe unter **Flaggenwechsel** in einem anderen MS als ihrem Herkunftsstaat registrieren lassen. 39

2. Gemeinsame Fischereipolitik und Internationales Seerecht

Bei der Gestaltung der GFP müssen gemäß den für die EU und die MSen verbindlichen Regeln des internationalen Seerechts, insbesondere des **UN-Seerechtsübereinkommens** v. 10.12.1982 (BGBl. 1994 II, 1798 = ABl. 1998, L 179/1 = Sart. II Ziff. 350), verschiedene Meeresregime unterschieden werden, insbesondere: 40

- **Küstengewässer** (idR 12 sm) als Bestandteil des Hoheitsgebietes des Küstenstaates;
- **200-sm-Wirtschaftszone;** in ihr können Küstenstaaten u. a. die Fischereirechte für sich beanspruchen. Die EU nimmt die Wirtschaftszone seit 1976 (Ratsresolution v. 3.11.1976, ABl. C 105/1) als **„EU-Meer"** in Atlantik, Nord- und Ostsee (nicht im Mittelmeer) für sich in Anspruch (vgl. schon Rz. 4/19);
- **Hohe See** (jenseits von 200 sm); hier darf vorbehaltlich völkerrechtlicher Schonregelungen frei gefischt werden.

EU-Fischfang kann sowohl innerhalb des EU-Meeres als auch auf Hoher See oder gemäß vertraglicher Abmachungen in den **Wirtschaftszonen dritter Staaten** (z. B. vor den USA, Kanada oder Westafrika) betrieben werden. Daneben ist die europäische Fischereipolitik in verschiedene Kooperationsabkommen eingebunden.

3. Entwicklung der Gemeinsamen Fischereipolitik

In der ursprünglichen Sechsergemeinschaft hatten sich die MSen 1970 im Sinne des Diskriminierungsverbotes des Art. 7 EWGV den **gleichen Zugang ihrer Fischer** in die nationalen Hoheitsgewässer eingeräumt. Beim **britisch/dänisch/irischen** Beitritt 1973 erreichten diese Seefahrtnationen eine **Einschränkung.** Die MSen dürfen nunmehr ihre **12 sm-Küstengewässer** Fischereifahrzeugen vorbehalten, die traditionell von der angrenzenden Küste aus dort fischen. Neben den eigenen Fischern sind dies solche aus anderen MSen, die hier über „historische Fangrechte" verfügen. Diese diskriminierende Regelung ist in Art. 17 Abs. 2 der VO 2371/2002, ABl. L 358/59 mit Befristung verankert, wird aber regelmäßig fortgeschrieben, zuletzt bis Ende 2014 (VO 1152/2012, ABl. L 343/30). Außerhalb der 12 sm-Zone gilt das **Prinzip des gleichen Zugangs zum EU-Meer** (EuGHE 1978, 417, Rs. 61/77 „KOM/Irland"). 41

Der Beitritt der großen Fischereinationen **Spanien und Portugal** 1986 vergrößerte erneut die Dimensionen der GFP. Ihre Einbeziehung schuf zahlreiche Übergangsprobleme. Dagegen brachten die Beitritte Finnlands und Schwedens 1995 sowie Polens, der baltischen Staaten, Maltas und Zyperns 2004 keine vergleichbaren Schwierigkeiten mit sich.

4. Stand der Gemeinsamen Fischereipolitik

42 Seit 2003 legt nach früheren Reformen im Wesentlichen die **VO 2371/2002, ABl. L 358/59** über die Erhaltung und nachhaltige Nutzung der Fischereiressourcen den **Rahmen** fest, in dem sich die GFP bewegt („*Fischler*-Reform"). **Marktordnung** ist die VO 1379/2021, ABl. L 354/1 (Gemeinsame Marktorganisation für Erzeugnisse der Fischerei und der Aquakultur). Ergänzend bestehen zahlreiche **Durchführungsmaßnahmen** (Fundstellenverzeichnis des geltenden EU-Rechts 04.10.30).

a) Erhaltung der Fischbestände

In Fortentwicklung früherer Regelungen sieht Art. 4 der VO 2371/2002 etliche **Maßnahmen** vor, mit denen die von der Überfischung bedrohten Bestände erhalten werden sollen. Sie können zugleich als **maritimer Umweltschutz** begriffen werden:

43 Der Rat legt jährlich **Gesamtfangmengen** („**TAC**" = **T**otal **a**llowable **c**atches) fest (Art. 20 VO 2371/2002). Sie werden nach einem festen prozentualen Schlüssel („Prinzip der relativen Stabilität") als nationale **Fangquoten** auf die MSen aufgeteilt. Dabei bestehen Tauschmöglichkeiten. Die MSen teilen die Fangquoten auf ihre **Fischer** auf. Dabei entstehen mannigfache Probleme durch **„Quota-hopping"** d. h. die Registrierung von Schiffen in anderen MSen als dem Herkunftsstaat, um dessen Quoten auszunutzen (zu dessen Grenzen EuGHE 1989, 4509, Rs. C-216/87 „Jaderow"). Werden Quoten überschritten, sind diese in den Folgejahren zu kürzen (Art. 105 VO 1224/2009, ABl. 343/1); dazu EuG, Urteil vom 21.11.2012, Rs. T-76/11 „Spanien/KOM").

44 Die Reform 2002 machte erstmals – zaghaft und unzureichend – Front gegen die Gefahren des Überfischens. In weniger gefährdeten Fanggebieten („innerhalb sicherer biologischer Grenzen") sollen die Fischbestände durch **Bewirtschaftungspläne** mit Zielvorgaben **erhalten** werden (Art. 5, 6 VO 2371/2002). In bereits überfischten Fanggebieten („außerhalb sicherer biologischer Grenzen", z. B. Kabeljau in der Nordsee) sollen **Wiederauffüllungspläne** die **Erholung der Bestände** ermöglichen. Die Festsetzung des jährlichen TAC hat sich im Rahmen dieser Pläne zu halten. Künftig sollen wissenschaftliche Gesichtspunkte bei der Festsetzung der Fangquoten eine deutlich größere Rolle spielen. Zudem wurde der Beifang begrenzt (VO 297/2013, ABl. L 90/10).

45 Neben den mengenmäßigen Begrenzungen des Fischfangs versucht die EU die Fischbestände durch ein kompliziertes System von **auf das Schiff bezogenen Maßnahmen** (u. a. Grenzen für Zahl, Größe und Stärke von Fischereischiffen, Begrenzung der zulässigen Fischzeit auf See, sog. **Fischereiaufwandsbeschränkungen**) sowie mit **technischen Erhaltungsmaßnahmen** (z. B. Mindestmaschenöffnungen von Netzen zum Schutz der Jungfische) zu schützen (Art. 11 ff. VO 2371/2002, ABl. L 358/59). Ein wichtiger Bestandteil ist die **gemeinsame Flotten- und Fischereistrukturpolitik** (Abbau der EU-Fischereiflotte bis zu einem Gleichgewicht zwischen Kapazität und zulässiger Fangmöglichkeit, kontrollierte Modernisierung der Flotte u. a.; zu den Defiziten diese Politik siehe aber den entsprechenden Bericht der KOM (2013) 85 vom 18.2.2013. Als Teil der Agrarstrukturpolitik (Rz. 30 ff.) wird eine umweltgerechte Verbesserung der Verarbeitungs- und Vermarktungsbedingungen sowie der Aquakultur angestrebt. – Für die Finanzierung dieser vielfältigen Politiken wurde 2006 der **Europäische Fischereifonds** (VO 1198/2006, ABl. L 223/1) geschaffen, der zu einem Meeres- und Fischereifonds ausgebaut werden soll.

46 Im Laufe der Zeit intensiviert wurden auch die Maßnahmen zur Kontrolle der Bestandserhaltungsmaßnahmen. Bereits die Reform 2002 enthielt zahlreiche Regelungen, die mit der VO 1224/2009 (ABl. L

343/1) weiter verschärft wurden. Grundsätzlich ist es Aufgabe der **Behörden der MSen,** die Einhaltung der Bestandserhaltungsverpflichtungen durch die Fischer sicherzustellen und Fangergebnisse der KOM zu melden (Kontrolle der Boote, Anlandungen usf.; siehe die mehrfach verschärfte VO 1005/2008, ABl. 286/1). Daneben hat die **KOM** einen **eigenen Kontrolldienst** zur „Kontrolle der Kontrolle" eingerichtet. Er verfügt über weitgehende Rechte zu unbegleiteter und unangemeldeter Inspektion. Die MSen sind verpflichtet, Verstöße **straf- und verwaltungsrechtlich** zu sanktionieren. Zu Quotenkürzungen siehe Rz. 43.

Außerdem verfügt die KOM über die Befugnis, bei ernsthaften Gefährdungen der Bestandserhaltung **kurzfristige Sofortmaßnahmen** zu beschließen (Art. 7 VO 2371/2002).

b) Gemeinsame Marktorganisation für Fischereierzeugnisse

47 Die **Gemeinsame Marktorganisation für Erzeugnisse der Fischerei und der Aquakultur** (VO 1379/2013, ABl. L 354/1) stellt neben den Bestandserhaltungsmaßnahmen die zweite Grundregelung der GFP dar. Die GMO Fischerei folgt dem Grundmuster der GAP-Marktordnungen, indem sie einen außengeschützten **freien Binnenmarkt für Fischereierzeugnisse** herstellt. Interventionistische Maßnahmen tragen den Interessen des Fischfangs und der Fischindustrie Rechnung. Dem Verbraucherschutz dienen Qualitäts- und Etikettierungsnormen. Die Preisregelung erfolgt über einen jährlich am Markt ausgerichteten **Orientierungspreis.** Über einen niedrigeren **Rücknahmepreis** können überschüssige Erzeugnisse aus dem Markt genommen werden. Die nötigen Beihilfen werden über die Agrarfonds finanziert. Dem **Außenschutz des Fischbinnenmarktes** dienen Zölle, Referenzpreise und nötigenfalls Ausgleichsabgaben, mit denen billigerer „Weltmarktfisch" auf das EU-Preisniveau „hinaufgeschleust" wird.

c) EU-Außenbeziehungen in der Fischereipolitik

48 Die Außenbeziehungen der Union im Fischereisektor sind wegen der weltweiten Ausübung der Fischerei besonders wichtig. Die EU verfügt **gemeinsam mit den MSen** über eine Außenzuständigkeit, die sie in der Praxis seit der Schaffung des „EU-Meeres" 1976 stark an sich gezogen hat (EuGHE 1976, 1279, verb. Rs. 3, 4, 6/76 „Kramer" st. Rspr., str.). Der spezielle Bereich der **Erhaltung der biologischen Meeresschätze** fällt in die **ausschließliche** Zuständigkeit der EU (Rz. 38).

49 Die EU ist inzwischen Vollmitglied oder neben den MSen Beobachter in allen wichtigen **multilateralen Verträgen und Organisationen** (u. a. UN-Seerechtsübereinkommen 1982, Nordwest- und Nordostatlantische Fischereiorganisationen, Übereinkommen über die Erhaltung der lebenden Meeresschätze der Antarktis, Internationale Walfangabkommen, vgl. Fundstellenverzeichnis des geltenden EU-Rechts 04.20.10). Aus Beschlüssen dieser Organisationen können sich entsprechende Umsetzungsverpflichtungen ergeben (siehe etwa für den Nordatlantik VO 1386/2007, ABl. L 318/1). Außerdem schließt die Union auf bilateraler Basis **Abkommen** mit Drittstaaten (z. B. Norwegen) zur beiderseitigen Einräumung von Fischereirechten. Bisweilen geht es um **Vorteilsausgleich** (USA/Kanada: Eintausch von Fischereirechten gegen Zollzugeständnisse; Guinea-Bissau, Senegal, Madagaskar: Gewährung von Fangrechten gegen Entwicklungshilfe). Die bilateralen Abkommen sind zahlreich (Liste in Fundstellenverzeichnis des geltenden EU-Rechts 04.20.20).

Besonders seit dem Beitritt der großen Fischereistaaten Spanien und Portugal ist das „blaue Europa" zu einem weltweit besonders **wichtigen Vertragspartner** in den internationalen Fischereibeziehungen geworden.

V. Ausblick

50 Die Agrarpolitik hat in der Vergangenheit – verständlicherweise – viel dazu beigetragen, den Ruf der EU als übermäßig **bürokratische Organisation** zu bestätigen. Die in den letzten Jahren zu erkennenden deutlichen Veränderungen im Sinne einer substantiellen **Senkung der Agrarausgaben** und einer Umorientierung weg von der individuellen Einkommenssicherung einzelner Bauern durch garantierte Preise und Produktionsmengen hin zu einer stärker an Kriterien **nachhaltiger Landwirtschaft** ausgerichteten Förderpolitik wird sich schon wegen der immer stärkeren Einbindung der europäischen Landwirtschaftspolitik in internationale Zusammenhänge kaum vermeiden lassen. Die steigende Nachfrage nach Agrarprodukten spielt hier ebenso eine Rolle wie der von der WTO zunehmend ausgeübte Druck zu einer stärkeren Öffnung der Märkte. Dennoch wird die Landwirtschaft wohl noch auf lange Zeit zugleich ein Bereich besonders starker europäischer Intervention in das Marktgeschehen bleiben. Die Fischereipolitik steht vor der Herausforderung, der Überfischung trotz allen Gegendrucks wirksame Grenzen zu ziehen.

§ 25. Freier Dienstleistungsverkehr

Literatur: Zusammenstellung der Literatur zur Dienstleistungsfreiheit bei *Randelzhofer/Forsthoff,* in: Grabitz/Hilf/Nettesheim (Hrsg.), Das Recht der Europäischen Union, bei Art. 56/57 AEUV (2011), und *Roth,* Niederlassungs- und Dienstleistungsfreiheit, in: Dauses (Hrsg.), HB EU-WirtschR E I (2008).

Snell, Goods and services in EC law, 2002; *Andenas/Roth,* Services and Free Movement in EU Law, 2003; *Parpart,* Die unmittelbare Bindung Privater an die Personenverkehrsfreiheiten im europäischen Gemeinschaftsrecht – eine Darstellung der Arbeitnehmerfreizügigkeit, Niederlassungs- und Dienstleistungsfreiheit, 2003; *White,* Workers, Establishment and Services in the EU, 2004; *Husmann,* Niederlassungs- und Dienstleistungsfreiheit nach der 5. und 6. EU-Erweiterung, EWS 2007, 310; *Freyer,* Dienstleistungserbringung ohne Grenzen, EuZW 2008, 459; *Dubos/Kauffmann* (Hrsg.), L'Europe des services, 2009; *Pache,* Dienstleistungsfreiheit, in: Ehlers (Hrsg.), Europäische Grundrechte und Grundfreiheiten, 3. Aufl. 2009, § 11; *Calliess/Korte,* Handbuch Dienstleistungsrecht in der EU, 2010; *Mathisen,* Consistency and coherence as conditions for justification of Member State measures restricting free movement, CMLR 2010, 1021; *Reimer,* Europäisches Dienstleistungsverwaltungsrecht, in: Terhechte (Hrsg.), Verwaltungsrecht der Europäischen Union, 2011, § 18; *Kaddous/Grisel,* Libre circulation des personnes et des services, 2012; *Kuhn,* Die Verwirklichung des freien Dienstleistungsverkehrs im Spannungsfeld von wirtschaftlicher Handlungsfreiheit und Sozialgestaltung, 2013.

Internet-Adresse: http://europa.eu/legislation_summaries/internal_market/single_market_services/index_de.htm

I. Grundlagen: Die Dienstleistungsfreiheit als Teil des Binnenmarktes

1 Wie die Freiheit des Warenverkehrs (oben § 22) ist die Freiheit des (grenzüberschreitenden) Dienstleistungsverkehrs (DLF; Art. 56ff. AEUV) unverzichtbarer Bestandteil eines wirklichen Binnenmarktes zwischen den MSen (Art. 26 Abs. 2 AEUV). Gekennzeichnet ist sie dadurch, dass die beiden beteiligten **Wirtschaftssubjekte** – Empfänger und Erbringer der Dienstleistung – grundsätzlich in **unterschiedlichen Mitgliedstaaten** ansässig sind und allein die (unkörperliche) **Dienstleistung** (dauerhaft) die **Grenze überquert.** Daher weist die DLF in der Sache wie in der dogmatischen Entwicklung nicht unerhebliche **Parallelen** mit der Freiheit des (auf körperliche Gegenstände bezogenen) **Warenverkehrs** auf. Bemerkenswert ist vor allem die starke Dyna-

mik, die die Dienstleistungsfreiheit prägt. Stärker noch als bei den anderen Grundfreiheiten hat sich die Lebenswirklichkeit, in ihrer Folge aber auch die – stark von der Judikatur des Gerichtshofes geprägte – Rechtswirklichkeit über das ursprüngliche **Konzept des Vertrages** hinaus entwickelt. Da DL von Personen zu erbringen sind, hatte der Vertrag nämlich zunächst den **personenbezogenen Aspekt** der DLF, die Reisemöglichkeit, in den Vordergrund gestellt und deswegen die DLF weitgehend parallel zur Niederlassungsfreiheit (NLF) ausgestaltet.

Wegen dieses Personenbezugs können sich einschlägige rechtliche Regelungen nicht auf die DL als solche beschränken, sondern müssen den Erbringer, ggf. auch den Empfänger der DL einbeziehen. Dies unterscheidet die DLF vom freien Warenverkehr, wo sich Regelungen regelmäßig allein auf das Produkt beziehen. Zusätzlich wird jede rechtliche Regelung der DLF durch die – im Vergleich zum Warenverkehr – deutlich geringere Typisierung der DL erschwert. So weisen denn auch im internationalen Wirtschaftsrecht GATT (Warenverkehr) und GATS (Dienstleistungsverkehr) signifikante Unterschiede auf.

Im Rahmen der allgemeinen Wirtschaftsentwicklung kommt dem **Dienstleistungssektor** eine immer stärker zunehmende **Bedeutung** zu. Heute sind unionsweit über 60 % der zivilen Erwerbstätigen hier beschäftigt. Auch wenn sich der Dienstleistungsbegriff des AEUV und der ökonomische Begriff nicht decken, nimmt die DLF im Sinne der Verträge an dieser Entwicklung Anteil. Die Auseinandersetzung z. B. um das „Fernsehen ohne Grenzen" (Rz. 34/50 ff.), die Entwicklungen bei den öffentlichen Aufträgen (Rz. 21/57 ff.) oder im Versicherungswesen sind wichtige Beispiele für die dynamischen Ausweitungen bei der Realisierung der Art. 56 ff. AEUV über die ursprünglichen Vorstellungen der „Väter des Vertrages" hinaus (*Wetzel,* Die DLF nach den Artikeln 59–66 des EWGV, 1992). 2

Rechtlich hatte das **ursprüngliche Konzept** des EWGV als Leitbild die Selbständigen vor Augen, die „vorübergehend (ihre) Tätigkeit in dem Mitgliedstaat ausüben, in dem die Leistung erbracht wird, und zwar unter den Voraussetzungen, welche dieser Mitgliedstaat für seine eigenen Angehörigen vorschreibt" (Art. 57 Abs. 2 AEUV). Dementsprechend wurde die Dienstleistungsfreiheit als Annex zur Niederlassungsfreiheit, der Freizügigkeit für Selbständige (Art. 49 ff. AEUV), eingestuft und vergleichbaren Regelungen unterworfen. Die damit für die Inanspruchnahme dieser Freiheit erforderliche **Harmonisierung der rechtlichen Rahmenbedingungen** wurde als **Aufgabe der Politik** angesehen, für die die Verträge nur Kompetenzbestimmungen bereitstellten (Art. 59, 51–54 i. V. m. 62 AEUV). In diesem Sinne stellte der Rat Ende 1961 zwei Allgemeine Programme zur Aufhebung der Beschränkungen der DLF (und der NLF) auf, die den Erlass zahlreicher Richtlinien mit dem Ziel der Verwirklichung von NLF und DLF bis 1970, dem Ende der Übergangszeit, vorsahen (ABl. 1962, 32 und 36; *Oppermann,* BB 1964, 563). 3

Tatsächlich aber hat vor allem der Gerichtshof die Entwicklung bestimmt. Zunächst hat er (auch) **der Dienstleistungsfreiheit unmittelbare Wirkung** zuerkannt (EuGHE 1974, 1299, Rs. 33/74 „van Binsbergen"). Zudem wurden wichtige zum Warenverkehr entwickelte Grundsätze wie insbesondere das sog. „Herkunftslandprinzip" (oben Rz. 22/31) übernommen (Rz. 14 f.). Schließlich wurde die Dienstleistungsfreiheit in Erweiterung der ursprünglichen Vorstellungen (Rz. 3) auch angewendet auf die **Erbringung nur von Dienstleistungen unmittelbar über die Grenze** hinweg (Rz. 10) sowie auf die Entgegennahme von Dienstleistungen im Ausland (Rz. 9). 4

II. Marktliberalisierung im Bereich des Dienstleistungsverkehrs: Die Dienstleistungsfreiheit (Art. 56 ff. AEUV)

Literatur: *Pasternacki,* Zur Abgrenzung von Niederlassungsfreiheit und Dienstleistungsfreiheit bei Niederlassungen mit Teilfunktion, 1999; *Bartosch,* Dienstleistungsfreiheit und Monopolrechte, NJW 2000, 2251; *Deinert,* Grenzüberschreitende Erbringung von Dienstleistungen und Beschäftigung von Drittstaatsangehörigen, AuR 2000, 92; *McDonald,* Der Begriff der Dienstleistungen im europäischen Binnenmarkt und WTO-System (GATS), 2001; *Frenz/Grande,* Versteckte Diskriminierung am Schnittpunkt von Niederlassungs- und Dienstleistungsfreiheit, EWS 2002, 555; *Rolshoven,* „Beschränkungen" des freien

Dienstleistungsverkehrs, 2002; *Rosenboom,* Das Herkunftslandprinzip im europäischen Dienstleistungsrecht, 2003; *Lottes,* Das erweiterte Zeitmoment beim Begriff Dienstleistung, EuZW 2004, 112; *Korte,* Mitgliedstaatliche Verwaltungskooperation und private Eigenverantwortung beim Vollzug des europäischen Dienstleistungsrechts, NVwZ 2007, 501; *Sinz,* Nationale Regelungszuständigkeit im Bereich der Dienstleistungsfreiheit, 2008; *Wagner,* Einflüsse der Dienstleistungsfreiheit auf das nationale und internationale Arzthaftungsrecht, 2008; *Koenig,* Revisionsrechtliche Maßstäbe der unionsrechtlichen Kohärenzkontrolle von Beschränkungen der Dienstleistungsfreiheit, EWS 2011, 508; *Enchelmeier,* Always at Your Service (Within Limits): The ECJ's Case Law on Article 56 TFEU (2006–11), ELR 2011, 615; *Hatzopoulos* (Hrsg.), Regulation Services in the European Union, 2012; *ders.,* The Court's approach to Services, CMLRev 2013, 459.

1. Anwendungsbereich der Dienstleistungsfreiheit

a) Dienstleistung

5 Art. 57 AEUV definiert den Begriff der Dienstleistung durch zwei Merkmale: Es muss um eine (selbständig erbrachte) **Leistung** gehen, die in der Regel gegen **Entgelt** erbracht wird. Der Leistungsbegriff wird umfassend verstanden; die Aufzählung in Art. 57 AEUV hat nur beispielhaften Charakter. Des wirtschaftlichen Charakters des Binnenmarktkonzeptes wegen muss diese Leistung grundsätzlich entgeltlich erbracht werden. Dabei ist unerheblich, wer dieses Entgelt zu tragen hat; daher stellt etwa der private Rundfunk eine Dienstleistung auch gegenüber den Empfängern dar, selbst wenn die ihn finanzierende Werbung nur von Unternehmen bezahlt wird (näher zum Rundfunk Rz. 34/54). Demgegenüber fallen (weitgehend) kostenfrei erbrachte Ausbildungsleistungen des Staates nicht unter die DLF (EuGHE 1985, 593, Rs. 293/83 „Gravier"; vgl. aber unten Rz. 34/21 zu Privatschulen). Wird eine Leistung ausnahmsweise gefälligkeitshalber erbracht, ändert dies nichts an der Zuordnung zur Dienstleistungsfreiheit.

6 Nach Art. 57 Abs. 1 AEUV stellt die DLF gegenüber den anderen Grundfreiheiten einen **Auffangtatbestand** dar, ist ihnen gegenüber aber nicht im engeren Sinne subsidiär in dem Sinne, dass eine parallele Anwendung prinzipiell ausgeschlossen ist (EuGHE 2006, I-9521, Rs. C-452/04 „Fidium Finanz"). Überschneidungen sind ohnehin kaum vorstellbar: Im Verhältnis zur Waren- und zur Kapitalverkehrsfreiheit ist die Abgrenzung durch den Gegenstand der Freiheit gewährleistet. In Grenzfällen entscheidet der Schwerpunkt (siehe auch Rz. 22/18; etwa zu den der DLF unterfallenden Glückspielen EuGHE 2003, I-8621, Rs. C-6/01 „Anomar"). Im Verhältnis zur NLF erfolgt die Abgrenzung durch das Erfordernis grenzüberschreitender Tätigkeit (Rz. 8). Sonderregelungen gelten für den Verkehr; bei Banken und Versicherungen ist der Zusammenhang mit der Kapitalverkehrsfreiheit zu achten (Art. 58 Abs. 1 und 2 AEUV; Rz. 30/8).

Der **EAG-Vertrag** enthält für die DLF Sondertatbestände (u. a. Art. 96, 97 EAGV).

b) Ausnahmetatbestand: Ausübung öffentlicher Gewalt

7 Entsprechend dem Charakter als Garantie freien (grenzüberschreitenden) Wirtschaftens sind nach Art. 51 i. V. m. Art. 62 AEUV von der DLF (wie von der NLF; siehe dort Rz. 28/27 f.) ausgenommen Tätigkeiten, die in einem MS dauernd oder zeitweise mit der **Ausübung öffentlicher Gewalt** verbunden sind; ähnlich ausgestaltet, aber nicht identisch ist auch die Bereichsausnahme für Beschäftigung in der öffentlichen Verwaltung im Kontext der Freizügigkeit (Art. 45 Abs. 4 AEUV, unten Rz. 27/26 ff.). Art. 51 AEUV ist als Ausnahmetatbestand **eng** und **unionsrechtlich** auszulegen; er umfasst nur Zwangsbefugnisse und ähnliche, vom allgemeinen Recht abweichende Vorrechte (vgl. EuGHE 2010, I-3713, Rs. C-160/08 „KOM/Deutschland") und beschränkt sich insoweit auf das zur Wahrung der entsprechenden nationalen Interessen **unbedingt Erforderliche** (EuGHE 1988, 1637, Rs. 147/86 „KOM/Griechenland"). Bei der Subsumtion kann auf die nationalen Rechtsstrukturen Rücksicht genommen werden („in einem MS", EuGHE 1974, 631, Rs. 2/74 „Reyners", st. Rspr.). **Rechtsanwälte** unterfallen aber nicht dieser Ausnahmeklausel (EuGH, „Reyners", aaO), ebensowenig **Wirtschaftsprüfer** (EuGHE 1993, I-4047, Rs. C-42/92 „Thijssen") und nach jüngerer EuGH-Judikatur die **Notare** (EuGHE 2011, I-4105, Rs. C-54/08 „KOM/Deutschland"; dazu Rz. 30), wohl aber **Gerichtsvollzieher.**

c) Grenzüberschreitung der Dienstleistung

Wie die anderen Grundfreiheiten erfasst auch die DLF keine rein innerstaatlichen 8
Sachverhalte. Im Grundsatz (vgl. aber Rz. 9 a. E.) setzt sie eine Grenzüberschreitung der Dienstleistung voraus. Dabei lassen sich drei Konstellationen unterscheiden.

aa) Aktive Dienstleistungsfreiheit

Die vom Vertrag vorausgesetzte „Grundkonstellation" der DLF besteht darin, dass sich der **Erbringer der DL vorübergehend** zum Zweck der Erbringung der DL in das **Land des Empfängers** begibt. In diesem Falle stellt sich die Frage der Abgrenzung der DLF von der NLF. Entscheidend ist im Grundsatz, dass im Bestimmungsland keine Infrastruktur in Anspruch genommen wird, die nicht jeweils nur für eine bestimmte einzelne Dienstleistung geschaffen, sondern darüber hinaus vorgehalten wird (näher EuGHE 2003, I-1659, Rs. C-131/01 „KOM/Italien"; *Lottes,* EuZW 2004, 112). Rechtlich werden als Begleitrechte neben der Erbringung der Dienstleistung auch Einreise und vorübergehender Aufenthalt gewährleistet (zum Sekundärrecht Rz. 32).

bb) Passive Dienstleistungsfreiheit

Seit EuGHE 1984, 377, Rs. 286/82 u. 26/83 „Luisi und Carbone" ist anerkannt, dass 9
auch die sog. **passive oder negative DLF** in den Anwendungsbereich der Art. 56ff. AEUV fällt (*Völker,* Die passive DLF im europäischen Gemeinschaftsrecht, 1990). Hier begibt sich der Dienstleistungs**empfänger vorübergehend in einen anderen MS** und nimmt dort die DL entgegen. Beispiele bilden die Inanspruchnahme einer medizinischen Behandlung (dazu speziell, vor allem zur Möglichkeit der Abrechnung bei Krankenkassen noch Rz. 33/62) oder einer anwaltlichen Konsultation im Ausland. Der Empfänger einer DL muss **Gebietsfremder** bleiben. Seine Teilnahme am Wirtschaftsleben des Aufnahmemitgliedsstaates darf nicht „stabil und kontinuierlich" werden.

Vom **allgemeinen Freizügigkeitsrecht** der Unionsbürger (oben Rz. 16/15ff.) unterscheidet sich die passive DLF heute vor allem dadurch, dass sie Hürden entgegensteht, die der Heimatstaat des DL-Empfängers der Entgegennahme von DL im Ausland errichtet (etwa bei der erwähnten Krankenbehandlung bzw. ihrer Abrechnung zu Hause).

Ggf. können auch aktive und passive DLF zusammentreffen, etwa im Fall einer Pauschalreise. In diesem Fall können sogar Erbringer und Empfänger in demselben Mitgliedstaat ansässig sein, da sich hier der Ort der Leistung in einem anderen Mitgliedstaat befindet (Beispielhaft: EuGHE 1991, I-709, Rs. 180/89 „KOM/Italien" zu Fremdenführern). Die KOM hat 1993 in einer **erläuternden Mitteilung** den Dienstleistungsbegriff im Sinne der Rspr. des Gerichtshofes näher dargestellt (ABl. 1993, C 334/3).

cc) Korrespondenzdienstleistungsfreiheit

Eine dritte Konstellation der DLF liegt vor, wenn sowohl der Dienstleistungsempfänger als auch der Erbringer der Dienstleistung ihren Aufenthaltsort beibehalten und nur 10
die **Dienstleistung als solche die Grenze überschreitet.** Dann ist hierin der grenzüberschreitende Wirtschaftsvorgang zu sehen, der für die Anwendbarkeit der Art. 56ff. AEUV kennzeichnend ist. Diese „Grundform" der Dienstleistungsfreiheit kann deshalb **dauerhaft** erbracht werden. Unter die Korrespondenzdienstleistungsfreiheit fallen wichtige Gebiete wie **Bank- und Versicherungsdienstleistungen** (§ 30) sowie **Rundfunk** (Hörfunk und Fernsehen, Rz. 34/50ff.).

d) Keine Harmonisierung durch die Union

11 Im Grundsatz gilt wie bei anderen Grundfreiheiten auch hier, dass nationale Maßnahmen nicht an Art. 56 AEUV zu messen sind, wenn die entsprechende Frage bereits einer unionsrechtlichen Harmonisierung unterliegt (allgemein Rz. 22/6). Der EuGH prüft in solchen Fällen allerdings zum Teil Art. 56 AEUV, um dann jedoch eine Rechtfertigung nationaler Beschränkungen (dazu allgemein Rz. 18ff.) nach dieser Norm, „ausgelegt im Lichte" entsprechender Richtlinien, im Ergebnis abzulehnen (siehe etwa EuGHE 2008, I-1989, Rs. C-346/06 „Rüffert").

e) Personeller Anwendungsbereich

12 Berechtigt aus Art. 56 AEUV sind die **Unionsbürger,** wenn sie in einem Mitgliedstaat ansässig sind. Staatsangehörige von Drittstaaten kommen, ähnlich wie bei der Freizügigkeit der Arbeitnehmer, nur als Familienangehörige eines Begünstigten in den Genuss von Reise- und Aufenthaltsrechten nach Art. 3 RL 2004/38 (dazu Rz. 16/19). Nach Art. 54 i. V. m. Art. 62 AEUV können auch **Gesellschaften** die DLF in Anspruch nehmen (zu Einzelheiten des Gesellschaftsbegriffs siehe Rz. 28/13 im Kontext der NLF).

2. Das Verbot von Beschränkungen der Dienstleistungsfreiheit

13 Nach der ursprünglichen Konzeption der DLF bestand diese maßgeblich in der **Gewährleistung der Gleichbehandlung mit Inländern** (Rz. 3); diese bildet auch heute noch deren Kern (EuGHE 1985, 1819, Rs. 197/84 „Steinhauser"). Die von der DLF Begünstigten sollen unter den gleichen Voraussetzungen wie Inländer Dienstleistungen erbringen dürfen (Art. 57 Abs. 3 AEUV). Die DLF ist mit anderen Worten insoweit eine Ausprägung des **Diskriminierungsverbots** im Sinne von Art. 18 AEUV (EuGHE 1977, 1199, Rs. 11/77 „Patrick", st. Rspr.). Außerdem gehört zur DLF als „Begleitrecht" auch ein Recht auf vorübergehenden Aufenthalt (vgl. auch Art. 5 RL 2004/38, unten Rz. 32 sowie Rz. 16/19).

14 Mittlerweile hat die Judikatur den Begriff der Beschränkungen, vor denen Art. 56 AEUV schützt, aber deutlich ausgeweitet und auf alle Maßnahmen erstreckt, die „– selbst wenn sie unterschiedslos für inländische Dienstleistende wie für solche aus anderen Mitgliedstaaten gelten –, … geeignet sind, die Tätigkeit des Dienstleistenden, der in einem anderen Mitgliedstaat ansässig ist und dort rechtmäßig Dienstleistungen erbringt, zu unterbinden, zu behindern oder weniger attraktiv zu machen" (EuGHE 1991, I-4221, Rs. C-76/90 „Säger/Dannemeyer"). Damit wurde die DLF wie alle anderen Grundfreiheiten zu einem **Beschränkungsverbot** weiterentwickelt (vgl. auch Rz. 22/3 und 30ff.). In der Konsequenz dieser Rechtsprechung liegt es, dass ähnlich wie für den freien Warenverkehr auch für die DLF ein **Herkunftslandprinzip** in dem Sinne anerkannt wurde, dass Dienstleistungen, die in einem MS rechtmäßig erbracht werden dürfen, grundsätzlich in vergleichbarer Form auch in anderen angeboten werden dürfen (vgl. auch Rz. 22/31). Wegen der Unterschiedlichkeit des auf die Erbringung von DL jeweils anzuwendenden nationalen Rechts, etwa der Berufsregelungen, ist dessen Anerkennung im Sinne der **„Cassis de Dijon-Philosophie"** (oben Rz. 22/31) einer komplizierten und mit dem Subsidiaritätsprinzip kaum zu vereinbarenden Vollharmonisierung vorzuziehen („Prinzip des gegenseitigen Vertrauens", *R. Wägenbaur,* EuR 1987, 113).

15 Die Stichhaltigkeit einer solchen Ausweitung des Beschränkungsbegriffs machen insbesondere nationale Vorschriften deutlich, die dem Erbringer einer Dienstleistung eine **Residenzpflicht** auferlegen. Auch wenn sie für Inländer in gleicher Weise gelten, machen sie die Inanspruchnahme der DLF faktisch unmöglich und sind daher grundsätzlich nicht zu rechtfertigen (EuGHE 1992, I-3351, Rs. C-106/91 „Ramrath" m. Anm. *Bach,* DZWiR 1992, 379). Weitreichende Ausschlusswirkung haben auch **personenbezogene Anforderungen** an die Ausbildung des Dienstleistungserbringers (zum entsprechenden Sekundärrecht siehe Rz. 26ff.), denn die wenigsten Dienstleistungserbringer verfügen über eine Ausbildung, die in anderen als dem eigenen MS anerkannt ist, oder gar über mehrere entsprechende Ausbildungen. Daneben behindern auch zwischen den Mitgliedstaaten divergierende **leistungsbezogene** Vorgaben die Entwicklung des Binnenmarktes. Ähnlich wie beim Warenverkehr (Rz. 22/31) wird ein in mehreren Mitgliedstaaten operierender Dienstleistungserbringer nämlich ggf. gezwungen, unterschiedliche „Produkte" anzubieten; bei grenzüberschreitend erbrachten Leistungen (Korrespondenzdienstleistungen, oben Rz. 10) ist es ohnehin nur begrenzt möglich, unterschiedlichen Vorschriften des Herkunfts- wie des Empfangsstaates gleichzeitig Rechnung zu tragen. In Fortführung des aufenthaltsrechtlichen Begleitrechts (Rz. 32) hat der EuGH einem Erbringer von Dienstleistungen gestattet, seine eigenen Arbeitnehmer (auch aus Drittstaaten) mitzubringen (EuGHE 2006, I-885, Rs. C-244/04 „KOM/Deutschland", st. Rspr.).

16 Art. 56 AEUV unterfallen neben Maßnahmen des Bestimmungslandes auch solche des **Herkunftsstaates** (etwa EuGHE 1995, I-1141, Rs. C-384/93 „Alpine Investment BV"), ebenso ggf. **private Regelwerke** einschließlich des Versuches, solche zu schaffen wie etwa die Bemühungen von Gewerkschaften um einen Tarifabschluss mit ausländischen Erbringern von Dienstleistungen. Arbeitskampfmaßnahmen sind danach nur in Grenzen zulässig (EuGHE 2007, I-11767, Rs. C-341/05 „Laval un Partneri"; vgl. noch Rz. 31).

17 Auf die Frage, ob bestimmte Maßnahmen nicht als „Beschränkungen" anzusehen sind, weil sie den grenzüberschreitenden Dienstleistungsverkehr nur zufällig betreffen, hat der EuGH lange Zeit wenig klare Antworten gegeben. Ausgeklammert wurden zwar Regelungen, deren Auswirkungen auf die DLF „zu ungewiss und zu mittelbar" seien, um sie am Maßstab von Art. 56 AEUV zu messen (EuGHE 1999, I-6269, Rs. C-44/98 „BASF"). Grundsätzlich aber reichten auch **mittelbare Auswirkungen** aus (sehr weitgehend etwa EuGHE 2002, I-6279, Rs. 60/00 „Carpenter" mit berechtigter Kritik bei *Mager,* JZ 2003, 205). In der Sache wirft der Gedanke, analog zu Art. 34 AEUV etwa „vertriebsbezogene" Beschränkungen bei nichtdiskriminierender Wirkung aus dem Begriff der Beschränkung herausfallen zu lassen, das Problem auf, dass (anders als im Warenverkehr) der Vertrieb von DL wegen deren Personenbezuges (Rz. 1) regelmäßig grenzüberschreitend erfolgt; anderenfalls ist ohnehin die NLF einschlägig. In der jüngeren Rechtsprechung stellt der EuGH in Anlehnung an die zum Warenverkehr entwickelten Formeln (Rz. 22/32ff.) insbesondere auf die Frage des Marktzugangs ab. Da eine Maßnahme nicht schon deswegen, weil andere Mitgliedstaaten günstigere Regelungen vorsehen, für sich genommen eine Beschränkung darstellt, kommt es danach entscheidend darauf an, ob der ausländische Dienstleisterbringer mit seinen inländischen Konkurrenten in einen „normalen und wirksamen Wettbewerb" eintreten kann (EuGHE 2011, I-2101, Rs. C-565/08 „KOM/Italien").

3. Rechtfertigung für Beschränkungen der Dienstleistungsfreiheit

a) Grenzen der öffentlichen Ordnung, Sicherheit und Gesundheit (Art. 52 AEUV)

18 Art. 52 i. V. m. Art. 62 AEUV enthält einen ausdrücklichen Vorbehalt zugunsten des nationalen **„Ordre Public".** Entsprechend der ursprünglichen, personenbezogenen Konzeption der DLF (oben Rz. 3) gestattet er den MSen (nur) ausländerrechtliche Sonderregeln. Inhaltlich ähnelt er Art. 45 Abs. 3 AEUV bei der Freizügigkeit der Arbeitnehmer. Als Ausnahmebestimmung ist die Norm **eng** auszulegen (EuGHE 1975, 297, Rs. 67/74 „Bonsignore"; *Forsthoff,* EWS 2001, 59). Die Begünstigten der DLF haben im Vergleich mit dem allgemeinen Ausländerrecht einen **gefestigteren Status.**

b) Immanente Grenzen der zwingenden Allgemeininteressen

19 Die dynamische Entwicklung des Verständnisses von „Beschränkungen" der DLF (oben Rz. 13) hat wie bei der Freiheit des Warenverkehrs (Rz. 22/42f.) eine Ausweitung von Einschränkungsgründen, also der Möglichkeit der Rechtfertigung von Beschränkungen der DLF mit sich gebracht. Im Kern geht es auch hier um die Sicherung mitgliedstaatlicher Gestaltungsbefugnisse in nicht unmittelbar wirtschaftlichen Bereichen, in denen es bislang zu keiner unionsrechtlichen Harmonisierung gekommen ist. Nationale Regelungen müssen zunächst durch „**zwingende Gründe des Allgemeininteresses** gerechtfertigt" sein und rechtlich wie tatsächlich **diskriminierungsfrei** für alle im betreffenden Staat tätigen Personen und Unternehmen gelten. Werden für ausländische Dienstleistungserbringer bestimmte Meldepflichten vorgesehen, um die Einhaltung nationaler Vorschriften kontrollieren zu können, die bei inländischen Anbietern so nicht bestehen, stellt dies aber nicht per se eine Diskriminierung dar, die dazu führt, dass nicht mehr jedes legitime Allgemeininteresse die Regelung rechtfertigen kann, weil inländische Dienstleister wegen der Dauerhaftigkeit ihrer Tätigkeit in einer prinzipiell anderen Lage seien, wohl aber eine wegen ihrer Pauschalität unzulässige sonstige Beschränkung (EuGH, Urteil vom 19.12.2012, Rs. C-577/10 „KOM/Belgien)". In jedem Fall müssen die Vorschriften sachlich geboten sein. Sie müssen also konsistent ausgestaltet sein und dürfen nicht über das zur Zielerreichung Erforderliche hinausgehen; dabei ist insbesondere auch zu berücksichtigen, inwieweit dem betreffenden Allgemeininteresse bereits durch Maßnahmen im Herkunftsstaat Rechnung getragen wurde. Damit wird wie bei der Warenverkehrsfreiheit auch hier die Verhältnismäßigkeit (einschließlich der sich aus der Struktur der Grundfreiheiten ergebenden Besonderheiten, Rz. 22/12) geprüft.

20 In diesem Sinne wurde in der Rechtsprechung des EuGH eine ganze Reihe von solchen Allgemeininteressen anerkannt. Eine wichtige Rolle spielt der **Arbeitnehmerschutz:** ein Staat darf soziale Schutzstandards (Mindestlöhne!) auf alle in seinem Hoheitsgebiet tätigen Arbeitnehmer anwenden (EuGHE 1994, I-3803, Rs. C-43/93 „Vander Elst" st. Rspr.; vgl. zum Arbeitnehmerschutz auch Rz. 31). Genannt seien weiterhin die **Lauterkeit des Handelsverkehrs** und der Schutz der Verbraucher (EuGHE 1997, I-3843, verb. Rs. 34–36/95 „De Agostini") sowie das finanzielle **Gleichgewicht von Sozialsystemen** (EuGHE 2003, I-4509, Rs. C-385/99 „Müller-Fauré"). Auch nationale wie europäische **Grundrechte** können Schranken rechtfertigen (siehe etwa EuGHE 2004, I-9609, Rs. C-36/02 „Omega" zur Simulation von Menschenerschießungen mit Laserpistolen als Verstoß gegen die Menschenwürdegarantie des nationalen Rechts), europäische Grundrechte außerdem die Zulässigkeit von Schranken begrenzen (etwa EuGHE 2002, I-6279, Rs. C-60/00 „Carpenter" zum Schutz des Familienlebens; siehe dazu schon in Rz. 17). Residenzpflichtererfordernisse (zur Durchsetzung von Kontrollpflichten) sind regelmäßig unverhältnismäßig (Rz. 15). Wurden bestimmte Kontrollen im Herkunftsstaat durchgeführt, sind sie im Erbringerstaat regelmäßig nicht erforderlich (EuGHE 1995, I-4165, Rs. C-55/94 „Gebhard"; vgl. auch allgemein Rz. 22/12). Im gesellschaftspolitisch sensiblen Bereich der Glücksspiele verlangt der EuGH vor allem eine in sich konsistente Regelung (E 2010, I-8015, Rs. C-409/06 „Winner Wetten" sowie 2010, I-8069, Rs. C-316/07 „Markus Stoß" u. a.). Soweit bestimmte Fragen allerdings unionsrechtlich harmonisiert wurden, kommt ein Rückgriff auf diese allgemeinen Rechtfertigungsgründe nicht in Betracht (vgl. auch Rz. 22/6). Dies gilt insbesondere auch im weit gefassten Anwendungsbereich der DienstleistungsRL (Rz. 23).

III. Maßnahmen zur praktischen Verwirklichung des freien Dienstleistungsverkehrs

1. Grundlagen

Nach der **ursprünglichen Konzeption** des EWG-Vertrages sollte die Dienstleistungs- ebenso wie die Niederlassungsfreiheit vor allem durch **sekundärrechtliche Regelungen** verwirklicht werden. Die Annahme einer **unmittelbaren Geltung** der DLF durch den Gerichtshof (Rz. 4) seit 1974 ermöglichte dann zwar formal allen Unionsbürgern die Inanspruchnahme der DLF. Dennoch besteht ein Bedürfnis nach **Harmonisierungsmaßnahmen,** denn bestehende (unterschiedliche und damit die Erbringung von DL behindernde) nationale Regelungen sind über „zwingende Allgemeininteressen" zu rechtfertigen und entfalten faktisch – vor einem einschlägigen Urteil des EuGH – auch im Übrigen ihre Wirkung. Der AEUV stellt insoweit zwei spezielle **Kompetenzgrundlagen** zur Verfügung. Eine allgemeine Kompetenz zu Liberalisierungsmaßnahmen enthält Art. 59 AEUV; im Übrigen ist über Art. 62 auch Art. 53 AEUV anwendbar. In der Praxis werden einschlägige Richtlinien zum Teil auch auf Art. 114 AEUV gestützt; wegen der nur dort, nicht aber im Rahmen der zuvor genannten Normen vorgesehenen Möglichkeit nationaler Alleingänge ist dies nicht unproblematisch. 21

Dem dargestellten Harmonisierungsbedürfnis wird zum Teil durch sehr spezifische, zunehmend aber durch eher allgemeine Rechtsakte Rechnung getragen. Letztere knüpfen an die vom Gerichtshof zunächst für den Warenverkehr entwickelte **„Cassis-de-Dijon-Philosophie"** an (Rz. 22/31) und setzen weniger auf eine vollständige Harmonisierung als auf die **gegenseitige Anerkennung der nationalen Regeln** („Prinzip des gegenseitigen Vertrauens"). So lässt sich die Bedeutung der einzelnen Harmonisierungsmaßnahmen vielfach nur im Lichte der einschlägigen EuGH-Rechtsprechung zum Primärrecht vollständig erfassen. Neben Regelungen zu unmittelbar personen- (etwa Rz. 26ff.) und leistungsbezogenen Fragen der Dienstleistungserbringung wird vielfach auch die Zuständigkeit zur (ggf. grenzüberschreitenden) Kontrolle von Dienstleistungserbringern bestimmt (zu Beispielen Rz. 31/5, 34/58). Gemeinsam ist den Harmonisierungsmaßnahmen bis heute, dass sie vielfach Fragen der Dienstleistungs- und der Niederlassungsfreiheit zusammen regeln. 22

Die im Kontext der Warenverkehrsfreiheit erörterte **Schutzpflicht** der MSen (Rz. 22/49) ist bislang im Bereich der DLF nicht praktisch relevant geworden – wohl nicht zuletzt, weil man sich der Erbringung von Dienstleistungen durch Ausländer wegen der mangelnden Körperlichkeit der Dienstleitungen schwerer als ausländischen Waren in den Weg stellen kann. Wie der Fall von Streiks etc. gegen ausländische Dienstleistungserbringer zeigt (Rz. 31), ist solches aber durchaus denkbar; in diesem Fall ist auch hier eine entsprechende Schutzpflicht anzunehmen.

2. Dienstleistungsrichtlinie

Literatur: *Calliess,* Die Dienstleistungsrichtlinie, 2007; *Korte,* Was bleibt vom herkömmlichen Verständnis der Dienstleistungsfreiheit?, EWS 2007, 246; *Davies,* The Service Directive: extending the country of origin principle and reforming public administration, ELR 2007, 232; *Ziekow/Windoffer* (Hrsg.), Ein einheitlicher Ansprechpartner für Dienstleister, 2007; *Barnard,* Unravelling the Service Directive, CMLRev 2008, 323; *Köck/Karollus* (Hrsg.), Die neue Dienstleistungsrichtlinie der Europäischen Union, 2008; *Kunzmann,* Wege zu einem einheitlichen Binnenmarkt für Dienstleistungen, 2008; *Leible* (Hrsg.), Die Umsetzung der Dienstleistungsrichtlinie, 2008; *Peglow,* La libre prestation de services dans la directive n° 2006/123, RTDE 2008, 67; *Schlach-*

ter/Ohler, Die Europäische Dienstleistungsrichtlinie, 2008; *Wachter/Burger* (Hrsg.), Die Dienstleistungsrichtlinie, 2008; *Ernst*, Die Einführung eines einheitlichen Ansprechpartners im Sinne der EU-Dienstleistungsrichtlinie, DVBl. 2009, 953; *Hissnauer*, Auswirkungen der Dienstleistungsrichtlinie auf das deutsche Genehmigungsverfahrensrechts, 2009; *Lemor/Haake*, Ausgesuchte Rechtsfragen der Umsetzung der Dienstleistungsrichtlinie, EuZW 2009, 65; *Bauer* (Hrsg.), Die Europäische Dienstleistungsrichtlinie: Herausforderung für die Kommunen, 2010; *Ruge*, Dienstleistungsrichtlinie, 2010; *Ferrari-Breeur* (Hrsg.), La directive „services" en principe(s) et en pratique, 2011; *Grunow*, Die Europäische Dienstleistungsrichtlinie in der Umsetzung, 2012.

23 Das vielleicht deutlichste Beispiel für den Versuch, in Kodifikation von EuGH-Judikatur allgemeine Regeln zur Verwirklichung der Dienstleistungsfreiheit zu erlassen, bildet die **Dienstleistungsrichtlinie** (2006/123/EG, ABl. L 376/36). Ausgangspunkt war die Einschätzung, dass trotz zahlreicher Liberalisierungsakte die Inanspruchnahme der DLF häufig an nationalen Vorschriften scheitert. Der erste, von der KOM 2004 vorgelegte Vorschlag sah für die Erbringung von allen Dienstleistungen (mit wenigen Ausnahmen) insbesondere eine grundsätzlich **umfassende Geltung des Herkunftslandprinzips** vor. Auch wenn dies auf den ersten Blick wie eine Kodifikation der einschlägigen EuGH-Rechtsprechung aussah, ging der Vorschlag doch weit darüber hinaus, weil dieses Prinzip nicht nur für die Maßnahmen gelten sollte, die als „Beschränkungen" der Dienstleistungsfreiheit anzusehen sind (Rz. 13ff.), sondern für das gesamte Rechtsregime der Erbringung von Dienstleistungen. Zudem sollte die administrative Kontrolle nicht wie zuvor letztlich dem Staat, in dem die DL erbracht wird, sondern dem Herkunftsstaat überlassen bleiben. Zahlreiche auch **öffentliche Diskussionen,** geprägt vor allem von der Sorge um die Wahrung hinreichender sozialer Standards, führten im Ergebnis – auch auf Druck des EP hin – zu zahlreichen Modifikationen.

24 In der schließlich verabschiedeten Fassung enthält die RL im Rahmen ihres – enger als zunächst vorgesehenen definierten – Anwendungsbereiches vor allem drei Elemente. Zunächst werden die Mitgliedstaaten verpflichtet, ihre jeweiligen nationalen Vorschriften auf Vereinfachungsmöglichkeiten hin zu überprüfen sowie einen **einheitlichen Ansprechpartner** zu benennen, über den ggf. erforderliche Zulassungsverfahren abgewickelt werden können (Art. 6); außerdem werden ausführliche Vorgaben zur Zusammenarbeit der nationalen Verwaltungen gemacht (Art. 28ff.). Weiterhin werden Regelungen zur Erleichterung der Niederlassungsfreiheit getroffen (Rz. 28/43).

25 Schließlich werden für die Erbringung von Dienstleistungen – im Anwendungsbereich der RL – die Voraussetzungen **kodifiziert,** die der EuGH für die **Zulässigkeit von Beschränkungen** durch den MS, in dem die DL erbracht wird, entwickelt hat (Rz. 18ff.). Diskriminierende Beschränkungen sind durchweg unzulässig, nichtdiskriminierende Beschränkungen dürfen nur der Sicherung der öffentlichen Ordnung, der öffentlichen Sicherheit, der öffentlichen Gesundheit sowie dem Umweltschutz dienen (Art. 16); für den Arbeitnehmerschutz gilt die EntsendeRL (Rz. 31). Eine Bedürfnisprüfung ist unzulässig (Art. 14 Nr. 5). Im Anwendungsbereich der DienstleistungsRL ist damit der Rückgriff auf die (weitergehenden) legitimen Allgemeininteressen (Rz. 19) unzulässig, es sei denn, dass die Beschränkungen auf den MS zurückgehen, in dem der Erbringer ansässig ist. Auch wenn der so umstrittene Begriff aus dem Richtlinientext entfernt wurde, gilt damit doch in der Sache weiterhin das „Herkunftslandprinzip", allerdings nur in dem vom EuGH entfalteten Umfang (Rz. 14). Soweit es spezifische Vorschriften gibt (etwa zur Anerkennung von Diplomen, Rz. 26ff., zum Arbeitnehmerschutz, Rz. 31, und zur Fernsehtätigkeit, Rz. 34/58ff.), haben diese Vorrang (Art. 3).

3. Berufsbezogene Regelungen

Literatur: Umfangreiche Zusammenstellungen bei *Storr*, Recht der freien Berufe, in: Ruffert (Hrsg.), EnzEuRV, 2012, § 2; *Ruthig*, Recht des Handwerks, ebd., § 3; *Stumpf*, Freie Berufe und Handwerk, in: Dauses (Hrsg.) HB EU-WirtschR E II (2004). – Zur Literatur zu **Banken, Börsen und Versicherungen** vor Rz. 32/1, zu **Rechtsanwälten und Notaren** unten vor Rz. 29.

Pertek, L'Europe des diplômes et des professions, 1994; *Mulas,* Freizügigkeit freier Berufe im europäischen Binnenmarkt, 1995; *Görlitz,* Die gemeinschaftsrechtlichen Vlassopoulou-Grundsätze, EWS 2002, 20; *Lenze,* Europäische Niederlassungsfreiheit und Prostitution, EuGRZ 2002, 106; *M. Kaufmann,* Die Ausübung medizinischer Berufe im Lichte des EG-Vertrages, MedR 2003, 82; *Kraus,* Diplomas and the recognition of professional qualifications in the case law of the ECJ, Essays D. Edward, 2003, 247; *Mailänder,* Die Auswirkung der EuGH-Urteile auf das nationale Berufsrecht in Deutschland, BRAK-Mitt. 2003, 114; *Vetter/Warnecke,* Anerkennung von Diplomen anderer MSen für Ausbildungszwecke, JuS 2005, 113; *Henssler/Kilian,* Europa und die Freien Berufe, AnwBl. 2005, 1; *Stork,* Die neue Rahmenrichtlinie über die Anerkennung von Berufsqualifikationen, WiVerw 2006, 152; *Haage,* Die Richtlinie 2005/36/EG über die Anerkennung von Berufsqualifikationen, MedR 2008, 70; *Kremalis,* Die Freizügigkeit von Ärzten innerhalb der EU, 2008; *Pertek,* Consolidation de l'acquis du système de reconnaissance des diplômes par la directive 2005/36, RMCUE 2008, 122; *Schulze-Werner,* Zur Umsetzung der EU-Richtlinie 2005/36/EG über die Anerkennung von Berufsqualifikationen in der Gewerbeordnung (§§ 11 b, 13 a GewO), GewArch 2009, 391.

a) Anerkennung von Berufsqualifikationen

Damit die Dienstleistungsfreiheit in allen Bereichen selbständiger Erwerbstätigkeit natürlicher Personen und von Gesellschaften tatsächlich in Anspruch genommen werden kann, ist vor allem eine unionsweite Anerkennung der entsprechenden beruflichen Befähigungen erforderlich, soweit diese Voraussetzung für den Zugang zu einem Beruf sind. Nach einigen bereichsspezifischen und sehr konkreten Maßnahmen ging man Ende der achtziger/Anfang der neunziger Jahre zu recht allgemeinen RL über (siehe zu den akademischen Berufen die „Hochschuldiplom-Richtlinie 89/48", ABl. L 19/16, zu den weiteren beruflichen Befähigungsnachweisen die „Ergänzungs-Richtlinien" 92/51, ABl. L 209/25, und 1999/42, ABl. L 201/77, Änderungen). 26

Alle zuvor bestehenden einschlägigen Richtlinien wurden im Jahre 2005 zu einer umfassenden **„RL über die Anerkennung von Berufsqualifikationen"** zusammengefasst (RL 2005/36, ABl. L 255/22). Im Grundsatz beruht sie auf dem mit dem Vertrauensprinzip (Rz. 14) verbundenen Grundsatz der gegenseitigen Anerkennung von Ausbildungen und Berufserfahrungen (zu letzteren EuGHE 2011, I-2587, Rs. C-424/09 „Toki") bei Wahrung eines gewissen Mindeststandards. Bei größeren Differenzen zwischen den Mitgliedstaaten kann die Anerkennung von Befähigungsnachweisen von **Anpassungslehrgängen** oder **Eignungsprüfungen** im Aufnahmeland abhängig gemacht werden. In bestimmten Bereichen kann diese durch eine einschlägige Berufserfahrung ersetzt werden. Nur im Bereich der ärztlichen, zahnärztlichen und pharmazeutischen Berufe enthält die RL eine weitgehende Vollharmonisierung, die im Prinzip an zuvor bestehende spezifische Harmonisierungs-RLen anknüpft. Grund ist die entsprechende primärrechtliche Vorgabe (Art. 53 Abs. 2 AEUV). 27

Im Einzelnen kommt es für die Anerkennung nur darauf an, dass das entsprechende Diplom im Ausstellungsstaat den **Zugang** zum fraglichem **Beruf** eröffnet; ob die Ausbildung auch in diesem oder in einem anderen MS absolviert wurde, ist unerheblich (EuGHE 2004, I-5405, Rs. C-102/02 „Beuttenmüller"). Demgegenüber unterfällt die Entscheidung eines anderen Staates, Ausbildungen und Prüfungen, die nicht unter seiner Verantwortung, sondern woanders absolviert wurden, anzuerkennen, nicht dieser Richtlinie (EuGHE 2009, I-415, Rs. C-311/06 „Consiglio Nazionale degli Ingegneri").

Ergänzt wird dieses Richtlinienrecht durch eine auf die heutigen Art. 165 f. AEUV (dazu Rz. 34/16 f.) gestützte Empfehlung von Parlament und Rat zur „Einrichtung eines Europäischen Qualifikationsrahmens für lebenslanges Lernen" aus dem Jahre 2008 (ABl. C 111/1). Danach sollen alle nationalen Berufsausbildungen 8 abstrakt definierten Niveaustufen in den Bereichen Kenntnisse, Fertigkeiten und Kompetenzen zugeordnet werden (die letzten 3 beziehen sich auf den Hochschulbereich). So soll die Herstellung der Vergleichbarkeit erleichtert werden.

28 Die Richtlinien gelten nur für abgeschlossene Ausbildungen für staatlich reglementierte Berufe. Der EuGH hat aber auch im Übrigen weitreichende Prüfungs- und Anerkennungspflichten mit Blick auf nationale Diplome postuliert, selbst wenn diese nur teilweise den im nationalen Recht bestehenden Anforderungen entsprechen (EuGHE 2003, I-13467, Rs. C-313/01 „Morgenbesser" zu Ausbildungsteilen; 2009, I-12013, Rs. C-586/08 „Rubino" zur Anerkennung von **Ausbildungen jenseits reglementierter Berufstätigkeit**). Handwerker aus einem anderen MS müssen sich vor der Erbringung von Dienstleistungen allenfalls formal und ohne Aufwand in die **Handwerksrolle** eintragen lassen (EuGHE 2003, I-14847, Rs. C-215/01 „Schnitzer"); in der Konsequenz hat das BVerfG – zur Vermeidung einer Inländerdiskriminierung (dazu Rz. 22/13) – unter Hinweis auf Art. 12 GG eine zurückhaltende Handhabung des Meisterzwanges verlangt (BVerfG (K), JZ 2007, 354).

b) Rechtsanwälte und Notare im Besonderen

Literatur: *Kilian,* Freizügigkeit der Anwälte in der EU, JA 2000, 429; *Ahrens,* Der europäische Rechtsanwalt zwischen Rechtspflege und Dienstleistung, ZZP 2002, 281; *Bachelin,* Die Zusammenarbeit von Rechtsanwälten in Europa, 2002; *A. Klein* u. a., Tätigkeit europäischer Rechtsanwälte in Deutschland, 2002; *Fuchs,* Das deutsche Notariat auf dem europarechtlichen Prüfstand, ZEuS 2008, 145; *Bruns,* Die Zukunft des Notariats in Europa – Dienstleistung oder vorsorgende Rechtspflege, EuZW 2010, 247; *Kohler,* Rechtsfragen der grenzüberschreitenden Tätigkeit von Rechtsanwälten, 2010; *Franz/Wübbenhorst,* Rechtsanwaltstätigkeit in anderen EU-Staaten, NJW 2011, 1262; *Pohl,* Dienstleistungs- und Niederlassungsfreiheit für Notare, EWS 2011, 353; *Schmid/Pinkel,* Grundfreiheitskonforme Reformierung der Notariatsverfassung, NJW 2011, 2928; *Gärditz,* Das lateinische Notariat als öffentliches Amt im Binnenmarkt, EWS 2012, 209; *Henssler/Kilian,* Das deutsche Notariat im Europarecht, NJW 2012, 481; *Spickhoff,* Das deutsche Notariat in Europa – Qualität versus Niederlassungsfreiheit?, JZ 2012, 333.

29 Die DLF gilt auch für **Rechtsanwälte.** Deren Freizügigkeitsrechte innerhalb der Gemeinschaft entwickelten sich schrittweise. Wichtige Fortschritte erzwang der Gerichtshof (u. a. EuGHE 1984, 2971, Rs. 107/83 „Klopp"; 1991, I-2357, Rs. C-340/89 „Vlassopoulou"). Die Diplomanerkennungs-RL 89/48 (ABl. 1989, L 19/16, jetzt ersetzt durch die RL 2005/36; Rz. 27) ermöglichte durch die Anerkennung des Prinzips des gegenseitigen Vertrauens bei der Anerkennung der Berufsabschlüsse einen Durchbruch. Daneben gestattet die RL 98/5 (ABl. L 77/36) die vorübergehende anwaltliche Tätigkeit unter der im **Herkunftsstaat** geführten **Berufsbezeichnung** (zum Verhältnis beider RL EuGHE 2011, I-269, Rs. C-359/09 „Ebert"; zur Situation in D siehe §§ 25ff. i. V. m. 5 EuRAG); zu den dabei zu beachtenden Berufspflichten siehe § 27 EuRAG; soweit in D Anwaltszwang besteht, dürfen sie aber nur im Einvernehmen mit einem in Deutschland zugelassenen Anwalt tätig werden (§ 28 EuRAG).

30 Nach jüngster EuGH-Judikatur kommt für die **Notare** die Ausnahme nach Art. 45 Abs. 1 AEUV nicht in Betracht, weil sie **keine** echte (hoheitliche) **Zwangsgewalt** ausüben (Rz. 7). Allerdings wurde noch bei Erlass der RL 2005/36 (Rz. 27) allgemein das Gegenteil angenommen, weswegen der EuGH den betroffenen MSen insoweit zugebilligt hat, keine Vertragsverletzung begangen zu haben. Die KOM hat nunmehr eine Einbeziehung der Notare in diese RL vorgeschlagen (KOM (2011) 883); es soll ihnen jedoch das Ausstellen öffentlicher Urkunden und vergleichbare, den Einsatz des Siegels erfordernde Tätigkeiten verweigert werden können. Unabhängig davon bleibt die DLF anwendbar; Beschränkungen der DLF ausländischer Notare müssen sich also rechtfertigen lassen. In der deutschen Praxis wird immerhin die Tätigkeit von im Ausland öffentlich bestellten Notaren als im Außenverhältnis wirksam angesehen und so zur Vermeidung eines Konflikts mit der DLF beigetragen; einschlägige explizite Regelungen wären allerdings sinnvoll.

4. Entsenderichtlinie

Literatur: *Wichmann,* Dienstleistungsfreiheit und grenzüberschreitende Entsendung von Arbeitnehmern, 1999; *Kling,* Tariftreue und Dienstleistungsfreiheit, EuZW 2002, 229; *Rieble/Lessner,* Arbeitnehmer-Entsendegesetz, Nettolohnhaftung und EG-Vertrag, ZFA 2002, 29; *Eichenhofer,* Dienstleistungsfreiheit und Arbeitnehmerschutz, JZ 2007, 425; *Reich,* Gemeinschaftsrechliche Verkehrsfreiheiten versus Nationales

Arbeitskampfrecht, EuZW 2007, 391; *Rodière,* Les arrêts Viking et Laval, le droit de grève et le droit de négociation collective, RTDE 2008, 47; *Junker,* Europa und das deutsche Tarifrecht, was bewirkt der EuGH?, ZfA 2009, 28; *Hofmann,* Die Zulässigkeit von Tariftreueverlangen nach europäischem Recht, 2010; *Hempel,* Die Tariftreueerklärung im Lichte des deutschen und europäischen Arbeitsrechts, 2011; *Raab,* Grundfreiheiten und nationales Arbeitsrecht, FS Schröder, 2012, 251; *Tscherner,* Arbeitsbeziehungen und Europäische Grundfreiheiten, 2012.

Als Rechtfertigungsgrund für Einschränkungen der DLF hat der EuGH insbesondere 31 den Schutz der Arbeitnehmer anerkannt (Rz. 19). Um insoweit klare Regeln zu schaffen, wurde 1996 durch die Richtlinie 96/71 (ABl. 1997, L 18/1) geregelt, unter welchen Voraussetzungen ein Mitgliedstaat bei der Erbringung von Dienstleistungen durch ausländische Unternehmen von diesen die **Beachtung seiner eigenen arbeits- und sozialrechtlichen Standards** verlangen darf. In Deutschland greift das Entsendegesetz (BGBl. 1996, I 227) für manche Branchen (zunächst nur für den Bau, seit jüngstem auch für andere) die mit der RL verbundenen Gestaltungsmöglichkeiten auf. Angesichts der Tatsache, dass die entsprechende Kompetenzgrundlage (heute Art. 53 Abs. 2 AEUV) nur Liberalisierungsmaßnahmen vorsieht, aber keine Kompetenz für Maßnahmen des Sozialschutzes beinhaltet, hat der EuGH den Katalog von **Schutzmaßnahmen,** die in der RL **vorgesehen** sind, für **abschließend** und weitergehende Maßnahmen damit für unzulässig erklärt. Letzteres gilt etwa für die Verpflichtung zur Tariftreue von Unternehmen bei der Vergabe öffentlicher Aufträge (dazu Rz. 21/57 ff.), soweit der Tarifvertrag nicht für allgemeinverbindlich erklärt wurde (EuGHE 2008, I-1989, Rs. C-346/06 „Rüffert"). Auch darf nicht durch (grundsätzlich zulässige) Arbeitskampfmaßnahmen die Bindung eines DL-Erbringers an einen inländischen Tarifvertrag angestrebt werden, soweit dieser in seinem Schutz über das in der EntsendeRL gewährleistete Niveau hinausgeht (EuGHE 2007, I-11767, Rs. C-341/05 „Laval un Partneri").

5. Aufenthaltsrechtliche Begleitrechte

Eine grenzüberschreitende Erbringung von Dienstleistungen verlangt zumeist das Recht zu einem **vorübergehenden Aufenthalt** in dem Staat, in dem die Dienstleistung erbracht wird. Aus diesem Grund hat die EWG Mitte der siebziger Jahre etliche einschlägige Richtlinien erlassen (insbesondere RL 73/148, ABl. L 172/14). Darüber hinaus hat der Gerichtshof unmittelbar aus dem heutigen Art. 56 AEUV das Recht des Arbeitgebers abgeleitet, Arbeitnehmer – auch aus Drittstaaten, die über keine Aufenthalts- oder Arbeitserlaubnis für den Staat verfügen, in dem die Dienstleistung erbracht werden soll, – zu Zwecken der Erbringung dieser Leistung mitzubringen (EuGHE 1994, I-3803, Rs. C-43/93 „Vander Elst" st. Rspr.; vgl. auch Rz. 15). Mit Ausnahme des zuletzt genannten Problems sind die einschlägigen Rechtsfragen durch die Entwicklung des **allgemeinen Freizügigkeitsrechts der Unionsbürger** weitestgehend überholt; dementsprechend wurde die genannte RL durch die FreizügigkeitsRL 2004/38 (Rz. 16/19) aufgehoben. 32

IV. Ausblick

Die Anerkennung der unmittelbaren Wirkung der Dienstleistungsfreiheit durch den 33 EuGH einerseits (Rz. 4), eine weitgehende Gewährleistung der Anerkennung von ausländischen Ausbildungen durch europäisches Sekundärrecht andererseits (Rz. 26) haben **vielfältige Möglichkeiten** zur **grenzüberschreitenden Erbringung von Dienstleistungen** geschaffen. Davon haben alle Volkswirtschaften der MSen deutlich profitiert; den Verbrauchern in allen MSen kommt die erheblich gestiegene Auswahl im Angebot von Dienstleitungen und ihren Erbringern zugute. Zumindest in wohlhabenderen Mitgliedstaaten aber hat diese Entwicklung auch Sorgen um die Wahrung

sozialer Standards ausgelöst; dies haben die Auseinandersetzungen um die DienstleistungsRL, aber auch um die Bedeutung von nationalen Tarifverträgen deutlich gemacht. Hier ist zu hoffen, aber auch zu erwarten, dass von dem mit der Steigerung des Dienstleistungsverkehrs verbundenen Zuwachs an Wohlstand letztlich alle Teile der Gesellschaft profitieren und sich so die sozialen Unterschiede in den verschiedenen Ländern des Binnenmarktes in einer sich (zumindest im Sinne des Vertrages von Lissabon) sozial verstehenden Marktwirtschaft zumindest verringern.

§ 26. Verkehr

Literatur: Eine umfangreiche Zusammenstellung der Literatur zur EU-Verkehrspolitik bei *Boeing/Kotthaus/MaxianRusche,* in: Grabitz/Hilf/Nettesheim, Recht der EU, bei Art. 90 AEUV (2011).

Bieber/Maiani/Delaloye, Droit européen des transports, 2006; *Sendmeyer,* Verkehrspolitik, in: Schulze/Zuleeg/Kadelbach (Hrsg.), Europarecht, 2. Aufl. 2010, § 34; *Knauff,* Transportrecht, in: Ruffert (Hrsg.), EnzEuR V, 2013, § 6.

Internet-Adresse: http://europa.eu/pol/trans/index_de.htm

I. Die Verkehrspolitik im Binnenmarkt

1. Doppelfunktion des Verkehrs im Binnenmarkt

1 Dem Verkehr kommt für die Verwirklichung des Binnenmarktes eine zentrale doppelte Bedeutung zu. Er ist gleichzeitig **Instrument und Gegenstand der Integration.** Ein freier Waren- und Personenverkehr wäre ohne Güter- und Personenbeförderung auf dem Lande und Binnenschifffahrtsstraßen sowie zur See und in der Luft nicht denkbar. Gleichzeitig stellt die **Verkehrswirtschaft** mit ungefähr 10 Millionen Beschäftigten und ca. 5% des EU-Bruttoinlandsprodukts einen beachtlichen Bestandteil der Gesamtwirtschaft dar. Ein hoher Anteil der öffentlichen Investitionen entfällt auf die **Verkehrsinfrastruktur** (Straßen, Schienen- und Wasserwege usf.). Dementsprechend gehört eine gemeinsame Politik auf dem Gebiet des Verkehrs (Art. 90ff. AEUV) zu den Tätigkeitsfeldern der EU. Ein besonderes Augenmerk liegt auf der Schaffung transeuropäischer Netze (Art. 170ff. AEUV). Mit Blick auf die großen Herausforderungen der Verkehrspolitik – Ausbau der Infrastruktur, aber zugleich Sicherung der Klimaziele – hat die Kommission unter dem Titel „Verkehr 2050" im März 2011 ein Weißbuch mit einem „Fahrplan zu einem einheitlichen europäischen Verkehrsraum – Hin zu einem wettbewerbsorientierten und ressourcenschonenden Verkehrssystem" vorgelegt (KOM (2011) 144 endg.).

2. Entwicklung der Gemeinsamen Verkehrspolitik seit 1958

Literatur: Umfassende Darstellung der Entwicklung der Gemeinsamen Verkehrspolitik bei *Epiney,* Verkehrsrecht, in: Dauses, HB EU-WirtschR, L (2003) Rz. 226ff.; ferner *Müller-Hermann,* Die Grundlagen der Gemeinsamen Verkehrspolitik in der EWG, 1963; *Stabenow/van Huffel,* Gemeinsamer Markt und Verkehr, 1969; *Schaus,* Les transports dans le cadre de l'intégration européenne, 1977; *Basedow* (Hrsg.), Europäische Verkehrspolitik, 1987; *Slingerland,* La préparation du marché unique dans le domaine des transports, RMC 1990, 147; *Plehwe,* Transformation europäischer Governance im Bereich der Verkehrspolitik, integr. 2008, 290.

2 Bereits bei den Vertragsverhandlungen 1956/57 zeigten sich deutliche Auffassungsunterschiede zwischen den MSen. Ursprünglich waren nur die **Niederlande** auf Grund ihrer geographischen Position (Rheinmündungshäfen) als „Fuhrleute Europas" an einem liberalisierten Verkehrsbinnenmarkt interessiert. Vor

allem **Deutschland und Frankreich** favorisierten den jeweils auf nationaler Ebene durch vielfältige Reglementierung geprägten Status quo. Vor diesem Hintergrund entstand der kaum aussagekräftige Titel Verkehr (heute Art. 90ff. AEUV). Die durchaus offen gefasste Kompetenznorm des heutigen Art. 91 AEUV wurde dann lange Zeit nur sehr punktuell genutzt. Der Eisenbahnverkehr blieb zunächst weitgehend ausgespart, See- und Luftverkehr gänzlich. Grund war das von verschiedenen MSen aufgestellte **Junktim** zwischen der Liberalisierung der Verkehrsmärkte und der Harmonisierung der Wettbewerbsbedingungen – Forderungen, die sich gegenseitig blockierten.

Eine diesen Namen verdienende Verkehrspolitik entwickelte sich ab 1985. In diesem Jahr hatte der EuGH in einem „Untätigkeitsurteil" (EuGHE 1985, 1513, Rs. 13/83 „Parlament/Rat") eine grundsätzliche **Pflicht** der Union zur Gestaltung einer gemeinsamen Verkehrspolitik konstatiert; zugleich forderte die Entwicklung des Binnenmarktes (Rz. 22/1) **wichtige Liberalisierungsschritte,** so den Wegfall von Kontingentierung und Kabotage im grenzüberschreitenden Güterverkehr sowie die Einbeziehung des See- und Luftverkehrs (umfassend *Epiney,* Verkehrsrecht, in: Dauses (Hrsg.) HB EU-WirtschR, L (2003) Rz. 226ff.).In den weiteren Jahren galt ein besonderes Augenmerk der Liberalisierung im traditionell besonders staatsnahen Bereich der Bahnen sowie der Ausbildung einer **Verkehrsstrukturpolitik,** die u. a. auf eine Internalisierung der externen Verkehrskosten, auf faire Preise für die Infrastrukturnutzung (Mauterhebungen) sowie auf die Minderung der Schadstoffemissionen im Straßenverkehr, auf die Lösung von Umweltproblemen des LKW-Verkehrs und auf die Senkung des durchschnittlichen Kraftstoffverbrauchs abzielte. 3

II. Primärrechtliche Grundlagen der Gemeinsamen Verkehrspolitik

1. Inhaltliche Vorgaben für die gemeinsame Verkehrspolitik

Art. 90ff. AEUV sehen eine **gemeinsame Politik auf dem Gebiet des Verkehrs (GVP)** vor. Diese bezieht sich nach Art. 100 AEUV zunächst nur auf den gewerblichen und individuellen **Eisenbahn-, Straßen- und Binnenschifffahrtsverkehr,** einschließlich des sog. kombinierten Verkehrs („Landverkehr"). Nach Art. 100 Abs. 2 AEUV können aber – heute im ordentlichen Gesetzgebungsverfahren – auch für die eher weltweit als europäisch ausgerichteten Bereiche der **Seeschifffahrt** (UN-Seerechtsübereinkommen vom 10.12.1982, BGBl. 1994 II, 1798 = ABl. 1998, L 179/1 = Sart. II Ziff. 350; Internationale Schifffahrtsorganisation [IMO]) und der **Luftfahrt** (Zivilluftfahrtsabkommen von Chicago 1944; Internationale Zivilluftfahrtsorganisation, ICAO) Vorschriften erlassen werden. Diese GVP ist nach Art. 91 Abs. 1 AEUV unter **„Berücksichtigung der Besonderheiten des Verkehrs"** zu gestalten. In diesem Sinne spricht Abs. 2 ausdrücklich den Lebensstandard und die Beschäftigungslage in bestimmten Regionen sowie den Betrieb von Verkehrseinrichtungen an; andere Normen heben die **gemeinwirtschaftliche Bedeutung** von Verkehrsleistungen hervor (Art. 93, 96 AEUV). 4

Von erheblicher verkehrspolitischer Relevanz ist auch die Politik zugunsten der **Transeuropäischen Netze** (TEN) gemäß Art. 170 – 172 AEUV (Rz. 33ff.).

Art. 92 AEUV enthält für MSen und spätere Beitrittsstaaten eine **Stillhalteverpflichtung.** Bis zum Erlass von europäischem Sekundärrecht dürfen die MSen ihre Verkehrsunternehmen nicht zusätzlich begünstigen. Der Standstill wird streng ausgelegt (EuGHE 1992, I-3141, Rs. C-195/90 „Deutsche Schwerverkehrsabgabe"). Art. 95 AEUV enthält ein auch Drittwirkung entfaltendes (dazu noch VO 11/1960, ABl. 52/1121) **Diskriminierungsverbot** für Beförderungsbedingungen. Art. 93, 96 AEUV beinhalten Spezialregelungen zum allgemeinen Beihilfeverbot (oben Rz. 21/6ff.) zugunsten von „Besonderheiten" des Verkehrs. Die übrigen Regelungen des Titels Verkehr (Art. 94, 97 und 98 AEUV) sind heute weitgehend obsolet. 5

6 Die vorstehend dargestellten Vorgaben sind als solche kaum operabel und überlassen damit die Gestaltung der GVP weithin dem **Sekundärrecht.** Dieses bildet eine kaum überschaubare, in jahrzehntelanger Entwicklung **ungeordnet gewachsene Rechtsmaterie** (Fundstellenverzeichnis des geltenden EU-Rechts 07). Die Regelungen gliedern sich grundsätzlich nach den einzelnen **Verkehrsträgern** (Straßen-, Schienenverkehr usw.). Dies gilt auch für die autonomen Maßnahmen zum **internationalen Verkehr** nach Art. 91 lit. a) AEUV und die **internationalen Verkehrsabkommen.** Im Rahmen der Kommissionsinitiative zur Verbesserung des Binnenmarktes („Binnenmarktakte II“: KOM (2012) 573 endg. vom 3.10.2012) stellt die Modernisierung der Verkehrsnetze im Sinne der Verbesserung ihrer Leistungsfähigkeit und zugleich der Verringerung der Umweltbelastungen ein wichtiges Ziel dar.

2. Kompetenzgrundlagen der Gemeinsamen Verkehrspolitik

7 Die zentrale **Kompetenznorm** für den Verkehrsbereich enthält Art. 91 Abs. 1 AEUV. Sie begründet eine zwischen Union und MSen **geteilte Zuständigkeit** mit der Folge der Anwendbarkeit des Subsidiaritätsprinzips (Art. 5 EUV). Ausdrücklich sind dort genannt gemeinsame Regeln für den grenzüberschreitenden (einschließlich den internationalen) Verkehr (lit. a), die Zulassung von nicht im betreffenden MS ansässigen Verkehrsunternehmen (lit. b) und Maßnahmen zur Verbesserung der Verkehrssicherheit (lit. c). Mittels der „Auffangklausel“ der lit. d) **(„alle sonstigen zweckdienlichen Vorschriften“)** wird der Union aber ermöglicht, umfassend für den Verkehr relevante Normen zu erlassen, einschließlich der Harmonisierung der Wettbewerbsbedingungen (EuGHE 2004, I-7789, verb. Rs. C-184 und 223/02 „Spanien und Finnland/Parlament und Rat“). Für den See- und den Luftverkehr bildet Art. 100 Abs. 2 AEUV die maßgebliche Kompetenzbestimmung.

8 Hinsichtlich der Außenkompetenzen hat der Gerichtshof mit der Leitentscheidung EuGHE 1971, 263, Rs. 22/70 **„AETR“** (st. Rspr., später etwa EuGHE 1994, I-5267, Gutachten 1/94 **„WTO“,** vgl. unten Rz. 38/16) anhand eines Verkehrsfalles die Kompetenz der Gemeinschaft festgestellt, autonome Maßnahmen der GVP mit externer Wirkung zu treffen sowie **internationale Verträge** zu schließen, soweit das betreffende Sachgebiet **EU-intern** geregelt worden ist (sog. „Parallelität der EG-Innen- und Außenkompetenz“). Diese Judikatur ist mittlerweile kodifiziert (Art. 216 AEUV). Ggf. kann auch die Außenhandelskompetenz nach Art. 207 AEUV zum Zuge kommen (etwa Beschluss 477/2009, ABl. L 165/1 über den Abschluss des TIR-Übereinkommens über den internationalen Warentransport mit Straßenfahrzeugen).

3. Der Verkehr und die sonstigen Vertragsregeln

9 Entgegen ursprünglich restriktiveren Auffassungen gilt der **Vertrag** grundsätzlich **umfassend** auch im **Verkehrsbereich** (EuGHE 1974, 359, Rs. 167/73 „KOM/Frankreich“); nur die **Dienstleistungsfreiheit** wird allein nach Art. 90ff. AEUV verwirklicht (Art. 58 Abs. 1 AEUV). Der Sinn des Titels Verkehr besteht darin, Regelungen im Rahmen der allgemeinen Vertragsvorschriften zu treffen und diese zu ergänzen. Im **See- und Luftverkehr** bedarf es des Erlasses von besonderen Vorschriften nach Art. 100 AEUV nur, um den Titel Verkehr anwendbar zu machen (Rz. 4); im Übrigen gelten die Verträge auch für den See- und Luftverkehr (EuGHE 1978, 1881, Rs. 156/77 „KOM/Belgien“; zur Geltung von Art. 18 AEUV für Ballonfahrten EuGHE 2011, I-139,Rs. C-382/08 „Neukirchinger“, st. Rspr.). Die **Warenverkehrsfreiheit** (Art. 34 AEUV) hat der Gerichtshof herangezogen, um verkehrsbehindernde Maßnahmen der MSen zu überprüfen (EuGHE 2005, I-9871, Rs. C-320/03 „KOM/Österreich“, zu LKW-Fahrverboten auf der Brennerautobahn aus Umweltschutzgründen; ähnlich EuGH, Urteil vom 21.12.2011, Rs. C-28/09 „KOM/Österreich“; siehe ferner Rz. 14); auch können die MSen verpflichtet sein, verkehrsbehindernde Aktionen Pri-

vater zu unterbinden (Rz. 22/49). Kraft der **Niederlassungsfreiheit** (Art. 49 AEUV) haben ausländische Verkehrsunternehmen, die sich im Inland niederlassen, im Grundsatz das Recht, Verkehrsdienstleistungen zu erbringen (EuGHE 2010, I-13927, Rs. C-338/09 „Yellow Cab Verkehrsbetriebs GmbH").

Ebenso finden die **Wettbewerbsregeln** im engeren Sinne (vgl. auch Rz. 20/13; dazu 1974, 359, Rs. 167/73 „KOM/Frankreich") und mit Einschränkungen das **Beihilferecht** (vgl. auch Rz. 21/24 sowie unten Rz. 20) auf den Verkehr Anwendung. Dabei wird etwa auch die Errichtung und Bereitstellung einer kommerziell zu nutzenden Infrastruktur als wirtschaftliche Tätigkeit angesehen (EuGH, Urteil vom 19. 12. 2012, Rs. C-288/11 P „Freistaat Sachsen u. a."). Die Regelungen der Art. 170 ff. AEUV über die **Transeuropäischen Netze** sind Spezialbestimmungen u. a. im Verhältnis zum Titel Verkehr. Schließlich dient die **Aufhebung der Grenzkontrollen** im Binnenbereich der EU (Rz. 33/67) auch der Erleichterung des grenzüberschreitenden Verkehrs. 10

III. Sekundärrechtliche Ausformung der Liberalisierung des Verkehrs

Im Verkehrsbereich ist eine Vielzahl von Sekundärrechtsakten ergangen. Die Komplexität ist zweierlei Gründen geschuldet. Zum einen betreffen die meisten Rechtsakte nur jeweils **einen** der in Art. 100 AEUV erwähnten insgesamt fünf **Verkehrsträger** (Abs. 1: Eisenbahn, Straßen und Binnenschifffahrt; Abs. 2: Seeschifffahrt und Luftfahrt), bei denen die Herstellung eines Binnenmarktes auch in der Tat jeweils unterschiedliche Maßnahmen fordert. So sind die großen nationalen Eisenbahnunternehmen (Deutsche Bahn AG, französische SNCF usw.) trotz eingeleiteter Privatisierungen und Deregulierungen (z. B. deutsche Bahnreformen auf der Grundlage von Art. 87 e GG) immer noch mittelbar oder unmittelbar **vom Staat abhängig.** Privatbahnen entwickeln sich daneben nur allmählich. Ein flächendeckender öffentlicher Personenverkehr ist Teil der öffentlichen Daseinsvorsorge/Service public (Rz. 21/46). Zum anderen werden eine ganze Reihe unterschiedlicher Ziele verfolgt. Hinsichtlich des in Art. 91 Abs. 1 lit. a) und b) AEUV angesprochenen Binnenmarktes lassen sich grob die beiden Ziele Marktöffnung und Liberalisierung einerseits und Sicherung fairer Wettbewerbsbedingungen andererseits unterscheiden; daneben stehen sonstige Maßnahmen zur Rechtsangleichung, insbesondere mit der in Art. 91 Abs. 1 lit. c) AEUV genannten Verkehrssicherheit als Ziel. Jedes dieser Ziele gliedert sich wiederum in mehrere Unterziele. Ergänzend ist auf die Entscheidung 357/2009 (ABl. L 109/37) hinzuweisen, nach der alle MSen nationale Rechtsakte im Bereich Eisenbahn-, Straßen- oder Binnenschiffsverkehr, die die gemeinsame Verkehrspolitik wesentlich berühren, vorab der KOM und den anderen MSen mitteilen müssen. 11

1. Liberalisierung bei der Erbringung von Verkehrsdienstleistungen

Literatur: Zum **Straßenverkehr:** *Thum,* Der kombinierte Verkehr im Recht der EU, 1998; *Heinz/Seltenreich,* Freie Fahrt für die Dienstleistungsfreiheit im Personenbeförderungswesen, TR 1999, 221; zur **Binnenschifffahrt:** *Garnon,* La convention de Mannheim et les transports fluviaux en Europe, Revue de la navigation intérieure fluviale et rhénane 1996, 232; *Sengpiel,* Das Recht der Freiheit der Schiffahrt auf Rhein und Donau, 1998; *S. Klein,* Die Kompetenz der EU in Anbetracht der Schiffahrt auf Rhein und Donau, 2004; zur **Seeschifffahrt:** *Milbradt,* Liberalisierung der Seekabotage unter völkerrechtlichen und europarechtlichen Aspekten, 1998; *Power,* EC Shipping Law, 2. Aufl. 1998; zum **Luftverkehr:** *Schladebach,* Europäisches Luftverkehrsrecht: Entwicklungsstand und Perspektiven, EuR 2006, 773; *Bues,* Der „Single European Sky", 2012; *Simoncini,* Governing Air Traffic Management in the Single European Sky, ELR 2013, 209.

12 Die bei Gründung der EWG zumindest für die kommerziell zu erbringenden Verkehrsdienstleistungen fast überall bestehenden Beschränkungen wie Kontingentierungen, Preisregelungen, das Verbot der Kabotage (Verkehr innerhalb eines oder zwischen zwei ausländischen Staaten; vgl. Art. 91 Abs. 1 lit. b AEUV) und viele andere vergleichbare Regelungen wurden mittlerweile weitestgehend aufgehoben.

Im Einzelnen ist im Bereich des **Straßenverkehrs** auf die Regelungen zum internationalen Straßengüterverkehr (heute VO 1072/2009, ABl. L 300/72, Änderung) und zum internationalen Omnibusverkehr (heute VO 1073/2009, ABl. L300/88, Änderung) sowie zur Kabotage (heute VOen1072/2009, ABl. L 300/72 sowie1073/2009, ABl. L300/88; siehe auch EuGHE 1991, I-5253, Rs. C-17/90 „PinaudWieger") hinzuweisen.

Für den **Bahnverkehr** wurden wichtige Liberalisierungsschritte erst im Rahmen des zweiten (RLen 2004/49–51, ABl. L 164/44, 114, 164; *Gersdorf*, ZHR 2004, 576: Kabotage beim Güterverkehr ab 2007) und des dritten Bahnpakets (RL 2007/58, ABl. L 315/44: Kabotage im Personenverkehr ab 2010) erreicht; jüngst wurde der Prozess fortgeführt (RL 2012/34, ABl. L 343, 32).

Im Bereich der **Binnenschifffahrt** wurde die Dienstleistungsfreiheit bereits in der Mitte der neunziger Jahre hergestellt (zur Kabotagefreiheit die VO 3921/91, ABl. L 373/1; ferner VO 1356/96, ABl. L 175/7). Die **Rheinschifffahrt** ist ohnehin seit langem vom im Grundsatz liberalen Regime der Revidierten Rheinschifffahrtsakte v. 17. 10. 1868 – „Mannheimer Akte" – i. d. dt. Fassung v. 11. 3. 1969 (BGBl. 1969 II 597, Änderungen, Text u. a. Sart. II, Ziff. 340) geprägt, an der außer EU-MSen (B, D, F, NL) auch die Schweiz beteiligt ist und die im Grundsatz nach Art. 351 Abs. 1 AEUV (unten Rz. 38/12) von den Art. 90 ff. AEUV unberührt bleibt.

Hinsichtlich der traditionell ohnehin liberal geprägten **Seeschifffahrt** wurde die Dienstleistungsfreiheit – auch im Verkehr mit Drittstaaten – bereits relativ früh hergestellt (VO 4055/86; ABl. L 378/1; speziell zur Kabotagefreiheit VO 3577/92; ABl. L 364/7 und dazu EuGHE 2001, I-1271, Rs. C-205/99 „Analir"). Zur Abgrenzung der jeweiligen Kontrollbefugnisse und -verantwortlichkeiten bezüglich der Schiffe siehe zum Flaggenstaat RL 2009/21 (ABl. L 131/132) und zum Hafenstaat RL 2009/16 (ABl. L 131/57).

Im **Luftverkehr** erfolgte die Liberalisierung der Dienstleistungen im Wesentlichen im Jahre 1992 (dazu heute VOen 549/2004, ABl. L 96/1, und 1008/2008, ABl. L 293/3; siehe auch EuGHE 2003, I-1291, Rs. C-92/01 „Stylianakis").

2. Bereitstellung und Nutzung der Infrastruktur

Literatur: Zum **Straßenverkehr:** *Uechtritz*, Gemeinschaftsrechtliche Grenzen für Straßenbenutzungsgebühren, NVwZ 2001, 406; *Klinski*, Der verfassungs- und europarechtliche Rahmen einer streckenbezogenen Schwerverkehrsabgabe, DVBl. 2002, 221; *Krapf*, Verkehrslenkung durch Abgaben, 2002; *Zeiss/Günther*, LKW-Maut und Europarecht, EuZW 2004, 103; *Epiney*, Die Trennung der Erbringung von Verkehrsdienstleistungen und des Betriebs der Infrastruktur in Bezug auf die Zuteilung von Fahrwegkapazität in der EU, 2011; zum **Eisenbahnverkehr:** *Wolf*, Zur Reform der institutionellen Rahmenbedingungen für die Eisenbahnen in der EG, KJ 2003, 192; *Helmstädter*, Die Trennung von Netz und Betrieb im Eisenbahnsektor, 2011; zur **Luftfahrt:** *Mößner*, Rechtliche Grenzen bei der Öffnung des Wettbewerbs im Bereich der Slot-Zuteilung im Luftverkehr, 2010; *Rother*, Die Aufteilung von Luftverkehr in Flughafensystemen im Spannungsfeld zwischen deutschem und europäischem Recht, 2011; *Dwertmann*, Die Binnenorganisation der Seehäfen als Problem des Wettbewerbsrechts, 2011; *Glemser*, Slotvergabe an deutschen und europäischen Flughäfen, 2012.

13 Im Bereich des Straßenverkehrs und der Schifffahrt ist die Infrastruktur – Straßen, Seewege – als solche ohnehin im Wesentlichen frei nutzbar, allenfalls an die Zahlung von Gebühren etc. gekoppelt. Insoweit muss allerdings Diskriminierungsfreiheit gewährleistet sein: die Neueinführung von Gebühren bei gleichzeitiger Entlastung inländischer Nutzer ist unzulässig (EuGHE 1990, 3141, Rs. C-195/90 „KOM/D). Man unterscheidet **„Mautgebühren"** für eine bestimmte Streckennutzung (z. B. französische Autobahngebühren oder deutsche LKW-Maut) und **„Benutzungsgebühren"**

für die Nutzung während eines festen Zeitraums (z. B. österreichisches „Pickerl"). Bei letzteren ist durch zeitlich differenzierte Angebote sicherzustellen, dass ausländische Nutzer nicht faktisch diskriminiert werden. Die Gebührenerhebung im Schwerlastverkehr regelt die RL 1999/62, ABl. L 187/42 (*Klinski*, DVBl. 2002, 221). Für die Kfz-bezogenen Steuern werden gemeinsame Mindestsätze festgelegt. Eine perfekte Wettbewerbsneutralität ist u. a. infolge der unterschiedlichen nationalen Verkehrswegefinanzierung und Steuersysteme schwer herzustellen. Die Richtlinie 2004/52 (ABl. L 166/124 schreibt für neue elektronische Mautsysteme ab 2007 eine gemeinsame Technik vor („Interoperabilität").

In **Deutschland** scheiterte 1990 die Einführung von Gebühren für bestimmte Straßennutzungen an einer strikten Auslegung der Standstillverpflichtung des heutigen Art. 92 AEUV durch den Gerichtshof (EuGHE 1992 I-3141, Rs. C-195/90 „Deutsche Schwerverkehrsabgabe"). Seit 2005 wird nach anfänglichen technischen Schwierigkeiten für den LKW-Verkehr auf Autobahnen elektronisch eine Maut erhoben **(„Toll Collect").**

Besondere Probleme wirft der **alpenquerende Gütertransit** durch den MS **Österreich** und den Drittstaat Schweiz nach Italien auf. Für den Alpentransit durch Österreich galt bis Ende 2003 das Protokoll Nr. 9 zur Beitrittsakte (ABl. 1994 C 241/361), seither mangels einer Einigung über eine Nachfolgeregelung grundsätzlich das allgemeine EU-Recht (näher *Epiney*, Verkehrsrecht, in: Dauses (Hrsg.) EU-WirtschR L (2003) Rdn. 223 ff.). Versuche Österreichs, den LKW-Verkehr bei besonders belasteten Autobahnen aus Umweltschutzgründen weiter zu reduzieren, trat die KOM mit erfolgreichen Vertragsverletzungsverfahren entgegen (Rz. 9). Die Verhandlungen über eine Spezialregelung für den österreichischen Alpentransit mit dem Ziel einer Begrenzung des Schwerlastverkehrs werden fortgesetzt. 14

Der Alpentransit durch den Drittstaat **Schweiz** bedarf vertraglicher Regelungen mit der EU. Im Rahmen von sieben sektoriellen Abkommen EU-Schweiz (Rz. 41/8) besteht seit dem 1.6.2002 ein Landverkehrsabkommen (LVA, ABl. 2002, L 114/1; *Sollberger*, Konvergenzen und Divergenzen im Landverkehrsrecht der EG und der Schweiz, 2003), welches frühere Regelungen ablöste. Wichtig ist die schrittweise Heraufsetzung der transitberechtigten LKWs von 28 t auf die EU-üblichen 40 t Gesamtgewicht („Euro-Brummis"). Im Gegenzug werden Kontingente für diese LKWs und zur Unterstützung des Umweltschutzes gestufte hohe Transitgebühren festgeschrieben („leistungsabhängige Schwerpunktabgaben"). Die Schweiz verpflichtet sich, neue Eisenbahntunnel (Gotthard, Lötschberg) zu bauen. Die EU teilt die LKW-Kontingente mit der VO 2888/2000 (ABl. L 336/9) unter den MSen auf. Ziel des LVA ist eine Entlastung des Verkehrs über den Brenner unter gleichzeitiger Verlagerung von Gütertransit durch die Schweiz auf die Schiene. 15

Bereits grundsätzlich anders ist die Lage bei Bahn- und Luftverkehr. Im Bereich des **Bahnverkehrs** gebietet daher eine wirksame Europäisierung des Schienenverkehrs u. a. die Kompatibilität des Zugmaterials und eine Abstimmung der Gleisverbindungen und Streckenzüge über die Grenzen hinweg („Interoperabilität"), ferner Maßnahmen zur Sicherung des Zugangs zum Bahnnetz (Regulierung; vgl. auch die Maßnahmen im Energiebereich, Rz. 23/9f.). Die verschiedenen Bahnpakete (Rz. 12) beinhalten jeweils einschlägige Maßnahmen, die nicht zuletzt auf eine zunehmende, wenn auch noch nicht vollständige Trennung zwischen der Erbringung der Verkehrsdienstleitung einerseits, der Bereitstellung der Infrastruktur (dazu jüngst EuGH, Urt. v. 28.2.2013, Rs. C-556/10 „KOM/Deutschland") sowie einen diskriminierungsfreien Zugang zu letzterer abzielen (zuletzt RL 2012/34, ABl. L 343/32; ferner etwa VO 913/2010, ABl. L 276/22 zum Güterverkehr; die Kommission hat jüngst weitere Vorschläge für ein „4. Bahnpaket" vorgelegt: KOM (2013) 25 endg.). Hinsichtlich des **Luftverkehrs** stellt sich vor allem die Frage nach Start- und Landemöglichkeiten 16

(Zeitnischen – „Slots") auf den Flughäfen. Sie vollzieht sich mittlerweile nach gemeinsamen Regeln (VO 95/93, ABl. L 14/1, Änderungen). Auch der Zugang zu den Bodenabfertigungsdiensten auf den Flughäfen ist liberalisiert (RL 96/67, ABl. L 272/36). Im Jahre 2004 wurden die Erbringung von Flugsicherungsdiensten, die Ordnung und Nutzung des EU-Luftraums und das Flugverkehrsmanagementnetz europäisiert (VOen 550–552/2004, ABl. L 96/10, 20, 26, Änderungen). Zum Umgang mit Computerbuchungssystemen siehe VO 80/2009, ABl. L 35/47. Für den **Schiffsverkehr** ist der Erlass von Regelungen über die Hafendienste bereits vor etlichen Jahren gescheitert; hier kommt eine Lösung nur mit Hilfe des Wettbewerbsrechts (Zugangsgewährungsansprüche über die „essential facilities-Doktrin", Rz. 20/31) in Betracht.

3. Personenbezogene Regeln (Fahrerlaubnisse etc.)

Literatur: *Janker,* Das vorläufige Ende des Führerscheintourismus, DAR 2009, 181; *Brenner,* Urteilsanmerkung, EuR 2010, 292.

17 Zur Marktliberalisierung im Bereich des **Straßenverkehrs** gehört auch der Rechtsrahmen für einen **europäischen Führerschein** (heute RL 2006/126, ABl. L 403/18). Die Regelungen sollen zugleich die Personenfreizügigkeit ergänzen und sehen deswegen eine EU-weite Anerkennung der Fahrerlaubnisse sowie einen einheitlichen europäischen Führerschein vor. Allerdings darf nur der Staat eine Fahrerlaubnis ausstellen, in dem der Betreffende seinen Wohnsitz hat. Dazu postuliert der EuGH, dass nur der Ausstellungsstaat überprüfen darf, ob die Erteilungsvoraussetzungen gegeben waren. Die Anerkennung darf nur verweigert werden, wenn sich die Unzuständigkeit des Ausstellungsstaates aus von diesem selbst herrührenden Informationen ergibt. Nationale Sperrfristen gelten – während ihrer Laufzeit – auch gegenüber Fahrerlaubnissen aus anderen MSen (dazu zusammenfassend EuGH, Urteil vom 26.4.2012, Rs. C-419/10 „Hofmann"). Letztlich soll kein Anreiz für Täter von Verkehrsverstößen geschaffen werden, die mit einer Maßnahme des Entzugs bestraft werden können, sich unverzüglich in einen anderen Mitgliedstaat zu begeben, um den verwaltungs- oder strafrechtlichen Folgen dieser Zuwiderhandlungen zu entgehen, da dies letztendlich das Vertrauen zerstört, auf dem das System der gegenseitigen Anerkennung der Führerscheine beruht (dazu auch EuGHE 2008, I-8571, Rs. C-1/07 „Weber"). Insgesamt soll so einerseits die Freizügigkeit gesichert, andererseits aber auch der Fahrerlaubniserwerbstourismus begrenzt werden.

18 Mit Blick auf die kommerzielle Beförderung von Personen und Gütern im **Straßenverkehr** erhalten die in der EU niedergelassenen Bewerber, die bestimmte Zugangsvoraussetzungen zum Beruf erfüllen (VO 1071/2009, ABl. L 300/51), eine in der gesamten EU gültige **Lizenz** nach der VO 1072/2009 (ABl. L 300/72) für den Güter- bzw. VO 1073/2009 (ABl. L 300/88) für den Personenverkehr. Im Bereich des **Bahnverkehrs** enthält das jüngste Bahnpaket Regelungen für einen Internationale Lokomotivführerschein (RL 2007/59, ABl. L 315/51). Bei der **Binnenschifffahrt** wurde der Zugang zum Beruf des Binnenschifffahrtsunternehmers im Rahmen der Richtlinie 87/540, ABl. L 322/20 unionsweit angeglichen und ist grundsätzlich frei; zur gegenseitigen Anerkennung der Schifferpatente siehe RL 91/672, ABl. L 373/29; zu einer entsprechenden Harmonisierung RL 96/50, ABl. L 235/31. Zur Anerkennung der Ausbildung der **Seeleute** siehe RL 2008/106, ABl. L 323/33.

IV. Sekundärrechtliche Ausformung der Sicherung des Wettbewerbs

1. Preisregelungen

Traditionell waren im Verkehrsbereich die Preise vielfach (auf nationaler Ebene) strikt reglementiert. Mittlerweile aber wurden entsprechende Regelungen weitgehend untersagt (siehe zur freien Preisbildung im Güterverkehr VO 4058/89, ABl. L 390/1, bei der Binnenschifffahrt RL 96/75, ABl. L 304/12; zu den Flughafenentgelten siehe RL 2009/12, L 70/11, und zu deren Gültigkeit EuGH, Urteil vom 12.5.2011, Rs. C-176/09 „Luxemburg/Rat und Parlament"). 19

2. Beihilfenrecht

Literatur: Zum **ÖPNV:** *Berschin/Fehling,* Beihilfenrecht und Grundrechte als Motor für Wettbewerb im ÖPNV, EuZW 2007, 263; *Mahmoudi,* Die Auswirkungen des EuGH-Urteils in der Rechtssache C-280/00 Altmark Trans auf den öffentlichen Personennahverkehr, 2007; *Saxinger,* Genehmigungen und Ausgleichsleistungen im Personenbeförderungsrecht vor dem Hintergrund der neuen Verordnung (EG) Nr. 1370/2007, DVBl. 2008, 688; *Heiß,* Die neue EG-Verordnung für den öffentlichen Personenverkehr, VA 2009, 113; *Nettesheim,* Das neue Dienstleistungsrecht des ÖPNV – Die Verordnung (EG) Nr. 1370/2007, NVwZ 2009, 1449; *Winnes,* Der Begriff der gemeinwirtschaftlichen Verpflichtungen im Rahmen der VO 1370/07, DÖV 2009, 1135; *Vieu,* À propos de l'intégration de l'Europe des transports, RTDE 2010, 297; *Linke,* Die Gewährleistung des Daseinsvorsorgeauftrages im öffentlichen Personennahverkehr, 2010; *Pünder,* Die Vergabe von Dienstleistungsaufträgen im Eisenbahnverkehr, EuR 2010, 774; *Pünder/Prieß* (Hrsg.), Brennpunkte des öffentlichen Personennahverkehrs vor dem Hintergrund der neuen EG-Personenverkehrsdiensteverordnung Nr. 1370/2007, 2010; *Weyd,* Das Zusammenwirken von Vergabe- und Beihilfenrecht am Beispiel öffentlicher Personenverkehrsdienste, EWS 2010, 167; *Lehr,* Beihilfen zur Gewährleistung des öffentlichen Personennahverkehrs, 2011; *Schmitz/Winkelhüsener,* Der Öffentliche Personennahverkehr im Übergang zur VO 1370/2007, EuZW 2011, 52; zum **Bahnverkehr:** *Hafner,* Entflechtung und Wettbewerb im Eisenbahnwesen.Europarechtliche Vorgaben, nationale Umsetzung, tatsächliche Situation, 2011; zum **Seeverkehr:** *Schmidt,* Der Umbruch im Kartellrecht des Seeverkehrs, TR 1998, 447; *Bandtel,* Dumping in der Seeschiffahrt, 1999; *Zinsmeister/Lienemeyer,* Zur Entwicklung des Seekartellrechts, EuZW 2002, 649; zur **Luftfahrt:** *Deuster,* Ausgleichszahlungen für Dienstleistungen von allgemeinem wirtschaftlichem Interesse: das Verhältnis von Art. 87 Abs. 1 EG zu Art. 86 Abs. 2 EG nach der Altmark-Trans-Rechtsprechung unter besonderer Berücksichtigung der öffentlichen Finanzierung des Luftverkehrs, 2007; *Frie,* Die wettbewerbsrechtliche Behandlung und Entwicklung von Luftverkehrsallianzen im Rahmen der Globalisierung und Liberalisierung des Luftverkehrs, 2009; *Soltész,* Regionalflughäfen und „Billigflieger" aus Sicht des Europäischen Beihilferechts, DVBl. 2010, 277.

Im Grundsatz gilt das **Wettbewerbsrecht auch** im **Verkehrsbereich,** mangels entgegenstehender Regelungen nach Art. 100 Abs. 2 AEUV auch für die Seeschifffahrt und die Luftfahrt (EuG, Urt. v. 11.9.2012, Rs. T-565/08 „CorsicaFerries" zur Seeschifffahrt; EuG, Urt. v. 28.3.2012,Rs. T-123/09 „Ryanair" zur Luftfahrt). Art. 93 AEUV enthält allerdings Ausnahmen für Beihilfen, die den Erfordernissen des Verkehrs dienen oder der Abgeltung besonderer öffentlicher Dienstleistungen dienen. Die zuletzt genannten Maßnahmen fallen nach der Rechtsprechung des EuGH allerdings vielfach ohnehin nicht unter den Beihilfetatbestand (Rz. 21/49). 20

Staatliche Unterstützungsmaßnahmen in Form von Frachtvorteilen für bestimmte Wirtschaftsunternehmen oder Industrien werden von Art. 96 AEUV erfasst und einem – bisher restriktiv gehandhabten – Genehmigungsverfahren durch die Union unterworfen. Einfallstor für Umgehungen des grundsätzlichen Verbots von Unterstützungstarifen ist Art. 96 Abs. 3 AEUV, der nicht nur Wettbewerbstarife, sondern auch auf einen potentiellen Wettbewerb ausgerichtete Tarife erlaubt.

Mit der VO 1017/68, heute als kodifizierte Neufassung VO 169/2009 (ABl. L 61/1), wurden **spezielle Wettbewerbsregeln** für den Schienen-, Straßen- und Schiffsverkehr 21 erlassen, die auf die „Besonderheiten des Verkehrs" Rücksicht nahmen. Präzisierungen vor allem mit Blick auf die Erbringung von Verkehrsdienstleistungen von allgemeinem Interesse enthält die VO 1370/2007 (ABl. L 315/1) über **öffentliche Personenverkehrsdienste** auf Schiene und Straße. Danach kann jeder Staat die in seinem Verantwortungsbereich zu erbringenden Leistungen selbst definieren, doch enthält die VO Regeln, die die ggf. zum Ausgleich vom Staat zu erbringenden Leistungen strukturieren und eingrenzen. Soweit das Vergabeverfahren nicht ohnehin den Regeln über die Vergabe öffentlicher Aufträge unterliegt (dazu Rz. 21/57 ff.), kommen insbesondere die Eigenerbringung, – bei kleineren Aufträgen – die Direktvergabe und ein wettbewerbliches Verfahren in Betracht. Ein Markt muss also nicht hergestellt werden. Die Vorschriften sind im Ansatz an die für die Vergabe öffentlicher Aufträge angelehnt, belassen den MSen aber im Einzelnen mehr Spielraum (zu Einzelheiten *Nettesheim,* NVwZ 2009, 1449) und enthalten zudem lange Übergangsvorschriften (bis 2019). Für das deutsche Recht ist, wenn die Eigenerbringung ausscheidet, regelmäßig von einer Ausschreibungspflicht auszugehen (siehe zum Schienenverkehr BGH, Beschluss vom 8.2.2011, X ZB 4/10).

22 Besondere Probleme schafft die **Überkapazität an Schiffsraum** für die Binnenschifffahrt. Das gilt besonders für den Rhein. Die VO 718/1999 (ABl. L 90/1, mit DVO 181/2008, ABl. L 56/8) sieht kapazitätsbezogene Maßnahmen in Form einer Regulierung des Schiffraumes vor; hinzu treten nationale Binnenschifffahrtsfonds in den MSen mit größerer Flotte. Im Bereich des Seeverkehrs sucht die VO 4057/86 (ABl. 1986, L 378/14) unlautere Preispraktiken zwischen EU-Reedereien abzustellen. Die VO 4058/86 (ABl. 1986, L 378/21) enthält ergänzend ein Verfahren für Retorsionsmaßnahmen gegen diskriminierende Drittstaaten. Zu weiteren Maßnahmen siehe Fundstellenverzeichnis des geltenden EU-Rechts 07.30.10–30).

3. Standards für Beschäftigte und Nutzer

Literatur: *Sendmeyer,* Alle Jahre wieder: Europäische Fluggastrechte im Schneechaos, NJW 2011, 808; *Hausmann,* Europäische Fluggastrechte im Fall der Nichtbeförderung und bei Annullierung und großer Verspätung von Flügen, 2012; *Garben,* Sky-high controversy and high-fly claims?, CMLRev 2013, 15; *Staudinger/Keiler* (Hrsg.), Fluggastrechte-Verordnung, 2013.

a) Sozialstandards für Beschäftigte

23 Im Bereich des **Straßenverkehrs** ist zentral die 2006 neu gefasste, vorher bestehende Ausnahmeregelungen beseitigende VO 561/2006 (ABl. L 102/1, Änderungen) über die Harmonisierung bestimmter Sozialvorschriften im Straßenverkehr. Sie regelt u. a. das Mindestalter von LKW-Fahrern, die Lenk- und Ruhezeiten im Straßengüter- und -personenverkehr (dazu EuGHE 2001, I-573, Rs. C-297/99 „Skills Motor Coaches") sowie das Verbot bestimmter „leistungsbezogener" Entgelte. Die VO wird durch verschiedene Regelungen ergänzt, u. a. durch die VO 3821/85 (ABl. 1985, L 370/8, Änderungen) über das Kontrollgerät im Straßenverkehr („Blackbox", inzwischen digitales Kontrollgerät), welches der Kontrolle der Lenk- und Ruhezeiten dient, und die RL 2002/15 (ABl. L 80/35) zu den Arbeitszeiten der Personen, die Fahrtätigkeiten im Straßentransport ausüben. Trotz aller Normierungen und Kontrollen ergeben sich aber immer wieder Probleme mit der Einhaltung der Verkehrs-Sozialstandards innerhalb der MSen. Für die **Seeleute** setzen die sozialpolitischen Richtlinien 1999/63 (ABl. L 167/33) und 1999/95 (ABl. 2000, L 14/29) Mindeststandards für die Arbeitszeit fest (ferner Fundstellenverzeichnis des geltenden EU-Rechts 070.30.40.20).

b) Verbraucherschutz (Fahrgastrechte etc.)

Zum Bahn- und Luftverkehr gibt es mittlerweile verschiedene Regelungen zugunsten von Fahrgästen für Überbuchungen, große Verspätungen und Ausfälle von Fahrten/Flügen etc. Für den **Bahnverkehr** besteht die VO 1371/2007 (ABl. L 315/14), im Bereich des **Luftverkehrs** die VO 261/2004 (ABl. L 46/1; zur Gültigkeit EuGHE 2006, I-403, Rs. C-344/04 „IATA"),beim (Binnen- und See-)**Schiffsverkehr** die VO 1177/2010 (ABl. L 334/1) und beim **Busverkehr** VO 181/2011 (ABl. L 55/1). Unter einer Annullierung eines Fluges im Sinne der Vorschriften sind auch Verspätung von mehr als 3 Stunden (EuGHE 2009, I-10923, verb. Rs. C-402/07 u. a. „Sturgeon u. a.") sowie substantielle Abweichungen vom Zielflughafen (EuGH, Urteil vom 13.10.2011, C-83/10 „Sousa Rodriguez") zu verstehen. Zu Rechten behinderter Fluggäste siehe VO 1107/2006, ABl. L 204/1. Weiterhin wurden Regeln über die Unfallhaftung vereinheitlicht (zum Luftverkehr VO 2027/97, ABl. 1997, L 285/1; zum Seeverkehr VO 392/2009, ABl. L 131/24). Die Vorschriften enthalten regelmäßig gewisse Ausnahmen von Ersatzansprüchen für außergewöhnliche, unvermeidbare Ereignisse; technische Mängel gehören aber nicht dazu (zu Flugzeugen EuGHE 2008, I-11061, Rs. C-549/07 „Wallentin-Hermann"; bei Bahnreisen darf auch die Haftung wegen höherer Gewalt nicht ausgeschlossen werden; EuGH, Urt. v. 26.9.2013, Rs. C-509/11 „ÖBB"). Eine Pflicht zur Unterbringung von Fluggästen besteht in einem solchen Fall aber trotzdem (Art. 5 iVm Art. 9 der VO 261/2004; siehe EuGH, Urteil vom 31.1.2013, Rs. C-12/11 „McDonagh"). 24

4. Sonstige Regelungen

Schließlich gewährte die EU zwischen 2007 und 2013 Finanzhilfen zur Verbesserung der Umweltfreundlichkeit des Güterverkehrssystems im Umfang von 450 Mio € (Programm „Marco Polo II", VO 1692/2006, ABl. L 328/1, Änderungen, auch mit Regelungen zu nationalen Finanzhilfen). 25

V. Maßnahmen im Bereich der Verkehrssicherheit und sonstige Maßnahmen

1. Maßnahmen der Rechtsangleichung

Literatur: *Graf Vitzthum,* Schiffssicherheit: Die EG als potentieller Durchsetzungsdegen der IMO, ZaöRVR 2002, 163; *Erling,* Die Einbeziehung des Luftverkehrs in den EU-Emissionshandel, UPR 2006, 5; *Herz,* Die Einbeziehung des internationalen Luftverkehrs in das Europäische Emissionshandelssystem, 2011; *Athen,* „Hinterm Horizont geht's weiter" – Einbeziehung des Luftverkehrs in den Handel mit Treibhausgasemissionszertifikaten, EuZW 2012, 337; *Denza,* International Aviation and the EU Carbon Trading Scheme, ELR 2012, 314.

Verbesserungen der **Verkehrssicherheit** sind in der EU vor dem Hintergrund von jährlich ungefähr 50 000 Verkehrstoten und 1,5 Millionen Verletzten von besonderer Bedeutung. Art. 91 Abs. 1 lit. c) AEUV enthält eine spezielle Zuständigkeit für Verkehrssicherheitsmaßnahmen. Die fahrzeugbezogenen Maßnahmen (dazu RL 2007/46, ABl. L 263/1) stehen auch in engem Zusammenhang mit der **Rechtsangleichung technischer Normen** und so mit der Herstellung der Warenverkehrsfreiheit (oben Rz. 22/50ff.). Die Union hat eine **Fülle einschlägiger Vorschriften** erlassen (vgl. z. T. Fundstellenverzeichnis des geltenden EU-Rechts 13.30.10ff.). Sie betreffen u. a. die Kfz-Zulassung, Typengenehmigungen zu Lenkvorrichtungen, Bremsanlagen, Motorenleistungen oder zur Beschaffenheit von Gefahrgutfahrzeugen. Ferner geht es um schadstoffbezogene Emissionswerte, Berechnungen für Treibstoffverbrauch und CO_2-Ausstoß (vgl. auch Rz. 33/35), zulässige Geräuschpegel oder Abmessungen und Gewichte bestimmter Fahrzeuge. In diesem Bereich liegt ein Schwerpunkt der europäischen Rechtsangleichung. Umweltpolitisch inspiriert sind Maßnahmen wie der obligatorische Verkauf **von bleifreiem Benzin.** EU-weit geregelt ist ferner die **Gurtanlegepflicht** in bestimmten Fahrzeugen (RL 91/671, ABl. 1991, L 373/26). Die KOM 26 bemüht sich bisher erfolglos um **EU-weite Geschwindigkeitsbegrenzungen.** Auch die europaweite **Regelung der Sommerzeit** (Richtlinie 2000/84 ABl. 2001, L 31/21) wurde verkehrspolitisch begründet. Besondere Regelungen gelten für den Transport von **Gefahrgut** (z. B. chemische oder radioaktive Stoffe). Die nationalen Regelungen werden durch die Richtlinie 2008/68 (ABl. L 260/13) harmonisiert. Die Zulässigkeit solcher Transporte ist von der Einhaltung bestimmter Sicherheitsstandards abhängig.

27 Maßnahmen zur Verbesserung der Verkehrssicherheit im Wege technischer Normierungen gibt es auch für die **Binnenschifffahrt** (RL 2006/87, ABl. L 389/1, Änderungen) und den **Seeverkehr** (insbesondere VO 336/2006, ABl. L 64/1: Sicherheitsvorschriften für Fahrgastschiffe und Fischereifahrzeuge, Einführung von Doppelhüllen für Öltankschiffe, Vorschriften für die Ausbildung der Seeleute, ferner einschlägige Kontrollen u. a. m., Fundstellenverzeichnis des geltenden EU-Rechts 07.30.30). Zum Schutz der Meeresumwelt sind Hafenregelungen zur Entsorgung von Schiffsabfällen und Ladungsrückständen sowie Vorschriften zur Zusammenarbeit bei der Bekämpfung unfallbedingter oder vorsätzlicher Meeresverschmutzung erlassen worden (u. a. E 2850/2000, ABl. L 332/1). Im Bereich der **Luftfahrt** wurden etliche Sicherheitsvorschriften nach den Terroranschlägen in New York am 11.9.2001 zunächst deutlich verschärft, jüngst aber wieder etwas flexibler ausgestaltet (VO 216/2008, ABl. L 79/1, sowie VO 300/2008, ABl. L 97/72, mit DurchführungsVO der KOM 185/2010, ABl. L 55/1, Änderungen). Harmonisiert wurden auch die technischen Vorschriften für den Flugbetrieb (VO 3922/91, ABl. L 373/4) sowie die Regelungen für die durch Fluglärm legitimierten Betriebsbeschränkungen von Flughäfen (u. a. RL 2002/30, ABl. L 85/40); nationale Fluglärmregeln, die nicht zu Betriebsbeschränkungen führen, bleiben aber zulässig (EuGH, Urteil vom 8.9.2011, Rs. C-120/10 „European Air Transport SA"). Außerdem wurde der Luftverkehr in die Klimaschutzpolitik der EU (Rz. 33/34) eingebunden, und zwar auch, soweit Strecken außerhalb der EU bedient werden (RL 2008/101, ABl. 2009 L 8/3; dazu EuGH, Urteil vom 21.12.2011, Rs. C-366/10 „Air Transport Association of America u. a." Zur Beilegung des damit verbundenen Streits wurde eine Ausnahme von der RL beschlossen (B 377/2013, ABl. L 113/1).

2. Institutionelle Regelungen

28 Für einige Verkehrsträger wurden jeweils Agenturen geschaffen, die die Sicherheit des Verkehrs, aber auch den Wettbewerb sichern und überwachen sollen. Zu nennen sind die **Europäische Eisenbahnagentur** in Lille/Valenciennes (VO 881/2004, ABl. L 164/1: Überwachung und Förderung von Interoperabilität, Wettbewerbsfähigkeit und Sicherheit des europäischen Eisenbahnsystems), die **Europäische Agentur für die Sicherheit des Seeverkehrs** (VO 1406/2002, ABl. L 208/1) mit Sitz in Lissabon sowie die in Köln ansässige **EU-Agentur für Flugsicherheit (EASA)** mit einer Beschwerdekammer (jetzt VO 216/2008, ABl. L 79/1: technische Kontrolle des Flugzeugbaus u. a.).

VI. Internationale Beziehungen in der Verkehrspolitik

1. Landverkehr und Binnenschifffahrt

29 Wie bei allen Verkehrsträgern bedürfen auch im Landverkehr und bei der Binnenschifffahrt Regelungen vielfach einer Erstreckung **über das Gebiet der Union hinaus,** wenn sie ihre volle Wirkung erzielen sollen. Dies erfordert eine Präsenz der EU in den internationalen Verkehrsorganisationen ebenso wie den Abschluss völkerrechtlicher Abkommen mit Drittstaaten. So nehmen KOM und Rat beratend an den Arbeiten der **UN-Wirtschaftskommission für Europa (ECE)** in Genf teil. Im Rahmen der ECE wurden eine Reihe internationaler Verkehrsabkommen geschlossen, u. a. das AETR-Abkommen, welches die EU für ihren Bereich übernommen hat. – In der **Europäischen Konferenz der Verkehrsminister (CEMT)** arbeitet die Union als Beobachter ebenso mit wie u. a. bei den Verkehrsaktivitäten der OECD, des Europarates oder im **Zentralamt für die internationalen Eisenbahnen (OCTI)** in Bern.

Die **Abkommenspraxis** der Union im Straßenverkehr mit benachbarten Drittstaaten (z. B. Verkehrsabkommen mit Mazedonien, ABl. 1997, L 348/169) hat durch die **Osterweiterung 2004** stark an Bedeutung verloren, da die meisten Vertragspartner nunmehr als EU-Staaten in die GVP einbezogen sind. Von spezieller Bedeutung sind weiterhin die Verträge mit der **Schweiz** beim Alpentransit (Rz. 15) und die **Mannheimer Rheinschifffahrtsakte** für die Binnenschifffahrt (Rz. 12).

2. Seeverkehr

Mit einigen Staaten bestehen Abkommen zum Seebereich. Daneben schützt die EU Schiffe der MSen durch **autonome Maßnahmen** gegen Diskriminierungen durch Drittstaaten (Fundstellenverzeichnis des geltenden EU-Rechts 07.30.50). Die KOM nimmt in den mit Fragen des Seeverkehrs befassten **internationalen Organisationen** (IMO, OECD, WTO, UNCTAD) die Unionsinteressen als Beobachter oder auch als Vertreter der EU wahr. 30

3. Luftverkehr

Literatur: *Bentzien,* Die Urteile des EuGH v.5.11.2002 betreffend die Zuständigkeit der EG für Luftverkehrsabkommen mit Drittstaaten, ZLW 2003, 153; *Gassner/Deichstetter,* Luftverkehrsabkommen als Gemeinschaftsaufgabe, EWS 2003, 265; *Balfour,* EC external aviation relations, CMLRev 2008, 443; *Maass,* Handelspolitische Schutzinstrumente im Luftverkehr, 2012.

Da der Luftverkehr seinem Wesen nach weit über die Grenzen der EU hinaus weltweit ausgerichtet ist, kommt der **„Außenseite"** der Gemeinsamen Luftverkehrspolitik besondere Bedeutung zu. Alte multilaterale Abkommen wie das Chicagoabkommen 1944 gelten nach Art. 351 AEUV zwischen den Beteiligten weiter. Demgegenüber hat der EuGH in konsequenter Anwendung der (heute in Art. 216 AEUV kodifizierten) „AETR-Doktrin" aus dem heutigen Art. 100 Abs. 2 AEUV eine **EU-Außenkompetenz im Luftverkehr** abgeleitet, die neue Abkommen möglich macht. Deswegen und wegen Verstoßes gegen die **Niederlassungsfreiheit** der Fluggesellschaften innerhalb der EU hat der EuGH bilaterale Abkommen von sieben EU-Staaten mit den USA für nichtig erklärt (EuGHE 2002 I-9427, verb. Rs. C-466/98, „KOM/Vereinigtes Königreich"; I-9855, Rs. C-476/98 „KOM/Deutschland" – **„Open Skies"**). Mittlerweile wurde ein entsprechendes, lange Zeit aber nicht in Kraft getretenes **EU-Abkommen** abgeschlossen (Beschluss 2007/339, ABl. L 134/4). Regelungen gibt es außerdem zur Zusammenarbeit bei derGewährleistung der Sicherheit der Zivilluftfahrt (ABl.2011 L 291/1). Speziell mit Blick auf die Übermittlung von Fluggastdaten an andere Staaten hat der EuGH ein erstes Abkommen mangels Kompetenz der EU für nichtig erklärt (EuGHE 2006, I-4721, verb. Rs. C-317 und 318/04 „Parlament/Rat und KOM"). Mittlerweile gibt es eine Folgeregelung (ABl. 2012, L 215/5). Mit anderen Staaten werden ähnliche Abkommen abgeschlossen. Mit der Schweiz schwelt seit längerem ein Streit betreffend Maßnahmen im deutschen Anfluggebiet des Flughafens Zürich; eine entsprechende Klage (gegen die Billigung der deutschen Maßnahmen durch die Kommission) hat die Schweiz verloren (EuGH, Urteil vom 7.3.2013, Rs. C-547/10 P „Schweiz/KOM"). Auch international umstritten ist die Einbeziehung des Luftverkehrs in den EU-Emissionshandel (Rz. 27). Vgl. im Übrigen das Fundstellenverzeichnis des geltenden EU-Rechts 07.40.50. 31

Abgeschlossen wurde ein gesamteuropäisches Übereinkommen über die Schaffung eines **gemeinsamen europäischen Luftraumes (GELR-Übereinkommen).** Der Gerichtshof hat hierfür die Möglichkeiten einer Beteiligung der EU abgesteckt (EuGHE 2002 I-3493, Gutachten 1/00). In den **internationalen Luftfahrtorganisationen** (insbes. ICAO) ist die Union durch die KOM als Beobachter neben den MSen vertreten; jüngst wurde eine Kooperationsvereinbarung abgeschlossen (Ratsbeschluss 2011/530, ABl. L 232/1). – Eine selbständige Organisation ist die 1960 gegründete Europäische Organisation für Flugsicherung (**Eurocontrol;** dazu *Hobe,* Eurocontrol, in: Hatje/Müller-Graff (Hrsg.), EnzEuR I, 2014, § 31), die sich u. a. der Weiterentwicklung der Flugsicherung widmet. Ihr gehören über die EU hinaus bis auf Russland/Uk- 32 raine/Weißrussland alle europäischen Staaten an; zur Kooperation mit der EU wurde jüngst ein entsprechendes Abkommen unterzeichnet (ABl. L 2013, 1).

VII. Transeuropäische Netze (TEN)

Literatur: *Köhler,* Gemeinschaftliche Infrastrukturverantwortung der Mitgliedstaaten im Rahmen des Wettbewerbs: zum Verhältnis der EG-Vertragstitel über transeuropäische Netze und staatliche Beihilfen, 2011; *Armbrecht,* Infrastrukturplanung auf europäischer Ebene – Entwurf einer Verordnung zu Leitlinien für die transeuropäische Energieinfrastruktur, DVBl. 2013, 479; *Giesberts/Tiedge,* Die Verordnung zu Leitlinien für die transeuropäische Energieinfrastruktur, NVwZ 2013, 836; *Calliess/Lippert,* Transeuropäische Netze, in: Wegener (Hrsg.), EnzEuR VIII, 2014, § 2.

1. Konzept der Transeuropäischen Netze

33 1992 ist der **Titel über die Transeuropäischen Netze** geschaffen worden (heute Art. 170 – 172 AEUV). Die TEN betreffen die Bereiche Verkehrs-, Telekommunikations- und Energieinfrastruktur. Der Schwerpunkt liegt im klassischen **Verkehrsbereich** (Autobahnen, Eisenbahn-Hochgeschwindigkeitsstrecken). In der **Telekommunikation** geht es um die digitale Vernetzung des EU-Raumes, im **Energiebereich** um die europaweite Verbindung der Gas- und Elektrizitätsleitungen (Rz. 23/9). Mit ihrem Auf- und Ausbau durch die MSen zusammen mit der Union soll der **Verkehrsbinnenmarkt** und der **wirtschaftlich-soziale Zusammenhalt** im Interesse der Bürger, Wirtschaftsbeteiligten und der Gebietskörperschaften perfektioniert werden. Darüber hinaus wird im „transeuropäischen" Sinne die Zusammenarbeit mit **Drittstaaten** zur Förderung des Ausbaues der TEN angesprochen (Art. 171 Abs. 3 AEUV).

2. System des Titels Transeuropäische Netze

a) Ziele

34 Art. 170 AEUV legt die **Ziele** der EU-Netzpolitik fest: Auf- und Ausbau der TEN durch **Förderung des Verbunds** und der **Interoperabilität** der nationalen Netze sowie des **Zugangs** zu diesen Netzen. Aus den nebeneinander stehenden nationalen Verkehrs-, Telekommunikations- und Energienetzen soll jeweils ein abgestimmter **gesamteuropäischer Verbund** entstehen. Kernpunkt der TEN-Politik ist die „Verkoppelung" der nationalen Netze **(„Interoperabilität").** Ein spezielles Ziel ist die Einbeziehung von **Randgebieten.** Der Begriff **„Förderung"** durch die EU weist darauf hin, dass die MSen und ggf. private Unternehmen (früheres Beispiel: Eurotunnel S. A. England/Frankreich) die eigentlichen Träger der TEN-Maßnahmen sind, während die Union den Netzausbau im übergreifenden („europäischen") Sinne planend und finanziell unterstützt. Die TEN-Politik fällt in den Bereich der zwischen EU und MSen geteilten Zuständigkeiten und folgt daher dem **Subsidiaritätsprinzip** (Art. 5 EUV).

b) Instrumentarium

35 Die EU verwirklicht ihren Auftrag innerhalb der TEN-Politik in erster Linie durch **Leitlinien** (Art. 171 AEUV). Diese stellen eine besondere Form **begrenzt verbindlicher Rechtsakte** dar. Spezifisch betroffene MSen müssen die Maßnahmen billigen. Die Leitlinien können durch **Aktionen** und **„übrige Maßnahmen"** konkretisiert werden. Damit steht das gesamte Instrumentarium der Rechtsakte (VO, RL, B) zur Verfügung.

Innerhalb der Leitlinien können **Vorhaben von gemeinsamem Interesse ausgewiesen werden,** welche Union und MSen gleichermaßen unterstützen. Gemeint sind vor allem grenzüberschreitende Großvorhaben der Verkehrsinfrastruktur (z. B. der Brenner-Basis-Tunnel, die Rhein-Rhône-Kanalverbindung oder Anschlussstücke zwischen den nationalen Hochgeschwindigkeitsstrecken der Bahn). Prozedural sollen sich die MSen bei der Verwirklichung der Vorhaben zusammen mit der KOM **koordinieren** (Art. 172 Abs. 2 AEUV). Der Union fällt dabei die **übergreifende Planung** zu.

c) Finanzierung

Die Unterstützung der Vorhaben von gemeinsamem Interesse schließt eine **finanzielle Mithilfe** der Union ein. Im Sinne der Grundkonzeption der TEN-Politik ist sie **subsidiär,** d. h. es handelt sich lediglich um eine Unterstützung der grundsätzlich von den MSen zu tragenden Maßnahmen (**Prinzip der Mitfinanzierung** mit im Einzelnen differenziert festgelegten Obergrenzen von vielfach 10 oder 20 und nie mehr als 50%). Die Unionsfinanzierung kann in Form von **Zuschüssen aus dem EU-Haushalt** erfolgen, aber auch in anderen Formen. Der **Kohäsionsfonds** (oben Rz. 18/63) und andere Strukturfonds können herangezogen werden (Art. 171 Abs. 1 AEUV). Die Grundregeln für die Gewährung von Zuschüssen sind in der VO 1316/2013 (ABl. 348/129: 33 Mrd. € für den Zeitraum 2014–2020) festgehalten. Die **Europäische Investitionsbank** beteiligt sich an der Finanzierung. 2007 wurde eine Exekutivagentur geschaffen, die sich um den Bereich des Verkehrsnetzes kümmern soll (Beschluss der KOM 2007/60, ABl. 2007 L 32/88). 36

d) Verhältnis der TEN-Politik zu den Sachpolitiken des AEUV

Art. 170ff. AEUV begründen eine Art **Querschnittkompetenz** zu den einschlägigen Sachpolitiken (insbesondere Verkehrs-, Energie- und Telekommunikationspolitik). Ihre Einfügung in den Vertrag 1992 bezweckte, die hier benannten Infrastrukturbereiche mit Blick auf den Binnenmarkt und die Kohäsionspolitik besonders hervorzuheben. Sie sind daher als **Spezialvorschriften** zu den Sachpolitiken zu verstehen, die vorrangig eingreifen. Sie haben jedoch keinen exklusiven, sondern **ergänzenden Charakter** zur Verkehrspolitik usf., d. h. sie sollen sich soweit wie möglich als ein besonderer Bestandteil in die Sachpolitiken einfügen. – Im Verhältnis zum nationalen Recht der MSen bleibt das **Subsidiaritätsprinzip** (Art. 5 Abs. 3 EUV) zu beachten. 37

3. Zur Entwicklung der TEN-Politik seit 1993

a) Verkehr

Die Abstimmung der einzelstaatlichen Regelungen erfolgt im **EU-Verkehrsinfrastrukturausschuss** (VO 1315/2013, ABl. L 348/1). Die MSen müssen ihre Wegeplanung rechtzeitig melden. In den achtziger Jahren kam es zu ersten Gemeinschaftsfinanzierungen europäisch relevanter Infrastrukturmaßnahmen. 38

Die Aktuelle definiert die **VO 1315/2013** (ABl. L 348/1) die Leitlinien für den Verkehrsbereich im Sinne eines **umfassenden transeuropäischen Verkehrsnetzes** mit Ausblick bis 2050 (Land-, See- und Luftverkehr – *Bogs,* Die Planung transeuropäischer Verkehrsnetze, 2002); für den Zeitraum 2007–2013 waren gut 8 Mrd. € vorgesehen. Die Leitlinien wurden durch weitere Regelungen spezifiziert, u. a. die Richtlinie 2004/54, ABl. L 201/56 über die Sicherheitsanforderungen bei Straßentunneln. Schon 1994 hatte der Europäische Rat 14 aus seiner Sicht vorrangige „spezifische Vorhaben" benannt (z. B. Brenner-Basis-Tunnel). Auf sie sollte sich die Mitfinanzierung der Union besonders konzentrieren. Die Verwirklichung der Projekte vollzog sich aus verschiedenen Gründen bisher schleppend. 1995 befürwortete der Rat den Einsatz von **Telematik** im Straßenverkehr (ABl. 1995, C 264/1 und 1997 C 194/5). Mit verschiedenen Richtlinien soll die **Interoperabilität im Eisenbahnwesen** im Sinne der Erleichterung des grenzüberschreitenden Verkehrs verbessert werden (Rz. 12, 16f.).

b) Telekommunikation

39 Mit der **E 1336/97** (ABl. 1997, L 183/12) wurden die Leitlinien für **transeuropäische Telekommunikationsnetze** bestimmt. Ziel ist eine möglichst weitgehende **digitale Vernetzung des EU-Raumes** einschließlich des Aufbaues eines transeuropäischen Telematikverbundes für den Straßenverkehr. Für den Zeitraum 2007–2013 waren rund 150 Mio € vorgesehen. Diese Zielsetzungen wurden durch weitere Planungen näher ausgestaltet. Die Durchführung obliegt in diesem Bereich weithin **öffentlich-privater Zusammenarbeit („PPP")** unter Mitfinanzierung durch die Union. Vision ist eine **„europäische Informationsgesellschaft"**, deren Bürger sowohl in der Massenkommunikation (Rundfunk/Fernsehen) als auch in der Individualkommunikation transeuropäisch vernetzt sind. Auch die Verordnung über den Betrieb des europäischen Satellitennavigationssystems Galileo durch die EU (1185/2013, ABl. L 347/1; dazu Rz. 34/12) wurde auf Art. 172 AEUV gestützt.

c) Energie

40 Hier benennt nunmehr die VO 347/2013 (ABl. L 115/39) die maßgeblichen Vorhaben im Bereich der **Energieinfrastruktur** (Strom, Gas, Erdöl, CO_2; dazu *Giesberts/Tiedge,* NVwZ 2013, 836). Die TEN-Politik ist besonders eng mit der allgemeinen Energiepolitik verbunden (oben Rz. 23/9 ff.) und zielt auf die Förderung der grenzüberschreitenden Interoperabilität der Energienetze.

Insgesamt eilt die **Konzipierung** der TEN über die Leitlinien ihrer **Verwirklichung** weit voraus; viele Projekte sind noch nicht ansatzweise verwirklicht.

VIII. Ausblick: Perspektiven für den Verkehrsbinnenmarkt

41 Die **Liberalisierung der Verkehrsmärkte** ist im Zuge des allgemeinen Binnenmarktprozesses seit Mitte der achtziger Jahre im Großen und Ganzen erreicht worden. Nachholbedarf besteht vor allem noch im Schienenverkehr, der besonders stark auf eine spezifische Infrastruktur angewiesen ist, sowie im Bereich des gleichfalls ein festes Liniennetz erfordernden Personennahverkehrs. Durch den sachgerechten Einsatz vor allem der Beihilfenkontrolle muss gewährleistet werden, dass der **öffentliche Versorgungsauftrag** stärker mittels **marktkonformer Mechanismen** sichergestellt wird.

Zugleich hat der Binnenmarkt zu einem erheblichen Anwachsen des **Verkehrsaufkommens** geführt. Dessen Bewältigung bei gleichzeitiger Einbindung in die europäische **Klimaschutzpolitik** im Großen, aber auch der Beachtung sonstiger **umweltpolitischer Belange** – Alpentransit als prominentes Beispiel – stellt eine große Herausforderung für die Verkehrspolitik der nächsten Jahre dar. Die einschlägigen Instrumente wie Umweltregelungen, Zusatzfinanzierung über Wegegebühren („Road Pricing"), die Politik der „Wiederbelebung" der Bahn (Fortsetzung der Liberalisierung, Förderung des kombinierten Verkehrs Straße/Schiene) sowie Anpassungen des Luftverkehrs an das steigende Passagier- und Güteraufkommen müssen insgesamt stärker aufeinander abgestimmt werden.

Zusätzlich wird das **Außenprofil der EU** in den internationalen Verkehrsbeziehungen durch Beitritt der Union zu den internationalen Verkehrsorganisationen (ZKR, Eurocontrol, IMO, ICAO) gestärkt.

7. Teil. Binnenmarkt II: Personen, Unternehmen und Soziales

§ 27. Freizügigkeit der Arbeitnehmer

Literatur: *Giubboni* (Hrsg.), Social Rights and Market Freedom, 2006; *Fuchs,* Die Geltung der Arbeitnehmerfreizügigkeit für Beamte, Fiat iustitia, 2006, 267; *Kahl,* Freiheitsprinzip und Sozialprinzip in der EU, FS Schmidt, 2006, 75; *Frenz,* Die Studierendenfreizügigkeit in Europa, JA 2007, 4; *Fuchs,* Arbeitsmigration im Spannungsfeld von nationalstaatlicher und europarechtlicher Regelung, FS Birk, 2008, 115; *Leopold/Semmelmann,* Civis europaeus sum – Gewährleistungen und Grenzen der Freizügigkeit der Unionsbürger, ZeuS 2008, 275; *Solka,* Zugang zum deutschen Arbeitsmarkt für Staatsangehörige aus den neuen Mitgliedstaaten der Europäischen Union, ZAR 2008, 87; *Thomas,* Die Relevanzregel in der europäischen Grundfreiheitendogmatik, NVwZ 2009, 1202; *Dautricourt,* Reverse Discrimination and Free Movement of Persons, ELR 2009, 433; *Tryfonidou,* In Search of the Aim of the EC Free Movement of Persons Provisions, CMLRev 2009, 1591; *Fuchs,* Freizügigkeit in der EU, FS Gagel, 2011, 183; *Rönnmar* (ed.), Labour Law, Fundamental Rights and Social Europe, 2011; *Hailbronner,* Freizügigkeit, in: Dauses (Hrsg.), Hdb. EU-WirtschR D I (2012); *Bast/Rödl* (Hrsg.), Wohlfahrtsstaatlichkeit und „soziales Europa“ im Kontext der Euro-Krise, EuR, 2013, Beiheft 1.

I. Die Bedeutung der Arbeitnehmerfreizügigkeit im Binnenmarkt

Die in Art. 45–48 AEUV geregelte **Freizügigkeit der Arbeitnehmer** gehört – zusammen mit der Niederlassungsfreiheit der Selbständigen (Art. 49–55 AEUV) – zu den Grundelementen des in Art. 26 Abs. 2 AEUV beschriebenen Binnenmarkts. Die Personenfreiheiten treten an die Seite der Produktfreiheiten (Waren und Dienstleistungen) sowie der Kapitalverkehrsfreiheit. Die Arbeitnehmerfreizügigkeit soll es Arbeitnehmern ermöglichen, sich in jenen Mitgliedstaat zu begeben, in dem die Nachfrage nach ihrer jeweiligen individuellen Qualifikation am größten ist. Die Freiheit des Personenverkehrs soll damit den wirtschaftlich tätigen Marktbürgern die freie, d. h. von der Staatsangehörigkeit unabhängige und nicht durch unverhältnismäßige Behinderungen beeinträchtigte Standortwahl für die Ausübung ihrer Tätigkeit ermöglichen. Die Bestimmungen der Art. 45 ff. AEUV ermöglichen so – aus ökonomischer Perspektive – die Mobilität des Produktionsfaktors Arbeit und weisen insofern eine enge Beziehung zu dem die Mobilität des Produktionsfaktors Kapital gewährleistenden Art. 63 AEUV auf. 1

Die Arbeitnehmerfreizügigkeit ist eine wichtige Voraussetzung für effizientes Wirtschaften im Binnenmarkt. Mehr noch als bei anderen Grundfreiheiten hat diese Grundfreiheit allerdings auch eine zutiefst individuell-persönliche Dimension: Es sind Menschen, denen die grenzüberschreitende Mobilität ermöglicht werden soll. Diese Dimension erfordert umfassende Schutzvorkehrungen und begleitende Gewährleistungen, ohne die das in Art. 45 AEUV gewährleistete Recht nicht wirklich effektiv ausgeübt werden könnte. Viele Wanderarbeitnehmer holen ihre Familien nach und kehren nicht mehr in ihr Heimatland zurück, sondern bleiben auf Dauer in Ausnutzung ihres Verbleiberechts (Art. 45 Abs. 3 lit. d AEUV – unten Rz. 27/59) im aufnehmenden MS. Die Frage nach der **langfristigen sozialen und politischen Eingliederung** dieser Arbeitnehmer schiebt sich zunehmend in den Vordergrund der EU-Freizügigkeitspolitik. Keine der anderen Grundfreiheiten hat eine derartig wichtige soziale Dimension, die auch und gerade in Zeiten einer Rückkehr zu stabilitätsorientierter und nachhaltiger Finanzpolitik erheblich an Bedeutung gewinnt (unten 2

Rz. 29/6ff.). Diese Dimension der Arbeitnehmerfreizügigkeit ändert allerdings nichts daran, dass Art. 45 AEUV ein **funktionales Verständnis** der Rolle der Bürger als Teilnehmer am Wirtschaftsgeschehen zugrunde liegt.

3 In den letzten Jahren haben sich durch die Einführung der Unionsbürgerschaft (Art. 18ff. AEUV) und deren Ausbau durch die Rechtsprechung des EuGH (oben Rz. 16/1ff.) über die Personenfreizügigkeit unionsrechtliche Gewährleistungen gelegt, denen diese funktional-ökonomische Perspektive nicht mehr innewohnt. Mit dem vor allem seit dem Maastrichter EUV 1992 vorangetriebenen Aufbau einer „politischen Union" hat sich die Freizügigkeitspolitik der EU allmählich von ihrer wirtschaftlichen Anbindung gelöst. Zielvorstellung ist nunmehr ein allgemeinpolitisch begriffenes **„Europa der Bürger"**, in dessen Zentrum der Unionsbürger mit einem nicht mehr funktional-wirtschaftlich begriffenen Grundstatus steht (unten Rz. 27/22). Dies führt zwar nicht zu einem vollständigen Bedeutungsverlust der Bestimmungen über die Arbeitnehmerfreizügigkeit. Noch immer finden sich in Art. 45 AEUV und in dem begleitenden Sekundärrecht Ansprüche von Arbeitnehmern und ihren Angehörigen, die sonstige freizügigkeitsberechtigte Unionsbürger nicht haben. Insofern ist die Stellung als Arbeitnehmer weiterhin „stärker" als jene des Unionsbürgers unter Art. 18 AEUV. Aber der Abstand zwischen grundfreiheitsberechtigten Personen und (bloßen) Unionsbürgern schwindet.

4 Die Möglichkeit für die Arbeitnehmer der MSen, sich unionsweit um eine Beschäftigung zu bemühen und diese auszuüben, ist inzwischen weitgehend verwirklicht worden. Allerdings ist die **tatsächliche Mobilität** der Arbeitskräfte innerhalb der EU weiterhin **begrenzt.** Insbesondere ist es entgegen vieler Befürchtungen nach Beitritten (wie demjenigen Spaniens und Portugals 1986 oder der Osterweiterung 2004/2007/2013) nicht zu einer Überlastung der Arbeitsmärkte anderer MSen gekommen. Vielfach sind gleichwohl **Übergangsregelungen** getroffen worden, die es einzelnen „Alt-MSen" ermöglichten, die Freizügigkeit gegenüber den Neumitgliedern in ihren Arbeitsmärkten unter bestimmten Voraussetzungen bis zu sieben Jahre hinauszuschieben (unten Rz. 27/75). Mitgliedstaaten, die hiervon Gebrauch machten, konnten zwar ihren Arbeitsmarkt – vorübergehend – schützen, mussten aber in Kauf nehmen, dass die besonders aktiven und jungen Arbeitsuchenden aus den neuen MSen statt dessen in liberalisierungsfreundlichere MSen zogen. Offenheit zahlte sich regelmäßig ökonomisch aus.

5 Die Bestimmung des Art. 45 AEUV legt den MSen eine eindeutige Verpflichtung auf, „die zu ihrer Wirksamkeit keiner weiteren Maßnahme der Gemeinschaftsorgane oder der MSen bedarf und letzteren bei der Durchführung keinen Ermessensspielraum überlässt" (EuGHE 1974, 1337 (1347), Rs. 41/74, „van Duyn"; EuGHE 1974, 359 (360), Rs. 167/73 „Kommission/Französische Republik"; zur horizontalen Wirkung Rz. 27/32).

6 Die Bestimmungen über die Arbeitnehmerfreizügigkeit müssen auch im Lichte der Rechte aus der **Grundrechte-Charta interpretiert** werden. Nach Art. 15 Abs. 1 GRCh hat jede Person das Recht, zu arbeiten und einen frei gewählten oder angenommenen Beruf auszuüben. Einen Anspruch gegen die EU oder einen MSen auf Bereitstellung von Arbeit ergibt sich hieraus allerdings nicht. Art. 15 Abs. 2 GrCh schützt das Recht der grenzüberschreitenden Freizügigkeit der Arbeitnehmer.

II. Marktliberalisierung: Die Gewährleistung der Arbeitnehmerfreizügigkeit

Literatur: *Colneric,* Der Begriff des Arbeitnehmers in der Rspr. des EuGH, FS Iglesias, 2003, 385; *Remmert,* Grundfreiheiten und Privatrechtsordnung, JURA 2003, 13; *Hailbronner,* Die Richtlinie der Familienzusammenführung, FamRZ 2005, 1; *ders.,* Akademische Grade ausländischer EU-Hochschulen im Fernstudienverbund mit deutschen Ausbildungsaktiengesellschaften?, EuZW 2007, 39; *Förster,* Die unmittelbare Drittwirkung der Grundfreiheiten, 2007; *Hanf/Munoz* (Hrsg.), La libre circulation des personnes. États des lieux et perspectives, 2007; *Dautricourt,* Reverse Discrimination and Free Movement of Persons, ELR 2009, 433; *Tryfonidou,* In Search of the Aim of the EC Free Movement of Persons Provisions, CMLRev 2009, 1591; *Minderhoud* u. a. (Hrsg.), Rethinking the Free Movement of Workers: The European Challenges Ahead, 2009; *Hekimler,* Arbeitnehmerfreizügigkeit nach dem Assoziierungsabkommen und türkisches Recht, ZESAR 2013, 61; *Feik/Schulten,* Freizügigkeit der Arbeitnehmer, Jahrbuch Europarecht 2012, 143.

Das Freizügigkeitsrecht der Arbeitnehmer **ist im AEUV in den Art. 45–48 AEUV** 7
verankert. Art. 45 AEUV gewährt ein subjektives Recht, mit dem die grenzüberschreitende Freizügigkeit der Unionsbürger für alle Arbeitnehmertätigkeiten gewährleistet wird. Der Vertrag skizziert im Einzelnen, welche konkreten Gewährleistungen das Freizügigkeitsrecht der Arbeitnehmer enthält, ohne dabei abschließend zu sein. Vorrangig beinhaltet die Freizügigkeitsregelung des Art. 45 AEUV in Abs. 2 „die Abschaffung jeder auf der Staatsangehörigkeit beruhenden unterschiedlichen Behandlung der Arbeitnehmer der MSen in Bezug auf Beschäftigung, Entlohnung und sonstige Arbeitsbedingungen". Diese Forderung nach **Inländerbehandlung** konkretisiert das in Art. 18 AEUV niedergelegte allgemeine Diskriminierungsverbot. Heute wird Art. 45 AEUV auch als **Beeinträchtigungsverbot** verstanden. Art. 45 Abs. 3 AEUV statuiert **Begleitrechte des Arbeitnehmers,** die seiner Gleichbehandlung bezüglich der Arbeitsbedingungen vorangehen müssen.

Man hat sich aus politischen Gründen bereits früh dazu entschlossen, zur Verdeutli- 8
chung des Regelungsgehalts von Art. 45 AEUV und „zur fortschreitenden Herstellung des Freizügigkeitsrechts" **Akte des Sekundärrechts** zu erlassen (unten Rz. 27/55). Unklarheiten in der Frage, welche Tragweite Art. 45 AEUV konkret hat, konnten so ausgeschlossen werden; eine Klärung durch den EuGH war nicht erforderlich. Die erlassenen Vorschriften des Sekundärrechts enthalten allerdings keine verbindliche Interpretation der Reichweite des Art. 45 AEUV; es ist jederzeit möglich und in der Integrationsgeschichte immer wieder vorgekommen, dass der EuGH der Vertragsbestimmung Rechtspositionen entnommen hat, die im Sekundärrecht so nicht enthalten sind. Es empfiehlt sich gleichwohl, zunächst zu fragen, ob nicht ein bestimmtes Begehren bereits sekundärrechtlich geregelt wurde, bevor unmittelbar auf Art. 45 AEUV rekurriert wird.

1. Abgrenzung zu anderen Grundfreiheiten

Art. 45 AEUV schützt die Freizügigkeit der Arbeitnehmer. Bedeutsam ist insbeson- 9
dere die Abgrenzung des Art. 45 AEUV von dem Anwendungsbereich des Art. 49 AEUV (Niederlassungsfreiheit). Der Begriff des Arbeitnehmers stellt maßgeblich darauf ab, dass eine Person für einen anderen **nach dessen Weisung** Leistungen erbringt, für die er als Gegenleistung eine **Vergütung** erhält. Demgegenüber übt der Unternehmer eine Tätigkeit aus, die er nicht im Rahmen eines Unterordnungsverhältnisses ausführt, sondern als selbständige Erwerbstätigkeit (EuGHE 2001, I-8615, Rs. C-286/99, „Jany"). Für Art. 45 AEUV spielt es keine Rolle, ob das einzelne Einkommen zur

Deckung des Lebensbedarfes ausreicht oder unter dem vom Aufenthaltsstaat festgelegten Mindesteinkommen liegt (EuGHE 1982, 1035, Rs. 53/81, „Levin").

10 Wann eine solche Weisungsgebundenheit besteht, ist durch die Rechtsprechung des EuGH in verschiedenen Entscheidungen fallbezogen geklärt worden. Nach EuGHE 1991, 5889, Rs. C-179/90, „Merci", ist die Weisungsgebundenheit nicht dadurch ausgeschlossen, dass die Arbeitnehmer eines Unternehmens zugleich Gesellschafter desselben sind, wenn sie im Übrigen hinsichtlich der Ausführung ihrer Arbeit in einem Weisungsverhältnis zum Arbeitgeber stehen.

11 Demgegenüber ergeben sich zu den Produktfreiheiten (Art. 34 AEUV, Art. 56 AEUV) und zur Kapitalverkehrsfreiheit regelmäßig keine Abgrenzungsprobleme.

2. Vorrangiges Sekundärrecht

12 Nach den allgemeinen Regeln der Dogmatik der Grundfreiheiten (Rz. 22/6) ist eine Berufung auf die Grundfreiheit auch dort ausgeschlossen, wo der Normgeber des Sekundärrechts eine Frage abschließend geregelt hat. Allerdings gibt die Rechtsprechung des EuGH im Bereich der Freizügigkeit der Unionsbürger zu erkennen, dass sich der EuGH hier nicht an den Primat sekundärrechtlicher Harmonisierung gebunden fühlt (vgl. *Hailbronner,* NJW 2004, 218). Es erscheint nicht ausgeschlossen, dass sich der EuGH auch im Bereich der Arbeitnehmerfreizügigkeit dazu berechtigt fühlt, bei der Verwirklichung von Freiheit über die (häufig kompromisshaften) Entscheidungen der politisch handelnden Normgebungsorgane hinwegzugehen. Die Verwirklichung der Arbeitnehmerfreizügigkeit durch Akte des Sekundärrechts wird unter III. geschildert (Rz. 27/55).

3. Gewährleistungsbereich

a) Berechtigte der Arbeitnehmerfreizügigkeit

aa) Unionsbürger

13 Persönlich ist die Anwendung der Freizügigkeitsregelung grundsätzlich auf Arbeitnehmer **aus MSen der EU** beschränkt (Art. 45 Abs. 2 AEUV). Die Auslegung des **Begriffes „Arbeitnehmer"** ist nach Unionsrecht und nicht nach den nationalen Rechtsordnungen vorzunehmen (EuGHE 1964, 379 (383), Rs. 75/63, „Unger"; EuGHE 1982, 1035 (1049), Rs. 53/81, „Levin"). Grundsätzlich ist der Arbeitnehmerbegriff weit und großzügig auszulegen, weil mit ihm der sachliche Anwendungsbereich einer wichtigen Grundfreiheit des Vertrages festgelegt wird (EuGHE 1986, 1741, Rs. 139/85, „Kempf").

14 Den Schutz des Art. 45 AEUV genießen alle Personen, die eine **„Tätigkeit im Lohn- oder Gehaltsverhältnis"** (Art. 1 Abs. 1 VO 492/2011) ausüben (Art. 45 Abs. 3 lit. c) AEUV), sich zu Bewerbungszwecken im Hoheitsgebiet der Mitgliedstaaten bewegen (Art. 45 Abs. 3 lit. a), b) AEUV) oder nach Beendigung einer solchen Beschäftigung im Hoheitsgebiet eines MS verbleiben (Art. 45 Abs. 3 lit. d AEUV). Die Freizügigkeitsvorschriften erfassen alle unselbständig Tätigen, während die Regeln über die Niederlassungs- und Dienstleistungsfreiheit für die selbständigen Erwerbstätigen gelten (hierzu Rz. 25/3; 28/2). Vorbehaltlich des Art. 45 Abs. 4 AEUV (unten Rz. 27/26) können auch öffentliche Bedienstete (einschl. Beamte) Arbeitnehmer im Sinne des Art. 45 Abs. 1 AEUV sein. Der Arbeitnehmerbegriff des Sekundärrechts (vgl. Art. 1 Abs. 1 VO 492/2011; Art. 7 Abs. 1 lit. a), Abs. 3 lit. b), c) RL 2004/38/EG) bindet den EuGH allerdings nicht: In der Rs. C-138/02 (EuGHE 2004, I-2703, „Collins") räumt der Gerichtshof einem irischen Arbeits*suchenden* die Möglichkeit der Berufung auf Art. 45 AEUV ein, um so ein Recht auf diskriminierungsfreien Zugang zu Sozialleistungen (zur Eingliederung in den Arbeitsmarkt) zu gewährleisten (ähnlich EuGHE 2005, I-8275, Rs. C-258/04, „Ioannidis").

Unter den europarechtlichen Arbeitnehmerbegriff fallen daher etwa Rechtsreferendare (EuGHE 2005, I-2421, Rs. C-109/04, „Kranemann"; *Pechstein,* JZ 2005, 943), ggf. Doktorandenstipendiaten (EuGHE 2008, I-5939, Rs. C-94/07, „Raccanelli"; *Repasi,* EuZW 2008, 532) und Sportler bei entgeltlich erbrachten Arbeitsleistungen (EuGHE 2006, I-6991, Rs. C-519/04 P, „Meca-Medina"). Eine kurzzeitige Tätigkeit kann ausreichen (EuGHE 2003, I-13187, Rs. C-413/01, „Ninni"). 15

Unter Umständen kann sich auch ein privater Arbeitsvermittler auf Art. 45 AEUV berufen, sofern er Arbeitssuchende bei der Vermittlung einer Arbeitsstelle unterstützt und dabei auf Nachteile bei der Vermittlung ins EU-Ausland stößt (EuGHE 2007, I-181, Rs. C-208/05, „ITC"; *Mair,* ZESAR 2007, 292). Ein Arbeitgeber kann sich auf Art. 45 AEUV berufen, wenn eine innerstaatliche Bestimmung es ihm verbietet, eine Person als Geschäftsführer zu bestellen, die nicht die Staatsangehörigkeit dieses MS besitzt oder die in diesem Staat keinen Wohnsitz hat (EuGHE 1998, I-2521, Rs. C-350/96, „Clean Car Autoservice"). 16

Der Anwendungsbereich des Art. 45 AEUV ist – unabhängig von seinem Wohnort und seiner Staatsangehörigkeit – für jeden Unionsangehörigen eröffnet, der in einem anderen MS als seinem Wohnstaat abhängig beschäftigt ist (EuGHE 2008, I-7735, Rs. C-527/06, „Renneberg"). Damit gibt es Fälle, in denen sich Unionsbürger gegenüber dem eigenen Staat auf Art. 45 AEUV berufen können (EuGHE 1994, I-505, Rs. C-419/92, „Scholz"; EuGHE 1992, I-4265, Rs. 370//90 „Singh" (Rückkehr von einer Beschäftigung in einem anderen MS); EuGHE, 2007 I-671, Rs. C-104/06, „Kommission/Schweden" (Erwerbstätigkeit in einem anderen MS). 17

bb) Türkische Arbeitnehmer

Einen besonderen Status genießen türkische Arbeitnehmer auf Grund des **Assoziierungsabkommens EWG-Türkei** von 1963 (ABl. 1964, 3687) und seiner Folgeregelungen (*Gutmann,* Die Assoziationsfreizügigkeit türkischer Staatsangehöriger, 2. Aufl. 1999; *Eisele,* ELR 2012, 204; *Hekimler,* ZESAR 2013, 61). Nach Art. 12 des Abkommens sollten sich die Partner von der EWG-Freizügigkeit „inspirieren" lassen. Art. 36 des Zusatzprotokolls zum Abkommen v. 23.12.1970 (ABl. 1972, L 293/1) legte fest, dass die Freizügigkeit der Arbeitnehmer im Assoziationsverhältnis **bis zum 1.12.1986 schrittweise hergestellt werden sollte.** Art. 36 hatte jedoch lediglich **Programmcharakter** und musste vom Assoziationsrat einstimmig konkretisiert werden (EuGHE 1987, 3719, Rs. 12/86 „Demirel"; BVerwGE 78, 192). Dazu ist es nicht gekommen. 18

Andererseits legte der **Assoziationsratsbeschluss 1/80 vom 9.9.1980** (Amtl. Nachr. BAA 1981, 2; *Karger,* ZAR 2008, 228) fest, dass türkische Arbeitnehmer in einem MS nach **vier Jahren ordnungsgemäßer Beschäftigung** freien Zugang zu jeder anderen Beschäftigung in diesem MS besitzen. Der EuGH hat anschließend das Assoziationsrecht als Teil des EU-Rechts begriffen und **dem Beschluss 1/80 unmittelbare Wirkung zugesprochen** (EuGHE 1990, I-3461, Rs. C-192/89, „Sevince"; EuGHE 1994, I-5113, Rs. C-355/93, „Eroglu"). Aus den beschäftigungsrechtlichen Ansprüchen der türkischen Arbeitnehmer wurden in einer außerordentlich großzügigen Rspr. **Aufenthaltsrechte** abgeleitet und diese auf **Familienangehörige** erstreckt (vgl. etwa EuGHE 2008, I-7299, Rs. C-453/07, „Hakan Er"). Diese Rspr. wurde u. a. auf Ausbildungsverhältnisse erstreckt. Ausweisungen dürfen nur noch bei konkreten Gefährdungen im Einzelfall erfolgen (vgl. hierzu EuGHE 2007, I-8167, Rs. C-349/06, „Murat Polat"). Eine Scheidung nach einem mehr als fünfjährigen rechtmäßigen Aufenthalt führt nicht zum Verlust des über den Partner vermittelten Aufenthaltsrechts (EuGHE 2010, I-13445, Rs. C-303/08, „Bozkurt"). 19

Grundsätzlich bleiben die Freizügigkeitsrechte der türkischen Arbeitnehmer jedoch begrenzt und umfassen nicht den vollen Status nach Art. 45 AEUV. Insbesondere beschränkt sich die Freizügigkeit jeweils auf **einen bestimmten MS** und gilt nicht unionsweit (EuGHE 1997, I-329, Rs. 171/95 „Tetik"). Entsprechend den Ausführungen in der Rs. C-465/01 (EuGHE 2004, I-8291, „Kommission/Österreich") ist das in Assoziationsabkommen mit Drittstaaten enthaltene Diskriminierungsverbot aus Gründen der Staatsangehörigkeit im Bereich der Arbeitsbedingungen dennoch genauso auszulegen wie das entsprechende Verbot im Rahmen der Verträge. Als unzulässige Diskriminierung gilt etwa die Anwendung einer von einem Sportverband eines MS aufgestellten Regel, nach der die Vereine bei nationalen Wettkämpfen nur eine be- 20 grenzte Anzahl von Spielern aus Drittstaaten einsetzen dürfen (vgl. EuGHE 2008, I-6291, Rs. C-152/08, „Kahveci").

Der Freizügigkeitsstatus türkischer Arbeitnehmer ist vor allem für **Deutschland** relevant, wo sich mit über 2 Millionen ca. 85% der in der EU lebenden Türken aufhalten.

cc) Drittstaatsangehörige

21 Arbeitnehmer aus Drittstaaten, aber auch Staatenlose und Flüchtlinge fallen nicht unter diesen Personenkreis. Die beiden letztgenannten Gruppen sind allerdings in den Geltungsbereich der VO über die soziale Sicherheit der Wanderarbeitnehmer einbezogen (Art. 2 VO 883/2004). Abgeleitete Rechte – als Angehörige eines Arbeitnehmers – begründet die Arbeitnehmerfreizügigkeit auch für Drittstaatsangehörige (Art. 10 VO 492/2011) (im Einzelnen *de Vries,* ELR 2013, 248).

b) Sachlicher Anwendungsbereich

22 Der sachliche Anwendungsbereich der Freizügigkeitsvorschriften erstreckt sich über den **gesamten Anwendungsbereich wirtschaftlicher Betätigung.** Im Sinne des **„Europas der Bürger"** wird daher der sachliche Anwendungsbereich der Personenfreiheit weit verstanden. Wenn es sich um eine unselbständig ausgeübte Beschäftigung handelt, die für einen Auftraggeber nach dessen Weisungen gegen Entgelt ausgeübt wird, greift Art. 45 AEUV ein, auch wenn die Tätigkeit nicht ausschließlich wirtschaftlicher Art ist, sondern durch Eigenarten **künstlerischer, sportlicher, sozialer etc. Art** geprägt wird.

23 Damit fällt die Ausübung des **Sports** insoweit unter die Freizügigkeit im Sinne der Art. 45 AEUV, als sie zum Wirtschaftsleben im Sinne des Vertrages gehört („Profibereich") (EuGHE 1974, 1405, Rs. 36/74 „Walrave"; EuGHE 1995, I-5040, C-415/93, „Bosman"; EuGHE 2010, I-2549, Rs. C-51/96 u. 191/97, „Deliège"). Dies gilt u. a. für **Fußballprofis oder -halbprofis,** die eine unselbständige Tätigkeit ausüben (*Tettinger* [Hrsg.], Sport im Schnittfeld von europäischem Gemeinschaftsrecht und nationalem Recht, 2001). Art. 45 AEUV untersagt danach etwa eine übermäßige Behinderung des grenzüberschreitenden Vereinswechsels durch sog. Ablösesummen nach Vertragsablauf. Ebenso handelt es sich um (diskriminierende) Beeinträchtigungen, wenn die Regeln eines Sportverbands Inländer und EU-Ausländer nicht gleichbehandeln. Dagegen ist es legitim, wenn die Regelung eines Sportverbands vorsieht, dass ein Spieler – in verhältnismäßigem Umfang – Ausbildungskosten erstattet, wenn er nach Abschluss seiner Ausbildung den ersten Profivertrag bei einem anderen Verein abschließt (EuGHE 2010, I-2177, Rs. C-325/08, „Espoir-Spieler"). Zudem können Nationalmannschaften auf Staatsangehörige des betr. MS begrenzt werden, da insoweit der nichtwirtschaftliche Charakter überwiegt (insgesamt *Europäische Kommission,* Weißbuch Sport, KOM(2007) 391 endg.). Die „Bosman-Grundsätze" gelten auch für Freizügigkeitsgarantien in Assoziierungs- und Partnerschaftsverträgen (EuGHE 2003, I-4135, Rs. C-438/00, „Kolpak"; EuGHE 2005 I-2579, Rs. C-265/03, „Simutenkov").

24 Den typischen Anwendungsfall von Art. 45 AEUV bildet ein Arbeitnehmer, der sich entschließt, in einem anderen MS Arbeit zu suchen. Geschützt wird aber auch der zurückkehrende Arbeitnehmer. In der jüngeren Rechtsprechung wendet der EuGH nunmehr Art. 45 AEUV auch auf Personen an, die ihren Wohnsitz unter Beibehaltung ihres Arbeitsverhältnisses in diesem Mitgliedstaat in einen anderen Mitgliedstaat verlegt haben und seitdem ihren Beruf als Grenzgänger ausüben (EuGHE 2007 I-6303, Rs. C-212/05, „Hartmann").

Ein Arbeitnehmer, der niemals in einem anderen MS gewohnt oder gearbeitet hat und dies auch nicht beabsichtigt, kann sich gegenüber dem eigenen Mitgliedstaat allerdings nicht auf die Freizügigkeitsvorschriften berufen, „um sich der Anwendung der Rechtsvorschriften seines eigenen Landes zu widersetzen" (EuGHE 1984, 2539 (2548), Rs. 180/83, „Moser"; ebenso etwa EuGHE 1982, 3723, verb. Rs. 35 u. 36/82, „Morson u. Jahnjahn"). Art. 45 AEUV ist nicht auf Sachverhalte anwendbar, die einen MS rein intern betreffen, d. h. denen jeglicher Bezug zu irgendeinem der Tatbestände fehlt, die das EU-Recht regelt (EuGHE 1979, 1129, Rs. 175/76, „Saunders"). Das Diskriminierungsverbot des Art. 45 Abs. 2 AEUV verbietet damit nicht eine Situation, in der Inländer gegenüber EU-Ausländern schlechter gestellt sind („umgekehrte Diskriminierung" – discrimination à rebours). Allerdings können die nationalen Grundrechte eine Schlechterstellung gegenüber EU-Ausländern ausgleichen (vgl. BVerfG, GewArch 2006, 71 (Schlechterstellung deutscher Handwerker); vgl. auch Rz. 22/13). 25

c) Bereichsausnahme nach Art. 45 Abs. 4 AEUV

Literatur: *Oppermann,* Berufsbeamtentum in Deutschland und Europa noch zeitgemäß? 1995; *Burgi,* Freier Personenverkehr in Europa und nationale Verwaltung, JuS 1996, 958; *Guillén/Fuentetaja,* Free Movement of Workers and Public Administration: the ECJ Doctrine on the Interpretation of the Scope of Art. 39 (4) EC, EuRZÖffR 1999, 1567; *Hochbaum,* Zur Mobilität der Lehrkräfte in der EU, RdJB 2001, 179; *Kämmerer,* Europäisierung des öffentlichen Dienstrechts, EuR 2001, 37; *Jakobs,* Europäische Arbeitnehmerfreizügigkeit und nationaler Ämterzugang, FS Isensee, 2002, 507; *Böhm,* Lehrerstatus heute: Rahmenbedingungen und Reformperspektiven, DÖV 2006, 665.

Die Vorschriften über die Beschränkung der Arbeitnehmerfreizügigkeit sind gemäß Art. 45 Abs. 4 AEUV nicht auf die **Beschäftigung in der öffentlichen Verwaltung** anwendbar (*Jakobs,* FS Isensee, 2002, 507). Auf diese Weise will man diejenigen Stellen eigenen Staatsangehörigen vorbehalten, „die eine unmittelbare oder mittelbare Teilnahme an der Ausübung hoheitlicher Befugnisse und an der Wahrung solcher Aufgaben mit sich bringen, die auf die Wahrung der allgemeinen Belange des Staates oder anderer öffentlicher Körperschaften gerichtet sind" (EuGHE 1980, 3881, Rs. 149/79, „Kommission/Belgien"; EuGHE 1996, I-3207, Rs. C-473/93, „Kommission/Luxemburg"). Die Formulierung macht deutlich, dass nicht jede Beschäftigung in der „öffentlichen Verwaltung" oder durch eine juristische Person des öffentlichen Rechts von der Ausnahmeklausel erfasst wird. Nicht das Beschäftigungsverhältnis oder die organisatorische Stellung des Beschäftigten (in der öffentlichen Verwaltung) ist entscheidend, sondern die konkrete Aufgabenstellung. Es muss um die **Wahrnehmung von Hoheitsgewalt** gehen. Die Wahrnehmung dieser Funktion setzt eine **besondere Verbundenheit des Stelleninhabers mit dem Staat** voraus. Dementsprechend kann das Grundprinzip der Freizügigkeit von den MSen nicht einfach dadurch eingeschränkt werden, dass Personen **in ein Beamtenverhältnis berufen werden** (EuGHE 1986, 2121, Rs. 66/85, „Lawrie-Blum" [Referendare]). Die hoheitlichen Befugnisse müssen tatsächlich ausgeübt werden und dürfen nicht nur gering sein (EuGHE 2003, I-10391, Rs. C-405/01, „Marina Mercante Española"). Diese Rechtsprechung zu Art. 45 Abs. 4 AEUV wird als wichtiger Beitrag zur Lehre von den „eigentlichen Staatsaufgaben" gedeutet (*Everling,* DVBl. 1990, 225). Wird ein EU-Bürger dennoch zu einer Beschäftigung in der öffentlichen Verwaltung zugelassen, so gilt das Diskriminierungsverbot (hierzu unter Rz. 27/34) uneingeschränkt (EuGHE 2000, I-10497, Rs. C-195/98, „Österreichischer Gewerkschaftsbund", Rn. 37). Der EuGH geht davon aus, dass in den Fällen, in denen derartige Befugnisse nicht regelmäßig ausgeübt 26 werden und nur einen sehr geringen Teil der Tätigkeit der jeweiligen Personen ausmachen, eine Berufung auf Art. 45 Abs. 4 AEUV nicht möglich ist (EuGHE 2003, I-10447, Rs. C-47/02, „Anker“).

27 **Schwierige Abgrenzungsfragen** entstehen dadurch, dass die öffentlich Bediensteten in den einzelnen MSen häufig ein Amt wahrnehmen, in dem es teils um die Wahrnehmung genuiner Hoheitsgewalt, teils aber auch um sonstige Formen der Erfüllung öffentlicher Aufgaben im Rahmen der öffentlichen Verwaltung geht. Es würde eine weitgehende Einschränkung der Freizügigkeitsgrundsätze bedeuten, wenn derartige Ämter vollständig unter den Vorbehalt des Art. 45 Abs. 4 AEUV fielen, zumal es von der Organisation und dem Belieben der einzelnen MSen abhängt, inwieweit bestimmte Bereiche wirtschaftlicher, sozialer oder kultureller Art von privater oder öffentlicher Seite wahrgenommen werden. In derartigen Konstellationen ist der Zugang zu jenen Teilbereichen des Amts zu ermöglichen, die nicht genuine Hoheitsgewalt zum Gegenstand haben.

28 Die Bemühungen der Kommission und eine ausgedehnte Rspr. des Gerichtshofes haben inzwischen weitgehend geklärt, welche Bereiche des öffentlichen Dienstes nicht unter Art. 45 Abs. 4 AEUV fallen und der Freizügigkeit geöffnet werden müssen. Es geht um weite Teile der schlichten Hoheitsverwaltung wie die **Lehrberufe** (hierzu *Böhm,* DÖV 2006, 665) sowie die Gesundheits-, Post-, Verkehrs- und Sozialverwaltung. Hier fallen nur **Leitungs- und Kontrollfunktionen** noch unter Art. 45 Abs. 4 AEUV. In Deutschland ist das Beamtenverhältnis grundsätzlich für Unionsbürger geöffnet worden (*Schotten,* DVBl. 1994, 567; vgl. aber § 7 Abs. 2 BStG).

d) Räumlicher Geltungsbereich

29 Die Freizügigkeitsvorschriften sind auf sämtliche Rechtsbeziehungen anwendbar, „die auf Grund des Ortes, an dem sie entstanden sind oder an dem sie ihre Wirkungen entfalten, einen räumlichen Bezug zum Gebiet der Gemeinschaft aufweisen“ (EuGHE 1974, 1405, Rs. 36/74, „Walrave“; EuGHE 1984, 3153, Rs. 237/83, „Prodest“). Tätigkeiten außerhalb der EU können damit unter Art. 45 AEUV fallen, wenn es um ein Beschäftigungsverhältnis in der EU geht.

e) Adressaten der Arbeitnehmerfreizügigkeit

30 Die Arbeitnehmerfreizügigkeit nach Art. 45 AEUV gewährt Schutz vor beeinträchtigenden Maßnahmen der **Mitgliedstaaten.** Die Vorschrift richtet sich auch gegen Glieder der Mitgliedstaaten, also Länder und sonstige Körperschaften, Anstalten und Stiftungen des öffentlichen Rechts.

31 Art. 45 AEUV richtet sich auch gegen Maßnahmen, die von privat organisierten Berufs- und Wirtschaftsverbänden mit Ordnungsmacht über einen Wirtschaftssektor getroffen werden (hierzu Rz. 28/31). Dem Gebot der Inländerbehandlung und dem Verbot unverhältnismäßiger Beschränkung unterliegen damit auch „sonstige Maßnahmen, die eine **kollektive Regelung im Arbeits- und Dienstleistungsbereich** enthalten“ (zunächst EuGHE 1974, I-1405, Rs. 36/74, „Walrave“; EuGHE 1995, I-4921, Rs. C-415/93, „Bosman“ [Erweiterung auf nicht-diskriminierende Beschränkungsfälle]). Auch Regelungen von **Sportverbänden** unterliegen der Grundfreiheit. Privatrechtliche Vereinigungen oder Einrichtungen sollen daran gehindert werden, kraft ihrer rechtlichen Autonomie die den Staaten untersagten Beschränkungen beizubehalten oder herzustellen. Würde Art. 45 AEUV auf die Regelung der Arbeitsbedingungen nicht Anwendung finden, entstünden im Übrigen in den MSen, in denen derartige Festsetzungen nicht durch einen Rechtsakt des Staates, sondern durch eine Vereinbarung der Tarifparteien erfolgt, erhebliche Schutzlücken. Dies bedeutet, dass die Grundfreiheit jedenfalls insoweit **unmittelbare Drittwirkung** entfaltet.

Dementsprechend regelt Art. 7 Abs. 4 der VO 492/2011 die Nichtigkeit aller gegen den Gleichbehandlungsgrundsatz verstoßenden Bestimmungen in Tarif- oder Einzelarbeitsverträgen oder sonstigen Kollektivvereinbarungen.

In einer Entscheidung, deren Bedeutung bislang noch nicht klar einzuschätzen ist, hat der EuGH Art. 45 AEUV auch im horizontalen Verhältnis auf die individuelle Rechtsbeziehung zwischen einem arbeitssuchenden Unionsbürger und einer privaten Bank erstreckt (EuGHE 2000, I-4139, Rs. C-281/98, „Angonese", mit Anm. *Körber,* EuR 2000, 932; *Michaelis,* NJW 2001, 1841). Inzwischen gibt es Folgeentscheidungen, in denen der EuGH diese Linie vorsichtig weiterverfolgt (EuGHE 2008, I-5939, Rs. C-94/07, „Raccanelli", Rn. 41 ff. mit kritischer Anmerkung *Birkemeyer,* EuR 2010, 662 ff.). Für diese Handhabung der Arbeitnehmerfreizügigkeit spricht die Bedeutung, die der Gleichbehandlung von Arbeitskräften in der privaten Wirtschaft zukommt. Art. 45 Abs. 2 AEUV erfasst vorwiegend Fragen, die vom (auch privaten) Arbeitgeber geregelt werden. Zweifelhaft ist, wie weit sich diese Rechtsprechung generalisieren lässt. 32

4. Gewährleistungsumfang

Das Recht auf Arbeitnehmerfreizügigkeit umfasst den freien Zugang zu den Arbeitsmärkten der Mitgliedstaaten – also die Suche nach einer abhängigen Beschäftigung, deren Aufnahme und deren Ausübung. Abgesichert wird diese Freiheit über das Einreise- und Aufenthaltsrecht zum Zwecke der Arbeitssuche, das Recht auf Gleichbehandlung bei der Stellenbewerbung und im Rahmen des Arbeitsverhältnisses sowie das Verbleiberecht nach Beendigung des Arbeitsverhältnisses. 33

a) Diskriminierungsverbot (Art. 45 Abs. 2 AEUV)

Art. 45 Abs. 2 AEUV verbietet in diesen Bereichen jede auf der Staatsangehörigkeit beruhenden unterschiedliche Behandlung der Arbeitnehmer der MSen in Bezug auf Beschäftigung, Entlohnung und sonstige Arbeitsbedingungen. Ähnlich wie die diesbezüglichen Verbote in Art. 49 AEUV und Art. 56 AEUV handelt es sich um ein **spezifisches Diskriminierungsverbot,** welches das allgemeine, in Art. 18 AEUV aufgestellte Verbot konkretisiert (EuGHE 1976, 1333 (1339), Rs. 13/76, „Dona"). 34

Es sichert dessen „Verwirklichung im besonderen Bereich der Arbeitsbedingungen", indem es dort jede Unterscheidung nach der Staatsangehörigkeit untersagt. Soweit Art. 45 Abs. 2 AEUV eingreift, ist für eine gesonderte Anwendung des Art. 18 AEUV kein Raum. Er dient aber in einem solchen Falle als **Auslegungshilfe** für die jeweilige besondere Bestimmung und wird deshalb gelegentlich neben dieser genannt (EuGHE 1979, 1129, Rs. 175/78, „Saunders"). Art. 18 AEUV kann nur dort eine eigenständige Bedeutung haben, wo Freizügigkeitsbereiche betroffen sind, die keinem spezifisch grundfreiheitlichen Diskriminierungsverbot unterliegen (EuGHE 1985, 606, Rs. 293/83, „Gravier"). 35

Art. 45 Abs. 2 AEUV erfasst neben offenen bzw. direkten Diskriminierungen auf Grund der Staatsangehörigkeit auch **versteckte bzw. indirekte Ungleichbehandlungen** (EuGHE 1993, I-4309, Rs. C-259/91, „Fremdsprachenlektoren"). Damit sind Ungleichbehandlungen angesprochen, die nicht unmittelbar an der Staatsangehörigkeit anknüpfen, aber tatsächlich zu dem Ergebnis führen, dass es zu einer Ungleichbehandlung von Inländern und mobilitätswilligen EU-Bürgern kommt (vgl. z. B. Art. 3 VO 492/2011). Zu einer derartigen versteckten Ungleichbehandlung kann es z. B. bei Anknüpfungen an den Wohnort, die Sprache oder sonstige für die Herkunft spezifi- 36 sche Eigenschaften kommen (EuGHE 1974, 153, Rs. 152/73, „Sotgiu"; EuGHE 1995, I-225, Rs. C-279/93 „Schumacker"). Ein „realistisches Risiko" der Benachteiligung des Wanderarbeitnehmers durch die Regelung reicht aus (EuGHE 2000, I-4585, Rs. C-302/98, „Sehrer"). Im Fall „Kranemann" (EuGHE 2005, I-2421, Rs. C-109/04) hat der EuGH eine Verletzung des Art. 45 AEUV darin gesehen, dass einem Rechtsreferendar nicht die Kosten einer Auslandsreise zum Antritt einer ausländischen Wahlstation erstattet wurden.

37 Das Diskriminierungsverbot des Art. 45 AEUV bezieht insbesondere auch alle Maßnahmen ein, die den **Zugang zum Arbeitsmarkt** zum Gegenstand haben, worunter neben finanziellen Leistungen auch Hilfestellungen bei der beruflichen Eingliederung, Weiterbildungsangebote oder Beschäftigungsprogramme fallen können (zu Unterhaltsvorschüssen: EuGHE 2002, I-1205, Rs. C-255/99, „Humer").

38 Eine Diskriminierung liegt daher auch in der Abschirmung der eigenen Staatsangehörigen gegenüber anderen MSen; exemplarisch ist auf die Europarechtswidrigkeit des § 10 Abs. 1 Nr. 9 EStG hinzuweisen, welcher Schulgeldzahlungen für den Besuch von Schulen in anderen Mitgliedstaaten generell von dem vorgesehenen Sonderausgabenabzug ausschließt (EuGHE 2007, I-06 957, Rs. C-318/05, „Kommission/Deutschland"; unten Rz. 34/21). Eine Dienstalterszulage für Professoren an Universitäten muss auch im Ausland zurückgelegte Dienstzeiten berücksichtigen (EuGHE 2003, I-10239, Rs. C-224/01, „Köbler").

39 Nach Art. 45 Abs. 2 AEUV i. V. m. Art. 7 Abs. 1–3 der VO 1612/68 hat der Wanderarbeitnehmer ganz allgemein Anspruch auf inländergleiche Beschäftigungs- und Arbeitsbedingungen. Dies bezieht sich auf **alle Vergünstigungen, die mit dem Arbeitsverhältnis in Verbindung stehen,** unabhängig, ob sie gesetzlich/vertraglicher oder freiwillig gewährter Natur sind (EuGHE 1974, 153, Rs. 152/73, „Sorgiu"). Damit erstreckt sich der Schutzbereich auch auf die Lebensverhältnisse des Freizügigkeitsberechtigten. In einer aktuellen Entscheidung (EuGHE 2012, I-0000, Rs. C-461/11 „Radziejewski") ist etwa ein Wohnsitzerfordernis für die Gewährung einer Entschuldung nach schwedischem Recht für europarechtswidrig angesehen worden. Es ist unverhältnismäßig, die Gewährung von Überbrückungsgeld an einen mindestens sechsjährigen Aufenthalt zu knüpfen (EuGHE 2012, I-0000, Rs. C-367/11, „Prete"). Auch die **steuerliche Gleichbehandlung** ist inzwischen zum Thema unter Art. 45 AEUV geworden (etwa EuGHE 2006, I-7, Rs. C-52/03, „Ritter-Coulais"; EuGHE 2007, I-1113, C-329/05, „Meindl"). Vielfach finden sich im Steuerrecht Regelungen, die zwischen inländischen und grenzüberschreitenden Sachverhalten unterscheiden (vgl. EuGHE 2007 I-06 705, Rs. C-182/06, „Lakebrink"). Traditionelle Differenzierungen des Steuerrechts müssen insofern überprüft werden (vgl. unten § 35).

b) Beschränkungsverbot

40 Die Rechtsprechung hat Art. 45 Abs. 2 AEUV über das Diskriminierungsverbot hinaus ein **„Behinderungsverbot"** in dem Sinne entnommen, dass Regelungen eines MS den Staatsangehörigen eines anderen oder des eigenen MS nicht daran hindern dürfen, sein Herkunftsland zu verlassen und von der Freizügigkeit anderwärts Gebrauch zu machen (EuGHE 1995, I-4921, Rs. C-415/93, „Bosman", hierzu *Nettesheim,* NVwZ 1996, 342; EuGHE 2006, I-685, Rs. C-520/04, „Turpeinen").

41 Es liegt auf der Hand, dass **nicht jede unterschiedslos wirkende Maßnahme** der Mitgliedstaaten, die sich irgendwie nachteilig auf einen mobilitätswilligen Arbeitneh-

mer auswirkt, an den Vorgaben des Art. 45 AEUV gemessen werden kann. Wäre dem so, müsste der EuGH das gesamte mitgliedstaatliche Arbeits-, Wirtschafts- und Steuerrecht an Art. 45 AEUV messen. Bislang ist man allerdings bei der Eingrenzung der Maßnahmen, die als Beeinträchtigung der Arbeitnehmerfreizügigkeit zu werten sind, noch nicht zu echter Klarheit gekommen. Inzwischen zeichnet sich in der Rechtsprechung (insoweit in dogmatischer Anlehnung an die „Keck"-Rechtsprechung) die Tendenz ab, danach zu fragen, ob die Maßnahme den grenzüberschreitenden **Zugang zum Arbeitsmarkt unmittelbar beeinflusst** (so der Fall „Bosmann", Rn. 27/23) oder ob lediglich eine (letztlich von dem Arbeitnehmer beeinflussbare) Regelung über die Stellung auf dem Arbeitsmarkt vorliegt (*Decker/Schroeder,* JZ 2001, 88). Der Forderung, dass für letztere nur das Diskriminierungsverbot gelten solle (GA Fenelly, Rs. C-190/98, „Graf"), hat sich der EuGH zwar nicht angeschlossen. Es ist aber deutlich, dass der EuGH bei Maßnahmen mit Behinderungswirkung „jenseits des Zugangs" nach der Spürbarkeit fragt. Maßnahmen, die sich „zu ungewiss und indirekt" auf die Wahrnehmung der Freiheit auswirken, bewirken danach keine angreifbare Beschränkung (z. B. EuGHE 2000, I-493, Rs. C-190/98, „Graf").

Allerdings gibt es andere Entscheidungen, in denen der EuGH auch **Maßnahmen „hinter der Grenze"** einer Verhältnismäßigkeitsprüfung unterzieht (vgl. *Schulte Westenberg,* Zur Bedeutung der „Keck"-Rechtsprechung für die Arbeitnehmerfreizügigkeit, 2009). So verwehrt es der EuGH den Behörden eines Mitgliedstaats, den Inhaber eines in einem anderen Mitgliedstaat erworbenen rechtswissenschaftlichen Diploms nur deshalb nicht für den juristischen Vorbereitungsdienst zuzulassen, weil es sich nicht um ein von einer Universität des erstgenannten Staates verliehenes, bestätigtes oder als gleichwertig anerkanntes Diplom der Rechtswissenschaft handelt (EuGHE 2003, I-13 467, Rs. C-313/01, „Morgenbesser"; *Vetter/Warnicke,* JuS 2005, 113; vgl. auch EuGHE 2000, I-493, Rs. C-190/98, „Graf/Filzmoser"). Zwar ist die **gegenseitige Anerkennung** von Prüfungszeugnissen, Hochschuldiplomen u. ä. heute weitgehend in der Richtlinie 2005/36/EG (ABl. L 255/22) über die Anerkennung von Berufsqualifikationen geregelt (oben Rz. 25/27). Gleichwohl versucht der EuGH hier, mit Verhältnismäßigkeitserwägungen übermäßige Zugangsschranken zu bekämpfen (zur „begrenzten Anerkennung" EuGHE 2006, I-801, Rs. C-330/03, „Colegio de Ingenieros"; *Lippert,* EuR 2007, 631). Der EuGH verlangt in diesem Zusammenhang, dass die im Heimatstaat erworbenen Diplome, Ausbildungszeugnisse oder sonstige Befähigungsnachweise einer **materiellen Gleichwertigkeitsprüfung** zu unterziehen sind. Es bedarf einer Gesamtbeurteilung, ob die vom Arbeitnehmer vorgelegten Diplome den für die Zulassung zur Tätigkeit geforderten innerstaatlichen Vorschriften entsprechen. Im Falle einer Gleichwertigkeit besteht eine Pflicht zur Anerkennung. 42

Bislang lassen sich dem EU-Recht keine ausdrücklichen Regelungen entnehmen, wie das diesbezügliche Verfahren der **Überprüfung ausländischer Diplome, Zeugnisse etc.** auszusehen hat. Jedenfalls gilt im Lichte der sog. „Milchkontor-Rechtsprechung" (EuGHE 1983, 2633, verb. Rs. 205–215/82, „Deutsche Milchkontor"), dass die Grundsätze der Effektivität und der Äquivalenz beachtet werden müssen. Darüber hinaus muss das Verfahren den Behörden ermöglichen, die Gleichheit oder zumindest Gleichwertigkeit des ausländischen Nachweises objektiv festzustellen; die Entscheidung ist zu begründen (vgl. etwa EuGHE 1991, I-2357, Rs. C-340/89, „Vlassopoulou", Rz. 17; EuGHE 1987, 4097, Rs. 222/86, „Heylens", Rz. 13). 43

44 Die Führung eines ausländischen Titels oder akademischen Grads können die Behörden einer Prüfung unterziehen; diese Überprüfung muss sich allerdings auf das Notwendigste beschränken und darf den Betroffenen nicht belasten (EuGHE 1993, I-1663, Rs. C-19/92, „Kraus").

5. Rechtfertigung

a) Öffentliche Ordnung, Sicherheit und Gesundheit

Literatur: *Lyon-Caën,* La réserve d'ordre public en matière de liberté d'établissement et de libre circulation, RTDE 1966, 693; *Bongen,* Schranken der Freizügigkeit aus Gründen der öffentlichen Ordnung und Sicherheit im Recht der EWG, 1975; *Hubeau,* L'exception d'ordre public et la libre circulation des personnes en droit communautaire, CDE 1981, 207; *Cristofanelli,* La clausola limitativa dell' ordine pubblico nella libera circolazione intracomunitaria, AffSocInt 1987, 77.

45 Das Freizügigkeitsrecht der Arbeitnehmer steht unter einem **Ordre-Public-Vorbehalt.** Die Freizügigkeit kann Beschränkungen unterliegen, die aus Gründen der öffentlichen Ordnung, Sicherheit und Gesundheit gerechtfertigt sind. Nach Art. 45 Abs. 3 AEUV erfasst dieser Vorbehalt aber nur die in diesem Absatz enthaltenen Aufenthaltsrechte, nicht den in Art. 45 Abs. 2 AEUV niedergelegten Gleichbehandlungsgrundsatz.

46 Bei den Begriffen der **öffentlichen Ordnung, Sicherheit und Gesundheit** handelt es sich um **unionsrechtliche Begriffe,** die als Ausnahmen vom Grundsatz der Arbeitnehmerfreizügigkeit **eng auszulegen** sind. Ihre Tragweite darf nicht von jedem MS einseitig ohne Nachprüfung durch die Organe der EU bestimmt werden (EuGHE 1974, 1337, Rs. 41/74, „van Duyn"). Diese Begriffe sind vielmehr im Lichte der Ziele der EU auszulegen. Die Rechtfertigung kann nur dann geltend gemacht werden, wenn eine „tatsächliche und hinreichend schwere Gefährdung vorliegt, die ein Grundinteresse der Gesellschaft berührt" (EuGHE 1975, 1219, Rs. 36/75, „Rutili"; EuGHE 2000, I-1335, Rs. C-54/99, „Scientology", EuGHE 2002, I-10981, Rs. C-100/01, „Olazabal"). Sog. „wirtschaftliche Gründe", die protektionistische Hintergründe haben, reichen für die Rechtfertigung nie aus. Im Bereich moralistisch anstößiger Tätigkeiten räumt der EuGH den Mitgliedstaaten einen gewissen Spielraum bei der Beurteilung ein, ob und inwieweit sie ihren Markt öffnen wollen.

47 Eine Konkretisierung der Begriffe der öffentlichen Ordnung, Sicherheit und Gesundheit findet sich in Kap. 6 der RL 2004/38/EG, welche die weitgehend zur Vorgängerrichtlinie 64/221 ergangene Rechtsprechung kodifiziert. Zwar steht danach jedem MS ein gewisser Beurteilungsspielraum zu, inwieweit er von den erlassenen nationalen Rechtsvorschriften zur Aufrechterhaltung der öffentlichen Ordnung und Sicherheit Gebrauch macht. Diese Entscheidung wird dann aber strikt kontrolliert. Eine Beschränkung der Freizügigkeit ist nur **„gerechtfertigt",** wenn im Verhalten des EU-Angehörigen außer der Störung der öffentlichen Ordnung, die jede Gesetzesverletzung darstellt, „eine tatsächliche, gegenwärtige und erhebliche Gefahr" liegt, die ein **„Grundinteresse der Gesellschaft"** berührt (Art. 27 Abs. 2 RL 2004/38/EG). Dieses kann auch in einer organisierten politischen Betätigung von Ausländern liegen, die national gesehen unerwünscht ist (EuGHE 1974, 1337, Rs. 41/74, „van Duyn"). Der Ordre-Public-Vorbehalt darf nicht für wirtschaftliche Zwecke geltend gemacht werden (Art. 27 Abs. 1 RL 2004/38/EG).

48 Auszugehen ist stets vom **persönlichen Verhalten der betreffenden Personen.** Deshalb ist z. B. eine Ausweisung aus Gründen der Generalprävention unzulässig (Art. 27 Abs. 2 RL 2004/38/EG). Die Ausweisung von EU-Bürgern, die wegen einer Straftat verurteilt werden, ist daher in der Regel unzulässig, wenn die Strafe zur Bewährung ausgesetzt wurde (BVerwGE 57, 61). Nach Art. 27 Abs. 2 RL 2004/38/EG können strafrechtliche Verurteilungen „allein" eine Ausweisung nicht begründen; in der Praxis wird hiervon teilweise abgewichen.

Allein der **Verstoß gegen ausländerrechtliche Meldevorschriften** ist kein ausreichender Grund, einen EU-Ausländer auszuweisen, da für ihn eine Aufenthaltsberechtigung bereits nach den Freizügigkeitsregeln besteht und daher die Anmeldung nach den nationalen Vorschriften rein deklaratorisch ist (EuGHE 1976, 497, Rs. 48/75, „Royer"; EuGHE 1980, 2171, Rs. 157/79, „Pieck").

Soweit die Voraussetzungen des Ordre-Public-Vorbehalts vorliegen, sind aufenthalts- 49
begrenzende Maßnahmen bis zur **Ausweisung** möglich. Das Aufenthaltsrecht kann auf einen Teil des Staatsgebietes beschränkt werden (EuGHE 2002, I-10 981, Rs. C-100/01, „Olazabal").

Art. 30 RL 2004/38/EG enthält **Rechtsschutzgarantien** für den Betroffenen. Sie werden in Deutschland durch das Verwaltungsverfahrens- und Verwaltungsprozessrecht erfüllt.

b) Zwingende Gründe des Allgemeininteresses

Beschränkungen der Freizügigkeit können auch durch (sonstige) zwingende Gründe 50
des Allgemeininteresses gerechtfertigt werden, wenn die Beschränkung **nicht diskriminierend** ausfällt (EuGHE 1995, I-4921, Rs. C-415/93, „Bosman").

Nach der Rspr. des EuGH können nationale Maßnahmen, die geeignet sind, die Aus- 51
übung der durch den Vertrag garantierten Grundfreiheiten zu behindern oder weniger attraktiv zu machen, zugelassen werden, wenn mit ihnen ein im Allgemeininteresse liegendes vertragskonformes Ziel verfolgt wird, wenn sie geeignet sind, dessen Erreichung zu gewährleisten, und wenn sie nicht über das hinausgehen, was zur Erreichung des verfolgten Ziels erforderlich ist (EuGHE 2007, I-671, Rs. C-104/06, „Kommission/Schweden"; EuGHE 2007, I-181, Rs. C-208/05, „ITC").

Inzwischen hat der EuGH eine Vielzahl dieser Erfordernisse anerkannt: Schutz des 52
geistigen Eigentums, Schutz der Arbeitnehmer, Schutz der Verbraucher, die Erhaltung des nationalen historischen und künstlerischen Erbes, die Aufwertung der archäologischen, historischen und künstlerischen Reichtümer sowie die bestmögliche Verbreitung von Kenntnissen über das künstlerische und kulturelle Erbe eines Landes (EuGHE 1991, I-4007, Rs. C-288/89, „Stichting", Rz. 14). In anderen Entscheidungen wurde etwa der Schutz der geordneten Rechtspflege (EuGHE 1996, I-6511, Rs. C-3/95, „Reisebüro Broede"), das Erfordernis der Möglichkeit einer sprachlichen Kommunikation in der Landessprache (EuGHE 2000, I-5123, Rs. C-424/97, „Haim II"), die Kohärenz des Steuersystems (EuGHE 1992, 249, Rs. C-204/90, „Bachman"), die Bekämpfung der organisierten Bandenkriminalität (EuGHE 2010, I-11979, Rs. C-145/09, „Tsakouridis") oder die besondere Beratungsbedürftigkeit in Steuersachen (EuGHE 2006, I-2941, Rs. C-451/03, „Calafiori") grundsätzlich anerkannt. Diese Liste ist nicht abschließend.

Immer muss sich die konkrete Maßnahme als verhältnismäßig erweisen. Unverhältnis- 53
mäßig sind danach etwa bestimmte Wohnsitzpflichten für den Geschäftsführer einer Gesellschaft (EuGHE 1998, I-2521, Rs. C-350/96, „Clean Car Autoservice").

III. Verwirklichung der Arbeitnehmerfreizügigkeit

1. Staatliche Schutzpflichten

54 Die MSen sind verpflichtet, alle erforderlichen und geeigneten Maßnahmen zu ergreifen, um Beeinträchtigungen der Grundfreiheiten zu unterbinden (EuGHE 1997, I-6959, Rs. C-265/95, „Kommission/Frankreich" [Französische Bauern]). Gerade die Arbeitnehmerfreizügigkeit bedarf wegen der unterlegenen Stellung der Arbeitnehmer gegenüber dem Arbeitgeber in besonderem Maße staatlichen Schutzes vor Störungen durch Private (*Frenz,* Handbuch Europarecht I, 2. Aufl. 2012, Rn. 1179). Rechtsprechung gibt es hierzu aber noch nicht.

2. Sekundärrechtliche Herstellung der Freizügigkeit

55 Die Sekundärrechtsakte, die die normgebenden Organe zur Verwirklichung der Arbeitnehmerfreizügigkeit erlassen haben, sind von zentraler Bedeutung. Art. 46 AEUV dient nicht nur als **zentrale Ermächtigungsgrundlage für Freizügigkeitsrechtsakte,** sondern zählt beispielhaft einzelne Maßnahmen zur fortschreitenden Herstellung der Freizügigkeit auf, wie die Zusammenarbeit der Arbeitsverwaltungen und die Abschaffung diskriminierender Verwaltungsverfahren und -praktiken. Der mittelbaren Stärkung der Freizügigkeit dient Art. 47 AEUV, der die **Förderung des Austausches junger Arbeitskräfte** durch die MSen im Rahmen eines gemeinsamen Programms vorsieht. Hierdurch soll allgemein das Gefühl der Zugehörigkeit geweckt werden, aber auch die Bereitschaft, später in einem anderen MSen zu arbeiten. Inzwischen sind mehrere Austauschprogramme im Sinne des Art. 47 AEUV beschlossen worden, die von der Kommission finanziell unterstützt werden. Zur Erleichterung von Bewerbungen hat die KOM eine Empfehlung für ein Muster für Lebensläufe (ABl. 2002 L 79/66) entworfen.

a) Die Freizügigkeit der Arbeitnehmer

56 Die in Art. 45 AEUV gewährte Grundfreiheit wird teils durch unmittelbar wirksames VO-Recht, teils auch durch in das nationale Aufenthaltsrecht umzusetzendes RL-Recht ausgefüllt.

57 Zu den **zentralen Akten dieses Sekundärrechts** gehören die **zwei „großen" Freizügigkeitsverordnungen,** nämlich die **VO 492/2011** (ABl. L 141/1; Sartorius II Ziff. 180; zuvor: VO 1612/68) für die Herstellung der Freizügigkeit und die **VO Nr. 883/2004** (ABl. L 166/1) zur Koordinierung der Systeme der sozialen Sicherheit. Die VO 492/2011 verwirklicht zusammen mit der Freizügigkeits-RL 2004/38/EG (ABl. L 158/77) die Freizügigkeit des Berechtigten und der Familienangehörigen.

58 Einzelheiten über das Reise- und Aufenthaltsrecht der Unionsbürger enthält die RL 2004/38/EG. Art. 7 Abs. 1 lit. a), Abs. 2 RL gewährt dem einreisenden Arbeitnehmer und seinen Familienangehörigen das Recht zum unbefristeten Aufenthalt. Nach ununterbrochenem fünfjährigem Aufenthalt in dem Aufnahmemitgliedstaat entsteht nach Art. 16 Abs. 1, 2 RL ein Daueraufenthaltsrecht für den Arbeitnehmer und seine Familienangehörigen.

59 Die Voraussetzungen, unter denen der Freizügigkeitsberechtigte von seinem Verbleiberecht nach Art. 45 Abs. 3 lit. d) AEUV Gebrauch machen kann, sind in Art. 17 der RL 2004/38/EG festgelegt. Den Inhabern des Verbleiberechts wird dort ein privile-

gierter Status, nämlich das Recht auf Daueraufenthalt im MS, eingeräumt. Im Falle schwerster Straftaten kann auch eine Ausweisung langjährig freizügigkeitsberechtigter Personen verhältnismäßig sein (EuGHE 2012, I-0000, Rs. C-348/09, „P.I."). Ein Ausreiseverbot kann ggf. unverhältnismäßig sein (EuGHE 2012, I-0000, Rs. C-249/11, „Byankov" (im Fall offener ungesicherter Schulden).

b) Die Freizügigkeit der Familienangehörigen

Art. 45 AEUV ist im Hinblick auf das Grundrecht auf Achtung des Familienlebens gemäß Art. 8 EMRK und gemäß Art. 33 Grundrechte-Charta weit auszulegen. Sein Schutz erstreckt sich daher auch auf die Familienangehörigen des EU-Arbeitnehmers. Im Einzelnen ergibt sich das von der Stellung des Freizügigkeitsberechtigten **abgeleitete Recht auf Freizügigkeit** aus der VO 492/2011 und der RL 2004/38/EG. In diesen Regelungen zeigt sich der nicht ausschließlich wirtschaftliche, sondern zugleich soziale und in Richtung eines „Europas der Bürger" tendierende Sinn der EU-Freizügigkeit. 60

Art. 7 Abs. 1 lit. a), Abs. 2 RL 2004/38/EG gewährt den Familienangehörigen des Arbeitnehmers (hierzu EuGHE 2012, I-0000, Rs. C-83/11, „Rahman") – unabhängig von ihrer Staatsangehörigkeit – das Recht auf unbefristeten Aufenthalt (zur Beschränkung auf Personen mit Wohnsitz im Inland etwa: EuGHE 2007, I-6009, Rs. C-297/05, „Hendrix"). Der EuGH geht davon aus, dass diese Begünstigung auch dann gilt, wenn das Familienmitglied sich nicht vorher mit dem Arbeitnehmer im Herkunftsstaat aufgehalten hat (EuGHE 2007, I-1, Rs. C-1/05, „Jia"). Die Begünstigung greift auch bei der Rückkehr eines Arbeitnehmers in seinen Herkunftsstaat (EuGHE 2008, I-10729, Rs. C-291/05, „Eind"). Art. 23 RL ermöglicht auch Familienangehörigen die Ausübung einer Tätigkeit im Lohn- oder Gehaltsverhältnis. 61

Nach Art. 10 VO haben die Kinder des Arbeitnehmers das Recht, am allgemeinen Unterricht sowie an der Lehrlings- und Berufsausbildung unter den Bedingungen teilzunehmen, die auch für die Angehörigen des Gastlands gelten. Das Recht des Kindes zur Teilnahme am Unterricht wird von der fortdauernden Erwerbstätigkeit des Elternteils unabhängig (EuGHE 2002, I-7091, Rs. C-413/99, „Baumbast", Rn. 47). Das Ausbildungsrecht des Kindes zieht wiederum das Aufenthaltsrecht des sorgeberechtigten Elternteils auch nach Beendigung seines Arbeitnehmerstatus nach sich (EuGH, a. a. O., Rn. 68). Diese Rechte der Familienangehörigen gewinnen nach der Rechtsprechung des EuGH Eigendynamik. Über die Rechte der Kinder begründet der EuGH wiederum soziale Ansprüche eines Erziehungsberechtigten (EuGHE 2010, I-1065, C-310/08, „Ibrahim", und E 2010, I-1107, Rs. C-480/08, „Teixeira"). 62

3. Gleichstellung im Aufenthaltsstaat

Das Unionsrecht gewährleistet aber nicht nur die Freizügigkeit der Arbeitnehmer und der Familienangehörigen, sondern auch die Gleichstellung im Aufenthaltsstaat. 63

a) Überblick

Teil 1 der VO 492/2011 (**„Die Beschäftigung und die Familienangehörigen der Arbeitnehmer"**) gestaltet die in Art. 45 Abs. 2 und 3 AEUV enthaltenen Rechte des Arbeitnehmers auf Inländerbehandlung und auf Zugang zur Beschäftigung näher aus und räumt den Familienangehörigen gewisse Rechte ein, soweit nicht RL 2004/38/EG Anwendung findet. Teil 2 der VO 492/2011 (**„Ausübung der Beschäftigung und Gleichbehandlung"**) regelt die technische Seite der Verwirklichung der Freizügigkeitsrechte. In ihrem Kapitel III („Organe zur **Herbeiführung einer engen Zusammenarbeit** zwischen den MSen auf dem Gebiet der Freizügigkeit und der Beschäftigung der Arbeitnehmer") wird hierfür der erforderliche institutionelle Rahmen geschaffen. 64

In Art. 7–9 der VO 492/2011 wird das Gleichbehandlungsgebot des Art. 45 Abs. 2 AEUV dahingehend ausgelegt, dass es neben den Beschäftigungs- und Arbeitsbedingungen, wozu die berufliche Wiedereinglie- 65 derung oder Wiedereinstellung (Art. 7 Abs. 1) gezählt werden, auch den Genuss gleicher sozialer und steuerlicher Vergünstigungen (Art. 7 Abs. 2) einschließlich der **Inanspruchnahme von Berufsschulen und Umschulungszeiten** (Art. 7 Abs. 3) erfasst. Dabei ist für die Anwendbarkeit des Art. 7 Abs. 2 die Anknüpfung an Vergünstigungen aus einem Arbeitsvertrag nicht erforderlich. Es genügt vielmehr, dass die fragliche Vergünstigung hauptsächlich wegen der Arbeitnehmereigenschaft oder wegen eines Wohnsitzes im Inland gewährt wird (EuGHE 1975, 1085, Rs. 32/75, „Cristini"). Art. 8 bestimmt die **gewerkschaftliche Gleichstellung** des EU-Freizügigkeitsberechtigten. Sie gilt auch bei Berufskammern (EuGHE 1994, I-1891, Rs. C-118/92, „Kommission/Luxemburg"). Art. 9 dehnt das Diskriminierungsverbot auf den **privaten Bereich der Miete, des Erwerbs und der Suche nach einer Wohnung** aus. Im Kapitel II der VO 492/2011 ist die Einführung eines **Ausgleichsverfahrens** (Art. 13 ff.) von Bedeutung, wonach die Stellenangebote, die in einem MSen nicht befriedigt werden können, den anderen MSen mitgeteilt werden (Art. 18 VO 492/2011 [„EURES"-System]).

b) Soziale Begleitrechte

66 Das Freizügigkeitsrecht wäre wenig wert, wenn mobilitätswillige Arbeitnehmer befürchten müssen, im Falle eines Arbeitsplatzverlusts oder eines Schicksalsschlags ohne Absicherung und Hilfe in Not zu geraten. Dem beugen im Ansatz schon die Bestimmungen der VO 492/2011 vor, die eine Gleichbehandlung bei der sozialen Absicherung gebieten. Darüber hinaus legt Art. 48 AEUV die Grundlagen dafür, dass Arbeitnehmer Ansprüche der **sozialen Absicherung exportieren** können und so mobil sind. Die Durchführung findet sich heute vor allem in den Bestimmungen der VO 883/2004 (dazu Rz. 27/71 ff.).

67 Der EuGH ging vor noch nicht allzu langer Zeit nicht davon aus, dass die Arbeitnehmerfreizügigkeit einen allgemeinen Zugang zu den mitgliedstaatlichen Sicherungssystemen eröffnet (EuGHE 1987, 2711, Rs. 316/85, „Lebon"). Inzwischen legt der EuGH allerdings – zur Vermeidung von Schutzlücken – Art. 45 Abs. 2 AEUV im Lichte des Art. 18 AEUV aus (EuGHE 2004, I-02 703, Rs. C-138/02, „Collins"; *Oosterom-Staples,* CMLRev 42 (2005), 205; *Epiney,* NVwZ 2006, 407 [414]). Art. 45 Abs. 2 AEUV verbietet daher auch eine Diskriminierung im Hinblick auf soziale Rechte der Arbeitnehmer und ihrer Familienangehörigen. Vom Gewährleistungsumfang sind zumindest solche finanziellen Leistungen der MSen erfasst, die den Zugang zum Arbeitsmarkt erleichtern. Verweigert werden können sie dem Angehörigen eines anderen MS allenfalls, wenn er mit dem Arbeitsmarkt des MS noch nicht hinreichend eng verbunden ist (EuGHE 2005, I-8275, Rs. C-258/04, „Ioannidis"). Um „Sozialtourismus" zu verhindern, kann sie etwa an das Erfordernis eines inländischen Wohnsitzes gebunden sein („Collins", Rn. 57).

68 Entsprechend der Rechtssachen „Geven" (EuGHE 2007, I-6 347, Rs. C-213/05) und „Hartmann" (EuGHE 2007, I-6303, Rs. C-212/05) kann ein Anspruch auf Familienleistungen eines MS auch bei Beschäftigung in diesem MS bestehen, wenn kein inländischer Wohnsitz besteht und daher der Anwendungsbereich der VO nicht eröffnet ist. Eine – ggf. nach nationalem Recht erforderliche – hinreichende Bindung zur nationalen Gesellschaft ist dann über die Art der Erwerbstätigkeit nachzuweisen.

69 Jenseits dieser primärrechtlich gewährten Rechte erfolgt die Einbindung der Arbeitnehmer in die nationalen Sozialleistungssysteme über die VO (EG) 883/2004 zur Koordinierung der Systeme der sozialen Sicherheit (unten Rz. 27/71 ff.).

c) Der Zugang zur Bildung

Im Rahmen der Gleichstellung hinsichtlich der sozialen Rechte spielt der **Bildungszugang** eine wichtige Rolle. Art. 7 Abs. 3 und Art. 10 der VO 492/2011 gewährleisten die Teilnahme des Arbeitnehmers und seiner Kinder am **allgemeinen Unterricht sowie an der Lehrlings- und Berufsausbildung** (oben Rz. 27/62). Dieses Recht besteht fort, wenn die Eltern den Aufnahmestaat verlassen (EuGHE 1989, 723, verb. Rs. 389 und 390/87, „Echternich und Moritz") oder ihren Status als Freizügigkeitsberechtigte verlieren (EuGHE 2002, I-7091, Rs. C-413/99, „Baumbast"). Art. 10 zielt dabei nicht nur auf die Zulassungsbedingungen, sondern auch auf die allgemeinen Maßnahmen, welche die Teilnahme am Unterricht erleichtern sollen (z. B. **Ausbildungsförderung** (EuGHE 1974, 773, Rs. 9/74, „Casagrande") (zur **allgemeinen EU-Bildungspolitik** unten Rz. 34/14). 70

4. Koordinierung der Systeme der sozialen Sicherheit

Literatur: *Spiegel,* Die neue europäische Sozialrechtskoordinierung, Die Reform des Europäischen koordinierenden Sozialrechts 2007, 25; *Schulte/Kraus/Hauschild,* Die Reform des Europäischen koordinierenden Sozialrechts, 2007; *Fuchs,* Was bringt die neue VO (EG) Nr. 883/2004?, SGb 2008, 201; *Eichenhofer,* 50 Jahre nach dem Anfang – neue Regeln über die Koordination sozialer Sicherheit, ZESAR 2008, 339; *EU-Kommission,* Angemessene, nachhaltige und sichere europäische Pensions- und Rentensysteme, 2010; *Ganßmann,* Soziale Sicherheit durch die EU? in: Eigmüller (Hrsg.), Gesellschaftstheorie und Europapolitik 2010, 329

Um eine ungehinderte Ausübung des Freizügigkeitsrechts der Freizügigkeitsberechtigten zu ermöglichen, ist es notwendig, ihre **soziale Gleichstellung mit den inländischen Arbeitnehmern** umfassend zu verwirklichen. Die Arbeitnehmerfreizügigkeit bliebe nämlich Stückwerk, wenn ein Unionsbürger durch den Wechsel in einen anderen MS die Ansprüche auf Berücksichtigung seiner Beschäftigungszeiten verlöre oder wegen der Unterschiedlichkeit der nationalen Sozialversicherungssysteme keine oder nur beschränkte Leistungen erhielte und dadurch in eine ungünstigere Lage käme, als wenn er seine gesamte berufliche Laufbahn in einem einzigen MS zurückgelegt hätte. Dies zu verhindern, soll mit Art. 48 AEUV und den auf seiner Grundlage ergangenen Normen erreicht werden (EuGHE 1983, 583, Rs. 232/82, „Baccini"). Auch eine durchgreifende Anwendung des aus Art. 48 Abs. 2 AEUV erwachsenden Gleichbehandlungsgrundsatzes würde eine Integration der Sozialversicherungssysteme nicht erreichen. Art. 48 AEUV bildet insofern die Grundlage für die Herstellung eines Systems zur **EU-weiten gegenseitigen Anrechnung der Sozialversicherungsansprüche.** Ziel des herzustellenden Systems der Sicherstellung der sozialversicherungsrechtlichen Ansprüche und Leistungen ist somit die Realisierung der Freizügigkeit und nicht die Schaffung einer perfekten „Sozialunion" (*Wanders,* ELRev 1985, 138). Es geht um die **Koordinierung der weiterhin nationalen Versicherungssysteme** und nicht um ihre Harmonisierung (EuGHE 1986, 1, Rs. 41/84, „Pinna"). 71

Das einzurichtende „europäische Sozialversicherungsverrechnungssystem" erfüllt zwei Grundbedingungen, nämlich die Gewährleistung der Zusammenrechnung sämtlicher Beschäftigungs- und sonstiger Anrechnungszeiten und die Sicherstellung der Zahlungen, auch wenn die Personen in einem anderen als dem leistungspflichtigen MS wohnen. Auf der Grundlage von Art. 48 AEUV wurden zunächst die VOen Nr. 3 und 4/1958 und die VO 1408/71 erlassen. Letztere bleibt in Kraft, wurde aber 2010 von der 72

VO 883/2004 zur Koordinierung der Systeme der sozialen Sicherheit überlagert (ABl. L 166/1). Grundgedanke des hochdifferenzierten Systems der VO 883/2004 ist die grundsätzliche Gleichbehandlung der Leistungsempfänger (Art. 4 der VO) durch die Koordinierung der nationalen Rechte und Pflichten. Der sachliche Geltungsbereich umfasst alle wesentlichen Zweige der sozialen Sicherheit (Art. 3: insbes. Krankheit, Invalidität, Alter, Hinterbliebene, Arbeitsunfälle, Arbeitslosigkeit, Vorruhestand, Familienleistungen). Die kumulierten Leistungsansprüche beruhen niemals ausschließlich auf EU-Recht, sondern ergeben sich aus dem Zusammenspiel mit den nationalen Rechten. Den Berechtigten wird kein einheitlicher Leistungsanspruch zugesprochen, sondern er erhält durch EU-Recht zusammengerechnete und in der Auszahlung vereinheitlichte selbständige Leistungsansprüche gegen die nationalen Versicherungsträger (EuGHE 1967, 307, Rs. 9/67, „Colditz"). Auch wenn der Arbeitnehmer im Ausgangsstaat weiterhin Anspruch auf bestimmte Leistungen (bspw. Kindergeld) hat, entsteht doch für die Zeit des Aufenthalts im Zielstaat ein Anspruch zumindest auf Aufstockung dieser Leistung auf das Niveau des Zielstaates (EuGHE 2012, I-0000, Rs. C-611/10 und C-612/10, „Hudzinski und Wawrzyniak").

73 In der Praxis des Systems ergeben sich **zahllose Probleme.** Hierzu hat sich eine ausgedehnte **Rspr. der europäischen Gerichtsbarkeit** entwickelt (über 600 Urteile). Umstritten ist z. B., ob Freizügigkeitsberechtigte durch die Kumulierungen **günstiger gestellt werden dürfen** als Arbeitnehmer, die in „ihrem" MS verbleiben. EuGHE 1975, 1149 Rs. 24/75 „Petroni", bejahte dies, worauf einige MSen innerstaatliche Kürzungsklauseln einführten.

74 Eine bei der Kommission eingesetzte **Verwaltungskommission für die soziale Sicherheit der Wanderarbeitnehmer** sowie ein Beratender Ausschuss behandeln laufende Fragen aus der Anwendung der VO 883/2004 (Art. 71). Das System der VO 883/2004 hat die **Freizügigkeit der EG- bzw. EU-Arbeitnehmer** im Sinne der Art. 45 7ff. AEUV durch die Gewährleistung ihrer sozialen Sicherheit im gesamten EU-Raum **entscheidend gestärkt.**

IV. Ausblick

75 Die Freizügigkeit der Arbeitnehmer ist seit längerem zu einem **wesentlichen Bestandteil des freien Personenverkehrs im Binnenmarkt** geworden (Art. 26 Abs. 2 AEUV). Sie wurde mit den Beitritten zur EWG bzw. zur EU in den Jahren nach 1973 fortschreitend ausgebaut. Die Erweiterung der EU 2004 um acht mittelosteuropäische Staaten mit einem großen Arbeitskräftepotential wurde von vielen als eine besondere Herausforderung angesehen. Es bestand in manchen Kreisen die Besorgnis vor einer „Überschwemmung durch billige Arbeitskräfte". Derartige Befürchtungen haben sich nicht bewahrheitet. Vielmehr haben die Staaten, die ihren Arbeitskräftemarkt geöffnet haben (Bericht der Kommission über die Anwendung der im Beitrittsvertrag 2003 festgelegten Übergangsregelungen vom 8.2.2006 (KOM(2006)48 endg.), davon ökonomisch profitiert. Gleichwohl gibt es weiterhin **Widerstände gegen die Idee einer Öffnung.** Den 2007 beigetretenen Staaten Bulgarien und Rumänien (Art. 23 i. V. m. den Anhängen VI und VII der Beitrittsakte; ABl. 2005 L 157, 203) begegnete man ebenso wie dem 2013 beigetretenen Kroatien mit einer „2+3+2"-Regelung, wonach die Freizügigkeit für zwei Jahre ganz versperrt ist. Vor Beginn des dritten Jahres kann eine Verlängerung um höchstens drei Jahre erfolgen. Eine weitere Verlängerung nach

dem fünften Jahr ist nur bei schwerwiegenden Störungen auf dem Arbeitsmarkt eines MS zulässig. Diese Form des Protektionismus ist zu bedauern. Einer Studie der Kommission zufolge ist die Sorge vor der „Überschwemmung" übertrieben (*Dietz,* APUZ 5–6/2004, 41). Der „Sozialtourist", der sich allein auf den Weg macht, um von den guten Sozialleistungen eines anderen MS zu profitieren, ist bislang trotz der derzeit geführten Diskussion um die Zuwanderung insbesondere bulgarischer und rumänischer Staatsbürger („Exodus aus Bulgarien" [FAZ vom 18.02.2013]) die seltene Ausnahme. Großbritannien und Irland halten ihren Arbeitsmarkt daher schon seit 2004 für die Beitrittsstaaten offen und haben davon wirtschaftlich profitiert.

§ 28. Niederlassungsfreiheit

Literatur: *Weiss,* Free Movement of Persons within the European Community, 2. Aufl. 2007; *Germelmann,* Konkurrenz von Grundfreiheiten und Missbrauch von Gemeinschaftsrecht: Zum Verhältnis von Kapitalverkehrs- und Niederlassungsfreiheit in der neueren Rechtsprechung, EuZW 2008, 596; *Bock,* Mitbestimmung und Niederlassungsfreiheit, 2008; *Kley,* Niederlassungsfreiheit in: Merten/Papier (Hrsg.), Handbuch der Grundrechte in Deutschland und Europa, Bd. 6, 2009, 363; *Streinz,* Arbeitnehmerfreizügigkeit und Niederlassungsfreiheit, HBGrR 6/1, 2010, 795; *Roth,* Niederlassungs- und Dienstleistungsrecht. Grundregeln, in: Dauses (Hrsg.) Hdb EU-WirtschR E I (2012); *Tscherner,* Europäische Dienstleistungs- und Niederlassungsfreiheit und das Grundrecht auf Arbeitskampf, in: Grimm u. a. (Hrsg.), EU-Recht im Spannungsverhältnis zu den Herausforderungen im internationalen Wirtschaftsrecht, 2012, 221; *Möschel,* Glücksspiel und europäischer Binnenmarkt, EuZW 2013, 252; *Schön,* Das System der gesellschaftsrechtlichen Niederlassungsfreiheit nach VALE, ZGR 2013, 333.

I. Die Bedeutung der Niederlassungsfreiheit im Binnenmarkt

Die **Niederlassungsfreiheit (NLF) – die Freizügigkeit der selbständigen Unternehmer** – gehört ebenso wie die Freizügigkeit der Arbeitnehmer (oben § 27), die Freiheit des Produktverkehrs und des Kapitalverkehrs zu den unverzichtbaren Bestandteilen eines wirklichen Binnenmarktes. Während die Art. 45–48 AEUV die Stellung von Arbeitnehmern aus EU-Staaten im aufnehmenden MS regeln, gewähren die Art. 49–55 AEUV den selbständig erwerbstätigen EU-Angehörigen und den in den MSen gegründeten Gesellschaften das Recht auf freie Mobilität. 1

Die NLF zielt wie die Freizügigkeit der Arbeitnehmer nicht nur auf eine **Gleichstellung der Unionsbürger aus anderen MSen mit den Inländern, sondern auch auf eine Marktöffnung.** Die Verwirklichung der Niederlassungsfreiheit begegnet jedoch im Vergleich mit den Arbeitnehmern größeren **rechtlichen und praktischen Schwierigkeiten.** Das nationale Recht der selbständigen Berufe vom Handwerk bis zu den freien Berufen in der Ausbildung und bei den Berufszulassungsvoraussetzungen weist einen hohen personalen Bezug auf; die Unterschiede zwischen den MSen im Bereich der Ausbildungsgänge, Prüfungen, Befähigungsnachweise, Hochschuldiplome u. ä. sind groß. Die Marktöffnung verlangt die (Mindest-)Angleichung von Regelungsstrukturen, die häufig als „politisch sensibel" angesehen werden. Ähnlich wie beim freien Warenverkehr (oben Rz. 22/31) wird eine Vollharmonisierung häufig politisch nicht möglich und regelungstechnisch nicht sinnvoll sein. Erforderlich sind dann eine Mindestanpassung und die Durchsetzung der Pflicht zur gegenseitigen Anerkennung. Selbst dort, wo die Niederlassungsfreiheit unionsrechtlich geregelt ist, ergeben sich bei der Inanspruchnahme in der Praxis **mannigfache bürokratische Hindernisse.** 2

3 Die Möglichkeit der Standortverlegung innerhalb des Binnenmarktes sowie diejenige der freien Gründung von Filialen, Tochtergesellschaften u. ä. ist von großer Bedeutung für die Unternehmen und das Florieren des Marktes überhaupt. Mit der **Vollendung des Binnenmarktes** und dem damit verbundenen Abbau von innergemeinschaftlichen Hindernissen ist die praktische Bedeutung der NLF weiter gewachsen.

4 Die Bestimmungen über die Niederlassungsfreiheit müssen heute im Lichte der Rechte aus der **EU-Grundrechte-Charta interpretiert** werden. So bekräftigt Art. 15 die Freiheit der Ergreifung eines (selbständigen) Berufs noch einmal grundrechtlich. Art. 16 erkennt die unternehmerische Freiheit im Rahmen der Gesetze an.

II. Marktliberalisierung: Die Gewährleistung grenzüberschreitender Mobilität

Literatur: *Thüsing,* Deutsche Unternehmensmitbestimmung und europäische Niederlassungsfreiheit, ZIP 2004, 381; *Nettesheim,* Unternehmensübernahmen durch Staatsfonds, ZHR 2008, 729; *Strohn,* Die Niederlassungsfreiheit von Handelsgesellschaften: Disqualifikation – Berufsverbot – Gewerbeuntersagung als Mittel des vorbeugenden Gläubigerschutzes, FS G. Hirsch, 2008, 199; *Roth,* Europäische Niederlassungsfreiheit und nationaler Risikoschutz, FS Koziol, 2010, 1095; *Kment,* Unionsrechtliche Fesseln für die planerische Koordination des Einzelhandels? EuR 2011, 269.

5 Die Vorschriften des Vertrags über die Niederlassungsfreiheit – im Verbund mit jenen der Dienstleistungsfreiheit – enthalten ein **umfassendes Konzept,** mittels dessen die Freizügigkeit der Selbständigen innerhalb der EU hergestellt werden sollte. Das damit formulierte Programm der Marktöffnung ist inzwischen weitgehend, aber noch nicht abschließend verwirklicht worden. Art. 49 AEUV ist unmittelbar wirksam und gewährt Selbständigen und Unternehmen subjektive Rechte (vgl. etwa *Ehlers,* in: ders. (Hrsg.), Europäische Grundrechte und Grundfreiheiten, 3. Aufl. 2009, § 7; *Ruffert,* JuS 2009, 97).

6 Außerhalb des AEUV bemühen sich das im Rahmen des Europarats abgeschlossene **Europäische Niederlassungsabkommen v. 13.12.1955** (BGBl. 1959 II, 997) sowie die klassischen bilateralen Handels-, Schifffahrts- und Freundschaftsverträge um die Erweiterung der NLF. Soweit sich hier EU-MSen und Drittstaaten vertraglich die **Meistbegünstigung für die Ausübung selbständiger Erwerbstätigkeit** einräumen, bedeutet das wegen des Charakters der EU als umfassende Wirtschaftsunion nicht die Verpflichtung zur Weitergabe aller EU-Rechte an Drittstaatsangehörige.

1. Abgrenzung zu anderen Grundfreiheiten

7 Die NLF schützt die selbständige unternehmerische Tätigkeit. Im Einzelfall können sich hierbei **Abgrenzungsfragen zu anderen Grundfreiheiten** ergeben. Von der Arbeitnehmerfreizügigkeit wird die Niederlassungsfreiheit mittels des Kriteriums der „Selbständigkeit" der Tätigkeit abgegrenzt (oben Rz. 27/9). Die NLF setzt die mehr als vorübergehende, auf unbestimmte Zeit beabsichtigte unternehmerische Tätigkeit in einem anderen Mitgliedstaat voraus. Demgegenüber schützt die Dienstleistungsfreiheit Fälle, in denen sich ein Unternehmer zur Erbringung einer Dienstleistung vorübergehend in einem anderen Mitgliedstaat aufhält. Mit Hilfe des Merkmals „auf unbestimmte Zeit" lässt sich so eine Abgrenzung vornehmen, die allerdings nicht immer ganz einfach ist. Entscheidend ist, dass der Aufenthalt nicht schon vorab durch eine Leistungsvereinbarung begrenzt wird. Die NLF und die Kapitalverkehrsfreiheit können (z. B. hinsichtlich der grundfreiheitlichen Erfassung von sog. Direktinvestitionen) ähnliche Regelungsprobleme erfassen; die Abgrenzung ist hier noch nicht geklärt (hierzu *Nettesheim,* ZHR 2008, 729; *Germelmann,* EuZW 2008, 596). Die allgemeine

Freizügigkeit (Art. 21 AEUV [oben Rz. 16/15ff.]) tritt als allgemeines Recht zurück, wenn die Grundfreiheit des Art. 49 AEUV einschlägig ist.

2. Vorrangiges Primär- und Sekundärrecht

Wie auch die anderen Grundfreiheiten kommt Art. 49 AEUV nur dann zur Anwendung, wenn **nicht speziellere Regelungen des AEUV** vorgehen. Anders als im Bereich des Waren- und Dienstleistungsverkehrs gibt es im Vertrag allerdings keine Regelungen, die die unternehmerische Mobilität in bestimmten Sektoren oder mit Blick auf bestimmte staatliche Maßnahmen einem Spezialregime unterstellten. 8

Die Berufung auf Art. 49 AEUV ist nur dort möglich, wo nicht der in Frage stehende Aspekt einer bestimmten unternehmerischen Tätigkeit durch Sekundärrecht abschließend geregelt wurde. In dem Umfang, in dem etwa die **RL 2005/36 über die Anerkennung von Berufsqualifikationen** (ABl. 2005 L 255/22) (unten Rz. 44) Voraussetzungen darüber festlegt, welche Anforderungen die MSen an einen niederlassungswilligen Unternehmer stellen dürfen, ist die Einforderung weitergehender Freiheit unter Berufung auf Art. 49 AEUV damit ausgeschlossen. Damit wird die politische Freiheit des Harmonisierungsgesetzgebers geschützt. 9

3. Gewährleistungsbereich

Die NLF enthält für die selbständig Erwerbstätigen ähnliche Gewährleistungen wie Art. 45ff. AEUV für die Arbeitnehmer. Garantiert wird vor allem die **diskriminierungsfreie und ungehinderte Mobilität innerhalb der EU,** um unternehmerisch dort tätig zu werden, wo sich für die jeweilige Tätigkeit die besten wirtschaftlichen Rahmenbedingungen finden. Gewährleistet wird die tatsächliche Ausübung einer wirtschaftlichen Tätigkeit mittels einer festen Einrichtung im Aufnahmemitgliedstaat auf unbestimmte Zeit. Demgegenüber dient Art. 49 AEUV nicht dazu, die Mitgliedstaaten zur Änderung jenes (offenen und nichtdiskriminierenden) Rahmens zu zwingen, die sie Unternehmen zur Verfügung stellen. Die Bestimmung dient nicht der allgemeinen Harmonisierung des Wirtschafts- oder Unternehmensrechts. Hohe Löhne oder hohe Sozialabgaben sind damit ebenso wenig eine „Beeinträchtigung" der NLF wie hohe Steuersätze. Diese Freiheit verlangt nur, dass der Wegzug und der Marktzugang jeweils offen und frei möglich sein müssen und mobilitätswillige Unternehmer im Zielstaat nicht schlechter als einheimische Unternehmen behandelt werden (zur Idee der Zugangsfreiheit: *Nettesheim,* NVwZ 1996, 342). 10

a) Berechtigte der Niederlassungsfreiheit

aa) Natürliche Personen

Begünstigte der Art. 49–55 AEUV sind die **„Staatsangehörigen eines Mitgliedstaates".** Nach Art. 49 Abs. 1 S. 1 AEUV sind die Beschränkungen der freien Niederlassung gegenüber allen mobilitätswilligen Staatsangehörigen der MSen verboten, unabhängig davon, ob sie ihren Wohnsitz innerhalb oder außerhalb der EU haben. Die Begünstigung gilt auch gegenüber dem Staat, deren Staatsangehörigkeit ein Unternehmer hat – sei es, dass er von seinem Staat am Wegzug gehindert wird, sei es, dass er nach einer selbständigen Tätigkeit zurückkehren will (EuGHE 1992, I–4265, Rs. C-370/90, „Singh"). Staatsangehörige von Drittstaaten kommen, ähnlich wie bei der Freizügigkeit der Arbeitnehmer, nur mittelbar als Familienangehörige eines Begünstigten in den Genuss von Reise- und Aufenthaltsrechten nach der RL 2004/38 (ABl. L 11

229/04, 35ff). Nach Art. 49 Abs. 1 S. 2 AEUV ist das Recht zur Gründung von Agenturen und Zweigniederlassungen (sog. sekundäre NLF) auf EU-Angehörige begrenzt, die in einem anderen MS **ansässig** sind.

bb) Gesellschaften

Literatur: *Forsthoff,* Niederlassungsfreiheit für Gesellschaften: europarechtliche Grenzen für die Erstreckung deutschen (Mitbestimmungs-) Rechts, 2006; *Schön,* Niederlassungsfreiheit als Gründungsfreiheit, FS Hans-Joachim Priester, 2007, 737; *Stewen,* Niederlassungsfreiheit und deutsches internationales Steuerrecht, 2007; *Edwards,* The Concept of Abuse in the Freedom of Establishment of Companies: a Case of Double Standards?, in: *Arnull* (Hrsg.), Continuity and change in EU law, 2008, 205; *Kußmaul/Richter/Ruiner,* Die Sitztheorie hat endgültig ausgedient!, DB 2008, 451; *Grohmann/Gruschinske,* Beschränkungen des Wegzugs von Gesellschaften innerhalb der EU – die Rechtssache Cartesio, EuZW 2008, 463; *Weng,* Zulässigkeit und Durchführung grenzüberschreitender Verschmelzungen, 2008; *Kieninger,* Das internationale Gesellschaftsrecht nach Cartesio, FS Behrens, 2011, 25; *Habersack/Verse,* Europäisches Gesellschaftsrecht, 4. Aufl. 2011; *Wöhlert,* Die neue Mobilität von Gesellschaften in Europa nach Vale und National Grid Indus, GWR 2012, 432; *Kindler,* Der reale Niederlassungsbegriff nach dem VALE-Urteil des EuGH, EuZW 2012, 888; *Schröder/Fischer,* Die Sitzverlegung von Versicherungsunternehmen innerhalb der Europäischen Union, VersR 2013, 686; *Schön,* Das System der gesellschaftsrechtlichen Niederlassungsfreiheit nach VALE, ZGR 2013, 333.

12 Die NLF gilt auch für **Gesellschaften** (Art. 49 i. V. m. Art. 55 AEUV). Dies ist wirtschaftlich von besonderer Bedeutung. Die Regelungen sind kompliziert und gewinnen erst allmählich durch die **Rechtsangleichung des Gesellschafts-(Unternehmens) rechts** in Verbindung mit der fortschreitenden **Rspr. des Gerichtshofes** Konturen. Die Mobilitätsfreiheit im Binnenmarkt kommt allen Gesellschaften zu, die als EU-zugehörig anzusehen sind.

13 Der Begriff der „Gesellschaft" ist ein **europarechtlicher Begriff,** der nicht durch die gesellschaftsrechtlichen Anschauungen eines Mitgliedstaats determiniert wird. Allerdings knüpft der unionale Begriff am Gesellschaftsrecht der MSen an (EuGHE 2011, I-0000, Rs. C-371/10, „National Grid", Rz. 22). Dem EU-Recht liegt ein weiter Begriff der Gesellschaft zugrunde. In den Genuss der NLF kommen damit sämtliche Gesellschaften des mitgliedstaatlichen Rechts, die einen wirtschaftlichen Zweck verfolgen. Art. 55 Abs. 2 AEUV umfasst auch nichtrechtsfähige Gesellschaften. Es kommt damit nicht darauf an, dass sie nach dem Recht des Gründungsmitgliedstaates juristische Rechtspersönlichkeit aufweisen. Keine Berechtigung genießen Gesellschaften, die keinen Erwerbszweck verfolgen (z. B. philanthropische u. ä. Zwecke, EuGHE 1999, I-3999, Rs. C-172/98, „KOM/Belgien"). Eine Gewinnerzielungsabsicht ist allerdings nicht erforderlich. Juristische Personen des öffentlichen Rechts, die Hoheitsgewalt ausüben, fallen nicht unter Art. 55 AEUV.

14 Die Gesellschaften müssen nach den **Rechtsvorschriften eines MS gegründet** worden sein und entweder ihren satzungsmäßigen **Sitz,** ihre **Hauptverwaltung oder Hauptniederlassung innerhalb der EU** haben (Art. 55 Abs. 1 AEUV). Der Vertrag stellt entscheidend auf **Gründung und Sitz** der Gesellschaft für ihre EU-Zugehörigkeit ab; es kommt auf die **Staatsangehörigkeit der Gesellschafter bzw. Kapitaleigner** nicht an (EuGHE 1991, I-3509, Rs. C-221/89, „Factortame"). Auf diese Weise können auch **Drittstaatler** an der NLF teilhaben. Die Feststellung, *ob* eine Gesellschaft nach dem Recht eines Mitgliedstaates im Sinne von Art. 55 Abs. 1 AEUV gegründet wurde, kann Schwierigkeiten bereiten: Gesellschaften haben jenseits der nationalen Rechtsordnung, die ihre Gründung und Existenz regelt, regelmäßig keine rechtliche Existenz.

b) Sachlicher Anwendungsbereich der Niederlassungsfreiheit

15 Nach Art. 49 Abs. 2 AEUV umfasst die NLF die **Aufnahme und Ausübung selbständiger Erwerbstätigkeit** sowie die Gründung und Leitung von Unternehmen nach den Bestimmungen des Aufnahmestaates für seine eigenen Angehörigen. Dazu zählt auch die sog. **sekundäre NLF,** nämlich die Gründung von Agenturen, Zweigniederlassungen oder Tochtergesellschaften (EuGHE 1984, 2971, Rs. 107/83, „Klopp").

aa) Begriff der Niederlassung

16 Unter dem **weit auszulegenden Begriff der Niederlassung** versteht man die tatsächliche Ausübung einer selbständigen, wirtschaftlichen Tätigkeit mittels fester Einrichtung in einem anderen Mitgliedstaat auf unbestimmte Zeit (EuGHE 1991, I–3905, Rs. C-221/89, „Factortame"). Eine „Niederlassung" gründet, wer sich in dauerhafter Weise so in einem Mitgliedstaat etabliert, dass er an dem gewählten Standort Produkte herstellen oder anbieten kann. In Fällen, in denen ein Unternehmen lediglich eine *sekundäre* (Zweig-)Niederlassung gründet, also seine Präsenz in einem anderen Mitgliedsstaat unter Beibehaltung der primären Hauptniederlassung im Heimatstaat gründet, bedarf es der Abgrenzung zwischen dem Vorliegen einer „Niederlassung" und der bloß vorübergehenden Anwesenheit zur Erbringung von Dienstleistungen (Art. 56 AEUV); dabei kommt es auf alle Umstände des Einzelfalles, insbesondere den **Grad der Etablierung,** die **Dauer** und den **Schwerpunkt** der Tätigkeit an.

17 Das Merkmal der **Selbständigkeit** setzt voraus, dass diese nicht weisungsabhängig ausgeübt wird und auf eigene Rechnung erfolgt. Mit dem Begriff der „Wirtschaftlichkeit" können Tätigkeiten bezeichnet werden, die einem Erwerbszweck dienen. Tätigkeiten, die lediglich politisch, sozial, kirchlich etc. motiviert sind, fallen damit nicht unter Art. 49 AEUV.

18 Da die NLF nach Art. 49 AEUV für **alle** selbständigen Tätigkeiten garantiert ist, ist der Kreis der eingeschlossenen Tätigkeiten **entwicklungsoffen.** Auch die unternehmerische Betätigung im Bereich von **Lotterien,** Glücksspielen und Wetten zum Zwecke von Einnahmeerzielung fällt damit unter die NLF (bzw. die DLF) und darf nur aus zwingenden Gründen des Allgemeininteresses eingeschränkt werden (EuGHE 2003, I-13 031, Rs. C-243/01, „Gambelli"; EuGH, Rs. C-470/11, NVwZ 2012, 1162, „SIA Garkalns"; *Brüning,* NVwZ 2013, 23). Der AEUV enthält sich einer moralistischen Bewertung unternehmerischer Tätigkeiten. Die Niederlassungsfreiheit umfasst nicht nur die selbständige Tätigkeit als solche, sondern die **gesamte vorbereitende Tätigkeit.** Geschützt werden etwa der Kauf oder die Anmietung, Einrichtung und Unterhaltung der Produktionsanlagen ebenso wie die Erzeugung und der Vertrieb der Produkte.

19 Die NLF gilt nicht für Sachverhalte, die sich ausschließlich **innerhalb eines MS** abspielen (EuGHE 1988, 2029, Rs. 204/87, „Bekaert"; ähnlich BGH NJW 1990, 108). Das Diskriminierungsverbot des Art. 49 AEUV gilt nur für grenzüberschreitende Sachverhalte. Dies bedeutet auch, dass Fälle einer sog. „Inländerdiskriminierung", also der Schlechterstellung von Inländern gegenüber mobilitätswilligen Unionsbürgern, nicht unter Berufung auf Art. 49 AEUV bekämpft werden können.

bb) Formen der Niederlassung durch Gesellschaften

20 Die NLF gilt nach dem Gesagten auch für Gesellschaften. Es ist wichtig, dabei **zwei Ebenen** zu unterscheiden:

21 Auf der einen Seite gewähren diese Bestimmungen das Recht, **eine vollständige oder partielle grenzüberschreitende Verlagerung unternehmerischer Tätigkeit** vorzunehmen. Dies kann etwa dadurch geschehen, dass ein Unternehmen in einen anderen Mitgliedstaat in der Weise „umzieht", dass der Produktions- oder Erzeugungsstandort verlagert wird. Es ist aber auch denkbar, dass im Zielstaat lediglich ein zusätzlicher unternehmerischer Standort (zur Erzeugung, möglicherweise aber auch zum Vertrieb) gegründet wird. Die NLF umfasst auch derartige Formen der sekundären Niederlassung, etwa durch die Gründung von **Agenturen, Zweigniederlassungen oder Tochtergesellschaften** durch eine in der EU ansässigen Gesellschaft (Art. 49 Abs. 1 AEUV). Bei der Vornahme von Direktinvestitionen (Erwerb von Anteilen an einer Gesellschaft) kann es Überschneidungen mit der Kapitalverkehrsfreiheit geben.

22 Eine Gesellschaft kann zum anderen aber auch das Interesse haben, selbst „umzuziehen". Sie kann das Interesse haben, sich einer bestimmten Rechtsordnung zu bedienen, zugleich aber ihren Standort in einem anderen Staat zu begründen. Dies führt zu einem Wettbewerb der Rechtsordnungen; Unternehmensrecht wird zu einem „Produkt" (*Eidenmüller,* ZIP 2002, 2233). Der EuGH war bei der Anwendung der NLF auf derartige Fälle zunächst ablehnend (EuGHE 1988, 5483, Rs. 81/87 „Daily Mail"). Die Entscheidung des EuGH, einer mobilitätswilligen Gesellschaft die Berufung auf die Niederlassungsfreiheit zu gestatten, führte dann nicht nur zu allseitiger Überraschung, sondern wirkte sich auf das **„internationale Gesellschaftsrecht"** jener Mitgliedstaaten, die beim Zuzug von Unternehmen eine Neugründung und beim Wegzug eine Auflösung vorsahen, tiefgreifend aus. In den Leitentscheidungen EuGHE 1999, I-1459, Rs. C-212/97, „Centros"; EuGHE 2002, I-9919, Rs. C-208/00, „Überseering"; EuGHE 2003, I-10155, Rs. C-107/01, „Inspire Art" (*Horn,* NJW 2004, 893) erklärte der EuGH Regeln des nationalen Gesellschaftsrechts, die einer zuziehenden Gesellschaft die Anerkennung versagte, für unvereinbar mit der Niederlassungsfreiheit. In der Entscheidung „National Grid Indus" (EuGHE 2011, I-0000, Rs. C-371/10) ging der EuGH davon aus, dass ein aufnehmender Mitgliedstaat die Gesellschaften, die nach dem Recht eines anderen Mitgliedstaats gegründet worden und nach dessen Recht weiterhin als rechtsfähig anzusehen sind, grundsätzlich weder im Falle der tatsächlichen **Verlegung des Hauptverwaltungssitzes** noch im Falle der **Hineinverschmelzung** behindern darf. Art. 45 AEUV begründet im Zuzugstaat das Recht zur identitäts- und rechtsformwahrenden Sitzverlegung.

23 Dies zwingt zur Anwendung der Gründungstheorie; Art. 45 AEUV lässt sich insofern als Kollisionsnorm begreifen. Nicht abschließend geklärt ist, ob Art. 45 AEUV auch in Fällen greift, in denen schon bei der Gründung Verwaltungssitz und Gründungsstatut auseinanderfallen („Briefkastengesellschaft") (EuGHE 2006, (I-7995, Rs. C-196/04, „Cadbury").

24 Allerdings – insofern ist vorgreifend schon auf die Schranken hinzuweisen – kann der aufnehmende Mitgliedstaat **zwingende Gründe des Allgemeininteresses** geltend machen, um verhältnismäßige Einschränkungen im Einzelfall zu rechtfertigten. Zudem hat der EuGH in der Entscheidung „VALE" (EuGHE 2012, I-0000, Rs. C-378/10) festgestellt, dass ein Mitgliedstaat die Umwandlung einer „fremden" Gesellschaft in

eine solche des staatlichen Rechts ermöglichen muss, dabei aber in den Grenzen des Effektivitäts- und Äquivalenzgrundsatzes die jeweiligen Voraussetzungen festlegen kann. Im Einzelnen ist die Reichweite dieser Beschränkungsmöglichkeiten (etwa mit Blick auf Eigenkapitalanforderungen, mit Blick auf die Vertretung der Arbeitnehmerinteressen (Mitbestimmung) oder mit Blick auf die Qualifikation der Geschäftsführung) noch nicht abschließend geklärt und hoch umstritten. Anerkannt ist allerdings, dass der Zwang zu einem Statutenwechsel gegen den Willen der Gesellschaft unzulässig ist. Die Sitztheorie lässt sich jedenfalls nicht mehr uneingeschränkt anwenden. Im Ergebnis steht inzwischen außer Frage, dass die grundsätzliche Freiheit der Mobilität im Binnenmarkt auch für Gesellschaften existiert.

Im Verfahren „Cartesio" hat der EuGH (EuGHE 2008, I-9641, Rs. C-210/06) entschieden, dass das EU-Recht keinen Anspruch gegen den Gründungsstaat enthält, **rechtsformwahrend in einen anderen Mitgliedstaat zu wechseln** (*Mörsdorf,* EuZW 2009, 97; *Zimmer/Naendrup,* NJW 2009, 545). Allerdings gewährt Art. 49 AEUV das Recht einer Gesellschaft, sich dadurch in einen anderen Mitgliedstaat identitätswahrend zu verlagern, dass sie sich in eine Gesellschaftsform des Rechts dieses Staates umwandelt, ohne dass es im Zuge der Umwandlung zur Auflösung und Abwicklung kommen darf (dazu *Grohmann/Gruschinske,* EuZW 2008, 463). Auch ein isolierter Formwechsel (unter Beibehaltung des Verwaltungssitzes) muss wohl möglich sein. 25

Die Frage, inwieweit die nach nationalem Recht gegründeten Gesellschaften Mobilität im Binnenmarkt beanspruchen können, ist von der Frage nach der Verfügbarkeit europäischer Gesellschaftsformen zu unterscheiden. Die Rechtsformen einer **europäischen juristischen Person** (Europäische wirtschaftliche Interessenvereinigung (EWIV), Europäische (Aktien)gesellschaft (SE), Europäische Genossenschaft (SCE) sind unionsweit anzuerkennen. 26

c) Bereichsausnahmen bei Tätigkeiten in Ausübung öffentlicher Gewalt

Tätigkeiten, die in einem MS dauernd oder zeitweise mit der **Ausübung öffentlicher Gewalt** verbunden sind, werden nach Art. 51 AEUV von der NLF ausgeschlossen (hierzu auch Rz. 25/7). Die Vorschrift ähnelt der Bereichsausnahme für Beschäftigung in der öffentlichen Verwaltung (Art. 45 Abs. 4 AEUV, oben Rz. 27/26ff.), ist aber nicht identisch. Von der Vorschrift erfasst wird nicht ein „ganzer" Beruf, sondern lediglich eine konkrete Tätigkeit; erforderlich ist, dass es sich um eine Tätigkeiten handelt, die für sich genommen eine **unmittelbare und spezifische Teilnahme an der Ausübung hoheitlicher Befugnisse umfasst.** 27

Ein Fall der Ausübung öffentlicher Gewalt im unionsrechtlichen Sinn kann nur dann vorliegen, wenn für die Wahrnehmung wichtiger öffentlicher Interessen ein besonderes **Vertrauensverhältnis** zum Staat Voraussetzung ist, das nur durch die Staatsangehörigkeit garantiert werden kann. Art. 51 AEUV ist als Ausnahme von der Freizügigkeit **eng** auszulegen. Er umfasst nur das zur Wahrung der entsprechenden nationalen Interessen **unbedingt Erforderliche** (EuGHE 1988, 1637, Rs. 147/86, „KOM/Griech."). Dabei kann auf die nationalen Verfassungsstrukturen Rücksicht genommen werden („in einem MS") (EuGHE 1974, 631, Rs. 2/74, „Reyners"). Die Durchführung von Krankentransporten fällt ebenso wenig unter Art. 51 AEUV wie (private) Sicherheitsdienste. Der EuGH hat entschieden, dass Notare keine öffentliche Gewalt ausüben (EuGHE 2011, I-4105, Rs. C-47/08 u. a., „KOM/Belgien). 28

d) Räumlicher Geltungsbereich

29 Die Niederlassungsfreiheit findet auf die unternehmerische Tätigkeit in der EU Anwendung. Der **räumliche Anwendungsbereich** entspricht damit dem allgemeinen räumlichen Geltungsbereich des EU-Rechts (Art. 52 EUV, Art. 355 AEUV). Die unternehmerische Tätigkeit in Drittstaaten wird durch Art. 49 AEUV nicht geschützt; es ist davon auszugehen, dass auch der Wegzug aus der EU nicht von der Grundfreiheit erfasst wird. Die Rechtsbeziehungen einer EU-Gesellschaft zu einer außerhalb der EU angesiedelten Gesellschaft fallen nicht unter Art. 49 AEUV, wenn beide von einer Gesellschaft kontrolliert werden, die außerhalb der EU angesiedelt ist (EuGHE 2007, I-2107, Rs. C-524/04, „Thin Cap Group Litigation"). Gleiches gilt für den Bezug von Dividenden aus einem Drittstaat (EuGHE 2007, I-4051, Rs. C-157/05, „Holböck").

e) Adressaten der Niederlassungsfreiheit

30 Die Niederlassungsfreiheit nach Art. 49 AEUV gewährt vor allem **Schutz vor beeinträchtigenden Maßnahmen der Mitgliedstaaten.** Die Vorschrift richtet sich auch gegen Glieder der Mitgliedstaaten, also Länder und sonstige Körperschaften, Anstalten und Stiftungen des öffentlichen Rechts. Bedeutsam ist dies, weil sich Art. 49 AEUV damit auch gegen Regelungen und Maßnahmen der Träger funktionaler Selbstverwaltung, wie der Handwerkskammern oder der ärztlichen Kassenvereinigungen, richten kann. Es kommt dabei nicht auf die Handlungsform an, mit denen eine Beeinträchtigung der Freiheit bewirkt wird – diese kann sowohl durch Gesetz als auch durch untergesetzlichen Rechtsakt, ja auch durch Realakt erfolgen.

31 Es ist heute geklärt, dass sich Art 49 AEUV auch gegen Maßnahmen richten kann, die von **privat organisierten Berufs- und Wirtschaftsverbänden** mit Ordnungsmacht über einen Wirtschaftssektor getroffen werden (hierzu Rz. 28/42). Dies bedeutet etwa, dass der Zugang zu einer privaten Berufsorganisation nicht ungerechtfertigt versperrt werden darf; derartige Organisationen dürfen auch keine anderweitig diskriminierenden Maßnahmen treffen. Der EuGH hat zudem festgestellt, dass derartige Organisationen (wie etwa Gewerkschaften) die Niederlassungsfreiheit auch nicht durch kollektive Maßnahmen ungerechtfertigt behindern dürfen (EuGHE 2007, I-10 779, Rs. C-438/05, „The International Transport Workers' Federation").

Der EuGH stellte fest, dass kollektive Arbeitskampfmaßnahmen wie ein angedrohter Streik eine Einschränkung der Niederlassungsfreiheit darstellen können. Er räumte allerdings ein, dass diese Beeinträchtigungen gerechtfertigt sein können, wenn mit ihnen ein legitimer Zweck (z. B. die Sicherung von Arbeitsplätzen und Arbeitsbedingungen) angestrebt werde und außerdem alle anderen Möglichkeiten zur Konfliktlösung ausgeschöpft seien. Es sei erforderlich, dass Arbeitsplätze bzw. Arbeitsbedingungen tatsächlich gefährdet oder ernsthaft gefährdet sind und die Verhältnismäßigkeit der kollektiven Maßnahme zur Zweckerreichung erwiesen ist. Teilweise sieht man in der Entscheidung einen „Angriff" auf die Tarifautonomie.

Eine Entscheidung des EuGH, die die allgemeine Verbindlichkeit von Art. 49 AEUV im horizontalen Verhältnis zwischen zwei Privaten anerkannt hätte, existiert (anders als im Bereich von Art. 45 AEUV) bislang nicht.

32 Weiterhin nicht wirklich geklärt ist die Frage, inwieweit sich Art. 49 AEUV auch gegen Maßnahmen der EU selbst richtet. Auch wenn dies im Grundsatz zu bejahen ist, bleibt die konkrete Reichweite des diesbezüglichen Schutzes gänzlich offen.

4. Beschränkung der Niederlassungsfreiheit

Bei der Entwicklung der Rechtsprechung des EuGH zu Art. 49 AEUV stand zunächst die 33
Durchsetzung der Pflicht zur **Inländerbehandlung** im Vordergrund. Hierbei handelt es sich um eine der Grundvoraussetzungen für die Mobilität unternehmerischer Tätigkeit im Binnenmarkt (EuGHE 1985, 1819, Rs. 197/84, „Steinhauser). Die von der NLF Begünstigten sollen unter den gleichen Voraussetzungen wie Inländer ihr Recht auf freie Niederlassung ausüben dürfen (Art. 49 Abs. 2 AEUV). Die NLF ist mit anderen Worten eine Ausprägung des **Diskriminierungsverbots** im Sinne von Art. 18 AEUV (EuGHE 1977, 1199, Rs. 11/77, „Patrick", EuGHE 2012, I-0000, Rs. C-378/10, „Vale").

Nach anfänglichen Unklarheiten steht heute fest, dass die Niederlassungsfreiheit auch 34
ein **Verbot ungerechtfertigter Beschränkungen der unternehmerischen Mobilität begründet** (EuGHE 1995, I-4165, Rs. C-55/94, „Gebhard"; EuGHE 1997, I-2471, Rs. C-250/95, „Futura"; *Everling,* GS Knobbe-Keuk, 1997, 607). Im Grundsatz können damit auch mitgliedstaatliche Beschränkungen „hinter der Grenze", die geeignet sind, die Ausübung der Niederlassungsfreiheit als solche zu behindern oder weniger attraktiv zu machen einer Überprüfung am Maßstab der Verhältnismäßigkeit unterzogen werden. Hierzu gehören beispielsweise

- **Zulassungserfordernisse** (EuGHE 1977, 765, Rs. 71/76, „Thieffry"; EuGHE 1991, I-2357, Rs. C-340/89, „Vlassopoulou"),
- das Verlangen nach **Berufserfahrung** (EuGHE 2005, I-3747, Rs. C-278/03, „Kommission/Italien"),
- **Qualifikations- und Spracherfordernisse** (vgl. EuGHE 2006, I-2941, Rs. C-451/03, „Calafiori"; EuGHE 2006, I-8613, Rs. C-506/04, „Wilson"),
- die **Verleihung ausschließlicher Rechte** (EuGHE 2006, I-2941, Rs. C-451/03, „Calafiori"; EuGHE 2007, I-1891, verb. Rs. C-338/04, C-359/04 und C-360/04, „Placanica"),
- Einschränkungen der **unternehmerischen Entscheidungsfreiheit** (EuGHE 2006, I-11421, verb. Rs. C-94/04 und C-202/04, „Cipolla" (Mindesthonorare),
- Beschränkungen bei der **Führung eines akademischen Grads** (EuGHE 1993, I-1663, Rs. C-19/92, „Kraus") (vgl. im Übrigen Rz. 27/44),
- steuerliche Wegzugshindernisse (EuGHE 2011, I-0000, Rs. C-371/10 „National Grid").

Wie auch im Bereich der Warenverkehrsfreiheit (oben Rz. 22/17 ff.) gibt es bei der NLF Fälle, in denen der EuGH Regelungen „tief hinter der Grenze" als Beschränkung angesehen hat (z. B. EuGHE 2010, I-2055, Rs. C-384/08, „Attanasio Group": Dichte des Tankstellennetzes; EuGHE 2004, 2004, I-8961, Rs. C-442/02, „CiaxaBank": Geschäftspolitik einer Bank; EuGHE 2009, I-3491, Rs. C-518/06, „Kfz-Haftpflichtversicherung): Kontrahierungszwang und Prämienhöhe). Schon seit längerem wird darüber nachgedacht, mit welcher dogmatischen Formel sich der Bereich berechtigter Überprüfung mitgliedstaatlicher Maßnahmen „hinter der Grenze" von jenem Bereich unterscheiden lässt, in dem die Mitgliedstaaten als Organisatoren eines Marktes ihre Freiheit bewahren sollen (Arbeitskosten, Steuern etc.) (hierzu *Nettesheim,* NVwZ 1996, 342; *Everling,* GS Knobbe-Keuk, 1997, 607 [621]). Der EuGH geht zu Recht davon aus, dass sich die „Keck"-Formel nicht einfach auf die Niederlassungsfreiheit übertragen lässt. Auf der anderen Seite steht außer Frage, dass es einer Einschränkung bedarf, um zu verhindern, dass der EuGH über Art. 49 AEUV zum harmonisierenden und nivellierenden „Generalkontrolleur" des mitgliedstaatlichen Wirtschafts- und Steuerrechts wird. Der EuGH hat diese Frage bei Art. 63 AEUV explizit angesprochen (EuGHE 2003, I-4581, Rs. C-463/00, „KOM/Spanien"). Gegenwärtig hilft sich der

EuGH häufig damit, Maßnahmen der MSen jenseits der Regelung des Marktzugangs deswegen nicht als „Beschränkung“ anzusehen, weil ihnen die hinreichende „Spürbarkeit“ oder eine „abschreckende Wirkung“ fehlte (EuGHE 2010, I-10161, Rs. C-81/09, „Idryma“; EuGHE-2008, I-1683, Rs. C-212/06, „Flämische Pflegeversicherung“) fehle. Der EuGH spricht davon, dass die Beeinträchtigungswirkung „zu ungewiss und indirekt“ sei. Das ist aber ein eher unscharfes Kriterium.

5. Schranken der Niederlassungsfreiheit

a) Art. 52 Abs. 1 AEUV: Grenzen der öffentlichen Ordnung, Sicherheit und Gesundheit

35 Der **„Ordre-Public-Vorbehalt“** des Art. 42 AEUV entspricht Art. 45 Abs. 3 AEUV bei der Freizügigkeit der Arbeitnehmer. Als Ausnahme von der Grundfreiheit der Freizügigkeit ist er **eng** auszulegen (EuGHE 1975, 297, Rs. 67/74, „Bonsignore“; *Forsthoff*, EWS 2001, 59). Bei den Begriffen der öffentlichen Ordnung, Sicherheit und Gesundheit handelt es sich nach ständiger Rechtsprechung des EuGH um unionsrechtliche Begriffe, die eine autonome Auslegung erfahren müssen und als Ausnahmen vom Grundsatz der Niederlassungsfreiheit eng auszulegen sind. Das Ziel der Erhaltung einer qualitativ hochwertigen und ausgewogenen klinischen Versorgung rechtfertigt eine Steuerung der Niederlassung (EuGHE 2009, I-1721, Rs. C-169/07, „Hartlauer“). Die Schranken werden durch die Richtlinie 2004/38/EG (ABl. 2004 L 158/77) näher konkretisiert. Das Verhältnismäßigkeitsprinzip verlangt eine strikte Bewertung, ob die Maßnahme eines der drei legitimen Ziele verfolgt sowie geeignet, erforderlich, und angemessen ist. Die Begünstigten der NLF haben so im Vergleich mit dem allgemeinen Ausländerrecht einen deutlich **gefestigteren Status.**

b) Ungeschriebene Rechtfertigungsgründe

36 Während diskriminierende Beschränkungen der NLF nur nach Art. 52 Abs. 1 AEUV gerechtfertigt werden könnten, gibt das Unionsrecht den Mitgliedstaaten im Hinblick auf rechtlich und faktisch unterschiedslos anwendbare Maßnahmen weitergehende Rechtfertigungsmöglichkeiten. Sie können derartige Maßnahmen auch unter Berufung auf sog. **zwingende Gründe des Allgemeininteresses** rechtfertigen (vgl. EuGHE 1995, I-4165, Rs. C-55/94, „Gebhard“). Nationale beschränkende Maßnahmen müssen jedoch zur Verwirklichung eines unionsrechtlich legitimen Zieles geeignet und zur Erreichung des Zieles verhältnismäßig sein. Die Grenze zwischen versteckten Diskriminierungen und unterschiedslos anwendbaren Maßnahmen ist im Einzelfall schwierig zu ziehen. Gelegentlich hat der EuGH die Formel von zwingenden Gründen des Allgemeininteresses auch auf diskriminierende Maßnahmen angewandt (EuGHE 1995, I-3955, Rs. C-484/93, „Svensson und Gustavsson“).

So wendet der EuGH diese ungeschriebenen Rechtfertigungsgründe in Fällen an, die eine Benachteiligung mobilitätswilliger Unternehmen bewirken (EuGHE 2005, I-10 837, Rs. C-446/03, „Marks & Spencer“; EuGHE 2008, I-3601, Rs. C-414/06, „Lidl Belgium“ (jeweils zum Steuerrecht). Als Rechtfertigungsgründe erkennt der EuGH hier die gerechte Aufteilung der Besteuerungsbefugnis unter den betroffenen Mitgliedstaaten an, zudem die Notwendigkeit, eine doppelte Berücksichtigung von Verlusten zu verhindern und gegen Steuerflucht vorgehen zu können (EuGHE 2007, I-6373, Rs. C-231/05, „Oy AA“). Auch die Sicherung von Standesregeln von Journalisten wurde als legitimes Beschränkungsziel zugelassen (EuGHE 2010 I-10161, Rs. C-81/09, „Idryma“).

Es kommt regelmäßig ein vierstufiger Prüfungsaufbau zur Anwendung. Der EuGH prüft strikt, inwieweit die vom Mitgliedstaat verteidigte Beschränkung wirklich „zwingend" ist – Traditionen, bestimmte Berufsbilder und gar Konkurrentenschutz reichen hier nicht aus. Im Bereich der freien Berufe hat sich der EuGH allerdings nicht dazu entschließen können, die traditionellen Beschränkungen einer „Filialisierung" der Vertriebsstätte freier Berufe zu kippen (EuGHE 2009, I-4171, Rs. C-171/07 „DocMorris"); er akzeptierte das Argument, dass eine sichere und qualitativ hochwertige Versorgung in Betrieben, deren Eigentümer als Nichtapotheker nur am Gewinn interessiert seien, gefährdet sei. Im Bereich des Glücksspielrechts wird den MS jedenfalls eine kohärente Regelung abverlangt (zuletzt EuGHE 2013, I-0000, Rs. C-186/11 und C-209/11, „Stanleybet"). 37

Der EuGH wendet auch im Bereich der NLF die sog. „Cassis-de Dijon-Philosophie" an. Er fragt, ob der Niederlassungswillige nicht bereits in einem Herkunftsstaat Vorschriften zu erfüllen oder Nachweise zu erbringen hatte, die sicherstellen, dass den Schutzanliegen des Aufnahmestaats Rechnung getragen wird **(Herkunftslandprinzip).** Die setzt etwa voraus, dass ein Mitgliedstaat sich nicht automatisch und ohne weiteres auf die Position zurückziehen darf, dass ein Niederlassungswilliger die im Aufnahmestaat erforderlichen Diplome oder Zeugnisse nicht abgelegt hat. Er muss in Bereichen, in denen noch keine Harmonisierung existiert, genau prüfen, ob ein ausländisches Zeugnis mit den inländischen Anforderungen gleichwertig ist. Gegebenenfalls kann ein Mitgliedstaat auch gehalten sein, eine Eignungsprüfung durchzuführen. 38

Danach ist das Verlangen eines Mitgliedstaats, die für, die Berufsausübung von Selbständigen oftmals erforderlichen **Befähigungsnachweisen, Prüfungen, Diplomen** zu fordern, grundsätzlich zulässig; das Erfordernis darf allerdings nicht in einer Weise angewandt werden, dass es zu einer nicht erforderlichen oder unangemessenen Beschränkung der unternehmerischen Freiheit führt (z. B. EuGHE 2000, I-5123, Rs. C-424/97, „Salomone Haim"). Mitgliedstaatliche Regelungen, die etwa einen „großen Befähigungsnachweis" (Meisterprüfung) vorsehen, können danach niederlassungswilligen Unternehmen grundsätzlich bei Verhältnismäßigkeit entgegengehalten werden (EuGHE 2000, I-7919, Rs. C-58/98, „Josef Corsten"). Die Niederlassungsfreiheit lässt hier Anforderungen zu, die grenzüberschreitend tätigen Dienstleistungserbringern nicht entgegenhalten werden dürften. In weiten Bereichen bedarf es daher der sekundärrechtlichen Regelung, um den Markt für unternehmerische Mobilität zu öffnen. Dem trägt der AEUV Rechnung. Art. 50 AEUV sieht den Erlass von Richtlinien zur **Verwirklichung** der Niederlassung vor. 39

III. Begleitrechte der Niederlassungsfreiheit

Wie bei der Freizügigkeit der Arbeitnehmer bedarf es zur Verwirklichung der Niederlassungsfreiheit bestimmter **Begleitrechte.** Dies gilt insbesondere für Einreise, Aufenthalt und Verbleib der Selbständigen. Wegen der Gleichartigkeit der Probleme wird vielfach auf die Lösungen bei der Freizügigkeit für Arbeitnehmer zurückgegriffen (Rz. 27/33) (allgemein *Welte,* InfAuslR 2005, 8; *Frenz/Kühl,* ZESAR 2007, 315). 40

Grundsätzlich gehört zur unmittelbar geltenden NLF (oben Rz. 28/1 ff.) das flankierende Recht, zu diesem Zweck **einzureisen** und **Aufenthalt zu nehmen.** Eine Aufenthaltserlaubnis hat lediglich deklaratorischen Charakter. Im Näheren regeln sich Ein- 41 reise, Aufenthalt, Ausreise und Verbleib nach Maßgabe der RL 2004/38 (ABl. 2004 L 229/35). Selbständige sind in das System der sozialen Sicherheit nach VO 883/2004 einbezogen.

IV. Verwirklichung der Niederlassungsfreiheit

Literatur: *Vetter/Warnecke,* Anerkennung von Diplomen anderer MSen für Ausbildungszwecke, JuS 2005, 113; *Kluth/Rieger,* Die neue EU-Berufsanerkennungsrichtlinie – Regelungsgehalt und Auswirkungen für Berufsangehörige und Berufsorganisationen, EuZW 2005, 486; *Stork,* Die neue Rahmenrichtlinie über die Anerkennung von Berufsqualifikationen (RL 2005/36) unter besonderer Berücksichtigung reglementierter Handwerksberufe, WiVerw 2006, 152; *Hanika/Roßbruch,* Europa und die Pflegequalifikationen in Deutschland – Die neue EG-Richtlinie über die Anerkennung von Berufsqualifikationen, PflR 2007, 52, 103; *Frenz,* Die Berufsanerkennungsrichtlinie und verbliebene sektorale Richtlinien, GewA 2011, 377; *Bengel,* Das deutsche Notariat im Lichte der Berufsqualifikationsrichtlinie, DNotZ 2012, 26.

42 Der EWG-Vertrag sah 1958 zur Verwirklichung der Freizügigkeit der Selbständigen ursprünglich ein **zweistufiges Verfahren** vor (Art. 52ff. EWGV) (*Everling,* Das Niederlassungsrecht im Gemeinsamen Markt, 1963). Die verbindlichen Richtlinien sollten auf der Grundlage Allgemeiner Programme fortschreitend erlassen werden. Die Rspr. des Gerichtshofes stellte jedoch ab 1970 klar, dass die gemeinschaftsweite freie Niederlassung **unmittelbar aus Art. 49 AEUV** gewährleistet ist. Beschränkungen „sind verboten". Damit war der Erlass besonderer **Liberalisierungsrichtlinien** überflüssig geworden. Einer sekundärrechtlichen Angleichung bedarf es damit nur noch dort, wo Hindernisse dadurch entstehen, dass die NLF tatbestandlich nicht zur Anwendung kommt oder sich die Mitgliedstaaten auf Schranken der NLF berufen können. Die Verwirklichung der NLF konzentriert sich seitdem auf die **gegenseitige Anerkennung der Diplome,** Prüfungszeugnisse und sonstiger Befähigungsnachweise sowie auf die **Koordinierung (Angleichung) der nationalen Vorschriften über die Aufnahme und Ausübung selbständiger Tätigkeiten** (Art. 50 i. V. m. Art. 53 AEUV) als praktische Voraussetzung für effektive Freizügigkeit. Diese umfangreiche und schwierige Aufgabe ist erheblich vorangetrieben worden, aber noch nicht vollendet. Die Beitritte zur EU, zuletzt die Osterweiterungen 2004 und 2007, bedeuten jeweils neue Herausforderungen für die Erweiterung der NLF. Die **Rspr. des Gerichtshofes** spielt bei der praktischen Anwendung des Systems eine wichtige Rolle (*Kraus,* Essays Edward, 2003, 247).

43 Die EU bemühte sich ab den 1960er Jahren, die berufsrechtlichen Schranken durch entsprechende Maßnahmen für die einzelnen Tätigkeiten (z. B. Ärzte) zu beseitigen. Trotz gewisser Erfolge zeigte sich jedoch bald, dass die Harmonisierung der national über lange Zeiten entstandenen Rechtstraditionen eine Herkulesaufgabe darstellte, deren Erfolg selbst bei Kompromissbereitschaft lange Zeit erfordert hätte. Bei den Apothekern bedurfte es 18 Jahre bis zu einer ersten Einigung. Daher setzte sich in den achtziger Jahren die Überzeugung durch, wie bei der **„Cassis-de-Dijon-Rspr."** im freien Warenverkehr (oben Rz. 22/42) auch hier soweit als möglich auf die **gegenseitige Anerkennung der nationalen Berufsrechte** überzugehen („Prinzip des gegenseitigen Vertrauens"). Inzwischen sind die grundlegenden Richtlinien in diesem Zusammenhang ergangen (zur Verordnung 883/2004 oben Rz. 27/71).

Wichtige Regelungen über die Niederlassungsfreiheit finden sich auch in der Richtlinie 2006/123 über Dienstleistungen im Binnenmarkt (ABl. 2006 L 376/36). Dort finden sich allgemeine Regelungen darüber, welche Anforderungen die Mitgliedstaaten einem niederlassungswilligen Unternehmer, der in einem MSen Dienstleistungen erbringen will, abverlangen können (hierzu Rz. 25/23ff.).

Im Jahr 2005 wurden eine Vielzahl bestehender Anerkennungsrichtlinien in der **RL 2005/36 über die Anerkennung von Berufsqualifikationen** (ABl. 2005 L 255/22, Änderungen) zusammengeführt. Die Richtlinie statuiert erstmals **sektorübergreifend** die Anerkennung von Berufsqualifikationen nach dem Herkunftslandprinzip. Sie findet grundsätzlich auf alle reglementierten Berufe Anwendung; vereinzelte Ausnahmen treffen etwa den Beruf von Rechtsanwälten und Notaren. Nur solche Personen können sich für die Niederlassung auf Rechte aus der RL 2005/36/EG stützen, deren Beruf (auch) im Herkunftsmitgliedstaat reglementiert ist bzw. für den ein Befähigungs- oder Ausbildungsnachweis erforderlich ist (Art. 13). Grundsätzlich kann die Ausübung einer selbständigen Tätigkeit an den Nachweis einer bestimmten Qualifikation gebunden werden (Art. 4 Abs. 1 RL 2005/36). Für alle Berufe, die nicht von speziellen Anerkennungsregelungen erfasst werden, gilt nunmehr – als Auffangtatbestand – eine **allgemeine Anerkennungspflicht** (Art. 10 ff. RL 2005/36). Art. 11 sieht vor, dass zwischen verschiedenen Berufsqualifikationsniveaus zu unterscheiden ist, um eine Vergleichbarkeit der Regelungen in den Mitgliedstaaten zu ermöglichen. Sie reichen vom einfachen Befähigungsnachweis bis zum mindestens vierjährigen Hochschulstudium (*Kluth/Rieger,* EuZW 2005, 486). Die Richtlinie sieht ferner vor, dass die MSen oder Berufsverbände zur Vereinfachung der Anerkennung Plattformen bilden können, in deren **Rahmen objektive Kriterien** zu der Frage ausgearbeitet werden, wie wesentliche Unterschiede zwischen den mitgliedstaatlichen Ausbildungsanforderungen ausgeglichen werden können. Eine niederlassungswillige Person, die diese Kriterien erfüllt, soll eine automatische Berufsanerkennung beanspruchen können. Die Richtlinie 2005/36 befindet sich zur Zeit in Überarbeitung. Ziel der Anpassung soll sein, die bisher verhältnismäßig geringe Mobilität von qualifizierten Berufsträgern zu erhöhen. 44

Für **Rechtsanwälte** gilt die RL 98/5/EG. Anwälte können sich danach unionsweit in einem anderen Mitgliedstaat niederlassen, wenn sie dabei die Berufsbezeichnung ihres Heimatstaats in dessen Sprache führen. MSen können verlangen, dass für den Fall des Auftretens vor Gericht ein zugelassener Anwalt eingeschaltet wird. Die Ablegung der in der Hochschuldiplom-RL vorgesehenen Eignungsprüfung ist jederzeit möglich; sie führt zur vollständigen Eingliederung. Anwälte, die bereits eine dreijährige Tätigkeit im Aufnahmestaat nachweisen können, können sich hiervon freistellen lassen. Darüberhinaus findet RL 2005/36 Anwendung (zum Verhältnis beider RL EuGHE 2011, I-269, Rs. C-359/09, „Ebert"). 45

V. Ausblick

In gewissem Sinne sind die Mobilität und die grenzüberschreitende Integration der Unternehmer und Unternehmen in Industrie, Handwerk und Handel, von Banken und Versicherungen, Ingenieuren und Angehörigen freier Berufe **von besonderer Bedeutung für das europäische Einigungswerk.** Zwar steht die Niederlassungsfreiheit angesichts der geringeren Zahlen der „Wandernden" nicht so im Vordergrund des politischen Interesses wie die Millionenbewegung der Arbeitnehmer. Auch ist transnationale Mobilität für diese „Eliten" oft ein traditioneller Aspekt ihrer beruflichen Tätigkeit, zu der sie nicht erst der Garantien der Römischen Verträge bedurften. Gleichwohl ist die **Verbreiterung des Freizügigkeitsrechts** auf die Gesamtheit der Selbständigen und seine unbedingte Gewährleistung durch die Verträge ein wichtiger Faktor für die Verankerung der EU im öffentlichen Bewusstsein. Neben den Funk- 46 tionsträgern der öffentlichen Dienste der MSen, die sich in den Institutionen der EU fortlaufend begegnen oder als „Europabeamte" in den Dienst der EU unmittelbar integriert sind, stellen die Selbständigen eine **zweite große Gruppierung** dar, die kraft ihres Leistungspotentials entscheidenden Einfluss auf das politisch-gesellschaftliche Leben innerhalb der EU ausübt. Ihre **„Europäisierung" durch die Wahrnehmung der Freizügigkeit** bedeutet eine Art tägliches Plebiszit zugunsten der EU. Die Politische Theorie hat seit *Ernest Renan* hierin eine wesentliche Voraussetzung für die Entstehung eines dauerhaften Sozialverbundes gesehen.

§ 29. Sozialpolitik und Beschäftigungspolitik

Literatur: Umfangreiche Zusammenstellung des Schrifttums bei *Langenfeld/Beneke,* in: Grabitz/Hilf/Nettesheim (Hrsg.), Das Recht der Europäischen Union, bei Art. 151 AEUV (2011), und *Borchardt,* in: Dauses (Hrsg.), HB EU-WirtschR D II (2009).

Mau, Der Einfluss des EuGH auf die europäischen Sozialstaaten, 2008; *Müntefering/Becker* (Hrsg.), 50 Jahre EU – 50 Jahre Rechtsprechung des Europäischen Gerichtshofes zum Arbeits- und Sozialrecht, 2008; *Bercusson,* European Labor Law, 2. Aufl. 2009; *Golinowska/Hengstenberg/Żukowski* (Hrsg.), Diversity and Commonality in European Social Models: The Forging of a European Social Model, 2009; *Becker,* Der Sozialstaat in der Europäischen Union, in: ders./Hockerts/Tenfelde (Hrsg.), Sozialstaat Deutschland, 2010; *Hacker,* Wettbewerbsfaktor Wohlfahrtsstaat: eine Annäherung an das vorherrschende Europäische Sozialmodell, integr. 2011, 63; *Becker,* Das Soziale im Primärrecht, in: Zentrum für Europäisches Wirtschaftsrecht (Hrsg.), Grundfragen der Europäischen Union (I): Die Entwicklung der Union zu einem „sozialen Europa", 2013, 37; *Burgorgue Larsen* (Hrsg.), La justice sociale saisie par les juges en Europe, 2013; *Fuchs* (Hrsg.), Europäisches Sozialrecht, 6. Aufl. 2013.

Internet-Adresse: Sozialpolitik: http://europa.eu/pol/socio/index_de.htm **Beschäftigungspolitik:** http://europa.eu/legislation_summaries/employment_and_social_policy/community_employment_policies/index_de.htm

1 Sozialpolitik als Summe der Bemühungen, die Arbeits- und Lebensbedingungen der Bürger durch öffentliche Maßnahmen zu verbessern, ist Bestandteil der Maßnahmen der Union zur Schaffung des Binnenmarktes und darüber hinaus einer allgemeinpolitisch ausgerichteten Europäischen Union. Gleichzeitig muss die europäische Sozialpolitik den Unterschieden zwischen den Sozialordnungen der MSen Rechnung tragen, die nicht durch europäische Harmonisierung des nationalen Sozialrechts aufgehoben werden können. Trotz wichtiger Integrationsfortschritte ist eine umfassende „Sozialunion" nicht absehbar (und auch nicht wünschenswert).

I. Grundlagen: Das „Europäische Sozialmodell"

Literatur: *Adnett/Hardy,* The European Social Model, 2005; *Lämmersmann,* „Das europäische Sozialmodell", ZFSH/SGB 2005, 76; *Bercusson,* European Labour Law and the EU Charter of Fundamental Rights, 2006; *Bierweiler,* Soziale Sicherheit als Grundrecht in der Europäischen Union: unter besonderer Berücksichtigung des Art. 34 der Charta der Grundrechte der Europäischen Union, 2007; *Prunzel,* Der „Europäische Sozialkonsens" als Instrument zur Stärkung des „Europäischen Sozialmodells", 2007; *Aubin,* À la recherche du modèle social européen, Droit social 2008, 484; *Azoulai,* The Court of Justice and the Social Market Economy, CMLRev 2008, 1335; *Mayer,* Der EuGH als Feind? Die Debatte um das soziale Europa in der europäischen Rechtsprechung, integr. 2009, 246; *Höpfner,* Altersdiskriminierung und europäische Grundrechte, ZFA 2010, 449; *Iliopoulos-Strangas* (Hrsg.), Soziale Grundrechte in Europa nach Lissabon, 2010; *Kamanabrou,* Arbeitsrecht im Binnenmarkt, EuZA 2010, 157; *Iliopoulos-Strangas,* Die Rechtsfigur des sogenannten sozialen Besitzstandes im europäischen Grundrechtsschutzsystem, FS Scheuing, 2011, 555; *Bast/Rödl* (Hrsg.), Wohlfahrtsstaatlichkeit und soziale Demokratie in der Europäischen Union, 2013.

1. Zur Wechselbeziehung von Sozial- und Wirtschaftspolitik

Die EU-Verträge gehen von einer **engen Wechselbeziehung zwischen Wirtschafts- und Sozialpolitik** aus. So soll der wirtschaftliche und soziale Fortschritt gesichert werden (Präambel EUV, 9. Absatz). Der mit dem Vertrag von Lissabon neu gefasste Art. 3 Abs. 3 UAbs. 1 S. 2 EUV qualifiziert die europäische Marktwirtschaft erstmalig als sozial (vgl. auch Rz. 20/1) und weist ihr die Ziele der Vollbeschäftigung und des sozialen Fortschritts zu. Grundlage der Sozialpolitik ist dabei die zumindest in den meisten MSen vorherrschende Vorstellung, dass ein gewisser Schutz vor den Wechselfällen des Lebens gewährleistet sein muss („Europäisches Sozialmodell"). Zudem bekämpft die Union danach „soziale Ausgrenzung und Diskriminierung und fördert soziale Gerechtigkeit und sozialen Schutz, die Gleichstellung von Frauen und Männern, die Solidarität zwischen den Generationen und den Schutz der Rechte des Kindes." (UAbs. 2) 2

Diese Ziele werden in einen unmittelbaren Zusammenhang mit den **wirtschaftspolitischen Zielen** gestellt, denn UAbs. 1 S. 2 beginnt wie folgt: Die Union „wirkt auf die nachhaltige Entwicklung Europas auf der Grundlage eines ausgewogenen Wirtschaftswachstums und von Preisstabilität, eine in hohem Maße wettbewerbsfähige soziale Marktwirtschaft ... hin."

Ein Vergleich mit den Vorgängerbestimmungen, insbesondere Art. 2 EGV, macht dabei deutlich: Diese im Vertrag von Lissabon neu formulierte soziale Dimension des Vertrages steht in bemerkenswertem Kontrast zur Herabstufung der marktwirtschaftlichen Elemente in den Zielsetzungen (dazu Rz. 20/1). Zudem enthalten der AEUV eine sozialpolitische **Querschnittsklausel** (Art. 9) und die nunmehr verbindliche **Grundrechtecharta** einen umfangreichen Katalog an **sozialen Rechten** (Art. 27 ff.; dazu Rz. 17/9, 17/80 und nachf. Rz. 9). Ersichtlich sollte deutlich gemacht werden, dass die europäische Integration das „europäische Sozialmodell" nicht gefährdet.

Dieses Nebeneinander wirtschaftlicher und sozialer Ziele lässt sich in der Praxis nur durch **vielerlei Kompromisse** auflösen. Einige politische Kräfte wollen die Befugnisse in der Sozial- und Beschäftigungspolitik parallel und gleichrangig zu den Freiheiten des Binnenmarktes und der Ausrichtung der Wirtschaftspolitik ausbauen, andere sehen in der Sozialpolitik lediglich Begleitmaßnahmen zugunsten einer sozialen „Abfederung" des Binnenmarktes. Letztlich stellen allerdings die Verträge auch in der Fassung von Lissabon auf der sozialpolitischen Seite nur begrenzte Befugnisse zur Verfügung. So kann man zwar von einer **Europäischen Sozialpolitik** sprechen; der Schwerpunkt der Kompetenzen in diesem Bereich liegt aber bei den MSen. So ist die Integration der Wirtschaft deutlich enger als die Integration der Sozialsysteme. Allerdings vermögen **sozialpolitische Maßnahmen der Mitgliedstaaten,** deren entsprechende Befugnisse partiell durch den Vertrag sogar gestärkt werden (Rz. 21/42), die **Wirkungen der Marktintegration zu begrenzen.** 3

2. Entwicklung der Europäischen Sozialpolitik seit 1958

Die heutigen sozialpolitischen Regelungen des Vertrages (Rz. 6 ff.) sind Ergebnis einer **längeren Entwicklung.** Bei der Gründung der EWG 1958 kam es zu einem deutsch-französischen Kompromiss. Auf französischen Wunsch wurde ein Kapitel Sozialpolitik geschaffen. Gemäß deutscher Sicht sollte sich jedoch die allmähliche Angleichung der Sozialkosten primär „natürlich" aus dem **Wirken des Gemeinsamen Marktes** ergeben und nicht so sehr aus einer „künstlichen" Harmonisierung „nach oben" mittels europäischer Regulierung. Im Kern gilt dieses Prinzip weiterhin (Art. 151 Abs. 3 AEUV). Allerdings wurden in der Rea- 4 lität seit den siebziger Jahren (Aktionsprogramm des Rates 1974) zahlreiche **sozialpolitische Maßnahmen** institutioneller (u. a. Europäisches Zentrum für Berufsbildung 1975) und materieller Art (Erlass sozialpolitischer Richtlinien) für notwendig erachtet. Das lohnpolitische Gebot der **Gleichstellung von Mann und Frau** (Art. 157 AEUV) wurde durch den Gerichtshof entschlossen zu einem wirkungsvollen Grundrecht ausgebaut (Rz. 17/71 ff.). 1989 erfuhr das europäische Sozialmodell in der **Gemeinschaftscharta der sozialen Grundrechte** eine umfassende Ausformulierung (unten Rz. 6). Die Verträge von **Maastricht, Amsterdam und Nizza** stärkten 1991–2001 die vertraglichen Grundlagen der EU-Sozialpolitik. In Maastricht wurde ein Titel über **Beschäftigungspolitik** geschaffen. Die Regeln des für das Vereinigte Königreich zunächst nicht geltenden Maastrichter Protokolls zur Sozialpolitik wurden 1997 in Amsterdam in den Vertrag aufgenommen.

5 Der Europäische Rat hat in **Lissabon** und **Nizza** 2000 umfassende Leitlinien für die Sozialpolitik festgelegt (**„Europäische Sozialagenda“**, ABl. 2001, C 157/4). Die EU sollte bis 2010 nicht nur „wettbewerbsfähigster und dynamischster Wirtschaftraum der Welt“ werden, sondern gleichzeitig mehr und bessere Arbeitsplätze und einen **größeren sozialen Zusammenhalt** aufweisen. Diesen ehrgeizigen Zielen diente nicht zuletzt die neue Methode der **„Offenen Koordinierung“** (Rz. 9/134 f.), mit der fehlende Befugnisse der Union mittels politischer Koordination („Management by Objectives“, *Linsenmann/Meyer,* integr. 2002, 285) ergänzt werden sollen. Vermieden werden damit regulative Maßnahmen, die den MSen Entscheidungsspielräume nehmen und ggf. ihre Wettbewerbsfähigkeit beeinträchtigen, und finanzielle Maßnahmen, die auf eine Verstärkung zwischenstaatlicher Transferleistungen hinausliefen. Vor allem durch die Erweiterungen 2004 und 2007 haben sich die Wohlstandsdifferenzen weiter verstärkt und sind Anlass zur Forderung nach einer Ausweitung von Transferzahlungen.

Heute ruht die genuine Sozialpolitik der EU auf drei Pfeilern: zunächst auf dem spezifisch auf diesen Politikbereich bezogenen Titel zu den **Sozialvorschriften** (Art. 151 ff. AEUV), der vor allem dem Arbeitsrecht gewidmet ist, auf der Beschäftigungspolitik (Art. 145 ff. AEUV) und auf dem Europäischen Sozialfonds (Art. 162 ff. AEUV). Schließlich können im **allgemeinen** Kontext stehende **Bestimmungen,** insbesondere über die Rechtsangleichung (Art. 115 AEUV) und die sozialrechtliche Koordination im Rahmen der Arbeitnehmerfreizügigkeit (Art. 48 AEUV, Rz. 27/71 ff.), zum Tragen kommen.

3. Primärrechtliche Vorgaben im Bereich der Sozialpolitik

6 Materiellrechtliche Vorgaben im Bereich der Sozialpolitik kennt der Vertrag kaum. Zu nennen sind im Wesentlichen die Grundrechte und Grundfreiheiten einerseits, andererseits Grenzen für die zwingende Geltung des Marktprinzips in Form der Befugnis der MSen, den Grundfreiheiten und dem Wettbewerbsrecht Grenzen zu ziehen. Im Schwerpunkt besteht das europäische Sozialrecht daher aus auf entsprechende Kompetenzen im AEUV gestützten Sekundärrechtsakten.

a) Soziale Grundrechte und soziale Aspekte der Grundfreiheiten

Die EU-Sozialpolitik wurde zunächst in weiterem Zusammenhang durch die **Europäische Sozialcharta 1961** des Europarates und die **Gemeinschaftscharta der sozialen Grundrechte der Arbeitnehmer 1989** (KOM (89) 248 endg. = Sart. II Ziff. 190; *Cova,* RMC 1990, 108) grundrechtlich fundiert (Art. 151 Abs. 1 AEUV). Die Charta 1989 enthält inhaltlich ähnlich wie die Straßburger Charta 1961 in Gestalt einer nicht rechtsverbindlichen „Feierlichen Erklärung“ Zielvorgaben für so gut wie alle sozialen Grundrechte.

7 Arbeitsrechtliche Bedeutung haben vor allem die verschiedenen **Diskriminierungsverbote.** Besondere Tradition besitzt das in Art. 157 Abs. 1 AEUV verankerte Gebot der Lohngleichheit von Männern und Frauen, das im Lauf der Jahre durch das auf

Abs. 3 der Norm gestützte Sekundärrecht zur Geschlechtergleichheit im Arbeitsrecht maßgeblich fortentwickelt wurde (Rz. 17/71). Umgekehrt wurden zahlreiche weitere Diskriminierungsverbote zunächst durch auf Art. 19 AEUV gestützte Antidiskriminierungsrichtlinien (Rz. 17/74) entfaltet, die später vom Gerichtshof (EuGHE 2005, I-9981, Rs. C-144/04 „Mangold", zur Altersdiskriminierung, sehr umstritten) als allgemeiner Rechtsgrundsatz und nunmehr ausdrücklich durch Art. 21 und 23 GrCh primärrechtliche Anerkennung gefunden haben. Das Verbot der Diskriminierung aus Gründen der Staatsangehörigkeit (Art. 18 AEUV) hat der EuGH in Verbindung mit der Freizügigkeit der Unionsbürger (Art. 21 AEUV) vielfach sozialrechtlich „aufgeladen" (EuGHE 1998, I-2691, Rs. C-85/96 „Sala/Freistaat Bayern"; näher dazu Rz. 16/26). Im Zusammenhang mit den Grundfreiheiten wird grenzüberschreitend die **soziale Sicherheit von Wanderarbeitnehmern und Selbständigen** gesichert (Rz. 27/71 ff.); kraft der Dienstleistungsfreiheit können **grenzüberschreitend** in Anspruch genommene **medizinische Leistungen** bei den Sozialleistungsträgern abgerechnet werden (Rz. 33/54).

Breitenwirkung hat vor allem die Rechtsprechung des EuGH zum Verbot der **Geschlechterdiskriminierung** entfaltet. Erst auf Druck des EuGH etwa wurde die Benachteiligung eines Geschlechts bei der Einstellung auch mit wirksamen Schadensersatzansprüchen belegt (EuGHE 1997, I-2195, Rs. 180/95 „Draehmpahl"; dazu *Steindorff,* CMLR 1997, 1059). Zahlreiche Benachteiligungen von Teilzeitarbeit wurden als mittelbare Diskriminierung von Frauen und damit als unzulässig qualifiziert (etwa EuGHE 1989, 2743, Rs. 171/88 „Rinner-Kühn" zur Beschränkung der Lohnfortzahlung im Krankheitsfall; EuGHE 1995, I-5253, Rs. C-1/95 „Gerster" zu verzögerten Beförderungen; EuGHE 2007, I-10 573, Rs. C-300/06 „Ursula Voß" zur Vergütung von Überstunden). Da Schwangerschaften nur bei Frauen auftreten können, wertet der EuGH daran anknüpfende Benachteiligungen sogar als nicht zu rechtfertigende unmittelbare Diskriminierung (EuGHE 1990, I-3941, Rs. C-177/88 „Dekker"). Besonderes Aufsehen hat die Begrenzung der Möglichkeit gefunden, Geschlechterquoten (im öffentlichen Dienst) vorzusehen (ablehnend EuGHE 1995, I-3051, Rs. C-450/93 „Kalanke"; offener EuGHE 1997, I-6363, Rs. C-409/95 „Marschall"). Das neue Verbot der Diskriminierung aus **Altersgründen** wirft – nicht zuletzt angesichts der vom EuGH angenommenen Horizontalwirkung (EuGHE 2010, I-365, Rs. C-555/07 „Kücükdeveci) – noch viele offene Fragen auf (*Groß,* Die Rechtfertigung einer Altersdiskriminierung auf der Grundlage der Richtlinie 2000/78/EG, 2010; *Stenslik,* Diskriminierende Arbeitgeberkündigungen und die europäischen Diskriminierungsverbote, 2010; kritisch zur bisherigen Dogmatik *Nettesheim,* Diskriminierungsschutz ohne Benachteiligung?, EuZW 2013, 48). Immerhin sind feste Altersgrenzen für den Ruhestand damit grundsätzlich vereinbar (EuGHE 2010, I-9391, Rs. C-45/09 „Rosenbladt"); ebenso darf der Arbeitgeber eine adäquate Altersstruktur anführen (EuGH, Urteil vom 21.7.2011, verb. Rs. C-159/10 und 160/10, „Fuchs" und „Köhler"). Rein an das Lebensalter geknüpfte Gehaltszulagen sind dagegen unzulässig (EuGH, Urteil vom 8.11.2011, verb. Rs. C-297 und 298/10 „Hennigs und Mai"). Schließlich wirft das Diskriminierungsverbot aus Gründen der **Religion** (RL 2000/78, ABl. L 303/16) Konflikte mit dem deutschen Recht auf (Rz. 17/56). Die Durchsetzung des Diskriminierungsschutzes wird deutlich erschwert dadurch, dass keine Pflicht zur Begründung arbeitsrechtlicher Einstellungsentscheidungen besteht (EuGH, Urteil vom 19.4.2012, Rs. C-415/10 „Meister"), 8

Auf besondere Kritik ist in Deutschland gestoßen, dass Lohnfortzahlung im Krankheitsfall auch dann zu leisten ist, wenn ein ausländischer Arzt (faktisch ohne Kontrollmöglichkeit) die Krankheit eines Arbeitnehmers bescheinigt (etwa wenn sich dieser im Heimaturlaub befindet; EuGHE 1992, I-3423, Rs. C-45/90 sowie eingrenzend 1996, I-2357, Rs. C-206/94 – beide zum Fall „Paletta").

Darüber hinaus finden sich wichtige arbeitsrechtliche Garantien im **Titel IV** („Solidarität") der **Grundrechtecharta** (Art. 27–32): Garantien des individuellen Arbeitsrechts (Art. 30: Schutz bei Entlassung, Art. 31: angemessene Arbeitsbedingungen), des kollektiven Arbeitsrechts (Art. 27: Unterrichtung und Anhörung von Arbeitnehmervertretern, Art. 28: Recht auf Kollektivverhandlungen) sowie weitere Garantien 9

(Art. 29: Arbeitsvermittlung, Art. 32: Verbot der Kinderarbeit und besonderer Schutz von Jugendlichen). Vielen von ihnen werden allerdings in ihrer Bedeutung durch einen Hinweis auf nach Unionsrecht und den nationalen Rechtsvorschriften notwendige Konkretisierungen deutlich relativiert; auch im Übrigen ist derzeit nicht absehbar, dass die Grundrechtecharta an dieser Stelle der europäischen Rechtsentwicklung substantielle Impulse vermitteln könnte (vgl. auch Rz. 17/80).

b) Soziale „Grenzen" des Wettbewerbs im Binnenmarkt

10 Das Sozialprinzip vermag auch den Wettbewerb im Binnenmarkt zu begrenzen. So ist auf die verschiedenen Bestimmungen zu den **Diensten von allgemeinem wirtschaftlichem Interesse** (insbesondere Art. 14 und 106 Abs. 2 AEUV sowie Art. 36 GrCh) hinzuweisen (näher Rz. 21/46ff.). Zudem stellt der **Arbeitnehmerschutz** ein legitimes Allgemeininteresse dar, das **Einschränkungen der Dienstleistungsfreiheit** rechtfertigen kann (Rz. 25/20; zur Entsenderichtlinie ebd., Rz. 31). Da gewerkschaftliche Aktionen die Niederlassungs- und die Dienstleistungsfreiheit beeinträchtigen können, ist ein angemessener Ausgleich nach dem Grundsatz der Verhältnismäßigkeit zu finden, der auch Beschränkungen durch das Streikrecht einschließt (Rz. 25/31). Schließlich gebietet Art. 9 AEUV im Sinne einer **Querschnittsklausel** eine Berücksichtigung sozialer Gesichtspunkte bei allen Maßnahmen der Union.

II. Sozialpolitische Kompetenzen der EU und ihre Handhabung

1. Arbeitsrechtliche Harmonisierung (Art. 153 Abs. 1 lit. a) bis i) AEUV)

Literatur: Umfangreiche Literaturlisten bei *Langenfeld/Beneke,* in: Grabitz/Hilf/Nettesheim (Hrsg.), Das Recht der Europäischen Union, bei Art. 151 AEUV (2011).

Franzen, Massenentlassung und Betriebsänderung unter dem Einfluss des europäischen Gemeinschaftsrechts, ZFA 2006, 493; *Smismans,* The European social dialogue between constitutional and labour law, ELR 2007, 341; *Eichenhofer,* Arbeitsrecht, in: Dauses, HB EU-WirtschR D III (2008); *Rieble/Junker* (Hrsg.), Vereinbarte Mitbestimmung innerhalb der SE, 2008; *Scholz/Becker* (Hrsg.), Die Auswirkungen der Rechtsprechung des Europäischen Gerichtshofs auf das Arbeitsrecht der Mitgliedstaaten, 2009; *Teichmann,* Europäisierung der deutschen Mitbestimmung, ZIP 2009, Beilage; *Fuchs/Marhold,* Europäisches Arbeitsrecht, 3. Aufl. 2010; *Rebhahn,* Europäisches Arbeitsrecht, in: Riesenhuber (Hrsg.), Europäische Methodenlehre, 2. Aufl. 2010, § 18; *Schaer,* Rechtssicherheit und Vertrauensschutz als Grenzen rückwirkender Rechtsprechung im europäischen Arbeitsrecht, 2010; *Böning,* Europäische Arbeitsrechtsangleichung zwischen Anspruch und Wirklichkeit, 2011; *Hellwig/Behme,* Die deutsche Unternehmensmitbestimmung im Visier von Brüssel?, AG 2011, 740; *Jacobs,* Labour and the law in Europe, 2011; *Plum,* Tendenzschutz im europäischen Arbeitsrecht, 2. Aufl. 2011; *Thüsing,* Europäisches Arbeitsrecht, 2. Aufl. 2011; *Davies,* EU Labour Law, 2012; *Greif,* Der Europäische Betriebsrat, 2. Aufl. 2012; *Mayr/Gagawczuk,* Europäische Betriebsverfassung, 2. Aufl. 2012; *Rebhahn,* Entwicklungen im Arbeitsrecht der EU, 2012; *Blanke,* Europäische Betriebsräte-Gesetz, Arbeitnehmermitbestimmung in Europa, 3. Aufl. 2013.

a) Allgemeines

11 Die zahlreichen grundrechtlichen Sozialziele der Union ändern nichts daran, dass echte **Harmonisierungskompetenzen** nur für Teilbereiche des **Arbeitsrechts,** teilweise auch des Sozialrechts bestehen (Art. 153 Abs. 1 lit. a) bis i) AEUV). Dabei ist der Begriff der Arbeitnehmer autonom zu bestimmen und kann ggf. auch Vorstandsmitglieder einer Kapitalgesellschaft erfassen (EuGHE 2010, I-11 405, Rs. C-232/09 „Danosa"). Die allein möglichen **Richtlinien** beinhalten nur **Mindestvorschriften** [Abs. 2 lit. b)] und sind zudem nur „schrittweise" anzuwenden; konkret sind längere Umsetzungsfristen als sonst üblich geboten. Außerdem sollen sie kleine und mittlere

Unternehmen nicht übermäßig belasten. Daneben können für alle in Abs. 1 genannten Bereiche Maßnahmen zur Verbesserung der **Zusammenarbeit** zwischen den Mitgliedstaaten beschlossen werden. Schutzklauseln zugunsten nationaler Kompetenzen enthalten Abs. 4 (zugunsten der Systeme der sozialen Sicherheit) und Abs. 5 (zugunsten von Arbeitsentgelt, Koalitions-, Streik- und Aussperrungsrecht); zugleich betont Abs. 4 noch einmal die Befugnis der MSen zum Erlass strengerer Schutzmaßnahmen. Die Rechtsakte werden in den in lit. c), d), f) und g) genannten Bereichen vom Rat einstimmig beschlossen, im Übrigen im ordentlichen Gesetzgebungsverfahren.

Zur Sicherung der **Tarifautonomie** gestattet Art. 153 Abs. 3 AEUV den MSen, den 12
Sozialpartnern auf deren gemeinsamen Antrag hin die Durchführung der beschlossenen Maßnahmen zu **übertragen.** Letztlich wird die Richtlinie damit durch Tarifvertrag umgesetzt. Dieser muss dann aber alle ArbN schützen (EuGHE 2010, I-985, Rs. C-405/08 „Ingeniørforeningen i Danmark"). Dabei kommt dem **Mitgliedstaat** eine entsprechende **Überwachungs- und Garantiefunktion** zu. Damit kommt in Deutschland diese Möglichkeit nur in Betracht, wenn der Tarifvertrag dann für allgemeinverbindlich erklärt wird.

Im Übrigen könnten im Rahmen ihres jeweiligen Anwendungsbereiches auch andere Kompetenzen zur Anwendung kommen, etwa die Befugnis zur Rechtsangleichung nach Art. 115 AEUV, soweit es im Schwerpunkt um die Funktionsfähigkeit des Binnenmarktes geht (vgl. dazu Rz. 32/17), oder – für entsprechende bereichsspezifische Maßnahmen als lex specialis vorrangig – im Bereich des Verkehrs Art. 91 Abs. 1 lit. d) AEUV; siehe etwa Rz. 26/8.

b) Arbeitsschutz („Gesundheit und Sicherheit der Arbeitnehmer" – Art. 153 Abs. 1 lit. a) AEUV)

Von besonderer Bedeutung ist hier die **Rahmenrichtlinie 89/391** (ABl. 1989, L 183/ 13
1) über die Durchführung von Maßnahmen zur Verbesserung der Sicherheit und des Gesundheitsschutzes am Arbeitsplatz (**„Grundgesetz des Europäischen Arbeitsschutzes"**, *Rohndorf/Wittrock,* BArbBl. 12/1992, 8). Auf ihrer Grundlage wurden eine Reihe von Einzel-RLen u. a. zur Arbeitszeit (heute RL 2003/88, ABl. L 299/9; Rz. 14), zum Jugendarbeitsschutz (RL 94/33, ABl. L 216/12), zum Mutterschutz (RL 92/85, ABl. L 348/1) und zum Elternurlaub (RL 2010/18, ABl. L 68/13, zurückgehend auf eine Rahmenvereinbarung der Sozialpartner [allgemein dazu Rz. 22]) erlassen. Siehe weiterhin Fundstellenverzeichnis des geltenden EU-Rechts 05.20.20 und 020.30.20.

Die RL über die **Arbeitszeit** (Rz. 13) legt für einen Großteil der Beschäftigten eine zulässige Höchstar- 14
beitszeit von **ca. 48 Stunden wöchentlich** fest. Da die RL grundsätzlich nur zwischen Arbeitszeit und Freizeit differenziert und Ausnahmen nur für bestimmte Bereiche vorsieht, ist es konsequent, dass der EuGH Bereitschaftsdienste, etwa in Kliniken (EuGHE 2003, I-8389, Rs. C-151/02 „Jaeger"), als Arbeitszeit ansieht. Überschreitungen führen zu Haftungsansprüchen (EuGHE 2010, I-12 167, Rs. C-429/09 „Fuß"). Bemühungen, die RL insoweit zu ändern, sind aber bisher mangels Einigung über eine Alternative gescheitert. Aussagen zur Entlohnung lassen sich der RL in jedem Fall nicht entnehmen (EuGHE 2005, I-10 253, Rs. C-14/04 „Dellas"), so dass insoweit Differenzierungen etwa mit Blick auf Bereitschaftsdienste durchaus zulässig sind. Der Versuch, einen besonderen Sonntagsschutz einzuführen, wurde zu Recht vom EuGH aus Kompetenzgründen für nichtig erklärt (EuGHE 1994, I-5755, Rs. C-84/94 „Vereinigtes Königreich/Rat": Aus Gründen des Arbeitnehmerschutzes kann nur festgelegt werden, dass überhaupt ein wöchentlicher Tag arbeitsfrei bleibt, nicht aber speziell der Sonntag). – Der in der gleichen RL vorgesehene Jahresmindesturlaub von vier Wochen muss grundsätzlich als solcher gegeben, darf also nicht durch Geld-

zahlungen ersetzt werden (EuGHE 2006, I-3423, Rs. C-134/05 „FNV"). Fristen, nach deren Ablauf der Urlaub verfällt, sind aber – begrenzt – zulässig (EuGH, Urteil vom 22.11.2011, Rs. C-214/10 – KHS/Schulte; dazu *Gehlhaar,* NJW 2012, 271).

c) Individuelles Arbeitsvertragsrecht (Art. 153 Abs. 1 lit. b) und d) AEUV)

15 Im Bereich des individuellen Arbeitsvertragsrechts ist vor allem auf Richtlinien zu folgenden Problemkreisen hinzuweisen:

- **Nachweis von Arbeitsbedingungen** (RL 91/533, ABl. L 288/32);
- **Befristung von Arbeitsverträgen** (RL 99/70, ABl. L 175/43), in Umsetzung einer Rahmenvereinbarung der Sozialpartner; die RL soll vor allem Kettenarbeitsverträge verhindern (zu den Grenzen des Schutzes EuGH, Urteil vom 26.1.2012, Rs. C-586/10 „Kücük") und befristet Beschäftigte vor Diskriminierung schützen, enthält als solche aber keine spezifische Sanktion (doch muss das nationale Recht eine solche vorsehen),
- **Teilzeitbeschäftigung** (RL 97/81, ABl. L 14/9), in Umsetzung einer Rahmenvereinbarung der Sozialpartner;
- **Massenentlassungen** (RL 98/59; ABl. L 225/16; zur Anwendung der RL in Konzernen siehe EuGHE 2009, I-8163, Rs. C-44/08 „Akavan Erityisalojen Keskusliitto AEK u. a.");
- dem Schutz der Arbeitnehmer bei **Zahlungsunfähigkeit des Arbeitgebers** (heute RL 2008/94, ABl. L 283/36; zum geforderten Schutzniveau der Vorgänger-RL 80/987 (ABl. L 283/23) etwa EuGHE 2007, I-1053, Rs. C-278/05 „Robins"); deren fehlende Umsetzung durch Italien führte zur Begründung der Rechtsprechung zur Staatshaftung (Rz. 14/12 – Fall „Francovich");
- zur Wahrung der Arbeitnehmeransprüche beim **Übergang von Betrieben** (RL 2001/23, ABl. L 82/16); der EuGH hat dabei (zur Vorgänger-RL 77/187, ABl. L 61/26) ein recht weites Verständnis von Betriebsübertragung entwickelt, das maßgeblich auf eine „funktionelle Verknüpfung zwischen den übertragenen Produktionsfaktoren" abstellt (dazu etwa EuGHE 2009, I-803, Rs. C-466/07 „Klarenberg);
- zum Schutz von **Leiharbeitnehmern** (RL 2008/104, ABl. L 327/9), die in Grenzen eine Gleichstellung von Leiharbeitnehmern mit Arbeitnehmern des entleihenden Unternehmens vorsieht. – Siehe weiterhin das Fundstellenverzeichnis des geltenden EU-Rechts 05.20.20 und 05.20.30.20.

d) Kollektives Arbeitsrecht (Art. 153 Abs. 1 lit. d), e), f) AEUV)

16 Im Bereich des kollektiven Arbeitsrechts ist eine Harmonisierung ausgesprochen schwierig, weil die Vorstellungen über das sachgerechte Mit- bzw. Gegeneinander von **Gewerkschaften und Arbeitgeberverbänden** in den einzelnen **Mitgliedstaaten stark differieren;** sie ist deswegen auch nur für Teilbereiche möglich. Besonders deutlich treten die Unterschiede bei der Rolle der Mitbestimmung von Arbeitnehmervertretern in betrieblichen, vor allem aber unternehmerischen Fragen hervor. Auch die Gewerkschaften scheuen zum Teil eine entsprechende Übernahme von Mitverantwortung (*Sandmann,* FS Jurist. Fakultät Augsburg, 2003, 251).

17 Die RL 2009/38 (ABl. L 122/28) über die Einsetzung eines **Europäischen Betriebsrates** soll die Unterrichtungs- und Anhörungsrechte der Arbeitnehmer auch bei grenzüberschreitenden Unternehmen sichern. Vorrangig setzt die RL auf durch Verhandlungen zwischen den Beteiligten erreichte Lösungen. Hiervon wurde bisher bei einem guten Drittel der betroffenen Unternehmen Gebrauch gemacht. Befindet sich die Leitung des betroffenen Unternehmens außerhalb der EU, sind Ersatzlösungen vorgesehen (zu deren Effektivierung EuGHE 2004, I-787, Rs. C-440/00 „Kühne & Nagel"). Die RL 2002/14 (ABl. L 80/29; *Shahatit,* BArbBl. 4/2002, 18) regelt einen allgemeinen Rahmen für die **Unterrichtung und Anhörung der Arbeitnehmer,** soweit auf nationaler Ebene entsprechende Beteiligungsrechte bestehen (*D. Schäfer,* Der europäische Rahmen für Arbeitnehmermitwirkung, 2005).

Die Verabschiedung des Statuts der **Europäischen Aktiengesellschaft (SE)** war 2001 nur möglich dank der parallelen Verabschiedung einer Mitbestimmungsregelung (RL 2001/86, ABl. L 294/22; dazu *Bezzenberger,* JURA 2003, 229; *Lambach,* Die Beteiligung der Arbeitnehmer in der Europäischen Gesellschaft

(SE), 2004; *Rieble/Junker* (Hrsg.), Vereinbarte Mitbestimmung in der SE, 2008; zur deutschen Umsetzung *Kallmeyer*, ZIP 2004, 1442). Diese setzt gleichfalls auf Verhandlungslösungen und wahrt im Übrigen weithin die nationale Prärogative, so dass den erwähnten unterschiedlichen Traditionen Rechnung getragen werden kann.

Bei der RL zur **grenzüberschreitenden Verschmelzung von Kapitalgesellschaften** (RL 2005/56, ABl. L 310/1; dazu Rz. 36/33) wurde vorbehaltlich abweichender Vereinbarungen und der Beachtung von bestimmten, an den Status quo der betroffenen Arbeitnehmer anknüpfender Sonderregelungen das Recht des neuen Sitzes für maßgeblich erklärt; in Ausnahmefällen wird auf die für die SE geltenden Regeln zurückgegriffen (dazu *Wiesner*, DB 2005, 91). Bei der europäischen Privatgesellschaft (Rz. 36/34) stellen sich die gleichen Probleme (dazu *Hommelhoff*, ZEuP 2011, 7).

Ausdrücklich ausgeschlossen ist eine Harmonisierung in den Bereichen Löhne und Arbeitskampfrecht, doch schließt dies weder Maßnahmen aus, die Maßgaben für die Lohnzahlung betreffen (wie Diskriminierungsverbote), noch wird damit das Arbeitskampfrecht generell dem Anwendungsbereich der Verträge entzogen (zu Konflikten mit den Grundfreiheiten Rz. 25/31). Allerdings fallen Tarifverhandlungen als solche nicht in den Anwendungsbereich der Verträge mit der Folge, dass die Rspr. des EGMR zur Bedeutung der Koalitionsfreiheit (Rz. 17/59) als solche für das Unionsrecht ohne Bedeutung ist.

2. Maßnahmen der offenen Koordinierung in den sonstigen Bereichen

In allen in Art. 153 AEUV genannten Bereichen können auch Maßnahmen der offenen Koordinierung 18
ergriffen werden. Außerdem verfügt die KOM über eine Förderkompetenz nach Art. 156 AEUV. Die Union hat verschiedene **Programme** zur Förderung verschiedener Maßnahmen aufgelegt. Seit 2000 ist die Bekämpfung sozialer Ausgrenzung Teil der „Lissabonstrategie“ (Rz. 18/17). Zur Sicherung der Altersvorsorge hat die Kommission jüngst ein entsprechendes Weißbuch vorgelegt (KOM (2012) 55 endg. vom 16.2.2012).

Diese zahlreichen **Grundsatzdokumente** sind im Fundstellenverzeichnis des geltenden EU-Rechts zusammengestellt (05.20.05 und 05.20.20).

3. Sozialer Dialog

Nach Art. 152, 154f. AEUV kommt dem **Dialog zwischen den Sozialpartnern** eine 19
wichtige Rolle zu. So hört die KOM die Sozialpartner vor Verkündung sozialpolitischer Vorschläge. Auch können die **Sozialpartner** auf **europäischer Ebene Vereinbarungen beschließen** (Art. 155 AEUV). Die **Umsetzung** erfolgt dann entweder auf **nationaler Ebene** – dann erfolgt das Ganze letztlich ohne Beteiligung von Unionsorganen – oder, in den Bereichen, in denen die Union über eine entsprechende Zuständigkeit verfügt, durch **Ratsbeschluss,** der je nach Materie mit qualifizierter Mehrheit oder einstimmig erfolgen muss. Im Unterschied zur regulären Rechtsetzung nach Art. 153 Abs. 3 AEUV wird das Parlament nur unterrichtet, dessen Mitwirkungsbefugnis wird praktisch durch die der Sozialpartner ersetzt. Aus diesem Grund ist ein solches Verfahren nur zulässig, wenn die beteiligten Sozialpartner hinreichend repräsentativen Charakter aufweisen (EuGE 1998, II-2335, Rs. T-135/96 „UEAPME“, mit nicht unproblematischem Hinweis auf das Demokratieprinzip und die notwendige Repräsentation der Völker durch die Sozialverbände).

III. Europäische Beschäftigungspolitik

Literatur: *Hannowsky,* Die Arbeitsmarktpolitik der EU, 2003; *Lesch,* Europäische Beschäftigungsstrategie, Orientierungen 100 (2004), 26; *Mentgen,* Beschäftigungsförderung und Stabilitätsverpflichtung in der Europäischen Wirtschafts- und Währungsunion, 2004; *Wolfswinkler,* Die Europäisierung der Arbeitsmarktpolitik, 2006; *Stephan,* Die Beschäftigungspolitik der EU, 2008; *Höch,* Beschäftigungspolitik im Gemeinsamen Markt, 2009; *Kerchen/Omarjee,* La stratégie européenne pour lemploi, Droit social 2010, 223.

20 Die Forderung, Beschäftigungspolitik in den Katalog der Aufgaben der (damaligen) Gemeinschaft aufzunehmen, ergab sich aus der seit den 70er Jahren gestiegenen **Massenarbeitslosigkeit** in Europa. Beschäftigungspolitische Initiativen wurden seit dem sozialpolitischen Aktionsprogramm des Rates 1974 unternommen. Sie verdichteten sich in der „Essener Strategie" des Europäischen Rates 1994 zu einer gemeinsamen Beschäftigungsstrategie mit fünf Schwerpunktbereichen. Mit dem Amsterdamer Vertrag wurden die heutigen Art. 145 – 150 AEUV geschaffen. Die **„Lissabonstrategie 2000"** (oben Rz. 18/17) versuchte eine größtmögliche Verzahnung der Beschäftigungspolitik mit der **Wirtschafts- und Sozialpolitik.**

21 Die in Art. 3 Abs. 3 EUV grundsätzlich definierte Zielsetzung der Vollbeschäftigung wird durch die gemäß Art. 146 AEUV unter den MSen abzustimmende Beschäftigungspolitik, vor allem aber durch jährlich mit qualifizierter Mehrheit vom Rat festzulegende **Leitlinien** umgesetzt (siehe den Beschluss 2010/707, ABl. L 308/46, fortgeschrieben durch Beschluss 2013/208, ABl. L 118/21). Hierbei handelt es sich um **Rechtsakte** besonderer Art, die von den MSen zu **berücksichtigen** sind. Grundlage dieser Leitlinien sind **Schlussfolgerungen** des **Europäischen Rates,** die dieser jährlich nach Prüfung der Beschäftigungslage in der Union auf der Grundlage eines **Jahresberichts** des Rates und der KOM annimmt (Art. 148 AEUV). Außerdem kann der Rat **Empfehlungen** an die MSen richten (siehe etwa Beschluss 2008/399, ABl. L 139/57) und im ordentlichen Gesetzgebungsverfahren verbindliche **Anreizmaßnahmen** (unter Ausschluss jeglicher Harmonisierung) zur Förderung der beschäftigungspolitischen Zusammenarbeit zwischen den MSen beschließen (Art. 149 AEUV, siehe etwa das Programm „Progress", Beschluss 283/2010, ABl. L 87/1, Änderungen, aus dem nationale Maßnahmen in den Bereichen Beschäftigung, Sozialschutz, Verbesserung der Arbeitsbedingungen und Nichtdiskriminierung von der Union kofinanziert werden). Ob eine solche unmittelbare Beschäftigungspolitik ihre Ziele erreichen kann, bleibt trotzdem umstritten (zur Kritik etwa *Lesch,* APUZ B14–15/2000, 3 mwN.). Hiernach bleibt es Aufgabe wachstumsorientierter Wirtschaftspolitik, hinreichende Beschäftigungsmöglichkeiten zu generieren.

IV. Europäischer Sozialfonds (ESF)

Literatur: *Kaluza,* Der Europäische Sozialfonds, 1998; *Kampmeyer,* Der Europäische Sozialfonds, in: Leben und Arbeiten in Europa – EU und Sozialpolitik, 2000, 67; *Lopriore,* Les nouvelles priorités du Fonds social européen (2007–2013), RMCUE 2008, 106. – Laufende Information über die unregelmäßig erscheinende „ESF Info Revue" der KOM.

1. Entstehung und Entwicklung des Europäischen Sozialfonds

22 Der ESF wurde bei der Gründung der EWG 1958 mit dem Ziel der Unterstützung der **Entwicklung Süditaliens** geschaffen. Seit 1986 wurde er in das neue Konzept des **wirtschaftlichen und sozialen Zusammenhalts** einbezogen (heute Art. 174ff. AEUV; oben Rz. 18/61). Ergänzend ist auf den Globalisierungsfonds (VO 1927/2006, ABl. L 406/1; Rz. 18/11; auf den heutigen Art. 175 Abs. 3 AEUV gestützt) hinzuweisen mit Aufgaben im Bereich des Arbeitnehmerschutzes, die mit denen des ESF verwandt sind. Die Aufnahme der **Beschäftigungspolitik** in den EGV 1997 (oben Rz. 20ff.) bedeutete für den ESF eine Verstärkung seiner **arbeitsmarktpolitischen Aufgaben.** Dieser Wandel der Aufgabenstellung wurde 1999 in einer VO (1784/1999; ABl. L 213/5) näher geregelt, die mittlerweile durch neue Rechtsakte abgelöst wurde (Rz. 24).

2. Tätigkeit des ESF

Der **Europäische Sozialfonds** (ESF, Art. 162–164 AEUV) ist **unselbständiger Teil des EU-Haushalts** und wird aus ihm finanziert. Seine Verwaltung obliegt der **KOM** (Art. 163 Abs. 1 AEUV). Die KOM wird hierbei von einem **dreigliedrigen Ausschuss** (aus Regierungsvertretern und Sozialpartnern) unterstützt (ebd., Abs. 2). Die KOM genehmigt die Vergabe der Fondsmittel im Grundsatz auf der Grundlage von Förderkonzepten, die ihrerseits auf Entwicklungsplänen der MSen basieren; die Entscheidungen über die Förderungen im Einzelnen werden von den Mitgliedstaaten getroffen. Nur im Rahmen der Kontrolle der Mittelverwendung kann es zu direkten Rechtsbeziehungen zwischen der KOM und den nationalen Projekten kommen; anderes gilt nur für bestimmte Großprojekte. 23

Grundaufgabe des ESF ist nach Art. 162 AEUV die **Verbesserung der Beschäftigungsmöglichkeiten** im Binnenmarkt. Nach der heute maßgeblichen VO 304/2013 (ABl. L 347/470) soll der ESF fünf Ziele verfolgen: Steigerung der Anpassungsfähigkeit von Arbeitnehmern und Unternehmen an den wirtschaftlichen Wandel, Verbesserung des Zugangs von Arbeitssuchenden zum Arbeitsmarkt, Verbesserung der sozialen Eingliederung von benachteiligten Personen, Stärkung des sog. „Humankapitals" und Förderung einschlägiger Partnerschaften. Für die Erreichung dieser Ziele werden bestimmte **förderfähige Maßnahmen** (Unterstützung von Personen, Strukturen und Systemen sowie flankierende Maßnahmen) ergriffen, an deren Finanzierung sich die nationale Seite beteiligen muss. Die Maßnahmen sind Bestandteil der **europäischen Beschäftigungsstrategien** im Sinne ihrer jährlichen Leitlinien (oben Rz. 21). Auch ist die Arbeit des ESF abgestimmt mit derjenigen der anderen Strukturfonds (Regional- und Kohäsionsfonds, Rz. 18/57) und denselben allgemeinen, nunmehr in der Strukturfondsverordnung 1303/2013 (ABl. L 347/320) verankerten Regeln unterworfen. 24

Die **Mittel des ESF** sind im Laufe der Zeit erheblich **gesteigert worden.** Dies entsprach der erweiterten Aufgabenstellung und dem mehrfachen Beitritt neuer sozialpolitisch entwicklungsbedürftiger MSen. In der Strukturfondsperiode 2007–2013 standen für den ESF rund **75 Mrd. €** zur Verfügung. In der Praxis erfährt das schwerfällige, bürokratisierte System des ESF allerdings **viel Kritik.** In manchen MSen werden die Fördergelder nicht für Innovation, sondern für die Finanzierung ohnehin geplanter Vorhaben oder zum Stopfen von Haushaltslöchern benutzt. – Der ESF stellt zusammen mit den anderen Strukturfonds eine Art vorbundesstaatlichen sozialpolitischen Finanzausgleichs zwischen den EU-Staaten dar. **Hauptempfänger waren** bisher die südlichen MSen, England/Nordirland, Irland sowie seit 1990 Ostdeutschland. Seit 2004 sind die neu beigetreten mittel- und osteuropäischen MSen stärker in den Vordergrund getreten. 25

V. Ausblick: Soziale Dimension des Binnenmarktes oder Sozialunion?

Sozialpolitik bleibt im Kern **nationale Angelegenheit.** Bis heute differieren Löhne und Beschäftigungsbedingungen in der Union stark; gleiches gilt für den Umgang der Sozialpartner miteinander. Abgesehen von einigen Maßnahmen der Rechtsangleichung im Bereich des Arbeitsrechts sind es vor allem die Wettbewerbspolitik, die Grundfreiheiten und die Unionsbürgerschaft, die die insoweit primär verantwortliche nationale Sozialpolitik beeinflussen und in ihren Möglichkeiten begrenzen. Die EU selbst betreibt darüber hinaus Sozialpolitik vor allem über den Einsatz ihrer Fonds. Im Übrigen bleibt die – vielfach realisierte – Hoffnung, dass die mit der europäischen 26

Integration verbundene Marktöffnung insgesamt zu einer deutlichen Steigerung des Lebensniveaus führt. So wird sich der soziale Aspekt der von Art. 3 Abs. 3 EUV in der Fassung von Lissabon proklamierten „sozialen Marktwirtschaft" eher über soziale Elemente des Binnenmarktes als über eine europäische Sozialunion entfalten.

8. Teil. Binnenmarkt III: Finanzverkehr

§ 30. Kapital- und Zahlungsverkehr

Literatur: *Müller,* Die Kapitalverkehrsfreiheit in der EU, 2000; *Usher,* Law of Money and Financial Services in the EC, 2. Aufl. 2000; *Ohler,* Europäische Kapital- und Zahlungsverkehrsfreiheit. Komm. zu den Art. 56 bis 60 EGV, der Geldwäscherichtlinie und der Überweisungsrichtlinie, 2002; *Haferkamp,* Die Kapitalverkehrsfreiheit im System der Grundfreiheiten des EG-Vertrages, 2003; *von Wilmowsky,* Freiheit des Kapital- und Zahlungsverkehrs, in: *Ehlers* (Hrsg.), Europäische Grundrechte und Grundfreiheiten, 2. Aufl. 2005, 343; *Lübke,* Der Erwerb von Gesellschaftsanteilen zwischen Kapitalverkehrs- und Niederlassungsfreiheit, 2006; *Nettesheim,* Unternehmensübernahmen durch Staatsfonds: Europarechtliche Vorgaben und Schranken, ZHR 2008, 729; *Germelmann,* Konkurrenz der Grundfreiheiten und Missbrauch von Gemeinschaftsrecht, EuZW 2008, 596; *Hindelang,* The Free Movement of Capital and Foreign Direct Investment, 2009; *Roth,* Investitionsbeschränkungen im dt. Außenwirtschaftsrecht, 2009; *Lippert,* Der EuGH und die Goldenen Aktien, JURA 2009, 342; *Holle,* Der „Fall VW", AG 2010, 14; *Lecheler/Germelmann,* Zugangsbeschränkungen für Investitionen aus Drittstaaten, 2010; *Remien,* Kapitalverkehrsfreiheit und Privatrecht in der Rspr. des EuGH, GS Wolf, 2011, 717; *Clostermeyer,* Staatliche Übernahmeabwehr und die Kapitalverkehrsfreiheit zu Drittstaaten, 2011; *Verse,* Kapitalverkehrsfreiheit, VW-Gesetz und VW-Satzung – eine unendliche Geschichte?, FS Klein, 2013, 701.

I. Grundlagen

Der in den Art. 63–66 AEUV geregelte **freie Kapital- und Zahlungsverkehr zwischen den MSen und zwischen den MSen und Drittstaaten** ist von zentraler Bedeutung. Er dient der Herstellung und Aufrechterhaltung des EU-Binnenmarktes und der damit verbundenen positiven wirtschaftlichen Effekte; zugleich ist er für das Funktionieren der Wirtschafts- und Währungsunion wesentlich. Die Waren-, Personen- und Dienstleistungsverkehrsfreiheiten können nur mit Hilfe der Liberalisierung des Kapital- und Zahlungsverkehrs voll verwirklicht werden. Grenzüberschreitende Investitionen dienen zudem der unternehmerischen Verflechtung mitgliedstaatlicher Wirtschaften. Dieser Bedeutung Rechnung tragend, erklärt Art. 26 Abs. 2 AEUV die Gewährleistung des freien Kapital- und Zahlungsverkehrs zu einem zentralen Bestandteil des Binnenmarktes. Der Gerichtshof hat diesen Gedanken – beginnend mit EuGHE 1981, 2595, Rs. 203/80 „Casati", Rz. 8 (hier für die Kapitalverkehrsfreiheit) – in seiner Rechtsprechung aufgegriffen und fortentwickelt. 1

Der **freie Kapitalverkehr** hat finanzielle Transaktionen zwischen MSen oder MSen und Drittstaaten zum Gegenstand. In erster Linie geht es um die Anlage oder die Investition des betreffenden Betrags (EuGHE 1984, 377, verb. Rs. 286/82 und 26/83, „Luisi und Carbone", Rz. 21). Er umfasst vor allem Direktinvestitionen in Unternehmen, Portfolioinvestitionen in Wertpapiere, Immobilien etc.; das Verständnis des EuGH geht darüber aber hinaus (Rz. 30/7). Er stellt seinerseits eine essentielle Vorbedingung des Binnenmarktes dar. Eine ungehinderte Standortverteilung der Produktion im Sinne einer möglichst effizienten Kapitalallokation kann nur mit Hilfe freien Kapitalverkehrs erfolgen. Zwischen der freien Niederlassung von Unternehmen (oben Rz. 28/1) und liberalisiertem Kapitalverkehr bestehen enge Zusammenhänge. 2

Art. 63 AEUV, der den Geist der weltweiten Freiheit des Kapital- und Zahlungsverkehrs atmet, trägt der bestehenden **Interdependenz zwischen europäischer und** 3

internationaler Kapital- und Zahlungsverkehrsfreiheit Rechnung, indem er auch alle Beschränkungen zwischen MSen und dritten Ländern grundsätzlich verbietet. Die Erweiterung des Anwendungsbereichs auf Drittstaatensachverhalte weist der Kapital- und Zahlungsverkehrsfreiheit ein Alleinstellungsmerkmal unter den Grundfreiheiten zu (*Kemmerer,* Kapitalverkehrsfreiheit und Drittstaaten, 2010).

4 Der Zusammenhang zwischen Binnenmarkt und freiem **Zahlungsverkehr,** d. h. Kapitalübertragungen, die sich unmittelbar auf den Warenaustausch oder auf Leistungen im Personenverkehr und auf die Erbringung von Dienstleistungen beziehen und somit zur Bezahlung einer Leistung erfolgen, ist besonders offensichtlich. Ohne die grenzüberschreitende Bezahlung von Warenlieferungen usf. würde kein Warenverkehr stattfinden, was den besonders weiten Schutzbereich in Art. 63 Abs. 2 AEUV erklärt. Zu beachten ist, dass die Zahlungsverkehrsfreiheit nicht nur auf solche Gegenleistungen für Waren, Dienstleistungen, Arbeitskraft oder Kapital beschränkt ist, die selbst wieder unter eine der Grundfreiheiten fallen, sondern dass die Zahlungsfreiheit vielmehr für jede grenzüberschreitende Zahlung gilt, womit folglich auch Zahlungen mit Drittstaatenbezug vom Schutzbereich umfasst sind.

5 Die Wirtschafts- und Währungsunion und der Kapital- und Zahlungsverkehr stehen in einer **symbiotischen Beziehung** zueinander. Die umfassende Liberalisierung des Kapital- und Zahlungsverkehrs sowohl innergemeinschaftlich als auch in Bezug auf Drittstaaten stellt die entscheidende Voraussetzung für die Einführung einer gemeinsamen europäischen Währung dar, die neben dem US-Dollar zur internationalen Handels-, Investitions- und Reservewährung aufsteigen soll. Eine stabile Währung bildet wiederum einen gewichtigen Wettbewerbsvorteil für einen **liberalisierten europäischen Kapitalmarkt.** Vor Vollendung der Wirtschafts- und Währungsunion 1999 unterlag die Liberalisierung des Kapital- und Zahlungsverkehrs gewissen Gefährdungen. Die nationale Währungs- und Devisenpolitik konnte trotz der Harmonisierungsverpflichtungen (EWS 1978 – oben Rz. 19/11) zu Schwankungen im Werte der Währungen führen, was gelegentlich zu (wenig wirksamen) protektionistischen Reflexen auf Seiten der MSen führte. Die Gefahren von Wechselkursschwankungen innerhalb der EU sind bis heute nicht völlig gebannt, da bisher nur 18 der 28 MSen der Währungsunion angehören. Inzwischen ist es im Zuge der Eurorettungsmaßnahmen zum Wiederaufleben von Kapitalverkehrsbeschränkungen gekommen (Zypern April 2013); dies greift eine zentrale Säule der EU an, ist aber unvermeidlich, um eine faire Verteilung der Rettungskosten durchzusetzen.

II. Die primärrechtlichen Regelungen des Kapital- und Zahlungsverkehrs

Literatur: *Schön,* Der Kapitalverkehr mit Drittstaaten und das Internationale Steuerrecht, FS Wassermeyer, 2005, 489; *Stünkel,* EG-Grundfreiheiten und Kapitalmärkte, 2005; *Hindelang,* Wie viel Freiheit wagen? Das Verhältnis von EG-Kapitalverkehrs- und Niederlassungsfreiheit und die Reglementierung von Direktinvestitionen in und aus Drittstaaten, in: *Reinisch/Knahr* (Hrsg.), Aktuelle Probleme und Entwicklungen im Internationalen Investitionsrecht, 2008, 83; *Hindelang,* Direktinvestitionen und die Europäische Kapitalverkehrsfreiheit im Drittstaatenverhältnis, JZ 2009, 829; *Kemmerer,* Kapitalverkehrsfreiheit und Drittstaaten, 2010; *Hindelang,* Die steuerliche Behandlung drittstaatlicher Dividenden und die europäischen Grundfreiheiten, IStR 2013, 77.

1. Liberalisierung des Kapitalmarktes

Erst der Maastricht-Vertrag stellte die unmittelbare Wirkung der Kapitalverkehrsfreiheit her. Seither schreiben die Art. 63 ff. AEUV die (zunächst 1988 durch eine Richtlinie verwirklichte) Freiheit des Zahlungs- und Kapitalverkehrs auf der Ebene des Primärrechts fest. Dabei steht bislang ganz die liberale Dimension der Marktöffnung im Vordergrund. Es geht darum, auf unterschiedlicher Ebene **Beschränkungen des freien Flusses von (Investitions-)Kapital** zu bekämpfen. Dies hat eine zutiefst politische Qualität: Investitionen können – je nach unternehmerischer Absicht – tief in das Wirtschaftsgeschehen eines Staates eingreifen. Die Öffnung des Marktes für Investitionen bedeutet damit, wie etwa die Diskussion um die Rolle sog. „Staatsfonds" zeigt, eine erhebliche Reduzierung staatlicher Einwirkungsmöglichkeiten. Auf internationaler Ebene sind Bemühungen um eine **umfassende Liberalisierung** des Marktzugangs für Investoren im Jahre 1998 spektakulär gescheitert (*Nieuwenhuys,* Multilateral Regulation of Investment, 2001). Bilaterale Investitionsschutzverträge (BITs) stellen vor allem auf den Schutz bestehender Investitionen ab, gewähren aber regelmäßig kein Recht auf Marktzutritt. Und im WTO-Kontext verhindert das TRIMS zwar Handelsbeschränkungen, die aus investitionspolitischer Absicht ergriffen werden; auch dort gibt es aber keine umfassende Liberalisierungspflicht. Auf diesem Hintergrund erweist sich Art. 63 AEUV als ein in dieser Form bislang unbekanntes Instrument zur Öffnung des Kapitalmarktes. 6

Die Bedeutung der Bestimmung wird dadurch akzentuiert, dass sie in der **Rechtsprechung des EuGH extrem weit ausgelegt** wird: Sie findet nicht nur Anwendung auf unmittelbare außenwirtschaftsrechtliche Beschränkungen, sondern auch auf gesellschafts- und steuerrechtliche Regelungen, die sich auf eine grenzüberschreitende Investition beeinträchtigend auswirken – insbesondere dadurch, dass sie sie schlechter als eine innerstaatliche Investition stellen. In dieser Handhabung greift Art. 63 AEUV tief in das mitgliedstaatliche Wirtschafts- und Steuerrecht ein. Es wird zwar darüber diskutiert, ob sich zwischen der Reichweite der Freiheit innerhalb der Union und im Verkehr mit Drittstaaten Unterschiede machen lassen; bislang sind derartige Abstufungen rechtspraktisch und dogmatisch aber nur in Ansätzen zu erkennen (unten Rz. 30/9 ff.). 7

a) Verhältnis zu den anderen Grundfreiheiten

Zu den **anderen Grundfreiheiten** des Binnenmarktes ergeben sich häufig Abgrenzungsprobleme (*Germelmann,* EuZW 2008, 596). Insbesondere hinsichtlich der Niederlassungsfreiheit gewann diese Frage an Aktualität und war Gegenstand mehrerer nicht unumstrittener Entscheidungen des Gerichtshofs (vgl. EuGHE 2006, I-9521, Rs. C-452/04, „Fidium Finanz AG"; EuGHE 2007, I-2107, Rs. C-524/04, „ Thin Cap Group"; EuGHE 2012, I-0000, Rs. C-35/11, „Thin Cap Group II"). Bislang hat die Rechtsprechung des EuGH noch keine Klarheit geschaffen. Teilweise geht man davon aus, dass einzelne Transaktionen dem Schutzbereich mehrerer Freiheiten unterfallen können. Danach werden die Kapitalverkehrsfreiheit und die anderen Freiheiten als kumulativ anwendbar konzipiert (so *Hindelang,* in: *Reinisch/Knahr,* 83). Einige Entscheidungen des EuGH lassen sich so deuten, dass dies jedenfalls bei staatlichen Sonderrechten gesellschaftsrechtlicher Natur gilt. Nach abweichender Ansicht sind mitgliedstaatliche Maßnahmen, die die kontrollierende Stellung eines Anteilseig- 8 ners zum Gegenstand haben („Golden Shares" etc.), selbst dann nur an Art. 49 AEUV zu messen, wenn sie sich auf den grenzüberschreitenden Kapitalfluss auswirken (so jüngst dann auch EuGHE 2009, I-2291, Rs. C-326/07, „KOM/Ital."). Bei Maßnahmen, die jenseits der Unternehmensverfassung liegen (außenwirtschaftsrechtliche Restriktionen, Steuerrecht etc.), wird nach allg. Ansicht unterschieden: Sie sind an Art. 49 AEUV zu messen, wenn sie die Übernahme eines bestimmenden Einflusses verhindern. Soweit sie Portfolio-Investitionen unterhalb der Schwelle bestimmenden Einflusses verhindern, ist Art. 63 AEUV einschlägig. Maßnahmen dieses Typs können also in der Tat kumulativ von zwei Freiheiten erfasst werden (*Nettesheim,* ZHR 2008, 729 mwN.; EuGHE 2010, I-11241, Rs. C-543/08, „KOM/Port. III", Rdnr. 57). Unklar ist in diesem Zusammenhang, welche Schwelle für die Annahme eines „sicheren Einflusses" eines Anteilseigners gilt (hierzu die gen. Rs. C-35/11 und EuGHE 2012, I-0000, Rs. 31/11, „Scheunemann").

Nach den gleichen Grds. ist in den Fällen zu verfahren, in denen die Dienstleistungs- und Arbeitnehmerfreizügigkeit zusätzlich zur Kapitalverkehrsfreiheit zur Anwendung berufen sind. Das Verhältnis der Kapitalverkehrsfreiheit zur Waren- und Zahlungsverkehrsfreiheit ist exklusiver Natur.

b) Anwendungsbereich der Kapitalverkehrsfreiheit

aa) Liberalisierung im Binnenmarkt und im Drittstaatsverhältnis

9 Liberalisierungsgegenstand des Art. 63 Abs. 1 AEUV ist der Kapitalverkehr. Um den Begriff bewusst zukunftsoffen zu halten, fehlt eine Definition im AEUV. Die häufig zu findende Beschreibung als **einseitige, grenzüberschreitende Wertübertragung von Real- oder Geldkapital, die regelmäßig der Vermögensanlage dient,** ist lediglich als interpretativer Ausgangspunkt zu verstehen. Eine fest gefügte, abschließende Definition des Kapitalverkehrs kann ob der Vielfalt seiner Erscheinungsformen nicht recht gelingen. Der EuGH greift regelmäßig auf die Nomenklatur im Anhang I zur **RL 88/361** zurück, die ihm als Auslegungshilfe dient. Als Kapitalverkehr anerkannt sind etwa der Erwerb von Immobilien, der Handel mit Aktien und Schuldverschreibungen, der Erwerb von Unternehmen, sei es durch den Erwerb der Vermögensgegenstände des Unternehmens oder durch den Erwerb von Gesellschaftsanteilen, die Einbringung von Kapital in eine Gesellschaft, die Aufnahme von Darlehen, die Forderungsabtretung, die Bestellung von Sicherheiten, also auch den Verkehr mit Banknoten und Münzen. Zum Kapitalverkehr gehören auch Erbschaften und Schenkungen (EuGHE 2011, I-2497, Rs. C-450/09, „Schröder"), zudem grenzüberschreitende Darlehen und die grenzüberschreitende Leihe (EuGHE 2012, I-0000, verb. Rs. C578/10 bis C580/10, „Staatssecretaris van Financiën" [Beschränkungen bei der Benutzung eines geliehenen KFZ]). Von der Freiheit umfasst sind grundsätzlich nicht nur die Transaktion selbst, sondern sämtliche Handlungen, die erforderlich sind, jene umfassend abzuwickeln.

10 Der freie Kapitalverkehr gilt **für alle MSen der Europäischen Union.** Einige MSen haben bei ihrem Beitritt Übergangsfristen und Ausnahmeregelungen vereinbart. Betroffen ist der Erwerb von Immobilien, landwirtschaftlichen Flächen und Wäldern.

11 Die Kapital- und Zahlungsverkehrsfreiheit ist in ihrem **persönlichen Anwendungsbereich** nicht auf die Staatsangehörigen der MSen beschränkt. Vielmehr kann sich

grundsätzlich jede natürliche und juristische Person ohne Ansehung ihrer Staatsan- bzw. -zugehörigkeit auf sie berufen. Der räumliche Anwendungsbereich erstreckt sich ebenso über das Territorium der EU hinaus. Die Union hat einseitig Beschränkungen des Kapital- und Zahlungsverkehrs gegenüber Drittstaaten verboten.

bb) Liberalisierung im Drittlandsverhältnis

12 Die Freiheit des Kapitalverkehrs gilt nach Art. 63 Abs. 1 AEUV grundsätzlich gleichermaßen im Binnenmarkt sowie **zwischen den MSen und dritten Ländern** (näher *Hindelang,* The Free Movement of Capital and Foreign Direct Investment, 2009). Dies erklärt sich nicht nur daraus, dass eine einseitige Liberalisierung positive Wohlfahrtseffekte für den Europäischen Binnenmarkt generiert, sondern u. a. auch aus der Notwendigkeit für den Erfolg des Euros als eine internationale Handels-, Investitions- und Reservewährung, einen freien Kapitalverkehr über den eigentlichen Währungsraum hinaus zu garantieren. Die Einschränkungsmöglichkeiten seitens der EU gehen mit Blick auf eine veränderte Ausgangsituation (grds. nur einseitige Liberalisierung) beim Drittlandsverkehr jedoch etwas weiter als unionsintern (*Seidel,* GS Grabitz, 1995, 772).

c) Beschränkungen der Kapitalverkehrsfreiheit

13 Nach Art. 63 Abs. 1 AEUV sind **alle Beschränkungen des Kapitalverkehrs** zwischen den MSen und gegenüber dritten Ländern **primärrechtlich** verboten. Auch dieses Verbot gilt **unmittelbar;** sowohl im innerunionalen als auch im Drittstaatenverhältnis (EuGHE 1995, I-4821, verb. Rs. C-163/94, „Sanz de Lera" u. a.).

14 Der **Begriff der Beschränkung** in Art. 63 Abs. 1 AEUV umfasst sowohl diskriminierende staatliche Regelungen als auch solche Maßnahmen, die unterschiedslos für grenzüberschreitende wie innerstaatliche Transaktionen gelten. Vor allem im Steuerrecht spielt Art. 63 AEUV als Diskriminierungsverbot eine Rolle (z. B. EuGHE 2011, I-0000, Rs. C-10/10, „KOM/Austria": differenzierende steuerliche Abzugsfähigkeit von Zuwendungen an Einrichtungen mit Forschungs- und Lehraufgaben; EuGHE 2011, I-2497, Rs. C-450/09, „Schröder": Differenzierung bei der Abzugsfähigkeit von Einkünften). Demgegenüber wird Art. 63 AEUV als Beschränkungsverbot gegenwärtig vor allem gegen Investitionsbeschränkungen zur Anwendung gebracht. Die Kapitalverkehrsfreiheit differenziert – anders als die Warenverkehrsfreiheit – nicht zwischen Kapitalimport und -export. Vielmehr unterfällt der Kapitalverkehr in beide Richtungen gleichen Regeln. Praktische Bedeutung hat die Kapitalverkehrsfreiheit nicht zuletzt als Maßstab für Sonderregelungen des nationalen Gesellschaftsrechtes, die der öffentlichen Gewalt besondere, so nicht jedem Anteilseigner zustehende Mitspracherechte gewähren und ihr so einen (möglicherweise protektionistischen) Einfluss auf grundlegende Unternehmensentscheidungen ermöglichen („Goldene Aktien", zusätzliche Stimmrechte o. Ä. (EuGHE 2007, I-8995, Rs. C-112/05 „KOM/D" (VW-Gesetz); Urt. v. 22.10.2013, Rs. C-95/12, „KOM/D").

15 Weiterhin unklar ist, inwieweit die **Keck-Rechtsprechung** im Rahmen der Kapitalverkehrsfreiheit Anwendung finden kann. Jedenfalls sind Einschränkungen unterhalb der Fühlbarkeitsschwelle *(de minimis non curat praetor)* keine tatbestandlichen Beschränkungen (z. B. EuGHE 1995, I–179, Rs. C-412/93, „Leclerc-Siplec").

16 **Adressaten des Verbots** in Art. 63 Abs. 1 AEUV sind vorrangig die MSen. Die Einbeziehung Privater in den Pflichtenkreis der Kapitalverkehrsfreiheit ist umstritten. Es ist

davon auszugehen, dass auch „private Gewalten" oder Private mit Normgebungsbefugnis (oben Rz. 22/8) in den Anwendungsbereich der Kapitalverkehrsfreiheit einbezogen werden können. Eine beschränkte Bindung Privater ist insofern anzunehmen.

17 Praktische Bedeutung hat eine **Bindung Privater** etwa im Kontext der Satzungsgebung von privaten Kapitalgesellschaften, soweit diese in einer Weise wahrgenommen wird, die den grenzüberschreitenden Kapitalverkehr benachteiligt.

d) Rechtfertigung von Beschränkungen der Kapitalverkehrsfreiheit

18 Die Kapitalverkehrsfreiheit kann trotz des unmittelbaren Verbotes in Art. 63 Abs. 1 AEUV **nicht schrankenlos sein** (*Ohler*, WM 1996, 1801). **Ausdrückliche Schutzregelungen** enthält Art. 65 AEUV aus Gründen des Allgemeininteresses u. a. für nationale Ausnahmen aus Gründen **steuerrechtlicher Regelungen** und zur Respektierung der **innerstaatlichen Rechtsordnung und öffentlichen Sicherheit und Ordnung.** Diese Schranken unterliegen wie bei den anderen Grundfreiheiten selbst wieder Schranken-Schranken. So müssen staatliche Maßnahmen dem Verhältnismäßigkeitsgrundsatz genügen.

19 Art. 65 Abs. 1 lit. a AEUV besagt für **nationale Steuerregeln,** dass jene nach dem Wohnort und nach dem Ort der Kapitalanlage differenzieren dürfen. Diese ausdrückliche Erlaubnis hat jedoch nicht zur Folge, dass innerhalb der Kapitalverkehrsfreiheit ein erleichterter Standard für eine Rechtfertigung von diskriminierenden Steuerregeln gilt als im Rahmen der anderen Grundfreiheiten. Diskriminierende Steuern sind auch hier unzulässig, solange sie nicht sachlich gerechtfertigt sind. Dies schlussfolgert der EuGH unter anderem aus Art. 65 Abs. 3 AEUV, der den „Steuervorbehalt" des Art. 65 Abs. 1 lit. a AEUV selbst wieder einschränkt und bestimmt, dass willkürliche – sprich: sachlich nicht gerechtfertigte – Differenzierungen verboten sind (z. B. EuGHE 2000, I–4071, Rs. C-35/98, „Verkooijen").

20 Art. 65 Abs. 1 lit. b AEUV erlaubt, **unerlässliche Maßnahmen** zu treffen, um die Zuwiderhandlung gegen innerstaatliche Rechts- und Verwaltungsvorschriften zu verhindern (1. Var.), Meldeverfahren für den Kapitalverkehr zwecks administrativer und statistischer Informationen einzurichten (2. Var.) und solche Maßnahmen vorzunehmen, die aus Gründen der öffentlichen Ordnung und Sicherheit erforderlich sind (3. Var.). Typische Maßnahmen unter der 1. Var. sind etwa Auskunfts- und Einsichtsrechte in Geschäftsvorgänge, um z. B. Steuerhinterziehung zu verhindern. Var. 3 erfasst solche Maßnahmen, die beispielsweise auf die Sicherung der Energieversorgung im Ernstfall zielen. Zum Begriff der öffentlichen Ordnung und Sicherheit kann auf das zur Warenverkehrsfreiheit bereits Gesagte verwiesen werden (oben Rz. 22/37).

21 Art. 65 Abs. 2 AEUV enthält selbst keinen Rechtfertigungsgrund, sondern verweist vielmehr auf die Rechtfertigungsgründe im Abschnitt zur Niederlassungsfreiheit. Von großer praktischer Bedeutung ist die Verweisung vor dem Hintergrund einer zunehmend konvergierenden Interpretation der Grundfreiheiten und ihrer Rechtfertigungsgründe freilich nicht.

22 Neben ausdrücklich normierten Rechtfertigungsgründen gelten wie beim Warenverkehr („Cassis de Dijon-Doktrin", oben Rz. 22/42 ff.) und den anderen Grundfreiheiten **ungeschriebene** nationale Schranken. Die MSen können sie geltend machen, soweit sie **zwingenden Erfordernissen des Allgemeininteresses** entsprechen (z. B.

Bekämpfung der Geldwäsche, steuerliche Kohärenz und Anlegerschutz) und **unerlässlich** sind (EuGHE 1993, I-487, Rs. C-148/91 „Veronica"; EuGHE 2002, I-4731, Rs. C-367/98, KOM/Portugal [„Goldene Aktien"]). Mit Blick auf gesellschaftsrechtliche Sonderrechte des Staates kann zwar etwa die Sicherung der Energieversorgung in Krisenzeiten („Daseinsvorsorge") Sonderregeln rechtfertigen (dazu etwa EuGHE 2002, I-4809, Rs. C-503/99, „KOM/Belgien"); pauschale Genehmigungspflichten ohne klare Kriterien für ihre Erteilung aber genügen nicht (EuGHE 2003, I-4581, Rs. C-463/00, „KOM/Spanien"). Die Sonderregeln des VW-Gesetzes sah der EuGH als nicht durch Belange des (als solchen legitimen) Arbeitnehmerschutzes gerechtfertigt an (EuGHE 2007, I-8995, Rs. C-112/05, „KOM/Deutschland"). Entgegen einer recht häufig anzutreffenden Ansicht finden jene ungeschriebenen Rechtfertigungsgründe nicht nur auf unterschiedslose, sondern auch auf diskriminierende Regelungen Anwendung.

Besonderheiten gelten für die Rechtfertigung von Beschränkungen des Kapitalverkehrs mit Drittstaaten. Art. 64, 66 AEUV ermöglichen **Schutzregelungen.** Befristete (wirtschaftliche) Schutzmaßnahmen können getroffen werden, wenn Drittlands-Kapitalbewegungen das **Funktionieren der Wirtschafts- und Währungsunion** schwerwiegend stören. Außerdem sind Sofortmaßnahmen im Kapital- und Zahlungsverkehr als (politisches) **Instrument von Wirtschaftssanktionen** gegenüber Drittstaaten zulässig, welche die EU im Rahmen der GASP trifft (z. B. EG-Beteiligung an UN-Sanktionen gegenüber Haiti 1993/94; zur „GASP-Klausel" näher *Vaucher,* RTDE 1993, 39; siehe auch *Nettesheim,* CMLR 2007, 567). Gemäß Art. 64 Abs. 1 AEUV können bestimmte mitgliedstaatliche oder gemeinschaftliche Drittlandsbeschränkungen des Kapitalverkehrs, die bereits vor 1994 eingeführt wurden, bestehen bleiben oder – soweit sie nicht über die bestehenden Restriktionen hinausgehen – auch neu geregelt werden. Art. 64 Abs. 2 AEUV – die einzige Ermächtigungsgrundlage im Abschnitt zur Kapitalverkehrsfreiheit – ermöglicht es der EU, auf dem Gebiet des Drittstaatenverkehrs gesetzgeberisch tätig zu werden. 23

Insgesamt sind die verschiedenen Ausnahmen und Einschränkungen von der prinzipiellen Freiheit des Kapitalverkehrs **restriktiv und gemeinschaftsorientiert** gefasst. Der Binnenmarkt soll so wenig wie möglich berührt werden. 24

2. Gewährleistungspflichten

Bislang steht in der Rechtsprechung des EuGH die Liberalisierung ganz im Vordergrund. Eine Rechtsprechung zu Gewährleistungspflichten, wie sie sich bei anderen Grundfreiheiten inzwischen herausgebildet hat (siehe etwa zur Warenverkehrsfreiheit oben Rz. 22/53), existiert bislang nicht. Es ist jedenfalls gegenwärtig auch schwer vorstellbar, dass es zu Beeinträchtigungen des freien Kapitalflusses durch Private kommen kann, die eine unionsrechtliche Pflicht zum Eingreifen auslösen. 25

3. Freiheit des Zahlungsverkehrs

Der freie Zahlungsverkehr war als Voraussetzung für die Verwirklichung der anderen Grundfreiheiten (Waren- und Personenverkehr) schon vor 1994 weitgehend gewährleistet (oben Rz. 30/6). Nunmehr sind **alle Beschränkungen des Zahlungsverkehrs** zwischen den MSen und gegenüber dritten Ländern nach Art. 63 Abs. 2 AEUV **primärrechtlich verboten.** Die Zahlungsverkehrsfreiheit steht damit selbständig neben 26 der Kapitalverkehrsfreiheit. Sie gilt **unmittelbar** (so schon vor 1994: EuGHE 1984, 377, Rs. 286/82 und 26/83, „Luisi und Carbone").

27 Erfasst sind sowohl die Erfüllung geldlicher Verbindlichkeiten (**„Zahlungen"**) als auch die grenzüberschreitende Verbringung von Geld und anderen körperlichen Zahlungsmitteln (**„Transfer"**). Die Freiheit gilt für alle Überweisungsarten einschließlich des elektronischen Zahlungsverkehrs. Die **verbotenen Beschränkungen** sind ihrerseits wegen der Binnenmarktrelevanz weit zu verstehen.

Gewisse **Beschränkungsmöglichkeiten** des freien Zahlungsverkehrs sind unvermeidlich. Für Zahlungs- und Kapitalverkehr ermöglichen Art. 65, 75 AEUV zum Schutz des nationalen Steuerrechts und Ordre Public und aus außenpolitischen Gründen im Verhältnis zu Drittländern einschränkende Maßnahmen (oben Rz. 30/18 ff.). Hierzu zählt die **Bekämpfung der Geldwäsche** (RL 2001/97, ABl. L 344/76).

28 Grundsätzlich ist auch der **freie Zahlungsverkehr zwischen den MSen und dritten Ländern** genau so wie im Binnenmarkt gewährleistet (Art. 63 Abs. 2 AEUV). Damit wird der heutigen Internationalisierung der Geldmärkte Rechnung getragen.

III. Ausblick

29 Der **große Entwicklungssprung,** den die Bestimmungen über die Kapitalverkehrsfreiheit im Vertrag von Maastricht vollzogen haben, ist bislang noch längst nicht bewältigt. Politische Praxis und europäische Gerichtsbarkeit sind gegenwärtig erst dabei, die Tragweite der Bestimmungen zu ertasten und gegenüber den MSen zur Anwendung zu bringen. Insbesondere die Kommission hält sich bislang bei der Formulierung ihres Verständnisses zurück. Die potentielle Bedeutung der Bestimmung ist durch die jüngere Rechtsprechung des EuGH inzwischen überdeutlich hervorgetreten. Noch längst sind nicht alle mitgliedstaatlichen Maßnahmen, die das Potential haben, den freien Kapitalfluss in der EU zu behindern, an Art. 63 AEUV gemessen worden.

§ 31. Finanzmärkte

Literatur: *Assmann/Buck,* Europäisches Kapitalmarktrecht, EWS 1990, 110, 190, 221; *Horn,* Europäisches Finanzmarktrecht: Entwicklungsstand und rechtspolitische Aufgabe, 2004; *Padoa-Schioppa,* Regulating Finance, 2004; *Pitschas,* Regulierung der europäischen Kapitalmärkte durch die Gemeinschaft und ihre Mitgliedstaaten, FS R. Scholz zum 70. Geburtstag, 2007, 855; *Mayntz,* Die transnationale Ordnung globalisierter Finanzmärkte: Was lehrt uns die Krise?, MPIFG Working Paper, 2010/8; *Veil,* Aufsicht über die Kapitalmärkte in Europa: Regelungskonzepte und Grundlinien für die Entwicklung aufsichts- und zivilrechtlicher Instrumente, in: *Grundmann* (Hrsg.), Unternehmen, Markt und Verantwortung, 2. Aufl. 2010, 2641; *Assmann,* Bank- und Kapitalmarktrecht, in: *Gebauer* u. a. (Hrsg.), Zivilrecht unter europäischem Einfluss, 2. Aufl. 2010, 1051; *Kümpel/Wittig,* Bank- und Kapitalmarktrecht, 4. Aufl. 2011; *Herdegen,* Europäische Bankenunion, WM 2012, 1889; *Kämmerer,* Bahn frei für die Bankenunion?, NVwZ 2013, 830; *Gerber,* Bankenaufsicht ohne Verwaltungsverfahrensrecht, EuZW 2013, 298; *Waldhoff,* Einführung einer gemeinsamen Bankenaufsicht auf EU-Ebene, EWS 2013, 72.

1 Ein europäischer Finanzraum bedarf – über die Liberalisierungen des Kapital- und Zahlungsverkehrs hinaus – einer Fülle rechtsangleichender Maßnahmen. Ihr Ziel muss es sein, die Hindernisse rechtlicher und verwaltungsmäßiger Natur zu beseitigen, die sich der freien unternehmerischen Tätigkeit von Finanzakteuren im Binnenmarkt entgegenstellen. Dies setzt eine koordinierte Öffnung staatlicher Regelungs-

strukturen voraus. Vielfach wird sich das Ziel aber nur dadurch verwirklichen lassen, dass an die Stelle von 28 Institutionen und Regelungsstrukturen eine – auf unionaler Ebene verankerte – einheitliche Ordnungsstruktur tritt. Die Finanzkrise der letzten Jahre hat belegt, dass man in den ersten Jahren des neuen Jahrtausends zu sehr auf Liberalisierung – und zu wenig auf Durchsetzung eines Ordnungsanspruchs – gesetzt hat. Das politische Ziel, einen funktionierenden und zugleich stabilen Finanzmarkt zu wirklichen, lässt sich durch eine bloße Koordination mitgliedstaatlichen Nebeneinanders nicht notwendig realisieren.

Das Ziel der Verwirklichung eines integrierten europäischen Finanzmarktes wird 2
schon seit längerem verfolgt. Im Prozess des Bedeutungsgewinns der globalen Finanzmärkte hat es zusätzliches Gewicht erlangt. Auf der Grundlage eines *Financial Services Action Plan* (FSAP; KOM (1999) 232 endg.) wurden die Liberalisierung und Harmonisierung durch verschiedene Regelungen vorangetrieben (Richtlinie Finanzmarktinstrumente, Transparenzrichtlinie zu Informationspflichten von Wertpapieremittenten, Übernahmerichtlinie, Richtlinie über Märkte für Finanzdienstleistungen [MiFID]). Zugleich wurden die internationalen Rechnungslegungsstandards IFRS (bzw. IAS) für börsennotierte Unternehmen verbindlich gemacht. Ein einheitliches Zahlungssystem (SEPA) gab der Integration Rückhalt. Die **Integration** der einzelnen Teilmärkte ist unterschiedlich weit vorangeschritten; sie ist im Bereich der Geld- und Anleihemärkte vergleichsweise hoch. Demgegenüber werden Kredite und Produkte für Verbraucher weiterhin im Wesentlichen national angeboten. Inzwischen ist die Bedeutung der EU als Finanzmarktplatz ähnlich groß wie jene der USA. Der EU-Anteil in den einzelnen Marktbereichen beträgt zwischen 20% und 40%.

Bislang ist es nicht abschließend gelungen, die Kapital- und Zahlungsverkehrsfreiheit 3
zu einem zugleich freien und wohlgeordneten europäischen Binnen-Finanzraum auszubauen (zum gegenwärtigen Stand: Bericht der KOM vom 8.4.2011, SEC(2011) 489). Die sich schnell verändernden Marktbedingungen (es ändern sich nicht nur die Finanzprodukte, sondern auch das relative Gewicht der Akteure) erschweren die Aufgabe erheblich. Neue Akteure sind an die Seite der Banken und Versicherungen getreten. Neben den klassischen Handelsplätzen (Börsen) werfen neue und intransparente Räume, in denen teilweise große Umsätze getätigt werden, Regelungsfragen auf. Schließlich bedarf es auch einer angemessenen Verknüpfung von Chancen und Risiken („Too big to fail"-Problematik). Schwerpunkte fortdauernder Rechtsangleichung sind die Herstellung der Niederlassungs- und Dienstleistungsfreiheit für **Banken und Versicherungen** sowie die Angleichung des nationalen **Börsen- und Wertpapierrechts.** Im Zuge der Krise ganz in den Vordergrund gerückt ist die **Schaffung adäquater Aufsichtsmechanismen.** Die schon alten Forderungen nach Europäisierung der Aufsicht fanden in der Folge der Finanzkrise Gehör, allerdings zunächst nur unzureichend. Seit Anfang 2011 operieren die **European Supervisory Authorities (ESA),** die sich aus der Europäischen Bankenaufsichtsbehörde (EBA; VO 1093/2010, ABl. 2010 L 331/12), der Europäischen Aufsichtsbehörde für das Versicherungswesen und die betriebliche Altersversorgung (EIOPA; VO 1094/2010, ABl. 2010 L 331/48) und der Europäischen Wertpapierbehörde (ESMA; VO 1095/2010, ABl. 2010 L 331/84) zusammensetzt. Sie werden durch den Europäischen Rat für Systemrisiken (ESRB) ergänzt. Die Befugnisse der ESA gehen weit über diejenigen der zuvor koordinierend wirkenden Ausschüsse (CEBS, CESR, CEIOPS) hinaus. Jedenfalls im Bankensektor reichen die beschränkten Weisungsrechte gegenüber nationalen Aufsehern aber nicht

aus, um für Stabilität zu sorgen. Seit 2012 wird an der Schaffung einer genuin europäischen Aufsicht **(„europäische Bankenunion“)** gearbeitet (Rz 31/5).

I. Liberalisierungs- und Harmonisierungsmaßnahmen zur Herstellung des Europäischen Finanzraums

4 Es ist das Ziel der europäischen Organe, einen **vollintegrierten EU-Finanzmarkt** zu schaffen. Dies setzt nicht nur den Abbau von staatlichen Marktzugangsbeschränkungen voraus, sondern erfordert ein koordiniertes Handeln der Regulierungs-, Aufsichts- und Wettbewerbsbehörden. Freiheit und Wettbewerbsgleichheit im Zugang zu und der Betätigung in den Märkten müssen ebenso gewährleistet werden wie ein angemessenes Stabilitätsniveau. Aus der Sicht der Steuerzahler muss dem Versuch von Finanzakteuren, Kosten zu externalisieren, entgegen gewirkt werden („Privatisierung von Gewinnen, Sozialisierung von Verlusten“). Zum Schutz der Verbraucher müssen wettbewerbswidrige Praktiken unterbunden und ein angemessenes Schutzniveau sichergestellt werden. Das Bild jahrzehntelanger Brüsseler Bemühungen ist gemischt. Trotz mancher Erfolge und weitgehender Liberalisierung in manchen Marktsegmenten, existieren weiterhin viele Hemmnisse. Der vielfältig segmentierte **Markt für Finanzdienstleistungen** ist trotz Anstrengungen noch alles andere als vollendet. Insbesondere der Markt für **Privatkunden-Finanzdienstleistungen** ist weiterhin stark fragmentiert (KOM(2007) 226 endg.). Noch immer halten unterschiedliche Regelungen des Verbraucher- und Anlegerschutzes, unterschiedliche Informationspflichten und unterschiedliche Vertragsregelungen (Widerruf, Abschluss, Kündigung etc.) Verbraucher und (kleine) Unternehmen davon ab, die EU als einheitlichen Finanzmarkt zu betrachten.

II. Akteure und Finanzprodukte

5 Zu den Fundamenten des europäischen Finanzraumes gehören die **freie Niederlassung** und der **freie Dienstleistungsverkehr** der Banken und Versicherungen. Die hierzu notwendige Rechtsangleichung ist bereits vorangeschritten. Ein wichtiger Rechtsakt ist die **RL 2006/48** (ABl. L 177/1) über Aufnahme und Ausübung der Tätigkeit der Kreditinstitute (Neufassung) **(„Europäisches Kreditwesengesetz“).** Der besonders wichtige freie Dienstleistungsverkehr wird durch eine einheitliche Lizenz („Europapass“) erleichtert. Zur Gewährleistung stabiler Banken wurden die **Eigenkapitalvorschriften für Banken** harmonisiert (RL 2006/49). Der Stabilisierung dient auch die Richtlinie über Einlagensicherungen (RL 97/9). Die Aufsicht ist der jeweiligen Heimatbehörde überantwortet, die über die unionsweite Tätigkeit der ihr unterworfenen Institute wacht (Herkunftslandprinzip). Die Erfahrung (vor allem in Zypern) hat gezeigt, dass die MSen nicht die politische Kraft haben, die Aufsicht effektiv auszuüben und Institute ggf. auch zu schließen.

6 Die „Europäische Bankenunion“ wird die 18 MSen der Eurozone umfassen und den anderen offenstehen. Sie wird einen **gemeinschaftlichen Bankenaufsichtsmechanismus** *(Single Supervisory Mechanism, SSM)* enthalten, in dessen Zentrum die EZB steht; sie überwacht die systemisch wichtigen Banken. Die Bedenken, ob dies mit Art. 127 Abs. 6 AEUV vereinbar ist, bestehen fort. Daneben soll ein **Mechanismus zur Abwicklung von Banken** entstehen (Single Resolution Mechanism, SRM). Hier

besteht nicht nur Streit darüber, ob die EU die Kompetenz hat, sondern vor allem über die Verteilung der Abwicklungskosten. Teilweise wird auch eine **Europäisierung der Einlagensicherungssysteme** gefordert; dies stößt gerade in Deutschland auf heftigen Widerstand (*Kämmerer*, NVwZ 2013, 830 mwN.). Eine Stützung von Banken aus dem ESM wird erst nach Verwirklichung der „Bankenunion" möglich sein.

Die Schaffung eines gemeinsamen **europäischen Versicherungsmarktes** verzeichnet Fortschritte, bedarf aber erheblicher weiterer Anstrengungen. Faktisch besteht noch eine weitgehende Marktaufteilung. Seit den sechziger Jahren erfolgten eine Reihe begrenzter Liberalisierungsschritte in der **Rückversicherung** (RL 2005/68, ABl. L 323/1), in der **Direktversicherung** ausschließlich der Lebensversicherung, in der Lebensversicherung (RL 2002/83, ABl. L 345/1) und der Kfz-Haftpflichtversicherung. 1986 erleichterte die Rspr. des Gerichtshofes den Zugang zu den nationalen Versicherungsmärkten (EuGHE 1986, 273 – Rs. 270/83 u. a. m., *Schwintowski*, NJW 1987, 521). So ist eine Niederlassungspflicht für Unternehmen, die Dienstleistungen in einem anderen MS erbringen wollen, mit Art. 49 AEUV nicht vereinbar. In der Solvency-II-Richtlinie werden Eigenkapitalanforderungen für Versicherungsunternehmen definiert. Auch im Versicherungsbereich ist 2011 eine europäische Aufsichtsbehörde eingerichtet worden. 7

Erst jüngst sind andere Akteure (Hedge-Fonds und „private equity") in den Blick genommen worden (RL 2011/61, ABl. L 174/1; VO 231/2013, ABl. L 83/1). Angesichts des stürmischen Wachstums, das diese Akteure in den letzten Jahren aufgewiesen haben, erweist sich dies als unverzichtbar. Der Kampf gegen die Geldwäsche beschäftigt die EU schon seit langem (RL 2005/60). 8

III. Börsen- und Wertpapierrecht

Seit den siebziger Jahren ergingen im Börsen- und Wertpapierrecht verschiedene **Koordinierungs-Richtlinien** über die Art und Weise der Zulassung von Wertpapieren an Börsen und andere damit zusammenhängende Fragen (Insidergeschäfte). In den neunziger Jahren folgten verschiedene Rechtsakte über gemeinsame Anforderungen an **Wertpapierfirmen** und deren Dienstleistungsfreiheit sowie Maßnahmen zugunsten des **Anlegerschutzes.** Mit der **RL 2001/34** (ABl. L 184/1) über die börsenmäßige Wertpapierzulassung erging erstmals eine Art **„europäisches Börsengesetz"** (*Mülbert,* WM 2001, 2085). 2002 wurde eine RL über Finanzsicherheiten (RL 2002/47 [ABl. L 168/43]) und 2003 eine europäische Prospektrichtlinie (RL 2003/71 [ABl. L 345/64]) verabschiedet. 9

Mit dem Erlass der RL 2004/39 (ABl. L 145/1) über die Märkte für Finanzinstrumente (MIFID) und Wertpapierdienstleistungen gelang es, einen umfassenden Rechtsrahmen für den Handel mit Wertpapieren in Börsen und durch Wertpapierfirmen zu schaffen. Wertpapierfirmen können danach einen „einheitlichen Pass" erhalten, der es ihnen ermöglicht, EU-weit Dienstleistungen zu erbringen. In der VO 1606/2002 (ABl. L 243/1) werden die Finanzinformationen börsennotierter Gesellschaften durch Anwendung der internationalen Rechnungslegungsstandards vereinheitlicht, um die Transparenz und den Anlegerschutz zu verbessern. Der europäische Investmentmarkt entwickelt sich stürmisch; die Kommission sah schon vor längerem **Reformbedarf** (Weißbuch der Kommission vom 15.11.2006 für den Ausbau des 10

Binnenmarktrahmens für Investmentfonds [KOM(2006) 686 endg.]). In der Folge der Finanzkrise konnte eine Verordnung zur Regelung der Ratingagenturen (VO 1060/2009, ABl. L 302/4) erlassen werden, die 2013 verschärft wurde. Ebenfalls hat sich die EU der Regulierung bestimmter Handelspraktiken zugewandt (VO 36/2012, ABl. L 16/1 über Leerverkäufe und bestimmte Aspekte von Credit Default Swaps). Es stehen weiterhin Regelungen über die Arbeitsweise der **Derivatemärkte** aus; hier geht es vor allem um Transparenz.

IV. Rahmenbedingungen

11 Bei der **kapitalmarktbezogenen Steuerharmonisierung** sind die frühe Abschaffung der Wertpapiersteuer (RL 69/335, ABl. L 249/25; neugefasst in RL 2008/7, ABl. L 46/11) und der **„Zinsbesteuerungskompromiss"** von 2003 (RL 2003/48, ABl. L 157/38) hervorzuheben. Daneben bestehen noch eine Reihe weiterer kapitalmarktbezogener Rechtsvorschriften u. a. hinsichtlich eines gemeinsamen Steuersystems für Mutter- und Tochtergesellschaften verschiedener MSen (RL 90/435, ABl. L 225/98). In einem weiteren Sinne wirkt sich die allgemeine Steuerharmonisierung nach Art. 113 AEUV (unten Rz. 35/42) günstig auf die Kapitalverkehrsfreiheit aus.

12 Der grundsätzlich gesicherte freie Zahlungsverkehr kann seinerseits durch **Begleitmaßnahmen** in einem kundenfreundlichen Sinne verbessert werden. Die Kommission hatte seit längerem durch Mitteilungen und Empfehlungen die Kartenzahlungssysteme und den elektronischen Zahlungsverkehr im Interesse der Benutzer zu harmonisieren versucht. – Die Bargeldeinführung des Euro 2002 bot die Gelegenheit, mit der VO 2560/2001 (ABl. L 344/13; *Hoffmann,* EuZW 2002, 69) für grenzüberschreitende Euro-Zahlungen die **gleichen Gebühren** wie für Zahlungen innerhalb eines MSes vorzuschreiben (vgl. auch Rz. 32/13). Seitens der Banken erfolgte Kritik an diesem Eingriff in die freie Preisbildung. Die Maßnahme war jedoch geeignet, dem Kunden den europäischen Binnenmarkt „fühlbar" zu machen. Der einheitliche EURO-Zahlungsraum mit dem europäischen Überweisungsverfahren „SEPA Credit Transfer" und dem europäischen Lastschriftverfahren „SEPA Direct Debit" (VO 924/2009 und VO 260/2012) werden zu erheblichen Veränderungen für die Verbraucher führen.

13 Insgesamt haben die rechtsangleichenden Begleitmaßnahmen **wesentliche Deregulierungen und Modernisierungen** im Kapitalmarktrecht mit sich gebracht und auf diese Weise die Freiheit des Kapital- und Zahlungsverkehrs gefördert. Sie bedeuten wichtige Schritte auf dem Weg zum allmählichen Aufbau eines **europäischen Finanzraumes** als zentralen Bestandteil des Binnenmarktes. Die Finanzkrise hat allerdings deutlich gemacht, wie fragil die erzeugten Strukturen sind. Die Notwendigkeit, einen umfassenden „EU-Ordnungsrahmen für das Krisenmanagement im Finanzsektor" auszuarbeiten, ist inzwischen anerkannt. Dabei geht es um weitreichende Befugnisse zur Bewältigung von Bankenkrisen, aber auch um Sanierungs- und Finanzierungsmechanismen. Die Schaffung eines derartigen Rahmens würde einen wesentlichen Zentralisierungsschub bewirken; sie stößt damit auf kompetenzielle Probleme. Vor allem aber wird über die verteilungspolitische Dimension – wer trägt die damit verbundenen Lasten? – gestritten. Es erscheint unbillig, die Folgen der Fehlentwicklung in einem Bankensystem den Partnerstaaten zuweisen zu wollen.

V. Ausblick: Vollendung des Europäischen Finanzraums?

Die Neuregelung der heutigen Art. 63ff. AEUV durch den Maastricht-Vertrag 1992 hat das Tor zum **gemeinsamen europäischen Finanzraum** aufgestoßen. Seit den neunziger Jahren hat das Bemühen um rechtsangleichende Begleitmaßnahmen an Dynamik gewonnen. Die **Währungsunion** bedeutete seit 1999 einen wichtigen Schritt in diese Richtung; die Finanzkrise 2008ff. schuf die Basis für einen erneuten Integrationsschub. 14

Zahlreiche nationale Zersplitterungen verbieten es allerdings weiterhin, den europäischen Finanzraum als vollendet anzusehen. Die Hemmnisse wurden wiederholt in Studien der Europäischen Kommission diagnostiziert (zuletzt für die wichtigste Sparte im europäischen Bankwesen, dem Geschäft mit Verbrauchern und kleinen und mittleren Unternehmen). Der Europäische Rat hat in Lissabon 2000 und Barcelona 2003 den Binnenmarkt für Finanzdienstleistungen angemahnt. Die Osterweiterung stellt seit 2004 eine zusätzliche Herausforderung auf diesem Wege dar. 15

Fortbestehende Hindernisse liegen u. a. in Diskriminierungen des nationalen Steuer- und Sozialversicherungsrechts (insbesondere bei „Steueroasen" und in der Altersvorsorge), Zersplitterungen des Aktienhandels, abgeschotteten Versicherungsmärkten, in fortbestehenden nationalen Währungen (Dänemark, Großbritannien, Schweden, mittelosteuropäische Staaten), nationalen Besonderheiten im Konsumentenschutz und in der Banken- und Versicherungsaufsicht, veralteten Definitionen von Finanzdienstleistungen sowie in nationalen Wettbewerbsprivilegien. Von besonderer Bedeutung ist ein **EU-Übernahmerecht,** welches europäische Unternehmensfusionen für den globalisierten Wettbewerb erleichtert. 16

Ein den USA vergleichbarer Finanzbinnenmarkt verlangt ferner nach wesentlichen Verbesserungen der innerhalb der EU vielerorts mangelhaften **„Corporate Governance"** (Realitätsnahe europäische Bilanz- und Buchhaltungsstandards (IAS) unter Reform des Wirtschafts- und Rechnungsprüferberufes, Einhaltung gemeinsamer Standards der „Unternehmensethik" u. a. m.). Die Vollendung eines perfekten europäischen Finanzraumes nach dem Vorbild der USA bedarf noch großer Anstrengungen. Immerhin wurde der übrige Binnenmarkt mit der Liberalisierung des Kapital- und Zahlungsverkehrs in den neunziger Jahren abgesichert. 17

9. Teil. Rechtsangleichung und Koordination

§ 32. Grundfragen der Rechtsangleichung

Literatur: Größere Zusammenstellungen bei *Classen,* in: v.d.Groeben/Schwarze/Hatje, EU-/AEU-Vertrag, bei Art. 114 (2014); *Tietje,* in: Grabitz/Hilf/Nettesheim (Hrsg.), Das Recht der Europäischen Union, bei Art. 114 AEUV (2011).

Everling, Rechtsvereinheitlichung durch Rechtsprechung, ZEuP 1997, 796; *Kreuzer/Scheuing/Sieber* (Hrsg.), Die Europäisierung der mitgliedstaatlichen Rechtsordnungen in der EU, 1997; *Snyder* (Hrsg.), The Europeanisation of Law, 2000; *Weßler,* Wettbewerb der Rechtsordnungen oder Europäisierung?, ZRVgl. 2000, 1; *M. Wagner,* Das Konzept der Mindestharmonisierung, 2001; *Ranieri* (Hrsg.), Die Europäisierung der Rechtswissenschaft, 2002; *Zypries,* Rechtspolitik in der EU – Rückblick und Ausblick, RuP 2004, 3; *Bellamo,* Europäische Rechtseinheit – Grundlagen und System des Ius Commune, 2005; *Schwartz,* Rechtsangleichung und Rechtswettbewerb im Binnenmarkt – zum europäischen Modell, EuR 2007, 194; *Töller,* Mythen und Methoden. Untersuchungen zur Messung der Europäisierung der Gesetzgebung des Deutschen Bundestages jenseits des 80%-Mythos, ZParl 2008, 3; *v. Danwitz,* Rechtsetzung und Rechtsangleichung, in: Dauses (Hrsg.) HB EU-WirtschR B II (2010); *Remien,* Rechtsangleichung im Binnenmarkt, in: Schulze/Zuleeg/Kadelbach (Hrsg.), Europarecht, 2. Aufl. 2010, § 14; *Andenas/Baasch Andersen* (Hrsg.), Theory and Practice of Harmonization, 2011; *Mangold,* Gemeinschaftsrecht und deutsches Recht, 2011.

I. Funktion und Entwicklung der Rechtsangleichung in der EU

1. Bedeutung und Probleme der EU-Rechtsangleichung

1 „Rechtsangleichung“ wird in den EU-Verträgen an zahlreichen Stellen erwähnt, öfters gleichsinnig auch als „Harmonisierung“, „Koordinierung“ oder „Vereinheitlichung“ nationaler Rechtsvorschriften. Da sich – angesichts des rechtsstaatlichen Charakters der Union zwingend – gemeinsame Politik vielfach in gemeinsamem Recht niederschlagen muss, kommt der Rechtsangleichung in der Union eine zentrale Rolle zu. Zugleich zeigt die Nichterwähnung der Rechtsangleichung im Zielkatalog des Art. 3 EUV, dass sie keinen Selbstzweck beinhaltet, sondern eine **dienende und integrationsbezogene Funktion** gegenüber den materiellen Vertragszielen aufweist (*Everling,* FS Steindorff, 1990, 1155). Sie soll insbesondere eine verbesserte Ausübung der Grundfreiheiten des **Binnenmarktes** ermöglichen und Wettbewerbsverzerrungen durch Beseitigung legislativer Disparitäten vermeiden (Art. 114ff. AEUV, Rz. 8ff.; vgl. dazu schon EuGHE 1966, 457, Rs. 32/65 „Italien/KOM“). Daneben kommt ihr im Rahmen der Herstellung und Sicherung der Freizügigkeit der Unionsbürger und dem damit verbundenen Aufbau des **„Raumes der Freiheit, der Sicherheit und des Rechts“** (Art. 67ff. AEUV, Rz. 20ff.) eine steigende Bedeutung zu. Schließlich spielt die Rechtsangleichung für die sonstigen **gemeinsamen Politiken** (Agrar-, Verkehrs-, Umweltpolitik usf.) eine bedeutsame Rolle und findet insoweit in den entsprechenden bereichsspezifischen Kompetenzen ihre Grundlage (Überblick bei Rz. 29). Ergänzend tritt Art. 352 AEUV hinzu (Rz. 31). Letztlich kann eine Rechtsangleichung im Rahmen aller Unionsziele erfolgen, soweit die Union nicht nach Art. 6 AEUV auf die Unterstützung, Koordination oder Ergänzung nationaler Maßnahmen beschränkt ist (Art. 2 Abs. 5 UAbs. 2). Die Abgrenzung der verschiedenen Kompetenztitel wirft nicht immer ganz einfach zu beantwortende Fragen auf (Rz. 11/5).

Im **EAG-Vertrag** hat die Rechtsangleichung keine wesentliche Bedeutung. Nach dem Kernkraftunfall von Tschernobyl 1986 ist die Grundnormkompetenz der Art. 30ff. EAGV für die Harmonisierung zulässiger

Strahlenwerte eingesetzt worden (EuGHE 1991, I-4529, Rs. C-70/88 „Parlament/Rat"; *Grünewald,* EuR 1986, 3151).

Die EU-Rechtsangleichung findet Parallelen in **internationaler und globaler Rechtsvereinheitlichung** im Rahmen des Europarates (Rz. 2/6), der Haager IPR-Konferenz, dem UN-Ausschuss für Internationales Handelsrecht (UNCITRAL) oder der Internationalen Arbeitsorganisation (ILO).

Mit der Entwicklung der europäischen Integration hat die Rechtsangleichung eine immer **größere Bedeutung** erlangt. Das **weite Verständnis der Grundfreiheiten** in der Rechtsprechung des EuGH etwa hat immer mehr nationale Vorschriften als unzulässige Beschränkungen für deren Ausübung erscheinen lassen (Rz. 22/3). Damit die Integration nicht auf diesen „negativen" Aspekt beschränkt bleibt, sondern positiv bestimmte Standards etwa beim Gesundheits-, Umwelt- oder Verbraucherschutz gewährleisten, ist eine Rechtsangleichung ebenso notwendig wie zur Vermeidung einer „Inländerdiskriminierung" (Rz. 22/13). Dieser Harmonisierungsdruck betrifft – wie etwa mit dem Gesundheitsschutz – auch solche Bereiche, bei denen die EU unmittelbar gar keine Regelungszuständigkeit besitzt, deren Normierung auf nationaler Ebene aber ggf. für den grenzüberschreitenden Wirtschaftsverkehr Handelsschranken bewirkt und so die Voraussetzungen für eine Angleichungskompetenz auf europäischer Ebene begründet. Die Auseinandersetzungen um ein Tabakwerbeverbot (vgl. Rz. 33/65) bildeten insoweit ein anschauliches Beispiel. Da es sich bei der Rechtsangleichung um eine komplexe Materie handelt, erarbeitet die KOM ihre Vorschläge regelmäßig auf der Grundlage **rechtsvergleichender Vorarbeiten** mit Sachverständigen aus den MSen und unter Anhörung der betroffenen Interessenverbände. Dennoch hat die **Sorge** um die **nationalen Rechtsordnungen und -traditionen** Kritik an manchen weitgehenden Harmonisierungsprojekten hervorgerufen. 2

Durch die Erweiterung der Union von ursprünglich 6 auf 28 MSen – mit der Perspektive weiterer Beitritte – ist es immer schwieriger geworden, bei Harmonisierungsmaßnahmen den gemeinsamen Nenner der nationalen Rechtsordnungen zu finden. Man kann im Groben **vier Rechtskreise** unterscheiden: **den deutschen Raum,** den **romanischen Raum,** das **Common Law** und das **skandinavische Recht.** Uneinheitlich sind die **mittel- und osteuropäischen Traditionen.** Die Unterschiede reichen in die **Tiefen des Rechts- und Verwaltungsdenkens** (z. B. kontinentale Systematik und Abstraktion gegenüber „insularem" pragmatisch-konkretem Rechtsdenken, demokratisch legitimierter Voluntarismus gegen richterrechtliche Tradition, geschriebenes gegenüber ungeschriebenem Recht u. a. m.). Zugleich wird aber auch für die EU-Rechtsangleichung die Vision **gemeineuropäischen Rechtsdenkens** im Sinne einer Re-Europäisierung der verschiedenen Rechtskreise beschworen („Von Bologna bis Brüssel"). Neben die Setzung des **Jus Communitatis** der EU tritt zudem zum Teil die freiwillige Angleichung in Gestalt eines gemeineuropäischen **Jus Commune** (*Grundmann,* FS Fikentscher, 1998, 671). Dies zeigt sich nicht zuletzt bei europäischen Nachbarstaaten, die wie etwa die Schweiz zunehmend europäische Harmonisierungsakte „autonom nachvollziehen". 3

Das auch für die Rechtsangleichung geltende vertragliche Prinzip der **begrenzten Einzelermächtigung** hat zum Teil dazu geführt, dass Rechtsangleichungsakte recht kleinteilig bestimmte Probleme aufgegriffen haben, ohne dass der Gesamtzusammenhang des betreffenden Sachproblems hinreichend mitbedacht wurde bzw. werden konnte. Dies wirft Probleme bei der Einpassung von Harmonisierungsvorgaben in das nationale Recht auf. Außerdem bestehen ergänzend zu allen bereichsspezifischen Regelungen – einem Vertragstyp, einem Straftatbestand oder einem Gebiet des besonderen Verwaltungsrechts – auf nationaler Ebene allgemeine Bestimmungen. Diese betreffen etwa die Frage, wann Verträge zustande kommen, wer an einer Straftat beteiligt ist, lässt sich eine Genehmigung aufheben. Solche Regelungen lassen sich nur mit Schwie- 4 rigkeiten und dann nur mit bereichsspezifischer Wirkung harmonisieren. Weiterhin treffen Rechtsangleichungsmaßnahmen der EU immer wieder auf geschlossene nationale Kodifikationen oder zumindest Systeme, in denen sie sich schon aus kompetenzrechtlichen Gründen unvermeidlich nur störend auswirken können (Rz. 33/5 und 36/1 f.). Zum Teil fehlt es aber auch an einer **hinreichenden Abstimmung verschiedener Einzelrichtlinien** (etwa im Bereich des Verbraucherschutzes, Rz. 36/12). So dürfte eine wichtige Aufgabe der nächsten Jahre darin liegen, im Lichte des nunmehr ausdrücklich in Art. 7 AEUV verankerten Gebotes der **Kohärenz** der verschiedenen EU-Aktivitäten den vorhandenen Rechtsbestand zu **konsolidieren.**

2. Entwicklung der europäischen Rechtsangleichung

5 Insgesamt ist die Aufgabe der Rechtsangleichung immer **wichtiger** und **vielgestaltiger,** aber auch **schwieriger** geworden. Die von der KOM und Rat 1985–1992 betriebene **Vollendung des Binnenmarktes** war ein großer Rechtsangleichungsprozess. Hierzu trug wesentlich die mit der EEA 1986 neben der seit 1958 bestehenden allgemeinen Kompetenz des heutigen Art. 115 AEUV eingeführte **erleichterte Binnenmarkt-Rechtsangleichung** des heutigen Art. 114 AEUV (Rz. 8 ff.) bei. Durch den Erlass von ca. 300 Rechtsakten wurden die materiellen und technischen Schranken für den freien Waren-, Personen-, Dienstleistungs- und Kapitalverkehr in wichtigen Bereichen abgebaut. Dieser Prozess ist nicht abgeschlossen. Mit den Verträgen von Maastricht und Amsterdam 1992/1997 wurde der „dritte Pfeiler" der EU als **„Raum der Freiheit, der Sicherheit und des Rechts"** geschaffen und ausgebaut. Der Vertrag von Lissabon unterstellt diesen Komplex nunmehr im Wesentlichen den allgemeinen unionsrechtlichen Strukturen (unten Rz. 20 ff.). Einzelheiten der Rechtsangleichung werden im Kontext der jeweiligen Sachmaterien behandelt.

6 Im Zuge des Aufbaues des Binnenmarktes seit den achtziger Jahren sind die schon angedeuteten **Grenzen der Harmonisierung nationalen Rechts durch Rechtsangleichung** mehr und mehr sichtbar geworden. Nachdem der Gerichtshof durch seine **„Cassis-Rechtsprechung"** (Rz. 22/31) die (allerdings durch die Schranken der Grundfreiheiten begrenzte) **gegenseitige Anerkennung** nationaler Produktstandards als eine **Alternative zur Harmonisierung** eröffnet hatte, schob sich die Herstellung eines **Zustandes zueinander geöffneter, aber weiterhin national regulierter Märkte** in vielen Fällen in den Vordergrund. Von wirtschaftswissenschaftlicher Seite wird ein solcher **„Wettbewerb der Systeme"** öfters als das überlegene Modell im Vergleich zur europaweiten Harmonisierung empfohlen. Die Europäische KOM bevorzugt seit 1985 vielfach einen **kumulativen Ansatz („Neue Strategie").** Danach wird die harmonisierende Rechtsangleichung auf die allgemeinen Fragen beschränkt, die einer Problemkategorie gemeinsam sind („Horizontale Harmonisierung"); ggf. werden zusätzlich bestimmte Mindeststandards gesetzt. Im Übrigen soll das **Prinzip gegenseitiger Anerkennung** („Vertrauensprinzip") die Verkehrsfähigkeit von Produkten und Dienstleistungen sowie die Freizügigkeit von Personen sicherstellen (näher *Wagner,* Das Konzept der Mindestharmonisierung, 2001). Auch im Bereich der justiziellen Zusammenarbeit ist die aus Integrationsgründen gewünschte Sicherung gegenseitiger Anerkennung etwa von gerichtlichen Entscheidungen nicht zwingend mit einer (vollen) Harmonisierung der entsprechenden Verfahrensregeln verbunden (Rz. 36/37, 37/7). Ähnlich reicht etwa im Sozialrecht die sachgerechte Koordination entsprechender nationaler Vorschriften zur Sicherung grenzüberschreitender Personenfreizügigkeit aus (Rz. 27/71 ff.). Diese vorsichtige Strategie, wie sie etwa im Zusammenhang mit der Regelung über die Anerkennung der Hochschuldiplome eingeschlagen wurde (Rz. 25/26), entspricht dem **Subsidiaritätsprinzip** des Art. 5 EUV. Dieses ist bei der Rechtsangleichung anwendbar, da diese fast immer in Bereichen geteilter Zuständigkeit (Art. 4 AEUV) stattfindet.

Da das gegenseitige **Vertrauen Grenzen** kennt, wird es im Bereich des Verwaltungsvollzuges zumeist durch administrative Begleitmaßnahmen im Rahmen der europäischen Verwaltungskooperation ergänzt (vgl. auch Rz. 13). Bei der justiziellen Zusammenarbeit, wo solche Maßnahmen aus prozessrechtlichen Gründen schwieriger zu verwirklichen und praktisch selten vorgesehen sind, setzt die Sicherung des Grundrechtsschutzes automatischen Anerkennungen Grenzen (EGMR, EuGRZ 2011, 243 zum Asylrecht (Rz. 33/71) sowie Urteil 41615/07 vom 6.7.2010 „Neulinger" zum Familienrecht (Rz. 36/42). In etlichen Rechtsakten sind zudem „ordre-public"-Vorbehalte enthalten (Rz. 36/40); in strafrechtlichen Anerkennungsregeln fast durchweg grundrechtliche Vorbehalte (Rz. 37/8). Besondere Probleme entstehen, soweit der Anerkennungsakt nicht einmal minimale inhaltliche Standards aufstellt, weil dann auch der Anwendungsbereich der Unionsgrundrechte gemäß Art. 51 GRC nicht eröffnet ist (dazu etwa *Britz,* Grundrechtsschutz in der justiziellen Zusammenarbeit, JZ 2013, 105). In jedem Fall aber gilt der – sich weitgehend mit der GRC deckende (Rz. 17/23) – Grundrechtsschutz der EMRK (zu dessen Rolle bei der Begründung des gegenseitigen Vertrauens (EuGH, Urteil vom 30.5.2013, Rs. C-168/13 PPU „F.").

Hinsichtlich des **Ausmaßes** der Harmonisierung ist es zu einer gewissen **Mythenbildung** gekommen. 7
Eine vage Prognose des früheren Kommissionspräsidenten Delors aus dem Jahre 1988, dass in (wenigen) Bereichen 10 Jahre später 80 % der nationalen Rechtsetzung europäischen Ursprungs sein könnten, wurde bald für eine Beschreibung des status quo gehalten (vgl. BVerfGE 89, 155). Eine sorgfältige jüngere Untersuchung des Gesetzgebung des **Deutschen Bundestages** (*Töller,* ZParl 2008, 3) weist demgegenüber für fast alle Rechtsgebiete Werte von **deutlich unter 50 %** für die aktuelle Gesetzgebung aus; die zitierte Größenordnung wird nur in den Bereichen Landwirtschaft und Umwelt erreicht. Auf **Landesebene** dürfte der Prozentsatz deutlich **niedriger** sein, ebenso, wenn man nicht allein die neue Gesetzgebung, sondern das aktuell geltende Recht insgesamt betrachtet – von qualitativen Gesichtspunkten ganz zu schweigen, betrifft doch die Rechtsangleichung vielfach ausgesprochen technische Aspekte.

II. Rechtsangleichung im Binnenmarkt (Art. 114ff. AEUV)

Literatur: *Gundel,* Die Neuordnung der Rechtsangleichung durch den Vertrag von Amsterdam, JuS 1999, 1171; *Schwab,* Der Dialog zwischen dem EuGH und nationalen Exegeten bei der Auslegung von Gemeinschaftsrecht und angeglichenem Recht, ZGR 2000, 446; *Pellissetti,* Angleichen und Abweichen von Rechtsvorschriften in der EG, 2001; *Klindt,* Der „new approach" im Produktrecht des Europäischen Binnenmarktes, EuZW 2002, 133; *Möstl,* Grenzen der Rechtsangleichung im europäischen Binnenmarkt, EuR 2002, 318; *Hatje* (Hrsg.), Das Binnenmarktrecht als Daueraufgabe, 2002; *Selmayr/Kamann/Ahlers,* Die Binnenmarktkompetenz der EG, EWS 2003, 49; *Hillgruber,* Die Verwirklichung des Binnenmarktes durch Rechtsangleichung – Gemeinschaftsziel und -kompetenz ohne Grenzen?, GS Blomeyer, 2004, 597; *Ludwigs,* Rechtsangleichung nach Art. 94, 95 EG-Vertrag, 2004; *Seidel,* Präventive Rechtsangleichung im Bereich des Gemeinsamen Marktes, EuR 2006, 26; *Richter,* „Nationale Alleingänge" – Förderung hoher Regelungsstandards oder Behinderung eines einheitlichen Binnenmarktes, 2007; *Roth,* Rechtsetzungskompetenzen für das Privatrecht in der Europäischen Union, EWS 2008, 401.

1. Die zentrale Rechtsangleichungsnorm des Art. 114 AEUV

a) Voraussetzungen der Rechtsangleichung

Die „klassische", seit 1958 bestehende Rechtsangleichungsbefugnis war der heutige Art. 115 AEUV. Mit 8
der EEA wurde 1987 als **Spezialbestimmung** zu dieser Norm der heutige Art. 114 AEUV geschaffen. Die erstgenannte Norm bezog sich auf den Gemeinsamen Markt, die zweitgenannte auf den Binnenmarkt. In der Praxis hat letztere dann die deutlich größere Bedeutung entfaltet, da allein sie eine Mehrheitsentscheidung vorsieht. Der Vertrag von Lissabon hat nun diese – im Kern unverändert bleibende – Norm auch offiziell zur **„Grundnorm"** der Rechtsangleichung gemacht.

aa) Regelungsziel: Errichtung und Funktionieren des Binnenmarktes

9 Rechtsakte nach Art. 114 AEUV müssen für die Verwirklichung des in Art. 26 AEUV definierten Zieles, also zunächst für die Errichtung und dann für die Sicherung des Funktionierens des **Binnenmarktes,** erforderlich sein (dazu EuGHE 2000, I-8419, Rs. C-376/98 „Deutschland/Rat (Tabakwerbung I)"). Hierzu gehören zunächst Rechtsakte, die sich auf die Verwirklichung der **Grundfreiheiten** beziehen, also entsprechende Hindernisse beseitigen. Alles, was sich als deren Beschränkung erweist oder sonst zur Erleichterung von Inanspruchnahme beiträgt, unterliegt der Angleichung; zu diesem Zweck können in Grenzen auch Verbote vorgesehen werden (vgl. auch nachf. Rz.). Eine Angleichung bei Maßnahmen, die den grenzüberschreitenden Handel nicht besonders betreffen wie bei „Verkaufsmodalitäten" im Sinne der „Keck"-Rechtsprechung zu Art. 34 AEUV (Rz. 22/32) fällt allerdings im Regelfall nicht unter Art. 114 AEUV. Nicht anwendbar ist die Kompetenz auch, wenn bestimmte Produkte völlig verboten bzw. vom Markt verdrängt werden sollen (dazu EuGHE 2000, I-8419, Rs. C-376/98 „Deutschland/Rat (Tabakwerbung I)").

Zudem beschränkt sich Art. 114 AEUV nicht auf diesen Bereich. Zu einem funktionierenden Binnenmarkt gehört nämlich, wie die Entstehungsgeschichte belegt, der EuGH später überzeugend entschieden hat und sich nunmehr sogar, wenn auch vor anderem Hintergrund, ausdrücklich in einem Zusatzprotokoll verankert findet (Rz. 20/1), darüber hinaus auch die Gewährleistung **fairer Wettbewerbsbedingungen** auf europäischer Ebene (siehe etwa EuGHE 2010, I- 4999, Rs. C-58/08 „Vodafone u. a." zur Fixierung der Roaming-Gebühren; dazu Rz. 21/53). Allerdings müssen die durch das nationale Recht bedingten Wettbewerbsbeeinträchtigungen **„spürbaren"** Charakter aufweisen. Dementsprechend werden nicht nur Regelungen zur Angleichung von produktbezogenen Regelungen, sondern ggf. auch die Harmonisierung von Produktionsbedingungen von Art. 114 AEUV erfasst (EuGHE 1991, I-2867, Rs. C-300/89 „Titandioxyd").

Schließlich reicht es aus, wenn Mitgliedstaaten den Erlass von den Binnenmarkt beeinträchtigenden Vorschriften planen und damit **Störungen drohen;** sie müssen nicht schon eingetreten sein (EuGHE 2006, I-11573, Rs. C-380/03 „Deutschland/Parlament und Rat – Tabakwerbung II").

10 Das weite Verständnis des EuGH von „Beschränkungen" der Grundfreiheiten (Rz. 22/3) sowie der nicht näher eingegrenzte Bezug der Kompetenz zum Binnenmarkt bedeuten, dass es nur auf die **Wirkung,** nicht auf den Inhalt der **nationalen Vorschriften** ankommt. Eine binnenmarktbehindernde Wirkung kann aber in nahezu allen Lebensbereichen eintreten, und soweit das der Fall ist, vermittelt Art. 114 AEUV der Union einen Zugriff, auch wenn die zu harmonisierende Frage als solche nicht der Kompetenz der Union unterliegt. Dabei darf die Union insoweit auch durchaus **eigene Gestaltungsbefugnisse** ausüben (*Möstl,* EuR 2002, 318). Art. 114 Abs. 3 AEUV **verpflichtet** sie sogar, in diesem Sinne in den Bereichen **Gesundheit, Sicherheit, Umwelt** und **Verbraucher** ein hohes Schutzniveau zu sichern. Deswegen durfte die Tabakwerbung in Werbemedien, die im Binnenmarkt handelbar sind, ebenso harmonisiert werden (RL 2003/33, ABl. L 152/16); dazu EuGHE 2006, I-11573, Rs. C-380/03 „Deutschland/Parlament und Rat – Tabakwerbung II) wie die Fristen der für die Unternehmen mit erheblichen Kosten verbundenen Vorratsdatenspeicherung (RL

2006/24, ABl. L 105/54), während die Nutzung der Daten nicht geregelt wurde (und auch nicht hätte geregelt werden dürfen; EuGHE 2009, I-593, Rs. C-301/06 „Irland/Parlament und Rat"; zum materiellen Recht noch Rz. 33/80).

Nach Auffassung des EuGH muss der Anwendungsbereich der Harmonisierungsakte nicht so gestaltet werden, dass der Gemeinsame Markt in jedem Einzelfall beeinträchtigt wäre (EuGHE 2003, I-4989, verb. Rs. C-465/00 „ORF" mit Kritik bei *Classen,* CMLRev 2004, 1377). Zudem dürfen mit der Harmonisierung– weil unvermeidlich – im Einzelfall auch für einzelne Unternehmen restriktive Maßnahmen verbunden sein; nur insgesamt müssen die Handelsmöglichkeiten verbessert werden. Werden sie dagegen – wenn auch ggf. aus sachlichen Gründen wie dem Gesundheitsschutz – verschlechtert, ist die Kompetenz nicht einschlägig (EuGHE 2000, I-8419, Rs. C-376/98 „Deutschland/EP und Rat – Tabakwerbung I"; vgl. auch Rz. 33/65). Insgesamt eröffnet Art. 114 AEUV einen flexiblen, gerichtlich nur begrenzt überprüfbaren **Ermessensspielraum** für Rechtsangleichung.

Ausgenommen von Art. 114 AEUV sind nach dessen Abs. 2 die Bereiche **Steuern, Freizügigkeit** sowie Rechte und Interessen der **Arbeitnehmer;** wie die in Abs. 4 und 5 enthaltenen Ausnahmebestimmungen zugunsten der Arbeitsumwelt deutlich machen, wird der Bereich des Arbeitsschutzes aber von Art. 114 AEUV erfasst. Stattdessen kommen für die indirekten Steuern Art. 113 AEUV (Rz. 35/42) zur Anwendung, für die Freizügigkeit je nach Sachzusammenhang Art. 21 Abs. 2 und 3, Art. 46, Art. 48 und Art. 77 AEUV sowie für die Arbeitnehmerbelange Art. 153 AEUV und im Übrigen, also insbesondere für die direkten Steuern, Art. 115 AEUV (Rz. 17, 35/56). Etliche dieser Bestimmungen sehen einstimmige Entscheidungen im Rat vor oder enthalten sonstige Restriktionen. Im Übrigen kommt Art. 114 AEUV auch nicht zur Anwendung, wenn anderweitige Spezialbestimmungen bestehen, wie sie insbesondere etwa in den Kapiteln zur Niederlassungs- und zur Dienstleistungsfreiheit (Art. 50, 53, ggf. i. V. m. Art. 62, sowie Art. 59 AEUV) enthalten sind. 11

bb) Regelungsgegenstand: Maßnahmen zur Angleichung der Rechts- und Verwaltungsvorschriften

Inhaltlich kann sich die Rechtsangleichung auf alle **nationalen Rechts- und Verwaltungsvorschriften** beziehen (Gesetze, VOen, Gewohnheitsrecht, interne Verwaltungsvorschriften und Verwaltungspraktiken, Kollektivverträge sowie ständige Rechtsprechung). Durch die Rechtsakte nach Art. 114 AEUV sollen die **nationalen Normen** unter Beibehaltung ihres nationalen Charakters **aneinander angeglichen** werden, damit so die für den Binnenmarkt schädlichen **Unterschiede beseitigt** werden. 12

Nicht anwendbar ist Art. 114 AEUV daher, wenn europäisches Recht neben das unverändert anwendbare, also nicht harmonisierte nationale Recht treten soll und für die Betroffenen damit eine Rechtswahl besteht (EuGH, Slg. 2006, I-3733, Rs. C-436/03 „Parlament/KOM und Rat", zur VO 1435/2003 über das Statut der Europäischen Genossenschaft). Von einem strikten Verständnis von „Rechtsangleichung" wird auch die Setzung von Einheitsrecht nicht erfasst, so dass der an sich vorgesehene Rückgriff auf Verordnungen weitgehend ausscheidet. Die Praxis zeigt sich jedoch insoweit großzügig. 13

Im Einzelfall kann eine Rechtsangleichung auch zulässig sein, wenn nicht Divergenzen zwischen den nationalen Rechtsordnungen, sondern nationale Regeln aus **anderen Gründen** das **Funktionieren des Wettbewerbs im Binnenmarktes** beeinträchtigen, etwa wenn für Auslandsüberweisungen höhere Gebühren verlangt werden als für Inlandsüberweisungen; hier durfte die Höhe der Inlandsgebühren als Obergrenze festgeschrieben werden (VO 2560/2001, ABl. L 344/13).

Soweit zur Sicherung der Effektivität von Harmonisierungsmaßnahmen **administrative Begleitmaßnahmen** erforderlich sind (Rz. 6), können auch diese auf Art. 114 AEUV gestützt werden (EuGH, Slg. 2006, I-3771, Rs. C-217/04 „Vereinigtes Königreich/Parlament und Rat"). Soweit in diesem Kontext der Kommission Befugnisse übertragen werden sollen, enthält allerdings mittlerweile Art. 291 AEUV eine ausdrückliche Kompetenz, so dass der Rückgriff auf Art. 114 AEUV nicht mehr erforderlich ist. Bereichsbezogene Ausnahmen, die an das gewählte Regelungsinstrument anknüpfen, etwa zugunsten des Verfahrensrechts, sind dagegen hier wie auch generell nicht anzuerkennen.

cc) Konkurrierende Zuständigkeit

14 Art. 114 AEUV begründet keine ausschließliche, sondern eine **konkurrierende Zuständigkeit** (Art. 4 Abs. 2 lit. a AEUV). Zwar kann die Rechtsangleichung als solche nur von den europäischen Organen vorgenommen werden; die Befugnis zur Regelung der jeweiligen Sachmaterien aber liegt konkurrierend bei den Mitgliedstaaten. Die EU muss daher die Prinzipien der Verhältnismäßigkeit und Subsidiarität beachten (Art. 5 EUV; EuGHE 2001, I-7079, Rs. C-377/98 „Niederlande/Parlament und Rat“). Neben dem bereits zum Tatbestand von Art. 114 AEUV gehörenden Merkmal der Erforderlichkeit (Rz. 9) kommt diesen Prinzipien allerdings rechtspraktisch keine Bedeutung zu. Zudem lässt sich der entsprechende Beurteilungsspielraum der politischen Organe rechtlich kaum kontrollieren (EuGHE 2010, I-4999, Rs.C-58/08 „Vodafone u. a.“).

b) Rechtsfolgen der Rechtsangleichung – nationale Alleingänge

15 Grundsätzlich müssen die Mitgliedstaaten ihre Rechtsordnungen entsprechend den Vorgaben des jeweiligen Rechtsaktes, bei Richtlinien also innerhalb der vorgesehenen Umsetzungsfrist anpassen. Zugleich scheidet damit im Grundsatz die Möglichkeit der Mitgliedstaaten aus, nationales Recht, das die Ausübung von Grundfreiheiten beschränkt, im Rahmen von deren Schranken, etwa aus „zwingenden Interessen des Allgemeinwohls“ (vgl. Rz. 22/42, 25/19f.) zu rechtfertigen. Spielräume der MSen bestehen jedoch, soweit diese in dem Harmonisierungsakt vorgesehen sind, etwa weil dieser keine (abschließende) Vollharmonisierung, sondern nur eine Mindestharmonisierung vorsieht (dazu Rz. 35). Damit MSen mit einem hohen nationalen Schutzniveau möglichst wenig Verschlechterungen erleiden (Gefahr der „race to the bottom“), verpflichtet Art. 114 Abs. 3 AEUV die Organe der Union bei **Gesundheit, (technischer) Sicherheit, Umweltschutz und Verbraucherschutz** auf ein **hohes Schutzniveau** unter Berücksichtigung neuer wissenschaftlicher Ergebnisse. Eine Absenkung des Niveaus im Rahmen einer Novellierung des europäischen Rechts ist damit aber nicht prinzipiell ausgeschlossen.

16 Nach dem Erlass von Rechtsakten der Binnenmarkt-Rechtsangleichung dürfen MSen allerdings nach Abs. 4 zu diesem Zeitpunkt bestehende **nationale Bestimmungen** weiter **anwenden,** die durch die in **Art. 36 AEUV** genannten Rechtsgüter oder zum Schutz der **Arbeitsumwelt** oder des **Umweltschutzes** gerechtfertigt sind. Dieser erkennbar vor allem mit Blick auf die Warenverkehrsfreiheit formulierte Katalog – im Bereich von Niederlassungs- und Dienstleistungsfreiheit ist Art. 114 AEUV wegen insoweit bestehender Spezialkompetenzen ohnehin vielfach nicht anwendbar (Rz. 11) – ist abschließend; nicht in Betracht kommt daher die Rechtfertigung einer nationalen Maßnahme unter Hinweis auf sonstige zwingende Erfordernisse oder legitime Allgemeinwohlbelange, wie sie im Kontext der Grundfreiheiten anerkannt sind (Rz. 22/42, 25/19, 27/50ff., 28/36). Neue Maßnahmen sind nach Abs. 5 nur zulässig, wenn sie auf neue wissenschaftliche Erkenntnisse gestützt sind, aber nur, soweit damit einem spezifischen Problem eines Mitgliedstaates in den Bereichen der Umwelt oder der Arbeitsumwelt Rechnung getragen werden soll („Nationaler Alleingang“; *Epiney,* FS Rengeling, 2008, 215). Die Bestimmungen müssen von der KOM genehmigt werden, die auch Anpassungen der nationalen Maßnahmen vorschlagen kann, und unterliegen zudem einer erleichterten Missbrauchskon-

trolle durch den EuGH (Abs. 6–9; siehe etwa EuGHE 2003, I-2643, Rs. C-3/00 „Dänemark/KOM" zu Abs. 4 und EuGE 2005, II-4005, verb. Rs. T-306/03 und 235/04 „Land Oberösterreich/KOM" zu Abs. 5; zur Berechnung der 6-Monatsfrist, die der KOM zur Verfügung steht, siehe EuGE 2010, II-5629,T-69/08 „Polen/ KOM"). Rechtsakte der Binnenmarkt-Rechtsangleichung können außerdem **Schutzklauseln** enthalten, welche die MSen zu vorläufigen Maßnahmen unter Unionskontrolle ermächtigen (Art. 114 Abs. 10 AEUV).

2. Weitere Kompetenzen

a) Rechtsangleichung nach Art. 115 AEUV

Ursprünglich stellte der heutige Art. 115 AEUV die alleinige allgemeine Kompetenz zur Rechtsanglei- 17
chung dar (Rz. 8). Da mit dem Vertrag von Lissabon der frühere Bezugspunkt des Gemeinsamen Marktes durch den Binnenmarkt ersetzt wurde, ist die Norm nunmehr nur noch für die durch Art. 114 Abs. 2 AEUV **ausgeklammerten Bereiche** von Bedeutung, für die es auch sonst keine Spezialkompetenz gibt (vgl. schon Rz. 11). Hier muss der Binnenmarktbezug „unmittelbaren" Charakter aufweisen: Die nationalen Normen müssen sich **in spürbarer (intensiver) Weise negativ** auf den Binnenmarkt auswirken. Als mögliche Maßnahme ist nur der Erlass von Richtlinien vorgesehen; die Entscheidung im Rat erfolgt einstimmig nach Anhörung des Parlaments.

b) Behandlung von Wettbewerbsverzerrungen (Art. 116, 117 AEUV)

Art. 116f. AEUV enthalten ein besonderes Instrumentarium zur Beseitigung divergierender nationaler 18
Normen, welche die Wettbewerbsbedingungen derart verfälschen, dass eine **„Verzerrung"** (besonders intensive Verfälschung) hervorgerufen wird. Wegen der praktischen Schwierigkeiten bei der Bestimmung einer „Verzerrung" sind diese Kompetenzen **toter Buchstabe** geblieben; es wurde seit 1958 keine einzige Richtlinie erlassen.

c) Rechtstitel zum Schutz geistigen Eigentums (Art. 118 AEUV)

Art. 118 AEUV sieht eine neue Kompetenz zur Schaffung einheitlicher Rechtstitel im Bereich des geistigen 19
Eigentums vor; dazu näher in Rz. 36/25.

III. Rechtsangleichung im Raum der Freiheit, der Sicherheit und des Rechts (RFSR; Art. 67 ff. AEUV)

Literatur: Ältere Literatur ist wegen der Änderungen der Rechtsgrundlagen nur eingeschränkt nutzbar.

Umfangreiche Zusammenstellungen des Schrifttums zum **RFSR** bei *Röben,* in: Grabitz/Hilf/Nettesheim (Hrsg.), Das Recht der Europäischen Union, bei Art. 67 AEUV (2010); *Heid,* Raum der Freiheit, der Sicherheit und des Rechts, in: Dauses (Hrsg.) HB EU-WirtschR, S (2011).

Walker (Hrsg.), Europe's Area of Freedom, Security and Justice, 2004; *Lindahl,* Inside and Outside the EU's „Area of Freedom, Security and Justice", ARSP 2004, 478;*Müller-Graff* (Hrsg.), Der Raum der Freiheit, der Sicherheit und des Rechts, 2005; *Peers,* EU Justice and Home Affairs Law, 2. Aufl. 2006; *Haltern,* Rechtsschutz in der dritten Säule der EU, JZ 2007, 772; *Zuleeg* (Hrsg.), Europa als Raum der Freiheit, der Sicherheit und des Rechts, 2007; *Monar,* Die Verfassungsreformen von Lissabon in den Bereichen Inneres und Justiz, Integr. 2008, 379; *Müller-Graff,* Der Raum der Freiheit, der Sicherheit und des Rechts in der Lissabonner Reform, in: Schwarze/Hatje (Hrsg.), Der Reformvertrag von Lissabon, 2009, 105; *Bendel* (Hrsg.), The Europeanization of control. Venues and outcomes of EU justice and home affairs cooperation, 2011; *Frenz,* Raum der Freiheit, der Sicherheit und des Rechts, Jura 2012, 701; *Kaufhold,* Gegenseitiges Vertrauen, EuR 2012, 408.

Internet-Adresse: http://europa.eu/pol/justice/index_de.htm

1. Grundlagen des RFSR

20 Die mit dem Binnenmarktprozess der achtziger Jahre verbundene Öffnung der Grenzen legte eine Ersetzung der traditionell mit Grenzen verbundenen Sicherungen durch andere Instrumente nahe. Nach ersten Regelungen im „Schengener Übereinkommen" von 1985 (Rz. 21) wurde mit dem Vertrag von Amsterdam 1997 die **Erhaltung und Weiterentwicklung der Union als „Raum der Freiheit, der Sicherheit und des Rechts"** zum Ziel der EU erklärt; heute wird dieses sogar im EUV vor dem Binnenmarkt aufgeführt (Art. 3 Abs. 2 und 3). Inhaltliche Kernelemente dieses Konzepts bilden Kompetenzen in den Bereichen **Grenzkontrollen, Asyl und Einwanderung** sowie der **polizeilichen Zusammenarbeit** (heute Art. 76ff. AEUV, Rz. 33/67ff.), die **„Justizielle Zusammenarbeit in Zivilsachen"** (heute Art. 81ff., Rz. 36/35ff.) sowie die **„Justizielle Zusammenarbeit in Strafsachen"** (heute Art. 82ff. AEUV, Rz. 37/1ff.). Verbindendes Element dieser Bereiche (vgl. noch Rz. 23ff.) ist vor allem die Nähe zu klassischen Kernaufgaben des Staates. Daher betont Art. 67 Abs. 1 AEUV im vorliegenden Kontext besonders die Bedeutung der Grundrechte einerseits, die Notwendigkeit der Achtung vor den verschiedenen Rechtsordnungen und -traditionen der Mitgliedstaaten andererseits. Letzteres spiegelt sich auch im besonderen Hinweis auf das Subsidiaritätsprinzip (Art. 69 AEUV), dem Vorbehalt zugunsten der Zuständigkeiten der MSen bei der Sicherung der öffentlichen Ordnung und dem Schutz der inneren Sicherheit (Art. 72 AEUV) sowie in einigen Verfahrensvorschriften (Rz. 27) wider. Die Kompetenzen des RFSR bilden Spezialkompetenzen zu den Art. 114f. AEUV.

21 Der Verzicht auf Personenkontrollen an den EU-Binnengrenzen und die gleichzeitige Verlagerung an die Außengrenzen des „Schengen-Raumes" bzw. der EU-Außengrenzen begann mit dem „Übereinkommen betr. den schrittweisen Abbau der Kontrollen an den gemeinsamen Grenzen", das von fünf der sechs EG-Gründerstaaten (Deutschland, Frankreich, Benelux) 1985 im luxemburgischen Grenzort **Schengen** abgeschlossen wurde (GMBl. 1986, 79). 1990 folgte das maßgebliche **Durchführungsabkommen „Schengen II"** (SDÜ, BGBl. 1993 II, 1013, Änderungen = Sart. II Ziff. 280). Mit dem **Amsterdamer Protokoll** zur Einbeziehung des Schengen-Besitzstandes in die EU und Titel IV (Art. 61ff.) EGV über den RFSR wurde die Schengen-Regelung in Amsterdam 1997 in das (damalige) EG-Recht eingebunden.

22 Als solcher wurde der RFSR mit dem **Vertrag von Amsterdam** geschaffen. Dabei verblieben die Grundlagen der polizeilichen Zusammenarbeit und der justiziellen Zusammenarbeit in Strafsachen im intergouvernementalen Rahmen (Art. 29 EUV a. F.), während die sonstigen Befugnisse in die Zuständigkeit der Gemeinschaft übergingen, wenn auch mit einigen Sonderregelungen. Im unionsrechtlichen Teil wurde als neuer möglicher Rechtsakt der der Richtlinie nachgebildete Rahmenbeschluss geschaffen; dabei wurde jedoch dessen unmittelbare Wirkung ausdrücklich ausgeschlossen (Art. 34 EUV a. F.). Demgegenüber galt das Gebot, nationales Recht soweit möglich in Übereinstimmung mit dem europäischen Recht auszulegen, auch hier (EuGHE 2005, I-5285, Rs. C-105/03 „Pupino"). Schließlich wurde dem Vereinigten Königreich, Irland und Dänemark im RFSR ein Sonderstatus zugestanden (Rz. 28).

2. Inhaltliche Elemente des RFSR

23 Die Vorstellung eines „**Raumes der Freiheit,** ... in dem in Verbindung mit geeigneten Maßnahmen ... der freie Personenverkehr gewährleistet ist" (Art. 3 Abs. 2 EUV), lehnt sich an die Definition des europäischen Binnenmarktes (Art. 26 Abs. 2 AEUV) an. Die – im Vergleich zum Binnenmarktziel – bemerkenswerte Offenheit des Konzepts lässt sich am ehesten über den in Art. 3 EUV aber erst später erwähnten Binnenmarkt konkretisieren. So sollen nach Art. 67 Abs. 2, 77 Abs. 1 AEUV Personenkon-

trollen an den Grenzen unabhängig von der Staatsangehörigkeit nicht stattfinden; **Drittstaatsangehörige** sind prinzipiell eingeschlossen (Rz. 33/67). Über den freien Personenverkehr hinaus bedeutet „Raum der Freiheit" zugleich die **Anerkennung der persönlichen Grundrechte,** den Schutz der Privatsphäre und die Schaffung eines Rechtsraumes, in dem die öffentliche Gewalt die Freiheit gegen ihre Gegner schützt.

Damit wird die Brücke zum **Raum der Sicherheit** geschlagen: die Personenfreizügig- 24
keit innerhalb der EU muss von **sicherheitsrechtlichen Maßnahmen** begleitet werden, um dem Missbrauch der Freiheit entgegenzuwirken. Instrumente sind u. a. Kontrollen der Außengrenzen, Visapolitik, sowie Regelungen zu Asyl und Einwanderung und zur Kriminalitäts- und Terrorismusbekämpfung (Rz. 33/66 ff.). Grundsätzlich soll die sensible Wahrung der öffentlichen Ordnung und Sicherheit in der Zuständigkeit der MSen verbleiben. Der RFSR bedarf jedoch eines festen institutionellen Rahmens, in dem sich eine intensive **Polizeikooperation** der MSen abspielt.

Mit dem **Raum des Rechts** wird nicht die gesamte Rechtsordnung angesprochen, son- 25
dern die **justizielle Zusammenarbeit** der Mitgliedstaaten **in Zivil- und Handelssachen** sowie in **Strafsachen.** Im Bereich des Zivil- und Handelsrechts soll innerhalb des Binnenmarktes **unkompliziert Rechtssicherheit** und gleicher Zugang zum Recht erreicht werden (leichte Feststellung des zuständigen Gerichts und des anwendbaren Rechts, zügige Verfahren und eine wirksame Vollstreckung in „freiem Urteilsverkehr", näher Rz. 36/35 ff.). Bei der Zusammenarbeit in Strafsachen geht es in Fortsetzung der Polizeikooperation um **vergleichbare Konzepte der Strafjustiz** im Umgang mit kriminellen Verhaltensweisen (u. a. vergleichbares Verfolgungsniveau bei bestimmten Straftaten mit grenzüberschreitender Dimension wie organisierte Kriminalität, Umwelt- und High-Tech-Kriminalität, Korruption oder Geldwäsche), aber auch um die systematische wechselseitige Urteilsanerkennung (Rz. 37/1). Anerkennungsregeln ohne Minimalstandards werfen dabei das Problem auf, dass dann die Anwendbarkeit der GrCh nicht garantiert ist; die Beachtung der EMRK muss allerdings sichergestellt sein (Rz. 6).

Im Einzelnen wird die Tätigkeit im Bereich des RFSR regelmäßig durch entsprechende Programme vorbe- 26
reitet. Nach Inkrafttreten des Amsterdamer Vertrages war zunächst das am 15./16. 10. 1999 auf dem **Europäischen Rat** in **Tampere** beschlossene Programm von zentraler Bedeutung (Bulletin Presse- und Informationsamt Bundesregierung 7. 12. 1999, 793). Derzeit ist das **Programm von Stockholm** maßgeblich (beschlossen am 10./11. 12. 2009, ABl. 2010 C 115/1).

3. Sonderregelungen im Bereich des RFSR

a) Verfahrensmäßige Sonderregeln

Auch nach der Integration des RFSR in das allgemeine europäische Recht bestehen einzelne Sonderregeln. 27
Neben den für Einzelaspekte des RFSR relevanten Punkten (Rz. 33/76, 36/35, 37/2) ist bereichsübergreifend vorgegeben die Befugnis des Europäischen Rates zur Festlegung der **Strategischen Leitlinien** der Politik im RFSR (Art. 68 AEUV) sowie – für die Bereiche Strafrecht und Polizeikooperation – das **Initiativrecht** auch für ein Viertel der Mitgliedstaaten (Art. 76 AEUV). Besonders betont wird die Rolle der nationalen Parlamente bei der Kontrolle der Einhaltung des Subsidiaritätsprinzips (Art. 69 AEUV). Außerdem können besondere Kontrollmaßnahmen hinsichtlich der Beachtung des für den RFSR zentralen Grundsatzes der **gegenseitigen Anerkennung** (von Urteilen) vorgesehen werden (Art. 70 AEUV). Eine explizite Kompetenz betrifft die **Verwaltungszusammenarbeit** (Art. 74 AEUV; vgl. auch zu freiwilliger Kooperation Art. 73 AEUV). Im Übrigen bleiben die auf der Grundlage des bisherigen Rechts beschlossenen Rechtsakte (als solche) in Kraft. Die für diese geltenden bisherigen Sonderregelungen – faktisch betrifft dies vor allem den Rechtsschutz (Art. 35 EUV a. F., Art. 68 EGV) – gelten noch bis zum 30. 11. 2014.

b) Sonderstatus des Vereinigten Königreiches, von Irland und von Dänemark

28 Für das Vereinigte Königreich und Irland bestehen in Zusatzprotokollen verankerte Sonderregeln: Dank eines Systems von **„opt in"** bzw. „opt out"-Klauseln müssen sich diese Länder nicht an Maßnahmen des RSFR beteiligen; ersteres kann sogar bis zum 1.6.2014 die Bindung an vor dem Inkrafttreten des Lissabonner Vertrages beschlossene Rechtsakte beseitigen (und beabsichtigt dies zum Teil auch zu tun; zu Einzelheiten siehe *Zeder,* Britisches „pull-out" aus der polizeilichen und justiziellen Zusammenarbeit in Strafsachen vor Lissabon, EuR 2013, 454). Auch Dänemark muss sich nicht an RFSR-Rechtsakten beteiligen, hat aber später zusammen mit Island und Norwegen den Schengen-Besitzstand bei sich auf völkerrechtlicher Grundlage in Kraft gesetzt und ist an anderen Rechtsakten über völkerrechtliche Verträge beteiligt (zu alledem *Tekin,* Opt-Outs, Opt-Ins, Opt-Arounds? Eine Analyse der Differenzierungsrealität im Raum der Freiheit, der Sicherheit und des Rechts, integr. 2012, 237). Soweit ein Staat in einem Bereich nicht mitwirkt, ist er auch nicht an der Beschlussfassung über entsprechende Sekundärrechtsakte beteiligt (EuGHE 2007, I-11 459, verb. Rs. C-77/05 u. a. „Vereinigtes Königreich und Irland/Rat").

IV. Sonstige Rechtsangleichungskompetenzen

1. Bereichsspezifische Angleichungskompetenzen

29 Neben den Zentralnormen der Art. 114ff. AEUV und den Bestimmungen im Rahmen des RFSR enthält der Vertrag **eine größere Zahl bereichsspezifischer Kompetenzen** für Maßnahmen der **Rechtsangleichung** (Überblick sogleich), deren Anwendbarkeit neben oder an Stelle der vorgenannten Normen von Fall zu Fall bestimmt werden muss. Soweit es sich dabei um leges speciales handelt, etwa weil spezifische Aspekte des Binnenmarktes betroffen sind wie bei der Kompetenz zur Diplomanerkennung nach Art. 53 AEUV (dazu Rz. 25/21), haben sie Vorrang vor den Art. 114ff. AEUV. Geht es dagegen um andere Politikbereiche – genannt seien etwa der Schutz von Umwelt (Art. 192 AEUV) oder Gesundheit (Art. 168 AEUV), kommt es für die Abgrenzung auf den **Schwerpunkt** der Maßnahme an (EuGHE 2002, I-11 453, Rs. C-491/01 „BAT"). Die Binnenmarktkompetenz ist **alleinige Rechtsgrundlage,** wenn bei dem zu erlassenden Rechtsakt das Funktionieren des Binnenmarktes im Vordergrund steht und dieses **tatsächlich verbessert wird** (**„positiver Binnenmarkteffekt"**, Rz. 9). Dabei ist zu berücksichtigen, dass Art. 114 Abs. 3 AEUV ausdrücklich von einem hohen Schutzniveau der Harmonisierungsregelungen bei **Gesundheit, Sicherheit, Umweltschutz und Verbraucherschutz** ausgeht (Rz. 15). Ist eine „tatsächliche Verbesserung" des Funktionierens des Binnenmarktes nicht nachweisbar, sind demgegenüber die bereichsspezifischen Zuständigkeiten anwendbar.

30
- Mit Blick auf die **Freizügigkeit der Unionsbürger** ermächtigt Art. 21 AEUV zum Erlass von Vorschriften im Bereich aufenthaltsrechtlicher Rechtsangleichung. Art. 115 AEUV ist daneben nicht anwendbar.
- Für rechtsangleichende Maßnahmen im Bereich der **Landwirtschaft,** etwa der Angleichung von Agrarproduktions- und Vermarktungsnormen, ist Art. 43 AEUV einschlägig (EuGHE 1988, 855, Rs. 68/86 „Vereinigtes Königreich/Rat" st. Rspr.; dazu Rz. 24/35); damit ist Art. 114 AEUV insoweit subsidiär (EuGHE 1989, 3743, Rs. C-131/87 „KOM/Rat"). Zu Einzelheiten siehe Rz. 24/25f.
- Im Bereich der **Freizügigkeit der Arbeitnehmer** ermächtigt Art. 46 AEUV zum Erlass von Vorschriften im Bereich aufenthaltsrechtlicher Rechtsangleichung. Die Befugnis nach Art. 48 AEUV zu ergänzenden Rechtsakten im Bereich der sozialen Absicherung trägt keine Rechtsangleichung im eigentlichen Sinne, sondern nur Maßnahmen, die die Kompatibilität der Systeme sicherstellen sollen (Rz. 27/71ff.). Art. 114f. AEUV sind daneben nicht anwendbar.
- Art. 50, 52f., 59, 62 AEUV betreffen Harmonisierungsmaßnahmen **zur Verwirklichung der Niederlassungs- und Dienstleistungsfreiheit** (zur Praxis Rz. 28/42ff. und 25/22ff.). Sie sind spezieller als Art. 114f. AEUV, die dementsprechend daneben nicht anwendbar sind. In der Praxis werden Abgren-

zungsprobleme vielfach durch eine Doppelabstützung der jeweiligen Rechtsakte vermieden. Bei der Entscheidung über die Zulässigkeit von allein in Art. 114 AEUV vorgesehenen nationalen Alleingängen (Rz. 16) aber kann die Frage nicht offen bleiben, sondern ist – soweit möglich – bereichsspezifisch und im Übrigen abhängig von Sinn und Zweck der jeweiligen Harmonisierungsmaßnahme zu beantworten.

- Art. 79, 100 Abs. 2 AEUV ermöglichen mit weit gefassten Kompetenzen zur **gemeinsamen Verkehrspolitik** rechtsangleichende Akte (zur Praxis Rz. 26/11 ff.) und stellen insoweit, da die gesamte Verkehrspolitik im Kern binnenmarktbezogenen Charakter aufweist (Rz. 26/1), leges speciales dar.
- Art. 113 AEUV regelt als lex specialis die **Harmonisierung der indirekten Steuern;** direkte Steuern könnten nach Art. 115 AEUV angeglichen werden. Die Steuerrechtsangleichung ist an sich für die Schaffung gleichartiger Wettbewerbsbedingungen im Wirtschaftsgefüge der EU und für die effektive Verwirklichung der Grundfreiheiten von besonderer Bedeutung, kommt aber wegen der erforderlichen Einstimmigkeit nur sehr langsam voran (Rz. 35/42 ff.).
- Art. 153 AEUV ermöglicht im **Bereich der Sozialpolitik** den Erlass von Mindestvorschriften (Rz. 29/11). Daneben sind Maßnahmen nach Art. 115 AEUV möglich, soweit die Wettbewerbsgleichheit der Unternehmen im Binnenmarkt gesichert werden soll.
- Art. 168 Abs. 4 AEUV enthält die Kompetenz zu bestimmten **gesundheitsbezogenen** Angleichungsmaßnahmen; diese Kompetenz geht als lex specialis Art. 114 AEUV vor (vgl. auch Rz. 33/58). Im Übrigen macht Art. 114 Abs. 3 AEUV deutlich, dass ansonsten Angleichungsmaßnahmen auch mit gesundheitspolitischem Impetus zulässig sind (EuGHE 2006, I-11 573, Rs. C-380/03 „Deutschland/Parlament und Rat – Tabakwerbung II"; vgl. auch Rz. 33/58).
- Art. 192 AEUV enthält die Kompetenz zu **Umweltschutzmaßnahmen,** doch zeigt Art. 114 Abs. 3 AEUV, dass auch die Binnenmarktkompetenz zu Umweltschutzzwecken eingesetzt werden kann. Die Abgrenzung erfolgt nach **Inhalt, Ziel** und **Schwerpunkt** der Maßnahme (EuGHE 1991, I-2867, Rs. C-300/89 „Titanoxyd"; näher Rz. 33/21).
- Art. 194 AEUV enthält eine spezifische Kompetenz in Sachen Energiepolitik, die sich auch auf die „Sicherstellung des Funktionierens des Energiemarktes" bezieht, so dass die Norm als lex specialis zu Art. 114 AEUV anzusehen ist (vgl. auch Rz. 23/7).
- In der **Gemeinsamen Handelspolitik** enthält Art. 207 AEUV die Möglichkeit zur Angleichung der nationalen Außenwirtschaftsrechte (unten Rz. 40/11 ff.).

2. Ergänzende Rechtsangleichung nach Art. 352 AEUV

Wenn weder die Voraussetzungen der Art. 114 ff. AEUV vorliegen noch bereichsspezifische Rechtsangleichungszuständigkeiten einschlägig sind, kann **Art. 352 AEUV** zur **ergänzenden Rechtsangleichung** herangezogen werden (allgemein dazu Rz. 11/8 ff.). Maßnahmen mit **„verfassungsrechtlicher Relevanz"** können allerdings **nicht** auf diese Norm gestützt werden, sondern bedürfen einer Vertragsänderung (EuGHE 1996, I-1763, Gutachten 2/94 zu einem EMRK-Beitritt; Rz. 11/8). Einer unbegrenzten Ausdehnung von Rechtsangleichung über Art. 352 EGV steht faktisch vor allem das Entscheidungsverfahren entgegen: entsprechende Rechtsakte müssen vom Ministerrat **einstimmig** und mit Zustimmung des Parlaments beschlossen werden. Ferner muss auch hier jeweils die Beachtung des **Subsidiaritätsprinzips** (Art. 5 EUV) geprüft werden. Als Handlungsformen stehen VO und RL zur Verfügung. Ausdrücklich ausgeschlossen wird aber der Rückgriff auf diese Norm, soweit Spezialbestimmungen (wie etwa Art. 165 Abs. 4 AEUV) eine Rechtsharmonisierung ausschließen (Art. 352 Abs. 3 AEUV). 31

Rechtsangleichung über den heutigen Art. 352 AEUV begann in der **Praxis** Ende der sechziger Jahre. Nicht selten wurden dann später wie im Sozial- und im Umweltrecht einschlägige spezifische Kompetenzbestimmungen geschaffen; der Kompetenzergänzungsnorm kam so der Charakter einer „Experimentierklausel" zu. **Heute** hat die Norm vor allem dort Bedeutung, wo wie im **Gesellschaftsrecht** neben die nationalen Rechtsformen tretende europäische Rechtsformen (u. a. Europäische Wirtschaftliche Interessenvereinigung, Europäische Aktiengesellschaft; Rz. 36/34) geschaffen werden sollen. Werden nicht nationale Rechtsinstitute harmonisiert, sondern neue, europäische Institute neben die bestehen bleibenden Institute des nationalen Rechts gesetzt, sind Art. 114 f. AEUV nämlich nicht anwendbar (Rz. 13). 32

V. Instrumente der Rechtsangleichung

1. Richtlinien und intensivere Formen der Rechtsangleichung

33 Das zentrale Element der Rechtsangleichung sind **Richtlinien.** Diese schaffen kein einheitliches, unmittelbar anwendbares Recht (das dann streng genommen auch keine Rechtsangleichung bilden würde), sondern verpflichten die MSen zur Anpassung ihrer Rechtsordnungen (Art. 288 Abs. 3 AEUV). Das durch RLen bedingte zweistufige Rechtsetzungsverfahren schränkt die Kompetenz der MSen zur autonomen Rechtsetzung zwar ein, belässt ihnen jedoch in gewissem Umfang die Wahl der Formen und Mittel zur Umsetzung der RL. Auf diese Weise kann jeder MS bei der Umsetzung nationale Traditionen berücksichtigen. Angestrebt wird kein Unitarismus, sondern eine bloße Rechts"angleichung" im Wortsinne. **Das angeglichene Recht bleibt „europäisch geprägtes" nationales Recht** und unterliegt weiterhin der Auslegung durch die nationalen Gerichte (*Lutter*, JZ 1992, 593). Über deren Richtlinienkonformität entscheidet der Gerichtshof gemäß Art. 267 AEUV.

34 **Verordnungen** bedürfen besonderer Zulassung. Obwohl sie eigentlich einen gewissen „Systembruch" (*Everling*, FS Steindorff, 1990, 1166) darstellen, sind sie nach verschiedenen Kompetenzbestimmungen (Art. 113 AEUV – Steuern; Art. 114 AEUV – Binnenmarktrechtsangleichung; Art. 352 AEUV – ergänzende Rechtsangleichung) möglich. Da dann aber keine „Rechtsangleichung" im eigentlichen Sinne mehr erfolgt, sondern Einheitsrecht gesetzt wird, müssten VOen auch dort, wo sie vorgesehen sind, im Grundsatz auf Richtlinien ergänzende Regelungen begrenzt bleiben; die Praxis ist insoweit aber großzügig (vgl. schon Rz. 13).

2. Intensität der Harmonisierung

35 Im Einzelnen kann man verschiedene Arten von Harmonisierung unterscheiden: Die **Vollharmonisierung** zielt auf eine umfassende Angleichung ab; dem Mitgliedstaat verbleibt vorbehaltlich primärrechtlicher Sonderregeln (vgl. etwa Rz. 16 und Rz. 33/24) kein eigener Gestaltungsspielraum mehr. Wie bei jeder Harmonisierung findet diese allerdings immer nur im Rahmen des Anwendungsbereichs des betreffenden Rechtsaktes statt. Das wirft die zum Teil schwer zu beantwortende Frage auf, welche Probleme von dem Akt tatsächlich geregelt sind. Zudem wirft die geschilderte Einpassung der Harmonisierungsvorgaben in das nationale Rechtssystem (Rz. 4) hier besondere Probleme auf. Die **Mindestharmonisierung** setzt nur bestimmte Mindeststandards, gestattet den Mitgliedstaaten also, höhere Standards zu setzen. Für den Schutz nichtwirtschaftlicher Güter ist dies vorzugswürdig, doch wird die angestrebte Chancengleichheit im Wettbewerb auf dem Binnenmarkt damit nur in Grenzen erreicht. Ggf. wird die Mindestharmonisierung um **Freiverkehrsklauseln** ergänzt: danach müssen Waren und Dienstleistungen aus anderen Mitgliedstaaten, die einem Harmonisierungsakt entsprechen, trotz der im Inland geltenden höheren Standards zugelassen werden. Damit verknüpft sich das Prinzip der **gegenseitigen Anerkennung** von Standards, das im Kern auf die Cassis de Dijon-Judikatur des EuGH zurückgeht. Diese wechselseitige Anerkennung – formal keine Rechtsangleichung, aber als Minus zu dieser von der Kompetenz abgedeckt –, die zum Teil auch auf den administrativen Bereich erstreckt wird, bedarf gelegentlich **ergänzender Regelungen,** mit denen das wechselseitige Vertrauen der Mitgliedstaaten gewährleistet wird (vgl. auch Rz. 13).

36 Bei der **optionalen Angleichung** werden Standards für den grenzüberschreitenden Verkehr festgelegt, während rein nationale Fälle völlig dem nationalen Recht überlassen bleiben. Evtl. kann den Rechtsunter-

worfenen die **Wahl** zwischen dem europäischen und ihrem nationalen Standard eröffnet werden (**fakultative Angleichung,** z. B. bei der Europäischen Aktiengesellschaft). Bei diesen europarechtlich möglichen Optionen (EuGHE 1995, I-301, verb. Rs. C-29/94 u. a. „Aubertin") können sich Probleme der **Inländerdiskriminierung** ergeben (vgl. zu dieser auch Rz. 22/13).Schließlich können MSen auch zum **Beitritt zu einem internationalen Abkommen** verpflichtet werden, welches weltweite Standards einführt.

3. Zur Fortentwicklung angeglichenen Rechts

Die **„Gesetzgebungshoheit"** der MSen wird mit dem Fortschreiten der europäischen Rechtsangleichung zunehmend **eingeengt.** Nationale Vorschriften, die in Einklang mit einer RL stehen, dürfen nicht mehr in Widerspruch zu dieser abgeändert werden. Diese **Sperrwirkung der Rechtsangleichung** führt zur **Starrheit** des angeglichenen Rechtes. Änderungen sind nur noch über die europäische Ebene möglich – was zugleich bedeutet, dass bei der Inanspruchnahme der Kompetenz für Änderungsmaßnahmen nicht nach der nunmehrigen Angleichungsnotwendigkeit gefragt werden kann, sondern den Ausgangspunkt die vor der Angleichung bestehende Lage bildet. Dies ist ein typisches Problem jeder Rechtsangleichung. Besondere verfahrensmäßige Hürden für Rechtsangleichungsmaßnahmen wie etwa die Einstimmigkeit bei Art. 115 und 352 AEUV, die an sich nationale Souveränität schützen sollen, wirken sich hier kontraproduktiv aus. Die anerkannten **europäischen technischen Normen (CE) sind** wegen des ständigen Wandels in einem besonderen Verfahren unter **erleichterten Voraussetzungen abänderbar** (Rz. 22/52). 37

4. Richterrechtliche Rechtsangleichung durch den Gerichtshof

Über die vertraglich vorgesehenen Instrumente der Rechtsangleichung hinaus führt die **Rechtsprechung des EuGH** nicht selten mittelbar oder unmittelbar zu einer fallbezogenen **„richterrechtlichen Rechtsangleichung"** (*Everling,* ZEuP 1997, 796; *Schwab,* ZGR 2000, 446). Dies geschieht nicht nur durch die Auslegung von Rechtsangleichungsakten selbst (z. B. EuGHE 1982, 2771, Rs. 270/81 „Rickmers-Linie"), sondern auch durch die Auslegung von Vertragsbestimmungen, die nach der Rechtsprechung in den MSen unmittelbar gelten (beispielsweise das Diskriminierungsverbot des Art. 18 AEUV), mit der Folge, dass entgegenstehendes nationales Recht, auch soweit es bisher keiner Angleichung unterlag, keine Anwendung mehr finden kann (zum Zugang von Unionsbürgern zu Bildungseinrichtungen in einem anderen MS EuGHE 1985, 593, Rs. 293/83 „Gravier", sowie Rz. 34/15). Auch die Konkretisierung allgemeiner Grundsätze für den Vollzug des Unionsrechts durch nationale Stellen (wie im Bereich des einstweiligen Rechtsschutzes beim Vollzug von EU-VOen; dazu EuGHE 1991, I-415, verb. Rs. C-143/88 und C-92/89 „Zuckerfabrik Süderdithmarschen" sowie Rz. 33/12), insbesondere das Gebot der effektiven Durchsetzung des Unionsrechts (Rz. 12/36), wirkt vielfach angleichend. Diese Methoden sind angesichts des gelegentlichen integrationspolitischen Impetus des Gerichtshofes zum Teil heftiger, nicht immer unberechtigter Kritik ausgesetzt (zum ersten Beispiel etwa *Oppermann,* Von der EG-Freizügigkeit zur Gemeinsamen Europäischen Ausbildungspolitik?, 1988, zum zweiten *Schoch,* Die Europäisierung des verwaltungsgerichtlichen Rechtsschutzes, 2000). 38

5. Rechtsangleichung jenseits der Verträge innerhalb und außerhalb der Union

Literatur: *Schwartz,* Wege zur EG-Rechtsvereinheitlichung: Verordnungen der EG oder Übereinkommen unter den Mitgliedstaaten?, FS v. Caemmerer, 1978, 1067; *Schwartz,* Übereinkommen zwischen den EG-Staaten: Völkerrecht oder Gemeinschaftsrecht?, FS Grewe, 1981, 551; *Knoche* (Hrsg.), Wege zur europäischen Rechtsgemeinschaft, 1987; *Würmeling*, Kooperatives Gemeinschaftsrecht – Die Rechtsakte der Gesamtheit der EG-MSen, insbesondere die Gemeinschaftskonventionen nach Art. 220 EWGV, 1988; *Zuleeg*, Rechtsangleichung innerhalb und außerhalb der EG, ZEuP 1998, 506.

39 Neben der „genuinen" Rechtsangleichung auf Grund der Kompetenzen des AEUV steht der EU und ihren MSen der klassische Weg internationaler Rechtsvereinheitlichung **über den Abschluss völkerrechtlicher Verträge** offen. Früher war dieser Weg in den Verträgen im Sinne einer Abrundung der eigentlichen Unionsaktion vorgezeichnet (Art. 293 EGV und Art. 34 Abs. 2 lit. d EUV a. F.). Beide Bestimmungen wurden durch den **Vertrag von Lissabon aufgehoben** und die in ihnen erwähnten Sachmaterien in Unionskompetenz überführt. Schon früher wurde das nach Art. 220 EWGV abgeschlossene EuGVÜ vom 29.2.1968 größtenteils durch die auf den später geschaffen Art. 65 EGV gestützte VO 44/2001 ersetzt (Rz. 36/36f.). Angesichts der Notwendigkeit, ggf. 28 Ratifikationsverfahren abzuwarten, stellt die völkerrechtliche Harmonisierung eine schwer praktikable, verglichen mit den unionsrechtlichen Instrumenten ausgesprochen wenig attraktive Alternative dar. Schließlich haben sich die Justizminister auf die Schaffung eines Kooperationsnetzes für die legislative Zusammenarbeit verständigt, das umfassend und unabhängig von der Existenz bestimmter Unionskompetenzen einen wechselseitigen Informationsaustausch gewährleisten soll (2008/C 326/01, ABl. 2008 C 326/1; dazu *Payan*, RTDE 2009, 844).

40 Neben der EU bemühen sich auch zahlreiche andere Organisationen wie der **Europarat** oder auch verschiedene **Ausschüsse der Vereinten Nationen** (z. B. der Ausschuss der Vereinten Nationen für Handelsrecht, UNCITRAL) um Rechtsangleichung in den verschiedensten Rechtsgebieten. Im Gegensatz zur EU besteht hier keine inhaltliche Beschränkung auf bestimmte, von vornherein festgelegte Bereiche, Aufgaben und Ziele der Rechtsangleichung. **Das Verfahren entspricht völkerrechtlichen Grundsätzen,** d. h. die Übereinkommen werden im Einvernehmen aller Mitgliedstaaten von der jeweiligen Organisation ausgearbeitet und von diesen angenommen, ohne dass – wie in der EU – besondere Organe für die Beschlussfassung oder die spätere Auslegung des vereinheitlichten Rechts bestehen. Die MSen können sich auch im Rahmen solcher Organisationen an rechtsangleichenden Abkommen beteiligen, wobei sie den **grundsätzlichen Vorrang der EU** für rechtsangleichende Maßnahmen, soweit nach dem AEUV vorgesehen, zu beachten haben. Im Rahmen ihrer Außenkompetenz (Rz. 38/19) kann sich aber auch **die Union** selbst an solchen – ggf. weltweiten – Aktionen beteiligen.

VI. Ausblick: Rechtsangleichung – eine „unendliche Geschichte"

41 Die Rechtsangleichung ist **der umfassendste Aspekt der Unionsaktion.** Nicht so spektakulär und unmittelbar wirkend wie manch anderes Handeln der EU werden über die langsame Harmonisierung der nationalen Rechtsgrundlagen in den verschiedenen Vertragsbereichen zu einem **„Europäischen Rechtsraum"** bleibende Fundamente der Union gelegt. Mit einer stabilen, angeglichenen Rechtsordnung wird ein wichtiger Beitrag zur Herstellung eines Marktes ohne Binnengrenzen geleistet und die harmonische Entwicklung des Wirtschaftslebens in der EU insgesamt gefördert.

42 Darüber hinaus lässt sich an den Fortschritten der EU-Rechtsangleichung ablesen, wie weit der zunächst wirtschaftlich gemeinte Weg zur europäischen Integration kraft immer weitergehenden Sachzusammenhanges in die **„Europäisierung" immer neuer Rechtsbereiche** mündet. In der Rechtsangleichung spiegelt sich die auch sonst zu beobachtende Ausdehnung der gemeinsamen Aktion auf dem Wege vom Gemeinsamen Markt zur Europäischen Union wider. Zugleich ist darauf zu achten, dass mit der Harmonisierung des europäischen Rechts trotz des Prinzips der begrenzten Einzelermächtigung und der damit verbundenen Kompetenzgrenzen in sich schlüssige, kohärente und die gesellschaftlichen Konflikte umfassend in den Blick nehmende Regelungen gefunden werden. Eine wichtige Aufgabe in den nächsten Jahren wird daher auch darin liegen, den bisher geschaffenen Stand an Harmonisierungsmaßnahmen angemessen zu konsolidieren.

§ 33. Umwelt, Gesundheit, Polizei und Ausländer, Datenschutz: Zur Europäisierung des öffentlichen Rechts

I. Grundfragen

Literatur: *Wahl,* Die zweite Phase des Öffentlichen Rechts in Deutschland: Die Europäisierung des Öffentlichen Rechts, Staat 1999, 495; *v. Bogdandy,* Zweierlei Verfassungsrecht. Europäisierung als Gefährdung des gesellschaftlichen Grundkonsenses? Staat 2000, 163; *Beaumont* u. a., Convergence and Divergence in European Public Law, 2002; *Schwarze* (Hrsg.), Zukunftsaussichten für das Europäische Öffentliche Recht, 2010; *Segel,* Europäisierung des Öffentlichen Rechts, 2012.

1. Verfassungsrecht

Die europäische Integration hat naturgemäß das Öffentliche Recht der Mitgliedstaaten nicht unberührt gelassen. Im Bereich des **Verfassungsrechts** sind dabei zwar vielfältige Einwirkungen zu verzeichnen; dessen europäische **Harmonisierung** als solchem hingegen **scheidet** offenkundig **aus.** Vielmehr betont Art. 4 Abs. 2 EUV ausdrücklich den Respekt der EU vor den nationalen Verfassungsordnungen. Europäisch veranlasste Veränderungen sind damit jedoch nicht ausgeschlossen; sie kommen nur, aber immerhin insoweit in Betracht, wie bestimmte Einzelfragen in einem Mitgliedstaat auf verfassungsrechtlicher Ebene normiert sind. Beispielhaft kann auf das Kommunalwahlrecht für Unionsbürger (Rz. 16/32) hingewiesen werden, dessen Einführung in einigen Mitgliedstaaten zu einer Änderung der Verfassung geführt hat. 1

Vor allem aber begrenzt das Unionsrecht die normative Wirkung der nationalen Verfassung. Für die **Grundrechte** sind aus deutscher Perspektive drei Punkte anzuführen: Die **Zurücknahme** der **Grundrechtsbindung** der deutschen Staatsgewalt, soweit zwingende Vorgaben des Unionsrechts umzusetzen sind (Rz. 10/23), die Notwendigkeit, im Anwendungsbereich des Unionsrechts zur Vermeidung einer unzulässigen Diskriminierung aus Gründen der Staatsangehörigkeit (Art. 18 AEUV) den Gehalt von **Deutschengrundrechten,** insbesondere der Berufsfreiheit und des Schutzes juristischer Personen, auch den **sonstigen Unionsbürgern** zuzugestehen (BVerfGE 129, 78), und schließlich die – nicht zwingende – inhaltliche Rezeption europäischer Vorgaben auch über den Anwendungsbereich des Unionsrechts hinaus, etwa bei der **Übernahme europäischer Entwicklungslinien** (Rz. 17/74) bei der Interpretation der Gleichheitssätze. 2

Bei der **Staatsorganisation** führt das Unionsrecht vor allem zu einer Ersetzung von Gestaltungsrechten auf nationaler Ebene durch **Mitwirkungsrechte** auf europäischer Ebene, die zudem nicht immer den gleichen Organen zugutekommen. Konkret stärkt die Integration die Stellung der nationalen Regierungen zu Lasten der nationalen Parlamente und ggf., in gegliederten Staaten, der jeweiligen Untereinheiten (Länder, Regionen etc.). Daran ändert auch der kontinuierliche Ausbau der Mitwirkungsrechte von Parlamenten und Regionen auf Unions- wie auf nationaler Ebene kaum etwas. Weitere Einwirkungsfelder für das Unionsrecht bestehen etwa im Bereich des öffentlichen Dienstrechts durch die Freizügigkeit (Rz. 27/28) und im Bereich der Haushaltspolitik durch den Stabilitäts- und Fiskalpakt (Rz. 19/21 ff.). 3

Im Zuge verwaltungsrechtlicher Rechtsangleichung (dazu sogleich) wird aus unterschiedlichen Gründen zunehmend die Schaffung **unabhängiger Behörden** vorgegeben (zur Regulierung Rz. 21/52 und 23/9, zum Datenschutz Rz. 80). Damit wird ein Instrument genutzt, das im Spannungsfeld einer demokratisch 4 inspirierten starken Betonung der Möglichkeit parlamentarischer Kontrolle der Verwaltung und deren traditionell intensiver gerichtlicher Kontrolle in Deutschland klassisch kein „Hausrecht" besitzt. Hier ist es mehrfach zu Konflikten mit dem deutschen Recht gekommen (Rz. 21/52 zum Regulierungsrecht und Rz. 80 zu Datenschutzbehörden). Eine Lösung ließe sich über eine direkte, nicht wie herkömmlich über die Ministerialbürokratie vermittelte parlamentarische Kontrolle finden.

2. Verwaltungsrecht

Literatur: *v. Danwitz,* Verwaltungsrechtliches System und europäische Integration, 1996; *Kadelbach,* Allgemeines Verwaltungsrecht unter europäischem Einfluß, 1999; *Schmidt-Aßmann/Hoffmann-Riem* (Hrsg.), Strukturen des europäischen Verwaltungsrechts, 1999; *Battis,* Verwaltungsrecht als konkretisiertes Gemeinschaftsrecht, DÖV 2001, 988; *Hill/Pitschas,* Europäisches Verwaltungsverfahrensrecht, 2004; *Schwarze* (Hrsg.), Europäisches Verwaltungsrecht, 2. Aufl. 2005; *Kment,* Die Stellung nationaler Unbeachtlichkeits-, Heilungs- und Präklusionsvorschriften im europäischen Recht, EuR 2006, 201; *Sydow,* Europäisierte Verwaltungsverfahren, JuS 2005, 202; *Craig,* EU Administrative Law, 2006; *v. Danwitz,* Europäisches Verwaltungsrecht, 2008; *Schwarze* (Hrsg.), Bestand und Perspektiven des Europäischen Verwaltungsrechts, 2008; *Schneider/Caballero* (Hrsg.), Strukturen des Europäischen Verwaltungsverbundes, 2009; *Axer/Grzeszick/Kahl/Mager/Reimer* (Hrsg.), Das Europäische Verwaltungsrecht in der Konsolidierungsphase, 2010; *Hatje,* Deutschland in der Europäischen Union: Innovationen durch europäisches Verwaltungsrecht, FS Scheuing, 2011, 323; *Kahl,* Der Europäische Verwaltungsverbund, Der Staat 2011, 329; *Terhechte* (Hrsg.), Verwaltungsrecht der Europäischen Union, 2011.

a) Grundsatzfragen

5 Im Bereich des **Verwaltungsrechts** wirkt das Unionsrecht seit langem bereichsspezifisch auf das nationale Recht ein, und zwar in zunehmend konkreter Form. Die dabei eingesetzten Rechtsinstrumente und -begriffe decken sich naturgemäß nicht immer mit den aus dem deutschen allgemeinen Verwaltungsrecht bekannten Grundkategorien. So wird über punktuelle Regelungen auch auf die allgemeinen **Grundlagen des nationalen Verwaltungsrechts** zugegriffen und damit dessen systematische Einheit in Frage gestellt. Dabei sind mehrere – miteinander in engem Zusammenhang stehende – Problemfelder zu benennen: das Verständnis des subjektiven Rechts (Rz. 8), die final statt konditional orientierte Rechtssetzung (Rz. 9), die starke Rolle des Verfahrensrechts (Rz. 10) und die Rolle unabhängiger Behörden (Rz. 4). Konkret zeigen sich die damit verbundenen Herausforderungen vor allem im Umweltrecht (Rz. 45) und in Teilen des Wirtschaftsverwaltungsrechts (Rz. 21/52, 23/9). Zwei Umstände dürften für die Konflikte ursächlich sein: Die unterschiedlichen Traditionen im öffentlichen Recht und in den Verwaltungskulturen der Mitgliedstaaten sowie die Notwendigkeit, besonders komplexe, die klassische Dimension des subjektiven Rechts übersteigende Situationen zu bewältigen. Gerade der zweite Punkt zeigt: Teilweise verdeutlicht das Unionsrecht nur **Herausforderungen,** die sich aus gewandelten Anforderungen an das Recht insgesamt ergeben, die ihre tiefere Ursache aber in Veränderungen in der Lebenswirklichkeit finden. So ist etwa ein umfassend angelegter Umweltschutz auf der Basis einer Rechtsordnung, die maßgeblich von der Fixierung auf Rechte einzelner geprägt ist, kaum zu verwirklichen. Diese Besonderheit des Umweltrechts lässt aber auch vermuten, dass eine flächendeckende Beeinflussung des deutschen Verwaltungsrechts nicht zu erwarten ist.

6 Außerdem hat die Judikatur des EuGH durch die Entwicklung allgemeiner Rechtsgrundsätze Instrumente entwickelt, mit denen das Verwaltungsrecht im gesamten Anwendungsbereich des Unionsrechts dessen Einfluss ausgesetzt ist. Neben verschiedenen Vorgaben, die aus dem deutschen Recht bekannt sind wie das Recht auf Anhörung und die Pflicht zur Begründung (Rz. 9/40), ferner im Bereich des Verwal-

tungsprozessrechts das Recht auf effektiven Rechtsschutz (Rz. 13/3ff.), wird systematisch modifiziert das Recht der Staatshaftung (Rz. 14/11ff.) und die Gewährung einstweiligen Rechtsschutzes (Rz. 12). Weiterhin wirken sich die vom EuGH formulierten Grundsätze aus, dass erstens das **Unionsrecht nicht** im Vergleich zum nationalen Recht **benachteiligt werden darf** und dass zweitens das nationale Recht das Unionsrecht **hinreichend wirksam durchsetzen** muss (Rz. 12/36).

Im Einzelnen ist die Judikatur von einer umfangreichen **Kasuistik** geprägt (vgl. auch Rz. 12/36). Vor dem Hintergrund, dass die jeweils zu lösenden Konflikte etwa zwischen effektivem Rechtsschutz und effektiver Rechtsdurchsetzung auf nationaler und europäischer Ebene vergleichbar sind, steht die Frage nach einer unzureichend wirksamen Durchsetzung des Unionsrechts vor allem dann im Raum, wenn die jeweilige nationale Lösung deutlich abweicht von dem, was sonst auf europäischer und nationaler Ebene üblich ist, oder wenn Unionsinteressen in spezifischer Weise vernachlässigt werden, weil das nationale Verwaltungsrecht auf eine bipolare Konstellation (Staat – Bürger) ausgerichtet ist, während hier drei Akteure (Union, Staat, Bürger) eine Rolle spielen, etwa Wettbewerbsverzerrungen drohen. Für beides liefert jüngere Rechtsprechung zu Grenzen der Rechtskraft Beispiele (in Rz. 12).

Demgegenüber gibt es anders als im Bereich des Privatrechts (Rz. 36/2) im Verwal- 7
tungsrecht **keine** Diskussion um eine **umfassende europäische Vereinheitlichung.** Zu eng sind dessen Verbindungen mit den gerade insoweit stärker als im Privatrecht unterschiedlichen nationalen Traditionen und den jeweiligen nationalen Verfassungsrechtsordnungen; zu wenig ist auch der in einer umfassenden Harmonisierung liegende Vorteil zu erkennen, da die spezifischen Rechtssubjekte des öffentlichen Rechts, die Staaten, regelmäßig nicht in vergleichbarer Weise grenzüberschreitende Rechtsbeziehungen untereinander eingehen oder im Wettbewerb miteinander stehen wie die Privatrechtssubjekte. Soweit einheitliche administrative Standards – etwa zur Sicherung des Binnenmarktes – erforderlich sind, werden vielmehr zunehmend Mechanismen der **Verwaltungskooperation** geschaffen (transnational wirkende Verwaltungsakte, Beteiligung von anderen Mitgliedstaaten und der KOM an nationalen Verwaltungsverfahren, Befugnis zu grenzüberschreitender Verwaltungstätigkeit etc.; vgl. Rz. 12/29, 22/52, 34/58). Kodifikationsüberlegungen gibt es nur für das Eigenverwaltungsrecht der Union (Rz. 12/17).

b) Bereichsübergreifende Herausforderungen für das allgemeine Verwaltungsrecht

Für das deutsche Recht erweist sich zunächst die andersartige Zuordnung von Ho- 8
heitsgewalt und Individuum als Herausforderung. Nach dem deutschen Verständnis beschränken sich Mitwirkungs- und Kontrollansprüche des Bürgers gegenüber der Verwaltung auf den Bereich seiner **subjektiv-öffentlichen Rechte.** Wegen deren begrenzter Reichweite bleiben große Bereiche des Verwaltungshandelns außerhalb der Reichweite des Bürgers. Im Unionsrecht hat der Begriff des subjektiven Rechts nur geringe Bedeutung; dieses spricht von den „Rechten Einzelner". Vor allem aber lässt der EuGH bei der Ableitung von Mitwirkungs- und Kontrollansprüchen der Bürger (vielfach) – aus deutscher Perspektive, im Ausland sind die Maßstäbe in der Regel großzügiger – eher großzügige Maßstäbe erkennen (ausführlich: *Nettesheim,* Subjektive Rechte im Unionsrecht, AöR 2007, 333 mwN.; zum Umweltschutz etwa EuGHE 1991, I-2567, Rs. C-59/89 „KOM/Deutschland"; EuGHE 2008, I-6221 Rs. C-237/07 „Janecek"; vgl. noch Rz. 45). Dabei spielt auch eine Rolle, dass die klassische Funktion des subjektiven Rechts – den Bürger auf eine Stufe mit der Verwaltung zu stellen

– heute in seinen praktischen Konsequenzen vielfach überlagert wird von einer eher Rechtsschutzmöglichkeiten beschränkenden Wirkung. Demgegenüber wird der Bürger vom EuGH für die Durchsetzung des Unionsrechts mobilisiert (*Masing,* Die Mobilisierung des Bürgers für die Durchsetzung des Rechts, 1997). Letztlich aber lassen sich die bislang vom EuGH entschiedenen Fälle entgegen manchen Stimmen der Literatur regelmäßig auch auf der Grundlage einer – wenn auch zum Teil großzügig ausgelegten – Schutznormtheorie verstehen. In Einzelfällen verschafft der europäische Normgeber dem Einzelnen auch bewusst Rechte, die über seine unmittelbare persönliche Lebenssphäre hinausgehen, wie die Beispiele der Transparenz von Umweltinformationen und der Verbandsklage zeigen (Rz. 28).

9 Bedingt durch die finale Kompetenzstruktur des Unionsrechts sind etliche Sekundärrechtsakte auch im normativen Inhalt stark von bestimmten **Zielsetzungen** geprägt. In Teilbereichen müssen dem die nationalen Umsetzungsakte folgen mit der Konsequenz, dass sich diese entsprechend ihrer finalen Ausrichtung nicht immer reibungslos in die klassisch konditional formulierten deutschen Gesetze einfügen lassen. Genannt werden können hier etwa im Wirtschaftsverwaltungsrecht die Regulierung traditionell staatlicher Gestaltungsmacht unterworfener Märkte (siehe etwa zur Telekommunikation Rz. 21/52) und im Umweltrecht die Bemühungen der Union um „integrierten" Umweltschutz (Rz. 26f.). Konsequenz ist nicht zuletzt eine **Begrenzung gerichtlicher Kontrolle,** da finale Vorgaben wegen ihrer Abwägungsoffenheit Spielräume für die Verwaltung begründen, die deutlich größer sind als sie üblicherweise mit konditionalen Rechtsregeln verbunden sind.

10 Außerdem erweist sich das europäische Recht – Beispiel Umweltverträglichkeitsprüfung (Rz. 27) – vielfach als weitaus stärker **verfahrensorientiert** als das deutsche Recht, das vor allem von materiellrechtlichen Vorgaben geprägt ist und dem Verfahren einen dienenden Charakter zuweist. Verfahrensfehler sind daher häufig unerheblich (z. B. §§ 46 VwVfG und 214 BauGB) oder können zumindest geheilt werden. Die Anwendung dieses normalen deutschen Fehlerfolgenregimes vermag damit nicht immer die **hinreichende praktische Wirksamkeit** der einschlägigen unionsrechtlichen Vorgaben (allgemein dazu Rz. 12/36) **zu gewährleisten** (*Gurlit/Fehling,* VVDStRL 2011, 227 und 278; vgl. noch Rz. 45).

c) Bereichsübergreifende Herausforderungen für das Verwaltungsprozessrecht

Literatur: *Schwarze,* Europäische Rahmenbedingungen für die Verwaltungsgerichtsbarkeit, NVwZ 2000, 241; *Schoch,* Die Europäisierung des verwaltungsrechtlichen Rechtsschutzes, 2000; *Gundel,* Rechtsschutzlücken im Gemeinschaftsrecht?, VerwArch 2001, 81; *Dünchheim,* Verwaltungsprozessrecht unter europäischem Einfluss, 2003; *Dörr,* Der europäisierte Rechtsschutzauftrag der deutschen Gerichte, 2003; *Stancke,* Einstweilige Anordnungen im dezentralen Vollzug des Gemeinschaftsrechts, 2004; *Germelmann,* Neue Wege in der Rechtsprechung des EuGH zu nationalen Rechtskraftregeln?, EWS 2007, 392; *Kremer,* Gemeinschaftsrechtliche Grenzen der Rechtskraft, EuR 2007, 470; *Germelmann,* Die Rechtskraft von Entscheidungen in der EU, 2009; *Götze,* Vorläufiger Rechtsschutz im deutschen Verwaltungsprozess im Wirkfeld von EG-Richtlinien, 2009; *Juntunen,* Die Einwirkungen des Gemeinschaftsrechts auf die Bestandskraft von Verwaltungsakten und die Rechtskraft von Gerichtsurteilen, 2010; *Schmahl/Köber,* Durchbrechung der Rechtskraft nationaler Gerichtsentscheidungen zu Gunsten der Effektivität des Unionsrechts?, EuZW 2010, 927; *Arnull,* The Principle of Effective Judicial Protection in EU Law: An Unruly Horse?, ELR 2011, 51.

11 Im Bereich des Verwaltungsprozessrechts muss das nationale Recht im Anwendungsbereich des Unionsrechts insbesondere **effektiven Rechtsschutz** gewährleisten (Rz. 13/3). Dies wirft kein grundsätzliches Problem auf; im Einzelfall bestehende Lücken können ggf. mittels der Feststellungsklage geschlossen werden (Rz. 13/65). Komplex ist die Lage vor allem im Bereich von Verwaltungsverfahren, die kooperativ von Mitgliedstaaten und der Union durchgeführt werden, wie sie etwa im Bereich der Grundfreiheiten (etwa Rz. 22/52), aber auch des Umweltrechts (Rz. 30) zu finden sind (dazu *Classen,* JZ 2006, 157).

Auswirkungen hat die Judikatur des EuGH in Deutschland aber vor allem für die Gewährleistung **einstweiligen Rechtsschutzes.** Hierzu betont der Gerichtshof einerseits – als Ausfluss des Rechts auf effektiven Rechtsschutz – die Notwendigkeit entsprechender Regeln (EuGHE 1990, I-2433, Rs. C-213/89 „Factortame"). Andererseits darf dessen Gewährleistung nicht wettbewerbswidrig zu einer unzulässigen Beeinträchtigung der effektiven Durchsetzung des Unionsrechts führen. Dementsprechend hat der Gerichtshof den nationalen Gerichten vorgegeben (dazu EuGHE 1991, I-415, verb. Rs. C-143/88 und C-92/89 „Zuckerfabrik Süderdithmarschen"), einstweiligen Rechtsschutz, der vom Kläger gefordert wird, weil er anzuwendendes Unionsrecht für ungültig hält, nur unter den Bedingungen einzuräumen, die auch auf Unionsebene für die Gewähr von einstweiligem Rechtsschutz erfüllt sein müssen (Rz. 13/87). Zudem muss die entsprechende Frage dem EuGH vorgelegt werden (dazu Rz. 13/79). In Deutschland muss daher im Regelfall nach § 80 Abs. 2 Nr. 4 VwGO Sofortvollzug angeordnet werden. 12

In jüngerer Zeit haben Entscheidungen zu Grenzen der – grundsätzlich selbstverständlich akzeptierten (dazu EuGHE 2006, I-2585, Rs. C-234/04 „Kapferer") – Rechtskraft Aufsehen erregt. Bei Verwaltungsentscheidungen mit Dauerwirkung begrenzt der EuGH unter Hinweis auf drohende unzureichend effektive Durchsetzung des Unionsrechts (Rz. 12/36) die Bedeutung der Rechtskraftverständnis (zum italienischen Steuerrecht EuGHE 2009, I-7501, Rs. C-2/08 „Fallimento Olimpiclub" und dazu *Poelzig,* EuZW 2009, 741; zum Aufenthaltsrecht EuGH, Urteil v. 4.10.2012, Rs. C-249/11 „Byankov"); auch wettbewerbsverzerrende Auswirkungen hat er unterbunden (EuGHE 2007, I-6199, Rs. C-119/05 „Lucchini" zum Beihilferecht; vgl. auch Rz. 21/35).

II. Umwelt

Literatur: Umfangreiche Zusammenstellungen bei *Nettesheim,* in: Grabitz/Hilf/Nettesheim (Hrsg.), Das Recht der Europäischen Union, Art. 191 AEUV (2011); *Scherer/Heselhaus,* in: Dauses (Hrsg.); HB EU-WirtschR O (2010).

Rengeling (Hrsg.), Hdb. zum europäischen und deutschen Umweltrecht, 3 Bde, 2. Aufl. 2003; *Wybe,* European Environmental Case Law, 2003; *Macrory,* Principles of European Environmental Law, 2004; *Lee,* EU Environmental Law, 2005; *Jans/Vedder,* European Environmental Law, 3. Aufl. 2007; *Meßerschmidt,* Europäisches Umweltrecht, 2010; *Krämer,* Droit de l'environnement de l'Union européenne, 2011; *Wegener,* Europäisches Umweltverwaltungsrecht, in: Terhechte (Hrsg.), Verwaltungsrecht der Europäischen Union, 2011, § 36; *Brouers,* Der Einfluss der Rechtsprechung des Europäischen Gerichtshofs auf die europäische Umweltpolitik und das europäische Umweltrecht, 2012; *Weinberger,* EU-Umwelt-Recht, 2012; *Epiney,* Europäisches Umweltrecht, 3. Aufl. 2013.

Internet-Adresse: http://europa.eu/pol/env/index_de.htm

1. Die Herausbildung einer europäischen Umweltpolitik

Literatur: *Toulemon,* La problématique d'une politique européenne de l'environnement, RMC 1974, 229; *Riegel,* Die Kompetenz der EG im Umweltschutz, Bay VBl. 1979, 97; *Montag,* Umweltschutz, freier Warenverkehr und die Einheitliche Europäische Akte, RIW 1987, 935; *Scheuing,* Umweltschutz auf der Grundlage der Einheitlichen Europäischen Akte, EuR 1989, 151; *Beyer,* Gemeinschaftsrecht und Umweltschutz nach der EEA, JuS 1990, 962; *Pernice,* Auswirkungen des europäischen Binnenmarktes auf das Umweltrecht, NVwZ 1990, 201.

Bei Gründung der europäischen Gemeinschaften in den **fünfziger Jahren** spielte das Thema Umwelt politisch noch keine Rolle. Dementsprechend enthielten die Verträge in ihren damaligen Fassungen **keine spezifischen Regelungen** – weder im Zusammenhang mit entsprechenden Kompetenzen der EWG noch etwa als Rechtfertigungsgrund für nationale Beschränkungen der Grundfreiheiten. Bedeutung erlangte der Umweltschutz erst seit den siebziger Jahren. Dabei zeigte sich schnell, dass dieser **Bezüge zu vielen anderen Politikbereichen der Gemeinschaft** aufwies (Warenverkehr, Landwirtschaft u.s.w.). Einen weiteren Anstoß zur Entwicklung einer europäischen Umweltpolitik lieferte die Erkenntnis, dass die Umweltprobleme ihrem Wesen nach transnational sind („Ecology knows no boundaries"). 13

Die Geburtsstunde einer **kohärenten EWG-Umweltpolitik** schlug auf der Gipfelkonferenz der Staats- und Regierungschefs der EWG in Paris 1972, inspiriert durch die erste **UN-Umweltkonferenz in Stockholm** im gleichen Jahre. Die rechtlichen Grundlagen der zu entwickelnden europäischen Umweltpolitik wurden zunächst mit Hilfe von **„drei juristischen Entdeckungen"** (*Scheuing,* EuR 1989, 154) innerhalb des Vertrages gelegt: (1) Eine sinngemäße Auslegung der Abs. 3, 5 der **Präambel des EWGV,** sowie des **Art. 2 EWGV;** danach sei der **Umweltschutz** in der „stetigen Besserung der Lebensbedingungen" und der „harmonischen Entwicklung des Wirtschaftslebens" als Ziel der Gemeinschaft mit enthalten; (2) die vielfältige Nutzung der **Rechtsangleichungszuständigkeit des Art. 100 EWGV;** (3) die großzügige Auslegung der **„Arrondierungskompetenz" des Art. 235 EWGV** gemäß der Empfehlung der Regierungschefs 1972 gerade auch mit Blick auf den Umweltbereich.

14 Mit der EEA wurde 1986 ein eigenständiger **Umwelttitel** in den Vertrag aufgenommen (heute Art. 191 ff. AEUV) und zugleich eine – später mehrfach modifizierte – **Querschnittsklausel** geschaffen (heute Art. 11 AEUV), nach der die Belange der Umwelt auch bei dem sonstigen Handeln der Union zu beachten sind. Mittlerweile ist der Umweltschutz auch bei den zentralen Unionsaufgaben (Art. 2 EUV) verankert. In den letzten Jahren hat vor allem der – seit dem Vertrag von Lissabon auch ausdrücklich in Art. 191 AEUV verankerte – Klimaschutz eine besondere Bedeutung erlangt. Heute stellt die **Umwelt** (im Gegensatz zu anderen Politikfeldern) einen Bereich dar, für den die **europäische Ebene** in der öffentlichen Wahrnehmung als **bestgeeignete Handlungsebene** angesehen und akzeptiert wird. Dementsprechend ist hier der Anteil der europäisch induzierten nationalen Rechtsetzung mit am höchsten und erreicht tatsächlich die vielfach zu Unrecht beschworenen 80 % (allgemein dazu Rz. 32/7).

2. Primärrechtliche Grundlagen der EU-Umweltpolitik

Literatur: *Epiney,* Zur Bindungswirkung der gemeinschaftsrechtlichen „Umweltprinzipien" für die MSen, FS *Zuleeg,* 2005, 633; *Heyvaert,* Facing the consequences of the precautionary principle in European Community law, ELR 2006, 185; *H. Koch,* Das Subsidiaritätsprinzip im europäischen Umweltrecht, 2005; *Orth,* Ein Grundrecht auf Umweltschutz in Europa, 2007; *Rodriguez Iglesias/Riechenberg,* Der Beitrag des EuGH zum Schutz der Umwelt, FS Zuleeg, 2005, 624; *Frenz,* Perspektiven für den Umwelt- und Klimaschutz, in: Schwarze/Hatje (Hrsg.), Der Reformvertrag von Lissabon, 2009, 232; *Arndt,* Das Vorsorgeprinzip im EU-Recht, 2009; *Salzborn,* Das umweltrechtliche Kooperationsprinzip auf unionaler Ebene, 2011; *Pfeiffert,* La contribution de la Cour de justice de l'union européenne à la définition du principe du pollueur-payeur, RTDE 2012, 53.

a) Spezifische Vorgaben für die Umweltpolitik (Art. 191 ff. AEUV)

15 Seit der Einheitlichen Europäischen Akte 1987 enthalten die Verträge einen **besonderen Titel** zur EU-Umweltpolitik (heute Art. 191 – 193 AEUV). Damit wird die in Art. 3 EUV vorgegebene Zielstellung eines **„hohen Maßes an Umweltschutz und Verbesserung der Umweltqualität"** umgesetzt. Der **Umweltbegriff** des Vertrages ist **weit und entwicklungsoffen.** Er schließt über die natürliche Umwelt hinaus das sozio-ökonomische Umfeld des Menschen ein (*Wiegand,* DVBl. 1993, 533).

16 Die europäische Umweltpolitik dient nach Art. 191 Abs. 1 AEUV **vier grundlegenden umweltpolitischen Zielen:**

- der Erhaltung und dem Schutz der Umwelt sowie der Verbesserung ihrer Qualität,
- dem Schutz der menschlichen Gesundheit,
- der umsichtigen und rationellen Verwendung der natürlichen Ressourcen,
- der Förderung von Maßnahmen auf internationaler Ebene zur Bewältigung regionaler oder globaler Umweltprobleme und insbesondere zur Bekämpfung des Klimawandels.

Prinzipiell zielt die Umweltpolitik der Union unter Berücksichtigung regionaler Gegebenheiten auf ein **hohes Schutzniveau.** Sie folgt dabei verschiedenen verpflichtenden **Handlungsgrundsätzen** u. ä. (Art. 191 Abs. 2 AEUV): 17

- **Vorsorge und Vorbeugung:** Das einheitlich zu sehende (EuGHE 2000, I-4785, Rs. C-318/98 „Fornasar", st. Rspr.) **Vorsorgeprinzip** mahnt bei allen öffentlichen Planungen die rechtzeitige Einbeziehung der Umweltfolgen an (*Rengeling,* DVBl. 2000, 1473).
- **Ursprungsprinzip:** Umweltbeeinträchtigungen sind vorrangig an ihrer **Quelle** zu bekämpfen. Damit sollen Gefahren frühestmöglich ausgeschaltet oder minimiert werden.
- **Verursacherprinzip** („Pollueur-Payeur"): Das Verursacherprinzip ist ein Eckstein jeglicher Umweltpolitik, auch wenn bis heute viele Umweltkosten noch der Allgemeinheit zur Last fallen **(Gemeinlastprinzip).** Das Verursacherprinzip ist als **Kostentragungsgrundsatz** zu verstehen (Empfehlung des Rates ABl. 1975, L 194/1). Kosten zur Vermeidung, Beseitigung und zum Ausgleich von Umweltschäden treffen grundsätzlich denjenigen, der sie verursacht hat (*Krämer,* EuGRZ 1989, 353). Seine Durchsetzung stößt immer wieder auf praktische Grenzen, vor allem, weil Konsequenzen einen nicht immer leicht zu erbringenden Nachweis der Verursachung fordern (dazu EuGHE 2010, I-1919, Rs. C-378/08 „ERG u. a.").

Die EU muss bei ihrer Umweltpolitik auch **bestimmte tatsächliche Gegebenheiten berücksichtigen** (Art. 191 Abs. 3 AEUV): 18

- die verfügbaren wissenschaftlichen und technischen Daten,
- die Umweltbedingungen in den einzelnen Regionen der Union,
- die Vorteile und die Belastung auf Grund des Tätigwerdens bzw. eines Nichttätigwerdens,
- die wirtschaftlich-soziale Entwicklung der Union insgesamt sowie die ausgewogene Entwicklung ihrer Regionen.

Die Berücksichtigung dieser tatsächlichen Faktoren hält die **Selbstverständlichkeit** fest, dass auch Umweltpolitik **verhältnismäßig** sein muss (Art. 5 Abs. 3 EUV, oben Rz. 11/33). Bei der dabei vorzunehmenden Abwägung sind allerdings die finanziellen Aspekte nicht alleine entscheidend. Art. 191 Abs. 3 AEUV spiegelt unterschiedliche **Bedenken** verschiedener MSen (u. a. England, Italien, Griechenland) sowie der Industrie gegen eine „Umwelteuphorie" wieder, die allzu sehr zu Lasten der wirtschaftlichen Entwicklung ginge und auch jener „nachhaltigen Entwicklung" schaden würde, die Art. 11 AEUV einfordert.

b) Die Bedeutung der Umweltpolitik für die sonstige Unionspolitik (Art. 11 und 114 Abs. 3 AEUV)

Der Umweltschutz spielt auch in anderen Politikfeldern eine Rolle. Nach der **Querschnittklausel des Art. 11 AEUV** (siehe auch Art. 37 GrCh) muss er daher bei der Festlegung und Durchführung auch aller sonstigen Politiken durch die Unionsorgane mitbedacht werden (*Wasmeier,* EWS 2000, 47). So vermag der Umweltschutz als **zwingender Grund** im Sinne der „Cassis-de Dijon-Philosophie" (oben Rz. 22/42) Beschränkungen des freien Waren- oder Dienstleistungsverkehrs zu rechtfertigen (zu Art. 34 AEUV EuGHE 1988, 4607, Rs. 302/86 „Dänische Pfandflaschen"). Speziell für den Bereich der Binnenmarktharmonisierung gibt ergänzend Art. 114 Abs. 3 AEUV ein hohes Niveau u. a. im Bereich des Umweltschutzes vor. Bei aller Bedeutsamkeit des Umweltschutzes handelt es sich aber um **ein Vertragsziel unter mehreren,** die grundsätzlich gleichrangige Legitimität besitzen. 19

3. Zuständigkeiten im Bereich der EU-Umweltpolitik

Literatur: *Jarass,* Verstärkter Umweltschutz der MSen nach Art. 176 EG, NVwZ 2000, 529; *Fassbender,* Die Umsetzung von Umweltstandards der EG, 2001; *Frenz,* Außenkompetenzen der EGen und der MSen im Umweltbereich, 2001; *Heselhaus,* Abgabenhoheit der EG in der Umweltpolitik, 2001; *Marr/Beier* u. a., EG-Kompetenzen bei völkerrechtlichen Verträgen im Umweltbereich, 2004; *Trüe,* EU-Kompetenzen für Energierecht, Gesundheitsschutz und Umweltschutz nach dem Verfassungsentwurf, JZ 2004, 779; *Bothe,* Die EU in internationalen Umweltabkommen, FS Zuleeg, 2005, 668; *Eisenberg,* Kompetenzausübung und Subsidiaritätskontrolle im europäischen Umweltrecht, 2006; *Thieme,* Außenbeziehungen der Europäischen Gemeinschaft im Umweltbereich, 2006; *Rodenhoff,* Die EG und ihre Mitgliedstaaten als völkerrechtliche Einheit bei umweltvölkerrechtlichen Abkommen, 2008; *Wennerås,* Towards an ever greener Union? Competences in the field of the environment and beyond, CMLRev 2008, 1645; *Seiler,* Kompetenz- und verfahrensrechtliche Maßstäbe europäischer Umweltabgaben, EuR 2010, 67.

a) Rechtsetzungskompetenz im Umweltbereich (Art. 192 Abs. 1–3 AEUV)

20 Art. 191 Abs. 1 AEUV stellt die zentrale Kompetenznorm für die europäische Umweltpolitik dar. Im Grundsatz ist das ordentliche Gesetzgebungsverfahren anzuwenden. Allerdings unterfallen nach Abs. 2 die wichtigen Bereiche

- Vorschriften überwiegend steuerlicher Art,
- Raumordnung,
- mengenmäßige Bewirtschaftung der Wasserressourcen,
- Bodennutzung mit Ausnahme der Abfallbewirtschaftung,
- Wahl der MSen zwischen verschiedenen Energiequellen sowie allgemeine Struktur der nationalen Energieversorgung (dazu auch Rz. 23/3)

„unbeschadet des Art. 114" AEUV einer **einstimmigen** Entscheidung im Rat auf Vorschlag der KOM. Das Parlament wird lediglich angehört. Zur Sicherung der Kohärenz der Umweltpolitik werden die vorrangigen Ziele der EU-Umweltpolitik für einen bestimmten Zeitraum in einem **„allgemeinen Aktionsprogramm"** festgelegt (Art. 192 Abs. 3 AEUV). Inzwischen legt das **7. Umweltaktionsprogramm** (Beschluss 386/2013, ABl. L 354/171) die wichtigsten Prioritäten, Strategien und Ziele der Union bis 2020 fest. Klima- und Naturschutz, Gesundheit, nachhaltige Nutzung natürlicher Ressourcen, Abfallbewirtschaftung und internationaler Umweltschutz sollen Vorrang genießen.

21 Umweltrelevante Rechtsakte können aber auch auf Grundlage anderer Kompetenznormen verabschiedet werden. Von Bedeutung ist insoweit vor allem die Befugnis zur **Rechtsangleichung** im **Binnenmarkt** nach Art. 114 AEUV. Die Abgrenzung richtet sich nach **Inhalt, Ziel** und **Schwerpunkt** der Maßnahme. Dient sie der Entwicklung des **Binnenmarktes,** ist Art. 114 AEUV einschlägig, anderenfalls, beim **„eigentlichen Umweltschutz",** Art. 192 AEUV (EuGHE 2001, I-9713, Gutachten 2/00). Daher sind **allgemeine Umweltstandards** oder **Schutzmaßnahmen** (z. B. Wasserqualität oder Wälderschutz gegen Luftverschmutzung, EuGHE 1999, I-1139, Rs. C-164–165/97 „Parlament/Rat") nach Art. 192 AEUV zu behandeln. **Produktnormen** (z. B. Regelung des Bleigehalts des Benzins) fallen als binnenmarktrelevant unter Art. 114 AEUV, wenn der Handel mit ihnen erleichtert werden soll; soll das Produkt dagegen möglichst zurückgedrängt werden, ist Art. 192 AEUV einschlägig. Schwierige Grenzfälle ergeben sich auch bei **Produktionsnormen,** welche die Ausgestaltung des Produktionsprozesses von Unternehmen zum Gegenstand haben (z. B. Behandlung der Abfälle der Titanoxydindustrie). Geht es um die Gewährleistung unverfälschten Wett-

bewerbes im Binnenmarkt, zieht der EuGH (EuGHE 1991, I-2867, Rs. C-300/89 „Titanoxyd") zu Recht Art. 114 AEUV heran (Rz. 32/9). Im Bereich der Landwirtschaft sind Maßnahmen auf Art. 43 AEUV zu stützen; für die strafrechtliche Durchsetzung von Umweltschutzmaßnahmen ist nunmehr Art. 83 Abs. 2 AEUV heranzuziehen (zum Hintergrund Rz. 37/1, 6).

Die **Durchführung** und **Finanzierung** der europäischen Umweltpolitik obliegt un- 22
beschadet bestimmter unionsrechtlicher Regelungen **den MSen** (Art. 192 Abs. 4 AEUV). Dies entspricht dem Subsidiaritätsprinzip und zugleich der Sorge einiger MSen, bei einer allgemeinen Finanzierung der Umweltpolitik der Union übermäßige Kosten tragen zu müssen. Der nationale Vollzug der europäischen Umweltpolitik folgt der allgemeinen Regelung des Vollzuges von Unionsrecht (*Engelsberger*, Der Vollzug europarechtlicher Vorschriften auf dem Gebiet des Umweltschutzes, 1998; Rz. 13/25 ff.). Daneben stellt die **Union** selbst **Finanzmittel** bereit.

Das **Finanzierungsinstrument für die Umwelt (LIFE,** VO 1293/2013, ABl. L 347/185, als Nachfolger von LIFE, VO 1655/2000, ABl. L 192/1; dazu *K. Rodi*, Finanzierungskompetenzen: Die Kompetenz von Europäischer Union, Bund und Ländern am Beispiel der Finanzierung des Naturschutzes, 2003) ermöglicht die Förderung bestimmter prioritärer Umweltprojekte. Life verfügt für 2014–2020 über einen Finanzrahmen von 3,5 Mrd. €. Ferner übernehmen die **Strukturfonds** (insbesondere der Regionalfonds, oben Rz. 19/66) die Mitfinanzierung von Umweltinfrastrukturprojekten. Bedeuten EU-Umweltmaßnahmen unverhältnismäßig hohen Kosten für bestimmte MSen, können diese Staaten vom **Kohäsionsfonds** (Rz. 18/60) finanziell unterstützt werden. In diesem Fall kann auch eine Ausnahmeregelung getroffen werden (Art. 192 Abs. 5 AEUV).

b) Die Umweltaußenkompetenz der EU (Art. 191 Abs. 4 AEUV)

Art. 191 Abs. 4 AEUV enthält eine **spezielle Umweltaußenkompetenz** der Union. 23
EU und MSen arbeiten hier „im Rahmen ihrer jeweiligen Befugnisse" zusammen. Ggf. kann ergänzend auf die in Art. 216 AEUV kodifizierte **„AETR-Doktrin"** des Gerichtshofes zur EU-Außenkompetenz (unten Rz. 38/16) zurückgegriffen werden. Auch im Umweltbereich folgt damit aus der Wahrnehmung einer Innenkompetenz durch die Union ihre Außenkompetenz. Die MSen dürfen dann keine abweichenden völkerrechtlichen Bindungen mehr eingehen (EuGHE 2002, I-9855, Rs. C-476/98 „KOM/Deutschland"). Die Einzelheiten der Zusammenarbeit können zu **Abkommen** der EU mit Drittstaaten und internationalen Organisationen gemäß dem allgemeinen Vertragsschließungsverfahren der Union nach Art. 218 AEUV (unten Rz. 38/43 ff.) führen. Ggf. werden **gemischte Verträge** unter Beteiligung von EU und MSen abgeschlossen.

Daneben können andere Kompetenzen einschlägig sein, etwa der heutige Art. 207 AEUV bei umweltrelevanten Handelsabkommen (EuGHE 2002, I-12 049, Rs. C-281/01 „KOM/Rat").

c) Nationale Regelungsspielräume (Art. 193 AEUV)

Wenn die EU Umweltschutzmaßnahmen nach Art. 192 AEUV beschlossen hat, blei- 24
ben die MSen befugt, **verstärkte Schutzmaßnahmen** beizubehalten oder zu ergreifen (Art. 193 AEUV; dazu *Jarass*, NVwZ 2000, 529). Damit wird dem **unterschiedlichen Gewicht** des Umweltschutzes in den einzelnen MSen trotz grundsätzlicher Bejahung in Abwägung mit anderen öffentlichen Interessen Rechnung getragen. Obwohl die Union auf ein „hohes Schutzniveau" verpflichtet ist (Art. 191 Abs. 2 AEUV), beinhalten EU-Umweltmaßnahmen oft einen gemeinsamen „mittleren Level". MSen mit be-

sonders strenger Umweltpolitik sollen nicht auf ihn „herabgezogen“ werden. Die nationalen Verstärkungsmaßnahmen sind der KOM zu notifizieren.

25 Allerdings müssen solche nationalen Maßnahmen immer auch die **anderen Bestimmungen der Verträge** beachten (dort S. 2), etwa umweltpolitisch begründete LKW-Verkehrsverbote ggf. die Warenverkehrsfreiheit achten (Rz. 25/14) und nationale Finanzhilfen das auch für Umweltsubventionen geltende Beihilferegime der Art. 107f. AEUV (Rz. 21/6ff.). Diese Verpflichtung gilt auch, soweit Umweltrichtlinien den MSen gewisse Gestaltungsspielräume belassen und damit insoweit keine Harmonisierung bewirken (EuGHE 2004, I-11705, Rs. C-463/01 „KOM/Deutschland“ zu Art. 34 AEUV und der deutschen Verpackungsverordnung). Wird ein Rechtsakt parallel auf Art. 192 AEUV und eine andere, eine vergleichbare Regelung nicht kennende Kompetenz (etwa Art. 207 AEUV; dazu konkret etwa EuGHE 2006, I-107, Rs. C-94/03 „KOM/Rat“) gestützt, kommt Art. 193 S. 1 AEUV wegen seines S. 2 regelmäßig nicht zum Tragen, soweit die Maßnahmen auch die andere Kompetenz betreffen (a. A. *Epiney,* NVwZ 2007, 1012).

4. Die sekundärrechtliche Ausformung des allgemeinen Umweltrechts

Literatur: *Knopp,* EG-Umwelthaftungsrichtlinie und deutsches Umweltschadensgesetz, UPR 2005, 361; *Kenzler,* Das umweltrechtliche und vergaberechtliche Privilegierungspotential des gemeinschaftsrechtlichen Umwelt-Audit-Systems (EMAS), 2009; *Müller,* Die Öffentlichkeitsbeteiligung im Recht der europäischen Union und ihre Auswirkungen auf das deutsche Verwaltungsrecht am Beispiel des Immissionsschutzrechts, 2010; *Schlacke/Schrader/Bunge,* Informationsrechte, Öffentlichkeitsbeteiligung und Rechtsschutz im Umweltrecht: Aarhus-Handbuch, 2010; *Berkemann,* Die unionsrechtliche Verbandsklage des EuGH, DVBl. 2011, 1253; *Epiney,* Zur Reichweite des gerichtlichen Zugangs im Fall der Verletzung verfahrensrechtlicher Vorgaben des EU-Umweltrechts, FS Scheuing, 2011, 309; *Pallemaerts* (Hrsg.), The Aarhus Convention at Ten, 2011; *Traulsen,* Auswirkungen der Industrieemissionsrichtlinie auf das deutsche Umweltrecht, DÖV 2011, 769; *Wegener,* Die Umweltverbandsklage vor dem EuGH, FS Scheuing, 2011, 222; *Schwerdtfeger,* Erweiterte Klagerechte für Umweltverbände, EuR 2012, 80; *Siegel,* Zur Einklagbarkeit der Umweltverträglichkeit, DÖV 2012, 709; *Weidemann/Krappel/Frhr. v. Süßkind-Schwendi,* Rechtsfragen und Praxisprobleme der Umsetzung der RL 2010/75/EU über Industrieemissionen, DVBl. 2012, 1457; *Latour,* Die integrierte Umweltverwaltung in der Europäischen Union, 2013; *de Sadeleer/Poncelet,* Contestation des actes des institutions de l'UE susceptibles de porter atteinte à l'environnement et à la santé humaine, RTDE 2013, 7; *Stüer/Buchsteiner,* Umweltschutz und GG – Umsetzung der Industrieemissionsrichtlinie, DVBl. 2013, 92.

26 Die EU hat eine Reihe von Maßnahmen, Verfahren u. ä. entwickelt, die für den **Umweltschutz insgesamt** von Bedeutung sind. Eine zentrale Bedeutung kommt **verfahrensrechtlichen** Instrumenten zu, wie sie in vielen anderen MSen in stärkerem Maße als traditionell in Deutschland üblich sind. Sie dienen vor allem dazu, komplexen Situationen Rechnung zu tragen. Insbesondere können allein sie die Wechselwirkungen der verschiedenen Umweltbeeinträchtigungen angemessen erfassen, die bei einer Fixierung auf den Schutz nur jeweils bestimmter Umweltmedien leicht zu kurz kommen **(„integrierter Umweltschutz“).** Diese starke Betonung des Verfahrensrechts wirft aber gerade für Deutschland auch Probleme auf (Rz. 45). Mehrere Rechtsakte geben zudem den Einzelnen die Möglichkeit, jenseits ihres unmittelbaren Lebensumfelds altruistisch bzw. gemeinwohlorientiert auf die Verwirklichung von Umweltzielen hinzuwirken (Rz. 28).

27 Eine besondere Bedeutung haben Richtlinien über das bei der Erteilung verwaltungsrechtlicher Genehmigungen für umweltrelevante Vorhaben zu beachtende Verfahren erlangt. Zu nennen ist insbesondere die in ihrer Erstfassung 1985 verabschiedete und jüngst neu kodifizierte, aber erneut in der Diskussion befindliche Richtlinie über die **Umweltverträglichkeitsprüfung** (UVP) 2011/92 (ABl. L 26/1), die für bestimmte öffentliche und private Vorhaben, aber auch Bebauungspläne zwingend vor Beginn der Durchführung (dazu, auch zum Verbot einer Nachholung, EuGHE 2008, I-4911, Rs. C-215/06 „KOM/

Irland") eine im einzelnen näher ausgeformte entsprechende Prüfung unter Einbeziehung der Öffentlichkeit vorschreibt. Deren Ergebnis muss in die Entscheidung über die Zulässigkeit des Vorhabens einfließen (EuGHE 2011, I-873, Rs. C-50/09 „KOM/Irland"). Regelungen der UVP-RL begründen ggf. auch **Rechte Einzelner** (EuGHE 2004, I-723, Rs. C-201/02 „Wells"; dazu *Schlacke,* ZUR 2006, 360). Die Kommission hat jüngst eine erneute Änderung der Richtlinie vorgeschlagen (KOM (2012) 628 vom 26.10.2012). Die UVP-RL wird durch die Richtlinie 2001/42 (ABl. L 197/30) über die Prüfung der Umweltauswirkungen bestimmter Pläne und Programme ergänzt (**„Strategische Umweltprüfung"**, SUP). Auf die Bekämpfung bestimmter industrieller Schadensquellen zielt die zuletzt 2010 in kodifizierter Form und unter Integration weiterer RLen neu beschlossene RL 2010/75 (ABl. L 334/17) über die **integrierte Vermeidung und Verminderung von Umweltverschmutzung** (IVU).

Die Möglichkeit gemeinwohlorientierter Sorge um die Umwelt wird Einzelnen vor allem durch den Ausbau des **Umweltinformationsrechts** (Neufassung durch RL 2003/4, ABl. L 41/26; für die Unionsorgane siehe VO 1367/2006, ABl. L 264/13) **gewährt,** das **jedermann** ein Zugangsrecht zu behördlichen Umweltinformationen auf nationaler und Unionsebene vermittelt. Die Menschen werden dadurch zu aktiven Bürgern, die in die rechtliche Situation versetzt werden, mehr als ihre persönlichen Rechtsgüter zu verteidigen. Ausnahmetatbestände sind daher eng auszulegen (EuGH, Urteil v. 18.7.2013, Rs. C-515/11 „Deutsche Umwelthilfe"). Die in Rz. 27 erwähnten Richtlinien enthalten Regelungen zur **Beteiligung der Öffentlichkeit** und zur Schaffung von **Verbandsklagerechten** (Art. 6 Abs. 1 und 11 UVP-RL, Art. 15 und 16 IVU-RL; siehe auch Rz. 44 zur Aarhus-Konvention). Verbände können danach eine umfassende Rechtmäßigkeitskontrolle veranlassen, also nicht nur eine auf solche Normen beschränkte Kontrolle, die Einzelnen subjektive Rechte zuerkennen (EuGHE 2011, I-3673, Rs. C-115/09 „Trianel Kohlekraftwerk Lühnen"; dies gilt auch für Fälle, die im Anwendungsbereich des Unionsrechts liegen, aber nicht unter die erwähnten Richtlinien fallen; siehe EuGHE 2011, I-1255, Rs. C-240/09 „Lesoochranárske zoskupenie VLK"). 28

Ein weiteres Instrument stellt etwa das **Gemeinschaftssystem für das Umweltmanagement** und die Umweltbetriebsprüfung **(EMAS)** dar (VO 761/2001, ABl. L 114/1), das darauf abzielt, Organisationen wie Unternehmen, Behörden u. ä. zu veranlassen, freiwillig ihre **innere Organisation umweltorientiert einzurichten.** Dies geschieht mittels Umweltprogrammen und Managementsystemen, die durch unabhängige Prüfer evaluiert werden. Gleichzeitig erfolgt eine Unterrichtung der Öffentlichkeit über die Umweltleistung der Organisation (*Benecke,* Europarechtliche Aspekte des Umweltaudits, 2001). Die zum Schutz vor **Industrieunfällen** 1996 erlassene Richtlinie wurde jüngst überarbeitet und als RL 2012/18 verabschiedet (ABl. L 197, 1). Weiterhin ist in diesem Kontext die Europäisierung des Umwelthaftungsrechts durch die **Umwelthaftungsrichtlinie 2004/35** (ABl. L 143/56) zu erwähnen. Aus dem Grundsatz, dass der **Verursacher** von Umweltschäden für deren Beseitigung verantwortlich ist, zieht sie die Konsequenz einer entsprechenden zivilrechtlichen Haftung für Umweltschäden. Daneben soll jeweils auf nationaler Ebene eine **öffentlich-rechtliche Haftung** für „reine" Umweltschäden eingerichtet werden. Bei „gefährlichen Tätigkeiten" ist sie verschuldensunabhängig ausgestaltet (*Taschner,* Umwelthaftung: Schadensersatz und/oder Kostenerstattung?, FS Ress, 2005, 843; zum Nachweis der Verursachung EuGHE 2010, I-1919, verb. Rs. C-378/08 u. a. „ERG u. a."). Umweltfreundliche Produkte können besonders **gekennzeichnet** werden (dazu nunmehr VO 66/2009, ABl. 2010 L 27/1). Institutionell ist auf die **Europäische Umweltagentur** hinzuweisen, die zur Aufgabe hat, alle umweltrelevanten Informationen aus den MSen zu sammeln, zu bewerten und ggf. die MSen bei der Wahrnehmung ihrer umweltpolitischen Aufgaben zu unterstützen (VO 1210/90, ABl. L 120/1, Änderungen). 29

5. Die sekundärrechtliche Ausformung des medienbezogenen Umweltrechts

Der medienbezogene Umweltschutz ist kompetenzmäßig regelmäßig auf den heutigen Art. 192 AEUV abgestützt; nur ausnahmsweise kommt Art. 114 AEUV zum Tragen. 30

a) Naturschutz

Literatur: *Berner,* Der Habitatschutz im europäischen und deutschen Recht, 2000; *Ewer,* Rechtsschutz gegenüber der Auswahl und Festsetzung von FFH-Gebieten, NuR 2000, 361; *Gellermann,* Natura 2000. Europäisches Habitationsschutzrecht und seine Durchführung in der BRD, 2. Aufl. 2001; *Wirths,* Naturschutz durch europäisches Gemeinschaftsrecht, 2001; *Möstl,* FFH-Schutzgebiete in der kommunalen Bauleitplanung, DVBl. 2002, 726; *Kador,* FFH-Richtlinie, 2004; *Michler,* Die Umsetzung der FFH-Richtlinie in das deutsche Straßenrecht, VBlBW 2004, 84; *Czybulka* (Hrsg.), Aktuelle Entwicklungen im europäischen Naturschutzrecht, 2007; *Günes,* Das Schutzregime der FFH-Richtlinie und seine Umsetzung in nationales Recht, 2007; *Stüer,* Europäischer Gebiets- und Artenschutz in ruhigen Gefilden, DVBl. 2008, 1; *Epiney/Gammenthaler* (Hrsg.), Das Rechtsregime der Natura-2000-Schutzgebiete: ein Beitrag zur Auslegung des Art. 6 RL 92/43 und seiner Umsetzung in ausgewählten Mitgliedstaaten, 2009.

31 Naturschutz als Schutz der Fauna und Flora natürlicher Lebensräume ist heute ein wesentlicher Bestandteil des EU-Umweltschutzes (Fundstellenverzeichnis des geltenden EU-Rechts, 15.10.30.20). Zentral ist die **„Fauna-Flora-Habitat-Richtlinie" 92/43** (ABl. 1992, L 206/7, Änderungen). Mit dieser **FFH-Richtlinie** sollen natürliche Lebensräume in ihrer Artenvielfalt erhalten oder wiederhergestellt werden. Zu diesem Zweck werden in einem speziellen mehrstufigen Verfahren besondere Schutzgebiete ausgewählt und ausgewiesen, das von den Mitgliedstaaten und der KOM in einem Verbundverfahren kooperativ durchgeführt wird. Entsprechend den allgemein für die Umsetzung von Richtlinien geltenden Prinzipien müssen die damit verbundenen Rechtsfolgen förmlich im nationalen Recht ausgewiesen sein (EuGHE 2003, I-1585, Rs. C-75/01 „KOM/Luxemburg"); Rechtsschutz gegen die Ausweisung bestimmter Gebiete ist daher vor den nationalen Gerichten zu suchen (EuGHE 2009, I-2903, Rs. C-263/06 P „Sahlstedt"). Ziel ist ein **europäisches ökologisches Netz** „Natura 2000". Die Auswahl der Gebiete erfolgt dabei allein nach naturschutzfachlichen Gesichtspunkten (vgl. EuGHE 2010, I-131, Rs. C-226/08 „Stadt Papenburg").

Andere Maßnahmen, die gleichzeitig die Luftreinhaltung und den Tierschutz berühren, betreffen u. a. die **Erhaltung der wild lebenden Vogelarten** (RL 79/409, ABl. 1979, L 103/1, Änderungen), die **Einfuhr von Walerzeugnissen** (VO 348/81, ABl. 1981, L 39/1), den Schutz des Waldes gegen Luftverschmutzung (**„Waldsterben"**, VO 1484/2001, ABl. L 196/1) oder das Verbot von **Tellereisen** und der **Einfuhr bestimmter Pelze** (VO 3254/91, ABl. 1991, L 308/1). International beteiligt sich die EU am Übereinkommen über die **biologische Vielfalt** v. 22.5.1992 (ABl. 1993, L 309/1).

b) Gewässerschutz

Literatur: *Breuer,* Europäisierung des Wasserrechts, NuR 2000, 541; *W. Seidel,* Gewässerschutz durch europäisches Gemeinschaftsrecht, 2000; *Bruha/Koch,* Integrierte Gewässerpolitik in Europa, 2001; *Caspar,* Die EU-Wasserrahmenrichtlinie, DÖV 2001, 529; *Fassbender,* Gemeinschaftsrechtliche Anforderungen an die Umsetzung der EG-Wasserrahmenrichtlinie, NVwZ 2001, 241; *Rossmann,* Die Wasserrahmenrichtlinie der EU, 2003; *Blöch,* European Water Policy and the Water Framework Directive, JEEPL 2004, 170; *Proelß,* Meeresschutz im Völker- und Europarecht, 2004; *Unnerstall,* Das Prinzip der Kostendeckung in der EU-Wasserrahmenrichtlinie, EurUP 2006, 29; *Port,* Die Umweltziele der Wasserrahmenrichtlinie: Anforderungen an die Bewirtschaftung der Oberflächengewässer aus der Sicht des Rechts der Europäischen Union, 2011.

32 Maßnahmen zum Schutz von Gewässern **(Binnengewässer, Grundwasser und Meerwasser)** gehören zu den wichtigsten umweltpolitischen Betätigungen der EU. Mit der **„Wasserrahmenrichtlinie"** 2000/60, ABl. L 327/1 hat die Union einen Ordnungsrahmen für Maßnahmen im Bereich der Wasserpolitik (Binnenoberflächengewässer, Übergangsgewässer, Küstengewässer und Grundwasser) erlassen (*Caspar,* DÖV 2001, 529). Ziel ist eine **gute ökologische und chemische Qualität dieser Gewässer** und ihr Vorhandensein in ausreichender Quantität. Die vielfältigen Einzelregelungen (Fundstellenverzeichnis des geltenden EU-Rechts 15.10.20.20) betreffen Qualitätsnormen für Gewässer (z. B. RL 2008/105, ABl. L 348/84; zur Ausweisung von Badegewässern RL 2006/7, ABl. L 64/37), die Ableitung gefährlicher Stoffe, Emissionsnormen und Produktstandards oder spezifische schutzbezogene Regelungen (z. B. Behandlung kommunaler Abwässer, Bekämpfung von Asbest- und Nitratverschmut-

zung). RL 98/83, ABl. 1998, L 330/32 regelt die Qualität von Wasser für den **menschlichen Gebrauch.**

Viele dieser Maßnahmen dienen der „menschlichen Gesundheit", was den EuGH zur Schlussfolgerung veranlasst, dass die entsprechenden Vorgaben von betroffenen Einzelnen vor Gericht eingefordert werden können müssen (EuGHE 1991, I-4983, Rs. C-58/89 „KOM/Deutschland") – mit umstrittenen Konsequenzen für die deutsche Schutznormtheorie (Rz. 45).

Ein wichtiger Teil des Gewässerschutzes ist die **Vorsorge gegen Meeresverschmutzung.** Besondere He- 33
rausforderungen ergeben sich durch die großen Tankerunfälle oder durch vorsätzliche Verschmutzungen des Meeres („Verklappen"; RL 79/116, ABl. 1979, L 33/33 über Mindestanforderungen an Tankschiffe; VO 417/2002 ABl. L 64/1 zur Einführung von Doppelhüllen für Einhüllenöltankschiffe; E 2850/2000, ABl. L 332/1 über einen Rahmen für die Zusammenarbeit bei unfallbedingter oder vorsätzlicher Meeresverschmutzung, *Proelß,* Meeresschutz im Völker- und Europarecht, 2004). Die EU beteiligt sich an verschiedenen **internationalen Abkommen** zum Schutz der Meere (z. B. Barcelona-Abkommen zum Schutz des Mittelmeeres, ABl. 1977, L 240/1) und ebenso zum Schutz der Binnengewässer (z. B. Berner Rheinschutzkonvention, ABl. 1977, L 240/5).

c) Luftreinhaltung und Klimaschutz

Literatur: *Kreuter-Kirchhof,* Die europäische Emissionshandelsrichtlinie und ihre Umsetzung in Deutschland, EuZW 2004, 711; *Reuter/Busch,* Einführung eines EU-weiten Emissionshandels. Die RL 2003/87/EG, EuZW 2004, 39; *Zimmer,* CO_2 -Emissionsrechtehandel in der EU, 2004; *Cronauer/Seiler,* Europäischer Emissionsrechtehandel, FS Ress, 2005, 423; *Michaelis/Holtwisch,* Das europäische Emissionshandelssystem, JA 2005, 11; *Gasparinetti/van den Hout,* Revising the EU Air Quality Legisliation, JEEPL 2006, 292; *Scheidler,* Fortentwicklung des europäischen Luftreinhalterechts, NUR 2006, 354; *Sparwasser,* Luftqualitätsplanung zur Einhaltung der EU-Grenzwerte, NVwZ 2006, 369; *Fonk,* Europäische Luftqualitätsziele und nationale Erfüllungsverantwortung, 2009; *Schulze-Fielitz/Müller* (Hrsg.), Europäisches Klimaschutzrecht, 2009; *Ates,* Der Handel mit Emissionszertifikaten, 2011; *Greb,* Der Emissionshandel ab 2013, 2011; *Hartmann,* Globaler Klimawandel und Europäischer Rechtspluralismus, EuR 2011, 636; *Kerth,* Klimaschutz als europäische Querschnittsaufgabe, FS Scheuing, 2011, 340; *Lay,* Maßnahmen zum Ausgleich der Kosten des europäischen Emissionszertifikatehandels, 2012.

Die **Erdatmosphäre** ist von der Union als Umweltschutzgut anerkannt (VOen 34
2037–2039/2000, ABl. L 244/1 über Stoffe, die zum Abbau der Ozonschicht führen). Vor allem beansprucht die Union im **Klimaschutz** international eine Vorreiterrolle. So hat die EU die Verpflichtungen aus dem Kyoto-Protokoll übernommen (E 2002/358, ABl. L 130/1 und 280/2004, ABl. L 49/1). In diesen Zusammenhang gehört die Einführung eines unionsweiten **Handels mit Verschmutzungsrechten** („Emissionshandel") durch die Richtlinie 2003/87 (ABl. L 275/32), mit dem den Unternehmen Anreize zur Verbesserung der Luftreinhaltung auf Unternehmensebene geschaffen werden sollen. Zu diesem Zweck müssen die MSen nationale Verteilungspläne aufstellen, denen die KOM ggf. widersprechen kann (zu den Gestaltungsspielräumen, die den Mitgliedstaaten im Rahmen der Richtlinie verbleiben, siehe EuGH, Urteile vom 29.3.2012, Rs. C-504/09 P „Polen/KOM" und Rs. C-505/09 P „Estland/KOM", aber auch EuG, Urteil vom 7.3.2013, Rs. T-370/11 „Polen/KOM"; dazu Rz. 23/3). 2009 wurden die Anforderungen für die Erlangung solcher Zertifikate erhöht (RL 2009/29, ABl. L 140/63). Besonderen Streit hat die Einbindung des Luftverkehrs in dieses System ausgelöst (Rz. 26/27). Die Wirtschaftskrise hat allerdings jüngst zu einem Preisverfall bei den Zertifikaten geführt; der Versuch der Kommission, diesen Prozess durch eine Verknappung der Zertifikate zu bremsen, ist am EP gescheitert. Daneben sind eine Reihe weiterer Maßnahmen zum Klimaschutz erlassen worden (zu den **Waldschutzmaßnahmen,** die als Naturschutz gelten können, oben Rz. 31).

35 Zur Sicherung der **Luftqualität** vor Beeinträchtigungen durch Schwefeldioxyd, Stickstoffdioxyd, Feinstaubpartikel, Blei, Benzol, Kohlenmonoxyd usw. hat die EU in Konsolidierung zahlreicher älterer RL im Jahre 2008 eine Gesamtregelung erlassen (RL 2008/50, ABl. L 152/1), die materiell zum Teil flexibler ausgestaltet ist, aber zugleich die verfahrensrechtlichen Regelungen, etwa zur Information der Öffentlichkeit, ausgebaut hat. Eine weitere, ggf. später gleichfalls in die allgemeine RL zu integrierende RL (2004/107, ABl. 2005, L 23/3) regelt die Luftbelastung durch Arsen, Kadmium, Quecksilber, Nickel und polyzentrische aromatische Kohlenwasserstoffe. Die RL 2002/3 (ABl. L 67/14) legt für den **Ozongehalt in der Luft** „Alarmwerte" sowie längerfristige Zielgrenzwerte fest. Auch hier (siehe schon Rz. 8, 31 sowie noch Rz. 45) postuliert der EuGH, dass Einzelne die vorgesehenen Ergebnisse bzw. Maßnahmen ggf. auch gerichtlich durchsetzen können müssen (etwa EuGHE 1991, I-2567, Rs. C-361/88 „KOM/Deutschland" zur RL 80/779 (Schwefeldioxyd); EuGHE 2008, I-6221 Rs. C-237/07 „Janecek" zu Aktionsplänen zum Schutz vor Feinstaub).

36 Ein besonderer Schwerpunkt der Luftreinhaltung bezieht sich auf den **Kraftfahrzeugverkehr.** Eine Vielzahl von Maßnahmen sucht die Luftbelastung durch **Qualitätsanforderungen an Kraftstoffe** (Schwefelgehalt, Blei) zu verbessern. Seit 2000 ist verbleites Benzin grundsätzlich verboten. Eine andere Gruppe von Regelungen bekämpft die Verunreinigung der Luft durch **Abgase von Kraftfahrzeugmotoren** (Festlegung von Euro-Grenzwerten, die den Einbau bestimmter Katalysatoren vorschreiben u. a. m.). Überschreitet der Schadstoffausstoß von Kfz-Flotten festgelegte Grenzen, soll dies finanzielle Sanktionen nach sich ziehen.

Die Rahmen-RL 84/360 (ABl. 1984, L 188/20) begrenzt die Luftverschmutzung durch **ortsfeste Industrieanlagen.** In der RL 2001/80 (ABl. L 309/1) werden für **Großfeuerungsanlagen** Begrenzungen von Schadstoffemissionen verlangt. Ähnliche Regelungen bestehen für die Abfallverbrennung, Altölbeseitigung und die Verschmutzung durch Abfälle der Titandioxydindustrie.

d) Lärmschutz

Literatur: *Clair,* La lutte contre le bruit en droit communautaire, 1997; *Van Calster,* EC noise legislation and policy, EurEnvLawRev 1997, 181; *Schulte/Schröder,* Europäisches Lärmschutzrecht, DVBl. 2000, 1085.

37 Seit den siebziger Jahren sucht die EU durch die Entwicklung **zulässiger Höchstwerte** die Geräuschemissionen von Produkten wie Kraftfahrzeugen, Baumaschinen, Rasenmäher, Haushaltsgeräten und auch Fluglärm einzudämmen (Fundstellenverzeichnis des geltenden EU-Rechts 15.10.20.40; *Schulte/Schröder,* DVBl. 2000, 1085). Diese Lärmschutzmaßnahmen stehen in engem Zusammenhang mit der Beseitigung technischer Handelshemmnisse im Interesse des freien Warenverkehrs (oben Rz. 22/50) und sind daher auf Art. 114 AEUV gestützt.

e) Abfallrecht

Literatur: *Jarass,* Die Beschränkung der Abfallausfuhr und EG-Recht, NuR 1998, 397; *Versteyl,* Der Abfallbegriff im Europäischen Recht, EuZW 2000, 585; *Schleich,* Die Zulassung der Abfallverwertung und Abfallbeseitigung im europäischen und bundesdeutschen Recht, 2001; *Frank,* Nähe und Autarkie in der Abfallentsorgung, 2003; *te Heesen,* Abfallverbringung ohne Grenzen, 2003; *Lenz/Ebsen,* Die Abfallwirtschaft in der Rspr. des Gerichtshofes der EGen, EWS 2003, 345; *Petersen,* Neue Strukturen im Abfallrecht. Folgerungen aus der EuGH-Judikatur, NVwZ 2004, 34; *Stuttmann,* Der Rechtsbegriff „Abfall", NVwZ 2006, 401; *Oexle/Epiney/Breuer* (Hrsg.), EG-Abfallverbringungsverordnung, 2010.

38 Abfall stellt zwar im Sinne des Vertrages grundsätzlich eine **Ware** dar. Der Freiverkehr mit Abfall kann jedoch aus übergeordneten Umweltgesichtspunkten (z. B. „Prinzip

der Ursprungsbekämpfung", Rz. 17) im Sinne der Doktrin der „zwingenden Erfordernisse" bei Art. 34 AEUV eingeschränkt werden, sogar durch diskriminierende Maßnahmen (EuGHE 1992, I-4431, Rs. C-2/90 „KOM/Belgien"; dazu Rz. 22/43). In mehreren Etappen wurde das Abfallrecht durch (dementsprechend auf den heutigen Art. 192 AEUV gestütztes) Sekundärrecht immer stärker an den in Art. 191 AEUV enthaltenen Grundprinzipien ausgerichtet (heute RL 2008/98 über Abfälle, ABl. L 312/3). Zentral ist die **Hierarchie im Umgang mit Abfällen** (Art. 4): Vermeidung, Vorbereitung zur Wiederverwendung, Recycling, sonstige Verwertung (etwa energetischer Art) und Beseitigung; zur Umsetzung dieser Prioritäten werden verschiedene Einzelregelungen getroffen.

Verwertung liegt vor, wenn Hauptzweck der Maßnahme der Einsatz des Abfalls für einen sinnvollen Zweck ist (z. B. Einsatz zur Energieerzeugung, EuGHE 2003, I-1439, Rs. C-228/00 „KOM/D"). Spezifische Regelungen bestehen für die (nur in engen Grenzen zulässige) **Beseitigung** von Abfall (RL 2000/76, ABl. L 332/91, über die **Verbrennung** von Abfällen). Mit der RL 1999/31 (ABl. L 182/1) werden die Anforderungen an die **Deponierung** „normaler" Abfälle geregelt. Besondere Bestimmungen enthält die RL 2008/98 für **gefährliche Abfälle.** Neben dieser RL bestehen Spezialregelungen für die Beseitigung von bestimmten Abfallarten (PCB/PCT, Titandioxydabfälle, bestimmte Batterien und Akkumulatoren, Elektroschrott und Altautos). 39

Mit der VO 1013/2006 (ABl. L 190/1) wird die Überwachung und Kontrolle der grenzüberschreitenden **Verbringung von Abfällen** geregelt. Die MSen können die Verbringung von Abfällen auch innerhalb der Union verbieten (siehe zuvor bereits EuGHE 1995, I-1097, Rs. C-422/92 „KOM/Deutschland" mit Hinweis auf das „Ursprungsbekämpfungsprinzip", Rz. 17). Die EU hat ferner das **Verbot** des Baseler Abkommens von 1989 übernommen (VO 120/97, ABl. 1997, L 22/14), gefährliche Abfälle in **Nicht-OECD-Länder zu exportieren.** Insgesamt wird eine **„Entsorgungsautarkie"** der Union mit möglichster Vermeidung eines „Abfalltourismus" innerhalb der EU oder in dritte Länder angestrebt.

Nach den **Verpackungsregelungen** (RL 94/62, ABl. 1994 L 365/10, Änderungen) sollen Verpackungsabfälle in erster Linie **vermieden** werden. Im Übrigen sollen diese Abfälle dank Verwertung, Wiederverwendung und Recycling **möglichst umweltgerecht** behandelt werden können (*Schleich,* Die Zulassung der Abfallverwertung und Abfallbeseitigung im europäischen und bundesdeutschen Recht, 2001). Zu weiteren Einzelheiten siehe das Fundstellenverzeichnis des geltenden EU-Rechts 15.10.30.30. Nationale Regelungen (wie das deutsche **„Dosenpfand"**) dürfen Hersteller aus anderen EU-Staaten nicht diskriminieren (EuGHE 2004, I-11763, Rs. C-309/02 „Radlberger"). Ein Pfand- und Rücknahmesystem muss daher flächendeckend arbeiten, damit keine Handelshemmnisse für Anbieter aus anderen MSen bestehen. 40

f) Gefährliche Stoffe, insbesondere Chemikalien

Literatur: *Fischer,* REACH – das neue europäische Chemikalienrecht, DVBl. 2007, 853; *Fluck/Fischer/v. Hahn* (Hrsg.), REACH + Stoffrecht. Lsblslg., 2008; *Becker,* Schon wieder neues Chemikalienrecht, NVwZ 2009, 1011; *Bronckers/van Gerven,* Legal remedies under the EC's new chemicals REACH, CMLRev 2009, 1823; *Rengeling,* Harmonisierung und Systematisierung im Europäischen Stoffrecht, DVBl. 2009, 605; *ders.* (Hrsg.), Europäisches Stoffrecht, 2009; *Ingerowski,* Die REACH-Verordnung, 2010; *Kuhn,* REACH – das neue europäische Regulierungssystem für Chemikalien, 2010; *Schulze-Rickmann,* Das Recht auf Zugang zu Informationen und auf ihre Verwertung nach der europäischen REACH-Verordnung, 2010; *Fleurke/Somsen,* Precautionary regulation of chemical risk, CMLRev 2011, 357; *Führ* (Hrsg.), Praxishandbuch REACH, 2011; *Poppe,* Grenzen regulativer Eingriffe der Europäischen Union in die Marktfreiheit des Unionsrechts: eine Untersuchung am Beispiel der REACH-Verordnung, 2011; *Raupach,* Der sachliche Anwendungsbereich der REACH-Verordnung, 2011; *Weinberger,* EU-Chemikalienrecht, 2011; *Drohmann/Townsend* (Hrsg.), Reach Regulation, 2013.

Nach langen Diskussionen wurde im Jahre 2006 eine auf den heutigen Art. 114 AEUV gestützte Verordnung zur **Registrierung, Bewertung, Zulassung und Beschränkung chemischer Stoffe** (**„REACH"**, VO 1907/2006, ABl. 396/1) mit Blick 41 auf ihre Umweltverträglichkeit verabschiedet. Die Wirtschaft sah in diesen Plänen wegen der damit verbundenen langwierigen und kostspieligen Verfahren ernsthafte Gefahren für die Wettbewerbsfähigkeit der europäischen Industrie. Die Regelung sieht die Registrierung und Bewertung aller in der EU in den Verkehr gebrachten chemischen Stoffe und entsprechende Informationen vor. Wichtige Überwachungsaufgaben werden von der neuen Agentur für chemische Stoffe in Helsinki wahrgenommen.

42 Die VO 1272/2008 (ABl. L 353/1, Änderungen und Ergänzungen) regelt mit technischen Anpassungsregelungen die Angleichung der nationalen Vorschriften für die **Einstufung, Verpackung und Kennzeichnung** gefährlicher Stoffe. Sie wird durch die RL 76/769 (ABl. 1976, L 262/201) über das **Inverkehrbringen und die Verwendung** gewisser gefährlicher Stoffe und Zubereitungen und durch die VO 689/2008 (ABl. L 204/1) über die **Ausfuhr und Einfuhr** bestimmter gefährlicher Chemikalien ergänzt. Weitere Spezialvorschriften betreffen u. a. Lösemittel, Anstrichmittel, Schädlingsbekämpfungsmittel, Detergentien, Düngemittel, ozonschichtschädigende Stoffe und Pflanzenschutzmittel. Zu weiteren Einzelheiten siehe Fundstellenverzeichnis des geltenden EU-Rechts 15.10.20.50.

g) Biotechnologie und Gentechnik

Literatur: *Hasskarl* (Hrsg.), Europäisches Gentechnikrecht, 2002; *Zintler,* Die Biotechnologierichtlinie, 2002; *Blattner,* Europäisches Produktzulassungsverfahren. Das Europäische Verwaltungsverfahrensrecht dargestellt an der Zulassung gentechnischer Lebens- und Arzneimittel, 2003; *Ittershagen/Runge,* Die europäischen Vorschriften zur Zulassung und Kennzeichnung genetisch veränderter Produkte, NVwZ 2003, 549; *Palme/Schlee/Schumacher,* Das neue Recht der Grünen Gentechnik, EurUP 2004, 170; *Palme,* Staatshaftung wegen Nichtumsetzung des europäischen Gentechnikrechts, EuZW 2005, 109; *Calliess/Korte,* Das neue Recht der Grünen Gentechnik im europäischen Verwaltungsverbund, DÖV 2006, 10; *Escajedo San Epifanio,* Biotechnologie, santé et environnement dans l'Union européenne, RMCUE 2008, 255; *Kranz,* Biomedizinrecht in der EU: Kompetenzen des europäischen Gesetzgebers im Spannungsfeld nationaler Regelungsdivergenzen, Ethisierung des Rechts und Kommerzialisierung des Menschen, 2008.

43 Über **Biotechnologie** und **Gentechnik** gehen in den MSen die Auffassungen auseinander. Nicht nur in D überwiegen die Besorgnisse. Die europäische Rechtsetzung im Biotechnologie-/Gentechnikbereich ist umfangreich (Fundstellenverzeichnis des geltenden EU-Rechts 15.10.20.50). Die umweltbezogene RL 90/219/EWG (ABl. L 117/1) regelt die Risiken der Gentechnik in geschlossenen Systemen. Zwei andere RL weisen demgegenüber Binnenmarktbezug auf: die RL 90/220 (ABl. L 117/25) zur Freisetzung genetisch veränderter Organismen („GVO") in die Umwelt (zu den damit verbundenen Publizitätsanforderungen EuGHE 2009, I-987, Rs. C-552/07 „Azelvandre") und die RL 2001/18 (ABl. L 106/1, Änderungen) zu besonderen Genehmigungsverfahren für das **Inverkehrbringen genetisch veränderter Produkte.** Mit diesen Rechtsakten sollte ein Kompromiss zwischen den grundsätzlich gleichrangigen Zielen der Handelsfreiheit und des Umwelt- und Gesundheitsschutzes im Sinne verstärkter Gesundheitskontrolle erreicht werden. Für Lebens- und Futtermittel gibt es Spezialregelungen (VO 1829/2003, ABl. L 286/1), die unter der Verfahrensherrschaft der Europäischen Behörde für Lebensmittelsicherheit (Rz. 65) stehen. Diesen Regeln unterfallen auch solche Produkte wie Honig, in denen Pollen genetisch veränderter Pflanzen zu finden sind (EuGH, Urteil vom 6.11.2011, Rs. C-442/09 „Bablock"). Faktisch wird damit die Freisetzung von GVO deutlich erschwert. Die VO 1946/2003 (ABl. L 287/1) enthält Maßstäbe für die **grenzüberschreitende Verbringung genetisch veränderter Organismen.**

6. Die Beteiligung der EU am internationalen Umweltschutz

Auf der Grundlage der Umweltaußenkompetenz des Art. 191 Abs. 4 AEUV hat sich eine **umfangreiche Abkommenspraxis** der Union in allen Bereichen des Umweltschutzes entwickelt, regelmäßig als **gemischte Verträge** unter Beteiligung von EU und MSen (Fundstellenverzeichnis des geltenden EU-Rechts 15.10.40). Hervorzuheben sind u. a.: 44

- Im Bereich des **allgemeinen Umweltrechts** (Rz. 26ff.) die Aarhus-Konvention (ABl. 2005, L 124/4; zur Umsetzung siehe für den mitgliedstaatlichen Bereich RL 2003/35, ABl. L 156/17 mit Änderungen anderer RL sowie für die Verwaltung der Union selbst VO 1367/2006, ABl. L 264/13), die Fragen des Zugangs zu Umweltinformationen, der Öffentlichkeitsbeteiligung und Rechtsschutzfragen – auf nationaler wie auf Unionsebene – regelt (dazu *Pernice-Warnke,* EuR 2008, 410 sowie Rz. 28). Aus deutscher Perspektive ist insbesondere die Regelung zur Verbandsklage (Art. 9 Abs. 2 i. V. m. Art. 2 Nr. 5 der Richtlinie) von praktischer Bedeutung;
- im Bereich des **Naturschutzes** (Rz. 31) verschiedene Abkommen zur Erhaltung wild lebender Tierarten und Pflanzen, insbesondere die Übereinkommen 1992/2002 über biologische Vielfalt und Sicherheit („Rio/Cartagena", ABl. 1993, L 309/1 bzw. ABl. 2002, L 201/50);
- im Bereich des **Gewässerschutzes** (Rz. 32f.) zum Süßwasserschutz verschiedene Übereinkommen zum Schutz von Rhein, Elbe, Donau und Oder, ferner seit 1976 zum Meeresschutz verschiedene Abkommen zum Schutz des Mittelmeers, der Nordsee und des Nordostatlantiks sowie Abkommen gegen spezifische Meeresverschmutzungsgefahren (Bunkerölverschmutzung, Erhaltung lebender Meeresschätze u. a.); auch dem UN-Seerechtsübereinkommen ist die EU beigetreten (ABl. 1998, L 179/1);
- im Bereich der **Luftreinhaltung** und des **Klimaschutzes** (Rz. 34ff.): Genfer Übereinkommen 1979 gegen grenzüberschreitende Luftverunreinigung; Wiener und Montrealer Übereinkommen 1985/87 über den Schutz der Ozonschicht; UN-Rahmenübereinkommen über Klimaänderungen und dazugehöriges **Kyoto-Protokoll** (ABl. 1993, L 33/11 bzw. ABl. 2002, L 130/1);
- zum **Abfallrecht** siehe bereits oben Rz. 39.

7. Konsequenzen für das deutsche Recht

Literatur: *Breuer,* Konditionale und finale Rechtsetzung, AöR 2002, 523; *Calliess,* Feinstaub im Rechtsschutz deutscher Verwaltungsgerichte, NVwZ 2006, 1; *Hansmann,* Harmonisierung unterschiedlicher Normstrukturen im europäischen und im deutschen Umweltrecht, NVwZ 2006, 51; *Kment,* Zur Europarechtskonformität der neuen baurechtlichen Planerhaltungsregeln, AöR 2006, 570; *Knill,* Die Implementation europäischer Umweltpolitik, Verw 2006, 61; *Knill/Winkler,* Konvergenz oder Divergenz nationaler Rechts- und Verwaltungsstrukturen, VA 2007, 1; *Couzinet,* Die Schutznormtheorie in Zeiten des Feinstaubs, DVBl. 2008, 754; *Fonk,* Das subjektiv-öffentliche Recht auf ordnungsgemäße Luftreinhalteplanung, NVwZ 2009, 69; *Pernice-Warnke,* Effektiver Zugang zu Gericht: Die Klagebefugnis für Individualkläger und Verbände in Umweltangelegenheiten unter Reformdruck, 2009; *G. Kirchhof,* Der rechtliche Schutz vor Feinstaub – subjektive öffentliche Rechte zu Lasten Vierter?, AöR 2010, 29; *Schwerdtfeger,* Der deutsche Verwaltungsrechtsschutz unter dem Einfluss der Aarhus-Konvention, 2010; *Bauer,* Die Durchsetzung des europäischen Umweltrechts in Deutschland, 2011; *Leidinger,* Europäisiertes Verbandsklagerecht und deutscher Individualrechtschutz, NVwZ 2011, 1345;*Ekardt,* Das Umweltrechtsbehelfsgesetz vor dem EuGH und dem BVerwG, NVwZ 2012, 530; *Schink,* Der slowakische Braunbär und der deutsche Verwaltungsprozess, DÖV 2012, 622.

Im Umweltrecht zeigt sich wohl am deutlichsten die Beeinflussung der eingangs dargestellten Grundstrukturen des deutschen öffentlichen Rechts, da sich insbesondere hier Einflüsse auf das subjektive Recht sowie die Verfahrens- und Finalorientierung (Rz. 5ff.) erkennen lassen. Neben unterschiedlichen Traditionen in den Mitgliedstaaten spielt hier vor allem die **Komplexität des Umweltrechts** eine Rolle, der ein traditionelles Verständnis deutscher Dogmatik nicht immer ausreichend Rechnung tragen kann. So trägt es zur Verwirklichung der **flächendeckend geforderten Maßnahmen** zur Feinstaubbekämpfung (Rz. 34) nicht bei, wenn der Einzelne nur die Möglichkeit hat, den geforderten Schutz vor seiner Haustür einzufordern (instruktiv dazu *G. Kirchhof,* AöR 2010, 29). Die Notwendigkeit, im Rahmen eines Konzepts integrierten Umweltschutzes auch den jeweiligen **Wechselwirkungen** der verschiedenen Umweltbeeinträchtigungen 45

Beachtung zu schenken, macht wegen deren Komplexität klare materielle, konditional formulierte Standards unmöglich und führt damit unvermeidlich zur Notwendigkeit einer stärker **verfahrensrechtlichen Ausrichtung** des Rechts; da aber das Verfahren auch inhaltlich gesteuert sein muss, ist ergänzend eine eher finale Ausrichtung erforderlich. Der deutsche Gesetzgeber hat dem nunmehr bereichsspezifisch insbesondere dadurch Rechnung getragen, dass Verfahrensfehlern eine größere Relevanz als traditionell üblich zuerkannt wurde (§ 4 UmwRG; vgl. auch aus europäischer Sicht zum Verbot einer nachträglichen Legalisierung eines Vorhabens Rz. 27), doch muss auch diese Norm im Lichte des Unionsrechts restriktiv ausgelegt werden (EuGH, Urt. v. 7.11.2013, Rs. C-72/12 „Gemeinde Altrip"). Die explizit vorgegebene Verbandsklage (Rz. 28) stellt einen Fremdkörper im deutschen Recht dar, der allerdings durch die Vollzugsdefizite erklärt werden kann, die die Begrenzung der gerichtlichen Kontrolle auf die Verletzung subjektiver Rechte gerade im Umweltbereich hervorgerufen hat. Die deutsche Umsetzung (§ 2 UmwRBG) bleibt mit ihrer Beschränkung der Rügemöglichkeit auf Normen, die Einzelnen subjektive Rechte vermitteln, allerdings hinter den europäischen Vorgaben zurück (Rz. 28); bis zur einer korrekten Umsetzung entfaltet die RL daher unmittelbare Wirkung. Immerhin lassen die vorgenannten Besonderheiten des Umweltrechts nicht erwarten, dass sich die dargestellten Europäisierungstendenzen im deutschen Recht flächendeckend auswirken werden.

8. Tierschutz

46 Seit dem Vertrag von Amsterdam kennt das Unionsrecht auch eine **Querschnittsklausel** zum Tierschutz (heute Art. 13 AEUV; vgl. auch EuGHE 2001, I-5689, Rs. C-189/01 „Jippes"), die dessen Berücksichtigung insbesondere bei Binnenmarktpolitiken wie Landwirtschaft, Verkehr und Forschung (etwa: RL 2010/63, ABl. L 276/33 zu Tierversuchen) fordert. Vorbehalte werden insbesondere zugunsten religiöser Riten, kultureller Traditionen der MSen und des regionalen Erbes gemacht. Der Tierschutz hat inzwischen im Sekundärrecht (z. B. bei bestimmten Pelzeinfuhren) und über Abkommen der Union (z. B. über humane Fischfangmethoden) verschiedentlich Berücksichtigung gefunden (Fundstellenverzeichnis des geltenden EU-Rechts 15.40).

III. Gesundheit

Literatur: Zusammenstellungen von Literatur zum EU-Gesundheitswesen bei *Schmidt am Busch,* in: Grabitz/Hilf/Nettesheim (Hrsg.), Recht der EU, bei Art. 168 (2011).

Hervey/MacHale, Health Law and the European Union, CMLRev 2006, 266; *Schmidt am Busch,* Gesundheitssicherung im Mehrebenensystem, 2007; *Frenz/Götzkes,* Europäische Gesundheitspolitik nach Lissabon, MedR 2010, 613; *v.d.Gronden/Szyszczak/Neergaal/Krajewski,* Health Care and EU Law, 2011; *Schmidt/Sule,* Von Patenten und Patienten – Die Entwicklung des EU-Gesundheitsrechts seit Lissabon, EuZW 2012, 369; *Wallrabenstein,* Gesundheitspolitik, in: Wegener (Hrsg.), EnzEuR VIII, 2014, § 8.

Internet-Adressen: http://europa.eu/pol/health/index_de.htm und http://europa.eu/pol/food/index_de.htm

1. Grundlagen und Entwicklung der europäischen Gesundheitspolitik

47 Die unterschiedlich organisierten und finanzierten, vielfach unter starkem staatlichen Einfluss stehenden **nationalen Gesundheits- und Sozialsysteme** (insbesondere die gesetzlichen Krankenversicherungen) stehen auf eine nicht voraussehbare Zeit einer vollen Integration des europäischen Gesundheitswesens entgegen; die Union bleibt im Wesentlichen auf einen unterstützenden Beitrag zur Gesundheitspolitik der MSen beschränkt (Art. 6 AEUV). Dementsprechend enthält die einschlägige Bestimmung des Art. 168 AEUV **spezifische,** wenn auch eng begrenzte Vorgaben für eine **europäische Gesundheitspolitik,** die die Aktion der EU im Wesentlichen auf **unterstützende, koordinierende und ergänzende** Maßnahmen beschränkt.

Am Anfang standen gesundheitspolitische programmatische Aktionen von Rat und KOM. Dabei bestand eine enge Verzahnung mit der umwelt- und verbraucherpolitischen Entwicklung. Der Reaktorunfall in **Tschernobyl 1986** schärfte den Blick für übernationale gesundheitliche Konsequenzen derartiger Notfälle und führte zu ersten Rechtsakten auf der Grundlage des EAGV, u. a. einer Richtlinie von 1989 zur Unterrichtung der Bevölkerung über die bei radiologischem Notstand zu ergreifenden Gesundheitsschutzmaßnahmen. Zusammen mit dem Verbraucherschutz wurde das Gesundheitswesen in Maastricht 1992 als begrenzte Aufgabe im EG-Vertrag verankert und in Amsterdam 1997 ausgebaut. 48

Darüber hinaus spielt die Gesundheit auch im Kontext vieler anderer EU-Politiken eine Rolle. Gerade in den letzten Jahren haben die Grundfreiheiten über das aus ihnen vom EuGH abgeleitete und jüngst in einer Richtlinie näher ausgeformte Recht auf grenzüberschreitende medizinische Versorgung wichtige Liberalisierungsimpulse gegeben (Rz. 62); daneben spielt das Wettbewerbsrecht eine wichtige Rolle. Dementsprechend stellt die Sicherung **eines hohen Gesundheitsschutzniveaus** eine Querschnittsaufgabe vergleichbar etwa dem Umweltschutz (dazu Art. 11 AEUV, Rz. 14) dar, die auch bei allen Aktivitäten der Union zu beachten ist (Art. 168 Abs. 1 AEUV). Für die Rechtsangleichung im Binnenmarkt wird dies in Art. 114 Abs. 3 und 8 AEUV noch einmal gesondert betont. Die in Art. 168 Abs. 7 AEUV ausdrücklich hervorgehobene **Verantwortung der MSen für das Gesundheitswesen** wird damit letztlich vielfältig eingeschränkt. 49

2. Primärrechtliche Grundlagen der europäischen Gesundheitspolitik

a) Allgemeines

Im Vertrag wird der **Begriff der Gesundheit** seit dem Vertrag von Lissabon im Ansatz durch den Hinweis auf körperliche und geistige Gesundheit spezifiziert (Art. 168 Abs. 1 UAbs. 2 AEUV). Im Vergleich zur früher vom EuGH herangezogenen weiten Definition der Satzung der Weltgesundheitsorganisation („Zustand des vollständigen körperlichen, geistigen und sozialen Wohlbefindens und nicht nur Freisein von Krankheiten und Gebrechen"; siehe EuGHE 1996, I-5755, Rs. C-84/94 „Vereinigtes Königreich/Rat") wird der Bereich des Sozialen ausgeklammert. Die Zielstellung der Aktion der EU ist ohnehin wesentlich enger gefasst. Es geht nach Art. 168 Abs. 1 AEUV um die **Gesundheit der Bevölkerung** („Öffentliche Gesundheit" – „Public health") und dabei um **vorbeugenden Gesundheitsschutz** (Prävention); Maßnahmen zur Wiederherstellung der Gesundheit, insbesondere die Behandlung von Krankheiten usf. werden davon im Grundsatz nicht erfasst; nur für die Versorgung in Grenzgebieten wird eine „Komplementarität" angestrebt (Abs. 2 UAbs. 1 a. E.). Die Prävention ist weit zu verstehen und schließt die Vorbeugung gegen Unfälle, Verletzungen und Gewalt ein. In jedem Fall nicht unter die einschlägigen Normen fallen Tier- und Pflanzenschutz, da es nur um die **menschliche** Gesundheit geht. Nach Art. 35 GrCh hat jede Person ein Recht auf Zugang zur Gesundheitsvorsorge und auf ärztliche Versorgung, wenn auch nur nach Maßgabe der einzelstaatlichen Rechtsvorschriften und Gepflogenheiten. 50

b) Apotheken, Krankenhäuser und Krankenkassen und das allgemeine Wirtschaftsrecht

aa) Apotheken

Einfluss haben die Grundfreiheiten auf das deutsche **Apothekenrecht.** Das Verbot des Internetvertriebs wurde vom EuGH als MgW im Sinne von Art. 34 AEUV angesehen, 51 das nur bei verschreibungspflichtigen Medikamenten aus Gründen des Gesundheitsschutzes gerechtfertigt sei (EuGHE 2003, I-14 887, Rs. C-322/01 „Doc Morris"). Demgegenüber wurde das (nicht nur in Deutschland bekannte) Fremdbesitzerverbot für Apotheken – diese müssen einem ausgebildeten Pharmazeuten gehören – als zulässige Einschränkung der Niederlassungsfreiheit angesehen (EuGHE 2009, I-4171, verb. Rs. C-171 und 172/07 „Deutscher Apothekerverband" sowie E 2009, I-4103, Rs. C-531/06 „KOM/Italien"; kritisch dazu wegen unzureichender Prüfung der Konsistenz der Regelungen *Classen,* Jura 2010, 56). Regelmäßig muss der EuGH zudem die Grundsätze, die von ihm zum Verhältnis von Patentrecht und Warenverkehrsfreiheit im Zusammenhang mit Parallelimporten entwickelt wurden (Rz. 36/23), gerade mit Blick auf Arzneimittel durchsetzen (zu wettbewerbsrechtlichen Aspekten in diesem Kontext EuGHE 2009, I-9291, verb. Rs. C-501/06 P u. a. „GlaxoSmithKline").

bb) Krankenhäuser und Krankenkassen

Literatur: *Soltész/Puffer-Mariette,* Krankenhäuser im Fokus des Europäischen Wettbewerbsrechts, EWS 2006, 438; *Koenig/Paul,* Die Krankenhausfinanzierung im Kreuzfeuer der EG-Beihilfenkontrolle, EuZW 2008, 359; *Knütel/Schweda/Giersch,* Krankenhausfinanzierung: Aktuelle Risiken aus dem europäischen Beihilfenrecht und ihre Vermeidung, EWS 2008, 497; *Kluckert,* Gesetzliche Krankenkassen als Normadressaten des europäischen Wettbewerbsrechts, 2009; *Leupold,* Krankenhausmärkte in Europa – aus der Perspektive des europäischen Beihilfenrechts, 2009; *Böge,* Kassenärztliche Vereinigungen und Ärztekammern im europäischen Kartellrecht: die ärztlichen Selbstverwaltungskörperschaften als verbotene Kartelle auf dem Markt für ambulante ärztliche Leistungen?, 2011; *Denkhaus,* Gesundheitsmärkte im Mehrebenensystem: eine Untersuchung zum System des Europäischen Verwaltungsrechts am Beispiel des Vergaberechts, 2011; *Blanc,* La planification des services de santé et le droit de l'Union européenne, RTDE 2013, 217; *Sauter,* The Impact of EU Competition Law on National Healthcare Systems, ELR 2013, 457.

52 **Krankenhäuser** stellen **Unternehmen** dar, so dass für sie die Niederlassungsfreiheit gilt und entsprechende Beschränkungen zu rechtfertigen sind (dazu etwa EuGHE 2009, I-1721, Rs. C-169/07 „Hartlauer"). Ferner sind sie dem Wettbewerbsrecht, also ggf. den Vorschriften über die Fusionskontrolle (Rz. 20/33), im Fall von Zuschüssen aber vor allem dem **Beihilfenrecht** (Art. 107f. AEUV, Rz. 21/6ff.) unterworfen. Danach ist ein finanzieller Zuschuss durch den Staat im Grundsatz nur im Rahmen der „Altmark Trans"-Kriterien möglich oder, soweit eine Rechtfertigung nach Art. 106 Abs. 2 AEUV in Betracht kommt (dazu Rz. 21/49f.).

53 **Krankenkassen,** deren Tätigkeit vorwiegend vom **Solidarprinzip** geprägt wird, stellen **keine Unternehmen** dar (EuGHE 2004, I-2493, verb. Rs. C-264/01 u. a. „AOK"), so dass die Art. 101ff. AEUV nicht anwendbar sind. Trotz Zunahme wettbewerblicher Elemente im Kassensystem wird man dies grundsätzlich auch weiterhin annehmen können; anderes gilt für freiwillig versicherte Personen und für die private Krankenversicherung (vgl. auch EuGE 2008, II-81, Rs. T-289/03 „BUPA" zur Anwendbarkeit des Beihilferechts auf einen staatlichen Risikostrukturausgleich zwischen privaten Krankenkassen, und dazu Rz. 21/50). Allerdings stellt die Tätigkeit von Krankenversicherungen eine Dienstleistung im Sinne von Art. 56 AEUV dar mit der Folge, dass Pflichtmitgliedschaften nur zulässig sind, soweit sie zur „Gewährleistung des finanziellen Gleichgewichts eines Zweigs der sozialen Sicherheit erforderlich" sind (EuGHE 2009, I-1513, Rs. C-350/07 „Kattner Stahlbau"). Außerdem unterliegen die öffentlichen Krankenkassen dem Recht der öffentlichen Auftragsvergabe (Rz. 21/63).

c) Kompetenzen im Bereich der europäischen Gesundheitspolitik nach Art. 168 AEUV

Verbindliche Rechtsakte, auch Harmonisierungsmaßnahmen, kann die Union nach Art. 168 Abs. 4 AEUV nur in wenigen Bereichen erlassen, nämlich zur Festlegung hoher Qualitäts- und Sicherheitsstandards für **menschliche Organe und Substanzen** sowie für **Blut und Blutderivate,** zum Schutz der Gesundheit der Bevölkerung im **Veterinärwesen** und beim **Pflanzenschutz** sowie zur Festlegung hoher Qualitäts- und Sicherheitsstandards für **Arzneimittel** und **Medizinprodukte.** 54

Im Übrigen **fördert** die Union die Zusammenarbeit zwischen den MSen im Bereich des Art. 168 AEUV und **unterstützt** erforderlichenfalls die nationale Tätigkeit. Ferner **koordinieren** die MSen im Benehmen mit der – initiativberechtigten – KOM ihre gesundheitspolitischen Politiken und Programme in diesem Bereich (Art. 168 Abs. 2 AEUV). Grundprinzip ist eine **komplementäre europäische Zuständigkeit.** Sie unterstützt die nationalen Gesundheitspolitiken, darf aber keine eigenen Ziele verfolgen. Praktisch beschränkt sich die Tätigkeit der Union damit auf Sammeln von Daten, Informationsaustausch, Zahlung von Zuschüssen u. ä. Die Initiativen der KOM bestehen meist aus Mitteilungen, Berichten oder Studien. Eine eigenständig wahrzunehmende Kompetenz ist der Union nunmehr mit Blick auf die Bekämpfung schwerer grenzüberschreitender Krankheiten und Gesundheitsgefahren sowie den Schutz der Gesundheit der Bevölkerung vor Tabakkonsum und Alkoholmissbrauch eingeräumt, allerdings unter Ausschluss jeglicher Rechtsharmonisierung (etwa Beschluss 1082/2013, ABl. L 293/1). Einschlägige Maßnahmen werden nach Abs. 5 im ordentlichen Gesetzgebungsverfahren beschlossen. 55

Weiterhin streben EU und MSen eine Zusammenarbeit mit **dritten Ländern** und **internationalen Gesundheitsorganisationen** an, insbesondere mit der Weltgesundheitsorganisation (WHO; Art. 168 Abs. 3 AEUV; *Sander,* Internationaler und europäischer Gesundheitsschutz 2004). Die EU erhält damit eine Gesundheits-Außenkompetenz, welche im Sinne von Art. 216 AEUV (Rz. 37/19) den **Abschluss völkerrechtlicher Verträge** einschließt. Die Union hat hiervon bereits ausgiebig Gebrauch gemacht (Fundstellenverzeichnis des geltenden EU-Rechts 15. 30). 56

d) Sonstige gesundheitsrelevante Zuständigkeiten der EU

Die **Binnenmarkt-Rechtsangleichung** nach Art. 114 AEUV (Rz. 32/8 ff.) stellt die **wichtigste** Kompetenz der EU für den Gesundheitsbereich außerhalb des Art. 168 AEUV dar. Die Forderung des Art. 114 Abs. 3 AEUV nach einem **hohen Gesundheitsschutzniveau** belegt die Möglichkeit von Rechtsangleichung in diesem Bereich. Wegen des weitgehenden Ausschlusses von Harmonisierungsmaßnahmen im Rahmen von Art. 168 AEUV kommt dieser Norm (und ihren Grenzen) besondere Bedeutung zu (Rz. 32/10). 57

Die Gesundheitszuständigkeiten des Art. 168 Abs. 4 lit b) AEUV gehen den **Agrarzuständigkeiten** nach Art. 43 AEUV kraft ihres Wortlautes vor. Ebenso stellt die **Gesundheitspolitik** im Sinne von Art. 168 AEUV grundsätzlich eine Spezialregelung zum **Verbraucherschutz** nach Art. 169 AEUV dar. Regelungen beider Bereiche sind öfters kaum trennbar miteinander verzahnt. Andere europäische Zuständigkeiten stellen vorrangige Spezialregelungen im Verhältnis zu Art. 169 AEUV dar. Hierzu gehören insbesondere die Kompetenzen im Zusammenhang mit der **Freizügigkeit bei medizinischen Berufen** (Art. 48, 50, 53 AEUV), der **Gesundheit und Sicherheit von Arbeitnehmern** (Art. 153 ff. AEUV), der **Förderung medizinischer Forschung** (Art. 179 ff. AEUV) und dem **Umweltschutz zugunsten der menschlichen Gesundheit** (Art. 191 ff. AEUV). Bei der Wahrnehmung all dieser Befugnisse ist die erwähnte **Querschnittsklausel** des Art. 168 Abs. 1 AEUV (Rz. 50) zu beachten. 58

3. Die sekundärrechtliche Ausformung der europäischen Gesundheits- politik

a) Harmonisierung des Arzneimittel- und Medizinprodukterechts sowie Regelung der Organtransplantation

Literatur: *Winter,* Die Verwirklichung des Binnenmarktes für Arzneimittel, 2004; *Geiger,* Deutsche Arzneimittelhaftung und EG-Produkthaftung, 2006; *Lieck,* Der Parallelhandel mit Arzneimitteln innerhalb der Europäischen Union unter arzneimittel-, marken- und patentrechtlichen Aspekten, 2008; *Faeh,* Die Rechte des Verbrauchers im Arzneimittelmarkt der Europäischen Union, 2011; *Janda,* Arzneimittelrecht, in: Ruffert (Hrsg.), EnzEuR V, 2012, § 9.

59 Das **Arzneimittelrecht** steht im Spannungsfeld von Warenverkehrsfreiheit und Verbraucherschutz einschließlich Gesundheitspolitik. Einerseits soll u. a. aus Gründen der Kostensenkung der **grenzüberschreitende Handel mit Medikamenten** gefördert werden, andererseits bedarf es aus **medizinischen Gründen** hinreichender Kontrollen der Arzneimittel mit Blick auf therapeutische Wirkungen und Unschädlichkeit.

60 Im Einzelnen beinhaltet der **Gemeinschaftskodex für Humanarzneimittel** (RL 2001/83, ABl. L 311/67, Änderungen) die **Verpflichtung der MSen** zur Durchführung eines **Genehmigungsverfahrens** für die Zulassung von Arzneimitteln anhand bestimmter Maßstäbe; an diesem Verfahren sind auch die anderen Mitgliedstaaten, im Streitfall auch die KOM beteiligt. Im Fall einer Zulassung können die anderen Mitgliedstaaten die Zulassung nur in engen Grenzen verweigern. Produkte, die nicht unter die Arzneimitteldefinition der RL fallen, dürfen auch von den MSen nicht ohne Verstoß gegen Art. 34 AEUV als solche behandelt werden (EuGHE 2007, I-9811, Rs. C-319/95 „KOM/Deutschland"). Für bestimmte Arzneimittel sieht VO 726/2004 (ABl. L 136/1) ein **europäisches Zulassungsverfahren** vor der Europäischen Arzneimittelagentur vor; diese hat zudem die Aufgabe, KOM und Mitgliedstaaten auch im Übrigen im Bereich der Arzneimittelsicherheit zu beraten. Zu weiteren Einzelheiten siehe Fundstellenverzeichnis des geltenden EU-Rechts 15.30; *Gassner,* in: Bottke/Möllers/Schmidt (Hrsg.), Recht in der EU, 2003, 113).

Allein dem Gesundheitsschutz, nicht dem Binnenmarkt verpflichtet ist die Richtlinie 2010/53 (ABl. L 207/14) über die **Organtransplantation** (dazu *Wollenschläger,* FS Scheuing, 2011, 447).

b) Die Sicherung der grenzüberschreitenden medizinischen Versorgung

Literatur: *Udsching/Harich,* Die Zukunft des Sachleistungsprinzips im Binnenmarkt, EuR 2008, 794; *de Grove-Valdeyron,* La directive sur les droits des patients en matière de soins de santé transfrontaliers, RTDE 2009, 299; *Möller,* Europäische Marktfreiheiten im Wettbewerb am Beispiel der stationären Patientenversorgung, 2009; *Eichenhofer,* Unterliegen die den Basistarif anbietenden Träger der Krankenversicherung dem Europäischen koordinierenden Sozialrecht?, MedR 2010, 298; *Hancher/Sauter,* One step beyond? From Sodemare to Docmorris: The EU's freedom of establishment case law concerning healthcare, CMLRev 2010, 117; *Krajewski,* Grenzüberschreitende Patientenmobilität in Europa zwischen negativer und positiver Integration der Gesundheitssysteme, EuR 2010, 165; *Frenz/Ehlenz,* Grenzüberschreitende Wahrnehmung von Gesundheitsdienstleistungen, MedR 2011, 629; *Frischhut/Stein,* Patientenmobilität: aktuelle Richtlinie und EuGH-Rechtsprechung, 2011; *de Grove-Valdeyron,* La directive sur les droits des patients en matière de soins de santé transfrontaliers, RTDE 2011, 299; *Murphy,* An Effective Right to Cross Border Health-Care? On Patients, Primacy and Procedural Autonomy, ELR 2011, 542; *de La Rosa,* The Directive on cross-border healthcare or the art of codyfing complex case law, CMLRev 2012, 15; *Rixen,* Die Patientenrechte-Richtlinie als „Dienstleistungsrichtlinie des Gesundheitswesens", GPR 2012, 45; *Wollenschläger,* Patientenmobilität in der Europäischen Union,EuR 2012, 149.

61 Bei der Inanspruchnahme medizinischer Leistungen im Ausland stellt sich häufig die Frage, ob und inwieweit diese auch von dem jeweils zuständigen Träger (Krankenkasse etc.) erstattet werden. Bereits seit langem gibt es einschlägige Regeln für Personen, die sich unabhängig von der Inanspruchnahme dieser Leistungen im Rahmen der **Personenfreizügigkeit** (Art. 45, 49 AEUV) im Ausland aufhalten (heute insbesondere **VO 883/2004,** ABl. L 166/1; Rz. 27/72). Vorgesehen ist eine Kostenerstattung durch den

zuständigen Träger (Krankenkasse etc.) bei grenzüberschreitender Inanspruchnahme medizinischer Leistungen (Art. 17ff.). Danach erfolgt eine Leistungsaushilfe durch den Träger des Wohnsitz- bzw. Aufenthaltsstaates nach dessen Vorschriften, aber zu Lasten des zuständigen Trägers.

Im Übrigen hat der EuGH im Sinne seiner allgemeinen Rechtsprechung zu den **Grundfreiheiten** (siehe auch Rz. 22/5) klargestellt, dass die nationalen Zuständigkeiten im Gesundheitswesen nicht von der Beachtung der Grundfreiheiten entbinden, sondern allenfalls Rechtfertigungsmöglichkeiten begründen (so für den Erwerb von Medizinprodukten zur Warenverkehrsfreiheit des Art. 34 AEUV EuGHE 1998, I-1831, Rs. C-120/95 „Decker", vor allem aber für ärztliche Leistungen aus der Dienstleistungsfreiheit des Art. 56 AEUV beginnend mit EuGHE 1998, I-1931, Rs. C-158/96 „Kohll"). Bei der Frage nach der **Rechtfertigung entsprechender Beschränkungen,** die sich in der Begrenzung der Kostenerstattung für Behandlungen äußern, hat der EuGH grundsätzlich die Notwendigkeit der Planung einer medizinischen Infrastruktur und der Sicherung des finanziellen Gleichgewichts der Sozialsysteme akzeptiert. Die von ihm entwickelten Grundsätze wurden in der **Richtlinie 2011/24** (ABl. L 88/45) kodifiziert. Danach darf eine Kostenerstattung verweigert werden, soweit auf nationaler Ebene entsprechender Planungsbedarf bestand, also zu Krankenhausaufenthalten und zur sonstigen Behandlung mit Großgeräten (Art. 8 Abs. 2 lit. a der RL im Anschluss an EuGHE 2003, I-4509, Rs. C-385/99 „Müller-Fauré" und EuGHE 2010, I-8833 Rs. C-512/08 „KOM/Frankreich"), nicht aber bei der Behandlung durch einen niedergelassenen Arzt. In jedem Fall scheidet eine Rechtfertigung aus, wenn das eigene System nicht in der Lage ist, die medizinisch gebotene Leistung innerhalb angemessener Zeit anzubieten (Art. 8 Abs. 5 der RL im Anschluss an EuGHE 2001, I-5473, Rs. C-157/99 „Smits und Peerbooms" und zu staatlichen Gesundheitssystemen EuGHE 2006, I-4325, Rs. C-372/04 „Watts"). Kosten werden zwar nur nach Heimattarif erstattet (Art. 7 Abs. 4 der RL). Im Fall staatlicher Gesundheitssysteme stellt dies jedoch eine kaum adäquate Grenze dar, weil auf nationaler Ebene individuelle Behandlungskosten gar nicht berechnet werden. 62

c) Gesundheitsprogrammatische Aktionen der Unionsorgane

Die KOM gibt regelmäßig größere **Studien, Grünbücher** u. ä. über den Gesundheitszustand in der EU heraus. In ihrem Weißbuch vom 23.10.2007 (KOM(2007)630) legt die KOM ein strategisches Konzept für sektorübergreifende Gesundheitsaspekte aller Politikfelder für den Zeitraum 2008–2013 vor. Der Rat bringt durch eine große Zahl von **Entschließungen, Schlussfolgerungen, Erklärungen, Empfehlungen** u. ä. wichtige Aspekte des Gesundheitswesens (u. a. Kampf gegen Krebs und Aids, Bekämpfung des Dopings im Sport, Suchtprävention, Drogenmissbrauch, Ernährung und Gesundheit) zu unionsweitem Konsens (Fundstellenverzeichnis des geltenden EU-Rechts 15.30). Diese Äußerungen münden in allgemeine **Aktionsprogramme** wie das Programm im Bereich der öffentlichen Gesundheit 2008–2013 (Beschluss von Rat und EP 1350/2007, ABl. L 301/3) oder das Aktionsprogramm 2008–2013 zur Verhütung und Bekämpfung bestimmter Gewalt und zum Opferschutz (DAPHNE III – Beschluss 779/2007, ABl. L 173/19). 63

4. Die sekundärrechtliche Ausformung des Lebensmittelrechts

Literatur: *Rücker,* Die Entstehung der Novel-Food-VO der EU, 2000; *Gross,* Die Produktzulassung von Novel Food, 2001; *O'Rourke,* European Food Law, 2. Aufl. 2001; *Köhler,* Die neuen europäischen Begriffe und Grundsätze des Lebensmittelrechts, GRUR 2002, 844; *Fuchs,* Lebensmittelsicherheit in der Mehrebenenverwaltung der Europäischen Gemeinschaft, 2004; *León Ramírez,* Der Schutz von geographischen Angaben und Ursprungsbezeichnungen für Agrarerzeugnisse und Lebensmittel nach der Verordnung

(EG) Nr. 510/2006, 2007; *Hagenmeyer/Teufer,* Lebensmittelrecht, in: Dauses (Hrsg.), HB EU-WirtschR, 2007, C. IV; *Streinz,* Lebensmittel- und Arzneimittelrecht, in: Schulze/Zuleeg/Kadelbach, Europarecht, 2. Aufl. 2010, § 24; *Hagenmeyer,* Food information regulation: commentary on regulation (EU) No. 1169/2011 on the provision of food information to consumers, 2012; *Gundel,* Lebensmittelrecht, in: Ruffert (Hrsg.), EnzEuR V, 2012, § 8.

64 Das Lebensmittelrecht stellt eine **Querschnittsaufgabe** dar, bei der die Kompetenzen zur Rechtsangleichung im Binnenmarkt nach Art. 114 AEUV und die Agrarkompetenz nach Art. 43 AEV im Mittelpunkt stehen, aber unter Beachtung der Querschnittsaufgabe „Gesundheitsschutz" wahrgenommen werden müssen (Art. 168 Abs. 1 AEUV; Rz. 50); ggf. kommen Art. 168 Abs. 4 AEUV (Rz. 54 f.) bzw. die Außenhandelskompetenz des Art. 207 AEUV zum Tragen. Das Lebensmittelrecht ist nämlich stark **international geprägt.** Der gemeinsam von WHO und FAO eingesetzte **„Codex Alimentarius"** beschließt vielfältige Standards, von denen nach WTO-Recht (SPS-Abkommen; vgl. Rz. 38/38 ff.) nur in Grenzen abgewichen werden darf.

65 Im Einzelnen sind die grundlegenden Anforderungen an das Lebensmittelrecht in der **„Basisverordnung"** 178/2002 (ABl. 31/1) verankert.Danach dürfen gesundheitsschädliche oder zum Verzehr ungeeignete Lebensmittel nicht in Verkehr gebracht werden (Art. 14 Abs. 1): später als gefährlich erkannte Produkte sind wieder vom Markt zu nehmen (Art. 19). Zugleich darf aber im Grundsatz jedes Lebensmittel, das in einem Mitgliedstaat rechtmäßig in den Verkehr gebracht wurde, in Kodifizierung der Cassis-Rechtsprechung des EuGH (Rz. 22/31) frei in der EU vertrieben werden (vgl. Art. 4 Abs. 2 sowie 14 Abs. 7 sowie Art. 50 ff. zum Schnellwarnsystem; siehe auch in D § 54 LFGB). Nunmehr in einer VO zusammengefasst sind die Vorschriften zur **Kennzeichnung** und Bewerbung von Lebensmitteln (VO 1169/2011, ABl. L 304/18). Ergänzend werden auch Regelungen auf agrarrechtlicher Grundlage erlassen (Rz. 24/25 f.). Daneben gibt es eine Vielzahl von **produktspezifischen Regelungen,** etwa zur Zulassung und Kennzeichnung gentechnisch veränderter Produkte („Novel Food"; VO 1830/2003, ABl. L 268/24).

Weiterhin bestehen Vorschriften zur Lebensmittelüberwachung (insbesondere RL 89/397, ABl. L 186/23). Institutionell sind das Europäische Lebensmittel- und Veterinäramt in Dublin (Aufgaben vor allem im Bereich der Lebensmittelüberwachung) und die Europäische Behörde für Lebensmittelsicherheit in Parma (VO 178/2002, ABl. L 31/1; Aufgaben vor allem im Bereich der Risikobewertung) zu erwähnen. – Bei den **Genussmitteln** sind Regelungen zu Tabakerzeugnissen von Bedeutung, so die strikt auf grenzüberschreitende Werbung begrenzte RL 2003/33 (ABl. L152/16) sowie die „Produkt-RL" 2001/37 (ABl. L 194/26), mit der **Herstellung, Aufmachung** und **Verkauf** von Tabakerzeugnissen rechtsangleichend stärker inkriminiert werden („Rauchen kann tödlich sein"). Für beide RL erkannte der Gerichtshof den heutigen Art. 114 AEUV als geeignete Rechtsgrundlage an (EuGHE 2002, I-11453, Rs. C-491/01 „BAT u. a." zur Produktverpackung, EuGHE 2006, I-11573, Rs. C-380/03 „Deutschland/Parlament und Rat – Tabakwerbung II" zur Werberichtlinie; dazu Rz. 32/10).

IV. Polizei- und Ausländerrecht („Schengen")

Literatur: *Fischer-Lescano/Tohidipur,* Europäisches Grenzkontrollregime, ZaöRV 2007, 1217; *v. Arnauld,* Die Europäisierung des Rechts der inneren Sicherheit, JA 2008, 327; *Nettesheim,* Grundrechtsschutz im Raum der Freiheit, der Sicherheit und des Rechts, in: Mestmäcker/Möschel/Nettesheim (Hrsg.), Verfassung und Politik im Prozess der europäischen Integration, 2008, 117; *Breitenmoser,* Schengen und Dublin in der Praxis, 2010; *Möllers,* Wirksamkeit und Effektivität der europäischen Agentur Frontex, 2010; *Morozek,* Organleihe an den Außengrenzen Europas, DÖV 2010, 886; *Schöndorf-Haubold,* Europäisches Sicherheitsverwaltungsrecht, 2010; *Brummund,* Kohärenter Grundrechtsschutz im Raum der Freiheit, der Sicherheit und des Rechts, 2010; *Peers,* EU justice and home affairs law, 3. Aufl. 2011; *Schöndorf-Haubold,* Europäisches Sicherheitsverwaltungsrecht, in: Terhechte (Hrsg.), Verwaltungsrecht der Europäischen Union, 2011, § 35; *Jørgensen/Sørensen,* Internal Border Controls in the European Union, ELR 2012, 249; *Trennt,* Die (Un)Vereinbarkeit der Ermächtigungsgrundlagen zur Schleierfahndung mit dem Schengener Grenzkodex, DÖV 2012, 216; *Breitenmoser/Gless/Lagodny* (Hrsg.), Rechtsschutz bei Schengen und Dublin, 2013.

Der Abbau aller Personenkontrollen an den Binnengrenzen der Union, zentrales Element des RFSR (Rz. 67), konnte nicht ohne gleichzeitigen Aufbau von Ausgleichsmaßnahmen verwirklich werden. Drei Gesichtspunkte stehen dabei im Vordergrund: ein **wirksames Kontrollsystem an der gemeinsamen EU-Außengrenze,** eine einheitliche Politik gegenüber **Drittstaatsangehörigen** und schließlich die **Ermöglichung grenzüberschreitender Kooperation polizeilicher Aktivitäten.** 66

Erste Schritte zu dieser Politik wurden zunächst Mitte der achtziger Jahre außerhalb des institutionellen Rahmens der damaligen EWG im Rahmen der sog. **Abkommen von Schengen** unternommen (Rz. 32/21). Parallel begann die sicherheitspolitische Zusammenarbeit mit der sog. „TREVI-Gruppe" (Terrorism/Radicalism/Extremism/Violence/International) der innenpolitischen Minister und Fachbeamten. Die Verträge von Maastricht, Amsterdam und Lissabon haben diesen Bereich dann schrittweise weitestgehend in die heutigen, normalen Unionsstrukturen überführt; gewisse **Sonderregeln** aber bleiben auch weiterhin zu beachten (Rz. 32/27).

1. Abbau der Personenkontrollen an den EU-Binnengrenzen und Sicherung der Außengrenzen

Nach Art. 67 Abs. 2 AEUV dürfen die **Binnengrenzen von jedermann ohne Personenkontrollen** überschritten werden (siehe dazu auch den EU-Grenzkodex VO 562/2006, ABl. L 105, 1, insbesondere Art. 20); jüngst wird allerdings über Ausnahmen von dieser Regel nachgedacht. Kontrollen im Landesinneren der MSen sind durchaus möglich (Art. 21), doch muss gewährleistet sein, dass diese nicht faktisch Grenzkontrollen gleichkommen (EuGHE 2010, I-5667, verb. Rs. C-188 und 189/10 „Melki"; siehe ferner auch VO 1100/2008, ABl. 304/63 zur Durchführung von Kontrollen im Rahmen des Straßen- und Binnenschiffsverkehrs). Ergänzend kann der Rat einstimmig Regelungen über Ausweispapiere und vergleichbare Dokumente beschließen (Art. 77 Abs. 3 AEUV; siehe etwa VO 2252/2004, ABl. L 385/1 zu Sicherheitsmerkmalen und biometrischen Daten in nationalen Pässen und dazu noch Rz. 81). Siehe weiterhin Fundstellenverzeichnis des geltenden EU-Rechts 19.10.10. 67

Bis 2008 hatten **23 EU-MSen** „Schengen" (Rz. 32/21) und seinen Besitzstand übernommen. Ferner sind Island, Liechtenstein, Norwegen sowie die Schweiz beigetreten; faktisch sind auch Andorra, San Marino und Monaco einbezogen. Im Verhältnis zum völkerrechtlich geprägten „Schengen-Recht" kommt dem **Unionsrecht** nach Art. 134 DA „Schengen II" der **Vorrang** zu (näher *Schauer,* Schengen/Maastricht/Amsterdam, 2000).

Die **EU-Außengrenzen** sollen nach **vereinheitlichten Kontrollgrundsätzen** („einer für alle") grundsätzlich nur an bestimmten **Grenzübergangsstellen** überschritten werden (Art. 3ff. DA „Schengen II"). Besondere Regelungen bestehen für Flug- und Seehäfen. Für das Überschreiten der Außengrenzen wurde **Sekundärrecht** erlassen, insbesondere zur Regelung der Visafragen (Rz. 72) und vereinheitlichter Administration an den Außengrenzen. (Fundstellenverzeichnis des geltenden EU-Rechts 19.10.20). Ein Schwerpunkt ist die **Bekämpfung der illegalen Einwanderung,** mit der sich Rat und KOM fortlaufend befassen (*B. Wägenbaur,* EuZW 2002, 513). Die Kontrolle der Außengrenzen ist trotz aller Bemühungen noch lückenhaft. Zugleich versuchen viele Flüchtlinge, mittels einer risikoreichen Fahrt über das Mittelmeer die europäische Südküste zu erreichen. Die dabei auftretenden Unfälle führen zur Kritik an der europäischen Flüchtlingspolitik (zu dieser Rz. 70ff.). 68

Zur Effektuierung der notwendigen Kontrollen bei der Einreise sowie im Binnenbereich der MSen haben die Schengen-Staaten besondere technische und Verwaltungseinrichtungen geschaffen. Hervorzuheben ist das **Schengener Informationssystem (SIS),** eine Vernetzung nationaler Datenbanken zur Fahndungsinformation mit einer zentralen Stelle in Straßburg. Mit SIS können konkrete polizeilich/strafrechtlich relevante Tatbestände gespeichert und abgefragt werden. SIS dient zugleich der Terrorismusbekämpfung (VO 871/2004, ABl. L 162/29; zur „2. Generation" VO 1987/2006, ABl. L 381/4, sowie Ratsbeschluss 2007/533/JI, ABl. L 205/63). Die Informationsübermittlung durch SIS wird von nationalen **„SIRENE-Büros"** („Supplementary Information Request at the National Entry"; siehe ABl. 2003, C 38/1) verwaltet. Dabei entstehen zugleich **Datenschutzprobleme** (Rz. 81). Die **Europäische Grenzschutzagentur Frontex** in 69

Warschau (VO 2007/2004, ABl. L 349/1, Änderungen) übernimmt Koordinierungsaufgaben und unterstützt die Mitgliedstaaten bei der Sicherung der Außengrenzen, nicht zuletzt durch einen Pool von Grenzschutzbeamten, der aber den Weisungen des Einsatzmitgliedstaates untersteht; über eigene Befugnisse zum Handeln gegenüber Bürgern verfügt sie nicht.

2. Die Politik gegenüber Drittstaatsangehörigen

Literatur: *Groß/Tryjanowski,* Der Status von Drittstaatsangehörigen im Migrationsrecht der EU – eine kritische Analyse, Der Staat 2009, 259; *Günes,* Europäischer Ausweisungsschutz, 2009; *Martucci,* La directive „retour": la politique européenne d'immigration face à ses paradoxes, RTDE 2009, 47; *Marx,* Handbuch zur Qualifikationsrichtlinie, 2009; *Walter,* Familienzusammenführung in Europa, 2009; *Meloni,* The Community Code on Visas: Harmonization at last?, ELR 2009, 671; *Dörig,* Europarecht und deutsches Aufenthaltsrecht, NVwZ 2010, 921; *Hailbronner,* EU-Immigration and Asylum Law, 2010; Westphal/ *Brakemeier,* Der Visakodex, NVwZ 2010, 621; *Wiesbrock,* Free Movement of Third-Country Nationals in the European Union: The Illusion of Inclusion, ELR 2010, 455; *Fröhlich,* Das Asylrecht im Rahmen des Unionsrechts, 2011; *Gerontas,* Europäisierung und Internationalisierung des Verwaltungshandelns, 2011; *Tohidipur,* Europäisches Migrationsverwaltungsrecht, in: Terhechte (Hrsg.), Verwaltungsrecht der Europäischen Union, 2011, § 33; *Zwaan* (Hrsg.), The Returns Directive, 2011; *Lohse,* Die Rechtsprechung des EuGH zum Aufenthaltsrecht Drittstaatsangehöriger – auf dem Weg zur Achtung der Kompetenzverteilung bei der Gewährleistung von Grundrechten, EuGRZ 2012, 693; *Keicher,* Das Europäische Visumrecht, 2012; *Hatzis,* Detention of Irregular Migrants and the European Public Order, ELR 2013, 259; *Langenfeld,* Einwanderungssteuerung im Spannungsfeld zwischen nationalem und europäischem Recht, FS E. Klein, 2013, 553; *Schahmaneche,* La politique du droit d'asile, RDP 2013, 707; *Thym,* EU migration policy and its constitutional rationale: A cosmopolitan outlook, CMLRev 2013, 709; *de Vries,* Towards Integration and Equality for Third-Country Nationals?, ELR 2013, 248.

70 Für den Bereich des **Asyl- und Flüchtlingsrechts** sieht Art. 78 Abs. 1 AEUV in Weiterentwicklung des bisherigen Rechts eine gemeinsame Politik vor. Insbesondere soll in Übereinstimmung mit der im vorliegenden Kontext zentralen **Genfer Flüchtlingskonvention** 1951 (einschließlich des Protokolls von New York 1967) „jedem Drittstaatsangehörigen, der internationalen Schutz benötigt, ein angemessener Status" angeboten und politisch Verfolgte nicht an den Grenzen zurückgewiesen werden. Allerdings kann der Schutz differenziert ausfallen: der Vertrag nennt Asyl, subsidiären und vorübergehenden Schutz. Auch die grundrechtliche Vorgabe in Art. 18 GrCh mit ihrem Verweis auf die Genfer Flüchtlingskonvention ist wohl (nur) in diesem Sinne zu verstehen.

71 Art. 78 Abs. 2 AEUV enthält einen ausdifferenzierten, in der Summe aber umfassenden Katalog von Kompetenzen für das gesamte materielle Asylrecht einschließlich des Verfahrensrechts und der Zusammenarbeit mit Drittstaaten. Ziel der Union ist die Errichtung eines gemeinsamen Europäischen Asylsystems. Dementsprechend sieht die Norm anders als die Vorgängerbestimmung des EGV nicht mehr nur eine Mindestharmonisierung vor. Bereits in der Vergangenheit wurden eine ganze Reihe von Rechtsakten erlassen; zu Einzelheiten siehe Fundstellenverzeichnis des geltenden EU-Rechts 19.10.30.20. Die zentralen Regelungen wurden jüngst nach jahrelangen Diskussionen neu beschlossen. Herzstück des europäischen Asylrechts ist unverändert das bereits seit langem bestehende System der Zuständigkeiten für Asylverfahren nach bestimmten Kriterien (nunmehr VO 604/2013, ABl. L 180/31). Zentral ist die Frage, wo der Betreffende eingereist ist. Allerdings ist kein Staat an der Durchführung eines eigenen Asylverfahrens gehindert (Art. 17). Gewährleistet ein Staat strukturell kein rechtsstaatliches Asylverfahren, darf ein Asylbewerber in ihn jedoch nicht überstellt werden (EuGH, Urteil vom 21.12.2011, verb. Rs. C-411/10 und 493/10"N.S."; zuvor bereits EGMR, EuGRZ 2011, 243; BVerfG (K), NVwZ 2009, 1281, jeweils konkret zu Griechenland). Damit niemand mehrfach Asylanträge stellt, werden die Fingerabdrücke der Asylbewerber zentral erfasst (Eurodac; dazu nunmehr VO 603/2013, ABl. L 180/1). Ferner sind die Regelungen zum materiellen Asylrecht (RL 2004/83, ABl. L 204/24; dazu etwa EuGH, Urteil vom 5.9.2012, verb. Rs. C-71 und 99/11 „Y"), zum Asylverfahren (jetzt RL 2013/32, ABl. L 180/60) und zur Behandlung von Asylbewerbern (jetzt RL 2013/33, ABL. L 180/96) zu erwähnen.

Zur Gestaltung einer **einheitlichen Visapolitik** enthält Art. 77 Abs. 2 AEUV die Rechtsgrundlage. Nationale Visumsvereinbarungen mit Drittstaaten sind damit unzulässig. Schon früher hatten die MSen auf der Grundlage des DA „Schengen II" einen einheitlichen – fälschungssicher gestalteten – Sichtvermerk (**„Schengen-Visum"**) eingeführt. Mittlerweile werden die visumpflichtigen und visumfreien Länder in verbindlichen Positiv- und Negativlisten festgehalten (VO 539/2001, ABl. L 81/1). Auch das Verfahren der Visumserteilung ist mittlerweile einheitlich geregelt; danach kann jeder MS verlangen, an den Verfahren eines anderen MS beteiligt zu werden (Visakodex: VO 810/2009, ABl. L 243/1, Änderungen). Mit der Entscheidung 2004/512 (ABl. L 213/5) des Rates wurde zum Austausch von Visa-Daten zwischen den MSen ein **Visa-Informationssystem (VIS)** eingeführt, dessen rechtlicher Rahmen 2008 durch eine VO näher ausgestaltet wurde (VO 767/2008, ABl. L 281/60). Schreibt ein Staat Personen (über das SIS, Rz. 69) zur Einreiseverweigerung aus, entbindet dies einen anderen Staat, bei dem der Betreffende einreisen will, aber nicht von der Notwendigkeit der Prüfung der Rechtslage (zur Einreise von Familienangehörigen von Unionsbürgern siehe EuGHE 2006, I-1097, Rs. C-503/03 „KOM/Spanien"). 72

Art. 79 AEUV enthält die Kompetenz für eine **gemeinsame Einwanderungspolitik** der Union. Deren Ziele sind eine wirksame Steuerung der **Migrationsströme,** eine angemessene Behandlung von **Drittstaatsangehörigen,** die sich **rechtmäßig** in der EU aufhalten, sowie die Verhütung und **Bekämpfung von illegaler Einwanderung und Menschenhandel.** Die Regelung des Zugangs zum jeweiligen Arbeitsmarkt bleibt allerdings den einzelnen MSen überlassen (Art. 79 Abs. 5 AEUV); im Kern gilt gleiches für die Integrationspolitik (Art. 79 Abs. 4 AEUV). – Sonderregelungen gelten für die Familienangehörigen von Unionsbürgern, denen sie sekundärrechtlich weitestgehend gleichgestellt sind (Rz. 16/19). 73

Im Einzelnen zeichnete sich in den bisherigen EU-Regelungen (Fundstellenverzeichnis des geltenden EU-Rechts 19.10.40) als Generallinie eine **restriktive Einwanderungspolitik** ab. Bei Beschäftigungssuchenden gilt vorbehaltlich von Sonderregelungen ein genereller **Zuwanderungsstopp** (Ratsentschließung 1994, ABl. 1996, C 274/3); allerdings kann hochqualifizierten Fachkräften aus Drittstaaten unter erleichterten Voraussetzungen eine Arbeitsaufnahme in einem MS von diesem gestattet werden („Blue Card": RL 2009/50, ABl. L 155/17). Für bereits rechtmäßig in die EU eingewanderte Drittstaatsangehörige hat die VO 1030/2002 (ABl. L 157/1) einen **einheitlich gestalteten Aufenthaltstitel** geschaffen. Der Status **langfristig** aufenthaltsberechtigter Drittstaatsangehöriger wird durch die **Richtlinie 2003/109** (ABl. L 16/44) festgelegt. Er setzt regelmäßige Einkünfte und polizeiliche Unbescholtenheit voraus. Mit der langfristigen Aufenthaltsberechtigung wird im Wesentlichen ein Recht auf Gleichbehandlung mit Inländern und ein merklicher Ausweisungsschutz erworben. Dies kann auf einen Aufenthalt in weiteren MSen erstreckt werden. Sonderregeln bestehen ferner für Forscher (RL 2005/71, ABl. L 289/15) und Schüler, Studenten etc. (RL 2004/114, ABl. L 375/12) aus Drittstaaten. Maßstäbe für die **Familienzusammenführung** wurden durch die Richtlinie 2003/86 (ABl. L 251/12) festgelegt. Wegen des grundrechtlichen Hintergrundes (Art. 8 EMRK, 7 GrCh) sind Ausnahmen eng auszulegen (dazu und zum nach Art. 7 der RL zulässigen Einkunftsnachweis EuGHE 2010, I-1839, Rs. C-578/08 „Chakroun"). 74

Im Übrigen bemüht sich die EU um die Rückführung illegaler Einwanderer (dazu RL 2008/115, ABl. L 348/98; zur ggf. verhängten Abschiebehaft EuGHE 2009, I-11189 Rs. C-357/09 PPU „Kadzoev", zur Unzulässigkeit einer Bestrafung allein wegen der Nichterfüllung der Ausreisepflicht EuGHE 2011, I-3015, Rs. C-61/11 PPU „El Dridi"; zu den Konsequenzen für das deutsche Recht *Hörich/Bergmann,* NJW 2012, 3339). Werden auf dem Meer aufgegriffene Flüchtlinge in das Herkunftsland zurückgebracht, kann dies allerdings eine nach Art. 4 des 4. ZP zur EMRK (und Art. 19 Abs. 2 GrCh) unzulässige Massenausweisung darstellen (EGMR, Urteil 27765/09 vom 23.2.2012 „Hirsi Jamaa u. a."). Zur Sicherung einer gerechten Lastenverteilung zwischen den MSen wurde ein **Europäischer Flüchtlingsfonds** geschaffen (Beschluss 573/2007 für den Zeitraum 2008–2013, ABl. L 144/1, Änderungen). 75

3. Polizeikooperation

Literatur: *Apap* (Hrsg.), Justice and Home Affairs in the EU, 2004; *Korell,* Europol: Polizei ohne rechtsstaatliche Bindungen? 2005; *Lindner,* Die gemeinschaftsrechtliche Dimension des Polizeirechts, JuS 2005, 302; *Möstl,* Polizeiliche Sicherheitsgewährleistung im Mehrebenensystem, Verwaltung 2008, 309; *Papayannis,* Die polizeiliche Zusammenarbeit und der Vertrag von Prüm, ZEuS 2008, 219; *De Moor/Vermeulen,* The Europol Council Decision: Transforming Europol into an agency of the European Union, CMLRev 2010, 1089; *Mutschler,* Der Prümer Vertrag, 2010; *Kugelmann,* Europäische Polizeiliche Kooperation, in: Böse (Hrsg.), EnzEuR IX, 2013, § 17; *Schoppa,* Europol im Verbund der Europäischen Sicherheitsagenturen, 2013.

76 Die Wahrung der nationalen Sicherheit fällt zwar im Grundsatz auch weiterhin in die nationale Zuständigkeit (Art. 4 Abs. 2 EUV). Allerdings führt dies nicht zu einer generellen Unanwendbarkeit des Unionsrechts in diesem Bereich (EuGH, Urt. v. 4.6.2013, Rs. C-300/11 „ZZ" zur Wahrung der Rechtschutzgarantie). Art. 87 ff. AEUV bilden die Grundlage für Maßnahmen im Bereich der Polizeikooperation. Ausdrücklich genannt werden die operative **Zusammenarbeit** bei der **Verhütung und Aufdeckung von Straftaten** sowie der **Datenaustausch.** Zum letzteren gibt es mehrere Rechtsakte: den auf den am 27.5.2005 in Prüm abgeschlossenen Vertrag (BGBl. 2006, II 6268) zurückgehenden Ratsbeschluss 2008/615 (ABl. L 210/1) nach Art. 30 ff. EUV a. F., insbesondere zum automatisierten Austausch von DNA-Daten sowie von Informationen im Bereich der Terrorismusbekämpfung, ferner den RB 2006/960 (ABl. L 386/89) sowie die auf Art. 87 Abs. 2 AEUV gestützte Richtlinie 2011/82 zum Informationsaustausch bei Verkehrsdelikten (ABl. L 288/1). Auch das erwähnte Schengener Informationssystem (Rz. 69) kann in diesem Kontext eingesetzt werden (Ratsbeschluss 2007/533, ABl. L 205/63). Den Datenschutz in diesem Bereich regelt der RB 2008/977 (Abl. L 350/60). Ergänzend enthält auch hier das **SDÜ** wichtige Regeln. So sind etwa in einem grenznahen Korridor auch **grenzüberschreitende Polizeimaßnahmen** (Nacheile u. a.) gestattet; neuerdings enthält Art. 89 AEUV eine einschlägige, allerdings nur einstimmig zu nutzendeRegelungskompetenz zugunsten der Union. Für souveränitätsnahe Fragen (operative Zusammenarbeit: Art. 87 Abs. 3 AEUV; grenzüberschreitende Polizeitätigkeit: Art. 89 AEUV) ist eine einstimmige Ratsentscheidung (nach Anhörung des Parlaments) erforderlich.

77 Institutionell kommt dem **Europäischen Polizeiamt Europol** in Den Haag (dazu *Ruthig,* Europol, in: Böse (Hrsg.), EnzEuR IX, 2013, § 20) eine zentrale Rolle zu. Es wurde am 26.7.1995 durch ein Übereinkommen der MSen (BGBl. 1997 II 2150; jetzt ersetzt durch Ratsbeschluss 2009/371, ABl. L 121/37) gegründet und hat 1999 seine Tätigkeit mit inzwischen über 250 Mitarbeitern voll aufgenommen; mit dem Vertrag von Lissabon wurde es auch formell in die Union integriert (Art. 88 AEUV). Es ist eine selbständige Einrichtung mit Rechtspersönlichkeit. Europol **fördert die polizeiliche Zusammenarbeit.** Es verfügt jedoch nicht über eigene operative Ermittlungsbefugnisse, sondern kann nur die MSen bei ihrer polizeilichen Arbeit unterstützen. Seit 2002 kann Europol mit nationalen Beamten **gemeinsame Ermittlungsteams** bilden, bei denen es aber auch nur „unterstützend" tätig wird (jetzt Art. 6 des Beschlusses). Europol richtet ein Forschungs- und Dokumentationsnetz über die grenzüberschreitende Kriminalität ein.– Im Jahre 2000 wurde zur Schulung polizeilicher Führungskräfte und zur Vernetzung der nationalen Ausbildungsstätten eine **Europäische Polizeiakademie** (EPA) gegründet (ABl. 2000, L 336/1, Änderungen).

4. Terrorismusbekämpfung

Literatur: *Üller/Schneider* (Hrsg.), Die Europäische Union im Kampf gegen den Terrorismus, 2006; *Weber,* Europäische Terrorismusbekämpfung, 2008.

78 Systematisch etwas unglücklich im allgemeinen Teil des Titels über den RFSR ist schließlich die Befugnis platziert, im Rahmen der Terrorismusbekämpfung einen Rahmen für „Verwaltungsmaßnahmen in Bezug auf Kapitalbewegungen und Zahlungen" (**Einfrieren von Geldern** etc.) zu beschließen (Art. 75 AEUV; zur Abgrenzung zu Art. 215 AEUV EuGH, Urteil vom 19.7.2012, Rs. C-130/10"EP/Rat"). Außerdem wird ausdrücklich die früher schon vom EuGH anerkannte Notwendigkeit hervorgehoben, in die einschlägigen Rechtsakte Bestimmungen über den erforderlichen Rechtsschutz aufzunehmen (dazu früher EuGHE 2008, I-6351, Rs. C-402/05 P „Kadi"). Soweit die Maßnahmen UN-Entscheidungen umsetzen, kann man sich kaum vorstellen, wie dieser gewährt werden kann, ohne dass damit inzident auch die internationalen Entscheidungen in Frage gestellt werden.

V. Datenschutzrecht

Literatur: *Bodenschatz,* Der europäische Datenschutzstandard, 2010; *Guckelberger,* Veröffentlichung der Leistungsempfänger von EU-Subventionen und unionsrechtlicher Grundrechtsschutz, EuZW 2011, 126; *Sandner,* Der Schutz personenbezogener Daten beim Zugang zu Dokumenten der Unionsorgane, EuZW 2010, 774; *Gola,* Beschäftigtendatenschutz und EU-Datenschutz-Grundverordnung, EuZW 2011, 332; *Konstantinidis,* Destroying Democracy on the Ground of Defending it? The Data Retention Directive, the Surveillance State and Our Constitutional Ecosystem, ELR 2011, 722;*Kotzur,* Der Schutz personenbezogener Daten in der europäischen Grundrechtsgemeinschaft, EuGRZ 2011, 105; *Ritzer,* Datenschutzreformen – Konkretisierung europäischen Grundrechtsschutzes, FS Scheuing, 2011, 387; *Streinz/Michl,* Die Drittwirkung des europäischen Datenschutzgrundrechts (Art. 8 GrCh) im deutschen Privatrecht, EuZW 2011, 384; *Comans,* Ein „modernes" europäisches Datenschutzrecht, 2012; *Kort,* Datenschutzrecht in der Europäischen Union, DB 2012, 1020; *Lang,* Reform des EU-Datenschutzrechts, K&R 2012, 145; *List,* Die Reichweite des Datenschutzes im unionsrechtlichen Leistungssystem, 2012; *Ronellenfitsch,* Europäisierung des Datenschutzrechts bei der Bahn, DVBl. 2012, 1521; *Boehme-Neßler,* Privacy by Design – Der EU-Datenschutz als Modell moderner Gesetzgebung, ZG 2013, 242; *Rudolf,* Datenschutz und Europa, FS E. Klein, 2013, 633.

Unter mehreren Aspekten ist das Datenschutzrecht in den letzten Jahren zunehmend in den Fokus des europäischen Rechts gerückt. Einer allgemeinen Sensibilisierung in den achtziger und neunziger Jahren entsprechend wurde im Zuge der Herstellung des **Binnenmarktes** 1995 auch eine Richtlinie zum Schutz von persönlichen Daten beschlossen (RL 95/46, ABl. L 281/31). Diese greift die zentralen Grundsätze gemeineuropäischer Datenschutzstandards auf (Zweckbindung bei Datenerhebung, -speicherung und -weitergabe) und garantiert zugleich eine Überwachung durch bewusst unabhängig gestellte Behörden. Über die RL hinausgehende nationale Anforderungen sind regelmäßig unzulässig (EuGH, Urteil v. 24.11.2011, Rs. C-468/10 „ASNEF"). In ihrem Anwendungsbereich bleibt die RL auf den (damaligen) Stand der Integration beschränkt (Art. 3 Abs. 2). Der EuGH hat den Anwendungsbereich eher **weit verstanden** und in ihn auch Regelungen über Transparenzanforderungen des nationalen Rechts mit Blick auf das Gehalt von aus öffentlichen Kassen bezahlten Funktionsträgern einbezogen. Dabei hat er mit bemerkenswerter Ausführlichkeit präzise **grundrechtliche Vorgaben** entfaltet (EuGHE 2003, I-4989, verb. Rs. C-465/00 u. a. „ORF" zu Art. 8 EMRK; heute wären auch Art. 8 GrCh und Art. 16 AEUV zu beachten). Dies ist deshalb besonders hervorzuheben, weil das Unionsrecht selbst zu Recht zunehmende Anforderungen an die Transparenz öffentlicher Verwaltung stellt (Rz. 12/18 ff.; vgl. aber auch Rz. 81). Seit dem Vertrag von Lissabon verfügt die Union über eine spezifische Kompetenz (Art. 16 AEUV; vgl. auch Art. 39 EUV). Die Kommission hat am 25. 1. 2010 Vorschläge für entsprechende neue Rechtsakte gemacht: speziell zum Strafrecht für eine Richtlinie (KOM (2012)10), im Übrigen für eine Verordnung KOM(2012)11. Die Diskussion über die Ausspähung von Kommunikationsnetzen durch US-amerikanische Geheimdienste in Europa hat der Diskussion über die Vorschläge neuen Schub gegeben. 79

Mit Blick auf die von der RL 95/46 geforderte **Unabhängigkeit** der nationalen **Überwachungsbehörden** hat der Gerichtshof sehr weitreichende Forderungen erhoben (Freistellung nicht nur von nationaler Fach-, sondern auch Rechtsaufsicht!) und diese Unabhängigkeit auch gegen demokratisch begründete Einwände verteidigt (EuGHE 2010, I-1885, Rs. C-518/07 „KOM/Deutschland"; Rz. 4). Bereichsspezifische Datenschutzregelungen wurden im Kontext des Telekommunikationsrechts (Rz. 21/53) sowie der polizeilichen und justiziellen Zusammenarbeit (Rz. 76 sowie 37/8) erlassen. Besonders umstritten ist die zur Sicherung der Wettbewerbsgleichheit von Telekommunikationsunternehmen erlassene RL zur Vorratsdatenspeicherung (2006/24, ABl. L 105/54; zur Kompetenz Rz. 32/10, zu den verfassungsrechtlichen Grenzen BVerfGE 125, 260). 80

81 Datenschutz ist zunehmend auch im Zusammenhang mit **der europäischen Verwaltung** bedeutsam. Entsprechende Vorgaben enthalten die bereits erwähnten Bestimmungen des Art. 8 GrCh sowie Art. 16 AEUV. Einfachrechtlich wird der durch die europäischen Organe zu gewährleistende Datenschutz durch die der RL 95/46 nachgebildete VO 45/2001, ABl. L 8/1 konkretisiert. Art. 16 Abs. 2 AEUV enthält eine entsprechende Gesetzgebungskompetenz. Praktische Relevanz gewinnen Datenschutzprobleme nicht zuletzt bei der Verwaltungskooperation. In deren Rahmen wurden nämlich – sachlich in Zusammenhang mit der Herstellung des Binnenmarktes (Rz. 22/52) und mit der Verbesserung der Zusammenarbeit im Polizei- und Ausländerrecht (Rz. 69) stehend – eine ganze Reihe von **Informationssystemen** und **Datenbanken** auf europäischer oder nationaler Ebene, letztere z. T. mit europaweitem Zugriff der nationalen Behörden, geschaffen. Dabei werden vielfach Informationsansprüche für die Betroffenen begründet, teils gegenüber nur dem Staat, der für die Speicherung verantwortlich ist, teils gegenüber dem jeweiligen Heimatstaat, im zuletzt genannten Fall unter verfahrensmäßiger Beteiligung des verantwortlichen Staates. Zum Teil bestehen zudem entsprechende Haftungsregeln. Auch die unionsrechtlichen Transparenzregeln (Rz. 12/18ff.) stoßen bei personenbezogenen Daten auf Grenzen (dazu etwa EuGHE 2010, I-6055, Rs. C-28/08 P „Bavarian Lager"; zur Unzulässigkeit der undifferenzierten unionsrechtlichen Pflicht zur Veröffentlichung der Höhe empfangener Agrarbeihilfen bei natürlichen Personen EuGHE 2010, I-11 063, verb. Rs. C-92/09 und C-93/09 „Volker und Markus Schecke"). Beide Urteile liegen damit auf einer Linie mit dem bereits erwähnten ORF-Urteil, das dem Datenschutz in diesem Kontext gleichfalls ein bemerkenswertes Gewicht zumisst (Rz. 79). Die Grenzen des Datenschutzes zeigt das jüngst ergangene Urteil des EuGH zu biometrischen Daten in Reisepässen gemäß Art. 1 Abs. 2 VO 2252/2004 (ABl. L 385/1, Änderungen, Rz. 67) vom 17.10.2013, Rs. C-291/12 „Schwarz".

VI. Ausblick

82 Im öffentlichen Recht hat die Einwirkung des Unionsrechts immer im Ansatz ihren **bereichsspezifischen Charakter** behalten. Jenseits der konkreten Einwirkungen des europäischen auf das nationale Recht, die im Grundsatz selbstverständlich sind, stellt sich aber zunehmend heraus, dass auch gewisse **Grundstrukturen** des deutschen Verwaltungsrechts in Frage gestellt werden. Ursache sind divergierende Rechtstraditionen und Verwaltungskulturen in anderen Mitgliedstaaten. Das deutsche, stark vom Zivilrecht geprägte Modell eines gleichberechtigten Gegenüber von Einzelnem und staatlicher Verwaltung wird zum Teil –mit guten Gründen – ersetzt durch Vorstellungen, die stärker die auf die Verwirklichung des Allgemeinwohls ausgerichtete Rolle der Verwaltung in den Vordergrund rücken (und dabei aber nicht zuletzt auch dem Einzelnen breitere Rechtsschutzmöglichkeiten eröffnen). Daneben spielt eine Rolle, dass das klassische Verwaltungsrecht bipolar auf das Verhältnis Staat – Bürger ausgerichtet ist, während nunmehr eine tripolare Konstellation (unter Einschluss der EU) zu bewältigen ist.

§ 34. Forschung, Bildung, Kultur und Rundfunk: Zur Europäisierung des Kulturverwaltungsrechts

I. Forschung und Technologische Entwicklung

Literatur: Umfassende Liste des Schrifttums bei *Godt,* Forschungs-, Wissenschafts- und Technologiepolitik, in: Dauses (Hrsg.), HB EU-WirtschR N (2006), und *Eikenberg,* in: Grabitz/Hilf/Nettesheim (Hrsg.), Recht der EU, bei Art. 179 AEUV (2011).

Busch/Kopetz (Hrsg.), Rechtsfragen des Europäischen Hochschulraumes, 2008; *Bartsch,* Europäische Hochschulpolitik, 2009; *Lindner,* Die Europäisierung des Wissenschaftsrechts, 2009.

Die KOM gibt vierteljährlich „Research – Magazin des Europäischen Hochschulraumes" heraus.

Internet-Adresse: http://europa.eu/pol/rd/index_de.htm

1. Grundlagen der Forschungs- und Technologiepolitik

Zur Sicherung der Wettbewerbsfähigkeit der Wirtschaft (Art. 3 Abs. 3 EUV) ist die EU auf wissenschaftlichen und technischen Fortschritt angewiesen. Während ursprünglich die einschlägigen Tätigkeiten der Gemeinschaften **in den drei Verträgen zersplittert** waren – EGKS- und EWG-Vertrag enthielten nur kleinere Ansätze, und bei **EURATOM** die Forschung schon immer eine wichtige Rolle gespielt hat –, wurde seit den siebziger Jahren zunehmend eine umfassende Politik der Förderung der Forschung und technologischen Entwicklung betrieben. Mit der EEA wurden dann auch im EWGV explizite Kompetenzen geschaffen (heute Art. 179ff. AEUV). Ausgelöst durch den Wettbewerb mit **anderen großen Wirtschaftsräumen** wie den USA und Japan, die ihrerseits Forschung und Technologie in großem Stil fördern, stand zunächst die **angewandte Forschung** zugunsten der Unternehmen und damit der Zusammenhang mit der **Industriepolitik** im Vordergrund (Art. 173 AEUV, oben Rz. 18/59). Der vom Europäischen Rat in **Lissabon 2000** angestoßene Prozess, die EU bis 2010 zum wettbewerbsfähigsten und dynamischsten, **wissensbasierten** Wirtschaftsraum der Welt zu machen (Rz. 18/17), wies **Forschung und Technologie** eine wichtige Rolle zu („Europäischer Forschungsraum"). 1

2. Primärrechtliche Grundlagen der europäischen Forschungs- und Technologiepolitik

Mit dem **Vertrag von Lissabon** wurde die vorherige wirtschaftsnahe Ausrichtung der europäischen Forschungspolitik aufgegeben. Zentral ist nunmehr das Ziel der **Stärkung der wissenschaftlichen und technologischen Grundlagen** der Union, die nicht mehr wie bisher allein auf die Industrie fixiert sind (Art. 179 Abs. 1 AEUV). So lassen nur noch die unveränderte Stellung des entsprechenden Titels im AEUV sowie die Reihenfolge der Adressaten (Art. 179 Abs. 2 AEUV) die ursprüngliche Akzentsetzung erkennen. Im Einzelnen soll das genannte Ziel erreicht werden durch: 2

- Schaffung eines europäischen Raumes der Forschung (mit Freizügigkeit der Forscher und freiem Austausch wissenschaftlicher Erkenntnisse und Technologien);
- Entwicklung der Wettbewerbsfähigkeit der Union einschließlich der Industrie;
- Unterstützung der sonstigen EU-Forschungsmaßnahmen.

Mit dem ersten Ziel verfügt die Union seit 2009 über die Befugnis zum Engagement auch direkt in der **Grundlagenforschung.** Dabei ist die Freizügigkeit der Forscher problemlos, soweit sie die Unionsangehörigkeit besitzen (Rz. 16/15); im Übrigen bestehen Sonderregelungen (Rz. 33/74).

Zentrales **Instrument** der Union sind finanzrelevante **Programme** (Art. 180 lit. a), 182ff. AEUV). Im Vordergrund steht das jeweilige **mehrjährige Rahmenprogramm,** in dem alle Aktionen der Union zusammengefasst werden, und das dann durch **spezifische Programme** ausgefüllt oder auch ergänzt wird. Daneben besteht ein **allgemeines Initiativrecht** der **KOM** (Art. 181 AEUV), das von dieser etwa zu Empfehlungen an die Mitgliedstaaten zur Koordination bestimmter Forschungsaktivitäten genutzt wird (etwa Empfehlung 2010/238, ABL. L 106/18, für den Bereich „Kulturerbe und globale Veränderungen"). Insgesamt dürfen die grundsätzlich weiterhin nationalen Zuständigkeiten im Forschungsbereich nicht beeinträchtigt werden (vgl. auch Art. 2 Abs. 6 sowie Art. 6 AEUV). Im Lichte des **Subsidiaritätsprinzips** (Art. 5 EUV) müssen EU-Initiativen daher einen **„europäischen Mehrwert"** zeitigen; deswegen beschränkt sich europäische Forschungsförderung vielfach auf grenzüberschreitende Kooperationsprojekte. **Adressaten** der Forschungs- und Technologiepolitik sind nach Art. 179 Abs. 2 AEUV Unternehmen (einschließlich KMU) sowie Hochschulen und Forschungszentren. In Forschung und Technologie entstehen **direkte Beziehungen** 3 zwischen der Union und nationalen privaten und öffentlichen Einrichtungen. Art. 13 GrCh garantiert die Forschungsfreiheit.

4 Daneben steht die **Förderung der Forschungszusammenarbeit** mit dritten Ländern und internationalen Organisationen (OECD, ESA, CERN u. a.), die **Verbreitung und Auswertung der Ergebnisse** und die Förderung der **Ausbildung und Mobilität** der Forscher aus der EU (Art. 180 lit. b)–d), Art. 186f. AEUV).

5 Die **Union und die MSen** koordinieren laufend ihre Tätigkeiten. Die KOM wird von einem unabhängigen **Europäischen Forschungsbeirat** beraten (Beschluss KOM 2001/531, ABl. L 92/21). Er besteht aus 45 unabhängigen, auf Grund ihrer Kompetenz ernannten Mitgliedern aus Wissenschaft, Wirtschaft und Industrie. Die KOM unterbreitet Parlament und Rat einen jährlichen **Bericht** über die Tätigkeiten im Bereich der Forschungs- und Technologiepolitik während des abgelaufenen Jahres sowie zum Arbeitsprogramm des laufenden Jahres. Sie nimmt in diesem Zusammenhang eine fortlaufende **Bewertung der Forschungsprojekte** vor (Art. 190 AEUV).

3. Sekundärrechtliche Ausformung der Europäischen Forschungs- und Technologiepolitik

Literatur: *v. Bogdandy/Westphal,* Der rechtliche Rahmen eines autonomen europäischen Wissenschaftsrates, WissR 2004, 224; *Elera,* The European Research Area: On the Way Towards a European Scientific Community, ELJ 2006, 559; *Eikenberg,* Der europäische Forschungsraum: Ein Kompetenzproblem, EuR 2008, 125; *Grunwald,* Neuere Entwicklungen des EU-Forschungsrechts, ZEuS 2011, 607; *Lorz/Payandeh,* Die Institutionalisierung des Europäischen Forschungsraums, 2012; *Pilniok,* Zwischen Wissenschaft, Politik und Verwaltung: Die Gemeinsame Forschungsstelle der Europäischen Kommission als Element der europäischen Wissensinfrastruktur, DÖV 2012, 662.

6 Grundsätzlichen Charakter weist die von der Kommission als Empfehlung verabschiedete Charta für Forscher auf (2005/251, ABl. L 75/67). Eigene Forschung der Union erfolgt vor allem im Rahmen der **Gemeinsamen Forschungsstelle (GFS)** mit ihren angeschlossenen Anstalten (Rz. 23/21), die seit Ende der achtziger Jahre sowohl für die EU als auch für EURATOM tätig ist. Die GFS wird mittlerweile in die EU-Rahmenprogramme (Rz. 8) eingebunden. Ihre Forschung konzentriert sich insbesondere auf **Themenbereiche** wie Lebensmittelsicherheit, Chemikalien und Gesundheit, Umwelt und Nachhaltigkeit sowie für den EAG-Bereich nukleare Sicherheit. Im **EAG-Bereich** wird Gemeinschaftsforschung auch durch die dortigen gemeinsamen Unternehmen nach Art. 45ff. EAGV betrieben (Rz. 23/21).

7 Die im Rahmen von **Programmen** (Rz. 3) in grenzüberschreitender Zusammenarbeit durchzuführenden Forschungsvorhaben werden nach einer Ausschreibung und Begutachtung durch Experten ausgewählt. Letztlich entscheidet die **KOM** gemeinsam mit Programmausschüssen aus Vertretern der MSen. Seit dem **7. Rahmenprogramm** 2007–2013 wurde nach dem spezifischen Programm „Ideen" (Beschluss 2006/972, ABl. L 400/242) zwischen 2007 und 2013 erstmalig **Grundlagenforschung** als solche gefördert. Kompetenzrechtlich stellte dies einen durchaus heiklen „Vorgriff" auf die im Vertrag von Lissabon vorgesehene Neuausrichtung der EU-Forschungspolitik (Rz. 2) dar. Dabei trifft ein neu geschaffener **„Europäischer Forschungsrat"** aus 22 unabhängigen Wissenschaftlern die Auswahlentscheidungen (Errichtungsbeschluss 2007/134, ABl. L 57/14).

8 Für die Zeit von **2014 bis 2020** ist das Rahmenprogramm Forschung und Innovation **„Horizont 2020"** einschlägig (VO 1291/2013, ABl. L 347/104, sowie Beschluss 2013/743, ABl. L 347/965) mit einem Finanzvolumen von 77 Md. €. Grundlagenforschung wird über den Schwerpunkt „Wissenschaftsexzellenz" gefördert. Daneben werden mit mehreren Maßnahmen die Industrieforschung sowie der Transfer zwischen Wissenschaft und Gesellschaft unterstützt. Grundlage ist neben Art. 182 auch Art. 173 AEUV. Die begleitenden Regeln, etwa über die Verpflichtung zur Veröffentlichung der Forschungsergebnisse im Interesse allgemeiner Verwertbarkeit, sind in der VO 1290/2013 (ABl. L 347/81) festgelegt.

Kompetenzrechtlich ausgesprochen zweifelhaft wurde eine Richtlinie zu **Tierversuchen** (RL2010/63, ABl. L 276/33) auf Art. 114 AEUV (dazu Rz. 32/8) gestützt.

4. Exkurs: Europäische Forschungsförderung außerhalb der EU (EUREKA, COST u. a.)

Die **EUREKA-Aktion** stellt ein lockeres gemeinsames Vorgehen von inzwischen 33 europäischen Staaten und der Europäischen KOM zur Entwicklung von **zivilen Produkten, Verfahren und Dienstleistungen** aus mindestens zwei europäischen Staaten in Ergänzung der EU-Programme dar (*Schäfer,* APUZ B24/ 1995, 26). Die Abwicklung der beschlossenen Projekte erfolgt über ein **Sekretariat in Brüssel.** Die EU kann sich an EUREKA-Projekten beteiligen (Ratentschließung ABl. 1996, C 110/1). Ohne ein begrenzendes Programm kommen die Anstöße meist von den Unternehmen oder Forschungszentren („Bottom-up-approach"). Das jährliche Finanzvolumen liegt bei 2–3 Mrd. €. 9

COST („Coopération européenne dans le domaine de la recherche scientifique et technique") bildet den Rahmen für **Netzwerke nationaler Forschungsprojekte** unter Beteiligung von mittlerweile 34 europäischen Staaten und Israel in der Grundlagen- und der angewandten Forschung. Die Finanzierung erfolgt gemischt aus nationalen und EU-Mitteln. Europäische Forschungszusammenarbeit erfolgt auch über **CERN** (Europäische Kernforschungsorganisation), **EMBL** (Europäisches Laboratorium für Molekularbiologie), **ESO** (Astronomische Forschung) und über die **ESF** (Europäische Wissenschaftsstiftung). 10

5. Die Förderung der Raumfahrt

Literatur: *Castel,* Galileo 2008 im Orbit, PA 3/2002, 44; *Vielhaber/Sattler,* Europas Aufbruch zu größerer Unabhängigkeit (Galileo), Int.Pol 9/2002, 47; *Nemo,* Europas Präsenz im Weltraum, PA 4/2003, 53; *Ferrero,* Galileo, The Federalist 3/2004, 64; *Hobe/Kunzmann/Reuter,* Rechtliche Rahmenbedingungen einer zukünftigen kohärenten Struktur der europäischen Raumfahrt, 2006; *Reuter,* Die ESA als Raumfahrtagentur der Europäischen Union, 2007; *Hesse,* Europäische Weltraumpolitik, 2012.

Seit den neunziger Jahren bemüht sich die **EU** gemeinsam mit der Europäischen Weltraumagentur ESA (Rz. 13) um eine **europäische Strategie für die Raumfahrt** (Ratsentschließung vom 16.11.2000, ABl. C 371/2). Eine spezifische Kompetenzgrundlage wurde mit dem Vertrag von Lissabon geschaffen (Art. 189 AEUV). Danach arbeitet die Union eine europäische Raumfahrtpolitik aus, die aber auf fördernde, unterstützende und koordinierende Maßnahmen beschränkt bleibt (Art. 4 Abs. 3, 189 Abs. 1 AEUV); Harmonisierungsvorschriften sind unzulässig (Art. 189 Abs. 2 AEUV). 11

Unter der Bezeichnung **„Galileo"** wurde ein **Satellitennavigationsprogramm** entwickelt, um Europa vom „Global Positioning System" **(GPS)** der USA unabhängig zu machen; die ersten Satelliten sind 2011 gestartet. Nach dem Scheitern privaten Engagements hat die EU die Errichtung 2008 in eigene Verantwortung übernommen (jetzt VO 1285/2013, ABl. L 347/1, gestützt auf die TEN-Kompetenz nach Art. 172 AEUV; vgl. Rz. 26/39). Auch wurde mit den USA ein Abkommen über die wechselseitige Nutzung von GALILEO und GPS-Daten geschlossen (Beschluss 2011/901, ABl. L 348/1). Daneben soll mit dem EGNOS-System eine Verbesserung der Qualität von Weltraumsignalen gewährleistet werden (siehe auch dazu VO 683/2008 sowie zur entsprechenden Agentur VO 912/2010, ABl. L 276/11). 12

1975 wurde außerhalb der institutionellen Struktur der EU die **Europäische Weltraumagentur ESA** („European Space Agency") in Paris mit dem Ziel der friedlichen Weltraumerforschung und -nutzung gegründet. Sie war die europäische Antwort auf die amerikanisch/sowjetischen Erfolge in der **Raumfahrt.** An ESA ist die Mehrzahl der EU-Staaten beteiligt. ESA kooperiert zunehmend mit der EU (Abkommen vom 25.11.2003, ABl. 2004 L 261/64; vgl. auch Art. 189 Abs. 3 AEUV) und den nationalen Raumfahrtagenturen insbesondere Deutschlands und Frankreichs. Im Rahmen der ESA-Langzeitprogramme werden **gemeinsame Aktionen** mit gemeinsamer Finanzierung durchgeführt (ARIANE-Raketen, Raumtransporter HERMES, bemannte Weltraumkabine COLUMBUS u. a.). Der Astronomie dient die **Europäische Südsternwarte (ESO)** in Chile. 13

II. Bildung und Sport

Literatur: Umfangreiche Zusammenstellungen aus der reichhaltigen Literatur zur EU-Bildungspolitik bei *Blanke,* in: Grabitz/Hilf/Nettesheim (Hrsg.), Recht der EU (Komm.), bei Art. 165/166 AEUV (2011) und *Classen,* in: v. d. Groeben/Schwarze/Hatje (Hrsg.), EU-/AEUV (Komm.) 7. Aufl. 2014, bei Art. 165/166 AEUV.

Fechner, Kultur und Bildung im Europarecht, RdJB 1996, 35; *Seidel/Beck,* Rechtliche Aspekte der Bildungspolitik der EG, JURA 1997, 393; *Berggreen/Merkel,* Europäische Harmonisierung auf dem Gebiet des Bildungswesens, RdJB 1998, 18; *Übersohn,* Europarechtliche Entwicklungen im Bildungsrecht und in der Bildungspolitik, RdJB 1998, 267; *Günther,* Die Auslegung des Rechts auf Bildung in der europäischen Grundrechtsordnung, 2007; *Kauff-Gazin,* Éducation et droit communautaire: le marché prend-il le pas sur l'intérêt général?, Rec. Dalloz 2008, 666; *Rechberger-Bechter,* Europäische Gemeinschaft in der Bildungspolitik, 2008; *Odendahl* (Hrsg.), Europäische (Bildungs-)union?, 2011.

Die KOM veröffentlicht regelmäßig „Das Magazin – Allgemeine und berufliche Bildung/Jugend/Sport".

Internet-Adresse: http://europa.eu/pol/educ/index_de.htm

1. Entwicklung der europäischen Bildungsaktivitäten

Literatur: *Oppermann,* Europäisches Gemeinschaftsrecht und deutsche Bildungsordnung, 1987; *Lenz,* Die Rspr. des EuGH im Bereich des Bildungswesens, EA 1989, 125; *Classen,* Bildungspolitische Förderprogramme der EG, EuR 1990, 10; *Hochbaum,* Die europäische Bildungspolitik von Rom bis Maastricht, RdJB 1992, 505; *Blanke,* Europa auf dem Wege zu einer Bildungs- und Kulturgemeinschaft, 1994.

14 Ursprünglich sah Art. 128 EWGV den Beschluss allgemeiner Grundsätze für das Bildungswesen vor, spielte jedoch in der Praxis kaum eine Rolle. Ihren Ausgangspunkt nahm die europäische Bildungspolitik bei der **Freizügigkeit** der Arbeitnehmer (heute Art. 45 ff. AEUV) und dem deren Kindern garantierten diskriminierungsfreien Zugang zum jeweiligen Bildungssystem (VO 1612/68, ABl. 1968, L 257/2, Änderungen; RL 77/486, ABl. 1977, L 199/32). Die Herstellung der **Niederlassungs- und Dienstleistungsfreiheit** machte Regelungen über die **gegenseitige Anerkennung der Diplome,** Prüfungszeugnisse und sonstigen Befähigungsnachweise (auch im Hochschulbereich) auf der Grundlage des heutigen Art. 53 AEUV nötig (zur Praxis Rz. 25/26 ff.).

15 1985 leitete der EuGH aus dem allgemeinen **Diskriminierungsverbot (heute Art. 18 AEUV)** in Verbindung mit dem genannten Artikel 128 EWGV ein Recht auf diskriminierungsfreien Zugang zu Bildungseinrichtungen einschließlich der Hochschulen (EuGHE 1985, 593, Rs. 293/83 „Gravier") ab. Dieses Urteil sowie die im Zuge des Binnenmarktprogramms entwickelte Idee des „Europas der Bürger" (Rz. 16/3) gaben den Impetus für eine vielfältige, auf Austausch ausgerichtete Förderpolitik der EWG. Der verallgemeinerte Freizügigkeitsgedanke beförderte u. a. die **Mobilität im Hochschulbereich** („Studenten-Richtlinie" 93/96, ABl. 1993, L 317/59). Gleichzeitig legte die EG Aktionsprogramme für allgemeine und berufliche Bildung und Jugendaustausch auf (**„Bildungsprogramme").** Bekannt wurde besonders das auf den Studentenaustausch angelegte **ERASMUS-Programm** (ABl. 1987, L 166/20, Fortsetzungen). Rechtsgrundlage war Art. 128 EWGV (EuGHE 1989, 1425, Rs. 242/87 „Erasmus"; abl. *Classen,* EuR 1990, 10).

2. Primärrechtliche Grundlagen der europäischen Bildungspolitik

Literatur: *Lenaerts,* Education in European Community Law after „Maastricht", CMLRev 1994, 7; *Fürst,* Die bildungspolitischen Kompetenzen der EG, 1999; *Timmermann* (Hrsg.), Berufliche Weiterbildung in europäischer Perspektive, 1999; *Fechner,* Auswirkungen des europarechtlichen Diskriminierungsverbots auf die Bildung, RdJB 2002, 339; *Hablitzel,* Harmonisierungsverbot und Subsidiaritätsprinzip im europäischen Bildungsrecht, DÖV 2002, 407; *Porr,* Bildungsrechtliche Kompetenzen der EG im Widerstreit mit Länderkompetenzen, 2004; *Bode,* Europarechtliche Gleichbehandlungsansprüche Studierender und ihre Auswirkungen in den MSen, 2005; *O'Leary,* Equal treatment and EU citizens: A new chapter on cross-border educational mobility, ELR 2009, 612; *Hilpold,* Unterhaltsstipendien für Unionsbürger, EuZW 2009, 40; *Jørgensen,* The right to cross border education in the European Union, CMLRev 2009, 1567.

a) Spezifische Kompetenzen für die Bildungspolitik

Der Maastrichter Unionsvertrag 1992 machte die Bildungspolitik erstmals zu einem ausdrücklichen Gegenstand der EU-Politik (Kapitel **„Allgemeine und berufliche Bildung und Jugend"**, heute Art. 165f. AEUV). Inhaltlich wurde insbesondere die bisherige Praxis (Rz. 23ff.) kodifiziert. Im Einzelnen unterscheidet der AEUV zwischen **allgemeiner** Bildung (Art. 165 AEUV) und **beruflicher** Bildung (Art. 166 AEUV). Mit Blick auf Hochschulen kommen in Abhängigkeit von Inhalt und Zweck der jeweiligen Maßnahme beide Normen in Betracht. 16

Die europäische Zuständigkeit wird jeweils auf unterstützende, koordinierende und ergänzende Maßnahmen zugunsten bestimmter, näher benannter **Ziele** beschränkt; zugleich wird die „strikte Verantwortung der MSen" für Inhalt und Gestaltung des nationalen Bildungssystems betont (jeweils Abs. 1). Zusätzlich ist das **Subsidiaritätsprinzip** des Art. 5 Abs. 2 EUV zu beachten. Das Recht auf Bildung (Art. 14 GrCh; Art. 2 des 1. ZP zur EMRK; Rz. 17/81) wird daher mangels Zuständigkeiten der Union weitgehend „lettre morte" bleiben. 17

Entsprechend dem traditionellen wirtschaftlichen Schwerpunkt der Union ist die Zuständigkeit in der **beruflichen Bildung** etwas stärker ausgeprägt. Hier geht es um eine „qualitativ hochstehende" Berufsbildung (Art. 166 AEUV). Berufliche Bildung umfasst im Sinne der weiten Auslegung durch den Gerichtshof auch den **tertiären Bereich.** Die Norm stellt eine ergänzende lex generalis zu den entsprechenden Kompetenzen im Rahmen der Personenfreizügigkeit, in der Beschäftigungspolitik und beim Europäischen Sozialfonds dar (Rz. 27/62, 29/20ff.). Die Union unterstützt und ergänzt mit einer **Politik der beruflichen Bildung** die Maßnahmen der MSen mit Blick auf bestimmte Ziele (Art. 166 Abs. 2 AEUV), aber wiederum unter strikter Beachtung der Verantwortung der MSen für Inhalt und Gestaltung der beruflichen Bildung. 18

b) Allgemeines Diskriminierungsverbot (Art. 18 AEUV) und Freizügigkeitsrecht (Art. 21 AEUV)

Bildung gehört zum Anwendungsbereich des Vertrages im Sinne des Art. 18 AEUV; die einschlägigen Institutionen unterliegen damit dem **Verbot unmittelbarer oder mittelbarer Diskriminierungen** aus Gründen der Staatsangehörigkeit (oben Rz. 16/25; *Fechner*, RdJB 2002, 339) mit der Folge, dass alle für EU-Ausländer geltenden Erschwerungen bei der Nutzung von Bildungseinrichtungen – vom Kindergarten bis zur Hochschule – unionsrechtlichen Zweifeln unterliegen (Rz. 14). Bis heute umstritten sind vor allem Beschränkungen beim Medizinstudium zwecks Sicherung der Versorgung mit Ärzten (dazu EuGHE 2005, I-5969, Rs. C-147/03 „KOM/Österreich", aber auch E 2010, I-2735, Rs. C-73/08 „Bressol" zu einer belgischen Quotenregelung). 19

Ebenfalls wurde – wie die Gewährung von Sozialleistungen an Unionsbürger insgesamt (Rz. 16/25f.) – die Gewähr von **Ausbildungsförderung** dem Diskriminierungsverbot unterstellt. Ein Studium im Ausland muss wie eines im Inland gefördert werden (EuGHE 2007, I-9161, verb. Rs. C-11 und 12/06 „Morgan"). Umgekehrt müssen Unionsbürger grundsätzlich die gleichen Leistungen wie Inländer erhalten. Der Staat darf aber in beiden Fällen eingrenzende Voraussetzungen für seine Verantwortlichkeit vorsehen, so für die Leistungsgewähr an Ausländer eine hinreichende Integration in Form eines vorherigen fünfjährigen Aufenthalts im betreffenden Staat (EuGHE 2008, I-8507, Rs. C-158/07 „Förster"; vgl. auch Art. 24 Abs. 2 i.V.m. 16 Abs. 1 RL 2004/38; ferner zur Förderung des Auslandsstudiums EuGH, Urteil v. 18.7.2013, verb. Rs. C-523/11 und 585/11 „Prinz und Seeberger" sowie insgesamt 20

Rz. 16/25 ff.). Zudem muss man es nicht zu übermäßigen Belastungen des Staates im Gesamtsystem der Ausbildungsförderung kommen lassen (EuGHE 2005, I-2119, Rs. C-209/03 „Bidar").

c) Weitere bildungsrelevante Regelungen

21 Zur Sicherung der Freizügigkeit der Personen im Rahmen der verschiedenen **Grundfreiheiten** wurden seit den sechziger Jahren bildungsrelevante Regelungen erlassen (Rz. 25/26 ff., 27/62). Private Bildungsangebote unterfallen der Dienstleistungsfreiheit, so dass eine Beschränkung der steuerlichen Absetzbarkeit von privaten Schulkosten auf inländische Schulen gegen Art. 56 AEUV verstößt (EuGHE 2007, I-6849, Rs. C-76/05 „Schwarz").

22 Auch die Sozial- und Beschäftigungspolitik schließen berufsbildungspolitische Aufträge ein. Art. 145 AEUV weist der Förderung der Qualifizierung und Ausbildung der Arbeitnehmer eine wichtige Rolle im Rahmen der **Beschäftigungspolitik** der EU zu. Art. 153 und 156 AEUV sprechen **sozialpolitische** Maßnahmen zur Verbesserung des Wissensstandes und zur beruflichen Ausbildung und Fortbildung an (Rz. 29/21). Da sich diese Regelungen mit der allgemeinen EU-Berufsbildungszuständigkeit des Art. 166 AEUV überlappen, treten sie in der Praxis zurück. Der **Europäische Sozialfonds** (oben Rz. 29/22 ff.) erleichtert nach Art. 162 AEUV durch finanzielle Förderung berufliche Bildung und Umschulung im Interesse besserer beruflicher Verwertbarkeit und Mobilität. Art. 41 AEUV ermöglicht Koordinierungsmaßnahmen bei **landwirtschaftlicher Berufsausbildung** im Rahmen der Gemeinsamen Agrarpolitik. Gemäß Art. 4, 9 EAGV führt die KOM **Ausbildungsprogramme** zur Förderung des Fortschritts in der Kernenergie durch und kann **Schulen** zur Ausbildung von Fachkräften gründen.

3. Die sekundärrechtliche Ausformung der europäischen Bildungspolitik

Literatur: *Teichler,* Das Beispiel ERASMUS, RdJB 2001, 199; *Badura,* Die Universität in Europa, FS Schiedermair, 2002, 465; *Schönherr,* Die Umsetzung von EU-Fördermaßnahmen gemäß Art. 149 EGV im Schulbereich. Eine Analyse der deutschen, spanischen und gemeinschaftlichen Kompetenzen unter Bezugnahme auf ein Comenius-Projekt als Praxisbeispiel, 2010; *Tille,* Der europäische Bildungsraum und das duale System der Berufsbildung in Deutschland: rechtliche Rahmenbedingungen zur zukünftigen Gestaltung des deutschen Berufsbildungssystems, 2010.

23 Kern der EU-Bildungspolitik bilden die jeweils zeitlich befristeten **Aktionsprogramme** (vgl. schon Rz. 15). Die EU fördert mit ihnen auf der Grundlage von Art. 165 f. AEUV, gelegentlich ergänzt um Art. 352 AEUV, eine gewisse Europäisierung der nationalen Bildungssysteme, vor allem durch unionsweite Mobilität und die Entwicklung europäisch wesentlicher Qualifikationen wie das Erlernen von Fremdsprachen. Die **Grundstruktur** der Programme ist ähnlich. Die EU tritt als Anreger, Rahmen setzender Organisator und vor allem als **Mitfinanzierer** auf. Die Umsetzung erfolgt über nationale Stellen (in Deutschland z. B. den DAAD).

24 Die Programme tragen jeweils einen **Titel,** der oft aus einer sinnfälligen Abkürzung gebildet wird (z. B. ERASMUS = „European Community Action Scheme to the Mobility of University Students"). Seit längerem werden sie in einem größerem Gesamtprogramm zusammengefasst. Für den Zeitraum von 2014 bis 2020 sieht dieses unter dem Namen „Erasmus+" ein Finanzvolumen von knapp 14,8 Mrd. € – deutlich mehr als bisher – vor (VO 1287/2013, ABl. L 347/50). Es besteht aus zahlreichen Teilprogrammen (Comenius für die Schulbildung, Erasmus für die Hochschulbildung, Erasmus Mundus für den internationalen Hochschulaustausch, Leonardo da Vinci für die berufliche Bildung, Grundtvig für die Erwachsenenbildung; Jean Monnet für die Hochschullehre und -forschung zur europäischen Integration). Das Teilprogramm „Jugend in Aktion" fördert einen Austausch von Jugendlichen zwischen 15 und 25 Jahren innerhalb der EU und mit Drittstaaten. Voraussetzung ist bei allen Fördermaßnahmen die Existenz eines im Einzelnen näher definierten europäischen „Mehrwerts".

Darüber hinaus hat der **Rat** z. B. Empfehlungen über die Qualitätssicherung in der Hochschulbildung (ABl. 1998, L 270/56) und zur Bewertung der Qualität der Schulbildung (ABl. 2001, L 60/51) erlassen. Ferner wurde ein Aktionsplan zur Förderung der Mobilität beschlossen (ABl. 2000, C 371/4). Im Rahmen der **„Lissabon-Strategie 2000"** (Rz. 18/17) haben die EU-Bildungsminister im Sinne der Methode der Offenen Koordinierung (Rz. 9/134) konkrete **Zielvorgaben für das Schul- und Hochschulwesen** festgelegt (z. B. Detailliertes Arbeitsprogramm für die allgemeine und Berufsbildung (ABl. 2002, C 142/1; vgl. auch ABl. 2012 C 393/5)). Die **KOM** erstellt regelmäßig umfangreiche **programmatische Vorgaben** für europäische und nationale Rechtsetzung im Bildungswesen; siehe insgesamt Fundstellenverzeichnis des geltenden EU-Rechts 16.10 und 16.30. 25

4. Europäische Bildungspolitik jenseits der Verträge

a) EU-externe Bildungseinrichtungen

Literatur: *Schneider*, Die Europäische Wissenschaftsstiftung, WissR 1977, 156; *Ruzie*, L'office franco-allemand pour la jeunesse, 1990; *Riegel*, Europäische Schulen, EuR 1995, 147; *St. Kaufmann*, Das Europäische Hochschulinstitut, 2003 (ausführliche Literaturliste); *Gruber*, Europäische Schulen – ein in die EG integriertes Völkerrechtssubjekt, ZaöRV 2005, 1015.

„Am Rande der EU" sind meist auf **völkerrechtlicher Grundlage Bildungseinrichtungen** geschaffen worden. Seit den fünfziger Jahren wurden **Europäische Schulen** zur Erziehung der Kinder von EU-Bediensteten errichtet. 1976 wurde das **Europäische Hochschulinstitut (EHI)** in Florenz gegründet. Diese Einrichtungen sind eigenständig, arbeiten aber eng mit der Union zusammen und leiten aus ihr ihre Rechtfertigung ab. 26

Die **Europäischen Schulen** entstanden seit 1954 als „Schulsystem besonderer Art" (Präambel Satzung). In ihnen werden Kinder des EU-Personals unterrichtet, aber nach Möglichkeit auch weitere Schüler aufgenommen. Rechtsgrundlage ist heute die **Vereinbarung über die Satzung der Europäischen Schulen** (ABl. 1994, L 212/3). Sie wurde zwischen den EGen und den MSen auf der Grundlage des heutigen Art. 352 AEUV geschlossen. Die Schulen in Culham, Brüssel, Frankfurt a. M., Karlsruhe, Luxemburg, Mol, München und Varese haben Rechtspersönlichkeit und werden durch gemeinsame Organe (Art. 7 Satzung: insbesondere Oberster Rat und Generalsekretär) zu einem **Gesamtsystem** mit internationaler Rechtspersönlichkeit zusammengeführt (*Gruber*, ZaöRV 2005, 1015). Der Unterricht führt vom Kindergarten bis zum einheitlichen **europäischen Abitur,** das in der ganzen EU anerkannt wird. Der EuGH hatte früher die Verklammerung mit der EU betont (EuGHE 1986, 29, Rs. 44/84 „Hurd"); das Abkommen aus dem Jahre 1994 sieht er hingegen institutionell als eigenständig an (EuGHE 2011, I-5105, Rs. C-196/09 „Miles"). 27

Das 1976 durch völkerrechtlichen Vertrag der EG-MSen v. 16.4.1972 (Text u. a. ABl. 1976, C 29/1, Änderungen) in Florenz gegründete **Europäische Hochschulinstitut** ist eine **unabhängige Rechtsperson,** die gleichzeitig in vielfältiger Beziehung zur EU steht (näher *St. Kaufmann*, Das Europäische Hochschulinstitut, 2003). Die Union wirkt bei der Finanzierung des Instituts mit. Das EHI ist die abgewandelte Verwirklichung der in Art. 9 Abs. 2 EAGV vorgesehenen „Europäischen Universität" und bietet europäisch geprägte **Postgraduiertenstudien und Forschung** in Geschichte, Politik-, Rechts-, Sozial- und Wirtschaftswissenschaften an. Das Institut öffnet sich weltweit, u. a. über eine angegliederte Akademie für Europäisches Recht und ein Forschungszentrum Robert Schuman. – In Florenz befindet sich seit 1985 ferner das **Historische Archiv der EU.** 28

Bereits 1949 wurde das **Europa-Kolleg in Brügge** als Stiftung belgischen Rechts gegründet. Es finanziert sich durch Belgien, die EU (Jean-Monnet-Programm, Rz. 24) und Teilnahmegebühren. Das anspruchsvolle **Postgraduiertenstudium in Jura, Politik- und Wirtschaftswissenschaft** galt lange als „Kaderschmiede" für die EU-KOM. In Natolin/Polen wurde eine Filiale für die Ausbildung mittel- und osteuropäischer Kandidaten gegründet. 29

Das **Deutsch-Französische Jugendwerk** fördert seit 1963 den bilateralen Jugendaustausch (*Ruzie,* L'office franco-allemand pour la jeunesse, 1990). Seit den neunziger Jahren werden mittelosteuropäische Teilnehmer in den Austausch einbezogen (Jährlich ca. 200 Programme und 7000 Treffen, an denen fast 200 000 Jugendliche teilnehmen). Die **Deutsch-Französische Hochschule (DFH)** fördert u. a. gemeinsam mit der Deutschen Forschungsgemeinschaft und dem französischen Bildungsministerium deutsch-französische Graduiertenkollegs.

b) Der Bologna-Prozess und die gegenseitige Anerkennung von Studienzeiten

Literatur: *Reich/Vanistendael,* Bologna und der Euro-Jurist, ZRP 2002, 268; *Häberle,* Der europäische Jurist, JöR 2002, 123; *J. Heß,* Der Bologna-Prozeß, WissR 2003, 272; *Zgaga,* Bologna Process between Prague and Berlin (Report), 2003; *Kilian,* Die Europäisierung des Hochschulraumes, JZ 2006, 209; *Busch/Kopetz* (Hrsg.), Rechtsfragen des Europäischen Hochschulraumes, 2008; *Busch/Unger* (Hrsg.), Rechtsfragen des europäischen Hochschulraumes: higher education integration in Europe, 2009; *Garben,* The Bologna Process: From a European Law Perspective, ELJ 2009, 186; *dies.,* EU Higher Education Law, The Bologna Process and the Harmonization by Stealth, 2011.

30 Über die EU hinausgehende Bedürfnisse nach einer international verständlichen **Studienstruktur mit vergleichbaren Abschlüssen** haben – mangels Zuständigkeiten der EU und anderer Organisationen – verschiedene Staaten zur Schaffung eines **„europäischen Hochschulraumes"** auf der Basis eines **freiwilligen Konsenses** veranlasst. Am 19.6.1999 einigten sich in **Bologna** die Bildungsminister aus allen EU-Staaten und zunächst 15 weiteren Ländern (mittlerweile beteiligen sich 47 europäische Staaten) auf eine **gemeinsame Erklärung** (www.bologna-berlin2003.de). Sie zielt auf ein „Europa des Wissens". In einer fortschreitenden Anstrengung **(„Bologna-Prozess")** sollen vor allem gemeinsame Studienstrukturen mit vergleichbaren Abschlüssen geschaffen werden (*J. Heß,* WissR 2003, 272). Die zuständigen Minister treffen sich zumeist alle zwei Jahre.

31 Kern des Prozesses ist ein die Schaffung eines Studiensystems, welches in Anlehnung an die angelsächsischen Verhältnisse das Studium in **zwei Hauptzyklen** teilt. Ein drei- bis vierjähriges Studium führt zum **Bachelor,** der bereits berufsqualifizierenden Charakter aufweisen soll. Daran schließt sich für die qualifizierteren Studierenden ein ein- bis zweijähriges Studium an; nach insgesamt fünf Jahren erreicht man den **Master.** Beide Studienteile sollen durch ein System von **Leistungspunkten** (Credits) und durch eine **Modularisierung** des Studiums europaweit soweit vergleichbar gestaltet werden, dass die Mobilität der Studierenden mittels der allseitigen Anerkennung einzelner Studienleistungen und -teile gewährleistet ist. Zur Sicherung nicht zuletzt der Anerkennungsfähigkeit wird eine Überprüfung der Qualität der Studienprogramme oder der Qualitätssicherungsmaßnahmen der Hochschulen als solcher durch Akkreditierungsagenturen vorgegeben. Da mit dem Bologna-Prozess die zuvor für zahlreiche Studiengänge bestehenden KMK-Richtlinien aufgegeben wurden, wird allerdings im Gegensatz zur eigentlichen Intention auf nationaler Ebene das Wechseln einer Hochschule faktisch deutlich erschwert.

32 Ergänzend enthält die (vom Europarat ausgearbeitete) **Konvention von Lissabon** vom 11.4.1997 (BGBl. 2007 II 713) über die Anerkennung von Qualifikationen im Hochschulbereich in der europäischen Region allgemeine Grundsätze über die Anerkennung von Hochschulzugangsberechtigungen, -abschlüssen und vor allem Studienzeiten. Letztere sind (einschließlich der zu erbringenden Prüfungsleistungen) anzuerkennen, wenn fachlich insgesamt keine wesentlichen Unterschiede bestehen – das Fehlen einzelner Prüfungsfächer schadet also nicht.

5. Europa und der Sport

Literatur: *Bogusz/Cygan/Szyszczak,* The Regulation of Sport in the European Union, 2007; *Szyszczak,* Competition and Sport, ELR 2007, 95; *Conzelmann,* Modelle für eine Förderung der inländischen Nachwuchssportler zur Stärkung der Nationalmannschaften: klassische „Ausländerklauseln" und alternative Ansätze im Lichte gemeinschaftsrechtlicher Vorgaben und Sportentwicklungen seit Bosman, 2008; *Wiesner,* Unionsziele im europäischen Verfassungsrecht: Grundlagen, Entwicklung und Wirkung – dargestellt am Unionsziel der Sportförderung, 2008; *Sander/Sasdi* (Hrsg.), Sport im Spannungsfeld von Recht, Wirtschaft und europäischen Grundfreiheiten, 2009; *Jakob,* Die staatliche Finanzierung und Förderung von Fußballstadien am Maßstab des EG-Beihilfenrechts, 2010; *Battis/Ingold/Kuhnert,* Zur Vereinbarkeit der „6+5"-Spielregel der FIFA mit dem Unionsrecht, EuR 2010, 1; *Persch,* Sportförderung in Europa: Der neue Art. 165 AEUV, NJW 2010, 1917; *Pijetlovic,* Another classic of EU sports jurisprudence: Legal implications of Olympique Lyonnais v Olivier Bernard and Newcastle, ELR 2010, 857; *Gack,* Die kartellrechtliche Überprüfbarkeit vereinsrechtlicher Vorschriften im Sport: die europäische und amerikanische Situation im Vergleich, 2011; *Geulen,* Die Vereinbarkeit des deutschen Sportförderungsrechts mit dem Wettbewerbsrecht der EU, NVwZ 2012, 1517; *Parrisch, Lex sportive* and EU Sports Law, ELR 2012, 716; *Schaefer,* Die Vereinbarkeit der ‚50+1-Regel' mit dem Europarecht, 2012; *Eichel,* Der Sport im Recht der Europäischen Union, 2013.

Internet-Adresse: http://ec.europa.eu/sport/index_de.html

a) Der Sport und das europäische Wirtschaftsrecht

Der Sport wird erst seit dem Vertrag von Lissabon – im Zusammenhang mit der Jugend- und Bildungspolitik (Art. 165 AEUV, Rz. 16) – ausdrücklich in den europäischen Verträgen erwähnt. Schon in den siebziger Jahren entschied der EuGH aber, dass auch Profisportler in den Anwendungsbereich der Freizügigkeit (heute Art. 45 AEUV) fallen (EuGHE 1974, 1405, Rs. 36/74 „Walrave und Koch"). Beschränkungen mit rein sportlichem Hintergrund sind allerdings ggf. gerechtfertigt (etwa EuGHE 2006, I-6691, Rs. C-519/04 P „Meca-Medina"). Praktische Bedeutung entfaltete diese Judikatur vor allem mit der Anwendung der Freizügigkeitsregeln auf den **Transfer von Profi-Sportlern** von einem MS in einen anderen im Bosman-Urteil (EuGHE 1995, I-4921, Rs. C-415/93; siehe ferner zu Nachwuchsspielern EuGHE 2010, I-2177, Rs. C-325/08 „Olympique Lyonnais"). Dabei wurden – im Lichte der allgemeinen Rechtsprechung des EuGH (Rz. 22/8) konsequent – auch **Regelungen von Fußballverbänden** dieser Norm unterworfen (vgl. auch Rz. 27/23). Das Bosman-Urteil löste eine grundlegende Veränderung der Regeln über den Transfer von Fußballspielern einerseits, den Einsatz ausländischer Spieler andererseits in der EU, aber auch darüber hinaus aus. Zum Teil wird daher dazu übergegangen, beim Mannschaftssport einen gewissen Anteil national ausgebildeter Spieler zu verlangen (etwa Art. L 131–16 des französischen Code du Sport und dazu Conseil d'État, RFDA 2012, 505). Ebenso sind Dopingsperren gegen Sportler an der Freizügigkeit zu messen (aber auch zu rechtfertigen). Allgemeine, nicht an die Staatsangehörigkeit anknüpfende Regeln für die Teilnahme an Sportwettbewerben stellen hingegen keine Beschränkung einer Grundfreiheit dar. Daneben stellt vielfach die Durchführung von Sportveranstaltungen eine Dienstleistung dar (zu beidem EuGHE 2000, I-2549, verb. Rs. C-51/96 und 191/97 „Deliège": Eintrittsgelder, Übertragungsrechte, Sponsorenleistungen). 33

Weiterhin ist der Sport dem **Wettbewerbsrecht** unterworfen. Sportvereine und -verbände sind im Sinne der Art. 101 f. AEUV ggf. als Unternehmen bzw. Unternehmensverbände anzusehen (EuGHE 2006, I-6691, Rs. C-519/04 P „Meca-Medina", zum IOC). Relevante Märkte sind je nachdem insbesondere die der Spieler, der Durchführung von **Sportveranstaltungen** und auch der entsprechenden **Vermarktungsrechte.** Hier gilt aber ebenfalls, dass rein sportlich motivierte Maßnahmen (wie der Kampf gegen Doping) zulässig sind (EuGHE, a. a. O; vgl. auch Rz. 20/10). An diesen primärrechtlichen Vorgaben ändert der neue Art. 165 AEUV nichts. Unionsrechtlich um- 34 stritten ist die deutsche „50+1"-Regel, die das kapitalmäßige Engagement von Unternehmen bei Fußballvereinen faktisch ausschließt.

b) Sportpolitische Aktivitäten

35 Die durch die **Anwendung** des europäischen **Wirtschaftsrechts** (Grundfreiheiten und Wettbewerbsrecht) auf den **Profisport** ausgelösten Konflikte (Rz. 33f.) waren Anlass für die **1997** von der Regierungskonferenz von Amsterdam verabschiedete **Erklärung zum Sport,** in der dessen gesellschaftliche Bedeutung auf europäischer Ebene hervorgehoben und eine Beteiligung der Sportverbände an einschlägigen Fragen ins Auge gefasst wird.

Der **Vertrag von Lissabon** schuf spezifische **sportbezogene Befugnisse** (Art. 165 AEUV; Rz. 16). Danach soll die europäische Dimension des Sports gefördert werden. Konkret werden die Fairness und Offenheit von Sportwettkämpfen und die Zusammenarbeit zwischen den Sportorganisationen, aber auch der Schutz der körperlichen und seelischen Unversehrtheit der Sportler genannt. Bei einschlägigen Aktivitäten sollen die auf freiwilligem Engagement beruhenden Strukturen des Sports berücksichtigt werden. Die vielfältigen sportpolitischen Aktivitäten der EU-Organe finden so eine ausdrückliche Grundlage. Bereits zuvor, seit 1995, hatte die KOM ein jährlich neu aufgelegtes Programm zur **Förderung des Sports** (EURATHLON, ABl. 1994, C 297/7) entwickelt. Diese Sportförderung wurde 2014 in das Erasmus-Programm (Rz. 24) integriert und erfasst derzeit verschiedene, auf den Breitensport bezogene Aktivitäten. Auch beteiligt sich die an der internationalen Dopingbekämpfung. 2007 hat die KOM zu Sport ein Weißbuch vorgelegt (KOM [2007] 391 endg.).

III. Kultur

Literatur: Umfassende Nachweise zum Schrifttum bei *Ress/Ukrow,* in: Grabitz/Hilf/Nettesheim, Recht der EU (Komm.), bei Art. 167 AEUV (2011).

Ress, Kultur und Europäischer Binnenmarkt, 1991; *Sparr,* Kulturhoheit und EWG-Vertrag, 1991; *Niedobitek,* Kultur und europäisches Gemeinschaftsrecht, 1992; *Siedentopf,* Die kulturelle Dimension im Vertrag über die EU, EuR 1995, 349; *Hochbaum,* Der Begriff der Kultur im Maastrichter und Amsterdamer Vertrag, BayVBl. 1997, 641, 680; *Obaton,* La promotion de l'identité culturelle européenne depuis 1946, 1997; *Fechner,* Auf dem Weg vom Kulturverwaltungsrecht zu einem europäischen Kulturrecht, FS Oppermann, 2001, 687; *Mußgnug,* Kultur und Kulturgut in der EG, FS Steinberger, 2002, 1303; *Nettesheim,* Das Kulturverfassungsrecht der EU, JZ 2002, 157; *Wiesand* (Hrsg.), Handbook of Cultural Affairs in Europe, 3. Aufl. 2002; *R. C. Smith,* Culture and EU Law, 2004; *v. Danwitz,* Die Kultur in der Verfassungsordnung der EU, NJW 2005, 529; *Joas/Wiegandt* (Hrsg.), Die kulturellen Werte Europas, 2005; *Amiel,* Diversité culturelle et droit communautaire, RDP 2008, 247; *Holthoff,* Kulturraum Europa, 2008; *Jung,* Einheit in Vielheit?, Europas kulturelle Identität als Forschungsaufgabe, 2008; *Kotzur,* Europas Einheit in kultureller Vielfalt, FS Fiedler, 2011, 557; *Grzeszick,* Kultur- und Bildungspolitik als europäische Querschnittsaufgabe, in: Wegener (Hrsg.), EnzEuR VIII, 2014, § 9.

Internet-Adresse: http://europa.eu.pol/cult/index_de.htm

1. Grundlagen: Die Europäische Integration und die Kultur

a) „Kultur" im Zusammenhang der Unionsverträge

36 Die Kultur steht in einem **ambivalenten Verhältnis** zur europäischen Integration. Einerseits stand sie lange am Rande, konzentrierten sich die europäischen Institutionen doch zunächst auf die Wirtschaft. Erst seit dem Vertrag von Maastricht 1992 verfügt die EU über eine Kulturkompetenz (Art. 167 AEUV). Andererseits ist die Kultur für die Herausbildung einer gemeinsamen (europäischen) **Identität** von wichtiger Bedeutung.

37 Europäische Kulturpolitik steht damit vor großen Herausforderungen: In der Präambel des EUV wird das kulturelle Erbe Europas, zugleich aber die jeweilige Kultur der Völker angesprochen. Nach Art. 3 Abs. 3 UAbs. 4 EUV n. F. wahrt die Union „den

Reichtum ihrer kulturellen und sprachlichen (dazu schon Rz. 5/8ff.) Vielfalt" (vgl. auch Art. 22 GrCh), sorgt sich aber auch um den „Schutz und die Entwicklung des kulturellen Erbes Europas". Ähnlich spricht Art. 167 AEUV von den **Kulturen der MSen** und deren nationaler und regionaler Vielfalt, zugleich aber vom **gemeinsamen kulturellen Erbe.** Im Wesentlichen vollzieht sich Kultur auf der regionalen und nationalen Ebene. Dem trägt die Zuständigkeitsregelung des Vertrages Rechnung. Gleichzeitig ist die Existenz einer **übergreifenden europäischen Kultur** seit Jahrhunderten belegt. Davon zeugen gemeinsame europäische „Kulturepochen" von der griechisch-römischen Antike über Gotik und Renaissance bis zu Funktionalismus und Postmoderne. Es gibt nicht nur eine durch Nationalkulturen geprägte „nationale Identität" (Art. 4 Abs. 3 EUV), sondern auch eine **europäische Identität.** Ohne sie wäre die Europäische Union ein abstraktes juristisches Produkt. Die dauerhafte Assimilation der MSen in der Union ist nur auf der Grundlage ihrer gemeinsamen kulturellen Traditionen möglich. So ist die Kultur „stärkste Form der Politik und stärkste politische Kraft auf dem Wege zu einem Gesamteuropa" *(Richard v. Weizsäcker).*

b) Entwicklung des kulturellen Engagements der EU

Bereits seit den siebziger Jahren sollte die „Wirtschaftslastigkeit" des europäischen Einigungswerkes durch Einbeziehung der Kultur als geistiger Grundlage der Integration ausgeglichen werden; eine **„Bereichsausnahme Kultur"** (*Niedobitek,* Kultur und Europäisches Gemeinschaftsrecht, 1992) war dem Vertrag immer **fremd.** Die Dienstleistungsfreiheit gilt für grenzüberschreitende Rundfunktätigkeit (Rz. 50, 54). Bücher, Presseerzeugnisse, Filme unterfallen auch der Warenverkehrsfreiheit. Richtlinien und Programme mit „kulturellen Sekundäreffekten" *(Hermann-Josef Blanke)* wurden auf die EU-Zuständigkeiten für **Rechtsangleichung** (Art. 114 AEUV), **Handelspolitik** (Art. 207 AEUV) oder auch auf die „Abrundungskompetenz" des **Art. 352 AEUV** gestützt. 38

Parlament und KOM entwickelten auf diesen Grundlagen in den siebziger Jahren eine zusammenhängende **Aktion der Gemeinschaft im kulturellen Bereich** (Mitteilung KOM, Bull.EG 1977, Beilage 6). Die Staats- und Regierungschefs bekannten sich ihrerseits 1983 zum **Europäischen Kulturraum** und seinem Dialog mit der Welt (Stuttgarter Feierliche Deklaration, EA 1983, D 426). Seit Mitte der achtziger Jahre tagt regelmäßig der **Rat der Minister für Kulturfragen.** 39

2. Die primärrechtlichen Grundlagen der europäischen Kulturpolitik

Literatur: *Ress,* Die neue Kulturkompetenz der EG, DÖV 1992, 944; *Cornu,* Compétences culturelles en Europe et Principe de Subsidiarité, 1993; *Schwartz,* Der neue Titel Kultur, AfP 1993, 409; *Slot,* State Aids in the cultural Sector, 1994; *Berggreen-Merkel,* Die rechtlichen Aspekte der Kulturpolitik nach dem Maastrichter Vertrag, 1995; *Ress,* Die Zulässigkeit von Kulturbeihilfen in der EU, GS Grabitz, 1995, 595; *Kruse,* Das gemeinschaftsrechtliche Beihilfeverbot und die für „Kultur" und „kulturelles Erbe" bestehende Befreiungsmöglichkeit, EWS 1996, 113; *Schmahl,* Die Kulturkompetenz in der EG, 1996; *Wemmer,* Die neuen Kulturklauseln des EGV, 1996; *D. Schmid,* Der Europäische Fernsehkulturkanal ARTE, 1998; *Schwarze,* Die Kompetenzen der EG auf dem Gebiet der Kultur, in: Schwarze/Becker (Hrsg.), Geistiges Eigentum und Kultur, 1998, 125; *Albrechtskirchinger,* Kulturförderung und Kulturpolitik in der EU, EuZW 1999, 193; *Blechschmidt,* Das Instrumentarium audiovisueller Politik der EG aus kompetenzrechtlicher Sicht, 2003; *Max,* Die auswärtige Kulturkompetenz der EG nach Art. 151 Abs. 3 EG, 2004.

a) Zum Kulturbegriff

Das „Kulturverfassungsrecht" der EU (*Nettesheim,* JZ 2002, 157) sieht in Art. 167 AEUV eine **allgemeine Zuständigkeit** der Union im Bereich der **Kultur** vor. Zudem weist das sonstige Recht der Union (Grundfreiheiten, Wettbewerbspolitik u. a. m.) zum Teil kulturelle Bezüge auf. Der den Verträgen zugrunde liegende Kulturbegriff ist dabei einerseits **enger** als beispielsweise das deutsche Verständnis. Während hier 40 im allgemeinen Bildung, Wissenschaft und Kunst (gelegentlich auch die Medien) als Gegenstand der „Kulturverwaltung" gesehen werden, unterscheidet der AEUV zwischen **Bildung** auf allen Stufen einschließlich der Hochschulen (Art. 165 f. AEUV, oben Rz. 14 ff.), **Forschung und technologischer Entwicklung** (Art. 179 ff. AEUV, oben Rz. 1 ff.) und **Kultur** im engeren Sinne (Art. 167 AEUV). Man muss Kultur im Sinne des Vertrages als „pragmatischen Begriff" *(Frank Fechner)* verstehen, der im Wesentlichen die **„Schönen Künste" und Angrenzendes** wie Literatur, Musik, bildende und darstellende Kunst, Museen, Bibliotheken, Denkmalpflege, Brauchtum oder auch Massen- und Alltagskultur umfasst. Beim künstlerischen und literarischen Schaffen bezieht Art. 167 AEUV ausdrücklich den „audiovisuellen Bereich" ein (zur EU-Medienordnung Rz. 50 ff.). In diesen Grenzen muss Kultur, die den schöpferischen Menschen zum Ausgangspunkt hat, **offen** („dynamisch") verstanden werden und entzieht sich einer abschließenden Aufzählung.

b) Die spezifische Kulturkompetenz (Art. 167 AEUV)

41 Nach Art. 167 AEUV leistet die EU **„Beiträge"** zur Entfaltung der Kulturen der MSen. Die EU fördert die kulturelle Zusammenarbeit zwischen den MSen und unterstützt deren Tätigkeit. Sinn ist die **„Entfaltung"** der nationalen Kulturen und nicht Abgrenzung und Trennung zwischen europäischer und nationaler Sphäre (*Niedobitek,* EuR 1995, 349).

Zudem sieht Art. 167 AEUV eine **„Ergänzung"** der nationalen Kulturpolitiken durch die EU vor. Damit sind eigene Konzepte der Union möglich, soweit sie den nationalen Maßnahmen nicht widersprechen. Besonders beim Schutz des gemeinsamen kulturellen Erbes vermag die EU eigenständig zu handeln (Schlussfolgerungen des Rates, ABl. 1994, C 235/1). Insgesamt aber verfügt die EU lediglich über eine „kulturelle Komplementärfunktion" (*Wemmer,* Die neuen Kulturklauseln des EGV, 1996), kann also keine umfassende EU-Kulturpolitik entwickeln.

42 Ähnlich wie im Bildungsbereich (Rz. 23 ff.) können im ordentlichen Gesetzgebungsverfahren (finanzielle) **Fördermaßnahmen** beschlossen werden; eine Harmonisierung der nationalen Rechts- und Verwaltungsvorschriften ist auch hier ausgeschlossen. Daneben kann der Rat auf Vorschlag der KOM **Empfehlungen** aussprechen. Schließlich fördern Union und MSen die Zusammenarbeit mit **Drittstaaten und Internationalen Organisationen** kultureller Ausrichtung, insbesondere dem Europarat (Art. 167 Abs. 3 AEUV).

c) Die Kultur und das allgemeine Vertragsrecht

43 Neben Art. 167 AEUV können **andere Bestimmungen des Unionsrechts** auf Sachverhalte mit kultureller Relevanz Anwendung finden. Sekundärrecht kann gemäß der **Schwerpunkttheorie** (EuGHE 1993, I-993, Rs. C-155/91 „KOM/Rat" st. Rspr.) erlassen werden, wenn der kulturelle Aspekt nicht im Mittelpunkt steht, sondern von sekundärer Bedeutung ist. Beispiele kulturrelevanter Bestimmungen und Zuständigkeiten der Union bilden:

– Die **Freiheit des Warenverkehrs** (Art. 34 ff. AEUV). Auch „Kulturgüter" (Bücher, Presseerzeugnisse, Filme usf.) sind Waren (EuGHE 1985, 1, Rs. 229/83 „Leclerc"). Nach Art. 36 AEUV sind für **nationales Kulturgut** von künstlerischem, geschichtlichem oder archäologischem Wert nationale Beschränkungen möglich. Die EU hat jedoch den Kulturgüterschutz inzwischen geregelt (Rz. 47).

- Die **Freiheit des Personenverkehrs.** Arbeitnehmerfreizügigkeit (Art. 45 AEUV), Niederlassungs- und Dienstleistungsfreiheit (Art. 49ff. bzw. 56ff. AEUV) gelten für **kulturelle Betätigungen** (z. B. Architekten, Filmwesen, künstlerisch-literarische Tätigkeit). Zum Rundfunk siehe unten Rz. 50ff.
- Beim **Wettbewerbsrecht** (Art. 101ff. AEUV) ist ggf. im Sinne der Querschnittklausel die Kulturrelevanz zu berücksichtigen (z. B. bei der deutschen **Buchpreisbindung,** unten Rz. 46). Beihilfen zur **Förderung der Kultur** und der **Erhaltung des kulturellen Erbes** können vom allgemeinen Beihilfeverbot ausgenommen werden (Art. 107 Abs. 3 lit. d) AEUV, oben Rz. 21/23).
- Maßnahmen der **Rechtsangleichung** (Art. 114ff. AEUV) einschließlich der Steuerrechtsangleichung (Art. 113 AEUV) können kulturelle Aspekte berücksichtigen (z. B. bei der Regelung des Urheberrechts, bei der Harmonisierung der Mehrwertsteuer oder bei der Rückgabe von Kulturgut).
- Die **handelspolitische EU-Zuständigkeit** (Art. 207 AEUV) kann z. B. bei Regelungen über die Ausfuhr von Kulturgütern tragen; einstimmige Entscheidungen im Rat sind bei solchen Handelsabkommen gefordert, die u. a. den Handel mit kulturellen und audiovisuellen Dienstleistungen betreffen, wenn diese die kulturelle und sprachliche Vielfalt in der Union beeinträchtigen können.
- Die **industriepolitische EU-Kompetenz** (Art. 173 Abs. 3 AEUV) wurde als Grundlage eines Sprachenförderungsprogramms gewählt, da Hauptzweck die Stärkung der Wettbewerbsfähigkeit der Union war (EuGHE 1999, I-869, Rs. C-42/97 „Parlament/Rat").

Als **Querschnittsklausel** verpflichtet Art. 167 Abs. 4 AEUV die EU, bei ihrer Tätigkeit auf Grund anderer Vertragsbestimmungen **den kulturellen Aspekten Rechnung** zu tragen, insbesondere zur Wahrung und Förderung der Vielfalt der Kulturen. Ausdrücklich wird dies nochmals beim Tierschutz betont (Art. 13 AEUV). Es handelt sich um ein bindendes Gebot, jederzeit „kulturverträglich" zu handeln (Ratsentschließungen ABl. 1997, C 36/4 und C 305/1). Die Querschnittklausel belässt den europäischen Organen zwar einen weiten Beurteilungsspielraum, ist jedoch grundsätzlich **justiziabel.** So hat der EuGH (E 1993, I-487, Rs. C-148/91 „Veronica") im Rundfunkbereich Einschränkungen des freien Kapital- und Dienstleistungsverkehrs als **kulturpolitische Berufsregelungen** im Sinne zwingender Forderungen des Allgemeinwohls akzeptiert (vgl. noch Rz. 54). 44

3. Die sekundärrechtliche Ausformung der europäischen Kulturpolitik

Literatur: *Mußgnug,* Kultur und Kulturgut in der EG, FS Steinberger, 2002, 1303; *Peya,* Die Ausfuhr von Kulturgütern im nationalen und Gemeinschaftsrecht, 2002; *Pfennig,* Die Harmonisierung des Folgerechts in der EU, ZUM 2002, 194; *Siehr,* Vereinheitlichung des Rechts der Kulturgüter, FS MPI PrivatR, 2002, 811; *Weuster,* Die Neuregelung der Buchpreisbindung in Deutschland, 2007; *R.C. Smith,* From heritage conservation to European identity: Article 151 EC and the multi-faced nature of Community cultural policy, ERL 2007, 48; *Hoch,* Die Kulturförderung der Europäischen Union, 2011.

a) Spezifisch kulturpolitisch ausgerichtete Akte

Bereits seit 1985 erklärt der Rat auf Grund einer ursprünglichen Initiative *Melina Merkouris* in jährlichem Turnus zwischen den MSen eine Stadt zur **„Kulturhauptstadt Europas"** (dazu nunmehr Beschluss 1622/2006 zur Förderung einer Kulturhauptstadt von 2007 bis 2019; ABl. L 304/1). Die Benennung der Städte erfolgt durch die MSen und wird von einer Jury beurteilt. Ein erfolgreicher Kandidat ist mit Unterstützung der EU zur Durchführung eines ganzjährigen Kulturprogramms verpflichtet. Damit soll die Bedeutung des städtischen Lebens für die Entwicklung der europäischen Kultur hervorgehoben werden. Zugleich wird der Tourismus gefördert. Zudem gibt es seit der zweiten Hälfte der neunziger Jahre auf der Grundlage des heutigen Art. 167 Abs. 5 AEUV erlassene Förderprogramme (Rz. 48). Durch die Kulturagenda (vgl. ABl. 2007, C 287/1, vgl. auch ABl. 2012, C 393/8) wird es konzeptionell ergänzt. 2011 wurde ein europäisches Kulturerbesiegel geschaffen (Beschluss 1194/2011, ABl. L 303/1; insgesamt Fundstellenverzeichnis des geltenden EU-Rechts 16.40). 45

b) Maßnahmen zur Sicherung der Besonderheiten der Kultur im Wirtschaftsleben

46 Im Sinne der **Querschnittklausel** des Art. 167 Abs. 4 AEUV (Rz. 44) hat die EU auf primär wirtschaftsrechtliche Kompetenztitel der Verträge gestützte Rechtsakte erlassen, die den Besonderheiten kultureller Güter Rechnung tragen sollen und so als eher **indirekt kulturfördernde Maßnahmen** die allgemeine EU-Kulturpolitik ergänzen.

Die mit nationalen **Preisbindungen für Bücher** verbundenen Restriktionen des **freien Warenverkehrs** werden durch Art. 36 AEUV legitimiert (EuGHE 1987, 995, Rs. 168/86 „Procureur général" st. Rspr.; *Everling,* Buchpreisbindung im deutschen Sprachraum und Europäisches Gemeinschaftsrecht, 1997; *Engelmann,* Die Zukunft der Buchpreisbindung im Europäischen Binnenmarkt, 2002). Voraussetzung ist eine gesetzliche Regelung auf nationaler Ebene (zu Deutschland BGBl. 2002 I 3448). Unzulässig ist demgegenüber die Bindung an einen im Ausland vom Verleger festgesetzten oder empfohlenen Preis (EuGHE 2009, I-3717, Rs. C-531/07 „LIBRO").

47 Der **Schutz nationaler Kulturgüter** läuft Gefahr, in einem Binnenmarkt mit freiem Warenverkehr in den Hintergrund zu treten, zumal jeder Staat nur sein eigenes Kulturgut schützen kann; der heutige Art. 36 AEUV erwies sich so als unzureichend. Dies betrifft besonders MSen mit reichem archäologischem Kulturgut wie Griechenland und Italien. Als Akt „kultureller Rechtsangleichung" regelt die **Rückgaberichtlinie** 93/7 (ABl. 1993, L 74/74, Änderungen) die Rückgabe von Kulturgütern, die nach dem 1.1.1993 unrechtmäßig aus einem MS in einen anderen verbracht wurden. Gleichzeitig macht die handelspolitisch gestützte **Verordnung über die Ausfuhr von Kulturgütern** 3911/92 (ABl. 1992, L 395/1, Durchführungsregelungen und Änderungen) den Export von Kulturgütern in Drittstaaten von einer näher geregelten Ausfuhrgenehmigung des Herkunftsmitgliedstaates abhängig (*Uhl,* Der Handel mit Kunstwerken im europäischen Binnenmarkt, 1993). Manche befürchten übertriebenen Kunstprotektionismus (*Siehr,* FS Mestmäcker, 1996, 483), für andere steht der Aufbau einer „Schutzgemeinschaft" für die europäischen Kulturgüter im Vordergrund (*Schwarze,* JZ 1994, 111).

48 Im Bereich der Medienpolitik wird Kulturförderung wie durch die EU-Fernseh-Richtlinie (mehrheitliches Angebot „europäischer Werke" Rz. 59) wettbewerblich toleriert. Zudem sucht die Union die europäische audiovisuelle Industrie zu stärken. Das auf einer Kombination von kultur- und industriepolitischen Kompetenzen (Art. 166 Abs. 4 und 173 Abs. 3 AEUV) beruhende beschlossene Förderprogramm **„Kreatives Europa"** (VO 1295/2013, ABl. 2013, L 347/221) fördert in Zusammenführung Projekte des „Kultur- und Kreativsektors" in Europa, etwa audiovisuelle Produktionsprojekte innerhalb der EU. Hierfür stehen1,5 Md € zur Verfügung. Mit diesem einheitlichen Finanzierungs- und Planungsinstrument sollen besonders die **gemeinsamen kulturellen Werte und Wurzeln Europas** („gemeinsamer Kulturraum der Europäer") hervorgehoben werden. Daher müssen die Projekte einen im einzelnen näher definierten „europäischen Mehrwert" (Art. 5 Abs. 2 der VO) aufweisen. Das Programm fasst die bisherigen Programme „Kultur" (Förderung spezieller kultureller Veranstaltungen mit europäisch/internationaler Ausstrahlung) mit dem Filmförderprogramm „Media" zusammen. Ein besonderer Akzent liegt auf der **Stärkung des europäischen Films** bei Fernsehprogrammen in der Konkurrenz mit US-Produkten. Die Unterstützung der **sprachlichen Vielfalt** europäischer Werke gehört ebenfalls in diesen Zusammenhang (Ratsentscheidung 2001/48, ABl. 2002, L 14/32). Die Möglichkeit der Genehmigung von **Kulturbeihilfen** (Rz. 21/23) wird von der KOM z. B. im Rahmen der **Filmförderung** genutzt (*Koenig/Kühling,* EuZW 2000, 197).

4. Europäische Kulturpolitik außerhalb der EU-Verträge

49 Die kulturelle Aktion der Union wird ähnlich wie im Bildungsbereich (Europäische Schulen usw., oben Rz. 27 ff.) über die Tätigkeit **privater und völkerrechtlicher Kultureinrichtungen** „am Rande des AEUV" mit europäischer Zielsetzung ergänzt. Die Union arbeitet mit diesen Einrichtungen zusammen. Auch der 1990 von Deutschland

und Frankreich durch völkerrechtlichen Vertrag gegründete **Europäische Fernsehkulturkanal ARTE** in Straßburg gehört in diesen Zusammenhang (unten Rz. 52).

IV. EU-Rundfunkordnung

Literatur: *Krausnick,* Das deutsche Rundfunksystem unter dem Einfluss des Europarechts, 2005; *Schwarze,* Die Medien in der europäischen Verfassungsreform, AfP 2003, 209; *Stulz-Herrnstadt,* Nationale Rundfunkfinanzierung und europäische Beihilfenaufsicht im Lichte des Amsterdamer Rundfunkprotokolls, 2004; *Koenigs,* Die deutsche Rundfunkgebühr und das Europäische Beihilferecht, ZEuS 2006, 135; *Dörr/Müller-Graff* (Hrsg.), Medien in der Europäischen Gemeinschaft, 2007; *Schwarze,* Aktuelle Fragen der europäischen Kultur- und Medienpolitik, 2007; *Thum,* Vereinbarkeit der Gebührenfinanzierung des öffentlich-rechtlichen Rundfunks mit dem EG-Beihilferecht, NVwZ 2007, 521; *Gundel,* Nationale Rundfunkfinanzierung, Art. 86 EGV und das EG-Beihilferecht: Die Position der Gemeinschaftsgerichte, ZUM 2008, 758; *Plog,* Wohin steuern die Medien in Europa?, 2008; *Schulz,* Medienkonvergenz light, EuZW 2008, 107; *Helwig,* Die Kompetenz der Europäischen Gemeinschaft zur Schaffung eines europäischen Medienkonzentrationsrechts, 2009; *Ferrari,* Rundfunkfinanzierung – EU-Beihilferecht im Lichte aktueller Unionsrechtsprechung und Kommissionspraxis, KuR 2011, 298; *Schladebach/Simantiras,* Grundstrukturen des unionalen Rundfunkrechts, EuR 2011, 784; *Weberling/Dörrenbächer* (Hrsg.), Medienfreiheit in Europa – auf dem Rückzug?, 2011; *Heyer,* Die Anwendung des EU-Wirtschaftsrechts auf audiovisuelle Mediendienste, 2012; *Lutzhöft,* Eine objektiv-rechtliche Gewährleistung der Rundfunkfreiheit in der Europäischen Union?, 2012; *Kühling,* Medien, in: Wegener (Hrsg.), EnzEuR VIII, 2014, § 7.

1. Entwicklung der europäischen Rundfunkordnung

Die EU-Verträge enthalten **keine Kompetenzen für eine umfassende Regelung** einer europäischen Rundfunkordnung. Bereits 1974 aber hat der EuGH (grenzüberschreitenden) Rundfunk als **Dienstleistung** im Sinne des heutigen Art. 56 AEUV anerkannt (unten Rz. 54). Vor dem Hintergrund zunehmend aufkommender privater Rundfunkveranstalter und starker nationaler Regulierung konnten wirtschaftlich ausgerichtete EWG-Zuständigkeiten für den Rundfunkbereich genutzt werden. Die KOM legte mit dem Grünbuch **„Fernsehen ohne Grenzen"** (KOM (84) 300 endg.) 1984 erste Umrisse eines größeren EWG-Rundfunkkonzeptes vor. 1989 erließ die EWG auf der Grundlage des heutigen Art. 53 Abs. 2 i. V. m. Art. 62 AEUV eine inzwischen mehrfach novellierte **Fernseh-Richtlinie** (Rz. 58 ff.). Das **Amsterdamer Protokoll zum öffentlich-rechtlichen Rundfunk** enthält Regelungen zur Rundfunkfinanzierung (unten Rz. 55). 50

Zur europäischen Rundfunk- und Medienordnung iwS gehören die entsprechenden Aktivitäten im Rahmen des **Europarates und der EMRK.** 1989 wurde im Europarat in Konkurrenz zur EG-Fernsehrichtlinie das **Europäische Übereinkommen über das grenzüberschreitende Fernsehen** geschlossen (BGBl. 1994 II, 638; *Engel,* TRP 1988, 240). Der **EGMR** hat in eingehender Rspr zur **Rundfunkfreiheit des Art. 10 EMRK** die Liberalität der europäischen Rundfunkordnung wesentlich beeinflusst (oben Rz. 17/57 f.). 51

Der von Deutschland und Frankreich errichtete **Europäische Fernsehkulturkanal ARTE** („Association Relative à la Télévision Européenne"; dazu *Oppermann,* GS Grabitz, 1995, 483) gehört im weiteren Sinne zur europäischen Rundfunkordnung. Der in Straßburg ansässige binationale Fernsehsender wurde durch Vertrag zwischen F und den deutschen Bundesländern v. 2. 10. 1990 (u. a. bad.-württ. GBl. 1991, 745) und gesellschaftsrechtlich als Europäische Wirtschaftliche Interessenvereinigung (EWIV, unten Rz. 36/34) gegründet. 52

Neben den hier dargestellten – auf die Sendeinhalte bezogenen – Vorgaben stehen (ähnlich wie in Deutschland) die mit dem Begriff **Telekommunikation (TK)** verbundenen Regelwerke, die sich den technischen Aspekten widmen (dazu Rz. 21/52 f.). 53

International muss die EU-Telekommunikationspolitik den liberalen Maßstäben der Welthandelsorganisation WTO **(GATS-Spezialabkommen über den Dienstleistungshandel)** entsprechen: u. a. freier Marktzugang und Nichtdiskriminierung. Für die Telekommunikation sind jedoch sektorspezifische Besonderheiten („kulturelle Ausnahmen") bedeutsam (*König,* ZUM 2002, 271 und unten Rz. 40/41).

2. Primärrechtliche Grundlagen der europäischen Rundfunkordnung

a) Grundfreiheiten

54 Wirtschaftlich-technisch gesehen ist grenzüberschreitende Rundfunkübertragung (Hörfunk und Fernsehen) eine **Korrespondenzdienstleistung** (Rz. 25/10) im Sinne von Art. 56ff. AEUV ohne Ortswechsel von Leistungserbringer und -empfänger (EuGHE 1974, 409, Rs. 155/73 „Sacchi" st. Rspr.). In Anknüpfung an seine generelle Rspr. (Rz. 25/19) hat der EuGH aber das Recht der Mitgliedstaaten betont, die DLF in nichtdiskriminierender Weise aus **zwingenden Gründen des Allgemeininteresses** einzuschränken, solange und soweit das nationale Rundfunkrecht nicht europäisch harmonisiert ist. Als einschlägige Gründe wurden u. a. anerkannt: **nationale Urheberrechte** (EuGHE 1980, 881, Rs. 62/79 „Coditel I" st. Rspr.) sowie **nationale gesellschaftlich-kulturpolitische Zielsetzungen,** z. B. zugunsten eines pluralistisch-nichtkommerziellen Rundfunksystems (EuGHE 1993, I-487, Rs. C-148/91 „Veronica" st. Rspr.). Anders als der EGMR bei Art. 10 EMRK (Rz. 17/57) hat der EuGH (E 1991, I-2925, Rs. C-260/89 „ERT") das **griechische öffentliche Fernsehmonopol** aus solchen Erwägungen mit dem (damaligen) EGV für vereinbar erklärt. Dabei ist auch zu beachten, dass ein wichtiger Bestandteil der Rundfunkprogramme von Kultur geprägt ist. Hier ist die Union auf einen fördernden **Beitrag zur Entfaltung der Kulturen der MSen** beschränkt (Art. 167 AEUV). – Die Verbringung körperlicher Rundfunkgegenstände (z. B. DVDs) richtet sich nach der **Warenverkehrsfreiheit** (Art. 34 AEUV).

b) Wettbewerbsrecht

55 Infolge des auch wirtschaftlichen Charakters von Rundfunk ist dieser auch den **Wettbewerbsregeln für Unternehmen** (Art. 101ff. AEUV) unterworfen. Hier ist auf die liberalisierende EuGH-Judikatur zur über den Einzelfall hinaus bedeutsamen Übertragung von Fernsehaufnahmen von Sportveranstaltungen hinzuweisen (Rz. 36/23). Daneben sind die Bestimmungen über **staatliche Beihilfen** zu beachten (Art. 107ff. AEUV). Mit Blick auf private Rundfunkunternehmen wirft das keine Probleme auf. **Gemeinwohlorientierte öffentlich-rechtliche Rundfunkanstalten** wie in Deutschland sind aber ggf. als „Dienste von allgemeinem wirtschaftlichem Interesse" mit Blick auf Art. 14 AEUV und Art. 106 AEUV (dazu auch EuGE 2009, II-471, Rs. T-354/05 „TF 1"; 2010, II-3397, Rs. T-568/08 u. a. „M 6" sowie allgemein Rz. 21/51) anzusehen. Das Amsterdamer Protokoll über den öffentlich-rechtlichen Rundfunk 1997 stellt fest, „dass der öffentlich-rechtliche Rundfunk in den MSen unmittelbar mit den demokratischen, sozialen und kulturellen Bedürfnissen der Gesellschaft verknüpft ist". Bei der Anwendung des EU-Wettbewerbsregimes auf den öffentlich-rechtlichen Rundfunk müssen daher die ihm übertragenen politisch-kulturellen Aufgaben angemessene Berücksichtigung erfahren (*de Witte* [Hrsg.], Public Service Broadcasting and European Law, 2002).

56 Nach längeren Auseinandersetzungen scheint die wettbewerbsrechtliche Behandlung der **Gebührenfinanzierung des deutschen öffentlich-rechtlichen** Rundfunks durch die KOM zumindest im Ergebnis geklärt (KOM (2007), 1761; dazu *Meyer,* EWS 2007, 341). Zwar bleibt umstritten, ob es sich bei der Erhebung dieser Gebühren **um einen Beihilfetatbestand** im Sinne der Art. 107ff. AEUV (Rz. 21/6ff.) handelt und ob eine Genehmigung nach Art. 107 Abs. 3 lit. d AEUV möglich ist. Auch die KOM hat aber mittlerweile zugestanden, dass Gebühren, selbst wenn sie unter Art. 107 AEUV fallen, als Gegenleistung für die Erfüllung des Grundversorgungsauftrages durch die Rundfunkanstalten im Sinne einer **gemeinwirtschaftlichen** Verpflichtung i. S. v. Art. 106 Abs. 2 AEUV im Grundsatz gerechtfertigt sein können (Rz. 21/49f.; vgl. auch zu den entsprechenden Fragen EuG, Urteil vom 10.7.2012, Rs. T-520/09 „TF 1"). Voraussetzung ist die hinreichende Spezifikation des öffentlichen Auftrages im Sinne der demokratischen, sozialen und kulturellen Bedürfnisse der Gesellschaft; gewährleistet werden muss, dass das Angebot in diesem Sinne qualitativ den publizistischen Wettbewerb verbessert, die Mittel entsprechend begrenzt und Quersubventionierung anderer Aufgaben ausgeschlossen werden. Dies betrifft vor allem Aktivitäten jenseits des klassischen Rundfunks wie etwa im Online-Bereich. Mit Blick auf mögliche Quersubventionierungen sind vor allem die Vorgaben der **Transparenzrichtlinie 2006/111** (oben Rz. 21/40) zu beachten.

c) Grundrechte

Die **Rundfunkfreiheit** ist auf europäischer Ebene **grundrechtlich** abgesichert (*Schwarze,* ZUM 2000, 779). Von rundfunkrechtlicher Bedeutung ist vor allem die **Meinungsfreiheit. Art. 11 GrCh** garantiert diese nicht nur allgemein, sondern hebt in **Abs. 2** die **Freiheit der Medien und ihre Pluralität** ausdrücklich hervor. Daneben ist auf **Art. 10 EMRK** zu verweisen (Rz. 17/57), der gleichfalls u. a. die **Medien (Rundfunk)freiheit** garantiert (*Kühling,* AfP 1999, 214). Der EGMR (*Lentia u. a. ./. Österreich,* EuGRZ 1994, 954) hat mit Blick auf Art. 10 ein staatliches Rundfunkmonopol verworfen. Art 10 Abs. 2 EMRK legitimiert bestimmte Einschränkungen der Medienfreiheit, insbesondere auch solche zur Sicherung eines freien und vielfältigen Programmangebotes. 57

3. Europäische Harmonisierung des Rundfunkrechts

Literatur: *Dittl,* Die Umsetzung der Free-TV-Schutzliste der TV-Richtlinie in den EU-Mitgliedstaaten, AfP 2001, 98; *Klickermann,* Europäisches Fernsehwerberecht im Wandel der neuen Medien, 2001; *Marti,* Die audiovisuelle Politik der EU, 2004; Institut für Medienrecht (Hrsg.), Die Zukunft der Fernsehrichtlinie, 2005; *Leitgeb,* Revision der Fernsehrichtlinie, ZUM 2006, 837; *Mückl,* Paradigmenwechsel im europäischen Medienrecht: Von der Fernsehrichtlinie zur Richtlinie über audiovisuelle Mediendienste, DVBl. 2006, 1201; *Burri-Nenova,* The new Audiovisual Media Services Directive, CMLRev 2007, 1689.

1989 verabschiedete die EU gegen mancherlei Widerstände die auf den heutigen Art. 53 Abs. 2, 62 AEUV gestützte Fernseh-Richtlinie 89/552, an deren Stelle mittlerweile die Richtlinie 2010/13 über **audiovisuelle Mediendienste** (ABl. L 95/1) getreten ist. Die Richtlinie enthält gewisse Angleichungen des nationalen Rundfunk- und sonstigen Mediendiensterechts im Interesse des Abbaus bisheriger Schranken der Dienstleistungsfreiheit (Rz. 25/19). Mit der RL wird der **EU-weite Empfang dieser Dienste** unionsrechtlich dadurch gewährleistet, dass die Zulässigkeit des Programms grundsätzlich nach dem Recht des **Sitzstaats des Veranstalters** zu beurteilen ist; kein MS darf in anderen MSen niedergelassene Sender zwingen, sich seinem Recht anzupassen (vgl. auch EuGHE 1991, I-4007, Rs. C-288/89 „Mediawet"). Nur in bestimmten Ausnahmefällen kann der Empfangsstaat zusätzliche Vorgaben machen. Ferner trifft die RL Regelungen etwa über Fernsehwerbung (zur Abgrenzung EuGH, Urteil vom 24.11.2011, Rs. C-281/09 „KOM/Spanien"), Sponsoring, Jugendschutz und Gegendarstellung. 58

Umstritten ist die Vorgabe, dass zur Förderung **„europäischer Werke"** (Art. 16ff.) die Programme einen europäischen „Hauptanteil" aufweisen sollen. Diese Maßgabe gilt nur „im Rahmen des praktisch Durchführbaren" und bleibt auf „angemessene Mittel" beschränkt. Mit dieser flexiblen Formulierung blieb die Rechtsfrage offen, ob eine stringente Quotenregelung unzulässig in die Programmhoheit der MSen und Rundfunkveranstalter eingegriffen hätte (so BVerfGE 92, 203) oder aus handelspolitischen Gründen (WTO-Konformität) fragwürdig bzw. als Kulturförderung nach Art. 167 AEUV zulässig wäre (*Gundel,* ZUM 1998, 1002). Die Produktion von Fernsehsendungen als solche fällt nicht in den Anwendungsbereich der Richtlinie (EuGH, Urteil vom 22.9.2011, verb. Rs. C-244/10 und C-245/10 „Mesopotamian Broadcast"). 59

Nach Art. 4 RL 2010/13 „können" die MSen unter Kontrolle der Kommission Listen von **Ereignissen** mit erheblicher **gesellschaftlicher Bedeutung** erstellen (z. B. große Sportereignisse; zum Endspiel der Fußball-Europameisterschaft EuGH, Urt. v. 18.7.2013, Rs. C-201/11 P „UEFA/KOM"), die nach nationalem Recht im frei empfangbaren Fernsehen („Free TV") gezeigt werden müssen und nicht exklusiv dem Zahlfernsehen (Pay TV) überlassen bleiben dürfen (*Dittl,* AfP 2001, 98). Durch die fakultative Formulierung („kann") bleibt offen, ob eine aus zwingenden Gründen des Allgemeininteresses zulässige Beschränkung der DLF vorliegt oder ein unzulässiger Eingriff in die nationale Programmhoheit. Die sachlich allgemein begrüßte Regelung ist in D in § 4 Rundfunkstaatsvertrag verankert worden. 60

Weitere rundfunkrelevante EU-Harmonisierungsmaßnahmen betreffen im Rahmen der allgemeinen Rechtsangleichung (unten Rz. 36/29) das Urheberrecht (u. a. RL 93/98, ABl. 1993, L 290/9 zur Koordinierung bestimmter Vorschriften betr. Satellitenrundfunk und Kabelweiterverbreitung).

V. Ausblick

61 Im Bereich des kulturell geprägten Rechts verfügt die Union insgesamt nur über begrenzte Zuständigkeiten. Sieht man einmal vom Bereich der Medien ab, beschränkt sich die Unionsaktion zumeist auf finanzielle Förderung in den Bereichen Forschung, Bildung und Kultur. Dabei ist eine zunehmende Ausweitung der Aktion auch auf nicht wirtschaftlich geprägte Bereiche zu beobachten. Besonders deutlich zeigt sich dies bei der Neuausrichtung der europäischen Forschungspolitik von der bisherigen Fixierung auf allein ökonomisch interessante Fragestellungen hin zu einer Wissenschaftspolitik um ihrer selbst willen. Bei den **kulturellen Aktivitäten** hat die EU – zu Recht – ihre Aufgabe gefunden, Zusammenarbeit der MSen zu fördern und Ausstrahlungen **gemeinsamer europäischer Kultur** sichtbar zu machen, ohne den Primat der MSen in Frage zu stellen. Beim Rundfunk geht es um die Sicherung der sachgerechten Balance zwischen kulturellen und ökonomischen Prinzipien in einem sich grundlegend wandelnden Medienmarkt.

§ 35. Steuern

Literatur: *Weber-Grellet,* Europäisches Steuerrecht, 2005; *Gormley,* EU Taxation Law, 2005; *Reich/König,* Europäisches Steuerrecht, 2006; *Voss,* Steuerrecht, in: Dauses (Hrsg.), Hdb. EU-WirtschR., 2006, J; *Avi-Jonah* u. a., Comparative Fiscal Federalism, 2007; *Kube,* EuGH-Rechtsprechung zum direkten Steuerrecht: Stand und Perspektiven, 2009; *Seiler,* „Wettbewerb" der Steuerrechtsordnungen, in: Blanke u. a. (Hrsg.), Dimensionen des Wettbewerbs, 2010, 393; *Wagner,* Wie gehen EuGH und BFH mit Rückwirkung und Rückwirkungsverboten bei Änderungen im Umsatzsteuerrecht um?, FS Spindler, 2011, 345; *Lang,* 2005 – Eine Wende in der steuerlichen Rechtsprechung des EuGH zu den Grundfreiheiten, FS Spindler, 2011, 297; *Eisenbarth,* Grenzüberschreitende Verlustverrechnung als Kerngebiet des Europäischen Steuerrechts, 2011; *Féria,* Führt die EuGH-Rechtsprechung zu einem Abbau steuerlicher Verzerrungen im Europäischen Binnenmarkt?, FS Lang, 2011, 1043; *Terra/Wattel,* European Tax Law, 6. Aufl. 2012; *Waldhoff,* Steuerhoheit für die Europäische Union?, 2012; *Lang/Pistone/Schuch,* Introduction to European Tax Law on Direct Taxation, 2013.

Internet-Adresse: http://ec.europa.eu/taxation_customs/index_de.htm

I. Grundlagen

1 Die **Steuergewalt** zählt als einer der wichtigsten Bestandteile der Finanzhoheit zu den Kernbereichen mitgliedstaatlicher Souveränität (EuGHE 1985, 683, Rs. 55/83, „Italien/Kommission"). Das **Budgetrecht** war und ist eines der vornehmsten Befugnisse der nationalen Parlamente. Beide Befugnisse werden als solche durch die europäische Integration nicht angetastet. Das EU-Recht begrenzt die diesbezügliche Entscheidungsfreihit der MSen allerdings erheblich. Das Nebeneinander verschiedener Steuersysteme bewirkt schon per se Beeinträchtigungen für den freien Verkehr im Binnenmarkt. Diese Beeinträchtigungen potenzieren sich, wenn und soweit die mitgliedstaatliche Steuerpolitik zu politischen Lenkungszwecken verwandt wird. Es liegt etwa auf der Hand, dass eine diskriminierende Besteuerung einheimischer und eingeführter Produkte den freien und gleichen Wettbewerb im Binnenmarkt erheblich beeinträchtigen würde. Unterschiede in den mitgliedstaatlichen Steuersystemen kön-

nen eine Umlenkung oder Fehlsteuerung von wirtschaftlichen Austauschprozessen aber auch dann bewirken, wenn dahinter nicht eine protektionistische Absicht steht. Mit dem Instrument der Steuer werden heute in vielfältiger Weise **nicht-fiskalische Zwecke** verfolgt. So kann etwa ein Mitgliedstaat sein Steuersystem derart gestalten, dass Investitionen angelockt werden; man kann den Verbrauch von Gütern lenken. Hieraus können sich Spannungen und Verwerfungen im Binnenmarkt ergeben.

Ein „Raum ohne Binnengrenzen" (Art. 26 AEUV) setzt nicht eine Beseitigung der mitgliedstaatlichen Besteuerungsgewalt voraus (hierzu etwa EuGH, Urt. v. 19.9.2012, Rs. C-540/11, „Daniel Levy"). Erforderlich sind allerdings Begrenzungen. Der AEUV verbietet besonders schädliche Formen der Steuerpolitik unmittelbar (**Verbot der Steuerdiskriminierung** [Art. 110 AEUV]). Im Übrigen gibt er den EU-Organen die Mittel an die Hand, durch eine **Harmonisierung der nationalen Steuervorschriften** im Bereich der indirekten Steuern (Art. 113 AEUV) sowie der direkten Steuern (Art. 115 AEUV) Verzerrungen zu bekämpfen. Eine derartige Angleichung ist vor allem im Bereich der indirekten Steuern (nachfolgend Rz. 48 ff.) zur Sicherung einer fairen und gleichen Belastung der im Binnenmarkt konkurrierenden Unternehmen notwendig. Im Bereich der direkten Steuern wird von ökonomischer Seite oftmals der **Wettbewerb der Steuersysteme** zur Vermeidung übermäßiger Besteuerung empfohlen. Unter Effizienzgesichtspunkten und mit Blick auf das Subsidiaritätsprinzip lassen sich insofern gewichtige Einwände gegen eine zu weitgehende Steuerharmonisierung anführen. Hiergegen wird eingewandt, dass das Interesse der Sozialstaatlichkeit und die Gewährleistung solider Staatsfinanzen einen „ruinösen Steuerwettbewerb" nicht zulassen (*Seiler,* „Wettbewerb" der Steuerordnungen, 393). 2

Trotz der begrenzten Zielsetzung des Vertrags ist die praktische Bedeutung der steuerlichen EU-Vorschriften für den innergemeinschaftlichen Wirtschaftsverkehr nicht zu unterschätzen. Inzwischen verfügt die EU über die Kompetenz, selbst Steuern zu erheben (Art. 311 AEUV). Auch nach Inkrafttreten des Lissabon-Vertrags bedarf es im Steuerbereich der einstimmigen Beschlussfassung des Rats. 3

1. Verbot der Steuerdiskriminierung und Kompetenzen zur Steuerharmonisierung

Literatur: *Kreibohm,* Der Begriff der Steuer im Europäischen Gemeinschaftsrecht, 2004; *Traub,* Einkommensteuerhoheit für die EU?, 2005; *Cordewener,* Europäische Grundfreiheiten und nationales Steuerrecht, 2002; *Panayi,* Double Taxation, Tax Treaties, Treaty Shopping and the EC, 2007; *Thömmes,* Beschränkungen der Grundfreiheiten des EG-Vertrages durch das Steuerverfahrensrecht, FS Meilicke, 2010, 753; *Seitz,* Steuerharmonisierung versus nationale Interessen in der EU, FS Rödler, 2010, 867; *Lang,* Der Anwendungsvorrang der Grundfreiheiten auf dem Gebiet des Steuerrechts, FS Lang, 2011, 2003; *Baßler,* Steuerliche Gewinnabgrenzung im europäischen Binnenmarkt, 2011; *Kokott/Ost,* Europäische Grundfreiheiten und nationales Steuerrecht, EuZW 2011, 496.

a) Begrenzte Aufgaben der EU im Steuerbereich

Der Sensibilität der Materie ist es geschuldet, dass die MSen den Fiskalbereich bislang nur sehr begrenzt der Integration unterworfen haben. Allerdings berühren die Verträge den Steuerbereich nicht nur in dem Umfang, in dem dies für das Funktionieren des Binnenmarkts erforderlich ist. Auch in den Politikbereichen jenseits des Binnenmarkts sind die Wirkungen steuerlicher Politiken inzwischen zu einem europäischen Thema geworden. In Art. 3 EUV wird die Beseitigung steuerlicher Diskriminierungen oder die Steuerharmonisierung allerdings **nicht als selbständiges Ziel genannt.** 4

5 Die Grundsatzbestimmungen und die einschlägigen steuerrechtlichen Vorschriften (Art. 110ff. AEUV) beziehen steuerpolitische Maßnahmen nur insoweit in das vom AEUV formulierte Tätigkeitsfeld ein, als diese ein Mittel für die Beseitigung von Hindernissen für die vertraglichen Grundfreiheiten und für die Aufrechterhaltung eines Systems des freien Wettbewerbs darstellen. Den steuerpolitischen Maßnahmen kommt im Rahmen der EU vor allem eine **Hilfs- und Ergänzungsfunktion** für die Verwirklichung der übrigen Vertragspolitiken zu, vor allem des Prinzips des freien Warenverkehrs (EuGHE 1962, 867, verb. Rs. 2 u. 3/62, „Lebkuchen"; EuGHE 1980, 347, Rs. 168/78, „Besteuerung von Branntwein"). Dieser im Vertrag festgelegte Rahmen begrenzt Inhalt und Ausmaß aller steuerlichen Regelungen (*Schön,* EuR 2001, 216 [341]). Undeutlich ist bisher geblieben, inwieweit die zwischen nunmehr 18 MSen bestehende **Währungsunion** durch die damit verbundene stärkere Transparenz des monetären Geschehens den Druck auf steuerliche Angleichungen innerhalb der EU verstärkt.

b) Harmonisierung indirekter Steuern als Schwerpunktbereich

6 Im Vertragskapitel über „Steuerliche Vorschriften" (Art. 110ff. AEUV), das in **Diskriminierungsverbote** und **Handlungsermächtigungen für den Erlass von Rechtsangleichungsmaßnahmen** unterteilt ist, finden sich fast ausschließlich Bestimmungen über die **indirekten Steuern.**

7 Bei indirekten (produktbezogenen bzw. leistungsbezogenen) Steuern sind Steuerschuldner (der gesetzlich Verpflichtete) und Steuerträger (der mit der Steuer wirtschaftlich Belastete) nicht notwendig personenidentisch. Ein Beispiel für eine solche Steuer ist die Umsatzsteuer (USt.), die über den Kaufpreis den Käufer einer Ware wirtschaftlich belastet, jedoch vom Verkäufer als Steuerschuldner an den Staat abzuführen ist. Die Errichtung der Zollunion (unten Rz. 40/4ff.) ließ die Existenz der z. T. erheblich divergierenden einzelstaatlichen Steuersysteme unberührt. Die Beseitigung der Zollgrenzen in der EU machte die Verwerfungen, die durch steuerliche Ausgleichsmechanismen und die dadurch entstehenden „Steuergrenzen" bestanden, umso deutlicher bemerkbar. Die steuerlichen Verzerrungen können nur im Wege einer weitgehenden, durch Art. 113 AEUV vorgezeichneten **Harmonisierung der wichtigsten indirekten Steuern** aufgehoben werden (*Hagen,* Die Harmonisierung der indirekten Steuern in Europa, 2000). Im Übrigen versuchen die **abgabenrechtlichen Diskriminierungsverbote der Art. 110–112 AEUV,** diskriminierende und protektionistische Elemente inländischer Abgabensysteme in Bezug auf den Handel im Binnenmarkt zu unterbinden.

c) Harmonisierung direkter Steuern vs. Systemwettbewerb

8 Die **direkten Steuern** – hier sind grundsätzlich Steuerschuldner und Steuerträger personenidentisch –, die als **faktorbezogene Abgaben** nicht ohne weiteres auf die Preise abgewälzt werden können, schienen unter den Aspekten steuerlicher Wettbewerbsneutralität weniger bedeutsam zu sein. Sie werden ausdrücklich nur in dem bislang nicht zur Anwendung gekommenen Art. 111 AEUV (Genehmigungsvorbehalt für Steuerrückvergütungen bei der Ausfuhr und für die Erhebung von Ausgleichsabgaben bei der Einfuhr) angesprochen; die in Art. 293 EGV enthaltene Aufforderung zur **Beseitigung der Doppelbesteuerung** ist im AEUV nicht mehr enthalten. Im Grundsatz ist es nach der Wertung des AEUV eine Entscheidung der Mitgliedstaaten, wie sie die

in ihrem Hoheitsbereich operierenden Unternehmen steuerlich belasten. Die Grundfreiheiten ermöglichen es dann einem Unternehmen, das jeweils günstigste steuerliche Umfeld für die Sitzentscheidung zu wählen und von dort unter Wahrnehmung der Waren- bzw. Dienstleistungsfreiheit unionsweit zu operieren (Art. 49 AEUV). Einige Mitgliedstaaten haben durch eine geschickte Steuerpolitik einen enormen (gelegentlich auch blasenartigen) wirtschaftlichen Aufschwung bewirkt; als Anreiz für die Ansiedelung sind weiterhin niedrige Körperschaftssteuersätze in vielen Mitgliedstaaten ein wichtiges Mittel. Hiergegen wird (gelegentlich zu Unrecht) der Vorwurf unfairen Verhaltens erhoben.

In Urteilen mit enormer finanzpolitischer Bedeutung ist der EuGH inzwischen dazu übergegangen, die Mitgliedstaaten zu einer **nichtdiskriminierenden Ausgestaltung des Systems ihrer direkten Steuern** zu zwingen: Die Besteuerung von Personen oder Unternehmen, die von ihrer Freiheit zur Mobilität im Binnenmarkt Gebrauch gemacht haben, darf danach nicht ungerechtfertigt nachteiliger sein als jene von Personen oder Unternehmen, die allein im Heimatstaat tätig sind. Der für viele Steuerregelungen konstituierende Unterschied zwischen „innen" und „außen" wird damit hinfällig (vgl. z. B. EuGHE 2000, I-4071, Rs. C-35/98, „Verkooijen"; EuGHE 2004, I-7477, Rs. C-319/02, „Manninen"; EuGHE 2007, I-1835, Rs. C-292/04, „Meilicke"). Es liegt auf der Hand, dass die Mobilitätsfreiheit der Gesellschaften (EuGHE 2003, I-10 155, Rs. C-167/01, „Inspire Art" u. a.) nicht durch steuerliche Regelungen unterminiert werden darf. Der EuGH lehnt es regelmäßig ab, die Wirkungen der Entscheidungen auf die Zukunft zu begrenzen (*Osterloh,* FS Hassemer, 2010, 173). 9

Auch Art. 18 AEUV ist steuerlich von Bedeutung. Der steuerpflichtige Unionsbürger soll in „fremden" MSen der Willkür des Fiskus nicht schutzlos ausgeliefert sein. Die Rspr. hat seit längerem Art. 18 AEUV in solchen Zusammenhängen angewendet (EuGHE 1990, I-1789, Rs. C-175/88, „Biehl"). Dies betrifft u. a. die Anwendung der Einkommens-, Körperschafts- und Vermögenssteuern. 10

Durch die richterrechtliche Beseitigung von Diskriminierungen müssen sich die nationalen Steuersysteme für die Idee des Binnenmarktes öffnen. Eine Angleichung bewirken die Urteile des EuGH als solche aber nicht. Als rechtliche Grundlagen für die **Harmonisierung gewisser direkter Steuern** kommen die allgemeinen Rechtsangleichungsvorschriften des Vertrags, insbesondere Art. 115 AEUV, in Betracht. Der Rückgriff auf die Vertragsabrundungszuständigkeit des Art. 352 AEUV (oben Rz. 11/8 ff.) erscheint möglich, wenn die Durchführung von Vertragspolitiken (z. B. Verkehrspolitik, Harmonisierung des Gesellschaftsrechts zur Herstellung der Niederlassungsfreiheit) die Berücksichtigung steuerrechtlicher Bezüge sachlogisch erfordert. Andererseits beansprucht das **Subsidiaritätsprinzip** (oben Rz. 11/23 ff.) auch im Steuerbereich Geltung. 11

2. Unionssteuern

Die Frage, ob und inwieweit die EU zur Deckung ihres allgemeinen Finanzbedarfs **eigene Steuern von den Unionsbürgern erheben darf,** gehört in den Zusammenhang der EU-Finanzordnung (oben § 8; vgl. *Waldhoff,* Steuerhoheit für die EU?, 2012). Die staatsnahe Union finanziert sich in Ausnutzung des Art. 311 AEUV seit 1980 vollständig aus eigenen Einnahmen. **Zu den eigenen Mitteln können auch Unionssteuern** 12

gehören. Es bedarf zu ihrer Einführung jeweils eines Ratsbeschlusses gemäß Art. 311 Abs. 2 AEUV, der nach den verfassungsrechtlichen Vorschriften der MSen angenommen werden muss, also der **Ratifikation (i. d. R. unter Zustimmung durch die nationalen Parlamente)** bedarf. Bisher hat die EU von dieser Möglichkeit nur in einem Punkt (Rz. 35/13) Gebrauch gemacht und sich auf die Eigenfinanzierung aus Zöllen und Abschöpfungen, den EU-Anteil am Mehrwertsteueraufkommen der MSen und auf die BSP-Mittel beschränkt (oben Rz. 8/19).

13 Seit 1968 wird nach der VO 260/68 (ABl. L 56/8) eine **Gemeinschaftssteuer auf die Bezüge des EU-Personals** erhoben. Hierfür bestand eine besondere Ermächtigung in Art. 13 des Protokolls über die Vorrechte und Befreiungen der EG von 1965. Die steuerähnliche EGKS-Umlage auf die Montanunternehmen ist mit dem EGKSV am 23.7.2002 ausgelaufen. Gelegentlich wurden andere EU-Steuern erörtert (z. B. eine Energiesteuer oder eine Steuer auf Kapitalbewegungen).

14 Die Kommission hat sich seit den neunziger Jahren verschiedentlich zugunsten von EU-Steuern geäußert (näher *Wilms,* EuR 2007, 707 [732]). Die Frage der Ablösung des geltenden Eigenmittelsystems der EU durch ein **EU-Steuersystem** dürfte längerfristig auf der Tagesordnung der Europapolitik bleiben, auch wenn die gescheiterte **EU-Verfassung 2004 bzw. der Vertrag von Lissabon** am bisherigen System festhalten (oben Rz. 35/3).

15 Solange der EU-Haushalt zum größeren Teil ein Subventionshaushalt zugunsten der Landwirtschaft und der Strukturpolitik bleibt, ist nach allen finanzpolitischen Erfahrungen eine sparsame Haushaltsführung durch die direkte Verbindung zwischen den nationalen Haushalten und dem EU-Budget über das Gewicht des Rats besser gewährleistet als durch eine Stärkung der „Ausgabeninteressenten" Europäisches Parlament und Kommission (*Heinemann,* EU-Magazin 5/2003, 34).

II. Verbot der Steuerdiskriminierung (Art. 110 AEUV)

Literatur: *Gerken,* Ursprungslandprinzip, Wettbewerb der Staaten und Freiheit, Ordo 50 (1999); *Meussen* (Hrsg.), The Principle of Equality in European Taxation, 1999; *Schön,* Der freie Warenverkehr, die Steuerhoheit der Mitgliedstaaten und der Systemgedanke im europäischen Steuerrecht, EuR 2001, 216 und 341; *Lange,* Der Anspruch auf Erstattung gemeinschaftsrechtswidrig erhobener Steuern, 2008.

16 Um steuerliche Wettbewerbsverzerrungen beim innerunionalen Handel so weit wie möglich auszuschalten, **sehen die Art. 110–112 AEUV Diskriminierungsverbote vor.** Der Vertrag spricht generell von „Abgaben". Im Wesentlichen geht es um die Steuerbelastung von Produkten bei der Aus- und Einfuhr.

1. Die Bedeutung des Diskriminierungsverbots nach Art. 110 AEUV

a) Sicherung der Wettbewerbsneutralität

17 Es liegt auf der Hand, dass sich die Ausgestaltung der mitgliedstaatlichen Steuersysteme erheblich auf die Wettbewerbschancen im Binnenmarkt auswirken kann. Für den Fall einer offen benachteiligenden Besteuerung ausländischer Produkte liegt dies auf der Hand. Es gilt aber auch für Gestaltungen, die in versteckter Weise inländische Hersteller besser stellen. Im Übrigen kann eine Benachteiligung grenzüberschreitender Bewegungen auch durch Ausgleichsregelungen erfolgen, die Folge des Umstandes sind, dass die einzelstaatlichen Abgabensysteme differieren, vor allem durch unter-

schiedliche Steuersätze. Die speziellen abgabenrechtlichen Diskriminierungsverbote des AEUV setzen einem Grenzausgleich bei der Ein- und Ausfuhr von Waren jedoch enge Schranken. Sie haben die **Funktion,** im Interesse eines freien gemeinschaftlichen Binnenhandels **die Wettbewerbsneutralität der inländischen Abgabensysteme sicherzustellen** (EuGHE 1978, 1543, Rs. 142/77, „Stratens Kontrol"; EuGHE 1980, 347, Rs. 168/78, „Besteuerung von Branntwein").

Als spezielle Ausprägung des in Art. 18 AEUV niedergelegten allgemeinen Diskriminierungsverbots stellt Art. 110 AEUV auf dem Gebiet der produktbezogenen Abgaben eine **„unerlässliche Grundlage des Gemeinsamen Markts"** dar (EuGHE 1966, 257, Rs. 57/65, „Lütticke"). Während der Fortgang der Steuerrechtsangleichung nach Art. 113, 115 AEUV (unten Rz. 35/42ff.) vom politischen Willen der MSen abhängt, entfalten die Diskriminierungsverbote unabhängig davon ihre volle Wirkung. **Sie sind unmittelbar anwendbar** und machen entgegenstehende nationale Vorschriften unanwendbar. Sie begründen **individuelle Rechte,** so dass sich jeder einzelne Unionsbürger gegenüber den nationalen Behörden und Gerichten auf sie berufen kann (grundlegend EuGHE 1966, 257, Rs. 57/65, „Lütticke" zu Art. 110 Abs. 1 AEUV; EuGHE 1968, 333, Rs. 27/67, „Fink-Frucht" zu Art. 110 Abs. 2 AEUV). Europarechtswidrig erhobene Steuern werden nach nationalem Recht erstattet (EuGHE 1988, 1799, Rs. 104/86, „Kommission/Italien"); das Erstattungsverfahren muss so ausgestaltet sein, dass es die Verwirklichung des unionalen Anliegens nicht praktisch unmöglich macht (Gebot der Effizienz); es darf nicht belastender sein als vergleichbare Verfahren rein nationaler Natur (Äquivalenzgebot) (Rz. 12/36). 18

b) Bestimmungslandprinzip und Diskriminierungsverbot

Die steuerlichen Vorschriften des Vertrags basieren auf dem sog. (fakultativen) **Bestimmungslandprinzip,** das sich als steuerliches Ordnungsprinzip, welches die Wettbewerbsneutralität im grenzüberschreitenden Warenverkehr garantiert, weltweit durchgesetzt hat (vgl. Art. III GATT 1994). Hiernach sollen Importwaren grundsätzlich **im Land ihrer Bestimmung (= Importland) nach dessen Steuersystem belastet werden,** während es dem Exportland freisteht, die ausgeführten Waren von seinen indirekten Steuern zu entlasten. In der Praxis erfolgt der an den Steuergrenzen vorzunehmende Belastungsausgleich im Wege der Steuerrückerstattung bei der Ausfuhr und der **Erhebung von Einfuhrausgleichsabgaben bei der Einfuhr von Waren.** Mit dem Wegfall der Grenzkontrollen im Binnenmarkt (oben Rz. 33/67) kann das Bestimmungslandprinzip mangels Einfuhrtatbestands auf Dauer nicht aufrechterhalten werden. Ursprünglich sollte es bis Ende 1996 durch das **Ursprungslandprinzip** ersetzt werden (RL 680/91, ABl. 1991, L 376/1). Der Termin konnte jedoch nicht eingehalten werden. Es ist unklar, wann der Systemwechsel erfolgt. Das Ursprungslandprinzip gilt für Touristeneinkäufe im „EU-Ausland" und bei privaten Geschenksendungen (unten Rz. 35/54). Beim Ursprungslandprinzip ist die „Anschaffung" der Ware durch den importierenden Abnehmer maßgeblich, der die Umsatzsteuer des Ursprungslands schuldet (*Hilpold,* EWS 1992, 337). 19

In Ausführung und Erweiterung des fakultativen Bestimmungslandprinzips legt Art. 110 AEUV **die Obergrenzen für die Erhebung von indirekten Abgaben auf Einfuhren aus anderen Mitgliedstaaten** und – in entsprechender Anwendung – auf Ausfuhren in andere Mitgliedstaaten (EuGHE 1978, 1543, Rs. 142/77, „Statens Kontrol") fest, indem er die Höhe der Abgabenbelastung dieser Waren auf das Niveau der auf entsprechende einheimische Erzeugnisse erhobenen Abgaben begrenzt. Er stellt somit ein **Schlechterstellungsverbot** dar, fordert jedoch nicht die absolute steuerliche Gleichbehandlung von einheimischen und ein- bzw. ausgeführten Produkten (*Schön,* EuR 2001, 344). Eine – in der Praxis wohl seltene – steuerliche Privilegierung von Importwaren wird folglich durch den AEUV nicht verboten (EuGHE 1979, 897, Rs. 86/78, „Grandes Distilleries Peureux/Directeur des Services fiscaux"). Dies kann, zumindest theoretisch, dazu führen, dass eine solche Ware völlig steuerfrei bleibt, denn Art. 110 AEUV lässt entsprechend den Regeln des Bestimmungslandprinzips die vollständige steuerliche Entlastung von Exportwaren im Ausfuhrland zu. 20

21 Art. 111 AEUV verbietet allerdings **Subventionen in Form überhöhter Rückerstattungen** (EuGHE 1965, 1125, Rs. 45/64, „Rückvergütung für Exportgüter der Maschinenindustrie"). Da der AEUV keine Pflicht der Exportstaaten zur Erstattung der von ihnen erhobenen indirekten Abgaben begründet, ist andererseits nicht ausgeschlossen, dass exportierte Waren doppelt, nämlich sowohl im Einfuhrland als auch – etwa aus wirtschaftspolitischen Gründen – im Ausfuhrland, nach den jeweiligen Abgabensystemen besteuert werden (EuGHE 1974, 1037, Rs. 27/74, „Demag/FA Duisburg-Süd"). Solche unerwünschten Doppelbesteuerungseffekte können nur durch zwischenstaatliche Absprachen oder durch unionsrechtliche Regelungen im Zuge der Steuerrechtsharmonisierung beseitigt werden.

c) Besteuerung „hinter der Grenze" und Diskriminierungsverbot

22 Darüber hinaus entfaltet Art. 110 AEUV zunehmende Bedeutung bei der Bekämpfung wettbewerbsverzerrender Steuerregelungen „hinter der Grenze". Eine steuerliche Diskriminierung kann von Regelungen ausgehen, die die Zulassung oder Verwendung einer Ware so belasten, dass eingeführte Produkte benachteiligt werden. In der Rechtsprechung des EuGH ging es etwa um Alkoholsteuern (EuGHE 2008, I-2127, Rs. C-167/05, „Kom./Schweden u. a."), um die Besteuerung gebrauchter KFZ (EuGHE 2010, I-4939, Rs. C-2/09, „Kalinchev"), um die Belastung eingeführter Kraftfahrzeuge mit einer Umweltsteuer (EuGHE 2011, I-0000, Rs. C-438/10, „Druțu"; EuGHE 2011, I-2711, Rs. C-402/09, „Tatu") oder um die Besteuerung von Energie aus unterschiedlichen Quellen (EuGHE 1998, I-1777, Rs. C-213/96, „Outokumpu Oy").

2. Abgrenzung zu anderen Regelungen des Vertrags

23 Art. 110 AEUV erfasst lediglich die steuerliche Behandlung von Waren. Im Einzelfall kann es zu Abgrenzungsschwierigkeiten mit anderen Vorschriften kommen. Art. 110 AEUV ist in seinem Anwendungsbereich *lex specialis* zum allgemeinen Diskriminierungsverbot des Art. 18 AEUV.

a) Zollgleiche Abgaben und parafiskalische Abgaben

24 „Inländische Abgaben" nach Art. 110 AEUV können **zollgleichen Abgaben** im Sinne von Art. 30 AEUV ähneln, wenn sie im Zusammenhang mit der Einfuhr von EU-Importware erhoben werden. Beide Abgabenarten müssen jedoch unterschieden werden: Art. 110 AEUV sieht nur ein **Diskriminierungsverbot** vor, während zollgleiche Abgaben nach Art. 30 AEUV schlechthin verboten werden (oben Rz. 22/20). Inländische Abgaben nach Art. 110 AEUV und zollgleiche Abgaben im Sinne von Art. 30 AEUV regeln verschiedene Sachverhalte. Ihre Tatbestände **schließen sich gegenseitig aus** (EuGHE 1966, 257, Rs. 57/65, „Lütticke"). Dies bedeutet etwa, dass eine **Gebühr,** die nur bei der Grenzüberschreitung von Waren (z. B. für gesundheitspolizeiliche Kontrollen) erhoben wird, an Art. 30 AEUV zu messen ist; eine Gebühr, die unterschiedslos für alle auf den Markt kommenden Produkte erhoben wird, ist an Art. 110 AEUV zu messen.

25 In der EU-Praxis hat sich hierzu eine umfangreiche Kasuistik entwickelt (*Schön,* EuR 2001, 216 [223]). Entscheidend ist, dass die **„inländischen Abgaben" unterschiedslos importierte bzw. exportierte Waren und auf dem inländischen Markt vertriebene Heimaterzeugnisse** erfassen, während **zollgleiche Abgaben ausschließlich grenzüberschreitende Warenbewegungen** wirtschaftlich belasten (EuGHE 1965, 635, Rs. 10/65, „Deutschmann").

26 In der Entscheidung „Scharbatke" (EuGHE 1993, I-5509, Rs. C-72/92) hat der EuGH entschieden, dass eine **parafiskalische Abgabe,** die nach denselben Erhebungs-

modalitäten auf einheimische und eingeführte Erzeugnisse erhoben wird, deren Aufkommen dann aber ausschließlich zugunsten der einheimischen Erzeugnisse so verwendet wird, dass die sich daraus ergebenden Vorteile die diese Erzeugnisse treffende Belastung vollständig ausgleichen, von Art. 30 AEUV erfasst wird (Rz. 22/26). Demgegenüber handelt es sich um einen Fall diskriminierender Besteuerung, wenn diese Vorteile nur jenen Teil der Belastung ausgleichen, die die einheimischen Erzeugnisse trifft.

Der EuGH geht in ständiger Rechtsprechung davon aus, dass Art. 110 AEUV im Verhältnis zu Art. 34 AEUV eine *lex specialis* ist: Eine inländische Abgabe im Sinne von Art. 110 AEUV wird nur an dieser Vorschrift, nicht aber auch an Art. 34 AEUV gemessen (EuGHE 1988, 1343, Rs. 252/86, „Bergandi"). 27

b) Maßnahmen im Sinne von Art. 37 AEUV – Handelsmonopole

Für **staatliche Handelsmonopole** enthält Art. 37 AEUV ein spezielles Diskriminierungsverbot. Es geht dann Art. 110 AEUV vor, wenn die fragliche Steuerregelung ihrem Wesen nach mit der Ausübung der spezifischen Funktion des Monopols verknüpft ist (EuGHE 1992, I-1847, Rs. C-78/90, „Société Commerciale de l'Ouest"). 28

c) Beihilfen

Grundsätzlich sind die Beihilferegeln der Art. 107 ff. AEUV (zu deren Bedeutung für das Steuerrecht auch Rz. 21/24) und Art. 110 AEUV **nebeneinander anwendbar,** da sie sich gleichermaßen gegen wettbewerbsverfälschende Eingriffe richten. Die Kommission kann gegen die Übertragung von unzulässigen inländischen Abgaben im Sinne des Art. 110 AEUV auf ein inländisches Unternehmen sowohl nach Steuer- als auch nach Beihilferecht vorgehen (EuGHE 1980, 1533, Rs. 73/79, „Sovraprezzo"). Dabei finden allerdings unterschiedliche Verfahren Anwendung. 29

3. Anwendungsvoraussetzungen des Art 110 Abs. 1 AEUV

Die in Art. 110 AEUV normierten Diskriminierungsverbote haben **unterschiedliche Anwendungsbereiche.** 30

Art. 110 Abs. 1 AEUV, der den Kern der steuerlichen Diskriminierungsverbote bildet, regelt den Normalfall der Konkurrenz von Importwaren aus anderen Mitgliedstaaten **mit gleichartigen Waren inländischer Produktion** (vgl. Art. III § 2 des GATT). Er untersagt allen Trägern mitgliedstaatlicher Gewalt, Waren aus anderen Mitgliedstaaten unmittelbar oder mittelbar mit höheren inländischen Abgaben gleich welcher Art zu belasten, als sie gleichartige inländische Waren unmittelbar oder mittelbar zu tragen haben. Ziel ist die **Wettbewerbsneutralität der Besteuerung** im Verhältnis von einheimischen und eingeführten Erzeugnissen (EuGHE 1987, 3299, Rs. 356/85, „Kommission/Belgien"). 31

a) Abgaben i. S. von Art. 110 AEUV

Der Abgabenbegriff des Art. 110 AEUV ist **weit** zu verstehen. Er erfasst grundsätzlich **alle indirekten inländischen Abgaben auf Waren.** Auch elektrischer Strom ist Ware (EuGHE 1998, I-1777, Rs. C 213/96, „Outokumpu Oy"). Neben den **indirekten Steuern** unterfallen Art. 110 AEUV andere **produktbezogene Beiträge** (z. B. parafiskalische Abgaben [EuGHE 1977, 595, Rs. 78/76 „Absatzfonds der deutschen Agrarwirtschaft"; *Götz,* FS Friauf, 1996, 37]). Auch bestimmte **Gebühren** gehören hierher (z. B. für generell durchgeführte gesundheitspolizeiliche Untersuchungen, EuGHE 1977, 5, Rs. 46/76, „Bauhuis/Niederlande"). 32

b) Gleichartigkeit der Waren

33 Die **„Gleichartigkeit"** der Ware im Sinne des Art. 110 AEUV wird ebenfalls **weit** verstanden. Ursprüngliche Versuche der Rspr., an objektive Maßstäbe wie steuer- oder zollrechtliche Einstufungen anzuknüpfen, wurden aufgegeben. Maßgeblich sind teleologische Gesichtspunkte. Dabei ist sowohl auf die objektiven Eigenschaften einer Ware als auch auf die subjektiven Anschauungen der Verwender abzustellen. In diesem Zusammenhang sind zunächst **vergleichbare physikalische Eigenschaften** der Waren zu ermitteln (z. B. Alkohol- oder Wassergehalt, Ausgangsstoffe, aber auch Herstellungsverfahren, EuGHE 1995, I- 2229, verb. Rs. C-367/93 bis C-377/93, „Roders"). Waren sind auch gleichartig, wenn sie auf der gleichen Produktions- oder Vertriebsstufe **in den Augen des Verbrauchers** gleiche Eigenschaften haben und denselben Bedürfnissen (z. B. Löschen des Dursts) dienen (EuGHE 1976, 181, Rs. 45/75, „REWE-Zentrale"). Je größer die Substituierbarkeit, desto eher ist von Gleichartigkeit auszugehen. Wenn nach diesen Kriterien keine Gleichartigkeit feststellbar ist, kann es sich um Waren handeln, die nach Art. 110 Abs. 2 AEUV zu beurteilen sind (z. B. Wettbewerb zwischen Bananen und anderem Obst [unten Rz. 35/37]).

c) Vorliegen einer Schlechterstellung

34 Art. 110 Abs. 1 AEUV verbietet die Schlechterstellung von Waren aus anderen Mitgliedstaaten. Ob eingeführte Waren **höher** als entsprechende Erzeugnisse auf dem einheimischen Markt besteuert werden, lässt sich im Regelfall ohne weiteres nach formalen Kriterien durch einen **rechnerischen Vergleich** der auf beiden Seiten lastenden Abgaben feststellen. Dabei ist ein geeigneter Vergleichsmaßstab zu wählen: Bei der Alkoholbesteuerung ist etwa nicht auf das Gesamtvolumen des Getränks, sondern auf den Alkoholanteil abzustellen. Es spielt keine Rolle, ob sich eine Höherbelastung im Endpreis der Ware niederschlägt (EuGHE 1976, 181, Rs. 45/75, „REWE-Zentrale").

35 Die MSen behalten das Recht, gleichartige Waren nach objektiven Kriterien **differenzierend zu besteuern.** Dies setzt die Verfolgung unionsrechtlich **legitimer wirtschafts-, fiskal- oder sozialpolitischer Ziele** voraus (z. B. Aufrechterhaltung inländischer Betriebe oder Umweltschutz). Es muss aber jede allein auf den Schutz der inländischen Produktion zielende Diskriminierung der Einfuhr aus anderen MSen ausgeschlossen sein (EuGHE 1997, I-4085, Rs. C-90/94, „Haahr Petroleum"; EuGHE 1998, I-1777, Rs. C-213/96, „Outokumpu Oy" [ökologische Besteuerung von Energie]; EuGHE 2007, I-7585, Rs. C-74/06, „Kommission/Griechenland" [Besteuerung eingeführter Gebrauchtwagen]; EuGHE 2007, I-9643, Rs. C-221/06. „Stadtgemeinde Frohnleiten" [Belastung abgelagerter Abfälle]).

36 Eine Rechtfertigungsmöglichkeit sieht Art. 110 Abs. 1 AEUV nicht vor.

4. Anwendungsvoraussetzungen des Art. 110 Abs. 2 AEUV

37 Der von Art. 110 Abs. 1 AEUV geforderte bewertende Vergleich zwischen der Steuerbelastung eingeführter und einheimischer Ware setzt voraus, dass zwischen eingeführter und **inländischer Ware hinreichende Gleichartigkeit** besteht. Ist das nicht der Fall, darf die Einfuhrware gleichwohl nicht beliebig besteuert werden. Die Importware könnte nämlich mit **„ähnlichen" (substituierbaren) Inlandserzeugnissen** konkurrieren (z. B. Wein und Bier in England [EuGHE 1983, 2285, Rs. 170/78, „KOM/Vereinigtes Königreich"]) oder Ouzo und Whisky in Griechenland [EuGHE 1991, I-1909, Rs. C-230/89, „KOM/Griechenland"]).

38 Im Interesse des Binnenmarkts verbietet Art. 110 Abs. 2 AEUV daher allgemein Abgabenbelastungen bei EU-Importware, soweit sie geeignet sind, **unmittelbar** (zugunsten konkurrierender Inlandsware) oder **mittelbar** (zugunsten von Tätigkeiten, die zur

Herstellung der Importware nicht gedient haben) **protektionistische Wirkungen zu entfalten** (EuGHE 1968, 333, Rs. 27/67, „Fink-Frucht"). Art. 110 Abs. 2 AEUV ist auf diese Weise ein **Auffangtatbestand** für die Fälle, in denen sich eine „Gleichartigkeit" der Waren (oben Rz. 35/33) nicht dartun lässt (EuGHE 1980, 385, Rs. 169/78, „Kommission/Italien").

Die **Abgrenzung** zwischen gleichen/gleichartigen und nur konkurrierenden/substituierbaren Erzeugnissen ist in der Praxis nicht einfach. Für die Annahme eines noch hinreichenden Substitutionswettbewerbs ist aus **Sicht des Verbrauchers** maßgeblich, ob er trotz größerer Unterschiede die eine Ware statt der anderen kaufen würde (z. B. Rum statt Wein und Trester [EuGHE 1989, 2275, Rs. 323/87, „KOM/Italien"]), wenn sich Preisdifferenzen auftun **(Kreuzpreiselastizität).** 39

Ferner ist bei der Anwendung von Art. 110 Abs. 2 AEUV festzustellen, ob eine Abgabe geeignet ist, eine **verbotene Schutzwirkung** zugunsten der einheimischen Produktion auszuüben. Hierfür sind alle Umstände des Einzelfalls einschließlich legitimer wirtschaftspolitischer Erwägungen maßgeblich. 40

Auch Art. 110 Abs. 2 AEUV sieht keine Rechtfertigungsmöglichkeit vor.

Wenn der EU-Importware weder eine gleichartige noch eine substituierbare Inlandsware gegenübersteht (sog. **„exotische Waren"**), kann Art. 110 AEUV nicht eingreifen. Dennoch ist auch insoweit die nationale Steuerhoheit mit Blick auf die **Grundfreiheiten des Binnenmarktes** beschränkt, insbesondere die Warenverkehrsfreiheit (oben Rz. 22/5). Sie **verbieten eine Abschottung der nationalen Märkte** durch eine über den „allgemeinen Rahmen des nationalen Abgabensystems" hinausgehende Einfuhrbesteuerung (**„Systemkonsequenz"**, EuGHE 1985, 3237, Rs. 249/84, „Profant"; vgl. *Schön,* EuR 2001, 341). 41

III. Die Harmonisierung der mitgliedstaatlichen Steuersysteme

Literatur: *Wieland,* Der EuGH als Steuergesetzgeber, FS Zuleeg, 2005, 492; *Schwarz,* Schwachstellen der EU-Zinsrichtlinie, IStR 2006, 83; *Fuest,* Steuerharmonisierung und Steuerwettbewerb, 2006; *Birgel/Linau,* Neuregelung der Energiebesteuerung, StuB 2006, 785; *Geibel,* Unternehmenssteuerrecht im europäischen Binnenmarkt: Grundstrukturen und Entwicklungstendenzen, JZ 2007, 277; *Triantafyllou,* Auf dem Wege zur Koordinierung der direkten Steuern in der EG?, EuR 2007, 671; *Osterloh,* The Political Economy of Corporate Tax Harmonization, ZEW 2008; *Rehm,* Europäisches Steuerrecht, 2013; *Lang,* Introduction to European Tax Law on Direct Taxation, 2013.

1. Sinn und Grenzen der EU-Steuerharmonisierung

Ein Binnenmarkt als „Raum ohne Binnengrenzen" (Art. 26 Abs. 2 AEUV) setzt den **Abbau der Steuergrenzen** innerhalb der Gemeinschaft voraus. Andererseits bleibt die Fiskalhoheit der MSen in der EU grundsätzlich unberührt. Von diesem Ansatz her überträgt Art. 113 AEUV der EU die Befugnis zur **Harmonisierung der Rechtsvorschriften** über die Umsatzsteuer, die Verbrauchsabgaben und **sonstige indirekte Steuern.** Diese Kompetenz ist allerdings begrenzt. Sie umfasst die Harmonisierung als einen Spezialfall der allgemeinen EU-Rechtsangleichung (Rz. 35/48). Eine Vereinheitlichung der nationalen Steuersätze war politisch zunächst sicherlich nicht im Blick, ist aber nach dem Wortlaut und Sinn der Kompetenzvorschrift nicht ausgeschlossen. Im Sinne des **Subsidiaritäts- und Verhältnismäßigkeitsprinzips** (Art. 5 Abs. 3 EUV, oben Rz. 11/23 ff.) ist die Harmonisierung auf das **Notwendige** zur Errichtung und Funktionieren des Binnenmarkts beschränkt (Art. 113 a. E. AEUV). Im Interesse der Sicherung der nationalen Fiskalhoheit sieht Art. 113 AEUV eine **einstimmige** Beschlussfassung im Rat vor. Dies gilt auch, 42 wenn steuerliche Maßnahmen im Kontext der Umwelt- (Art. 192 Abs. 2 lit. a AEUV) oder der Energiepolitik (Art. 194 Abs. 3 AEUV) beschlossen werden.

43 Maßnahmen zur Angleichung bestimmter **direkter Steuern** können über die allgemeinen Rechtsangleichungsbestimmungen getroffen werden (Art. 115 AEUV). Auch hier verbleibt es bei **Einstimmigkeit.** Die allgemeinen Grenzen der Unionskompetenz sind ebenso zu beachten, zumal die Harmonisierung der direkten Steuern unter Binnenmarktgesichtspunkten weniger dringlich ist als diejenige der indirekten Steuern.

44 Die Steuerharmonisierung ist mit einer **Vielzahl komplexer Probleme** konfrontiert. Sie resultieren aus den Unterschieden der nationalen Haushalts-, Fiskal-, Wirtschafts- und Sozialpolitiken, ferner aus der Verschiedenheit der nationalen Steuersysteme und aus Ungleichheiten der Verteilung der Steuereinnahmen auf die einzelnen Steuerarten.

45 Vor allem in den südlichen EU-Staaten tragen die **indirekten Steuern** (insb. Umsatzsteuer) erheblich mehr zum Gesamtsteueraufkommen bei als in Deutschland und in den nördlichen MSen. Ebenso ist die **nationale Gesamtsteuerbelastung** mit einer „Schere" von ca. 25–50% zwischen Staaten mit einer mehr liberalen oder stärker wohlfahrtstaatlichen Wirtschaftsordnung innerhalb der EU deutlich verschieden.

46 Aus diesen Gründen lassen sich Fortschritte in der EU-Steuerharmonisierung **nur langsam erreichen.** Die von der *Delors*-Kommission mit dem Weißbuch von 1985 angestrebte rasche Angleichung ließ sich nicht verwirklichen. Die Steuerharmonisierung ist u. a. abhängig von Ergebnissen bei der Koordinierung der allgemeinen Wirtschaftspolitik der EU-Staaten (oben Rz. 18/13ff.). Sie wird begünstigt durch die mit der **Währungsunion** geschaffene stärkere finanzielle Transparenz innerhalb der Eurozone.

47 Die EU-Steuerharmonisierung sollte nicht zu einer vollständigen Gleichheit führen. Es muss um die Bekämpfung von Hinterziehungs-, Umgehungs- und Fluchttatbeständen gehen, zudem um die Festlegung von Mindestvorgaben **(Steuerkoordination).** Im Übrigen sollte ein **Wettbewerb der Steuersysteme** ermöglicht werden, um eine übermäßige Besteuerung im Interesse des Florierens der Wirtschaft hintanzuhalten (*Genschel,* Steuerharmonisierung und Steuerwettbewerb in der EU, 2002). Die Kommission hat ihre steuerpolitische Strategie in einer Mitteilung vom 23. Mai 2001 (KOM (2001) 260) dargelegt. Danach besteht **kein Bedürfnis für eine allgemeine Harmonisierung** der mitgliedstaatlichen Steuersysteme. Vielmehr wird die Freiheit der MSen anerkannt, das System zu wählen, das am besten ihren Präferenzen entspricht, sofern sie die EU- Regeln respektieren.

2. EU-Recht und indirekte Steuern

Literatur: *Hild,* Leitfaden zum EU-Umsatzsteuerrecht, 2003; *Lutz,* Harmonisierung der Umsatzsteuer in Europa, 2003; *Thiele,* Das Europäische Steuerrecht – Eine Herausforderung für den nationalen Gesetzgeber, ZEuS 2006, 41; *Rahn,* Dezentrale Umsatzbesteuerung und Europäischer Binnenmarkt, 2009; *Sikorski,* Umsatzbesteuerung im Binnenmarkt, 7. Aufl. 2011; *Reiß,* Steuergerechtigkeit und Umsatzbesteuerung im europäischen Binnenmarkt, FS Lang, 2011, 861; *Winterfeld,* Finanzstabilisierungsgesetze in: Schimansky/Bunte/Lwowski (Hrsg.), Bankrechtshandbuch, 4. Aufl. 2011; *Cortez/Vogel,* A Financial Transaction Tax for Europe?, EC Tax Review 2011, 16; *Mayer/Heidfeld,* Europarechtliche Aspekte einer Finanztransaktionssteuer, EuZW 2011, 373; *Henkow,* The Commission's Proposal for a Common System of Financial Transaction Tax: A Legal Appraisal, EC Tax Review 2012, 5; *Vogel,* Der EU-Richtlinienvorschlag zur Einführung einer Finanztransaktionssteuer, IStR 2012, 12; *Aujean,* Harmonization of VAT in the EU: Back to the Future, EC Tax Review 2012, 134; *Cloer/Trencsik,* Die Finanztransaktionssteuer im Überblick, IWB 2012, 835; *Wäger,* Indirekte Besteuerung des Finanzsektors – Bereits gescheiterte, derzeit diskutierte und bislang unerörterte Reformmöglichkeiten, DStR 2012, 1829; *Mellinghoff*, Deutsches Umsatzsteuerrecht unter unions- und verfassungsrechtlichem Einfluss, UR 2013, 5.

Langfristiges Ziel der Harmonisierung indirekter Steuern innerhalb der Gemeinschaft 48
nach Art. 113 AEUV ist, neben die Zollunion einen **steuerlichen Binnenmarkt** zu stellen, der die steuerliche Entlastung von Ausfuhren, die Erhebung von Grenzausgleichsabgaben und steuerliche Kontrollen an den EU-Binnengrenzen überflüssig macht (*Hagen*, Die Harmonisierung der indirekten Steuern in Europa, 2000). Hierfür müsste unionsweit ein **ungefähr gleiches Niveau** der indirekten Abgaben geschaffen werden, ebenso auch ein Mechanismus für den zwischenstaatlichen Ausgleich verlagerter Steuereinnahmen. Damit wäre es möglich, vom geltenden **Bestimmungslandprinzip** auf eine Besteuerung in demjenigen MS überzugehen, in dem die Leistung tatsächlich erbracht wird (**Ursprungslandprinzip,** oben Rz. 35/19). Angesichts politischer Schwierigkeiten konnte und kann dieses Ziel nur schrittweise angesteuert werden. Seit 2000 hat sich die Kommission vom ursprünglichen Ziel der Vollharmonisierung zugunsten des Wettbewerbs der Steuersysteme gelöst.

Am weitesten fortgeschritten ist die Rechtsangleichung im Bereich der **Umsatz-** 49
steuer, der für die Masse der Handelsgeschäfte wichtigsten Steuerart. Der Umsatzsteuer unterliegen prinzipiell alle Lieferungen von Gegenständen, alle Dienstleistungen, die ein Steuerpflichtiger im Inland gegen Entgelt ausführt, sowie die Einfuhr von Gegenständen. Die grundsätzliche Vereinheitlichung des Systems der allgemeinen Umsatzsteuer in Gestalt der Mehrwertsteuer stellte nicht nur einen notwendigen ersten Schritt in Richtung auf die Beseitigung der Steuergrenzen dar. Sie bildete zugleich eine **Grundvoraussetzung für die Ersetzung der Finanzbeiträge der Mitgliedstaaten durch eigene Einnahmen der EU** (oben Rz. 8/19ff.). Mit den ersten Harmonisierungsrichtlinien führte die EWG 1967 bis 1973 das in Frankreich bewährte **System der Mehrwertsteuer** (Nettoallphasensteuer) ein, das u. a. in Deutschland die Bruttoallphasensteuer ablöste. Beitrittsstaaten müssen dieses System als Teil des Acquis communautaire übernehmen. Bedeutsam war die **6. MwSt.-Richtlinie** 77/388 (ABl. 1977, L 145/1, aufgehoben). Sie schuf eine weitgehende Angleichung der **steuerlichen Bemessungsgrundlagen.** Mittlerweile wurden die zahlreichen Änderungen in der **Richtlinie über das gemeinsame Mehrwertsteuersystem – Mehrwertsteuersystemrichtlinie** – („MwStSystRL") (RL 2006/112, ABl. L 347/1, Änderungen) konsolidiert (*Hundt-Eßwein*, UStB 2007, 224). Hierzu ist eine umfassende Durchführungs-VO ergangen (zuletzt VO 282/2011; vgl. *Lamensch*, EC Tax Review 2011, 162; *Korn/Robisch*, DStR-Beih 2011, 29). Zur **Harmonisierung der Umsatzsteuersätze** wurde durch die **Steuersatz-Richtlinie** ein Normaltarif mit einem **Mindestsatz von 15%** festgelegt (RL 2010/88/EG). Die RL erlaubt zahlreiche Ausnahmen.

Große Bedeutung hat das **EMCS („Excise Movement and Control System").** Mit diesem System wird die Beförderung verbrauchssteuerpflichtiger Waren kontrolliert. Ab 1. April 2010 sind an die Stelle von Papierformularen, die bis dahin die Beförderungen begleiteten, elektronische Mitteilungen des Versenders an den Empfänger über die Verwaltungen der Mitgliedstaaten getreten. Darüber hinaus widmet sich die EU etwa der Bekämpfung des Steuerbetrugs. Es bedarf noch erheblicher Anstrengungen, um den Abbau der Umsatzsteuergrenzen im Binnenmarkt zu vollenden.

50 Neben der Umsatzsteuer als der vom Steueraufkommen und von der Zahl der erfassten besteuerten Geschäfte bedeutendsten Verbrauchssteuer gibt es in den MSen **eine Vielzahl sonstiger Verbrauchs- und Verkehrssteuern.** Sie treffen zwar jeweils nur bestimmte Teilmärkte. Ihre Wirkung auf den grenzüberschreitenden Warenverkehr und auf die Wettbewerbsposition der Unternehmen ist gleichwohl nicht zu unterschätzen. Andererseits sind diese Steuern in manchen MSen von großer fiskalischer Bedeutung. Aus den Gesichtspunkten des Binnenmarkts bedürfen insbesondere **die Kfz-Steuern, die Versicherungsvertrags- und Kapitalverkehrssteuern sowie die Verbrauchssteuern auf Tabakwaren, auf Alkohol, Wein und Bier sowie auf Mineralölerzeugnisse** der Harmonisierung. Lokal begrenzte Steuern (z. B. Vergnügungssteuer) oder Bagatellsteuern (z. B. Salz-, Essig-, Kaffeesteuer) können dagegen unter Unionsgesichtspunkten vernachlässigt werden.

51 Nachdem die Harmonisierung der Verbrauchs- und Verkehrssteuern infolge der in den MSen sehr unterschiedlichen Rechtslagen lange stagniert hatte, brachte der **Beginn des Binnenmarkts am 1.1.1993** Fortschritte. Die **„System-RL“** 92/12 (ABl. 1992, L 76/1; ersetzt durch RL 2008/118, ABl. 2009, L 9/12) ermöglichte eine Einigung auf ein „Konzept der Flexibilität“ (Mindeststeuersätze und Bandbreiten). Eine Reihe von **Steuersatz- und Struktur-RLen** brachte Kompromisse bei den einzelnen Steuern (*Sievert,* RIW 1992, 98). Eine erste Angleichung durch die o. g. RLen erfolgte bei den Verbrauchssteuern auf **Tabakwaren** (*Scheuer,* ZfZ 2006, 2), **Alkohol, alkoholische Getränke und Mineralöl.** Andere, weniger „grenzübertrittrelevante“ Steuern wie in D die Kaffee- und Erdgassteuer blieben im Gegensatz zu Bagatellsteuern erhalten. Die sehr ausdifferenzierten Einzelregelungen führten bisher zu einer recht begrenzten Harmonisierung. Bei den Steuersätzen bleiben zahlreiche Unterschiede zwischen den MSen bestehen. Im Bereich der Verkehrssteuern versucht die EU vor allem, Diskriminierungen und Doppelbesteuerungen im Bereich des Gesellschafts- und Kapitalmarktrechts zu bekämpfen (RL 2008/7, ABl. 2008, L 46/11). Dies führt etwa dazu, dass **„Gebühren“ für Handelsregistereintragungen und Tätigkeiten beamteter Notare** als indirekte Steuern qualifiziert und nur aufwandsbezogen anerkannt werden (EuGHE 2002, I-3333, Rs. C-264/00, „bad.-württ. Amtsnotare“; *Sandweg,* NJW 2008, 410). Die Angleichung bei den **Versicherungssteuern** und **Kfz-Steuern** steht noch in den Anfängen.

52 Inzwischen wird von der Kommission die Einführung einer Finanzaktivitätssteuer vorangetrieben (KOM (2010) 594 endg.). Aufgrund von Meinungsverschiedenheiten zwischen den MSen konnte die KOM ihren Vorschlag bislang nicht realisieren. Stattdessen stellten elf MSen, darunter Deutschland und Frankreich, einen Antrag auf Verstärkte Zusammenarbeit (*Lappas/Ruckes,* IStR 2013, 117 (120) und 255). Daraufhin erlies die Kommission einen Vorschlag für die Richtlinie des Rats über die Umsetzung einer Verstärkten Zusammenarbeit im Bereich der Finanztransaktionssteuer (KOM (2013) 71 endg.). Der Vorschlag beschränkte das Steuergebiet für die Finanztransaktionssteuer auf die teilnehmenden Staaten. Die erwarteten Mehreinnahmen von rund 30 Mrd. €, sollten dem EU-Haushalt zufließen. Der Vorschlag erwies sich nicht als konsensfähig. In der Zwischenzeit haben sowohl Frankreich (zum 1.8.2012) als auch Italien (zum 1.1.2013) nationale Finanztransaktionssteuern eingeführt. Auch über andere neue Steuern wird diskutiert. So ist eine **„Solidaritätsabgabe auf Flugtickets“** als Quelle zur Finanzierung der EU-Entwicklungshilfe gefordert worden (SEC/2005/1067). Derartige Überlegungen sind aus grundsätzlichen Erwägungen abzulehnen.

Neue Antriebe für EU-Steuerharmonisierungen können sich auch aus der **EU-Umweltpolitik** (oben Rz. 33/13) ergeben. In Aufnahme der Diskussion um die Verringerung von Emissionen, die für den global schädlichen **„Treibhauseffekt"** verantwortlich sind, schlug die Kommission erstmals 1992 eine **Steuer auf Kohlendioxyd-Emissionen (CO_2) und Energie** vor. Nach umfangreichen Änderungen wurde schließlich eine Richtlinie zur Erweiterung des Anwendungsbereichs des vorhandenen gemeinschaftlichen Verbrauchssteuersystems über die Mineralöle hinaus auf alle Energieerzeugnisse, z. B. Kohle, Erdgas und elektrischer Strom, sowie zur Anhebung der betreffenden gemeinschaftlichen Mindeststeuersätze erlassen (RL 2003/96, ABl. 2003, L 283/51). Im April 2011 hat die Kommission den Vorschlag für eine Überarbeitung des Systems vorgelegt (KOM (2011) 169 endg.); nach dem Vorschlag sollen in Zukunft sowohl die CO_2-Emissionen als auch der Energiegehalt der erfassten Erzeugnisse Berücksichtigung finden. 53

Schon vor dem Binnenmarkt 1993 gab es besondere Steuerbefreiungstatbestände für sog. „nichtkommerzielle Einfuhren" (Touristeneinkäufe, private Geschenksendungen). Die Unionsbürger sollten „Europa" bei ihren privaten Besuchsreisen erleben. Seit dem Beginn des Binnenmarkts und dem grundsätzlichen Wegfall der Grenzkontrollen gilt für den innerunionalen nichtkommerziellen Reiseverkehr und für private Geschenksendungen bereits das **Ursprungslandprinzip.** Der Privatmann kann Waren in anderen MSen für seinen persönlichen Gebrauch grundsätzlich ohne wert- und mengenmäßige Beschränkung erwerben und in einen anderen MS verbringen. Es findet für ihn andererseits keine Steuerentlastung mehr statt (zu gewissen Sonderregelungen: *Europäische Kommission,* Unterwegs in Europa, 2008). 54

3. EU-Recht und direkte Steuern

Literatur: *Dahlberg,* Direct Taxation in Relation to the Freedom of Establishment and the Free Movement of Capital, 2005; *Nagel,* Die Richtlinie zur grenzüberschreitenden Verschmelzung, NZG 2006, 97; *Vögele/Forster,* Das EU-Schiedsübereinkommen, IStR 2006, 537; *Lang/Pistone* (Hrsg.), The EU and Third Countries: Direct Taxation, 2007; *Graetz/Warren,* Dividend Taxation in Europe: When the ECJ Makes Tax Policy, CMLR 2007, 1577; *Kofler,* Doppelbesteuerungsabkommen und europäisches Gemeinschaftsrecht, 2007; *Lenaerts,* Die direkte Besteuerung in der EU, 2007; *Haslehner,* Das Konkurrenzverhältnis der Europäischen Grundfreiheiten in der Rechtsprechung des EuGH zu den direkten Steuern, IStR 2008, 565; *O'Brien,* Taxation and the Third Country Dimension of Free Movement of Capital in EU Law: the ECJ's Rulings and the Unresolved Issues, BTR 2008, 628; *Helmke,* Die Finanzkompetenzen der Europäischen Gemeinschaft, 2009; *Haase,* Internationales und europäisches Steuerrecht, 3. Aufl. 2011.

a) Kompetenzen

Direkte Steuern, die von den wirtschaftlich Betroffenen unmittelbar erhoben werden, wirken sich nicht in der gleichen Weise unmittelbar auf den innerunionalen Wirtschaftsverkehr aus wie indirekte Steuern. Sie sind eine Gegebenheit, die Unternehmen bei ihrer Standortwahl einkalkulieren müssen – wie etwa geographische Vorteile, eine gute Infrastruktur oder ein guter Bildungsstandard. Eine Angleichung gebietet sich – ungeachtet des Umstands, dass die Art und Höhe der **direkten Unternehmensbesteuerung** binnenmarktrelevant ist – *prima facie* nicht. Gleichwohl beschäftigen sich die Unionsorgane, nicht zuletzt auf Druck von Hochsteuerländern, schon seit langem mit den Möglichkeiten einer überstaatlichen Angleichungspolitik. Direkte Steuern können **Lenkungsmittel** der nationalen Haushalts-, Konjunktur- und Sozialpolitiken sein. Als faktorbezogene Steuern beeinflussen sie ganz wesentlich **Standortwahl und Investitionsverhalten der Unternehmen.** Sie provozieren Kapital- und Produktionsverlagerungen auch aus Gründen steuerlicher Kostenvorteile. Freilich ermöglichen sie innerhalb der EU-Niedrigsteuerländer (z. B. mittelosteuropäische Beitrittsstaaten) Entwicklungschancen und erzeugen Druck auf Hochsteuerländer, ein überhöhtes Unternehmenssteuerniveau zu senken. Umgehungsversuche müssen jedenfalls vermieden werden. 55

56 Die direkten Steuern sind nicht in die Harmonisierungskompetenz des Art. 113 AEUV einbezogen. Es findet die **allgemeine Rechtsangleichungskompetenz** nach Art. 115 AEUV (Rz. 32/17) auf sie Anwendung. Ferner kann die **Vertragsabrundungskompetenz** nach Art. 352 AEUV (oben Rz. 32/31) herangezogen werden. Die „Binnenmarktrechtsangleichung" nach Art. 114 AEUV ist im Steuerbereich ausgeschlossen (Art. 114 Abs. 2 AEUV). Der Rat entscheidet stets **einstimmig.**

57 Der Gerichtshof hat in einer umfangreichen Rspr. (*Cordewener,* Europäische Grundfreiheiten und nationales Steuerrecht, 2002; zum Drittstaatenverhältnis: *Lang/Pistone* (Hrsg.), The EU and Third Countries: Direct Taxation, 2007) klargestellt, dass die MSen ihre nationale Steuerhoheit unter Achtung des **allgemeinen Diskriminierungsverbots (Art. 18 AEUV) und der vier Grundfreiheiten des Vertrags** ausüben müssen. Grundsätzliches Ziel ist eine hinreichende Angleichung, um im Binnenmarkt auf Dauer die in Art. 26 Abs. 2 AEUV skizzierten Verhältnisse herzustellen (*De Weerth,* RIW 2003, 131; Rz. 35/9). Der EuGH versucht, einem diskriminierenden Verhalten der MSen durch eine breite Anwendung der Grundfreiheiten entgegenzuwirken. Diese Rechtsprechung stößt aufgrund des darin liegenden nicht unerheblichen Eingriffs in die mitgliedstaatliche Besteuerungshoheit teilweise auf erhebliche Kritik (*Graetz/Warren,* CMLR 2007, 1577). Dieser Konflikt verschärft sich noch einmal, wenn es um die steuerliche Behandlung von Einkünften aus Nicht-EU-Staaten geht, die grundsätzlich ebenso vom Schutzbereich der Kapitalverkehrsfreiheit umfasst werden (*O'Brien,* BTR 2008, 628).

58 Die Kommission sieht vor allem Koordinierungsbedarf (KOM(2006) 823 endg.). Darüber hinaus sieht sie es als besonders wichtig an, steuerliche Hindernisse zu beseitigen, auf die Bürger und Unternehmen bei der grenzüberschreitenden Wirtschaftstätigkeit stoßen (KOM(2010) 769 endg.). In begrenztem Umfang widmet sie sich auch der Bekämpfung „schädlichen Steuerwettbewerbs".

b) Die Besteuerung der Einkünfte natürlicher Personen

59 Die **Steuern auf Einkünfte natürlicher Personen** (insbesondere die Einkommens-, Lohn-, Vermögenssteuern) sind kaum binnenmarktrelevant. Ihre Anpassung ist aus sozialpolitischen Gründen nur insoweit erforderlich, als durch grenzübergreifende Anknüpfungspunkte bestimmter Steuerregelungen z. B. **Wanderarbeitnehmer und Grenzgänger** im Vergleich zu anderen steuerpflichtigen Arbeitnehmern benachteiligt werden. Hier sucht der Gerichtshof mit seiner o. g. Rspr. zum allgemeinen Diskriminierungsverbot und zu den Grundfreiheiten Abhilfe zu schaffen (z. B. EuGHE 2007, I-1107, Rs. C-329/05, „Meindl"; oben Rz. 35/9).

c) Unternehmensbesteuerung

60 Ungeachtet der Bedeutsamkeit für den Binnenmarkt ist die Harmonisierung direkter Unternehmenssteuern bislang noch kaum vorangekommen. Mannigfache Widerstände aus den MSen verhinderten bisher die von der Kommission unternommenen Anläufe (u. a. Rahmenprogramm 1967, *Delors*-Weißbuch 1985, Vorschläge des *Ruding*-Ausschusses 1992). Ein „**Maßnahmepaket** zur Bekämpfung des schädlichen Steuerwettbewerbs", das der Rat am 1. 12. 1997 verabschiedet hatte (ABl. 1998, C 2/1), mündete 1998 in einen **Verhaltenskodex für die Unternehmensbesteuerung** (ABl. 1998, C 2/2). Er stellt eine politische Vereinbarung dar, mit der die MSen Steuerdumping zu Lasten anderer MSen verhindern wollen. Der Kodex wird flankiert

von einer Mitteilung der Kommission über **staatliche Beihilfen auf steuerlichem Gebiet** (ABl. 1998, C 384/3). Inzwischen verfolgt die Kommission Pläne, zunächst wie bei der Umsatzsteuer die **Bemessungsgrundlagen für die Unternehmenssteuern** zu harmonisieren – Gemeinsame konsolidierte Körperschaftsteuer-Bemessungsgrundlage (GKKB) – (KOM(2011) 121 endg.). Damit würde Transparenz geschaffen, ohne den Steuerwettbewerb auszuschließen; es stellt allerdings nicht mehr als einen ersten Schritt zu einer umfassenden Harmonisierung dar. Bei der Harmonisierung der Unternehmens(Körperschafts)steuern muss die Vermeidung von **Doppelbesteuerungseffekten** mitbedacht werden (*Heydt,* EuZW 2000, 33; *Kofler,* Doppelbesteuerungsabkommen und europäisches Gemeinschaftsrecht, 2007).

4. Zusammenarbeit der Finanzverwaltungen

Literatur: *Schön,* Gestaltungsmißbrauch im europäischen Steuerrecht, 1996; *Sass,* Verhältnis der steuerrechtlichen Antiumgehungsvorschriften zu den EU-Grundfreiheiten, DB 1997, 2250; *Gibhardt,* Hinterziehung von Umsatzsteuern im europäischen Binnenmarkt, 2001.

Die Angleichung des materiellen Steuerrechts der Mitgliedstaaten bedingt eine **gewisse Harmonisierung des Steuerverwaltungsrechts.** Nur die einheitliche Anwendung der Steuervorschriften und die regelmäßige Durchführung steuerlicher Kontrollen, etwa im Rahmen von Betriebsprüfungen, gewährleisten eine gleiche steuerliche Effektivbelastung der Steuerpflichtigen. Bestimmungen über das Steuerverfahren sind in den gemeinschaftsrechtlichen Harmonisierungsrichtlinien allerdings nur sehr vereinzelt enthalten. 61

Das Hauptaugenmerk der EU galt bisher noch nicht dem Aufbau einer steuerlichen „Binnenverwaltung", sondern vielmehr der Förderung der **Zusammenarbeit zwischen den Finanz(Steuer)verwaltungen** der MSen. Mit Hilfe eines umfassenden **Informations- und Erfahrungsaustausches** und der **raschen Gewährung von Amtshilfe** bei der Vollstreckung von Steuerschulden („Eurofisc") soll, nicht zuletzt auch im Interesse der Steuergleichheit und der Sicherung der Eigeneinnahmen der EU, der internationalen Steuerflucht und Steuerumgehung ein Riegel vorgeschoben werden. Bemühungen gelten über die illegale Steuerhinterziehung hinaus der Entwicklung eines **allgemeinen Verbots der Steuerumgehung** als Grundsatz des Unionrechts (*Schön,* Gestaltungsmissbrauch im europäischen Steuerrecht, 1996). 62

Wesentliche Rechtsgrundlagen sind die **Amtshilfe-Richtlinie 77/799** (ABl. 1977, 336/15, Änderungen), die VO 389/2012 vom 2.5.2012 über die Zusammenarbeit der Verwaltungsbehörden (ABl Nr. L 121, S. 1) und die VO 904/2010 über die Zusammenarbeit der Verwaltungsbehörden und die Betrugsbekämpfung auf dem Gebiet der Mehrwertsteuer (ABl Nr. L 268 S. 1). 63

IV. Ausblick

Insgesamt befindet sich die Unionsaktion im steuerlichen Bereich **in einem unvollendeten Stadium mit ungewissen Zukunftsaussichten.** Vergleichsweise weit fortgeschritten ist man im Bereich der Umsatzsteuer. Dort sind die MSen an die umfangreichen Vorgaben der MwStSystRL gebunden. In Deutschland wird die MwStSystRL als „Grundgesetz des Umsatzsteuerrechts" bezeichnet und die Umsatzsteuer als eine „ europäische Steuer" angesehen (*Mellinghoff,* UR 2013, 5 [15]). Bis heute ist die Vollendung des Binnenmarkts und der **allmähliche Abbau und Wegfall der Steuergrenzen** 64 aber noch nicht abgeschlossen. Zugleich hat die verstärkte Betonung des Subsidiaritätsprinzips seit den neunziger Jahren vielerorts die Neigung verstärkt, mehr auf den **Wettbewerb der EU-Steuersysteme** als auf eine vollumfängliche Steuerharmonisierung zu setzen. Dies gilt vor allem für die direkten Steuern. Die Kommission hat in ihren „Strategiepapieren" 2001/2002 und 2005 über die künftige EU-Steuerpolitik früheren Ehrgeiz zurückgenommen. Soweit es die Unternehmensbesteuerung betrifft, konzentriert sich die Kommission darauf, Unternehmen, die im Binnenmarkt agieren, eine gemeinsame Steuerbemessungsgrundlage zur Verfügung zu stellen.

§ 36. Verbraucherschutz, geistiges Eigentum, Gesellschaftsrecht, Kollisions- und Prozessrecht: Zur Europäisierung des Privatrechts

I. Grundsatzfragen

Literatur: *Lando* u. a. (Hrsg.), Angleichung des materiellen und des internationalen Privatrechts in der EU, 2003; Study Group on a European Civil Code (Hrsg.), Principles of European Law, mehrere Bände, 2006ff.; Research Group of the Existing EC Private Law (Hrsg.), Principles of the Existing EC Contract Law, mehrere Bände, 2007ff.; *Cafaggi/Muir-Watt,* Making European Private Law, 2008; *Hommelhoff,* Europäische Privatrechtsgesellschaft am Beginn ihrer Normierung, 2008; *Remien* (Hrsg.), Schuldrechtsmodernisierung und Europäisches Vertragsrecht, 2008; *Alpa/Andenas,* Grundlagen des Europäischen Privatrechts, 2009; *Basedow/Hopt/Zimmermann* (Hrsg.), Handwörterbuch des Europäischen Privatrechts, 2009; *Gsell/Herresthal* (Hrsg.), Die Vollharmonisierung im Privatrecht, 2009; *Metzger,* Extra lege – intra ius: Allgemeine Rechtsgrundsätze im europäischen Privatrecht, 2009; *Schulze,* Common Frame of Reference and Existing EC Contract Law, 2. Aufl. 2009; *Basedow,* Der Europäische Gerichtshof und das Privatrecht, AcP 2010, 157; *Doralt,* Strukturelle Schwächen in der Europäisierung des Privatrechts, RabelsZ 2010, 260; *Gebauer/Widmann,* Zivilrecht unter europäischem Einfluss, 2. Aufl. 2010; *Schmid,* Die Instrumentalisierung des Privatrechts durch die Europäische Union: Privatrecht und Privatrechtskonzeptionen in der Entwicklung der Europäischen Integrationsverfassung, 2010; *Reich,* Von der Minimal- zur Voll- zur „Halbharmonisierung", ZEuP 2010, 7; *Schulze,* Europäisches Vertragsrecht, 2011; *Heiderhoff,* Europäisches Privatrecht, 3. Aufl. 2012; *Schulze/Zoll,* Europäisches Vertragsrecht, 2012; *Suhr,* Richtlinienkonforme Ausgestaltung im Privatrecht und nationale Auslegungsmethodik, 2012; *Langenbucher* (Hrsg.), Europarechtliche Bezüge des Privatrechts, 3. Aufl. 2013.

1. Probleme der Privatrechtsharmonisierung

1 Während die Regelungen über den Raum der Freiheit, der Sicherheit und des Rechts (RFSR) für eine Harmonisierung oder zumindest Koordinierung im Prozess- und Kollisionsrecht eine klare Kompetenzgrundlage enthalten (Art. 81 AEUV, Rz. 35ff.), stellt die Angleichung des materiellen Privatrechts mit den Mitteln der EU ein **komplexes Unterfangen** dar. Die im öffentlichen Recht praktikable gegenseitige Anerkennung ist hier wegen der andersartigen Regelungstechnik nur zum Teil vielversprechend. Es bleibt die **Harmonisierung.** Eine umfassende Kompetenz steht hierfür nicht zur Verfügung; es können nur verschiedene Einzelkompetenzen genutzt werden. Dementsprechend ist auch die Praxis von einem punktuellen Herangehen geprägt; es dominieren Richtlinien zu **einzelnen Komplexen,** bei denen der **Verbraucherschutz** (Rz. 5ff.) und **Einzelbereiche des Wirtschaftsrechts** (Rz. 21ff.) im Vordergrund stehen.

2 Die damit verbundenen Eingriffe in die vielfach von systematischen Kodifikationen geprägten, **traditionsreichen nationalen Zivilrechtsordnungen** werfen Probleme auf – auch soweit diese nationalen Ordnungen in ihren Grundorientierungen auf das römische Recht und damit gewissermaßen auf eine einheitliche Quelle zurückgehen.

Zudem ist es schwierig, für die europäische Ebene zu allgemein akzeptierten Definitionen und Abgrenzungen zu gelangen. Ferner sind die verschiedenen EU-Kompetenzen jeweils von bestimmten inhaltlichen Zielsetzungen geprägt, die nicht ohne Einfluss auf die jeweiligen Rechtsakte bleiben können. Dies aber kollidiert mit dem traditionellen (wenn auch nicht immer zutreffenden) Selbstverständnis des Privatrechts als wertneutraler, vorrangig von der Privatautonomie geprägter und zudem systematisch kodifizierter Ordnung (*v. Danwitz,* ZEuP 2010, 463). Wegen der fehlenden Kompetenz für umfassende Regelungen begnügen sich die bisherigen Richtlinien notgedrungen mit einem **beschränkten Anwendungsbereich,** so die 2011 neu kodifizierte Richtlinie 2011/7, ABl. L 48/1 (dazu etwa *Oelsner,* EuZW 2011, 940) zur Bekämpfung des Zahlungsverzuges auf den Geschäftsverkehr, der allerdings – zur Vermeidung von Wettbewerbsverzerrungen – umfassend und nicht nur grenzüberschreitend ins Visier genommen wird.

Diesen Problemen würde man Rechnung tragen und zugleich ein für den Bürger erfahrbares Werk europäischer Rechtseinheit schaffen, realisierte man die umfassendste (ohne Schaffung einer entsprechenden neuen Kompetenz aber nicht zu realisierende) Vision der EU-Privatrechtsangleichung, die Verabschiedung eines **Europäischen Zivilgesetzbuches** (European Civil Code, *Lando,* RIW 2003, 1).

2. Gemeinsamer Referenzrahmen

Literatur: *Eidenmüller/Faust/Grigoleit/Jansen/Wagner/Zimmermann,* Der Gemeinsame Referenzrahmen für das Europäische Privatrecht, JZ 2008, 529; *Pfeiffer,* Von den PECL zum DCFR, ZEuP 2008, 679; *Unberath,* Dienstleistungsrecht im CFR, ZEuP 2008, 745; *Wagner,* Vom akademischen zum politischen DCFR, ZEuP 2008, 677; *v. Bar/Schulte-Nölke/Schulze* (Hrsg.), Der akademische Entwurf für einen Gemeinsamen Referenzrahmen: Kontroversen und Perspektiven, 2009; *Wagner* (Hrsg.), The common frame of reference: a view from law & economics, 2009; *Antoniolli/Fiorentini* (Hrsg.), A Factual Assessment of the Draft Common Frame of Reference, 2010; *Mance,* The Common Frame of Reference, ZEuP 2010, 457; *van Erp* (Hrsg.), The future of European property law, 2012.

Seit dem Ende der achtziger Jahre wird mit zunehmender Intensität das ehrgeizige Projekt einer großen Kodifikation des europäischen Privatrechts erörtert. Praxis und Wissenschaft haben Vorarbeit geleistet. Mittels einer Analyse der nationalen Rechtsprechung und Wissenschaft soll ein **„gemeinsamer europäischer Rechtsbestand“** („Principles of European Contract Law“ – PECL) herausgearbeitet werden. Im Bereich des **Vertragsrechtes** setzte die KOM auf der Grundlage dieser Vorarbeiten mit zwei Mitteilungen von 2001 und 2003 (ABl. 2001, C 255/1 und 2003, C 63/1) eine entsprechende Diskussion in Gang. Anschließend wurde (auf der Grundlage eines im Rahmen der europäischen Forschungsförderung finanzierten Vorhabens) ein von Wissenschaftlern erarbeiteter Entwurf für einen Gemeinsamen Referenzrahmen vorgelegt. 3

Nunmehr soll eine von der KOM eingesetzte Expertengruppe einen **Gemeinsamen Referenzrahmen** („Draft Common Frame of Reference“ – DCFR) erarbeiten (Beschluss 2010/233, ABl. L 105/109). Dieser soll ein „nicht verbindliches Paket von Grundprinzipien, Begriffsbestimmungen und Mustervorschriften sein, das von den Gesetzgebern auf Unionsebene herangezogen werden soll, um mehr Kohärenz und Qualität im Gesetzgebungsprozess zu gewährleisten.“

3. Optionales Vertragsrecht

Literatur: *Fleischer,* Optionales europäisches Privatrecht („28. Modell“), RabelsZ 2012, 235; *Schmidt-Kessel* (Hrsg.), Ein einheitliches europäisches Kaufrecht?: eine Analyse des Vorschlags der Kommission, 2012; *Roth,* Der „Vorschlag für eine Verordnung über ein Gemeinsames Europäisches Kaufrecht“, EWS 2012, 12; *Schulte-Nölke/Zoll/Jansen/Schulze,* Der Entwurf für ein optionales europäisches Kaufrecht, 2012;

Schulze (Hrsg.), Common European Sales Law, 2012; *Wendehorst/Zöchling-Jud* (Hrsg.), Am Vorabend eines gemeinsamen Europäischen Kaufrechts, 2012; *Ganuza/Gomez,* Optional law for firms and consumers, CMLRev 2013, 11; *Eidenmüller,* What can be wrong with an option?, CMLRev 2013, 69.

4 Gewicht gewinnt der Gedanke, dass ein auf der soeben dargestellten Grundlage erarbeitetes „Europäisches BGB" optional zur Verfügung stehen sollte, das **neben die nationalen Rechte** treten, diese nicht verdrängen würde. Erleichtert werden soll die Tätigkeit der Unternehmen im Binnenmarkt. Daher konzentrieren sich die Überlegungen auf das Schuldrecht und den Allgemeinen Teil des Privatrechts, während Sachen-, vor allem aber Familien- und Erbrecht weitgehend ausgespart bleiben. In den vorsichtigen Zielsetzungen spiegelt sich die Schwierigkeit der Materie.

In diesem Sinne hat die Kommission im Herbst 2011 einen Entwurf für ein **optionales Kaufrecht** vorgelegt (KOM (2011) 635 vom 11.10.2011), das neben die nationalen Kaufrechtsregeln treten soll. Der Entwurf ist – zu Unrecht – auf Art. 114 AEUV gestützt (vgl. auch Rz. 32/13). Anders als die 1999 beschlossene Richtlinie zum Verbrauchsgüterkauf (Rz. 14) sind die Regelungen nicht spezifisch auf den Verbraucherschutz fokussiert, sondern sollen generell auch auf Verträge von kleinen und mittleren Unternehmen Anwendung finden, denen so der Zugang zum grenzüberschreitenden Vertrieb ihrer Produkte erleichtert werden soll. Nur Verträge zwischen zwei Großunternehmen einerseits, zwischen Privaten andererseits bleiben – wenig sinnvoll – ausgeklammert.

II. Verbraucherschutz

Literatur: Zusammenstellungen der Literatur zum EU-Verbraucherschutz bei *Lecheler,* Verbraucherschutz, in: Dauses (Hrsg.), HB EU-WirtschR H. V. (2008).

Schulte-Nölke/Lubos (Hrsg.), Perspectives for European Consumer Law, 2009; *Grigoleit,* Der Verbraucheracquis und die Entwicklung des Europäischen Privatrechts, AcP 2010, 354; *Devennay/Kenny,* European Consumer Protection Law, 2011.

Internet-Adresse: http://europa.eu./pol/cons/index_de.htm

1. Grundlagen und Entwicklung der europäischen Verbraucherschutzpolitik

5 In der modernen Industriegesellschaft mit ihrem immer differenzierteren Waren- und Dienstleistungsangebot stellt die Vielfalt des Angebotes und der damit verknüpften Bedingungen für den Verbraucher ohne entsprechende Informationen und sonstige Hilfe oft eine besondere Herausforderung dar. Mit diesem Argument wird vielfach eine besondere **Schutzbedürftigkeit des Verbrauchers** begründet. Dementsprechend ist **Verbraucherschutz** über **Verbraucherrecht** in den EU-MSen (z. B. Lauterkeitsrecht) seit langem üblich und warf schon früh die Frage nach dessen Verhältnis zum Europäischen Binnenmarkt auf (vgl. auch Rz. 22/42). Mit dessen Aufbau ergab sich für die EG die Notwendigkeit, Verbraucherschutz als **europäische Querschnittaufgabe** zu begreifen, wie sie nunmehr in Art. 12 AEUV ausdrücklich verankert ist. Allerdings können einem weitreichenden Verbraucherschutz auch paternalistische Tendenzen innewohnen.

6 Die ersten einschlägigen Rechtsakte ergingen ohne gesicherte Rechtsgrundlage. Der Rat verabschiedete 1975 ein **erstes Verbraucherschutzprogramm** (ABl. C 290/1). In ihm wurden **fünf grundlegende Verbraucherrechte** („Kennedy-Rechte") aufgestellt, die bis heute maßgeblich sind: 1. auf Gesundheitsschutz und Sicherheit, 2. auf Schutz der wirtschaftlichen Interessen, 3. auf Schadenswiedergutmachung, 4. auf Unterrichtung und Bildung, 5. auf kollektive Interessenvertretung. Bis Anfang der 90er Jahre suchten Rat und KOM die EG-Verbraucherpolitik als eigenständige Gemeinschaftsaktion zu etablieren. Mit dem

Maastrichter Vertrag 1992 wurde der Verbraucherschutz als **ausdrückliche Aufgabe der EU** im Vertrag verankert. Seit 1995 sind die zuständigen Dienststellen der KOM in einer eigenen **Generaldirektion** zusammengefasst, was der Etablierung des Verbraucherschutzes zusätzlichen Impetus verlieh. Institutionalisierte Beratung erfolgt über einen mehrfach reformierten **EU-Verbraucherausschuss** (ABl. 2000, L 111/30). In ihm sind Vertreter der nationalen und bestimmter europäischer Verbraucherorganisationen vertreten. Auf europäischer Ebene besteht seit 1962 der **Europäische Verbraucherbund** (BEUC) als Dach der nationalen Verbraucherorganisationen (in D: Bundesverband der Verbraucherzentralen und Stiftung Warentest).

2. Primärrechtliche Grundlagen der europäischen Verbraucherschutzpolitik

Literatur: *Sauer/Wittmann,* Einführung in das deutsche und europäische Verbraucherkreditrecht, JURA 2005, 8; *Staudinger,* Stand und Zukunft des Europäischen Verbraucherrechts, 2007; *Unberath/Johnston,* The double-headed approach of the ECJ concerning consumer protection, CMLRev 2007, 1237; *Arnold,* Vollharmonisierung im europäischen Verbraucherrecht, RIW 2009, 679; *Derleder,* Die vollharmonisierende Europäisierung des Rechts der Zahlungsdienste und des Verbraucherkredits, NJW 2009, 3195; *Sonntag,* Das BGB unter europäischem Einfluss: eine Analyse der Mindest- und Vollharmonisierung von Richtlinien im Verbraucherprivatrecht, 2009; *Schwab/Verlage,* Optimaler Verbraucherschutz in Europa, EuZW 2010, 925; *Herresthal,* Die Ablehnung einer primärrechtlichen Perpetuierung des sekundärrechtlichen Verbraucherschutzniveaus, EuZW 2011, 328.

a) Aufgaben des Verbraucherschutzes

Der Begriff des **Verbrauchers** ist nicht im AEUV definiert. Der EuGH versteht unter ihm die **natürlichen Personen, die zu privaten Zwecken am Marktgeschehen teilnehmen** (EuGHE 1997, I-3767, Rs. C-269/95 „Benincasa" st. Rspr.). Für Art und Umfang des Verbraucherschutzes spielt das **Verbraucherleitbild** eine wichtige Rolle (*Blaurock,* JZ 1999, 801). Der Gerichtshof geht in st. Rspr. (z. B. EuGHE 2000, I-117, Rs. C-220/98 „Estée Lauder"; *Seibt,* GRUR 2002, 265) vom „aufgeklärten", d. h. vom **durchschnittlich informierten, aufmerksamen und verständigen Bürger** aus („Informationsmodell"). Er knüpft damit an englische und italienische Rechtstraditionen an, die der Erkenntnisfähigkeit des Verbrauchers mehr zutrauen als die traditionelle deutsche Auffassung mit ihrem Leitbild des „flüchtigen Verbrauchers". So wurde z. B. unzulässige Werbung in Deutschland bereits dann angenommen, wenn „nicht völlig unerhebliche Verkehrskreise" (ungefähr ab 10% der maßgeblichen Verbraucher) in die Irre geführt werden könnten. Konsequenz des europäischen Leitbildes ist hingegen der Vorrang hinreichender **Verbraucherinformation** gegenüber zwingenden Normen und Eingriffen als Instrument des Verbraucherschutzes. Dies ergibt sich auch aus dem Grundsatz der Verhältnismäßigkeit (Art. 5 Abs. 3 EUV; *Dauses,* RIW 1998, 750). Der Gerichtshof spricht von einem **„Grundrecht"** des Verbrauchers auf angemessene Unterrichtung (EuGHE 1990, I-667, Rs. C-362/88 „GB-INNO-BM"). 7

In Lichte dieses Verständnisses definiert Art. 169 Abs. 1 AEUV als **Aufgabe des Verbraucherschutzes** in Anlehnung an die „Kennedy-Rechte" von 1975 (Rz. 6) die Förderung der **Verbraucherinteressen** und Gewährleistung eines hohen Verbraucherschutzniveaus durch Schutz der **Gesundheit,** der Sicherheit und der **wirtschaftlichen Interessen** der Verbraucher sowie die Förderung ihrer Rechte auf Information, Erziehung und Bildung von Interessenvereinigungen. Ähnlich **gebietet Art. 38 GrCh** ein hohes Verbraucherschutzniveau der Politiken der Union. Im Rahmen des **Lauterkeitsrechts** (Rz. 20) werden zudem über den Kreis der Verbraucher hinaus auch **Konkurrenten** vor unfairen Handelspraktiken geschützt. 8

b) Rechtsetzungskompetenzen im Bereich des Verbraucherschutzes (Art. 169 Abs. 2 und 3 AEUV)

9 Für die Rechtsetzung verweist zunächst Art. 169 Abs. 2 lit. a) AEUV auf die Befugnis zur **Rechtsangleichung im Binnenmarkt** nach Art. 114 AEUV (oben Rz. 32/8 ff.). Die Verpflichtung auf ein hohes Schutzniveau gerade in diesem Bereich wird dort in Abs. 3 noch einmal ausdrücklich bekräftigt. Die Befugnis zum nationalen Alleingang nach Art. 114 Abs. 4–5 AEUV (Rz. 32/15 f.) kommt hingegen regelmäßig nicht zum Zuge, da mit Ausnahme des Gesundheitsschutzes die einschlägigen Rechtsgüter für den Verbraucherschutz ohne Bedeutung sind. Rechtsangleichung bedeutet hier also, soweit der jeweilige Rechtsakt nicht selbst anderes vorsieht, regelmäßig Vollharmonisierung (EuGHE 2009, I-2949, verb. Rs. C-261/07 und 299/07 „VTB-VAB“). Daneben können **spezifische EU-Verbraucherschutzmaßnahmen** zur **Unterstützung, Ergänzung und Überwachung der Politik der MSen** beschlossen werden (Art. 169 Abs. 2 lit. b), Abs. 3 AEUV). Insoweit dürfen die MSen nach Abs. 4 auch vertragskonforme **strengere Verbraucherschutzmaßnahmen** beibehalten oder ergreifen. Die KOM ist zu unterrichten.

c) Sonstige vertragliche Regelungen zum Verbraucherschutz

10 Daneben wird der Verbraucherschutz im Rahmen anderer Unionspolitiken erwähnt. Zu den Zielen der **Gemeinsamen Agrarpolitik** gehört nach Art. 39 Abs. 1 lit. e) AEUV die Belieferung der Verbraucher zu angemessenen Preisen (Rz. 24/7). Nach Art. 101 Abs. 3 AEUV sind im Rahmen des Wettbewerbsrechts der EU Kartelle zulässig, wenn sie u. a. eine angemessene Verbraucherförderung bewirken (Rz. 20/19; *European Commission,* EU competition policy and the consumer, 2004). Schließlich gehört zu den nationale Maßnahmen legitimierenden **„zwingenden Erfordernissen“** im Sinne der „Cassis de Dijon-Rechtsprechung“ zum Warenverkehr (Rz. 22/42) und vergleichbar zum Dienstleistungsverkehr (Rz. 25/19 f.) auch der Verbraucherschutz einschließlich der Lauterkeit des Handelsverkehrs (EuGHE 1997, I-3843, verb. Rs. C-34–36/95 „Konsumentenombudsman“, st. Rspr.).

3. Die sekundärrechtliche Ausformung der europäischen Verbraucherschutzpolitik

Literatur: *Henke,* Enthält die Liste des Anhangs der Klauselrichtlinie 93/13/EWG Grundregeln des Europäischen Vertragsrechts?, 2010; *Anagnostaras,* The unfair Commercial Practices Directive in context, CMLRev 2010, 147; *Kroll-Ludwigs,* Die Zukunft des verbraucherschützenden Widerrufsrechts in Europa, ZEuP 2010, 509; *Riehm,* 25 Jahre Produkthaftungsrichtlinie, EuZW 2010, 567; *Stürner* (Hrsg.), Vollharmonisierung im europäischen Verbraucherrecht, 2010; *Eidenmüller/Faust/Grigoleit/Jansen/Wagner/Zimmermann,* Revision des Verbraucher-acquis, 2011; *Howells,* EU Consumer Protection Through Information, FS Scheuing, 2011, 546; *Schaub,* Harmonisierung der Europäischen Produkthaftung, ZEuP 2011, 41; *Tamm,* Verbraucherschutzrecht. Europäisierung und Materialisierung des deutschen Zivilrechts und die Herausbildung eines Verbraucherschutzprinzips, 2011; *Trstenjak/Beysen,* European consumer protection law: Curia semper dabit remedium?, CMLRev 2011, 95; *Augenhofer* (Hrsg.), Verbraucherrecht im Umbruch, 2012; *Bydlinski/Lurger* (Hrsg.), Die Richtlinie über die Rechte der Verbraucher, 2012; *Devenney/Kenny,* European Consumer Protection, 2012; *Jansen,* Revision des Verbraucher-acquis?, 2012; *Schwab/Giesemann,* Die Verbraucher-Richtlinie: Ein wichtiger Schritt zur Vollharmonisierung im Binnenmarkt, EuZW 2012, 253; *Weatherill,* The Consumer Rights Directive: How and why a request for „coherence“ has (largely) failed, CMLRev 2012, 1279.

11 Ähnlich wie in anderen Bereichen kann man in der europäischen Verbraucherschutzpraxis eine **programmatische Aktion** von **konkreten Rechtsangleichungsakten** un-

terscheiden. Insgesamt ist das sekundäre Verbraucherschutzrecht **vielverästelt** und oft mit anderen Bereichen der Rechtsangleichung verknüpft. Im erstgenannten Bereich sind aus jüngerer Zeit u. a. hervorzuheben das Aktionsprogramm 2007–2013 (Beschluss 1926/2006 von Parlament und Rat, ABl. L 404/39, das für den Zeitraum von 2007 bis 2013 knapp 160 Mio € für Fördermaßnahmen der Union vorsieht), sowie die Kommissionsmitteilung „Eine europäische Verbraucheragenda für mehr Vertrauen und Wachstum" (KOM (2012) 225 endg.).

Die Setzung von Schwerpunkten des EU-Verbraucherschutzes durch **sekundäres Unionsrecht** orientiert sich an den fünf grundlegenden Verbraucherrechten (Rz. 8) und sucht den Schutz dabei auf hohem Niveau zu etablieren. Dabei ergeben sich immer wieder Konflikte zwischen sozial gemeinten Verbraucherschutzinteressen und den Binnenmarktfreiheiten. Die KOM bemüht sich derzeit, die früheren, vielfach nicht aufeinander abgestimmten Einzelrichtlinien im Sinne eines kohärenten Ganzen zu überarbeiten. Und während die bisherigen Vorschriften zumeist nur Mindestvorgaben enthielten, wird nunmehr häufiger zum Instrument der Vollharmonisierung gegriffen. 12

a) Schutz der Gesundheit und Sicherheit der Verbraucher

Der Schutz der Gesundheit und der Sicherheit der Verbraucher ist ein besonders wichtiger Bestandteil der EU-Verbraucherpolitik. Güter und Dienstleistungen müssen so beschaffen sein, dass sie grundsätzlich beim Gebrauch **keine gesundheitlichen oder sonstigen Gefahren** verursachen. Hier bestehen enge Verbindungen zu den Regelungen des **Gesundheitswesens** im Sinne von Art. 168 AEUV, insbesondere zum Lebensmittel- und zum Arzneimittelrecht (Rz. 33/59 ff.), zur **Angleichung technischer Normen im Binnenmarkt** (Rz. 22/50) und zur **Agrar-Rechtsangleichung** (Rz. 24/25). 13

b) Schutz der Wirtschaftsinteressen

Mit einer Vielzahl von Regelungen sucht die EU die **wirtschaftlichen Interessen der Verbraucher** zu schützen (Fundstellenverzeichnis des geltenden EU-Rechts 15.20.40). Besonders wichtig sind Regelungen zum **Vertragsrecht.** Anlass für eine grundlegende Umgestaltung des deutschen Schuldrechts war die RL über den **Verbrauchsgüterkauf** (RL 1999/44, ABl. 171/12; dazu etwa *Honsell*, JZ 2001, 278), neben die jetzt die optionalen Regelungen zum Kaufrecht (Rz. 4) treten sollen. 14

Die **deutsche Umsetzung** dieser RL erwies sich in mehrfacher Hinsicht als **defizitär,** insbesondere, was die Rechte des Verbrauchers nach Lieferung einer mangelhaften Sache anbetrifft. Kann diese wegen Mängeln gegen einen Ersatzgegenstand ausgetauscht werden, darf für die bisherige Nutzung kein Entgelt erhoben werden (EuGHE 2008, I-2685, Rs. C-404/06 „Quelle"). Setzt der Austausch bei einer (bestimmungsgemäß) woanders eingebauten Sache den Aus- und Wiedereinbau voraus, kann der Verbraucher im Grundsatz auch diesen verlangen (so EuGHE 2011, I-5257, verb. Rs. C-65/09 und C-87/08 „Gebr. Weber" zu Fliesen und einer Spülmaschine; dazu *Lorenz*, NJW 2011, 2241). Im erstgenannten Fall hat der BGH dem EuGH-Urteil durch **richtlinienkonforme Fortbildung des BGB** (zu Lasten des Verkäufers) Rechnung getragen (BGH, NJW 2009, 427; dazu etwa zustimmend *Pfeiffer*, NJW 2009, 427; kritisch *Grosche/Höft*, NJW 2009, 2416) und damit die Bedeutung von Richtlinien auch für den Privatrechtsverkehr unterstrichen. Die Ablehnung einer unmittelbaren Wirkung (Rz. 9/112) schließt also eine Wirkung von Richtlinien zu Lasten Privater nicht aus. Nicht zu überzeugen vermochte aber, dass der BGH ein solches Vorgehen noch im Vorlagebeschluss abgelehnt hatte, denn die Grenzen der richtlinienkonformen Auslegung bzw. Fortbildung des nationalen Rechts bestimmen sich nach diesem.

Daneben gibt es Richtlinien zu eher spezifischen Problemen. Genannt seien etwa die 2008 neu kodifizierte 15
RL über den **Verbraucherkredit** (Verbraucherschutz gegen Überschuldung bei allen Konsumentenkredi-

ten: RL 2008/48, ABl. L 133/66), die RL 90/314 (ABl. L 158/69) über **Pauschalreisen** (dazu *Tonner,* EWS 2000, 473; zur Staatshaftung wegen zunächst nicht erfolgter Umsetzung in D siehe oben Rz. 14/16), die RL 93/13 (ABl. 95/29) über **missbräuchliche Klauseln** (die bei Unvereinbarkeit mit den europäischen Vorgaben nichtig sind und daher nicht geltungserhaltend reduziert werden dürfen; EuGH, Urteil vom 14.6.2012, Rs. C-618/10 „Banco Español de Crédito") und die RL 94/47 (ABl. 280/82) zu **Teilnutzungsrechten an Immobilien.** Frühere Regelungen zu Haustürgeschäften und zum Fernabsatz sind in der **Verbraucherrechte**-RL 2011/83 (ABl. L 304/64) aufgegangen, die im Gegensatz zu den nur eine Mindestharmonisierung vorsehenden VorgängerRLen nunmehr eine Vollharmonisierung beinhaltet. Auch in anderem Kontext beschlossene Richtlinien weisen verbraucherschützende Wirkung auf (zu Finanzdienstleistungen Rz. 31/5ff.).

16 Das **Vorfeld von Vertragsabschlüssen** betrifft die RL 2006/114 (ABl. 376/21) mit dem Schutz vor **irreführender Werbung** und der Harmonisierung der Bestimmungen über **vergleichende Werbung;** zur Werbung bei Lebensmitteln siehe Rz. 33/65. Unter Verbraucherschutzgesichtspunkten verbietet die RL 2005/29 (ABl. L 149/22) den Einsatz **unlauterer Geschäftspraktiken** (vgl. auch noch Rz. 20) durch eine Generalklausel, die dann um Sondertatbestände ergänzt wurde. Da es sich insoweit um einen Akt der Vollharmonisierung handelt (vgl. schon Rz. 19), müssen sich die spezifischen Tatbestände entsprechend den allgemeinen Regeln korrekter Richtlinienumsetzung (Rz. 9/95ff.) auch als solche im nationalen Recht wiederfinden, sie dürfen also nicht nur durch eine pauschale Bestimmung umgesetzt werden (vgl. EuGHE 2010, I-217, Rs. C-304/08 „Plus Handelsgesellschaft"). Der **Information** der Verbraucher dienen Vorschriften über **Preise und einen objektiven Preisvergleich** (RL 98/6, ABl. L 80/27) sowie – vor allem im **Lebensmittelrecht** – zu Etikettierung und Aufmachung (Rz. 33/65; siehe ferner Fundstellenverzeichnis des geltenden EU-Rechts 15.20.20.).

c) Wiedergutmachung von Schäden

17 Die **Haftung für fehlerhafte Produkte** (RL 85/374, ABl. L 210/29, Änderungen) regelt die schuldunabhängige Haftung des Herstellers für Schäden aus der bestimmungsgemäßen Benutzung des Produktes. Infolge der BSE-Krise wurde die Produkthaftung auf **landwirtschaftliche Erzeugnisse** ausgedehnt (RL 1999/34, ABl. L 141/20). Die KOM veröffentlichte 1999 ein **Grünbuch** „Die zivilrechtliche Haftung für fehlerhafte Produkte" (Dok. KOM (1999) 396 endg.). Im **Verkehrsbereich** gibt es für Nichtbeförderung oder Verspätung einen Ausgleich (Rz. 26/24).

d) Rechtsdurchsetzung

18 Schließlich fördert die EU die kollektive Durchsetzung von Verbraucherinteressen (Art. 167 Abs. 1 AEUV). Im Bereich der **Rechtsangleichung** ist auf die RL 98/27 (ABl. 166/51) über **Unterlassungsklagen** (von Verbraucherverbänden) zum Schutz von Verbraucherinteressen hinzuweisen; die KOM will dieses Instrument ausbauen (KOM (2008) 794 endg.; dazu *Tzakas,* CMLRev 2011, 1125; *Madaus,* ZEuP 2012, 99 sowie Rz. 35). Auch außergerichtliche Streitbeilegung soll den Verbraucherschutz verbessern (dazu die RL 2013/11, ABl. L 165/65 sowie die VO 524/2013, ABl. L 165/1 zur elektronischen Streitbeilegung; kritisch dazu *Roth,* Bedeutungsverluste der Zivilgerichtsbarkeit durch Verbrauchermediation, JZ 2013, 637).

19 In der Rechtsprechung schlägt sich das Allgemeininteresse am Verbraucherschutz in der Form nieder, dass in zivilrechtlichen Verfahren die Gerichte Verbraucherschutzgesichtspunkte von Amts wegen berücksichtigen müssen (EuGHE 2009, I-4713, Rs. C-243/08 „Pannon GSM"); praktische Bedeutung hat dies allerdings nur für solche Mitgliedstaaten, in denen anders als in Deutschland die Gerichte nicht ohnehin in rechtlicher Hinsicht zu einer umfassenden Prüfung verpflichtet sind. Die VO 2006/2004 (ABl. L 364/1) schreibt die Schaffung **nationaler Verbraucherschutzbehörden** vor, die die Beachtung der Verbraucherschutzvorschriften der Union **hoheitlich zu überwachen** haben, und sieht zudem weitreichende Kooperations- und Amtshilfepflichten im Verhältnis zu den anderen nationalen Behörden und der KOM vor.

e) Lauterkeitsrecht

Literatur: *Büllesbach,* Die Auslegung der irreführenden Geschäftspraktiken des Anhangs I der Richtlinie 2005/29 über unlautere Geschäftspraktiken, 2008; *Köhler,* Vom deutschen zum europäischen Lauterkeitsrecht, NJW 2008, 3032; *Augenhofer* (Hrsg.), Die Europäisierung des Kartell- und Lauterkeitsrechts, 2009; *Leistner,* Bestand und Entwicklungsperspektiven des Europäischen Lauterkeitsrechts, ZEuP 2009, 56; *Glöckner,* Europäisches Lauterkeitsrecht, in: Schulze/Zuleeg/Kadelbach (Hrsg.), Europarecht, 2. Aufl. 2010, § 17; *Holzmayr-Schrenk,* Die Richtlinie über unlautere Geschäftspraktiken: Analyse der RL 2005/29/EG und ihrer Konsequenzen für das UWG, 2010; *Stolze,* Harmonisierung des Lauterkeitsrechts in der EU: unter besonderer Berücksichtigung der Sanktionssysteme, 2010; *Wunderle,* Verbraucherschutz im Europäischen Lauterkeitsrecht, 2010; *Ofner,* Das Schutzrecht der Verbraucher gegen unlautere Unternehmenspraktiken, in: Müller-Graff (Hrsg.), EnzEuR IV, 2014.

Ein Mixtum Compositum verschiedener Aspekte stellt das **„Europäische Lauterkeitsrecht"** dar. In Deutschland stellte das einschlägige **Recht des unlauteren Wettbewerbs,** insbesondere das UWG (1896/1909) vor allem den Schutz der **Wettbewerber** – als Einzelne und als Gruppen – in den Vordergrund. Anfang der neunziger Jahre trat daneben der Schutz der **Verbraucher** (*Beater,* JZ 1997, 916). Auf europäischer Ebene hingegen steht der Schutz der Verbraucher von vorneherein im Vordergrund (zur RL über unlautere Geschäftspraktiken siehe Rz. 16). Viele Regelungen des europäischen Verbraucherschutzrechts beeinflussen aber zugleich den Wettbewerb zwischen den einzelnen Unternehmen, und das nationale Recht ist nicht gehindert, aus den europäischen Bestimmungen auf nationaler Ebene auch Schutz für die Konkurrenten abzuleiten. 20

III. Das geistige Eigentum im Binnenmarkt

Literatur: Die Literatur zum geistigen Eigentum teilt sich meist gemäß dessen Erscheinungsformen [unten jeweils vor 2.b) bis 2.e)].

Leistner, Harmonization of intellectual property law in Europe, CMLRev 2008, 69; *Seville,* EU Intellectual Property Law and Policy, 2009; *Leistner* (Hrsg.), Europäische Perspektiven des Geistigen Eigentums, 2010; *Derclaye/Leistner* (Hrsg.), Intellectual Property Overlaps A European Perspective, 2011; *Kempel,* Die Anwendung von Art. 102 AEUV auf geistiges Eigentum und Sacheigentum, 2011; *Hilty,* Optionales europäisches Vertragsrecht („28. Modell"): „Geistiges Eigentum", RabelsZ 2012, 339; *Ohly* (Hrsg.), Common Principles of European Intellectual Property Law, 2012; *Van Erp/Salomons/Akkermans* (Hrsg.), The Future of European Property Law, 2012.

1. Geistiges Eigentum und die materiellen Regeln des Vertragsrechts

Literatur: Umfangreiche Zusammenstellung des Schrifttums bei *Ullrich,* in: Immenga/Mestmäcker (Hrsg.), Wettbewerbsrecht, Band 1 EU Teil 2, 5. Aufl. 2012, Abschnitt VII.

Keeling, Intellectual Property Rights in EU Law. Vol. I. Free Movement and Competition Law, 2003; *Schwarze,* Urheberrechte und deren Verwertung im Lichte des europäischen Wettbewerbsrechts, ZUM 2003, 15; *Peeperkorn* u. a., Commission adopts new safe harbour for licensing of patents, know how and software copyright, Competition Policy Newsletter 2/2004, 14; *v. Westernhagen,* Zugang zu geistigem Eigentum nach europäischem Kartellrecht, 2006; *Jorus,* Europäische Missbrauchsaufsicht über Immaterialgüterrechte, 2007; *Volkheimer,* Patents and the free movement of goods, CJEL 2009, 495; *Kempel,* Die Anwendung von Art. 102 AEUV auf geistiges Eigentum und Sacheigentum, 2011.

Die mit nationalen Patenten, Marken, Warenzeichen, Gebrauchsmustern, Sorten, Urheberrechten usw. verbundenen Rechte und Schutzwirkungen stellen im Binnenmarkt einerseits ein wichtiges Elemente zur Förderung von Innovation und Wettbewerb dar. Durch den rechtmäßigen Gewinn, den die Inhaber aus ihnen ziehen, setzen sie **Anreize für Innovationen und Investitionen.** Damit tragen sie zum Erfolg des 21

Binnenmarktes und zur internationalen Wettbewerbsfähigkeit der EU bei. Als Bestandteil der nationalen Eigentumsordnung bleiben sie als solche von den Verträgen grundsätzlich unberührt (Art. 345 AEUV). Nach Art. 17 Abs. 2 GrCh wird geistiges Eigentum **grundrechtlich** geschützt.

22 Wegen ihrer territorialen Begrenzung stellen nationale geistige Eigentumsrechte andererseits MgW im Sinne von Art. 34 AEUV dar. Eine Rechtfertigung nach Art. 36 AEUV verlangt, dass sie zur Wahrung der Rechte, die den **spezifischen Gegenstand** des gewerblichen und kommerziellen Eigentums ausmachen, d. h. für den Schutz vor Konkurrenten, **notwendig** sind (EuGHE 1990, I-3711, Rs. C-10/89 „Hag II"). Dabei unterscheidet der EuGH zwischen dem **„Bestand"** der Schutzrechte, also ihrem durch die nationale Gesetzgebung garantierten Vorhandensein, und ihrer **„Ausübung"**, d. h. der Wahrnehmung der aus ihnen fließenden Rechte. Daneben sind **die Wettbewerbsregeln der Art. 101 ff. AEUV** zu beachten; Art. 34/36 AEUV sind also nicht vorrangige leges speciales (EuGHE 1966, 321, verb. Rs. 56 u. 58/64 „Consten und Grundig", st. Rspr.). Die Inanspruchnahme auch nach Art. 36 AEUV legitimen gewerblichen Eigentums findet danach ihre Grenze, wo es Gegenstand, Mittel oder Folge eines Kartells darstellt und zur **künstlichen Aufrechterhaltung getrennter nationaler Märkte** beiträgt (EuGHE 1982, 2015, Rs. 258/78 „Nungesser"; EuGHE 1982, 2853, Rs. 144/81 „Keurkoop BV").

23 Im Einzelnen ist ein einmal mit Zustimmung des Rechteinhabers in den Verkehr gebrachtes Produkt im Binnenmarkt frei verkehrsfähig. Rechte aus dem geistigen Eigentum sind damit **erschöpft** (zu **Patenten** EuGHE 1974, 1147, Rs. 15/74 „Centrafarm", st. Rspr.; zum **Urheberrecht** EuGHE 1998 I-5171, Rs. C-61/97 „FDV", st. Rspr.; *Ullmann,* JZ 1994, 928). Parallelimporte etc. dürfen daher nicht verhindert werden (EuGHE 1989, 79, Rs. 341/87 „EMI Electrola"), auch nicht, wenn es um die Einfuhr einer Ware aus einem patentschutzfreien MS in den ursprünglichen patentgeschützten MS geht (EuGHE 1981, 2063, Rs. 187/80 „Merck"). Mit Blick auf das Urheberrecht hat der EuGH diese Grundsätze auch auf Übertragungen von Fußballspielen über dekoderpflichtige Fernsehsendungen angewendet, die eine vergleichsweise genaue Kontrolle der Verbreitung ermöglichen, und so eine entsprechende Marktabschottung für unzulässig erklärt (EuGHE 2011, I-9083, verb. Rs. C-403/08 und C-429/08 „Football Association Premier League u. a."; dazu *Haberkamm/Przybilla,* EuZW 2011, 415; *Kreile,* ZUM 2012, 177). In jedem Fall darf der Inhaber von Rechten nicht durch Verträge (z. B. Lizenzvereinbarungen) eine nach Art. 101 AEUV unzulässige Marktaufteilung herbeiführen. Ferner kann es unter Art. 102 AEUV fallen, wenn ein Unternehmen einem anderen Unternehmen keinen Zugang zu bestimmten, durch Patent- oder Urheberrecht geschützten Informationen, Datensätzen etc. (**„essential facilities"**, Rz. 20/31) gewährt, obwohl die Informationen für die Herstellung von völlig anderen Produkten unentbehrlich sind und damit zugleich auch insgesamt wirksamer Wettbewerb behindert wird (EuGHE 2004, I-5039, Rs. C-418/01 „IMS Health") oder sich die Verweigerung sonst als unangemessen erweist (vgl. EuGE 2007, II-3601, Rs. T-201/04 „Microsoft").

24 **Warenzeichen** dürfen nicht gegenüber Inhabern identischer Zeichen genutzt werden (EuGHE 1974, 731, Rs. 1192/73 „HAG I"). Jedoch darf der Zeicheninhaber gegen Einfuhren von Waren mit verwechslungsfähigen Zeichen vorgehen sowie gegen die unerlaubte Verwendung des eigenen Zeichens oder gegen die Umfüllung in andere Pa-

ckungen, bei denen das Warenzeichen ohne Erlaubnis verwendet wird (EuGHE 1976, 1039, Rs. 119/75 „Terrapin"; EuGHE 1978, 1139, Rs. 102/77 „Hoffmann-La Roche"). Bei **Marken** ist außerdem die hier relevante Frage der Verwechslungsgefahr ggf. in verschiedenen MSen unterschiedlich zu beantworten (EuGHE 2006, I-2303, Rs. C-421/04 „Matratzen Concord").

Seit 1984 wird der **Technologietransfer** teilweise durch eine entsprechende **Gruppenfreistellung** geregelt (mittlerweile VO 772/2004, ABl. L 123/11).

2. Die Schaffung eines europäischen Rechts des geistigen Eigentums

a) Kompetenzrechtliche Grundlagen

Solange die gewerblichen Schutzrechte national unterschiedlich geregelt sind, bleibt 25 die Ausformung unionsrechtlicher Grenzen durch eine kasuistische Rechtsprechung problembehaftet. Vorzugswürdig ist eine **unionsweite Harmonisierung der nationalen Schutzrechte** oder die Schaffung **einheitlicher europäischer Rechte.** Ersteres ist auf der Grundlage der allgemeinen Binnenmarktkompetenz (Art. 114 AEUV) möglich. Für die Schaffung originärer europäischer Titel, die neben den nationalen Titeln stehen sollten, schuf der **Vertrag von Lissabon** eine spezifische Kompetenz (Art. 118 AEUV). Danach können **europäische Rechtstitel** über einen einheitlichen Schutz der Rechte des geistigen Eigentums in der EU und **zentralisierte Zulassungs-, Koordinierungs- und Kontrollverfahren** geschaffen werden. Die Maßnahmen als solche werden im ordentlichen Gesetzgebungsverfahren beschlossen; die besonders sensiblen Sprachenregelungen hingegen müssen vom Rat einstimmig nach Anhörung des Parlaments festgelegt werden. Ergänzend sieht Art. 262 AEUV die Möglichkeit vor, durch einen entsprechenden Rechtsakt die europäische Gerichtsbarkeit mit derartigen Streitigkeiten zu betrauen.

b) Patentrecht

Literatur: *Brinkmann,* EPÜ-Handbuch, 2. Aufl. 2009; *Dybdahl-Müller,* Europäisches Patentrecht, 3. Aufl. 2009; *Reich,* Materielles Europäisches Patentrecht, 2009; *Jaeger,* The EU Patent, Cui bono et Quo vadit?, CMLRev 2010, 63; *Koikkara,* Der Patentschutz und das Institut der Zwangslizenz in der Europäischen Union, 2010; *Müller,* Die Errichtung des Europäischen Patentgerichts – Herausforderung für die Autonomie des EU-Rechtssystems?, EuZW 2010, 851; *Schneider,* Das europäische Patentsystem: Wandel von Governance durch Parlamente und Zivilgesellschaft, 2010; *Singer,* Europäisches Patentübereinkommen, 5. Aufl. 2010; *Fritz/Grünbeck/Hijazi,* Schlüssel zum Europäischen Patentübereinkommen, 2011; *Luginbuchel,* European Patent Law, 2011; *Benkard* (Hrsg.), Europäisches Patentübereinkommen, 2. Aufl. 2012; *Gruber/Adam/Haberl,* Europäisches und Internationales Patentrecht, 7. Aufl. 2012; *Jaeger,* System einer Europäischen Gerichtsbarkeit für Immaterialgüterrechte, 2013; *Wechsler,* Europäische Patentorganisation, in: Hatje/Müller-Graff (Hrsg.), EnzEuR I, 2014, § 30.

Bereits seit 1977 gibt es das **„Europapatent"**, das vom Europäischen Patentamt in München verwaltet 26 wird. Das Übereinkommen („EPÜ" v.5.10.1973, BGBl. II S. 792; revidierte Fassung vom 29.11.2000, BGBl. 2007 II 1083) steht formal neben der EU; Partner sind die EU-MSen und weitere europäische Staaten. Dieses Patent ist eine Art „Bündel" der nationalen Patente, die fortbestehen. Nach langen, vor allem wegen der Sprachenfrage schwierigen Diskussionen haben schließlich alle EU-Staaten außer Italien und Spanien im Wege der verstärkten Zusammenarbeit im Rahmen des erwähnten EPÜ ein EU-weit einheitliches **Unionspatent** beschlossen (VO 1257/2012, ABl. L 361/1; zur Sprachenfrage VO 1260/2012, ABl. L 361/89). Es hat auf Antrag in allen beteiligten Staaten die Wirkung, die es im Staat des betreffenden Patentinhabers hat (Art. 6f. VO 1257/2012). Das Patent muss in Englisch, Deutsch oder Französisch eingereicht und mit einer Übersetzung in eine Amtssprache der EU, bei deutschen oder französischen Anträgen ins Englische, verbunden sein (Art. 9 VO 1260/2012). Im Streitfall muss der Patentinhaber ggf. die Kosten einer weiteren Übersetzung tragen (Art. 4 VO 1260/2012). Die Ermächtigung zur Verstärkten Zusammenarbeit (Ratsbeschluss 2011/167, ABl. L 76/53) wurde erfolglos vor dem EuGH angegriffen (Urteil vom 16.4.2013, verb. Rs. C-274/11 und C-295/11).

Durch gesonderten Vertrag soll eine zweistufige europäische Patentgerichtsbarkeit errichtet werden. Eine zunächst vorgesehene Fassung wurde vom EuGH für mit den Unionsverträgen unvereinbar qualifiziert (Gutachten 1/09 vom 8.3.2011), doch hat man sich mittlerweile auf eine überarbeitete Fassung verständigt (ABl. 2013, C175/1).

Speziell den Schutz **biotechnologischer Erfindungen** regelt die RL 98/44 (ABl. 1998, L 213/13; zur Gültigkeit EuGHE 2001, I-7079, Rs. C-377/98 „Niederlande/EP und Rat"). Vom Schutz ausgeklammert sind u. a. menschliche Embryonen, soweit sie zu industriellen oder kommerziellen Zwecken genutzt werden sollen; dazu EuGHE 2011, I-9821, Rs. C-34/10 „Brüstle" und dazu *Varju/Sándor,* CMLRev 2012, 1007).

c) Markenrecht

Literatur: *Bender,* Europäisches Markenrecht, 2008; *Hildebrandt,* Harmonisiertes Markenrecht in Europa, 2. Aufl. 2008; *Alexy,* Die Europäisierung des Markenrechts, 2009; *Leistner* (Hrsg.), Europäische Perspektiven des geistigen Eigentums, 2010; *Sosnitza,* Deutsches und europäisches Markenrecht, 2010; *Hildebrandt/Lubberger* (Hrsg.), Gemeinschaftsmarkenrecht, 2012; *Pohlmann,* Verfahrensrecht der Gemeinschaftsmarke, 2012; *Eisenführ/Schennen,* Gemeinschaftsmarkenverordnung, 4. Aufl. 2013; *Straus,* Das Binnenmarktrecht des gewerblichen Rechtsschutzes, in: Müller-Graff (Hrsg.), EnzEuR IV, 2014, § 18.

27 Im Markenrecht wurde zunächst 1989 das nationale Markenrecht durch die RL 89/104 (ABl. 1989, L 40/1), jüngst abgelöst durch die RL 2008/95 (ABl. L 299/25), unionsweit angeglichen. 1994 wurde zudem mit einer auf den heutigen Art. 352 AEUV (Rz. 32/32) gestützten VO eine **Gemeinschaftsmarke** mit EU-weiter Geltung geschaffen (zunächst VO 40/94, heute VO 207/2009, ABl. L 78/1, mit DVO 2868/95, ABl. L 303/1, Änderungen). Diese Marke steht neben den nationalen Marken; die damit verbundenen Rechte erschöpfen sich mit der Nutzung **unionsweit** (EuGHE 1998, I-4799, Rs. C-355/96 „Silhouette"; *Sosnitza,* WRP 1998, 951), **aber nicht international** (EuGHE 2001, I-8691, verb. Rs. C-414/99 bis C-416/99 „Davidoff"). Seit 1996 werden diese Marken durch das **Europäische Markenamt** in Alicante/Spanien („Harmonisierungsamt für den Binnenmarkt (Marken, Muster und Modelle)" = HABM) verwaltet. Das HABM ist eine EU-Einrichtung mit eigener Rechtspersönlichkeit unter Aufsicht der KOM. Mit annähernd 700 Bediensteten, ca. 6000 dort zugelassenen Anwälten und jährlich über 50 000 Anmeldungen arbeitet das HABM erfolgreich. Es finanziert sich aus den Gebühren und gibt ein eigenes Amtsblatt heraus (ABl. HABM).

Eingetragene und veröffentlichte Marken haben eine **Schutzdauer von 10 Jahren. Rechtsschutz** erfolgt bei den unabhängigen Beschwerdekammern des Amtes und ggf. vor den europäischen Gerichten. Es liegt bereits eine umfangreiche Rspr. vor: Zur Verwendung von Markennamen im Rahmen der Suchmaschine Google siehe etwa EuGHE 2010, I-2417, verb. Rs. C-236/08 u. a. „Google France"; zur Abgrenzung von Marke und Patent EuGHE 2010, I-8403, Rs. C-48/09 P „Lego Juris"; zur notwendigen Präzision der Anmeldungen EuGH, Urteil vom 19.6.2012, Rs. C-307/10 „Chartered Institute of Patent Attorneys".

d) Geschmacksmuster, Sorten u. ä.

Literatur: *Ohly,* Die Europäisierung des Designrechts, ZEuP 2004, 236; *Gottschalk,* Schutz des Designs nach deutschem und europäischem Recht, 2005; *Zwanzger,* Das Gemeinschaftsgeschmacksmuster zwischen Gemeinschaftsrecht und nationalem Recht, 2010; *Stone,* European Union Design's Law, 2012.

28 Einen weiteren wichtigen Schritt zum gleichen Schutz geistiger Eigentumsrechte in der Union stellt die **VO 6/2002,** ABl. L 3/1 i.V.m. DVO 2245/2002, ABl. L 341/28 mit der Schaffung eines einheitlichen **Geschmacksmusters** dar. Es gewährt seit 2002 Geschmacksmustern **(„Design")** als äußerer Erscheinungsform eines Erzeugnisses EU-weiten einheitlichen Schutz. Die Verwaltung obliegt dem HABM in Alicante (Rz. 27), das die angemeldeten Designs registriert und ihnen **Schutz für fünf Jahre** (Verlängerungsmöglichkeit auf bis zu 25 Jahre) gewährt. Eine andere Maßnahme zugunsten europäischen Designschutzes stellt die RL 98/71, ABl. 1998, L 89/28 über den rechtlichen Schutz von **Mustern und Modellen** dar. Ferner gehört in diesen Zusammenhang die VO 2100/94, ABl. 1994, L 227/1 über den **Sortenschutz** der Union.

e) Urheberrecht

Literatur: *Walter,* Europäisches Urheberrecht (Komm.), 2001; *H.-P. Mayer,* Richtlinie 2001/29/EG zur Harmonisierung bestimmter Aspekte des Urheberrechts und der verwandten Schutzrechte in der Informationsgesellschaft, EuZW 2002, 325; *Schiebke,* Die Kompetenz der EG für die Harmonisierung des Urheberrechts in der Informationsgesellschaft, 2003; *Schmidt-Werthern,* Die Richtlinie über das Folgerecht des Urhebers des Originals eines Kunstwerks, 2003; *Torben,* Die Harmonisierung des Urheberpersönlichkeitsrechts in Europa, 2004; *Reinbothe,* Der acquis communautaire des Europäischen Urheberrechts, EWS 2007, 193; *Amschewitz,* Die Durchsetzungsrichtlinie und ihre Umsetzung im deutschen Recht, 2008; *Leistner,* Konsolidierung und Entwicklungsperspektive des Europäischen Urheberrechts, 2008; *Koutrakos,* Fine-tuning European copyright law to strike a balance between the rights of owners and users, ELR 2008, 687; *Gronau,* Europäisches Urheberrecht: Weiterer Harmonisierungsbedarf oder ein einheitliches Europäisches Urheberrechtsgesetz?, 2010; *Loschelder,* Das Binnenmarktrecht des Urheberrechts, in: Müller-Graff (Hrsg.), EnzEuR IV, 2014, § 19.

Die Existenz nationaler Urheberrechte bringt wie bei Patenten oder Marken „abschottende Elemente" im 29
Binnenmarkt mit sich (oben Rz. 22). Um dies zu überwinden, betreibt die KOM seit längerem eine **Europäisierung des Urheberrechts.** Das moderne Urheberrecht muss hierbei die technologischen Entwicklungen der EDV berücksichtigen **(„Urheberrecht in der Informationsgesellschaft").** Nach langjährigen Vorarbeiten ergingen seit dem Ende der achtziger Jahre verschiedene **Einzelregelungen** (Halbleiterrichtlinie, RL zum Schutz von Computerprogrammen, RL zum Vermiet- und Verleihrecht, Schutzdauerharmonisierungsrichtlinie, Koordinierungsrichtlinie beim Satelliten- und Kabelrundfunk, RL zum urheberrechtlichen Schutz von Datenbanken u. a. m., Fundstellenverzeichnis des geltenden EU-Rechts, 17.20). Entscheidend für den Urheberrechtsschutz ist letztlich die **geistige Schöpfung,** die **Originalität** belegt (EuGH, Urteil vom 1.3.2012, Rs. C-604/10 „Football Dataco"). Die besonders wichtige **RL 2001/29,** ABl. L 167/10 zur Harmonisierung bestimmter Aspekte des Urheberrechts und der verwandten Schutzrechte in der Informationsgesellschaft harmonisiert unter den modernen technologischen Bedingungen das Vervielfältigungsrecht, das Recht der öffentlichen Wiedergabe einschließlich des Rechts der öffentlichen Zugänglichmachung und das Verbreitungsrecht (*H.-P. Mayer,* EuZW 2002, 325). Die Richtlinie 2001/84 (ABl. L 272/32) über das **Folgerecht des Urhebers des Originals eines Kunstwerks** bringt kulturelle Gesichtspunkte in das Urheberrecht ein (*Pfennig,* ZUM 2002, 194). Der Künstler verfügt hiernach über einen – degressiv ausgestalteten – **Anspruch,** am Weiterverkauf seiner Werke finanziell beteiligt zu werden. In MSen wie Deutschland bestand bereits ein günstigerer Anspruch (§ 26 UrhG), der nunmehr dem EU-Niveau angepasst wurde. Vorteilhaft für die Künstler ist die unionsweite Geltung des Anspruchs. Die zeitliche Dauer des Urheberrechtschutzes wurde jüngst von 50 (RL 2006/116, ABl. L 372/12) auf 70 Jahre (RL 2011/77, ABl. 265/1) verlängert. Grenzen für die Durchsetzung des nationalen Urheberrechts im Internet ergeben sich schließlich aus den einschlägigen europäischen Regeln (zu diesen Rz. 30; zur konkreten Problematik EuGH, Urteil vom 16.2.2012, Rs. C-360/10 „SABAM").

f) Rechtsdurchsetzung

Geistiges Eigentum ist besonders anfällig für Missachtung und bedarf daher besonderer Mechanismen 30
der Sicherung. Zur unionsweiten Rechtsdurchsetzung wurden daher mit der RL 2004/48 (ABl. L 157/45; *Metzger/Wurmnest* ZUM 2003, 922) besondere Vorgaben erlassen, wer wie welche Rechte vor Gericht durchsetzen können muss, einschließlich von Regelungen zu den Rechtsfolgen (Schadensersatz u. a.) und verfahrensrechtlichen Fragen (Auskunft, Beweis, einstweiliger Rechtsschutz) u. a. Jüngst wurden zudem dem HABM (Rz. 27) Aufgaben zwecks besserer Überwachung der Einhaltung der Regeln zum Schutz des geistigen Eigentums zugewiesen (VO 386/2012, ABl. L 129/1). Die besondere Kompetenz für die Schaffung einer europäischen Gerichtsbarkeit (Art. 262 AEUV) wurde bereits erwähnt; zur gerichtlichen Durchsetzung auch *Schoberth,* Die Gerichtsbarkeit bei Gemeinschaftsimmaterialgütern, 2008.

IV. Gesellschafts- und Unternehmensrecht

Literatur: Ausführliche Nachweise bei *Behrens,* Gesellschaftsrecht, in: Dauses (Hrsg.), HB EU-WirtschR, E III (2004) und *Habersack,* Europäisches Gesellschaftsrecht, 4. Aufl. 2011.

Baums/Cahn (Hrsg.), Die Umsetzung der Übernahmerichtlinie in Europa, 2006; *van Hulle/Gsell,* European Corporate Law, 2006; *Teichmann,* Reform des Gläubigerschutzes im Kapitalgesellschaftsrecht, NJW 2006, 2444; *Audretsch,* Die grenzüberschreitende Verschmelzung von Personengesellschaften, 2008; *Wojcik,* Die internationalen Rechnungslegungsregeln IAS/IFRS als europäisches Recht, 2008; *Müller-Graff,* Gesellschaftsrecht im Kontext des Europäischen Wirtschaftsordnungsrechts, EWS 2009, 489; *Müller-Graff/Teichmann* (Hrsg.), Europäisches Gesellschaftsrecht auf neuen Wegen, 2010; *Windbichler/Krolop,* Europäisches Gesellschaftsrecht, in: Riesenhuber (Hrsg.), Europäische Methodenlehre, § 19, 2. Aufl. 2010; *Grundmann,* Europäisches Gesellschaftsrecht, 2., Aufl. 2011; *Habersack,* Europäisches Gesellschaftsrecht, 4. Aufl. 2011; *Jahn,* Brüssel knüpft sich die Corporate Governance vor, AG 2011, 454; *Pohle,* Grenzenlos verschmelzen: die Richtlinie zur grenzüberschreitenden Verschmelzung von Kapitalgesellschaften, 2011; *Schall,* Deutscher Gläubigerschutz und Europarecht, NJW 2011, 3745; *Borg-Barthet,* The Governing Law of Companies in EU Law, 2012; *Kahnert,* Rechtsetzung im Europäischen Gesellschaftsrecht, 2012; *Klöhn,* Supranationale Rechtsformen und vertikaler Wettbewerb der Gesetzgeber im europäischen Gesellschaftsrecht, RabelsZ 2012, 276; *Lutter/Bayer/Schmidt,* Europäisches Unternehmens- und Kapitalmarktrecht, 5. Aufl. 2012; *Weber-Rey,* Corporate Governance in Europa: die Initiativen der EU-Kommission, 2012; *Weller,* Zukunftsfragen des Europäischen Unternehmensrechts, ZEuP 2012, 681; *Hopt,* Europäisches Übernahmerecht, 2013; *Schäfer,* Systemwettbewerb in der Europäischen Union: eine Fallstudie im Gesellschaftsrecht, 2013.

1. Grundfragen

31 Der Angleichung des Gesellschaftsrechts kommt vor allem zur Sicherung der **Wettbewerbsfähigkeit** und der **Mobilität** der **Unternehmen** im Binnenmarkt eine wichtige Rolle zu. Dementsprechend enthält Art. 50 Abs. 2 lit. g) AEUV die Befugnis zur Angleichung „der Schutzbestimmungen, die in den Mitgliedstaaten ... im Interesse der Gesellschafter sowie Dritter vorgeschrieben sind", und zwar allein mittels Richtlinien. Diese Bestimmung steht im Kontext der Niederlassungsfreiheit. Sie soll aber nicht nur die – nach der Judikatur des EuGH (Rz. 28/22ff.) schon kraft Primärrechts ohne Identitätswechsel mögliche – Niederlassung einer Gesellschaft in einem anderen MS, die grenzüberschreitende Verschmelzung von Gesellschaften oder die Gründung von Tochtergesellschaften in einem anderen MS erleichtern. Die Angleichung von Schutzvorschriften zugunsten von Dritten kann auch zur Vermeidung von Wettbewerbsverzerrungen beitragen. Diese waren bei grenzüberschreitender Betätigung von Unternehmen immer schon denkbar und sind nach der durch den EuGH eröffneten Möglichkeit des „Umzugs" einer Gesellschaft von einem MS in den anderen unter „Mitnahme" ihrer bisherigen Rechtsform auch bei Tätigkeit eines Unternehmens innerhalb eines MS möglich. Einer umfassenden Inanspruchnahme der erwähnten Angleichungskompetenz standen allerdings lange Zeit vor allem diametral **unterschiedliche Vorstellungen** in den MSen zur Ausgestaltung **einer Arbeitnehmermitbestimmung** entgegen, die erst in den letzten Jahren – durch komplexe Optionsmodelle – überwunden werden konnten (vgl. auch Rz. 29/17). Soweit auch der Kapitalmarkt betroffen ist, kommt auch Art. 114 AEUV als Rechtsgrundlage zur Anwendung.

Neben der Harmonisierung der nationalen Gesellschaftsformen stehen Bemühungen um **originäre europäische Rechtsformen,** die neben die bestehen bleibenden nationalen Rechtsformen treten (Rz. 34). Da es sich insoweit nicht um eine Harmonisierung der nationalen Rechtsordnungen handelt, bildet Art. 352 AEUV die Rechtsgrundlage (allgemein Rz. 32/31 f.).

32 Letztlich stellt sich im Gesellschaftsrecht ähnlich wie anderwärts die Grundfrage, inwieweit der hindernisfreie Binnenmarkt durch **Angleichung** der nationalen Rechtsnormen oder durch ihre gegenseitige EU-weite **Anerkennung** erreicht werden sollte.

Das vom EuGH unter Hinweis auf die Niederlassungsfreiheit der Gesellschaften durchgesetzte Anerkennungsprinzip hat zu einem **„Wettbewerb der Rechtsordnungen"** geführt, von dem man sich den Durchbruch der europäisch überlegenen Rechtsformen erhofft. So hat sich etwa die englische „limited" zunächst als einfach zu gründende Rechtsform in Deutschland sehr schnell neben der GmbH etabliert, damit aber auch Impulse zu deren Vereinfachung gegeben mit der Konsequenz, dass sich wegen der höheren Dauerkosten die „limited" in Deutschland wieder auf dem Rückzug befindet.

2. Gesellschaftsrechtliche Rechtsangleichung

Die Richtlinien zur Angleichung des nationalen Gesellschaftsrechts betreffen vor allem folgende Bereiche (vgl. Fundstellenverzeichnis des geltenden EU-Rechts 17.10): 33
- das **Grundkapital** von Aktiengesellschaften (RL 77/91, ABl. 26/1, Änderungen);
- die **Ein-Mann-GmbH** (RL 89/667, ABl. L 395/40, Änderungen);
- die **Publizität** von Gesellschaften, also die Verpflichtung zur Offenlegung bestimmter gesellschaftsrechtlicher Verhältnisse (RL 68/151, ABl. 65/8; Änderungen, sowie bezogen auf Zweigniederlassungen in einem anderen MS RL 89/666, ABl. 395/6);
- die **Rechnungslegung** von Gesellschaften (insbesondere RL 78/660, ABl. L 222/11, Änderungen; RL 83/349, ABl. 193/1, Änderungen); insoweit ist ergänzend auf die VO 1606/2002 (ABl. L 243/1, Änderungen) hinzuweisen, die die Anwendbarkeit internationaler Bilanzstandards im europäischen Bereich gewährleistet (und die KOM zur Anpassung dieser Standards an aktuelle Entwicklungen ermächtigt);
- **Verschmelzung** (heute RL 2011/35, ABl. L 110/1 sowie zur grenzüberschreitenden Verschmelzung RL 2005/56, ABl. L 310/1, und dazu *Pohle,* Grenzenlos verschmelzen: die Richtlinie zur grenzüberschreitenden Verschmelzung von Kapitalgesellschaften, 2011; zum Problem der Arbeitnehmermitbestimmung Rz. 29/17), **Übernahme** (RL 2004/25, ABl. L 142/12) und **Spaltung** (RL 82/891, ABl. L 378/47) von Gesellschaften, ferner zur **Offenlegung** von **Zweigniederlassungen** (RL 89/666, ABl. L 395/96);
- **Aktionärsrechte** in börsennotierten Gesellschaften (RL 2007/36, ABl. L 184/17).

Daneben erlässt die KOM verschiedentlich Empfehlungen mit Blick auf eine gute Unternehmensführung (**„Corporate Governance"**, etwa zur Vergütung von Vorstandsmitgliedern, ABl. 2004, L 385/55; *Maul/Laufermann,* BB 2004, 1861). Im Kontext vor allem des Kapitalmarktes steht die **Richtlinie 2004/25 betr. Übernahmeangebote** (ABl. L 142/12; *Wiesner,* ZIP 2004, 343); weitere RL regeln (auf der Grundlage des heutigen Art. 115 AEUV) die **Besteuerung** von Gesellschaften (RL 69/335, ABl. L 249/25, Änderungen; RL 90/434, ABl. L 225/1, Änderungen; RL 90/435, ABl. L 225/6).

3. Europäische Juristische Personen

Literatur: *Hommelhoff,* Die „Europäische Privatgesellschaft" am Beginn ihrer Normierung, 2008; *Eidenmüller/Engert/Hornuf,* Vom Wert der Wahlfreiheit: Eine empirische Analyse der Societas Europaea als Rechtsformalternative, AG 2009, 845; *Breit,* Societas Europaea (SE) und Societas Cooperativa Europaea (SCE), 2010; *Fleischer,* Supranational corporate forms in the European Union, CMLRev 2010, 1671; *Friebel,* Die Vorgesellschaft zu einer SCE, 2010; *Gößl,* Die Satzung der Europäischen Aktiengesellschaft (SE) mit Sitz in Deutschland, 2010; *Heilmeier,* Die Kapitalverfasssung der Europäischen Genossenschaft (SCE), EuZW 2010, 887; *Manz/Mayer/Schröder,* Europäische Aktiengesellschaft SE, 2. Aufl. 2010; *Meller,* Der institutionelle Gläubigerschutz in der Europäischen Privatgesellschaft, 2010; *Teichmann,* Die Societas Privata Europaea (SPE) als ausländische Tochtergesellschaft, RIW 2010, 120; *Maschke,* Gläubigerschutz im Recht der Societas Privata Europaea in seiner gesetzgeberischen Entwicklung, 2011; *Witten,* Minderheitenschutz bei Gründung und Sitzverlegung der Europäischen Aktiengesellschaft (SE), 2011; *Freudenberg,* Die SPE zwischen Krise und Gläubigerschutz, 2012; *Huizinga,* Die Machtbalance zwischen Verwaltung und Hauptverwaltung in der Europäischen Gesellschaft (SE), 2012; *Kraft/Redenius-Hövermann,* Zur Einführung einer gesetzlichen Geschlechterquote im Aufsichtsrat oder Verwaltungsrat einer SE, AG 2012, 28; *Hirte/Teichmann* (Hrsg.), The European Private Company – Societas Privata Europaea (SPE), 2013.

34 **Europäische Juristische Personen** können, ohne dass sich die Frage nach nationalen Schutzvorschriften stellt, europaweit agieren. Ihre Rechtsgrundlage bildet jeweils eine VO, ggf. ergänzt um ein nationales Ausführungsgesetz. Sie stehen in Konkurrenz zu den jeweiligen nationalen Formen des Gesellschaftsrechts, die nach der Rechtsprechung des EuGH faktisch auch grenzüberschreitend frei gewählt werden können (Rz. 28/22ff.), gewinnen aber trotzdem zunehmend an Zuspruch. Rechtsgrundlage für die VOen ist jeweils der heutige Art. 352 AEUV (Rz. 31).

Die durch die VO 2137/85 (ABl. 1985, L 199/1) geschaffene **Europäische wirtschaftliche Interessenvereinigung (EWIV)** stellt eine Art **„Arbeitsgemeinschaft"** für Unternehmen und Personen aus mehreren MSen dar, die grenzüberschreitend tätig sind.

Die **Europäische Gesellschaft (SE)** wurde durch die VO 2157/2001 (ABl. L 294/1) geschaffen (ergänzt durch nationale Umsetzungsgesetze, in D SEEG, BGBl. 2004 I, 3675). Die SE stellt eine Aktiengesellschaft dar. Mit Blick auf die Leitungsorgane stehen optional das (deutsche) dualistische System (Vorstand/Aufsichtsrat) und das (angelsächsisch inspirierte) einstufige Model („Verwaltungsrat") zur Verfügung. Aus deutscher Sicht ist sie nicht zuletzt wegen ihrer Flexibilität in Mitbestimmungsfragen attraktiv (dazu Rz. 29/17).

Die **Europäische Genossenschaft (SCE)** wurde durch die VO 1435/2004 (ABl. L 207/1) i. V. m. der „Mitbestimmungs-RL" 2003/72 (ABl. L 207/25; *Mahi,* DB 2004, 967) geschaffen. Hiermit wird den rund 300 000 genossenschaftlich organisierten Unternehmen in der EU (z. B. im Agrarbereich) eine europäische Rechtsform angeboten.

Schließlich hat die KOM einen – sehr offen formulierten – Vorschlag für eine **europäische Privatgesellschaft (SPE)** unterbreitet (KOM (2008) 396 endg.). Damit soll eine körperschaftlich verfasste, nicht kapitalmarktfähige Kapitalgesellschaft gegründet werden können. Während viele Mitgliedstaaten dem aufgeschlossen gegenüberstehen, wird der Vorschlag in Deutschland aus Sorge um Mitbestimmung und Steuereinnahmen eher zurückhaltend beurteilt. Ggf. werden andere Mitgliedstaaten den Vorschlag im Rahmen der verstärkten Zusammenarbeit (Art. 326ff. AEUV) beschließen mit der Folge, dass Deutschland diese Gesellschaften dennoch anerkennen müsste.

V. Prozess- und Kollisionsrecht

Literatur: Zusammenstellungen der Literatur bei *Hess,* in: Grabitz/Hilf/Nettesheim (Hrsg.), Das Recht der Europäischen Union, Art. 81 AEUV (2011).

Kohler, Der europäische Justizraum für Zivilsachen und das Gemeinschaftskollisionsrecht, IPRax 2003, 401; *Gottwald,* Perspektiven der justiziellen Zusammenarbeit in Zivilsachen in der EU, 2004; *Wagner,* Zur Vereinheitlichung des Internationalen Privat- und Zivilverfahrensrechts acht Jahre nach Inkrafttreten des Amsterdamer Vertrages, EuZW 2007, 626; *Rauscher* (Hrsg.), Europäisches Zivilprozess- und Kollisionsrecht, 4 Bände, 2010/2011.

35 Elementarer Bestandteil eines funktionsfähigen Binnenmarkts ist die Möglichkeit, grenzüberschreitend wirksamen Rechtsschutz zu erlangen und entsprechende Titel vollstrecken zu können. Dementsprechend gehört zum **„Raum des Rechts"** innerhalb des RFSR „die justizielle Zusammenarbeit in Zivilsachen mit grenzüberschreitenden Bezügen" (Art. 81 AEUV). Im ordentlichen Gesetzgebungsverfahren können Maßnahmen vor allem in den Bereichen des **Verfahrens- und des Kollisionsrechts** mit im Einzelnen näher definierter, abschließend vorgegebener Zielsetzung beschlossen werden. Die einschlägige Kompetenz ermächtigt zur Rechtsangleichung und stellt daher eine lex specialis im Verhältnis zu Art. 114 AEUV dar (Rz. 32/20). Voraussetzung ist allerdings, dass es um eine Koordination nationaler Verfahren geht. Im Übrigen können bereichsspezifische prozessrechtliche Regelungen auch auf die insoweit einschlägige Kompetenz gestützt werden (zum Wettbewerbsrecht Rz. 20/51; zum Verbraucherschutz und damit zu Art. 114 AEUV Rz. 9). Insbesondere in diesen beiden

Bereichen sollen nicht zuletzt **kollektive Mechanismen der Rechtsdurchsetzung** geschaffen werden (dazu *Brömmelmeyer* (Hrsg.), Die EU-Sammelklage). Im Juli 2013 hat die Kommission eine Empfehlung zu kollektiven Unterlassungs- und Schadensverfahren bei Verletzung von unionsrechtlich garantierten Rechten (2013/396; ABl. L 201/60) beschlossen (dazu *Deutlmoser,* Die Büchse der Pandora: kollektiver Rechtsschutz in Europa, EuZW 2013, 652).

Für den RFSR ist Grundprämisse das gegenseitige Vertrauen der Mitgliedstaaten in die Leistungsfähigkeit des Rechts- und Gerichtssystems (EuGHE 2003, I-14693, Rs. C-116/02 „Gasser"; zur Problematik bereits in Rz. 32/6). Nach Maßgabe von Art. 216 AEUV (Rz. 38/16) bestehen ggf. auch im Bereich der justiziellen Zusammenarbeit entsprechende Außenzuständigkeiten (vgl. auch EuGHE 2006, I-1145, Gutachten 1/2003). Für das vor Inkrafttreten des Vertrages von Lissabon beschlossene Recht ist die fünfjährige Übergangsfrist mit Blick auf die früheren Sonderregeln zu gerichtlichen Verfahren (Art. 68 EGV; Rz. 32/27) zu beachten. Ergänzend zu den einzelnen Rechtsakten ist auf das 2001 geschaffene „Europäische Justizielle Netz für Zivil- und Handelssachen" hinzuweisen, in dessen Rahmen anderweitig nicht geregelte Probleme bei Verfahren mit grenzüberschreitenden Bezügen informell bewältigt werden können (E 2001/470, ABl. L 174/25).

1. Verfahrensrecht

Literatur: Schifttumsnachweise bei *Heß,* Europäisches Zivilprozessrecht, 2010; *Kreutzer/Wagner,* Europäisches Internationales Zivilverfahrensrecht, in: Dauses (Hrsg.), HB EU-WirtschR Q (2007).

Grundsätzliches: *Koch,* Einführung in das europäische Zivilprozessrecht, JuS 2003, 105; *Wannemacher,* Die Außenkompetenzen der EG im Bereich des Internationalen Zivilverfahrensrechts, 2003; *Stadler,* Das Europäische Zivilprozessrecht, IPRax 2004, 2; *Heinze,* Europäisches Primärrecht und Zivilprozess, EuR 2008, 654; *Sujecki,* Vereinheitlichung des Erkenntnisverfahrens in Europa, EWS 2008, 323; *Tulibacka,* Europeanization of civil procedures: in search of a coherent approach, CMLRev 2009, 1527; *Kengyel/Harsági* (Hrsg.), Der Einfluss des Europäischen Zivilverfahrensrechts auf die nationalen Rechtsordnungen, 2009; *Adolphsen,* Europäisches Zivilverfahrensrecht, 2010; *Hein/Kropholler,* Europäisches Zivilprozessrecht: Kommentar, 9. Aufl. 2010; *Heß,* Europäisches Zivilprozessrecht, 2010; *Binder,* Kollision von Prinzipien im Europäischen Zivilverfahrensrecht, 2011; *Netzer,* Status quo und Konsolidierung des Europäischen Zivilverfahrensrechts, 2011; *Leible/Terhechte* (Hrsg.), Europäisches Rechtsschutz- und Verfahrensrecht, EnzEuR III, 2014, §§ 14 – 29.

Zur EuGVVO: *Sepperer,* Der Rechtskrafteinwand in den Mitgliedstaaten der EuGVO, 2010; *Kengyel/Harsági* (Hrsg.), Grenzüberschreitende Vollstreckung in der Europäischen Union, 2011; *Netzer,* Status quo und Konsolidierung des Europäischen Zivilverfahrensrechts: Vorschlag zum Erlass einer EuZPO, 2011; *Sujecki,* Grenzüberschreitende Kontenpfändung in der EU, EWS 2011, 414; *Althammer,* Streitgegenstand und Interesse, 2012; *Becker,* Der einstweilige Rechtsschutz in der EuGVVO, 2012; *Magnus/Mankowski* (Hrsg.), Brussels I Regulation, 2. Aufl. 2012; *Simons/Hausmann* (Hrsg.), unalex Kommentar Brüssel I-Verordnung, 2012; *Peiffer,* Grenzüberschreitende Titelgeltung in der Europäischen Union, 2012.

Zum Insolvenzrecht: *Moss* u. a., The EC Regulation on Insolvency Proceedings, Komm. 2002; *Ehricke/Ries,* Die neue europäische Insolvenz-VO, JuS 2003, 313; *Pannen,* Europäische Insolvenzordnung, 2007; *Smid,* Europäisches Insolvenzrecht, 2009; *Steffek,* Insolvenzgründe in Europa, KTS 2009, 317; *Kindler/Nachmann* (Hrsg.), Handbuch Insolvenzrecht in Europa, Lsblslg.; *Kourouvani,* Autonome Auslegung des Art. 3 Abs. 1 Satz 2 EuInsVO, 2010; *Bode,* Möglichkeiten und Grenzen der Wahl des Insolvenzstatuts im Rahmen der EuInsVO, 2011; *Reuß,* Europäisches Insolvenzrecht 3.0 oder doch nur Version 1.1?, EuZW 2013, 165; *Paulus,* Europäische Insolvenzordnung, 4. Aufl. 2013; *Wyen,* Rechtswahlfreiheit im europäischen Insolvenzrecht, 2013.

Die heutigen Regelungen gehen im Kern zurück auf das zunächst völkerrechtliche **Europäische Gerichtsstands- und Vollstreckungsübereinkommen** von 1968 (EuGVÜ). Ein Zusatzprotokoll sah die Befugnis 36 zur Auslegung durch den EuGH auf Vorlage von nationalen Gerichten vor; dementsprechend gibt es insoweit eine umfangreiche Rechtsprechung. Da es damals allein um die Sicherung des Wirtschaftsverkehrs im Gemeinsamen Markt ging, wurden zunächst insbesondere das (besonders stark von nationalen Traditionen geprägte) Familien- und das Erbrecht ausgenommen (vgl. aber heute Rz. 42).

37 Das EuGVÜ wurde im Jahre 2001 durch die VO 44/2001 (ABl. L 12/1) über die gerichtliche Zuständigkeit und die Anerkennung und Vollstreckung von Entscheidungen in Zivil- und Handelssachen – EuGVVO; siehe ergänzend das deutsche AusführungsG – abgelöst. Die EuGVVO regelt im Rahmen ihres in Art. 1 definierten Anwendungsbereiches (Zivil- und Handelssachen, mit verschiedenen Ausnahmen) **Zuständigkeiten für gerichtliche Klagen,** die gegen eine Person, die ihren Wohnsitz in einem Mitgliedstaat hat, in einem anderen Mitgliedstaat erhoben werden (Art. 3); außerdem werden bestimmte ausschließliche Gerichtsstände definiert (Art. 22). Die in einem Mitgliedstaat ergangenen **Entscheidungen** werden ohne besonderes Verfahren in den anderen Mitgliedstaaten **anerkannt** (Art. 33); zur Frage der damit verbundenen Reichweite der Rechtskraft siehe EuGH, Urteil vom 15.11.2012, Rs. C-456/11 „Gothaer Allgemeine Versicherung AG", und dazu *Bach,* Deine Rechtskraft? Meine Rechtskraft, EuZW 2013, 56. Ein Vorbehalt besteht insoweit insbesondere zugunsten des nationalen ordre public (Art. 34 Nr. 1), dessen Grenzen allerdings letztverbindlich vom EuGH definiert werden (siehe etwa EuGHE 2000, I-1935, Rs. C-7/98 „Krombach" zur Notwendigkeit der Gewährung rechtlichen Gehörs; zu den Grenzen des ordre public bei Versäumnisverfahren EuGH, Urteil vom 6.9.2012, Rs. C-619/10 „Trade Agency"); Zuständigkeitsvorschriften sind allerdings aus dem Anwendungsbereich dieser Norm ausdrücklich ausgenommen. Diese Ausnahme ist auch mit Blick auf die EMRK zu rechtfertigen, selbst wenn bei der Definition des ordre public Menschenrechte eine wichtige Rolle spielen, kann doch bereits das Ersturteil in Straßburg angegriffen werden.

Jüngst wurde eine Neufassung der EuGVVO beschlossen, die aber erst 2015 in Kraft tritt (VO 1215/1212, ABl. L 351/1; dazu *Cadet,* Main features of the revised Brussels I Regulation, EuZW 2013, 218; *v. Hein,* Die Neufassung der Europäischen Gerichtsstands- und Vollstreckungsverordnung, RIW 2013, 97; *Nielsen,* The new Brussels I Regulation, CMLRev 2013, 503; *Pohl,* Die Neufassung der EuGVVO, IPRax 2013, 122). Danach entfällt insbesondere das bisher noch erforderliche Exequatur, also die inländische Anerkennungsentscheidung als Voraussetzung einer Vollstreckung. Der ordre-public-Vorbehalt bleibt jedoch.

Mit Blick auf die EFTA-Staaten wurde in Ablösung des **Luganer Abkommens 1988** zwischen der EU und Island, Norwegen, der Schweiz, aber auch dem an der Justizkooperation nicht beteiligten Dänemark ein im Kern identisches Abkommen geschlossen, das auch Drittstaaten offen steht (Abkommen vom 30.10.2007, ABl. 2009, L 147/5), und mit dem die Vertragsstaaten in den europäischen Urteilsverkehr einbezogen werden.

38 Weiterhin ist die VO 1346/2000 über **Insolvenzverfahren** (ABl. L 160/1) hervorzuheben, die insbesondere die **internationale Zuständigkeit** für die Durchführung von Insolvenzverfahren (im Staat, in dem der Mittelpunkt der hauptsächlichen Interessen des Schuldners liegt, Art. 3) und das auf solche Verfahren anwendbare Recht (nämlich das an diesem Ort geltende Recht, Art. 4) regelt. Es enthält gleichfalls eine ordre public-Klausel (Art. 26). Die Kommission hat jüngst einen Änderungsvorschlag vorgelegt (KOM (2012) 744 endg. vom 12.12.2012), der insbesondere das Ziel einer besseren Sicherung der Existenz leis-

tungsfähiger Unternehmen sichert (Einbeziehung entsprechender Verfahren in den Anwendungsbereich der VO, Koordinierung vom Verfahren bei Unternehmensgruppen; dazu *Thole/Swierczok,* Der Kommissionsvorschlag zur Reform der EuInsVO, ZIP 2013, 550).

Daneben bestehen zahlreiche Richtlinien und Verordnungen zu weiteren Einzelheiten grenzüberschreitender Prozessführung. Einige sollen den **Zugang zur Justiz** eines anderen Staates erleichtern (Art. 67 Abs. 4 AEUV; konkret VO 1393/2007, ABl. L 324/79, zu grenzüberschreitenden Zustellungen; das dort vorgesehene Instrumentarium muss, obwohl dies dort nicht ausdrücklich vorgesehen ist, immer genutzt werden, wenn der Beklagte weder im Inland wohnt noch dort einen Bevollmächtigten bestellt hat; dazu EuGH, Urteil vom 19.12.2012, Rs. C-325/11 „Alder" unter Hinweis auf Art. 47 GrCh; siehe für D ergänzend §§ 1067 ff. ZPO; RL 2003/08, ABl. L 26/41 zur Prozesskostenhilfe; siehe für D ergänzend §§ 1076ff. ZPO; und RL 2008/52, ABl. L 163/3 zu Mediationsverfahren; dazu *Eidenmüller/Prause,* NJW 2008, 2737; *Sujecki,* EuZW 2010, 7). Andere betreffen die Durchführung **grenzüberschreitender Prozesse** (zur Beweiserhebung VO 1206/2001, ABl. L 174/1, siehe ergänzend für D §§ 1072ff. ZPO; dazu *A. Müller,* Grenzüberschreitende Beweisaufnahme im Europäischen Justizraum, 2004; zu Mahnverfahren VO 1896/2006, ABl. L 399/1; dazu *Pernfuß,* Die Effizienz des europäischen Mahnverfahrens, 2009; *Fabian,* Die Europäische Mahnverfahrensordnung im Kontext der Europäisierung des Prozessrechts, 2010; zur Geltendmachung geringfügiger Forderungen (= maximal 2000 €) VO 861/2007, ABl. L 199/1; dazu *Jahn,* NJW 2007, 2890; *Saltern,* MDR 2009, 244) oder die **grenzüberschreitende Durchsetzung** entsprechender Entscheidungen (VO 805/2004, ABl. L 143/15 zum Vollstreckungstitel bei unbestrittenen Forderungen; siehe für D ergänzend §§ 1079ff. ZPO; dazu *Röthel/Sparmann,* WM 2006, 2285; *v. Bernstorff,* RIW 2008, 548); zu Einzelheiten siehe das Fundstellenverzeichnis des geltenden EU-Rechts, Ziff. 19.20.

Soweit es nicht um abschließend von Art. 81 AEUV erfasste speziell grenzüberschreitende Sachverhalte geht, können auch auf der Grundlage sonstiger Kompetenzen prozessrechtliche Regelungen erlassen werden, etwa zur kollektiven Rechtsdurchsetzung z. B. im Wettbewerbs- (Rz. 20/51) und im Verbraucherrecht (Rz. 18) (dazu etwa *Bruns* und *Domej,* Kollektiver Rechtsschutz in Europa, ZZP 2012, 399 bzw. 421).

2. Kollisionsrecht

Literatur: *Junker,* Die Rom II-Verordnung, Neues Internationales Deliktsrecht auf europäischer Grundlage, NJW 2007, 3675; *Thoma,* Die Europäisierung und die Vergemeinschaftung des nationalen ordre public, 2007; *Lando/Nielsen,* The Rome I Regulation, CMLRev 2008, 1687; *Wagner,* Die neue Rom II-Verordnung, IPRax 2008, 1; *Ferrari/Leible* (Hrsg.), The Law Applicable to Contractual Obligations in Europe, 2009; *Kadner Graziano,* Das auf außervertragliche Schuldverhältnisse anzuwendende Recht nach Inkrafttreten der Rom II-Verordnung, RabelsZ 2009, 1; *Leible,* Rom I und Rom II: Neue Perspektiven im europäischen Kollisionsrecht, 2009; *Stone,* EU Private International Law, 2. Aufl. 2010; *G.-P. Calliess* (Hrsg.), Rome Regulations, 2011; *Huber* (Hrsg.), Rome II regulation, 2011; *Mankowski,* Interessenpolitik und europäisches Kollisionsrecht, 2011; *Roth,* Europäische Kollisionsrechtsvereinheitlichung, EWS 2011, 314; *Fornasier,* „28." versus „2. Regime" – Kollisionsrechtliche Aspekte eines optionalen europäischen Vertragsrechts, RabelsZ 2012, 401; *Hauser,* Eingriffsnormen in der Rom I-Verordnung, 2012; *v. Kieninger/Remien* (Hrsg.), Europäische Kollisionsrechtsvereinheitlichung, 2012; *Leible,* Kollisionsrecht und vertikaler Regulierungswettbewerb, RabelsZ 2012, 374; *Kroll-Ludwigs,* Die Rolle der Parteiautonomie im europäischen Kollisionsrecht, 2012; *Nehne,* Methodik und allgemeine Lehren des europäischen Internationalen Privatrechts, 2012.

In vielen Bereichen des Privatrechts ist auf längere Sicht eine Harmonisierung des materiellen Rechts schwer zu erreichen und auch in der Sache zweifelhaft. Zugleich liegt es aber im Interesse der Betroffen, aber auch der Rechtssicherheit insgesamt, dass gerichtliche Entscheidungen zu vergleichbaren Problemen auch vergleichbar ausfallen; anderenfalls drohende **hinkende Rechtsverhältnisse** sollen **vermieden** werden. Hier bietet sich als Ausweg die Angleichung der nationalen Kollisionsrechte auf europäischer Ebene an. Hinzu kommt, dass auch die Grundfreiheiten des AEUV (dazu *Basedow,* RabelsZ 1995, 1) sowie die Unionsbürgerschaft (etwa EuGHE 2008, I-7639, Rs. C-353/06 „Grunkin und Paul"; dazu Rz. 16/22) – in zum Teil nicht unproblemati- 39 scher Weise – vom EuGH als kollisionsrechtliche Normen fruchtbar gemacht werden, aber eben diese Wirkung nur im Einzelfall entfalten können. Auch insoweit vermag eine Harmonisierung des Kollisionsrechts einen wichtigen Beitrag zur Rechtssicherheit zu leisten (Art. 81 Abs. 2 lit. c) AEUV).

40 Bei der inhaltlichen Ausgestaltung stehen seit langem die weltweit ausgerichteten Arbeiten der **Haager Konferenz für IPR** Pate. Auf europäischer Ebene hat man auch hier zunächst den völkerrechtlichen Weg eingeschlagen mit dem 1980 unterzeichneten Übereinkommen über das auf **vertragliche Schuldverhältnisse** anwendbare Recht (**EVÜ** oder **„Rom I"**). Es wurde mittlerweile durch eine entsprechende VO abgelöst (VO 593/2008, ABl. L 177/6). Bereits ein Jahr zuvor wurde eine VO für den Bereich der **außervertraglichen Schuldverhältnisse** verabschiedet (VO 864/2007, ABl. L 199/40, **„Rom II"**). Damit ist im Bereich des gesamten Schuldrechts das IPR für den Unionsbereich harmonisiert. Beide enthalten einen ordre-public-Vorbehalt. Schon zwischen den Mitgliedstaaten kennt das wechselseitige Vertrauen noch Grenzen, und im Verhältnis zu Drittstaaten ist der Vorbehalt ohnehin unverzichtbar. Wie immer bei der Rechtsharmonisierung werfen schwierige Fragen die allgemeinen Aspekte eines Rechtsgebietes auf, im Bereich des IPR also etwa die Probleme von Qualifikation und Renvoi. Diese sind nur teilweise geregelt, und für die im Übrigen erforderliche Auslegung stehen selten klare Kriterien bereit.

41 Soweit eine Beteiligung der EU an einem **internationalen Abkommen** nicht möglich ist, weil dies keine Beteiligung von Organisationen vorsieht, werden die Mitgliedstaaten zur Ratifikation ermächtigt. Für den Abschluss von Verträgen mit Drittstaaten hat die EU mittlerweile spezifische Verfahren entwickelt (VO 2009/662, ABl. L 200/25 für den Anwendungsbereich der Rom I- und Rom II-VO).

3. Familien- und Erbrecht

Literatur: *Coester-Waltjen/Lipp/Schumann/Veit,* Europäisches Unterhaltsrecht, 2010; *Dethloff/Hauschild,* Familienrecht im Rahmen der justiziellen Zusammenarbeit, FPR 2010, 489; *Tödter,* Europäisches Kindschaftsrecht, 2010; *Altmeyer,* Vereinheitlichung des Erbrechts in Europa, ZEuS 2010, 475; *Bartl,* Die neuen Rechtsinstrumente zum IPR des Unterhaltsrechts auf internationaler und europäischer Ebene, 2012; *Gruber,* Scheidung auf Europäisch – die Rom III-Verordnung, IPRax 2012, 381; *Schauer/Scheuba* (Hrsg.), Europäische Erbrechtsverordnung, 2012; *Sonnentag,* Das Europäische Internationale Erbrecht im Spannungsfeld zwischen der Anknüpfung an die Staatsangehörigkeit und den gewöhnlichen Aufenthalt, EWS 2012, 457; *Süß/Ring* (Hrsg.), Eherecht in Europa, 2012; *Stürner,* Die Rom III-VO – ein neues Scheidungskollisionsrecht, JURA 2012, 708; *Wilke,* Das internationale Erbrecht nach der neuen EU-Erbrechtsverordnung, RIW 2012, 601; *Winkler-v. Mohrenfels,* Die Rom III-VO und die Parteiautonomie, FS v. Hoffmann, 2012, 527; *Britz,* Grundrechtsschutz in der justiziellen Zusammenarbeit, JZ 2013, 105; *Dutta,* Das neue internationale Erbrecht der Europäischen Union, FamRZ 2013, 4; *Gade,* Die Rom III-Verordnung, JuS 2013, 779; *Hau,* Zur Durchführung der Rom III-Verordnung in Deutschland, FamRZ 2013, 249; *Hager* (Hrsg.), Die neue europäische Erbrechtsverordnung, 2013; *Hausmann,* Internationales und Europäisches EhescheidungsR, 2013; *Müller-Lukoschek,* Die neue Erbrechtsverordnung, 2013.

42 Traditionell war das besonders eng mit nationalen Traditionen verbundene Familien- und Erbrecht von den europäischen prozess- und kollisionsrechtlichen Regelwerken ausgenommen. Die zunehmende **Mobilität von Personen** hat insoweit zu einer gewissen Änderung geführt. Allerdings unterliegt das **Familienrecht** im Rat einstimmiger Entscheidung, und an der Inanspruchnahme der entsprechenden Brückenklausel zur Überleitung in das ordentliche Gesetzgebungsverfahren sind auch die nationalen Parlamente zu beteiligen (Art. 81 Abs. 3 AEUV). Das BVerfG hat in seinem Lissabon-Urteil zudem die grundsätzliche Gestaltungsbefugnis des deutschen Gesetzgebers in diesem Bereich zur verfassungsrechtlichen Identität Deutschlands gerechnet (BVerfGE 123, 267). Etliche Rechtsakte verbinden dabei Verfahrens- und Kollisionsrecht. In inhaltlicher Anlehnung an die EuGVVO wurde eine VO für die gerichtliche Anerkennung und Vollstreckung von Entscheidungen in **Ehescheidungs- und bestimmten Familiensachen (elterliche**

Verantwortung) verabschiedet („Brüssel IIa", VO 2201/2003, ABl. L 338/1). Die danach vorgesehene wechselseitige Anerkennung gerichtlicher Entscheidungen steht grundsätzlich unter einem ordre public-Vorbehalt (Art. 22f.). Anderes gilt nur bei Entscheidungen zu Umgangsrecht und Kindesrückführungen nach Entführungen (Art. 41ff.). Dies impliziert eine intensive Grundrechtsprüfung des Ausgangsgerichts (dazu EGMR, Urteil 14737/09 vom 12.7.2011 „Šneersone"). Die Annahme des EuGH, dass eine Anerkennung auch im Fall vorgeblicher Grundrechtsverletzungen verpflichtend sei, weil auch diese vom Ausgangsgericht geprüft würden (dazu noch EuGHE 2010, I-14247, Rs. C-491/10 PPU „Aguirre Zaraga"), wird allerdings vom EGMR nicht ohne weiteres geteilt (vgl. Urteil 41615/07 vom 6.7.2010 „Neulinger"). Für das **Scheidungsrecht** wurden im Wege der verstärkten Zusammenarbeit nach Art. 326ff. AEUV kollisionsrechtliche Regeln erlassen, die scheidungswilligen Ehepartnern insbesondere die Option eröffnen, in bestimmten Grenzen das Scheidungsstatut wählen zu können (VO 1259/2010, ABl. 2010 L 343/10, **„Rom III"**). Regelungen zum Verfahrens- und zum Kollisionsrecht finden sich zu **Unterhaltssachen** in der VO 4/2009 (ABl. L 2009/1), die nur einen partiellen ordre public-Vorbehalt enthält. In der Diskussion befinden sich Vorschläge zum ehelichen Güterrecht (KOM (2011) 126 endg.) und zum Güterrecht eingetragener Partnerschaften (KOM (2011) 127 endg.); in Aussicht genommen wird eine Regelung zu Personenstandsurkunden.

Die 2012 (für Erbfälle ab 2015) beschlossene **Erbrechtsverordnung** 650/2012 (ABl. L 201/107; dazu *Simon/Buschbaum,* NJW 2012, 2393) enthält gleichfalls kollisions- und verfahrensrechtliche Regelungen. Im ersten Punkt wird maßgeblich auf den **Wohnsitz** abgestellt. Verfahrensrechtlich sieht die VO insbesondere ein europäisches Nachlasszeugnis vor (Art. 62ff.; einem Erbschein vergleichbar).

Zur Beteiligung der EU-Mitgliedstaaten an **internationalen Übereinkommen** (vgl. Rz. 41) siehe etwa zum kindschaftsrechtlichen Haager Übereinkommen vom 19.10.1996 die Ratsbeschlüsse 2003/93, ABl. L 48/3 sowie 2008/431, ABl. L 151/36; zum Haager Abkommen vom 23.11.2007 zu Unterhaltsansprüchen den Ratsbeschluss 201/220, ABl. L 93/9); zum Abschluss von Verträgen mit Drittstaaten siehe VO 2009/664 (ABl. 200/46) für den Anwendungsbereich der genannten familienrechtlichen VOen.

VI. Ausblick

Dass es in einer Wirtschaftsunion **angeglichenes Wirtschaftsrecht** geben muss, wirft 43
keine prinzipiellen Probleme auf; gleiches gilt für die Sicherung des **grenzüberschreitenden Justizverkehrs** im Rahmen des Kollisions- und des Prozessrechts. Schwierigkeiten entstehen zum einen dort, wo **politisch sensible Bereiche** berührt werden wie im Kontext des Gesellschaftsrechts die Mitwirkungsrechte der Arbeitnehmer (Mitbestimmung) oder beim geistigen Eigentum die Sprachenfrage. Zum anderen treten besondere Probleme auf, soweit über das Verbraucherrecht jedermann und damit das allgemeine Zivilrecht angesprochen werden. Formal tritt hier die im Lichte des Grundsatzes der begrenzten **Einzelermächtigung** naheliegende stark ziel- und schutzorientierte, **bereichsspezifische Ansätze** verfolgende europäische Harmonisierung in einen gewissen **Gegensatz** zur klassischen Idee des Interessen ausgleichenden und umfassend **systematisierten und kodifizierten Zivilrechts.**

§ 37. Zur Europäisierung des Strafrechts

Literatur: Zusammenstellungen der Literatur bei *Vogel,* in: Grabitz/Hilf/Nettesheim (Hrsg.), Das Recht der Europäischen Union, Art. 82 AEUV (2011).

Zimmermann, Die Auslegung künftiger EU-Strafrechtskompetenzen nach dem Lissabon-Urteil des Bundesverfassungsgerichts, JURA 2009, 844; *Beukelmann,* Die neue strafrechtliche Ordnung nach dem Vertrag von Lissabon, NJW 2010, 2081; *Satzger,* Internationales und europäisches Strafrecht, 4. Aufl. 2010; *Landau,* Strafrecht nach Lissabon, NStZ 2011, 537; *Sieber/Brüner/Satzger/v. Heintschel-Heinegg* (Hrsg.), Europäisches Strafrecht, 2011; *Banach-Gutierrez,* The Emergent EU Criminal Policy, ELR 2012, 758;

Heger, Rechtsraum Europa – Zur Anpassung der Rechtssysteme im Strafrecht, RuP 2012, 88; *Giudicell-Delage/Lazerges,* Le droit pénal de l'Union européenne, 2012; *Marguery,* The Protection of Fundamental Rights in European Criminal Law after Lisbon, ELR 2012, 444; *Zeder,* Europastrafrecht, Vertrag von Lissabon und Stockholmer Programm: Mehr Grundrechtsschutz? EuR 2012, 34; *Böse* (Hrsg.), Europäisches Strafrecht, EnzEuR IX, 2013; *ders.,* Internationales und Europäisches Strafrecht, 2013; *Dorra,* Strafrechtliche Legislativkompetenzen der Europäischen Union im Post-Nizza-Prozess, 2013; *Hecker,* Europäisches Strafrecht, 4. Aufl. 2013; *Kainer,* Strafrecht im Raum der Freiheit, der Sicherheit und des Rechts, in: Müller-Graff/Schwarze (Hrsg.), XXV. FIDE-Kongress, 2013, 87.

I. Grundlagen der Europäisierung des Strafrechts

1 Das Strafrecht ist als **Kernelement staatlicher Souveränität** lange Zeit von der europäischen Integration unberührt geblieben, sieht man einmal von den Einwirkungen von Art. 5, 6 und 7 EMRK auf das Strafverfahren ab (Rz. 17/82ff.); das BVerfG hat diesen Bereich mit (überdehntem) Hinweis auf das Demokratieprinzip sogar als „im Grundsatz integrationsfest" bezeichnet (BVerfGE 123, 267). Tatsächlich aber wäre der RFSR sinnentleert, wenn die Strafverfolgung in jedem Staat nur den eigenen Verantwortungsbereich im Auge hätte und damit Straftäter je nach Lage bei begangenen Taten in mehreren Staaten neu mit Verfolgung zu rechnen hätten oder umgekehrt andernorts vor Verfolgung sicher wären.

Ausdrückliche strafrechtliche Kompetenzen wurden nach ersten Ansätzen im Vertrag von Maastricht mit dem Vertrag von Amsterdam geschaffen, einerseits zum **Schutz vor Betrügereien zu Lasten der Union** (heute Art. 325 AEUV), andererseits im Rahmen des **RFSR** in Art. 31 EUV a. F., also außerhalb des Gemeinschaftsrechts. Daneben hatte der EuGH zu Recht herausgearbeitet, dass auch **allgemeine Kompetenznormen** des EGV wie z. B. der heutige Art. 192 AEUV für den Umweltschutz die Befugnis einschließen, die Mitgliedstaaten zur Schaffung von strafrechtlichen Sanktionen zu verpflichten; das Strafrecht stellte insoweit keine Bereichsausnahme von diesen Kompetenzen dar. Erst zur Regelung spezifisch strafrechtlicher Fragen wie Art und Maß von Sanktionen sei ein Rückgriff auf Art. 31 EUV a. F. erforderlich (EuGHE 2005, I-7879, Rs. C-176/03 „KOM/Rat"; EuGHE 2007, I-9097, Rs. C-440/05 „KOM/Rat"). In der Konsequenz wurde etwa zum **strafrechtlichen Schutz der Umwelt** eine RL an Stelle des zuvor vom EuGH für nichtig erklärten entsprechenden Rahmenbeschlusses verabschiedet (RL 2008/99, ABl. L 328/28; vgl. auch Rz. 6).

2 Mit dem Vertrag von Lissabon wurden die Befugnisse der Union im Strafrecht **grundlegend neu geregelt** und als Teil der Regelungen zum RFSR (Rz. 32/20ff.) im Grundsatz den allgemeinen Strukturen des Unionsrechts angepasst (Art. 82ff. AEUV). Sieht allerdings ein Mitgliedstaat „grundlegende Aspekte" seiner Strafrechtsordnung berührt, kann er eine Aussetzung des entsprechenden europäischen Gesetzgebungsverfahrens verlangen. Das BVerfG verlangt für Deutschland, dass von diesem sog. **„Notbremsemechanismus"** auf Verlangen des Bundestages Gebrauch gemacht wird (BVerfGE 123, 276 und jetzt § 9 IntVG). Wird in einem solchen Falle kein Einvernehmen im Europäischen Rat erzielt, können aber mindestens neun Staaten eine verstärkte Zusammenarbeit nach Art. 20 EUV und Art. 326ff. AEUV (Rz. 11/18ff.) begründen (Art. 82 und 83, jeweils Abs. 3 AEUV). Für das vor Inkrafttreten des Vertrages von Lissabon beschlossene Recht ist schließlich die bis zum 30.11.2014 währende Übergangsfrist mit Blick auf die früheren Sonderregeln zu gerichtlichen Verfahren (Art. 35 EUV) zu beachten. Die Kommission hat zu ihrer Unterstützung eine Expertengruppe für die EU-Strafrechtspolitik eingesetzt (ABl. 2012, C 53/9). Grundprämisse aller Regelungen ist wie beim Zivilrecht (Rz. 36/35) das wechselseitige Vertrauen der Mitgliedstaaten in die Leistungsfähigkeit des jeweiligen Rechts- und

Gerichtssystems (EuGHE 2003, I-1345, verb. Rs. C-187/01 und 385/01 „Gözütok"; zur Problematik auch Rz. 32/6).

II. Die Angleichung des materiellen Strafrechts (Art. 83 AEUV)

Literatur: *Tiedemann* (Hrsg.), Wirtschaftsstrafrecht in der EU, 2002; *Kramer/Conte,* Environmental Crime in Europe; Rules of Sanction, 2004; *Manndörfer,* Einführung in das Europäische Umweltstrafrecht, JURA 2004, 297; *Knauf,* Die Europäisierung des Umweltstrafrechts, 2005; *Weber,* Europäische Terrorismusbekämpfung: das Strafrecht als Integrationsdimension, 2008; *Fromm,* EG-Rechtssetzungsbefugnis im Kriminalstrafrecht: der Schutz der finanziellen Interessen der EG nach der neuesten Rechtsprechung des EuGH sowie im Lissabonner Vertrag, 2009; *Heger,* Die Europäisierung des deutschen Umweltstrafrechts, 2009; *Grünwald,* Zur Frage eines europäischen Allgemeinen Teils des Strafrechts; JZ 2011, 972; *Schaut,* Europäische Strafrechtsprinzipien, 2012.

Die **Justizielle Zusammenarbeit in Strafsachen** (Art. 82ff. AEUV), Bestandteil des 3
Raums der Freiheit, der Sicherheit und des Rechts (Rz. 32/20), stellt gleichermaßen einen Beitrag zum „Raum der Sicherheit" wie zum „Raum des Rechts" dar. Dabei steckt die **Annäherung des materiellen Strafrechts** noch in den Anfängen. Neben der bereits erwähnten Befugnis zum Kampf gegen Betrügereien zulasten der Union (Rz. 8/44) enthält vor allem Art. 83 Abs. 1 AEUV nunmehr die Kompetenz, für Bereiche schwerer Kriminalität, die strukturell eine **grenzüberschreitende Dimension** aufweisen, durch Richtlinien **Mindestvorschriften** für **Straftaten** und **Strafen** festzulegen. Ausdrücklich werden bestimmte Bereiche wie Terrorismus, Menschen- und Drogenhandel, Geldwäsche, Korruption, organisierte Kriminalität und Ähnliches festgelegt (Abs. 1 UAbs. 2). Der Rat kann einstimmig und mit Zustimmung des Parlaments diesen Katalog erweitern (Abs. 1 UAbs. 3).

Diese Kompetenzen betreffen unmittelbar nur die verschiedenen Straftatbestände. Dies schließt jedoch 4
nicht aus, dass insoweit auch Regelungen getroffen werden, die in einem Mitgliedstaat zum Allgemeinen Teil des Strafrechts gehören und dann insoweit Sondervorschriften beinhalten wie etwa zur Beteiligung, zur Strafbarkeit juristischer Personen o. ä.

Von seiner restriktiven Grundhaltung gegenüber Integrationsbemühungen im Bereich des Strafrechts aus (Rz. 1) postuliert das BVerfG eine **restriktive Interpretation** von Art. 83 Abs. 1 AEUV: nur für die Bekämpfung grenzüberschreitender Kriminalität soll die EU zuständig sein. Diese Eingrenzung ist jedoch nicht durchzuhalten: Ohne Beeinträchtigung ihrer rechtsstaatlich geforderten Bestimmtheit können Straftatbestände schwer unterschiedlich ausgestaltet werden je nachdem, ob die Taten grenzüberschreitende Auswirkungen haben oder nicht.

Die Praxis wird bisher weitgehend noch von den nach Art. 34 EUV a. F. (Rz. 32/22) erlassenen **Rahmen-** 5
beschlüssen bestimmt. So wurden etwa Mindestvorschriften über die Tatbestandsmerkmale von Straftaten erlassen zur Bekämpfung des **Terrorismus** (RB 2002/475, ABl. L 164/3, Änderungen, mit Definitionen von Kategorien von terroristischen Straftaten sowie terroristischen Vereinigungen), der **Schlepperei** (RB 2002/946, Abl. L 328/1) und des **illegalen Drogenhandels** (Rahmenbeschluss 2004/757, ABl. L 335/8). Weitere Rahmenbeschlüsse betrafen die **Geldfälschung** (RB 2000/383, ABl. L 140/1, Änderungen), die Bekämpfung von **Kreditkartenbetrug** etc. (RB 2003/568, ABl. L 192/54), den Schutz vor **Bestechung im privaten Sektor** (RB 2001/413, ABl. L 149/1), die **Bekämpfung von organisierter Kriminalität** (RB 2008/841, ABl. L 300/42) sowie von **Computerkriminalität** (RB 2005/22, ABl. L 69/67). Kompetenzrechtlich ausgesprochen zweifelhaft ist der RB zum **Schutz vor Rassismus und Fremdenfeindlichkeit** (RB 2008/913, ABl. L 328/55). Mittlerweile gibt es auch die ersten Richtlinien, nämlich zur **sexuellen Ausbeutung von Kindern und der Kinderpornografie** (jetzt RL 2011/92, ABl. L 335/1), zum **Menschenhandel** (RL 2011/36, ABl. L 101/1) und zur **Geldwäsche** (RL 2012/29, ABl. L 315/7).

6 In Art. 83 Abs. 2 AEUV wurde die frühere Rechtsprechung des EuGH zur **Strafrechtsangleichung** im Bereich **sonstiger Rechtsharmonisierung** (Rz. 1) aufgegriffen. Danach können **Mindestvorschriften** in Bereichen erlassen werden, die Gegenstand europäischer Rechtsangleichung sind. Voraussetzung für die Inanspruchnahme dieser Kompetenz ist allerdings, dass solche Sanktionen „unerlässlich" sind für die wirksame Durchführung der entsprechenden Politik. Dabei gelten die in Rz. 2 erwähnten verfahrensrechtlichen Besonderheiten und verfassungsgerichtlichen Vorbehalte in gleicher Weise. Damit entfaltet Art. 83 Abs. 2 AEUV zugleich Sperrwirkung gegenüber den früher insoweit genutzten (Rz. 1) einschlägigen Sachkompetenzen, etwa Art. 192 AEUV im Bereich des Umweltrechts; nur auf der Grundlage von Art. 325 Abs. 4 AEUV können (zum Schutz der finanziellen Interessen der Union) auch strafrechtliche Normen beschlossen werden. Konkret wurden bisher drei Richtlinien auf der Grundlage einer (nunmehr nicht mehr einschlägigen) Sachkompetenz beschlossen: RL 2008/99, ABl. L 328/28 zum **Umweltschutz,** RL 2005/35, ABl. L 255/11, Änderungen, zu **Meeresverschmutzungen** durch Schiffe, sowie RL 2009/52, ABl. L 168/24 zu Maßnahmen gegen Arbeitgeber, die Drittstaatsangehörige **ohne Aufenthaltserlaubnis** beschäftigen.

Bei der Wahrnehmung aller vorgenannten Harmonisierungskompetenzen nach Art. 83 AEUV ist Art. 49 GrCh, die Garantie der **Gesetzmäßigkeit** und **Verhältnismäßigkeit** von Strafen, zu beachten.

III. Die Europäisierung des Strafverfahrensrechts

Literatur: *Böhm,* Das neue Europäische Haftbefehlsgesetz, NJW 2006, 2592; *Mitsilegas,* The constitutional implications of mutual recognition in criminal matters in the EU, CMLRev 2006, 1277; *Böse,* Der Grundsatz der Verfügbarkeit von Informationen in der strafrechtlichen Zusammenarbeit der Europäischen Union, 2007; *Jagla,* Auf dem Weg zu einem zwischenstaatlichen ne bis in idem im Rahmen der Europäischen Union, 2007; *Henke,* Der Europäische Haftbefehl, 2008; *Vogler/Huber* (Hrsg.), Criminal Procedure in Europe, 2008; *Andreou,* Gegenseitige Anerkennung von Entscheidungen in Strafsachen in der Europäischen Union, 2009; *Bot,* Le mandat d'arrêt européen, 2009; *Keijzer/Sliedregt,* The European Arrest Warrant in Practice, 2009; *Vernimmen-Van Tiggelen/Surano/Weyembergh* (Hrsg.), The future of mutual recognition in criminal matters in the European Union, 2009; *Kinzler,* Grenzüberschreitende Strafverfahren: Das Prinzip gegenseitiger Anerkennung im europäisierten Strafverfahren am Beispiel von Auslieferung und Beweismitteltransfer, 2010; *Nalewajko,* Grundsatz der gegenseitigen Anerkennung: Eckstein der justiziellen Zusammenarbeit in Strafsachen in der Europäischen Union?, 2010; *Fichera,* The Implementation of the European Warrest in the European Union, 2011; *Hußung,* Der Tatbegriff im Artikel 54 des Schengener Durchführungsübereinkommens, 2011; *Ditscher,* Europäische Beweise: der Rahmenbeschluss über die Europäische Beweisanordnung zur Erlangung von Sachen, Schriftstücken und Daten zur Verwendung in Strafsachen, 2012; *Schallmoser,* Europäischer Haftbefehl und Grundrechte, 2012.

1. Zum Strafverfahrensrecht i. e. S. (Art. 82 AEUV)

7 Im Bereich des Strafverfahrens sind europäische Regelungen vor allem zur Sicherung einer **grenzüberschreitenden Strafverfolgung** erforderlich. Allerdings setzt diese nicht zwingend eine vollständige Harmonisierung voraus; ggf. reichen Mindeststandards oder Ähnliches zur Sicherung der Kompatibilität der verschiedenen nationalen Verfahren. So erwähnt Art. 82 AEUV sogar den Grundsatz der gegenseitigen Anerkennung von Urteilen und sonstigen Entscheidungen noch vor der Harmonisierung der nationalen Rechtsvorschriften. In der Tat sind solche Regelungen zur Vermeidung von Kompetenzkonflikten in einem gemeinsamen Rechtsraum zentral. Soweit Regelungen erlassen werden, sind die einschlägigen grundrechtlichen Vorgaben (Art. 5f.

EMRK, zum Schutz bei Verhaftung sowie im Strafverfahren; dazu Rz. 17/82ff.; ferner Art. 47 GrCh zum Recht auf ein faires Verfahren vor einem unabhängigen Gericht, Art. 48 GrCh zu Unschuldsvermutung und Verteidigungsrechten und 50 GrCh zum – auch grenzüberschreitend geltenden – Grundsatz „ne bis in idem") zu beachten. Schließlich weist auch die Polizeikooperation nach Art. 87 AEUV Bezüge zur Strafverfolgung auf (Rz. 33/76).

Daneben sind Regelungen des **SDÜ** (Rz. 32/21) zu beachten, vor allem die auch dort grenzüberschreitend anzuwendende **ne bis in idem-Regel** (Art. 54 SDÜ). Unklar ist dessen Reichweite. Im Kontext des SDÜ wird ein recht weiter Tatbegriff angenommen (EuGHE 2006, I-9327, Rs. C-150/05 „van Straaten"), der insbesondere weiter gefasst ist als das traditionelle Verständnis im Kartellrecht (Rz. 20/44). Art. 54 SDÜ schließt alle Entscheidungen ein, die nach nationalem Recht (grundsätzlich) einen Strafklageverbrauch beinhalten. Hierzu gehören etwa auch Einstellungen gegen Geldauflagen nach § 153a StPO und vergleichbare Entscheidungen, selbst wenn sie von der Staatsanwaltschaft getroffen werden (EuGHE 2003, I-1345, verb. Rs. C-187/01 u. a. „Gözütok"), nicht aber jederzeit korrigierbare polizeiliche Entscheidungen (EuGHE 2008, I-11039, Rs. C-491/07 „Turansky"). Im Kontext des europäischen Haftbefehls (Rz. 9) hat der EuGH dagegen einen engeren Begriff akzeptiert (E 2010, I-11477, Rs. C-261/09 „Mantello", zu Art. 3 Nr. 2 des entsprechenden RB).

Im Einzelnen verfolgen die Rechtsakte unterschiedliche Ziele. Eine nicht zuletzt Kompetenzkonflikte vermeidende **Anerkennung ausländischer** Entscheidungen (Art. 82 Abs. 1 AEUV) ist vorgesehen für Geldstrafen und Geldbußen (RB 2005/214, ABl. L 76/16), Sicherstellungs- und Einziehungsentscheidungen (dazu RB 2003/577, ABl. L 196/45 sowie RB 2006/783, ABl. L 328/59; zu solchen Entscheidungen bei bestimmten, durch Unionsrecht definierten Straftaten siehe noch RB 2005/212, ABl. L 328/59), Freiheitsstrafen (RB 2008/909, ABl. L 327/27), Bewährungsentscheidungen (und deren Überwachung; RB 2008/947, ABl. L 337/102), bei der Beweiserhebung (RB 2008/978, ABl. L 348/72), vor allem aber im RB zum Europäischen Haftbefehl (Rz. 9). Diskutiert wird über eine europäische Ermittlungsanordnung. Von definierten Straftaten abgesehen ist aber jeweils wechselseitige Strafbarkeit Voraussetzung sowie die Beachtung bestimmter Mindestgarantien; außerdem enthalten die RBe durchweg eine Klausel, dass der Schutz der Grundrechte vorbehalten bleibt. Eine Ausnahme bildet nur der älteste RB (zum Haftbefehl). Einen reinen **Informationsaustausch** sieht der RB 2009/948 (ABl. L 328/42) zur Vermeidung von Kompetenzkonflikten vor. Im Übrigen gibt es zahlreiche Regelungen zum Informationsaustausch zwecks Verbesserung der Strafverfolgung im Rahmen der polizeilichen Zusammenarbeit, aber auch zum einschlägigen Datenschutz (Rz. 33/76). Eine diskriminierungsfreie **Berücksichtigung** ausländischer Verurteilungen wegen anderer Taten bei inländischen Verfahren verlangt der RB 2008/675 (ABl. L 220/32). Schließlich wurde zwischen der EU und den USA ein Abkommen über **Auslieferung und Rechtshilfe in Strafsachen** abgeschlossen (ABl. 2003, L 181/25). Zu den vorgenannten Maßnahmen sind jeweils **Mindeststandards** (Art. 82 Abs. 2 AEUV) vorgesehen. Zu nennen sind der Rahmenbeschluss zum Datenschutz (RB 2008/977, ABl. L 348/69) sowie die Richtlinien zum Opferschutz (RL 2012/29, ABl. L 315/57) und zur europäischen Schutzanordnung als Maßnahme des Opferschutzes die Richtlinie 2011/99 (ABl. L 228/2). Rechte vor allem des Beschuldigten garantieren RLen zu Dolmetscher- und Übersetzungsleistungen in Strafverfahren (RL 2010/64, ABl. L 280/1), zur Belehrung im Strafverfahren (RL 2012/13, ABl. L 142/1) sowie zur Sicherung eines Beistands sowie zur Benachrichtigung Dritter bei Inhaftierungen (RL 2013/48, ABl. L 294/1). Zu weiteren Einzelheiten siehe Fundstellenverzeichnis des geltenden EU-Rechts 19.30.20. 8

Besondere Aufmerksamkeit hat der **Europäische Haftbefehl** gefunden. Er wurde nach schwierigen Vorarbeiten durch Rahmenbeschluss des Rates vom 13.6.2002 (2002/584, ABl. L 190/1) geschaffen und musste von den MSen umgesetzt werden (zur Gültigkeit EuGHE 2007, I-3633, Rs. C-303/05 „Advocaten voor de Wereld"). Er basiert auf dem Prinzip der **gegenseitigen Anerkennung** der nationalen Instrumente: Die Entscheidung eines MSes über die strafrechtliche Festnahme einer Person zwecks Strafverfolgung und -vollstreckung wird in einem anderen MS vollstreckt. Der Europäische Haftbefehl kommt nur bei bestimmten schwereren Delikte zum Tragen. Das Gegenseitigkeitsprinzip findet nur begrenzt Anwendung, allerdings kann jeder Staat Vorbehalte anmelden, soweit es um inländische Taten geht. Zudem findet der Spezialitätsgrundsatz Anwendung; der Betroffene kann also grundsätzlich nur für solche Taten ver- 9 folgt werden, die Grundlage der Auslieferung waren (zum Tatbegriff in diesem Zusammenhang EuGHE 2008, I-8983, Rs. C-388/08 PPU „Leymann und Pustovarov"). Unter bestimmten Voraussetzungen kann ein Staat statt Festnahme und Auslieferung auch eine Strafe selbst vollstrecken (dazu EuGHE 2008, I-6041, Rs. C-66/08 „Kozlowski"; er darf dies aber nicht allein für eigene Staatsangehörige vorsehen (Art. 18 AEUV und dazu EuGH, Urteil vom 5.9.2012, Rs. C-42/11 „Lopes Da Silva Jorge"). Bei der Anwendung ist das Verbot der Differenzierung aus Gründen der Staatsangehörigkeit zu beachten (EuGHE 2009, I-9621, Rs. C-123/08 „Wolzenburg"). Informationen zu praktischen Einzelheiten zum Haftbefehl finden sich im Ratsdokument 17195/1/10 vom 17.12.2010. Dänemark, Finnland und Schweden halten an ihren noch weitergehenden Vereinheitlichungen fest.

2. Eurojust und Europäische Staatsanwaltschaft (Art. 86 AEUV)

Literatur: *Esser/Herbold,* Das Eurojust-Gesetz, NJW 2004, 2421; *Radtke,* Der Europäische Staatsanwalt, GA 2004, 1; *Böse,* Ein europäischer Ermittlungsrichter, Rechtswissenschaft 2012, 172; *Demmelbauer,* Europol, Eurojust und das Europäische Justizielle Netz, 2012; *Ligeti,* Toward a Prosecutor for the European Union, 2012; *Zöller,* Eurojust, EJN und Europäische Staatsanwaltschaft, in: Böse (Hrsg.), EnzEuR IX, 2013, § 21.

10 **Institutionell** wird die strafrechtliche Zusammenarbeit durch die 2002 auf der Grundlage von Art. 31 EUV a. F. gegründete Europäische Stelle für justizielle Zusammenarbeit **Eurojust** im Haag gefördert (ABl. 2002, L 63/1). Eurojust verfügt über Rechtspersönlichkeit und setzt sich aus je einem nationalen Mitglied der EU-Staaten zusammen, das Staatsanwalt, Richter oder gleichwertiger Polizeibeamter sein muss. Es befasst sich als Kollegium mit der **Bekämpfung der schweren Kriminalität** (*Esser/Herbold,* NJW 2004, 2421). Ergänzt wird dessen Arbeit durch das seit 1998 bestehende Europäische Justizielle Netz (jetzt Beschluss 2008/976, ABl. L 348/130) aus nationalen Kontaktzellen im Bereich der Bekämpfung schwerer Kriminalität. Darüber hinaus schafft der Vertrag von Lissabon die rechtliche Grundlage für die Einrichtung einer **Europäischen Staatsanwaltschaft** (Art. 86 AEUV), deren Kompetenzen allerdings auf die Verfolgung von Straftaten zum Nachteil der finanziellen Interessen der Union nach Art. 325 AEUV (dazu Rz. 1) und deren Anklage vor den zuständigen nationalen Gerichten beschränkt bleiben. Im Juli 2013 hat die KOM einen entsprechenden Vorschlag vorgelegt, der eine dezentrale, mit den nationalen Staatsanwaltschaften eng vernetzte Struktur vorsieht. Ergänzend ist das 2001 geschaffene Europäische Netz für Kriminalprävention, zusammengesetzt aus Vertretern der MSen, zu erwähnen (jetzt Beschluss 2009/902, ABl. L 321/44).

IV. Ausblick

11 Mit dem Strafrecht wird sicherlich ein politisch besonders **sensibler Bereich** europäischem Einfluss unterworfen. Im Bereich des Prozessrechts geht es allerdings vielfach nur um die in einem einheitlichen Rechtsraum selbstverständliche Sicherung **grenzüberschreitender Verfolgungsmöglichkeit;** zudem sind gemeineuropäische Standards seit langem menschenrechtlich durch die **EMRK** vorgegeben. Aber auch im Bereich des materiellen Strafrechts ist nicht zu sehen, warum in einer **Wertegemeinschaft,** wie sie die EU gerade seit dem Vertrag von Lissabon darstellt, nicht elementare Vorgaben auch für strafrechtliche Sicherungen des „ethischen Minimums" geschaffen werden sollen, vor allem, wenn und soweit schon das materielle Recht als solches einer Harmonisierung unterliegt.

10. Teil. Außendimension der Europäischen Union

§ 38. Gemeinsame Außenpolitik: Kompetenzen, Instrumente, Institutionen

Literatur: *Koutrakos,* EU International Relations Law, 2005; *Louis/Dony,* Relations Extérieures, in: Mégret (Hrsg.), Le droit de la CE et de l'UE (Komm.), Bd. 12, 2005; *Hilmes,* Die Europäische Union als Partei völkerrechtlicher Verträge, 2006; *Kadelbach* (Hrsg.), Die Außenbeziehungen der EU, 2006; *Sattler,* Gemischte Abkommen und gemischte Mitgliedschaften der EG und ihrer Mitgliedstaaten, 2007; *Fröhlich,* Die Europäische Union als globaler Akteur, 2008; *Cremona,* EU Foreign Relations Law: Constitutional Fundamentals, 2008; *Jopp,* Kollektive Außenpolitik – die Europäische Union als internationaler Akteur, 2. Aufl. 2008; *Eckhout,* External Relations of the European Union: Legal and Constitutional Foundations, 2009; *Cremer,* Die GASP, in: Fastenrath/Nowak (Hrsg.), Der Lissaboner Reformvertrag, 2009, 275; *Vedder,* Außenbeziehungen und Außenvertretung, in: Hummer/Obwexer (Hrsg.), Der Vertrag von Lissabon, 2009, 267; *Bindi Calussi,* The Foreign Policy of the European Union, 2010; *Algeri,* Die Gemeinsame Außen- und Sicherheitspolitik der EU, 2010; *Frenz,* Die neue GASP, ZaöRV 2010, 487; *Smith,* European Union Foreign Policy in a Changing World, 2011; *Regelsberger,* Die GASP der EU nach Lissabon-Dynamik durch Flexibilisierung? In: Eilmansberger u. a. (Hrsg.), Rechtsfragen der Implementierung des Vertrags von Lissabon, 2011, 385; *Evans/Koutrakos,* Beyond the Established Legal Orders: Policy Interconnections between the EU and the Rest of the World, EuLR 2012, 670; *Eeckhout,* EU External Relations Law, EuLR 2012, 817; *Jaag,* Demokratische Legitimation der EU-Außenpolik nach Lissabon, EuR 2012, 309; *Repasi,* Völkervertragliche Freiräume für EU-Mitgliedsstaaten, EuR 2013, 45; *Kuijper u. a.,* The Law of EU External Relations, 2013.

I. Die Außenbeziehungen der EU zwischen Integration und Intergouvernementalismus

1 Die EU verfügt über **auswärtige Gewalt** (zum Begriff: *Nettesheim,* in: Maunz/Dürig, Grundgesetz, 2007, Art. 32 Rdnr. 8 ff.) und nimmt – an der Seite der MSen – mit zunehmenden Gewicht als **eigenständiger Akteur** am internationalen Leben teil (*Brok,* Int.Pol 7/2003, 56). Als aktives **Mitglied der internationalen Gemeinschaft** ist die EU rege und vielgestaltig tätig. Sie hat eine unüberschaubare Vielfalt von Verträgen abgeschlossen und unterhält zu den meisten Staaten und internationalen Organisationen offizielle Beziehungen. Das Gewicht ihres Auftretens auf der internationalen Ebene ist vor allem in den Weltwirtschaftsbeziehungen und bei Einsatz ihrer Wirtschaftskraft groß; es fällt an anderen Bereichen demgegenüber ab, und auf hochpolitischen Bereichen fällt die Formulierung einer eigenen Position weiterhin schwer.

2 Die auswärtige Gewalt der EU unterscheidet sich wesentlich von derjenigen eines Nationalstaats. Noch immer verfügt die EU bei Weitem nicht über jene politische Stellung, die einem staatlichen **Akteur ihrer Größe und Wirtschaftsmacht** zustehen würden. Dies liegt an rechtlichen, aber auch an politischen Gegebenheiten. In den Differenzierungen, die die auswärtige Gewalt der EU mit Blick auf institutionelles Arrangement, Instrumente und Verfahren erfährt, drückt sich die bereichsspezifisch unterschiedliche Bereitschaft der vertragsgebenden Mitgliedstaaten zur Vergemeinschaftung auswärtiger Angelegenheiten aus. Der gegenwärtige Rechtszustand ist **fragmentiert;** dies schwächt die EU. In der institutionellen Ausgestaltung, der Reichweite und der Durchschlagskraft der auswärtigen Gewalt der EU bestehen zwischen den einzelnen Politikbereichen zudem erhebliche Unterschiede; die rechtliche Integrationstiefe stellt sich uneinheitlich dar. Dies gilt ungeachtet der **Effektivierungen,** die der

Vertrag von Lissabon herbeigeführt hat. Einerseits sind durch diesen Vertrag die verschiedenen Zweige der Außenpolitik unter einen „chapeau“ gestellt worden (Art. 21 f. EUV, Art. 205 AEUV). Die Spaltung in Säulen ist aufgegeben worden. Andererseits machen sich schon in der äußeren Trennung von GASP- und AEUV-Bereichen weiterhin Differenzierungen bemerkbar. Auch inhaltlich ist noch längst nicht überall eine supranationale Wirkstruktur oder eine umfassend vergemeinschaftete Entscheidungsstruktur eingeführt worden. Eine vollständige oder jedenfalls weitgehende Integration der Außenbeziehungen erfolgt insbesondere in der **Gemeinsamen Handels- und Entwicklungspolitik (einschl. Zollpolitik)** und in einzelnen anderen Bereichen (z. B. **Währungspolitik** des EURO). Im Außenwirtschaftsbereich steht nicht nur ein effektives Instrumentarium zur Verfolgung wirtschaftlicher Interessen zur Verfügung; hier spricht die EU regelmäßig auch mit einer Stimme. Auch die EU-Entwicklungspolitik ist in den letzten Jahren nicht nur aufgewertet, sondern auch politisiert worden (*Pernice/Thym,* EFA-Rev 2002, 369; EuGHE 2007, I-9045, Rs. C-403/05, „EP/KOM“). Demgegenüber sind die Möglichkeiten auswärtsgerichteten Handelns in anderen Bereichen des AEUV – etwa der Assoziierungspolitik – beschränkter.

3 Im Grad der Vergemeinschaftung noch weiter zurück liegt die **Gemeinsame Außen- und Sicherheitspolitik (GASP),** die in Maastricht 1992 in den EU-Vertrag aufgenommen wurde. Dies gilt ungeachtet des Umstands, dass in den letzten Jahren die gemeinsame Aktion gestärkt worden ist (Art. 23–41 EUV; *Gütt,* Die GASP und ihre Bedeutung für die EU, 2003). „Brüssel“ hat inzwischen auf diesem Feld einen noch vor zwanzig Jahren undenkbaren Einfluss gewonnen – bleibt allerdings hinter weitergehenden und vielleicht zu hochgesteckten Erwartungen zurück. Schon die Stellung der GASP im EUV – und nicht im AEUV – macht deutlich, dass der EU in diesem Bereich nicht jene Handlungseffektivität supranationalen Wirkens zukommen soll, die ihr Tätigwerden im AEUV – nunmehr auch im Bereich des Raums der Freiheit, der Sicherheit und des Rechts – kennzeichnet. Weiterhin liegt die Politik entscheidend in den Händen des Rats (Art. 24 EUV). Zudem ist grundsätzlich auch Einstimmigkeit erforderlich – eine Voraussetzung, die in einem Europa der 28 jedenfalls dann, wenn es um einschneidende Maßnahmen geht, häufig schwer zu erreichen ist. Im Bereich der Gemeinsamen Sicherheits- und Verteidigungspolitik (GSVP) gilt weitergehend das Freiwilligkeitsprinzip: Niemand muss an Aktionen teilnehmen. Die fortbestehende außenpolitische Zuständigkeit der MSen wird in der **14. Erklärung zum Vertrag** noch besonders betont. Die Rolle von KOM und EP wird bewusst klein gehalten (Art. 24 Abs. 1 EUV: „besondere Verfahren“). Die Möglichkeit der Einführung von Mehrheitsentscheidungen („Passerelle“) ist vorgesehen, wird aber voraussichtlich keine Bedeutung gewinnen (Art. 31 Abs. 3, 48 Abs. 7 EUV).

4 Der Lissabon-Vertrag zielt auf eine Stärkung der **institutionellen Effektivität** ab, durch die dem Auftreten der EU in der Welt mehr Schlagkraft – man kann auch von Mächtigkeit sprechen – verliehen werden soll. Zugleich soll die **Sichtbarkeit** der EU verstärkt werden. Die **personelle Kontinuität** im Amt soll verbessert werden. Und schließlich war ein Anliegen, die GASP besser **mit der Außendimension anderer Politikbereiche** zu **verzahnen.** Die Vertragsgeber haben Wesentliches zur Verwirklichung dieser Ziele geleistet, wenngleich nicht zu übersehen ist, dass es bis zur Verwirklichung einer kohärenten, geschlossenen und in supranationale Qualität überführten Außenpolitik noch ein weiter Weg ist. Für personelle Sichtbarkeit soll insbesondere das Amt des **Hohen Vertreters der EU für die Außen- und Sicherheitspolitik** sor-

gen, das die bisherigen Befugnisse des Repräsentanten für die GASP und des Kommissionsmitglieds für Außenbeziehungen vereint. Die „EU-Außenministerin" trägt einen „Doppelhut", weil sie zugleich den **Rat für Auswärtige Angelegenheiten** leitet und **Mitglied der Kommission** ist. Ihre Position wird allerdings dadurch geschwächt, dass der protokollarische Rang unterhalb desjenigen von EuRats-Präsident und Kommissionspräsident angesiedelt ist. Zudem hat auch der EuRats-Präsident eine starke außenpolitische Stimme. Ferner ist die EU weiterhin nicht für alle Bereiche auswärtigen Handelns zuständig; konfliktreiche Spannungen können etwa zu dem für die Nachbarschaftspolitik zuständigen Kommissionsmitglied auftreten. Schließlich hat der Europäische Auswärtige Dienst (EAD) noch nicht die einmal zu erwartende Schlagkraft (*Lieb/Kremer,* Integration 3/2010, 195). Der Abstand zum Supranationalismus ist weiterhin groß: Die Entscheidungsfindung liegt ganz überwiegend in der Hand des (Europäischen) Rats; ohne oder gar gegen ihn ist eine unionale Aktion nicht möglich. Die Kommission wird an der Entscheidungsfindung zwar beteiligt (Art. 27 EUV) – aber nicht mehr. Das EP ist auf informale Einflussnahme beschränkt. Und der EuGH bleibt – mit der Ausnahme der Kontrolle von Sanktionsbeschlüssen – unzuständig (Art. 275 AEUV). Die „Unionsmethode" – als Gegenbegriff zur „Gemeinschaftsmethode" – findet hier ihren reifsten Ausdruck.

Heute ist es gleichwohl möglich, von einer **Außen*politik* der EU** zu sprechen; die EU 5
hat das Feld rein technischer Zusammenarbeit in ihren Außenbeziehungen verlassen. Sie erweist sich als vielschichtig und differenziert, ohne dass die starren Grenzziehungen zwischen „Säulen" aus der Vor-Lissabon-Zeit noch vorhanden wären (vgl. Art. 40 EUV). Noch immer ist die EU-Außengewalt durch eine Formensprache der „soft power" geprägt, die sich deutlich etwa vom Ansatz der USA abhebt (*Kagan,* Paradise and Power, 2003). Das rechts- und regelorientierte Instrumentarium, das die Außenbeziehungen vor allem in der Gemeinsamen Handelspolitik (GHP) kennzeichnet, wird durch weichere Formen der Verhandlung, Absprache und Verhaltensabstimmung ergänzt. Die Formensprache internationaler Beziehungsgestaltung unterscheidet sich von dem Instrumentarium, mit dem sich etwa nationale Rechtsordnungen binnenmarktkonform ausrichteten lassen. Es geht nicht um rechtliche Steuerung, sondern um die **strategische Durchsetzung von Interessen und Werten.** Der Vertrag vollzieht diesen Schritt allerdings nur unvollständig. Weiterhin soll sich Außenpolitik – auch in der GASP – durch Annahme von Rechtsakten vollziehen, auch wenn in der politischen Praxis längst andere Formen der Koordination prägend geworden sind. Immerhin machen Art. 21 f. EUV deutlich, dass sich der Zielhorizont geöffnet hat. Die normative Orientierung, die der Politik hier gegeben wird, ist trotz ihres Wortreichtums allerdings gering. Der Übergang zu einer echten Außenpolitik („high politics") ist im Vertrag angelegt, bislang aber aufgrund mannigfaltiger Gegebenheiten nur unvollkommen vollzogen worden (*Hill/Smith* (Hrsg.), International Relations and the EU, 2005). Immerhin: Die Perspektive der Akteure ändert sich – der Blick nach „Brüssel" wird zum Normalfall. Institutionelle und organisatorische Strukturen konstituieren sich neu – in der EU, aber auch in den mitgliedstaatlichen Ministerien. Die soziale Konstruktion europäischer Außenpolitik eilt in mancherlei Hinsicht den tatsächlichen Gegebenheiten voraus (vgl. *Diez,* Millenium – JIntStud 2005, 613 [„normative power"]).

Die **Effektivität des äußeren Auftretens** wird dadurch geschmälert, dass es den 28 6
EU-Staaten weiterhin politisch nur ansatzweise möglich ist, einheitlich zu handeln. Noch immer gelingt es vor allem im Bereich der allgemeinen Außen- und Sicherheits-

politik nur unvollkommen, der EU zu einer starken Stimme zu verhelfen; die außenpolitischen Grundunterschiede sind im Laufe der Zeit eher größer als kleiner geworden. Nur zu häufig wird die EU übertönt von den weiterhin starken Stimmen insbesondere der großen Mitgliedstaaten. Besonders sichtbar wurde dies im Irakkrieg 2003, als die EU in zwei Lager der „Koalition der Willigen" („Brief der Acht", u. a. England, Italien, Polen, Spanien) und einer sich von der US-Politik distanzierenden Gruppe (u. a. Deutschland und Frankreich) zerfiel. Auf dem Feld der – inzwischen bedeutsamen – Gemeinsamen Sicherheits- und Verteidigungspolitik (GSVP) treten diese Schwierigkeiten akzentuiert ans Licht. Bislang ist nicht absehbar, dass die Fragmentierungen der auswärtigen Gewalt der EU überwunden werden können. Das Instrument, mit dem im Bereich der durch Rechtsakte verwirklichten Binnenintegration die Position der EU gegenüber den MSen durchgesetzt wird – der Vorrang des Unionsrechts –, kann im Bereich der Außenpolitik mit ihren vielfach anderen, eher machtpolitischen Instrumenten nicht zum Tragen kommen. Auf dem Weg zu einer vollen Integration der Außen- und Sicherheitspolitik, der die EU einen wesentlichen Schritt auf dem Weg in den **Europäischen Bundesstaat** weiterführen könnte, ist noch ein weiter Weg zu gehen. Hierzu sind die MSen bisher nicht bereit – und vielleicht auch rechtlich nicht befugt (so wohl BVerfGE 123, 267 [Lissabon]). Die Verhandlungen über den Verfassungsvertrag belegten deutlich, dass die Einsicht in die Notwendigkeit der Stärkung eines gemeinsamen äußeren Auftretens nicht vom Willen begleitet war, den EU-Institutionen verstärkte Entscheidungsmacht zulasten der MSen zu geben.

II. Grundlagen der auswärtigen Gewalt der EU

Literatur: *Gütt,* Die GASP und ihre Bedeutung für die EU: Rechtspersönlichkeit und Rechtsnatur der EU, 2003; *Wünschmann,* Geltung und gerichtliche Geltendmachung völkerrechtlicher Verträge im europäischen Gemeinschaftsrecht, 2003; *Epiney,* Zur Tragweite des Art. 10 EGV im Bereich der Außenbeziehungen, FS Ress, 2005, 441; *Oen,* Internationale Streitbeilegung im Kontext gemischter Verträge der EG und ihrer MSen, 2005; *Tomuschat,* Die EU und ihre völkerrechtliche Bindung, EuGRZ 2007, 1; *Moser,* EU-Recht und völkerrechtliche Verträge in der Judikatur des EuGH, in: Schroeder (Hrsg.), Europarecht als Mehrebenensystem, 2008, 89; *Dashwood,* Law and Practice of EU External Relations: Salient Features of a Changing Landscape, 2. Aufl. 2009; *Thym,* Auswärtige Gewalt, in: von Bogdandy/Bast (Hrsg.), Europäisches Verfassungsrecht, 2. Aufl. 2009, 441; *Frenz,* Die neue GASP, ZaöRV 2010, 487; *Martenczuk,* Der Europäische Auswärtige Dienst, EuR-Beil. 2012,189.; *Mayr-Singer/Villotti,* Die Stellung der Europäischen Union bei den Vereinten Nationen, EuR-Beil. 2012, 91; *Holzhauer/Kaltenborn,* Der Europäische Auswärtige Dienst und die neuen Kompetenzzuordnungen im Rahmen der europäischen Entwicklungszusammenarbeit, EuR 2012, 100.

7 Die Rechtsgrundlagen der Außenkompetenzen der EU ergeben sich aus den Festlegungen der beiden **Unionsverträge (EUV/AEUV).** Auch im Außenbereich gilt das Prinzip der begrenzten Einzelermächtigung. Die Wahrnehmung der Kompetenzen hat unter Beachtung der Vorgaben des Völkerrechts zu erfolgen, das eine Vielzahl von Bestimmungen enthält, die der auswärtigen Gewalt der EU einen Rahmen setzen und sie ausrichten. Primärrechtlich finden sich in den jeweiligen Sachbereichen Vorschriften über Akteure, Verfahren und Instrumente. Der **Ausbau und die Stärkung der Außenzuständigkeiten** gehörte zu den großen Anliegen des Verfassungskonvents (vgl. Erklärung von Laeken); die Ergebnisse, die der Konvent in mehreren Arbeitsgruppen erarbeitete, wurden weitgehend übernommen, allerdings in EUV und AEUV aufgespalten. Zudem hat man den staatsnahen Begriff „Außenminister" fallen lassen.

1. Völkerrechtsfähigkeit

Auswärtige Gewalt setzt nicht voraus, dass ein Hoheitsträger Völkerrechtssubjektivität in Anspruch nehmen kann. Die Begründung von *Rechtsbeziehungen unter dem Völkerrecht* ist allerdings nur möglich, wenn und soweit einem Hoheitsträger auch Rechtssubjektivität eingeräumt worden ist. Die **Völkerrechtssubjektivität** der EU steht heute außer Frage (Art. 47 EUV; zum Rechtszustand bis 2009: 4. Auflage, § 38 Rdnr. 7 ff.). Sie erstreckt sich über den Gesamtbereich ihrer Kompetenzen und ist damit nicht allumfassend. Sie ist – wie bei anderen Internationalen Organisationen – nicht originär, sondern durch Zuschreibung begründet. Und sie wirkt nur gegenüber jenen anderen Völkerrechtssubjekten, die sie explizit oder implizit anerkannt haben; dies ist heute aber in quasi-universellem Umfang der Fall. Die Rechtspersönlichkeit der EU beinhaltet die Völkerrechtsfähigkeit nach außen und die Rechtsfähigkeit in den MSen („internationale juristische Person", Art. 47 EUV). Die Bestimmung ist keine Kompetenzvorschrift und begründet damit selbst keine Befugnisse zu auswärtigem Handeln. 8

Aufgrund der Völkerrechtsfähigkeit kann die EU **laufende Beziehungen** zu Drittstaaten und Internationalen Organisationen aufnehmen und unterhalten. Art. 220 AEUV verpflichtet sie im Besonderen zu zweckdienlichen Beziehungen zu den **Vereinten Nationen,** zum **Europarat** und zur **OECD.** Die Anerkennung der EU als Völkerrechtssubjekt liegt nicht nur in der Eröffnung des diplomatischen Verkehrs mit einer Mehrzahl der gut 190 Mitglieder der internationalen Staatengemeinschaft. Sie ist auch darin zu sehen, dass die EU inzwischen eine Vielzahl von Verträgen im Sachbereich des EU-Vertrags abschlossen hat. Zudem hat sie sich an internationalen Missionen beteiligt, die sich ebenfalls im Kompetenz- und Sachbereich des EU-Vertrags ansiedelten. 9

2. Grundlegende Rechtsstellung

Als Völkerrechtssubjekt nimmt die EU grundsätzlich jene Rechtsstellung ein, die das Völkerrecht seinen Rechtssubjekten zubilligt. Allerdings gibt es für überstaatliche Verbände Besonderheiten. Die EU stellt als **Staatenverbund** (Union) mehr als eine Internationale Organisation im überkommenen völkerrechtlichen Sinn dar, nämlich eine staatsnahe, intensive Integrationsgemeinschaft besonderer Art. Es bedarf insofern jeweils der Klärung im Einzelfall, inwieweit die EU Träger einer Rechtsstellung sein kann, die Staaten zukommt. Die besonders in **Art. 2 UN-Charta** niedergelegten staatlichen **Grundrechte und Grundsätze** gelten für die EU jedenfalls nicht unmittelbar. Die Union bekennt sich in Art. 3 Abs. 5 EUV im Sinne einer Selbstverpflichtung auf Ziele und Werte, die im Bereich des auswärtigen Handelns verwirklicht werden müssen. Dabei hat sich die EU auch an der Weiterentwicklung des Völkerrechts zu beteiligen, **„insbesondere zur Wahrung der Grundsätze der Charta der Vereinten Nationen".** 10

Im Näheren können verschiedene „Grundrechte" des allgemeinen Völkerrechts für die EU relevant werden. Die EU und ihre Amtsträger genießen die **äußere Immunität vor Behörden und Gerichten in Drittstaaten** (*Ress,* ZaöRVR 1980, 217). Ähnliches gilt inzwischen für das aktive und passive **Gesandtschaftsrecht** (unten Rz. 39/10). Sie hat **Anspruch auf Achtung und Ehre** im internationalen Verkehr, auf **Nichteinmischung in die inneren Unionsangelegenheiten** u. a. m. Für die **völkerrechtlichen Grundpflichten** gilt Entsprechendes. Sie sind oft nur die Kehrseite der entsprechenden Rechte (Interventionsverbot als Konsequenz der Nichteinmischung in die inneren Angelegenheiten). Die Zuständigkeitsverteilung zwischen der EU und ihren MSen entscheidet wiederum darüber, inwieweit Grundpflichten 11 auf die Union übergegangen und von ihr zu respektieren sind. Die Pflicht zur **Achtung der Souveränität von Drittstaaten** ist etwa bei der extraterritorialen Wirkung des Wettbewerbsrechts (oben Rz. 21/65) mit zu bedenken. Sie hängt eng mit dem allgemeinen **Interventionsverbot** des Art. 2 Ziff. 4 UNCh zusammen, das darüber hinaus einen Satz des universalen Völkergewohnheitsrechts darstellt (IGH, ICJ Reports 1986, 14 Ziff. 205; *Oppermann,* Intervention, EPIL II (1995), 1436). Es steht heute außer Frage, dass die EU der **völkerrechtlichen Haftung** für Delikte ihrer Organe unterliegt. Allerdings ist davon auszugehen, dass auch die MSen weiterhin für das Handeln der EU einzustehen haben (*Pitschas,* Die völkerrechtliche Verantwortlichkeit der EG und ihrer MSen, 2001; oben Rz. 15/13). Der Eintritt in **vertragliche Bindungen** der MSen auf Grund späterer EU-Kompetenz (Art. 351 AEUV) entspringt ebenso der Grundpflicht zur Vertragstreue (zur Staatennachfolge in völkerrechtliche Verträge EuGHE 2001, I-13 671, Rs. C-216/01, „Budweiser"; *Zimmermann,* FS Ress, 2005, 357). Teilweise nimmt sich die EU auch freiwillig der Erfüllung von Verpflichtungen der MSen an (Durchführung von Beschlüssen des UN-Sicherheitsrats: EuGHE 2008, I-6351, Rs. C-402/05 P, „Kadi" u. a.).

12 Die Völkerrechtsfähigkeit der MSen wird durch Art. 47 EUV weder berührt noch angetastet. Die MSen sind weiterhin befähigt, über die gesamte Breite ihrer Befugnisse international aufzutreten. Allerdings begehen sie einen Rechtsverstoß, wenn sie dabei ihre Bindungen aus EU-Recht nicht beachten. Art. 351 Abs. 2 AEUV zwingt sie zur **Anpassung von „Altverträgen";** dies kann die Pflicht zur Kündigung umfassen. Die EU kann die MSen grundsätzlich zu einem Verhalten zwingen, das in Widerspruch zu deren völkerrechtlichen Bindungen steht; allerdings ist dann die Loyalitätspflicht zu beachten. Im Bereich ausschließlicher Zuständigkeit der EU dürfen sie keine neuen Bindungen eingehen, andernfalls nur unter Beachtung von Vorrang und **Loyalitätspflicht** (Art. 4 EUV; *Kort,* JZ 1997, 640; *Pache/Bielitz,* EuR 2006, 316). Dies gilt insbesondere beim Auftreten im Rahmen eines „gemischten Abkommens" (EuGHE 2010, I-3317, Rs. C-246/07, „KOM/Schweden"; zum Begriff Rz. 38/20). Für einige Bereiche sah der nunmehr gestrichene Art. 293 EGV explizit vor, dass die MSen untereinander Verträge schließen; inzwischen gelten hier die allgemeinen Regeln. Die MSen können dem EU-Recht später abgeschlossene Verträge nicht entgegenhalten (EuGHE 2002, I-9427, Rs. C-466/98, „Open Skies"). Im Übrigen sind Verträge zwischen den MSen deshalb problematisch, weil sie das EU-Recht und die Unionsaktion auszuhöhlen geeignet sind. Sie können dort geschlossen worden, wo die EU keine Kompetenz hat (wie etwa im Bereich der Doppelbesteuerungsabkommen). Sie dürfen jedenfalls nicht die Funktionsbedingungen der Integration antasten (EuGH, Gutachten 01/11, „Europäisches Patentgericht").

III. Rechtsgrundlagen der EU-Außenbeziehungen

1. Kompetenzen

13 Der Grundsatz der **begrenzten Einzelermächtigung** gilt auch für das auswärtige Handeln. Ohne Befugnis dürfen die EU-Organe im Außenverhältnis weder rechtliche Absprachen treffen noch „weichere" Handlungen der Diplomatie vornehmen. Allerdings: Das Primärrecht enthält (ebenso wenig wie das Grundgesetz) keine geschlossene und systematische Ordnung der auswärtigen Gewalt. Die diesbezüglichen Vorschriften sind vielmehr über das Primärrecht verstreut. Die Rechtslage ist damit unübersichtlich. Im AEUV wird die Ausgestaltung wichtiger Teilsphären auswärtigen Handelns (GHP, Entwicklungszusammenarbeit, wirtschaftliche und technische Zusammenarbeit mit Drittstaaten, humanitäre Hilfe, Sanktionen) in den Art. 205 ff. geregelt. Dort finden sich auch die Grundbestimmungen über die Beziehungen zu Inter-

nationalen Organisationen. Im EUV finden sich – im Anschluss an wortreiche allgemeine Bestimmungen (Art. 21f. AEUV) – dann die Regelungen über die GASP und die GSVP. Die Solidaritätsklausel des Art. 222 AEUV erstreckt sich auch, aber nicht nur auf das Feld der Außenbeziehungen. Die Union verfügt nicht über eine allgemeine „Treaty Making Power". Die **„Außensouveränität"** ist bei den MSen verblieben.

Bei der Klärung der Reichweite äußerer EU-Kompetenzen ist rechtsdogmatisch jeweils zu fragen, inwieweit der Integrationsverband überhaupt die Befugnis hat, außengerichtet zu handeln. In jenen Bereichen, in denen eine Kompetenz besteht, ist deren Verhältnis zu mitgliedstaatlichen Zuständigkeiten zu klären. Für den Abschluss internationaler Übereinkünfte versucht Art. 216 AEUV inzwischen eine Grundlegung. Die Norm gilt als missglückt, weil sie zwischen dem Ob und dem Wie der Kompetenz nicht hinreichend unterscheidet. 14

a) Explizite und implizite Zuständigkeiten

Auswärtige Kompetenzen können der EU zum einen **ausdrücklich zugewiesen** sein (Art. 216 Abs. 1 1. Alt., Art. 217 AEUV; *Fassbender*, AVR 2004, 37). Im AEUV findet man diesbezüglich inzwischen 17 Vorschriften. Für die Außendarstellung der EU überragend wichtige Bedeutung haben die Zuständigkeiten, die im Bereich der **Zollpolitik** (Art. 28ff. AEUV) und der **Gemeinsamen Handelspolitik** (Art. 206ff. AEUV) bestehen. Nach Auffassung des EuGH ist die handelspolitische Kompetenz dynamisch auszulegen und den sich verändernden Gegebenheiten im internationalen Wirtschaftsverkehr anzupassen (EuGHE 1994, I-5267, Gutachten 1/94, „WTO"). Auf dem Gebiet der Entwicklungszusammenarbeit hat die EU inzwischen ein vielfältiges und dichtes Geflecht von Abkommen geknüpft (Art. 208ff. AEUV). Die Assoziierung ermöglicht die Begründung breiterer – und regelmäßig auch tiefergehender – Bande (Art. 217 AEUV). Eine allgemeine Zusammenarbeit ermöglicht Art. 212 Abs. 3 AEUV. Auch für die Rückführung (Art. 79 Abs. 2 AEUV) und im Bereich der humanitären Hilfe (Art. 214 Abs. 4 AEUV) gibt es ausdrückliche Kompetenzen. Nach Art. 6 Abs. 2 AEUV kann ein Übereinkommen zum Beitritt zur EMRK geschlossen werden; der diesbezügliche Text liegt inzwischen vor. Darüber hinaus ist es der KOM möglich, Verträge über die Arbeitsbeziehungen zu internationalen Organisationen zu schließen (Art. 220f. AEUV). Auch die Zuständigkeiten im Bereich der GASP sind hier zu nennen (Art. 37 EUV). Die GASP-Zuständigkeiten werden auch zur Durchführung von **Wirtschaftssanktionen** (Embargo) verwandt werden. Die Verknüpfungsnorm, über die die Durchführung erfolgt, bildet Art. 215 AEUV, der eine Verkoppelung der Politikbereiche von EUV und AEUV bewirkt. 15

Ausschließliche Kompetenzen bestehen ferner dort, wo dies zur Verwirklichung eines Vertragszieles erforderlich ist (Art. 216 Abs. 1 Alt. 2 AEUV). Damit greift der Vertrag dogmatische Aussagen der Rechtsprechung des EuGH auf. In den 1970er Jahren entwickelte der EuGH zunächst den Grundsatz, dass die EU (über die ausdrücklichen Außenzuständigkeiten hinaus) dort über **implizite Außenkompetenzen** verfügt, wo es die sinnvolle Ausübung einer Binnenkompetenz nahelegt, dass die Union als solche nach außen auftreten sollte (EuGHE 1971, 263, Rs. 22/70, „AETR"). In der Entscheidung „Kramer" (EuGHE 1976, 1279, verb. Rs. 3, 4, und 6/76) stellte der EuGH fest, dass die auswärtige Gewalt so weit geht, wie dies jeweils zur Verwirklichung der intern zugewiesenen Aufgaben **erforderlich** ist. In der Entscheidung „Stilllegungsfonds" betonte der EuGH dann, dass eine implizite Außenkompetenz auch 16 dann bestehen könne, wenn die internen Maßnahmen erst anlässlich des Abschlusses und der Durchführung eines Vertrags erfolgen (EuGHE 1977, 741, Gutachten 1/76). In dem WTO-Gutachten (EuGHE 1994, I-5267, Gutachten 1/94) schränkte der EuGH diesen Grundsatz dahingehend ein, dass vom Bestehen einer Außenkompetenz grundsätzlich erst dann ausgegangen werden könne, wenn in dem entsprechenden Bereich bereits nach innen gehandelt worden sei. Nur wenn vertragliches Handeln erforderlich sei, um von der Innenkompetenz überhaupt sinnvoll Gebrauch machen zu können, sei auf diese einschränkende Voraussetzung zu verzichten (EuGHE 2002, I-9865, Rs. C-476/98, „Open Skies"). Dies sei immer dann der Fall, wenn die interne Zuständigkeit *wirksam* nur zugleich mit der Außenkompetenz ausgeübt werden könne. Die Begründung einer vertraglichen Verpflichtung müsse erforderlich sein, „um Ziele des Vertrages zu verwirklichen, die sich durch die Aufstellung autonomer Regeln nicht erreichen lassen" (Rdnr. 83). Art. 216 AEUV sieht nunmehr eine Rückkehr zum ursprünglichen Verständnis (AETR/Kramer/Stilllegungsfonds) vor. Die Anforderungen an die Darlegung der Erforderlichkeit sind niedrig.

17 Der AEUV sieht ferner vor, dass sich die EU in einem Sekundärrechtsakt zum Abschluss internationaler Abkommen ermächtigen kann (Art. 216 Abs. 1 Alt. 3 AEUV).

18 **Sprachlich missglückt** ist die Formulierung der vierten Alternative des Art. 216 Abs. 1 AEUV. Es geht hier um Fälle, in denen ein Vertragsschluss durch einen oder mehrere MSen den Bestand unionalen Rechts beeinträchtigen oder dessen rechtlichen Anwendungsbereich ändern würde. Die EU kann in diesem Fall selbst Verträge abschließen und so eine Gefährdung der einheitlichen Wirkung ihres Rechts ausschließen.

19 Mit dieser Begründung von ungeschriebenen Außenkompetenzen wird ein weitgehender Gleichklang zwischen Binnen- und Außenkompetenz hergestellt (zur Frage der Ausschließlichkeit einer Kompetenz unten Rz. 38/22). Voraussetzung ist allerdings immer, dass es um die Realisierung oder den Schutz vorhandener Binnenkompetenzen geht. In Bereichen, in denen die EU intern nicht harmonsierend auftreten darf, kann sie auch keine Verpflichtungen eingehen, deren Umsetzung dies verlangt (vgl. Art. 207 Abs. 6 AEUV). Die EU-Außenkompetenzen können über Art. 216 AEUV hinaus nicht mit Hilfe von **Art. 352 AEUV** erweitert werden (EuGHE 1996, I-1739, Gutachten 2/94, „Beitritt zur EMRK"). Dies würde dem Prinzip der begrenzten Einzelermächtigung widersprechen.

20 EU-Abkommen können gleichzeitig **mehrere Sachbereiche** berühren (z. B. Handels- und Umweltpolitik). In solchen Fällen ist die Rechtsgrundlage nach Ziel und Inhalt des Rechtsaktes zu bestimmen (EuGHE 2002, I-12049, Rs. 281/01, „Energy Star"; *Herrmann,* NVwZ 2002, 1168). Die Frage, inwieweit ein Abkommen von einer – oder mehreren – Kompetenznormen getragen wird, kann im Einzelfall schwierig zu beantworten sein; der Vertrag sieht hierfür die Möglichkeit vor, ein Gutachten beim EuGH einzuholen (Art. 218 Abs. 11 AEUV). Je nach Breite eines Abkommens kann auch die Heranziehung mehrerer Kompetenzen – auch in Verbindung von EUV und AEUV (vgl. EuGHE 2008, I-3651, Rs. C-91/05, „ECOWAS") – erforderlich sein. Ein internationales Abkommen, das Gegenstände einschließt, die nicht in den EU-Kompetenzbereich fallen, kann nur als „gemischtes Abkommen" geschlossen werden. Diese Abkommen schließen die EU und die MSen als gemeinsame Vertragsparteien. Im Außenverhältnis sind beide gegenüber dem Drittstaat vollumfänglich gebunden (EuGHE 1994, I-653, Rs. C-316/91, „EP/Rat") – es sei denn, im Vertrag ist die Abgrenzung geregelt. Die Durchführung eines gemischten

Abkommens richtet sich nach der internen Kompetenzaufteilung. In dem den MSen zugeordneten Bereich entscheiden diese über die Abkommenswirkung (EuGHE 2000, I-11344, Rs. C-392/98, „Parfums Dior"). Die Auslegungsbefugnis des EuGH ist dort beschränkt (EuGHE 1998, I-3603, Rs. C-53/96, „Hermes"): Die Zuständigkeit des EuGH zur Gültigkeitsfeststellung bzw. Auslegung erstreckt sich grundsätzlich nur auf diejenigen Bestimmungen, die nicht in die ausschließliche Zuständigkeit der MSen fallen. Allerdings beansprucht der EuGH, derartige Regelungen insoweit auszulegen, als es um die Feststellung geht, ob sie in die ausschließliche Kompetenz der Mitgliedstaaten fallen (EuGHE 2006, I-4635, C-459/03, „Kommission/Irland (MOX-Plant)"; EuGHE 2007, I-7001, Rs. C-431/05, „Merck Genéricos – Produtos Farmacêuticos").

Wichtige Beispiele gemischter Abkommen sind die **„Lomé/Cotonou"-Verträge** der EU mit den AKP-Staaten über eine Entwicklungspartnerschaft (unten Rz. 40/56) oder die 1994 erfolgte Umwandlung des GATT in die neue **Welthandelsorganisation WTO** (unten Rz. 40/36f.). Auch dem Seerechtsübereinkommen der Vereinten Nationen, unterzeichnet in Montego Bay am 10. Dezember 1982, sind die EU und die MSen gemeinsam beigetreten. **Kooperations-** und **Rohstoffabkommen** der EU mit Drittstaaten werden oft in dieser Form abgeschlossen. Im EAG-Bereich sind gemischte Abkommen in Art. 102f. EAGV ausdrücklich erwähnt und geregelt. 21

b) Ausschließliche Zuständigkeiten

Ob eine Zuständigkeit ausschließlich ist, musste lange unter Rückgriff auf Sinn und Zweck des Vertrags beantwortet werden. Inzwischen findet sich in Art. 3 AEUV eine Antwort des Vertragsgebers. 22

Schon seit langem sind als ausschließliche Kompetenz anerkannt die Bereiche der **Zollpolitik** (Art. 3 Abs. 1 lit. a) AEUV) und der **Gemeinsamen Handelspolitik** (Art. 3 Abs. 1 lit. e), Art. 206–207 AEUV). Ausschließliche Qualität haben ferner die Zuständigkeiten der EU, die im Rahmen der gemeinsamen Fischereipolitik der Erhaltung der biologischen Meeresschätze dienen (Art. 3 Abs. 1 lit. d) AEUV). Demgegenüber ist der Bereich der gemeinsamen Agrar- und Fischereipolitik entgegen dem bisherigen Verständnis zu Recht als geteilte Zuständigkeit eingeordnet worden. Wichtige Befugnisse ausschließlicher Art finden sich ferner im Bereich der Währungspolitik (Art. 3 Abs. 1 lit. c); Art. 127ff. AEUV). Nach Art. 3 Abs. 1 lit. c) AEUV gehört nunmehr auch die Festlegung der für das Funktionieren des Binnenmarktes erforderlichen Wettbewerbsregeln zu den ausschließlichen Kompetenzen; die MSen bedürfen damit in diesem Bereich einer Rücküberweisung, um selbst regelnd tätig werden zu können (hierzu *Nettesheim/Thomas,* Entflechtung im deutschen Wettbewerbsrecht, 2011). 23

In der Vergangenheit war der EuGH davon ausgegangen, dass sich die Qualität einer **Kompetenz** von einer solchen geteilter zu einer solchen **ausschließlicher Natur** wandeln kann (EuGHE 1993, I-1061, Gutachten 2/91, „IAO"; EuGHE, 1994, I-5267, Gutachten 1/94, „WTO"; *Hilf,* EuZW 1995, 7). Dem liegt die Vorstellung zugrunde, dass sich eine *innere* EU-Politik so sehr verfestigt haben kann, dass durch entsprechende Interpretation zu verhindern ist, dass die MSen durch Begründung völkerrechtlicher Pflichten Beeinträchtigungen bewirken. In seinen Entscheidungen zu den „Open Sky"-Verträgen (EuGH 2002, I-9855, Rs. C-476/98, „Open Skies") hat der EuGH die Position bezogen, dass eine ausschließliche Außenkompetenz immer dann vorliege, wenn ein möglicher mitgliedstaatlicher Vertragsschluss in den Anwendungsbereich einer sekundärrechtlichen Norm fällt oder „jedenfalls ein Gebiet erfass[t], das bereits weitgehend von solchen Rechtsnormen erfasst ist" (Rn. 108). In jüngeren Entscheidungen hat der EuGH diese Sichtweise bestätigt (EuGHE 2006, I-1145, Gutachten 1/03, „Lugano-Konvention"; dazu auch Rz. 36/37). Die Ausschließlichkeit der Kompetenz schließe in einem solchen Fall auch aus, dass ein Mitgliedstaat Verpflichtungen eingeht, die sich im Einklang mit dem Unionsrecht befinden. Implizite Außenkompetenzen können insofern „nachträglich" ausschließliche Qualität erlangen, wenn die EU die Binnenkompetenz wahrgenommen hat (ähnlich schon EuGHE 1995, I-521, Gutachten 2/92, „OECD") (zum Verhältnis zwischen EU-Recht und WTO-Recht noch unten Rz. 40/44f.). 24

25 In Art. 3 Abs. 2 AEUV wird nunmehr der (verunglückte) **Versuch der Kodifizierung** dieser Judikatur unternommen. Danach ist den MSen die Möglichkeit des Vertragsschlusses mit Drittstaaten bzw. Internationalen Organisationen dann versperrt, wenn ein Gesetzgebungsakt der EU ein Abkommen vorsieht: Mit dem Erlass dieses Aktes tritt damit Sperrwirkung ein. Zugleich begründet der Vertrag zu Lasten der MSen schon dann eine Sperrwirkung, wenn die Schaffung eines Abkommens notwendig ist, um intern sinnvoll handeln zu können. Schließlich ergibt sich – insoweit eine Ausprägung der Loyalitätspflicht – eine Sperrwirkung in Fällen, in denen ein mitgliedstaatlicher Vertragsschluss (!) zu einer Beeinträchtigung oder Verfälschung von EU-Recht führen könnte.

26 Wenn eine EU-Außenkompetenz als ausschließlich begründet ist, kann grundsätzlich **nur noch die EU** völkerrechtliche Verträge mit Drittstaaten schließen. Die EU kann MSen ermächtigen, ihre Befugnis vorläufig für sie auszuüben (EuGHE 1976, 1921, Rs. 41/76, „Donkerwolke"; st. Rspr.). Den Mitgliedstaaten ist es versagt, im Bereich ausschließlicher EU-Zuständigkeiten überhaupt noch eigenständig, also ohne allgemeine Rücküberweisung oder konkrete Ermächtigung durch die EU, zu handeln.

c) Parallele Außenzuständigkeiten

27 In einer Vielzahl weiterer Sachbereiche bestehen **parallele Außenzuständigkeiten** von EU und MSen. Hier ist davon auszugehen, dass die MSen **auf Dauer** neben der EU zum Vertragsabschluss befugt bleiben sollen. Dies gilt z. B. bei humanitärer Hilfe zugunsten eines Drittstaates (Art. 214 Abs. 4 AEUV; EuGHE 1993, I-3685, Rs. C 181/91, „Parlament/Rat"). Allerdings haben die MSen den Vorrang des EU-Rechts zu beachten; dies nimmt ihnen in vielen Fällen Handlungsfreiheit. Gleichwohl kann die Parallelität des Auftretens Spannungen und Konflikte mit sich bringen. Nach Art. 4 EUV besteht zwar die Pflicht zur gegenseitigen Koordination des jeweiligen Verhaltens (Rz. 4/23); inhaltlich besteht eine Pflicht zur Rücksichtnahme. Diese Pflicht ist allerdings regelmäßig zu unbestimmt und zu schwach, als dass sie zu einem konkreten Verhalten zwingen könnte (*Kort,* JZ 1997, 640).

2. Vertragsschließungsverfahren des AEUV (Art. 218 AEUV)

Literatur: *Hilf/Schorkopf,* Das Europäische Parlament in den Außenbeziehungen der EU, EuR 1999, 185; *Neubauer,* Implizite Vertragsschlußzuständigkeiten der EGen und Subsidiaritätsprinzip, 2000; *Castillo de la Torre,* El control judicial de los acuerdos internacionales de la CE, 2001; Pache/Bielitz, Das Verhältnis der EG zu den völkerrechtlichen Verträgen ihrer MSen, EuR 2006, 316; *Hilmer,* Die EU als Partei völkerrechtlicher Verträge, 2006; *Klabbers,* Treaty Conflict and the EU, 2008; *Hillion/Koutrakos,* Mixed Agreements Revisited: The EU and Its Member States in the World, 2010; *Thomas,* Making EU Foreign Policy, 2011.

a) Allgemeines

28 **Der Abschluss völkerrechtlicher Verträge** mit Drittstaaten und Internationalen Organisationen gehört zu den wichtigsten Formen der Ausübung auswärtiger EU-Gewalt. Er richtet sich nach Art. 218 AEUV. Die Bestimmung erfasst in umfassender Weise jede Form bindender völkerrechtlicher Vereinbarung, nicht aber einseitige Akte oder Handeln unterhalb der Schwelle rechtlicher Gestaltung. **Die allgemeine Verfahrensnorm** findet Anwendung, **soweit** der Vertrag keine Spezialvorschriften über den Abschluss von Abkommen zwischen der EU und Drittstaaten oder Internationalen Organisationen vorsieht. Für die **GASP** enthält Art. 37 EUV eine Spezialregelung (unten Rz. 39/21). Für den Bereich der GHP sieht Art. 207 Abs. 3 ff. AEUV Besonderheiten vor, für die Festlegung des Euro-Wechselkurses Art. 219 AEUV. Art. 218 AEUV begründet selbst keine Außenkompetenz, sondern setzt sie anderwärts voraus.

29 Das wortreiche Verfahren des Art. 218 AEUV beruht auf einer komplizierten Verteilung der Befugnisse zwischen Rat und Kommission. Die entscheidenden Schritte

(Aufnahme von Verhandlungen, Unterzeichnung, Abschluss) werden vom **Rat** beherrscht. Die **Kommission** verfügt über wichtige **Initiativrechte** und kann als **Verhandlungsführerin** wesentlichen Einfluss nehmen. Das **Parlament** verfügt inzwischen über gewichtige, wenngleich aber immer noch nicht gleichwertige Rechte. Der **Gerichtshof** kann ein Gutachten über die Vereinbarkeit eines geplanten Abkommens mit dem Vertrag erstatten.

b) Die Phasen des Vertragsschlusses

Im Verfahren des Art. 218 AEUV sind **folgende Phasen** zu unterscheiden:

Die **Aufnahme von Verhandlungen** bedarf der Ermächtigung durch den Rat (Art. 218 Abs. 2 AEUV); 30
diese wird auf der Grundlage einer Empfehlung der Kommission bzw. des Hohen Vertreters erteilt. Die **Entscheidung über die Verhandlungsführung** richtet sich nach dem Inhalt des beabsichtigten Übereinkommens. Grundsätzlich ist die KOM, für den Bereich der GASP ist der Hohe Vertreter zuständig. Es ist nicht ausgeschlossen, dass ein zu schließendes Abkommen sich auf GASP und AEUV erstreckt und säulenübergreifende Natur hat; in diesem Fall wäre die Verhandlungsführerschaft KOM und Hohem Vertreter gemeinsam zu erteilen. Der Rat erteilt die Ermächtigung zur Aufnahme der Verhandlungen gemäß einem von ihm erteilten **„Mandat"**. Der Verhandlungsführer agiert in der Praxis im Benehmen mit einem **besonderen Ausschuss des Rates** (Art. 218 Abs. 4 AEUV). Der Rat kann für die Verhandlung auch begleitende **Richtlinien** erteilen. Trotz dieser Vorhand der Ratsseite kann sich der Verhandlungsführer mit Verhandlungsgeschick eine starke Position verschaffen. Die Verhandlungsphase wird normalerweise mit der **Paraphierung** des Abkommens abgeschlossen (Textfeststellung ohne weiteres Engagement). In seltenen Fällen hat der Verhandlungsführer eine Unterzeichnungs- und Abschlusskompetenz (Art. 220 Abs. 2 AEUV; Art. 7 des Protokolls über Vorrechte und Befreiungen); der Rat kann eine entsprechende Ermächtigung erteilen (EuGHE 1994, I-3641, Rs. C-327/91, „Frankreich/KOM"). Das EP ist in dieser Phase zu unterrichten; dabei ist darauf zu achten, dass die Verhandlungsposition nicht geschwächt wird.

Der Rat beschließt die **Unterzeichnung und den Abschluss des ausgehandelten Abkommens** (Abs. 5). 31
Die Unterzeichnung bestätigt auf beiden Seiten den Abkommenstext endgültig. Ferner enthält sie das Engagement der Partner, intern das ihnen Mögliche zum Inkrafttreten (Abschluss) zu tun. Die Unterzeichnung wird u. U. mit einem Beschluss über die vorläufige Anwendbarkeit verbunden. Der Rat beschließt hier, wie zumeist in Art. 218 AEUV, mit qualifizierter Mehrheit (Abs. 8). Einstimmigkeit ist erforderlich, wenn das Abkommen einen Bereich betrifft, in dem intern Einstimmigkeit erforderlich ist, bei Assoziierungsabkommen im Sinne von Art. 217 AEUV, bei einem Übereinkommen nach Art. 212 AEUV oder beim Beitritt der EU zur EMRK (Abs. 8 Uabs. 2). Dem EP ist inzwischen in fünf Fällen ein Zustimmungsrecht eingeräumt (Abs. 6a). Im Übrigen ist es anzuhören. Im Bereich der GHP sieht Art. 207 Abs. 4 AEUV eine Spezialregelung vor. Keinerlei Parlamentsbeteiligung ist weiterhin für den Bereich der GASP vorgesehen. Der Abschluss-Beschluss des Rates ist seitens der EU der **völkerrechtliche Ratifikationsakt.** Das Abkommen tritt gemäß den vereinbarten Fristen in Kraft, sonst mit dem Austausch der Ratifikationsurkunden.

Auch gemischte Abkommen werden unionsseitig nach Art. 218 AEUV behandelt. Der Rat beschließt in der Praxis erst, wenn die MSen die Ratifizierung abgeschlossen haben.

EP, Rat, Kommission oder ein MS können vor Abschluss ein **Gutachten des Gerichtshofes** über die Ver- 32
einbarkeit eines geplanten Abkommens mit dem EU-Recht einholen. Das Verfahren kann alle Abkommen zum Gegenstand haben, die die EU abschließen kann. Dies gilt trotz Art. 275 AEUV auch für GASP-Abkommen. Ein Antrag auf Begutachtung kann ab dem Moment gestellt werden, ab dem die EU-Organe den Abschluss eines Abkommens erwägen und dessen maßgebliche Inhalte hinreichend erkennbar sind. Ein fixierter Vertragstext muss noch nicht vorliegen. Diese Gutachtenpraxis hat ständig zugenommen (z. B. EuGHE 1994, I-5267, Gutachten 1/94, „WTO"). Ist das Gutachten ablehnend, muss der Vertrag vor dem Abschluss des Abkommens (Art. 218 Abs. 5 AEUV) nach Art. 48 EUV geändert werden.

Der Abschluss-Ratsbeschluss kann darüber hinaus als Handlung des Rates gemäß Art. 263 AEUV **beim EuGH angefochten** werden (oben Rz. 13/44). Als Kläger kommen insbesondere MSen in Betracht (z. B.

EuGHE 1999, I-8395, Rs. C-149/96, „Portugal/Rat"; anders [und wohl unrichtig] EuGHE 1994, I-4973, Rs. C-280/93, „Deutschland/Rat" [zur Frage der Überprüfung von EU-Recht am WTO-Recht noch Rz. 40/49]). Inhaltlich ging es häufig um die **Wahrung der Zuständigkeiten** zwischen EU und MSen oder zwischen Unionsorganen. Mehrfach stellte sich aber auch die Frage, ob die Autonomie und das Funktionieren der EU-Rechtsordnung durch das geplante Abkommen beeinträchtigt werden könnte. Völkerrechtliche Bindungen der EU können freilich gerichtlich nicht ohne Weiteres rückgängig gemacht werden. Der Gerichtshof prüft auch gemischte Abkommen in umfassender Weise auf ihre Völkerrechtskonformität (EuGHE 1998, I-3606, Rs. C-53/96, „Hermès").

c) Bindungswirkung der Abkommen (Art. 216 Abs. 2 AEUV)

33 Die nach Art. 216 AEUV abgeschlossenen Abkommen sind **für die Organe der Union** und die **Mitgliedstaaten verbindlich.** Völkerrechtlich ist diese Feststellung deklaratorisch, da sich die Bindung bereits aus dem allgemeinen Völkerrechtssatz **„pacta sunt servanda"** (auch Art. 26 WVRK) herleitet. Das Völkerrecht überlässt es seinen Rechtssubjekten, über die Wirkung eines Vertrags im internen Recht selbst zu entscheiden; dies umfasst insbesondere das Recht, über den Rang und die Frage der unmittelbaren Wirkung zu entscheiden.

34 Der EuGH geht davon aus, dass die EU grundsätzlich frei bestimmen kann, welche Wirkungen ein von ihr geschlossenes Abkommen im Unionsrecht hat (EuGH, Urt. v. 21.12.2011, Rs. C-366/10, „Emissionszertifikate auf Luftverkehr", Rdnr. 49). Damit ist die Feststellung, dass ein gültiges Abkommen zu einem **„integrierenden Bestandteil der Gemeinschaftsrechtsordnung"** werde (EuGHE 1974, 460, Rs. 181/73, „Haegeman"), überholt. Vielmehr bekennt sich der EuGH heute offen zu einem „dualistischen" Verständnis des Verhältnisses von Völkerrecht und EU-Recht. Dies schließt die Bindung von EU-Organen an VR-Normen nicht aus. Allerdings folgt dies aus einem konkreten EU-rechtlichen Normanwendungsbefehl (z. B. Art. 216 Abs. 2 AEUV (Vollzugsbefehl für die erfassten Abkommen)).

Abkommen haben im Umfang ihrer Vollziehbarkeit vor Sekundärrecht Vorrang. Allerdings wird der EuGH einen sekundärrechtlichen Akt nur dann an einem für die EU verpflichtenden völkerrechtlichen Vertrag messen, wenn dessen Bestimmungen inhaltlich unbedingt und hinreichend genau sind und dessen Art und Struktur dies zulassen (zuletzt EuGHE 2008, I-4057, Rs. C-308/06, „Intertanko u. a."). Dies verneint der EuGH etwa für das GATT. In dieser Durchbrechung von Art. 218 AEUV drückt sich das Bemühen des EuGH aus, der EU außenpolitischen Handlungsspielraum zu verschaffen. Für die Idee einer Einheit des überstaatlichen Rechts hat der EuGH insofern keinen Sinn. Hierin drückt sich ein Verständnis aus, das die EU als staatsähnlichen Akteur im Geflecht der internationalen Beziehungen begreift, dessen Verhältnis zu den Bestimmungen des Völkerrechts zunächst als politische Frage begriffen wird.

Nach Art. 216 Abs. 2 AEUV sind auch die MSen – unionsrechtlich, nicht aber völkerrechtlich – an die von der EU geschlossenen Abkommen gebunden. Die MSen dürfen sich nicht in einer Weise verhalten, die zu einer Verletzung der im Abkommen enthaltenen Verpflichtungen führt. Dies kann im Vertragsverletzungsverfahren festgestellt werden (EuGHE 2002, I-2955, Rs. C-13/00, „KOM/Irland").

35 Internationale Verpflichtungen der EU stehen im Rang (hierzu etwa *Nettesheim,* EuR 2006, 737) zwischen dem Primär- und dem Sekundärrecht (EuGHE 1996, I-3989, Rs. C-61/94, „Kommission/Deutschland"; EuGHE 2004, I-3465, Rs. C-286/02, „Bellio F.lli"). Sie binden die Organe und Institutionen der EU, müssen sich aber ihrerseits am Primärrecht messen lassen. Alle Abkommen haben den gleichen Rang; in einem Konfliktfall muss nach Regeln der lex specialis bzw. lex posterior entschieden werden. Dies gilt auch für Konflikte zwischen GASP- und AEUV-Abkommen.

Die Abkommen können **unmittelbare Wirkungen zugunsten interessierter Privatpersonen** entfalten. Der Einzelne kann sich auf eine Abkommensbestimmung berufen, wenn diese Norm eine klare und eindeutige Verpflichtung enthält, deren Durchführung nicht von weiteren Maßnahmen abhängig ist. Der EuGH bestimmt dies im Wege der Auslegung des Abkommens; dabei werden auch die Struktur des Abkommens selbst und der politische Hintergrund berücksichtigt. Der EuGH verneint dies grundsätzlich für die Bestimmungen der WTO-Ordnung (z. B. EuGHE 1972, 1228, Rs. 21–24/72, „GATT"; EuGHE 1999, I–8395, Rs. C-149/96, „Portugal/Rat"; EuGHE 2003, I-10 497, Rs. C-93/02, „Biret/Rat"; EuGHE 2005, I-1465, Rs. C-377/02, „Van Parys"). Demgegenüber nimmt der EuGH dies für Assoziationsabkommen häufig an (EuGHE 1976, 129, Rs. 87/75, „Assoziierungsabkommen"; EuGHE 1987,

3719, Rs. 12/86, „Demirel" [Freizügigkeit]; EuGHE 2005, I-2579, Rs. C-265/03, „Simutenkov" [Partnerschaftsabkommen]). **Schadensersatzansprüche** für den Fall, dass ein Unternehmen durch Sanktionen geschädigt wird, die ein Drittstaat wegen eines WTO-Verstoßes der EU verhängt, gewährt der EuGH regelmäßig nicht (EuGHE 2008, I-6513, verb. Rs. C-120/06 P und C-121/06 P, „FIAMM"; vgl. auch Rz. 14/6).

Abkommen, **die die EU nicht unterzeichnet hat,** binden sie grundsätzlich nicht; derartige Abkommen können die Gültigkeit einer Rechtshandlung daher auch nicht in Frage stellen (EuGHE 2001, I-7079, Rs. C-377/98, „Niederlande/Parlament und Rat"). Im Hinblick auf das GATT 1947 hatte der EuGH eine „Bindungsübernahme" angenommen, in deren Folge die EWG Rechte der MSen übernehmen konnte, zugleich aber auch (nach außen) in die Pflichtenstellung eingetreten ist (EuGHE 1972, 1219, Rs. 21–24/72, „International Fruit"). Bislang ist nicht geklärt, in welchem Umfang eine entsprechende Pflichtenübernahme der **EU im Hinblick auf die UN-Satzung** erfolgt ist (zu UN-Sicherheitsratsbeschlüssen EuGHE 2008, I-6351, Rs. C-402/05 P, „Kadi" u. a.). Das Völkergewohnheitsrecht hat die EU bei ihrem Handeln zu beachten (EuGHE 1998, I-3655, Rs. C-162/96, „Racke"). 36

IV. Ausblick

Bislang ist der „große Sprung" zugunsten einer **umfassenden und vollständig vergemeinschafteten auswärtigen Gewalt der EU** noch nicht vollzogen worden. Der Lissabon-Vertrag hat hier wesentliche Neuerungen gebracht, ohne allerdings die Sphärentrennung von EUV und AEUV ganz aufzuheben. Dies ist mit Blick auf das weltpolitische Gewicht der Union bedauerlich. Nach allen Meinungsumfragen befürworteten schon seit einigen Jahren ungefähr **zwei Drittel der Unionsbürger** in allen Mitgliedstaaten eine wirklich europäische Außenpolitik. Die Zustimmung zur gemeinsamen Verteidigung liegt sogar noch höher. Die Bürger sind bereits weiter als ihre Regierungen. 37

Das Zögern der nationalen Regierungen, die Außenpolitik vollständig zu vergemeinschaften, überrascht allerdings nicht. Die Integration ist im **Inneren** der EU mit Binnenmarkt, Währungsunion und wichtigen Teilen der rechtsprechenden Gewalt weit vorangeschritten. Wenn darüber hinaus essentielle Staatsfunktionen wie die **Obhut gegenüber der Außenwelt** mit den diplomatischen und militärischen Mitteln der Union anvertraut würden, bedeutete dies einen weiteren wesentlichen Schritt auf dem Weg zum **Europäischen Bundesstaat.** Hierzu fehlt nicht nur die Bereitschaft der Regierungen. Auch die Bürger, die in abstracto eine Stärkung der europäischen Außenpolitik befürworten, haben nicht das Vertrauen in die noch junge europäische Hoheitsgewalt entwickelt, um derartige Schritte für sie akzeptabel zu machen. Weitere Intensivierungen des gemeinsamen Außenhandelns der EU in den fragmentierten Übergangsformen zwischen gemeinschaftlich-integriertem und intergouvernementalem Vorgehen erscheinen aber nicht ausgeschlossen und sind wünschenswert (*Hallstein-Institut* [Hrsg.], Die EU im globalen Kontext, 2004). Die Schaffung einer **auswärtigen Unionsgewalt** im föderalen Sinne dürfte dagegen für die vorhersehbare Zeit – nicht zuletzt aufgrund der Beschäftigung der EU mit der Bewältigung der Finanzkrise – nicht auf der Tagesordnung der europäischen Politik stehen.

§ 39. Gemeinsame Außen-, Sicherheits- und Verteidigungspolitik

I. Die Gemeinsame Außen- und Sicherheitspolitik (GASP)

Literatur: *Mahncke/Ambos/Reynolds* (Hrsg.), European Foreign Policy – From Rhetoric to Reality?, 2004; *Regelsberger,* Die GASP der EU, 2004; *Kadelbach* (Hrsg.), Die Außenbeziehungen der EU, 2006; *Lang,* Bestimmungsfaktoren und Handlungsfähigkeit der ESVP, 2007; *Raube,* Die Verfassungsaußenpolitik der Europäischen Union, 2007; *Vogler,* Handlungsfähigkeit der EU im Rahmen der GASP: Perspektiven für eine gemeinsame Außen-, Sicherheits- und Verteidigungspolitik, 2008; *Algeri,* Die Gemeinsame Außen- und Sicherheitspolitik der EU, 2008; *Jones/van Genugten* (Hrsg.), The Future of European Foreign Policy, Journal of European Integration 2008, Heft 1; *Cremona/de Witte* (Hrsg.), Eu Foreign Relation Law, 2008; *Cremona,* Developments in EU External Relations Law, 2008; *de Baere,* Constitutional Principles of EU External Relations, 2008; *Bungenberg,* Außenbeziehungen und Außenhandelspolitik, in: Schwarze/Hatje (Hrsg.), Der Reformvertrag von Lissabon, EuR-Beiheft 1/2009, 195; *Cremer,* Die Gemeinsame Außen-, Sicherheits- und Verteidigungspolitik im Spannungsfeld zwischen Souveränität der Mitgliedstaaten und Supranationalität der EU, in: Fastenrath/Nowak (Hrsg.), Der Lissabonner Reformvertrag, 2009, S. 275; *Thym,* Auswärtige Gewalt, in: von Bogdandy/Bast (Hrsg.), Europäisches Verfassungsrecht, 2. Aufl. 2009, S. 441; *Pechstein,* Die Intergouvernementalität der GASP nach Lissabon, JZ 2010, 425; *Beck,* Das Ende der Illusionen: Die GASP der EU nach Lissabon, Jahrbuch öffentliche Sicherheit 2011, 177; *Jaag,* Demokratische Legitimation der EU-Außenpolitik nach Lissabon, EuR 2012, 309; *Friesen,* Der Fall „ECOWAS" nach dem Vertrag von Lissabon: Zur Abgrenzung zwischen Entwicklungszusammenarbeit und GASP nach der neuen Rechtslage, ZEuS 2012, 101; *Schulz,* Die Außenpolitik der Europäischen Union im 21. Jahrhundert, Integr. 2013,138.

1 Die Außendimension der Integration rückte erst schrittweise in den Blick. Mit dem Anwachsen der Gestaltungsmacht nach innen, dem Vordringen in immer neue Aufgabenbereiche und dem Anwachsen der Mitgliederzahl gewann die Frage nach der Rolle Europas in der Welt an Gewicht. Es waren nicht nur Stimmen in den Mitgliedstaaten, die dazu aufriefen, die Integration nach außen zu wenden und Europa eine **„Stimme zu verleihen"**. Vielleicht noch lauter waren die Stimmen außerhalb Europas, die danach fragten, wie sich der so wirtschaftsmächtige EU-Verbund seiner globalen Verantwortung stellen würde. Inzwischen hat die Idee, die Integration diene der Sicherung der Rolle Europas in einer sich verändernden Welt, zu einem Leitmotiv entwickelt. Das ist vorläufiger Endpunkt eines langen Wegs. In den 1970er Jahren begannen die MSen mit einer Europäischen Politischen Zusammenarbeit (EPZ), die 1986 in Art. 30 der EEA verankert wurde. Mit dem Maastrichter Unionsvertrag 1992 trat als „zweite Säule" der EU die „Gemeinsame Außen- und Sicherheitspolitik" (GASP) ins Leben. Die GASP hat – ungeachtet gewisser Stärkungen in Amsterdam 1997 und Nizza 2001 und einem weiteren Ausbau im Lissabon-Vertrag – bislang einen geringen Grad der Vergemeinschaftung erreicht. Supranationale Rechtsetzung erfolgt noch weiterhin nicht, und der Entscheidungsmodus ist weiter vom Konsensprinzip beherrscht. Viele MSen sind zu dem „qualitativen Sprung" einer voll vergemeinschafteten europäischen Außenpolitik bisher nicht bereit. Erst recht ist der Ausbau der EU zu einer **umfassenden Politischen Union** weiterhin nicht absehbar. Die Zurückhaltung der MSen macht die 13. Erklärung zum Lissabon-Vertrag deutlich, in der sie ihre fortbestehende Funktion betonen.

2 Der Politikbereich der **GASP** wurde geschaffen, um der EU ein koordiniertes Auftreten nach außen auch in Bereichen zu ermöglichen, die jenseits der Integrationsfelder des damaligen EGV und heutigen AEUV liegen. Es geht in diesem Bereich um die Durchsetzung allgemeiner außenpolitischer Interessen, etwa des Interesses an Sicherheit, an der Armutsbekämpfung, an der Durchsetzung von Menschenrechten oder an

der Realisierung von Demokratie. Die EU zielt darauf ab, in der GASP das außenpolitische Gewicht einzusetzen, das Fläche, Bevölkerung und Wirtschaftskraft der in ihr vereinten Staaten aufweisen. Nicht immer gelingt es allerdings, mit einheitlicher Stimme zu sprechen. Die vertraglichen Vorgaben für die Gestaltung der GASP sind zugleich wortreich und unbestimmt ausgefallen; inhaltliche Interessenkonflikte werden mit langatmigen politischen Bekenntnissen überspielt (Art. 21 f. EUV). In Art. 3 Abs. 5 EUV findet sich ein „wunschlistenartiges" Bekenntnis, das mehr auf Orientierungsschwierigkeiten als auf Prinzipienfestigkeit hindeutet. Die **normative Bindungswirkung** dieser Bestimmungen ist gering; eine gerichtliche Kontrolle ist ausgeschlossen (Art. 275 AEUV). Zur Umsetzung dieser Ziele steht ein Handlungsinstrumentarium zur Verfügung, das eine Koordination und ein gemeinsames Auftreten ermöglicht, ohne allerdings nach innen (supranationale) Bindungswirkung entfalten zu können (Art. 25 EUV). Es ist effektiv genug, um der EU die inhaltliche Ausrichtung ihres auswärtigen Auftretens gegenüber Staaten und Regionen oder in einzelnen Tätigkeitsfeldern zu ermöglichen. Keine vertragliche Regelung haben „weiche" Formen der Koordination erfahren, also Absprachen und Abmachungen unterhalb der Schwelle förmlicher Rechtsinstrumente. Der Vertrag skizziert die Richtung, in die sich die EU entwickeln soll; vieles ist allerdings offen gelassen und bleibt einer späteren Ausgestaltung (Art. 27 Abs. 3, Art. 41 Abs. 3 EUV) oder der politischen Praxis überlassen. Die Bindung an das Völkerrecht – unter Einschluss des gewohnheitsrechtlich anerkannten Gewaltverbots – wird betont (Art. 21 EUV).

In ersten Darstellungen des Maastricht-Vertrags sprach man noch davon, dass es sich 3
bei der **im Rahmen der GASP begründeten Zusammenarbeit** um eine (bloß) intergouvernementale Kooperation handele. Diese Formulierung war nie glücklich. Richtig ist, dass die GASP-Politik bislang nicht nach der „Gemeinschaftsmethode" formuliert wird. Die Rolle der Kommission ist deutlich kleiner als in vielen Politikbereichen des AEUV. Angesichts der bedeutsamen – und wachsenden – Funktion, die die Organe der EU im GASP-Bereich spielen, handelt es sich aber nicht nur um eine Form zwischenstaatlicher Zusammenarbeit. Inzwischen ist deutlich hervorgetreten, dass auch in der GASP ein **integrierter Auftritt des EU-Verbands** erfolgt. Allerdings unterscheidet sich die entstehende Form überstaatlicher kollektiver Politikgestaltung (*Müller-Brandeck-Bocquet* [Hrsg.], Europäische Außenpolitik, 2002, 11) in der Institutionenstruktur, im Verfahren und in den Instrumenten von jener des AEUV. Zwischen der „allgemeinen" Außenpolitik der GASP und den tiefer vergemeinschafteten Außenbeziehungen im AEUV gibt es viele Schnittstellen (*Burkard,* Die GASP und ihre Berührungspunkte mit der EG, 2001). Beide Bereiche sind **heute mehr denn je miteinander verflochten;** eine „Säulenstruktur" ist nicht mehr zu erkennen. Dies gilt ungeachtet des Bemühens in Art. 40 EUV, trennende Grenzziehungen aufrechtzuerhalten. Die praktische Politik darf die Strukturunterschiede – insbesondere mit Blick auf Institutionen, Instrumente und Verfahren – in den verschiedenen Bereichen **nicht verwischen.** Der Vertragsgeber reagiert hier auf die gelegentlich im AEUV-Bereich zu beobachtende *Nonchalance* in der Handhabung des Vertrags; mit Blick auf die Souveränitätsnähe soll dies in der GASP-Politik verhindert werden (vgl. auch Erklärungen 13 und 14).

1. Die rechtlich/institutionelle Regelung der GASP im EU-Vertrag (Art. 23–41 EUV)

4 Die GASP erstreckt sich auf **alle Bereiche** der Außen- und Sicherheitspolitik (Art. 24 Abs. 1 EUV). Grundsätzlich gilt auch für die GASP das Prinzip der begrenzten Einzelzuständigkeit. Eine gerichtliche Kontrolle der Einhaltung etwaiger Kompetenzgrenzen erfolgt allerdings nicht (Art. 275 AEUV). Jedoch überprüft der EuGH, ob Maßnahmen, die im GASP-Bereich erlassen wurden, richtigerweise nicht auf AEUV-Bestimmungen hätten gestützt werden müssen; auf diese Weise soll ein Unterlaufen des AEUV verhindert werden (Rz 39/15). Querschnittsartig werden den MSen in Art. 346 AEUV bestimmte Residualbereiche garantiert. So werden etwa **Waffenproduktion und Waffenhandel** im Zusammenhang mit der Wahrung der „wesentlichen Sicherheitsinteressen" der MSen aus dem AEUV ausgeklammert; insofern finden sich hier im nationalen Außenwirtschaftsrecht (etwa im deutschen Außenwirtschaftsgesetz) noch Regelungen.

5 Der Vertrag formuliert die im Rahmen der GASP zu verfolgenden **Grundsätze** und **Ziele** (Präambel, Art. 21 f. EUV). Die Zielsetzungen lassen sich als die gemeinsamen Kernelemente der demokratisch verfassten europäischen Staaten begreifen: Wahrung gemeinsamer **Werte,** Formulierung gemeinsamer strategischer Interessen, Unabhängigkeit und Unversehrtheit der EU im Einklang mit der UN-Charta; **Sicherheit** der Union; Wahrung des **Friedens** im Sinne der UN-Charta, der Schlussakte von Helsinki 1975 und der OSZE-Charta von Paris 1990; **internationale Zusammenarbeit und Förderung der nachhaltigen Entwicklung;** Stärkung von **Demokratie, Rechtsstaatlichkeit** und **Menschenrechten.** Die MSen sind aufgerufen, die GASP **loyal** („vorbehaltlos") und **solidarisch** zu unterstützen (Art. 24 Abs. 3 EUV). In der außenpolitischen Praxis bestehen insoweit noch manche Defizite. Anerkannt wird die besondere Rolle bestimmter Mitgliedstaaten (Art. 42 EUV). Dabei geht es einerseits um die Neutralität einzelner MSen, andererseits um die besondere Rolle Frankreichs und des UK im UN-Sicherheitsrat und auf dem Gebiet der nuklearen Verteidigung.

2. Institutionelle Struktur der GASP (Art. 26 ff. EUV)

6 Die GASP weist institutionelle Besonderheiten auf, die sie von dem im AEUV zu beobachtenden Geschehen abheben (Art. 24 Abs. 2 EUV: „besondere Bestimmungen und Verfahren"). Im Wesentlichen treten jene **Institutionen** auf, die auch im AEUV-Bereich walten; an ihre Seite tritt mit hervorgehobener Bedeutung der Hohe Vertreter. Die Einrichtungen operieren in besonderen Verfahren und unter Verwendung der besonderen GASP-Rechtsinstrumente. Institutionell und instrumentell weist die GASP damit Züge der **Vergemeinschaftung** auf, wenngleich der politische Entscheidungsprozess aufgrund des Gewichts des EuRats und der Entscheidungsverfahren weiterhin deutlich durch die Mitgliedstaaten bestimmt wird. Die Regelung der Art. 26 ff. EUV ist unübersichtlich und komplex. Nach den Institutionen geordnet ergibt sich folgendes Bild:

a) Der Europäische Rat (Art. 26 EUV)

7 Der Europäische Rat ist in der GASP das wesentliche und maßgebende Organ der EU (unten Rz. 39/16). Er ist mittels der Definition der strategischen Interessen, der Festlegung der Ziele und der Bestimmung der allgemeinen Leitlinien sowohl oberster außenpolitischer **Impulsgeber** als auch **Beschlussorgan** der GASP. In der Folge des Lissabon-Vertrags gewinnt die operative Funktion des EuRats an Bedeutung; der Präsi-

dent soll die EU auch nach außen sichtbar machen (Art. 15 Abs. 6 EUV). Die Idee, dass dies nur auf der Ebene der Staats- und Regierungschefs der Fall sein soll, wird sich nicht durchhalten lassen. Der EuRat gibt dem Rat die Leitlinien der Politik vor; darüber hinaus erlässt er die erforderlichen Beschlüsse. Der EuRat entscheidet grundsätzlich einstimmig (Art. 31 EUV).

b) Der Rat (Art. 26 Abs. 2 EUV)

Der **Rat** (in der Formation „Auswärtige Angelegenheiten") ist dazu berufen, die GASP näher auszugestal- 8
ten und die für die Festlegung und Durchführung erforderlichen Beschlüsse zu fassen (Art. 26 Abs. 2 EUV). Auch operative Beschlüsse erlässt der Rat (Art. 28 EUV); allerdings obliegt die letztliche Durchführung dem HV und den MSen. Der Rat handelt im Rahmen der Vorgaben des EuRat. Im Eilfall ist ein schnelles Handeln möglich (Art. 30 Abs. 2 EUV).

Im Sinne des Schutzes nationaler Vetopositionen beschließt der Rat grundsätzlich **einstimmig** (Art. 31 EUV). Dissentierende MSen können sich enthalten. Sie sind dann nicht gebunden, müssen sich aber loyal verhalten („konstruktive Enthaltung"). Der EUV sieht zwar Fälle vor, in denen eine Entscheidung mit qualifizierter Mehrheit ergehen kann; mit einer Ausnahme ist dies aber nur in Fällen möglich, in denen zuvor einstimmig entschieden wurde. Immerhin ist nach Art. 31 Abs. 3 EUV die Ausweitung des Bereichs von Mehrheitsentscheidungen möglich – allerdings ebenfalls wieder nur einstimmig und unter Beachtung von Art. 48 Abs. 7 EUV. **Die MSen konsultieren sich im Rat** zu allen wichtigen außen- und sicherheitspolitischen Fragen (Art. 32 EUV). In der GASP-Praxis liegt es hiermit öfters im Argen. Die Mitgliedstaaten haben ein Initiativrecht (Art. 30 Abs. 1 EUV).

An die Seite des Ausschusses der Ständigen Vertreter (oben Rz. 5/74) tritt im GASP-Bereich ein **Politisches und Sicherheitspolitisches Komitee,** das sich aus den Ständigen Vertretern (Botschaftern) der MSen in Brüssel und den Politischen Direktoren der Außenministerien zusammensetzt. Es hat sich unterhalb des Rates und des HV zum **zentralen Führungsgremium** der GASP in zivilen und militärischen Fragen entwickelt (Ratsbeschluss ABl. 2001 L 49/1). Der Rat kann – begrenzt – Entscheidungskompetenzen an das PSK delegieren. Die Übertragung kann etwa das Recht zur Festlegung der strategischen Leitung einer Operation, der Festlegung oder Änderung der Einsatzregeln oder -pläne oder die Ernennung des Missionsleiters umfassen. Das PSK wird vom EU-**Militärausschuss** (ABl. 2001 L 27/4) beratend unterstützt. Das PSK verfolgt laufend die außenpolitische internationale Lage und nimmt unterhalb des Rates die politische Kontrolle und strategische Leitung der GASP-Krisenoperationen wahr. Es kann Stellungnahmen an den Rat richten und ist an der Überwachung der Durchführung der GASP-Politiken beteiligt; ggf. kann es auch selbst Beschlüsse fassen (Art. 38 Abs. 3 EUV). Wichtig ist seine strategische Leitung von Krisenbewältigungsoperationen (Art. 43 EUV). Die GASP hat mit dem PSK ihre zentrale und permanente Instanz in Brüssel gefunden.

c) Der Hohe Vertreter (Art. 27 EUV) und der Europäische Auswärtige Dienst

Dem Rat sitzt in dieser Formation der **Hohe Vertreter für Außen- und Sicherheits-** 9
politik (HV) vor, ohne allerdings Stimmrecht zu haben. Das Amt ist jenem des „Außenministers" im Verfassungsvertrag nachempfunden; es ist kein Organ der EU, sondern zugleich Organteil der KOM und des Rats. Der HV hat der GASP **Impulse** zu geben, auch und gerade mit Blick auf den Abschluss von Abkommen (Art. 218 Abs. 2 AEUV). Dem HV kommt eine wichtige Koordinationsrolle zu, weil er im Schnittfeld der anderen GASP-Institutionen steht. Er oder sie kann aufgrund seiner Doppelfunktion Standpunkte der Kommission einbringen. Der Einfluss des HV hängt wesentlich vom politischen Geschick und der inhaltlichen Überzeugungskraft ab (ausf.: *Schusterschitz,* in: Eilmansberger/Griller/*Obwexer,* Rechtsfragen der Implementierung des Vertrags von Lissabon, 2011, 269). Aufgrund der Unterordnung unter den Rat (Art. 18 Abs. 2 EUV) hat die Politik des HV in jene des Rates eingebunden zu sein.

Nach außen obliegt dem HV die **Vertretung der EU im GASP-Bereich;** er oder sie sollen das „Gesicht" 10
der EU sein. Dies gilt auch für die Repräsentation in internationalen Organisationen und auf internationalen Konferenzen (Art. 27 Abs. 2 EUV); hierbei gibt es allerdings mit Blick auf die UN Besonderheiten

(Art. 34 EUV). Zur Durchführung der GASP-Maßnahmen sind neben dem HV auch die Mitgliedstaaten berufen; je nach Situation können ihnen dabei Mittel der EU gewährt werden (Art. 26 Abs. 3 EUV). Dem Rat und dem HV obliegt es, für Einheit und Kohärenz zu sorgen; die ersten Erfahrungen nach Inkrafttreten des Lissabon-Vertrags waren in diesem Punkt zwiespältig. Nicht jedem Ratspräsidenten fällt es leicht, die bisherige außenpolitische Zentralfunktion (Art. 18 EUV-Nizza) aufzugeben. Konflikte kann es auch mit dem Präsidenten des EuRats geben, dessen Amt ebenfalls eine Außendimension aufweist.

Der HV wird vom **Europäischen Auswärtigen Dienst (EAD)** unterstützt (Art. 27 Abs. 3 EUV; *Schoo,* EuR 2009, Beiheft 1, 52 (64f.); *Karalus,* Die diplomatische Vertretung der EU, 2009; *Petersen,* Europäisierung der Diplomatie, 2011). Es handelt sich dabei um eine Behörde, die nicht die rechtliche Selbständigkeit einer Agentur aufweist, organisatorisch aber gegenüber einer „normalen" Kommissionsdienststelle **größere Verselbständigung** aufweist. Sie untersteht dem HV und besteht aus der Zentrale sowie den EU-Delegationen. Ihre Zuständigkeit erstreckt sich nicht lediglich auf den Bereich der GASP, sondern umfasst auch die sonstigen Befugnisse des HV. Dem Beamtenapparat steht ein **„geschäftsführender Generalsekretär"** vor. An seiner Seite wirkt ein Generaldirektor für Haushalt und Verwaltung. Der EAD stetzt sich aus EU-Bediensteten, nationalen Diplomaten und nationalen Experten zusammen. Mindestens 60% des Personals soll sich aus EU-Bediensteten zusammensetzen, ein Drittel soll aus den MSen stammen. Die Ernennungsbefugnis und Dienstaufsicht steht dem HV zu. Im EAD herrscht die aus den MSen bekannte Rotation. Die bisherigen EU-Delegationen sind in den EAD integriert und mit dessen Personal besetzt worden (im Einzelnen: Beschluss 2010/427/EU, Abl. 2010 L 201/30). In begrenztem Umfang übernehmen diese Delegationen (Art. 221 AEUV) zukünftig auch konsularische Funktionen. Der EAD wird im EU-Haushalt wie andere unabhängige Institutionen (wie der Ombudsmann oder der AdR) behandelt. Der Dienst umfasst gegenwärtig gut 3500 Mitarbeiter. Das EP kann gewisse Kontroll- und Informationsrechte wahrnehmen (Rz. 39/12) und über sein Budgetrecht Einfluss auf den EAD nehmen.

Die **Hohe Vertreterin** ist berufen, den inzwischen reichhaltigen Außenbeziehungen der EU politischen Gehalt zu verleihen. Die große Mehrzahl der über 190 Staaten der Weltgemeinschaft unterhält mit der EU diplomatische Beziehungen und hat in Brüssel Vertretungen eröffnet. Die Union ist damit heute praktisch **universal anerkannt.** Das aktive Gesandtschaftsrecht nimmt der Verband schon seit den 1950er Jahren wahr: Die EGKS eröffnete bereits 1955 eine Ständige Vertretung in London. 1960 billigte der Rat grundsätzlich das aktive Gesandtschaftsrecht der Gemeinschaften. Die EU unterhält heute in 136 Ländern **Delegationen** verschiedener Art, sowohl mit diplomatischem Status als auch inoffiziellere Informations- und Verbindungsbüros. Die EU-Vertreter sind in den Drittstaaten meist den Diplomaten gleichgestellt und werden idR am Ende der örtlichen Diplomatenliste geführt.

d) Die Kommission und das Europäische Parlament

11 Die **Kommission** verfügt in der GASP nur über **geringe Handlungsmöglichkeiten.** Art. 27 EUV-Nizza sah immerhin noch vor, dass sie „in vollem Umfang" an der GASP zu beteiligen ist. Seit dem 1.12.2009 ist ihr diesbezüglicher Einfluss zurückgegangen. Die wesentlichen Entscheidungs- und Gestaltungsrechte hat nunmehr der HV und der ihm zugeordnete EAD übernommen. Es ist deutlich erkennbar, dass in der GASP nicht die „Gemeinschaftsmethode" zum Tragen kommt; die politische Machtverteilung entspricht nicht dem Grundmodell des AEUV (Initiativmonopol der Kommission, Mitentscheidung des EP). Die KOM kann über den HV Initiativen unternehmen (Art. 30 EUV) und wirkt bei der Ausgestaltung des EAD mit. Im Übrigen ist der politische Einfluss der Kommission über die Person des HV zu kanalisieren. Dies schließt politische Bemühungen um Einbeziehung der KOM nicht aus. Die GASP kann von einer guten Zusammenarbeit von EuRat, Rat und Kommission nur profitieren.

12 Ähnlich wie in nationalen Verfassungen (zum Grundgesetz: *Nettesheim,* in: Maunz/Dürig, GG, 2009, Art. 59) sind die **Mitwirkungsrechte des EP an der GASP** beschränkt (*Hilf/Schorkopf,* EuR 1999, 185; *Thym,* Parlamentsfreier Raum? Das Europäische Parlament in der Außen- und Sicherheitspolitik, WHI-Paper 2/2005). Der HV ist verpflichtet, das Parlament zu den „wichtigsten Aspekten und grundlegenden Weichenstellungen" der GASP zu **hören** und seine Auffassungen gebührend zu berücksichtigen. Ebenfalls ist das EP zu **unterrichten.** Das Parlament kann **Anfragen** oder **Empfehlungen** an den Rat oder den HV richten und führt zweimal jährlich eine **Aussprache** über die Fortschritte der GASP durch. Das EP kann auf die GASP mit Hilfe seiner Entscheidungsrechte im **EU-Haushaltsverfahren Einfluss nehmen,** soweit GASP-Ausgaben hieraus finanziert werden. Die Einzelheiten sind in einer interinstitutionellen Vereinbarung zwischen Rat und EP geregelt (ABl. 1997, C 286/80).

e) Sonderbeauftragte (Art. 33 EUV)

Der Rat kann nach Bedarf – in der Regel befristet – **Sonderbeauftragte für besondere politische Fragen** ernennen. Sie üben ihr Mandat unter der Verantwortung des HV aus und werden in den EAD integriert. Der Sonderbeauftragte ist seit längerer Zeit ein beliebtes Instrument, um die Präsenz der GASP in Krisengebieten (z. B. Naher Osten, Jugoslawien, Afghanistan) zu stärken. 13

Im **Gesamtüberblick** erscheint die institutionelle Struktur der GASP in ihren Verästelungen und in der Konkurrenz zu den Dienststellen der Kommission für die integrierten AEUV-Außenbeziehungen als **komplex,** aber im Lichte der strategischen und instrumentellen Gegebenheiten im Bereich des Äußeren als **angemessen.** Kompetenzkonflikte sind an manchen Stellen vorprogrammiert. Die GASP hat seit den 1990er Jahren im Spannungsfeld von institutioneller Vergemeinschaftung und politischer Intergouvernementalität eine ansehnliche Gestalt gewonnen. 14

3. Rechtsinstrumente der GASP (Art. 25 EUV)

Das besondere Instrumentarium der GASP wird in Art. 25 EUV beschrieben. Die dort genannten Instrumente gehen deutlich **über eine zwischenstaatliche Kooperation hinaus,** haben aber noch nicht jenen Grad an Integration erreicht, der etwa im Bereich der Rechtsetzung im AEUV besteht. Der Lissabon-Vertrag zielt auf eine Entschlackung des Handlungsinstrumentariums ab; zugleich erfolgt eine Annäherung an Art. 288 AEUV. Der Erlass von Gesetzgebungsakten ist weiterhin verboten (doppelte Feststellung in Art. 24 Abs. 1 und Art. 31 Abs. 1 S. 2 EUV). Die in Art. 25 EUV genannten Formen sind nicht abschließend; die Bestimmung erwähnt die vielfältigen Formen „weicher" Steuerung unterhalb der Schwelle rechtsverbindlicher Akte nicht. 15

Eine unmittelbare Rechtskontrolle des Handelns durch den EuGH erfolgt nicht (Art. 275 AEUV). Allerdings überprüft der EuGH, ob Maßnahmen, die die politisch handelnden Organe unter den Bestimmungen der GASP erlassen, nicht richtigerweise auf Bestimmungen des AEUV hätten gestützt werden müssen (z. B. EuGHE 2008, I-3651, Rs. C-91/05, „Kommission/Rat" [Bekämpfung der Verbreitung von Waffen]).

a) Allgemeine Leitlinien

Nach Art. 25 lit. a) EUV stehen der EU auf dem Gebiet der GASP **„allgemeine Leitlinien"** zur Verfügung. Diese Leitlinien ergehen in der Form des Beschlusses (Art. 26 Abs. 1 S. 2 EUV), selbst wenn dies so nicht ausdrücklich festgelegt ist. Mit diesem Instrument werden allgemeine Vorgaben formuliert, mit denen der **Europäische Rat** gemäß Art. 26 Abs. 1 EUV der GASP eine grundsätzliche Ausrichtung gibt. Derartige Leitlinien können auch verteidigungspolitische Bezüge aufweisen. Sie sind nicht nur in einem politischen Sinne maßgeblich, sondern haben auch die Qualität bindenden Rechts. Regelmäßig werden sie aber so unbestimmt und offen formuliert sein, dass schon strukturell keine konkreten Handlungspflichten begründet werden. Im EUV-Nizza war noch zwischen Leitlinien und gemeinsamen Strategien (z. B. Gemeinsame Strategie für die Mittelmeerregion, ABl. 2000, L 183/5) unterschieden worden. 16

b) Beschlüsse

Das praktisch wichtigste Instrument im GASP-Bereich ist der **Beschluss** (Art. 25 EUV). Diese Handlungsform entspricht dem Beschluss nach Art. 288 Abs. 3 AEUV. In der Form des Beschlusses können **Aktionen** formuliert [(lit. b) i)] und **Standpunkte** eingenommen werden [(lit. b) ii)]. Auch für die **Durchführung** derartiger Festlegungen steht der Beschluss zur Verfügung (lit. b) iii); hier gilt die Besonderheit, dass mit qualifizierter Mehrheit entschieden werden kann, wenn und soweit es nicht um Beschlüsse mit militärischen oder verteidigungspolitischen Bezügen geht (Art. 31 Abs. 3, 4 EUV). **Beschlüsse** sind **verbindlich:** Adressatenlose Beschlüsse verändern die Rechtslage allgemein; Beschlüsse, die einen Adressaten 17 aufweisen, führen eine Veränderung des Rechtsstatus (Anspruch oder Pflicht) herbei. Allerdings gilt auch hier, dass der EuGH zur Durchsetzung nicht angerufen werden kann (Art. 275 AEUV). Als Adressat eines Beschlusses kommen nur die Mitgliedstaaten in Betracht. Ein Durchgriff auf Glieder in den MSen oder gar auf Individuen ist der EU versagt. Eine diesbezügliche Ermächtigung findet sich im EUV nicht; sie wäre unter rechtsstaatlichen Gesichtspunkten mit Blick auf die Rechtsschutzdefizite nicht hinnehmbar. Eine Supranationalisierung erfolgt nur indirekt über Art. 215 AEUV.

18 Im Wege des Beschlusses einigt sich die EU insbesondere auf die durchzuführenden **Aktionen** (vgl. Art. 28 EUV). Sie waren schon unter dem EUV-Nizza (in Form „gemeinsamer Aktionen") das **Hauptinstrument der GASP** (*Münch,* EuR 1996, 415). Aktionen betreffen spezifische Situationen, in denen eine näher zu bezeichnende operative Vorgehensweise der EU für notwendig erachtet wird (z. B. Gemeinsame Aktion 2002/210 über die Polizeimission der EU in Bosnien-Herzegowina, ABl. L 70/1). Allerdings bleiben die operativen Fähigkeiten der EU selbst eher gering; die GASP wird auch auf der Grundlage des EUV-Lissabon im wesentlichen durch die MSen realisiert. Die Steuerung des mitgliedstaatlichen Verhaltens löst keine völkerrechtsunmittelbare Haftung der EU aus; für die Folgen haften im Außenverhältnis zu Dritten die MSen.

19 Auch die Einnahme von **Standpunkten** erfolgt nach Art. 25 EUV durch Beschluss. Standpunkte sind neben den Aktionen das **zweite Hauptinstrument** der GASP (Art. 29 EUV). In einem Standpunkt wird das Konzept der EU für eine bestimmte Frage geographischer oder thematischer Art bestimmt (z. B. Gemeinsamer Standpunkt 2000/55 zu Afghanistan, ABl. L 21/1 oder GStP 2003/444 zum Internationalen Strafgerichtshof, ABl. L 150/67). Standpunkte weisen insofern konzeptionelle, in die mittel- oder gar langfristige Zukunft gerichtete Qualität auf. Es handelt sich um eine Position, mit der ein übereinstimmendes Handeln der EU und der MSen erreicht werden soll, während die Aktion vor allem ein geschlossenes Auftreten der EU sicherstellen will. Standpunkte können sich auch nach außen richten und Drittstaaten ansprechen. Die MSen tragen Sorge, dass ihre nationale Politik mit den Standpunkten im Einklang steht. Standpunkte weisen **rechtliche Bindungskraft** auf; es hängt vom Inhalt ab, wie groß ihre Normativität ist. Häufig werden mit diesem Instrument keine konkreten Handlungsanweisungen formuliert. Es geht mehr um die politische Orientierung als um die Formulierung konkreter Schritte. Gleichwohl gilt auch hier für die MSen die Pflicht zu loyaler Unterstützung und Förderung.

Standpunkte haben in der Vergangenheit nicht zuletzt bei der **Festlegung restriktiver Maßnahmen** (Art. 215 AEUV) eine Rolle gespielt; sie dienten der Durchführung von Beschlüssen des UN-Sicherheitsrates (vgl. etwa EuGHE 2008, I-6351, Rs. C-402/05P, „Kadi"; zum Rechtsschutz: EuGH, Urt. v. 28.5.2013, Rs. C-239/12P, „Abdulbasit Abdulrahim"). Der EuGH geht zu Recht davon aus, dass die EU zur Durchführung von Beschlüssen des UN-Sicherheitsrats nur im Rahmen ihrer Grundrechtsordnung verpflichtet sein kann.

Sieht ein GASP-Beschluss die Aussetzung, Einschränkung oder Einstellung der Wirtschaftsbeziehungen zu Drittstaaten vor, so entscheidet der Rat über die erforderlichen supranationalen Maßnahmen. Der GASP-Beschluss verpflichtet nicht zwingend dazu, im AEUV-Bereich Durchsetzungsmaßnahmen zu erlassen; die Kohärenz des Auftritts kann in diesem Fall leiden.

c) Ausbau der systematischen Zusammenarbeit

20 In Art. 25 lit. c) EUV wird zudem der Ausbau der **systematischen Zusammenarbeit** der MSen erwähnt. Der Vertrag ist unglücklich formuliert, weil dies keine eigenständige Handlungsform darstellt. Es geht um die Koordinierung des mitgliedstaatlichen Auftretens; hier spielt vor allem der HV eine herausgehobene Rolle (Art. 32 EUV). Die Koordination ist dem eigenen Rechtskreis des EU-Rechts zuzuordnen und hat damit keine völkerrechtliche Qualität.

Insbesondere koordinieren die MSen untereinander in **Internationalen Organisationen** und auf **internationalen Konferenzen** ihr Handeln und treten für die gemeinsamen GASP-Standpunkte (oben Rz. 39/19) ein. Dort nicht vertretene MSen werden laufend unterrichtet. Die **diplomatischen und konsularischen Vertretungen** der MSen und die Delegationen der Kommission pflegen fortlaufend eine enge Zusammenarbeit.

d) Abschluss von Übereinkünften mit Drittstaaten und Internationalen Organisationen (Art. 37 EUV)

Der EU-Vertrag enthält im Bereich der GASP mit Art. 37 EUV eine Vorschrift, die den **Abschluss von völkerrechtlichen Abkommen** ausdrücklich vorsieht. Art. 47 EUV macht deutlich, dass dies Abkommen der EU als Völkerrechtssubjekt sind (oben Rz. 38/8); hierüber bestand zuvor gewisse Unklarheit (vgl. *Regelsberger/Kugelmann,* in: Streinz (Hrsg.), EUV/AEUV, 2. Aufl. 2012, Art. 37 Rz. 2 mwN). Der **Anwendungsbereich der Vorschrift** erstreckt sich über alle Bereiche der GASP. Ggf. muss durch Schwerpunktbewertung ermittelt werden, ob sich ein Abkommen im GASP-Bereich oder eher im Bereich des AEUV bewegt (vgl. Art. 218 Abs. 3 AEUV). Auch mit Blick auf Art. 40 EUV ist es nicht ausgeschlossen, ein Abkommen, das sich sowohl auf Materien der GASP als auch auf solche des AEUV erstreckt, doppelt abzustützen (anders zu Art. 47 EUV-Nizza: EuGHE 2008, I-3651, Rs. C-91/05, „ECOWAS"; *Vranes,* EuR 2009, 44). Das Verfahren des Vertragsschlusses entspricht inzwischen (anders Art. 24 EUV-Nizza) den allgemeinen Bestimmungen, wie sie sich im AEUV finden (Art. 216 Abs. 1 AEUV). Besonderheiten gelten nach Art. 218 Abs. 3 AEUV mit Blick auf die Initiativberechtigung des HV. Zudem ist das EP bei dem Erlass des Beschlusses über ein Abkommen nicht beteiligt (Art. 218 Abs. 6 AEUV). Außerdem muss der Rat grundsätzlich einstimmig entscheiden (Art. 218 Abs. 8 AEUV iVm. Art. 31 EUV). Auch im GASP-Bereich binden Abkommen sowohl die EU als auch die MSen. Unklar ist, inwieweit sich ein MSen beim Abschluss eines Abkommens auf das Recht zur konstruktiven Enthaltung (Art. 31 Abs. 1 UA 2 EUV) berufen kann; dies ist wohl anzunehmen. Inzwischen ist es zu einem zwar nicht regen, wohl aber doch regelmäßigen Gebrauch der GASP-Vertragsschlusskompetenz gekommen. 21

4. Finanzierung der GASP (Art. 41 EUV)

Die Finanzierung der GASP erfolgt über den **EU-Haushalt** im regulären EU-Haushaltsverfahren (*Griese,* EuR 1998, 462; *Monar,* JCMS 1997, 57; oben Rz. 9/35), soweit es um die Verwaltungsausgaben geht. Die operativen Ausgaben werden grundsätzlich über den EU-Haushalt finanziert, wenn der Rat nicht – wie im Regelfall – einstimmig anders beschließt. Die Abgrenzung zwischen Ausgaben, die der GASP zuzuordnen sind, und Ausgaben im AEUV-Bereich fällt nicht immer leicht; mit Blick auf Art. 40 EUV sind „mischfinanzierte" Akte unzulässig. Militärische bzw. verteidigungspolitische Ausgaben werden von den MSen nach dem **BSP-Schlüssel der EU** bezahlt (allgemein: *Wilms,* EuR 2007, 707). MSen, die in diesem Zusammenhang „konstruktive Enthaltung" (Art. 31 Abs. 2 EUV) geübt haben, sind nicht zur Beitragszahlung verpflichtet. Eine **interinstitutionelle Vereinbarung** legt die Grundsätze der Finanzierung fest (ABl. 2013 C 373/1). Zur Verwaltung der Finanzierung der Kosten von Operationen mit militärischem oder verteidigungspolitischem Bezug ist jüngst die rechtsfähige Institution „ATHENA" gegründet worden (ABl. 2008 L 345/96). Der Vertrag sieht die Möglichkeit vor, Flexibilität durch einen sog. „Anschubfonds" zu gewinnen (Abs. 3 UA. 2). 22

5. Die zwiespältige Rechtsgestalt der GASP

Die komplizierten und unübersichtlichen Art. 23ff. EUV spiegeln das **Dilemma der GASP.** Die EU-Außenkompetenzen sind in Fortentwicklung ihres integrierten AEUV-Teils mit der GASP **allumfassend** geworden. Die MSen (insbesondere Großbritannien und einige andere) bringen jedoch den politischen Willen zur Schaffung einer genuin **„europäischen auswärtigen Gewalt"** weiterhin nicht auf. Die Machtverteilung im Rahmen der GASP entspricht ungeachtet einiger integrativer Randelemente weiterhin nicht der „Gemeinschaftsmethode". Inzwischen wird sogar die Befürchtung geäußert, die Strukturen der GASP könnten den vergemeinschafteten AEUV-Bereich „kontaminieren". Trotz der institutionellen Verselbständigung – etwa 23 durch Schaffung des HV – bleibt dieser Politikbereich fest in den Händen mitgliedstaatlicher Vertreter. Die **EU-Mitgliedstaaten** sind insgesamt immer noch die entscheidenden Akteure in der allgemeinen Außenpolitik des EU-Raumes. Die EU ist von einem geschlossen handelnden weltpolitischen Akteur noch entfernt. Gleichwohl sind die Errungenschaften anzuerkennen: Die **gemeinsame GASP-Politik** hat auch in ihrer noch nicht vollkommen integrierten Form eine 1992 kaum für möglich gehaltene Gestalt gewonnen. Von der EU wird – überall auf der Welt – erwartet, dass sie zum weltpolitischen Akteur wird; sie ist auf dem richtigen Weg.

II. Europäisierung der Sicherheits- und Verteidigungspolitik

Literatur: *Erhart/Schmitt* (Hrsg.), Die Sicherheitspolitik der EU im Werden, 2004; *Kielmansegg,* Die Verteidigungspolitik der EU, 2005; *Müller-Brandeck-Bocquet* (Hrsg.): The Future of the European Foreign, Security and Defence Policy after Enlargement, 2006; *Dietrich,* Die rechtlichen Grundlagen der Verteidigungspolitik der Europäischen Union, ZaöRVR 2006, 663; *Kielmansegg,* Die verteidigungspolitischen Kompetenzen der Europäischen Union, EuR 2006, 182; *Richter,* Die Rüstungsindustrie im Europäischen Gemeinschaftsrecht, 2007; *Marchetti,* Die europäische Sicherheits- und Verteidigungspolitik, 2009; *Jopp,* Der lange Weg zu einer Europäischen Sicherheits- und Verteidigungspolitik, FS Seidelmann, 2009, 267; *Asseburg* (Hrsg.), Die EU als strategischer Akteur in der Sicherheits- und Verteidigungspolitik? 2009; *Thym,* Integrationsziel europäische Armee? EuR, Beiheft 1/2010, 171; *Fährmann,* Die Bundeswehr im Einsatz für Europa, 2010; *Böcker,* Demokratiedefizit in der ESVP?, 2012; *Jandl,* Die Neuerungen des Vertrags von Lissabon für die GSVP, FS Karl, 2012, 484; *Kuhn,* Die Europäische Sicherheits- und Verteidigungspolitik im Mehrebenensystem, 2012; *Ehrhart,* Die Sicherheits- und Verteidigungspolitik der Europäischen Union im Praxistest, Integr. 2013, 91.

1. Zwischenschritte auf einem mühsamen Weg

24 Eine Sicherheitspolitik und die Existenz militärischer Streitkräfte gehören zu den zentralen Bestandteilen der **staatlichen Aufgabe.** Der **Schutz nach außen** ist ein zentraler Daseinszweck des Staats, zudem Ausdruck von Souveränität. Es ist Anhaltspunkt für die Reife und Tiefe des Integrationsprozesses, dass der EU – einem Verband im Vorfeld der Staatlichkeit – heute die Entwicklung einer gemeinsamen Sicherheits- und Verteidigungspolitik aufgetragen ist. Die volle Übertragung der sicherheitspolitischen und militärischen Befugnisse auf die Union wäre ein wesentlicher Schritt auf dem Weg zu einer genuinen Staatswerdung Europas. Die meisten MSen sind hierzu bisher nicht bereit. Andererseits ist eine Gemeinsame Außenpolitik der Union ohne die Berücksichtigung sicherheits- und verteidigungspolitischer Belange praktisch nicht denkbar. Auch unter dem Gesichtspunkt einer funktional sinnvollen Aufgabenverteilung handelt es sich bei der Sicherheits- und Verteidigungspolitik um einen Bereich, der integriert und gemeinschaftlich gestaltet werden sollte. So bewegt sich der Integrationsprozess hier in einem Spannungsfeld divergierender Gesichtspunkte, Ziele und Werte.

25 Die Wurzeln einer europäischen Sicherheits- und Verteidigungspolitik lassen sich bis in die fünfziger Jahre des 20. Jahrhunderts zurückverfolgen. Das Gefühl der Bedrohung durch Stalins Sowjetunion war nach 1945 eine starke Antriebskraft für die (west)europäische Einigung (oben Rz. 2/8). Die Berliner Blockade 1948/49 und der Koreakrieg 1950 gaben den Anstoß, dem sowjetischen Expansionsdrang nach der Gründung der NATO 1949 zugleich durch **gemeinsame europäische Verteidigungsanstrengungen** zu widerstehen. Supranationale Integration schien wie bei der Gründung der EGKS 1950 der geeignete Weg zu sein. Auf diese Weise wurde die Wiederbewaffnung des ehemaligen Kriegsgegners Deutschland als tragbar empfunden.

Es dauerte dann allerdings mehrere Jahrzehnte, bis die Idee einer gemeinsamen Verfolgung **sicherheitspolitischer Ziele** im EG-Kontext thematisiert wurde (Art. 30 Ziff. 6a) der Einheitlichen Europäischen Akte 1987; *Pöttering* (Hrsg.), Sicherheit in Freiheit für Europa, 1988). Mit dem Maastricht-Vertrag 1992 kam es zu einem – allerdings vorsichtigen – Schritt der Einbeziehung von Sicherheitsaspekten in die **Gemeinsame Außen- und Sicherheitspolitik.** Sie wurde über die Verträge von Amsterdam 1997, Nizza 2001 und Lissabon 2009 zur **Gemeinsamen Sicherheits- und Verteidigungspolitik (GSVP)** ausgebaut (*von Kielmansegg,* Die Verteidigungspolitik der EU, 2005). Wesentlichen Anstoß gab eine Einigung, die beim britisch-französischen Gipfeltreffen in Saint-Malo 1998 erzielt werden konnte (*Howorth,* Security and Defence Policy in the European Union, 2007). 26

Die GSVP wird als integrierter Bestandteil (Art. 42 AEUV spricht von „integral") der GASP bezeichnet. Es handelt sich damit nicht um einen eigenständigen Politikbereich, sondern um ein besonderes Handlungsfeld im Rahmen der GASP – unter dem gemeinsamen „Chapeau" der Art. 21 f. EUV. Die GASP wird als **evolutionäres Handlungsfeld** begriffen, dessen Entwicklungsbedürftigkeit der EUV ausdrücklich anerkennt: Es geht um die „schrittweise" Festlegung einer gemeinsamen Verteidigungspolitik. Den Abschluss soll die – einen besonderen Beschluss erfordernde – Einführung einer „Gemeinsamen Verteidigung" bilden. Bis dahin ist es aber noch ein langer Weg. Vielfältige Schwierigkeiten bei der Entwicklung der GSVP bestehen fort. Sie sind nicht zuletzt dadurch bedingt, dass zwischen den Mitgliedstaaten weiterhin erhebliche Auffassungsunterschiede außenpolitischer Art bestehen. Gewisse Schwierigkeiten bestehen zudem, weil sich die Mitgliedschaft in der EU und in der NATO nicht decken. Auch wenn sich die **neutralen EU-Staaten** zunehmend an der GSVP beteiligen, gibt es vereinzelt Spannungen (unten Rz. 39/42). 27

In den Bestimmungen über die GSVP spiegelt sich der Stand des politisch Machbaren wieder: Einerseits werden institutionelle Strukturen errichtet, durch die die EU zur Formulierung sicherheitspolitischer Aktionen befähigt wird. Allerdings gilt das Einstimmigkeitsprinzip unbedingt (Art. 42 Abs. 4 EUV); zudem ist die Teilnahme **freiwillig.** Ferner ist die EU darauf angewiesen, auf verteidigungspolitische Ressourcen der MSen **zurückzugreifen;** über eigene Kräfte verfügt sie nicht. Schließlich sehen die Art. 42 Abs. 6, 46 EUV mit der **„Ständigen Strukturierten Zusammenarbeit"** (SSZ) die Möglichkeit eines flexiblen Voranschreitens kleiner Gruppen der MSen vor (Protokoll Nr. 10 über die ständige strukturierte Zusammenarbeit nach Art. 42 Lissabonner EUV). Viele Beobachter sehen hierin die Zukunft der GSVP – bislang allerdings ist es noch nicht zu einer Formation gekommen. Über die Frage, ob nicht eine Ausdehnung der SSZ auf den Bereich ziviler Krisenbewältigung sinnvoll wäre, wird diskutiert. 28

2. Institutionelle Strukturen der GSVP

Die GSVP stellt sich rechtlich als ein **in ständiger Entwicklung befindliches Konglomerat** aus den GASP-Regelungen des EU-Vertrages (Art. 23 ff. EUV), den spezifischen GSVP-Regelungen (Art. 42–46 EUV) und von sekundärem EU-Recht dar (Abkommen, Beschlüsse, Standpunkte, Aktionen u. ä.). Auch wenn die GSVP einen Teil der GASP bildet, bestehen doch erhebliche institutionelle Besonderheiten. 29

a) Übergreifende Strukturen

30 Die grundsätzliche **institutionelle Struktur** der GASP (Europäischer Rat, Rat, Hoher Vertreter, in zweiter Linie Kommission und EP (oben Rz. 39/6ff.) kommt auch im Rahmen der GSVP zur Anwendung. Der Rat ist der eigentliche „Entscheidungsgeber"; er erlässt Beschlüsse über Missionen der GSVP (Art. 43 EUV). Unter seiner Aufsicht sorgen der Hohe Vertreter und das **Politische und Sicherheitspolitische Komitee (PSK,** ABl. 2001 L 27/1, oben Rz. 39/8) für die Koordinierung der Durchführung derartiger Missionen. Das PSK hat sich seit 2001 zu einem wichtigen **Führungsgremium** in zivilen und militärischen Fragen unterhalb des Rates entwickelt. Der Rat ist es auch, der nach Art. 44 EUV im Rahmen eines Missionsbeschlusses eine Gruppe von Mitgliedstaaten mit der Durchführung beauftragen kann („Kaderbildung"). Ihm ist die Kompetenz zur Einrichtung der Europäischen Verteidigungsagentur und die Aufsicht über sie übertragen (Art. 45 EUV). Auch die Durchführung einer „Ständigen Strukturierten Zusammenarbeit" beruht auf einem Ratsbeschluss (Art. 46 Abs. 2 EUV). Das Initiativrecht steht nicht nur dem HV zu, sondern auch den Mitgliedstaaten. Die KOM wird nur am Rande (Art. 42 Abs. 4 S. 2 EUV) beteiligt, das EP ist nicht entscheidungsberechtigt.

b) Besondere GSVP-Einrichtungen

31 Die Intensivierung der GSVP seit 1999 hat zur Schaffung besonderer institutioneller GSVP-Gremien in Brüssel geführt. Ein **EU-Militärausschuss** (ABl. 2001 L 27/4; „EUMC") steht dem PSK beratend zur Seite. Dieser Ausschuss ist das höchste militärische Gremium in der GSVP; er tritt ggf. auch auf Generalstabsebene zusammen. Er berät das PSK in militärischen Fragen; zudem ist ihm die militärische Leitung aller militärischen Aktivitäten der EU übertragen. Der Rat ernennt den Vorsitzenden des EUMC auf drei Jahre. Ihm ist es möglich, an Tagungen des Rates teilzunehmen, wenn dort Beschlüsse mit verteidigungspolitischen Bezügen beraten werden. Mitglieder des EUMC können gleichzeitig dem Militärausschuss der NATO angehören und so eine Verzahnung bewirken. Der gleichzeitig eingesetzte **EU-Militärstab** (ABl. 2001 L 27/7; „EUMS") setzt sich aus Führungsoffizieren der MSen zusammen, ist „Quelle für militärisches Fachwissen" und dient zur Frühwarnung, Lagebeurteilung und strategischen Planung. Innerhalb des Militärstabs ist eine zivil-militärische „Planungszelle" eingerichtet worden, um die verschiedenen Dimensionen der GSVP zusammenzuführen. Seit 2007 existiert im Rahmen dieser Planungszelle ein EU-Operationszentrum für zivile und kleinere militärische Operationen. Militärausschuss und Militärstab wurden den entsprechenden NATO-Strukturen nachmodelliert. Bislang verfügt die EU allerdings nicht über die integrierten Kommandostrukturen, die notwendig wären, um militärische Operationen zu planen und durchzuführen. Sie ist insofern darauf angewiesen, auf Kapazitäten der Mitgliedstaaten oder der NATO zuzugreifen („Berlin Plus-Vereinbarung") (siehe unten Rz. 39/39). Mit Wirkung vom 1.1.2007 steht der EU ein „Operations Centre" zur Führung autonomer EU-Operationen zur Verfügung. Sie ist damit nicht mehr notwendig auf die Bereitstellung entsprechender Kapazitäten durch die MSen angewiesen (Deutschland hat ein Operationshauptquartier („OHQ") in Potsdam zur Verfügung gestellt). Von der WEU hat die EU das wissenschaftliche **EU-Institut für Sicherheitsstudien** (ABl. 2001 L 200/1) in Paris und das **EU-Satellitenzentrum** in Torrejón/Spanien übernommen.

32 Seit 2000 besteht ein beratender **Ausschuss für die zivilen Aspekte der Krisenbewältigung** (ABl. 2000 L 127/1 „CIVCOM"). Dieser Ausschuss soll vor allem auf die Abstimmung von EU und MSen und die Koordination von Maßnahmen in der EU hinwirken. Darüber hinaus berät er das PSK im Bereich der zivilen Krisenbewältigung. Im Jahr 2007 wurde ein **Ziviler Planungs- und Durchführungsstab** („Civilian Planning and Conduct Capability" – CPCC) eingerichtet; er ist dem EAD zugeordnet. Der CPCC sind gegenwärtig ca. 100 Mitarbeiter zugeordnet, die aus der EU-Verwaltung und den MSen rekrutiert werden. Der Direktor der CPCC leitet die Operationen im Rahmen ziviler GSVP-Missionen. Die Aufsicht führen das PSK und der HV.

c) Umfeld der GSVP

Eine ernst zu nehmende gemeinsame Verteidigungspolitik steht und fällt mit **einsatzfähigen militärischen bzw. polizeilichen Verbänden.** Noch verfügt die EU allerdings nicht über eigene militärische Kapazitäten. Stattdessen greift die EU auf die Streitkräfte der MSen zurück. Diesen steht im Einzelfall die autonome Entscheidung über die Bereitstellung zu. In Deutschland ist hierfür eine Zustimmung des Bundestages erforderlich. Die EU bewegt sich dabei in einem Umfeld, das durch die verteidigungspolitische Kooperation der Mitgliedstaaten untereinander und das Zusammenwirken im Rahmen der NATO bestimmt wird. EU und NATO haben 2003 ein **Abkommen strategischer Partnerschaft („Berlin Plus")** abgeschlossen, nach dem die EU bei Einsätzen ihrer Streitkräfte auf die Planungs- und Kommandostäbe der NATO zurückgreifen kann. Die EU hat daraufhin 2003/2004 erstmals in Mazedonien und Bosnien-Herzegowina bisherige NATO-Militärmissionen abgelöst (Abkommen EU-Mazedonien, ABl. 2003 L 82/46). Die EU ist für ihre Operationen weithin auf die Mittel und Fähigkeiten („Assets and Capabilities") der NATO in den Kommandostrukturen und bei der Luftüberwachung angewiesen. 33

Die Achtung der **NATO-Verpflichtungen** im Rahmen der GSVP ist in Art. 42 Abs. 2, Abs. 7 EUV ausdrücklich festgehalten. Ihre Mitwirkung an der GSVP soll die MSen nicht aus der NATO hinausdrängen; auch eine Ersetzung ist jedenfalls gegenwärtig nicht vorgesehen. Die Achtung der **UN-Grundsätze** gehört zu den Zielen der GASP (Art. 21 EUV). Gleiches gilt für die Ziele der **OSZE-Charta von Paris** (EA 1990, D 656). 34

3. Ziele und Aufgaben der GSVP

Art. 43 Abs. 2 EUV definiert die **sicherheits- und verteidigungspolitischen Aufgaben,** die im Rahmen der GSVP angegangen werden können. Dazu zählen etwa „humanitäre Aufgaben und Rettungseinsätze, **friedenserhaltende** Aufgaben sowie Kampfeinsätze bei der Krisenbewältigung einschließlich **friedenschaffender** Maßnahmen". Inzwischen wurden die Aufgaben mit Blick auf gemeinsame Abrüstungsmaßnahmen, Aufgaben der militärischen Beratung und Unterstützung, Aufgaben der Konfliktverhütung sowie Operationen zur Stabilisierung der Lage nach Konflikten erweitert. Auch der Kampf gegen den Terrorismus zählt dazu. Der GSVP unterliegt damit gleichermaßen die sicherheitspolitische Krisenprävention und -bewältigung („Peace keeping") als auch nach gewaltsamem Ausbruch eines Konfliktes die Wiederherstellung des Friedens mit militärischer Gewalt („Peace making"), hinzu kommen polizeiliche Aufgaben. Allgemein ist von Krisenbewältigung (Art. 38 Abs. 2 EUV) die Rede. Die Definition der Aufgaben der GSVP orientiert sich an der Petersberger Erklärung der WEU 1992, die für die EU übernommen wurde **(„Petersberg-Aufgaben").** 35

Eine bedeutsame Weiterentwicklung der GSVP bringt Art. 42 Abs. 7 EUV. Die dort begründete Beistandspflicht („Bündnisklausel") verpflichtet die MSen zur Gewährung der in ihrer Macht stehenden Unterstützung (*Kockel,* Die Beistandsklausel im Vertrag von Lissabon, 2012). Es handelt sich um eine echte Rechtspflicht, die immer dann greift, wenn das Gebiet eines MSen mit Waffengewalt angegriffen wird. Die Unterstützung umfasst auch den Beistand mit militärischen Mitteln. Würde sich ein MS dieser Pflicht entziehen, beginge er einen Vertragsverstoß. Allerdings ist den MSen nach Art. 42 Abs. 7 UAbs. 1 S. 2 EUV möglich, sich auf ihre Neutralität zu berufen 36 und sich so der Pflicht zu entziehen („Irische Klausel"). Zudem müssen die Vorgaben aus der Bündnisklausel im Einklang mit den Verpflichtungen der NATO-Mitgliedschaft entwickelt werden (zu den Zielen im Einzelnen: *Richter*, Die Friedenswarte 2009, 29).

37 Jenseits der vagen Vorgaben der Art. 21 f., Art. 43 EUV obliegt die konkrete Zielformulierung der Politik. Die EU entwickelte Ende 2003 nach verschiedenen Plänen und Kontroversen eine **„Europäische Sicherheitsstrategie"** (*Cameron*, Int.Pol. 1/2004, 39; *Reiter*, APUZ 4/2004, 26). Die Union erklärt sich hierin unter dem Eindruck der Bedrohungen des internationalen Terrorismus nach dem 11.9.2001 für die **Sicherheit in der Welt** mitverantwortlich („erweiterter Sicherheitsbegriff"). Leitlinie ist eine möglichst frühe Konflikt-Prävention und Bedrohungsprävention. Die „robuste Intervention" mit militärischen Mitteln wird als Ultima Ratio nicht ausgeschlossen. Die europäische Strategie grenzt sich jedoch vom US-amerikanischen Unilateralismus mit der Behauptung eines „Rechts auf Präemtion" durch ein Bekenntnis zum **internationalen Recht und der Charta der Vereinten Nationen** ab.

4. Mittel der GSVP

a) Militärische Kapazitäten

38 Die politische Kontrolle und die strategische Leitung von EU-Militäreinsätzen liegen in den Händen des Rates und des PSK. Allerdings verfügt die EU bislang nur über beschränkte eigene Planungs- und Durchführungskapazitäten. Insofern ist ein **Rückgriff auf Institutionen der MSen** unvermeidlich. Dies gilt sowohl für militärische als auch für nicht-militärische Mittel. Art. 42 Abs. 3 EUV scheint in diesem Zusammenhang anzudeuten, dass die MSen zur Bereitstellung von Mitteln **verpflichtet** sind. Aufgrund ihrer Unbestimmtheit und Offenheit geht der Gehalt dieser Klausel allerdings nicht über die allgemeine Loyalitätspflicht (Art. 4 Abs. 3 EUV) hinaus. Auch die in Art. 42 Abs. 3 UAbs. 2 EUV begründete „Pflicht" zur Verbesserung der militärischen Fähigkeiten enthält keinen Rechtsgehalt.

Es bleibt der politischen Vereinbarung überlassen, wie die zur Durchführung von EU-Missionen erforderlichen Mittel gewonnen werden; dabei kann die Europäische Verteidigungsagentur steuernd wirken. Der Europäische Rat beschloss 1999 als Planziel auf freiwilliger Basis den Aufbau einer **EU-Eingreiftruppe** von 50–60 000 Soldaten, die innerhalb von 60 Tagen für die sog. „Petersberg-Aufgaben" der EU einsatzbereit sind (*Varwick*, Int.Pol. 1/2001, 47). Diese Truppe ist nicht als integrierte Einheit konzipiert, sondern ein „Pool" aus staatlichen Kräften, die im Bedarfsfall unter Zustimmung der jeweiligen Mitgliedstaaten zusammengerufen werden. Das ursprüngliche Ziel einer umfassenden Einsatzfähigkeit bis zum Jahr 2003 ließ sich nicht realisieren. 2004 wurde daraufhin das **Headline Goal 2010** vereinbart. Im Rahmen der Eingreiftruppe existieren seit 2005 besonders mobile **EU-Kampfgruppen** („Battle Groups") mit einer Stärke von etwa 1500 Soldaten, die innerhalb von 10–15 Tagen in einem Radius von 6000 km um Brüssel für eine Dauer von bis zu vier Monaten zur Krisenbewältigung eingesetzt werden können. Diese EU-Verbände sollen erforderlichenfalls mit den entsprechenden NATO-Verbänden zusammengefügt werden (vgl. *von Kielsmansegg*, Die Verteidigungspolitik der EU, 2005). Im Dezember 2008 legte der Rat fest, welche Operationen und Missionen die EU parallel planen und ausführen können muss: Dazu gehören etwa gleichzeitig zwei Stabilisierungs- und Wiederaufbauoperationen mit einer entsprechenden zivilen Komponente (Einsatzdauer zwei Jahre, bis zu 10000 Einsatzkräfte), zwei zeitlich befristete (Kampf-)Einsätze und ein Notfalleinsatz zur Evakuierung von Unionsbürgern.

Nach Art. 42 Abs. 3 UAbs. 1 S. 2 EUV können auch multinationale Streitkräfte der MSen der GSVP zur Verfügung gestellt werden; hierbei ergeben sich allerdings Schwierigkeiten, wenn auch Drittsaaten beteiligt sind.

39 Weiterhin greift die EU zur Durchführung ihrer Missionen auch auf Institutionen der NATO zurück. **Die *Berlin Plus*-Vereinbarung** wurde 2002 zwischen der EU und der NATO getroffen. Sie bildet die Grundlage für das gemeinsame (militärische) Handeln beider Institutionen. Geregelt werden u. a.: Zugriff der EU auf NATO-Planungskapazitäten; Bereitstellung von NATO-Kommandos (z. B. des Eurokorps) für

Missionen der EU; Austausch geheimer Informationen (NATO-EU-Sicherheitsabkommen); rechtliche Abläufe für Freigabe, Überwachung, Rückgabe und Rückforderung der NATO-Kapazitäten; die Regeln für NATO-EU-Konsultation. Im Rahmen dieser Vereinbarung hat die EU eine permanente Zelle im NATO-Hauptquartier SHAPE eingerichtet; die NATO unterhält ein Verbindungsbüro im EU-Militärstab (EUMS). In der Praxis ist vereinbart, dass der NATO in einem Krisenszenario das Recht der ersten Intervention zukommt. Nur wenn sich die NATO nicht auf ein Einschreiten einigt, kommt die EU zum Zuge. Die EU kann NATO-Kapazitäten nur anfordern, wenn nicht die NATO engagiert ist. Geleitet werden Missionen der EU, die durch NATO-Kapazitäten durchgeführt werden, vom (europäischen) Stellvertreter des **Supreme Allied Commander Europe (SACEUR),** dem Oberkommandierenden des NATO-Hauptquartiers Europa.

Erhebliche Rechtsunsicherheit besteht in der Frage der völkerrechtlichen Zurechnung des Handelns, wenn und soweit mitgliedstaatliche Einheiten im Rahmen einer EU-Mission wirken (*Schmalenbach,* Die Haftung internationaler Organisationen im Rahmen von Militäreinsätzen, 2004; EGMR (GK), Datum?, No. 71412/01, „Behrami u. Saramati").

b) Rüstungspolitische Zusammenarbeit

Die gemeinsame Verteidigungspolitik wird durch eine **rüstungspolitische Zusammenarbeit** der MSen 40 unterstützt (Art. 45 EUV). Diese Kooperation wird von der **Europäischen Verteidigungsagentur** koordiniert. Sie wurde 2004 in Brüssel gegründet (ABl. 2011 L 183/16). Die Agentur wird von einem Lenkungsausschuss geleitet, in dem die Verteidigungsminister oder die für Rüstung und Forschung zuständigen Staatssekretäre vertreten sind. Der HV leitet den Lenkungsausschuss. Die Agentur besteht gegenwärtig aus vier Direktoraten (Fähigkeiten, Forschung & Technologie, Rüstung sowie Industrie & Markt). Sie soll als eine Art Koordinationsstelle die europäische „industrielle und technische Verteidigungsbasis" (ITVB) stärken und durch verschiedene Aufgaben (u. a. Marktöffnung für Verteidigungsgüter und gemeinsame Beschaffung) einen „wettbewerbsfähigen europäischen Markt für Verteidigungsgüter" schaffen. Die Agentur hat 2006 eine „Langzeitvision" entwickelt, die für die Zeit 2020–2030 Maßnahmen zur Umsetzung von Zielsetzungen wie Interoperabilität sowie Durchhalte- und Einsatzfähigkeit formuliert. Als wichtige Schritte werden etwa die Zusammenlegung von militärischen Fähigkeiten sowie die Aufgabenteilung und Aufgabenspezialisierung diskutiert (*Eisenhut,* Europäische Rüstungskooperation, 2010).

c) Zivile Komponente der GSVP

Hohe politische und praktische Bedeutung hat der Anspruch der EU, sich im Rahmen der GSVP gleich- 41 gewichtig auch zivil zu engagieren. Der Europäische Rat beschloss in Feira (Juni 2000) und in Göteburg (Juni 2001) Maßnahmen zur Stärkung der zivilen Fähigkeiten der GSVP. In mehrjährigen Abständen werden seither neue zivile Planziele (**„Civilian Headline Goals"**) festgelegt. Als prioritäre Bereiche, auf die sich die EU konzentrieren soll, wurden identifiziert: Polizei, Rechtsexperten, Zivilverwaltung und Katastrophenschutz. Zwischen den militärischen und den zivilen Formen der Krisenbewältigung bestehen vielfältige Schnittfelder (*Reinhardt,* Zivil-militärische Beziehungen im Rahmen der ESVP/GSVP, 2006). Man richtete den erwähnten Ausschuss für die zivilen Aspekte der Krisenbewältigung (CIVCOM) ein. Materiell geht es um zivile Handlungsfelder wie polizeiliche Sicherheit, Rechtsstaatlichkeit, Katastrophenschutz, Demobilisierung und Reform des Sicherheitssektors. Seit Juni 2005 existieren „Civilian Response Teams" und schnell verlegbare Polizeigruppen. Außerhalb des GSVP-Rahmens besteht eine **Gendarmerietruppe,** die für paramilitärische Polizeieinsätze verfügbar sein soll. Deutschland beteiligt sich infolge seiner strikten Trennung zwischen Polizei und Militär hieran nicht.

5. GSVP und Mitgliedstaaten

Die Mitgliedstaaten verlieren im Rahmen der GSVP weder ihre Souveränität, noch 42 können sie gegen ihren Willen zu sicherheits- und verteidigungspolitischen Maßnahmen gezwungen werden. Der EUV lässt es weiter zu, dass sich die Mitgliedstaaten zu einer engeren Zusammenarbeit auf zweiseitiger Ebene oder im Rahmen der NATO entschließen. Allerdings wird verlangt, dass derartige Kooperationsformen der GSVP nicht zuwiderlaufen und diese nicht behindert. Zur gleichen Zeit hebt der EUV hervor, dass die GSVP-Politik dazu gehalten ist, die jeweiligen Besonderheiten der Sicherheits- und Verteidigungspolitik der MSen zu berücksichtigen. Insgesamt sind die Strukturen der Gemeinsamen Sicherheits- und Verteidigungspolitik der EU **flexibel** genug, die Mitgliedschaft neutraler Staaten zu ermöglichen und auf ihre zunehmende Kooperation in Sicherheitsfragen zu setzen.

III. Ausblick

43 Die Union wird heute international nicht selten als **gemeinschaftlich handelnder Akteur** wahrgenommen. Die Erwartung, dass der wirtschaftliche „Koloss" EU auch für den Schutz von Frieden und Sicherheit eintritt, ist in vielen Kreisen der Welt hochgesteckt. Innerhalb der EU wird dies häufig nicht gesehen; die bequeme Erwartung, die USA mögen die globale Verantwortung übernehmen, besteht fort. Das Auseinanderfallen der EU-Staaten im Irakkrieg 2003 sowie Meinungsverschiedenheiten im Umgang mit Libyen 2011 und Syrien 2013 haben Friktionen im Kreis der MSen schlaglichtartig deutlich gemacht. Die große Union der 28 Mitgliedstaaten gewährleistet heute über Binnenmarkt und Währungsunion nach innen Frieden und Wohlstand. Die Gemeinsame Sicherheits- und Verteidigungspolitik bleibt aufgerufen, die **europäische Friedensordnung** nach außen dauerhaft zu sichern.

44 Die EU hat ihre sicherheits- und verteidigungspolitischen Anstrengungen vor diesem Hintergrund mit den Verträgen von Maastricht, Amsterdam und Nizza 1992–2001 und noch einmal im Vertrag von Lissabon intensiviert. Der Vertrag von Lissabon sieht wortreich verschiedene **Stärkungen der GSVP** vor, ohne den immer noch geringen Grad der Vergemeinschaftung grundsätzlich zu ändern. Bisherige Entwicklungen der GSVP werden auf der Vertragsebene verankert, ohne dass allerdings der grundsätzliche Entscheidungsmodus geändert würde. Eine Vergemeinschaftung des Schutzes nach außen durch die bewaffnete Gewalt scheint auf den letzten Seiten des europäischen Integrationskalenders zu stehen. Der „Schritt über den Rubikon" in eine auswärtige Unionsgewalt, welche eine **vollständig gemeinsame Verteidigung** einschließt, steht weiterhin aus. Angesichts der politischen Haltung einer Reihe von EU-Staaten ist er auch mittelfristig nicht zu erwarten (*Diedrichs/Jopp/Sandawi,* Integr. 2004, 223).

§ 40. Gemeinsame Handelspolitik und Entwicklungspolitik

Literatur: Handelspolitik *Griller/Weidel* (Hrsg.), External Economic Relations and Foreign Policy in the EU, 2002; *Herrmann,* Common Commercial Policy after Nice, CMLRev 2002, 7; *Duvigneau,* Handelsliberalisierung und Marktintegration unter dem WTO/GATT-Recht, 2005; *Streinz/Krenzler/Herrmann:* Die Außenwirtschaftspolitik der EU nach dem Verfassungsvertrag, 2006; *Ehlers,* Subventionen im WTO- und EG-Recht, 2007; *Leal-Arcas,* Theory and Practice of EC External Trade Law and Policy, 2007; *Bungenberg,* Außenbeziehungen und Außenhandelspolitik, EuR 2009, Beiheft 1, 195; *Tietje,* Außenwirtschaftsrechtliche Dimension der europäischen Wirtschaftsverfassung, in: Fastenrath/Nowak (Hrsg.), Der Lissaboner Reformvertrag, 2009, 237; *Herrmann,* Die gemeinsame Handelspolitik der Europäischen Union im Lissabon-Urteil, EuR, Beiheft 1/2010, 193; *Classen,* Der EuGH und die Schiedsgerichtsbarkeit in Investionsschutzabkommen, EuR 2012, 611; *Wölker,* Die Stellung der Europäischen Union in den Organen der Welthandelsorganisation, EuR, Beiheft, 2012, 125; *Ohler,* Die Bindung der Europäischen Union an das WTO-Recht, EuR, Beiheft, 2012, 137; *Hoffmeister,* Der Beitrag der EU zur Entwicklung des besonderen Völkerrechts, EuR, Beiheft, 2012, 247; *Dimopoulos,* EU Foreign Investment Law, EuLR 2013, 131.

Entwicklungspolitik: *Dialer,* Die EU-Entwicklungspolitik im Brennpunkt, 2007; *Müller,* Europäische Entwicklungspolitik zwischen gemeinschaftlicher Handelspolitik, intergouvernementaler Außenpolitik und ökonomischer Effizienz, 2007; *Knodt*, Entwicklungspolitik, in: Politikfelder im EU-Mehrebenensystem, 2008, 81; *Martenczuk*, Die Kooperation der EU mit Entwicklungsländern und Drittstaaten nach dem Vertrag von Lissabon, EuR 2008, Beiheft 2, 36; *Hoffmeister*, Der Beitrag der EU zur Entwicklung des besonderen Völkerrechts, EuR, Beiheft, 2012, 247; *Holzhauer/Kaltenborn*, Der Europäische Auswärtige Dienst und die neuen Kompetenzzuordnungen im Rahmen der Europäischen Entwicklungszusammenarbeit, EuR 2012, 100; *Schill*, Investitionsschutzrecht als Entwicklungsvölkerrecht, ZaöRV 2012, 261.

I. Die Gemeinsame Handelspolitik als Kernstück der integrierten EU-Außenbeziehungen

Die EU bildet mit den USA und Japan einen der **drei großen Handelsräume** der 1
Erde („Triade"). Die EU gehört damit zu den Akteuren, die das weltwirtschaftliche Geschehen entscheidend beeinflussen. Sie nimmt ihre handelspolitische Rolle im Rahmen der Gemeinsamen Handelspolitik (GHP) wahr. Die GHP ist die Konsequenz aus der Errichtung des freien Binnenmarktes, insbesondere der **Zollunion** mit dem Gemeinsamen Zolltarif. Andere Unionspolitiken wie z. B. die Agrar- oder die Verkehrspolitik können, müssen aber nicht durch ein gemeinsames und einheitliches Außenregime ergänzt werden. Mit der Gründung einer Zollunion und der Schaffung eines liberalen Binnenmarkts muss auch eine *einheitliche* Entscheidung darüber getroffen werden, wie man sich handelspolitisch gegenüber Drittstaaten stellt. Die **Gemeinsame Handelspolitik** (Art. 206f. AEUV) hat sich mit dem Erlass einer **Fülle autonomen und vertraglichen Sekundärrechts** zum Kernstück der integrierten Außenbeziehungen der Union entwickelt. Die Gemeinsame Handelspolitik zielt nicht auf eine protektionistische „Festung Europa", sondern steht – auf deutsche Veranlassung bei den Vertragsverhandlungen 1956/57 – unter dem Gebot, zu einer **liberalen Entwicklung des Welthandels** beizutragen (Art. 206 AEUV).

Auch wenn die Öffnung von Märkten und die Liberalisierung des Austausches von 2
Produkten, Personen und Kapital ordnungspolitisch sinnvoll sind, präjudiziert dies die politische Entscheidung nicht unmittelbar. Außenwirtschaftspolitik ist immer auch Politik und wird damit im **demokratischen Prozess** entworfen. Die Erfahrung zeigt, dass in diesem Prozess Entscheidungen zustande kommen, die unter wohlfahrtsökonomischen Gesichtspunkten suboptimal sind. Dies kann auf **Verzerrungen des politischen Prozesses** zurückzuführen sein. Es kann aber auch an den jeweiligen Präferenzstrukturen liegen. Insofern lässt sich gut erklären, warum sich die grundsätzlich liberalen Vorgaben des AEUV nicht notwendig in einer liberalen Handelspolitik niederschlagen. Von Rechts wegen lässt sich hiergegen nichts einwenden: Die programmatischen und teleologischen Vorgaben des AEUV haben so geringe rechtliche Bindungswirkung, dass sich ein Rechtsverstoß selbst dann kaum annehmen lässt, wenn sich die politisch entscheidenden Organe für ein eindeutig protektionistisches Vorgehen entscheiden. Zudem setzt der AEUV auch Gegenakzente, die einem Liberalisierungsverlangen entgegengehalten werden können (Ziel der „harmonischen Entwicklung des Welthandels" (Art. 206 AEUV).

Mit der GHP ist die **EU-Entwicklungspolitik** (heute insbesondere die Entwicklungs- 3
zusammenarbeit (EZ) nach Art. 208–211 AEUV) eng verbunden. Sie nahm 1958 mit der „Entwicklungsassoziierung" früherer Kolonien Frankreichs und anderer MSen ihren Anfang. Reste hiervon finden sich heute in der Assoziierung der **Überseeischen Länder und Hoheitsgebiete** (ÜLG – Art. 217 AEUV). Die frühere Assoziierung der

Ex-Kolonien ist inzwischen im Wesentlichen in die vertragliche Entwicklungspartnerschaft **EU-AKP-Staaten** (**A**frika, **K**aribik, **P**azifik) übergegangen („Lomé/Cotonou-Politik", unten Rz. 40/56).

II. Die Außendimension der Zollunion

Literatur: *Witte,* Zollkodex, 4. Aufl. 2006; *Dorsch,* Zollrecht (Losebl., fortl.); *Wolffgang/Natzel,* Fortentwicklung des Zollrechts durch Sicherheitsänderung und Modernisierten Zollkodex, EuZW 2008, 39; *Müller-Eiselt,* EG-Zollrecht, 13. Aufl. 2008; *Weiß,* Welthandelsrechtliche Herausforderungen für die Europäische Zollunion, ZfZVerbSt 2009, 150; *Gormley,* EU Law of Free Movement of Goods and Customs Union, 2009; *Lux/Sack,* Zollrecht, in: Dauses (Hrsg.) Hdb. EUWirtschR, C. II. (2012); *Witte/Wolffgang* (Hrsg.), Europäisches Zollrecht, 7 Aufl. 2012.

4 Die Herstellung der Zollunion (oben Rz. 22/22ff.) stellt ein unverzichtbares Element einer Gemeinsamen Außenwirtschaftspolitik dar. Die politische Steuerungswirkung der Zollpolitik ist durch die Einbindung, die inzwischen durch das WTO-Recht erfolgt ist, sowie durch ein Ausweichen auf andere Schutzinstrumente zurückgegangen, in einzelnen Bereichen aber weiterhin beträchtlich. Insbesondere werden Antidumping-Maßnahmen bei hohem politischem Druck weiterhin vielfach zu protektionistischen Zwecken verwandt.

1. Der Gemeinsame Zolltarif (GZT)

5 Nach Gründung der EWG gelang es schnell, mit der Herstellung der Zollunion einen Eckpfeiler des Gemeinsamen Marktes zu errichten (oben Rz. 22/21). Schon mit dem 1.7.1968 (statt dem 1.1.1970) wurden die Binnenzölle innerhalb der Gemeinschaft abgeschafft. Ab diesem Zeitpunkt galt der GZT für die gewerblichen Waren. Inzwischen sind die EU-Zollsätze durch den **Gemeinsamen Zolltarif (GZT)** einheitlich geregelt (VO 2658/87, ABl. 1987 L 256/1 mit Änderungen und jährlichem neuen Anhang, Fundstellenverzeichnis des geltenden EU-Rechts 02.20.10). Der GZT wird für die Zollpraxis laufend in Gestalt des sog. Gebrauchszolltarifs **(„Integrierter Tarif der EG" = TARIC)** aktualisiert. Der GZT umfasst ca. 3000 Tarifpositionen. Den MSen stehen in diesem Bereich keine Rechtsetzungsbefugnisse mehr zu (Art. 3 Abs. 2 AEUV; EuGHE 1970, 8, Rs. 40/69, „Hauptzollamt Hamburg").

6 Das **Zollgebiet der Union** deckt sich dabei im Grundsatz mit dem räumlichen Geltungsbereich der Verträge nach Art. 349, 355 AEUV (*Rogmann,* ZfZ 1996, 194). Auf Grund historischer und geographischer Besonderheiten gibt es dabei im Detail einzelne Abweichungen. Art. 4 des Zollkodex sieht Sonderregelungen vor zu besonderen Gebieten wie u. a. Monaco, Büsingen, Helgoland, und überseeischen Gebieten. Besonderheiten des Zollgebiets im **Küstenbereich** ergeben sich aus seerechtlichen Entwicklungen (*Müller,* ZfZ 1985, 290).

7 Seit Einführung des GZT sind seine Zollsätze sowohl **autonom** (Art. 31 AEUV) als auch völkerrechtlich durch **Abkommen mit Drittstaaten** (Art. 206; 218 AEUV) vielfach abgeändert worden. Die vertraglichen Änderungen erfolgten vor allem multilateral auf den Welthandelskonferenzen („Runden") von GATT/WTO, etwa in der Tokyo-Runde 1973–1979 und der Uruguay-Runde 1986–1993. In der Regel wurde auf diese Weise die Höhe des GZT spürbar gesenkt. Die EU gehört im gewerblichen Bereich zu den **Niedrigzollregionen der Welt.** Anders sieht es bei landwirtschaftlichen Produkten aus.

2. Zollrechtsangleichung, Zollkodex und Strategien für die Zollunion

Die Einführung eines gemeinsamen Außenzolltarifs bietet allein noch keine Gewähr dafür, dass dieser Tarif in allen Mitgliedstaaten einheitlich angewandt wird und dass die Zollabfertigung überall nach denselben oder zumindest vergleichbaren Kriterien erfolgt. Es handelt sich nur um die erste Stufe zollrechtlicher Harmonisierung. Um Verkehrsverlagerungen und Wettbewerbsverzerrungen zu vermeiden, waren deshalb der Erlass gemeinschaftsrechtlicher Durchführungsbestimmungen und eine **Angleichung der nationalen Zollrechts- und Verwaltungsvorschriften** notwendig. Zu diesem Zweck wurde 1992 erstmalig ein **Zollkodex der Gemeinschaften** verabschiedet, 2008 (VO 450/2008, ABl. L 145/1) und 2013 (VO 952/2013, ABl. L 269/1) jeweils eine modernisierte Fassung beschlossen (Fundstellenverzeichnis des geltenden EU-Rechts 02.20). Dieser vereinheitlicht neben dem materiellen Zollrecht auch das Zollverfahrensrecht. Der Kodex enthält u. a. Regelungen über Warenursprung, Zollwert, Zollschuld, Versandverfahren, Zolllager, Freizonen und Veredelungsverkehr, aber auch Regelungen, die eine einheitliche Anwendung des Zolltarifs in der Union durch die nationalen Zollbehörden gewährleisten. Der Zollkodex wird von Durchführungsvorschriften seitens der KOM begleitet. Weitere **Zollrechtsangleichung** kann nach Art. 31 AEUV autonom oder nach Art. 207 AEUV im Rahmen von Handelsabkommen erfolgen. Der EU kommt insoweit eine ausschließliche Zuständigkeit zu (Art. 3 Abs. 2 AEUV); das Zollrecht ist mittlerweile abschließend auf EU-Ebene geregelt. 8

Die Anwendung des Zollrechts erfolgt grundsätzlich durch die nationalen Behörden. Insoweit wurde mit dem Amsterdamer Vertrag 1997 im Rahmen der Gemeinsamen Handelspolitik eine Kompetenz der Union zum Ausbau der **administrativen Zusammenarbeit im Zollwesen** geschaffen (Art. 33 AEUV; dazu VO 515/97, ABl. 1997 L 82/1). Dabei geht es sowohl um die horizontale Koordinierung zwischen den MSen als auch um die vertikale Abstimmung zwischen der KOM und den MSen. Hierzu besteht seit langem eine „Arbeitsgruppe Gegenseitige Amtshilfe 92“. Die Zusammenarbeit ist für die Bekämpfung der **Wirtschaftskriminalität** (Schmuggel, Nachahmung, Betrug u. a.) von besonderer Bedeutung. Ferner ist zwischen den nationalen Behörden Amtshilfe eingerichtet worden (Übereinkommen über Amtshilfe und Zusammenarbeit der Zollverwaltungen, ABl. 1998 C 24/1 und C 189/1). Mit zahlreichen Einzelmaßnahmen suchen Rat und Kommission eine **„Strategie für die Zollunion“** durchzusetzen (z. B. „Zoll 2020“ vom 11.12.2013). Mit Inkrafttreten des Lissabon-Vertrags kann sich die EU auch des Strafrechts bedienen, um zollrechtliche Kontrollen wirksamer auszugestalten (Art. 83 AEUV). 9

3. Zollgleiche Abgaben im Handel mit Drittstaaten

Bei der Einführung des Gemeinsamen Zolltarifs (oben Rz. 40/5) und in den Regelungen der Art. 131 ff. EGV für die **Gemeinsame Handelspolitik** (unten Rz. 40/11 ff.) wurde ein Verbot von Abgaben mit zollgleicher Wirkung im Drittstaatsverkehr nicht vorgesehen. Das Verbot der Erhebung zollgleicher Abgaben (Art. 30 AEUV) gilt nur innerunional. Dennoch hat der Gerichtshof in ständiger Rechtsprechung aus der grundsätzlichen Zielsetzung der Gemeinsamen Handelspolitik einschließlich der Handhabung des GZT geschlossen, dass die MSen **bei unmittelbaren Drittlandeinfuhren** nicht einseitig neue Abgaben einführen oder bestehende erhöhen dürften (**Stillhalteverpflichtung,** etwa EuGHE 1983, 847, Rs. 290/81, „Singer und Geigy“). So sehen die Handelsabkommen der EU ebenso wie die Gemeinsamen Agrarmarktorganisationen regelmäßig ein Verbot der Erhebung zollgleicher Abgaben im Drittlandshandel vor. Jedoch können kostendeckende Gebühren für Verwaltungsleistungen u. ä. hier grundsätzlich erhoben werden (EuGHE 1984, 349, Rs. 1/83, „Intercontinentale Fleischhandelsgesellschaft“). 10

III. Die Gemeinsame Handelspolitik

Literatur: *K.-A. Schwartz,* Einführung in das europäische Außenwirtschaftsrecht, JA 2003, 169; Krajewski, CMLR 2005, 91; *Herrmann* u. a., Die Außenwirtschaftspolitik der Europäischen Union nach dem Verfassungsvertrag, 2006; *Bungenberg,* in: Schwarze/Hatje (Hrsg.), Der Reformvertrag von Lissabon, EuR 2009, Beiheft 1, 195; *Herrmann,* in: Hatje/Terhechte (Hrsg.), Grundgesetz und europäische Integration, EuR 2010, Beiheft 1, 193; *Tietje,* Die Außenwirtschaftsverfassung der EU nach dem Vertrag von Lissabon, 2009; *Bungenberg,* Going Global? The EU CCP After Lisbon, European Yearbook of Intern. Econ. Law 2009, 123; *Tietje,* Die GASP der EU im System des Welthandelsrechts, FS Hilf, 2009, 33; *Frenz,* Gemeinsame Handelspolitik nach Lissabon, EWS 2010, 454; *Ohler,* in: Eilmansberger u. a. (Hrsg.), Rechtsfragen der Implementierung des Vertrags von Lissabon, 2011, 407; *Bungenberg* (Hrsg.), Die Gemeinsame Handelspolitik der EU nach Lissabon, 2011; *Hahn,* Gemeinsame Handelspolitik nach Lissabon, in: FS Europa-Institut des Saarlands 2011, 213.

1. Vertragliche Grundlagen

11 Die vertragliche Regelung der Gemeinsamen Handelspolitik (Art. 206f. AEUV) erschließt sich nicht leicht. Der Vertragstext ist verschlungen und vielfach nur in Kenntnis der Rechtsprechung des Gerichtshofes und der Unionspraxis zu verstehen (*Taraschka,* Die Kompetenzen der EU im Bereich der Handelspolitik, 2001). Im geltenden EUV wird die **Gemeinsame Handelspolitik (GHP)** nicht mehr zu den grundlegenden Zielen gezählt (anders Art. 3 lit. b) EGV-Nizza). In der Präambel des AEUV (6. Absatz) findet sich allerdings weiterhin die Erklärung, dass die GHP zur fortschreitenden Beseitigung der Beschränkungen im zwischenstaatlichen Wirtschaftsverkehr beitragen soll. **Zentralnorm ist Art. 207 AEUV.** Er legt die Unionskompetenz zu autonomen und vertraglichen Regelungen fest und trifft eine Spezialregelung zum Abschluss von EU-Handelsabkommen (Art. 218 AEUV). Art. 215 AEUV enthält an der Schnittstelle zwischen Handelspolitik und GASP eine Kompetenz für **Wirtschaftssanktionen.**

a) Offenheit und Liberalität

12 Die EU hat sich inhaltlich auf eine weltoffene Handelspolitik und gegen eine „Festung Europa" festgelegt. Der Vertragsgeber zielt nach Art. 206 AEUV mit der Zollunion auf eine „harmonische Entwicklung des Welthandels" im Sinne der schrittweisen **Beseitigung der Beschränkungen im internationalen Handelsverkehr.** Diese Bekenntnisse zu einer weltoffenen Handelspolitik gehen auf Forderungen des großen Freihändlers *Ludwig Erhard* bei den Vertragsverhandlungen 1956/57 zurück. Sie entsprechen heute den Grundinteressen der industrialisierten EU an einem florierenden Welthandel. Art. 206 AEUV ist eine **Selbstverpflichtung** der EU und damit mehr als ein unverbindlicher Programmsatz (EuGHE 1981, 1095, Rs. 112/80, „Dürbeck"; EuGHE 1982, 2745, Rs. 245/81, „EDEKA"). Die EU soll „im Zweifel" handelspolitisch weltoffen agieren. Die Verpflichtung der EU besteht gegenüber den MSen und den Unionsbürgern, aber nicht gegenüber Drittstaaten. Art. 206 AEUV ist jedoch angesichts seiner weiten Formulierung praktisch nicht einklagbar.

13 Art. 206 AEUV verbietet nicht handelspolitische **Schutzmaßnahmen der EU.** Schutzmaßnahmen müssen sich allerdings rechtfertigen. Sie können der Verwirklichung anderer Vertragsziele oder der Sicherung eines „fairen" Welthandels dienen; darüber hinaus gibt es auch Schutzinstrumente, die die Funktion eines „Sicherheitsventils" bei hochkochendem protektionistischem Druck spielen (*Nettesheim,* Ziele des Antidumping- und Antisubventionsrechts, 1994). Die Grenze zum fragwürdigen Protektionismus ist flüssig. Das **Agrar-Außenregime der EU** (oben Rz. 24/13) ist ein klassisches Beispiel für die „Grauzone" zwischen der Wahrung einer legitimen Unionspräferenz und darüber hinausgehendem Schutz der Landwirtschaft.

Als Beispiel für exzessiven Protektionismus kann die Bananenmarktordnung 1993 dienen. Der Abbau des EU-Agraraußenschutzes und der Exportsubventionen bleibt ein Hauptthema der WTO-Runden, zuletzt in der wohl gescheiterten Doha-Runde 2001 (*Hofmann/Tondl*, The European Union and the WTO Doha Round, 2007).

b) Kompetenzumfang

Der AEUV enthält keine abstrakte Definition der Inhalte, die die vergemeinschaftete „Handelspolitik" zum Gegenstand haben soll. Die GHP umfasst in der Praxis **insbesondere** die Änderung von Zollsätzen, den Abschluss von Zoll- und Handelsabkommen, die Vereinheitlichung der Liberalisierungsmaßnahmen, die Ausfuhrpolitik und handelspolitische Schutzmaßnahmen wie zum Beispiel im Fall von Dumping und Subventionen (Art. 207 Abs. 1 AEUV). Die Vertragsentwicklung von Amsterdam 1997 über Nizza 2001 bis Lissabon 2009 brachte eine schrittweise Ausweitung der handelspolitischen Kompetenzen mit sich. Insbesondere „Lissabon" führte zu einem großen Entwicklungssprung. Die Befugnisse der EU decken sich inzwischen wieder weitgehend mit dem Handlungsfeld der WTO. Nicht nur wurde der EU die **Kompetenz** für den Abschluss von Abkommen über **Dienstleistungshandel** und **Handelsaspekte des geistigen Eigentums** (GATS/TRIPS) im Sinne des WTO-Übereinkommens) eingeräumt. Auch die **Regelung von Direktinvestitionen** unterfällt heute der GHP (Art. 207 Abs. 1 AEUV). Dabei ist bislang nicht klar, ob dieser Begriff – entgegen der normalen Bedeutung – auch auf Portfolio-Investitionen erstreckt werden sollte (vgl. hierzu *Weiß* in: Grabitz/Hilf/Nettesheim, Das Recht der Europäischen Union, 48. EL 2012, Art. 207 AEUV, Rn. 38–51) Andernfalls müssten bilaterale Investitionsschutzabkommen als gemischte Abkommen (unten Rz. 40/34) abgeschlossen werden, wenn sie beide Investitionsformen erfassen. 14

Der seit langem geführte **Streit,** wo die **begrifflichen Grenzen** der Handelspolitik im AEUV liegen, ist trotz verschiedener Klärungen durch die Rechtsprechung des Gerichtshofes und Ergänzungen des Art. 207 AEUV noch nicht abgeschlossen. Die Frage, ob eine Maßnahme (final) darauf gerichtet sein muss, den grenzüberschreitenden Handelsverkehr zu beeinflussen, um unter Art. 207 AEUV zu fallen, oder ob (instrumentell) allein die Form der Maßnahme entscheidend ist, wird weiterhin diskutiert. Der Gerichtshof hatte die GHP in verschiedenen Gutachten und Entscheidungen auf neue Bereiche erstreckt (z. B. Dienstleistungen), zugleich aber Grenzen einer dynamischen Handhabung formuliert. Darin kamen **restriktive Tendenzen** zum Ausdruck, durch die die Mitsprache der MSen geschützt wurde (EuGHE 1994, I-5276, Gutachten 1/94, „WTO"; EuGHE 1995, I-525, Gutachten 2/92, „OECD"; EuGHE 2002, I-12 049, Rs. C-281/01, „Energy Star"; hierzu *Dörr* EuZW 1996, 39). Manche sprachen von einer „statischen Rspr." (kritisch u. a. *Krenzler/da Fonseca-Wollheim,* EuR 1998, 223). Grundsätzlich bleibt die EU-Handelspolitik im Sinne des „insbesondere" entwicklungsoffen. Die Formulierung belegt, dass die Inhalte der GHP **nicht abschließend** gemeint sind. Sie sind mit Blick auf die **Gesamtheit der äußeren Wirtschaftspolitik** entwicklungsoffen (EuGHE 1979, 2871, Gutachten 1/78, „Naturkautschuk"). Im Einzelfall können sich auch schwierige Abgrenzungsfragen zu anderen Kompetenzen ergeben (z. B. mit Blick auf Regelungen des Zahlungsverkehrs oder der Wettbewerbspolitik). 15

Die schrittweise Erweiterung des Wortlauts von Art. 207 Abs. 1 AEUV belegt deutlich, dass sich die EU nicht einfach unter Berufung auf Sachnotwendigkeiten oder wirtschaftliche Entwicklungen handelspolitische Befugnisse aneignen darf. Auch Art. 207 Abs. 6 AEUV macht dies deutlich.

c) Qualität der Kompetenzen

16 Die handelspolitischen Zuständigkeiten der EU sind **ausschließliche Kompetenzen** (Art. 3 Abs. 1 lit. e) AEUV; EuGHE 1981, 1045, Rs. 804/79, „Seefischerei-Erhaltungsmaßnahmen"). Die GHP ist die Außenseite des Binnenmarktes; ihr Kernstück bildet die Zollunion. Nationale Beschränkungen des Warenverkehrs müssten die Zollunion beschädigen. Die Exklusivität gilt damit vor allem für den Bereich des **Waren- und Dienstleistungsverkehrs** im Sinne von Art. 207 Abs. 1 AEUV (vgl. *von Bogdandy/Nettesheim,* EuZW 1993, 465: Differenzierung zwischen vertraglicher und autonomer HP). Die Befugnisse, die die MSen im Bereich des Dienstleistungshandels, insbesondere bei kulturellen, audiovisuellen, bildungsmäßigen Dienstleistungen, sowie bei den Handelsaspekten des geistigen Eigentums unter dem EGV-Nizza besaßen (*Krenzler/Pitschas,* EuR 2001, 442), sind inzwischen verlorengegangen. Die EU verfügt heute über eine **umfassende Regelungskompetenz** (insbesondere in allen welthandelsrechtlichen Modi der Dienstleistungsfreiheit); Besonderheiten gelten nur im Verkehrsbereich (Abs. 5). Den Mitgliedstaaten ist ein Handeln gänzlich versperrt; dies gilt auch für den Abschluss von Verträgen mit Dritten. Aufgrund der Aufnahme von Direktinvestitionen in Art. 207 Abs. 1 AEUV ist der Status der von den MSen geschlossenen Bilateralen Investitionsschutzabkommen (BITs) in Frage gestellt worden (*Terhechte,* EuR 2010, 517). Es ist eine vor allem politische Aufgabe, sicherzustellen, dass es nicht zur Entstehung von Schutzlücken und abrupten Brüchen kommt. Nicht zur GHP gehört das Recht der Niederlassung und die Freizügigkeit der Personen, soweit es nicht um die Dienstleistungserbringung geht. Immer kann die EU MSen **ermächtigen,** handelspolitisch bis auf Weiteres tätig zu werden.

17 Die MSen betreiben in nicht unerheblichem Maße am Rande des Vertrages eine Art **„Neben-Außenhandelspolitik"** (*Hailbronner/Bierwagen,* NJW 1989, 1385). Teilweise ist sie genuin handelspolitisch motiviert und erfolgt über verschiedene Formen von **Selbstbeschränkungsabkommen** mit staatlicher Beteiligung oder in Gestalt von Industry-to-Industry-Arrangements. Bedeutsamer ist die **autonome Handelspolitik der Mitgliedstaaten,** soweit sie diesen aus Gründen ihrer Sicherheitspolitik vorbehalten bleibt (Art. 346 AEUV). Dazu gehören zum einen die Genehmigungskompetenzen für Waren mit doppeltem Verwendungszweck nach der VO 428/2009 (ABl. 2009 L 134/1 [„Dual-Use-Verordnung"]). Ferner gehören hierzu sicherheitspolitische Maßnahmen, die der EuGH in Konkretisierung des Art. 346 AEUV nach Art. 11 der allgemeinen Ausfuhrverordnung für zulässig erachtet hat (EuGHE 1995, I-3189, Rs. C-70/94, „Werner"; EuGHE 1995, I-3231, Rs. C-83/94, „Leifer"). Auch gehören dazu, teils im engen Zusammenhang hierzu, länderbezogene Handelsembargos der Mitgliedstaaten dazu (EuGHE 1997, I-81, Rs. C-124/95, „Centro-Com"), die unter anderem deshalb bedeutsam sind, weil sie den begrenzten Bereich der unionsrechtlichen Handelsembargos im Wege der Parallelverordnung zu ergänzen vermögen, um auf diese Weise die vollständige Umsetzung der von den Vereinten Nationen beschlossenen Embargomaßnahmen zu ermöglichen (*Ress,* Handelsembargo, 237). Schließlich kann auch mit Maßnahmen „hinter der Grenze" in erheblichem Umfang der Handelsverkehr mit Drittstaaten beeinflusst werden. In **Deutschland** finden sich diesbezügliche Regelungen etwa im Außenwirtschaftsgesetz (AWG [BGBl. 2013 I 1482]) und in der Außenwirtschaftsverordnung (AWV [BGBl. 2013 I 2865]). Einer schärferen Kontrolle unterliegt naturgemäß der Handel mit Kriegswaffen durch das Kriegswaffenkontrollgesetz (KrWaffKontrG (BGBl. 1990 I 2506, Änderungen).

Im Hinblick auf den Umfang ausschließlicher Kompetenzen der EU stellt sich inzwischen die Frage, inwieweit eine Mitwirkung der MSen bei der Fortentwicklung der WTO (etwa im Rahmen der Doha-Runde) überhaupt noch notwendig ist. Politisch erscheint ein Ausscheiden allerdings undenkbar. Das BVerfG hat diesem Gedanken ebenfalls eine Absage erteilt und die Entscheidung über die Mitgliedschaft als Element der nationalen Souveränität unter die Ewigkeitsgarantie des Art. 79 Abs. 3 GG gestellt (BVerfGE 123, 267 – Lissabon).

d) Verfahren

Die autonomen Maßnahmen können heute im ordentlichen Gesetzgebungsverfahren – **unter Beteiligung des EP** – erlassen werden (Art. 207 Abs. 2 AEUV); damit hat sich das EP endlich eine Stimme auf diesem wichtigen Feld der EU-Aktion **erkämpft.** Für den Abschluss von Abkommen gelten allerdings weitere Besonderheiten, nicht nur, was die Stellung des EP angeht, sondern auch für das erforderliche Quorum eines Ratsbeschlusses (Einstimmigkeit nach Abs. 4 UAbs. 3). 18

2. Überblick über die autonome Handelspolitik

Literatur: *Hohmann/John,* Kommentar zum Ausfuhrrecht, 2002; *Streinz/Krenzler/Herrmann:* Die Außenwirtschaftspolitik der EU nach dem Verfassungsvertrag, 2006; *Ehlers,* Subventionen im WTO- und EG-Recht, 2007; *Leal-Arcas,* Theory and Practice of EC External Trade Law and Policy, 2007.

Die EU betreibt ihre Gemeinsame Handelspolitik entweder einseitig **(autonom)** oder schließt **Verträge** mit den jeweiligen Partnern. Rechtsgrundlage der autonomen GHP ist die allgemeine Zuständigkeit nach Art. 207 Abs. 2 AEUV, soweit nicht Spezialnormen einschlägig sind. Rechtsakte ergehen im Gesetzgebungsverfahren. In der Praxis hat das handelspolitische Sekundärrecht als Ausdruck der Kompetenzsituation und zur Sicherung einer unionsweiten einheitlichen Anwendung ganz überwiegend die Gestalt von Verordnungen. Handelspolitische Grundverordnungen ermächtigen die Kommission oft zu Durchführungsregelungen („handelspolitisches Tertiärrecht"; Art. 290 AEUV). Die autonomen Maßnahmen betreffen die **Ein- und Ausfuhr.** Es kann sich auch um die Umsetzung der EU-Abkommen handeln. 19

a) Einfuhrregime

Bei der Einfuhr kann es sich um **tarifäre** und **nichttarifäre** Maßnahmen handeln. Im Zentrum der **tarifären GHP** steht die Zollunion. Sie beinhaltet ein einheitliches Außenzollrecht. Bei der Festsetzung der Zölle sind handelspolitische Verpflichtungen (etwa: Art. II GATT) zu beachten. Im Übrigen bestimmt sie sich nach politischen Erwägungen. Zu den wichtigen handelspolitischen Entscheidungen gehören Änderungen des Gemeinsamen Zolltarifs (GZT, oben Rz. 40/5). Autonome Zollsatzänderungen erfolgen grundsätzlich nach Art. 31 AEUV durch Entscheidung des Rates auf Vorschlag der Kommission. Soweit sie – wie im Regelfall – handelspolitisch motiviert sind, erfolgt die Entscheidung über Art. 207 AEUV. Häufig wird der GZT auf Grund von Abkommen mit Drittstaaten geändert, insbesondere über die GATT/WTO-Handelsrunden. Es ergeht fortlaufend eine **Fülle von Einzelentscheidungen zum GZT.** 20

Die EU ist bei der Gestaltung des **nichttarifären Einfuhrregimes** gegenüber Drittländern ebenso wie bei der Handhabung des GZT zwar in einem grundlegenden Sinne **frei.** Sie hat aber politisch die Selbstverpflichtung zu weltoffener Handelspolitik zu beachten (Art. 206 AEUV). Außerdem müssen vertragliche Verpflichtungen gegenüber Dritten befolgt werden, besonders im Rahmen der WTO. Maßgebliche Rechtsgrundlage für die EU-Einfuhren ist die VO 260/2009 (ABl. 2009 L 84/1) über die gemeinsame Einfuhrregelung. Kernstück ist der **Grundsatz der Einfuhrfreiheit** (Art. 1 Abs. 2). Er gilt für alle Einfuhren, für die keine Sonderregelungen bestehen. Die nationalen Kontingente gegenüber Drittstaaten wurden ersatzlos aufgehoben. Handelspoli- 21 tische Schutzinstrumente der EU sind neben Zöllen nur noch **Unionskontingente.** Die Kontingente werden nach der VO 717/2008 (ABl. 2008 L 198/1) verwaltet; dabei sind gegenüber WTO-Mitgliedern die GATT-Beschränkungen zu beachten. Die VO 260/2009 hält sich im Rahmen der GATT/WTO-Verpflichtungen der EU zur Liberalisierung (Art. XI GATT 94) und zur Zulässigkeit von Schutzmaßnahmen (Art. XIX GATT 94 i.V. m. dem Übereinkommen über Schutzmaßnahmen, ABl. 1994 L 336/184).

22 Spezielle Einfuhrregelungen bestehen für **Agrarwaren** in den Gemeinsamen Marktordnungen (oben Rz. 24/13). Hier besteht stärkerer Außenschutz. Das Allgemeine Präferenzsystem (APS) gegenüber Einfuhrländern (unten Rz. 40/152) ist eine zollrechtliche Einfuhrerleichterung. Der Außenschutz wird auch im sensiblen Textilsektor verstärkt (VO 517/94, ABl. 1994 L 67/1, Änderungen). Eine Sonderregelung finden ferner Einfuhren aus Staatshandelsländern gemäß der VO 625/2009 (ABl. 2009 L 185/1). Auch hier sind Einfuhren weitgehend erleichtert worden.

b) Ausfuhrregime

23 Die EU ist bei der Regelung der Ausfuhren in dritte Länder nach Art. 207 AEUV wie bei der Einfuhr **grundsätzlich „souverän“.** Sie muss jedoch auch hier die Selbstverpflichtung des Art. 206 AEUV zur weltoffenen Handelspolitik und vertragliche Verpflichtungen besonders im Rahmen der WTO beachten. Die EU ist als große „Exportmacht“ prinzipiell an günstigen Ausfuhrmöglichkeiten interessiert. Daher betreibt sie über die allgemeine Ausfuhrregelung hinaus **gezielte Ausfuhrförderungspolitik** („Ausfuhrpolitik“).

24 Für Ausfuhren aus der EU in dritte Staaten gilt nach der VO 1061/2009 (ABl. 2009 L 291/1) die **Ausfuhrfreiheit** für grundsätzlich alle Waren. Sie kennt nur bestimmte **Ausnahmen.** Dies gilt u. a. für Versorgungskrisen bei bestimmten Gütern (z. B. Rohöl) und bei nationalen Maßnahmen zum Schutz der öffentlichen Ordnung (Art. 10 der VO). Ausfuhrbeschränkungen sind soweit möglich, wie Art. 35 AEUV innergemeinschaftlich Beschränkungen des freien Warenverkehrs erlaubt (EuGHE 1991, I-4621, Rs. C-367/89, „Richardt“). Dies betrifft u. a. die Ausfuhr von Kulturgütern (*Fechner*, DÖV 1992, 609), von Chemikalien oder von Abfall. Gelegentlich werden Ausfuhrbeschränkungen vertraglich aus handelspolitischen Gründen vereinbart (z. B. Stahlvereinbarungen EU/USA). Art. 207 AEUV kann Grundlage für „rein handelspolitische“ Sanktionen gegenüber Drittstaaten sein (EuGE 1998, II-667, Rs. T-184/95, „Dorsch Consult“). Diese seltenen Fälle sind von den außenpolitisch motivierten Wirtschaftssanktionen nach Art. 215 AEUV zu unterscheiden (unten Rz. 40/32).

25 Die Ausfuhr und Exportkontrolle von **Militärgerät** einschl. Waffen bleibt in **nationaler Zuständigkeit** (Art. 346 AEUV). Die EU-Staaten haben 1998 einen nicht-bindenden Verhaltenskodex für Waffenausfuhr der MSen als GASP-Entscheidung erlassen. Er setzt Standards für diese Ausfuhren. Der Drittlandshandel von Gütern mit doppeltem Verwendungszweck (**„Dual Use“**) unterliegt der **Gemeinsamen Handelspolitik** (EuGHE 1995, I-3189, Rs. C-70/94, „Werner“). Dies sind Waren, die sowohl militärischen als auch zivilen Zwecken dienen können (z. B. bestimmte Elektronik, Lasertechnik oder Chemieanlagen). Der Dual Use-Handel wird nach Vorgängerregelungen jetzt durch die auf Art. 207 AEUV gestützte VO 428/2009 (ABl. 2009

L 134/1) geregelt (zur Vorgängerregelung *Hohmann,* EWS 2000, 52). Diese Exporte sind entweder generell oder bei Vorliegen bestimmter Umstände **genehmigungspflichtig.** Es werden auch bestimmte Dienstleistungen einbezogen und die Nichtverbreitung nuklearen Materials geregelt.

Die EU steht im Sinne ihrer Exportinteressen einer Ausfuhrförderung grundsätzlich **positiv** gegenüber. Andererseits sind Exportsubventionen durch den GATT-Subventionskodex (ABl. 1994 L 336/156) weitgehend untersagt (gewisse Ausnahmen: Landwirtschaft). Der Kodex bindet die EU und die MSen. Für grundsätzlich zulässige Exportkredite (in D: Hermesbürgschaften) haben die OECD-Staaten ein Arrangement getroffen. Die handelspolitische Zuständigkeit zur Ausfuhrpolitik ist eine *lex specialis* zum innergemeinschaftlichen Beihilfeverbot des Art. 107 AEUV (str., a. A. teilweise die Kommission). Die Realitäten des Welthandels sprechen für die grundsätzliche Zulässigkeit von EU-Exportförderung im Rahmen der internationalen Verpflichtungen. Das WTO-Agrarabkommen 1994 (ABl. 1994 L 336/22) sucht erste völkerrechtliche Grenzen zu ziehen. 26

c) Handelspolitische Maßnahmen der EU

Literatur: *Vermulst,* The 10 Major Problems with the Anti-Dumping Instrument in the EC, JWT 39 (2005), 105; *Müller u. a.,* EC and WTO Anti-Dumping Law, 2. Aufl. 2009; *Leal-Arcas,* Theory and Practice of EC External Trade Law and Policy, 2009; *Van Bael/Bellis,* Anti-Dumping and other Trade Protection Laws of the EC, 5th ed. 2011.

Die EU ist grundsätzlich dem **weltweiten Freihandel** verpflichtet (Art. 206 AEUV). Dieser setzt voraus, dass sich alle Beteiligten an faire Spielregeln halten. Das ist nicht immer der Fall. Und nicht immer besteht zwischen den in Wettbewerb tretenden Unternehmen ein „level playing field". Das Völkerrecht sieht (anders als der AEUV) kein grundsätzliches Verbot der Subventionierung von Unternehmen vor; auch ein internationales Wettbewerbsrecht besteht bislang nicht. Die Wirklichkeit des internationalen Außenwirtschaftsverkehrs rechtfertigt es daher, **handelspolitische Schutzmaßnahmen zur Abwehr unfairer Handelspraktiken** zu ergreifen. Art. 207 Abs. 1 AEUV setzt sie ausdrücklich voraus. Getroffene Schutzmaßnahmen verleiten allerdings leicht zum Abgleiten in Protektionismus. Sie sollten idR vorübergehend ausgestaltet sein. In einem Grünbuch hat sich die KOM mit der Zukunft des Schutzinstrumentariums befasst (KOM (2013) 191 endg.). 27

Der **Anti-Dumping-Schutz** steht im Vordergrund der Schutzregelungen. Traditionell geht man davon aus, dass **Anti-Dumping-Schutzmaßnahmen** (ebenso wie **Anti-Subventionsmaßnahmen**) der Bekämpfung unfairer Preispraktiken dienen. Im Lichte der neueren ökonomischen Diskussion steht heute allerdings außer Frage, dass Dumping grundsätzlich keine unfaire Handelspraktik ist, sondern auf der Ausnutzung von Strukturunterschieden zwischen zwei Märkten beruht, wie sie auch im innerstaatlichen Bereich bestehen können (*Nettesheim,* Ziele des Antidumping- und Antisubventionsrechts, 1994). Nur bestimmte Formen des wettbewerbswidrigen Dumpings („predatory dumping") können unbedingt als unfair angesehen werden. Das Antidumpingrecht muss in seiner heutigen Fassung als „protektionistisches Sicherheitsventil" angesehen werden, das der Ableitung von protektionistischem Druck dient. Preisunterschiede im Binnenmarkt werden daher auch nicht für „unfair" angesehen; der frühere Art. 91 EWGV wurde in Amsterdam 1997 aufgehoben. Demgegenüber erweist sich das Antisubventionsrecht zwar als ökonomisch wenig sinnvoll (die Einfuhr 28 subventionierter Produkte dient dem einführenden Staat). Es erweist sich immerhin als handelsethisch legitimiert: Subventionen verändern das „level playing field" der Wettbewerber und können insofern als unfair angesehen werden.

29 Die Abwehr von Dumping durch Verhängung von **Anti-Dumping-Zöllen** ist in der **VO 1225/2009** (ABl. 2009 L 343/1) geregelt. Sonderregelungen bestehen für einige nicht-marktwirtschaftliche Länder. Der **Dumpingvorwurf** wird erhoben, wenn der Verkaufspreis einer Ware in der EU – nach einer Reihe von Anpassungen – unterhalb des Preises im (Drittlands-)Heimatmarkt liegt. Häufig wird dies (zu Unrecht) mit unfair niedrigen „Kampfpreisen" eines Unternehmens gleichgesetzt. Schutz gegen **Drittlandssubventionen** kann gewährt werden, wenn der dadurch bewirkte Vorteil es einem Importeur ermöglicht, in der EU zu Preisen zu verkaufen, die einen EU-Wirtschaftszweig schädigen. Schutzmaßnahmen sind gerechtfertigt wenn (1) **„Dumping"** vorliegt, das (2) zu einer **Schädigung** führt und (3) Schutzmaßnahmen **im Interesse der EU** liegen. Das Antidumpingrecht gilt für gewerbliche Waren und mit gewissen Modifikationen auch für den Agrarbereich. Die EU-Regelungen setzen im Wesentlichen die **GATT 1994** Antidumping- und Subventionskodices um, an welche die EU gebunden ist (ABl. 1994 L 336/103 und L 336/156). Das EU-Antidumpingrecht hat sich über eine umfangreiche Kommissionspraxis (Anti-Dumpingzölle) und EuGH-Rechtsprechung zu einem komplexen **„internationalen EU-Wettbewerbsrecht"** entwickelt.

30 Die Abwehr von Drittlandssubventionen auf eingeführte Waren durch **Ausgleichszölle** wird in der **VO 597/2009** (ABl. 2009 L 188/93) geregelt. Die Maßnahmen lehnen sich an das Anti-Dumpingregime an (*Lukas,* EWS 2000, 203). Antisubventionsmaßnahmen sind gerechtfertigt, wenn (1) eine **„Subvention"** vorliegt, die (2) eine **Schädigung** verursacht und Schutzmaßnahmen (3) **im Interesse der EU** liegen. Es muss eine **Subvention** im Sinne der VO 597/2009 vorliegen, die mittelbar oder unmittelbar für die Produktion, den Export oder für den Transport einer Ware gewährt wird, die in der EU eine Schädigung bewirkt. Der Begriff der Subvention ist in der VO 597/2009 mit gewissen Modifikationen dem **Beihilfebegriff** des Art. 107 AEUV und dessen Ausnahmen nachempfunden (oben Rz. 21/13). Es wird entsprechend zwischen anfechtbaren und nicht anfechtbaren Subventionen unterschieden. Die **Subventionsspanne** (Obergrenze des möglichen Ausgleichszolls) wird durch eine Umrechung der Gesamtsubvention auf die Einheiten der importierten Ware bestimmt. Die **Schädigung** eines EU-Wirtschaftszweigs und die Feststellung eines **Unionsinteresses** an Abwehrmaßnahmen werden wie bei der Anti-Dumpingregelung festgestellt. Gleiches gilt für das **Antisubventionsverfahren** sowie für die evtl. Erhebung eines Ausgleichszolls durch eine **Verordnung** und für den **Rechtsschutz.**

31 Die EU hat sich schließlich mit der **VO 3286/94** (ABl. 1994 L 348/71, Änderungen; *Prieß/Pitschas,* EWS 2000, 185) ein zusätzliches handelspolitisches Instrument geschaffen (sog. **„Trade Barriers Regulation" – TBR).** Die TBR ist ein verfahrensmäßiger Mechanismus, mittels dessen Wirtschaftszweige und Unternehmen die EU veranlassen können, ihre Rechte nach den internationalen Handelsregeln wahrzunehmen, insbesondere innerhalb der WTO. Es handelt sich um eine europäische Reaktion auf das entsprechende US-Schutzsystem („Omnibus" Trade Act 1988 mit Sec. 301 und „Super 301"). EU-Wirtschaftszweige (über ihren Verband), einzelne Unternehmen oder MSen können ein TBR-Verfahren **beantragen.** Stoßrichtung ist vor allem der

Angriff gegen fragwürdige Handelshemmnisse für die EU-Industrie auf Drittmärkten. Die Antragsteller fordern die Union (idR die Kommission) auf, ihre völkerrechtlichen Handelsrechte gegenüber Drittstaaten oder Internationalen Organisationen auszuüben. Voraussetzung ist, dass sie die Verletzung bilateraler oder multilateraler Verpflichtungen durch die Drittpartner geltend machen können. Es müssen ähnlich wie im Anti-Dumping-Recht **Schädigungen** glaubhaft gemacht werden. Die Kommission prüft i. V. m. den MSen die Lage und legt binnen fünf Monaten einen **Bericht** vor. Das Verfahren wird auf seiner Grundlage eingestellt, wenn kein Unionsinteresse an einem Vorgehen besteht, ausgesetzt, falls der Drittpartner einlenkt oder mittels der **Einleitung von Maßnahmen** (Beantragung eines WTO-Streitschlichtungsverfahrens oder Erhebung von Ausgleichszöllen u. ä.) fortgesetzt. Für die Antragsteller besteht Rechtsschutz ähnlich wie bei der Anti-Dumping-Regelung.

Die EU ist seit Maastricht 1992 gemäß Art. 215 AEUV befugt, im Zusammenspiel 32
mit der Gemeinsamen Außen- und Sicherheitspolitik (GASP) des EUV **Wirtschaftssanktionen** (Embargos) gegen Drittstaaten zu beschließen. Sie tut dies oft in Durchführung von Sanktionen, welche der UN-Sicherheitsrat beschlossen hat. Die Sanktionen sind völkerrechtlich im Rahmen der UN-Charta unterhalb des Interventionsverbotes zulässig (Art. 41 UNCh). Grundsätzlich geht die EU davon aus, an Beschlüsse des Sicherheitsrates gebunden zu sein (Art. 107 UNCh); allerdings betrachtet sie sich zur Durchführung nur im Rahmen ihrer Grundrechte verpflichtet (EuGHE 2008, I-6351, Rs. C-402/05 P, „Kadi"; zum Problem *Nettesheim,* CMLR 2007, 567). Wirtschaftssanktionen werden nicht zum Schutz der eigenen Wirtschaft ergriffen, sondern sind vollständige oder teilweise **Handelsverbote** aus **legitimen außenpolitischen Erwägungen** gegenüber einem oder mehreren Drittstaaten. Auf diese Weise soll Druck ausgeübt werden, der Schädigungen einschließen kann (*H.-K. Ress,* Das Handelsembargo, 2000). Art. 215 AEUV steht auf der **Schnittstelle** zwischen der GASP, den handelspolitischen EU-Kompetenzen und den nationalen sicherheitspolitischen Zuständigkeiten (Art. 346 AEUV). Bei den „Dringlichkeitsmaßnahmen" kann es sich etwa um ein Flugverbot (VO 1901/98, ABl. 1998 L 248/1: Jugoslawien) handeln. Meist wird die Form einer VO gewählt. Die Maßnahmen können die Aussetzung, Einschränkung oder vollständige Einstellung der Wirtschaftsbeziehungen zu Drittstaaten beinhalten. Die weite Formulierung schließt Dienstleistungen ein. Die Motivation des Rates kann rein außenpolitisch sein (z. B. Waffenembargo gegen China 1989 nach den Menschenrechtsverletzungen auf dem „Platz des himmlischen Friedens" in Peking). **Rechtsschutz** gegen Maßnahmen aus Art. 215 AEUV ist für die Betroffenen über Art. 267 Abs. 4 AEUV oder im Vorabentscheidungsverfahren des Art. 263 AEUV möglich.

Sanktionen greifen regelmäßig in bestehende Vertragsverhältnisse ein. Hieraus können 33
sich **Entschädigungsfragen** zwischen den betroffenen Personen/Unternehmen und der EU bzw. ihren MSen aus Enteignungsgesichtspunkten ergeben (*Kadelbach,* JZ 1993, 1134). Der BGH hat solche Ansprüche mit Blick auf die EU-Zuständigkeit abgelehnt (BGH NJW 1994, 858). Die Erfolgsaussichten auf europäischer Ebene sind ihrerseits gering. Das Gericht hat bei Sanktionen, die auf Beschlüssen des UN-Sicherheitsrates beruhen, die Verursachung durch die EU ebenso verneint wie der EuGH (EuGE 2002, II-2265, Rs. T-220/96, „Elliniki"; EuGHE 2008, I-6513, Rs. C-120/06 P, „FIAMM").

3. Die vertragliche Handelspolitik: Das Beispiel der WTO-Mitgliedschaft

34 Mit Blick auf die vertragliche Handlungspolitik ist zwischen **bilateralen** Handelsabkommen und der **multilateralen** EU-Handelspolitik zu unterscheiden. Im Rahmen der bilateralen Handelsbeziehungen ist ein enges und striktes Netz von vertraglichen Absprachen geknüpft worden; zu erinnern ist insbesondere an wichtige Freihandelsabkommen (z. B. mit Süd-Korea). Die EU verfügt über Art. 207 AEUV (Handelsabkommen), Art. 209 Abs. 2 AEUV (Entwicklungsabkommen) und Art. 217 AEUV (Assoziierungsabkommen) über **breite Möglichkeiten,** bilateral und regional **vertragliche Handelspolitik in einem umfassenden Sinne** zu betreiben. Für das **Verfahren** gilt im Bereich der GHP Art. 207 AEUV, ansonsten Art. 218 AEUV. Handels- und entwicklungspolitische Aspekte sind bei manchen Abkommen kaum unterscheidbar. Assoziierungen enthalten über die handelspolitischen Elemente hinaus politische Ziele. Teilweise müssen **gemischte Abkommen** unter Beteiligung der EU und ihrer MSen geschlossen werden.

35 Die Vielfalt der vertraglichen Beziehungen kann hier schon aus Raumgründen nicht geschildert werden. Statt dessen soll die wohl wichtigste Mitgliedschaft der EU – jene in der WTO – näher behandelt werden (*Ohler,* Die Bindung der Europäischen Union an das WTO-Recht, EuR-Beiheft 2012, 137; *Wölker,* Die Stellung der Europäischen Union in den Organen der Welthandelsorganisation, EuR-Beiheft 2012, 125).

a) Vom GATT 1947 zur WTO 1994

36 Die EWG war auf Grund ihrer handelspolitischen Zuständigkeit nach Art. 113 EWGV von Anfang an befugt, sich an Schritten zur rechtlichen Ordnung der **Weltwirtschaft** zu beteiligen. Diese erfolgten vor allem durch den unvollständigen und „provisorischen“ Abschluss des internationalen Zollabkommens GATT 1947 mit Sitz in Genf (*Petersmann,* AVR 1980, 23). Die EWG übernahm – als Zollunion – die Bindungen, die sich aus den in mehrjährigen „Verhandlungsrunden“ fortentwickelten Regeln des **GATT 1947** ergaben. Das war die Konsequenz des Anspruchs, im Zoll- und Handelsbereich zunehmend an die Stelle der MSen zu treten und dort ausschließliche Kompetenzen zu haben (EuGHE 1972, 1219, Rs. 21/72, „International Fruit Company“). Sie wurde seit den sechziger Jahren ein **de-facto-GATT-Mitglied** und nahm in vielfältiger Weise aktiv an der GATT-Tätigkeit teil. Die EU wurde gemeinsam mit den MSen WTO-Mitglied und damit einer der wichtigsten Akteure im globalen Welthandelssystem.

37 Die 1995 errichtete **Welthandelsorganisation (WTO)** mit Sitz in **Genf** hat die Aufgaben des Allgemeinen Zoll- und Handelsabkommens (GATT 1947) in erweiterter und institutionalisierter Form übernommen (*Beise,* Die Welthandelsorganisation, 2001). Sie ist eine Internationale Organisation. Die Ordnungskraft ihres Rechts erstreckt sich inzwischen über beinahe alle Bereiche des Welthandels (unter Einschluss der Dienstleistungen), geht darüber aber auch punktuell hinaus (Schutz des geistigen Eigentums). Supranationale Kompetenzen stehen den Organen der WTO aber nicht zu; man kann deshalb bislang auch nicht von einer „konstitutionalisierten“ Welthandelsordnung sprechen (*Nettesheim,* FS Oppermann, 2001, 381; *Hilf/Benedek/Roth,* Berichte der DGV 40 (2003), 257; *von Bogdandy,* KritJ 2001, 264, 425).

b) Überblick über das WTO-Recht

Zum WTO-Recht gehören ein Rahmen-Übereinkommen (ÜWTO v. 15.4.1994, ABl. 1994 L 336/3) und eine größere Zahl von weiteren Übereinkommen und Protokollen (*Benedek* (Hrsg.) Die WTO – alle Texte, 1998). Unter ihnen sind das Allgemeine Zoll- und Handelsabkommen (GATT 1994, ABl. 1994 L 336/11 = weitgehende Übernahme des GATT 1947), die parallelen Abkommen über den Dienstleistungshandel (GATS, ABl. 1994 L 336/190) und über handelsbezogene Aspekte des geistigen Eigentums (TRIPS, ABl. 1994 L 336/213) besonders hervorzuheben, sowie die Vereinbarung zur Beilegung von Streitigkeiten (DSU, ABl. 1994 L 336/234). Weitere wichtige Spezialvereinbarungen betreffen u. a. die Landwirtschaft, Antidumping, den Subventionskodex und Schutzmaßnahmen. Es gilt das Prinzip des Einheitsabkommens („single undertaking approach"), wonach jedes Mitglied das gesamte WTO-Vertragswerk übernehmen muss. Daneben stehen „plurilaterale" Abkommen (z. B. über öffentliches Auftragswesen), an denen nicht alle WTO-Mitglieder beteiligt sind (insgesamt *Herrmann/Weiß/Ohler*, Welthandelsrecht, 2. Aufl. 2007). Die WTO ist mit gut 150 Mitgliedern eine quasi-universale Organisation. Zu den Gründungsmitgliedern gehören etwa die EU und ihre MSen, die USA, und Japan. Seit 2001 ist China, seit 2012 Russland Mitglied. 38

Organe der WTO (Art. IV-VI ÜWTO) sind die zweijährige Ministerkonferenz, der Allgemeine Rat (auf Diplomatenebene) und das Sekretariat (ca. 550 Personen) mit dem WTO-Generaldirektor als Spitze (vom Rat grundsätzlich für 4 Jahre ernannt). Drei spezielle Räte (GATT-Rat, GATS-Rat, TRIPS-Rat) arbeiten unter der Leitung des Allgemeinen Rates. Es werden nachgeordnete Gremien (Ausschüsse, Arbeitsgruppen u. ä.) eingesetzt. Die Beschlussfassung orientiert sich am Konsensprinzip. Der Allgemeine Rat fungiert gemäß dem DSU-Abkommen als **Streitbeilegungsgremium** (Dispute Settlement Body-DSB). Er setzt unabhängige **Panels** aus drei Personen als Erstinstanz ein. Die Fälle können bei Rechtsfragen an das **Ständige Berufungsgremium** (Appelate Body-AB – 7 Personen mit „Spruchkammern" von 3 Personen) abgegeben werden. Der DSB entscheidet über die Berichte der Panels und des AB endgültig. Bei Annahme besteht eine **Rechtspflicht** zur Aufhebung vertragswidriger Maßnahmen (Art. 17:14, 21 DSU). **Sanktionen** sind Entschädigungen (Kompensationen) und die Aussetzung vertraglicher Zugeständnisse (Art. 22 DSU). – Die WTO-Streitbeilegung wird inzwischen international intensiv genutzt, u. a. in den Handelsbeziehungen der EU (*Petersmann* (Hrsg.), The WTO Dispute Settlement System 1995–2003, 2004). Sie bedeutet erstmals eine Art **weltweiten Rechtsschutzes** im internationalen Handelsrecht. 39

Ziele der WTO sind insbesondere Erhöhung des Lebensstandards, Vollbeschäftigung und Ausweitung der Produktion des Handels mit Waren und Dienstleistungen (Präambel ÜWTO). Zu diesen „klassischen GATT-Zielen" treten „moderne Verpflichtungen" wie das Bekenntnis zu einer nachhaltigen Entwicklung der Ressourcen der Welt, der Schutz der Umwelt und die Förderung der Entwicklungsländer. Die Ziele der WTO werden im GATT-Bereich (Warenhandel) durch WTO-Prinzipien verfolgt (insgesamt *Cottier/Mavroidis* [Hrsg.]), Regulatory Barriers and the Principle of Non-Discrimination in World Trade Law, 2000): **Meistbegünstigung** bei Zöllen und anderen Einfuhr- und Ausfuhrbelastungen sowie Gegenseitigkeit (Präambel, Art. I ÜWTO); **Nichtdiskriminierung** (u. a. Art. III, XIII); Beseitigung mengenmäßiger Beschränkungen **(„Tariffs only")** und fortschreitender **Zollabbau** (Präambel, Art. XI, XXVIII bis); **Umweltschutz** (Präambel). Das GATT enthält allerdings in Art. XX eine wichtige Ausnahmeklausel. **Entwicklungsländern** können durch Teil IV des GATT Handelsvorteile ohne Gegenseitigkeit gewährt werden. Die umstrittene **Schutzklausel** (Art. XIX GATT i. V. m. Abkommen über Schutzmaßnahmen) ermöglicht Ausnahmeregelungen. 40

Das Übereinkommen über den **Dienstleistungshandel (GATS)** bezieht sich auf einen Handelsbereich, der ca. 25 % des internationalen Wirtschaftsverkehrs umfasst, aber schnell wächst. Das GATS unterscheidet sich in seiner Struktur vom GATT. Einige der Verpflichtungen des GATT finden sich auch im GATS (sog. allgemeine Pflichten, z. B. Meistbegünstigung (Art. II); Transparenz (Art. III). Zu den sog. „spezifischen Pflichten" gehören demgegenüber die Gewährung von Marktzugang und Inländerbehandlung. Diese Prinzipien müssen in den einzelnen Dienstleistungsbereichen (z. B. Banken/Versicherungen, Bauwirtschaft, Verkehr, Kommunikation, Beratungswesen, Computerprogramme, Tourismus) durch besondere Abkommen verbindlich gemacht werden. Die Verwirklichung freien Dienstleistungshandels ist ein **langwieriger Prozess.** Er wird durch Ausnahmewünsche belastet (z. B. der EU im audiovisuellen Bereich: „Kulturelle Ausnahme"). Erste Erfolge wurden seit 1995 im Finanz- und Telekommunikationsbereich und 41 beim Handel mit Produkten der Informationstechnologie erzielt (insgesamt *Koehler,* Das Allgemeine Übereinkommen über den Handel mit Dienstleistungen, 1999).

42 Das Übereinkommen über **handelsbezogene Aspekte der Rechte des geistigen Eigentums (TRIPS)** verbessert und erweitert den geistigen Eigentumsschutz im Handelsbereich und sucht der „Produktpiraterie" entgegenzuwirken (*Staehelin,* Das TRIPS-Abkommen, 2. Aufl. 1999). Das TRIPS-Abkommen stellt in der WTO-Ordnung einen Fremdkörper dar: Es geht nicht wie bei der Liberalisierung von Märkten um eine „win-win"-Situation. Der Schutz von Rechtspositionen des geistigen Eigentums dient nur den jeweiligen Trägern. Die TRIPS-Mitglieder werden zusätzlich auf die Einhaltung der Pariser und Berner Konventionen zum gewerblichen Rechtsschutz und Urheberrecht verpflichtet. Hierfür arbeitet die WTO mit der Weltorganisation zum Schutz des geistigen Eigentums (WIPO) in Genf zusammen. Ziel des TRIPS-Abkommens ist die Einführung einer **weltweit vergleichbaren nationalen Schutzgesetzgebung.** Die EU ist neben den USA als Hüterin geistigen Eigentums in Europa (oben Rz. 36/21) am Erfolg der TRIPS-Aktivitäten besonders interessiert. Konflikte bestehen mit Entwicklungs- und Schwellenländern, die an möglichst günstiger Verfügbarkeit geistigen Eigentums interessiert sind (z. B. Zwangslizenzen für medizinische Patente in Afrika).

c) EU-Mitgliedschaft in der WTO

43 Die **EU** ist Mitglied der WTO (Art. XI:1 ÜWTO; *Siebold,* Die Welthandelsorganisation und die EG, 2003). Daneben sind alle **EU-Mitgliedstaaten** WTO-Mitglieder. Diese **Doppelmitgliedschaft** war notwendig, weil die EU im Lichte der Beschränkungen des EGV-Nizza nicht über die gesamte Außenwirtschaftskompetenz verfügte. Die MSen behielten zunächst bestimmte Zuständigkeiten (z. B. in den Bereichen von GATS und TRIPS EuGHE 1994, I-5267 Gutachten 1/94 „WTO"); mit dem Inkrafttreten des AEUV sind diese Kompetenzen weitgehend auf die EU übergegangen. Die EU verfügt in der WTO über so viele Stimmen, wie sie Mitglieder hat (Art. IX:1 Fn. 2 ÜWTO). In der **Streitbeilegung** ergeben sich gelegentlich Probleme, ob die EU oder einzelne ihrer MSen verklagt werden sollen. Insgesamt steht die **EU**-Mitgliedschaft in der WTO-Praxis ganz deutlich im Vordergrund.

44 Im Verhältnis zwischen **WTO-Recht und EU-Recht** sind mehrere Aspekte zu unterscheiden:

Das **WTO-Recht** selbst verhält sich weitgehend neutral zu der Frage der **unmittelbaren Anwendbarkeit** – insbesondere macht es insoweit keine eigenen Vorgaben. Im 11. Erwägungsgrund des Beschlusses des Rates zur Genehmigung der WTO-Übereinkommen findet sich die Festlegung, dass „das Übereinkommen zur Errichtung der Welthandelsorganisation einschließlich seiner Anhänge nicht so ausgelegt [werden darf], dass es unmittelbar vor den Rechtsprechungsorganen der Union und der Mitgliedstaaten angeführt werden kann" (Beschl. 94/800/EG, ABl. 1994 L 336/1).

45 **Vorrang des WTO-Rechts vor dem Unionsrecht:** Das WTO-Vertragswerk ist ein völkerrechtlicher Vertrag, den die EU im Rahmen ihrer handelspolitischen Kompetenzen abgeschlossen hat. Das WTO-Recht ist damit für die Organe der EU und für die MSen verbindlich (Art. 216 Abs. 2 AEUV). Dies muss a fortiori gelten, soweit WTO-Recht durch Entscheidungen der WTO-Streitbeilegung abschließend ausgelegt worden ist. Der Gerichtshof verwandte für die Bindung der EU zunächst die Formel, das WTO-Recht (und bereits das „alte" GATT-Recht vor 1995) sei „integrierender Bestandteil der EG-Rechtsordnung" (EuGHE 1972, 1219 Verb.Rs. 21–23/72 „International Fruit Company"); heute wird diese Formel allerdings nicht mehr benützt. Das WTO-Recht steht im Rang zwischen dem primären und dem sekundären EU-Recht. Die EU muss danach ihre sekundärrechtliche Handelspolitik **WTO-konform ausgestalten.** Aus **völkerrechtlicher Perspektive** hätte sie im unwahrscheinlichen Fall einer Kollision mit dem Primärrecht auch dieses entsprechend umzugestalten.

46 Soweit WTO-Recht in die nationale Kompetenz fällt, wird sein **Rang und Vorrang** nach der jeweiligen nationalen Rechtsordnung behandelt. Auch hier gilt der prinzipielle Vorrang des Völkerrechts. Der Gerichtshof hat betont, dass das ÜWTO von der EU und den MSen „ungeteilt" angenommen worden ist

(EuGHE 1998, I-3603, Rs. C-53/96, „Hermès"). Der EuGH beansprucht damit die Auslegungskompetenz über das gesamte WTO-Recht.

Unmittelbare Anwendbarkeit des WTO-Rechts? Der Gerichtshof hat (wie früher dem GATT 1947) auch dem „gehärteten" WTO-Recht in ständiger Rechtsprechung **grundsätzlich die unmittelbare Anwendbarkeit verweigert** (z. B. EuGHE 1999, I-8395, Rs. 149/96, „Portugal/Rat"). Er begründet dies u. a. mit Gesichtspunkten der Gegenseitigkeit. Die USA lehnen ihrerseits die unmittelbare Anwendbarkeit ab. Das WTO-Recht sei flexibel und auf Verhandlungen der Mitglieder angelegt. Der EuGH schützt das Gegenseitigkeitsprinzip und stellt auf den Schutz von Verhandlungsspielräumen – vielleicht sogar auf den Schutz der Freiheit zum Vertragsbruch – ab. Die Rspr. des Gerichtshofes unterliegt starker Kritik (z. B. *Griller,* JIEL 2000, 441): Ihr wird vorgehalten, dass sie den Gestaltwandel des Welthandelsrechts, der durch die Gründung der WTO zustande gekommen ist, verkennt und die Effektuierung des WTO-Rechts innerhalb der EU grundsätzlich ausschließt. Grundlage dieser Kritik ist die Auffassung, dass das WTO/GATT-Recht nur durch Individualwirksamkeit seine volle Effektivität und Legitimität entfalten könne (*Petersmann,* Constitutional Functions, 1983; *Tumlir,* ORDO 1983, 71). Andere lehnen eine unmittelbare Wirksamkeit von GATT/WTO-Vorschriften vor allem aus Gründen der demokratischen Legitimation ab (*Sack,* EuZW 1997, 650; grundlegend *Jackson,* AJIL 1992, 310; *ders.,* in: Hilf/Petersmann, National Constitutions and International Economic Law, 569; vermittelnd: *van den Broek,* 4 JIEL 2001, 411; *Eeckhout,* 5 JIEL 2002, 91). Beide Positionen werden von jeweils plausiblen Erwägungen getragen: erstere spiegeln ein liberal-individualistisches Wirtschaftsverständnis wider, letztere den Gesichtspunkt der demokratischen Gestaltbarkeit und Legitimität internationaler Regeln (hierzu *Cottier,* in: FS Ehlermann, 99; *Duvigneau,* Außenwirtschaft 2001, 295). 47

Auch mit Blick auf das **TRIPS** erkennt der EuGH unmittelbare Wirkungen vor den Unionsgerichten bis heute grundsätzlich nicht an (etwa EuGHE 2007, I-9375, C-238/06 P, „Develey" Rn. 38). Allerdings fühlt sich der EuGH zur Auslegung des TRIPS berufen, sofern die zur Prüfung vorgelegten Maßnahmen in einen Bereich fallen, auf den das TRIPS-Übereinkommen **anwendbar** ist und in dem die Union **sekundäre Rechtsvorschriften erlassen** hat. Damit hat er einen weiteren Ausnahmefall entwickelt, der zunächst vor allem die Auslegung des Art. 50 Abs. 6 TRIPS betraf, einer Verfahrensvorschrift, die vorsieht, dass einstweilige Maßnahmen außer Kraft zu setzen sind, wenn nicht innerhalb bestimmter Fristen das Hauptsacheverfahren eingeleitet wird (EuGHE 1998, I-3603, Rs. C-53/96, „Hermès"; EUGHE 2000, I-1307, Rs. C-300/98 und C-392/98 „Dior"). Diese Rechtsprechung hat der EuGH inzwischen zu einer Vielzahl von Bestimmungen des TRIPS ausgebaut (z. B. EuGHE 2007, I-4673, Rs. C-246/05, „Häupl"). In Bereichen, in denen es bislang keine (oder auch keine nennenswerten (so EuGHE 2007, I-7001, Rs. 431/05, „Merck", Rn. 29ff, 46) Vorschriften des Sekundärrechts gibt, bleiben die mitgliedstaatlichen Gerichte berufen, über die Geltung des TRIPS im nationalen Recht zu entscheiden. In D hat der BGH dem TRIPS-Abkommen unmittelbare Anwendbarkeit zugesprochen (BGH NJW 1999, 1958). 48

EU-Rechtsschutz unter Berufung auf WTO-Recht: Der EuGH hat im Sinne seiner Ablehnung der unmittelbaren Anwendbarkeit des WTO-Rechts im EU-Raum **Klagen abgewiesen,** die sekundäres EU-Recht am WTO-Recht messen wollten. Dies galt nicht nur für Individualpersonen mit Blick auf Art. 263 Abs. 4 AEUV, sondern auch für **Klagen von Mitgliedstaaten** (EuGHE 1994, I-4973, Rs. C-280/93, „Bananen" st. Rspr.). Unter dem Eindruck verbreiteter juristischer und politischer Kritik an diesem Rechtsschutzausschluss (z. B. *Hörmann/Göttsche,* EuZW 2003, 449) lässt der Gerichtshof inzwischen **Ausnahmen** zu. Dies gilt, wenn die Betroffenen sich auf solche WTO-Bestimmungen berufen, auf die ein **EU-Rechtsakt ausdrücklich Bezug nimmt** (EuGHE 1989, 1781, Rs. 70/87, „FEDIOL"), wenn die EU **WTO-Recht durch Unionsrecht umgesetzt** hat (EuGHE 2003, I-79, Rs. C-76/00, „Petrotub"). Die Unionsgerichte haben in jüngerer Zeit, wenn auch nur im Hinblick auf die Grenzen eines weiten Ermessens, vor allem etwa Antidumpingmaßnahmen (Rz. 40/27ff.) am Maßstab des WTO-Rechts überprüft (etwa EuGE 2000, II-101, Rs. T-256/97, „BEUC/Kommission"; EuGE 2000, II-3727, Rs. T-213/97, „Eurocoton/Rat"; EuGE 2001, II-1757, Rs. T-188/99, „Euroalliages/Kommission"; nicht hingegen EuGHE 2007, I-7723, Rs. C-351/04, „Ikea"). Es ist hervorzuheben, dass diese Fälle Ausnahmen sind. Schutzmaßnahmen gegen erhöhte oder sonst schädigende Einfuhren werden vom EuGH in der Regel nicht am Maßstab des WTO-Rechts überprüft (EuGHE 2001, I-8853, Rs. C-301/97, „Niederlande/Rat"). In Fällen, in denen die **WTO-Streitbeiligung die WTO-Widrigkeit von EU-Recht** endgültig festgestellt hat (EuGHE 2003, I-10 565, Rs. C-94/02 P, „Biret"; *Rapp-Lücke,* Das rechtliche Verhältnis zwi- 49 schen dem Streitbeilegungsgremium der WTO und dem Gerichtshof der EGen, 2004), kommt es nicht notwendig zu einer Überprüfung (allgemein etwa: *Kuijper/Bronckers,* CMLR 2005, 1313; zurückhaltender *Weiß,* EuR 2005, 277; *Di Gianni,* JWT 2006, 777) (allgemein: *Nettesheim,* Subjektive Rechte im Unionsrecht, AöR 2007, 333 [350ff.]).

50 Insgesamt ist die komplexe und manchmal widersprüchliche Praxis zum WTO-Recht innerhalb der EU noch nicht an ihr Ende gekommen. Der **Vorrang des übergreifenden WTO-Rechts** gegenüber dem EU-Recht wird sich materiell und in seinen prozessualen Konsequenzen aber nur schrittweise durchsetzen. Der Verweis des Gerichtshofes auf die **Gegenseitigkeit** bleibt wichtig. Es ist für die EU nicht sinnvoll, in bestimmten Fällen als eine Art „Musterknabe" dem WTO-Recht Qualitäten zuzuschreiben, die wichtige Welthandelspartner ihrerseits nicht anerkennen (ähnlich *Herrmann* ZEuS 2001, 453).

d) Handelspolitische Bedeutsamkeit der WTO für die EU

51 Die Welthandelsorganisation ist für die außenhandelsorientierte EU (20% Anteil am Welthandel) ungeachtet aller Differenzen im Einzelnen ein **wichtiger Verbündeter.** Sie steht für die weitere Liberalisierung der Weltwirtschaft unter gleichzeitiger Beachtung der Belange von Entwicklungsländern und des internationalen Umweltschutzes. Die Ziele der WTO und die Verpflichtungen der EU zu weltoffenem Handel und Entwicklungszusammenarbeit gehen weitgehend parallel. Der Erfolg der in **Doha 2001** eingesetzten **„Milleniums-Handelsrunde"** (*Charnovitz,* JIEL 2002, 207; *Hofmann* u. a., The EU and the WTO Doha Round, 2007) ist heute allerdings mehr als ungewiss. Manche halten die Runde schon für tot. Die Zahl der Interessenkonflikte mit den WTO-Partnern und innerhalb der Union wird mit der Erweiterung nicht geringer (künftiger Außenschutz der Gemeinsamen Agrarpolitik, Standards des Internationalen Umweltschutzes, Schutzhöhe für geistiges Eigentum, Einstieg in ein internationales Wettbewerbsregime u. a. m.); die Entwicklungsländer haben inzwischen eine eigene Stimme gefunden. Es zeichnet sich ein zunehmender Gebrauch von bilateralen Freihandelsabkommen ab. Im **WTO-Streitbeilegungssystem** steht die EU ungefähr ebenso oft auf der Kläger- wie auf der Beklagtenseite (*Benedek,* Die EU im Streitbeilegungssystem der WTO, 2005). Der Fortschritt in Richtung einer freien und sozial verantwortlichen Weltmarktwirtschaft erfolgt in Trippelschritten.

IV. EU-Entwicklungspolitik

Literatur: *Lerch,* Menschenrechte und europäische Außenpolitik, 2004; *Adameck,* Institutionen der Entwicklungszusammenarbeit, 2004; *Babarinde* (Hrsg.), The EU and the Developing Countries, 2005; *Tichitchi,* Die Entwicklungszusammenarbeit zwischen der EU und den AKP-Staaten im Wandel, 2005; *Knodt,* Entwicklungspolitik, in: Politikfelder im EU-Mehrebenensystem, 2008, 81; *Hoebink* (Hrsg.), Perspectives on European Development Co-operation, 2009; *Pallemaerts* (Hrsg.), The External Dimension of the EU Sustainable Development Strategy, 2009; *Kuon,* Good Governance im europäischen Entwicklungsrecht, 2010.

1. Die Entwicklung der vertraglichen Grundlagen

52 Die Vertragsgrundlagen der EU-Entwicklungspolitik sind nicht nur unübersichtlich, sondern auch komplex. Dies hängt vor allem mit der politischen Entwicklung seit 1958 zusammen. Ausgangspunkt der Entwicklungspolitik war 1958 die **Assoziierung der überseeischen Länder und Hoheitsgebiete (ÜLG)** nach Art. 131 EWGV. Vor allem Frankreich machte aus der „Entwicklungsassoziierung" seiner damaligen Kolonien eine Vorbedingung bei der Gründung der EWG. Aufgrund der ungefähr gleichzeitig einsetzenden allgemeinen **Dekolonialisierung** sind die Regelungen nur noch

von geringer Bedeutung. Sie betreffen kleine Überseebesitzungen einiger MSen, meist Inseln (Art. 349 AEUV). Seit 1964 verfolgte die EWG dann mit den unabhängig gewordenen **„AKP-Staaten"** in Afrika, der Karibik und im Pazifik über eine Reihe sich fortsetzender Abkommen eine **vertragliche Entwicklungspartnerschaft.** Heute gilt das auf 20 Jahre abgeschlossene **Partnerschaftsabkommen von Cotonou 2000,** das zwischen der EU und ihren MSen einerseits und 77 AKP-Staaten andererseits geschlossen wurde. Die Abgrenzung von der Gemeinsamen Handelspolitik bleibt undeutlich.

Die **Entwicklungszusammenarbeit (EZ)** der EWG mit den **sonstigen** Entwicklungsländern entwickelte sich ungefähr zeitlich parallel zunächst auf der Grundlage des Art. 235 EWG (heute: Art. 352 AEUV). Erst mit dem Maastricht-Vertrag 1992 wurde ein **eigener Vertragstitel** für die EZ mit besonderen EGV-Zuständigkeiten geschaffen. Er erfuhr in Amsterdam 1997, Nizza 2001 und Lissabon teilweise erhebliche Modifikationen. Die in diesem Titel (Art. 208–211 AEUV) vorgesehenen Kooperationsformen treten an die Seite anderer Formen der Außenpolitik; zwischen den verschiedenen Kompetenzbereichen bestehen graduelle Übergänge. Die EZ verwirklicht sich sowohl über **autonomes EU-Recht** (u. a. Nahrungsmittel- und humanitäre Katastrophenhilfe) als auch vertraglich durch eine große Zahl von **Entwicklungs(Kooperations)abkommen** mit Drittstaaten. Eine große Rolle spielen auch Strategiepapiere und Aktionspläne. 53

2. Assoziierung der Überseeischen Länder und Hoheitsgebiete (ÜLG – Art. 198–204 AEUV)

Die **„konstitutionelle Assoziierung"** der ÜLG über Art. 198–204 AEUV ist seit 1958 vertraglich von den Änderungen und Entwicklungen der EU-Entwicklungspolitik im Wesentlichen unberührt geblieben. Ihr Anwendungsbereich ist allerdings nach der Unabhängigkeit der meisten Kolonien um 1960 stark geschrumpft. ÜLG sind gemäß dem **Anhang II des AEUV** 26 dänische, französische, niederländische und britische Überseegebiete „von Grönland bis Neukaledonien" mit einer knappen Million Einwohner. Meist handelt es sich um Inseln. Die ÜLG sind von **„Gebieten in Randlage"** wie die französischen überseeischen Departements, die Azoren, Madeira und die Kanarischen Inseln zu unterscheiden, für welche der AEUV nach Art. 349 Abs. 2 AEUV gilt. 54

Art. 198 Abs. 1 AEUV **assoziiert** die ÜLG der Union. Sie unterstehen dem **Sonderregime** der Art. 198 ff. AEUV. Der Vertrag findet ansonsten keine Anwendung auf die ÜLG (EuGHE 1992, I-643, Rs. C-260/90, „Leplat"). Ziel der Assoziierung ist die Förderung der wirtschaftlichen und sozialen Entwicklung der ÜLG im Interesse ihrer Einwohner (Art. 199 AEUV). Zu diesem Zweck soll nach Art. 200 AEUV das EU-Handelsregime auf die ÜLG ausgedehnt und finanzielle Hilfe gewährt werden. Ausschreibungen und Lieferungen mit Bezug auf die ÜLG sind für alle Bürger und Unternehmen der EU-Staaten offen. Auch für die Freizügigkeit sollen die Beschränkungen entfallen. Dies ist nach dem Ratsbeschluss auf Grund von Art. 203 AEUV nur begrenzt erfolgt. Gleiches gilt für die Dienstleistungsfreiheit, während der freie Kapitalverkehr in beiden Richtungen gewährleistet wird. Der Rat legt die Einzelheiten und das Verfahren der Assoziation durch einstimmigen Ratsbeschluss fest (Art. 203 AEUV). Die ursprüngliche „Integrationsphilosophie" für die ÜLG ist hierbei zunehmend durch eine „Entwicklungsphilosophie" in Angleichung an die „Lomé/Coto- 55 nou-Politik“ der EU ersetzt worden. Die ÜLG werden dabei im Vergleich mit den AKP-Staaten etwas privilegiert. Der **Beschluss 2013 I 755/EU** (ABl. 2013 L 344/1) sieht vor, die überseeischen Gebiete in einer „Partnerschaft“ zu assoziieren.

3. Entwicklungspartnerschaft der EU mit den AKP-Staaten („Lomé-Cotonou-Politik“)

56 Im Prozess der Dekolonialisierung wurde schnell deutlich, dass das Verhältnis zwischen den ab 1960 unabhängig gewordenen Staaten und der Gemeinschaft nicht auf der „konstitutionellen“ Assoziierung der heutigen Art. 198ff. AEUV beruhen kann. Man schuf stattdessen ein eigenständiges, die Unabhängigkeit dieser Staaten respektierendes, zugleich aber auch deren Entwicklungsnotwendigkeit betonendes Regime. Es wurde ab 1964 auf der Grundlage von Art. 217 AEUV in zeitlichen Abschnitten jeweils neu vertraglich geregelt, insbesondere durch vier „Lomé-Verträge“ 1975–2000. Seitdem gilt für 20 Jahre das **Partnerschaftsabkommen von Cotonou** (ABl. 2000 L 317/3) zwischen der EU und über 70 afrikanisch-karibisch-pazifischen (AKP)-Staaten. Das EU-AKP-Verhältnis stellt eine **Sonderregelung** außerhalb der allgemeinen EU-Entwicklungszusammenarbeit dar.

4. EU-Entwicklungszusammenarbeit (Art. 208–211 AEUV)

57 Seit dem Maastricht-Vertrag 1992 verfügt die EU mit Art. 208–211 AEUV über eine eigenständige Rechtsgrundlage für ihre **allgemeine Entwicklungszusammenarbeit (EZ)** (*Henze,* EuR 1995, 76). Die heutige EZ entwickelte sich seit den sechziger Jahren parallel zur Vertragspartnerschaft mit den AKP-Staaten. Art. 235 EWGV war zunächst die wesentliche Rechtsgrundlage. Der **Mittelmeerraum** wurde aus geographischen Gründen bevorzugtes Feld vertraglicher EU-Entwicklungspolitik; es kam vor allem zur Anwendung von Art. 113, 238 EWGV. Die EU beteiligte sich gleichzeitig an der **weltweiten Entwicklungspolitik** (Gründung der UNCTAD 1964, Teil IV des GATT 1966, Nord-Süd-Dialog der 70er Jahre u. a. m., *Köhler,* EA 1987, 709). Seit 1971 gewährt die EU allen Entwicklungsländern **Zollpräferenzen** (Allgemeines Präferenzsystem (APS). Die **humanitäre Hilfe** der Gemeinschaft, insbesondere als Nahrungsmittelhilfe, wurde ein weiterer Schwerpunkt (nunmehr Art. 214 AEUV).

V. Ausblick

58 Die Europäische Union stellt heute mit den USA und Japan einen der drei Partner der **„Triade“,** dar, die wesentlichen Einfluss auf die **internationale Handelspolitik** ausübt, u. a. innerhalb der Welthandelsorganisation. Die EU ist gleichzeitig gemeinsam mit ihren Mitgliedstaaten größter Geber im Rahmen der **internationalen Entwicklungszusammenarbeit.** Handelspolitische Weltoffenheit liegt im Eigeninteresse der Union als **größtem Welthandelspartner** (ca. 15%). Dies gilt in besonderem Maße für das besonders exportabhängige **Deutschland** (ca. 35% des EU-Exportvolumens). Der Welthandel gewinnt in den Zeiten der **Globalisierung** immer größere Bedeutung und dehnt sich über den klassischen Warenhandel hinaus in die Bereiche des Dienstleistungshandels und des Handels mit Rechten des geistigen Eigentums aus. Der Erfolg der WTO bei ihren Handelsrunden ist gleichzeitig ein Erfolg der EU. Sie steht gegenüber verbreiteter „Globalisierungskritik“ in Erklärungspflicht. Die Union und ihre MSen sind wie alle Handelspartner vor den Versuchungen eines **Euro-Protektio-**

nismus nicht gefeit (EU-Bananenmarktordnung, „kulturelle Ausnahme", Grauzonenmaßnahmen u. a. m.). Die Gemeinsame Agrarpolitik erweist sich immer wieder als großer Störfaktor in den Weltwirtschaftsbeziehungen. Manche EU-Maßnahmen erscheinen gerechtfertigt, wenn sie auf Reziprozität der Partner abzielen.

Die **Entwicklungspolitik** der EU entspricht den Zeichen der Zeit. Sie ist aus postkolonialen Interessen einiger MSen, vor allem Frankreichs, entstanden und fühlt sich weiterhin dem **AKP- und ÜLG-Raum** besonders verpflichtet. Die EU-Entwicklungspolitik hat sich jedoch seit längerem und besonders über die Entwicklungszusammenarbeit **globalisiert** und fasst die Bedürfnisse aller Entwicklungsländer ins Auge. Besondere Anstrengungen gelten den am wenigsten entwickelten Staaten (LDCs). 59

§ 41. Europäische Assoziierung – Nachbarschaftspolitik

Literatur: *Oppermann,* Kooperation, Assoziierung, Beitritt, FS Bernhardt, 1995, 1251; *Hirsch,* Die Rechtsprechung des EuGH zu Assoziierungsabkommen, BayVBl. 1997, 449; *Can,* Das Assoziationsverhältnis zwischen der EG und der Türkei, 2002; *Hubel* (Hrsg.), EU Enlargement and beyond: The Baltic States and Russia, 2002; *Verny,* Europa-Abkommen, in: Dauses (Hrsg.), Hdb. EU-WirtschRecht, K IV, 2003; *Ceylanoglou,* EWG, Griechenland und Türkei. Die Assoziationsabkommen im Vergleich (1959–1963), 2004; *Gutmann,* Aktuelle Streitfragen aus dem Recht der Assoziation EWG-Türkei, VBl. BW 2004, 45; *Lippert,* Die Union und ihre Nachbarn nach dem Verfassungsvertrag, in: Jopp/Mantl (Hrsg.), Der EVV. Analysen zur Konstitutionalisierung der EU, 2005, 367; *Merli,* EU-Erweiterung und Nachbarschaftspolitik, in: Fastenrath/Nowak (Hrsg.), Der Lissaboner Reformvertrag, 2009, 259; *Nervi Christensen,* The Making of the European Neighbourhood Policy, 2011; *Breitenmoser/Weyeneth,* Die Abkommen zwischen der Schweiz und der EU, EuZW 2012, 854; *Zäch, Heizmann,* Die Anwendung des Cassis de Dijon-Prinzips durch die Schweiz im Verhältnis zum EWR, EuZW 2012, 876; *Kumin, Bittner,* Die „gemischten" Abkommen zwischen der Europäischen Union und ihren Mitgliedstaaten einerseits und dritten Völkerrechtssubjekten andererseits, EuR-Bei 2012, 75; *Hummer,* Die Schweiz am integrationspolitischen Scheideweg: Neuer Bilateralismus, Rahmenabkommen, EWR II oder EU-Beitritt? FS 50 Jahre ZFRV 2013, 71.

Internet-Adresse: http://ec.europa.eu/world/enp/index_de.htm

I. Grundlagen

Auf der Grundlage von Art. 217 AEUV kann die EU völkerrechtliche Verträge schließen, mit denen sie im Rahmen der Gestaltung ihrer internationalen Beziehungen zu ihren „Partnern" besondere und privilegierte Beziehungen eingeht. Der Begriff der **„Assoziierung"** steht für ein vertraglich begründetes Verhältnis mit gegenseitigen Rechten und Pflichten, gemeinsamem Vorgehen und besonderen Verfahren, das **„unterhalb des Beitrittes"**, aber umfassender und dauerhafter als ein Handels- bzw. Kooperationsabkommen nach Art. 207 AEUV ausfällt (oben Rz. 40/11 ff.). Die Unterschiede zwischen manch ehrgeizigem Kooperationsabkommen und einer Assoziierung verwischen sich gelegentlich in der Praxis. Nicht immer ist in den nach Art. 217 AEUV geschlossenen Verträgen von „Assoziierung" die Rede; der Begriff könnte die Gleichheit der Vertragspartner in Frage stellen. 1

Assoziierungen werden je nach Bedürfnis **vielgestaltig geregelt** („zwischen Handelsabkommen plus 1 % und Beitritt minus 1 %"). Sie können weltweit mit Staaten, aber auch Internationalen Organisationen geschlossen werden. Ein wichtiges außereuropäisches Beispiel ist die Entwicklungspartnerschaft zwischen der EU und den AKP-Staaten (oben Rz. 40/56). Daneben besteht seit den sechziger Jahren eine vielfältige 2

Assoziationspraxis in **Europa.** Die Assoziierungen sind hier meist Instrumente der Heranführungsstrategie zu einem späteren Beitritt (**„Beitrittsassoziierung"**, z. B. Griechenland 1962–1981; Europaabkommen mit den mittel- und südosteuropäischen Staaten 1994–2004 bzw. –2007). Seltener ist die **„Ersatzassoziierung"** anstelle eines vorläufig nicht gewünschten Beitritts (z. B. mit den EWR-Staaten).

3 Im letzten Jahrzehnt hat die EU ihr Gesicht wesentlich verändert. Die große „Osterweiterung" 2004 (dazu: *Merli/Huster* (Hrsg.), Die Verträge zur EU-Osterweiterung, 2008), die „Südosterweiterung" 2007 und die Aufnahme Kroatiens 2013 erweiterten die EU nach Ost- und Südosteuropa (unten Rz. 42/32ff.). In der Folge stellt sich die Frage nach den **„Grenzen Europas"**, d. h. nach dem Verhältnis zu benachbarten Staaten wie z. B. der Ukraine und Russland oder den Anrainern des Mittelmeeres von Marokko bis Syrien mit verstärkter Dringlichkeit. Ihnen soll durch spezielle Abkommen gute Nachbarschaft ohne eine Beitrittsperspektive angeboten werden. Dies ist der Sinn der neuen, von der Kommission entwickelten **Europäischen Nachbarschaftspolitik (ENP).** Europäische Assoziierungen mit der EU treten durch die Beitrittsentwicklung mehr und mehr zurück.

II. Rechtsgrundlagen der Assoziierung

4 Geist und Regelungsgehalt des Art. 217 AEUV zielen auf **„besondere und privilegierte Beziehungen"** zwischen der EU und einem Drittstaat (EuGHE 1987, 3719, Rs. 12/86, „Demirel"). Der assoziierte Staat soll dauerhaft an das Unionssystem herangeführt und partiell eingebunden werden, ohne dass (vorläufig) eine Mitgliedschaft begründet würde. Die Aktionsfähigkeit der Union wird durch die Assoziation nicht berührt. Es handelt sich um ein intensives völkerrechtliches Vertragsverhältnis, das jedoch keine eigenständige internationale Organisation darstellt (*Fischer,* Das Assoziationsrecht der EG, 1994). Zwischen der EU und dem assoziierten Staat gilt das **Prinzip der Bilateralität und formalen Parität.** Kennzeichen der Assoziierung ist die Reziprozität; allerdings setzt Art. 217 AEUV nicht voraus, dass in einem strengen Sinne eine genaue Gleichgewichtigkeit von Rechten und Pflichten der beteiligten Partner besteht. Die Gewichte können zugunsten der Union verteilt sein. Zur Assoziation gehört ein **gemeinsames Vorgehen** der Partner. Eine Assoziation soll ein gewisses Maß gemeinsamer „politischer Substanz" *(Jürgen Becker)* enthalten. Die Partner bleiben zwar grundsätzlich in ihrer politischen Aktion gegenüber Dritten frei. Sie schulden sich aber gegenseitige Rücksichtnahme.

5 Art. 217 AEUV benennt einige besondere Assoziierungsmerkmale. Die Assoziierung begründet ein System **gegenseitiger Rechte und Pflichten.** Sie bedarf einer bestimmten Tiefe (EuGHE 1991, I-199, Rs. C-18/90, „Kziber"). Inhaltlich besteht ein weiter Gestaltungsspielraum (GA Colomer, EuGHE 2006, I-11917, Rs. C-97/05, „Gatoussi"). Teilweise hat der EuGH davon gesprochen, dass die Assoziierung eine „teilweise Teilnahme am Gemeinschaftssystem" verlange. Um ein zwingendes Merkmal handelt es sich dabei aber nicht. So liegt im Falle des AKP-Abkommens von Cotonou eine derartige Teilnahme nicht vor. Die Assoziation beruht auf **besonderen Verfahren.** Das Abkommen enthält die Bildung **gemeinsamer Assoziationsorgane** (Assoziationsräte, parlamentarische Versammlungen, gerichtliche Organe). Hieraus ergibt sich die Möglichkeit der Setzung von **Assoziationsrecht.** Der Gerichtshof hat dieses Assoziationsrecht (Grundabkommen und die auf seiner Grundlage ergangenen Rechtsakte)

in bestimmten Fällen (z. B. Assoziierung der Türkei, hierzu: EuGHE 2011, I-0000, C-484/07, „Fatma Pehlivan") als **integrierenden Teil der Unionsrechtsordnung** angesehen, ohne dass seine grundsätzlich dualistische Position (Rz. 9/158ff.) dadurch beeinflusst worden wäre (EuGHE 1984, 449, Rs. 181/83, „Haegeman"). Regeln eines Assoziationsabkommens oder Beschlüsse von Assoziationsräten, die keiner weiteren Durchführungsakte bedürfen, können als **unmittelbar anwendbar** angesehen werden. Dies nimmt der EuGH insbesondere für die Freizügigkeit und die Niederlassungsfreiheit im Rahmen des Türkei-Assoziierungsabkommens an (EuGHE 1987, 3219, Rs. 12/86, „Demirel"; *Hailbronner,* ZAR 2011, 322). Damit wird die Rechtsstellung von Angehörigen assoziierter Staaten in vielerlei Hinsicht (Gleichbehandlung, Freizügigkeit) an jene der Unionsbürger angenähert. Fragen zur Auslegung sind danach als Vorlagen zum EuGH nach Art. 267 AEUV denkbar.

Die EU muss sich beim Abschluss eines Assoziierungsabkommens nach Art. 217 6
AEUV **im Rahmen ihrer sonstigen Kompetenzen** halten. Dies ergibt sich aus dem fundamentalen Grundsatz der begrenzten Einzelzuständigkeit der Union (oben Rz. 11/3). Art. 217 AEUV begründet selbst keine Sachkompetenz (str.). Über die EU-Kompetenzen hinausgehende Regelungen (z. B. gesonderte Finanzierungen) bedürfen der Mitwirkung der MSen in Gestalt eines **gemischten Abkommens.** Dem entspricht die politische Praxis. Die MSen sind im Allgemeinen schon aus **Prestigegründen** daran interessiert, ihre politisch und materiell wesentlichen Beiträge zum Zustandekommen eines Assoziationsabkommens durch vertragliche Mitbeteiligung zu dokumentieren.

Das Verfahren zum Abschluss eines Assoziierungsabkommens ist (anders als bei einem 7
Beitritt [unten Rz. 42/14ff.]) als **„Unionsverfahren"** ausgestaltet (Art. 217f. AEUV). Es bedarf eines – in Art. 217 AEUV nicht ausdrücklich erwähnten – **Assoziierungsantrages** des interessierten Staates. Anschließend erfolgt die **unionsinterne Prüfung,** ob Verhandlungen aufgenommen werden sollen. In der Praxis kann die Initiative auch von der EU-Seite ausgehen (z. B. bei den Europaabkommen mit den mittel- und südosteuropäischen Staaten). Die **Verhandlungen** werden von der Kommission oder dem HV auf der Grundlage eines Ratsmandates geführt (Art. 218 Abs. 2–3 AEUV). Bei gemischten Abkommen sind nationale Vertreter beteiligt. Die **Unterzeichnung** erfolgt auf EU-Seite durch den Rat, bei gemischten Abkommen gemeinsam mit den Vertretern der MSen. Anschließend muss die **Zustimmung des Europäischen Parlaments** (mit der einfachen Mehrheit der anwesenden Mitglieder) eingeholt werden (Art. 218 Abs. 6 AEUV). Der Rat **beschließt** sodann das Abkommen (Art. 218 Abs. 5 AEUV), regelmäßig in Gestalt einer Verordnung, welcher dem Abkommen beigefügt ist. Der Text tritt damit unionsintern in Kraft. **Völkerrechtliche Verbindlichkeit** erlangt das Abkommen mit dem Austausch bzw. der Hinterlegung der Ratifikationsurkunden. Die EU ratifiziert bei gemischten Assoziierungsverträgen üblicherweise erst, wenn die MSen ihre Verfahren abgeschlossen haben. Die privilegierten Assoziationsbeziehungen müssen sich vor der WTO als **Zollunion** oder **Freihandelszone** rechtfertigen (Art. XXIV GATT).

III. Praxis europäischer Assoziierung

8 Der Schwerpunkt der Assoziierungspraxis liegt inzwischen bei der Entwicklungspartnerschaft mit den AKP-Staaten (oben Rz. 40/56). Aktueller Fokus liegt zudem auf Zentralamerika. Am 29.6.2012 hat die EU ein Assoziierungsabkommen mit Zentralamerika (Costa Rica, El Salvador, Guatemala, Honduras, Nicaragua, Panama) abgeschlossen. In **Europa** ist der Höhepunkt überschritten. Viele Beitrittsassoziierungen (Griechenland, Malta, Zypern, mittel- und südosteuropäische Europa-Abkommen) haben ihr Ziel erreicht. Mit den Beitrittskandidaten Albanien, Bosnien-Herzegowina, Kroatien, Mazedonien, Serbien und Montenegro wurden „Stabilisierungs- und Assoziierungsabkommen" geschlossen worden, die auf die Einrichtung einer Freihandelszone, eine engere wirtschaftliche Verflechtung und einen erleichterten Zugang zum europäischen Arbeitsmarkt abzielen. Die Assoziierung der Türkei hat zu Beitrittsverhandlungen mit ungewissem Ausgang geführt. Die „EU-Heranführungsstrategie" mündete 2005 in der Aufnahme von formellen Beitrittsverhandlungen.

Die **Schweiz** wird mit bilateralen Einzelabkommen an die EU gebunden. In der **Schweiz** wurde 1992 der bereits unterzeichnete Vertrag über den Europäischen Wirtschaftsraum in einer Volksabstimmung abgelehnt. Danach wurden die Beziehungen EU-Schweiz in einem **Paket von bilateralen Verträgen geregelt („Bilaterale Abkommen I":** Land- und Luftverkehr, Freizügigkeit, Forschung, Öffentliche Aufträge, technische Handelshemmnisse und Landwirtschaft (ABl. 2002 L 114/1; *Bilal,* EIPASCOPE 3/1999, 19), **„Bilaterale Abkommen II":** Beitritt der Schweiz zu den Abkommen von Dublin und Schengen bezüglich Sicherheit und Asyl; Ausweitung der Zusammenarbeit zur Aufklärung von Betrugsfällen; Vereinbarungen im Bereich Landwirtschaftsprodukte, Umwelt, Medien, Bildung, Altersversorgung, Statistik und Dienstleistungen; *Martinelli,* ZtschrEuR 2001, 54; *Thürer u. a.* (Hrsg.), Bilaterale Verträge I & II, 2007). Die Abkommen sind – nach erfolgreicher Durchführung eines Referendums zum Beitritt zu Schengen/Dublin – inzwischen in Kraft. Die Schweiz ist faktisch gezwungen, ihr Recht den EU-Standards in vielerlei Hinsicht anzupassen; ein automatischer Nachvollzug wird diskutiert, ist bislang aber noch nicht eingeführt worden. Ein Antrag der Schweizer Regierung zum EU-Beitritt liegt seit 1993 wegen der Ablehnung im Schweizer Volk „auf Eis".

Lediglich der EWR-Raum bleibt auf unbestimmte Zeit der EU assoziiert. Mit der Vollendung ihres Binnenmarktes bis 1993 suchte die EG die EFTA-Staaten so weit als möglich in ihre Regelungen einzubeziehen. Auf diese Weise kam es 1994 zur Schaffung des Europäischen Wirtschaftsraumes (EWR) als **vertiefte Freihandelszone** zwischen EU und EFTA (ohne Schweiz). Der EWR löste zahlreiche frühere Freihandelsabkommen EWG/EFTA ab. Rechtsgrundlage ist das **EWR-Abkommen v. 2.5.1992** i. d. F. des Anpassungsprotokolls v. 17.3.1993 (Text u. a. Sart. II Ziff. 310) und VO 2894/94 v. 28.11.1994, ABl. L 305/6ff. Der EWR trat am 1.1.1994 in Kraft. Mitglieder des EWR sind auf der EU-Seite die EU (ohne Euratom) und ihre Mitgliedstaaten, auf der EFTA-Seite die EFTA-Staaten (ohne Schweiz). Nach den Beitritten Finnlands, Österreichs und Schwedens zur EU 1995 sind dies nur noch **Island, Norwegen und Liechtenstein.** Im Sinne des Unionsrechts handelt es sich beim EWR um ein Assoziationsverhältnis. Mit dem EWR gelten wichtige Teile des Unionsrechts (die Grundfreiheiten des Binnenmarktes, Wettbewerbsrecht, Sozialpolitik, Verbraucherschutz, Umwelt) einschließlich des entsprechenden Sekundärrechts völkerrechtlich für die daran beteiligten Staaten; auch das von der EU neu beschlossene Sekundärrecht wird von diesen regelmäßig übernommen. Gerade das Abkommen mit der Türkei gewährt weitgehende Freizügigkeitsrechte (Überblick bei *Hailbronner,* ZAR 2011, 322).

Inzwischen entwickelt sich die **Europäische Nachbarschaftspolitik** (unten Rz. 41/9ff.) anstelle der Assoziierung zum geeigneten Instrument der dauerhaften Verbindung europäischer und anderer Nachbarstaaten mit der EU ohne Beitrittsperspektive.

IV. Europäische Nachbarschaftspolitik

Literatur: *Dodini/Fantini,* The European Neigbourhood Policy, JCMS 2006, 507; *Hufeld* u. a., Nachbarschaften innerhalb der EU, 2007; *Varwich/Lang* (Hrsg.), European Neighbourhood Policy, 2007; *Warkotsch,* Die Nachbarschaftspolitik der EU im postsowjetischen Raum, APUZ 43/2007, 9; *Alsen,* Der Europäische Integrationsauftrag der EU, 2008; *Tiede/Schirmer,* Die Östliche Partnerschaft der EU im Rahmen des Gemeinschaftsrechts, Osteuropa-Recht 2009, 184; *Böttger,* Die Entstehung und Entwicklung der Europäischen Nachbarschaftspolitik: Akteure und Koalitionen, 2010; *Lippert,* Europäische Nachbarschaftspolitik, JBEurIntegration, 2012, 269; *Ratka/Spaiser,* Understanding European Neighbourhood Policies, 2012.

1. Grundlagen einer Europäischen Nachbarschaftspolitik

Die Frage nach den **„Grenzen der EU"** stellt sich immer dringlicher, nachdem die ursprüngliche Gemeinschaft 1958 von sechs Mitgliedern in die Union 2013 mit 28 EU-Staaten übergegangen ist. Die Erweiterung auf 30 und mehr Mitgliedstaaten ist absehbar (unten Rz. 42/32ff.). **Geographisch** steht die EU gemäß Art. 49 EUV nur für europäische Staaten offen – die Türkei ist insofern ein Grenzfall. Ein 1987 gestellter Beitrittsantrag **Marokkos** wurde nicht behandelt. Mit dem Größengewinn der EU, ihrer „Politisierung" und dem damit verbundenen Bedeutungsgewinn in den politischen Beziehungen wächst die Verantwortung der EU für eine aktive Gestaltung der Außenbeziehungen gerade im unmittelbaren Umfeld. Die Kommission hat, dem Rechnung tragend, in den Jahren 2003–2004 die Strategie einer **Europäischen Nachbarschaftspolitik (ENP)** für solche Staaten in Osteuropa bis Mittelasien sowie im Mittelmeerraum (Ägypten, Algerien, Armenien, Aserbaidschan, Belarus, Georgien, Israel, Jordanien, Libanon, Libyen, Marokko, Republik Moldau, Palästinensische Behörde, Syrien, Tunesien und die Ukraine) entwickelt, die der EU räumlich und teilweise auch soziokulturell nahe stehen, denen jedoch aus verschiedenen Gründen keine Beitrittsperspektive eröffnet werden soll (vgl. KOM[2003] 104; KOM[2004] 373). Russland zählt gegenwärtig nicht dazu; mit diesem Staat gibt es ein 1997 geschlossenes Kooperationsabkommen. Im Rahmen der ENP haben sich die Beziehungen zwischen der EU und ihren Nachbarn wesentlich fortentwickelt. Die Handelsströme sind angewachsen, die politischen Kontakte haben an Bedeutung gewonnen. Die EU leistet im Rahmen der ENP **erhebliche Finanzhilfe.** Der Vertrag von Lissabon hat die ENP in Art. 8 EUV deutlich aufgewertet und eine **eigenständige Kompetenzgrundlage** geschaffen. Die Bestimmung begründet eine echte Sachkompetenz; sie steht an der Seite von Art. 217, 207, 212 AEUV. In diesem Zusammenhang ist eine Erklärung Nr. 3 abgegeben worden. Es besteht die Hoffnung, dass die Effektivierung der EU-Außenpolitik – etwa durch das Amt des HV – auch die ENP stärken wird. Die jüngsten Ereignisse in den Ländern des südlichen Mittelmeerraums führten zu einer Neuausrichtung der ENP („Neue Antwort auf die Nachbarschaft im Wandel", KOM(2011)303 vom 25.5.2011), die auf Solidarität im Kampf um Demokratie, Wohlstand und Schutz vor Verfolgung ausgerichtet ist. Das Streben der östlichen EU-Nachbarn nach engerer politischer Assoziierung (vgl. hierzu: Entschließung zu Handelsvereinbarungen zwischen der EU und Partnern in Osteuropa vom 3.4.2012, ABl. 2012 C 153/5) wurde mit einbezogen und die Umsetzung einer neuen Europäischen Nachbarschaftspolitik vom 15.5.2012 beschlossen (JOIN(2012)14), welche auf einem neuen Ansatz gegenseitiger Rechenschaftspflicht beruht („Mehr für mehr"). In den im Mai 2012 veröffentlichten ENP-Berichten (gemeinsame Mitteilung zu ENP und Östlicher Partnerschaft, Arbeitspapier zur südlichen Nachbarschaft, Fortschrittsberichte zu 12 Ländern) haben die KOM und der EAD eine erste positive Bilanz der neuen ENP gezogen. Die EU plant, die Außenhilfe (gerade mit Blick auf die Förderung der demokratischen Transformationsprozesse der südlichen Mittelmeerländer) erheblich auszuweiten. 9

Die ENP soll zur Sicherheit in der unmittelbaren Nachbarschaft der EU beitragen und dort Frieden, Stabilität und Wohlstand fördern. Ziel ist, dass ein **„Ring verantwortungsvoll regierter Staaten"** entsteht, mit denen die EU enge, auf Zusammenarbeit gegründete Beziehungen pflegen kann (so bereits die Europäische Sicherheitsstrategie 2003). Zu diesem Zweck unterstützt die EU mittels der ENP u. a. Bemühungen zur 10

Bekämpfung von Kriminalität (insb. Schmuggel, Menschenhandel), die **Stärkung der Menschenrechte** und den **Ausbau der staatlichen Infrastruktur.** Die wirtschaftliche Einbindung in die EU soll es den Nachbarländern erleichtern, ihre entsprechenden **Reformprogramme** und ihre Wirtschaftsförderungspolitik erfolgreicher umzusetzen. Spezifische Anforderungen an die inneren Verhältnisse der an der ENP beteiligten Staaten stellt Art. 8 EUV nicht. Aus politischen Gründen nähert sich die EU allerdings Staaten mit totalitärem politischen System (Weißrussland; zeitweilig Libyen) nicht an.

2. Durchführung der ENP

11 Um die Ziele der ENP zu erreichen, sind mit den Partnern im Süden bis 2004 Assoziierungsabkommen geschlossen worden. Das an und für sich ausgehandelte Abkommen mit Syrien ist allerdings wegen der Probleme beim Menschenrechtsschutz nicht unterzeichnet worden. Die EU hat (bislang auf der Grundlage von Art. 217 AEUV) mit der **„Union für den Mittelmeerraum"** einen politischen Rahmen eingerichtet, in dem die bilateralen Beziehungen besser eingebunden werden können. Über die Beziehungen legt sich auch die Partnerschaft EU-Afrika. Mit den osteuropäischen Partnern wurden zunächst in den 1990er Jahren Kooperationsabkommen geschlossen; sie sind inzwischen durch weitergehende Assoziierungsabkommen ersetzt worden. Im Jahre 2009 wurde eine **„Östliche Partnerschaft"** gegründet, in deren Rahmen der Zusammenarbeit eine multilaterale Einbindung verliehen werden soll (*Böttger,* Integr. 2009, 372). Im Mai 2011 gründete das EP zusammen mit den östlichen Partnerländern die Parlamentarische Versammlung Euronest. Die Parlamentarische Versammlung der Union für den Mittelmeerraum findet sich einmal jährlich zur Plenarsitzung zusammen. Auf niedrigerer Ebene werden sog. **ENP-Aktionspläne** ausgehandelt. In diesen werden kurz- und mittelfristige Reformprioritäten für ein breites Spektrum von Themen festgelegt (Handelsfragen, Menschenrechte, Bildung, Justiz etc.). Zum Teil enthalten sie detaillierte **Maßnahmenkataloge.** Vorbereitet werden die Aktionspläne durch **Länderberichte,** die von der Kommission erarbeitet werden und einen länderspezifischen Zuschnitt der ENP-Maßnahmen gewährleisten sollen.

12 Die Kommission sowie die **zu einzelnen Themen gebildeten Gremien** (Unterausschüsse) erstatten regelmäßig Berichte über die erzielten Fortschritte (für die Kommission zuletzt KOM(2008) 164). Den unionsinternen Rahmen der ENP bildet die VO 1638/2006 (ABl. 2006 L 310/1). Die KOM wird zur Festlegung der jeweiligen Durchführungsvorschriften ermächtigt. Dabei geht es etwa um Fragen der Finanzierung (einschließlich des Ko-Finanzierungsanteils), der Ausarbeitung der gemeinsamen operationellen Programme, der Benennung und Aufgabenzuweisung an die gemeinsamen Verwaltungsstellen oder die Auswahl der gemeinsamen Projekte. Die Kommission hat hierzu VO 951/2007 (ABl 2007 L 210/10, Änderungen) erlassen.

13 Finanziert wurde die ENP zunächst durch verschiedene Formen der finanziellen und technischen Hilfe aus den EU-Fonds. Dazu gehörten auch Instrumente, die sich bei der Unterstützung der Reformprozesse in Mittel-, Ost- und Südosteuropa bewährt haben (dazu unten Rz. 42/30). Seit Beginn der Haushaltsperiode 2007–2013 erfolgte die finanzielle Unterstützung der ENP und der ENP-Partner über ein einheitliches Instrument, das **Europäische Nachbarschafts- und Partnerschaftsinstrument** (VO 1638/2006, ABl. L 310/1). Von 2014–2020 soll das neue Europäische Nachbarschaftsinstrument (ENI) (KOM (2011) 839 endg.) greifen, welches für diesen Zeitraum ein Budget von 16–18 Mrd. EUR bereithält. Das ENI soll künftig politische Bereiche mit denen der Entwicklungshilfe verknüpfen. Ein genauer Durchführungsmechanismus hierfür steht noch aus.

§ 42. Beitritt – Austritt

Literatur: *Naß,* 30 Jahre europäische „Erweiterungen" (1973–2004), FS Götz, 2005, 17; *Nicolaysen,* Beitritt und Erweiterung – Drei Perspektiven zur EU, FS Kassimatis, 2004, 781; *Rehn,* Europe's Next Frontiers, 2006; *Louis,* Le droit de retrait de l'Union européenne, FS Salomon, 2007, 1293; *Madeker,* Türkei und europäische Identität: Eine wissenssoziologische Analyse der Debatte um den EU-Beitritt, 2008, *Brill,* Geopolitische Motive und Probleme des europäischen Einigungsprozesses, APUZ 32/2008, 41; *Bos/Dieringer* (Hrsg.), Die Genese einer Union der 27: Die EU nach der Osterweiterung, 2008; *Bogdani,* Turkey and the Dilemma of EU Accession: When Religion Meets Politics, 2010; *Hughes,* Turkey's Accession to the EU: The Politics of Exclusion? 2011; Avci, Turkey and the EU: Accession and Reform, 2013.

Internet-Adresse: http://ec.europa.eu/dgs/enlargement

I. Die Europäische Union innerhalb Gesamteuropas

Die EU steht als europäische Organisation ihrem Wesen nach in besonderen Beziehungen zu den ihr (noch) nicht angehörenden Staaten Europas. Die Union ist von Anfang an darauf ausgerichtet gewesen, sich zu einer **gesamteuropäischen Organisation** zu entwickeln, soweit es ihre Nachbarn wünschen und fähig sind, die Grundsätze und Regeln der EU zu übernehmen (Präambel EUV: „Überwindung der Teilung des europäischen Kontinents" – Art. 1 EUV: „Verwirklichung einer immer engeren Union der Völker Europas"). 1

Die EU steht prinzipiell allen Staaten Europas offen. Jeder europäische Staat kann nach erfolgreichen Verhandlungen der Union **beitreten** (Art. 49 EUV). Die EU hat sich auf diese Weise seit den siebziger Jahren in fünf großen Verhandlungsrunden (Nord-, Süd-, „EFTA"-, Ost- und Südosterweiterung) von 6 auf bisher 28 Mitglieder vergrößert. Teilweise hat die Union bestimmten Staaten (EWR-Raum, Schweiz, westlicher Balkan, Türkei) eine grundsätzliche Beitrittsperspektive eröffnet. Brüssel verfolgt dabei, soweit notwendig, eine **„Heranführungsstrategie"** mit Mitteln der **Assoziierung** (Art. 8 EUV, Art. 217 AEUV), um die betreffenden Staaten wirtschaftlich und politisch beitrittsfähig zu machen. 2

Bei allem ist immer noch unsicher, wo letztlich die **Grenzen der Europäischen Union** liegen werden. Manche Staaten wie Norwegen oder die Schweiz haben sich bisher nicht zu einem Beitritt bereitgefunden. Die EU hat ihrerseits Staaten wie der Ukraine, Weißrussland, den Kaukasusstaaten oder auch Russland aus Gründen der Geographie, des Entwicklungsstandes oder der schieren Größe bislang keine Beitrittsperspektive eröffnet. Ein umstrittener Grenzfall ist der Beitrittskandidat Türkei. Manche Kreise in der EU versuchen, als Beitrittsalternative einen Typus assoziierungsähnlicher Spezialabkommen zu entwickeln, mit denen dauerhafte **„Beziehungen zu den Staaten in der Nachbarschaft"** begründet werden sollen (Art. 1 Ziff. 10 des Vertrags von Lissabon). Diese „europäische Nachbarschaftspolitik" (ENP) kann über Europa hinaus den gesamten Mittelmeerraum einbeziehen. Sie will gleichzeitig „Good Governance" und die wirtschaftliche Entwicklung fördern (zur ENP oben Rz. 41/9ff.). Dahinter steht die Vision von einer geographisch abschließend festgelegten EU, die von einem „Ring verantwortungsvoll regierter Staaten" umgeben ist. 3

II. Beitrittskonzept des EU-Vertrages

Literatur: *Dorau,* „Europäisch" als Bedingung für einen EU-Beitritt nach Art. 49 EUV, EuR 1999, 736; *Ott,* Die anerkannte Rechtsfortbildung des EuGH als Teil des gemeinsamen Besitzstandes (acquis communautaire), EuZW 2000, 293; *Wessels,* Die Vertragsreformen von Nizza zur institutionellen Erweiterungsreife, Integr. 2001, 8; *Hellmann,* Lässt sich Gemeinschaftsrecht in 27 Mitgliedstaaten durchsetzen? EU-Magazin 10/2002, 21; *Zeh,* Recht auf Beitritt?, 2002; *Geiger,* Zur Beteiligung des Gesetzgebers gemäß Art. 23 Abs. 1 GG bei der Änderung und Erweiterung der EU, ZG 2003, 193; *Lippert,* Von Kopenhagen bis Kopenhagen. Eine erste Bilanz der EU-Erweiterungspolitik, APUZ B 1–2/2003, 16; *Murswiek,* Der Europa-Begriff des Grundgesetzes, FS Ress, 2005, 657; *Oppermann,* Die Grenzen der EU oder das Vierte Kopenhagener Kriterium, FS Zuleeg, 2005, 72; *Scorl,* Immanente Grenzen der Aufnahmefähigkeit der EU, FS Dittmann, 2005, 195; *Schimmelfennig,* EU Political Accession Conditionality after the 2004 Enlargement: Consistency and Effectiveness, in: Epstein (Hrsg.), International Influence beyond Conditionality, 2009, 123; *Müller,* Wo Europa endet, 2013.

1. Der Beitritt nach Art. 49 EUV

4 Jeder **europäische Staat,** der die in Art. 2 EUV genannten Werte achtet und sich für ihre Förderung einsetzt (insb. Freiheit, Demokratie, Achtung der Menschenrechte sowie der Rechtsstaatlichkeit), kann beantragen, **Mitglied der Union** zu werden (Art. 49 EUV). Durch die Regelung im EUV wird klargestellt, dass ein Beitritt nur zur **Union insgesamt** (EUV, AEUV, EAGV) möglich ist. Die Beschränkung auf **„europäische"** Staaten (unten Rz. 42/8) weist die EU als begrenzt offene Organisation aus. Art. 49 EUV konkretisiert den politischen Willen der **Präambeln** des EUV (Abs. 2) und des AEUV (Abs. 8), die Teilung des europäischen Kontinents zu überwinden, und verbindet dies mit der Aufforderung an die anderen Völker Europas, die sich zu der Wahrung von Frieden und Freiheit durch Zusammenschluss ihrer Wirtschaftskräfte bekennen, sich diesen Bestrebungen anzuschließen. Die grundsätzliche Offenheit der EU ist eingeschränkt. Zum einen besteht die geographische Begrenzung auf **Europa.** Ferner geht es um die Eingliederung in eine Union, die nicht nur Wirtschaftsgemeinschaft sein will, sondern sich auch auf gemeinsame Werte verpflichtet fühlt. Eine Erweiterung ist nur unter Wahrung der **grundlegenden Identität und Finalität** der EU möglich. Bestimmte **politisch-wirtschaftliche Beitrittsvoraussetzungen** sind aus diesen Gründen über den Wortlaut des Art. 49 EUV hinaus in der EU-Praxis aufgestellt worden. Sie wurden 1993 vom Europäischen Rat in Kopenhagen zusammengefasst (**„Kopenhagener Kriterien"**, Bull. BReg. 1993, 629, näher unten Rz. 42/9ff.) und bestimmen seither die Beitrittspraxis.

5 Das Beitrittsverfahren kommt in Art. 49 EUV nur unvollkommen zum Ausdruck. Es ist **politisch geprägt** und bedarf zum Erfolg eines Beitritts des zweimaligen positiven Votums der Kommission, zweier Ratsbeschlüsse, der Zustimmung des Europäischen Parlamentes und abschließend der erfolgreichen Ratifikation durch alle bisherigen MSen. Die abschließenden Akte bleiben auch bei Vorliegen der materiellen Voraussetzungen im Sinne der Kopenhagener Kriterien Ausdruck **politischen Ermessens.** Sie sollten im Geiste der Präambeln zum EU- und AEU-Vertrag (oben Rz. 42/1) getroffen werden. Es besteht ohne Zweifel kein **„Recht auf Beitritt":** Eine gerichtliche Instanz, vor der dieses Recht geltend gemacht werden könnte und die sich anheischig machen könnte, die Gesamtheit der Mitgliedstaaten zur Zustimmung zum Beitritt zu verurteilen, existiert nicht (vgl. *Zeh,* Recht auf Beitritt?, 2002).

6 Die **Beitrittspraxis** seit den siebziger Jahren macht die Frage nach einem Recht auf Beitritt **zunehmend obsolet.** Beitrittsverhandlungen wurden nur einmal (1963 auf Druck Frankreichs gegenüber Großbritan-

nien) abgebrochen, aber 1970 wieder aufgenommen. Alle Verhandlungen endeten bisher erfolgreich, soweit nicht Kandidaten ihrerseits wieder ausscherten (Norwegen). Die EU umfasst seit 2013 achtundzwanzig MSen und hat den EWR-Staaten, der Schweiz, den Balkanstaaten und der Türkei in der einen oder anderen Weise Beitrittsperspektiven eröffnet bzw. aufrechterhalten. Der besonders umstrittene Türkeibeitritt dürfte sich nach Aufnahme der Verhandlungen an der Beurteilung gemäß den Kopenhagener Kriterien oder letztlich im Prozess der nationalen Ratifikationen entscheiden (unten Rz. 42/34ff.). Beitrittsperspektiven für das weitere Osteuropa und die Kaukasusstaaten stehen bisher nicht zur Debatte.

2. Beitrittsvoraussetzungen

Die materiellen Beitrittsvoraussetzungen sind teilweise in Art. 49 Abs. 1 EUV genannt. Die Kopenhagener Beitrittskriterien sind hieraus im Näheren entwickelt worden. Beitrittsregelungen sollen grundsätzlich **beitrittsfreundlich** ausgelegt und praktiziert werden (EuGHE 1988, 1037, verb. Rs. 194 und 241/85, „Kommission/Griechenland"). 7

a) Begriff des europäischen Staats

Nach Art. 49 EUV kann **„jeder europäische Staat"** den Beitritt zur EU beantragen. 8
Damit ist ein Beitritt Internationaler Organisationen ausgeschlossen (vgl. aber Art. 217 AEUV). „Europäischer Staat" ist **geographisch** zu verstehen (*Dorau,* EuR 1999, 736). Dabei kommen allerdings politische Wertungen ins Spiel. Ein Beitrittsantrag Marokkos 1987 wurde nicht behandelt. Die EWG hat der Türkei 1963 im Assoziierungsabkommen (Präambel, Absatz 4) in einer Art authentischer Interpretation eine Beitrittsperspektive eröffnet, obwohl nur **ein kleiner Teil** seines Gebietes in Europa liegt. Inselstaaten in Randlage zu Europa wie Island, Malta und Zypern wurden als beitrittsfähig angesehen. Der Beitritt eines Staates wie Israel, welcher sozialökonomisch stark europäisch geprägt ist, aber geographisch nicht zu Europa gehört, ist damit nicht möglich (*Oppermann,* Tel Aviv Studies in Law 1997, 9).

Nach einer verfassungsrechtlichen Analyse (*Murswiek,* FS Ress, 2005, 657) umfasst auch der **Europa-Begriff des deutschen Grundgesetzes** („Vereintes Europa": Präambel und Art. 23 GG) lediglich das geographische Europa. Der Beitritt außereuropäischer Staaten würde hiernach einer Verfassungsänderung bedürfen).

b) Kopenhagener Kriterien

Art. 49 EUV setzt voraus, dass der antragstellende Staat **die in Art. 2 EUV aufgeführten Werte** achtet. Damit sind insbesondere Freiheit, Demokratie, Achtung der Menschenrechte sowie die Rechtsstaatlichkeit angesprochen. Im Amsterdam-Vertrag wurde ein Verweis auf die Grundwerte aufgenommen (Art. 6 EGV); er bezieht sich auf die politische Seite der **Kopenhagener Kriterien** von 1993. Diese enthalten darüber hinaus wirtschaftliche Kriterien und weitere, aus der Mitgliedschaft erwachsende Verpflichtungen (Bull. BReg. 1993, 629). 9

Die Gemeinschaft der EU-Mitgliedstaaten ist eine **Gemeinschaft von Demokratien** (oben Rz. 4/35). Der Beitrittsstaat muss sich zu denselben Leitprinzipien der parlamentarisch-rechtsstaatlichen Demokratie bekennen und sie praktizieren wie die MSen und die EU in ihrer eigenen Rechtsordnung (oben Rz. 15/16ff.). Art. 2 EUV formuliert Grundsätze bzw. Leitideen, die einen erheblichen Spielraum beinhalten (z. B. präsidialer Typus der Demokratie). **Freiheit** und **Demokratie** werden vor allem durch die Achtung der **Menschenrechte und Grundfreiheiten** einschließlich freier politischer Wahlen verbürgt. Auch der **Schutz von Minderheiten** gehört dazu. Der 10 gemeinsame menschenrechtliche Standard verkörpert sich insbesondere in der Straßburger EMRK und in den EU-Grundrechteverbürgungen (EuGH-Rechtsprechung und Grundrechte-Charta, oben Rz. 17/7ff.; 17/13ff.). Zum **Rechtsstaat** gehört die **Gewaltenteilung** mit einer unabhängigen Justiz.

11 Die EU ist auf den Grundsatz einer **sozialen Marktwirtschaft verpflichtet, in der ein freier Wettbewerb** herrscht (Art. 3 Abs. 3 EUV, Art. 119 AEUV). Der Beitrittsstaat muss eine vergleichbare Wirtschaftsordnung aufweisen, die ihn befähigt, Teil des Binnenmarktes zu werden, dessen Ordnungsstrukturen im nationalen Recht zu implementieren und dessen Wettbewerbsdruck standzuhalten. Die wirtschaftlichen Kriterien werden in der Beitrittspraxis allerdings mit Flexibilität gehandhabt, zumal sich die Wirtschaftsordnungen der MSen bis zu einem gewissen Grade unterscheiden. Beitrittsstaaten werden während der Verhandlungszeit durch eine **„Heranführungsstrategie"** der EU (assoziierende „Europa-Abkommen" mit Finanzhilfen) unterstützt. Nach dem Beitritt ermöglichen **Übergangsregelungen** die allmähliche Übernahme der vollen wirtschaftlich-sozialen Verpflichtungen. Die wirtschaftlichen Kriterien wurden zuletzt anlässlich der Osterweiterung 2004 sowie der Südosterweiterung 2007 aus politischen Gründen großzügig gehandhabt.

12 Der Beitrittsstaat soll grundsätzlich über die **gleichen Rechte** wie die MSen verfügen, aber auch **gleiche Pflichten** übernehmen. Hieraus folgen weitere Beitrittsverpflichtungen: Die Mitgliedschaft in der EU bedeutet nicht nur Teilnahme an einer Wirtschaftsgemeinschaft im Sinne des AEUV, sondern auch am **Raum der Freiheit, der Sicherheit und des Rechts** sowie an der **Gemeinsamen Außen- und Sicherheitspolitik.** Die Kandidaten treten einer Union mit feststehendem Rechtsbestand (Primär- und Sekundärrecht) bei. Dieser **„gemeinsame Besitzstand"** (*Schütz,* GS Jeand'Heur, 1999, 191) steht nach eindeutiger Beitrittspraxis seit 1973 nicht zur Disposition der Verhandlungen. Die Identität der Union muss unverändert bleiben. Allerdings enthält das EU-Recht nur unzureichende Vorkehrungen, um einen Rückfall eines einmal aufgenommenen Staats unter die Standards zu bekämpfen (Art. 7 EUV; vgl. *von Bogdandy* u. a., ZaöRV 2012, 46; *Müller,* Wo endet Europa, 2013).

13 Ein besonderes Kopenhagener Beitrittskriterium, welches sich an die EU selbst richtet, ist „**die Fähigkeit der Union,** neue Mitglieder aufzunehmen, dabei jedoch die Stoßkraft der europäischen Integration zu erhalten". Es ist bei den großen Beitrittsrunden 1995, 2004 und 2007 stillschweigend bejaht worden; 2013 spielte es keine Rolle. Der evtl. Beitritt der Türkei rückt dieses Kriterium nach vorne (*Oppermann,* FS Zuleeg, 2005, 72). Gemeint ist die Fähigkeit der Union, ein Land besonderer demographischer Größenordnung, eines bestimmten Entwicklungsstandes und eines anderen Kulturkreises (Islam) aufnehmen zu können, ohne die eigene Identität zu verlieren und einen Stillstand oder Rückschritt des europäischen Integrationsprozesses hervorzurufen. Diese „Ausdehnungsprobleme" betreffen u. a. die Zusammensetzung der Institutionen, die finanziellen Konsequenzen für die Gemeinsame Agrar- und Strukturpolitik und die künftige soziale Homogenität der Union (näher *Goulard,* Le Grand Turc et la République de Venise, 2004; unten Rz. 42/36).

3. Beitrittsverfahren

14 Das Beitrittsverfahren ist in Art. 49 EUV nur unvollkommen geregelt. Es hat sich seit dem ersten britischen Beitrittsantrag 1961 in der Praxis der verschiedenen „Beitritts-

runden" **fortlaufend entwickelt.** Ein Ratsbeschluss über das Beitrittsverfahren v. 9.6.1970 (EA 1970, D 350) enthält wichtige **Verfahrensgrundsätze.** Das komplexe Beitrittsverfahren teilt sich in eine Einleitungs-, Verhandlungs- und Abschlussphase.

a) Einleitungsphase

15 Der Bewerberstaat richtet seinen **Antrag auf Beitritt** an den Rat (Art. 49 Abs. 1 EUV). Der Antrag kann bis zur abschließenden Ratifikation zurückgenommen werden (Norwegen 1972 und 1994). Das EP und die nationalen Parlamente sind zu unterrichten. Die **Kommission** erstattet nach gegebener – oft langer – Zeit eine **vorläufige Stellungnahme.** Sie urteilt darin, ob nach ihrer Prüfung die Beitrittsvoraussetzungen beim Bewerberstaat soweit gegeben sind, dass die Aufnahme von Verhandlungen empfohlen werden kann (**„recevabilité"** des Antrages).

16 Der **Rat** beschließt auf der Grundlage der Stellungnahme der Kommission, aber ohne Bindung an sie, über die **Eröffnung von Verhandlungen.** Hiermit ist noch keine Entscheidung über den möglichen Beitritt gefallen. Die Verhandlungen sind notwendig „ergebnisoffen". Unklar ist bisher, ob der Eröffnungsbeschluss einstimmig gefasst werden muss. Wenn sich eine Mehrheit gegen Verhandlungen ausspricht, wird faktisch der nach Art. 49 Abs. 1 EUV einstimmig zu fassende Ratsbeschluss vorweggenommen, d. h. der Antrag ist zumindest vorläufig gescheitert.

b) Verhandlungsphase

17 Die Verhandlungen werden vom **Rat** unter maßgeblicher Beteiligung der Kommission geführt. Politisch gesehen haben die **Mitgliedstaaten** das entscheidende Wort. Es kann während der Verhandlungen zu einem Scheitern des Beitritts kommen (Verhandlungsabbruch gegenüber Großbritannien auf Veranlassung Frankreichs 1963). Die **Kommission** hat durch ihren Sachverstand eine starke Stellung. Sie prüft und macht Vorschläge zu allen relevanten Fragen (z. B. Prüfung des Acquis bei den einzelnen Bewerberstaaten). Die Verhandlungen mit meist mehreren Kandidaten werden im Einzelnen ad hoc geregelt.

c) Abschlussphase

18 Der Rat holt am Ende der Verhandlungen eine **endgültige Stellungnahme der Kommission** ein. Dies ist die Anhörung im Sinne von Art. 49 Abs. 1 EUV. Der Rat ist an das Ergebnis der Stellungnahme nicht gebunden. Der Rat muss nach Art. 49 Abs. 1 EUV weiterhin die **Zustimmung des Europäischen Parlamentes** mit der Mehrheit seiner Mitglieder abwarten. Das EP entscheidet seit der EEA 1987 über die Beitritte mit. Bei Ablehnung ist der Beitritt gescheitert.

19 Anschließend trifft der Rat den **einstimmigen Beschluss** über den Beitrittsantrag. Gibt er dem Antrag statt, hat sich die EU endgültig festgelegt. Bei einstimmiger Ablehnung ist der Beitritt endgültig gescheitert. Erfolgt die Ablehnung nicht einstimmig, bleibt nach vorherrschender „beitrittsfreundlicher" Auffassung der Antrag wirksam, und die Verhandlungen können neu eröffnet werden.

20 Der Beitritt eines neuen Mitgliedes ist für die Gesamtstruktur der EU fundamental. Er erfolgt über einen **völkerrechtlichen Beitrittsvertrag.** Die **Mitgliedstaaten** sind daher nach Art. 49 Abs. 2 EUV in das Beitrittsverfahren eingeschaltet. Die Aufnahmebedingungen und Vertragsanpassungen werden im Beitrittsvertrag zwischen den MSen

und dem Bewerberstaat geregelt, der von beiden Seiten nach nationalem Verfassungsrecht **ratifiziert** werden muss. Dies bedingt die Zustimmung der Parlamente und evtl. nationale Referenden.

21 Völkerrechtliche Beitrittsverträge sind keine Rechtsakte der EU. Bislang ist nicht abschließend geklärt, ob sie in **Deutschland** den Mitwirkungsrechten von Bundestag und Bundesrat nach Art. 23 Abs. 2 ff. GG unterfallen (oben Rz. 5/70). Vorzugswürdig ist es wohl, diese Verträge nicht lediglich Art. 59 GG zu unterwerfen, sondern sie als Akte im Sinn von Art. 23 GG anzusehen. Es ist umstritten, ob dies mit **verfassungsändernder Mehrheit** geschehen muss, d. h. ob Beitrittsverträge das GG im Sinne von Art. 23 Abs. 1 S. 3 GG „seinem Inhalt nach ändern oder ergänzen" (bejahend u. a. *Geiger,* ZG 2003, 193; verneinend u. a. *Oschatz/Risse,* DÖV 1995, 437). Man wird die Antwort vom konkreten Inhalt des jeweiligen Beitrittsvertrages abhängig machen müssen. Normalerweise bringt die Erweiterung der EU nicht automatisch eine zusätzliche Übertragung deutscher Hoheitsrechte mit sich: Beitrittsverträge als solche bedürfen keiner 2/3-Mehrheit. Die Problematik ist bisher nicht praktisch geworden, da die bisherigen Beitritte in Bundestag und Bundesrat regelmäßig eine Zustimmung von über zwei Dritteln fanden.

22 Der Bewerberstaat wird nach erfolgreichem Abschluss der Ratifikationsprozeduren **Mitglied der EU;** die Mitgliedschaft erstreckt sich auf die gesamte Breite des Primärrechts (insbesondere EUV, AEUV, EAGV).

4. Wirkungen des Beitritts

23 Die beitretenden Staaten werden **Mitglieder der EU** und **Vertragsparteien** des EU-, AEUV- und EAG-Vertrags mit gleichen Rechten und Pflichten wie die Altmitglieder. Sie sind insbesondere grds. verpflichtet, das gesamte primäre und sekundäre Unionsrecht im weiten Sinne des **Acquis communautaire** (oben Rz. 42/12) **sofort zu übernehmen** (EuGHE 1982, 4261, Rs. 258/81, „Metallurgiki Halyps/Kommission": „Grundsatz der sofortigen vollständigen Anwendung des Gemeinschaftsrechts auf die neuen MSen"). Dies betrifft auch die Regelungen der Gemeinsamen Außen- und Sicherheitspolitik gemäß dem **EUV.** Es handelt sich um einen riesigen Normenkomplex (rund 100 000 Seiten). Zum gemeinsamen Besitzstand gehören das primäre und sekundäre Unionsrecht in der Auslegung durch die **Rechtsprechung der europäischen Gerichtsbarkeit,** einschließlich deren Rechtsfortbildung (*Ott,* EuZW 2000, 293). Der Beitrittsstaat muss über die nötige **Kapazität in Verwaltung und Justiz** zur tatsächlichen Einführung und Anwendung des Acquis verfügen. Dies stellt in der Praxis eine erhebliche Aufgabe dar (*Hellmann,* EU-Magazin 10/2002, 21).

24 Das „Übernahmeprinzip" wird lediglich durch **Übergangsregelungen** in den Beitrittsverträgen modifiziert, die den neuen Mitgliedern im Sinne zeitlich befristeter Ausnahmeregelungen die Übernahme von Rechtspflichten aus dem Acquis temporär erleichtern. Die Altmitglieder suspendieren gelegentlich ihrerseits die Gewährung von Vorteilen an die beitretenden Staaten. Solche Übergangszeiten betrugen bei den einzelnen Beitritten bisher zwischen vier und in Einzelfällen bis zu ca. 10 Jahren.

5. Wandlungen der EU durch die Beitritte

25 Die EU war in den verschiedenen Beitrittsrunden seit den siebziger Jahren immer bestrebt, **ihre Identität zu wahren.** Neue Mitglieder gestalten jedoch nach ihrem Beitritt die Politiken der EU einschließlich allfälliger Vertragsänderungen mit. Auf diese Weise findet eine allmähliche **innere Wandlung** statt. Die EU von 28 Mitgliedstaaten trägt heute ein anderes Gesicht als die EWG der sechs Gründerstaaten 1958. Der Beitritt des weltweit engagierten Großbritanniens 1973 hat die Handels- und Entwick-

lungspolitik der EWG mitgeprägt; auch der Politikstil hat sich (bis hin zur sprachlichen Dominanz des Englischen) gewandelt. Die Süderweiterung in den achtziger Jahren gab wesentliche Anstöße für die EG-Regional- und Strukturpolitik. Die 2004, 2007 und 2013 beigetretenen hilfsbedürftigen mittel- und südosteuropäischen Staaten bedeuten neue Herausforderungen für alle finanzrelevanten EU-Aktivitäten. Das Fernziel eines Europäischen Bundesstaates hat sich mit zunehmender Mitgliederzahl immer mehr verflüchtigt. Inzwischen zeichnet sich ab, dass das Vereinigte Königreich einen eigenen Weg bestreiten wird, über den ab 2015 verhandelt werden muss.

III. Beitrittspraxis

Literatur: *Puissochet,* L'élargissement des CE, 1974; *v. d. Groeben,* Die Erweiterung der EG durch die Länder Griechenland, Spanien, Portugal, 1979; *Glaesner,* Die Süderweiterung der EG, 1985; *Schumann,* Dänemark in der Gemeinschaft, 1985; *Wölker,* Rechtsprobleme nach dem Eintritt Spaniens und Portugals in die EG, JZ 1988, 140; *Keogh,* Ireland and the Challenge of European Integration, 1989; *Kreidler-Pleuss,* Der EG-Beitritt Portugals, 1990; *Skouris,* Die rechtliche Bewältigung von EG-Beitritt und EG-Mitgliedschaft: Das Beispiel Griechenlands, FS Schambeck, 1994, 1027; *Truyol y Serra,* Spanien in Europa, 1994; *Cullen,* Die Stellung Großbritanniens in der EU, 1996; *Hummer* (Hrsg.), Die EU und Österreich, 1997; *Griller,* Verfassungsfragen der österreichischen EU-Mitgliedschaft, ZfRVgl. 1999, 89; *M. Weber,* Schweden und die EU, 2001; *Gehler,* Österreich vom Ende der Monarchie bis zur EU, (2 Bde), 2002; *Gawrich,* Finnland – Musterknabe in der EU?, APUZ B 47/2004, 16; *Zila,* Die neuen Schutznormen der Beitrittsabkommen der Europäischen Union, 2008.

Die Union hat in ihrer Beitrittspraxis im **Geiste der Präambeln des EUV und EGV** 26
gehandelt, wonach sie für das Hinzutreten neuer Mitglieder offen sein soll, wenn diese die Ziele der Integration bejahen und fähig sind, die sich hieraus ergebenden Pflichten zu übernehmen. In einer Reihe von großen **„Beitrittsrunden"** ist aus der EWG der sechs Gründerstaaten mit 190 Millionen Einwohnern eine EU mit 28 Mitgliedern und ca. 503 Millionen Unionsbürgern geworden.

Erste Beitrittsverhandlungen mit Großbritannien ab 1961 scheiterten 1963 an einem Veto Frankreichs, 27
welches Staatspräsident *de Gaulle* aus außenpolitischen Gründen ausgesprochen hatte. 1970 wurde der Weg für erfolgreiche Verhandlungen mit dem Vereinigten Königreich, Dänemark und Irland frei. Am 1.1.1973 erfolgte der Beitritt auf der Grundlage des **Beitrittsvertrages vom 22.1.1972** (ABl. L 73/1; *Puissochet,* L'élargissement des CE, 1974).

Griechenland war als „Wiege der europäischen Kultur" aus historischen Gründen ein natürliches EU-Mit- 28
glied. Infolge des anfänglichen Entwicklungsstandes durchlief Griechenland 1962–1981 zunächst eine **Assoziierungsphase,** die während der Militärdiktatur 1967–1974 „eingefroren" war. Die Regierung *Karamanlis* stellte 1975 den Beitrittsantrag. Der **Beitrittsvertrag** v. 28.5.1979 (ABl. L 291/1; *Zuleeg,* Hellenic Rev. of Int. Relations 1980/81, 357) macht Griechenland seit dem 1.1.1981 zum EG-Mitglied. **Portugal** und **Spanien** stellten ihren Beitrittsantrag 1977 nach der Wiederherstellung der Demokratie. Bei den Verhandlungen stand wie bei Griechenland der politische Aspekt im Vordergrund. Die wirtschaftlichen Kriterien wurden großzügig ausgelegt. Die **Beitrittsverträge** (ABl. 1985, L 302/1; *Gilsdorf/Poensgen,* Am Vorabend des Eintritts Spaniens und Portugals in die EG, 1986) führten erst nach schwierigen Verhandlungen zur Mitgliedschaft der beiden Staaten am 1.1.1986. Die **DDR** ging 1990 in der Bundesrepublik Deutschland auf und wurde damit ein Teil dieses Mitgliedstaates; es handelte sich damit nicht um einen Beitritt zur EG (*Renzsch* (Hrsg.), Perspektiven ostdeutscher Länder in der EU, 2007).

Die **Beitrittsverträge** mit Finnland, Österreich und Schweden (ABl. 1994 C-241, 1995 L 1/1) bewirkten 29
die EU-Mitgliedschaft der drei Staaten zum 1.1.1995. Der „EFTA-Beitritt" folgte den Grundsätzen der früheren Beitrittsrunden. Die **allgemeine Übergangszeit** konnte auf 4 Jahre begrenzt werden. Der „EFTA-Beitritt" war der **wirtschaftlichen und politischen Festigung der EU** dienlich. Österreich und

Schweden sind haushaltsmäßig „Netto-Zahler“, Finnland beinahe (vgl. *Luif* (Hrsg.), Österreich, Schweden, Finnland – 10 Jahre Mitgliedschaft in der EU, 2007).

30 Der Zusammenbruch des kommunistischen „Ostblocks“ 1989–1991 und die damit verbundene politisch-wirtschaftliche „Wende“ in Mittelosteuropa brachten Beitrittsanträge einer größeren Zahl mittelosteuropäischer Staaten (MOES) mit sich. Die EU sah sie als „Länder, die den Übergang zur Marktwirtschaft anstreben“. Die Union suchte sie durch assoziationsmäßige **„Europaabkommen“** und sonstige Hilfen in Gestalt einer **„Heranführungsstrategie“** auf den Beitritt vorzubereiten. Die mit großen Problemen behafteten **Verhandlungen** mit schließlich 8 mittelosteuropäischen Kandidaten (Estland, Lettland, Litauen, Polen, Slowakei, Slowenien, Tschechien, Ungarn) sowie mit Malta und Zypern (Beitrittsanträge 1990) wurden nach mehrjährigen Vorgesprächen 1998 aufgenommen und 2003 mit der **Unterzeichnung der Beitrittsverträge** in Athen abgeschlossen. Die EU erweiterte sich am **1. Mai 2004** von 15 auf 25 Mitgliedstaaten. Die wirkliche „Beitrittsreife“ vieler MOES mochte Zweifeln unterliegen. Die Bereitschaft der „alten“ EU zum erfolgreichen Abschluss basierte noch stärker als im Falle Griechenlands, Portugals und Spaniens auf moralischen Erwägungen („Wiedervereinigung des Kontinents“) und außenpolitischen Überlegungen über die demokratische Stabilisierung Mittelosteuropas (*Lippert,* APUZ B1–2/2003, 7).

31 Die Aufnahme **Bulgariens** und **Rumäniens** in die EU, war unter den MSen politisch weitgehend unumstritten. Beide Länder gehören zum europäischen Kontinent, haben eine lange europäische Geschichte und sind sowohl politisch als auch kulturell sowie wirtschaftlich eng mit Europa verbunden. Treffend war öfters von einer **„Rückkehr in die EU“** die Rede. Bis zuletzt schien der anvisierte **Beitritt im Jahr 2007 gefährdet** (vgl. EP, Entschl. v. 24.2.2004 [A5–0103/2004]). Erst der im September 2006 vorgelegte Fortschrittsbericht bescheinigte beiden Ländern endgültig die Erfüllung der Kopenhagener Kriterien. Der Beitritt erfolgte dann zum **1. Januar 2007.** Die Aufnahme **Kroatiens** zum 1. Juli 2013 geschah in Anerkennung der Wandelungen, die der Staat nach dem Zusammenbruch Jugoslawiens und dem daraufhin ausgebrochenen Balkankrieg durchlaufen hat. Der Beitrittsantrag wurde 2003 gestellt. Aufgrund von Unstimmigkeiten in Bezug auf die Kooperation der kroatischen Regierung mit der Anklagebehörde des Haager Jugoslawientribunals wurden die Beitrittsverhandlungen jedoch zunächst auf unbestimmte Zeit verschoben. Zu Verhandlungen kam es erst, nachdem Kroatien ernsthaft kooperierte. Der beitretende Staat leidet allerdings unter wirtschaftlichen Schwierigkeiten. Zudem machen die Erfahrungen mit Bulgarien und Rumänien, bei denen die Beitrittsbedingungen immer noch nicht zweifelsfrei eingehalten werden, skeptisch. Die Richtigkeit des Beitrittskonzepts wird inzwischen grundsätzlich diskutiert.

IV. Weitere Beitrittsperspektiven

Literatur: *Gerhards,* Passt die Türkei kulturell zu Europa?, APUZ B 38/2004, 14; *H.-U. Wehler,* Der Türkei-Beitritt zerstört die EU, APUZ B 33–34/2004, 6; *Ott/Inglis* (Hrsg.), EU Enlargement and the Future of the EU: Unity in Diversity?, 2005; *Langenfeld,* Erweiterung ad infinitum – zur Finalität der EU, ZRP 2005, 73; *Röper,* EU-Beitrittsverhandlungen mit der Türkei – beiderseits ergebnisoffen, RuP 2006, 97; *Gerhards/Hans,* Die Grenzen Europas aus der Perspektive der Bürger, APuZ 35–26/2008, 6; *Karakas,* EU-Türkei: Abgestufte Integration als Alternativmodell zur Vollmitgliedschaft?, Südosteuropa Mitt. 2/2007, 4; *Weber,* Der vermeintliche Problemfall Türkei – Verfassungskrise und Erweiterungsperspektiven der EU, KJ 2007, 358; *Priebe,* Beitrittsperspektive und Verfassungsreformen in den Ländern des Westlichen Balkans, EuR 2008, 301, *Rohe,* Die Türkei und die EU-Perspektive der Beitrittsverhandlungen, in: Mestmäcker/Möschel/Nettesheim (Hrsg.), Verfassung und Politik im Prozess der europäischen Integration, 2008, 255; *Müller-Graff/Kabaalioglu* (Hrsg.), Turkey and the European Union, 2012.

1. Balkanerweiterung

32 Eine zusätzliche Erweiterung der EU um die ihr noch nicht angehörenden **Balkanstaaten** scheint nach den bisherigen „Fahrplänen“ nur eine Frage der Zeit zu sein. Nach Bulgarien und Rumänien erhielten auch die **übrigen Balkanstaaten** auf einem EU/Balkan-Gipfeltreffen in Zagreb 2000 bei Erfüllung der Kopenhagener Kriterien eine Beitrittsperspektive zugesichert. 2013 trat Kroatien bei. Die Perspektive umfasst nunmehr noch die Länder Albanien, Bosnien und Herzegowina, Mazedonien, Mon-

tenegro, Serbien sowie den Kosovo i. S. d. Resolution 1244 des UN-Sicherheitsrates. Sie gelten im Rahmen einer Heranführungsstrategie (u. a. Stabilitätspakt für Südosteuropa 1999; „Agenda von Thessaloniki für die westlichen Balkanstaaten" von 2003) als **„Partnerländer"** (VO 53/2004, ABl. L 86/1).

Mazedonien hat 2004 einen Beitrittsantrag gestellt und gilt als Beitrittskandidat; momentan ist allerdings weder ein Zeitpunkt für die Aufnahme von Verhandlungen noch ein Datum für den endgültigen Beitritt in Sichtweite. Das Haupthindernis stellen griechische Einwände gegen den Namen des Staates dar. **Montenegro** ist seit Dezember 2010 Beitrittskandidat, am 29.6.2012 wurden die Beitrittsverhandlungen nach befürwortender Stellungnahme der KOM durch Beschluss des Rates aufgenommen. Im November 2009 beantragte **Albanien** die Aufnahme. Hier ist allerdings der Kandidatenstatus noch nicht verliehen worden. Auch das **Kosovo** ist z. Zt. nur potentieller Beitrittskandidat; die KOM schlägt hier vor, zunächst ein Stabilisierungs- und Assoziierungsabkommen (SAA) zu verhandeln (Monitoring-Bericht: KOM(2012)602 endg. vom 10.10.2012). **Serbien** ist seit März 2012 Beitrittskandidat, offizielle Verhandlungen wurden im Januar 2014 aufgenommen (KOM (2013), 200 endg.). 33

2. Türkei

Der Türkei war 1963 in der Präambel, Abs. 4 und in Art. 28 des **Assoziationsvertrages EWG/Türkei 1963** die Möglichkeit eines späteren Beitritts zur EWG in Aussicht gestellt worden. Sie war damit als „europäischer Staat" im Sinne von Art. 49 EUV offiziell anerkannt, obwohl der größte Teil der Türkei in Asien liegt. Seitdem hat sich das Assoziationsverhältnis fortlaufend vertieft (Endphase der **Zollunion EU/Türkei** 1996). Allerdings weigert sich die Türkei, die Regelungen über die Zollunion mit der EU auf alle EU-Länder anzuwenden; die Republik Zypern wird von ihr ausgelassen (vgl. *Ercan,* Zypern, die Türkei und die EU, 2012). Die Türkei ist Mitglied im Europarat und in der NATO. Die Türkei hat 1987 einen Beitrittsantrag an die EG gerichtet. Der Europäische Rat hat in Kopenhagen 2002 der Türkei zusammen mit Bulgarien und Rumänien den vollen Status eines Beitrittskandidaten erteilt. 2003 wurde im Rahmen der Heranführungsstrategie eine Beitrittspartnerschaft begründet (ABl. 2003 L 145/40). Der Europäische Rat beschloss 2004 nach einer – mit verschiedenen Vorbehalten versehenen – Stellungnahme der Kommission die Aufnahme von Verhandlungen mit der Türkei. Sie werden von verschiedenen Seiten als „ergebnisoffen" angesehen. Verhandlungsbeginn war der 3. Oktober 2005. Als mögliches Beitrittsdatum wurde gelegentlich 2015; das war immer unrealistisch. Inzwischen ist neue Bewegung in die Beitrittsverhandlungen kommen. Die deutsche Regierung beschreibt die Verhandlungen weiterhin als „ergebnisoffen", bereitet sich jedoch auf eine dennoch „lange Verhandlungsstrecke" vor. Erst 13 der 35 Verhandlungskapitel wurden seit 2005 geöffnet, nur eines (Wissenschaft und Forschung) bisher abgeschlossen. 34

Ein EU-Beitritt der Türkei wird trotz des positiven Votums des Europäischen Rates wie kein anderer im politischen Raum und innerhalb der Bevölkerung wichtiger EU-Staaten **kontrovers diskutiert.** Das Spektrum reicht von der „strategischen Rekonstruktion des Westens" *(Joschka Fischer)* bis zum „Ende der EU" *(Giscard d'Estaing).* Die **Befürworter** (z. B. *Irtemçelik,* RuP 2004, 78) stellen häufig den strategischen Gewinn in den Vordergrund, der mit der Einbindung eines großen und im Übergang von Europa und dem mittleren Osten gelegenen Staates zu erzielen ist. Sie weisen zudem darauf hin, dass die Integration einem gemäßigten Islamismus Entwicklungschancen 35 geben könnte, der innerhalb Europas im Kampf gegen den internationalen Terrorismus hohen Stellenwert hat. Weitere Argumente verweisen auf einen großen künftigen Markt, auf die Bereicherung durch ein multikulturelles Europa, schließlich auf den historischen Umstand, dass sich das Osmanische Reich als Teil des „europäischen Konzerts“ seit dem 19. Jahrhundert darstellte. Eher euroskeptische Länder wie z. B. England sehen die „Lockerung“ der EU durch einen Türkeibeitritt nicht ungern.

36 Die **Gegner** (z. B. *H. A. Winkler,* Int.Pol 2/2003, 59) argumentieren historisch und geographisch (kein Bestandteil des geschichtlichen Europas; Problematik der Grenzen Europas zu Syrien, dem Irak und Iran), kulturell („Fremdheit“ zwischen dem christlich/laizistischen Europa und den islamischen Verwurzelungen der Türkei), wirtschaftlich/sozial (ökonomische Rückständigkeit mit nicht tragbarer EU-Kostenbelastung sowie anatolischer Migrationsdruck nach Europa) und nicht zuletzt rechtlich/institutionell (Menschenrechtsprobleme, Verschiebung des inneren Gleichgewichts durch den Beitritt eines „Randstaates“ mit demnächst über 80 Millionen Einwohnern, Überforderung der Aufnahmefähigkeit der EU sowie Stillstand und Rückschritt des Integrationsprozesses). Die Frage des EU-Beitritts der Türkei dürfte zu einer **Schicksalsfrage** des europäischen Einigungsprozesses werden.

3. EWR-Raum und Schweiz

37 Die Staaten des EWR (**Island, Liechtenstein und Norwegen,** oben Rz. 41/8) sind politisch und wirtschaftlich beitrittsfähig. Sie haben lange Zeit aus unterschiedlichen Gründen eine Zugehörigkeit zur EU abgelehnt (Referenden in Norwegen 1972/1994, Verteidigungskooperation Island/USA). Island hat in der Folge der Finanzkrise am 17. Juli 2009 seinen Beitrittsantrag eingereicht; die Beitrittsverhandlungen sind am 27. Juli 2010 aufgenommen worden. Im Sommer 2013 erklärte die neu gewählte isländische Regierung einen Verhandlungsabbruch.

38 Die **Schweiz** ist durch die Ablehnung des EWR 1992 und eines EU-Beitrittes 2001 durch das Schweizervolk in eine selbstgewählte Isolation geraten (zu den Nachteilen: EuGH, Urt. v. 7.3.2013, Rs. C-547/10 P, „Flughafen Zürich“). Sie betreibt mit der EU eine Politik bilateraler Verträge (oben Rz. 41/8). Seit 1993 liegt ein Beitrittsgesuch der Schweizer Regierung „tiefgefroren“ in Brüssel. Es wird wegen der ablehnenden Haltung der Bevölkerung nicht aktualisiert.

V. Austritt aus der Europäischen Union

Literatur: *Bruha/Nowak,* Recht auf Austritt aus der EU?, AVR 2004, 1; *Zeh,* Recht auf Austritt, ZEuS 2006, 173; *Fischer,* Der Vertrag von Lissabon, 2008, 172; *Streinz/Ohler/Herrmann,* Der Vertrag von Lissabon zur Reform der EU, 2008, 37; *Terhechte,* Der Vertrag von Lissabon: Grundlegende Verfassungsurkunde der europäischen Rechtsgemeinschaft oder technischer Änderungsvertrag, EuR 2008, 143; *Kumin,* Vertragsänderungsverfahren und Austrittsklausel, in: Hummer/Obwexer (Hrsg.), Der Vertrag von Lissabon, 2009, 301; *Hanschel,* Der Rechtsrahmen für den Beitritt, Austritt und Ausschluss zu bzw. aus der Europäischen Union und Währungsunion, NVwZ 2012, 995.

39 Der Lissabon-Vertrag räumt einem MS nunmehr ausdrücklich das Recht ein, **im Einklang mit seinen verfassungsrechtlichen Bestimmungen aus der EU auszutreten** (Art. 50 EUV). Er übernimmt damit die Regelung des Art. I-60 EVV. Das Austrittsrecht ist an **keinerlei unionsrechtliche Voraussetzungen** geknüpft. Der austrittswillige Staat teilt dem EuRat seine Absicht mit. Daraufhin handelt die Union mit diesem

ein **Abkommen über die Einzelheiten** des Austritts aus, wobei den künftigen Beziehungen dieses Staates zur EU Rechnung getragen werden soll. Kommt dieses Abkommen nicht **innerhalb von zwei Jahren** zustande, endet die Bindung an die Verträge für den austretenden Staat automatisch *(„sunset-clause")*. Durch diese Regelung sollen langwierige Verhandlungen über den Austritt verhindert werden. Der EuRat kann im Einvernehmen mit dem betroffenen MSen jedoch beschließen, diese Frist zu verlängern. Ist ein Staat aus der EU ausgetreten kann er, wie jeder andere europäische Staat, **eine (erneute) Mitgliedschaft beantragen.**

Die langjährigen Diskussionen darüber, ob das EU-Recht es einem MSen ermöglichte, 40
einseitig aus der EU auszutreten, sind damit hinfällig. Unter der Geltung des EG-Rechts wurde verschiedentlich postuliert, dass die durch die Verträge beschlossenen Verpflichtungsübernahmen unwiderruflich seien. Die Unantastbarkeit der Gemeinschaftskompetenzen sei **Voraussetzung für die Funktionsfähigkeit der EU** (EuGHE 1981, 1045, Rs. 804/79). Dieser Auffassung hatte sich insbesondere die Kommission angeschlossen (ABl. 1998 C 313/26). Auf der anderen Seite postulierte das BVerfG in seiner **Maastricht-Entscheidung,** dass die MSen „die Zugehörigkeit (scil.: zur EU) **durch einen gegenläufigen Akt auch wieder aufheben könnten**" (BVerfGE 89, 155 [190]). Es wird in der Literatur kontrovers diskutiert, ob das BVerfG damit tatsächlich ein unilaterales Austrittsrecht begründen wollte oder lediglich feststellte, dass eine Mitgliedschaft der Bundesrepublik nach Art. 23 GG verfassungsrechtlich problematisch wäre, wenn es keine Austrittsmöglichkeit gäbe. Die politischen Handlungsmöglichkeiten befriedigen diese Erwartung von Art. 23 GG aber jedenfalls.

Die Frage des Austritts eines MS ist bisher praktisch **noch nicht aktuell geworden.** Dass es sich dabei dennoch nicht um eine rein hypothetische Fragestellung handelt, zeigte u. a. die **Ankündigung der britischen Labour Party 1973,** im Falle eines Wahlsieges neu über die EG-Mitgliedschaft verhandeln zu wollen (dazu *Meier,* NJW 1974, 391) und nicht zuletzt die Ankündigung des britischen Premiers *Cameron,* im Falle seiner Wiederwahl 2015 das britische Volk per Referendum bis 2017 über den Verbleib Großbritanniens in der EU abstimmen zu lassen. 41

Von dem einseitigen Austritt aus der EU zu unterscheiden ist das **einvernehmliche** 42
Ausscheiden eines MS. Ein solches ist per Vertragsänderung ohne Weiteres möglich.

VI. Ausblick

Die Europäische Union steht in der Gefahr, Opfer ihres eigenen Erfolges zu werden. 43
Die Römischen Verträge von 1957 schufen eine Gemeinschaft von 6 westeuropäischen Mitgliedstaaten mit ca. 190 Millionen Bürgern. Nach den verschiedenen Erweiterungsrunden und der Überwindung der politischen Teilung des Kontinents ist daraus 2013 eine **gesamteuropäische Union von 28 Mitgliedern** und einer Gesamtbevölkerung von über 500 Millionen geworden. Der Beitrittsprozess ist noch nicht an sein Ende gestoßen. Diese Entwicklung spiegelt eindrucksvoll die Anziehungskraft der „europäischen Idee" im Sinne von *Robert Schuman, Konrad Adenauer, Alcide de Gasperi* und anderer „Pioniere" der fünfziger Jahre wider. Die damalige „Gründungsphilosophie" zielte auf einen Europäischen Bundesstaat oder wenigstens auf die **„Verwirklichung einer immer engeren Union der Völker Europas"** (Art. 1 EUV). Wichtige Schritte in dieser Richtung waren die Schaffung des Binnenmarktes und der Währungsunion.

44 Die Vertiefung des Einigungsprozesses musste andererseits trotz aller Beschwörungen **immer schwieriger werden,** je mehr die EU sich erweiterte. Dazu trug sowohl die Vermehrung der Mitglieder als solche bei als auch der Zutritt von Staaten wie Großbritannien, Dänemark und Schweden, die einer föderalen Integration nicht ohne Skepsis gegenüber stehen. Ein Beitritt der Türkei wird von Vielen als endgültige „Überdehnung" der Aufnahmefähigkeit der Union und damit als „Ende der EU" im Sinne eines intensiven und homogenen Staatenverbundes befürchtet.

45 Der EU stellt sich heute die Aufgabe, die 2009 in Kraft getretenen Bestimmungen des Lissabon-Vertrags so zum Leben zu erwecken, dass die „große Union" von heute handlungsfähig und innerlich kohärent bleibt. Die **Herausforderungen interner und externer Art** nehmen zu. Die Frage, inwieweit die EU zur Bewirkung von Transfers zwischen den MSen berufen ist, wird durch die Schwächen der Wirtschafts- und Währungsunion aufgeworfen; sie ist aber weiterhin unbeantwortet. Auch das neue Profil der EU im globalen Raum ist erst noch zu entwickeln. Es ist der natürliche Reflex vieler Integrationspolitiker und -beamter, sich diesen Herausforderungen in der Art zu stellen, wie sie bei der Errichtung des Binnenmarktes erfolgreich war: mit **technokratischem Ansatz** und mit einer die offene politische Diskussion scheuenden **instrumentellen Vernunft.** Man versucht, auch den großen Herausforderungen dadurch gerecht zu werden, dass die „Gesetzgebungsmaschine" am Laufen gehalten wird und in teilweise atemlosen Aktionismus immer neue „Projekte" und „Vorhaben" entwickelt werden. Es ist gerade die Differenz zwischen der Größe der politischen Herausforderung und dem typischen Mittel der Bewältigung – einer organisationspsychologisch leicht zu erklärenden, häufig sinnlosen Rechtsproduktion –, die im Kreis der mitgliedstaatlichen Bevölkerungen auf immer größere Ablehnung stößt. Die Sensibilität, dies zu erkennen und die richtigen Schlussfolgerungen zu ziehen, ist in Brüssel nicht immer ausreichend entwickelt (hierzu *Nettesheim,* EuZW 2013, 161).

46 Vertragsrechtliche Mechanismen vermögen in dieser Situation nicht mehr, als einen Rahmen zu setzen. Die eigentliche Antriebskraft des europäischen Einigungsprozesses lag in der Nachkriegszeit in dem Verlangen, nach den bitteren Erfahrungen vorangegangener Jahrzehnte **Frieden und Wohlstand innerhalb Europas** durch solidarisches Handeln dauerhaft zu sichern. Ein wenig von diesem „europäischen Geist" muss in den immer vielfältiger gewordenen Interessenkonflikten des Brüsseler Basars lebendig bleiben, wenn die gesamteuropäische Union des 21. Jahrhunderts die Erfolgsgeschichte des ersten Halbjahrhunderts fortsetzen will.

Sachverzeichnis

Es wird auf die Randziffern der jeweiligen Paragraphen verwiesen, z. B. Agrarstrukturpolitik 24/30 = Randziffer 30 von § 24 Landwirtschaft und Fischerei. Wichtige Fundstellen sind **fett** markiert.

Abgaben zollgleicher Wirkung 22/24ff., 35/9, 35/24f., 40/10
Abfallrecht 22/18, **33/38ff.,** 33/44
Acquis communautaire 4/10, 8/60, 11/20, 35/49, 36/28, 42/3, 42/23
AdR s. Ausschuss der Regionen
AETR-Rechtsprechung 11/11, 13/44, 26/8, 26/31, 33/23, **38/16**
AEUV 3/14
Agenturen im Bereich der GASP 6/28, 39/38ff.
Agenturen und Einrichtungen der EU 5/4, 5/7, 5/129, 6/23f., 6/26ff., 13/42, 13/44, 13/55, 15/19, 15/43, 23/9, 23/18, 26/28, 26/36, 33/29, 33/41, 33/60, 33/69, 33/75, 34/12, 39/38ff.
Agrarpolitik, Gemeinsame (GAP) **24/1ff.,** 34/22, 36/10
– Agrar-Außenhandel 24/5, 24/8, 24/13, **24/28f.,** 40/10, 40/13, 40/22, 40/26, 40/29, 40/51, 40/58
– Agrar-Fonds (EGFL, ELER) 24/10, 24/29, 24/32, **24/36f., 24/47**
– Agrar-Rechtsangleichung 24/25f.
– Agrarstrukturpolitik s. dort
– Bananenmarktordnung 13/14, 24/13, 24/20, 40/13, 40/58
– Begriff Landwirtschaft 24/6
– Direktzahlungen 24/20, 24/22ff., 24/27, 24/36
– Einkommensbeihilfen s. Direktzahlungen
– Entwicklung 24/2ff.
– Fehlentwicklungen 24/3f.
– Finanzierung 8/4, 24/36f.
– Forstwirtschaft 24/6, 24/32
– und Freier Warenverkehr 2/16, 24/12
– Marktordnungen, Europäische 24/2f., 24/8, 24/12ff., **24/19ff.,** 24/39, 25/42, 24/47
– Rechtsangleichung **24/25f.,** 32/7, 32/30
– Reformen 24/4
– Rinderwahnsinn (BSE) 13/44, 24/23ff., 36/17
– und Subsidiaritätsprinzip 24/18
– Unionspräferenz 24/9ff., 24/20
– und Welthandelsordnung 24/5, 24/28, 24/50, 40/51, 40/58
– und Wettbewerb 24/14, 24/19, 24/32
– Ziele und Prinzipien 24/7ff.
Agrarstrukturpolitik 24/2, 24/4, 24/24, **24/30ff.,** 24/36, 24/45
– Aufgaben 24/30
– Entwicklung 24/31
– Stand 24/32
Aktion Jean Monnet 34/24, 34/29
Aktionskomitee für die Vereinigten Staaten von Europa 2/4
Allgemeine Rechtsgrundsätze 5/150, 7/4, 7/21, 9/20, 9/26f., 9/31ff., 9/42ff., 9/112, 9/154, **9/179, 10/37,** 10/40, 12/12f., 12/37, 13/1, 13/33, 13/48, 13/70, 14/3, 14/8, 17/2ff., 17/18, 17/20ff., 17/27, 17/30, 17/75, 20/46, 33/6
Allgemeines Präferenzsystem 40/22, 40/57
Alpentransit Österreich und Schweiz 26/14f., 26/29, 26/41
Amsterdamer Vertrag 3/3, 11/18, 21/42, 29/4, 29/20, 32/5, 32/20, 32/22, 32/26, 33/46, 33/48, 37/1, 40/9, 40/28, 42/9
Anerkennung, gegenseitige 22/31, 22/50ff., 25/14, 25/22, 25/25, 25/26ff., 26/17f., 27/42, 32/6, 32/25, 32/27, 32/35, 34/14, 34/29ff., 36/1, 36/32, 36/37, 36/42, 37/7ff.
Angleichung der Lebensverhältnisse 2/24
Anleihen und Darlehen 8/1, 8/4, 8/46, 8/50ff., **11/9.** 18/48
Antidumping-Maßnahmen 40/4, 40/28f., 40/49
Antisubventions-Maßnahmen 21/26ff.
– mit Blick auf nationale Subventionen 21/27ff.
– mit Blick auf Subventionen von Drittstaaten 40/30
Apotheken 33/51
Arbeitnehmerfreizügigkeit 22/8, **27/1ff., 34/43**
– Abgrenzung zu anderen Grundfreiheiten 27/9ff., 28/7, 30/8
– Adressaten 27/30ff.
– Bedeutung 27/1ff.
– Beschränkungsverbot 27/40ff.
– Bildungsrechte 27/70, 34/14, 34/21
– Diskriminierungsverbot 27/34ff.
– Dogmatik 27/7ff.
– Drittstaatsangehörige 27/18ff.
– Öffentliche Verwaltung 27/26ff.
– Rechtfertigung von Beeinträchtigungen 27/45ff.
– Rechtsangleichung 32/30
– Schutzbereich 27/13ff.
– Sekundärrechtliche Herstellung 27/55ff.
– Soziale Sicherheit der Wanderarbeitnehmer 27/21, 27/36, 27/39, 27/71ff., 29/7f.

– und Lohnfortzahlung 29/8
– und Sport 27/15, 27/22f., 27/31, 34/33
Arbeitnehmerschutz 21/67, 25/20, 25/25, 25/31, 29/10, 29/13ff., 29/22, 32/11
Arbeitskampf s. Streik
Arbeitsrecht 29/5, 29/7, 29/9, **29/11ff.**
– Arbeitsverträge 29/15
– Arbeitszeit 26/23, 29/13f.
– Rechtsangleichung 29/11ff.
– Teilzeitbeschäftigung 29/8, 29/15
Architekten 34/43
Ariane/Mars Express 34/13
ARTE 34/52
Ärzte 25/27, 28/43, 29/8, 33/58, 34/19
Arzneimittel 22/52, 33/51, 33/54, **33/59f.,** 36/13
Assoziierung 2/16, 9/70, 27/18f., 27/23, 38/15, 38/35, 40/34, 40/52, 40/54ff., **41/1ff.**
Asylrecht 4/9, 16/25, 17/46, 32/6, 32/20, 32/24, 33/70f.
Atomenergie 23/1ff., 23/15ff., s. ferner EAG
Aufträge, öffentliche 20/2, 20/24, 21/1, **21/57ff.,** 22/52, 25/2, 25/31, 26/21
– der EU 21/59
– öffentlicher Auftraggeber 21/63
– Rechtsschutz 21/62, 21/68
– Schwellenwerte 21/65
– Verfahren 21/66
– und WTO 21/60
Ausgaben der EU 5/47, 5/158, 8/4, 8/10, 8/15, 8/25ff.
Auslegung des Unionsrechts 9/165ff., 17/76
– Genese 9/174f.
– Systematik 9/172f.
– Teleologische Interpretation 9/176ff.
– Wortlaut 9/170f.
Auslegung der EMRK s. bei europäische Menschenrechtskonvention
Ausschuss der Regionen 2/13, 5/4, 5/87, 6/14ff., 11/52, 11/76
Außenbeziehungen 2/16, 2/22, 5/66, 5/90, 5/116, 5/129, 9/153, 11/14, 23/14, 24/48f., **38/1ff.,** 39/1ff., 40/1ff., 41/1ff.
– ausschließliche Befugnisse 38/16, 38/22ff.
– auswärtige Gewalt 38/1ff.
– Bindungswirkung von Abkommen 38/33ff.
– GASP und PJZ 38/2ff., 39/1ff.
– Kompetenzen 38/13ff.
– s. auch: Gemeinsame Außen- und Sicherheitspolitik; Gemeinsame Verteidigungspolitik; Gemeinsame Handelspolitik
– Verträge der MSen 38/12, 38/27
– Vertragsschlussverfahren 38/30ff.
– Völkerrechtsfähigkeit der EU 4/25, 38/8f.
Außengrenzen (Sicherung) 4/9, 32/21, 32/24, 33/66f.
Austritt aus der EU 3/18, 4/17, 4/30, 18/47, **42/39ff.**
Auswärtige Gewalt s. Außenbeziehungen
Autonome Vertragsänderung 9/61ff.
Autonomie des Unionsrechts 9/5ff.

Banken 21/49, 21/55, 25/6, 25/10, 31/3, 31/5ff.
Barcelona-Prozess 33/33
Beamte der EU 7/1ff.
– Beförderung 7/7
– Haftung 14/5, 14/10
– Koalitionsrecht/Streikrecht 7/20ff.
– Laufbahnprinzip 7/6f.
– Loyalitätspflicht 7/3, 7/13
– Nationalitätenproporz 7/10
– Personalbestand 7/1, 7/5
– Personalvertretung 7/19
– Rechtsschutz 7/15f., 13/10
– Status Europabeamter 7/11, 7/14
– s. auch Öffentlicher Dienst
Begrenzte Einzelzuständigkeit der EU s. Einzelzuständigkeit, begrenzte
Begründungspflicht 9/40, 11/83ff., 13/47, 21/32, 33/6
Beihilfen und Wettbewerb/Beihilfepolitik 21/2ff., 35/29
– Ausnahmen vom Beihilfeverbot 21/13ff.
– Beihilfekategorien 21/21ff.
– Beihilfetatbestand 21/6ff.
– Beihilfeverfahren 21/27ff.
– im Energiebereich 21/24, 23/12, 23/17
– im EWR 21/26
– Gruppenfreistellung 21/20, 21/30
– Konkurrenzen 21/24f.
– und Landwirtschaft 21/24, 24/4, 24/14, 24/23, 24/29, 24/47
– Leitlinien, Gemeinschafts- und Unionsrahmen 21/19
– Ostdeutschland 21/2, 21/16, 21/22
– Rechtsschutz 13/59ff., 21/36ff.
– Rückforderung rechtswidriger Beihilfen 21/34f.
– Sonderbereiche 21/24ff.
– Unionsbeihilfen 21/3
– Verbotene und erlaubte Beihilfen – Unvereinbarkeitsgrundsatz 21/4f., 26/5
– und Verkehrspolitik 21/23, 21/24, 21/49f., 26/5, 26/10, 26/20, 26/41
– WTO 21/26
Beitritt zur EU 42/1ff.
– Beitrittspraxis 42/26ff.
– Eingliederung der DDR 1990 5/94, 42/28
– Europäischer Staat 42/8
– Geschichte 2/24f., 2/28f., 3/7f.
– Kopenhagener Kriterien 42/9f.
– Probleme 3/19, 4/31
– Verfahren 42/14ff.
– Voraussetzungen 42/7ff.
– Wirkungen 42/23f.
Beitrittsperspektiven 3/19, 4/31, 42/32

Benelux 2/7
Benzin (Bleifreiheit) 26/26, 31/21, 33/36
Beratende Institutionen 6/3 ff.
Berufsfreiheit 17/61, 17/63
Beschäftigungspolitik der EU **29/20f.,** 34/18, 34/22
Beschluss **9/114 ff.**
Betrugsbekämpfung 5/112, 7/14, 7/15, **8/43 ff.,** 24/37, 37/1
BeweisVO 36/38
Bildung/Bildungspolitik 34/14 ff.
– Allgemeine Bildung 34/16
– (Ausbildungs-)Beihilfen 21/21
– Berufliche Bildung 34/18
– Bildungseinrichtungen EU 34/26 ff.
– Bildungsprogrammatik/Bildungsprogramme 34/15, 34/23 f.
– Bildungsrechtsprechung EuGH 34/15
– und Dienstleistungsfreiheit 25/5, 34/21
– Recht auf Bildung 17/81, 34/17
Binnenmarkt 2/28, 2/30 f., 18/8, 20/1 ff., 21/1 ff., **22/1 ff.,** 23/2, 23/6, 23/7 f., 25/1 ff., 26/1 ff., 32/8 ff.
– Entwicklung 22/16
– für Energie 23/2, 23/6, 23/7 ff.
– und Gemeinsame Agrarpolitik **24/1,** 24/11
– und Freizügigkeit 27/1 ff.
– und Kapital 30/4
– und Private **22/8,** 25/16, 25/21, 27/31 f., 28/11
– und Rechtsangleichung 32/1, **32/8 ff.**
– und Verkehr 26/1 ff., 26/11, 26/25, 26/33, 26/37, 26/41
– Warenkontrollen 22/22
Binnenschifffahrtsverkehr 26/1, 26/4, 26/11, 26/12, 26/18, 26/22, 26/27, 26/29
– Rheinschifffahrtsregime 26/12, 26/29
– Liberalisierung 26/12
– Kabotage 26/3, 26/12
– Schifferpatente 26/18
Binnenzölle, Abschaffung 22/22 f., 40/5
Biotechnologie/Gentechnik 24/26, 33/43, 33/65, 34/10, 36/26
Bologna-Prozess 34/30 ff.
Börsen- und Wertpapierrecht 31/9 f.
Buchpreisbindung 34/46
Bücher 21/23, 34/38, 34/43
Bundesverfassungsgericht und Integration 3/2, 4/5, 4/8, 4/30 10/15 ff., 13/13 ff., 13/77, 13/80, 13/84 f.,17/97

Charta der Grundrechte der EU s. Grundrechte-Charta
Chemie 33/41 f.
CE-Zeichen 22/51
CEDEFOP s. Europäisches Zentrum für Berufsbildung
Comecon 2/7
Corporate Governance 31/17, 36/33

Daseinsvorsorge 20/5, 21/40 ff., 26/11, 30/22, 34/55
Datenschutz, europäischer 17/50, 21/53, **33/79 ff.,** 37/8
DDR, Eingliederung in EG/EU s. bei Beitritt
Delegation 7/5, 11/34 ff.
Demokratie 15/1 ff.
– Europäische Demokratietheorie 15/10 ff.
– Input, Verfahren, Kontrolle 15/18 ff.
– Demokratisches Defizit 3/9, 15/11 ff., 15/39 ff.
Deutsch-Französisches Jugendwerk 34/29
Deutschlandklausel (Teilungsklausel-Beihilfen) 21/16
Dienstleistungen von allgemeinem Interesse (Wettbewerb) 17/9, 21/1, **21/40 ff.,** 29/10, 34/55
Dienstleistungsfreiheit 25/1 ff.
– aktive 25/8
– Anerkennung und Koordinierung 25/21 ff.
– Berechtigte 25/12
– Beschränkungen 25/13 ff.
– Begleitrechte 25/32
– und Bildung 25/5
– als Teil des Binnenmarktes 25/1 ff.
– Entwicklung 25/3 f.
– Korrespondenzdienstleistungsfreiheit 25/10
– Öffentliche Aufträge/Vergabewesen 21/57 ff., 25/2
– passive 25/9
– und Private 25/16, 25/22, 25/31
– Rechtfertigung von Beschränkungen 25/18 ff.
– und WTO 25/1
– zum Stand bei einzelnen Bereichen s. jeweils dort
Dienstleistungskonzession 21/69
Dienstleistungsrichtlinie 25/23 ff.
Dienstleistungsverkehr (Liberalisierung) 25/5 ff.
– Energie und Wasser 21/56, 22/18, 23/13
– Eisenbahn 26/12
– Luftverkehr 26/12
– Post 21/47, **21/54**
– Rundfunk 25/5, 25/10, 34/50 ff.
– Schifffahrt 26/12
– Straßenverkehr 26/12
– Telekommunikation 21/52 f.
– Warenverkehr 22/22 ff.
– Wettbewerb 21/51 ff.
Diplomatischer und konsularischer Schutz 16/5
Diskriminierung(sverbot) 12/36 f., 17/66 ff.
– und Agrarpolitik 24/17, 24/19
– aus Gründen des Geschlechts **17/71, 17/73 f.,** 29/8 f.
– aus Gründen der Staatsangehörigkeit (Art. 18 AEUV) 7/10, 17/66, 17/67, 21/25, 23/17, 27/7, 29/7, 33/2, 34/19

– aus Gründen der Religion 17/56, 17/71, 17/73, 17/74, 29/8
– Inländer **22/13f.**, 22/53, 25/28, 27/25, 32/2, 28/19, 32/36
– und freier Warenverkehr 22/3, 22/4, 22/20, 22/41, 22/43, 22/45f.
– beim Vollzug von Unionsrecht 13/4, 14/13, 14/21, 33/6
Drittstaatsangehörige 12/54, 13/56, 16/12, 16/19, 27/18ff., 27/21, 32/23, 33/66, 33/70ff., 37/6
– Dienstleistungsfreiheit 25/12, 25/15, 25/32
– Einwanderung s. dort
– Niederlassungsfreiheit 28/6
– Warenverkehrsfreiheit 22/20, 22/22
Drittstaaten und EU 39/21, 40/1, 40/7, 40/10, 40/12, 40/17, 40/20f., 41/4

EAG 2/12, 3/11, 3/14, 23/4, **23/15ff.**, 34/6
– Aufgaben 23/18ff.
– Atomausstieg 23/16
– Brennstoffversorgung 23/18
– Forschung 23/21, 34/1, 34/6, 34/22
– Gemeinsame Unternehmen 23/21
– Gemeinschaftseigentum 23/18
– Gesundheitsschutz, nukleare Sicherheit 23/19f.
– Vertrag (Verhältnis zur EU bzw. zu AEUV/EUV) 3/11, 3/14
– Versorgungsagentur 5/4, 6/24, 23/18f.
EEA 2/29, 32/5, 33/14
Effizienzgebot 9/45, **12/36**, 13/4, 14/21, 32/38, 33/6, 33/12
EFTA 3/1, 3/7, 3/19, 21/26, 41/8, 42/2, 42/29
EG/EU s. Europäische Union
EGKS 1/1, 2/9, 3/2, 3/5, 20/7, 23/1, 23/4, 23/6, 23/7f., 35/13, 39/10
EGMR s. Europäischer Gerichtshof für Menschenrechte
EGV 3/3
Eigenmittel der EU 8/1f., 8/6, 8/9, 8/16ff., **8/19ff.**, 8/56f., 35/14
Eigentum 17/62ff.
– Eigentumsordnung (Art. 345 AEUV) 17/62, 21/43, 22/40, 36/21
– Geistiges Eigentum s. dort
Einnahmen der EU 4/14, 5/155, **8/9ff.**, 8/14ff., 8/23f., 35/12
Einrichtungen der EU 5/3ff., 6/1ff., 12/10
Einwanderung 4/9, 32/20, 32/24, 33/68, 33/73ff.
Einzelzuständigkeit, begrenzte 4/21f., 8/2, 8/26, **11/3ff.**, 13/2, 13/7, 13/88, 32/4, 32/42, 36/43, 39/4, 41/6
Eisenbahn s. Schienenverkehr
Elektrizität 22/18, 23/1, 23/5, 23/6, 23/9f.
Elysée-Vertrag 2/19
Emissionshandel (Verschmutzungsrechte) 33/34
Empfehlungen und Stellungnahmen 9/123ff., 13/44
EMRK s. Europäische Konvention zum Schutze der Menschenrechte und Grundfreiheiten
Energiepolitik, Gemeinsame 23/1ff.
– Außenbeziehungen 23/14
– Elektrizität s. dort
– Energieeinsparung 23/12f.
– Energien, erneuerbare 23/1ff., 23/9, **23/11ff.**
– Entwicklung 23/4ff.
– Erdgas s. dort
– Erdöl s. dort
– Kernenergie 23/15ff.
– Kohle s. EGKS
– Ziele 23/2
Entscheidung (ab 2009: Beschluss) **9/114ff.**
Entwicklung des ländlichen Raumes s. Agrarstrukturpolitik
EPG 2/11
EPZ 2/23f., 2/29
ERASMUS-Programm 34/15, 34/24
Erdgas 22/18, 23/1, 23/2, 23/5, **23/9f.**, 26/40
Erdöl 22/44, 23/1, 23/2, 23/4, 23/5, **23/8**
Erweiterung der EU 2/25, 2/28, 3/7f., 3/19, 4/16, 4/31, 42/26ff.
ESA 34/4, 34/11, **34/13**
ESVP 3/4
EU s. Europäische Union
EU-Behörden 12/8
EuG s. Gericht der Europäischen Union
EuGH s. Gerichtshof der Europäischen Union
Euratom s. EAG
EURO 3/6, 3/16, 19/4, 19/26ff.
Eurocontrol 26/32, 26/41
Europa der Bürger 16/3, 27/3, 34/15
Europa der Vaterländer 2/17ff., 2/29, 4/29
Europaidee: s. Idee, Europäische
Europäische Agentur für Arzneimittel 6/27, 33/60
Europäische Agentur für chemische Stoffe 33/41
Europäische Agentur für Flugsicherheit 6/27, 26/28
Europäische Agentur für Gesundheitsschutz 6/27, 6/29
Europäische Agentur für die operative Zusammenarbeit an den Außengrenzen s. Frontex
Europäische Agentur für die Sicherheit des Seeverkehrs 6/27, 26/28
Europäische Agentur für die Zusammenarbeit der Energieregulierungsbehörden 6/27, 23/9
Europäische Aktiengesellschaft (SE) 29/17, 36/34
Europäische Atomgemeinschaft s. EAG
Europäische Bewegung 1/6, 1/13, 2/3f.
Europäische Eisenbahnagentur 6/27, 26/28
Europäische Föderation 1/13, 2/9
Europäische Freihandelszone s. EFTA
Europäische Gemeinschaft für Kohle und Stahl s. EGKS
Europäische Genossenschaft (SCE) 32/13, 36/34

Europäische Gerichtsbarkeit 5/132 ff., 13/6 ff.
- Funktionen 5/151
- Gericht der Europäischen Union 5/145 ff.
- Gericht für den öffentlichen Dienst 5/133, 5/148
- Gerichtshof der Europäischen Union 5/138 ff.
- Standort/Sitz 5/136
- s. im Übrigen 13/1 ff.

Europäische Gesellschaft (SE) siehe Europäische Aktiengesellschaft (SE)
Europäische Grenzschutzagentur s. Frontex
Europäische Idee 1/1 ff., 2/4, 3/19, 4/2
Europäische Integration s. Integration, Europäische
Europäische Investitionsbank 7/4, **18/48 ff.,** 26/36
- Aufgaben 18/55 ff.
- Status 18/49 ff.

Europäische Kommission 2/16, **5/93 ff.**
- Aufgaben 5/119 ff.
- Ausschüsse (Komitologie) 5/113 f.
- Beschlussverfahren 5/117
- Ernennung 5/99
- Europäisches Personalrecht 5/107, 7/1 ff.
- Generalsekretariat 5/108
- Organisation und Geschäftsgang 5/104
- Status der Mitglieder 5/100 ff.

Europäische Konvention zum Schutz der Menschenrechte und Grundfreiheiten (EMRK) 2/5, **17/13 ff.**
- Anwendbarkeit 17/15, 17/18
- Auslegung 17/17, 17/93 f.
- Beitritt der EU zur EMRK 17/19
- Diskriminierungsverbot 17/70
- Einschränkbarkeit der Rechte 17/16
- Freiheitsrechte 17/50 ff.
- Konvention und Zusatzprotokolle 17/13
- Rundfunkfreiheit 17/58, 34/51, 34/54, 34/57
- Schadensersatz 17/95
- Teilhaberechte 17/81
- und EU (Bindung der EU) 17/18 ff.
- und Unionsrecht 17/18 ff.
- Verfahrensgarantien 13/4, 13/18, 13/84, 17/82 f., 20/46

Europäische Luft-, Raumfahrt- und Rüstungsgesellschaft s. EADS
Europäische Nachbarschaftspolitik 41/9 ff.
Europäische Politische Gemeinschaft s. EPG
Europäische Politische Union 2/17, 3/2, 4/11
Europäische Politische Zusammenarbeit s. EPZ
Europäische Polizeiakademie 6/29, 33/37
Europäische Schulen 34/26 f.
Europäische Stelle für justizielle Zusammenarbeit (Eurojust) 8/44, 37/10
Europäisches Zentrum für Berufsbildung 6/27
Europäische Verteidigungsgemeinschaft s. EVG
Europäische Union 1/1 ff., 2/23 ff., **3/1 f.,** 4/1 ff., 9/1 ff.
- Austritt 3/18, 4/16, 42/39 ff.
- Gesandtschaftsrecht, aktives/passives 5/116, 38/11, 39/10
- Haftung s. dort
- Rechtsnatur 4/1 ff.
- Rechtspersönlichkeit 3/14, 14/1, 38/8 ff.
- Sprachen s. dort
- Überseeische Länder und Hoheitsgebiete 40/3, 40/52, 40/54
- Völkerrechtsfähigkeit/Privatrechtsfähigkeit 38/8 ff.
- Vorrechte und Befreiungen 5/32, 5/101, 5/157, 7/14, 14/10, 18/50, 35/13, 38/30
- Zollgebiet 22/22, 40/6, s. auch Zollunion

Europäische Währungsunion 2/24, 3/1 ff., 3/6, **19/1 ff.,** 22/16, 30/1, 30/5, 30/23, 31/14, 35/5, 35/46
- Entwicklung 2/24,19/10 ff.
- EURO s. dort
- Europäische Zentralbank s. dort
- Europäisches Währungssystem 2/24, 19/11
- Theorie des optimalen Währungsraums 19/6

Europäische Wirtschaftliche Interessenvereinigung (EWIV) 32/32, 34/52, 36/34
Europäische Zentralbank 3/6, **19/15 ff.**
- Aufgaben und Ziele 19/26 ff.
- Institution 19/16
- Kapital 19/25
- Rechtsschutz 13/9, 13/41 ff., 13/54
- Unabhängigkeit 19/20

Europäischer Bundesstaat 1/13, 2/15, 3/18, 5/4, 5/18, **5/29**
Europäischer Entwicklungsfonds 8/46
Europäischer Fernsehkulturkanal (ARTE) 34/52
Europäischer Fonds für regionale Entwicklung 2/24, 18/61, 21/3, 29/24, 33/22
Europäischer Gerichtshof s. Europäische Gerichtsbarkeit; Gerichtshof der Europäischen Gemeinschaften
Europäischer Gerichtshof für Menschenrechte (EGMR) 2/5 f., **17/92 ff.**
Europäischer Rat 2/26, **5/57 ff.**
- Aufgaben und Funktionen 5/62 f.
- Beschlussverfahren 5/61
- Organisation und Geschäftsgang 5/61 ff.
- Präsidentschaft 5/57
- Standort 5/60
- Zusammensetzung 2/26, 5/59
- s. auch Rat der Europäischen Union

Europäischer Rechnungshof 2/13, 13/42 f., 5/158 ff.
Europäischer Sozialfonds (ESF) 18/63, 29/5, **29/22 ff.,** 34/18, 34/22
Europäischer Unionsvertrag s. EUV
Europäischer Wirtschaftsraum s. EWR

Europäisches Agentur für chemische Stoffe 33/41
Europäische Behörde für Lebensmittelsicherheit 6/27, 33/43, 33/65
Europäisches Gleichgewicht s. Gleichgewicht, Europäisches
Europäisches Hochschulinstitut (EHI) 34/26, 34/28
Europäisches Konzert 1/9, 42/35
Europäisches Markenamt 5/12, 36/27
Europäisches Parlament 2/13, 2/27, 3/3, 3/14, **5/21 ff.**
– Abgeordnete 5/29 ff.
– Aufgaben 5/42 ff.
– Beschlussverfahren 5/41
– Direktwahl/Wahlrecht 2/27, **5/27 ff.**
– und nationale Parlamente 11/45
– Organisation und Geschäftsgang 5/35 ff.
– Standort/Sitz 2/13, 5/22
– Zusammensetzung 5/25 ff.
Europäisches Patentamt 36/26
Europäisches Polizeiamt s. Europol
Europäisches Zentrum für Berufsbildung (CEDEFOP) 6/27
Europakolleg Brügge 34/29
Europapatent 36/26
Europarat 2/5 f.
Europa-Union 2/4
European Governance 15/18
Europol 6/29, 33/77
EURO-Zone 3/6, 3/16, 8/5, 8/64, 18/22, 18/25, 18/35, 18/47, 19/3 ff., 19/17, 19/23, 19/32, 19/34, 31/12; s. auch EURO, Europäische Zentralbank sowie Rat/ECOFIN
EUV 3/2, 3/14, 9/22 ff.
EVG 2/8, 2/11
EWR 20/6, 21/26, 41/8
EWS s. Europäisches Währungssystem
EWU s. Europäische Währungsunion
Exekutivagenturen 6/29 f.
EZB s. Europäische Zentralbank

Familie 7/14, 17/51, 25/20, 33/74, 36/42
Familienangehörige 16/19, 16/21, 25/12, 27/2, 27/19, 27/57, 27/58, **27/60 ff.**, 28/11, 33/73 f.
Familienrecht 13/82, 32/6, 36/42
Fauna-Flora-Habitat (FFH)-Richtlinie 33/30
Finalität der EU 4/16, 4/27, 4/30 ff.
Finanzielle Vorausschau 8/4, 8/27
Finanzierungsinstrumente der EU 8/51 ff.
Finanzmärkte 3/16, 31/1 ff.
Finanzverfassung und -ordnung der EU 2/24, 4/14, 8/1 ff.
– Betrugsbekämpfung (Schutz der finanziellen EU-Interessen) 3/71, 8/43 ff., 37/1
Fischereipolitik, Gemeinsame (GFP) 24/2, 24/38 ff.
– Außenbeziehungen 24/48
– Besonderheiten 24/39
– Entwicklung 24/41
– Erhaltung der Fischbestände 24/42
– Gemeinsame Marktorganisation für Fischereierzeugnisse 24/42 ff.
– und internationales Seerecht 24/40
Flexibilität s. Verstärkte Zusammenarbeit
Flüchtlinge 18/65, 27/21, 33/68, **33/70 ff.**
Föderalismus 4/23, 4/29, 15/30 f.
Folterverbot 17/48
Formerfordernisse
– im Rechtsetzungsprozess 11/81 ff.
– als Klagegrund 13/37
Forschung und Technologische Entwicklung (FTE) 34/1 ff.
– Beihilfen 21/21
– COST 34/10
– Entwicklung 34/1
– EUREKA 34/9
– Forschungsrat, Europäischer 34/7
– Forschungsfreiheit, Europäische 34/3
– Forschungsraum, Europäischer 34/2
– Gemeinschaftsforschung 23/21
– Grundlagenforschung 34/2, 34/7 f.
– Maßnahmen der Forschungs- und Technologiepolitik 34/6 ff.
– Rahmenprogramme 34/7 f.
– Rechtsgrundlagen 34/2 ff.
– Wettbewerbsrecht 20/19, 20/21, 20/24
– Ziele und Adressaten 34/2 ff.
Forstwirtschaft 24/6
Fouchet-Pläne 2/19
Freihandelszone, Große/Kleine 2/20
Freiheit und Gleichheit 15/25, 17/79
Freizügigkeit der Arbeitnehmer s. Arbeitnehmerfreizügigkeit
Freizügigkeit der Unionsbürger 16/5, 16/11 ff.
– und EMRK 17/89
– und GRCh 17/65
Frontex 6/27, 33/69
Führerschein 26/17
Funktionenordnung 5/15 ff.
Fusionskontrolle 20/6, **20/33 ff.**
– Entstehung 20/33
– Rechtsgrundlagen 20/33
– Rechtsschutz 20/38
– Verfahren 20/38
– Verbot 20/36 f.

Galileo 26/39, 34/12
GASP s. Gemeinsame Außen- und Sicherheitspolitik
Gegenseitige Anerkennung s. Anerkennung, gegenseitige
Geistiges Eigentum 22/40, **36/21 ff.**
– s. ferner bei den einzelnen Instrumenten

Gemeinsame Außen- und Sicherheitspolitik 39/1 ff.
– Entwicklung 1/1, 2/8, 3/2 f., 4/34
– Instrumente 39/4
– Kompetenzen 39/2
– s. auch Gemeinsame Verteidigungspolitik; Gemeinsame Handelspolitik
– Ziele 39/5
Gemeinsame Entwicklungspolitik 40/1 ff., 40/52 ff.
– Assoziierung 40/3, 40/52, **40/54 ff.**
– Entwicklungspartnerschaft 40/52, 40/56 ff.
– Entwicklungszusammenarbeit 38/13, 38/15, 40/3, 40/51, 40/53, **40/57**
Gemeinsame Handelspolitik 40/1 ff.
– Antidumping-Maßnahmen 40/28 ff.
– Antisubventions-Maßnahmen 40/28, 40/30
– Ausfuhr 40/19, **40/23 ff.**
– Autonome Handelspolitik 40/17, 40/19 ff.
– Bananenmarktordnung 24/13, 24/20, 40/13
– Beihilfen für Ausfuhr in Drittländer 21/13
– Dual-Use-Güter 40/25
– Einfuhr 40/20 ff.
– Grauzonenmaßnahmen 40/58
– Grundlagen 40/11
– Handelspolitischer Schutz 40/27
– Handelspolitisches Instrument 40/31
– Kompetenzen 40/14 ff.
– Recht der WTO 40/38 ff
– Rechtsangleichung 32/38
– und Energiepolitik 23/2
– und Kultur 34/43
– Vertragliche Handelspolitik 40/34
– Welthandelsorganisation 40/37 ff.
– Wirtschaftssanktionen 40/11, 40/24, 40/32
Gemeinsame Verteidigungspolitik 39/23 ff.
– EU-Militärausschuss 39/8, 39/31
– EU-Militärstab 39/31, 39/39
– Krisenbewältigung 39/8, 39/28, 39/32, 39/35 ff.
– Militärische Kapazitäten 39/33, 39/38
– NATO **39/31 ff.**
– Petersberg-Aufgaben 39/35, 39/38
– Rüstungspolitische Zusammenarbeit 39/40
– Sicherheitsstrategie 39/37
– Strukturen 39/29
Gemeinsamer Markt s. Binnenmarkt
Gemeinsamer Zolltarif 40/5 ff.
Gemeinschaftsagenturen 6/27
Gemeinschaftsmarke 36/27 f.
Gemeinschaftsrecht (Begriff) 9/1 ff.
Generalanwälte (EuGH) s. bei Gerichtshof der Europäischen Gemeinschaften
Gericht erster Instanz 5/133, 7/15, 13/1 ff.
– Rechtsmittel zum EuGH 13/28
– Zuständigkeiten 13/18
– s. auch Europäische Gerichtsbarkeit; Gerichtshof der Europäischen Union
Gericht für den öffentlichen Dienst 5/133, 7/15
Gerichtshof der Europäischen Union 5/132, 5/138 ff., 13/1 ff.
– Aufgaben 5/150 ff., 13/6 ff.
– Beschleunigtes Verfahren 13/22, 13/82
– Generalanwälte 5/87, 5/142, 13/23
– Judicial Activism 5/157, 13/15
– Kammern 5/141, 13/18
– Kanzler 5/144
– Natürliche und juristische Personen (als Kläger) 13/56 ff.
– Nichtigkeitsklage/Untätigkeitsklage 13/41 ff.
– Plenum 5/141, 14/18
– Publikation von Entscheidungen 13/25
– Rechtsfortbildung s. dort
– Richter/Präsident 5/139
– Satzung 5/137, 13/17
– Streithilfe und Drittwiderklage 13/8
– und Bundesverfassungsgericht 13/13 f., 13/84 ff.
– Verfahren, Urteil 13/21 ff.
– Vertragsverletzungsverfahren gegen Mitgliedstaaten 13/29 ff.
– Vollstreckung, Urteile 13/38
– Vorabentscheidung 13/68 ff.
– Vorläufiger Rechtsschutz 13/87
– Vorrang-Rechtsprechung 11/1 ff.
– Zuständigkeiten 13/6 ff.
– s. auch Europäische Gerichtsbarkeit
Geschäftsräume 17/53, 20/46
Gesellschaften
– Dienstleistungsfreiheit 25/12
– Europäische Rechtsformen 28/13 f., **36/34**
– Niederlassungsfreiheit 28/2, 28/12 ff.
– Rechtsangleichung 36/31 ff.
Gesellschaftsrecht 28/12 ff., 28/22, 36/31 ff.
Gesetzesvorbehalt 17/35
Gesundheit/Gesundheitspolitik 33/47 ff.
– Arbeitnehmerschutz 29/13 ff.
– Anerkennung von Ausbildungen 25/27
– Arzneimittel s. dort
– Entwicklung 33/47 f.
– Gesundheitsbegriff AEUV 33/50
– Gesundheitsprogrammatik 33/63
– Prävention 33/50, 33/63
– Rechtsangleichung 32/15, 32/30, 33/38, **33/57 ff.**
– Rechtsgrundlagen 33/50 ff.
– und Umweltpolitik 33/16, 33/34
– und Warenverkehr 22/38
– Werbung 33/65
Gewässerschutz **33/32 f.,** 33/44
Gewaltenteilung 4/11, 5/15 ff.
Gewohnheitsrecht 9/29 ff.

Gleichbehandlungsanspruch der Unionsbürger 17/66, 17/71
Gleichheitssatz
– allgemeiner 7/10, 17/43, 17/66ff.
– besondere s. Diskriminierungsverbote
Gleichgewicht, Europäisches 1/8, 2/3
Gleichstellungspolitik der EU 17/71
GöD s. Gericht für den öffentlichen Dienst
Grenzkontrollen 32/21, 32/23, 33/67
Grundfreiheiten (Binnenmarkt) 22/1ff., 26/1ff., 27/1ff., 29/1ff. 32/2
– Adressaten 22/7
– Beschränkung (Begriff) 22/3
– Funktion 22/2ff.
– und Grenzüberschreitung 22/2f., 22/10, 32/2
– Horizontalwirkung 22/8
– Inländerdiskriminierung 22/13f.
– Rechtfertigung von Beschränkungen 22/4ff., 22/11f.
– und Rechtsangleichung 22/6, 32/2, 32/9
Grundgesetz s. Bundesrepublik Deutschland
Grundrechte des Unionsrechts 17/1ff.
– Verhältnis zur EMRK 17/18ff.
– Verhältnis zu nationalen Grundrechten 17/22, 17/27
– Grundrechtslehren 17/25ff.
– Leistungspflichten 17/43ff.
– Bindung der MSen 17/27f.
– gesellschaftliche Selbstorganisation 17/56
Grundrechte-Charta 17/6ff.
– Entstehung 3/5, 3/11, 17/6
– Inhalte 17/8ff.
Grundwerte der EU 4/11
Gubernativfunktion 5/17, 5/82, 5/120

Haager Friedenskonferenz 1899/1907 1/11
Haager Gipfelkonferenz 2/23
Haft 13/82, 17/90f.
Haftbefehl, Europäischer 37/7ff.
Haftung 14/1ff.
– außervertragliche, der EU 14/3ff.
– unionsinterne, der EU 14/2ff.
– vertragliche, der EU 14/2
– völkerrechtliche, der EU 14/1
– Francovich-Rechtsprechung 14/12f.
– der Mitgliedstaaten 12/32, 12/37, 12/49, 14/11ff.
– normatives Unrecht 14/5, 14/16
– Rechtsschutz 13/67, 14/22, 17/83
Handels- und Kooperationsabkommen 41/1
Handelsmonopole s. unter Monopole
Handelspolitik, Gemeinsame s. Gemeinsame Handelspolitik
Handelspolitik, globale
– Subventionen 21/26
Handwerker 25/28, 27/25

Haushalt der EU 8/5ff.
– Haushaltsgrundsätze 8/13
– Haushaltsjahr 8/11
– Haushaltsordnung 8/9
– Haushaltsverfahren 8/35
– Haushaltsvollzug 8/25, 8/39
– und Agrarausgaben 24/2, 24/36
Haushaltsrecht 5/47, 5/123, 8/8ff.
Herkunftslandprinzip 22/31, 25/14, 25/23
Humanitäre Hilfe 8/32, 38/13, 38/27, 39/35, 40/53

Idee, Europäische 1/1ff., 2/4, 3/20, 4/2
Identität, nationale der Mitgliedstaaten 4/23, 5/14, 9/24, 10/16, 10/26ff., 11/23, 13/13, 15/22, 15/29f., 16/8, 34/37, 36/42
Immunitäten 5/32, 5/140, 7/14, 38/11
Industriepolitik 8/53, 9/134, 18/4, 18/59, 20/33f., 21/3, 34/1, 34/48
– und Kultur 34/43
Ingenieure 28/46
Inkrafttreten von Sekundärrecht 11/94
Inländerdiskriminierung s. Diskriminierung(sverbot), Inländer
Innenrecht der EU 9/64ff.
– Beschlüsse 9/114
– Entschließungen 9/145
Insolvenzordnung, Europäische 36/38
Institutionelles Gleichgewicht 13/1, 13/52
Institutionelle Eigenständigkeit 12/24
Institutionen der EU 5/1ff.
Integration, Europäische 2/9ff.
Integrationsfunktion der Rechtsprechung 5/152
Interinstitutionelle Vereinbarungen 8/9, 9/70, **9/149ff.**
Internationale Organisation 1/11, 4/25, 15/2
Interpretation des Unionsrechts 9/165ff.
Interventionismus 18/5, 18/9ff., 18/60, 18/71

Justizielle Zusammenarbeit in Strafsachen 32/20, 32/25, **37/3**
Justizielle Zusammenarbeit in Zivil-/Handelssachen 32/20, 32/25, **36/35ff.**

Kapitalmarkt 30/5ff, 31/1ff.
Kapitalverkehr 30/1ff.
– Bedeutung 30/1
– Beschränkungen 30/3
– Dogmatik 30/6ff.
– Drittlandsbeziehungen 30/12
– Gewährleistungspflichten 30/25
– Rechtfertigung 30/18
– Schutzbereich 30/9
– Verhältnis zu anderen Grundfreiheiten 30/8
Karlspreis (Aachen) 1/6
Kartellrecht s. Wettbewerbsrecht
Katastrophenhilfe 40/53Kernenergie s. EAG
Kerneuropa 4/31

Kirchen und Unionsrecht **17/54f.**, 29/8
Klimaschutz 23/11f., 26/27, 33/14ff, 33/23, **33/33ff.**, 33/44
Koalitionsrecht s. Tarifverträge
Kofinanzierung 18/69
Kohäsionsfonds 18/60 ff
Kohle 2/9ff., 23/1, 23/4, **23/8**
Kollisionsrecht 36/39
Komitologie 5/113ff.
Kommission s. Europäische Kommission
Kompetenzabrundung (Art. 352 AEUV) **11/8f.**, 32/31f., 34/23, 34/27, 34/38, 35/11, 35/56, 36/27, 36/31, 36/34, 38/19
Kompetenzen 10/25, 11/2ff., 11/6ff.
- Flexibilität 11/8, 11/18
- Implied-Powers 11/11, s. auch AETR-Rechtsprechung
- ausschließliche Kompetenzen 11/14
- komplementäre Kompetenzen 11/17
- geteilte Kompetenzen 11/15
Kompetenzgericht 13/16
Konkurrenten 13/61, 21/38ff., 36/8, 36/20ff.
Kontrolle 5/50ff., 5/89, 5/130
Konvent s. Verfassungskonvent
Konventsmethode 3/10
Konvergenz 18/13, 18/66ff.
Koordinierung der Wirtschaftspolitik 18/15ff.
Kreationsrechte 5/48, 5/86
KSZE s. OSZE
Kultur/Kulturpolitik, Europäische 34/36ff.
- Außenkompetenz 34/43
- Entwicklung 34/38
- Filmpolitik, Europäische 34/48
- Förderprogramme 34/42, 34/45, 34/48
- Kulturbegriff 34/40
- Kulturbeihilfen 21/17, 21/23
- Kulturgüterschutz 22/39, 22/52, 34/43, 34/47
- Kulturhauptstadt Europas 34/45
- Kulturkompetenz 36/41, 34/41
- Praxis 34/45
- Rechtsgrundlagen 34/40ff.
- und freier Warenverkehr 22/39, 34/46

Landwirtschaft s. Agrarpolitik, Gemeinsame (GAP)
Lärmschutz 33/37
Leben 17/47, 17/50, 22/38
Lebensmittel(recht) 22/52, 24/26, **33/64f.**
Legitimation 15/1ff.
- vor-institutionelle Voraussetzungen 15/35ff.
LEONARDO DA VINCI – Programm 34/24
Liberalismus 18/9
Lissabon-Strategie 2000–2010 8/4, 8/27, 18/17, 29/5, 29/20
Lissabon, Vertrag von 1/1, **3/13ff.**, 4/30ff.
- Agrarpolitik 24/1ff.
- Energiepolitik 23/1ff.
- Forschungspolitik 34/2ff.
- Gesetzgebungsverfahren, ordentliches und besonderes 11/1ff.
- Gesundheitspolitik 33/47ff.
- Grundrechte 17/3ff., 17/9, 17/22
- Primäres Unionsrecht 9/19ff.
- Rang und Vollzug von Unionsrecht 10/1ff.
- Rechtsnatur der EU 4/3ff.
- Rechtspersönlichkeit der EU 4/4
- Rechtsschutz 13/19, 13/38, 13/59
- RFSR 32/20ff.
- Sport 34/33ff.
Locarno 1925 1/13
Luft- und Raumfahrtindustrie 18/54, zur Raumfahrt s. auch dort
Luftreinhaltung **33/33ff.**, 33/44
Luftverkehrspolitik 26/2f., 26/10, 26/31f.
- Auswärtige Luftverkehrspolitik 26/31f.
- Harmonisierungsmaßnahmen 26/27
- Infrastruktur (Nutzung der) 26/12
- Kabotage 26/12
Liberalisierung 26/12
Luxemburger Beschlüsse 2/21f.

Mahnverfahren 36/38
Mannheimer Rheinschifffahrtsakte 26/12, 26/29
Marken 36/21, 36/24, 36/27
Markt
- Beherrschung 20/27ff., 20/37
- relevanter 20/11, 21/11
Marktbürger s. Unionsbürgerschaft
Marktordnungen, Europäische (im Agrarbereich) s. unter Agrarpolitik und Fischereipolitik
Marktwirtschaft, Europäische 18/1ff., 20/1ff.
Maßnahmen gleicher Wirkung wie mengenmäßige Beschränkungen (des Warenverkehrs) 22/29ff.
- Eingrenzung („Keck"-Entscheidung u. a.) 22/32
- Rechtfertigung 22/36ff.
- bei Wareneinfuhr („Dassonville"-Formel) 22/10, 22/30ff.
- bei Warenausfuhr 22/35
- zwingende Erfordernisse 22/42f.
Maut (Straßenverkehr) 26/13f.
Medienfreiheit 17/50, 17/57f.
- s. auch Rundfunk/Freiheit
Medienordnung der EU s. Rundfunk
Meeresumweltschutz 33/32
Mega-Union (der 27 Mitgliedstaaten) 1/1, 2/1, 3/9, 3/15
Mehrheitsentscheidungen (Rat) 2/22, 3/14, 5/61
Meinungsfreiheit 7/14, 17/57f., 34/57
Menschenwürde 17/46, 17/48
Methode der offenen Koordinierung 9/134, 29/5, 29/18, 34/25
Minderheitenschutz 17/72
Mitbestimmung der Arbeitnehmer 7/19, 28/24, 29/16

Monopole 20/27, 20/33, 21/56
– Finanzmonopole 21/47, 22/47
– Handelsmonopole 22/20, **22/44ff.,** 35/28
Montanunion s. EGKS
More economic approach 20/4, 20/37
Muster 36/27f.

Nachbarschaftspolitik, Europäische 41/9ff.
NATO 2/8, **39/25ff.**
Naturschutz 33/30f., 33/44
Ne bis in idem 9/34, 9/40, 12/13, 17/88, 20/44, 37/07
Nichtdiskriminierung 17/71ff.
Niederlassungsfreiheit 28/1ff.
– Abgrenzung zu anderen Grundfreiheiten 28/7
– Adressaten 28/30
– Bedeutung 28/1
– Beschränkungsverbot 28/34ff.
– Diskriminierungsverbot 28/33
– Dogmatik 28/5ff.
– Drittstaatsangehörige 28/11
– Gesellschaften 28/12ff., 28/21ff.
– öffentliche Gewalt 28/28
– Rechtfertigung von Beeinträchtigungen 28/35f.
– Schutzbereich 28/10
– Sekundärrechtliche Herstellung 28/42ff.
– s. auch bei Grundfreiheiten
Nizza-Vertrag 3/1, 3/5, 3/9, 5/77, 5/98, 5/141ff.
Norderweiterung (Dänemark, Großbritannien, Irland) 2/20, 2/22ff.
Nordischer Rat 2/7
Normenhierarchie im Unionsrecht 10/37ff., **10/1ff.,** 11/32
Notare 25/7, 5/28ff., 28/44
Novel Food 24/26, 33/65

Offene Koordinierung s. Methode der offenen Koordinierung
Öffentliche Aufträge/Vergabewesen s. Aufträge, öffentliche
Öffentliche Unternehmen 20/1ff., 21/8, **21/40ff.,** 21/49f.
Öffentlicher Dienst, europäischer 7/1ff.
– Auswahlverfahren 7/9f.
– Beamtenstatut 7/4
– Bedienstete, sonstige 7/18
– geographische Ausgewogenheit 7/10
– Grundlagen 7/2ff.
– s. auch Beamte der EU
Öffentlichkeit 5/23, 5/59, 5/64, 19/26, 12/18, 33/28f., 33/34, 33/44
Öko-Audit (EMAS) 33/29
Österreich-Sanktionen 3/4
OLAF 5/112, 8/44, 15/27
Ombudsmann (Bürgerbeauftragter) 5/38
Organe der EU 5/3ff.
Organisation für Sicherheit und Zusammenarbeit in Europa s. OSZE
Organisationsgewalt 5/5ff., 6/2, 6/20, 12/10
Osterweiterung 3/8, 42/30

Paneuropa 1/12f.
Parlamentarisches System 17/35, 33/4
Parteien 5/55f., 17/60
Patente 17/46, 22/40, 36/21, 36/23, **36/26f.**
Patiententourismus 25/9, 33/61f.
Personal der EU s. Öffentlicher Dienst, europäischer sowie Beamte der EU
Petitionsrecht 16/35
Pflanzenschutz 22/38, 24/25f., 33/42, 33/44, 33/50, 33/54
Pharmazeutische Berufe 25/27, 33/51
PJZ 3/2ff., 4/10, 9/39, 32/20, 32/22, 32/24f., 32/27, 33/21, 33/66, 33/69, **33/76f., 37/1ff., 37/7ff.**
Private Rechtsdurchsetzung 20/50, 36/19
Polizei 3/2, 4/10, 4/21, 32/20, 32/22, 32/24f., 32/27, 33/66, 33/69, 33/74, 33/76f., 33/81, 37/7, 37/10
Polizeiliche und Justizielle Zusammenarbeit in Strafsachen s. PJZ
Post-Nizza-Prozess 3/1, **3/9ff.,** 4/30
Primärrecht 9/19ff.
– allgemeine Rechtsgrundsätze 9/31ff., 17/21
– Gewohnheitsrecht 9/29
– ungeschriebenes Primärrecht, 9/26, 14/11, 17/21

Querschnittsklauseln 17/71, 20/1, 21/21, 22/43, 24/15, 24/23, 29/2, 29/10, 33/14, 33/19, 33/46, 33/47, 33/58, 33/64, 34/43f., 34/46, 36/5

Rang des Unionsrechts 10/1ff., 13/14, 13/48, 17/8, 20/43f., 21/25, 22/6
– Grenzen des Vorrangs 10/15ff., 13/14
– Rechtsprechung des BVerfG 10/16, 13/14
– Unanwendbarkeit nationalen Rechts 10/32
Rat der EU 2/13, 2/16, 5/64 ff
– Aufgaben und Befugnisse 5/82ff.
– Beschlussverfahren 5/75
– ECOFIN 18/25f., 19/23f., 19/36
– Im Rat vereinigte Vertreter der MSen 5/92
– Organisation und Geschäftsgang 5/71ff.
– Status der Vertreter 5/69ff.
– Zusammensetzung 5/65ff.
Rat für gegenseitige Wirtschaftshilfe (RGW) s. Comecon
Raum der Freiheit, der Sicherheit und des Rechts 3/11, 13/19, 13/82, 17/88, 32/1, 32/5, **32/20ff.,** 32/29, 33/66, 33/78, 36/1, 36/35, 37/1, 37/3
– Beschlussfassung 32/27f., 33/67, 33/76, 36/35, 37/3, 37/7

– Drogenbekämpfung u. ä. 37/3, 37/5
– Einwanderung 32/20, 32/24, 33/66f., 33/68, 33/70f., 33/72, **33/73ff.**
– Konzept 32/20ff.
– Rechtsschutz 13/19, 13/82
– Übergangsfristen 32/27
– weitere Hinweise bei den jeweiligen Sachstichworten
Raumfahrt, Europäische 34/11ff.
REACH-Verordnung 33/41
Rechnungshof s. Europäischer Rechnungshof
Rechte des Einzelnen 33/31, 33/35
Rechte, subjektive 7/9, 9/14ff.; 17/80, 21/62, 22/39, 33/5, 33/8, 33/28, 33/35, 33/45
Rechtsakte des Unionsrechts 9/1ff.
Rechtsangleichung 32/1ff.
– Allgemeine Rechtsangleichung 18/10
– Anerkennung, gegenseitige: s. dort
– Bedeutung 32/1f.
– und Binnenmarkt 22/6, 22/50ff., **32/8ff.,** 33/19, 33/21, 33/49, 33/57, 33/64f., 34/37, 34/41
– Entwicklung 32/2ff., **32/5ff.,** 32/8, 32/32
– Funktion 32/1
– Instrumente 32/33ff.
– internationale Rechtsangleichung 32/40
– nationale Alleingänge 32/15f., 36/9
– durch Richterrecht 32/38
– Schutzniveau 33/19
– durch völkerrechtliche Verträge 32/3
– s. ferner bei den jeweiligen Sachgebieten
Rechtsanwälte 25/7, 25/29, 28/44f.
Rechtsetzung in der EU 11/1ff.
Rechtsetzungsverfahren 11/43ff.
– Verfahren der Mitentscheidung 11/51
– Verfahren der Zustimmung 11/79
– Form der Rechtsetzung 11/81ff.
Rechtsfortbildung **9/165ff.,** 13/1f., 13/15, 13/70, 13/79, 17/1, 17/5
Rechtsgemeinschaft 3/19, 4/21f., 9/1ff., 13/1
Rechtsgrundlage (Wahl) 5/27
Rechtskraft (von Urteilen) 13/25f., 13/28, 14/17, 21/35, 33/6, 33/12
Rechtsprechende Gewalt 13/1ff.
Rechtsquellen des Unionsrechts 9/1ff.
– s. auch Rechtsakte des Unionsrechts
Rechtsschutz 13/1ff.
– effektiver 4/15, **13/2ff.,** 13/88, 17/83, 17/90, 21/59, 21/68, 33/6, 33/11f.
– einstweiliger 13/4, 13/7, 13/78f., **13/87,** 21/39, 33/6, 33/12
– europäischer 13/1ff.
– nationaler 13/2ff., 13/10, 13/12ff., 21/39, 33/11f., 36/26f.
– s. auch bei den entsprechenden Sachgebieten
Rechtsstaatlichkeit 15/1ff.
Reformvertrag s. Lissabon, Vertrag von
Regionalpolitik und Strukturpolitik **18/63ff.,** 21/3, 21/11, 21/16f., 21/22, 24/32
Regionen der EG/EU 6/14ff., 21/10, 33/3, 33/18
Religionsfreiheit 17/54ff., 29/8
Repräsentatives Regieren 15/29ff.
RFSR s. Raum der Freiheit, der Sicherheit und des Rechts
RGW (Comecon) 2/7
Richterrecht 13/15, 14/12, 32/38
Richtlinie 9/82ff.
– als Instrument der Rechtsangleichung 32/303ff.
– Sperrwirkung 9/98f.
– Umsetzungspflicht 9/95
– unmittelbare Wirkung 9/100ff.
– Verbindlichkeit 9/90
– Voraussetzungen 9/103ff.
Römische Verträge 2/12ff.
Rücknahme und Widerruf 12/14
Rundfunk 25/5, 25/10, 34/44, **34/50ff.**
– Entwicklung 34/50ff.
– Fernseh-Richtlinie 34/58ff.
– Freiheit 17/57f., 34/57
– Gebühr 21/7, 21/49, 34/55f.
– Harmonisierung 34/58ff.
– Kulturelle Ausnahme (GATS) 34/53
– Monopol 34/54
– Rechtsgrundlagen 34/54ff.
– und Wettbewerb 21/7, 21/47, 21/49, 34/55

Sanktionen gegen MSen 12/44ff., 13/38f.
Sanktionen gegen Private 12/53ff.
Schadensersatz 13/10, 13/67, 14/8, 14/21, 20/22, 20/32, 21/68, 29/8, 33/29, 36/17
Schengen
– Abkommen 32/20f., 32/28, 33/66ff., 33/72, 33/76
– Schengener Informationssystem (SIS) 33/69, 33/72, 33/76
Schiedsgerichte 13/11, 13/71
Schienenverkehr 26/11
– Besonderheiten 26/11, 26/16
– Entwicklung 26/2ff.
– Interoperabilität 26/16
– Kabotage 26/3, 26/12
– Liberalisierung 26/2f. 26/11f.
Schiffbau 21/23, 21/26
Schifffahrt s. Binnenschifffahrt bzw. Seeverkehr
Schutzpflichten 17/43ff., 17/47, 22/8, 22/30, 22/49, 25/22, 27/54
Schweiz (und EU) 26/12, 26/14f., 26/29, 26/31, 32/3, 33/67, 36/37, 41/8, 42/2ff., 42/37
Seeverkehr 26/2f., 26/4, 26/7, 26/9, 26/12, 26/20, 26/22, 26/24, 26/27f., **26/30**
– Auswärtige Seeverkehrspolitik 26/30
– Harmonisierungsmaßnahmen 26/27
– Kabotage 26/12
– Liberalisierung 26/3, 26/12

Sekundärrecht (EG) 9/64ff.
Sekundärrecht (GASP) 9/138ff., 39/15ff.
Selbstregulierung 9/136f.
Service Public s. Daseinsvorsorge
SOKRATES-Programm s. ERASMUS-Programm
Solidarität, Europäische 4/23, 4/35, s. auch Finanzausgleich, europäischer
Solidaritätsfonds s. Katastrophenhilfen
Sommerzeit 26/26
Sorten 22/40, 36/21, 36/28
Souveränität (EU) 3/18, 4/22
Soziale Begleitrechte 27/66ff.
Sozialpolitik
– Entsenderichtlinie 25/25, 25/31, 29/10
– Entwicklung 29/4f.
– Europäischer Sozialfonds (ESF) s. dort
– Gesundheit/Sicherheit der Arbeitnehmer 29/13f.
– Rechtsangleichung 29/13ff., 32/300
– Rechtsgrundlagen 29/6ff., 29/11ff.
– Soziale Sicherheit/Soziale Ausgrenzung 29/2, 29/18
– Sozialer Dialog 29/19
– Sozialmodell, Europäisches 29/2
– und Straßenverkehr 26/23
Sozialversicherungssysteme 27/71ff.
Spill-over-Effekt 3/29, 4/27
Sport 34/33ff.
Sprachen **5/8ff.,** 7/1 11/81, 11/90, 13/22, 13/24f., 17/67, 34/23, 36/25f., 36/43
– Relaissprachen 13/24
Staatenbund (EU) 3/18, 4/4, **4/26**
Staatenverbund (EU) 2/18f., 3/14, **4/3ff.,** 4/18, 4/26, 4/29
Staatshaftung **14/11ff.,** 22/6, 33/6
Stabilitäts- und Wachstumspakt 3/3, 3/16f., **18/21ff.**
Stahl 1/1, 2/9f., 3/9, 21/23, 21/26, 23/1, 23/6
Ständige Vertreter, Ausschuss der 5/64, 5/71
Standorte der Institutionen 2/13, 5/7
Steuerberater und Wirtschaftsprüfer 25/7
Steuern 22/5, 22/21f., 22/42, 22/46, **35/1ff.**
– Abgrenzung zu Abgaben zollgleicher Wirkung 22/25f.
– und Beihilferecht 21/6f., 21/10, 21/24f.
– direkte Steuern 35/8f., 35/19ff., 35/55ff.
– Diskriminierung 35/4ff.
– Doppelbesteuerungsabkommen 35/62
– Harmonisierung direkter Steuern 32/11, 32/300, 35/8ff.
– Harmonisierung indirekter Steuern 32/300, 35/8ff., 35/48ff.
– indirekte Steuern 35/48ff.
– und Schulaufwendungen 34/21
– Steuerwettbewerb 35/2ff.
– Unionssteuern 4/14, 35/12ff.
Strafrecht 2/6, 3/2, 4/9, 5/134, 8/43f., 12/55ff., 17/82ff., 32/25, 32/27, 33/21, **37/1ff.**
Strafverfahren **37/7ff.**
Straßenverkehr 26/11ff.
– Alpentransit Österreich und Schweiz 26/14f.
– Benutzungsgebühren (Maut) 26/13, 26/15
– Freiheiten 26/4, 26/9, 26/12
– Führerschein, Europäischer 26/17
– Harmonisierung der Wettbewerbsbedingungen 26/21
– Kabotage 26/3, 23/12
– Gefahrguttransporte 26/26
– Preise 26/19
– Sozialpolitische Maßnahmen 26/23
– und Umweltschutz 26/3, 26/9, 26/14, 26/41, 33/25, 33/35
– Transeuropäische Netze (TEN) s. dort
– Verkehrsinfrastruktur 26/1, 26/3, 26/13, 26/33ff.
– Verkehrssicherheit 26/26
Streik 7/21f., 17/59, 22/49, 25/16, 25/22, 25/31, 29/9ff., 29/16f.
Strukturpolitik 18/59ff., 35/15
Subsidiaritätsprinzip 3/14, 4/2, 4/11, **11/23ff.,** 22/53, 24/18, 25/14, 26/7, 26/34, 26/37, 32/6, 32/14, 32/20, 32/27, 32/301, 033/22, 34/3, 34/17, 34/41
Subventionen s. Beihilfen
Süderweiterung (Griechenland, Spanien, Portugal) 2/28f., 42/25
Südosterweiterung 42/11
Supranationalität (der EU) 1/1, 4/7ff., 4/30, 9/12f.
Symbole der EU 3/14
Systeme der sozialen Sicherheit 27/71ff.
Systemwettbewerb s. Wettbewerb der Systeme

Tabakwerbung 17/57, 18/10, 32/9f., 33/65
Tarifverträge 7/20, 17/59, 25/31, 25/33, 29/12, 29/17
Technologiepolitik s. Forschungspolitik
Teilintegration, sektorale 2/15, 4/27
Telekommunikation 20/5, 20/8f., 21/41, 21/47, 21/52f., 21/61, 21/63, 23/10, 26/33ff., 26/39, 33/80, 34/53
Terrorismus 32/24, 33/69, 33/76, 33/78, 37/3, 37/5
Tierschutz 24/15, 24/23, 33/30, **33/46**
Todesstrafe 17/47
Transeuropäische Netze (TEN) 23/9, 26/1, 26/4, 26/10, **26/33ff.**
– Entwicklung TEN-Politik 26/38ff.
– Finanzierung 26/36
– Instrumentarium 26/35
– Konzept und System 26/33f.
Transparenz des Gemeinschaftshandelns 15/4, 15/20

Türkei 3/19, 4/31, 17/55, 27/18, 41/8f., 42/2ff.

Überseeische Länder und Hoheitsgebiete (ÜLG) 8/24, 40/3, 40/54ff.
Überstaatlichkeit s. Supranationalität (der EU)
Umsatzsteuer 4/19, 35/42f.
Umwelt/Umweltpolitik 33/5, 33/9, **33/13ff.**
– Aktionsprogramme 33/20
– Außenkompetenz 33/23
– Begriff (der Umwelt) 33/15
– Beihilfen für Umweltschutzmaßnahmen 21/21
– Berücksichtigungsgebote 33/18
– Entwicklung 33/13f.
– Finanzierung 33/22
– Gemeinlastprinzip 33/17
– Haftung 33/29
– Internationaler Umweltschutz 33/44
– Nationaler Alleingang 33/24
– Querschnittsklausel 22/43, 33/14, 33/19
– und Rechtsangleichung 32/15, 32/29f., 33/21, 33/25, **33/26ff.**
– Rechtsgrundlagen 33/20ff.
– Rechtsschutz 33/28, 33/34, 33/44
– Ursprungsprinzip 22/43, 33/17
– und Verkehr 26/14
– Verursacherprinzip 33/17
– Vorsorgeprinzip 33/17
– Ziele, umweltpolitische 33/16
Umweltinformationen 33/28
Umweltverträglichkeitsprüfung (UVP/SUP) 33/27
Unionsbürgerschaft 4/20, **16/1ff.**
– und Freizügigkeit 29/7, 32/30, 34/19
– Petitions- und sprachliche Rechte 16/35ff.
– und Sozialleistungen 16/25, 34/19
– Wahlrecht bei Kommunalwahlen und zum EP 16/30ff., 33/1
Unionsrecht (Begriff) 9/1ff.
Unionssteuern s. bei Steuerrecht
Unionstreue 4/23
Unmittelbare Anwendbarkeit 10/14ff.
Unmittelbare Wirksamkeit 10/14ff.
Unternehmen
– Begriff 20/28, 21/44
– Unternehmensrecht 36/31ff.
Unverletzlichkeit der Wohnung 17/53
Urheberrecht 20/31, 22/40, 34/43, 34/54, 36/21ff., 36/29

Verbandsklage 13/62, 33/8, 33/28, 33/44f., 36/18
Verbraucherschutz 36/5ff.
– Entwicklung 36/5
– Gesundheitsschutz 36/13
– Lauterkeitsrecht 36/20
– Nationaler Alleingang 36/9f.
– Produkthaftung 36/17
– Programmatik 36/11
– Rechtsangleichung 32/15, 32/29, 36/12ff.
– Rechtsgrundlagen 36/9
– Schutz der Wirtschaftsinteressen 36/14ff.
– und Sicherheit 36/13
– Verbraucherbegriff/Verbraucherleitbild 36/7
– Verbraucherinformation 36/16
– Verbraucherinformation/-erziehung 36/16
– Verbraucherschutzvereinigungen 36/8
– Vertragsrecht 6/14ff.
– und Wettbewerbsrecht 20/17
– Zukunft 36/41
Verbrauchssteuern 22/46, 35/49
Vereinigte Staaten von Europa 1/13, 2/3f., 4/29
Vereinigungsfreiheit 17/59
Verfahrensgarantien 13/35, 17/23, 17/82f. 21/38, 33/10, 33/26ff.
Verfassung, Europäische/Verfassungsvertrag 2004 **3/10ff.**, 13/63
Verfassungskonvent 2002–2003 3/10ff.
Verfassungsvertrag s. Verfassung, Europäische
Vergabewesen s. Aufträge, öffentliche
Vergemeinschaftung 9/8ff.
Verhältnismäßigkeitsprinzip **11/33, 17/36ff.,** 22/12, 22/41
Verkehr/Verkehrspolitik 26/1ff.
– AETR-Rechtsprechung des EuGH s. dort
– Außenkompetenzen 26/8, 26/29ff.
– und Beihilferecht 21/23, 21/24, 26/5
– Binnenschifffahrtsverkehr s. dort
– und Dienstleistungsfreiheit 26/9
– Entwicklung 26/2ff.
– Zukunft 26/41
– zu den einzelnen Transportmitteln s. unter dem jeweiligen Stichwort
Veröffentlichung und Bekanntgabe von Rechtsakten 11/88ff.
Verordnung 9/71ff.
– Adressaten 9/81
– Anwendungsvorrang 9/78ff.
– Rechtswirkungen 9/78
Versammlungsfreiheit 17/59, 22/49
Verschuldungsfähigkeit der EU 8/50
Versicherungen 31/5ff.
Verstärkte Zusammenarbeit von Mitgliedstaaten (Flexibilisierung) s. Flexibilität
Verteidigungspolitik s. Gemeinsame Verteidigungspolitik
Vertrag über die Arbeitsweise der Union s. AEUV
Vertrag über eine Verfassung für Europa s. Verfassung, Europäische
Verträge der EU 9/133, 13/11, 14/2
Vertragsänderung 9/52ff.
Vertragsrecht (Primärrecht) 9/22ff.
Vertragsrecht, Europäisches 36/3
Vertrauen, gegenseitiges (der Mitgliedstaaten) 22/31, 25/14, 25/22, 25/27, 25/29, 26/17, 28/43, 32/6, 36/35, 36/40, 37/2

Vertrauensschutz 13/27, 21/34
Verwaltung s. Vollzug des Unionsrechts
Verwaltungskooperationsrecht 12/29
Verwaltungsrecht, Europäisches 12/1 ff., 33/7
Verwaltungsunion (EU) 4/26
Visapolitik, Gemeinsame 33/72
Völkerrecht und Unionsrecht 9/152 ff., 40/44 ff.
Vollstreckung des Unionsrechts 13/26, 36/38
Vollzug des Unionsrechts 12/1 ff.
– Befugnisse der Kommission 12/7
– direkter Vollzug 12/6 ff.
– indirekter Vollzug 12/6 ff.
– Vollzug in Deutschland 12/31 ff.
– Vorgaben für den Vollzug 12/35 ff.
Vollzugsdefizite 12/43 ff.
Vorrang des Unionsrechts 10/4 ff.

Wahlrecht 5/27 f.,13/29, 15/7 ff., 16/3 ff., 16/29 ff.
Wahlrecht der Unionsbürger 16/30 ff.
Waldsterben 33/31
Warenverkehrsfreiheit 22/17 ff.
– Mengenmäßige Beschränkungen 22/27 f.
– und Gesundheitsschutz 22/38, 22/41
– Ware (Begriff) 22/18, 33/38
– s. auch Grundfreiheiten, Maßnahmen mit gleicher Wirkung wie mengenmäßige
Beschränkungen sowie Zollunion
Warenzeichen 13/63, 22/40, 36/24
Welthandelsorganisation (WTO) 40/43 ff.
– Institutionen 40/43 ff.
– und Aufträge, öffentliche 21/60
– und Beihilfen 21/26
– und Dienstleistungen 25/1
– und Landwirtschaft 24/5, 24/13, 24/28 f., 24/50
– und Telekommunikation 34/53
– und Verkehr 26/30
– s. auch Gemeinsame Handelspolitik
Weltraumagentur (ESA) 34/11 ff.
Werbung 25/5, 36/7, 36/16, s. auch Tabakwerbung
Wertegemeinschaft (EU) 15/38
Westeuropäische Union 2/8
Wettbewerb der Systeme 32/6, 35/1 ff., 36/32
Wettbewerb/Wettbewerbspolitik **20/1 ff.,** 21/1, 34/34
– Adressaten 20/9
– Bereichsspezifische Sonderregeln 20/13, 21/49
– Durchsetzung 20/22, 20/45 ff.
– Energie 20/8
– Entstehung 20/7 f.
– Extraterritoriale Wirkungen 20/40 ff., 38/11
– Freistellung (vom Kartellverbot) 20/19 ff., 36/10
– Fusionskontrolle s. dort
– und Geistiges Eigentum 36/21 ff.
– Geldbußen/Zwangsgelder 20/45, 20/470
– im Gesundheitswesen 33/53 f.
– Gruppenfreistellung 20/20 f., 20/26, 36/24
– Kartellbegriff 20/16
– Kartellverbot 20/14 ff.
– Kartellverordnung 20/8, 20/14, 20/20 f., 20/44, **20/45 ff.**
– und Kultur 34/43
– Missbrauch einer den Markt beherrschenden Stellung 20/27 ff.
– und Öffentliche Unternehmen 20/8, 21/40 ff.
– Rechtsschutz 13/61, 20/38, 20/49 ff.
– und Sport 34/34
– Vereinbarungen, horizontale und vertikale 20/23 ff.
– Verfahren 20/38, 20/45 ff.
– Verteidigungsrechte 20/46
– Vorrang des europäischen Wettbewerbsrechts 20/43 f.
– Wettbewerbsbehörden 20/45, 20/48
– Wettbewerbsphilosophie 21/3, 20/52 f.
WEU s. Westeuropäische Union
Wirkungen des Völkerrechts 9/152 ff., 40/44 ff.
Wirkungsklausel (Wettbewerb) 20/17
Wirtschafts- und Sozialausschuss 6/3 ff.
Wirtschafts- und Währungsunion s. Europäische Währungsunion
Wirtschaftsordnung 18/1 ff.
Wirtschaftssanktionen 30/23, 38/15, 40/11 ff.
Wirtschaftsverfassung 18/1 ff.
Wohnung 17/53
WTO s. Welthandelsorganisation
WWU s. Europäische Währungsunion

Zahlungsverkehr 19/34, 30/1 ff., 31/17
Zivilgesetzbuch, Europäisches 36/2
Zivilverfahrensrecht 17/82 ff., **36/35 ff.**
Zollunion 22/16, 22/22 ff., 40/4 ff.
– Abgaben zollgleicher Wirkung 22/24 ff.
– Binnenzölle 22/22 f.
– Gemeinsamer Zolltarif (GZT/TARIC) 22/20, 24/13 40/5 ff., 40/20 f.
– Unionswaren/Freiverkehrswaren 22/19
– Zollgebiet 40/6
– Zollrechtsangleichung 40/8 ff.
– Zusammenarbeit im Zollwesen 40/9
Zugang zu Dokumenten 5/30, 5/71, 12/18 ff., 15/19, 33/79
Zürcher Rede Churchills 2/3, 2/9
Zustellungsverordnung 36/38
Zweckverband funktioneller Integration 4/27 f., 18/70
Zwingende Gründe des Allgemeininteresses 22/11, 22/42, 25/19 ff., 27/50 ff., 28/24, 28/36, 32/15, 34/44
Zwischenstaatsklausel (Wettbewerb) 20/12, 20/27, 20/43, 21/12